Dear Margot:

I hope our start will be a very fruitful trip in our intellectual friendship

Best
Isidro

Mexico city 11/1/01

Comentarios y sugerencias: editor@fce.com.mx

LÉXICO DE LA POLÍTICA

LÉXICO
DE LA POLÍTICA

COMPILADO POR
Laura Baca Olamendi
Judit Bokser-Liwerant
Fernando Castañeda
Isidro H. Cisneros
Germán Pérez Fernández del Castillo

FACULTAD LATINOAMERICANA DE CIENCIAS SOCIALES
CONSEJO NACIONAL DE CIENCIA Y TECNOLOGÍA
FUNDACIÓN HEINRICH BÖLL
FONDO DE CULTURA ECONÓMICA
MÉXICO

Primera edición, 2000

Los ensayos "Filosofia politica", "Potere politico" y "Tecnocrazia",
de Pier Paolo Portinaro; "Pensamiento laico", de Edoardo Tortarolo,
y "Terzo settore", de Marina Costa, fueron traducidos por Isidro Rosas Alvarado;
el titulado "Real Civil Societies", de Jeffrey C. Alexander, lo tradujo Cecilia Bobes.

Los editores hacen constar su agradecimiento
al Consejo Nacional de Ciencia y Tecnología (Conacyt)
por su apoyo a la investigación que estas páginas compendian.

Se prohíbe la reproducción total o parcial de esta obra
—incluido el diseño tipográfico y de portada—,
sea cual fuere el medio, electrónico o mecánico,
sin el consentimiento por escrito del editor.

D. R. © 2000, FACULTAD LATINOAMERICANA DE CIENCIAS SOCIALES
Km 1.5 del Camino al Ajusco; 10740 México, D. F.

D. R. © 2000, FONDO DE CULTURA ECONÓMICA
Carretera Picacho-Ajusco, 227; 14200 México, D. F.
www.fce.com.mx

ISBN 968-16-6107-9

Impreso en México

Los compiladores

LAURA BACA OLAMENDI. Doctora en historia de las ideas políticas por la Universidad de Turín, Italia. Profesora e investigadora del Instituto Dr. José María Luis Mora.

JUDIT BOSKER-LIWERANT. Doctora en ciencia política por la Facultad de Ciencias Políticas y Sociales/UNAM. Coordinadora del Programa del Posgrado en Ciencias Políticas y Sociales/UNAM.

FERNANDO CASTAÑEDA. Candidato a doctor en sociología por El Colegio de México. Profesor de carrera y coordinador del Centro de Estudios Básicos en Teoría Social de la Facultad de Ciencias Políticas y Sociales/UNAM.

ISIDRO H. CISNEROS. Doctor en ciencia de la política por la Universidad de Florencia, Italia. Coordinador de Investigación de la Facultad Latinoamericana de Ciencias Sociales/Sede México.

GERMÁN PÉREZ FERNÁNDEZ DEL CASTILLO. Doctor en filosofía política por la Universidad de Frankfurt, Alemania. Director general de la Facultad Latinoamericana de Ciencias Sociales/Sede México.

Los compiladores son miembros del Sistema Nacional de Investigadores.

Índice general

Agradecimientos XXI
Introducción XXIII

Administración pública 1
    Omar Guerrero Orozco, administrador público, Facultad de Ciencias Políticas y Sociales/UNAM

Autoritarismo 7
    Soledad Loaeza, politóloga, El Colegio de México

Burocracia 12
    Gina Zabludowski, socióloga, Facultad de Ciencias Políticas y Sociales/UNAM

Cambio institucional 19
    Adrián Acosta Silva, sociólogo, Universidad de Guadalajara

Cambio político 23
    Josep M. Colomer, politólogo, Universidad de Georgetown

Caudillismo 29
    Carlos Martínez Assad, historiador, Instituto de Investigaciones Sociales/UNAM

Ciencia 32
    Ana Rosa Pérez Ransanz, filósofa, Instituto de Investigaciones Filosóficas/UNAM
    Ambrosio Velasco Gómez, filósofo, Instituto de Investigaciones Filosóficas/UNAM

Ciencia política 41
    Isidro H. Cisneros, politólogo, Facultad Latinoamericana de Ciencias Sociales/Sede México

Ciudad 45
    Miguel Arnulfo Ángel, sociólogo, Universidad Autónoma Metropolitana

Ciudadanía 50
    Velia Cecilia Bobes, socióloga, Facultad Latinoamericana de Ciencias Sociales/Sede México

Ciudadanía multicultural 54
    Laura Baca Olamendi, historiadora de las ideas, Instituto Mora

Clases medias 58
    Gabriel Careaga, sociólogo, Facultad de Ciencias Políticas y Sociales/UNAM

Colectivo 64
    Fernando Díaz Montiel, politólogo, Universidad de las Américas

Comportamiento electoral 68
    Jacqueline Peschard, politóloga, Instituto Federal Electoral

Comunicación política 76
    Rosalía Winocur, antropóloga, Facultad Latinoamericana de Ciencias Sociales/Sede México
Conflicto 82
    Isidro H. Cisneros, politólogo, Facultad Latinoamericana de Ciencias Sociales/Sede México
Congreso 86
    Luis Medina Peña, politólogo, Centro de Investigación y Docencia Económicas
Consolidación democrática 95
    Moisés López Rosas, sociólogo, Facultad Latinoamericana de Ciencias Sociales/Sede México
Constitución 99
    Sabino Bastidas Colinas, constitucionalista, Escuela Libre de Derecho
Control parlamentario 102
    Javier Oliva, politólogo, Facultad de Ciencias Políticas y Sociales/UNAM
Corporativismo 107
    Juan Manuel Ortega Riquelme, politólogo, Instituto de Investigaciones Sociales/UNAM
Crisis de los partidos 110
    Víctor Alarcón Olguín, politólogo, Universidad Autónoma Metropolitana
Cultura 114
    Fernando Castaños, lingüista, Instituto de Investigaciones Sociales/UNAM
    Julia Isabel Flores, socióloga, Instituto de Investigaciones Sociales/UNAM
Cultura laica 121
    Laura Baca Olamendi, historiadora de las ideas, Instituto Mora
Cultura política 125
    Velia Cecilia Bobes, socióloga, Facultad Latinoamericana de Ciencias Sociales/Sede México
Cultura popular 129
    Javier Guerrero, antropólogo, Departamento de Etnología y Antropología Social/INAH
Democracia en América Latina 134
    Francisco Zapata, sociólogo, El Colegio de México
Democracia en México 141
    José Fernández Santillán, politólogo, Instituto Tecnológico Autónomo de México
Democracia y partidos políticos 149
    José Antonio Crespo, politólogo, Centro de Investigación y Docencia Económicas
Derecha 152
    Mario Constantino Toto, sociólogo, Facultad Latinoamericana de Ciencias Sociales/Sede México
Derechos de los menores 155
    Yolanda Corona Caraveo, psicóloga, Universidad Autónoma Metropolitana
    Carlos Pérez Zavala, psicólogo, Universidad Autónoma Metropolitana

Derechos de propiedad 161
    Carlos Elizondo Mayer-Serra, economista, Centro de Investigación y Docencia Económicas
Derechos humanos 165
    Isidro H. Cisneros, politólogo, Facultad Latinoamericana de Ciencias Sociales/Sede México
    Judit Bokser-Liwerant, politóloga, Facultad de Ciencias Políticas y Sociales/UNAM
Derecho y eficacia 169
    Óscar Correas, jurista, Facultad de Ciencias Políticas y Sociales/UNAM
Desarrollo social 172
    Teresa Incháustegui Romero, socióloga, Facultad Latinoamericana de Ciencias Sociales/Sede México
Descentralización 180
    Richard Lalander, politólogo, Universidad de Estocolmo
Diálogo 187
    Laura Baca Olamendi, historiadora de las ideas, Instituto Mora
Dictadura 191
    Juan Manuel Abal Medina, sociólogo, Facultad Latinoamericana de Ciencias Sociales/Sede México
Discurso 195
    Adrián Gimate, lingüista, Universidad Autónoma Metropolitana
Disenso 197
    Laura Baca Olamendi, historiadora de las ideas, Instituto Mora
Elecciones y legislación electoral 199
    Leonardo Valdés, politólogo, Universidad Autónoma Metropolitana
Élites 207
    Matilde Luna, politóloga, Instituto de Investigaciones Sociales/UNAM
    Antonieta Hidalgo Ramírez, politóloga, Instituto de Investigaciones Sociales/UNAM
Estabilidad política 214
    Facundo González Bárcenas, politólogo, Universidad Autónoma Metropolitana
Estado 222
    César Cansino, politólogo, Facultad de Ciencias Políticas y Sociales/UNAM
Estado multinacional 228
    Fernando Vizcaíno, historiador, Instituto de Investigaciones Sociales/UNAM
Familia 232
    Rosario Esteinou, socióloga, Centro de Investigación y Estudios Superiores en Antropología Social
Federalismo 238
    Alicia Ziccardi, economista, Instituto de Investigaciones Sociales/UNAM
Feminismo 242
    Gabriela Cano, historiadora, Universidad Autónoma Metropolitana
Filosofía del derecho 248
    Arturo Berumen, jurista, Instituto de Investigaciones Jurídicas/UNAM

Filosofía política 250
    Pier Paolo Portinaro, filósofo, Universidad de Turín

Financiamiento de partidos políticos 257
    Héctor Díaz-Santana C., politólogo, Facultad Latinoamericana de Ciencias Sociales/Sede México

Género 265
    Esperanza Tuñón Pablos, socióloga, El Colegio de la Frontera Sur

Género y ciudadanía 269
    Inés Castro Apreza, politóloga, Universidad de Gotemburgo

Género y comportamiento reproductivo 273
    Cristina Araya Umaña, demógrafa, Consejo Nacional de Población

Globalidad 278
    Ricardo Pozas Horcasitas, sociólogo, Instituto de Investigaciones Sociales/UNAM

Gobernabilidad 283
    Antonio Camou, politólogo, Universidad de la Plata

Gobierno local 289
    Patricia Ramírez Kuri, socióloga, Facultad Latinoamericana de Ciencias Sociales/Sede México

Hegemonía 300
    Ernesto Soto Reyes Garmendia, administrador, Universidad Autónoma Metropolitana

Historia de las ideas 304
    Álvaro Matute, historiador, Instituto de Investigaciones Históricas/UNAM

Historia mexicana 310
    Evelia Trejo, historiadora, Instituto de Investigaciones Históricas/UNAM

Identidad 317
    Gilda Waldman M., socióloga, Facultad de Ciencias Políticas y Sociales/UNAM

Ideología 323
    Raymundo Mier, antropólogo, Universidad Autónoma Metropolitana

Igualdad 334
    Corina Yturbe, filósofa, Instituto de Investigaciones Filosóficas/UNAM

Individualismo 340
    Fernando Díaz Montiel, politólogo, Universidad de las Américas

Innovación 344
    Mónica Casalet, socióloga, Facultad Latinoamericana de Ciencias Sociales/Sede México

Integración económica regional 352
    Alicia Puyana Mutis, economista, Facultad Latinoamericana de Ciencias Sociales/Sede México

Intelectuales 360
    Laura Baca Olamendi, historiadora de las ideas, Instituto Mora

Intelectuales y grupos generacionales 365
    Osmar Gonzales, sociólogo, El Colegio de México

Intelectuales y política 368
    Osmar Gonzales, sociólogo, El Colegio de México

Intelectuales y retratos históricos 373
    Xavier Rodríguez Ledesma, sociólogo, Universidad Pedagógica Nacional
Iusnaturalismo 377
    Óscar Correas, jurista, Facultad de Ciencias Políticas y Sociales/UNAM
Izquierda 380
    Isidro H. Cisneros, politólogo, Facultad Latinoamericana de Ciencias Sociales/Sede México
Justicia 385
    Óscar Correas, jurista, Facultad de Ciencias Políticas y Sociales/UNAM
Legalidad 389
    Pedro Salazar Ugarte, jurista, Instituto Federal Electoral
Liberalismo 395
    Víctor Alarcón Olguín, politólogo, Universidad Autónoma Metropolitana
Libertad 399
    Carlos de la Isla, filósofo, Instituto Tecnológico Autónomo de México
Medio ambiente 407
    Jorge Dehays Rocha, demógrafo, Facultad Latinoamericana de Ciencias Sociales/Sede México
Medios 412
    Raúl Trejo Delarbre, comunicólogo, Instituto de Investigaciones Sociales/UNAM
Mentalidades 417
    Carlos Antonio Aguirre Rojas, historiador, Instituto de Investigaciones Sociales/UNAM
Mercado de trabajo 423
    Rodolfo Masías Núñez, sociólogo, Universidad de los Andes/Colombia
Migración internacional 427
    Rodolfo Casillas R., historiador, Facultad Latinoamericana de Ciencias Sociales/Sede México
Minorías 432
    Angela Giglia, antropóloga, Facultad Latinoamericana de Ciencias Sociales/Sede México
Modernidad 437
    Vania Salles, socióloga, El Colegio de México
Modernización política 444
    Cristina Puga, socióloga, Facultad de Ciencias Políticas y Sociales/UNAM
Movimientos sociales 450
    Ligia Tavera Fenollosa, socióloga, Facultad Latinoamericana de Ciencias Sociales/Sede México
Multiculturalismo 461
    María Pía Lara, filósofa, Universidad Autónoma Metropolitana
Nación y nacionalismo 467
    Sara Makowski Muchnik, socióloga, Facultad Latinoamericana de Ciencias Sociales/Sede México
Neoinstitucionalismo 472
    Andreas Schedler, sociólogo, Facultad Latinoamericana de Ciencias Sociales/Sede México

Normativismo 477
    Óscar Correas, jurista, Facultad de Ciencias Políticas y Sociales/UNAM

Opinión pública 481
    Laura Gingold, socióloga, Facultad Latinoamericana de Ciencias Sociales/Sede México

Oposición 489
    Jorge Alonso, politólogo, Centro de Investigaciones y Estudios Superiores en Antropología Social/Occidente

Organismo no gubernamental (ONG) 494
    Liliana Rivera Sánchez, socióloga, Centro de Investigación y Docencia Económicas

Paradigma político 498
    Isabelle Rousseau, filósofa, El Colegio de México

Parlamentarismo 504
    Luisa Béjar, politóloga, Facultad de Ciencias Políticas y Sociales/UNAM

Participación ciudadana 509
    Mario Constantino Toto, sociólogo, Facultad Latinoamericana de Ciencias Sociales/Sede México

Partidos políticos 512
    Jaime Cárdenas Gracia, jurista, Instituto Federal Electoral

Partidos y cambio político 518
    Fredy Rivera Vélez, sociólogo, Centro Andino de Acción Popular, Ecuador

Partidos y elecciones 525
    Alberto Aziz Nassif, politólogo, Centro de Investigaciones y Estudios Superiores en Antropología Social

Pensamiento laico 530
    Edoardo Tortarolo, filósofo, Universidad de Turín

Pluralismo 536
    Laura Baca Olamendi, historiadora de las ideas, Instituto Mora

Poder 540
    Francisco Piñón G., filósofo, Universidad Autónoma Metropolitana

Poder local 545
    Vicente Arredondo Ramírez, pedagogo, Fundación DEMOS

Poder político 549
    Pier Paolo Portinaro, filósofo, Universidad de Turín

Política 554
    Isidro H. Cisneros, politólogo, Facultad Latinoamericana de Ciencias Sociales/Sede México

Política comparada 559
    Yolanda Meyenberg, socióloga, Instituto de Investigaciones Sociales/UNAM

Política de bienestar 563
    Guillermo Farfán Mendoza, sociólogo, Facultad Latinoamericana de Ciencias Sociales/Sede México

Política de la cultura 569
    Laura Baca Olamendi, historiadora de las ideas, Instituto Mora

Política internacional 575
    Anabel Ortega M., internacionalista, El Colegio de México

Política jurídica 581
    Arturo Berumen, jurista, Instituto de Investigaciones Jurídicas/UNAM

Política social 582
    Sara Gordon R., socióloga, Instituto de Investigaciones Sociales/UNAM

Políticas públicas 587
    Manuel Canto Chac, administrador público, Universidad Autónoma Metropolitana

Positivismo jurídico 593
    Óscar Correas, jurista, Facultad de Ciencias Políticas y Sociales/UNAM

Presidencialismo 595
    Ricardo Espinoza Toledo, politólogo, Universidad Autónoma Metropolitana

Proceso electoral 597
    José Woldenberg, politólogo, Instituto Federal Electoral
    Ricardo Becerra, politólogo, Instituto Federal Electoral

Público-privado 604
    Nora Rabotnikof, filósofa, Instituto de Investigaciones Filosóficas/UNAM

Racismo 608
    Alicia Castellanos Guerrero, socióloga, Universidad Autónoma Metropolitana

Reforma 618
    Fernando Díaz Montiel, politólogo, Universidad de las Américas

Reforma del Estado 623
    Germán Pérez Fernández del Castillo, politólogo, Facultad Latinoamericana de Ciencias Sociales/Sede México

Régimen político 632
    Andrés Dávila Ladrón de Guevara, politólogo, Universidad de Colombia

Religión 639
    Roberto J. Blancarte, sociólogo, El Colegio de México

Representación política 643
    Morgan Quero, politólogo, Centro Regional de Investigaciones Multidisciplinarias/UNAM

Revolución 649
    Fernando Díaz Montiel, politólogo, Universidad de las Américas

Rural 654
    Marco Antonio Ramírez Mocarro, demógrafo, Facultad Latinoamericana de Ciencias Sociales/Sede México

Seguridad nacional 659
    Juan Manuel Sandoval Palacios, antropólogo, Departamento de Etnología y Antropología Social/INAH

Sindicato 669
    Enrique de la Garza Toledo, sociólogo, Universidad Autónoma Metropolitana

Sistema electoral 675
    Alonso Lujambio, politólogo, Instituto Federal Electoral

Sistema político 682
    David Torres Mejía, politólogo, Facultad de Ciencias Políticas y Sociales/UNAM

Soberanía 687
    Francisco Javier Guerrero Aguirre, internacionalista, Universidad Anáhuac
Socialismo 692
    Isidro H. Cisneros, politólogo, Facultad Latinoamericana de Ciencias Sociales/Sede México
Socialización política 695
    Leticia Calderón Chelius, socióloga, Instituto Mora
Sociedad civil 699
    Jeffrey C. Alexander, sociólogo, Universidad de California Los Ángeles
Sociología 705
    Fernando Castañeda S., sociólogo, Facultad de Ciencias Políticas y Sociales/UNAM
Sociología política 709
    Aurora Loyo Brambila, socióloga, Instituto de Investigaciones Sociales/UNAM
Subjetividad 714
    Enrique Guinsberg, sociólogo, Universidad Autónoma Metropolitana
Sujetos sociales 721
    Angélica Cuéllar Vázquez, socióloga, Facultad de Ciencias Políticas y Sociales/UNAM
Tecnocracia 726
    Pier Paolo Portinaro, filósofo, Universidad de Turín
Tecnopolítica 734
    Noemí Luján, socióloga, Facultad Latinoamericana de Ciencias Sociales/Sede México
Teoría de juegos 741
    J. Mario Herrera Ramos, economista, Facultad Latinoamericana de Ciencias Sociales/Sede México
Teoría de la organización 748
    David Arellano Gault, pedagogo, Centro de Investigación y Docencia Económicas
Teoría de los partidos políticos 753
    Jean-François Prud'homme, politólogo, El Colegio de México
Teoría democrática 759
    Isidro H. Cisneros, politólogo, Facultad Latinoamericana de Ciencias Sociales/Sede México
Teoría electoral 763
    Juan Molinar Horcasitas, politólogo, Instituto Federal Electoral
    Rafael Vergara Tenorio, politólogo, Instituto Federal Electoral
Teoría política 768
    Judit Bokser-Liwerant, socióloga, Facultad de Ciencias Políticas y Sociales/UNAM
Tercer sector 777
    Marina Costa, socióloga, Instituto Gramsci, Italia
Tiempo y política 780
    Cecilia Lesgart, socióloga, Facultad Latinoamericana de Ciencias Sociales/Sede México

Tolerancia 784
    Isidro H. Cisneros, politólogo, Facultad Latinoamericana de Ciencias Sociales/Sede México

Transición política 788
    Antonia Martínez Rodríguez, politóloga, Universidad de Salamanca

Utopía 795
    Laura Baca Olamendi, historiadora de las ideas, Instituto Mora

Xenofobia 799
    Giorgio Buso, politólogo, Universidad de Turín

Índice de voces 805
Índice de autores 807
Índice onomástico 809
Índice analítico 815

Cualquiera que diga o escriba las terribles palabras "yo lo sé", "nosotros sabemos", "ésta es la verdad", declara, hablando de este modo, su lejanía del mundo de la ciencia.
LUIGI EINAUDI, *Prédicas inútiles*

Agradecimientos

Esta obra colectiva constituye un primer esfuerzo para hacer confluir diversas disciplinas en un ejercicio de interpretación que requirió la participación solidaria de todos los autores. El *Léxico de la política* proyecta un esfuerzo plural que constituye no sólo un ejercicio interdisciplinario y de excelencia académica sino también un diálogo colectivo entre diferentes generaciones de especialistas e instituciones. Esta obra se dirige tanto al público en general como al estudioso que se interesa por los conceptos de las ciencias sociales desde la perspectiva de la ciencia política, la historia de las ideas, la sociología política, la comunicación, la filosofía política, las relaciones internacionales y la psicología, así como de la antropología política. Sin pretensiones de exhaustividad se llevó a cabo una selección de conceptos o "voces" representativas de las ciencias sociales asociadas con el análisis político.

Para garantizar el rigor científico de la investigación se integró un comité de arbitraje internacional formado por los profesores doctor Jeffrey C. Alexander de la Universidad de California-Los Ángeles, Estados Unidos; doctor Raffaele De Giorgi de la Universidad de Lecce, Italia; doctor Manuel Alcántara de la Universidad de Salamanca, España; doctor Pier Paolo Portinaro de la Universidad de Turín, Italia, y la doctora Soledad Loaeza de El Colegio de México. A todos ellos nuestro público reconocimiento por su cordial disponibilidad.

Resulta también importante mencionar el generoso apoyo de las instituciones que financiaron el proyecto de investigación como el Consejo Nacional de Ciencia y Tecnología (Conacyt) y la Facultad Latinoamericana de Ciencias Sociales, Sede México (Flacso), así como del Fondo de Cultura Económica y la Fundación Alemana Heinrich Böll, las cuales apoyaron la publicación de esta obra colectiva que tuvo como característica básica el respeto al espíritu crítico de la pluralidad de los puntos de vista de los diferentes autores.

Por otro lado, deseamos agradecer la colaboración de los doctores Cecilia Bobes, Osmar Gonzales y Rodolfo Macías, quienes apoyaron en la investigación documental, así como a la licenciada Rita Valenzuela, que cuidó la edición de las colaboraciones, y a Edith Pineda por el apoyo logístico.

Los compiladores

Introducción

Nuevos fenómenos, desafíos y dilemas políticos permiten constatar la necesidad de renovación que tienen las ciencias sociales hoy en día. La denominada crisis de las ideologías y de los proyectos de transformación social, así como los procesos de globalización y la reivindicación de nuevos derechos e identidades de las minorías que se han producido durante los últimos tiempos, han generado colateralmente un eclipse de los puntos de referencia tradicionales para el análisis de la política. Los científicos sociales requerimos explicar las nuevas realidades con instrumentos metodológicos y conceptuales innovativos que den cuenta de la creciente complejidad. Hoy, la política necesita de un nuevo léxico y, más concretamente, de un nuevo léxico para la democracia. El *Léxico de la política* tiene por objetivo analizar el estado actual y la vigencia de los paradigmas politológicos en las ciencias sociales. Para tal efecto, propone el estudio de una selección de nuevas categorías y conceptos que aparecen en el análisis de la política. Aunque el *Léxico de la política* no tiene las pretensiones exhaustivas de un diccionario, el conjunto de conceptos que lo integran ha sido elegido con sumo cuidado para dar vida a un instrumento de consulta dirigido a quienes se interesan por la política. La obra está integrada por más de un centenar de voces, cada una de las cuales fue desarrollada por reconocidos especialistas en la materia, quienes, además de ofrecer definiciones, exponen el itinerario de discusiones y debates teóricos que los distintos conceptos han generado, así como las nuevas líneas de investigación que es posible derivar de tales conceptos asociados al análisis de la política. Lo anterior otorga a la obra una pluralidad de enfoques y de perspectivas de investigación representativas de las ciencias sociales en el nuevo siglo. El *Léxico de la política* requirió un equipo de trabajo interdisciplinario e interinstitucional. La mayoría de los autores son profesores o investigadores de universidades e instituciones públicas y privadas de distintas partes del mundo. El objetivo es propiciar una reflexión pública y democrática a propósito del análisis de la vida social y política de nuestro tiempo. El *Léxico de la política* aborda las transformaciones que han experimentado algunos conceptos de la política en las ciencias sociales durante los últimos años. El diálogo e intercambio de ideas entre los diferentes puntos de vista y tradiciones de investigación en el estudio de la política se llevó a cabo como un proyecto interdisciplinario que debe evaluarse por su capacidad explicativa frente a una nueva realidad heterogénea y pluralista. El debate de ideas permitió comprobar que el contenido de los conceptos de las ciencias sociales no sólo ha cambiado sino que también han aparecido nuevos conceptos que deben ser analizados de manera innovativa para contribuir a la construcción de explicaciones sobre la realidad política, social, cultural y económica de nuestras sociedades. En el libro se exponen ideas y se plantean problemas. La intersección de diferentes puntos de vista brindó una pequeña lección: respetando la diferencia podremos ser más democráticos. El diálogo es una de las bases de la política entendida como forma de acción y de saber que tiene por objeto la vida de la ciudad y de los ciudadanos, así como el respeto de las ideas de los otros.

ADMINISTRACIÓN PÚBLICA

Omar Guerrero Orozco

Definición

La voz *administración pública* enuncia la existencia de una relación social desarrollada en una etapa de la historia, que comienza con la irrupción de los regímenes constitucionales y la extinción del Estado absolutista. El fenómeno que le precedió, y del cual conserva una gran herencia, tuvo una denominación distinta: se llamaba *policía*.

Antecedentes del concepto de administración pública

Los fenómenos políticos han sido tema de gran interés para la administración pública desde que estaban activos Platón y Aristóteles. Sus obras clásicas, tituladas respectivamente *Politeia* y *Política*, tratan de la *polis*, entonces referida al Estado y la ciudadanía. Ambos términos, *política* y *politeia*, permanecieron en la civilización occidental como herencia de la cultura helénica. Entre los griegos, la *política* denotaba las cosas inherentes a la *polis*, en tanto que *politeia* significaba la organización gubernamental específica en ella instituida.

La cultura románica asimiló la *politeia*, la transformó en *politia* y la heredó a los idiomas europeos como *policía*, *police*, *Policey* y *policy*, respectivamente en español, francés, alemán e inglés.

En Alemania, a mediados del siglo XVIII, Juan Enrique von Justi refirió que la voz *Policey* tenía dos sentidos: uno estricto y otro lato. El primero "comprende todo lo que puede contribuir a la felicidad de los ciudadanos, y principalmente a la conservación del orden y de la disciplina, los reglamentos que miran a hacerles la vida más cómoda, a procurarles las cosas que necesitan para subsistir". En el segundo significado,

> [...] se comprende bajo el nombre de policía, las leyes y reglamentos que conciernen al interior de un Estado, que tiran a afirmar su poder, a hacer un buen uso de sus fuerzas, a procurar la felicidad de los súbditos; en una palabra: el comercio, la hacienda, la agricultura, el descubrimiento de minas, las maderas, los bosques, etcétera, atendiendo que la felicidad del Estado depende de la inteligencia con que todas estas cosas están administradas.[1]

Esta última acepción dio origen a la *ciencia de la policía (Policey-Wissenschaft)* como eje de los estudios administrativos, que entonces se conocían como *ciencias camerales*. La ciencia de la policía fue aquella disciplina cuyas enseñanzas estaban destinadas a preparar a los estadistas y funcionarios públicos para comprender el modo en que se podía incrementar el poder del Estado y acrecentar sus fuerzas interiores. La ciencia de la policía se siguió cultivando en Alemania hasta bien entrado el siglo XIX. El libro de Robert von Mohl, *La ciencia de la policía (Die Policey-Wissenschaft)*, cuya primera edición se remonta a 1832, volvió a imprimirse en 1866.[2] Sin embargo, la disciplina se encontraba en vías de extinción, pues ya estaba activo Lorenz von Stein cuya obra, *Teoría de la administración (Die Verwaltungs-Lehre)*, se había comenzado a publicar en 1864.[3]

Sin embargo, el tránsito de la policía hacia la administración se había iniciado hacia finales del siglo XVIII, tal como es observable en Francia en vísperas del desplome del absolutismo. Empero, la voz administración no se ha independizado del contenido de policía, que aún se preserva plenamente. Un autor anónimo explicaba en 1786 que

> La *administración* [...] es esa dirección general que mantiene el orden de la sociedad política. Se relaciona con la naturaleza y principio del gobierno que busca establecer o restablecer. Es relativa a la situación física del país, a su clima frío o caliente, al temperamento de los habitantes y a la calidad de las tierras. Ella está interesada por la grandeza del país, por su producción y riqueza, así como por el genio del pueblo, por sus costumbres y maneras, y por las artes, comercio e industria de sus habitantes [anónimo, 1786: 1].

El concepto actual de la voz *administración pública* hubo de esperar hasta la emergencia de los regímenes constitucionales, cuando en 1808 Carlos Juan Bonnin le

---

[1] Johann Heinrich Gottlob von Justi, *Grunsätze der Policey-Wissenschaft*, Verlang der Vittwe Vandenoef, Gotinga, 1756, p. 4. Esta obra fue traducida al francés como *Elèmens Gènèraux de Police* (París, chez Rozet, Libraire, rue S. Severin, a la Rofe d'or, 1769) y al español como *Elementos generales de policía* (Barcelona, por Eulalia Piferrer, Viuda, Impresora del Rey nuestro Señor, Plaza del Ángel, 1784).

[2] Robert von Mohl fue el último gran cultivador de la vieja ciencia alemana de la *Policey*. Su libro se tituló en alemán *Die Policey-Wissenschaft*, 3 t., Verlang der H. Laupp'fchen Buchhandlung, Tubinga, 1866.

[3] Lorenz von Stein es el primer tratadista de la ciencia de la administración en Alemania. El título de su obra en alemán es *Die Verwaltungs-Lehre*, 10 vols., Verlang der F. G. Gottafchen Buchhandlung, Stuttgart, 1864.

dio un contenido distinto al de la policía (Bonnin, 1834: 89).[4] Al referirse a esta última —a la que Bonnin ya le atribuía el sentido de seguridad pública—, explicó que "es fácil conocer que la policía de que se trata no es aquella inquisición política obra del absolutismo, monstruo alimentado y formado con una predilección particular por las monarquías europeas". Se había extinguido el uso de policía como ciencia y arte del gobierno en las sociedades absolutistas de Europa occidental, usándose desde entonces la noción de administración pública como propia de un Estado basado en los derechos del hombre y el ciudadano.

Atendiendo a sus raíces grecolatinas, tanto en lo tocante a la *Polis* como a la *Politeia*, resulta evidente que la administración pública está caracterizada por atributos propiamente estatales. Dicha administración, por principio, es una *cualidad* del Estado y sólo se puede explicar a partir del Estado como organización política de la sociedad.

Aunque esa cualidad comprende un conjunto complejo de atributos, el carácter distintivo de la administración pública consiste en la capacidad del Estado para producir la utilidad común, que a partir del siglo XVIII se proyectó a través del desarrollo de la sociedad, tal como lo explicó un pensador: "la administración, propiamente dicha, se opone a la justicia civil, penal o administrativa; ésta protege al derecho turbado, aquella busca y realiza lo útil" (Blunstchli, 1879: 301). El objeto de la administración pública consiste en facilitar el desarrollo libre y perfecto del hombre en su singularidad, pero tal desenvolvimiento está condicionado por el grado de comunidad cooperante que pueda alcanzar una sociedad. Lorenz von Stein (1897) explicó que la prosperidad de la singularidad humana depende directamente del "subsidio" que le ofrece la colectividad. Ese subsidio es la materia prima con que trabaja la administración pública.

Tal como lo adelantamos, la primera conceptuación científica de la administración pública bajo su nuevo rótulo fue formulada en 1808 por Carlos Juan Bonnin. Éste entendía que la "administración [es] la que forma la acción propiamente del Estado [...], abraza todo lo que constituye las relaciones de los administrados con el Estado, dentro del interés del orden social" (Bonnin, 1834: 88). La administración no es un mero instrumento, pues está dotada de autoridad; pero no se trata de una autoridad ordenante, sino ejecutiva. Es pasiva como voluntad, pero activa como ejecución: "gobernar es dirigir, ordenar, supervisar; administrar es obrar directamente" (Bonnin, 1834: 88-89).

Con base en las ideas precedentes, Carlos Juan Bonnin formuló la primera definición de administración pública, que sigue siendo vigente:

> La *administración pública* es la autoridad común que [...] ejecuta las leyes de interés general que se estatuyen sobre las relaciones necesarias de cada administrado con la sociedad, y de la sociedad con cada uno de ellos; así como sobre las personas, los bienes y las acciones, como interesantes al orden público [Bonnin, 1834: 91].

Historia, teoría y crítica

Idea de administración

Tal como es observable, la voz administración pública está integrada por dos palabras: administración y pública. Comencemos con la primera.

Etimología: La voz *administración* tiene el mismo significado en los idiomas derivados del latín. Dicha voz tiene una exacta correlación con el fenómeno conceptuado, lo que puede observarse evocando sus raíces: deriva de la voz latina *administratio*, que está compuesta por *ad* (a) y *ministrare* (servir, cuidar), y era empleada entre los romanos para referir el acto o la función de prestar un servicio a otras personas. La raíz de la palabra *administratio* es el vocablo *ministrare*, que emana del sustantivo *minister* ("el que sirve o ayuda"). *Minister*, a su vez, proviene de *minis*, voz referida a lo "menor", como contraste de *magis*, lo "mayor". Por consiguiente, el *minister* era el funcionario subordinado a la autoridad del *magister*, y su tarea se circunscribía a la realización de funciones subalternas. En suma, *administrare* significaba entre los romanos la satisfacción de las necesidades de la sociedad mediante un esfuerzo adicional por parte de los oficiales: *ad ministrare*.

El término administración se usaba corrientemente dentro de los asuntos de gobierno en Roma mucho antes de que Bonnin definiera la voz. La evidencia más nítida que se conoce se debe a Sexto Julio Frontino, un funcionario romano que estuvo a cargo de la gestión del agua potable de la ciudad. En un documento donde describió sus labores, que se remonta al año 70 d.C., Frontino explicó que estaba desempeñando una función delegada por el emperador, cuyo objeto era la administración (*administratum*) de los acueductos de Roma.[5]

Desde su origen y hasta el siglo XVII, lo *administrativo* estuvo confundido con otras materias gubernativas como la justicia, la economía y las finanzas. Por este motivo, cada organización del gobierno tenía una índole plurifuncional y realizaba al mismo tiempo actividades administrativas, jurisdiccionales y financieras. Hacia el siglo XVIII, un movimiento administrativo conocido como *cameralismo* inundó a Europa e incitó una formidable fuerza intelectual de definición de lo propiamente administrativo a través de la policía, después llamada administración pública. Un pensador explicó que "*administrando* se lleva con regularidad [con] los servicios públicos. Estos servicios determinan la materia administrativa [...] los servicios públicos que determinan la materia administrativa corresponden a las diversas necesidades sociales colectivas o individuales" (Oliván, 1843: 44).

La idea de lo público

La administración pública hunde sus raíces en el seno de la sociedad y está preñada de naturaleza social. Bonnin explicaba que

> la administración es una consecuencia natural del estado social, como éste lo es de la sociabilidad natural del

---

[4] Jean Charles Baptiste Bonnin, *Principes d'administration publique*, 3 vols., Renaudiere, Imprimeur-Libraire, París, 1812. (La primera edición apareció en 1808.)

[5] Frontin, *Les Aqueducs de la Ville de Roma*, Societé d'edition Les Belles Lettres, París, 1944, p. 1. Se trata de una edición bilingüe en francés y latín.

hombre; su naturaleza es un resultado de la comunidad, pues desde el momento en que existe el pacto social hay administración; así es que siempre encontramos la naturaleza, hasta en el despotismo. Es, pues, evidente que la administración no toma su principio en convenios humanos, sino que es un fenómeno procedente de la existencia misma de la sociedad, sin que los convenios o leyes sirvan más que para organizarla, es decir, para determinar su modo de existir, pues su existencia procede de los mismos principios que la sociedad [Bonnin, 1834: 14 y 37].

Tal es la razón por la cual el orden jurídico no instituye a la sociedad ni a la administración pública, sino solamente establece su organización. Debido a que la administración pública debe su vida al proceso social, dichas leyes únicamente le dan su impulso vital en determinada dirección.

Etimología: La voz *pública*, igual que el vocablo *política*, tienen la misma raíz etimológica: ambas palabras proceden de la raíz *pul* (multiplicidad, amplitud); de esta misma derivó en el griego la palabra *polis* (ciudad, Estado), origen del concepto de política, y en el latín *populus* (pueblo), que es un sustantivo producido por la reduplicación de la voz *pul*. El sustantivo *populus* se adjetivó en *puplicus* y luego en *publicus*, de donde derivó la palabra público. Así, política y pública, además de este parentesco etimológico, tienen un significado conceptual común: ambas se refieren a lo colectivo, lo comunitario.

Es la palabra *pública* la que define el campo de problemas y responsabilidades de la administración pública, que es más que una técnica y dirección eficientes, pues se interesa primordialmente por los problemas de la sociedad.

Palabras afines con administración

Hay varios vocablos que suelen usarse como sinónimos, parientes cercanos o sustitutos de administración. Nos referimos a manejo (*management*), dirección, gestión, gerencia, ejecución, implementación y *policy*.

Manejo (*management*). Usamos la voz inglesa *management* en su traslado más literal al español, pero probablemente con mayor rigor conceptual. Ramón Alvarez Martínez, quien en 1928 tradujo la obra *The Principles of Scientific Management* de Frederick Taylor, la tituló *Principios del manejo científico*. En efecto, la palabra *management* fue vertida al español como *manejo*, atendiendo la tradición española que se refería al manejo de los negocios hacendarios y al manejo de los negocios privados, según fueron empleados por Diego Saavedra Fajardo y José de Jovellanos, respectivamente (Taylor, 1928).

En el siglo XVIII, la voz *management* (o *managery*) ya había madurado hacia la connotación actual. Originalmente estaba referida al manejo o doma de caballos (*to manage an horse*), luego se convirtió en un sinónimo de administración (Littleton, 1723). Hacia finales del siglo señalado, *management* se traducía al español como manejo o administración, y aún continuaba refiriéndose al manejo o doma de caballos (Baretti, 1786: 247). De manera similar, a mediados de esa centuria, en francés se traducía como *méniement*, *governer* y *administration*; igualmente, *manager* se trasladaba como *directeur* (Boyer, 1756: 358). Según las fuentes citadas, mientras que en el Reino Unido la voz *management* se usaba como una categoría gubernamental, en España y Francia se utilizaba el vocablo administración.

La categoría *management* fue conceptuada primigeniamente dentro del emergente estudio de la administración pública estadunidense, y ella constituirá una de sus venas más nutritivas. La voz *manejo* es usada dentro de la más pura tradición angloamericana, utilizándose como una opción a la tradición jurídica representada por Woodrow Wilson, Frank Goodnow y William Willoughby. El progenitor intelectual del término es Leonard White, autor del primer texto en la materia. En efecto, en su obra *Introducción al estudio de la administración pública*, White se propuso sentar bases no jurídicas para el estudio de la administración pública en los Estados Unidos, pues asumió que ella debe descansar más en el manejo que en el fundamento de la ley, pues además, todavía en 1926, era un arte que apenas se introducía en el terreno de la ciencia (White, 1926: VII-VIII). Fiel a esta visión, el texto se propuso estudiar la organización, el personal, las finanzas y el control, que constituyeron la división original del manejo.

Inspirado en el estudioso británico Oliver Sheldon (*Philosophy of Management*), de quien toma una frase feliz referida al desarrollo reciente del manejo como una profesión, White definió a la "administración pública como el manejo (*management*) de hombres y materiales para lograr los propósitos del Estado" (White, 1926: 2). White declaró que había minimizado deliberadamente los aspectos jurídicos de la administración pública, enfatizando su fase *managerial*, pues ella trata de la conducción de los negocios del gobierno de manera similar a como se hace en otras organizaciones, como una empresa comercial, un centro educativo o una iglesia, donde el buen manejo se juzga como un elemento esencial para el éxito.

Hoy en día, *management* suele ser traducida al español como gerencia, lo cual constituye una solución conceptual adecuada, aunque semánticamente se puedan expresar legítimas reservas.

Dirección. La palabra *dirección* es usada en español para hacer referencia al proceso de gobernar, con el significado de mandar, regular y conducir; igualmente, implica manejar o administrar. La palabra se refiere a las funciones inherentes al gobierno y está emparentada con los vocablos *rex*, *regere* y *regulatio* (Nurock, s. f.: 38). En efecto, inicialmente la voz *dirección* acompañaba al concepto de gobierno. Para Carlos Juan Bonnin, el gobierno significaba "la autoridad creada para dar movimiento al Estado (cuerpo político) y una dirección común a todos los individuos para la ejecución de las leyes" (Bonnin, 1812: t. I, 85).

Posteriormente, la voz *dirección* fue subordinada al concepto de administración y asimilada como una de sus etapas. Sin embargo, hay versiones que la conciben como cualitativamente diversa de la administración y dotada de caracteres distintivos. William Willoughby explicó que se debe distinguir el trabajo involucrado en la conducción, supervisión y control de las operaciones, y la realización de las operaciones mismas. La primera es la función de dirección; la segunda, de administración (Willoughby, 1937: 39-63).

Gestión. La voz *gestión* es usada generalmente como sinónimo de administración. Su origen se remonta a la palabra latina *gestio-onem*, de modo que el gestor es un procesador, un hacedor de acciones. Aludiendo a la necesidad de relacionar el estudio de la vida y la estructura de la sociedad con el orden de las ideas y el significado de las palabras, Alejandro Oliván expresó en 1843 que la administración era el cuidado de la cosa pública, una "gestión de responsabilidad" (Oliván, 1843: 6).

Gerencia. El vocablo *gerencia* deriva de la voz latina *gerere*, que significa dirigir, mandar. Debido a que constituye la capacidad de ordenar, se le suele identificar con *management* y dirección. En su origen, la palabra administración se refería exclusivamente a la administración pública; no fue hasta la aparición de la obra de Henri Fayol, en la segunda década del siglo XX, cuando tal vocablo se comenzó a usar para significar también a la administración de las empresas privadas. Sin embargo, en tanto que el vocablo *government* fue adecuadamente traducido al francés como administración, la versión española de la voz *government* podría no serlo: significando gobierno, se vertió al español como gerencia. Fayol explicó en la versión francesa de su obra que era muy importante no confundir la administración con el gobierno, pero no mencionó a la gerencia: la función del gobierno es conducir a la empresa y asegurar la marcha de sus seis funciones (prever, organizar, mandar, coordinar, controlar y *administrar*) (Fayol, 1931: 13-14). Quizá para la empresa privada sonó exótico el vocablo gobierno y por ello se optó por *gerencia*, que ciertamente es un sinónimo por cuanto significa mando y establecimiento del orden.

Ejecución. Existe una sinonimia entre administración y *ejecución* (Willoughby, 1937). Willoughby intentó diferenciar ambos términos. En su entender, la ejecución es la función de representar al Estado como un todo y cuidar que sus leyes sean obedecidas por las diferentes partes que lo integran; implica la facultad de tomar decisiones trascendentales con referencia a la dirección de los asuntos públicos. La ejecución vela porque se lleven a efecto debidamente las líneas de acción establecidas. La administración, en contraste, es la función de aplicar el derecho y no significa la formulación de decisiones de carácter político. Las funciones de la esfera administrativa consisten únicamente en la realización de las órdenes (Willoughby, 1947: 219-220).

Implementación. Dos autores, con base en el *Diccionario Webster* (edición de 1969), reproducen el significado de la voz *implementación: 1) "Implement* (fr. *implementum*, acción de llenar; fr., *implere*, rellenar, terminar (fr. *in + plere*, rellenar) + *mentum-ment*, más, completo)" *2) "Imp-ple-ment:* llevar a cabo, acabar, cumplir con; esp. dar efecto práctico a, asegurar la realización real por medidas concretas". También se refieren al *Roget's Thesaurus of English*, en el cual *to implement* significa producir, hacer, llevar a cabo, ejecutar, desempeñar, realizar, acompletar, completar, efectuar, realizar y aproximar (Pressman, 1984).

La implementación es una categoría muy bien definida ante el concepto más general de administración. En tanto que ésta parte de cero, pues su principio es un acto jurídico inmaterial que ella habrá de materializar, la implementación arranca desde algo comenzado, pues supone un principio, un movimiento ya iniciado. Sin una acción comenzada no hay lugar para la implementación, pues supone el punto final, la culminación de una meta. La implementación no puede ser concebida como exitosa o fracasada sin una meta contra la cual se pueda juzgar (Pressman, 1984: XXII).

Implementación significa el desarrollo de una habilidad para realizar las consecuencias previstas desde las condiciones existentes. A partir de la creación de las condiciones iniciales, que corresponde a la legislación aprobada establecer a través de compromisos, y a la administración ponerlas en movimiento, la implementación asegura el resultado previsto. La implementación no está determinada por su aptitud para iniciar, sino por su potencial para seguir. Como ha sido explicado por los dos escritores citados, "el mundo está lleno de propósitos de *policy* que han abortado", no se puede terminar lo que no ha comenzado, y "las lagunas de implementación pueden referirse no a la falla para iniciar, sino a la inhabilidad para seguir adelante" (Pressman, 1984).

Policy. En el Reino Unido, durante el siglo XVIII, la antigua *politia* se había bifurcado en dos vocablos: *police* y *policy*. Adam Smith, quien en 1763 impartía lecciones sobre justicia, policía, ingresos y armas en la Universidad de Glasgow, iniciaba la cátedra del segundo tema explicando a sus alumnos que "la policía [*police*] es la segunda división general de la jurisprudencia. El nombre es francés y originalmente derivó del griego *politeia*, que propiamente significaba la *policy* del gobierno civil [*policy of civil government*]; pero ahora sólo implica las regulaciones de las partes interiores del gobierno, a saber: salubridad, seguridad y economía o abundancia".[6]

Mucho tiempo después se volvió a usar *policy* en un sentido similar al de Smith: en 1921, W. H. Moreland señaló que la *policy* decide sobre los objetivos que deben ser alcanzados por la administración, en tanto que la ciencia de la política *(politics)* trata sustancialmente con los métodos por los cuales se formulaba la *policy* pública *(public policy)* (Moreland, s. f.: 414-415).

En el *Diccionario Littleton*, antes citado, la palabra *policy* se usa como sinónimo de *politia*, en latín. Pero no se menciona la voz *police*.

El cultivo académico de *policy* en los Estados Unidos se desarrolló originalmente en el seno de las cátedras y textos de administración pública. En 1937 se introdujo su estudio en la Escuela Graduada de Administración Pública en Harvard y, hacia 1940, con base en esta experiencia, se formó un comité interdisciplinario dedicado al desarrollo curricular de la nueva disciplina. Uno de sus mejores productos fue el libro de Harold Stein, que comenzó a utilizarse como texto en 1952 (Stein, 1952). En paralelo, también en fecha temprana se escribieron otros libros en los cuales se hace énfasis en los vínculos entre *policy* y administración pública. El más importante es de Paul Appleby (Appleby, 1949).

Pero la individualización moderna del concepto de *policy* se debe a Carl Friedrich. Él explicó que cuando individuos o grupos ganan o pierden poder en un ámbito determinado, hay política; cuando un acto o propuesta de acción de un funcionario se orienta al interés

---

[6] Para sustentar sus lecciones, Adam Smith citaba el *Diccionario* del señor Johnson, publicado en 1755. Decía que Johnson describía a la *Police* como una palabra que provenía originalmente del francés, en tanto que *policy* emanaba de *politeia*. Definía a la *police* como "la regulación y gobierno de la ciudad o país, así como el cuidado de los habitantes", y a la *policy* como "el arte del gobierno, principalmente con respecto a los poderes externos" (Smith, 1763: 154-259).

público, hay administración. Esta misma situación lleva a la definición de *policy* como el "término referido a las decisiones acerca de lo que se hace o no se hace en situaciones dadas" (Friedrich, 1940: 3-23). Las funciones legislativas constituyen decisiones de *policy*, de modo que la hechura de *policy (policy-making)* se considera cada vez menos como parte de la administración pública, aunque es parte afín, al tiempo que la ejecución le corresponde plenamente.

Tocó a Harold Lasswell fundar en 1951 las ciencias de *policy*, de mayor trascendencia. Surgieron con el propósito de dar respuesta a cuestiones planteadas en la posguerra, como la interpretación de los hechos como fuente de los procesos de toma de decisiones gubernamentales y los métodos más promisorios para identificarlos e interpretarlos. "La orientación de *policy* ha sido desarrollada para cortar a través de las especializaciones existentes" (Lasswell, 1951: 3-15). Esta orientación se enfocó a dos aspectos del comportamiento gubernamental: por un lado, se puso el acento en el proceso de la *policy*; por el otro, en las necesidades de información requeridas en su configuración. El primer acento se refiere a la hechura de la *policy*, para lo cual se introdujo la metodología de investigación social y la psicología. El segundo acento se centró en la provisión del contenido concreto de la información y las interpretaciones accesibles a los hacedores de la *policy*.

Líneas de investigación y debate contemporáneo

Para finalizar, hacemos una exposición sumaria del *estado del arte* en administración pública, que ha seguido cinco líneas de desarrollo:
1. Exploración consciente de su situación epistemológica.
2. Recuperación de su identidad primigenia, desarrollando un prospecto de integración continental y trasatlántica.
3. Reencauzamiento de la mutua sustentación entre la política y la administración.
4. Rescate de los valores de la justicia, el derecho y la ética.
5. Configuración del "estado de cuenta" del manejo público *(public management)*, como un paradigma alterno a la administración pública.

Todavía a finales de los años ochenta el estudio de la administración pública estaba fundado en el antiguo paradigma racionalista. Sin embargo, gradualmente se han ido introduciendo las categorías de persuasión, argumento y evidencia como materia prima del proceso gubernamental. La invocación de las antiguas artes del discurso político a través del diálogo y una retórica puesta en sus verdaderos quicios constituyen marcos renovados del estudio de la administración pública, que de tal modo recupera sus fuentes dentro de la cultura política grecolatina. Esto ha dado pie a una noción renovada de lo *público*, donde lo gubernamental ha dejado de ser su sinónimo y lo gubernamental tiende a identificarse con lo burocrático. Nociones como la *nueva civitas*, ampliamente cultivadas en la literatura administrativa contemporánea, ilustran nítidamente el camino que se está siguiendo.

Hay que recalcar la recuperación del significado original de lo público, ahora desenvuelto más imaginativamente en los espacios de actividad colectiva que brotan con el advenimiento de una sociedad civil más vigorosa y móvil. Hoy en día, estos espacios han dejado de ser del dominio exclusivo del Estado, sujeto a una reforma profunda y radical que ya está abandonando los trazos fracasados del neoliberalismo; estos espacios de actividad colectiva se ensanchan hacia los ámbitos más variados y versátiles de nuevos agrupamientos humanos caracterizados por la participación civil y la autogestión social.

A través de la cultura cívica que trae consigo la estrechez de las relaciones entre la política y la administración pública, la antigua noción de esta última bajo el concepto del *Estado administrativo* deja suficiente espacio para acceder a la *administración de lo público*, a la administración del *Estado cívico*. Bajo la impronta cívica, la ciencia de la administración pública está creando nuevos programas de formación para una variedad de usuarios de la enseñanza universitaria provenientes de otros ámbitos de la vida pública, como los parlamentarios, los dirigentes de partidos políticos, los líderes de asociaciones civiles, los funcionarios judiciales, los servidores públicos encargados de los asuntos exteriores, los dirigentes de los sindicatos y todos aquellos que quieran ejercitar la labor de politólogos o de analistas de la *policy*. Incluso, puede extenderse hasta los ciudadanos comunes que conciben a la administración de lo público como un arte de la militancia cívica y como un deber de autoadministración colectiva o comunitaria, como una *nueva civitas*.

Aunque desarrollada con alguna ambigüedad, en años recientes volvió a florecer la categoría de manejo público *(public management)*. De añeja data, y expresando el flujo permanente de un "viejo vino dentro de una nueva botella", el manejo público fue observado por muchos colegas como una tabla de salvación para una vieja administración pública vituperada, demonizada y ninguneada por el neoliberalismo. Para otros colegas, formados en las filas de la administración privada, significó una ocasión para extenderse hacia los asuntos públicos y asimilar las no menos vetustas apreciaciones de una casa común para las dos administraciones. Así, el manejo público podía asimilar los aspectos compartidos de la administración pública y privada, y la segunda proveer de técnicas de gestión que pueden ser exitosas para la primera. Sin embargo, la quiebra del neoliberalismo y el vigor creciente de los temas políticos han dado fuerza a la noción tradicional de la administración pública, pero no han renovado sus contenidos.

El resultado que se espera, al parecer, es que el manejo público vuelva a ser un sinónimo de administración pública más que un paradigma alterno o una "revolución teórica" exitosa, a menos que se desarrolle a través de un campo altamente innovado de problemas científicos.

El estudio de la administración pública está dando un vigoroso impulso a los temas cívicos, los derechos humanos y la participación ciudadana. En la actualidad, la expansión de la democracia es patente en las diversas regiones del orbe. Una de sus manifestaciones más prístinas es el valor prioritario que se otorga a los derechos humanos, tanto en el ámbito nacional como en el contexto internacional. Como ejemplo, hay que destacar el requisito de la Comunidad Económica Europea para los países aspirantes a ingresar a ella de estar regidos por gobiernos ajenos a la dictadura y la violación de los derechos humanos. Hoy en día han proliferado por doquier las comisiones y corporaciones de promoción de los derechos humanos.

El auge planetario de la privatización —con el ascenso axiológico del individualismo, la ganancia y la competitividad, factores que propiciaron la desarticulación social— constituyó uno de los sucesos regresivos de la cultura cívica universalmente considerada. Sin embargo, en la década presente la situación ha tendido a transformarse de manera muy sensible. En los Estados Unidos, la Conferencia Minnowbrook II, una congregación académica de profesantes de la administración pública, sirvió de marco a la discusión de las líneas actuales del desenvolvimiento de la disciplina, el *estado del arte* y los efectos de los cambios mundiales. La equidad y la justicia social, uno de los temas relevantes, propició una revaluación de la ética, el civismo, la responsabilidad pública y los valores sociales. En varias ponencias se puso el acento en la necesidad de que la administración pública desempeñe un papel protagónico en la promoción de las responsabilidades y virtudes cívicas de los funcionarios y profesionales que laboran en su seno.

Hoy en día, en los libros y revistas estadunidenses, así como en los *curricula* universitarios, han sido recuperados los temas clásicos relativos a la democracia, la teoría política y la filosofía, y tienden a un desenvolvimiento muy vigoroso luego de que fueron relegados por un temario administrativo donde privaron los enfoques aplicados y el pragmatismo.

Los estudios sobre la administración pública en los Estados Unidos, así como en Europa y varios países iberoamericanos, están siendo enriquecidos con cursos de derecho constitucional y aspectos de las responsabilidades judiciales relacionadas con las funciones gubernamentales, los derechos cívicos y la ciudadanía.

BIBLIOGRAFÍA

Anónimo (1786), *L'Administration de Sebastien-Joseph de Carvalho et Melo, comte d'Oeryas, marquis de Pombal*, Amsterdam.

Appleby, Paul (1949), *Policy and Administration*, University of Alabama Press.

Baretti, Joseph (1786), *Dictionary English and Spanish*, 2 t., Printed for Piestre and Delamolliere, Londres.

Blunstchli, Gaspar (1879), *La Politique*, Libraire Guillaumin, París.

Bonnin, Jean Charles Baptiste (1812), *Principes d'administration publique*, 3 t., Renaudiere, Imprimeur-Libraire, París. [1808, edición original.]

——— (1834), *Compendio de los principios de administración*, Imprenta de José Palacios, Madrid.

Boyer, A., Dictionaire Royal (1756), *Francais-Anglais et Francais-Anglais*, J. Marie Bryset Libraire, Lyon.

Fayol, Henri (1931), *Administration industrialle et générale*, Dunod, París. [1916.] [En español: *Administración industrial y general*, Herrero Hermanos, México, 1969.]

Friedrich, Carl, "Public Policy and Nature of Administrative Responsability", en Carl Friedrich y Edward Mason (comps.) (1940), *Public Policy*, Harvard University Press.

Frontin (1944), *Les aqueducs de la Ville de Roma*, Societé d'edition Les Belles Lettres, París.

Justi, Johann Heinrich Gottlob von (1784), *Elementos generales de policía*, por Eulalia Piferrer, Viuda, Impresora del Rey nuestro Señor, Plaza del Ángel, Barcelona. Existe una versión reciente: Juan Enrique Justi (1996), *La ciencia del Estado*, Instituto de Administración Pública del Estado de México, México.

Lasswell, Harold (1951), "Policy Orientation", en Daniel Lerner y Harold Lasswell (comps.), *The Policy Sciences*, Stanford University Press.

Littleton, Adam (1723), *Lingua Latinae. Liber Dictionarius Quadripartitus*, Londres.

Mohl, Robert von (1866), *Die Policey-Wissenschaft*, 3 t., Verlang der H. Laupp'fchen Buchhandlung, Tubinga.

Moreland, W. H. (s. f.), "The Science of Public Administration", *Quarterly Review*, núm. 467, Londres.

Nurock, Max (s. f.), "The Etymology of Administration", *Public Administration*, núm. 4, Israel.

Oliván, Alejandro (1954), *De la administración pública con relación a España*, Instituto de Estudios Administrativos, Madrid. [1842.]

Pressman, Jeffrey, y Aaron Wildawsky (1984), *Implementation*, University of California Press, Berkeley.

Smith, Adam (1896), "Lectures on Justice, Police, Revenue and Armas", dictada en la Universidad de Glasgow por Adam Smith, dada a conocer por un estudiante en 1763, Clarendon Press, Oxford.

Stein, Lorenz von (1864), *Die Verwaltungs-Lehre*, 10 vols., Verlang der F. G. Gottafchen Buchhandlung, Stuttgart.

——— (1981), *Movimientos sociales y monarquía*, Centro de Estudios Constitucionales, Madrid. [1850.]

——— (1897), *La Scienza della Pubblica Amministrazione*, Unione Tipografico-Editrice, Turín.

Stein, Harold (1952), *Public Administration and Public Policy*, Harcourt, Brace and Company, Nueva York.

Taylor Wislow [Frederick] (1928), *Principios del manejo científico*, Ediciones de la Compañía Fundidora de Fierro y Acero de Monterrey, Editorial Cultura, Monterrey.

White, Leonard (1926), *Introduction to the Study of Public Administration*, The McMillan Co., Nueva York.

Willoughby, W. F. (1947), *The Government of Modern States*, Appleton-Century Co., Nueva York. [1919.]

——— (1937), "The Science of Public Administration", en John Mathews y James Hart (comps.), *Essays in Political Science*, The Johns Hopkins Press, Baltimore.

AUTORITARISMO

Soledad Loaeza

Definición

La noción de autoritarismo posee una connotación negativa que evoca un ejercicio excesivo o injustificado de la autoridad y, en algunos casos, un uso irracional o ilegítimo. Su valor para la descripción de regímenes políticos es limitado porque sugiere más carencias y limitaciones que rasgos distintivos firmes. No obstante, en la ciencia política contemporánea, sobre todo desde la década de los sesenta, la noción de autoritarismo registró un importante desarrollo conceptual a partir de la tipificación de arreglos institucionales y formas de gobierno cuyo común denominador era la primacía de las funciones de dominación sobre las de representación y participación. En este tipo de regímenes la coerción es fundamental para el mantenimiento de la estabilidad; pero, a diferencia de lo que ocurre en las dictaduras, no es su único apoyo, sino que también cuentan con el respaldo de justificaciones de orden ideológico, político o simbólico, que sustentan la resignación, el conformismo o la adhesión pasiva de amplios sectores de la población. Por ejemplo, experiencias de inestabilidad política prolongada —revoluciones, como la mexicana de 1910 a 1940— o de confrontación —como la guerra civil española de 1936 a 1939— prepararon el terreno para la instalación de regímenes autoritarios que estabilizaron las relaciones sociales recurriendo al control de la participación y a la desmovilización para poner fin a la violencia. A ojos de muchos, este objetivo bastaba para legitimar la instauración y el mantenimiento de un régimen antidemocrático.

A diferencia de las formas del gobierno democrático, que se fundamentan en un modelo ideal construido con base en valores absolutos y universales como la libertad y la igualdad, el origen de los regímenes autoritarios son situaciones concretas; por ejemplo, la modernización capitalista, la agudización de conflictos políticos o el deterioro económico en una experiencia democrática fallida; es decir, estos regímenes se definen a partir de una calidad esencialmente pragmática y se distinguen porque en ellos no tiene cabida la utopía aun cuando sus objetivos sean situaciones ideales. El concepto de autoritarismo designa en primer lugar lo que es, ofreciéndose implícitamente como una negación del deber ser, que es la democracia.

La vaguedad y la imprecisión de la categoría *régimen autoritario* también se explican porque ésta ha sido utilizada como un concepto relativo cuyas referencias apuntan, por una parte, a un modelo positivo y, por la otra, a uno negativo; el primero puede ser la democracia o la modernidad; el segundo, el totalitarismo o la tradición. Dadas estas características, dentro de la categoría de régimen autoritario cabe una amplia gama de experiencias, las cuales a su vez muestran rasgos variados; no obstante, algunos de ellos —por ejemplo, la centralización del poder, el control de la participación, el pragmatismo o la consecuente carencia de un componente utópico en la base de la estructura de poder— han servido para el ordenamiento de experiencias de organización política que son inasimilables a la democracia moderna, a las dictaduras o a las formas tradicionales de dominación.

Historia, teoría y crítica

Han sido categorizados como regímenes autoritarios desde el imperio de Napoleón III en Francia y la Alemania bismarckiana en el siglo XIX hasta la Turquía de Kemal Ataturk, la Persia del Sha Reza Pahlevi, el México posrevolucionario de la hegemonía del PRI, la España franquista posterior a los años cincuenta y la Argentina peronista en el siglo XX. Cada una de estas experiencias tiene características propias que las hacen incomparables; sin embargo, también comparten rasgos comunes que permiten al menos la identificación de analogías. El primero y más notable de ellos es la primacía del orden como valor político fundamental; pero es un orden que no depende del concierto de la voluntad general o del respeto a reglas de gobierno y de convivencia social universalmente aceptadas. Dentro de los regímenes autoritarios, el orden representa la piedra angular de la preservación de la sociedad y de su fiel reproducción a través del tiempo, y está sustentado en la prevalencia de estructuras tradicionales de control político; por ejemplo, una figura carismática, paternalista o tutelar de la autoridad pública, organizaciones corporativas, partidos únicos o instituciones jerárquicas como la Iglesia o la familia.

Las experiencias autoritarias antes citadas también se caracterizaron porque las élites intentaron reconciliar el conservacionismo social con ambiciosos proyectos de modernización económica impuestos; es decir, trataron de llevar a cabo revoluciones blancas, profundos cambios dirigidos en cuya orientación y ritmo no intervinieron más propuestas, intereses ni voluntades que las de esas mismas élites. El mantenimiento del orden social es una condición esencial en este tipo de proyectos porque garantiza la continuidad de la posición de privilegio de las élites modernizadoras en el diseño y puesta en práctica de las decisiones que guían el proceso de cambio. La importancia que se atribuye al orden y al monopolio político de las élites justifica la represión o la neutralización de las demandas de participación y representación de otros grupos sociales, pese a que también se ven afectados por estas decisiones.

Del supuesto anterior se desprende que la concentración del poder político es una segunda característica general común a los regímenes autoritarios. Ésta puede beneficiar a una sola persona —el emperador, el presidente de la república, el caudillo— o a una organización —normalmente a un partido político—. Sin embargo, en los regímenes autoritarios no desaparece la distinción entre élites políticas y económicas; de hecho, esa forma de organización del poder está asociada a economías capitalistas, o cuando menos mixtas, esto es, no engloba a los regímenes socialistas. Lo distintivo del ejercicio del poder en el arreglo autoritario es que el Ejecutivo ostenta una preeminencia absoluta —frecuentemente de orden carismático— en relación con cualquier otra instancia de gobierno, y goza de una amplia autonomía frente a cualquier otro actor político poderoso, como pueden ser las élites económicas, sindicales o sociales.

La asociación entre experiencias de modernización dirigida y regímenes autoritarios quedó firmemente establecida en la teoría de la modernización que se desarrolló en la ciencia política después de la segunda Guerra Mundial, y que buscaba identificar las líneas históricas de transformación de las democracias capitalistas con el fin de reconstruir y conceptualizar trayectorias discernibles de cambio, que a su vez servirían de modelo para las sociedades que aspiraban a la modernidad. La identificación entre modernización y autoritarismo no resolvió las debilidades conceptuales de esta noción ni la imprecisión de la categoría de régimen autoritario, sino que, por el contrario, las agravó. Muchos de los autores que llevaron a cabo el análisis y la reconstrucción de procesos modernizadores partían del supuesto de que entre los dos polos que representaban, por una parte, la sociedad tradicional y, por la otra, la sociedad moderna existía un *continuum* que transcurría por etapas. El autoritarismo podía ser una de ellas. De esta manera, los regímenes autoritarios adquirieron una calidad transicional, indeseable pero necesaria, y con ello ganaron cierta respetabilidad; es decir, constituían un paréntesis en que el presente antidemocrático se justificaba como vía hacia un futuro democrático.

El hecho de que las experiencias autoritarias estuvieran acompañadas de proyectos exitosos de modernización imprimió a estos arreglos una apariencia de eficacia que se convirtió en una poderosa justificación. Los regímenes autoritarios no podían reclamar la legitimidad democrática que otorga la competencia electoral y el sufragio universal; sin embargo, podían aspirar a que se les reconociera lo que dio en llamarse la legitimidad por gestión, que se derivaba de su eficacia en el mantenimiento del orden público, el desempeño de las funciones administrativas del Estado y la transformación de la economía. Así, la estabilidad de un arreglo antidemocrático se explicaba como una condición pasajera; no obstante, desde una perspectiva analítica, la sobresimplificación implícita en el planteamiento básico del *continuum* tradición-modernidad restó especificidad a este tipo de regímenes.

Los regímenes autoritarios no están asociados únicamente con proyectos de modernización, sino que se han presentado también como soluciones temporales a situaciones de crisis agudas en las que la confrontación entre fuerzas políticas antagónicas hace imposible el funcionamiento de las instituciones democráticas. Desde esta perspectiva, el autoritarismo es una salida para la situación caótica que se presenta en un régimen democrático fallido. En este caso, el régimen autoritario no es una propuesta elitista de cambio, sino un remedio de urgencia en una situación de deterioro continuo. El régimen autoritario se justifica nuevamente como un paréntesis; pero en este caso su función primordial es estabilizar las relaciones políticas, disolver los antagonismos y superar una coyuntura de ruptura en la que los mecanismos de negociación democrática son insuficientes para reconciliar los diversos intereses en conflicto. Los autoritarismos que se establecieron en Polonia, Hungría o Austria entre las dos guerras mundiales representan un ejemplo de experiencias de este tipo. El establecimiento de la democracia parlamentaria en esos países al término de la primera Guerra Mundial fracasó porque el pluralismo político degeneró en fragmentación. La poca disposición de las élites tradicionales y de los nuevos actores políticos que se formaron en el orden liberal para llegar a un acuerdo produjo inestabilidad y enfrentamientos que únicamente pudieron superarse con la imposición de una fórmula autoritaria, uno de cuyos principales aspectos era el control de la participación. Cuando las fórmulas autoritarias han estado asociadas con situaciones de confrontación también se han identificado con la defensa de la nación y han encontrado apoyo en los nacionalismos; se cree que son un mecanismo para poner fin a los antagonismos que han provocado, o podrían provocar, una guerra civil. En estos casos, la concentración del poder político se justifica en nombre del valor supremo del orden y de la necesaria superación de las diferencias internas de la sociedad. Éstas son denunciadas como fuente de fragmentación artificial en un cuerpo social, cuya reconciliación queda en manos del líder carismático o del partido, los cuales, a su vez, encarnan a la nación.

En 1964 Juan J. Linz publicó un artículo titulado "Una teoría del régimen autoritario: el caso de España" que buscaba delimitar el concepto y, con ello, aumentar su utilidad analítica. Este trabajo era distinto de todo lo que hasta entonces se había escrito sobre el tema porque por primera vez se reconocía la especificidad del régimen autoritario como un arreglo institucional consolidado. Este trabajo tuvo una influencia amplia y prolongada en los esfuerzos de categorización de regímenes en América Latina que en el pasado eran vistos simplemente como dictaduras, o bien como regímenes excepcionales que escapaban a las clasificaciones establecidas. Éste era el caso en particular del régimen posrevolucionario mexicano, el cual era citado con frecuencia como un ejemplo que ameritaba un tratamiento especial.

Este artículo de Linz señala que estos regímenes no son fórmulas de transición, sino que se trata de arreglos institucionales que tienen características propias y bien definidas; de esta suerte, plantea la necesidad, y la posibilidad, de estudiar estos regímenes en sí mismos. Aunque el autor no abandona los dos referentes básicos de democracia y totalitarismo, en cierta forma modifica el énfasis que habían recibido. Antes, la categorización del autoritarismo partía de su carácter no democrático como premisa fundamental de la definición. Linz, en cambio, describe y analiza los rasgos antidemocráticos de estos regímenes; al subrayar sus diferencias con el totalitarismo construyó un modelo positivo del régimen autoritario, le imprimió un contenido específico y fortaleció su capacidad explicativa.

Con base en la observación y el análisis de la organización y el funcionamiento del régimen franquista, Linz diseña un tipo ideal que recoge muchos de los elementos presentes en ejercicios anteriores: la concentración del poder, la impunidad de quienes lo ejercen, la relación asimétrica entre gobernantes y gobernados, en la que éstos son tratados como sujetos y no como ciudadanos, y propone una sistematización. Con este fin, identifica en los regímenes autoritarios cuatro dimensiones: un pluralismo político limitado y no representativo; la existencia de mentalidades distintivas; una movilización política limitada tendiente a la no participación, y la concentración del poder en un líder o en un grupo reducido, quienes lo ejercen dentro de límites mal definidos pero predecibles. Cada una de estas dimensiones tiene su contraparte en los regímenes totalitarios, en los que un partido político único usurpa la posición y las funciones del Estado, y la élite concentra las distintas fuentes de poder —político, económico, cultural y social—. El régimen totalitario vive bajo el imperio de una ideología explícita y bien definida que introduce la rigidez que le es característica y que, al fijar las fronteras del pensamiento, los valores y los comportamientos sociales, es un eficaz instrumento de control del poder sobre la sociedad. Por otra parte, en los regímenes totalitarios la élite promueve una movilización intensa y sostenida, y ejerce el poder en forma arbitraria y absoluta, esto es, sin límites. Sin embargo, la arbitrariedad de la autoridad deriva del principio básico sobre el cual descansa toda construcción totalitaria: la negación de la existencia de fronteras entre el poder y la sociedad; además, dicho principio puede estar codificado, como ocurrió en el régimen nacionalsocialista en Alemania, el fascista en Italia o el socialista en la Unión Soviética.

Las implicaciones del modelo de Linz del régimen autoritario aparecen con mayor claridad si se tiene en cuenta la afirmación de Samuel P. Huntington de que la categorización de un régimen político depende no tanto de cómo gobierna sino de qué tanto gobierna. Según este autor, lo decisivo no son las formas de gobierno sino el grado de gobierno. Vistos desde esta perspectiva, los regímenes autoritarios también se distinguen de los totalitarismos y de las democracias porque su acción cotidiana no alcanza al conjunto de la sociedad. Esto es, de las cuatro dimensiones propias del autoritarismo se desprende que uno de sus fundamentos es el principio de exclusión, que garantiza la concentración del poder y un amplio margen de autonomía del poder en el proceso de toma de decisiones. En las democracias pluralistas, la vigencia de la representación y de la participación garantiza la inclusión de todos los ciudadanos en la vida política por la vía de las elecciones o de la negociación parlamentaria, que son los mecanismos mediante los cuales los gobernados ejercen control sobre la autoridad. En los regímenes totalitarios, la inclusión se pervierte en integración; la autoridad del Estado es omnipresente y éste reclama para sí una representatividad absoluta que sujeta a los ciudadanos a la voluntad general; es decir, los anula, y al hacerlo también suprime la diferencia entre lo público y lo privado. En los regímenes totalitarios el Estado penetra hasta en los últimos rincones de la vida del individuo; no regula únicamente sus actividades políticas o civiles, sino que acapara su entorno natural con la intención de satisfacer todas sus necesidades y curiosidades en el ámbito de la cultura, el deporte, las diversiones e incluso sus relaciones sociales. Las organizaciones del partido único son el instrumento de integración del individuo al poder. Una de las consecuencias del pluralismo limitado, propio de los regímenes autoritarios, es que la coexistencia de élites diferenciadas es la proyección de esferas igualmente diferenciadas de la vida social.

En los regímenes autoritarios el margen de discrecionalidad de las autoridades es muy amplio, pero lo será más cuanto menor sea el número de actores políticos y cuanto más extendida esté la indiferencia hacia estas decisiones, así como la creencia de que los actos de gobierno no afectan sino de manera oblicua la vida de los ciudadanos, y que es muy poco lo que éstos pueden hacer para influir sobre sus gobernantes. Por tanto, estos regímenes promueven el conformismo y la no participación, y rehúyen los compromisos ideológicos precisos y explícitos, así como la intensa movilización, a la que, en cambio, recurren de continuo los regímenes totalitarios.

El alcance limitado del poder político de los regímenes autoritarios tiene al menos dos implicaciones significativas: una se refiere al nivel de institucionalización, y la otra a los temas de la vida social y a los sectores de la población que afecta. Los regímenes totalitarios ostentan un aspecto de institucionalización consolidada; no obstante, en su funcionamiento ofrecen un violento contraste entre la autoridad personalizada y carismática del líder o los dirigentes partidistas y la extensión y profundidad del esfuerzo por organizar hasta los últimos resquicios de la vida del individuo. Mientras esto último se traduce en la existencia de un complejo aparato burocrático y una apretada red de normas y reglamentos, el ejercicio del poder es por definición discrecional y arbitrario, y no encuentra ningún obstáculo para imponerse a las decisiones de la burocracia o a procesos reglamentados. En los regímenes autoritarios, el líder carismático o la élite política ejercen la autoridad en forma igualmente arbitraria y discrecional; pero el desarrollo de la burocracia o la reglamentación es muy inferior, pues estos regímenes no aspiran a abarcar la vida del individuo en su totalidad; de esta suerte, su nivel de institucionalización es menor al que ostenta el totalitarismo. Es probable que los regímenes autoritarios tengan menos poder que los totalitarios simplemente porque tienen menos recursos, es decir, son más pobres.

Para ilustrar el aspecto institucionalizado de los regímenes autoritarios pueden citarse nuevamente las experiencias española y mexicana. A pesar de que el régimen franquista estaba dominado por el poder personalizado de Francisco Franco, también contaba con un aparato de Estado, un servicio público y leyes fundamentales que eran definidas por los juristas españoles como una "constitución abierta". Según ellos, esta característica suponía la posibilidad de renovación en cualquier momento, según lo demandaran las "especiales características y necesidades del país". El verdadero alcance de esta flexibilidad constitucional —por así llamarla— estaba dado por el hecho de que Franco estaba facultado para dictar normas de carácter general y fundamental, y en la práctica él fue el autor material de estas leyes, que reflejaban su pensamiento antes que cualquier otra cosa. Las leyes fundamentales eran el cuerpo de normas que fue integrándose a lo largo del tiempo. En 1938 fueron expedidos el Fuero del Trabajo y la Ley Constitutiva de las Cortes; en 1945, el Fuero de los Españoles, dedicado a los derechos y deberes de los españoles y amparador de sus garantías, y la Ley de Referéndum Nacional; en 1947, la Ley de Sucesión de la Jefatura del Estado, y en 1958, los Principios del Movimiento Nacional. Todos estos documentos fueron la referencia central para la reorganización del Estado y de la sociedad española en el régimen autoritario; pero en cada caso su formulación y aplicación estaban supeditadas a la voluntad suprema del jefe del Estado, que era Francisco Franco.

La experiencia mexicana muestra similitudes muy importantes con esta práctica, aunque también ostenta diferencias notables que se derivan sobre todo del hecho de que mientras la Constitución española era corporativa, la Constitución mexicana de 1917 fue formulada con base en los principios liberales de la democracia representativa, la soberanía popular, el sufragio universal y la división de poderes. Sin embargo, uno de sus rasgos centrales es que, además de ser el documento que define la forma de organización del poder político —lo que se ha llamado su contenido programático y que se refiere a los derechos de obreros y campesinos, y a los compromisos del Estado en materia de bienestar social—, en la práctica posee las características de una "constitución abierta", pues los sucesivos gobiernos han entendido el cumplimiento de esos compromisos a la luz de "las características y necesidades del país" en un momento dado. Los cambios necesarios en las políticas gubernamentales han justificado numerosas reformas al documento original. Éstas además eran posibles gracias a que uno de los rasgos más notables del presidencialismo mexicano era que el titular del Poder Ejecutivo era también el supremo legislador. Hasta principios de los años ochenta casi todas las reformas constitucionales fueron resultado de iniciativas del presidente en turno. Hasta finales de esa misma década, su discusión y votación en el Congreso era solamente un formulismo, pues su refrendo estaba asegurado por la consistente mayoría absoluta que mantuvo el PRI en las cámaras de Diputados y de Senadores.

Líneas de investigación y debate contemporáneo

No obstante lo anterior, puede afirmarse que una de las características de los regímenes autoritarios en comparación con las dictaduras tradicionales premodernas eran las restricciones relativas que imponían estas normas en el tratamiento de grupos o individuos, quienes al menos en principio podían apelar a ellas para defender los derechos que les atribuían. Si se comparan con los regímenes totalitarios, las limitaciones en el ejercicio del poder en los regímenes autoritarios se derivan fundamentalmente de diferencias en los recursos a su disposición. El Estado nazi y el Estado soviético se apoyaban en una estructura económica mucho más compleja y moderna que la española durante el franquismo o la mexicana, que sigue siendo hoy en día mucho menos desarrollada. Ninguno de ellos llegó a movilizar, ni siquiera en sus momentos de mayor fuerza, por ejemplo, la cantidad de medios de propaganda que permitió al totalitarismo nazi o al soviético penetrar a sus respectivas sociedades e integrarlas al Estado. En virtud de las restricciones mencionadas y del menor grado de institucionalización, en los regímenes autoritarios algunos sectores de la población y áreas de la vida social escapan al control de las autoridades; están en una situación en cierta forma marginal. Esta posición puede ser una suerte de salvaguarda frente a las arbitrariedades del poder, pero también los priva de los beneficios potenciales que podrían derivarse de la integración.

La categoría de régimen autoritario experimentó nuevos cambios a raíz de los procesos de democratización que se produjeron en América Latina y en Europa del Este en los años ochenta. El análisis de las transiciones a la democracia estimuló un nuevo desarrollo conceptual en torno a los regímenes políticos, porque las características específicas de cada caso se explicaban por los rasgos del régimen que había sido el punto de partida del cambio. La constatación de este condicionamiento propició una revisión de la categoría original de régimen totalitario, elaborada con base en la de régimen autoritario. En 1996 Juan J. Linz y Alfred Stepan propusieron una nueva tipología de los regímenes políticos con la adición de dos nuevas categorías —postotalitario y sultanístico, caracterizados fundamentalmente por un ejercicio del poder personalizado y sin límites— a la tríada democracia-autoritarismo-totalitarismo, que durante décadas ha sido el marco de referencia obligado de cualquier esfuerzo de clasificación de los regímenes políticos.

El *postotalitarismo*, la nueva categoría propuesta por Linz y Stepan, sugiere, más que una forma completamente distinta del autoritarismo, como ellos sostienen, una nueva variedad de esa misma categoría, cuyas características específicas derivan de su origen. Por ejemplo, a diferencia de experiencias autoritarias que surgieron como parte de un proyecto amplio y ambicioso de modernización o de aquellas que fueron una salida al fracaso de las instituciones democráticas, a finales del siglo XX se desarrollaron autoritarismos en Europa del Este, que eran regímenes sucesorios del totalitarismo, como ocurrió en Hungría, en la República Democrática Alemana y en Checoslovaquia desde principios de los años ochenta. Mientras que en los dos últimos países estos regímenes se colapsaron después de 1989, en el caso húngaro el autoritarismo se estabilizó. Si se mide esta experiencia a partir de las cuatro dimensiones originales de la categoría de régimen autoritario, encontramos que aun cuando se mantiene una estructura centralizada del poder en un líder o en una élite política cerrada, muestra un grado importante de pluralismo limitado que se expresa, por ejemplo, en la existencia y creciente vitalidad de grupos organizados que actúan al margen de las instituciones totalitarias, o en el desarrollo de una incipiente economía de mercado. Por otra parte, el fracaso del socialismo erosionó el atractivo de esa ideología y la dimensión utópica del régimen original se desvaneció; de esta suerte, al igual que en los regímenes autoritarios, la principal fuente de legitimidad en los regímenes postotalitarios es la capacidad de gestión del gobierno. Las grandes promesas y aspiraciones del pasado que articulaba la ideología se ven remplazadas por mentalidades difusas en las que la democracia liberal y el mercado son vistos como instrumentos para resolver demandas de bienestar y prosperidad a corto plazo. Por último, el deterioro de los mecanismos de movilización de los regímenes totalitarios es uno de los primeros indicadores del derrumbe, de manera que los regímenes postotalitarios se caracterizan por el mismo tipo de apatía o despolitización propia de los autoritarismos.

Linz y Stepan identifican diferencias sustantivas entre el régimen postotalitario y el autoritario; por ejemplo, el carácter opositor e incluso clandestino de algunos de los grupos integrantes del pluralismo limitado que se va formando al margen de la estructura totalitaria. Asimismo, el hecho de que la legitimidad del líder o de la élite en el poder tiende a ser más de orden tecnocrático o burocrático que carismático o de origen revolucionario, como lo era en el pasado. No obstante, la mayoría de las diferencias que encuentran entre ambas categorías parecen ser más de intensidad que de naturaleza. Es decir, se refieren más al grado de gobierno que a la forma en que se gobiernan las sociedades postotalitarias. De ser así, entonces un régimen postotalitario es un régimen totalitario que ha perdido poder, pero conserva los suficientes recursos para evitar el colapso y dar cabida a un autoritarismo de origen sucesorio con características propias.

A lo largo del siglo XX, el régimen autoritario ha sido una fórmula destinada a organizar y controlar la participación política en sociedades complejas, pero dinámicas. Se trata de arreglos pragmáticos que combinan instituciones y liderazgos personalizados. Muchos de los dilemas y de los componentes que en el pasado impulsaron el surgimiento de regímenes autoritarios están presentes en países donde la democracia liberal no se ha consolidado. Desde esta perspectiva su futuro está asegurado.

BIBLIOGRAFÍA

Cavarozzi, Marcelo (1997), *Autoritarismo y democracia (1955-1996). La transición del Estado al mercado en Argentina*, Ariel, Buenos Aires.

Chehabi, E. H., y Juan J. Linz (comps.) (1998), *Sultanistic Regimes*, The Johns Hopkins University Press, Baltimore y Londres.

Collier, David (comp.) (1979), *The New Authoritarianism in Latin America*, Princeton University Press, Princeton, N. J.

Eisnestadt, S. N. (1966), *Modernization: Protest and Change*, Prentice Hall Inc., Englewoods, N. J.

Hermet, Guy (1991), *Totalitarismos*, 1a. ed. en español, FCE, México.

Linz, Juan J. (1975), "Totalitarian and Authoritarian Regimes", en Fred I. Greenstein y Nelson W. Polsby, *Handbook of Political Science, Macropolitical Theory*, Addison-Wesley Publishing Co., Reading, Mass., vol. III, pp. 175-411.

—— (1978), "Una teoría del régimen autoritario. El caso de España", en Stanley G. Payne (comp.), *Política y sociedad en España en el siglo XX*, Akal Editor, Madrid, pp. 205-263.

Linz, Juan J., y Alfred Stepan (1996), *Problems of democratic consolidation. Southern Europe, South America and Post-Communist Europe*, The Johns Hopkins University Press, Baltimore y Londres.

O'Donnell, Guillermo A. (1972), *Modernización y autoritarismo*, Paidós, Buenos Aires.

—— (1986), *Transitions Form Authoritarian Rule, Southern Europe*, The Johns Hopkins University Press, Baltimore y Londres.

——, Philippe C. Schmitter y Laurence Whitehead (1986), *Transitions Form Authoritarian Rule, Latin America*, The Johns Hopkins University Press, Baltimore y Londres.

Organski, A. F. K. (1965), *The Stages of Political Development*, Knopf, Nueva York.

Rouquié, Alain (1991), *La tentación autoritaria*, Edicial, Buenos Aires.

BUROCRACIA

Gina Zabludovsky

Definición

No existe un acuerdo en torno a los orígenes del término burocracia. Algunos autores afirman que fue acuñado por primera vez hacia la mitad del siglo XVIII, cuando el economista fisiocrático Vincent de Gournay lo utiliza para referirse al poder del cuerpo de funcionarios responsables de llevar a cabo las tareas especializadas de la administración estatal al servicio de la monarquía absoluta (Giogloli, 1981: 197). Otros estudiosos encuentran en la obra de Hegel uno de los antecedentes más importantes del concepto de burocracia y su connotación como una "clase universal" que aplica con fidelidad y decisión el mandato legislativo mediado por la autoridad. El filósofo alemán apunta que el criterio para la selección del burócrata se basa en un "momento objetivo" que toma en cuenta el conocimiento y la demostración de aptitudes y deja fuera cualquier otro elemento vinculado a la "personalidad natural" o a cualidades atribuibles al "nacimiento". La designación del individuo como funcionario descansa así en su competencia profesional y su nombramiento depende del Ejecutivo (el monarca, para Hegel). El burócrata recibe un salario fijo que lo libera de presiones externas y de cualquier influencia de orden subjetivo.[1]

Hacia el siglo XIX se formula una nueva concepción de burocracia que incorpora otros elementos. El desarrollo de un conjunto de estudios jurídicos y de la ciencia de la administración da lugar a una tradición técnico-jurídica, en la cual la concepción de burocracia designa una teoría y una práctica de la administración pública que privilegia la eficiencia y en la cual prevalecen los criterios derivados de la planificación racional sobre los "personalistas" o patrimoniales (Giogloli, 1981: 189; Zabludovsky, 1994).

En general, podríamos considerar que aunque existen varias acepciones para el término *burocracia*, éstas comparten características comunes relacionadas con la posibilidad del ejercicio del poder en la sociedad de masas, la disfuncionalidad organizativa, la falta de democracia en los aparatos estatales y de partidos, y la técnica de la administración pública, entre otras. Los distintos usos se han incorporado al vocabulario de las ciencias sociales dando como producto una extraordinaria proliferación conceptual. Así, autores como Martin Albrow han encontrado por lo menos siete conceptos modernos de burocracia (Albrow, 1970; Giogloli, 1981).

Sin embargo, es importante subrayar que, más allá de las discrepancias sobre los orígenes y las diversas connotaciones del concepto, se puede considerar a Max Weber como el primer autor que profundiza en la definición conceptual y sistematiza y sitúa el término en el nivel primordial que ha tenido en el desarrollo de las ciencias sociales y en la comprensión de la organización política del siglo XX. Como muchos autores han señalado, en el sociólogo alemán se encuentra por primera vez una propuesta elaborada de lo que se ha considerado "el análisis clásico de la burocracia", que destaca "la legalidad y la racionalidad como fuentes de autoridad de la sociedad" (Guy Peters, 1993: 58).

Historia, teoría y crítica

La burocracia en la obra de Max Weber

En sus obras, escritas a principios de nuestro siglo, Max Weber se preocupa por las formas del poder en la naciente sociedad de masas y —de una manera que se ha considerado profética— afirma que la burocracia será la única opción para el ejercicio de la dominación en las sociedades modernas (Zabludovsky, 1994).

De acuerdo con la lógica que permea su investigación científica, Weber concibe a la burocracia como un "tipo ideal"[2] que se distingue de la dominación carismá-

---

[1] Al respecto, Fernández del Castillo sostiene que el planteamiento weberiano en torno a la importancia que la retribución salarial tiene para el burócrata se puede encontrar previamente en Hegel, quien considera que "el servicio público requiere del sacrificio de la satisfacción independiente y discrecional de los fines subjetivos y proporciona, justamente por ello, el derecho de encontrarlos en la prestación adecuada de un deber" (Hegel, citado por Fernández del Castillo, 1984: 71). El autor señala que "tanto para Weber como para Hegel la burocracia conforma un instrumento esencial en la vida del capitalismo. En ambos, la burocracia es racional e indispensable para la sociedad" (Fernández del Castillo, 1984: 71-72).

[2] Weber señala que "la historia y la construcción de desarrollos de tipos ideales son dos cosas que deben ser diferenciadas estrictamente" (Weber, 1976: 77). En este sentido, el tipo ideal no es la realidad histórica, y mucho menos la realidad 'auténtica', como tampoco es en modo alguno una especie de esquema en el cual se pudiera incluir la realidad de un modo ejemplar. Tiene más bien el significado de un concepto límite puramente ideal con el que se mide la realidad a fin de establecer determinados elementos importantes de su contenido empírico, con el cual se le compara" (Weber, 1976: 77; Zabludovsky, 1994: 21).

tica y de la tradicional, en sus vertientes patrimonial y feudal.[3]

Entre los atributos que a juicio de Weber caracterizan a la burocracia, se pueden mencionar los siguientes: *1)* administración racional; *2)* obediencia con base en el derecho y en un "cosmos de reglas abstractas"; *3)* orden impersonal; *4)* competencia basada en deberes y servicios objetivamente limitados en virtud de una distribución de funciones; *5)* principio de jerarquía administrativa que responde a la formación profesional de los funcionarios; *6)* inexistencia de apropiación de cargos; *7)* apego al expediente y organización en torno a "la oficina" como médula de la forma moderna de asociación profesional. Como el propio Weber señala:

[...] el tipo más puro de administración legal es el que se ejerce por medio de un *cuadro administrativo burocrático* compuesto de *funcionarios individuales*; son personas libres que se deben a deberes *objetivos* de su cargo, con una *jerarquía administrativa rigurosa*, con competencias rigurosamente fijadas en virtud de su contrato, con *calificación profesional que fundamenta su nombramiento;* son retribuidos en *dinero* con sueldos fijos con derecho a pensión las más de las veces; ejercen el cargo como su única o principal *profesión;* tienen así una carrera o perspectiva de ascensos y avances por años de ejercicio, o por servicios o por ambas cosas, trabajan en completa separación de los medios administrativos y sin apropiación del cargo, y están sometidos a una rigurosa *disciplina* y vigilancia administrativa [Weber, 1974: 163-165].

Desde este punto de vista, Weber considera que la "administración burocrática pura", atenida al expediente, constituye la forma de dominación *más racional,* ya que en ella se puede encontrar el mayor grado de desarrollo de precisión, calculabilidad, continuidad, disciplina, rigor y confianza (Weber, 1974: 178).

Así, la administración burocrática es la forma más racional para el ejercicio del dominio y la única organización viable para la administración política en la moderna sociedad de masas. La existencia común y la "posibilidad de encontrar obediencia" se hace posible precisamente por los atributos que distinguen al aparato burocrático; es decir, la separación de los funcionarios de los medios administrativos y una concepción de lealtad que se fundamenta en la *autoridad,* la *disciplina* y la *formación profesional* (Weber, 1974: 178).

Así, desde sus primeras formulaciones Weber concibe el carácter dual de la burocracia política, enfatizando los rasgos positivos y negativos que la definen. Siendo el tipo de dominación más racional, se trata a la vez de una organización inevitable y "perversa" que llega a adquirir un "carácter fatal". Como "médula de toda administración de masas", la burocracia constituye una de las organizaciones sociales más difíciles de destruir (Weber, 1974: 178, 179 y 741).

La administración —gracias al saber, la *especialidad*, el servicio, la nivelación de intereses y la formación profesional— hace posible la existencia de un aparato con un alto grado de eficacia que desempeña sus tareas con base en la exigencia de los reglamentos y en criterios *utilitario-materiales en servicio de los dominados.*

La burocracia supone una división tajante de actividades que se consideran deberes inherentes al empleo. Las tareas de los expertos a sueldo son regidas por reglas generales, abstractas y claramente definidas que evitan la necesidad de emitir instrucciones específicas para cada caso concreto. Así,

[...] Weber atribuye a la burocracia una racionalidad formal y eficiente, basada en el objetivo y en el carácter impersonal de las normas que rigen el comportamiento de sus miembros. Puesto que la obediencia y el cumplimiento de funciones dependen de dichas normas, las estructuras jerárquicas de control y de autoridad, y la consecuente "disciplina", se convierten en la base de la autoridad [Leyva Petit, 1978: 180-182].

Estas situaciones producen paralelamente una inevitable "impersonalidad formalista", cuyo apego a la rutina inhibe la creatividad.[4]

Con base en el principio general de legitimidad, una organización burocrática se caracteriza por relaciones de autoridad entre posiciones ordenadas de un modo jerárquico, con esferas de competencia claramente definidas que se basan en una separación entre persona y oficio, y en la cual los funcionarios y empleados no poseen a título personal los recursos administrativos (Giogloli, 1974: 190).

Desde el punto de vista de la elección para el cargo, Weber considera que el "tipo puro" de funcionario burocrático es aquel que es *nombrado* por una autoridad superior o mediante el ejercicio de la competencia. Cuando en la realidad histórica esto no sucede así y los dominados se involucran en el proceso de elección, no podemos considerar que se trata de una dominación burocrática en sentido estricto. Como el propio Weber señala: "la elección popular, no sólo del jefe de gobierno, sino también de los funcionarios a él subordinados [...], suele poner en grave peligro tanto la dependencia jerárquica como las aptitudes especiales de los empleados y el funcionamiento preciso del mecanismo burocrático [...]" (Weber, 1974: 721).

Así, uno de los rasgos importantes de la definición de burocracia en Weber es la distinción —que a veces se perfila como contradicción y oposición— entre la esfera de la administración burocrática y la del ejercicio de la democracia.

---

[3] En oposición a los otros tipos ideales de dominación, la burocracia se caracteriza por una serie de rasgos específicos. Para obtener más información sobre la contrastación entre las distintas formas de dominación, puede consultarse la síntesis que presento en el cuadro desarrollado en mi libro *Patrimonialismo y modernización* (Zabludovsky, 1994: 28-31).

[4] "[...] La ocupación del cargo es considerada, inclusive en las empresas privadas, como la aceptación de un deber específico de fidelidad al cargo, a cambio de la garantía de una existencia asegurada. Para el carácter específico de la lealtad moderna al cargo, es decisivo el hecho de que, cuando se trata de un tipo puro, no se subordina —como sucede en la forma de dominación feudal o patrimonial— a una persona a modo del señor o patriarca, sino que se pone al servicio de una finalidad objetiva impersonal. El funcionario político, por ejemplo —cuando menos en un Estado moderno avanzado—, no es considerado como el empleado particular del soberano [...]" (Weber, 1974: 719).

Burocracia y democracia

En la obra de Max Weber, el principio de legitimidad contiene una tensión interna entre justicia formal y sustancial,[5] que en el nivel de la estructura de la sociedad se concreta en la relación compleja entre la democracia de masas y la burocracia, el liderazgo político y el aparato administrativo (Giogloli, 1981: 192; Zabludovsky, 1995).

En un régimen democrático, el líder tiene que vencer a sus opositores en la contienda electoral y además debe supervisar la actuación de la burocracia en cuyas manos está el ejercicio cotidiano de la autoridad y el desempeño de tareas que son imprescindibles para la moderna sociedad de masas (Giogloli, 1981: 192-193; Zabludovsky, 1995: 15-34).

Sin embargo, Weber afirma reiteradamente que las características del líder político deben ser diametralmente distintas de las del burócrata. La diferenciación entre el "político" y el "burócrata" constituye, de hecho, un punto de partida esencial de la sociología weberiana. El primero es un hombre de partido que se entrega pasional y creativamente a la lucha por el poder y defiende posiciones personales o grupales "al servicio de una causa". Como contrapartida, el burócrata tiene como responsabilidad básica la buena ejecución de las órdenes con la consecuente subordinación de opiniones políticas al deber contraído por el "oficio". La posición neutral que caracteriza al funcionario le permite cumplir con sus tareas bajo la lógica de la eficacia (Giogloli, 1981: 192-193; Lerner, 1985: 124-125; Weber, 1979 y 1982).

Este modelo de la separación entre política y administración también es sustentado por la corriente reformista estadunidense, específicamente por autores como Woodrow Wilson, quien alcanza una influencia notable en el ámbito de la reflexión sobre el tema. Según la concepción wilsoniana de buen gobierno, el "interés público" no se alcanza mediante los procesos electorales ni a través de las instituciones políticas partidarias, sino que surge de la administración eficiente de la burocracia pública (Guy Peters, 1993: 59). En este sentido, se ha llegado a afirmar que la administración reside fuera de la esfera propia de la política y que las tareas que se desempeñan en este ámbito no debieran confundirse con las "cuestiones políticas".

Las críticas a la separación entre "política" y "administración"

El modelo clásico de burocracia —concebido a principio de nuestro siglo— ha sido objeto de revisión y crítica por varios autores que han reflexionado en torno a sus alcances y limitaciones para el análisis de la realidad política contemporánea.

Algunos estudiosos han señalado que, en la práctica, es difícil que un código de ética profesional basado en la neutralidad política sea efectivamente asimilado por los burócratas, y han cuestionado la capacidad de éstos para poder asegurar la legitimidad y estabilidad del sistema.

En lo que respecta a las relaciones entre la burocracia y el ejercicio real del poder, se ha observado la importancia de las alianzas prácticas que suelen establecerse con diversas fuerzas políticas y distintos "grupos de presión". Así, el análisis del "comportamiento real" de las burocracias plantea limitaciones a la idea de una neutralidad burocrática como sustento de la "eficiencia administrativa": ¿hasta dónde se podría afirmar que el análisis ya no responde más a la aplicación rígida e imparcial de los órdenes sino a la receptividad del burócrata a los fines sociales y políticos del sistema?, ¿hasta qué punto en un régimen pluralista esto conlleva a una mayor "ductibilidad administrativa"?[6] (Giogloli, 1981: 195).

En este sentido, algunos autores destacan la necesidad de estudiar los vínculos entre la "organización" y la "política" y evaluar el papel principal de la burocracia en las decisiones de "políticas públicas". En la medida en que la "politización del servicio civil" adquiere un carácter universal se hace difícil deslindar entre la "política pública" y la burocracia. En la práctica, las funciones del servicio público están muy cerca del corazón del gobierno; la política y la administración se entretejen y la burocracia establece compromisos tanto con la "eficiencia administrativa" como con la "democracia pluralista" (Guy Peters, 1993: 57-59 y 72; La Palombara, 1967; Leyva Petit, 1978; Morstein, 1957; Yates, 1982).[7]

Desde esta perspectiva, estudiosos como Milliband cuestionan la noción de neutralidad afirmando que "es engañosa en grado máximo". Los hombres que están profundamente inmersos en los asuntos de interés público sustentan una función importante no sólo en la aplicación sino en la determinación de las políticas, y no pueden estar libres de inclinaciones ideológicas que afectan la forma en que llevan a cabo las tareas administrativas (Leyva Petit, 1978: 195; Milliband, 1969: 119-120). Así, lejos de ser considerada como una "herramienta neutral", se ha afirmado que la burocracia refleja las condiciones existentes en la política y en la sociedad. Como señala Diamant: "en aquellas sociedades en las que existen pocos conflictos, la burocracia basada en la habilidad y la experiencia va a funcionar muy bien; en donde los acuerdos son débiles o existe una carencia de ellos, la burocracia inevitablemente se ve arrastrada al conflicto" (Diamant, 1962: 87).

Desde este enfoque, "el experto" se ha convertido, de hecho, en parte del proceso de planeación y formulación de políticas que lleva a cabo con las bases de su conocimiento técnico y sus relaciones con los poderosos: "La

---

[5] El análisis detallado sobre las tensiones entre la "racionalidad formal" y la "racionalidad sustantiva" rebasa los objetivos del presente trabajo; para una mayor profundización en el tema, puede consultarse el artículo "Racionalidad y capitalismo, las críticas a Weber de Frankfurt a América Latina" (Zabludovsky, 1995: 255-276).

[6] Así, en el campo de la burocracia pública se han llevado a cabo análisis que —lejos de limitarse al rango de la eficiencia administrativa— incorporan elementos relacionados con los orígenes y situación social de los burócratas, la extensión real de su poder, y las relaciones que en la práctica se establecen con los grupos de interés (Giogloli, 1981: 194).

[7] En su libro *Bureaucratic Democracy*, Douglas Yates argumenta que *la democracia norteamericana representa un compromiso entre dos ideales: la democracia pluralista y la eficiencia administrativa* (Yates, 1982; Guy Peters, 1993: 60). Otro de los autores que también se ha preocupado por el análisis del control que se ejerce en el Congreso sobre la burocracia ha sido Samuel Huntington (1965).

administración ya no puede considerarse separada de la política" (Leyva Petit, 1978: 217).[8]

A partir de estas consideraciones y para analizar la influencia real de la burocracia, otros autores han propuesto la distinción de dos grandes arenas: la de la formulación de las políticas y la de su instrumentación. En este caso, deberá separarse a la burocracia de más alto nivel, que tiene un papel especial en la toma de decisiones gubernamentales, del resto de la administración pública (Leyva Petit, 1978: 192). Como también lo ha señalado Lindblom, en los niveles superiores del sistema administrativo los administradores inevitablemente "hacen política" (Lindblom, 1968: 75).

En este sentido, se ha afirmado que la experiencia y el control de la información especializada en las decisiones políticas de importancia son fuentes decisivas de poder político en manos de los servidores públicos de alto nivel. Al respecto, La Palombara señala que, desde el punto de vista de las decisiones políticas, "únicamente aquellos servidores públicos a niveles relativamente altos en la jerarquía constituyen la burocracia relevante" (La Palombara, 1967: 7; Leyva Petit, 1978: 192-193).[9]

Sin embargo, otros autores, como Leyva Petit, no comparten esta idea y afirman que la importancia de la burocracia en las decisiones políticas no se limita a los altos niveles de la organización, sino que involucra a las diversas jerarquías: "los burócratas de un nivel inferior y los administradores de campo también pueden tener un papel político importante e influir en la instrumentación de las políticas" (Leyva Petit, 1978: 193).

Estas controversias adquieren una nueva dimensión hacia finales de nuestro siglo con la incorporación del análisis sobre la tecnocracia y las relaciones que en la práctica se establecen entre esta nueva forma de administración y los distintos órdenes políticos. El surgimiento de una élite tecnocrática y administrativa que penetra en la mayoría de los sectores de la actividad estatal se ha convertido en uno de los puntos centrales para el estudio de la burocracia en los sistemas políticos contemporáneos (Putman, 1978: 203-205; Leyva Petit, 1978). La reflexión en torno al tema ha dado lugar al desarrollo de nuevas concepciones en la teoría de la administración, la sociología y la ciencia política de la segunda mitad de nuestro siglo.[10]

Otras críticas al modelo clásico

Además de las relaciones entre política y administración, otra de las críticas que se le hace a la teoría de la burocracia en Weber tiene que ver con su adecuación al análisis de las organizaciones. En este sentido, se afirma que el modelo no permite una descripción empíricamente cuidadosa de las estructuras organizativas, que confunde burocracia y profesionalismo, y que no llega a ser del todo viable como fundamento para el análisis microsocial de las organizaciones (consúltese, por ejemplo, las críticas de Crozier, 1964; Gouldner, 1954; Selznick, 1948).

Desde esta perspectiva, Michel Crozier hace una crítica del modelo jerárquico y centralizado de burocracia; argumenta como contrapartida que "lo periférico es central", y ofrece una perspectiva de análisis sobre las funciones burocráticas, que se apoya en explicaciones de orden cultural y relacional[11] (Crozier, 1964, citado por Guy Peters, 1993: 63).

Desde el punto de vista del aspecto teórico-metodológico, algunas críticas han señalado que el "tipo ideal" es una mezcla indebida de un esquema conceptual —las características que definen la burocracia— y de una serie de hipótesis —como la afirmación de que la burocracia maximiza la eficiencia organizativa—. En contraposición con esta postura, se ha sostenido que la adhesión de los funcionarios a las normas burocráticas se transforma fácilmente en ritualismo, y que la jerarquía, la especialización y la centralización tienden a distorsionar la información y, por lo tanto, a hacer más difícil la correcta toma de decisiones. En esta misma línea, se ha considerado que la determinación unilateral de la conducta administrativa por parte de los supervisores limita la capacidad de iniciativa de los demás miembros de la organización (Giogloli, 1981: 196)

Sin embargo, más que una crítica o un distanciamiento, en realidad podemos considerar que en este último argumento existe cierta línea de continuidad con el pensamiento de Max Weber, ya que, como vimos anteriormente, la sugerencia en torno al peso del "ritualismo" ya está considerada en la obra del sociólogo alemán y será retomada y desarrollada de forma más detallada por Robert Merton dentro del ámbito de las relaciones entre la "estructura burocrática" y la personalidad.

Estructura burocrática y personalidad

A partir de las tesis de Max Weber, Robert Merton afirma que los méritos principales de la burocracia son la eficacia técnica y el sentido de "seguridad vocacional": "el personal de la burocracia está formado en gran parte por los que valoran la seguridad por encima de todo". Esto da lugar a una "incapacidad adiestrada" (Veblen), "psicosis profesional" (Dewey) o "deformación profesional" (Merton, 1974: 204).

El desempeño de tareas burocráticas que privilegian la precisión, el conocimiento de expertos y la continuidad se basa en relaciones impersonales que "producen

---

[8] Las implicaciones políticas de estas concepciones han llevado al abandono de la definición convencional del papel del experto técnico no involucrado y la adopción de una orientación de "planeación intencional" que en particular requerirá de un experto políticamente consciente para la formación de una coalición con aquellos que instrumentan las políticas (Leyva Petit: 197).

[9] Algunos autores consideran así que los servidores públicos de alto nivel poseen una personalidad híbrida: mitad política y mitad administrativa (Dogan, 1975: 4). Otros autores afirman que la imagen de híbrido es incorrecta, ya que la burocracia desempeña una función política real en la toma de decisiones (Leyva Petit: 203).

[10] La profundización en la temática de la tecnocracia y sus relaciones con la burocracia rebasa los objetivos del presente trabajo. El lector interesado puede consultar las obras de autores como Bell (1964), García Pelayo (1982), Galbraith (1967) y Meynaud (1964).

[11] Crozier analiza el comportamiento político intergrupal en la sociedad tomando en cuenta el legado histórico-cultural de formas antiguas de autoridad. Esta perspectiva ha sido criticada en favor de explicaciones más sociológicas, que privilegian las características de organizaciones específicas, o bien del sistema político mismo (Sleiman, 1974: 233-387, citado por Leyva Petit: 183).

hostilidad, ansiedad, complicaciones sentimentales y otras reacciones afines" (Merton, 1972: 202-203).[12]

La "adhesión a las reglas", concebidas originariamente como un medio, se transforma en un fin en sí mismo. La burocracia vive así un *desplazamiento de metas* que transforma el valor instrumental en valor final. La disciplina deja de ser concebida como una medida destinada a objetivos específicos para convertirse en el valor fundamental para la organización de la vida del burócrata. Esto da lugar a un desplazamiento de los objetivos originarios que da como resultado un excesivo ritualismo basado en la adhesión puntillosa a procedimientos formales y una serie de actitudes rígidas que hacen imposible adaptarse rápidamente al cambio. El "virtuosismo burocrático" no olvida nunca "ni una sola regla", pero esto no siempre se traduce en una ventaja. Al referirse a esta tendencia, Merton señala:

> El proceso puede recapitularse brevemente: *1)* una burocracia eficaz exige seguridad en las reacciones y una estricta observancia de las reglas; *2)* esta observancia de las reglas lleva a hacerlas absolutas; ya no se consideran relativas a un conjunto de propósitos; *3)* esto impide la rápida adaptación en circunstancias especiales, no claramente previstas por quienes redactaron las reglas generales; *4)* así, los mismos elementos que conducen a la eficacia en general producen ineficacia en casos específicos [Merton, 1974: 207].

La vida oficial del burócrata está planeada como una carrera graduada en la cual se ofrecen incentivos —ascenso por antigüedad, pensiones, aumento de sueldo, etc.— encaminados al logro de la disciplina, la conformidad con las reglamentaciones y la sensación de que existe "un destino común" para todos los que trabajan juntos. Los funcionarios se identifican sentimentalmente con su modo de vida y son portadores de un "orgullo de gremio" que los hace entregarse a las rutinas consagradas y resistirse al cambio. La conducta burocrática estereotipada no permite la adaptación a las exigencias de los problemas particulares (Merton, 1974: 208-209).

Líneas de investigación y debate contemporáneo

Hacia el siglo XXI: ¿burocratización o desburocratización?

En la medida en que la burocracia es la forma de organización de toda sociedad de masas, su concepción ha estado acompañada de la idea de un proceso ineludible que trasciende las diferencias ideológicas y conduce de forma inevitable a una "burocratización del mundo".

Puesto que ni el obrero ni el oficinista ni el soldado son dueños de los medios de producción, de administración o de violencia, se hace necesario que un mayor número de seres humanos busquen ser contratados por una organización como la única forma de tener acceso a los medios e instrumentos que le permitan trabajar y vivir. Un número creciente de individuos descubren que, para trabajar, tienen que ser empleados (Weber, 1979; Merton, 1972: 203-204).

Algunos autores contemporáneos comparten las tesis en torno a la creciente burocratización del mundo afirmando que durante la segunda mitad de nuestro siglo —con lo ocurrido en los Estados colectivistas— la burocracia se consolidó como un estrato social autónomo, y su dominio se fortaleció y se hizo extensivo a todo tipo de formaciones sociales y de sistemas políticos (Bencini, 1981: 198-200).[13]

Este fenómeno también se ha explicado en función de lo que se considera como una creciente transferencia del poder de los parlamentos al Ejecutivo y a la burocracia. La declinación del poder de los parlamentos ha hecho que una buena parte de la responsabilidad en la toma de decisiones sea delegada a los servidores públicos calificados (Peters, 1979: 347-348; Dogan, 1975: 7; Leyva Petit, 1978: 195). Muchos acuerdos que antes se tomaban en los parlamentos ahora se han integrado al servicio civil de carrera, lo cual ha producido una evidente asimetría. Esta situación es ampliamente reconocida como fuente importante de influencia de los administradores públicos en la formulación de políticas, especialmente en Europa (Leyva Petit, 1978: 200). Como señala Guy Peters:

> El tiempo y energía que se requiere para la política de masas, así como la trivialización creciente que han hecho de ésta los medios masivos de información, pueden inhibir aún más la capacidad para gobernar de los parlamentos y los primeros ministros. El dominio burocrático sobre la política puede surgir simplemente de la incapacidad de otras instituciones para responder a las demandas de orden y gobierno de sus sociedades [Guy Peters, 1993: 70].

Así, se afirma que el papel determinante de la burocracia pública es un rasgo distintivo del gobierno contemporáneo. El incremento masivo del número y la complejidad de las funciones del gobierno después de la segunda Guerra Mundial, o incluso desde los años sesenta, ha generado demandas para que el gobierno actúe en áreas que podían ser atendidas más fácilmente a través de una mayor capacidad de la burocracia pública [Guy Peters, 1993: 86].

Sin embargo, no todos los autores comparten las tesis de la creciente burocratización del mundo, sino que, por el contrario, parecen existir tendencias claras que apuntan hacia una creciente "desburocratización". A partir de los años ochenta, con la crisis del Estado de bienestar[14] y el colapso del socialismo realmente existente, se

---

[12] La estructura burocrática ejerce una presión constante sobre el funcionario para que sea "[...] metódico, prudente, disciplinado. Si la burocracia ha de funcionar eficazmente, debe alcanzar un grado de confiabilidad en su conducta, un grado extraordinario de conformidad con las normas de acción prescritas [...] Para lograr la disciplina necesaria, la organización espera una ejecución metódica de las actividades rutinarias" (Merton, 1974: 204).

[13] El término burocratización se asocia a menudo a una connotación negativa vinculada con la "degeneración de la estructura y de las funciones de los aparatos burocráticos", o bien con la "despersonalización de los mandatos". Esta visión negativa concibe a la burocratización como una tendencia y un mal típicamente moderno que es común a todas las sociedades contemporáneas (Bencini, 1981: 197).

[14] En los ochenta, un gran número de gobiernos buscaron revertir la tendencia expansionista del sector público y del poder de la burocracia. Estos gobiernos pueden ser vistos como

han producido cambios importantes en las estructuras organizacionales tanto de gobierno como de las grandes corporaciones empresariales.

La restructuración internacional del trabajo y los efectos de la revolución informática han permeado nuestro actuar cotidiano y el sustento de muchas instituciones. Las grandes estructuras piramidales del sector público y privado tienden a desvanecerse. Los nuevos modelos de subcontratación y de flexibilidad laboral no se reducen al ámbito privado, sino que afectan a toda forma de organización piramidal.[15] Las concepciones de "lealtad al cargo" y de autoridad imperativa que constituyen el sustento de la jerarquía burocrática ya no parecen operar en el mundo actual y en su lugar se han desarrollado relaciones horizontales y redes de intercambio, que se establecen superando las nociones tradicionales de una jornada de trabajo atenida a un horario determinado.

En las últimas dos décadas hemos contemplado cómo las grandes burocracias se han batido en retirada. Las carreras profesionales se conciben cada vez más como elecciones que se hacen en el curso de una vida personal y cada vez menos como parte de una ruta previamente establecida dentro de una organización. Las entidades sociales que parecían haber adquirido un lugar permanente en la sociedad se han fracturado y resquebrajado dando lugar a procesos paralelos de "individuación" y "globalización", en los cuales los seres humanos se conciben como los propios arquitectos de un futuro incierto.

La posibilidad de establecer diferentes fusiones y alianzas y los fenómenos asociados con la internacionalización y la regionalización han hecho evidente que los límites de los sistemas y de las organizaciones no poseen la permanencia que se les concedía. Las prácticas cotidianas se han reformado y las jerarquías se han desmantelado.

Los dilemas burocráticos que caracterizaron a nuestro siglo están quedando atrás y ocupan un lugar cada vez menos importante tanto en la práctica política como en el imaginario colectivo. En su lugar han surgido nuevas preocupaciones. Las inquietudes colectivas ya no giran en torno a la monotonía de un empleo sino a la inseguridad del trabajo. Los hombres de fin de siglo se enfrentan a la vez a un ámbito cada más abierto de oportunidades y a una amenaza creciente de su empleo (Albrow, 1997: 5).

En este sentido, podríamos afirmar que durante el siglo XX se vieron cumplidas las profecías de Max Weber que apuntaban la inevitable tendencia hacia la burocratización del mundo. Pero el siglo XXI apunta hacia un tipo de organización y de ejercicio del poder muy diferente, con importantes evidencias de lo que se podría concebir como un acelerado proceso de desburocratización. Las ciencias sociales de fin de siglo tienen ante sí el importante reto de mostrar su flexibilidad y capacidad para poder construir nuevos conceptos y proponer alternativas teóricas que permitan explicar las innovadoras formas institucionales y los cambios acelerados que caracterizan a la sociedad de fin de milenio.

---

un nuevo grupo de ideólogos que conquistó el poder en lo que se ha considerado como una época más tecnocrática "[...] El resurgimiento de las preocupaciones ideológicas en los gobiernos generó la necesidad de reducir la preeminencia de la burocracia sobre el gobierno [...]" (Guy Peters, 1993).

[15] El posfordismo ha sido una de las formas que expresa este cambio, pero la utilización de este término lleva a pensar que éste sólo se incluye en la organización industrial, cuando en realidad abarca todas las esferas de la sociedad (Albrow, 1997).

BIBLIOGRAFÍA

Albrow, Martin (1970), *Bureaucracy*, Macmillan, Londres.
——— (1997), *Do Organizations have Feelings*, Blackwell, Londres.
Bell, Daniel (1964), "The Post-industrial Society", en *Technology and Social Change*, Ginsberg Ed., Nueva York.
Bencini, Fabrizio (1981), "Burocratización", en *Diccionario de política*, Siglo XXI, España.
Crozier, Michel (1964), *The Bureaucratic Phenomenon*, University of Chicago Press.
Diamant, Alfred (1962), "The bureaucratic model: Max Weber Rejected, Rediscovered, reformed", en Heady (comp.), *Comparative Papers in Public Administration*, University of Michigan, Michigan.
Dogan, Mattei, y Rose (1975), *The Mandarins of Western Europe*, John Wiley and Sons, Nueva York.
Fernández del Castillo, Germán (1984), "Concepto y función de la burocracia en Hegel, Marx y Weber", *Revista Mexicana de Ciencias Políticas y Sociales*, núms. 117-118, UNAM, México.
Galbraith, J. F. (1967), *El nuevo Estado industrial*, Madrid.
García Pelayo, Manuel (1982), *Burocracia y tecnocracia*, Alianza Editorial, Madrid.
Giogloli, Paolo (1981), "Burocracia", en *Diccionario de política*, Siglo XXI, España.
Gouldner, Alvin, *Patterns of Industrial Bureaucracy*, Nueva York.
Guy Peters (1993), "Política pública y burocracia".
Huntington, Samuel (1995), "Congressional response to the Twentieth Century", en S. B. Truman (comp.), *The Congress and America's Future*, Prentice Hall, Englewood Cliffs.
La Palombara, Joseph (1967), *Bureacracy and Political Development*, Princeton University Press, Princeton.
Lerner de Sheinbaum, Bertha (1980), "Dos dilemas de la burocracia capitalista", *Revista Mexicana de Sociología*, año XLVI, vol. XLII, núm. 3, julio-septiembre.
——— (1985), "La protesta pasiva de la burocracia política", *Revista Mexicana de Sociología*, año XLVII, núm 4, octubre-diciembre.
Leyva Petit (1978), "Política y burocracia", *Revista Mexicana de Sociología*.
Lindblom, Charles (1968), *The Policy Making Process*, Prentice Hall, Englewood Cliffs.
Merton, Robert (1970), *Teoría y estructura sociales*, FCE, México.
Meynaud (1964), *La technocratie. Mythe ou réalité*, París.
Milliband, Ralph (1969), *The State in Capitalist Society*, Basic Books, Nueva York.
Morrow, William (1978), "Bureaucracy and Politics: Dimensions and Dangers", *Public Administration Review*, enero-febrero, pp. 78-84.
Morstein, Marx (1957), *The Administrative State; an Introduction to Bureaucracy*, University of Chicago Press, Chicago.

Poulantzas, Nicos (1969), *Poder político y clases sociales en el Estado capitalista*, Siglo XXI, México.

Selznick, P. (1948), "Foundations of the Theory of Organization", *Am. Soc. Rev.*, XIII.

Weber, Max (1974), *Economía y sociedad*, FCE, México.

——— (1976), *Sobre la teoría en las ciencias sociales*, Editorial Futura, Argentina.

——— (1979), *El político y el científico*, Alianza Editorial, Madrid.

Weber, Max (1982), *Escritos políticos*, Folios, México.

Yates, D. (s. f.), *Bureaucratic Democracy: The Search for Democracy and Efficiency in American Government*, Harvard University Press, Cambridge.

Zabludovsky (1994), *Patrimonialismo y modernización, poder y dominación en la "Sociología del Oriente" de Max Weber*, FCE-UNAM, México.

——— (1995), *Sociología y política, el debate clásico y contemporáneo*, Miguel Ángel Porrúa-UNAM, México.

CAMBIO INSTITUCIONAL

Adrián Acosta Silva

Definición

Una de las cuestiones teóricas y preocupaciones empíricas que mayor atención ha recibido históricamente en el campo de las ciencias sociales es la relacionada con la noción de cambio. ¿Cómo cambian las sociedades, los grupos, las instituciones? ¿Cuáles son sus dimensiones, fuentes y componentes principales? ¿Existe un sentido teleológico del cambio en las sociedades o, por el contrario, el cambio es un proceso anárquico, desordenado, sin direccionalidad?

Diversos autores y corrientes de áreas como la filosofía, la ciencia política, la antropología, la economía o la sociología han propuesto diversas aproximaciones teóricas y analíticas al concepto de cambio, donde enfatizan uno o varios factores explicativos. De hecho, la definición del término depende la mayor parte de las veces del campo de referencia en el que se emplea.

La noción de cambio institucional en el campo de las ciencias sociales hace referencia a aquellos procesos de transformación que producen ciclos o periodos de cambio en las reglas y normas, rutinas y valores que las instituciones representan. A diferencia de conceptos como "cambio social", "cambio político" o "cambio tecnológico", que plantean una visión genérica de los procesos de transformación en distintos campos de la acción social, la expresión *cambio institucional* se emplea de manera restringida para estudiar la manera en que se modifican las estructuras de la acción colectiva que "cristalizan" en las instituciones. Es decir, el cambio institucional puede ser definido como un proceso de diferenciación estructural creciente, que supone no sólo la reforma o ajuste de normas, reglas y valores institucionalizados, sino también la incorporación de nuevos actores, intereses y conflictos en las distintas "esferas" o "áreas" del desempeño institucional.

Historia, teoría y crítica

Las aproximaciones contemporáneas al concepto de cambio en el campo de las ciencias sociales (especialmente en disciplinas como la economía, la sociología política y la ciencia política) nacen de preocupaciones explícitas de enfoques como el neoinstitucionalismo, las teorías de la elección racional y el análisis de políticas.

La preocupación por el cambio como efecto de procesos sociales amplios, basados en la diferenciación de funciones e instituciones, en la diversificación del trabajo social, o en los conflictos interclasistas, se encuentra en la base de los trabajos clásicos de autores como Durkheim, Weber, Marx o Parsons. Pero el énfasis en el estudio del cambio en estos autores está acompañado por el análisis de la estabilidad y el orden social. Es decir, el estudio y comprensión de los procesos de cambio y transformación están vinculados a una o varias nociones en torno a los procesos del orden en las sociedades capitalistas contemporáneas.

Desde este punto de vista, una poderosa corriente teórica en las ciencias sociales que dominó la discusión en las décadas de los cincuenta y los sesenta formuló un paradigma cognoscitivo basado en el argumento de que el "orden" capitalista mundial se había desarrollado sobre la base de complejos procesos de modernización de las estructuras económicas, políticas y culturales, aunque dicha modernización operó con distinto ritmo y de manera asimétrica en las sociedades históricamente constituidas (Eisenstead, 1974; Polanyi, 1992; Germani, 1992). Dentro de esta corriente, el cambio era considerado como una variable dependiente de la modernización, pues ésta suponía una modificación de las pautas "tradicionales" del comportamiento sociopolítico y económico-tecnológico de las sociedades. La tensión entre lo "tradicional" y lo "moderno" fue considerada durante un largo periodo como la fuente o el motor primordial del cambio social.

Sin embargo, a fines de los años sesenta las interpretaciones sobre el concepto de cambio sufrieron un proceso de profundización paulatina. Robert Nisbet (1993), desde una perspectiva sociológica, propuso que el cambio social podía ser definido como una *sucesión de diferencias en el tiempo en una identidad persistente*. El cambio social es un proceso complejo y conflictivo, sujeto a múltiples contingencias, donde intervienen en diversos momentos y con distintos efectos varios factores. El entorno físico, la organización política y los factores culturales suelen ser considerados como los tres grandes conjuntos de elementos o factores que, por medio de su interrelación, ayudan a explicar los procesos de cambio en la sociedad (Giddens, 1995: 695-700).

Una causa importante de la expansión del uso del concepto en las ciencias sociales a partir de los años setenta tiene su origen en el estudio de los fenómenos asociados al cambio político. Frente a una larga y poderosa tradición estructural-funcionalista que abordaba el cambio como una necesidad cuasinatural de los sistemas y las instituciones políticas, Rustow (1970) introdujo una perspectiva "genética" de los cambios, donde la lógica secuencial es el eje vertebrador de las transformaciones políticas (Alcántara, 1995). Esta perspectiva abrió el campo de estudio de las transiciones políticas, que se prolonga hasta los trabajos de Huntington (1992), Linz y Stepan (1978), O'Donnell y Schmitter (1988) y, desde una perspectiva crítica, a las variantes "evolucionistas" del cambio político con Morlino (1985) y Przeworski (1995).

En el ámbito de la sociología histórica, el concepto se emplea con frecuencia para describir un espacio entre situaciones límite. Por ello, el uso del concepto está asociado a una vaga o explícita noción de "progreso", donde los cambios económicos y socioinstitucionales son parte de una cadena de acontecimientos que representan un *sentido* de la historia. En este contexto, la dimensión temporal es un referente obligado. Existe un "antes", un "transcurso" y un "después" que pueden reconstruirse analíticamente *ex-post* mediante un proceso de exploración del perfil y la racionalidad de los cambios, y las intencionalidades e interacciones sociales puestas en juego por actores específicos a lo largo del proceso. Este enfoque es una forma típicamente weberiana de aproximación analítica al estudio de la acción social.[1]

Por otro lado, frente a las nociones teleológicas del cambio en la sociedad, existe una perspectiva donde los acontecimientos son vistos analíticamente como parte de múltiples "caracterizaciones episódicas". Éstas consisten en la definición, con fines comparativos, de "formas de cambio institucional; episodios con secuencias de cambio que tienen un comienzo especificable, urdimbres de sucesos y resultados que hasta cierto punto son comparables prescindiendo de contextos definidos" (Giddens, 1995: 394).

Estas "caracterizaciones episódicas" permiten delinear distintos "modos" o "tipos" de cambio institucional. En el contexto de la teoría de la estructuración giddensiana, las transiciones entre dos o más situaciones pueden ser vistas como "episodios" de un largo proceso de transformaciones, a través de los cuales se van estructurando o restructurando las instituciones. Dicha estructuración consiste en la formación de campos relacionales de juegos de acción individual y colectiva, que se expresan en un conjunto más o menos delimitado de constreñimientos, incentivos y zonas de incertidumbre.

Por *"constreñimientos"* se entienden restricciones a la acción colectiva, que generalmente aparecen bajo la forma de sanciones institucionales materiales o simbólicas. Más específicamente, se consideran constreñimientos estructurales, que consisten en "la puesta de límites al espectro de opciones de que dispone un actor o pluralidad de actores en una circunstancia dada o en un tipo de circunstancia" (Giddens, 1995: 207).

Los incentivos son motivaciones de diferente tipo (económicas, sociales, culturales o políticas) que modelan el curso de la acción colectiva en una institución o en un conjunto de instituciones. En el contexto del análisis de los periodos de cambio institucional, dichas motivaciones muchas veces aparecen bajo la forma de "incentivos selectivos"; es decir, "tipos de incentivos a los que se puede recurrir para movilizar a un grupo latente, con el objeto de lograr comportamientos cooperativos en una organización o institución" (Olson, 1992: 71).

Pero en una organización, o "sistema de acción concreto", existen interacciones entre grupos e individuos cuyos constreñimientos e incentivos conforman campos estructurados y no estructurados de la acción de la organización. Los primeros consisten en un conjunto de "reglas de juego" que acotan los campos de conflicto y de acuerdo entre los individuos. Los segundos constituyen "zonas de incertidumbre" que posibilitan la negociación continua de los intereses de los miembros de la organización o del sistema. En esa tensión permanente entre la parte "estructurada" y la parte "no estructurada" de la acción colectiva radica en buena medida no sólo el dinamismo de las instituciones, sino también la comprensión del cambiante perfil de las interacciones entre los actores de la organización o sistema (Crozier y Friedberg, 1990).

La articulación del conjunto de constreñimientos, incentivos e incertidumbres que forman a las instituciones no es estática. De hecho, es la continua interacción entre estos elementos lo que explica la capacidad de las instituciones para modificar sus relaciones y adaptarse a nuevas exigencias endógenas o exógenas. Desde esta perspectiva, el cambio institucional constituye un fenómeno primordial en el análisis de las transiciones, el cual no puede ser visto como parte de una "evolución", sino como un episodio de transformación de un sistema concreto (Crozier y Friedberg, 1990).

Una transición siempre implica cambios, pero éstos no necesariamente indican un sentido "evolutivo" o "progresivo" de las instituciones. En sociedades crecientemente diferenciadas y complejas, los cambios tienden a expresar formas o intentos de reducción de esa complejidad social, acotando las zonas de incertidumbre, controlando las situaciones de contingencia y regulando las acciones de los individuos, los grupos y las organizaciones (Luhmann, 1992). En este sentido, las instituciones tienden, con el transcurrir del tiempo, a "modificar su estructura organizacional de acuerdo con una lógica de diferenciación creciente" (Zolo, 1994: 19).

El poder de las organizaciones descansa en esta capacidad de diferenciación, de regular contingencias e introducir nuevas reglas para su comportamiento y conducción. La construcción de las organizaciones implica múltiples combinaciones de poder que, a su vez, sólo pueden ser restringidas por medio de la propia organización. El "poder organizacional", como le llama Luhmann (1995), a diferencia del poder personal, opera como un mecanismo que separa áreas de conflicto y contingencia a través de un incesante ajuste de las reglas de pertenencia y normas de comportamiento, pero también mediante la distribución de los poderes dentro de

---

[1] Para Weber, la comprensión sociológica e histórica de la acción social es resultado de la observación de las relaciones entre fines y medios a través del tiempo. Ello incluye los "efectos no deseados" de la acción; es decir, resultados relativamente inesperados de las interacciones sociales, que van más allá de las intenciones de los actores involucrados. Sin embargo, para Weber, la acción de los grupos debe ser analizada como un curso de acontecimientos que se desarrollan en un tiempo determinado, acción que sólo puede ser reconstruida racionalmente atribuyendo a los individuos y a los grupos fines que orientan su actuación y medios con los que alcanzan dichos fines. "La interpretación racional con relación a fines *(Zweckrationales)* es la que posee el máximo grado de evidencia. Por comportamiento racional con relación a fines ha de entenderse aquel que se orienta exclusivamente a medios representados [...] como adecuados para fines aprehendidos de manera [...] unívoca" (Weber, 1990: 176).

la organización ("poderes compensatorios", en la terminología de Luhmann).

La especificidad del cambio en las instituciones

Las instituciones son, en palabras de Scott (1995: 33): "un conjunto de estructuras y actividades cognitivas, normativas y regulativas que proporcionan estabilidad y significado al comportamiento social. Las instituciones son el transporte de variados recipientes (culturas, estructuras y rutinas), que operan en múltiples niveles de jurisdicción".

Desde este punto de vista, existen tres "pilares" o "sistemas" sobre los que descansa el funcionamiento de las instituciones: el sistema "regulativo" (representado por el Estado), el "normativo" (obligaciones y valores) y el "cognitivo" (creencias, estructuras de significado).

Para Douglass North (1994: 227-228), las instituciones son un "conjunto de reglas, procedimientos de aceptación y cumplimiento de las mismas, y normas éticas y morales de comportamiento para restringir el comportamiento de los individuos con el objetivo de maximizar la riqueza o la utilidad de los gobernantes y sujetos principales de una sociedad".

Desde su punto de vista, las instituciones reducen la incertidumbre por el hecho de que proporcionan una "estructura" a la vida diaria, lo que se traduce, en el lenguaje de los economistas, en la definición y limitación del conjunto de elecciones de los individuos (North, 1993: 14).

Para autores como March y Olsen (1989), el cambio institucional es un proceso de "adaptación incremental" a problemas cambiantes con soluciones disponibles, que ocurren en el marco de una evolución gradual de las estructuras de significado. Las instituciones se desarrollan fundamentalmente sin planificación y de acuerdo con una serie de ajustes menores que resultan de la acción (o adaptación) de los individuos a su ambiente. Así, el cambio es principalmente *incremental* en el sentido de que las instituciones, al moldear las preferencias de los actores, definen la perspectiva que ellos tienen sobre su propio cambio. El cambio institucional, entonces, es el resultado de las interacciones entre individuos, instituciones y medio ambiente. La tensión permanente entre la estabilidad de las instituciones y las nuevas demandas y exigencias del ambiente impulsa un proceso dinámico de "adaptación incremental", conflictivo y complejo, de las instituciones a su entorno.

Reconstruir la "arquitectura" de los cambios institucionales implica analizar las interacciones entre un número considerable de factores que intervienen en el impulso de dichos cambios. Uno de esos factores, la intencionalidad, o la "voluntad política" de cambiar, se considera frecuentemente como el factor principal que explica los procesos de cambio o reforma en las instituciones. Sin embargo, entender la transformación de las instituciones requiere reconocer que las intenciones son por lo general múltiples, no necesariamente consistentes, que a menudo son ambiguas, y que esas intencionalidades forman parte de un sistema de valores, metas, actitudes, que se "enraízan" o "incrustan" *(embeds)* con otras intenciones de una estructura diferente de creencias y aspiraciones, y que "estas estructuras de valores e intenciones es formada, interpretada y creada durante el curso del cambio en la institución" (North, 1993: 65-66).

Desde este punto de vista, el cambio institucional es una lenta evolución de las tradiciones y valores institucionales que nadie puede predecir ni controlar completamente (Powell y DiMaggio, 1991). Ello significa que el ritmo y la direccionalidad del cambio en una institución o en un conjunto de instituciones dependen del perfil de las relaciones y "pactos" vigentes (formales e informales) que regulan las interacciones legitimadas por los arreglos institucionales construidos.

Según Margaret Levi, el cambio institucional puede definirse como el "giro en las reglas y los procedimientos por medio de los cuales los diferentes comportamientos [sociales] son constreñidos o incentivados". Dada la caracterización de las instituciones formales como "reglas socialmente construidas que reflejan una particular distribución de recursos de poder", se desprende que las instituciones cambian a medida que la distribución de esos recursos se modifica: "El cambio es más probable cuando existe un incremento en la efectividad de los individuos que buscan el cambio y una disminución en el poder de 'bloqueo' de los individuos cuyos intereses son protegidos por los arreglos institucionales vigentes" (Levi, 1992: 407).

En esta perspectiva, la obediencia o el consentimiento es un recurso estratégico de poder en las instituciones, que otorga legitimidad o no al ejercicio del poder institucional que está en manos de los individuos que "juegan" bajo arreglos institucionales dados. Es por ello que la obediencia es considerada como una importante "arma del débil" *(weapon of the weak)* y una fuente relevante del cambio institucional.

LÍNEAS DE INVESTIGACIÓN Y DEBATE CONTEMPORÁNEO

El estudio del cambio institucional en distintos campos de la acción social permite analizar la magnitud, profundidad y alcance de las transformaciones de las sociedades contemporáneas. Ya sea en la esfera de las instituciones políticas o en el campo de la política pública, de las estructuras económicas o de las instituciones de la cultura, el énfasis en el cambio de las "reglas del juego" y en los subconjuntos de restricciones e incentivos a la acción colectiva que las instituciones representan ha abierto un vasto campo de estudios a las ciencias sociales, en especial a la sociología y a la política comparada.

A fines de los noventa, el papel de las instituciones en el ordenamiento y el cambio de la sociedad es un área de estudio "redescubierta" en las ciencias sociales. Además de ser fuentes de estabilidad y conflicto, de coerción y poder, las instituciones son los marcos de la acción colectiva, sobre los cuales se estructuran los procesos de cambio en la sociedad. Los poderes y capacidades del Estado y la red de interacciones que se desarrollan a través de instituciones políticas (electorales, parlamentarias), económicas (laborales) o sociales (bienestar social, educación) constituyen espacios del cambio institucional que se desarrolla en medio del conflicto y la incertidumbre de periodos más o menos largos de transición entre un cierto perfil de arreglos institucionales que se agota y otro que emerge. Las investigaciones que hacen énfasis en los procesos de cambio institucional constituyen una parte importante de los esfuerzos contemporáneos por comprender la lógica que gobierna el cambio y la estabilidad en varios campos de la acción política y social.

BIBLIOGRAFÍA

Alcántara Sáez, Manuel (1995), *Gobernabilidad, crisis y cambio. Elementos para el estudio de la gobernabilidad de los sistemas políticos en épocas de crisis y cambio*, FCE, México.

Almond, Gabriel A., Scott C. Flanagan y Robert J. Mundt (1993), "Crisis, elección y cambio", en *El nuevo institucionalismo*, Zona Abierta, España, pp. 63-64.

Benedicto, J., y F. Reinares (comps.) (1992), *Las transformaciones de lo político*, Alianza Universidad, Madrid.

Crozier, M., y E. Friedberg (1990), *El actor y el sistema*, Alianza Editorial Mexicana, México.

Giddens, A. (1995), *La constitución de la sociedad. Bases para la teoría de la estructuración*, Amorrortu, Buenos Aires.

——— (1996), *Sociología*, Alianza Universidad Textos, Madrid.

Douglas, Mary (1996), *Cómo piensan las instituciones*, Alianza Universidad, Madrid.

Durkheim, E. (1972), *La división del trabajo social*, Colofón, México.

Eisenstead, S. N. (1992), "Estudios de modernización y teoría sociológica", en T. Carnero Arbat (comp.), *Modernización, desarrollo político y cambio social*, Alianza Universidad, Madrid.

Germani, Gino (1992), "Secularización, modernización y desarrollo económico", en T. Carnero Arbat (comp.), *Modernización, desarrollo político y cambio social*, Alianza Universidad, Madrid.

Huntington, Samuel P. (1992), *El orden político en las sociedades en cambio*, Paidós, Argentina.

Levi, Margaret (1992), "A Logic of Institutional Change", en Schaweer Cook y M. Levi (coords.), *The Limits of Rationality*, The University of Chicago Press.

Linz, J. J., y A. Stepan (1978), *The Breakdown of Democratic Regimes*, Johns Hopkins University Press, Baltimore.

Luhmann, Niklas (1955), *Poder*, Universidad Iberoamericana-Antrophos, México.

——— (1991), *Sociología del riesgo*, Universidad Iberoamericana-Universidad de Guadalajara, México.

March, James G., y J. P. Olsen (1989), *Rediscovering Institutions. The Organizational Basis of Politics*, The Free Press.

Marx, Karl (1969), "Introducción" a la *Contribución a la crítica de la economía política*, Progreso, Moscú.

Morlino, Leonardo (1985), *Cómo cambian los regímenes políticos*, Centro de Estudios Constitucionales, Madrid.

Nisbet, Robert (1993), "El problema del cambio social", en R. Nisbet, T. S. Kuhn, L. White *et al.*, *Cambio social*, Alianza Universidad, Madrid.

North, Douglass (1993), *Instituciones, cambio institucional y desempeño económico*, FCE, México.

——— (1994), *Estructura y cambio en la historia económica*, Alianza Universidad, Madrid.

Olson, Mancur (1992), *La lógica de la acción colectiva. Bienes públicos y la teoría de los grupos*, Limusa-Noriega Editores, México.

Parsons, Talcott (1995), "Una teoría funcional del cambio", en A. y E. Etzioni (comps.), *Los cambios sociales*, reimp., FCE, México.

Polanyi, Karl (1992), *La gran transformación. Los orígenes políticos y económicos de nuestro tiempo*, FCE, México.

Powell, W., y P. DiMaggio (coords.) (1991), *The New Institutionalism in Organizational Analysis*, Chicago University Press.

Przeworski, Adam (1995), *Democracia y mercado*, Cambridge University Press.

Rustow, D. A. (1970), "Transitions to Democracy: Toward a Dynamic Model", *Comparative Politics*, núms. 2-3.

Schmitter, Philippe, G. O'Donnell *et al.* (1988), *Transiciones desde un gobierno autoritario* (4 vols.), Paidós, Buenos Aires.

Scott, Richard W. (1995), *Institutions and Organizations*, Sage.

Weber, Max (1990), *Ensayos sobre metodología sociológica*, 3a reimp., Amorrortu, Argentina.

——— (1980), *La ética protestante y el espíritu del capitalismo*, Premiá Editora, col. La red de Jonás, México.

Zolo, Danilo (1994), *Democracia y complejidad. Un enfoque realista*, Nueva Visión, Buenos Aires.

CAMBIO POLÍTICO

Josep M. Colomer

Definición

Los procesos de democratización iniciados a finales de los años ochenta han refutado el determinismo "estructural" con que el cambio político había sido ampliamente analizado en las ciencias sociales a mediados del siglo XX. Ni en la Unión Soviética ni en ninguno de los demás países de socialismo autoritario de Europa central y oriental, que han experimentado procesos de democratización, existían los requisitos socioeconómicos o culturales de la democracia que se habían postulado tradicionalmente: básicamente, una economía capitalista, una expansión de las clases medias y una amplia difusión de los valores liberales. Por tanto, parece lógico que el análisis de las condiciones de la democratización se haya inclinado en los últimos años hacia las decisiones de los actores políticos y sus interacciones.

Para comprender mejor este cambio de orientación analítica, es conveniente tener en cuenta cierta evolución del propio enfoque "estructural". La relación entre el desarrollo socioeconómico y la democracia política se había establecido tradicionalmente en términos bastante deterministas y unilaterales. La cadena causal establecida desde las estructuras sociales hacia la política "condenaba" implícitamente a los países atrasados y pobres a sufrir regímenes autoritarios. Pero, a lo largo del tiempo, esta línea de causalidad fue alterada de diversos modos por algunos científicos sociales para poder explicar diversas observaciones contractuales. Así, el desarrollo socioeconómico fue presentado en algunos momentos como una condición necesaria, pero no suficiente, para la democracia, dado que ciertos regímenes autoritarios eran compatibles con el crecimiento económico o incluso como promotores de éste, o para explicar la larga supervivencia de regímenes democráticos en algunos países pobres y descolonizados. (Las referencias clásicas son Lipset, 1959, 1960; Almond y Verba, 1963, 1989; Moore, 1965; Scockpol, 1979; Huntington, 1968; O'Donnell, 1973.)

Como consecuencia de estas reformulaciones, el postulado inicial que vinculaba el desarrollo socioeconómico con la democratización política acabó perdiendo una gran parte de su atractivo: el desarrollo ya no era considerado una condición necesaria para la democracia —dado que algunos regímenes burocráticos militares de América Latina y varios de los "tigres" asiáticos combinaban el autoritarismo con el crecimiento económico— ni como una condición suficiente, dado que varios países pobres, especialmente pertenecientes a la Commonwealth británica, la mayor parte de América Latina desde los años ochenta, así como muchos países de Europa oriental, dominados por los partidos comunistas desde los años noventa, sostenían regímenes democráticos.

Algunas tentativas recientes de establecer relaciones más sutiles y estrechas entre las condiciones socioeconómicas y las formas políticas en diferentes niveles de desarrollo económico no han sido del todo satisfactorias (una revisión reciente de este enfoque, en parte autocrítica, puede encontrarse en Lipset, Seong y Torres, 1993; para una discusión más amplia, véase Colomer, 1994). Aparentemente, el desarrollo económico puede crear condiciones favorables para que los individuos y los grupos deseen la democracia, luchen por ella y negocien su establecimiento. Pero, de hecho, la caída de las dictaduras también puede ser preparada o precipitada por sus fracasos sociales y económicos —incluida la incapacidad de los regímenes de socialismo autoritario de cumplir sus promesas de bienestar material e igualdad social—. Así pues, si tanto los éxitos como los fracasos socioeconómicos aparecen relacionados con el cambio de régimen político, parece conveniente aceptar que éste no puede ser explicado de un modo completamente satisfactorio por ninguno de aquellos, sino más bien que los resultados políticos deben conectarse más explícitamente con las acciones políticas; es decir, las preferencias, las estrategias y las decisiones de los actores políticos. Mientras que en el enfoque "estructural" la política era considerada una variable dependiente de las variables socioeconómicas y culturales, en el enfoque "estratégico" político se tiende a subrayar más la influencia de la política sobre la economía, el establecimiento de lazos sociales y la difusión de valores culturales (O'Donnell y Schmitter, 1986; Przeworski, 1991; Linz y Stepan, 1996).

Historia, teoría y crítica

El énfasis en la indeterminación de las relaciones entre las estructuras socioeconómicas y las estructuras (o regímenes) políticas no significa que las formas de la situación inicial autoritaria no influyan sobre la vía de cambio. Obviamente, un cierto grado de complejidad social o de pluralismo cultural es necesario para que se formen actores diferenciados que puedan entrar en interacción. De otro modo, en una sociedad altamente homogénea, o incluso en una sociedad poco polarizada, las preferencias de régimen político tienden a ser simples o frontalmente incompatibles, de modo que sólo una alternativa puede ser impuesta por el actor poderoso correspondiente. Los modelos clásicos de "revolución" o "guerra civil" pueden dar cuenta en tales casos del cambio de régimen, el cual puede aparecer como un reflejo bastante directo de las estructuras sociales.

Pero en sociedades más complejas y plurales las mismas estructuras socioeconómicas permiten diferentes resultados —de conflicto o de estabilidad, autoritarios o democráticos—, producidos por diferentes vías. El cambio político no está garantizado ni siquiera cuando se cumplen muchas de las supuestas condiciones favorables, y aún menos cierta es la vía de cambio que seguirá un país concreto a partir de un acontecimiento crítico, dado que las vías y los resultados dependen directamente de las decisiones de los actores.

Las condiciones básicas para producir un resultado colectivo en un proceso de cambio de régimen están vinculadas a la fuerza y la iniciativa de los diversos actores políticos. Las transiciones pactadas requieren ciertas condiciones estratégicas, entre ellas la ausencia o debilidad de los actores "maximalistas" —es decir, de aquellos que prefieren las alternativas políticas "extremas" a las intermedias, con preferencias de tipo "antes muertos que humillados"—, una suficiente distancia estratégica entre los actores relevantes para que puedan usar con eficacia su poder de amenaza en la negociación, y una predisposición de los actores al pacto mediante una visión de sus propios intereses a largo plazo y un criterio no miope de elección (Colomer, 1990, 1991a, 1991b, 1995a, 1995c; Colomer y Pascual, 1994).

Dentro de ese marco global, la relevancia que adquiere cada uno de los diferentes actores políticos —básicamente los gobernantes "duros" y "blandos", y la oposición democrática— depende en parte de los condicionantes y las "exclusiones" impuestas por la situación inicial, en particular por el tipo de régimen autoritario. Pero, dentro de estos límites, la formación y la relevancia de los actores es también un resultado del propio proceso de cambio. De hecho, los actores pueden cambiar o adaptar sus preferencias a los resultados del proceso. Concretamente, los actores "maximalistas" pueden evolucionar hacia posiciones "gradualistas" con objeto de hacer viable la consecución de su alternativa preferida por medios pacíficos, si la oportunidad existe. También los actores "gradualistas" pueden modificar sus adhesiones con objeto de ganar mayor poder de negociación con sus interlocutores. Los diferentes actores pueden reforzarse mutuamente mediante la selección de sus interlocutores en las interacciones estratégicas, dado que la aparición pública de un actor en negociación con otros puede alimentar expectativas acerca de su fuerza futura e inducir a otras personas a darle su apoyo. En la relación general entre gobernantes y oposición, parece lógico esperar que el actor relativamente débil tratará de mantener la unidad en sus filas, pese a su probable diferenciación futura en varios partidos o tendencias ideológicas, mientras que el actor relativamente fuerte puede permitirse una diferenciación interna anticipada para así poder negociar más ventajosamente el establecimiento de las futuras reglas del juego. En pocas palabras, los actores producen resultados, pero los resultados reales y esperados también inducen la formación y el crecimiento de los actores.

Desde esta perspectiva "estratégica", los valores culturales, las creencias morales y las actitudes psicológicas tienden a aparecer como elementos complementarios, muy dependientes de las expectativas y las oportunidades de los actores, más que como factores causales básicos. Las percepciones de "honestidad" o "traición" en otros actores, el desprecio por la actitud de "medias tintas" o, por el contrario, el elogio de la moderación, las ofertas magnánimas de reconciliación o la sed de venganza justiciera, así como la resolución de otros dilemas parecidos dependen en gran medida de la fuerza relativa de cada actor para imponer su voluntad sobre los demás, de las oportunidades efectivas de negociar y pactar, y de la probabilidad de encontrarse implicado en un conflicto perjudicial y duradero. Así pues, las decisiones de los actores, guiadas por sus expectativas y sus cálculos estratégicos, tienden a "seleccionar" sus correspondientes interlocutores, así como las actitudes y los valores apropiados, mediante las oportunidades de acuerdo y de éxito que las decisiones mismas crean.

Incertidumbre del cambio y del régimen

Un régimen democrático puede ser establecido mediante un pacto entre diferentes fuerzas políticas y sociales en la medida en que aparece como un acuerdo convencional acerca de nuevas reglas de juego, sin vinculación con ningún grupo particular de gobernantes o de políticas públicas.

En cambio, un régimen autoritario puede ser definido como aquel en que reglas de decisión arbitrarias e injustas tienden a mantener de manera permanente a un número significativo de personas excluidas de la oportunidad de elegir a los gobernantes. Sin embargo, es importante observar que, para que un régimen autoritario, que no es meramente depredatorio (es decir, que no consista únicamente en el dominio de una banda de salteadores), pueda sobrevivir durante un periodo medianamente largo la arbitrariedad y la exclusión deben ser compensadas con algún grado de satisfacción de los resultados, al menos respecto a aquellas personas que le dan un apoyo decisivo o le prestan aquiescencia pasiva. En el caso particular de los regímenes de socialismo autoritario de la Unión Soviética y los países de Europa oriental, la dictadura pudo durar porque los gobernantes se apoyaban en este tipo de intercambio con los súbditos excluidos de los derechos civiles y de la participación política: los gobernantes prometían bienestar material e igualdad social y los súbditos les correspondían con la renuncia a intervenir en los asuntos públicos.

Precisamente porque los regímenes autoritarios cuentan con una fuente de apoyo social basada en resultados sustantivos y no en procedimientos, pueden ser altamente vulnerables por el incumplimiento de sus promesas o por la no consecución de los resultados esperados. Esto es lo que ocurrió con los regímenes de Europa oriental, que habían fundado su legitimidad en un proyecto global de sociedad. Durante algún tiempo, los gobernantes comunistas sustituyeron los resultados reales del proyecto con incentivos ideológicos orientados hacia el futuro (la promesa de un paraíso para las siguientes generaciones) y el terror disuasorio. Sin embargo, al cabo de un tiempo, el fracaso en la consecución de la prosperidad y la igualdad prometidas se hizo evidente. El escepticismo y el malestar se extendieron entre la población. A mediados de los años ochenta, el relevo de los máximos dirigentes por miembros de una nueva generación trajo consigo un reconocimiento abierto de aquel fracaso global y abrió un nuevo proceso de cambio.

El incumplimiento de las promesas de un régimen autoritario puede tomar diversas formas. Puede consistir en una fuerte crisis económica, en la derrota militar ante un enemigo, o en una pérdida de fe de los súbditos en las creencias ideológicas que daban fundamento a sus expectativas. La clave es que, ante los resultados pobres o negativos, los súbditos descontentos tienden a reaccionar no sólo contra los gobernantes individuales sino también, dada la ausencia de reglas de decisión formales y previamente aceptadas para sustituirlos, contra la arbitrariedad y la iniquidad de las reglas; es decir, contra el régimen. Cuando se trata de una dictadura personal en la que ni siquiera hay reglas para la sustitución del gobernante autoritario que hayan sido previamente aceptadas por quienes le han dado su apoyo, o bien tales reglas son impracticables, la mera derrota del dictador o el fallecimiento de éste pueden ser suficientes para hacer necesaria la adopción de nuevas reglas del juego.

A diferencia de estas características autoritarias, un régimen democrático es aquel en que hay reglas de decisión conocidas y relativamente equitativas, las cuales

Cuadro 1. *Incertidumbre en dictadura, en transición y en democracia*

	Dictadura	Transición	Democracia
Reglas de decisión	Inciertas, arbitrarias	Desconocidas, imprecisas	Más bien ciertas y equitativas
Gobernantes y políticas públicas	Bastante ciertas	Provisionales	Bastante inciertas

producen una fuente procedimental y no sustantiva de apoyo social al régimen. Estas reglas incluyen los derechos civiles básicos de los ciudadanos y la elección competitiva de los gobernantes por los ciudadanos sobre una base más o menos igualitaria (es decir, por sufragio adulto amplio). Las distintas fórmulas y ordenamientos institucionales (parlamentarismo o presidencialismo, sistemas electorales, descentralización, etc.) pueden ser evaluadas por su diferente capacidad de producir eficiencia y equidad de resultados. Los regímenes democráticos deben permitir que el poder de decisión sea compartido por ciudadanos con distintos intereses y valores, o bien que esté en manos de coaliciones gobernantes homogéneas pero cambiantes, o ambas cosas. Además deben permitir el relevo pacífico de los gobernantes y de los creadores de las políticas públicas.

El apoyo básico a la democracia no procede de sus buenos resultados o de la adhesión de los gobernantes a los "buenos" valores; más bien, los resultados de la democracia son valorados como "buenos" porque son producidos a través de procedimientos previamente conocidos y equitativos. Esta fuente procedimental de apoyo social a la democracia la hace mucho menos vulnerable a las crisis económicas, las derrotas militares, el incumplimiento de las promesas de los gobernantes o la frustración de las expectativas de los ciudadanos en comparación con los regímenes autoritarios. En la democracia, las decepciones y el descontento pueden ser canalizados hacia los gobernantes del momento y no contra las reglas básicas, las cuales permiten precisamente la sustitución de los gobernantes.

Ciertamente, muchas personas pueden preferir la democracia a la dictadura sobre la base de sus expectativas de alcanzar mayor bienestar material con un régimen democrático. Pero estas expectativas sólo pueden basarse en objetivos intermedios, los cuales resultan suficientes para la supervivencia de los regímenes democráticos. En la democracia, en primer lugar, los ciudadanos tienen garantizados los derechos civiles y las libertades, los cuales incluyen la posibilidad de obtener información sobre los asuntos públicos y de discutir políticas públicas alternativas. En segundo lugar, tienen la oportunidad de participar periódicamente en la elección de los gobernantes. Como consecuencia de todo ello, los ciudadanos pueden reaccionar a los posibles fracasos colectivos o a los acontecimientos adversos de un modo más pacífico y ordenado que cuando se encuentran sometidos a reglas de decisión arbitrarias. Todas estas características pueden alimentar expectativas razonables de obtener resultados sociales, económicos y culturales favorables bajo un régimen democrático, pero también grados de satisfacción más bajos durante algunos periodos.

Debido a la incertidumbre de las reglas autoritarias y de los gobernantes y las políticas democráticas, la transición del autoritarismo a la democracia implica altos grados de inseguridad en los dos niveles: las reglas, y los gobernantes y sus políticas (para una discusión previa, véase Przeworski, 1986: 58-59; Mainwaring *et al.*, 1992: 312-317).

Hay que tener en cuenta que el punto de partida del proceso de cambio es la dictadura, un régimen caracterizado por la estabilidad de la coalición gobernante, dado que no se permite la alternancia en el gobierno. Bajo ese régimen, la toma de decisiones por los gobernantes está escasamente limitada y habitualmente conduce a la adopción de políticas públicas estables a mediano plazo. Pero —como se ha dicho— sus reglas de decisión son arbitrarias e injustas, ya que todos aquellos cuyos valores o intereses resultan contradictorios con los de los gobernantes son excluidos del gobierno y se encuentran en peligro de ser perseguidos por medios arbitrarios (como se suele decir, en una dictadura no sólo el lechero llama a la puerta de madrugada).

En comparación con esa situación inicial, es obvio que la transición a la democracia implica incertidumbre de las reglas precisamente porque se trata de un proceso para cambiar las reglas arbitrarias existentes y el resultado —las nuevas reglas— es desconocido previamente. Por otra parte, los gobernantes y las políticas de la transición desempeñan un papel provisional, especialmente porque la principal "política pública" en ese periodo es la política institucional y de reforma; es decir, la sustitución del régimen anterior. Las expectativas de estabilizar los gobiernos y las otras políticas públicas de la transición dependen, en gran medida, del resultado institucional del proceso de cambio de régimen y de las oportunidades que éste ofrezca, por lo que son también muy inciertas.

Es esta incertidumbre general la que puede llevar a los actores a pactar nuevas reglas procedimentales que permitan mantener una incertidumbre permanente acerca de sus resultados políticos (quiénes serán los gobernantes y cuáles serán las políticas), pero que también permitan la supervivencia de diferentes candidatos a gobernar con diferentes políticas, es decir, la democracia. La sustitución del autoritarismo por la democracia implica la sustitución de unos gobernantes y unas políticas ciertos bajo unas reglas arbitrarias y excluyentes por unos gobernantes y unas políticas inciertos bajo un esquema institucional básicamente estable.

La transición de la dictadura a la democracia produce, por lo tanto, una creciente regulación de los procedimientos de decisión, los cuales se hacen más constrictivos, y una creciente incertidumbre acerca de los futuros gobernantes y políticas. Es esta doble faceta la que suele provocar sentimientos ambiguos durante la transición, ya que mientras algo nuevo, imprevisto y abierto se acerca, algo se cierra y las posibilidades que ofrecía el pasado quedan más circunscritas.

Una vez instalada la democracia caben diversos grados de estabilidad de las políticas públicas y de equidad de las reglas; así, mientras que la unidad de poderes y el esquema "mayoritario" (a la británica) permiten drásticos giros en la orientación de los gobernantes y de las políticas mediante la alternancia de diferentes partidos en el gobierno, la división de poderes y el pluralismo institucional y de partidos pueden favorecer resultados, bien de conflicto, bien de consenso, mediante coaliciones amplias y políticas centristas. Pero, en cualquier caso, cierto grado de incertidumbre acerca de quiénes serán los gobernantes y qué políticas ejecutarán es esencial en todos los regímenes democráticos.

El cuadro 1 resume el análisis anterior.

Líneas de investigación y debate contemporáneo

Modelos de cambio y tipos de régimen democrático

De acuerdo con la exposición antes presentada, las relaciones entre tipos de régimen autoritario y tipos de régimen democrático no pueden establecerse en términos de relaciones directas entre "estructuras". El proceso de transición es, por un lado, inducido por la situación inicial del régimen autoritario y, por el otro, conduce a un tipo particular de régimen democrático. Pero los procesos de transición se caracterizan por la relevancia que adquieren los actores, cuyas decisiones estratégicas e interacciones constituyen la variable básica para explicar la transformación estructural. En otras palabras, las diferentes formas de régimen autoritario presentan distintos incentivos para la formación y la supervivencia de los actores, pero son las decisiones de estos actores las que producen el proceso que conduce a un nuevo tipo de régimen.

Si observamos las relaciones entre tipos de régimen autoritario y las diferentes vías de cambio que cabe definir mediante la relevancia de diversos actores, parece posible establecer la "exclusión" de algunas hipótesis.

En primer lugar, un régimen autoritario muy restrictivo y excluyente —como el que existió en la Unión Soviética durante varias generaciones— difícilmente puede permitir la formación y supervivencia de movimientos de oposición, por lo que tiende a conceder un papel predominante a los gobernantes autoritarios tanto en la consolidación del régimen como en el comienzo de su cambio. Por ello, a partir de una situación inicial fuertemente autoritaria cabría descartar un proceso de cambio basado en una negociación formal entre los gobernantes "blandos" y la oposición, típicamente en torno a una "mesa redonda".

En segundo lugar, y siguiendo un razonamiento análogo, tampoco parece razonable esperar un "colapso súbito" de un régimen autoritario —del tipo que se produjo en Checoslovaquia, Alemania Oriental y Rumania a finales de 1989— si éste cuenta con un grado apreciable de pluralismo o "liberalización". Incluso si se produce un acontecimiento crítico inesperado, los gobernantes previamente evolucionados hacia posiciones "blandas" pueden reaccionar de manera apropiada y tratar de preservar algunas posiciones de poder mediante una negociación con la oposición. Los regímenes autoritarios liberalizados son, por lo tanto, más propensos a aceptar procesos negociados de transición, como los que tuvieron lugar en Polonia y Hungría. Pero incluso en esa situación inicial el papel de la oposición no puede darse por descontado, ya que unos gobernantes suficientemente hábiles pueden tratar de controlar las reformas desde arriba mediante transacciones entre las distintas facciones de los autoritarios y evitar los compromisos directos con la oposición.

Si observamos ahora las relaciones entre las vías de cambio y los tipos de régimen democrático, también cabe establecer algunas tendencias básicas. El primer modelo de cambio, basado en transacciones entre diferentes facciones de los gobernantes autoritarios (como en la URSS), permite a los gobernantes grandes posibilidades de preservar la concentración de poderes y la continuidad institucional "mayoritaria", incluida la autotransformación de los autoritarios en actores democráticos, sin abandonar las posiciones de poder. En cambio, cuanto mayor es el poder de negociación de la oposición, cabe esperar más división de poderes y más innovación del régimen democrático hacia fórmulas institucionales pluralistas. Sin embargo, hay otras diferencias que dependen de la vía concreta de cambio que se haya seguido. La vía de negociación en una "mesa redonda" promueve una política de reconciliación y de ausencia de represalias respecto a los antiguos autoritarios, que favorece el mantenimiento de prácticas consensuales en el contexto democrático. En cambio, el "colapso súbito" del régimen autoritario obliga a improvisar acuerdos más frágiles, habitualmente seguidos por una práctica de venganzas y purgas, que puede introducir mayores elementos de conflicto e inestabilidad en el régimen democrático resultante.

El cuadro 2 resume de un modo esquemático estas relaciones entre tipos de régimen autoritario, modelos de cambio y tipos de régimen democrático.

Este esquema puede contrastarse con algunas características básicas de los procesos de democratización en Europa oriental antes aludidos.

Concretamente, en la mayoría de las antiguas repúblicas de la Unión Soviética, posteriormente unidas en la Confederación de Estados Independientes, en las que la transición fue protagonizada por miembros o ex miembros recientes del Partido Comunista, la norma ha sido una alta concentración de poderes en manos de un presidente con un reciente pasado comunista, un papel subordinado o simplemente inexistente del Parlamento, y un escaso protagonismo de los partidos políticos.

Cuadro 2. *Tipo de régimen y modelos de cambio*

Régimen autoritario	Modelo de cambio	Régimen democrático
	Colapso súbito	División de poderes: pluralismo conflictivo
Dictadura	Transacción entre autoritarios	Unidad de poderes: pluralismo de consenso
Liberalización	Mesa redonda entre gobernantes "blandos" y oposición	División de poderes: pluralismo de consenso

En cambio, en aquellos países donde la transición a la democracia incluyó negociaciones formales entre los gobernantes y la oposición en torno a una "mesa redonda" o una plataforma similar, pronto se han aceptado fórmulas en las que varios partidos comparten el poder o la alternancia en el gobierno. En concreto, los partidos ex comunistas que habían evolucionado hacia partidos y políticas socialdemócratas moderados volvieron al gobierno por la vía electoral en Polonia, Hungría, Bulgaria y Lituania en 1993 y 1994 (si en Estonia y Letonia no se ha producido este giro ha sido debido a la política de los nuevos gobernantes de negar el derecho de voto a la mayoría de los habitantes no indígenas, en su mayor parte de origen ruso o eslavo).

Por último, la inestabilidad y el conflicto fueron muy altos en los primeros años de los regímenes democráticos establecidos en aquellos países que experimentaron un colapso súbito del régimen autoritario. Mientras que la República Democrática Alemana fue absorbida por la República Federal Alemana, Checoslovaquia se escindió en dos repúblicas, y Rumania ha sufrido frecuentes turbulencias y un cuestionamiento general de su condición democrática.

Esta variedad de resultados institucionales y tipos de régimen democrático no significa necesariamente que la democracia no pueda considerarse "consolidada" en muchos de los países mencionados. Si la "consolidación" de la democracia se relaciona con la "calidad" de sus resultados; es decir, con su capacidad de producir decisiones, leyes, políticas públicas y actos administrativos eficientes y satisfactorios para amplios sectores de la ciudadanía, es evidente que los diferentes esquemas institucionales y sistemas de partidos —producidos a su vez por diversas vías "estratégicas" de cambio— introducen distintos sesgos y producen diversos grados de ineficiencia colectiva en la toma de decisiones. Desde este punto de vista, puede decirse que ningún régimen democrático nunca está "consolidado", pues siempre hay sectores de ciudadanos más o menos significativos que pueden desear y apoyar nuevas propuestas de reforma del régimen. Mejorar la "calidad" de los resultados de la democracia es, en este sentido, una tarea que nunca termina.

Pero los deseos de los ciudadanos tienden a formarse también en respuesta a los incentivos ofrecidos por el esquema institucional existente y a las decisiones colectivas no sólo de un modo reactivo, sino también adaptativo. Como consecuencia de ello, a pesar de sus diferentes grados de ineficiencia y equidad, los regímenes democráticos tienen mecanismos autoestabilizadores poderosos en comparación con los regímenes autoritarios. En cuanto a la estabilidad del régimen, cabe considerar que la democracia se encuentra "consolidada" en todas aquellas situaciones en las que ningún actor tiene suficiente poder de negociación para emprender unilateralmente un nuevo proceso de cambio político. Pueden tener lugar entonces nuevos acontecimientos críticos y fracasos colectivos, como una recesión económica, una secesión territorial o un nuevo conflicto militar (como ha ocurrido en Europa oriental en los años noventa), pero estos acontecimientos, que podrían haber resultado fatales para la supervivencia de los regímenes autoritarios, pueden ser absorbidos por instituciones democráticas relativamente estables que permitan un relevo pacífico de los gobernantes. Éste parece haber sido también el caso en muchos de los nuevos Estados democráticos de Europa oriental.

BIBLIOGRAFÍA

Almond, Gabriel, y Sidney Verba (1963), *The Civic Culture*, Princetown University, 1989; *The Civic Culture revisited*, Sage, Conde.

Colomer, Josep M. (1990), *El arte de la manipulación política. Votaciones y teoría de juegos en la política española*, Anagrama, Barcelona.

—— (1991a), "Transitions by Agreement. Modeling the Spanish Way", *American Political Science Review*, 85, 5, pp. 1283-1302.

—— (1991b), "La vía báltica", *Claves de Razón Práctica*, 18.

—— (1994), "Teorías de la transición", *Revista de Estudios Políticos*, 86, pp. 243-253.

—— (1995a), *Game Theory and the Transition to Democracy; The Spanish Model*, Edward Elgar, Hampshire. [Trad. *La transición a la democracia. El modelo español*, Anagrama, 1998.]

—— (1995b), "Strategies and Outcomes in Eastern Europe", *Journal of Democracy*, 6, 2, pp. 74-85. [Trad. "Estrategias institucionales en Europa oriental", *Claves de Razón Práctica*, 49.]

—— (1995c), "La vía cubana a la democracia", *Claves de Razón Práctica*, 51.

—— (1995d), "Reprisals or Reconciliation in Transitions to Democracy", *Constitutional Reform in Eastern Europe*, ECPR News, otoño. [Trad. "Venganza democrática o reconciliación", *Claves de Razón Práctica*, 58.]

Colomer Josep M., y Margot Pascual (1994), "The Polish Games of Transition", *Communist and Post-Communist Studies*, 27, 3, pp. 275-294.

Huntington, Samuel (1968), *Political Order in Changing Societies*, Yale University Press, New Haven.

Linz, Juan J., y Alfred Stepan (1996), *Problems of Democratic Transitions and Consolidation*, Johns Hopkins University Press, Baltimore.

Lipset, Seymour M. (1959), "Some Social Requisites of Democracy: Economic Development and Political", *The American Political Science Review*, 53, pp. 69-105.

—— (1960), *Political Man. The Social Bases of Politics*, Doubleday, Nueva York.

Lipset, Seymour, M. Kyoung-Ryung Seong y John Charles Torres (1993), "Análisis comparado de los requisitos sociales de la democracia", *Revista Internacional de Ciencias Sociales*, 136, pp. 175-198.

Mainwaring, Scott, Guillermo O'Donnell y J. Samuel Valenzuela (comps.) (1992), *Issues in Democratic Consolidation. Democracies in Comparative Perspective*, University of Notre Dame Press, Notre Dame.

Moore Jr., Barrington (1965), *Social Origins of Diuztorhip and Democracy*, Beacon, Boston.

O'Donnell, Guillermo (1973), *Modernization and Bureaucratic-authoritarianism. Studies in South American Politics*, University of California Press, Berkeley.

O'Donnell, Guillermo, Philippe C. Schmitter y Laurence Whitehead (comps.), *Transition from Authoritarianism Regime*, Johns Hopkins University Press, Baltimore. [Trad. *Transiciones desde un régimen autoritario*, Paidós, Buenos Aires, 1989.]

Przworksi, Adam (1986), "Some Problems in the Study of the Transition to Democracy", en Guillermo O'Donnell, Philippe Schmitter y Laurence Whitehead, *Transition from Authoritarianism Regime*, Johns Hopkins University Press, Baltimore.

Przeworksi, Adam (1991), *Democracy and the Market*, Cambridge University Press. [Trad. *Democracia y mercado*, Cambridge University Press, 1995.]

Scockpol, Theda (1979), *States and Social Revolutions*, Cambridge University Press.

CAUDILLISMO

Carlos Martínez Assad

Definición

El caudillismo presenta varias acepciones. Puede definir un periodo histórico o la política de los hombres fuertes. En todo caso, se trata de una forma de poder que se ejerce por la vía del liderazgo y sirve al control político, suscitando en ocasiones el consenso con prácticas que anteceden a la creación de instituciones. El caudillo es la cabeza de ese sistema, lo que logra a través de sus cualidades carismáticas y de su capacidad para realizar alianzas fundamentadas en las lealtades personales, que le permiten establecer una amplia clientela. Se le asocia también al atributo para la conducción de fuerzas armadas y se le relaciona principalmente, aunque no en forma exclusiva, con regímenes políticos latinoamericanos.

La palabra caudillo procede del latín *capitellum*, derivado de *caput* o cabeza. En la Roma imperial se designó así a quienes tenían capacidad de mando sobre el ejército. Sin embargo, traducciones del Antiguo Testamento ya emplean el término, como cuando se designa a "el caudillo Holofernes" en el Libro de Judith; éste también tenía mando sobre sus tropas y soldados, quienes, como buenos seguidores, lamentarán su muerte.

Historia, teoría y crítica

El concepto se relaciona con el periodo previo al surgimiento de los Estados nacionales en América Latina, después de la independencia de España. En efecto, a la crisis económica y los desajustes sociales que se produjeron en las colonias, siguieron años en los cuales la única vía para mantener las endebles estructuras nacionales fue la formación de caudillos que lograron orientar de manera personal a un país, previamente a la formación del Estado.

Sus antecedentes históricos pueden ir aún más lejos; en la Roma imperial se designaba caudillo al jefe de tropas, cuya lealtad la ganaba gracias a sus cualidades carismáticas y a la capacidad de negociación de mejores condiciones para los soldados.

Aunque indistintamente se habla de caudillos para referirse a un régimen derechista y represor, como el franquismo en España o supuestamente socialista como la Yugoslavia de Tito, es en América Latina donde el concepto se aplica con mayor precisión, y es importante para entender la construcción del Estado moderno.

Al finalizar las guerras de independencia en los países latinoamericanos, la situación que se presenta es de gran complejidad; esto se debió en parte a que la política colonial había cambiado su eje de control cuando, a la caída de los Austria, se sucedieron las reformas borbónicas que impactaron la estructuración colonial desde las últimas décadas del siglo XVIII.

La crisis de producción y comercial, que se expresó sobre todo en la lucha por los espacios entre Inglaterra y los Países Bajos, generó desajustes tales que el vacío de poder sólo podía ser cubierto por los caudillos para conducir al pueblo. Los fundamentos de la legitimidad tuvieron que ser sustituidos por lazos de honor que se apoyaron, primero, en la ética católica y, después, en la que surgió en el liberalismo.

Los caudillos se asocian también con las dictaduras. En México fue Antonio López de Santa Anna quien tuvo la habilidad para desarrollar un incipiente nacionalismo y, no obstante, se le reprocha su entreguismo al momento de la guerra con los Estados Unidos (1846-1848). Aun así, se esforzó por crear un orden para restaurar la paz.

En otros países, como Argentina, donde la dictadura de Juan Manuel Rosas es ejemplo reiterado, y Perú, la reactivación organizativa después del desplome colonial se relacionó con la rápida expansión de sus mercados y con la formación de oligarquías que, con Rosas en el primer país y con Portales en el segundo, consiguieron procesos de unificación antes que otras naciones latinoamericanas. En Argentina, el caudillismo, bien retratado en la novela *Facundo*, de Sarmiento, se asoció con los grandes terratenientes, proceso que resulta singular porque en México no se vinculó de manera exclusiva una clase social.

No obstante, el poder económico y la influencia política definieron la suerte de grandes territorios; por ejemplo, a Juan Álvarez se le asocia con la creación del estado de Guerrero, y a Manuel Lozada con la de Nayarit; en el primero como recompensa y en el segundo como castigo.

Con el establecimiento del Estado liberal, ya avanzada la segunda mitad del siglo XIX, los caudillos fueron confinados a ciertas tareas al servicio del presidente, que fundamentó su autoridad por la vía legítima a través del voto indirecto, con la lealtad jurídica de un ejército y generalmente con el apoyo del Congreso.

El caudillismo en México

Los presidentes Benito Juárez y Porfirio Díaz, en México, ejemplifican ese tránsito porque el segundo, en su carácter de caudillo, fue una pieza de sostén importante para la construcción del ordenamiento administrativo del primero. Díaz representa, en cierta forma, al caudillo decimonónico que contribuye a crear las bases institucionales de un régimen.

Para finales del siglo XIX, los caudillos se desplazan a sus territorios de influencia naturales, dando vida a caudillismos regionales que en realidad venían conformándose desde la crisis del orden colonial. Su presencia es fundamental para entender la Revolución mexicana de 1910. Hasta cierto punto, el movimiento revolucionario, consecuencia de la crisis del régimen porfirista, permitió el resurgimiento de los caudillos nacionales, amén de los que solamente alcanzaron un arraigo e influencia regional.

El periodo inicial de la Revolución se caracterizó por la presencia de caudillos que dieron sentido a las demandas revolucionarias cuando menos en dos planos: las de los grupos que pretendían un relevo en la élite política y las de los sectores populares que luchaban por la restitución de sus tierras (pueblos despojados desde la reforma liberal) y por la dotación agraria.

Entre los primeros puede destacarse a Álvaro Obregón, y entre los segundos, los más paradigmáticos son Emiliano Zapata y Francisco Villa. El primero cumplió con creces con las características de un caudillo: logró ejercer un verdadero liderazgo, fue un maestro en cuanto a la construcción de lealtades personales y su liderazgo fue ampliamente aceptado en parte debido a sus cualidades carismáticas. Ejerció el poder a través del consenso con sus allegados y con autoritarismo cuando se trató de sus enemigos.

Obregón logró articular a numerosos caudillos regionales, entre los que destacaron Tomás Garrido Canabal en Tabasco, Saturnino Cedillo en San Luis Potosí, Emilio Portes Gil en Tamaulipas, para citar apenas algunos. Mientras se restablecía el régimen constitucional, interrumpido con el estallido revolucionario cuando Francisco I. Madero logró convencer a los rancheros norteños de su empresa, Obregón avanzaba alineando tras de sí a las fuerzas políticas que se articularían en el nuevo Estado.

En 1920, de la alianza entre grupos representativos con fuerte influencia sobre el ejército —particularmente la unión de Plutarco Elías Calles y Adolfo de la Huerta— nace el Plan de Agua Prieta, que figurará como el parteaguas entre el viejo ordenamiento gubernamental y el nuevo más radical, con fundamento en el liberalismo.

Obregón logró articular a las fuerzas políticas y su caudillismo fue ampliamente aceptado; los que no estuvieron de acuerdo con él simplemente fueron desplazados. Un hecho importante en ese sentido fue la rebelión de una fracción descontenta del ejército encabezada por De la Huerta. La rebelión delahuertista fue la que logró reunir el mayor número de componentes del ejército de línea contra el nuevo régimen que apenas se estructuraba. Fuertes contingentes de obreros y campesinos, de donde procedían las bases sociales de la Revolución, le siguieron. No obstante, el caudillismo de Obregón se impuso, y un numeroso grupo de caudillos y caciques regionales le fue fiel, derrotando a la rebelión.

La realización plena de Obregón como caudillo se dio después de ese movimiento que le permitió reafirmar su posición de autoridad y el reconocimiento nacional. La tarea de crear un Estado fundamentado en canales legítimos avanzó a grandes pasos, de tal forma que para 1924, al término de cuatro años de gobierno constitucional, garantizó su sucesión en uno de sus más conspicuos seguidores y amigos: Calles.

La presidencia de Calles será fundamental para decidir la suerte del caudillismo; durante su gobierno, el nuevo Estado logra una instancia reguladora de la economía con la creación del Banco de México, formaliza las relaciones diplomáticas con el gobierno de los Estados Unidos e institucionaliza la política al establecer las bases de un partido único, el Partido Nacional Revolucionario, coincidente con el asesinato de Obregón. Es entonces cuando oficialmente se declara terminada la época de los caudillos.

El caudillo y su constelación

Es difícil en México referirse al caudillismo sin hacer referencia al caciquismo, su complemento. En la práctica, el sistema caudillista ejerció una influencia solar, al complementarse como sistema con una órbita de caciques (a veces designados como caudillos locales). Se ha discutido sobre la influencia que tendría un carácter nacional en el caso de los caudillos y el de los caciques reducido a alguna región o incluso espacios más pequeños. En realidad los alcances territoriales sólo definen parcialmente a los hombres fuertes porque hubo quienes actuaron como caudillos sostenidos por una clientela local, como el general Saturnino Cedillo en San Luis Potosí. Fue caudillo por su carisma entre los campesinos de esa región, pero actuó también como cacique por los lazos familiares y de compadrazgo que le permitieron tener un control político, social y económico.

En todo caso, lo importante del sistema caudillista fue establecer un mínimo concierto entre el centro político del país y las regiones, a veces muy alejadas o aisladas por las condiciones orográficas que dificultaban las comunicaciones. Tabasco desarrolló un sistema caciquil casi perfecto que ilustra ese sistema solar encabezado por el caudillo; Obregón decidió apoyar y apoyarse en la influencia de Tomás Garrido Canabal en un cacicazgo efectivo ejercido por más de 15 años. Ese estado fue comunicado por carretera hasta finales de los años cincuenta.

Previamente, los jefes políticos, establecidos por la Constitución de Cádiz en 1812, habían servido como enlace entre el centro y las regiones; sin embargo, éstos se fueron desvirtuando durante el siglo XIX hasta que los canceló la Constitución de 1917. En esas figuras había encontrado Porfirio Díaz apoyos significativos aun en las regiones más apartadas. Como informantes desplegaron un conocimiento profundo del acontecer político y de los grupos a lo largo y ancho del territorio nacional.

La relación de los jefes políticos con Díaz les permitió apoyarse en un sistema de influencias y desarrollar fuertes cacicazgos regionales. Contribuyeron a la articulación del régimen a través de una compleja red de espionaje político, que permitió a Díaz mantener un poder férreo sobre los gobernadores, conociendo a sus amigos y enemigos durante los años de la dictadura. Incluso varios jefes políticos fueron recompensados con concesiones en las compañías deslindadoras y en la construcción de las vías férreas, así como con exenciones fiscales en la industria y el comercio.

Esos jefes políticos fueron un pivote importante en la Revolución debido a los agravios que habían dejado en la población y, no obstante ser figuras tan cuestionadas, encontrarían una forma de reproducción en el sistema caciquil desarrollado paralelamente a la estrategia de un partido único de corte estatista.

Si el Partido Nacional Revolucionario se propuso encauzar la influencia y orientar las diversas opiniones de los caciques que, por otra parte, encabezaban sendos partidos regionales, y el Partido de la Revolución Mexicana asumió una forma corporativa e integró a los militares, con el Partido Revolucionario Institucional (PRI) se rearticularon las clientelas políticas. Su estrategia de control logró apoyarse en la estructuración de un sistema de caciques funcionales al régimen surgido de la Revolución, que reincorporaba elementos que habían caracterizado al porfiriato.

Los nuevos caciques, que podríamos llamar posrevolucionarios, garantizaron las clientelas necesarias para mantener la influencia definitiva del PRI por todo el país.

Este partido impuso sistemas de control y de recompensas que venían tanto del porfiriato como del lejano pasado colonial.

Lo viejo y lo nuevo, el sistema institucionalizado y formas de control premodernas, coincidieron en el proyecto de país que se articuló después de los años cuarenta. El caudillismo había quedado atrás, pero la esencia de su estructura se mezclaba en el sistema político mexicano moderno. La centralización política dio tanto poder al presidente como en otro tiempo las fuerzas que los caudillos desplegaban por todo el país.

Las etapas del caudillismo en México

Primera: 1810-1876. De la desaparición del régimen colonial al surgimiento del Estado liberal. Entre la independencia respecto de España y las dificultades de crear una nación.

Segunda: 1876-1910. De la crisis del liberalismo al porfiriato, que alentó a las fuerzas constreñidas a las regiones a cooperar con las tareas estatales.

Tercera: 1910-1920. De los caudillos que lograron reunir tras de sí a fuertes contingentes populares, principalmente de campesinos, para poner fin a la dictadura hasta el caudillismo revolucionario que encauzó las tareas del nuevo Estado.

Cuarta: 1920-1940. De la creación de los lineamientos institucionales hasta la crisis y fin del caudillismo.

Quinta: 1940-1970. De la sustitución del caudillismo por la constelación de caciques funcionales al gobierno de origen priísta.

LÍNEAS DE INVESTIGACIÓN Y DEBATE CONTEMPORÁNEO

Existe una extensa bibliografía sobre caudillos y caciques, que se ha ampliado de manera notable en los últimos años. Si bien ahora se tiene un conocimiento más claro y profundo de la historia de México, se trata sobre todo de estudios que se constriñen a una sola región o a un solo personaje. Aunque a través de las publicaciones más recientes se reafirman y se realizan nuevos descubrimientos sobre los fundamentos del sistema político mexicano, su teorización ha sido menos frecuente.

Un estudio exhaustivo del caudillismo tendría que involucrar necesariamente otros conceptos, que se tratan muy brevemente en este trabajo, como los de caciques, líderes, jefes políticos, clientelas, bases de apoyo, carisma, padrinazgo y compadrazgo.

Entre los libros que ofrecen visiones de conjunto se pueden leer los siguientes:

David Brading (ed.) (1980), *Caudillo and Peasant in the Mexican Revolution*, Cambridge University Press, Londres. Se trata del primer intento por mostrar de conjunto a personajes que son observados con la lente de lo que se ha llamado el revisionismo histórico aplicado a la historia reciente de México.

Martín Luis Guzmán, *La sombra del caudillo*, publicada inicialmente en 1928. Aun tratándose de una novela, permite conocer el funcionamiento del caudillismo en México. Vale la pena consultar la versión periodística facsimilar, que editó la Universidad Nacional Autónoma de México en 1987.

Tulio Halperin Donghi (1972), *Historia contemporánea de América Latina*, Alianza, Madrid. Visión de conjunto sobre lo acontecido en América Latina, con énfasis en el cono sur, después de la independencia de las colonias de España.

Carlos Martínez Assad (coord.) (1987), *Estadistas, caciques y caudillos*, Instituto de Investigaciones Sociales, UNAM, México. Reunión de las biografías políticas de los hombres del poder en el plano nacional o en alguna región del país: su acción durante y después de los avatares de la Revolución mexicana.

CIENCIA

Ana Rosa Pérez Ransanz / Ambrosio Velasco Gómez

Definición

A partir de que la filosofía de la ciencia se reconoce como una disciplina académica especializada, alrededor de los años veinte del presente siglo dominó el supuesto de que la ciencia se distingue del resto de las actividades culturales por haber adquirido un método especial, "el método científico", el cual constituye una forma privilegiada de conocer el mundo. Hasta los años cincuenta, dentro de la tradición anglosajona, los filósofos de la ciencia compartieron la idea de que los sorprendentes logros científicos —especialmente los de la física— se alcanzaban gracias a la aplicación de un poderoso conjunto de principios o reglas, tanto de razonamiento como de procedimiento, que permitían evaluar objetivamente las hipótesis y teorías que se proponen en la actividad científica. Se pensaba que el método constituido por dichas reglas ofrecía, por decirlo así, un riguroso control de calidad de las hipótesis y teorías, junto con una forma de calibrar su éxito, que permitía a los científicos decidir con total acuerdo sobre su aceptación o rechazo. De aquí que la tarea central del análisis de la ciencia se haya concebido como la de formular con precisión las reglas del método que garantizaban la correcta práctica científica y el genuino conocimiento. En otras palabras, el objetivo era codificar las reglas metodológicas que encerraban el núcleo de la racionalidad que opera en la ciencia.

Historia, teoría y crítica

Esta idea general sobre el método científico, común a las dos corrientes que conforman la concepción "clásica" de la ciencia, el empirismo lógico y el racionalismo crítico, resulta severamente cuestionada en los años sesenta por una serie de concepciones que responden al interés por explicar cómo, de hecho, la ciencia cambia y se desarrolla. Estas concepciones surgen, por tanto, de una reflexión muy ligada a los estudios históricos de las prácticas científicas. Si bien es cierto que los autores de las primeras propuestas alternativas —entre los que destacan N. R. Hanson (1958), S. Toulmin (1961), P. K. Feyerabend (1965) y sobre todo T. S. Kuhn (1962)— provienen de diversos campos y corrientes de pensamiento, todos ellos coinciden en poner en duda la existencia de un conjunto de reglas metodológicas del tipo que los filósofos clásicos habían intentado formular. Es entonces cuando comienza a perder su carácter hegemónico el supuesto de que la ciencia debe su enorme éxito a la aplicación de un método universal.

El movimiento de los años sesenta, del que surge una nueva imagen de la ciencia, ha sido identificado de varios modos: corriente historicista, teoreticismo, análisis de las cosmovisiones y, también, nueva filosofía de la ciencia. Esta última denominación —que persiste en la actualidad— simplemente destaca su oposición a las tesis básicas tanto del empirismo lógico como del racionalismo crítico, que ahora se consideran las concepciones clásicas o tradicionales. El nombre de "corriente historicista" obedece a que en este enfoque la atención se concentra en la dinámica del proceso mediante el cual cambia y evoluciona el conocimiento científico más que en la estructura lógica de sus resultados. En opinión de esta generación de teóricos, el análisis del desarrollo del conocimiento exige tener en cuenta el modo como, de hecho, se trabaja en la ciencia, y sólo la investigación histórica puede dar esa información. En consecuencia, se otorga primacía, como instrumento de análisis, a los estudios históricos frente a los análisis lógicos.

La denominación de "teoreticismo" responde a otra de las tesis compartidas: toda observación, y en general toda experiencia, está "cargada de teoría". Esto es, no hay observaciones puras, neutras, independientes de las perspectivas teóricas. En lugar de suponer que las observaciones proporcionan la base firme, los datos absolutamente estables contra los cuales se ponen a prueba las teorías, se argumenta que los marcos teóricos contribuyen en buena medida a determinar qué es lo que se observa. También se considera que la importancia de los datos varía en función de las distintas perspectivas teóricas. Aunque desde luego se reconoce el papel fundamental que tiene la experiencia en la adquisición de conocimiento, se enfatiza que la investigación científica consiste básicamente en un intento por comprender la naturaleza en términos de algún marco teórico presupuesto.

Estos dos aspectos, el enfoque histórico (contra la primacía del análisis lógico) y el acento en el carácter teórico de la investigación (contra la existencia de una base empírica neutral), conducen al cuestionamiento de la vieja distinción entre "contexto de descubrimiento" y "contexto de justificación", la cual está en el núcleo de las concepciones clásicas. Pero sobre todo conducen a la tesis de que para entender qué es el conocimiento —tarea de la epistemología— no basta con considerar el contexto de justificación. El examen de dicha distinción, entonces, es una buena manera de abordar el profundo viraje que ha sufrido la idea de ciencia en nuestro siglo.

Hans Reichenbach, uno de los principales representantes del empirismo o positivismo lógico, quien en 1938 introdujo la distinción bajo esa nomenclatura, pretendía marcar la diferencia entre los procesos a través de los cuales los individuos llegan a concebir o descubrir nuevas hipótesis, y los procesos por los cuales dichas hipótesis se evalúan y justifican ante la comunidad de especialistas. Según este autor, las cuestiones que atañen a la racionalidad sólo se plantean en el contexto de la justificación o validación; los factores involucrados en la producción creativa de una idea resultan irrelevantes para la cuestión de si tenemos buenas razones para aceptar o rechazar esa idea. Dichos factores pueden ser estudiados por psicólogos, sociólogos o historiadores de la ciencia, pero los resultados de esos estudios no arrojan ninguna luz para entender aquello que es distintivo del conocimiento científico.

Reichenbach afirmaba que la epistemología se distingue de la psicología en que la primera "intenta reconstruir los procesos de pensamiento como deberían suceder si han de ser ordenados en un sistema coherente" (Reichenbach, 1938). Esto es, se busca remplazar los procesos de pensamiento que de hecho ocurren por series de pasos lógicamente justificados que conduzcan al mismo resultado. La epistemología trabaja entonces con "sustitutos lógicos" más que con procesos de pensamiento efectivos. Por tanto, afirma este autor, "nunca será una objeción permisible a una construcción epistemológica el que el pensamiento efectivo no se conforme a ella" (Reichenbach, 1938). Esta reconstrucción lógica se identifica con la reconstrucción racional del conocimiento, la cual supuestamente permite decidir cuándo una hipótesis está justificada por la evidencia empírica y, en consecuencia, si es racional su aceptación.

Desde esta perspectiva, resulta natural que sólo se examinen productos de investigación que se consideran terminados. El análisis lógico opera aquí sincrónicamente, contentándose con "fotografías" del estado final de los sistemas científicos. Este carácter estático del análisis está íntimamente relacionado con el carácter universal que se otorgaba a la reconstrucción racional: al utilizar sólo métodos lógicos se pretendía que los resultados sobre la naturaleza de la ciencia tuvieran una aplicación y validez generales. Se trataba de reconstruir la estructura lógica del lenguaje científico, de las leyes, de las teorías, de las explicaciones que éstas ofrecen, así como la estructura de las relaciones de justificación entre las hipótesis y la evidencia. Como señala W. Stegmüller, la idea era que "con métodos lógicos sólo se puede llegar a aseveraciones válidas para todas las ciencias posibles" (Stegmüller, 1973). De esta manera, se eliminaban como cuestiones no pertinentes para la epistemología los procesos de génesis y evolución de los productos científicos, así como la posible influencia de "factores externos" (factores que no fueran de tipo experimental o lógico) en la aceptación o rechazo de dichos productos. Este conjunto de cuestiones se consideró como parte del contexto de descubrimiento.

La importancia epistemológica del contexto de justificación fue tenazmente defendida tanto por los empiristas lógicos, cuyo principal líder fundador es Rudolf Carnap, como por los racionalistas críticos, encabezados por Karl Popper. Si bien las diferencias entre estas escuelas son muchas y muy importantes —diferencias que incluso las colocaron como escuelas rivales—, también se puede decir que suscriben concepciones de la ciencia que presentan acuerdos de fondo. Pero es sólo hasta que surge una perspectiva radicalmente divergente, dentro de la misma tradición anglosajona, que se pusieron de relieve esos acuerdos básicos. Como señala Ian Hacking, refiriéndose a Carnap y a Popper, "ellos discrepaban en mucho, pero sólo porque estaban de acuerdo en lo básico" (Hacking, 1983).

En cuanto a las diferencias entre estos filósofos clásicos, la más importante se encuentra precisamente en la manera de reconstruir el método científico. Carnap defiende un método de justificación de tipo inductivo: tomando como base los enunciados de observación, que son el fundamento seguro de nuestro conocimiento, debemos establecer qué tan bien confirmada (justificada) queda una hipótesis de aplicación más general. El problema de caracterizar formalmente la confirmación es, para Carnap, el problema de construir una lógica de tipo inductivo que nos permita establecer qué tanto apoyo (justificación) presta la evidencia empírica a las hipótesis generales. Se trata entonces de formular un algoritmo que permita determinar, en función de los datos disponibles, el grado preciso de justificación de cualquier hipótesis general. Este grado indicaría la medida de la confianza que es razonable depositar en una hipótesis.

La búsqueda de una lógica inductiva ha sido históricamente la vía más transitada en el intento de formular las reglas de evaluación de las hipótesis científicas; sin embargo, también han proliferado las objeciones a los distintos intentos. En el siglo XVIII, David Hume, quien suponía que la existencia de una conexión necesaria entre premisas y conclusión era un requisito de todo argumento racional, afirmaba que no tenemos ninguna justificación para aceptar los argumentos inductivos, ya que en ellos siempre es posible que las premisas sean verdaderas y falsa la conclusión. En el siglo XIX, John Stuart Mill, quien estaba convencido de que existían reglas para la inducción correcta, consideraba que el hecho de que los lógicos no hubieran logrado formularlas explica que en ocasiones aceptemos generalizaciones basadas en inducciones incorrectas. En el siglo XX, dentro del programa del empirismo lógico, se abandona la exigencia de consecuencia necesaria para los argumentos inductivos; se trata ahora de precisar el sentido o el grado —según el carácter cualitativo o cuantitativo del análisis— en que la evidencia disponible confirma una hipótesis. Dentro del análisis cuantitativo de la confirmación se ha recurrido a la teoría matemática de la probabilidad, y también a una variante del enfoque probabilista basada en el teorema de Bayes. Sin embargo, el problema de estimar el grado de probabilidad que un cuerpo de evidencia confiere a una hipótesis universal, problema que ocupó a Carnap hasta sus últimos años, continúa siendo objeto de investigación (*cfr.* Carnap, 1951; un tratamiento clásico de la confirmación de tipo cualitativo es el de Hempel, 1945; una clara exposición de las dificultades que enfrentan las lógicas inductivas se puede ver en Brown, 1988; un examen de la evolución del análisis de la confirmación se encuentra en Pérez Ransanz, 1985).

Popper, por su parte, es uno de los filósofos más convencidos de que el problema de la inducción es irresoluble. Argumenta extensamente —en la línea de Hume— que la inducción no puede ser un método de justificación, y subraya que los enunciados que describen nuestras observaciones también son corregibles y, en consecuencia, no constituyen un fundamento último de nuestro conocimiento (como pensaban los empiristas). Tampoco cree que sea posible establecer fundamentos *a priori*, independientes de la experiencia (como suponían los racionalistas clásicos). La racionalidad, según Popper, no requiere de puntos de partida infalibles —pues no los hay—, se trata solamente de una cuestión de método: la ciencia es una empresa racional porque la racionalidad reside en el proceso por el cual sometemos a crítica y remplazamos nuestras creencias. Frente al fracaso de los diversos intentos por encontrar un algoritmo que nos permita decidir cuándo debemos aceptar una hipótesis, Popper propone una serie de reglas metodológicas que —a su juicio— nos permiten decidir cuándo debemos rechazarla.

La piedra de toque de la metodología popperiana está en la regla lógica del *modus tollens*. Esta regla da lugar a inferencias estrictamente deductivas —las únicas seguras— que permiten establecer la falsedad de hipótesis universales a partir de enunciados sobre hechos singulares. Popper reconstruye el método científico como un método de conjetura y refutación: se propone una conjetura (hipótesis) arriesgada y de gran alcance, y se deducen consecuencias observables que se ponen a prueba contra la experiencia; si alguna de estas consecuencias falla, la conjetura habrá quedado refutada y deberá rechazarse; en caso contrario, se repetirá el proceso considerando otras consecuencias contrastables. Cuando una hipótesis ha sobrevivido a diversos intentos de refutación se dice que está "corroborada", pero esto no nos autoriza a afirmar que ha quedado justificada por la evidencia empírica. La racionalidad de nuestras creencias no depende de su corroboración, sino de estar siempre sujetas a revisión y expuestas a la refutación (*cfr.* Popper, 1935, caps. 1-5, y Popper, 1963, cap. 10).

Las diferencias entre un enfoque inductivista del método —como es el de Carnap— y un enfoque deductivista —como es el de Popper— dan lugar a criterios diferentes para delimitar aquello que cuenta como ciencia. El criterio de demarcación propuesto por los positivistas lógicos fue el de verificabilidad, el cual tiene un aspecto semántico (que atañe al significado de los términos) y otro epistemológico (que se refiere a la forma de justificación de los enunciados). El criterio verificacionista de significado afirma que un término descriptivo (no lógico) tiene significado sólo si es un término observacional, o puede definirse en función de términos observacionales. Un término observacional es aquel cuyo sentido está constituido por cualidades o propiedades observables (longitud, peso, color, forma, temperatura, etcétera) y se refiere a objetos, relaciones o procesos observables. El conjunto de estos términos observacionales constituye el "lenguaje fisicalista", que los positivistas consideraban como un lenguaje intersubjetivo y universal; esto es, un lenguaje al cual podían traducirse las afirmaciones de cualquier teoría científica. En consecuencia, este lenguaje aseguraba la unidad de las ciencias, tanto naturales como sociales: "Si por su carácter universal se adopta el lenguaje fisicalista como lenguaje del sistema de la ciencia, toda la ciencia se convierte en física. La metafísica queda descartada porque carece de sentido. Los diferentes dominios de la ciencia se convierten en partes de la ciencia unificada" (Carnap, 1932: 33).

En su vertiente epistemológica, el criterio de verificabilidad se refiere a la contrastación empírica de los enunciados. Para que un enunciado se considere científico debe ser empíricamente contrastable; esto es, debe tener consecuencias que se puedan confrontar directamente con enunciados básicos o protocolares, es decir, enunciados que describen hechos o relaciones entre objetos y propiedades físicas. Estos enunciados protocolares constituyen la base empírica que permite determinar, de manera concluyente, el valor de verdad de cualquier enunciado científico.

Esta concepción de la ciencia basada en el lenguaje observacional y en el método de verificación pretendía tener una aplicación no sólo en las ciencias naturales, sino también en las sociales. Los positivistas consideraban que aquellos historiadores y sociólogos, como Dilthey y Weber, que defendían una concepción de las ciencias sociales basada en la comprensión y la hermenéutica —suponiendo un dualismo metodológico— estaban profundamente equivocados. En este sentido, los positivistas mantuvieron un fuerte monismo, implicado por la idea de la unidad de la ciencia. Si bien afirmaban que la escala y la diversidad de fenómenos con que trataban las ciencias sociales las hacía menos aptas para establecer leyes científicas, consideraban que ésta era una dificultad práctica, no de principio. A su juicio, no había ninguna diferencia esencial ni en la finalidad ni en el método entre las distintas ramas de la ciencia (*cfr.* Ayer, 1959).

Popper, por su parte, hace una aguda crítica al criterio de verificabilidad:

Los positivistas, en sus ansias de aniquilar la metafísica (enunciados no verificables), aniquilan junto con ella a la ciencia natural. Pues tampoco las leyes científicas pueden reducirse lógicamente a enunciados elementales de experiencia. Si se aplicase con absoluta coherencia el criterio de sentido de Wittgenstein (coincidente con el de Carnap), se rechazaría por carentes de sentido a aquellas leyes naturales cuya búsqueda, como dice Einstein, es "la tarea suprema del físico" [Popper, 1935].

No obstante, Popper no abandona la tesis de que todo enunciado científico debe ser contrastable con la experiencia; pero esta contrastación no tiene el sentido de una verificación, pues ésta se basa en una inferencia no demostrativa, la inducción. De aquí que, como criterio de demarcación, proponga la falsabilidad: una hipótesis es científica cuando es susceptible de ser refutada por la experiencia (ya que si bien nunca se puede probar su verdad, sí se puede establecer su falsedad).

En cuanto al criterio verificacionista de significado, Popper objetó que todo concepto es dependiente de alguna teoría y, por lo tanto, no existe un lenguaje de observación neutral. Sin embargo, se preocupó por poner a buen recaudo una base empírica que resultara eficiente para la contrastación de teorías. Propone que esta base —constituida por enunciados que describen hechos singulares— ha de ser aceptada por una convención o acuerdo entre la comunidad de especialistas, aceptación que siempre es provisional y sujeta a revisión. En estas condiciones, la base empírica se supone como suficientemente confiable, y en caso de contradicción con la teoría sometida a prueba es esta última la que debe rechazarse.

Por otra parte, es interesante observar que Popper adopta una posición distinta a la de los positivistas respecto a la concepción de las ciencias sociales. Popper no rechaza la comprensión y la interpretación hermenéuticas como un objetivo legítimo de las ciencias sociales; pero, a diferencia de quienes, como Dilthey y Weber, defendían la especificidad de la comprensión para las ciencias sociales, considera que ésta es también un objetivo en las ciencias naturales. Él mismo elaboró una propuesta metodológica para comprender objetivamente las acciones sociales, a la cual denominó "análisis situacional" o "lógica de la situación" (*cfr.* Popper, 1972). Al admitir la validez de los métodos interpretativos tanto para las ciencias sociales como para las naturales, Popper sostiene un monismo metodológico muy singular en el que se integran la comprensión hermenéutica y la explicación nomológico-deductiva (explicación basada en leyes).

Ahora bien, a pesar de las fuertes diferencias apuntadas entre la metodología positivista y la popperiana, se puede afirmar que coinciden en su objetivo básico: se trata de destilar lo esencial del método científico y justificar nuestra confianza en él. En ambas concepciones se supone que la pregunta por las reglas metodológicas conduce a los cánones universales de racionalidad. Esto es, se parte de la idea de que en la situación de evaluación de hipótesis todos los sujetos que manejan la misma evidencia (información) deben llegar a la misma decisión, si es que proceden racionalmente. La racionalidad se concibe, entonces, como enclavada en reglas de carácter universal, las cuales determinan las decisiones científicas; el énfasis se pone en las relaciones lógicas que conectan las hipótesis con la evidencia, y se minimiza el papel de los sujetos cognoscentes.

En cuanto a las tesis que configuran la concepción de la ciencia que comparten los metodólogos clásicos, se destacan las siguientes: *1)* existe un criterio general de demarcación entre ciencia y no ciencia; *2)* es posible distinguir con nitidez entre teoría y observación; *3)* existe una base empírica relativamente neutral que permite elegir entre hipótesis rivales; *4)* el desarrollo del conocimiento científico es progresivo en el sentido de que tiende hacia la teoría correcta del mundo; *5)* las teorías científicas tienen una estructura deductiva que es lógicamente reconstruible; *6)* los términos científicos son definibles de manera precisa; *7)* todas las ciencias empíricas, tanto naturales como sociales, emplean básicamente el mismo método, y *8)* hay una distinción fundamental entre contexto de descubrimiento y contexto de justificación, y sólo el segundo es importante para dar cuenta del conocimiento científico.

Líneas de investigación y debate contemporáneo

Esta lista condensa la idea de ciencia que constituyó el blanco de ataque a partir de los años sesenta. La imagen de la ciencia como algo que a fin de cuentas está fuera de la historia, y que gracias a su método resulta ser independiente de los sujetos que la producen —de sus intereses, prácticas, procesos mentales, valores, condicionamientos, interacciones, etc.—, provocó la reacción de reivindicar las diversas dimensiones de la empresa científica (histórica, social, psicológica, pragmática, etc.) y de explorar su impacto en la dimensión metodológica.

Así, autores como Toulmin y Hanson parten de la idea de que para comprender una teoría científica se debe tomar en cuenta tanto el uso colectivo de sus conceptos como su evolución. No basta con reconstruir lógicamente teorías que se consideran suficientemente desarrolladas. El análisis de una teoría debe tomar en cuenta, de manera primordial, que la ciencia siempre se hace desde alguna perspectiva determinada, desde cierta forma de ver e interactuar con el mundo, y esto significa que no hay una ciencia libre de supuestos, una ciencia que se desarrolle en un aséptico vacío de compromisos (de aquí la denominación de "análisis de las cosmovisiones").

Las teorías científicas se generan y desarrollan, siempre, dentro de un marco de investigación más comprensivo, un marco que abarca los diversos compromisos o supuestos básicos que comparte una comunidad de especialistas. De aquí que las teorías no puedan cumplir el papel de unidades básicas en el análisis de la ciencia —papel que les habían asignado los metodólogos clásicos— y se introduzcan unidades de análisis más complejas. Un marco de investigación comprende compromisos de tipo pragmático: cuál es el interés en construir determinadas teorías y lo que se espera de ellas (qué problemas deben resolver y a qué campo de fenómenos se pretenden aplicar); compromisos de carácter ontológico: qué tipo de entidades y procesos se postulan como existentes; compromisos de carácter epistemológico: a qué criterios se deben ajustar las hipótesis para calificarlas como conocimiento, así como compromisos sobre cuestiones de procedimiento: qué técnicas experimentales y qué herramientas formales se consideran más adecuadas o confiables. Un marco condiciona, incluso, la manera de conceptualizar la experiencia y clasificar los fenómenos, ya que ante todo implica el compromiso con un determinado esquema conceptual (sistema de categorías) y un núcleo de principios teóricos.

Otra idea clave de este enfoque alternativo es que los marcos de investigación también cambian. Aunque estas unidades de análisis adquieren características peculiares y nombres diferentes —paradigmas, programas de investigación, tradiciones científicas, teorías globales, cosmovisiones, etc.—, prevalece el acuerdo en que los acontecimientos más importantes de la historia de la ciencia son aquellos que implican cambios en los marcos que guían la investigación en una disciplina. De aquí la preocupación, que ha llegado a ser la fundamental de muchos estudiosos de la ciencia, por proponer modelos de desarrollo que den cuenta de los cambios más profundos, y a más largo plazo, en el nivel de los compromisos básicos de las comunidades científicas.

La tesis de que en el desarrollo científico ocurren cambios que revolucionan tanto la perspectiva teórica como las prácticas de una comunidad, cuyo defensor más destacado es Thomas Kuhn, surge de la investigación histórica. Kuhn intenta mostrar, con base en el estudio de casos de la historia de la ciencia, la incapacidad de las metodologías ofrecidas hasta entonces —tanto inductivistas como deductivistas— para explicar los grandes logros científicos. Este autor encuentra que buena parte del proceder científico viola las reglas metodológicas propuestas tanto por los positivistas lógicos como por los racionalistas críticos, y que ello no ha impedido el éxito de la empresa científica. Esta objeción de falta de adecuación histórica revela un claro desacuerdo con el carácter estrictamente normativo del análisis metodológico; es decir, con la idea de que la filosofía se ocupa de especificar cómo se debe hacer ciencia. Se establece entonces la famosa controversia entre quienes consideran —los historicistas— que el objetivo es entender la estructura del desarrollo científico y explicar los cambios que en él se generan y quienes consideran —los metodólogos clásicos— que el objetivo es codificar los criterios y procedimientos que regulan la correcta práctica científica.

Desde su perspectiva histórica, los "nuevos" teóricos de la ciencia encuentran que tanto los criterios de evaluación de hipótesis como las normas de procedimiento también se modifican en el desarrollo de las tradiciones científicas. Esto es, los cambios en los marcos de investigación —dentro de los cuales se desarrollan las teorías— implican también cambios en los métodos. Pero si los métodos no son fijos ni universalizables, una teoría de la ciencia (una metodología) tiene que poder dar cuenta de su evolución y diversidad. De aquí que la tarea se conciba ahora como la de construir modelos de la dinámica científica que permitan explicar el cambio tanto en las hipótesis y teorías (lo relativo a los contenidos) como en el nivel de los estándares de evaluación y normas de procedimiento (lo tocante a los métodos).

Este profundo viraje en el modo de concebir el quehacer metodológico viene acompañado de una aproximación distinta al problema de la racionalidad: la vía para elucidar la racionalidad que opera en la ciencia es la investigación empírica de sus mecanismos y resultados a través del tiempo. Los principios normativos y evaluativos se deben extraer del registro histórico de la ciencia exitosa, en lugar de importarlos de algún paradigma epistemológico preferido —sea de corte inductivo o deductivo—, y tomarlos como la base de la reconstrucción racional de la ciencia.

A este respecto vale la pena citar extensamente el testimonio de Carl Hempel —uno de los representantes más destacados del empirismo lógico— sobre su encuentro con las tesis de Kuhn, ya que este testimonio resume el cambio de perspectiva que introdujo Kuhn en el análisis de la ciencia:

> Cuando conocí a Tom Kuhn en 1963 [...] me acerqué a sus ideas con desconfiada curiosidad. Mis concepciones en aquel tiempo estaban fuertemente influidas por el antinaturalismo de Carnap, Popper y pensadores afines o cercanos al Círculo de Viena, quienes sostenían que la tarea propia de la metodología y la filosofía de la ciencia era proporcionar "elucidaciones" o "reconstrucciones racionales" de la forma y función del razonamiento científico. Tales elucidaciones debían suministrar las normas o criterios de racionalidad para el seguimiento de la investigación científica, y debían ser formuladas con rigurosa precisión mediante el aparato conceptual de la lógica [...] El acercamiento de Kuhn a la metodología de la ciencia era de una clase radicalmente diferente: se dirigía a examinar los modos de pensamiento que dan forma y dirigen la investigación, la formación y el cambio de teorías en la práctica de la indagación científica pasada y presente. En cuanto a los criterios de racionalidad propuestos por el empirismo lógico, Kuhn adoptó el punto de vista de que si esos criterios tenían que ser infringidos aquí y allá, en instancias de investigación que eran consideradas como correctas y productivas por la comunidad pertinente de especialistas, entonces más nos valía cambiar nuestra concepción sobre el proceder científico correcto, en lugar de rechazar la investigación en cuestión como irracional. La perspectiva de Kuhn consiguió atraerme cada vez más [Hempel, 1993].

También resulta revelador que haya sido el propio Carnap quien recomendara la publicación de *La estructura de las revoluciones científicas* (1962), el libro de Kuhn que representa el parteaguas en los estudios sobre la ciencia.

A partir de que la ciencia se reconoce como un fenómeno complejo y polifacético que depende de una diversidad de factores: biológicos, psicológicos, lógicos, sociales, económicos, técnicos, legales, políticos, ideológicos, etc., queda claro que la ciencia se presta a ser analizada desde perspectivas teóricas muy diversas y en función de distintos objetivos o intereses. La convicción de que la reflexión sobre la ciencia no puede ser tarea de una sola disciplina ha generado un rico caudal de investigación científica sobre la ciencia misma, donde las diversas ciencias que se ocupan de la ciencia han tenido un desarrollo sin precedentes en las últimas dos décadas.

Por ejemplo, el considerar las teorías científicas como productos de una actividad humana colectiva que se lleva a cabo en determinadas condiciones y formas socioculturales ha conducido al estudio de la estructura y funcionamiento de las instituciones donde se realiza esta actividad, de las comunidades que la desarrollan y de sus repercusiones sociales. La ciencia, en tanto conjunto de prácticas y resultados en constante evolución, ha puesto de relieve que la comprensión de la dinámica científica requiere apoyarse en el estudio de la historia de las diversas disciplinas. El papel primordial que ahora se otorga a los procesos cognoscitivos, como la percepción y el aprendizaje, ha impulsado el estudio de los procesos neurofisiológicos y psicológicos implicados en la producción de conocimiento. La ciencia considerada como una actividad de solución de problemas, como una actividad dirigida al logro de objetivos específicos, ha entrado en el dominio de la teoría de las decisiones; y en tanto sistema de procesamiento de información se ha vuelto objeto de estudio de quienes se ocupan del diseño y funcionamiento de dichos sistemas, los teóricos de la inteligencia artificial y, más en general, de la llamada psicología computacional.

Este somero recuento permite entender por qué en los últimos años se ha fortalecido la idea de que el estudio de la ciencia debe tener el carácter de un gran programa interdisciplinario de investigación, quizá uno de los más complejos de la ciencia contemporánea. Pero, por otro lado, también resulta comprensible que se haya creado una situación de rivalidad entre quienes pretenden tener la perspectiva privilegiada. Consideremos, a modo de ejemplo, la posición del "programa fuerte" en sociología del conocimiento. Este caso ilustra la opinión que actualmente prevalece entre muchos científicos acerca del papel de la epistemología, opinión según la cual los análisis filosóficos no tienen nada que aportar en un programa interdisciplinario de estudios sobre la ciencia. Los defensores de dicho programa consideran que la sociología es el mejor camino para lograr una comprensión científica de la ciencia. El problema básico, según estos autores, es explicar las creencias científicas en términos de las causas que las producen, y afirman que este tipo de explicación no necesita tomar en cuenta las propiedades epistémicas de las creencias. Es decir, en la explicación de por qué un grupo de sujetos acepta o rechaza ciertas creencias, no son pertinentes las consideraciones sobre la verdad, la justificación o la objetividad de las mismas. Y se afirma que el mismo tipo de mecanismos causales —por ejemplo, los ejercicios de poder— ha de explicar todas las creencias de una comunidad, al margen de los criterios que se puedan establecer para calificar a una creencia de conocimiento (*cfr.* Barnes y Bloor, 1982).

Son varias las críticas que desde la filosofía se pueden hacer a este tipo de programas de investigación sobre la ciencia, y por razones que van más allá de la mera lucha territorial. Una de las críticas más serias al "programa fuerte" va dirigida contra su tendencia reduccionista. Los sociólogos del conocimiento cometen una falacia, pues el reconocer que la ciencia es un fenómeno social no implica que la única o la mejor manera de dar cuenta de ella sea en términos de condicionamientos sociales. El innegable carácter social de la ciencia no justifica tal pretensión, de la misma manera que el carácter social de una enfermedad como el sida no significa que su explicación se agote en los factores sociales implicados en su propagación.

Por otro lado, estos sociólogos del conocimiento, al estipular los requisitos que debe cumplir una explicación de las creencias científicas para calificarla como científica, están utilizando ciertos criterios epistémicos sobre lo que cuenta como una buena explicación y sobre lo que constituye un genuino enfoque científico. Por tanto, resulta incoherente que nieguen la importancia de este tipo de criterios filosóficos cuando ellos mismos los usan para justificar sus pretensiones de conocimiento acerca del conocimiento. En esta misma situación se encuentran todos los teóricos de la ciencia que niegan la utilidad o la pertinencia de los análisis epistemológicos.

Esta forma de argumentar a favor del derecho a la existencia que tiene la epistemología implica la idea de que ésta se ocupa, *ex profeso*, de analizar los criterios que, de hecho, todos utilizamos al distinguir las creencias que son aceptables de las que no lo son. El problema más importante de la epistemología, que se podría resumir como el del control de calidad de nuestras creencias, tiene un carácter específicamente filosófico y no es reducible a ninguna otra disciplina. Sin embargo, es preciso reconocer que algunas de las objeciones que se han hecho a la epistemología y a la filosofía de la ciencia tradicionales tienen un trasfondo de razón. En este sentido, una de las principales repercusiones del trabajo de Kuhn fue su contribución al surgimiento de una nueva manera de entender la filosofía de la ciencia, una manera que se ha catalogado como "naturalizada".

Aunque Kuhn nunca utiliza el término *naturalización* para catalogar la orientación de sus análisis —término que se vuelve de uso común a partir del trabajo de Quine (1969)—, éstos encierran el núcleo de lo que hoy se entiende por epistemología naturalizada. Por contraste con el enfoque tradicional, se parte del supuesto de que no hay un conjunto de principios epistemológicos autónomos, pues ahora se considera que la epistemología no es independiente de la ciencia. Esto no implica negar que hay mejores y peores maneras de hacer ciencia, ni rechazar la posibilidad de que el análisis epistemológico permita formular recomendaciones de procedimiento o juicios de valor sobre esta actividad (por ejemplo, sobre el carácter racional de casos concretos de aceptación o rechazo de teorías), pero sí considerar que este tipo de normatividad y evaluación crítica se debe contextualizar tomando en cuenta la manera en que los agentes conciben su quehacer; es decir, lo que para ellos significa "hacer ciencia", lo cual ciertamente ha variado en las distintas comunidades y periodos históricos.

La epistemología tradicional requería principios autónomos debido a su compromiso con una concepción demasiado estricta de la justificación. Esto es, se consideraba que la justificación de las creencias debía partir de principios autoevidentes o autojustificatorios, pues de lo contrario se corría el peligro de caer en un regreso al infinito o en una circularidad viciosa. De aquí la idea de que la justificación de las afirmaciones empíricas debía apelar a principios independientes de dichas afirmaciones. Lo que las teorías científicas digan sobre el mundo no puede repercutir en la justificación de dichas teorías.

En contraste con esta concepción, resalta un sentido básico en que el modelo de Kuhn implica una naturalización de la epistemología: los estándares de evaluación no son autónomos respecto de las teorías empíricas. Los estándares epistémicos utilizados por las comunidades científicas se llegan a modificar en función de la misma dinámica de la investigación. Esto significa, entre otras cosas, que los cambios de teoría —los cambios en el nivel de las creencias sobre el mundo— pueden operar transformaciones en el nivel de los criterios de justificación o evaluación (*cfr*. Kuhn, 1977a).

Este sentido de naturalización implica que la teoría del conocimiento necesita la información que generan otros estudios sobre la ciencia, algunos de ellos de carácter empírico. El carácter social e histórico de la actividad científica, así como la importancia que tienen los procesos psicológicos, inferenciales y evaluativos en el desarrollo del conocimiento, destacan una red de relaciones entre las diversas disciplinas que toman a la ciencia como objeto de estudio: la filosofía, la historia, la sociología, la psicología cognoscitiva y, más recientemente, la biología evolutiva. La tarea de establecer la naturaleza de esas relaciones —sean de reducción, de presuposición, de complementación, etc.— apenas está en marcha, y proliferan las discusiones sobre la jerarquía o el orden de importancia entre estas disciplinas metacientíficas.

Sin entrar en esta intrincada discusión, sólo mencionaremos las principales posiciones en el campo de la naturalización de la teoría del conocimiento. La más radical es la posición que afirma que la epistemología debería ser sustituida por una ciencia empírica de los procesos cognoscitivos, y, según se conciban estos procesos, se propone a la psicología (*cfr*. Quine, 1969), a la sociología (*cfr*. Bloor, 1976) o a la biología (*cfr*. Campbell, 1974). También existen posiciones integradoras en las que se intenta combinar los resultados de ciertas ciencias empíricas con el análisis conceptual o filosófico, considerando que la investigación empírica sobre los sujetos epistémicos es una condición necesaria para comprender la cognición humana, pero que, recíprocamente, las ciencias empíricas requieren de un análisis y justificación de sus supuestos, esto es, necesitan la epistemología (*cfr*. Shimony, 1993). En esta misma línea encontramos modelos de interacción más dinámicos, donde se argumenta que los cambios en las formas o estrategias de investigación conducen a cambios en los estándares epistémicos, y que éstos inciden a su vez en los programas de investigación al plantear nuevos retos o preguntas (*cfr*. Kitcher, 1993).

Frente a las naturalizaciones radicales, la objeción más común —como señalamos— es que sus programas de investigación sobre la ciencia parten de una serie de compromisos (con ciertos modelos de explicación, con cierto tipo de entidades teóricas, con cierta idea de verdad, con cierta teoría de la percepción, etc.) que requieren ser justificados. Y dado que la mayoría de estos programas intentan lidiar con cuestiones normativas, no pueden evitar el problema de la justificación de sus propios postulados. Por otra parte, el reto para los enfoques naturalizados que intentan preservar una función crítica para la epistemología es cómo dar cuenta de la racionalidad del desarrollo científico sin apelar a una racionalidad categórica o autónoma. Tal parecería que no queda otro recurso que apoyarse en estudios empíricos del contexto de investigación y detectar, en cada periodo de la evolución de una disciplina, cuáles eran los objetivos, las estrategias, las herramientas y los criterios de evaluación vigentes para explicar de qué manera los científicos involucrados consideraron una teoría como mejor que otra, y entonces poder evaluar si ese cambio de teoría fue racional o razonable.

Esta vinculación entre las ciencias empíricas de la ciencia y el análisis epistemológico no sólo echa abajo la idea de que la filosofía de la ciencia se debe basar en principios autónomos y tener un carácter puramente normativo, sino que también cuestiona la idea de que el epistemólogo que adopta una perspectiva naturalizada se debe limitar a describir los procesos psicológicos o lo que de hecho creen o hacen los científicos. Como señala Ronald Giere (1989), una filosofía naturalizada de la ciencia bien entendida es semejante a una teoría científica en el sentido de que ofrece algo más que meras descripciones. En ambos casos hay una base teórica que no sólo permite elaborar explicaciones sobre su objeto de estudio, sino que también permite orientar la forma en que se conduce la investigación. En general, las teorías proporcionan una base para formular juicios normativos y evaluativos. Como afirma Kuhn: "Si tengo una teoría de cómo y por qué funciona la ciencia, dicha teoría necesariamente tiene implicaciones sobre la forma en que los científicos deberían comportarse si su empresa ha de prosperar" (Kuhn, 1970). Este tipo de enfoque, además de romper la dicotomía prescriptivo-descriptivo, revela que los juicios normativos sobre la actividad científica tienen siempre un carácter condicional o instrumental, es decir, sólo se pueden formular en función de ciertos fines u objetivos. Desde esta perspectiva, un modelo que intente dar cuenta de la empresa científica tiene que proponer mecanismos de retroalimentación; es decir, mecanismos que permitan entender cómo interactúan y se afectan entre sí sus distintos componentes. Esta tarea implica reconocer que, en principio, ningún componente de esta empresa es inmune al cambio, ni siquiera los componentes normativos.

En cuanto a los problemas de demarcación —tanto entre ciencia y no ciencia como entre ciencias naturales y humanas—, el modelo de Kuhn también resulta ilustrativo de un cambio de enfoque. Por una parte, su concepción de las ciencias naturales entraña fuertes paralelismos con la concepción tradicional de las ciencias sociales, paralelismos que tienen su origen en la tesis de inconmensurabilidad. Por otra parte, la tesis de que la idea misma de ciencia ha sufrido fuertes transformaciones conduce a una manera distinta de plantear el problema de cómo distinguir lo que cuenta como ciencia.

La tesis de inconmensurabilidad puso al descubierto ciertos rasgos de la investigación en el campo de los fenómenos naturales que los defensores del dualismo metodológico habían considerado como rasgos privativos de las ciencias de lo humano. Por ejemplo, Charles Taylor afirma que los conceptos de fenómenos sociales —como "negociación" o "equidad"— conforman el mundo al cual se aplican y en consecuencia son culturalmente dependientes. Así, mientras que un sujeto —de la cultura que sea— puede identificar sin dificultad un planeta o estrella particular, no puede hacer lo mismo con algo como un episodio de negociación. A esto Kuhn replica que todo proceso de identificación, de las entidades que pueblan tanto el mundo natural como el social, presenta el mismo tipo de dificultades. Justamente, la inconmensurabilidad pone de relieve que la mera identificación de fenómenos naturales —no menos que su descripción o explicación— es dependiente del sistema de conceptos vigente en una comunidad. Las ciencias naturales, por tanto, no están en mejor posición que las ciencias sociales. Ningún conjunto de categorías es culturalmente independiente (*cfr.* Kuhn, 1991).

Por otra parte, la inconmensurabilidad entre teorías impide que éstas sean completamente traducibles entre sí o formulables en un lenguaje común. Y esto impide, a su vez, que la elección de teorías rivales se ajuste a los modelos metodológicos clásicos (positivistas o popperianos), ya que éstos suponen la traducción completa entre teorías como requisito indispensable de su elección racional. La elección de teorías —en ciencias tan "duras" como la física— resulta ser un proceso que se ajusta mejor a los modelos del razonamiento práctico, deliberativo o prudencial, que a los modelos algorítmicos que dictan decisiones uniformes.

Cabe señalar que la discusión sobre el relativismo, que tradicionalmente se asociaba con cuestiones morales o sociales, se desarrolló durante mucho tiempo con la firme convicción de que al menos en las ciencias de la naturaleza sí se contaba con criterios universales de objetividad, racionalidad y progreso. Sin embargo, los análisis recientes de la ciencia natural han hecho que se debilite esa convicción y se revisen estas nociones, considerando su dependencia contextual y su carácter histórico.

Por último, consideremos la poca importancia que Kuhn otorga al problema de qué es lo que distingue a la ciencia de otras actividades culturales (problema fundamental para la filosofía clásica de la ciencia). La principal razón de este desinterés se encuentra en la tesis de que la idea misma de "ciencia" ha cambiado desde los orígenes de esta actividad. Hoy no entendemos por ciencia lo mismo que Aristóteles entendía. Incluso lo que se considera valioso, desde el punto de vista de quienes han desarrollado esta actividad, ha sufrido diversas transformaciones. Es claro que un valor como la precisión se ha ido extendiendo a diversas disciplinas, mientras que el valor del alcance o generalidad ha sufrido un proceso inverso. Por otra parte, dentro de un mismo periodo, los valores comúnmente aceptados no tienen el mismo peso en las distintas disciplinas, como sucede con el valor de la utilidad social.

Kuhn está consciente del problema que representa la variedad de maneras de entender la ciencia: "Las actividades que observa un espectador de la ciencia pueden ser descritas de numerosas maneras, y cada una de ellas es fuente de diferentes desiderata. ¿Qué justifica la elección de una de esas descripciones o el rechazo de otra?" (Kuhn, 1983). Kuhn intenta dar una respuesta donde la concepción de ciencia que se tome como punto de partida no requiera una justificación ulterior, respuesta que se basa en su caracterización de los conceptos clasificatorios o taxonómicos.

El concepto "ciencia", como cualquier concepto clasificatorio, adquiere su significado en función de otros conceptos. Al referirse a la palabra "ciencia", como la utilizaba William Whewell alrededor de 1840, Kuhn afirma que "evocaba el surgimiento [...] del uso contemporáneo del término 'ciencia', para nombrar un conjunto de disciplinas, aún en formación, las cuales debían situarse en el mismo grupo y en contraste con otros grupos disciplinarios, como aquellos nombrados como 'bellas artes', 'medicina', 'derecho', 'ingeniería', 'filosofía' y 'teología' (Kuhn, 1983).

Lo que permite identificar una actividad como ciencia, arte, medicina, etc., es su posición dentro de un campo semántico; en este caso, el campo estructurado por los modelos vigentes de semejanza y diferencia entre disciplinas. Pero estos modelos se modifican con la evolución de una cultura (o subcultura) y difieren de una cultura a otra. Sería un error tratar de imponer una taxonomía disciplinaria contemporánea al conjunto de actividades intelectuales de otra época. Aunque ciertamente las disciplinas actuales tienen su origen en progenitoras más antiguas, éstas deben ser identificadas y descritas en sus propios términos, "tarea [que] exige un vocabulario que divida o categorice las actividades intelectuales en una forma diferente de la nuestra" (Kuhn, 1983).

Esta manera de concebir las estructuras taxonómicas permitiría disolver el viejo problema de la demarcación entre ciencia y no ciencia, y lo mismo valdría para el problema de trazar una línea divisoria precisa y definitiva entre ciencias naturales y humanas. La búsqueda de rasgos esenciales, permanentes y universales parece condenada al fracaso, dado el carácter culturalmente dependiente e históricamente cambiante de toda clasificación. La idea que subyace a esta conclusión es que no tenemos ningún otro recurso para identificar y describir "el mobiliario" del mundo —tanto natural como social— que las estructuras conceptuales en uso en nuestra comunidad. Pero dada la concepción kuhniana de los cambios revolucionarios como cambios en las estructuras conceptuales con las cuales categorizamos o "recortamos" el mundo, también se podría decir que es en la capacidad siempre limitada de las estructuras disponibles para resolver los problemas que se nos van presentando —tanto teóricos como prácticos— donde se encuentra el motor de la construcción de nuevas formas de categorizar o recortar el mundo de nuestra experiencia.

BIBLIOGRAFÍA

Ayer, A. J. (1959), "Introducción", en A. J. Ayer (comp.), 1978, *El positivismo lógico*, FCE, México.

Barnes, B., y Bloor, D. (1982), "Relativism, Rationalism and the Sociology of Science", en M. Hollis y S. Lukes (comps.), *Rationality and Relativism*, MIT Press, Cambridge.

Bloor, D. (1976), *Knowledge and Social Imagery*, Routledge-Kegan Paul, Londres.

Brown, H. (1988), *Rationality*, Routledge, Londres.

Campbell, D. T. (1974), "Evolutionary Epistemology", en P. A. Schilpp (comp.), *The Philosophy of Karl Popper*, Open Court, La Salle, Illinois.

Carnap, R. (1932-1933), "Psicología en lenguaje fisicalista", en A. J. Ayer (comp.), *El positivismo lógico*, FCE, México.

——— (1951), *Logical Foundations of Probability*, University of Chicago Press, Chicago.

Feyerabend, P. (1965), "Problems of Empiricism", en R. Colodny (comp.), *Beyond The Edge of Certainty*, University Press of America. [Versión en español, "Problemas del empirismo", en L. Olivé y A. R. Pérez Ransanz (eds.) (1989), *Filosofía de la ciencia: teoría y observación*, Siglo XXI y UNAM, México.]

Giere, R. (1989), "Scientific Rationality as Instrumental Rationality", *Studies in History and Philosophy of Science*, vol. 20, núm. 3.

Hacking, I. (1983), *Representing and Intervening*, Cambridge University Press, Cambridge. [Versión en español, *Representar e intervenir* (1996), Paidós-UNAM, México.]

Hanson, N. R. (1958), *Patterns of Discovery*, Cambridge University Press, Cambridge. [Versión en español, *Patrones de descubrimiento*, Alianza Editorial, Madrid.]

Hempel, C. G. (1945), "Studies in the Logic of Confirmation", en C. G. Hempel (1965), *Aspects of Scientific Explanation*, The Free Press, Nueva York.

——— (1965), *Aspects of Scientific Explanation*, The Free Press, Nueva York. [Versión en español, *La explicación científica* (1979), Paidós, Buenos Aires.]

——— (1993), "Thomas Kuhn, Colleague and Friend", en P. Horwich (comp.) (1993), *World Changes: Thomas Kuhn and the Nature of Science*, The MIT Press, Cambridge.

Horwich, P. (comp.) (1993), *World Changes: Thomas Kuhn and The Nature of Science*, The MIT Press, Cambridge.

Kitcher, P. (1993), *The Advancement of Science. Science without Legend, Objectivity without Illusions*, Oxford University Press, Nueva York.

Kuhn, T. S. (1962), *The Structure of Scientific Revolutions*, University of Chicago Press, Chicago. [Versión en español, *La estructura de las revoluciones científicas*, FCE, México.]

——— (1970), "Reflections on my Critics", en I. Lakatos y A. Musgrave (comps.) (1970), *Criticism and the Growth of Knowledge*, Cambridge University Press Londres. [Versión en español, "Consideración en torno a mis críticos", en I. Lakatos y A. Musgrave (comps.), *La crítica y el desarrollo del conocimiento*, Grijalbo, Barcelona.]

——— (1977), *The Essential Tension. Selected Studies in Scientific Tradition and Change*, The University of Chicago Press, Chicago. [Versión en español, *La tensión esencial* (1982), Conacyt y FCE, México.]

——— (1977a), "Objectivity, Value Judgement, and Theory Choice", en T. S. Kuhn (1977), *The Essential Tension. Selected Studies in Scientific Tradition and Change*, The University of Chicago Press, Chicago. [Versión en español, "Objetividad, juicios de valor y elección de teoría", en *La tensión esencial* (1982), Conacyt y FCE, México.]

——— (1983), "Rationality and Theory Choice", en *The Journal of Philosophy*, vol. LXXX, núm. 10, pp. 563-570. [Versión en español, "Racionalidad y elección de teorías", en T. S. Kuhn (1989), *¿Qué son las revoluciones científicas? y otros ensayos*, Paidós, Barcelona.]

——— (1991), "The Natural and the Human Sciences", en D. R. Hiley, J. E. Bohman y R. Shusterman (comps.), *The Interpretative Turn*, Cornell University Press, Ithaca. [Versión en español, "Las ciencias naturales y humanas", *Acta Sociológica*, México, núm. 19, UNAM.]

Pérez Ransanz, A. R. (1985), "Empirismo lógico y contrastación", *Diánoia 1985*, FCE-UNAM, México.]

——— (1993), "Modelos de cambio científico", en C. U. Moulines (comp.), *La ciencia: estructura y desarrollo*, Enciclopedia Iberoamericana de Filosofía, vol. 4, Editorial Trotta, Madrid.

Popper, K. R. (1935), *The Logic of Scientific Discovery*, Hutchinson, Londres. [Versión en español, *La lógica de la investigación científica* (1973), Tecnos, Madrid.]
—— (1963), *Conjectures and Refutations*, Routledge & Kegan Paul, Londres. [Versión en español, *Conjeturas y refutaciones* (1982), Paidós, Barcelona.]
—— (1972), "Mi contribución a la hermenéutica", en *Conocimiento objetivo*, Tecnos, Madrid.
Quine, W. V. O. (1969), "Epistemology Naturalized", en *Ontological Relativity and Other Essays*, Columbia University Press, Nueva York.

Reichenbach, H. (1938), *Experience and Prediction. An Analysis of the Foundations and the Structure of Knowledge*, University of Chicago Press, Chicago.
Shimony, A. (1993), *Search for a Naturalistic World View*, vol. I, Cambridge University Press, Cambridge.
Stegmüller, W. (1973), *Theorienstrukturen und Theoriendynamik*, Springer-Verlag, Heidelberg. [Versión en español, *Estructura y dinámica de teorías*, Ariel, Barcelona.]
Toulmin, S. (1961), *Foresight and Understanding*, Indiana University Press, Bloomington.

CIENCIA POLÍTICA

Isidro H. Cisneros

Definición

La ciencia política es aquella parte de las ciencias sociales que estudia con una metodología empírica los fenómenos políticos. La ciencia política es conocimiento empírico orientado a la formulación de teorías de alcance medio y, en consecuencia, el conocimiento politológico es un saber aplicado. Para que la política pueda presentarse como ciencia debe cumplir con los siguientes requisitos metodológicos: *a)* evidenciar regularidades; *b)* someterse a la verificación; *c)* elaborar técnicas de observación y registro de datos; *d)* sistematizar los conocimientos adquiridos cuantificando y creando tipologías, y *e)* en cuanto ciencia, la política debe distinguir los valores de los hechos. Por lo tanto, para que el estudio de la política adquiera un estatuto científico debe cumplir con ciertos cánones metodológicos propios del conocimiento empírico, dentro de los que destacan la observación, el control y la acumulación de los datos. De esta forma, en tanto que la ciencia, en general, representa una empresa colectiva fundada en la verificabilidad y la controlabilidad, la ciencia política, en particular, manifiesta objetivos esencialmente analíticos y descriptivos. El método primordial en el análisis politológico es el método comparado, que es parte integrante de la metodología de las ciencias sociales en general. Es importante tener presente que la palabra "comparado" se refiere a un método de estudio y no a un cuerpo sustantivo del saber. A diferencia de las ciencias naturales que establecen relaciones invariables de validez universal, en las ciencias sociales, y concretamente en la ciencia política, no existen leyes ni teorías generales; no existe un único ideal científico y además se encuentra presente una gran diversidad metodológica. De esta manera, el objeto de estudio de la ciencia política se encuentra representado por los aspectos institucionales —formas de gobierno, sistemas de partido o sistemas electorales—, así como por los aspectos del comportamiento de los individuos que inciden en la realidad política —votaciones, participación política, formación de los movimientos colectivos, cultura política, opinión pública o procesos decisionales—. Analizar y explicar de forma sistemática las operaciones, la estructura y el funcionamiento de las instituciones de gobierno, así como de los procesos de cambio político, son una tarea primordial de la ciencia política.

Historia, teoría y crítica

La disciplina nace en Europa a finales del siglo XIX y encuentra su desarrollo más consistente en los Estados Unidos después de la segunda Guerra Mundial. El texto clásico que marca el nacimiento de la ciencia política es el famoso tratado *Elementi di scienza politica*, escrito por el estudioso italiano Gaetano Mosca, que vio la luz en 1896 en Turín, Italia (*La clase política*, 1984). En esta obra Gaetano Mosca formula, por primera vez y de manera integral, uno de los conceptos más representativos de la ciencia política: el término *clase política*. Mosca pertenece a la *tradición realista* de la política según la cual es posible estudiar la formación, la organización y las funciones que desempeñan los grupos dirigentes en una sociedad. La obra de Gaetano Mosca ofrece indicaciones válidas para el análisis de los elementos constitutivos de los mecanismos del poder. Mosca propone una función práctica para la ciencia política y sobre estas consideraciones establece las bases para el *estudio empírico de la política*. Estas reflexiones serán retomadas y desarrolladas más tarde por otros autores importantes como Vilfredo Pareto o Robert Michels, quienes contribuyen a formar el estatuto científico y metodológico que actualmente posee la disciplina. Otro dato para reafirmar la fecha de nacimiento de la ciencia política es 1880, cuando da inicio por primera vez y de manera formal en una universidad de los Estados Unidos, la Columbia University, la enseñanza de una nueva cátedra denominada a partir de entonces *Political Science*. Desde esa fecha y hasta nuestros días mucho se ha dicho acerca del estatuto científico de la ciencia política. Debemos recordar el accidentado camino que la ciencia política ha recorrido desde sus ambigüedades e incertidumbres iniciales hasta los análisis más recientes acerca del método científico que la caracteriza. Originalmente existía una sobreposición de campos de estudio, por lo que la ciencia política se desarrolló apoyándose sobre todo en la historia, la filosofía y el derecho, pero también en la economía, la sociología, la antropología e incluso la psicología. Con todas estas disciplinas la ciencia política comparte el estudio de aspectos particulares de la política, lo que también refleja la multiplicidad de contenidos, puntos de vista y perspectivas desde las cuales la política puede ser estudiada. Actualmente son pocas las dudas a propósito del estatuto científico en que descansa el estudio de la política, pero no se debe olvidar que no siempre fue así. En sus orígenes, la ciencia política se caracterizaba por un fuerte contenido normativo, representado por una forma de saber o de conocimiento cuyo objetivo consistía principalmente en proporcionar preceptos para la acción de los gobernantes y en la formulación de propuestas normativas dirigidas a corregir las disfunciones de los distintos sistemas de poder. Originalmente, el objeto de estudio de la política se concentraba no sólo en el problema del gobierno, sino más bien en el del "buen gobierno", estableciendo así un nexo con la tradición aristotélica de la política, según la cual el *Zoon Politikon* busca no sólo asociarse políticamente con otros hombres, sino también vivir bien, es decir, conforme a las leyes. Desde este punto de vista, el campo de la política era analizado sobre todo por la filosofía política. Hoy, la ciencia política se ha transformado de manera radical, trasladando su objeto de estudio a un conjunto complejo de análisis metodológicamente conducidos, concentrándose en el estudio empírico de "lo que ocurre" en la política y preocupándose sólo de modo indirecto de aquello que "debe ser" en la política. Por lo tanto, la primera distinción analítica que es posible formular es entre ciencia política y filosofía política. Esta distinción hizo posible dar un paso adelante en la definición del objeto de estudio de la disciplina. El análisis de la política evolucionó desde las "ciencias políticas" (en plural) —un vasto campo de estudios disciplinarios que consideraba a la política desde diversos puntos de vista— hasta la actual denominación, que, si lo queremos ver con exactitud, no es ciencia política sino *ciencia de la política*.

La tendencia hacia el estudio científico de la política continuó su desarrollo con el impulso que recibió en los países anglosajones poco después de la segunda Guerra Mundial, en donde también encontramos una serie de autores que han ganado el estatuto de "padres fundadores". La referencia es sobre todo a Charles Merriam y Harold Lasswell. Podemos decir que la ciencia política ha seguido un camino no ayuno de desafíos y obstáculos. Recordar los orígenes de una disciplina es importante porque de la experiencia podemos extraer interesantes claves para la interpretación de los nuevos tiempos. Hoy, la ciencia política ha concentrado sus esfuerzos de investigación en la identificación de una gama de problemas que van desde el análisis de las formas políticas organizativas a través de las cuales los hombres históricamente han desarrollado sus actividades políticas hasta el análisis de los procesos de instauración, consolidación, funcionamiento y transformación que dichas instituciones políticas han experimentado. No por nada el amplio y complejo campo de los estudios sobre los modelos del cambio político es uno de los más prolíficos dentro de la ciencia política, sin olvidar los estudios acerca de las modalidades a través de las cuales los ciudadanos, grupos y movimientos colectivos buscan influir en las decisiones políticas, la distribución de los recursos y la definición misma de los valores que caracterizan a un determinado régimen político. Todas estas temáticas integran hoy un campo que se ha revelado prometedor para nuevos desarrollos en el estudio científico de la política.

México cuenta con una larga tradición de estudios acerca de la política. Algunos consideran que las reflexiones en torno a lo político surgen ya desde el México prehispánico (Meyer y Camacho, 1979). El panorama de la reflexión *politológica* revela que mucho de lo que hoy se discute en esa materia tiene sus orígenes en una larga tradición de pensamiento que parte desde el México independiente a principios del siglo XIX (algunos estudiosos de la política de este periodo fueron Francisco Javier Clavijero y fray Servando Teresa de Mier), pasando por la lucha política que se llevó a cabo entre conservadores y liberales (sobre todo Lucas Alamán y Luis Mora). Con el régimen de Porfirio Díaz la historia habría de seguir siendo la arena favorita para debatir las alternativas políticas (aquí se destacan los trabajos de Justo Sierra y Andrés Molina Enríquez). Posteriormente, la Revolución mexicana imprimió cambios notables en la forma y las modalidades del análisis político. Hay también quien afirma que los estudios políticos de la época se orientan sobre todo a la justificación del carácter "revolucionario" del naciente régimen.

Los análisis propiamente dichos de ciencia política se desarrollarán en México sobre todo durante los años sesenta. En efecto, sólo después de la segunda Guerra Mundial florece en México el análisis empírico de algunos aspectos sociales que se relacionaban con la política. Para que esto ocurriera fue necesario que previamente se establecieran los primeros institutos de investigación académica en la materia. En 1951 se crea la Escuela de Ciencias Políticas y Sociales de la UNAM, entre cuyos objetivos se encontraba la enseñanza y difusión de la disciplina. Una característica de la ciencia política en México, y que los diferentes estudios resaltan, es que nace marcada por una preocupación orientada más a las necesidades de la administración pública que al desarrollo de nuevos conocimientos "politológicos" dentro del ámbito académico. Las concepciones políticas derivadas del marxismo y que lograron hegemonía en el mundo universitario durante buena parte de los años setenta y ochenta tampoco constituyeron un estímulo suficiente para el desarrollo de nuevos métodos aplicables al estudio empírico de la política en nuestro país. Esto es explicable si recordamos que, si algo proponía el marxismo, a la luz de la asimilación de la política al Estado, era justamente el final de la política. Por lo tanto, ése fue un periodo en el cual la reflexión sobre ciencia política en México se aisló de otros desarrollos que se llevaban a cabo en distintas latitudes y ámbitos del conocimiento. Al margen de estudios verdaderamente excepcionales, como las teorías del desarrollo político y de la modernización política que apasionaban al mundo anglosajón, los desarrollos teóricos y científicos de otros países tuvieron poca resonancia en la comunidad de politólogos mexicanos. No obstante los obstáculos, paulatinamente se han sentado las bases para un cambio cualitativo en el estudio científico de la política en México.

El equilibrio que requerimos en el desarrollo de la ciencia política en México debe considerar los siguientes criterios: *a)* el grado de institucionalización académica existente; es decir, el lugar que la disciplina ocupa dentro del trabajo científico, así como en la estructura institucional universitaria; *b)* la elaboración de una periodización más precisa que elimine los excesivos "alargamientos temporales" y establezca con claridad los momentos clave en la elaboración teórica y en el desarrollo del estudio empírico de la política en nuestro país, y *c)* la difusión y el desarrollo de la ciencia política en el ámbito regional. Para proyectar la ciencia política mexicana hacia el siglo XXI, requerimos un crecimiento teórico y crítico, y una afinación creciente de los métodos y técnicas de investigación, así como de un incremento en las capacidades para identificar soluciones a los problemas políticos. Por cuanto hace a la ciencia política mexicana, aún debemos escapar de las fatídicas predicciones formuladas por diversos estudiosos en los lejanos setenta, quienes afirmaban: "no parece que entre los investigadores mexicanos exista un preciosismo teórico, más bien se peca de lo contrario. En realidad —sostienen refiriéndose a los politólogos— nuestras debilidades más evidentes son otras, muy relacionadas con el dilema permanente de tener que escoger entre la investigación y la práctica política, concluyendo que frente a estos dilemas lo normal es que se acabe en una vida semiuniversitaria, semigubernamental o semipartidista" (Meyer y Camacho, 1979). El tiempo ha demostrado cuánta razón tenían dichos autores. Muchos de los obstáculos que hoy existen para el pleno desarrollo de una comunidad científica plenamente articulada en México encuentran su explicación en estas prácticas.

LÍNEAS DE INVESTIGACIÓN Y DEBATE CONTEMPORÁNEO

Durante los años noventa la ciencia política en México ha fortalecido su presencia en el ámbito de las ciencias por la calidad de su produción académica y porque ha sido capaz de interactuar con numerosas aportaciones provenientes de universidades extranjeras. Una numerosa bibliografía ha acompañado este florecimiento de estudios e interpretaciones en el México contemporáneo. Encontramos trabajos que abordan aspectos importantes de nuestra realidad política, que representan cuidadosas codificaciones para el análisis conceptual de la política permitiendo la consolidación de la disciplina. Se proponen modelos de clasificación de las formas organizativas, los procesos, las funciones y estructuras, que permiten identificar los elementos distintivos de los nuevos fenómenos políticos. En los últimos años, la ciencia política en México ha conocido una diversificación de campos de estudio y de métodos de investigación. Actualmente, es posible afirmar que, como disciplina, la ciencia política ha conquistado un lugar relevante dentro de las ciencias sociales, con espacios crecientes en la estructura académica y con una función propia en la sociedad. Estos desarrollos se han producido en consonancia con las transformaciones de la política en todos los campos, y esto obliga a una constante revisión crítica de los instrumentos de análisis. Los tiempos parecen maduros para realizar un "balance" de los estudios realizados en los diversos sectores de la disciplina. La evolución de la ciencia política ha sido motivada, en buena medida, por la creciente demanda de estudios que expliquen las transformaciones del espacio público, así como los desequilibrios que caracterizan a muchos países. Los problemas mencionados revelan que el análisis político no puede improvisarse, sino que requiere una rigurosa preparación para afrontar el estudio de los nuevos desafíos. Por lo tanto, es necesario estimular la reflexión y el debate no sólo dentro sino también fuera del ambiente académico. Aún falta mucho por hacer en términos de conceptualización, teorizaciones y metodologías. La relación entre las fases analítico-descriptivas y las teórico-cognoscitivas requiere una visión más profunda acerca de la complejidad de la vida política moderna. El análisis de la política no debe limitarse sólo al estudio de los aspectos de "operacionalización empírica", sino que debe abordar nuevos problemas en relación con los procesos decisionales, las elecciones y la arena pública, la función de los partidos y los procesos de renovación de la clase política. Es necesario expandir las fronteras de la disciplina, y para ello se requiere una pluralidad de fuentes, modelos y formas de conceptualización. Los rápidos y profundos cambios en los distintos regímenes políticos y en la sociedad obligan a la ciencia política contemporánea a un examen crítico de sus instrumentos tradicionales de análisis a partir de los cuales la disciplina se ha constituido y consolidado.

Durante los últimos años, la ciencia política mexicana ha conocido un florecimiento de estudios y de investigaciones que han contribuido a renovar considerablemente enfoques, campos y métodos de trabajo. Esto se observa también en el desarrollo de nuevos nexos entre la teoría política y la ciencia política. Desde el lugar de una disciplina marginal que ocupó a fines de los sesenta y durante los setenta, la ciencia política mexicana se ha impuesto como un campo de estudios de las ciencias sociales de primer plano. El desarrollo de la disciplina se inscribe en el contexto más amplio de las nuevas temáticas que es posible identificar en relación con la política. Hoy, la ciencia política no se encuentra caracterizada por líneas de investigación uniformes o por una sola teorización. Por lo tanto, uno de los elementos que caracterizará a la ciencia política durante los años venideros es precisamente el pluralismo de los enfoques, de las técnicas y de los métodos de investigación. Es necesario subsanar las marcadas carencias en el campo de la "especulación teórica", y es aquí en donde la comunidad científica mexicana debe concentrar sus esfuerzos. En el desfase que aún existe entre teoría y ciencia política ha pesado la tradición "hiperfactualista" de estudios sobre política provenientes del mundo anglosajón. La "cuantomanía" —como Sartori llama a este culto al dato— ha llevado a la disciplina hacia una actitud poco predispuesta a la teorización. La existencia de una "avalorabilidad" mal interpretada ha terminado por debilitar la capacidad reflexiva y la fuerza propulsora que es necesaria para enfrentar los nuevos problemas políticos. Los desafíos de la ciencia política se relacionan con el futuro de la democracia después de la crisis y fragmentación del comunismo histórico como ideología y sistema de instituciones políticas. A pesar de la desaparición de esta forma política, la confrontación se mantiene entre la posibilidad de "mayores libertades" y la necesidad de una "mayor igualdad" entre los individuos. Esta confrontación no sólo no ha desaparecido sino que se ha trasladado al campo de las democracias. Por lo tanto, es fundamental estimular el proceso reflexivo de carácter teórico para abrir la ciencia política a otras temáticas. Tiene razón Adam Przeworski cuando afirma que la ciencia política ha estudiado muy bien de dónde nace el cambio político pero que aún necesita responder a la pregunta de hacia dónde se dirige tal cambio. El reto de la ciencia política mexicana es contribuir a la respuesta de cuál democracia debe caracterizar a los regímenes políticos de nuestro tiempo. La ciencia política debe poner atención no sólo a la necesaria innovación institucional sino también a la reflexión de "cómo" deben ser las instituciones democráticas. Nos encontramos frente a una situación en la que aparecen nuevos dilemas, pero en la que aún prevalecen esquemas analíticos del pasado. La respuesta al problema sobre cuál es la democracia adecuada para las sociedades en transición es de gran importancia para la ciencia política de nuestros días porque representa el punto de partida para la impostergable discusión sobre el tipo, la dinámica y los alcances de las transformaciones por las que actualmente atraviesan diversos regímenes políticos alrededor del mundo. Dicha reflexión resulta vital para definir los valores y los principios, los procedimientos y las "reglas del juego" que evidencian el carácter democrático o autocrático que en su lento desarrollo ha adoptado este proceso de cambio político. Durante el último decenio las transformaciones de la política se han caracterizado por una creciente inclinación de la población a participar activamente y por un incremento de las expectativas políticas. Es precisamente en este contexto que se han venido discutiendo, por parte de las diversas corrientes e interpretaciones académicas dentro de la ciencia política, propuestas sobre la "democracia posible" al final del siglo. El abanico de las concepciones sobre la democracia dentro de la ciencia política es muy grande y, por lo tanto, resulta indispensable distinguirlas para contribuir a estimular un debate plural entre sus representantes a partir de la crítica al supuesto —muy difundido en el mundo académico— de que los conceptos teóricos poseen un carácter convencional. Desde esta perspectiva, la discusión sobre el desarrollo de la democracia implica todavía un esfuerzo de precisión conceptual que debe ser una aportación de la ciencia política. El conjunto de problemas que deberán ser tomados en consideración y la introducción de nuevos enfoques teóricos para el análisis de la política deben permitir una renovación constante de la disciplina, evitando repetir los vicios del pasado.

BIBLIOGRAFÍA

Almond, G., y J. Coleman (comps.) (1960), *The Politics of Developing Areas*, Princeton University Press, Princeton.

Almond, G., y G. Powell (1978), *Comparative Politics. System, Process and Policy*, Little Brown and Co., Boston.

Apter, David (1965), *The Politics of Modernization*, University of Chicago Press, Chicago.

Bobbio, Norberto (1962), "Democrazia ed élites", *Moneta e credito*, BNL, XV, núm. 59, septiembre.

—— (1969), *Saggi sulla scienza politica in Italia*, Laterza, Bari.

—— (1971), "Dei possibili rapporti tra filosofia politica e scienza della politica", en: *Tradizione e novità della filosofia politica*, Quaderni degli annali della Facoltà di Giurisprudenza, Università di Bari, Laterza, pp. 23-37.

Bobbio, N., N. Matteucci y G. Pasquino (comps.) (1988), *Diccionario de política*, Siglo XXI Editores, México.

Dahl, Robert (1961), *Who Governs?*, Yale University Press, New Haven.

—— (1970), *Introduzione alla scienza politica*, Il Mulino, Bolonia.

—— (1980), *Poliarchia. Partecipazione e opposizione*, Franco Angeli, Milán.

Deutsch, K. W. (1972), *I nervi del potere*, Etas, Milán.

Easton, David (1975), *Esquema para el análisis político*, Amorrortu, Buenos Aires.

Greenstein, F., y N. Polsby (comps.) (1975), *Handbook of Political Science*, 8 vols., Addison-Wesley Publishing Co.

Lasswell, Harold, y D. Lerner (1951), *The Policy Sciences: Recent Developments in Scope and Method*, Stanford University Press, Stanford.

Lipset, Seymour Martin (1960), *Political Man. The Social Bases of Politics*, Doubleday & Company, Inc., Nueva York.

Long, Samuel (comp.) (1981), *Handbook of Political Behavior*, 5 vols., Plenum Press, Nueva York.

Merriam, Charles (1934), *Political Power: Its Composition and Incidence*, McGraw-Hill, Nueva York.

Meyer, Lorenzo, y Manuel Camacho (1979), *La ciencia política en México*, El Colegio de México, México.

Michels, Robert (1966), *La sociología del partido político de la sociología moderna*, Il Mulino, Bolonia.

Mosca, Gaetano (1884), *Sulla teorica dei governi e sul governo parlamentare*, Loescher, Turín.

—— (1887), *Le costituzioni moderne*, Amenta, Palermo.

—— (1984), *Elementi di scienza politica*, Fratelli Bocca, Milán, [1896]. [La versión más conocida es la selección de textos y la introducción de Norberto Bobbio: Gaetano Mosca, *La clase política*, FCE, México.]

Panebianco, Angelo (comp.) (1989), *L'analisi della politica*, Il Mulino, Bolonia.

Pareto, Vilfredo (1916), *Trattato di sociologia general*, G. Barbera (ed.), Florencia.

Pasquino, Gianfranco (comp.) (1988), *Manual de ciencia política*, Alianza, Madrid.

Przeworski, Adam (1986), "Some Problems in the Study of the Transitions to Democracy", en *Transitions from Authoritarian Rule. Comparative Perspectives*, vol. 3, Johns Hopkins University Press.

Sartori, Giovanni (1992), *La política. Lógica y método en las ciencias sociales*, FCE, México.

—— (1990), *Elementi di teoria politica*, Il Mulino, Bolonia.

—— (1994), *Ingeniería constitucional comparada. Una investigación de estructuras, incentivos y resultados*, FCE, México.

——, y L. Morlino (comps.) (1991), *La comparazione nelle scienze sociali*, Il Mulino, Bolonia.

Smelser, N. J. (1985), *La comparazione nelle scienze sociali*, Il Mulino, Bolonia.

CIUDAD

Miguel Arnulfo Ángel

Definición

El término ciudad es pródigo en usos y también en significados que varían de acuerdo al contexto discursivo de las disciplinas y profesiones o de las necesidades públicas del Estado y de los ciudadanos. No obstante, en todos los casos el término cumple con una función referencial que denota el espacio habitado, pleno de usos públicos y privados, distinguido con un nombre propio. Lo mismo en textos sagrados y literarios que en textos académicos en el campo de las ciencias sociales, en particular la sociología, la ciencia política y la historia, el término ciudad se rige más por la analogía que por el concepto.

Entre la ciudad y la urbe

Una distinción se perfila desde la Antigüedad, pues desde entonces en el término ciudad coexisten dos dimensiones: una referida a la urbe, derivada de la *urbs* latina, en tanto espacio físico, y otra, al simbolismo, entre cuya carga de significados se destaca el de la centralidad. Se trataba de que la construcción urbana, protegida en ocasiones por murallas y fortalezas, coincidiera con el espacio contenedor del poderío, a partir del cual se orientan las direcciones de los puntos cardinales, a su vez símbolos de la apertura al infinito. Esto quiere decir que la ciudad —denominada *polis* por los griegos y *civitas* por los romanos— es el resultado de una asociación previa que como tal elabora el mito de su fundación para compartirlo con sus habitantes y mantenerlo, generalmente en secreto, bajo la protección de los dioses. La urbe, por su parte, es el resultado de una decisión posterior, tendiente a definir la construcción física del lugar donde se celebra la reunión y se fija el domicilio y el santuario de la asociación.

Empero, existe un elemento ineludible en la vida de la ciudad que obedece a un sentido de realidad. Se trata de la economía doméstica, *oikos*, ubicada en el punto de intersección entre la *urbs* y la *polis*, en el terreno de la familia y de la casa de habitación. En efecto, el *oikos* se vincula, de una parte, con la *polis*, y de otra, con la urbe, pues la familia, en tanto proveedora de ciudadanos, incide directamente en la primera, y en tanto constructora de viviendas para la familia, también incide en la segunda, en una íntima relación de complementariedad. De esta manera, la ciudad no sólo es el espacio de la política, del gobierno y la ciudadanía, sino también de la economía diferente de la agricultura.

Con todo este bagaje, la ciudad, en tanto *polis*, es acogida por Occidente como coadyuvante de su vocación racionalizadora y organizadora del mundo. En la propuesta griega, la ciudad pierde su carácter mítico, pleno de secretos y exclusividades con base en el poder supremo del *basileus*, para devolverle su carácter público, y de esa manera hacerla accesible a los habitantes, con la categoría de ciudadanos. Es en la ciudad donde la política se constituye como actividad propia y el individuo define su pertenencia al conjunto social. La *polis* se convirtió en el espacio donde se alcanza la plenitud de la autoridad del Estado, la participación organizada, así como la comunión de derechos y deberes, distintivos de la ciudadanía. La política como terreno del debate y de la argumentación —mediante el recurso de la palabra, la retórica y el sofisma— contó con el *ágora* como espacio propio y exclusivo de la misma. Al mismo tiempo, quedó liberado lo público, entendido como terreno de lo común, frente a los asuntos privados. Los rasgos de la *polis* en su proceder hacia la democratización, cuyo fin último es lograr que el *demos* ocupe el mundo hasta ahora exclusivo de la aristocracia, definen la estrecha relación entre el individuo y la ciudad y el sentido de pertenencia con el que logra realizar su vocación humana y, al mismo tiempo, su vocación social. Por eso, desde el inicio, la ciudad vuelta *polis* está asociada a la ciudadanía, de tal manera que quienes la habitan gozan de ese derecho, el cual a su vez es fundamento de deberes, binomio que el mundo moderno desarrollaría ampliamente. En este mismo sentido, la ciudad es vida, proyecto y privilegio en los que está implícita la posibilidad de la exclusión y de alguna manera el estigma de la no pertenencia, como ocurría con esclavos y extranjeros.

La urbe, por su parte, hace alusión a la expansión creciente del asentamiento poblado con la secuela de problemas derivados, circunscritos al perímetro definido por el ordenamiento urbano, contemporáneamente potenciado por el gigantismo de las megalópolis y sus distintas modalidades que hoy preocupan a los urbanistas.

Sin embargo, las relaciones entre la *urbs* y la *polis* son paradójicas y propensas a ser contradictorias, pues, al tratarse de realidades diferentes y a la vez complementarias, conllevan potencialmente la posibilidad de tomar direcciones opuestas. Si la *polis* es la ciudad por excelencia, en torno a la cual todo un pueblo forja un derrotero "civilizador", la *urbs*, por su parte, con la agudización de sus determinaciones, se convierte en la anticiudad. En efecto, el proyecto político de la *polis*, en tanto asociación de ciudadanos obedientes a la ley, llega a verse obstaculizado por los avatares de la *urbs*, que permanentemente debe adecuarse a las necesidades crecientes y a los intereses desiguales de los habitantes. Aún hoy uno es el término para la *cité*, lugar del origen, la identidad y el destino, y otro para la *ville*, referida al resto del espacio generado por la urbanización.

Niveles de intensidad del concepto

Aunque el término ciudad no esté adscrito a un cuerpo teórico específico, la denotación espacial antes señalada y ratificada en la génesis y desarrollo de Occidente contiene la oposición entre la *polis* y la urbe, a la vez que evidencia su desempeño como escenario de la acción de distintos sujetos portadores de la racionalidad dominante, prototípicos de la sociedad más evolucionada.

En varias circunstancias la experiencia de la ciudad, sea Atenas, Roma, Florencia, Venecia, Ginebra, París o Londres y contemporáneamente las ciudades de la postindustrialización, ha sido tomada en cuenta por la reflexión teórica para articular los temas más sobresalientes de la política y la sociedad, que en conjunto contribuyen a definir su perfil conceptual. En la Antigüedad, en connivencia con el esclavismo, en la experiencia de la *ciudad-Estado*, Platón y Aristóteles le asignan temas como el de la ciudadanía, la política, las formas de gobierno. En el amplio periodo de la transición del feudalismo al capitalismo, entre los siglos XVI y XVIII, con el auge de la *ciudad comercial*, la reflexión de Bodino, Hobbes, Locke, Montesquieu y Rousseau, le asignan los temas del derecho, la ley, el contrato, el estado de naturaleza, el estado de sociedad y el gobierno. Finalmente, entre los siglos XIX y XX, en el contexto de la *ciudad industrial*, con la reflexión desde distintas epistemologías sobre la sociedad moderna, destaca el pensamiento de Carlos Marx, Max Weber y Durkheim, así como el de los pensadores que se han orientado por la óptica de la llamada sociología urbana, como Luis Wirth, Robert Redfield, Ferdinand Tonnies, George Simmel, Henri Lefebvre y Manuel Castells, entre otros. A la primera gama de pensamiento derivado de la ciudad industrial pertenecen temas tan variados como la división social del trabajo, la conciencia de clase, la dominación, la legitimidad, la solidaridad orgánica. A la segunda, en el contexto de la ciudad postindustrial, le es familiar la oposición campo-ciudad, comunidad-sociedad, *folk*-urbano y la relación individuo-sociedad, en la tendencia a la hegemonización de la ciudad sobre el campo (Lefebvre, Redfield), lo mismo que la espacialidad de las relaciones sociales (Castells). La gran importancia de los medios de comunicación, el ímpetu de la sociedad de masas y la aplicación de la cibernética sugieren nuevos temas que cada vez se hacen más pertinentes al estudio de la vida en la ciudad, como los relacionados con el imaginario, las formas de representación y los cambios suscitados en la vida cotidiana por la velocidad de las comunicaciones.

En toda la extensión del concepto es evidente la herencia de la *polis*, con su inevitable referencia a la acción política, en tanto ciudadanía organizada que comulga con la constitución (Aristóteles). De ahí se deriva la ciudad como el gran "estado de sociedad" requerido por la política (Locke). En este mismo sentido, las distintas ópticas coinciden en que la ciudad, opuesta al campo, es la portadora de la *télesis* de naturaleza "civilizadora", impuesta por las formas más evolucionadas de la racionalidad dominante, con la fuerza suficiente para dinamizar la complejidad de la sociedad moderna, en cuyas contradicciones se prefiguran los cambios de la sociedad futura. En efecto, en todos los casos, el espacio habitado por muchos que conviven en vecindad, en casas próximas, obliga a formas de organización a fin de sortear, de manera consensual y legítima, distintos intereses, entre los que sobresalen el de la participación política y el de la participación en el mercado (Weber). La ciudad es el territorio por excelencia de las relaciones definidoras del mundo moderno, abierto a nuevas relaciones que van de las básicas —obreros y empresarios— a la gama de sectores medios (Tonnies). De ahí que la espacialidad física inicial, condición para la localización de los aparatos del poder y escenificación de la acción de los distintos sujetos sociales, se convierta en condición de espacialidad política, en la que se produce el encuentro entre el Estado y la sociedad, y entre éstos y el individuo en la ejecución y práctica de la política.

Al mismo tiempo, la ciudad es forjadora de subjetividad, tanto en el plano de los modos de vida como en el de los derechos individuales y ciudadanos, a la vez que es concreción de distintas formas y relaciones de poder. La libertad social, ganada con la ciudad moderna, es de la misma naturaleza que la libertad de empresa y de trabajo y en la que se apoyará el ejercicio de la política con base en la libertad individual y la igualdad, en demanda de la democracia, como derecho del *demos*. La soberanía del pueblo en busca de su representación y la libre aceptación de la ley es la máxima expresión del ejercicio de la libertad individual, que al sumarse y compartirse beneficia a cada uno en particular y a todos en general, meta última del contrato social (Rousseau). Sobre este sustrato de libertad se funda el poder político, cuyo ejercicio sólo es posible entre las personas que deciden. La ubicación de la ciudad en la amplia división social del trabajo se particulariza en ser concentradora y contenedora de todos los recursos materiales, demográficos e institucionales, complementarios entre sí y necesarios a la acumulación permanente de capital, como sucede en la ciudad industrial. De esta manera, la ciudad industrial se convierte en la gran fuerza productiva, garante de condiciones materiales, organizacionales, culturales y políticas, que al reproducirse contradictoriamente agudizan la ambivalencia entre el progreso y el deterioro ambiental y humano (Tonnies). Al ser escenario de las clases antagónicas, la concentración de obreros agiliza el despertar de su propia conciencia, motor de luchas sociales y políticas que avizoran los momentos de la revolución política. El notable crecimiento de la sociedad industrial masificada y anónima ha permitido la proliferación de estudios derivados de la urbanización, matriz de la despersonalización, mercantilización, competitividad y utilitarismo, propios de la llamada "cultura urbana" (Wirth, Simmel).

Historia, teoría y crítica

En tanto fenómeno histórico-cultural, la ciudad está asociada, en todas las culturas, a la sedentarización y estabilización de los pueblos. Por eso, su origen se ubica en el neolítico, cuando aquéllos adoptan la agricultura e inician su continuo proceso de conformación de las instituciones y estructuración de la organización social, tarea siempre inconclusa que perdurará con la especie y tendencialmente en asociación con las condiciones ofrecidas por la ciudad. Al mismo tiempo, la ciudad, en tanto espacio, recibe un nombre propio, que no sólo la personaliza y lo ofrece a quienes la habitan, haciéndolos partícipes del gentilicio, sino que mediante el significado de su nombre la atemporaliza, recordando el momento primigenio, es decir, el origen de la fundación. El nombre asignado a la ciudad es insustituible en cuanto a su papel referencial y de demarcación de un territorio geográfico, al tiempo que da identidad a un pueblo, y gracias a su nombre, la ciudad pasa a ser reconocida históricamente, en muchos casos con un sentido metahistórico. La fuerza analógica del lugar, entendido como *topos* totalizante en el que se espacializa la acción de los sujetos sociales, anónimos, remite necesariamente a la noción de temporalidad. De ahí que la ciudad en tanto espacialidad cumpla funciones en relación con el mito, la historia y la cotidianidad.

Los rasgos del tiempo

En el mito, la ciudad es femenina porque simboliza la madre en su papel de protectora y definidora de los límites. Los distintos discursos no han escatimado las posibilidades simbólicas de la ciudad, y en particular el de las religiones. Tanto en Oriente como en Occidente, éstas han explotado con más decisión su papel simbólico, en función de la administración de las creencias y la cosmovisión, pero, ante todo, como referencia de sacralidad y destino. En la cristianización de Occidente está muy bien definida una Jerusalén celestial, localizada en el mundo ultraterreno, y otra temporal, ubicada en el acá, como dos espacios opuestos y en ocasiones en disputa. Esta oposición la exacerbó el catolicismo durante la Edad Media para asignarle al hombre, mas no al individuo, su carácter transitorio, semejante al del peregrino que va de la ciudad terrenal a la celestial, donde está ubicado el reino. La Biblia se estructura en torno a la historia del pueblo judío que propende por una ciudad, cuyo nombre, Jerusalén, es el que le da definición e identidad. De la misma manera, La Meca es, para los musulmanes, la referencia magnética en torno a la cual convergen sus creencias, con tal fuerza y vigencia que hasta en determinadas horas del día debe ser tenida en cuenta por el creyente para ratificar su identidad y cumplir con sus preceptos, volviendo el rostro en su dirección en cualquier parte del mundo en donde se encuentre.

También la historia elabora su discurso con referencia a la ciudad, pues su presencia, en particular en el amplio periodo de la constitución del mundo moderno, ha sido decisiva. La cultura occidental es incomprensible sin referencia a Atenas, y el Renacimiento sin referencia a Florencia, o ¿cómo pensar en los momentos decisivos de la modernidad sin contar con París y Londres? En América Latina, los Estados nacionales se fraguaron en torno a ciudades, y sus capitales guardan en sus nombres el aura del origen de la nación y el desarrollo de las ideas y luchas políticas por la consolidación de las instituciones modernas. Los logros económicos en sus distintas fases, lo mismo que los de la organización político-estatal y de gobierno, así como los de la sociedad en sus momentos de consenso o de conflicto e incluso en los momentos más extremos, como los de la guerra, los ha escenificado la ciudad.

El tiempo cotidiano en la ciudad, expresado en modos de vida, ha servido para evidenciar los usos personales del mismo, el dedicado al trabajo, al descanso o al ocio, el exigido por lo público y por lo privado, en asociación con el ritmo impuesto por la industrialización y la sociedad de masas.

La evolución histórica

Como ya es sabido, el término ciudad es heredero de la modernidad, ya avizorada desde la Antigüedad grecolatina. La herencia antigua en torno a la *polis* y a la *urbs* se conjuga en un nuevo término, la *cité*, en los momentos de crisis económica de la primera Edad Media. Esta modalidad, cuya influencia trascendía a la región y a la nación en tanto centro político, administrativo y de defensa, sirvió de base a la administración eclesiástica en torno a la diócesis episcopal. Paralelamente, el *burgo*, como sede del poder principesco y de la asamblea, cumple con funciones administrativas y militares, presidido por el alcalde, cuyo poder financiero y judicial le ha sido concedido por el príncipe. Su carácter defensivo, simbolizado por la muralla, revela las escasas posibilidades de cambio prevalecientes en este momento. Las villas localizadas en zonas lejanas, como puntas de lanza de la colonización, se suman, de la misma manera, a las condiciones que sirven al funcionamiento y reproducción del feudalismo. Sólo con la irrupción estrepitosa del comercio y la defensa de la libertad fue como la ciudad sentó las condiciones para su transformación moderna. Relaciones sociales más complejas e intrincadas dieron origen a una nueva economía adscrita a la ciudad, conocida como "economía urbana", llevada a cabo por comerciantes y artesanos, que en los momentos culminantes de las ferias periódicas imponían su lógica mercantil. La transición del feudalismo al capitalismo se consolida en buena medida por el papel de la ciudad en tanto espacio de una nueva situación social y asiento por excelencia de las clases en ascenso. El pluralismo, la libertad, la secularización, la organización administrativa y fiscal, el uso de la letra de cambio y el crédito, lo mismo que la corporativización de la vida económica con base en organizaciones gremiales como guildas, clubes, cofradías, sindicatos y sus distintas formas de representación política en un sinnúmero de instituciones municipales, con los consabidos conflictos sociales —las pugnas entre el *popolo grasso* y el *popolo minuto*— por el control del gobierno de la ciudad, son los rasgos sobresalientes de la nueva situación. Al mismo tiempo, una nueva situación jurídica tendiente a instituir el derecho urbano con base en conocidas instituciones como la *conjuratio*, el *consulado*, la *organización municipal*, la *comuna* o el *regidor* nutren la importancia adquirida por el *concejo*, fundamento de la autonomía municipal. Así, la ciudad se consolida como lugar de mercado con derecho propio, tendiente a la abolición de los derechos señoriales y rentas fiscales, defendidas por los señores feudales.

El advenimiento de las relaciones capitalistas en la producción se reflejó con claridad en la ciudad. Al mercado de productos se sumó el de mano de obra, enfrentada a la máquina y a las arduas condiciones laborales suscitadas por la industrialización que tuvo lugar a finales del siglo XVII y comienzos del siglo XVIII; la Revolución industrial, a la que se sumaron masas ingentes de proletarios empobrecidos, vino a modificar ostensiblemente la fisonomía urbana de la ciudad. A este hecho material se sumó la demanda por la participación y el ejercicio creciente del Parlamento como lugar de representación en el que se enfrentaban sin ambages la amplia gama de intereses opuestos.

Una vez más, la economía y la política vuelven a estar presentes en la vida de la ciudad, en esta ocasión como componentes de la revolución social y política. Este fenómeno, típicamente moderno, logra sus mayores alcances políticos en la vivencia de las contradicciones ofrecidas por la ciudad. Aquí conviven los aparatos y símbolos del Estado con los sectores sociales que, desde el proletariado o la burguesía, demandan con urgencia el cambio social. Pese a que desde comienzos del siglo XIII se esbozaron en Inglaterra las demandas por los derechos, al final del siglo XVIII se vuelven a esgrimir abiertamente en la ciudad, en contra del *ancien regime* a nombre de la revolución política (Revolución francesa). Un siglo después, la vieja experiencia de la comuna medieval adquiere el sentido de la lucha por la igualdad social y se intenta implantar la comuna de París, bajo el control de la nueva clase obrera surgida de la industrialización capitalista.

El urbanismo, una nueva disciplina surgida de las secuelas dejadas por las revoluciones industrial y política en el espacio de la urbe, hace su aparición en el cruce del siglo XVIII al XIX. Su propósito era darle un tratamiento "científico" a los distintos problemas de la ciudad. El urbanismo queda consagrado en *La teoría general de la urbanización*, de Cerdá, en 1867, que en adelante se convertirá en instrumento de políticas de planificación. El espacio convertido en objeto de política gubernamental se vuelve susceptible de manejo político, como quedó evidenciado con las políticas urbanas de Haussman en el París decimonónico.

Un "topos" para la crítica

La contradicción implícita ente la *urbs* y la *polis* ha sido una preocupación permanente. La búsqueda de un lugar ideal en el que los males y las deficiencias derivadas del proceso de urbanización se solucionen ha ocupado a los utopistas de todos los tiempos. La utopía es la ciudad ideal que a modo de proyecto ha surgido justamente en los momentos en que la ciudad padece el asedio de la urbe. El sentido de la ciudad ideal es el de la crítica a la ciudad real, con la consiguiente propuesta de una ciudad en la que quedarían resueltos todos los males. La construcción de un *topos* alternativo conlleva un alto grado de elaboración espacial, a fin de mejorar las condiciones de vida de los habitantes, que incluso no deben sobrepasar un límite, considerado necesario para poder convivir organizadamente.

Después de la utopía de Platón en *La República* y Agustín de Hipona en *La ciudad de Dios*, quienes por diversas razones político-filosóficas fueron pioneros en la propuesta de la ciudad ideal, vinieron las utopías del Renacimiento. La plena conciencia de la crítica a la ciudad secular, acosada por el ímpetu avasallador del comercio, incrementado al final de la Edad Media, la enarbola el inglés Tomás Moro en el siglo XVI. Amauroto es el modelo pleno en el vivir en todos los aspectos de la vida humana. El monje italiano Tomás de Campanella propone, en el siglo XVI, su *Ciudad del sol*, organizada en círculos concéntricos con base en el sistema planetario. Con el auge industrial, una vez más la ciudad vuelve a resentir las secuelas de la industria implacable y sus nefastas consecuencias en el trasegar cotidiano de la urbe. De ahí que sea en Londres donde Roberto Owen (1771-1858) proponga en el siglo XIX una ciudad ideal organizada en torno a los usos básicos. Bajo la denominación de *nueva armonía*, Owen propone un estilo de vida comunitario, proyecto que finalmente organiza en Indiana, en el centro de los Estados Unidos. El francés Charles Fourier (1772-1837), con una concepción evolutiva del tiempo, propone el *falansterio*, entendido como etapa final de una propuesta de vida comunitaria. De la misma manera, Etienne Cabet (1788-1856), en *El viaje a Icaria*, piensa en una manera de vivir más acorde con las necesidades humanas con base en una planificación de la producción y la cotidianidad, nutrida en los valores de la igualdad y la paulatina abolición de la propiedad privada.

Líneas de investigación y debate contemporáneo

La política y las políticas

La perdurabilidad de la contradicción congénita entre la ciudad y la urbe ofrece una amplia perspectiva que cobija una gama de áreas de estudio e investigación relacionadas de diversas maneras y en distintos niveles con la acción política. Sin embargo, esta distinción con frecuencia se evade, lo que ocasiona confusión y dificultad en la identificación de los problemas. De ahí que sea necesario distinguir entre la investigación dedicada a los estudios de la ciudad en cuanto espacio de la legitimación de la política, y los estudios de la ciudad en cuanto objeto de las políticas, generalmente provenientes del Estado y derivadas de la ingente gama de problemas generados por la desmesura del crecimiento urbano, que hoy se expresa con términos nuevos como "megalópolis" o "ecumenópolis".

En el horizonte definido por la ciudad en sí misma, como espacio de la acción política, le son pertinentes los temas relacionados con la ciudadanía, la gobernabilidad, el civismo, la participación política, la reforma política, la relación entre lo público y lo privado, la cultura ciudadana, lo mismo que la diversidad cultural y el comportamiento de las minorías sociales.

En el horizonte definido por la gama de problemas derivados de la urbanización, susceptibles de ser tratados como objetos de políticas específicas e incluso con altos grados de especialización, le son propias las llamadas políticas públicas. En estas políticas, entendidas como la toma de decisiones cuyo fin es tratar los problemas de carácter público, incluso con la participación social, se destacan las políticas urbanas en aspectos relacionados con los servicios básicos como la vivienda, el transporte, la salud, la ecología, la recreación, la seguridad, usualmente acompañados del adjetivo "urbano". Adicionalmente, los estudios relacionados con la comunicación en asociación con la cultura urbana, la cultura de masas, los imaginarios urbanos, el tiempo libre, los modos de vida, la semiótica urbana, el ciberespacio o la configuración de los lugares funcionales al uso masivo del espacio urbano y la segregación del mismo en relación con las minorías sociales ocupan el interés de los investigadores, pues finalmente son aspectos que inciden en la elaboración de políticas públicas.

No obstante, la imbricación de estas dos grandes dimensiones es inevitable, pues se trata de una sola realidad, cuyos elementos están entreverados y en momentos coyunturales se confunden.

En América Latina, la particular manera de darse la urbanización en la región complica aún más los estudios sobre la ciudad. En efecto, el desfase estructural entre industrialización y urbanización genera situaciones propias, entre las que el desequilibrio campo-ciudad se manifiesta en la incapacidad de la ciudad para ofrecer a los migrantes las oportunidades de inserción tanto en la vida urbana como en la vida ciudadana.

BIBLIOGRAFÍA

Ángel, Miguel Arnulfo (1984), *La ciudad contra el castillo*, Juan Pablos y UAM, México.

Aristóteles (1984), *La política*, libro I, capítulo III, Aguilar, Madrid.

Benevolo, Leonardo (1967), *Orígenes de la urbanística moderna*, Tekné, Buenos Aires.

Bobbio, Norberto, y Nicola Mateucci (1988), *Diccionario de política*, Siglo XXI, México.

Bobbio, Norberto, y Michelangelo Bovero (1985), *Origen y fundamento del poder político*, Grijalbo y Enlace, México.

Castells, Manuel (1974), *La cuestión urbana*, Siglo XXI, México.

Dahl, Robert (1993), *La democracia y sus críticos*, 2a. ed., Paidós, Barcelona.

De Coulanges, Fustel (1978), *La ciudad antigua*, Porrúa, México.

Echeverría, Javier (1994), *Telépolis*, Destino, Barcelona.

Engels, Federico (1974), *La situación de la clase obrera en Inglaterra*, Esencias, Buenos Aires.

Ferry, Jean Marc, y Dominique Wolton (1989), *El nuevo espacio público*, Gedisa, Col. El Mamífero Parlante, México.

García Canclini, Néstor (1995), *Consumidores y ciudadanos*, México, Grijalbo.

Giraldo, Fabio, y Fernando Viviescas (comps.) (1996), *Pensar la ciudad*, Tercer Mundo y Cenac, Santa Fe de Bogotá.

Habermas, Jurgens (1995), *Historia crítica de la opinión pública*, Gedisa, Col. El Mamífero Parlante, Barcelona.

Hobsbawm, E. J. (1976), *Las revoluciones burguesas*, Guadarrama, Col. Punto y Omega, Madrid.

Ímaz, Eugenio (1982), *Utopías del Renacimiento; Moro, Campanella, Bacon*, FCE, Col. Popular, México.

Krotz, Esteban (1980), *Utopía*, Edicol, México.

Kymlicka, Will (1995), *Ciudadanía multicultural*, Paidós, Barcelona.

Lefebvre, Henri (1972), *La revolución urbana*, Alianza Editorial, Madrid.

Marx, Carlos (1973), *La ideología alemana*, Cultura Popular, México.

—— (1981), *La guerra civil en Francia*, Cultura Popular, México.

—— (1981), *El dieciocho brumario*, Progreso, Moscú, Cultura Popular, México.

Munford, Lewis (1966), *La ciudad en la historia*, Infinito, Buenos Aires.

Neuberg, A. (1978), *La insurrección armada*, Fontamara, Barcelona.

Oliver, Albert (1971), *La comuna*, Alianza Editorial, Madrid.

Pirenne, Henri (1977), *Las ciudades de la Edad Media*, Alianza Editorial, Madrid.

—— (1975), *Historia económica y social de la Edad Media*, FCE, Madrid.

Un mundo en proceso de urbanización (1996), informe mundial sobre asentamientos humanos, Tercer Mundo Editores, Inurbe, Santa Fe de Bogotá.

Vernan, Jean Pierre (1992), *Los orígenes del pensamiento griego*, Paidós, Barcelona.

Weber, Max (1972), *Economía y sociedad*, FCE, México.

CIUDADANÍA

Velia Cecilia Bobes

Definición

La idea de ciudadanía constituye una construcción histórica que reposa sobre una definición peculiar de la relación entre el individuo y el Estado. Por ello, la discusión de este tema se encuentra estrechamente vinculada con la reflexión en torno a la naturaleza y los límites de la participación política, los derechos, las obligaciones y la legitimidad del orden político.

La ciudadanía puede ser definida como un conjunto de derechos y deberes que hacen del individuo miembro de una comunidad política, a la vez que lo ubican en un lugar determinado dentro de la organización política, y que, finalmente, inducen un conjunto de cualidades morales (valores) que orientan su actuación en el mundo público.

Así planteada, la condición de ciudadanía nos enfrenta al menos con tres dimensiones que operan simultáneamente: *a)* una procedimental, que se refiere al conjunto de derechos y mecanismos para su ejercicio, constituido por un modelo de reglas, aplicadas y reconocidas igualmente para todos (y por todos), al que se encuentra ligado todo individuo por el solo hecho de ser un miembro de la comunidad; *b)* una dimensión de carácter situacional (o locativa) que implica a la vez un aspecto relacional. Esta dimensión apunta a un grupo de funciones a través de las cuales los individuos se ubican en la división del trabajo político. Aquí las interacciones entre individuos se establecen a partir del mutuo reconocimiento, y en razón de ello los hombres pueden esperar ser tratados (por el Estado y sus instituciones, y por los otros individuos) en condiciones de igualdad a partir de ciertos principios abstractos compartidos que definen la autoridad y las jerarquías; *c)* finalmente, existe una dimensión moral, que tiene que ver con un conjunto de ideales acerca de la vida pública y con los valores cívicos que orientan los comportamientos considerados adecuados o justos para la coexistencia y la acción pública (universalismo, igualdad, libertad individual, tolerancia, solidaridad, justicia, etcétera).

Por otra parte, la ciudadanía es un conjunto heterogéneo de derechos legales que incluye:
a) derechos civiles, que permiten la libertad individual (de palabra, religión, prensa, propiedad y justicia);
b) derechos políticos que posibilitan al individuo participar en el ejercicio del poder y en la toma de decisiones (de voto, a ser elegido, de asociación, organización, etc.), y
c) derechos sociales que garantizan al individuo gozar de cierta igualdad en cuanto a la distribución de la riqueza social a través de un mínimo de bienestar económico y seguridad social (educación, salud, etcétera).

Tales derechos constituyen un recurso de poder de la sociedad frente al Estado, pero, a la vez, son garantizados por el Estado, de ahí la imposibilidad de discutir la ciudadanía al margen de una referencia a éste; además, debido a que dimanan de principios abstractos, precisan del establecimiento de mecanismos e instituciones que den la posibilidad real de acceder a los recursos necesarios para ejercerlos. Las cortes de justicia y los tribunales (para los derechos civiles), los parlamentos, gobiernos y partidos (para los derechos políticos) y los sistemas educativo y de seguridad social (para los derechos sociales) son las instituciones encargadas de proveer tales mecanismos.

Al mismo tiempo, la existencia de derechos implica también obligaciones, las cuales van desde el consentimiento para someterse a la autoridad estatal, pasando por la aceptación de un bien común que —dentro de ciertos límites— modera el interés individual hasta la prestación de diversos servicios a la colectividad (servicio militar, participación en los procesos electorales, etcétera).

Dado que hemos definido la ciudadanía como una construcción histórica, esta dimensión también debe analizarse. Ella refiere, en primer lugar, a la idea de que la ciudadanía no es una condición ontológica ni estática; más bien se construye a través de un proceso de inclusión progresiva y de "adquisición de poder" por la sociedad, lo cual se relaciona con la existencia de luchas y movimientos sociales que demandan al Estado el mantenimiento y la posible ampliación de los derechos ciudadanos.

En segundo lugar, la dimensión histórica permite ubicar el surgimiento de la ciudadanía asociado al advenimiento de la modernidad y la hace depender de los valores universalistas e igualitarios que presidieron normativamente la modernización.

A pesar de que la noción de ciudadanía puede encontrarse en la Antigüedad griega, su constitución como marca de pertenencia igualitaria a una comunidad política es un resultado de la modernidad. Los ciudadanos antiguos eran sólo los participantes en la *polis*, lo cual implicaba, de hecho, una concepción muy restringida del alcance de esta condición; esto es, la ciudadanía griega, más que resaltar la igualdad, subrayaba la diferencia y las jerarquías, ya que excluía de su ejercicio a la mayoría (mujeres, esclavos, etcétera).

En la sociedad medieval, en lugar de individuos o ciudadanos, encontramos grupos cuya relación con la autoridad y la participación en los asuntos comunes quedaba definida por el estatus, a partir de la adscripción hereditaria y la tradición. El individuo feudal es un *súbdito*, con mayores o menores derechos en función del estamento al que pertenece.

Con la modernidad, ocurre un acontecimiento sin precedentes que posibilita la construcción de la ciudadanía tal como la conocemos hoy. La aparición del mercado y el predominio de las relaciones contractuales, los procesos de secularización y especialización funcional, industrialización, urbanización y movilidad social, que determinaron el tránsito de la sociedad tradicional a la moderna, tuvieron como su resultado más conspicuo el *descubrimiento* del individuo como la realidad social básica.

A partir de estas transformaciones se produce un cambio en las relaciones de autoridad medievales, surgen los Estados nacionales y comienzan a prevalecer pautas individualistas e igualitarias de relación.

En el proceso de modernización, las sociedades estamentales (feudales) se convierten en regímenes modernos de democracia representativa. Esta evolución política tiene lugar a partir de la pérdida de centralidad del paradigma particularista y su sustitución por el igualitarismo y el universalismo. En este proceso se destruyen los ideales que identificaban a siervos y señores y, consecuentemente, la obediencia deja de percibirse como determinación divina para entenderse como obligación contractual.

Con ello, se produce la transformación del poder autoritario en poder autorregulado, el cual descansa en la idea de una "soberanía popular" o "voluntad general" concretada en un contrato social. Tal contrato se torna en modelo y principio básico para la constitución de la autoridad política y en fuente de su legitimidad.

El nuevo Estado ofrecerá protección legal a todos los ciudadanos por igual y, ante la desaparición de las adscripciones grupales, su relación será directa con cada uno de los individuos, y se producirá a través de un conjunto de derechos codificados legalmente, los cuales definirán el grado de inclusividad de la ciudadanía.

En estas condiciones, los individuos comienzan a definirse a sí mismos como entes autónomos. El surgimiento del Estado–nación —que define política y territorialmente los límites de la comunidad—, aunado a la desaparición de las adscripciones estamentarias o corporativas como criterio de identidad, torna problemáticas la pertenencia y la autoidentificación. La noción de ciudadanía surge como el criterio que une a los individuos particulares en su relación con el Estado, y proporciona un nuevo criterio de homogeneidad que permite obviar las desigualdades (económicas, culturales, etc.) que persisten entre los individuos.

Con la modernidad, entonces, la nación (definida políticamente) comienza a desempeñar una función constitutiva en la identidad individual. La ciudadanía implica un sentimiento de membresía a una comunidad, basado en la lealtad a una civilización que se considera una posesión común. Constituye, por tanto, una identidad que dimana de la práctica y el ejercicio activo de derechos y, en ese sentido, trasciende las propiedades étnicas, lingüísticas o culturales específicas.

La nueva identidad que surge con la condición de ciudadano es política en su naturaleza e implica derechos de igualdad y universalidad, además de una relación *directa* (no mediada por grupos de pertenencia) de cada individuo con un Estado, cuya existencia está referida a la garantía de tales derechos.

A partir de la noción de ciudadanía lo social queda dividido en dos dimensiones fundamentales: lo público, como espacio del conjunto de mecanismos para tratar los problemas colectivos, y lo privado, entendido como el ámbito de las relaciones específicamente individuales. De esta suerte, la noción de ciudadanía se constituye como la identidad política más general del hombre moderno, y sirve para articular ambas esferas de la vida social. El hombre será, a partir de entonces, ciudadano en el ámbito público e individuo en el privado, y la condición de ciudadano regirá y definirá la relación entre los individuos y la autoridad.

Tal relación entre el ciudadano y el Estado supone, de un lado, un individuo moral y racional capaz de conocer sus derechos y actuar en consecuencia, y, del otro, a un Estado que no sólo reconoce y otorga esos derechos, sino que además tiene la capacidad de adecuar las actuaciones de los sujetos y someterlos a sus deberes y obligaciones.

En este sentido, se puede decir que la noción de ciudadanía adquiere una connotación sociológica porque constituye un elemento primordial de las condiciones de la integración social y los mecanismos de la solidaridad; pero, a la vez, el proceso de constitución y las sucesivas ampliaciones que experimenta la ciudadanía en su desarrollo histórico tienen una dimensión estrictamente política, a través de la cual su discusión y análisis se relaciona directamente con el examen del establecimiento de regímenes democráticos y el funcionamiento de los sistemas políticos modernos.

Historia, teoría y crítica

A pesar de que comúnmente se habla de ciudadanía en general, éste no es un concepto homogéneo o uniforme. Puesto que se encuentra relacionado con el carácter de la participación, los derechos sociales, la legitimidad de los órdenes políticos y la naturaleza del Estado en las sociedades, a partir de las diferentes experiencias históricas en que han encarnado tales procesos pueden encontrarse diferentes concepciones y formas de ejercer la ciudadanía.

Al mismo tiempo, puesto que la ciudadanía se define con la comprensión de lo público y el lugar del individuo en ese espacio y frente a la autoridad, las diversas tradiciones del pensamiento político han delineado comprensiones también distintas del ciudadano. Más aún, si aceptamos que el modelo cívico que ha prevalecido en la modernidad es el resultado de la fusión de tres tradiciones diferentes —republicana, liberal y democrática—, se hace imprescindible discutir las diversas definiciones de ciudadanía que se infieren de cada una de ellas.

En la tradición republicana se prioriza la vida pública, la virtud ciudadana y el bien público por encima de los intereses individuales; el liberalismo hace énfasis en el individuo, su libertad, su carácter privado y la necesidad de una ciudadanía que imponga controles a la acción estatal; por último, la tradición democrática se fundamenta en la participación, la justicia y el autogobierno.

A partir de estas diferentes tradiciones pueden deslindarse diversas formas históricas y teóricas de comprensión y ejercicio de la ciudadanía. Puede distinguirse, entonces, entre la visión rousseauniana radical, que insiste en la relación directa entre individuo y Estado y, por consiguiente, comprende la ciudadanía a partir de un *ethos* que considera la virtud pública por encima de los intereses privados, a la vez que insiste en la necesidad de la educación cívica, ya que las virtudes ciudadanas deben aprenderse y los ciudadanos deben ser educados.

Frente a ésta, se puede identificar una visión conservadora (que parte de Burke), donde la ciudadanía se basa en los derechos del individuo y su protección frente al Estado.

Desde esta misma perspectiva también puede hablarse de una ciudadanía militante (activista) y de una civil. Más cercana a la tradición radical, la ciudadanía militante implica ante todo la membresía a un Estado, el compromiso público y la obligación dominante hacia éste; ésta sería una ciudadanía participativa, que entiende los deberes como el medio normal de ejercer los derechos. A su vez, la ciudadanía civil estaría basada en la moderación del compromiso público, y las obligaciones estarían dirigidas ante todo a la asociación, lo que implica una ciudadanía "más privada", donde el sentimiento de pertenencia es más hacia lo particular, y el compromiso con el Estado se condiciona a que éste permita el ejercicio de la actividad privada. Mientras en la primera el individuo es considerado un agente político activo y se le estimula a intervenir en los asuntos públicos y en los procesos de toma de decisiones, en la segunda el ciudadano es considerado súbdito de una autoridad y su libertad se considera asociada sobre todo al ámbito privado.

Desde este mismo punto de vista puede discutirse la existencia de la ciudadanía como *status* —correspondiente a la tradición liberal individualista— frente a la ciudadanía que se define por su ejercicio y práctica —típica de la tradición cívico-republicana—. La primera pone énfasis en los derechos inherentes al individuo en cuanto tal y la dignidad humana; concede la primacía al individuo que elige o no ejercer esos derechos que le da el *status*, de donde resulta que la actividad política es una opción individual. La segunda es una concepción basada en la participación (ejercicio) y, por lo tanto, destaca los deberes. La definición del ciudadano se condiciona a la pertenencia a una comunidad política; los lazos interindividuales se basan en una forma de vida compartida y su libertad implica la coincidencia del deber y el interés individual. Aquí, la ciudadanía, más que un *status*, es una práctica, es activa y pública y, para esta tradición, la contradicción entre el interés público y el privado es inconcebible.

Entrando en una dimensión que aluda a los procesos históricos de su constitución, también es posible hacer una distinción entre las ciudadanías activas y las pasivas. Las primeras se forman "desde abajo" a partir de las instituciones participativas localizadas en la sociedad y como resultado de las luchas sociales y de las demandas (de la sociedad al Estado) de ampliación de derechos y mayor inclusión. Las ciudadanías pasivas, por su parte, se constituyen desde arriba vía el Estado, por efecto de la acción estatal, frecuentemente como resultado de la llegada al poder de élites interesadas en otorgar más derechos o en convertir a una mayor cantidad de individuos en sujetos de los ya existentes.

Por tanto, la existencia de diferentes caminos hacia la constitución de los regímenes democráticos, así como los principios que predominen en la organización del espacio público, influyen directamente en las características y el tipo de ciudadanía que prevalece en un país y en cada época.

Históricamente, la constitución de la ciudadanía se ha entendido como un proceso evolutivo desde la codificación de los derechos civiles, pasando por los políticos, hasta los sociales (Marshall, 1965), proceso que abarca desde el siglo XVIII hasta el XX.

Durante el siglo XVIII se instauran los derechos civiles (*habeas corpus*, libertad de trabajo, abolición de la censura, libertad de prensa y palabra, etc.). Ésta es la historia de la adición gradual de nuevos derechos que marcha pareja a la universalización de la libertad.

Los derechos políticos se codifican y generalizan a lo largo del siglo XIX. Como éstos sólo pueden aparecer cuando ya se han asentado los derechos civiles, no se trata propiamente de la aparición de nuevos derechos, sino de la extensión de los antiguos a nuevos sectores de la población. Hablamos de la extensión del sufragio, del derecho de libre asociación y reunión y de todas aquellas prerrogativas que hacen posible extender la libertad e igualdad al ámbito de la participación en la toma de decisiones políticas.

Los derechos sociales entran a formar parte de los derechos ciudadanos durante el siglo XX. Tales derechos dimanan también de la extensión de la ciudadanía y la igualdad (en este caso al campo de lo social), y su ejemplo más claro puede encontrarse en el derecho a la educación. Dado que los derechos ciudadanos están diseñados para ser ejercidos por personas racionales e inteligentes, la educación ha llegado a considerarse como un requisito de la libertad civil; por consiguiente, en la actualidad la educación no sólo es un derecho que el Estado está obligado a proveer, sino que ha sido codificada como una obligatoriedad (deber). Estos derechos se convierten en servicios que ofrece el Estado; en ese sentido, tratan al ciudadano como consumidor y están dirigidos a mitigar las diferencias y a conseguir la mayor igualdad posible.

Esta concepción de Marshall, orientada a relevar la tensión permanente que existe entre la igualdad ciudadana (jurídica) y la existencia de diferencias de clase (económica) en la sociedad capitalista, ha sido criticada desde diversas perspectivas; la más conocida es aquella que apunta su visión evolucionista, lo que implica una explicación demasiado simple y cronológica de la aparición de nuevos derechos; además, al estar basada en la historia europea (fundamentalmente de Inglaterra y Francia), no atiende suficientemente a la formación de ciudadanías en contextos diferentes y, en consecuencia, no contribuye a entender otros procesos históricos de constitución o ampliación del concepto de ciudadano.

Tal es el caso de los países de América Latina, en los cuales el proceso de formación ciudadana ocurre en la mayoría de los casos en contextos revolucionarios, lo cual implica que se trata de ciudadanías formadas desde arriba vía el Estado.

Particularmente en México, la constitución de ciudadanía ha sido analizada desde la perspectiva de subrayar la complejidad de la difusión, por parte de las élites, de los principios de igualdad y libertad en el marco de un país donde aún no se había logrado la consolidación del Estado nacional y en una circunstancia en la cual las relaciones patrimoniales, clientelares y caudillistas predominaban en vastas regiones geográficas y en numerosos ámbitos de relación (Escalante, 1992).

A últimas fechas, los debates en torno a la ciudadanía en México han estado vinculados a la discusión en torno a la democracia (el Estado de derecho y los derechos humanos), el fortalecimiento de la sociedad civil, la reforma del Estado, la participación política y el pluralismo (étnico y cultural), además de la formación de una cultura política democrática y participativa.

El estudio de los numerosos movimientos sociales y las formas de acción colectiva con sus luchas recientes enfocadas a la necesaria participación de la sociedad en los procesos de democratización, así como sus demandas por aumentar los controles sobre el poder del Estado, constituye uno de los estímulos mayores para el auge de las reflexiones sobre la ciudadanía en el México contemporáneo.

LÍNEAS DE INVESTIGACIÓN Y DEBATE CONTEMPORÁNEO

De manera general, el debate actual en torno a la ciudadanía se encuentra relacionado estrechamente con algunos de los temas decisivos de la sociedad finisecular.

Junto a las discusiones acerca de definiciones más precisas e históricas de la ciudadanía, se encuentra hoy sobre el tapete el problema de la globalización económica y el establecimiento de una economía globalizada. En tal contexto surge la cuestión de si es posible construir una noción "global" de ciudadanía que funcione como contraparte política de la economía global y cuáles serían los principios que podrían presidir esta construcción.

El crecimiento de las migraciones entre Estados y el resurgimiento de los nacionalismos y las adscripciones comunitarias y locales son otros asuntos que se encuentran en el centro de la problemática ciudadana en nuestros días.

Por otra parte, el debate acerca de la ciudadanía se torna aún más problemático en contextos pluriétnicos y multiculturales, donde existen movimientos que reivindican sus pertenencias particulares y demandan una forma de ciudadanía que reconozca y legitime la heterogeneidad cultural, así como la codificación de los derechos que posibiliten ejercerla.

Por último, existe una tendencia en el debate que pugna por radicalizar la ciudadanía y sus principios fundamentales, lo que significaría extender los derechos ciudadanos a ámbitos de la vida cotidiana y redefinirlos en términos que ayuden a una ampliación de la democracia y la participación. Para ello, sería imprescindible extender los principios de libertad e igualdad a un número mayor de relaciones sociales, al ámbito de las demandas particulares de los diferentes grupos y sus identidades específicas (raza, género, identidad sexual diferente) y legitimar —a través de derechos codificados— esta pluralidad.

Tal concepción de la ciudadanía demanda la reformulación de las nociones de igualdad y justicia en términos de mayor complejidad, que posibilite el reconocimiento de la diversidad de bienes y sus significados sociales para los diferentes grupos. De lo que se trataría es de incorporar una discusión que cuestione el carácter monolítico y uniforme en que el Estado ha venido tratando a la ciudadanía, lo que significaría reconocer otras fuentes de autoridad (no sólo el Estado central) que permita a las minorías superar la coerción de las mayorías.

BIBLIOGRAFÍA

Bendix, R. (1974), *Estado nacional y ciudadanía*, Amorrortu, Buenos Aires.

Cisneros, I. H. (1996), *Tolerancia y democracia*, Instituto Federal Electoral, México.

Escalante, F. (1992), *Ciudadanos imaginarios*, El Colegio de México, México.

Marshall, T. H. (1965), *Class, Citizenship and Social Development*, Anchor Books, Doubleday & Co., Nueva York.

Merino, M. (1995), *La participación ciudadana en la democracia*, Instituto Federal Electoral, México.

Mouffe, Ch. (comp.) (1992), *Dimensions of Radical Democracy*, Verso, Londres.

Silva-Herzog, J. J. (1996), *Esferas de la democracia*, Instituto Federal Electoral, México.

Turner, B., y P. Hamilton (comps.) (1994), *Citizenship, Critical Concepts*, Routledge, Nueva York.

Walzer, M. (1989), "Citizenship", en T. Ball y R. Hanson, *Innovation and Conceptual Change*, Cambridge Universty Press.

——— (1993), *Las esferas de la justicia*, FCE, México.

CIUDADANÍA MULTICULTURAL

Laura Baca Olamendi

Definición

Una característica de las sociedades antiguas es que cada cultura permanecía por lo general cerrada, y se consideraba un signo de prudencia el aislamiento relativo frente a los demás. De esta manera, se establecían límites precisos en relación con las identidades que compartían los individuos que vivían en la comunidad. Se formó así históricamente el "nosotros" como un concepto que daba cuenta de la identidad comunitaria. En efecto, los individuos mantenían relaciones principalmente con los miembros de su propia comunidad, ya que en la mayoría de los casos las grandes extensiones geográficas sólo esporádicamente planteaban el problema de la relación con otras comunidades. En este sentido, podemos decir que en los pueblos primitivos no existía la noción de *humanidad* como la entendemos hoy, pues cada grupo se mantenía aislado de los demás. Al paso de los años los griegos (y más tarde los romanos) se otorgaron a sí mismos la libertad y la ciudadanía, dando vida a la *polis* como único espacio representativo y como única comunidad política legítima. La idea de "nosotros" identifica a los ciudadanos; en contrapartida, aparece con frecuencia la idea de que los "otros" eran los "bárbaros"; es decir, seres extraños e inferiores y, por lo tanto, potencialmente peligrosos.

Estas consideraciones constituyen la base de justificación de la esclavitud por parte de diversos filósofos de la Antigüedad. Por su parte, en la época romana se desarrolló una cultura de carácter unidimensional y hegemónico, que velaba por la supremacía de los romanos en relación con otras culturas. Son conocidos los viajes de conquista al continente asiático y el modo como llevaban su cultura detrás de la guerra. Durante los primeros siglos de la era cristiana se habría de ampliar la visión de la cultura reconociendo el derecho a la existencia de las distintas comunidades humanas y religiosas. Por ejemplo, en la Europa de los siglos X y XI existía ya una buena idea de los principados continentales y de las culturas que rodean al Mediterráneo. Algunos siglos después se habría de presenciar la crisis de la escolástica y con ella del feudalismo, así como el inicio de los primeros embriones de los Estados soberanos. Serán los grandes descubrimientos geográficos del siglo XIV los que fortalecerán la idea de *culturas diversas*. A partir del siglo XV y hasta el siglo XVII los europeos se encontrarán con muchas novedades de tipo político y cultural, lo que habría de implicar el despertar a un mundo rico de otras realidades geográficas y científicas. Nace la "duda" sobre el cosmos establecido, y se propaga el relativismo tanto en las ciencias como en la filosofía. El continente europeo es el que originalmente establece relaciones de mayor intensidad entre culturas diferentes, relaciones que en algunas ocasiones se presentan bajo la forma de diálogo y en otras bajo la forma de confrontación.

La búsqueda de un puente entre las distintas expresiones culturales habrá de provocar, por un lado, el desarrollo de la *pluralidad* social y cultural típica de los Estados renacentistas y, por el otro, la idea de la *unidad*, una de cuyas representaciones más elevadas será el Estado nacional proclamado por la Revolución francesa. De este modo, las ideas de nación y de nacionalismo que florecieron durante los siglos XVIII y XIX, y que se habrían de desarrollar ulteriormente con el tiempo, permitieron que cada pueblo pudiera expresarse no sólo en la esfera política sino también en otros ámbitos, como el de la cultura, dando vida a las ideas de comunidad cultural.

Este proceso, que fue paralelo a la formación del Estado nacional, llevó a la creación de "culturas nacionales" a lo largo de los siglos XIX y XX. De este modo, una vez que los Estados se presentan fuertemente estructurados en su cultura y en sus instituciones, aparecen mejor dotados en términos de "identidad" para mantener un contacto constante con otras culturas. Cada sociedad tiene una precisa necesidad de definirse en relación con el otro, con quien es considerado diferente. La creciente complejidad social y política hace necesaria la afirmación de una identidad cultural propia, que se llena de contenido a través de los símbolos y los ritos con los cuales se identifican los miembros de una sociedad. En esta forma, la identidad colectiva transita de un sentimiento de pertenencia étnica, vigoroso pero indeterminado, a un sentimiento nacional constante y estructurado que afirma sus propias características en relación con el otro. Es ésta una explicación que encontramos en las causas originarias de la primera y la segunda guerras mundiales. En efecto, estos fenómenos fuertemente identitarios tuvieron una manifestación extrema a lo largo del siglo XX en el surgimiento de los fanatismos políticos y la exaltación de una "cultura superior" que ha buscado marginar o, en el peor de los casos, suprimir aquellas otras culturas consideradas inferiores. La identidad cultural de estos grupos es tan homogénea como herméticamente cerrada es la sociedad de referencia.

El nazismo y el fascismo son casos que ejemplifican la lucha por la prevalencia de una cultura dominante que intenta subordinar a las culturas minoritarias. Al final del siglo XX somos testigos de una ruptura paulatina de las limitaciones que anteriormente existían en la relación entre culturas. La globalización no sólo ha favorecido una comunicación inmediata, sino que también ha anulado las distancias y eliminado las separaciones artificiales. Se ha hecho más pequeño nuestro planeta. A través de los medios de comunicación, pero especialmente de la televisión, las imágenes de otras culturas provocan en nosotros ideas, juicios, sentimientos y emociones muy distintas entre sí.

En la época contemporánea, la tecnología ha jugado un papel relevante en el derrumbe de las viejas fronteras y, en cierto sentido, en el "eclipse de las ideologías". Esto ha provocado un proceso de homogenización, representado por un número creciente de individuos de todos los continentes y culturas que, más allá de sus diferencias, costumbres y tradiciones, se aproximan en mayor grado a una similitud de actitudes y modos de vida. Cuando se dice que el mundo es cada vez más pequeño, se hace referencia a sus límites no sólo físicos, sino también en cuanto a las mentalidades de los individuos, quienes en muchos aspectos comienzan a percibir el mundo de modo cada vez más similar. Observamos una estrecha interdependencia global de la vida en nuestro planeta, encontrándonos ante un mundo casi único, influido por la masificación de la sociedad, en donde sólo cuentan con peso específico las élites políticas y culturales que son a su vez una comunidad dentro de la comunidad. En relación con esto, se han dirigido muchas críticas a las élites culturales de corte tradicional en los países occidentales, las cuales "pretenden ignorar, con su prosperidad creciente, todas aquellas expresiones culturales que existen más allá de sus fronteras".

La comunicación instantánea que caracteriza la actual condición mundial tiene que ver no sólo con la tecnología de los medios de comunicación, sino también, y principalmente, con la capacidad de cada cultura para expresar su propia identidad y sus particularidades. Hablar de cultura significa hoy, en síntesis, referirse a diversas formas de pensamiento acerca de la moralidad, la religión y la política; dicho de otra manera, significa referirse a las tradiciones de convivencia y a las diferentes modalidades con que los individuos resuelven sus conflictos. Es posible identificar, sin embargo, una contradicción entre globalización y particularismos. Estos últimos representan un proceso inverso a la homologación; se refieren al hecho de que personas que tienen las mismas identidades culturales tiendan a identificarse en comunidades cada vez más restringidas. Los particularismos extremos producen en algunos casos grupos cerrados y altamente diferenciados. Esta doble tensión entre universalismo y particularismo provoca que cada sujeto social se identifique simultáneamente con distintos ámbitos de carácter político, religioso o social. Y es en esta perspectiva pluralista donde se establece un tipo de relación entre los conceptos generales de ciudadanía y de identidad cultural de las minorías.

Historia, teoría y crítica

Multiculturalismo y mutuo reconocimiento

El intento por equilibrar la integridad de las culturas mayoritarias con la integridad de las culturas minoritarias es representado por el multiculturalismo. Pero hablar de multiculturalismo en estos momentos significa referirse a muchas cosas diversas entre sí. En esta perspectiva, el reconocimiento del pluralismo —interpretación a la que generalmente se le asocia— representa sólo una de las posibles lecturas del multiculturalismo. Otras interpretaciones se refieren al problema del multiculturalismo en cuanto teoría política basada en el valor de la *diferencia* en lugar del valor de la *igualdad*. De acuerdo con tal interpretación, los conceptos multiculturalismo y ciudadanía se encuentran estrechamente relacionados en la medida en que esta última se presenta como un "paquete de derechos" que deben ejercerse y que corresponden, en términos de equidad, a los miembros de una sociedad sin importar sus filiaciones sociales, culturales o políticas específicas.

Cualquiera que sea la referencia de fondo que se tenga cuando se habla de multiculturalismo, es un hecho que con este concepto se pretende ilustrar una interacción entre identidades particulares de tipo cultural, que identifican a cada sujeto y que implican un componente político cuando se plantea la necesidad de un "mutuo reconocimiento". De aquí la propuesta de John Rawls acerca de una cooperación fundada en el consenso, que a final de cuentas es la única cooperación posible en la democracia. En la perspectiva de la construcción democrática, la relación multiculturalismo-ciudadanía se orienta a la búsqueda de la *democracia de las oportunidades;* es decir, de una solución que permita combinar las oportunidades económicas con la integración social y la participación política.

Para decirlo con las palabras de Ralf Dahrendorf, se trata de "cuadrar el círculo". En la actualidad, la política debe entenderse como la capacidad para gobernar el conflicto. La sociedad democrática es por excelencia una sociedad fundada en el conflicto y, por lo tanto, la política se orienta a la búsqueda de estrategias para encontrar modalidades de relación entre mayorías y minorías que permitan preservar tanto las diferencias políticas y culturales como el orden institucional. La diversidad cultural se encuentra en la base de la moderna sociedad democrática; esta lectura es la que permite suponer que, entre muchas otras razones, el socialismo se fracturó por su incapacidad para reconocer las identidades de los ciudadanos y de los grupos. Este sistema político particular no sólo no pudo aplicar una "política del reconocimiento" entre los distintos sujetos sociales, sino que terminó por excluir y discriminar a importantes grupos minoritarios. No es casual que la tensión grupo étnico-grupo nacional haya tenido en la ex Unión Soviética una de sus mayores expresiones. Baste recordar la independencia de los países bálticos y la guerra en la República de Chechenia. Después de la caída del muro de Berlín, la política ha padecido la ausencia de grandes visiones o estrategias.

Procesar las diferencias es una tarea para la cual la política no estaba preparada. Este "déficit" de la política puede ser atribuido a la ausencia de soluciones democráticas al problema de la autonomía cultural de los grupos. El multiculturalismo plantea la necesidad de una "política del reconocimiento" que establezca una relación entre los criterios generales de la ciudadanía y los derechos particulares de la cultura de pertenencia. Se trata —siguiendo a Will Kymlicka— de proponer la alternativa de una ciudadanía multicultural. De acuerdo con este autor, el reconocimiento del multiculturalismo en las sociedades pluralistas ha destruido el mito de un Estado culturalmente homogéneo. En consecuencia, no se puede negar que cada ciudadano tiene el derecho a la propia identidad cultural.

La disyuntiva actual que se presenta a la democracia consiste en cómo conciliar los criterios generales de la ciudadanía y los derechos particulares de las minorías. El multiculturalismo trata de integrar el universalismo de la ciudadanía con el mantenimiento de los rasgos y vínculos comunitarios. La importancia del reconocimiento del multiculturalismo es que hace aparecer a la política como el medio principal para regular el acceso a la ciudadanía en cuanto paquete de derechos, pero no la política como *poder* sino más bien la política como *consenso*. Así, el multiculturalismo representa también un reconocimiento en diferentes ámbitos de los derechos de identidad de los grupos, aunque tengan un carácter minoritario.

Es justamente a través de la ciudadanía multicultural que los individuos pueden defender públicamente su propia identidad. Una sociedad que busca ampliar su democracia debe integrar a la política las diferencias de los grupos. Dicho de otra manera, se trata de integrar *con* las diferencias y no *a pesar de* las diferencias. Por esto, algunos de los conceptos afines a la problemática del multiculturalismo son los relativos a la reciprocidad y la solidaridad, no en el sentido tradicional en que han sido utilizados, sino a través de una nueva perspectiva que implica la solidaridad en cuanto acto de compartir responsabilidades.

En este contexto, la reciprocidad puede ser entendida como un intercambio entre iguales, que es justamente el principio básico de la democracia. Es posible sintetizar estas ideas en la propuesta de Gian Enrico Rusconi acerca de la "empresa común", en donde el individuo establece las bases para relacionarse con la colectividad. Esta tesis considera que tanto gobernantes como gobernados pueden vivir dentro de una comunidad de mutua responsabilidad.

La democracia liberal nace con la convicción de proteger a los grupos minoritarios que se encuentran en desventaja con el fin de garantizar su presencia en el sistema. La democracia también debe permitirles conservar su identidad cultural particular en contra de las intrusiones de las culturas mayoritarias. Las tensiones que hoy afectan a la democracia se originan por un desfase entre la forma tradicional del Estado nacional y las "comunidades-Estado" de carácter multicultural, que caracterizan aquello que podríamos denominar el Estado posnacional.

Líneas de investigación y debate contemporáneo

Ciudadanía liberal versus *ciudadanía pluralista*

En muchos sentidos, el debate contemporáneo acerca de la construcción democrática se ha concentrado en la disputa entre una concepción clásica de ciudadanía de carácter liberal y una concepción pluralista de ciudadanía de carácter multicultural. Numerosos especialistas han idealizado una concepción de la *polis* en la que los ciudadanos comparten una herencia común y forman parte de una comunidad homogénea. Tal similitud se convierte en un elemento cohesionador entre una determinada identidad cultural y una determinada identidad política. Es por esto que se considera que la ciudadanía tiene una función integradora. Sin embargo, otros autores sostienen que ésta es una visión muy restringida que deja de lado la multiplicidad de identidades políticas, que son características de las sociedades complejas. Ocurre con frecuencia que los ciudadanos no comparten una misma identidad, sino que existe una pluralidad de identidades. La concepción clásica de ciudadanía no refleja la composición heterogénea de las diferentes comunidades de nuestros días. Por citar sólo un ejemplo, diremos que en México constatamos la existencia de una sociedad multicultural en donde conviven 56 grupos étnicos, además de una población esencialmente mestiza, producto histórico de la mezcla entre diferentes culturas. Nuestras diferencias étnicas son un hecho antiguo que ha sufrido una serie de transformaciones muy acentuadas, sobre todo durante los últimos años, a causa de la secularización, la urbanización y la politización de grupos socialmente relevantes. En este sentido, hoy se debería reconocer plenamente que las identidades étnicas han empezado a expresarse no sólo como identidades culturales, sino también como identidades de carácter político.

El proceso de secularización y desarrollo de una cultura de carácter laico se ha extendido a grandes grupos de la población. La nuestra es una cultura que está abandonando su carácter cerrado y provincial para abrirse a la pluralidad de manifestaciones que caracterizan a la democracia contemporánea. Esto no impide la existencia de conflictos entre las diversas identidades. La proclamación de una determinada identidad cultural "nacional" ha puesto en marcha toda una serie de modalidades para relacionarnos culturalmente.

Estas relaciones no siempre han sido equitativas, sino que vulneran las relaciones de paridad que deben existir en relación con otras identidades culturales. Nos referimos en particular a las diferentes minorías, como las mujeres, los homosexuales, los minusválidos o los indígenas. En efecto, existen diversas formas mediante las cuales las minorías se incorporan a las comunidades políticas, y son estas diferencias en la forma de incorporación las que determinan la naturaleza de los grupos minoritarios. En este contexto, la cuestión étnica resulta fundamental para analizar dichos problemas. Refiriéndose a las diferencias que inciden en el tipo de relaciones que los grupos minoritarios establecen con el resto de la sociedad de la cual forman parte, Will Kymlicka ha señalado que dentro del proceso histórico es posible identificar numerosas comunidades políticas organizadas con base en relaciones de tipo multiétnico. Estas diversas identidades deben encontrar mecanismos institucionales que les garanticen su "supervivencia" en la actual civilización multicultural, estableciendo los principios de su diferencia y su disposición a la coexistencia pacífica.

En estos momentos resulta oportuno cuestionar el viejo esquema de culturas subordinadas. La asimilación niega las diferencias entre identidades y esto ha dañado la imagen de una democracia pluralista orientada a conjugar el ejercicio efectivo de la ciudadanía con las diferentes identidades de las que son portadores los sujetos sociales. A este propósito debemos preguntarnos si nuestra cultura política es capaz de procesar las diferencias. Los conflictos entre identidades representan actualmente un problema que debemos afrontar no sólo para rescatar los posibles rasgos comunes, sino para "procesar el conflicto cultural" preservando los derechos y resaltando las particularidades de cada minoría. El desafío político más importante, en consecuencia, consiste en conjugar las diferencias regionales con los criterios generales de la ciudadanía o, dicho de otra forma, en combinar las identidades particulares con una identidad colectiva más general, y es aquí donde aparece la necesidad de una nueva concepción de la ciudadanía que incorpore las diferencias. Tal solución la brinda una concepción pluralista de la ciudadanía. Terminemos recordando las palabras de Charles Taylor, para quien la identidad humana se crea dialógicamente en respuesta a nuestras relaciones con los demás. En este sentido, una sociedad que reconozca la identidad individual será una sociedad deliberadora y democrática *porque la identidad individual se constituye por el diálogo colectivo*.

Repensar el concepto de multiculturalismo nos permite imaginar un nuevo enfoque para entender la pluralidad de manifestaciones que tiene la cultura y la política en nuestros días, y para proponer ya no una concepción clásica de ciudadanía sino otra de carácter multicultural.

BIBLIOGRAFÍA

Baca Olamendi, Laura (1996), "Cultura laica", *Estudios*, ITAM, núm. 45-46, verano-otoño, pp. 213-224.

Braud, Philippe (1991), *Le jardin des délices démocratiques*, Presses de la Fondation Nationale des Sciences Politiques, París.

Dahrendorf, Ralf (1995), *Quadrare il cerchio*, Laterza, Roma.

Delannoi, Gil, *et al.* (1993), *Teorías del nacionalismo*, Paidós, Barcelona.

Kymlicka, Will (1996), *Multicultural Citizenship. A Liberal Theory of Minority Rights*, Clarendon Press, Oxford.

Lind, Michael (1995), "Gli Stati Uniti sono ancora una nazione?", *Reset*, núm 23, diciembre, pp. 17-24.

Ortiz, Javier Ulises (1996), *Un debate para la filosofía política de fin de siglo*, Grupo Editor Latinoamericano, Buenos Aires.

Philips, Anne (1997), *Why Worry about Multiculturalism?*, *Dissent*, invierno.

Rusconi, Gian Enrico (s. f.), "Multiculturalismo e cittadinanza democratica", *Teoría Política*, núm. 3, pp. 17-22.

Schiffer, Daniel (1992), *Il discredito dell'intellettuale*, Milán.

Taylor, Charles (1992), *Multiculturalism and the Politics of Recognition*, Princeton University Press.

Todorov, Tzvetan (1993), "Viajeros e indígenas", *El hombre del Renacimiento*, Alianza, Madrid.

Wieviorka, Michel (1993), *Lo spazio del razzismo*, Il Saggiatore, Milán.

CLASES MEDIAS

Gabriel Careaga

Definición

La teoría de las clases sociales

Desde que Carlos Marx habló de la lucha y de los conflictos de clases, así como de su caracterización en dos grupos antagónicos: explotados y explotadores, los sociólogos han especulado mucho sobre las características de las clases sociales, sobre todo a partir del triunfo de la sociedad industrial y, quizá precisamente por esa especulación, hay confusión y contradicción sobre la teoría social de las clases sociales a pesar de ser un capítulo fundamental dentro del pensamiento sociológico. Este aspecto es tan importante que es ya un lugar común decir que, sin teoría sobre las clases sociales, no se puede hacer una explicación científica de la sociedad.

Historia, teoría y crítica

Los teóricos han discutido hasta el cansancio si las clases sociales se pueden explicar en términos objetivos, si son determinadas por las relaciones sociales de producción o por un hecho subjetivo, sobre todo las ideas que tiene el individuo de sí mismo. Esta última hipótesis es manejada por los sociólogos estadunidenses, quienes niegan la lucha de clases. Ellos prefieren subrayar la jerarquía de poder, de prestigio, de riqueza o de educación. Estos sociólogos tienden a explicar el cambio y la transformación histórica a través de la evolución y la innovación tecnológica; los hechos sociales les han dado la razón histórica porque el capitalismo no se derrumbó.

Uno de los sociólogos que más ha aportado a esta teoría de la estratificación social es Pitirin Sorokin, quien escribió hace ya algunos años:

> La estratificación social significa la diferenciación de una determinada población de clases jerárquicamente superpuestas. Se manifiesta a través de la existencia de capas sociales superiores o inferiores. La base de su existencia es una distribución desigual de los derechos y privilegios, los deberes y responsabilidades, los valores sociales, y las privaciones, el poder y la influencia, entre los miembros de una sociedad.

La teoría de la estratificación social se impone con el rechazo de la sociología marxista y el triunfo de la sociología empírica y cuantitativa. El resultado es una incapacidad para entender en términos biográficos e históricos las clases sociales. La sociología funcional implica la relevancia del dato cuantitativo, las variables en términos ahistóricos, la pretensión "científica", ya que aparentemente no se hacen juicios de valor. El resultado es que toda interpretación social se convierte en una simulación política para justificar la falta de compromiso moral e histórico. Nunca antes se había llegado a una ciencia social tan irrelevante y pedestre. Por supuesto, esta sociología acaba por no explicar nada.

En cambio, dentro de la sociología marxista las clases sociales son el resultado de las contradicciones y de las luchas políticas dentro del sistema social. Las clases sociales para Marx, por ejemplo, no solamente son una categoría científica sino, sobre todo, tienen una dimensión política; es decir, hay acciones sociales e históricas de un grupo sobre otro grupo, de unos hombres sobre otros hombres, de una clase sobre otra clase. Es un universo que se interrelaciona, se modifica, se transforma, y en donde nada permanece estático. Hay que recordar que Marx le daba una importancia fundamental a la dimensión histórica. Su sociología es la relación de hechos sociales con productos históricos reales. Así, aparecen las clases dentro de un proceso histórico; una clase tiene en sus manos los bienes de producción y la otra sólo su trabajo; en consecuencia, es explotada, engañada, perseguida y enajenada. Esta clase vive en una dimensión imposible. En estos términos, se lee en el Manifiesto Comunista:

> Toda la historia de la sociedad humana, hasta el día de hoy, es una historia de lucha de clases. Libres y esclavos, patricios y plebeyos, barones y siervos de la gleba, maestros y oficiales; en una palabra, opresores y oprimidos, frente a frente siempre, empeñados en una lucha ininterrumpida, velada unas veces, y otras franca y abierta; en una lucha que conduce en cada etapa a la transformación revolucionaria de todo el régimen social o al exterminio de ambas clases beligerantes.

Marx estableció y probó una continuada progresión de conflictos y violencia en la configuracion histórica de las clases, a lo cual llamó lucha de clases. Así, bajo el capitalismo se desarrollaron con mayor fuerza las tensiones y los conflictos de las clases sociales. Brevemente, hay que recordar que el sistema de producción es uno de los fundamentos teóricos de Marx, sobre el que se basan las relaciones históricas dentro de la estructura social. Los criterios para ordenar las clases en el sistema marxista son diferentes y múltiples, pero se van a subrayar sobre todo dos: el primero es la diferencia en cuanto a propiedad; el segundo habla de diferentes órdenes productivos.

Según los criterios anteriores, Marx reconocía básicamente dos clases en la sociedad. Pero dentro de esa dicotomía también reconocía que esos grupos antagónicos daban lugar a otras clases sociales. Por supuesto, Marx pensaba que, de todas las clases sociales, el proletariado es el elemento histórico de la próxima transformación social porque, al ser la clase más explotada, podría hablar en nombre de las demás. Por ello, es la clase verdaderamente revolucionaria:

> Las demás perecen y desaparecen con la gran industria; en cambio, es su producto genuino y peculiar. Los elementos de las clases medias, el pequeño industrial, el pequeño comerciante, el artesano, el labriego, todos luchan contra la burguesía para salvar de la ruina su existencia como clase; no son, pues, revolucionarios, sino conservadores. Más todavía, reaccionarios, pues pretenden volver atrás la rueda de la historia.

El surgimiento de la clase media

Dentro de todo este proceso, Marx reconoció la existencia de las clases medias: el pequeño industrial, el tendero, el artesano y el lumpenproletariado. A éste lo define como:

> esa masa que se está pudriendo pasivamente, arrojada por los estratos más bajos de la vieja sociedad, que puede, aquí y allá, ser arrastrada al movimiento por una revolución proletaria. Sus condiciones de vida, sin embargo, la preparan mucho para desempeñar el papel de instrumento subordinado de la intriga reaccionaria.

Se puede decir que Marx matizaba toda su concepción de clases sociales. Y también se puede resumir diciendo que la visión marxista de las clases tenía tres dimensiones interrelacionadas: la económica, la política y la social, pues, aunque Marx elaboró su teoría en función de una situación dicotómica (proletarios y burgueses), en sus análisis aparece la clase intermedia, que era definida como pequeña burguesía. Para Marx, la pequeña burguesía es la clase que dispone de modestos medios de producción y que en la lucha de clases se polariza y se convierte en proletariado o en burguesía. Ante estas afirmaciones, hay que recordar que Marx no terminó de elaborar su teoría de las clases sociales. Precisamente al finalizar el tercer tomo de *El capital*, se disponía a hablar de las clases y ahí se interrumpe el manuscrito.

Las tesis de Marx no se cumplieron. Sin embargo, es importante afirmar que las hipótesis de Marx sobre las clases sociales en la sociedad industrial no se cumplieron en su esquema fundamental. El proletariado no hizo la revolución ni desarrolló su conciencia de clase, sino que aparecieron nuevas formas de expresión del capitalismo dinámico. En el proletariado surgieron formas de pensamiento típicas del pequeño burgués, que en el mejor de los casos lucha por reivindicaciones económicas, pero no tiene intereses políticos. Se convirtió en un consumidor voraz. La pequeña burguesía no se radicalizó ni tendió a desaparecer. Por el contrario, a través de una hábil manipulación de la ideología, se mistificó más su pensamiento y se dio uno utópico y soñador, haciéndose creer que ella representaba a toda la sociedad, surgiendo así la sociedad unidimensional. La burguesía se transformó de grupo pluralista en corporaciones monopolistas internacionales y transnacionales, y apareció una sociedad de vendedores y consumidores, que Wright Mills denominó *sociedad de mercado constante*.

El gran escenario de vendedores. En el mundo del pequeño empresario, el vender era una actividad entre muchas, limitada en su alcance, en su técnica y en sus maneras. En la nueva sociedad, el vender es una actividad difundida, de alcance ilimitado y despiadada en su elección de la técnica y de las maneras.

El mundo del vendedor se ha convertido ahora en el mundo de todos y, en cierto sentido, todos se han hecho vendedores. El mercado amplio ha llegado a ser, al mismo tiempo, más impersonal y más íntimo. ¿Qué hay que no pase ahora por el mercado? ¿La ciencia y el amor, la virtud y la conciencia, la amabilidad, las especializaciones cuidadosamente maduradas y las animosidades? Estamos en una época de veleidad. El mercado alcanza ahora a todas las instituciones y a todas las relaciones. El estilo del regateo, el ánimo revendedor, la simpatía estereotipada, la valoración comercial de los caracteres personales, todo esto nos rodea. En público y en privado prevalece el sabor y el sentido de lo comercial.

El vendedor estadunidense ha atravesado por diversas fases principales, cada una de las cuales corresponde a una etapa en la organización del sistema de sus negocios. Este sistema comprende una vasta e intrincada red de instituciones, cada hilo de la cual es un vendedor de una u otra clase. Todo cambio del sistema y de sus relaciones con la sociedad en general se reflejará en el desarrollo de tipos de vendedores y en la clase de comercio que habrá de prevalecer.

Cuando la demanda era generalmente mayor que la producción, las ventas tenían lugar, en su mayoría, en un mercado de vendedores, y casi siempre era sencillo estar en cierto sitio a cierta hora para recibir los pedidos. Cuando las demandas se equilibraron con los suministros, el vendedor, como medio de distribución, no hacía más que proporcionar información. Pero cuando la presión del productor para vender se hizo mucho mayor que la capacidad del consumidor para comprar, el papel del vendedor se transformó en algo muy agitado. En el siglo XX, al acumularse los excedentes, ha surgido la necesidad de distribuir en mercados nacionales, y con la difusión de la publicidad nacional han hecho falta extensas organizaciones de ventas para sacar provecho de sus efectos.

Cuando las empresas de negocios eran capaces de aumentar su producción en un mercado expansivo, podían hacerse la competencia unas a otras, presentando cada vez mejores ofertas; pero en un mercado contraído o cerrado prefieren no competir en los precios. Puede que los precios más bajos, como sostienen muchos economistas, sean "más eficaces que los métodos de técnica comercial agresiva, que aumentan los costos"; pero, de esta forma, las ventas a gran presión son un sustitutivo del estimulante de la demanda, no por la rebaja de los precios, sino por la creación de nuevas necesidades y deseos más apremiantes. "Los negocios —escribió Veblen— se reducen a un tráfico de técnica comercial que funciona a base del mérito compartido de los vendedores rivales." La técnica de ventas en los Estados Unidos se ha convertido virtualmente en una fuerza autónoma, que sólo depende de la voluntad y que mantiene a la economía a gran presión.

Por supuesto, dentro de todo este proceso de transformación que descubrió el capitalismo se encuentra el desarrollo de la llamada clase media.

Pero ¿quiénes forman la clase media? ¿Qué es, en resumidas cuentas, la clase media? ¿Se puede hablar, en términos sociológicos, de clase media? Para algunos autores, Halbwachs por ejemplo, los artesanos y los pequeños comerciantes son clase media; es decir, son personas que trabajan solas o por su cuenta. Ellos organizan su producción económica y su forma de trabajo; entran directamente en relación con los clientes; no son propiamente grandes empresarios, sino pequeños empresarios. Al parecer son independientes; pero en la escuela de producción capitalista esta independencia es relativa, porque ellos están sometidos a las condiciones del mercado de trabajo, tanto como del mercado de los productos.

Una de las características psicosociales de estos pequeños comerciantes y artesanos es su individualismo recalcitrante. Éste podría ser uno de los elementos que configurarían las características de la clase media.

Otro grupo considerado dentro de la clase media son los burócratas, los empleados. Este conglomerado ha crecido sobre todo con el desarrollo de la sociedad industrial, debido a la necesidad creciente de utilizar a los que los sociólogos han llamado "trabajadores de cuello blanco". Los empleados trabajan en forma individual, no tienen una conciencia de su situación dentro de la estructura social. La característica de la clase media es su falta de intención crítica, su carencia de situación histórica, su desarraigo de la sociedad, su vida mecánica. Los sueldos de los empleados se fijan según las reglas generales de esa burocracia. Pero, en general, esos empleados van subiendo en escalafón, según la edad y el tiempo que tengan de trabajar en la burocracia. Los empleados a veces no se interesan en su trabajo, por lo cual resulta monótona y pesada su labor diaria en la administración. En las instituciones burocráticas modernas se exigen al empleado ciertos implementos técnicos que le permitan ascender dentro de la estructura. Frecuentemente, esos empleados no tienen incentivos para trabajar en términos de progreso individual o social. Sin embargo, existe otro tipo de empleados, con mayor estatus en la empresa y en la administración. Éstos son los ejecutivos, que pertenecen a una amplia gama de clase media con características de mayor movilidad, tienen una personalidad competitiva y están en contra del espíritu burocrático en el sentido de la pasividad rutinaria de los empleados comunes y corrientes. El ejecutivo es el hombre de la clase media con más posibilidades de movilidad social, con más perturbaciones psicosociales y con mayor sentimiento individualista dentro de la estructura social.

Para Halbwachs, la clase media son los pequeños comerciantes, los artesanos, los empleados, los ejecutivos. Esto es el resultado de la expansión de la sociedad industrial. En la medida en que se desarrollan más las sociedades contemporáneas, este grupo aparece mucho más heterogéneo, con más crisis y con menos posibilidad de ser homogeneizado a través de un solo elemento o de una sola explicación. La clase media no constituye un remanente, una clase unitaria con un horizonte social claro, sino que su lucha cotidiana, su afán de movilidad constante, su mezquindad y su egoísmo hacen que jamás tome conciencia plena de los motivos de su conducta, de su situación histórico-social o de sus contradicciones como clase heterogénea.

La frase de Tocqueville, a propósito del espíritu de la clase media, es muy significativa: "Espíritu que mezclado al espíritu del pueblo o la aristocracia de la burguesía puede hacer maravillas, pero que por sí solo no producirá nunca más que un gobierno sin virtud y sin grandeza".

Se puede concluir que la clase media, desde el punto de vista marxista de las clases sociales, no existe. No tiene ni proyectos históricos ni conciencia social de lo que es, ni una visión política revolucionaria del mundo. Se mueve dentro de las indeterminaciones de la vida social y racional del capitalismo. Pero esto no quiere decir que no exista como un hecho social, político y económico real. Marx nunca negó que existiera la clase media: "Lo que [Ricardo] olvida mencionar es el continuo incremento numérico de las clases medias [...] a mitad del camino entre los obreros, por un lado, y los capitalistas y los terratenientes, por otro. Estas clases medias se apoyan con todo su peso sobre la clase obrera y, al mismo tiempo, aumentan la seguridad y el poder de la clase dominante".

En síntesis, en la sociedad industrial desarrollada, la clase media ha crecido y esto ha hecho que la hipótesis de Marx sobre su posible radicalización no se haya cumplido; por el contrario, la clase media tiende a sobredeterminar a toda la sociedad con su estilo de vida, con sus formas de expresión culturales y políticas. Por otro lado, no hay que olvidar que de la clase media surgen los radicales, como los intelectuales marxistas, pero también los científicos y los ejecutivos que han modificado su propia clase al finalizar el siglo XX.

La clase media después del colapso socialista

En la sociedad posmoderna, la tecnología y las innovaciones científicas barrieron con todo lo que parecía sólido y eterno. El liberalismo y el marxismo se transformaron como ideologías políticas y el capitalismo se volvió más cambiante en términos económicos y sociales. La sociedad igualitaria del socialismo era una burocracia política con características totalitarias. A partir de los sesenta, la sociedad de masas del capitalismo y el socialismo parecía estar más cercana en cuanto a sus necesidades consumistas. La lucha de clases no desapareció, sino que se transformó en una competencia agresiva y sin cuartel por el estatus social. El Estado benefactor como motor de desarrollo tuvo que limitar sus inversiones para hacerlas más efectivas en cuanto a productividad, estimulando a los productores, obreros, campesinos, burócratas y clase media. Pero no por solidaridad social, sino fundamentalmente por interés económico. El fin del socialismo en 1989 mostró que no habían desaparecido las clases sociales, sino que existía una dictadura burocrática y familiar tanto en la Unión Soviética como en Hungría, Rumania y Alemania Oriental. El capitalismo se encuentra con un proletariado reformista que, más que revolucionario, pretende, y lo ha logrado en cierta medida, obtener tantos beneficios como la nueva clase media. Su ideología en todo caso es sindicalista y lucha por prestaciones económicas, seguridad social, mandar a sus hijos a la universidad, tener más bienes de consumo…

Por su lado, la sociedad campesina se transformó en urbana. Los dogmas del pasado con los que la agricultura alimentaba el campo fueron superados por las realidades históricas, como Janes Jacobs demuestra en *La economía de las ciudades*. Allí explica que la agricultura no sería ni siquiera posiblemente productiva si no incorporara muchos bienes y servicios producidos en las ciudades o trasplantados de ellas. Los países predominantemente rurales tienen la agricultura más improductiva. Por el contrario, los más organizados son precisamente los que producen mayor abundancia de alimentos. El campesino ha tecnificado su agricultura, tiene todas las comodidades del mundo moderno y, al igual que en las ciudades, ve cablevisión, películas en videocinta y sus técnicas de cultivo son altamente refinadas.

La clase media se expandió como resultado de la distribución del consumo y la riqueza. En la sociedad posindustrial, la clase media apareció como antes en una lucha constante por conservar su estatus social individualista, asociándose civilmente de manera ocasional para defender sus derechos y obtener más prestaciones o mayor seguridad social. El capitalismo tendió a homogeneizar a la sociedad, promoviéndose como un modelo más igualitario y democrático, y también más cercano a los valores sociales y políticos de la clase media. Es decir, las clases medias tienden a ser reformistas, y tratan de tener mayor movilidad social a través de la educación, de una mayor profesionalización en sus oficios y de su capacidad de ahorro, sobre todo en sociedades como la estadunidense, la inglesa, la francesa, la alemana y la japonesa.

La cultura de la imagen tendió a homogeneizar a las clases sociales. La televisión propone formas de comportamiento y de consumo para todos los grupos; no obstante, el proletariado sigue pensando que las actividades de la clase media (burócratas, profesionistas, inversionistas, corredores de bolsa) son parasitarias e improductivas. El proletariado sigue creyendo que el único trabajo válido es el físico, que redime y legitima una acción social. El mundo burgués se ha vuelto más complejo, y los grandes capitalistas existen a veces como prestanombres o como grupos de consorcios que en realidad se reparten la riqueza de sus países a través de las empresas transnacionales; la sociedad industrial sigue siendo desigual e inequitativa; la distribución de la riqueza sigue concentrándose en un 20% de la población; la categoría de la élite en el poder que manejó Mills sigue siendo válida, ya que explica que los militares, la burocracia política y los millonarios son los principales pilares del poder. Pero la clase media lucha por que los beneficios de la educación, la salud, el consumo, el poder sean cada vez mayores para este estrato. La radicalización de la case media en términos marxistas no se dio. Y la idea de que la sociedad industrial iba a tener un movimiento proletario socialista apoyado por la clase media fue una fantasía que más bien ha justificado regímenes autoritarios, políticas conservadoras y exaltaciones nacionalistas, como ha sucedido en los últimos años en los Estados Unidos, Francia, Inglaterra, Italia y Alemania, en donde han aparecido el fascismo y el neonazismo, y también movimientos fundamentalistas de tipo religioso.

Al final del siglo XX, los valores tradicionales de la clase media, cuya bancarrota se inició desde los años sesenta con la rebelión juvenil, los movimientos estudiantiles, los feministas y los homosexuales, parecen quedar atrás. La aparición de enfermedades tan temibles como el sida ha hecho que se regrese a la monogamia. Los conservadores de la clase media explican el sida como resultado de la promiscuidad y la corrupción moral, y claman por el regreso a los valores morales, la tradición familiar, la monogamia, etc. Pese a todo, en la práctica la clase media sigue viviendo un proceso de desintegración moral por el alto consumo de drogas y alcohol, y familias que viven juntas, en medio de la agresión y la violencia. Más que los valores morales, la competencia y el consumo en aras de una mayor movilidad social es lo que caracteriza a la clase media de la sociedad posindustrial. La cultura de la imagen y el consumo ha triunfado.

La sociedad consumista de clase media

Las sociedades contemporáneas se han vuelto consumistas, más en los países ricos, pero también en los países en vías de desarrollo. En unas y en otras, por medio del efecto demostración y mediante la televisión, los anuncios hacen creer al público que todo el mundo vive en un consumo ostentoso, en medio de fiestas y alegría, fantasías y caprichos, y deseos que parecen reales. La moda y la sociedad consumista, a pesar de sus excesos, hacen que haya una liberación individual y colectiva en el comportamiento cotidiano. Desde el Renacimiento hasta mediados de los sesenta, los seres humanos han tenido la obsesión de fundar una moral independiente de los dogmas religiosos, perdiendo los temores del más allá y estimulando los deseos inmediatos. La pasión del ego, el individualismo, la liberación sexual, aun con el sida, han creado un comportamiento basado en el pragmatismo materialista. Gilles Lipovetsky, en su ensayo *El crepúsculo del deber*, explica que los avances tecnológicos y el ocio hacen que se olvide la retórica del deber austero para concentrarse en la satisfacción inmediata; los hombres modernos rechazan la sujeción a la moral religiosa y establecen una moral laica, apoyada en una ética racionalista basada en el trabajo y la responsabilidad de la persona. La moral puritana, que ocultaba represiones morales y sociales, se ha roto con la cultura de la imagen; los medios de comunicación, fundamentalmente la televisión, han impuesto a escala mundial comportamientos existenciales que evocan el deber frente a uno mismo más que hacia los demás. La gente, sin haber leído a los existencialistas, quiere vivir aquí y ahora hasta lo máximo. El capitalismo de las necesidades ha renunciado a la santificación de los ideales en beneficio de los placeres y los sueños de la felicidad privada. Ahora se vive en el estruendo y la violencia del *videoclip*. Se vive permanentemente la invitación al *confort* y los requerimientos materiales para ser eternamente joven y eficaz. La cultura hedonista ha emancipado a Eros de la idea de pecado; ha legitimado la exaltación de las masas, principalmente juveniles, a partir de los espectáculos de *rock*, futbol y box.

También ha aparecido en forma creciente la cultura de los ejecutivos para luchar contra la vejez; hombres y mujeres viven en una obsesión por no tener arrugas, velar por una alimentación sana, broncearse, mantenerse delgado, relajarse, conservar el equilibrio, sobre todo en momentos de pánico, como los que se viven hoy. Sólo los más fuertes y los más jóvenes pueden tolerar las tensiones del posible desempleo, de la presión por el estatus, la frustración por no poder cambiar de auto, por no poder viajar. Esto ha traído como consecuencia una contradicción permanente entre morales de apertura y sociedades que están invitando a regresar al orden y a la estabilidad familiar.

Y en los últimos años se ha visto que la ética invade a los medios de comunicación, alimenta la educación filosófica, surgen corrientes espiritualistas y, sobre todo, en la televisión se debate sobre el aborto, el acoso sexual, la corrupción de la política, y se hacen cruzadas contra la droga y el relajamiento erótico de los ya lejanos sesenta. Al mismo tiempo se está viviendo la conciencia de la destrucción ecológica en todo el planeta, y de millones de espectadores que viven con ropas baratas, con facturas acumuladas, angustiados porque, quiérase o no, la cultura consumista es no una moda, sino un estilo de vida del ya agónico siglo XX, fundamentalmente dentro de la clase media.

Biografía histórica de la clase media en México

El desarrollo anárquico y desequilibrado de la sociedad mexicana, a partir de sus inicios como nación independiente en 1810, hizo casi imposible el surgimiento de la clase media. Era una pequeña capa delgada, compuesta por burócratas, clérigos, militares, criollos y mestizos que desde el principio de la organización social mexicana lucharon por tener una identidad. Esto hace que en la revolución de 1810 los criollos y los mestizos participen en la transformación social del país. Pero desde ese momento oscilarán entre el miedo y el oportunismo social; se aprovecharán de sus conocimientos y de su educación para manipular los movimientos políticos a su favor. La clase media del siglo XIX empezará a revelarse como un grupo social que se encuentra profundamente colonizado. Se importan modelos de comportamiento social y moral de España que les da toda la tradición y toda la atmósfera de "buenas costumbres", y que la va a configurar como un grupo que maneja el honor y la moral como parte de su visión del mundo. Pero es una clase media que está colonizada y que no encuentra sus raíces ni su razón de ser, puesto que quiere imitar formas de comportamiento que corresponden a la metrópoli. De ahí que resulte grotesca la coronación de Agustín de Iturbide, que no fue más que una imitación extralógica, caricaturesca, de la pompa y la fastuosidad de los comportamientos y las costumbres de los reinados europeos.

Los conservadores triunfan, y empieza a surgir otra mentalidad de clase media, influida ahora por los ingleses y los franceses. Otra vez aparece un falso proyecto de sociedad nacional que encubre intereses personales bastardos. Se plantea la necesidad de industrializar el país, de tener pautas y normas sociales que acaben con el desorden y el caos generalizado. Entonces, piensan que es mejor tener como modelo a la sociedad inglesa o a la francesa. La clase media tiene que optar por importar, apoyada por los grupos de ricos conservadores, a un emperador. Adoptan normas y comportamientos que vuelven a ser extralógicos y que demuestran una característica de la clase media: su facilidad para ser manipulada a través de una constante penetración colonialista.

Pero también hay que decir que junto a esta clase media, obsesionada por una autoridad que venga del exterior, se encuentra la clase media que busca en las raíces de la cultura nacional una identidad y un proyecto social y nacional, como es el caso de los liberales que lucharon durante todo este periodo por encontrar el rostro que permitiera la creación de un Estado nacional. La clase media se configura, entonces, siempre como un grupo contradictorio y oscilante entre el oportunismo y el patriotismo, entre la corrupción y la honestidad, el salvajismo y la educación. Pero el país necesitaba de cierta estabilidad para crear acumulación de riqueza, para instaurar un orden social que permitiera la organización de una sociedad heterogénea y caótica; se necesitaba una filosofía que encarnara las ideas de la ley y el orden, la libertad y las buenas costumbres; obviamente más buenas costumbres y orden que ley y libertad. Esta filosofía era el positivismo, el cual va a dar origen a un crecimiento de la clase que va a operar sobre los modelos de la tradición, las buenas costumbres, el orden, el honor. Otra vez la colonización, ahora a través de una sociedad relativamente urbana y educada bajo los férreos principios de que la sociedad no puede ser más que el resultado de un orden evolutivo que hay que conservar a como dé lugar, en contra del caos y el desorden encarnado en cualquier tipo de cambio social.

Para la clase media de la época de la dictadura porfirista opera el esquema; ella se siente estable y segura y ve que, en efecto, el orden trae bienestar y paz social, aunque éstos sólo sean para unos pocos. La violencia, la explotación y la miseria eran la realidad cotidiana de millones de mexicanos. Pero para la clase media la dictadura porfirista era la expresión más racional y legítima de un sistema social; puesto que ya se sentía beneficiada, no había razón para pensar que las otras clases sociales no vivieran bien, como resultado de una organización casi natural que ponía a cada quien en su lugar. Pero también en esos momentos hay otro grupo de clase media, como los liberales, profesionistas e intelectuales, que se da cuenta de que la miseria y la explotación no pueden continuar, y ponen las bases para la transformación de la sociedad mexicana que configurará el nuevo rostro de la clase media.

LÍNEAS DE INVESTIGACIÓN Y DEBATE CONTEMPORÁNEO

La Revolución mexicana, que fue un movimiento dinámico y modernizante, creó las bases de un nuevo tipo de desarrollo que podemos denominar, en términos generales, capitalismo industrial. La Revolución de 1910 provocó la expansión y la extensión de los beneficios económicos y políticos que, si en un principio fueron pensados para obreros y campesinos, a partir del presidente Ávila Camacho se distribuyeron fundamentalmente entre la nueva clase media y la burguesía. La necesidad que tenía el nuevo aparato político de técnicos, profesionales e intelectuales hizo posible el crecimiento de la burocracia y de un modelo de sociedad que beneficiaba, fundamentalmente, a esta nueva clase media.

Desde la época de Ávila Camacho se pensó en toda una política de infraestructura en las ciudades, que se expresaba en la educación, los empleos y la salubridad, lo cual permitió que la clase media creciera como en ninguna otra etapa del país. Pero si en un momento ese sector fue modernizante, a partir de 1950 se demostró que una de las típicas características de la clase media, en términos históricos, aparecía nuevamente en la estructura social: su tendencia a convertirse en conservadora y su miedo ante los cambios sociales que la pudieran afectar. Una vez más se empezó a colonizar a la clase media, pero ahora el modelo de comportamiento, tanto social y político como económico, era el capitalismo estadunidense. Otra vez aparece la característica de la vocación voraz e individualista de esta clase que lucha denodadamente, a través de modelos exteriores, por tener más ingresos, más prestigio y más estatus.

Ahora, la clase media, colonizada por los Estados Unidos, empezó a competir día y noche; las características psicosociales de neurosis y terrores personales se revelaron ante el enfrentamiento de la realidad de que sus sueños de movilidad y riqueza personal no se cumplían. Aparecieron formas de desesperación social que se reflejaron en melodramas personales; un aspecto de este melodrama personal se proyectó en los mitos y prejuicios frente a la sociedad y el universo político. Estos mitos y prejuicios reflejaban, a su vez, falta de información y la mala educación que habían recibido, puesto que sólo se les enseñaba un modelo competitivo de lucro personal y los títulos universitarios eran patentes de cursos que les permitían medrar para su provecho personal. Nunca desarrollaron una conciencia nacional en términos históricos.

La tendencia del capitalismo contemporáneo es permitir que la clase media crezca, pero que no suba dentro de la pirámide social. Es difícil que los arribistas de clase media de esta época, esos que quieren llegar a ser burgueses, puedan triunfar. No es lo mismo que en el siglo XIX, cuando Julian Sorel —el joven preceptor de *Rojo y negro* de Stendhal— gracias a sus conocimientos podía acercarse y codearse con la burguesía. A pesar de ello, Sorel debió pagar con su vida —es la condena del arribista por su acercamiento con las clases más altas—. Es difícil que los arribistas lleguen a integrarse si no tienen una fortuna, y aun así les cuesta trabajo. Ahí tenemos el caso, en pleno siglo XX, del arribista estadunidense Gatsby, quien logra crear un imperio para que Daisy se case con él, mas debe pagar con la vida sus intentos. A un arribista mexicano el sistema lo engaña; piensa que se casará un día con una mujer rica y será dueño de fábricas y de bienes de consumo, o que llegará a las filas de la burguesía burocrática; en el mejor de los casos llega a ser un servidor, nunca dueño de ese poder económico o político. Los arribistas mexicanos son más políticos que otros, porque son caricaturas de la caricatura del arribista de la metrópoli. Las crisis del sistema económico y político, la masificación de las universidades y los tecnológicos, la falta de perspectiva y de movilidad social a partir de las profesiones liberales han hecho que se expresen una vez más las contradicciones y las limitaciones de este grupo social; sin embargo, cada día tiene más importancia porque es el que, en resumidas cuentas y a pesar de todo, maneja más información, tiene más educación y acceso a empleo y seguridad social, y pide y quiere cada día más, a veces pidiendo a nombre de los obreros y campesinos, y algunas otras porque son talentosos y educados.

Es un hecho que el malestar, la confusión ideológica y psicológica, la depauperación de la clase media no sólo son resultado de la crisis de un proyecto económico que era una ficción, puesto que el país nunca ha sido rico, sólo lo ha sido en megalomanía y en despilfarro. Sin embargo, esta crisis también es de crecimiento, puesto que ninguna sociedad puede permanecer inmutable, y esta clase media tan descontenta y tan confusa es el resultado de ese sistema que le dio demasiadas ilusiones y demasiadas esperanzas y que hoy, en definitiva, no puede cumplir.

Se está viviendo como en la gran novela de Honorato de Balzac *Las ilusiones perdidas*. Pero de esto puede surgir una nueva clase media más consciente de sus limitaciones y posibilidades, en una sociedad donde los procesos de democratización y crítica política a veces son desordenados. Sin embargo, éstas son expresiones de diferentes comportamientos de una nueva sociedad de clase media. Hoy los confusos y estériles debates sobre la óptica de Marx o la estratificación de la clase media están superados. La clase media existe como categoría social, económica y política, como resultado de la sociedad laica y urbana, en cambio permanente dentro de la sociedad democrática e industrial.

BIBLIOGRAFÍA

Birbaum, N., Fotia *et al.* (1971), *Las clases sociales en la sociedad capitalista avanzada*, Ediciones Península, Barcelona.

Campo, Salustiano del (1989), *La sociedad de clases medias*, Austral, s. l.

Careaga, Gabriel (1997), *Mitos y fantasías de la clase media en México*, Cal y Arena, México.

Delhumeau, Antonio (1973), *Los mexicanos frente al poder*, Instituto Mexicano de Estudios Políticos, México.

Giddens, Anthony (1980), *La estructura de clases en las sociedades avanzadas*, Alianza Editorial, Madrid.

Gurvitch, Georges (1960), *El concepto de clases sociales, de Marx a nuestros días*, Ediciones Galatea, Buenos Aires.

Iturriaga, José (1994), *La estructura social y cultural de México*, FCE, México.

Labini, Sylos (1981), *Ensayo sobre las clases sociales*, Ediciones Península, Barcelona.

Lipovetsky, Gilles (1990), *El imperio de lo efímero*, Anagrama, México.

López Cámara, Francisco (1988), *La clase media en la era del populismo*, Miguel Ángel Porrúa, México.

Mills, Wright C. (1961), *Las clases medias en Norteamérica*, Aguilar, Madrid.

Marx, Carlos (1969), *Sociología y filosofía social*, Ediciones Península, Barcelona.

Ossowski, Stanislaw (1969), *Estructura de clases y conciencia social*, Ediciones Península, Barcelona.

COLECTIVO

Fernando Díaz Montiel

Definición

En el análisis social, el concepto opuesto al individualismo se denomina colectividad porque el término colectivismo está reservado para la apropiación y manejo de los medios de producción en una sociedad comunista, de acuerdo con el esquema soviético y de la República Popular China, por mencionar dos de los ejemplos más conspicuos.

Al ser la colectividad un concepto contrario, y complementario a la vez, del individualismo, con frecuencia intelectuales de la talla de Michel Crozier, F. A. Hayek y Raymond Aron se han referido a él como un concepto residual, en el que cabe todo aquello que no está reservado expresamente para el individuo, según la fórmula del principio de subsidiariedad, en el cual la colectividad resuelve tareas y asume compromisos que por su magnitud no pueden emprender los individuos, como la vigilancia policiaca, la defensa nacional y eventualmente, las *externalidades* del mercado, como son imponer restricciones al deterioro del medio ambiente, las negociaciones interestatales en el contexto de la globalización económica y la integración en bloques supranacionales.

Corresponde a Norberto Bobbio hacer la distinción de la colectividad como un *organicismo*, denominación con que también se refirió Aristóteles al "todo que es anterior a las partes" y al *interés colectivo*, que es el que se discute, formula y se asume como compromiso en el ágora de la *polis*. Para Norberto Bobbio, el *organicismo* no es un concepto residual sino *holista*, es decir, totalizador. Siguiendo a Benjamin Constant, establece que el *organicismo* es antiguo (vinculado a la democracia), mientras que el individualismo es moderno (vinculado al liberalismo). Mientras el *organicismo* considera al Estado como un cuerpo grande compuesto por partes que concurren cada una de acuerdo con su sentido y en relación con la interdependencia con todas las demás para la vida del todo, y por tanto no concede ninguna autonomía a los individuos, el individualismo considera al Estado como un conjunto de individuos, como resultado de su actividad y de las relaciones que se establecen entre ellos.

Una de las concepciones más coherentes de la supremacía del *organicismo* (colectividad) es la que considera al Estado como totalidad anterior y superior a sus partes, que no puede permitir algún espacio de independencia absoluta a la acción individual, ni tampoco aceptar que la satisfacción del interés individual subordine o dañe el interés colectivo. A este respecto conviene precisar que:

1. Aquí no se supondrá, como lo hacen imperceptiblemente un número considerable de politólogos, que el *organicismo* es sinónimo del Estado nacional o, lo que es lo mismo, que el interés colectivo se confunde con el interés del Estado y mucho menos con la razón de Estado.
2. Por no evitar esa confusión conceptual se incurre en la funesta consecuencia de fortalecer la oposición entre individuo y Estado, cuando en realidad se trata de una oposición (o coincidencia, en su caso) entre interés individual e interés colectivo.
3. Como distingue Alain Touraine en sus últimas investigaciones sobre la democracia, las partes protagónicas de la acción histórica son no sólo el individuo y el Estado, sino ante todo la sociedad política, esfera en la que se negocia, disputa, equilibra y se llega a un vasto acuerdo sobre el interés colectivo, que se establece como equidistante tanto del interés individual como de la razón de Estado.
4. Justamente, la objeción de Alain Touraine apunta a subsanar el error que depositaba el interés colectivo en el gobierno o Estado en detrimento de la política como el espacio por antonomasia de la pluralidad de representación de intereses, que son siempre sectoriales o individuales.
5. El gobierno o Estado es el depositario de la *summa potestas*, la soberanía definida por Jean Bodin, y es el garante de la cohesión de los individuos y del fortalecimiento de las instituciones; pero no puede suplantar al arte de la política en tanto que éste es el acuerdo de todos los intereses por oposición al interés de cada uno; es la existencia de intereses individuales lo que dota de sentido al interés colectivo y a la racionalidad estatal. Se establece así una tríada política cuya interrelación determina los acuerdos asumidos, ya sea por la coerción o por el consenso.
6. Los términos interés público e interés colectivo son sinónimos, en el entendido de que la aporía entre vida privada-vida pública es otra vía de acceso a la temática del individualismo y la colectividad. Pero el interés público o colectivo no puede ser sinónimo del interés nacional, pues éste involucra aspectos vinculados con la doctrina de seguridad nacional, el nacionalismo o la geopolítica.
7. Por supuesto, la colectividad es sinónima y necesariamente está contenida en el interés colectivo; por tanto, se preferirá hablar de interés colectivo en lugar de colectividad, en gran medida porque éste es el término de uso corriente en las investigaciones contemporáneas que tratan el tema.

Historia, teoría y crítica

El gran cuestionamiento de la actualidad es si la democracia como sistema procesal de determinación del equilibrio entre interés colectivo e intereses individuales ha dejado de ser el método político que define la participación. La agenda es explorar cuál es el alcance objetivo de la democracia y sobre todo determinar los puntos de equilibrio institucional entre el interés colectivo y los individuales, y sus efectos en la clase política.

El replanteamiento de la democracia debe distinguir entre el proceso clásico que le dio origen y el proceso real, actual, de su construcción y permanencia.

Las formas bajo las cuales se presenta la democracia están definidas por las modalidades de participación de los grupos sociales y su equilibrio. Se habla, entonces, de "grados de participación", diferenciándose entre grados óptimos y no óptimos. Al respecto, Jürgen Habermas se encuentra entre los autores que rechazan que la cualidad efectiva de la democracia sea la participación ciudadana, tampoco acepta que esa participación pueda ser fundamental para los vínculos políticos, porque en el marco de la participación la doble tipología de la democracia (óptima, no óptima) oculta la participación real de la sociedad. Habermas parte de una reflexión básica: la participación es sinónimo de autodeterminación. La decisión y la voluntad caracterizan a los hombres libres. Los recursos de la autodeterminación son la voluntad individual y la colectiva. En el contexto de la larga transición de los sistemas políticos, la autodeterminación plantea un dilema: elegir entre salidas democráticas o autoritarias, lo que supone decidir entre participación como producto o como resultado del equilibrio.

El Estado nacional establece y objetiva los límites de la participación consciente, que se expresa en una correlación de fuerzas en un marco determinado por "reglas del juego" que tiene como fin buscar equilibrios. En la forma clásica, la red del sistema democrático estaba asegurada por las formas jurídicas, por el imperio de la ley. El concurso del pueblo se había institucionalizado, lo que suponía que los intereses de la burguesía se habían "identificado" con los del pueblo, universalizando de esa manera sus intereses, difundiendo su hegemonía. Actualmente, en presencia de una modificación pragmática tanto del contenido como de la forma de la democracia, al grupo dominante le resulta más difícil continuar identificando su interés como el interés colectivo. En otras palabras, ésta es una etapa intermedia y transicional entre el Estado liberal y el Estado social (que ya no es el viejo *welfare state*), en la que la disputa en torno al interés colectivo determina el tono de la agenda de discusión pública.

El interés colectivo en el marco del *welfare state* suponía el equilibrio entre la participación, la distribución y la producción, de tal manera que se amortiguara la desigualdad creciente a través de intentos redistributivos. Esta intervención funcional implicaba prácticas de planeación y disposición de los recursos. Pero generó su propia contradicción al politizar a la sociedad civil y su marco jurídico, dándose una conversión del derecho privado en favor del derecho público, y la autonomía privada se desplazó al dominio público, trastocando el orden en la esfera particular. Por tanto, se confundió la zona privada con la zona pública, modificando las garantías privadas en garantías sociales. Esta modificación se dio en un marco capitalista y se expresó en su sistema jurídico que contribuyó a disolver la legalidad del Estado liberal tradicional.

Al acentuarse la intervención liberal se consolidó la presencia del gobierno, específicamente del Poder Ejecutivo. Éste tendió a desplazar tanto al Poder Legislativo como al Judicial, al tiempo que reflejó la integración del individuo en los grupos de presión o de interés. Ésta fue una integración similar a la de la sociedad por el Estado. En esta vorágine aparecen nuevas formas de participación política, y los partidos se ven rebasados por la actividad de los grupos de presión que, aun cuando representan intereses sectoriales, con frecuencia llegan a apoderarse de la definición del interés colectivo. Al mismo tiempo, al ser absorbido por el Poder Ejecutivo, el Poder Legislativo se apolitiza, se *esteriliza* su capacidad mediadora y deja de ser el espacio por excelencia en el que se forjaba el interés colectivo. De acuerdo con Habermas, esto fue posible porque la norma jurídica que garantizaba el individualismo y el Estado liberal se constituyó en garante de la forma de participación de los grupos de presión.

Todo este proceso de redefinición neutraliza políticamente al individuo y a la sociedad civil, en tanto que en la etapa de transición quedan a merced de los grupos de presión. En este ínterin los individuos refuerzan su tendencia al apoliticismo, y la sociedad civil es desarmada de su carga valorativa y de los proyectos de modificación del proyecto histórico y del interés colectivo. Más aún, en esta etapa de transición, el Estado ya no garantiza ni sirve a los efectos libertarios porque los centros de poder y de mediación, los "nuevos legisladores", son los grupos de presión apoyados en el aparato tecnocrático, cuya racionalidad instrumental les permite un predominio en la orientación, sentido y alcance de la transición.

También se ha modificado el carácter de clase de los partidos políticos para convertirse en órganos estatales que deben cumplir con ciertos requisitos y funciones del Estado. Así, los partidos ya no son de masas, sino instrumentos que justifican las decisiones. Antes, los partidos encuadraban a militantes y representaban sus intereses de clase; ahora integran internamente a grupos de presión o interés. Frente a los partidos políticos de individuos o de clase están ahora los "partidos integrativos".

Entre los peligros y las alternativas que el proceso de transición determina destacan:
1. Al modificarse las formas de participación, el viejo principio de que el Estado representa al pueblo, es decir, al interés colectivo, pasa a ser una utopía (los críticos más acerbos afirman que es "una mentira piadosa").
2. Se asiste a un "desarme moral" de los individuos y grupos sociales, que se ven obligados a buscar mecanismos sociales escapistas que reflejan el desencanto, al pulverizarse los premios y las recompensas consagrados, y al no renovarse las expectativas.
3. Se acrecienta la tendencia autoritaria que favorece la despolitización y la neutralización.
4. El Estado ha tenido éxito en desmovilizar a las masas, convirtiéndolas en "mayorías silenciosas", impotentes para incidir en el curso y la orientación del interés colectivo.

LÍNEAS DE INVESTIGACIÓN Y DEBATE CONTEMPORÁNEO

El gran sueño de la mentalidad iluminista fue arribar a un orden social racional, libre, igualitario y, por encima de todas las cosas, sin conflicto: la superación y la resolución de todas las contradicciones según el epítome hegeliano. En efecto, la superación de las contradicciones sólo era posible a través de la articulación de una voluntad general que unificara los diversos intereses individuales, los cuales terminarían por subsumirse en la dialéctica de la totalidad.

Si el conflicto cesa, desaparece no sólo la justificación del Estado, sino también el concepto de lo político en tanto expresión consciente de una situación asimétrica. Si no hay voluntades contrapuestas, las instituciones políticas dejan de tener sustancia. Ya no son las instancias de mediación o de ejercicio de lo que Max Weber denominó el monopolio de la violencia legal. La sociedad que supera el conflicto es aprehendida inmediatamente porque se eliminan las opacidades que mediaban la aprehensión de las relaciones vitales. Se difumina así la ideología como deformación del conocimiento; es decir, como la protección del interés particular frente a los intereses generales. La sociedad donde no existe conflicto, según la escatología hegeliano-marxista, sería una sociedad sin intereses particulares, sin ideología, autognoscible, racional y solidaria hasta el absoluto.

Como utopía, la sociedad posconflicto sigue teniendo un encanto irresistible. Aún no hay otra u otras utopías que superen su prestigio. Pero lo que se derrumbó estrepitosamente fueron los medios "revolucionarios" (en el sentido de transformaciones súbitas, radicales, totales), así como el sujeto histórico (portador del interés colectivo) privilegiado para llevarlo a cabo. En el caso del paradigma marxista, ese sujeto fue la clase obrera. Este sujeto histórico se abocó a la lucha de clases tanto por la vía de la superación del conflicto en la producción (plusvalía–explotación) entre obreros y empresarios como en la escena política a través del conflicto entre partidos políticos burgueses *versus* partidos políticos proletarios.

La lucha entre capitalismo y socialismo emergió del conflicto central del siglo XIX como corolario de las revoluciones industrial, liberal y republicana (francesa) y del nexo iluminista entre la filosofía idealista y las nacientes ciencias sociales. El conflicto por definir el interés colectivo se nutrió de la explosión contradictoria de privilegios aristocráticos, prejuicios raciales, negativa de prestaciones laborales, concentración de la riqueza, colonialismo y corporativismo de los derechos público y privado. Los hombres del siglo XIX tenían ante sí, ni duda cabe, una realidad de injusticias visibles y concretas. La distancia que media desde aquellos días hasta el momento actual revela la superación de muchas de aquellas contradicciones, pero también muestra la sublimación de las relaciones asimétricas, el descubrimiento de su complejidad ontológica y de su praxis y, por extensión, la dificultad para identificar el interés colectivo.

La elaboración científica de la hipótesis entre el Estado y lo político, determinante para imponer el interés colectivo, y su efecto en otras relaciones pasa por la intencionalidad alternativa que permita superar la aporía irresistible de la relación asimétrica, con su corolario de opresión y sujeción de un actor sobre otro. Hasta ahora esta aporía se ha intentado resolver por conducto de:

1. La crítica de la política como opresión estatista (versión antiestatista del viejo marxismo).
2. La primacía de la política y su autonomía relativa, que desemboca con frecuencia en autonomía absoluta (versión estatista del viejo marxismo).
3. La ilusión neoliberal del decaimiento último del Estado y la política.
4. El realismo de la ingobernabilidad.

Para destrabar la solución de la aporía del interés colectivo se debe plantear la "deslocalización exclusiva" del Estado, en el entendido de que desde que hay relación entre gobernantes y gobernados, o entre clases sociales, sexos, mayorías y minorías, razas, etc., hay política por la relación asimétrica.

De la misma manera, se debe "desformalizar implícitamente" lo que equivale a evitar la simplicidad de la racionalidad clásica del conflicto político para adscribirse a la inteligibilidad del desorden y por ende de la racionalidad compleja.

En este contexto, debe acotarse que el interés colectivo parece todavía dominado por los modelos de orden que se localizan en los diferentes acercamientos de la ideología-imposición y en el reduccionismo clasista de lo político, definidos precisamente por el modelo tradicional de las clases sociales. Sin embargo, la crisis en su máxima expresión de agotamiento (y, por ello mismo, de renovación) hace emerger modos complejos de formas políticas que no pueden abordarse desde las variadas perspectivas lineales del poder, tales como la despolitización, la atomización de la sociedad, el corporativismo auspiciado por el Estado, la destrucción-reconstrucción de la sociedad civil, la privatización de intereses, la parcelación de los estratos sociales, y un sinnúmero de nuevos puntos de conflicto y confrontación que han presionado por decisiones y análisis desde y hacia lo que Michel Foucault denominó la *microfísica del poder*.

Los puntos de confrontación han ido constituyendo revoluciones silenciosas o imperceptibles contextos de reconstrucción de la malla social del poder. La reconstrucción de la *microfísica del poder* impide asumir la crisis estatista de la política y de la definición del interés colectivo como simple crisis de gobernabilidad en el sentido de administrar el descontento clientelista.

Por otra parte, la crisis de finales de la década de los setenta en las sociedades posindustriales marcó el fin de una época histórica: el socialismo y su modelo de transformación apuntalado por la función histórica del proletariado (la contradicción principal se situaba en las relaciones de explotación económica) y en un modelo de "toma del poder" unificado como toma del poder del Estado.

Mientras que en el siglo XIX la polarización política aglutinó las contradicciones asimétricas en los bandos conservador-liberal, monárquico-republicano, fisiócrata-industrialista y liberal-conservadurismo *versus* social-comunismo, en la cual la disputa por la definición del interés colectivo fue asumida en términos "macro" y con sujetos protagónicos, en la actualidad también concurren a la definición del interés colectivo individualidades, movimientos sociales y organizaciones no gubernamentales, así como empresas multinacionales y los nuevos actores que protagonizan la mundialización o globalización económica.

Pero la política también es un horizonte de sucesos y prácticas reales, datados históricamente. De ahí el imán poderoso de los nuevos desafíos de liberación y disputa, que exigen el replanteamiento de las contradicciones binarias como lo subjetivo-objetivo, lo racional-irracional, lo público-privado, hombres-mujeres y la actividad-pasividad, esto último en términos de lo expresado por Viviane Forrestier en el sentido de que antes se explotaba al trabajador y ahora ni siquiera tiene acceso al trabajo.

Estas contradicciones binarias influyen en la determinación del interés colectivo, superando ampliamente los supuestos bajo los que se desarrollaba el conflicto entre burgueses y proletarios (socialismo real) o con su concertación *(Welfare State)*.

La reflexión sobre el nuevo horizonte político debe considerar que el movimiento obrero (conservando su papel primordial en la lucha por mejorar las condiciones de vida y de igualdad económica) ya no es el portador exclusivo del interés general en función de su lugar central en la lucha política. Los obreros son sólo uno entre los múltiples sujetos sociales.

Es evidente que la pérdida de centralidad del sujeto

revolucionario genera un problema concreto de pérdida de identidad y de símbolos políticos, que conduce a un desfasamiento entre partidos políticos con ofertas políticas atinentes a las contradicciones centrales del siglo XX (liberalismo, democracia-cristiana, socialismo, comunismo) y la composición social del electorado que ya no se identifica con esos referentes. La pérdida de las señas de identidad probablemente explique la volatilidad del voto de los trabajadores, quienes actuarían siguiendo su cálculo utilitarista, apoyando en forma errática a gobiernos conservadores o socialistas, o por el contrario, asumiendo actitudes de escepticismo y cinismo.

Por su parte, y en el mismo orden de ideas, la transformación del capitalismo no correlaciona, como se auguraba, la expansión de la producción con el fortalecimiento de la clase proletaria. En todo caso, las nuevas tecnologías han contribuido a la destrucción de la autonomía del movimiento proletario en la fábrica y, por extensión, han afectado su lugar protagónico como clase social. De ahí que el trabajo como valor y práctica no cimente ya la "conciencia de clase" ni la identidad obrera ni la clase proletaria misma ni sus fronteras (donde comienza y donde termina), así como tampoco sus opciones inmediatas y sus alternativas históricas. En consecuencia, el proletariado no puede ser más el centro, el sujeto histórico protagonista, el paradigma del interés colectivo.

Frente al desdibujamiento de ese paradigma, y desde la perspectiva de la *microfísica del poder* de Michel Foucault, las fábricas son administradas bajo esquemas multinacionales y comportan alienaciones de corte tecnocrático que condicionan la impenetrabilidad de las relaciones de poder y, por extensión, del interés colectivo. El poder político se queda sin sujeto visible, tiene una legitimidad esencialmente funcional, no pertenece a un sujeto personal sino a la función que el individuo desempeña en el organigrama de la empresa o en la institución del Estado. El poder impenetrable y anónimo no puede "tomarse" bajo los procedimientos decimonónicos. No es una variable independiente que pueda aislarse (en el antiguo lenguaje, los medios de producción o el Estado como instrumento) porque la asimetría es global, está en todo el sistema.

Esto obliga a replantear las estrategias de conquista y domesticación del poder político y, por ello mismo, de la disputa por influir hegemónicamente en la definición del interés colectivo. Cuando el poder político es impenetrable, es anónimo y es impenetrable su sujeto, es, por definición, poder político que no puede "tomarse". Al no existir identidad del oponente se pierde la capacidad de agregación y consistencia de la fuerza opositora. Se disuelve su capacidad de conducción, su perfil altamente racional y programático. Por esto es tan importante la reflexión sobre la ingobernabilidad no sólo en términos estatales sino también en los núcleos de poder que aspiran a la incidencia en las decisiones globales o particulares. La sociedad civil, entendida como dispersión de grupos y prácticas no homogéneas, adquiere toda su vigencia en este concepto.

No hay una causa o utopía que ligue horizontal y verticalmente la dispersión de los conflictos y de las dinámicas de los movimientos sociales. Las disputas sobre cuestiones urbanas, ecología, escrituración de tierras, seguridad pública, drogadicción, sida, comercio ambulante, no tienen columnas de vertebración por más que se les intente meter forzadamente en el viejo residuo de la lucha por la democracia o la justicia. Éstas pueden ser salidas en falso porque implican "todo y nada"; es decir, no tienen suficiente fuerza argumentativa ni enganche real entre los grupos sociales.

En síntesis, el lugar privilegiado del interés colectivo ha desbordado el "triángulo organizacional": Estado, partidos, sindicatos, para extenderse hacia otra zona más amplia que el Iluminismo había obnubilado. De ahí el imperativo de redefinir el interés colectivo en su alcance y límites.

BIBLIOGRAFÍA

Aron, Raymond (1966), *Ensayo sobre las libertades*, Alianza Editorial, Madrid.

Berlin, Isaiah (1969), *Four Essays on Liberty*, Oxford University Press, Londres.

Bobbio, Norberto (1989), *Liberalismo y democracia*, FCE, México.

——, y Nicola Mateucci (1981), *Diccionario de política*, 2 tt., Siglo XXI Editores, México.

Cerroni, Umberto (1967), *Introducción al pensamiento político*, Siglo XXI Editores, México.

Foucault, Michel (1985), *La microfísica del poder*, La Piqueta, Madrid.

Habermas, Jürgen (1987), *Teoría de la acción comunicativa*, Taurus, Madrid.

Giddens, Anthony, *et al.* (1990), *La teoría social, hoy*, Alianza Editorial, Madrid.

Touraine, Alain (1994), *Qu'est-ce que la démocratie*, Fayard, París.

—— (1997), *Tous egaux, tous différents*, Fayard, París.

COMPORTAMIENTO ELECTORAL

Jacqueline Peschard

Definición

Por comportamiento electoral entendemos una conducta que vincula a la población con el poder, es decir, a la sociedad con el Estado y que se manifiesta a través del voto. En cuanto esfera particular del comportamiento político, el comportamiento electoral se caracteriza por su naturaleza institucional y convencional, pues está definido en tiempo y lugar por una serie de reglas establecidas y estandarizadas. Los electores normalmente votamos en la circunscripción o distrito de nuestro domicilio y sólo lo hacemos cuando y con la periodicidad que marcan las leyes electorales.

El voto es el acto político más importante en las sociedades democráticas en las que la fuente última y fundamental del poder reside en la voluntad de los ciudadanos, que son los que determinan quiénes y con qué proyecto político acceden al poder y conforman la representación nacional. El voto tiene, entonces, la función de legitimar al gobierno, de darle una base de consenso, pero al mismo tiempo sirve para poner límites a los líderes políticos que deben someterse cada cierto tiempo al escrutinio de los ciudadanos para maximizar su posibilidad de ser reelectos. El sufragio cumple también una función de control político, en la medida en que ofrece canales institucionales para la manifestación de demandas, preferencias e incluso disensos y, desde luego, para el cambio pacífico de las élites gobernantes.

El voto es el derecho político más extendido y equitativamente repartido, pues todos los ciudadanos lo poseen y éste tiene siempre el mismo peso, independientemente de la posición social o económica del individuo que lo emita. De ahí que se reconozcan de manera generalizada tres principios básicos del sufragio: *1)* la universalidad del acceso, *2)* la equidad de la influencia, y *3)* el carácter privado de la emisión, los cuales pueden resumirse en el principio de "un hombre, un voto".

Historia, teoría y crítica

A partir de que en el curso del siglo XIX el sufragio dejó de ser censitario, es decir, de depender de la posesión de cierta riqueza o propiedad, para convertirse en universal y secreto, con el propósito de liberar al individuo de presiones de parte de las corporaciones o comunidades de pertenencia, surgió el interés por identificar los factores que determinan las inclinaciones o preferencias del votante anónimo. Conocer las razones por las cuales los ciudadanos participan o no en las contiendas electorales y por qué otorgan su voto a uno u otro candidato o partido político se convirtió en el tema central del análisis electoral no solamente para académicos e intelectuales, sino para los propios actores políticos.

El comportamiento electoral no es una conducta autónoma o aislada, sino que se explica como parte del sistema político en el que ocurre. Hay una diversidad de factores que inciden en el comportamiento electoral y que son de dos grandes categorías: *1)* los factores de tipo más estable o permanente que dan lugar a alineamientos partidarios más o menos durables, y *2)* los factores de tipo coyuntural o de corto plazo, que actúan en el momento de la elección junto con los factores de largo plazo y que tienden a modificar dichos alineamientos (Miller y Shanks, 1996).

Los factores que inciden en el largo plazo sobre el comportamiento electoral son de tipo jurídico, socioeconómico y demográfico, así como cultural. Las disposiciones que reglamentan el ejercicio del sufragio son cuestiones técnicas que acotan o perfilan la conducta del electorado, pues al definir desde el método para traducir los votos en escaños, los requisitos de elegibilidad o las fronteras de la demarcación electoral, agrupan de cierta manera a los contingentes de ciudadanos que los partidos se disputarán en la lid electoral. Estos elementos revelan concepciones que una sociedad tiene sobre el sufragio y el papel que éste desempeña. Así, un tablero electoral es diferente si tienen derecho a participar partidos políticos de cobertura nacional o sólo de alcance regional, si el voto es obligatorio o no, si hay facilidades para el empadronamiento o no, si se vota en lugares cercanos al domicilio del elector (voto domiciliario) o en centros de votación donde se concentra un cierto número de casillas con el propósito de facilitar la logística electoral.

Los factores socioeconómicos han estado tradicionalmente asociados a los mapas del comportamiento electoral en buena medida porque éstos estuvieron en la base de la constitución de los partidos políticos. La clase social, la región y la religión fueron las principales divisiones que dieron lugar a la formación de los grandes partidos políticos en Europa (Rokkan, 1970), y por tanto a los referentes fundamentales de las preferencias electorales. Hay variables demográficas (la edad y el sexo) y socioeconómicas (la educación, la ocupación, el ingreso) que han probado tener influencia sobre el voto de manera reiterada, lo cual resulta comprensible porque determinan la situación social, objetiva, del votante. De ahí que por regla general voten más los ciudadanos con ingresos y niveles de escolaridad altos, mientras que los jóvenes y las mujeres suelen hacerlo en menor proporción, en el primer caso porque las elecciones son procesos definidos formalmente y en el segundo porque las mujeres han estado marginadas de la vida política.

La cultura, que es el conjunto de símbolos, valores y creencias que dan identidad a una comunidad social, incide también en el comportamiento electoral en la medida que conforma visiones del mundo que se arraigan y transmiten de generación en generación y se vuelven duraderas dentro del imaginario colectivo. La cultura política dominante en una sociedad es un terreno fértil en el que florecen actitudes y conductas hacia las instituciones y los procesos políticos y que se expresan en cierto comportamiento electoral, de suerte que en sociedades con una fuerte tradición plural y competida los ciudadanos son proclives a sentirse políticamente activos, es decir, a buscar influir en la orientación de las políticas públicas a través del voto, mientras que ciudadanos en contextos autoritarios suelen concebirse como poco eficaces políticamente hablando.

Los factores de tipo político pueden ser estables o coyunturales. Cuando hablan de las formas y grados de implantación de los partidos en la sociedad (redes clientelares o corporativas, identificación ideológica o programática) rebasan la temporalidad de una elección, es decir, son elementos que conforman identidades partidarias asentadas y con cierta perdurabilidad.

Los factores políticos de tipo coyuntural que repercuten en el comportamiento electoral abarcan desde la oferta concreta de candidatos y sus partidos, las modalidades de la campaña electoral, los grados de competitividad a lo que está en juego en la elección (la transmisión del poder, la transformación de un régimen, la remoción de un gobernante), es decir, son elementos que caracterizan a cada contienda y que pueden afectar o alterar las inclinaciones electorales más recurrentes. De tal manera, una elección general alienta una mayor participación de los ciudadanos que una intermedia y lo mismo sucede cuando se trata de una lid particularmente competida. Cuando alguno de los partidos ha estado un largo rato en el poder, la aparición de una nueva fuerza opositora suele desdibujar el alineamiento o acomodo partidario tradicional, y algo semejante sucede cuando aparece un candidato con un arrastre notable en los medios de comunicación, aun cuando sólo tenga el respaldo de una incipiente organización partidaria.

El peso de los factores coyunturales sobre la conducta de los electores se incrementa en momentos de cambio en el régimen partidario, el sistema electoral o las coordenadas básicas de la vida política de un país. Actualmente, cuando el Estado ha cedido frente al mercado su papel de articulador de los intereses sociales, en que los partidos y los políticos profesionales se han desprestigiado de manera generalizada, perdiendo también en buena medida su identidad ideológica, y en que los medios de comunicación han penetrado en la vida cotidiana de los individuos, la oferta política de cada elección, es decir, los elementos coyunturales, desempeñan un papel cada vez más importante en la definición del comportamiento electoral.

El análisis del comportamiento electoral

Los distintos esfuerzos por explicar el comportamiento electoral han estado guiados por una aspiración común: identificar aquella variable o conjunto de variables determinante de la decisión del elector. De acuerdo con el tipo de variable que explica el voto (estructural, cultural, coyuntural) y el tipo de datos que se utilizan (agregados o individuales), hay tres grandes escuelas o modelos de análisis del comportamiento electoral que si bien tuvieron su origen y se desarrollaron uno tras otro, actualmente siguen aplicándose y hasta combinándose dentro de una misma investigación: *1)* el enfoque sociológico, el psicológico y el racional.

El enfoque sociológico

Este modelo de análisis concibe al voto en primer lugar como una conducta de grupo en la medida en que lo que lo define y explica son las características sociales, demográficas, regionales o económicas que comparten los individuos de cierta comunidad o grupo social.

El enfoque sociológico puede utilizar datos agregados o individuales, es decir, trabaja ya sea con los resultados de los distritos o circunscripciones electorales, relacionándolos con las características socioeconómicas y demográficas de las propias demarcaciones electorales, o bien con encuestas y sondeos de opinión que recogen las preferencias del votante, vinculándolas con sus características de sexo, edad, clase social, nivel de ingresos y de educación, religión, origen étnico, calidad migratoria. Cuando utiliza datos agregados, este enfoque recibe también el nombre de *análisis ecológico*, en la medida en que enlaza el comportamiento electoral con el entorno del elector y su marco de vida social.

La primera vertiente de este enfoque sociológico fue la geografía electoral que se desarrolló en Francia desde principios de siglo. En sus orígenes, la geografía electoral daba cuenta del reparto regional del voto y consecuentemente del apoyo que obtenían los partidos políticos en las regiones del país (Siegfried, 1930, 1949). La representación en mapas de los resultados electorales permitía asociarlos con las características sociales, estructurales, de las demarcaciones. La geografía electoral ha sostenido que el comportamiento de los votantes se funda en características sociales y económicas que poseen una fuerte inscripción espacial y que dicho comportamiento tiende a mantenerse estable por periodos largos, siempre y cuando haya una continuidad en el sistema de partidos. Así, delineaba patrones sistemáticos de conducta en los comicios.

La geografía electoral permitió ilustrar no sólo la distribución del voto en una elección dada, sino la evolución del mismo dentro de una óptica longitudinal, lo cual reclamaba, por supuesto, la existencia de series largas y completas de datos o estadísticas electorales.

El fundamento teórico de la geografía electoral se encuentra en la explicación del origen de los partidos políticos en las grandes divisiones de las sociedades europeas. Los partidos eran la manifestación política de la pugna entre el Estado y la Iglesia, entre terratenientes y burgueses y, más tarde, entre burgueses y proletarios.

La geografía electoral experimentó un repunte en los últimos 20 años, rebasando el plano fundamentalmente descriptivo para elaborar propuestas de explicación de la conducta electoral en unidades territoriales. Hoy, los geógrafos electorales plantean que el espacio en sí mismo tiene una dimensión social que hace que ejerza influencia sobre la conducta de aquellos que lo habitan (Taylor, 1989). La localidad de origen de un candidato hace que ahí obtenga más votos; el impacto de un lema de campaña en cierta área depende de lo representativo que éste sea de la problemática del lugar. Ahí donde los lazos de comunicación son estrechos, son los contactos interpersonales, más que los medios de comunicación, los que tienen influencia sobre el comportamiento en las urnas de dicha localidad. Desde esta perspectiva, la dimensión geográfica del voto puede explicar no sólo conductas electorales más o menos constantes, sino incluso cambios en las preferencias de los votantes.

Una de las escuelas que contribuyó a darle congruencia empírica al enfoque sociológico se formó en los Estados Unidos en la década de los años cuarenta en la Universidad de Columbia (Lazarsfeld, Berelson y Gaudet, 1944-1948), tuvo un segundo repunte 10 años después (Berelson, Lazarsfeld y McPhee, 1954) y se le ha identificado como la corriente del "determinismo social". Esta escuela parte de la idea de que los ciudadanos que viven en condiciones semejantes tienden a mostrar conductas electorales parecidas, es decir, defendía el principio de que "se actúa políticamente como se es socialmente". La pertenencia a cierto tipo de grupos resultaba determinante para la adopción de las decisiones electorales individuales.

Desde esta perspectiva, las variables que determinan las preferencias electorales son las socioeconómicas y demográficas. Por el carácter estructural de estos factores, se producen conductas electorales homogéneas, capaces de ser perdurables. Dentro de este esquema, el efecto de factores coyunturales tales como las campañas o la oferta política particular sólo sirven para reforzar las inclinaciones electorales previas en consonancia con el grupo social de pertenencia.

Este enfoque sociológico recibió la influencia de la teoría de la modernización que ha analizado los cambios sociales, económicos y políticos que experimentan las sociedades en el momento en que transitan de formas de vida tradicionales a las modernas. La modernización conlleva una serie de procesos interdependientes tales como la urbanización, la industrialización, la secularización, la exposición masiva a los medios de comunicación, etc., los cuales tienen repercusiones sobre las matrices valorativas de una sociedad y consecuentemente sobre la conducta política.

Los cambios sociales que origina el proceso de modernización provocan en la esfera política alteraciones tales como: *a)* la extensión de la población con derechos políticos (ampliación de la población con derecho al voto, por ejemplo, mujeres, jóvenes); *b)* un crecimiento de la participación política; *c)* una ampliación de la competencia entre partidos, así como de las condiciones de la competitividad, y *d)* un cambio en la cultura política en dirección de una cultura cívica, lo cual implica el abandono de concepciones y orientaciones con referente local y la apropiación de otras de referente nacional; el paso de actitudes políticas de tipo reactivo a unas de tipo propositivo. Es más, se habla de que hay una cadena causal entre urbanización, incremento de la población alfabetizada y del acceso a información y una mayor y más disputada participación política. En suma, para la teoría de la modernización, la población urbana tiende a ser políticamente más activa, en virtud de que está más expuesta a mayores y más diversos flujos de información.

Con la creación de métodos cuantitativos de análisis, el enfoque sociológico fue haciendo más elaborados sus análisis, pasando de establecer meras frecuencias o tablas cruzadas a buscar cuantificar las correlaciones entre variables socioeconómicas y el voto (análisis factorial, discriminante, de regresión, etc.). El gran problema del enfoque sociológico, cuando se basa en datos agregados, es que con frecuencia cae en la llamada "falacia ecológica": concluir a partir de resultados electorales en zonas o demarcaciones de conductas particulares, es decir, transferir correlaciones que se refieren a sujetos colectivos al sujeto individual.

El enfoque psicológico

La primera diferencia entre este enfoque y el sociológico está en la forma como se concibe el voto, pues el psicológico lo ubica como un acto eminentemente individual, motivado por percepciones y orientaciones personales y subjetivas. De ahí que el enfoque psicológico trabaje siempre con datos individuales y utilice como herramienta fundamental la encuesta o la entrevista. Este enfoque señala que el comportamiento electoral es resultado de la predisposición y las actitudes del elector, es decir, de sus rasgos personales, sistemas de valores y lazos afectivos. En buena medida, el enfoque psicológico surgió como reacción crítica a la escuela del "determinismo social" y quiso comprender la significación del voto más allá de la traducción del ser social.

Fue la escuela o paradigma de Michigan (Campbell, Gurin y Miller, 1954, y Campbell, Converse, Miller y Stokes, 1960) la que formuló esta perspectiva analítica. Los supuestos teóricos de esta escuela eran que los valores y las inclinaciones políticas que se aprendían a través de la socialización eran los que determinaban la conducta político-electoral adulta. Los estudios empíricos de la escuela de Michigan encontraron que una de las variables que mejor explicaba el comportamiento electoral era la "identificación partidaria o partidarismo", es decir, que la adhesión o lealtad del individuo hacia cierto partido político era lo que definía su preferencia electoral. La argumentación era la siguiente: si el comportamiento electoral es el resultado de una serie de factores psicológicos, hay que conocer la orientación y la intensidad de las actitudes de los electores en relación con los partidos políticos, sus candidatos y sus programas, que son los sujetos políticos centrales de una contienda electoral.

La liga o vínculo con un partido se establece generalmente a partir de las experiencias familiares, es decir, durante la socialización primaria, y se refuerza con el tiempo, de suerte que los individuos tienden a votar regularmente por el partido que eligieron la primera vez. La prueba fehaciente de que el anclaje psicológico de los votantes estaba en los partidos políticos fue el relativamente bajo nivel de cambio en las preferencias electorales de los votantes entre una elección y otra y la escasa aparición de electores independientes, es decir, votantes sin vínculo o lealtad partidaria.

El enfoque psicológico reconoce que la influencia del partidarismo sobre el voto actúa de dos maneras diferentes: *1)* como una lente que filtra la visión del mundo de los electores, y *2)* como un acto de fe, o referente indiscutible e incuestionable que lleva a actuar en consecuencia. Dicho de otra manera, puede ser que el vínculo no se deba a una apropiación consciente o inconsciente del simpatizante respecto de los principios doctrinarios del partido político.

Estudios de los años sesenta mostraron que aunque se mantenían lazos afectivos entre los electores y los partidos políticos, el vínculo no estaba formado por elementos ideológicos en la medida en que muy pocos votantes mostraban conocimientos precisos sobre la orientación de los partidos. Tenían, en cambio, impresiones más o menos vagas sobre éstos, pero aun así, era el partidarismo lo que daba sustento a sus opciones electorales.

En las décadas recientes se ha encontrado que la variable de la "identificación partidaria" correspondía con la existencia de un sistema de partidos estable y asentado, es decir, con un momento de "alineamiento" partidario consolidado, conformado por partidos políticos reconocidos y poco cambiantes. Por lo tanto, la disminución del "voto partidario" correría paralelo al llamado "desalineamiento" del sistema de partidos que se explica tanto por los relevos generacionales, cambios en la estructura social o cambios en los asuntos que se debaten en la arena electoral, como por la expansión de la influencia política de la televisión y, desde luego, por el desgaste de los partidos políticos tradicionales.

Dentro de esta misma perspectiva psicológica, ahí donde no había un sistema de partidos arraigado, la explicación del comportamiento electoral se dio a partir de la llamada cultura política de los ciudadanos. Las percepciones, creencias y valores que los individuos tenían de la política y la forma como se concebían a sí mismos dentro de los sistemas políticos condicionaban su comportamiento político-electoral. El trabajo empírico de Almond y Verba, *The Civic Culture*, de 1963, estableció los parámetros teóricos y metodológicos de una explicación no solamente de la conducta electoral, sino del propio funcionamiento de los sistemas políticos. El nivel de información política que tenían los electores, más los vínculos afectivos con su sistema político y la valoración o juicio que hacían del mismo eran los tres ejes o dimensiones a partir de los cuales se constituían las culturas políticas que se traducían en cierto comportamiento político.

Tanto el enfoque sociológico como el psicológico prefirieron distinguir tendencias de largo plazo, en la medida en que, en términos de constancia o permanencia, la identificación partidaria o la propia cultura política eran casi tan estables como las variables socioeconómicas y demográficas. Ambas escuelas fueron criticadas por concebir a los electores como sujetos pasivos que o bien reproducían sus condicionamientos socioeconómicos, o bien seguían sus creencias y referentes más arraigados.

En buena medida como reacción a estas críticas surgió un tercer enfoque: el de la decisión o elección racional, que plantea que el acto de votar está guiado por una consideración del elector que toma en cuenta los costos y beneficios que obtiene al ejercer el sufragio.

El enfoque racional

A diferencia de los dos enfoques anteriores, el de la elección racional parte de concebir el voto como un acto individual que responde a las situaciones particulares en las que se emite, es decir, que no se explica por variables estructurales o por rasgos constantes o permanentes del elector, sino por factores de corto plazo frente a los cuales el ciudadano actúa y reacciona de acuerdo con cierto resorte o activador. De hecho, esta perspectiva es una suerte de antítesis de los modelos sociológico y psicológico, puesto que el peso explicativo está colocado en lo cambiante y contingente, más que en lo regular o estable, y se aleja de cualquier pretensión determinista, que es lo que más rechaza tanto de la escuela de Columbia como de la de Michigan.

De acuerdo con la perspectiva racional, en cada elección el ciudadano decide su posición electoral conforme a un cálculo de la utilidad esperada, es decir, tomando en cuenta las ofertas que se le presentan en la coyuntura particular y evaluando los costos y los beneficios posibles de cada una.

Este enfoque tiene su inspiración en la economía, ya que entiende la decisión sobre el voto como un procedimiento semejante al que se hace en el mercado al momento de adquirir un producto, es decir, pone el énfasis en primer lugar en lo específico de cada elección —tal como sucede en el acto de comprar— y, en segundo, equipara a la contienda electoral con el mercado, de suerte que al votante se le ve como un consumidor político en el mercado electoral (Downs, 1957). Al igual que quien acude a adquirir satisfactores económicos, al ir a votar el elector racional busca aprovechar al máximo los medios con los que cuenta para alcanzar los objetivos que persigue al menor costo posible, en el marco de la información disponible y conforme a las alternativas. El supuesto es que el elector discierne, jerarquiza, evalúa la oferta electoral, y a partir de ahí escoge al partido y al candidato que se acerca más a sus intereses y expectativas. El voto está motivado por el objetivo que se persigue y tiene, entonces, un sentido básicamente instrumental, de utilidad, que ignora la existencia de formas inconscientes o irracionales en tanto que motivadores de una conducta.

El voto racional puede llevar al elector a no apoyar al partido de sus preferencias en cierta elección en la que éste aparezca sin posibilidades de ganar, esto es, a optar por el llamado "voto estratégico", que favorece a aquel partido o candidato que tiene mayores oportunidades de triunfo o incluso a aquel que se presenta como el que mejor puede bloquear el ascenso de algún adversario indeseable.

La racionalidad del voto se ha comprendido de diversas maneras y ello ha dado lugar a varias líneas de investigación. La concepción del elector responsable sostiene que éste se preocupa por los temas o asuntos *(issues)* que se colocan en el centro del debate político en las coyunturas electorales, es decir, es aquel que atiende a los problemas de las políticas públicas y a la manera como lo afectan y a partir de ello orienta su voto (Key, 1966). Los estudios han mostrado que uno de los asuntos que mayor influencia tiene en los electores es el estado de la economía, particularmente temas como la inflación, el desempleo o el ingreso (Remmer, 1991).

La primera evaluación que hace el elector antes de emitir su voto es sobre el desempeño del gobierno en turno; si está de acuerdo con el mismo, lo premiará con su voto; si no lo está, votará en contra a manera de castigo. Ésta es la tesis de la teoría del llamado "voto retrospectivo" (Fiorina, 1981), que sostiene que la decisión sobre el voto es instrumental racional en la medida en que el elector prefiere, más que definir la dirección futura de una sociedad (voto prospectivo), sancionar o premiar al partido en el poder a partir de lo conocido y experimentado.

Dado que el enfoque racional centra su atención en factores coyunturales que son de naturaleza cambiante, es una perspectiva particularmente útil para explicar los cambios en el comportamiento electoral.

A pesar de que el enfoque racional ha venido extendiéndose en los últimos años, en razón de las modificaciones que han experimentado los escenarios políticos, ha sido objeto de diversas críticas. En primer lugar, porque la dimensión que domina es la económica y porque descansa en un extremado "voluntarismo", en tanto que sus explicaciones toman en cuenta sólo los objetivos personales de los electores, dejando de lado variables relativas a motivaciones subjetivas profundas o a referentes y orientaciones culturales, es decir, porque el elector aparece como despojado de valores o percepciones sobre la política o al margen de cualquier influencia de las condiciones en las que vive. En segundo lugar, el enfoque racional encuentra limitaciones para su aplicación empírica porque es difícil calcular el beneficio personal del voto, dado que la acción de cada individuo tiene muy escaso peso dentro del conjunto del cuerpo electoral, es decir, en contextos de electorados masivos no hay bases racionales para calcular que un voto tenga un impacto decisivo sobre los resultados de una elección.

El hecho de que los tres principales enfoques sobre comportamiento electoral se hayan formulado en orden cronológico ha llevado a buscar una vinculación entre ellos y las diversas fases del desarrollo de los partidos políticos y los sistemas de partidos. Así, el momento de formación de cierto alineamiento partidario parece correr paralelo al florecimiento del enfoque de tipo sociológico que pone el énfasis en las bases sociales del voto; la fase de afianzamiento de dicho alineamiento lo hace con el esquema de la identificación partidaria (enfoque psicológico) y aquella en que cierto alineamiento partidario se desdibuja, con la consecuente volatilización del voto (desalineamiento), se correspondería al enfoque de la elección racional (Harrop y Miller, 1987).

La sucesión temporal de los enfoques no significa que deban entenderse de manera lineal, ya que hoy en día siguen aplicándose incluso dentro de un mismo estudio que explora la base sociodemográfica del voto junto con elementos estratégicos o con variables psicológicas. No obstante, esta convivencia de los enfoques no ha llevado a un intercambio teórico o metodológico fructífero, capaz de dar lugar a una nueva perspectiva de análisis, sino solamente a una especie de encuentro más o menos ecléctico. Dicho de otra manera, lo que es frecuente encontrar en la actualidad son investigaciones basadas crecientemente en datos individuales (encuestas, entrevistas a profundidad, etc.) que buscan medir hasta dónde y qué tipo de voto es explicable por factores estructurales, cuándo y en qué circunstancias lo es por móviles psicológicos o bien por la oferta de cierta coyuntura política.

Estos tres enfoques analíticos se han elaborado y desarrollado en países democráticos, con sistemas de partidos competitivos, donde el voto es libre y no está controlado por el poder. Sin embargo, hay países donde aun sin satisfacer estos requisitos, se organizan comicios regularmente y vale la pena ver cómo se ha explicado el significado del voto en esos lugares.

El voto en sistemas no competitivos

Un criterio esencial para definir a las democracias representativas es la existencia de elecciones libres y competidas, lo cual implica que: *1)* el votante no está sujeto a presiones para orientar en cierto sentido su voto, es decir, donde los electores no se sienten amenazados al votar; *2)* hay una competencia entre los candidatos y partidos y los resultados electorales coinciden con los votos emitidos, y *3)* los resultados repercuten sobre la composición del gobierno y la representación nacional, esto es, tienen efectos sobre las políticas gubernamentales (Hermet, Rouquié y Linz, 1982).

Para estos autores, hay tres grandes tipos de elecciones que se apartan del marco libre y competido: *1)* las elecciones producto del "control clientelista", en las que el voto se basa en relaciones de intercambio entre participantes desiguales o asimétricos y que abarca desde el "voto cautivo" propio de un clientelismo de Estado, cuyo potencial reside en su capacidad de distribución de bienes y servicios, hasta el "voto forzado" que surge de una manipulación de las urnas; *2)* las elecciones de "pluripartidismo excluyentista", en las que el control del escrutinio por parte del poder central permite expulsar a aquellas opciones partidarias que se consideran peligrosas para la hegemonía o el predominio del partido en el poder o, por el contrario, que alienta a partidos pequeños, básicamente ornamentales, para dar una imagen de pluralidad, y *3)* las elecciones de "partido único o de régimen sin partido", en las que un partido representa el poder del Estado y se da un control intensivo del poder central y de sus representantes locales sobre los procesos.

Las elecciones no competidas son consultas que más que hablar sobre el electorado, sus preferencias y comportamiento, revelan las relaciones entre el poder y la sociedad, es decir, dan cuenta del régimen político y sus relaciones. A pesar de que son contiendas que no sirven para definir quiénes ocupan los cargos públicos, no dejan de tener consecuencias políticas, ya que pueden cumplir un papel legitimador al aparecer como sancionadoras de decisiones adoptadas en la cúpula del poder o al socializar al elector, haciéndolo partícipe de un proceso político, o sea, integrándolo a la comunidad política.

Así, el análisis electoral en sistemas no competitivos no puede centrarse en explicar las preferencias del electorado porque para ello es indispensable que haya opciones en un marco competitivo.

El comportamiento electoral en México

En México, la persistencia de un sistema de partido hegemónico durante más de 40 años llevó a que las elecciones que se realizaban regularmente no fueran un tema de interés político o académico. El predominio indisputado del partido del régimen posrevolucionario (PRI) estuvo fincado en su imbricación con el poder y en la penetración de su aparato en las redes de organización de la sociedad. La existencia de este partido y el consenso alrededor del proyecto del régimen posrevolucionario hicieron que las elecciones fueran básicamente rituales para que la élite priista se renovara. La población ciudadana sólo aparecía en escena para sancionar con su voto lo que ya había sido dispuesto en las cúpulas políticas, verdaderos actores del juego electoral.

La falta de espacio para la competencia y el hecho de que las elecciones no fueran la arena en la que se definían los rumbos políticos del país y quiénes habrían de capitanearlos explican por qué no hubo espacio para el análisis del comportamiento electoral, empezando porque ni siquiera había series estadísticas completas de los resultados comiciales, lo cual es uno de los insumos primarios indispensables del análisis electoral.

Los estudios electorales que se realizaron durante la época de la hegemonía fueron fundamentalmente de carácter histórico, centrados en comprender cómo habían ocurrido las contiendas presidenciales, en particular aquellas en las que se había presentado algún conflicto político. En ellos se explicaba lo que estaba en juego en la contienda, quiénes eran los actores políticos fundamentales y cómo se habían forjado las candidaturas; pero el análisis de las inclinaciones o preferencias del electorado estaba ausente, pues no eran éstas las que determinaban el resultado de las contiendas. Las primeras tareas de los estudiosos del comportamiento electoral consistieron en recopilar y sistematizar los datos básicos de los resultados comiciales (Ramírez Rancaño, 1977; Lehr, 1981).

Líneas de investigación y debate contemporáneo

No fue sino hasta inicios de los años setenta cuando aparecieron los primeros estudios interesados en seguir la evolución del voto, detectando cómo y dónde descendía el apoyo electoral del partido en el poder mientras crecía el de la oposición panista, particularmente en el norte del país, a la vez que se incrementaban los niveles de abstención y de votos anulados, todo esto en el marco de las reformas electorales que se sucedieron en esa década (Segovia, 1974, 1979).

A partir de la reforma política de 1977, que abrió el canal institucional de las elecciones a la participación de nuevos partidos políticos, lo electoral cobró interés político, pero los estudios sobre la materia se orientaron a explicar las elecciones, más como sucesos que reflejaban la situación por la que atravesaba el sistema político que como producto de la actuación de la ciudadanía. Los resultados electorales empezaron a registrarse en forma regular y constante, aunque su difusión pública mantendría restricciones, pues la información no estaría al alcance de cualquier ciudadano que la requiriese. En cambio, el análisis de las reformas electorales alcanzó un lugar importante que se mantendría a lo largo de los siguientes 20 años, lo cual es explicable porque la falta de credibilidad en las elecciones se debía en buena medida a las leyes que normaban los procesos y que permitían el control del poder sobre la organización de los comicios. La relevancia política de la legislación electoral hizo que los estudios de esta materia fueran realizados más por politólogos que por juristas.

A mediados de los años ochenta y en el contexto de la crisis del modelo de desarrollo económico, vigente desde los años cuarenta, las elecciones mexicanas empezaron a cobrar importancia tanto como espacios de cuestionamiento a la legitimidad del régimen, como de expresión del conflicto político. En ese contexto, se efectuaron trabajos sobre la distribución geográfica de los apoyos electorales de los partidos políticos en elecciones federales (Gómez Tagle, 1990; Pacheco, 1994), primero desde una óptica meramente descriptiva y luego desde una en la que se vinculaban los resultados electorales con los datos socioeconómicos de las zonas (González Casanova, 1985; Cordera y Tello, 1984). Paralelamente, empezaron a aparecer investigaciones sobre procesos electorales en entidades federativas específicas (Alvarado, 1987; Aziz, 1987; Peschard, 1988) que pretendían dar cuenta de la particularidad electoral de las regiones a través de datos agregados, aunque también se exploraron datos individuales, producto de encuestas (Molinar y Valdés, 1987).

La cuestionada elección presidencial de 1988 significó un parteaguas en la evolución de los estudios electorales en México, en buena medida porque implicó un cambio en el significado del voto en el país. La sociedad y los actores políticos exigían elecciones transparentes y competitivas en las que no estuvieran determinados de antemano los resultados. A partir de ahí, las preferencias e inclinaciones del electorado dejarían de ser un dato accesorio para convertirse en uno sustancial en la definición de los resultados electorales. Sin abandonar el estudio sobre la legislación electoral, el análisis del comportamiento en las urnas experimentó un despegue notable que permitiría que en los siguientes 10 años se avanzara más que todo lo que hasta entonces se había logrado en este campo de los estudios electorales.

La extensión del interés por el conocimiento del comportamiento electoral en México siguió un curso semejante al recorrido por los enfoques "clásicos" que se formularon en los sistemas democráticos establecidos. Al inicio, los trabajos más recurrentes fueron los que utilizaban datos agregados y que asociaban características socioeconómicas de un estado, distrito o municipio con los resultados electorales (enfoque sociológico ecológico). Estos análisis establecieron una asociación inversa entre niveles de modernización y desarrollo económico y votos a favor del PRI y, consecuentemente, una relación directa con los votos de oposición, particularmente del PAN (Molinar y Weldon, 1990); también se encontró una asociación directa entre dichos niveles de modernización y la participación electoral (Peschard, 1995). De hecho, la urbanización se ubicó como el determinante del meollo electoral fundamental en México: PRI/oposición, lo cual fue confirmado por investigaciones que trabajaron con datos individuales de encuestas según las cuales los mexicanos primero se situaban en torno a ese eje y sólo en el segundo momento optaban por algún partido de oposición (McCaan y Domínguez, 1995).

Los trabajos sobre comportamiento electoral que utilizaron el enfoque psicológico relacionaron rasgos de la cultura política mexicana con las preferencias de los electores. Éstos sirvieron para evaluar el peso de los códigos valorativos sobre la orientación del voto (persistencia del voto inercial, el peso de la legitimidad revolucionaria tradicional) (Segovia, 1975; Alonso, 1994).

Ya entrada la década de los años noventa, también aparecieron estudios que aplicaron el enfoque racional, partiendo del supuesto de que el sistema de partidos estaba en un momento de desalineamiento (Klesner, 1995) y que las variables coyunturales y los cálculos racionales tenían un potencial explicativo de primer orden (Magaloni, 1994).

Vale la pena señalar que el desarrollo tardío de los estudios sobre comportamiento electoral en México hizo que los tres principales enfoques se aplicaran con mayor celeridad, logrando que prácticamente confluyeran en un mismo periodo. De hecho, los enfoques se han encontrado y han convivido de manera un tanto ecléctica, sin que ello haya significado un intercambio integrador con miras a la construcción de nuevas perspectivas analíticas.

Actualmente, en México se sigue evaluando la influencia de variables socioeconómicas y demográficas sobre el voto, así como el peso de las percepciones y valoraciones político-culturales; empero, ha ido ganando terreno la hipótesis de que el comportamiento electoral no es algo estable, producto de factores estructurales o arraigados, sino que es cambiante. Este supuesto ha llevado a tomar en consideración la volatilidad del voto, propia de un contexto de transición política y, por tanto, los datos relativos a la situación o coyuntura en la que se realiza cada contienda electoral. El hecho de que no se hayan abandonado ninguno de los principales enfoques obedece a que no existe hoy por hoy una variable que por sí misma explique las modalidades que presenta el comportamiento electoral en México en las contiendas que se realizan tanto a nivel federal como estatal y municipal.

BIBLIOGRAFÍA

Alonso, Jorge (coord.) (1994), *Cultura política y educación cívica*, UNAM-Porrúa, México.

Alvarado, Arturo (comp.) (1987), *Electoral Patterns and Perspectives in Mexico*, Center for US-Mexican Studies, UCSD San Diego.

Almond, Gabriel, y Sidney Verba (1965), *The Civic Culture*, Little Brown & Co., Boston.

Aziz, Alberto (1994), *Chihuahua: historia de una alternativa*, La Jornada-CIESAS, México.

Campbell, Angus, Gurin Gerald y Warren E. Miller (1954), *The Voter Decides*, Row Peterson & Co., Michigan.

Converse, Philip, Angus Campbell, William Miller y Donald Stokes (1960), *The American Voter*, John Wiley, Nueva York.

Domínguez, Jorge, y James McCaan (1995), "Shaping Mexico's Electoral Arena: The Construction of Partisan Cleavages in the 1988 and 1991 National Elections", *American Political Science Review*, vol. 89-1, marzo.

Downs, Anthony (1957), *An Economic Theory of Democracy*, Harper & Row, Nueva York.

Durand, Víctor M. (1995), "La cultura política autoritaria en México", *Revista Mexicana de Sociología*, 57, 3, julio-septiembre, pp. 67-103.

Fiorina, Morris, P. (1981), *Retrospective Voting in American National Elections*, Yale University Press, New Haven.

Gómez Tagle, Silvia (1990), "Las estadísticas electorales de la reforma política", *Cuadernos del CES*, núm. 34, El Colegio de México, México.

González Casanova, Pablo (comp.) (1985), *Las elecciones en México. Evolución y perspectivas*, Instituto de Investigaciones Sociales, UNAM-Siglo XXI, México.

Guillén, Tonatiuh (1989), "La cultura política y la elección presidencial de 1988. Hacia un análisis del neocardenismo", *Frontera Norte*, vol. 1, núm. 1, enero-junio, pp. 125-150.

Harrop, Martin, y William Miller (1987), *Elections and Voters. A Comparative Introduction*, The Meredith Press, Nueva York.

Hermet, Guy, Alain Rouquie y Juan Linz (1982), *¿Para qué sirven las elecciones?*, FCE, México.

Key, V. O. (1996), *The Responsible Electorate*, Vintage Press, Nueva York.

Klesner, Joseph (1995), "Realignment or Dealignment? Consequences of Economic Crisis and Restructuring for the Mexican Party System", en María Lorena Cook, Kevin Middlebrook y Juan Molinar (comps.), *The Politics of Economic Restructuring*, Center for US-Mexican Studies, UCSD, San Diego, pp. 159-194.

Lehr G., Volker (1981), "La problemática de la estadística electoral mexicana", en Hans Steger y Jürgen Schneider (comps.), *Economía y conciencia social en México*, UNAM, México, pp. 42-440.

Magaloni K., Beatriz (1994), "Elección racional y voto estratégico: algunas aplicaciones para el caso mexicano", *Política y Gobierno*, vol. I, núm. 2, 2° semestre, pp. 309-344.

Miller, Warren E., y J. Merrill Shanks (1996), *The New American Voter*, Harvard University Press, Harvard Mass.

Molinar Horcasitas, Juan (1990), "Geografía electoral", en Carlos Martínez Assad (coord.), *Balance y perspectivas de los estudios regionales en México*, Centro de Investigaciones Interdisciplinarias en Humanidades, UNAM-Porrúa, México.

Molinar Horcasitas, Juan, y Leonardo Valdés (1987), "Las elecciones de 1985 en el Distrito Federal", *Revista Mexicana de Sociología*, vol. XLIX, núm. 2, abril-junio, pp. 183-215.

Molinar Horcasitas, Juan, y Jeffrey Weldon (1990), "Elecciones de 1988 en México: crisis del autoritarismo", *Revista Mexicana de Sociología*, vol. LII, núm. 4, pp. 229-262.

Pacheco, Guadalupe (1991), "Los sectores del PRI en la elección de 1988", *Mexican Studies/Estudios Mexicanos*, vol. 7, núm. 2, pp. 253-283.

——— (1995), "1994: ¿Hacia un realineamiento electoral?", en Germán Pérez, Arturo Alvarado y Arturo Sánchez (coords.), *La voz de los votos: un análisis crítico de las elecciones de 1994*, Porrúa-Flacso, México, pp. 209-232.

Pérez, Germán, Arturo Alvarado y Arturo Sánchez (coords.) (1995), *La voz de los votos: un análisis crítico de las elecciones de 1994*, Porrúa-Flacso, México.

Peschard, Jacqueline (1988), "Las elecciones en el Distrito Federal, 1964-1985", *Estudios Sociológicos*, vol. VI, núm. 16, enero-abril, pp. 67-102.

——— (1995), "La explosión participativa: México 1994", *Estudios Sociológicos*, vol. XIII, núm. 38, mayo-agosto, pp. 341-370.

Ramírez Rancaño, Mario (1977), "Estadísticas electorales presidenciales", *Revista Mexicana de Sociología*, vol. XXXIX, núm. 1, enero-marzo, pp. 271-299.

Ramos Oranday, Rogelio (1985), "Oposición y abstencionismo en las elecciones presidenciales, 1964-1982", en Pablo González Casanova (coord.), *Las elecciones en México. Evolución y perspectivas*, México, Siglo XXI.

Remmer, Karen (1991), "The Political Impact of Economic Crisis in Latin America in the 1980's", *American Political Science Review*, vol. 85, núm. 3, septiembre.

Reyna, José Luis (1971), "An Empirical Analysis of Political Mobilization: the Case of Mexico", tesis doctoral, Cornell University, Ithaca.

Rokkan, Stein (1970), *Citizens, Elections and Parties. Approaches to the Comparative Study of the Process of Development*, Mckay & Co., Nueva York.

Segovia, Rafael (1980), "Las elecciones federales de 1979", *Foro Internacional*, vol. XX, núm. 3, enero-marzo, pp. 397-410.

——— (1975), *La politización del niño mexicano*, México, El Colegio de México (Colección Centro de Estudios Internacionales, núm. 14).

Segovia, Rafael (1974), "La reforma política; el Ejecutivo federal, el PRI y las elecciones de 1973", *Foro Internacional*, vol. 14, núm. 3, enero-marzo, pp. 305-330.

Siegfried, André (1930), *Tableau des partis en France*, B. Grasset, París.

Siegfried, André (1949), *Géographie électorale de L'Ardéche sous la IIIe Republique*, A. Colin, París.

Taylor, Peter (1989), *Political Geography. World Economy, Nation-State and Locality*, Longman Scientific & Technical, Longman House, Londres.

COMUNICACIÓN POLÍTICA

Rosalía Winocur

Definición

La comunicación política es tan antigua como la política; pero es a partir de la segunda mitad del siglo XX cuando esta forma de denotarla expresa la relación entre la política y los medios de comunicación modernos. Hoy, la comunicación política abarca el estudio del papel de la comunicación en la formación de la opinión pública y en la vida política, y comprende los sondeos, la investigación política de mercados y la publicidad, particularmente la que aparece en periodos electorales. Según Wolton (1992: 29), esta amplia definición hace hincapié en el proceso de intercambio de discursos políticos entre una cantidad cada vez mayor de actores políticos, lo cual implica que cada vez más la política moderna y el espacio público pasan por los medios de comunicación y las encuestas de opinión. En el sentido aludido, la autora define la comunicación política como "el espacio en que se intercambian los discursos contradictorios de los tres actores que tienen legitimidad para expresarse públicamente sobre política y que son los políticos, los periodistas y la opinión pública a través de los sondeos" (1992: 31).

Siguiendo a Wolton, el papel fundamental de la comunicación política es evitar la reclusión del debate político en sí mismo, posibilitando un sistema de apertura y cierre a los temas de la agenda. Para dirigir esta doble función de apertura y cierre, la comunicación política debe presentar tres características: en primer término, contribuir a identificar los problemas nuevos a través de los políticos y los medios; en segundo lugar, abrir canales de participación ciudadana para que la jerarquía y legitimidad de los temas de la agenda política resulten de un juego de negociación y, por último, marginar las cuestiones que han dejado de ser objeto de conflictos o respecto de los cuales existe un consenso temporal.

Sin embargo, cada una de estas funciones puede adquirir mayor o menor peso según la posición estratégica de los tres actores en la coyuntura política. Por ejemplo, en periodos electorales, la comunicación política está cada vez más sometida a la lógica de las encuestas de opinión (Wolton, 1992: 39).

Otro autor, Alain Touraine (1992), aborda la definición de comunicación política desde una perspectiva distinta al conceptualizarla como una "crisis de representatividad": "el hincapié —dice Touraine— que se hace en la comunicación es correlativo de la crisis de representación política. Los políticos se preocupan cada vez más por su imagen, en la misma medida en que ya no se definen como los representantes del pueblo, de una parte de éste, o de un conjunto de categorías sociales" (Touraine, 1992: 47).

Touraine explica que en lugar de una relación directa de representación entre demandas sociales y ofertas políticas, somos testigos del desarrollo simultáneo e independiente de tres órdenes de realidad: demandas sociales, económicas y culturales cada vez más diversificadas; las exigencias y las obligaciones de un Estado, definido sobre todo por su papel internacional, y la normatividad que regula el ejercicio de las libertades públicas (Touraine, 1992: 50). En esta perspectiva, la comunicación política aparece como "el conjunto de las instrumentaciones que permiten pasar de uno de estos órdenes a otro. Los comunicadores son ante todo mediadores, en la medida misma en que el orden del Estado, el de las demandas sociales y el de las libertades públicas se separan unos de otros. Es inevitable que los mediadores dispongan de una gran autonomía, y que incluso constituyan su poder apartándose lo más posible de las tres puntas del triángulo" (Touraine, 1992: 50).

En la perspectiva del autor, la importancia creciente de la comunicación política implica una crisis y debilitamiento correlativo de las formas tradicionales de representación política. Además, expresa la decadencia y hasta la desaparición de las ideologías políticas y de la capacidad de representación del conjunto de la vida social por parte de los actores políticos (Touraine, 1992: 56).

Historia, teoría y crítica

Cuando se habla de comunicación, la primera precisión que hay que realizar es que este término no tiene su génesis en los medios de comunicación modernos y tampoco se limita a ellos, aunque la globalización y generalización de los sistemas comunicacionales y los avances tecnológicos vinculados a éstos hayan imbricado todos los aspectos inherentes a la comunicación.

Después de la segunda Guerra Mundial, un equipo multidisciplinario dirigido en los Estados Unidos por el matemático Norbert Wiener se propone repensar el desarrollo de las ciencias. Dentro de esta preocupación, la comunicación adquiere nivel científico en cuanto espacio interdisciplinario desde el que se hacen posibles las relaciones entre fenómenos naturales y artificiales entre las máquinas, los animales y los hombres. Wiener (1997) ve en la comunicación una "nueva lengua del universo", porque en el universo todo se relaciona a partir de un flujo permanente de intercambios, y eso es lo que tienen en común los organismos y las máquinas. Sin embargo, esta concepción, que sentó las bases para la teoría de sistemas, en los sesenta será remplazada por la teoría de la información, que transforma el modelo circular y retroactivo en uno lineal: el famoso esquema fuente-emisor-mensaje-receptor-destinatario.

Paralelamente, Theodor Adorno y Max Horkheimer definen la naturaleza social de los medios de comunicación a partir del concepto de industria cultural: "En la industria cultural, como hemos dicho Horkheimer y yo, [...] la dominación técnica progresiva se transforma en un engaño de masas, es decir, en un medio de oprimir la conciencia. Impide la formación de individuos autónomos, independientes, capaces de juzgar y decidir conscientemente" (Adorno, 1997: 42).

Este enfoque dominó el panorama de los estudios de comunicación hasta los ochenta, cuando comienzan a reflejar transformaciones importantes de orden teórico y metodológico que cuestionan el tradicional esquema de relación entre el emisor y el mensaje, en su versión tanto psicologista como ideológica:

La globalización, la "cuestión transnacional", desbordó los alcances de la teoría del imperialismo obligando a pensar una trama nueva de territorios y de actores, de contradicciones y conflictos. El desplazamiento se traduce en un nuevo modo de relación con las disciplinas sociales por apropiaciones: desde la comunicación se trabajan procesos y dimensiones que incorporan preguntas y saberes históricos, antropológicos, semióticos, estéticos, al mismo tiempo que la sociología, la antropología y la ciencia política se empiezan a hacer cargo, ya no de forma marginal, de los medios y los modos como operan las industrias culturales [Barbero, 1997b: 15].

Armand Mattelart (1997), partiendo de una lúcida crítica al pensamiento lineal y al enfoque mecanicista de lo social —donde el poder se ejerce unilateralmente y en una sola dirección, que caracteriza al modelo hegemónico mensaje-receptor—, desarrolla un nuevo marco conceptual cuyas principales coordenadas son la recuperación de la perspectiva del actor en la comunicación, el replanteamiento de las relaciones entre intelectuales y cultura mediática, y las nuevas lógicas del actor transnacional. La revaloración del sujeto también se expresa en los estudios sobre la comunicación política, donde surgen interrogantes sobre la función de la sociedad civil y la ciudadanía en la construcción cotidiana de la democracia, y sobre la actividad del receptor en su relación con los medios:

> Frente al racionalismo francfortiano y el mecanicismo psicologista del análisis de los efectos, se rescata el carácter complejo y creativo de la recepción: lugar denso de mediaciones, conflictos y reapropiaciones, de producción oculta en el consumo y la vida cotidiana. Pero este rescate en ningún modo puede significar desconocimiento de la desigualdad del intercambio en que opera la comunicación mediática [...] La rehabilitación del sujeto en la recepción ha puesto en primer plano la existencia en nuestra sociedad de matices y formas culturales distintas de la hegemónica [Barbero, 1997a: 10].

En este marco general de reflexión, el estudio de la comunicación política adquirió una relevancia fundamental, ya que actualmente es imposible pensar la competencia política fuera del escenario de los medios. Si bien la política no se reduce a la comunicación, su ejercicio se ha visto modificado por ella.

Wolton afirma que los medios ocupan una posición central en la comunicación política no sólo porque aseguran la circulación de todos los discursos, sino también porque "al estar a mitad de camino de la lógica representativa de la opinión pública y de la política, defienden la presencia de una lógica del acontecimiento, indispensable para no liquidar el sistema político" (Wolton, 1992: 197).

En tal sentido, la comunicación política no es sólo un espacio de intercambio de discursos sino fundamentalmente de intereses distintos en permanente confrontación (Wolton, 1992: 37).

La tensión deriva del hecho de que cada uno de ellos pretende ser portador de la legitimidad política dentro del régimen democrático, excluyendo al otro en la interpretación de la coyuntura. Este carácter contradictorio se explica porque no guardan la misma relación con la legitimidad, la política y la comunicación. Los políticos se legitiman a partir de ser elegidos; la política es su razón de ser, con una desconfianza básica en el acontecimiento y una preferencia por las ideologías organizadoras de la realidad (Wolton, 1992: 37). Para los comunicadores, por el contrario, la legitimidad se vincula con la información y el ejercicio de la crítica; pero la información es producida dentro de la lógica de construcción del acontecimiento (Verón, 1988), lo cual implica un activo proceso de selección, omisión y edición, con el riesgo consecuente de deformar o significar ciertos hechos en desmedro de otros.

En síntesis, los medios de comunicación masiva compiten con los políticos y el gobierno por la imposición de una agenda que no siempre coincide con la jerarquía, los tiempos y las preocupaciones de la opinión pública. Estas diferencias de escala de tiempo y de interés son negociables siempre y cuando ninguno de los actores monopolice la comunicación política.

Eliseo Verón, otro especialista en el tema, plantea que los problemas que se presentan en la comunicación política atañen directamente a las condiciones y posibilidades de la democracia en las sociedades masivas:

> Respecto del sistema político, la pantalla chica se convierte en el sitio por excelencia de producción de acontecimientos que conciernen a la maquinaria estatal, a su administración, y muy especialmente a uno de los mecanismos básicos de la democracia: los procesos electorales, lugar en que se construye el vínculo entre el ciudadano y la ciudad. En otras palabras, ya estamos en la democracia audiovisual [Verón, 1992: 124].

En las sociedades industriales de régimen democrático, la mediatización de lo político siempre es un problema de interfaz entre lo político y la información, que se expresa en la automatización creciente de la información televisiva en relación con el poder público (Verón, 1988: 125). Esta mediatización se origina en el primer debate televisivo en 1960 entre los candidatos presidenciales estadunidenses Kennedy y Nixon.

En México, al igual que en otras realidades, se advierte una tendencia creciente a la hipermediatización de la política, que puede opacar el proceso de consolidación de la democracia. Las condiciones particulares que marcaron el desarrollo del sistema político mexicano —el régimen de partido único y la ideología nacionalista que le ha dado sustento y legitimidad por más de setenta años— ocuparon prácticamente todos los espacios institucionales y simbólicos hasta principios de los ochenta.

La oposición aún tiene graves dificultades para definir una identidad política propia y convertirse en opciones políticas sólidas en el marco de la crisis mundial de las ideologías y de los partidos como mecanismos de representación.

En este contexto, la comunicación política en México presenta características especiales: los medios asumen —a través de sus propias fuentes, de la publicidad política y de los sondeos de opinión— la función de construir las mediaciones entre el poder y la ciudadanía.

Otra consecuencia del papel exacerbado que ocupan los medios en la comunicación política es que frecuentemente manejan un discurso desvalorizado sobre la política, sus instituciones y procedimientos. Esto contribuye de forma notable a la cristalización de mitos sobre la relación entre los mexicanos y la política, y desestimula la pertenencia partidaria al presentarla como una forma anacrónica e inútil de participación política:

> el quehacer político, y no sólo entre la "gente de la calle", sino incluso en nuestro mundo político "especializado", suele entenderse como un sinónimo de tráfico de influencias y juego de presiones. Una gran cantidad de informadores lo entiende así y mira a la política con una suerte de desprecio [...] De ahí que le den el mismo tratamiento a un presidente municipal conocido por su poca honestidad que a un dirigente de oposición, cualquiera que sea su signo ideológico [Trejo Delarbre, 1987: 35].

Otro tanto puede decirse de la función que desempeñan los medios respecto a la credibilidad. Este problema, que no es exclusivo de México, adquiere una relevancia particular por la sospecha histórica de fraude que pesa sobre los procesos electorales: "una sociedad predispuesta a la desconfianza encontrará verificadas sus certidumbres en medios de comunicación que documenten o que cuestionen la animosidad, por ejemplo, contra las instituciones o el quehacer político" (Trejo Delarbre, 1994: 34).

En síntesis, la comunicación política en México está atravesada por dos lógicas diferentes en conflicto: una vinculada al proceso de transición política, y otra relacionada con tendencias globales del comportamiento de los medios. La primera exige abrir espacios y canales genuinos para la participación ciudadana; la segunda tiende a convertir estos espacios en meros artilugios mediáticos, donde la participación —presa de la construcción del acontecimiento— es el resultado de un proceso de edición, tipificación e incluso caricaturización de los ciudadanos y de sus demandas (Giglia y Winocur, 1997: 79). Frente a esta situación, y reconociendo que en nuestras sociedades la construcción de lo público se ha desplazado fundamentalmente a los medios, no queda otro camino que negociar la ampliación y democratización de estos espacios, presionando desde distintos ámbitos de la sociedad civil para poder incidir en la definición de los tiempos, las formas y los contenidos de los canales de participación.

LÍNEAS DE INVESTIGACIÓN Y DEBATE CONTEMPORÁNEO

Verón plantea que los estudiosos de los fenómenos de la comunicación y la discursividad social tienen que confrontar dos procesos que se entrecruzan y están íntimamente relacionados: "La creciente mediatización de las instituciones a nivel societal, por un lado, y la creciente individualización de los actores, por el otro" (Verón, 1995: 21). Desde que Verón introdujo la distinción entre producción y reconocimiento (1985) ha insistido en el desfase entre ambos polos y en la "indeterminación relativa" que caracteriza a la circulación discursiva: "no linealidad de la comunicación, una gramática de producción, varias gramáticas de reconocimiento. Del análisis de un discurso en producción no se pueden deducir sus efectos en recepción" (Verón, 1995: 20). Cualquier estudio sobre la comunicación política debe partir de esta premisa para poder entender cómo se da la articulación entre los distintos actores.

La importancia de los sondeos de opinión en la comunicación política

Los sondeos se han agregado como un actor más al concierto que formaban los políticos y los medios (Wolton, 1992: 183), y cada vez tienen una importancia mayor en el proceso de formación de opinión pública, ya que adquieren el estatus de "representantes" de las "mayorías". Basan su autoridad en el grado de confiabilidad del diseño muestral utilizado, y tienen como objetivo "medir" el estado de la opinión pública en coyunturas políticas críticas, particularmente las electorales. Su importancia política no sólo radica en la supuesta capacidad de anticipación de los resultados electorales, sino que, aun cuando estos resultados no están definidos, sobre todo en los "indecisos", pueden actuar como un poderoso factor de presión, instando a los ciudadanos a alinearse con los que se estiman ganadores.

En los últimos años han arreciado las críticas contra la supuesta objetividad de la encuesta. La hipermediatización de los sondeos de opinión en las elecciones presidenciales y la diferencia entre las intenciones de voto expresadas y los resultados han provocado violentas críticas contra este instrumento de medición. Uno de los autores más críticos de este método es Pierre Bourdieu (1995), que al respecto afirma: "El sondeo de opinión en su estado actual es un instrumento de acción política; su función más importante consiste quizá en imponer la ilusión de que existe una opinión pública como suma puramente aditiva de opiniones individuales; en imponer la idea de que existe algo que sería como la opinión promedio" (Bourdieu, 1995: 72).

Este problema se agrava en sociedades muy fragmentadas desde el punto de vista étnico, racial o político, porque en la interpretación de los resultados quedan uniformados los significados de conceptos claves como democracia, ciudadanía, tolerancia, legalidad o pluralismo. Investigaciones de tipo cualitativo y antropológico muestran que a pesar de que todo el mundo conoce estos términos, los sentidos asociados a los mismos suelen ser bastante disímiles. En los Estados Unidos, mientras que para la población de origen anglosajón ciudadanía quiere decir la adquisición de deberes y derechos políticos, en los grupos de origen hispano ciudadanía significa respeto a la diferencia (Rosaldo, 1997).

El problema, en todo caso, no es la encuesta, que en principio es tan válida como cualquier otro instrumento de medición, sino los intereses, supuestos y prejuicios de quienes la elaboran o para quienes se elabora. En ese sentido, es conveniente aclarar, en primer término, que "opinión pública" no es equivalente a "opinión de las mayorías",[1] y menos aún que recoja los sentidos con que muchos grupos incorporan en sus prácticas cotidianas los problemas de la agenda o los valores de la cultura democrática y, en segundo lugar, que esta restricción no vuelve necesariamente democrática o antidemocrática a la "opinión pública". Como veremos más adelante, en algunas coyunturas políticas este efecto ilusorio de representación del sentir de las mayorías puede generar avances democráticos sustanciales, y en otros casos puede servir para legitimar operaciones políticas de tinte autoritario.

[1] Véase en esta misma obra el texto de Laura Gingold, *Opinión pública*.

Las encuestas en México comenzaron a cumplir su papel legitimador de representantes de la mayoría en la opinión pública, particularmente a partir de las dos últimas campañas presidenciales (1988 y 1994). El desarrollo de la encuesta en México no escapa a las consideraciones expresadas por Bourdieu, con el agravante de que los supuestos que explícita o implícitamente manejan los sondeos acerca de los "ciudadanos" —entidad abstracta que sólo tiene existencia objetiva a través de este instrumento— contribuyen de manera notable a generar una opinión pública promedio de carácter ilusorio, con evidentes efectos distorsionadores en la comunicación política.

Uno de los ejemplos más notorios de este fenómeno lo produjo el plebiscito organizado en 1993 por un grupo de asambleístas de los tres partidos políticos principales con el objeto de someter a votación el estatus político del Distrito Federal.

La importancia política del plebiscito fue innegable; la mayoría de los analistas políticos coincidieron en evaluar que la consulta consiguió dar estado público al debate sobre la reforma del Distrito Federal e influir sobre las negociaciones que se llevaron a cabo en la mesa de concertación. Esta resonancia, sin embargo, no implicó una determinada calidad e intencionalidad del voto, ni que los concurrentes tuvieran idéntica percepción y valoración del acto.

El diagnóstico político que manejaron los organizadores de la consulta[2] instituyó un discurso que supone "una respuesta homogénea de ciudadanos idénticos, cuya naturaleza implica una cultura política de valores democráticos" (Vázquez y Winocur, 1993: 64). Una investigación de tipo cualitativo que se realizó el día de la consulta mostró que 66.9% de los ciudadanos que votaron por el sí y 30.3% que dijeron NO a la autonomía del Distrito Federal[3] no necesariamente validaron o invalidaron las razones por las que habían sido convocados. Sólo 8% de los votantes contaban con información suficiente y comprendían a plenitud los motivos y la consecuencias políticas de cada una de las opciones, y por lo tanto emitieron un voto "razonado" (Vázquez y Winocur, 1993: 71). Asimismo, si bien el 83% sabía que se trataba de una consulta extraordinaria, el 17% restante fue a votar pensando que se trataba de elecciones normales y, por lo tanto, su voto por el NO no indicó desacuerdo con la autonomía del gobierno capitalino, sino repudio al gobierno nacional.

Esto indica que si no se instituyen otros mecanismos de indagación y representación del sentir de las mayorías, la opinión pública correrá el riesgo de convertirse en un "artefacto" voluble frente a los temas de la agenda política, y manipulable según los intereses de las élites. Esto, sin lugar a dudas, rompe el equilibrio relativo entre los tres actores de la comunicación política a favor de los medios:

---

[2] "Los ciudadanos y grupos de opinión se han manifestado públicamente en innumerables ocasiones en los últimos diez años sobre la necesidad de una reforma política que restablezca los derechos políticos de sus habitantes." "Convocatoria al segundo plebiscito ciudadano sobre la reforma política del Distrito Federal", México, 15 de diciembre de 1992.

[3] Resultados oficiales dados a conocer por la Fundación Rosenblueth, encargada del conteo.

Hay un cúmulo de preguntas abiertas sobre el desarrollo de esa relación, que ha sido inicialmente perversa, entre política y medios de comunicación, que luego se traslada a la posibilidad de que se afiance la dependencia de la política respecto de la mercadotecnia. Por lo pronto, junto con algunos de sus contenidos, los medios están cambiando la formas de hacer política [Trejo Delarbre, 1994: 50].

La función de la "agenda" mediática y sus efectos en la opinión pública

El objetivo de la comunicación política es modificar las reacciones, las expectativas o las actitudes del público, ya sea en las intenciones de voto de la ciudadanía, su tendencia en favor o en contra de la pena de muerte, o su orientación general hacia la vida y sus problemas. Obviamente, la comunicación puede fracasar en su intento, pero sus acciones tienen sentido en relación con esta finalidad (Bourricaud, 1993: 267).

El problema de la investigación sobre la función de agenda de los medios se puede resumir básicamente en la preocupación de determinar qué capacidad tienen, en primer lugar, de imponer prioridades sobre los grandes temas de la política nacional; esto es, determinar en cada momento lo que es relevante o no y omitir el resto; en segundo término, de moldear actitudes y opiniones acerca de estos temas y, en tercer lugar, de organizar su perseverancia u olvido en el tiempo.

El interrogante fundamental es en qué medida y de qué forma los medios afectan o influyen en las opiniones políticas individuales y también de qué manera se realiza la política y se organizan sus principales actividades (McQuail, 1986: 57).

La importancia creciente del electorado fluctuante y la crisis de los partidos políticos como mecanismos de representación plantearon la necesidad de investigar sus causas, entre las cuales los medios parecen ocupar una posición importante (Bregman, 1992: 211).

Joseph T. Klapper (1986: 44) afirma que la comunicación masiva no funciona generando efectos directos en el público, sino que actúa a través de distintos agentes y factores mediadores.

Al parecer, y así lo muestran distintas investigaciones, los medios, más que cambiar, refuerzan las opiniones, actitudes o intenciones existentes (Klapper, 1986, 63).

Respecto a los periodos electorales, McCombs y Shaw (1986) formulan la hipótesis fundamental de la función de la agenda: "El establecimiento de la agenda no sólo afirma una relación positiva entre lo que acentúan varios medios de comunicación y lo que los votantes llegan a estimar importante, también considera esta influencia como un inevitable subproducto del flujo normal de noticias" (McCombs y Shaw, 1986: 89).

Según los mismos autores, en una campaña electoral los votantes toman de los medios la mayor parte de la información de acuerdo con la insistencia con que éstos hablan o dan cuenta de los problemas debatidos, aunque no todos la procesen de la misma forma. Esto es más evidente en el caso de los "indecisos", que se muestran más predispuestos a seguir con detalle el desarrollo de los temas y problemas que presentan los candidatos y los medios.

En la misma línea, otros especialistas, Iyengar y Kinder, afirman que la información televisada tiene una influencia poderosa sobre el tipo de problemas que el auditorio considera los más serios de la nación: "Los problemas que reciben especial atención en las noticias nacionales se transforman en los que el público televidente considera más importantes para el país" (Iyengar y Kinder, 1993: 34).

En este enfoque, la eficacia de la comunicación de masas, sea como agente coadyuvante o como agente de efecto directo, se ve afectada por distintos aspectos de los medios y las comunicaciones mismas o de la situación de comunicación (incluyendo, por ejemplo, aspectos de organización textual, la naturaleza de la fuente y del medio, el clima de opinión pública existente, etc.) (Klapper, 1986: 44).

Otras investigaciones han llegado a la conclusión de que, en general, los medios de comunicación de masas, y los noticiarios en particular, simplemente fortalecen o refuerzan las creencias y opiniones del público. Patterson (1986) opina que la cobertura televisada de las noticias provenientes de las campañas presidenciales tiene un impacto selectivo sobre los votantes:

> Cuando un votante está firmemente comprometido con un candidato o un punto de vista particular, esta actitud proporciona una defensa contra el cambio. El compromiso lleva a los votantes a ver selectivamente los acontecimientos y a las personalidades, tal como ellos quieren verlos, lo que resulta en el refuerzo de las actitudes existentes. Cuando las actitudes de los votantes son débiles, también son débiles sus defensas perceptivas [Patterson, 1986: 174].

En síntesis, el problema de la función de la agenda de los medios aún se encuentra en discusión; las investigaciones arrojan resultados contradictorios; el punto de partida de su problemática desemboca en un callejón sin salida; la función de la agenda tenía por objeto probar que los medios tienen muchos efectos indirectos sobre los ciudadanos; al parecer esto es demostrable, pero no está muy clara su influencia sobre las opiniones o conductas políticas (Bregman, 1992: 223).

La investigación —casi inexistente en México— sigue abierta en ambos sentidos, sobre todo para determinar cuál es el punto de articulación entre los criterios de apreciación de lo político —que dependen de procesos de socialización primarios— y la influencia de la agenda, para la formación y el cambio de actitudes.

La propaganda política

La publicidad política es el espacio que un actor político o social (gobierno, partidos, empresarios, etc.) compra en los medios de comunicación con el objeto de acceder al público y dirigirle mensajes compuestos para influir en él. Los espacios existen en todos los medios, pero el de la televisión es el más caro y también el más codiciado por razones obvias.

La importancia creciente de la publicidad política no sólo en las campañas electorales, sino en cualquier obra de gobierno o de grupos privados, ha provocado que en las elecciones locales o en el nivel estatal la publicidad consuma 90% de los presupuestos de campaña (Gerstlé, 1992: 225).

La investigación sobre publicidad política ha revelado que ésta ha desarrollado una diversidad de formas, tiempos, técnicas y contenidos con el objetivo de hacer reconocer a un candidato poco conocido; influir sobre los electores indecisos o poco interesados en la política; fortalecer a los electores aventajados, y combatir a los candidatos rivales. Asimismo, permite promover posiciones y redefinir imágenes, o realizar algunos ajustes estratégicos poniendo la mira en grupos sociales determinados o permitiendo hacer nuevos intentos para reorientar el juego en el curso (Gerstlé, 1992: 226).

Una de las claves del éxito de la propaganda política es su capacidad para recrear, mediante artificios publicitarios, mitos y creencias colectivos o de ciertos grupos que sirven para apuntalar la comunicación electoral.

> La publicidad electoral permite crear o despertar universos de fantasías de los que el público se adueña al interpretarlos. Los candidatos, de esta manera, vuelven a situarse en la continuidad de una mitología política tal como la fundación de la nación, sus orígenes, su lucha por la independencia, sus valores constitucionales fundamentales [Gerstlé, 1992: 235].

El análisis de la publicidad política muestra sistemáticamente que la apelación a los valores nacionales y la reafirmación de identidades colectivas sigue siendo un recurso privilegiado para lograr la identificación del candidato con los intereses de la nación y, por lo tanto, de las mayorías:

> Si la racionalidad estratégica del candidato quiere tener una posibilidad de expresarse con éxito, debe entregarse a las exigencias del rito de la campaña electoral. [...] Los mitos del héroe convocan a las figuras legendarias de la vida política norteamericana, describen las cualidades vinculadas en esas personalidades y su correspondencia con funciones políticas [Gerstlé, 1992: 236].

La publicidad televisada constituye actualmente uno de los instrumentos principales de construcción de la realidad política, a través de un dispositivo simbólico cada vez más complejo que asegura la transmisión de ciertos conocimientos "mediante la cristalización de imágenes y la reconstitución de identidades políticas que contribuye a afirmar" (Gerstlé, 1992: 236).

Una de las críticas que con más frecuencia se le hacen a la publicidad desde el ámbito de la investigación es que se centra en el impacto de las imágenes, importando poco los contextos de significación de los mismos.

En México, la publicidad política no escapa de dichas consideraciones; la competencia entre imágenes espectaculares ha remplazado al juego político de las diferencias ideológicas o programáticas. Las opciones políticas quedan mediatizadas por la sonrisa, la personalidad, la vestimenta o "el pasado" de los candidatos. En el Distrito Federal, una investigación de tipo cualitativo[4] permitió establecer que los resultados de las últimas elecciones (1997) para escoger jefe de gobierno no se dieron en función de distintos proyectos de ciudad

---

[4] Esta investigación se llevó a cabo en la Facultad Latinoamericana de Ciencias Sociales, tres meses antes de las elecciones para escoger jefe de gobierno en el Distrito Federal, y tenía como objetivo explorar qué imagen tenían de los candidatos y opciones políticas existentes los que aún no habían decidido su voto.

—que por cierto casi nadie pudo establecer entre los candidatos—, sino en función del ganador de la competencia de imágenes públicas y privadas que proyectaron los medios, tanto a nivel publicitario como informativo.

BIBLIOGRAFÍA

Adorno, Theodor (1997), "La industria cultural", en Jesús Martín Barbero y A. Silva (comps.), *Proyectar la comunicación*, Instituto de Estudios sobre Culturas y Comunicación, Bogotá, pp. 34-42.

Barbero, Jesús Martín (1997a), "Introducción", en Jesús Martín Barbero y A. Silva (comps.), *Proyectar la comunicación*, Instituto de Estudios sobre Culturas y Comunicación, Bogotá.

—— (1997b), "De los medios a las culturas", en Jesús Martín Barbero y A. Silva (comps.), *Proyectar la comunicación*, Instituto de Estudios sobre Culturas y Comunicación, Bogotá, pp. 3-22.

——, y A. Silva (comps.) (1997c), *Proyectar la comunicación*, Instituto de Estudios sobre Culturas y Comunicación, Bogotá, pp. 23-33.

Bourdieu, Pierre (1995), "La opinión pública no existe", *Medias Pouvoirs*, núm. 38, pp. 71-78.

Bourricaud, François (1993), "Sobre la noción de comunicación sociopolítica", en Lazzeri Labarrière *et al.*, *Teoría política y comunicación*, Gedisa, Barcelona.

Bregman, Dorine (1992), "La función de la agenda: una problemática en transformación", en J. M. Ferry, D. Wolton *et al.*, *El nuevo espacio público*, Gedisa, Barcelona, pp. 210-223.

Gerstlé, Jacques (1992), "La propaganda política. Algunas enseñanzas de la experiencia norteamericana", en *El nuevo espacio público*, Gedisa, Barcelona, pp. 224-236.

Giglia, A., y R. Winocur (1997), "La participación en la radio: ¿canal democrático o estrategia mediática?", en S. Inestrosa (comp.), *Diversidad, tecnología y comunicación*, Universidad Iberoamericana-Felafacs, México.

Gingold, L., y R. Winocur (1997), *Exploración de la imagen de los candidatos y partidos políticos en "indecisos" de distintos sectores sociales de la ciudad de México*, informe final de investigación, Flacso, México.

Iyengar, S., y Kinder D. (1993), *Televisión y opinión pública*, Gernika, México.

Klapper, Joseph (1986), "La efectividad de la comunicación masiva", en D. Graver (comp.), *El poder de los medios en la política*, Grupo Editor Latinoamericano, Buenos Aires, pp. 37-50.

Mattelart, Armand (1997), "Nuevos paradigmas", en Jesús Martín Barbero y A. Silva (comps.), *Proyectar la comunicación*, Instituto de Estudios sobre Culturas y Comunicación, Bogotá, pp. 93-119.

McCombs, M., y D. Shaw (1986), "¿Qué agenda cumple la prensa?", en D. Graver (comp.), *El poder de los medios en la política*, Grupo Editor Latinoamericano, Buenos Aires, pp. 81-92.

McQuail, Denis (1986), "Influencia y efectos en los medios masivos", en D. Graver (comp.), *El poder de los medios en la política*, Grupo Editor Latinoamericano, Buenos Aires.

Patterson, Thomas (1986), "Opiniones de ganadores y perdedores", en D. Graver (comp.), *El poder de los medios en la política*, Grupo Editor Latinoamericano, Buenos Aires, pp. 171-180.

Rosaldo, Renato (1997), "Ciudadanía cultural y minorías latinas en Estados Unidos", en R. Winocur (comp.), *Culturas políticas a fin de siglo*, Flacso-Juan Pablos, México, pp. 242-264.

Touraine, Alain (1992), "Comunicación política y crisis de representatividad", en J. M. Ferry, D. Wolton *et al.*, *El nuevo espacio público*, Gedisa, Barcelona, pp. 47-56.

Trejo Delarbre, Raúl (1994), "¿Videopolítica *vs.* mediocracia? Los medios y la cultura democrática", en *Revista Mexicana de Sociología*, núm. 3, pp. 23-58.

—— (1987), "Foro Nexos: prensa, poder y sociedad", en *Nexos*, núm. 114, junio.

Vázquez Mantecón, V., y R. Winocur (1993), "Los unos y los otros. Ciudadanos del plebiscito", en *Argumentos*, abril, pp. 61-72.

Verón, Eliseo (1985), *La semiosis social*, Gedisa, Barcelona.

—— (1992), "Interfaces. Sobre la democracia audiovisual evolucionada", en J. M. Ferry, D. Wolton *et al.*, *El nuevo espacio público*, Gedisa, Barcelona.

—— (1995), *Conducta, estructura y comunicación*, Amorrortu, Buenos Aires.

Wolton, Dominique (1992), "La comunicación política: construcción de un modelo", en J. M. Ferry, D. Wolton *et al.*, *El nuevo espacio público*, Gedisa, Barcelona.

—— (1992), "Los medios, eslabón débil de la comunicación política", en J. M. Ferry, D. Wolton *et al.*, *El nuevo espacio público*, Gedisa, Barcelona, pp. 183-198.

CONFLICTO

Isidro H. Cisneros

Definición

La relación que existe entre conflicto y política es muy antigua, y casi todas las sociedades pueden ser caracterizadas por la manera como la han procesado. Cuando hablamos de conflicto la referencia inmediata es a una contradicción, oposición o lucha de principios, proposiciones o actitudes que naturalmente existen en las colectividades humanas. Por lo tanto, cualquier intento por estudiar las dimensiones y modalidades del conflicto tiene que vincularse de modo fundamental con una lucha que tiene por objetivo defender o afirmar *bienes* materiales o espirituales, condiciones de estatus o de poder, así como establecer, limitar o expandir los *derechos* a favor de personas diversas cuyo ejercicio es recíprocamente incompatible. El conflicto también hace referencia a un contraste y a un desencuentro que puede ser tanto de gustos e intereses como de ideas y opiniones. En relación con los ámbitos en los que el conflicto se desarrolla, encontramos que puede existir entre entidades estatales, económicas, políticas o ideológicas, de la misma forma en que los sujetos sociales pueden tener conflictos dentro de sí mismos, pero también en relación con los demás.

En el ámbito de la política, el conflicto se distingue por sus diferentes intensidades y por los antagonismos que genera. El hecho de que las formas de gobierno y las instituciones políticas no sean dictadas por una tradición inmutable sino que, por el contrario, se encuentren abiertas al cambio hace que el conflicto represente un componente de la vida asociada. En este sentido, es posible identificar en el conflicto y en su opuesto, el consenso, los dos tipos fundamentales de interacción entre sujetos sociales, individuales o colectivos, caracterizados por la divergencia o convergencia de los objetivos de cada una de las partes. Por lo tanto, el conflicto es sólo una de las posibles formas de interacción entre individuos, grupos y organizaciones del más diverso signo. La otra forma de interacción se encuentra representada por la cooperación. Dicho de otra forma, en las sociedades contemporáneas el comportamiento de los actores se enfrenta a una disyuntiva: o la lógica del conflicto y la coacción, o la lógica de la cooperación y el consenso.

En política, los diferentes tipos de conflicto pueden distinguirse entre sí con base en su dimensión (número de participantes), intensidad (grado de involucramiento de los participantes) y objetivos (aspiraciones normativas o cálculos políticos). Por ejemplo, dada la naturaleza profundamente religiosa y política del fundamentalismo, el conflicto que genera es de carácter extremista y se plantea como irresoluble.

Historia, teoría y crítica

Algunas corrientes de pensamiento político sostienen que el conflicto es parte inherente de la vida asociada, y de esta manera es como explican el nexo entre conflicto, política y poder. Tal concepción se sostiene en un supuesto antropológico según el cual el hombre originalmente vive en un estado de naturaleza presocial en donde "el hombre es el enemigo del hombre". Ésta es la típica concepción conflictualística de la política *(homo homini lupus)*. Sin embargo, en la teoría política también encontramos otras interpretaciones según las cuales los conflictos pueden ser dominados en una perspectiva ordenada y civilizatoria. Esta última es representativa de la concepción consensual de la política *(homo homini socius)*. Esta interpretación se encuentra en la base del "conflicto moderado", el cual es un típico conflicto democrático. En otras palabras, el conflicto institucionalizado será consenso, ya que el conflicto no institucionalizado tiende a expandirse hacia una gran variedad de arenas políticas, económicas y territoriales, diferenciando guerra y coerción, competencia y cooperación, organización y relaciones sociales. Esto hace necesario considerar los términos de la confrontación típica de la política no en una lógica de antagonismos sino de coexistencia cooperativa y pacífica. Analizar los problemas que plantea el conflicto en nuestros días tiene sentido a la luz de una breve revisión de la teoría política que permita suponer la existencia de una posición equilibrada tendiente a reconstruir la carga normativa de la idea democrática.

Las dos tradiciones del pensamiento político a propósito del conflicto están representadas, de un lado, por Thomas Hobbes y los teóricos de los regímenes absolutistas y, del otro, por Emmanuel Kant y más tarde por los teóricos de la sociedad abierta. La visión pesimista de Hobbes es esencialmente negativa, en la medida en que su concepción del "hombre como lobo del hombre" se relaciona con la naturaleza de la sociedad y la perennidad del conflicto. Para Hobbes, la política representa pura y simplemente la "gramática de la obediencia". En efecto, los hombres renuncian a su soberanía para establecer un pacto político inderogable e intransferible como única vía para solucionar el conflicto que existe entre los hombres. Para esta corriente de pensamiento, el conflicto es un antivalor y un factor de peligrosa e inaceptable disgregación del tejido social. La concepción conflictualística de la política resalta la imposible eliminación de la hostilidad entre los hombres. Sin embargo, encontramos ya algunas décadas previas como antecedentes de la concepción hobbesiana del conflicto y la política en el gran florentino Nicolás Maquiavelo, quien expresa con claridad la consideración de que la conflictividad extrema —representada en este caso por la guerra— es la esencia misma de la política. En los *Discursos sobre la primera década de Tito Livio*, Maquiavelo hace el elogio de los conflictos entre los patricios y los plebeyos, mismos que no debilitaron sino que incluso reforzaron a la república romana en el siglo IX de nuestra era. El conflicto, entonces, aparece como una síntesis entre política y poder representando no un objetivo o una meta, sino el presupuesto que forma parte de la posibilidad real de eliminar al adversario. Así, Maquiavelo establece la distinción entre el buen tirano y el mal tirano, en donde el primero es aquel que logra mantenerse en el poder prescindiendo de los medios empleados para ello, mientras que el segundo está representado por aquel príncipe incapaz de mantener su poder político.

La concepción conflictualista de la política predominó a lo largo del siglo XVI cuando en la filosofía política se propagó la tesis de que las relaciones humanas estaban basadas en una actitud de miedo y desconfianza. Otros autores que comparten esta línea de pensamiento estarían representados por G. F. Hegel y Carlos Marx. Para Hegel, el conflicto representa un elemento intrínsecamente creativo de la vida espiritual y social, pero cuyos límites son impuestos por el Estado. Por su parte, el marxismo, como veremos más adelante, privilegia esta concepción del conflicto cuando propone una lectura de la historia como lucha de clases. Las concepciones que establecen el paso de "adversarios" a "enemigos" por parte de individuos, grupos o clases sociales generalmente se encuentran como justificación de los regímenes no democráticos.

Dentro de las concepciones conflictualísticas de la política no podía faltar Carl Schmitt, teórico del denominado "decisionismo". En su *Teología política*, Carl Schmitt afirma que "soberano es quien decide sobre el Estado de excepción", presentándonos un lado oscuro de la política en donde prevalece la fuerza sobre el consenso y en donde el origen de la política se encuentra en el conflicto, el cual es parangonado con una catástrofe. En efecto, en la famosa distinción que Schmitt formula entre "amigo" y "enemigo" se ha querido ver una reducción de la política a una lucha real que se manifiesta entre fuerzas contrapuestas. Dentro de esta concepción, la guerra y la política expresan el carácter originario del antagonismo entre los hombres. Schmitt supone que la distinción históricamente existente entre amigo y enemigo debe valer como principio natural del hombre. La concepción conflictualística muestra una idea oscura y pesimista del hombre y de su lado fanático, con su sed de poder y, por lo tanto, con su tendencia natural a la lucha de todos contra todos: "A un nivel más profundo, el proceso político sirve para construir y en algún modo para 'inventar' al enemigo, orientando la competencia en una dirección en lugar de otra. Sirve para eliminar lo abstracto del conflicto y para dar un rostro concreto al enemigo". Dicha concepción se basa en la idea de que para alcanzar un determinado orden dentro de la sociedad y seguridad hacia el exterior es necesario que la política se entienda como sinónimo de poder; es decir, como monopolio de la coerción incondicional. Esta concepción supone una relación subordinada entre mando y obediencia y en donde el poder es considerado soberano y absoluto. En esta perspectiva, *todo es política*, incluso los pequeños espacios del individuo, los que aún gozando de una cierta autonomía se pueden convertir en un espacio para la manifestación de lo político.

Por el contrario, Emmanuel Kant propone una concepción cosmopolita del individuo en donde se resalta un aspecto positivo del conflicto social y político, que se espera pueda llegar a ser "domesticado" a través de un poder soberano fundado en la ética. En este sentido, Kant concibe la "fecundidad del antagonismo"; es decir, un antagonismo entre los individuos que representa el medio propulsor de la naturaleza al tiempo que se encuentra en el origen del desarrollo civil. De acuerdo con Kant, el hombre se caracteriza por su "insociable sociabilidad", ya que los hombres manifiestan una fuerte inclinación para unirse en sociedad al mismo tiempo que presentan continuamente una fuerte tendencia para disociarse. En efecto, las características y egoísmos de los individuos y la resistencia de cada uno contra todos evidencian, según Kant, una calidad antisocial. Sin embargo, el contraste y la lucha representan la fuerza propulsora de la civilización y del progreso. Para tal fin, es necesaria una coexistencia que discipline el conflicto sin anular el natural antagonismo. Kant considera que la noción de derecho se encuentra estrechamente vinculada con la noción de coacción y conflicto: "por lo tanto, la coacción es un concepto antitético a la libertad, pero en cuanto surge como remedio a una precedente ausencia de libertad [...] aun siendo antitética a la libertad, la coacción es necesaria para la conservación de la libertad". De aquí que el paso que Kant propone para preservar la libertad esté representado por la construcción de la *ciudadanía cosmopolita*. Si una sociedad política no comparte una misma norma para la solución de los conflictos, entrará en pugna en cada conflicto generando las condiciones para una guerra civil. De la misma manera, es posible establecer un nexo entre estas concepciones y las tesis de Madison, quien en *El Federalista* subraya el hecho de que no es posible un dinamismo social y político sin el conflicto. En este sentido, el conflicto cooperativo representa una contienda en la que la hostilidad está limitada por la existencia de objetivos comunes deseados mutuamente por los participantes.

En la época contemporánea, Karl Popper ha sido otro autor importante para el análisis del conflicto, sobre todo por sus reflexiones en torno a la pregunta acerca de quién debe gobernar. De acuerdo con este autor, cuando se formula una pregunta de este tipo no se pueden evitar respuestas como las siguientes: los mejores, los más sabios, el gobernante nato, la voluntad general, el pueblo, etc. Pero el mismo Popper nos recuerda que una respuesta de este tipo, por más convincente que pueda aparecer a primera vista, es absolutamente estéril, ya que supone aquello que en teoría y sobre todo en la práctica es casi siempre falso, es decir, que los políticos en general son buenos, sabios y competentes. Por lo que a la pregunta acerca de quién debe gobernar, Popper antepone un nuevo interrogante relacionado con el conflicto: ¿cómo se pueden organizar las instituciones de modo que impidan que los políticos incompetentes hagan más daño que aquel que es inevitable? En otros términos, el problema clave para definir una política democrática no es sólo el relativo a los sujetos de la ciudadanía sino el concerniente al control institucional de la lucha política y de los contrapesos del poder absoluto de los gobernantes, el cual es causa de muchos conflictos. Por lo tanto, los conflictos que no atacan el consenso básico de la comunidad política y que se desarrollan apoyándose en la misma tienen mayores probabilidades de contribuir a una integración más estrecha de la sociedad.

Otro autor que comparte esta concepción del conflicto moderado es Ralf Dahrendorf, quien contrapone las sociedades libres, las cuales se fundamentan en las relaciones entre libertad y conflicto, a las sociedades totalitarias, que niegan el valor del conflicto en cuanto lo consideran elemento de intolerable desorden; en esta perspectiva, tales regímenes organizan un sistema represivo para imponer su propio orden. Por definición, la exclusión genera conflicto en la medida en que discrimina. Este problema plantea el tema de la inclusión y la exclusión; por tanto, "si la ciudadanía excluye, termina por dañar su propio principio, que es universal". Dahrendorf analiza el problema de las clases sociales y su conflicto en la sociedad industrial, con lo que inaugura su conocida *pedagogía del conflicto*. Para este investigador, el ciudadano representa un nuevo actor alternativo a la clase social y, en tal perspectiva, sostiene que el único camino posible para la supresión del conflicto de clases en la sociedad industrial moderna es la democracia.

Líneas de investigación y debate contemporáneo

Sobre la base de estas dos grandes visiones clásicas dentro de las ciencias sociales se ha mantenido una discusión acerca de la naturaleza política del hombre y de su relación con otros hombres. Así, encontramos en la sociología diferentes perspectivas de análisis acerca del conflicto. Una de ellas ha sido denominada "organicista" y se propone integrar todos los elementos privilegiando el momento de la cohesión. Otra concepción es aquella que privilegia el momento del antagonismo. Entre las corrientes más significativas que representan estas posiciones encontramos de nueva cuenta al marxismo, pero esta vez en contraposición al positivismo (Augusto Comte), al darwinismo social (Herbert Spencer), a la teoría elitista (Vilfredo Pareto) y al funcionalismo (Talcott Parsons y Robert Merton).

Estas corrientes de pensamiento poseen fuertes diferencias entre sí. Por ejemplo, dentro de la teoría funcionalista la preocupación dominante ha sido la del orden y la cohesión social, presentando un sistema capaz de prever y absorber los cambios y transformarlos en estabilidad. Por su parte, dentro de la teoría marxista es dominante el tema de la ruptura del orden. Aunque esta concepción plantea la necesidad de transitar de una forma de producción a otra, debemos destacar que el marxismo no postula una conflictividad perenne, ya que el final del conflicto aparece representado por una sociedad sin clases. En la sociedad comunista el conflicto estaba llamado a desaparecer en la medida en que también desaparecían las motivaciones sociales y políticas que están en su origen. Tales interpretaciones dan un determinado valor al conflicto, al tiempo que proponen distintas formas para resolverlo: el funcionalismo a través del orden y la cohesión, el positivismo a través de la "sociocracia", el darwinismo social a través de la "selección natural" y el marxismo a través de la lucha entre clases. Entre el grupo de autores que contribuyeron al desarrollo de esta concepción también encontramos a Emilio Durkheim y a Max Weber. En efecto, en la teoría sociológica estos autores ocupan un lugar importante. Por un lado, Durkheim sostiene un concepto de solidaridad que es compatible con la perspectiva consensual de la política. Durkheim distingue en su obra *De la división del trabajo social* dos tipos de sociedades: las sociedades de "solidaridad mecánica", en las que tienen poca importancia las diferenciaciones individuales y que basan su cohesión interna en las fuerzas de la conciencia colectiva, y las sociedades de "solidaridad orgánica", en las que la división del trabajo constituye a los hombres en individualidades diferenciadas que cumplen tareas específicas. La cohesión social interna es resultado de la complementariedad de las funciones y de un nuevo tipo de valores en torno al concepto de persona humana. Por su parte, el gran sociólogo alemán Max Weber formula una interpretación sugerente sobre los conflictos en la sociedad capitalista. Este autor sostiene que "el conflicto no puede ser excluido de la vida social [...] la paz sólo es un cambio en la forma del conflicto, en los antagonistas, en los objetos del conflicto o, en último término, en las oportunidades de selección". Weber rechaza firmemente la noción según la cual el análisis del conflicto podría ser reducido al análisis de las clases. Al respecto, afirma que "las clases constituyen sólo un aspecto de la distribución y de la lucha por el poder. Los estamentos [un concepto importante en la teoría de Weber], los partidos políticos y los Estados-nación son elementos igual o más importantes". También la sociología considera al conflicto como parte inherente de cualquier proceso social. De esta manera, el conflicto aparece como el núcleo creador y factor estructural de la sociedad. Como se puede observar, la concepción del conflicto se ha modificado de acuerdo con las disputas, las circunstancias históricas o los desarrollos teóricos del momento.

A finales del siglo XX observamos que las teorías políticas del conflicto resultan insuficientes para explicar la nueva situación que se creó con el fin del sistema bipolar de la política. Algunos autores hablan incluso del "final" de la política. Recordemos que, por lo general, una crisis política es la expresión de un conflicto cuyas características se relacionan con el problema del poder. La crisis del socialismo se explica en parte porque en las diferentes esferas de la vida social no existían mecanismos institucionales para regular (que no reprimir) el conflicto. El Estado fue incapaz de encauzar el antagonismo entre los distintos grupos, con la consecuencia de que el pluralismo social se convirtió en pluralismo político. La disputa entre la necesidad de una mayor libertad y la rigidez del orden establecido colocó al conflicto en un ámbito de alternativas contrapuestas e irreconciliables. Hoy, el problema de la política no está representado por la cancelación completa, irreversible y definitiva del conflicto; sino que, más bien, el problema auténtico de la política estriba en cómo afrontar y tratar los conflictos, suponiendo que la conflictividad no se puede eliminar de la dimensión pública. Dicho de otra forma, el conflicto sólo puede ser "regulado" cuando encuentra un cauce institucional. Por lo tanto, la democracia aparece como la única forma de gobierno a través de la cual es posible imaginar un conflicto racional y moderado, asignando a la política la tarea de construir democráticamente una sociedad heterogénea. En efecto, el régimen democrático permite formas de "cohabitación compleja" de carácter pacífico entre las más diversas identidades políticas. La cohabitación política es una expresión de la pluralidad existente. El conflicto generado por las "diferencias" es el principal desafío al que se enfrentará la democracia en el próximo siglo. Por ello, debemos preguntarnos acerca del tipo de conflicto que es posible en las democracias complejas y heterogéneas como las actuales, en donde los antagonismos ya no son entre clases y en donde la confrontación aparece más bien entre las diferentes identidades políticas que existen en el espacio público.

En consecuencia, resulta necesario considerar una perspectiva de la política en donde el conflicto y la moderación coexistan a través del respeto de las reglas del juego. En efecto, el conflicto en la democracia debe someterse al método de la competencia institucional, en donde se lleva a cabo la discusión y la solución concertada de las diferencias entre los sujetos considerados iguales. Los antagonistas no son más los "enemigos" del pasado, sino sólo adversarios con quienes se puede convivir de manera tolerante. Se trata de combinar e integrar al mismo tiempo las contraposiciones, buscando coincidencias entre las posiciones y resaltando lo que unifica por encima de lo que divide. La relación política asegura cierta unidad social de los grupos y la colectividad; sin embargo ésta no debe ser obtenida mediante la exclusión de los contrincantes.

En este sentido, la concepción moderada del conflicto propugna por la primacía de la política, en donde ésta representa sólo uno de los ámbitos de acción del ser humano, reconociendo también la existencia de otras esferas, como la economía, la moral, la ciencia y la cultura. El conflicto debe colocarse dentro de los límites de un orden democrático, evitando los términos irresolubles. De un lado, el conflicto, por decirlo así, puede civilizarse ayudando a integrar a los individuos y a los grupos con sus diferencias; mientras que del otro, el conflicto representa una activación de las relaciones humanas, y es compatible con la solidaridad. La meta principal de las sociedades libres no consiste en eliminar el conflicto, sino en reglamentarlo racionalmente con la ayuda de los principios del derecho y las instituciones. Éstas deben crear los mecanismos formales de solución de los conflictos con el objetivo de estabilizar el sistema social y equilibrar los intereses contrapuestos. De ahí la necesidad de contar con pactos y compromisos basados en consensos racionales, inspirados en los valores de la sociedad democrática. Cuando estos valores universales son objeto de conflicto, se pone en cuestión el consenso y la legitimidad misma de su reglamentación formal.

En una democracia, la hostilidad que provocan las tendencias opuestas debe adoptar un carácter moderado, estableciendo las condiciones para la aplicación de soluciones equitativas. De hecho, la política democrática se coloca en una perspectiva integrativa y agregativa. De la misma manera como no podemos negar que el conflicto es un elemento constitutivo de las sociedades pluralistas, también debemos reconocer que la *cohabitación compleja* no elimina las contradicciones y los conflictos; pero, a diferencia de otras formas institucionales, brinda la posibilidad de que las controversias puedan ser superadas en modo concertado. El establecimiento de acuerdos no es una tarea fácil en la medida en que la competencia por el poder provoca necesariamente una disputa política. La búsqueda de "puntos de encuentro" representa un método para encauzar el conflicto, ayudando a resolver las tensiones de aquellos gobiernos que *cohabitan de manera difícil*. Procesar el conflicto de manera democrática permitirá construir un nuevo tipo de consenso basado en la persuasión, la moderación y la prudencia, elementos escasos en nuestra realidad mexicana, pero que mucho ayudarían a resolver las distintas controversias de carácter político. Necesitamos construir una democracia que permita que el conflicto sea resuelto a través de la equidad en los procedimientos y para que cada ciudadano tenga la posibilidad de expresar sus diferencias sin que por ello sea excluido o estigmatizado.

En conclusión, hoy, la política del conflicto debe ser resuelta en la perspectiva del interés democrático. La política del futuro no está en la elección de una de las dos vías, sino en una mediación que de ninguna manera elimina el conflicto sino que lo hace dar un paso adelante. En tal situación, resulta necesario construir una *nueva alianza* entre el liberalismo constitucional y la reforma social. Debemos precisar que si bien resulta difícil dicha mediación, al mismo tiempo es indispensable para la creación de una sociedad civil mundial. En la medida en que la mediación prevalezca, el conflicto irá siendo *regulado* por las instituciones haciéndolo socialmente útil. En este sentido, la política de la libertad puede transformarse en la política de la convivencia en el conflicto.

BIBLIOGRAFÍA

Bobbio, Norberto (1969), *Diritto e stato nel pensiero di Emanuele Kant*, Giappichelli, Turín.
Dahrendorf, Ralf (1962), *Las clases sociales y su conflicto en la sociedad industrial*, Ediciones Rialp, Madrid.
——— (1990), *El conflicto social moderno. Ensayo sobre la política de la libertad*, Mondadori, Madrid.
Durkheim, Emilio (1967), *De la división del trabajo social*, Schapire, Buenos Aires.
Hamilton, A., et al. (1987), *El federalista*, FCE, México.
Held, David (1989), *Modelli di democrazia*, Il Mulino, Bolonia.
Kant, Emmanuel (1965), *Scritti Politici*, UTET, Turín.
Luhmann, Niklas (1989), "La moral social y su reflexión ética", en Niklas Luhmann, *Razón, ética y política. El conflicto en las sociedades modernas*, Barcelona, Anthropos, pp. 47-58.

Portinaro, Pier Paolo (comp.) (1996), *Processare il nemico*, Einaudi, Turín.
Sabine, George H. (1982), *Historia de la teoría política*, FCE, México.
Sartori, Giovanni (1989), *Teoría de la democracia. El debate contemporáneo*, Alianza Universidad, México, vol. 1.
Skocpol, T. (1981), *Stati e rivoluzioni sociali*, Il Mulino, Bolonia.
Sternberger, Dolf (1992), *Dominación y acuerdo*, Gedisa, Barcelona.
Stoppino, Mario (s. f), *Potere, scambio e dominio*, Departamento de Estudios Políticos y Sociales, Universidad de Pavía, documento dactilográfico.
Weber, Max (1973), *Ensayos sobre metodología sociológica*, Amorrortu, Buenos Aires.

CONGRESO

Luis Medina Peña

Definición

El concepto *congreso* guarda estrecha relación con las voces *legislatura* y *parlamento*. Aunque los tres términos hacen referencia a una reunión o asamblea de delegados electos de alguna forma, tienen matices que los diferencian. Los autores europeos que han escrito sobre este tipo de instituciones tienden a considerar las legislaturas como el género próximo de este tipo de asambleas, con el fin de incluir todas sus variantes posibles (Wheare, 1968). Así, en términos generales, congresos y parlamentos serían especies de un concepto más general que los incluye: las legislaturas. Como resulta evidente, este concepto general hace referencia a la función, es decir, a la actividad legislativa como actividad primordial de este tipo de reuniones de delegados electos. Sin embargo, también resulta evidente que la actividad legislativa no se agota en las tareas de las legislaturas, pues éstas pueden tener otras adicionales y distintas a la de legislar. Tal es el caso, por ejemplo, de la facultad de erigirse en colegio electoral para calificar la elección del titular del Poder Ejecutivo o la de supervisar y controlar la actividad de este último en los regímenes presidenciales. Es preciso aclarar que no cualquier tipo de reunión de delegados electos cabe dentro del término de legislatura. Tal sería el caso de los cuerpos de delegados con facultades de representación que rige el derecho privado, como serían los consejos de administración que gobiernan a las compañías privadas, en los cuales los accionistas delegan una serie de funciones y facultades directivas y de decisión. Desde este punto de vista, lo prototípico de las legislaturas sería, aparte de la función legislativa, que están regidas por el derecho público, específicamente por normas constitucionales.

Tanto congresos como parlamentos, entonces, serían cuerpos electos determinados orgánicamente por normas constitucionales, y una de cuyas funciones esenciales es el debatir y aprobar leyes obligatorias dentro de un Estado; pero ahí no se agotan sus similitudes ni mucho menos sus diferencias. A los congresos se les asocia con los regímenes republicanos y presidenciales, y a los parlamentos con las monarquías constitucionales. Existe Congreso en los Estados que han adoptado una forma de gobierno de tres poderes claramente definidos y contrapuestos en equilibrio; hay parlamento en el Estado donde el Poder Ejecutivo emana de una mayoría simple o producto de alianza en la asamblea legislativa (Parlamento). Así, en el régimen parlamentario, el Ejecutivo depende de la forma en que ha quedado integrado el Parlamento; en el presidencial, el Ejecutivo no depende de esa integración, puesto que su titular es producto de una elección diferente y separada —aunque puede ser simultánea— a la de los integrantes del Congreso. Salvo que la mayoría se disuelva o la mayoría se pierda por desaparición de las alianzas, en el régimen parlamentario es impensable un conflicto entre el Poder Legislativo y el Ejecutivo, en tanto que ello es perfectamente posible en el presidencial. Por otro lado, también existe una diferenciación con base en el origen. Los parlamentos encuentran su origen en una larga evolución histórica del Parlamento inglés, en tanto que los congresos tienen su referencia obligada en la Constitución de los Estados Unidos de América. El modelo parlamentario inglés ha sido adoptado en los antiguos territorios coloniales de Inglaterra (con la excepción, claro está, de los Estados Unidos), en tanto que el modelo del Congreso estadunidense influyó en la mayoría de los países iberoamericanos.

Sin embargo, una función esencial que comparten congresos y parlamentos es la de la representación. Ambos tipos de asambleas existen, entre otras razones, porque las naciones, titulares de la soberanía, tienen que delegarla en alguna forma para que el trabajo legislativo pueda realizarse con eficacia. Sin embargo, históricamente hay dos escuelas de pensamiento en cuanto a la naturaleza de la representación: la del mandato vinculante, según la cual el representante, una vez electo, está obligado a comportarse en el cuerpo legislativo de acuerdo con los compromisos establecidos con el electorado que le ha otorgado el triunfo, y la que establece que el legislador no está obligado más que por su propio juicio, independientemente de las razones e intereses de los electores que le votaron. La primera corriente es de filiación anglosajona, y se puso de manifiesto con el apogeo del Parlamento inglés en la segunda mitad del siglo XVIII. El muy citado *Discurso a los electores de Bristol* de Edmund Burke, pronunciado el 3 de noviembre de 1774, ilustra *a contrario sensu* la filiación de este principio, cuando este famoso parlamentario trata de rebatir, con poco éxito por cierto, la idea del mandato vinculante (Burke, 1975). La segunda corriente es de firme prosapia francesa y encuentra su origen en los escritos de Emmanuel J. Sieyès (1983), sobre todo en aquellas partes en que este escritor político propone la reforma de los Estados Generales de Francia y pregona, frente al dominio en ellos de la nobleza y el clero, representaciones estamentales de tradición medieval, la importancia del Tercer Estado (los burgueses) y los identifica con la nación. El principio está implícito: los representantes no están vinculados a la defensa de intereses particulares, puesto que representan a la nación como un todo.

Así, el siglo XVIII lega a la posteridad dos formas distintas de representación. El modelo inglés, que curiosamente va a desplegar a la larga sus mejores raíces en el Congreso estadunidense, en el cual el mandato vinculante evoluciona al extremo de hacerlo casi la razón de ser de esa institución representativa y que en la actualidad exige para su adecuado funcionamiento el cabildeo constante de los más diversos intereses. Y la modalidad francesa, que desvincula al legislador de los intereses particulares que pueden haber contribuido a su elección y le asigna la representación de un interés superior, el de la nación, el de la voluntad general. Dentro de esta última corriente, la circunscripción o distrito en el cual se elige al representante es apenas una necesidad impuesta por la lógica de la elección y la fatalidad de la geografía, y no un territorio con derechos propios en el contexto nacional, cuyos intereses tengan que ser patrocinados y defendidos por el representante. Sin embargo, cabe aclarar que ningún Congreso o Parlamento puede ubicarse en los extremos, como expresiones de las dos formas puras de la representación: de un lado, el representante sólo como procurador de los intereses de su circunscripción, y de otro, asambleas cuyos miembros sean absolutamente ajenos a los deseos y necesidades de los electores. De hecho, todas las asambleas legislativas se ubican en puntos intermedios de un *continuum;* algunas, como la estadunidense, más cargadas hacia la procuración, y otras, como buena parte de las europeas e iberoamericanas, más inclinadas hacia la voluntad general. Sin embargo, en todos aquellos países que permiten la reelección de los representantes se ha impuesto, en mayor o menor medida, un criterio político práctico: la necesidad de los legisladores de cultivar a los electores mediante la gestión y procuración de bienes públicos en su beneficio, con la esperanza de volver a ser elegidos.

Con base en estos antecedentes podemos definir al Congreso como asamblea o sistema de asambleas, basadas en algún tipo de principio representativo, cuya naturaleza colegiada implica relaciones igualitarias y no jerárquicas de sus miembros, los cuales tienen como función primordial el debate y aprobación de leyes de observancia general, en virtud de poderes delegados por la nación de acuerdo con las normas constitucionales que ella misma se ha otorgado. Gracias al principio de la división y equilibrio de poderes, las actividades de los Congresos se extienden a la supervisión y control del Poder Ejecutivo, mientras que en los regímenes parlamentarios el control queda circunscrita a la oposición en el seno del propio Parlamento. En general, congresos y parlamentos son instituciones políticas que cumplen un papel fundamental en la gobernación de las sociedades y tienen un lugar claramente definido dentro del Estado; por lo tanto, son instituciones políticas sujetas a las normas y reglas de la competencia política y de las elecciones periódicas, así como a las necesidades que ello implica, sin excluir las consideraciones de conveniencia táctica o estratégica en virtud de las posibilidades de reelección de los legisladores.

Historia, teoría y crítica

En México, para este tipo de asambleas se adoptó el término *congreso* desde la Constitución de 1824. Los ha habido extraordinarios o constituyentes y ordinarios. Los extraordinarios o constituyentes fueron convocados, previa revolución exitosa, para redactar constituciones que establecieran el arreglo institucional-político fundamental del país. Los ordinarios son aquellos que se integran bajo las constituciones así convenidas y forman parte del Poder Legislativo. No obstante que en los debates de los constituyentes de 1824 y 1857 rondaron ideas y tentaciones sobre la posible adopción de un régimen parlamentario, fue el presidencial, con tres poderes, el que prevaleció. La influencia del modelo estadunidense fue importante desde que se debatió y compuso la primera Constitución del México independiente y, desde entonces, al Poder Legislativo se le ha conocido primero como Congreso General y posteriormente como Congreso de la Unión. La Constitución de 1824 estableció el sistema *bicameral,* Cámara de Diputados y Senado, en tanto que la de 1857 eliminó al Senado, dejando un Poder Legislativo unicameral. El Senado fue recreado en 1876 mediante una reforma constitucional, y la Constitución de 1917 conservó el sistema bicameral. En el esquema federal que ha prevalecido según las Constituciones de 1824, 1857 y 1917, los estados deben seguir un sistema interno de gobierno de tres poderes, y sus legislaturas o congresos locales han sido siempre y por sistema unicamerales. Congreso, pues, es un término que en México se ha aplicado y se aplica a las asambleas constituyentes, a los poderes legislativos federales de diversas épocas, sean unicamerales o bicamerales, y a los congresos o legislaturas de los estados federados.

Como objeto de estudio, el Congreso de la Unión estuvo hasta muy recientemente relegado a un segundo plano. Durante años sólo los juristas hicieron su análisis bajo las particulares perspectivas del derecho constitucional o la teoría del Estado. Sin embargo, la mayoría de los estudios jurídicos se concentraron sobre todo en los congresos constituyentes de 1824, 1857 y 1917, en tanto dejaban de lado a los congresos ordinarios; es decir, aquellos que han integrado al Poder Legislativo desde la aprobación de la primera Constitución política. La preocupación central de los estudios constitucionales fue la de establecer continuidades y discontinuidades, influencias y tradiciones en los trabajos, debates y redacciones finales de los congresos constituyentes. Así, temas importantes como el federalismo, el equilibrio de poderes y cuestiones relativas a la propiedad originaria de la nación sobre los recursos del país encontraron filiación y genealogía, los dos primeros en la Ilustración, en los doctrinarios de la Revolución francesa y en el ejemplo de la Constitución estadunidense, y el tercero en el constitucionalismo histórico español.

Dentro de la corriente jurídica hubo unos cuantos investigadores que dedicaron algunas páginas a los congresos ordinarios, aunque con un enfoque limitado al funcionamiento del equilibrio de poderes. En este contexto, la referencia obligada es Emilio Rabasa (1968 y 1972), que hacia principios de este siglo abordó el tema contrastando la Constitución legal con la Constitución real, entre los preceptos consignados en la Constitución de 1857 y la práctica política vigente a lo largo de los años conocidos como el porfiriato. De hecho, buena parte de lo escrito hasta ahora sobre el Congreso mexicano se ha hecho en diálogo a veces anuente, muchas veces renuente, con Rabasa. Jurista, pedagogo, legislador, juez y funcionario público, además de abogado postulante, Rabasa conjugó su amplia experiencia política con el estudio de teóricos constitucionalistas estadunidenses, franceses e ingleses, para establecer esa útil tipología conceptual que le permitió contrastar la experiencia histórica mexicana del último tramo del siglo XIX con el texto legal, entre los propósitos de la norma y lo que hoy llamaríamos las realidades del sistema político entonces vigente.

Aunque en el equilibrio de poderes participa o debe participar el Poder Judicial, al cual Rabasa no lo consideraba un poder propiamente hablando, en lo que toca a la relación entre el Congreso y el Ejecutivo dejó establecida como idea fundamental la falta de correspondencia entre la teoría constitucional y la práctica política cotidiana. Como buen positivista, Rabasa ubicó la explicación en las dificultades para lograr la integración nacional, resultado de una evolución a ritmos diferentes entre dos pueblos: de un lado, el criollo, que asimila el liberalismo doctrinario y, de otro, el mestizo e indígena, que siguió una evolución sobre bases tradicionales. En su concepto, las masas populares nunca estuvieron en condiciones de participar de manera adecuada en el mundo político moderno previsto por los constituyentes de 1857; por lo tanto, el poder porfirista se vio obligado a asumir en la práctica procedimientos autoritarios en abierta contradicción con los ideales que inspiraban al texto constitucional. Rabasa vio en los exaltados y optimistas propósitos de los liberales doctrinarios el origen del descrédito constitucional posterior y, de paso, las causas de la instauración de la tiranía porfirista. Los constituyentes dieron al traste con el deseado equilibrio de poderes, según Rabasa, porque otorgaron facultades excesivas al Poder Legislativo y dejaron un Poder Ejecutivo desmedrado y cohibido que, a la larga, tuvo que imponerse mediante acciones políticas que llevarían al sometimiento del Congreso al Ejecutivo durante el porfiriato. La defensa de este punto de vista llevó a Rabasa a proponer reformas constitucionales para acercar el texto constitucional a la práctica, privando al Congreso de los rasgos de parlamentarismo que le había otorgado el Constituyente de 1857.

Sin pretender restarle méritos a Rabasa, hay que decir que esas ideas eran patrimonio común de los miembros de su generación, la mayoría de un corte liberal ya atenuado por el positivismo y convencidos de la necesidad de la mano fuerte para orientar adecuada y eficazmente la marcha del país hacia la modernización y el progreso. Entre otros, por ejemplo, José López Portillo y Rojas (1975) y Francisco Bulnes (1992) también encontraron explicaciones históricas para esa separación entre teoría constitucional y práctica política en las políticas de conciliación y manipulación de las fuerzas políticas que desplegó Porfirio Díaz a lo largo de sus recurrentes mandatos presidenciales. Pero sea como fuere, el hecho es que Rabasa merece el reconocimiento —no obstante su anatemización posterior de parte de los revolucionarios— de haber sido el primero en analizar los intersticios del sistema constitucional y el sistema político, de la teoría normativa y la realidad política y establecer sus diferencias.

Los años anteriores a la restauración de la República —los que corren entre 1821 y 1867— representan la época olvidada por la historiografía nacional, al menos hasta hace pocos años. Convencionalmente fue considerada durante mucho tiempo como una época inestable, oscura, en la cual los congresos no cuentan ni actúan con eficacia. Visto en la superficie ese primer periodo de la vida independiente de México, es natural que se haya llegado a este tipo de conclusiones. En esa primera etapa transcurren el intento fallido de imperio de Agustín de Iturbide, las revueltas que hacen caer a los presidentes de los primeros años de vida de la República, los intentos fallidos por organizar una república unitaria, los ires y venires del caudillo providencial Antonio López de Santa Anna, la guerra contra los Estados Unidos y la pérdida de la mitad del territorio, el desplazamiento de los centralistas por los liberales republicanos, la intervención francesa y el imperio de Maximiliano, el inicio incierto y tambaleante de la República restaurada, dos reelecciones del presidente Juárez y la elección de Sebastián Lerdo de Tejada. En suma, una serie de revueltas y revoluciones, además de dos documentos constitucionales: el de 1824, que instaura el federalismo pero falla en el diseño de mecanismos para la vigilancia de la constitucionalidad, y el de 1857, que lega a la posteridad un arreglo constitucional con predominio del Poder Legislativo sobre el Ejecutivo como reacción a los caudillismos que encarnaban en la presidencia de la República. Sin embargo, investigaciones recientes tanto sobre la primera mitad del siglo XIX como de la etapa inmediatamente posterior han llevado a autores como Fernando Escalante (1994) a afirmar que el siglo XIX mexicano fue el siglo del parlamentarismo, al igual que lo fue en Europa.

Entre las nuevas aportaciones al saber histórico sobresale la de Nettie Lee Benson (1955), pues es la primera en poner en duda algunas ideas preconcebidas sobre la evolución constitucional de México. Aunque su tema de fondo es el de los antecedentes del federalismo, con su estudio sobre las diputaciones provinciales entre 1810 y 1821, Benson abre toda una nueva dimensión indirectamente relacionada con los congresos mexicanos: la existencia y confluencia de diversos intereses regionales en la constitución del federalismo, intereses cuya integración puede ser válidamente referida al siglo XVII, si no es que antes. Lo más importante del estudio de Benson, para efectos del tema que nos ocupa, es el señalamiento de que la autorización por parte de las autoridades coloniales para la creación de un buen número de diputaciones provinciales en los años inmediatamente anteriores a la consumación de la independencia se debió a las reiteradas peticiones de intereses regionales. De aquí la inferencia que años después va a ser retomada como hilo de la madeja: los congresos posteriores a la Independencia van a ser el lugar privilegiado para la confluencia de los intereses regionales y para la negociación entre ellos.

Posteriormente, Jesús Reyes Heroles (1988), con su vasto y erudito estudio sobre el liberalismo mexicano, vino a llenar un hueco importante para esa primera mitad del siglo pasado, particularmente en lo que toca al origen y evolución de las ideas. Este autor deja en claro cómo en el mortero ideológico de esos años se mezclan las ideas provenientes del pensamiento jurídico español con los novedosos conceptos instilados por la Revolución francesa para dar sentido y orientación a una revolución político–ideológica destinada a cambiar la faz institucional del país. F. Jorge Gaxiola (1985) y Santiago Oñate *senior* (1985), inscritos siempre dentro de la tradición del análisis jurídico constitucional, puntualizan las ideas insinuadas por Benson al señalar que tanto los proyectos de constitución de 1842 como el Acta de Reformas de 1847 ponen de manifiesto intentos de transacción entre representantes de diversas facciones con ideas distintas sobre la constitución del poder político, pero a fin de cuentas susceptibles de complementariedad. Dentro de esta línea de pensamiento, la Constitución de 1857 sería el punto de ruptura de los posibles arreglos y transacciones, pues esa carta es el resultado del predominio de los liberales doctrinarios, quienes querían dos cosas bien claras: las garantías individuales como defensa de la persona frente al poder, y llevar a cabo una revolución social con las Leyes de Reforma.

Tocó a Daniel Cosío Villegas iniciar la revisión histórica de los postulados que se encontraban detrás de la tesis de Rabasa. En las conferencias que pronunció a raíz del centenario de la Constitución de 1857 (1957),

Cosío Villegas coincide con la afirmación de Rabasa de que el Constituyente de 1857 había alentado el desequilibrio de poderes al otorgarle al Congreso, entonces unicameral, facultades excesivas, pero le reprocha a este autor que no hubiera llegado al fondo del asunto. Para Cosío Villegas, el desequilibrio provenía de la confusión a que habían llegado los liberales sobre la naturaleza de dos poderes: el Ejecutivo, que es el poder de la acción, y el Legislativo, que debe ser el poder deliberante, en una época en la que se requería un Ejecutivo fuerte para acometer la reconstrucción nacional. Señala que los constituyentes fueron víctimas más del propósito de llevar adelante su revolución social que del objetivo de instaurar un adecuado equilibrio de poderes y, por lo tanto, otorgaron facultades tan amplias al Legislativo que lo equipararon a una convención revolucionaria a la francesa. Y fueron tan amplias esas facultades, nos dice Cosío Villegas, que los congresos de la República restaurada se perdieron por las ramas (discusiones sobre patentes, concesiones y revalidación de estudios, por ejemplo) y dejaron sin reglamentar preceptos constitucionales importantes, como el que facultaba al Ejecutivo a prestar el auxilio de su ejército a los estados (artículo 166) o el que permitía a los estados contar con una guardia nacional (artículo 72, fracción XIX). La ausencia de reglamentación del primer precepto permitió, según Cosío Villegas, la intervención indebida del poder federal en el local, y la del segundo, alentó al poder local a invadir la esfera del poder federal; en pocas palabras, el uso de la fuerza federal para la solución de conflictos faccionales locales y el planteamiento de revueltas de los intereses locales en contra de la Federación. La negación de la política.

Para Cosío Villegas, la manifestación más seria de las facultades excesivas del Congreso se dio gracias a la ambigüedad introducida en varios preceptos constitucionales que suscitaban la duda sobre si el Constituyente del 57 había querido o no establecer un régimen parlamentario. Para ilustrar su idea, Cosío Villegas menciona la amplísima facultad que tenía el Congreso para convocar a los ministros —secretarios de Estado— del Ejecutivo para requerirles información prácticamente sobre cualquier materia. Sin embargo, fue Frank A. Knapp (1953) quien dedicó un amplio y profundo análisis a este tema, del cual resultan varias novedades relevantes. Ante todo, que los constituyentes de 1857 sí llegaron a considerar la conveniencia de un régimen parlamentario, y en los intersticios de la discusión se colaron las disposiciones que apuntaban en ese sentido. Tales son, además de la facultad de convocar a los ministros por parte del Congreso, el refrendo ministerial a las leyes que debía promulgar el presidente de la República después de su aprobación por el Legislativo, la responsabilidad de los ministros ante el Congreso y la posibilidad de ser sujetos a juicio político. Claro, a estas disposiciones que se inclinaban por el lado del parlamentarismo se contraponía la disposición constitucional que facultaba al presidente a remover libremente a sus ministros. Knapp aclara cómo en las particulares condiciones de la política mexicana, entre 1861 y 1862, y poco después en el curso de los años de la República restaurada, la idea de un gabinete que respondiera a la correlación de fuerzas entre las facciones liberales en el Congreso fue una tentación constante que afectó la armonía entre los poderes y condujo a la famosa convocatoria a elecciones de 1867, en la que Juárez propuso diversas reformas a la Constitución para fortalecer la presidencia, limitar los afanes parlamentarios de los diputados y acabar con las ambigüedades sobre el régimen político previsto en la propia constitución. Aunque la convocatoria falló en sus intenciones, dada la oposición y críticas que obligaron al presidente a retirar las propuestas, el solo hecho del planteamiento de las reformas evidenciaba que el problema existía y afectaba decididamente el equilibrio de poderes.

Pero crítica aparte a Rabasa, es un hecho que la obra de este autor habría de tener una importancia decisiva en los debates del Congreso Constituyente que elaboró la Constitución de 1917. Hoy se cuenta con dos estudios que han abordado la influencia de las ideas de Rabasa entre los constituyentes de 1917. Gloria Villegas Moreno (1984) encuentra que el impacto fue definitivo e importante en la medida en que los argumentos de Rabasa pueden rastrearse con claridad en los debates. Pero más importante es la indicación que hace Villegas Moreno en el sentido de que las ideas de Rabasa eran patrimonio, a veces inconsciente, de toda una generación de mexicanos que empieza a preocuparse por las cuestiones políticas nacionales a finales del siglo pasado. Fue, sin duda, como lo señala la autora, el ascendiente como profesor de derecho constitucional que tuvo Rabasa lo que contribuyó a la mayor difusión de sus ideas.

La segunda obra sobre la influencia del pensamiento rabasiano es la compuesta por Martín Díaz y Díaz (1991). A diferencia de la de Villegas Moreno, que es una obra de manufactura histórica, la de este autor explora las influencias teóricas que obraron en el pensamiento de Rabasa, así como sus ideas sobre la naturaleza de las leyes, el poder, la autoridad, la dicotomía Constitución-realidad, la operación del sufragio artificial y la convicción antiasambleísta derivada de Benjamin Constant. Deja así en claro los procesos mentales y razones que llevaron a Rabasa a proponer un Congreso acotado y un Ejecutivo fuerte, que tanta influencia habrían de tener entre los constituyentes de 1917. Es de subrayar la conclusión a la que arriba Díaz y Díaz: en la perspectiva analítica de Rabasa se encuentran las bases para una teoría del proceso constitucional mexicano que, desafortunadamente, no fue continuado por los constitucionalistas posteriores, que se han encerrado en la labor exegética olvidando la tarea crítica.

En lo que se refiere a los congresos ordinarios, es de nueva cuenta Cosío Villegas quien abre camino en su narrativa sobre la vida política interior de la República restaurada y del porfiriato en su *Historia moderna de México* (1955, 1970 y 1972). Prendado de la vida democrática de la primera, y al principio prejuiciado contra el segundo, Cosío Villegas explora diversos asuntos a los que necesariamente tenía que concurrir el parecer del Legislativo, y que son de consulta obligada para todos aquellos que quieran acercarse al tema del Congreso en el siglo XIX mexicano. En los años que siguieron a la conclusión de la magna obra de Cosío Villegas, el tema de la vida parlamentaria quedaría de lado en un camino que empieza a ser transitado por otras preocupaciones menos institucionales y más sociológicas y económicas entre el personal de la historia y las ciencias sociales.

Las nuevas generaciones de historiadores, como señala Enrique Florescano (1992), se van a empeñar en una labor más acuciosa y rigorista para vislumbrar el siglo XIX mexicano a partir del decenio de 1960, acudiendo más a los archivos que a las fuentes secundarias, y contribuyendo con ello a la revisión histórica y al rechazo de ideas preconcebidas de años anteriores. Las nuevas generaciones de historiadores van a concentrar sus esfuerzos fundamentalmente en la historia económica y social a tal grado, que recientemente François-Xavier Guerra (1988) se quejaba del olvido en que había caído la historia política del siglo XIX. A pesar de ello, la avalancha de los estudios puntuales y delimitados contribuyó a decantar una convicción fundamental: más que rompimientos hay continuidades en una historia decimonónica caracterizada por los empeños de varias generaciones de liberales por imponer la modernización y su choque consecuente con actores colectivos tradicionales. Los avances y retrocesos en la definición del proyecto nacional vendrían dados, a su vez, por el éxito o fracaso de los arreglos, las componendas y los pactos entre élites y actores colectivos. Excepciones notables frente al aparente abandono de los estudios histórico-políticos, aparte de Cosío Villegas y del propio Guerra, son Moisés González Navarro (1977) y Charles B. Hale (1972), que por diversos caminos han dado respuestas coherentes al acontecer político de la primera parte del siglo XIX. Así pues, no es de extrañar la escasa literatura sobre los congresos mexicanos, salvo aquellos que, siguiendo con las líneas inicialmente apuntadas por Benson a mediados de los años cincuenta, exploraron con mayor profundidad las Cortes de Cádiz y su impacto en este lado del Atlántico; además de Benson (1966), hay que anotar a Brian R. Hamnett (1978) y Jaime E. Rodríguez (1980).

En cuanto a la segunda parte del siglo XIX, se cuenta con un par de excelentes estudios que colocan a los congresos porfiristas bajo nueva luz y que vale la pena reseñar acuí, aunque sea brevemente. La obra de Marcello Carmagnani (1994), aunque el título pudiera resultar engañoso, es importante para el conocimiento de las cuestiones parlamentarias mexicanas al menos por dos razones de peso: porque revisa la naturaleza de las legislaturas porfirianas, diluyendo algunas de las ideas preconcebidas más negativas del Congreso mexicano de aquellos años, producto de la "leyenda negra antiporfirista", y porque es en sí mismo un modelo metodológico para abordar temas parlamentarios mexicanos bajo la perspectiva histórica. El propósito general de este autor es explicar la economía política del liberalismo en el México del último tercio del siglo pasado —apenas un capítulo más en su vasto interés por el liberalismo mexicano—, pero de paso nos deja una novedosísima visión del Poder Legislativo como lugar de encuentros, alianzas y negociaciones de intereses reales en cuanto al aspecto más importante y fundamental de las competencias de la cámara baja: la integración y aprobación de los presupuestos. Argumento y apoyatura resultan convincentes para afianzar la tesis final: en la economía política liberal decimonónica, la oferta deficitaria de bienes públicos que se presenta a partir de 1895 es producto, sobre todo, de la esclerotización de la representación, de la parálisis en la interacción entre economía y política, y de la progresiva determinación del presupuesto por parte de la Secretaría de Hacienda.

Para este autor, el vínculo entre ciudadanía y representación es la condición esencial para que la economía pública pueda crecer y para que la relación entre Estado y mercado se refuerce. Así había sucedido entre 1876 y 1895.

La visión anterior se complementa con el estudio de François-Xavier Guerra (1992) sobre los grupos políticos durante el porfiriato. Armado con ideas y conceptos derivados de las teorías de las élites y de las generaciones, Guerra pinta un marco convincente de la mecánica política porfirista. La riqueza de su análisis deriva del hecho de que no plantea su estudio en el eje del equilibrio de poderes, sino que lo finca en la cruda realidad política de un país en que fue necesario crear un Estado nacional a través del establecimiento de una red de notables locales, en cuya cúspide se encuentra el árbitro supremo y que funciona gracias a la ficción democrática; es decir, una representación decidida desde arriba y un cierto grado de agitación y movilización políticas toleradas dentro de ciertos límites, de los cuales el más importante lo constituía el momento en que Díaz tomaba la decisión final. Por supuesto, tal mecánica debía estar gobernada por reglas, supuestas en un pacto implícito, mismo que se va a romper al iniciarse el presente siglo cuando Díaz otorga el triunfo para asumir la vicepresidencia a los "científicos" (tecnócratas *avant la lettre*) sobre los seguidores del general Bernardo Reyes (los políticos). Los notables locales van a considerar roto el pacto y el equilibrio político, y no pocos de ellos —como Francisco I. Madero y Venustiano Carranza— van a promover movimientos revolucionarios exitosos porque se inscriben en el contexto de un pueblo ya movilizado por el reyismo, las logias y los clubes políticos.

En la obra de Guerra, los congresos porfiristas aparecen con los rasgos peculiares que les imprime el estar ubicados en ese contexto de redes y de pactos entre élites. El primer rasgo es la permanencia de diputados y senadores, aunque con diferencias notables. En tanto los diputados muestran una alta movilidad por cambios de distrito dentro o entre estados, lo que denuncia la ausencia o debilidad de la conexión territorial, los senadores son más estables. Dada su composición, resulta que la Cámara de Diputados tiende a representar a los grupos más importantes de la sociedad participante de entonces, y es notable la preparación profesional de sus miembros; en cambio, el Senado es, propiamente hablando, una cámara para las jubilaciones políticas —como lo son en la actualidad la Cámara de los Lores en Inglaterra o algunos senados del Cono Sur latinoamericano—, aunque no faltan los hombres fuertes locales o aquellos de gran prestigio en sus estados, que llegan a la Cámara de Senadores como vía de ascenso político posterior.

Hasta aquí las obras mayores de los historiadores relacionadas en todo o en parte con los temas parlamentarios. Más raquítica ha estado, en cambio, la producción de los científicos sociales, pues algo similar a lo que ocurrió a los historiadores pasó entre los sociólogos y politólogos en los decenios de 1970 y 1980. Movidos por el paradigma marxista de la lucha de clases o por las teorías funcionalistas que obligaban a ver, respectivamente, al Estado como superestructura o como "caja negra", se dedicaron a estudiar bien los movimientos populares, bien la capacidad del "sistema" para responder a las "demandas", dejando de lado los aspectos de la integración y el comportamiento de las instituciones. Sin embargo, una primera aproximación al tema del Congreso en el siglo XX fue proporcionada por Pablo González Casanova (1965). Este autor, al analizar el número de iniciativas de ley presentadas por el Ejecutivo y aprobadas por el Congreso de manera unánime, no sólo descubrió la ausencia de un mecanismo efectivo de frenos y contrapesos, sino también encontró que las limitaciones al poder presidencial se ubicaban fuera del Congreso, en las presiones ejercidas por los "factores reales de poder". En consecuencia, González Casanova afirma que el Congreso del siglo XX quedó sujeto a las determinaciones del Ejecutivo. Esta primera aproximación cuantitativa al asunto llevó a que las labores de sociólogos y politólogos en los años posteriores se concentraran en el presidencialismo y en las actividades de los grupos de presión externos al Congreso; a saber, el ejército, los empresarios, la Iglesia e, incluso, la izquierda y la derecha.

Así las cosas, el tema del Congreso no sería objeto de mayor preocupación en los gremios de sociólogos y politólogos en los años subsecuentes. Baste anotar para fundamentar el aserto que en el índice general de la revista *Estudios Políticos* (1996) de la Facultad de Ciencias Políticas y Sociales de la Universidad Nacional Autónoma de México, correspondiente a los años que corren entre 1975 y 1995, se anotan apenas nueve referencias bajo la entrada Poder Legislativo. De ellas, dos tratan cuestiones conexas (reforma política y participación política en el Distrito Federal); una más es una cronología de lo actuado por los diputados entre 1937 y 1940, y otra es la reproducción de documentos; sólo cinco son artículos de fondo sobre temas relativos a alguna de las dos cámaras que integran el Congreso mexicano.

Han sido pocos los que han escrito desde la perspectiva histórica sobre el Congreso mexicano del siglo XX, pues durante años los historiadores del México contemporáneo (dedicados al periodo subsecuente a la historia moderna, que según Cosío empieza en 1867 y termina en 1910) se orientaron a otros temas de mayor fuste y atractivo en su momento: la naturaleza de la Revolución mexicana, medios y formas de la construcción del Estado posrevolucionario y la constitución y desaparición de los cacicazgos, entre otros. Los trabajos de los integrantes del Seminario de Historia de la Revolución Mexicana, que se instaló en El Colegio de México a principio de los años setenta bajo el liderazgo de Cosío Villegas y Luis González, abordan en diversos periodos la vida parlamentaria mexicana. De ellos, sin embargo, sólo Berta Ulloa (1983) y Álvaro Matute (1995) dedican capítulos completos a los congresos, el Constituyente de 1917 en el caso de Ulloa, y las XXVII y XXVIII legislaturas durante el periodo presidencial de Álvaro Obregón en el libro de Matute. En las obras de los demás autores, incluidas las del que esto escribe, el Congreso aparece como telón de fondo, como caja de resonancia de acontecimientos políticos a cargo de otros actores individuales y colectivos en momentos estelares de la posrevolución: las guerras cristeras, el asesinato de Obregón, la constitución del Partido Nacional Revolucionario en el ocaso del gobierno de Plutarco Elías Calles, el enfrentamiento de Calles y los suyos con el presidente Lázaro Cárdenas, las disputas de la izquierda oficial y la derecha rectificadora durante los años de la segunda Guerra Mundial y los afanes por la industrialización y el acomodo a una nueva situación internacional a partir de la posguerra. El que se hubiera intentado componer una historia general del periodo 1911-1960 explica, en parte, este resultado; pero no cabe duda de que también influyó la idea preconcebida de que el Legislativo poco contaba, al principio, por el caudillismo militar de los primeros gobiernos revolucionarios y, después, por el afianzamiento del presidencialismo de la mano de un partido dominante a partir de los arreglos políticos del cardenismo.

A los estudios de Ulloa y Matute habría que agregar dos obras notables, aunque por razones totalmente diferentes. La primera es el estudio de la XXVI Legislatura de Josefina MacGregor (1983), y la segunda son las memorias de Gonzalo N. Santos (1986). El libro de MacGregor analiza la integración, trabajos y debates de la efímera Cámara de Diputados del segundo bienio del gobierno del presidente Francisco I. Madero, así como las razones por las cuales ésta habría de contribuir a su caída y a la cancelación de la utopía democrática de ese presidente. Las memorias de Santos resultan relevantes no sólo porque a lo largo de poco más de 900 páginas da testimonio de la vida política desde la víspera de la revolución maderista hasta el gobierno del presidente Gustavo Díaz Ordaz, sino porque reseña puntualmente los trabajos y conflictos propios de la vida en ambas cámaras del Congreso de la Unión en las repetidas veces que actuó como legislador. Si hubo un combatiente revolucionario que optara por la carrera parlamentaria, ése fue Gonzalo N. Santos.

LÍNEAS DE INVESTIGACIÓN Y DEBATE CONTEMPORÁNEO

La reforma electoral de 1979, que introdujo el sistema mixto de elección para la Cámara de Diputados, y las elecciones de 1988, que condujeron a otra serie de reformas que extendieron el sistema mixto al Senado e independizaron a las autoridades electorales del gobierno, fueron momentos decisivos para interesar a los investigadores en temas conexos relacionados con el Congreso.

La primera ola está compuesta por una miríada de estudios sobre el sistema electoral mexicano, la mayoría de ellos enfocados bien a tratar de explicar los defectos (fraude electoral) bien las limitaciones (en lo que toca a la adecuada representación) del sistema electoral. No viene al caso aquí detallar esta amplia bibliografía, pues el lector puede consultar las voces relativas a las *elecciones* en esta obra. Baste señalar solamente que la mayoría de estos estudios tienden a ubicarse en uno de dos polos: de un lado, todos aquellos cuyos autores enarbolaron la bandera de la transición a la democracia y se empeñaron en la crítica de las reglas del juego electoral y en las propuestas de modificaciones al sistema electoral y, de otro, los estudios con patrocinio oficial que buscan explicar y justificar las reformas electorales ya realizadas.

Otra corriente está constituida por los estudios sobre la opinión pública y las intenciones de voto. Al respecto, el lector puede consultar la voz *Opinión pública* de esta obra para formarse una idea del estado de la cuestión. Sobre el particular, sólo cabe aclarar que los académicos han tenido escasa presencia en los temas de la opinión pública a causa, seguramente, del alto costo que entraña la realización de encuestas. La mayoría de los análisis provienen del mercado político, debido a la repentina aparición de empresas particulares dedicadas al asunto y a su contratación por partidos políticos, asociaciones civiles y medios de comunicación impresos y electrónicos en momentos electorales importantes. Sin embargo, una obra académica pionera en este terreno es la de Rafael Segovia (1975), quien a mediados de los años setenta exploró mediante encuestas el cómo y el porqué de la formación de las actitudes políticas entre los niños mexicanos. Otra más reciente es la de Ulises Beltrán *et al.* (1996), en la que se explica con éxito la integración de los valores de los mexicanos y la manera como viven y asimilan los procesos de acelerado cambio que ha conocido el país en los últimos decenios. Ambas obras, junto a otras de menor aliento, contribuyen a ilustrar aspectos importantes de la configuración de ese fluido y casi inasible tema que se engloba bajo el concepto de *cultura política*.

Un tema estrechamente relacionado con el Congreso es el de los partidos políticos. En la medida en que los partidos son los actores políticos por excelencia, no sólo en el quehacer político del país sino también para la integración del Poder Legislativo, han recibido atención prioritaria de los científicos sociales. La izquierda mexicana y su evolución tras la desaparición del Partido Comunista Mexicano, el Partido Acción Nacional, los así llamados "partidos satélites", el Partido Revolucionario Institucional, la Tendencia Democrática y su transformación en Partido de la Revolución Democrática, todos han sido objeto de estudios de diverso calibre, aliento y grado de compromiso político implícito o explícito de parte de los autores. Sin embargo, cabe anotar que una línea importante de investigación que ahora se abre, y hasta el momento no ha sido explorada, es la que se refiere al grado en que los partidos han asumido las nuevas reglas de la competencia electoral y política, tanto por parte del liderazgo y militancia de las formaciones políticas como en el seno de sus fracciones parlamentarias en el Congreso.

Un tema más que se colocó recientemente sobre la mesa del debate académico es el de la ciudadanía. Hasta ahora ha sido estudiado sobre todo bajo la perspectiva histórica y al tenor de la pregunta ¿ha existido en México el ciudadano moderno? Aunque es un tema que aún tiene mucha tela de donde cortar, ha recibido amplia atención en dos estudios con tesis contrapuestas. De un lado se encuentra la obra de Fernando Escalante (1993), que al repasar el siglo XIX ve incumplidas las promesas de la Ilustración y el liberalismo y concluye que no hubo ciudadanos porque no había individuos, sino actores e intereses colectivos. Y de otro, el estudio de Alicia Hernández Chávez (1993), que postula una ciudadanía en evolución, que empieza con el ejercicio de formas tradicionales de participación a partir del municipio, para pasar luego a los estados y culminar a nivel nacional durante nuestro primer federalismo; ciudadanía que va a ser expandida posteriormente por la revolución liberal y después por la Revolución mexicana, tras el repliegue de las prácticas liberales en el último tercio del siglo XIX. Este tema se encuentra aún abierto a la investigación y es innegable su importancia y actualidad, sobre todo porque las encuestas a la salida de las casillas *(exit polls)*, que empezaron a generalizarse a partir de las elecciones federales intermedias de 1991, han puesto de manifiesto la existencia de un electorado consciente de sus derechos y de la utilidad del voto.

En cambio, un tema prácticamente inexplorado, pero que constituye una vía de investigación muy necesaria, es el que se refiere a la interacción de las organizaciones no gubernamentales (ONG) de clara orientación política y los partidos políticos. Colocadas en la ambigüedad jurídica, las ONG parecen haber servido para dos propósitos bastante claros: de un lado, de puerta trasera para que los partidos pudieran evadir la prohibición de vincularse con agrupaciones políticas extranjeras que les constriñó durante mucho tiempo y, de otro, como vía de acción política a todos aquellos ciudadanos que, sin estar dispuestos a sujetarse a la disciplina interna que supone la pertenencia a un partido, quieren influir políticamente pero conservando su independencia. Sea como fuere, es un hecho que las ONG llegaron para quedarse y que, hoy por hoy, establecen vínculos y acuerdos con partidos políticos, lo cual incide de alguna u otra forma en la actividad política de éstos, dentro y fuera del Congreso. Un primer esfuerzo en este terreno es el artículo de Rolando Martínez Murcio (1994), que analiza actuaciones y propósitos de estas organizaciones en el contexto de las elecciones presidenciales de 1994.

Esta revisión a vuelo de pájaro del estado de los temas conexos al estudio del Congreso evidencia que el interés por éste en la academia mexicana apenas comienza. A su olvido durante muchos años contribuyeron dos circunstancias. Ante todo, el tránsito de la ciencia política en los Estados Unidos y Europa de los terrenos jurídicos y de análisis institucionales hacia los métodos empíricos y las teorías de rango medio. Y ya en el contexto mexicano, también contribuyó de manera decisiva la idea preconcebida de que los congresos mexicanos eran apenas una instancia sancionadora de los deseos del Ejecutivo, que puso en circulación González Casanova hace ya varios lustros. Han sido necesarios dos acontecimientos para que los académicos mexicanos empezaran a interesarse por el estudio del Congreso. Afuera, que las tribus variopintas de científicos sociales decidieran regresar a los estudios institucionales —largamente abandonados en aras de estudios cuantitativos que cada vez explicaban menos y cada vez más se convertían en comunicaciones crípticas entre iniciados— a raíz de los acontecimientos en Europa del Este. Y adentro, la creciente presencia de representantes de oposición en el Congreso hasta llegar a la integración de una Cámara de Diputados, en 1997, en la cual el partido en el gobierno perdió la mayoría. Hasta entonces, los escasos estudios sobre el Congreso mexicano se habían limitado a un puñado de tesis doctorales, entre las cuales sobresalen las de Rodolfo de la Garza (1972), Benito Nacif (1995) y Luisa Béjar Algazi (1995).

La tesis de De la Garza parte de la perspectiva funcional-estructuralista que estuvo en boga en los años sesenta y setenta, y de acuerdo con ella realizó el primer estudio comprensivo de las funciones de la Cámara de Diputados. En esencia, concluye que la Cámara no tenía como función principal la de legislar, sino otras conexas, pero también importantes para el sistema político mexicano, como la comunicación de demandas sociales a los centros de decisión política, la legitimación de las políticas del gobierno y el reclutamiento de las élites políticas.

La tesis de Nacif, en cambio, parte de las hipótesis planteadas por las teorías de la ambición política para explicar el impacto institucional de la introducción de la no reelección consecutiva de legisladores en la Cámara de Diputados, a raíz del paquete de reformas constitucionales que acompañaron a la creación del Partido Nacional Revolucionario en 1929. Este autor encuentra que la no reelección consecutiva redundó en perjuicio de la autoridad del Congreso frente el Poder Ejecutivo, en la medida en que los incentivos para la carrera política de los legisladores quedaron desvinculados de la conexión territorial y a merced de las redes del partido en el gobierno, el PRI, cuyo líder real es el presidente de la República en turno. Por otra parte, la supeditación del Legislativo al Ejecutivo es analizada por Béjar desde una perspectiva diferente: el análisis de los datos relativos a número de sesiones, duración de éstas, asistencia a las sesiones, iniciativas del Ejecutivo y de los legisladores e iniciativas dictaminadas; todo ello para estudiar el desempeño de las legislaturas entre 1964 y 1978; es decir, aquellas que se integraron tras la reforma de 1963, que introdujo el sistema de "diputados de partido". Concluye la autora diciendo que esa reforma no pudo alterar el esquema "autoritario corporativo" propio del Estado mexicano bajo el cual les tocó actuar a esas legislaturas; sin embargo, apunta algunas tendencias generales de cambio que acusaba tanto la sociedad en general como la sociedad política mexicana en aquellos momentos.

De lo expuesto, queda claro que las líneas de investigación apenas han bordeado el tema del Congreso en el siglo XX, y que los estudios que lo han acometido de frente se refieren a momentos anteriores a las elecciones federales intermedias de 1997, que alteraron la composición de la Cámara de Diputados del Congreso mexicano. Como es fácil suponerlo, este cambio radical no ha pasado inadvertido entre los miembros de la academia mexicana, aunque por el momento las actividades se hayan limitado a la celebración de reuniones y seminarios para fijar la agenda de temas que deben explorarse en el futuro inmediato. De entrada, la corriente jurídica ya había planteado una primera respuesta en la obra de Francisco Berlín Valenzuela (1993), la cual está dedicada en sus dos primeras partes al estudio comparado de los parlamentos, y la última tercera parte al estudio de la normativa que rige al Congreso de la Unión; en esta línea se puede incluir también el volumen titulado *El Poder Legislativo en la actualidad*, que recoge las ponencias de un coloquio organizado por la Cámara de Diputados y la Universidad Nacional Autónoma de México (1994).

En cuanto al debate contemporáneo sobre el Congreso mexicano puede afirmarse, por lo pronto, que éste se expresa a lo largo de dos avenidas. La primera recoge el tema clásico del equilibrio de poderes, aunque ahora no expresado en la capacidad o incapacidad del Poder Legislativo de supervisar y controlar al Poder Ejecutivo —que de una forma u otra se realiza y se expande—, sino referido a los espacios de gobernabilidad de un régimen presidencial en el cual el partido en el gobierno no tiene la mayoría en, al menos, una de las dos cámaras del Congreso. En este contexto, las referencias históricas al pasado político del país son obligadas, pues circunstancias parecidas se presentaron con anterioridad, particularmente después de la restauración de la República en 1867 y en los primeros lustros del presente siglo. La segunda avenida del debate toca aspectos internos propios del Poder Legislativo: los mecanismos que puedan acordar las fracciones parlamentarias de la Cámara de Diputados para la adecuada gobernación del cuerpo y para encauzar las relaciones de ésta con el Senado, en el que, por el momento, el partido en el gobierno ha conservado la mayoría de los escaños.

Llama la atención que las preocupaciones y preguntas se orienten hacia el Congreso de la Unión, olvidándose de lo que sucede en los congresos de los estados. Pero ésta es una tendencia natural de la academia mexicana dedicada a los asuntos políticos, pues ante nuevos acontecimientos se concentra primero en las cuestiones federales, para después desplegarse en abanico hacia los estudios regionales y locales. Por consiguiente, es de esperarse que pronto los temas locales logren acomodo en el debate contemporáneo, sobre todo porque el voto dividido que acusa el electorado está colocando mayorías opuestas a los titulares del Poder Ejecutivo en las legislaturas de no pocos estados del país.

BIBLIOGRAFÍA

Béjar Algazi, Luisa (1995), *El papel de la legislatura en el sistema político mexicano*, tesis doctoral, Facultad de Ciencias Políticas y Sociales, UNAM, 340 pp.

Beltrán, Ulises (1996), *Los mexicanos de los noventa*, México, Instituto de Investigaciones Sociales, UNAM, 207 pp.

Benson, Nettie Lee (1955), *La diputación provincial y el federalismo mexicano*, El Colegio de México, México, 241 pp.

―――― (comp.) (1966), *Mexico and the Spanish Cortes, 1810-1822*, Texas University Press, Austin, 243 pp. [Traducción en español, *México y las cortes españolas, 1810-1822. Ocho ensayos*, Instituto de Investigaciones Legislativas, Cámara de Diputados, LII Legislatura en 1985.]

Berlín Valenzuela, Francisco (1993), *Derecho parlamentario*, FCE, México.

Bulnes, Francisco (1992), *El verdadero Díaz y la revolución*, Contenido, México. [Edición facsimilar de la primera de 1920 de Editorial Hispano-Mexicana.]

Burke, Edmund (1975), *On Government, Politics and Society*, comp. y ed. de B. W. Hill, Fontana/The Harvester Press, Glasgow.

Cámara de Diputados del H. Congreso de la Unión y Universidad Nacional Autónoma de México (1994), *El Poder Legislativo en la actualidad*, Instituto de Investigaciones Jurídicas, UNAM, México.

Carmagnani, Marcello (1994), *Estado y mercado. La economía pública del liberalismo mexicano, 1850-1911*, México, Fideicomiso Historia de las Américas, El Colegio de México, FCE, México.

Cosío Villegas, Daniel (1955), *Historia moderna de México. La República restaurada. Vida política*, Hermes, México.

―――― (1957), *La Constitución de 1857 y sus críticos*, Hermes, México, 199 pp. [Esta obra fue reeditada posteriormente por Editorial Clío.]

―――― (1970), *Historia moderna de México. El Porfiriato. La vida política interior. Primera parte*, Hermes, México.

Cosío Villegas, Daniel (1972), *Historia moderna de México. El Porfiriato. La vida política interior. Segunda parte*, Hermes, México.

De la Garza, Rodolfo (1972), *The Mexican Chamber of Deputies and the Mexican Political System*, tesis doctoral, University of Arizona.

Díaz y Díaz, Martín (1991), *Emilio Rabasa: teórico de la dictadura necesaria*, Escuela Libre de Derecho, Miguel Ángel Porrúa, México.

Escalante Gonzalbo, Fernando (1993), *Ciudadanos imaginarios*, El Colegio de México, México.

——— (1994), "Orígenes y establecimiento del Congreso mexicano", en Francisco Gil Villegas (coord.), *El Congreso mexicano*, Instituto de Investigaciones Legislativas, México, pp. 21-47.

Estudios Políticos (1996), "Índice general 1975-1995, Facultad de Ciencias Políticas, Universidad Nacional Autónoma de México", *Revista de las Especialidades de Ciencia Política y Administración Pública*, núm. 10, enero-marzo.

Florescano, Enrique (1992), *El nuevo pasado mexicano*, Cal y Arena, México.

Gaxiola F., Jorge (1985), "Los tres proyectos de constitución de 1842", *Derechos del pueblo mexicano. México a través de sus constituciones. Historia constitucional, t. III*, LII Legislatura de la Cámara de Diputados del Congreso de la Unión, Grupo Editorial Miguel Ángel Porrúa, México, pp. 65-114.

González Casanova, Pablo (1965), *La democracia en México*, Era, México. [Existen ediciones posteriores de la misma editorial.]

González Navarro, Moisés (1977), *Anatomía del poder en México (1848-1853)*, El Colegio de México, México.

Guerra, François-Xavier (1988), "El olvidado siglo XIX", en V. Vázquez de Prada e Ignacio Olavarri (comps.), *Balance de la historiografía sobre Iberoamérica (1945-1988)*, Universidad de Navarra, Pamplona, pp. 593-631.

——— (1992), *México: del antiguo régimen a la Revolución*, 2 tt., FCE, México.

Hale, Charles A. (1972), *El liberalismo en la época de Mora, 1821-1853*, Siglo XXI Editores, México.

Hamnett, Brian R. (1978), *Revolución y contrarrevolución en México y el Perú*, FCE, México.

Hernández Chávez, Alicia (1993), *La tradición republicana del buen gobierno*, Fideicomiso Historia de las Américas-El Colegio de México-FCE, México.

Knapp, Frank A. (1953), "Parliamentary Government and the Mexican Constitution of 1857: A Forgotten Phase of Mexican Political History", *The Hispanic American Historical Review*, febrero de 1953, XXXIII:1.

López Portillo y Rojas, José (1975), *Elevación y caída de Porfirio Díaz*, Porrúa, México. [La primera edición fue publicada en 1921.]

MacGregor, Josefina (1983), *La XXVI Legislatura. Un episodio en la historia legislativa de México*, Instituto de Investigaciones Legislativas de la Cámara de Diputados, LII Legislatura, México.

Martínez Murcio, Rolando (1994), "La sociedad civil: las organizaciones no gubernamentales y las elecciones de 1994", en Antonio Argüelles y Manuel Villa (coords.), *México: el voto por la democracia*, Miguel Ángel Porrúa, México, pp. 91-133.

Matute, Álvaro (1995), *Historia de la Revolución mexicana, 1917-1924, Las dificultades del nuevo Estado*, El Colegio de México, México.

Nacif Hernández, Benito (1995), *The Mexican Chamber of Deputies; the Political Significance of Non-Consecutive Re-election*, Thesis of Doctor of Philosophy in Politics, Faculty of Social Studies, University of Oxford.

Oñate, Santiago (1985), "El Acta de Reformas de 1847", en *Derechos del pueblo mexicano. México a través de sus constituciones. Historia constitucional t. III*, LII Legislatura de la Cámara de Diputados del Congreso de la Unión, Grupo Editorial Miguel Ángel Porrúa, México, pp. 115-150.

Rabasa, Emilio (1968), *La Constitución y la dictadura*, Porrúa, México, 246 pp. [La primera edición de esta obra es de 1912.]

——— (s. f.), *La evolución histórica de México*, Ediciones Frente Cultural, México, 349 pp. [Hay ediciones posteriores en Editorial Porrúa.]

Reyes Heroles, Jesús (1988), *El liberalismo mexicano*, 3 tt., FCE, México, 460, 506 y 728 pp. [La edición original es de la UNAM en los años 1957, 1958 y 1961 respectivamente para cada tomo.]

Rodríguez, Jaime E. (1980), *El nacimiento de Hispanoamérica*, FCE, México.

Santos, Gonzalo N. (1984), *Memorias*, Grijalbo, México.

Segovia, Rafael (1975), *La politización del niño mexicano*, El Colegio de México, México.

Sieyès, Emmanuel J. (1983), *¿Qué es el Tercer Estado?*, UNAM, Colección Nuestros Clásicos, 40, México, 167 pp.

Ulloa, Berta (1983), *Historia de la Revolución mexicana, 1914-1917. La Constitución de 1917*, El Colegio de México, México.

Villegas Moreno, Gloria (1984), *Emilio Rabasa. Su pensamiento histórico-político y el Constituyente de 1916-1917*, Instituto de Investigaciones Legislativas de la Cámara de Diputados, LII Legislatura, México.

Wheare, K. C. (1968), *Legislatures*, Oxford University Press, Oxford.

CONSOLIDACIÓN DEMOCRÁTICA

Moisés López Rosas*

Definición

En la vasta literatura sobre la cuestión democrática se pueden reconocer al menos tres grandes perspectivas teóricas que atraviesan el debate contemporáneo: *a)* el elitismo competitivo y pluralista (Dahl, 1991); *b)* la radicalización democrática (Mouffe, 1996), y *c)* la complejidad de la democracia (Luhmann, 1993). En las últimas tres décadas, la primera perspectiva ha sido hegemónica en los estudios teóricos, comparativos y empíricos. De acuerdo con este enfoque, la teoría empírica de la democracia parte del concepto procedimental de *poliarquía* (Dahl, 1971) para medir los grados de democraticidad de un régimen político. Empero, hoy por hoy, ya no es suficiente medir qué tan democrático es un régimen; se requiere, además, garantizar la sobrevivencia de la democracia a la que se accedió, es decir, dar paso al proceso de consolidación democrática.

La noción de consolidación democrática es de fecha reciente. Fue en el contexto de la "tercera ola" de expansión global de la democracia (Huntington, 1994) cuando comenzó a emplearse como categoría analítica. El concepto, si es que puede hablarse de tal, está colmado de múltiples imprecisiones. Es impreciso porque no está claro en qué momento del cambio político da inicio el proceso de consolidación. Algunos autores señalan que comienza después de la instauración democrática (Morlino, 1985); otros advierten que implica una "segunda transición" (O'Donnell, 1988); algunos más lo han malinterpretado como un *continuum* inherentemente teleológico (Gunther, Diamondouros y Puhle, 1995). En fin, todavía no hay consenso en el léxico político sobre su significado concreto. En sentido amplio, la consolidación democrática designa el proceso mediante el cual las instituciones democráticas pueden sobrevivir en el tiempo y en el espacio en un contexto político y económico determinado. En sentido restringido, demanda la construcción de instituciones fuertes y democráticas, la expansión de la legitimidad del régimen y la responsabilidad de los actores políticos involucrados en el proceso democrático. En esta dirección, podemos explorar dos rutas conceptuales: la primera es el proceso mediante el cual el régimen democrático alcanza una amplia y profunda legitimación, de tal manera que todos los actores políticos importantes, tanto de la élite como de la masa, crean que éste es mejor para su sociedad que cualquier otra alternativa realista que puedan imaginar (Diamond, 1996), y la segunda es el abigarrado proceso de adaptación-congelamiento de estructuras y normas democráticas capaces de permitir la persistencia en el tiempo del régimen democrático, o de permitir su estabilización en todos los aspectos esenciales durante algunos años (Morlino, 1986; 1992).

En síntesis, por consolidación democrática podemos entender, siguiendo a Przeworski (1991), un sistema concreto de instituciones que, bajo condiciones políticas y económicas dadas, se convierte en el único concebible y nadie se plantea la posibilidad de actuar al margen de ellas; por lo tanto, los perdedores sólo quieren volver a probar suerte en el marco de las mismas instituciones en cuyo contexto acaban de perder. Asimismo, se afirma que la democracia está consolidada cuando se impone por sí sola; esto es, cuando todas las fuerzas políticas significativas consideran preferible continuar supeditando sus intereses y valores a los resultados inciertos de la interacción de las instituciones.

Historia, teoría y crítica

El estudio sobre los procesos de cambio político ha tomado diferentes derroteros. Desde la Revolución de los Claveles en Portugal en 1974, fecha que marca el comienzo de la "tercera ola" de expansión global de la democracia, se experimentó un espectacular salto cuantitativo: de un 24% de países democráticos en el mundo en aquel año, se pasó a un 46% en 1990. Es decir, de 39 democracias instauradas aumentó a 76 poliarquías establecidas. Posteriormente, la euforia generada en 1989 por el aparente triunfo ideológico de la democracia liberal ante el derrumbe del socialismo real provocó que los procesos de transición hacia la democracia se aceleraran y expandieran a lo largo y ancho del orbe. De 76 democracias en 1990 se pasó a 117 en 1995, las cuales, por lo menos, reunían los requisitos de la democracia electoral; es decir, competencia electoral y elecciones multipartidistas genuinamente competitivas (Diamond, 1996).

La vía de la transición para acceder al proceso de democratización fue, y ha sido, la divisa legitimadora de la política en los últimos años. El camino idóneo fue transitar de regímenes no democráticos (autoritarios o totalitarios) hacia regímenes democráticos, con todos los adjetivos que se le puedan poner a la democracia —Collier y Levitsky encontraron más de 550 adjetivos que han acompañado al concepto en la investigación comparativa (Schedler, 1998)—, sin perder de vista, claro está, que las transiciones pueden ser regresiones.

Sin embargo, en la actualidad esta fiebre democratizadora empieza a tomar un nuevo rumbo. La cuestión está centrada ya no sólo en la transición *per se*, sino en el proceso de consolidar la democracia que se conquistó. La consolidación democrática enfrenta múltiples desafíos. Es, sin duda, la etapa más crítica de la construcción del edificio democrático. Algunos han llamado a este proceso "democracia sustentable" (Przeworski, 1995), concepto con el cual quieren designar la persistencia o sobrevivencia de las instituciones democráticas al enfrentarse a conflictos políticos y económicos constantes, proceso que tiende a institucionalizar la incertidumbre y propiciar el acatamiento de los resultados por parte de los perdedores. Otros plantean la hipótesis de una "segunda transición" (O'Donnell, 1988), la cual se experimenta desde un gobierno democrático instaurado y consiste en el funcionamiento efectivo de un régimen democrático, sin eludir, claro está, dos riesgos latentes de regresión autoritaria a los que constantemente se enfrenta una poliarquía en proceso de consolidación: la "muerte súbita" (el golpe de

---

* Agradezco las observaciones y los comentarios de Sergio Ortiz Leroux al presente texto.

Estado) y la "muerte lenta" (la erosión política). La "segunda transición" estaría abortada por cualquiera de los dos medios.

En un plano de investigación teórica, diversos académicos han intentado elevar el tema de la consolidación a rango de *seudocampo*, llamado vagamente "consolidología": una especie de rama de otro campo impreciso de la ciencia política: la "transitología" (Schmitter y Karl, 1994). Ambos términos, por cierto, intentan decir mucho pero en realidad dicen poco. Pertenecen más a momentos de euforia intelectual que a innovaciones científicas de la disciplina. Ello puso de manifiesto un problema de fondo de la ciencia política: la inexistencia de un vocabulario común sólidamente estructurado y mínimamente aceptado, que dé cuerpo al estudio de la política muy al margen de modas académicas que confunden y complican el estudio del fenómeno político.

En contraste con estos enfoques, la consolidación democrática puede, y debe, ser vista como un fenómeno perteneciente a un campo más amplio y general de la ciencia política: el de los cambios políticos en la sociedad contemporánea. Este fenómeno presenta múltiples y diversas aristas en su análisis. Así, por ejemplo, una apretada lista de problemas de la consolidación democrática (mismos que pueden fungir como condiciones para su cumplimiento) debe advertir temáticas tan divergentes como la erosión de la legitimidad popular, la difusión de los valores democráticos, la neutralización de los actores antisistema, la supremacía civil sobre la militar, la eliminación de los enclaves autoritarios, la construcción de partidos fuertes, la organización de los intereses funcionales, la estabilización de las reglas electorales, los procesos rutinarios de la política, la descentralización del poder estatal, la introducción de mecanismos de democracia directa, la reforma judicial, el combate a la pobreza y la estabilización económica (Schedler, 1998). Éstos son sólo algunos botones de muestra de los muchos problemas que la política democrática tiene que intentar resolver.

En años recientes, los trabajos sobre consolidación democrática han sido muy elocuentes en la disciplina. Aunque el tema fue abordado con anterioridad, principalmente a finales de los años setenta y principios de los ochenta, con los trabajos de Linz (1987) y Blondel y Suárez (1981) sobre factores de quiebra de la democracia y de la fortaleza o debilidad de las instituciones políticas respectivamente, el interés se incrementó a mediados y finales de la década de los ochenta y a lo largo de los noventa. Del 16 al 17 de diciembre de 1985, O'Donnell y Nun organizaron un grupo de trabajo en la ciudad de São Paulo, Brasil, que elaboró la radiografía más completa hasta entonces sobre la consolidación democrática en el subcontinente americano. Durante el evento, intitulado "Oportunidades y Dilemas de la Consolidación Democrática en América Latina", se analizaron los alcances y límites de los procesos de democratización en Latinoamérica. Las discusiones de aquellos días fueron fehacientemente registradas y sintetizadas por Mainwaring (1986). En el encuentro se presentó la problemática inherente a la conceptualización del término consolidación democrática; los modelos analíticos para su estudio; las posibilidades, problemas y constreñimientos en la consolidación; las perspectivas de consolidación en cinco países de la región (Perú, República Dominicana, Uruguay, Brasil y Argentina), y las temáticas pendientes.

Casi al mismo tiempo, pero en Europa, Morlino (1985, 1986) reflexionó, inspirado en las transiciones a la democracia de mediados de los años setenta en Europa del sur, sobre un modelo de consolidación democrática para aquella región. En particular, presentó una propuesta teórica sobre el cambio político a partir de las crisis políticas como fase de inicio de la transición, dando paso a una secuencia que incluyó momentos de crisis, reconsolidación, hundimiento, transición continua, persistencia estable e inestable, transición discontinua, instauración y consolidación. Su tesis básica fue que todo régimen político fundacional se caracteriza porque los actores políticos imponen sus preferencias (coalición dominante).

A principios de los años noventa, una línea de investigación que destacó fue la que analizaba la relación entre consolidación democrática e instituciones políticas concretas. En particular, sobresalieron los trabajos que analizaban el vínculo entre consolidación democrática e instituciones como el parlamento (Liebert y Cotta, 1990) y los partidos políticos (Morlino, 1992) en el sur de Europa. Además, las instituciones económicas también fueron objeto de preocupación en el horizonte democrático, aunque desde distintas perspectivas (Lindblom, 1988; Przeworski, 1991).

Para 1995 y 1996, los estudios tomaron un nuevo aliento. En el primer año, Adam Przeworski (1995) y un equipo de 21 destacados politólogos y economistas (José María Maravall, Philippe Schmitter, Alfred Stepan, Francisco Weffort, John Roemer, Barbara Stallings, entre otros) publicaron un exhaustivo estudio sobre la relación entre Estado, democracia y economía en países de Sudamérica y la Europa meridional y oriental. Los autores estudiaron las condiciones políticas, sociales y económicas bajo las cuales puede construirse una "democracia sustentable". Una de las conclusiones más sugerentes fue que una democracia es sustentable cuando promueve un entramado institucional normativamente aceptable y objetivos políticamente deseados, como libertad a pesar de la violencia arbitraria, seguridad material, igualdad o justicia, y cuando, en su momento, estas instituciones son expertas en el manejo de la crisis que resurge en caso de que tales objetivos no se estén cumpliendo. Se reafirmaron estas ideas un año después en la ciudad de Taipei, Taiwan, durante el coloquio "La Consolidación de las Democracias de la Tercera Ola: Tendencias y Desafíos" (Przeworski, Álvarez, Cheibub y Limongi, 1996). Przeworski reforzó sus conclusiones sobre la influencia de la economía en la consolidación democrática, advirtiendo que en un país que es lo suficientemente rico, con un ingreso *per capita* de más de 6 000 dólares anuales, la democracia subsistirá con seguridad, pase lo que pase. Asimismo, la democracia tiene mayores probabilidades de sobrevivir en una economía en expansión con un ingreso de menos de 1 000 dólares *per capita* que en un país cuyo ingreso *per capita* es de entre 1 000 y 4 000 dólares, pero con una economía en contracción. Y es que uno de los aspectos más importantes de la sustentabilidad democrática es el desarrollo y el crecimiento económicos. Por cierto, algunos estudiosos (los mal llamados "transitólogos", hoy convertidos en "consolidólogos") le concedieron poca importancia a este aspecto, pues concentraron sus preocupaciones en el análisis de las instituciones electorales que garantizaran los mínimos requisitos que señala Dahl (1971) para la constitución de la poliarquía con miras a establecer la democracia electoral.

A fines de 1995 y durante 1996, los estudios sobre la durabilidad de la democracia ya se habían ampliado (Gunther, Diamondouros y Puhle, 1995; Huntington, 1996; Linz y Stepan, 1996; O'Donnell, 1996a). Se presentó, incluso, una de las primeras polémicas sobre el tema entre O'Donnell y tres autores que estudiaron la consolidación democrática en la Europa meridional. En su argumentación, O'Donnell manifestó su desacuerdo con el concepto de consolidación democrática que emplearon Gunther, Diamandouros y Puhle, y les reclamó la visión noreuropea de democracia y el carácter teleológico del término consolidación que utilizan en su investigación. En su réplica, los tres autores (1996) criticaron el trabajo del destacado politólogo argentino por reducir su concepción de democracia a un discurso de corte meramente electoral.

Entre los trabajos más recientes e innovadores sobre el tema destaca el de Schedler (1998), quien proporciona nuevas claves analíticas para reflexionar sobre la noción de consolidación democrática. Su investigación se estructura básicamente alrededor de cinco dimensiones que atraviesan la problemática en cuestión: evitar la quiebra, impedir la erosión, completar, profundizar y organizar la democracia. Para el autor, el proceso de consolidación democrática está asociado a la "profundización" y a la "calidad" democráticas, retos en sí mismos complicados pero inevitables.

En toda aproximación a la historia mínima de cualquier concepto político, sea éste consolidación democrática u otro, quedan aún más interrogantes por responder que respuestas satisfactorias por celebrar. No podía ser de otra manera. Las ciencias sociales no trabajan con conceptos cerrados a la crítica histórica o teórica. Si aceptamos sin conceder que la consolidación es una extensión de la transición política, con toda la herencia de virtudes y defectos que ésta puede acarrear, entonces corremos el riesgo de anclar el análisis en un *continuum* teleológico y reduccionista, que en última instancia buscará la "consolidación pura"; este aspecto, evidentemente, no aclara el estado de la cuestión sino más bien tiende a confundirlo, dado el carácter lineal de la explicación del fenómeno. Si, por el contrario, elegimos una mirada rígida y ortodoxa en términos de separar transición y consolidación como dos procesos divorciados, el resultado puede ser desalentador, ya que el análisis será incompleto y deshilvanado.

Por ello, ambos procesos pueden, y deben, ser vistos como dimensiones complementarias de un mismo fenómeno: el cambio político. En efecto, puede haber transición sin consolidación pero no consolidación sin transición. Recordemos que en cada uno de los momentos del cambio se experimentan fuertes tensiones. Así, por ejemplo, durante el proceso de "profundización" democrática, el riesgo de regresión autoritaria está siempre presente: la erosión del entramado democrático puede conducir a la "muerte lenta" de la democracia.

LÍNEAS DE INVESTIGACIÓN Y DEBATE CONTEMPORÁNEO

Si, como señala O'Donnell, el desafío es "liberarnos de algunas ilusiones" para la "institucionalización" en el proceso de democratización, entonces la consolidación democrática se vuelve excesivamente complicada. La desilusión democrática no puede desembocar en un descarnado realismo democrático. Éste ha sido, por cierto, el principal defecto de una buena parte de la teoría democrática contemporánea. Al descuidar o francamente abandonar planteamientos teóricos muy sugerentes sobre el presente y el futuro de la democracia, la reflexión ha cedido el paso "al realismo político conservador de Schumpeter, el cual ha ejercido una profunda influencia, mucho más de la que por lo general se admite, sobre los desarrollos del pensamiento democrático occidental en los últimos 40 años" (Zolo, 1994).

La influencia de Schumpeter, fundador de la democracia como método, atraviesa a la mayoría de los autores que *investigan* la cuestión democrática. Quienes estudian el proceso de consolidación democrática no son la excepción. Sin embargo, no podemos descalificar los trabajos que se han elaborado desde esta línea de reflexión. Algunos de ellos han sido muy estimulantes para alentar la discusión sobre la democracia contemporánea, dado que se han movido más allá de la problemática estrictamente política. Así, por ejemplo, Stepan y Linz (1996) señalan como requisitos mínimos indispensables para la consolidación democrática los siguientes: una sociedad civil activa e independiente; una sociedad política con suficiente autonomía; un consenso de trabajo acerca de los procedimientos gubernamentales: el constitucionalismo y el imperio de la ley; una burocracia de la que puedan hacer uso los líderes democráticos, y una sociedad económica institucionalizada.

A lo anterior, habría que sumar otros asuntos pendientes en la agenda de discusión: la institucionalización del sistema de partidos; la fortaleza del sistema constitucional de gobierno más proclive a sostener un gobierno democrático (sea presidencial, parlamentario o semipresidencial); la consolidación "constitucional" tendiente a fortalecer el Estado de derecho; la expansión de la cultura política democrática; el reconocimiento explícito de la sociedad civil; el combate a la pobreza y el desarrollo y crecimiento económicos, por mencionar sólo los temas más urgentes.

Finalmente, la consolidación, a diferencia de la transición política, no es un problema centrado exclusivamente en el régimen o sistema político, sino en el conjunto de la sociedad democrática. Esto es, estamos frente a un problema no sólo de construcción de reglas, sino, principalmente, de afirmación de valores democráticos. En última instancia, en la consolidación, la democracia liberal se juega su propio estatuto.

BIBLIOGRAFÍA

Blondel, J., y W. Suárez (1981), "Las limitaciones institucionales del sistema presidencialista", *Criterio*, núm. 1853-1854, febrero.

Collier, D., y S. Levitsky (1997), "Democracy with Adjetives: Conceptual Innovation in Comparative Research", *World Politics*, núm. 49, abril, pp. 430-451. [Traducción en español, "Democracia con adjetivos. Innovación conceptual en la investigación comparativa", *La Política*, núm. 4, octubre de 1998, pp. 137-159.]

Dahl, R. (1971), *Poliarchy: Participation and Opposition*, Yale University Press, New Haven, 257 pp. [Traducción en español, *La poliarquía. Participación y oposición*, Tecnos, Madrid, 1989, 228 pp.]

—— (1991), *La democracia y sus críticos*, Paidós, Barcelona, 476 pp.

Diamond, L. (1996), "Is the Third Wave Over?, *Journal of Democracy*, vol. 7, núm. 7, julio. [Traducción en español, "¿Terminó la tercera ola?", *Este País*, núm. 73, abril de 1997, pp. 2-11.]

Gunther, R., P. Nikiforos Diamandouros y H. J. Puhle (comps.) (1995), *The Politics of Democratic Consolidation: Southern Europe in Comparative Perspective*, Johns Hopkins University Press, Baltimore, 493 pp.

—— (1996), "O'Donnell's "Illusions": A Rejoinder", *Journal of Democracy*, vol. 7, núm. 4, octubre. [Traducción en español, "Las 'ilusiones' de O'Donnell: una réplica", *La Política*, núm. 2, segundo semestre, 1996, pp. 119-128.]

Huntington, S. P. (1994), *La tercera ola. La democratización a finales de siglo XX*, Paidós, Buenos Aires.

—— (1996), "Democracy for the Long Haul", *Journal of Democracy*, vol. 7, núm. 2, abril. [Traducción en español, "Democracia a la larga", *Etcétera*, núm. 181, 18 de julio de 1996, pp. 19-24.]

—— (1998), "Veinte años después: el futuro de la tercera ola", *Este País*, núm. 85, abril, pp. 26-33.

Liebert, U., y M. Cotta (comps.) (1990), *Parliament and Democratic Consolidation in Southern Europe*, Pinter Publishers, Londres.

Lindblom, C. (1988), *Democracy and Market System*, Scandinavian University Press, Oslo. [Traducción en español, *Democracia y sistema de mercado*, CNCP y AP/UAEH/FCE, México, 1999, 504 pp.]

Linz, J. (1987), *La quiebra de las democracias*, Alianza Universidad, Madrid.

——, y A. Stepan (1996), *Problems of Democratic Transition and Consolidation: Southern Europe, South America and Post-Communist Europe*, Johns Hopkins University Press, Baltimore, 480 pp.

Luhmann, N. (1993), *Teoría política en el Estado de bienestar*, Alianza Universidad, Madrid, 170 pp.

Mainwaring, S. (1986), "The Consolidation of Democracy in Latin America. A Rapporteur's Report", *Working Paper*, 73, University of Notre Dame, Kellog Institute, Notre Dame, julio, 44 hojas.

—— (1989), "Transitions to Democracy and Democratic Consolidation: Theoretical and Comparative Issues", *Working Paper*, 130, University of Notre Dame, Kellog Institute, Notre Dame, noviembre, 44 hojas.

Mainwaring, S., G. O'Donnell y J. S. Valenzuela (1992), *Issues in Democratic Consolidation. The New South American Democracies in Comparative Perspective*, University of Notre Dame Press, Notre Dame, 357 pp.

Morlino, L. (1985), *Cómo cambian los regímenes políticos*, Centro de Estudios Constitucionales, Madrid, 307 pp.

—— (1986), "Consolidamento democratico: definizione e modelli", *Rivista Italiana di Scienza Politica*, núm. 2.

—— (1992), "Partidos políticos y consolidación democrática en el sur de Europa", en J. Benedicto y F. Reinares (comps.), *Las transformaciones de lo político*, Alianza Universidad, Madrid, pp. 35-75.

Mouffe, C. (1996), *Dimenssions of Radical Democracy: Pluralism, Citizenship, Community (Phronesis)*, Verso, 336 pp.

O'Donnell, G. (1988), "Trasiçoes, continuidades e alguns paradoxos", en F. Wanderley y G. O'Donnell (comps.), *A Democracia no Brasil e Perspectivas*, Vértice, São Paulo.

—— (1996a), "Illusions About Consolidation", *Journal of Democracy*, vol. 7, núm. 2, abril. [Traducción en español, "Otra institucionalización", *La Política*, núm. 2, segundo semestre, 1996, pp. 5-27.]

—— (1996b), "Illusions and Conceptual Flaws", *Journal of Democracy*, vol. 7, núm. 4, octubre. [Traducción en español, "Ilusiones y errores conceptuales", *La Política*, núm. 2, segundo semestre, 1996, pp. 129-139.]

—— (1998), "Horizontal Accountability in New Democracies", *Journal of Democracy*, vol. 9, núm. 3, julio, pp. 112-126. [Traducción en español, "*Accountability* horizontal", *La Política*, núm. 4, octubre, 1998, pp. 161-188.]

Przeworski, A. (1991), *Democracy and the Market: Political and Economic Reforms in Eastern Europe and Latin America*, Cambridge University Press, Cambridge, 210 pp. [Traducción en español, *Democracia y mercado. Reformas políticas y económicas en la Europa del este y América Latina*, Cambridge University Press, Cambridge, 1995, 356 pp.]

Przeworski, A. (1995), *Sustainable Democracy*, Cambridge University Press, Cambridge, 141 pp. [Traducción en español, *Democracia sustentable*, Paidós, Buenos Aires, 1998, 193 pp.]

——, M. Álvarez, J. A. Cheibub y F. Limongi (1996), "Las condiciones económicas e institucionales de la durabilidad de las democracias", *La Política*, núm. 2, segundo semestre, pp. 89-108.

Ross Schneider, B. (1995), "Democratic Consolidations: Some Broad Comparisons and Sweeping Arguments", *Latin American Research Review*, vol. 30, núm. 2, pp. 215-234.

Schedler, A. (1998), "What is Democratic Consolidation?", *Journal of Democracy*, vol. 9, núm. 2, abril, pp. 91-107.

Schmitter, P., y T. L. Karl (1994), "The Conceptual Travels of Transitologists and Consolidologists: How Far to the East should They Attempt to Go?", *Slavid Review*, núm. 63, primavera.

Zolo, D. (1994), *La democracia difícil*, Alianza Editorial, México.

CONSTITUCIÓN

Sabino Bastidas Colinas

Definición

La Constitución representa la estructura de una comunidad política organizada, es decir, el orden necesario que deriva de la designación de un poder soberano y de los órganos que lo ejercitan. De esta manera, la Constitución es inmanente a cualquier sociedad y representa contemporáneamente una teoría jurídica y una teoría política. Como una teoría jurídica, la Constitución aparece en la base de una forma particular de gobierno que se rige por un conjunto de leyes objetivas y por la supremacía de la racionalidad del derecho sobre el poder de los gobernantes; como una teoría política, la Constitución se inspira en la defensa y el ejercicio de los derechos individuales de los ciudadanos colocando al Estado en la condición de no poder violarlos y, por lo tanto, limitando sus atribuciones. El constitucionalismo se refiere a la reflexión sobre los principios jurídicos básicos que permiten a una Constitución asegurar a la sociedad, sin importar las diferentes condiciones históricas imperantes, el mejor orden político. Para analizar la Constitución no existe una definición unívoca, de una vez y para siempre, ya que su riqueza teórica y su complejidad histórica indican los grandes dilemas dentro de los cuales se ha desarrollado la reflexión sobre las constituciones políticas. Harold Berman estudia la Constitución a través de la tradición jurídica de Occidente; él sostiene que es principalmente una invención de la época moderna referida a la doctrina estadunidense de la supremacía de la Constitución escrita sobre las leyes aplicadas. La importancia de reflexionar sobre la Constitución en el momento actual radica en que existe un desencanto por los modelos constitucionales existentes, calificados por muchos autores como no acordes con los tiempos que corren, así como por el fervor por la ingeniería constitucional y los procesos de reforma del Estado. Entre nuestros políticos, la imagen de un cambio constitucional que se adecue a la era de la globalización económica, política y cultural de nuestros tiempos resulta ser muy atractiva; por tanto, para analizar el futuro de la Constitución debemos primero saber de dónde viene y a dónde va a fin de que responda a los desafíos del próximo milenio.

Historia, teoría y crítica

Para analizar la Constitución es necesario responder a la pregunta acerca de qué es lo "antiguo" y qué es lo "moderno" en el pensamiento político. Consecuentemente, es posible sostener que el constitucionalismo representa una doctrina según la cual los Estados deben ser fieles a sus constituciones, debido a que las reglas que provee son lo único que puede proteger a los ciudadanos de las decisiones arbitrarias del poder. La herencia del mundo antiguo, desde el pensamiento helénico hasta la época moderna, encarnada por las revoluciones inglesa y francesa, establece una doble distinción: de un lado, la relación entre poder espiritual y poder terrenal, que corresponde a la contraposición entre titularidad y ejercicio del poder durante el Medievo y los grandes absolutismos y, del otro, la contraposición permanente entre el poder político de los ciudadanos en cuanto hombres libres y las distintas formas de poder despótico y opresor. Estas ideas clásicas influyeron de manera decisiva en el pensamiento político moderno a través de los conceptos republicanismo, división de poderes, constitucionalismo y democracia. La característica más antigua, persistente y duradera del constitucionalismo es la limitación del gobierno en virtud del derecho. Por lo tanto, la democracia constitucional moderna encuentra importantes puntos de referencia en los constitucionalismos inglés y estadunidense, según los cuales los derechos individuales no pueden estar en las manos de los representantes y no pueden ser modificados. A diferencia de la revolución de independencia de los Estados Unidos, en la que la instauración de un orden constitucional estable es la traducción efectiva de la voluntad revolucionaria, la Revolución francesa se caracteriza por la separación cada vez mayor entre Constitución y revolución. Las doctrinas del constitucionalismo nacen a partir del pensamiento político griego, según el cual es preferible el gobierno de las leyes al gobierno de los hombres. Grandes pensadores como Platón y Aristóteles, analizando tal contraposición, proponen diferentes tipologías de las formas de gobierno. La contraposición entre un poder de ciudadanos amantes de las leyes y los regímenes despóticos subraya la identidad distinta entre los hombres libres y los individuos sometidos al poder tiránico. Pero sobre todo el constitucionalismo nace de la experiencia jurídica de Roma en su periodo republicano. Marco Tulio Cicerón, en sus obras *De republica* y *De legibus*, logra condensar la experiencia jurídica romana expresándola en su más alto nivel teórico. Para los romanos, la política representaba el aspecto jurídico de la ciudadanía establecido por un código legal escrito y, por lo tanto, la interpretación jurídica se hizo altamente profesional. Durante el Imperio romano, los aristócratas y patricios monopolizaban el poder político. Con los romanos aparece ya un orden jurídico orientado a evitar la "amenaza a la seguridad del Estado". Para los romanos, el Senado representaba a la *res publica* mientras que el *domus* representaba la esfera de los espacios interiores y de la vida privada. Cuando el Senado consideraba que el Estado estaba en peligro convocaba a los magistrados a través del *senatus consultum ultimum* para que pusieran en práctica todas las acciones defensivas necesarias. Los enemigos del Estado se colocaban fuera de la ley y, por lo tanto, se suspendía su derecho a un juicio oficial. El concepto romano del *imperium* le permitía a un magistrado ejercer una influencia decisiva en la vida civil cotidiana. La *coercitio* de un magistrado podía ser injusta pero nunca ilegal. La aceptación de las instituciones y del sistema como un todo era existencial, y su legitimidad se basaba en la continuidad del organismo político. La sociedad romana era principalmente agraria, en donde el poder y la autoridad eran monopolio de los poseedores de tierras. Desde el principio, la república romana incorporó por completo en el *ager romanus*, representativo del cuerpo de los ciudadanos romanos, a las comunidades vecinas. A principios del siglo III a.C. continuas concesiones en bloque de ciudadanía a sus "aliados" y la casi automática concesión de ciudadanía a los esclavos liberados engrosaba el total de "romanos" llevando la cantidad mucho más allá del número compatible con el ideal aristotélico de una ciudad-Estado. Pero lo que cuenta es que durante el Imperio romano la política mantiene su esfera sustancialmente autónoma. La política se desarrolla de acuerdo con las leyes terrenas y no según preceptos divinos. El primer gran desafío a la autonomía de la política en cuanto actividad y pensamiento fue la expansión del cristianismo como religión de Estado en la decadencia de la Roma imperial, ya que la sometió a los preceptos religiosos cristianos. Con el surgimiento del Estado y los cultos estatales, la religión se convirtió en un factor que proporcionaba legitimidad. Durante el siglo XII se afirma la idea de "una ley común" como uno de los fundamentos más importantes del constitucionalismo, ya que implicaba, desde entonces, el principio de la responsabilidad política y el del control judicial sobre la constitucionalidad de las leyes. En la pugna contra la teocracia pontificia destaca Marsilio de Padua (1275-1324), considerado un autor clásico de la teoría política de todos los tiempos. Por su idea de que es posible una sociedad puramente secular bajo el control de un gobierno elegido por el pueblo, Marsilio puede ser considerado un profeta del mundo moderno. En este contexto, considera que la principal responsabilidad del Estado es el mantenimiento de la ley, el orden y la tranquilidad. La tesis de la soberanía popular representa el núcleo principal de su obra: la fuente del poder político y de la ley se encuentra siempre en el pueblo, que tiene el derecho de escoger y elegir a sus gobernantes. El sistema político-constitucional, representado por el absolutismo monárquico posmedieval que se había formado en Europa a partir de 1500, es abandonado de modo definitivo por Inglaterra a partir de la revolución de 1688-1689, que dio vida al sistema parlamentario. Así, en un contexto dominado por el absolutismo de las grandes dinastías nacionales, nace el primer modelo de Estado moderno basado en los principios fundamentales de respeto irrestricto de las libertades civiles y de representación electoral. El constitucionalismo aparece como un elemento moderno ordenador de las leyes sucesivas. La Constitución permite el reconocimiento de los derechos políticos de los ciudadanos con el *Bill of Rigths* de 1689 y garantiza la libertad de los individuos establecida en el *habeas corpus* de 1679, dando vida al *common-law*. La "ley común" representaba en el plano normativo un pensamiento jurídico y una *praxis* procedimental totalmente distinta de la tradición jurídica romana. El pensamiento jurídico romano y la *common-law* representan, con sus diferencias, las dos grandes corrientes del pensamiento jurídico occidental. Es justamente la cultura británica de inspiración normanda, en oposición a la tradición jurídica romana, la que permite establecer una línea de continuidad entre la *Magna Charta* de 1215 y el *Bill of Rigths* de 1689. El constitucionalismo surge de una costumbre que respeta la representación política sobre base electiva. Esta cultura jurídico-institucional no se fundaba sobre una constitución escrita y programática, sino sobre un conjunto de reglas de origen legislativo y jurisprudencial

orientadas a garantizar las libertades fundamentales del ciudadano. En la Inglaterra del siglo XVII se desarrolló un modelo parlamentario, en donde el gobierno responde de sus actos ante una nueva serie de instituciones políticas designadas con el nombre genérico de "Parlamentos", "Estados Generales", "Cortes" o "Estamentos", que encarnaban la representación de la soberanía popular de ese momento. Es un lugar común sostener que John Locke influye en la Ilustración francesa a través del barón de Montesquieu, gran pensador de la política, autor de las *Cartas persas*, que vieron la luz en 1721, y de *El espíritu de las leyes*, publicado en 1748. Durante el mismo siglo XVIII, Thomas Paine, otro estudioso de la política, escribía que una Constitución no es el acto de un gobierno sino el acto de un pueblo que crea un gobierno, agregando que un gobierno sin Constitución es un poder sin derecho, dado que la Constitución es antecedente de un gobierno. Sobre esta base, la Constitución moderna establece dos principios básicos: garantiza, de un lado, los derechos consagrados y, del otro, la separación de poderes. La Constitución contiene normas para la producción del derecho y reglas para el juego político, y es el resultado no sólo de una cultura jurídica sino también de una cultura política. En esta dirección, Alexis de Tocqueville afirmaba en su obra *La democracia en América* de 1840 que la democracia no es sólo "representación" sino también "igualdad". Por lo tanto, el problema de los custodios guardianes de la Constitución representa el problema fundamental de la indisponibilidad y de la vigencia de los derechos. Para defender los derechos constitucionales no basta el poder político. La historia ha demostrado que cualquier forma de poder representa una amenaza para los mismos derechos. Tres son los principales guardianes de la Constitución de acuerdo con interpretaciones contemporáneas: *1)* los ciudadanos, que representan la base de cualquier control de las leyes en nuestras sociedades; *2)* los intelectuales, que desempeñan una función relevante en materia de formación de la "opinión pública" y, finalmente, *3)* los magistrados, que adquieren en la democracia constitucional un poder central. El pensamiento liberal incorporó en su cuerpo doctrinal —caracterizado por la división de poderes como elemento constitutivo del orden político— el reconocimiento legítimo de la existencia de "posiciones contrastantes", favoreciendo el desarrollo del disenso y el consenso. Las formulaciones acerca del gobierno civil plantean la necesidad de limitar al Estado estableciendo una serie de reglas para la convivencia social. La doctrina política del liberalismo podría sintetizarse en la afirmación de que todo gobierno está limitado en sus poderes y existe sólo por el consenso de los gobernados.

LÍNEAS DE INVESTIGACIÓN Y DEBATE CONTEMPORÁNEO

La modernidad descubre los riesgos para la democracia constitucional que nacen de una larga historia que ha conocido distintos tipos de regímenes políticos, desde la democracia directa a la democracia representativa. La democracia constitucional no sólo desea la división clásica de poderes en Ejecutivo, Legislativo y Judicial, sino también limitar a los otros poderes, económicos o ideológicos, que la ponen en peligro; es decir, controlar aquello que Jürgen Habermas denomina el riesgo de colonización de la esfera pública por parte de los poderes económicos, que implica el riesgo de que distintas formas de poder tomen decisiones relevantes para el desarrollo de la sociedad sin hacerse cargo de los problemas sociales o políticos que generan. Constitución y democracia son necesarias para evitar los riesgos de degeneración de las formas de gobierno. La doctrina clásica de la división de poderes sostiene que sólo con el Estado de derecho es posible evitar lo que Tocqueville denominaba los riesgos evolutivos de la democracia. Sobre esta base, la Constitución moderna estableció el principio básico de garantizar los derechos consagrados y la separación de poderes. La Constitución contiene normas para la producción del derecho y reglas para el juego político, y hemos podido observar que ésta es el resultado no sólo de una cultura jurídica sino también de una cultura política muy particular. Las constituciones deben adecuarse a las innovaciones estructurales y a la aparición de nuevos actores, ofreciendo los instrumentos jurídicos que permitan hacer efectivo el interés de la colectividad.

BIBLIOGRAFÍA

Berlín Valenzuela, Francisco (1995), *Derecho parlamentario*, FCE, México.

Bernan, Harold (1996), *La formación de la tradición jurídica de Occidente*, FCE, México.

Bobbio, Norberto (1989), *Liberalismo y democracia*, FCE, México, p. 21.

—— (1987), *La teoría de las formas de gobierno en la historia del pensamiento político*, FCE, México, pp. 21-43.

Carner, José (1941), "Prólogo" a John Locke, *Ensayo sobre el gobierno civil*, FCE, México.

Dahl, Robert (1990), *La democrazia e i suoi critici*, Riuniti, Roma.

Goldwin, Robert (1996), *Historia de la filosofía política*, FCE, México.

Habermas, Jürgen (1998), *Más allá del Estado posnacional*, FCE, México.

Held, David (1989), *Modelli di democrazia*, Il Mulino, Bolonia.

Matteucci, Nicola (1990), "Costituzionalismo", en *Dizionario di Politica*, UTET, Turín.

Miller, David (1987), *Enciclopedia del pensamiento político*, Alianza Editorial.

Padova, Marsilio di (1966), *Difenditore della pace*, Fondazione Luigi Einaudi, Turín.

Sartori, Giovanni (1994), *Ingeniería constitucional comparada. Una investigación de estructuras, incentivos y resultados*, FCE, México, pp. 211-218.

Tocqueville, Alexis de (1978), *La democracia en América*, FCE, México.

Violante, Luciano (1996), *Dizionario delle istituzioni e dei diritti del cittadino*, Riuniti, Roma.

CONTROL PARLAMENTARIO

Javier Oliva

Definición

El control parlamentario es una técnica jurídico-procedimental y política mediante la cual el Parlamento o Congreso tiene facultades para incidir en la dirección, evaluación y sanción de las acciones del gobierno. Si es un sistema parlamentario el eje de las capacidades de participación por parte de este poder se da por medio de la concesión o retiro de la confianza al jefe de gobierno o consejo de ministros, según el caso; si es un sistema presidencialista, en última instancia se acude al juicio político. Es por medio de las comisiones de trabajo o mediante la formación específica de comisiones como el Parlamento o Congreso pretende asegurar la coherencia entre la oferta política y las acciones gubernamentales.

Históricamente, el control parlamentario es también una de las principales actividades políticas y características jurídicas inherentes al surgimiento, desarrollo y consolidación del Parlamento; como estructura representativa de la soberanía, o como régimen político, el estudio del parlamentarismo, ante la necesidad de estructurar una serie de medidas encaminadas a controlar, supervisar y evaluar las tareas y propuestas del Ejecutivo y el gobierno, hace de las técnicas del control parlamentario uno de los temas de mayor relevancia en los análisis tendientes a la conformación de estructuras duraderas y estables en la responsabilidad del equilibrio de poderes.

Las aportaciones históricas en ese sentido de la Constitución de los Estados Unidos de América y de las leyes emanadas de la Revolución francesa (Kelsen, 1982: 39 y ss.) arrojan perspectivas diferentes y, en no pocas ocasiones, en las constituciones modernas se observa la yuxtaposición de los principios de una y otra. Partiendo de la circunstancia específica bajo la cual se forman las asambleas de ambas naciones, en el caso norteamericano —la desconfianza a la estructura representativa del Parlamento inglés, en total lejanía geográfica y política de las necesidades de una pujante y productiva sociedad—, se construye una Cámara de Representantes cuyo poder de incidencia en las determinaciones del gobierno se verá reducido por la desconfianza en su modo de actuar para fortalecer al Ejecutivo; mientras tanto, en el caso francés, la concentración del poder en el monarca demandará como respuesta una fuerza superior de la asamblea respecto del propio rey y la nobleza.

En el desarrollo político de la democracia liberal, hasta fines del siglo XX el control parlamentario se asocia principalmente a un régimen parlamentario. En efecto, éste ocupa la parte central de las relaciones institucionales y políticas entre las cámaras y el gobierno, que van de su formación luego del proceso electoral hasta la conclusión del encargo, sea por el calendario electoral propio o por el retiro de la confianza. Analistas y políticos

> ...coinciden en señalar que el control parlamentario supone la principal función de toda asamblea legislativa [...] los grandes pioneros del sistema parlamentario intentaban la institucionalización de un conjunto de prácticas surgidas para la vigilancia del ejercicio de las prerrogativas reales por parte del monarca [...] los estudiosos del control parlamentario lo conciben cuando menos como la última posibilidad de que las decisiones adoptadas por el gobierno y la administración de los estados sociales de derecho no atenten contra la voluntad del pueblo, cuya vigilancia está encomendada a sus representantes en las cámaras legislativas [Montero y García, 1984: 19].

De acuerdo con este planteamiento, la observancia de las actividades del gobierno así como la vinculación existente entre las aspiraciones del pueblo y las expectativas de los partidos políticos, son los elementos que condicionan la utilidad del control parlamentario; ello se debe a que principalmente se le ubique al control parlamentario como una herramienta propia de los regímenes parlamentarios, ya que en el caso de los presidencialistas, el centralismo del Ejecutivo y las atribuciones que le permiten actuar sin demasiada interferencia del Legislativo provocan una seria limitante en las posibilidades de un control parlamentario adecuado y sobre todo efectivo.

Por ejemplo, en el caso de México las limitaciones jurídicas y políticas hacen poco eficiente una técnica de control parlamentario; "ahora bien, antes de abordar los conceptos del control por información, por investigación y el control político, cabe resaltar que las legislaturas tienen en el proceso legislativo mismo la herramienta de control más eficaz para controlar la administración gubernamental" (De Andrea, 1993: 80).

No obstante, es evidente que el control parlamentario es una herramienta jurídica al tiempo que es un mecanismo político (Gracia, 1994: 60) que permite cierto acceso del Poder Legislativo a la *dirección* del gobierno. Posiblemente ésta sea la principal característica contemporánea, pues no puede rehusarse la relevancia política del control, sea mediante la figura del juicio político o, en el caso de los sistemas parlamentarios, el retiro de la confianza y, por lo tanto, el fin del gobierno. También respecto a la formación de las comisiones especiales, o incluso al funcionamiento de las que se hallan en la Ley Orgánica y Reglamento Interior, en el caso de México se observa una vía mediante la cual se solicita documentación y entrevistas con funcionarios determinados, lo que se conoce como control vía información.

El punto de coincidencia entre las definiciones arriba mencionadas es que el control parlamentario es la única opción dentro de la técnica constitucional para alcanzar el objetivo de la vinculación entre las acciones de los representantes populares y la responsabilidad del gobierno. Desde luego que la capacidad de incidencia no sólo varía de acuerdo al régimen que hagamos referencia, sino también a la conformación de la mayoría y minoría y sus efectos sobre la formación de los órganos encargados de ejercer el control parlamentario.

Así, pues, debe distinguirse entre "los mecanismos que permiten conocer mejor la labor desarrollada por el Ejecutivo y los instrumentos que contienen la sanción que sería en realidad el componente básico de la actividad de control" (Montero y García, 1984: 29); es decir, mientras en la estructura del equilibrio de poderes la función del control parlamentario es determinante como garantía de coherencia administrativa, los niveles de intervención y consideración de las observaciones del Legislativo le conceden al mismo la posibilidad de ejercer una influencia real y consistente en las tareas gubernamentales.

En pocas palabras, el control parlamentario es la capacidad efectiva de intervención del Congreso o Parlamento en la actividad gubernamental, realizada mediante la evaluación y, en su caso, sanción. Y esta definición coloca al estudio en una bifurcación: por una parte, el cambio cualitativo del Parlamento a través de la historia y en cuanto al proceso decisional adoptado en la Asamblea, por la otra, la complejización[1] en las tareas administrativas y la intrincada red burocrática propia de los estados modernos.

Respecto a los cambios del Parlamento, el paso del centro de gravedad de la Asamblea a las estructuras dirigentes de las decisiones adoptadas hace que difícilmente se definan estas posturas en medio del debate y frente a los medios de comunicación y los adversarios. Será en los pasillos de las oficinas de cada partido político en donde se evalúe la postura a asumir y ésta, con algunas modificaciones mínimas, se evidenciará en el debate.

Asimismo, respecto de la estructura administrativa gubernamental, la diversificación ha implicado una seria dificultad para obtener la información del asunto o caso específico, lo cual se traduce en indagatorias lentas y en no pocas ocasiones anacrónicas.

De esta manera, en estricto sentido, debe distinguirse, como primer paso, la cuestión del control (vías y formas adecuadas en tiempo y proceso de supervisión, análisis y, en su caso, sanción de parte del Parlamento) y, segundo, el señalamiento de la responsabilidad y coherencia del gobierno respecto de sus actividades. De contarse con procedimientos legislativos adecuados y con los instrumentos administrativos propicios, el control parlamentario es tan efectivo como ágil para elaborar las observaciones específicas. La única fuente de atribuciones para el ejercicio del control parlamentario es la Constitución y la normatividad de los trabajos legislativos, por ello el estudio del caso específico de dónde se pretenda estudiar la capacidad del Parlamento en el control remite invariablemente a dicho marco jurídico.

Como se expone más adelante, las características de los sistemas políticos de fin de siglo han provocado una serie de ajustes que propician una profunda revisión de los fundamentos no sólo en lo concerniente a este control, sino de una buena parte de los conceptos y razonamientos de las ciencias sociales.

La importancia que históricamente se le concede a las técnicas y procedimientos para el control parlamentario sobre las acciones del gobierno, retoma las responsabilidades históricas del órgano colectivo y representativo de la diversidad. En su esencia, el Parlamento, con el funcionamiento de la Asamblea, significa la congruencia entre las expectativas sociales y la oferta electoral; la compatibilidad entre la acción administrativa y las determinaciones del propio Parlamento.

De esa forma, el control parlamentario apunta hacia nuevos y diversos procedimientos que procuren salvar y articular tanto la responsabilidad y coherencia gubernamental como la coherencia política de los representantes en el Parlamento, considerándose en esta dinámica la evolución que los partidos políticos han tenido hasta el momento.

HISTORIA, TEORÍA Y CRÍTICA

"En realidad, hasta que no acabó la guerra mundial de 1914-1918, la idea de control parlamentario estaba ausente de los textos constitucionales, aunque su práctica y ulterior descripción en sede doctrinal se remontaban muy atrás" (García, 1994: 55). También debe considerarse que tanto por su evolución estructural como por su peso político, los partidos han incidido notablemente en la utilidad del propio Poder Legislativo.

Debido a la desintegración de los imperios austrohúngaro, ruso y alemán, la función de los parlamentos fue notablemente fortalecida tanto por la diversidad que compone a la democracia liberal como por la necesidad de formar estructuras de pesos y contrapesos entre los gobiernos y los parlamentos. El temor a una nueva guerra de semejantes o mayores proporciones a la entonces recientemente concluida explica en parte por qué uno de los objetivos principales de los sistemas totalitarios era anular la pluralidad en la representación, así como la supervisión del Parlamento. Esto permitió sustentar los primeros pasos para preparar el camino de dichos sistemas.

Lógicamente, la exposición histórica del control parlamentario implica hacer referencias a la propia historia del Parlamento. En sus orígenes fue éste una asamblea con la finalidad de autorizar al soberano gastos de guerra a cambio de concesiones: esta relación, a la vez que fortalecía al reino, permitía injerencias de parte de los notables que aportaban recursos para sufragar la diversidad de gastos. Estrictamente, un incipiente y rudimentario control comenzó a establecerse. Sobre este punto de arranque, célebre es el pasaje de la historia británica que culmina con la ejecución del rey Carlos I, enjuiciado y condenado por el Parlamento que encabezaba Oliverio Cromwell, en una lucha entre la manutención de los privilegios del monarca y la búsqueda de autoridad en el gobierno de parte de la Asamblea.

Los problemas de la racionalización se han ubicado dentro de los conflictos que acompañan las varias fases de la evolución del parlamentarismo: cambios que conciernen, sea la evolución de la forma de gobierno inglesa, tomada como modelo implícito con interpretaciones más o menos correctas y actualizadas, sea aquella de la Tercera República francesa, que es el modelo explícito de la primera serie de tentativas de tal género... [de tal forma] no hay duda que el régimen representativo sea la matriz del parlamentarismo [Ceccanti, 1997: 19].

---

[1] "La complejidad de una unidad indica el hecho de que no todos los elementos de dicha unidad pueden estar simultáneamente en relación con ellos mismos. Así, la complejidad significa que para actualizar las relaciones entre los elementos es necesaria una selección", G. Corsi, E. Esposito, C. Baraldi, 1996: 43).

Sin embargo, la trayectoria del control parlamentario acompaña al intrincamiento de las relaciones tanto hacia el interior de la estructura funcional del Parlamento, como de éste respecto de sus vínculos con el gobierno. Sustancialmente se encuentran tres etapas en dichas relaciones: la que se mencionó, posterior a la primera Guerra Mundial; la que culmina con la segunda, y la que va de 1945 a la fecha. En cada uno de esos periodos, la capacidad política de los parlamentos ha ido en aumento incluso en los sistemas presidenciales.

A partir del fortalecimiento de la exigencia de "responsabilidad política", en el caso de los sistemas presidencialistas, la figura del *impeachment* o juicio político ha permitido que ante la ausencia de fórmulas legales y parlamentarias para el retiro de la confianza al Ejecutivo; dicha referencia a la falta grave a las tareas de gobierno por parte del presidente, ha implicado que la gradación en las relaciones no exista y, por lo tanto, la politización y tensión en las relaciones afecte negativamente la estabilidad institucional.

Héctor Fix-Zamudio enumera dentro de la esfera de los sistemas presidencialistas las siguientes actividades: control y fiscalización de la economía; análisis del presupuesto; comisiones investigadoras; juicios de responsabilidad; intervención en el nombramiento de los altos funcionarios; y política internacional y tratados (Fix-Zamudio, 1994: 15-36).

Como se observa, la cuestión de la delegación de confianza y de su proceso de retiro es el punto que hace la diferencia fundamental entre el control parlamentario en un sistema parlamentario y uno presidencialista. En la historia correspondiente a cada uno de ellos encontramos como antecedentes: el concepto de Estado, de soberanía, la división de poderes, las atribuciones constitucionales de cada uno, propiedad de la nación, pluralidad regional y cultural, sistema de partidos políticos, entre otros factores, que contribuyen a explicar la naturaleza de la capacidad de incidencia oportuna del Parlamento en los actos del gobierno.

Por esto, una de las principales problemáticas que ocupan los estudios sobre el control de este tipo, como se expresó más arriba, es la formación de mayorías y minorías, aquí sí, independientemente de qué tipo de sistema político estemos analizando, pues las posibilidades de intervención serán profundamente condicionadas si la mayoría forma parte de la misma organización política del jefe de gobierno o del jefe de Estado. Está visto que mientras esa opción existe, cierta relajación en las tareas de supervisión se explica ante elementos condicionantes, como son: la disciplina de los partidos políticos, la continuidad de la carrera de los representantes populares, la incidencia de los principales dirigentes en las determinaciones del Parlamento.

De esa manera, las transformaciones del Parlamento, hasta el momento, tienden a incrementar procedimentalmente sus capacidades de incidencia mediante el control parlamentario; sin embargo, la oportunidad de su influencia sigue siendo relativa. Esto obedece, principalmente, a que la composición plural de las estructuras internas del Parlamento se ven a su vez sometidas a la dinámica autoaplicada de la confianza, es decir, para proceder en un sentido determinado del control, previamente debe partirse de una situación de acuerdo entre los propios partidos políticos representados en la Cámara de Diputados. Así, pues, la expresión de una conclusión, de una postura o del inicio de una investigación deberá proceder entonces de un acuerdo entre los grupos parlamentarios.

Como se verá en el siguiente punto, una de las principales tendencias para el estudio del control parlamentario se enfoca precisamente en su actualización y eficacia en medio de las nuevas características de la dinámica parlamentaria y de los partidos.

El juego actual del Parlamento se ve inevitablemente condicionado en cualquier sistema político por la necesidad de optar ante objetivos de imposible alcance simultáneo. Tal ocurre cuando resulta preciso elegir entre el protagonismo de los parlamentarios o el de los partidos [Ollero, *idem.:* 38].

El activismo desarrollado por las formaciones partidistas es propio de una etapa en donde la certidumbre respecto de la competencia electoral ha abandonado en definitiva las sombras de la inestabilidad y crisis social, pero paradójicamente esto es debido a que la institución parlamentaria adquiere consistencia y funcionalidad.

En ese doble juego entre retroalimentación y reducción de influencia entre partidos políticos y Parlamento es precisamente donde destaca la reducción de la relevancia del control que tratamos: "En definitiva, la experiencia concreta de la responsabilidad política, de forma similar a la del control parlamentario, dependerá ante todo de variables políticas carentes de institucionalización y relativas al sistema de partidos..." (Montero y García, 1984: 146). Puede fijarse como una fase en el desarrollo del sistema parlamentario, el Parlamento y del control emanado de él la que corresponde a "el resurgimiento global de la democracia" (Diamond y Platner, 1996: 43).[2] En ese periodo, la consolidación de la institución parlamentaria implicó la base del pluralismo al tiempo que la construcción de fórmulas que atendieran al control.

En términos generales, se puede concluir que hasta el momento las dos líneas principales de estudio del control parlamentario se concentran en: *1)* el conferimiento de la responsabilidad política del Parlamento hacia el gobierno y la posibilidad efectiva de la sanción; *2)* el control parlamentario como constatación de la dirección por parte del Parlamento y su evaluación (García, 1994: 62).[3] En resumen, la distinción del control parlamentario en un sistema parlamentario y en uno presidencialista radica en la capacidad del Con-

---

[2] En el texto se ubica cronológicamente de 1974 a 1992 como el periodo en donde la democracia liberal y representativa se consolida en varias partes del mundo.

[3] "Llegados a este punto, estamos en condiciones de ofrecer un concepto jurídico del control. Es el elemento instrumental más relevante dentro de la estructura de la relación fiduciaria que vincula al gobierno con el Parlamento en un sistema parlamentario. O, dicho en otras palabras, es el conjunto de procedimientos e instrumentos de que dispone el Parlamento para dar permanencia o continuidad a la relación fiduciaria que ha instaurado con el titular de la presidencia del gobierno o con los titulares del mismo, a través de la comprobación permanente del cumplimiento de los objetivos materiales del programa de gobierno comprometido por el órgano de gobierno. El control tiene naturaleza política, carácter instrumental, es permanente y teleológico."

greso en la posibilidad de retirar o no la confianza, lo que se traduce en la continuidad o terminación del gobierno.

Líneas de investigación y debate contemporáneo

Como ya se apuntó, el primer gran desafío es crear estructuras políticas y jurídicas que permitan, no obstante la identidad partidista entre el jefe de gobierno y el partido de mayoría en el Congreso, la presencia del control de este tipo, inicialmente como una fórmula de alta eficacia política y electoral; posteriormente, como un proceso legislativo que norme las relaciones entre el Parlamento y el gobierno. El apego a la oferta hecha en la búsqueda del gobierno debe representar la demostración de la respuesta en acciones del propio gobierno y de políticas públicas. Esto por lo que hace a los sistemas parlamentarios.

En los sistemas presidencialistas el terreno es aún más fértil. Estudiar las opciones de una mayor coordinación entre los poderes debe ir en contrasentido de la divulgada postura de la "anulación de poderes", pues lo que un poder "pierde" el otro lo "gana". Esto sucede en sistemas presidencialistas donde la competencia entre partidos políticos es cerrada y la formación del Congreso es imprevisible luego de cada elección. De ahí que recurrentemente la aparición de los acuerdos y pactos sea lo que de manera muy endeble sostiene el funcionamiento del mismo Congreso, reduciendo ostensiblemente su capacidad de control, pues ni entre los representantes y dirigencias de partidos hay coordinación.

Uno de los principales campos de trabajo y propuesta es precisamente el establecimiento de procesos estables que respondan a los objetivos generales de una acción de gobierno que sea evaluada conforme a sus planteamientos y resultados. Incluso en los países latinoamericanos es frecuente observar que ante la imposibilidad de participación de las comisiones de trabajo o especiales del Congreso, la filtración a los medios de comunicación o la toma de posición de las dirigencias de los partidos opositores reduce seriamente la posibilidad de llegar a acuerdos donde el objetivo central debiera ser el buen gobierno en su sentido más general.

Las reformas al control parlamentario no serían en ese contexto menores. Implicarían una modificación al régimen presidencialista. Y es necesario hacer frente a esa posibilidad, pues, por una parte, la secularización de la política impide un manejo discrecional de recursos y programas por parte del gobierno; por la otra, requiere de personal especializado y de legisladores preparados para que participen consistentemente en las labores del control.

Es necesario analizar la viabilidad de la carrera de representante parlamentario así como del cuerpo de especialistas; la reforma del sistema político presidencial responde a los logros de políticas públicas como el incremento a la esperanza de vida, de niveles educativos, de capacitación de los recursos humanos y en general, a mejores niveles de vida. En el simple, pero profundo sentido de observancia de los lineamientos de un buen gobierno, el control parlamentario es un área de reflexión donde las diversas técnicas de la política, el trabajo parlamentario y la construcción de leyes son directamente responsables de la estabilidad del equilibrio de poderes.

La renovación de las técnicas de control, su ámbito, el tiempo de oportunidad y la proximidad social son algunos[4] puntos que hoy están en la discusión. Sin duda alguna, garantizar la intervención del Poder Legislativo en los actos del gobierno, es una de las fórmulas propicias para asegurar un equilibrio entre las expectativas sociales, la capacidad de representación de los partidos políticos y el nivel del debate parlamentario.

En consecuencia, el establecimiento de procesos que consideren la naturaleza de las relaciones entre las dirigencias de los partidos políticos y sus fracciones en el Congreso, la relevancia de la seriedad de los medios de comunicación y la adecuada relación con las oficinas gubernamentales implican la mejor garantía de la democracia en su fase legislativa y procedimental en el próximo siglo. En otras palabras, articular reformas constitucionales, estudios sobre el sistema político y de partidos, ajustes a la legislación electoral, técnicas de trabajo parlamentario, la articulación entre el gobierno y el Congreso y la relevancia en el trato profesional con los medios de comunicación, son las áreas de producción intelectual que se vinculan en un complejo pero necesario trabajo de reflexión.

---

[4] A. Garrorena, "Algunas sugerencias para renovar la función del control parlamentario", *Revista Mexicana de Sociología*, Instituto de Investigaciones Sociales-UNAM, México, 1988, pp. 21-44. No obstante que el autor se refiere principalmente al régimen parlamentario español, sus propuestas están orientadas por la problemática que encierra la pertenencia de un mismo partido mayoritario y el jefe de gobierno, por un lado, y por el otro, debido a la complejidad de la sociedad contemporánea, la utilidad de un control parlamentario más ágil y eficiente coadyuvaría a una mejor y duradera estabilidad política.

BIBLIOGRAFÍA

Castillo Peraza, Carlos (1998), "De la fuerza a la maña: la lenta apertura del Poder Legislativo mexicano a la oposición política entre los años 1943 y 1958", *Diálogo y debate*, núm. 1, abril-junio, México.

Ceccanti, S. (1997), *La forma di governo parlamentare in trasformazione*, Il Mulino, Bolonia.

Condorcet, Castillon, y Becker (1991), *¿Es conveniente engañar al pueblo?*, Centro de Estudios Constitucionales, Madrid.

Corsi, G., E. Esposito y C. Baraldi (1996), *Glosario sobre la teoría social de Niklas Luhmann*, UIA-Anthropos-Iteso, México.

De Andrea, F. J. (1993), *Diccionario de derecho parlamentario*, Cambio XXI, México.

Diamond, L., y M. Platner (coords.) (1996), *El resurgimiento global de la democracia*, UNAM, México.

Garrorena, A. (1998), "Algunas sugerencias para renovar la función del control parlamentario", *Revista Mexicana de Sociología*, Instituto de Investigaciones Sociales-UNAM, México, pp. 2-98.

Gracia, J. (1994), "Funciones del control parlamentario", en *El Poder Legislativo actual*, México, p. 60.

Fenichel Pitkin, Hanna (1995), "Representation", en *Language and Political Change*, Athenæum Press, Londres.

Fishkin, James (1995), *Democracia y deliberación. Nuevas perspectivas para la reforma democrática*, Barcelona.

Fix-Zamudio, H. (1994), "La función actual del Poder Legislativo", en *El Poder Legislativo actual*, México.

Fundación Pablo Iglesias (1982), *Parlamento y democracia*, Madrid.

Hauriou, André (1980), *Derecho constitucional e instituciones políticas*, Ariel, Barcelona.

Kelsen, Hans (1982), *Il primato del parlamento*, Giuffrè, Milán.

—— (1981), *La giustizia costituzionale*, Giuffrè, Milán.

"La documentation Française" (1993), *Pour mieux connaître le Sénat*, París.

Lijphart, Arend (1988), *Le democrazie contemporanee*, Il Mulino, Bolonia.

McIlwain, Charles (1990), *Costituzionalismo antico e moderno*, Il Mulino, Bolonia.

Molas, Isidre, e Isamel Pitarch (1987), *Las Cortes Generales en el sistema parlamentario de gobierno*, Tecnos, Madrid.

Montero, J. R., y J. García (1984), *El control parlamentario*, Tecnos, Madrid.

Negri, Antonio (1994), *The Constituent Power*, University of Minnesota Press, Minneapolis.

Santamaría, Julián (1998), "El papel del Parlamento durante la consolidación de la democracia y después", *Revista Mexicana de Sociología*, Instituto de Investigaciones Sociales-UNAM, México.

Sartori, Giovanni (1994), *Ingeniería constitucional comparada*, FCE, México.

Schmitt, Carl (1996), *Sobre el parlamentarismo*, Madrid.

Tosi, Silvano (1993), *Diritto parlamentare*, Giuffrè, Milán.

Valenzuela, Arturo, y Juan Linz (1995), *Il fallimento del presidenzialismo*, Il Mulino, Bolonia.

Weber, Max (1982), "Parlamento y gobierno en el nuevo ordenamiento alemán", en *Escritos políticos*, vol. II, Folios eds., México.

CORPORATIVISMO

Juan Manuel Ortega Riquelme

Definición

El concepto de corporativismo es una noción vieja dentro del análisis político. Históricamente ha sido utilizado para describir una doctrina política que pretendió organizar a la sociedad en corporaciones o gremios. Las corporaciones se estructuraban bajo criterios jerárquicos, autónomos y funcionales de división del trabajo y se contraponían a la estructura del Estado. La supremacía del bien común sobre los intereses particulares y la solidaridad eran los principios ideológicos bajo los cuales se estructuraban las corporaciones y se generaba la cooperación entre los individuos.

De igual forma, la noción de corporativismo se ha utilizado para describir regímenes políticos como el Estado fascista italiano, que bajo Mussolini organizó en corporaciones a la sociedad en su conjunto. Bajo esta estructuración de la sociedad en donde las organizaciones estaban subordinadas al Estado, Mussolini encontró un mecanismo ideal de control político y de predominio del interés nacional sobre los intereses particulares.

Historia, teoría y crítica

La ciencia política de mediados de los años setenta rehabilitó (véase Schmitter, Wiarda, Stepan, Lehmbruch y Collier) el concepto como herramienta no sólo descriptiva sino analítica para explicar el desarrollo de un tipo particular de organización de los intereses y de relaciones Estado-sociedad en el siglo XX *(teoría del neocorporativismo).*

Dentro de la *teoría del neocorporativismo* se han generado dos explicaciones en cuanto al nacimiento y desarrollo de los arreglos corporativistas del siglo XX. La primera de ellas es una propuesta culturalista (véase Wiarda, Palmer) que pretende explicar el nacimiento de los arreglos corporativistas en América Latina. Dicha propuesta sostiene que el corporativismo latinoamericano tiene su raíz en la tradición política ibérica y la doctrina social católica heredada por Latinoamérica.

La segunda propuesta, hoy en día la más difundida, es de carácter estructural y es una explicación alternativa al *pluralismo* a una particular organización de la intermediación de intereses entre Estado y sociedad. Esta propuesta teórica estructural surgió como propuesta alternativa ante los problemas heurísticos presentados por el pluralismo.

Desde mediados de los años cincuenta la ciencia política no marxista había utilizado el enfoque teórico del *pluralismo* para explicar las relaciones Estado-sociedad. En términos generales el *pluralismo* sostenía que, en primer lugar, toda sociedad se organiza en distintos y muy variados grupos de interés que tratan de influir, mediante el cabildeo, sobre el sistema de toma de decisiones del gobierno y que, en segundo lugar, todo gobierno democrático es un actor imparcial que diseña políticas que son el resultado de la presión ejercida por los diversos grupos de la sociedad. Bajo estos supuestos el Estado es una arena en donde se neutraliza el conflicto entre los diferentes intereses de la sociedad. En esta teoría de equilibrios, el poder y el control del poder político están compartidos y ampliamente distribuidos (véase Lowi, 1969: 45).

Hacia finales de los años sesenta importantes analistas criticaron los supuestos teóricos del *pluralismo*, en particular: *1)* la falta de una discusión sobre la representatividad; es decir, existía un supuesto de convergencia entre los intereses de los miembros y las políticas de la organización (véase Berger, 1981: 8); *2)* los pluralistas argumentaban que el proceso de división del trabajo en las sociedades modernas creaba una expansión de las organizaciones sociales y que al articular demandas de la sociedad estas organizaciones se convertían en el elemento de estabilización y equilibrio dentro de los sistemas políticos. Sin embargo, este supuesto no podía explicar por qué sociedades con el mismo nivel de desarrollo económico y tipo de estructura social tenían distintas estructuras de grupos; es decir, el pluralismo no tomaba en cuenta el impacto de distintos arreglos institucionales sobre la organización de los intereses en la sociedad (véase Anderson, 1979: 284); *3)* el supuesto de que el gobierno era una arena neutral y el modelo de libre competencia entre los grupos de presión dejaba a un lado la posibilidad de que el gobierno interviniera en la selección de los intereses que tomaría en cuenta en el proceso de toma de decisiones, y *4)* supuesto mecanicista que asume que las organizaciones nacen como resultado de cambios en el ambiente socioeconómico. Este supuesto ignora problemas de la acción colectiva como el *free-rider* (véase Olson, 1971; Schattschneider, 1960; Lowi, 1969), así como el hecho de que las organizaciones tienen recursos y capacidades que les permiten tener una vida propia, independientemente de las condiciones de la economía, la sociedad y la arena política (véase March y Olsen, 1989; Schmitter, 1979).

El desarrollo de la teoría del neocorporativismo fue no sólo respuesta a dificultades teóricas, sino también a los problemas que los regímenes pluralistas enfrentaron durante los años setenta para controlar la inflación, sostener el crecimiento económico y encontrar la legitimidad a la gran capacidad de algunos países europeos para generar políticas económicas concertadas y que les permitieron mantener altos niveles de crecimiento y empleo, y bajos niveles de inflación, así como de conflictos entre capital y trabajo (véase Almond, 1990).

La teoría del neocorporativismo se enfocó al análisis de "un grupo particular de políticas y arreglos institucionales que estructuran la representación de intereses [y que enlazan] los intereses organizados de la sociedad civil con las estructuras decisionales del Estado" (véase Stepan, 1978: 46). Dichos arreglos tienen lugar principalmente durante el periodo de entreguerras en el norte de Europa y en América Latina.

La definición más socorrida sobre neocorporativismo ha sido la expuesta por el politólogo Phillipe Schmitter:

Corporativismo se puede definir como un sistema de representación de intereses en donde las unidades constituyentes están organizadas en un número limitado de categorías únicas, obligatorias, no competitivas, jerárquicamente organizadas y funcionalmente diferenciadas, reconocidas o autorizadas (si no creadas) por el Estado y a las que se les otorga un monopolio representacional, dentro de sus respectivas categorías, a cambio de la observación de ciertos controles en la selección de sus líderes y en la articulación de sus demandas y apoyos [véase Schmitter, 1974: 93-94].

Reconociendo los límites de dicha definición ideal, Schmitter agregó dos subtipos a este sistema de representación de intereses. Por un lado, definió un sistema de intermediación de intereses de tipo societal (*corporativismo societal*), como aquel que se encuentra enraizado en sistemas políticos liberales democráticos. En estos sistemas políticos existe un sistema electoral y de partidos abierto y competitivo; un ejecutivo cuyo poder político se basa en la formación de coaliciones; distintas ideologías y fuertes diferencias culturales y un número importante de organizaciones no sólo de tipo funcional sino también territorial (véase Schmitter, 1974).

Por otra parte, un subtipo estatal (*corporativismo estatal*) caracterizado por estar asociado a sistemas de tipo autoritario en donde existe un férreo control burocrático y centralizado sobre las organizaciones de tipo funcional; en donde no existen elecciones o son únicamente de tipo plebiscitario; en donde un partido controla o monopoliza al sistema político; en donde la ideología es una sola y se reprime el desarrollo de distintas culturas políticas (véase Schmitter, 1974).

El politólogo Gerhard Lehmbruch propuso su propia explicación de lo que son los arreglos corporativos. Afirma que tres son los tipos de arreglos políticos que han sido llamados corporativistas: *1)* aquellos en donde organizaciones poderosas y muy centralizadas tienen un monopolio representacional, *2)* aquellos en donde las organizaciones son centralizadas, monopólicas y, además, tienen una posición privilegiada en su acceso a las esferas de gobierno y *3)* la sociedad o *social partnership* entre empresarios y trabajadores con el fin de regular sus conflictos y coordinada por el gobierno con el proceso de creación de políticas públicas (véase Lehmbruch, 1984: 64).

Lehmbruch argumenta que un nuevo tipo de sistema de representación de intereses, distinto del "corporativismo sectorial", referido por Schmitter, y que tiene una larga historia en el desarrollo político de los estados, apareció después de la primera Guerra Mundial, cuando "empresarios organizados y trabajadores cooperaron con los gobiernos en la economía de guerra y (más tarde) en la desmovilización" (Lehmbruch, 1984: 62). Lehmbruch llama a este tipo de arreglo institucional como "concertación corporativista", la cual tiene dos esencias fundamentales:

i) involucra no sólo a un grupo de intereses organizados con acceso privilegiado al gobierno, sino a una pluralidad de organizaciones que comúnmente representan intereses antagónicos, y *ii)* estas organizaciones administran sus conflictos y coordinan su acción con la del propio gobierno, especialmente de acuerdo con [...] los requerimientos sistémicos de la economía nacional [véase Lehmbruch, 1984: 62].

Así, pues, las diferencias entre un "corporativismo sectorial" y una "concertación corporativista" son que la última requiere de un alto grado de organización interna, coordinación y el monopolio de la representación, para así poder encontrar el objetivo del consenso.

Líneas de investigación y debate contemporáneo

Ante las dificultades de encontrar el tipo ideal schmitteriano, los analistas se dedicaron al estudio de caso. La teoría tomó tres caminos: *a)* el análisis del impacto del corporativismo sobre el desempeño económico y la evaluación del grado de corporativización de la economía en distintos países de acuerdo a la cantidad o tipo de participantes, niveles de sindicalización y grado de negociación colectiva de salarios (Brunetta y Dell'Arringa, 1990; Bruno y Sachs, 1985; Crepaz, 1992; Golden, 1993; Schmitter, 1981; Soskice, 1990; Streeck, 1992); *b)* el estudio del uso de arreglos corporativistas a nivel más micro, es decir, los sectores de la economía. De aquí partió la noción de mesocorporativismo (Cawson, 1986), y *c)* el desarrollo de subtipos de corporativismo en la medida en que consideraban que este sistema de intermediación de intereses toma diferentes formas en contextos distintos. Encontramos así subtipos de corporativismo como el estatal, societal, liberal o radical (Collier, 1995).

Sin duda, el análisis del corporativismo generó importantes contribuciones al análisis político. En primer lugar, se unieron determinados productos económicos a variables organizacionales y no a actitudes, se puso entonces más atención a la organización de la economía política. En segundo lugar, se concedió especial importancia a la organización del movimiento obrero. En tercer lugar, se hizo hincapié en la importancia de las negociaciones al nivel más centralizado de la economía política para la generación de consenso y cooperación (Hall, 1994). Así, pues, la teoría del neocorporativismo participó de una forma muy importante en la discusión en torno al efecto de la organización de la política en el desempeño económico y que daría pie a una escuela de pensamiento que hoy se conoce como la "nueva economía política" a partir de mediados de los años ochenta y que hoy ocupa un lugar primordial en las escuelas de ciencia política.

BIBLIOGRAFÍA

Almond, Gabriel (1990), *A Discipline Divided*, Sage, Newbury Park.

Berger, Suzanne (1981), "Introduction: Organizing Interests in Western Europe", en Suzanne Berger (comp.), *Organizing Interests in Western Europe*, Cambridge University Press, Nueva York.

Berins Collier, Ruth, y David Collier (1979), "Inducements versus Constraints: Disaggregating Corporatism", en *American Political Science Review*, núm 73, diciembre.

Brunetta, R., y C. Dell'Arringa (comps.) (1990), *Labour Relations and Economic Performance*, MacMillan, Londres.

Bruno, Michael, y Jeffrey D. Sachs (1985), *Economics of Worldwide Stagflation*, Harvard University Press, Cambridge.

Cawson, Alan (1986), *Corporatism and Political Theory*, Oxford, Basil-Blackwell.

Collier, David (1995), "Trajectory of a Concept: 'Corporatism' in the Study of Latin American Politics", en Peter H. Smith (comp.), *Latin America in Comparative Perspective*, Westview Press, Boulder.

Crepaz, Markus M. L. (1992), "Corporatism in Decline?, An Empirical Analysis of the Impact of Corporatism on Macroeconomic Performance and Industrial Disputes in 18 Industrialized Democracies", *Comparative Political Studies*, vol. 25, núm. 2, julio, pp. 139-168.

Golden, Miriam (1993), "The Dynamics of Trade Unionism and National Economic Performance", en *American Political Science Review*, vol. 87, núm. 2, junio.

Lehmbruch, Gerhard (1984), "Concertation and the Structure of Corporatist Networks", en John H. Goldthorpe (comp.), *Order and Conflict in Contemporary Capitalism*, Clarendon Press, Oxford.

Luna, Matilde, y Ricardo Pozas H. (comps.) (1992), *Relaciones corporativas en un periodo de transición*, IIS-UNAM, México.

Malloy, James (comp.) (1997), *Authoritarianism and Corporatism in Latin America*, University of Pittsburgh Press, Pittsburgh.

Schmitter, Phillippe (1994), "Still the Century of Corporatism?", *The Review of Politics*, enero, pp. 85-131.

———, y Gerhard Lehmbruch (comps.) (1979), *Trends Toward Corporatist Intermediation*, Sage, Beverly Hills.

Soskice, David (1990), "Wage Determination: The Changing Role of Institutions in Advance Industrial Countries", en *Oxford Review of Economic Policy*, vol. 4, núm. 4.

Stepan, Alfred (1978), *The State and Society: Peru in Comparative Perspective*, University Press, Princeton.

Thelen, Kathleen (1994), "Beyond Corporatism: Toward a New Framework for the Study of Labor in Advance Capitalism", *Comparative Politics*, vol. 27, núm 1, octubre, pp. 107-123.

Wiarda, Howard J. (1973), "Toward a Framework for the Study of Political Change in the Iberic-Latin Tradition: The Corporative Model", *World Politics*, núm. 25, enero, pp. 206-235.

CRISIS DE LOS PARTIDOS

Víctor Alarcón Olguín

Definición

El concepto se refiere esencialmente a un conjunto de prácticas y situaciones que abarcan al menos dos ámbitos de análisis: *a)* la crisis del partido político como institución, la cual se manifiesta por no cumplir más con sus funciones de ser un espacio de participación para mediar y transmitir las demandas ciudadanas dentro de una competencia electoral para acceder al poder y el gobierno en los sistemas políticos democráticos modernos (visto el partido en términos de su dimensión funcional externa), y *b)* la crisis del partido político como mecanismo de permanencia y circulación de las élites políticas debido a que no cumple con las expectativas de organización, capacidad financiera e identidad social e ideológica que su membresía espera en términos de recompensas, méritos y posiciones, sin que por ello se afecte la permanencia de otros elementos presentes dentro del sistema político (lo que implica ver al partido en su dimensión funcional interna). Las dos situaciones también pueden combinarse debido a cambios drásticos que se hayan generado dentro de las reglas generales del sistema político.

Al mismo tiempo, el concepto puede remitir a una tercera acepción, referente a definir una crisis del sistema de partidos; esto es, involucra el desgaste en la credibilidad política que tienen las reglas y mecanismos de competencia para promover el cambio de gobernantes y la generación de consensos, alianzas y decisiones entre diversos grupos dentro de una sociedad. Particularmente, las fórmulas de registro, fórmula electoral empleada, distribución territorial, principio de asignación de puestos y escaños, acceso a la configuración de los gabinetes, entre otros puntos, hablan de la fuerte dependencia que los partidos políticos poseen actualmente respecto al llamado diseño institucional. En este sentido, se genera un déficit de representatividad y participación democráticas que debe ser resuelto con la generación de nuevas prácticas que satisfagan a los actores o con la supresión total de los elementos perturbadores del sistema institucional (declaración de ilegalidad de las fuerzas políticas no aceptadas o cancelación de registro). En este orden, los partidos son cada vez menos sociales, al tiempo que se han vuelto más pragmáticos y más limitados en sus metas temporales y programáticas.

Historia, teoría y crítica

Los partidos políticos entran en crisis también por problemas de crecimiento o falta de estímulos (recursos). En este aspecto, la pérdida de la personalidad moral y jurídica de los partidos (regularmente asociada con su excesiva gubernamentalización que los lleva incluso a depender de manera excesiva de los erarios públicos) hace que la población vea que el poder y los compromisos adquiridos por dichas organizaciones respondan más a los propios fines internos de la organización que a los intereses de representación de la propia sociedad. Este problema es más grave aun cuando el nivel de afinidad entre los gobiernos y los partidos se va reduciendo en los llamados sistemas unipartidistas o con partidos dominantes, ya que entonces se suprimen los partidos o en el mejor de los casos sólo se les vislumbra como mecanismos de movilización o "maquinarias electorales" que llegan a cubrir expectativas de legitimación formal requeridas por dichos gobiernos de índole no democrática.

Sin estímulos hacia el pluralismo, la alternancia y la competencia, los partidos políticos y las condiciones que propician su organización entran en la exigencia de controles absolutos que impiden su desarrollo. En este sentido, la interpretación manejada aquí remite a la preferencia que se debe dar a la presencia de los partidos políticos dentro de contextos estrictamente democráticos, sin por ello dejar de señalar las dificultades para aprehender el papel adoptado por los partidos políticos en sistemas autoritarios o dictatoriales, lo cual genera a veces confusiones conceptuales.

Entre las posturas más recurrentes y que mejor pueden explicar dicho fenómeno de crisis de los partidos destacan las siguientes: *a)* alineamiento-desalineamiento-realineamiento (Lipset y Stein, 1967), que se refieren a los propósitos que identifican a las diferencias y motivaciones centrales de los partidos políticos; *b)* coordinación-adaptación mutua dentro de un modelo operacional extendido dentro y fuera de la organización política (Janda, 1994); *c)* economía racional y optimización de recursos por parte del votante racional, sea individual o colectivo (Downs, 1973); *d)* formación de coaliciones y subgrupos, siguiendo órdenes de preferencias, así como escenarios de negociación política con base en los principios de juego *mini-max* en materia de ganancias. Además, se considera el tamaño de una pequeña cantidad de actores que participen dentro del reparto de recompensas y que tienda a la monopolización y la exclusión progresiva de aquellos que se consideran susceptibles de participar en el reparto del poder (Riker, 1962), y *e)* concepción de un ciclo evolutivo que define a los partidos a partir de su rasgo estructural más distintivo, esto es, ubicando a los partidos como inicialmente carismáticos —con fuertes liderazgos en pugna, pero dominados y asociados con un caudillo o líder que incluso le da su nombre al movimiento y a la ideología que lo identifica, con baja normatividad y cero disidencia—, luego como partidos institucionales (con reglas y democracia interna estables que permiten la expresión de corrientes dentro del mismo) y, finalmente, el partido tecnocrático en crisis (que se compacta en una corriente que monopoliza el poder mediante el control burocrático), que se orienta hacia la repetición del ciclo en su primera etapa, dando génesis a un nuevo partido de ruptura encabezado por los líderes o caudillos que no han podido encontrar acomodo. En este caso, una división de estos enfoques teóricos obliga a distinguir los alcances de cooperación y conflicto que los partidos políticos posean como su eje central de motivación.

Otra vertiente de entendimiento sobre la crisis del partido como organización es referida al proceso de cultura política presente dentro del sistema. No hay un modelo mental compartido en términos de creencias y valores. La cultura cívica vigente (Gabriel Almond y Sidney

Verba) dentro de la organización no es compatible con la interpretación de la cultura política general de la población. Por lo tanto, las prácticas internas de los partidos políticos, su forma de negociar y participar en la consulta para la toma de decisiones internas y acciones externas no es ya considerada congruente con los principios de la ciudadanía a la cual dicen representar.

Adicionalmente, autores como Ronald Ingelhart dicen que otro componente que permite entender la crisis de los partidos es que dichas organizaciones no han podido comprender el cambio de preferencias de los votantes y sus membresías, por cuanto han pasado el umbral del desarrollo que determina la diferencia entre los valores de una cultura "materialista" y los valores sustentados en metas de tipo "posmaterial", que ahora procuran la compactación de objetivos electorales y la fijación de clientelas más específicas. Un efecto adicional de este proceso es la transformación de la teoría de la identificación partidaria más allá de los *cleavages* (divisiones sociales) que permitían el fácil acomodo de las preferencias en extremos antagónicos como Iglesia-Estado, campo-ciudad, democracia-dictadura, por citar algunos ejemplos.

Dentro de esta lógica, los partidos políticos están siendo forzados a "dispersarse" ideológicamente a efecto de poder captar mayores franjas de votantes, en detrimento de la propia estructura partidaria, cuya membresía no necesita ser tan amplia ni tan participativa. Desde luego, este paradójico adelgazamiento estructural de los partidos burocráticos de masas hacia los partidos tecnocráticos minimalistas es una consecuencia que muestra también la pérdida de privilegios que los partidos poseían como actores de interlocución y mediación privilegiada respecto a otras formas de organización y presión política, como lo son ahora los nuevos movimientos sociales o las organizaciones no gubernamentales.

En adición a este punto, una variante de dicho enfoque ve que la crisis del partido político es producida por la falta de liderazgos intelectuales o carismáticos, una vez que la organización ha entrado en un fuerte proceso de burocratización —o "congelamiento"—, lo que dará al traste con la eficacia del proceso normal de institucionalización-adaptación-evolución si dicho partido pretende poseer la flexibilidad para moverse dentro de un entorno democrático. En esta parte, las aportaciones tradicionales de autores como Moisei Ostrogorski, Robert Michels, Max Weber y, más recientemente, Angelo Panebianco, Giovanni Sartori, Herbert Kitschelt o Claus Offe resaltan este problema de procesamiento organizacional que tiende a criticar el círculo "irracional" de la dominación y, por consiguiente, implica lidiar con procesos de ruptura generacional o ideológica (esto es, se definen procesos de oligarquización y esclerosis de las dirigencias).

De manera similar, un rasgo característico de esta problemática es cuando el partido político está justamente sustentado en la idea de ser un partido con una identificación ideológica difusa *(catch-all party)*, que intenta mantenerse en un equilibrio ideológico que posicionalmente lo sitúe en el llamado *centro*. Al verse forzado a la precisión en materia de su orientación programática, el partido político recupera su dimensión concreta de apoyos y entra en una fase de ruptura o recomposición, dado que ha decidido ubicarse con más claridad dentro de las divisiones sociales tradicionales.

En otra vertiente, los teóricos institucionales como David Apter o Samuel Huntington trabajan sobre la idea de que los partidos dejan de ser instrumentales y entran en crisis cuando no logran implantar dentro de la ciudadanía los valores que hagan aceptable la modernización y la presencia de métodos electorales democráticos en los sistemas de gobierno. En este sentido, los partidos políticos se expresan como agentes de socialización y ampliación conjunta de las metas del desarrollo y crecimiento organizacional que va ligado con el Estado-nación.

De igual manera, los partidos políticos trascienden sus espacios tradicionales de funcionamiento expresivo y deliberativo para convertirse en agentes concretos de organizaciones y movimientos sociales que buscan tener una auténtica inclusión e institucionalización. En este sentido, las teorías del vínculo partidario evolucionan desde el compromiso individual hasta la formación de organizaciones partidarias que buscan representar intereses concretos de sindicatos, clases o grupos, para quienes el grado de interlocución y participación directa dentro del Estado repercute en beneficios concretos. Su crecimiento es entonces clientelar, patrimonial y dependiente de los estímulos que inicialmente colocan los aparatos gubernamentales para su desarrollo.

Un aspecto decisivo en este proceso de desarrollo de los partidos es que éstos acepten la presencia regular de procesos de democratización interna, consistentes en reducir los requisitos de membresía, en abrirse a procesos de selección desde las bases (voto directo, universal y secreto) o mecanismos de convención de delegados. Mientras el partido político sea capaz de soportar expansiones sucesivas sin que se fracturen su composición ideológica ni su sistema real de recompensas, el partido no sufrirá rupturas ni ejercicios de depuración o marginación de disidencias que no puedan ser resueltas mediante la aplicación de los estatutos o negociaciones que conduzcan a nuevos equilibrios internos. En particular, debe considerarse que los partidos políticos son actores únicos y privilegiados que estén sustraídos de todo tipo de escrutinio público acerca de sus acciones.

Líneas de investigación y debate contemporáneo

Como puede verse, existe una percepción generalizada de los especialistas de que estamos arribando al final de un ciclo histórico en el que los partidos políticos son quienes presentan mayor patología de los males que afectan a esta modernidad que está por acabarse. El partido político ha dejado de ser instancia o instrumento de organización de la vida pública, ha dejado de ser un canal de mediación, por lo que ha llegado a su agotamiento.

En la medida en que la vida moderna se caracteriza por un fuerte individualismo o una gran desvinculación de actores que se hallan cada vez más atomizados, los partidos políticos se desempeñan como mecanismo de creación de confianza entre estos individuos dispersos; permiten, además, decisiones y acciones que no podrían ser tomadas si no existiera ese vínculo hacia la acción colectiva. La mediación ejercida por el partido político inicialmente es imparcial y neutral en su interior, porque formalmente coloca en una situación de igualdad y relativa homogeneidad los intereses propios con los de otras personas, sin ser minimizado por ello.

Una vez cubierta esa fase de mediación, el partido político traslada la función representativa; esto es, genera un interés colectivo que se consolida mediante mecanismos que se sustentan a partir de transferencias de autoridad que van desde los individuos hasta llegar a construir espacios acumulativos de confianza, legalidad y legitimidad que permiten, a su vez, una transformación cualitativa de la acción y percepción de lo que la ciudadanía siente poder realizar respecto de las propias instituciones políticas y a partir de ellas.

Existen otros argumentos que pueden esgrimirse para explicar el declive de los partidos políticos. Por ejemplo, con frecuencia se aduce el peso excesivo que ahora tienen el llamado *marketing* político, la "videopolítica" y otros recursos de la comunicación que han desplazado el papel central de socialización y educación cívica que se generaba desde el partido político tradicional e implantado en los confines del Estado-nación. En esta dirección, resulta interesante observar cuál es el potencial futuro del partido político en contextos de liberalización y globalización, ya que ahora debe escapar a los contextos de territorialidad y temporalidad que tradicionalmente le ligaban con argumentos nacionalistas, religiosos, culturales o étnicos, que no poseen la velocidad de adaptación estructural e ideológica que les permita llegar a clientelas cada vez más transregionales.

Una respuesta inicial sobre este asunto remite a lo que Peter Mair llama el *partido-federación* o *partido-cártel*; ésta es quizá una de las pocas visiones optimistas que nos permite afirmar que los partidos políticos pueden adaptarse a estos nuevos mecanismos de difusión y decisión (tomando como referencia los procesos de integración y construcción institucional que en materia política han sido promovidos en la Unión Europea, con la creación de elecciones, una instancia parlamentaria y el aliento a partidos que están circunscritos a la discusión programática de los asuntos "europeos", aunque sin eliminar las particularidades nacionales).

En contextos menos desarrollados tanto en la función directa de los partidos como en la funcionalidad de reglas que permiten la sobrevivencia de un sistema de partidos, como acontece en América Latina, debe incorporarse un problema adicional a los ya referidos hasta ahora: la definición de los estímulos para mantener a los partidos políticos como piezas centrales de los establecimientos democráticos. Esto implica, siguiendo la idea de autores como Scott Mainwaring, definir la disciplina y la utilidad que los partidos políticos tienen en la manutención de los regímenes. Además, la permanencia de los partidos políticos en dichos contextos está fundamentada en el modelo de gobierno adoptado, sea éste presidencial, parlamentario o alguna forma intermedia. Siguiendo esta línea de reflexión, los partidos políticos deben desarrollar márgenes de autonomía que permitan confiar en su acción dentro de contextos decisionales, como los congresos, antes que visualizarlos como "obstáculos" para la decisión política.

Visto en perspectiva, el cambio de misión y objetivos que se solicita a los partidos políticos para considerarlos instituciones democráticas y modernas apunta a redefinir los aspectos internos (democracia, tolerancia, reconocimiento, reglas, etc.) y externos (gestión social, administración correcta una vez llegados al poder, representatividad social, comunicación y rendición de cuentas al público, capacidad legislativa e identidad ideológica transparentes, voluntad de compromiso y de negociación, etcétera).

Estas problemáticas implican suponer que las crisis de los partidos políticos son susceptibles de reconfigurarse si estas organizaciones encuentran los ambientes institucionales adecuados, de tal manera que puedan ofrecer a los diversos segmentos de la ciudadanía posibilidades expresivas para defender sus necesidades más allá de una mera representación formal dentro de los cuerpos legislativos. Recuperar a los partidos políticos como instrumento de la transformación y convivencia política es quizá una de las mayores tareas que garantizarán la presencia de un léxico civilizado en la próxima centuria.

BIBLIOGRAFÍA

Apter, David E. (1965), *Política de la modernización*, Paidós, Buenos Aires. (Véase el capítulo 6: "El partido político como instrumento modernizador", pp. 156-188.)

Bartolini, Stefano (1991), "Partidos y sistemas de partidos", en Pasquino, Gianfranco (comp.), *Manual de ciencia política*, Alianza Universidad (Textos), Madrid, pp. 217-264.

Blondel, Jean (1989), "Decisioni di Governo e Vincoli Partitici", *Rivista Italiana di Scienza Politica*, año XIX, núm. 2, agosto, pp. 199-222.

Daalder, Hans (1986), "Parties and Political Mobilization: An Initial Mapping", en Werner Maihofer (comp.), *Noi si Mura*, European University Institute, Florencia, pp. 49-78.

Downs, Anthony (1973), *Teoría económica de la democracia*, Aguilar, Madrid.

Duverger, Maurice (1980), *Los partidos políticos*, FCE, México.

García-Pelayo, Manuel (1986), *El Estado de partidos*, Alianza Editorial, Madrid.

Harmel, Robert, y Kenneth Janda (1994), "An Integrated Theory of Party Goals and Party Change", *Journal of Theoretical Politics*, vol. 6, núm. 3, julio, pp. 259-287.

Hazan, Reuven Y. (1996), "Partidos del centro y partidos centrales. Una clarificación conceptual", *Propuesta*, Fundación Rafael Preciado Hernández, A. C., año 2, núm. 3, agosto, México, pp. 143-164.

Huber, John, y Roland Ingelhart (1996), "Izquierdas y derechas. Sobre el espacio de los partidos en 42 sociedades", *Este País*, núm. 66, septiembre, México, pp. 2-16.

Katz, Richard S. (1980), *A Theory of Parties and Electoral Systems*, The Johns Hopkins University Press, Baltimore.

Kitschelt, Herbert (1992), "Los nuevos movimientos sociales y el declinar de la organización de los partidos", en Russell J. Dalton y C. Kuechler (comps.), *Los nuevos movimientos sociales*, Edicions Alfons el Magnánim, Valencia, pp. 247-286.

Lijphart, Arend (1984), *Democracies. Patterns of Majoritarian and Consensus Government in 21 Countries* (en especial, véanse los capítulos 7: "Party Systems: Two Party and Multiparty Systems", pp. 106-126, y 8: "Party Systems: The Issue Dimensions of Partisan Conflict", pp. 127-149), Yale University Press, New Haven.

Lipset, Seymour M., y Rokkan Stein (1967), "Cleavages Structures, Party-Systems and Voter Alignments. An Introduction", en Seymour M. Lipset y Rokkan Stein (comps.), *Party Systems and Voter Alignments Cross-National Perspectives*, The Free Press, Nueva York, 1967.

Mainwaring, Scott (1998), "Party Systems in the Third Wave", *Journal of Democracy*, vol. 1, núm. 3, julio, pp. 67-81.

Mair, Peter (1997), *Party System Change. Approaches and Interpretations*, Oxford University Press, Oxford.

Müller, Wolfang C. (1993), "The Relevance of the State for Party-System Change", *Journal of Theoretical Politics*, vol. 5, núm. 4 , octubre, pp. 419-454.

Offe, Claus (1988), *Partidos políticos y nuevos movimientos sociales*, Editorial Sistema (en especial, véase el capítulo 4: "Partido competitivo e identidad política colectiva", Madrid, pp. 89-109).

Panebianco, Angelo (1994), "Poder y organización de los partidos políticos", en *Revista Mexicana de Ciencias Políticas y Sociales*, FCPS-UNAM, núms. 156 (abril-junio, pp. 13-29) y 157 (julio-septiembre, pp. 127-142), México.

Pizzorno, Alessandro (1988), "Los intereses y los partidos en el pluralismo", en Suzanne Berger (comp.), *La organización de los grupos de interés en Europa occidental*, Ministerio del Trabajo y Seguridad Social, Madrid, pp. 307-352.

Riker, William (1962), *The Theory of Political Coalitions*, Yale University Press, New Haven.

Rose, Richard, y Thomas T. Mackie (1988), "Do Parties Persist or Fail? The Big Trade-off Facing Organizations", en Kay Lawson y Peter Merkl (comps.), *When Parties Fail. Emerging Alternative Organizations*, Princeton University Press, Princeton, pp. 533-558.

Sartori, Giovanni (1987), *Partidos y sistemas de partido*, Alianza Universidad, núm. 267, Madrid.

Von Beyme, Klaus (1986), *Los partidos políticos en las democracias occidentales*, CIS-Siglo XXI, Madrid.

CULTURA

Fernando Castaños / Julia Isabel Flores

Definición

El término *cultura* tiende a emplearse actualmente en el ámbito académico para referirse al sistema de significados que se dan a las acciones sociales (véase, por ejemplo, Thompson, Ellis y Wildavsky, 1990, o Cuche, 1996). Se dice, así, que dos grupos humanos poseen diferentes culturas si ven los hechos de la vida en sociedad desde distintos marcos perceptuales. De igual manera, se plantea que la cultura de un mismo grupo se ha modificado si sus concepciones, normas o valoraciones acerca del proceder han cambiado.

En ciertas ocasiones, los derivados de *cultura* se utilizan en textos académicos también con algunos de los sentidos que tienen en el lenguaje cotidiano, como en las expresiones compuestas "desarrollo cultural", que puede remitir a las manifestaciones artísticas de un pueblo, y "consumo cultural", que generalmente atañe a actividades de recreación. Es muy poco probable, sin embargo, que se utilicen en una de sus acepciones más comunes: la que tienen en frases como "persona culta", es decir, la relativa al conocimiento que posee alguien sobre las obras artísticas y literarias prestigiadas.

La denotación académica de *cultura* es resultado de un proceso de especialización impulsado por reflexiones acerca de un conjunto de temas que se relacionan entre sí de diversas maneras. Este proceso, durante el cual se han ido seleccionando rasgos de los significados cotidianos del vocablo y añadiendo otros no presentes en los mismos, se origina probablemente con la preocupación ancestral por distinguir los atributos que el ser humano se da a sí de aquellos que tiene por naturaleza. Tal preocupación se muestra claramente en las acepciones que tenía en latín el lexema que nos ocupa: *cultivo, la labor y beneficio de la tierra; institución, enseñanza* (De Miguel y el Marqués de Morante, 1897). Y se refleja también en la primera descripción propiamente académica de lo que quiere decir esta voz, la de Edward B. Tylor (1871): "todas las capacidades y hábitos adquiridos por el hombre como miembro de la sociedad".

Historia, teoría y crítica

Entre las mayores aportaciones a la definición de la cultura se encuentran las que provienen de la antropología. Desde principios del siglo XIX, cuando su interés se centraba en las formas de ser de sociedades remotas a las europeas, sus investigaciones han mostrado que las prácticas de los humanos no obedecen de manera simple y directa a sus necesidades; la manera en que se hacen las cosas responde tanto a intereses específicos o razones técnicas como a creencias más amplias sobre las fuerzas que gobiernan el mundo y a reglas que determinan las relaciones entre unas personas y otras. Una conducta es parte de un orden a la vez mental y social.

El espíritu que animó esos trabajos durante al menos un siglo y medio adquiere una de sus expresiones más acabadas en un texto de Lévi-Strauss (1964): Detrás de la contingencia superficial y la diversidad incoherente [...] desprendimos un número reducido de principios sencillos, por cuya intervención un conjunto complejísimo de usos y costumbres, a primera vista absurdos (y así juzgados generalmente), se reducían a un sistema significativo.

Por su orientación inicial y por los resultados que ha ido acumulando, la antropología se ha acercado cada vez más al estudio de los intercambios comunicativos y de las verbalizaciones de la existencia en sus propios términos. En la segunda década del siglo XX Malinowski estudió, con base en registros etnográficos, lo que decían los habitantes de las islas Trobriand durante las ceremonias, las actividades agrícolas y la vida familiar. Ello le permitió mostrar que el habla no sólo tiene funciones como las de transmitir información y ponerse de acuerdo, sino igualmente la de garantizar su propia posibilidad. Muchas veces nos comunicamos para poder seguir comunicándonos (Malinowski, 1935). De ello se desprendería hoy que los sistemas de comunicación deben poseer propiedades que no se pueden derivar de principios ajenos al proceso de comunicación.

Lévi-Strauss, en el libro en que se encuentra el texto citado, entreteje transcripciones de relatos con dos deliberaciones, una acerca del isomorfismo que tienen los mitos de sociedades que han estado vinculadas históricamente o geográficamente, y la otra sobre la relación entre lo sensible y lo inteligible. La primera lleva al autor a considerar cada uno de dichos mitos como una transformación de un esquema común a todos; la segunda, a alcanzar "un plano en que las propiedades lógicas se manifestarán como atributos de las cosas tan directamente como los sabores o los aromas". En ambos casos los signos, aunque expresan la realidad observada, están regidos por opciones y constricciones que les son privativas.

Observando ahora el uso de la palabra tanto entre sus congéneres como entre las personas de otras latitudes, los antropólogos contemporáneos continúan la tarea de comprender la comprensión. Sin buscar ya esquemas paradigmáticos, y más bien procurando capturar la contextualización de los significantes, las documentaciones de su observación etnográfica centran la atención en las "versiones del mundo" (Goodman, 1978) que éstos configuran. Para Clifford Geertz (1983: 210), por ejemplo, la religión, el derecho, la ciencia y el arte revelan "la forma en que los balineses (o cualquiera) dan sentido a lo que hacen [...] al usarlo en marcos más amplios de significación, y cómo mantienen esos marcos en su lugar, al organizar lo que hacen en esos términos".

Planteamientos como los de Malinowski, Lévy-Strauss y Geertz han contribuido a propiciar un intercambio de ideas sobre los procesos de significación entre diferentes disciplinas y distintas corrientes de las humanidades y las ciencias sociales. Ellos mismos citan a algunos lingüistas, filósofos y sociólogos que han influido su manera de pensar, y probablemente en ellos hayan actuado también, aunque indirectamente, las propuestas de otros, que han tenido un efecto importante en las concepciones actuales sobre la cultura.

Como un ejemplo, cabe mencionar las que formulara Wilhelm von Humboldt durante las primeras décadas del siglo XIX, de acuerdo con las cuales los patrones de pensamiento y percepción de los seres humanos están determinados por la lengua que hablen.

En la lingüística, diversas reflexiones se han ido conjuntando para producir una visión de la palabra como portadora de representaciones cognoscitivas y como índice de las condiciones en las que se pronuncia. Un enunciado nos dice algo y, a la vez, nos habla de quién lo dice a quién, guardando qué relaciones y con qué intención. Por esta doble condición, la palabra incide directamente en el comportamiento de los hablantes y, a la vez, trasciende las situaciones en las que se emplea, forma parte de un sistema descontextualizado y perdurable.

Esta visión subraya, con base en reflexiones fundamentales de De Saussure (1916), que las palabras no nombran los objetos, sino que nos remiten a categorías que los agrupan; si podemos referirnos a un objeto por medio de una frase es porque, además de identificarlo como miembro de una categoría, ella nos permite apuntar hacia él desde el aquí y el ahora del habla, como nos lo hizo ver Bühler (1934). También destaca que esas categorías forman un sistema: se implican y se excluyen. Además, asignan a los objetos lugares y papeles en modelos prototípicos de estados, aconteceres y procesos (véase, por ejemplo, Jackendoff, 1995).

Desde varias décadas antes de que se llegara a una noción tan sofisticada de las representaciones, la filosofía mostró que éstas no pueden ser sinónimo de significado y empezó a elaborar una concepción más amplia del mismo, que abarcara terrenos distintos al del conocer o epistémico. Gracias a los esfuerzos en esta dirección, ahora sabemos que las palabras son elementos para interactuar, para participar en "juegos" definidos por reglas (Wittgenstein, 1953); su descripción completa requiere explicar cómo se pueden usar y qué efectos tienen. Sabemos también que entre sus efectos se encuentran los de invitar, ordenar y prohibir: hablar es actuar (Austin, 1962). Pero las palabras no sólo definen cuáles acciones son permitidas y cuáles obligadas o indebidas (Castaños, 1998); es decir, actúan no solamente en el espacio del deber, o deóntico, sino también en el de las valoraciones: atribuyen importancia a los aconteceres reales o imaginados, y los presentan como deseables o indeseables. Las palabras manifiestan, advierten y seducen.

Estas ideas de la lingüística y la filosofía contemporáneas probablemente contribuirán a desarrollar una que desde la sociología planteó Max Weber en el siglo XIX: "los hechos no están sencillamente presentes y ocurren, sino que tienen una significación y ocurren a causa de esa significación" (véase Weber, 1973). Sus estudios sobre distintas religiones lo llevaron a observar que, para los creyentes, las acciones en este mundo han de conducir a la salvación, el sentido último de la vida, y para ello es menester que se realicen de acuerdo con una ética y una cosmovisión determinadas, que precisamente se preservan y transmiten en la doctrina religiosa. Ésta sería la razón por la cual en unas sociedades parece haber condiciones más propicias para la emergencia de ciertos modos de producción que en otras: las formas de organización de las actividades que éstos requieren son afines a las concepciones y las prescripciones que su religión encarna (véase Weber, 1974).

Ideas como las de Austin y las de Weber no sólo son consonantes, sino que se necesitan mutuamente. Si una acción puede ser consecuencia de un acto de habla, o viceversa, es porque la acción también es un acto, un hecho significativo: cuenta como acatar, ofrecer, rechazar, corresponder, compartir, ocurre como la palabra, en los terrenos deóntico y valorativo.

Si desglosáramos la noción de cultura que planteamos en el primer párrafo empleando las ideas que hemos expuesto hasta aquí, diríamos que la cultura comprende: *a)* las representaciones que se dan los seres humanos para clasificar las entidades y modelar los hechos; *b)* las normas que determinan cuáles tipos de hechos son permitidos, obligados y prohibidos, y *c)* las valoraciones que establecen cuáles tipos de hechos son importantes y deseables.

Diríamos también que las representaciones, al igual que las normas y las valoraciones, conforman sistemas: se entrañan y se excluyen de acuerdo con reglas que les son propias y trascienden los contextos particulares en los que se usan.

Debe advertirse que si bien las ideas de la antropología, la lingüística, la filosofía y la sociología parecen ser convergentes y complementarias, y conducir a una definición de *cultura* como la expuesta en el párrafo anterior, no se ha llegado a posiciones únicas, ni entre dichos campos, ni dentro de cada uno de ellos. Por ejemplo, para algunos autores la dimensión epistémica o cognoscitiva de la significación comprendería senderos esquemáticos de acción, los cuales registran y orientan el curso normal de los aconteceres; por ende, para ellos las prácticas serían unas de las manifestaciones visibles del significado. Pero para otros la noción de significado no incluye estos conocimientos; dirían que forman parte de la enciclopedia mental de un grupo, y que ésta debe separarse de su "diccionario". Al esbozar la materia de la cultura, ellos insistirían en una conjunción explícita, "significados y prácticas", a la que también recurrirían quienes ni siquiera ven las prácticas en términos de conocimiento.

Algo similar sucederá con las instituciones. Quienes reconozcan en el significado una dimensión deóntica y una valorativa, tomarán las instituciones como expresión de la cultura, si las instituciones se definen en términos de normas o valores. Pero si los significados se consideran sólo como representaciones epistémicas, o si las instituciones se definen en términos distintos de los mencionados, las instituciones y la cultura resultarán ser dos áreas separadas.

Ello ocurrirá en general con los temas que han sido objeto de mayor atención entre los estudiosos de la cultura, sobre todo en la tradición antropológica, como las relaciones de parentesco, los ritos, los mitos o las herramientas. Pueden considerarse como campos privilegiados para la observación de las significaciones, que requerirían capítulos propios en un tratado amplio o en un libro de texto sobre la cultura, pero que no deberían aparecer dentro de la definición de cultura como categorías en el mismo nivel que la significación, porque eso sería concebirlos en oposición a ella. Pero también pueden considerarse como elementos básicos en la definición de la cultura y dejar su relación con los significados como un problema para discusión posterior a la definición.

Entre los puntos controvertibles, tal vez uno de los más importantes es el de las dimensiones del significado. Si bien desde que se iniciaron los estudios sobre la cultura muchas veces se han distinguido, por pares, la dimensión epistémica y la deóntica del significado, o la epistémica y la valorativa (a las que se hace referencia con diversos términos), no es común distinguir las tres; se deja fuera alguna de ellas, o se tratan dos como si fueran una sola. Tal vez relacionado con ello, los términos específicos que se emplean para hablar de las unidades básicas de la significación son también muy variables; por ejemplo, *signo* y *símbolo* se usan en unas ocasiones como sinónimos, en otras como opuestos y en algunas más como hiperónimo, o término incluyente, e hipónimo, o término incluido.

Ahora bien, aun cuando no hay una definición precisa que goce de consenso, las distintas definiciones tienen suficientes afinidades entre sí como para considerar que se ha configurado propiamente un campo de estudios de la cultura; aunque tal vez sea menos homogéneo que otros campos, se reconocen como pertenecientes a él, mutuamente y con certeza, los estudios sociológicos o antropológicos sobre la religión, el arte y el derecho, porque investigan las formas de ver y ordenar el mundo. De la misma manera, se incluyen en este campo las indagaciones sobre las maneras de ser de grupos determinados de una sociedad, por ejemplo los jóvenes marginados, o acerca de los estilos de hacer política de actores determinados, como los líderes obreros. Aquí, el punto de partida es que las maneras y los estilos son producto de orientaciones cognoscitivas, normativas y valorativas.

Más que temas, los estudios de cultura comparten perspectivas. Ofrecen explicaciones de los hechos sociales en términos que rebasan las causas simples y las finalidades inmediatas. Buscan entender por qué una misma condición cuenta como razón para actuar de formas diferentes entre quienes pertenecen a grupos diversos. Una de las preguntas centrales que intentaría responder un estudio que adopte una perspectiva cultural es precisamente "¿qué cuenta como qué?" Así, si se muestra que, además de expresar las preferencias partidarias del votante, emitir un voto significa ratificar su condición ciudadana, como en un trabajo de Castaños, Flores y Meyenberg (1996), se está tratando el tema del voto desde un punto de vista cultural. De la misma manera, señalar que adquirir determinados objetos de consumo no sólo es una manera de buscar la satisfacción de ciertas necesidades, sino también una forma de expresar un estilo de vida, de manifestar la identidad del consumidor, como lo hacen Esteinou y Millán (1995), es estudiar el consumo en su marco cultural.

Por el tipo de explicación que persiguen los estudios de la cultura, entre quienes se dedican a ellos las preocupaciones sobre las formas de abordar su materia han sido frecuentes. Si el propósito es elucidar cómo se comprenden las acciones, porque se supone que la comprensión guía las acciones, no sería suficiente para alcanzarlo —algunos dirían que ni siquiera sería pertinente— confiar en un registro objetivo de las acciones. Durante mucho tiempo se ha planteado que se requiere, sobre todo, un esfuerzo de interpretación por parte del investigador.

Reflexiones de este tipo condujeron a plantear una distinción no sólo entre los estudios de la cultura, sino entre las ciencias sociales, por un lado, y las ciencias de la naturaleza, por el otro. Para algunos autores, como Weber (1973), Habermas (1984) o Thompson (1990), esta distinción es tajante: un hecho social no es una cosa que se pueda ver a distancia, como hubiera planteado Durkheim en sus primeras obras (véase, por ejemplo, 1895), sino que requiere ser captado desde las perspectivas de los sujetos que participan en él. Con base en estos planteamientos se ha afirmado que los estudios de la cultura no pueden llevarse a cabo empleando métodos experimentales, ni por medio de análisis cuantitativos. Asimismo, se ha sostenido que no persiguen revelar regularidades como las que capturan las leyes de las ciencias físicas o biológicas.

Es importante tener en mente tal distinción al confrontar las hipótesis sobre la cultura con los datos que se recaben para someterlas a prueba, sobre todo por el carácter volitivo de la acción humana. Un hecho contrario a una norma o a un esquema cognoscitivo no necesariamente refuta su existencia, de la manera en que una observación contraria a una predicción científica refuta los principios generales de donde se deriva ésta. Es posible que el actor esté infringiendo deliberadamente la norma o rebasando creativamente el esquema y, de todas maneras, su acción tenga sentido precisamente en relación con la norma o el esquema.

Sin embargo, la distinción no parece ser definitiva, y al menos tres de los supuestos en los que se sustenta deben revisarse. En primer lugar, si la cultura es un sistema que rige cómo leen sus miembros una circunstancia determinada, es concebible que se efectúen comparaciones entre las lecturas que haría una misma persona de circunstancias que varíen sistemáticamente, para identificar a través de los rasgos variables las claves de lectura que emplea, los elementos constitutivos de su cultura. Es concebible también que se comparen los actos en circunstancias similares de personas pertenecientes a culturas que se postulan como diferentes, para constatar o rechazar la diferencia, puesto que los actos de ellas estarían enmarcados por sus lecturas de las circunstancias, y éstas estarían condicionadas por sus culturas. Ni el control experimental ni la comparación tendrían por qué impedir que las personas actuaran como sujetos miembros de una cultura.

En segundo lugar, la cuantificación es un proceso que puede llevarse a cabo después de los esfuerzos interpretativos y, por lo tanto, no es necesario que interfiera con ellos. Finalmente, que haya o no haya regularidades en los fenómenos culturales es una hipótesis empírica y no un juicio válido *a priori*. No debería, por lo tanto, dársele el carácter de fundamento prescriptivo. Simplemente, debería investigarse.

Probablemente, antes que estas razones, dos hechos impulsarán a los estudiosos de la cultura a revisar si el carácter interpretativo de sus datos entraña una exclusión de los métodos analíticos que han sido útiles en las ciencias naturales, o si éstos podrían combinarse con los específicos que se requieran para registrar el significado. Uno es que de la investigación etnográfica en antropología se han derivado en la sociología procedimientos de estudio que han ido distinguiendo cada vez con mayor cuidado la interpretación del investigador de la interpretación del sujeto (véase, por ejemplo,

Goffman, 1981, o Garfinkel, 1972). Ello pone en un primer plano una pretensión de validez discursiva que no tenía mucha importancia en los textos que se comprometían con la separación tajante: la verdad. Si aquéllos habrían de ser juzgados por su capacidad de revelación, o por su coherencia, ahora es importante también que los resultados de unos investigadores puedan ser contrastados con los de otros. Y en esto los métodos de análisis cuantitativo han demostrado su utilidad.

El otro hecho es aún más simple: las ciencias naturales a finales del siglo XX no corresponden a la imagen con la cual se contrastan las ciencias sociales. Muchos de sus objetos de estudio son entidades o relaciones que no se pueden observar directamente, sino sólo inferir, recurre a principios que consignan la incertidumbre introducida por el acto de observar y se preocupa por registrar la irregularidad y el caos.

Independientemente de que se revise si la distinción de ciencias sustenta o no la separación de métodos, en la práctica su combinación ha resultado provechosa (véase, por ejemplo, Douglas, 1986). Asimismo, esta combinación se recomienda, cada vez con más énfasis, a partir de consideraciones generales sobre los microanálisis y los macroanálisis en las ciencias sociales (Alexander, 1990).

Igual que los métodos de análisis, las técnicas y procedimientos para recabar datos básicos e identificar a través de ellos los significados que constituyen las culturas se están diversificando. Se siguen empleando los registros etnográficos *in situ*, aunque no sólo en forma de notas del investigador, sino también como grabaciones de audio y video. Se utilizan ahora entrevistas de diversos tipos, desde muy estructuradas hasta muy libres, individuales o colectivas, planeadas a partir de visiones comprensivas del significado o enfocadas en algunos de sus rasgos específicos y para examinar las actitudes acerca de episodios clave en un periodo histórico o para describir la vida del entrevistado. Inclusive se levantan encuestas, lo que antes hubiera sido impensable. Se utilizan también las transcripciones no sólo de mitos, sino de narraciones diversas, de hechos reales o ficticios. Se reúnen textos e imágenes que circulan o son punto de referencia en reflexiones importantes. Puede decirse que, aunque están aumentando rápidamente las formas de emplear esta diversidad de materiales en las ciencias sociales en general, la reflexión sobre su mejor aprovechamiento apenas se inicia y dependerá, en parte, del desarrollo de las concepciones sobre el significado y, en parte, de resultados empíricos sobre el efecto de las condiciones de producción de los mismos materiales (Castaños, 1996).

Más importante que la resolución de los problemas relativos al uso de métodos y técnicas es, quizá, la elucidación de una controversia sobre la autonomía de la cultura que tiene diversas facetas y está inserta en varias discusiones más amplias sobre la naturaleza de la sociedad. De ello dependen, en buena medida, decisiones sobre los tipos de datos sociales que deben tomarse en cuenta al analizar los materiales objeto de los estudios culturales.

Como lo hemos señalado en varios puntos, la observación de los fenómenos culturales conduce a plantear que los significados son de naturaleza sistémica: dependen unos de otros y trascienden los contextos particulares en los que se usan. Ello, a su vez, implica que la cultura no puede estudiarse como alguna vez se concibió en ciertas de las principales escuelas del pensamiento social, notablemente el marxismo: como un epifenómeno, una "superestructura" que refleja otra estructura más básica, "material" (véase, por ejemplo, Marx, 1842). Su comprensión requiere categorías y principios específicos, no una aplicación o extensión de la teoría de la estructura.

Es plausible plantear la autonomía de la cultura, no sólo con base en algunas de las principales consideraciones sobre la lógica de los signos y la comunicación, sino también a partir de algunas constataciones empíricas de carácter general. Por ejemplo, países donde se han desarrollado modos de producción similares muchas veces parecen tener culturas considerablemente diferentes.

Pero que el planteamiento sea plausible no necesariamente significa que sea completamente válido. Varios razonamientos, nuevamente tanto sobre la comunicación como más generales, conducen a problematizarlo. Por una parte, como ya se señaló, los enunciados indican sus condiciones de producción, y de ello depende que realicen actos. Por lo tanto, su comprensión cabal depende del reconocimiento de esas condiciones, que incluyen las relaciones entre los hablantes, es decir, de estipulaciones estrictamente sociales.

Por otra parte, la adquisición de la cultura y, por lo tanto, su reproducción están subordinadas a las posibilidades de acceso a los discursos y las imágenes que portan los significados. Pero estas posibilidades dependen en buena medida de la posesión de recursos tecnológicos, económicos y políticos, lo cual generalmente está supeditado a la posición social. Entonces, la autonomía no puede ser sinónimo de independencia.

Por lo anterior, puede advertirse que la posición con respecto a la forma en que se relacionan la cultura y la actividad social está íntimamente ligada a las nociones que se tengan acerca de la sociedad. De hecho, es uno de los rasgos principales que distinguen a unas corrientes del pensamiento social de otras. En algunos casos, diferencia inclusive a distintos estadios dentro de una misma corriente.

Así, Gramsci (1971), quien se consideraba y a quien se considera marxista, por su oposición a la dominación capitalista y su compromiso con la emancipación social, desarrolló una concepción de la cultura que divergía de la ortodoxia marxista. Para él, la cultura no es un mero efecto superestructural, sino un factor de poder, puesto que la preocupación por el sentido es inseparable de cada acción humana: todos los actores son intelectuales. Según él, una sociedad es una entidad político-moral, y no sólo un orden económico. Se mantiene unida por la adherencia voluntaria a las ideas dominantes y, por lo tanto, su explicación debe dar cuenta de la cultura hegemónica, las culturas subalternas y la resistencia cultural.

Desde otra perspectiva, que supone que la volición de los individuos no puede afectar el devenir del grupo, el cual los precede y constituye, Durkheim (1912), en la última etapa de su vida, asigna también a la cultura un peso determinante. Plantea que los procesos seculares de la vida moderna, al igual que los religiosos tradicionales, son ritualistas, están orientados por la división entre lo sagrado y lo profano y su dinámica depende de la formación y la destrucción de solidaridades. Para él, la acción es representativa; es por ello que en los hechos particulares se reproduce el control social.

Como se puede apreciar en lo expuesto anteriormente acerca de Weber, él se preocupa igualmente tanto por la relación entre la acción individual y los patrones estructurales, como por la religión. Para él, discurrir sobre principios y razones teológicas es una forma fundamental de la actividad social, que está vinculada con el desarrollo de los sistemas institucionales. Pero ello sólo es posible por la constitución cognoscitiva, moral y afectiva de los individuos; y esta constitución es también la base de las motivaciones de la conducta. Así, la acción individual es crucial para la reproducción de las macroestructuras.

Por otra parte, para Parsons (1951), fundador de la sociología funcionalista, la cultura es uno de tres niveles analíticos que se requieren para dar cuenta de la acción. Una acción es, a la vez, social, pues forma parte de una interacción con otros, personal, puesto que resulta de motivaciones propias de la personalidad, y simbólica, ya que especifica un patrón cultural más amplio. De aquí, el análisis funcional de la sociedad tendría entre sus objetivos entender cómo se institucionaliza la cultura y se convierte en parte de los sistemas sociales. Y una de sus preguntas centrales sería: ¿cómo se inscriben los valores abstractos adecuados para una estructura social en los libretos específicos de los papeles sociales?

Líneas de investigación y debate contemporáneo

En las reflexiones de las últimas décadas continúan presentes las preocupaciones de estos pensadores clásicos, se desarrollan algunos de sus planteamientos y se amplían las perspectivas. Así, dentro de la corriente marxista y, posteriormente a la revisión que llevó a cabo Gramsci, Thompson (1963) plantea que la autonomía relativa de la cultura, más que una condición para el análisis, es una necesidad política e histórica: debe restituirse al trabajo el significado de que ha sido despojado por la producción capitalista.

Por su parte, los enfoques funcionalistas recientes plantean, a partir de una idea de Parsons, que la acción tendrá diferentes orientaciones si se valora el logro que si se valora la pertenencia a un grupo (véase, por ejemplo, Merton, 1968). Según Lipset (1963), uno de los principales autores de esta corriente, aparte de este eje de valoración definido por los polos del mérito y la adscripción, hay otros cuatro que son clave en la determinación de patrones de acción: universalismo-particularismo, difusividad-especificidad, horizontalidad-verticalidad e inmovilismo-dinamismo.

Las valoraciones en cada uno de estos ejes, denominados "variables patrón", están establecidas institucionalmente.

Entre los seguidores de Weber, los valores no están modelados por las instituciones, pero sí circunscriben las formas de vida social. Para ellos, los preceptos que infunde la religión tienen consecuencias que trascienden la organización de las actividades económicas (véase Waltzer, 1965, y Bellah, 1970). Inciden, por ejemplo, en la determinación del estatus dentro de un grupo y en la elección de métodos de control político. De ellos dependería también la proclividad a la democracia y las preferencias por las formas que ésta pueda tomar.

Quienes han seguido la línea de pensamiento inaugurada por Durkheim, como Douglas (1966) y Turner (1969), generalizan la oposición entre lo sagrado y lo profano y plantean que las culturas están constituidas por antinomias cargadas emocional y moralmente. Para ellos, tanto esta forma básica de las estructuras simbólicas cuanto los tipos de procesos rituales por medio de los cuales se traducen en formas de solidaridad son universales, es decir, independientes del tiempo y lugar de cada cultura.

Como puede apreciarse, el esclarecimiento del problema de la autonomía de la cultura probablemente estará vinculado con la comprensión de otros tres problemas: el de la reproducción de la cultura, el de la relación entre las acciones individuales y las estructuras sociales y el de la relación entre la cultura y el poder. Estos problemas son temas centrales en los trabajos de los pensadores contemporáneos más importantes.

Bourdieu (1986), por ejemplo, observa que los comportamientos individuales y las estructuras sociales tienden a ser homólogos, y plantea que ello se debe a la formación, principalmente a través de la educación familiar y escolar, de esquemas de percepción, pensamiento y acción. Éstos constituyen *habitus* y gustos, disposiciones interiorizadas, y están imbuidos en los sistemas de clasificación que se emplean para dialogar en la vida cotidiana. Permiten la reproducción de las estructuras porque desde ellos no se reconocen las relaciones desiguales como tales o son aceptadas como legítimas.

Foucault (1972) analiza la formación de modos de percibir el mundo no en la biografía, sino en la historia. Para él, el lenguaje, y en especial la terminología, ordena desde el espacio hasta las relaciones sociales, y la conformación de la cultura moderna está asociada a la creación de un orden. En este proceso, tiene un papel fundamental la invención del sujeto dotado de alma, conciencia, culpa y otros rasgos interiores sobre los que puede actuar la disciplina. Ese orden y este sujeto explican las racionalidades en las que se sustenta el poder como capacidad, como derecho y como dominación (véase, por ejemplo, Foucault, 1982).

Por las relaciones entre la cultura, la estructura social y el poder, muchas veces los estudios sobre los aconteceres que adoptan una perspectiva cultural, o sobre la cultura en general, toman una actitud crítica. Esta orientación tuvo un impulso decisivo en los trabajos de la denominada "escuela de Frankfurt", cuyos miembros han meditado sobre la modernidad, la ideología, la industria cultural, el autoritarismo, el papel del hombre en la sociedad moderna y los problemas de legitimación del capitalismo tardío. Ellos asumieron el propósito de desarrollar bases racionales e igualitarias para la discusión y selección de los valores y, por lo tanto, para la toma de decisiones consensuales acerca de las prioridades sociales, en lugar de dejar que éstas fueran determinadas por los supuestos profundamente arraigados en el sistema prevaleciente de dominación política (véase, por ejemplo, Horkheimer y Adorno, 1972, y Habermas, 1987).

En ocasiones la postura crítica brinda mayor unidad y coherencia a los trabajos con una perspectiva cultural que el enfoque analítico o el objeto de estudio. Por ejemplo, en el Departamento de Estudios Culturales de la Universidad de Birmingham se han desarrollado desde los años sesenta investigaciones sobre temas tan diversos como los medios de comunicación masiva, la educación, las relaciones entre la familia y el Estado y las subculturas de la clase trabajadora, de las mujeres y de los jóvenes (véase, por ejemplo, Williams, 1983, y Thompson, 1990). Puede afirmarse que los investigadores que pertenecen a esta corriente tienen un objetivo común: buscar una teoría que reconozca a la vez los rasgos estructurales internos de las formas simbólicas, las reglas y relaciones sociales que definen los procesos de producción, transmisión y recepción de esas formas y al agente humano que lleva a cabo dichos procesos. Sin embargo, emplean de manera diversa distintas aportaciones de la sociología, la historia, los estudios literarios o la filosofía. Ellos mismos expresan que los caracteriza su "apertura y versatilidad teórica", pero destacan su actitud "comprometida". Ese compromiso y el objetivo mencionado son suficientes para que se les considere como una corriente, que tiende a denominarse "estudios culturales" por su filiación departamental.

Los comentarios acerca de los puntos de vista de distintas corrientes que hemos presentado en las últimas partes de este artículo apuntan, desde otro ángulo, a las dificultades en la definición de la cultura que mencionamos en las primeras. *Cultura* es un término que se encuentra en la misma esfera que *civilización, ideología* e *identidad;* todas estas voces remiten a formas de ver y formas de ser, y una de las tareas importantes de los estudios sobre la cultura será distinguir con precisión unas de otras, como se puede apreciar ya en los esfuerzos de diversos autores (véase, por ejemplo, Thompson, 1990).

Por las investigaciones que tratan algunos de los temas mencionados en el párrafo anterior en relación explícita con el de la cultura, cabe esperar que el esclarecimiento de los términos será un proceso de especialización que, de nueva cuenta, se sustente en parte en sus acepciones cotidianas y las trascienda. Puede advertirse, por ejemplo, que Sciolla (1983) primero considera la identidad como la definición que da el actor de sí y como el reconocimiento que le brindan los demás; después muestra que entre las dos miradas hay una tensión irresoluble, y posteriormente propone que la identidad media entre la cultura y el actor traduce sus libres determinaciones a un lenguaje socializado de afinidades y diferencias con los otros y, por lo tanto, las hace posibles en el mundo social, pero a la vez las constriñe.

Efectivamente, algunos de los rasgos de la noción de cultura en el lenguaje cotidiano pueden guiar la reflexión académica. Por ejemplo, al responder a comentarios sobre una ponencia presentada en un coloquio especializado, Bartra (1996) planteó que una definición satisfactoria de cultura debería capturar la temporalidad larga que normalmente le atribuimos. Si se aceptara este criterio, no podrían considerarse como cambios culturales las modificaciones que ocurren frecuentemente en los sistemas de significación por diversas causas, como el avance del conocimiento tecnológico, lo cual es en principio razonable.

Sin embargo, puntualizar los elementos definitorios de la cultura y las otras locuciones que se encuentran en su misma esfera requerirá también de teorizaciones basadas en datos empíricos sobre ciertos temas clave. Tal vez el más importante para estos efectos sea precisamente el del cambio cultural, que ha sido tratado desde ópticas diversas (véase, por ejemplo, Mannheim, 1956, e Ingelhart, 1990). Ciertas investigaciones en este campo (Douglas, 1966) muestran que los cambios en algunas representaciones pueden repercutir en otras con las que están relacionadas, y resultar en cambios de configuraciones amplias. Ello sugiere que para precisar la noción de cambio cultural podría ser útil identificar representaciones clave o inclusive, como lo han propuesto algunos autores, los agentes del cambio (véase, por ejemplo, Kumar, 1978, o Miller, 1987).

Si se ampliara la tesis en los términos que se han esbozado en este artículo, se plantearía que el cambio cultural tiene lugar cuando esferas amplias de significados se modifican y ello puede ocurrir como consecuencia de cambios en significados clave, lo cual, a su vez, sucede en condiciones sociales determinadas. Y, en un plano más abstracto, si del problema de identificar el cambio cultural regresamos al problema de definir la cultura, lo que parece ser necesario es caracterizar los tipos de significados clave, los tipos de relaciones con los otros significados en su esfera y los tipos de condiciones del cambio. Encontrar las propiedades estructurales y contextuales de los sistemas de significados que llamamos *cultura* es lo que nos permitirá conceptualizarla con mayor rigor.

BIBLIOGRAFÍA

Alcan (s. f.), *Las formas elementales de la vida religiosa*, Nueva Visión, Buenos Aires.

Bellah, Robert (1970), *Beyond belief*, Harper & Row, Nueva York.

Bourdieu, Pierre (1986), *La distinción: anatomía y bases sociales del gusto*, Taurus, Madrid.

Bühler, Karl (1934), *Sprachtheorie*, Fischer, Jena.

Castaños, Fernando (1996), "Observar y entender la cultura política: algunos problemas teóricos y metodológicos y una propuesta de solución", *Revista Mexicana de Sociología*, IIS-UNAM.

——— (1998), "Illocution, dissertation, perlocution", manuscrito sometido a consideración para su publicación.

Castaños, Fernando, Julia Flores y Yolanda Meyenberg (1996), *La reforma electoral y su contexto sociocultural*, IFE e IIS-UNAM, México.

Cuche, Denys (1996), *La notion de culture dans les sciences sociales*, La découverte, París.

Douglas, Mary (1966), *Purity and Danger: an Analysis of the Concepts of Pollution and Taboo*, Routledge and Paul Kegan, Londres.

Durkheim, Émile (1986), *Les règles de la méthode sociologique*, Alcan (1895), París.

——— (1982), *Les formes élémentaires de la vie religieuse*, París (1912).

Foucault, Michel (1972), *The archeology of knowledge*, Random House, Nueva York.

────── (1982), "The Subject and Power", en H. L. Drefus y P. Rabinow (comp.), *Michel Foucault: Beyond Structuralism and Hermeneutics*, Harvester, Brighton 1982, pp. 208-226.

Garfinkel, H. (1972), "Remarks on Ethnomethodology", en John Gumperz y Dell Hymes (comps.), *Directions in sociolinguistics*, Holt, Reinhart & Winston, Nueva York.

Geertz, Clifford (1983), *Local Knowledge: Further Essays in Interpretative, Anthropology (Conocimiento local: ensayos sobre la interpretación de las culturas)*, Basic Books, Nueva York, 1994, Paidós, Barcelona.

Goffman, E. (1974), *Frame analysis*, Harper and Row, Nueva York.

Goodman, Nelson (1968), *Languages of art*, Indianápolis.

Gramsci, Antonio (1971), *Cuadernos de la cárcel*, International Publishers, Nueva York.

Habermas, Jürgen (1993), *Vostudien und Ergänzungen sur Theorie des Kommunicativen Handelus (Teoría de la acción comunicativa: complementos y estudios previos)*, Suhrkamp Verlag (1984), Francfort del Meno.

Horkheimer, Max, y Teodoro Adorno (1972), *Dialectic of Enlightment*, Herder & Herder, Nueva York.

Ingelhart, Ronald (1990), *Culture Shift in Advanced Industrial Society*, Princeton University Press, Princeton.

Jackendoff, Ray (1992), "Parts and boundaries", en Beth Levin y Steven Pinker (comps.), *Lexical and Conceptual Semantics*, Blackwell, Cambridge, Mass.

Kumar, Krishan (1978), *Profecy and Progress: the Sociology of Industrial and Post-industrial Society*, Allen Lane, Londres.

Lévi-Strauss, Claude (1968), *Le cru et le cuit (Lo crudo y lo cocido)*, Plon, París (México, FCE, 1964).

Lipset, Seymour Martin (1963), *The United States in Historical and Comparative Perspective*, Doubleday, Nueva York.

Malinowski, Bronislaw (1935), *Coral Gardens and their Magic*, Allen & Unwin, Londres.

Mannheim, Karl (1981), *Essays on the Sociology of Culture*, Routledge and Paul Kegan, Londres.

Marx, Karl (1967), *Manuscritos económico-filosóficos*, Ediciones en lenguas extranjeras, Moscú (1842).

Merton, Robert K. (1968), *Social Theory and Social Structure*, Free Press, Nueva York.

Miguel, Raimundo de, y el Marqués de Morante (1897), *Nuevo diccionario latino-español etimológico*, Sáenz de Jubera, hermanos, Madrid.

Miller, Daniel (1987), *Material Culture and Mass Consumption*, Basil Blackwell, Oxford.

Parsons, Talcott (1951), *Towards a General Theory of Action*, Harvard University Press, Cambridge, Mass.

Saussure, Ferdinand de (1971), *Cours de linguistique générale (Fuentes manuscritas y estudios críticos)* (México, Siglo XXI, 1916).

Sciolla, Loredana (1983), "Il concetto di identitá in sociología", en *Complessitá sociales e identitá*, Angeli, Milán.

Thompson, E. P. (1963), *The Making of the Working Class*, Vintage, Nueva York.

Thompson, John B. (1990), *Ideology and Modern Culture: Critical Social Theory in the Era of Mass Communication*, Stanford University Press, Stanford.

Thompson, Michael, Richard Ellis y Aaron Wildavsky (1990), *Cultural Theory*, Westview Press, Boulder.

Turner, Victor (1969), *The Ritual Process*, Aldine, Chicago.

Tylor, Edward B. (1871), *Primitive Culture*, Londres.

Walzer, Michel (1965), *The Revolution of the Saints: a Study in the Origins of Radical Politics*, Harvard University Press, Cambridge, Mass.

Weber, Max (1973), *Ensayos sobre metodología sociológica*, Amorrortu, Buenos Aires.

────── (1974), *La ética protestante y el espíritu del capitalismo*, Tecnos, Madrid.

Williams, Raymond (1989), *The Politics of Modernism*, Verso, Londres.

Wittgenstein, Ludwig (1953), *Philosophical Investigations*, Basil Blackwell, Oxford.

CULTURA LAICA

Laura Baca Olamendi

Definición

La cultura laica se relaciona con la actitud ideológica de quien sostiene la plena independencia del pensamiento. También significa la independencia de la autoridad religiosa; es decir, no funda su pensamiento en la inspiración religiosa. La cultura laica tiene que ver esencialmente con el ámbito de la cultura. De ahí que surge este término para denotar todo aquello que está fuera de los dogmas establecidos por la sociedad. En este sentido, la democracia necesita un determinado tipo de cultura capaz de relacionarse con los valores y los ideales que persigue dicha forma de gobierno, pero también y al mismo tiempo tal cultura debe aprender a convivir y dar sustento a este orden político fundado en el pluralismo. Hablar de cultura laica y democracia nos remite a un importante binomio característico de las sociedades contemporáneas. Recordemos que la democracia representa una forma de gobierno que se lleva a cabo a través de "reglas del juego" específicas y que considera la participación de los distintos grupos con miras a alcanzar determinados fines, como es el bien común, dentro de un marco de tolerancia entre las diferentes interpretaciones. Es en este sentido que cultura laica y democracia se relacionan, y por lo tanto puede decirse que ambas resultan complementarias; es decir, tanto la cultura laica necesita de la democracia para poder subsistir, como la democracia requiere de las distintas expresiones de la cultura que el pensamiento laico genera para procesar la diferencia que produce el pluralismo. La cultura laica representa, en este sentido, un ámbito regulativo de posiciones divergentes que conviven entre sí dentro de un espacio plural. Pero no debemos olvidar que, por otro lado, la cultura laica también representa un "método" eficaz para asegurar la no proliferación de expresiones totalizantes en relación con los propios valores e ideales, lo que coincide con la "parcialidad" de la propia visión de las cosas. Estos dos ámbitos tienen su origen histórico dentro del concepto más general de cultura. Tengamos presente que si bien la concepción de cultura ha asumido históricamente diversas definiciones, y que por lo tanto ha involucrado diversos valores, la acepción clásica, por su parte, nos remite al proceso de educación y desarrollo del ser humano en todas sus "funciones psicofísicas", formando parte del proceso de civilización, ya que permite que el ser humano se encuentre involucrado en un contexto social en el cual se exaltan, entre otras cosas, las funciones civiles. De este modo la cultura puede ser entendida como un conjunto de comportamientos individuales que dan vida a las estructuras y a las instituciones sociales dentro de un pluralismo multiforme donde cada uno "cree" en formas diversas e irrepetibles. En este sentido, la pluralidad, la diferencia y la parcialidad "enriquecen nuestra mirada sobre el mundo, nos ofrecen respuestas en sentido múltiple [...] es la acción cotidiana de la cultura". De ahí la importancia de que la cultura no sea adjetivada o instrumentalizada por la política. En esta perspectiva, la cultura debe ser entendida no como un cuerpo homogéneo, sino como una pluralidad de formas culturales que se distinguen sobre bases regionales y sociales. Por lo tanto, la cultura constituye un patrimonio intelectual y material, heterogéneo pero integrado, duradero y sujeto a continuas transformaciones, con un ritmo variable según la naturaleza de sus elementos y de la época histórica. La cultura provoca una realidad con diferentes tonalidades y matices que expresan divergencias a su interior y no puede ser considerada como una estructura intacta en cada tiempo y lugar, sino que se encuentra en continuo movimiento. Esta concepción de la cultura que promueve el pluralismo de las perspectivas es la que es más compatible con la democracia que necesitamos en los tiempos que corren.

Historia, teoría y crítica

Para los griegos el valor contemplativo de la cultura no excluía el compromiso político que encontraba su máxima expresión en la *polis* como comunidad organizada. Recordemos que los ideales políticos de la democracia en Atenas, igualdad entre los ciudadanos, libertad —más bien colectiva que individual—, respeto por la ley y la justicia, han forjado el pensamiento occidental. En el Renacimiento se acentúa la autonomía de las características humanas y se valoriza el compromiso civil, perdiendo de este modo su carácter aristocrático, proponiéndose como instrumento de educación y liberación de todos los hombres. En ese periodo se plantea la renovación del hombre no sólo en su individualidad sino también en su vida asociada. Durante el Renacimiento la cultura laica se expresó principalmente como un conflicto entre sistemas de valores: el cristiano y el "pagano". En efecto, autores como Maquiavelo, Giordano Bruno y Campanella niegan lo que se considera "la verdad única de la cultura cristiana". Otro antecedente histórico fundamental en el proceso de laicización de la cultura lo encontramos durante la Ilustración. Aquí la cultura laica se oponía a un sistema unitario y orgánico representado por el absolutismo, y por lo tanto exalta la idea del progreso en donde el hombre, con el uso de la razón, está preparado para luchar en contra de los prejuicios tradicionales, poniéndose contemporáneamente como guía de la vida social. Recordemos que la Ilustración encarnó un cambio radical en términos intelectuales destinado a caracterizar en profundidad la historia moderna de Occidente, y que consiste sobre todo en un específico modo de relacionarse con la razón. Aunque en este contexto histórico es más apropiado hablar de espíritu laico, es posible identificarla en su combate contra el clericalismo, el confesionalismo e incluso el ateísmo en cuanto sistema absoluto. En realidad el espíritu laico se opone a las rígidas concepciones del mundo de carácter dogmático que se caracterizan por la manera sectaria con que tratan de imponer sus propias ideas. El espíritu laico ha producido una de las más grandes conquistas del mundo moderno: la tolerancia religiosa de la cual emergió la tolerancia de las ideas y por último la tolerancia de las opiniones políticas. De esta forma el espíritu laico ha permeado al conjunto de la sociedad moderna y civil. Le hacen homenaje las cartas de los derechos humanos que constituyen la base irrenunciable de los estados democráticos. El espíritu laico no es una nueva cultura sino que es más bien la condición para la convivencia de todas las posibles culturas. Durante el siglo XX encontramos múltiples definiciones acerca del pensamiento laico. A lo largo de este periodo se ha preferido utilizar este término en relación con la cultura laica. Aquello que nos interesa resaltar no son tanto las concepciones que exasperan los contrastes, sino aquellas perspectivas en las que se reivindica para la cultura una relativa autonomía. Dicho de otra forma, se privilegia una interpretación —no mecánica ni pasiva— que ve en la cultura un proceso con una dinámica propia y que por lo tanto se vincula con las tareas civiles de la sociedad a través de la difusión del saber. En la época contemporánea existe la idea de que la cultura laica se encuentra en una posición intermedia entre aquellas culturas que tratan de monopolizar el saber. Esta herencia valorativa ha sido asumida por la democracia en un grado tal que en estos momentos de profundos cambios culturales, sociales y políticos resulta un ejercicio saludable para la misma democracia la formulación de algunos interrogantes: ¿qué significa la cultura laica en las sociedades contemporáneas?; ¿qué función ejerce la cultura cuando es concebida como una expresión del pluralismo, sobre todo en momentos en que imperan fuertes contradicciones tanto en la política como en la cultura?; y finalmente, ¿puede la cultura laica ser considerada un elemento útil para caracterizar a las modernas democracias? Analizar estas interrogantes en los tiempos que corren nos obliga a hacer una breve revisión terminológica que permita ilustrar su importancia en la construcción de la sociedad democrática. En primer lugar, es necesario referirnos al análisis de los diferentes espacios de la cultura laica y a los usos que se le han dado, así como a las diferentes simbologías que representa. Por la complejidad de los problemas es necesario reconocer que aún permanecen muchas temáticas sin solución en el tintero de fin de siglo. Quizá la cuestión más importante hoy sea la discusión en torno al hecho de si continúa siendo vigente o no el pronunciarse a favor de la construcción de una cultura laica o si esto sólo representa una mención de carácter filosófico que no puede ser aplicada a la realidad concreta. En segundo lugar, es importante referirnos a las dimensiones que encarna el concepto de democracia. Debemos reconocer que en la democracia, la cultura y la política transitan sobre dos caminos diferentes y que sólo en algunas ocasiones se encuentran. Sostenemos que en una sociedad libre tanto la cultura como la política deben tener su propia autonomía. Cuando se hace referencia a la distinción entre los ámbitos cultural y político, se resalta la convicción de que para el pensamiento laico la política y la cultura no coinciden. Aun cuando cada forma de cultura pudiera tener un proyecto político, éste siempre tendrá tiempos y modos diferentes de un programa estrictamente político que debe resolver los problemas día con día. Recordemos que cuando la cultura adquiere el carácter laico se opone al carácter doctrinal o dogmático, es decir, a la rigidez propia de la ortodoxia. Se ha sostenido que la cultura laica tiene que ver con la diversidad. Es una posición intermedia entre concepciones totalizantes y se contrapone al monismo de los valores y por lo tanto a aquellas concepciones que colocan los valores en un orden jerárquico. Debemos resaltar que las principales características de la cultura laica son: la distinción entre las esferas de la política y la cultura, la autodeterminación, la independencia y el ejercicio de la crítica, la mediación de los conflictos, la no ideologización y la tolerancia. En consecuencia, la cultura laica representa una especie de "condición mínima" para la convivencia libre entre subjetividades. En esta perspectiva, tal tipo de cultura no tiene que ver con la de un sistema cerrado de ideas que contiene principios definidos de una vez y para siempre. El término laico constituye un punto de referencia para la colaboración entre fuerzas colectivas, entre comunes posiciones ideales y tradiciones culturales. En efecto, la cultura laica posee un carácter dinámico que le permite renovarse y modificarse constantemente, y que es producto de la relación entre los distintos sistemas de ideas y valores. Por este motivo no puede ser tomada en consideración como fuerza política. La laicicidad establece un nexo posible entre moral y política, como sistema ético y como sistema de poder, que se encuentran en una libre comunicación de significados. Extendiendo la pluralidad de posiciones se puede lograr una libre maduración de la conciencia. La laicicidad expresa sobre todo un *método* que se cristaliza en el diálogo para tratar de encontrar los puntos de acuerdo y en contra de aquello que los distingue.

LÍNEAS DE INVESTIGACIÓN Y DEBATE CONTEMPORÁNEO

Diversos autores consideran que las instituciones democráticas modernas han sido influenciadas por una amplia gama de factores, entre los cuales se encuentran la tradición republicana, el nacimiento de gobiernos representativos y la igualdad política. De acuerdo con estas tradiciones, la existencia de un proceso democrático presupone no sólo un complejo de instituciones sino también un conjunto de derechos y deberes legales. Lo importante es que los ciudadanos se encuentren en condiciones de gobernarse a sí mismos con las reglas y procedimientos que han acordado. Se subraya con insistencia el "principio de igual consideración de los intereses", lo que en otras palabras se traduce como "eliminar las desigualdades de los puntos de partida, eliminando las desigualdades económicas". En este sentido, la democracia no impide a nadie luchar por la consecución de sus propios fines, "a condición de que cada uno permita a los demás luchar por los fines que cree mejores y todos se pongan de acuerdo sobre un criterio, el más objetivo posible, para decidir cada vez y periódicamente, jamás definitivamente, cuáles son los fines que deben prevalecer". En esta perspectiva, uno de los ideales de la democracia es representado por la renovación gradual de la sociedad a través de la libre discusión de las ideas. Por lo tanto, resulta claro que el problema de la cultura laica radica en la importancia decisiva del "uso público de la razón" y de la elaboración de presupuestos que permita sentar las premisas para su propia renovación. Esto significa que el nacimiento de los sistemas políticos pluralistas ha hecho posible la convivencia entre diferentes culturas en donde cada una de ellas no pierde su propia autonomía y racionalidad. Recordemos que ninguna concepción, ya sea política o ideológica, puede aspirar a tener el monopolio de la verdad. En una sociedad pluralista, como bien señala Bobbio, los partidos deberían representar intereses económico-sociales que, aunque contrapuestos, pueden siempre ser objeto de negociación. La coexistencia de diferentes culturas en una democracia provoca un efecto en dos direcciones: de un lado, la democracia posibilita la expresión de las diferentes expresiones culturales, en tanto que el desarrollo de la cultura laica permite a los ciudadanos adquirir, a través de una adecuada educación, un conocimiento mayor de sus derechos y deberes. Aunque la democracia corre el riesgo de un cierto grado de incertidumbre en la medida en que se sustenta en una necesaria renovación periódica del consenso, no puede renunciar a tal confrontación porque el pluralismo vive en la dialéctica consenso-disenso. En efecto, la cultura laica vive en la expresión de esta pluralidad y, de acuerdo con Max Weber, se expresa en el relativismo de los valores. La cultura se autodetermina siguiendo sus procesos específicos y estableciendo una relación de autonomía relativa respecto a la política. Por lo tanto, ser autónomos significa la libertad de aceptar o de rechazar las propias normas en la medida en que ser independientes implica tener diferentes opciones en el campo de las decisiones políticamente significativas. En las democracias complejas está presente un elevado nivel de autonomía personal de los ciudadanos en las decisiones individuales y colectivas, lo cual es producto, en buena medida, de la cultura laica. La coexistencia de diferentes sistemas de valores permite la inclusión del mayor número de ciudadanos en la construcción democrática. En efecto, en las democracias y siguiendo los pasos de Stuart Mill, a la ciudadanía se le atribuye un crecimiento moral y la adquisición de un sentido más maduro de responsabilidad de las propias acciones, así como "una mayor propensión a reflexionar acerca de las consecuencias de las propias acciones". Estas afirmaciones implican la concepción de un ciudadano ilustrado que debe tener adecuadas y equitativas oportunidades para comprender los medios y los fines de la acción política, así como sus posibles consecuencias para la democracia.

Así pues, con la existencia de una cultura laica se fortalece el *comportamiento cívico* que refuerza la calidad de la democracia en la medida en que expresa un multiforme sistema de valores: la libertad, la igualdad, la predisposición a la cooperación, la tolerancia y una vocación a la coexistencia pacífica. La cultura laica representa, en síntesis, comportamientos a largo plazo de educación política. De acuerdo con Norberto Bobbio, un sistema democrático debe garantizar la existencia de una pluralidad de grupos políticos que participan para tratar de imponer al conjunto de la sociedad —mediante los mecanismos de la ley— su proyecto. Obviamente esta diversidad se refleja en la pluralidad de culturas que de ellas emana. El pluralismo reconoce la importancia de los grupos y acentúa el momento del relativismo cultural en la redistribución del poder. La sociedad democrática es una sociedad centrífuga que no tiene un solo centro de poder, sino varios. De aquí el nombre dado por Sartori de poliarquía. En este sentido, se busca una descentralización de la cultura entendida como la revalorización de la periferia respecto del centro, revitalizando al mismo tiempo el papel que tienen los productores y los consumidores de cultura. Recordemos que si bien existe una autonomía relativa, la cultura se ve indirectamente influenciada por la política y en algunos casos históricos incluso la cultura ha tenido un proyecto político determinado. Lo importante es que esta carga ético-política de la cultura sea proclive a la democracia. Una cultura laica permite un mayor ejercicio de la crítica y por lo tanto hace posible una mayor transparencia en los actos del poder. Las virtudes del ciudadano laico son el rigor, la imparcialidad, la moderación y la sabiduría, son sobre todo virtudes que se pueden resumir en una: "no ser prepotente con los demás". Debemos precisar que la antítesis del espíritu laico es el fanatismo que puede ser definido como la "furia de la destrucción". La cultura laica se contrapone a aquellos grupos que pretenden tener un conocimiento superior de lo que es bueno para la comunidad y buscan imponerlo a través de distintos medios. De lo que se trata es de evitar que la cultura pueda ser instrumentalizada por parte de la política. La cultura laica permite que las ideas de los demás puedan ser discutidas, no rechazadas apriorísticamente o, en el peor de los casos, sofocadas. Los portadores de las ideas deben utilizar las armas de la razón y no las razones de las armas y cada uno debe hacer un esfuerzo para entender las ideas del adversario. Esto aparece como una construcción ideal para nuestras sociedades. Sin embargo, sería conveniente aceptar que la cultura laica representa la brújula que nos orienta en el tránsito hacia el siglo XXI, ya que si de alguna utopía es posible hablar en los tiempos que corren sería, sin duda, aquella de inspiración kantiana que pugna por la paz perpetua y por la ciudad universal de los ciudadanos. En efecto, la *civitas maxima* no permite la existencia de fronteras y hace posible que los individuos sean al mismo tiempo más iguales y más libres. Dentro de esta propuesta es posible observar la presencia de un componente "neoiluminista" que afirma la necesidad de extender la libertad de todos los ciudadanos y de hacer uso público de la propia razón en todos los campos.

BIBLIOGRAFÍA

Abbagnano, Nicola (1995), voz "Cultura", en *Diccionario de Filosofía*, FCE, México.
Baca Olamendi, Laura (1994), "Bobbio y la virtud del diálogo democrático", en *La Jornada Semanal*, núm. 286, 6 de noviembre. "Diálogo y democracia", *Cuadernos de Divulgación de la Cultura Democrática*, núm. 13, Instituto Federal Electoral.

Bobbio, Norberto (1979), "Il braccio armato della tirannide", en *Le ideologie e il potere in crisi*, Le Monnier, Florencia, p. 115.
——, "Cultura laica: una terza cultura?", en *Cattolici, laici, marxisti attraverso la crisi, op. cit*, p. 31.
—— (1986), *Profilo ideologico del Novecento*, Einaudi, Turín, p. 166.

Bobbio, Norberto (1994), *Elogio della mitezza*, Linea d'ombra Edizioni, Milán.

——— (1971), *Una filosofia militante*, Einaudi, Turín, p. 180.

Dahl, Robert (1992), *La Democrazie e i suoi critici*, Editori Riuniti, Roma, p. 36.

Frondizi, Risieri (1995), *¿Qué son los valores?*, FCE, México.

Rawls, John (1994), *Liberalismo político*, Edizioni Comunitá, Milán, p. 69.

——— (1996), "Cultura e impegno", revista *Micromega*, Roma.

Rawls, John (1982), *La cultura filosófica italiana*, Guida Editori, Nápoles.

Reale, Mario (1992), *Le idee della sinistra*, Editori Riuniti, Roma, p. 112.

Sartori, Giovanni (1989), *Teoría de la democracia. El debate contemporáneo*, Alianza, México, p. 217.

Sefchovich, Sara (1998), "Isaiah Berlin: el zorro", en *Los intelectuales y los dilemas políticos en el siglo XX*, Flacso-Triana, México, p. 311.

CULTURA POLÍTICA

Velia Cecilia Bobes

Definición

Dentro del campo de los estudios políticos ha ido ganando consenso la idea de que entre las distintas sociedades pueden constatarse diferencias culturales (relativamente autónomas y estables) que inciden sobre sus procesos políticos y, en buena medida, contribuyen a explicar algunas dimensiones de los mismos.

El concepto de cultura política apunta precisamente a este aspecto de los fenómenos políticos, ya que se refiere a la existencia de un conjunto de actitudes, normas, valores, conocimientos y creencias generalizadas en una sociedad que operan como el marco simbólico que otorga sentido al proceso y a los comportamientos políticos. En este sentido, puede decirse que la cultura política funciona como el trasfondo de las relaciones políticas, el ámbito donde se definen y redefinen los códigos mediante los cuales se producen y se interpretan estas relaciones.

La cultura política, por tanto, se encuentra anclada en el espectro de actividades, asuntos y materias que son percibidas por los miembros de una sociedad como relevantes para el manejo de lo político; en el cuerpo de conocimientos e información que les posibilita comprender y dar significado a las conductas políticas; las creencias, valores y tradiciones considerados como los más importantes para las acciones políticas y las identidades legítimas que los individuos pueden asumir en la lucha por el poder.

En suma, puede decirse que forman parte de la cultura política de una sociedad: *1)* las orientaciones básicas hacia los objetos políticos; *2)* los conocimientos acerca del proceso político; *3)* las ideologías y concepciones del mundo que forman parte del componente cognoscitivo a partir del cual los individuos evalúan la vida política; *4)* las normas y valores que rigen dicho proceso; *5)* los lenguajes, las imágenes y los símbolos políticos, y *6)* las tradiciones, mitos y costumbres asociados a los fenómenos políticos.

Con esta noción se trata de relevar la importancia de los factores subjetivos *vis à vis* los aspectos institucionales y la práctica política, ya que tales factores subjetivos implican la existencia de un modo colectivo (histórico para cada sociedad) de solucionar los problemas referidos a la autoridad, el poder, los conflictos y las jerarquías, y que —como modelo de orientación— funda un orden que define la lógica sobre la cual se organiza la vida pública de cada sociedad.

Entendida de este modo, la noción de cultura política posibilita articular dentro del análisis de la política el plano micro (subjetivo, psicológico e individual) con el plano macro (normativo y social). Se trata, por consiguiente, de un concepto más amplio que el de conducta o comportamiento político (en la medida que incluye normas, valores, tradiciones, etc.), pero más restringido que el de opinión pública, ya que su referente es estrictamente político.

Como conjunto de actitudes, conocimientos y valores que orienta el campo de la actividad política, la cultura política se construye a través de mecanismos complejos de socialización y difusión y se concreta en las prácticas de los actores. Por esta razón, a la hora de analizar la cultura política de una nación es importante tener en cuenta los principales agentes que intervienen en el proceso.

Entre tales agencias de socialización hay que destacar la importancia de la familia y la escuela, ya que estas dos instituciones son responsables de las etapas primarias de la socialización y ejercen influencia sobre aquellos aspectos básicos de la personalidad que pueden orientar comportamientos políticos (siendo una especie de "moralidad pública", la cultura política también incluye modelos de vida privada que influyen o pueden influir en los comportamientos políticos y se encuentra imbricada tanto en ese ámbito como en el de lo público e institucional).

Otros agentes que operan sobre todo en la vida adulta del individuo y en aquellos procesos de socialización más propiamente políticos, son los medios de comunicación y las organizaciones políticas y sociales (partidos políticos, asociaciones civiles, etc.) a través de los cuales el sujeto accede directamente al debate y a la actividad política.

Desde esta perspectiva es posible aprehender tanto la existencia de los valores y las prácticas generalizadas en una sociedad como su vinculación con los procesos de socialización política, y entre éstos y las instituciones del sistema político.

Es importante resaltar el vínculo que existe entre los componentes institucionales y culturales del proceso político, ya que si bien las relaciones de autoridad tienen lugar dentro de una estructura más general de normas y convenciones sociales (algunas de ellas institucionalizadas en el derecho y que se hacen cumplir a través de los aparatos de fuerza y el temor a la sanción), el sistema institucional, por su parte, provee a la sociedad de las principales agencias de socialización política y controla la mayoría de las organizaciones y asociaciones que conforman los canales de participación y actividad política y, en consecuencia, adiestran al individuo en ciertas prácticas concretas y en ciertos modos de participar políticamente.

De esta manera, si bien la cultura política subyace y otorga sustento y sentido al orden institucional y a los procesos políticos, también éste influye en la formación de una cultura política (contando para ello con la fuerza del poder).

La formación de una cultura política supone el encuentro entre la experiencia histórica general de la sociedad y las experiencias privadas y personales de los individuos. La experiencia histórica peculiar a cada nación, más precisamente, la percepción subjetiva que los individuos tienen de tal experiencia es un componente esencial en la formación de la cultura política de esa sociedad. En el largo plazo, a través del devenir histórico se van formando y reformulando los valores y creencias profundas junto con las identificaciones y lealtades primordiales. De ahí, el dinamismo intrínseco de la cultura política y su carácter no estático sino cambiante en el largo plazo.

Acontecimientos políticos de diversa índole pueden influir en la constitución y transformación de la cultura política, a la vez que ella puede modelar el curso de algunos de esos eventos. En este proceso histórico intervienen grupos y actores diferentes y en él se suceden marcos institucionales también diversos que privilegian o apoyan ideologías o moralidades distintas, las cuales, a su vez, generan sus propias configuraciones organizacionales.

La cultura política expresa esta circunstancia y, por lo tanto, es heterogénea en sí misma. En este sentido se ha discutido la existencia de *subculturas políticas* asociadas a grupos sociales concretos (de clase, regionales, locales, étnicos, religiosos, etc.), además de distinguir entre la cultura política de las *élites* y la de las *masas* (destacando el papel fundamental de la primera en tanto es ella quien define los temas políticos y ejerce una influencia predominante en la opinión pública de un país). También se ha hablado de cultura política *oficial* y cultura política *dominante* para diferenciar la que promueven el Estado y los medios de comunicación de la que realmente predomina entre los miembros de la sociedad.

La cultura política define los límites de la política en cada sociedad, cuáles son los asuntos considerados de naturaleza o incumbencia política, quiénes son los sujetos que legítimamente pueden participar en la actividad política y cuáles son los canales aceptados para la lucha por el poder y los espacios legítimos de resolución de conflictos. Asimismo, en la cultura política de cada nación se encuentran delimitadas las fronteras entre la esfera pública y la privada; los ámbitos de competencia estatal y los compromisos particulares, los términos de la autoridad del Estado y de la libertad individual y las líneas de demarcación entre la intimidad y la publicidad.

Históricamente, y en sentido general, la cultura política *moderna* (occidental) se ha desarrollado básicamente a partir de dos valores fundamentales: libertad e igualdad, los cuales se han concretado en dos modelos de moralidad pública diferentes. Haciendo un esfuerzo de máxima esquematización, puede decirse que la diferente comprensión de: *a)* los asuntos que caen en el ámbito de la competencia estatal y deben ser dirimidos desde criterios universales, y *b)* el problema de individuo, su lugar en el mundo y su posición respecto a la autoridad, han generado dos tipos de culturas políticas: la *liberal* (asociada al individualismo y los liberalismos) y la *colectivista* (identificada con el republicanismo y las diferentes variantes del socialismo), ambas adscritas al canon moderno.

Historia, teoría y crítica

La importancia de los aspectos culturales para explicar el fenómeno político no es un tema nuevo en las ciencias sociales. Tanto en la teoría durkheimiana de la *conciencia colectiva*, como en los estudios de Max Weber acerca del papel decisivo que tuvo la aparición de un nuevo *ethos* para el surgimiento del capitalismo, la existencia de valores, normas y creencias generalizadas en una sociedad se consideran como el contexto más general y el marco simbólico que subyace a las interrelaciones individuales y a las instituciones políticas.

Sin embargo, los paradigmas que dieron el gran impulso al debate académico sobre la cultura política fueron el behaviorismo y el funcionalismo. Desde ambas perspectivas, se intentó incorporar al análisis político las dimensiones psicológicas y subjetivas de estos procesos sin dejar de prestar atención a las variables sociológicas y a la esfera normativa de la vida social. Por otra parte, el contexto político de la segunda posguerra que colocó en el centro de la atención el problema de la estabilidad de las democracias y el desarrollo de nuevas técnicas de recolección y análisis de la información, contribuyeron también al vigor de este nuevo enfoque.

Las primeras definiciones de cultura política (que han devenido clásicas en este tipo de estudios) insistían en los aspectos actitudinales, cognitivos, evaluativos y afectivos de las conductas políticas. Desde esta perspectiva, el trabajo fundacional de Almond y Verba (1963), *The Civic Culture* —una investigación empírica de largo alcance acerca de las normas y valores necesarios para la formación de una *cultura cívica* que fundamentara la existencia y el buen funcionamiento de democracias estables y gobiernos efectivos—, definió la cultura política como la distribución particular entre los miembros de una nación de las actitudes y los patrones de orientación hacia los objetos políticos, enfatizando su preocupación por comprender las orientaciones psicológicas hacia dichos objetos.

En esta investigación comparativa, los autores encontraron tres tipos (ideales) básicos de culturas políticas: *parroquial*, *de subordinación* y *de participación* (cultura cívica), correspondientes a diversos tipos de sociedades y de regímenes políticos (sociedades simples, regímenes autoritarios y democracias, respectivamente) y concluyeron que los componentes principales de los comportamientos políticos favorables a la permanencia, funcionamiento adecuado y estabilidad de las democracias eran la participación, el sentido de eficacia y la satisfacción con las instituciones.

Este tipo de aproximación tuvo gran acogida y rápida difusión en los años sesenta. La idea principal que animaba estos análisis era que el sistema de creencias que constituye la cultura política afecta la conducta política de los individuos, esto es, que ellos no responden simplemente a lo que está ocurriendo en el mundo de la política sino a las percepciones que tienen respecto a ese mundo, a cómo lo ven. Subrayando a su vez que esas creencias, sentimientos y actitudes se forman a largo plazo y a través de procesos de socialización.

Con esta propuesta, el enfoque de la cultura política pretendía compensar los estudios de actitudes —más específicos— para concentrarse en tendencias más generales que permitieran establecer tanto comparaciones entre países diferentes como los fundamentos para la justificación de actitudes grupales sobre ciertos tópicos políticos.

No obstante, a pesar de los aciertos de este enfoque, durante los años setenta, los estudios de cultura política se estancaron y, a principios de los ochenta, el paradigma fue sometido a una severa crítica que abarcaba desde la definición misma del concepto, hasta los puntos de partida teórico metodológicos y las propuestas técnicas de recolección de información, operacionalización y análisis de variables.

Respecto a la definición del concepto, las principales objeciones estuvieron dirigidas contra el carácter etnocéntrico e ideológico de la noción de cultura cívica propuesta por Almond y Verba —que se presentaba como modelo ideal y como un fin deseable para la construcción de democracias estables en cualquier latitud— y contra la ambigüedad y multiplicidad de las definiciones.

En otro orden, el enfoque de la cultura política también fue criticado por la dificultad que introducía la inconmensurabilidad de las diversas orientaciones teóricas desde las que se emprendían las investigaciones (estructural funcionalismo, teoría de sistemas o el enfoque gramsciano de la hegemonía). Por último, la pretensión de articular los planos micro y macro en los estudios empíricos introducía problemas para la operacionalización (cómo medir actitudes y orientaciones subjetivas) y el establecimiento de las relaciones entre las variables.

A pesar de estas críticas, los estudios emprendidos desde el enfoque de la cultura política experimentaron gran auge en casi todos los países, y el caso de México no es una excepción. Si bien los numerosos trabajos dedicados a explorar en torno al carácter, la idiosincrasia nacional o la *mexicanidad* pueden considerarse un antecedente importante para el análisis de la cultura política mexicana, tales reflexiones fueron emprendidas más bien desde una perspectiva filosófica o antropológica. No fue sino hasta la publicación del trabajo de Almond y Verba (1963) que apareció el primer intento en gran escala de describir la cultura política mexicana a partir del análisis de evidencia empírica recabada de la aplicación de una encuesta.

Después de estos primeros años, el enfoque de la cultura política ha ido ganando un lugar y cobrando influencia dentro de la ciencia política y la sociología mexicana y desde la década de los setenta pueden encontrarse tanto encuestas sobre actitudes y valores políticos como investigaciones acerca de las agencias de socialización, los comportamientos electorales, la participación política y el surgimiento de movimientos sociales (que expresan a través de su accionar cambios de valores y cuestionamientos a los patrones tradicionales de relación). También han aparecido numerosos estudios acerca de las subculturas políticas asociadas a los diferentes grupos sociales (feministas, asociaciones civiles, grupos locales o regionales, de izquierda, etcétera.)

Líneas de investigación y debate contemporáneo

La publicación en 1980 de *The Civic Culture Revisited* por Almond y Verba constituyó, sin duda, un nuevo impulso para realizar una crítica interna del enfoque de la cultura política. En esa obra fueron reanalizados los resultados de la primera investigación e interpretados a la luz de los cambios ocurridos en el tiempo y las nuevas evidencias acumuladas, pero también fueron desarrolladas nuevas propuestas de reflexión.

Hacia finales de los años ochenta se comenzaron a realizar intentos serios por reconstruir el paradigma de la cultura política. Aun cuando la focalización en elementos actitudinales y de creencias y valores no ha variado sustancialmente respecto a la propuesta inicial de los sesenta, ha tenido lugar una reconsideración de sus aportes que ha permitido una mayor flexibilización en su aplicación a los estudios políticos.

Esta flexibilización se ha traducido en la aplicación del enfoque a investigaciones muy diversas, dentro de las cuales se destacan los estudios electorales en los que la perspectiva de la cultura política se combina con análisis específicos como la importancia de los *issues*, la identificación con los líderes, los votos de preferencia, etcétera.

También ha dado lugar a especificaciones dentro del análisis de la cultura política, como es el caso de los estudios sobre la influencia de la cultura política, en la generación del apoyo difuso (frente al apoyo específico contingente a la percepción individual acerca del desempeño del gobierno) o las perspectivas que proponen la cultura política como una variable contextual que afecta tanto las percepciones del sistema político como las subsecuentes decisiones de los ciudadanos acerca de la extensión y las formas de su participación en el sistema político.

Por otra parte, las investigaciones sobre el surgimiento de los valores posmaterialistas han contribuido a reforzar y demostrar el carácter dinámico de los contenidos de la cultura política.

Precisamente esta profundización en los contenidos de la cultura política ha llevado en los últimos años a algunos autores a insistir en la necesidad de abandonar los esquemas clasificatorios generales (culturas tradicionales o cívicas) y sustituirlos por un análisis acerca de las creencias, normas y valores de cada grupo particular (subculturas) que ayude a comprender por qué unos grupos se comportan de un modo, mientras que otros (a veces muy semejantes) actúan de manera completamente diferente.

Para ello, se han desarrollado algunas propuestas en torno a la necesidad de establecer una distinción entre los niveles macro, meso y micro de la cultura política. Mientras a nivel macro están los valores centrales y las creencias de largo plazo que dirigen la vida política desde el punto de vista más general, en el nivel meso es donde se establecen las reglas del juego político, y, finalmente, en el nivel micro tiene lugar la actividad política "normal" y es aquí donde es posible detectar inmediatamente los cambios.

Estos desarrollos recientes parecen estar indicando una ampliación del rango de los temas involucrados en el estudio de la cultura política.

BIBLIOGRAFÍA

Almond, G., y S. Verba (1963), *The Civic Culture*, Princeton University Press, Nueva Jersey.

——— (1930), *The Civic Culture Revisited*, SAGE Publications, California.

Berger, A. de (1989), *Political Culture and Public Opinion*, Transaction Publishers, New Brunswick.

Bluhm, W. I. (1974), *Ideologies and attitudes: modern political culture*, Prentice Hall Inc., Nueva Jersey.

Escalante, F. (1992), *Ciudadanos imaginarios*, El Colegio de México, México.
Gibbins, J. R. (comp.) (1989), *Contemporary Political Culture. Politics in a Postmodern Age*, SAGE Publications, Londres.
Inglehart, R. (1990), *Cultural Shift in Advanced Industrial Society*, Princeton University Press, Nueva Jersey.
Loaeza, S. (1981), "El laberinto de la pasividad", en *Nexos*, vol. IV, núm. 48, México.
Peschard, J. (1994), *La cultura política democrática*, Instituto Federal Electoral, México.
Pye, L. W. (1965), *Political Culture and Political Development*, Princeton University Press, Nueva Jersey.
Segovia, R. (1975), *La socialización política del niño mexicano*, El Colegio de México, México.

CULTURA POPULAR

Javier Guerrero

Definición

Durante las últimas décadas del siglo XX se ha prestado atención grandemente a lo que se denomina "cultura popular", aunque ésta, según algunos analistas, siempre ha existido. Otros estudiosos sostienen que la cultura popular sobreviene como consecuencia de la Revolución industrial y de la implantación del capitalismo en el mundo. Obviamente, para entender qué es cultura popular debemos tener una idea más o menos precisa acerca de lo que es cultura. El concepto *cultura* se utiliza regularmente con frecuencia y con múltiples significados; durante mucho tiempo ha significado el campo de un saber refinado, de alta categoría, "culto", en suma. Se dice que una persona es "culta" cuando tiene una notable erudición, o cuando se especializa en cierta actividad artística, o cuando destaca en el campo del conocimiento.

La antropología ha postulado que la cultura significa algo mucho más amplio; en su concepción, la cultura es todo aquello que los seres humanos adquieren extrabiológicamente, es decir, que no se hereda por vía orgánica. En este sentido, la cultura es una herencia social, algo que se adquiere como miembro de una sociedad. De tal forma, nuestra predisposición a ciertas enfermedades es algo que heredamos genéticamente, mientras que el aprendizaje de una lengua o de una artesanía particular nos convierte en herederos de ciertos tipos de cualidades que se transmiten socialmente. En ciertos terrenos no es muy clara la delimitación entre la esfera natural y la cultural; así, por ejemplo, los griegos antiguos sostenían que el "temperamento" es una característica que se heredaba orgánicamente; el "carácter", por el contrario, era algo que se moldeaba en el interior de una sociedad. Los antropólogos indican que, desde el punto de vista biológico, las diferencias entre los seres humanos son escasas, pero que, en cambio, las diversidades culturales son múltiples: el mundo es un mosaico de culturas que se distinguen entre sí en espacios disímbolos y a través del tiempo. En la actualidad, en muchas corrientes dentro de la antropología, se considera que la cultura es el conjunto de actividades que crean las significaciones del mundo, es decir, las prácticas que construyen el sentido. Para los antropólogos, las diferentes asociaciones humanas crean y desarrollan sus múltiples acervos culturales; así, tenemos culturas nacionales, culturas étnicas, culturas rurales, urbanas y muchas más, dependiendo de los tipos de agrupaciones que las crean y reproducen. También se refieren a variantes de estas culturas, a especies dentro de ellas, a las cuales denominan "subculturas", "culturas parciales" (componentes parciales de una totalidad, como en el caso de las culturas campesinas), "microculturas", etcétera.

Los elementos de una cultura tienen un *sentido* para quienes son sus adherentes, por lo general tienen otro para quienes no lo son y pueden no tener ninguno para quienes los desconozcan fragmentaria o totalmente. Así, el bautizo católico en varios pueblos de América Latina tiene un claro sentido para los católicos de ese subcontinente, uno diferente para los grupos protestantes y uno ausente para quienes ignoran las características y el contenido de esa ceremonia.

En atención a lo que hemos señalado, si la cultura se refiere a los modos particulares de vida de varios grupos humanos y a las formas en que éstos les otorgan sentido y los interpretan, habría que tratar de explicar quiénes son los agentes de las culturas populares y quiénes las procrean y desenvuelven.

Historia, teoría y crítica

Dado que las culturas son núcleos de sentido, no pueden prescindir en su formación y desarrollo de las *ideologías*. A este respecto, cabe hacer los señalamientos siguientes. Las ideologías son un conjunto de ideas, hábitos, representaciones e imágenes que se expresan en prácticas y costumbres sociales. Las ideologías son mecanismos de adaptación social que intentan establecer un orden en el mundo, y, al hacerlo, ordenan el conjunto de significaciones y sentidos que los seres humanos han desarrollado. Así, las ideologías vertebran y jerarquizan los elementos de las culturas. En sociedades donde un grupo o varios dominan a otros, las ideologías propias de éstos se convierten en hegemónicas e intentan subordinar a las culturas de los grupos dominados a las cuales condicionan o influyen por la vía de la interacción desigual (que favorece a los dominadores), la reinterpretación, el acoso, la agresión, la búsqueda de la eliminación de los elementos de las culturas bajo dominio, etc. Por ende, las ideologías están estrechamente relacionadas con la distribución del poder en las diferentes sociedades.

Se acepta comúnmente que las culturas populares, como su nombre lo señala, son las culturas del "pueblo", por lo que en la mayoría de las sociedades contemporáneas estas culturas tienen un carácter subordinado o subalterno. Pero, ¿qué es el pueblo? La mayoría de los pueblos son entidades heterogéneas. Así, el pueblo mexicano o el norteamericano se componen de diversos grupos étnicos, religiosos, ocupacionales, clases sociales disímbolas, individuos que son ciudadanos y otros que no lo son, nativos y emigrantes, ricos y pobres, etcétera. En no pocas ocasiones se entiende al pueblo como el "pueblo trabajador", o sea, el conjunto de personas que sufren la explotación y la opresión en el mundo actual y que están excluidas de los núcleos básicos de la riqueza y el poder. Hay quienes identifican al pueblo con un conglomerado "profundo", con agrupaciones que cuentan con patrimonios culturales que poseen gran raigambre a través del tiempo y que tienen una amplia capacidad de continuidad. Es en ese sentido que se puede hablar del "México profundo" al que se refería el ilustre antropólogo mexicano Guillermo Bonfil.

Hay quienes sostienen que "pueblo" es sinónimo de nacionalidad; otros dicen que lo es de "grupo étnico". Por lo demás, en el mundo contemporáneo lo "popular" alude a las grandes mayorías, a los grandes conjuntos de población. La cultura popular, según ciertos planteamientos, es la que no es "alta cultura", la cual sería el campo de creación de unas cuantas personas e instituciones en la sociedad. La alta cultura se distingue por su elevado grado de elaboración y de formalización. Conforme a lo que han indicado sociólogos y otros estudiosos como Pierre Bourdieu, la cultura "alta" o "superior" marca distinciones de clase. Por lo general, quienes gustan de la alta cultura son personas que pertenecen a estratos sociales cimeros; así, se supone que gustar de la música de Beethoven otorga más distinción que gozar tan sólo con la música de rockeros famosos. Sin embargo, en la historia se ha demostrado que lo que en un momento ha sido considerado como "cultura inferior" puede devenir en "superior" y viceversa. Así, por ejemplo, sabemos que las obras teatrales de William Shakespeare, en la época en que fueron creadas, se destinaban al gusto de un público de escasos recursos, procaz y poco refinado. Las películas de "caballitos", los *westerns*, consideradas como de poco valor durante mucho tiempo, fueron "redescubiertas" —menos algunas de ellas— como filmes de altura y bien estructurados. Por otra parte, obras a las que se atribuía una complejidad especial han sido, por decirlo así, "degradadas" con el paso del tiempo.

Pero, más que atender a las obras mismas, es importante entender, como señalábamos previamente, quiénes son los autores de las culturas populares. Lo popular no se refiere a un solo sector social —el "pueblo"— sino a una diversidad de grupos sociales que difieren entre sí debido a su posición y ubicación sociales, a sus demandas específicas y a sus prácticas políticas y sociales cotidianas. Estos grupos tienen en común el diferenciarse de aquellos grupos que detentan fundamentalmente el poder en las esferas económicas, políticas, sociales y culturales, y que por ello ejercen la hegemonía, entendida ésta como una dominación que no se ejerce por la fuerza o la coacción directas, sino por la extensión del consenso y por el consentimiento a esa dominación.

Aquí "popular" equivale a no hegemónico. Tal como señala la corriente que parte de las enseñanzas de Antonio Gramsci, los grupos no hegemónicos, populares o subalternos pueden unirse y organizarse para tratar de fundar una hegemonía alternativa, una cultura popular hegemónica.

Sin embargo, habría que evitar pensar en términos dicotómicos, como cuando se piensa en "el bien" de un lado y "el mal" de otro. "Cultura popular" es un concepto que se refiere a un proceso. Los grupos hegemónicos y los que no lo son no están simplemente separados y segregados, unos frente a otros; por el contrario, efectúan múltiples interacciones en las cuales se confrontan, combaten, intercambian elementos, introducen nuevas significaciones a los mismos, anulan determinados aspectos o crean otros, etc. Como señala Tony Bennett:

> El campo de la cultura popular se estructura por las tentativas de las clases dominantes de lograr la hegemonía y por las formas de oposición a las mismas. Siendo así no consiste simplemente en una altura de masas impuesta, la cual coincide con la ideología dominante, ni es un campo en el que intervengan espontáneamente culturas que se opongan entre sí, sino es más bien una esfera de negociación entre esas culturas dentro de las cuales los elementos y valores dominantes, subordinados y de carácter opositor se "conjugan" en combinaciones diferentes, dando lugar a tipos particulares de culturas populares.

Conforme a esta concepción, la cultura popular consiste en un conjunto de rasgos y complejos culturales (conjuntos de rasgos interrelacionados) producidos por sectores populares (en la acepción que hemos señalado previamente) y que se establecen en relaciones de oposición, complementariedad, conflicto y relación con rasgos y complejos de las culturas hegemónicas.

Las culturas populares no son, por ende, culturas "inferiores" o "superiores"; tampoco son las que tienen un menor grado de elaboración o complejidad, ni se equiparan a las culturas tradicionales. Sin embargo, debe establecerse la siguiente observación: los sectores hegemónicos pueden articular sus complejos culturales con los subordinados, tratando de reabsorber elementos de estos últimos, cambiar sus sentidos o intentar proporcionar propósitos funcionales distintos (como es el caso cuando un conjunto de danzas populares, propias de determinados pueblos en México, creadas con el propósito de fomentar la cohesión social, se transforman en espectáculos comerciales para los turistas). Por otra parte, en muchos casos los sectores hegemónicos propenden a anular o desaparecer los elementos de las culturas populares (como sucede, por ejemplo, cuando se favorecen prácticas asimilacionistas en los Estados Unidos de América con el objeto de inhibir o acabar con la cultura mexicoamericana, "chicana", prácticas que se traducen en la prohibición de usar otro idioma que no sea el inglés, en impedir que los mexicoamericanos tengan sus propias escuelas y medios de comunicación, que celebren sus fiestas y ceremonias tradicionales, etc.). Es por ello que en el mundo contemporáneo las culturas populares son por lo general acosadas, fragmentadas, enfrentadas a multitud de obstáculos, con dificultades para su reproducción y generalmente devaluadas. La defensa de las culturas populares consiste, entonces, en la lucha por remover los obstáculos que se les oponen, por que encuentren canales múltiples de expresión, por asegurar su continuidad.

Un caso especial y significativo de las relaciones entre las culturas hegemónicas y las populares o subordinadas es el de la denominada "cultura de masas". Esta cultura, de carácter ampliamente mercantilizado, es, conforme a lo que plantean diversos analistas, una "cultura para las masas", que tendría como objetivo la enajenación de las mismas. A diferencia de lo que sería la cultura popular propiamente dicha, la cultura de masas no nace espontáneamente desde abajo, sino que es impuesta desde arriba por tecnócratas y gente dedicada a los negocios y en búsqueda del lucro. Los receptores de este tipo de cultura tienen una actitud pasiva, acrítica y alienada. En nuestro tiempo, la cultura de masas se expresa con particular vigor en los programas de televisión, que imponen héroes ficticios, modos de vida *estandarizados*, conductas estereotipadas. Las demandas culturales de la población son atendidas por la cultura de masas, pero en contra de la creatividad de éstas; tal cultura se elabora fundamentalmente con el propósito de obtener ganancias y de asegurar la dominación de los grupos hegemónicos. Muchos de los artistas y productores de cultura en este ámbito son, por decirlo así, "fabricados en serie"; triunfan y muy pronto se desgastan para ser sustituidos por otros casi iguales. Así, en América Latina observamos cómo se presentan constante y continuamente cantantes de rock que, en primer lugar, imitan a sus arquetipos estadunidenses (aunque con menor calidad); se ponen de moda, una moda efímera, y pronto son remplazados por otros casi indiferenciables de ellos.

Se alega que la cultura de masas es una especie de droga (tal como Marx lo presuponía de la religión). Por la segunda mitad del siglo XX, los intelectuales alemanes agrupados en torno a la llamada Escuela de Frankfurt llamaron "industria cultural" a los bienes y procesos relacionados con la cultura de masas. Según ellos, la "industria cultural" tiende a producir homogeneidad en los bienes que produce, llegando incluso a afirmar que toda la "cultura de masas" es idéntica. El resultado de este tipo de cultura es la resignación y el conformismo; es, por consiguiente, un mecanismo de los aparatos de dominación para someter a los trabajadores. Para Max Horkheimer y Theodor Adorno, representantes de esta escuela, se debe luchar contra la cultura de masas debido a su conexión con la persistencia de la injusticia social. En el ámbito de esta cultura, los seres humanos obtienen demasiado poco y lo que obtienen es malo. Herbert Marcuse, otro representante de la escuela, distingue entre las necesidades "falsas" y las "verdaderas"; estas últimas son impuestas al individuo por intereses sociales, particulares; señala que la mayoría de las necesidades prevalecientes para descansar, divertirse, comportarse y consumir según los anuncios... pertenecen a esta categoría de falsas necesidades.

Con todo, si entendemos el campo de la cultura popular como lo hemos enunciado previamente, es claro también que la "cultura de masas" es también una esfera de negociación, no simplemente una expresión de la ideología dominante. Para establecer y reforzar su hegemonía, los grupos dominantes requieren del asentamiento de todo tipo de consensos, de establecer interacciones con los grupos dominados e interpelarlos, de lograr sus asentimientos en muchos terrenos, de procurar consentimientos a sus políticas culturales de otros tipos. Así, por ejemplo, puede afirmarse que el cine mexicano, a más de haber sido una expresión de la realidad a lo largo de la historia, ha sido una industria alienante, deformadora de esa realidad, a la cual distorsiona, configurándose como un mensaje que proporciona gratificaciones ilusorias, concepciones anómalas, entidades discursivas lindando con el absurdo. Pero también es claro que la proliferación en las películas mexicanas de "charros", campesinos, indígenas, trabajadores urbanos, choferes, "ficheras", cantantes folclóricos, mariachis, imágenes de la Virgen de Guadalupe, braceros, curas de pueblo y demás no es gratuita; en cierto modo, corresponde a una demanda popular de presentación de estos arquetipos queridos e idealizados en las clases "bajas".

En lo que se refiere particularmente a Europa y parcialmente al Nuevo Mundo, se puede afirmar que las culturas dominantes han tenido tan sólo un carácter relativamente excluyente y exclusivista.

Las culturas de élite han infiltrado sus elaboraciones en el campo de lo popular, y las culturas populares han inspirado muchas de las manifestaciones de los grupos hegemónicos.

Como han señalado Carlos Martínez Shaw y otros autores, existe una serie de limitaciones en lo que se refiere al "descenso" de la cultura "erudita" a las clases bajas, ya que las clases populares estaban ausentes en los lugares de transmisión de la cultura hegemónica (como las escuelas y universidades), mientras frecuentaban los lugares específicos de transmisión de sus culturas (iglesias, tabernas, plazas públicas, etc.), lo que significaba que los hombres y mujeres del pueblo no tenían acceso a muchos productos generados en esferas superiores, mientras que éstos no tenían contacto frecuente con el "populacho". En segundo lugar, la cultura hegemónica se transmitía por escrito, y la gente que creaba la cultura popular era analfabeta en gran medida. En tercer lugar, las clases populares rechazaban abiertamente una parte importante de la cultura dominante que les era ofrecida, aceptando sólo aquellos productos que conectaban con sus experiencias o podían adecuarse a sus necesidades y, por último, la cultura del pináculo se ofrecía al consumo de la mayoría en una serie de versiones simplificadas, deformadas y devaluadas. Esto sucedía específicamente en Europa desde la Edad Media, aunque este proceso puede también señalarse como característico de muchos países de la América independiente. En la mayor parte del planeta, un cierto sector de los grupos hegemónicos conoce, aunque sea parcialmente, los cuentos y leyendas de origen campesino, los refranes, música y danzas populares, las formas de producir alimentos, etc. Así se nota, por ejemplo, en la literatura y el teatro del Siglo de Oro en España, en donde autores y dramaturgos relatan con talento vivaz muchas de las costumbres y hábitos de los sectores populares.

Sin embargo, la cultura popular es reprimida con frecuencia, y en muchos casos se imputa un potencial subversivo. Los historiadores europeos han indicado que con recurrencia obstinada se reprimió a las manifestaciones populares, entre otras cosas, por la urbanización (la mayor parte de las culturas populares eran de origen rural y se consideran "disfuncionales" en los nuevos marcos). Las manifestaciones populares eran también atacadas por los estados absolutistas y por las iglesias católicas y protestantes que, enfrentadas entre sí, se unían en contra de lo popular, que era identificado con lo pagano, con las supersticiones, con un materialismo grosero y licencioso. En el siglo XVIII las culturas populares se ven más rechazadas; elementos de ellas incorporados al comportamiento de las clases altas son "devueltos" al pueblo. Como ha indicado el historiador inglés Hugh Thomas, los componentes de las clases cimeras en Inglaterra no se diferenciaban en forma demasiado notoria del pueblo; fue a fines del siglo XVIII y en la época victoriana que empezaron a desarrollar sólidamente una cultura muy distintiva, divorciada abruptamente de la del "populacho". Es entonces cuando aparecen los ingleses flemáticos, fumadores de pipa, con bombín y bastón (imagen que, desde luego, nunca ha correspondido a la propia de los ingleses de las clases subalternas). En relación con este proceso de desprendimiento de lo popular, el poeta danés Thogen Clausen escribió los siguientes versos:

> Lo que se ve desterrado a la cocina
> y a las tabernas y a los establos,
> era antes escuchado y con placer leído
> por las damas y sus príncipes en palacios.

En los países de la América Latina independiente, y parcialmente en los Estados Unidos, los grupos dominadores trataron de mostrar su raigambre europea y su desprecio por lo autóctono, lo indígena y lo popular. Gabriel García Márquez, en uno de sus cuentos, nos describe la reacción de un hombre, un escritor de origen caribeño que "deslumbrado por las cenizas de las glorias de Europa" trata de olvidar su origen y hacer olvidar a los demás de su condición; sin embargo, refiriéndose a la institutriz alemana de sus hijos, a los cuales intenta inculcar a la fuerza "los hábitos más rancios de la sociedad europea", institutriz que "olía a orines de mico", comenta: "Así huelen todos los europeos, sobre todo en verano [...] Es el olor de la civilización". Así el europeizado establece una distancia con sus arquetipos predilectos.

En la América colonizada por los ibéricos, los sectores populares han desenvuelto fuertes resistencias en contra de las imposiciones culturales, han tratado de solidificar sus culturas. José Carlos Mariátegui, notable escritor y político peruano, señalaba que la literatura de su país había nacido cuando había logrado la liberación del bagaje colonial; de ahí su repelencia a los escritores colonialistas y su defensa de una literatura que tuviera raíces vigorosas en suelo peruano. Para él, establecer las bases de un desarrollo de la cultura popular peruana era fundamental. La revista que fundó en 1926, *Amauta*, propone una recuperación de los componentes indígenas de Perú, "no en clave arcaizante, sino como búsqueda de una identidad nacional".

Para referirnos tan sólo a un elemento de la cultura popular, el lenguaje, cabe señalar que si bien al nivel de lo que se denomina lenguaje "culto", las distinciones no son tan marcadas en los países de América Latina, en el ámbito popular y de la vida cotidiana surgen múltiples variantes que recrean y modifican el castellano. Aparecen nuevas formas de "caló", "caliche", de "lunfardo". Para un grupo de escritores latinoamericanos, que consideran que el lenguaje es una creación popular, una forma de considerarse rebeldes, de "ser contra", es trasladar el lenguaje popular, tal como se habla todos los días, a los textos escritos. Así, hasta la sustitución de la conjunción *y* por la *i* en el chileno José Victoriano Lastarria deja de ser algo gratuito y, como indica Seymour Menton, la ortografía de este autor chileno atestigua la lucha breve pero seria de este autor, Sarmiento y otros de conseguir la independencia lingüística de España.

En América, la independencia de lo ibérico y de lo británico, de lo francés y de lo holandés, de lo europeo en suma, se ha intentado también en otras ramas del arte y expresiones culturales. En el México de las primeras décadas de este siglo, el denominado *teatro de carpas* asestó varios golpes rotundos al arte dramático en extremo dependiente de la retórica ibérica; en su seno se creó el *cantinflismo* (que no sólo es creación del cómico Mario Moreno; lo es también del actor Manuel Medel y de otros artistas), verdadera negación de la parla hispánica, y un tipo determinado de verborrea. Contra los excesos puramente verbales, tan característico de lo ibérico, aparece el cómico Germán Valdés, que siendo un gran "decidor" de chistes hablados, es también un exponente básico del acto visual cómico (*gag*), en lo cual mostraba la influencia del cine y el vodevil norteamericanos. Nacido en la frontera norte de México, Valdés *(Tin Tan)* era a la vez representante de un hibridismo cultural cada vez más creciente en México, de la conjugación desigual entre las culturas de los Estados Unidos y las mexicanas.

LÍNEAS DE INVESTIGACIÓN Y DEBATE CONTEMPORÁNEO

Se dice que, culturalmente, el siglo XX empezó en 1914 y terminó en 1998; principia con un cataclismo, la primera Guerra Mundial, y finaliza con otro, la caída del socialismo real, simbolizada en el derrumbe del Muro de Berlín. En este periodo, naturalmente, se han seguido procreando y desarrollando culturas hegemónicas y subalternas; los dominadores han seguido imponiendo sus pautas de vida y los dominados han continuado la lucha por vigorizar sus modos de existencia. Pero la gestación, desarrollo, enriquecimiento y continuidad de todo tipo de culturas han sufrido cambios profundos.

Los intercambios e interpenetraciones culturales son cada vez más frecuentes y reiterados. El gran desarrollo de los medios de comunicación ha implicado el conocimiento de multitud de formas de vida, expresiones culturales, hábitos y costumbres de diferentes pueblos y naciones. La revolución científico-técnica y la informática han establecido grandes redes de comunicación e intercambio. Las danzas griegas son cada vez más conocidas por los mexicanos, y las músicas de mariachi arriban hasta Groenlandia. A la vez, junto a este gran proceso de interpenetración cultural, se da un proceso de "americanización", es decir, imposición de un modelo cultural nacido en tierras de los Estados Unidos, la potencia superhegemónica (sobre todo después de la caída del socialismo y de la decadencia —relativa— de los nacionalismos). Como indica Regis Debray, el americanismo es, más que una doctrina, más que una postura ante el mundo, y más que una propuesta política o cultural, es la más poderosa constelación de emociones puesta al alcance de no importa cuál adolescente sobre no importa qué punto del globo. Es el imperio de Disneylandia y la Coca-Cola.

Las nuevas interpretaciones sobre la cultura tratan de captar toda esta vorágine. Para el funcionalismo, la cultura se define en función de sus articulaciones con las otras esferas de la sociedad; así, en el caso de la danza de moros y cristianos en América Latina, indaga sobre su historia; le importa ante todo descubrir qué papel juega en la cohesión de muchos grupos sociales. El estructuralismo sostiene que los seres humanos son los "vehículos" a través de los cuales se expresan relaciones sociales determinadas, y hombres y mujeres, como creadores de culturas populares, son fundamentalmente intérpretes de luchas en el seno de esas relaciones.

Y dado que ahora se entiende con frecuencia a la cultura como el proceso de significar, de comprender el proceso de significación, el enfoque semiótico avanza en el estudio de las culturas populares. Para Umberto Eco, la semiótica se ocupa de cualquier cosa que pueda *considerarse* como sustituto significante de cualquier otra cosa. Esa cualquier otra cosa no necesariamente debe existir ni subsistir de hecho en el momento en que el signo la representa. En el estudio de la cultura debe descubrirse, detrás de la maraña de los significantes, los significados.

El posmodernismo plantea que ha terminado la época de los grandes discursos sobre la humanidad, que no hay reglas específicas en las relaciones sociales. Según Michel Maffesoli, toda la vida cotidiana puede ser calificada como una obra de arte; "estética" será el conjunto de situaciones sociales (deportivas, musicales, de consumo, políticas) en donde se viven emociones colectivas. Ello proviene, evidentemente, de la masificación de la cultura, pero también del hecho de que todas las situaciones y prácticas minúsculas constituyen el terreno sobre el cual se elevan la cultura y la civilización.

Mas no valen concesiones y retóricas; las culturas populares sólo podrán desarrollarse si se libran de sus verdugos reales y potenciales.

BIBLIOGRAFÍA

Bonfil, Guillermo (1987), "La teoría del control cultural en el estudio de procesos étnicos", en *Papeles de la Casa Chata*, núm. 3, CIESAS, México.

—— (1990), *México profundo*, Grijalbo, México.

Bourdieu, Pierre (1990), *Sociología y cultura*, Grijalbo, México.

Cabral, Amílcar, *et al.* (1982), *La cultura popular*, Premiá Editora, México.

Cueva, Agustín (1982), "Cultura, clase y nación", en *Cuadernos Políticos*, núm. 31, enero-marzo, México.

Eco, Umberto (1981), *Tratado de semiótica Gener*, Lumen, Barcelona.

García Canclini, Néstor (1982), *Las culturas populares en el capitalismo*, Nueva Imagen, México.

Giménez, Gilberto (1985), "La cultura popular: problemática y líneas de investigación", en *Educación para adultos y cultura popular*, Cuadernos de Cultura Pedagógica, tomo I, Universidad Pedagógica Nacional-SEP, México.

Guerrero, Francisco Javier (1988), "Cultura nacional y cultura popular", en *Boletín Bibliográfico de Antropología Americana*, núm. 17, Instituto Panamericano de Geografía e Historia, México.

—— (1997), *Antropología II*, Editorial Quinto Sol, México.

Gramsci, Antonio (1972), *Los intelectuales y la organización de la cultura*, Nueva Visión, Buenos Aires.

Martínez, Carlos (1984), "Cultura popular y cultura de élites en la Edad Moderna", en Claudio Esteva *et al.*, *Sobre el concepto de cultura*, Mitre, Barcelona.

Warman, Arturo *et al.* (1969), *Características de la cultura nacional*, Instituto de Investigaciones Sociales, Universidad Nacional Autónoma de México.

DEMOCRACIA EN AMÉRICA LATINA

Francisco Zapata

Definición

La democracia es un régimen político cuyo funcionamiento está mediado por los tipos de articulación entre sociedad, sistema político y Estado existentes en una formación social, en un momento histórico determinado (Touraine, 1995). Dichos tipos de articulación constituyen el trasfondo estructural dentro del cual se desarrollan las expresiones específicas de esta forma de representación. En América Latina se pueden distinguir dos tipos básicos de articulación entre esos elementos, la articulación clasista y la articulación corporativa (Zapata, 1993). En la época contemporánea, esas articulaciones definen un trasfondo estructural enmarcado en procesos de transición hacia la democracia desde regímenes autoritarios, civiles o militares, procesos cuya especificidad ilustra casos particulares de implantación de esta forma de representación.[1]

Además, los tipos de articulación entre sociedad, sistema político y Estado definen el desarrollo de la ciudadanía, la formación de los partidos políticos y los procesos electorales. Varían en función de los procesos históricos concretos que tienen lugar en una sociedad dada. Además, se sitúan dentro de procesos todavía más generales como son aquellos que se identifican con la transición entre modelos de desarrollo. Es a partir de estos parámetros analíticos que podemos caracterizar la democracia en América Latina. Para llevar a cabo esta caracterización tomaremos en cuenta estos aspectos a partir de los siguientes puntos:

Historia, teoría y crítica

I. Los tipos de articulación entre sociedad, sistema político y Estado y la transición entre modelos de desarrollo; II. Modelos de desarrollo, y III. La "nueva democracia" en América Latina.

I. Los tipos de articulación entre sociedad, sistema político y Estado y la transición entre modelos de desarrollo:

1) El concepto de modelo de desarrollo se refiere a la articulación entre un determinado modo de acumulación económica y un marco institucional en el que los aspectos legales y normativos juegan un papel regulador del modo de acumulación. Este concepto puede ejemplificarse con *a)* las concepciones que elaboró la escuela de la regulación en economía;[2] *b)* las conceptualizaciones ligadas a las políticas keynesianas puestas en marcha en los Estados Unidos en la década de los treinta (Aglietta, 1974), y *c)* las ideas que guiaron la política laboral de Henry Ford en su fábrica de automóviles en los suburbios de Detroit (Lacey, 1987) a principios de la segunda década de este siglo.

Un modelo de desarrollo concebido en estos términos implica una estrecha relación entre la economía, la sociedad y la política, entre la organización de la producción y la organización del trabajo, entre los aspectos técnicos y la política social de la acción empresarial, entre la participación en el trabajo y en la vida ciudadana. Se trata de una visión en la que la economía guarda una relación íntima con marcos institucionales de regulación, sobre todo en las áreas del control de la fuerza de trabajo, de las disposiciones legales que afectan al mercado de trabajo, de las formas de participación política, sea en el sindicato, en los partidos políticos o en la esfera electoral.

La hipótesis general es que cuando ocurre un cambio en los términos de la articulación entre los componentes del modelo de desarrollo se trata de un cambio en sus elementos constitutivos, en la forma en que se vinculan entre sí y en el ritmo en que ambos elementos se combinan el uno con el otro. Se supone que las tensiones entre esos dos elementos constitutivos afectan el paso de uno a otro. Además, se debe considerar que dicho paso no necesariamente se produce a partir de una ruptura, a pesar de que dicha eventualidad no es descartable *a priori*.

El caso más frecuente es el de una transición en la que a partir de una desestructuración del modelo vigente se va estructurando gradualmente una nueva articulación entre los elementos constitutivos de ese modelo para dar nacimiento al nuevo.

Por ejemplo, en América Latina los condicionantes de esa desestructuración estuvieron ligados al agotamiento de la industrialización por sustitución de importaciones (ISI) y del marco institucional que gobernó esa estrategia de desarrollo. Dicho agotamiento se expresó en el cambio de estrategia de desarrollo y en la crisis del régimen político, con el que estuvo asociado, cuyo síntoma más aparente fue la crisis de las formas autoritarias de gobierno, civiles o militares.

---

[1] Para una visión desde la ciencia política véase Hartlyn y Valenzuela, 1995. Lo que sigue es una visión desde la sociología, que se sitúa en el marco de lo propuesto por Humphrey Marshall, 1994.

[2] Véanse Aglietta, 1976; Boyer, 1986; Lipietz, 1986.

Por ello, la transición entre el modelo de desarrollo de la industrialización por sustitución de importaciones al modelo de desarrollo trasnacionalizado se ve contextualizado por ambas crisis, que impactan fuertemente sobre la forma que asume la redemocratización en los países mencionados.

De manera que dentro de un determinado tipo de articulación entre sociedad, sistema político y Estado se produce la transición entre modelos de desarrollo a partir de los detonantes que fueron las crisis de las dictaduras y del corporativismo.

A partir de esas consideraciones generales es posible presentar los tipos de articulación entre sociedad, sistema político y Estado así como la transición entre modelos de desarrollo que está teniendo lugar en diversos países de América Latina y que desembocó en la aplicación del modelo de desarrollo trasnacionalizado después de 1982.

Esa coyuntura, que lleva aproximadamente 15 años de duración, puso al descubierto la crisis del modelo de desarrollo en el que los elementos constitutivos de la industrialización por sustitución de importaciones y del Estado populista existieron durante el periodo 1930-1964/73.

2) Los tipos de articulación entre sociedad, sistema político y Estado:

a) La articulación clasista: en ésta, la ciudadanía se encarna en sujetos políticos relativamente consolidados que al participar en partidos políticos promueven causas definidas en proyectos ideológicos. La constitución de sujetos políticos consolidados refleja prolongados procesos de gestación, movilización e institucionalización de movimientos sociales. El sindicalismo, especialmente en su fase constitutiva, fue uno de esos movimientos sociales que progresivamente se transformó en un sujeto político significativo.

Hasta cierto punto el desarrollo de este tipo de articulación entre sociedad, sistema político y Estado refleja la consolidación de los procesos de urbanización y de sus correlatos en términos de secularización, modernización y difusión del aparato educacional. La articulación clasista en países como Bolivia, Chile, Perú y Uruguay son ejemplos de este tipo de articulación.

En esta articulación el sistema político se centra en la existencia de diversos partidos políticos que representan intereses sociales claramente definidos (obreros, campesinos, empresarios, propietarios de la tierra, etc.). Esos partidos políticos ejercen su función de representación en forma directa y poseen proyectos ideológicos que repercuten directamente en prácticas políticas. Encarnan también debates ideológicos tanto hacia dentro como hacia fuera de esas prácticas.

Finalmente, en la articulación clasista el sistema político tiene un grado de autonomía importante en relación con el Estado y a su vez éstos están claramente separados de la sociedad civil.

b) La articulación corporativa: en ésta existe una ciudadanía tutelada en la que la relación central es de tipo clientelar. El sistema político se confunde con el Estado. Existe una gran homogeneidad entre los diversos grupos que se articulan en forma vertical con el Estado. Las relaciones entre los partidos políticos y las bases sociales que pretenden representar se caracterizan por altos niveles de clientelismo. El sistema político juega un papel más simbólico que real. Los partidos son estructuras de resonancia del sistema corporativo. La raíz del poder estatal descansa en una clase política fuertemente ligada a los que pueden ejercer el clientelismo, sea a nivel local, regional o central del que dependen. Esa élite refleja una legitimidad lejana y puede descansar en un ejercicio arbitrario del poder.

A partir de estas distinciones nos podemos interrogar acerca de su papel en los procesos de transición a la democracia; ¿cuáles fueron las características del modelo que entró en crisis en esa coyuntura?, ¿cómo estaban articulados el modo de acumulación y el marco institucional durante ese periodo? Éstas son algunas de las preguntas a las que debemos responder.

II. Modelos de desarrollo y democracia:

1) El modelo de la industrialización sustitutiva: la expansión del mercado interno y del capital nacional durante la aplicación de la política de industrialización por sustitución de importaciones se llevó a cabo bajo el impulso estatal con la premisa de la alianza de diversas clases sociales, sobre todo urbanas, tanto en el modelo de articulación clasista como en aquel de la articulación corporativa. La inversión pública en proyectos de infraestructura (caminos, puertos, comunicaciones) y en la industria pesada (siderurgia, generación de energía eléctrica) desempeñaron un papel central en la articulación de un espacio económico que progresivamente asumió también características sociales y políticas que consolidaron la integración nacional, sea como sistema de clases o como sistema de representación de intereses en estructuras corporativas. Es a partir de ese proyecto económico que los sectores industriales que producían bienes de consumo (alimentos, bebidas, ropa, muebles) contaron con fuentes de energía, materias primas y otros insumos que necesitaban. Es decir, es a partir de un fuerte impulso económico que se construye un espacio nacional en donde toma sentido la expresión ciudadana. Lo que hasta ese momento había sido una ciudadanía limitada, con expresiones políticas muy circunscritas, se transforma en una ciudadanía ampliada que participa en los asuntos públicos a través de canales sociales, como los sindicatos, o políticos, como los partidos.[3]

Esa ciudadanía ampliada fue institucionalizada a través de la promulgación de una serie de dispositivos sociales que conformaron el marco institucional de ese modelo de desarrollo. La promulgación de disposiciones legales sobre la definición y los derechos ciudadanos (como las disposiciones constitucionales y las leyes electorales), la constitución de sindicatos, la contratación colectiva e individual del trabajo a través de la negociación colectiva, la regulación de contrataciones y despidos, la reglamentación de las huelgas y de los conflictos laborales y otros aspectos como la protección de los trabajadores (hombres, mujeres y niños) y la seguridad social (salud y jubilaciones) fueron la contraparte de la implementación del modelo de acumulación, centrado en la sustitución de importaciones.

Además, durante ese mismo periodo se expandieron los aparatos educacionales que permitieron profundizar la identidad nacional, base del ejercicio de la ciu-

---

[3] La visión fundadora de esta concepción del desarrollo de la ciudadanía en América Latina es la de Gino Germani, 1962.

dadanía, articulada alrededor de la difusión del paradigma de la historia patria y de los símbolos de la nacionalidad. La expansión de los sistemas educacionales, además de alfabetizar a los pueblos, permitió formar la mano de obra que se incorporaba al sistema productivo, pero sobre todo permitió internalizar el proyecto de sociedad que se quería construir.

El modelo de desarrollo descrito tuvo repercusiones en la estructura social. La migración del campo a las ciudades, la movilidad social ascendente, la incorporación al consumo y a la participación política de grandes masas comprometidas con el Estado fueron efectos inducidos por la industrialización sustitutiva y sus correlatos sociales y políticos. Ello generó procesos masivos de movilidad social y contribuyó decisivamente a la aparición de clases medias en diversos países del continente.

Si bien la política de industrialización por sustitución de importaciones operó en los países con articulaciones corporativas y clasistas de manera similar, el marco institucional operó en forma diferente, sobre todo porque la administración política en el sistema corporativo estuvo asociada a un manejo clientelar de las disposiciones del marco de regulación del modo de acumulación.

Los grupos dirigentes del Estado de la industrialización sustitutiva se opusieron a las oligarquías terratenientes y se identificaron con el ascenso de las clases medias, de los obreros industriales y de los profesionales que producía el sistema de educación superior. La ideología nacionalista-revolucionaria, en países como Bolivia, Perú y México,[4] permeó toda esta estructura social, y sus principales voceros fueron los maestros de escuela primaria que la difundieron y la integraron a la conciencia de los futuros ciudadanos.

Durante la vigencia de este modelo de desarrollo el sindicalismo y el conflicto laboral jugaron un papel importante en la promoción de la integración a la nación de los grupos movilizados. Pues, en efecto, parte importante de la legitimación lograda por este Estado fue resultado de la utilización de la movilización social para obtener el apoyo de las masas hacia el proyecto industrializador. Acontecimientos como la nacionalización del petróleo en Bolivia (1936) y México (1938), la política social del régimen peronista en Argentina (1945-1955), las grandes inversiones en la generación de energía eléctrica y en la producción de acero, así como la creación de las instituciones de seguridad social en Argentina, Brasil y México son ejemplos de lo que ese modelo de desarrollo fue capaz de hacer.

Sin embargo, en ese modelo de desarrollo el ejercicio de la democracia estuvo subordinado a la movilización de masas, a las que apelaba, a través de una suerte de democracia directa, para apoyar las políticas estatales o impugnar las iniciativas de otros grupos de poder.

No obstante la imagen anterior, este modelo generó resultados perversos que culminaron con la exacerbación de las presiones sociales y en la deslegitimación del Estado, lo cual ocasionó una crisis en los sistemas democráticos que coexistían con éste.

El primer caso se dio en Brasil, donde se produjo un proceso progresivo de deterioro económico que derivó en fuertes tensiones políticas que culminaron con el golpe de Estado de abril de 1964. Dicho golpe ejemplifica un tipo de intervención militar en el que las fuerzas armadas intervinieron en forma institucional. El propósito de esa intervención estuvo inscrito en una secuencia crítica del modelo de desarrollo de la industrialización por sustitución de importaciones y sus consecuencias políticas. Los militares sirvieron de catalizador de una transformación que poco tenía que ver con sus intereses corporativos. Intervinieron para hacer frente a los síntomas de la crisis de la ISI y de su Estado.

Vale la pena aclarar que la intervención militar tuvo más efectos sobre el marco institucional que sobre el modo de acumulación, el cual, a pesar de experimentar serios problemas, no fue tocado sino mucho después de que los militares tomaran el poder. El desmantelamiento de la legislación laboral y la represión al aparato sindical, así como a los partidos políticos que habían sostenido al régimen populista, y la aplicación de medidas restauradoras del orden político oligárquico reflejado en alianzas ideológicas con sectores tradicionales precedió a la puesta en marcha de una política económica que sólo encontró viabilidad con el estallido de la crisis de la deuda en 1982.

De manera que el paso de un modelo de desarrollo a otro estuvo caracterizado por una transición densa y problemática, administrada por los militares en el poder y puesta en práctica por una nueva tecnocracia, definida por las prioridades de la integración al mercado internacional. Una vez delineado el nuevo modelo, centrado en la apertura al exterior, la privatización de las empresas estatales, el logro del equilibrio macroeconómico y la generación de un superávit fiscal, pudo observarse la aparición de sus rasgos principales, los que se reseñan a continuación.

2) El modelo de desarrollo trasnacionalizado: se trata de un modelo en el que el papel del mercado externo juega un papel fundamental. La exportación de productos manufacturados se incrementa en forma notable, en desmedro de la producción para el mercado interno. A la vez, el capital extranjero aprovecha las circunstancias de la apertura financiera para la transferencia de recursos al exterior y para obtener rendimientos superiores a los vigentes en las economías centrales.

La intervención del Estado en la instauración de grandes proyectos de infraestructura se ve subordinada a las decisiones del capital privado que adquiere las grandes empresas estatales que son privatizadas.[5] Dichas empresas aprovechan la modernización tecnológica para hacerlas atractivas al capital privado. Se beneficia también del desmantelamiento de los contratos colectivos de los sindicatos de las empresas estatales. Con estas medidas, el escenario del modelo del nuevo sistema de acumulación quedó diseñado.

---

[4] El planteamiento nacionalista-revolucionario fue ideado por Víctor Raúl Haya de la Torre, Víctor Paz Estenssoro y Vicente Lombardo Toledano, todas importantes figuras políticas de los años treinta y cuarenta en sus respectivos países. Buscaron combinar el antiimperialismo con una visión integradora de los pueblos indígenas y la realización de la reforma agraria. Para más detalles, véase Zapata, 1990.

[5] En sectores como las comunicaciones (televisión, carreteras y teléfonos), la siderurgia, la industria manufacturera, los medios de transporte aéreo y terrestre.

En lo referente al aparato institucional, lo central tiene que ver con su desarticulación con respecto al modelo de acumulación. La economía se separa de la política. Se observa el desmantelamiento de instituciones que habían jugado un papel importante en el sostén del modelo anterior. La privatización del aparato de seguridad social, la municipalización de la educación primaria, la creación de aparatos de salud privados, el debilitamiento de la educación superior pública a través del estancamiento de los subsidios, contribuyen a dicho proceso de desarticulación, que afecta profundamente a las clases medias, surgidas al amparo del modelo de desarrollo anterior.

Se genera una exclusión sistemática de diversas categorías sociales, se proletarizan las clases medias y la terciarización de la estructura ocupacional debilita a los actores sociales de la industrialización por sustitución de importaciones.

En otras palabras, el nuevo modelo de acumulación tiende a descansar en su base de sustentación externa. El papel del mercado interno es muy débil en relación con el externo. El estancamiento de las economías latinoamericanas desde 1982 en adelante así lo demuestra. La naturaleza del nuevo modelo de acumulación no necesariamente fortalece el aumento del empleo, ya que frecuentemente es intensivo en capital. La importancia del sector financiero juega un importante papel en la corrección del desequilibrio en la balanza comercial. Disminuye la capacidad de negociación de las organizaciones sociales, como los sindicatos, que pierden posición en la posibilidad de negociar el poder de compra y los beneficios sociales de los trabajadores.

En este modelo, el Estado cambia su papel en cuanto a la administración del proceso de desarrollo. Se deshace de las empresas estatales, deja de jugar el papel de banco de desarrollo pero conserva funciones reguladoras en el área financiera (tasas de interés, tipo de cambio, regulación de comunicaciones) y de administrador de las relaciones económicas con el exterior a través de controles aduaneros, incluso en situaciones como las que se han impulsado a través del Tratado de Libre Comercio (TLC) entre México, los Estados Unidos y Canadá.

En ningún momento el Estado encargado del proyecto trasnacionalizador genera o busca apoyos populares masivos: al contrario, busca desmovilizar a la población para que eventuales manifestaciones de descontento de ésta no hipotequen la confianza del capital extranjero en la dinámica económica de los países que emprenden esa estrategia.

La crisis de las ideologías facilita el ejercicio de este propósito, la política se convierte en una cuestión esencialmente práctica, sin referentes valorativos. Aparece la tecnocratización de los partidos políticos que remplazan a los viejos dirigentes por jóvenes profesionales con formación superior en el extranjero por viejos políticos reciclados en sus respectivos exilios que animan la "renovación" del discurso de las izquierdas y de las centro-izquierdas del continente. En los países de articulación clasista los militares juegan un importante papel en la promoción de los tecnócratas a posiciones de poder.

La intensificación de la migración de fuerza de trabajo al exterior (hacia los Estados Unidos en el caso de México, hacia Chile en el caso de Perú, hacia Venezuela en el caso de Colombia, hacia México y los Estados Unidos en el caso de los países centroamericanos), el bloqueo a la movilidad social y la creación de empleos exclusivamente manuales en industrias como la maquila revelan los efectos perversos de la implantación del modelo de desarrollo trasnacionalizado. Todo ello apunta hacia la desintegración social y política y explica la conformación de las llamadas "nuevas democracias".

En suma, en el devenir del nuevo modelo, caracterizado por la separación entre economía y política, se observan signos ominosos que pudieran, si se intensificaran, modificar la trayectoria ascendente que había tenido en sus primeros años de aplicación.

LÍNEAS DE INVESTIGACIÓN Y DEBATE CONTEMPORÁNEO

III. Las nuevas democracias (Weffort, 1995).

A partir de la contextualización presentada podemos caracterizar a la forma de democracia que se desenvuelve como parte de la aplicación del nuevo modelo de desarrollo. A esta democracia se le ha llamado "nueva democracia" y además se le ha presentado en forma plural, reconociendo la dificultad de encontrar un denominador común para caracterizarla.

Una característica de la nueva democracia se relaciona con el periodo histórico que se ha abierto con el proceso de redemocratización inducido por la crisis del autoritarismo civil o militar. Se trata de esfuerzos por pensar estrategias políticas que lleven a la re-democratización, que permitan la salida del autoritarismo y de la represión y restablezcan los procedimientos electorales que permitan generar un poder político representativo. En dicho discurso, influenciado por el proceso de la transición española (1973-1975) y por el de Portugal (1974), dominan los temas del consenso y del orden social. La referencia a la sociología durkheimiana ocupa un lugar central.[6] Se trata de la construcción de un régimen político en el que los sujetos políticos deben aceptar parámetros que garanticen su reproducción. Esa aceptación debe traducirse en prácticas políticas que se orientan a definirlas y llevarlas a la práctica. La "nueva democracia" es una democracia en la que las herencias autoritarias son omnipresentes (véase Centro de Estudios Sociológicos, 1994; especialmente Portantiero). Es decir, el rasgo central de este tipo de régimen es su carácter híbrido, en el que coexisten instituciones democráticas con herencias autoritarias. Las herencias se refieren a la permanencia de estructuras estatales del régimen autoritario existente, como el peso determinante de las fuerzas armadas, la existencia de espacios de decisión ajenos a la soberanía popular,[7] la preeminencia del Ejecutivo sobre el Parlamento, la subordinación de la sociedad civil al aparato del Estado y la relativa permanencia o "conversión" de líderes del régimen anterior.

[6] Véase Durkheim, 1987 (con una introducción y una presentación de Jean-Claude Filloux). Los trabajos de Eugenio Tironi y Eduardo Valenzuela, en Chile, se inscriben en esta tradición.

[7] Como el Consejo de Seguridad Nacional en el caso chileno, en el que el presidente de la República de encuentra estatutariamente en minoría frente a los demás representantes.

Esto implica que dichos regímenes son institucionalmente frágiles porque sus líderes políticos no necesariamente están preocupados por los procesos democráticos y solamente guardan las formas. No se trata de una simple restauración del régimen democrático anterior. Hay cambios dentro de una regla general que es la adopción de *formas* de gobierno democráticas sin que su contenido sea consistente con el ejercicio de la participación ciudadana en el proceso de toma de decisiones.

Ejemplo del carácter híbrido de la "nueva democracia" son los casos de Brasil y Chile. En Brasil sobreviven instituciones del Estado novo (1930-1943) como las de la Consolidación de las Leyes del Trabajo (CLT) junto con las disposiciones acerca del mismo asunto que quedaron plasmadas en la Constitución de 1988. En Chile, lo híbrido de la democracia instalada en 1989 descansa en la presencia de Pinochet como comandante en jefe de las Fuerzas Armadas, por la presencia de los senadores designados en el Parlamento y por otros elementos que representan la presencia de las instituciones de la dictadura militar en el régimen "democrático".

Otra característica de dicho régimen es la ausencia de bases sociales que sustenten el proceso de transición. Se trata fundamentalmente de procesos animados por una cúpula compuesta de miembros de organizaciones democratizantes y sobre todo de una cultura económica identificada con el establecimiento de un nuevo modelo de desarrollo en el que la tecnocracia y los "nuevos empresarios" juegan un papel central. Las cúpulas políticas y los tecnócratas hacen abstracción de los altos niveles de desigualdad y polarización social que han acompañado esos procesos de transición.

La "nueva democracia" posee un alto grado de formalidad. El respeto de las formas (voto secreto, sufragio universal, elecciones regulares, competencia partidaria, derecho de asociación y responsabilidad ejecutiva) es un considerable avance con respecto a lo que existía durante el régimen autoritario. No obstante, carece de mecanismos de participación que involucren a los ciudadanos en la vida partidaria o en el ejercicio de sus derechos sociales y políticos. Esto lleva a un distanciamiento entre el sistema político y la participación ciudadana, lo que se refleja en la indiferencia de los jóvenes que, en proporciones crecientes, dejan de inscribirse en los registros electorales y en el crecimiento consistente del número de votos nulos y blancos en las elecciones.[8]

Algo que ilustra esta segunda característica es el disminuido papel de los partidos políticos como elementos aglutinadores de los intereses de los diferentes grupos sociales. Contrariamente a lo que fue su característica en las democracias consolidadas, los partidos pierden la capacidad de "representación" de esos intereses que le daban sentido a su acción. En casos como los de Chile o Perú, donde los partidos políticos jugaron ese papel por largos años, hoy tienen muchas dificultades para seguir desempeñándolo. En Perú los

[8] Los resultados electorales de las elecciones parlamentarias chilenas de diciembre de 1997, en las cuales un tercio del electorado decidió abstenerse o anular su voto, mientras más de la mitad de los jóvenes en edad de inscribirse en los registros electorales se abstenía de hacerlo, van en la dirección anotada.

resultados electorales de 1989, refrendados en 1995 al dar al traste con Izquierda Unida y con la Alianza Popular Revolucionaria Americana (APRA), demostraron la posibilidad de existencia de una forma específica de democracia plebiscitaria que constituye también una de las posibilidades de esta nueva democracia (Couffignal, 1994). Típicos presidentes de la "nueva democracia", como Alberto Fujimori y Carlos Saúl Menem, buscan plebiscitarse en cada proceso electoral.

No obstante lo anterior, y en aparente contradicción con esa característica, tenemos que esa disminución del peso de los partidos políticos en la "nueva democracia" va asociada a un notable incremento de los recursos materiales asignados al Poder Legislativo y a los órganos electorales. En la "nueva democracia" la carrera política es extremadamente redituable. Diputados, senadores y funcionarios de los aparatos de la administración electoral (como el Instituto Federal Electoral en México) obtienen remuneraciones muy elevadas y toda clase de privilegios (como transporte, choferes, secretarias, asignaciones especiales para gastos de sus circunscripciones). Lo mismo ocurre con los fondos públicos que se destinan a sufragar los gastos de las campañas electorales. En el caso de México, la recredencialización con fotografía entre 1993 y 1994 y la organización de los procesos electorales de 1994 costó más de 1 200 millones de dólares (véase Prud'homme, 1998).

A partir de esta caracterización genérica de la "nueva democracia" podemos interrogarnos también acerca de sus posibilidades de consolidación. En este sentido, la cuestión de los liderazgos es central. Las posibilidades de consolidación son diferentes "si los líderes son democráticamente conscientes, si son autoritarios o si los líderes aun siendo democráticos no son conscientes del papel que desempeñan en esa consolidación o si son parte de un conglomerado difuso de personas abocadas a juegos personales o sectoriales" (Weffort, art. cit.).

De esta manera, y volviendo a la historia de la formación de los regímenes democráticos y del Estado, se puede pensar que si las democracias nacen del conflicto y de la violencia y muchos de sus líderes nacen de las dictaduras, cabe preguntarse hasta qué punto dichos líderes están realmente trabajando en beneficio de los objetivos generales que ayuden a consolidar la democracia política como un todo.

En este sentido se plantea la cuestión de la ruptura o de la continuidad como procesos típicos de la construcción de la "nueva democracia". Es relevante afirmar que los grados de continuidad no sólo son exigencias del régimen autoritario saliente sino también propósito del grupo dirigente entrante. Es un reconocimiento, en ambos grupos, de la necesidad de acordar un nuevo consenso, basado entre cúpulas y no necesariamente reflejo de la participación social. En este sentido, el vértice de las cúpulas, "el presidente de la República", encarna a la nación y es el árbitro principal del interés nacional tal como él lo entiende.

Esas características definen procesos de transición hacia una nueva forma de concebir la democracia. Frente a esas limitaciones del concepto original, es primordial entonces reiterar la necesidad de que el desarrollo democrático vaya asociado al desarrollo social. Sólo de esa manera la ciudadanía adquiere contenido real. Por lo cual, más allá de las formalidades de su aplicación, una teoría de la democracia implica una teoría de la sociedad: ése fue en realidad el enfoque que desarrolló Tocqueville al pensar la democracia en América, y en lo que piensa Alexander cuando busca desarrollar una teoría sociológica de la democracia (Centro de Estudios Sociológicos, 1992).

De manera que el surgimiento de la "nueva democracia" se coloca en un mundo en el que el mercado se ha transformado en un mecanismo de autorregulación de la vida social, en donde han desaparecido los sentidos que en algún momento se le pudieron asignar a las acciones de los hombres, más allá del instinto del lucro. Las decisiones se toman en función de esquemas de tipo cibernético, regulatorio, y tienen un carácter contingente.

A partir de la premisa anterior, la política ya no es acción producida sino que se identifica con métodos de gestión, con la administración: como tal, la política no tiene sentido. Expresa sólo decisiones pragmáticas que "articulan redes políticas cuyo motivo de interacción es la negociación de acuerdos sobre determinadas materias" (O'Donnell, 1991).

Además, la adopción de la lógica del mercado reformula los criterios con los cuales se desarrolla la actividad política: criterios como competitividad, flexibilidad, productividad se transfieren al ámbito político que deviene en un espacio de intercambio de favores y de bienes, asimilando la negociación política al negocio comercial (Lechner, 1993 y 1994).[9]

Desaparece la noción de progreso, de metas que se puedan y se deban lograr: más bien, se trata de reproducir un orden social y sobre todo un determinado sistema de dominación. Según Lechner, la noción de *futuro*, que permeaba al discurso político moderno, se hace opaca y se transforma más bien en un presente sin carga estratégica.

Por otro lado, la globalización de la economía, el fin del enfrentamiento entre las grandes potencias, la liberalización del comercio y otros fenómenos debilitan las soberanías nacionales y a los estados nacionales: en estas circunstancias, la sociedad civil pierde vigencia como una fuerza de articulación, como cemento de las relaciones sociales. Las decisiones que se toman en función del requisito de la regulación (como por ejemplo las decisiones macroeconómicas) ya no consideran relevante lo que ocurre dentro de las fronteras nacionales sino otros criterios relacionados con la interdependencia entre estados o con la lucha por los mercados de capitales. En este sentido, es difícil asimilar ese tipo de decisiones a lo que se denominaba política.

Así, la política es sustituida por el mercado que define prioridades, afirma propósitos como la ganancia a corto plazo, la especulación, la manipulación de hombres y situaciones, el cálculo en las relaciones entre los hombres, la pérdida de sentido de los valores que pudieran articular esas relaciones. Se privatizan los criterios bajo los cuales se toman las decisiones: lo público pierde relevancia y junto con ello la ciudadanía.

Esa forma de ver la política es reforzada por el papel de los medios de comunicación de masas que redefinen el campo de la política: el *look* de un candidato es más importante que sus argumentos, sus proyectos o su filosofía general. Esto da lugar a múltiples formas de manipulación a través del ordenamiento de las imágenes que los publicistas organizan en la pantalla de la televisión.

El impacto del proceso de construcción de las nuevas democracias sobre el significado de la política es profundo. Frente a una imagen de la política moderna, centrada en la determinación de un orden posible y deseable, capaz de darle sentido a la acción de los hombres y certidumbre frente a los problemas de la vida cotidiana, la política en las nuevas democracias adopta formas pedestres, vinculadas a la inmediatez de decisiones contingentes y desprovista de *ethos*.

Además, la desaparición de las ideologías, que construían diagnósticos, definían objetivos y articulaban políticas, deja a los nuevos ciudadanos en el limbo y permite la definición de lo arbitrario. Esto contribuye a explicar el distanciamiento de los ciudadanos respecto de los partidos políticos, que eran las herramientas de las ideologías. Los partidos, al no ofrecer ni diagnósticos, ni objetivos, ni políticas, devienen en estructuras de movilización electoral y frecuentemente pierden la identidad que podían haber defendido en alguna época.

Por su lado, la acción gubernamental, al no articularse con proyectos o futuros, y al no articular socialmente, es decir, al no tener que responder ante nadie por sus acciones, presiona a las instituciones, como son los parlamentos, en forma errática, para que certifiquen lo que ya está decidido en otra parte. El predominio del Poder Ejecutivo y su formidable capacidad de imposición excluyen progresivamente a los ciudadanos de la posibilidad de participar en el proceso de toma de decisiones.

Lo que ocurrió en México en el periodo 1991-1993, durante la negociación del Tratado de Libre Comercio para América del Norte, cuando el movimiento obrero mexicano sacrificó su identidad en aras de la alianza con el Estado, es un excelente ejemplo de lo dicho.

Conclusión

A la luz de lo planteado, queda claro que el análisis contemporáneo de la democracia en América Latina contiene una preocupación distinta de la que predominó hasta los golpes de Estado de los años sesenta y setenta. Ya no se trata de una reflexión crítica de la democracia "burguesa" o formal, ni tampoco de una reflexión centrada en ingredientes ideológicos ligados a un objetivo de transformación radical de la estructura social y política, identificada con la "revolución". Es una reflexión que busca legitimar un tipo de régimen político en las condiciones especiales de la redemocratización.

Se trata de un proyecto directamente ligado al diseño de una nueva estructura de poder, en la que el sistema político y la sociedad busquen en todo momento el consenso, la integración y el orden, descartando así las divergencias, los conflictos o las posturas que no se inserten en esos propósitos. Hasta ahora, el régimen democrático resultante se caracteriza por altos grados de exclusión social y por niveles decrecientes de integración política.

---

[9] Norbert Lechner, "Lo nuevos perfiles de la política. Un bosquejo", *Nueva Sociedad*, núm. 130, 1993; también, "La restructuración de los mapas políticos", manuscrito, octubre de 1994.

BIBLIOGRAFÍA

Aglietta, Michel (1974), *Accumulation et régulation du capitalisme en longue période. Exemple des États Unis (1870-1970)*, Thèse d'État, Université de París I, París (existe traducción al español: Siglo XXI, México).

—— (1976), *Régulation et crises du capitalisme*, Calman-Lévy, París.

Boyer, Robert (1986), *La théorie de la régulation: una analyse critique*, La Découverte, París.

Centro de Estudios Sociológicos (1994), *Transformaciones sociales y acciones colectivas: América Latina en el contexto internacional de los noventa*, El Colegio de México.

Couffignal, Georges (comp.) (1992), *Révinventer la démocratie: le défi latinoaméricain*, Presses de la Fondation Nationale des Sciences Politiques, París (existe traducción al español: FCE, México, 1994).

Durkheim, Émile (1987), *La science sociale et l'action*, Presses Universitaires de France.

Germani, Gino (1962), *Política y sociedad en una época de transición*, Paidós, Buenos Aires.

Hartlyn, Jonathan, y Arturo Valenzuela (1995), "La democracia en América Latina desde 1930", en Leslie Bethell, *A history of Latin America*, University Press, Cambridge.

Humphrey Marshall, Thomas (1994), *Class, Citizenship and Social Development*, Doubleday and Company, Nueva York (edición original, *Citizenship and Social Class*, University Press, Cambridge, 1950).

Lechner, Norbert (1993), "Los nuevos perfiles de la política. Un bosquejo", en *Nueva Sociedad*, núm. 130.

—— (1994), "La restructuración de los mapas políticos", manuscrito.

Lipietz, Alain (1986), "New Tendencies in the International Division of Labor: Regimes of Accumulation and Modes of Regulation", en Scott, Storper (comps.), *Production, Work, Territory. The Geographical Anatomy of Industrial Capitalism*, Allen and Unwin, Boston.

O'Donnell, Guillermo (1991), "Democracia delegativa", *Novos Estudos CEBRAP*, octubre, núm. 31.

Portantiero, Juan Carlos (1994), "Revisando el camino: las apuestas de la democracia en Sudamérica", en Centro de Estudios Sociológicos, *Transformaciones sociales y acciones colectivas: América Latina en el contexto internacional de los noventa*.

Prud'homme, Jean François (1998), "The IFE: Building an Impartial Electoral Authority" (en prensa), en Victor Bulmer Thomas (compilador), *The Mexican Political Party System*, Institute of Latin American Studies, Londres.

Touraine, Alain (1995), *¿Qué es la democracia?*, FCE, Buenos Aires.

Weffort, Francisco (1992), "Nuevas democracias, ¿Qué democracias?", *Lua Nova* (São Paulo), núm. 27.

Zapata, Francisco (1995), "¿Ideólogos, sociólogos, políticos? Acerca del análisis sociológico de los procesos sociales y políticos en América Latina", *Foro Internacional*, vol. XXXV, julio-septiembre, núm. 141.

—— (1993), *Autonomía y subordinación en el sindicalismo latinoamericano*, FCE, México.

—— (1990), *Ideología y política en América Latina*, El Colegio de México, col. Jornadas, núm. 110.

DEMOCRACIA EN MÉXICO

José Fernández Santillán

Definición

Hay dos libros que resultan fundamentales para entender las grandes líneas que han inspirado la orientación política de México en el presente siglo. Uno es el de Francisco I. Madero titulado *La sucesión presidencial en 1910*, publicado en San Pedro de las Colonias en 1908; otro es el de Emilio Rabasa denominado *La constitución y la dictadura*, dado a conocer en la ciudad de México en 1912.

El primero de ellos es una invitación, por demás emotiva, a que, en el ocaso de la autocracia porfirista y ante el imperativo de establecer un régimen diferente, se retomaran los valores de la Constitución de 1857, dejados a la vera del camino por un gobierno irrespetuoso de la ley y de los más elementales principios democráticos. Una de las ideas fundamentales del texto en cuestión consiste en insistir en que el tránsito del viejo orden al nuevo debía ser por la vía pacífica. En consecuencia, Madero propuso tres grandes rubros, uno de carácter ideológico, otro de índole organizativa y, uno más, de naturaleza programática.

Ideológicamente Madero tomó posición, sin cortapisas, al lado de la doctrina democrática entendida como aquella que resalta la participación de los individuos en la definición de los asuntos públicos. Es la clara referencia a la llamada "libertad positiva", o sea, a la libertad que cobra existencia con el concurso de cada sujeto en la resolución de los problemas colectivos. Esto contrasta, pero en última instancia no se contradice, con la tesis liberal defensora de los espacios privados que aboga por la no injerencia del poder público. Es la libertad pasiva, también conocida como "libertad negativa", defensora del goce de los bienes privados sin impedimentos y sin constricciones[1] (Madero, 1985).

El liberalismo y la democracia, aunque pueden ser complementarios, son distinguibles porque tienen concepciones diferentes acerca del poder: el primero es la teoría y la práctica de la *limitación* del poder; la segunda es la teoría y la práctica de la *distribución* del poder. Madero daba prioridad a lo segundo.

Por lo que hace al rubro organizativo, él propuso la formación del Partido Nacional Democrático como una agrupación cúpula que integrara a la miríada de asociaciones y clubes políticos que se habían creado en muchos lugares para darle forma a las inconformidades y demandas de la gente.

El aspecto programático contenía varios puntos: el respeto al voto, la no reelección, la formación de un sistema de partidos y la recuperación del marco constitucional, es decir, la subordinación de los gobernantes a la ley.

En síntesis, desdoblando las tesis de Madero y tratando de definir más ampliamente el concepto para tener claridad en la exposición, diríamos aquí que la democracia es un conjunto de reglas que todas las partes se comprometen a respetar. Tales reglas están encaminadas a asegurar la convivencia entre los ciudadanos y a permitir la competencia pacífica por el poder. Ella permite incorporar a la legalidad las fuerzas innovadoras de vez en vez insurgentes. Es un pacto de civilidad que se concreta en el principio de soberanía popular; en el sistema representativo; en el respeto de las minorías que en la práctica constituyen la oposición y el disenso; en el reconocimiento de los derechos humanos; en el rechazo de la violencia pero también de la arbitrariedad. El método democrático no es propiedad de nadie. Se apoya en la razón, el diálogo y la tolerancia.

Vale la pena hacer referencia, aunque sea someramente, a algunos acontecimientos históricos que explican, de mejor manera, la importancia del segundo libro que hemos mencionado. Pues bien, en 1908 Madero todavía abrigaba un cierto optimismo sobre la posibilidad de que las cosas pudieran hacerse por la vía incruenta. No obstante, después de que, como candidato a la presidencia de la República, sufriera un descarado fraude en las elecciones de 1910, perdió su original esperanza: no tuvo más remedio que recurrir a la proclama revolucionaria, cosa que llevó a efecto en el Plan de San Luis. En él convocó al levantamiento armado para el 20 de noviembre de 1910. Como consecuencia, Porfirio Díaz presentó su renuncia el 24 de mayo de 1911.

Luego de efectuarse nuevos comicios, Madero ascendió a la presidencia de la República el 6 de noviembre del mismo año; pero el 22 de febrero de 1913, a raíz del golpe de Estado encabezado por Victoriano Huerta, fue asesinado junto con el vicepresidente José María Pino Suárez.

El usurpador se mantuvo en el poder hasta el 15 de julio de 1914, fecha en la que huyó presionado por las distintas fuerzas armadas que se opusieron a su perpetuación en el poder. Sobre el particular, es importante poner de relieve que la revolución no tuvo un mando unificado, más bien lo que surgió a la muerte de Madero fueron diversos ejércitos acaudillados que pelearon, sin mayor coordinación entre sí, contra el ejército federal. En sentido estricto, no hubo una revolución sino muchas. Por tanto, era lógico que después de haber alcanzado el propósito común, esas facciones se reunieran para ponerse de acuerdo y diseñar un proyecto convergente de nación. Ese acontecimiento efectivamente se llevó a cabo: entre octubre y noviembre de 1914 tuvo lugar la Soberana Convención Revolucionaria en la ciudad de Aguascalientes.[2]

---

[1] Son muchos los pasajes del libro en los que "el apóstol de la democracia" deja constancia de su definición ideológica. Seleccionemos uno de tantos: "los que sólo se preocupan por su bienestar material, encontrarán sin duda que soy un espíritu pesimista, que veo todo con colores demasiado sombríos; pero que esas personas se tomen la molestia de hojear la historia, y verán la suerte que han corrido los pueblos que se han dejado dominar, que han abdicado todas sus libertades para entregarse a los placeres, que han sacrificado la idea de *patriotismo*, que significa abnegación, a la del más ruin de los egoísmos; que han dejado de preocuparse de la cosa pública, para ocuparse exclusivamente de sus asuntos privados". Este pasaje es ilustrativo de su adhesión al ideal democrático que ve a la esfera pública en términos positivos. Correlativamente, en él expresa su crítica al espíritu del liberalismo que privilegia la esfera individual. Tomo la referencia de este libro de Madero de la edición publicada en México por Fosa en 1985, p. 28.

[2] Al teatro Morelos de esa ciudad, sede del evento, concu-

Fue un momento de lucidez y de concordia en el que callaron los fusiles y hablaron las ideas. Valga la autorizada voz de dos estudiosos para destacar la relevancia de la Convención de Aguascalientes. Dice Arnaldo Córdova: "La Soberana Convención Revolucionaria fue la asamblea política más auténtica, por su representatividad, y más democrática de cuantas ha tenido el país desde los tiempos de la guerra de Independencia... la Convención fue la ocasión para el encuentro y el debate de todos los credos políticos y de todas las propuestas de reforma de la sociedad y del Estado que se puedan imaginar. Desde mi punto de vista, ni siquiera el Congreso constituyente de 1916 a 1917 presenta la pasmosa riqueza de ideas y de planteamientos que ofrece la Convención" (Córdova, 1990). Luis González, por su parte, afirma: "Algunos estudiosos del pasado nacional creen que la Convención de Aguascalientes fue el congreso más democrático y popular de los que hasta entonces había habido en la República Mexicana. Fue una experiencia corta, pero muy fecunda en ideas y planes. La asamblea fracasó en el propósito de hermanar a los jefes revolucionarios y establecer el clima pacífico que reclamaba la enorme mayoría de la población del país, pero puso en claro los ideales de la gente de México" (González, 1990). Es cierto, esa magna asamblea no prosperó, pero dejó un legado que incluyó: la efectividad del sufragio; el respeto a la autonomía municipal y el ejercicio irrestricto del federalismo; la educación laica; el reconocimiento de los derechos sociales, y la reivindicación de la propiedad originaria de la nación sobre el territorio de la República.

La Convención no fructificó porque cundieron las desavenencias entre las corrientes participantes. Las dificultades llegaron a un punto de ruptura cuando allí se eligió, como presidente provisional de la República, a Eulalio Gutiérrez. Carranza, quien ostentaba el título de Primer Jefe del Ejército Constitucionalista y encargado del Poder Ejecutivo de la Unión, no estuvo de acuerdo. La Convención y Carranza se desconocieron mutuamente. La rivalidad entre ambas partes tuvo un desenlace trágico: como no pudieron ponerse de acuerdo regresaron a los campos de batalla, pero ahora para pelear entre ellos. De una parte los ejércitos de la Convención formados fundamentalmente por villistas y zapatistas; de otra, el ejército constitucionalista integrado por los carrancistas. La guerra de facciones terminó siendo ganada por estos últimos.

Es aquí donde entra el texto de Rabasa porque representa el basamento ideológico de la facción triunfante. Este político e intelectual porfirista mostró su desacuerdo con la Constitución de 1857, la cual, por haber reconocido el gobierno democrático, nunca se adecuó, según su idea, a las condiciones del país que necesitaba un gobierno autoritario. Por no haber tomado en cuenta esas necesidades sobrevino el gobierno autocrático fuera de la ley, esto es, la dictadura.

Había, pues, una distancia entre la constitución formal, que quiso ser democrática, y la constitución material, que produjo inevitablemente el autoritarismo.

rrieron jefes militares como Francisco Villa, Álvaro Obregón, Lucio Blanco, Pablo González, Otilio Montaño, José Isabel Robles, Eduardo Hay, Antonio I. Villarreal. Por allí anduvo también gente de letras como José Vasconcelos, Martín Luis Guzmán, Luis Cabrera, Antonio Díaz Soto y Gama, Roque y Federico González Garza, Vito Alessio Robles y Paulino Martínez.

En consecuencia, era preciso corregir la disparidad entre la constitución formal y la constitución real creando un nuevo ordenamiento jurídico que legitimara el gobierno unipersonal. Decía Rabasa: "Si la dictadura fue necesaria en la historia, en el porvenir no será sino un peligro; si fue inevitable para sostener el gobierno, que no puede vivir con la organización constitucional, es urgente despojarla de sus fueros de necesidad, poniendo a la constitución en condiciones de garantizar la estabilidad de un gobierno útil, activo y *fuerte*, dentro de un círculo amplio, pero infranqueable".[3] Ese "círculo amplio, pero infranqueable" sería una nueva Carta Magna acorde, según él, con el requerimiento del país de contar con un gobierno fuerte que recuperara la tan deseada estabilidad política. Esa propuesta fue conocida —aunque parezca una contradicción en los términos— con el nombre de "dictadura constitucional" (Calderón, 1972).

En varios lugares de su libro Rabasa muestra su desacuerdo con la democracia. Se lanza contra quienes simpatizan con ella diciendo que se dejan llevar por especulaciones teóricas que prometen libertad pero que, cuando se ponen en práctica, suelen caer en el desorden.[4]

Si lo atrasado era la democracia, lo moderno sería el gobierno autoritario reconocido legalmente. No quería la república democrática, sino la república presidencial.

Vale la pena aclarar, al respecto, que no en todas partes el presidencialismo puede ser vinculado con la autocracia. En los Estados Unidos, por ejemplo, esa forma de gobierno está íntimamente relacionada, desde su nacimiento, con la democracia. No obstante, en México, por los elementos teóricos e históricos aquí anotados, tal régimen sí ha sido vinculado estrechamente con el autoritarismo.

La influencia del pensamiento de Rabasa en las ideas de Carranza es incuestionable. De eso quedó constancia en el discurso inaugural del Congreso Constituyente pronunciado por el "Barón de Cuatro Ciénegas" en diciembre de 1916. En una de sus partes fundamentales se refiere al supuesto temperamento inestable de los pueblos hispanoamericanos —incluido México— y propone, para frenar ese carácter impredecible, los *gobiernos fuertes* que, desde su óptica, son los gobiernos autoritarios[5] (Carranza, 1995).

---

[3] Las cursivas son mías. Otro fragmento ilustrativo del parecer de Rabasa es el siguiente: "La constitución de 57 no se ha cumplido nunca en la organización de los poderes públicos, porque, de cumplirse, se haría imposible la estabilidad del gobierno, y el gobierno bueno o malo es una condición primera y necesaria para la vida de un pueblo. Siendo incompatible la existencia del gobierno y la observancia de la constitución, la ley superior prevaleció y la constitución fue subordinada a la necesidad de existir", Rabasa, 1990, p. 67.

[4] "Los principios fundamentales de que nuestra organización constitucional emana son dos: la infalibilidad incorruptible de la voluntad del pueblo, siempre recta y dirigida al bien público; la representación única, igualmente incorruptible e inmaculada de aquella voluntad, en la asamblea legislativa. Estos dos principios tienen siglo y medio de haber estado en boga y más de media centuria de desprestigio absoluto. Una constitución que se funda en ellos es una ley lastimosamente atrasada", *ibid.*, p. 242.

[5] "Los pueblos de que se trata han necesitado y necesitan todavía de *gobiernos fuertes* capaces de contener dentro del

Así y todo, al hablar de *gobiernos fuertes* Carranza ya no pensaba en las dictaduras sino, a la manera de Rabasa, en los gobiernos presidenciales. Lo contrario eran los *gobiernos débiles*, que identificaba con la democracia y específicamente con los regímenes parlamentarios.[6]

Su crítica al parlamentarismo se enderazaba contra las otras corrientes revolucionarias, en las que se incluían los maderistas y los convencionistas, que querían la rehabilitación de la Constitución de 1857 que establecía el dominio del Poder Legislativo sobre el Ejecutivo. Al estar en contra de esa posición lo que planteaba era una nueva constitución que avalara el predominio del Ejecutivo.

Fue así como la corriente carrancista determinó el destino del país. Luego entonces, entre el libro de Madero y el de Rabasa, finalizó por ser tomado en cuenta el del chiapaneco y no el del coahuilense.

Historia, teoría y crítica

Para 1917 ya estaban derrotados el ejército porfirista y los ejércitos de la Convención. Sin embargo, el país no estaba completamente pacificado: aún había focos beligerantes que obstruían la construcción de un poder centralizado. Ese mismo año Carranza asumió formalmente la presidencia de la República; tres años después, en mayo de 1920, muere asesinado a raíz de un levantamiento surgido entre sus propios correligionarios, quienes lo acusaban de corrupto y de pasar por alto, a la manera del porfiriato, el voto popular.

Esa rebelión, sustentada en el Plan de Agua Prieta, permitió que el general Álvaro Obregón ascendiera a la Primera Magistratura (1920-1924). (En ese entonces los periodos presidenciales todavía eran de cuatro años, sin derecho a reelección, para evitar la permanencia indefinida en el cargo, como había sucedido con Porfirio Díaz.) Luego ocupó la jefatura del Ejecutivo otro general revolucionario, Plutarco Elías Calles (1924-1928).

Por cierto, durante la presidencia de este último, Obregón logró que se hiciese una reforma constitucional para volver a ser presidente, contraviniendo flagrantemente el ideal revolucionario de no permitir la reelección. Obtuvo la mayoría de votos, pero siendo presidente electo fue asesinado. Con su muerte se canceló política y jurídicamente, mediante reformas específicas, el intento de ocupar una segunda vez la presidencia.

Su deceso abrió una profunda crisis. Calles reconoció que era preciso "pasar de un país de caudillos a un país de instituciones". Con ese propósito se creó en 1929 el Partido Nacional Revolucionario (PNR), como una gran coalición de jefes militares, cosa que ayudó a unificar e institucionalizar al país.

La revolución había sido hecha por ejércitos compuestos por contingentes de desheredados por lo que, pese a los rasgos autoritarios del nuevo régimen, se reconocieron en la Constitución de 1917, además de los derechos individuales y políticos, también los derechos sociales de una población que hasta entonces había sido marginada de todos los órdenes. Eso significó un cambio muy importante; la sociedad, y ya no exclusivamente los grupos oligárquicos, estaba presente en la política. Había entonces que fomentar la organización civil para que hubiese una mediación entre las masas y el gobierno. Ello explica la mutación registrada en 1938 del PNR en Partido de la Revolución Mexicana (PRM), cuando dejó de ser una coalición de caudillos para convertirse en un instituto aglutinador de grandes grupos sociales organizados corporativamente. La última transformación de ese partido se verificó en 1946, cuando adoptó el nombre de Partido Revolucionario Institucional (PRI). Etapa que señala el abandono del militarismo y el paso al civilismo,[7] así como una mayor concentración del poder en la cúpula dirigente.

Vale la pena indicar que los representantes del PRI en el Legislativo se reparten los escaños según la corporación a la que pertenecen, de manera que en México la *representación política*, que debe tomar como criterio la figura de los ciudadanos, ha estado determinada en realidad por la *representación funcional*, la cual tiene como pauta la figura laboral de los individuos.

Dado el compromiso adquirido con las masas, la justicia distributiva fue uno de los principios que se propuso satisfacer el régimen de la revolución. Eso justificó la expansión del aparato público con el afán de atender las crecientes demandas populares. Pero, dada la estructura vertical del sistema, la atención a los problemas sociales quedó sujeta, al parecer del gobernante, en términos populistas y paternalistas, según los tiempos y las modalidades que él marcara.

En México el populismo y el paternalismo están estrechamente relacionados, aunque uno y otro fuesen contrarios a la democracia en cuanto ésta pregona la dignidad política de los sujetos (antipaternalismo) y la autodeterminación (antipopulismo). Al presidente, padre-prestidigitador, se le atribuyen capacidades extraordinarias. Dice don Daniel Cosío Villegas: "aumenta mucho el poder del presidente la creencia de que puede resolver cualquier problema con sólo querer o proponérselo, creencia general entre los mexicanos, de cualquier clase social que sean".[8] Él se convierte en

---

orden a poblaciones indisciplinadas, dispuestas a cada instante y con el más fútil pretexto a desobedecer, cometiendo toda clase de desmanes", *ibid.*, p. 759, Las cursivas son mías.

[6] "¿Qué es lo que se pretende con la tesis del gobierno parlamentario? —sigue diciendo en ese mismo discurso—. Se quiere, nada menos, que quitar al presidente sus facultades gubernamentales para que las ejerza el Congreso, mediante una comisión de su seno, denominada 'gabinete'. En otros términos, se trata de que el presidente personal desaparezca, quedando de él una figura decorativa.

"¿En dónde estaría entonces la fuerza del gobierno? En el Parlamento. Y éste, en su calidad de deliberante, es de ordinario inepto para la administración; el gobierno caminaría siempre a tientas, temeroso a cada instante de ser censurado", *ibid.*, pp. 760-761.

[7] En ese año asciende a la presidencia Miguel Alemán, el primer presidente civil de la revolución; después de él todos los demás presidentes continuaron siendo civiles: Adolfo Ruiz Cortines (1952-1958), Adolfo López Mateos (1958-1964), Gustavo Díaz Ordaz (1964-1970), Luis Echeverría Álvarez (1970-1976), José López Portillo (1976-1982), Miguel de la Madrid (1982-1988), Carlos Salinas de Gortari (1988-1994), Ernesto Zedillo (1994-2000). El último presidente militar fue el general Manuel Ávila Camacho (1940-1946).

[8] Daniel Cosío Villegas (1996). Este mismo autor, refiriéndose a la autocracia mexicana, dice: "la mexicana es la única república del mundo que se da el lujo de ser gobernada por una monarquía sexenal absoluta", p. 31.

el receptor de las peticiones de las personas, las cuales muchas veces asumen el papel de menores de edad incapaces de valerse por sí mismos, esperando, con docilidad, que la voluntad del gobernante les favorezca.

La continuidad del presidencialismo tiene su clave en la llamada "sucesión presidencial",[9] cuya trama es oculta: se desarrolla en los corrillos más altos del poder, lejos de la mirada indiscreta de los ciudadanos. Todo hace suponer, sin embargo, que el presidente saliente es quien toma la última palabra.[10]

Aunque las elecciones en México fueron tomadas durante mucho tiempo —ahora afortunadamente las cosas están cambiando— como un paso protocolario para legitimar una decisión autocrática, ellas estuvieron lejos de ser limpias. Más bien, como sabemos, la historia electoral está plagada de irregularidades.

Aparte del presidente de la República, otra instancia de poder es la clase política y, en especial, su núcleo selecto, "la familia revolucionaria".[11] Su composición y renovación también ha sido un misterio, aunque se supone que está formada por los ex presidentes que aún viven, los ministros más importantes, líderes de las organizaciones partidistas, dirigentes empresariales, algunos gobernadores y ciertos políticos con larga experiencia. Normalmente el jefe de la familia revolucionaria es el presidente en turno. "La familia revolucionaria" es el soporte oligárquico del autoritarismo mexicano. No obstante, hay problemas de control que se presentan, sobre todo, en los tiempos cercanos a la sucesión presidencial, cuando uno de los personajes desciende de la pirámide y otro asciende a la cúspide. Ese reacomodo había sido amortiguado, hasta años recientes, por el respeto de tres reglas fundamentales: *1)* mantener la unidad por encima de los distintos intereses representados por sus miembros; *2)* arreglar los problemas internos con discreción, sin que se hagan públicos; *3)* no matarse entre ellos, como desgraciadamente lo hicieron los caudillos revolucionarios. Se trata de tres reglas que fueron valiosas para la estabilidad durante la etapa de auge del sistema político mexicano.

Líneas de investigación y debate contemporáneo

En ese periodo de auge, si es que cabe el término, el poder del presidente brilló incontrastado, tanto así que se puso por encima de la ley; un poder de esa magnitud, sin embargo, dio pie al abuso. Los puestos públicos, bajo esquemas patrimonialistas, fueron asumidos como negocios privados en los que se amasaron cuantiosas fortunas. La corrupción fue el aceite que lubricó el funcionamiento del complejo burocrático. Se premió más la lealtad personal que la capacidad profesional.

Son las décadas de la posguerra en que tuvo vigencia lo que podríamos llamar la versión mexicana del *Welfare State*, basada en una fuerte intervención del Estado en la actividad económica; medidas restrictivas a la penetración del capital extranjero; proteccionismo comercial; abanderamiento de principios nacionalistas en el gobierno y en el partido oficial; estipulación de un pacto entre el gobierno, los trabajadores y los empresarios conocido como "alianza de clases". Con base en esos elementos, el país pasó de ser eminentemente agrario a ser un país de carácter urbano; se desarrolló la industria nacional, las finanzas, el comercio, el turismo y otras muchas ramas de actividad. Aumentó la movilidad y el ascenso social. Había estabilidad monetaria. En algunos años México creció a tasas superiores a las que registraron potencias emergentes como Japón y Alemania. Parecía que todo iba viento en popa. Se habló del "milagro mexicano".

Empero, no todo era miel en hojuelas. Como bien lo puso en evidencia Pablo González Casanova en su libro *La democracia en México*, junto a esos logros había también una creciente disparidad social, un desfase entre los sectores productivos, un desequilibrio económico, falta de perspectivas de amplios núcleos sociales para acceder a los mínimos de bienestar. Pero, sobre todo, predominaba en la cultura política un extrañamiento respecto de los principios democráticos, sea por parte de la clase en el poder, sea por parte de sectores políticos e intelectuales de oposición simpatizantes más bien de la opción marxista. La verdad era que entre los años cuarenta y los años setenta la democracia, para muchos, era un concepto lejano, carente de sentido práctico. No entraba en la perspectiva de renovación nacional.[12]

Admitamos que movimientos sociales de gran envergadura, como el ferrocarrilero de 1958 y el estudiantil de 1968, no partían de una base programática estrictamente democrática. En ellos, especialmente en el caso del movimiento estudiantil, se presentó un abanico de corrientes disímbolas e incluso contradictorias entre sí; entre esas corrientes había varias más bien inclinadas a la opción insurreccional. No obstante, debemos reconocer, en el mismo tenor, que las repercusiones de esos movimientos indudablemente contribuyeron a que el país se fuera acercando al horizonte democrático. Incluso, cabalísticamente, hay una secuencia de lo que pasó en 1958 y 1968 respecto de subsecuentes acontecimientos que marcaron etapas decisivas en el proceso de democratización del país. Veamos: en 1977-1978 la reforma política, animada por Jesús Reyes Heroles, abrió el marco institucional a fuerzas hasta entonces marginadas o automarginadas del juego electoral. En 1988 se llevaron a cabo las controvertidas elecciones en las que, pese a las trampas oficiales, hubo un avance importante de la oposición,

---

[9] *Cfr.* Daniel Cosío Villegas (1975). Vale la pena recordar que la trilogía de Cosío Villegas se completa con el libro, también crítico, del presidencialismo, *El estilo personal de gobernar*.

[10] En la jerga popular, a la nominación del candidato del PRI a la presidencia de la República se le conoce como "destape", porque, según las caricaturas políticas, previo a ese momento, los rostros de los competidores están cubiertos por una capucha que sólo puede develar quien está arriba de ellos, es decir, el presidente de la República. Esa misma práctica, a la que también se le conoce como "dedazo", ha sido llevada a cabo por lo general en casi todos los puestos de elección popular.

[11] Quien acuñó este término fue Frank Brandenburg en su libro *The Making of Modern Mexico* (1964). Otro autor norteamericano, Roger D. Hansen, nombró a esa parte de la élite política mexicana "cosa nuestra" (1971).

[12] Otros autores hicieron énfasis en los peligrosos desequilibrios que mostraba el país desde ese entonces. Entre los mexicanos puede citarse a Fernando Carmona, *et al.* (1970). Entre los extranjeros destaca Raymond Vernon, *El dilema del desarrollo económico de México* (1966).

sobre todo de izquierda, unificada en ese entonces en torno al Frente Democrático Nacional (FDN).

Pero vayamos un poco atrás para analizar el comportamiento de la política económica: a fines de los años setenta el panorama comenzó a nublarse: aparecieron signos que evidenciaron el agotamiento del modelo intervencionista como el incremento de la deuda pública, crisis fiscal, recesión económica, ineficiencia, burocratismo, abandono de los principios y de las acciones nacionalistas, debilitamiento del pacto interclasista.

Ese agotamiento justificó la adopción, a principios de los años ochenta, del modelo neoliberal basado en el establecimiento de facilidades para la penetración del capital extranjero, la apertura comercial, la privatización de las empresas públicas, la ruptura del pacto interclasista (aunque los trabajadores siguieron subordinados corporativamente al partido oficial), la liberalización económica, alejamiento del principio de justicia social. Esa línea económica fue aplicada por tecnócratas que poco a poco fueron ascendiendo al poder para lograr su propósito. No obstante, el espíritu triunfalista con el que se pregonaron las aparentes bondades del modelo duró muy poco. Los reveses no pudieron ocultarse: contracción de muchas ramas productivas; empresas grandes, medianas y pequeñas en quiebra; desempleo, inflación, bajos salarios, emigración masiva hacia los Estados Unidos, pocas expectativas de ascenso social, pauperización de la clase media, baja de la inversión productiva y alza de la inversión especulativa.

Si la aparición del neoliberalismo y la tecnocracia causó buen impacto en el mundo, a la vuelta de la esquina las cosas dieron un vuelco terrible. Nuestra imagen internacional es deplorable: México se ha convertido en país de continuos y bochornosos escándalos producto de la corrupción de la élite, de la violencia que no logra ser controlada y de los tumbos que a cada rato registra nuestra economía.

Quiérase o no, la política económica y los grupos que la pusieron en marcha han fracasado: dieron pie a una crisis sin precedentes a finales de 1994. El neoliberalismo ha producido, no sólo en México, una brutal concentración del poder y del dinero en unas cuantas manos generando lo que Danilo Zolo ha denominado "cuello de botella evolutivo". Por supuesto, también en México ha habido todo tipo de refutaciones al liberalismo de nuevo cuño. Entre ellas, a mi parecer, destaca la que realizó Lorenzo Meyer en su compilación titulada *Liberalismo autoritario*.

Ya que estamos tratando la adopción del proyecto enarbolado por la "nueva derecha" que anunció con estruendo el advenimiento de la "revolución conservadora", vale la pena recalcar que el proceso de adopción del esquema intervencionista y su sustitución por el criterio neoliberal no es privativo de México; más bien es un fenómeno que experimentaron muchos países. Lo curioso en nuestro caso es que, a diferencia de otras naciones en las que los gobiernos de los partidos que implantaron el *Welfare State* por lo común fueron desbancados por partidos que impusieron el modelo neoliberal, en México el partido que construyó el intervencionismo es el mismo que lo desmanteló. Cabe agregar que una y otra estrategia fueron llevadas a cabo dentro del mismo sistema autoritario abanderado por el presidencialismo. Es decir, aunque hubo variaciones en la conducción económica, no las hubo sustancialmente en la conducción política. Lo que llama la atención, además de esas peculiaridades, es que tanto el intervencionismo como el liberalismo salieron mal.

Hay un cúmulo de errores que se ha apilado sobre nuestras cabezas durante décadas. Veamos tan sólo una de esas pifias: el neoliberalismo llegó a tal extremo en nuestro país, que la limitación de las *funciones* del Estado que practicó con soltura terminó por afectar el *poder* del Estado. La consecuencia es evidente: la fortaleza y estabilidad que por mucho tiempo caracterizaron al régimen están viniendo a menos.

Ante todos estos hechos ha habido dos tipos de reacciones: por una parte, se ha incrementado la exigencia de democratización —"por una democracia sin adjetivos", fue la consigna argumentada que lanzó Enrique Krauze— para dejar atrás al viejo sistema basado en el presidencialismo, en la hegemonía del PRI (con la presencia testimonial de tres partidos pequeños PAN, PPS y PARM), en el patrimonialismo y en las irregularidades electorales. Esas exigencias democratizadoras —que Carlos Pereyra, por su lado, bautizó con acierto como "el reclamo democrático"—[13] también están pugnando por modificar la forma autoritaria en que se han establecido los modelos económicos en México. Pese a las dificultades la oposición ha ido ganando terreno. Desde 1977-1978 ha venido dándose una secuencia de reformas legales e institucionales que han transparentado los procesos electorales y que han dado pie a un sistema más competitivo con visos tripartidistas (PAN, PRI, PRD), acompañado por la presencia de otros partidos pequeños. Han surgido dirigencias políticas diferentes de la tradicional y monolítica élite oficial. Hay ahora una sociedad civil en ascenso que está tratando de organizarse de manera plural y tolerante al margen de los estrechos *corsets* impuestos por el corporativismo de viejo cuño. Todo esto ha hecho que se hable y discuta ampliamente acerca de la llamada "transición a la democracia".

Así y todo —y esto es el segundo tipo de reacción que muestra la otra cara de la moneda—, al debilitarse el poder del Estado, el orden público ha sufrido un grave deterioro. Ha aumentado la criminalidad. La corrupción, que siempre existió, ha llegado a niveles inconcebibles. A eso hay que añadir los asesinatos de personalidades como el cardenal Juan Jesús Posadas Ocampo, el candidato del PRI a la presidencia de la República, Luis Donaldo Colosio, y el secretario general del mismo instituto político, José Francisco Ruiz Massieu.

En otra escala, el orden público ha sido alterado también por la aparición de movimientos guerrilleros como el del Ejército Zapatista de Liberación Nacional (EZLN) y el Ejército Popular Revolucionario (EPR).

Por si fuera poco, a todo esto hay que agregar el conflicto en la élite política. En ella ya no se respetan a cabalidad las tres reglas elementales ya señaladas: la unidad está bastante menguada; las disputas internas han llegado al conocimiento de la opinión pública; hay la sospecha de que los asesinatos de Colosio y Ruiz Massieu fueron producto de conjuras fraguadas dentro de la élite.

---

[13] Hay un libro que recoge colectivamente ese planteamiento y, al mismo tiempo, es un homenaje póstumo a Carlos Pereyra: *México: el reclamo democrático* (1988).

En suma: hay síntomas preocupantes de decadentismo; la anarquía ronda por varios lugares.

Así pues, en los últimos años han habido cambios, algunos alentadores como el impulso democratizador; otros preocupantes como el incremento de la inseguridad. Esto último obliga a reflexionar acerca de la forma en que se construyó el orden político: cuando ese sistema se echó a andar se dijo que el presidencialismo era el gobierno que más convenía porque era el más fuerte. Pero ahora esa fortaleza, por sus excesos, se ha convertido en debilidad. De allí el interés por buscar una nueva pauta que reconstruya sobre bases diferentes al país.

Desde esa perspectiva se puede decir que estamos cerrando una etapa autocrática de largo alcance y estamos abriendo otra que pretende alcanzar finalmente la democracia. Por eso vuelven a ser actuales los planteamientos de Madero y de la Convención que estuvieron en la base de la revolución de 1910. Fenómeno que trae un curioso problema de interpretación de la historia porque quienes, como Rabasa y Carranza, sostuvieron que la democracia pertenecía al pasado, y que el presidencialismo era lo mejor para el país, están siendo contradichos. Ahora se han invertido los papeles: el presidencialismo se ve como algo que pertenece al pasado, mientras que la democracia es asumida como la forma de gobierno más conveniente para encaminar al país hacia el siglo XXI.

En este punto de inflexión, en el que nos encontramos entre una etapa de largo alcance y otra, lo que se observa es el empalme problemático de dos crisis, una económica, la otra política, a las que quizá debería agregarse una tercera de carácter moral. Para resolver ese anudamiento y darle viabilidad a la nueva etapa ciertamente debemos honrar al pasado, pero no podemos quedarnos anclados en él. Hay que rescatar sus valores para actualizarlos teniendo en mente las grandes aportaciones teóricas y prácticas que se están generando en nuestros días.

Son varios los autores que se leen actualmente con provecho en nuestro país para profundizar en el conocimiento de la democracia. Entre ellos podrían nombrarse, sin que la lista pretenda ser exhaustiva, a Robert Dahl, Jürgen Habermas, David Held, Norberto Bobbio, Ralf Dahrendorf, Giovanni Sartori, Ludolfo Paramio, Elías Díaz.

En términos prácticos es un hecho que el ciclo neoliberal se está agotando. En contrapartida, se está iniciando una alternativa que quiere salir del falso dilema entre el intervencionismo estatal y el libre mercado. En ese esfuerzo, a mi parecer, se enmarcan las acciones que en estos momentos llevan a cabo los gobiernos de Bill Clinton en Estados Unidos, de Tony Blair en Inglaterra, de Lionel Jospin en Francia y de Romano Prodi en Italia, por sólo citar algunos ejemplos.[14]

El cierre de una etapa histórica y la apertura de otra requiere mirar muy de cerca la experiencia que se está verificando en esas naciones.

Es una manera distinta de contemplar la convivencia social de la que podríamos extraer lecciones provechosas como, por ejemplo, la puesta en marcha de programas de acciones compensatorias en favor de los sectores sociales afectados por la marginación y los agravios del monetarismo. Esto surtiría efecto desde la perspectiva ideológica de que las sociedades no están compuestas, como lo sostiene el liberalismo económico, por hombres egoístas en competencia permanente entre sí, sino que son conglomerados en los cuales cada individuo labora para el mutuo beneficio, al tiempo en que la comunidad trabaja para ventaja de cada individuo. Hay una responsabilidad compartida entre todos respecto del destino de la nación y eso, por ningún motivo, puede dejarse al juego de la oferta y la demanda. El mercado es parte de la ciudad, no la ciudad completa. Bajo esa concepción renovadora hay *reclamos justos* que los individuos tienen el derecho de presentar frente al conjunto de la sociedad por una situación en la que han resultado castigados en sus condiciones de vida permanentemente. Es el criterio que el nuevo laborismo denomina *stakeholder*. Esta visión opuesta al dogma manchesteriano exige un sistema plural y flexible de mediaciones entre la sociedad política y la sociedad civil. Ello conlleva la sustitución de los antiguos esquemas corporativos y verticales de control social. En el plano económico se invita a encontrar también formas de negociación y corresponsabilidad entre todos los factores de la producción que intervienen en la generación de bienes para tomar en cuenta no tan sólo la suerte de cada individuo, de cada empresa o de cada sector, sino el destino del conglomerado nacional. Esta posición no evade la realidad contemporánea situada en un mundo globalizado ampliamente determinada por el cambio acelerado, pero mueve a reflexionar acerca de la manera en que la tecnocracia insertó al país en esa lógica no para retornar al aislamiento, sino para corregir errores de lo que fue la apertura indiscriminada ligada más a los intereses extranjeros que a nuestras necesidades y tiempos. En el plano internacional lo urgente sería la recuperación de la dignidad y de la buena imagen del país.

En su conjunto, estas consideraciones requieren de una nueva clase política que no repita los desaciertos de la vieja élite posrevolucionaria y de la insensible tecnocracia. Es impostergable que México tenga una dirección sabia y culturalmente robusta, que no fluctúe entre el abuso y la conducción errática, que no produzca odio o desprecio, sino que despierte de nueva cuenta las energías creativas de la gente. Esa dirección debe regenerar la confianza en la cultura del trabajo y desalentar la contracultura del delito; debe restituir el orden público tan deteriorado a últimas fechas.

Pasamos por un momento de definición de largo alcance en el que, si no se quiere seguir cayendo en el tobogán degenerativo, se requiere formar un nuevo bloque de consensos, lo más incluyente posible, para llevar a buen puerto la transición en marcha. Hablo, para ser más claro, de un acuerdo nacional que haga posible la realización de las propuestas ya listadas en el marco de una democracia[15] que hasta ahora no he-

---

[14] Esta nueva práctica ha quedado registrada en algunos textos, escritos por los propios protagonistas del cambio. Cito entre ellos a Tony Blair (1996) y D'Alema (1997).

[15] Me parece que la democracia debe ser implantada en México por medio del parlamentarismo. Son varias las razones que se pueden argumentar para ello: distribuir en un órgano colegiado la capacidad decisional, en vez de concentrar esa capacidad en un órgano unipersonal. Recuperar el verdadero espíritu del constitucionalismo, que es el de que la ley esté por encima del poder y no, como sucedió en la práctica,

mos conquistado cabalmente. Sería, pues, al mismo tiempo un cambio de modelo económico y de modelo político para desenredar ese anudamiento problemático de dos crisis, o quizá tres, al que nos referíamos.

No es descabellado pensar que un proceso de esa naturaleza pueda culminar, dando con prudencia los pasos adecuados, en la elaboración de una nueva constitución. Este asunto está, a querer o no, en el tapete de la discusión y es un capítulo abierto de nuestra vida pública.

que el presidente terminó por ponerse por encima de la ley. Fijar límites y controles al Ejecutivo como no los ha habido desde hace más de 120 años —salvo el corto periodo en el que gobernó Madero—, sea porque existió una dictadura, sea porque luego se implantó un presidencialismo sin contrapesos efectivos. Facilitar la formación de un verdadero sistema de partidos que compitan en igualdad de condiciones. Favorecer una representatividad ya no basada en una persona que supone una comunidad homogénea y unánime, sino en un órgano colegiado que refleje la pluralidad, los consensos y los disensos presentes de la sociedad. Esta idea la tomo de Bovero (1996). Reivindicar el sentido auténtico de la representación política frente a la representación funcional. Dejar de depender del carácter y del estado de ánimo de una persona. Hacer más transparentes los procesos decisionales, sobre todo aquellos relacionados con la transmisión del poder. Abandonar el populismo y el paternalismo.

Por las razones expuestas en favor del parlamentarismo, en México no podemos estar de acuerdo con la sugerencia que Giovanni Sartori (1966) ha hecho para nuestro país en el sentido de que también aquí se adopte su fórmula del "presidencialismo alternativo".

BIBLIOGRAFÍA

1. La democracia y el liberalismo como conceptos

Aron, Raymond (1965), *Démocratie et totalitarisme*, Gallimard, París.
Blair, Tony (1996), *New Britain (My Vision of a Young Contry)*, Fourth Estate, Londres.
Bobbio, Norberto (1992), *El futuro de la democracia*, FCE, México.
―――― (1987), *La teoría de las formas de gobierno en la historia del pensamiento político*, FCE, México.
―――― (1989), *Estado, gobierno, sociedad*, México, Fondo de Cultura Económica.
――――, y Michelangelo Bovero (1985), *Origen y fundamentos del poder político*, Grijalbo, México.
――――, y Nicola Matteucci (1985), *Diccionario de política*, Siglo XXI, México.
Bovero, Michelangelo (1996), "Dissentire dal presidenzialismo", en Gruppo di ressitenza morale, *Argomenti per il dissenso*, núm. 3, *Contro il presidenzialismo*, Celid, Turín.
Constant, Benjamin (1978), *La libertad de los antiguos, comparada con la de los modernos*, Centro de Estudios Latinoamericanos de la Facultad de Ciencias Políticas, UNAM, México.
―――― (1970), *Principios de política*, Aguilar, España.
Crozier, M., S. Huntington y J. Watanuki (1975), "The Crisis of Democracy", en Report on the Governability of Democracy to the Trilateral Commission, University Press, Nueva York.
D'Alema, Massimo (1997), *La grande occasione (L'Italia verso le riforme)*, Mondadori, Milán.
Dahl, Robert (1993), *La poliarquía*, Red Editorial Iberoamericana, México.
―――― (1992), *La democracia y sus críticos*, Paidós, Barcelona.
Dahrendorf, Ralf (1990), *Reflections on de Revolution in Europe*, Chatto and Windus, Londres.
Díaz, Elías (1984), *De la maldad estatal y la soberanía popular*, Debate, Madrid.
Fernández Santillán, José (1994), *Filosofía política de la democracia*, Fontamara, México.
―――― (1996), *Norberto Bobbio: el filósofo y la política*, FCE, México.
Friedman, M. (1956), *Studies in the Quantity Theory of Money*, Harper and Row, Chicago.
Gray, John (1986), *Liberalismo*, Alianza Editorial, Madrid.
Habermas, Jürgen (1990), *Die Nachholende Revolution*, Suhrkamp Verlag, Francfort del Meno.
Habermas, Jürgen (1988), *Ensayos políticos*, Península, Barcelona.
Hamilton, Jay Madison (1982), *El federalista*, FCE, México.
Hayek, F. A. (1973-1979), *Law, Legislation and Liberty*, Routledge and Kegan, Londres.
Held, David (1992), *Modelos de democracia*, Alianza Editorial, Madrid.
Kelsen, Hans (1958), *Teoría general del derecho y del Estado*, UNAM, México.
Levin, Barry B. (comp.) (1992), *El desafío neoliberal*, Norma, Barcelona.
Linz, Juan (1990), *La quiebra de las democracias*, Alianza-Conaculta, México.
Macpherson, C. B. (1987), *La democracia liberal y su época*, Alianza, Madrid.
Mill, John Stuart (1991), *Consideraciones sobre el gobierno representativo*, Gernika, México.
―――― (1984), *Sobre la libertad*, Alianza, Madrid.
Montesquieu (1977), *El espíritu de las leyes*, Porrúa, México.
Nozik, R. (1974), *Anarchy, State and Utopia*, Basic Books, Nueva York.
O'Donnell, Guillermo, P. C. Schmitter y L. Whitehead (1989), *Transiciones desde un gobierno autoritario*, Paidós, Buenos Aires.
Offe, Claus (1990), *Contradicciones en el estado de bienestar*, Alianza-Conaculta, México.
Paramio, Ludolfo (1988), *Tras el diluvio*, Siglo XXI, México.
Rawls, John (1979), *Una teoría de la justicia*, FCE, México.
Ríos y Urruti, Fernando de los (1926), *El sentimiento humanista del socialismo*, Morata, Madrid.
Rosselli, Carlo (1992), *Socialismo liberal*, Editorial Pablo Iglesias, Madrid.
Rousseau, Jean-Jacques (1969), *El contrato social*, Porrúa, México.
―――― (1969), *Discurso sobre el origen de la desigualdad*, Porrúa, México.
Sartori, Giovanni (1996), *Ingeniería constitucional comparada*, FCE, México.
―――― (1988), *Teoría de la democracia*, Alianza Universidad, España.
Schumpeter, J. A. (1983), *Capitalismo, socialismo y democracia*, Orbis, Barcelona.
Talmon, J. L. (1952), *The Origins of Totalitarian Democracy*, Secker and Warburg, Londres.

Tocqueville, Alexis de (1978), *La democracia en América*, FCE, México.
Zolo, Danilo (1987), *Complessità e democrazia*, Giappichelli, Turín.
—— (1992), *Il principato democratico*, Feltrinelli, Milán.

2. Sobre México y la democracia

Aguilar, Alonso, y Fernando Carmona (1967), *México: riqueza y miseria*, Nuestro Tiempo, México.
Aguilar Camín, Héctor, y Lorenzo Meyer (1989), *A la sombra de la Revolución mexicana*, Cal y Arena, México.
Ai Camp, Roderic (1995), *La política en México*, Siglo XXI, México.
Alessio Robles, Vito (1989), *La Convención Revolucionaria de Aguascalientes*, Instituto Nacional de Estudios Históricos de la Revolución Mexicana, México.
Alonso, Antonio (1972), *El movimiento ferrocarrilero en México. 1958-1959*, Era, México.
Aspe Armella, Pedro (1993), *El camino mexicano de la transformación económica*, FCE, México.
Bazdresch, Carlos, *et al.* (1993), *México, auge, crisis y ajuste*, FCE, México.
Blair, Tony (1966), *New Britain (My Vision of a Young Contry)*, Fourth Estate, Londres.
Brandenburg, Frank (1964), *The Making of Modern Mexico*, Prentice-Hall, Englewood Cliffs.
Calderón, José María (1972), *Génesis del presidencialismo en México*, Ediciones El Caballito, México, pp. 79-133.
Cárdenas Gracia, Jaime F. (1994), *Transición política y reforma constitucional*, UNAM, México.
Carmona, Fernando, *et al.* (1970), *El milagro mexicano*, Nuestro Tiempo, México.
Carpizo, Jorge (1996), *El presidencialismo mexicano*, Siglo XXI, México.
Carranza, Venustiano (1995), "Mensaje del Primer Jefe ante el Constituyente, 1916", en Felipe Tena Ramírez, *Leyes fundamentales de México, 1808-1995*, Porrúa, México.
Castañeda, Jorge G. (1987), *México: el futuro en juego*, Joaquín Mortiz-Planeta, México.
Cordera, Rolando, Raúl Trejo Delarbre y Juan Enrique Vega, (coords.) (1988), *México: el reclamo democrático*, Siglo XXI-ILET, México
Córdoba, José (1991), "Diez lecciones de la reforma económica mexicana", en *Nexos*, núm. 158.
Córdova, Arnaldo (1973), *La ideología de la Revolución mexicana*, Era, México.
—— (1990), "La herencia de la Soberana Convención Revolucionaria", en *La Soberana Convención Revolucionaria en Aguascalientes, 1914-1989*, Gobierno del Estado de Aguascalientes, México, p. 131.
Cosío Villegas, Daniel (1996), *El sistema político mexicano*, Cuadernos de Joaquín Mortiz, México.
—— (1975), *La sucesión presidencial*, Cuadernos de Joaquín Mortiz, México.
Cosío Villegas, Daniel (1974), *El estilo personal de gobernar*, Cuadernos de Joaquín Mortiz, México.
Cumberland, C. C. (1977), *Madero y la Revolución mexicana*, Siglo XXI, México.
D'Alema, Massimo (1997), *La grande occasione (L'Italia verso le riforme)*, Mondadori, Milán.
Fernández Santillán, José (1997), *Liberalismo democrático (modelo para armar un país)*, Océano, México.
González, Luis (1990), "Un relámpago de amistad y lucidez", en *La Soberana Convención Revolucionaria en Aguascalientes, 1914-1989*, Gobierno del Estado de Aguascalientes, México, p. 108.
González Casanova, Pablo (1982), *El Estado y los partidos políticos en México*, Era, México.
—— (1965), *La democracia en México*, Era, México.
Guerra, François-Xavier (1993), *México: del antiguo régimen a la revolución*, FCE, México.
Hansen, R. D. (1971), *La política del desarrollo mexicano*, Siglo XXI, México.
Krauze, Enrique (1986), *Por una democracia sin adjetivos*, Joaquín Mortiz-Planeta, México.
—— (1996), *Tiempo contado*, Océano, México.
Loaeza, Soledad (1989), *El llamado de las urnas*, Cal y Arena, México.
Lujambio, Alonso (1995), *Federalismo y congreso en México*, UNAM, México.
Madero, Francisco I. (1985), *La sucesión presidencial en 1910*, Offset, México.
Marván Laborde, Ignacio (1997), *¿Y después del presidencialismo? (reflexiones para la formación de un nuevo régimen)*, Océano, México.
Medina, Luis (1994), *Hacia el nuevo Estado*, FCE, México.
Meyer, Lorenzo (1992), *La segunda muerte de la revolución mexicana*, Cal y Arena, México.
—— (1995), *Liberalismo autoritario (las contradicciones del sistema político mexicano)*, Océano, México.
Molina Enríquez, Andrés (1909), *Los grandes problemas nacionales*, Imprenta de A. Carranza e hijos, México.
Molinar Horcasitas, Juan (1991), *El tiempo de la legitimidad*, Cal y Arena, México.
Rabasa, Emilio (1912), *La Constitución y la dictadura*, Revista de revistas, México.
—— (1990), *La constitución y la dictadura*, Porrúa, México, pp. 113-114.
Rabasa Gamboa, Emilio (1993), *¿Por qué la democracia?*, UNAM, México.
Reyes Heroles, Jesús (1974), *El liberalismo mexicano*, FCE, México.
Sánchez Susarrey, Jaime (1991), *La transición incierta*, Vuelta, México.
Vasconcelos, José (1993), *Memorias*, FCE, México.
Vernon, Raymond (1966), *El dilema del desarrollo económico de México*, Diana, México.
Woldenberg, José (1992), "Consideraciones políticas en torno a la legislación electoral", en *Justicia electoral*, núm. 1.

DEMOCRACIA Y PARTIDOS POLÍTICOS

José Antonio Crespo

Definición

Cada vez que se habla de democracia, inmediatamente surge la idea de partidos políticos y procesos electorales. En efecto, la democracia en las sociedades modernas no podría funcionar sin la existencia de partidos políticos y sin procesos electorales que diriman pacíficamente la lucha por el poder entre esos partidos. Sin embargo, no siempre fue así; las democracias primitivas pudieron operar sin que existieran partidos políticos, o al menos no como los conocemos hoy. Si antes del advenimiento del Estado-nación se utilizaba el término "partidos", era en referencia a meras corrientes de opinión sobre alguna decisión que hubiera de tomarse, pero no implicaba una organización estructural, formal y permanente, en torno a un programa político determinado, connotación que cobró durante su aparición en la vida moderna.

Así pues, el término de partido político que se acepta hoy en día es el de una agrupación de ciudadanos que busca el acceso al poder, para desde ahí instrumentar un programa político en torno del cual se forma. Esta acotación terminológica permite distinguir a un partido político de otras asociaciones y organismos que simplemente buscan influir sobre las decisiones gubernamentales, pero sin tomar el poder directamente; éstos son los grupos de interés o de presión. Otras ideas asociadas al término "partido político" en la era moderna son, como se dijo, la de cierta permanencia, la de presentar un programa más o menos definido (aunque puede estar sujeto a cambios a lo largo del tiempo) que se opone a otros proyectos alternos (defendidos por otros grupos ajenos al partido en cuestión, estén organizados o no a su vez como partidos).

Historia, teoría y crítica

Otra distinción pertinente que permite hacer una primera clasificación de los partidos políticos es aquella que habla de partido de cuadros o élites, y el partido de masas. El primero surgió en primer lugar, y se trata de una formalización mayor de los partidos que surgieron como meras corrientes de opinión, que dio mayor formalidad tanto en un programa básico, como en ciertos procedimientos propios para tomar decisiones internas; pero se trata, como quiera, de partidos formados por unos cuantos ciudadanos, desvinculados de amplios sectores de la población. Ésa es justamente la característica de los partidos de masas: su capacidad orgánica para incorporar la participación institucional de grupos masivos de la población en el proceso político.

El surgimiento de los partidos de masas tiene una explicación de fondo, relacionada con el advenimiento de la modernización social. En primer lugar, el crecimiento natural de la población (demográfico) y su incremento político (la unión de varias comunidades políticas) hizo poco a poco más difícil —hasta hacerla imposible— la participación directa de los ciudadanos en la toma de decisiones colectivas; muy distinto es congregar a mil ciudadanos, para discutir ampliamente sobre alguna decisión a tomar, para proceder en seguida a votar en qué sentido se hace tal determinación; pero el mismo proceso se complica conforme el número de participantes crece, hasta hacerse imposible, desde la dificultad de congregar en el mismo lugar a una gran cantidad de ciudadanos, la falta de tiempo para una discusión seria y amplia, y terminando con la complicación para llegar a ciertos acuerdos, o realizar una votación para alcanzar una resolución final.

De esa limitación cuantitativa surge la necesidad de sustituir la democracia directa —en la que todos los ciudadanos pueden participar en la discusión y toma de decisiones— por la democracia representativa —en la que los ciudadanos eligen a un número reducido de representantes, delegándoles la facultad de decidir en su nombre—. La democracia representativa es, pues, la forma posible de preservar en una sociedad de masas los objetivos centrales de la democracia. En los primeros años de la democracia moderna (la que empezó con los primeros Estados-nacionales), la representación se realizó a través de partidos de cuadros, sembrando la simiente para el posterior sistema de partidos de masas.

Los partidos de élite pudieron operar satisfactoriamente —dentro de lo posible— mientras la movilización política de las masas se mantuvo en niveles bajos; pero la propia modernización social suele generar tendencias que incrementan poco a poco (y a veces de manera repentina) dicha movilización política de grandes segmentos de la sociedad, por lo cual los partidos de élites llegaron a ser insuficientes para canalizar dicha explosión —gradual o súbita— de participación masiva. Pero ésta, en virtud de su tamaño, no podría expresarse sin organizaciones intermedias, para evitar que dicha explosión se convirtiera en una parálisis del gobierno, dispersión del poder y la autoridad, que llevaría a entorpecer y obstruir el proceso de toma de decisiones colectivas. Ésa es la función esencial del partido de masas: constituirse en una especie de punto intermedio e instrumento conciliador entre la participación directa de masas, y la gobernabilidad que sólo puede lograrse cuando el proceso de gobierno recae en grupos reducidos.

En este sentido, una de las funciones básicas de los partidos es hacer compatible la participación de masas, característica de la política moderna (pues la política tradicional se distingue por la exclusión de esas masas de la política), con la estabilidad; si no existiera la intermediación de los partidos, la explosión de participación masiva se traduciría inevitablemente en ingobernabilidad (como de hecho ocurre cuando en una sociedad surge la movilización masiva sin que haya partidos sólidos). De ahí que, si el rasgo distintivo de la política moderna es la participación de amplios sectores de la población, el instrumento de la modernidad política por excelencia es el partido político de masas, que favorece la estabilidad en condiciones de una creciente movilización de masas. De esto se derivan muchas de las funciones específicas de los partidos en la vida moderna, como agregar las heterogéneas demandas de amplios sectores populares, articular intereses variados e incluso antagónicos de su clientela, configurar la representación popular, procesar demandas amplias y complejas para hacerlas asimilables al Estado, y socializar políticamente al electorado introduciendo la agenda del debate público, entre otras.

El primer partido con estas características es el Partido Social Demócrata alemán, nacido a fines del siglo XIX, bajo inspiración marxista. Esto no es casual; la estrategia marxista exigía la incorporación de amplios sectores populares (obreros e incluso campesinos) a la lucha política, pero tendría que hacerse desde el seno del partido, por lo cual adaptó las estructuras de los viejos y obsoletos partidos de cuadros a las nuevas necesidades, para incorporar en el seno del partido a estos masivos contingentes.

El esquema partidario diseñado por los socialdemócratas fue adoptado poco a poco —y adaptado— en otras latitudes, hasta irse generalizando como el prototipo del partido moderno. Así lo hizo el partido bolchevique ruso, cuando habiendo alcanzado el poder se convirtió en un amplio partido de masas (el Partido Comunista de la Unión Soviética); también lo hicieron los fascistas italianos, los nacional-socialistas alemanes, y los revolucionarios en México. Muchos partidos comunistas europeos, y sus derivaciones social-demócratas, también se fueron convirtiendo poco a poco en partidos de masas, al igual que otros partidos "burgueses" y conservadores. Sin embargo, ello nos remite a un asunto muy delicado que es imprescindible destacar: si bien una democracia moderna no puede funcionar adecuadamente sin partidos políticos sólidos, en cambio es posible pensar en un sistema con partidos en donde no funcione la democracia: lo que garantiza la presencia de un partido de masas es la estabilidad (al menos durante un lapso de tiempo), no la democracia. De ahí la existencia de sistemas de partidos monopólicos, que bien pueden brindar estabilidad política, y gozar de una larga continuidad, y en donde, sin embargo, priven regímenes no democráticos. La Unión Soviética, la China Popular o el México priísta son ejemplos paradigmáticos de ello. Cabe destacar incluso este último caso, el mexicano, donde incluso varios partidos de oposición legalmente reconocidos compartieron el escenario político con el partido oficial, sin por ello desafiar el monopolio político de éste (hasta hace muy poco).

Así pues, para que los partidos políticos sean compatibles con la democracia, se hacen imprescindibles ciertas condiciones, que no siempre son fáciles de reunir: *a)* la existencia de más de un partido político con oportunidades reales de conquistar el poder por la vía pacífica; *b)* la sujeción de los partidos contendientes a la ciudadanía para que ésta decida por medio del sufragio cuál (o cuáles) de los partidos será el que forme el gobierno; *c)* reglas equitativas de competencia, que garanticen imparcialidad, transparencia en la operación, de modo que cualquiera de los contendientes tenga una oportunidad real de triunfar, y que todos los actores y observadores del proceso puedan arribar a la misma conclusión sobre quién fue el legítimo ganador; *d)* que las normas de la competencia electoral hayan adquirido tal fuerza que los perdedores en la liza electoral no tengan motivos para desconocer un veredicto oficial que les fue desfavorable; *e)* que los ciudadanos tengan los instrumentos legales adecuados para poder llamar a cuentas políticas y legales a sus representantes.

De no existir tales reglas, un partido podrá monopolizar el poder político y utilizarlo para imponer su dominación por encima de cualquier contienda, o si acaso, para establecer reglas del juego que le sean claramente favorables (y que, por tanto, garanticen su triunfo frente a otras fuerzas partidarias). En tal caso, la democracia no podrá operar adecuadamente y, sin embargo, es posible que se preserve la estabilidad durante un considerable lapso de tiempo. Al brindar un amplio canal de participación ciudadana —aunque sea dentro de ciertos límites de expresión— un partido monopólico logra conciliar la participación de masas con la estabilidad, mientras sea capaz de satisfacer parte de las demandas agregadas de los grupos movilizados dentro de su seno. Es el caso, entre otros, del Partido Comunista de la Unión Soviética y del PRI mexicano. En tales condiciones, se puede hablar incluso de que esos partidos gozan de un no despreciable monto de legitimidad, aunque ésta sea más bien de "gestión" y no de "origen legal", como la que prevalece en regímenes democráticos.

¿De qué depende que prevalezca un sistema competitivo de partidos (es decir, donde privan condiciones de competencia en las que más de un partido puede acceder al gobierno) o que, en cambio, se imponga un monopolio partidista? Suele creerse que ello depende de dos factores que en realidad tienen un peso menor: *a)* el marco legal, y *b)* la cultura democrática. En lo que hace a lo primero, se sabe que no basta con diseñar un modelo normativo que contemple normas de equidad, de imparcialidad o de limpieza electoral; si algún partido cuenta con la capacidad para desvirtuar esta normatividad, o desconocer sus resultados (si éstos no le convienen) simplemente lo hará. Por lo que respecta a la cultura democrática, suele creerse que si los partidos (o, mejor dicho, sus miembros) han internalizado los valores propios de la democracia (honestidad, compromiso, veracidad, tolerancia, etcétera), entonces acordarán mutuamente establecer y respetar las reglas competitivas para contender por el poder, en medio de equidad y civilidad política; esto tampoco corresponde a la realidad, pues de nuevo, cuando un partido tiene la fuerza para imponerse, por las buenas o por las malas, sobre sus adversarios, con toda probabilidad lo hará. En otras palabras, quien tiene el poder suficiente para abusar de los demás, y para imponer condiciones que le sean ventajosas, lo hará, salvo muy raras excepciones.

Si las cosas son así, ¿entonces cómo y por qué pueden funcionar una democracia y un sistema electoral competitivo? Ello depende, fundamentalmente, del equilibrio de fuerzas que prive entre dos o más actores políticos, pues en tal caso habrá una fuerte motivación para que estos actores eviten la confrontación abierta, y prefieran dirimir sus diferencias y la pugna por el poder a través de reglas equitativas, y así eludir el costo —que puede ser enorme— de romper hostilidades. Cuando cada partido considere que los costos de la violencia son mayores incluso que una derrota electoral, entonces preferirá someterse a las reglas de competencia democrática y, más aun, respetar el veredicto que de ahí surja. Esto permite diseñar y fortalecer un acuerdo institucional que permita cumplir con los objetivos mínimos de la democracia.

Esto significa que, por lo general, los partidos defienden, promueven y se apegan a un arreglo democrático en la medida en que éste les favorece, o bien porque representa una "segunda mejor opción", pues si de cada uno de ellos dependiera, preferirían disfrutar de un monopolio de poder, que les garantizara seguir en el gobierno sin retos ni desafíos, y sin que tuvieran que rendir cuentas a otras instancias de poder institucional. Así, la democracia representa una situación en que la segunda mejor opción se impone para los partidos más relevantes, pero representa a su vez una garantía para que el adversario no logre monopolizar el poder: así, podría establecerse una gama de preferencias de cada partido político, como pauta general (aunque no necesariamente universal):

Lugar de preferencia	Tipo de opción
Primero	Sistema de partido monopólico, cuando se detenta tal monopolio
Segundo	Sistema democrático, siendo el partido en el poder
Tercero	Sistema democrático, siendo la oposición
Cuarto	Sistema de partido monopólico, cuando el adversario detenta tal monopolio

Líneas de investigación y debate contemporáneo

Para la mayoría de los partidos del mundo lo mejor sería detentar un monopolio de poder; si esto no es posible (porque los adversarios cuentan con una fuerza suficiente para impedirlo), entonces sigue en orden de preferencias un sistema democrático, en el cual, de ser posible, se ostente el gobierno; si esto tampoco es posible, es preferible ser un partido opositor en el mismo sistema democrático, pues en tal caso al menos se le respetarán sus derechos básicos, y además quedará abierta la posibilidad para, eventualmente, convertirse en gobierno; finalmente, el peor escenario para cualquier partido es el padecer un monopolio partidista en manos de sus adversarios, pues en tal caso sus derechos no tienen ninguna protección, y las posibilidades para poder convertirse en gobierno son sumamente remotas. De nuevo, cuando ninguno de los partidos tiene la fuerza suficiente para instaurar un monopolio de poder, entonces todos optarán por establecer un sistema democrático en el cual se pueda alcanzar el gobierno (aunque éste esté acotado) y en donde el escenario pesimista es pasar a la oposición, lo cual es menos malo que ser un partido oprimido y excluido bajo un régimen autoritario; de lo que se infiere que la democracia surge como un "mal menor" para todos los partidos, cuando su verdadero propósito, encabezar y disfrutar de un monopolio, se hace políticamente imposible. Puede observarse que en esto no cuenta demasiado el ordenamiento legal (a menos que esté respaldado por un equilibrio suficiente de poder), ni mucho menos una "cultura democrática" de los partidos (pues esa cultura supondría que el régimen democrático fuera la primera opción para el [los] partido [s] en cuestión, y no "un mal menor").

Todo esto, en lo que hace a la relación de los partidos entre sí, viene después la relación de los partidos con la ciudadanía; en caso de no existir mecanismos mediante los cuales la ciudadanía pueda sancionar o premiar el desempeño político de los partidos, éstos caerían en la tentación (generalmente elevada) de utilizar su poder para satisfacer sus propios intereses y de los grupos que lo conforman o apoyan. De ahí la necesidad de que otros grupos y sectores sociales ejerzan cierta vigilancia y supervisión de la acción gubernamental de los partidos (en los distintos niveles del poder que ocupen) para así obligarlos a no descuidar por completo las demandas y necesidades del electorado. El sufragio es el principal instrumento por el cual puede ejercerse esta supervisión y establecer consecuencias políticas a la acción de los partidos; pero esto sólo es eficaz en condiciones de equidad, libertad, imparcialidad y limpieza en el proceso electoral. También resulta conveniente establecer el principio de la reelección (durante un número de periodos determinado), de modo que cada legislador en particular, y los partidos en general, sepan que están bajo vigilancia ciudadana y que podrán ser "premiados" o "castigados" según su comportamiento político. De nuevo, si cada partido pudiera evadir tal supervisión ciudadana, no dudaría en hacerlo (al menos como una tendencia general), pero en caso de no poder hacerlo, no le quedará más remedio que someterse y aceptar dicha vigilancia. Lo que permite que opere este mecanismo de control ciudadano relativo (pero fundamental) sobre los partidos, no es una disposición legal (que podría ser violada por un partido, o incluso por un conjunto de ellos) ni la inexistente y mítica cultura democrática (que supone la aceptación voluntaria del partido al escrutinio ciudadano, incluso pudiéndola evitar). De nuevo, la supervisión de los partidos, por parte de la ciudadanía, es posible gracias a un cierto equilibrio de poder entre el conjunto de los partidos y los ciudadanos en general. Así pues, puede concluirse que una democracia moderna no puede funcionar sin un sistema de partidos, pero la existencia de éstos no garantiza el adecuado funcionamiento democrático; se requieren condiciones políticas específicas, fundamentalmente el equilibrio de poder entre los distintos actores, para que pueda establecerse una eficaz correlación entre el proceso democrático (con las ventajas relativas que ello supone) y los partidos políticos.

BIBLIOGRAFÍA

Downs, Anthony (1973), *Teoría económica de la democracia*, Aguilar, Madrid.
Huntington, Samuel (1972), *El orden político en las sociedades en cambio*, Paidós, Buenos Aires.
Pempel, T. J. (1991), *Democracias diferentes: los regímenes de partido dominante*, FCE, México.

Powell Jr., Bingham (1982), *Contemporary Democracies; Participation, Stability and Violence*, Harvard University Press,
Sartori, Giovanni (1980), *Partidos y sistemas de partidos*, Alianza Universidad, Madrid.
——— (1988), *Teoría de la democracia: el debate contemporáneo*, Alianza Universidad, Madrid.

DERECHA

Mario Constantino Toto

Definición

En su acepción clásica, el término "derecha" se utilizó para designar las posiciones que ocupaban en la asamblea parisina los representantes de la aristocracia y de los privilegios de los terratenientes, en el periodo de la Revolución francesa. Esta primera definición —de carácter estrictamente espacial— atribuyó al término un conjunto de características asociadas al estilo de vida y concepciones del mundo de aquellos sectores; de este modo, el término derecha ha sido utilizado para designar a aquel conjunto de actores que portan una cultura de tipo autoritario, jerárquica, anclada en la tradición y, en algunos casos, a la religiosidad, como criterios de orientación para vindicar la permanencia de un estado de cosas dado.

Ahora bien, la construcción del concepto derecha no puede excluir su carácter eminentemente relacional; esto es, a la definición espacial que comportó en sus orígenes, deben agregársele atributos temporales tales como conservación, tradición, costumbre por oposición a revolución, actualidad o razón. Estos criterios relacionales dan cuenta de que en la construcción de la noción de derecha siempre es tomado en consideración un *alter* que ha sido catalogado como antitético e, incluso, negador de ésta: la izquierda.

Empero, para intentar una definición más o menos completa de lo que hoy se entiende por derecha desde sí misma y asumiendo que la creciente complejidad real del mundo contemporáneo exige un tipo de pensamiento no dicotómico, se prescindirá de establecer las características de la noción de derecha por oposición a izquierda y se tratará de describir los contenidos de lo que puede ser significativo para tipificar este concepto.

Es importante realizar un esfuerzo de este tipo, sobre todo tomando en cuenta que en sociedades como la mexicana el debate sobre la derecha se ha caracterizado, hasta fechas muy recientes, por emplear el término con excesivos contenidos ideológicos (izquierda/progreso —derecha/reacción) y con mucha laxitud, oponiendo por ejemplo lo popular como democrático a lo individual como reaccionario. Parece, entonces, que para acceder a una mayor comprensión de la política en México, es necesario comenzar por evitar, en la medida de lo posible, la polisemia de los signos.

La definición primaria que realizamos del concepto derecha debe mucho al pensador E. Burke, quien en sus *reflexiones sobre la revolución francesa* señaló la mayor parte de las premisas del denominado pensamiento conservador a partir de 1830. Sin duda, la noción de derecha se ha alimentado a lo largo de los años de las fuentes ideológicas del conservadurismo. Entre ellas, cabe destacar cuatro pares de relaciones que permiten avanzar en el esclarecimiento del concepto: *1)* la relación entre historia y tradición; *2)* la relación entre autoridad y poder; *3)* la relación entre prejuicio y razón, y *4)* la relación entre libertad e igualdad.

Respecto de la relación *1)* se puede señalar que el pensamiento de derecha tiene uno de sus anclajes más relevantes en la historia, entendida como un conjunto de experiencias que están "por encima del pensamiento abstracto y deductivo en materia de relaciones humanas [y] en [las] que se funda su confianza en la historia" (Nisbet, 1995). Desde este punto de vista, la historia constituye una fuente inagotable de prácticas concretas que evolucionan naturalmente y que, por tanto, no pueden eludirse o modificarse con los recursos —jurídicos, científicos o técnicos— de una generación en particular.

Esta disposición a encontrar en las acciones del presente una serie de tramas ancladas en el pasado conduce a la tradición, que refuerza la tendencia a preservar un estado de cosas dado como natural y que amalgama privilegios, asimetrías y selectividad en las relaciones que los portadores de este tipo de pensamiento estructuran en las diversas esferas de la vida social.

Respecto de la relación *2)*, debe considerarse que la autoridad es, al igual que la propiedad, uno de los puntales del pensamiento conservador. En efecto, para la derecha la premisa de origen en la construcción de un principio de autoridad descansa sustancialmente en la preservación del orden, y con ello el pensamiento conservador clásico se refiere a la forma en que las acciones, pasiones y voluntad de los individuos deben ser permanentemente sometidas y controladas por las tradiciones y los códigos sociales.

Es a partir de esta premisa que se orientan buena parte de las críticas contemporáneas a la crisis de la sociedad occidental. Bell (1991), en uno de los más lúcidos tratados sociológicos que se hayan realizado desde una perspectiva conservadora, indica que el dilema de las sociedades contemporáneas radica en cómo reconstruir una ética cotidiana que, recuperando valores de la tradición, sea funcional a las condiciones de producción del capitalismo tardío y restrinja la diseminación de los valores posmaterialistas y hedonistas que dicha sociedad promueve: "decadencia de una conciencia histórica colectiva, culto terapéutico de la subjetividad, [...] cientifización del mundo de la vida, y disolución de la esfera pública" (Dubiel, 1993: 34).

Precisamente este diagnóstico de la moderna crisis de las sociedades enfatiza la pérdida de la capacidad moral de las sociedades para contener tanto la voluntad como las pasiones de los individuos. De ahí la recurrencia en el discurso de la derecha a la necesidad de constituir una autoridad fuerte y legitimada en la historicidad y la tradición misma que, sin limitar los derechos naturales de los individuos y comunidades, sea capaz de dar continuidad a un estado de cosas dado.

Del mismo modo, la reflexión sobre el poder descansa sobre esta tipificación de la autoridad. El poder se instituye en diversas esferas o entidades sociales y políticas que tienen, en general, autonomía relativa, unas respecto de las otras: la familia, grupos y asociaciones, el gobierno, la iglesia, entre otras. Varios pensadores definidos como de derecha —entre otros, Bonald y Jouvenel— han suscrito este planteamiento del cual se ha enfatizado la necesidad absoluta de que el Estado no intervenga en asuntos económicos, sociales y morales, reduciendo su función a promover la ampliación y fortalecimiento de las atribuciones dadas naturalmente a la familia, los grupos y las asociaciones de tipo voluntario.

No es remoto indicar que el sello distintivo de la política conservadora es su inclinación por el sector privado, por la familia y la comunidad local, por la economía de libre mercado y la propiedad privada y, en esa medida, por una creciente descentralización del aparato de gobierno que garantice y respete los derechos corporativos de las unidades menores del Estado y la sociedad, así como de los individuos, para que puedan desarrollar sus cualidades "naturales".

Visto en esta perspectiva se puede afirmar que el pensamiento de derecha concibe al gobierno como estructurado alrededor de cuatro principios jerarquizados: coordinación, subordinación, delegación y participación (Nisbet, 1995: 62), de ahí que el énfasis en materia política se dé sobre la primacía de lo local y la intervención asociativa de intereses.

La relación 3) descansa en buena medida sobre el supuesto de que el conjunto de experiencias vitales subjetivas contiene un cúmulo de lógicas que permiten a los individuos actuar sin contradicciones y en relación con la virtud emanada de la tradición. Por ello, frente a la secularización que el pensamiento ilustrado propone, los conservadores abogan por un desarrollo de la tradición en la conciencia popular, puesto que este "sentido práctico" permite actuar sin condicionamientos futuros en la realidad.

Desde esta perspectiva, a través de la relación entre prejuicio y razón se va develando una de las características del quehacer gubernativo de la derecha, a saber: la distancia que toman respecto de los reformistas y los utopistas y la preeminencia del desarrollo del sentido de oportunidad, el conocimiento práctico que evoluciona sólo a través de la experiencia y la tradición. Fundado en este tipo de reflexividad, se puede afirmar que las críticas vertidas por la derecha al quehacer gubernamental comportan una crítica velada al racionalismo y a la tecnificación excesivas del principio de autoridad; en una palabra: a la burocracia, tal como Weber la definió.

Es quizá la relación 4) la que especifica de mejor manera el carácter del pensamiento conservador. En efecto, en esta relación se parte de la incompatibilidad inherente y absoluta entre libertad e igualdad. El principio de contradicción que entre ambos se establece deriva, a juicio de la derecha, de los objetivos que cada uno de los valores comporta: la libertad es concebida como la protección constante de la propiedad individual y familiar, particularmente frente a las acciones de Estado o de gobierno.

Por otro lado, en el pensamiento conservador, el objetivo de la igualdad aparece asociado a las capacidades del Estado o del gobierno para reducir asimetrías en el acceso al conjunto de satisfactores materiales y simbólicos de una comunidad dada. En este sentido, la incompatibilidad de origen entre libertad e igualdad deriva del hecho de que mientras la libertad tiende a garantizar el desarrollo de las capacidades individuales y/o grupales, la igualdad tiende a pervertir el desarrollo "natural" de las comunidades al introducir una variable compensatoria en la evolución de las cualidades "innatas" de los individuos.

Con base en estos cuatro pares de categorías se tiene una caracterización más acabada de lo que puede designarse, aun de manera muy provisoria, como ideología de derecha.

Historia, teoría y crítica

Empero, concebir a la derecha exclusivamente por el conjunto de semánticas que la tipifican es negar que, al igual que otras ideologías y actores, este segmento de la sociedad se diferencia internamente.

En efecto, en el desarrollo de las sociedades y sistemas políticos occidentales se puede observar que el espectro ideológico que cubre el manto de la derecha tiene múltiples aristas y actores. En algunos casos se encuentran vinculados al pensamiento socialcristiano tributario de la tradición y la religiosidad, con fuertes lógicas comunitaristas; en otros, responden más a una pragmática individualista centrada en el desarrollo de las capacidades sociales, culturales y políticas de los individuos frente al estatismo; en otros casos, está constituida por segmentos sociales que oponen historicidad y razón. En los extremos se pueden encontrar posturas xenófobas, racistas y nacionalistas como en algunos de los modernos extremistas de derecha. Normalmente estas últimas constituyen las portadoras de un antiparlamentarismo, irracionalismo y parroquialismo políticos que ven en la otredad un riesgo permanente (Duranton-Crabol, 1991).

Desde esta perspectiva, uno de los reconocimientos tácitos en la evolución de la concepción de la derecha es que no puede hablarse de ella como entidad monolítica y homogénea; por el contrario, concebirla en su diferenciación interna posibilita que las etiquetas y dicotomías clásicas sean relativizadas y que la aproximación a grupos asociados a ella comporte cada vez más un carácter situacional.

Derecha contemporánea

Bobbio (1995) encuentra en el posicionamiento respecto de la díada igualdad/desigualdad, el eje distintivo entre derechas e izquierdas en el mundo contemporáneo. Para este autor, la escala de prioridades políticas entre concebir la díada indicada como derivada de situaciones sociales corregibles y asumirla como natural e incorregible distingue el perfil político de las derechas en el mundo moderno. Al enfatizar el rol de las asimetrías e inequidades como esencias, se puede comprender no sólo el conjunto de semánticas que posicionan a tales grupos, sino también el conjunto de acciones que las sustentan.

Sobre la base de la distinción establecida por Bobbio, podemos indicar que el debate contemporáneo sobre la democracia en las sociedades modernas otorga a la derecha un rol más dinámico que aquel que cierto pensamiento dicotómico le asigna como antípoda del progreso y el desarrollo de instituciones democráticas.

Si partimos de la premisa de que la derecha es en la actualidad un conjunto heterogéneo de posiciones en relación con un conjunto de nociones clave, se podrán desprender algunas de sus características actuales.

Tal como hemos venido estableciendo, el perfil político de la derecha se encuentra anclado en un fuerte individualismo y en la defensa de la propiedad privada, en el aseguramiento del orden sobre la base de una estructuración vertical de la autoridad cuya legitimidad debe ser, también y acaso señeramente, moral, y en un arraigado sentimiento de pertenencia a una comunidad particular. De estas características generales se derivan formas de actuar y de posicionarse en el espectro político que permiten establecer algunos tipos ideales de la misma.

Para algunos autores, si se parte de la tesis del individualismo posesivo (libre empresa, individualismo y propiedad privada) es posible establecer algunas de las principales fuentes de orientación de la derecha. Loaeza (1983) señala que los instrumentos para alcanzar la democracia, vistos desde la derecha, conducen a la defensa de la libertad individual frente al estatismo, a ejercer la participación para preservar la distancia entre lo público —el Estado— y lo privado —el individuo— y a la promoción de acciones como la educativa para reproducir valores y jerarquías heredadas de la tradición. De este modo, se podría pensar que las distintas formas que adopta la derecha tienen que ver con el mayor o menor énfasis que se coloque a los valores del individualismo posesivo frente al "autoritarismo (para el caso mexicano) redistributivo" (Loaeza, 1983: 37).

Sin embargo, si se retoma la distinción establecida por Bobbio y se avanza en la especificación de las características de su tipología podría completarse de mejor manera el cuadro de las derechas esbozado a lo largo de esta definición lexical.

Para el autor, sobre la díada igualdad/desigualdad se superpone una distinción adicional que establece el carácter más o menos igualitarista de los actores, con base en la disposición que tengan para apreciar y dar importancia mayor o menormente a lo que los asemeja o distingue. En este sentido, un no igualitario sería aquel actor que partiendo de la evidencia común de que los seres humanos son tan iguales como desiguales (tanto en términos naturales como sociales), aprecian y consideran más importante la prevalencia de lo que distingue.

Desde esta perspectiva, la derecha puede caracterizarse como no igualitaria y más dispuesta a aceptar lo que es "natural, y aquella segunda naturaleza que es la costumbre, la tradición, [y] la fuerza del pasado" (Bobbio, 1995: 146). Podría decirse que en ellas encuentra los referentes necesarios para que partiendo de una desigualdad natural se cuestione la igualdad social. Adicionalmente, a este cuestionamiento de la igualdad social fincado en el individualismo posesivo que Loaeza destaca, puede sumarse —con fines de establecer tipos políticos— la relación entre libertad y autoridad, que daría cuenta de la formación de movimientos y corrientes libertarios y autoritarios.

Para Bobbio, la suma de estas dos díadas permite observar un espectro político que, hacia la derecha, se compone de dos formaciones: el centro derecha, que está caracterizado por doctrinas y movimientos a la vez libertarios y no igualitarios, fieles a los procedimientos democráticos, pero que en materia de igualdad restringen su universo a aquella que se establece ante la ley y que puede entenderse como imparcialidad; y la extrema derecha, constituida por doctrinas y movimientos antilibertarios y antiigualitarios, entre cuyos ejemplos históricos se encuentran el nazismo y el fascismo y una buena parte de las manifestaciones extremistas de grupos y movimientos contemporáneos, como los Skin-Heads, los neonazis o el Frente Nacional de Jean Marie Le Pen, en Francia, entre muchos otros.

BIBLIOGRAFÍA

Alford, Robert, y Roger Friedland (1991), *Los poderes de la teoría. Capitalismo, Estado y democracia*, Manantial, Buenos Aires.

Bartra, Roger (1983), "Viaje al centro de la derecha", en *Nexos*, abril, núm. 64, pp. 15-23.

Bell, Daniel (1991), *El advenimiento de la sociedad posindustrial*, Alianza Editorial, Madrid.

Bobbio, Norberto (1995), *Derecha e izquierda. Razones y significados de una distinción política*, Taurus, Madrid.

Burke, Edmund (1978), *Reflexiones sobre la revolución francesa*, Centro de Estudios Constitucionales, Madrid.

Dubiel, Helmut (1993), *¿Qué es neoconservadurismo?*, Anthropos, Barcelona.

Duranton-Crabol, Anne-Marie (1991), *L'Europe de l'extreme droite. De 1945 à nos jours*, Editions Complexe, París.

Loaeza, Soledad (1983), "Conservar es hacer patria (La derecha y el conservadurismo mexicano en el siglo XX)", en *Nexos*, abril, núm. 64, pp. 29-39.

Nisbet, Robert (1995), *Conservadurismo*, Alianza Editorial, Madrid.

DERECHOS DE LOS MENORES

Yolanda Corona Caraveo / Carlos Pérez Zavala

Definición

Los derechos humanos de los menores son los principios, normas y garantías que tienen como propósito el cuidado, la protección y el mayor bienestar de todos aquellos seres humanos menores de 18 años de edad, salvo que en virtud de la ley que les sea aplicable han alcanzado antes la mayoría de edad. La formulación de los mismos ha sido incorporada en un solo código en el documento *Convención sobre los derechos del niño* que fue aprobado por la Asamblea General de las Naciones Unidas el 20 de noviembre de 1989.

Las disposiciones de la Convención incluyen derechos civiles, sociales, económicos, culturales y políticos y establecen "el interés superior del niño" que se refiere a que en caso de conflicto de intereses entre la sociedad, las instituciones o los niños, debe prevalecer el interés de estos últimos. Sus resoluciones buscan el mayor bienestar de los niños, apelando a que los países que la hayan firmado y ratificado adopten medidas administrativas, legislativas y de cualquier otra índole para garantizar el derecho a la salud, educación, cultura, descanso y juego, así como para proteger a niños y niñas de cualquier tipo de explotación, secuestro, venta y privación ilegal de su libertad. Considera la necesidad de proteger a los niños y niñas indígenas o pertenecientes a minorías, el derecho a la rehabilitación y no al castigo, así como una serie de artículos que incorporan la participación de los niños mediante la libertad que éstos tienen de expresar opiniones, de acceder a la información, a la libertad de pensamiento, conciencia y religión, así como a la libertad de asociación, cultura y lenguaje.

Historia, teoría y crítica

Se puede decir que el reconocimiento de los derechos de los niños ha sido un proceso tardío, largo y difícil. Los primeros acuerdos internacionales para proteger a la infancia se dan apenas en este siglo, en el año de 1924, a través de un texto elaborado por la Unión Internacional de Asistencia a la Infancia y adoptado en la *Declaración de Ginebra* por la Sociedad de Naciones, antecedente de la ONU. Esta versión fue posteriormente ampliada para dar lugar en 1959 a la *Declaración sobre los Derechos del Niño*, en cuyo preámbulo se considera que el niño, por su falta de madurez física y mental, necesita protección y cuidados especiales, incluso la debida protección legal, tanto antes como después del nacimiento. Esta declaración consta de diez principios que mencionan una serie de objetivos: disfrute de todos los derechos enunciados en la Declaración, sin distinción o discriminación por motivos de raza, color, sexo, idioma, religión, opiniones políticas o de otra índole; protección especial; derecho desde su nacimiento a un nombre y una nacionalidad; goce del beneficio de seguridad social; tratamiento especial para el niño física y mentalmente impedido; derecho a la educación y al pleno y armonioso desarrollo de su personalidad, y protección contra toda forma de abandono, crueldad, explotación y discriminación.

Como los derechos de los niños y niñas son parte de los derechos humanos en general, su reconocimiento en 1959 se da con base en la *Declaración Universal de los Derechos Humanos* que se realiza en 1948. Se generaron discusiones sobre la conveniencia de hacer una distinción entre "niños" y "seres humanos", pero se ha reconocido que es importante considerar las condiciones especiales que enfrenta este sector, como serían la adopción, la justicia a menores, la educación primaria, las condiciones de trabajo de los niños, etc. Así, puede decirse que las declaraciones que se hacen a favor de la infancia refuerzan los derechos humanos en general, pero se esfuerzan por "tomar en consideración las necesidades particulares de los niños en cuanto seres humanos especialmente vulnerables y esencialmente dependientes" (UNICEF, 1990). Es importante aclarar que las declaraciones anteriores en realidad sólo representaron un llamado ético y de humanización porque las mismas no tenían ninguna fuerza jurídica.

Después de la Declaración del 59 y antes de que se iniciara el Año Internacional del Niño en 1979, Polonia propone realizar una Convención sobre los Derechos del Niño. La propuesta originó una serie de discusiones y resistencias, pero finalmente se estableció un grupo de trabajo que sesionó durante diez años para revisar y redactar un documento que reuniera en un solo código un conjunto de disposiciones legales a favor de la infancia y que fuera de carácter *universal y obligatorio* para todos aquellos países que lo aceptaran y ratificaran. Un aspecto interesante de la comisión fue su carácter abierto, ya que aparte de los 43 Estados miembros que la conformaban se permitía la participación sin restricciones en los debates a cualquier otro miembro de las Naciones Unidas, a organismos no gubernamentales y a organismos intergubernamentales (como la OIT, ACNUR y UNICEF).

Las discusiones y debates abordaban cuestiones muy complejas que hacían difícil lograr un consenso, pero finalmente se logró enviar en 1989 el texto final *Convención sobre los Derechos del Niño* a la Asamblea General de las Naciones Unidas, para que entrara en vigor a partir de la ratificación del vigésimo Estado. El proceso de aceptación y ratificación por parte de los Estados fue inusitado, ya que en menos de siete meses había logrado reunir más de 40 ratificaciones, situación que no se había dado en ninguno de los otros documentos de derechos humanos. Sorprende también saber que los Estados Unidos son uno de los dos países que no lo han ratificado, el otro es Somalia.

Hay que destacar también que por primera vez en la historia de la lucha internacional por los derechos de la infancia y adolescencia se logró un documento legal que tuviera fuerza coercitiva para los países que lo suscribieran y ratificaran, y que además incluyera mecanismos de control y verificación para observar el cumplimiento de los derechos estipulados en la Convención. Como R. Cohen (oficial de los derechos del niño en México, UNICEF) lo plantea, el esfuerzo de la Convención es ir más allá del relativismo cultural para postular y defender la universalidad de los derechos humanos, en este caso de la infancia y adolescencia. Las disposiciones de la Convención expresan jurídicamente lo máximo a que se pudo llegar, pero lo mínimo que éticamente se puede esperar.

Uno de los vacíos que se pueden encontrar en la Convención es el que se refiere a la definición de niño o niña como *todo aquel ser humano menor de 18 años de edad, salvo que, en virtud de la ley que le sea aplicable, haya alcanzado antes la mayoría de edad*. Este concepto desdibuja las diferencias que pueden encontrarse entre la infancia y la adolescencia, dejando a esta última etapa bastante descubierta en su especificidad. Otra crítica que ha aparecido es la necesidad de ir más allá del concepto de participación para promover la autonomía y el reconocimiento de la infancia y adolescencia como un fenómeno social en el cual ellos, y no los adultos, sean los protagonistas. En este sentido, los artículos 12 a 15 y 17 y 30 de la Convención, que se refieren a la libertad de expresar opiniones, a la libertad de acceder a información, a la libertad de pensamiento, conciencia y religión, así como a la libertad de asociación, cultura y lenguaje en niños y niñas han significado un avance, pero todavía falta un largo camino por recorrer para impugnar verdaderamente la ubicación subordinada y marginal de éstos en la sociedad y establecer con claridad el derecho que tienen los mismos a tomar decisiones, a participar en la demanda, promoción y transformación de sus propios derechos. Puede decirse que estamos ante el surgimiento de una nueva cultura de la infancia en donde se considere a niñas, niños y adolescentes con plena capacidad para pensar, expresar, decidir y actuar no por concesión de los adultos, sino por derecho propio.

México ante la Convención

En nuestro país se alcanza la mayoría de edad a los 18 años, por lo que todos los menores deben esperar hasta esa edad para que su voz pueda escucharse legalmente, para tener derecho a votar, a ser ciudadanos y tener la capacidad para representarse a sí mismos. Sin embargo, en 14 estados del país no tienen que esperar hasta esa edad para ser sujetos de proceso y castigo penal, ya que paradójicamente desde los 14 años se les considera plenamente responsables de sus delitos y, en sentido jurídico, completamente incapaces de hacer valer y ejercer sus derechos.

En México, cuando decimos menores nos estamos refiriendo a 44% de la población, ya que de acuerdo con datos del INEGI de 1997, hay aproximadamente 40.5 millones de niños y niñas menores de 18 años en nuestro país. De esta cifra, se considera que más de la mitad vive en condiciones de pobreza y desigualdad, lo que genera graves problemas y da lugar a situaciones críticas en las condiciones de vida de los mismos. Algunas de ellas son, por ejemplo, la elevada tasa de niños trabajadores y de la calle que se encuentran sujetos a condiciones de explotación, de maltrato e incluso de violencia extrema, el abuso sexual, la prostitución y el tráfico de menores, el elevado índice de embarazos en adolescentes, niños y niñas sujetos a la violencia institucional de cárceles y consejos tutelares, menores indígenas sujetos a discriminación y víctimas de la guerra de baja intensidad que el Estado mantiene en Chiapas, Oaxaca, Guerrero, Hidalgo y Veracruz, menores migrantes y deportados.

Ante este desolador panorama, podría parecer alentador el que nuestro país firmara la Convención el mismo año de 1989, la ratificara al año siguiente y estableciera el compromiso de presentar un informe sobre los avances en el cumplimiento de los acuerdos a los dos años y posteriormente cada cinco años. Ciertamente, el comité de la ONU encargado de analizar el primer informe de 1992 muestra satisfacción ante los esfuerzos realizados por informar a los niños acerca de los derechos de la Convención y por promover su participación, y también reconoce las propuestas que se han hecho en las áreas de salud, educación y asistencia a menores a través del Programa Nacional de Acción.

Sin embargo, también extendió una serie de observaciones y preocupaciones entre las que destacan el considerable impacto que tiene sobre la infancia el elevado nivel de violencia en la sociedad, en el seno de la familia y la violencia política que se ejerce en la región de Chiapas. Otros aspectos importantes que se mencionan son el gran número de niños que viven en circunstancias difíciles, el elevado índice de denuncias de malos tratos hacia niños y niñas atribuidos a la policía, el personal de seguridad o militar, así como el hecho de que no se hayan tomado medidas eficaces para castigar a los culpables. Recomienda que se tomen las medidas necesarias para la aplicación práctica de las disposiciones, intensificar acciones contra toda violencia que se traduzca en malos tratos hacia la infancia, combatir la discriminación contra los niños y niñas de grupos más vulnerables (niños de la calle, indígenas, objeto de abusos en la familia) y difundir los derechos que tiene la infancia a todos los profesionales que tengan trato con ésta, así como al público en general (ONU, 1994).

Aunque hay elementos favorables en cuanto a ciertas modificaciones en la legislación para promover y proteger los derechos de la infancia y adolescencia, existen grandes dificultades para que éstas se apliquen y se vean reflejadas en la práctica diaria. Es preocupante observar en este sentido la retórica sobre los derechos que muchos funcionarios y políticos mantienen, institucionalizando un doble discurso que evidencia el enorme abismo entre "las buenas intenciones" y las condiciones reales que se dan en nuestro país con relación a este sector de la población.

Ante esta situación, es importante destacar que existe una organización no gubernamental, que se ha propuesto publicar informes periódicos para ofrecer datos alternativos y complementarios a los del gobierno. El IV y más reciente informe del Colectivo Mexicano de Apoyo a la Infancia (COMEXANI), *Los hechos se burlan de los derechos*, apareció a principios de 1998 y se adelantó al informe oficial que después de cinco años del anterior debe presentar el gobierno ante la ONU; mostrando una serie de análisis sobre el contexto, la legislación, la salud, la educación, la cultura y la participación, así como sobre la situación de los niños y niñas en circunstancias especialmente difíciles.

La visión de la infancia y los derechos humanos

El reconocimiento de los derechos de los niños y las niñas está estrechamente vinculado a la visión que se tiene de la infancia y por lo tanto a la construcción social que se ha hecho de esta etapa. Los trabajos pioneros de Ariés (1987) empezaron a perfilar el carácter histórico del concepto de infancia, el cual ha sido posteriormente ampliado por diversos autores, como De Mause (1982), Cusiánovich (1994) y otros. Me parece que la visión general que este último autor da de los diversos momentos en la construcción histórica de la infancia puede darnos una imagen general del movimiento y la evolución del concepto en los últimos tres siglos. Cusiánovich plantea que primero existe un *desconocimiento* de la infancia como una etapa distinta del mundo adulto, posteriormente se da un *reconocimiento* de este periodo y una construcción de un sentimiento específico de protección y tutela por parte de los adultos que permite por un lado una *emergencia social* de la infancia, pero a su vez propicia un *ocultamiento* y confinamiento hacia el ámbito doméstico para empezar finalmente en las últimas décadas de este siglo a considerar a la infancia como un sector que tiene su propio *protagonismo* (Cusiánovich, 1994: 11-13).

Hay una coincidencia por parte de los historiadores al marcar los siglos XVIII y XIX como aquellos en los que se consolida el concepto moderno de infancia. El movimiento de los pensadores, educadores y reformadores del siglo XVIII propicia que se empiece a mirar a la infancia como una etapa diferenciada del mundo adulto a la que hay que prestar atención y cuidado. Son ellos los que empiezan a develar ante los ojos de la gente común y de la opinión pública la terrible realidad en la que se encontraban miles de niños. El enfoque propuesto en ese entonces tenía un carácter filantrópico y caritativo que trataba de generar un sentimiento social, a la vez que proponía legislar y aplicar políticas sociales para la atención y la protección a los menores.

El desarrollo de un sentimiento social y una actitud que apelara a la protección y al cuidado de la infancia es un paso importante si se considera que muchas culturas de la Antigüedad suponían que niños y niñas eran propiedad del padre y que por lo tanto su maltrato, comercio, descuido e incluso asesinato era ignorado o avalado por el Estado. No puede desconocerse entonces la enorme importancia de este movimiento, sobre todo por el alcance simbólico que tuvo, así como por los efectos jurídicos y la conciencia moral que produjo en la sociedad; sin embargo, cabe destacar que toda esta visión tiene como pilar fundamental una idea centrada en la "naturaleza" del niño asociada a la incapacidad, inmadurez y debilidad, así como a ser sujeto de malas influencias, razones todas que motivan una serie de políticas preventivas para evitar la "peligrosidad" de los menores y encauzarlos por el buen camino gracias a las leyes de asistencia social y de protección.

El siglo XX se caracteriza por incorporar en la conceptualización del niño los avances logrados en las disciplinas de la salud, educación, trabajo social y jurídico. Se ejercen fuertes programas de alfabetización y se combate la mortalidad infantil mediante amplios programas de salud básica. Sin embargo, como se puede notar en la declaración del 59, todavía se mantiene la visión del niño como alguien inmaduro física y mentalmente y en pleno 1990 algunos documentos de organismos internacionales encargados de la infancia se refieren a niños y niñas como "esencialmente dependientes".

La perseverancia de esta noción de niños y niñas como sujetos inmaduros que requieren de asistencia ha generado un fenómeno interesante y paradigmático en este momento de la historia, ya que, de acuerdo con Cusiánovich, la emergencia de la infancia con un perfil propio coincide a su vez con su ocultamiento social. Esto se refiere a que la exigencia de tutela y protección, por un lado, genera la visibilidad, el reconocimiento y la reivindicación de los niños y niñas en la conciencia social, pero por el otro favorece un ocultamiento de los mismos cuando en su afán de protegerlos se les confina al ámbito familiar y se les excluye del ámbito social y político.

La exclusión de las responsabilidades sociales y políticas es vista de una manera distinta por los profesionales dedicados a la psicología evolutiva, quienes defienden la necesidad de que niños y niñas cuenten precisamente con un periodo en el que se les exima de las obligaciones y asperezas de la vida de los adultos. Garbarino (1989) ve a la infancia como un invento social, un escudo protector que aparte de liberar a los niños de las exigencias económicas, políticas y sexuales, permite que la sociedad se vea obligada a intervenir y a proporcionar dicha protección en caso de abandono, orfandad o cuando la familia natural no pueda hacerse cargo. Linaza (1994), por su parte, coincide con Garbarino en que la infancia libera al niño de muchas de las tareas imprescindibles para la supervivencia y enfatiza el carácter de la misma como un tiempo y espacio psicológico para ensayar y aprender comportamientos y conocimientos complejos que le serán exigidos como adulto. El autor afirma que el enfoque de la psicología evolutiva, con respecto al concepto de infancia, es relacionar "la importancia de su prolongación en la especie humana con la creciente capacidad del hombre para adaptarse a un medio progresivamente más complejo y difícil de predecir de antemano" (Garbarino, 1989: 46).

La visión de la infancia como una "etapa de preparación" que les permita posteriormente a los niños "ser propiamente adultos", eliminándoles pesos y responsabilidades del quehacer es fuertemente criticada por grupos e investigadores latinoamericanos que han acompañado a los movimientos de niños trabajadores. Liebel (1994) plantea, por ejemplo, que el modelo burgués europeo de la infancia niega la subjetividad propia de niños y niñas al considerar sus características como expresiones de inmadurez que deben "superarse por medio de la educación". El autor considera que esta visión oscurece el surgimiento de "una nueva clase de niñez que no es reserva protegida objeto de asistencia, ni proyección ficticia de los adultos". Hace notar el efecto de las políticas neoliberales en América Latina que han expulsado a millones de niños de las escuelas y los han colocado en circunstancias especialmente difíciles. Apunta que, de acuerdo con datos de la Organización Internacional del Trabajo, se estima que hay 45 millones de niños latinoamericanos que viven o trabajan en las calles. Sus datos no nos permiten saber si en ese conteo están considerados los miles de niños indígenas que desde muy pequeños soportan sobre sus hombros tareas y responsabilidades para colaborar directamente con sus padres en la difícil tarea que para estos grupos es la supervivencia.

Por esta misma razón, Cusiánovich (1994: 12) denuncia la incoherencia intrínseca del modelo de infancia moderno y occidental a través del cual se pretende abolir y penalizar el trabajo infantil en aras del "derecho del niño a disfrutar de la infancia", cuando son los mismos procesos económicos y sociopolíticos los que expulsan violentamente del seno de la familia y de la escuela a millones de niños que se ven forzados a trabajar en el campo, en la industria y en la calle. Es evidente que el sufrimiento y la falta de oportunidades de estos niños no está reducido geográficamente a América Latina, sino a la gran mayoría de los países en vías de desarrollo y también de los países llamados del primer mundo.

Parece ser entonces que, como lo plantean J. J. Pérez y Cusiánovich, la matriz conceptual predominante en nuestros tiempos todavía sigue considerando al niño como objeto social, reflejándose en ella un paternalismo y una verticalidad que muchas veces impiden el desarrollo de las potencialidades de niños y niñas al pensarlos incapaces e indefensos y, por lo tanto, sujetos a lo que adultos e instituciones puedan pensar y proponer para ellos. Al mantener este punto de vista se establece y prolonga una relación de dependencia y por lo tanto se les niega la posibilidad de ser actores sociales.

Lo anterior nos conduce a un cuestionamiento interesante que está todavía en debate. ¿Es la infancia un sector de la sociedad que requiere de protección y tutela?, o bien ¿podemos concebirla como un grupo que puede ir desprendiéndose de la "tutela necesaria" de los adultos de manera que pueda expresar su propia voz y lograr una cierta autodeterminación? ¿Es posible considerar a la infancia como un colectivo social que puede desarrollar una presencia organizada y actuar con cierto perfil propio?

Los menores como sujetos sociales

Como se puede notar, la concepción que se tenga de la infancia tiene una significación política muy clara que puede llevar a considerar a niños y niñas, y a los y las adolescentes como titulares de derechos y obligaciones pero sin la capacidad para hacerlos valer. Otra perspectiva que se está gestando es la consideración de la infancia y adolescencia como un fenómeno social y la visión de sus integrantes no sólo como sujetos de derechos sino como sujetos sociales que pueden tener una voz propia, expresar sus intereses y exigir sus derechos.

Existe actualmente en América Latina un proceso germinal de movimientos sociales a favor de la infancia que en un principio surgieron como iniciativas de organizaciones no gubernamentales o bien de educadores y otros adultos interesados en mejorar la situación de vida de niñas, niños y adolescentes trabajadores, con una intención de que éstos tuvieran una participación directa y activa en los problemas que les conciernen. Lo que se ha observado es que una vez que empiezan a participar, se muestran cada vez más capaces y deseosos de ser ellos mismos los que encuentren sus formas de organización y decisión, a tal punto que se puede ya hablar de movimientos cuyos protagonistas son realmente los niños. Uno de estos movimientos, el de niños trabajadores y de la calle, se ha llegado a organizar a nivel regional y/o nacional en varios países, como Perú, Brasil, Colombia y Guatemala hasta el punto de poder establecer redes de encuentro en varios congresos internacionales. El Primer Encuentro Latinoamericano de los Niños y Adolescentes Trabajadores y de la Calle en 1988 constituyó el inicio de una serie de eventos internacionales en los que niños y niñas han podido expresarse libre y directamente acerca de las circunstancias en que viven. Los actores de estos movimientos se han visto obligados a madurar violentamente por las dificultades y penurias que enfrentan, pero también son ellos los que empiezan a sentir más tempranamente que la mayoría de los niños y niñas la necesidad de establecer relaciones con igualdad de derechos. En el tercer congreso que se llevó a cabo en 1992 en la ciudad de Guatemala participaron niñas, niños y adolescentes de Perú, Venezuela, Bolivia, Colombia, Paraguay, México, Argentina, Guatemala, Honduras, Nicaragua y El Salvador.

A pesar de encontrarse todavía en un momento de gestación, no podemos soslayar la importancia política que tienen estos movimientos, ya que los ajustes y medidas económicas que han adoptado la mayoría de los países propician un incremento constante del número de trabajadores infantiles y, por lo tanto, genera diariamente una fuerza social que al paso de los años puede tener una incidencia interesante en el sistema social. Liebel (1994) menciona algunas de las características de los movimientos sociales infantiles destacando sus particularidades y postula que éstos pueden ser un medio para encontrar un modo totalmente distinto de hacer política. Según el autor, estos movimientos se desarrollan mediante redes informales alrededor de ciertas tareas comunes y por lo general se asemejan más a comunidades experimentales en las que se combina un espíritu lúdico junto con las discusiones serias, por lo que no es tan probable la formación de "aparatos políticos" basados en la disciplina. Un aspecto interesante es el rechazo a las estructuras jerárquicas y a los estilos autoritarios, los representantes son criticados de manera frecuente y abierta, eligen estructuras que permitan la participación y las iniciativas personales y se destituye rápidamente y sin formulismos a los que no cumplen las tareas encomendadas (Liebel, 1994: 124-125).

Shibotto (1990) también rescata la continua renovación y creatividad que estos movimientos muestran, ya que la acelerada movilidad de esta etapa les impide contar con un grupo dirigente estable y por lo tanto impide los fenómenos típicos de poder y cristalización de liderazgos de otras experiencias organizativas. Estas mismas características propician también un carácter inestable de la organización y les enfrenta al problema de la continuidad, por lo que se requiere de una formación permanente de niños más pequeños por parte de aquellos que se mantienen un cierto periodo en lugares de responsabilidad.

Desde otra perspectiva, Roger Hart (1993) ha propuesto un modelo que tipifica el nivel de participación de niños y niñas, en el que diferencia ocho niveles. Los tres primeros: *manipulación, decoración* y *participación simbólica* los evalúa como una no participación y se refieren a la movilización que hacen los adultos con los niños para sus fines, sin que en realidad se les informe ni consulte sobre el proceso, o sin que se les dé el tiempo necesario para formarse un criterio propio sobre el mismo. Los siguientes cinco: *asignados pero informados; consultados e informados; iniciada por los adultos, decisiones compartidas con los niños; iniciada y dirigida por los niños* y finalmente *iniciada por los niños, decisiones compartidas con los adultos* indica ya una participación más real porque se considera a niños y niñas como socios y compañeros a los que es necesario consultar antes de actuar en su nombre. Siguiendo este esquema se puede decir que actualmente la participación infantil y adolescente se manifiesta por lo general en los primeros niveles, ya que a pesar de que se encuentran cada vez más ejemplos de grupos de niños, niñas y adolescentes que pueden iniciar y dirigir sus propios movimientos, es todavía un proceso germinal que se halla en sus etapas iniciales.

Líneas de investigación y debate contemporáneo

La participación infantil en ámbitos sociales y políticos cuestiona de manera muy profunda el tipo de relaciones que se establecen entre niños y adultos. Aun entre los pedagogos, sociólogos o profesionales dedicados al servicio de la infancia, existe una gran dificultad para superar la actitud paternalista; para transformar el vínculo de autoridad que normalmente se da por sentado y para dejar atrás la sensación de que su palabra debe tener más peso en el momento de las decisiones. Todavía es problemática la manera de brindar el apoyo que requieren niñas, niños y adolescentes por parte de los adultos, sin que éste signifique un obstáculo para el desarrollo de sus capacidades de decisión y autonomía. Así, uno de los retos de nuestro tiempo es establecer un vínculo con la infancia que trascienda la relación jerárquica, dependiente y discriminatoria que todavía prevalece.

Por otro lado, en la literatura sobre los movimientos sociales de la infancia (Cusiánovich, 1994; Liebel, 1993; Pérez, 1996) se utiliza el término *protagonismo infantil* para referirse precisamente a la posibilidad que tienen niños y niñas de formar colectivos que pueden pensar, proponer y actuar con un perfil propio, establecer formas creativas y distintas de expresión y tener la capacidad para determinar su propio rumbo. Se enfatiza la posibilidad de autogestión y autonomía, así como la importancia que tiene construir una visión de niñas, niños y adolescentes como sujetos sociales de derechos que pueden contribuir en el desarrollo de sus comunidades.

Dentro de las ciencias sociales se ha destacado la importancia de abordar el estudio de los sujetos sociales como una forma de entender de mejor manera la realidad sociohistórica en la que estamos arrojados. La conceptualización de los sujetos sociales propuesta por Zemelman (1997), por ejemplo, considera a éstos como formas particulares de expresión social, que especialmente tienen el rasgo de ser "condensadores de historicidad", ya que por una parte son frutos del pasado, pero a la vez contienen en sí mismos posibilidades futuras. En un estudio anterior (Corona, 1997) nos hemos referido a que niñas y niños representan para la especie humana el periodo de mayor potencialidad, en esa relación particular que Zemelman plantea entre lo dado y las posibilidades de devenir. Por ello, el rasgo de ser "condensadores de historicidad", sobre todo en sus posibilidades de futuro, adquiere una relevancia particular.

Lo anterior nos hace pensar en que resulta indispensable para las ciencias sociales abordar el estudio de la subjetividad social de niñas, niños y adolescentes, concebirlos como actores sociales y abocarnos a comprender las formas particulares de apropiación de la realidad, las prácticas y procesos organizativos en los que se encuentran inmersos, así como la especificidad en su manera de construir sentidos y propuestas.

Otra línea significativa de investigación a futuro tiene que ver con la preocupación mundial por desarrollar sociedades más inclusivas y democráticas en las que la construcción de la ciudadanía se está perfilando como algo cada vez más relevante. Se considera primordial crear espacios de escucha para las voces de los diferentes sectores de la sociedad, entre los cuales se encuentra la infancia. Sin embargo, no sólo se trata de escuchar, sino también de fomentar un tipo de prácticas que cultiven la participación desde edades tempranas, de manera que se puedan desarrollar valores, actitudes críticas y creativas, así como conocimientos que los vayan formando como ciudadanos.

Consideraciones finales

Trabajar por los derechos de la infancia y la adolescencia es una tarea que tiene un gran poder transformador, no sólo porque desde el punto de vista de la especie humana, las niñas y los niños son nuestro futuro, sino también porque implica un cuestionamiento radical de nuestra colocación ante ellos y el reto de encontrar nuevas formas de relación entre el mundo adulto y el de la infancia que sean más equitativas y que a la vez consideren las características específicas de su momento de desarrollo.

Si tomamos en serio la propuesta de que los años de la infancia son aquellos en que la humanidad está mejor dispuesta para el aprendizaje, tendríamos que empeñarnos en generar desde ese momento una participación más directa en todos los ámbitos, de manera que su relación con el mundo pudiera desarrollarse de una manera crítica, reflexiva y comprometida:

> ...la democracia también debería dejar de ser algo reservado para los adultos, donde el niño espera pasiva y contemplativamente el momento de ejercer sus derechos y posibilidades. Se nos ocurre que el reconocimiento del niño como sujeto de derechos, pero también como sujeto social, debería ser, a finales del siglo XX, una suerte de reivindicación como en su momento y a su manera lo fueron los movimientos para superar el esclavismo, el racismo y la marginación de la mujer [Pérez, 1996].

BIBLIOGRAFÍA

Alcubierre, B., y T. Carreño (1996), *Los niños villistas. Una mirada a la historia de la infancia en México, 1900-1920*, Instituto Nacional de Estudios Históricos de la Revolución Mexicana, México.

Ariés, P. (1987), *El niño y la vida familiar en el antiguo régimen*, Taurus, Madrid.

Bazán, Juan (1995), *Visión de la aplicación de la Convención sobre los derechos del niño en la región de América Latina, 1990-1994*, Ediciones Radda Barnen, Lima.

Centro de Derechos Humanos (1989), *El derecho a una alimentación adecuada como derecho humano*, Naciones Unidas, NuevaYork.

COMEXANI, "Los hechos se burlan de los derechos", *IV informe sobre los derechos y la situación de la infancia en México, 1994-1997*.

Comisión Nacional de Derechos Humanos (1995), *Los menores ante el sistema de justicia*, México, CNDH.

Comisión de Derechos Humanos (1995), *Los derechos del menor*, memoria del Palacio Legislativo, Cámara de Diputados, Congreso de la Unión, México.

Convención de los derechos de los niños (1995), texto editado por la Comisión de los Derechos Humanos del D. F. y el Fondo de las Naciones Unidas para la Infancia.

Convenio Policía Nacional de Perú-Radda Barnen: atención y tratamiento de niños y adolescentes (1994), *Niño y adolescente: enfoques y contexto*, Radda Barnen.

Corona, C. Y. (1997), "Los derechos de la comunidad en niños tepoztecos, a la luz del contexto mítico-religioso del pueblo. Algunos problemas metodológicos", Ponencia ante el *Coloquio Internacional de Sociología Clínica e Investigación Cualitativa en Ciencias Sociales*, Morelos, México.

Cusiánovich, J. (1994), "Enfoques y contexto", en Convenio Policía Nacional-Radda Barnen, *Niño y adolescente: enfoques y contexto*, Radda Barnen.

Defence for Children International (1994), *International yearbook of Children's Rights*, Amsterdam.

Garbarino, J., y F. Stott (1993), *Lo que nos pueden decir los niños*, Ministerio de Asuntos Sociales, Madrid.

Instituto Madrileño de Atención a la Infancia (1993), *Guía para la atención del maltrato a la infancia por los profesionales de la salud*, Consejería de Salud, Madrid.

Investigación y Educación Popular Autogestiva, A. C. (1996), *¡Que vivan mis derechos! Antología de obras de teatro, títeres, cuentos y canciones sobre los derechos de los niños y las niñas*, IEPAAC Ed., Mérida.

Liebel, Manfred (1993), *Protagonismo infantil, movimiento de niños trabajadores en América Latina*, Ed. Nueva Nicaragua.

Linaza, Josetxu (1994), "Derechos de la infancia y desarrollo humano", en *Infancia y Sociedad*, 27/28, Madrid.

Montenegro, J. J., y M. Ocaña (1994), "Lo que nos dicen los niños sobre sus derechos", en *Infancia y Sociedad*, 27/28, Madrid.

Ochaíta, E., M. Espinosa, y M. Grediaga (1994), "¿Cómo entienden los niños el derecho a la igualdad?", en *Infancia y Sociedad*, 27/28, Madrid.

ONU (1994), *Examen de los informes presentados por los Estados partes con arreglo al artículo 44 de la Convención*.

Pérez, J. J. (1996), *El niño como sujeto social de derechos: una visión del niño para leer la convención*, Radda Barnen Ed., Perú.

Ramírez, Gloria (1995), "Los derechos de la infancia, un camino sinuoso e incompleto", en *La niñez, sus derechos y valores para el nuevo siglo*, Memoria, Comisión de Derechos Humanos del D. F., La casa del árbol.

Secretaría de Salud (1991), *México y la cumbre mundial a favor de la infancia*, Impresos Formales, México.

Shibotto, G. (1994), "¿Quiénes son los niños y adolescentes trabajadores y de la calle?", en Convenio Policía Nacional-Radda Barnen, *Niño y adolescente: enfoques y contexto*.

Staelens, Patrick (comp.) (1991), *La problemática del niño en México*, Universidad Autónoma Metropolitana, México.

Trisciuzzi, Leonardo, y Franco Cambi (1993), *La infancia en la sociedad moderna, del descubrimiento a la desaparición*, Documento de trabajo, Centro de documentación COMEXANI, CEFLOR, Ed. Riuniti, Roma.

UNICEF (1990), *Historia de la Convención de los Derechos del Niño*.

——— (1992), *Menores trabajadores y de la calle en Mesoamérica*, Childhope ed., Guatemala.

Zemelman, H., y G. Valencia (1990), "Los sujetos sociales, una propuesta de análisis", *Acta Sociológica*, vol. III, núm. 2, mayo-agosto, FCPYS-UNAM.

——— (1997), *Problemas antropológicos y utópicos del conocimiento*, El Colegio de México.

DERECHOS DE PROPIEDAD

Carlos Elizondo Mayer-Serra

Definición

Los derechos de propiedad son de capital importancia para entender la dinámica política y económica de una sociedad. No obstante, la distinción fundamental entre una economía capitalista con un sistema de propiedad privada absoluta y una economía socialista basada en la propiedad pública es muy cruda. Es cierto que en la distinción se incorpora un elemento fundamental de la manera como puede organizarse una sociedad; a saber: si los individuos pueden o no ser propietarios privados de los medios de producción; y ello tiene profundos efectos en la organización política y económica de la sociedad. Una consecuencia de gran importancia es que los propietarios retienen cierto margen de poder propio con respecto al poder público.

De ser aceptado que la propiedad privada debe desempeñar una función fundamental en la producción y distribución de recursos —como ahora se acepta en casi todo el mundo—, la simple noción de una sociedad capitalista que consista en la propiedad privada absoluta protegida por el gobierno y la existencia de un mercado en el que se distribuyan los recursos sin interferencias externas (del gobierno) no es suficiente. Debe examinarse más a fondo la manera como se definen los derechos de propiedad específicos.

La teoría política liberal lockeana y la economía clásica hacen una distinción entre política y economía que es central en su concepción de propiedad privada absoluta. Desde el punto de vista más simple, el Estado se limita a la importante función de proteger los derechos de propiedad, mientras que el mercado es el mecanismo que asigna los recursos sociales. Sin embargo, la política, entendida como el empleo del poder público y la competencia para tener acceso a él o para limitarlo, desempeña un papel muy importante que no se toma en consideración en el modelo simplificado de propiedad privada absoluta. La política (tanto las disputas pasadas como las presentes) es una variable crucial para determinar las fronteras de lo que constituye la propiedad privada —esto es, las fronteras de su área de autonomía— y, por ende, de lo que son los límites de la función del mercado en la distribución de los recursos. La política puede incluso ser un elemento central para determinar qué individuos pueden ser propietarios, en primer lugar, o quién tiene mayores posibilidades de adquirir más propiedades.

La propiedad privada absoluta, que muchos especialistas en filosofía política han dado por supuesta, sólo es útil en lo que respecta a objetos triviales. La noción general de propiedad —mejor entendida como derechos de propiedad— depende en diversos grados del poder público.

El significado de los derechos de propiedad.
Una definición simple

La propiedad es un fenómeno complejo que incluye elementos políticos, económicos y legales. En términos muy simples, decir que X es propiedad de A (que equivale a afirmar que A es propietario de X) es decir que A puede hacer con X lo que quiera.

Aunque simple, la definición anterior nos da una idea de lo que es la propiedad; sin embargo, no es muy útil. Toda definición de la propiedad debe abordar dos problemas fundamentales. Primero, si en verdad A puede hacer con X literalmente lo que quiera. Segundo, qué puede hacer alguien más con respecto a X. Definir quién puede hacer qué con X y con qué límites es definir la propiedad. Podremos entender mejor lo anterior si decimos que, cuando A es propietario de X, esto significa que A tiene ciertos derechos sobre X. Siguiendo a S. Munzer, el término *derecho* se emplea "en el sentido amplio de una ventaja individual garantizada por la ley".

Para definir lo que es la propiedad, es necesario conocer los derechos (y obligaciones) de A. Un objeto, X, evidentemente, no puede ser responsable del respeto de los derechos o del cumplimiento de las obligaciones. Lo anterior significa que los demás individuos deben respetar los derechos de A sobre X (y, si estos derechos entrañan alguna obligación, asegurarse de que A la cumpla).

La propiedad es una relación social. Si se espera que cualquiera otra persona respete el derecho de A sobre X, esta persona deberá saber cuándo A tiene un derecho sobre X y cuál es el alcance de este derecho (y obedecerlo, por aceptación voluntaria o por temor a la coerción), lo cual sólo es posible si la gente comparte un conjunto de reglas.

La propiedad puede entenderse también como el objeto poseído. En este ensayo, no obstante, me centraré en la relación entre diferentes individuos con respecto a un objeto. Según Snare, la propiedad es un "conjunto complejo de derechos y obligaciones". Es un sistema de reglas que relacionan a los actores sociales con los objetos.

En la tradición occidental posterior a la Edad Media, el titular de este derecho ha sido, por lo general, el individuo, pero los diferentes grupos sociales, como la familia o algunos más complejos, como las empresas o las comunidades, también pueden ser propietarios. De las reglas específicas de cada sociedad sobre la propiedad depende también qué individuos tienen derecho a tener propiedades y qué clase de objetos pueden ser poseídos.

Las reglas de propiedad carecen de sentido para un observador externo que no las conoce. Según Snare, "después de todo, una manzana robada no se ve distinta de otra manzana". A puede tener ciertos derechos (y obligaciones) sobre X y B puede respetarlos, pero C, un extranjero que no conoce las reglas, puede ser incapaz de respetar los derechos de A, aun cuando no tuviese la intención de violar ninguna regla. Su ignorancia puede llevarlo a violar los derechos de propiedad de A. El problema consiste en saber qué reglas (qué clase de derechos y obligaciones) definen la propiedad. El contenido de estas reglas explica lo que es la propiedad.

Los derechos de propiedad, las reglas del juego sobre la propiedad y las instituciones relacionadas con la propiedad son más o menos intercambiables. La idea clave consiste en que los derechos de propiedad específicos de un individuo determinan el conjunto de oportunidades con respecto al empleo de los recursos.

La propiedad privada absoluta

Una manera de resolver el problema de qué derechos posee un propietario consiste simplemente en defender la noción de que A tiene derecho sobre todos los derechos posibles. Dicho de otra manera, el derecho que deben respetar los no propietarios es la posibilidad del propietario de hacer con su propiedad lo que quiera. Cuando el propietario tiene todos los derechos posibles, tiene la propiedad privada absoluta sobre X. Conforme a este enfoque, Blackstone afirma que la propiedad es "este dominio único y despótico que un hombre tiene sobre las cosas exteriores del mundo, en exclusión total del derecho de cualquier otro individuo en el universo". Ésta es una versión retórica de lo que se denomina propiedad privada liberal absoluta, esto es, control absoluto sobre las cosas poseídas.

La anterior definición extrema de la propiedad privada es común en el uso cotidiano. También es la base de la mayoría de las obras (sobre todo normativas) de la tradición liberal de los dos últimos siglos y de los llamados libertarios contemporáneos. Con todo, aun los defensores de la propiedad privada absoluta tienen que aceptar que, en la mayoría de las situaciones, el propietario no puede matar con su propiedad. Conforme a este punto de vista, la única restricción para el propietario la impone otro conjunto de reglas. A puede dejar su cuchillo sobre la mesa, pero no en el pecho de B, porque B tiene el derecho a no ser asesinado.

El problema reside entonces en saber cuál es el conjunto de derechos que pueden ser justificados para limitar la propiedad privada. La cuestión fundamental aún no ha sido resuelta; a saber: ¿cuándo los derechos de propiedad tienen prioridad sobre otros derechos? Si no se puede exportar capital desde cierto país, es porque el derecho de este país a tener suficientes divisas tiene prioridad sobre el derecho individual a llevar capital al extranjero. Para los defensores de la propiedad privada absoluta, el conjunto de reglas que pueden limitar los derechos de propiedad es reducido y se restringe a los derechos (civiles) básicos de los otros individuos, pero no incluye ningún derecho social "abstracto". Otras tradiciones intelectuales, no obstante, defienden la idea de que los derechos sociales pueden tener prioridad sobre los derechos de propiedad privados, con lo que incluso pueden llegar a sugerir la necesidad de cancelar ciertos derechos de la propiedad privada.

Sea lo que fuere, aun cuando la propiedad privada se defina como absoluta, en la práctica existen algunas limitantes a ella. Si propiedad absoluta significa exención de control social, jamás ha existido. Según Honoré:

> Aun en las épocas más individualistas de Roma y Estados Unidos [la propiedad] ha tenido un aspecto social, el cual se ha expresado en incidentes de posesión tales como el deber de impedir el uso pernicioso, la obligación de otorgamiento por deuda y la obligación de cumplir con el gravamen o expropiación impuestos por la autoridad pública.

Aun una Constitución liberal como la de los Estados Unidos incluye ciertas disposiciones relacionadas con la expropiación, la cual es sancionada tácitamente en el siguiente pasaje de la Declaración de Derechos: "ni deberá tomarse la propiedad privada para uso público sin una justa compensación". El problema principal, por ende, consiste en justificar tanto el uso público como la "justa compensación".

HISTORIA, TEORÍA Y CRÍTICA

La propiedad como conjunto de derechos

Dado que la propiedad no es nunca una propiedad privada absoluta, sino que está sujeta a diferentes clases de limitantes, en lo sucesivo, el ser propietario de algo se entenderá como un conjunto de derechos y obligaciones. Al descomponer la propiedad en un conjunto de derechos, tenemos una definición general de la propiedad que puede aplicarse a cualquier sociedad. Lo que falta es describir el contenido de este conjunto.

Desde un punto de vista abstracto, los derechos (y obligaciones) del conjunto son, según Becker, los siguientes: el derecho a poseer, a usar, a administrar, al ingreso, a consumir o destruir, a modificar, a alienar (dar a otros el objeto poseído), a transmitir, a la seguridad, a la inexistencia de término y a reglas residuales. Creo que los derechos enumerados se explican por sí mismos, con excepción de los dos últimos. La inexistencia de término significa que el derecho no tiene límite temporal; en la mayoría de las sociedades, el derecho de propiedad comprende incluso el derecho a legar. Las reglas residuales son "las reglas que gobiernan la reversión a otros, si los hay, de la propiedad que ha expirado o ha sido abandonada".

Becker incluye también la prohibición del uso pernicioso en contra de los derechos de otras personas y la "responsabilidad de que se me quite la cosa como pago de una deuda". La responsabilidad, no obstante, debe entenderse en un sentido más general: si mi propiedad destruye la tuya por accidente, debo pagar el daño causado. Así, no sólo se debería hablar de un conjunto de derechos, como generalmente se hace, sino de derechos y obligaciones. De todos estos derechos, la seguridad es decisiva. Para tener sentido, todos los otros derechos deben estar garantizados. O, para invertir el argumento, siguiendo a Becker, el derecho a la seguridad puede considerarse como parasitario de los otros derechos: la seguridad por sí misma no es suficiente; es necesario saber a qué derecho se refiere. Así, lo importante es que cualesquiera de los primeros ocho derechos, más la seguridad, es suficiente para hablar de derechos de propiedad.

El derecho clave de cualquier sistema de propiedad es el derecho a la seguridad. La propiedad, según Munzer, "hace posibles expectativas legales con respecto a las cosas". Para que estas expectativas sean posibles, el derecho de propiedad debe estar garantizado. El derecho a la seguridad es, en muchos sentidos, responsabilidad del gobierno, si bien el propietario también tiene el derecho a defender su propiedad en contra de los intrusos.

Como afirma Honoré: "una facultad general para expropiar cualquier propiedad con cualquier propósito sería incoherente con la institución de la propiedad" (es decir, con la propiedad privada). En un marco institucional en el que la expropiación fuese común y se pagase una compensación justa, el propietario seguiría siendo desposeído, en contra de su voluntad, del conjunto de derechos específicos a los que tuviese derecho. Con la compensación, se le hace la promesa (en dinero) de que podrá adquirir derechos sobre otra propiedad de hasta el mismo valor monetario de su conjunto de derechos original; pero, si se le puede expropiar sin ninguna restricción, su único derecho real es el valor de su conjunto original.

Aunque, en la práctica, la facultad absoluta para expropiar entrañaría la inexistencia de los derechos de propiedad, el derecho a la seguridad no implica el derecho a ser protegido en contra de toda expropiación en cualquier circunstancia. En la mayoría de las sociedades, la expropiación puede ser justificada en función del interés público, aunque debe ser compensada adecuadamente. Lo que varía es qué se entiende por interés público y cuándo éste tiene prioridad sobre el derecho de propiedad.

Para que exista cierta seguridad sobre la propiedad, la expropiación (incluida la compensación) o la confiscación (esto es, la expropiación sin compensación) deben obedecer ciertas reglas. Estas reglas deben ser definidas tan claramente como sea posible y deben incluir un poder judicial independiente que resuelva las disputas de manera justa conforme a la interpretación de las reglas. En cada sociedad, las reglas varían y, por ende, ofrecen diferentes grados de seguridad.

La lista de derechos y obligaciones descrita por Becker, y sus posibles combinaciones, es útil para entender lo que es la propiedad; sin embargo, la lista es una mera abstracción de los diferentes derechos de propiedad que pueden existir realmente. La propiedad es un conjunto de derechos, pero sus fronteras son irregulares y de lento movimiento, como una amiba, pues son el resultado del contexto histórico y político de cada sociedad. Un análisis completo de un sistema de propiedad tendría que incluir todas las reglas específicas que lo regulan.

El gobierno afecta el alcance de los derechos de propiedad mediante reglamentos que pueden estar diseñados para proteger a los individuos de los efectos perniciosos de ciertos propietarios, como los reglamentos sobre el medio ambiente y la salud. Así, cuando se protegen o fomentan otros valores, se limitan los derechos de propiedad. Asimismo, el gobierno puede fomentar ciertos derechos de propiedad específicos, como, por ejemplo, cuando protege al sector industrial.

La intervención gubernamental puede implicar la creación de "derechos de propiedad" muy específicos. Se puede argumentar que, por ejemplo, un permiso de importación es un privilegio, es decir, un derecho muy específico otorgado a un individuo. Así como, en muchos sentidos, los derechos de propiedad son privilegios protegidos por el gobierno, un permiso de importación es un privilegio específico. Obviamente, la diferencia reside en que es el gobierno el que otorga este último y que a menudo su legitimidad es dudosa. La propiedad no otorgada por el gobierno (aunque protegida por él) puede reclamarse como más legítima que los "derechos de propiedad" específicos otorgados por aquél. En comparación con los derechos de propiedad generales, los privilegios específicos tienen una menor seguridad. Una nueva decisión gubernamental puede cancelar el privilegio antes otorgado, sin reclamación alguna de compensación por parte del titular del "derecho". Los privilegios que otorga el gobierno pueden ser más o menos generales (como una exención general de impuestos) o privilegios muy específicos que el ejecutivo puede otorgar mediante su facultad discrecional (como una concesión para producir ciertos bienes).

Hay otro aspecto que vale la pena mencionar. La propiedad privada absoluta y los mercados no se encuentran lógicamente interconectados. Para proteger el mercado en contra de los monopolios, se necesitan ciertas regulaciones. Al hacer una crítica de Nozick, Arrow afirma con razón que los monopolios pueden ser el resultado de una asociación voluntaria entre propietarios. Mediante la prohibición de un monopolio, se limitan los derechos de propiedad. No importa cómo se crearon u originaron. Lo único que importa es que, aun en cuanto ejercicio de la libre voluntad de los propietarios, los monopolios afectan el interés público y, para proteger este último, se prohíben, limitando los derechos de propiedad.

No obstante, la idea simplificada de propiedad privada absoluta (y previa a toda organización política) tiene un papel heurístico para entender la lógica básica de una sociedad capitalista y también desempeña un papel ideológico para justificar la propiedad privada de los medios de producción en contra de las limitaciones gubernamentales. Estas dos razones nos ayudan a comprender por qué esta simplificación resulta tan atractiva para los defensores de la propiedad privada.

BIBLIOGRAFÍA

Véase, por ejemplo, Robert Nozick, *Anarchy, State, and Utopia* (Basil Blackwell, Oxford, 1986). Respecto a la historia de la propiedad en el mundo occidental, véase Alan Ryan, *Property and Political Theory* (Basil Blackwell, Oxford, 1984). Véase también Alan Ryan, *Property* (Open University Press, Milton Keynes, 1987). Acerca de la crítica de la idea liberal de la propiedad privada, véase Richard Schlatter, *Private Property: The History of an Idea* (George Allen, Londres, 1951). Nozick, *Anarchy, State, and Utopia*, es un ejemplo contemporáneo de ello.

Véase Stephen R. Munzer, *A Theory of Property* (Cambridge University Press, Cambridge, 1990), pp. 17-27.

Como lo afirma Honoré, cuando "los seres humanos eran considerados como alienables y poseíbles, también eran considerados, desde luego, como cosas": A. M. Honoré, "Ownership", en *Making Law Bind. Essays Legal and Philosophical*, del mismo autor (Clarendon Press, Oxford, 1987), p. 180. Cuando se cita este artículo, por lo general se indica que apareció en A. G. Guest, ed., *Oxford Essays in Jurisprudence* (Clarendon Press, Oxford, 1961); sin embargo, el primero es una versión mejorada del segundo.

Véase Munzer, *op. cit.*, pp. 15-17.

Fran Snare, "The Concept of Property", *American Philosophical Quarterly*, vol. 9, núm. 2 (abril de 1972), p. 200.

Todo grupo social, por supuesto, está formado por individuos. En realidad, se puede decir que si una familia (en cuanto unidad) posee una cosa, ello significa que cada miembro de la familia tiene ciertos derechos (y obligaciones) sobre esta cosa; sin embargo, estos grupos sociales tienen una existencia legal que trasciende a los individuos que los forman.

Snare, *op. cit.*, p. 200. Las cursivas son del propio Snare.

Véase Allan Schmid, *Property, Power, and Public Choice: An Inquiry into Law and Economics* (Praeger Publishers, New York, 1978), pp. 4-8.

Citado por Waldron, "What is Private Property?", *Oxford Journal of Legal Studies*, vol. 5, núm. 3 (1985), p. 334.

Generalmente, la propiedad privada absoluta se acepta como algo natural, independiente de toda convención social y previo a toda organización social.

La propiedad privada absoluta es también la que aceptan la mayoría de los economistas: James O. Grunebaum, *Private Ownership* (Routledge & Kegan Paul, Nueva York, 1987), p. 8.

Este ejemplo es de Robert Nozick, *Anarchy, State, and Utopia*, p. 171.

Honoré, *op. cit.*, p. 190.

Según Munzer, aunque la Constitución no establece una facultad de dominio eminente, esta última se "presupone o reconoce tácitamente": *A Theory of Property*, p. 442. El artículo I, fracción 8, cl. 1 de la Constitución de los Estados Unidos establece limitantes más específicas a la propiedad, como los impuestos.

Becker hace una adaptación a partir de Honoré; véase Lawrence Becker, *Property Rights* (Routledge & Kegan Paul, Boston, 1977), cap. 2, si bien el propietario no puede imponer cualquier tipo de condición a sus herederos.

Lawrence C. Becker, "The Moral Basis of Property Rights", en Roland Pennock y John W. Chapman, eds., tomos xxii: *Property* (New York University Press, Nueva York, 1980), p. 191.

Las limitantes específicas de la responsabilidad protegidas por la ley son de capital importancia en las economías modernas, en las que los capitalistas sólo son responsables por el valor del capital invertido en una empresa en particular, que podría verse sujeto, por ejemplo, a la reclamación de una deuda. Becker calcula incluso el número de combinaciones posibles: 4 080; *op. cit.*, pp. 191-192.

Munzer, *op. cit.*, p. 29.

La amplitud de este derecho varía. En los Estados Unidos, un propietario puede matar a un ladrón con menos responsabilidad legal que en México, lo cual es el resultado de dos concepciones distintas de los papeles del gobierno y la sociedad.

Honoré, *op. cit.*, p. 171.

Los economistas han denominado la búsqueda de protección y privilegios como "búsqueda de rentas", la cual puede llegar a ser una actividad política clave en muchas sociedades. Véase Robert D. Tollison, "Rent Seeking: A Survey", *Kiklos*, vol. 35, núm. 4 (1982), pp. 575-602; Gordon Tullock, "Rents and Rent Seeking", en Charles K. Rowley, Robert D. Tollison y Gordon Tullock, eds., *The Political Economy of Rent Seeking* (Kluwer Academic Publishers, Boston, 1988), pp. 51-62; y Jagdish N. Bhagwati, "Directly Unproductive, Profit Seeking (dump) Activities", *Journal of Political Economy*, vol. 90, núm. 5 (1982), pp. 988-1002.

K. Arrow, "Nozick's Entitlement Theory of Justice", en K. Arrow, *Social Choice and Justice* (Harvard University Press, Harvard, 1983), p. 182.

DERECHOS HUMANOS

Isidro H. Cisneros / Judit Bokser-Liwerant

Definición

Los derechos humanos representan un conjunto de principios que deben ser objeto de salvaguarda y protección para todas las mujeres y hombres independientemente de su condición social, cultural, económica o política. El concepto derechos humanos pertenece al léxico de la democracia. Sin derechos humanos reconocidos y protegidos no hay democracia; sin democracia no existen las condiciones mínimas para la estabilidad y la legitimidad de los regímenes políticos y para la solución pacífica de los conflictos. Los derechos humanos son un atributo de los seres humanos por el simple hecho de serlo. Los seres humanos nacen libres e iguales, lo que implica que deben ser tratados como sujetos libres e iguales. La expresión derechos humanos no es la descripción de un hecho, sino la prescripción de un deber. El término derechos humanos sólo ha empezado a destacar predominantemente en este siglo; anteriormente a estos derechos se les denominaba generalmente "derechos naturales" o "derechos del hombre". Una verdadera doctrina de los derechos naturales aparece por primera vez en el siglo XVII, con la teoría política de Thomas Hobbes. El tránsito de la doctrina tradicional del iusnaturalismo o derecho natural a la doctrina moderna de los derechos naturales es un paso interno rico en consecuencias. El iusnaturalismo clásico había puesto el acento sobre el aspecto de la obligación más que sobre el aspecto imperativo, mientras la doctrina moderna de los derechos naturales destaca el aspecto atributivo más que sobre el imperativo. Por estas razones, el iusnaturalismo ha tenido la función histórica de poner límites al poder del Estado. La teoría de los derechos naturales, que se sostiene con el iusnaturalismo moderno, representa la afirmación de los límites del poder estatal, considerados no sólo desde el punto de vista exclusivo del deber de los gobernantes, sino también desde el punto de vista de los derechos de los gobernados. Esto queda claro el 10 de diciembre de 1948 cuando la Asamblea General de las Naciones Unidas adoptó la *Declaración Universal de los Derechos Humanos*, pero era ya bastante claro el 4 de julio de 1776 cuando Thomas Jefferson escribía en la *Declaración de Independencia* de las 13 colonias americanas del dominio británico: "nosotros consideramos como incontestables y evidentes por sí mismas las siguientes verdades: que todos los hombres han sido creados iguales, que ellos han sido dotados de ciertos derechos inalienables; y que entre estos derechos ocupan el primer lugar: la vida, la libertad y la búsqueda del bienestar; y que para asegurarse el goce de estos derechos, los hombres han establecido entre ellos gobiernos cuya justa autoridad emana del consenso de los gobernantes". Es la línea de continuidad entre dichas declaraciones —sin dejar fuera la de los Derechos del Hombre y del Ciudadano producto de la Revolución francesa de 1789— la que da vida a la democracia moderna. La democracia es la sociedad de los ciudadanos y los súbditos sólo se convierten en ciudadanos cuando les son reconocidos sus derechos fundamentales. Aunque el ciudadano hizo su aparición histórica en las ciudades-estado de la antigua Grecia, la idea de los derechos del hombre y del ciudadano, como inalienable y originaria atribución de la persona humana, es una conquista de los tiempos modernos. La afirmación de los derechos humanos deriva de un cambio radical de perspectiva que es impuesto por la modernidad. Este cambio aparece cuando se pasa de otorgar la prioridad de los deberes de los súbditos a otorgar la prioridad de los derechos de los ciudadanos. De esta forma, los derechos humanos siguen un itinerario histórico que va de su proclamación hasta su positivización, teniendo como fin su plena realización.

El cambio de perspectiva soberano-súbdito a estado-ciudadano es provocado por las guerras de religión que se producen al inicio de la edad moderna y a través de las cuales se afirma el derecho de resistencia a la opresión, lo que presupone un derecho todavía más sustancial y originario que es el derecho del individuo aislado a no ser oprimido, es decir, el derecho a gozar de ciertas libertades fundamentales. Libertades fundamentales porque son naturales, y naturales porque pertenecen al hombre en cuanto tal y no dependen del beneplácito del soberano, siendo la principal, entre estas libertades, la libertad de pensamiento. En efecto, los derechos del hombre y del ciudadano son, sobre todo, derechos de libertad. Estos derechos presuponen la equidad entre los hombres. Cada derecho de libertad representa una afirmación polémica contra el abuso del poder o una amenaza del pasado. El carácter distintivo del hombre y del ciudadano moderno está en el reconocimiento del valor absoluto y universal de sus derechos humanos, los cuales cualquier Estado que respete las reglas del régimen democrático está obligado a respetar y garantizar. La democracia constituye un sistema ético-político, es decir, un sistema que además de representar un conjunto de instituciones, de procedimientos y de técnicas de gobierno para la toma de decisiones políticamente significativas, también encarna un conjunto de valores, principios y normas de convivencia sin las cuales la democracia no podría sobrevivir. Entre estos valores destacan de modo especial: el respeto por los derechos humanos, la moderación, el libre debate de las ideas, la equidad, la libertad, la persuasión, la ausencia de cualquier tipo de violencia, el gobierno de las leyes por encima del gobierno de los hombres y, quizá el más importante, el principio de la tolerancia multicultural.

Historia, teoría y crítica

Los derechos humanos son también derechos históricos, dado que nacen gradualmente y no todos de una vez y para siempre. Esto porque se han dado de modo secuencial: en el siglo XVIII los derechos jurídicos, en el XIX los derechos políticos y en el siglo XX los derechos sociales. Para el siglo XXI tendremos que pensar en los derechos culturales, del medio ambiente y de los animales. Los derechos nacen en determinadas circunstancias históricas caracterizadas por la lucha y la defensa de nuevas libertades y en contra de los viejos privilegios. El señalamiento de que la tendencia más importante hacia la reducción de las diferencias sociales en los últimos 100 años ha sido la igualdad de derechos de ciudadanía nos permite confirmar la tesis de Thomas Marshall, quien sostiene la existencia de tres aspectos correlativos en el derecho de los ciudadanos a la igualdad: el aspecto jurídico, el político y el social. Después de la persecución y el exterminio que conoció la humanidad, al final de la segunda Guerra Mundial se reconoció que sin paz no existen derechos. El reconocimiento de la necesaria paz entre los hombres y de la existencia de sus derechos fundamentales que establece la *Declaración Universal de los Derechos Humanos* de 1948 permitió que los principios en que se sustenta la democracia ampliaran sus espacios y que su dimensión fuera extendiéndose, reconociéndole un papel importante en la solución de los conflictos. Esta transformación de la democracia contribuye a darle un nuevo significado, identificándola con el *pluralismo* de los valores, de los grupos y de sus intereses. El respeto a los derechos humanos y la tolerancia multicultural representan una solución éticamente apropiada en relación con las diferencias existentes que por su propia naturaleza son (y continuarán siendo) potencialmente conflictuales acerca de cómo en una sociedad los individuos deben vivir y por qué. El siglo XXI estará caracterizado por una creciente diversidad al interior de la sociedad civil, diversidad que entrará cada vez más en ruta de colisión con el desarrollo de la integración económica, política y cultural a nivel planetario que produce la globalización. Este fenómeno ha colocado en un primer plano el problema de la identidad, de la diferencia y de la convivencia entre los grupos. La reflexión teórica sobre los derechos humanos se está desplazando en los últimos años del siglo XX hacia los problemas de la convivencia social que son políticamente relevantes porque se fundamentan en la *diferencia pública*. Cuando hablamos de régimen democrático, el fin de la política es la equidad en la aplicación de los derechos de ciudadanía. En una sociedad democrática pueden coexistir diferentes verdades, las cuales tienen todo que ganar si son capaces de soportar las verdades de los otros. Si no se acepta el pluralismo, sólo quedará el camino de la persecución política e ideológica: la experiencia histórica ha demostrado trágicamente que la intolerancia, transformada en políticas discriminatorias de los derechos humanos o directamente persecutorias, no ha sido nunca capaz de obtener los resultados que se propone. Las intolerancias son muy difíciles de erradicar en todos los periodos históricos.

En este contexto, existe una relación entre derechos de ciudadanía y Estado social. Éste se ha realizado, para bien o para mal, a través de una serie de medidas de redistribución que se han concretizado en mayores y mejores servicios médicos, educativos, pensiones, etc. Sin embargo, aun cuando sea difícil considera que "deben establecerse los límites de las obligaciones de la sociedad y trazar las fronteras" con el Estado. Entre las principales causas que prefiguran dichos límites encontramos el creciente número de personas que necesitan de estos servicios, lo cual está estrechamente ligado con las tendencias demográficas. Por otro lado, no debemos olvidar que es evidente la decreciente disponibilidad de recursos, lo que impide aumentar el número y calidad de estos derechos. Siguiendo de cerca los pasos del economista de Oxford, Amartya Sen, Ralf Dahrendorf sostiene que las titularidades expresan una relación entre las personas y los productos de consumo mediante el cual se "legitima" el acceso a ellos. La fragmentación de todo un sistema político, ideológico y cultural que representó la caída del Muro de Berlín puede ser considerada en muchos sentidos como la más grande transformación histórica de nuestros tiempos y cuyas repercusiones empiezan a sentirse en muchas partes del mundo. Sin embargo, a pesar de la intensidad de los cambios, muchos problemas vinculados con los derechos humanos aún esperan solución.

LÍNEAS DE INVESTIGACIÓN Y DEBATE CONTEMPORÁNEO

Algunas escuelas de pensamiento filosófico y de teoría política consideran que en la sociedad del siglo XXI cada ciudadano deberá tener el mismo estatus en lo que a los derechos humanos se refiere. Lo anterior significa que a la extensión de la "igualdad de derechos" deberá corresponder una ampliación de la esfera de la "igualdad de hecho" dentro de la sociedad. Estos análisis parten del presupuesto de que la sociedad democrática moderna en el curso de su desarrollo ha ido institucionalizando el principio de la igualdad de derechos en un sistema de valores y en la estructura real de la sociedad. Es en tal contexto que un producto de la modernidad, en una serie de aspectos de indudable importancia para la vida social, ha sido el enorme crecimiento de oportunidades de vida del ciudadano. Es así que se considera que los habitantes de las dos ciudades de la modernidad están representados por los *burghers* o la burguesía y por los *citoyens* o los ciudadanos. Los derechos humanos, como parte de los derechos de ciudadanía, han sido tradicionalmente una preocupación central para los liberales, muchos de los cuales se han limitado a la defensa de los aspectos legales y políticos de tales derechos, que se traducen en igualdad de frente a la ley, sufragio universal y libertades políticas. La ciudadanía no es una condición pasiva sino más bien una oportunidad, es decir, una ocasión para vivir una vida plena y activa de participación en el proceso político, en el mercado de trabajo y en la sociedad. Las titularidades que corresponden a los individuos expresan una relación entre las personas y los productos de consumo mediante el cual se legitima el acceso a ellos por parte de la población. Las titularidades conceden una pretensión legítima sobre las cosas y, por lo tanto, representan derechos y más concretamente derechos básicos, como son las garantías constitucionales, los derechos de ciudadanía y los derechos humanos.

En los países democráticos han surgido algunos sistemas que han intentado dar "sustancia social" a estos derechos, encarnando la respuesta de las sociedades abiertas a los desafíos del conflicto entre diferentes identidades culturales. El Estado social intentó garantizar a todos el efectivo derecho de ciudadanía. Bajo ciertas condiciones, los derechos humanos pueden resentir limitaciones y exclusiones sobre todo en las zonas indígenas y rurales. En la actualidad observamos un proceso en el cual se abren lentamente los espacios de la ciudadanía al concebirla como un paquete de derechos y obligaciones de los individuos. La mayoría de los actores políticos reconoce que el único camino posible en nuestros días para la superación del conflicto de clases en las sociedades complejas es justamente el de la expansión de la ciudadanía. En algunos casos se podría afirmar que existe una gran diferencia entre *ciudadanos de primera* que ejercen sus derechos y participan en la renovación periódica del consenso y *ciudadanos de segunda*, los cuales aún no logran hacer efectivos sus derechos y en este sentido se encuentran marginados de la comunidad política. Esta separación entre ciudadanos debe empezar a eliminarse, creando las condiciones para ejercer una ciudadanía que permita resolver los problemas de desigualdad social. La ciudadanía política no comporta la creación de nuevos derechos, ya que el derecho de voto era conocido desde la Antigüedad; más bien ella presupone la ciudadanía civil que es caracterizada por la expansión de los "viejos derechos" a nuevos estratos de la sociedad. El ejercicio limitado de derechos y titularidades explica en parte la creciente politización de las demandas de los distintos grupos sociales. El debate contemporáneo se ha concentrado, prácticamente, en torno a los nuevos desarrollos de los derechos de ciudadanía y el futuro de la democracia. Dicho debate busca analizar la permanente tensión entre titularidades y provisiones, entre oportunidades vitales y libertad. Cada ciudadano tiene el mismo estatus en lo que a los derechos se refiere. Se considera necesario ir más allá, haciendo "concretas" las nuevas posibilidades a través de una serie de políticas sociales que redistribuyan recursos y permitan a los individuos hacer un "uso efectivo" de sus derechos de ciudadanía. En la calidad y aplicación de estas titularidades podemos encontrar un indicador válido acerca de la salud de una democracia.

Necesitamos formular una nueva concepción de los derechos humanos basada en el multiculturalismo que permita combatir aquellos comportamientos, prácticas y prejuicios que en una democracia *vulneran los derechos* de las identidades colectivas minoritarias que son débiles en la esfera pública. Cuando la discriminación y los prejuicios aparecen en cualquiera de sus formas se vulnera el principio de trato equitativo entre los ciudadanos. La tolerancia multicultural permite el pleno reconocimiento de los derechos humanos, el fortalecimiento de la democracia y la igualdad de oportunidades. La tolerancia multicultural representa en los sistemas políticos de *cohabitación compleja* una solución al problema de la convivencia entre los individuos y grupos que tiene como elemento característico el recurso a la persuasión. El principal desafío que en el plano empírico enfrenta la tolerancia multicultural está representado por la tensión entre los derechos universales de ciudadanía y la existencia de derechos particulares de carácter identitario que definen el "nosotros" frente a un "los otros" como ámbito de pertenencia de cada quien. La democracia expresa el espacio institucional en donde se confrontan (y se confrontarán aún en mayor medida en el futuro) los diferentes proyectos acerca del orden social y político que es necesario establecer para resolver las tensiones generadas por la compleja convivencia social. El encuentro pacífico entre las distintas posiciones requiere de un método que permita la libre expresión de la diferencia tanto en las ideas, los valores y los símbolos como en las prácticas, los proyectos y los modos de vida que caracterizan a las sociedades de nuestros días. La tolerancia multicultural y una concepción democrática sobre los derechos humanos representarán dicho método durante el próximo milenio.

BIBLIOGRAFÍA

Amnistía Internacional (1999), *Defensores de los derechos humanos en Latinoamérica*, EDAI, Madrid.
Amores, B., y A. Carrillo (1992), *Justicia y derechos humanos*, Asociación Latinoamericana para los Derechos Humanos, Quito.
Bobbio, N. (1991), *El tiempo de los derechos*, Sistema, Madrid.
——— (1991), *Igualdad y libertad*, Paidós, Barcelona.
Brownlie, I. (1981), *Basic Documents on Human Rights*, Clarendon Press, Oxford.
Comisión Nacional de Derechos Humanos (1992), *Bibliografía general sobre derechos humanos*, IIJ-UNAM/CNDH, México.
Concha, M. (1997), *Los derechos humanos de los excluidos*, Academia Mexicana de Derechos Humanos, México.
Cranston, M. (1973), *What are Human Rigths*, Bodley Head, Londres.
Dahrendorf, R. (1980), "Le Chances di vita", en *Le Libertà dei contemporanei*, Biblioteca della libertà, núm. 76, enero-marzo, pp. 23-43.
Díaz, L. (1997), *Derecho a la salud y derechos humanos*, Academia Mexicana de Derechos Humanos, México.
Donnely, J. (1985), *The Concept of Human Rigths*, Croom Helm, Londres.
Doworkin, R. M. (1984), *Los derechos en serio*, Ariel, Barcelona.

Esquit, E., e I. García (1998), *El derecho consuetudinario, la reforma judicial y la implementación de los acuerdos de paz*, Flacso-Guatemala, Guatemala.
Finnis, M. (1980), *Natural Law and Natural Rigths*, Oxford University Press, Oxford.
Gewrith, A. (1982), *Human Rigths*, University of Chicago Press, Chicago.
Green, R. (1997), *La promoción y protección de los derechos humanos en el ámbito internacional*, Academia Mexicana de Derechos Humanos, México.
Madrazo, J. (1997), *El ombudsman criollo*, Academia Mexicana de Derechos Humanos, México.
Marshall, T. (1965), *Class, Citizenship and Social Development*, Anchor Books, Nueva York.
Melden, I. (1984), *Los derechos del hombre*, Alianza Editorial, Madrid.
Mues, L. (1997), *El problema de la fundamentación de los derechos humanos*, Academia Mexicana de Derechos Humanos, México.
Quintana, C. (1998), *Derechos humanos*, Porrúa, México.
Remolina, F. (1974), *Declaraciones de derechos sociales*, STPS, México.
Rodríguez, J. (1998), *Instrumentos internacionales sobre derechos humanos ONU-OEA*, CNDH, México.
Rouland, N., S. Pierré-Caps y J. Poumaréde (1999), *Derecho*

de minorías y de pueblos autóctonos, Siglo XXI Editores, México.

Rowart, D. (1973), *El ombudsman: el defensor del ciudadano*, Fondo de Cultura Económica, México.

Salt, H. S. (1999), *Los derechos de los animales*, Libros de la Catarata, Madrid.

Sen, Amartya (1986), *Food, economic and entitlements*, Wider/ONU, Helsinki.

Tamés, B. (1997), *Los derechos del niño: un compendio de instrumentos internacionales*, CNDH, México.

Zander, M. (1985), *Bill of Rigths*, Sweet & Maxwell, Londres.

DERECHO Y EFICACIA

ÓSCAR CORREAS

DEFINICIÓN

La voz *eficacia* es un concepto teórico o categoría propia de la *sociología jurídica* que señala la propiedad de las normas que cumplen con la función asignada por el legislador.

HISTORIA, TEORÍA Y CRÍTICA

Diversas clases de eficacia

La definición de eficacia, que hace referencia a los objetivos de las normas, o, mejor, a los objetivos políticos del grupo en el poder, plantea los mismos problemas que el caso de la efectividad. En efecto, la eficacia remite, de alguna manera, a las intenciones del legislador y a los problemas de la voluntad de poder. En este respecto podemos distinguir útilmente entre:

1) *Eficacia subjetiva*, si de lo que se tratase fuese de investigar el efecto de las normas respecto de las intenciones subjetivas de los individuos que participan en la formulación de esas normas. Esto conduciría al estudio de las razones de las decisiones políticas, las que, según los sociopolitólogos, son la causa de que las normas jurídicas sean ésas y no otras, y por ello la *sociología jurídica* sería una de las ciencias que estudian la política, puesto que para conocer esa intención es necesario buscar en sus *efectos* qué son las normas donde esa intención se manifiesta. Ciertamente, debemos aceptar que las normas son el producto de una voluntad de dominio, de una decisión política. Pero mientras tal cosa no se manifieste en algún discurso, que no puede ser sino normativo, no hay nada acerca de lo cual intentar un enunciado con pretensiones de cientificidad. Bien, pero ¿cuál es la tarea —y los problemas— de la sociología jurídica respecto de esta cuestión? El problema principal es, obviamente, que la palabra *intención* no denota nada que sea muy útil para una ciencia, y ciertamente podría decirse que lo sano fuera excluir el tema por su evidente oscuridad. Sin embargo, parece necesario hacer algún esfuerzo para intentar ir más adelante. Si hay algo a lo que quepa llamar "intención del legislador", debe encontrarse por ejemplo en los discursos previos del grupo en el poder, y entonces la tarea del sociólogo se convertirá en el trabajo de lo que se ha dado en llamar análisis del discurso, y la *sociología jurídica* se encuentra aquí con otras ciencias que, como la *semiótica jurídica*, pueden cla sificarse genéricamente como ciencias del lenguaje.

2) *Eficacia objetiva*, si de lo que se tratase fuese de estudiar los efectos de las normas en relación con algún enunciado que dijese algo acerca de alguna función objetiva de la ley, más allá de la voluntad personal de los individuos que participan en su formulación. Esto implicaría la necesidad de establecer esas funciones objetivas de las normas, funciones que pudieran predicarse de las mismas al margen de los individuos. No se trataría, como en el caso de la efectividad y la eficacia, de que pudieran predicarse de las mismas al margen de los individuos. No se trataría, como en el caso de la efectividad y la eficacia, de que pudiera haber normas efectivas pero ineficaces. Aquí la cuestión no sería que pudiera haber normas eficaces subjetivamente e ineficaces objetivamente. La utilidad de esta distinción apunta más bien a la posibilidad de que la norma produzca efectos no previstos pero que debieron preverse, o bien que produzca efectos previstos pero no confesados por el legislador, o bien efectos que, vistos de una manera por el grupo en el poder, pudieran ser vistos de otra manera por otros grupos sociales. La única posibilidad de investigar acerca de la eficacia en este sentido objetivo se basa en la posibilidad de establecer que ciertas normas actuando sobre ciertas estructuras o relaciones sociales producen, cualquiera que sea la intención del legislador, determinados efectos. Si pudiera establecerse cuáles son esas normas y cuáles son esos efectos esperables, entonces se habría establecido un parámetro que ofrecería una hipótesis plausible a partir de la cual proponerse estudios empíricos sobre la eficacia objetiva. Por ejemplo, si se tratara de averiguar la eficacia de una norma que establece un límite para los salarios y que fue dictada, según el legislador, para disminuir la inflación, seguramente que, sobre la base de la intención del grupo en el poder, podrá establecerse que la norma es eficaz, pero no porque consiguió el efecto previsto por el grupo en el poder —descenso de la inflación—, sino porque produjo el descenso del nivel de vida de los trabajadores, lo cual era un efecto no confesado pero absolutamente esperable. En este caso, la conclusión acerca de la eficacia, conclusión objetiva de alguna manera en tanto que no se estudia en relación con la intención del grupo en el poder, resulta develadora del significado que la acción de gobierno tiene para este grupo subalterno. Como se ve, se trata de un concepto en estado primitivo de construcción, pero de todos modos parece obvia su utilidad.

Efectividad del derecho

La voz *efectividad* es un término teórico o categoría propios de la *sociología jurídica*, que señala la propiedad de las normas jurídicas de ser "efectivamente" cumplidas.

Efectividad y eficacia de las normas

En un principio los sociólogos del derecho utilizaron el término *eficacia* para referir el hecho de que los individuos ajustan su conducta a las previsiones de las normas jurídicas. Sin embargo, pronto se advirtieron las limitaciones de esta definición, puesto que muchas normas pueden cumplirse pero ser ineficaces. De allí que se prefiera utilizar dos palabras para referir dos cosas distintas: el hecho de que los individuos se comporten como lo establecen las normas se denomina *efectividad* del derecho, mientras que el hecho de que esas mismas normas cumplan la función esperada se denomina *eficacia* del derecho. Esto porque resulta que muchas normas son efectivas pero no eficaces, mientras que otras son inefectivas pero eficaces. Ejemplos: tal vez las normas que ordenan reprimir el narcotráfico son efectivas porque toda vez que se descubre a un delincuente de tal naturaleza le son aplicadas las normas que reprimen ese delito; sin embargo, tales normas son ineficaces porque no consiguen su objetivo, que es eliminar el narcotráfico. Y otras normas que son inefectivas cumplen su función, por ejemplo, la de conseguir la adhesión de los ciudadanos a políticas gubernamentales que requieren de esa adhesión aunque no requieran de la efectividad de las normas que dan prestigio a los gobernantes.

Clases de efectividad

La efectividad puede tener varias formas: a) *efectividad en el cumplimiento:* la efectividad o inefectividad de la ley puede medirse en relación con el cumplimiento de la misma por parte de los ciudadanos, o en relación con su aplicación por parte de los funcionarios. La mayor efectividad posible se daría en el caso de las normas cuya sanción nunca es del caso aplicar. Ahora bien, en el cumplimiento podrían distinguirse los siguientes casos:

a.1) *Cumplimiento por consenso:* que sucedería cuando pudiera establecerse que los ciudadanos, o parte de ellos, producen las conductas, o la mayor parte de las veces producen las conductas promovidas por la legislación. Por ejemplo, a primera vista pareciera que pudiera adelantarse la hipótesis de que las normas civiles que obligan al pago del precio de las mercancías son normas efectivas en tanto se cumplen por consenso generalizado de la población.

a.2) *Cumplimiento por temor*: que sucedería cuando pudiera establecerse que los ciudadanos adoptan las conductas ordenadas sólo por temor al castigo, lo cual parece ser el caso de las normas de tránsito.

b) *Efectividad en la aplicación:* ciertamente, la aplicación de las normas puede verse como cumplimiento de las mismas por parte de los funcionarios. Es decir, cuando un funcionario aplica una norma, en realidad está cumpliendo otra norma que le ordena aplicar esta otra, y por tanto, la aplicación puede verse como efectividad en el cumplimiento de las normas. Sin embargo, es posible distinguir uno y otro caso de cumplimiento, dejando el nombre de aplicación para el caso en que la conducta estudiada es la producida por funcionarios públicos; en estos casos podemos distinguir útilmente entre:

b.1) *Aplicación formal de las normas:* que sería el caso en que los funcionarios apliquen las normas pero de manera que no pueden producirse efectos reales, como en el caso frecuente en que las leyes laborales son aplicadas por los tribunales, pero de tal indecente manera que los obreros ganan los juicios pero cuando el patrón ya se ha fugado o quebrado. Bien puede decirse que en tales casos, en efecto, los funcionarios aplican las normas, pero su significación es sólo formal.

2) *Aplicación material de las normas:* distinto es el caso en que los funcionarios sí son celosos defensores de la legalidad y las normas se aplican de manera que se producen efectos reales, como cuando los jueces condenan a los deudores a pagar pero luego de que se han embargado bienes suficientes para cubrir los adeudos.

Efectividad como aplicaciones y como creación de derecho

En la mayor parte de los casos, la aplicación de una norma consiste en la producción de otra. Por ejemplo, en el caso de la aplicación de la ley penal, el único acto de cumplimiento de las normas que no es otra norma, es prácticamente la conducta cumplida por el reo al obedecer la orden de entrar a la celda. En efecto, piénsese que lo que llamamos comúnmente aplicación de la ley penal es el acto de pronunciar la sentencia. Pero ese acto no es otra cosa que un discurso que ordena que otro, el órgano penitenciario, a su vez, produzca una orden cuyo cumplimiento consistirá en que la autoridad de la cárcel ordene a sus subalternos que cumplan todos los trámites destinados a que el reo sea encarcelado, y así sucesivamente, de modo que no es un eufemismo decir que el único que cumple la ley es el reo. Lo mismo si pensamos en una sentencia civil, que es una orden para que el deudor pague, o bien el banco entregue el dinero al acreedor. En realidad, las conductas de que hablamos son, casi siempre, producción de normas. Es importante tener esto en cuenta para no crear demasiadas expectativas respecto de las posibilidades experimentales de la *sociología jurídica*. Casi siempre lo observable consistirá en una conducta, pero calificada conforme con una norma, calificación ésta que constituye, siempre, un acto de interpretación.

La efectividad en el tiempo

El tiempo ofrece un problema adicional para la *sociología del derecho*. En efecto, las normas son vigentes a partir de algún momento y dejan de serlo a partir de otro. Ahora bien, supuesto que hubiese unanimidad en aceptar que las normas son válidas a partir del momento en que lo establece la autoridad que las produce, y supuesto que ese momento pudiese ser conocido con exactitud, y supuesto, además, que pudiese conocerse con exactitud el momento en que la validez de una norma concluye, ¿cómo debe estudiarse la efectividad de la ley en el tiempo? Deberá tenerse en cuenta para un estudio sociológico del derecho:

1) *El tiempo de validez de las normas:* es muy posible que un estudio sociológico establezca que las normas mantienen distinto grado de efectividad en diversos momentos del lapso de su validez. Esto obligará al sociólogo a definir los límites de su investigación y el significado que dará a las comprobaciones de diverso grado de efectividad en distintos momentos.

2) *El tiempo necesario para cumplir las conductas obligatorias:* por otra parte, el tiempo ofrece un problema adicional si tenemos en cuenta que las normas pueden hacer obligatoria una conducta que necesita determinado tiempo para realizarse, por ejemplo, las normas que ordenan a algún funcionario cumplir ciertos procedimientos para controlar, por ejemplo, la importación de mercancías. Un estudio podría arrojar como resultado que el obligado produce algunas acciones de la conducta obligatoria y otras no.

3) *El tiempo durante el cual debe mantenerse cierta conducta:* un buen número de normas obliga a mantener ciertas conductas durante cierto tiempo, o incluso constantemente, como la obligación de ciertos funciona-

rios de mantener la vigilancia respecto de los actos de sus subalternos. Un estudio podría arrojar como resultado que ciertos funcionarios obedecen esas normas sólo en ciertas ocasiones.

La efectividad en el interior del Estado

De la misma manera, puede suceder que una norma incluya las conductas obligatorias de varios funcionarios, como por ejemplo en el caso de procedimientos para autorizar la instalación de ciertas industrias. Es muy posible que, en la tarea de estudiar la efectividad de ese tipo de normas, el sociólogo encuentre que en el interior del aparato estatal ciertos funcionarios obedecen y cumplen, y otros no. Pero, además, seguramente tales funcionarios serán de distinta jerarquía, de modo que las normas puede que sean efectivas en ciertos niveles del Estado y que sean inefectivas en otros.

LÍNEAS DE INVESTIGACIÓN Y DEBATE CONTEMPORÁNEO

El grado de efectividad

En primer lugar, no parece que haya un concepto unánimemente aceptado para afirmar que una norma es totalmente efectiva. Por ejemplo: ¿es totalmente efectiva la norma que nunca es necesario que sea aplicada por las autoridades, o lo es aquella que siempre es aplicada luego de que es desobedecida? Lo más posible es que ninguna norma sea totalmente efectiva o inefectiva, lo cual plantea inmediatamente el problema de los grados de efectividad. Pueden distinguirse al menos estas variaciones:

a) Desobediencia y aplicación: una norma puede resultar obedecida en el 60% de los casos estudiados, y aplicada la sanción por los funcionarios competentes en el 100% de los casos.

b) Pero puede ser obedecida en ese 60% de los casos, pero aplicada la sanción sólo en el 70% de los casos presentados ante la autoridad.

c) Claro que tal vez de ese 70% de casos, se descubra que en el 65% se trató de aplicación sólo formal y no material.

d) A la vez que puede suceder que del 60% de casos de obediencia, en 45% de ellos la hubo por temor y sólo en un 15% de casos por consenso. Como se ve, el problema del grado de efectividad de las normas dista mucho de estar esclarecido tanto como para decir que estamos frente a una ciencia constituida.

Efectividad y hegemonía

Finalmente, cabe reflexionar sobre el hecho de que el tema de la efectividad de las normas es el mismo tema que el de la hegemonía según el pensamiento marxista más reciente. En efecto, si hegemonizar es equivalente a "dirigir" una sociedad, hegemonía es lo mismo que dictar el derecho —"dirigere"— y, como sólo es derecho el que es eficaz según Kelsen, hegemonía es conseguir la efectividad de las normas que se dictan. Si esto es así, y creo que lo es, entonces la sociología del derecho se ocupa precisamente de estudiar la hegemonía que mantiene —o no— un grupo en el poder. Más aún, parece, la sociología jurídica es una de las ciencias políticas más importantes, si es que no la que ofrece mejores perspectivas para el estudio empírico del fenómeno que los teóricos llamaron hegemonía.

Así como las "decisiones" de los politólogos constituyen fenómenos inaprehensibles si las mismas no se convierten en normas efectivamente producidas, así también la "hegemonía" es un concepto sin apariencia fenoménica al menos que pueda controlarse con alguna experiencia. Y, con seguridad, la efectividad de las normas que hacen aprehensible las decisiones políticas constituye uno de los fenómenos que pueden permitir el control empírico de la hegemonía.

BIBLIOGRAFÍA

Correas, Óscar (1992), *Crítica de la ideología jurídica*, UNAM, México.
——— (s. f.), "En torno al problema de la efectividad del derecho", en *Crítica Jurídica*, núm. 1.
———, "Teoría Sociológica del Derecho y Sociología Jurídica", en *Crítica Jurídica* núms. 7 y 8.
Capella, Juan-Ramón (1968), *El derecho como lenguaje*, Ariel, Barcelona.
Díaz, Elías (1984), *Sociología y filosofía del derecho*, Taurus, Madrid.
Gessner, Wolkmar (1986), *Los conflictos sociales y la administración de justicia en México*, UNAM, México.
Treves, Renato (s. f.), *Introducción a la sociología del derecho*, Ariel, Barcelona.
——— (1990), "Kelsen y la sociología", en O. Correas (comp.), *El otro Kelsen*, UNAM, México.

DESARROLLO SOCIAL

Teresa Incháustegui Romero

Definición

El desarrollo es un término ligado a concepciones evolucionistas y organicistas de la sociedad. En términos latos, según el *Diccionario Moliner*, *desarrollar* significa extender, hacer crecer un organismo hasta alcanzar su tamaño, estado adulto o de madurez, aumentar una cosa que estaba arrollada. Implica también la acción de impulsar la actividad de algo. El término alude al proceso de devenir, de llegar a ser algo, conforme a un parámetro o meta previamente determinados. En el lenguaje de las ciencias sociales, se usa para designar el proceso de cambio por medio del cual las sociedades de los países no industrializados van adquiriendo el perfil y las características estructurales y subjetivas de las sociedades industrializadas.

Como agregado al desarrollo, el término *social* califica a las políticas públicas que tienen por objetivo poner en práctica mecanismos redistributivos y proporcionar servicios para mejorar los niveles de vida de la población.

El parámetro del desarrollo social lo integran los rasgos propios de las sociedades industrializadas. Los comportamientos y las características sociodemográficas de estas naciones se toman como rasero para medir los niveles o grados de *desarrollo* alcanzados por las no industrializadas, conformando la meta de llegada hacia la cual debían aspirar estas últimas.

Historia, teoría y crítica

En la trayectoria de este concepto se reconocen dos vertientes o componentes estrechamente ligados: el componente teórico en el cual surge para explicar el cambio operado por las sociedades industriales entre fines de siglo XIX y principios del XX. Y el componente institucional a partir del cual el *desarrollo social* se establece como objetivo de políticas, de la acción planificadora del Estado nacional y de los organismos internacionales, en aras de impulsar la modernización de las naciones no industrializadas, premodernas o tradicionales, consideradas *subdesarrolladas*.

En cuanto al componente teórico, el *desarrollo social* forma parte de una tríada de conceptos derivados de la teoría de la modernización, construida en la segunda posguerra. Los otros dos son: *el desarrollo económico* y *el desarrollo político*. Según esta teoría, el desarrollo económico era un objetivo prioritario de toda sociedad en proceso de modernización, e implica la disposición institucional de todos los recursos de una sociedad, sobre todo de sus recursos humanos.

La teoría de la modernización que se gesta en los años sesenta (Germani, 1962; Lerner, Lagos, 1963; Heintz, 1970) buscaba los elementos o rasgos característicos de los cambios sociales que se habían operado en las sociedades industrializadas durante el siglo XIX para integrar el modelo o los modelos que en el siglo XX podrían producir o acelerar estos cambios en las sociedades no industriales. Los rasgos de la estructura y las instituciones económicas, políticas, así como las relaciones sociales de las naciones industrializadas (industrialización, urbanización, secularización, sistema democrático, participación pública, individualización o transformación de la personalidad modal, fundada en la cultura del propio esfuerzo), etc., eran abstraídos para ilustrar las etapas y los cambios que debían producirse en las sociedades aún no desarrolladas y modernas, merced a acciones o estímulos impulsados por el Estado, a través de diversos instrumentos de política.

De acuerdo con esto, por medio de la planificación racional se podrían transformar las instituciones económicas, políticas y sociales, e inducir en las sociedades no industriales los cambios estructurales y de las mentalidades que caracterizaban a las sociedades industriales modernas.

El modelo general de toda la secuencia evolutiva planificada era precisamente el *desarrollo social*, consistente en el estímulo e impulso a acciones como la generalización de la educación, la participación y la mayor comunicación social.

En este marco, el *desarrollo social* hace referencia al proceso de cambio en diversas facetas del comportamiento, modos de vida, valores, subjetividad y capacidades individuales y colectivas, así como a formas nuevas de la organización social. Y se expresa tanto en el campo demográfico, como en el nivel y tipo de consumo o en la transformación de las expectativas y la racionalidad social.

Son indicadores del grado de desarrollo social alcanzado, por ejemplo: la baja en los índices de mortalidad; la reducción de los patrones de fecundidad; el cambio en la estructura y tamaño de la familia; la elevación de los niveles de escolaridad; la mejora de las condiciones de habitación; el incremento del consumo calórico por habitante; la elevación de la esperanza de vida; el crecimiento de los servicios urbanos; la distribución del ingreso más equilibrada; la mayor movilidad social y de la población en el territorio, y el incremento del consumo cultural, entre otros. En el plano subjetivo o del individuo, *el desarrollo social* se expresa en indicadores como: el grado de diferenciación social, la internacionalización de normas culturales seculares, del cálculo racional y de valores como el esfuerzo propio.

Antes que se generalizara su uso y se inscribiera en un esquema teórico como fue el caso de la teoría de la modernización, el término ya había aparecido en la literatura de los organismos internacionales (ONU: *Revista Internacional de Servicio Social*, núm. 9, abril de 1963), para referirse a la respuesta de política adecuada para la aguda o generalizada problemática social de los países no industrializados o atrasados, consistente en bajos niveles de vida.

La pobreza de estos países, al tratarse de un problema masivo, no podía ser enfrentada con las medidas focalizadas que se destinaban a ciertas minorías rezagadas, o mediante leyes protectoras para los sectores pobres —como ocurría hasta los años sesenta en las naciones industrializadas—, sino a través de transformaciones más profundas, que gradualmente aseguraran los cambios estructurales que hicieran posible la incorporación de toda la población a los beneficios del crecimiento económico. El desarrollo se entendía, así, como un proceso de alcance nacional que involucraba a toda la población.

En este marco, se aludía *al desarrollo social*, como a aquellos aspectos del bienestar humano, la distribución más equitativa de los bienes culturales y materiales, la elevación de los niveles de vida de la población, que debían asociarse al desarrollo económico.

El reconocimiento de la problemática social y de las condiciones del atraso, así como la expansión y diversificación de políticas dirigidas a auspiciar su resolución, procurando el *desarrollo social*, se impone en la agenda de los gobiernos a partir de los años sesenta. Esto significaba un giro muy grande respecto a las posiciones sostenidas por académicos, gobiernos y organismos internacionales, algunas décadas anteriores.

Hasta antes de la segunda posguerra, la fe compartida por la comunidad académica, de negocios y los gobiernos, en una especie de *orden económico natural*, había contribuido a fincar la idea del progreso como un proceso guiado por *la mano invisible del mercado*, del cual no tenía que ocuparse el Estado. Pero la crisis mundial de los años treinta, la creciente pobreza, los efectos de la guerra, así como el establecimiento de un orden bipolar entre el bloque capitalista y el socialista, que representaba la competencia mundial de dos sistemas económicos, llevaron al cuestionamiento del paradigma económico liberal. Como resultado de ello se establecieron instituciones y políticas nacionales e internacionales abocadas a promover, de manera deliberada, la distribución de los beneficios del crecimiento económico y a crear un orden económico internacional basado en la generación de garantías o de seguridad contra los diversos riesgos económicos y sociales.

Hasta las primeras décadas de la posguerra, las teorías acerca del desarrollo eran predominantemente economicistas, ya que consideraban que éste era un efecto derivado de medidas dirigidas a incrementar o fomentar la capitalización, el ahorro, la introducción de tecnología y la educación técnica. Establecían de esa manera una sinonimia entre crecimiento económico y desarrollo, de ahí que se considerara que los niveles de este último se podían medir a través del ingreso per cápita, de la producción de acero o el consumo de energía, etcétera.

Hacia fines de los años cuarenta se inicia una nueva etapa en la ciencia económica con un cambio de paradigma que lleva al nacimiento de la "era del bienestar" (Gough, 1982). Uno de los principales rasgos de esta etapa es la vinculación que en el orden programático se establece entre el crecimiento económico y el bienestar social, según se aprecia en el contenido de algunas declaraciones y tratados internacionales claramente influenciadas por la teoría de J. M. Keynes. Dicha teoría, junto con el informe (Beveridge Report, 1944) que uno de los alumnos del maestro de la London School of Economics, William Beveridge (1879-1963), elaboró acerca de las bases económicas de la seguridad social, fueron los pilares del Estado social moderno o Estado de bienestar.

Se tomó conciencia de que el crecimiento económico, si bien era necesario, no era suficiente para eliminar la pobreza (Mishan, 1974) y que atender los objetivos sociales del crecimiento no sólo era una cuestión de altruismo, sino una exigencia de corto y largo plazo para la estabilidad política y económica que asegurara la sustentabilidad a este crecimiento. Estos objetivos eran finalmente los que convertían al crecimiento en desarrollo, es decir, en una sinergia social positiva que llevaba al uso óptimo de todos los recursos de una sociedad, especialmente los humanos. Se convirtió entonces en axioma la idea de que la injusticia social, la falta de salud e higiene de grandes masas, el paro forzoso, la explotación y los bajos niveles de vida de los trabajadores constituían un grave peligro para la normalidad económica internacional y para la paz exterior.

Sin embargo, en lo que tocaba a lo que se denominó posteriormente *la periferia capitalista*, hasta los años cincuenta prevalecía la idea de que factores externos, como la inversión y la implantación de tecnología, eran suficientes para detonar en ellos un proceso virtuoso de desarrollo.

Hacia fines de esta década, no obstante, se reconoce por primera vez el fracaso del supuesto *desarrollo* espontáneo y que el atraso económico de unos países requería para su solución de una acción deliberada y consciente, que sólo podía ser garantizada por la introducción de una racionalidad sistemática en las grandes decisiones del crecimiento económico, tomadas por sus gobiernos, así como de programas de ayuda internacional.

Los obstáculos y requerimientos para el desarrollo económico de los países atrasados, expresados en los resultados económicos y sociales contrastantes alcanzados en algunos de ellos por esos años, habían alertado a los expertos y académicos acerca del fallido automatismo de los impactos sociales favorables del crecimiento económico. La experiencia real era que en muchos países —especialmente en América Latina de 1940 a 1960— las tasas sostenidas de crecimiento económico no se habían acompañado de cambios positivos en la distribución del ingreso, ni en mejores niveles de vida para la población. Por el contrario, el crecimiento económico y las transformaciones de la economía tradicional se habían combinado con el incremento de la pobreza y con el surgimiento de obstáculos estructurales al propio desarrollo.

En este contexto, los teóricos y expertos internacionales comenzaron a enfocar su atención en torno a lo que se denominó las *condiciones del desarrollo*. Una serie de estudios económicos (Abramovitz, *Resources and Output, Trends in the United States Since 1875*, American Review, Menaska; Goode, *Addint to the Stock of Physical and Human Capital*, Paper and Proceeding, 1959) subrayaron la importancia del factor social en el desarrollo. Economistas como Rosentein-Rodan y otros empezaron a usar la expresión "áreas atrasadas" y a sugerir políticas especiales de ayuda para que estos países pudieran *desarrollarse*. Como resultado, una concepción más histórica del desarrollo comenzó a generarse.

La contribución de Raúl Prebisch y de la CEPAL en este nuevo concepto de desarrollo es crucial. En un documento conocido como el *Informe Prebisch* se planteaban nuevas concepciones teóricas que explicaban el atraso económico y la pobreza de unos países, en relación al pasado colonial y la nueva división internacional del trabajo, que situaban la relación entre países atrasados y países avanzados en términos de "centro" mundial, industrializado y países "periféricos", subdesarrollados.

La CEPAL afirma que el desarrollo es un proceso *autosustentado y acumulativo*, que presuponía no sólo el incremento y la diversificación de las fuerzas productivas, sino un conjunto de reformas estructurales sociales y políticas, que implicaban tensiones y acuerdos en los planos internacional, nacional y local, entre distintos centros de poder y fuerzas sociales, además de requerir una planificación puntual y sistemática por parte del Estado.

Por su parte, desde la propia teoría de la modernización, Gino Germani argumentaba que la estructura social y la económica mantenían una estrecha vinculación entre ambas condicionándose mutuamente, por lo que el desarrollo capitalista no podía ser factible sin una política social sistemática y sin cambios estructurales, sociales, políticos y valorativos en la misma dirección que habían recorrido los países europeos.

Se transitaba así de una noción estática y cuantitativa del desarrollo a una más cualitativa y dinámica, pero también surgía a partir de aquí un conflicto entre la ciencia académica y la visión de las organizaciones internacionales, que elevaría a un nuevo plano el debate en torno al *desarrollo social*.

La idea de la *autosustentatibilidad* del desarrollo, que resulta de estas nuevas concepciones, despierta gran interés en los aspectos o factores sociales del proceso, sobre todo politiza fuertemente el debate en torno a los mecanismos y políticas para alcanzarlo. Pero de nuevo introduce un solo paradigma de sociedad detrás de todos los supuestos del desarrollo. Este modelo implica no sólo que las naciones consideradas más atrasadas remplacen toda su estructura social y sus valores, por otra con relaciones igualitarias, cooperativas, sino que ésta debe estar a tono con lo logrado por las naciones europeas avanzadas.

La idea de la planificación del desarrollo derivada de estos análisis cala hondo en los organismos internacionales y en los gobiernos de las naciones subdesarrolladas. Gracias a ello, tanto a nivel teórico como en la organización burocrática se reconoció la necesidad de establecer una concepción más unitaria de la acción estatal orientada a promover el desarrollo, que pudiera hacer traducibles los objetivos sociales a los modelos de planificación económica. A partir de aquí, la modernización es considerada como el proceso de cambio social en el que el componente económico es el desarrollo.

Hacia los años setenta, después de una década de políticas y de programas de ayuda internacional al desarrollo que se canalizan a resolver puntualmente ciertos temas sociales (educación, salud, empleo), los escasos resultados logrados llevaron a un nuevo debate internacional en torno a los mecanismos idóneos y de los presupuestos teóricos de partida entre dos propuestas divergentes: el enfoque cuantitativo, que veía al desarrollo como un proceso lineal, acumulativo con etapas previsibles (Rostow, 1960), que magnificaba en consecuencia los aspectos de la planificación, y el enfoque sociológico, que concebía al desarrollo como un proceso complejo, desigual, fuertemente dependiente o condicionado por las características históricas de cada país. Proceso conflictivo, incluso, por cuanto implicaba intereses y valores de diversos actores (Estado, clases sociales, grupos de poder, organizaciones sociales, burocracias y agentes internacionales), que debían ser consensados en aras de producir los cambios necesarios (Wolfe, Marshall, 1972).

Como resultado de ello, los análisis de las experiencias del desarrollo se vuelcan hacia el estudio de las élites dirigentes, de los grupos de interés, de las resistencias locales, así como a los diversos aspectos técnicos de una planificación que internalizará en sus modelos la variante política. Un resultado inmediato de esta nueva concepción es la mayor integración de las políticas de desarrollo social con las políticas de desarrollo económico, y la clara intención de emprender ya no sólo programas de políticas puntuales, sino una estrategia integral de desarrollo orientada a la reforma estructural. La planeación del desarrollo no hace ya distinciones entre objetivos económicos y objetivos sociales, sino que persigue el cambio social.

En esta nueva perspectiva que se populariza en los años setenta, se considera compatible el que se pueda perseguir una mejor distribución del ingreso y de la riqueza patrimonial, sin dañar los incentivos para la eficiencia y el crecimiento económico, ya que toda medida a favor de mejores niveles de bienestar sería sinergética con el crecimiento económico, contribuyendo a agilizar la dinámica de desarrollo. Es el momento en que el término *desarrollo social* tiene un uso generalizado en todos los discursos y propuestas gubernamentales y en que el crecimiento del gasto público se justifica casi automáticamente por estar orientado a auspiciarlo. La *política de desarrollo social* adquiere así estatuto obligatorio en todos los programas públicos.

La planeación del desarrollo requerirá a partir de entonces reformas administrativas, legislativas y políticas, para eliminar las instituciones y las regulaciones anacrónicas, incluyendo los privilegios injustificados y para dinamizar las energías de los individuos y los grupos sociales de manera que pudieran afrontarse los obstáculos al desarrollo.

Los organismos internacionales y el desarrollo social

A esta altura es importante retomar la parte institucional en la evolución del concepto de desarrollo social, estrechamente relacionada con sus replanteamientos teóricos, ya que a partir de la preocupación de los gobiernos y los organismos internacionales en torno al problema de la seguridad, el progreso y de la paz mundial, se han venido revisando los enfoques sobre el crecimiento económico y proponiendo nuevas concepciones acerca del desarrollo social.

La lectura de la situación mundial que los países aliados hacían al final de la segunda posguerra era que la pobreza y el atraso heredados del régimen colonial profundizados en las primeras décadas del siglo habían puesto en riesgo la seguridad y la paz mundiales. El surgimiento del fascismo recién derrotado y del socialismo recién establecido eran su prueba palmaria. Por lo tanto, una vez pasado el conflicto, la paz interna y el progreso económico de las naciones aparecían altamente dependientes de la construcción de un nuevo orden internacional y de la cooperación entre las naciones, para alcanzar un progreso y una solidaridad extrafronteras.

La lección de la Gran Depresión económica había

sido aprendida, por lo que al concluir la guerra, en la Declaración de Londres del 12 de junio de 1941, se acepta que "la única base cierta de una paz duradera exige entre otras cosas que los países puedan disfrutar de seguridad económica y social".

En este marco, F. D. Roosevelt, en la Conferencia de la OIT en 1941, declaraba que "la política económica ya no puede ser un fin en sí misma", sino un medio para alcanzar objetivos sociales (Prosperidad y Bienestar, OIT, Ginebra, 1973).

El primer documento internacional que concreta las aspiraciones económicas y sociales de la época es la Carta del Atlántico (14 de agosto de 1941), firmada por Churchill y Roosevelt. Este documento, que en principio recogía la aspiración de sus respectivos gobiernos en principios comunes y establecía "la necesidad de alcanzar una paz que dé a todos los hombres, en todos los países, la seguridad de que vivimos al abrigo del miedo y la necesidad", se proponía establecer la más completa colaboración entre todas las naciones en el campo económico, a fin de "asegurar para todos mejores condiciones de trabajo, progreso económico y seguridad social".

Estos principios se reflejaron algunos años más tarde en la Declaración de Filadelfia (1944) que crea finalmente a la ONU, incorporándose posteriormente como anexo a la Constitución de la OIT.[1]

La declaración sostenía que la pobreza era un problema económico y que "constituye un peligro para la prosperidad de todos", así como un problema político, ya que "la paz permanente sólo puede basarse en la justicia social".

En consecuencia, proclamaba el bienestar material como un derecho, siendo responsabilidad de la política nacional e internacional lograr las condiciones que permitieran llevar ese bienestar material a todos los pueblos. En este sentido la declaración asentaba que:

> Todos los seres humanos, sin distinción de raza, credo, o sexo, tienen derecho a perseguir el bienestar material y su desarrollo espiritual en condiciones de libertad y dignidad, de seguridad económica e igualdad de oportunidades. [Y que el] logro de estas condiciones debe construir el propósito central de la política nacional e internacional. Se acepta, pues, sin reservas, que el Estado liberal debe transformarse para contribuir activamente a esta prosperidad.

El estudio de los asuntos sociales empero, recibe en estos años dos tratamientos diferenciados que hacen la distinción entre las políticas y los enfoques del capitalismo europeo, respecto del norteamericano. En el primer caso, el establecimiento de los regímenes de Estado de Bienestar, basados en el reconocimiento universal de los derechos sociales (Esping,) con la política de pleno empleo, la extensión de la seguridad social, así como de un creciente paquete de servicios a las familias y diversos grupos sociales, llevaron a la vinculación sistemática de la política económica y el desarrollo social.

[1] La Organización Internacional del Trabajo (OIT), que fue creada al amparo del Tratado de Versalles que da fin a la primera Guerra Mundial, pero fue hasta la reunión de esta organización en Filadelfia cuando se anexan en sus documentos fundacionales.

En cambio, en los Estados Unidos, la resistencia al reconocimiento universal de los derechos sociales (cuestión que se aborda hasta fines de los años sesenta por el impacto del movimiento a favor de los derechos civiles de la población de color), así como su rechazo a asumir la *política de pleno empleo*, abrieron paso en este país a un esquema de políticas sociales diferenciadas, a sistemas de seguridad parcializados y a programas de asistencia dirigidos a distintos grupos de la población. No obstante, aún aquí, abordados bajo la figura del *factor humano* o capital humano, los asuntos sociales ganan reconocimiento en los presupuestos y programas públicos, en tanto elementos *coadyuvantes* al desarrollo económico, como "inversiones en recursos humanos".

Ambas interpretaciones implicaban maneras distintas de incorporar el factor social en las políticas públicas. Al mismo tiempo, expresiones como "mejoramiento de la situación social" y las referidas a las acciones que tenían por objetivo el desarrollo del factor humano fueron paulatinamente sustituidas por el término más afortunado de "desarrollo social".

Las políticas "para lo social" iban desde su acepción como medio para influir en aspectos sectoriales o concretos del bienestar humano, hasta el concepto de "desarrollo social" referido a cambios en la estratificación, la movilidad y la participación social.

Hacia 1947, el Consejo Económico y Social de la ONU con el concurso de los organismos especializados creados, como el Fondo Monetario Internacional, el Banco Internacional para la Reconstrucción y el Desarrollo (posteriormente conocido como Banco Mundial), la FAO, la OMS y las Comisiones Económicas Regionales, comienzan a ocuparse de la ayuda económica a los países atrasados. En el mismo año de 1947, la Conferencia de La Habana, convocada por el propio Consejo Económico y Social de las Naciones Unidas, aprueba la Carta de la Organización Internacional de Comercio, que da origen al GATT y crea la Comisión Económica para América Latina, CEPAL. El objetivo expreso era promover el comercio y el crecimiento económico de los países para que mejoraran las condiciones de empleo y de vida de la población.

Pero el acontecimiento señero para el *desarrollo social* se produce en 1948. En este año, la Asamblea General de las Naciones Unidas aprueba la Declaración Universal de los Derechos Humanos, que agrega a los derechos y libertades clásicos (derecho a la propiedad, libertad de pensamiento, de opinión y expresión), *los derechos económicos y sociales: el derecho a la seguridad social de toda persona como miembro de una sociedad; el derecho a un nivel de vida adecuado que asegure a cada familia y a sus miembros salud, vivienda, asistencia médica, alimentación, vestido y servicios sociales necesarios.*

En este primer instrumento internacional en el que se especifican estos derechos, los elementos más importantes son dos: por una parte se reconoce la primacía de los derechos internacionales sobre los derechos nacionales tanto en lo que se refiere a las garantías políticas como a los derechos sociales de los individuos. Por la otra, vincula los derechos sociales, económicos y culturales de cada individuo con la generación de un orden social internacional en el que estos derechos se hagan plenamente efectivos. Ambas cuestiones tienen un gran impacto para lo que posteriormente serán los conceptos, pronunciamientos y estrategias internacionales y nacionales para el desarrollo social.[2]

Con la Declaración Universal de los Derechos Humanos de 1948 despunta un nuevo interés por lo social, entendido como bienestar humano y se establece el compromiso de la organización y de todos los estados firmantes, por intensificar los esfuerzos de sus gobiernos para establecer leyes, crear instituciones públicas, diseñar presupuestos y programas que garantizaran a sus habitantes educación, salud, seguridad social y otros aspectos del bienestar (vivienda, nutrición y recreación). Sin embargo, muy pronto afloró una de las fuertes contradicciones de los organismos internacionales ante los compromisos asumidos por sus gobiernos miembros, para impulsar programas de desarrollo social que realmente hicieran efectivos dichos compromisos.

Se trata del hecho de que el sistema jurídico que rige la cooperación internacional y las bases para la exigencia de los derechos sociales y económicos de los individuos hace prácticamente inexigibles estos derechos.[3]

En este aspecto la aplicación del pacto quedó condicionada por la preminencia de los intereses de los Estados Unidos en un clima de inicios de la guerra fría, por lo que el reconocimiento de los derechos sociales se cifró en normas muy generales que fueron requiriendo posteriores precisiones. Por otra parte, el compromiso asumido por la Asamblea de la ONU fue delegado en organismos especializados y no se estableció, como en el caso del acuerdo de Bretton Woods que crea el FMI y el BM, ninguna competencia de sus organismos respectivos en el diseño y supervisión de los acuerdos (Fernández Liesa, 1996).[4]

Más adelante, la Carta Social Europea, adoptada por el Consejo de Europa en 1961, plantea como uno de los objetivos de las instituciones regionales y de los gobiernos de los países integrantes "favorecer el progreso económico y social, mediante la defensa de los derechos humanos y de las libertades fundamentales"

[2] Los derechos sociales se centran en el ciudadano no como ente político, sino como productor, trabajador, obrero, consumidor y usuario, proclaman los derechos no sólo de individuos sino de grupos, en orden a una participación colectiva en todos los aspectos de la vida: el trabajo, la seguridad, el bienestar, la educación, la creación cultural, etcétera.

[3] Los derechos civiles y políticos pueden ser reclamados individualmente en el sistema jurídico internacional ante las propias organizaciones de la ONU merced al protocolo facultativo del pacto respectivo. En el caso de los derechos sociales, económicos y coyunturales, este recurso no existe, es decir, no puede ser objeto de reclamo su incumplimiento ante los organismos internacionales.

[4] A partir de la Declaración Universal de los Derechos Humanos de 1948, la Asamblea General de la ONU solicitó la construcción de un solo instrumento de protección de estos derechos, dada la interconexión e interdependencia entre derechos políticos o civiles y derechos económicos y sociales. Sin embargo, en 1951 el Consejo Económico y Social de la ONU, por instancia del gobierno de los Estados Unidos, solicitó el retiro de esta posición y propuso en su lugar la realización de dos pactos separados para la promoción, vigilancia y control de estos derechos. En esta nueva postura, los Estados Unidos fueron secundados por el resto de países occidentales, que daban preferencia a los derechos civiles, frente a la URSS y los países del este, que daban prioridad a los segundos. (Véase Fernández Liesa, *op. cit.*)

y establece un catálogo más completo de los derechos económicos y sociales, proclamando el derecho al trabajo, a condiciones de trabajo más equitativas, a la seguridad y la higiene, a la remuneración equitativa, a la negociación colectiva; así como el derecho de las personas física y mentalmente disminuidas a la formación profesional y a la readaptación física y social, y el derecho de la familia a una protección social, jurídica y económica.

Para el inicio en esta década, de abundantes evidencias de que ni el crecimiento económico por sí solo, ni la promoción y codificación de medidas legislativas eran suficientes para garantizar el *desarrollo social*, llevaron a la adopción de estrategias más comprensivas y de acciones deliberadas para el mismo. A esta nueva actitud contribuye la revisión teórica en torno al concepto de desarrollo, subdesarrollo y atraso, realizada por la CEPAL.

Así, el 19 de noviembre de 1961 la Asamblea General de las Naciones Unidas adoptó la resolución 1710 (XVI) en la que "teniendo en cuenta el solemne compromiso estampado en la Carta de las Naciones Unidas de promover el progreso social y mejores niveles de vida, se denomina la década de los setenta como el Decenio de las Naciones Unidas para el Desarrollo y ahí se dinamiza el ciclo de propuestas oficiales para el *desarrollo social*.

Como consecuencia de ello y a propuesta de la URSS, el Congreso Económico y Social de la ONU adoptó el 3 de agosto de 1962 una resolución en el sentido de que fuera convocada una Conferencia de las Naciones Unidas sobre el Comercio y el Desarrollo (UNCTAD), en la que Prebisch redacta el documento esencial titulado "Hacia una nueva política comercial en pro del desarrollo".

Este informe, además de una serie de medidas destinadas a favorecer el comercio y ayudas compensatorias para equilibrar el intercambio entre los países, sugería considerar: "las transformaciones internas que exige el desarrollo, especialmente en relación con los tres mayores obstáculos opuestos a la propagación del progreso técnico y por tanto al incremento del ingreso por habitante, a saber: el problema de la reforma agraria, la escasa movilidad social debida a la estructura social tradicional y la concentración de los ingresos, es decir, la desigualdad en la distribución de la renta.

En este marco en 1966, la Asamblea de la ONU aprueba el Pacto Internacional de Derechos Económicos, Sociales y Culturales por el que se da fuerza jurídica a la protección internacional a los derechos enunciados en la Declaración de 1948, aun cuando se reserva la libertad de cada Estado y sistema social para buscar el camino de su concretización, lo que fue resultado de un consenso logrado entre los bloques del Este y Oeste.

Esto es lo que da origen a dos instrumentos internacionales distintos de protección y promoción de los derechos, bajo el argumento de que ambos tipos de derechos: los civiles-políticos, por un lado, y los económico-sociales, por el otro, tenían un carácter diferente. Unos, los derechos políticos y civiles, se consideró que eran de *aplicación inmediata* y los segundos, derechos de *aplicación progresiva*. Se crean en consecuencia dos comisiones distintas para la promoción, vigilancia y control de ambos.

Entre los compromisos que asume el Comité de Derechos Económicos, Sociales y Culturales están los que se denominaron *obligaciones de comportamiento y obligaciones de resultado*, que aludían, en principio, a la distinción entre *derechos que respetar* y *derechos que proteger*.

En este sentido se establecían dos tipos de compromisos para los estados firmantes: por una parte, el de adoptar medidas de "efecto inmediato", que *serían deliberadas, concretas y orientadas claramente hacia la satisfacción de las obligaciones reconocidas en el Pacto*. Por otra, se sancionaba la obligación de todos los estados para proceder en la forma más expedita y eficaz posible, para *una progresiva efectividad de los derechos*. De este modo se ubicaba al *desarrollo social* como proceso gradual y de largo plazo.

El término *progresividad* implicaba el hecho de que la realización de los derechos reconocidos en el pacto se justificaba en el contexto de la situación económica y de los recursos de cada país, hasta *el máximo de los recursos de que disponga* (art. 2.1 del pacto), si bien estos recursos no se limitan a los recursos internos, ya que el propio pacto establecía la asistencia y cooperación internacionales, en el marco de una cooperación general para y por el *desarrollo* (arts. 11, 15, 22, 23).

En todo caso, los estados contaban con un margen de discrecionalidad en la elección de medidas que podían adoptar para dar cumplimiento a las obligaciones: medidas legislativas, de carácter administrativo-financiero, educativo o social y, de acuerdo con lo que procede según el sistema político y económico del país de que se trate (Cláusula de la Libre Determinación de los Estados).[5]

Sin embargo, hasta fines de los años sesenta, las medidas legislativas son el método preferido del pacto, aun cuando no sea exclusivo. La razón de esto es la consideración de que para la realización de algunos derechos, tanto la edición de normas para su promoción como la inaplicación de normas contrarias a los mismos son una alternativa congruente con el espíritu de promoción normativa de los derechos humanos que permite el marco internacional. Las condiciones de progresividad, empero, no eximen a los estados miembros a que en cualquier circunstancia económica cumplan con la obligación *de asegurar un estándar mínimo*, utilizando todos los recursos a su disposición, en un esfuerzo por satisfacer con carácter prioritario esas obligaciones mínimas (Observación General No. 3, 1990). La obligación de comprobar esfuerzos y justificar los resultados en orden al cumplimiento de las cláusulas del pacto supone, por tanto, la existencia de un contenido mínimo de necesidades básicas objetivamente determinable.

El debate sobre este último tema será objeto de constantes reflexiones en razón a que el contenido básico identificable que supone el contenido normativo de los derechos sociales y económicos es siempre un resultado de circunstancias históricas y no sólo de necesidades contingentes, de acuerdo con las culturas y los contextos. Sin embargo, internacionalmente cada uno de los derechos económicos, sociales y culturales tiene un mínimo contenido básico e identificable, que no puede reducirse, so pretexto de las diferencias razonables permitidas.[6]

Como ya se observó, en los pactos del 1966 subyacía una dicotomía basada en la diferencia existente en el carácter de los derechos. Tal dicotomía se supera normativamente en el reconocimiento y la reafirmación de la invisibilidad de estos derechos declarada desde la Conferencia de Teherán de 1968. En ésta invitó a "todos los gobiernos a concentrar la atención en la elaboración y perfeccionamiento de los procedimientos jurídicos para la defensa de los derechos económicos, sociales y culturales y para evitar su violación. De esta suerte, los derechos sociales, económicos y culturales fueron integrados finalmente en una nueva Declaración de los Derechos Humanos en Viena (1993), sin que por ello se superaran las indeterminaciones en cuanto a los instrumentos de aplicación.

La Declaración sobre el Progreso y el Desarrollo en lo Social, proclamada por la Asamblea General de la ONU en 1969, reitera la interdependencia entre la paz y el desarrollo económico y el progreso social, sosteniendo que este último debe ser promovido entre todos los Estados, sin distinción de los sistemas sociales, económicos y políticos. En esta Declaración, *el desarrollo social* aparece como el objetivo incuestionable de todo desarrollo, del cual el Estado es responsable, destacándose entre los medios y métodos para promoverlo la planificación, el sistema fiscal y el gasto público como instrumentos para la distribución y redistribución equitativa del ingreso.

En la III UNCTAD, celebrada en Chile, un documento titulado Estrategia Internacional para el Desarrollo, cuyo antecedente fue el informe Tinbergen, titulado Hacia el Desarrollo Acelerado (1970), recogía una serie de propuestas para el Segundo Decenio de Desarrollo Social. La estrategia comenzaba por reconocer el cambio favorable operado en el primer decenio por parte de los organismos y comisiones internacionales y regionales, venciendo a nivel nacional e internacional la inercia y el estancamiento. Y ofrece la primera definición inclusiva de desarrollo que se incorpora a un documento oficial. Al respecto dice:

---

[5] La discrecionalidad de los Estados está limitada a la evaluación que el propio comité realiza para determinar en qué grado un Estado-parte ha adoptado las medidas apropiadas para la observancia y protección de los derechos, y aunque el comité no tenga medios para imponer la adopción de nuevas medidas, puede calificar al Estado en cuestión y proponerle la adopción de programas, normas y técnicas encaminadas a lograr la plena efectividad de los derechos.

[6] Sobre este punto, se propone un ordenamiento de estos derechos para el establecimiento de este contenido mínimo: primero, considerar los derechos económicos, sociales y culturales como el piso mínimo necesario para garantizar el ejercicio real de los derechos civiles y políticos. Segundo, existen grados de desigualdad intolerable, para cuya determinación es útil el análisis de la distribución de los ingresos como indicador principal del grado de integración social alcanzado nacional e internacionalmente, así como indicador del nivel de cumplimiento de los mínimos exigibles de los derechos. En cuanto al control, y supervisión del cumplimiento, el Comité —órgano subsidiario y con funciones de asistencia del Consejo Económico y Social fundado 20 años después de establecido el pacto, es decir, hasta 1986— ha examinado 108 informes hasta 1995, pero todo el control gira alrededor de los informes acerca de las medidas que han adoptado los países y los progresos alcanzados en materia de derechos sociales y económicos. Estos informes muchas veces no satisfacen los requisitos mínimos de información o no todos los países los presentan. (Véase Moreiro González, 1996.)

Nunca se repetirá demasiado que lo que significa el desarrollo para los países no es simplemente un aumento en la capacidad productiva, sino transformaciones básicas en sus estructuras económicas y sociales, caracterizadas por un dualismo cuya frecuente consecuencia es que el adelanto tecnológico y económico refuerza todavía más el contraste entre sus sectores modernos y los atrasados, agudizando las desigualdades sociales y económicas. En su estructura social se dan rigideces y desigualdades engendradas por sus sistemas de posesión de la tierra, sus jerarquías administrativas, sus sistemas de educación y las desiguales oportunidades para la instrucción, así como por fuerzas externas y sus diversas prácticas y costumbres tradicionales.

Líneas de investigación y debate contemporáneo

La Estrategia Internacional para el Desarrollo abre el Segundo Decenio en 1971 y convoca a una acción concertada internacionalmente, reconociendo que el desarrollo y su contraparte, el subdesarrollo, eran un problema mundial. Mediante ella los estados se "comprometen individual y colectivamente a seguir políticas encaminadas a establecer un orden económico internacional más justo y razonable, con el objetivo básico del crecimiento económico. Éste debía combinar otros objetivos de tipo cualitativo, como la redistribución del ingreso, el aumento en el nivel de empleo, la mejora en la educación, la nutrición, la salud, la vivienda y el bienestar social, así como la preservación del ambiente y la reducción de las disparidades regionales, sectoriales y sociales existentes.

El concepto de desarrollo subyacente en todo el documento supone alcanzar "una mejora sostenida en el bienestar individual y ofrecer beneficios a todos". Pero ahora, las referencias a la educación, la salud, el medio ambiente, la vivienda y en general a la dignidad humana, configuran ese bienestar como algo mucho más amplio que el mero crecimiento de bienes materiales y servicios, reflejado en datos del PNB.

La crisis del crecimiento económico de los países industrializados que se inicia a mediados de los setenta afecta fuertemente el clima de cooperación internacional entre naciones desarrolladas y países en desarrollo, por la elevada politización que en la época alcanzan diversos asuntos internacionales. El arribo de gobiernos dictatoriales en países de diferentes regiones y la emergencia de guerras civiles, guerrillas y del terrorismo internacional pusieron sobre la mesa de las prioridades internacionales el tema de los derechos civiles y políticos.

En los años ochenta, las políticas de ajuste afectaron la capacidad de los estados para atender el desarrollo social y los cambios de la economía global alteraron las condiciones de la cooperación internacional para la ayuda al desarrollo. Las políticas de ajuste agudizaron los problemas del rezago económico y de la pobreza, en tanto los organismos financieros internacionales —centrados en las políticas de cambio estructural a favor del mercado— prestaron poca atención a los efectos negativos de dichas reformas. Este olvido es subsanado al inicio de la presente década, en la que el tema del desarrollo social y la erradicación de la pobreza ha vuelto a la agenda de los organismos internacionales. Pero ello enfrenta actualmente un orden económico profundamente adverso a este desarrollo.

La situación en la que se encuentra el actual orden económico mundial es uno de los obstáculos mayores a la observancia efectiva de los derechos humanos y al desarrollo social. La magnitud de los cambios acaecidos ha removido las bases y muchos de los principios que sustentaban la cooperación internacional, y la interdependencia y globalización de la economía han reducido los problemas que pueden resolverse en los marcos del Estado-nación. La tendencia neoliberal que adjudicó al mercado las responsabilidades del poder público, relativas a la puesta en marcha de políticas de protección de los derechos sociales, económicos y culturales, así como una excesiva confianza en que el crecimiento económico podría ejercer funciones de redistribución de la riqueza han sido también obstáculos que terminaron por configurar un panorama de pobreza que echó por tierra los avances alcanzados en dos decenios de políticas de desarrollo social. Por ello, al iniciarse la década de los noventa ante muchos de los expertos y responsables de los programas internacionales, queda clara la contradicción existente entre un orden normativo de derechos que se perfecciona y una realidad económica y política internacional que no es capaz de garantizarlos.

En este orden, el Informe Turk (1992) planteó que los órganos de las Naciones Unidas no debían centrarse más en la creación de normas y nuevos derechos, sino en la creación de un "espacio político, jurídico, social y económico, que comporte un aumento real de las personas que pueden acceder a la adopción de decisiones, a opciones individuales, familiares y comunitarias y a la posibilidad real de afirmar, pedir y reclamar sus derechos económicos, sociales y culturales".

Así, quedó claro que no es útil seguir desarrollando derechos para los que no hay mecanismos y estrategias de realización adecuados.

La tendencia a la expansión de normativas sin garantías de aplicación y con insuficiente precisión de contenido se vio confirmada en la Cumbre de Copenhague (1994), donde se abordó un conjunto amplio de compromisos; en un desiderátum global por el desarrollo social, la Cumbre aprobó:

1) La creación de un entorno político, social, cultural y jurídico favorable que permita el logro del desarrollo social; *2)* lograr el objetivo de erradicar la pobreza en el mundo mediante una acción nacional enérgica y mediante la cooperación internacional; *3)* promover el objetivo del pleno empleo como prioridad básica de la política económica y preparar a todas las mujeres y a todos los hombres para conseguir medios de vida seguros y sostenibles; *4)* promover la integración social fomentando sociedades estables, seguras, justas y basadas en la protección y promoción de los derechos humanos, así como en la no discriminación, la tolerancia, el respeto a la diversidad, la igualdad de oportunidades, la solidaridad, la seguridad y la participación de todas las personas, incluidos los grupos y personas desfavorecidas y vulnerables; *5)* promover el pleno respeto de la dignidad humana y lograr la igualdad y equidad entre hombres y mujeres; *6)* aumentar la participación y la función directiva de la mujer en la vida política, civil, económica, social y cultural; *7)* promover y lograr el acceso universal y equitativo a una educación de calidad, al nivel más alto posible de salud física y mental, el acceso universal a la atención primaria de la salud, sin distinción de raza; *8)* acelerar el desarrollo económico, social y humano de África y de los países menos adelantados; *9)* asegurar que los programas de ajuste estructural que se acuerden incluyan objetivos de desarrollo social, en particular la erradicación de la pobreza, la generación de empleo pleno y productivo y la promoción de la integración social; *10)* aumentar y hacer un uso más racional y eficiente de todos los recursos asignados al desarrollo social; fortalecer el espíritu de cooperación y coparticipación internacional, regional y subregional.

Con estos nuevos objetivos, la ONU daba forma más acabada a un concepto de *desarrollo social* más inclusivo basado en tres elementos: *1)* la profunda interconexión entre la realización de los derechos humanos y el desarrollo económico, que se reconoce desde la Conferencia de Teherán (1968) y se declara en Viena (1993) como un nuevo derecho al desarrollo (Declaración sobre Progreso y Desarrollo Social, 1969); *2)* la incorporación de la noción de igualdad de oportunidades para todas y en todos los ámbitos del desarrollo social, con especial atención a las mujeres y las minorías, identificándose a partir de aquí titulares concretos de derechos (Declaración de los Derechos de las Minorías y a favor de la no discriminación, 1986), y *3)* la inclusión social del atributo de sostenibilidad ambiental como parte fundamental del desarrollo social al afirmar que los seres humanos constituyen el centro de las preocupaciones del desarrollo sostenible no sólo para una generación concreta, sino con una dimensión intergeneracional.

Con el término *desarrollo sostenible* se ha incluido así a los rasgos del desarrollo que satisfacen las necesidades de la generación presente sin comprometer la capacidad de las generaciones futuras para satisfacer sus propias necesidades.

Finalmente, la introducción de un nuevo concepto de *desarrollo humano* como un concepto abierto, susceptible de integrar progresivamente en él todas las opciones jurídico-materiales. De ahí, el PNUD plantea un nuevo paradigma de desarrollo social que atiende más que al bienestar material de las personas, al grado de potenciación en sociedad concreta de todas las dimensiones del desarrollo humano, destacándose que si el proceso de desarrollo no crea las instituciones que apoyen plenamente los derechos y el desarrollo de las propias personas, no puede ser sostenible a largo plazo.

BIBLIOGRAFÍA

Abramovitz, M., *Resources and Output, Trends in the United States Since 1875*, American Review, Menaska.

Almond, Gabriel A., y James S. Coleman (eds.) (1960), *The Politics of the Developing Areas*, University Press, Princeton.

Cardoso, H., y E. Faletto (1970), *Dependencia y desarrollo en América Latina*, Siglo XXI, Editores, México.

CEPAL-ONU (1966), *Desarrollo social y planificación. Estudio de problemas conceptuales y prácticos de América Latina. Boletín Económico de América Latina*, vol. XI, núm. 1, abril.

Dahl, R., y Ch. E. Lindblom (1961), *Politics, Economics and Welfare*, Harper and Bros, Nueva York,

Einsenstadt, S. (1961), *Essay on Sociological Aspect of Political and Economic Development*, Mounton, La Haya.

Fernández Liesa, C. (1996), *Los derechos económicos, sociales y culturales en el orden internacional*, en Gregorio Peces-Barba, *Política social, internacional y europea*, Serie Estudios, Ministerio del Trabajo y Asuntos Sociales, Madrid.

Germani, Gino (1962), *Política y sociedad en una época de transición. De la sociedad tradicional a la sociedad de masas*, Paidós, Buenos Aires.

Goode, R. B. (1959), *Addint to the Stock of Physical and Human Capital*, Paper and Proceeding.

Lerner, Daniel (1958), *The Passing of Traditional Society*, Glencoe, Illinois, Free Press.

——— (1966), *Communication and Change in the Developing Countries*, West Center Press.

Lewis, W. A. (1955), *The Theory of Economic Growth*, Allen and Unwin, Londres.

Lipset, S. (1963), *The First New Nations: The United States in Historical Comparative Perspective*, Basic Books, Nueva York.

Mishan, E. J. (1967), *The Cost of the Economic Growth*, Staples Press, Londres.

——— (1969), *Growth. The Price We Paid*, Staples Press, Londres.

Moreiro González, C. J. (1996), *Paradojas del sistema institucional internacional de protección de los derechos económicos, sociales y culturales*, en Gregorio Peces-Barba, *Política social internacional y europea*, Serie Estudios, Ministerio del Trabajo y Asuntos Sociales, Madrid.

Myrdal, G. (1957), *Development and Underdevelopment*, Harper, Nueva York.

ONU (1954), *Las Naciones Unidas al alcance de todos*, Nueva York.

——— (1963), *Revista Internacional de Servicio Social*, núm. 9, abril.

——— (1970), *Hacia el crecimiento acelerado. Propuestas para el segundo decenio de Naciones Unidas para el desarrollo*.

PNUD (1994), Informe sobre Desarrollo Humano.

UNESCO, *Aspectos sociales del desarrollo económico en América Latina*, vol. I, 1962, y vol. II, 1963.

Prebisch, R. (1963), *Hacia una dinámica del desarrollo latinoamericano*, FCE, México.

DESCENTRALIZACIÓN

Richard Lalander

Definición

En el discurso de la modernización del Estado, el fenómeno de la descentralización ha llegado a ser un tema clave en las agendas políticas. En las ciencias sociales, la descentralización es el proceso durante el cual ciertas partes y/o sectores del poder gubernamental, así como la responsabilidad por su funcionamiento, se trasladan desde el nivel central nacional a los niveles municipales y/o estatales/provinciales. Esto significa que los servicios ofrecidos por el Estado, por ejemplo de salud, asistencia médica, educación, autoridades policiales, etc., se establecen bajo la responsabilidad local y/o regional. Para evitar una posible confusión, se debe clarificar que el nivel regional se referirá a los estados o provincias federales y el nivel local a los municipios Por tradición, la descentralización está identificada con la comunidad local, pero realmente es una forma de organización que se puede usar en todos los niveles de gobierno. Asimismo, el grado en el cual un sistema administrativo está centralizado o descentralizado tiene varias dimensiones y relaciones intragubernamentales entre sí: nacional-estatal, nacional-local y estatal-local. Teóricamente se estudiarán las problemáticas relacionadas con la descentralización en una aproximación Estado-sociedad y desde una perspectiva democrática. La descentralización política y sus implicaciones en forma de redistribución de poder merece un enfoque particular en el estudio.

Historia, teoría y crítica

El concepto de descentralización frecuentemente se contrasta con los de federalismo, centralismo, desconcentración y delegación. El concepto de federalismo tiene sus raíces en la expresión latina *foedes*, lo que significa alianza, unión o tratado federal. Asimismo, el concepto de federalismo se usa para denominar un cierto sistema político, el cual se caracteriza por la independencia institucional y facultades autónomas de subsistemas territoriales (estados federales) constitucionalmente garantizados. La delegación se puede definir como la asignación temporal de funciones a una entidad jerárquicamente inferior y dentro de la misma persona jurídica, mientras que la descentralización implica la asignación permanente de funciones a una entidad con distinta personalidad jurídica. Asimismo, la descentralización como concepto teórico puede estar relacionado con el de desconcentración. Ambos conceptos se refieren a la transferencia de poderes desde el nivel nacional a los niveles regionales/provinciales y/o locales. Pero la desconcentración describe el proceso de transferencia en el cual el gobierno nacional está presente en las unidades locales y regionales por sus propios órganos. Por su parte, la descentralización se refiere a las transferencias de servicios, competencias y recursos desde el nivel nacional centralizado hasta las comunidades y regiones.

El significado del concepto de descentralización se puede comprender mejor cuando se compara con su opuesto: la centralización. La centralización y descentralización política y administrativa describe sobre todo una jerarquía espacial de poder. La centralización, o el centralismo, puede describirse como un esquema piramidal de gobierno en donde las decisiones se concentran en el máximo vértice del Estado. Una breve descripción de algunos aspectos del centralismo tradicional latinoamericano es imprescindible para la comprensión de algunas de las dificultades de introducir la descentralización. Claudio Véliz, prominente historiador y latinoamericanista, presenta cuatro factores negativos, inversamente relacionados con el centralismo tradicional:

1) La ausencia de experiencia feudal,

2) El centralismo de la religión dominante, es decir, la ausencia de disconformidad religiosa,

3) La ausencia de cualquier hecho o circunstancia que pudiera compararse con la Revolución industrial europea, y

4) La ausencia del desarrollo ideológico, político y social asociado con la Revolución francesa "que tan dramáticamente transformó el carácter de la sociedad de Europa Occidental durante el reciente siglo y medio" (Véliz, 1980: 3f).

Más aún, el carácter político y administrativo centralista de las naciones hispanoamericanas tiene su origen en la monarquía castellana enfáticamente centralista (*ibid.*: 16f). Hasta recientemente en la historia política de América Latina, con excepción de la existencia oficial del federalismo, la descentralización no ha estado presente en la tradición política, administrativa y económica de los gobiernos. En América Latina, el modo centralista está apoyado y fortalecido precisamente por una tradición política que siempre fue centralista y sólo excepcionalmente se alejó de esa tradición (*ibid.*: 9).

Ya en la década de 1830, Alexis de Tocqueville puso énfasis particular en la importancia de ciudadanos políticamente activos, colaborando entre sí y con un Estado descentralizado. Fundamentaba esa idea de mando popular al nivel local en sus experiencias en los Estados Unidos de América, donde vio que un gobierno descentralizado basado en la división vertical de poderes era posible, lo que se comparaba con la alta centralización del sistema gubernamental del Estado francés de la época (Siedentop, 1994: 11-12). El fenómeno que hizo posible este tipo de democracia —también lo fue para considerar un rasgo distintivo necesario— fue el vigor de la sociedad civil, lo cual provocó un gobierno central menos importante (*ibid.*: 34-44).

Normalmente, tres criterios o condiciones fundamentales se mencionan al discutir la descentralización: *1)* la existencia de entidades territoriales para administrar, *2)* el derecho del pueblo a elegir sus propios líderes locales/regionales, y *3)* la capacidad financiera de las distintas entidades territoriales. La descentralización supone una transferencia del ejercicio de poder. En el caso del gobierno de una nación se trata de la transferencia de las autoridades políticas, administrativas y fiscales desde el nivel central a las comunidades y regiones del Estado. La descentralización acerca las decisiones económicas y políticas a quienes les conciernen, y asimismo contribuye a una mayor posibilidad de cada individuo de influir más en su propio futuro sociopolítico-económico. Con la descentralización, el Estado se acerca a la sociedad y a los ciudadanos, que de tal modo llegan más cerca al proceso político de la nación. Se supone que las entidades locales están mejor dotadas para definir y redefinir sus necesidades y prioridades. Pero al mismo tiempo, una administración central e independiente tiene mayor capacidad para proveer información de desarrollo y para manejar los recursos comunes nacionales. Se puede decir que el Estado se abre en los niveles más bajos y así se presentan posibilidades de ingreso para distintos actores sociales y políticos.

Entre los argumentos fundamentales para introducir prácticas relacionadas con la descentralización se destacan dos: el de estimular la participación política y social entre los ciudadanos y el de hacer más eficiente el aparato del Estado. Así podemos distinguir tres metas principales en los procesos de descentralización: *1)* la legitimación del sistema político; *2)* la democratización del mismo, y *3)* la mejora de la eficacia del Estado. Desde una perspectiva neoliberal se puede ver la descentralización como una reducción del tamaño del Estado central y sus responsabilidades. Así, la descentralización sería la solución a los problemas relacionados con la alta burocratización e ineficiencia de las instituciones centralizadas. La descentralización administrativa implica el funcionamiento de los servicios públicos locales, es decir, se refiere a la eficacia de la administración. Cuando se estudia como el proceso de acercamiento de las instancias del gobierno a los gobernados, entonces la descentralización se refiere a la participación ciudadana y a la democratización. El sistema político centralizado puede llegar a un momento de crisis de funcionamiento y es entonces cuando los procesos descentralizadores abren nuevas posibilidades. Una de las consecuencias negativas del centralismo como sistema político es la escasa eficacia de la burocracia del gobierno. En un sistema centralista, el proceso político y el acceso al mismo está concentrado en el más alto nivel burocrático, aislado del pueblo e ignorante de las necesidades y prioridades locales y regionales.

Descentralización y democratización

La descentralización está íntimamente conectada a los procesos de democratización y en muchos casos se puede considerar como un tipo de democratización. Reuschemeyer *et al.* construyen su argumentación alrededor de la definición de democratización como un incremento en la igualdad política (Reuschemeyer *et al.*, 1992: 5). La perspectiva democrática tiene que considerarse central en el discurso de las relaciones entre Estado y sociedad, incluso en la discusión sobre la descentralización, ya que el problema nuclear es encontrar un balance entre ambos, en un contexto democrático. Como lo expresa el profesor Axel Hadenius: "La sociedad intenta así gobernar el Estado por el cual está gobernada" (Hadenius, 1997: 1).

La legitimidad de una sociedad democrática depende de los eslabones entre grupos de la sociedad civil y el Estado. La democracia, una vez consolidada y aceptada por todos los actores políticos como "el juego reinante", es un proceso continuo en varios campos sociales y políticos. Asimismo, el federalismo cumple una función democrática, ya que la duplicación espacial de decisión política aumenta las posibilidades de representación y participación social dentro del esquema democrático. Lógicamente, la descentralización por sí misma no es suficiente como instrumento de democratización, sí en cambio para mejorar la eficiencia de los servicios ofrecidos por el aparato estatal.

Un número creciente de teóricos ha considerado la democratización de varios países latinoamericanos en la década de los ochenta a la luz de la crisis económica del continente (Collier y Collier, 1989; Reuschemeyer, Stephens y Stephens, 1992; Uggla, 1997). La descentralización del gobierno, sin embargo, no es una excepción para América Latina, sino que debe considerarse como un fenómeno global. En Latinoamérica, los procesos de descentralización se han acelerado de manera significativa en los años ochenta y en naciones tan distintas como Brasil, Chile, Argentina, Colombia, Venezuela, Perú y Guatemala. Es bastante obvio que tanto las demandas por la descentralización y la introducción de la misma en las administraciones de los Estados coinciden con la crisis económica de la década. La descentralización y la decisión de introducirla en los países latinoamericanos probablemente fue impulsada tanto por el creciente descontento popular como por la profundización de la crisis económica de los años ochenta, como por erigirse en elemento fundamental en el proceso de la reforma democrática del Estado. La descentralización puede verse como la respuesta política a las tensiones y conflictos sociales producidos por la incapacidad del Estado para satisfacer las demandas de la población, a causa de la falta de canales para la participación política y ciudadana. Por ello, la descentralización se puede concebir como un proceso de cambio institucional que implica un acercamiento a los ciudadanos.

Existe una relación cercana entre descentralización y democratización. Pero esto no significa que sea una relación necesaria. En el caso de Chile, por ejemplo, se introdujeron reformas de descentralización administrativa durante los años ochenta bajo el gobierno autoritario de Pinochet. La descentralización puede introducirse en cualquier tipo de régimen, monarquía o república, en sistemas federales o no federales y en sistemas democráticos o autoritarios.

El eslabón entre descentralización y democratización está particularmente anclado al proceso de selección de los líderes locales. Las experiencias de las elecciones directas de alcaldes, gobernadores y concejales en Brasil, Bolivia, Colombia, Perú, Chile, México y Venezuela, desde los años ochenta, demuestran que la descentralización puede contribuir a la creación de prácticas políticas pluralistas y a la aparición de partidos políticos no tradicionales y "nuevos" grupos sociales de interés. La descentralización política incluye elecciones directas y populares como condición necesaria, lo que puede contribuir al pluralismo político en el nivel local.

No obstante, la democratización a nivel nacional no necesariamente implica una democratización a nivel regional/local. Si estudiamos la desconcentración de poder desde el gobierno nacional a las entidades jerárquicamente inferiores, la descentralización en sí efectivamente constituye un elemento democratizador. Con el traspaso de poder al nivel local hay dos alternativas fundamentales de desarrollo: por un lado es posible que el poder permanezca concentrado en una élite regional o municipal, y, por otro, que se ejerza democráticamente con la participación ciudadana y un gobierno legítimo, representativo y abierto al concurso de actores en los niveles local/regional. La supercentralización tradicional ha dañado en muchos casos la eficiencia de las instituciones regionales, ya que tiene que ser difícil para el gobierno central saber exactamente cuándo y cómo los recursos económicos son necesarios en los distintos estados.

LÍNEAS DE INVESTIGACIÓN Y DEBATE CONTEMPORÁNEO

El nivel regional

Hoy en día varios historiadores, politólogos y sociólogos están de acuerdo con la necesidad de estudiar varios niveles espaciales para comprender mejor la dinámica del desarrollo político y socioeconómico (Mörner, 1996, y Rakowski, 1996). El nivel nacional no es suficiente. Un análisis realista debe extenderse tanto al nivel regional como local. Ya que este estudio va más allá del mencionado nivel nacional, es importante desunir (o desmontar, para utilizar la terminología de Migdal) analíticamente al Estado en diferentes niveles, a saber:

1) Las trincheras, con los oficiales locales, como agentes policiales, recaudadores de impuesto, etc., que directamente ejecutan las directivas estatales, posiblemente confrontando una resistencia social fuerte.

2) Los cuerpos estatales locales y regionales que organizan y reforman las políticas estatales "o hasta formulan e implementan las políticas locales enteras".

3) Las oficinas centrales de la agencia. Son los burós centrales en la capital donde se formulan las políticas nacionales y donde se organizan los recursos para la implementación de programas.

4) Los altos mandos. Es el máximo liderazgo ejecutivo del Estado (Migdal, 1994: 15-17).

La importancia de estudiar la evolución regional y local parece particularmente relevante en el caso de las naciones latinoamericanas heterogéneas desde las perspectivas geográfica, económica, social y étnica. Esta heterogeneidad complica la introducción de la descentralización como política nacional. Para poder comprender las necesidades de la población, la aproximación teórica desde los niveles más bajos podría resultar en la apertura de perspectivas distintas, en cuanto a las relaciones estudiadas. En el nivel regional, los problemas normalmente se encuentran formulados más claros con respecto a los factores sociales, políticos y económicos. En el nivel local, la perspectiva global puede ser insuficiente mientras otros fenómenos se vuelven aún más concretos. Por estar cerca del medio ambiente y del intercambio de acciones entre individuos, el enfoque local tiene grandes ventajas para la investigación. Asimismo, los resultados se pueden utilizar para probar las generalizaciones hechas en los niveles nacional y regional.

Teoría de oportunidad política

Al estudiar los éxitos y/o los fracasos de distintos grupos sociales organizados, el ambiente político es de gran importancia. Las ideas de estructuras de oportunidades políticas han sido utilizadas, por ejemplo, por Sidney Tarrow para el análisis de movimientos sociales y las posibilidades de actores sociales de movilizarse. Las teorías de acción colectiva proveen las bases de las teorías de oportunidades políticas (Tarrow, 1994). El concepto de estructura de oportunidades políticas ayuda en la definición de los factores importantes alrededor de la organización estudiada. Se puede utilizar el concepto para analizar el estatus oficial de todo tipo de organización ciudadana. Los cambios institucionales, estatales y políticos son fundamentales para la posición relativa de la organización y su habilidad para afectar a las políticas. En general, los siguientes factores tienen influencia sobre las organizaciones ciudadanas: *1)* la estructura del Estado; *2)* el esqueleto legal; *3)* el grado de apertura o cierre del sistema político, y *4)* el concurso entre distintos actores políticos.

La estructura estatal se refiere al tipo de constitución del Estado, el proceso de administración central, la centralización/descentralización y el grado de unidad y/o de carácter federativo (Kriesi, 1995: 169-176). La estructura del Estado puede cambiarse, como en el caso de la descentralización. El esqueleto legal define los límites judiciales y las posibilidades de las organizaciones, es decir, previene o estimula la existencia y la evolución de algunas organizaciones ciudadanas, por ejemplo, a través de financiamiento de las actividades de la organización. Los cambios de las leyes pueden afectar a las organizaciones. La apertura/cierre del sistema político tiene que ver con las posibilidades de acceso al proceso político. Con la descentralización política y administrativa cambian las cuatro circunstancias anteriormente mencionadas. Así, las organizaciones pueden tener acceso a todas partes del proceso de hacer y tomar decisiones políticas, dependiendo de la apertura del mismo sistema político. Al intervenir en la arena política, se presenta la posibilidad para las organizaciones de poner sus propios deseos y objetos en la agenda política.

Asimismo, el Estado puede ser selectivamente abierto, como en el caso de Suecia, donde se permite entrar sólo a ciertos tipos de organizaciones, como los representantes de la industria y del sindicalismo que tienen garantizada su representación dentro del Estado, teniendo así acceso al proceso de elaborar y tomar decisiones. Cuando aumenta el grado de apertura del Estado, el resultado puede ser un efecto vitalizador en los actores políticos en todos los niveles. Es decir, con un control estatal desde arriba de la capital, o sea con un Estado centralizado, hay menos "puertas" para guardar por parte del Estado. Pero, con un sistema descentralizado, estas "puertas" están abiertas. Esto significa que si el Estado y/o los actores del partido gobernante controlan desde el centro los procesos de nominación de dirigentes políticos en todos los niveles espaciales, entonces serán más capaces de excluir a ciertos grupos del proceso político. Por tanto, en este aspecto la descentralización política también importa.

Es apropiado volver a las teorías de Tocqueville del siglo pasado, ya que él fue probablemente el primero en discutir el grado de centralización del Estado como decisivo para las estructuras de oportunidades políticas de movimientos sociales. Charles Tilly continuó con las ideas tocquevillianas de una sociedad civil fuerte y un autogobierno local: "[...] la construcción de un Estado crea una estructura de oportunidades de acción colectiva de la cual los movimientos se aprovechan" (cit. en Tarrow, 1994: 62). En Latinoamérica, la centralización del Estado ha sido tradicionalmente tan alta como en la Francia de Tocqueville del siglo XIX. Al abordar las oportunidades de acción colectiva de los movimientos sociales en Latinoamérica, Alain Touraine subraya que la subordinación de los movimientos sociales, *vis-à-vis* el Estado, constituye la mayor limitación en la capacidad para actuar (Touraine, 1988: 162).

Se puede definir al Estado tanto como un actor y como una arena para la lucha política. En este trabajo las dos definiciones son relevantes. El Estado está compuesto por actores que deliberadamente se dedican a políticas particulares. Es también una arena en la cual luchas de actores estatales y fuerzas sociales buscan la promoción de intereses particulares. No obstante, la lucha también puede tener lugar en otros espacios, por ejemplo, en los talleres de cada empresa. Es importante destacar que a veces un partido político iguala al Estado, pero si definimos al Estado como una "arena", eso no podrá ser el caso, ya que el partido sería entonces un actor en la misma. Las organizaciones sociales también se pueden definir como arenas, es decir, donde los partidos políticos luchan por el control de las mismas. Asimismo, estas organizaciones son actores (como fuerzas políticas) en varias arenas, tanto en las bases locales, como en los talleres de las industrias —en el caso del sindicalismo—, hasta en el aparato estatal.

La descentralización puede crear posibilidades a los actores políticos y sociales para introducirse en las diversas arenas políticas y estatales, por ejemplo, para partidos políticos y sindicatos no tradicionales. Los cambios políticos, estatales e institucionales implican oportunidades para los actores sociales y políticos. La descentralización de la autoridad gubernamental puede crear oportunidades para estos actores de entrar en la arena del Estado. No obstante, la estructura de oportunidad encuadra no sólo cambios en oportunidad, sino también aspectos estables que condicionan la formación y las estrategias de movimiento. Las diferencias en la firmeza del Estado son un factor decisivo. "Cambios a largo plazo de la solidez del Estado afectan las oportunidades de los grupos marginados y con pocos recursos" (Tarrow, 1994: 89-91). Con la crisis económica en Latinoamérica a partir de la década de los ochenta, los Estados se han debilitado naturalmente, lo que además implica que se presentan algunas oportunidades políticas adicionales.

Son fundamentales los cambios institucionales, estatales y políticos para la posición relativa de la organización y su habilidad para influir en las políticas. Según los politólogos Michael Foley y Bob Edwards, el ambiente político es crucial para decidir el papel de los grupos sociales organizados. "Cuando el Estado es insensible, sus instituciones no son democráticas, o su democracia está mal diseñada para reconocer y responder a las demandas de los ciudadanos, entonces el carácter de la acción colectiva será decididamente diferente que bajo un sistema fuerte y democrático" (Foley y Edwards, 1996: 48).

En cuanto al aspecto institucional, el economista Douglas North argumenta que la dirección del cambio institucional está formada por la interacción entre instituciones y organizaciones. Las instituciones establecen las "reglas del juego" dentro de las cuales las organizaciones actúan y compiten como jugadores. Las organizaciones aspiran a aprovechar las ventajas (y son creadas para el aprovechamiento de las ventajas) dentro del esqueleto institucional existente. A través de este proceso, las organizaciones contribuyen al cambio gradual de las instituciones. "El cambio institucional forma el camino por el cual la sociedad se desarrolla con el tiempo y por tanto es la llave para comprender los cambios históricos" (North, 1990: 3-16).

Como ya fue mencionado, un cambio de la estructura del Estado podría implicar oportunidades políticas, por ejemplo, para nuevos actores que entonces tienen la oportunidad de integrarse al sistema político. La descentralización lógicamente significa que los ciudadanos llegan más cerca del Estado y que el Estado se abre en los niveles más bajos. Con la descentralización se abren nuevos canales para la participación y se cambian las reglas del juego político. "Cuanto más alto sea el grado de descentralización, más alto será el grado de acceso formal. Descentralización implica una cantidad mayor de puntos de acceso" (Kriesi, 1995: 171). El acceso al Estado y a la arena política son factores fundamentales y decisivos para la estructura de la oportunidad política. Las arenas estatales locales constituyen un estímulo en la voluntad colectiva de los ciudadanos para cooperar, entre sí y con el Estado.

Para concluir, la influencia que la sociedad tiene sobre la participación de sus ciudadanos es tan importante como la que el Estado tiene sobre la sociedad. Pero, tradicionalmente, en Latinoamérica los movimientos sociales han tenido pocos espacios para sus propias actividades y han funcionado más como apoyo para los partidos políticos. Con respecto a la relación entre el Estado, los partidos y los movimientos sociales, los partidos políticos tienen el papel de enlazar estos grupos con el Estado. La aparición de nuevos actores políticos, como partidos políticos u organizaciones no tradicionales, tiene un efecto (*re-*) legitimizador en el sistema político dentro de la democracia. El doctor Hadenius afirma: "A través de los procesos electorales y parlamentarios, los partidos políticos canalizan los intereses sociales y expresan las demandas populares. Al cumplir estas tareas, los partidos políticos normalmente [...] abastecen una función amplia de agregado, integrando así la multitud de demandas conflictivas de la sociedad a paquetes manejables" (Hadenius, 1997: 36). De tal modo, la descentralización puede comprenderse como una estrategia de relegitimación del Estado. De esta manera intenta garantizar la gobernabilidad política de la sociedad, por la ampliación de los espacios de representación y socialización del poder.

Nuevos actores y arenas para el juego político

Con la descentralización política, uno de los cambios más inmediatos y obvios es la creación de nuevos espacios para la lucha política y nuevas reglas para el juego político. Las gobernaciones, las alcaldías y los concejos municipales llegan a ser arenas políticas importantes y legitimizadas. Así, se conforman nuevos cargos públicos accesibles para los partidos políticos, cargos que anteriormente ni siquiera estaban abiertos para las elecciones directas sino que eran nombrados desde arriba, por ejemplo, por el presidente o el órgano ejecutivo del partido político gobernante. De los logros más importantes de la descentralización son el valor simbólico del nuevo liderazgo y las consecuencias que esto implica para la legitimidad del sistema político.

Con respecto al surgimiento de nuevos actores políticos, en Colombia y Venezuela, por ejemplo, la aparición de la figura del alcalde es el cambio más radical en las políticas locales (municipales). El alcalde tiene la función de fortalecer las instituciones municipales, como primer representante legítimo de la comunidad y como vocero natural del municipio. El alcalde juega el papel de mediador entre el Estado y los grupos sociales locales. Esto es exactamente el papel tradicional de los partidos políticos en una sociedad. Así que podemos preguntarnos dentro del discurso Estado-sociedad, si el alcalde se ha encargado del papel tradicional de los partidos políticos. Esta suposición mía se confirma en parte por el hecho ilustrativo de que un número creciente de alcaldes y gobernadores se presentan como políticamente independientes de los partidos. Al mismo tiempo, esta tendencia es el resultado lógico de la crisis de credibilidad que hoy está marcando los partidos políticos en América Latina.

Hay varios aspectos de la descentralización política-administrativa y asimismo algunos riesgos con el traspaso de poder desde el control central estatal hasta los niveles territoriales más bajos. Por ejemplo, existen posibilidades de que el gobernador y los alcaldes decaen por la comodidad de crearse apoyo popular a través de un sistema clientelista, en el cual se intercambian beneficios sociales y económicos por el apoyo político en las elecciones locales y regionales. Naturalmente, como ya fue mencionado, el clientelismo político ha existido en América Latina (o mejor expresado, ha sido frecuentemente la norma). Pero lo que quiero ilustrar ahora es que un "nuevo" tipo de clientelismo o posibilidades de comportamiento clientelista aparecen con el gobierno descentralizado. En el caso de las gobernaciones, el gobernador anteriormente sólo dependía del presidente o del órgano ejecutivo del partido político, que en el caso de Venezuela dominaba y nombraba los gobernadores hasta 1989. Hoy día el gobernador tiene que crear su propio apoyo político regional y se puede suponer que aspira a una mayor autonomía con respecto al Estado y al partido político. Por esto, los gobernadores y asimismo los alcaldes son más vulnerables, de tal modo que dependen directamente del apoyo popular regional/local. Esta situación del poder concentrado en los alcaldes y los gobernadores constituye una posible amenaza en el proceso de descentralización. Asimismo, es una situación que crea nuevas perspectivas para la importancia del papel y la eficiencia del gobernador (y de los alcaldes), ya que la opinión pública directamente determina la continuación del mismo. El Estado está ahora más cerca de los ciudadanos y los gobernadores; y los alcaldes personalizan los canales directos de participación social a nivel local y regional. Una relación entre la sociedad civil, los partidos políticos y, a través de ellos, el Estado, basada en mecanismos clientelares, no es tan fácil de abandonar y menos de un solo golpe.

Desafíos contemporáneos

Asimismo, existe dentro del esquema descentralizador un peligro más, que es la ineficiente burocracia estatal que sólo puede estar trasladando los problemas hacia abajo, es decir, desde la capital a las distintas regiones; éste es el caso cuando los servicios públicos descentralizados no son significativamente mejores que los prestados anteriormente por el Estado centralizado. Otro posible problema es que los Estados todavía dependan del centro para su financiamiento económico. La descentralización fiscal implica en sí algunas tareas delicadas para el gobierno nacional, ya que se trata de la disposición de recursos de fondos estatales para las gobernaciones y las alcaldías. Si la dependencia política y financiera aún persiste, los Estados ejercen sólo poderes limitados. Además, si existen restricciones sobre las posibilidades reales para incrementar sus rentas, esta dependencia se fortalece aún más y los Estados continuarán sujetos a las prioridades del gobierno nacional.

Sin duda, la descentralización ofrece, teóricamente, nuevos caminos para confrontar más directamente las necesidades del pueblo, pero, al mismo tiempo, si los apoderados regionales son agentes del poder nacional se podrá dificultar el trabajo de los mismos. Además, sería un error transferir las faltas de la administración central a los Estados federales. Para concluir, un requisito necesario para todas las instituciones gubernamentales es la dinámica entre el control local autónomo y la coordinación al nivel nacional. No obstante, los cambios en las relaciones Estado-sociedad no son necesariamente tan claras de distinguir. Estos procesos incluyen adopción de nuevas reglas, conflictos entre grupos de interés, por ejemplo, entre las élites y las bases, y los procesos de aprendizaje (Uggla, 1997: 5). Como subraya Gerardo Munck, al discutir los cambios que las naciones de América Latina han vivido durante los años ochenta, "es sólo por regresar y suplir un panorama a largo plazo que seremos capaces de ver con alguna claridad precisamente lo que se cambió" (Munck, 1993: 493).

La descentralización política-administrativa puede también generar una dinámica nueva en el sistema partidista, incluso con la emergencia de una nueva generación de dirigentes. Aparecen cada vez más políticos con raíces locales y regionales, que aspiran a los cargos ofrecidos dentro del esquema descentralizado.

Con el proceso de descentralización, la lucha política partidista a nivel local cambia significativamente su carácter. Con la introducción de elecciones municipales y regionales, la descentralización puede contribuir a la pérdida de disciplina partidista. Se generan nuevas bases de poder político dentro de estos procesos, incluyendo el poder dentro de los partidos políticos. Antes de la introducción de la descentralización política, un pequeño grupo en la oficina central del partido en Caracas elegía las candidaturas para todos los estados y municipios venezolanos. Hoy día hay negociaciones entre el centro y los liderazgos locales y regionales y también sobre las decisiones de cargos de relevancia nacional. Sin embargo, no podemos decir con certeza que los partidos políticos tradicionales siempre pierden totalmente con la descentralización; lo que sí es cierto es que ha facilitado para otros partidos la entrada a la arena política y al Estado.

Un desafío relacionado con la descentralización sería la renovación de los partidos políticos tradicionales, así como de los demás actores políticos emergentes de la sociedad civil. En América Latina, los partidos políticos tradicionales nacieron durante el proceso de modernización y estructuración de un sistema estatal centralista y con estrechas relaciones entre las organizaciones sociales, los partidos políticos y el Estado. Otro aspecto importante del proceso es frecuentemente la excesiva creación de nuevas entidades locales de gobierno. El problema es que este cambio político-institucional no siempre está acompañado por un cambio en el sistema económico de la nación. En otros términos, puede haber una élite al nivel nacional que se resista a cualquier transformación económica que podría amenazar su propia posición en el aparato decisivo. Esta resistencia puede contribuir al incremento de tensiones sociopolíticas tanto entre los actores políticos nacionales y regionales/locales, como en las relaciones entre el Estado y la sociedad civil. Asimismo, se pueden descubrir raíces de otros obstáculos a la descentralización en el comportamiento de oficiales públicos de la burocracia estatal, que anteriormente y por años se acostumbraron a recibir y cumplir las órdenes y los planes del gobierno nacional central y que se podrían negar a cooperar dentro del sistema decentralizado.

Otro problema con la descentralización es la desigualdad de la calidad de los servicios sociales para los ciudadanos en distintas regiones. Una opinión común es que los Estados federales que están en mejores condiciones económicas, por su industrialización y situación empresarial, se han descentralizado más, gracias al acceso de recursos económicos. En una nación heterogénea es lógicamente más difícil avanzar hacia la descentralización de la educación y la salud en Estados aislados y sin recursos económicos y humanos, que en Estados más privilegiados con respecto a la capacidad autofinanciera. Sin embargo, en la práctica es frecuentemente cuestión de la habilidad personal del apoderado regional/local de negociar con el centro y llevar a cabo su política.

La descentralización oficial no necesariamente significa por sí misma una transferencia automática de todas las funciones políticas, económicas y sociales del Estado y la administración central al nivel regional. Si consideramos también factores como la calidad de vida de la población al nivel local, es importante estudiar la capacidad administrativa que tienen los gobernantes y las burocracias locales bajo los criterios de un sistema político descentralizado. La dificultad es concebir la descentralización como un proyecto nacional de cambio económico, social y político y hacerlo funcionar de manera satisfactoria con respecto a la igualdad entre los Estados y al balance con el centro, con cierta autonomía fiscal y con democracia.

La descentralización política, administrativa y fiscal implica procesos complejos en la estrategia política nacional y asimismo la descentralización compite e incluso mantiene una situación de conflicto con la tradición centralista y la posible resistencia a cualquier cambio político, económico e institucional. Las dificultades persisten y para una exitosa descentralización se requieren estudios profundos y un juego de intercambio intragubernamental para así lograr las metas de eficacia estatal y democratización en todos los niveles.

Para que la descentralización sea exitosa desde la perspectiva democrática, son imprescindibles algunas condiciones mínimas, ante todo los recursos económicos, humanos y administrativos suficientes. Asimismo, se requiere un liderazgo político de base local/regional, pero al mismo tiempo con un panorama nacional y acompañado por una claridad en las metas nacionales, incluso las estrategias para lograrlas y la comprensión entre los apoderados de todos los niveles de la nación. La dificultad principal consiste en lograr este balance de liderazgo y desarrollo nacional.

BIBLIOGRAFÍA

Collier, Ruth Berins, y David Collier Shaping (1991), *The Political Arena*, Princeton University Press, Nueva Jersey.

Foley, Michael W., y Bob Edwards (1996), "The Paradox of Civil Society", en *Journal of Democracy*, John Hopkins University Press, julio.

Hadenius, Axel (1997), *Institutions and Democratic Citizenship* (manuscrito), Paper Comparative Politics, Uppsala University.

Kriesi, Hans Peter (1995), "The Political Opportunity Structure of New Social Movements: Its Impact on Their Mobilization", en Craig Jenkins y Bert Klandermans, *The Politics of Social Protest Comparative Perspectives on States and Social Movements*, UCL Press Limited, Londres.

Lalander, Rickard (1998), *Decentralization and Political Opportunities in Venezuela: New Actors and Arenas for the Political Game (1989-1997)*, Uppsala University, Department of Government, Estocolmo.

Lipset, Seymour Martin (ed.) (1995), *The Encyclopedia of Democracy*, Routledge, Londres.

Migdal, Joel (1994), "The State in Society: an Approach to Struggles for Domination", en Joel Migdal, Atul Kohli y Vivienne Shue, *State Power and Social Forces*, Cambridge University Press, Nueva York.

Mörner, Magnus (1996), "El hombre y el medio ambiente", en *Ocumare de la costa y sus contornos*, Instituto de Estudios Latinoamericanos, Stockholm University, Estocolmo.

Mörner, Magnus, y Rickard Lalander (1997), *Political and Socio-Economic Changes in the Venezuelan States of Aragua and Carabobo with a Special Attention to Rural and Industrial Unions*, LAIS, Estocolmo.

Munck, Gerardo L. (1993), "Between Theory and History and Beyond Traditional Area Studies", en *Comparative Politics*, julio.

North, Douglas (1990), *Institutions, Institutional Change and Economic Performance*, Cambridge University Press.

Rueschemeyer, Dietrich, Evelyne Huber Stephens y John Stephens (1992), *Capitalist Development and Democracy*, University of Chicago Press.

Siedentop, Larry, *Tocqueville*, Oxford University Press, Nueva York.

Sills, David L., y Robert K. Merton (eds.) (1991), *International Encyclopedia of the Social Sciences*, New York, Free Press.

Tarrow, Sidney (1994), *Power in Movement Social Movements*, Collective Action and Politics, Cambridge University Press.

Touraine, Alain (1989), *América Latina. Política y sociedad*, Espasa Mañana, Madrid.

Uggla, Fredrik (1997), *Economic Crisis, Democratic Transition and State-Society Relations in Latin America* (versión preliminar 970925), Uppsala University.

Véliz, Claudio (1980), *The Centralist Tradition of Latin America*, Princeton University Press, Nueva Jersey.

White, Gordon (1994), "Civil Society, Democratization and Development (I): Clearing the Analytical Ground", en *Democratization*, vol. 1, núm. 3, Frank Cass, Londres.

DIÁLOGO

Laura Baca Olamendi

Definición

El vocablo *diálogo* procede del latín *dialogus*, lo que podría ser traducido como un discurso entre personas. Significa el establecimiento de una "comunicación o conversación alternativa con el otro". El concepto es tan antiguo como el hombre; desde los pensadores de la Grecia antigua, innumerables han sido los autores que han analizado este término para ilustrar las diferentes bondades que se derivan de su práctica. Cabe señalar que el diálogo se ha desarrollado en una multiplicidad de ámbitos de la vida social, que van desde el espacio eminentemente religioso y cultural hasta el ámbito estrictamente político. Esto acontece sobre todo cuando las tensiones que surgen naturalmente de la convivencia humana han hecho necesaria la búsqueda de soluciones alternativas que permitan superar los problemas en cuestión. Por lo tanto, remover los obstáculos para el *común entendimiento* ha sido una de las más altas aspiraciones del diálogo en todas las épocas y circunstancias históricas.

Estas reflexiones transitaron desde el pensamiento helénico hasta el pensamiento de la Ilustración, en donde el diálogo se perfecciona, apareciendo principalmente como un *método racional* para la solución de las controversias, que tiene por fundamento la tolerancia y el espíritu laico. La primera como fruto de la libertad de pensamiento y del Estado secular, mientras que el segundo como producto de los derechos del hombre y del ciudadano. No obstante, la adquisición de estos valores por la sociedad moderna, la capacidad para "acordar" por medio de la discusión, se ha enfrentado a dificultades casi siempre referidas al reconocimiento de la *diversidad*. Por estas razones, conceptos como complejidad, heterogeneidad, diversidad y pluralismo son procesos que involucran el diálogo. Pero veamos lo que opinan algunos autores del diálogo.

Historia, teoría y crítica

En realidad existe una gran cantidad de interpretaciones y corrientes que han realizado un elogio del diálogo colocándolo como principio y parte integrante de la cultura y del patrimonio de la humanidad. Baste pensar en Platón (428-347 a.C.), quien en abierta polémica con los sofistas griegos escribió sus 34 diálogos. En realidad, el diálogo filosófico en Occidente ha correspondido principalmente a un modo de pensar esencialmente no dogmático. El diálogo ha sido caracterizado con frecuencia como una forma de expresión filosófica que se coloca, por lo tanto, en el ámbito del "deber ser". Ejemplos de lo anterior los encontramos también en Cicerón (106-43 a.C.) en su obra *Sobre la naturaleza de los dioses*, en san Agustín (354-430 d.C.) en *La ciudad de Dios*, o en Galileo (1564-1642) en sus *Diálogos acerca de dos nuevas ciencias*. En otras circunstancias históricas encontramos a Georges Berkeley (1685-1753), quien en su obra *Alcifrone* polemiza bajo forma de diálogo en contra de los libres pensadores. En esta línea de pensamiento encontramos también a David Hume (1711-1776), quien publica sus *Diálogos sobre la religión natural* y por supuesto a John Locke (1632-1704). A estos autores se sumará posteriormente el movimiento intelectual de la Ilustración.

Después de la Revolución francesa, la libertad de pensamiento habría de convertirse en libertad política, la cual representa otro de los presupuestos fundamentales del diálogo democrático. La época contemporánea no ha sido ajena a este interés por las cuestiones de índole *dialógica*. En efecto, la mayor parte de los autores que abordan el problema del diálogo desde una perspectiva de la comunicación han considerado con frecuencia el llamado "problema del otro". El filósofo Martin Buber (1878-1965) afirma que el sentido fundamental de la existencia humana debe remitirse al principio dialógico. Otros autores que han contribuido al análisis de esta problemática son los escritores Miguel de Unamuno (1864-1936) y Guido Calogero (1904-1986), entre otros.

No quisiéramos concluir este breve recorrido sin hacer referencia a Jürgen Habermas, quien en su recién formulada *Teoría de la acción comunicativa* establece una interesante propuesta relativa a la "comunicación libre de dominio". Según Habermas, cada enunciación de normas morales presenta una pretensión de validez, la cual implica "la capacidad para argumentar mediante motivaciones racionales". La argumentación se dirige a otros, quienes a su vez se supone son capaces de evaluar las razones ofrecidas por el interlocutor en la discusión. La *acción comunicativa* es *aquel comportamiento lingüístico que se dirige a los otros en la búsqueda de un acuerdo, en vista de acciones comunes* y lo distingue de la *acción estratégica* que se orienta a la *obtención de ciertos comportamientos no mediante la convicción racional, sino a través de otros medios, como pueden ser la amenaza y el engaño*. Por la multiplicidad de actores y por la gran capacidad que tiene el diálogo como instancia mediadora, consideramos importante analizarla en nuestros días y para ello necesitamos encontrarle el espacio normativo que necesita para crecer. De esta forma, diálogo y democracia parecen ser familiares, es decir, ideas que se relacionan mutuamente, dos conceptos que conjugados de manera equilibrada pueden hacer florecer una cultura dialógica de tipo democrático.

Líneas de investigación y debate contemporáneo

El diálogo como virtud democrática

Hablar del diálogo hoy implica realizar una serie de reflexiones relacionadas con el problema del otro, de la contraparte, de aquel que no piensa del mismo modo. El diálogo se ha dado en diferentes circunstancias históricas y en todos los tiempos. Analizarlo en la actualidad representa un desafío y una necesidad.

El diálogo tiene que ver con la vida cotidiana, con la capacidad de los individuos para relacionarse, que como ciudadanos ejercen su derecho a la libertad de expresión. En este sentido, el diálogo se lleva a cabo en diferentes niveles, desde el familiar, pasando por la esfera social, económica y religiosa, hasta la esfera de la política, en donde adquiere características particulares que conviene resaltar. Podemos decir que el diálogo adopta la forma de un intercambio de posiciones que hace posible la comprensión recíproca, basada en el supuesto de tener el derecho de expresar las propias opiniones, pero también de ser capaces de escuchar las razones de los demás.

En esta ocasión analizaremos dos dimensiones del diálogo: por un lado, aquella que lo considera como un procedimiento para la solución pacífica de las controversias y, por el otro, aquella que lo considera como una concepción ética de la coexistencia democrática. El primer ámbito se refiere, de manera principal, a los desafíos que el diálogo enfrenta en cuanto *método* para tratar de encontrar soluciones satisfactorias a las diferentes controversias que se desarrollan en virtud del pluralismo existente en las sociedades contemporáneas. En consecuencia, nos concentraremos principalmente en el análisis de la función del diálogo en la democracia y, de manera especial, en su dimensión "instrumental" para la solución de los conflictos, sin dejar de lado la referencia al diálogo como un valor que preside la confrontación democrática y que contribuye a eliminar el recurso a la violencia. Pero, ¿cómo podemos entender el diálogo en la democracia? La respuesta es muy amplia, porque se funda en la consideración de diferentes puntos de vista. Por ejemplo, el diálogo tiene que ver con el ejercicio de los derechos de ciudadanía, y en este sentido con la capacidad para consentir o disentir en relación con un determinado punto de vista.

La coexistencia del consenso y del disenso en una sociedad nos remite a la confirmación de que el diálogo puede ser considerado como una virtud cívica de carácter democrático. En este sentido, el diálogo posibilita un condicionamiento flexible entre diferentes posiciones, lo que permite el establecimiento de pactos y acuerdos entre los distintos interlocutores. Pero este nivel normativo no siempre se aplica a las experiencias concretas. Desde tiempos inmemoriales, el diálogo ha sido considerado con una valencia positiva, ya sea que se refiera solamente a un intercambio de opiniones, ya sea que se relacione con la adopción de acuerdos y compromisos entre las distintas partes.

Analizar el "diálogo de tipo democrático" nos permite reconocer tanto las diversas interpretaciones y matices acerca de este concepto, como las modalidades bajo las cuales se ha expresado en determinadas circunstancias históricas. Nuestro punto de partida es que el diálogo encarna una *concepción ética* de la coexistencia en la democracia. Por lo tanto, resulta necesario analizar el conjunto de valores fundamentales de la moderna convivencia civil, entre los que destacan: el intercambio de posiciones, así como el ejercicio del espíritu crítico y la solución pacífica de las controversias. Sobre la base de estos valores, los miembros de la sociedad democrática desarrollan el diálogo para la consecución de acuerdos y compromisos. Al ser ejercitado en diferentes contextos históricos, el diálogo refleja en cada momento sus características peculiares, demostrando que es, sobre todo, una práctica indispensable de la convivencia que implica el respeto y la consideración de todas las opiniones haciendo posible una mayor ampliación de la democracia. En este sentido, la "diversidad" y el "pluralismo" resultan condiciones básicas del diálogo, en el cual deben ser admitidos y reconocidos por principio todos los interlocutores en igualdad de dignidad y derechos.

En síntesis, el diálogo hace posible que en relación con el "diferente" pueda desarrollarse la posibilidad de un intercambio. Su importancia radica en que posibilita la *comprensión recíproca* basada en la capacidad para tratar de entender las razones de los demás. Dicho en otras palabras: *entre mis ideas y las del otro es necesario establecer una conexión que condicione de manera flexible ambas posiciones*. En este contexto, el diálogo puede ser considerado como una "virtud cívica" de carácter democrático desde una doble perspectiva: por un lado, en la medida en que evita el recurso a la coerción y, por el otro, porque hace lícita la posibilidad de cambiar libremente de opinión sin que exista punición alguna. En consecuencia, el imperativo categórico del diálogo democrático está representado por el principio de no usar la violencia en contra del disidente, es decir, en contra de quien profesa una idea diversa de las hegemónicas.

El diálogo desempeña entonces una función privilegiada en la democracia, en la medida en que abre espacios para la solución pacífica de las disputas. En este sentido, el diálogo se relaciona inevitablemente con la existencia del otro, del diferente; nace, por lo menos, de dos puntos de vista distintos que, sin embargo, pueden relacionarse entre sí estableciendo la posibilidad de encontrar un acuerdo basado en supuestos comunes. Por otro lado, no debemos perder de vista la existencia de prácticas que se contraponen al diálogo, y por esta vía a la democracia, entre las que podemos considerar el "monólogo", la "indiferencia" y las "intolerancias", entendidas como la negación de uno de los actores y en casos extremos como una negación recíproca. No debemos olvidar que estos comportamientos se encuentran en la base de los modernos autoritarismos.

A reserva de profundizar en esto último, queremos enfatizar que el diálogo aparece como fundamento de la democracia moderna y esto se refleja institucionalmente en la existencia de un equilibrio entre una mayoría que se encuentra en el poder y una serie de minorías que aspiran a convertirse en mayorías a través de los mecanismos previstos por la ley. Al permitir el respeto de las opiniones diversas, el diálogo se puede revelar como una práctica útil y necesaria para la convivencia democrática, que se traduce en la posibilidad concreta de encontrar *puntos de acuerdo* que permitan la coexistencia del consenso y del disenso. Debemos constatar que estos dos procesos son inherentes al diálogo democrático, a condición de que el consenso no sea total, ni el disenso tenga un carácter extremo.

Entre los sujetos de la democracia encargados de promover este intercambio se encuentran, además de los individuos en cuanto ciudadanos, toda una serie de organizaciones de carácter político, social, cultural o religioso, las que además de representar diferentes expresiones individuales y colectivas tratan de promover, legítimamente, sus determinados puntos de vista. Entre estos sujetos, como veremos más adelante, destacan los intelectuales, quienes además de desempeñar una importante función en términos de propiciadores de la pluralidad tienen también una responsabilidad política específica en relación con la democracia y más en particular con el diálogo.

Otro aspecto relevante que debemos destacar se refiere al redimensionamiento de la función del diálogo, de frente a los nuevos desafíos que enfrenta el régimen democrático. Este proceso de transformaciones políticas, sociales y culturales que acompaña el final del siglo XX ha señalado el límite de algunas prácticas y principios que caracterizaron la forma tradicional de funcionamiento del gobierno liberal democrático.

La fragmentación del denominado "bloque socialista" ha dejado patente la necesidad de discutir acerca de los *nuevos mecanismos de la convivencia civil* en un mundo en donde el régimen democrático aparece, con todas sus imperfecciones, como el *único espacio posible* de la coexistencia pacífica. En este sentido queremos referirnos a algunas de las múltiples tensiones que actualmente aquejan a este tipo de régimen, señalando tanto las razones y los equívocos como las esperanzas de la nueva era. Una primera conclusión sería que estamos asistiendo a un momento de reconsideración del diálogo como instancia mediadora para resolver las controversias que caracterizan a las sociedades contemporáneas. Iniciemos, pues, el análisis puntual de este conjunto de problemas.

Elogio del diálogo político o el valor de la coexistencia pacífica

Como una primera conclusión podríamos afirmar que el régimen democrático fundamenta su existencia en una revalorización de la política, entendida principalmente como un medio para el establecimiento de pactos y acuerdos. Las posibilidades del diálogo se encuentran determinadas por la capacidad de los distintos actores para enfrentar situaciones conflictivas mediante la negociación. En esta perspectiva, el ejercicio del diálogo, por más inmediato y reducido alcance que tenga, posee un carácter constitutivo, ya que al rendir sus frutos en forma de acuerdos y compromisos refuerza la coexistencia pacífica.

Un promotor del diálogo como coexistencia cooperativa en la democracia ha sido Norberto Bobbio, quien, al referirse a las relaciones entre política y cultura, formula una "afinidad electiva", haciendo del *coloquio* y de la interlocución racional su núcleo principal. Analizando las características básicas del diálogo democrático, evidencia en modo claro su *naturaleza política*. Abogar por el ejercicio del coloquio ha sido una de sus constantes preocupaciones cuando afirma que en una democracia el diálogo representa una modalidad privilegiada de "hacer política", intensificando los contactos y la interacción.

Lo sorprendente de la posición asumida por Bobbio consiste en que ha llevado a cabo una defensa del diálogo, incluso bajo circunstancias y contextos que no siempre fueron propicios para el desarrollo democrático como fue el periodo de la *guerra fría*. Hacer referencia a este ejemplo histórico es importante porque constituye un caso particular en el que el diálogo entre diversos interlocutores hizo posible la convivencia pacífica entre el consenso y el disenso, estableciendo una comunicación entre posiciones que originalmente se presentaban contrapuestas e incluso antagónicas, favoreciendo de esta forma el desarrollo de la democracia. En efecto, a través de la discusión es posible encontrar soluciones a los problemas típicos de aquellas situaciones en donde predomina una *"guerra de posiciones"* entre diferentes adversarios, quienes al negarse al diálogo, en casos extremos, consideran al otro como un antagonista que debe ser eliminado. Durante este periodo, los diferentes actores políticos se encontraban enclaustrados en una gran contraposición entre bloques políticos e ideológicos y, por lo tanto, resultaba necesario establecer un *puente imaginario* entre las certidumbres y posiciones que las partes sostenían.

Debemos aprender de la historia y recordar que en la democracia no tienen cabida aquellas concepciones que propugnan que la única relación posible con el adversario es aquella que busca eliminarlo. Después de analizar el diálogo como uno de los valores de la democracia, resulta necesario detenernos en el análisis del diálogo como sistema de reglas y procedimientos.

Para proceder en esta dirección es necesario dejar muy claro qué cosa entendemos cuando hablamos de democracia. Esta delimitación conceptual es importante toda vez que actualmente con el término *democracia* es posible ilustrar muy distintos fenómenos e instituciones de la vida social y política. Lo anterior ha provocado que esta noción se "evapore conceptualmente" al adquirir una amplia gama de significados. La definición clásica de democracia considera que el poder es legítimo solamente cuando deriva del pueblo. Pero el principal problema que conlleva esta definición es que, en los tiempos actuales, no resulta tan claro quién representa al sujeto políticamente relevante cuando hablamos de "pueblo": todos, la mayoría absoluta o la mayoría calificada. Esta última, para decirlo con Giovanni Sartori, significa que *la mayoría prevalece sobre la minoría, pero cuenta también la minoría*, es decir, se reconoce la capacidad de mando de la mayoría, pero se tutelan al mismo tiempo los derechos de la minoría, que en una democracia son inalienables y principio fundamental para el establecimiento del diálogo. De acuerdo con lo anterior, la equidad en el diálogo representa un principio regulador a través del cual el intercambio democrático adquiere su mayor significación. Por lo tanto, la *equidad en el diálogo* representa la misma oportunidad de expresarse por parte de los individuos.

En las sociedades pluralísticas, a pesar de las diferencias existentes en su seno, debe tener vigencia el principio de la *simetría*, es decir, de aquella proporción equitativa que maximiza el respeto por la igual dignidad de cada uno de los individuos. La equidad representa uno de los principios constitutivos del Estado democrático, mismo que amplía la gama de opciones promoviendo iguales derechos de ciudadanía. Veamos un último aspecto de la función del diálogo en la democracia. Las formas de gobierno democrático han hecho posible la coexistencia entre concepciones diversas de la política, las cuales confrontan sus diferentes puntos de vista transformando el diálogo en una convergencia democrática que implica la conjunción entre pluralismo y equidad. Cuando esta *intersección* se logra, nos encontramos con una vigorosa sociedad civil en la que coexisten diversos centros de poder, los que por definición no pueden ser homogéneos.

La necesidad de propiciar estos "puentes imaginarios" para la construcción de una *sociedad universal de ciudadanos* es uno de los retos a los que se enfrenta la democracia hacia el próximo milenio. Por lo tanto, la pregunta más importante que podríamos formularnos para describir el nuevo contexto es la relativa al tipo de función que el diálogo podría desempeñar cuando los esquemas tradicionales no sirven más para resolver los problemas de la convivencia civil y cuando el único recurso posible de frente a la violencia lo constituye el *intercambio cooperativo* entre posiciones contrapuestas.

La coexistencia cooperativa de identidades colectivas, que entre ellas son divergentes, representa entonces, para decirlo con John Rawls, el consenso por intersección que significa la idea de la mutua compatibilidad entre el consenso y la convergencia sobre los valores políticos y, del otro, *la variedad y la divergencia entre nuestros valores, nuestras lealtades, nuestras adhesiones y nuestros compromisos*. Finalmente, y para concluir, quisiéramos recordar que el diálogo democrático tiene dos destinatarios fundamentales: por un lado los ciudadanos, quienes conociendo las distintas ofertas políticas pueden formarse una opinión propia y, en consecuencia, actuar como sujetos libres sin constricciones de ninguna especie; y por el otro, el Estado, quien debe reconocer y evaluar —sin prejuicios— las razones ofrecidas por los ciudadanos y sus representaciones. En síntesis, el diálogo y el método de la persuasión deben coexistir en una sociedad democrática garantizando la libertad de todos los ciudadanos para escoger entre diversas opciones políticas y, en este sentido, para tratar de establecer un *acuerdo racional*.

Es posible identificar un enemigo común de la democracia y por lo tanto del diálogo, que es representado por el pensamiento dogmático e irracional, que elimina la duda y la necesidad de ponderar los distintos argumentos. En este sentido, la diversidad —que es típica de las democracias pluralísticas— debe constituir una perspectiva común con la cual convivir, compartiendo los elogios por el diálogo y la tolerancia, y para que antes de asimilar nuevas certezas estemos conscientes de que es necesario mantener un ánimo abierto hacia todas aquellas ideas que nos hagan progresar en la comprensión de los fundamentos de una cultura democrática.

BIBLIOGRAFÍA

Arendt, Hannah (1976), *Los orígenes del totalitarismo*, Taurus, Madrid.
Berkeley, Georges (1939), *Tratado sobre los principios del conocimiento humano*, Losada, Buenos Aires.
Bobbio, Norberto (1955), *Politica e cultura*, Einaudi, Turín.
—— (1959), "Quale democrazia", en *Prospettive di Cultura 1959*, Tipografia delle Industrie Grafiche Bresciane, Brescia.
—— (1981), *Le ideologie e il potere in crisi*, Le Monnier, Florencia.
—— (1981), "La regola di maggioranza: limiti e aporie", en *Democrazia, maggioranza e minoranze*, Il Mulino, Bolonia.
—— (1986), *El futuro de la democracia*, FCE, México, pp. 30-31.
—— (1987), "Democrazia", en *Lessico della politica*, Edizioni Lavoro, Roma.
Bobbio, Norberto (1993), *Igualdad y libertad*, Ediciones Paidós, Barcelona.
Buber, Martin (1955), *Caminos de utopía*, FCE, México.
Cicerón, Marco Tulio (1984), *Sobre la naturaleza de los dioses*, Sarpe, Madrid.
Galileo, Galilei (1945), *Diálogos acerca de dos nuevas ciencias*, Losada, Buenos Aires.
—— (1989), *Teoría de la acción comunicativa*, Taurus, Buenos Aires.
Hume, David (1942), *Diálogos sobre la religión natural*, El Colegio de México, México.
Platón (1988), *Diálogos*, UNAM, México.
San Agustín (1966), *La ciudad de Dios*, Porrúa, México.

DICTADURA

Juan Manuel Abal Medina

Definición

Gobierno de una persona o un grupo de personas que se arrogan el poder del Estado en virtud de una afirmación personal más que de un principio tradicional.[1] En este sentido, la dictadura trae siempre aparejada la idea de provisionalidad, de forma de gobierno momentánea.[2]

El concepto de dictadura se utiliza contemporáneamente de forma mucho más laxa para designar todo tipo de regímenes no democráticos modernos. Este "estiramiento conceptual" (Sartori, 1970) del término, que no está exento de motivaciones ideológicas y políticas, le ha restado precisión y capacidad de diferenciación al colocar bajo la misma etiqueta regímenes políticos que tienen poco en común. Así se habla de dictaduras para referirse a las monarquías árabes, a los sistemas de partido único, a los regímenes militares típicos de Sudamérica, a los fundamentalismos islámicos o a las autocracias africanas y del sudeste asiático.

Gallie (1956: 84) señaló el carácter "esencialmente controvertido" de algunos conceptos que portan una fuerte carga valorativa; de ellos sobresale el de democracia. Como sostiene Bobbio (1994), conforme la democracia fue considerada la mejor forma de gobierno, las tipologías políticas tradicionales se fueron simplificando y polarizando en "democracia" y "no democracia". El término *dictadura* se transformó, según la mayoría de los analistas, en el más adecuado "para nombrar en su conjunto a los regímenes no democráticos modernos" (Stoppino, 1997: 497). Por ello debemos enfrentarnos a un concepto que trae aparejados los significados "valorativamente negativos" de autocracia, despotismo, tiranía y autoritarismo.

Utilizando la estrategia propuesta por Collier y Levitzky (1997) para escapar del estiramiento conceptual, podemos precisar el concepto agregándole atributos definitorios. Así, podemos señalar cuatro características: la concentración del poder, la precariedad de las reglas sucesorias, su no sujeción a leyes y su carácter transitorio.

a) El poder dictatorial es, en esencia, ilimitado y se concentra en un lugar (individual o de grupo) no existiendo poderes rivales o de control.

b) Al depender su legitimidad de una afirmación particular, ésta aparece siempre incierta y ambigua, lo que se refleja en los problemas que enfrenta frente a la sucesión.

c) El gobierno dictatorial no está sujeto a las leyes, éstas son sólo la expresión de su voluntad y pueden ser transformadas en su conveniencia.

d) La dictadura como institución mantiene siempre un carácter transitorio, vinculado a la idea de "solución de emergencia" o de cumplir una tarea en particular.

Estas cuatro características confieren al funcionamiento de la dictadura un carácter de marcada incertidumbre, al no existir nada que lleve a la regularidad y a la previsibilidad de la conducta de sus gobernantes. Si bien en las dictaduras modernas pueden existir límites de hecho al poder de el/los gobernante/s, no existe garantía alguna de que estos límites tengan validez permanente.

Historia, teoría y crítica

En sus orígenes, el término dictadura tuvo una connotación positiva. Surge en la Roma clásica (alrededor del año 500 a.C.) para designar a un gobernante nombrado por un plazo determinado y breve, nunca mayor a seis meses, para afrontar circunstancias excepcionales como una guerra (*dictadura rei gerendae causa*) o una revuelta peligrosa para la República (*dictadura seditionis sedandae et rei gerenda causa*).

El dictador era designado por uno o ambos cónsules a propuesta del Senado, único órgano que podía declarar la situación de emergencia que permitía la existencia del dictador, debiendo ser confirmado por los *Comitia Curata*, una asamblea popular. Si bien los poderes del dictador eran muy amplios, estaban sometidos a lo que hoy llamaríamos controles constitucionales y no eran ilimitados, ya que no podía, por ejemplo, declarar la guerra, cambiar las leyes o imponer nuevos impuestos.

La institución de la dictadura en Roma se contraponía claramente a la idea del tirano o del monarca enmarcándose en el entramado republicano de la multiplicidad de magistraturas que se controlaban y limitaban unas a otras. La limitación temporal es, como ha notado Sartori (1992: 68), la más interesante, el dictador concentraba en sí mismo el poder de los dos cónsules, pero su mandato, su *imperium maximun*, se dividía entre dos, es decir, tenía el doble de poder pero por la mitad del tiempo.

Su uso fue especialmente frecuente hasta el siglo III a.C. y dio a la República un buen resultado. Desde esa fecha su uso decayó; el último dictador fue electo mediante comicios en el año 217 a.C. y finalmente la institución fue formalmente abolida en el año 44 a.C. (*lex Antonia de dictadura tollenda*). En el siglo I a.C. reaparece el nombre para designar a los gobiernos de Sila, *dictator republicae constituendae*, y de César, más parecidos a lo que hoy entendemos por dictadura que a la magistratura original, aunque sujetos, en cierta medida, a las leyes constitucionales.

En síntesis, la institución clásica de la dictadura "era lo contrario de un despotismo ilegítimo" (Hermet, 1987: 236); en ella el dictador aparecía más como un salvador de la república que como un tirano. Como sostiene Bobbio (1994: 225-226), la dictadura clásica

---

[1] Para proponer esta definición nos basamos en la de Franz Neumann (1957), a la que agregamos la idea de Guy Hermet (1987) sobre la afirmación personal como atributo definitorio para distinguirla de las monarquías y otros regímenes tradicionales.

[2] Éste es un hecho especialmente interesante y, como veremos, quizás el único elemento que comparte la institución clásica romana con la idea actual de la dictadura. Sartori sostiene al respecto: "tanto los adversarios como los que apoyan la dictadura parecen de acuerdo en un punto: las dictaduras no son regímenes de duración ilimitada que puedan eternizarse: están hechas para ser provisionales" (Sartori, 1992: 5).

fue objeto de un juicio positivo por autores de la talla de Maquiavelo y Rousseau precisamente por su carácter constitucional y temporalmente limitado.

Hasta el siglo XIX, el concepto de dictadura mantuvo cierta noción positiva de la institución clásica romana. Así, las "dictaduras" de Cromwell en Inglaterra y de Napoleón Bonaparte en Francia, si bien rompieron con la legalidad de sus respectivos regímenes, aparecieron a los ojos de sus contemporáneos como una salvación frente a una conmoción peligrosa para la nación, no siendo casual, como Schmit (1968) y Sartori (1962: 416-419) han notado, que "incluso Garibaldi y Marx hayan seguido utilizando el concepto de dictadura sin connotaciones negativas" (Linz, 1975: 185). Recordemos que cuando Garibaldi asume el poder en Sicilia en 1860 se da a sí mismo el nombre de dictador.

Es durante el siglo XIX cuando el concepto de dictadura empieza a adquirir su significado moderno vinculado con su uso peyorativo. Según Stoppino (1997: 494) el "anillo de conjunción" entre dos significados tan distintos está en la idea de *dictadura revolucionaria*.

Carl Schmitt distingue la dictadura clásica de la República romana, a la que llama "comisaria", *Kommissarische Diktatur*, de la dictadura moderna o soberana, que "aspira a crear un estado de cosas en el que sea posible imponer una constitución considerada auténtica" (Schmitt, 1968: 149). Su función es "constituyente": fundar un nuevo orden sobre las ruinas del anterior. En este punto la dictadura pierde el carácter limitado a lo ejecutivo y se amplía a las funciones legislativas e incluso constituyentes.

La noción de la dictadura revolucionaria o soberana, que encontrará sus manifestaciones históricas en casos muy diversos, parte de la idea de que en la instauración de un nuevo orden político, de naturaleza fundante que rompe con el pasado, el/los gobernante/s no puede/n apoyarse en tradición o legislación previa alguna para llevar adelante su tarea.

Napoleón III sostuvo al respecto: "A quienes se lamentan de que no se haya dejado mayor espacio a la libertad les responderé: la libertad no ha ayudado jamás a fundar un edificio duradero; ella lo corona cuando el tiempo lo ha consolidado" (Hermet, 1996: 61). El gobierno de Napoleón III, así como el de Bismark, se convierten en "el modelo de la dictadura del siglo XXI" (Hermet, 1987: 237) y conjugan junto a fuertes rasgos de autoritarismo político elementos de corte democrático-plebiscitario y las primeras legislaciones sociales.[3]

Pero sin duda, la versión más radical y conocida de la dictadura revolucionaria es la formulada por Carlos Marx,[4] la *dictadura del proletariado*. Recordemos, como dijimos más arriba, que en la época en que Marx escribió el concepto no tenía su actual significado negativo y se vinculaba con la idea de gobierno fundante de un nuevo orden, en este caso como transición entre la destrucción del Estado burgués y el surgimiento de la sociedad sin clases.

Este concepto fue sobre todo utilizado por Marx en su correspondencia privada y nunca lo elaboró de una manera acabada. Asimismo, no hay que olvidar que para este autor toda política era una forma de dominio de clase, "de modo que el gobierno del proletariado era una dictadura del proletariado del mismo modo que el gobierno de los capitalistas constituía una dictadura de los capitalistas" (Avineri, 1987: 237). La diferencia era que, al convertirse el proletariado en la mayor parte de la población, su dictadura sería una dictadura de la mayoría y no de una minoría.

En la obra de Engels (*Anti-Duhring*, 1878), la dictadura del proletariado sigue teniendo el mismo sentido, como un cuasiestado que se extingue cuando desaparece el mismo objeto de la opresión, es decir, las clases sociales. Es recién con Lenin y los comunistas rusos que el concepto cambia radicalmente (Avineri, 1987: 238), cuando se vincula con la idea de la "vanguardia revolucionaria" y del "centralismo democrático".

Sin embargo, como han aclarado con precisión Bobbio (1994: 232-233) y Stoppino (1997: 504), la noción de dictadura para la teoría marxista no denota un tipo especial de régimen político, sólo el dominio, la hegemonía, diría Gramsci, de una clase que puede adoptar cualquier forma de gobierno, democrática o no.

Recién en el siglo XX empezó a darse una inversión clara en el significado valorativo del término *dictadura*. En la época de "entreguerras" en las democracias europeas, comenzó a utilizarse el nombre dictadura para hacer referencia a los regímenes no democráticos que se establecieron en esos años. Pero, incluso en aquel tiempo, los regímenes fascista y nacional-socialista no dudaban en proclamarse a sí mismos como dictaduras. Es sólo después de la segunda Guerra Mundial cuando todos los gobiernos, incluso los más autoritarios y antidemocráticos, suprimen el término de su propio léxico. Es así que desde la mitad del siglo XX en adelante el nombre *dictadura* pasará a ser un vocablo enteramente negativo, vinculándose con los viejos conceptos de autocracia, tiranía y despotismo.

El concepto de dictadura presenta una gran cantidad de problemas conceptuales de difícil resolución, y éstos son los siguientes, presentados brevemente:

• Estamos frente a un término cuyo significado ha variado sustancialmente con el tiempo, lo que presenta el riesgo evidente de confundir homonimia con homología.

• Existe una gran confusión, incluso en la literatura especializada, entre el dictador-persona y la dictadura-institución, lo que confunde las características personales con las del régimen.

• El nombre conlleva una fuerte carga axiológica negativa, lo que lleva a que se señalen los referentes empíricos de acuerdo con juicios ideológico-normativos más que con criterios conceptuales-descriptivos.

---

[3] Es interesante el cuadro que confecciona Hermet (1996: 89) en el que compara la fecha en la que se aprobaron las principales leyes sociales en Alemania y otros tres países europeos modernos.

	Alemania	Francia	Suecia	Gran Bretaña
Seguro por enfermedad	1884	1930	1955	1911
Cotización de retiro	1891	1911	1913	1926
Seguro por accidente de trabajo	1885	1946	1916	1906

[4] Marx hace referencia a este concepto en dos obras importantes: *La lucha de clases en Francia* (1850) y en la *Crítica al programa de Gotha* (1875).

- El término ha sufrido en este siglo un enorme estiramiento conceptual englobando prácticamente a todos los regímenes no democráticos, por lo que no existen fronteras claras, medianamente compartidas en la disciplina, entre el mismo y la tiranía, el absolutismo, el despotismo, el autoritarismo y el totalitarismo.
- No existe una teoría moderna de la dictadura ya que la que existe "está extraordinariamente envejecida, dado que lo mejor de esta literatura se remonta a los años veinte-treinta" (Sartori, 1992: 63).

Intentaré, en lo que sigue, realizar algunas precisiones conceptuales. En primer lugar, la diferenciación de la dictadura de otros conceptos que frecuentemente se usan como sinónimos.

La distinción de la dictadura de la tiranía, el absolutismo y del despotismo resulta muy compleja, tal como lo reconocen la mayoría de los analistas (Hermet, 1987: 236; Sartori, 1992: 70, y Stoppino, 1997: 496). Algunos intentos que hacían referencia a la legitimidad del acceso al poder del gobernante han perdido sentido apenas se asume la dificultad de definir la legitimidad de los regímenes nuevos, sean éstos democráticos o no. En mi opinión, en la actualidad deberíamos mantener el término dictadura para denominar a un tipo moderno de régimen político y solamente utilizar a los otros tres, ya sea, como características de una manera de ejercer el poder o como nombres de regímenes antiguos, ligados a sociedades tradicionales, que emergen fuera del "seno de la sociedad occidental o no están contagiados por ella" (Sartori, 1992: 70).

Un interesante elemento en común que presenta la literatura y que apoya esta idea es que se puede hablar, y de hecho se ha hablado, de monarquías absolutistas, tiránicas o despóticas, mientras que claramente carece de sentido acusar o llamar "dictador" a un rey[5] de la época premoderna. La idea moderna de dictador tiene sentido en tanto que se asume como de alguien que adquiere poderes que van más allá de las atribuciones normales de los gobernantes. En épocas o sociedades donde no existe casi ningún tipo de límites "normales" para aquellos que gobiernan, es decir, en regímenes políticamente premodernos, la dictadura carece de espacio. Como sostiene Sartori, la dictadura puede entenderse como la forma republicana (moderna) del absolutismo, una no monarquía absoluta.

A la hora de separar conceptualmente la dictadura del autoritarismo y del totalitarismo nos enfrentamos a problemas de otra índole que los precedentes. No se puede negar que estos dos conceptos sean "modernos" ni que sean útiles para clasificar tipos de regímenes políticos. Es más, muchos autores convierten al "autoritarismo" en un concepto rival del de "dictadura" y realmente no existe ninguna ventaja clara de uno sobre otro para denominar los regímenes políticos no democráticos modernos. En este sentido nos enfrentamos a un problema meramente terminológico y toda respuesta depende más de las preferencias individuales del investigador que de sólidas justificaciones teóricas.

En este punto vamos a seguir a Sartori (1992) proponiendo utilizar el nombre de dictadura para referirnos al "género" de regímenes no democráticos modernos y reservar autoritarismo y totalitarismo para hacer referencia a dos "especies" de gobierno dictatorial.[6]

Tipologías: una vez que hemos precisado mínimamente qué entendemos por dictadura, podemos pasar a revisar las distintas maneras en que se han ordenado los diversos tipos de regímenes dictatoriales.

Como señala Sartori (1992: 82), "la fauna de las dictaduras es riquísima, creciente[7] y está clasificada sin criterios". Podemos ordenar las diversas propuestas clasificatorias sobre la base del referido criterio entre:

- Según el grado de intensidad de la penetración coercitiva en la sociedad y los medios utilizados para ese fin. Estas tipologías distinguen generalmente entre "dictaduras autoritarias" y "totalitarias"; la obra básica en esta perspectiva sigue siendo la de Juan Linz (1975). Neumann (1957) agrega una tercera clase, intermedia: las dictaduras "cesaristas".
- Según el fin perseguido. Las tipologías más serias, la de Duverger (1961), por ejemplo, distinguen entre dictaduras revolucionarias o conservadoras, según busquen preservar o alterar el orden preexistente. También se ha agregado una tercera clase: las dictaduras "mixtas" o termidorianas.
- Según la extracción de la élite dominante. Estas tipologías son interesantes, ya que los casos que quedan ubicados en cada categoría tienen mucho en común, lo que lamentablemente no siempre ocurre. En general se distingue a aquellas dictaduras cuyo personal proviene de la clase política, de las fuerzas armadas o del aparato burocrático. Especial interés tienen aquellas que podemos llamar "dictaduras militares", dentro de las cuales podemos identificar dos grupos diferenciados, uno en el que el gobierno es asumido por la institución militar explícitamente, típico del Cono Sur sudamericano, y otro en el que las fuerzas armadas apoyan a un individuo o grupo para que acceda al gobierno pero se mantienen autónomas.

Estos tres criterios nos parecen provechosos, no así las distinciones que se basan en criterios geográficos o en la supuesta "base social" de la dictadura.[8]

Líneas de investigación y debate contemporáneo

El concepto de dictadura no disfruta hoy en día de una gran popularidad en la disciplina; para comprobarlo basta comparar las tres referencias que recibe el término en el *New Handbook of Political Science*, editado en 1998 por R. Goodin y H. Klingemann,[9] con las 10 referencias que recibía en uno solo de los siete tomos

---

[5] Como siempre, existe una excepción que confirma la regla. Tenemos el caso del rey Alejandro de Yugoslavia, aunque por el momento histórico y la coyuntura política de los años en los que se autodenominó "rey-dictador", vinculados al "éxito" de los experimentos nazifascistas, la excepción puede ser dejada de lado.

[6] Esto es, sin duda, materia opinable. Por ejemplo Linz (1975: 187) recomienda reservar el término dictadura para los momentos interinos de crisis de gobierno entre el régimen tradicional, democrático o autoritario.

[7] El texto de Sartori fue escrito a principios de los años setenta cuando los estados que tenían regímenes que se podían considerar como dictatoriales con bastante claridad superaban con creces a los democráticos.

[8] Duverger (1961) propuso una distinción poco feliz entre dictaduras "sociológicas" y "técnicas", siendo las primeras aquellas fundadas en exigencias socioeconómicas del desarrollo nacional.

[9] Como instrumento de comparación el término "partido político" recibe más de 120 referencias.

del clásico *Handbook of Political Science* de F. Greenstein y N. Polsby de 1975.

Sin embargo, este hecho no nos habla sólo de una carencia de la disciplina sino de un cambio positivo en un mundo donde vemos cómo cada día son más y más los estados que adoptan el régimen democrático. Quizás sea prematuro decirlo, pero con cierto optimismo podemos esperar que dentro de 20 años este concepto sólo se estudie en los análisis históricos. En el corto plazo creo que son dos los temas que merecen introducirse, o mantenerse, en las agendas de investigación de la ciencia política contemporánea: uno histórico y otro empírico-conceptual.

En términos de investigación histórica creo necesario volver a estudiar la naturaleza y las consecuencias de las dictaduras militares que ensangrentaron la historia reciente de Latinoamérica. En los años setenta se desarrolló una rica discusión teórica iniciada alrededor de la conceptualización de O'Donnell del "estado burocrático-autoritario" de la que participaron activamente los principales estudiosos del área (véase Collier, 1979; Garretón, 1984; Malloy, 1976, y O'Donnell, 1978). Lamentablemente esa discusión se dejó de lado sin un cierre conceptual al surgir con fuerza la temática de la democratización. Quedaron sin saldar varias cuestiones, como la verdadera naturaleza de estos regímenes, los apoyos internacionales que recibieron su carácter reactivo o fundante, etcétera.

La cuestión de las consecuencias de las dictaduras sí está recibiendo actualmente bastante interés académico, especialmente en torno a los estudios de lo que se ha dado en llamar "el legado autoritario", pero aún hay bastante camino por recorrer en esta cuestión.

En términos de investigación empírica me parece que queda mucho por estudiar sobre los regímenes políticos de África, el sudeste asiático (ver el libro recientemente publicado por Diamond, Plattner, Chu y Tien, 1997) y el Medio Oriente. En cuanto a África es llamativa la poca atención que estos sistemas políticos han recibido desde el auge del conductismo y la teoría de la modernización en los cincuenta-sesenta. Ni siquiera las terroríficas imágenes televisivas trasmitidas mundialmente de las recientes hambrunas, guerras civiles y matanzas parecen haber despertado el interés de los investigadores (Adebayo Adedeji, 1995; Callaghy, 1995, y Joseph, 1993). Con el caso del cercano Oriente ocurre algo distinto: la creciente atención que despiertan los regímenes fundamentalistas, cuya caracterización escapa con claridad a los límites de este trabajo, parece haber hecho olvidar a la disciplina los cuestionamientos teóricos que deberían despertar las dictaduras que pueblan esta región del mundo.[10]

---

[10] Por lo menos Argelia, Egipto, Irak y Siria son dictaduras en el sentido más puro e incontroversial del término. Para más información sobre esta área del mundo recomiendo los trabajos de Lisa Anderson (1994) y el libro editado por Goldberg, Kasaba y Migdal (1993).

BIBLIOGRAFÍA

Adedeji, A. (1995), "An Alternative for Africa", en Diamond y Plattner (eds.), *Economic Reform and Democracy*, The Johns Hopkins University Press, Maryland.

Anderson, L. (1994), "Liberalism, Islam and the Arab State, en *Dissent*, Fall.

Avineri, S. (1987), "Dictatorship, of the proletarian", en Bogdanor (ed.), *The Blackweel Encyclopaedia of Political Institutions*, Oxford University Press, Oxford.

Bobbio, N. (1992), *Estado, gobierno y sociedad*, FCE, México.

——— (1994), *La teoría de las formas de gobierno en la historia del pensamiento político*, FCE, México.

Callaghy, T. (1995), "Africa Back to the Future?", en Diamond y Plattner (eds.), *Economic Reform and Democracy*, The Johns Hopkins University Press, Maryland.

Collier, D. (1979), *The New Authoritarianism in Latin America*, Princeton University Press, Princeton.

———, y S. Levitzky (1997), "Democracy with Adjectives: Conceptual Innovation in Comparative Research", en *World Politics*, vol. 49, núm. 3.

Diamond, L., M. Plattner, Y. Chu y H. Tien (eds.) (1997), *Consolidating the Third Wave Democracies*, The Johns Hopkins University Press, Maryland.

Duverger, M. (1961), *De la Dictature*, Julliard, París.

Gallie (1956), "Essentially Contested Concepts", en *Proceedings of the Aristotelian Society*, vol. 56, Harrison and Sons, Londres.

Garretón, M. (1984), *Dictaduras y democratización*, Flacso, Santiago de Chile.

Goldberg, Kasaba, y Migdal (eds.) (1993), *Rules and Rights in the Middle East: Democracy, Law and Society*, University of Washington Press, Seattle.

Goodin y Klingemenn (eds.) (1998), *New Handbook of Political Science*, Oxford University Press, Nueva York.

Greenstein y Polsby (eds.) (1975), *Handbook of Political Science*, Addison-Wesley Publishing Company, EUA.

Hermet, G. (1987), "Dictatorship", en Bogdanor (ed.), *The Blackweel Encyclopaedia of Political Institutions*, Oxford University Press, Oxford.

——— (1996), *En las fronteras de la democracia*, FCE, México.

Joseph, R. (1993), "Africa: the Political Freedom Resurgence", en Diamond y Plattner (eds.), *The Global Resurgence of Democracy*, The Johns Hopkins University Press, Maryland.

Linz, J. (1975), "Totalitarian and Autoritarian Regimes", en Greenstein y Polsby (eds.), *Handbook of Political Science*, vol. 3, Addison-Wesley Publishing Company, EUA.

Malloy, J. (1976), *Authoritarianism and Corporatism in Latin America*, The University of Pittsburgh Press, Pittsburgh.

Neumann, F. (1957), *The Democratic and the Authoritarian State*, Press, Glencoe.

O'Donnell, G. (1978), "Reflections on the Patterns of Change of the Bureaucratic-Authoritarian State", en *Latin American Research Review*.

Sartori, G. (1962), *Democratic Theory*, Wayne State University Press, Detroit.

——— (1970), "Concepts Misformation in Comparative Politics", en *American Political Science Review*, vol. 64.

——— (1992), *Elementos de teoría política*, Alianza Universidad Textos, Madrid.

Schmitt, K. (1968), "La dictadura", en *Revista de Occidente*.

Stoppino, M. (1997), "Dictadura", en Bobbio, Matteucci y Pasquino, *Diccionario de política*, Siglo XXI, México.

DISCURSO

Adrián Gimate

Definición

Del latín *discursus*, inglés *discourse*, francés *discours*. Históricamente el término discurso está vinculado inicialmente con el estudio de la retórica clásica que comprendía tres clases de discurso: deliberativo (político), forense (judicial) y demostrativo (encomiástico).

Historia, teoría y crítica

De manera general y en la perspectiva aristotélica, el discurso en tanto parte de la retórica, se relaciona a su vez con la dialéctica; en cambio, para Isócrates y Cicerón *(De inventione)*, el discurso es parte integral de la ciencia política. De manera particular, el término se relaciona con el estudio de las partes del discurso (véase la *Poética* de Aristóteles). Ya desde el siglo V d.C., el estudio del discurso forma parte del *trivium* (gramática, dialéctica y retórica), no sólo por motivos políticos, como lo enseñaron Cicerón y Quintiliano, sino también por razones religiosas, según se aprecia en la obra de san Agustín (véase *Dedoctrina christiana*). En los siglos XII y XIII, el término discurso se relacionaba con el *Ars gramatica* o perspectiva gramatical (que comprendía no sólo el *ars recte loquendi*, sino además el estudio y la interpretación de la obra literaria) y el *Ars rethorica*. Debemos advertir que ya desde antes del año 1200, el tema del discurso se relacionaba asimismo con el estudio de las *figurae*, práctica que perduró durante toda la Edad Media y se extendió hasta el siglo XIX, como puede verse en la obra de P. Fontanier, *Les figures du discours* (1830); la gramática preceptiva prevaleció hasta el surgimiento de la lingüística estructural en el siglo XX.

En resumen, el término ha estado conectado con la función persuasiva del discurso oral (la retórica) y la función poética de la obra literaria.

Líneas de investigación y debate contemporáneo

En la actualidad, como en la Antigüedad, la noción de discurso sigue siendo problemática, ya que, por un lado, forma parte de disciplinas diversas: la lingüística, el análisis textual, la sociolingüística, la filosofía del lenguaje, la teoría del relato, la semiótica y las ciencias jurídicas. Ello quiere decir que el análisis del discurso es, por tanto, un espacio de convergencia interdisciplinaria. De ahí, pues, su carácter polisémico. En su sentido restringido, el término se identifica con la lingüística estructural, particularmente con la noción de enunciado o conjunto de enunciados; en su acepción amplia, el vocablo incluye además la dimensión social e histórica; es una perspectiva que relaciona una formación ideológica con una formación discursiva que tiene como expresión determinados usos lingüísticos —marcas estilísticas— que Bajtín denominó *ideologemas;* es la *escritura* o relación entre la creación lingüística y la sociedad, en tanto producto de la intención humana unida a los grandes movimientos de la historia, es la relación lenguaje y praxis discursiva, lenguaje y acción.

Así pues, en su vertiente norteamericana, el tema del discurso se inscribe en el distribucionalismo lingüístico impulsado por Z. Harris; en su vertiente europea, con la lingüística funcional (Jakobson), los formalistas rusos (Propp), la lingüística contextual (R. Firth, M. A. K. Halliday), la glosemática (Hjelmslev), los teóricos de la enunciación (Benveniste, J. Dubois, Todorov, Ducrot, H. Parret), la pragmática (Ch. S. Pierce, Morris, J. Autin, J. Searl) y la semiótica (A. J. Greimas). Precisando lo anterior y en una primera aproximación, el discurso se identifica con el enunciado en la lingüística frástica, que tiene por unidad de análisis la frase; el discurso será entonces resultado de la concatenación de frases; ubicado el tema en las gramáticas frásticas, el análisis del discurso tratará de construir modelos de secuencias discursivas a partir del establecimiento de redes de equivalencias entre frases y/o series de frases y la formulación de reglas de concatenación frástica. Desde otro ángulo, si se postula que el discurso constituye una totalidad, los procedimientos de análisis no serán más inductivos sino deductivos. Si a esta perspectiva se le integra la perspectiva generativa, el enunciado-discurso se concebirá como un dispositivo de niveles, la incorporación del término competencia, aunado a la noción de instancia de la enunciación, se podrán distinguir dos configuraciones de la competencia: semionarrativa y discursiva; la primera precede a la enunciación, son las formas universales de todas las comunidades lingüísticas; la segunda se constituye en el momento de la enunciación —espacio de la competencia semiótica—. Así pues, siguiendo a Benveniste, si la enunciación es la discursivización de la lengua, el discurso será lo que sustituye a la enunciación. La sustitución de lengua por la de competencia semionarrativa permite ver a la discursivización como un proceso en el que las estructuras semionarrativas se transforman en estructuras discursivas. El discurso es entonces la manipulación de esa competencia. Esta perspectiva se conoce como semiótica narrativa discursiva de la Escuela de París.

El discurso, en el contexto de la situación de comunicación (concepto pragmatológico), exhibe otra parte no verbal que corresponde al contexto de enunciación, según lo advirtió Voloshinov en 1926, para quien la situación es una parte constitutiva de la estructura semántica del discurso. Este contexto comprende tres aspectos: el horizonte espacial común de los interlocutores; el conocimiento y comprensión comunes a los interlocutores y la evolución común de ambos; estos tres aspectos deberán de ser vistos en la perspectiva de la interacción verbal, esto es, el intercambio de enunciados definido por Voloshinov como el territorio interindividual. Ésta es, básicamente, la orientación que se ha seguido en el análisis del discurso jurídico. Ahora bien, cabe preguntarnos qué entendemos por discurso jurídico. En primer lugar, habrá que entender un subconjunto de textos que forman parte de un campo más vasto, que es de todos los textos producidos en una lengua natural; en segundo lugar, se trata de la manifestación sintagmática de un discurso; tercero, el término jurídico implica una organización específica de las unidades que constituyen el discurso jurídico, implica la existencia de un género de discurso; cuarto, el discurso jurídico se desenvuelve bajo una *doble isotopia*: la primera está representada por el discurso legislativo —construido de enunciados performativos y normativos que instauran reglas de comportamiento lícitas e ilícitas—, y la segunda la conforma el discurso referencial que, si bien no es más que una elaboración ideológica, una vestimenta discursiva del mundo, se presenta como el mundo social en sí mismo; ambas naturalezas son de orden lingüístico y a menudo se confunden dentro de un mismo texto jurídico; son pues dos niveles discursivos. Cómo se dan las relaciones entre ambos conjuntos isotópicos y cómo se dan los procesos de significación es la tarea del análisis semiótico. El discurso legislativo remite de manera constante a las significaciones del discurso referencial como si éste fuera no sólo isotópico sino isomórfico, con la realidad del mundo social, anterior al discurso legislativo, que no es más que expresión de las cosas cuya existencia se presenta como evidente, es una relación de presuposición lógica, que es del orden del *parecer semiótico*; es decir, el discurso legislativo selecciona los elementos referenciales de la lengua natural, les confiere el estatuto referencial y los integra al discurso jurídico; es del orden del *ser semiótico*. Ahora bien, si la lengua natural es una semiótica, el lenguaje jurídico es una *metasemiótica* segunda, es un discurso connotado que exhibe un conjunto de propiedades estructurales específicas que lo distinguen de otros tipos de discurso, es decir, exhibe una gramática jurídica y un léxico jurídico: la primera se presenta como una gramática *explícita*, no se presenta ambiguamente, adquiere la forma de un inventario de definiciones y prescripciones, su sintagmática adquiere la forma de enunciados bien formados.

BIBLIOGRAFÍA

Aristóteles, *La retórica* en *Obras*, Aguilar, Madrid.
Cortés, J. (1980), *Introducción a la semiótica narrativa y discursiva*, Hachette, Buenos Aires.
Greimas, A. J. (1976), *Sémiotique et sciences sociales*, Editions du Seuil, París.
Schreckenberger, Waldemar (1987), *Semiótica del discurso jurídico*, UNAM, México.

Tzvetan, Todorov, y Mijaíl Bajtín (1981), *Le principe dialogique suivi de Écrits du Circle de Bakhtine*, Editions du Seuil, París.
Voloshinov, Valentin N. (1967), *El signo ideológico y la filosofía del lenguaje*, Nueva Visión, Buenos Aires.

DISENSO

Laura Baca Olamendi

Definición

En primer lugar debemos precisar que el consenso se refiere al acuerdo de opiniones y la concordancia entre voluntades y, por lo tanto, el disenso se distinguirá por la divergencia y la falta de acuerdo entre las partes. La vida de la *polis* griega se fincaba en la observancia de las leyes y por lo tanto en el ejercicio del consenso por parte de los ciudadanos, aunque no debemos olvidar que no se excluía al interior de la Asamblea el ejercicio del disenso. A partir de entonces encontramos numerosas interpretaciones acerca del valor que se le ha otorgado a estos conceptos en la historia de las ideas políticas. Por ejemplo, es posible identificar a las corrientes "armonísticas", las cuales consideran que la sociedad funciona con acuerdo entre las partes y que éstas a su vez se orientan hacia finalidades específicas. La convivencia entre los grupos se basa en la certeza de sus valores y en la confianza de la no aparición del conflicto. Estas concepciones también han sido denominadas "olísticas" o de "sistema". La pareja conceptual consenso/disenso se presenta generalmente como una relación entre fisiología y patología. Las concepciones olísticas y totalizantes de la sociedad tienden a considerar el disenso como un "error" respecto de la verdad imperante, o como "enemistad" en relación con el grupo cohesionado por el consenso de los valores o por lo menos como una disfunción. Por el contrario, existen otras teorías que privilegian el cambio y el conflicto y que se conocen como concepciones "pluralísticas" o "individualistas", las cuales no renuncian a la tolerancia y al relativismo. Por este motivo se fundan en el valor del disenso como expresión de la libertad-participación de los individuos y de los grupos en la vida cultural y política de la sociedad. No se debe olvidar la existencia de las vertientes totalizantes de estas concepciones, las cuales confinan o con el utopismo o con formas de gobierno autoritarias que exigen un consenso absoluto sobre los valores últimos, como pueden ser la raza, la nación, la clase o el partido. En las sociedades occidentales existen numerosos países que se rigen por el liberalismo, el cual debe ser entendido como la teoría de los límites del poder y, por lo tanto, representa la doctrina política más cercana a la razonable formación del disenso, entendido como un compromiso que no afecta la libertad y que propicia la emergencia de distintos puntos de vista. En este sentido el disenso puede ser considerado un elemento característico de la democracia, al cual se le reconoce un papel institucional capaz de formar parte de la estructura política. En la democracia, el disenso representa un valor fundamental en el proceso de emancipación del hombre que, como hubiera expresado en otra época Emmanuel Kant, significa la posibilidad de que el ser humano supere la minoría de edad ejerciendo públicamente su propia razón. Cuando las sociedades se complejizan, más difícil resulta la homogenización. El binomio consenso/disenso se refiere a la conformidad o inconformidad a los deseos o a las opiniones, al elogiar o al criticar de un determinado sistema. Debemos precisar que conformarse a la regla por parte del individuo no significa consentir de manera absoluta. En efecto, la aceptación de un determinado tipo de poder, si bien implica obediencia y aplicación de la sanción, no excluye la posibilidad de resistir de alguna forma a las propias reglas. De acuerdo con Norberto Bobbio, uno de los rasgos característicos de un régimen democrático es la libre elección del ciudadano entre consenso y disenso. Con el fin de que el ciudadano sea libre de consentir o de disentir, es necesario que ni el consenso ni el disenso sean impedidos. En consecuencia, la existencia de un consenso y un disenso moderados permiten la confrontación democrática; en cambio, un disenso extremo puede provocar un desencuentro frontal. Para nuestro autor es importante la contemporánea presencia de un consenso de los más o de la mayoría que admita la existencia de un disenso de la minoría, evitando imponer el "consenso de todos". Por este motivo señala que en las sociedades complejas es improbable que exista un "consenso unánime" que pretenda nulificar la opinión de quienes disienten. Finalmente, es posible distinguir entre un "consenso obligatorio", que puede implicar la prohibición del disenso, y un "consenso libre", el cual representa una de las pruebas fundamentales para la legitimidad de la democracia.

Historia, teoría y crítica

En el transcurso de la historia de las ideas de este siglo encontramos numerosos ejemplos en los cuales la libre formación de consenso ha contribuido de manera decisiva para hacer perdurar en el tiempo a un determinado régimen político. El ejercicio de este particular tipo de consenso no impide la formación de opiniones discordantes dentro de los grupos sociales y en este sentido legitima la práctica política del grupo gobernante. La convivencia respetuosa entre consenso y disenso fortalece la gobernabilidad. En los gobiernos de carácter pluralista y competitivo, la manifestación del desacuerdo favorece la legitimidad de la élite en el poder, ya que enaltece los valores de la democracia, que son aquellos que defienden la libre expresión de los individuos y la convivencia tolerante y pacífica entre sus miembros. Cuando se recurre a la violencia (física o verbal) se daña irremediablemente la estabilidad de un régimen. Por lo tanto, si bien es deseable una cierta dosis de acuerdo y de desacuerdo, estas expresiones deben ser de carácter moderado, es decir, deben procurar respetar y hacer respetar los diferentes puntos de vista, sin pretender aniquilar a quien no piensa del mismo modo. En los regímenes democráticos corresponde a los intelectuales asumir el papel de "propiciadores de la pluralidad". En este sentido, su función simbólica es muy importante en la medida en que su ámbito son los símbolos, los mitos y los ritos que justifican o condenan un orden establecido. Los intelectuales son los "intermediarios" que se encargan de fortalecer la identidad y la seguridad de los gobernados, otorgando al régimen una especie de conformidad y apoyo que favorece el funcionamiento eficaz y la legitimidad de las instituciones políticas. Al exaltar la virtud y el mérito de una determinada forma de gobierno, los intelectuales proclives al consenso fortalecen la gobernabilidad y en la medida en que consideran aceptables a las instituciones se convierten en defensores de la estabilidad política. Sin embargo, para que la gobernabilidad sea perdurable es necesario la existencia de otro tipo de intelectuales que ejerzan su derecho al disenso asumiendo un papel de cuestionamiento de las vinculaciones simbólicas y estimulando los procesos de movilización política, así como la dinámica opositora de los movimientos colectivos. En síntesis, resulta imprescindible eliminar aquellas actitudes dogmáticas que impiden la libre expresión de las ideas. La convivencia pacífica entre los diferentes grupos de intelectuales a través del diálogo puede contribuir a fortalecer la democracia, sobre todo si estos "personajes de la razón" reivindican y ejercitan el espíritu crítico a través de la práctica de la tolerancia. Siendo proclives al disenso y al consenso podrán ofrecer su contribución a la construcción de una sociedad más libre y más pluralística. Las sociedades contemporáneas requieren, para poder sobrevivir, de una revisión periódica del consenso y, sobre esta base, de la renovación constante de la representación política. Ambos procesos se realizan principalmente a través de las elecciones y es éste el principal terreno en el que se desarrolla la confrontación entre el consenso y el disenso. El disenso no puede sobrevivir clandestinamente, ya que representa la garantía de la diversidad difusa y plural dentro de la sociedad. Sin embargo, debe saber aceptar las reglas del juego y mantenerse en los marcos de la legalidad y de la convivencia civil esto último es fundamental, ya que el disenso extremo destruye a la democracia. Por su parte, la principal función que desempeña el consenso consiste en la eliminación del recurso a la violencia como mecanismo para la solución de los conflictos y de las controversias políticas. El consenso expresa un acuerdo relativo sobre los principios y los valores, sobre las normas y los procedimientos en que se fundamenta la convivencia pluralística. El consenso representa, en síntesis, un acuerdo sobre las reglas fundamentales que se encuentran en la base del funcionamiento del régimen político de tipo democrático. Conviene señalar que el consenso total es tanto improbable cuanto imposible en las sociedades complejas. El grado de consenso y de disenso es variable de sociedad a sociedad y de periodo en periodo.

BIBLIOGRAFÍA

Bobbio, Norberto, *et al.* (1990), *Dizionario di politica*, UTET, Turín, pp. 327-329.

——— (1981), "Cé dissenso e dissenso" en *Le ideologie e il potere in crisi*, Le Monnier, Florencia, p. 39.

Bobbio, Norberto (1981), "Cé consenso e consenso", en *Le ideologie e il potere in crisi*, Le Monnier, Florencia, p. 39.

Zaccaria, Giuseppe (1987), *Lessico della politica*, Edizioni Lavoro, Roma, p. 100.

ELECCIONES Y LEGISLACIÓN ELECTORAL

Leonardo Valdés

Definición

En México, como en todo el mundo, la legislación electoral (LE) es el conjunto de reglas que rigen el desarrollo de los procesos comiciales. En una república federal y con régimen de separación de poderes, la cantidad e importancia de las leyes electorales es muy grande. Si a lo anterior se agrega el hecho de que México es una nación que recientemente ha dejado atrás un sistema de partido hegemónico, el análisis de la LE se hace aún más relevante.

Hasta el presente, en los Estados Unidos Mexicanos se encuentran vigentes dos leyes electorales de alcance federal y 31 leyes electorales locales. En corto tiempo, la ley electoral del Distrito Federal se sumará a ese abigarrado conjunto de ordenamientos.

El Código Federal de Instituciones y Procedimientos Electorales (promulgado el 15 de agosto de 1990) establece las normas a partir de las cuales se deben organizar y llevar a cabo las elecciones populares del presidente de la república y de los senadores y diputados miembros de las Cámaras que componen el Congreso de la Unión. La Ley General del Sistema de Medios de Impugnación en Materia Electoral (promulgada el 22 de noviembre de 1996) establece los recursos a disposición de los diversos actores para combatir las resoluciones adoptadas por las instancias encargadas de preparar y calificar los procesos electorales federales. Como es natural, esta ley contiene también las normas que rigen los procedimientos para resolver las impugnaciones. Por decisión del legislador federal, las controversias que pudieran surgir en torno a la constitucionalidad de las leyes electorales federales y locales deberán ser resueltas por el propio Poder Judicial federal. El tribunal, además, quedó dotado de poderes para actuar como última instancia también en materia de los procesos electorales locales.

Las leyes electorales locales ordenan la realización de las elecciones de los gobernadores, los diputados locales, los presidentes municipales y de los diversos órganos colegiados de gobierno a ese nivel. La inminente ley electoral del Distrito Federal, por su parte, regulará las elecciones del jefe de Gobierno, de los diputados a la Asamblea y de los encargados de la administración pública en las demarcaciones hasta ahora conocidas como delegaciones políticas.

Como se observa, el conjunto es extenso. Además, cada una de las leyes contiene particularidades y especificaciones para cada uno de los procedimientos que en conjunto componen los procesos electorales. Tómese, como ejemplo, la norma para la conformación de la representación política. Aun cuando todas las leyes electorales mexicanas consideran un procedimiento mixto (ya que una parte de los congresos se elige por el principio de mayoría relativa en distritos uninominales y la otra por alguna norma de representación proporcional), la magnitud de los distritos, el tamaño de las asambleas e incluso la fórmula que se aplica para la distribución de las diputaciones de representación proporcional difiere de estado a estado y respecto de la ley federal.

La reforma constitucional de 1996 estableció cinco principios rectores para la LE y para el desarrollo de los procesos comiciales: legalidad, equidad, certeza, objetividad y profesionalismo. Todas las leyes electorales mexicanas ahora están obligadas, igual que las autoridades en la materia, a actuar de acuerdo con esos principios. No obstante, cada congreso está facultado para crear o reformar las normas que mejor se apeguen a esos principios. Es por eso que la Suprema Corte de Justicia se encuentra facultada para dictaminar sobre la constitucionalidad de las leyes y de los actos de las autoridades electorales.

Un elemento de fundamental importancia a tomar en cuenta en esta definición de la LE se encuentra relacionado con el hecho de que durante los últimos 20 años las leyes electorales mexicanas han cambiado significativamente. Desde 1976, han estado vigentes cuatro leyes federales y dos de ellas (las que han normado más de un proceso electoral) han sufrido diversas reformas. Algunos autores hemos sostenido, en consecuencia, que México ha atravesado por una etapa histórica de reformismo electoral.

Para algunos, las sucesivas reformas electorales han formado parte del proceso de transición democrática que ha vivido el país. Otros sostienen que las reformas han sido sólo punto de partida de la transición. Algunos más se abstienen de usar un concepto surgido de otras experiencias históricas, pero no dejan de reconocer que las reformas electorales forman parte del cambio político que ha vivido la nación durante las últimas dos décadas del siglo XX.

De una u otra manera, lo cierto es que los actores del proceso de cambio político han puesto especial énfasis en la modificación de la LE, durante los últimos 20 años. Lo mismo ha hecho la ciencia política mexicana a partir de la década de los ochenta.

En un país que se vio obligado a realizar una revolución para construir la estructura institucional de su poder político, no podía ser de otra manera. La legitimidad social de las instituciones políticas mexicanas proviene del fin del movimiento armado de la Revolución y de los arreglos que establecieron las élites políticas posrevolucionarias. La creación del partido político de esas élites fue un ingrediente de primera importancia en la pacificación del país, pero también en la conformación de un sistema de partidos peculiar.

Desde mi punto de vista, la mejor caracterización del sistema de partidos hasta los años setenta es la de Giovanni Sartori (1980). En efecto, lo peculiar de nuestro sistema permite aplicar la categoría sartoriana de sistema de partido hegemónico-pragmático a una larga y significativa etapa histórica mexicana. El partido de la Revolución fue, hasta hace poco, hegemónico, pues era demasiado fuerte frente a sus demasiado débiles competidores. Esa debilidad los hacía aparecer como partidos ornamentales, que concurrían a los procesos comiciales a pesar de que el poder político no se ponía en juego en esas contiendas. Las decisiones fundamentales acerca de quién y cómo gobernaba se adoptaban en una esfera distinta de la electoral.

El partido de la Revolución era, además, pragmático. Esto significa que, a diferencia de otras situaciones en las que el partido hegemónico también era ideológico, en nuestro caso las relaciones del partido con su entorno social y su propio interior no estaban regidas por ninguna ideología. El pragmatismo fue la brújula que orientó durante largo tiempo a un partido cuyos gobiernos podían cambiar de uno a otro sus propuestas políticas y aun así conservar el apoyo de vastas clientelas políticas. Evidentemente, el uso de los recursos y de las políticas públicas para cultivar a esas clientelas fue un ingrediente del perfil hegemónico-pragmático del partido en el poder.

Un ingrediente más fue el importante apoyo social, expresado en una amplia corriente electoral, a favor del partido hegemónico. La contraparte de esa corriente fue la muy limitada votación que sistemáticamente alcanzaban los partidos de oposición, en conjunto y cada uno de ellos. El cuadro completo se cerraba con la existencia de una LE que garantizaba condiciones de competencia lo suficientemente inequitativas para que el carácter hegemónico del partido en el poder se preservara.

Los componentes fundamentales del sistema de partido hegemónico empezaron a entrar en crisis en la elección presidencial de 1976. La presencia de un solo candidato a la presidencia de la república dejó ver el verdadero carácter autoritario del sistema. La crisis final llegó hacia finales de los años ochenta y una década después es posible afirmar que el sistema de partido hegemónico ha sido superado; el sistema mexicano de partidos es ahora plural y competitivo. En esa transformación, la LE ha tenido un papel relevante.

Historia, teoría y crítica

En el México posrevolucionario han estado vigentes siete leyes electorales, que han sufrido diversas reformas. Por las transformaciones de los elementos técnicos y políticos de las leyes electorales vigentes, se puede afirmar que hemos experimentado en el ámbito federal con aproximadamente una decena de LE.

La ley más longeva, paradójicamente, es la más antigua y simple que hemos tenido. La Ley Electoral para la elección de poderes federales, promulgada en 1918, estuvo vigente hasta 1946 y contenía un formato organizativo a la vez simple y descentralizado. Ese ordenamiento jurídico ponía en manos de los gobiernos de los estados la demarcación de los distritos electorales federales[1] y en las de los gobiernos municipales la elaboración de la lista de votantes y la determinación de las casillas de votación.[2] El día de la jornada electoral, los funcionarios municipales se presentaban en los lugares determinados para ungir como funcionarios de casilla a los cinco primeros ciudadanos que se presentaran a votar.[3] Como fácilmente se puede suponer, el control de los jefes políticos locales sobre los procesos electorales era muy similar al que ejercieron esos mismos personajes durante la larga dictadura porfirista. Por ésa y otras razones, los conflictos político-electorales no se dejaron esperar. El más sonado fue el de 1940, cuando el general Juan Andrew Almazán se presentó como candidato opositor a la presidencia de la república, luego de haber roto con el partido de la Revolución. Según cuentan las crónicas, el candidato de ese partido, el general Manuel Ávila Camacho, ganó las elecciones en la ciudad de México porque sus seguidores ganaron, con diversas tácticas (no todas legales), la titularidad como responsables de las casillas.

La ley de 1946, con la que se llevaron a cabo las elecciones de las que resultó triunfador el primer civil que terminó su mandato en la etapa posrevolucionaria, remedió algunas de las deficiencias de su antecesora. En primer lugar, inició un proceso de centralización en el control de la organización de las elecciones. Creó una comisión federal encargada de las labores, antes en manos de los gobiernos estatales y municipales.[4] En segundo lugar, le dio participación a los partidos políticos en los órganos encargados de la vigilancia electoral, aun cuando esa participación privilegió al partido de la Revolución (que por cierto estrenaba el nombre institucional que aún ostenta).[5] Finalmente, estableció procedimientos organizativos para designar con anticipación a los ciudadanos encargados de instalar las casillas, recibir el voto de los electores y realizar los cómputos y escrutinios correspondientes.[6] Ese formato de ley electoral se mantuvo vigente (no sin sufrir ciertas adecuaciones) hasta finales de los años ochenta.

Un elemento significativo del régimen político mexicano empezó a sufrir importantes modificaciones en la década de los sesenta. La fórmula original de la conformación de la Cámara de Diputados hubo de cambiar, luego de que durante más de 20 años las débiles oposiciones sufrían el rigor del efecto mecánico (de so-

---

[1] Artículo 3 de la Ley para la Elección de los Poderes Federales, promulgada el 2 de julio de 1918.
[2] Artículo 27 de la Ley para la Elección de los Poderes Federales, promulgada el 2 de julio de 1918.
[3] Artículo 50 de la Ley para la Elección de los Poderes Federales, promulgada el 2 de julio de 1918.
[4] Artículo 6 de la Ley Electoral Federal, promulgada el 7 de enero de 1946.
[5] Artículo 7 de la Ley Electoral Federal, promulgada el 7 de enero de 1946.
[6] Artículo 67 de la Ley Electoral Federal, promulgada el 7 de enero de 1946.

brerrepresentación a favor del partido mayoritario) que producen los sistemas de mayoría simple aplicados en distritos uninominales. Entonces apareció una peculiar fórmula de representación de minorías conocida como de diputados de partido. Según ese diseño, los partidos minoritarios tendrían acceso a cinco diputados si alcanzaban el 2.5% de la votación total y a un diputado más por cada medio punto porcentual en el que su votación superase el mínimo señalado hasta un máximo de 20 diputados. De ese total, se descontarían los diputados de mayoría que los partidos (si alguno) hubieran obtenido en los distritos. Los candidatos que se convertían en diputados eran aquellos que, una vez establecido el volumen correspondiente a cada partido, hubiesen alcanzado los porcentajes de votación más elevados sin haber ganado en su distrito.[7] Esta fórmula significaba, tanto para los partidos como para sus mejores candidatos, ganar aun habiendo perdido. La fórmula se aplicó en las elecciones de 1964, 1967 y 1970. Después se modificó: disminuyó el porcentaje mínimo, a 1.5 %, para obtener las primeras cinco diputaciones y aumentó el total de éstas a 25.[8] Así se aplicó en las elecciones de diputados de 1973 y 1976.

La reforma de principios de los setenta también inauguró un terreno importante. Por primera vez se establecieron prerrogativas para los partidos políticos. Lo más relevante fue que se les otorgó tiempo (aun cuando limitado) en los medios de comunicación electrónicos.[9] Todas estas reformas, sin embargo, poco pudieron hacer para dotar de nuevos bríos a un sistema hegemónico que iniciaba su decadencia. Como se señaló, la elección presidencial de 1976 con un solo candidato dejó ver la realidad de un sistema que ya no tenía suficientes recursos para legitimarse. Por si fuera poco, esa elección se realizó en el marco de una situación económica difícil que contrastó agudamente con la época pasada de estabilidad y crecimiento.

Por todos esos motivos, la ley electoral producto de la reforma política de la segunda mitad de los setenta, la famosa Ley Federal de Organizaciones Políticas y Procesos Electorales, vino a significar un importante avance. La reforma constitucional definió a los partidos como entidades del interés público.[10] La nueva ley, por su parte, dotó a los partidos de más y mejores recursos para la realización de sus campañas[11] y, con su nueva fórmula de conformación de la cámara de diputados,[12] les otorgó mejores espacios de participación. La reforma, además, permitió el ingreso de nuevos partidos a la contienda electoral.

Se estableció la figura de registro condicionado al resultado de las elecciones,[13] que le permitió a un volumen importante de antiguos y nuevo grupos políticos acceder a la legalidad. Además, les facilitó darse a conocer ante el electorado y participar en las elecciones federales y locales (luego de que lograban demostrar un mínimo de votación nacional equivalente al 1.5% del total de los votos). Los requisitos para optar por el registro condicionado fueron mínimos y rápidamente creció el número de partidos reconocidos. Hacia finales de los ochenta, 10 años después de la reforma, participaban en las elecciones mexicanas entre seis y nueve partidos políticos. No todos lograron estabilizarse y permanecer, pero no hay duda de que su proliferación en la primera etapa condujo hacia la participación electoral a significativos núcleos sociales, que quizá sin la presencia de los nuevos partidos se habrían mantenido al margen de esa importante arena.

La nueva ley consolidó la existencia de prerrogativas para los partidos políticos. Se amplió y reglamentó su acceso a los medios de comunicación como parte del tiempo oficial. Se estableció por primera ocasión un apoyo gubernamental directo para los partidos políticos, con el fin de dotarlos de elementos para la realización de sus campañas electorales.[14]

Uno de los cambios introducidos por esta reforma, uno que llamó más poderosamente la atención, fue la nueva fórmula de conformación de la Cámara de Diputados. Se adoptó un sistema mixto con dominante mayoritario. Se establecieron 300 distritos electorales federales, distribuidos entre las entidades federativas en función del tamaño de su población. Además se crearon 100 diputaciones de representación proporcional, que se distribuirían en amplias regiones plurinominales a partir de una fórmula de cociente electoral entre los partidos minoritarios. La condición básica que debían cumplir los partidos, para tener acceso a las diputaciones plurinominales, consistía en alcanzar al menos el 1.5% de la votación nacional.[15] Este sistema, como se señaló, amplió significativamente los espacios de representación política de los partidos minoritarios. A lo anterior es necesario agregar que la reforma constitucional ordenó la adopción de sistemas semejantes en la conformación de los congresos locales y en la de los ayuntamientos de los municipios más poblados del país.[16] Los partidos minoritarios, en consecuencia, también se favorecieron del acceso a esos espacios de representación política, no sin que la aplicación de la reforma en el ámbito local originara muy diversos conflictos.

Hacia mediados de los años ochenta, y en vísperas de la elección presidencial de 1988, se decidió renovar la LE. Se realizaron cambios respecto al reconocimiento

[7] Artículo 54 de la Constitución Política de los Estados Unidos Mexicanos, según reforma publicada en el *Diario Oficial de la Federación* (DOF) el 22 de junio de 1963.

[8] Artículo 54 de la Constitución Política de los Estados Unidos Mexicanos, según reforma publicada en el DOF el 14 de febrero de 1972.

[9] Artículo 39 de la Ley Federal Electoral, promulgada el 5 de enero de 1973.

[10] Artículo 41 de la Constitución Política de los Estados Unidos Mexicanos, según reforma publicada el 6 de diciembre de 1977.

[11] Artículo 49 de la Ley Federal de Organizaciones Políticas y Procesos Electorales, promulgada el 28 de diciembre de 1977.

[12] Artículo 54 de la Constitución de los Estados Unidos Mexicanos, según reforma publicada en el DOF el 6 de diciembre de 1977.

[13] Artículos 31 al 35 de la Ley Federal de Organizaciones Políticas y Procesos Electorales, promulgada el 28 de diciembre de 1977.

[14] Artículos 48 y 49 de la Ley Federal de Organizaciones Políticas y Procesos Electorales, promulgada el 28 de diciembre de 1977.

[15] Artículo 156 de la Ley Federal de Organizaciones Políticas y Procesos Electorales, promulgada el 28 de diciembre de 1977.

[16] Artículo 115 de la Constitución Política de los Estados Unidos Mexicanos, según reforma publicada en el DOF el 6 de diciembre de 1977.

y derechos de los partidos políticos; respecto a la conformación de los órganos encargados de organizar, vigilar y calificar los procesos electorales y respecto a las fórmulas de conformación de la Cámara de Diputados y del Senado de la república y se estableció una forma de representación política para los ciudadanos del Distrito Federal.

Entre 1978 y 1985 se habían acogido a la figura de registro condicionado al resultado de las elecciones seis organizaciones. Sólo una de ellas, el Partido Social Demócrata en 1982, no había alcanzado la votación mínima (1.5% del total) para transformar el registro condicionado en definitivo. Por ese motivo, luego de la elección federal de 1985, el sistema contaba con nueve partidos reconocidos legalmente. Los nueve tenían, por cierto, representación en la Cámara de Diputados. Este balance llevó al legislador a concluir que el sistema de registro condicionado al resultado de la elección había cumplido su cometido. De esa manera quedó vigente sólo el registro definitivo, que era equivalente a la antigua norma según la cual la organización que aspirase a obtener reconocimiento como partido debía demostrar una amplia base de afiliados (65 000) distribuidos en la mayoría de las entidades de la república.[17] Es necesario tomar en cuenta que si se cerró la puerta de acceso "fácil" al sistema de partidos, la de salida permaneció abierta. Se mantuvo el principio según el cual el partido que no obtuviese al menos el 1.5% de la votación en alguna de las elecciones federales (presidencial, de diputados o senadores) perdería su registro legal.[18]

La reforma de los setenta había dotado a los partidos con una representación paritaria ante los órganos electorales.[19] De esa manera, la Comisión Federal Electoral, máximo órgano en materia de organización y vigilancia de las elecciones federales, se encontraba conformada por el secretario de Gobernación, en tanto que comisionado del Poder Ejecutivo y fungiendo como presidente del órgano, un comisionado del Senado, un comisionado de la Cámara de Diputados, ambos como representantes del Poder Legislativo, y comisionados de los partidos políticos. Todos estos comisionados contaban con derecho a voz y voto en las sesiones de la Comisión Federal Electoral; el presidente tenía voto de calidad en caso de empate y los partidos con registro condicionado al resultado electoral sólo contaban con derecho a voz. Resultaba evidente que había desaparecido la mayoría en el órgano para el partido con mayor cantidad de votos, que antes se aseguraba con los representantes de los poderes.

La reforma de 1986 introdujo un sistema de representación proporcional en la conformación de la Comisión Federal Electoral. Permanecieron los representantes de los poderes y se les unieron comisionados de los partidos políticos, en función de la votación alcanzada en la elección anterior.[20] Así se conformó una nueva Comisión Federal Electoral con 16 comisionados del Partido Revolucionario Institucional (PRI), cinco del Partido Acción Nacional (PAN), dos de la fusión entre el Partido Socialista Unificado de México y el Partido Mexicano de los Trabajadores y uno por cada uno de los cinco partidos restantes. Esta fórmula se repitió en los órganos locales y distritales encargados del proceso electoral, en los que los comisionados de los partidos estuvieron acompañados por un presidente, un secretario y dos vocales designados por la presidencia de la Comisión Federal Electoral.[21] La modificación de la estructura electoral tenía importancia no sólo por las múltiples decisiones que se deben adoptar en la organización del proceso electoral, sino porque la Comisión Federal Electoral estaba facultada para otorgar las constancias de mayoría a los presuntos ganadores de las contiendas distritales para que ellos mismos conformaran el Colegio Electoral de la Cámara de Diputados que calificaba en definitiva la totalidad del proceso. Algo similar sucedía con el Senado, con una variante: las constancias de mayoría las otorgaban los órganos locales electorales. La nueva conformación de los órganos electorales se presentaba como un antídoto en contra de la posibilidad de que los partidos minoritarios intentaran bloquear o cambiar radicalmente la integración de los órganos calificadores en última instancia de los procesos comiciales. En materia de la resolución de conflictos electorales, la reforma de 1986 también introdujo una novedad. Se creó el Tribunal de lo Contencioso Electoral, dotado de facultades para conocer y resolver controversias durante la etapa de organización de los comicios. No obstante, sus resoluciones en materia de calificación de las elecciones eran simples recomendaciones a los colegios electorales, que resolvían la integración definitiva de las cámaras de manera inapelable.[22]

El método de integración de la Cámara de Diputados cambió en diversos sentidos.[23] En primer lugar, se elevó el número de diputaciones plurinominales a 200, con lo que se atenuó la predominancia de mayoría sobre el sistema mixto de conformación de la cámara. En segundo lugar, las diputaciones de representación proporcional dejaron de ser sólo para los partidos minoritarios. A partir de esta reforma, el partido mayoritario ganó acceso a la representación proporcional en ciertas condiciones. Una de éstas consistía en igualar el porcentaje de diputaciones obtenidas por el partido mayoritario cuando su porcentaje de votación era superior al de los distritos ganados por mayoría. En ese supuesto, se entregarían curules de representación proporcional al partido mayoritario hasta que sus porcentajes de votación y de diputaciones fuesen equivalentes. Este método, que se aplicó en la elección federal de 1988, llevó a una conformación muy proporcional de la Cámara de Diputados, pues al igualar la proporción de votos y curules del partido mayoritario, igualó también esas proporciones para el conjunto de los partidos minoritarios.

[17] Artículo 34 del Código Federal Electoral, promulgado el 12 de febrero de 1987.

[18] Artículo 94 del Código Federal Electoral, promulgado el 12 de febrero de 1987.

[19] Artículo 78 de la Ley Federal de Organizaciones Políticas y Procesos Electorales, promulgada el 28 de diciembre de 1977.

[20] Artículo 165 del Código Federal Electoral, promulgado el 12 de febrero de 1987.

[21] Artículos 178 y 190 del Código Federal Electoral, promulgado el 12 de febrero de 1987.

[22] Artículos 352 y 353 del Código Federal Electoral, promulgado el 12 de febrero de 1987.

[23] Artículos 52 a 54 de la Constitución Política de los Estados Unidos Mexicanos, según reforma publicada en el DOF el 15 de diciembre de 1986.

Otra importante novedad de la reforma de 1986 fue que modificó el método de conformación del Senado de la república.[24] Hasta esa época, se elegían dos senadores por entidad cada seis años. Ahora, se elegiría uno cada tres años, con lo que se establecería un sistema de renovación del senado por mitades. Este método aseguraría la continuidad en los trabajos de ese órgano, permitiría aprovechar la experiencia ganada por la mitad de los senadores cada tres años y evitaría que el total de esa cámara se eligiese simultáneamente con el presidente.

Finalmente, la reforma dotó a la ciudadanía del Distrito Federal de un cuerpo de representación política. La Asamblea de Representantes se estableció con el objeto de responder a la demanda de importantes grupos políticos en el sentido de permitir a los capitalinos elegir a sus gobernantes. A pesar de que la asamblea tenía serias limitaciones para intervenir en el gobierno de la ciudad, significó un importante antecedente en el proceso de democratización de la forma de gobierno de la capital del país.[25]

Luego de la muy conflictiva elección de 1988, se inició un intenso proceso de negociación entre los partidos políticos, pues era evidente que no podrían asistir a otro proceso con normas que en lugar de ayudar a resolver conflictos los creaban. El sexenio 1988-1994 puede ser caracterizado como el del fin del reformismo electoral mexicano. Durante ese periodo se realizaron tres reformas de gran importancia. Señalemos sólo los elementos más relevantes de cada una.

La primera reforma del periodo se llevó a cabo entre 1989 y 1990. Consistió en reformas constitucionales y en la promulgación del Código Federal de Instituciones y Procedimientos Electorales, que en vísperas de la elección presidencial del año 2000 aún se encuentra vigente. Una nota importante consiste en que esta reforma guardó con escrúpulo las formas parlamentarias; fue la primera en la cual el presidente de la república no envió iniciativa de reforma de ninguna naturaleza. Los acuerdos se procesaron y alcanzaron en la Cámara de Diputados y por las fracciones parlamentarias de los partidos políticos. Las reformas constitucionales volvieron a modificar el principio de elección de la Cámara de Diputados, crearon el Instituto Federal Electoral como máximo órgano electoral y modificaron la conformación y atribuciones del tribunal electoral.

Respecto al mecanismo de conformación de la Cámara de Diputados, la transformación más significativa consistió en la aparición de una cláusula de gobernabilidad y de un número máximo de diputados por partido. Se estableció que si ningún partido alcanzaba con sus triunfos distritales la mayoría absoluta de los diputados, al que tuviera la mayoría de las constancias distritales y al menos el 35% de la votación total se le entregarían diputaciones de representación proporcional hasta que el total de sus diputados fuese igual a la mitad más uno de los diputados, esto es, 251. Además, ese partido recibiría dos diputaciones más por cada punto porcentual en el que su votación superase el 35% del total.[26] Esta cláusula de gobernabilidad, como se puede entender, levantó gran polémica entre los partidos de oposición. Ello se debió a que el PRI ya no contaba con mayoría calificada en la Cámara de Diputados y hubo de obtener el apoyo de la diputación del PAN para modificar la Constitución. Es muy probable que Acción Nacional haya aceptado la mencionada cláusula a cambio de otras importantes modificaciones en la LE.

Una de ellas fue sin duda la creación del Instituto Federal Electoral (IFE) que vino a sustituir a la antigua Comisión Federal Electoral y a toda la estructura que dependía de la Secretaría de Gobernación. Esta nueva institución contó con personalidad jurídica, patrimonio propio y estructura organizativa suficiente para cumplir con sus responsabilidades. El gobierno del IFE y, por tanto, la organización de las elecciones vinieron a recaer en su Consejo General, instancia que quedó conformada a partir de un delicado sistema de pesos y contrapesos entre el gobierno federal, su partido y el resto de los partidos. De lo que se trataba era de que ninguno de los participantes tuviera una mayoría prefigurada en los organismos electorales. Por ese motivo, aun cuando se mantuvo la representación proporcional en el consejo, ésta se atenuó. Para garantizar la objetividad e imparcialidad del órgano se creó la figura de los consejeros magistrados, en número suficiente (seis) para evitar que algún partido pudiera alcanzar mayoría de votos sin la participación de la mayoría de los consejeros que, en principio, no se encontraban ligados con ninguno de los contendientes. El secretario de Gobernación conservó la presidencia del órgano electoral, pero la representación del Poder Legislativo se hizo más plural. Ahora concurrirían al Consejo General del IFE dos diputados y dos senadores: uno por cada fracción mayoritaria y otro por cada fracción de segunda fuerza, en las cámaras correspondientes. Esta presencia de dos opositores como comisionados de las cámaras fue otro de los ingredientes del sistema de pesos y contrapesos señalado.[27]

El fracaso total del Tribunal de lo Contencioso Electoral en 1988, pues ninguna de sus recomendaciones fue atendida por los respectivos colegios electorales, obligó a la realización de un avance en la materia. En primer lugar, se le dio rango constitucional al Tribunal Electoral.[28] Se estableció que las resoluciones del nuevo tribunal serían obligatorias para los colegios electorales y que para modificarlas éstos deberían contar con el voto aprobatorio de las dos terceras partes de sus

---

[24] Artículo 56 de la Constitución Política de los Estados Unidos Mexicanos, según reforma publicada en el DOF el 15 de diciembre de 1986

[25] La Asamblea de Representantes para el Distrito Federal se creó por la reforma al artículo 73 de la Constitución Política de los Estados Unidos Mexicanos, publicada en el DOF el 10 de agosto de 1987. Se eligió por primera ocasión en julio de 1988.

[26] Artículo 54 de la Constitución Política de los Estados Unidos Mexicanos, según reforma publicada en el DOF el 6 de abril de 1990. Artículo 13 del Código Federal de Instituciones Políticas y Procesos Electorales, promulgado el 15 de agosto de 1990.

[27] Artículo 41 de la Constitución Política de los Estados Unidos Mexicanos, según reforma publicada en el DOF el 6 de abril de 1990. Artículos 68 al 81 del Código Federal de Instituciones Políticas y Procesos Electorales, promulgado el 15 de agosto de 1990.

[28] Artículo 41 de la Constitución Política de los Estados Unidos Mexicanos, según reforma publicada en el DOF el 6 de abril de 1990.

integrantes.²⁹ De esta manera, aunque mantuvo el principio de la autocalificación, se atenuó la fragilidad del tribunal. Además, se le dotó de mejores y mayores recursos administrativos y presupuestales para realizar sus funciones.

Las elecciones intermedias de 1991 significaron una importante recuperación de la votación del PRI y una demostración del buen funcionamiento de las nuevas instituciones electorales. Sin embargo, no dejaron de producirse ciertas inconformidades y polémicas. Se cuestionó la calidad e imparcialidad del registro electoral. La cláusula de gobernabilidad y la imposibilidad de acceso de los partidos minoritarios al Senado dieron mucho de qué polemizar. Por uno u otro motivo, los partidos volvieron a abrir el capítulo de la reforma electoral y de hecho no lo cerraron sino hasta la víspera de los comicios de 1994. Entre 1992 y 1994 se realizaron diversas reformas a los ordenamientos comiciales. Lo más relevante en términos de operación electoral consistió en la decisión de emitir una nueva credencial para votar con fotografía, lo que obligó a realizar un amplio programa de trabajo a la dependencia encargada del padrón electoral y a la depuración del mismo.³⁰

En 1991 no se aplicó la cláusula de gobernabilidad, pues el PRI alcanzó suficientes diputados para tener mayoría absoluta en la Cámara de Diputados y en el Senado. La nueva fórmula de conformación de la Cámara baja estableció que todos los partidos que superasen el 1.5% de la votación participarían en la distribución de las 200 diputaciones de representación proporcional, sin importar las curules de mayoría ganadas por cada partido. Así, la gobernabilidad (en realidad, sobrerrepresentación) del partido mayoritario se produciría de manera natural, sin necesidad de ninguna cláusula especial. De hecho, el PRI aceptó, además, limitar la representación del partido mayoritario al 63% de los diputados, aun cuando su votación fuese mayor a esa proporción.

Las modificaciones mayores se produjeron en la fórmula de conformación del Senado. El viejo sistema de dos senadores por entidad, electos por mayoría relativa, quedó atrás. Ahora se elegirían cuatro senadores por estado cada seis años: tres serían para el partido mayoritario y el cuarto correspondería a la segunda fuerza en cada entidad. De esta manera, el senado creció de 64 a 128 senadores y quedó reservada, al menos, una cuarta parte para los partidos minoritarios.³¹

La intensa negociación entre los partidos y el gobierno durante los primeros meses de 1994 tuvo como uno de sus principales resultados una nueva conformación del Consejo General del IFE. Se reformó su estructura, pues seis nuevos consejeros ciudadanos remplazaron a los antiguos consejeros magistrados y los partidos políticos redujeron su representación a un solo comisionado que, a partir de este diseño, quedó con voz pero sin voto.³²

Las elecciones federales de 1994 se efectuaron en el marco de una coyuntura política que incluyó diversos elementos críticos. El primer día de ese año, un grupo indígena autodenominado Ejército Zapatista de Liberación Nacional se dio a conocer declarando la guerra al gobierno mexicano. Este hecho y las secuelas que provocó tuvieron un efecto en el desarrollo del proceso electoral. Por otro lado, no todas las fuerzas políticas actuantes en el PRI acataron de buena manera la designación de su candidato presidencial. Como en coyunturas pasadas, hubo expresiones de descontento. Esto ocasionó especulaciones acerca de la posibilidad de que ese partido decidiera cambiar a su candidato presidencial. Finalmente, el cambio fue obligado, pues dicho candidato fue asesinado en un acto de campaña a escasos cinco meses de la realización de las elecciones.

La situación originó que muchas opiniones se articularan en torno a dos ideas. Se habló de un posible "choque de trenes" como producto de la fuerza desplegada por los principales partidos políticos y de la posibilidad de que las elecciones fueran percibidas como fraudulentas por amplios sectores de la población. También se dijo con insistencia que los partidos y sus candidatos enfrentaban una aguda situación de iniquidad tanto en recursos económicos para desplegar sus campañas, como en el trato otorgado por los medios masivos de comunicación, básicamente la televisión. Sin embargo, la elección resultó un éxito en casi todos los órdenes. Los trenes no chocaron y la disputa poselectoral palideció ante su antecedente de seis años antes. En el ambiente, no obstante, quedó la idea de que el sistema electoral producía condiciones inequitativas en la competencia.

Ante esta situación, el nuevo régimen convocó a una negociación para que las fuerzas políticas establecieran condiciones de equidad en las contiendas electorales y, cerrando el capítulo, llegarían a la reforma electoral definitiva. Largos meses de negociación llevaron a las reformas constitucionales y legales de 1996. Los principales cambios constitucionales se produjeron en el ámbito de la fórmula de conformación del Senado. Ahora se deberán elegir dos senadores por mayoría relativa en cada entidad, uno más para el partido que ocupe la segunda posición en cada entidad y, además, 32 senadores por representación proporcional en una sólo circunscripción nacional.³³ Asimismo, el Tribunal Electoral se elevó a máxima autoridad jurisdiccional y a órgano especializado del Poder Judicial de la Federación. Se determinó que las resoluciones de ese tribunal serán definitivas e inatacables.³⁴ Respecto al financiamiento de los partidos políticos, la reforma determinó la supremacía del público sobre el privado y estableció los criterios para su distribución equitativa. Finalmente, se dio por terminada la participación del Poder Eje-

---

²⁹ Artículo 60 de la Constitución Política de los Estados Unidos Mexicanos, según reforma publicada en el DOF el 6 de abril de 1990.

³⁰ La reforma correspondiente se publicó en el DOF el 17 de julio de 1992.

³¹ Las reformas a los artículos 54 y 56 de la Constitución se publicaron en el DOF el 3 de septiembre de 1993. Las reformas a diversos artículos del Código Federal de Instituciones Políticos y Procesos Electorales se publicaron en el DOF el 24 de septiembre de ese mismo año.

³² Las reformas se publicaron en el DOF el 18 de mayo de 1994. El nuevo Consejo General del IFE inició sus trabajos el 3 de junio de ese mismo año.

³³ Artículo 56 de la Constitución Política de los Estados Unidos Mexicanos, según reforma publicada en el DOF el 22 de agosto de 1996.

³⁴ Artículo 99 de la Constitución Política de los Estados Unidos Mexicanos, según reforma publicada en el DOF el 22 de agosto de 1996.

cutivo en el órgano responsable de la organización de los comicios y se modificó la representación del Congreso de la Unión. Ahora los consejeros de ese poder lo son a propuesta de los grupos parlamentarios con representación en alguna de las dos cámaras. Estos consejeros, al igual que los representantes de los partidos políticos ante el Consejo General del IFE, asisten con voz pero sin voto.[35]

Líneas de investigación y debate contemporáneo

En México, las elecciones y la LE no fueron tema privilegiado de investigación hasta antes de la década de los setenta. A partir de esa época, pero con mayor constancia desde finales de los ochenta, se ha producido lo que podemos denominar un florecimiento de los estudios electorales.[36] Dentro de la gran cantidad de trabajos que se han publicado, algunos son especialmente importantes para entender el desarrollo y estado actual de la LE. De ese conjunto, tres trabajos llaman la atención por su intento de revisión del desarrollo de la LE en el largo plazo. El texto de Luis Medina postula que "el sistema electoral mexicano ha pasado por una serie de etapas, cuyas constantes serían tres: la centralización como medio para garantizar mejor el desarrollo del acto electoral; el propósito de encuadrar las corrientes de opinión políticas en organismos nacionales, permanentes y estables, y, por último, la búsqueda de un medio que, sin alterar sustancialmente el régimen de gobierno estatuido en la Constitución, permita la participación en las tareas legislativas federales y estatales a los partidos minoritarios" (1978: 7).

Este trabajo se elaboró durante la reforma política de los setenta y se publicó un poco después de que se promulgó la ley producto de esa reforma. Por ese motivo no alcanzó a valorar los efectos del cambio en la LE. A casi 20 años de distancia, podemos afirmar que las observaciones de Medina aún ayudan a entender el proceso político de transformación de la LE. La centralización sufrió un cambio cualitativo significativo con el surgimiento de una autoridad electoral independiente de los partidos políticos y autónoma respecto del gobierno. Las corrientes de opinión parecen encuadradas en tres partidos con relativa cobertura nacional y otros dos o tres con niveles interesantes de implantación en ciertas regiones del país. Finalmente, las oposiciones han tenido acceso a las responsabilidades legislativas en el ámbito federal y local de manera creciente y han llegado incluso a ocupar y ejercer los poderes ejecutivos de algunos estados. Todo lo anterior, sin que se haya modificado sustancialmente el régimen de gobierno constitucional.

Otro trabajo que adopta la perspectiva analítica de largo plazo es el de Francisco José Paoli (1985). En él se pone especial énfasis en el control gubernamental sobre la competencia electoral. Se intenta, asimismo, demostrar la forma en la cual la LE, referida al registro legal de los partidos políticos, ocupó un lugar central como mecanismo de control por parte de la Secretaría de Gobernación sobre el número y perfil de los partidos con posibilidades de competir electoralmente. Esta tesis, sin duda, ayuda a entender el funcionamiento del sistema de partido hegemónico, que efectivamente impidió que entre 1954 y 1977 se le otorgara reconocimiento oficial a ningún partido político. Ayuda también a entender que cuando esa condición de control de competencia entre los partidos se relajó, por la vía de otorgar reconocimiento legal a nuevos contendientes, el sistema hegemónico inició el camino de su crisis final.

El amplio trabajo de Juan Rebolledo (1988) presenta una detallada reconstrucción de la evolución histórica de la LE en México. Se trata de un texto que cubre el periodo comprendido entre 1917 y la reforma electoral de 1986. Además, aborda en detalle los más variados aspectos de la LE. Se han estudiado también de manera detallada las reformas que se sucedieron durante la etapa del reformismo electoral. Entre esos estudios destacan, por diversos motivos, los trabajos de Octavio Rodríguez Araujo (1981), Luis Villoro (1979) y Juan Molinar (1987). Llaman la atención, pues en sus términos se presentan como trabajos muy originales. Los trabajos de Arturo Núñez (1991), Jorge Carpizo (1995), Jorge Alcocer (1995) y Ricardo Becerra, Pedro Salazar y José Woldenberg (1997) también son notorios porque abordan en forma minuciosa los aspectos de las tres últimas reformas de fondo de la LE mexicana.

Una perspectiva analítica que aún no se ha desarrollado en el país es la de las consecuencias políticas de las leyes electorales y en concreto de las fórmulas de conformación de la representación política.[37] Es un terreno virgen que se despejará cuando la comunidad académica nacional acepte que las elecciones mexicanas son ya confiables y, en consecuencia, decida abordar el análisis de la LE a partir de los estudios comparados realizados en el ámbito internacional. En este campo la producción académica ha avanzado significativamente desde que Maurice Duverger (1957) elaboró sus polémicas leyes acerca de las consecuencias políticas de las fórmulas electorales. Otros autores han realizado muy importantes aportaciones. Entre los trabajos más reconocidos se encuentran los de Douglas Rae (1969), Richard S. Katz (1980), Rein Taagepera y Mathew Shugart (1989), Giovanni Sartori (1994) y Arend Lijphart (1995).

La escuela de análisis acerca de los efectos políticos de la LE ha mostrado que las fórmulas electorales, todas, producen ciertos efectos mecánicos sobre la conformación de la representación política. Por esa vía, se ha llegado incluso a postular cierta influencia del sistema electoral sobre el desarrollo del sistema de partidos, con lo que se ha confirmado una noción de quien inició tan intensa polémica. En efecto, según Duverger, "en definitiva, sistema de partidos y sistema electoral son dos realidades indisolublemente ligadas, a veces incluso difíciles de separar mediante el análisis" (1957: 232). Eso en México aún no se ha estudiado.

[35] Artículo 41 de la Constitución Política de los Estados Unidos Mexicanos, según reforma publicada en el DOF el 22 de agosto de 1996.
[36] Para una revisión completa del desarrollo de los estudios electorales en México, véase Valdés (1998).

[37] Una primera aproximación al tema se puede encontrar en Valdés (1995).

BIBLIOGRAFÍA

Duverger, Maurice (1957), *Los partidos políticos*, FCE, México.

Katz, Richard S. (1980), *A Theory of Parties and Electoral Systems* John Hopkins University Press.

Lijphart, Arend (1995), *Sistemas electorales y sistemas de partidos*, Centro de Estudios Constitucionales, México.

Medina, Luis (1978), *Evolución electoral en el México contemporáneo*, Comisión Federal Electoral, México.

Molinar, Juan (1987), "Vicisitudes de una reforma electoral", en Soledad Loaeza y Rafael Segovia, *La vida política mexicana en la crisis*, El Colegio de México.

Núñez, Arturo (1991), *El nuevo sistema electoral mexicano*, FCE, México

Paoli, Francisco José (1985), "Legislación electoral y proceso político, 1917-1982", en Pablo González Casanova, *Las elecciones en México: retrovisión y perspectivas*, Siglo XXI.

Rae, Douglas (1969), *The Political Consequenses of Electoral Laws*, Yale University Press.

Rebolledo, Juan (1988), "El sistema electoral", en *México, 75 años de Revolución*, FCE, México.

Rodríguez Araujo, Octavio (1981), *La reforma política y los partidos políticos en México*, Siglo XXI.

Sartori, Giovanni (1994), *Ingeniería constitucional comparada. Una investigación de estructuras, incentivos y resultados*, FCE, México.

Taagepera, Rein, y Matthew S. Shugart (1989), *Seats and votes. The effects and determinants of electoral systems*, Yale University Press.

Valdés, Leonardo (1998), "El desarrollo reciente de los estudios electorales en México", en *Polis 96*, volumen 2, Universidad Autónoma Metropolitana Unidad Iztapalapa.

—— (1995), "El efecto mecánico de la fórmula electoral mexicana: 1964-1991", en *Polis 94*, Universidad Autónoma Metropolitana Unidad Iztapalapa.

Villoro, Luis (1979), "La reforma política y las perspectivas de la democracia en México", en Pablo González Casanova y Enrique Florescano, *México hoy*, Siglo XXI.

ÉLITES

Matilde Luna / Antonieta Hidalgo Ramírez

Definición

El término *élite* ha sido utilizado en las ciencias políticas para referirse al conjunto de individuos que ocupan el lugar más alto en la escala jerárquica de las distintas esferas de la sociedad. Se han estudiado así la élite política, la élite militar, la élite económica, la élite religiosa, por mencionar algunas. Sin embargo, ha sido la élite política la que ha merecido mayor atención.

El concepto de élite política se refiere, en su sentido más estrecho, al conjunto de individuos que integran el ápice superior del grupo gobernante, en donde el poder se encuentra más concentrado y centralizado, y donde se toman las decisiones que afectan al resto de la sociedad y del sistema político (Suárez Farías, 1991: 19).

En las teorías de las élites subyace como primera diferenciación la distinción entre gobernantes y gobernados, y de diversas maneras estas teorías se han ocupado de responder a la pregunta de quién ejerce el poder con base en el estudio de la composición social de los miembros de una élite (edad, origen, nivel de estudios, etc.) y de sus trayectorias políticas. En este sentido, los estudios de élites se ubican en el campo de la sociología política. Otra preocupación principal de estas teorías ha sido la de descubrir la manera en que las élites se reproducen y sus miembros se relacionan entre sí y con otros grupos a través de la identificación de patrones de reclutamiento, movilidad, estabilidad y cambio.

Historia, teoría y crítica

Esta corriente política tiene sus orígenes en la llamada "escuela italiana de las élites", en la que los trabajos de Gaetano Mosca (1858-1941) sobre la "clase política", de Vilfredo Pareto (1848-1923) sobre las élites y de Robert Michels (1876-1936) sobre la oligarquía constituyen las obras clásicas.

Aunque tanto Pareto como Mosca parten de que hay grupos dirigentes que siempre han existido y siempre han sido protagonistas de la historia, el primero tiende a privilegiar el concepto de élite en términos esencialmente sociales y el segundo lo enfoca hacia el Estado (Albertoni, 1987).

En su *Tratado de sociología general* (1916), Pareto sostiene que hay tantos tipos de élites como actividades realizadas por los seres humanos. Se trata de individuos que son los mejores en cada una de las distintas esferas sociales. Desde su perspectiva, la élite se divide en dos grandes grupos: la gobernante, constituida por individuos que tienen un papel determinante en el gobierno, y una élite no gobernante, conformada por aquellos que siendo los mejores no tienen participación en el poder. Los grupos que conforman la élite gobernante tienen el control del poder político y simultáneamente gozan de alto prestigio en la sociedad (Dupont y Suárez, 1988).

Por su parte, Mosca indica que siempre ha ocurrido que una minoría domine a la mayoría, pues tiene en sus manos el poder. Este teórico se apoya en la idea de que siempre ha habido una desigualdad natural entre las personas que hace a unas aptas para mandar y a otras dispuestas a obedecer.

Mosca sugiere que todos aquellos que por su educación, inteligencia o riqueza tienen aptitudes para dirigir una comunidad humana poseen la capacidad para pertenecer a la élite gobernante. Señala, además, que la pertenencia a dicha élite depende de la capacidad de organización de sus integrantes, así como de su capacidad para mantenerse cohesionados de tal manera que puedan hacer un frente común ante la sociedad (*La clase política*, 1939).

Las elaboraciones de Michels, por su parte, se conjugan con las de Pareto y Mosca. En su obra titulada *Los partidos políticos* (1973) expresa que la democracia, entendida como el gobierno de todos, es imposible de realizarse en las sociedades modernas. Es necesaria —dice— la presencia de líderes que respondan a los intereses de las masas. Ellos se vuelven indispensables y permanecen en sus cargos por muchos años. Para este autor no hay circulación de las élites; por el contrario, los nuevos dirigentes se van asimilando a la clase política.

Desde su perspectiva, tanto las estructuras minoritarias organizadas como los partidos políticos de masas están destinados a dirigir el consentimiento y la participación política de la sociedad; en su interior, a través de una "dialéctica oligárquica", se establecen las posibilidades reales de la participación democrática.

La tensión entre elitismo y democracia constituye una constante en la formulación de estas teorías. A partir de los clásicos citados arriba, se elaboró una concepción de la democracia política fundada en las élites.

En el contexto de las teorías de las élites, una innovación importante fue la de Joseph A. Schumpeter, quien propuso una integración conceptual entre éstas y la teoría democrática a través de un modelo de equilibrio pluralista competitivo de élites que se autoproponen. A partir de esta línea se configura el llamado "neoelitismo", que conjuga *la participación esencialmente electoral de los gobernados con la exigencia de la formación y el mantenimiento de grupos dirigentes minoritarios concebidos como efectivos centros de poder* (Bobbio, 1981).

En el marco del neoelitismo se ubica la obra muy difundida de Charles Wrigth Mills, quien en su trabajo *La élite del poder* indica que en los Estados Unidos el poder político ha llegado a estar estrechamente coordinado en la cima. De acuerdo con este autor, la esfera política, el ámbito económico (dominado por un grupo de corporaciones muy grandes) y las fuerzas armadas (que han tomado una posición clave en las instituciones políticas) están íntimamente relacionados y forman un sistema unificado de poder. Así, las estrechas relaciones entre los diferentes tipos de élite llevaron a la conceptualización de la élite de poder, constituida por aquellas personas que están en las posiciones más elevadas en el área política, económica y militar, que comparten orígenes similares, tienen intereses semejantes y suelen conocerse.

Para Mills, la élite de poder está compuesta principalmente por hombres adinerados, blancos, anglosajones y profesionales, quienes por lo regular han asistido a las mismas universidades de prestigio y suelen tener los mismos intereses. Son líderes empresariales y políticos que guardan relaciones cercanas. Los primeros tienen intereses políticos y no es raro que se postulen para ocupar cargos públicos (Mills, edición en español, 1978).

Desde su aparición, el trabajo de Mills ha inspirado varias investigaciones sobre las élites de poder que analizan el origen social y las relaciones entre los principales personajes.

En México hay diversos estudios de las élites mexicanas. Sin embargo, los realizados desde el enfoque de las teorías de las élites han sido elaborados, en su mayoría, por analistas estadounidenses que han desarrollado relativamente pocas investigaciones.

Entre los estudios pioneros realizados sobre la élite y el sistema político en México destacan los de Frank Brandenburg (1964), Carolyn y Martin Needleman (1969) y Wilfred Gruber (1971) (Suárez 1991: 20). Sin embargo, Roderic Ai Camp, Peter H. Smith y Francisco Suárez Farías figuran como los principales estudiosos de las élites mexicanas.

Camp ha profundizado, sobre todo, en el análisis de la formación, reclutamiento y educación de los integrantes de las principales élites de México entre las cuales se encuentran las élites políticas, las empresariales, las religiosas, las intelectuales y las militares. Todas ellas, de alguna forma, han tenido un papel determinante en el desarrollo político y social mexicano. Además, se han relacionado en algún momento de la historia de México. Camp sugiere que las élites mexicanas han presentado los siguientes patrones: una creciente burocratización, una tendencia hacia la centralización y la institucionalización de su capacitación y educación. Estos patrones están íntimamente ligados e indican las fuerzas y debilidades de los grupos dirigentes más importantes.

Las investigaciones sobre las élites se han servido de la biografía colectiva como una herramienta clave para reunir información acerca de las personas que las conforman. La biografía colectiva —tal como la entiende Camp— depende tanto de los documentos escritos por y sobre los líderes, así como de las entrevistas e historias orales acerca de los personajes. La documentación escrita y las entrevistas se completan brindando con esto un panorama general de la élite así como la posibilidad de percibir sus tendencias pasada, presente y futura (Camp, 1988a).

La biografía colectiva es útil también en los estudios de caso de un grupo reducido de las élites. Aunque proporciona datos más específicos, tiene la característica de contribuir a la diferenciación de las distintas élites.

Peter H. Smith, por su parte, ha privilegiado en sus estudios a las élites políticas mexicanas. Una de sus principales preocupaciones ha sido el análisis de la movilidad en el interior de estos grupos. Entre los principales requisitos que el autor reconoce se encuentran el lugar de nacimiento de los futuros líderes y su nivel de educación. Sin embargo, apunta que la movilidad política no está definida por estos atributos (que incrementan las posibilidades de acceso a la élite en cuestión), sino por la posición estratégica en la que se ubiquen los personajes políticos (Smith, 1975).

Este autor parte de la idea de que la distribución del poder político es inequitativa en todas las sociedades; quienes lo poseen —dice— en mayor proporción pueden ser considerados como "élite" cuyas características ofrecen una percepción de la naturaleza interna del funcionamiento de una sociedad (Smith, 1981).

Por otro lado, Francisco Suárez indica que la élite política comprende no sólo a quienes detentan el poder dentro de un sistema político, sino también la formación social e institucional donde se origina.

En su obra titulada *Élite, tecnocracia y movilidad política en México* (1991), Suárez integra al estudio de la élite política mexicana el concepto de *círculo político interno, entendido como el grupo de individuos selectos que ocupan el ápice superior de la élite gobernante nacional* (Suárez, 1991: 19). En este círculo se toman las decisiones de más alto nivel y, según el autor, está conformado por el presidente de la república, los secretarios de Estado, algunos miembros de la Suprema Corte de Justicia, así como por un selecto grupo de senadores, diputados y miembros del Comité Ejecutivo Nacional del Partido Revolucionario Institucional.

La élite política

A partir de los estudios realizados por Smith, quien se ocupa del periodo 1900-1971, Camp, quien se concentra en la formación de la élite política en el periodo 1911-1950, y Suárez, quien toma los años que van de 1970 a 1990, la élite política mexicana presenta las características que a continuación se señalan.

La élite política mexicana tiene como antecedente la formación de grupos políticos originados después del triunfo de la Revolución. Su desarrollo y consolidación sucedieron hacia la segunda mitad del siglo XX. Sin embargo, cabe destacar que esta élite ha experimentado algunos cambios importantes con el tiempo.

Peter Smith (1981) indica que la clase media ha sido el principal sector de reclutamiento de la élite política mexicana. Así, confirma su hipótesis de que el origen social ejerce una influencia determinante sobre las oportunidades de alcanzar el éxito político.

En este sentido, las personas con aspiraciones políticas que provienen de la "clase baja" tienen muchas menos oportunidades de acceder a los círculos superiores de influencia y autoridad. Smith encontró que frecuentemente los titulares de cargos públicos provenientes de la "clase baja" sólo han llegado a la Cámara de Diputados, la cual, dentro de los cargos considerados por el autor, representaba la posición más baja de la escala "cargo más elevado alcanzado".

En cuanto al nivel escolar de los miembros de la élite política mexicana, la formación universitaria tiene un papel importante en cuanto a las oportunidades de ascenso. Aquellos que cuentan con un título universitario tendrán más posibilidades de ingresar tanto a la élite política como a la élite económica. Junto con ella, los méritos realizados en el trabajo político contribuyen al ascenso a cargos más elevados.

La educación universitaria de los integrantes de la élite política ha servido de campo de entrenamiento político. Entre los espacios donde ha sucedido el reclutamiento y el entrenamiento político destaca la Universidad Nacional Autónoma de México como el más importante semillero de futuros líderes. Al respecto,

Camp coincide con este autor. Según Smith, la selección y reclutamiento que ocurre en la UNAM fortalece la idea de que la clase media predomina dentro de la élite política de México.

Smith asegura que no hay una élite de poder unificada en México: más bien, una estructura de poder fragmentada desde cuyos niveles superiores dominan dos élites distintas y competitivas, como son la élite política y la élite económica. Ambas comparten intereses específicos, como el de mantener la subordinación y la manipulación de las masas populares y la promoción de acumulación de capital. El autor señala que dichas élites han mantenido una alianza implícita aunque incómoda, debido a que algunos de sus intereses no han podido conciliarse.

Roderic Camp (1988b), por su parte, apunta que desde 1920 se han sucedido tres tipos de políticos: el político tradicional de origen popular con antecedentes en cargos de elección popular y en organizaciones partidistas; el político de transición, aquel que combina sus experiencias en trabajos profesionales con la administración pública o cargos de elección popular, y el político ortodoxo del cuerpo administrativo, individuo que nunca vivió la experiencia de la política en la práctica. A medida que el orden político y los recursos económicos se concentraron en las manos de una autoridad nacional centralizada, el político tecnócrata fue cobrando mayor importancia.

El político tradicional ha sido rebasado sistemáticamente por el político de transición, que cuenta, además de su experiencia burocrática, con capacidades tales como la formación universitaria, principalmente con grado universitario en leyes.

Camp señala que los líderes políticos mexicanos han abandonado las experiencias de los políticos tradicionales y de transición, con la idea de que la actividad que realizan requiere decisiones económicas respaldadas por la experiencia profesional y la preparación universitaria en el área económica. Es así como ha sucedido la entrada cada vez mayor de los llamados políticos tecnócratas, personajes que por lo común no han realizado un trabajo partidario y han seguido su carrera en la burocracia.

La principal consecuencia de esta tendencia es que se eliminan algunas formas tradicionales de reclutamiento y formación de los nuevos integrantes de la élite política.

De manera específica, Camp señala que antes de 1970 la principal fuente de reclutamiento fue la Universidad Nacional Autónoma de México, particularmente la Facultad de Derecho y la Facultad de Medicina. Posteriormente, se incrementó el énfasis por otras disciplinas. Así, la Facultad de Economía se convirtió en una nueva fuente de reclutamiento político, pues un número creciente de políticos exitosos provienen de esta disciplina. Más aún, algunos de ellos han realizado estudios de posgrado en universidades del extranjero, principalmente en los Estados Unidos.

Otras instituciones no menos importantes, pero sí poco representadas en su contribución a la formación de los grupos políticos dirigentes son el Instituto Politécnico Nacional, el Instituto de Artes y Ciencias de Oaxaca, el Colegio de San Nicolás de Hidalgo en Morelia y posteriormente El Colegio de México. Aunque esto indique que la educación universitaria de los líderes políticos es un tanto descentralizada, la Universidad Nacional Autónoma de México sigue siendo el espacio primordial de reclutamiento de los futuros líderes (Camp, 1981, 1983).

Una de las razones por las que estos espacios se han convertido en semilleros políticos es que la mayoría de los más destacados políticos mexicanos han realizado actividades académicas dentro de ellos. Esto conduce a la posibilidad de conocer y relacionarse con las nuevas generaciones, así como de identificar a los futuros líderes políticos. Es muy común que algún político destacado atraiga a su lado a un discípulo y que lo forme a su imagen. Este proceso de reclutamiento hace que la élite que selecciona se perpetúe y se reconstruya con el mismo tipo de individuos que hacen la selección. Así es como sucede la primera forma de renovación y reclutamiento en las élites políticas.

La segunda forma es la que ocurre dentro de las familias políticas. Hay algunos políticos que no fueron reclutados en los espacios arriba mencionados. Su entrada a la actividad política sucede dentro de sus propias familias, es decir, cuentan con algún familiar que los inicia en la vida política; sin embargo, esta tendencia ha ido desapareciendo.

La tercera forma es la que sucede en el Partido Revolucionario Institucional (PRI). El trabajo partidario, los puestos de dirigencia y los cargos de elección popular sustentan la carrera política de los futuros miembros de la élite. Algunos de ellos han surgido de las filas de los sindicatos más importantes en la vida política del país. Muchos pertenecen al sector obrero del PRI. Camp indica que, considerando el bajo porcentaje de estos líderes con estudios universitarios, resulta claro que otras habilidades, como la de resolver conflictos entre los sindicatos, el gobierno o la industria, han sido casi tan importantes como la educación (Camp, 1981: 435).

Camp indica que durante la década de los ochenta el origen militar de algunos miembros de la élite política mexicana desapareció. Históricamente, los que contaban con una carrera militar eran graduados del Colegio Militar, la Escuela Médico Militar o la Academia Naval de Veracruz. La mayoría de ellos desarrollaban sus carreras políticas en las gubernaturas, puestos de diputados, de senadores o en el partido. Pero en dicha década los cargos de diputados federales, senadores y casi todos los puestos públicos de alto nivel fueron ocupados por civiles con estudios universitarios en otras disciplinas.

Las últimas tres formas de renovación y reclutamiento perdieron importancia frente al franco ascenso del tecnócrata en los cargos más destacados de la política mexicana.

Estos analistas observan que la élite política mexicana no sólo está compuesta por líderes surgidos del PRI, ya que el Partido Acción Nacional (PAN), uno de los más destacados partidos de oposición, ha integrado a varios de sus militantes a dicha élite. Las formas de reclutamiento de sus futuros líderes es muy similar a las que utiliza el PRI. No sucede lo mismo con los lugares en donde son seleccionados. En el PAN la educación universitaria es imprescindible para ocupar algún cargo de dirigencia dentro del partido. Camp (1981) apunta que de los datos que dispone es fácil decir que todos los presidentes y secretarios generales del PAN han contado con un título universitario. A diferencia del PRI, que se postula como representativo de la población en general, el PAN realiza su reclutamiento en distintos estratos de la sociedad. La mayoría de sus miembros provienen del sector urbano, con educación y capacidad económica más alta. Es así como los miembros que conforman la élite dirigente del PAN han trabado una relación estrecha con la élite empresarial mexicana, principalmente con quienes forman parte del grupo liberal conservador empresarial. Manuel J. Clouthier, quien fuera candidato a la presidencia de la república en 1988, fue uno de los empresarios políticos panistas más relacionados con este sector de la élite empresarial.

Francisco Suárez comparte algunas de las ideas centrales expuestas por Smith y Camp. Sin embargo, en un estudio realizado sobre las élites políticas en el periodo de 1970 a 1990, Suárez descubre que hay otros espacios y puestos políticos más estratégicos y menos visibles que los descritos por Camp o Smith. La nueva estructura de oficinas detectada por Suárez sugiere que las diversas posiciones locales, estatales y federales de la organización política son consideradas como posibles rutas de tránsito de los políticos hacia el "círculo interno" de la élite nacional.

Al igual que Camp, Suárez sugiere que existe una tendencia cada vez más dominante de educación tecnocrática en la formación universitaria de los futuros líderes políticos. Cada vez es más importante dentro de la élite política mexicana realizar estudios en el extranjero, así como la pertenencia a asociaciones académicas y la experiencia dentro de la administración pública.

Las élites empresariales

Las élites empresariales han sido muy estudiadas, particularmente a partir de la década de los años setenta, cuando se produjo un fuerte conflicto de carácter político ideológico entre el gobierno y los líderes empresariales. Este conflicto terminó por cuestionar la idea prevaleciente hasta entonces de que había una unidad de intereses indisoluble entre el poder político y el poder económico y dio lugar a estudios sobre el comportamiento político de los empresarios.

Sin embargo, los líderes empresariales han sido poco estudiados desde la propia perspectiva de las teorías de las élites, ya que en el estudio político de los empresarios han predominado las perspectivas pluralista y neocorporatista (Arriola, 1988, Luna y Valdés, 1990).

Respecto a esta élite, y a diferencia de otros países como los Estados Unidos, los estudios de la élite política mexicana destacaron la escasa relación, en términos de intercambio de personal, entre las esferas económica y política (Suárez Farías, 1988, y Smith, 1981). Ello parece haber respondido al carácter popular de los gobiernos posrevolucionarios que funcionó como un elemento clave de legitimidad del Estado y que tuvo como contraparte, por el lado de los empresarios, una resistencia o desprecio a la actividad política en el ámbito del gobierno o de los partidos políticos. Cabe señalar, sin embargo, que una sólida élite gubernamental empresarial se formó en torno a la Secretaría de Hacienda y Crédito Público, el Banco de México y la Asociación de Banqueros de México, que en momentos críticos incluso llegó a poner en entredicho el poder del presidente de la república (Luna, 1992).

En términos generales, dentro del pacto corporativo se proscribió así la intervención política de los empresarios a través de la Ley de Cámaras (que prohibió a los empresarios hacer política) y de su exclusión como sector en el Partido Revolucionario Institucional (Luna, 1992). Esta situación cambiaría de manera importante en la década de los ochenta, cuando importantes líderes empresariales comenzaron a participar como funcionarios del gobierno y en puestos de elección popular, tanto en el PRI como en el Partido Acción Nacional (Tirado, 1985).

Dentro de la élite económica, por sus diferentes tipos de influencia y poder, se pueden distinguir: los dirigentes de los grandes grupos económicos, los líderes de las asociaciones empresariales y los empresarios políticos. A su vez, dentro de estas élites se han identificado distintas facciones políticas, siendo las más importantes las definidas como "liberal conservadora" o radical (asociada con organizaciones como la Confederación Patronal de la República Mexicana y la Confederación de Cámaras Nacionales de Comercio, Servicios y Turismo y afín al PAN) y "liberal pragmática" o moderada (asociada con organizaciones como la Confederación de Cámaras Industriales y la Asociación de Banqueros de México y afín al PRI) (Luna, 1992, y Luna y Tirado, 1993).

Un espacio institucional importante en donde estos tres tipos de élite económica se encuentran es el Consejo Mexicano de Hombres de Negocios, que formalmente agrupa a un número limitado de directivos y dueños de empresas, que tiene acceso directo al gobierno y que ha ejercido una gran influencia en los sectores económicos y grupos políticos empresariales a través del Consejo Coordinador Empresarial. Esta organización es la más importante dentro del sector empresarial y agrupa a los dirigentes de los principales sectores económicos (financiero, industrial, agropecuario, comercial y de servicios); por su composición y forma de gobierno interno, tiene una sobrerrepresentación de los grandes grupos económicos financieros y exportadores (Luna y Tirado, 1992)

Uno de los trabajos más importantes sobre la élite económica, desde la perspectiva de la teoría de las élites, es el de Camp (1988c), quien identifica entre los principales integrantes de la élite empresarial a los llamados administradores profesionales, quienes son elegidos sobre la base de su capacitación formal, su experiencia y sus habilidades, y cuya presencia se ha incrementado a partir de la década de los setenta haciendo más extensas a las élites empresariales.

Una de las principales características de los administradores empresariales es que se han hecho a sí mismos. Su ascenso no ha dependido de lazos familiares ni han participado con algún capital para integrarse a la élite económica. Al no tener intereses creados dentro de las empresas, sus decisiones son más atrevidas al arriesgar capital o al introducir cambios en las estructuras y en la producción de la compañía. En su mayoría apoyan el proyecto neoliberal y comparten intereses con el gobierno y su partido.

A pesar de ello, las empresas más importantes en México siguen una forma de reclutamiento similar a la utilizada por la élite política: la entrada a la élite empresarial sucede de padres a hijos o nietos de empresarios sobresalientes. Camp (1988c) apunta que dos terceras partes de los principales empresarios mexicanos desde la década de los veinte son descendientes de hombres de negocios.

De acuerdo con este escritor, la élite empresarial comparte otras características con la élite política: la gran mayoría de sus integrantes son de origen urbano y tienen estudios universitarios (algunos han alcanzado nivel de posgrado). La preparación universitaria ha sido una preocupación importante entre los miembros de esta élite. Por ejemplo, el Grupo Monterrey (uno de los más destacados de México) creó en 1943 el Instituto de Estudios Superiores de Monterrey, con la intención de formar a sus futuros empresarios. Esta institución educativa ha llegado a ser la segunda, después de la UNAM, en formar a los nuevos líderes empresariales.

En cuanto a su ubicación geográfica, la élite empresarial no está tan centralizada como la política o la intelectual. A pesar de que en la capital del país y el Estado de México se encuentran gran número de empresas, varias de las más importantes se localizan en los estados de Coahuila, Chihuahua y Nuevo León.

Las élites intelectual, religiosa y militar

En México hay otras élites no menos importantes, entre las que destacan la intelectual, la religiosa y la militar. Desde la perspectiva de las teorías de las élites sobresalen al respecto los estudios realizados por Camp, a los cuales se hará referencia brevemente.

La élite intelectual se ha desarrollado a la par de otros grupos dirigentes y algunos de sus principales integrantes están muy relacionados con la élite política. Sin embargo, otro sector de esta élite se declara cada vez más distante del Estado y de sus representantes.

Según Camp, la élite intelectual, a diferencia de la empresarial o la religiosa, es la que más depende del Estado, directa o indirectamente, para trabajar.

Su composición es un tanto heterogénea debido a que sus integrantes pertenecen a distintas disciplinas del conocimiento, lo cual hace que éste sea un grupo desorganizado.

Tanto entre los intelectuales como entre los políticos sucede una forma similar de reclutamiento. La selección entre sus discípulos y la relación entre patrocinante y discípulo con méritos para suceder a su maestro es determinante en la renovación de estas élites.

Otra característica que comparten estas élites es la marcada centralización en cuanto a su ubicación geográfica. Muchos de los intelectuales se concentran en la capital del país y en las principales ciudades de los estados de la república.

En cuanto a la élite religiosa, ésta ha establecido relaciones con el Estado sobre la base de una asociación simbiótica. Durante la época colonial, la Iglesia católica fue un aliado del Estado, condición que fue perdiendo hasta el grado de que después de la Revolución el Estado limitó enormemente sus actividades políticas (Camp, 1988d).

Su estructura institucional es jerárquica. Los obispos conforman el nivel superior seguidos por los sacerdotes y religiosas y, al igual que como sucede dentro del Estado, la jefatura eclesiástica se autoselecciona.

El reclutamiento de los futuros líderes religiosos sucede igual que entre los políticos y los intelectuales: los obispos eligen a sus sucesores de entre sus discípulos cuando éstos apenas inician sus carreras. Son detectados por sus características, como capacidad de aprendizaje y don de mando. Aquellos que son elegidos son enviados a Roma, a la Universidad Gregoriana, a completar sus estudios. La mayoría de ellos realizan estudios de posgrado en teología. La educación recibida en el extranjero, principalmente en Italia, hace que muchos de los líderes religiosos establezcan lazos de amistad con importantes figuras del clero de otros países.

La educación formal universitaria de los clérigos tiene un papel determinante para ascender a puestos más elevados dentro de la estructura jerárquica, al igual que en las élites política e intelectual.

En cuanto a los orígenes sociales de los integrantes de la élite religiosa, la mayoría proviene de familias de clase media y baja (rural o urbana), siendo la ciudad de México la menos representada.

En la estructura de la Iglesia hay un rasgo que la distingue de otros grupos dirigentes: se encuentra dividida en miembros de órdenes religiosas y sacerdotes seglares (diocesanos). Los últimos son quienes tienen más posibilidades de ascender en la escala jerárquica, ya que gran parte de los obispos mexicanos tienen antecedentes diocesanos. Esto se debe quizá a que la vocación que rige a los miembros de las diferentes órdenes religiosas les exige dedicarse de tiempo completo al servicio de las comunidades que atienden.

Otra diferencia sustancial entre la élite religiosa y otros grupos dirigentes es que su estructura jerárquica rebasa los límites políticos del país. A diferencia de la élite política o la intelectual, la jerarquía de la Iglesia no está centralizada, ni nacional ni internacionalmente, pues cada diócesis es el punto más alto en la estructura de la región en la que se encuentra, es autónoma y puede diferir ideológicamente de otras.

El único caso de centralización dentro de la Iglesia católica sucede en el episcopado mexicano, donde los obispos prestan sus servicios, el cual está dividido en comités integrados por varios obispos, quienes tienen como tarea principal analizar y formular la política de la Iglesia en distintas cuestiones.

En cuanto a la toma de decisiones, la Iglesia posee un actor extraterritorial: el delegado del Vaticano, quien desempeña el papel de moderador en las relaciones entre el Estado y la Iglesia católica. Este delegado también es quien presenta al papa la lista de los candidatos a obispos.

La élite religiosa no se autoperpetúa por vías familiares, pues en ella no se establecen lazos importantes de parentesco como sucede entre los políticos, los empresarios o en menor medida entre los intelectuales. Aunque pueden encontrarse algunos líderes religiosos que están relacionados con otras élites por medio de algún familiar, es más una excepción que una situación regular. En cierta forma, la permanencia en los altos cargos eclesiásticos es muy estable, pues los obispos desempeñan sus tareas hasta que deciden retirarse.

En lo que respecta a la élite militar, Camp (1988a) indica que es la que más se asemeja a la élite religiosa. En ambos grupos, las autoridades toman las decisiones relativas a quiénes deberán ocupar los cargos importantes. En estas instituciones los personajes más sobresalientes han prestado sus servicios en puestos administrativos. La mayoría de los militares destacados han ocupado puestos en la Secretaría de la Defensa Nacional y son ellos quienes toman las decisiones de los futuros ascensos. En la Iglesia, gran parte de los obispos se han desempeñado en cargos administrativos dentro de los seminarios encargados de la formación de los futuros sacerdotes.

La educación formal, al igual que ha sucedido en otras élites, ha tomado gran importancia en la formación de los líderes militares. La exigencia al respecto ha sido cada vez mayor en comparación con los militares que los han antecedido. Esto hace suponer que la educación que reciben los integrantes de las élites es cada vez mayor que la que recibe el ciudadano común.

En lo que respecta a los militares, la educación es más centralizada que en otras élites mexicanas. El heroico Colegio Militar es actualmente el semillero de los futuros generales líderes del ejército mexicano. Camp asegura que las fuerzas armadas han brindado a todos sus líderes una experiencia única y unificadora.

Otra característica que asemeja a ambos grupos es que tanto los militares como el clero han formado a sus sucesores en escuelas fundadas por ellos mismos y operadas por sus mismas burocracias. Al mismo tiempo, esta característica es lo que distingue a la élite militar y a la religiosa de las otras. Tanto los políticos como los empresarios y los intelectuales se han formado en escuelas públicas o privadas, la mayoría ubicadas en la ciudad de México, aunque cabe señalar que en la actualidad es frecuente que las élites prefieran a las instituciones privadas o extranjeras antes que las públicas.

Líneas de investigación y debate contemporáneo

En el campo de las ciencias políticas y la sociología mexicanas, las teorías de las élites no tuvieron el efecto observado en países europeos y en los Estados Unidos. Como se ha visto, los principales trabajos en esta línea de investigación fueron relizados por estadunidenses, con excepción de la obra de Suárez. Cabe señalar, sin embargo, que en otras disciplinas, como la historiografía mexicana, la importancia y la vigencia de estas teorías ha generado un amplio abanico de temas de investigación y análisis.

En el ámbito de la sociología política, es previsible que las élites sigan siendo estudiadas, pero también es muy probable que las teorías de las élites se subordinen a otras con un poder de explicación mayor de los procesos políticos y sociales. Por otra parte, es digno de mencionarse que los métodos y técnicas propuestos por las teorías de las élites, como la biografía colectiva y la historia oral, han tenido un desarrollo importante en las ciencias sociales, aunque su aplicación se inserta en otras perspectivas de análisis y otros objetos de estudio.

Finalmente, parece necesario un estudio de las élites en el marco de las nuevas condiciones políticas generadas en la década de los noventa en México, el cual revelaría cambios importantes en su composición, reclutamiento y movilidad.

BIBLIOGRAFÍA

Albertoni, Ettore (1987), "Teoría de la élites y elitismo", en *Revista Mexicana de Ciencias Políticas y Sociales*, núm. 127, año XXXIII, enero-marzo, Facultad de Ciencias Políticas y Sociales, UNAM, México.

Arriola Woog, Carlos (1988), *Los empresarios y el Estado, 1970-1982*, Coordinación de Humanidades-Miguel Ángel Porrúa, México.

Bobbio, Norberto, y Nicola Matteucci (1981), *Diccionario de política*, tomo I, Siglo XXI, Madrid.

Camp, Roderic A. (1981), "La educación de la élite política mexicana", en *Revista Mexicana de Sociología*, año XLIII, vol. XLIII, núm. 1, Instituto de Investigaciones Sociales, UNAM, México, enero-marzo.

——— (1983), *Los líderes políticos de México. Su educación y reclutamiento*, FCE, México.

——— (1983), "El tecnócrata en México", en *Revista Mexicana de Sociología*, núm. 2, Instituto de Investigaciones Sociales, UNAM, México, abril-junio.

——— (1986), "Generaciones políticas en México. Los últimos cien años", en *Vuelta*, núm. 119, México, octubre.

——— (1988), "Las élites mexicanas. Biografía colectiva y retrato", primera de cinco partes, en *Vuelta*, núm. 138, México, mayo.

——— (1988), "Las élites mexicanas. Las élites políticas: retrato mínimo", segunda de cinco partes, en *Vuelta*, núm. 139, México, junio.

——— (1988), "Las élites mexicanas. Las élites empresariales: retrato mínimo", cuarta de cinco partes, en *Vuelta*, núm. 141, México, agosto.

Camp, Roderic A. (1988), "Las élites mexicanas. Las élites religiosas: retrato mínimo", quinta de cinco partes, en *Vuelta*, núm. 142, México, septiembre.

Cinta, Ricardo (1977), "Estructura de clases, élite del poder y pluralismo político", en *Revista Mexicana de Sociología*, año XXXIX, vol. XXXIX, núm. 2, Instituto de Investigaciones Sociales, UNAM, México, abril-junio.

Dupont, Silvia, y Enrique Suárez-Íñiguez, "Los teóricos de las élites: la afirmación del poder", en *Estudios Políticos*, nueva época, vol. 7, octubre-diciembre.

Luna, Matilde, y Francisco Valdés (1990), "Perspectivas teóricas en el estudio de los empresarios en México", en *Revista Mexicana de Sociología*, núm. 2, Instituto de Investigaciones Sociales, UNAM, México.

Luna, Matilde (1992), *Los empresarios y el cambio político, México, 1970-1987*, Instituto de Investigaciones Sociales-Ediciones Era, México.

———, y Ricado Tirado (1992), *El Consejo Coordinador Empresarial. Una radiografía*, Cuaderno de Investigación, núm. 1, IIS-FCPyS-UNAM, México.

——— (1993), "Los empresarios en el escenario del cambio. Trayectoria y tendencias de sus estrategias de acción colectiva", en *Revista Mexicana de Sociología*, núm. 2, IIS, UNAM, México.

Michels, Robert (1973), *Los partidos políticos*, Amorrortu, Buenos Aires.

Mills, C. W. (1956), *The power elite*, Oxford University Press [edición en español: *La élite del poder*, FCE, México, 1978].

Mosca, Gaetano (1984), *La clase política*, FCE, México.

Mosca, Gaetano (1981), *Los laberintos del poder. El reclutamiento de las élites políticas en México. 1900-1971*, El Colegio de México, México.

Smith, H. Peter (1975), "La movilidad política en el México contemporáneo", en *Foro Internacional*, El Colegio de México, núm. 3, México.

Suárez Farías, Francisco (1988), "La élite política", en *Revista Mexicana de Sociología*, núm. 3, IIS, UNAM, México.

——— (1991), *Élite, tecnocracia y movilidad política en México*, Universidad Autónoma Metropolitana-Xochimilco, México.

Tirado, Ricardo (1985), "Los empresarios y la derecha en México", en *Revista Mexicana de Sociología*, núm. 1, IIS, UNAM, enero-marzo, México.

———, y Matilde Luna (1995), "El Consejo Coordinador Empresarial de México. De la unidad contra el reformismo a la unidad para el TLC (1975-1993)", en *Revista Mexicana de Sociología*, vol. 57, núm. 4, IIS, UNAM, México, octubre-diciembre.

ESTABILIDAD POLÍTICA

Facundo González Bárcenas

Definición

Podemos definir la estabilidad política como la capacidad de los sistemas políticos para mantener una baja generación de conflictos y de resolverlos exitosamente, ya sean producidos por el propio sistema o derivados de su entorno, de manera que logra la continuidad de sus funciones básicas y proporciona certidumbre a los actores políticos.

La estabilidad política es un tema que ha ocupado la atención de importantes autores del pensamiento político clásico y de estudiosos de las ciencias sociales contemporáneas, quienes la han abordado desde diversas perspectivas. Así, entre estos últimos, al referirse a la estabilidad democrática, Almond y Verba (1963) sostienen que sólo la articulación de una cultura cívica y una estructura política democrática hace probable la estabilidad del sistema político. De esta forma, la correspondencia entre cultura y estructura políticas proporciona las condiciones para la continuidad de los sistemas políticos. Eckstein (1966), por su parte, afirma que la estabilidad política se explica a partir de la congruencia o cuando menos la semejanza gradual entre los modelos de autoridad del gobierno y de la sociedad civil. Lipset (1963) fue pionero de una corriente que correlaciona la estabilidad política con la legitimidad y el desarrollo económico: riqueza, industrialización, urbanización y educación. Esta perspectiva tiene como eje metodológico la contrastación de los índices de desarrollo económico y social con el grado de estabilidad o inestabilidad políticas. Easton (1966) asevera que los sistemas políticos se pueden caracterizar como persistentes si cumplen exitosamente dos funciones: asignar valores para una sociedad y lograr que la mayoría de sus miembros acepten estas asignaciones como obligatorias, al menos la mayor parte del tiempo. Huntington (1968) incorpora el análisis de los países en desarrollo y concluye que la estabilidad de cualquier sistema de gobierno depende de la adecuación entre el nivel de participación y el de institucionalización políticas, de manera que una elevada participación sólo puede ser procesada, en términos de estabilidad, mediante una alta institucionalización. Los Feierabend (1966) señalan que a mayor frustración sistémica, resultado de la discordancia entre las necesidades sociales y su satisfacción, disminuye la estabilidad política. Linz sostiene que la legitimidad de un sistema político fortalece la eficacia y la efectividad de las decisiones, con lo que se potencia la persistencia y la estabilidad del régimen. Asimismo, de su estudio sobre las democracias competitivas (1978) se deduce la importancia del comportamiento de los actores políticos, principalmente del gobierno y las oposiciones desleales o semileales, para preservar o no la estabilidad política. Para Luhmann (1970), la estabilidad de los sistemas es una relación dinámica entre éstos y su ambiente; es un continuo ajuste entre la estructura de los sistemas y su ambiente en transformación. Morlino (1980) define la estabilidad como la previsible capacidad del sistema para durar. Un sistema debe ser considerado estable cuando, en un momento dado y sobre la base de un conjunto de indicadores, su duración es racionalmente previsible. Para este autor, la legitimidad y la eficacia decisional pueden ser consideradas las condiciones políticas decisivas para la estabilidad. Por último, Garzón Valdés (1987) propone, en una primera aproximación, que un sistema político es estable si y sólo si en determinadas circunstancias tiene la tendencia (disposición) a reaccionar en forma tal que logra mantener su identidad.

Como puede apreciarse, la estabilidad política se refiere generalmente a los sistemas políticos; es decir, se habla de la estabilidad de o en los sistemas políticos. Por lo tanto, la comprensión de la primera no puede estar al margen de cómo se conciba a estos últimos. Los sistemas políticos están integrados por los actores políticos relevantes de una sociedad y por la estructura de relaciones políticas establecida entre ellos; son relaciones entabladas históricamente que mantienen una relativa duración y algún grado de interdependencia. La estructura de relaciones políticas vincula a los actores en la producción, organización e institucionalización del orden social; son relaciones de poder que marcan jerarquías entre los actores y constituyen los mecanismos de interacción de la gestión política y social.

Lejos de concepciones sobre los sistemas políticos que tienden a pensarlos como equilibrados y cerrados, los conflictos, las tensiones y la lucha política son consustanciales a los sistemas y representan una fuente potencial o activa de trastornos. Aún más, la existencia de conflictos constituye núcleos de tensión que obligan a los sistemas políticos a producirse, reproducirse y transformarse, con lo que les imprimen una dinámica en la que aparece con mayor o menor posibilidad la amenaza de desestructurarlos. Que un sistema político esté constituido por los actores y sus relaciones globales que marcan un orden general no significa la existencia de espacios políticos con dinámicas propias e incluso tendencialmente antagónicas a las del propio sistema. No obstante, un sistema político se puede considerar estable en tanto continúe cumpliendo regular y exitosamente sus funciones básicas, a saber, de acuerdo con Easton (1966), asignar valores en una sociedad y lograr que éstos sean aceptados por la mayoría de sus miembros la mayor parte del tiempo.

Se puede entender la asignación de valores como el conjunto de decisiones que en un sistema político distribuye recursos de diverso tipo ante demandas también diversas. Esto es, las demandas y los recursos pueden referirse a bienes y servicios o ser de carácter simbólico o propiamente político. Que estas decisiones sean eficaces, es decir, que logren los propósitos deseados, y aceptadas por los actores relevantes de la sociedad —que sean percibidas como legítimas—, son factores de gran importancia para la estabilidad política.

Debe subrayarse que estas funciones básicas de los sistemas políticos pueden efectuarse de múltiples formas e incorporar su propia transformación, la de sus contenidos sustantivos y la de los sistemas políticos sin que por ello se pierda la estabilidad. Con esta idea, en la que están de acuerdo la mayoría de los estudiosos, se rompe con la noción de estabilidad política como equilibrio estático. Por tal razón, se puede afirmar que la estabilidad política incorpora tanto la persistencia como la transformación. En este sentido, la estabilidad política será siempre relativa.

El cambio es incorporado en la estabilidad ya sea porque los sistemas políticos siempre se proponen metas por alcanzar o bien porque enfrentan retos y tensiones cuyo origen está en el propio sistema o en su entorno. Ante esta situación, el mantenimiento de la estabilidad política puede reflejarse en los intentos por restablecer el anterior punto de equilibrio o bien en buscar otro nuevo. Este segundo caso puede implicar un proceso de adaptación —de cambio— del sistema político o de parte de él para enfrentar la tensión con nuevos procedimientos y soluciones, la búsqueda por desactivar o transformar el conflicto o, finalmente, la interacción entre el sistema político y el conflicto y sus demandas e implicar la transformación de ambos. Así, el cambio es incorporado en la persistencia de la estabilidad política y es, además, uno de sus medios de consecución.

Ante este paradójico panorama en el que el cambio es parte de la estabilidad, se plantea la cuestión de la naturaleza y el contenido de las transformaciones del sistema político que, no obstante, son insumos para la estabilidad; es decir, qué puede cambiar y qué debe preservarse para garantizar la estabilidad. Ya se ha afirmado que el indicador fundamental para juzgar la estabilidad de un sistema político es la continuidad de sus funciones básicas —la asignación de valores—, pero también que éstas pueden realizarse modificando sus formas y contenidos; asimismo, que el cambio que la estabilidad acepta puede tener un efecto en los procesos mediante los cuales se realizan las funciones básicas del sistema, verbigracia, puede variar la estructura institucional, la orientación y los criterios políticos de las autoridades que efectúan dichas funciones o bien las autoridades mismas, sin que ello implique necesariamente una situación de inestabilidad política. Lo relevante en este punto es la intensidad, la velocidad y el ritmo de los retos y las transformaciones en relación con la capacidad del sistema político para procesarlos sin arriesgar su estabilidad.

El tema del ritmo de cambio que puede procesar un sistema político sin perder su estabilidad es de fundamental importancia. Cuando los retos y las demandas se transforman en conflictos, las tensiones derivadas de éstos pueden exceder la capacidad del sistema para resolverlos exitosamente y conducir a una situación de inestabilidad. Si las tensiones son muy grandes o numerosas y proliferan en un tiempo relativamente reducido, se podrá registrar un ritmo elevado de cambio que quizás el sistema político no esté preparado para absorber manteniendo su estabilidad. En estas circunstancias, podrían presentarse disfunciones sistémicas que se traducirían en incertidumbre para los actores políticos relevantes, como amenaza de desestructuración y colapso de las relaciones fundamentales que ellos habían establecido y que conformaban el sistema político.

En consecuencia, la estabilidad política no es reposo "absoluto", no es inmovilidad ni equilibrio estático. Los sistemas políticos no responden a esta característica, sino que muestran un dinamismo que es sinónimo de cambio, de transformación. El punto nodal es que su demanda de cambio no sea tan intensa y abrupta que rebase la capacidad del sistema político para enfrentarla y adaptarse preservando la estabilidad; que no lleve a una crisis del sistema político, es decir, a una dislocación de sus relaciones estructurales, a un periodo de disfunciones básicas y a una exclusión amplia de actores relevantes.

La estabilidad política es compatible, entonces, con el cambio mas no con la crisis, con la transformación mas no con la ruptura del orden político y social. La estabilidad puede convivir con el cambio controlado, que se realiza a través de procedimientos previstos; es un cambio con certidumbre y legitimidad relativas entre los actores relevantes.

Por el contrario, la inestabilidad política promueve la incertidumbre ante el desorden político. Al proliferar los conflictos sin ser manejados oportuna y eficazmente a través de procedimientos institucionales, se rompen las relaciones de confianza y se pone en riesgo la gobernabilidad. Esta incertidumbre se vive como una amenaza de lo desconocido a la reproducción del sistema político y a la identidad de los actores, así como a la preservación de las relaciones establecidas entre ellos.

Al no haber referentes firmes, las expectativas y los papeles de los actores políticos se desestructuran y con ello pierden fuerza las instituciones. En este contexto se registran disfunciones en el sistema político y aparece la violencia potencial o real. En una situación de inestabilidad, puede prevalecer la lógica schmitteriana de la política como amigo o enemigo, ya que se desactiva el acuerdo constitucional o tácito que integraba a los actores.

En un sistema político democrático, la estabilidad política supone procedimientos institucionales para el cambio basados en el Estado de derecho y en el acuerdo entre los actores de someterse a los resultados de estos procedimientos. En tal régimen de gobierno puede persistir la estabilidad junto con la preservación de la legitimidad del sistema y de sus procedimientos para incorporar el cambio. Se mantiene también el cumplimiento de las funciones básicas del sistema político, aunque éstas pudieran cumplirse con nuevas formas y un reacomodo de los actores. La estabilidad política proporciona, aun con la incorporación de transformaciones en el sistema político, una relativa certidumbre entre las instituciones y los actores relevantes. Así, se cuenta con una determinada dosis de previsibilidad, de cálculo exitoso a partir de condiciones dadas de las que se espera su reproducción fundamental.

En la definición de estabilidad política destacan dos elementos: la generación de conflictos y la capacidad del sistema político para resolverlos exitosamente, de manera que se preserve el funcionamiento esencial del sistema. En consecuencia, un escenario favorable a la estabilidad será aquel en el que el sistema tenga que enfrentar relativamente pocos conflictos generados por él o derivados de su entorno y, además, que cuente con una gran capacidad para procesarlos. Estas dos variables básicas de la estabilidad política dependen, a su vez, de una serie de factores que ha sido destacada por quienes han abordado este tema. Así, la existencia de una cultura política congruente con la estructura democrática, la semejanza de modelos de autoridad entre el gobierno y la sociedad civil, el desarrollo económico, el nivel de participación y el de institucionalización, la eficacia y la efectividad de las decisiones, la satisfacción de las necesidades sociales, la prevalencia del Estado de derecho y la conducta de los actores políticos son factores fundamentales para crear condiciones de baja generación de conflictos y de alta capacidad para procesarlos. Pero, en efecto, las dos condiciones básicas para la estabilidad política mencionadas por Morlino, la legitimidad y la eficacia decisional, pueden representar la síntesis o agregación de las múltiples variables que inciden en el mantenimiento de la estabilidad. Legitimidad y eficacia decisional pueden constituir un círculo virtuoso para la estabilidad política, ya que la primera contribuirá a la segunda y ésta reforzará aquélla. Cuando un sistema político cuenta con ambas condiciones, es previsible una escasa generación de conflictos y una gran capacidad para procesarlos exitosamente.

Debe señalarse que entre la estabilidad y la inestabilidad políticas puede encontrarse un *continuum*. Un sistema político determinado puede ubicarse en algún punto del arco que va de la estabilidad a la inestabilidad "extremas". En este arco encontraríamos cuando menos tres regiones: la de estabilidad política consolidada, la de evidente inestabilidad y la de una región intermedia en la que aparecen "focos rojos o amarillos" para la estabilidad, como señales de la fragilidad de la misma, ya que se registran síntomas de inestabilidad. Es decir, hay una zona en la que es difícil apreciar la estabilidad. Vale aclarar que no hay un proceso "natural" que vaya de la estabilidad a la inestabilidad o viceversa. Tanto una como otra pueden permanecer, profundizarse o revertir en función de la dinámica de las variables comentadas.

Por otra parte, la estabilidad o la inestabilidad pueden manifestarse sólo en algunos ámbitos del sistema político. En otras palabras, un sistema político estable puede registrar ámbitos de inestabilidad. Un caso particular podría ser aquel que aun con focos irradiadores de inestabilidad logre conservar su estabilidad general debido a que cuenta con otros ámbitos estables que funcionan como mecanismos de amortiguamiento o bloqueo a la potencial expansión de los ámbitos desestabilizadores, verbigracia: una economía exitosa o una alta institucionalización frente a un sistema polarizado de partidos políticos o un relevo continuo de la clase gobernante. El *quid* de la cuestión es el de ubicar el margen crítico o umbral a partir del cual la proliferación de las tensiones provocadas por los conflictos permite afirmar la inestabilidad general del sistema.

Para indagar la estabilidad de un sistema político también es útil, tal como lo señala Morlino (1980), abordar el análisis de ciertos niveles específicos del sistema político mediante el recurso de conceptos diferenciados, como los de comunidad política, régimen y autoridad. En la primera se destacarían unidades de análisis como las personas o los grupos activos y relevantes, las ideologías, valores y creencias dominantes o en situación de competencia y las estructuras intermedias de conversión de las demandas, tales como las asociaciones civiles, los sindicatos o los partidos. En cuanto al régimen, se abordarían igualmente las ideologías, valores y creencias dominantes o en situación de competencia que influyen en los procedimientos y las estructuras de autoridad; las reglas del juego, las normas o procedimientos mediante los que se dirimen los conflictos políticos, y las estructuras de autoridad, tanto las de decisión como las ejecutivas. Finalmente, las autoridades, es decir, los funcionarios oficiales que ocupan los cargos de dirección política del régimen y el contenido y la orientación de las políticas que toman. Para tener una imagen general del grado de estabilidad de un sistema político, es también necesario reconstruir la sintaxis de la interdependencia de los tres niveles aludidos.

El propósito es identificar el objeto, el grado y las modalidades de la estabilidad política. Esta orientación metodológica es importante cuando, por ejemplo, se confronta el concepto de estabilidad política con una tipología de sistemas políticos, así sea ésta tan elemental —pero no por ello irrelevante— como la que distingue entre sistemas políticos democráticos, autoritarios y totalitarios. Cada sistema político cuenta con mecanismos peculiares para tratar de garantizar la gobernabilidad y la estabilidad, que en cada uno de ellos adquiere un sentido distinto. Así, en términos generales podemos diferenciar entre estabilidad democrática, autoritaria y totalitaria.

Desde la perspectiva democrática, no toda estabilidad es deseable, ya que la autoritaria y la totalitaria contribuyen a mantener sistemas de dominación no democráticos. La estabilidad democrática se logra gracias a la combinación de diversos factores entre los que destacan culturas políticas, instituciones, legalidad y prácticas democráticas en una articulación virtuosa que mantiene la relación demandas y satisfactores y los conflictos políticos dentro de ciertos límites que no amenazan el funcionamiento del sistema. En la democracia, un número importante de las tensiones y los conflictos potencialmente desestabilizadores y cuya propagación podría conducir a una crisis de gobernabilidad son procesados institucionalmente, entre otros mecanismos por el electoral, garantizando soluciones temporales o permanentes que son legitimadas por el Estado de derecho y las consultas ciudadanas de la competencia electoral.

Los mecanismos de la estabilidad autoritaria y los de la totalitaria han sido poco estudiados en comparación con los de la democrática, pero en ambos destaca como recurso el control social y político, ya sea mediante procedimientos como los partidos de Estado, el clientelismo y el corporativismo o bien aquellos menos sutiles de carácter abiertamente represivo.

Es importante dejar asentado que no todo sistema político democrático goza de estabilidad; es decir, la estabilidad política no es intrínseca a esta forma de gobierno. Hay muchos ejemplos, pasados y presentes, de democracias inestables. Las razones de esta situación son de índole variada, algunas de carácter estructural, como los puntos de desigualdad económica o diversidad social, cultural o religiosa; otros, más coyunturales, como las estrategias de los actores políticos en un escenario de proliferación de conflictos que amenacen devenir en crisis. También ha merecido atención el análisis del diseño institucional de los regímenes de gobierno, de los sistemas electorales y de los sistemas de partidos. Con ello se trata de indagar la disposición de la matriz institucional para favorecer o no la generación de conflictos y su procesamiento exitoso. En este contexto, puede ser útil conocer la combinatoria institucional de cada sistema político a partir de cada uno de los ámbitos mencionados, a saber: regímenes de gobierno (parlamentarismo, presidencialismo o sus variantes), sistemas electorales (de representación proporcional, de representación mayoritaria o sus variantes) y sistemas de partidos (de partido único, de partido hegemónico, de partido predominante, bipartidista, de pluralismo limitado, de pluralismo extremo o de atomización, siguiendo a Sartori). Una vez detectada la combinatoria específica de la matriz institucional del sistema político en cuestión, se puede evaluar cada uno de sus elementos y su articulación con los demás en términos de su contribución a la estabilidad o a la inestabilidad del sistema.

La estabilidad política ha sido objeto de un debate en el que a partir de distintos referentes axiológicos se identifican diversos usos políticos del concepto. De esta forma, por ejemplo, tanto las teorías estructurales funcionalistas como las desarrollistas han mostrado una clara preocupación por el mantenimiento de la estabilidad y el orden, en correspondencia con las políticas del Departamento de Estado de los Estados Unidos, que en el contexto de la guerra fría consideraba la inestabilidad como un factor favorable a la influencia del comunismo en el llamado Tercer Mundo. En consecuencia, estas corrientes teóricas han sido denunciadas por su conservadurismo favorable al orden existente y como opuestas a la transformación social. En contraparte, desde la perspectiva del cambio político y social, especialmente el revolucionario, la estabilidad se ha visto como negativa, aún más, como un fenómeno por desestructurar para dar paso a la transformación revolucionaria. En este sentido, el discurso conservador ha llegado a considerar a las corrientes teóricas y políticas que propugnan la transformación como promotoras del desorden y el caos, de la inestabilidad. Así, ideológicamente ha descalificado a sus adversarios, supuestos o reales defensores de la inestabilidad, y con ello a toda acción política que sea percibida como amenaza a la estabilidad, con lo que se pretende justificar una actitud represiva o excluyente.

De esta manera, los elementos valorativos, ideológicos aparecen con frecuencia en las concepciones sobre la estabilidad política y en los juicios que sobre ella se emiten, en particular en las apreciaciones acerca de la estabilidad de un sistema político específico. Por esta razón, en términos heurísticos es necesario tratar de mantener distancia de las posiciones burdamente ideológicas que hacen ver a la estabilidad como políticamente deseable o no. Es decir, debe recurrirse a un concepto operativo que permita apreciar la singularidad del fenómeno y el grado de estabilidad de un sistema político determinado. Para este propósito, debe analizarse la estabilidad política como un problema en el que hay un juicio de conocimiento y no como un mero atributo ontológico.

La estabilidad política muestra cierto relativismo, ya que como concepto es parte de una relación sujeto objeto, vale decir, el juicio sobre la estabilidad de un sistema político depende tanto del sujeto como del objeto. En este sentido, habría que evitar la ontologización de la estabilidad política así como la arbitrariedad absoluta del sujeto que analiza. La estabilidad, como concepto, busca aprehender la realidad política, y por lo tanto se sitúa en la complejidad del análisis político como relación de conocimiento. En este contexto son relevantes la construcción de la definición, de los niveles y de las unidades de análisis, así como de los indicadores, lo cual, por cierto, se puede hacer obedeciendo a diferentes criterios. Ello se reflejará en los diversos juicios sobre el grado de estabilidad de un sistema político y en el debate que pueden provocar. En todo caso, es conveniente tener presente los conceptos y los usos que la estabilidad es susceptible de tener. Entre estos últimos se pueden destacar los acentos puestos en el nivel descriptivo, que atiende básicamente a indicadores empíricos; el normativo, que se basa en el cumplimiento de ciertos recaudos morales (Farell, M. D., 1992); el explicativo, orientado a la relación causa-efecto, y el político prescriptivo, de afán legitimatorio.

La modernidad, como complejo de civilización orientado hacia el cambio, se opone a la estabilidad política concebida como estaticidad. En particular, los proyectos de modernización se proponen explícitamente la transformación económica, social, política y cultural. Es común que los procesos de modernización conlleven un cierto grado de inestabilidad política en la medida en que impactan en la redefinición de los actores y de sus relaciones vinculantes así como en la transformación de las instituciones, la cultura política, la normatividad legal y las prácticas y conductas políticas. Con los procesos de modernización se busca construir un nuevo orden político y social, con nuevas jerarquías y subordinaciones, lo que implica ganadores y perdedores en el marco del orden emergente, particularmente cuando estos procesos de modernización son impuestos por alguna élite. En este caso un resultado frecuente es el debilitamiento de las bases de la estabilidad política. Una situación semejante se registra durante las transiciones políticas. El tránsito que lleva de un régimen o sistema político a otro no se puede realizar sin un costo más o menos significativo en la estabilidad política. Tanto la desestructuración del viejo régimen o sistema político como la construcción de otros nuevos provocan la pugna entre grupos de poder por defender o impulsar los espacios políticos que les son favorables.

Asimismo, las transiciones tienen como resultado el establecimiento de un nuevo esquema de relaciones entre las élites políticas y entre éstas y los grupos sociales relevantes, lo que también se define mediante la lucha política y su consecuente dosis de inestabilidad. Por supuesto, el grado de inestabilidad e ingobernabilidad está asociado al tipo de transición política de que se trate. Las transiciones mediante pactos y reformas tendrán, en principio, más posibilidades de mantener niveles aceptables de estabilidad política, que aquellas realizadas a través de imposiciones o revoluciones, entre otras razones debido a que las primeras logran mantener relativamente o crear los mecanismos institucionales para dirimir la disputa política por orientar el contenido de la transición.

Si bien la preservación de la estabilidad política es una tarea permanente, también es cierto que hay procesos fundacionales que llegan a institucionalizarse; después las instituciones y los actores herederos de este proceso fundacional reproducen con más o menos éxito la estabilidad. En este sentido, para el análisis de la estabilidad política es importante diferenciar entre estructura y coyuntura. La primera se refiere a un conjunto de relaciones económicas, políticas y sociales sólidamente cohesionadas, caracterizadas precisamente por la estabilidad, relaciones de cambio lento, de larga duración y que por su relevancia ordenan a lo social. En cambio, las coyunturas son un conjunto de relaciones que no manifiestan la estabilidad de las estructuras sino que, por el contrario, cambian relativamente rápido y constituyen un núcleo de relaciones abigarrado y conflictivo, que se desarrolla de manera acelerada en un tiempo comparativamente breve y que muestran un espectro de soluciones diversas. Mientras las estructuras lo son en tanto que mantienen una permanencia de largo tiempo y ordenan la realidad social, las coyunturas son relaciones en conflicto, que están cambiando con rapidez para dar paso a nuevas relaciones que posiblemente lleguen a definir nuevas estructuras. Es decir, en términos generales, estructuras y coyunturas son hasta cierto punto excluyentes debido a que estas últimas aparecen como producto del agotamiento y la crisis de las primeras, de tal forma que para el análisis de la estabilidad política es útil identificar si una sociedad concreta se desenvuelve en lo que podemos llamar el movimiento estructural, en el que prevalece la estabilidad, o en el movimiento coyuntural, caracterizado por el cambio, o bien si se está en un momento de agotamiento de lo estructural y surgimiento de lo coyuntural o, si es el caso, en una sucesión de coyunturas.

Finalmente, debe mencionarse que los estudios empíricos sobre estabilidad política han recurrido al análisis de muy diversos indicadores, y que también han propuesto la elaboración de índices de estabilidad, con los que se pretende medir este complejo fenómeno político. Los indicadores van de un nivel de abstracción tan elevado como la legitimidad y su intensidad, la eficacia decisional, la congruencia entre patrones culturales y entre modelos de autoridad, el grado de institucionalización, el nivel de conflictividad, la satisfacción de las demandas y el apego al Estado de derecho, hasta el registro de resultados electorales, participación en conspiraciones revolucionarias, proliferación de organizaciones antisistema, rebeldía fiscal, huelgas, manifestaciones, delitos políticos, rotación de cargos, etc. Los índices pretenden ser la medida de la correlación de los diversos indicadores.

Historia, teoría y crítica

El panorama político del México posrevolucionario ha representado un caso de estabilidad política autoritaria. De hecho, la historia política de México a partir de su independencia puede periodizarse bajo el criterio de la estabilidad e inestabilidad. La mayor parte del siglo XIX, desde 1810 hasta 1876, se caracterizó por la prevalencia de la inestabilidad. Primero, los continuos conflictos entre conservadores y liberales y, después, las disputas entre las facciones de estos últimos signaron este periodo como intentos por construir las bases del Estado y la estabilidad nacionales. Durante estas décadas, el país sufrió frecuentes golpes de Estado, levantamientos militares, guerras civiles e intervenciones extranjeras en sucesivos intentos por definir y redefinir la forma de gobierno y el diseño de sus instituciones. Con estas convulsiones no sólo se perdió más de la mitad del territorio nacional, sino que, por ejemplo, desde el Supremo Poder Ejecutivo nombrado en 1823 hasta la ocupación de la presidencia por Porfirio Díaz en 1876, México tuvo 66 gobiernos —un promedio de nueve meses y medio por gobierno, aproximadamente—. De ellos, sólo 13 fueron elegidos conforme a procedimientos constitucionales; de éstos, únicamente dos o tres finalizaron su periodo constitucional. El resto de los gobernantes fueron derrocados, renunciaron, pidieron licencia o murieron (cfr. Emmerich, 1985, 54).

No fue sino con el ascenso del general Porfirio Díaz en 1876 mediante la revolución de Tuxtepec que el país pudo entrar en un largo periodo de estabilidad política que se extendió hasta 1910, año en el que estalló la Revolución maderista. Durante este periodo fue hábilmente construido un sistema político caracterizado por el absolutismo y el centralismo de una dictadura personalista, que logró pacificar al país y combinó la moderación con la represión selectiva; que se sustentó en la apariencia de un Estado de derecho que encubría un ejercicio del poder alejado del respeto a las normas jurídicas; la subordinación de las cámaras del Congreso de la Unión y del Poder Judicial al Ejecutivo; la inexistencia de la soberanía de los estados y la imposición de gobernadores; la reproducción del poder central en las entidades federativas mediante el control de los gobernadores, los congresos locales, los ayuntamientos, los jefes políticos y los de las zonas militares; elecciones controladas y reeleccionismo; limitaciones a las libertades básicas como las de expresión y asociación; una clase política cuyos lazos clientelares le aseguraban beneficios económicos a cambio de su fidelidad a la dictadura; una amplia capa burocrática, privilegiada y servil; una cultura política de conformismos y apatía, y una oposición incipiente y dispersa. Todo ello se sustentaba en un desarrollo económico relativamente exitoso que beneficiaba fundamentalmente a la oligarquía y al capital extranjero, pero que ofrecía ciertas expectativas de movilidad social a algunos sectores de la población.

Con este sistema de control autoritario y clientelar, durante las más de tres décadas del porfirismo pudo registrarse una impresionante estabilidad política que contrastaba con el periodo anterior, no obstante los problemas y desafíos que tuvo que enfrentar.

Otro periodo, ahora de abierta inestabilidad, se inicia con la Revolución maderista en 1910, que inauguró un ciclo de guerras civiles que se extenderá hasta 1920 y sería conocido como Revolución mexicana. Durante estos años, más que hablar de un sistema político, se trataba de la destrucción del anterior sistema porfirista. Entre el levantamiento maderista, la caída de Porfirio Díaz, la presidencia de Madero, el golpe de Estado de Huerta, la revolución constitucionalista y la derrota de Huerta, la escisión y los enfrentamientos entre los ejércitos revolucionarios, el gobierno de Carranza, la aprobación de la Constitución de 1917 y el levantamiento de Agua Prieta en 1920, transcurrieron 10 años en los que prevaleció la guerra como método de destrucción del porfirismo y forma de dirimir la hegemonía entre las fracciones revolucionarias. El costo fue aproximadamente un millón de vidas sacrificadas por causas ligadas directa o indirectamente a la Revolución y la destrucción de gran parte de la economía nacional.

Posteriormente, entre 1920 y 1940 transcurrió una

etapa de reconstrucción económica y política en la que se crearon las bases del sistema político mexicano. Fue un periodo caracterizado por la inestabilidad política pero ya no por la guerra civil generalizada no obstante los continuos levantamientos militares, ninguno de ellos exitoso. Inestabilidad que, además, disminuyó en la medida en que se consolidaron e institucionalizaron los pilares en los que en el futuro se asentaría el sistema político: presidencialismo, partido de Estado y corporativismo.

En 1929 surgió el Partido Nacional Revolucionario (PNR) como confluencia institucionalizada de los caudillos y grupos revolucionarios y de sus muy numerosos medianos y pequeños partidos políticos. Ello contribuyó al centralismo del poder político y a institucionalizar los procedimientos para dirimir en el marco del partido las disputas entre los líderes revolucionarios. Más adelante, con el resultado del enfrentamiento entre callismo y cardenismo, el caudillismo cedió a la consolidación del presidencialismo como centro indisputado del poder político. Finalmente, en 1938 el PNR se transformó en Partido de la Revolución Mexicana y adoptó una estructura corporativa que al cabo permitiría el control político de los grupos y sectores organizados de la sociedad. Así, presidencialismo, partido de Estado y corporativismo constituyeron el engranaje básico de la estructura de un peculiar y eficaz sistema político que se ha caracterizado por la concentración del poder en la institución presidencial, la subordinación del partido al presidente, el control corporativo de la sociedad y el casi monopolio de los órganos de representación y de gobierno por una cohesionada clase política. El resultado fue un sistema político que gozó de notoria estabilidad sustentada esencialmente en la legitimidad revolucionaria y en el control político autoritario, y que se extendería hasta finales de los años sesenta con un modelo conocido como desarrollo estabilizador, es decir, que combinaba estabilidad política y desarrollo económico.

El sistema político mexicano es producto de la concurrencia e integración sistémica de una serie de resultados de procesos históricos. Una vez constituido funciona durante tres décadas, entre 1938 y 1968, como una eficiente maquinaria, bien coordinada y perfectamente aceptada, que garantizaba la estabilidad política.

Este sistema político ha representado una articulación de élites, grupos e intereses en la que también quedan ubicados los grandes sectores sociales, como obreros, campesinos y empresarios. Ha sido, asimismo, una especificación de las reglas del juego que se expresan en el diseño y la operación de las instituciones formales e informales. Dentro de estas instituciones, además del presidencialismo que ha concentrado y centralizado al poder político debido al ejercicio de amplias facultades constitucionales y metaconstitucionales, cabe destacar al partido de Estado. En él se expresa gran parte de las reglas del juego, reglas políticas que han conformado al sistema.

Ya desde su fundación, el PNR fue concebido por los gobernantes en turno para satisfacer necesidades del Estado: centralizar el poder político, institucionalizar el procedimiento de sucesión presidencial y canalizar la participación política para producir apoyo al Estado. Este partido ha tenido una relación de subordinación al presidente de la república, a quien se le considera como el auténtico líder partidista. El presidente es quien, sin que obsten las formalidades estatutarias, toma las decisiones más importantes en la vida del partido, por ejemplo designar a sus más altos dirigentes y a los candidatos a la presidencia, las gubernaturas y las cámaras del Congreso de la Unión. Igualmente, los titulares del Poder Ejecutivo federal han mostrado capacidad para determinar las orientaciones ideológicas, políticas y programáticas del partido. Por otra parte, el financiamiento abierto o velado del Ejecutivo al partido y las decisiones sobre la integración de los órganos electorales que hasta hace poco tomaba el presidente, han sido también factores de control del partido. El resultado fue una férrea cohesión y disciplina de la clase política gobernante en torno a las decisiones presidenciales, reforzada por un sistema de castigo y recompensa en función del comportamiento de los miembros de esta clase política.

Por su parte, el partido de Estado ha cumplido la función básica de proveer apoyo político al gobierno, para lo que ha contado con una suerte de proteccionismo proporcionado por el sistema político. Para esto han sido factores de gran importancia el corporativismo y el clientelismo con que ha operado el partido y que le ha permitido controlar políticamente a los sectores sociales relevantes y a sus más grandes organizaciones, lo que también ha contribuido a proporcionarle un amplio caudal de votos que lo llevaron prácticamente a monopolizar las instituciones de representación y de gobierno, dejando muy reducidos espacios a las oposiciones y asegurando el apoyo y la subordinación del Poder Legislativo y de los distintos niveles de gobierno a las decisiones y políticas presidenciales.

Un ejemplo más de la subordinación del partido durante este periodo es el mecanismo de sucesión presidencial, en el que el presidente ha tenido la facultad metaconstitucional de tomar la decisión última sobre quién deberá ser su sucesor. Es verdad que la sucesión, en un primer momento, producía tensiones en el partido y el sistema político relacionadas con la lucha por ganar la decisión del presidente, quien podía tomar más o menos en cuenta las fuerzas y condiciones políticas. Pero una vez designado el candidato, se revitalizaba el pacto con la cohesión en torno al surgimiento y ascenso del nuevo centro de poder que estaría destinado a ocupar la presidencia de la república. La sucesión presidencial también representó el inicio de la renovación sexenal de la élite política en el gobierno, otra importante válvula de oxigenación de la institucionalización del sistema político y de revitalización de la estabilidad, ya que evitó la entronización permanente de los mismos representantes de algún grupo.

El corporativismo y el clientelismo en los que se ha especializado el partido han sido posibles gracias a la vinculación orgánica de éste al gobierno. La estructura gubernamental ha presionado, mediante criterios políticos y dispositivos institucionales, a las organizaciones sociales de todo tipo y tamaño y a sus grupos dirigentes para su incorporación en el partido como plataforma de beneficio de los líderes y requisito para la viabilización de las demandas de las organizaciones. Igualmente, el gobierno ha privilegiado la canalización de los recursos del Estado a través de la gestión y la estructura del partido. Así, corporativismo y clientelismo constituyen los brazos de la pinza que al cerrarse encuadra a los grandes grupos organizados en las filas del partido. Un resultado importante es el control político que el partido ha ejercido sobre los grupos sociales relevantes, lo que le ha permitido producir una amplia base de apoyo político al gobierno y al Estado. En términos esquemáticos, entonces, la institución presidencial ha subordinado al partido y éste a la sociedad, para lograr un extenso y eficaz control político.

El control político ha tenido diversas manifestaciones. Una de las más significativas, que se ha traducido en apoyo político, son las elecciones. El partido ha dispuesto de numerosos contingentes para la movilización político-electoral y con ello de un caudal importante de votos cautivos. Además, durante las campañas electorales el partido y el gobierno intensifican su estrategia clientelar, que consiste en intercambiar bienes y servicios de lo más diverso por apoyo electoral. Por si esto no fuera suficiente, el sistema de partidos correspondía al hegemónico, es decir, a un claro dominio del partido de Estado sobre el resto de partidos políticos. En este contexto, el partido gozaba de amplísimas y cómodas mayorías en los órganos de representación y de prácticamente el monopolio de las instituciones de gobierno.

Hasta hace poco, en el sistema político mexicano las oposiciones ocuparon un lugar marginal, más simbólico que real. Ya se tratara de la oposición antisistema que operaba fuera de las instituciones de representación, de la oposición legal como los partidos políticos con registro o de la que provenía de la disidencia del propio partido hegemónico, su fuerza y sus posibilidades fueron mínimas, siempre controlables con mayor o menor costo, ya sea mediante la negociación, la cooptación, la represión selectiva o la indiferencia, métodos que con frecuencia fueron combinados.

Por otra parte, es imprescindible anotar que durante este periodo el Estado y el sistema político gozaron de legitimidad. En primer lugar, fue importante la legitimidad revolucionaria derivada, claro está, de la Revolución mexicana. Esta legitimidad se basaba en la negación de un pasado que se considera ominoso, el porfiriato, y actuaba sobre las expectativas de cumplimiento de las promesas contenidas en el programa que se planteó en la Constitución de 1917, básicamente de soberanía, desarrollo económico y justicia social. Esta legitimidad fue posible, entre otros factores, gracias al éxito de la promoción de una ideología de alcance nacional, el nacionalismo revolucionario, que con sus diversas interpretaciones extendió su cobertura a casi todos los actores políticos y sociales, con lo que se trató de identificar al Estado, el presidente y el partido como los referentes revolucionarios e institucionales de la nación.

En segundo término, ha operado también la legitimidad por eficacia económica, particularmente durante la etapa conocida como desarrollo estabilizador, en la que se registraron elevados crecimientos del producto interno bruto y que, no obstante la extrema desigualdad en la distribución de la riqueza que históricamente ha caracterizado a México, permitió una relativa movilidad social y el acceso de importantes sectores sociales al trabajo, el consumo, la educación y la seguridad social. El llamado "milagro mexicano" hizo posible la disponibilidad de recursos para responder a las demandas básicas de amplios grupos sociales, a la vez que permitió un determinado grado de balance de los intereses de las diversas clases y sectores sociales.

Durante estas décadas no es tampoco despreciable la legitimidad democrática, si se quiere sólo aparente, que brindaba el expediente electoral en un sistema de elecciones de Estado, de partido hegemónico y de procesos electorales semicompetitivos.

Estas tres formas de legitimidad, la revolucionaria, por eficacia económica y la democrática, se han combinado históricamente con pesos relativos variables en la legitimidad global del Estado y el sistema político mexicanos. Si a esto añadimos cierta vocación reformista en las decisiones de Estado que se abrían a la inclusión, relativizaban las insuficiencias y renovaban las expectativas, se puede concluir que, al menos hasta finales de los años sesenta, el Estado y el sistema político gozaron de considerable legitimidad.

Así, entre 1938 y 1968 el sistema político mexicano se presentaba como una peculiar y exitosa combinación de legitimidad y control político autoritario, lo que explica su impresionante estabilidad política. Este sistema permitía operar sobre los procesos de generación de demandas, desactivando algunas, limitando otras y seleccionando aquellas a las que se les daría respuestas parcial o plenamente satisfactorias. Asimismo, el sistema político proporcionaba instrumentos para actuar sobre la producción de conflictos políticos garantizando una emisión relativamente baja, cuya magnitud e intensidad nunca se situaron por encima de la capacidad del propio sistema para resolverlos con relativo éxito, al igual que los conflictos de origen externo.

Por otra parte, la gran eficacia decisional del Estado y el gobierno se debió no sólo y no tanto a lo certero o racional de las decisiones, sino a que éstas se daban en un contexto de legitimidad y control político que aseguraba su éxito relativo, debido, entre otros factores, a la fuerte cohesión de las instituciones y la clase política gobernante, así como a la marginalidad de los actores reactivos y la oposición.

LÍNEAS DE INVESTIGACIÓN Y DEBATE CONTEMPORÁNEO

En síntesis, el sistema político mexicano gozó de estabilidad política debido a su capacidad para generar relativamente pocos conflictos políticos y resolverlos exitosamente, por lo que nunca se vio en serio peligro la continuidad de sus funciones básicas. Fue una estabilidad política autoritaria que se basó en la combinación y reproducción de legitimidad y control político.

El año de 1968 marca el inicio del agotamiento del sistema político mexicano y de la estabilidad que lo caracterizó. El movimiento estudiantil simbolizó el surgimiento de actores políticos inconformes con el control estatal y la hegemonía del partido de Estado, actores que se irán multiplicando con el transcurrir del tiempo. Se dio paso, así, a un proceso de crecimiento del pluralismo social y político que, combinado con recurrentes crisis económicas, fue poniendo paulatina pero indefectiblemente en cuestionamiento tanto la suficiencia de la legitimidad revolucionaria como aquella que se fundamentaba en la eficacia económica.

Convergiendo con el agotamiento de estas fuentes de legitimidad, el control político autoritario fue denunciado mediante el reclamo democrático de crecientes sectores de la sociedad, que se manifestaría a través de diversas expresiones (movimiento estudiantil, grupos guerrilleros, insurgencia sindical, crisis del sistema de partidos, emergencia de la sociedad civil, etc.). Este reclamo fue respondido con un prolongado proceso de sucesivas reformas, básicamente electorales, que buscaron abrir espacios a la diversidad política, institucionalizar la competencia y abrir la fuente alternativa de la legitimidad democrática, pero sin pretender que ello implicara la pérdida del control que ejercía la clase gobernante. Sin embargo, en este nuevo periodo que se inició en 1968 y que se prolonga ya por 30 años, se registran múltiples indicadores del agotamiento de la estabilidad que caracterizó al sistema político mexicano.

La escisión del Partido Revolucionario Institucional en 1987 y las características y resultados del proceso electoral federal del año siguiente revelaron profundas disfunciones del sistema político. Posteriormente, otras manifestaciones se harían visibles: fortalecimiento de los partidos de oposición y retrocesos electorales del partido de Estado, aparición del movimiento guerrillero en Chiapas, asesinatos políticos, crisis económica, surgimiento de una dinámica sociedad civil y de una opinión pública crítica, integración crecientemente plural de los órganos de representación y alternancia cada vez más frecuente en los de gobierno, para no mencionar sino las más importantes.

Estos síntomas de inestabilidad política, cuya frecuencia se ha intensificado, si bien no constituyen un derrumbe institucional del sistema político, sí demandan un proceso de redefinición y rediseño democrático de sus elementos fundamentales, objetivo en el que están empeñados múltiples actores que actúan en el marco de la transición política en la que está inmerso el país.

En conclusión, desde la perspectiva de la democracia y en términos de estabilidad política, aparece como un reto de gran trascendencia para la transición lograr un acuerdo entre los actores relevantes para pasar de la estabilidad autoritaria que caracterizó al sistema político a una deseable estabilidad democrática y su correspondiente arreglo institucional, sin tener que pagar el costo, para todos perjudicial, de caer en un profundo desastre de inestabilidad. No obstante, la transición política está en marcha y con ella también la incertidumbre.

BIBLIOGRAFÍA

Almond A., Gabriel, y Sidney Verba (1970), *La cultura cívica. Estudio sobre la participación política en cinco naciones*, Euramérica, Madrid.

Dahl, Robert A. (1993), *La poliarquía. Participación y oposición*, Rei, México.

Easton, David (1992), "Categorías para el análisis sistémico de la política", en David Easton (comp.), *Enfoques sobre teoría política*, Amorrortu, Buenos Aires.

——— (1982), *Esquema para el análisis político*, Amorrortu, Buenos Aires.

Eckstein, H. (1966), *A Theory of Stable Democracy*, Princeton University Press, Princeton.

———, y T. R. Gurr (1975), *Patterns of Authority: a Structural Basis for Political Inquiry*, Wiley and Sons, Nueva York.

Emmerich, Gustavo Ernesto (1985), "Las elecciones en México, 1808-1911: ¿Sufragio efectivo?, ¿No reelección?", en Pablo González Casanova (coord.), *Las elecciones en México. Evolución y perspectivas*, Siglo XXI-IIS, México.

Farell, Martín Diego (1992), *La filosofía del liberalismo*, Centro de Estudios Constitucionales, Madrid.

Feierabend, I. K., y R. L. Feierabend (1966), "Aggresive Behaviors within Politics, 1948-1962: A Cross-National Study", en *Journal of Conflict Resolution*.

Garzón Valdés, Ernesto (1987), *El concepto de estabilidad de los sistemas políticos*, Centro de Estudios Constitucionales, Madrid.

Huntington, Samuel P. (1968), *El orden político en las sociedades en cambio*, Paidós, Buenos Aires.

Hurwitz, L. (1973), "Contemporary Approaches to Political Stability", en *Comparative Politics*.

Levy, Daniel, y Gabriel Szkely (1985), *Estabilidad y cambio. Paradojas del sistema político mexicano*, El Colegio de México, México.

Linz, Juan J. (1990), *La quiebra de las democracias*, Alianza-Conaculta, México.

Lipset, Seymour Martin (1993), *El hombre político. Las bases sociales de la política*, Rei, México.

Luhmann, Niklas (1970), *Ilustración sociológica y otros ensayos*, Sur, Buenos Aires.

Morlino, Leonardo (1985), *Cómo cambian los regímenes políticos*, Centro de Estudios Constitucionales, Madrid.

Reyna, José Luis (1974), *Control político, estabilidad y desarrollo en México* El Colegio de México, México.

Rodríguez Araujo, Octavio (coord.) (1988), *México: estabilidad y luchas por la democracia, 1900-1982*, CIDE-El Caballito, México.

ESTADO

César Cansino*

Definición

En su acepción moderna, por Estado se entiende el cuerpo político caracterizado por ser una organización dotada de la capacidad para ejercer y controlar el uso de la fuerza sobre un pueblo determinado y en un territorio dado. Como tal, el Estado se distingue de la sociedad, pues ésta es mucho más que sociedad política, pero también es una realidad social, o sea, vida humana social de hombres asentados en un territorio, con una organización montada sobre un núcleo de poder, unificada por una suprema unidad de decisión e informada por una idea del derecho que se realiza en un sistema jurídico.

El uso correcto de la palabra Estado debe ver en éste una forma política históricamente determinada y no un concepto universal válido para todo tiempo y lugar. En ese sentido, suele hablarse de "Estado moderno", entendiendo por ello una forma de ordenamiento político surgida originalmente en Europa durante la Edad Media y que de ahí se propagó a todo el mundo civilizado. Este origen histórico particular del Estado le otorga sus rasgos peculiares respecto de otras formas de organización política. Así, por ejemplo, el Estado moderno surgió con la impronta de una progresiva centralización del poder por una instancia cada vez más amplia, que termina por comprender el ámbito entero de las relaciones políticas.

Recapitulando, por Estado moderno podemos entender, según la definición de Hall y Ikenberry: *a)* un conjunto de instituciones, manejadas por el propio personal estatal, entre las que destaca muy particularmente la que se ocupa de los medios de violencia y coerción; *b)* un conjunto de instituciones localizadas en un territorio geográficamente delimitado, atribuido generalmente a su sociedad, y *c)* la instancia que monopoliza el establecimiento de reglas en el interior de su territorio, lo cual tiende a la creación de una cultura política común compartida por todos los ciudadanos.

Historia, teoría y crítica

El Estado moderno ha sido objeto de estudio de diversas disciplinas. Desde un punto de vista histórico, un tema largamente discutido ha sido el del origen de esta forma de organización política. Al respecto, hoy sabemos, gracias a historiadores como Anderson, Fédou y Schulze, que las estructuras de las comunidades medievales en Europa eran sumamente complicadas y variables y no pudo hablarse para esa época de soberanía real sobre territorios y gentes ni, por consiguiente, de Estados sino hasta bien entrada la Edad Media. El parteaguas radicó en la afirmación gradual de una estructura feudal jerárquica y ascendente que permitió dos formas de patrimonio como fundamentos de la autoridad política: al rey le pertenecía el patrimonio de la Corona, que comprendía una porción considerable del territorio, y existía además la propiedad feudal, en la que el rey conservaba la soberanía, pero que se había convertido en propiedad hereditaria del feudatario. Así se desarrolló a partir del vínculo feudal el Estado de los estamentos: el príncipe y sus feudatarios se repartían el poder sobre la tierra y el suelo. Mientras el rey o el príncipe trataba de consolidar su poder, los otros señores se aliaban con un objetivo común.

Por lo que respecta al tratamiento que del Estado moderno ha hecho la ciencia del derecho, suele hablarse de una "doctrina general del Estado" para referirse al conjunto de criterios y principios operativos que regulan la actividad, estructura y organización de esta forma política. Se debe a autores como Jellinek y Kelsen las mejores contribuciones en este campo. Ambos se ocuparon del estudio del Estado de derecho, es decir, del Estado concebido principalmente como órgano de producción jurídica y, en su conjunto, como ordenamiento jurídico.

Cabe señalar que con la transformación histórica del puro Estado de derecho en Estado social, las teorías meramente jurídicas del Estado, condenadas como formalistas, terminaron siendo abandonadas por los propios juristas, cediendo su lugar a estudios de sociología política que tienen por objeto el Estado como forma compleja de organización social (de los cuales el derecho sólo es uno de los elementos constitutivos).

En este último campo, debemos a Weber el estudio más coherente sobre el Estado moderno. Hasta la fecha, su contribución sigue permeando las discusiones sobre lo político moderno. En principio de cuentas, Weber fue de los primeros en ubicar al Estado en el horizonte de la modernidad capitalista. Asimismo, puso el acento en su condición como monopolio legítimo de la violencia, que como tal siempre es una aspiración más que una realidad. Este monopolio sólo puede ser atributo del Estado moderno, es decir, de una realidad histórica individualizada, el cual no podía cuajar sino en el marco de la racionalidad capitalista. Por su parte, la legitimidad de la que habla Weber no se refiere a una calidad intrínseca del poder ni supone una dimensión ética normativa, sino a la creencia firme de los sometidos en que el poder está justificado, al dar por supuesto que sirve a los intereses de la mayoría, aunque en realidad sólo convenga a los que detentan el poder. De ahí también el carácter instrumental del poder y que en Weber se transfiere a la racionalidad que encarna el Estado: el poder no tiene otro fin que el poder mismo. Visión descarnada que lleva a Weber a desmitificar la legitimidad consustancial de las formas democráticas, pues en las condiciones reales de la sociedad moderna, convertida en una verdadera "jaula de hierro" con el despliegue pleno del capitalismo, el pueblo no puede imponer realmente su voluntad.

Las ciencias políticas son la última de las disciplinas sociales que por razones lógicas se ha ocupado del estudio especializado del Estado. Sin embargo, la vertiente funcionalista estadunidense optó por sustituir el concepto de Estado por el de "sistema político", dentro del cual el primero no es más que uno de los elementos que se han de tener en cuenta. Así, autores como

---

* El autor agradece a Sergio Ortiz Leroux y Moisés López Rosas su colaboración en la concepción de este texto.

Easton y Almond argumentaron en su momento que el concepto de Estado no podía emplearse por una ciencia de la política con pretensiones de cientificidad, por cuanto impedía aprehender empíricamente la realidad de los ordenamientos políticos. Por el contrario, la noción de "sistema político", afirman, tiene una base empírica, libre de presupuestos éticos o valorativos, "capaz de viajar" y en esa medida "describir" más objetivamente la "vida política". Por esta vía, el lugar del Estado era sustituido por una noción según la cual la *asignación autoritativa de los valores en una sociedad* (sistema político) hacía más justicia a la realidad de la política.

Este enfoque se ha llevado al extremo en las versiones más recientes de las ciencias políticas, tributarias de las teorías de la decisión racional, en pensadores como Buchanan, Tullock y Downs. Todos conciben al sistema político con las pautas cognoscitivas de los fenómenos mercantiles, y al hacerlo tienden a aminorar la centralidad del Estado. En una posición similar por sus consecuencias están los trabajos de Luhmann, cuya teoría de los sistemas sociales confiere un lugar marginal al Estado. Según este escritor, el Estado ya no constituye la unidad natural de la región, sino un aparato que se usa para ordenar políticamente problemas regionales, para maximizar el consenso, minimizar la violencia y manejar algunos problemas específicos.

Las teorías del Estado

Si hay diversas disciplinas que se han ocupado del estudio del Estado moderno, es natural que también haya diversas interpretaciones sobre sus características y funciones, desde la concepción liberal del Estado hasta aquellos que argumentaron en favor de la desestatización de la política, pasando por la concepción marxista, la concepción realista, los defensores y los críticos del Estado social, etc., que se han formulado y modificado en la medida en que el fenómeno estatal también se ha transformado. A continuación veremos las principales posiciones de estas teorías del Estado.

Si una idea caracteriza a todo el pensamiento liberal desde Locke hasta Rawls es la necesidad de imponer límites al poder político, pues en la medida en que se restringe dicho poder aumenta la esfera de libertad del individuo, de sus garantías individuales naturales. A partir de esta premisa, el Estado liberal se concibió desde sus orígenes en el siglo XVII como un Estado mínimo, una suerte de "vigilante nocturno minimalista", cuya existencia se calificaba como un "mal necesario". Se debe también a la doctrina liberal la concepción moderna de la política radicada en el iusnaturalismo prevaleciente desde el siglo XVII en Europa. De acuerdo con esta doctrina, la sociedad política es producto de un contrato celebrado por los hombres para preservar sus derechos naturales. En virtud de ello, el Estado viene a ser una suerte de artificio o constructo humano elaborado racionalmente, es decir, con un fin predeterminado. En el caso del liberalismo, este fin era la defensa de las libertades del individuo, aunque supondría renunciar a su capacidad de autogobierno.

Posteriormente, cuando tiene lugar el encuentro entre liberalismo y democracia, en el siglo XIX (un encuentro calificado por Bobbio como un "abrazo vital" y a la vez "mortal"), se erige la concepción moderna del Estado democrático. Para esta posición, la forma de gobierno democrática sólo podía prosperar en el liberalismo y como tal es la que mejor se ajusta a sus principios y valores, incluyendo el del libre mercado. Así, una vez afirmado el Estado como Estado de derecho, el siguiente paso fue la afirmación del Estado democrático, es decir, aquel donde prevalece el sufragio universal y la representación de los ciudadanos a través de estructuras de intermediación. El argumento de Bobbio al respecto es ambivalente, porque por una parte el encuentro entre liberalismo y democracia permitió afirmar el principio de la participación política y de la capacidad de los ciudadanos para decidir sobre los asuntos políticos; pero, por la otra, supone siempre el riesgo de la mercantilización universal, en la que la política y todas las esferas de actividad humanas terminan convirtiéndose en mercancía de cambio.

En una corriente de opinión contraria a la liberal está la concepción marxista del Estado, misma que llegó a ser muy influyente en varios países, aunque aquella parte proyectiva de la teoría política de Marx nunca llegó a plasmarse en ningún experimento socialista del siglo XX. En principio, el marxismo concibe al Estado capitalista como un instrumento de clase, es decir, un aparato de coerción y administración del cual hace uso una clase burguesa para reproducir y garantizar la explotación de la clase proletaria. En esa medida, contrariamente al liberalismo, el Estado nunca puede ser una fuerza neutral representativa del interés general, de ahí que para los artífices de esta doctrina había que transformar las condiciones económicas estructurales del capitalismo para erigir una sociedad sin clases, una sociedad comunista, en la que el Estado tendería a desaparecer para dar lugar a una auténtica autogestión de los individuos.

En el horizonte ideológico del marxismo han prosperado desde Marx y Engels las más diversas concepciones sobre el Estado. Así, por ejemplo, para una noción instrumentalista, representada sobre todo por Miliband, el Estado es un instrumento de dominación pese a la existencia de otros poderes ocupados por individuos particulares. Althusser y Poulantzas interpretaron el Estado en términos estructuralistas, es decir, como una estructura con autonomía relativa donde prevalecen varios intereses y sólo una parte de la clase dominante es capaz de establecer su hegemonía sobre los demás. Finalmente, autores como Alvater y Holloway propusieron una teoría derivacionista, la cual parte de la crítica de la economía política para hacer la crítica de la política, y considera al Estado como "el capitalista colectivo ideal".

En una concepción muy distinta de la marxista debemos colocar a un conjunto de pensadores que podríamos ubicar en una línea que va de Hobbes a Schmitt y que depositan en el Estado una potencia capaz de unificar a sus naciones, garantizar la paz interna e imponer el orden y la obediencia. Son célebres al respecto las páginas que Hobbes escribió sobre el Leviatán, figura bíblica y monstruosa con la que el filósofo inglés asoció al Estado; pero son igualmente significativas las obras de Schmitt sobre el Estado total. Como se sabe, este autor encontró en la figura del Leviatán claves para argumentar en favor de una forma de agregación política capaz de unificar a una nación, neutralizar el conflicto consustancial a todos los individuos y permitir el orden y la prosperidad. Al razonar así, Schmitt dejaba vislumbrar una justificación del Estado totalitario tal y como prosperó en Alemania bajo el nazismo.

A la par que las transformaciones del Estado, han surgido diversas interpretaciones sobre la naturaleza de estos cambios. Se debe a Keynes la concepción del Estado social o de bienestar que como tal prosperó en el horizonte del mundo capitalista desde los años treinta hasta los años ochenta. Según este esquema, en tanto hubiera profundas desigualdades sociales y económicas, ni siquiera la igualdad política efectiva del Estado democrático alcanzaría para conseguir órdenes politicosociales racionales. Para conseguirlo, se argumentaba en favor de una intervención directa del Estado en el proceso productivo y sobre todo en el distributivo, a fin de garantizar una redistribución más equitativa de la renta. El modelo keynesiano postula dicha intervención del Estado en el ciclo económico con el fin de garantizar tres aspectos necesarios para la prosperidad de las sociedades capitalistas: el equilibrio económico, el pleno empleo y, como consecuencia, el crecimiento sostenido.

Al no cumplirse en los hechos estos postulados, por una incapacidad real del Estado para satisfacer un número creciente de demandas alentadas por la propia concepción social de su actividad, volvió a cobrar fuerza la visión liberal del Estado mínimo, pero ahora en su versión más radical y conservadora, en escritores como Hayek y von Mises, a quienes se considera los padres intelectuales del neoliberalismo triunfante desde los años ochenta. Entre los principales estudiosos de la crisis del Estado de bienestar destacan los nombres de Offe, Habermas y O'Connors.

Una última línea de argumentación que ha venido cobrando gran importancia en los últimos años es la que postula la desestatización de la política en virtud de las propias transformaciones que ha venido experimentando la cuestión social en las sociedades modernas. En esta tradición confluyen entre otros Arendt, Castoriadis, Lefort y, más recientemente, Dubiel y Maestre.

Bajo la influencia de estos autores, se ha configurado en Occidente una corriente intelectual que concibe a la democracia como un dispositivo simbólico, una creación histórica de una colectividad consciente de sí misma. Más específicamente, sostiene los siguientes presupuestos:

a) Considera a la sociedad civil como el espacio público por excelencia, el lugar donde los ciudadanos, en condiciones mínimas de igualdad y libertad, cuestionan y enfrentan cualquier norma o decisión que no haya tenido su origen o rectificación en ellos mismos.

b) Coloca en consecuencia a la esfera pública política como el factor determinante de retroalimentación del proceso democrático y como la esencia de la política democrática, y se opone a cualquier concepción que reduzca la política al estrecho ámbito de las instituciones o el Estado.

c) En conexión con lo anterior, concibe al poder político como un espacio "vacío", materialmente de nadie y potencialmente de todos, y que sólo la sociedad civil puede ocupar simbólicamente desde sus propios imaginarios colectivos y a condición de su plena secularización.

d) Sostiene, finalmente, que la sociedad civil es por definición autónoma y fuertemente diferenciada, por lo que la democracia se inventa permanentemente desde el conflicto y el debate público.

De las muchas definiciones del concepto de democracia conocidas suele descuidarse aquella que en lugar de considerarla como un modelo político, la describe como el imaginario social que permite a una colectividad tomar conciencia de sí misma. Por lo general, la cuestión democrática ha sido encajonada por las ciencias sociales, y en particular por las ciencias políticas, en la órbita del Estado, con lo cual se pierde de vista que la democracia es, por definición, un asunto que compete en primerísima instancia al *demos*. Esta identificación de la democracia con la esfera estatal ha llevado a privilegiar enfoques institucionalistas que la sitúan dentro del marco de las formas de gobierno o en el horizonte de los métodos y procedimientos para la elección de los gobernantes.

El discurso en boga de la democracia en los círculos académicos e intelectuales ha logrado sellar una operación paradójica y sorprendente: los problemas de la democracia se han vuelto un asunto que compete en primer lugar a los gobernantes y de manera subsidiaria a los gobernados. Esta expropiación de la política adquiere carta de naturalización en las teorías elitistas de la democracia y, en menor medida, en los enfoques participativos de la misma. Así, por ejemplo, para los elitistas, la democracia se reduce a un juego de minorías que compiten en un mercado político por las preferencias de las mayorías. La política se asemeja al mercado y los ciudadanos a consumidores. Para los enfoques participativos, por el contrario, la cuestión democrática no es un asunto que competa exclusivamente a las élites, pero los mecanismos de participación de las mayorías en los asuntos públicos suelen limitarse a procesos acotados como elecciones o consultas. En el mejor de los casos, las teorías participativas buscan corregir, mas no transformar, las imperfecciones de las democracias liberales realmente existentes.

Frente a estas lecturas de la democracia se ha ido articulando desde distintas tradiciones intelectuales un modelo democrático distinto que tiene como eje la desestatización de la política, vale decir, la expropiación de lo político a los profesionales de la política y su recuperación por parte de la sociedad civil.

En un momento de euforia y francos excesos retóricos, cuando los neoconservadores proclamaban a los cuatro vientos el triunfo de la "democracia", entendida como mera transmutación del mercado económico, y cuando las alternativas de corte "bienestarista" perdían credibilidad, pues habían mutilado la iniciativa autónoma de la sociedad civil, se recupera para el debate intelectual una cosmovisión distinta que proclama, a contracorriente, que en cuestión de democracia todo está por inventarse, que el poder no es algo que se conquista de una vez y para siempre, sino un espacio vacío que sólo puede ser ocupado simbólicamente de vez en vez por la sociedad civil. En esta perspectiva, la democracia no sólo es un modelo institucional, sino sobre todo un dispositivo imaginario que presupone la existencia de un espacio público político donde confluye una sociedad civil que ha ganado el derecho a tener derechos. La propuesta final de la argumentación a favor de la democracia es una teoría de la integración política a través del conflicto más que del consenso.

El Estado en América Latina

Una de las preocupaciones más recurrentes en la reflexión política latinoamericana de los últimos años ha sido el esfuerzo por confeccionar un concepto de Estado cuyo contenido comprenda no sólo la cambiante y compleja realidad política, social y económica de la región, sino el conjunto de valores e ideales colectivos que prevalecen en las sociedades del subcontinente.

El tratamiento del concepto en las diversas escuelas y corrientes de pensamiento dominantes en América Latina presenta innumerables contradicciones y constantes imprecisiones. Así, por ejemplo, la posición reduccionista de la teoría dependentista de los años sesenta que entendió al Estado en el contexto de la tensión entre metrópoli y periferia, demostró sus límites pasados algunos lustros. La teoría desarrollista que presentó al Estado como eje rector del progreso económico y social fue incongruente en la práctica política. La reciente propuesta neoliberal que coloca al Estado como una entidad reducida al mínimo en su capacidad interventora quedó atrapada en el contradictorio y complejo tejido social latinoamericano. O bien los enfoques institucionalistas que presentaron al Estado como institución autónoma, al margen del contexto sociohistórico de la región, poco han hecho por presentar una visión de conjunto de su problemática.

Frente a estas limitaciones, ha comenzado a cobrar fuerza una concepción que ve en el Estado latinoamericano una institución dotada de habilidad conductora y capaz de coordinar las fuerzas sociales en torno a una perspectiva de desarrollo (Lechner). Según esta perspectiva, el principal desafío que se presenta es el de armonizar el desarrollo económico con la seguridad social y la democracia política. Tres cuestiones fundamentales pero no del todo suficientes para entender y estudiar a la institución estatal en nuestros días.

Para redefinir el concepto de Estado latinoamericano deben tomarse en cuenta al menos tres dimensiones básicas de estudio: *a)* los claroscuros del proceso de democratización, *b)* los límites del modelo de desarrollo y *c)* el inequitativo desarrollo social.

En el primer caso, el proceso de democratización se ha visto obstaculizado por inercias autoritarias que prevalecen en la mayoría de los Estados. La red de intereses corporativos y clientelares ha vuelto más compleja la vida política latinoamericana. Los avances democráticos experimentados en algunos países durante la segunda mitad de la década de los ochenta poco a poco han sido opacados por escándalos políticos (Fernando Collor de Mello en Brasil, Abdalá Bucaram en Ecuador, Carlos Andrés Pérez en Venezuela), amagos militares (Hugo Chávez en Venezuela, Augusto Pinochet en Chile) y explosiones sociales (el "caracazo" en Venezuela, el levantamiento armado en Chiapas, México). Todo ello ha provocado la aparición de un nuevo fenómeno político en el escenario estatal: la llamada antipolítica, es decir, el ejercicio del poder político por parte de liderazgos carismáticos que niegan la propia política. Casos como el de Irene Sáenz en Venezuela o *Palito* Ortega en Argentina son ya parte del mapa político actual. Un riesgo que genera la antipolítica para el Estado latinoamericano es el de llevar al poder a políticos irresponsables que pongan en peligro el orden legal e institucional del aparato estatal (caso Bucaram en Ecuador). Esto nos conduce a una conclusión inevitable: la crisis de la política institucional y estatal en el escenario latinoamericano. Ello ha provocado desgarradoras fracturas en la mayoría de los países de la región, lo que ha reducido la política a un juego de intereses entre élites y ha modificado sustancialmente la relación entre gobernantes y gobernados.

En el segundo caso, el modelo de desarrollo seguido hasta el momento ha denotado claramente sus límites. Carente de toda sensibilidad social, el modelo de desarrollo hacia afuera estuvo diseñado a la luz de la oleada neoliberal de los años ochenta y recientemente se ha visto vulnerado por la realidad social prevaleciente. A las reacciones sociales producto de las políticas económicas implementadas ha seguido una crisis financiera que ha desquiciado los mercados nacionales. Primero fue México ("efecto tequila"), luego Argentina ("efecto tango") y recientemente Brasil ("efecto samba"). La idea dominante en el sentido de reducir al mínimo las funciones económicas del Estado y aumentar ante todo la intervención del mercado como espacio de transacciones entre actores, poco a poco demuestra cuán distanciada se encuentra de la realidad latinoamericana.

En el tercer caso, el inequitativo desarrollo social en América Latina puede considerarse como la clave para entender el progreso desigual en la región. Las sociedades latinoamericanas están atravesadas por la diferencia y el conflicto. Ello las coloca como una de las regiones del mundo con más altos índices de pobreza y marginación, caracterizadas por la polarización y el enfrentamiento constante entre los sectores de la población. Los movimientos armados surgidos en Perú, Colombia, Guatemala y México son sólo botones de muestra de una realidad social que poco tiene que ver con un Estado democrático. El desmantelamiento del Estado de bienestar ha venido a recrudecer esta cuestión. La desigualdad prevaleciente ha generado un desarrollo caracterizado por la cultura de la pobreza, la hostilidad política y el desencanto democrático.

Reflexionar y debatir sobre el Estado desde la perspectiva latinoamericana sugiere tomar en cuenta a un nuevo actor que ha irrumpido en la esfera pública de la región: la sociedad civil. El llamado resurgimiento de la sociedad civil obliga a replantear no sólo su relación con el Estado, sino el papel de la política institucional y estatal prevalecientes. El Estado latinoamericano puede ser entendido a partir de las transformaciones de la sociedad civil en el espacio público. Esta idea le imprime un viraje a la concepción estatal en nuestra región; redefine no sólo el concepto de Estado sino también el conjunto de ideas sobre lo político. Desestatizar la política significa regresar a la sociedad civil la capacidad para llenar de contenidos simbólicos a la política. Esta situación coloca al Estado ya no como la institución que monopoliza lo político, sino que para afirmarse como tal requiere transformarse y ceder el espacio público a lo social. El futuro del Estado en América Latina depende entonces de la capacidad para asimilar en su justa dimensión el nuevo papel de la sociedad civil.

El Estado mexicano

El Estado mexicano contemporáneo se ha distinguido por reunir una serie de atributos que no aparecieron en los demás Estados latinoamericanos. Fruto de la primera revolución social del siglo XX y de la confrontación o el acuerdo entre las facciones revolucionarias (maderismo, zapatismo, villismo, constitucionalismo), el Estado mexicano posrevolucionario consiguió mantener durante más de media centuria un margen considerable de consenso y legitimidad sin recurrir a prácticas e instituciones democráticas o dictatoriales que dominaron en otros países latinoamericanos. La clave de su longevidad estuvo asociada al régimen político que fue cristalizándose durante los gobiernos herederos de la Revolución. Dos instituciones forjaron y dieron sustento al peculiar autoritarismo mexicano: la presidencia de la república y el partido oficial (PNR-PRM-PRI). El presidencialismo mexicano ha descansado no sólo en las facultades constitucionales del presidente de la república, sino en otras fuentes extra o metaconstitucionales (geográficas, económicas, psicológicas, etc.) que han permitido el predominio del Poder Ejecutivo sobre otros poderes y niveles de gobierno. Por su parte, el partido oficial, creado en 1929 a instancias del "jefe máximo" de la Revolución, Plutarco Elías Calles, cumplió un papel vital en la legitimación del nuevo régimen ya que permitió unificar a la familia revolucionaria, garantizar la transmisión pacífica y civilizada del poder e integrar a los grupos y clases sociales (obreros, campesinos, pequeños propietarios, etcétera) a las filas del Estado a través de sus sectores internos. La fórmula no podía resultar más exitosa. Mientras en otras latitudes la centralización y unificación del entramado político en un poder soberano provocó guerras civiles, desintegración y golpes de Estado, en México este proceso se puso en marcha sin enfrentar grandes resistencias ni pagar altos costos políticos. Las excepciones que confirman la regla fueron las rupturas en el interior de la familia revolucionaria de Almazán (1940), Padilla (1946) y Enríquez (1952), escisiones que a la postre resultaron infructuosas, pues los candidatos en rebeldía fueron derrotados en las elecciones presidenciales por los abanderados oficiales.

Durante más de cinco décadas, el Estado mexicano también ocupó un lugar estratégico en la vida económica y social del país. Gracias a la escasa infraestructura, a la incipiente actividad industrial, comercial y de servicios y a la debilidad de los actores productivos, el Estado no sólo se ocupó de la promoción y rectoría de las actividades económicas, sino que también participó activa y directamente en las mismas. El modelo de desarrollo aplicado en el país descansó en un fuerte intervencionismo estatal que generó diferentes consecuencias: privilegió la formación de una burguesía nacional, primero industrial y después financiera, fortaleció el mercado interno, garantizó tasas elevadas de crecimiento económico, etc. La eficacia del llamado desarrollo estabilizador no fue gratuita. Su viabilidad estuvo asociada directamente a dos fenómenos: por una parte, el control corporativo que se ejerció sobre los sectores sociales (obreros, campesinos, burócratas, sectores profesionales, etc.), quienes establecieron un peculiar pacto con el Estado que garantizaba la fidelidad y lealtad de los primeros a cambio de que el segundo les ofreciera puestos de representación y mínimos satisfactores a sus líderes y bases, y por el otro, la cerrazón política que se dirigió contra los opositores al régimen y que comprendió desde fraudes electorales hasta represión y asesinatos.

En suma, durante el periodo posrevolucionario la estatización de la esfera pública resultó evidente. Al respecto, no debe extrañar que numerosos estudiosos y analistas del sistema político mexicano hayan acuñado distintas categorías y conceptos ("bonapartista", "capitalista monopolista de Estado", "patrimonialista", "paternalista", "proteccionista", "populista", etc.) que ilustran el peso desmedido de la esfera estatal en la definición del proyecto nacional.

Sin embargo, con la crisis económica de finales de los setenta y principios de los ochenta, el modelo económico empezó a mostrar serias debilidades. El salvamento se encomendó a un nuevo tipo de Estado que empezó a adquirir sus signos distintivos en el sexenio de Miguel de la Madrid y consolidó sus características durante el gobierno de Salinas de Gortari. A partir de la premisa de disminuir las funciones y reducir el tamaño del Estado, es decir, pasar del Estado máximo al Estado mínimo, el Estado neoliberal ha implantado un conjunto de políticas económicas y sociales destinadas a debilitar el intervencionismo del Estado, fortalecer al mercado como mecanismo regulador de la economía y garante de la distribución de bienes y servicios y desmantelar el pacto social posrevolucionario. El nuevo modelo estatal, caracterizado por la apertura indiscriminada de las fronteras a las mercancías y capitales extranjeros, la venta de empresas paraestatales y la puesta en marcha de programas sociales selectivos y clientelares ha provocado desastrosas consecuencias para el tejido económico y social del país: cierre de pequeñas y medianas empresas, pérdida de conquistas sociales (empleo, salario, prestaciones), profundización de la brecha entre ricos y pobres, entre otras.

Líneas de investigación y debate contemporáneo

Pero más allá de sus funciones y dimensiones, el Estado mexicano ha sido sometido a una reforma de sus órganos e instituciones internos. Como consecuencia del surgimiento de una sociedad más plural y participativa que ya no cabe en una sola formación partidaria y de la consolidación de un incipiente sistema de partidos, el Estado mexicano ha iniciado una reforma de sus bases y pilares constitutivos con el objeto de adecuarse a los nuevos tiempos políticos. A pesar de su lentitud, ambigüedad e incierto destino, la reforma del Estado mexicano aparece como un proceso ineludible, pues las bases de legitimidad y consenso del viejo Estado resultan obsoletas e ineficientes para el conjunto del sistema político y aparecen ya como un obstáculo para la transición política que atraviesa el país. Entre los temas de la agenda de la reforma democrática del Estado destacan los siguientes: equilibrio de poderes entre ejecutivo, legislativo y judicial, federalismo y municipalismo, mecanismos de democracia semidirecta: referéndum, plebiscito e iniciativa popular, autonomía indígena, etcétera.

En este contexto, destaca el nuevo protagonismo de la sociedad civil. En efecto, a partir de finales de los sesenta ha aparecido un sinnúmero de movimientos e iniciativas autónomas de los ciudadanos que han dado un nuevo sentido al espacio público. El renacimiento de la sociedad civil ha permitido sentar las bases de una nueva relación entre el Estado y la sociedad sustentada en la complementación y especificidad de competencias de cada una de estas instancias. Con el resurgimiento de lo social, la política ha adquirido nuevas dimensiones. Quedan todavía por definir las atribuciones y dimensiones del futuro Estado mexicano; pero lo que parece ir ganando consenso es la necesidad de desestatizar lo público, no para subordinarlo al ámbito privado del mercado, sino para recuperarlo como el espacio social por excelencia donde se satisfacen las necesidades comunes y confluyen las acciones, iniciativas y experiencias diversas de la sociedad civil.

BIBLIOGRAFÍA

Almond, G., y G. B. Powell (1970), *Política comparada*, Il Mulino, Bolonia.

Althusser, L., *et al.* (1982), *Discutir el Estado. Posiciones frente a una tesis de Louis Althusser*, Folios, México.

Arendt, H. (1997), *¿Qué es la política?*, Paidós, Barcelona.

Bobbio, N. (1992), *Estado, gobierno y sociedad. Por una teoría general de la política*, FCE, México.

Cansino, C., y A. Zermeño (1997), "América Latina: una democracia toda por hacerse", en *Metapolítica*, vol. 1, núm. 4, pp. 557-571.

Cansino, C., "Democracia y sociedad civil en América Latina. Una revisión crítica de los diagnósticos latinoamericanos en los años ochenta y noventa", en *Metapolítica*, vol. 2, núm. 7, pp. 435-461.

Carnoy, M. (1984), *El Estado y la teoría política*, Alianza, México.

Cassirer, E. (1947), *El mito del Estado*, FCE, México.

Castoriadis, C. (1987), *La institución imaginaria de la sociedad*, Anagrama, Madrid.

Cotarelo, R. (1996), "Teoría del Estado", en E. Díaz y Ruiz, A. (comps.), *Enciclopedia iberoamericana de filosofía*, vol. 10, filosofía política, II. teoría del Estado, Trotta, Madrid.

Crozier, M. (1992), *Cómo reformar al Estado. Tres países, tres estrategias: Suecia, Japón y Estados Unidos*, FCE, México.

D'Entrèves, A. (1967), *La dottrina dello Estato. Elementi di analisi e di interpretazione*, Giappichelli, Turín.

De la Cueva, M. (1994), *La idea del Estado*, UNAM/FCE, México.

Easton, D. (1982), *Esquema para el análisis político*, Amorrortu, Buenos Aires.

Fédou, R. (1977), *El Estado en la Edad Media*, EDAF, Madrid.

García-Pelayo, M. (1988), *Las transformaciones del Estado contemporáneo*, Alianza, Madrid.

González Casanova, P. (1980), *La democracia en México*, Era, México.

Habermas, J. (1998), *Más allá del Estado nacional*, Trotta, Madrid.

Hall, J. y G. Ikenberry (1991), *El Estado*, Patria, México.

Hayek, F. A. (1985), *Camino de servidumbre*, Alianza, Madrid.

Held, D. (1989), *Political Theory and the Modern State*, Polity Press, Oxford.

Heller, H. (1987), *Teoría del Estado*, FCE, México.

Kaplan, M. (1985), *Aspectos del Estado en América Latina*, UNAM, México.

Kelsen, H. (1983), *Teoría general del derecho y del Estado*, UNAM, México.

Lechner, N. (1995), "La reforma del Estado y el problema de la conducción política", en *Perfiles latinoamericanos*, México, núm. 7, diciembre, pp. 149-178.

Lechner, N. (1996), "Las transformaciones de la política", en *Revista Mexicana de Sociología*, México, núm. 1, enero-marzo, pp. 63-64.

Lefort, C. (1990), *La invención democrática*, Nueva Visión, Buenos Aires.

Luhmann, N. (1994), *Teoría política en el Estado de bienestar*, Alianza, Madrid.

Maestre, A. (1994), *El poder en vilo*, Tecnos, Madrid.

——— (1996), *El vértigo de la democracia*, Huerga y Fierro, Madrid.

Marcos, P. (1977), *El Estado*, Edicol, México.

Nozick, R. (1988), *Anarquía, Estado y utopía*, FCE, México.

Offe, C. (1991), *Contradicciones en el Estado del bienestar*, CNCA/Alianza, México.

Orozco, J. L. (1997), *El estado pragmático*, Fontamara, México.

Paz, O. (1979), *El ogro filantrópico. Historia y política 1971-1978*, Joaquín-Mortiz, México.

Schiera, P. (1981), "Estado moderno", en Bobbio, *Diccionario de política*, Siglo XXI, México.

Schmitt, C. (1985), *El concepto de lo político*, Folios, México.

Schule, H. (1997), *Estado y nación en Europa*, Crítica, Barcelona.

Weber, M. (1944), *Economía y sociedad*, FCE, México.

ESTADO MULTINACIONAL

Fernando Vizcaíno

Definición

Es fácil observar que en el discurso político como en la teoría persiste el supuesto de que a cada Estado corresponde una nación. La expresión *Estado nación* es tan frecuente que incluso *nación* y *Estado* se usan indistintamente. Esto es así porque la nación o el pueblo es la justificación última, ideológica y política, de cualquier Estado, amén de que éste no es una mera imposición de unos cuantos caudillos sobre una población, sino muchas veces la expresión de una identidad colectiva que necesita regular la convivencia, el intercambio y la cooperación. Toda nación tiende a desarrollar un Estado, el cual, a su vez, se erige como sostén de la organización y continuidad de la nación.

Huelga decir que ni todo Estado resulta de una evolución histórica natural ni toda nación se convierte en Estado, incluso, la nacionalidad puede llegar a ser un obstáculo para la unidad estatal. Más bien encontramos, en una rápida observación del mundo, muchas "naciones sin Estado" integradas a un Estado —ya sea por conquistas, por arreglos y donaciones de territorios entre imperios, o ya por divisiones fronterizas de cualquier otra índole— o bien Estados que son la expresión política de varias naciones y del arreglo entre éstas.

La noción "Estado multinacional", entonces, difiere de "Estado nación" o "nación Estado" en varios sentidos. Primero por su metodología: distingue entre nación, en sentido sociológico, y Estado; considera que el Estado tipo no es el que coincide con una nación, sino el que comprende a más de una; observa el mundo y las regiones siguiendo las fronteras culturales tanto, o más, que las geográficas que dividen a los Estados.

Segundo, hay una diferencia de contenido y diagnóstico: el paradigma del Estado multinacional no niega la existencia de los Estados, pero fundamentalmente observa las culturas, lo cual es más complejo y revela problemas que al parecer no existen desde el punto de vista del Estado nación. A la pregunta sobre cuántos Estados existen en el mundo hay una respuesta relativamente fácil: 185, según el reconocimiento de la ONU. En cambio es casi imposible numerar las culturas o las minorías nacionales de todo el globo. Ello depende de una concepción sociológica o antropológica de nación y, muchas veces, de un arreglo político o jurídico en el interior de cada Estado y en el orden mundial. ¿Es Hawai una nación como lo son Quebec, Kosovo o Palestina? ¿Si a los inuit se les ha reconocido el territorio autónomo de Nunavut, con una jurisdicción especial en la federación canadiense, tienen el mismo derecho los mayas en México, Guatemala y Belice?

De todo esto se desprende una tercera diferencia. Si hay una metodología y unos problemas distintos, también hay arreglos, políticas públicas y una agenda internacional distinta frente a los problemas. Bajo el paradigma del Estado multinacional, las políticas del gobierno central se realizan no para las provincias o departamentos, sino en consideración de los pueblos o naciones. Lo mismo ocurre mundialmente: Naciones Unidas, organizaciones no gubernamentales o instituciones como el Banco Mundial o la Unión Europea pueden llevar a cabo programas de desarrollo financiando a Estados que reconozcan y otorguen derechos a las minorías o bien directamente a éstas y sin la mediación de los gobiernos centrales. Recordemos, por ejemplo, el Informe de la Comisión Mundial para la Cultura y el Desarrollo (1996) que sugiere con un vigoroso consenso modificar las políticas de la agenda internacional y emprender programas y acciones directamente con las culturas, aun si para ello es necesario poner en duda el concepto de la soberanía del Estado nación. Este nuevo paradigma sirve no sólo para la paz y el desarrollo, sino también para la guerra. Samuel Huntington (1996), asesor del gobierno de los Estados Unidos, quien supone una nueva organización mundial cuyo sillar son las culturas, no los Estados, propone una alianza de este país y Europa para defender a Occidente de las otras civilizaciones.

¿Qué es, entonces, una nación y cómo se define el Estado multinacional? ¿Cuál es la evolución del concepto? ¿Por qué ha adquirido importancia teórica y política en los últimos años? ¿Quiénes son sus principales exponentes? ¿Cuáles sus perspectivas y mayores riesgos?

La noción de Estado multinacional requiere, primero, pensar en la nación en su sentido sociológico y cultural antes que estatal. Así, la nación es una parte de la humanidad con un conjunto de imágenes y símbolos compartidos. Nos remite a una comunidad histórica, organizada, asentada en un territorio y cuyos miembros comparten costumbres y poseen sentimientos de pertenencia sustentados en uno o varios de los siguientes elementos: una lengua y un pasado común, una raza, una geografía o una religión.

Esta concepción se asemeja a la de cultura o pueblo, en donde el sustento y la identidad colectiva aparecen como necesidades primordiales del individuo. Coincide con la del Convenio 169 de la Organización Internacional del Trabajo sobre Pueblos Indígenas y Tribales, que en los últimos años ha adquirido un lugar esencial en la legislación internacional de protección de las minorías. El convenio se refiere a los pueblos indígenas como a aquellos "que están regidos total o parcialmente por sus propias costumbres o tradiciones o por una legislación especial" y, además, descienden de poblaciones que habitaban en el país o en una región geográfica a la que pertenece el país, en la época de la Conquista o la colonización o del establecimiento de las actuales fronteras estatales y que, cualquiera que sea su situación jurídica, conservan sus propias instituciones sociales, económicas culturales y políticas o parte de ellas. El convenio no utiliza el concepto de pueblo como sinónimo de nación, puesto que este término en el derecho internacional corresponde al de Estado. Queda claro, sin embargo, que "pueblo" coincide con el sentido sociológico de nación aquí asumido. El Estado multinacional, entonces, es el que comprende o integra a dos o más naciones o pueblos.

Si es necesario diferenciar entre Estado nación y Estado multinacional, también hay que distinguir entre éste y la noción de Estado multiétnico o multicultural.

Will Kimlicka, uno de los pensadores que más se han ocupado del tema, establece una definición para minorías nacionales y grupos étnicos y explica que a un Estado multinacional corresponde el derecho, reconocido o no, de las minorías nacionales; y, a uno multiétnico, el de los grupos étnicos. Por minoría nacional entiende una sociedad distinta y potencialmente autogobernada, pero incorporada a un Estado más amplio por sucesos históricos como conquistas, donación de imperios o acuerdos entre potencias. En cambio, lo que explica la existencia de los grupos étnicos es el proceso de inmigración de quienes dejaron su nacionalidad para incorporarse a otra sociedad. En esta definición, las minorías nacionales ocupan territorios, no así los inmigrantes (Kimlicka, 1995, pp. 12-19). Los Estados Unidos son un buen ejemplo de Estado multiétnico y Canadá de Estado multinacional. En cualquier caso se aplica la idea de multiculturalismo. Además este término refleja muchos otros procesos culturales: el surgimiento del movimiento feminista, los estudios de género, el cambio de la moral sexual con lo que es visible la presencia de *gays* y lesbianas, la apertura en la educación y la política y el impacto de las nuevas migraciones.

"Todos somos multiculturalistas ahora", escribió en los Estados Unidos Nathan Glazer (1997). La expresión resume muy bien la explosión multicultural contemporánea. Sin embargo, precisamente porque incluye todo y a todos puede volverse confusa. De ahí la necesidad de delimitar las fronteras, o acaso los traslapes, entre multiculturalismo, multietnicidad y Estado multinacional. Todos somos multiculturalistas, es cierto; pero no todos lo somos en el mismo sentido.

Tipos de Estado multinacional

La idea de nación como identidad colectiva (imágenes y símbolos compartidos por una comunidad humana) es el componente fundamental del Estado multinacional. Hemos visto además que, en ese sentido, nación coincide con la definición de pueblo indígena asumida por la OIT. Sin embargo, no se agota aquí. El pueblo de Quebec, por el contrario, se constituye mediante un proceso de migración, conquista y colonización de territorios de América del Norte. La comunidad anglófona de Canadá, a su vez colonizadora, constituye otra identidad. Así, al menos, tenemos dos tipos de naciones o pueblos: indígenas e inmigrantes colonos.

Canadá es uno de los ejemplos más destacados de Estado multinacional. Engloba además de las culturas inglesa y la francesa varias de pueblos originarios: la de los inuit, métis e indios, entre los cuales a su vez hay varias categorías. Si bien se trata de un Estado unitario para los asuntos más esenciales de moneda y política exterior, posee un complejo sistema jurídico y federado con el que ha buscado organizar la diversidad. La cultura mayoritaria, que suma aproximadamente 45%, es la anglófona; de las minoritarias, la francófona tiene el 25% y el resto son indígenas. Esto, sin embargo, no ha negado el reconocimiento y el derecho de estos grupos minoritarios. Uno encuentra, por ejemplo, que el sistema legal está basado en la *English common law*, excepto en Quebec, donde rige la *French law prevails*.

Es cierto que los pueblos indígenas, minoritarios con respecto a éstos, no han tenido las mismas prerrogativas; empero, en los últimos años se reconocen cada vez más sus derechos. Hay reservaciones con cierta autonomía y a partir de abril de 1999 la región de los Territorios del Noroeste se dividió para crear Nunavut. El Parlamento, a su vez, posee sistemas de representación especial en correspondencia con el Estado multinacional.

Una "ciudadanía diferenciada" surge al final de este complicado esfuerzo por acomodar las minorías y las nacionalidades. Kimlicka (1996) ha explicado que esta ciudadanía diferenciada posee tres derechos básicos: autogobierno, multietnicidad y representación especial. Esta disimilitud resulta, y a la vez es causa, del precepto de que la igualdad se sustenta en reconocer y ubicar la diferencia. En otras palabras, aceptar que Canadá es un Estado multinacional, no un Estado nación, es una verdad que pocos gobiernos están dispuestos a reconocer.

Hipotéticamente, podríamos prescindir, con lo dicho hasta aquí, de algunos elementos básicos de la conformación del Estado multinacional y deducir tres tipos, como se muestra en el siguiente esquema:

Esquema

Estado		Tipos de Estado multinacional
Nación	Pueblos indios o aborígenes	Naciones indígenas
Identidad cultural (sentido sociológico)	Migrantes colonos	Indígenas y colonos
		Colonos

El primer tipo de Estado multinacional es el que comprende a dos o más naciones indígenas o aborígenes y en donde la población de inmigrantes europeos colonos no existe o es casi nula. Ejemplos de este tipo son algunos de los Estados de África Central: Burundi y Ruanda, Zaire (ahora República Democrática del Congo), Tanzania. Muchos de estos Estados dominan sobre grupos étnicos que poseyeron una cierta organización y delimitación de territorios naturales hasta que, a causa de las necesidades de administraciones colonialistas, Occidente los delimitó en fronteras y Estados. En consecuencia, comunidades diversas quedaron o bien divididas por las fronteras creadas o bien obligadas a convivir unas con otras dentro de la soberanía del nuevo Estado. Las tensiones de esa convivencia forzada se contuvieron mientras se ejerció el dominio de las potencias extranjeras, pero con el fin de la Colonia se han desatado diversas guerras entre los grupos étnicos. Uno de los más graves y conocidos de los años noventa es el caso de los pueblos hutu y tutsi, obligados a una difícil convivencia tanto en Burundi como en Ruanda, dominados por Bélgica hasta 1962.

El segundo tipo de Estado multinacional es el que reúne naciones indígenas y otra u otras de colonos, casi siempre migrantes europeos. Se ha citado el caso de Canadá, pero muchos otros, especialmente donde hubo migraciones anglosajonas, son ejemplos interesantes: Australia, Sudáfrica, etc. Y el tercer tipo es el que integraría a dos o más pueblos de colonos. Canadá, por ejemplo, hasta hace unos años se consideró como binacional, pues política y jurídicamente sólo contaban las comunidades francesa e inglesa. Podríamos agregar un cuarto tipo, el de las culturas nacidas de la mezcla de razas de colonos de origen europeo e indígenas, de donde resulta una sociedad mestiza que junto a otros pueblos (indígenas o no) conforman un Estado multinacional. Ejemplos de este cuarto tipo lo son prácticamente todos los países de la colonia española y portuguesa: Filipinas y la mayoría en América Latina.

La tipología referida es el resultado de abstraer y combinar dos elementos básicos: indígenas y colonos europeos, y sirve para una apreciación general y una primera clasificación. Sin embargo, los Estados multinacionales son tan complejos que constituyen un fenómeno cuya cabal comprensión debe considerar muchos otros elementos: raza, lengua y religión, conquistas y cesión de territorios de un imperio a otro, sistemas de gobierno, tolerancia, ciudadanía y derechos humanos.

Historia, teoría y crítica

El concepto de Estado multinacional es relativamente nuevo. Ha aparecido en el contexto de la explosión multicultural de la última década junto a otros temas y problemas: etnicidad, minorías, nacionalismo, que han resurgido luego de que durante mucho tiempo se consideraron agotados en un mundo cada vez más global y donde se expandía la democracia, el industrialismo y la figura del Estado nación. Difícilmente el lector encontrará el término en un diccionario de política que no se haya publicado en los últimos 10 años. Acaso lo hallará en algunos libros recientes ocupados sobre tolerancia, multiculturalismo, "naciones sin Estado", minorías y Estado en conflicto, autodeterminación, nuevos nacionalismos y nueva etnicidad (véase, por ejemplo, Guibernau y Rex, 1997; Gellner, 1997; Moddod y Werbner, 1997; Smith, 1995; Caplan y Feffer, 1996; Walzer, 1997; Minahan, 1996).

Pero si el concepto es nuevo, no lo es el fenómeno ni un conjunto de discusiones políticas en cuyo centro estaba el problema de acomodar las diversas naciones en la unidad estatal. Para advertirlo podríamos remontarnos, al menos, a la época de las revoluciones en Europa y América de finales del siglo XVIII y principios del XIX. Las Cortes de Cádiz y la Constitución de 1812, máxima expresión de la revolución española iniciada en 1808, representan un ejemplo muchas veces olvidado pero muy ilustrativo, puesto que ese congreso, que llegó a contar con 50 diputados americanos, es el origen del tránsito a la modernidad tanto en España como en Hispanoamérica, tránsito que va del vasallo al ciudadano, de la monarquía a la nación, de la soberanía del rey a la del pueblo, de la organización por estamentos y reinos a los sistemas representativos y populares de gobierno. Pero sobre todo es el primer intento en el mundo hispano por construir un Estado nación basado en la igualdad del ciudadano y no en la raza, la religión, la lengua, la geografía o los estamentos.

De la nación española, la Constitución de Cádiz dice que es la reunión de todos los españoles de ambos hemisferios, que es libre e independiente, que no es ni puede ser patrimonio de ninguna familia ni persona y, esencialmente, que en ella reside la soberanía del Estado. Es claro que en esta definición hay un esfuerzo jurídico y político por hacer coincidir una "nación", la española, con el Estado. Sin embargo, los diputados llegaron a esta conclusión mediante un intenso debate, registrado en los diarios de las Cortes, en el que había una diferenciación explícita entre nación en sentido "físico", entendida como grupo que comparte un origen y un lugar de nacimiento, y nación "políticamente" hablando. El americano José Miguel Guridi y Alcocer sostenía, por ejemplo, que la unión del Estado es compatible "con la diversidad de religiones, como se ve en Alemania, Inglaterra y otros países; con la de territorios como en los nuestros, separados por un inmenso océano; con la de idiomas y colores como entre nosotros mismos, y aun con la de naciones distintas, como son los españoles, indios y negros" (*Diario de las Cortes*, 25 de agosto de 1811).

No se usaba el concepto, es obvio, pero acentuadamente se reconocía el fenómeno. El Estado multinacional es una realidad que no depende de la forma jurídica, sino de la conformación histórica y social donde la unidad de un Estado comprende, por consentimiento espontáneo o por coerción, a más de un pueblo o nación.

En el siglo XX el ejemplo más notable de Estado multinacional lo fue la Unión Soviética, cuyas 15 regiones, hoy Estados independientes, representaban no al proletariado, sino a una nación mayoritaria y a otra u otras minoritarias. La otrora federación yugoslava es otro caso interesante.

El concepto de Estado multinacional ha adquirido relevancia, pero no tanta como para que podamos decir que se cuenta con una teoría acabada o el suficiente cúmulo de obras acerca del tema. El término aparece sobre todo, y de manera reiterada, en los discursos políticos de los movimientos que luchan por los derechos de los pueblos indígenas. Es aquí donde hablar de Estado multinacional equivale a una justificación política y el derecho de las minorías por su reconocimiento y autodeterminación, por una representación especial en los parlamentos y por conseguir financiamiento internacional que de otra forma sólo se canalizarían a través de los gobiernos centrales. La Confederación de Nacionalidades Indígenas del Ecuador, por sólo citar un caso notable, en la Declaración Política de su Congreso de 1993 afirma que las nacionalidades y los pueblos indígenas han establecido una organización nacional política y sólidamente estructurada y "nuestro propósito es la construcción de una nueva nación multinacional". Declaran, además, que sólo el reconocimiento de un Estado multinacional podrá garantizar la democracia, la igualdad, la paz social y la fraternidad.

Líneas de investigación y debate contemporáneo

Conforme avance la democracia en el mundo, la integración de los países, la pérdida de soberanía de los Estados y el fortalecimiento de las minorías nacionales por su capacidad para vincularse con el mundo sin la mediación del Estado y de los gobiernos a los que durante mucho tiempo se hallaron sometidas, muy probablemente seguirán aumentando todavía más las posibilidades del reconocimiento jurídico y político del

Estado multinacional. La comunidad internacional, a través de las organizaciones mundiales más poderosas, también está favoreciendo este proceso. Kosovo ha sido un caso en el que la OTAN, unida a Rusia, ha presionado en favor del respeto de las minorías y el derecho de autodeterminación.

Mientras crezca el Estado multinacional, el concepto adquirirá mayor relevancia y utilidad. Hace falta, primero, una teoría más o menos acabada que logre eliminar las confusiones y se traduzca en criterios aceptados por organizaciones mundiales como la ONU. Lo más importante, al parecer, es que una de las posibilidades de que el Estado siga existiendo como sillar del orden mundial implicará reconocer, en el interior del mismo, la diversidad de culturas y la importancia de que éstas posean un acomodo conforme a su especificidad en la unidad estatal. Esto es, las posibilidades futuras del Estado ya no están en el autoritarismo, sino en una organización social de un pacto no sólo entre ciudadanos, sino también entre pueblos o naciones, entre minorías y mayorías que subsisten en cada Estado. Un proceso que no es fácil por varios motivos: primero, porque implica que el Estado central perderá soberanía, de modo que su legislación no podrá imperar en zonas de otras nacionalidades donde haya leyes especiales; segundo, una ciudadanía diferenciada; tercero, pérdida de unidad y de autoridad del Estado con respecto a sus relaciones exteriores, puesto que cada comunidad adquirirá cierta relación con el mundo conforme a su autodeterminación; cuarta, recomposición de los límites internos de los Estados, dado que más que una organización para descentralizar el poder estaríamos dando paso a una reorganización conforme a las culturas y las minorías nacionales. En el ámbito de la educación, la historia, las costumbres y las fiestas específicas, museos y monumentos, estaríamos por ver también una recomposición de la organización de la cultura.

Se trata, en fin, de una profunda transformación del Estado donde lo multinacional ocupa un lugar central. Pero el complejo proceso que supone reconocer la diferencia y la existencia de más de una nacionalidad tiene un costo que muy pocos gobiernos centrales están dispuestos a pagar, de modo que la mayoría seguirá optando por atenuar las diferencias ya mediante la integración racial y cultural, ya por medio de un despliegue ideológico nacionalista o incluso recurriendo al exterminio físico. Negar la diversidad, sin embargo, no la deroga.

BIBLIOGRAFÍA

Caplan, Richard, y John Feffer (comps.) (1996), *Europe's New Nationalism. States and Minorities in Conflict*, Oxford University Press, Nueva York.

Confederación de Nacionalidades Indígenas de Ecuador (1993), *Declaración política de los pueblos indígenas de Ecuador*, Ecuador 15-18 de diciembre.

Diario de las discusiones y actas de las Cortes, Imprenta Real, 1811-1813, Cádiz.

Gellner, Ernest (1997), *Nationalism*, New York University Press, Nueva York.

Glazer, Nathan (1997), *We are All Multiculturalists Now*, Harvard University Press, Cambridge.

Guibernau, Montserrat, y John Rex (1997), *The Ethnicity Reader: Nationalism, Multiculturalism and Migration*, Polity Press, Malden.

Huntington, Samuel (1996), *The Clash of Civilizations and the Remaking of World Order*, Simon and Schuster, Nueva York.

Kimlicka, Will (1995), *Multicultural Citizenship*, Oxford University Press, Nueva York.

Kimlicka, Will (1996), "Three Forms of Group-Differentiated Citizenship in Canada", en Seyla Benhatib (comp.), *Democracy and Difference*, Princeton University Press, pp. 153-170.

Minahan, James (1996), *Nations Without States*, Greenwood Press.

Modood, Tariq, y Pnina Werbner (comps.) (1997), *The Politics of Multiculturalism in the New Europe: Racism, Identity and Community*, Zed Books Publication, Londres.

Organización Internacional del Trabajo, *Convenio sobre pueblos indígenas y tribales*, aprobado en Ginebra en 1989 (convenio 169).

Our Creative Diversity. Report of the World Commission on Culture and Development (1995), UNESCO, París.

Smith, Anthony (1996), *Nations and Nationalism in a Global Era*, Polity Press, Cornwall.

Walzer, Michael (1997), *On Toleration*, Yale University Press, Nueva York.

FAMILIA

Rosario Esteinou

Definición

Familia es un término que, en el campo de las ciencias sociales, ha sido sometido a una constante discusión. Tanto su definición, las características que debe reunir para poder ser considerada como tal, así como las formas y funciones que asume en el desarrollo social han motivado polémicas acaloradas.

En primer lugar, es necesario establecer su relación con otro término, cuya connotación es más amplia: el de parentesco. Éste ha sido considerado como una institución universal (Harris, 1986; Segalen, 1992), en tanto que en toda sociedad se presentan ordenamientos sociales pautados y reconocidos de las relaciones consanguíneas (vínculos de sangre) y de afinidad (matrimonio), pero también de relaciones biológicas inexistentes pero reconocidas socialmente. Éste es el caso de la distinción entre *pater* (padre social) y *genitor* (padre biológico) que se presenta en algunas sociedades. El parentesco se refiere entonces a un sistema estructurado de relaciones sociales, pero, a diferencia de la familia, no implica la formación de grupos sociales o una agregación de individuos. Algunos lazos de parentesco —de acuerdo con Murdock— aislados de otros pueden y a menudo sirven para unir a los individuos en grupos sociales, tales como la familia nuclear o el linaje, pero los sistemas de parentesco en su conjunto no son ni producen agregados sociales (Murdock, 1949).

Si bien el parentesco es una institución presente en todas las sociedades, sus funciones e importancia son variables. En las sociedades "simples", "tradicionales" o "exóticas", las relaciones de parentesco tienen una importancia tal que trasciende su definición exclusivamente a partir de la consanguinidad y la afinidad, puesto que asume funciones religiosas, políticas o de otra índole. De esa forma, tales relaciones a menudo constituyen un sistema de clasificación que representa y determina las relaciones entre el conjunto de los grupos e individuos que constituyen la sociedad en cuestión. En este sistema, la clasificación de un individuo dentro del sistema de relaciones de parentesco constituye una clasificación en la sociedad, al establecer su posición social. En este sentido, puede entenderse la consideración arrojada por numerosos estudiosos por la cual el sistema de parentesco constituye la base de la organización social en estas sociedades (Michel, 1991; Lévi-Strauss, 1988; Harris, 1986).

En las sociedades llamadas "modernas", tecnológica o industrialmente avanzadas, las relaciones de parentesco pierden peso en la determinación del estatus, no son el medio principal de ubicación de los individuos; su importancia principal estriba —para algunos (Harris, 1986)— en que definen y sancionan un campo personal de relaciones sociales para el individuo. Esta pérdida de importancia del parentesco nos permite comprender en parte por qué en estas sociedades se habla y discute más sobre la familia y no sobre el parentesco, aun cuando ésta forma parte de aquél.

Historia, teoría y crítica

El interés por estudiar de manera más sistemática a la familia se remonta al siglo XIX y estuvo marcado por las tendencias intelectuales de entonces, en particular por el evolucionismo. Podemos detectar al menos dos preocupaciones que dieron forma a los distintos debates sobre la familia y que se extienden hasta aproximadamente los años sesenta del siglo XX. La primera se refiere al interés por establecer cuál es la unidad básica de los sistemas de parentesco y de la sociedad; la segunda, al origen, formas, desarrollo y funciones que asume la familia en la evolución de las sociedades. Si bien la primera encontró terreno fértil principalmente en la antropología y la segunda en la sociología, ambas se entrelazaban a menudo (dependiendo de los intereses y delimitaciones de los pensadores); o bien, las respuestas dadas a una de ellas constituían una contestación a los resultados de la otra. En la formulación de las propuestas conceptuales, la familia nuclear (compuesta por la pareja adulta y los hijos) ocupó un lugar central, no obstante que —como veremos— tuvo connotaciones distintas.

En el marco de la primera preocupación, los estudios de varios autores arrojaron —aunque con variantes importantes— la tesis de que la familia nuclear es una institución universal en tanto que constituye la unidad básica de los sistemas de parentesco y de las sociedades. Contra la tesis de Bachofen que establecía los orígenes de la familia en el matriarcado, Westermarck sostuvo que la monogamia era la primera forma de matrimonio y estaba arraigada en la familia nuclear que era universal. El fundamento de esta unidad y de su universalidad se encontraba en que satisfacía más necesidades instintivas. Bajo la influencia de este autor, Malinowski (1972) trató de demostrar que la familia nuclear aparecía en forma natural incluso en sociedades en las que no se reconocía socialmente el papel del padre biológico. Sus argumentos pusieron énfasis en los factores instintivos y naturales. Así, el instinto materno, el amor y el afecto constituían los vínculos que daban origen y sustento a la familia y el matrimonio como instituciones universales. La familia nuclear era concebida como la unidad de los sistemas de parentesco, como una situación inicial a partir de la cual podían desarrollarse otros lazos de parentesco y extenderse los sentimientos generados en su seno.

No obstante la universalidad que atribuyó a la familia nuclear, Malinowski estableció algunos matices en las formas en que se presentaba su configuración emocional. Estas formas variaban de acuerdo con la estructura social y cultural de las sociedades. En su estudio sobre la sociedad matrilineal de las islas Trobriand, Malinowski (1972) cuestionó la universalidad del complejo de Edipo formulado por Freud. Dado el estatus disminuido que tiene el padre biológico en la familia y el papel que cumple el hermano de la madre como padre social, los habitantes de estas islas no experimentan la configuración de sentimientos asociados al complejo de Edipo. Cuando mucho, esta configuración podía expresarse en los deseos de casarse con la hermana y de matar al tío materno. El establecimiento de un vínculo de necesariedad en términos biológicos, instintivos o naturales entre reproducción de la especie, sentimientos y familia nuclear fue objeto de numerosas críticas por parte de antropólogos, etnólogos, sociólogos y —más recientemente— por parte del feminismo. Su propuesta fue cuestionada por ofrecer una visión de los orígenes y fundamento de la familia sobre todo a partir de factores que él concebía como propios de la naturaleza humana y no estrictamente sociales.

Sobre esta línea, Radcliffe-Brown (1950) mantuvo firme la tesis de que la unidad básica de los sistemas de parentesco era la familia elemental o nuclear, pero introdujo un cambio central al establecer sus bases no en los instintos naturales, sino en los derechos, obligaciones y deberes de sus miembros. Entre otros estudios que continuaron sobre esta línea argumentativa cabe mencionar el trabajo de Murdock (1949). En un intento por establecer generalizaciones inductivas a partir de los estudios que se habían realizado sobre el parentesco, trató de confirmar la tesis de que la familia nuclear era universal y constituía la unidad básica del parentesco. Analizando 250 sociedades observó que en ellas la familia nuclear estaba presente como unidad básica y que cumplía cuatro funciones fundamentales para la vida social: sexual, económica, reproductiva y educativa. La universalidad de la familia residía no sólo en la presencia y las funciones que desempeñaba en toda sociedad, sino también en que éstas no podían ser sustituidas o establecidas por otra institución. La familia nuclear, de nuevo, aparece como una institución necesaria y fundante de la sociedad.

Entre los numerosos cuestionamientos que recibió esta línea argumentativa es necesario citar aquellos indicados por Lévi-Strauss (1988; 1995). En primer término, señala que el vocablo *familia*, como modelo ideal, sirve para designar a un grupo social que reúne por lo menos tres características: *1)* tiene su origen en el matrimonio; *2)* está formado por el marido, la esposa y los hijos nacidos del matrimonio, aunque es concebible que otros parientes encuentren su lugar cerca del grupo nuclear, y *3)* los miembros de la familia están unidos por lazos legales, derechos y obligaciones económicos, religiosos y de otro tipo y una red precisa de derechos y prohibiciones sexuales, más un grado variable y diversificado de sentimientos como amor, afecto, respeto y temor.

De acuerdo con este escritor, la familia monógama y conyugal (es decir, nuclear) se ha presentado frecuentemente en las sociedades, pero la constatación de este hecho no es suficiente para establecer que es resultado de una necesidad universal. El análisis de los pocos casos en los que no se presenta muestra que no hay ley natural alguna que exija su universalidad: ni los motivos puramente naturales de procreación ni el instinto materno ni los sentimientos psicológicos entre hombre y mujer y padres e hijos son suficientes para explicar cómo se crea una familia. Esto sólo puede explicarse con la existencia previa de otras dos familias, una que proporciona un hombre y la otra una mujer. La creación de una familia supone entonces la existencia de la sociedad, esto es, una pluralidad de familias dispuestas a reconocer que hay otros lazos además de los consanguíneos y que el proceso natural de descendencia sólo puede llevarse a cabo a través del proceso social de afinidad.

En este proceso, la prohibición del incesto adquiere una importancia central en tanto que marca el paso de la naturaleza a la cultura. Éste se entiende como una remodelación de las condiciones biológicas del apareamiento y de la procreación (que no conoce reglas, como puede observarse en la vida animal) que las compele a perpetuarse únicamente en un marco artificial de tabúes y obligaciones. La prohibición del incesto no es tanto una regla que prohíbe a un hombre casarse con su madre, su hermana o su hija, sino que es sobre todo la regla que obliga a darlas a otros. Es la regla del don por excelencia y, por lo tanto, es un intercambio y base de la exogamia (la obligación de contraer matrimonio con una mujer fuera del grupo familiar o local). El intercambio de mujeres es un medio para mantener la cohesión social sobreponiendo a los vínculos naturales del parentesco (consanguinidad) aquellos artificiales de la unión matrimonial (afinidad). La prohibición del incesto constituye entonces un principio básico de la organización social y de ello resulta la existencia de lo que llama Lévi-Strauss el "átomo del parentesco", constituido no por la familia conyugal, elemental o nuclear, sino por el marido, la mujer, los hijos y el hermano de la madre. El eje central alrededor del cual se construye la estructura elemental de parentesco es la relación entre cuñados.

Si bien el trabajo y la propuesta de Lévi-Strauss se refieren a las denominadas sociedades "exóticas" o que han subsistido en el mundo moderno, sus contribuciones para el estudio de la familia y el parentesco han sido muy importantes. A pesar de las críticas que se le han hecho —entre otros, Leach (1961) y Goody (1979)— su concepción contribuyó al esclarecimiento de muchos aspectos y a la consolidación de una óptica social de la familia y el parentesco.

La segunda preocupación que se remonta al siglo XIX y ha dado forma a los debates sobre la familia hasta aproximadamente los años sesenta del XX se refiere al origen, formas, desarrollo y funciones que asume la familia en la evolución de las sociedades. Contra la idea de que la familia monogámica (o nuclear) fuese la forma familiar natural por excelencia y por lo tanto universal, autores como Morgan, Durkheim, Mauss y Engels sostuvieron la tesis de que era el resultado de una evolución a través de fases sucesivas. Morgan (1964) fue uno de los primeros que trató de establecer una historia de la familia en la que resaltara la influencia de la sociedad sobre la forma y estructura que adquiere a lo largo de la historia de la humanidad, desde su estado salvaje y de las primeras formas de agregación social hasta la civilización. A cada una de las seis etapas que identificó correspondía una forma de organización familiar dispuestas en un *continuum* que va de la promiscuidad sexual, caracterizada por la inexistencia de la familia, a otras formas familiares que condensan paulatinamente la introducción del tabú del incesto como principio de organización de las relaciones familiares hasta la constitución de su forma culminante: la familia monogámica, conyugal o nuclear.

Muchas de las clasificaciones posteriores de las formas y estructuras familiares que correspondían a las distintas etapas evolutivas y sus características estuvieron influidas por la de Morgan, pero presentaban variantes. Así, por ejemplo, la clasificación de Engels pone el énfasis en las características de la transmisión de la propiedad, mientras que Durkheim (1997) lo pone en la introducción y difusión de la división del trabajo y el proceso de diferenciación social. En la evolución de la historia de la familia, Durkheim vislumbra lo que denomina la "ley de contracción de la familia", con la cual sitúa sus orígenes en el clan exógamo amorfo (la familia primitiva, un grupo político familiar originario, relativamente indiferenciado, fundado en el totemismo y las creencias míticas). A partir de éste se pasa al clan diferenciado, a la familia diferenciada y luego a la familia indivisa de agnados del tipo zadruga que constituye una forma de familia extensa. Otra serie de etapas marca el desarrollo de formas familiares más restringidas, la familia patriarcal romana y la paterna germana, hasta llegar a la familia conyugal basada en el matrimonio y compuesta por el marido, la esposa y los hijos menores solteros (Steven, 1984; Segalen, 1992).

El proceso de contracción de la familia coincide con la ampliación del medio social y su diferenciación (Steven, 1984; Donati, 1996). La extensión de la aldea a la ciudad y de la ciudad al Estado, la configuración de los grupos ocupacionales o profesionales y la multiplicación de los contextos de interacción son algunos de los factores que marcan el paso de formas familiares extensas hasta la conyugal o nuclear. Este paso implica no sólo un cambio en la estructura familiar (desde el punto de vista de la composición de parentesco), sino sobre todo un cambio en sus bases sociales y una pérdida de funciones (económica, política, religiosa). Durkheim observa en el proceso de contracción un quebrantamiento progresivo del comunismo familiar: la solidaridad que al principio descansaba en las cosas que se poseían en común más que en las personas, se vuelve ahora completamente personal. Los derechos de sucesión y la transmisión hereditaria (de oficios, estatus, riqueza) se resquebrajan y tienden a desaparecer y, con ello, la familia pierde peso. La familia extensa, que en un tiempo era polifuncional, se contrae también desde el punto de vista funcional; la familia conyugal mantiene sólo como función básica la educación moral y normativa de sus miembros y el apoyo afectivo entre la pareja adulta.

A pesar de las críticas que recibió Durkheim por sus tintes evolucionistas, su propuesta tuvo gran influencia en estudios posteriores. Los trabajos de principios del siglo XX se centraron más en el análisis de las formas, características y funciones de la familia moderna y tendieron cada vez más a abandonar el establecimiento de una historia universal de ella. No obstante, mantuvieron firme la tesis de que el paso de la sociedad tradicional o preindustrial a la sociedad moderna o industrializada se caracterizaba, entre otras cosas, por un cambio en las formas de organización familiar, de extensa a nuclear. Los estudios de la escuela de Chicago en los Estados Unidos pero también en Europa tuvieron como preocupación creciente analizar el impacto de la industrialización y la urbanización en la familia.

El estudio de Thomas y Znaniecki (1958) sobre el campesino polaco en Europa y América trazó la desintegración gradual de la familia extensa como resultado de la inmigración a contextos urbanos. Para estos y otros sociólogos de la escuela de Chicago, la división del trabajo, la especialización, la diferenciación alcanzaba su punto más alto en la ciudad moderna, donde erosionaba las fuentes tradicionales de autoridad y sustituía los mecanismos de control formales por lazos orgánicos de solidaridad. En este sentido, la pérdida o transferencia de funciones suponía el resquebrajamiento de la tradición y la costumbre bajo los efectos desorganizadores de la urbanización. Para escritores como Ogburn, dicha desorganización reflejaba la crisis de la institución; para otros, constituía una fase de transición hacia la especialización de la familia en la formación de la personalidad. La famosa propuesta de Burgess y Locke (1945) sobre la familia nuclear como *companionship* y como "unidad de personalidades que interactúan" la postula como un refugio afectivo y emocional ante un mundo hostil dominado por el interés económico, la competencia, en suma, por la racionalidad moderna. En ese sentido, está aislada porque está separada de la lógica general que prevalece en la sociedad. De hecho, la familia es, desde su perspectiva, la única institución que ha resistido los embates de la modernización.

El trabajo de Parsons (1955; 1994) constituye la propuesta conceptual más elaborada de esta línea argumentativa. Para él, el proceso de diferenciación social ha promovido cambios profundos en la configuración del sistema de parentesco estadunidense. Este sistema se caracteriza por ser abierto (no hay reglas que prescriban o favorezcan el matrimonio con determinadas categorías de parientes), multilineal (las líneas de transmisión del patrimonio y de filiación son indiscriminadas o imparciales) y conyugal (fundado en el matrimonio). En contraste con las sociedades primitivas en donde el parentesco domina la estructura social, en la sociedad industrial avanzada disminuye su importancia en favor de otro tipo de estructuras. Esto implica que las formas familiares tienden a un proceso de simplificación, de nuclearización; formas de cohabitación entre más núcleos conyugales o núcleos que incluyen a parientes ascendentes, colaterales o descendentes disminuyen desde el punto de vista cuantitativo. Pierden importancia en términos de centralidad, lealtad y dependencia parental porque no es dentro del grupo de parentesco en donde el individuo encuentra seguridad, apoyo, recursos para la satisfacción de muchas de sus necesidades. La familia nuclear, conyugal, se aísla de la parentela en el sentido de una individuación.

El aislamiento es —para Parsons— un rasgo característico de la familia nuclear en la sociedad industrial estadunidense y se observa en distintos aspectos. Desde el punto de vista espacial, en el tipo de residencia neolocal (al momento de contraer matrimonio la pareja va a vivir a una casa, separada de las familias de origen). Desde el punto de vista material, el mercado ocupacional es el que determina el nivel de recursos disponibles de la familia, por lo cual se debilita la dependencia económica con respecto a las familias de origen y se favorece la movilidad social. Desde el punto de vista relacional, afectivo y psicológico, la identidad y seguridad del sujeto no está fundada en su reconocimiento en una comunidad adscriptiva a la cual se pertenece por nacimiento y no por elección. La libertad para elegir cónyuge, junto con los otros aspectos indicados, propicia una concentración psicológica afectiva y una primacía de las obligaciones con respecto a los miembros del núcleo antes que con el resto de la parentela.

Lo anterior queda plasmado en la estructura interna de la familia nuclear, la cual responde a un conjunto de expectativas normativas y no a ciertas necesidades naturales. Apoyándose en el estudio de Bales (Parsons, 1955) sobre la lógica de diferenciación que siguen los grupos pequeños, Parsons observa que la familia nuclear, en tanto que grupo pequeño, se ciñe a ella. Por un lado, la familia se diferencia en términos horizontales por sexo de acuerdo con el eje instrumental expresivo; por el otro, verticalmente por la edad, de acuerdo con el eje del poder (la coalición de los padres como líderes sobre los hijos). El sistema de papeles que resulta de dicha diferenciación permite sostener internamente al grupo familiar para que pueda cumplir con su función de socialización de los hijos y de estabilización psicológica afectiva de los adultos; pero también sostenerlo respondiendo a las exigencias de una sociedad con mayor movilidad social y geográfica, y orientada por criterios de logros individuales. El desempeño por parte del esposo del papel instrumental (como responsable de la posición social de la familia y por ello como proveedor de recursos) y de la esposa el expresivo (socialización de los hijos y apoyo afectivo) es resultado de la lógica de diferenciación de los grupos pequeños y no de las diferencias sexuales. Se trata de una diferenciación complementaria de funciones.

Por último, la estructura de la familia nuclear con su sistema de papeles contribuye al mantenimiento de pautas culturales y a la integración social. De acuerdo con Parsons, la familia, en general, se orienta por valores particularistas (por adscripción, como el nacimiento), mientras que la sociedad industrial está dominada por valores universalistas. La presencia de ambos tipos genera en sí misma un conflicto de valores, dado que los individuos deben sostener y orientarse según dos conjuntos de valores contradictorios. Este conflicto se reduce por dos vías. Por un lado, a través de la simplificación de la estructura familiar de extensa a nuclear, lo cual implica una reducción o debilitamiento de ámbitos sociales dominados por valores particularistas para dar paso a aquellos universalistas. Por otro lado, mediante la diferenciación de papeles en el interior de la familia nuclear, lo cual favorece que sólo un miembro (el esposo padre) se desempeñe en la esfera ocupacional, es decir, de acuerdo con criterios universalistas, a la vez que presenta dichos valores como modelo a los hijos. Es decir, en una sociedad en que la mayor parte de las actividades se ordenan de acuerdo con valores diferentes de los de la familia, ésta tiene la función de transmitir los valores opuestos a los que la fundamentan, y esto sólo podrá lograrlo si uno de sus miembros participa en ellas.

Por todos estos rasgos, Parsons sostiene que la familia nuclear aislada es la forma estructural que mejor se adapta y responde a las condiciones de la sociedad industrial. En los años sesenta y setenta esta tesis fue objeto de numerosas críticas desde distintas vertientes, muchas de las cuales contribuyeron a establecer matices importantes y abrir nuevas líneas de investigación que se extienden hasta el presente. Podemos señalar algunas de las más importantes. Desde el campo de la demografía histórica, Peter Laslett, encabezando al grupo de Cambridge, puso en tela de juicio la idea de que la familia nuclear era un resultado directo de la industrialización. En su estudio sobre las formas que asumen los grupos familiares en Inglaterra entre los siglos XVI y XVIII (Laslett, 1972), establece primeramente una distinción entre lo que es la familia y el agregado doméstico *(household)*. Este último constituye su unidad empírica de análisis y lo define como todos los individuos que viven en una unidad residencial y constituyen una unidad de consumo, mientras que la familia comprende a todos los sujetos ligados por relaciones de consanguinidad y de afinidad corresidentes o no. El agregado doméstico, por tanto, comprende a menudo a la familia o partes de ella, pero no necesaria ni exclusivamente. A partir de esta distinción, Laslett elabora una tipología de los distintos agregados domésticos que le permite analizar la composición y tamaño de los hogares en la sociedad inglesa de dicho periodo. Sus resultados lo llevan a demostrar que la familia troncal (un tipo de familia extensa definida por Le Play en el siglo XIX) no era el tipo de hogar dominante en la sociedad preindustrial, sino que la forma de agrupación característica era el pequeño hogar nuclear conyugal.

Líneas de investigación y debate contemporáneo

La tesis sobre la nuclearización de la familia supuso, entre otras cosas, el establecimiento de un parteaguas, la industrialización —y, como parte de ella, la urbanización— que marcaba el cambio tanto de la estructura familiar como de sus relaciones internas y su *ethos* cultural. Los resultados de Laslett contribuyeron al resquebrajamiento de éste, así como de la correspondencia que se estableció entre estructura, relaciones y *ethos* familiar. En el campo de la historiografía, en particular de la denominada "historia de las mentalidades", autores como Philippe Ariés (1987), Edward Shorter (1975) y Lawrence Stone (1977) proporcionaron otro elemento más. Independientemente de las estructuras familiares que se presentaron en la sociedad europea preindustrial, ellos observan un cambio sociocultural entre finales del siglo XVI y principios del XVII que modificó las relaciones familiares, particularmente entre los sexos y las generaciones. Sea por la "revolución sexual y romántica" entre las clases trabajadoras (Shorter) o por la difusión del "individualismo afectivo" entre la burguesía y los propietarios (Stone), la familia nuclear conyugal se separa de la parentela conformando un espacio afectivo y privado. De los resultados anteriores se desprende que no hay una correspondencia necesaria entre industrialización y familia nuclear, así como tampoco entre un tipo de estructura y un tipo de relaciones familiares.

Otra serie de trabajos en el campo de la sociología de la familia tuvieron como preocupación el análisis del aislamiento de la familia nuclear con respecto a la parentela. Los estudios de Litwak y Szelenyi (en Anderson, 1980) y de Sussman y Burchinal (en Anderson, 1980) mostraron los intercambios de bienes materiales y de servicios (cuidado de los hijos, apoyo afectivo) que se establecen en contextos urbanos entre la familia nuclear y la red de parentela. Estos estudios no establecieron un cuestionamiento de fondo de la tesis acerca del aislamiento, ya que —como se ha visto— ésta no supone una ausencia de relaciones entre ambas. No obstante, contribuyeron a retomar una línea de investigación muy descuidada hasta los años sesenta, el estudio de las redes familiares. Otros estudios, centrados en el análisis de la migración, demostraron que no hay un tipo específico de familia (la nuclear) que pueda enfrentar con mayor éxito que otras (la extensa) las condiciones del contexto urbano e industrial.

Uno de los aspectos que ha sido más cuestionado es el que se refiere a la función socializadora de la familia nuclear. Parsons ha sostenido que a través de la relación de autoridad y la interacción que se establece entre padres e hijos, el individuo asimila una serie de actitudes y disposiciones que le permiten orientar su acción de conformidad con los papeles, normas y valores sociales. De esta forma, la familia nuclear sustenta la formación de un proceso interno de autodirección y la introyección, en forma relativamente equilibrada, del individualismo y de un sentido de responsabilidad social. David Riesman (1950) contrapone a lo anterior el ocaso de la familia como la institución socializadora por excelencia. El grupo de pares y los medios de comunicación (las tiras cómicas, el radio y las películas) adquieren una gran presencia y relevancia en la sociedad industrial avanzada, de tal forma que el niño enfrenta, desde muy temprana edad, distintos modelos culturales que lo llevan a comparar e impugnar la autoridad de sus padres. El niño aprende a orientarse conforme a estas influencias y grupos externos (heterodirigido) y no según un proceso interno de autodirección supervisado por la familia. Los padres, un tiempo seguros de sí mismos y de su autoridad, se muestran cada vez más inseguros y dubitativos en imponer sus valores a los jóvenes.

Lasch (1977) profundiza esta crítica estableciendo que el debilitamiento de la autoridad de los padres se ha venido configurando no sólo bajo la influencia creciente de los grupos de pares y de los medios de comunicación, sino que comprende un espectro más amplio de agentes: la injerencia de la psicología moderna, de la psicoterapia y de los modelos pedagógicos y educativos en lo referente al proceso de socialización acentúa la incertidumbre de los padres como autoridad y contribuye a que éstos la deleguen en los "expertos". Esta sustracción de su responsabilidad está justificada en las ideologías permisivas. El resultado psicológico y afectivo de este proceso es la interiorización de una imagen de la autoridad dividida y la formación de personalidades narcisistas.

Si bien las críticas de Riesman y Lasch apuntan hacia las dificultades que enfrenta la familia nuclear en desempeñar los servicios afectivos y de formación de la personalidad que le han sido atribuidas, otra serie de estudios y propuestas tendieron a cuestionar el papel socializador de la familia nuclear enfatizando sus rasgos autoritarios (Adorno y Horkheimer, 1973) y las desigualdades implícitas en la estructuración de los papeles entre los sexos (Thorne y Yalom, 1982).

Las críticas que hemos esbozado en torno al desarrollo y las funciones de la familia a lo largo de la historia han enriquecido enormemente su panorama conceptual. De ellas se desprende que cualquier intento por estudiarla enfrentará dificultades si no se tienen en cuenta tres dimensiones: su estructura (nuclear, extensa, compleja), sus relaciones familiares (relaciones de autoridad y de afecto entre sus miembros) y las relaciones de parentela (relaciones entre distintos grupos de corresidentes unidos por lazos de parentesco) (Barbagli, 1984). Asimismo, los rasgos de cada una de éstas no necesariamente se corresponden, de tal manera que a una misma estructura familiar (por ejemplo: nuclear) pueden corresponder distintas relaciones familiares. Esto ha contribuido a matizar la tesis sobre la nuclearización de la familia y a establecer discontinuidades en su desarrollo histórico. De la misma manera, la distinción de esas dimensiones ha sido de gran utilidad en el análisis de las estructuras familiares contemporáneas, puesto que bajo la estructura nuclear de la familia (ampliamente difundida en nuestras sociedades) subyacen distintos modelos de relaciones familiares (condicionados por la clase social, la difusión de estilos de vida distintos, etc.) (Donati, 1996). Por ejemplo, la familia de doble carrera y la simétrica suponen relaciones familiares distintas, pero tienen una estructura nuclear.

Por otra parte, varias de las críticas que hemos señalado brevemente apuntan a la inviabilidad de continuar con una conceptuación de la familia apoyada en gran medida en las funciones que cumple con respecto a la sociedad. Si observamos que las tendencias hacia la individualización y la diferenciación aparecen hoy de manera más acentuada y que repercuten en una relativización de la función socializadora de la familia, es necesario buscar otras respuestas.

BIBLIOGRAFÍA

Adorno, T., M. Horkheimer et al. (1973), *La personalitá autoritaria*, Comunitá, Milán.

Anderson, M. (1980), *Sociología de la familia*, FCE, México.

Aries, P. (1987), *El niño y la vida familiar en el antiguo régimen*, Taurus, Madrid.

Barbagli, M. (1984), *Sotto lo stesso tetto*, Il Mulino, Bolonia.

Burgess E. W., y H. J. Locke (1945), *The Family: From Institution to Companionship*, Nueva York.

Donati P., di Nicola (1996), *Lineamenti di sociologia della famiglia*, La Nuova Italia Scientifica, Roma.

Durkheim, Émile, *La división del trabajo social*, Colofón, México.

Goody, J. (1997), "Marriage, Prestations, Inheritance and Descent in Preindustrial Societies", *Journal of comparative Family Studies*, núm. 1, vol. 1.

Harris, C. C. (1986), *Familia y sociedad industrial*, Península, Barcelona.

Lasch, C. (1977), *Haven in a Heartless World*, Harper Torchbooks, Nueva York.

Laslett, P. (1972), *Household and Family in Past Time*, University of Cambridge Press, Cambridge.

Leach, E. (1973), *Rethinking Anthropology*, London School of Economics and Political Science Monographs on Social Anthropology, Athlone, Londres.

Lévi-Strauss, C. (1988), *Las estructuras elementales del parentesco*, Paidós, Barcelona.

—— (1995), "La familia", en Lévi-Strauss, M. Spiro y K. Gough, *Polémica*, Barcelona.

—— (1974), *Sobre el origen y universalidad de la familia*, Anagrama, Barcelona.

Malinowski, B. (1927), *Sex and Repression in Savage Society*, Londres: Routledge, Nueva York: Hartcourt.

Michel, A. (1991), *Sociología de la familia y del matrimonio*, Península, Barcelona.

Morgan, L. H. (1877), *Ancient Society*, Belknap, Cambridge, 1964.

Murdock, G. P. (1949), *Social Structure*, The Free Press, Nueva York.

Parsons T., y R. Bales (comps.) (1955), *Family, Socialization and Interaction Process*, Glencoe, The Free Press, Illinois.

—— (1994), "La estructura social de la familia", en E. Fromm, M. Horkheimer, T. Parsons et al., *La familia*, Península, Barcelona.

Radcliffe-Brown, A. R., y D. Forde (1950), *African systems of kinship and marriage*, Oxford University Press, Oxford.

Riesman D., R. Denney y N. Glazer (1950), *The Lonely Crowd. A Study of the Changing American Character*, New Haven.

Segalen, M. (1992), *Antropología histórica de la familia*, Taurus, Madrid.

Shorter, E. (1975), *The Making of the Modern Family*, Basic Books, Nueva York.

Steven, L. (1984), *Emile Durkheim. Su vida y su obra*, Siglo XXI, Madrid.

Stone, L. (1977), *The Family, Sex and Marriage in England, 1500-1800*, Weidenfeld and Nicholson, Londres.

Thomas, W. I., y F. Znaniecki (1978), *The Polish Peasant in Europe and America*, Dover, Nueva York.

Thorne, B., y M. Yalom (comps.) (1982), *Rethinking the family. Some Feminist Questions*, Longman, Nueva York.

FEDERALISMO

Alicia Ziccardi

Definición

Etimología: de *federal*, del latín *foedus-oris:* pacto, alianza. Hace referencia al arreglo político institucional basado en una distribución funcional y territorial del poder entre un ámbito central y ámbitos locales (estados, provincias o territorios) independientes y federados, los cuales participan de un pacto que se sustenta en la Constitución. Teóricamente, se trata de una forma de organización institucional que persigue la descentralización política y administrativa del aparato gubernamental, creando un poder soberano (el gobierno federal) en el que las entidades locales se encuentran representadas, a la vez que son soberanas en sus territorios y sociedades. Pero en los hechos hay diferentes tipos de federalismo que coexisten con las más variadas formas de gobierno, algunas de las cuales son claramente opuestas a los principios antes enunciados, puesto que han generado centralismo, autoritarismo y presidencialismo.

Se afirma que no hay un concepto único de federalismo y las diferentes acepciones registradas aluden a realidades muy variadas, tales como:

i) Sistema de organización política, en la que se concibe como Estado de estados, una amplia forma de descentralización política, un sistema de distribución territorial del poder y una fórmula para repartir poder entre el Estado central y las autoridades estatales.

ii) Forma histórica de unificación política.

iii) Fórmula de organización de grandes espacios y de integración supranacional (por ejemplo: federalismo europeo).

iv) Forma de salvaguardar las autonomías nacionales o regionales dentro de una unidad política (por ejemplo: autonomía federal catalana).

v) Pacto generalizado entre individuos, municipios, regiones, naciones.

vi) Formas de pactar: federalismo orgánico y tradicionalista, sindicalista y económico o anarquista, que representan en España diferentes posiciones de fuerzas políticas durante el siglo XX (por ejemplo: don Alfonso Carlos de Borbón en 1934 con el partido carlista-tradicionalista, el federalismo corporativo o las propuestas de crear una federación de municipios y sindicatos que sustituya al Estado).

Lucio Levi, en el *Diccionario de política* de Norberto Bobbio y Nicola Matteucci (1981), considera que en la cultura política se usa para designar dos objetos diferentes: la teoría del Estado federal y una visión global de la sociedad. El primero alude a un modelo constitucional de organización del Estado, caracterizado como, primero, un sistema de asociación de Estados, que en sentido amplio identifica asociaciones con base en la igualdad y que, en sentido estricto, hace referencia al Estado federal como una vía media entre la confederación y el Estado unitario. En el segundo corresponde a una actitud política, como doctrina social, el liberalismo o el socialismo, que no se reduce al aspecto institucional, sino que entraña una actitud autónoma hacia los valores, el curso de la historia, la sociedad, etc. Como doctrina política que armoniza el autogobierno y el respeto a la variedad con unidad, reúne ventajas en Estados grandes y pequeños, porque permite una división de competencias funcionalmente eficaz y una división territorial de poderes con pesos y contrapesos (Trías Vejarano, 1975).

También hay quienes distinguen entre el federalismo interno que reivindica la asociación y multiplicación de diversas instancias de poder y el federalismo externo como medio para dar cuerpo a una comunidad internacional (Kant, Rousseau) como ideal que surge en el Siglo de las Luces poniendo freno a las pequeñas repúblicas (Montesquieu), propuestas que al estallar la primera Guerra Mundial retoman los estadunidenses, los liberales italianos (Einaudi) y la Unión Paneuropea, y se extienden comités por Francia, Alemania y Bélgica *(Gran enciclopedia Larousse, Enciclopedia de México).*

El federalismo es un arreglo político institucional aplicable a diferentes formas de gobierno. En la antigua Grecia hubo dos federaciones famosas: los etolios y los aqueos. En la Edad Media la liga hanseática, que se conformó inicialmente con dos ciudades (Lübeck y Hamburgo) y que luego se extendió a casi todas las costas del Mar del Norte, el Atlántico y Mediterráneo. También son ejemplos de Estados federales tanto la república federativa de los soviets rusos, como Suiza, que se formó inicialmente con sólo tres cantones, y Alemania y España. Es decir, ha habido federaciones tanto de carácter monárquico como republicano, tanto en la Antigüedad como en los tiempos modernos. Por ello, la federación no es esencial a la república aunque se considere que ésta es la forma de gobierno más perfecta y, efectivamente, lo es en ese caso porque contempla la coexistencia de una triple autonomía: el municipio, la provincia o el estado y la nación.

Lo común en los Estados federales es entonces: *1)* la existencia de un pacto o arreglo institucional entre ámbitos o poderes (por lo general, estatal y federal), *2)* la subordinación de poderes y entidades a la Constitución, cuya modificación sólo puede hacerse con la intervención de representantes especiales de los pueblos que integran el Estado, y *3)* garantizar un equilibrio entre ámbitos de gobierno —federal y estatal— en el que ningún poder está por encima de otro.

Historia, teoría y crítica

Conviene distinguir, por un lado, el principio político y social del federalismo y, por otro, los sistemas políticos federales que se han dado históricamente. En el primer caso hay quienes consideran que el término se refiere a una forma de vinculación entre "el pueblo y las instituciones establecida por consentimiento mutuo, sin pérdida de su identidad individual como la forma de organización social. Formulada por primera vez en las teorías de la alianza de la Biblia (Kaufman, 1937-1948), esta concepción de federalismo fue revitalizada por los teólogos 'federales', centrados en la interpretación de Gran Bretaña y Nueva Inglaterra en el siglo XVII (Miller, 1939), que acuñaron en 1645 el término *federal* (derivado del latín *foedus*, pacto) para describir el sistema de pactos sagrados y perdurables entre Dios y los hombres, que era la base de su concepción del mundo" (Eleazar, 1974).

Levi (1981) considera que

> en la obra de Kant y en la utopía europea de Saint-Simon se encuentra por primera vez el elemento cosmopolita del ideal federalista. Este ideal se encuentra en los programas de las asociaciones pacifistas; en las resoluciones de los congresos de paz y de los juristas del final del siglo pasado (en los escritos de Cattaneo, Frantz, Mazzini y Proudhom) se presenta de manera persistente y consistente, aunque con los eclipses producidos por las vicisitudes históricas, en el seno de las corrientes liberal, democrática y socialista que dominaron la historia del siglo XIX para atestiguar la convicción de que los valores, de los que esas corrientes eran portadores, no podían limitarse a un solo país sin degenerar.

Se atribuyen así a los teóricos franceses y alemanes del siglo XIX las primeras ideas sobre el federalismo, ideas vinculadas a las teorías del contrato social, de creación de una sociedad basada en relaciones de coordinación más que de subordinación, de asociación entre pares, de un orden político en el que se subraya la importancia de la negociación y la coordinación entre centros de poder como medio de salvaguardar las libertades individuales y locales.

Desde esta perspectiva, Kant es el primer pensador federalista. Sin embargo, es la innovación constitucional que permitió la fundación de los Estados Unidos la que demostró la posibilidad de la existencia del Estado federal, base de un gobierno democrático, capaz de limitar la soberanía absoluta de los Estados y al mismo tiempo acotado por el pacto que éstos suscriben. Las ideas que Hamilton desarrolló desde el *Federalist*, entre 1787 y 1788, dieron origen a una experiencia constitucional y a un modelo de gobierno basado en la pluralidad y la unidad que permitiera lograr la paz superando la situación de conflicto político en el que se hallaba esa nación. Así, el Partido Federalista organizó el gobierno nacional de los Estados Unidos bajo la Constitución de 1787 y sus principales miembros fueron Washington, Alexander Hamilton y John Adams. Esto permitió establecer el sistema institucional político que observó y admiró Alexis de Tocqueville por su capacidad para otorgar autonomía a los gobiernos locales, en tanto que autoridad más próxima a la ciudadanía y verdadera escuela de la democracia.

En España, el federalismo permitió la consolidación del Estado nacional incorporando las autonomías regionales (Cataluña, País Vasco) y combinando una república democrática con la sobrevivencia de la monarquía. En América Latina, México, Brasil y Argentina adoptaron el sistema federal en el siglo XIX cuando se conformaron los Estados nacionales independientes, porque ya había una orientación de tipo confederal. Marcello Carmagnani (1993) sostiene al respecto:

> Las tendencias federalistas se manifiestan a partir de una tensión entre provincialización y centralización del poder, representada esta última por el Imperio de Iturbide en México, por el Imperio en Brasil y por los Directores Supremos en la Argentina. De allí que los tres países elaboren modelos doctrinarios e institucionales capaces de dar vida a una forma de gobierno dispuesta a conjugar tanto la provincialización como la centralización, individualizándola en la Federación. Indudablemente en la definición de un modelo doctrinario e institucional viable, el horizonte de las ideas políticas e institucionales era muy amplio. Las constantes referencias a la Constitución de Cádiz de 1812, a la Constitución histórica de la monarquía inglesa, a la Constitución francesa de la Restauración borbónica y a la del Imperio Austriaco nos dicen que los *inputs* externos, las fuentes normativas, representaron una importante contribución para definir una nueva gobernabilidad.

A estas influencias debe agregarse que, para algunos, los federalismos latinoamericanos son una copia del federalismo estadunidense, aun cuando se reconozca que no podían reproducir el modelo porque éste había surgido de Estados autónomos que se federaban. Contrariamente al espíritu descentralizador del federalismo, el latinoamericano ha sido fuertemente centralista y a la vez presidencialista, lo cual se expresa en la concentración de recursos y de poder en el gobierno central, denominado federal. Estos rasgos se fortalecen en el siglo XX cuando se estructuran regímenes populistas, versiones latinoamericanas del estado de bienestar, que después de la crisis de los años treinta y la segunda Guerra Mundial implicaron la creación de una institucionalidad de nivel federal controlada directamente desde los ejecutivos y a partir de la cual se distribuyeron bienes y servicios básicos y se constituyó un nuevo orden social y político (corporativo). Sólo recientemente, en el marco de los procesos de democratización que se advierten en América Latina, esta forma institucional y centralista de gobierno se transforma delegando mayores competencias y recursos a los estados y municipios que forman parte de la Federación.

El federalismo mexicano

El federalismo en México tuvo sus bases en la Constitución de Cádiz de 1812, marco legal que regirá en España y sus colonias. En México tuvo su expresión en las diputaciones provinciales que se convirtieron en órganos de gobierno local y que son el antecedente de la formación de los Estados (en particular, en Ramos Arizpe). Sin embargo, suele afirmarse que también recibió la influencia de la Constitución de los Estados Unidos y la Constitución francesa de 1791.

El 4 de octubre de 1824, el Congreso aprobó la Constitución de los Estados Unidos Mexicanos, que en el artículo cuatro dice: "La nación mexicana adopta para su gobierno la forma de república representativa popular federal". Con ello, el supremo poder de la Federación de los estados se divide para su ejercicio en tres poderes: legislativo, ejecutivo y judicial.

La adopción de este régimen se manifestó desde las provincias. La Junta Provincial de Guadalajara y la provincia de Oaxaca, a las que se sumaron luego Querétaro, Yucatán y Sonora, rechazaron la convocatoria del primer Congreso Constituyente de 1822, formaron su propio congreso y proclamaron su independencia, posición a partir de la cual exigieron la adopción del sistema federal con la intención de proteger los intereses locales. Ante ello, el 31 de enero de 1824 rectificaron sus posiciones originales y firmaron el Acta Constitutiva de la Federación 17 estados, 24 provincias y dos territorios.

La adopción del sistema federal era un triunfo de los liberales que veían en el federalismo la posibilidad de concretar los principios de autoridad y libertad respecto a España; pero ello no significó la eliminación de las posiciones conservadoras que objetaban la Constitución por considerarla una mala copia de la de los Estados Unidos, nación que se conformó a partir de un pacto de estados independientes que se federaron para oponerse al dominio de Inglaterra. En México, en cambio, existía una única autoridad que había gobernado la Nueva España, y el federalismo, para sus críticos, se reducía a la intención de crear cargos en las provincias para distribuir el mando. En 1834, Antonio López de Santa Anna, presidente de la República, disolvió el Congreso y se impuso nuevamente el centralismo suprimiéndose las legislaturas locales; se transformaron los estados en departamentos, se designaron gobernadores y se creó un Supremo Poder Conservador. El 6 de enero de 1843 se instaló la Junta Legislativa que dio a conocer las llamadas Bases Orgánicas o Constitucionales por las cuales se centralizaba el poder en el presidente, subordinando a éste los departamentos e instalando el llamado "despotismo constitucional". Jalisco encabezó una fuerte oposición en 1844, la que llevó a la destitución y expulsión del país del presidente, ya iniciada la guerra con los Estados Unidos. Pasado más de un año de inestabilidad y sucesivos presidentes militares, se produjo el pronunciamiento de la Ciudadela en el que José Mariano Salas invitó a Santa Anna a regresar. El 22 de agosto se decretó la vigencia de la Constitución de 1824 mientras se formulaba la nueva carta.

En diciembre de 1846 se instaló el nuevo Congreso y se eligió nuevamente presidente a Santa Anna. Mariano Otero redactó las modificaciones a la Constitución plasmadas en el Acta de Reformas, que agregaban garantías individuales tales como el derecho al voto y a la reunión, las que dieron origen al juicio de amparo y garantías al pacto federal. El acta tuvo vigencia de seis años, periodo en el cual estuvo en cuestión la inconstitucionalidad del Tratado de Guadalupe Hidalgo que en 1848 puso término a la guerra con los Estados Unidos, cediendo México los estados de Texas, Alta California y Nuevo México y una parte considerable de Chihuahua, Sonora, Coahuila y Tamaulipas. Este arreglo fue impugnado por diputados liberales ante la Suprema Corte, lo que ocasionó un conflicto que supuso el enjuiciamiento y nuevo exilio de Santa Anna y la inestabilidad política que se prolongó hasta 1853, cuando éste regresó al país a consecuencia de una conspiración que protagonizaron los conservadores en Guadalajara. Entonces se expidieron las Bases para la Administración de la República, redactadas por Lucas Alamán, por las cuales se abandonaba el federalismo y se creaba un consejo que reglamentó la actuación de los gobernadores y suspendió las legislaturas, suprimió los ayuntamientos, centralizó la economía y creó el cargo de alteza serenísima, anexo al de presidente de la república.

Los liberales reaccionaron y dieron a conocer, el 1º de marzo de 1854, el Plan de Ayutla, en el cual se sostenía la necesidad de destituir a Santa Anna y constituir una nación estable. Un año después el estallido ya se había propagado y Santa Anna huyó definitivamente. El 17 de febrero de 1856 se instaló el Congreso Constituyente, integrado por liberales puros y moderados y el coronel Ignacio Comonfort fue designado presidente.

El 5 de febrero de 1857, el Congreso General Constituyente juró la Constitución Federal de los Estados Unidos Mexicanos, la que en su artículo 40 estableció: "Es voluntad del pueblo mexicano constituirse en una república representativa, democrática y federal, compuesta por estados libres y soberanos en todo lo concerniente al régimen interior, pero unidos en una federación establecida según los principios de esta ley fundamental". Su plena vigencia fue interrumpida, de 1858 a 1860, por la Guerra de los Tres Años y de 1862 a 1867 por la Intervención francesa y el Imperio, y fue durante el gobierno de Benito Juárez, quien ese último año regresó a la ciudad de México, cuando se estableció este orden constitucional y se restructuró el territorio nacional en 27 estados, tres territorios y el Distrito Federal.

La Revolución mexicana iniciada en 1910 que destituyó a Porfirio Díaz no reconsideró la forma de gobierno federal. En la nueva Constitución del 5 de febrero de 1917 se incorporaron garantías y derechos sociales fundamentales sin que se modificasen los artículos 40 y 41 relativos a la soberanía nacional y a la forma de gobierno. En la misma se legisló la actual división en 31 estados y el Distrito Federal y se reconoció que le correspondía a la Suprema Corte reconocer y resolver los conflictos que se suscitaran entre los poderes de la nación y entre la Federación y los estados (art. 106), lo cual ha dado origen a las llamadas "controversias constitucionales". Pero es en el artículo 115 donde reconoce que los estados adoptarán para su régimen interior la forma de gobierno republicano, representativo popular, teniendo como base de la división territorial y de su organización política y administrativa el municipio libre. Este artículo, modificado en 1983, concedió mayores competencias a los municipios en materia de suministro de servicios públicos (agua potable y alcantarillado, recolección de basura, mercados, etc.), así como de planeación del uso del suelo y recaudación de impuestos vinculados a la propiedad territorial (predial, traspaso de dominio). Con ello se inició un proceso de descentralización administrativa desde la Federación a los estados y municipios, el cual adquirió mayor fuerza cuando hacia finales de los ochenta los partidos de la oposición comenzaron a disputar al Partido Revolucionario Institucional (PRI) el control de los ejecutivos locales —estatal y municipal— y las mayorías en los congresos locales y nacional.

En 1989, el Partido Acción Nacional (PAN) ganó la primera gubernatura de oposición en el estado de Baja California, a lo que sumaron sucesivos triunfos en los gobiernos estatales y municipales, particularmente en grandes ciudades, capitales estatales y municipios urbanos. Por su parte, el ingeniero Cuauhtémoc Cárdenas, candidato del Partido de la Revolución Democrática (PRD), obtuvo un contundente triunfo en las elecciones que se celebraron para elegir por primera vez al jefe de gobierno del Distrito Federal en 1997; este partido controla también un importante número de municipios rurales del país. Además, hay varios estados con gobiernos divididos, en los que el ejecutivo estatal es de un partido y la mayoría en la Cámara es de otro. De esta manera se conformó una nueva geografía política que comenzó a demandar una redefinición del federalismo centralista que prevaleció en el país por varias décadas. En particular, las demandas de los gobiernos controlados por la oposición se orientan a crear un nuevo federalismo fiscal que permita a los gobiernos locales —estados y municipios— disponer de mayores recursos. Más que un principio de cooperación parece prevalecer un claro interés por resguardar el principio de autonomía. Por su parte, el gobierno federal controlado por el PRI ha propuesto, desde 1995, un programa denominado Nuevo Federalismo por el cual se han traspasado a estados y municipios funciones en materia de salud, educación y gasto social destinado a atender situaciones de extrema pobreza, lo cual se enmarca en un proceso de reforma del Estado de nivel internacional ante el cual el Estado mexicano no puede permanecer ajeno.

LÍNEAS DE INVESTIGACIÓN Y DEBATE CONTEMPORÁNEO

Las principales líneas de investigación en torno a la temática del federalismo están relacionadas con los procesos de democratización política y reforma institucional del Estado que caracterizan este fin de milenio. En este sentido, hay numerosos ejes de análisis que se abordan desde las ciencias políticas, la administración pública, la economía y la sociología, entre los que destaca: el efecto de los procesos de alternancia política entre partidos políticos en los niveles de gobierno local y federal, la revisión de los sistemas de coordinación fiscal federal, la descentralización de las políticas públicas, en particular las políticas sociales, el fortalecimiento de las capacidades locales para asumir las competencias que le son asignadas en materia de desarrollo económico, provisión de servicios públicos, atención de las demandas ciudadanas.

BIBLIOGRAFÍA

Aguilar Villanueva, Luis F. (1996), "El federalismo mexicano: funcionamiento y tareas pendientes", *Revista Mexicana de Sociología*, año LVIII, núm. 3, julio-septiembre, pp. 3-38.

Carmagnani, Marcello (1993), *Federalismos latinoamericanos México/Brasil/Argentina*, El Colegio de México-FCE, México.

Carpizo, Jorge (1973), *Federalismo en Latinoamérica*, Instituto de Investigaciones Jurídicas-UNAM, México.

Eleazar, Daniel (1974), "Federalismo" en *Enciclopedia Internacional de las Ciencias Sociales*, vol. 4, Aguilar, México.

Gadsden Carrasco, Carlos, *et al.* (1995), *Memoria del Foro Nacional Hacia un Auténtico Federalismo*, Guadalajara, México.

González Oropeza, Manuel (1995), *El federalismo*, UNAM, México.

Hernández Chávez, Alicia (1993), *La tradición republicana del buen gobierno*, Fideicomiso de las Américas-FCE-COLMEX, México.

Levi, Lucio (1981), "Federalismo", en *Diccionario de política*, coordinado por Norberto Bobbio y Nicola Matteucci, Siglo XXI, México.

Lujambio, Alonso (1995), *Federalismo y Congreso en el cambio político de México*, UNAM, México.

Martínez Assad, Carlos, "Diagnóstico del federalismo mexicano", en *Las políticas sociales de México*, IIS-UNAM-Plaza y Valdés-Flacso-Instituto Mora, México.

Ortega Lomelín, Roberto (1998), *El nuevo federalismo: la descentralización*, Porrúa, México.

Tocqueville, Alexis de (1963), *La democracia en América*, FCE, 2ª ed., México.

Trías Vejarano, Juan (1975), "Federalismo", en *Diccionario de ciencias sociales*, Instituto de Estudios Políticos, Madrid.

Vázquez, Josefina Zoraida (1993), "El federalismo mexicano, 1823-1847", en Carmagnani, *op. cit.*, pp. 15-50.

Ziccardi, Alicia (1997), "El papel de los gobiernos municipales en las políticas sociales. El caso de México", *Revista Eslabones*, México, núm. 13, enero-junio, pp. 90-103.

ENCICLOPEDIAS

Álvarez, Rogelio (director) (1993), *Enciclopedia de México*, vol. 5, México.

Bobbio, Norberto, y Nicola Matteucci (1981), *Diccionario de política*, Siglo XXI, México.

Espasa-Calpe (1924), *Enciclopedia universal ilustrada*.

Gran enciclopedia Larousse.

Instituto de Estudios Políticos (1975), *Diccionario de ciencias sociales*, Madrid.

Sills, David (director) (1974), *Enciclopedia internacional de las ciencias sociales*, Aguilar, Madrid.

FEMINISMO

Gabriela Cano

Definición

El feminismo es una posición intelectual y política que combate la discriminación y el menosprecio hacia las mujeres y hacia las funciones sociales y características culturales tradicionalmente atribuidas al sexo femenino. También puede considerarse como un proceso de constitución de sujetos con conciencia de género.

No es posible ofrecer una definición única del término *feminismo*, pues se trata de una categoría histórica cuyo significado está estrechamente vinculado a los vaivenes de las ideologías y a las definiciones culturales de hombre y mujer, términos que tampoco tienen un sentido fijo, sino que están sujetos a constantes redefiniciones. A pesar de su variabilidad, el feminismo ha mostrado como característica perdurable la tensión entre su vertiente igualitarista —aquella que reivindica la igualdad de las cualidades personales y de los derechos de los seres humanos con independencia del sexo— y su vertiente diferenciadora, que propugna el reconocimiento de las necesidades particulares de las mujeres, generalmente entendidas como resultado de la capacidad reproductora del cuerpo femenino y de la función maternal.

La oposición entre el polo igualitarista y el diferenciador del feminismo se ha criticado con el argumento de que el verdadero antónimo de igualdad es desigualdad y no diferencia, y que por lo tanto es posible reconocer diferencias sin que ello implique jerarquía, desigualdad o discriminación.

La inconformidad con la condición social de las mujeres y con su definición cultural es el punto de partida del feminismo, pero su campo de interés y acción no se reduce a los asuntos exclusivos del sexo femenino, sino que implica una crítica a la organización social en lo relativo a la jerarquía de género, que es un sistema de diferenciación social presente en todos los ámbitos de la vida, que atribuye poder y prestigio a lo masculino mediante complicados procesos socioculturales. El feminismo es entonces un conjunto de ideas que busca transformar convenciones sociales, prácticas culturales y hábitos mentales relativos a las relaciones sociales y a las representaciones culturales de género, así como un movimiento social que se propone influir en las instituciones del Estado, la legislación, las políticas públicas y el sistema económico.

Como postura intelectual y política y como movimiento social, el feminismo ha tenido significados ambiguos y en ocasiones contradictorios, por lo que con frecuencia se prefiere hablar de los feminismos, en plural, especialmente con respecto a la etapa contemporánea.

Historia, teoría y crítica

La palabra feminismo se ha atribuido equivocadamente a Charles Fourier, socialista francés de mediados del siglo XIX, con una posición avanzada con respecto a la condición social de las mujeres, pero quien nunca empleó el término. En su origen, la voz *feminismo* es un vocablo médico de la lengua francesa empleado en el siglo XIX para designar una alteración en el desarrollo normal del cuerpo de un sujeto masculino, y que la medicina de la época consideró semejante al infantilismo, otro neologismo contemporáneo empleado para referirse a un padecimiento que entonces se caracterizaba por la pérdida de los atributos de la virilidad. Hacia 1870, Alejandro Dumas hijo utilizó la palabra feminismo para referirse a las reivindicaciones de mujeres con las que, por cierto, el escritor no estaba de acuerdo. En la siguiente década, el término feminismo, entendido ya como una actitud intelectual y política relativa al mejoramiento de la condición femenina, se generalizó en los centros urbanos europeos, y más tarde cruzó el Atlántico. Para principios del siglo XX, la palabra feminismo se volvió moneda común en las ciudades hispanoamericanas, al menos en los círculos ilustrados, que tenían en la cultura francesa una de sus principales fuentes.

En México, Justo Sierra, intelectual y político de gran influencia, empleó la palabra feminismo por lo menos desde 1903 para rechazar las ideas vigentes sobre la inferioridad intelectual atribuida al sexo femenino y manifestarse en favor del ingreso de las mujeres a las carreras mercantiles y al magisterio.

Durante las primeras décadas del siglo XX, en México la palabra feminismo se refería a un conjunto de ideas, muchas veces contradictorias, relativas a la igualdad racional de las mujeres, a su derecho a una educación profesional, a la protección a su trabajo mediante leyes especiales y aun a su participación en la esfera pública mediante el sufragio. El feminismo de estos años casi siempre implicaba también la dignificación del papel de esposa y madre y el fortalecimiento de su influencia en la familia. La contradicción con las metas igualitaristas del propio feminismo y la reivindicación del papel doméstico de la mujer era una contradicción que no parecía percibirse en la época.

Con la Revolución mexicana de 1910, el feminismo adquirió un cariz político que antes no había tenido; a ello también contribuyó la primera Guerra Mundial, que provocó la intensificación de las actividades de las organizaciones femeniles de los países occidentales. La incorporación del vocablo feminismo al lenguaje de la política mexicana se vio favorecida por el impulso reformador de la facción revolucionaria constitucionalista que abrió nuevos espacios a la expresión política. En septiembre de 1915, bajo la dirección de Hermila Galindo, se inició la publicación de *La mujer moderna. Semanario ilustrado* que se declaraba feminista y convocaba a adherirse al constitucionalismo, además de pronunciarse por el sufragio femenino y la plena igualdad educativa para las mujeres. Al año siguiente, en los meses de enero y diciembre de 1916, el gobierno de Yucatán, entonces bajo el mando del constitucionalismo, organizó dos congresos feministas de resonancia nacional, que reunieron a profesoras de educación primaria de ese estado. En este caso, el feminismo se identificó con la divulgación de los valores de la educación racional y laica entre el magisterio de sexo femenino y con la incorporación de las mujeres a la modernización económica en tareas compatibles con su función doméstica y materna. La igualdad de los derechos ciudadanos no estaba entre las prioridades del feminismo yucateco como tampoco lo estuvo en el Congreso Constituyente de 1917 que denegó el sufragio femenino.

El término feminismo alcanzó su mayor divulgación en la esfera pública en los años veinte, cuando surgieron organizaciones de mujeres de todo el espectro ideológico y político que adoptaron esta denominación. El Congreso Feminista Panamericano, reunido en la ciudad de México en 1923, expresó la diversidad de asuntos que el feminismo de esos años abarcaba: los derechos civiles y políticos de las mujeres, la moral sexual, la organización de cooperativas femeninas, la protección de las mujeres trabajadoras y sus hijos, la educación y la prensa. Aunque este congreso se pronunció a favor de los derechos ciudadanos de las mujeres, cabe destacar que el sufragio no era una meta compartida por todas las posturas que en estos años se proclamaban feministas.

La creciente influencia del lenguaje marxista en las organizaciones sociales provocó que en la siguiente década el vocablo feminismo cayera en el desprestigio. Para las posiciones políticas dominantes del marxismo, el feminismo representaba posiciones reformistas de carácter burgués, contrarias al interés de la clase obrera. Por eso el Frente Único Pro-Derechos de la Mujer fundado en 1935, con hegemonía comunista y que aglutinó a cientos de organizaciones de todo el país y recogió demandas hasta entonces consideradas como feministas, no adoptó este calificativo como tampoco lo hizo casi 50 años después el Frente Nacional por la Liberación y los Derechos de las Mujeres establecido en 1979 y en el que predominaban las posiciones del feminismo socialista.

El programa político del Frente Único Pro-Derechos de la Mujer estaba orientado a temas socioeconómicos, no obstante que a partir de 1937 privilegió la lucha por el sufragio. La injusticia que suponía dejar a las mujeres al margen de los derechos de ciudadanía fue ampliamente reconocida por amplios sectores de la sociedad y del gobierno, incluido el Poder Ejecutivo desde fines de la década de los treinta. Sin embargo, el sufragio femenino en el nivel municipal se estableció en 1947 y en el federal tardó hasta el año de 1953, mediante la reforma a los artículos 34 y 115 de la Constitución de los Estados Unidos Mexicanos.

El término feminismo volvió a incorporarse al lenguaje político en México hasta los años setenta, con el impulso del *movimiento de liberación de la mujer*, al que pronto se le denominó feminismo de la nueva ola. Este nuevo feminismo denunció y combatió la opresión de las mujeres que se manifestaba tanto en la esfera privada como en la pública, además de señalar la insuficiencia de la igualdad jurídica, que su antecesor persiguió en la primera mitad del siglo. En los ochenta, el vocablo feminismo, que se refería tanto al movimiento social como a la postura intelectual, sustituyó casi por completo a la denominación *movimiento de liberación de la mujer*.

A finales del siglo, el término feminismo está siendo desplazado por el vocablo género, que tiene una aceptación más amplia en los medios políticos, donde se prefiere hablar de políticas públicas de género en vez de políticas feministas. Por ser una categoría de análisis de las ciencias sociales, el término género está revestido de una neutralidad aparente, mientras el vocablo feminismo suele asociarse con actitudes contestatarias antinstitucionales y con las posturas extremas de la corriente radical del feminismo.

Raíces filosóficas del feminismo

El feminismo abreva por lo menos de tres fuentes intelectuales: la Ilustración, el pensamiento socialista y la filosofía existencialista de la posguerra europea. En su etapa contemporánea, toma elementos del psicoanálisis y sus críticos y del pensamiento de la posmodernidad relativo al sujeto y al poder.

El pensamiento ilustrado postuló el derecho natural y la igualdad originaria de los individuos, que son las premisas de la emancipación de la mujer. No obstante, Rousseau y Diderot, los enciclopedistas más influyentes, no plantearon la igualdad entre los sexos. Sólo lo hizo el barón de Condorcet, perteneciente a la misma generación de pensadores ilustrados, quien elaboró un proyecto pionero de instrucción pública igualitaria para ambos sexos y una propuesta de extensión del derecho de ciudadanía a las mujeres propietarias.

Con la Revolución francesa, las ideas ilustradas sobre la igualdad entre los sexos adquirieron una dimensión política con la Declaración de los Derechos de la Mujer y Ciudadana (1791) de Olimpia de Gouges, que denunció la falsa universalidad que se esconde bajo el término *hombre* para significar al varón y proclama para las mujeres los derechos del hombre y ciudadano. Los límites de la revolución son abordados en la *Vindicación de los derechos de la mujer* (1792) de Mary Wollstonecraft, libro que llamó a las mujeres a hacer suyo el ideal de la razón. En el siglo XIX, John Stuart Mill se inscribió en el pensamiento igualitarista con *La sujeción de la mujer* (1869), obra escrita con Harriet Taylor que se leyó en todo el mundo occidental.

Ninguno de los autores anteriores conoció el término feminismo que, como se dijo, surgió hasta las últimas décadas del siglo XIX. Sin embargo, es usual inscribirlos en la llamada corriente del feminismo emancipacionista, feminismo liberal o burgués que propugna reformas que establezcan la igualdad entre los sexos en la esfera pública, primero en el ámbito educativo y luego en el político. La reivindicación del sufragio femenino, que da lugar al sufragismo, es una de las más importantes vertientes de esta corriente del feminismo.

En México, el pensamiento ilustrado relativo a la emancipación de la mujer manifestó su influencia en la poeta y ensayista Laureana Wright González de Kleinhans y en el historiador Genaro García. En *La emancipación de la mujer por medio del estudio* (1892), Wright González propugna la igualdad intelectual mientras que García, autor de *Apuntes sobre la condición de la mujer* (1891), se manifiesta por la igualdad jurídica entre los sexos en todos los ámbitos, incluido el de los derechos ciudadanos.

Por su parte, el pensamiento socialista aborda la llamada "cuestión de la mujer" tanto en la tradición utópica como en la científica. El francés Charles Fourier, socialista utópico, argumenta en favor de la liberación de la mujer de las ataduras del matrimonio, al que caracteriza como una institución económica cuyo propósito es la defensa de la propiedad privada. La idea fue retomada por Carlos Marx, quien vio al matrimonio como un sistema de propiedad que hace de la mujer una mercancía. Al arrastrar a las mujeres al mercado de trabajo, el capitalismo las libera de la familia, lo que es el primer paso de su emancipación. Las tesis de Marx fueron recogidas por Federico Engels, quien destacó el carácter histórico de la institución familiar en *El origen de la familia, la propiedad privada y el Estado* (1884) y por otros pensadores, entre ellos el alemán August Bebel, cuyo libro *La mujer y el socialismo* (1883) alcanzó amplia difusión.

Dentro del movimiento de liberación de la mujer surgió la postura del feminismo socialista que hace una crítica al androcentrismo del pensamiento socialista clásico y plantea que la liberación femenina, tanto en la esfera pública como en la privada, es un proceso inextricablemente unido a la transformación de la estructura económica de la sociedad.

La tercera raíz intelectual del feminismo contemporáneo se ubica en la filosofía existencialista, que es el fundamento teórico de *El segundo sexo* (1949), influyentísima obra de la escritora francesa Simone de Beauvoir. El libro plantea que al buscar reconocimiento como sujeto, el hombre ha reducido a la mujer a "el Otro", un ser dependiente y sin un proyecto propio. Dicho estatuto no es una esencia inherente a la mujer, sino un producto histórico susceptible de ser transformado: "La mujer no nace, se hace". En esta divulgada frase se sintetiza la historicidad de la condición femenina y de las relaciones entre los sexos postulada por De Beauvoir, que sirvió de punto de partida a la categoría género, incorporada al lenguaje de las ciencias sociales en los años ochenta. La mujer —continúa De Beauvoir— debe conocerse a sí misma, apropiarse de su libertad y asumir los riesgos que ello implica para entonces establecer los fines de su existencia como sujeto auténtico.

El pensamiento de Simone de Beauvoir es el antecedente directo de la nueva ola de feminismo que surgió en los centros urbanos occidentales desde mediados de los sesenta. En México, la escritora Rosario Castellanos, fallecida prematuramente en 1975 y pionera del nuevo feminismo, sustentaba su visión sobre las mujeres en el existencialismo beauvoiriano, mientras que el movimiento de liberación de la mujer tuvo su estímulo inicial en sus autoras estadunidenses e italianas.

A fines del siglo XX, el feminismo participa en el debate de la posmodernidad y en particular de la crítica al sujeto ilustrado, unitario y masculino y al poder. Más que una influencia, se trata de un diálogo, desde posturas feministas, con Jacques Lacan, Michael Foucault y Jacques Derrida. Entre las numerosas pensadoras del feminismo posmodernista, o neofeminismo, se encuentran las estadunidenses Joan Scott, Judith Butler, Nancy Fraser, Seyla Benhabib y Linda Nicholson. En México, *Debate feminista*, publicación semestral que dirige Marta Lamas, recoge desde 1990 aspectos claves de la discusión del feminismo posmodernista.

Es usual distinguir posiciones feministas liberales, socialistas, radicales o posmodernistas. Esta forma de clasificación tiene una utilidad indudable, pero presenta el peligro de ver al feminismo como un mero apéndice de las distintas posturas intelectuales y oscurecer tanto su capacidad de transformación como su contribución a dichas corrientes de pensamiento.

Feminismo radical y feminismo de la diferencia

El feminismo radical es una corriente del movimiento de liberación de la mujer surgido en los años setenta que reclama la autonomía del movimiento de las mujeres y en algunas vertientes llega a plantear el separatismo sexual como única alternativa para la organización política y la vida cotidiana de las mujeres. A diferencia de otras posiciones, el feminismo radical no se inserta en una tradición intelectual específica, sino que surge del propio feminismo. Su postura autonomista, si acaso, tiene influencia de las luchas nacionalistas en contra del dominio colonial.

El objetivo político del feminismo radical es el derrocamiento del patriarcado, al que caracteriza como un sistema de dominio masculino omnipresente en la cultura, la política, la economía y el sistema jurídico. El feminismo radical, representado por la estadunidense Kate Millet, autora de *Política sexual* (1969), y la italiana Carla Lonzi, autora de *Escupamos sobre Hegel* (1970), es una concepción esencialista de la diferencia sexual, según la cual las mujeres comparten características sociales, culturales y biológicas que les otorgan una naturaleza específica que las hace superiores a los hombres. En esta perspectiva, el feminismo era una alianza entre mujeres fundada en la pertenencia a un sexo.

El feminismo radical es el antecedente del feminismo de la diferencia que, en franca oposición al igualitarismo, valora positivamente todo aquello que distingue a las mujeres de los hombres hasta caer en la mistificación de los usos culturales vinculados a la maternidad, como el cuidado de los otros, y aun de la especificidad biológica femenina. Desde la perspectiva del feminismo de la diferencia, las posturas igualitaristas promueven una indeseable aceptación de los valores y las reglas de la sociedad patriarcal, proceso al que se le ha llamado la masculinización de las mujeres. El feminismo de la diferencia ha sido duramente atacado a causa de su concepción esencialista de las diferencias entre los sexos; no obstante, incluso sus mayores críticas reconocen la importancia de su afán por dotar a las mujeres de un principio de identidad propio que no interiorice el discurso del otro.

El feminismo de la diferencia cuenta entre sus representantes a destacadas pensadoras contemporáneas como la psicoanalista de formación lacaniana Luce Irigaray, autora de *Speculum: espéculo de la otra mujer* (1974), obra que la alejó del psicoanálisis institucional. El pensamiento de Irigaray ha tenido particular influencia en el grupo Diótima, activo desde 1983 en Milán, Italia, que postula el pensamiento de la diferencia sexual.

La categoría mujer y el problema de la identidad

La crítica del pensamiento posmodernista al sujeto unitario y a la idea de una naturaleza universal de racionalidad y el énfasis en la multiplicidad de diferencias ha llevado a la problematización de la categoría mujer, cuyo contenido esencialista se propone desconstruir. Desde este punto de vista, se argumenta que no hay ningún elemento fijo que identifique a las mujeres y sus intereses, sino que esta categoría se ha caracterizado tan sólo por su inestabilidad.

El planteamiento ha resultado polémico, ya que la negación de una identidad coherente y única a las mujeres se ha visto como la negación de posibilidad del movimiento feminista, cuyo punto de partida ideológico y organizativo hasta ahora había sido una noción precisa de la mujer y de sus supuestos intereses. Una alternativa a este debate es admitir que el reconocimiento de identidades múltiples no impide la celebración de acuerdos que permitan la acción política del feminismo.

El movimiento de liberación de la mujer

El antecedente inmediato de los feminismos contemporáneos es el movimiento de liberación de la mujer, surgido en centros urbanos de Occidente al comienzo del último tercio del siglo XX, al calor de los movimientos estudiantiles, la contracultura y la nueva izquierda, de la que resultó ser su vertiente más perdurable. El movimiento de liberación de la mujer (también llamado feminismo de la nueva ola) se nutrió del espíritu contestatario y de la crítica a los valores establecidos de la vida cotidiana que animaban a estos movimientos de protesta, pero también denunció el sexismo que prevalecía en ellos. Para este nuevo feminismo no bastaba con la igualdad jurídica que persiguió su antecesor de la primera mitad de siglo; se trataba de poner fin a la opresión de la mujer presente en todos los órdenes de la vida, tanto en la esfera pública como en la privada. Entre las referencias teóricas de este renacimiento feminista se destaca *El segundo sexo* (1949) de Simone de Beauvoir y *La mística de la feminidad* (1963) de Betty Friedan, fundadora de la National Organization of Women (NOW), la principal agrupación del feminismo de la nueva ola en los Estados Unidos. En su influyente libro, Friedan señalaba la distancia que mediaba entre las imágenes y la realidad que vivían las mujeres en las sociedades capitalistas, donde la abundancia de recursos materiales no lograba paliar la insatisfacción que pesaba sobre la mayoría de la población femenina.

El movimiento de liberación de la mujer denunció la doble jornada de trabajo que recaía sobre aquellas que además de tener un empleo remunerado debían hacerse cargo de las labores domésticas y del cuidado de los hijos. Señaló también la injusticia de la doble moral sexual —unos criterios para los hombres y otros para las mujeres— y la de la desigual distribución de los trabajos cotidianos de la esfera doméstica.

En todo el mundo occidental, el mayor énfasis del movimiento de liberación de la mujer se centró en las políticas corporales, especialmente en el problema del aborto y de la violencia sexual. La autodeterminación del cuerpo y de la subjetividad se veían como elementos inseparables de un mismo proceso de liberación que reivindicaba el placer sexual de las mujeres y rechazaba la reducción de la sexualidad femenina a la función reproductora, según lo postulaba *Nuestros cuerpos, nuestras vidas* del Colectivo de Mujeres de Boston, verdadero manual de política corporal feminista con énfasis en la autoayuda individual y colectiva, que se publicó en inglés en 1971 y en español en 1977.

La anticoncepción y la despenalización del aborto se volvieron ejes de la acción feminista como también lo fue el rechazo a la violencia sexual en todas sus expresiones, incluida la violación —que simbolizaba el poder patriarcal en su forma extrema— y la violencia doméstica, el hostigamiento y el abuso sexual frecuente en los centros educativos, de trabajo y en la familia. La política de autodeterminación corporal, así como el reconocimiento al relativismo cultural de los papeles sociales, familiares y sexuales facilitó la aceptación de la homosexualidad y del lesbianismo como expresiones legítimas de la sexualidad. El movimiento de liberación de la mujer estuvo cerca del movimiento de liberación homosexual (también llamado movimiento *gay*) en una relación en la que no faltaron los conflictos.

En el aspecto organizativo, el feminismo rechazó estructuras y jerarquías y desconfió de las prácticas de representación política. Prefirió el espontaneísmo de las manifestaciones callejeras en torno a una demanda específica —la maternidad voluntaria o el rechazo a la violencia sexual— y la cohesión del "pequeño grupo o grupo de conciencia", que emprendía una reflexión colectiva en torno a la dimensión sociopolítica de la vida personal a partir de las experiencias individuales de las integrantes. La escasa eficacia política del "pequeño grupo" (que muchas veces cumplió una función terapéutica) en alguna medida fue subsanada por esfuerzos de acción unitaria entre feministas y con otras fuerzas políticas contestatarias. En la ciudad de México, en 1976 se creó la Coalición de Mujeres y en 1979 el Frente Nacional por la Liberación y los Derechos de las Mujeres (FNLDM), que intentó ser una alianza entre grupos feministas de liberación homosexual, sindicatos independientes y partidos políticos de izquierda. La desconfianza en las estructuras y jerarquías organizativas fue una herencia del movimiento de liberación de la mujer que obstaculizó la incorporación a instituciones del Estado y del gobierno que algunos sectores del feminismo emprendieron en la década de los ochenta.

La comunicación de las ideas del movimiento de liberación de la mujer se logró gracias a publicaciones periódicas independientes, entre las que destaca la revista *Fem*, fundada en 1976, antecedente de proyectos periodísticos de mayor divulgación como *Doblejornada*, suplemento de *La Jornada* iniciado en 1986.

Paralelamente al movimiento de liberación de la mujer, la Organización de las Naciones Unidas impulsó acciones internacionales de promoción de la mujer. A lo largo de la llamada Década de la Mujer (1975-1985) se invirtieron recursos públicos y privados en programas de investigación, promoción y desarrollo de los distintos sectores de la población femenina. En las concurridas reuniones internacionales (México, 1975; Copenhague, 1980; Nairobi, 1985, y Pekín, 1995) se manifestaron las más diversas posturas ideológicas y políticas de representantes de instituciones oficiales y de organizaciones no gubernamentales. A raíz de la celebración en México del Año Internacional de la Mujer y de la Conferencia Internacional se emprendieron en el país acciones en beneficio de la población femenina en los campos de la salud, la capacitación y el empleo y se establecieron modificaciones tendientes a eliminar la desigualdad entre los sexos en la legislación civil. La

Conferencia Internacional de la ONU provocó llamativas manifestaciones públicas del movimiento de liberación de la mujer que criticó la moderación de las determinaciones tomadas, al tiempo que hacía públicas sus diferencias políticas con el gobierno.

LÍNEAS DE INVESTIGACIÓN Y DEBATE CONTEMPORÁNEO

Algunos sectores del movimiento feminista de América Latina (que hasta entonces tuvo una composición social de clase media ilustrada) buscaron, a principios de los años ochenta, llevar sus planteamientos sobre la autodeterminación corporal y subjetiva de las mujeres más allá de los sectores medios universitarios. En México, los logros del feminismo popular se manifestaron de manera sobresaliente en el movimiento urbano popular, constituido por organizaciones independientes del control político gubernamental que se aglutinaron en torno a la lucha por viviendas dignas y el mejoramiento de las condiciones urbanas. A largo plazo, la influencia del feminismo popular alcanzó a algunos sectores del movimiento campesino indígena. En 1994 el Ejército Zapatista de Liberación Nacional (EZLN) emitió una Ley Revolucionaria de Mujeres donde se plantea la igualdad de los sexos y el derecho de las mujeres a decidir el número de hijos, a elegir a su pareja y a no ser golpeadas o maltratadas.

El feminismo popular se desarrolló a través de organizaciones no gubernamentales dedicadas a programas de salud y de derechos humanos y reproductivos y que con frecuencia gozaron de recursos provenientes de agencias financieras internacionales. Las estrategias de trabajo del feminismo popular se apoyaron en metodologías de trabajo comunitario, entre otras la pedagogía del brasileño Paulo Freire y el esquema de la investigación y acción según el cual la creación de conocimientos y los movimientos de emancipación son un proceso único e indisoluble. Orientado a la acción directa, el feminismo popular favoreció las actitudes antiintelectuales y de desconfianza hacia el trabajo académico.

El feminismo latinoamericano se perfiló como una forma específica a raíz de los encuentros feministas efectuados en distintos países cada dos o tres años desde principios de la década de los ochenta. Con una fuerte carga espontaneísta en su organización, estos encuentros fueron foros críticos de intercambio de experiencias y de debate en torno a la definición, el sentido y la estrategia del feminismo en los países de la región durante un periodo de acelerado crecimiento. En el primer encuentro (Bogotá, 1981) hubo poco más de 200 participantes; para el cuarto (Taxco, 1987) llegó a haber más de 2 000 asistentes.

Debido a la diversidad en la composición social, campo de trabajo y posición política manifiesta en los encuentros feministas es difícil indicar características comunes al feminismo latinoamericano. No obstante, puede señalarse que los movimientos feministas surgieron en América Latina en las filas de la oposición a los gobiernos, tanto a las dictaduras como a las oligarquías democráticas, lo que les dio un perfil político de izquierda.

A fines de los años ochenta, un sector importante del feminismo de los países latinoamericanos abandonó los actos públicos llamativos para dedicarse al trabajo en instituciones públicas y privadas en los campos de los derechos reproductivos, la violencia sexual, los derechos humanos, los medios de comunicación masiva y la investigación y la docencia universitarias. Aunque este proceso se ha llegado a calificar como el fin del feminismo y de su utopía por algunos sectores, se trata más bien de una transformación que no implicaba la desaparición de las feministas como agentes políticas ni del feminismo como una práctica discursiva. También hay que señalar la relación entre dicha transformación y los procesos generales en la región: la caída de los regímenes militares, la transición democrática y la crisis de las organizaciones políticas de izquierda. En México, el feminismo ha tenido influencia en las políticas públicas con respecto a la violencia sexual y la política de salud de las mujeres, especialmente en lo relativo a la maternidad, pero no ha logrado modificar la legislación que penaliza la interrupción voluntaria del embarazo. No obstante, ha conseguido que muchos sectores, incluido el gubernamental, vean el aborto como un problema de salud pública de interés para toda la sociedad y no como una demanda particular de las feministas.

A raíz de la coyuntura de las elecciones presidenciales de 1988, el feminismo se vinculó a las movilizaciones en defensa del voto y la transparencia electoral y logró acercar el debate de la democracia con los temas del feminismo. A fines de los años noventa, las perspectivas políticas del feminismo —la igualdad entre los sexos como un elemento indispensable de la democracia, el reconocimiento de la violencia y el hostigamiento sexual como una forma de discriminación hacia las mujeres y la fuerza que puede surgir de las alianzas políticas entre mujeres— han tenido creciente presencia entre las legisladoras que han integrado comisiones en torno a los problemas de género a nivel federal y estatal. Entre los partidos políticos el creciente interés por las mujeres como clientela política se ha reflejado en la incorporación de demandas de género a sus plataformas políticas y en el establecimiento de cuotas mínimas de representación para mujeres, aunque éstas no siempre se cumplen.

Feminismo y ciencias sociales

El feminismo de la nueva ola abarcó también a los procesos de construcción del conocimiento y de expresión cultural y artística en su análisis de los aspectos culturales del poder masculino. Como postura epistemológica, el feminismo denunció la exclusión o *invisibilidad* de las mujeres como objeto de estudio en las diversas disciplinas del conocimiento, incluidas las ciencias sociales. Un poderoso impulso a la investigación feminista en sus primeros tiempos fue la búsqueda de explicaciones científicas que dieran cuenta de la subordinación social de las mujeres y de conocimientos que contribuyeran a superarla. Pero la información necesaria no estaba disponible ni los instrumentos teóricos y metodológicos eran los adecuados. Prevalecía asimismo un afán por encontrar respuestas absolutas y sin matices sobre el dominio patriarcal, que con el tiempo cedieron su lugar a explicaciones matizadas que mostraban la complejidad de las relaciones sociales entre los sexos.

El primer paso de lo que entonces se llamaba estudios feministas o estudios de mujeres fue la reunión de información específica relativa a la condición social del sexo femenino. Pero pronto esta postura mostró sus limitaciones, ya que con frecuencia se aislaba a las mujeres del entramado de relaciones sociales en que se hallan inmersas y fácilmente se caía en visiones estáticas y poco explicativas. Este enfoque denominado *mujerista* se ha ido superando mediante el empleo de la categoría de género que plantea un análisis relacional de los vínculos sociales entre hombres y mujeres. A fines del siglo XX, los estudios de género se han convertido en una especialidad con una fuerte orientación interdisciplinaria.

En México, los estudios de mujeres, primero, y luego los estudios de género han producido trabajos de investigación rigurosos y de calidad en temas relativos al trabajo doméstico, la participación política, los movimientos sociales, los mercados de trabajo y la salud de las mujeres. No obstante, han mostrado poco interés por la reflexión teórica, característica que constituye su mayor debilidad y es la causa de que se mantengan al margen del debate en torno a los problemas planteados por la perspectiva de género en el campo de la filosofía política, que ofrece gran riqueza al pensamiento anglosajón.

La relativa escasez y poca legitimidad que los estudios de género han merecido en los medios académicos mexicanos se está modificando en los últimos años del siglo XX: en distintas ciudades del país han surgido espacios académicos especializados que multiplican y consolidan los esfuerzos iniciados en centros universitarios de la ciudad de México a principios de los años ochenta, bajo el impulso del movimiento feminista que en ese entonces transitaba hacia la institucionalización.

BIBLIOGRAFÍA

Alcoff, Linda (1989), "Feminismo cultural versus posestructuralismo: la crisis de la identidad en la teoría feminista", en *Feminaria*, año II, núm. 4, noviembre, pp. 1-18.

Amorós, Celia (1994), *Feminismo: igualdad y diferencia*, prólogo de Marta Lamas, UNAM/PUEG, México.

Benhabib, Seyla, y Drucilla Cornella (comps.) (1990), *Teoría feminista y teoría crítica. Ensayos sobre la política de género en las sociedades de capitalismo tardío*, Edicions Alfons El Magnánim/Institució Valenciana D'Estudis I Investigació (Política y sociedad, 3), Valencia.

Cano, Gabriela (1997), "Feminism", en Michael S. Werner (comp.), *Encyclopedia of Mexico. History, Society and Culture*, Fitzroy Dearborn Publishers, vol. 1, Chicago, pp. 480-486.

—— (1993), "Revolución, feminismo y ciudadanía", en Georges Duby y Michelle Perrot (comps.), *Historia de las mujeres en Occidente*, vol. X, Taurus, Madrid, pp. 301-311.

Condorcet, De Gouges, D'Lambert *et al.* (1993), *La Ilustración olvidada. La polémica de los sexos en el siglo XVIII*, edición de Alicia Puleo, Antropos-Editorial del hombre/Dirección general de la mujer, Madrid.

De Barbieri, Teresita, "Acerca de las propuestas metodológicas feministas", UAM-Xochimilco, en prensa.

—— (1986), *Movimientos feministas*, UNAM/Coordinación de Humanidades (Grandes tendencias políticas contemporáneas), México.

Debate feminista, "Feminismo: movimiento y pensamiento", año 6, vol. 12, octubre de 1995.

Ergas, Yasmín (1993) "El sujeto mujer. El feminismo de los años setenta-ochenta", en Georges Duby y Michelle Perrot, (comps.), *Historia de las mujeres en Occidente*, vol. X, Taurus, Madrid, pp. 155-182.

Flax, Jané (1993), *Psicoanálisis y feminismo. Pensamientos fragmentarios*, Cátedra (Feminismos, 24), Madrid.

Käppeli, Anne-Marie (1993), "Escenarios del feminismo", en Georges Duby y Michelle Perrot, *Historia de las mujeres en Occidente*, vol. VIII, Taurus, Madrid, pp. 191-225.

Lamas, Marta (comp.) (1996), *El género: la construcción de la diferencia sexual*, PUEG/Miguel Ángel Porrúa (Las ciencias sociales. Estudios de género), México.

Lamas, Marta, Alicia Martínez, María Luisa Tarrés y Esperanza Tuñón (1995), "Encuentros y desencuentros. El movimiento de mujeres en México", Fundación Ford, mecanuscrito inédito, México.

Macías, Anna (1982), *Against all Odds. The Feminist Movement in Mexico to 1940*, Connecticut, Greenwood Press, Westport.

Martínez Fernández, Alicia (1993), *Mujeres latinoamericanas en cifras*, Madrid/Santiago de Chile, Instituto de la Mujer, México.

Offen, Karen (1991), "Definir el feminismo: un análisis histórico comparativo", en *Historia social*, núm. 9, invierno.

Vargas, Virginia (1994), "El movimiento feminista latinoamericano: entre la esperanza y el desencanto", en Magdalena León (comp.), *Mujeres y participación política. Avances y desafíos en América Latina*, Tercer Mundo editores, Bogotá.

FILOSOFÍA DEL DERECHO

Arturo Berumen

Definición

En una primera aproximación, se entiende por *filosofía del derecho* aquella rama de la filosofía que tiene por objeto estudiar el fundamento común de las normas y de las instituciones jurídicas. Es decir, se propone buscar o establecer la categoría a que pueden reducirse o de la que pueden derivarse los conceptos jurídicos, utilizando para ello los elementos básicos de un sistema filosófico particular. Por esto puede decirse que toda concepción filosófica desarrolla o puede desarrollar una filosofía jurídica propia. Así, por ejemplo, a la filosofía jurídica aristotélico-tomista corresponde una filosofía jurídica iusnaturalista; de la filosofía kantiana derivan una o varias filosofías jurídicas formales; con base en la filosofía empirista se ha desenvuelto una filosofía jurídica realista; partiendo de una concepción filosófica materialista puede construirse una filosofía del derecho basada en la economía.

Historia, teoría y crítica

Para precisar el significado de "filosofía del derecho" es necesario distinguirlo de conceptos afines o con los que guarda alguna relación. Por un lado, de los conceptos de teoría general del derecho y del de ciencia del derecho y, por otro, del de filosofía política y del de sociología jurídica.

1) Kelsen utiliza el concepto de filosofía del derecho como idéntico al de teoría general del derecho e incluso al de ciencia del derecho. La razón de ello radica en que Kelsen considera que la filosofía del derecho se agota en la determinación de los conceptos jurídicos fundamentales que son propios de la teoría general del derecho, los cuales, a su vez, han de ser utilizados por la ciencia jurídica para describir las normas jurídicas de una rama particular del derecho. Otros autores, como Del Vecchio, consideran que además del concepto universal del derecho (teoría general del derecho), la filosofía jurídica tiene como temas capitales formular una ontología jurídica o el estudio de los valores jurídicos como la idea de justicia y una investigación fenomenológica del derecho, es decir, el estudio del derecho positivo en su desarrollo histórico. Ross, por su parte, llega a la conclusión de que mientras que la ciencia jurídica se ocupa de exponer sistemáticamente el derecho vigente y de predecir el comportamiento de los jueces que lo aplican, la tarea de la filosofía del derecho es la de analizar, lógicamente, el aparato conceptual de las ciencias jurídicas especializadas y darle un significado lógico a los conceptos jurídicos fundamentales.

La ciencia jurídica es un estudio del derecho y de su aplicación, mientras que la filosofía del derecho es una investigación que tiene por objeto a la propia ciencia jurídica en relación con los resultados de la experiencia jurídica.

2) Por su parte, la filosofía política tiene en común con la filosofía jurídica el estudio de la teleología de los valores, es decir, el estudio de la relación entre los fines políticos y los medios jurídicos. Es difícil distinguir entre unos y otros cuando en el derecho se presuponen o se plasman los ideales políticos como dogmas jurídicos. De hecho la mayoría de los escritores clásicos de filosofía política son considerados también como filósofos del derecho. Pareciera que los fines del derecho son más bien objetos de la filosofía política (Radbruch) y, si esto es así, la filosofía se queda sin otro de sus objetivos tradicionales: los valores jurídicos (Heller). Pueden, aun así, diferenciarse considerando a la filosofía jurídica como la reflexión sobre los valores en sí mismos y a la filosofía política como el estudio de la necesidad de que dichos valores adquieran la forma de normas jurídicas.

3) La sociología jurídica le disputa a la filosofía del derecho el estudio de la génesis social e histórica del derecho, de modo que parece corresponder a ésta el estudio de las fuerzas sociales, económicas, culturales e históricas que modelan la estructura de las instituciones jurídicas que determinan y condicionan el impacto de su efecto en el desarrollo jurídico de las sociedades que las producen (Heller), de manera que, en estricto sentido, el estudio del origen y de la eficacia del derecho tampoco corresponde a la filosofía del derecho. Recapitulando, podría parecer que el objeto único y exclusivo de la filosofía del derecho sería el análisis de segundo grado de los conceptos jurídicos fundamentales, tal como lo sugiere Ross.

Líneas de investigación y debate contemporáneo

A pesar de tal conclusión, que es demasiado estrecha y abstracta, aún le queda a la filosofía del derecho un objeto, una tarea y un método de los que ninguna otra disciplina se puede ocupar. *1)* El objeto concreto de la filosofía del derecho es el estudio de las transformaciones que sufre el derecho merced a las relaciones que se establecen entre los objetos de la teoría y la ciencia jurídica, de la filosofía política y de la sociología jurídica, así como el estudio de las articulaciones que se operan en los conceptos de estas disciplinas en virtud de sus relaciones entre sí y con el derecho mismo. *2)* La tarea de la filosofía del derecho consiste en determinar el orden, la estructura y la transformación de las mediaciones que se establecen entre los objetos y los métodos de las disciplinas afines y la propia filosofía jurídica, para estar en condiciones de proporcionarles, permanentemente, los variables elementos que les permitan describir, explicar, predecir y prescribir el desarrollo de su objeto cada vez con mayor precisión. *3)* El método de la filosofía del derecho es, en consecuencia, un método jurídico unitario que contiene como momentos o fases: *a)* una valoración abstracta de las instituciones y de los conceptos jurídicos, o sea, la comparación del derecho positivo con los valores más generales de justicia, libertad, igualdad, etc.; *b)* una reformulación analítica de las normas jurídicas, es decir, un análisis y una reconstrucción del lenguaje jurídico; *c)* una síntesis dialéctica de sus oposiciones que permita entender a las instituciones jurídicas de la manera más concreta posible; *d)* una crítica materialista del derecho que revele su vinculación con las ideologías políticas y una valoración concreta e histórica del derecho que permita conocer el grado de realización de los valores jurídicos y la tendencia histórica de su desarrollo.

BIBLIOGRAFÍA

Correas, Óscar (1980), *La ciencia jurídica*, Universidad Autónoma de Sinaloa, México.

Esquivel Pérez, Javier (1980), *Kelsen y Ross, formalismo y realismo en la teoría del derecho*, UNAM, México.

García Maynez, Eduardo (1986), *Positivismo jurídico, realismo sociológico y iusnaturalismo*, UNAM, 3ª ed.

Kelsen, Hans (1979), *Teoría pura del derecho*, UNAM, México.

Recasens Siches, Luis (1981), *Direcciones contemporáneas del pensamiento jurídico*, Nacional, México.

Ross, Alf (1970), *Sobre el derecho y la justicia*, EUDEBA, Buenos Aires.

FILOSOFÍA POLÍTICA

Pier Paolo Portinaro

Definición

En la cultura occidental está vigente desde hace décadas un resurgimiento del enfoque normativo de las cuestiones políticas que se manifiesta, por un lado, en la nueva propuesta del modelo aristotélico mediante el movimiento llamado de la *rehabilitación de la filosofía práctica* y, por el otro, en la reconstrucción del modelo artificialista moderno por obra del *neocontractualismo*. Con este renacimiento volvieron al centro de la reflexión los grandes temas de la filosofía política, que eran y siguen siendo fundamentalmente tres: la individuación del Estado óptimo y de la mejor forma de gobierno, la búsqueda del fundamento de la obligación y la determinación de la categoría de lo político (Bobbio, 1971).

La especificación de la mejor forma de gobierno como *ordo iustitiae* y como comunidad política ideal es el primer verdadero tema recurrente en la historia de la filosofía política. De Platón a Rousseau ella ha estado presente de continuo en la elaboración de modelos de Estado válidos universalmente o respecto a determinadas sociedades (aunque por lo regular para tiempos mejores) y el mito del gran legislador la acompaña hasta la Revolución francesa. Sin embargo, después de ésta el interés por el problema permanecería muy vivo, si acaso duplicado y especializado en dos corrientes: la *jurídica*, destinada a tratar de manera cada vez más técnica el problema de la elaboración de un proyecto y de la reforma de las disposiciones constitucionales, y la propiamente *filosófica*, heredera de la tradición del pensamiento utópico pero ahora orientada a elaborar, más que modelos ideales de Estado, modelos ideales de sociedad. A la par de la búsqueda del gobierno óptimo, la filosofía clásica se había comprometido a desenmascarar la peor forma de gobierno, la tiranía: en nuestro siglo, dicha tarea revive con mayor fuerza en la denuncia de las formas del totalitarismo.

La investigación sobre el origen de la obligación y de las razones que justifican el derecho de mandar y el deber de obedecer es "la más fundamental de las preguntas políticas", según Isaiah Berlin (1962). De las tres formas clásicas de fundamento de toda obligación política, *ex natura, ex delicto, ex contractu*, la filosofía contemporánea ha vuelto a ocuparse de manera sistemática de la tercera, arrancando la figura del contrato social de aquel olvido al que la habían condenado la crítica del historicismo y de la filosofía hegeliana. Así como la búsqueda de los requisitos de la república óptima puede (y debe) leerse también de manera negativa como una crítica de las relaciones actuales y de las degeneraciones de las comunidades históricas, así la determinación de las razones que justifican la obediencia respecto a los mandatos impartidos por el poder provee también un esquema de referencia crítica para establecer en qué circunstancias y bajo qué condiciones la obediencia deja en cambio de ser un deber que será sustituido por lo que la tradición jurídica occidental llama *derecho de resistencia* (Arendt, 1985).

La determinación del concepto general de política —el tercer ámbito temático de la tradición— pasa a través de la diferenciación de los diversos ámbitos o subsistemas de la totalidad social y a través de la especificación del código que los rige. De esta manera, se han tratado de definir preliminarmente los límites entre el subsistema político y el económico haciendo hincapié en las funciones recíprocas (producción de normas-producción de bienes) o bien se ha identificado un criterio (la pareja *amigo-enemigo*, según la afortunada intuición de Carl Schmitt, o la pareja *conservador-progresista*, según una sugerencia de Niklas Luhmann) que pudiera equipararse a criterios análogos aplicados en otros sectores (como el código útil-dañino, en el ámbito económico, o bueno-malo, en el ámbito moral).

Historia, teoría y crítica

Como a menudo se ha observado, con el siglo XIX la *polis* deja de ser el objeto casi exclusivo de la filosofía política clásica. Para valorarlo de acuerdo con los parámetros de libertad y de civilización, que habían garantizado su excelencia, el Estado moderno, salido de la Revolución francesa, muestra ya una superioridad. Sin embargo, la glorificación filosófica del Estado ético, del Estado de razón y de derecho, no estaba destinada a durar. Con la disolución del sistema hegeliano y con el ascenso del positivismo y del historicismo, la filosofía política queda privada de legitimidad. Naturalmente, a la expropiación de la filosofía por parte de las ciencias sociales y jurídicas, escuelas, tradiciones o experiencias aisladas de reflexión filosófica sobre la política sobreviven en varias formas, si bien minoritarias. Unos filósofos se dedican a la reconstrucción sistemática de la historia del pensamiento político con intentos de crítica de las ideologías; otros, sobre todo en el ámbito cultural anglosajón, se concentran en el análisis de los conceptos políticos, y otros, aún más ligados a las tradiciones continentales, practican una hermenéutica de las situaciones políticas. Por estas vías se pondrán gradualmente las premisas para programas de investigación que en la segunda posguerra conducirán en el área alemana a la *Begriffsgeschichte* y en el área anglosajona a la *history of political languages* (Richter, 1995). Sin embargo, durante un largo tiempo los libros verdaderamente decisivos en materia política no serán obras de filósofos. En el cauce del positivismo y del historicismo, de su intercambio y enlace, maduran las obras decisivas para la teoría política contemporánea, las de Gaetano Mosca y Vilfredo Pareto (para la doctrina de las élites), Hans Kelsen y Joseph A. Schumpeter (para la teoría de la democracia), pero sobre todo de Max Weber y Carl Schmitt (más en general para la determinación del concepto de política).

Es difícil sobrestimar la importancia que revisten textos, aun cuando sean breves y en cierto modo de ocasión, como *Politik als Beruf* de Weber y *Der Begriff des Politischen* de Schmitt, para la investigación filosófico-política de este siglo. Si por un lado es verdad que tanto Weber como Schmitt sustraen la política a la filosofía (mostrando que no se puede fundar de manera racionalista sino sólo como objeto de procesos de racionalización que ya muestran sus límites y éxitos antinómicos), por el otro es también indudable que la filosofía política posterior no podrá de ninguna manera eludir los desafíos. Respecto a las idealizaciones éticas de la tradición filosófica, si tiene algo que hacer aquí, de manera eminente en Weber, Kelsen y Schumpeter, es con concepciones técnicas de la política (que ponen el acento sobre el medio —la coerción— más bien que sobre el fin del Estado), en línea con las adquisiciones del realismo político veteroeuropeo. Las categorías de la clásica doctrina del Estado, sobre las que se concentraban también la filosofía, soberanía, voluntad general, representación, bien común, son ahora dejadas de lado como piezas anticuadas. Una reflexión que en verdad quiera arreglar cuentas con la realidad política y no sólo con deseos y proyecciones ideológicas debe partir de la consideración de que la política tiene siempre que ver con la "aspiración a una participación en el poder o a una influencia sobre la distribución del poder" tanto entre los Estados como entre grupos organizados dentro de un Estado, y que el Estado, como "empresa institucional de carácter político", puede ser definido no con base en los fines, sino únicamente por el medio (la fuerza) al que recurre o puede recurrir para llevar a cabo sus directivas y sus ordenamientos (Weber, 1972: II, 681). También en las nuevas condiciones de las democracias modernas, con su tendencia al nivelamiento social, la política es por ello inevitablemente asunto de oligarquías de profesionistas. Un análisis realista del mundo político debe considerar, siguiendo las sugerencias de las ciencias sociales positivistas, las constantes estructurales y caer en la cuenta del condicionamiento ejercido por factores económicos, psicológicos y también biológicos, como la agresividad, el territorialismo, el impulso del mando.

En sus intentos normativos, la doctrina del Estado del siglo XIX había realizado una significativa transición de un paradigma organicista a uno individualista. Por lo demás, todo el proceso de edificación del derecho público en la edad moderna había permitido la progresiva privatización de la sociedad civil y por consiguiente la afirmación de una concepción individualista de la política, con base en la cual por "política" debe entenderse primariamente no la lucha por la *sobrevivencia del grupo*, por la autoconservación y la autoafirmación de la colectividad, sino más bien la construcción artificial de disposiciones que hagan posible la ordenada *convivencia de los individuos* (Bovero, 1988). Ahora bien, el positivismo vuelve a poner el acento sobre las grandezas naturales de la política. Contextualmente, en una coyuntura histórica que ve la extensión de las funciones y de las finalidades del Estado a los más diversos sectores de la sociedad, es posible aprovechar el carácter de la política que permea e invade todo y al mismo tiempo es imposible mantener aquella equiparación de "estatal" y "político" que había sido un supuesto sin reflexionar de la doctrina clásica del Estado hasta Jellinek y Weber. Con Carl Schmitt, la ciencia jurídica adquiere conciencia de la necesidad de romper el círculo definitorio implícito en aquella equiparación. "El concepto de Estado presupone el de 'político' " (Schmitt, 1972: 101). La identificación del "criterio" de lo político en la distinción de *amigo* y *enemigo* sanciona, sin embargo, la salida de la concepción individualista de la política que en el caparazón del Estado moderno se había venido afirmando progresivamente hasta el triunfo del liberalismo.

Frente a este escenario de innovaciones, la filosofía política renace en primer lugar bajo el signo de una rebelión contra el positivismo y el historicismo. Es ejemplar a este propósito la posición de Leo Strauss, cuya polémica contra el historicismo constituye una misma cosa con la crítica de la modernidad y el rechazo de una ciencia social puramente instrumental, que profesa una total ignorancia en materia de valores últimos y de los principios que guían nuestras opciones (Strauss, 1990). También el compromiso filosófico de Eric Voegelin está dirigido a la "restauración de la ciencia política" contra la "destrucción de la ciencia" realizada por el positivismo: el intento de su filosofía política es sustraer la historia al abrazo de un historicismo que ha perdido la brújula de la ciencia del hombre. Por ello, señala en la avanzada del gnosticismo "el rasgo esencial de la modernidad" y en el totalitarismo el cumplimiento de un "proceso de radical inmanentización" de las sociedades occidentales (Voegelin, 1968).

Sin embargo, también el más reciente renacimiento de la filosofía política normativa en el área anglosajona, dentro del cuadro más general de la rehabilitación del acercamiento ético a la política y con la nueva propuesta, sorprendente por muchas razones, del contractualismo, tiene un valor antihistoricista. La historia es el gran ausente en la obra de John Rawes. Y la idea de política que aquí se afirma es la de un esquema racional de convivencia entre los individuos. Al modelo neoaristotélico lo sustituye el modelo neocontractualista, con sus artífices de la posición originaria, del velo de ignorancia y de los principios abstractos de justicia. Para la familia de las filosofías de los derechos, el utilitarismo sustituye al positivismo como objetivo polémico. La principal imputación consiste aquí en el hecho de que el utilitarismo no toma en serio las *"interacciones* entre las personas"; por ello, lo que vale no son los individuos y sus derechos, sino la distribución del bien en el mundo.

Al permanecer firmes las adquisiciones delineadas arriba, cualitativamente se puede estar de acuerdo con quien advierte que son dos los intereses que han marcado más el perfil de la filosofía política del siglo XX: la investigación sobre la naturaleza de la política (o de lo político, según una innovación que no es sólo terminológica) y la cuestión de la legitimación del orden colectivo y del mando. Se trata de dos demandas radicales ligadas a retos igualmente radicales que han marcado la historia de nuestro siglo: la capitulación de la política frente a la economía y a la técnica y la pérdida de legitimidad del dominio político en una edad de ideologías marcadamente (aun cuando a menudo de manera ilusoria) antiestatales. También ahí donde estas ideologías no se han manifestado en formas virulentas, la cuestión de la forma óptima de gobierno se ha vuelto prerrogativa de los técnicos y de las instituciones y ha sido suplantada, entre los filósofos, por la investigación de la "buena sociedad", es decir, por la discusión crítica de los valores y los procedimientos de la cooperación y de la convivencia.

El primer tema está representado por la reflexión sobre la naturaleza de la política, aun cuando, considerándolo bien, versa más en particular sobre el *origen de lo político* y el *fin de la política*. La especificidad de esta reflexión está en la radicalización del diagnóstico ya prefigurado por el pensamiento político del siglo XIX, según una progresión que ve venir uno después de otro a Marx y la doctrina de la extinción del Estado, Nietzsche y el anuncio de la muerte de Dios con el consiguiente derrumbamiento de los valores, Weber y el sofocamiento del sujeto libre en la jaula de la burocratización, Schmitt y la pérdida de la objetividad del Estado y de la forma jurídica representativa; en síntesis, una pluralidad de diagnósticos en los que se articula la crisis del racionalismo político moderno. Gran parte de la reflexión política producida por la cultura alemana en el siglo XX versa sobre la pérdida de la política en la modernidad. De Max Weber a Carl Schmitt, de Leo Strauss a Eric Voegelin, de Max Horkheimer y Theodor W. Adorno a Hannah Arendt, los mayores estudiosos de la disciplina política —sobre bases filosóficas o también con otras tendencias disciplinarias— tematizan esta pérdida. El trauma del nacionalsocialismo ha producido en el pensamiento alemán una particular sensibilidad a las patologías del desarrollo político. Y sobre esta base maduran todas las filosofías políticas influyentes en las décadas centrales del siglo. Lo problemático de la categoría política para la filosofía contemporánea no se agota, en efecto, en la percepción de la multiplicidad de sus significados y de su posible antagonismo, sino que incluye también la conciencia de la *caducidad de lo político*, de la forma política o de la acción política, por lo demás expresada por la convicción de que el siglo que se está cerrando marca un paso hacia su disolución. Todas estas teorías tienen en común el reconocimiento del papel estratégico —hiperpolítico o antipolítico— de la economía en el horizonte de la dinámica expansiva de la técnica.

Tres son las teorías que adquieren particular relieve en este cuadro. La primera es la marxista de la extinción del Estado, que ha ejercido con sus dos variantes fundamentales —supresión violenta del Estado burgués, regresión y extinción gradual del Estado socialista— una influencia difícilmente sobrestimable en el pensamiento político del siglo. La segunda es la doctrina schmittiana del final de la época del estatismo, un final que sobrevendría con la pérdida del monopolio de lo político por parte del Estado, es decir, de la exclusividad de la decisión soberana sobre el amigo y el enemigo (Schmitt, 1972). Pero tal vez ha venido a menos con el monopolio estatal de lo político la misma posibilidad de individualizar correlativamente formas de amistad y hostilidad públicas: hay una proliferación del conflicto, pero éste es incapaz de tomar forma. La soberanía estatal no borraba del mundo el conflicto, sino que lo disciplinaba al interior, neutralizando las manifestaciones extremas, y lo distribuia al exterior, sujetándolo a las reglas del *jus in bello*. La tercera es la teoría de la finalidad de la política que nos sugiere el original diagnóstico arendtiano sobre la crisis de la modernidad: en un mundo en que cada espacio público ha sido ocupado por la organización de los intereses materiales, por la composición autoritaria de los conflictos, por la estructura jerárquica del poder, la política como dimensión originaria de la acción y del discurso queda sofocada y suprimida. El último refugio moderno de la política, si por política se quiere entender algo más que una potencialidad debilitada, son las revoluciones (Arendt, 1983).

A la luz de estos diagnósticos, y de otros que elaboran una temática de la relación entre política y religión, es comprensible el cuestionamiento por parte de la filosofía acerca de los orígenes y el significado del totalitarismo como logro terminal de la historia política del Occidente. Ya sea que se vea inscrito en el destino del racionalismo occidental como voluntad de potencia, según argumentan Horkheimer y Adorno en su diagnóstico del mundo totalmente administrado en *Dialektik der Aufklärung*, o bien que se lo considere como éxito de un "proceso de radical inmanentismo" de una sociedad incapaz de representación del orden trascendente, como quiere Voegelin, o que se sitúe en la confluencia de procesos de nivelación y disgregación social y de burocratización del poder, como afirma Arendt, el totalitarismo constituye el examen pericial para comprobar la capacidad de las categorías de la tradición política occidental.

La reconstrucción de la democracia liberal después de la segunda Guerra Mundial acontece en gran parte del Occidente, y sobre todo en Europa occidental, con base en aquello que podríamos definir un paradigma procedural bien ejemplificado por la teoría de la democracia de Hans Kelsen. Contra la tesis kelseniana según la cual el relativismo es la "concepción del mundo que la idea democrática supone" (Kelsen, 1966), y más en general contra el ingenuo y a menudo subrepticio agnosticismo ético de buena parte de la ciencia política contemporánea, se activa la rehabilitación de la filosofía práctica, que apunta a legitimar de nuevo la competencia crítico-normativa de la filosofía respecto a los problemas del obrar.

La tesis del gran restaurador de la filosofía política clásica, Leo Strauss, es que una vez aceptado el relativismo, o el weberiano "politeísmo de los valores", como concepción del mundo para que en la ética pública de la democracia sea inevitable la llegada del nihilismo. Demasiado transparente en sus escritos es la polémica en lo que se refiere a la democracia de masa, con su combinación de nivelamiento social, conformismo y hedonismo. A ella se contrapone el modelo clásico, para el cual "el fin de la vida política es la virtud, y el ordenamiento que mejor conduce a la virtud es la república aristocrática o bien el gobierno mixto" (Strauss, 1977). Éste ha sido un tema afortunado entre los filósofos comunitarios de la última generación en la conjugación polémica contra una modernidad que muy bien puede calificarse como la época del eclipse de la virtud y por el nexo establecido entre nihilismo y renuncia a la finalidad, a la concepción teleológica del hombre (MacIntyre, 1988). Por lo demás, es bueno tener presente que el desafío de Strauss ha sido recogido en el ámbito ético, y por lo que respecta a la relación entre ética y filosofía de la naturaleza, por Hans Jonas, que ha intentado fundar una ética para la civilización tecnológica sobre la base de una rehabilitación del teleologismo aristotélico. Si la virtud propia de quien manda es la prudencia, la virtud de quien domina la naturaleza a través de la técnica es la responsabilidad (Jonas, 1990). Si bien en Strauss es más virulenta la polémica respecto a la Ilustración, para él no es mera casualidad iniciar con Maquiavelo, siendo común a ambos una orientación política que no es impropio definir como "paternalismo".

Al emprender el camino marcado por autores tan

diversos como Strauss, Voegelin, Arendt, aunque en el cuadro de un complejo debilitamiento de la radicalidad de los diagnósticos, la rehabilitación de la filosofía práctica ha querido dar una respuesta orgánica a la crisis de la modernidad a través de una recuperación de la ciencia política de matriz aristotélica —por tanto, a través de la reafirmación de la autonomía de la *praxis* respecto a la *teoría*, la demarcación de *praxis* y *poiesis*, la rehabilitación del saber *dossastico* [doxástico]* del juicio político— contra los paradigmas políticos de la modernidad, el analítico-constructivista del intelecto (de Hobbes a Kant) y el sintético dialéctico de la razón (Hegel). No obstante confrontado con los problemas de las sociedades complejas, el modelo neoaristotélico no ha tardado en manifestar sus debilidades. Haciendo a un lado las pretensiones de fundación de la metafísica aristotélica, nos hemos preguntado: ¿pueden el saber práctico y la *phronesis* garantizar una orientación eficaz en un mundo en el que la ciencia ha destruido las condiciones previas de su funcionamiento? ¿Es posible conjugar el llamado a la racionalidad y la ciencia moderna? ¿De esta manera no se corre el peligro de aislar en dos *ghettos* la separación entre el saber de los expertos y el saber prudencial de la práctica cotidiana?

A esta específica aporía de la rehabilitación de la filosofía práctica pretende reaccionar el modelo comunicativo-discursivo de Karl-Otto Apel y de Jürgen Habermas. Este paradigma proviene en efecto de la conciencia de la crisis del primado de la teoría sobre la práctica y por consiguiente de la revaloración de los "mundos de la vida", de los contextos cotidianos del obrar y de la comunicación, haciendo por lo demás valer la exigencia de que tal revaloración de la eticidad de las particulares formas de vida no recaiga en el relativismo contextualista y en la reafirmación de identidades convencionales como la nación. Cuando el Estado constitucional es concebido en los términos de la teoría discursiva, la soberanía popular cesa de concretarse en una colectividad, es decir, en la "presencia físicamente aferrable de una asamblea" de representantes de la nación, y en cambio se hace valer "en la circularidad procesal de consultas y deliberaciones razonablemente estructuradas" (Habermas, 1996).

Al considerar el conjunto de estos problemas, se advierte que un singular sincretismo anima la filosofía política contemporánea. Este intento recompositivo es evidente, sobre todo en el área cultural alemana, si se considera cómo se trabaja en ella, por ejemplo con autores como Jürgen Habermas y Otfried Höffe: *a)* en la superación de la oposición entre filosofía práctica y proyecto político de la modernidad y en particular en la conjugación del paradigma aristotélico y el paradigma kantiano; *b)* en la integración entre la filosofía política estadunidense y la tradición filosófico-jurídica continental; *c)* en la recomposición de la disidencia entre liberales y comunitarios, es decir, entre las razones del formalismo moral y las de la eticidad sustancial; *d)* en la reedificación de puentes de unión, en muchos ámbitos caídos con altos costos de incomunicabilidad, entre el paradigma sistémico de las ciencias sociales y el modelo normativo del renacido contractualismo y de todo discurso iusracionalista (Habermas, 1996). Para la arraigada y ramificada escuela habermasiana: puesto que la autonomía del sujeto moral y político no es la atomista de individuo aislado, sino la construida intersubjetivamente por el individuo socializado, la ética del discurso y la teoría discursiva de la democracia se contraponen a las doctrinas morales y políticas que consideran los problemas de la justicia simplemente como problemas distributivos, es decir, pertenecientes a la repartición de los bienes operada sobre la base de la elección racional de individuos que actúan guiados por intereses y preferencias.

La segunda cuestión central en la reflexión filosófico-política del siglo es la correspondiente a la legitimación del orden político. Por lo demás, el de la justificación del orden impuesto es el problema del que históricamente se origina la filosofía política. Mas sobre la base de las experiencias extremas de burocratización y de dirigismo totalizante, la filosofía política del siglo XX se inclina también aquí hacia una radicalidad particular. Uno de los libros que más han contribuido al renacimiento del debate político-filosófico del último cuarto de siglo, *Anarchy, State and Utopia* (1974) de Robert Nozick, principia con una demanda radical: "El problema fundamental de la filosofía política, aquel que precede a las cuestiones sobre cómo organizar el Estado, es si debe existir un Estado cualquiera. ¿Por qué no tener en cambio la anarquía?" (Nozick, 1981). A partir de esta pregunta, la filosofía política contemporánea ha vuelto en particular a reexaminar sistemáticamente las respuestas que la modernidad, desde Hobbes, ha dado a la cuestión de la obligación política.

Para quien se mueva en la tradición del liberalismo y mire los problemas de la obligación según la lógica del Estado-*societas*, las relaciones políticas se someten a discusión conceptual y argumentativa: no condenadas y rechazadas, sino juzgadas en relación con el alcance y los límites de su legitimidad, fijando por esta vía límites a la acción del derecho y del Estado. La crítica moral del poder —que se ha desarrollado en la edad moderna contra el despotismo patrimonial y el absolutismo ilustrado— ha adquirido nueva fuerza en el siglo del totalitarismo, que asiste al máximo crecimiento y a la máxima degeneración de aquel monstruo frío que es el Leviatán. Pero también la respuesta radical a aquel exceso de concentración y de abuso del poder, la ideología de la sociedad sin coerción o dominio *(Herrschaftstrei)*, que coloniza buena parte de las culturas políticas de las nuevas generaciones después de aquellas dramáticas experiencias, necesita un examen crítico por parte de la filosofía política (Höffe, 1995).

También en años recientes la bibliografía ha vuelto a evidenciar la correlación que subsiste entre las modalidades de entender la política, incluidas las concepciones antropológicas, y las soluciones dadas al problema del orden político: cuanto más se tiende a enfatizar el papel del conflicto en la realidad política, tanto más se inclinará a proponer una solución "autoritaria" del problema de la convivencia social. En las raíces del positi-

---

* Etimológicamente el *Diccionario Garzanti* da estos datos:
Doxologhia: compuesto de *doxa* 'opinión, alabanza' (de *dokêin* 'creer, estimar' y *loghia)*, logía, logos.
Doxógrafo: en la antigua Grecia, autor de colecciones, que contenían doctrinas y opiniones de filósofos y noticias sobre su vida. Compuesto del griego *dóxa* 'opinión, doctrina' (de *dokein* 'creer, estimar' y grafo)
Doxología: en un segundo sentido, según el *Diccionario enciclopédico Larousse 1998*, significa enunciado que se limita a reproducir la opinión común o una apariencia.

vismo jurídico contemporáneo encontramos casi invariablemente el paradigma hobbesiano. Una solución antiautoritaria del problema político presupone en cambio una concepción moderadamente conflictiva del poder y una antropología sustancialmente optimista. Para probarlo en términos radicales está precisamente el anarquismo, una concepción que postula la inutilidad o incluso lo nocivo del Estado y de todo ordenamiento jurídico coactivo sobre la base de una visión armonicista e irénica del hombre y de la historia. Sobre este horizonte crítico se mueve, por ejemplo, una de las obras más representativas del debate filosófico-político contemporáneo: *Politische Gerechtigkeit*, de Otfried Höffe.

En particular, en la crítica del positivismo realizada por Höffe se sintetiza con oportunidad una directriz de la filosofía política del siglo XX: la revisión de aquel paradigma iuspositivista que revive en la sociología del derecho de escuela sistémica y contra el que se han dirigido en los últimos años las flechas de la escuela habermasiana. Luhmann concibe ya el derecho sólo desde el punto de vista de la estabilización de las expectativas de comportamiento. "Al término de un largo proceso de desencantamiento sociológico, la teoría sistémica ha limpiado la plaza también de los últimos restos de normativismo iusracionalista" (Habermas, 1996). Al modificar el universo normativo en un sistema creador de sí mismo (*autopoiético*) que responda a imperativos de autoconservación estabilizando expectativas de comportamiento, Luhmann reduce la legitimidad a la disponibilidad para adaptarse a procedimientos en un modo tal que hace *suponer* al poder político la aceptación por parte de los asociados de las decisiones tomadas: por esto no es necesario que se dé una difusa convicción de la validez del derecho estatuido, es suficiente que funcione el mecanismo de autoilusión estabilizadora del sistema. Las expectativas de tipo normativo son, en esta perspectiva, presentadas como variantes de expectativas de naturaleza cognoscitiva al servicio de una estrategia de reducción de la complejidad: no está en juego la fundación moral de los procedimientos, sino simplemente el aseguramiento de las condiciones favorables a su aprendizaje. De esta manera se puede ver en la teoría luhmanniana nada más que una variante elaborada de la reducción positivista de la legitimidad al principio de eficacia.

Un intento de gran alcance por salvar la legitimidad del sistema de legalidad de una sociedad compleja sin recaer en las presunciones metafísicas del iusnaturalismo clásico o en una ética material de los valores, pero fijando la validez de las normas jurídicas en una *racionalidad procedural de tipo práctico-moral*, ha sido el realizado por Habermas. Considerando, sobre la base de una diversa teoría de la acción, inadecuado el montaje analítico weberiano, Habermas trata de referir la legitimidad del poder legal a la relación que ocurre entre derecho y moral: una moral que, sin embargo, no se coloca por encima del derecho como un sistema de normas sobrepuesto, sino que se introduce "sublimándose en un procedimiento de justificación válido para posibles contenidos normativos" (Habermas, 1992). El resultado es una versión proceduralizada y elaborada de la teoría liberal de la legitimidad, que vuelve a conectarse con el argumento lockiano de la "ley de la opinión y de la costumbre", en que un elemento racional se entrelazaba con el tradicional precisamente como ahora racionalidad procedural y reserva de eticidad de los mundos vitales (*Lebenswelten*) se unen en la aspiración por reconstituir una razón íntegra. En la precariedad de tal conjugación se oculta sin embargo también la vulnerabilidad de esta forma de legitimación discursiva de la legalidad: es suficiente que los procedimientos de un poder producido comunicativamente sean deformados por la lógica estratégica de la irrupción de intereses e identidades no negociables para que se abra una crisis de legitimidad.

Una vez aclarado si existen y por qué deben existir el derecho y el Estado, toca pues a la filosofía política mostrar cómo el derecho y el Estado tienen carácter instrumental respecto a los fines y valores extraestatales y metajurídicos y cómo en cambio los derechos fundamentales constituyen el basamento indisponible del universo normativo de toda sociedad democrática. La indisponibilidad y la universalidad de los derechos fundamentales es la apuesta de gran parte de la filosofía política contemporánea, y de la estadunidense en particular, que por esta razón, en amplia medida, tiene su núcleo en la elaboración crítica de los contenidos del constitucionalismo o de la democracia constitucional (Rawls, 1994). Paralelamente, quiere establecerse como la conciencia crítica del liberalismo, de la liberaldemocracia y de la socialdemocracia.

En efecto, es imposible no advertir en el debate contemporáneo una estrecha trama entre construcciones teóricas y opciones de valor. La batalla entre teóricos de la justicia distributiva y teóricos ultraliberales de los títulos de propiedad, Rawls contra Nozick, sólo para citar dos de los nombres más representativos, lo atraviesa a profundidad. Si Nozick vuelve a proponer una vez más, con la intransigencia de quien advierte estar en minoría en la comunidad de los filósofos, el tradicional binomio libertad/propiedad, Rawls atribuye sólo a la libertad el estatuto de derecho fundamental y se interroga sobre el nexo subsistente, y ahora ya advertido como filosóficamente obligante, entre derechos civiles, políticos y sociales. Sin embargo, más allá de las profundas diferencias teóricas más directamente condicionadas por las opciones de valor sobre el tema de la indisponibilidad de los derechos se registra en la filosofía contemporánea un frente de consenso que no tiene precedentes en la historia y que, como lo ha sugerido Bobbio, es una de las pocas señales estimulantes en un escenario por otra parte más bien sombrío. Tanto Rawls como Nozick parten de la segunda fórmula del imperativo categórico kantiano: "obra en forma de no tratar jamás a la humanidad, tanto en tu persona como en la persona de los demás, únicamente como medio, sino siempre al mismo tiempo como fin". En *A Theory of Justice* podemos leer: "Toda persona posee una inviolabilidad fundada en la justicia sobre la que ni siquiera el bienestar de la sociedad en su conjunto puede prevalecer. Por esta razón la justicia niega que la pérdida de la libertad para alguien pueda justificarse por mayores beneficios gozados por otros" (Rawls, 1982).

El ataque dirigido a los teóricos liberales por parte de los comunitarios se enfoca en la crítica de una concepción totalmente centrada sobre los derechos que ignora o desestima el ámbito de los deberes y de las virtudes. Sin embargo, no es necesario aceptar el punto de vista *communitarian* para advertir los límites de una concepción puramente racionalista de los derechos: "una teoría de los derechos humanos necesita de una teoría de los sentimientos humanos" (Veca, 1997). Los comunitarios ponen a discusión la confianza en el potencial universalista de los modelos abstractos, principios, normas no mediadas por la particularidad de identidades concretas y tradiciones históricas y ponen a discusión la idea de persona como agente racional aislado del contexto, la abstracción del sí mismo atomista y emotivista, del *unencumbered self*. Por lo demás, históricamente la democracia nació de una concepción individualista de la sociedad política (piénsese en las modernas teorías contractualistas) pero al mismo tiempo del principio de autodeterminación colectiva: entre estos extremos, del individuo entendido atomistamente y de la totalidad como unidad nacional ética y calificada culturalmente, está destinada a moverse toda filosofía de la justicia política que aspire a conciliar las razones del derecho, de la eticidad y de la moral.

Por un lado, la universalización de los derechos viene al encuentro de las exigencias de los excluidos, pero al precio de obligar a individuos y grupos a renunciar a la propia identidad cultural específica a favor de una unidad artificial definida únicamente (o principalmente) por el común disfrute de los derechos; por el otro, el potenciamiento y la ampliación de los derechos reducen o eliminan la exclusión y la discriminación de determinados grupos pero al costo de la restricción de la libertad de otros. Al examinar estos fenómenos, los comunitarios han contribuido a traer de nuevo al centro de la reflexión filosófico-política cuestiones de identidad colectiva, haciendo valer la prioridad de la identidad sobre el interés. En la vertiente liberal, en cambio, sigue prevaleciendo la atención por la relación entre individuos e instituciones. Se discute qué modelo de sociedad debe prevalecer y si se deben preparar de antemano instituciones para una sociedad en que cada individuo considera a todos los demás como medios para la realización de los propios fines o más bien como fines en sí mismos o todavía para una sociedad de carácter ético, en que, para expresarlo con Ronald Dworkin, cada ciudadano "siente un especial interés desinteresado por el bienestar de los demás" (Ferrara, 1992).

Una vez puesto en claro que los derechos son, según una feliz definición, "los recursos normativos para la minimización del sufrimiento socialmente evitable" (Veca, 1997), queda por definir su lugar en el cuadro de las actuales democracias constitucionales. En la agenda de la filosofía política contemporánea, la cuestión de la relación entre derechos y soberanía popular ocupa con razón un lugar central. "El derecho no es un sistema cerrado narcisistamente en sí mismo, sino que se alimenta de la 'eticidad democrática' de los ciudadanos y de la receptividad de una cultura política liberal" (Habermas, 1996). Rousseau, Kant y Hegel siguen siendo los protagonistas del debate filosófico-político en los umbrales del siglo XXI.

Líneas de investigación y debate contemporáneo

Si una parte del universo filosófico de finales de siglo está bajo el signo del sincretismo y puede ser representada por los esfuerzos de que se ha hablado de unir a "Aristóteles y Kant", una parte no menos influyente está comprometida en un trabajo de disociación y polarización que se puede sintetizar en la fórmula "Nietzsche contra Kant". La obra de Michel Foucault ha sido en las últimas décadas punto de referencia constante para una filosofía política que se quiere liberar del compromiso normativo. Contra la ética del discurso, su programa filosófico hace valer la tesis de que no hay discurso que no sea discurso del poder. A la clásica pregunta de la filosofía política —sobre cómo puede el discurso de la verdad fijar los límites de derecho del poder— se opone una pregunta que es lo inverso de la precedente y tiende a "establecer qué reglas de derecho aplican las relaciones de poder para producir discursos de verdad", dado que inevitablemente "estamos sometidos a la producción de la verdad por el poder y no podemos ejercer el poder sino a través de la producción de la verdad" (Foucault, 1990). Una vez reconocido que es el poder el que activa, regula e institucionaliza la búsqueda de la verdad, la filosofía política debe necesariamente despejar el campo a la genealogía y a la arqueología de los saberes.

Bajando al terreno práctico para proponer de nuevo las razones de lo normativo, la filosofía política vuelve a encontrarse a la vuelta del siglo defendiéndose de los ataques de las formas viejas y nuevas de realismo político. Y sus estrategias de defensa manifiestan crecientes incertidumbres, están veteadas de escepticismo, mientras que las polémicas internas se destacan por acusaciones recíprocas de derrotismo. Florecen las teorías de los derechos, de la ciudadanía, del republicanismo. Sin embargo, las tendencias reales parecen ir en dirección opuesta, del mundo del *citoyen* y de las virtudes republicanas, retóricamente llamadas así, al mundo del *bourgeois* y de los mercados financieros, con sus imperativos sistémicos y su cínica indiferencia respecto a las obligaciones morales. En el preocupante alargamiento de esta tijera, el escenario de finales de siglo registra la creciente fragmentación posmoderna de las teorías políticas, el surgimiento de dudas sobre los límites del enfoque analítico, incluso considerado críticamente desde un nuevo punto de vista, en filosofía política el agotamiento del impulso propulsor de la filosofía práctica. Según el perfil estructural, la política ha perdido ya su papel central, su capacidad para coordinar a partir de un centro la sociedad. Una vez más —se podría decir a cuenta de balance— la prestación crítica de la filosofía política ha sido superior a la constructiva. Ha suministrado los elementos para desmantelar las ideologías totalitarias del siglo, ha dado una contribución fundamental a la crítica de los límites, de las contradicciones, de las "promesas no cumplidas" de la democracia liberal, contraponiendo un modelo de democracia ideal a los modestos resultados de la democracia real (Bobbio, 1984), pero no ha tenido la capacidad para suministrar una sólida base a las instituciones liberales y democráticas. El juego sigue abierto, aun cuando ya se entrevén los signos de una pérdida de importancia del discurso filosófico en el delineamiento de las disposiciones futuras.

BIBLIOGRAFÍA

Arendt, H. (1967), *Le origini del totalitarismo*, Edizioni di Comunità, Milán.

—— (1983), *Sulla rivoluzione*, Edizione di Comunità, Milán.

—— (1988), *Vita activa*, Bompiani, Milán.

Berlin, I. (1978), *Concepts and Categories. Philosophical Essays*, The Hogarth Press, Londres.

Bobbio, N. (1971), "Considerazioni dulla filosofia politica", *Rivista italiana di scienza politica*, I, pp. 367-379.

—— (1983), "Politica", *Dizionario di politica*, a cargo de N. Bobbio, N. Matteucci y G. Pasquino, Utet, Turín.

Bovero, M. (1988), "Etica e politica tra machiavellismo e kantismo", en *Teoria politica*, v, núm. 2, pp. 43-63.

Foucault, M. (1990), *Difendere la società. Dalla guerra delle razze al razzismo di stato*, Ponte alle Grazie, Florencia.

Habermas, J. (1986), *Teoria dell'agire comunicativo*, Il Mulino, Bolonia.

—— (1996), *Fatti e norme. Contributi a una teoria discorsiva del diritto e della democrazia*, Guerini, Milán.

Hayek, F. A. (1986), *Legge, legislazione e libertà*, Il Saggiatore, Milán.

Höffe, O. (1995), *Giustizia politica. Fondamenti di una filosofia critica del diritto e dello Stato*, Il Mulino, Bolonia.

Horkheimer, M., y T. W. Adorno (1997), *Dialettica dell'illuminismo*, Einaudi, Turín.

Jonas, H. (1990), *Il principio responsabilità. Un'etica per la civiltà tecnologica*, Einaudi, Turín.

Kelsen, H. (1966), *La democrazia*, Il Mulino, Bolonia.

Kymlicka, W. (1966), *Introduzione alla filosofia politica contemporanea*, Feltrinello, Milán.

MacIntyre, A. (1988), *Dopo la virtù. Saggio di teoria morale*, Feltrinelli, Milán.

Nozick, R. (1981), *Anarchia stato e utopia. I fondamenti filosofici dello "Stato minimo"*, Le Monnier, Florencia.

Rawla, J. (1982), *Una teoria della giustizia*, Feltrinello, Milán.

—— (1994), *Liberalismo politica*, Comunità, Milán.

Richter, M. (1995), *The History of Political and Social Concepts. A Critical Introduction*, Oxford University Press, Nueva York-Oxford.

Riedel, M. (1990), *Metafisica e metapolitica. Studi su Aristotele e sul linguaggio politico della filosofia moderna*, Il Mulino, Bolonia.

Schmitt, C. (1972), *Le categorie del "politico"*, Il Mulino, Bolonia.

Schumpeter, J. A. (1977), *Capitalismo, socialismo, democrazia*, Etas, Milán.

Shiklar, J. (1986), *Vizi comuni*, Il Mulino, Bolonia.

Strauss, L. (1990), *Diritto naturale e storia*, Il Melangolo, Génova.

Voegelin, E. (1968), *La nuova scienza della politica*, Borla, Turín.

Weber, M. (1974), *Economia e società*, Edizioni di Comunità, Milán.

Wilke, H. (1992), *Ironie des Staates. Gundlinien einer Staatstheorie Polyzentrischer Gesellschaft*, Suhrkamp, Francfort del Meno.

—— (1992), *Il principato democratico. Per una teoria realistica della democrazia*, Feltrinelli, Milán.

FINANCIAMIENTO DE PARTIDOS POLÍTICOS

HÉCTOR DÍAZ-SANTANA C.

DEFINICIÓN

Entendemos como financiamiento de partidos políticos a los medios económicos o en especie que reciben los partidos o candidatos, del Estado o de particulares, para solventar los gastos erogados en su ejercicio político. El tema del financiamiento de partidos se circunscribe en un concepto de heterogeneidad en los elementos que por su naturaleza se encuentran íntimamente ligados; por ello, para su estudio integral, es preciso considerar los gastos que realizan partidos y candidatos y los mecanismos de control, fiscalización y sanción.

La importancia del financiamiento de partidos y candidatos constituye un elemento de primer orden de los sistemas democráticos, en los que las distintas fuerzas políticas tienen que competir por la victoria electoral y mantener sus estructuras partidistas en periodos ordinarios. Para tal efecto, sus fuentes de financiamiento se convierten en el pilar principal para su ejercicio político.

El problema inicial son las diferencias en las posibilidades que tiene un partido o candidato de conseguir esos fondos, lo que se traduce en la desigualdad económica que se hace manifiesta en las campañas electorales. Lo anterior constituye una clara contradicción en el principio de igualdad de oportunidades que debe garantizarse en todo sistema democrático (Del Castillo, 1985: 1-4).[1]

Si nos referimos a la gobernabilidad democrática y su relación con el financiamiento, un fenómeno que se presenta y que la fractura es la manipulación o dependencia política que se produce cuando una fuente de financiamiento generosa y minoritaria le solicita al partido subvencionado que gobierne de acuerdo con sus intereses, necesidades o exigencias, menoscabando así los derechos de la mayoría que los eligió democráticamente.

La importancia del financiamiento de partidos y candidatos se hace manifiesta en su relación con la convivencia democrática y el respeto de los derechos políticos del ciudadano. La transparencia, limpieza y neutralidad de las formalidades del juego político, en el que participa activamente el financiamiento, constituyen un marco institucionalizado que busca garantizar uno de los principios rectores para el sustento o construcción del Estado democrático.

HISTORIA, TEORÍA Y CRÍTICA

La relación informal entre partidos políticos y sus fuentes de financiamiento es consustancial al origen de éstos. En sus inicios, que de acuerdo con Duverger se pueden situar a mediados del siglo XIX, los partidos formaban comités de campaña con el objeto de presentar a sus candidatos y organizar a los electores para canalizar los votos a su favor. Para el desarrollo de esta actividad, es claro que los partidos y sus candidatos necesitaban recursos materiales y económicos para el pago de los gastos que se desprendían de su ejercicio político. Uno de los desembolsos relevantes y hasta habitual que se realizaba en esa época era el pago del voto, por ejemplo en los Estados Unidos e Inglaterra (Duverger, 1992: 15-21).

Esta relación irregular de partidos y dinero se formalizó a finales del siglo XIX y principios del XX con el nacimiento de normas que regularon los ingresos y gastos de estas organizaciones políticas. La primera legislación que estableció de manera detallada la forma en que los candidatos podían realizar sus gastos de campaña fue la *Corrupt and Illegal Practices Act* de 1883 (Inglaterra). En ella se establecían de modo pormenorizado los gastos en que podían incurrir los candidatos, fijaba límites y prohibía ciertos gastos, entre ellos el pago por voto. En 1911, los Estados Unidos limitaron también los gastos de campaña, aunque fue la *Federal Corrupt Practice Act* de 1925 la que instituyó reglas más completas de gastos y control (Del Castillo, 1992: 13-23).

Por su parte, en México la regulación de los ingresos y gastos de los partidos llegó, en comparación con otros países, demasiado tarde. Fue hasta finales de los ochenta y principios de los noventa cuando se reguló el financiamiento de partidos políticos.[2] El primer paso se dio en 1987, al incorporar el financiamiento público a la legislación electoral. Posteriormente, en la reforma de 1993 se reguló el financiamiento privado, se fijaron límites a los gastos de campaña y se establecieron mecanismos de control.[3]

Naturaleza jurídica de los partidos políticos

Determinar la naturaleza jurídica de los partidos políticos incide en la justificación de su financiamiento (Alemán, 1995: 7-26). La discusión, que no ha alcanzado un acuerdo entre los juristas especialistas en derecho público y los politólogos, se centra en dos hipótesis: si los partidos son instituciones de carácter público, el Estado está obligado a financiarlos; por el contrario, si se consideran de carácter privado, serían los particulares los responsables de su sustento. La controversia se funda en las siguientes tesis (García y Escudero, 1992: 2052 y 2053):

1) Los partidos son instituciones privadas formadas por grupos sociales libres y algunas veces carentes de

---

[1] Este texto clásico es uno de los mejores trabajos que se han realizado en la materia. Su consulta constituye un elemento primordial para los estudiosos del financiamiento de partidos y candidatos.

[2] La primera legislación que reguló un tema relacionado con el financiamiento de partidos en México fue la Ley Federal Electoral de 1963, en la que se estableció una disposición que otorgaba a los partidos exenciones fiscales. Posteriormente, en 1973 la legislación electoral incorporó como prerrogativas espacios gratuitos en periodos electorales en los medios de comunicación televisivos y radiofónicos y franquicias postales y telegráficas.

[3] Para un estudio interesante sobre la evolución del financiamiento en México, véase Santiago Castillo, 1994.

personalidad jurídica; por tal causa, el Estado no debe financiarlos. De esta opinión son las legislaciones de Inglaterra, Holanda, Bélgica y Grecia, caracterizadas por un sistema de financiamiento predominantemente privado.

2) Los partidos políticos son asociaciones de naturaleza privada que cumplen fines públicos o de interés general, y por ello los deben financiar los particulares y el Estado. Al respecto, el Tribunal Constitucional Alemán, en su sentencia del 19 de julio de 1966, se pronunció en el sentido de considerar a los partidos políticos como instrumentos necesarios para la formación de la voluntad política; sin embargo, no se pueden considerar órganos del Estado, porque pertenecen al ámbito político y social, que se forman libremente. Aunque la resolución expresaba que el Estado no estaba obligado a financiar a los partidos, al mismo tiempo consideraba la conveniencia de garantizar condiciones mínimas de igualdad en la contienda electoral a través de subsidios públicos. Este criterio podría considerarse como el antecedente del sistema de financiamiento alemán actual, que se caracteriza por un régimen mixto que consiste en que el Estado otorga una cantidad similar a la que el partido reciba por concepto de financiamiento privado.

3) Los partidos políticos son sujetos o entes auxiliares del Estado. Su función, aunque se determina por el interés de sus asociados, redunda en beneficio del Estado o de la colectividad; por tal causa, el Estado está obligado a financiarlos (Biscaretti, 1973: 783). Aunque este criterio puede considerarse la justificación del financiamiento público, hay, como lo señalaremos más adelante, otros elementos que lo completan.

Financiamiento público

Este tipo de financiamiento consiste en las aportaciones económicas o en especie que otorga el Estado a los partidos o candidatos para el desarrollo de su actividad política. La conveniencia de utilizar este sistema de financiamiento se sustenta en los siguientes argumentos: *1)* equipara o iguala las diferencias económicas que se presenten entre las diversas fuerzas políticas que contiendan en un proceso electoral; *2)* otorga una mayor independencia a los partidos políticos y evita que respondan a intereses propios de financiadores privados; *3)* garantiza la supervivencia de los partidos y los apoya para que puedan cumplir con sus atribuciones constitucionalmente conferidas; *4)* retrae o disminuye el financiamiento ilícito; *5)* crea condiciones para la incorporación de nuevos actores políticos, y *6)* contribuye a la formación del Estado democrático.

Los argumentos anteriores reseñan la contribución que realiza esta fuente de financiamiento para el fortalecimiento del Estado democrático. Sin embargo, también presenta algunos inconvenientes: *1)* el financiamiento público ha mostrado que no evita las prácticas ilícitas de acopio de recursos ni la corrupción; *2)* hace dependientes a los partidos políticos de los recursos del Estado, con lo que impide que busquen ingresos privados y los vuelvan conformistas; *3)* produce un Estado paternalista; *4)* representa una carga económica para el Estado; *5)* el ciudadano, por medio de sus impuestos, aporta indirectamente al partido con el que no simpatiza, y *6)* fortalece la democracia central del partido, que al tener y manejar a su arbitrio los recursos económicos, se mantiene en las direcciones centrales o favorece a grupos determinados.[4]

Para repartir los recursos procedentes del financiamiento público se emplean diversos métodos: *1)* en proporción a la representación política; generalmente se consideran los votos o escaños que obtuvo el partido en las elecciones; *2)* en partidas iguales; el Estado destina una cantidad que se reparte por igual entre las fuerzas políticas; *3)* mixto; una parte la reparten por igual y la otra se distribuye de acuerdo con la fuerza electoral del partido.

En Europa, numerosas legislaciones incluyen el financiamiento público directo, entre ellas Alemania, España, Francia, Grecia, Italia y Portugal. Por su parte, en América casi todos los países tienen un sistema de financiamiento público, con las excepciones de Panamá y Chile. La mayoría de las legislaciones coinciden en condicionar esta aportación a un número determinado de votos o de escaños en sus cámaras legislativas.

En México, la misma ley electoral establece que el financiamiento de partidos tiene que ser predominantemente público. Aunque normativamente no se especificara así, de cualquier forma en México el financiamiento de partidos sería predominantemente público. Ello obedece a las siguientes razones: *1)* el desgaste de los partidos, que provoca que el ciudadano pierda la credibilidad y la confianza y por ende se niegue a contribuir; *2)* la carencia de mecanismos en los partidos para allegarse fondos de particulares, y *3)* los límites tan estrechos que se imponen al financiamiento privado.[5]

El financiamiento público se distribuye en diferentes modalidades:[6] por actividad ordinaria, por actividad electoral y por actividades específicas como entidades de interés público (se paga el 75% de los gastos que los partidos efectúen en actividades editoriales, de educación y capacitación política, investigación socioeconómica y política). El sistema de distribución que se emplea para actividad ordinaria es mixto y consiste en repartir el 70% del financiamiento por los votos obtenidos en elecciones a la Cámara de Diputados. En lo que respecta al financiamiento por actividad electoral, se otorga en cada elección federal un monto equivalente al financiamiento ordinario que corresponda a ese año. Se tiene que resaltar que sólo los partidos con registro y con registro condicionado tienen derecho a la subvención estatal.[7]

---

[4] Para profundizar en el tema véase: Del Castillo, *op. cit.*, pp. 201-214; Cotarelo, en varios, 1994, p. 23; del mismo autor: *Los partidos políticos*, 1996, p. 31; Blanco Valdés, 1990, p. 191; Álvarez Conde, en varios, *La financiación de los partidos políticos*, 1994, p. 16; Lucas, p. 115.

[5] Para un análisis sobre el financiamiento público en México, véase Barquin, *op. cit.*, pp. 144-150; "El financiamiento de los partidos políticos en México, en la reforma de 1993", en Pérez Fernández del Castillo, 1995.

[6] El financiamiento público ordinario para 1998 fue de mil millones de pesos.

[7] A los partidos con registro condicionado se les otorga una subvención equivalente al 2% del financiamiento público ordinario. También las agrupaciones políticas nacionales tienen derecho a esa misma subvención.

Financiamiento público indirecto

Esta clase de financiamiento consiste en los medios en especie que otorga el Estado a los partidos políticos. Los más usuales son espacios gratuitos en los medios de comunicación (televisión y radio), exenciones fiscales, franquicias telegráficas, de correos y telefónicas, facilidad para utilizar espacios públicos. Este financiamiento produce un sustancioso ahorro para los partidos políticos, sobre todo si nos referimos al uso en los medios de comunicación o las exenciones fiscales.

El uso gratuito de los medios de comunicación representa, aparte del ahorro referido, un elemento determinante en el desarrollo de la campaña electoral, pues es el medio de mayor penetración e impacto entre los electores. Que el Estado les otorgue esta prerrogativa tiene por objeto equilibrar las posibles diferencias entre las fuerzas políticas que participan en una campaña electoral. El ejemplo más claro se aprecia en España, cuya legislación electoral otorga estos apoyos y, al mismo tiempo, prohíbe a los partidos contratar espacios de publicidad en televisión durante su campaña. Esta acción pretende, como ya se mencionó, garantizar condiciones de equidad en la campaña electoral.

La legislación mexicana incluye los aspectos anteriormente señalados. Otorga a los partidos por igual espacios en medios de comunicación en tiempo electoral y ordinario, exenciones fiscales, franquicias postales y telegráficas y les permite el uso de locales públicos para actos de campaña.

Financiamiento privado

Se integra por las cuotas, contribuciones, donaciones y créditos que otorgan los particulares a los partidos políticos y candidatos. En este rubro también se incluyen los recursos que obtienen los partidos por diversas actividades, como pueden ser sorteos, inversiones, fideicomisos y venta de publicaciones o artículos que edita el partido. Una de las tesis que justifica este financiamiento afirma que los partidos son asociaciones privadas con finalidades públicas y como tales se deben desenvolver con la ayuda de la sociedad civil (Cárdenas, 1993: 165). Una de las ventajas de este tipo de financiamiento es que garantiza la autonomía de los partidos frente al Estado, así como también crea un vínculo importante entre donantes y partidos. Este último aspecto depende de la eficacia del accionar político del partido; si éste realiza una gestión adecuada, sus simpatizantes votarán por él y contribuirán económicamente. Si la gestión política no convence, los simpatizantes les retirarán el apoyo económico y, lo que es más perjudicial en elecciones, su apoyo electoral.

Actualmente representan una minoría los países que tienen un sistema de financiamiento predominantemente privado, entre ellos Inglaterra, Holanda, Panamá y Chile. Esto comprueba que la mayoría de países prefieren el sistema de financiamiento predominantemente público y, como segunda opción, el sistema mixto. El desgano por el financiamiento privado se debe a la oposición y el rechazo de la influencia del poder económico sobre el político: cuando una persona aporta dinero a un determinado partido o candidato, lógicamente espera tener un beneficio posterior, esto es, que su donación se convierta en inversión, puesto que cuando gobierne su candidato o partido recibirá el pago por su contribución. Este argumento puede ser erróneo, puesto que el financiamiento privado realizado con publicidad y transparencia no tiene por qué conducir a la corrupción política (Álvarez, 1994: 24).

Es criterio general en la mayoría de legislaciones prohibir cierto tipo de donaciones, entre ellas las procedentes de extranjeros, de la administración pública, del culto religioso y algunas veces de empresas que tengan contratos públicos de obras o estén sujetas a licitación del Estado. También es habitual que el monto del financiamiento privado esté sujeto a límites que, por un lado, deben evitar ser tan altos que permitan al financiador ejercer una presión sobre el partido y, por el otro, no deben ser tan estrechos que empujen a los partidos a buscar mecanismos para burlar su legislación.

Como dijimos, es la transparencia el pilar en que se debe cimentar el financiamiento privado; al mismo tiempo representa una garantía que todo Estado de derecho debe otorgar al ciudadano. Es importante que la sociedad esté enterada de quiénes subvencionan a los partidos, pues es un elemento más que le permitirá votar de una u otra forma. Un ejemplo de control del financiamiento privado se encuentra en los Estados Unidos. En este país existe un organismo especial de control del financiamiento de partidos y candidatos (Federal Election Commission). Este órgano captura en su base de datos todas las donaciones recibidas por candidatos a representantes, senadores y presidente y los pone a disposición del público en general. Un criterio contrario es el sueco y el danés. En estos países se prohíbe la publicación de las donaciones por dos razones: la primera, por considerar que irrumpen el secreto del voto, ya que se deduce que la persona que contribuye a un partido votará por este mismo. La segunda causa, con el fin de evitar venganzas poselectorales. Se puede dar el caso de que alguna persona que haya donado a un partido perdedor reciba represalias del partido en el gobierno.

El financiamiento privado de partidos en México se clasifica en aportaciones de los militantes, simpatizantes y autofinanciamiento (financiamiento por rendimiento financiero, fondos y fideicomisos). Como se mencionó, es la misma legislación electoral la que establece que el financiamiento público prevalecerá sobre el privado. Para ello fija que las aportaciones o donativos, en especie o dinero, no podrán ser superiores en total al 10% del financiamiento público para actividades ordinarias que corresponda a todos los partidos políticos. En lo individual, establece un límite equivalente a 0.05% del monto total del financiamiento público ordinario anual (500 000 pesos por persona aproximadamente).

De manera complementaria, la legislación mexicana prohíbe las contribuciones de los poderes ejecutivo, legislativo y judicial de la Federación y de los estados y los ayuntamientos, a excepción de lo establecido por ley; las entidades, organismos o dependencias de la administración federal, estatal o municipal, centralizados o paraestatales, como también los órganos del gobierno del Distrito Federal;[8] todo tipo de instituciones

---

[8] Antes de la década de los noventa, era común que el partido gobernante financiara sus campañas políticas con los

y personas extranjeras; las que provengan de instituciones religiosas; las empresas mexicanas de carácter mercantil; las anónimas, salvo las que se realicen en colectas.

La crisis en la que se encuentran inmersos los partidos políticos en México, por la falta de representatividad y credibilidad, influyó para que se buscaran fórmulas que alentaran el financiamiento privado. Para ello se aplica el mecanismo más habitual, los estímulos fiscales, que consiste en deducir del impuesto sobre la renta hasta un monto del 25% de la subvención.

Uno de los problemas graves y que recurrentemente se ha mostrado en México es el financiamiento ilícito. Esa clase de ingresos atípicos[9] son un mal endémico que se encuentra arraigado en todos los partidos y que repercute en una alteración de la representación democrática, que se hace manifiesta cuando los candidatos elegidos por los ciudadanos atienden y dan prioridad a las demandas de sus valedores económicos, en vez de atender los requerimientos de quienes los eligieron democráticamente.[10] Una de las prioridades de las diversas reformas electorales que se realizaron consistió en evitar que el financiamiento ilícito fuera recurrente; para ello, se estableció la obligación de los partidos de llevar un control riguroso de sus financiadores a través de la expedición de recibos foliados, que se entregan previa identificación del aportante. Como medida complementaria, el financiamiento ilícito se incorporó como delito electoral y se aumentaron las sanciones económicas y administrativas a los partidos que recibiesen esta clase de subvenciones.

Los gastos de los partidos políticos

Los desembolsos que los partidos realizan para solventar los gastos que ocasiona su ejercicio o actividad política se dividen en ordinarios y de campañas políticas. Los ordinarios son todos aquellos gastos que realizan en tiempo no electoral. En este periodo, los partidos realizan campañas permanentes ante los ciudadanos y sus votantes con el fin de mantener y ampliar el número de sus electores. Esta tarea implica una serie de gastos, entre ellos mantenimiento de sus sedes, equipos de oficina, pago de la nómina de sus empleados o dirigentes, viáticos, actos de campaña, pago de publicidad y estudios del electorado.

Los gastos de campaña son los que realizan los partidos o candidatos durante la campaña electoral. Éstos pueden ser espacios en televisión, radio o prensa escrita, propaganda gráfica para colocar en calles o repartir en actos de campaña, pago del personal que colabora con el partido o candidato, encuestas electorales, alquiler de auditorios o casas de campaña, compra o renta de equipo de cómputo y de transporte. La mayoría de las legislaciones coinciden en establecer topes a estos gastos con el fin de garantizar ciertas condiciones de igualdad entre partidos o candidatos en la contienda electoral.[11]

En el desarrollo de las campañas políticas es necesario tener dinero suficiente para difundir los programas de gobierno y postulados ideológicos ante el electorado, pero se debe cuidar que el gasto no se convierta en un elemento que permita a un candidato tener una clara ventaja sobre sus oponentes. Los límites no deben ser tan altos que puedan manipular al electorado, ni tan bajos que contradigan la libertad de expresión e impidan a los partidos llevar su oferta política al electorado.[12]

En México, a partir de la década de los noventa se establecieron límites a los gastos de campaña y se incrementó el financiamiento público a los partidos políticos. Esta medida disminuyó las diferencias abismales que se presentaban en los procesos electorales entre el partido tradicionalmente dominante y los llamados partidos de oposición.

La legislación electoral mexicana señala que es el Consejo General del Instituto Federal Electoral el órgano facultado para fijar los límites a los gastos de campaña. Para ello se establece una fórmula que se debe aplicar en cada proceso electoral para las elecciones a presidente, senadores y diputados.

Medios de control del financiamiento

Son los mecanismos que se utilizan para hacer cumplir las disposiciones referentes al financiamiento y gastos de los partidos políticos. Los órganos de control constituyen el engranaje principal de todo sistema de financiamiento, ya que de ellos depende que los medios utilizados para la campaña y su origen se apeguen al ordenamiento legal.

Son muy diversos los órganos de control que existen en la legislación comparada para fiscalizar la actividad financiera de partidos y candidatos. De acuerdo con la clasificación de Del Castillo, son tres (Del Castillo, 1985: 148-155): *1)* Órganos de la administración electoral (Gran Bretaña y Canadá). El control y fiscalización lo realizan funcionarios de la autoridad electoral *(returning officers* y *chief electoral officers)*. Son estos funcionarios los que supervisan que los candidatos cumplan con sus obligaciones financieras; para tal efecto, los

---

recursos económicos y en especie provenientes de los tres niveles de gobierno. Por ello se prohíben y sancionan económica y penalmente estas contribuciones.

[9] El profesor Cotarelo García considera que el financiamiento ilícito es un acto que se realiza fuera de todo contexto legal, por ello se le debe clasificar como "atípico". En este texto hace un análisis interesante sobre el financiamiento ilícito. Véase: *Los partidos políticos, op. cit.,* pp. 202 y 203.

[10] Un estudio interesante sobre financiamiento de partidos y la corrupción en algunos países europeos se puede consultar en Blanco Valdés, 1997, pp. 22-29.

[11] En las elecciones presidenciales estadunidenses, los candidatos que reciban fondos públicos para su campaña se obligan automáticamente a respetar límites en sus gastos. Si el candidato no recibe fondos públicos y paga sus gastos de campaña con fondos privados, su gasto de campaña no tendrá límites.

[12] Como ya se mencionó, la legislación inglesa fue la primera en imponer límites a los gastos de campaña. En aquel tiempo eran usuales sobornos, chantajes, intimidaciones que ocasionaban la compra del poder político. Los candidatos tenían doble gasto; el primero, el costo de la campaña y, el segundo, los pagos ilegales. En 1883, la *Corrupt and Illegal Practices Act* fijó límites a los gastos de campaña, definió cuáles eran los gastos que se tenían que realizar y señaló diversas prohibiciones como transporte de electores el día de elecciones o regalar bebidas en mítines políticos.

candidatos tienen que presentar después de la campaña electoral un informe pormenorizado de ingresos y gastos. Con el fin de garantizar que la información presentada es fidedigna, es necesario acompañarlos con el dictamen de un auditor. *2)* Órganos de naturaleza parlamentaria; los partidos políticos están obligados a presentar periódicamente ante el Parlamento los informes de sus cuentas. Es el mismo Parlamento el que determina que los informes se apegaron a la legalidad; en caso contrario, sus facultades les permiten entre otras cosas denegar el rembolso de las subvenciones públicas. Este sistema de aplica en Alemania, Italia y Grecia. *3)* Órganos dependientes del ejecutivo. El ejemplo clásico es el sistema de los Estados Unidos, cuyo control es asignado a la FEC (Federal Election Commission). Este órgano se integra por seis miembros designados por el presidente y ratificados por el Senado. La FEC se encuentra facultada, en caso de detectar irregularidades en los ingresos y gastos de los candidatos, para iniciar acciones judiciales siempre y cuando no puedan llegar a un arreglo anterior al procedimiento. También está facultada para iniciar en cualquier momento auditorías sobre los ingresos y gastos de los candidatos.[13] A la clasificación anterior se le puede agregar uno más: *4)* Órganos de carácter jurisdiccional. El ejemplo clásico es España (Tribunal de Cuentas). La función constitucional del tribunal es fiscalizar las cuentas y la gestión económica del Estado y del sector público. Son las subvenciones públicas que se otorgan a los partidos políticos las que justifican su competencia fiscalizadora de sus ingresos y gastos. Para tal efecto, los partidos tienen que presentar informes de sus ingresos y gastos ordinarios y los de campaña electoral.

El incumplimiento de las disposiciones que regulan el financiamiento de partidos conlleva una sanción que en la legislación comparada adopta la forma de multas, responsabilidad penal, inhabilitación para ocupar cargos de elección popular, anulación de la elección, retiro parcial o total del financiamiento público, amonestación o cancelación temporal o definitiva del registro del partido.

Un elemento complementario y prioritario que contribuye al control de los ingresos y gastos de los partidos y candidatos es la publicidad. La transparencia se convierte en requisito elemental e imprescindible para verificar el grado de cumplimiento de la norma reguladora, y al mismo tiempo cumple una función de información al electorado que le permite saber el origen de los recursos financieros de los partidos y candidatos, como también en qué lo gastan (Del Castillo, 1985: 126-148).

Es muy importante que la sociedad civil esté informada de los ingresos y gastos de los partidos y candidatos; ello favorece más a los electores que a los partidos. Son los ciudadanos los que contribuyen al financiamiento de los partidos, ya sea de forma directa, por medio de su aportación al partido o candidato de su preferencia, o indirecta, cuando sus impuestos se conviertan en financiamiento público. Por ello deben estar enterados de en qué se está gastando su dinero y si es bien empleado. Por su parte, los partidos deben ser cuidadosos de optimar los recursos y gastarlos exclusivamente en actividades partidistas, porque en caso contrario los contribuyentes se transforman en jueces de las actividades y fallan en el sentido de dejar de contribuir o retirar el apoyo electoral, que es la sanción más dolorosa que pueda tener un partido. Ejemplo de algunos países que tienen sistemas de publicidad de los gastos e ingresos de partidos y candidatos son los Estados Unidos, Alemania, Canadá, Italia, Austria, Argentina y Brasil.

En México es el Instituto Federal Electoral, por medio de su Comisión de Fiscalización de los Recursos de los Partidos y Agrupaciones Políticas, el órgano facultado para fiscalizar la actividad financiera de los partidos políticos. Antes de la década de los noventa no había un medio de fiscalización, lo que permitió que los procesos electorales se desarrollaran en la absoluta opacidad financiera y beneficiaran al partido en el gobierno, que se financiaba sin límites con los mismos recursos económicos y materiales de la administración pública. Esta actividad indebida les permitía tener ventajas claras sobre sus adversarios, que se manifestaba por un exceso en los gastos de campaña, lo que opacaba las campañas políticas de sus adversarios.

Por las consecuencias señaladas, el control jurídico de los ingresos y gastos de los partidos es una prioridad en el sistema electoral mexicano y se encuentra muy reglamentado, ya que de ello depende la equidad de la competencia electoral (Pérez Fernández del Castillo, 1995: 184). Para tal efecto, los partidos tienen que presentar dos informes: los ordinarios y los de campaña. Los ordinarios se presentan dentro de los 60 días siguientes al último día de diciembre del año del ejercicio en curso. Por su parte, los informes de los gastos de campaña se deben presentar dentro de los 60 días posteriores a la conclusión de la campaña electoral. El proceso de fiscalización se inicia con los informes que presentan los partidos políticos; luego se someten a la verificación que realiza la Comisión de Fiscalización, que elabora un proyecto de dictamen que se pone a consideración del Consejo General del IFE. En el caso de haber detectado irregularidades, se fija la sanción correspondiente, la que puede ser apelada por los partidos ante el Tribunal Electoral del Poder Judicial de la Federación.

Las sanciones que se aplican para garantizar el respeto a las disposiciones legales sobre financiamiento son las siguientes:[14] multas, reducción del financiamiento público que le corresponda al partido y suspensión o cancelación del registro. En este último caso, sólo se podrá imponer cuando el incumplimiento o infracción sea particularmente grave o sistemático.

Como sanción adicional, a finales de 1993 se incorporó al Código Penal Federal la tipificación del delito electoral con motivo de actos de financiamiento irregular de partidos o candidatos. Para tal efecto, se responsabiliza penalmente a los funcionarios de la administración pública de los tres niveles que utilicen fondos públicos en favor de un partido o candidato. Al mismo tiempo sanciona a los candidatos que ofrezcan dádivas o paga por voto, reciban dinero proveniente de activi-

---

[13] Una de las principales facultades de la FEC es la de llevar el control de los ingresos de los partidos y candidatos. Éstos son archivados en una base pública de datos.

[14] Para un estudio interesante sobre el control de financiamiento de partidos en México, véase Prud'Homme, 1993, pp. 132 y 133.

dades ilícitas o utilicen fondos públicos prohibidos por la legislación electoral. Las sanciones pueden ser prisión de uno a nueve años, multa e inhabilitación para ocupar cargos públicos.

LÍNEAS DE INVESTIGACIÓN Y DEBATE CONTEMPORÁNEO

Los sistemas actuales de financiamiento de partidos en el mundo se encuentran en constante evolución. A la fecha no hay un modelo que no presente fracturas o inconvenientes. Prueba de ello son: *1)* los reiterados problemas que se relacionan con el financiamiento irregular de partidos o candidatos, *2)* la falta de eficacia del financiamiento público para paliar las desventajas entre las fuerzas políticas y *3)* la constante influencia que ejerce el poder económico sobre el político. Con estos argumentos no se quiere decir que haya un panorama desolador; por el contrario, a partir de la década de los ochenta se han logrado considerables avances, los que están siendo sujetos de modificaciones y ajustes.

No hay, pues, un modelo de sistema de financiamiento que funcione bien en todos los países, se tienen que considerar las circunstancias de cada uno. Por poner sólo un ejemplo, en algunos países latinoamericanos que han sido gobernados por partidos hegemónicos el financiamiento público es vital para contrarrestar las desventajas en los recursos de las campañas políticas. En sentido contrario, otros países (como los Estados Unidos) no necesitan los recursos públicos para tener una contienda electoral equitativa. Por las causas señaladas no es posible crear un solo modelo de financiamiento; sin embargo, cabe hacer algunos señalamientos, elaborados desde una perspectiva ecléctica, sobre lo que conviene a los sistemas de financiamiento de partidos:

1) Equilibrio entre las fuentes de financiamiento público y privado.

2) Reparto equitativo del financiamiento público entre las fuerzas políticas representativas y apoyo a las nuevas corrientes políticas o minorías.

3) Facilitar a los partidos políticos en tiempo ordinario y electoral espacios en los medios de comunicación para que puedan exponer sus tesis ideológicas o dejar claro su pronunciamiento sobre los problemas que atañen a la ciudadanía. Con ello se contribuye al fortalecimiento de la cultura política del ciudadano y les permite tener un canal de comunicación permanente. En tiempo electoral, estas facilidades representan un ahorro a los partidos políticos y es una forma de equilibrio que otorga las mismas oportunidades a las fuerzas políticas contendientes.

4) Estimular el financiamiento privado. Para tal efecto, los partidos deben ser representantes cabales de las necesidades y derechos de sus simpatizantes, con lo que crearán una cultura que haga sentir al militante que su contribución ayuda al fortalecimiento del partido y por ende es una manera de estar bien representado. Una forma adicional son los estímulos fiscales a las contribuciones de los particulares.

5) Limitar los gastos de campaña. Se evita el dispendio que realizan los partidos y candidatos; además, disminuye su endeudamiento. También es un mecanismo que acepta condiciones, aunque a veces mínimas, de igualdad en la contienda electoral.

6) Mecanismos de control. Para que un esquema de financiamiento funcione, los pilares fundamentales son los sistemas de fiscalización y control. Es necesario que la legislación defina de forma clara y concisa las reglas a las que se tienen que someter los que intervengan en el proceso de financiación y gasto de partidos y candidatos. Todo esto tiene que coincidir con una autoridad que garantice el cumplimiento de su ordenamiento legal. Por último, se deben incluir los medios para lograr la transparencia total de los ingresos y gastos de los partidos y candidatos, con el fin de que sean los mismos ciudadanos los guardianes permanentes que impidan que grupos con potencial económico se infiltren con sus recursos financieros en las determinaciones de los partidos políticos para influir en las decisiones gubernamentales. De esta forma se permite al electorado denunciar irregularidades o juzgar por su propio derecho con un voto adverso en elecciones.

México

A partir del inicio de la década de los noventa, el financiamiento de partidos en México tuvo un papel relevante en la agenda política nacional. En las negociaciones realizadas entre los grupos con representación parlamentaria se determinó establecer, como dijimos, un sistema de financiamiento predominantemente público. Al mismo tiempo se establecieron límites a los gastos de campaña y se integró a la legislación electoral una serie de medidas de control del ingreso y gasto de partidos y candidatos. Esto permitió un avance significativo para el sistema de partidos en México, principalmente porque se balancearon los recursos tanto económicos como de presencia en los medios de comunicación de los partidos. También se erradicó la utilización de recursos materiales, económicos y humanos provenientes de la administración pública en favor de candidatos o partidos pertenecientes al mismo partido que gobernaba. En lo que se refiere al financiamiento ilícito, la legislación actual ha logrado frenar significativamente este vicio, que ha apolillado por décadas el sistema político mexicano.

Evaluar en un periodo tan corto los avances del sistema en su plenitud sería prematuro. Tienen que pasar unos años más para que podamos determinar su eficacia. Por ello, considero que las líneas de investigación a futuro podrían girar en torno de algunos ajustes como los siguientes:

1) Ahorro en los gastos de campaña. Los límites a los gastos de campaña en México siguen siendo excesivos, tanto es así que las campañas electorales son de las más costosas del mundo, lo que contrasta con la pobreza extrema en el país. Una medida adecuada sería reducir los días de las campañas electorales. En este punto, es necesario resaltar que México es, en la legislación comparada, uno de los países que tienen campañas más prolongadas.

2) Equilibrar las fuentes de financiamiento. Un sistema de financiamiento predominantemente público produce un Estado paternalista y convierte a los partidos en entes dependientes del erario estatal. Esto hace que no busquen fuentes alternas de financiamiento, que bien pueden contribuir a aproximarlos a sus electores. Al mismo tiempo, el financiamiento público representa una carga económica de gran peso para el Estado, lo que produce una incongruencia en la política financiera de un Estado que procura la austeridad en el gasto público.

3) Regular el financiamiento y los gastos de las precampañas. La legislación electoral no establece regulación alguna sobre los ingresos y gastos que efectúan los precandidatos en las campañas que realizan para conseguir la nominación de su partido. Esto es muy grave, ya que se deja la puerta abierta para que el candidato pueda sumar a su precampaña recursos que no se someten a control o límite alguno. A la vez, las precampañas permiten realizar labores de proselitismo antes de la campaña electoral, con ello automáticamente obtienen una ventaja sobre sus adversarios.[15]

[15] En México, algunos precandidatos a la presidencia de la república iniciaron su campaña política desde el año 1998. Si la campaña electoral se iniciara en enero del 2000, tendrían una clara ventaja sobre los candidatos que realizaron una precampaña más corta o que no se sometieron a un proceso de

Por lo anterior, es apremiante regular los ingresos y gastos de las precampañas.

4) Transparencia en los ingresos y gastos de partidos y candidatos. La actual legislación especifica que las resoluciones del Consejo General del IFE en materia de fiscalización de los partidos políticos tienen que publicarse. Sin embargo, el sistema empleado es ineficaz, tanto que no se logra transmitir esa información al ciudadano. Sería conveniente publicar los informes en los diarios nacionales de mayor circulación y tener una oficina de acceso público para informar al ciudadano que lo requiera. Para que la transparencia sea total, es fundamental que la autoridad electoral informatice las aportaciones que los particulares dan a los partidos políticos y permita que esta información sea consultada por el ciudadano que lo solicite.

elección interno. Otro aspecto por considerar es el excesivo costo que se desprende de una campaña tan prolongada.

BIBLIOGRAFÍA

Alemán Medrano, José, y Carlos González Ramírez (1989), *El Estado y la financiación de partidos en Costa Rica*, Varitec, San José de Costa Rica.

Alemán Velasco, Miguel (1995), *Las finanzas de la política*, Diana, México.

Alexander, Herbert E. (1992), *Financing Politics: Money, Elections and Political Reform*, 4ª ed., CQ Press, Washington, D. C.

——— (comp.) (1994), *Comparative Political Finance Among the Democracies*, Westview Press, Boulder.

Álvarez Conde, Enrique (1994), "Algunas propuestas sobre la financiación de los partidos políticos", en varios, *La financiación de los partidos políticos*, Centro de Estudios Constitucionales, Madrid.

Arnaldo Alcubilla, Enrique (1995), "Procesos electorales y opinión pública", *Revista de las Cortes Generales*, núm. 34, Congreso de los Diputados, Madrid, primer cuatrimestre.

——— (1995), *El derecho del sufragio de los emigrantes*, Centro de Estudios Constitucionales, Madrid.

Avril, Pierre (comp.) (1989), *Campagnes électorales, principe d'egalité et transparence financiére. L' encadrement juridique de la vie politique*, Presses Universitaires d'Aix-Marseille-Economica, París.

Barquin Álvarez, Manuel (1993), "Una propuesta razonada e imparcial al financiamiento de los partidos políticos en México", en varios, *Aspectos jurídicos del financiamiento de los partidos políticos*, Instituto de Investigaciones Jurídicas de la UNAM, México.

——— (1995), "El financiamiento de los partidos políticos en México, en la reforma de 1993", en Germán Pérez Fernández del Castillo (coord.), *La voz de los votos: un análisis crítico de las elecciones de 1994*, FLACSO, México.

Biscaretti di Ruffià, Paolo (1973), *Derecho constitucional*, Tecnos, Madrid.

Blanco Valdés, Roberto (1990), *Los partidos políticos*, Tecnos, Madrid.

——— (1997), "Crisis de los partidos, partidos en la crisis: la democracia en los partidos en la frontera de fin de siglo", en José Ascensi Sabater (coord.), *Ciudadanos e instituciones en el constitucionalismo actual*, Tirant lo Blanch, Valencia.

Cárdenas Gracia, Jaime (1992), *Crisis de legitimidad y democracia interna en los partidos políticos*, FCE, México.

——— (1993), "El financiamiento privado y su contexto", en Jorge Alcocer (comp.), *Dinero y partidos*, Nuevo Horizonte, México.

Castillo Vera, Pilar del (1985), *La financiación de partidos y candidatos en las democracias occidentales*, Centro de Investigaciones Sociológicas, Madrid.

——— (1990), "La financiación de los partidos políticos ante la opinión pública", *Revista de Derecho Político*, núm. 30, UNED, Madrid.

——— (1990), "La financiación pública de los partidos políticos y su impacto en las instituciones representativas", en Ángel Garronea Morales (comp.), *El Parlamento y sus transformaciones actuales*, Tecnos, Madrid.

——— (1992), "La financiación de los partidos políticos: la reforma necesaria", en José Juan González Encinar (coord.), *Derecho de partidos*, Espasa Calpe, Madrid.

Centro Interamericano de Asesoría y Promoción Electoral (1989), *Diccionario electoral*, CAPEL, San José de Costa Rica.

Cotarelo García, Ramón (1993), "Partidos políticos y democracia", en varios, *Aspectos jurídicos del financiamiento de partidos políticos en México*, UNAM, México.

——— (1996), *Los partidos políticos*, Sistema, Madrid.

Cotteret, Jean Marie, y Claude Emeri (1973), *Los sistemas electorales*, Oikos-Tau, Barcelona.

Cumplido Cereceda, Francisco, y Humberto Nogueira Alcalá (coords.) (1986), *Legislación electoral comparada*, CAPEL, San José de Costa Rica.

Doublet, Yves-Marie (1990), *Le financement de la vie politique*, Presses Universitaires de France, París.

Duverger, Maurice (1992), *Los partidos políticos*, FCE, México.

García Añoveros, Jaime (1994), "Razón de Estado, razón de partido: la financiación de la democracia", Ciclo de Conferencias. Economía Española Actual, Fundación Almonte, Sevilla.

García Escudero M., Piedad, y Benigno Pendás García (1992), "Consideraciones sobre la naturaleza y financiación de los partidos políticos", en *Actualidad y perspectiva del derecho público a fines del siglo xx*, homenaje al prof. Garrido Falla, vol. III, Complutense, Madrid.

González-Varas Ibáñez, Santiago (1995), *La financiación de los partidos políticos*, Dykinson, Madrid.

Instituto Federal Electoral (1992), "Financiamiento público de los partidos políticos", *Foro Electoral*, año II, núm. 7, Instituto Federal Electoral, México.

Lucas Murillo de la Cueva, Pablo (1993), "Tema para el debate: la financiación de los partidos políticos", *Anuario de Derecho Constitucional y Parlamentario*, núm. 5, Asamblea General de Murcia-Universidad de Murcia, Murcia.

—— (1993), "La financiación de los partidos y de las elecciones. La legislación interminable", en Fernando Sáinz Moreno (coord.), *Reflexiones sobre el régimen electoral (IV Jornadas de Derecho Parlamentario)*, serie IV: monografía núm. 32, Congreso de los Diputados, Madrid.

Michels, Robert (1991), *Los partidos políticos*, Amorrortu, Buenos Aires.

Ministerio del Interior (1992), *Legislación electoral de Iberoamérica*, Ministerio del Interior e Instituto Nacional de Administración Pública, Madrid.

Parlamento Europeo, Dirección General de Estudios del Parlamento Europeo (1991), *La financiación de los partidos políticos en los Estados miembros de la Comunidad Europea*, Oficina de Publicaciones Oficiales de las Comunidades Europeas, Luxemburgo.

Pérez Fernández del Castillo, Germán (1993), "Financiamiento a los partidos políticos y condiciones de la competencia electoral", en Jorge Alcocer (comp.), *Dinero y partidos*, CEPNA, México.

—— (coord.) (1995), *La voz de los votos: un análisis crítico de las elecciones de 1994*, Flacso, México.

Prud'Homme, Jean François (1993), "Alternativas para la regulación y el control del financiamiento y gastos de los partidos políticos en México", en Jorge Alcocer (comp.), *Dinero y partidos*, CEPNA, México.

Sabato, Larry J. (1989), *Paying for elections: The Campaign Finance Thicket*, Priority Press Publications, Nueva York.

Santiago Castillo, Javier (1994), "La regulación jurídica del financiamiento de los partidos políticos en México (1963-1990)", *Polis 93*, Anuario de Sociología, Universidad Autónoma Metropolitana, México.

Sorauf, Frank J. (1992), *Inside Campaign Finance, Myths and Realities*, Yale University Press, Nueva York.

Varios (1993), *Dinero y partidos*, Jorge Alcocer (comp.), CEPNA, México.

—— (1993), Tema para el debate: la financiación de los partidos políticos", en *Anuario de Derecho Constitucional y Parlamentario*, núm. 5, Asamblea General de Murcia-Universidad de Murcia, Murcia.

—— (1993), *Aspectos jurídicos del financiamiento de los partidos políticos*, Instituto de Investigaciones Jurídicas de la UNAM, México.

—— (1994), *La financiación de los partidos políticos*, debate celebrado en el Centro de Estudios Constitucionales, *Cuadernos y Debates*, núm. 47, Centro de Estudios Constitucionales, Madrid.

—— (1995), *Reforma de los partidos políticos, financiación y democracia*, Fundación Konrad Adenauer, Caracas.

Woldenberg K., José (1994), "El financiamiento de los partidos políticos en México y en el mundo", en *La reforma del PRI y el cambio democrático en México*, Noriega, México.

GÉNERO

Esperanza Tuñón Pablos

Definición

Establecer la trayectoria teórica de la categoría de género en las ciencias sociales constituye un reto complejo en el que uno de los problemas iniciales se refiere al hecho de que no hay en el idioma español un concepto similar al de *gender*, referido a la conformación cultural de los sexos y de que en nuestro idioma el término género participa en un campo semántico amplio que no se limita al de las ciencias sociales (Lamas, 1986). Aunado a lo anterior, es necesario señalar que su comprensión no cabal ha desvirtuado su significado y que resulta común la tendencia a utilizarlo en lugar de la variable sexo y reducirlo a temas exclusivamente femeninos. En este caso, se sustituye un término por otro, género por sexo, pero no se le atribuye al primero un contenido epistemológico y de significado diferente.

Para ubicar las raíces de la categoría de género debemos remontarnos sin duda al debate planteado originalmente por la antropología y la sociología en el sentido de que la conducta humana se aprende en la sociedad y por la cultura y no se encuentra genéticamente contenida en la naturaleza humana.

En esta línea, diversos autores incursionaron en la búsqueda de explicaciones culturales a las diferencias significativas entre los sexos y encontraron que eran "constructos culturales que incidían en la naturaleza humana definida por su gran maleabilidad" (Mead, 1935, citada por Lamas, 1986); que respondían a una asignación diferencial en la niñez y a distintas ocupaciones en la edad adulta que explicaban las diferencias en el "temperamento sexual y no viceversa" (Murdock, 1937, citado por Lamas, 1986), y que estas diferencias consideradas en términos de "estatus sexual" definían la masculinidad y la feminidad, convirtiéndose en las identidades psicológicas de cada individuo (Linton, 1936, citado por Lamas, 1986).

Lamas (1986) sostiene que fue la psicología la disciplina que más contribuyó a delimitar en un primer momento el concepto de género, ya que, a partir de la óptica de la construcción de lo masculino y lo femenino y de los estudios sobre trastornos de la identidad sexual, demostró que el comportamiento genérico no radica en el sexo biológico, sino en las experiencias vividas desde la infancia y relacionadas con la asignación de funciones para cada sexo.

El género se entiende entonces como sexo socialmente construido y es una categoría que busca otorgarle sentido al comportamiento de hombres y mujeres en tanto que seres socialmente sexuados. Esta posición teórica resultó fundamental para comprender el significado que las culturas le dan a la diferencia entre los sexos, pero sólo su enriquecimiento a partir de los aportes de la sociología y la etnografía permitió dilucidar cómo, a partir de las diferencias sexuales, se construye una desigualdad social entre los miembros de cada sexo y cómo ésta coloca a las mujeres en una situación desventajosa en prácticamente cualquier contexto social y cultural.

Historia, teoría y crítica

Teresita de Barbieri (1996) plantea que hay, por lo menos, tres posturas teóricas que retoman la perspectiva de género en el feminismo contemporáneo: una, que refiere esta problemática a las relaciones sociales de sexo, en las que resulta claro el sustento marxista sobre el que se construye y una de cuyas principales exponentes es Daniele Kergoat (1991). La segunda perspectiva es aquella que ubica al género como parte de un sistema jerarquizado de estatus y prestigio social que finalmente, como queda de manifiesto en los estudios sobre maternidad de Nancy Chodorow (1974), no escapa al funcionalismo y a la teoría de los papeles.

La tercera perspectiva, que ha resultado sustancial en el desarrollo del debate actual y cuya pionera fue Gayle Rubin (1986), es la que postula al sistema sexo/género como un sistema de poder resultado del conflicto social. Si bien Rubin construye su argumentación discutiendo con Lévi-Strauss en torno a los sistemas de parentesco, colocar al poder en el centro de la construcción de género ha sido fundamental para dotar de fuerza heurística a la categoría y para entender su operatividad dentro de la realidad.

Cabe decir que esta visión del papel del poder ha pasado por varias etapas durante los últimos 20 años: desde las primeras autoras que denunciaban la subordinación femenina como producto del orden social patriarcal —que en el contexto resultaba sinónimo de dominación masculina— y que identificaban la lucha de las mujeres contra el patriarcado con la del proletariado en contra del capitalismo, hasta otras posturas preocupadas por arrojar luz sobre las condiciones concretas de vida de las mujeres, rescatar su visibilidad en la historia y reivindicar sus formas particulares de resistencia al poder de los varones, partiendo del relacionamiento necesario con el otro y poniendo así en el centro del análisis las relaciones de poder entre los géneros.

Se puede decir que, en términos generales, la incorporación de la cuestión del poder en el análisis de la situación de la mujer y de las relaciones entre los géneros marcó la ruptura epistemológica más importante en este campo de las ciencias sociales, ya que permitió reconocer que el poder no existe en sí mismo sino que es otorgado por la sociedad, así como que hay una lógica particular por la que el sistema social necesita que ese poder se trastoque en subordinación.

Problemas tales como comprender los procesos y mecanismos por los que el trabajo de las mujeres se desvaloriza, cómo el pene se transforma en símbolo de poder (el falo), cómo la mujer se convierte en objeto erótico, cómo se reglamenta el acceso al cuerpo femenino y a su sexualidad para lograr el control sobre la reproducción social, cómo se dan estos cambios cuando los dos cuerpos tienen capacidad para producir placer en el otro, cuándo la sexualidad es relación con carga de sentido para ambos y cuándo ambos son seres sexuados, cómo se desautoriza la opinión de la mujer en distintas tomas de decisión (aun en las que le competen directamente), cómo a partir de esta realidad se trastoca el orden social simbólico imaginario y cómo los varones logran convertirlo no en eliminación pero sí en subordinación de las mujeres, constituyen los principales temas teóricos y de investigación de esta corriente de análisis.

Distintas disciplinas comparten este campo de preocupaciones y lo abordan desde sus particulares ámbitos de competencia. Así, por ejemplo, la psicología indaga acerca de estos procesos en la construcción primaria del sujeto, la antropología destaca el orden simbólico con que una cultura determinada elabora la diferencia sexual, y la sociología busca comprender las prácticas, representaciones, valores y normas sociales compartidas acerca de este tema por los integrantes de una sociedad en determinado momento histórico, así como sus formas de resistencia.

En cuanto a las consecuencias metodológicas más inmediatas, resulta una premisa evidente que no se puede hablar del hombre y de la mujer, sino de mujeres y de hombres en situaciones sociales y culturales particulares, así como que hay la necesidad de estudiar los ámbitos sociales en, por lo menos, dos acepciones: una, como espacios de interacción de los géneros, donde éstos no son exclusivos ni neutros ni "naturales", sino espacios de relaciones múltiples no binarias, y otra como abanicos de ejercicio del poder que consideran, como dice Foucault, distintos grados de resistencia y adaptación, de obediencia y desobediencia a dicho poder.

En la primera acepción, si hablamos por ejemplo de matrimonio, no sólo hay que contrastarlo con soltería, sino también con otra serie de recursos y opciones como son el divorcio y el celibato; si hablamos de maternidad debemos analizar no solamente la paternidad o la no maternidad, sino también la esterilidad; en el caso de la sexualidad debemos incorporar asimismo la homosexualidad, la bisexualidad y otras "perversiones", etc. La segunda acepción nos permite reconocer que los espacios de la casa o el hogar, la reproducción social, la seducción erótica y la sexualidad son también recursos de poder, de manipulación y de control. Según Teresita de Barbieri, todos estos ámbitos donde se ejercita el poder resultan espacios inestables en tanto que la superación del conflicto no puede ser la guerra que mata y destruye al enemigo, sino la negociación permanente de la subyugación.

La categoría de género vista entonces como conflicto y como campo de ejercicio del poder permite y remite a analizar por lo menos cuatro dimensiones de lo social que se relacionan con los sistemas de parentesco, con la división sexual del trabajo, con el marco del sistema de participación política y con la subjetividad o identidad de los distintos participantes.

Subsiste, sin embargo, la necesidad de incorporar a esas dimensiones otros rasgos determinantes, como son las etapas del ciclo de vida, las condiciones económicas y el contexto cultural o, dicho de otra manera, aspectos de las distintas identidades de género, de generación, de clase y de etnia que contribuyen a construir el entorno social.

En torno a la constitución de las identidades de género, tema clave para este punto, consideramos que las posturas más relevantes que lo abordan en el momento actual son las de Joan Scott (1996), Chantal Mouffe (1993) y Marta Lamas (1996).

Joan Scott sostiene que el género puede entenderse a partir de dos ámbitos básicos de definición: uno es concebirlo como el elemento constitutivo de las relaciones sociales basadas en las divisiones sexuales y otro es pensarlo como una forma primaria de las relaciones significantes de poder. Lo más importante para Joan Scott es cuestionar tanto las posturas esencialistas en algunas corrientes feministas que conciben a las mujeres como idénticas en función de compartir la misma adscripción de género, como también las nociones ahistóricas que no identifican cómo operan las diferencias en distintos contextos espaciales y temporales. Scott plantea así la necesidad de una desconstrucción genuina de los términos de la diferencia sexual y entender al género no como "las mujeres" —en la vertiente más común de cambiar sexo por género— sino como la construcción social de la diferencia sexual y de las relaciones sociales entre los sexos.

Chantal Mouffe concibe al género como una forma más de la desigualdad en la jerarquía social. Desde su punto de vista, las identidades son diversas y varían según el lugar en el que se encuentra ubicado el sujeto, es decir, dependiendo de las relaciones sociales estructuradas en las que el sujeto está inmerso o de las "posiciones de sujeto" que se comparten. Estas "posiciones de sujeto" que comparten los individuos en la sociedad operarían como puntos de referencia para lograr voluntades colectivas, mismas que dependen de la adscripción a cierta posición común junto con otros.

La postura de esta autora es sugerente, ya que plantea que los individuos en la sociedad se encuentran inmersos en múltiples relaciones sociales estructuradas y, por lo tanto, portan o son portadores de identidades varias que los remiten tanto a una multidimensión de opresiones como a una extensa gama de oportunidades y de limitantes para su acción colectiva. Con esta noción de identidades varias, Mouffe alerta acerca de la imposibilidad de concebir a los sujetos como identidades homogéneas pautadas por una sola determinación social: la clase social en las posturas clásicas del marxismo o el género en las posturas feministas ortodoxas, y más bien obliga a concebir a los sujetos como un conjunto de "posiciones del sujeto" desde las cuales no siempre ni necesariamente hay una relación coherente. De aquí que sea posible pensar en la multiplicidad y complejidad de relaciones de subordinación y percibir que un mismo sujeto puede ser dominante en una relación particular y estar subordinado en otra. Pensemos por ejemplo en el obrero explotado en la fábrica y opresor de su pareja y familia o en las relaciones comúnmente tensas entre suegras y nueras. En el caso de los géneros, esta noción cobra una singular relevancia, ya que permite relativizar la idea romántica del primer feminismo que ponderaba que las mujeres, por el mero hecho de serlo, traban lazos intensos de solidaridad y empatía, y reconocer que la realidad no es así, ya que, en tanto que se ejercen otras identidades, una mujer puede ser igualmente opresiva ante otra mujer de clase, etnia o edad diferente, aparte de su misma condición genérica.

Esto lleva a afirmar a Chantal Mouffe que "la identidad de un sujeto es múltiple y contradictoria y que, por lo tanto, es siempre contingente y precaria, fijada temporalmente en la intersección de la posición del sujeto y dependiente de formas específicas de identificación". Es en esta intersección de la posición del sujeto donde se "montan" varias identidades y donde los individuos concretos pueden identificarse con otros, ponderando una determinada forma de inserción social. De aquí que, en ocasiones, las mujeres puedan identificarse en tanto que mujeres, mientras que en otras se identifican en tanto que adolescentes, trabajadoras o pertenecientes a un mismo partido político.

Lo anterior significa que los individuos pueden encontrarse e identificarse con otros en muy diversos espacios sociales; de hecho, en todos y en cada uno de los que conforman su vida en sociedad, y que, en virtud de éstos, pueden también desplazarse y participar en distintas líneas de acción social. Ocurre así que, tanto la ubicación en determinada clase social y ocupación económica como la pertenencia étnica-cultural y el lugar que se ocupa en la jerarquía sexual y en la jerarquía generacional, entre otros, constituyen todos estos posibles espacios de construcción de identidades colectivas, donde el género es una posibilidad más pero no la única ni necesariamente la dominante.

Un aspecto clave de esta noción de identidad es su carácter relacional que permite mostrar a los sujetos no aislados sino articulados unos con otros e inmersos en un juego permanente de espejos: el que yo pueda reconocerme de cierta manera en determinados momentos se debe a que hay un otro que me devuelve esa mirada, que me devuelve mi forma y mi lugar e inserción en la sociedad. Así, por ejemplo, me identifico como joven, mujer, negro u obrero en tanto que existen los adultos, los varones, los blancos y los empresarios.

Esto significa que la acción social de los distintos sujetos colectivos no es única sino múltiple y puede estar referida temporalmente a una o a varias de las identidades que éstos forjan y portan. La acción social puede articularse así en función del sentido que le otorga alguna de ellas en cierto momento, aunque no en otro, y desplazarse independientemente de una a otra.

Ahora bien, esto no quiere decir que no podamos abstraer nociones generales como mujeres, obreros, negros o blancos en términos de categorías, pero sí significa que su unidad sólo puede ser vista como una fijación temporal de ciertas condiciones particulares. Chantal Mouffe habla de que estos momentos en los que se pueden fijar las identidades constituyen puntos nodales en los que la impronta de ciertas determinaciones de los sujetos (el sexo, el color de la piel, la lengua que se habla, etc.) pautan el conjunto de sus relaciones sociales.

El género sería entonces una impronta que viene dada por la elaboración social y cultural de un atributo de carácter corporal, el tener sexo masculino o sexo femenino, que opera en la construcción social y que es también una de las articulaciones con las que los sujetos se insertan y encuentran su lugar en la sociedad. Pero, al decir de Mouffe, no sería la única, es decir, una mujer o un hombre no se define solamente por su identidad de género, sino que su carácter global como sujeto social le viene dado por la suma de sus diversas "posiciones de sujeto". Así, podemos decir que, en general, las más oprimidas de los oprimidos son las mujeres, indígenas, pobres, solas, sin escolaridad y viejas de una comunidad.

LÍNEAS DE INVESTIGACIÓN Y DEBATE CONTEMPORÁNEO

Para Marta Lamas (1996), si bien el género se construye sobre el reconocimiento valorativo y cultural de la diferencia sexual, éste no es igual a identidad sexual y plantea que si bien género no es igual a sexo, tampoco género es igual a diferencia sexual. Esta autora sostiene que hablar del color rosa o del color azul en términos de referencia de niñas o de niños en la infancia responde a un condicionamiento cultural colectivo que existe, que tiene su propia lógica y que no interviene en la definición heterosexual u homosexual de los sujetos. Desde su punto de vista, esta última circunstancia responde a una resolución a nivel individual y de respuesta del sujeto psíquico frente a una situación dada.

El deseo de convertirse y adquirir cierta identidad de género y el deseo como elección del sujeto constituye así un elemento que permite ver la identidad de género no sólo como una cuestión dada por el modelo social y cultural, sino que comprende también la dimensión individual. Así, tanto la elaboración cultural colectiva que otorga cierto sentido y significado a las características de corte corporal, anatómico y biológico redunda en el género como también el deseo individual, la voluntad y el posicionamiento que los individuos asumen frente a los problemas de su construcción psíquica como sujetos.

En torno a la postura de las identidades múltiples, Marta Lamas plantea que, más que ver que los sujetos portan múltiples identidades, habría que rescatar la idea lacaniana del sujeto escindido, donde más que una eventual completud dada por el cúmulo de identidades, lo que existe es un sujeto pautado por la carencia y por la falta, y concluye que es necesario diferenciar entre la construcción cultural de género y la estructura psíquica de la identidad sexual; que las diferencias entre masculinidad y feminidad no vienen dadas sólo por el género —entendido como valoración cultural de la identidad sexual o como sexo socialmente construido—, sino que también la diferencia sexual surge del inconsciente en el ámbito de la relación entre dos, es decir, con una referencia permanente a la mirada del otro.

Con estos aportes consideramos que Marta Lamas da una importante vuelta de tuerca al debate en torno al género, toda vez que no sólo es visto como el sexo socialmente construido ni como un referente de corte cultural, sino también como una posibilidad, como un proyecto y como una posible elección. Al darle esta nueva interpretación a la premisa de Simone de Beauvoir de que nacemos con determinado sexo pero nos construimos como mujeres y varones, queda comprendida toda la posibilidad del deseo, del proyecto de vida y del ser y devenir sujeto. Con lo dicho hasta aquí queda claro que la categoría género contiene una importante densidad teórica y que las relaciones de género constituyen una relación social relevante.

Por lo que toca al alcance metodológico de la perspectiva de género, cabe decir que ésta permite rescatar la dimensión, comúnmente invisible pero presente y actuante, de las relaciones de género en los diversos espacios, campos y ámbitos de lo social y que su uso en los análisis sociales ha tenido una trayectoria similar a lo señalado para el caso de la categoría de género. Así, en un primer momento y como resultado de la presión del movimiento feminista de los años setenta, incorporar la perspectiva de género significó ponderar, reivindicar la presencia y visibilizar a la mujer en un sinnúmero de actividades, tales como su incorporación al mercado de trabajo, su participación en política, su papel en la reproduccción social y en el trabajo doméstico, entre otras.

Reivindicando lo valioso que fue y es reconocerle a la mujer su carácter de actor social, el uso de la perspectiva de género hoy ha evolucionado a ser una "lente" que permite ver, analizar y actuar no sólo sobre las mujeres como seres sociales con sexo femenino, sino sobre las relaciones entre los géneros socialmente construidos, lo que posibilita abordar en forma más integral la realidad social. Así, la perspectiva de género permite rescatar lo invisible de las relaciones de género en los distintos ámbitos de la vida social y la "lente" de esta perspectiva, sumada a la del reconocimiento de la dimensión de etnia, clase social y grupo etario, contribuye a lograr una comprensión más íntegra y compleja de la realidad posibilitando, al hacerlo, elaborar diagnósticos más certeros y diseñar mejores formas de intervención y de diseño de las políticas públicas. La incorporación de la perspectiva de género en los análisis sociales y políticos no significa sólo descubrir lo que comúnmente se mantiene oculto, sino también adaptar y ajustar la mirada para hacer una relectura de los aspectos tradicionalmente relevantes en estos estudios.

BIBLIOGRAFÍA

Barbieri, María Teresita de (1996), "Certezas y malos entendidos sobre la categoría género", en L. Guzmán Stein, y G. Oreamuno Pacheco, (comp.), *Estudios básicos de derechos humanos* IV, IIDH/Com. de la Unión Europea, Costa Rica.

Chodorow, Nancy (1974), "Family Structure and Femenine Personality", en Michelle Rosaldo y Luoise Lamphere (comps.), *Woman, Culture and Society*, Stanford University Press, Stanford.

Kergoat, Danielle, et al. (1991), *Movimiento social y división sexual del trabajo*, GEDISST, París.

Lamas, Marta (1986), "La antropología feminista y la categoría género", *Nueva Antropología*, vol. VIII, núm. 30, México.

——— (1996), "Usos, dificultades y posibilidades de la categoría género" en Marta Lamas (comp.), *El género: la construcción cultural de la diferencia sexual*, PUEG-UNAM-Miguel Ángel Porrúa, México.

Mouffe, Chantal (1993), "Feminismo, ciudadanía y política democrática radical", *Debate Feminista*, año 4, vol. 7, México.

Rubin, Gayle (1986), "El tráfico de mujeres: notas sobre la 'Economía política del sexo'", *Nueva Antropología*, vol. VIII, núm. 30, México.

Scott, Joan (1996), "El género: una categoría útil para el análisis histórico", en Marta Lamas (comp.), *El género: la construcción cultural de la diferencia sexual*, PUEG-UNAM-Miguel Ángel Porrúa, México.

GÉNERO Y CIUDADANÍA

Inés Castro Apreza

Definición

En el marco del debate contemporáneo sobre la *ciudadanía*, las perspectivas feministas en teoría política han aportado una novedosa serie de elementos analíticos cifrados en torno a los siguientes puntos: *a)* una lectura crítica del pensamiento clásico; *b)* de las categorías usadas a lo largo de la historia, incluyendo el momento presente; *c)* una discusión sobre la dicotomía esfera pública-esfera privada, así como las consecuencias que la misma tiene para las mujeres; *d)* un debate sobre la igualdad *versus* la diferencia, y *e)* un conjunto de propuestas alternativas a las prácticas, los derechos y las concepciones en uso.

Historia y teoría crítica

a) La lectura de los clásicos es una constante obligada, y no sólo para el feminismo, en la medida en que ellos han tenido un papel en el diseño social cuya influencia es transhistórica. De aquí que las perspectivas feministas, en el marco de la ciudadanía y la democracia, se hayan interesado por dialogar con las importantes tradiciones de pensamiento que son el liberalismo, que asume la ciudadanía como un estatus, y el republicanismo cívico, que la ve más como una práctica. Una de las críticas al primero estriba en tomar al "individuo" como unidad básica de la vida democrática argumentando por un igualitarismo en derechos con independencia de la riqueza, el estatus, la raza, el sexo, etc., y en el que, por tanto, no cuentan las diferencias de ninguna clase; todos somos "ciudadanos iguales", algo que se ve en abierto contraste con el pluralismo (Jelin, 1997; Phillips, 1998). Además, se critica que el liberalismo considere la esfera pública haciendo abstracción de la privada (Pateman, 1989) con consecuencias negativas para las mujeres, que son ignoradas en virtud del supuesto de "proteger" ese espacio íntimo del control tiránico del Estado (Phillips, 1998).

Similares críticas tiene el republicanismo cívico, del que se destaca su llamado por una política colectiva intensa como la esencia de la ciudadanía, algo que es potencialmente problemático para las mujeres: *a)* por la división sexual del trabajo que las deja sin posibilidades de participaciones amplias; *b)* por su concepción estrecha de "lo político" construido sobre una separación rígida de las esferas pública y privada, y *c)* por su apelación a nociones de universalismo, imparcialidad y "bien común" (Lister, 1997c). Como ha resaltado el popular análisis de Iris Marion Young (1996), el ideal de "bien común" conlleva presiones a favor de una ciudadanía homogénea y, por ende, es también incompatible con el pluralismo. Se podría decir, entonces, que una crítica común a ambas corrientes estriba en que no consideran las diferencias entre las personas y adoptan la dicotomía público-privado de manera que no favorece a las mujeres.

Y de aquí precisamente las aproximaciones feministas a la ciudadanía, cuyo punto de partida es similar a otros discursos actuales sobre el tema, a saber: la sospecha o la certeza de que no todos los ciudadanos acceden por igual al ejercicio de los derechos y, todavía más importante, que el contenido de estos mismos resulta cuestionable o limitado para ciertos grupos sociales dado que, precisamente, en su formulación no han sido consideradas las diferencias. Por ello, la ciudadanía se ve como un invaluable concepto teórico estratégico para el análisis de la subordinación de las mujeres, a la vez que un arma en la lucha contra la misma (Lister, 1997b).

b) Al respecto es central la crítica de conceptos que quieren significar una universalidad y generalidad, develados por muchas autoras como falsos en la medida en que, histórica y políticamente, no han considerado a las mujeres. El "individuo", el "ciudadano", la "igualdad", la "humanidad", la "libertad" se encuentran entre los mejores ejemplos del caso, si bien no son los únicos. El cuestionamiento del concepto de "ciudadano" estriba en que su origen refiere exclusivamente a una persona cuya clase social, sexo y raza están definidos de modo claro: se trata de un hombre blanco, bien educado, parte de la élite y de buena posición económica (algunas autoras añadirán, "heterosexual" para resaltar la importancia de las preferencias sexuales). Por tanto, el resto de las personas quedaron excluidas de los derechos ciudadanos, es decir, las mujeres, los pobres, los negros, etc. Con respecto a la mujer, se resalta además la relación establecida históricamente entre la ciudadanía, por un lado, y la defensa de la nación y el derecho al trabajo, por otro. En cualquiera de ambos casos el estatus de la mujer es ambiguo (Phillips, 1993; Pateman, 1989) y el acuerdo político parece legitimar (Phillips, 1993) o asumir (Tilly, 1995) la división sexual del trabajo. Pateman en especial señala que T. H. Marshall (1992) escribió sobre el derecho al trabajo como un derecho ciudadano en el momento en que los arquitectos del *welfare state* construían al hombre como trabajador y a la mujer como persona dependiente.

Por otra parte, se critica que, si bien los derechos definidos a partir de ese sujeto específico han sido extendidos en las dos últimas centurias, ello ha ocurrido en un proceso largo, desigual y conflictivo: el derecho al voto de las mujeres, por ejemplo, se consiguió en Australia a fines del siglo XIX, en Escandinavia a principios del XX, en Francia en 1944 (100 años después de establecido el sufragio masculino), en México en 1953, en Portugal en 1976 y en Liechtenstein en los años ochenta, etc. Pero no sólo ello: una vez adquiridos, algunos derechos han sido ejercidos por hombres y mujeres de manera desigual. Cabría aceptar que el derecho al voto, en la medida en que se realiza durante un momento en un día cada determinado periodo, ha sido ejercido igualitariamente si hacemos abstracción de los recursos originarios para ello; esto es cierto, sin duda, excepto porque ha tomado algún tiempo —y en algunos casos persiste este modelo— romper la idea de que es el hombre quien señala a la mujer la orientación de su voto. En cambio, para que una persona sea elegida como autoridad requiere una mayor dedicación a la política y mayor tiempo, y con suma frecuencia son los hombres quienes pueden hacerlo o disponerlo (Phillips, 1991). Antes se requiere además una socialización determinada para la misma, algo que también tienen más los hombres; por otra parte, se necesita otra construcción cultural de la política donde se acepte de manera integral y natural la participación de la mujer del modo como se hace con la del hombre (Phillips, 1993).

Finalmente, un punto capital de este debate, si bien todavía no trabajado de manera sistemática por las perspectivas feministas, es que si los derechos de ciudadanía fueron definidos centralmente a partir de un sujeto con características determinadas, no sólo se excluyó a quienes no poseían las mismas, sino que esos derechos no corresponden a las diferencias ni satisfacen las necesidades de otros grupos. Kathleen B. Jones (1990) expone cuáles podrían ser algunos de esos otros derechos de las mujeres: el derecho a controlar el cuerpo propio y a la libertad reproductiva, y el derecho a no padecer hostigamiento sexual. Se podría estar en desacuerdo con tematizarlos de tal modo, pero *1)* las perspectivas feministas requieren avanzar en la formulación de derechos, pues no basta con hacer una crítica del concepto de "ciudadano" *per se* cuando se hace desde el interés en la transformación de las relaciones de género y, por tanto, la formulación de propuestas, y *2)* estos nuevos derechos y las concepciones en construcción se revelan tarde o temprano críticos o ajenos a la democracia liberal y en cualquier caso con indicaciones en el sentido de una propuesta radicalmente distinta a la ciudadanía que ésta postula.

c) Por otro lado, hay propuestas feministas en el sentido de cuestionar la existencia de la dicotomía público-privado *per se* porque, como sostienen algunas autoras, todos tenemos ámbitos públicos y privados (Mouffe, 1992) o porque se considera que son más bien tres distintas esferas y no dos las que deben ser consideradas, a saber: el Estado, la sociedad civil y la familia (Yuval-Davis, 1997) o la esfera pública, la privada y la íntima (Jelin, 1997), o incluso porque la misma "esfera pública" se rige algunas veces por principios familiares; es decir, un conjunto de familias suelen conducir políticamente las naciones, de modo que las diferencias entre lo público y lo privado no tienen sentido. Sin embargo, donde se ha puesto mayor énfasis es en cómo se entiende tal dicotomía, y ya puede verse esto, de hecho, en las anteriores observaciones. Entre los señalamientos críticos están el hecho de que se conciba a sujetos determinados y ubicados en la esfera pública y en la esfera privada, es decir, los hombres en la primera y las mujeres en la segunda, algo que debilita el estatus público de éstas (Pateman, 1989); las dificultades que las mujeres tienen para integrarse de manera plena a la política, dadas sus responsabilidades en la familia y el espacio doméstico, que son consideradas como exclusivas de ellas, y algunas otras consecuencias, por ejemplo, que las actividades realizadas en el ámbito privado no sean vistas socialmente como "trabajo" ni, por tanto, remuneradas, o bien que, en nombre de la "libertad individual", la mujer quede desprotegida y carente de derechos en situaciones en las que la violencia doméstica domina las relaciones familiares (Jelin, 1997).

Otro supuesto implícito que se critica en la dicotomía público-privado son los valores asociados a un espacio y a otro; por ejemplo, la razón, la valentía, la osadía, la justicia, al primero, y el sentimiento, lo espiritual, al segundo. De hecho, los valores y normas asumidos como universales han sido los derivados de una experiencia específicamente masculina: "las normas militaristas del honor y de la camaradería homoerótica, la competencia respetuosa y el regateo entre agentes independientes, el discurso articulado en el tono carente de emociones de la razón desapasionada" (Young, 1998). Pero aquel supuesto es criticado con mayor énfasis en la medida en que la razón y la justicia no se conciben intercambiables con respecto al ámbito privado y, nuevamente, la mujer sea desvalorada en un caso y quede desprotegida en otro.

Por otro lado, las aproximaciones feministas también cuestionan el significado mismo de lo político; esto es, que evoque exclusivamente partidos, gobiernos y elecciones y, en consecuencia, que al momento de intentar ubicar, entender y explicar la participación de las mujeres no se pueda hacer con las categorías actuales. En efecto, la mayoría de las mujeres que deciden y pueden participar activamente priman su actividad en pequeños grupos, organizaciones no gubernamentales, movimientos sociales, colonias, barrios, etc., más que en los partidos políticos, si bien es cierto que una parte del movimiento feminista se inclina por ocupar puestos de decisión y dirección gubernamentales. Sin embargo, la demanda de considerar también como política aquella actividad de las mujeres no tiene un punto claro de arribo o de consecuencias últimas en los análisis. No es claro si por tal vía se está contra la democracia liberal o si se trata de una demanda de mayor democracia, pero dentro de los márgenes de aquélla (Phillips, 1993). Tampoco queda claro si esta preocupación del feminismo trata solamente de imputar *valor* a dicha actividad, un valor del que carece socialmente, o se trata de que las actividades de las mujeres realizadas en esos espacios sean consideradas también como políticas en el sentido de que se traduzcan en algún tipo de poder real. Lo más importante, evidentemente, sería conseguir esto último, aunque quizá ello no necesitaría que dichas actividades se considerasen como políticas: la circularidad del razonamiento, sin embargo, nos lleva a la cuestión de que en el mundo actual es precisamente "lo político" definido en términos liberales lo que tiene valor y, por tanto, poder.

De aquí que encontremos, en principio, dos tipos de propuestas: una, hacer los valores intercambiables en ambas esferas, es decir, llevar la justicia también al espacio privado —a la relación entre el esposo y la esposa y entre padre o madre e hijos— y hacer lo propio con el "cuidado" y la "responsabilidad" (más asociados con la esfera privada y familiar) al público (Elshtain, 1998; Phillips, 1998). Y dos, redefinir responsabilidades y tareas de hombres y mujeres en las labores domésticas y los roles familiares (Jelin, 1997; Pateman, 1989; Phillips, 1991 y 1993). Al respecto, una pregunta a las formulaciones feministas es si esta corresponsabilidad debería o no ser enarbolada como derecho (desde la mujer) u obligación (desde el hombre) ciudadanos, a propósito de la necesidad de elaborar propuestas concretas y, en referencia a la ciudadanía, formular nuevos derechos y responsabilidades.

d) Sobre la igualdad-diferencia —la otra gran dicotomía en el feminismo— encontramos un par de movimientos que aluden a contextos y polémicas diferentes, pero que desembocan ambos en el tema de cuáles derechos formular sobre la base de tales puntos de partida. De aquí la centralidad de la discusión. Se habla entonces de la igualdad o la diferencia de las mujeres con respecto a los hombres, es decir, se trata del *feminismo de la igualdad* y del *feminismo de la diferencia*, respectivamente (Amorós, 1994). Algunas veces, sin embargo, más que tener como resultado posiciones colocadas en los extremos, el feminismo se mueve en un espacio contradictorio, es decir, entre el reclamo de derechos iguales a los de los hombres, por un lado, y el derecho a un tratamiento diferenciado y a la valorización de las especificidades de la mujer, por el otro (Jelin, 1997). Esto llevó a algunas autoras a sustituir el concepto de "igualdad" por el de "equidad" para intentar dar cuenta de las diferencias sin demérito de aquélla, o aun, desde otro extremo, llevó a Pateman a hablar del "dilema de Wollstonecraft", es decir, de exigir una igualdad que implica aceptar la concepción patriarcal de ciudadanía o subrayar las diferencias, lo que significa pedir lo imposible, pues es lo que esa "ciudadanía patriarcal" excluye.

Quizá lo más importante es que estos debates carecerán de solidez si no los ubicamos en los contextos que les dan sentido. Por ejemplo, cuando la mujer se incorpora al mercado de trabajo, la demanda de "a trabajo igual, salario igual" cobra enorme relevancia, pues significa la igual valía de las capacidades y destrezas de mujeres y hombres (Jelin, 1997). O, como otro ejemplo, mientras se consideró a ciertos grupos indignos o no aptos para gozar de igual ciudadanía tenía sentido la demanda de este derecho (Young, 1996). Y, un ejemplo más, con respecto a la muy polémica inclusión de las mujeres en las fuerzas armadas de los países, hay posiciones tanto a favor de ella, pues se considera que constituye un elemento central para la ciudadanía (Stiehm, 1981), como advertencias en el sentido de que la petición de oportunidades iguales en este terreno puede añadir presiones más que promover derechos para las mujeres, ya que aquí persisten las relaciones de poder entre los sexos, además de que la lucha militar en el mundo actual ya no es tanto una obligación ciudadana como una carrera profesional (Yuval-Davis, 1997).

e) Un conjunto de propuestas alternativas a las concepciones actuales sobre la ciudadanía cierra las aportaciones feministas al debate. Una de las más sistemáticas es el "pensamiento maternalista" que pugna por privilegiar la identidad de las mujeres "como madres" cuya responsabilidad de conservar la vida y de proteger a los débiles debería ser un principio orientador de la política (Elshtain, 1998). Sin embargo, ésta postura ha recibido críticas, las más importantes de las cuales estriban en el riesgo potencial de convertir a la mujer en una entidad universal y ahistórica, en que al igualar lo privado con la virtud de la intimidad se revele más cerca del liberalismo de lo que podríamos suponer y, entre otras cosas más, en que no hay razón para sostener que la maternidad —que surge de una actividad especial y distintiva— induce necesariamente a un compromiso con las prácticas democráticas (Dietz, 1998). Otra propuesta, bastante aceptada en las perspectivas feministas, es la que formula Jones (1989), quien suponiendo, por una parte, el hecho de que la cuestión de "el cuerpo" fue decisiva en la definición de la ciudadanía y en la limitación del estatus político de las mujeres, y, por otro, la preocupación actual por construir una ciudadanía cabal para las mujeres, plantea que el cuerpo de éstas también debe ser tomado en cuenta. De aquí los derechos que propone (véase *supra*): la preocupación por retomar el lenguaje "familiar" e "íntimo" para describir la acción política y el énfasis en las formas democráticas de organización, en una comunidad feminista internacional —que trasciende la idea de la ciudadanía como una relación entre el Estado y los sujetos— y en una nueva gramática y *ethos* de tal acción política. Todo ello dentro de lo que la autora llama una ciudadanía en el marco de una política amistosa *(citizenship in a woman-friendly polity)*.

Estas y otras propuestas, en todo caso, tienen como denominador común el desafío al universalismo de la ciudadanía. Algunas más proponen el replanteamiento de la dicotomía público-privado u optan por considerar —en una veta de análisis nueva y, acaso, prometedora— las diferencias entre las mismas mujeres como un aspecto central para construir la ciudadanía (Lister, 1997a; Yuval-Davis, 1997b). A este respecto, se considera que es tan peligroso hablar del "ciudadano" o del "hombre" en general como de "la mujer", pues ésta no es una categoría de análisis pertinente y sí, en cambio, es necesario hablar de "las mujeres", dadas las características distintivas según la raza, la clase, la etnia, la religión, el grupo o sector social, etc. En el caso de Mouffe, no obstante, pese a tener una visión no esencialista, considera que en el terreno de la ciudadanía la diferencia sexual no debería ser pertinente. Sin embargo, el énfasis en la *ciudadanía diferenciada* ha sido acogida con éxito y no sólo entre las perspectivas feministas (Gianni, 1998; Kymlicka, 1996; Young, 1998); de modo que, por tal camino, éstas plantean un *universalismo diferenciado* (Lister, 1997b) que, sin abandonar el ideal universal implícito en la ciudadanía, busca tematizar e incluir las diferencias, o bien un *diálogo transversal* (Yuval-Davis, 1997) que parta del autocentramiento experiencial al tiempo que se acepta la diferencia.

Líneas de investigación y debate contemporáneo

Para concluir, además de las aporías por resolver que surgen en el tema de la igualdad *versus* la diferencia y los derechos por formular a partir de ello, hay dos importantes vetas de análisis para ser consideradas en el corto plazo. Una es cuáles serían las responsabilidades y compromisos de la *ciudadana*, o de esta nueva ciudadanía, tema por lo demás bastante olvidado en el debate contemporáneo, que pone énfasis en los derechos (Kymlicka y Walzer, 1997). Y otra, a fin de conocer realmente cuán significativas son las "diferencias" entre las mujeres y cuáles de éstas son las que cuentan y por qué es inaplazable la formulación de estudios empíricos y comparativos. De otra manera, será difícil, si no imposible, avanzar en el terreno de la formulación de nuevos derechos que hagan de la ciudadanía de la mujer y el hombre un estatus y una práctica cabales. Es evidente que las reflexiones feministas constituyen, hoy por hoy, una de las principales aportaciones al debate sobre la ciudadanía y los desafíos de ésta en un mundo complejo, que, por añadidura, cambia vertiginosamente.

BIBLIOGRAFÍA

Amorós, Celia (1994), *Feminismo. Igualdad y diferencia*, colección Libros del PUEG, Coordinación de Humanidades, Universidad Nacional Autónoma de México.

Dietz, Mary G. (1998), "Context Is All: Feminism and Theories of Citizenship", en Anne Phillips (comp.) (1998), *Feminism and Politics*, Oxford University Press, Nueva York, Oxford.

Elshtain, Jean Bethke, "Antigone's Daughters", en Phillips, *op. cit.*

Gianni, Matteo (1998), "Taking Multiculturalism Seriously: Political Claims for a Differentiated Citizenship", en K. Slawner y M. E. Denham (comps.), *Citizenship after Liberalism*, Peter Lang, Nueva York.

Held, David (1997), "Ciudadanía y autonomía", *La Política*, Paidós, España, octubre, pp. 41-67.

Jelin, Elizabeth (1997), "Igualdad y diferencia: dilemas de la ciudadanía de las mujeres en América Latina", *Ágora*, núm. 7, año 3, invierno, pp. 189-213.

—— (1996), *Las mujeres y la cultura ciudadana en América Latina*, UBA-CONICET, Buenos Aires, marzo, mimeo.

Jones, Kathleen B. (1990), "Citizenship in a Woman-Friendly Polity", *Signs*, vol. 15, núm. 4.

Kymlicka, Will, y Wayne Norman (1997), "El retorno del ciudadano. Una revisión de la producción reciente en teoría de la ciudadanía", *Ágora*, núm. 7, invierno.

—— (1996), *Ciudadanía multicultural*, Paidós, Barcelona.

Lister, Ruth (1997a), *Citizenship. Feminist Perspectives*, MacMillan Press LTD, Hong Kong.

—— (1997b), "Dialectics of Citizenship", *Hypatia*, vol. 12, núm. 4, Indiana University Press.

—— (1997c), "Citizenship: Towards a Feminist Synthesis", *Feminist Review*, núm. 57, otoño, pp. 28-48.

Marshall, T. H., y Bottomore Tom (1992), *Citizenship and Social Class*, Pluto Press, Londres.

Mouffe, Chantal, "Feminismo, ciudadanía y política democrática radical, *Revista Trimestral de la Fundación Foro Nacional por Colombia*, núm. 33, diciembre de 1997-enero de 1998.

Okin, Susan Moller (1996), "Desigualdad de género y diferencias culturales", en Carmen Castells (comp.), *Perspectivas feministas en teoría política*, col. Estado y Sociedad, Paidós.

—— (1979), *Women in Western Political Thought*, Princeton University Press, Nueva Jersey.

Pateman, Carole (1989), *The Disorder of Women*, Stanford University Press, Stanford.

Phillips, Anne (1991), *Engendering Democracy*, The Pennsylvania State University Press, 1991.

—— (1993), *Democracy and Difference*, Polity Press, Cambrigde.

—— (1995), *The Politics of Presence*, Oxford University Press, Oxford.

Stiehm, Judith (1981), "Women and Citizenship: Mobilization, Participation, Representation", en Margherita Rendel (comp.), *Women, Power and Political Systems*, Croom Helm, Londres.

Tilly, Charles (comp.) (1995), "Citizenship, Identity and Social History", *International Review of Social History*, 3, vol. 40, Cambridge University Press.

Turner, Bryan, y Peter Hamilton (comps.) (1994), *Citizenship. Critical Concepts*, Routledge, Londres y Nueva York.

Young, Iris Marion (1989), "Polity and Group Difference: A Critique of the Ideal of Universal Citizenship", en A. Phillips, *op. cit.*, pp. 401-429.

Yuval-Davis, Nira (1997), "Women, Citizenship and Difference", en *Feminist Review*, núm. 57, pp. 4-27.

GÉNERO Y COMPORTAMIENTO REPRODUCTIVO
Cristina Araya Umaña

Definición

La teoría de género abarca los planteamientos teóricos, metodológicos, filosóficos, éticos y políticos necesarios para comprender el complejo de las relaciones de poder que determina la desigualdad entre hombres y mujeres. Además, permite visualizar las sociedades y las culturas en su conjunto y, por lo tanto, los sujetos que intervienen en sus procesos. Con esta teoría se pretende coadyuvar en la construcción de la equidad, la igualdad y la justicia de género, consideradas pilares de lo que se ha designado como *democracia genérica*.

El comportamiento reproductivo puede entenderse como un proceso complejo de dimensiones biológicas, sociales, psicológicas y culturales que directa o indirectamente están ligadas con la procreación. En un sentido amplio e integral, comprende las conductas y hechos relacionados con el cortejo, el apareamiento sexual, la unión en pareja, las expectativas e ideales en cuanto a la familia, la planeación del número y el espaciamiento de los hijos, el proceso de la natalidad, la actitud y relación con la pareja durante el embarazo y el parto, el cuidado y crianza de los hijos y el apoyo económico, educativo y emocional hacia ellos (Figueroa y Liendro, 1994).

De esta forma, el comportamiento reproductivo, aparte de ocuparse de las mediciones de la fecundidad, busca interpretar el proceso que lleva a sus diferentes niveles. Se trata de procesos complejos que ponen en juego relaciones de poder entre hombres y mujeres, ya que cuestiona sus identidades genéricas, su ejercicio sexual y sus posibilidades de acceder a una vida reproductiva y sexual satisfactorias.

La interpretación del comportamiento reproductivo requiere de un proceso de objetivación para reducir su nivel de abstracción y facilitar el análisis empírico. Se considera que el comportamiento reproductivo se expresa en, por lo menos, tres ejes estructurales:

1) Las estructuras de la fecundidad por edad, de las cuales se deduce el nivel de fecundidad (medido a través de la tasa global de fecundidad).

2) Los patrones reproductivos, que tienen que ver con la edad de entrada a la unión, la paridez y el espaciamiento entre nacimientos, que expresan factores de riesgo reproductivo y que determinan las estructuras de la fecundidad.

3) El patrón conductual, en el cual se manifiestan los determinantes culturales de la reproducción social, la lactancia, la alimentación complementaria, las redes de apoyo familiar, la planificación familiar y la utilización de los servicios de salud durante el embarazo, el parto y el posparto. Estos procesos están mediados por las condiciones socioeconómicas (García, 1995).

Este último punto *(patrón conductual)* es el que adquiere relevancia en este marco, dado que partimos de la premisa de que el control de la fecundidad pasa primero por la percepción y valoración que tengan hombres y mujeres del tamaño ideal de familia, considerando que una de las *normas vigentes* en las relaciones de pareja es el deseo de tener hijos. A ello se añade el contexto cultural, las relaciones familiares y las redes sociales en las que se hallan inmersos, que influyen en el número de hijos que se considera ideal.

Tal como señala Lagarde (1994), hombres y mujeres no enfrentan sus decisiones reproductivas como individuos neutros, sino que cada uno aporta una carga de experiencias y aprendizajes propios de su condición genérica, del contexto en el que vive y de su historia personal.

Historia, teoría y crítica

En el análisis demográfico, se recurre a las *variables intermedias* con el fin de dar cuenta de la fecundidad como resultante del comportamiento y el proceso reproductivo. Dentro de las variables intermedias se identifican tres grupos: la exposición a las relaciones sexuales (edad al unirse, frecuencia de dichas relaciones y los tiempos de separación con la pareja), la exposición a la concepción (la esterilidad voluntaria o involuntaria, la anticoncepción y la lactancia) y la posibilidad de que el embarazo termine en un parto (aborto espontáneo o provocado).

En este marco, la anticoncepción es reconocida como un gran aporte a la identificación de diferencias en la fecundidad y se le ha interpretado más con acciones que tienen efectos directos en la reducción de aquélla que con procesos que llevan a una persona (hombre o mujer) a regular su fecundidad o que muestran una dinámica multicausal alrededor de la misma. Además, la promoción de la anticoncepción se ha centrado en la población femenina y, en consecuencia, el análisis del uso de anticonceptivos ha privilegiado a la mujer como referencia obligada (Figueroa, 1995).

De tal forma, en la interpretación de la dinámica de la reproducción se ha privilegiado la versión de las mujeres, sin recurrir a *modelos relacionales* de representación social que recuperen los procesos de negociación e interacción conflictiva, ambivalente y compleja entre roles, expectativas, miedos y concesiones de los miembros de ambos sexos.

Es así como el comportamiento reproductivo, como un proceso de interacción y negociación entre hombres y mujeres, no ha sido incorporado a los estudios de la fecundidad. Ello ha influido en una dificultad para generar información que contribuya de manera sistemática a documentar esos procesos de negociación, así como las adaptaciones, transgresiones y variantes de los estereotipos, a partir de la realidad cambiante que viven conjuntamente hombres y mujeres (Figueroa, 1997a).

Actualmente, los estudios de la población reconocen que la explicación de la dinámica de la fecundidad requiere considerar las condiciones estructurales de la sociedad, así como los efectos de las instituciones, la cultura y las relaciones cotidianas entre los individuos. La constatación de lo anterior ha sido resultado de un largo proceso de investigaciones y reflexiones teóricas que evidenciaron la necesidad de considerar elementos macrosociales y microsociales para una explicación más acabada de la dinámica de la fecundidad en la población.

Las investigaciones culturales han aportado, recientemente, un nuevo elemento de análisis explicativo, que tiene que ver con el estudio de las relaciones de género presentes en la población. A grandes rasgos, se argumenta que la desigual posición social de la mujer incide en un elevado nivel de la fecundidad, de manera tal que, a mayor nivel de desigualdad de género, mayor es aquélla (Oppenheim-Mason, 1995). En consecuencia, al tratar de eliminar la discriminación por sí misma, una de las consecuencias indirectas es la reducción de la fecundidad, dado que las mujeres pueden reconocer y emprender otros proyectos de vida, además de la maternidad.

Considerando o no una visión de género, el comportamiento reproductivo ha sido estudiado de manera muy amplia en el caso de las mujeres. Tradicionalmente, se han analizado las maneras y problemáticas femeninas de vincularse con la reproducción y, a través de su visión, se presume la participación masculina, documentando experiencias de las mujeres que conllevan una evaluación negativa.

El interés reciente en el estudio de la masculinidad surge de los avances logrados en los estudios feministas sobre la construcción de la identidad de género y de la constatación, por parte de numerosos autores, de la invisibilidad del varón como actor genérico (De Barbieri, 1992; Gomáriz, 1997; Figueroa y Liendro, 1994, 1995, 1997a, 1997b; Figueroa y Rojas, 1998). Así, paulatinamente, los estudios sobre género empiezan a incorporar con mayor rigor a los hombres y sus comportamientos.

En cuanto al proceso reproductivo, los conocimientos producidos por ciertas disciplinas como la demografía, la psicología, la medicina, al igual que el tratamiento que se da en lo cotidiano y en algunas demandas feministas, han mantenido la opinión de que son las mujeres las que se reproducen y se ve a los hombres como actores secundarios del proceso.

Hoy, el enfoque de género ha confirmado la necesidad de estudiar la construcción social de los papeles de hombres y mujeres, especialmente los relacionados con el valor asignado a la reproducción y las tareas asociadas con ella. Esto ha llevado a un cuestionamiento de las acciones sociales que buscan tener influencia sobre la reproducción y una nueva forma de ver a la autoridad de los individuos sobre la formación de su entorno reproductivo (Figueroa y Rojas, 1998).

Es interesante, por ejemplo, observar que no hay indicadores demográficos de la reproducción masculina: todos son relativos a las mujeres. La demografía ha *feminizado* la reproducción. Se ha privilegiado en sus clasificaciones a los "organismos" y no a la relación entre géneros. Por su parte, las políticas y programas de población, básicamente los de planificación familiar, han privilegiado los métodos de control moderno dirigidos a mujeres, como la esterilización y el uso de dispositivos intrauterinos, por considerarlos "más seguros".

Es así como los estudios sobre el control de la fecundidad se han centrado en las protagonistas directas de la misma —*las mujeres*—, y han enfatizado, por lo demás, el conocimiento y uso positivo de los métodos anticonceptivos. Poco se ha incursionado en la negociación de las diferencias que del ideal reproductivo tienen hombres y mujeres, siendo que este nivel es determinante para el control de la fecundidad, dado que ello implica, entre otras cosas: valoración de los proyectos individuales y de pareja, consideraciones de carácter económico, negociación entre la pareja, cumplimiento de papeles y motivación para el uso de los métodos anticonceptivos.

Actualmente, se propone recuperar la presencia masculina como actor tan relevante como la mujer en los procesos de interacción que dan forma al ámbito reproductivo, sexual y de salud. Sin embargo, la dificultad empírica de analizar la reproducción de los hombres refleja que esto no ha sido hecho en forma constante, o bien, que no se ha trabajado a profundidad el tema del género (Presser, 1997). Así, el supuesto de la primacía de la mujer en la fecundidad y el uso de métodos anticonceptivos han hecho que hasta se niegue el papel del hombre en los estudios sobre fecundidad y planificación familiar. Mientras que la concepción requiere de dos personas, los estudios al respecto se enfocan, particularmente, en las mujeres.

Entre sus logros más importantes, los movimientos de mujeres consiguieron encaminar el estudio de temas como el poder y la negociación y con ello el ensanchamiento del enfoque de la demografía de individuos a familias y los contextos en los que se da la negociación. Esto hizo que se reconociera la reproducción como un punto social y que los hombres son parte del proceso. Por lo anterior, la investigación demográfica sobre los roles de los hombres en la reproducción ha crecido en la década de los noventa. Como señalan Greene y Biddlecom (1998), la inclusión de lo masculino en los estudios de la fecundidad y la planificación familiar se ve influida por varios puntos.

Primero, el feminismo ha tenido un efecto directo sobre la manera en que la demografía ve a los hombres. Feministas de todo tipo han escrito extensamente sobre el significado social de los roles de la mujer en la crianza de los niños y su explotación a través del matrimonio (Ehrenreich, 1983; Ginsburg y Rapp, 1995; Greer, 1984; Rich, 1986). El tratamiento atomizado de la demografía sobre las mujeres ha negado los roles de poder y negociación, aspectos de la reproducción para los cuales el campo ha carecido de herramientas teóricas y metodológicas.

El feminismo, sin embargo, ha tenido más influencia en la demografía indirectamente a través de su impacto en las políticas de salud y población, así como por la definición de lo que es importante estudiar. Al identificar políticas importantes como lo son el cuidado de los niños y la salud sexual de la mujer, entre otros, el feminismo llamó la atención a áreas que había negado la investigación demográfica. Tal como Presser (1997: 303) ha señalado, la demografía ha estado indispuesta ideológicamente para absorber y utilizar las ideas feministas: "Las mujeres reciben atención especial (y usualmente exclusiva) en la investigación de la fecundidad, pero el bienestar de las mujeres comparado con el de los hombres no es el tema central; el tema central son los factores que determinan su conducta reproductiva". Por tanto, una de las contribuciones del feminismo ha sido promover el estudio de los sexos en contraste uno con el otro y no solamente las características femeninas como determinantes de la fecundidad.

Segundo, el movimiento de salud de las mujeres, específicamente, ha sido determinante para dirigir la atención demográfica hacia los hombres. El movimiento fue influyente sobre todo en la Conferencia Internacional sobre Población y Desarrollo de 1994, al cambiar el enfoque de los programas de planificación familiar al de la salud reproductiva (Hodgson y Watkins, 1997), cambio que ha desalentado a algunos demógrafos más preocupados en reducir el crecimiento de la población (Murphy y Merrick, 1997). El Programa de Acción de la conferencia y los comentarios a este documento enfatizan la necesidad de hacer más conscientes a los hombres sobre sus responsabilidades familiares y a la comunidad en cuanto a la planificación familiar y la salud reproductiva. Al respecto, declara:

> Esfuerzos especiales deben ser hechos para enfatizar la responsabilidad compartida del hombre y promover su interés constante en la paternidad responsable, la conducta sexual y reproductiva, incluyendo planificación familiar; salud prenatal, maternal y del niño; prevención de enfermedades transmisibles sexualmente, incluyendo sida; compartir el control y contribución del ingreso familiar, educación de los niños, salud y nutrición; y reconocimiento y promoción del valor igualitario de niños de ambos sexos. La responsabilidad del hombre en la vida familiar debe ser incluida en la educación de los niños desde los primeros años. Especial énfasis debe ser puesto en la prevención de la violencia contra niños, niñas y mujeres [Naciones Unidas, 1995: 197].

Tercero, por décadas la pieza central de la investigación demográfica fue la teoría de la transición demográfica. Esto ayudó a dirigir millones de dólares a la investigación del control de la fecundidad en las mujeres (Hodgson, 1988). La crítica a la teoría de la transición demográfica fue su sobresimplificación del cambio de la fecundidad. Ésta ha sido caracterizada como cruda y normativa en sus esfuerzos para unificar la experiencia sobre mortalidad y fecundidad de las naciones del mundo y para predecir la dirección que tomarán (Hodgson, 1983; Szreter, 1993). Así entonces, los esfuerzos por responder a las críticas hechas a dicha teoría han dado por resultado más investigaciones sobre la conducta reproductiva y sobre los roles reproductivos del hombre y la mujer en diferentes contextos culturales.

Cuarto, recientes desarrollos metodológicos, incluyendo el uso de modelos de otras disciplinas, la combinación de datos cualitativos y cuantitativos y una expansión de la unidad de análisis para agrupar más de un actor, también han catalizado el interés en los hombres y las relaciones sociales entre los hombres y las mujeres. Es así como el uso combinado de datos cuantitativos y datos etnográficos cualitativos se ha vuelto más común y, como resultado, los múltiples aspectos sociales de la fecundidad se han hecho evidentes. Por lo tanto, tener datos cualitativos amplía el entendimiento de los mecanismos sociales de los fenómenos demográficos que no siempre son medibles a través de las encuestas (Schneider y Schneider, 1996; Caldwell y Caldwell, 1987; Greenhalgh, 1990).

Líneas de investigación y debate contemporáneo

Ha habido una tendencia en el análisis demográfico a tratar a los hombres y las mujeres como individuos completamente análogos en una dualidad, lo cual ha conducido a negar las relaciones de poder fuera y dentro de la relación, lo que ha imposibilitado el estudio de las decisiones reproductivas en diferentes contextos culturales. De ahí que en la demografía se ha hecho *natural* el que, en el marco de las *coincidencias de intereses*, se hagan estudios de fecundidad a uno solo de los cónyuges, por lo general, a las esposas; se ve a los hombres como importantes económicamente, pero sin relación con la fecundidad. La aceptación de las mujeres como únicas responsables de las y los hijos se ha reflejado en la recolección de datos. Por tanto, y con el fin de subsanar este vacío teórico metodológico, se propone que a futuro se promuevan estudios orientados a los siguientes aspectos:

1) Estimular el diseño y la ejecución de políticas de población y planificación familiar que problematicen la responsabilidad de los hombres en el comportamiento reproductivo, lo cual conducirá, necesariamente, a incrementar el número de estudios enfocados a los roles reproductivos masculinos.

2) Crear instrumentos estadísticos que permitan la aplicación de modelos relacionales entre hombres y mujeres en concomitancia con el comportamiento reproductivo que permitan obtener información sobre la comunicación de la pareja, la negociación y el grado de influencia de ambos actores en los resultados de la anticoncepción y la fecundidad.

3) Buscar formas de acercamiento al conocimiento del proceso reproductivo que evite la estigmatización de cualquiera de sus protagonistas, de manera que la investigación entienda, con toda su complejidad, las interacciones de hombres y mujeres cuando deciden reproducirse o bien controlar el momento del nacimiento de sus hijos e incluso por qué en algunos casos ni siquiera hay esos espacios de decisión.

4) Tal como Dixon-Mueller (1996) propone, se hace necesario formular un marco analítico más amplio que incorpore las dimensiones de las actitudes y de los comportamientos sexuales en diversos contextos, así como las variaciones en las dinámicas de poder entre los géneros; ello en tanto que las actitudes y los comportamientos sexuales de hombres y mujeres influyen sobre la elección, adopción y el uso de la anticoncepción, al tiempo que el uso de ciertos métodos puede influir en la manera en que las personas perciben el ejercicio de su propia sexualidad y la de sus parejas.

5) Concebir la reproducción como un proceso que va más allá de la anticoncepción puede abrir importantes canales de comprensión de una experiencia que se encuentra en la intersección de varias dimensiones de vida de las personas, por lo que es fundamental interpretar la articulación entre el comportamiento reproductivo y otros ámbitos de la vida que dan sentido a la posición de género de hombres y mujeres: lo laboral, lo sexual, lo paternal y lo maternal, lo masculino y lo femenino, lo lúdico, lo religioso, lo que otorga o quita poderes, la relación con otros hombres y otras mujeres, etcétera.

6) Es conveniente tomar a la pareja como unidad de análisis, lo cual requeriría explicitar los diversos vínculos que se establecen en la convivencia del hombre y la mujer e incorporarlos al análisis del comportamiento reproductivo de ambos.

BIBLIOGRAFÍA

De Barbieri, Teresita (1992), "Sobre la categoría de género: una introducción teórica-metodológica", en *Fin de siglo. Género y cambio civilizatorio*, ISIS Internacional/Ediciones de las Mujeres, Santiago.

Caldwell, John, y Pat Caldwell (1987), "The Cultural Context of High Fertility in Sub-Saharan Africa", en *Population and Development Review*, vol. 13, núm. 3, pp. 409-437.

Dixon-Mueller, Ruth (1996), "The Sexuality Connection in Reproductive Health", en S. Zeidenstein y K. Moore (comps.), *Learning about Sexuality: A Practical Beginning*, The Population Council and the International Women's Health Coalition, Nueva York.

Ehrenreich, Barbara (1983), *Hearts of Mean: American Dreams and Flight from Commitment*, Anchor Press, Garden City, Nueva York.

——, y Eduardo Liendro (1994), "Apuntes sobre la presencia del varón en la toma de decisiones reproductivas", ponencia presentada en el seminario *Masculinidad*, Programa Universitario de Estudios de Género-UNAM, octubre.

Figueroa Perea, Juan Guillermo (1995), "Algunas reflexiones sobre la interpretación social de la participación masculina en los procesos de salud reproductiva", ponencia presentada en el seminario *Fertility and the Male Life Cycle in the Era of Fertility Decline*, IUSSP, El Colegio de México/SOMEDE/Universidad Autónoma de Zacatecas, Zacatecas, México, 13-16 de noviembre.

—— (1997a), "La presencia de los varones en los procesos reproductivos: algunas reflexiones", en Susana Lerner (comp.), *Varones, sexualidad y reproducción*, El Colegio de México, México.

—— (1997b), "Algunos elementos del entorno reproductivo de los varones al reinterpretar la relación entre salud, sexualidad y reproducción", ponencia presentada en el taller *Identidad masculina, sexualidad, salud y reproducción*, Instituto de Investigaciones Sociales-UNAM, junio.

——, y Olga Rojas (1998), "Algunas características del entorno reproductivo de los varones", ponencia presentada en el seminario *Men, Family Formation and Reproduction*, IUSSP Centro de Estudios de Población, Buenos Aires, 13-15 de mayo.

García, Carlos, *et al*. (1995) "México: comportamiento reproductivo y marginación social, 1970-1990. Elementos para un diagnóstico geográfico en salud reproductiva", en *Revista de Salud Pública*, vol. 37, núm. 4, julio-agosto, pp. 279-287.

Ginsburg, Faye, y Rayna Rapp (comps.) (1995), *Conceiving the New World Order: The Global Politics of Reproduction*, University of California Press, Berkeley.

Gomáriz Moraga, Enrique (1997), *Introducción a los estudios sobre masculinidades*, Centro Nacional para el Desarrollo de la Mujer y la Familia, FNUAP-Flacso, Secretaría General, San José.

Greene, Margaret, y Ann Biddlecom (1998), "Absent and Problematic Men Demographic Accounts of Male Reproductive Roles", en el seminario *Men Family Formation and Reproduction* IUSSP, Centro de Estudios de Población, Buenos Aires, 13-15 de mayo.

Greenhalgh, Susan (1990), "Toward a Political Economy of Fertility: Anthropological Contributions", *Population and Development Review*, vol. 16, núm. 1, pp. 85-106.

Greer, Germaine (1984), *Sex and Destiny: The Politics of Human Fertility*, Harper and Row, Nueva York.

Hodgson, Dennis (1983), "Demography as Social Science and Policy Science", *Population and Development Review*, vol. 9, núm. 1, pp. 1-34.

—— (1988), "Orthodoxy and Revisionism in American Demography", *Population and Development Review*, vol. 14, núm. 9, pp. 541-569.

——, y Susan Cotts Watkins (1997), "Feminist and Neo-Malthusians: Past and Present Alliances", *Population and Development Review*, vol. 23, núm. 3, pp. 469-523.

Lagarde, Marcela (1994), La regulación social del género: el género como filtro de poder, en *Enciclopedia de la sexualidad*, Consejo Nacional de Población, México.

Murphy, Elaine, y Tom Merrick (1997), "¿Eliminó El Cairo a la población de las políticas de poblaciones?", *Estudios Demográficos y Urbanos*, vol. 12, núms. 1 y 2, enero-agosto, pp. 349-366

Oppenheim-Mason, Karen (1995), *Gender and Demographic Change: What do We Know?*, International Union for the Scientific Study of Population, Lieja.

Organización de las Naciones Unidas (1995), "Program of Action of the 1994 International Conference on Population and Development" (capítulos I-VIII), *Population and Development Review*, vol. 21, núm. 1, pp. 187-213.

Presser, Harriet (1997), "Demography, Feminism and the Science-Policy Nexus", *Population and Development Review*, vol. 23, núm. 2, pp. 295-331.

Rich, Adrienne (1986), *Of Woman Born: Motherhood as Experience and Institution*, W. W. Norton, Nueva York.

Schneider, Jane, y Peter Schneider (1996), *Festival of the Poor: Fertility Decline and the Ideology of Class in Sicily, 1860-1980*, University of Arizona Press, Tucson.

Szreter, Simon (1993), "The Idea of Demographic Transition and the Study of Fertility Change: A Critical Intellectual History", *Population and Development Review*, vol. 19, núm. 4, pp. 659-701.

BIBLIOGRAFÍA ADICIONAL

Beach, L., *et al*. (1982), "The Expectation-Threshold Model of Reproductive Decision Making", *Population and Environment*, núm. 5, pp. 95-108.

Becker, Stan (1996), "Couples and Reproductive Health: A Review of Couples Studies", *Studies in Family Planning*, vol. 27, núm. 6, noviembre-diciembre, pp. 291-327.

Bertrand, Jane, Robert Magnani y James Knowles (1994), *Handbook of Indicators for Family Planning Program Evaluation*, The Evaluation Project.

Dodoo, F. (1993), "A Couple Analysis of Micro Level Supply/Demand Factors in Fertility Regulation", *Population Research and Policy Review*, núm. 12, pp. 93-101.

Ezeh, Alex (1996), *Men's Fertility, Contraceptive Use and Reproductive Preferences*, MD: Macro International, Calverton.

Figueroa Perea, Juan Guillermo (1996), "Preferencias reproductivas y posibilidades de interacción con programas y políticas de salud reproductiva", en Teresa Lartigue y Héctor Ávila (comps.), *Sexualidad y reproducción humana en México*, vol. II, UIA, PyV Editores, México.

Kimmel, Michael (1991), "La producción teórica sobre la

masculinidad: nuevos aportes", *Feminist Collections Women's*, vol. 13, núm. 1.

Lamas, Marta (comp.) (1996), *El género: la construcción cultural de la diferencia sexual*, UNAM-Programa Universitario de Estudios del Género, México.

Lee, Ronald, y Rodolfo Bulatao (1983), "The Demand for Children: A Critical Essay", *Determinants of Fertility in Development Countries*, vol. 1, cap. 8, National Academy Press, Washington, D. C.

McClelland, Gary (1983), "Family-Size Desires as Measures of Demand", en *Determinants of Fertility in Development Countries*, vol. 1, cap. 9, National Academy Press, Washington, D. C.

Oppenheim-Mason, Karen, y Anju Malhotra Taj (1987), "Differences Between Women's and Men's Reproductive Goals in Development Countries", *Population and Development Review*, vol. 13, núm. 4, diciembre, pp. 611-638.

—— et al. (1998), "The Husband's Role in Determining Whether Contraception is Used: The Influence of Gender Context in Five Asian Countries", ponencia presentada en el seminario *Men, Family Formation and Reproduction*, IUSSP, Centro de Estudios de Población, Buenos Aires, 13-15 de mayo.

Pritchett, Lant (1994), "Desired Fertility and the Impact of Population Policies", *Population and Development*, vol. 20, núm. 1, marzo, pp. 1-55.

Sharrat, S. (1993), *Feminismo y ciencia. Una relación problemática*, FLACSO, Cuadernos de Ciencias Sociales, núm. 65, San José.

Stycos, J. Mayone (1996), "Men, Couples and Family Planning: A Retrospective Look", Cornell University Population and Development Program Working Paper Series, núm. 96.12, Cornell University, Ithaca, N. Y.

Westoff, Charles (1990), "Reproductive Preferences and Fertility Rates", *Internacional Family Planning Perspectives*, vol. 16, núm. 3, pp. 84-89.

—— (1991), *Reproductive Preferences. A Comparative View*, Demographic and Health Surveys Comparative Studies, núm. 3, Institute for Resource Development, Macro International, Columbia, Maryland.

—— (1991), *Unmet Need and The Demand for Family Planning*, Demographic and Health Surveys Comparative Studies, núm. 5, Institute for Resource Development, Macro International, Columbia, Maryland.

GLOBALIDAD

Ricardo Pozas Horcasitas

Definición

Las dimensiones de la globalidad. El mundo actual transita por varios fenómenos internacionales que han roto el *statu quo* que muchos de los regímenes de los Estados nacionales edificaron después de la Guerra Fría. La ruptura del mundo en bloques agotó el modelo del *Estado de Bienestar* que operó bajo el principio de la centralidad reguladora del Estado como eje articulador del desarrollo social.

Durante más de 30 años, el *Estado de Bienestar* fue la construcción ideológica capitalista en la disputa por la hegemonía mundial frente a la ideología comunista de los Estados totalitarios y de los grupos y movimientos de "izquierda" dentro del bloque occidental, tanto en el centro como en su periferia.

Hoy, la época de naturaleza global edifica los nuevos términos de la integración internacional a partir de una nueva distribución del mundo en regiones, bloques y comunidades, cuyas formas de organización son referentes de las conductas políticas y las acciones sociales de los actores constitutivos de las sociedades y los Estados nacionales.

La globalidad es, esencialmente, un fenómeno de simultaneidad mundial de flujos y nuevas formas de poder, en el que la información, los capitales y las mercancías, así como los individuos atraviesan —mediante la informática— las fronteras sin ningún límite, lo cual produce una nueva modalidad de identidad: nómada y fragmentada, desligada de las "tradiciones nacionales cerradas". Pero esta misma condición que desgaja los contenidos de las identidades nacionales construye el contenido difuso de la identidad global y produce las condiciones sociales y políticas para que los individuos y los grupos se adscriban a modalidades de identidad comunitaria, consideradas por los modernizadores como tradicionales: la etnicidad, la religión, la lengua, la región, la raza, etcétera.

De manera creciente, se han debilitado los controles sociales y culturales establecidos por los Estados; las iglesias, las familias o las escuelas se debilitan. Este fenómeno de transgresión de los supuestos axiológicos de las tradiciones nacionales ha producido un fenómeno de aceptación de las conductas sociales en donde la frontera edificada por las culturas nacionales, entre lo normal y lo patológico, lo permitido y lo prohibido ha perdido la claridad de sus contornos. Hoy vivimos una sociedad mundializada, globalizada, que invade todas las esferas de la vida privada y pública.

Una de las características centrales de esta época de naturaleza global, que sucedió a la desintegración del mundo en bloques con la caída del segundo mundo, es el proceso de hibridización y mestizaje de significados, símbolos y prácticas. Éstos no son ya originales o auténticos; se trata, más bien, de una amalgama. Hoy, los contenidos de la globalidad penetran desde arriba y restructuran las culturas y economías locales, al mismo tiempo que dichas culturas y prácticas locales ejercen un efecto sobre las características de nuestra condición global.

La época de naturaleza global se caracteriza, también, por la paradoja que combina tendencias que conducen a un mundo sin fronteras, traspasando los límites territoriales y políticos impuestos por los Estados nacionales, con otras, contrapuestas, de segmentación de las sociedades nacionales, que erigen nuevos límites y circunscripciones comunitarias, disgregando el contenido social de las circunscripciones políticas de las fronteras establecidas.

Junto con el fenómeno del cambio económico global, del cada vez mayor poder de las agencias, organismos, empresas transnacionales y del alto grado de autonomía de circuitos financieros internacionales, por un lado, se afirman las identidades comunitarias, lingüísticas, religiosas y el surgimiento de culturas etnorregionales. Vivimos en tiempos caracterizados por cada vez más frecuentes señales de fragmentación del orden edificado por la última etapa de la modernidad: fuerzas sociales centrífugas y creación de identidades locales y particulares, que son el anverso necesario de la integración y uniformidad del mundo en el plano global. Unidad y diversidad diferenciada y complementaria son los términos que construyen la paradoja de la globalidad regionalizadora en este final del siglo XX.

La revolución tecnológica de las comunicaciones, que está en la base de la globalidad, ha producido como efecto social que lo que fue distante se aproxime y el pasado se disuelva en el presente. El desarrollo ha roto su linealidad ascendente y sucesiva, como plantearon los desarrollistas al final de la segunda Guerra Mundial. El principio que rige el tiempo ya no es más la diacronía, la serie de etapas a través de las cuales una sociedad sale del subdesarrollo tradicional y arriba al desarrollo moderno. Hoy, todo se mezcla: espacio y tiempo se comprimen y la sincronía sucede en la estructuración de la historia a la diacronía y a la noción de proceso. Hoy, el peso de la simultaneidad se ha expresado en el extremo simbólico de declarar muerta la historia, en un intento de deslindar la carga de la Ilustración en la modernidad.

La globalidad tiene una doble dimensión que la caracteriza: *el alcance*, es decir, la extensión, y *la intensidad*, es decir, la velocidad, de los fenómenos que le son propios. Esta doble característica se expresa en el alcance y en la profundidad que producen sus efectos en los distintos niveles de los procesos sociales y en los cambios operados en los sistemas políticos de los Estados nacionales que forman el sistema global. Ambos procesos se originan por una nueva resignificación de la aceleración del tiempo de la modernidad. En la globalidad, la simultaneidad es esencialmente la modalidad temporal dominante.

Este proceso sincrónico de la globalidad se produce por el contenido múltiple de los vínculos e interconexiones entre los actores de las sociedades y los Estados que constituyen el sistema mundial y es, en esencia, un fenómeno histórico en el cual los acontecimientos, las decisiones y las actividades que se producen en una parte del mundo tienen un efecto casi *simultáneo y significativo* sobre individuos y comunidades situadas en partes muy distantes del globo. Este hecho hace que se pierda la visibilidad causal de los eventos que repercuten en la vida cotidiana de los individuos, y que toda racionalidad posible en el diseño de políticas y conductas previsibles esté sujeta a una nueva modalidad del azar: *el azar global*.

En uno de sus sentidos, la globalidad implica un compactamiento de procesos políticos y de las actividades culturales que se extienden a través del globo, y en otro, una intensificación en los niveles de interacción e interdependencia entre los Estados y las sociedades que constituyen la comunidad mundial.

Historia, teoría y crítica

Entre los rasgos distintivos de la globalidad está el surgimiento de lo que hoy podemos llamar la conciencia sobre la conexión global, actividad intelectual y valorativa reforzada por los medios de comunicación electrónica, capaces de llamar la atención inmediata de un público hacia acontecimientos ocurridos en lugares distantes, generando una situación de pertenencia y creando un nuevo *imaginario colectivo, que ha dado origen a una cultura planetaria de masas,* cuyo rasgo fundamental es la pérdida de los referentes fijos y unidimensionales.

Esta nueva cultura planetaria mediada de manera creciente por las formas de comunicación electrónica ha producido una nueva sensibilidad y una nueva valoración fundada en la aceleración del tiempo, que ha resignificado *el presente*, frente al pasado y el futuro, como la temporalidad omnipresente: el aquí y el ahora son las coordenadas de la conducta social y política que le dan valor a la actividad individual y a la acción colectiva, en una nueva secularización en donde el sentido social ha dejado de formar parte de un proyecto histórico.

Los medios de comunicación ocupan hoy un lugar preponderante en el tiempo vital de los individuos y en la vida social; entre ellos, la televisión tiene un papel central; a través de ella se ponen en relación directa la vida privada y la realidad global.

La televisión convoca a los públicos más diversos y los hace copartícipes en actos sociales o privados comunes que generan emoción. Hoy, este *mass media* tiene la capacidad de producir eventos mundiales —al resignificarlos y convocar audiencias globales— de trascendencia global, a través del peso que le da esa misma audiencia producida por la propia difusión, creando una comunión simbólica —por medio de la imagen electrónica— de millones de individuos de todas las razas, culturas y nacionalidades en el sufrimiento o la alegría. El poder de los medios en la sociedad global tiene también una fuerte carga autorreferencial.

La imagen televisiva está construida con un formato diseñado globalmente por las agencias publicitarias, cuya interconexión mundial, autoridad y poder en el "medio" va estandarizando técnicamente el diseño y los formatos que dan contenido a los mensajes, así como los ritmos y los tiempos de los procesos intelectivos del receptor, construyendo una nueva versión de lo verosímil a través de la *verdad televisiva*.

La televisión elimina las mediaciones y produce una relación directa entre el individuo frente a la pantalla y la humanidad en el imaginario. Esta relación, al descontextualizar los mensajes, produce una nueva socialización sobre el significado de los sucesos. Los espectadores no están más comprometidos cuando miran los dramas del mundo que cuando observan la violencia en las películas o en los programas de televisión. Una parte de nosotros mismos se baña en la cultura mundial, mientras que la otra, privada del espacio público en el que se formen y apliquen las normas sociales, se encierra ya sea en el hedonismo, ya en la búsqueda de pertenencias inmediatamente vividas. Estamos juntos, pero a la vez separados y fragmentados.

El predominio de la imagen en el mundo contemporáneo ha suplantado el peso que tuvo en la modernidad la palabra escrita y, por lo tanto, el valor de la argumentación discursiva como el fundamento legítimo de la autoridad racional. El discurso está hoy impregnado de *la condición de fugacidad* originada por el peso de la cultura de mercado: del *flash* y el *videoclip*. La eficiencia del mensaje está en su condición de ser compacto, directo y efectivo. Este peso de la imagen y la nueva condición argumentativa ha subsumido la acción política en la nueva condición publicitaria de *noticia política*, lo que ha roto el sentido de su trascendencia y la ha introducido en la condición de lo inmediato: del consumo diario desechable que la trivializa.

La condición minimalista de las expectativas en la política construye hoy los sentidos de las diferencias e identidades que fundan los sentimientos de la *tribu*, a grado tal que la noción misma de la sociedad tiende a desaparecer.

La nueva cultura global de masas se sostiene sobre los avances tecnológicos de las sociedades occidentales desarrolladas, especialmente de los Estados Unidos. Ésta es la razón por la cual la nueva cultura planetaria tiene un idioma universal que es el inglés, que sin desplazar las otras lenguas las hegemoniza y las utiliza.

La presencia de los elementos simbólicos constitutivos de la globalidad en la vida diaria de las sociedades nacionales ha roto el vínculo, que fue definitorio de lo tradicional y la modernidad, existente entre *cultura* y *territorio* y ha creado un nuevo espacio cultural electrónico sin un lugar geográfico preciso.

La característica más importante de la cultura planetaria de masas es su capacidad de homogeneizar las formas de identidad global sin disolver las culturas nacionales, étnicas y regionales, sino operando racionalmente a través de ellas con estrategias de mercadotecnia que absorben las diferencias en los valores y representaciones que sustentan un estilo de vida preponderantemente identificado con la "americanización".

La situación de pertenencia a una cultura planetaria y a un imaginario global plantea, de manera simultánea, las cuestiones de lo nacional, lo regional y lo local, en donde lo global no significa el fin de las diferencias culturales, sino el manejo instrumental y la manipulación racionalizada de la dialéctica entre lo global y lo local, desde el ámbito político ideológico hasta la manipulación en la imagen global de los territorios étnicos.

Las características que constituyen el fenómeno de la globalidad hacen que el peso creciente de lo simbólico incida, de manera determinante, en los sentidos de la acción política y delimite el ámbito de las decisiones de los gobiernos en el ejercicio de las instituciones de Estado, sometiéndolas a nuevas formas de legitimidad, producidas por las modalidades de la intensidad de la interacción social mundializada y la transgresión de los referentes nacionales y las historias particulares de cada Estado nación, cuyo capital simbólico fue llenado por el nacionalismo de fechas y héroes que van perdiendo su capacidad de respaldo histórico y soporte mítico en las acciones presentes de los gobiernos. La ritualización de las políticas nacionales está siendo crecientemente rebasada y resignificada por las formas culturales globales homogeneizadas por los medios de masas.

Los regímenes de corte autoritario y de participación restringida, fundados en los viejos sistemas políticos tradicionales y sustentados en el poder, las corporaciones militares con su concepción vertical de la autoridad, están siendo desplazados por la tendencia global a la apertura y a la participación social ampliada, en un proceso creciente de ciudadanización política y "desmasificación" de las clientelas cautivas de corte corporativo, propias de los Estados nacionales consolidados en la posguerra.

La paradoja de la globalidad es su creciente presión por la apertura política mediante la democratización de los sistemas de partidos y de participación en organizaciones intermedias y, concomitantemente, la elitización del poder de decisión económica en una tecnocracia global y autorreferencial, fundada en la racionalidad ultraliberal y en el alto grado de autonomía del sistema económico, y la imposibilidad de ser aprendido y regulado por políticas nacionales.

La contradicción en el seno del Estado entre la representación social de la política y la dirección económica se construye a partir de la composición social y las características profesionales de integrantes de las coaliciones gobernantes y la creciente diferenciación y autonomía de las funciones de sus integrantes de los gobiernos en la sociedad global: los políticos con asiento en bases sociales nacionales y la tecnocracia con soporte global.

El sistema de diseño de políticas económicas está cerrado a una élite ultraliberal y tecnocrática, que funda su poder en la pertenencia a una capa global que maneja el mismo horizonte axiológico, intelectual y técnico sobre la sociedad y la función que en ella juega la economía; ella es la interlocutora en los Estados y sociedades nacionales de las agencias económicas multilaterales (FMI, BM, OCDE).

Las tecnocracias están cada vez más asentadas en la transformación de sistemas políticos de partidos, poco a poco más abiertos y competitivos, con una reducción de la democracia a su modalidad electoral e instrumental, y gradualmente más alejada de la llamada democracia social que se desarrolló durante el periodo del Estado interventor y regulador de los intereses privados del mercado.

La contradicción entre lo abierto de la base social de la política y lo cerrado de la cúpula dirigente de la economía se expresa en la creciente diferenciación entre la composición de los parlamentos y las élites tecnocráticas dirigentes de la economía nacional, miembros de los circuitos de la economía global; en la mayor diferenciación entre las funciones del político y el técnico y, finalmente, entre el aumento en el grado de autonomía del subsistema económico del sistema social.

Este proceso de desregulación de los controles económicos centralizados en el Estado ha producido un fenómeno de asimetría creciente entre la economía, la sociedad y la política, en el cual la economía aparece sin sociedad y la política sin economía.

La ampliación del mundo de lo posible, constituida por la ampliación y lo inédito de las respuestas políticas de los actores sociales, es otro de los efectos del proceso globalizador y se expresa, esencialmente, en la desagregación de los patrones de conducta establecidos como reglas del juego legítimas frente a las acciones de los gobiernos. Esta diversidad de nuevas formas de respuesta de los actores políticos conduce crecientemente a un acotamiento de las acciones de los Estados y de sus formas de legitimidad, abriendo el mundo de lo posible a nuevas formas de relación política, pero también creando una parálisis sustantiva de los órganos de decisión de Estado, que están, en la mayoría de los casos, sujetos a las viejas lógicas legitimadoras de las instituciones de los regímenes de los Estados-nación, que se sustentan en redes de relación y representación política agotadas.

La homogeneización de las periferias

Las políticas de *estabilización* y *ajuste estructural* que transformaron de manera radical la centralidad del Estado en el desarrollo social y lo sometieron a la lógica del mercado, propia de la relación global, determinando los márgenes posibles de la acción de los Estados nacionales y su desarrollo interno, se pusieron en práctica en una parte de Europa y en el resto del mundo de manera simultánea y constituyeron uno de los primeros pasos en el proceso de la globalización.

A través de la estrategia de ajuste estructural fundada en los conceptos de recortar, diferenciar, disminuir y disciplinar las acciones del Estado en la economía, se impusieron los valores y apertura del mercado que regularán, a partir de la década de los ochenta, los alcances de las políticas económicas y públicas de manera simultánea en 67 países en África, América Latina y Asia.

Este hecho fundador de la globalidad transfiere la centralidad de las relaciones económicas del Estado nacional a los ámbitos globales de las decisiones determinantes en política económica, reguladas por las agencias económicas globales: el Fondo Monetario Internacional y el Banco Mundial, límites impuestos a las políticas económicas, que no necesariamente implican la dirección y regulación racional, como suponen los programas de ajuste y reforma estructural.

Hoy, la globalidad está asociada a la visión del neoliberalismo y a la lógica del mercado autorregulado, así como a su condición de *inevitabilidad*. Estos elementos se vuelven supuestos en el sentido epistémico y principios inmutables en el sentido valorativo.

Líneas de investigación y debate contemporáneo

El Estado-nación en el mundo globalizado

A principios de los años ochenta se inicia la estructuración del conjunto de relaciones sociales y políticas que constituían la base social y económica sobre la cual se asentaban las características del Estado nacional, construidas a partir de la segunda posguerra. Uno de los elementos esenciales que identifican la globalidad es el desplazamiento hacia el mercado de la centralidad del Estado en el desarrollo social.

La nueva concepción sobre el papel del Estado tiene como objetivo desplazar la visión canónica del Estado de bienestar, promotor del desarrollo y regulador de los intereses privados en beneficio del bien general, edificada a partir de la segunda Guerra Mundial.

Las propuestas ultraliberales que plantean la autorregulación de los intereses económicos de la sociedad a través de la libre competencia de los componentes del mercado son la expresión ideológica del proceso de reformas surgidas a principios de los años ochenta, que tuvieron por objeto privatizar los bienes sociales depositados en el Estado y acumulados por las sociedades durante 40 años. La privatización de los bienes sociales produjo un nuevo proceso de concentración mundial del ingreso y el surgimiento de una nueva clase económica vinculada a los sectores financieros de carácter especulativo.

Las empresas del Estado benefactor llevaron a déficit crecientes de las finanzas públicas, que fueron subsidiados en los países periféricos con recursos estatales provenientes de deuda pública externa, utilizando los servicios de las empresas de Estado como recursos de las clientelas específicas de gobiernos en turno, así como en una fuente creciente de corrupción patrimonial de las élites administradoras de las empresas de Estado, compuestas por políticos y no por *empresarios de Estado* dirigentes del sector público, normados por un servicio civil de carrera y no por el favor de la alta jerarquía dirigente.

El uso irracional de los recursos económicos del sector público, producido por la corrupción y la inexistencia de la formación técnico-empresarial de los directivos del sector público, derivó en un inmanejable déficit del Estado benefactor que produjo un cambio ideológico significativo en su composición, dirección y alcances reguladores del desarrollo social.

Este cambio producido en la visión de las funciones del Estado, durante toda la década de los ochenta, fue un proceso creciente de privatización de las empresas públicas y un cambio en la composición hegemónica de los gobiernos de los Estados: de políticos tradicionales, que manejaban los bienes económicos de Estado como recursos reguladores del conflicto social, hacia la tecnocracia, capa social global capaz de introducir la regulación del mercado global en las economías nacionales y romper el proteccionismo de industrias y mercados nacionales creados por la centralidad burocrática desarrollista. La corrupción y la impunidad son el eslabón de continuidad entre tecnocracia y políticos tradicionales, con la diferencia sustantiva de que los políticos tradicionales mantuvieron el Estado como fuente de recursos personales, de clientelas de grupos y de bases sociales, y la tecnocracia se apropió de las empresas del Estado en el mayor proceso de acumulación del siglo XX, sólo equivalente en México al de la acumulación de capital llevada a cabo por la apropiación liberal de bienes muertos eclesiásticos y de comunidades.

Los nuevos voceros del ultraliberalismo, vinculados a las agencias internacionales constructoras de la globalidad, lograron desplazar la concepción hegemónica durante 40 años del Estado de bienestar en distintas versiones mundiales.

La visión global de la economía de mercado se apoya en la *lectura* hecha por los ultraliberales contemporáneos, de Hayak y Fretman de la economía política clásica, principalmente de Adam Smith y Bentam, para fundamentar una nueva visión de la libertad como supuesto regulador de la interacción social y la representación política a través de la competencia de los individuos y categorías que forman la organización social. Esta visión del Estado y las funciones de la sociedad supone una concepción individualista de la autorregulación social totalmente alejada de la concepción del Estado como depositario de la soberanía y garante del bien común.

El Estado nacional está sujeto a las limitaciones impuestas por un orden económico global cambiante en donde las funciones tradicionalmente definidas en política económica han perdido su capacidad de dirección en el desarrollo económico y lo han hecho altamente vulnerable, creando rupturas incapaces de producir una política económica nacional dirigida y racional, al mismo tiempo que los rasgos de la globalidad lo convierten en la entidad que paga el mayor costo social y económico de los desajustes producidos por la imposibilidad de construir instrumentos que regulen los flujos económicos globales y los movimientos especulativos sobre las economías nacionales, acompañados de un alto índice de corrupción financiera privada, que es esencialmente una de las nuevas caras de la globalidad.

En 1998, el conjunto de acciones que constituyeron el mundo globalizado está en proceso de revisión; el fenómeno masivo de exclusión social, aunado a la imposibilidad de construir una racionalidad que dé certeza y futuro a las acciones sociales y políticas, está en el centro del debate y en la crítica de la condición global que muestra, como en otros periodos de desagregación del orden pasado, una sobrevaloración que ha extrapolado el desorden del presente, convirtiéndolo en una visión canónica.

BIBLIOGRAFÍA

A. Pereyra, Miguel (1996), *Globalización y descentralización de los sistemas educativos: fundamentos para un nuevo programa de educación comparada*, Ediciones Pomares-Corredor, Barcelona, 496 pp.

Aglietta, Michel (1990), *Globalisation financiere: L'aventure obligee*, Michel Aglietta, Anton Brender, Virginie Coudert, con la colaboración de Francoise Hyafil; pref. de Michel Albert, Economica, París [Ejemplar(es) en Fac. de Economía. Posgrado.]

Albrow, Martin, y Elizabeth King (1990), *Globalization, Knowledge and Society: Readings from International Sociology*, Sage, Londres.

Anderson, James (1995), *Global World?: Re-ordering Political Space*, James Anderson, Chris Brook y Allan Cochrane, Milton Keynes, Open University, Oxford University, Oxford.

Badie, Bertrand (1995), *La fin des territoires: essai sur le désordre international et sur l'utilité social du respect*, Fayard, París, 276 pp.

—— (1992), *L'État importé: L'occidentalisation de l'ordre politique*, Fayard, París, 334 pp.

Berger, Suzanne, y Ronald Dore (1996), *National Diversity and Global Capitalism*, Cornell University Press, 387 pp.

Berian, Josexto (comp.) (1996), *Las consecuencias perversas de la modernidad*, Anthropos, 282 pp.

—— (1996), *La integración en las sociedades modernas*, Anthropos, Barcelona, 382 pp.

Bobbio, Norberto (1994), *Derecha e izquierda*, Taurus, Madrid.

—— (1986), *El futuro de la democracia*, Fondo de Cultura Económica, México.

Bourdieu, Pierre (1998), *Contre-Feux*, liber-Raisons D'Agir, París, 125 pp.

Breton, Philippe (1995), *L'utopie de la communication: Le mythe du "village, planétaire"*, Éditions La Découverte, París.

Castells, Manuel (1995), *La ciudad informacional. Tecnología de la información, reestructuración económica y el proceso urbano-regional*, Alianza Editorial, Madrid, 503 pp.

Chomsky, Noam (1996), *El nuevo orden mundial (y el viejo)*, Crítica, Grijalbo Mondadori, Barcelona, 388 pp.

—— (1996), *Política y cultura a finales del siglo XX: un panorama de las actuales tendencias*, Ariel, Barcelona, 115 pp.

Corner, John, y Sylvia Harvey (1991), *Enterprise and Heritage: Crosscurrents of National Culture*, Routledge, Londres y Nueva York, 271 pp.

Crozier, Michel (1987), *État Modest, État Modern: Stratégies pour un autre changement*, Éditions Fayard, París. [Hay versión en español bajo el título: *Estado modesto, Estado moderno, Estrategia para el cambio*, FCE, México, 1989, 296 pp.]

—— (1988), *Comment réformer l'État?: Troi pays, troi stratégies: Suede, Japon, États-Unis*, La Documentation, Française, París. [Hay versión en español bajo el título: *Cómo reformar al Estado, tres países, tres estrategias: Suecia, Japón y Estados Unidos*, FCE, México, 1992, 154 pp.]

Douglas, James, "Review Article: The Changing Tide -Some Recent Studies of Thatcherism".

Featherstone, Mike (1994), *Global Culture: Nationalism, Globalization and Modernity*, Sage Publications, Londres, 256 pp.

Friedman, Milton (1982), *Capitalism and Freedom*, The University of Chicago Press, Chicago.

Fuentes, Carlos (1997), *Por un progreso incluyente*, Instituto de Estudios Educativos y Sindicales de América Latina, México, 126 pp.

Giddens, Anthony (1995), *Modernidad e identidad del yo: el yo y la sociedad en la época contemporánea*, Península, Madrid, 300 pp.

—— (1990), *Consecuencias de la modernidad*, Alianza Universidad, Madrid, 166 pp.

Harvey, David (1990), *The Condition of Postmodernity*, Cambridge Massachusetts, 378 pp.

Held, David (1995), *Democracy and the Global Order: From the Modern State to Cosmopolitan Governance*, Stanford University Press, Stanford, California, 324 pp.

Larrain, Jorge (1996), *Modernidad, razón e identidad en América Latina*, Editorial Andrés Bello, México, 270 pp.

——, "La trayectoria latinoamericna a la modernidad", *Cuadernos Americanos*, Nueva Época, mayo-junio, núm. 63, 100-134 pp.

Lechner, Norbert (1996), "La transformación de la política", *Revista Mexicana de Sociología*, Instituto de Investigaciones Sociales, UNAM, año LVIII, núm. 1, enero-marzo, pp. 5-17.

Lipovetsky, Gilles (1989), *L'Émpire de l'éphémère: la mode et son destine dans les sociétés modernes*, Gallimard, París. [Hay una versión en español.]

Lyotard, Jean-François (1993), *La condición posmoderna*, Planeta-Agostini, Barcelona, 137 pp.

Maffesoli, Michel (1992), *La Transfiguration du politique: La tribalisation du monde, le livre de poche*, Grasset & Fasquelle, 244 pp.

McGew, A. (1992), "Conceptualizing Global Politics", en A. McGrew, P. G. Lewis *et al.* (comps.), *Global Politics*, Polity Press, Cambridge.

Mittelman, James H. (1996), *Globalization: Critical Reflections*, Lynne Rienner, Boulder, Colorado.

Offe, Clause (1990), *Contradicciones en el Estado del bienestar*, Alianza Editorial, Madrid, 310 pp.

Ohmae, Kenichi (1995), *El fin del Estado-nación*, Editorial Andrés Bello, México, 270 pp.

Oman, Charles (1994), *Globalization and Regionalization: The Challenger for Developing Countries* / (HC59.7 O5) Organización de Cooperación y Desarrollo Económicos, Centro de Desarrollo, Francia. [Ejemplar(es) en Instituto de Investigaciones Económicas.]

Organización de Cooperación y Desarrollo Económicos (1996), *Globalization and Linkages to 2020: Challenges and Opportunities for OECD Countries: International High-Level Experts Meeting*, París. [Ejemplar(es) en Biblioteca Central, dos ejemplar(es) en Facultad de Economía (HF1411 G565).]

Panitch, Leo (1994), *Globalization and the State* (HF1411 P36) UNAM, Coordinación de Humanidades, México.

Reimers, Fernando, y Luis Tiburcio (1993), *Education, Adjustment and Reconstruction: Options for Change*, A UNESCO policy discussion paper, United Nations Educational, 116 pp.

Renaut, Alain (1993), *L'Ère de l'individu*, Gallimard, París. [Hay una versión en español: *La era del individuo: contribución a una historia de la subjetividad*, Ensayos/Destino, núm. 15, Madrid, 1993, 408 pp.]

Robertson, Roland (1992), *Globalization: Social Theory and Global Culture*, Sage Publications, Londres, 211 pp.

Spybey, Tony (1996), *Globalization and World Society*, Tony Spybey Imprim., Polity Press, Cambridge, MA.

Teemple, Gary (1995), *Globalization and the Decline of Social Reform*, Humanities, Atlantic Highlands, N. J.

Touraine, Alain (1993), *Crítica de la modernidad*, Temas de hoy, Ensayo, Madrid, 502 pp.

—— (1994), *¿Qué es la democracia?*, Temas de Hoy, Ensayo, Madrid, 452 pp.

——, *¿Pourron-nous vivre ensamble?, Égaux et différents*, Fayard, París. [Hay versión en español, FCE, 1997.]

Zea, Leopoldo, "Latinoamérica en la globalización", *Cuadernos Americanos*, nueva época, mayo-junio, núm. 63, vol. 3, 11-17 pp.

GOBERNABILIDAD

Antonio Camou

Definición

Si bien los problemas a los que hace referencia el concepto de gobernabilidad son tan antiguos como la reflexión sobre la política misma, el uso generalizado del término es mucho más reciente. De hecho, las cuestiones asociadas al vocablo *gobernabilidad* comenzaron a ingresar en la agenda de los políticos y estudiosos de los países centrales desde mediados de los años setenta, junto con la crisis de las economías desarrolladas, la emergencia de nuevos movimientos sociales y el agotamiento del llamado "Estado de bienestar".[1] En América Latina, por su parte, la discusión regional sobre las cuestiones de gobernabilidad estuvo enmarcada por tres complejos procesos que comenzaron a desarrollarse con especial ímpetu durante la década de los ochenta: el proceso de crisis, ajuste y restructuración económica; el agotamiento del modelo del Estado interventor y su consiguiente redefinición en términos de la reforma del Estado, y el cambiante itinerario de las transiciones y consolidaciones democráticas. En los últimos años, y sobre todo al considerar los obstáculos y los primeros magros resultados de las nuevas gestiones gubernamentales democráticas, la reflexión sobre el tema ha ido en ascenso.[2]

No obstante, y a pesar de la creciente importancia de los problemas de gobernabilidad en la región, los perfiles del debate político y académico siguen siendo todavía lo suficientemente borrosos como para ofrecer una caracterización de la cuestión aceptada por la mayoría de los especialistas. No en vano, un dedicado estudioso de esta temática ha reconocido que, "marcado por implicaciones pesimistas (crisis de gobernabilidad) y a menudo conservadoras, el término se presta a múltiples interpretaciones"; por tal razón, agrega, "no es tarea fácil extraer de la literatura especializada, vasta pero poco sistematizada, amplia pero a menudo confusa, hipótesis claramente planteadas" (Pasquino, 1983: 192-199).

En términos generales, y sin pretender ofrecer una caracterización cerrada de la cuestión, entenderemos por gobernabilidad *un estado de equilibrio dinámico entre el nivel de las demandas societales y la capacidad del sistema político para responderlas de manera legítima y eficaz*. Esta definición, aun en su simplificadora brevedad, nos permite ubicar los problemas de gobernabilidad sobre el plano de la relación entre el sistema político y su entorno o ambiente, es decir, la sociedad, evitando cargar a uno solo de los términos de la relación de gobierno con el peso por mantener adecuadas condiciones de gobernabilidad.[3] En otras palabras, no es un Estado o gobierno lo que permite —*per se*— gobernar una sociedad, ni tampoco es la sociedad en sí misma gobernable o ingobernable; más bien, es la relación compleja entre ambos términos lo que nos permite hablar de las condiciones de gobernabilidad.[4] El asunto no sólo tiene importancia teórica, sino también adquiere relevancia práctica: la responsabilidad por mantener condiciones adecuadas de gobernabilidad no es una cuestión que recae, de manera unilateral, en el gobierno o en la sociedad. De este modo, gobierno y oposición, partidos y organizaciones ciudadanas han de comprometerse de manera conjunta a la hora de mantener un nivel aceptable de gobernabilidad.

Adicionalmente, es importante no reducir la caracterización de los problemas de gobernabilidad a un esquema dicotómico simple; más bien, es posible —y conveniente— hacer uso de ese concepto de una manera algo más matizada y flexible que se traduzca en términos de "grados" de gobernabilidad y no en la gruesa dicotomía blanco/negro de gobernabilidad-ingobernabilidad. Una forma de pensar este espectro matizado de situaciones es apelando a la noción de "déficit" de gobernabilidad como estadio intermedio entre las nociones "límite" de gobernabilidad e ingobernabilidad.

Historia, teoría y crítica

El debate sobre las cuestiones de gobernabilidad se ha concentrado en el análisis de dos problemas fundamentales. En primer lugar, nos enfrentamos a la tarea de precisar cuáles son las dimensiones analíticas básicas del concepto de gobernabilidad. En segundo término, requerimos de la formulación de un modelo analítico para el estudio de los problemas de gobernabilidad; en otras palabras, nos preguntamos cómo (y, a la larga, por qué) surgen deficiencias en el ejercicio del gobierno que pueden desembocar en auténticas crisis de ingobernabilidad.

1. Diferentes autores y tradiciones teóricas han señalado que los problemas de gobernabilidad hacen referencia a tres componentes conceptuales fundamentales, ya

---

[1] El texto canónico es, sin duda, el de Crozier *et al.* (1975). Poco después, un nutrido grupo de trabajos contribuyó a atizar notoriamente el debate. Desde una perspectiva diametralmente opuesta, Claus Offe ha señalado que desde 1974 "el concepto de 'ingobernabilidad' proyecta una trayectoria ascendente muy pronunciada, tanto en la teoría de la política internacional como en las publicaciones políticas" (*cf.* Offe, 1988).

[2] Tal vez el primero en introducir la discusión en el ámbito latinoamericano, y más precisamente en México, haya sido Juan Carlos Portantiero, en dos trabajos de 1981 y 1982 (ambos textos en Portantiero, 1988). Algún tiempo después, un breve trabajo de Carlos Pereyra, de 1986 (en Pereyra, 1986: 65-67), y otro de Ángel Flisfisch (1987) dan cuenta de la discusión. Un año más tarde, la *Revista Mexicana de Sociología* dedica un número completo al tema "Política y gobernabilidad en América Latina". Posteriormente, la rediviva *Revista Latinoamericana de Ciencias Sociales* (Flacso-Ecuador) dedica su número de reaparición a los "Problemas, dilemas y perspectivas de la gobernabilidad en América Latina". Desde entonces, los trabajos sobre la problemática de la gobernabilidad en América Latina se han multiplicado.

[3] Los conceptos de sistema y entorno (junto al de sobrecarga) fueron desarrollados por la teoría sistémica de la política en los albores de la década de los sesenta (*cf.* Easton, 1965).

[4] De acuerdo con los diferentes lenguajes y los distintos niveles de análisis que se adopten, los términos de la relación de gobierno variarán en consecuencia. Algunos de los términos clásicos son "sistema político-sistema social", "Estado-sociedad", "gobierno-ciudadanos", etcétera.

sea tomados por separado o en una compleja combinación de ellos. Esos componentes se refieren a los conceptos de eficacia/eficiencia, legitimidad y estabilidad.

a) Gobernabilidad y eficacia: la tradición de la "razón de Estado". Esta primera corriente enfatiza la dimensión de la eficacia/eficiencia en el ejercicio del poder político, y por ende de la gestión gubernamental, como clave de la gobernabilidad de un sistema social. Para esta versión, la gobernabilidad se considera como una propiedad de los sistemas políticos, definida por su capacidad para alcanzar objetivos prefijados al menor costo posible. Dejando de lado la cuestión acerca de la definición y eventual medición de esos "costos", es claro que todo sistema tiende a asegurar su propia supervivencia y a reforzar su capacidad operativa. En este sentido, el concepto de gobernabilidad como eficacia/eficiencia posee una notoria afinidad con la noción de "razón de Estado", con la que principia la reflexión científica moderna sobre la política a partir de la obra de Maquiavelo.

Como es sabido, la tradición abierta por el pensador florentino descarga a la acción política del requisito de congruencia moral entre medios y fines, remplazándolo por un criterio de eficacia instrumental dictado por la necesidad de mantener el poder. En una línea semejante, que se continúa en las reflexiones de Thomas Hobbes a Niklas Luhmann, pasando por Max Weber y todas las vertientes del llamado "realismo político", el problema central de la política pasa por el ejercicio eficaz/eficiente del poder, es decir, por el mantenimiento adecuado del "grado de gobierno" sobre una sociedad. En este sentido, podríamos trazar un paralelo esclarecedor entre gobernabilidad —entendida como grado de gobierno eficaz— y la conocida noción weberiana de "dominación". De este modo, si el grado de gobierno hace referencia a "la probabilidad de encontrar obediencia a un mandato de determinado contenido entre personas", diremos que a mayor probabilidad de encontrar cumplimiento (o al menos aceptación social) a una decisión política, tendríamos mayor grado de gobierno y, por tanto, mayor gobernabilidad (Weber, 1987: 16).

Claro que esta concepción, en el sentido que puede tomar —por ejemplo— en la obra de Luhmann, debe quedar eximida de dos gruesas simplificaciones. En primer lugar, el ejercicio eficiente del poder no excluye, sino que incorpora, la dimensión del consenso como insumo del proceso de toma de decisiones e implementación de políticas. En segundo término, el concepto de poder implicado en estas reflexiones no viene definido en términos de una causalidad lineal y mecánica. Por el contrario, en las sociedades complejas, donde aumenta el número y la variedad de los subsistemas sociales, ningún actor es capaz de disponer libremente de "todo" su poder; más bien, los distintos actores sociales, políticos y económicos poseen una "porción" de poder que ejercen estableciendo vetos cruzados sobre las decisiones de los otros actores y, por lo tanto, cada actor debe tener en cuenta el conjunto de expectativas y estrategias de los otros al momento de la toma de decisiones (Luhmann, 1986: 199-218; Zolo, 1989: 40-41).

b) Gobernabilidad y legitimidad: la tradición del "buen gobierno". Desde una perspectiva distinta, las condiciones de gobernabilidad se han vinculado a una más lejana tradición del pensamiento político: la tradición de la justicia y de la legitimidad de un ordenamiento político-social, la tradición del respeto a los derechos humanos y de la obligación gubernamental de proveer el bienestar general, en suma, la tradición del "buen gobierno". De acuerdo con esto, en la línea inaugural del pensamiento político que va de Platón a Aristóteles y se continúa incuestionada hasta Maquiavelo, la nota dominante viene dada por la preocupación de desentrañar las condiciones del Estado justo y establecer la mejor forma de gobierno. Al decir de Aristóteles, "nuestro propósito es el de considerar cuál es la forma de asociación política que puede ser, entre todas, la mejor para quienes sean capaces de vivir lo más posible conforme a sus ideas de vida" (Aristóteles, 1976: libro segundo, 173).

Esta impronta moral en la constitución del buen gobierno es retomada en la edad moderna por la obra de Jean Bodino, quien una generación después de Maquiavelo define la república como "el recto gobierno de varias familias, y de lo que les es común, con poder soberano" (Bodino, 1576: libro I, 11). Al enfatizar la noción de "recto gobierno", Bodino se coloca en el plano de la legitimidad, en el sentido de que el gobierno ha de actuar conforme a ciertos valores morales de razón, de justicia, de orden, encontrando su fin último, y su justificación, en la realización de esos valores.

Posteriormente, con base en el principio de que "el gobierno es para los individuos y no los individuos para el gobierno", el filósofo británico John Locke (1690: cap. IX, 90) defendió la doctrina según la cual el poder gubernamental sólo puede justificarse en la medida que sirva a la más plena realización de los derechos individuales. Para el padre del liberalismo moderno, el fin del gobierno es el de "conseguir la paz, la seguridad y el bien de la población", y para ello el Estado deberá gobernar mediante leyes fijas y establecidas, y no mediante decretos discrecionales; deberá establecer jueces rectos e imparciales; y utilizará la fuerza para ejecutar las leyes, y no para sostener decisiones arbitrarias.

Quienes se nutren de esta tradición y ven la gobernabilidad desde el ángulo del "buen gobierno" destacan la conexión necesaria entre legitimidad y ejercicio del poder, concentrando su atención en el problema de la calidad de la acción gubernamental. En esta línea de pensamiento, sin ignorar la necesidad de garantizar las estructuras básicas de la reproducción de la esfera económica, se han subrayado las amenazas a la gobernabilidad provenientes de la exclusión, los rezagos sociales y la imposibilidad —por parte de vastos sectores de la población— de acceder a una vida digna. De este modo, una gobernabilidad "progresiva", que supere e integre una más limitada gobernabilidad "sistémica", debería recoger, elaborar y agregar en la acción gubernamental la demanda de la sociedad civil haciéndola valer como criterio de utilidad colectiva.[5]

c) Gobernabilidad y estabilidad. Junto a estas dos vertientes, podríamos hablar de una tercera corriente

---

[5] Para una caracterización actual que sigue esta perspectiva, véase el trabajo de Mario R. dos Santos (1994: 2). En la misma línea puede consultarse la obra de Yehezkel Dror (1994, cap. IX).

que tiene la peculiaridad de ubicarse en un plano intermedio, en una zona de confluencia entre las dos anteriores, y que ha enfocado su atención en el antiguo problema del orden político, que en términos propios de la ciencia política contemporánea toma la forma de la cuestión de la "estabilidad".[6] En tal sentido, un sistema será más gobernable en la medida en que posea una mayor capacidad de adaptación y una mayor flexibilidad institucional respecto de los cambios de su entorno nacional e internacional, económico, social y político. De acuerdo con una definición aceptada, podemos entender por estabilidad política la previsible capacidad del sistema para durar en el tiempo. No obstante, esta caracterización de la estabilidad debe distinguirse de cualquier referencia a la inmovilidad o el estancamiento; de este modo, para que un sistema sea estable —señala Leonardo Morlino— "debe ser capaz de cambiar adaptándose a los desafíos que provienen del ambiente", puesto que sólo "una continua adaptación a la realidad siempre cambiante permite a un sistema sobrevivir" (Morlino, 1988: 601-609).

Como se sabe, la preocupación por el orden y la estabilidad acompañan la reflexión política desde sus comienzos en la Antigüedad clásica. Al glosar un diálogo de Heródoto (*Historias*, libro III, parág. 80-82) sobre las virtudes y defectos de las distintas formas de gobierno, Norberto Bobbio (1976: 20) señala que debe tenerse en cuenta la capacidad de una forma de gobierno para "asegurar la estabilidad del poder". En tal sentido, destaca el filósofo italiano: "no carece de importancia que nos encontremos desde el inicio con este tema de la 'estabilidad', porque [...] la capacidad de una constitución de durar, de no corromperse fácilmente, de no degradarse, de no convertirse en una constitución opuesta, es uno de los más importantes —si no el principal— criterios que se emplean para distinguir las constituciones buenas de las malas".

La exploración realizada hasta aquí nos permite retomar la definición ofrecida más arriba articulando los principios de eficacia, legitimidad y estabilidad presentes en los distintos análisis del tema de la gobernabilidad. A diferencia de aquellos autores que enfatizan, de manera unilateral, las dimensiones de eficacia/eficiencia gubernamental, es necesario destacar la importancia de los componentes consensuales (legitimidad) que requiere el funcionamiento adecuado de todo sistema político. Por otra parte, sin olvidar la dimensión de las demandas sociales satisfechas, y con ello, el componente de "legitimidad" que debe tener todo sistema político para producir la gobernabilidad de la sociedad, también es preciso incorporar el necesario balance que supone considerar los requisitos de eficacia/eficiencia en la toma de decisiones. Ambos elementos, conjugados con la capacidad de adaptación a los cambios del entorno de los sistemas políticos (estabilidad), nos ofrecen una caracterización amplia de la cuestión. De este modo, eficacia gubernamental y legitimidad social se combinarían positivamente en un "círculo virtuoso" de gobernabilidad, garantizando la estabilidad de los sistemas políticos, mientras que la ineficacia gubernamental para el tratamiento de los problemas sociales y la erosión de la legitimidad política generarían, por el contrario, un "círculo vicioso" que puede desembocar en situaciones inestables o de franca ingobernabilidad.

2. El segundo tema que desde mediados de los años setenta ha ocupado a los estudiosos de las cuestiones de gobernabilidad ha sido el de precisar los factores causales de las "crisis" de gobernabilidad. En aquellos años fue haciéndose cada vez más notorio el resquebrajamiento del otrora exitoso "compromiso de posguerra" que establecía un delicado equilibrio entre capitalismo y democracia, entre un mercado regulado y un Estado interventor con orientación a las políticas de bienestar social. En tal sentido, la desaceleración del crecimiento económico, los persistentes índices inflacionarios y los abultados desbalances fiscales que comenzaron a sufrir las economías capitalistas —bruscamente enfrentadas, a su vez, a las dispares consecuencias de las crisis petroleras de 1973 y 1979— conformaron un horizonte de preocupantes indicadores. Paralelamente, el renacimiento de la conflictividad social (recordemos, por ejemplo, los movimientos juveniles de finales de los sesenta), así como un aumento tanto de las reivindicaciones como de las demandas de prestaciones dirigidas a un Estado con menguada capacidad operativa, terminaron poniendo en entredicho las virtudes del viejo modelo de organización social.

En ese contexto comenzó a hablarse de la crisis del Estado de bienestar, de la necesidad del ajuste y la restructuración económica, y de la reforma del Estado. Si bien los diagnósticos que intentaron resumir esta situación han sido diversos, el esquema interpretativo básico fue en lo esencial coincidente: la crisis se originaría a causa de un desequilibrio entre las demandas sociales, por un lado, y los recursos y prestaciones del sistema político, por el otro (Donolo y Fichera, 1981: 10). No extrañará encontrar, entonces, que las respuestas a los desafíos de la gobernabilidad democrática se hayan acercado —con mayor o menor énfasis— a uno de esos dos polos: "reducir las demandas" y/o "aumentar la capacidad de gobierno". De acuerdo con esto, podemos agrupar en tres corrientes principales los diagnósticos y terapias más conocidos sobre las crisis de gobernabilidad, a saber:

a) Un primer enfoque encuentra el origen de las situaciones de ingobernabilidad en "una sobrecarga del gobierno político y del Estado determinada esencialmente por un exceso de expectativas que se presenta, a su vez, como causa y efecto, al mismo tiempo que una excesiva expansión, ampliación y complejidad de las competencias y de las funciones del Estado" (Donolo y Fichera, 1981: 11). De acuerdo con esta primera posición, se produciría un círculo vicioso de demanda-prestación-nueva demanda-nueva prestación que autoalimentaría un mecanismo perverso: la ampliación de las funciones estatales induce expectativas crecientes, las cuales se transforman en nuevas demandas que deben ser satisfechas mediante nuevos esquemas de intervención y así sucesivamente. Las consecuencias de esta sobrecarga son básicamente dos: por un lado, comienza a menguar la eficacia del go-

---

[6] La idea según la cual el debate sobre la gobernabilidad constituye, al menos parcialmente, una continuación de los estudios sobre la "estabilidad política" se encuentra en el trabajo de Philippe C. Schmitter (1981: 354). Manuel Alcántara ha expresado idéntica opinión (1994: 16).

bierno, en el sentido de su capacidad para alcanzar los objetivos prometidos a su electorado; por otro, se inicia un proceso de erosión de la legitimidad, es decir, de la disposición a obedecer espontáneamente las leyes y directivas del gobierno.

Este enfoque lo sostienen generalmente, autores cuya orientación ideológica podríamos calificar de "neoliberal" o "neoconservadora", los cuales proponen una terapia de superación de los problemas de gobernabilidad en términos de una *estrategia de reducción de las demandas*. Algunas de sus más conocidas recomendaciones son las siguientes:

* reducir de modo significativo la actividad del gobierno volviendo al orden "espontáneo" del mercado;
* reducir las expectativas de los grupos sociales;
* aumentar los recursos a disposición del Estado;
* proceder a una reorganización de las instituciones estatales en el sentido de su simplificación, en cuanto que su crecimiento desmedido atenta contra la eficacia.[7]

Dentro de este mismo enfoque, aunque con algunas sutiles diferencias en lo que se refiere a su voluntad por aumentar la capacidad operativa de los gobiernos democráticos, encontramos la posición de la célebre Comisión Trilateral. Para los autores trilaterales, el desarrollo democrático tiende a generar "una quiebra de los significados tradicionales del control social, una deslegitimación de la política y otras formas de autoridad, y una sobrecarga *(overload)* de demandas sobre el gobierno que excede su capacidad para responder" (Crozier *et al.*, 1975: 8). En las conclusiones del informe, publicado en 1975, se señalan tres factores que apoyan este diagnóstico:

* La búsqueda de las virtudes democráticas de igualdad e individualismo han llevado a la ilegitimación de la autoridad en general y a la pérdida de confianza en el liderazgo político.
* La expansión democrática de la participación y compromiso políticos ha creado una "sobrecarga" en el gobierno y una expansión desbalanceada de las actividades del gobierno, exacerbando las tendencias inflacionarias de la economía.
* La competencia política, esencial a la democracia, se ha intensificado, llegando a una disgregación de intereses y a una declinación y fragmentación de los partidos políticos.

Ante este cuadro de situación, los autores trilaterales aconsejarán "revigorizar" las instituciones democráticas (partidos, Parlamento, Poder Ejecutivo), pero también "moderar" los alcances de la democracia. Esa moderación debería concretarse en dos sentidos: por un lado, limitar la expansión del principio democrático de toma de decisiones a lo relativo al régimen político (y no extenderlo a otras áreas del mundo social y económico); por otra parte, si en la actualidad un número creciente de individuos y grupos tiende a participar y a dirigir sus demandas sobre el sistema político, entonces será preciso "moderar" el tenor de esas mismas demandas.

b) Un segundo enfoque, heredero del pensamiento marxista y representado por autores como James O'Connor, Jürgen Habermas y Claus Offe, se ubica en el extremo opuesto respecto del planteamiento anterior. Esta línea señala que los factores de ingobernabilidad se encuentran en las funciones contradictorias que debe cumplir el sistema político-administrativo en las sociedades del capitalismo tardío. De acuerdo con estos autores, el Estado tendría que satisfacer dos funciones básicas y, a menudo, contradictorias: acumulación de capital y legitimación política. Un Estado que empleara abiertamente la fuerza para garantizar el libre juego del mercado perdería su legitimidad y el apoyo político necesario para su funcionamiento. Pero un Estado que entorpeciera el proceso de acumulación de capital se arriesgaría a agotar la fuente de su propio poder: la capacidad de la economía para generar excedentes de los cuales derivar los recursos fiscales del sistema político-administrativo.

Si bien las profecías negativas del marxismo se han mostrado desacertadas, lo cierto es que esta vertiente destaca un punto de importancia: las exigencias del mercado y de la llamada sociedad civil sobre el sistema político constituyen —muchas veces— demandas opuestas, que elevan la tensión y el conflicto social. Por otra parte, el hincapié que hacen los autores inspirados por esta literatura en las problemáticas del combate a la pobreza, el alivio de los rezagos sociales y la extensión del bienestar deben tenerse en cuenta en todo análisis comprensivo de los problemas de la gobernabilidad democrática.

c) Frente a estas dos formulaciones de la cuestión de la ingobernabilidad, ubicadas en los extremos del espectro ideológico, nos encontramos con algunas posiciones intermedias. Así, por ejemplo, algunos autores han insistido en aspectos específicos de la "planificación tecnocrática" como el factor central en la modernización de los Estados para aumentar su capacidad operativa. Esta vertiente —cuyas ideas se inspiran en trabajos como los de Renate Mayntz, Fritz Scharpf o Niklas Luhmann— sostiene que algunos problemas de gobernabilidad se generan por restricciones internas del sistema político-administrativo, esto es, se ubican en los límites que a la capacidad de gobierno oponen las estructuras mismas del Estado, de un Estado que no se ha modernizado y que, por lo tanto, no está a la altura de las exigencias que se presentan en una sociedad altamente compleja. La respuesta deberá ser la racionalización y la modernización del Estado para lograr una planificación general capaz de anticipar los problemas. Paralelamente, algunos autores combinan elementos de planificación tecnocrática con propuestas de "ingeniería constitucional e institucional". Estas reformas deberían consolidar y racionalizar el poder del Ejecutivo, para obtener un gobierno más eficaz y más estable en el tiempo, a través de reformas destinadas a agilizar los mecanismos de toma de decisiones, unificar agencias gubernamentales y consolidar las mayorías de gobierno.

Este enfoque "intermedio" también es defendido por autores que enfocan el problema de la gobernabilidad a partir de considerar un conjunto de fórmulas, acuerdos y pactos que abarcan distintos actores políti-

---

[7] La versión económica de esta postura se conoce como "Consenso de Washington", y hace referencia a un conjunto de recomendaciones —propuestas por técnicos de organismos como el Banco Mundial, el Fondo Monetario Internacional y la Reserva Federal estadunidense— destinadas a combatir los dos grandes "males" de las economías latinoamericanas de posguerra: el excesivo crecimiento del Estado y el "populismo" económico (*cf.* Bresser Pereyra, 1991).

cos y socieconómicos. La versión más conocida de esta vertiente es la del llamado "neocorporativismo". Según un artículo pionero de Philippe Schmitter, de 1974, el neocorporativismo puede definirse como "un sistema de representación de intereses [...], un tipo ideal de arreglo institucional para articular los intereses organizados de la sociedad civil con las estructuras decisionales del Estado" (Schmitter y Lehmbruch, 1992: 17).[8] Esta corriente, que no debe confundirse con los pactos corporativos de carácter autoritario (a la manera de la Italia de Mussolini), busca complementar las instituciones propias de los regímenes políticos democráticos con toda una red de acuerdos entre sindicatos, cámaras empresariales, organizaciones de la sociedad civil y agencias gubernamentales. El objetivo de estos pactos y arreglos, complementarios y no contrapuestos a las instituciones de la democracia, es agregar intereses sociales, establecer mecanismos sólidos de toma de decisiones y de resolución de conflictos, y aumentar la capacidad operativa del Estado para dar respuesta a las diversificadas demandas de una sociedad cada vez más plural y compleja.

LÍNEAS DE INVESTIGACIÓN Y DEBATE CONTEMPORÁNEO

Como se ve, el examen de las condiciones capaces de producir déficit e, incluso, crisis de gobernabilidad nos ha llevado a reconsiderar las complejas relaciones entre Estado, mercado y sociedad civil, las cuales han sido motivo de intensa controversia en los últimos años. Sin entrar en una aguda polémica que nos alejaría de nuestros objetivos, son de destacar dos cuestiones estrechamente vinculadas con la problemática de la gobernabilidad. En primer lugar, se han revelado como deficientes aquellas postulaciones extremas que defendían un Estado interventor como "motor" principal del desarrollo, o bien un Estado mínimo como limitado "guardián" del mercado; por el contrario, hoy se piensa en un Estado ágil y eficaz, que en algunos casos se limitará a un papel regulador (guardando los

[8] Una versión más amplia de este enfoque aplicado a los problemas de gobernabilidad se encontrará en el trabajo de Coppedge (1993).

equilibrios macroeconómicos básicos, por ejemplo), y en otros tendrá funciones más activas (educación, salud o seguridad), e incluso llevará a cabo funciones complementarias al mercado (desarrollo de infraestructura, promoción de exportaciones o generación de un sistema científico-tecnológico acorde con las necesidades de la innovación empresarial) (Banco Mundial, 1997). Como lo ha sugerido recientemente Adam Przeworski, es necesario impulsar una "mejor" democracia, en el entendido de que "lo que hace falta para que la economía política funcione mejor es garantizar que la conducta del gobierno esté sometida a una atenta supervisión por parte del ciudadano", permitiendo que "éstos puedan exigir responsabilidades al gobierno por sus actividades económicas de manera efectiva". Pero, por lo mismo, el problema va mucho más allá de "liberar el mercado del Estado" o de "regular el mercado a través del Estado"; de lo que se trata, más bien, es de "diseñar mecanismos institucionales específicos que induzcan a los diversos agentes (políticos y burócratas, empresarios o trabajadores) a comportarse de un modo colectivamente beneficioso" (Przeworski, 1997).

En segundo lugar, y este punto es clave para la cuestión de la gobernabilidad democrática, sea cual fuere el grado de intervención del Estado en el mercado o el nivel de su integración con la sociedad, lo cierto es que en los sistemas políticos democráticos los ciudadanos procesan el repertorio total de sus demandas (desde empleo hasta educación superior, desde salud hasta perspectivas de progreso familiar) a través de medios políticos (el voto o el apoyo a una política) y, por tanto, esta lógica impide al Estado desembarazarse de un cierto compromiso respecto del funcionamiento del mercado o de la dinámica de la sociedad civil.

Por tales razones, la contraparte de un sistema político "comprometido" con un grado adecuado de gobernabilidad democrática, es decir, comprometido con la marcha del mercado y las aspiraciones organizadas de la sociedad civil, será una ciudadanía "responsable" en lo que se refiere a la oportunidad y factibilidad de sus demandas. Este compromiso, en una democracia moderna, ha de fundarse en una serie de acuerdos básicos entre las élites dirigentes, grupos estratégicos (empresarios, sindicatos, organizaciones de la sociedad civil, etcétera) y una mayoría ciudadana.

BIBLIOGRAFÍA

Alcántara, Manuel (1994), *Gobernabilidad, crisis y cambio*, Centro de Estudios Constitucionales, Madrid.
Aristóteles (1976), *Política*, Porrúa, México.
Banco Mundial (1997), *World Development Report: el Estado en un mundo cambiante*, Washington, D. C.
Bobbio, Norberto (1989), *La teoría de las formas de gobierno en la historia del pensamiento político*, FCE, México.
―――― (1986), *El futuro de la democracia*, FCE, México [1984].
―――― (1991), "Democracia e ingobernabilidad", en *Liberalismo y democracia*, FCE, México.
Bodino, Jean (1973), *Los seis libros de la república* (1576), libro I, cap. I, Aguilar, Madrid.
Bresser Pereyra, Luiz C. (1991), "La crisis de América Latina. ¿Consenso de Washington o crisis fiscal?", *Pensamiento iberoamericano*, Madrid, vol. 19.

Coppedge, Michael (1993), "Institutions and Democratic Governance in Latin America" (First Draft), University of North Carolina.
Crozier, Michel, Samuel Huntington y Joji Watanuki (1975), *The Crisis of Democracy. Report on the Governability of Democracies to the Trilateral Commission*, University Press, Nueva York.
Donolo, Carlo, y Franco Fichera (1981), *Il Governo Debole*, De Donato, Bari.
Dos Santos, Mario R. (1994), *Las estrategias de gobernabilidad en la crisis*, informe comparativo del proyecto RLA 90/011, PNUD/UNESCO/FLACSO (versión preliminar), Buenos Aires, junio.
Easton, David (1989), *Esquema para el análisis político*, Amorrortu, Buenos Aires.
Flisfisch, Ángel (1987), *Gobernabilidad y consolidación democrática*, FLACSO, Santiago.

Locke, John (1985), *Ensayo sobre el gobierno civil*, Orbis, Barcelona [1690].

Luhmann, Niklas (1986), "Complejidad y democracia", en Marco Cupolo (comp.), *Sistemas políticos: términos conceptuales. Temas del debate italiano*, UAM-Azcapotzalco, México.

Morlino, Leonardo (1988), "Estabilidad política", en Norberto Bobbio y Nicola Matteucci, *Diccionario de política*, Siglo XXI, México.

O'Connor, James (1981), *La crisis fiscal del Estado*, Península, Barcelona.

Offe, Claus (1988), "'Ingobernabilidad'. Sobre el renacimiento de teorías conservadoras de la crisis", en *Partidos políticos y nuevos movimientos sociales*, Sistema, Madrid.

Pasquino, Gianfranco (1983), "Gobernabilidad", en Norberto Bobbio y Nicola Mateucci, *Diccionario de política*, Siglo XXI, México.

Pereyra, Carlos (1986), "Democracia y gobernabilidad", en *Sobre la democracia*, Cal y Arena, México.

Portantiero, Juan Carlos (1988), en *La producción de un orden. Ensayos sobre la democracia entre el Estado y la sociedad*, Nueva Visión, Buenos Aires.

Przeworski, Adam (1997), "Una mejor democracia, una mejor economía", *Claves de Razón Práctica*, núm. 70, marzo.

Revista Latinoamericana de Ciencias Sociales (1991), FLACSO-Ecuador, vol. 1, núm. 1, segunda época.

Revista Mexicana de Sociología (1988), núm. 2.

Sartori, Giovanni (1989), *Teoría de la democracia*, Alianza, México.

Schmitter, Philippe C. (1981), "La mediación entre los intereses y la gobernabilidad de los regímenes en Europa occidental y Norteamérica en la actualidad", en Susan Berger (comp.), *La organización de los grupos de interés en Europa occidental*, Centro de Publicaciones del Ministerio de Trabajo y Seguridad Social, Madrid.

———, y Gerhard Lehmbruch (1992), *Neocorporativismo. Más allá del Estado y el mercado*, Alianza, México.

Weber, Max (1987), *Economía y sociedad*, FCE, México.

Zolo, Danilo (1994), *La democracia difícil*, Alianza Editorial, México [1989].

GOBIERNO LOCAL

Patricia Ramírez Kuri

Definición

El término *local* proviene del latín *localis*. Significa perteneciente a un lugar, territorio, comarca, región o país, y hace referencia a la relación espacio-temporal que se establece entre población y territorio en el ámbito urbano o rural. *Gobierno local* alude al ámbito municipal o provincial de la organización política y social de un país y a la esfera de dominio de una institución, administración, organismo o grupo social. La noción de gobierno local define las unidades políticas de gobierno de diferente tamaño —estados, municipios, ciudades—, delimitadas geográfica y administrativamente, heterogéneas social y culturalmente. En el ámbito local de gobierno se establecen relaciones sociales entre actores distintos que expresan intereses, demandas y necesidades diferentes: autoridades con facultades de mando, instituciones públicas y privadas, comunidades locales con distinto grado de cohesión social, así como organizaciones sociales y políticas.

Como todo poder, el gobierno local puede asumir formas distintas: plutocrático, autoritario o democrático, entre otros. La reflexión en torno a la forma democrática de gobierno en el espacio local ha cobrado importancia a partir de los años ochenta, en el contexto de la reforma del Estado, en circunstancias de internacionalización económica y de articulación global de territorios, localidades y regiones. La discusión plantea, entre otras cuestiones, el problema del orden social y de la organización política e institucional en relación con el proceso de construcción de la gobernabilidad democrática en sociedades con tradiciones político-culturales distintas.

Actualmente, la dimensión local del gobierno se distingue por la cercanía entre gobernantes y gobernados, por el predominio de relaciones directas —formales e informales— entre los actores sociales que usan el territorio y por las relaciones intergubernamentales que establece con otros niveles de gobierno. Al referirse al gobierno local, Alicia Ziccardi (1995) lo define como el ámbito de gestión de "todo lo relacionado con el uso y apropiación del espacio urbano, el suministro de los servicios públicos y en donde se instalan las relaciones más próximas entre el gobierno y la ciudadanía".

En el análisis contemporáneo de los gobiernos locales intervienen factores como las formas de uso y apropiación del espacio, las políticas de descentralización y la modernización de las formas de gestión, las formas de participación ciudadana y de representación social, las identidades locales, la demanda de autonomía local y regional y el respeto a los sistemas culturales de los grupos étnicos. A esto se suma el grado de fortaleza institucional y la capacidad de la esfera local de gobierno para cumplir con las responsabilidades que le confiere la ley y responder a las demandas de la población. Estos aspectos se encuentran estrechamente asociados a la disponibilidad y organización de los recursos que se distribuyen en los territorios locales en contextos regionales y nacionales específicos.

Este texto tiene el propósito de presentar una primera aproximación teórica y conceptual de la noción de gobierno local, recuperando algunas de las principales contribuciones que desde el siglo XIX han dado la pauta para el desarrollo de reflexiones en torno a la forma democrática de gobierno en la esfera local de la organización social. Se destaca la importancia de las comunidades locales contemporáneas en el proceso de gestión democrática del territorio, particularmente en las ciudades y haciendo una referencia general en torno al gobierno local en México.

Historia, teoría y crítica

El tema de las formas de gobierno asociado a la concepción del Estado y del orden social ha sido una preocupación expresada en la filosofía política y en el pensamiento social desde la Antigüedad.[1] En las ciencias sociales, la noción de gobierno local tiene como antecedente el concepto de comunidad local, fundada en su esencia por grupos humanos y delimitada territorialmente. La antropología y la sociología urbana se han desarrollado en torno a este concepto de comunidad local, interpretada como lugar geográfico y como el conjunto de relaciones y recursos, de redes sociales establecidas territorialmente en los barrios, colonias, vecindarios o localidades.[2] En la ciencia política, la noción de "comuna" desarrollada por Alexis de Tocqueville, en el siglo XIX, hace referencia a formas institucionales y democráticas de asociación que constituyen unidades de gobierno en el espacio local.

En la tercera década del siglo XIX, el espíritu liberal y los ideales democráticos que prevalecían entonces impulsaron a Alexis de Tocqueville, depositario de la tradición filosófica francesa, al estudio de la forma de gobierno fundada en la soberanía del pueblo y en la democracia representativa. Recuperando tradiciones del pensamiento político,[3] Tocqueville dio la pauta

---

[1] Platón (400 a.C.) desarrolla la teoría del Estado como posibilidad de realización ética. Un siglo más tarde, Aristóteles (300 a.C) desarrolla el mismo concepto bajo otros principios metodológicos (método empírico-comparativo). Posteriormente, destacan las reflexiones de los utopistas y la idea del Estado justo y libre en pensadores como san Agustín (siglo V), Marsilio de Padua y Campanella. Sin embargo, el desarrollo de sistemas filosóficos complejos que intentaron explicar la sociedad en su conjunto se inscribe en el siglo XVI con Tomás Moro, Jean Bodin y el pensamiento humanista y el método empírico-analítico, Nicolás Maquiavelo, quien representa para muchos autores el surgimiento de la ciencia política moderna y la conformación del pensamiento liberal. La noción de "razón de Estado", que fortalece teóricamente Maquiavelo, forma parte de la concepción de un Estado independiente, autónomo y soberano, fundado en la razón y en la legalidad.

[2] Véase Rivlin, 1987.

[3] En el siglo XVIII y desde distintas perspectivas filosóficas, pensadores como Hobbes y Locke, en Inglaterra, Kant y Hegel, en Alemania, y los filósofos franceses de la Ilustración como Voltaire, Montesquieu y Rousseau desarrollan la concepción filosófica de la historia, la idea del Estado liberal, la

teórica y conceptual para el análisis de la democracia directa que tiene su expresión en el ámbito local de gobierno.[4] Se propuso examinar, en el caso de los Estados Unidos, los principios de un Estado democrático,[5] el estilo de vida y las instituciones emanadas de las costumbres políticas en las comunidades locales. El orden social que Tocqueville observó era muy distinto del de la Europa de la primera mitad del siglo XIX, particularmente aquel en el que se inscribía la vida política francesa en donde la lucha de tendencias y concepciones se imponía sobre los ideales liberales y su expresión en experiencias democráticas.[6]

Una de las contribuciones de Tocqueville, relevante para la reflexión actual en torno a los gobiernos locales, es el concepto de "comuna", al que define como la forma única y natural de asociación que se constituye en cualquier lugar donde "haya hombres reunidos". Este autor entiende las comunas como unidades pequeñas de gobierno y plantea que en éstas "reside la fuerza de los pueblos libres". Afirma —con base en sus observaciones efectuadas en Nueva Inglaterra— que "las instituciones comunales forman un conjunto complejo y regular; son antiguas, fuertes a través de las leyes, más fuertes aun por las costumbres y ejercen una influencia prodigiosa sobre la sociedad entera" (Tocqueville, 1973: 79). Tocqueville consideró que una localidad de pequeñas dimensiones en términos de población y territorio cumplía las condiciones adecuadas para el ejercicio de una gestión democrática y participativa. Esto hacía posible la convergencia de intereses y la existencia de elementos para el logro de una buena administración y para el ejercicio de las funciones públicas. Estas funciones las llevaba a cabo un pequeño número de individuos —*select men*— elegidos cada año por la asamblea comunal, la cual también elegía a los magistrados municipales. Los habitantes estaban obligados a cumplir funciones distintas, las cuales se remuneraban de manera proporcional a la tarea desarrollada (Tocqueville, 1973: 81).

En el pensamiento político de Tocqueville, la forma de gobierno democrática, fundada en la soberanía del pueblo, reconoce el principio de igualdad de condiciones y de oportunidades, en donde

> cada individuo constituye una parte igual de esa soberanía y participa igualmente en el gobierno del Estado [...] obedece a la sociedad, no porque sea inferior a los que la dirigen, o menos capaz que otro hombre para gobernarse a sí mismo; obedece a la sociedad porque la unión con sus semejantes le parece útil y sabe que dicha unión no puede existir sin un poder regulador [Tocqueville, 1973: 81].

crítica racional, la noción de lo público y lo privado en la vida social, en el uso de la razón y en el acceso a la educación. Este proceso, que enarbola ideales democráticos y liberales, culmina en los umbrales del siglo XIX con la Revolución francesa. Además del legado del pensamiento ilustrado, en el siglo XIX destacan las concepciones globales de la sociedad, que alcanzan prominencia con Hegel y Marx.

[4] Alexis de Tocqueville, *La democracia en América*, Fondo de Cultura Económica, México, 1973.
[5] Tocqueville consideró que "el principio de la soberanía del pueblo domina todo el sistema político de los angloamericanos".
[6] Véase *Introducción a la democracia en América*, 1973, p. 11.

La noción de comuna se inscribe en la concepción tradicional de democracia que desarrolla Tocqueville y es central en su obra, pues le permite explicar los atributos del poder local y la importancia de las instituciones que sustentan la puesta en práctica de la democracia directa. Al referirse a la comuna como el espacio donde "la acción legislativa y gubernamental está más cerca de los gobernados", Tocqueville introduce los atributos esenciales y aun vigentes del ámbito local de gobierno en un régimen democrático. Para este autor, la comuna es donde el pueblo "ejerce su poder con más intensidad",[7] precisamente porque las comunas que observa Tocqueville no están sometidas al Estado, el cual no tiene el "derecho de intervenir en la dirección de los intereses puramente comunales" (Tocqueville, 1973: 82).

En este sentido, la comuna, entendida como el nivel local del gobierno, expresa la convergencia de independencia y poder. Estos atributos, inherentes al ejercicio mismo de la acción de gobierno, emanan de costumbres políticas y de prácticas sociales basadas en el principio de soberanía del sistema político angloamericano. Sustentada en principios democráticos, en el nivel local la soberanía actúa como el centro de las relaciones cotidianas de la vida social. En esta forma de gobierno destacan, de una parte, los efectos políticos de la independencia y poder locales, que se traducen en la institucionalización de las prácticas democráticas. De otra, el sistema descentralizado, característica fundamental para el funcionamiento eficaz de la administración pública. Igualmente importante para Tocqueville es el "espíritu comunal", es decir, el conjunto de elementos político-culturales compartidos por la comunidad y que representan la base del sentido de arraigo y pertenencia a una unidad territorial "libre y fuerte", por lo que los ciudadanos que la habitan la consideran merecedora de ser bien dirigida (Tocqueville, 1973: 83).

Casi un siglo más tarde, Max Weber (1922), al analizar la relación entre gobierno y dominación, se refiere al régimen de gobierno democrático, particularmente aquellas formas de asociación desarrolladas en comunidades locales y municipales caracterizadas por dimensiones territoriales y demográficas pequeñas. Este autor considera que el ejercicio de la democracia directa tiene posibilidades de desarrollarse en localidades donde la proximidad vecinal propicia las relaciones personales directas. Al hablar de la comunidad local, Weber hace la distinción entre la asociación doméstica —a la que define como la comunidad que responde a "las necesidades de bienes y trabajo de la vida cotidiana"— y la "comunidad de vecinos" —basada en la proximidad de residencia y en donde la acción comunitaria puede tener distinta intensidad o incluso ser prácticamente inexistente, como en algunos casos de relaciones urbanas modernas (Weber, 1994: 293).

Al referirse a la acción comunitaria de la asociación vecinal, Weber afirma que ésta no es la regla sino la

[7] Tocqueville explica, respecto del poder local de las comunas, que en éstas "la ley de representación no es admitida. No hay consejo municipal; el cuerpo electoral, después de haber nombrado a sus magistrados, los dirige por sí mismo en todo aquello que no es la ejecución pura y simple de las leyes del Estado" (Tocqueville, 1973: 79).

excepción y, aunque se repita de un modo típico, la considera menos intensa, más inestable y discontinua en comparación con la que ocurre en la comunidad doméstica. Al respecto, explica que las relaciones de vecindad no ocurren exclusivamente entre iguales, y que la comunidad vecinal puede representar una actividad comunitaria amorfa, fluida, abierta e intermitente de los partícipes. En este sentido, Weber incorpora el fenómeno de la diferenciación sociocultural en la comunidad local, destacando la existencia de conflictos de intereses:

> El hecho de que la comunidad de vecinos sea el asiento típico de la fraternidad no significa, naturalmente, que entre vecinos rija, por lo común, una relación de fraternidad. Al contrario, cuando la conducta postulada por la ética popular se hace imposible por una enemistad personal o por un conflicto de intereses en cierne, la enemistad se agudiza porque se siente en oposición con las exigencias de la ética popular y trata de justificarse, y también porque las relaciones personales son muy frecuentes y estrechas [Weber, 1994: 294].

Hay que subrayar que para Weber la comunidad de vecinos como comunidad económica territorial y política "constituye la base primaria del ayuntamiento, institución que sólo llega a constituirse en su pleno sentido en relación con una actividad política comunitaria" que incorpore una pluralidad de comunidades vecinales. De acuerdo con Weber, el dominio territorial hace que la comunidad local represente el sustento de actividades políticas que pueden incorporar diversas funciones y actividades "mediante la formación continuada de asociaciones [...] pero la actividad comunitaria específica que le corresponde por naturaleza no es más que de reciprocidad económica, con consecuencias específicas en caso de emergencia". De aquí que Weber se refiera al ayuntamiento como la comunidad vecinal socializada, constituida en sociedad por razones económicas o políticas y en donde la actividad comunitaria tiende a un ordenamiento que regule la conducta de los actores participantes (Weber, 1994: 295, 364).

Weber destaca que la tenue diferenciación social, la escasa complejidad de las tareas de gobierno y la capacidad para definir de manera objetiva los medios y fines imprimen a la esfera local cualidades específicas para el ejercicio democrático de la acción de gobierno. A partir del supuesto de que "todo el mundo está en principio igualmente calificado para la dirección de los asuntos comunes" en esta forma de gobierno, "el poder de mando puede tener una modesta apariencia y el jefe puede considerarse como un servidor de los dominados". Sin embargo, Weber afirma que "todo régimen de gobierno necesita del dominio en alguna forma, pues para su desempeño siempre se deben colocar en manos de alguien poderes imperativos". En este sentido, la reducción del poder a favor del ejercicio democrático no significa la anulación de las facultades de mando del jefe de gobierno y el acotamiento de su gestión a funciones administrativas[8] (Weber, 1944: 701).

Para Tocqueville y Weber, el sistema de relaciones que se establece entre los miembros de la comunidad local hacen de ésta la base primaria del orden social y político del gobierno local. Además, reconocen que la proximidad entre gobernantes y gobernados es una característica inherente al ámbito local de gobierno que posibilita el ejercicio de la democracia directa. Respecto al poder local, comparten la concepción de que éste necesita un poder regulador, un gobierno con facultades de mando para el ejercicio democrático del gobierno. Los dos autores otorgan un papel relevante a la dimensión cultural expresada en el conjunto de tradiciones político-culturales y prácticas sociales que propician el desarrollo del sentido de pertenencia y de identidad hacia la localidad. A diferencia de Tocqueville, Weber pone énfasis en la diferenciación social en el seno de la comunidad local y en la existencia de intereses distintos y opuestos. Hay que subrayar que, para Weber, el concepto de comunidad vecinal, cuando articula la dimensión política, económica y territorial, es básico en la organización social del ayuntamiento. Destaca en este autor el papel relevante de la actividad política como elemento de cohesión social entre comunidades vecinales plurales y como factor fundamental en el fortalecimiento institucional del ámbito local de gobierno. Las contribuciones conceptuales de estos autores continúan teniendo relevancia en la reflexión en torno al gobierno local a finales del siglo XX.

Localidad, comunidad y gobierno local

En el curso de la segunda mitad de este siglo y como resultado de procesos sociales que han modificado de manera profunda la dimensión espacial y temporal de la existencia humana, la vida en el seno de las comunidades locales se ha vuelto más compleja, distinguiéndose quizá sobre todo por la pluralidad de formas de expresión, de intereses y demandas. No obstante las funciones, las actividades, las formas de cooperación, de organización y de participación que se han ampliado más allá de los límites geopolíticos y administrativos, la dimensión local de la vida social continúa siendo importante en términos simbólicos, afectivos y funcionales.[9]

Las localidades contemporáneas y las comunidades que las representan son un producto social y cultural que constituye la microgeografía de las interacciones humanas y de la experiencia individual y colectiva. El concepto de localidad ha sido definido como un tipo particular de lugar social y espacialmente establecido a través del agrupamiento de sitios de actividad y de la existencia de una comunidad territorial caracterizada por la proximidad espacial entre sus miembros (Soja, 1993: 151). Al igual que Giddens (1984), Soja entiende

---

[8] Weber explica que "en tal régimen, las funciones de gobierno se transmiten simplemente mediante un sistema de turnos o se ejercen mediante suertes o por elección directa durante un breve periodo, reservándose a los miembros de la comunidad todas las decisiones importantes y correspondiendo a los funcionarios sólo la preparación y ejecución de las disposiciones, así como la 'dirección de asuntos corrientes' de acuerdo con los decretos establecidos por la asamblea de los miembros". Véase Max Weber (1994), *Dominación y gobierno. Naturaleza y límites del gobierno democrático*, Economía y Sociedad, FCE, México.

[9] Véase Nels Anderson, 1975; Susan Keller, 1975; Rivlin, 1987; Benedict Anderson, 1993.

la localidad como una estructuración espacio-temporal resultante de la combinación de la acción humana y del efecto de las condiciones preexistentes. Éstas proveen un ambiente creado y un entorno construido para la interacción humana, desarrollados a partir de la escala, la densidad, la diferenciación social y el apego colectivo al lugar.

En la actualidad, las comunidades locales, particularmente en el ámbito urbano, no son unidades homogéneas; se distinguen por la diversidad y heterogeneidad sociocultural de la morfología física y social que las define. Ésta se expresa, por una parte, en la forma, la estructura y la función de los espacios públicos y privados en donde se desarrolla la vida cotidiana de los habitantes. Éste es el caso, por ejemplo, de la vivienda —unifamiliar, plurifamiliar, multifamiliar— y de los lugares comunes donde la gente lleva a cabo actividades rutinarias, funcionales y rituales que cohesionan la comunidad. Por otra, en las características e interacciones de los grupos sociales que habitan y usan el espacio local. Éstas comprenden tanto el número, edad, educación, actividad, posición económica, como los intereses, demandas y necesidades. De acuerdo con Rivlin, una comunidad vecinal adquiere legitimidad cuando residentes, usuarios y vecinos reconocen que tal localidad existe. Esto supone acuerdos respecto a características del lugar, límites, nombre, antecedentes históricos y culturales, valores compartidos, relaciones de interdependencia y cooperación, que crean un sentido de pertenencia e identidad y, en algunos casos, son esenciales para la vida de la gente.

En las comunidades locales se llevan a cabo contactos personales que vinculan a la gente con el lugar y que, asociados a funciones locales de intercambio y relaciones de reciprocidad, trazan patrones de actividad social y cultural. En la esfera cotidiana, estas relaciones continúan siendo relevantes en la vida de la comunidad, no obstante que los patrones de trabajo, entretenimiento y socialización, particularmente en las ciudades, se han transformado. En el caso del consumo, por ejemplo, en las ciudades éste se ha dirigido hacia centros comerciales y supermercados, y mucha gente se traslada en automóvil para hacer sus compras, para trabajar y para socializar fuera de la localidad donde habita. Sin embargo, las interacciones locales son múltiples y tienen que ver con la provisión de productos básicos, con el uso de espacios públicos para actividades comunes (recreativas, políticas, culturales), con las formas de cooperación que, en intensidad distinta, se establecen entre vecinos de la cuadra, el condominio, el barrio o la colonia. Un ejemplo pueden ser las formas de asociación y cooperación que se establecen con el propósito de acceder a la vivienda, de mejorar el equipamiento y los servicios urbanos y de resolver problemas de seguridad.[10] Estos contactos cobran importancia sobre todo cuando se presentan transformaciones que significan una amenaza a las características identitarias y se traducen en un sentido de pérdida para los vecinos del lugar. Éste es el caso de cambios de usos de suelo, proyectos de renovación urbana, desalojos o cambio de residentes.[11]

Al hablar de la importancia del estudio de las localidades vecinales y de los referentes que permiten distinguir una de otra, particularmente en las grandes ciudades, Patricia Safa (1998) pone énfasis en el proceso social y cultural de construcción de las identidades locales. Explica que un "vecindario" —además de ser una cuestión de límites políticos y diferencias económicas— "es un asunto de significados, de representaciones y de prácticas donde se construyen el adentro y el afuera". En este sentido, una localidad vecinal adquiere reconocimiento en la medida en que la comunidad "pueda elaborar significados como referentes importantes de seguridad, estabilidad y orientación" (Safa, 1998: 48). Esta autora reconoce que el desarrollo del sentido de pertenencia territorial hacia una localidad y las formas de participación para su conservación o transformación manifiestan la existencia de intereses distintos que hacen de la esfera local un escenario político de negociación o conflicto.[12]

Al plantear que la comunidad vecinal en el espacio local es el denominador común de las distintas poblaciones que habitan particularmente en las grandes ciudades, Berry (1993) señala que los gobiernos de estas localidades tienen la posibilidad de encarar interacciones sociales directas que se inscriben en el centro de la teoría de la democracia participativa y son de importancia decisiva para su construcción. La identidad grupal —agrega— es una variable que puede conducir a la gente a un comportamiento que va más allá de sus meros intereses particulares, ya que las interacciones personales y las discusiones en torno a intereses comunes conducen a la confianza, y ésta a la cooperación.

Si bien el concepto de comunidad como lugar geográfico con fronteras definidas —en donde se asientan grupos sociales compactos— se ha transformado, la cercanía física y el uso cotidiano del espacio local hacen posible el desarrollo de funciones específicas, de redes de apoyo y de formas de cooperación entre vecinos y residentes, y entre éstos y sus representantes en la esfera local del gobierno. Desde esta perspectiva, el espacio local es el escenario de expresión de demandas y necesidades cotidianas de la ciudadanía que pueden derivar en iniciativas participativas y trasladarse al ámbito de la acción gubernamental. En este sentido, son fundamentales las formas de participación política y social que pueden desarrollarse en el territorio local. Éstas, además de estar basadas en relaciones de confianza, comunicación y cooperación en escala e intensidad distinta, se sitúan en el entorno en donde se habita y en el que transcurre una parte significativa de

---

[10] Véase Leanne Rivlin, 1987, pp. 3-4. Esta autora explica que en una comunidad urbana pueden coexistir distintos tipos de localidades integradas por poblaciones cultural y socialmente diversas, incluyendo grupos marginales. Al respecto, plantea que en cualquier momento de la historia se presenta un fenómeno dual en la base social de las comunidades locales y los vecinos del lugar que no son residentes pero participan en actividades rutinarias y relaciones de intercambio en la vida cotidiana de la localidad: el cartero, el tendero, los proveedores de servicios como el pequeño comerciante, el vigilante, los voceros, los barrenderos, etc. La regularidad de la presencia de estos vecinos y sus funciones en la vida local les otorgan jerarquía y un lugar en el área.

[11] En el caso de la ciudad de México hay diversos estudios que tratan este aspecto en la esfera local. Véase Ziccardi, 1995; Safa, 1998; Ramírez Kuri, 1998.

[12] Véase Nadel-Klein, 1991; Hobsbawn, 1996; Safa, 1998.

la experiencia de vida de ciudadanos y comunidades locales.

Gobierno local y procesos globales

A partir de los años ochenta y en circunstancias de globalidad acelerada, los procesos sociales de transformación tecnológica y organizativa en la estructura económica y productiva internacional impulsaron profundas transformaciones en la organización geográfica de los territorios nacionales y urbano-regionales de las sociedades contemporáneas.[13] En estas circunstancias y frente al agotamiento del Estado benefactor y regulador, se planteó el Estado neoliberal como modelo político-económico alternativo, al cual se incorporaron con distintas modalidades la mayoría de los países del mundo desarrollado y aquéllos en vías de desarrollo.[14] En el caso de América Latina, la aguda crisis económica —resultado del desgaste del modelo de desarrollo vigente hasta fines de los setenta— generó el incremento de la deuda externa y el empobrecimiento creciente de la población, producto de la aplicación de programas de ajuste estructural y de medidas de austeridad inscritas en las estrategias político-económicas neoliberales (Reilly, 1994; Ziccardi, 1994).

El interés por las localidades y por las comunidades locales como actores colectivos cobra importancia en estas circunstancias, asociado a la discusión en torno a la concepción misma de la organización social del territorio en la esfera regional, local y municipal. Si bien rebasa los alcances de este trabajo, es de especial relevancia mencionar que en esta temática se inscribe la discusión en torno a la pluralidad cultural, a los derechos diferenciados poliétnicos, de representación o de autogobierno. Al respecto, Kymlicka (1996) plantea que "las reivindicaciones de derechos de representación de los grupos desfavorecidos son a favor de la inclusión" y las considera "prácticas aceptadas y arraigadas en el seno de las democracias liberales".[15] En particular, resurge el fenómeno reivindicatorio de los derechos de las comunidades indígenas y el reclamo de autodeterminación de los pueblos indios en la esfera internacional, el cual forma parte de un mismo proceso global y local de reorganización geográfica del territorio y de transformaciones en la vida social, política y cultural de las sociedades contemporáneas (Stavenhagen, 1990, 1992; Díaz Polanco, 1992; Medina, 1998).

Al referirse a las movilizaciones étnicas, Stavenhagen (1992) plantea que éstas "responden a necesidades colectivas profundas, conscientes, afectivas y racionales" y agrega que se trata de formas de participación en procesos políticos por parte de grupos sociales organizados, "sobre todo si a causa de su etnicidad estos grupos se encuentran en situación desventajosa frente a otros, mayoritarios o dominantes" (Stavenhagen, 1992: 76). El resurgimiento de conflictos y movimientos étnicos en el contexto sociopolítico de la década de los años ochenta y noventa, en particular en América Latina, expresa, de una parte, el replanteamiento de la problemática étnica asociada a demandas históricas de autonomía regional, de territorios, de autogobierno y de respeto a los sistemas socioculturales de los grupos étnicos (Díaz Polanco, 1992: 77). De otra, plantea problemas propios de una "modernización incompleta", así como la resistencia de los grupos étnicos frente al proceso de modernización excluyente (Stavenhagen, 1992: 71).

En el contexto de restructuración social y económica de estos años da inicio la reforma del Estado orientada a reducir las funciones y recursos del gobierno central, a impulsar procesos de descentralización política y administrativa hacia los gobiernos locales, así como a instrumentar estrategias de control y eficiencia en los ámbitos federal, estatal y municipal. De aquí que la reforma se propusiera evaluar la administración de los gobiernos con base en criterios de eficiencia, equidad, honestidad y responsabilidad en el manejo de recursos asignados en la gestión local. De hecho, los organismos financieros internacionales promotores del desarrollo económico y social trazan los lineamientos de las nuevas políticas enfatizando el papel central que juegan los gobiernos en la descentralización y en el manejo de los recursos destinados al desarrollo económico y social. Además, estos organismos han destacado que las limitaciones a los programas de desarrollo y al uso racional de los recursos se debe entre otras cosas a la debilidad de las instituciones, a la falta de un marco legal adecuado, al efecto nocivo de las intervenciones discrecionales, a las políticas cambiantes e inciertas y al proceso cerrado de toma de decisiones que incrementa los riesgos de corrupción de las burocracias gubernamentales (Banco Mundial, 1991, 1997).

Para los fines de este texto, cabe destacar que una vertiente de la discusión general se plantea asociada al tema de la gobernabilidad democrática y de la participación ciudadana en la búsqueda de soluciones a problemas compartidos por las comunidades locales y en el diseño de políticas públicas. Es importante mencionar aquí que el concepto de gobernabilidad[16] se explica a través de las nociones de legitimidad y efectividad; es decir, que los gobiernos hagan lo correcto y

---

[13] Véase Martinotti, 1990; Castells, 1996; Borja y Castells, 1997.

[14] El modelo, privilegiando las fuerzas del libre mercado, instrumentó cambios económicos, políticos, sociales y culturales. Lo hizo a partir de la introducción de medidas monetaristas, de políticas de ajuste orientadas a reducir o eliminar políticas sociales y redistributivas previas que, hasta entonces, habían significado un acuerdo social entre el Estado y la sociedad. Los recortes en programas de vivienda y bienestar social, la reprivatización de asuntos económicos y sociales y la disolución de movimientos sociales son algunos ejemplos. Allen J. Scott, 1990.

[15] Kymlicka, 1996, pp. 242-243. Para este autor, "así como los derechos poliétnicos y de representación pueden fomentar la integración social y la unidad política, los derechos de autogobierno representan un desafío más serio a la función integradora de la ciudadanía. Tanto los derechos de representación para los grupos desfavorecidos como los derechos poliétnicos para los inmigrantes dan por supuesta la comunidad política principal y procuran una mayor integración en ella. Sin embargo, las reivindicaciones de autogobierno reflejan un deseo de debilitar los vínculos con esa comunidad política y, de hecho, cuestionan su propia autoridad" (p. 248).

[16] Véase Dahrendorf, 1980; O'Donnell, 1993; Ziccardi, 1994 y 1995; Lechner, 1995; Arbós y Giner, 1997; Alcántara, 1997.

trabajen en la puesta en práctica de las acciones que se proponen, y en las que se espera deben cumplir (Dahrendorf, 1980).[17]

Desde esta perspectiva, la gobernabilidad se ha definido como "la capacidad para gobernar, a través del ejercicio eficiente y responsable del poder público, que requiere para su funcionamiento el reconocimiento y la participación democrática de la sociedad" (Ziccardi, 1994).[18] La construcción de la gobernabilidad democrática se encuentra estrechamente relacionada con el orden político-institucional como expresión de la relación entre gobernantes y gobernados en contextos y circunstancias específicos.[19] Al respecto, se ha planteado que la gobernabilidad democrática es un proceso continuo que expresa "la cualidad propia de una comunidad política según la cual sus instituciones de gobierno actúan eficazmente dentro de su espacio de un modo considerado legítimo por la ciudadanía, permitiendo así un libre ejercicio de la voluntad política del Poder Ejecutivo mediante la obediencia cívica del pueblo" (Arbós y Giner, 1997: 13).

Al referirse a la democracia territorial como forma moderna de articulación entre gobierno y sociedad, Borja (1991) afirma que ésta sólo puede constituirse sobre bases locales y se expandirá al desarrollarse las instituciones políticas. La representatividad de los poderes locales y municipales como instituciones políticas, asociada a su "naturaleza menos estatal" y su proximidad a la ciudadanía, son atributos que les permite jugar un papel central en la gestión democrática del territorio así como en las relaciones económicas, sociales y políticas interlocales e intergubernamentales (Borja, 1991: 55). En este sentido, se plantea la modernización de las formas de gestión de los gobiernos locales, que comprende la demanda de mayores poderes, competencias y recursos; la eficiencia y simplificación en la organización administrativa, y la descentralización territorial (Borja, 1990; Ziccardi, 1991).

Gobierno local y descentralización

Es importante señalar que la propuesta descentralizadora se inscribe en el contexto de la reforma del Estado y en la dinámica de cambios del mercado expresados, entre otras cosas, en la liberalización y la privatización. La descentralización se presenta como un proceso necesario de transferencia de responsabilidades del gobierno central a otros niveles de gobierno e instituciones públicas subordinadas, semiautónomas o autónomas.[20] Este proceso abarca la desconcentración administrativa, la descentralización fiscal y el traspaso de recursos y autoridad política a los gobiernos locales. En este sentido, la descentralización parte del principio conocido como de subsidiaridad, que indica que los bienes y servicios públicos deben ser de la competencia del nivel de gobierno más bajo que pueda asumir plenamente los costos y los beneficios (Banco Mundial, 1997: 136).

En el ámbito local del gobierno, la descentralización se presenta como condición indispensable para la participación ciudadana, ya que ésta impulsa la cooperación, la integración social y la modernización de la administración pública (Borja, 1991). La participación ciudadana, tanto institucional como la que llevan a cabo las organizaciones y grupos autónomos, se considera un aspecto central para la gestión local eficiente y para la planeación democrática del territorio. En el análisis de los gobiernos locales en cinco ciudades de los Estados Unidos en donde la participación ciudadana ha jugado un papel en el diseño y puesta en práctica de políticas públicas, Berry (1993) plantea que un gobierno local descentralizado, con autoridad suficiente y al servicio de la comunidad, representa un compromiso con las necesidades y demandas reales de la población. Los gobiernos locales, explica, generan una idea de identidad común entre la gente que vive en la misma área. La población sabe que va a tener interacciones frecuentes con sus vecinos para resolver cuestiones políticas concretas. El instrumento más importante para la toma de decisiones en las asociaciones de vecinos —agrega— son las discusiones entre los residentes de las comunidades, las interacciones cara a cara que fomentan actitudes de cooperación (Berry, 1993: 12). Al analizar los gobiernos locales de algunas de las principales ciudades mexicanas, en las que se conjugan de manera particular funciones políticas y administrativas, Ziccardi plantea que es en el espacio local "donde se pone a prueba la democracia territorial y donde la participación social puede incidir en el diseño e implementación de políticas públicas (Ziccardi, 1995: 13-15).

El debate en torno a estos procesos ha otorgado particular atención a las ciudades y metrópolis porque en éstas se conjugan problemas sociales, políticos y económicos de difícil solución, asociados al incremento de la pobreza y a la multiplicación de demandas ciudadanas.[21] En su conjunto, estos fenómenos han cues-

---

[17] Ralf Dahrendorf (1980: 396) señala que la noción de gobernabilidad tiene que ver con la efectividad del gobierno y explica que para que funcionen los gobiernos deben estar presentes dos cosas: efectividad y legitimidad. La efectividad es un concepto técnico y significa que los gobiernos deben ser capaces de hacer las cosas que pretenden poder hacer, así como aquellas que se espera que hagan (deben trabajar). La legitimidad, por otra parte, es un concepto moral y significa que los gobiernos hacen lo correcto.

[18] Alicia Ziccardi (1994) señala que el concepto de gobernabilidad en un sentido amplio significa tanto el ejercicio del poder público, cuyo objetivo es mejorar la eficiencia y responsabilidad en la acción de gobierno, como todas las condiciones necesarias para su funcionamiento: eficiencia, legitimidad y apoyo de la sociedad.

[19] Véase G. Sartori, 1995.

[20] E. Di Gropello y R. Cominetti (1998: 17), plantean que la descentralización es un proceso complejo que involucra transformaciones en el ámbito institucional, financiero y de gestión microeconómica. Recuperan la definición de Rondinelli, Nellis y Cheema (1986), quienes la explican como "la transferencia de responsabilidades en la planificación, gestión y distribución de recursos, desde el gobierno central y sus agencias, hacia unidades de agencias de gobierno, unidades o niveles subordinados del gobierno, autoridades o corporaciones públicas semiautónomas de mayor presencia, autoridades regionales o funcionales, u organizaciones no gubernamentales privadas y voluntarias".

[21] En la problemática urbana del último cuarto de siglo destacan, además del crecimiento y la expansión metropolitana, fenómenos de segregación socioespacial. A esto se suma el incremento de la pobreza, el desempleo asociado al decaimiento de la base productiva y al crecimiento de la economía informal, el déficit fiscal de las economías urbanas,

tionado la viabilidad de la ciudad como entorno habitable y gobernable dando lugar tanto al replanteamiento de la problemática urbana como al reconocimiento del papel estratégico de las ciudades en los procesos de internacionalización económica. Esta situación influyó para que las ciudades fueran las principales destinatarias de las políticas de ajuste, de las estrategias público-privadas de respuesta a la crisis y sedes de proyectos de modernización urbana con funciones predominantemente terciarias: comercio, servicios, turismo, infraestructura, tecnología de punta y comunicación (Castells, 1990; Borja, 1990, 1997; Ziccardi, 1994, 1995). El impulso modernizador de los años ochenta y principios de los noventa imprimió dinamismo a las economías urbanas de algunas de las grandes ciudades que hasta entonces se encontraban prácticamente en bancarrota.

En el caso de América Latina, se ha destacado que las ciudades capitales fueron las principales protagonistas de los fenómenos políticos y de demandas sociales que debían incorporarse a las políticas públicas y a las acciones de gobierno. Al respecto, Alicia Ziccardi (1994) explica que "la descentralización de los aparatos del gobierno federal y su contrapartida, el fortalecimiento de los gobiernos locales, fueron fórmulas que incorporaron las políticas públicas, a partir de la iniciativa de los gobiernos centrales". Esta autora señala que los proyectos de descentralización en la región latinoamericana se limitaron al traslado de ciertas funciones y competencias de los gobiernos centrales a los gobiernos locales. Este proceso se distinguió por el predominio "del discurso frente a la acción, la debilidad y obsolescencia de los aparatos del gobierno local, la escasez de recursos locales y la ausencia de alternativas descentralizadoras para las ciudades capitales y metrópolis de países latinoamericanos". En este sentido, el impulso descentralizador se orientó menos al traspaso racional de actividades y recursos de los territorios centrales hacia las periferias, y más hacia la desconcentración de población de las metrópolis hacia las ciudades medias y pequeñas mediante una política de apoyos definida "con reglas poco claras" (Ziccardi, 1994: 20-21).

En México, la modernización de las formas de gestión local y los proyectos de descentralización[22] se han planteado como alternativas innovadoras para hacer frente a la crisis y han representado la posibilidad de contrarrestar los efectos político-administrativos y socioeconómicos de la centralización del sistema federal. Diversos autores han abordado el tema del federalismo y de las relaciones intergubernamentales a partir de criterios orientados al análisis de los problemas locales, de los recursos financieros y humanos en los distintos órdenes de gobierno (Martínez Assad y Ziccardi, 1992; Merino, 1996; Cabrero, 1995; Aziz, 1996).

La debilidad de las instituciones locales en el sistema federal centralizado se ha planteado como uno de los principales obstáculos para la instrumentación de los proyectos descentalizadores. Al respecto, Mauricio Merino (1996) explica que

cuando la descentralización comenzó a plantearse en México como una alternativa plausible, saltó a la vista que la mayor parte de las instancias centrales carecían de la infraestructura física, institucional o humana para recibir con certidumbre las nuevas responsabilidades que esa descentralización suponía [...] Ante la ausencia de instituciones locales sólidas [...] se siguió entonces una lógica simple: para descentralizar políticas y decisiones había que diseñar un formato común para todas las entidades, leyes nuevas que tomaban en cuenta la participación creciente de las administraciones locales, pero que al mismo tiempo partían de un mirador centralista y tendían inevitablemente a la homogeneización (1996: 358).

Hay que mencionar que la discusión respecto a la descentralización se inscribe en el debate en torno a la concepción formal de federalismo considerada "jurídicamente rígida" y con una base normativa tendiente a homogeneizar las diferencias, a centralizar las decisiones, las políticas y las acciones en el Ejecutivo federal. Se ha considerado que esta concepción no reconoce la importancia de la diversidad y heterogeneidad sociocultural y económica de las localidades que constituyen el territorio nacional. En la práctica, la centralización de atribuciones, funciones y recursos ha limitado el fortalecimiento de instituciones políticas en estados y municipios; además, ha sido restrictiva para el diseño e instrumentación de políticas urbano-regionales y locales, así como para la actuación y el ejercicio claro de funciones entre los distintos niveles de gobierno (Merino, 1996: 353; Ziccardi, 1997).

Notas en torno al gobierno local en México

En México, la problemática local presenta un universo municipal heterogéneo en lo político-cultural y fragmentado en lo que se refiere al espacio social. Una vertiente de la discusión en torno al tema se ha concentrado en las atribuciones, competencias y autonomías de los poderes locales. Las propuestas se han orientado hacia la descentralización político-administrativa y hacia la asignación de atribuciones considerables a los estados, así como plena autonomía a los municipios. El gobierno local en México se ejerce estatal y municipalmente. La organización político-administrativa, social y territorial del país se lleva a cabo en los 31 estados de la República divididos en 2 419 localidades municipales.[23] En el caso de la ciudad de México, capital del país y sede de los poderes federales, a partir de 1997 esta función está a cargo del gobierno del Distrito Federal y de los gobiernos locales de cada una de las 16 delegaciones políticas que lo integran.[24]

La Constitución política de la República establece que la forma de gobierno en México es la democracia

---

el aumento de la inseguridad y la violencia, el deterioro y déficit de vivienda, educación, salud y medio ambiente.

[22] En México, la propuesta descentralizadora fue anterior a la adopción definitiva del modelo neoliberal, en el cual se ha considerado estratégica la reforma del Estado (Ziccardi, 1994: 20).

[23] Centro de Información Municipal (Cedemun), 1999.

[24] El 6 de julio de 1997, los habitantes de la capital del país eligieron por primera vez al jefe de gobierno. Véase Ziccardi, 1997.

representativa y el sistema federal.[25] Los órdenes de gobierno que constituyen el sistema federal mexicano son la Federación y los estados, estructurados a partir de los poderes Ejecutivo, Legislativo y Judicial.[26] De acuerdo con el artículo 115 constitucional, "el municipio libre" es la base de la organización territorial, política y administrativa de los estados. La administración municipal está a cargo de un ayuntamiento de elección popular directa, constituido por el presidente municipal, regidores y síndicos que no pueden ser reelegidos para el periodo inmediato. Entre el municipio y el gobierno del estado no hay autoridad intermedia. Cada municipio tiene personalidad jurídica y puede —conforme a las leyes estatales y federales— tener a su cargo los servicios públicos y administrar libremente su hacienda, intregrada por los rendimientos de los bienes propios, las contribuciones fiscales, los ingresos establecidos por las legislaturas y por las participaciones federales. Los municipios tienen, además, facultades para formular, aprobar y administrar la zonificación y planes de desarrollo urbano municipal, participar en la creación y administración de reservas territoriales y ecológicas, el control del uso de suelo y la regularización de la tenencia del suelo urbano, y otorgar licencias y permisos para construcciones.[27]

En los estados, el Poder Ejecutivo está representado por el gobernador electo cada seis años por voto directo. El congreso local —diputados locales— representa el Poder Legislativo y su elección es directa. El Poder Judicial dispone de un Tribunal Superior de Justicia en cada estado.[28] A diferencia de la estructura del gobierno estatal en donde se reconocen los tres poderes, en el orden municipal, el Legislativo y el Judicial son estatales. En los municipios, las autoridades cambian cada tres años renovándose mediante elección directa y entre los candidatos de los partidos políticos. La estructura de gobierno se establece a partir del Ejecutivo local —alcalde o presidente municipal— y del cabildo, instancia con funciones reglamentarias. Los síndicos son representantes jurídicos del municipio y son los responsables de las finanzas locales, mientras que la función de los regidores es administrativa y de gestión de las demandas ciudadanas (Ziccardi, 1995, 1997).[29]

No obstante el principio de división de poderes, la preponderancia del Ejecutivo ha sido una característica del sistema federal mexicano, que se expresa en las facultades extraordinarias otorgadas por la propia Constitución para intervenir en los órganos legislativo y judicial. En lo que se refiere a los municipios, se ha destacado la preponderancia del alcalde en el cabildo y la debilidad de los ayuntamientos frente a las instancias estatales y federales. Al señalar que el control ejercido por el Ejecutivo sobre el PRI ha hecho del presidencialismo un rasgo distintivo del sistema político mexicano, Alicia Ziccardi (1997) explica que este partido "hasta 1989 controló todos los gobiernos estatales y más de 90% de los gobiernos municipales. También hasta 1997 dispuso de una mayoría absoluta en las Cámaras de Diputados y Senadores". A esto se suma la extrema centralización fiscal considerada como "condición y a la vez efecto de la existencia de un presidencialismo sustentado en la concentración de recursos en el Ejecutivo federal, que ha tenido como contrapartida la debilidad propia de los gobiernos locales".

Hay que subrayar, sin embargo, que, en el contexto de la reforma política, la década de los años noventa es representativa de experiencias sin precedentes de alternancia política de partidos de oposición en estados y municipios (véase Aziz, 1996; Ziccardi, 1997). Particularmente en el curso de los últimos cinco años, 1994-1999, la filiación política de los municipios se ha transformado de la siguiente manera: en 1994 el PRI gobernaba 2 154 alcaldías; para 1999 esta cifra se redujo a 1 384. En contraste, en el mismo periodo los municipios gobernados por el PAN se incrementaron de 103 a 287, mientras que los 85 municipios gobernados por el PRD en 1994 se incrementaron a 278 en 1999.[30]

Actualmente y de acuerdo con las cifras disponibles,

---

[25] Art. 40: "Es voluntad del pueblo mexicano constituirse en una República representativa, democrática y federal compuesta de estados libres y soberanos en todo lo concerniente a su régimen interior. pero unidos en una Federación establecida según los principios de esta Ley Fundamental", Constitución Política de los Estados Unidos Mexicanos, UNAM-PGR, 1994.

[26] Art. 49: "El Supremo Poder de la Federación se divide, para su ejercicio, en Legislativo, Ejecutivo y Judicial. No podrán reunirse dos o más de estos poderes en una sola persona o corporación, ni depositarse el Legislativo en un individuo, salvo el caso de facultades extraordinarias al Ejecutivo de la Unión conforme a lo dispuesto en el artículo 29. En ningún otro caso, salvo lo dispuesto en el segundo párrafo del artículo 131, se otorgarán facultades extraordinarias para legislar", ibid.

[27] Art. 115: "Los estados adoptarán, para su régimen interior, la forma de gobierno republicano, representativo, popular teniendo como base de su división territorial y de su organización política y administrativa el municipio libre", ibid. Este artículo establece en el apartado III que los municipios, con el concurso de los estados cuando así fuere necesario y lo determinen las leyes, tendrán a su cargo los siguientes servicios públicos: agua potable y alcantarillado, alumbrado público, limpia, mercados y centrales de abasto, panteones, rastro, calles, parques y jardines, seguridad pública y tránsito, y los demás que las legislaturas locales determinen según las condiciones territoriales y socioeconómicas de los municipios, así como su capacidad administrativa y financiera.

[28] Art. 116: El poder público de los estados se dividirá, para su ejercicio, en Ejecutivo, Legislativo y Judicial, y no podrán reunirse dos o más de estos poderes en una sola persona o corporación ni depositarse el Legislativo en un solo individuo.

[29] Respecto al desempeño de la burocracia local, se ha destacado la ausencia de reglas claras entre los actores e instancias a cargo de proponer las políticas y aquéllos a cargo de atender formal e informalmente las demandas ciudadanas. La eficacia de las relaciones informales con la burocracia para obtener respuesta a las demandas de la población aún es un mecanismo políticamente significativo que puede tener repercusión en la elección de autoridades y representantes entre los candidatos de los partidos políticos. Si bien predomina la fórmula de "un Ejecutivo fuerte y un cabildo débil", la fuerza del alcalde depende tanto de la disponibilidad de recursos como de su posición dentro de la estructura de poder en el ámbito estatal, regional y federal. Se ha mencionado que esta fórmula es resultado del "bajo grado de pluralismo político que prevalece en la composición de los cabildos y del obsoleto diseño institucional" (véase Ziccardi, 1995, 1997: 2).

[30] Centro de Información Municipal (Cedemun), mayo de 1999.

51.25% de la población del país está gobernada por el PRI, 33.24% por el PAN y 12.51% por el PRD.[31] Cabe mencionar que, para 1999, los partidos a cargo de los gobiernos locales de las ciudades capitales de los 31 estados y el D. F. —que en su conjunto concentran poco más de 25% de la población total del país— son los siguientes: el PRD gobierna cuatro capitales[32] habitadas por cerca de nueve millones de personas; el PAN tiene el gobierno de 12 capitales[33] pobladas por cerca de ocho millones, y el PRI tiene a su cargo el gobierno de 16 ciudades[34] en las que habitan poco más de seis millones.[35]

Autonomía y relaciones intergubernamentales

La demanda de autonomía expresada por la mayoría de los municipios del país presenta problemas relacionados con la heterogeneidad sociocultural, con el respeto a las identidades locales y regionales de las comunidades étnicas, con la organización sociopolítica y territorial del Estado nacional, con el fortalecimiento institucional en la esfera local y con la forma de gestión municipal asociada a la disponibilidad de recursos. En el curso de las últimas dos décadas y en el contexto de transición democrática, la problemática de la autonomía municipal y regional, así como el reclamo de autodeterminación de los pueblos indígenas, se inscribe en los procesos globales y locales de modernización política y económica que, entre otras cuestiones, plantea el reconocimiento del multiculturalismo y de los derechos de las minorías (Vizcaíno, 1998).

Un primer elemento que es importante mencionar es la composición pluriétnica de México como parte de la identidad colectiva de la nación, considerado además como una variable central en la organización social y política del territorio. Históricamente, las identidades regionales que tienen como base la "cohesión socioétnica" no han sido consideradas en la división político-administrativa estatal y municipal del territorio. Al referirse a los grupos étnicos, como una "población invisible", Díaz Polanco (1992) señala que esto se debe a "la situación de subordinación económica, a la dispersión social y a la consiguiente debilidad política de los pueblos indios, aparte de la permanente visión etnocéntrica prevaleciente en los sectores no indios" (Díaz Polanco, 1992: 79). Hasta la primera mitad de los años noventa, de acuerdo con las cifras oficiales, la población indígena ascendía a cerca de nueve millones, equivalente a casi 11% de la población total del país. Si bien miembros de los 56 grupos étnicos identificados se encuentran distribuidos en todo el territorio nacional,[36] en su mayoría se concentran en 30% del total de los municipios del país, los cuales se distinguen por tener elevados índices de marginación y de expulsión migratoria (Medina, 1998).

Uno de los problemas centrales en torno al componente étnico tiene que ver con la búsqueda de formas jurídicas e institucionales que hagan compatible el sistema federal con la autonomía regional y municipal.[37] Al respecto, se ha planteado, de una parte, la necesidad de revisar y ampliar la figura jurídica del municipio con el objeto de constituir unidades regionales municipales que garanticen la organización autónoma, pero sin que ésta se contraponga con el principio de comunidad política nacional.[38] Esto implica la participación activa de los actores políticos y sociales involucrados (Díaz Polanco, 1992: 94). De otra, en el marco de la transición democrática, destaca la tendencia del movimiento étnico a articular las reivindicaciones locales concernientes a los derechos indígenas —económicas y sociales— con la demanda de establecimiento de un nuevo pacto político, de una política indigenista como política de Estado con la participación de la sociedad civil, partidos políticos y organizaciones indígenas (Vizcaíno, 1998). La discusión aún está en proceso y se inscribe en el debate en torno al federalismo y en el replanteamiento mismo de las relaciones entre los distintos niveles de gobierno —federal, estatal y local— con los grupos étnicos.

Un segundo elemento que tiene que ver con la autonomía y la forma de gestión local es el que se refiere a los recursos disponibles para responder a las demandas sociales y cumplir con las responsabilidades que establece el artículo 115 constitucional. Además de las funciones de gestión y administración de los recursos públicos que le confiere la ley, el ayuntamiento representa a la ciudadanía ante instituciones públicas o privadas, en lo estatal y federal, y es responsable del ejercicio democrático del gobierno, que contempla el estímulo y la incorporación de la partici-

---

[31] La población restante (3%) está gobernada por partidos como el PT, el PVEM, el PRT, entre otros. Centro de Información Municipal (Cedemun), mayo de 1999.

[32] El PRD gobierna en el Distrito Federal, en La Paz, en Zacatecas y en Colima (Cedemun), mayo de 1999.

[33] El PAN gobierna en Aguascalientes, Mexicali, Saltillo, Tuxtla Gutiérrez, Cuernavaca, Hermosillo, Monterrey, Guadalajara, Oaxaca, Mérida, San Luis Potosí y Querétaro, (Cedemun), mayo de 1999.

[34] El PRI gobierna en Puebla, Toluca, Tampico, Chihuahua, Chilpancingo, Durango, Pachuca, Morelia, Xalapa, Culiacán, Guanajuato, Campeche, Tepic, Tlaxcala, Villahermosa y Chetumal (Cedemun), 1999

[35] Los datos de población se obtuvieron del Conteo 1995 de INEGI.

[36] Véase Montes de Oca, Santiago Barajas y Jorge Madrazo, 1994.

[37] Al iniciarse los años noventa y como respuesta a las demandas de los grupos étnicos, distintos gobiernos latinoamericanos —Brasil, Chile, México, entre otros—, modifican su Constitución. En México se modifica el artículo 4º constitucional, al cual se agrega: "La nación mexicana tiene una composición pluricultural sustentada originalmente en sus pueblos indígenas. La Ley protegerá y promoverá el desarrollo de sus lenguas, culturas, usos, costumbres, recursos y formas específicas de organización social, y garantizará a sus integrantes el efectivo acceso a la jurisdicción del Estado. En los juicios y procedimientos agrarios en que aquéllos sean parte, se tomarán en cuenta sus prácticas y costumbres jurídicas en los términos que establezca la ley".

[38] Díaz Polanco (1992) plantea que "a fin de procurar la solución a la profunda desigualdad étnica, la autonomía debe fundarse en cuatro principios básicos: el de la unidad de la nación, el de la solidaridad y la fraternidad entre los diversos grupos étnicos que conforman el país, el de la igualdad de trato de todos los ciudadanos con independencia de su posición social o adscripción étnica, y el de la igualdad entre sí de las comunidades étnicas que convivan en una región", p. 97.

pación ciudadana. Si bien de acuerdo con la ley las facultades de los municipios son amplias, aún existen, en la mayoría de los casos, serias dificultades para el manejo eficiente de las responsabilidades que asumen, y que demandan para su cumplimiento recursos y fuentes de ingresos propios. De hecho, la reforma municipal de 1983 marcó el inicio de un lento proceso de transferencia de facultades que han hecho posible la captación de recursos propios y, con esto, un incremento de la capacidad fiscal y una mayor autonomía[39] (véase Ziccardi, 1994, 1995 y 1997; Cabrero, 1996). La reforma, sin embargo, tuvo un efecto desigual en el propósito de fortalecer el municipio y de impulsar de manera equitativa el desarrollo económico y social del territorio local y regional.

Al referirse al municipio como "un espacio de precariedad institucional", Enrique Cabrero (1996) plantea que la debilidad estructural de los municipios en México ha sido generada por la centralización fiscal, y explica que, durante este siglo, el municipio ha sido "un espacio de subordinación a la voluntad del nivel central, sin recursos, por lo tanto sin autonomía propia ni capacidad de iniciativa".[40] De acuerdo con este autor, las reformas constitucionales promovidas en 1983 tuvieron bajo efecto en su intento de contrarrestar las tendencias centralizadoras y fortalecer el municipio para participar en la dirección de su desarrollo con apoyo estatal y federal a través del sistema de planeación democrática.

Hay que subrayar que el incremento de ingresos y la tendencia hacia una mayor autonomía económica ha tenido lugar principalmente en los municipios metropolitanos y urbanos grandes, en donde "casi 60% de los ingresos son propios". En contraste, mientras en los municipios urbanos medios "hay una repartición a mitades entre ingresos provenientes de la Federación y de fuentes propias", los municipios rurales dependen en gran medida de las participaciones federales y su situación es de precariedad y dependencia (Cabrero, 1996: 39). En el universo municipal del país, las ciudades tienen ventajas comparativas frente a las localidades rurales, al disponer, entre otras cosas, de infraestructura técnica y profesional, así como de niveles suficientes de empleo e ingreso de los habitantes, lo que permite a las administraciones locales incrementar los impuestos y el pago de servicios (Ziccardi, 1995).

LÍNEAS DE INVESTIGACIÓN Y DEBATE CONTEMPORÁNEO

La distribución inequitativa de los recursos se ha planteado como una de las principales limitaciones para la autonomía municipal y para la gestión democrática del territorio. A esto se asocian los mecanismos complejos para la asignación y la recepción de los montos en los tiempos requeridos, las deudas heredadas de gobiernos anteriores y la necesidad de un funcionamiento eficiente y actualizado de la administración en el seno del gobierno municipal.[41] Hasta principios de esta década, las participaciones federales se distribuían de manera desfavorable para los ayuntamientos, los cuales recibían 3% del monto total, mientras los estados absorbían 17% y el gobierno central concentraba 80%. Los municipios disponen también de recursos del Fondo de Desarrollo Social Municipal Superación de la Pobreza, correspondiente al Ramo 26 del Presupuesto de la Federación (Ziccardi, 1995: 19; 1997).

La generación de recursos propios es uno de los principales retos que enfrentan los municipios para cumplir con las tareas de gobierno y fortalecer su autonomía. En este sentido, son fundamentales las relaciones intergubernamentales que establece el municipio con el nivel estatal y federal del gobierno. La proximidad entre ciudadanos y representantes hace del municipio un actor colectivo que cumple el papel de intermediario entre la comunidad local, los estados y la Federación. Su capacidad de negociación y de obtención de recursos para dar respuesta a las demandas sociales está relacionada con las formas de representación social en las que se conjuga eficacia política y generación de consenso (Ziccardi, 1995).

La importancia fundamental de la esfera local como escenario cotidiano donde se ponen en práctica los derechos ciudadanos y la democracia participativa se expresa a través de la relación directa entre gobernantes y gobernados. Este proceso tiene un doble propósito, el logro de acciones de gobierno legítimas socialmente y eficientes administrativamente y la mejora de la calidad de vida de las comunidades locales que habitan los territorios urbanos y rurales. La articulación entre políticas y territorio en el espacio local se plantea como un aspecto central de la organización social del territorio orientada a la distribución equitativa de los recursos que en éste circulan.

---

[39] Con la modificación del artículo 115, los ingresos de los municipios se incrementaron al atribuir al ayuntamiento el derecho de cobro del impuesto predial y de traslado de dominio, así como las contribuciones por la prestación de servicios.
[40] Cabrero, 1996: 19.

[41] A esto se suman las difíciles relaciones entre niveles de gobierno y entre actores públicos y privados con distinto grado de participación. Las tensiones que encierra la convivencia entre partidos políticos distintos en un mismo estado son factores adicionales que limitan los vínculos de cooperación económica y social necesaria para que la mayoría de los gobiernos locales y municipales tengan la capacidad de responder a sus compromisos. Véase Alicia Ziccardi, 1995.

BIBLIOGRAFÍA

Anderson, Benedict (1993), *Comunidades imaginadas. Reflexiones sobre el origen y la difusión del nacionalismo*, FCE, México.

Anderson, Nels (1975), *Sociología de la comunidad urbana*, FCE, México.

Arbós, Xavier, y Salvador Giner (1997), *La gobernabilidad. Ciudadanía y democracia en la encrucijada mundial*, Siglo XXI Editores, México.

Aziz Nassif, Alberto (1995), "Municipios en transición: una pareja en formación", en *En busca de la democracia municipal*, Mauricio Merino (coord.), Colmex, México.

Aziz Nassif, Alberto (1996), *Territorios en alternancia*, Triana, México.

Banco Mundial (1997), *Informe sobre el desarrollo mundial: el Estado en un mundo en transformación*, Washington, EUA.

Barajas Montes de Oca, Santiago, y Jorge Madrazo (1994), articulado, artículo 4°, 40, 49, 115, 116 en *Constitución Política de los Estados Unidos Mexicanos. Comentada*, Procuraduría General de la República/Instituto de Investigaciones Jurídicas de la UNAM, México.

Berry, Jeffrey M., Kent Portney y Ken Thomson (1993), *The Rebirth of Urban Democracy*, The Brookings Institution, Washington, D. C., pp. 1-17.

Borja, Jordi (1990), "Política y gobernabilidad en las grandes ciudades", en *Las grandes ciudades en la década de los noventa*, Manuel Castells, R. Rolando y Eduardo Quintana, Ed. Sistema, Madrid.

——, et al. (1991), *La articulación entre el crecimiento económico y calidad de vida*, pp. 17-64.

——, y Manuel Castells (1997), *Local y global. La gestión de las ciudades en la era de la información*, UNCHS, Taurus, Madrid.

Cabrero Mendoza, Enrique (1995), *La nueva gestión municipal en México: análisis de experiencias innovadoras en gobiernos locales*, CIDE-Miguel A. Porrúa, México.

—— (1996), *Los dilemas de la modernización municipal: estudios sobre la gestión hacendaria en municipios urbanos de México*, Miguel A. Porrúa, CIDE, pp. 19-39.

Castells, Manuel (1990), Estrategias de desarrollo metropolitano en las grandes ciudades", en J. Borja *et al.* (comps.), *Las grandes ciudades en la década de los noventa*, Madrid.

—— (1996), *The rise of the Network Society*, vol. I, Blackwell Publishers Inc, Oxford, Reino Unido.

Dahrendorf, Ralf (1980), "Effectiveness and Legitimacy on the 'Governability' of Democracies", *The Political Quarterly*, vol. 51, núm. 4, EUA.

Díaz-Polanco, Héctor (1992), Autonomía y cuestión territorial", *Revista Estudios Sociológicos*, vol. X, núm. 28, enero-abril, México.

Fox, Jonathan, y Josefina Aranda (1996), "Los fondos municipales de Solidaridad y la participación comunitaria en Oaxaca", *Revista Mexicana de Sociología*, núm. 3, julio-septiembre, México, pp. 145-168.

Giddens, Anthony (1984), *La constitución de la sociedad: bases para la teoría de la estructuración*, Amorrortu Ed., Buenos Aires.

Gropello, Emanuela di, y Rossella Cominetti (1998), *La descentralización de la educación y la salud: un análisis comparativo de la experiencia latinoamericana*, CEPAL, Naciones Unidas, Santiago de Chile.

Hobsbawm, Eric (1996), "La política de la identidad y la izquierda", *Nexos*, núm. 224, agosto, México.

Keller, Susan (1975), *El vecindario urbano. Una perspectiva sociológica*, Siglo XXI, Madrid.

Kymlicka, Will (1996), *Ciudadanía multicultural*, Ed. Paidós, Buenos Aires.

Martínez Assad, Carlos (1989), "La descentralización de las políticas públicas en México", en varios autores, *Centralización, descentralización del Estado y actores territoriales*, Flacso, Buenos Aires.

——, y Alicia Ziccardi, "Propuestas de descentralización del Estado mexicano", en *México. Auge, crisis y ajuste*, Carlos Bazdresch, Nisso Bucay, Soledad Loaeza y Nora Lustig (comps.), FCE, México.

Martinotti, Guido (1990), "La población de la nueva morfología social metropolitana. Reflexiones a partir del caso italiano", en J. Borja *et al.* (comps.), *Las grandes ciudades en la década de los noventa*, Madrid.

Medina, Andrés (1998), "Los pueblos indios en la trama de la nación: notas etnográficas", *Revista Mexicana de Sociología*, vol. 60, núm. 1, enero-marzo, IIS-UNAM, México, pp. 131-168.

Merino, Mauricio (1996), "El federalismo mexicano como tema de investigación", en *Materiales de trabajo, Diploma nacional en política pública y gobierno local*, Colegio Nacional de Ciencias Políticas y Administración Pública, junio, México, pp. 353-363.

Nadel-Klein, Jane (1991), "Reweaving the Fringe: Localism, Tradition, and Representation in the British Ethnography", *American Ethology* 18 (3), EUA.

O'Donnell, Guillermo (1993), "Estado, democratización y ciudadanía", *Nueva Sociedad*, núm. 128, nov.-dic., Caracas, pp. 63-87.

Ramírez Kuri, Patricia (1998), "Coyoacán y los escenarios de la modernidad", en *Cultura y comunicación en la ciudad de México*, Néstor García Canclini (coord.), primera parte, UAM-I/Ed. Grijalbo, México, pp. 320-367.

Reilly, Charles (comp.) (1994), *Nuevas políticas urbanas. Las ONG y los gobiernos municipales en las democracias latinoamericanas*, Fundación Interamericana, Virginia, EUA.

Rivlin, Leane G. (1987), "The Neighborhood, Personal Identity and Group Affiliations", en Irwin Altman y Carol M. Werner (comps.), *Neigborhoods and Community Environments*, Plenum Press, Nueva York.

Safa, Patricia (1998), *Vecinos y vecindarios en la ciudad de México*, CIESAS/UAM-I/Miguel Ángel Porrúa, México.

Sartori, Giovanni (1995), *La política*, FCE, México.

Scott, Allen J. (1990).

Soja, Eduard W. (1993), *Post Modern Geographies. The Reassertion of Space in Critica Social Theory*, Ed. Verso, Londres-Nueva York.

Stavenhagen, Rodolfo (1990), *The Ethnic Question. Conflicts, Development, and Human Rights*, United Nations University Press, Japón.

—— (1992), "La cuestión étnica: algunos problemas teórico-metodológicos", *Revista de Estudios Sociológicos*, vol. X, núm. 28, enero-abril, México, pp. 53-76.

Tocqueville, Alexis de (1973), *La democracia en América*, FCE, México.

Vizcaíno, Fernando (1992), "El nacionalismo y la nueva relación del Estado y la sociedad con los pueblos indígenas", *Revista Mexicana de Sociología*, vol. 60, núm. 1, enero-marzo, IISUNAM, México, pp. 169-182.

Weber, Max (1994), *Economía y sociedad*, FCE, México.

World Bank (1991), *Managing Development: the Governance Dimension*, 29 de agosto, The World Bank, Washington, D. C.

Ziccardi, Alicia (1991), "Ciudades y gobiernos locales: síntesis de la discusión", en Alicia Ziccardi (coord.), *Ciudades y gobiernos locales en la América Latina de los noventa*, Miguel Ángel Porrúa, Instituto Mora, Flacso, México, pp. 109-124.

—— (1994), "De la reforma urbana a la democratización de los gobiernos locales", *Revista Latinoamericana de Ciencias Sociales*, segunda época, vol. 1, núm. 2, Flacso, Costa Rica, pp. 17-28.

—— (1995), "Federalismo y democracia para mejorar la calidad de vida en las ciudades", *Universidad de México*, revista de la Universidad Nacional Autónoma de México, julio-agosto, núm. 534-535, México, pp. 51-55.

—— (coord.) (1997), *La tarea de gobernar: gobiernos locales y demandas ciudadanas*, IIS-UNAM, M. Ángel Porrúa, México, pp. 13-37.

HEGEMONÍA

Ernesto Soto Reyes Garmendia

Definición

El concepto moderno de hegemonía fue propuesto por Antonio Gramsci (1891-1937),[1] aunque ya había sido utilizado por Plejanov (1857-1918) en un sentido más estrecho: la cultura.

El concepto de hegemonía constituye para Gramsci un canon general de la ciencia política y es, quizá, su más valiosa aportación gnoseológica a este campo del conocimiento. Como señala Giuseppe Vaca, "todo el horizonte de los Cuadernos (de la cárcel) está definido por el objetivo de reelaborar el marxismo como una teoría de la hegemonía" (Vacca, 1980: 82).

Historia, teoría y crítica

La evolución de la categoría "hegemonía" está dialécticamente vinculada a la filosofía de la praxis.[2] En ello, dos eventos históricos son puntos de inflexión en Gramsci: la Revolución bolchevique (1915-1917) y el triunfo del fascismo en Italia (1922-1924).[3]

Aquellos momentos marcan un viraje en el concepto de hegemonía en Gramsci: hasta 1926 (incluyendo *La cuestión meridional*), es el periodo en que la hegemonía designa principalmente una estrategia alternativa del proletariado. La noción leninista de la dictadura del proletariado es aprehendida y "traducida"[4] por Gramsci en sus primeros escritos de *L'Ordine Nuovo* como estrategia de lucha del movimiento obrero. En 1920, Gramsci afirma que las tareas de los consejos de fábrica del Partido Socialista son el ejercicio del control de la producción industrial y agrícola, desarrollar la propaganda necesaria para conquistar orgánicamente los sindicatos, las Cámaras de Trabajo y la Confederación General del trabajo, "para convertirse en los elementos de confianza que las masas delegarán para formar *sóviets* políticos y para ejercer la dictadura proletaria" (Vaca, 1980: 76).

Tras la muerte de Lenin, en 1924, y debido a la creciente influencia de Stalin en las decisiones de la Internacional Comunista, Gramsci toma distancia de la interpretación del PCUS sobre la dictadura del proletariado. En 1924, en su epitafio a Lenin, Gramsci avisora el cambio de rumbo de la Revolución de octubre: "El proletariado internacional ha tenido y sigue teniendo un ejemplo vivo de partido revolucionario que ejerce la dictadura de clase; ha tenido, y desgraciadamente no tiene, el ejemplo vivo más característico y expresivo de lo que es un jefe revolucionario: el camarada Lenin" (Vacca, 1980: 150).

La culminación de esta primera fase en la elaboración del concepto de hegemonía es el otoño de 1926 en su escrito *La cuestión meridional*, donde Gramsci abandona el concepto de dictadura del proletariado, introduciendo el de "hegemonía del proletariado", con un sentido político muy profundo: la alianza política del proletariado con los campesinos para la formación de lo que Gramsci llamará el "bloque histórico". Escribe Gramsci en 1926:

> Los comunistas torineses se habían planteado concretamente la cuestión de la "hegemonía del proletariado", o sea, de la base social de la dictadura proletaria y del Estado obrero. El proletariado puede convertirse en clase dirigente y dominante en la medida en que consigue crear un sistema de alianzas de clase que le permitan movilizar contra el capitalismo y el Estado burgués a la mayoría de la población trabajadora, lo cual quiere decir en Italia, dadas las reales relaciones de clase existentes en Italia, en la medida en que consigue obtener el consenso de las amplias masas campesinas (Vacca, 1980: 192).

Después del triunfo del fascismo en Italia, y una vez en prisión, Gramsci opera, desde el cuaderno 1, una inversión del campo de análisis: la hegemonía, especificada por el concepto nuevo de aparato de hegemonía, que concierne, ante todo, a las clases dominantes. Aquella inversión del campo de análisis de la hegemonía viene acompañada de una noción novedosa: "la guerra de posiciones" como estrategia de la lucha política.

---

[1] Intelectual y político italiano, fundador y dirigente del Partido Comunista de Italia; por su práctica política fue encarcelado durante el régimen fascista de Mussolini por 10 años, hasta su muerte. Entre sus obras más conocidas se encuentran sus escritos políticos y periodísticos en *L'Ordine Nuovo (LON)* y los cuadernos escritos en la cárcel (entre estos últimos "Americanismo y fordismo"; "Notas sobre Maquiavelo, sobre política y sobre el Estado moderno" y "El resurgimiento").

[2] Así denominaba Gramsci el materialismo histórico.

[3] Desde la Marcha sobre Roma y la formación del gobierno *de facto* de Musolini, el 28 de octubre de 1922, hasta el 6 de abril de 1924, fecha de la primera elección bajo el fascismo. En estas elecciones, "el bloque fascismo-derecha obtiene 4 653 488 votos; los comunistas, 268 191 (poco más de 3.5%), con 19 diputados, Gramsci sale elegido por Venecia" (Sacristán, 1981: 119).

[4] Gramsci insiste en su obra sobre la "traductibilidad de los lenguajes científicos".

En esto, Gramsci se aleja del concepto leninista de hegemonía, elevándolo a categoría universal y contemporánea.

Como nos advierte Christine Buci-Glucksmann (1980): "Hay una modificación en el concepto leninista de hegemonía. Gramsci escribe que hay que distinguir entre la dirección de clase, dirección política, económica, cultural, moral, etcétera, como un hecho de hegemonía, y la dominación de clase como un hecho de coerción del aparato de Estado".

En la construcción del concepto de hegemonía de los cuadernos de la cárcel, Gramsci parte de un hecho constatable: "existen realmente gobernados y gobernantes, dirigentes y dirigidos. Toda la ciencia y el arte político se basan en este hecho primordial, irreductible (en ciertas condiciones generales)" (Buci-Glucksmann, 1980: 17). Estos grupos gobernantes no son, sin embargo, homogéneos, y reproducen en su interior la misma relación dirigente-dirigido o, si se prefiere, gobernante-aliado. El hecho político esencial para Gramsci es el de comprender cómo es que, en aquellas sociedades no totalitarias, el grupo dirigente "ejerce una función de equilibrio y de arbitraje entre los intereses del propio grupo y el de los demás grupos y procura que los intereses del grupo representado se reproduzcan con el consentimiento y con la ayuda de los grupos aliados y en ciertos casos, con el de los grupos adversarios más hostiles" (Buci-Glucksmann, 1980: 44).

Gramsci utiliza como criterio metodológico el que la supremacía de un grupo social se manifiesta en dos momentos, como "dominio" y como "dirección intelectual y moral". Según Gramsci, "un grupo social puede e incluso debe ser dirigente ya antes de conquistar el poder (ésta es una de las condiciones principales para la conquista misma del poder); después, cuando ejerce el poder y aun cuando lo tenga fuertemente en sus manos, se vuelve dominante pero debe seguir siendo también 'dirigente'" (Gramsci).

En esta reflexión, el problema de la voluntad es central; escribe Gramsci en sus "Notas sobre Maquiavelo": "es necesario que la voluntad colectiva y la voluntad política, en general, sean definidas en el sentido moderno; la voluntad como conciencia activa de la necesidad histórica, como protagonista de un efectivo y real drama histórico" (Dahl, 1996: 19). Llegamos así al corazón de la teoría de la hegemonía: el valor gnoseológico de la primacía de la política.

Voluntad no significa voluntarismo y mucho menos coerción de clase; al contrario, voluntad y democracia son para Gramsci elementos básicos de la hegemonía.

El valor de la democracia en Gramsci ha sido desvirtuado por algunas corrientes contemporáneas de la ciencia política, entre ellas, la escuela norteamericana de Yale University, con Robert A. Dahl como uno de sus más claros exponentes. Dahl circunscribe el concepto de hegemonía al de dominación de clase. En palabras del propio Dahl: "...el término 'hegemonía' no es del todo satisfactorio: en el significado que yo le he asignado, la palabra 'hegemónico' me parece más apropiada que jerárquico, monocrático, absolutista, autocrático, despótico, autoritario, totalitario, etcétera" (Dahl, 1996).

El alto valor que atribuye Gramsci a la democracia es, por el contrario, bien percibido por Giuseppe Vacca: "la 'coordinación' de los intereses en equilibrio entre los grupos dominantes y grupos subordinados no puede suceder sino mediante el compromiso político. Por esto, la democracia política es esencial a cualquier forma fisiológica del ejercicio de la hegemonía".

A partir de los cuadernos 7 y 8, el concepto de hegemonía de Gramsci irá recubriendo progresivamente las estructuras del Estado; como afirma Buci-Glucksmann: "Nos encontramos entonces con este doble deslizamiento–enriquecimiento: *1)* de la hegemonía del proletariado a la hegemonía de la burguesía, *2)* de la constitución de clase a la problemática del Estado" (Buci-Gluckmann, 1980: 84).

La intencionalidad política del concepto de hegemonía es, entonces, la comprensión de las formas de dominación de los grupos dirigentes y, más importante, de los mecanismos de recomposición de la hegemonía en los periodos de crisis.

En relación con el concepto ampliado de hegemonía en Gramsci, esto es, los aparatos de hegemonía del Estado, Nicos Poulantzas sostiene que el concepto de hegemonía en Gramsci se ubica principalmente en la lucha de clases y no en la noción de aparatos de hegemonía del Estado, es decir, en la forma de representación de los intereses de la clase dominante en el Estado y en el Estado con dirección de clase. Poulantzas sostiene que el concepto de hegemonía de Gramsci: "[...] tiene por campo la lucha política de clases en una formación capitalista y comprende, más particularmente, las prácticas políticas de las clases dominantes en esas formaciones. Podrá decirse, pues, al localizar la relación del Estado capitalista y de las clases políticamente dominantes, que ese Estado es un Estado con dirección hegemónica de clase" (Poulantzas, 1984).

Esta interpretación es cercana al concepto leninista de dictadura de clase y empobrece la noción gramsciana de hegemonía. Me parece que Poulantzas soslaya la búsqueda de Gramsci en la superestructura, para operar precisamente una ampliación del concepto de hegemonía y del Estado mediante la incorporación del aparato de hegemonía del Estado. Como bien observa Buci-Glucksmann: "El aparato de hegemonía compromete potencialmente una búsqueda sobre las superestructuras, que conducirá a Gramsci a operar una ampliación del concepto de Estado, mediante la incorporación del aparato de hegemonía de Estado" (Poulantzas, 1984: 169).

En su búsqueda de las superestructuras como ampliación de la hegemonía, Gramsci no se conforma con la ideología en abstracto; por el contrario, el ejercicio de la hegemonía mediante los aparatos de hegemonía del Estado aterriza en hombres y mujeres de carne y hueso. La categoría articuladora es el intelectual orgánico (ligado orgánicamente a la clase). La importancia que atribuye Gramsci a los intelectuales es manifiesta en su célebre cita sobre los capitanes del ejército: "un ejército ya existente sería destruido si le llegasen a faltar los capitanes, mientras que la existencia de un grupo de capitanes, acordes entre sí, con fines comunes, no tarda en formar un ejército aun donde no existe" (Poulantzas, 1984: 169). La visión de Gramsci respecto de los intelectuales al servicio del Estado capitalista no es, sin embargo, apoteótica sino crítica. Gramsci afirma que la adhesión orgánica de las masas populares-nacionales al Estado es sustituida por lo que Gramsci denomina "una selección de 'voluntarios' de la 'nación' concebida abstractamente" (Poulantzas, 1984: 87).

Líneas de investigación y debate contemporáneo

El concepto de hegemonía despierta vivo interés en el ámbito de la ciencia política contemporánea y da lugar a múltiples polémicas y líneas de investigación originales.

Ya mencionamos el caso de la escuela norteamericana de ciencia política de Yale, donde Robert A. Dahl construye su propio aparato conceptual de hegemonía: la "poliarquía", que sería un *sistema sustancialmente liberalizado y popularizado, es decir, muy representativo a la vez que francamente abierto al debate público*.

Otras escuelas, también norteamericanas (Universidades de Columbia y Minesota), pero más atentas al pensamiento de Gramsci, centran el debate sobre la hegemonía en dos vertientes: *1)* la hegemonía de Occidente (EUA) después de la caída del muro de Berlín y tras el fin de la Guerra Fría, y *2)* la preocupación por la hegemonía en el seno de la sociedad civil norteamericana.

El fin de la Guerra Fría y la "derrota" del "contendiente comunista" han impulsado a los teóricos norteamericanos a elaborar una nueva explicación de la hegemonía mundial y del papel que juegan los Estados Unidos y el mercado en la misma (véase Taylor, 1997: 157-158). Hegemonía, sociedad civil y mercado son los paradigmas del debate sobre la hegemonía en la sociedad norteamericana.

En el ámbito europeo, además de los textos de Buci-Glucksmann, Giuseppe Vacca y Nicos Poulantzas ya analizados, en Francia se desarrolla una corriente derivada de la teoría de las instituciones: "la teoría de la regulación", que se plantea el problema de la hegemonía económica, esto es, la capacidad del sistema económico capitalista para buscar y encontrar salidas a recurrentes crisis (véase Cox y Cohen, 1993). Robert Boyer escribe: "lejos de ser invariables, las formas de regulación evolucionan en el tiempo: relativamente estables durante ciertos periodos durante los cuales canalizan la regularidad del proceso de acumulación, estas formas de regulación se revelan inadecuadas, es decir, son rebasadas en ciertos periodos críticos del desarrollo capitalista, caracterizando así la entrada de una gran crisis", cuando nuevas formas de regulación (y de hegemonía) son implementadas por las clases dirigentes para asegurar el funcionamiento del cuerpo social de conjunto.

En el ámbito de América Latina, Carlos Portantiero sostiene que las crisis de las sociedades latinoamericanas son

> [...] crisis de un Estado benefactor e intervencionista, agente principal de la redistribución basada en un compromiso nacional popular en el que las clases subalternas (en particular la clase obrera industrial) habían logrado ya niveles variables de presencia estatal [...] los golpes (militares en América Latina de los sesenta y setenta) lo que hacen es expulsar a las masas de las posiciones que habían conquistado en el sistema político como resultado exitoso de un proceso de lucha de clases [Pereyra, 1984: 149-150].

Carlos Portantiero concluye que la producción del concepto y de la práctica de la hegemonía es la vía para la constitución política de las clases populares.

Otra aportación latinoamericana al problema de la hegemonía, para el caso de México, es la de Carlos Pereyra, quien sostiene que en México "no se ha construido hegemonía burguesa" (Pereyra, 1984: 163) tanto por la condición subordinada de México, como país dependiente, como por la Revolución de 1910-1920, a la que surge atada la burguesía mexicana. Aunque Carlos Pereyra conoce bien los procesos de reconstitución de la hegemonía burguesa en México (reforma agraria, desarrollo económico estabilizador, reformas político-electorales), los niega como proceso de hegemonía burguesa y con ello expropia la herramienta fundamental de análisis a las clases subordinadas: cómo explicar la permanencia en el poder del PRI durante casi ocho décadas. Si bien Pereyra reconoce la crisis del PRI como partido dominante, lo esteriliza de su función clasista al situarlo "por encima de las clases"; tal como dice Pereyra: "No sólo es cada vez más difícil para el PRI mantener su hegemonía política sobre la burguesía y los sectores medios. Ocurre otro tanto con obreros, campesinos, burócratas y colonos" (Pereyra, 1984: 169).

Me parece más fructífero el camino de comprender los procesos políticos como "crisis de hegemonía" permanente, a la que las clases dominantes responden con diversas estrategias de recomposición de su hegemonía. "La crisis de una fase estatal es siempre crisis de una articulación global entre Estado y sociedad y no sólo entre Estado y clases dominantes" (Portantiero, 1983: 148).

Este proceso es el que Gramsci denomina *revolución pasiva*. Aquí se abre otra línea de investigación fértil para la comprensión de las relaciones de poder y que puede explicar el caso mexicano y, en general, el de la hegemonía política, como crisis de hegemonía.

La teoría de la crisis es formulada por Gramsci en términos de una teoría general de la crisis de la hegemonía (Vacca, 1980: 87). El concepto central articulador de las crisis-recomposición de la hegemonía es el de revolución pasiva, revolución-restauración. En la elaboración del concepto de revolución pasiva, Gramsci "traduce" de Marx los preceptos de la *Introducción a la crítica de la economía política* de 1859:

1) que ninguna formación social desaparece mientras las fuerzas productivas que se desarrollan en su interior encuentran aún posibilidades de ulteriores movimientos progresivos;

2) que la sociedad no se plantea objetivos para cuya solución no se hayan dado ya las condiciones necesarias, etcétera.

Con el concepto de revolución pasiva se inaugura un eje articulador entre el concepto de hegemonía y la filosofía de la praxis, el de la guerra de posiciones de las clases subalternas.

Como afirma Dora Kanoussi: "La revolución pasiva intenta interpretar no sólo el ascenso y consolidación del bloque histórico del capital, sino también la defensa de sus condiciones de existencia fundamentales y de principio: la primacía de la política hegemónica burguesa en la dirección del proceso productivo, del Estado mismo y, por tanto, de la cultura" (Kanoussi y Mena, 1985: 126).

La revolución pasiva (revolución sin revolución) es

entonces "el criterio interpretativo de las modificaciones moleculares que en realidad modifican progresivamente la composición precedente de las fuerzas y devienen por lo tanto matrices de nuevas modificaciones" (Gramsci, 1975: 98).

La argucia política de la revolución pasiva se expresa en la falta de conciencia de las masas populares acerca de los objetivos de sus opositores, lo que les impide tener conciencia de los suyos: "[...] la falta en las fuerzas radicales de una conciencia de los objetivos de las fuerzas adversarias les impidió tener una clara conciencia de los propios y pesar, de esta manera, en el equilibrio final de las fuerzas en forma acorde con su efectivo poder de intervención, y determinar, por consiguiente, un desarrollo más avanzado sobre bases más considerables y de exigencias más modernas" (Gramsci, 1975: 101).

La revolución pasiva se ejemplifica en el caso de México entre 1920 y 1940, periodo caracterizado por el establecimiento de nuevas matrices de dominación.

El moderno Estado mexicano se consolida después de un largo proceso de levantamientos armados y de lucha social (guerra de Independencia 1810-1820; Guerra de Reforma 1862-1867; revolución campesina 1910-1920), acompañado de un ciclo de revolución-restauración, de revolución pasiva, que culmina entre 1920-1940 con las reformas cardenistas, que definen la correlación de fuerzas entre las clases sociales en México en favor de la burguesía. La crisis del PRI es entonces también la crisis del proyecto posrevolucionario de la burguesía.

La actualidad del concepto de hegemonía y del pensamiento de Antonio Gramsci nos muestra la necesidad de comprender la historia y la política como problemas del presente y del futuro; como escribe Gramsci: "Si escribir historia significa hacer historia del presente, es un gran libro de historia el que en el presente ayuda a las fuerzas en desarrollo a adquirir mayor conciencia de sí mismas y, por tanto, a ser más concretamente activas y poderosas" (Gramsci, 1975: 90).

BIBLIOGRAFÍA

Boyer, Robert, y Jacques Mistral (1983), "Acumulation, inflation et crise", en *Economie en liberté*, PUF, París, febrero.

Buci-Glucksmann, Christine (1980), "Gramsci y la política", en Carlos Sirvent (coord.), *Gramsci y la política*, UNAM, México.

—— (1979), *Gramsci y el Estado*, Siglo XXI, México.

Cohen, Jean L. (1997), "A Bid for Hegemony. American Discourse of Civil Society and its Dilemas", mimeo., en *Gramsci e il novecento*, Congreso Internacional de Estudio, Instituto Gramsci, Cagliari, Italia, 15-18 de abril.

Cox, Robert W. (1997), "Gramsci's Thougt and the Question of Civil Society in the Late 20th Century", mimeo., en *Gramsci e il novecento*, Congreso Internacional de Estudio, Instituto Gramsci, Cagliari, Italia, 15-18 de abril.

Dahl, Robert A. (1996), *La poliarquía, participación y oposición*, Rei, México.

Fontana, Benedetto (1993), *Hegemony and Power*, University of Minnesota Press, Nueva York.

Gramsci, Antonio (1975), "Notas sobre Maquiavelo, sobre política y sobre el Estado moderno", en *Cuadernos de la cárcel*, *Obras de Antonio Gramsci*, tomo I, Juan Pablos Editor, México.

Gramsci, Antonio (1980), "El Risorgimento", en *Obras de Antonio Gramsci*, tomo VI, Juan Pablos Editor, México.

Kanoussi, Dora, y Javier Mena (1985), *La revolución pasiva: una lectura a los cuadernos de la cárcel*, Universidad Autónoma de Puebla (Colección Ciencia Política), México.

Pereyra, Carlos (1984), "El problema de la hegemonía", *Revista Mexicana de Sociología*, febrero.

Portantiero, Juan Carlos (1983), *Los usos de Gramsci*, Folios, México.

Poulantzas, Nicos (1984), *Poder político y clases sociales en el Estado capitalista*, Siglo XXI, México.

Sacristán, Manuel (1981), *Antonio Gramsci, antología*, Siglo XXI, México.

Taylor, P. J. (1997), "The Way the Modern World Works-World Hegemony to World Dimpasse", *International Affairs*, vol. 73.

Vacca, Giuseppe (1980), "La teoría del socialismo en Gramsci", en Carlos Sirvent (coord.), *Gramsci y la política*, UNAM, México.

HISTORIA DE LAS IDEAS

Álvaro Matute

Definición

"Las ideas no sólo son tan hechos históricos como los que más lo sean, sino aquellos hechos históricos de que dependen los demás...", expresa José Gaos. Por su parte, el historiador inglés Frederick Maitland afirmó que "lo esencial en la historia no es lo que sucedió sino lo que se pensó o dijo sobre ello". Estas dos aseveraciones ofrecen planteamientos distintos acerca de lo que potencial y realmente es o puede ser la historia de las ideas. En el primer caso, se parte de un enfoque idealista, de absoluta raigambre hegeliana, que hace recordar la contraparte marxista en el sentido de que ésta pretendía poner de pie lo que estaba de cabeza en Hegel. El que los hechos históricos dependan de las ideas es una afirmación radical, ya que todo el acontecer dependería de las ideas que lo rigen. Así como hay determinismos materialistas, éste puede ser un determinismo idealista, aunque los términos resulten contradictorios. Sin embargo, es un principio fundador de la historia de las ideas, en cuanto que las concibe como lo esencial de todo el acontecer. Ciertamente, no todo historiador de las ideas parte de ese principio, pero por lo menos debe asumir que es un principio-guía. Las ideas son en esta concepción el *summum* de la historia. La otra afirmación, la de Maitland, no representa lo mismo en términos filosóficos, pero también le da una fuerza incontrastable a la historia de las ideas, al sugerir que los hechos en sí no son los más importantes del acontecer, sino, más bien, lo importante es aquello que suscitaron en la esfera de la *doxa*. La historia de lo que se dijo o lo que se pensó acerca de lo que sucedió es tan importante o más que lo que supuestamente sucedió. Maitland no abunda en el caso, pero podría inferirse que lo que se dijo y lo que se pensó acerca de los hechos es algo cognoscible, mientras que lo que *realmente sucedió* tal vez no lo sea.

Historia, teoría y crítica

Un ejemplo que ilustra cabalmente la afirmación de Maitland apareció en la historiografía indiana. Cuando los cronistas se enfrentaron a la necesidad de dar razón acerca de la habitabilidad del Nuevo Mundo, del origen de su gente, practicaron la historia de las ideas al elaborar, dentro de sus crónicas, breves compendios en los que recuperan distintas opiniones expresadas por diversas autoridades; pongamos por caso Platón, Séneca, san Agustín, de quienes refieren lo que pensaron sobre problemas cuya solución se buscaba, como si era habitable la zona tórrida, si podía haber poblamiento más allá de las Columnas de Hércules, etc. Francisco López de Gómara, Bartolomé de las Casas, Gregorio García, entre otros, dan cuenta, a veces con minuciosidad, de lo que en tiempos antiguos se había especulado al respecto.

Lo que los cronistas de Indias hacían en la práctica, un preceptista, Christophe Milieu, proponía como diferentes contenidos para una historia universal, la cual debería abordar, entre otras, la *historia sapientiae*. Un siglo y medio después, Gianbattista Vico hizo referencia clara a "una historia de las ideas humanas". De hecho, teólogos y filósofos hacían historia del pensamiento sin que ello implicara un campo de trabajo diferenciado de otros tipos de escribir historia.

La historia de las ideas propiamente dicha comenzó como historia de la filosofía y, a riesgo de caer en una inexactitud, puede considerarse a Hegel si no como su fundador, sí como su primer gran realizador. De no ser el primero en escribir una historia de la filosofía, sí fue Hegel quien le dio un sólido fundamento —idealista— a este campo disciplinario. Además, en sus *Lecciones sobre filosofía de la historia* hizo aquello que José Gaos señala en la frase con la que se inicia este texto: hacer depender los hechos de las ideas. Mas la historia de las ideas tomó un rumbo independiente con respecto a la historia de la filosofía. En un principio, hubo una vinculación muy grande, como de hecho siempre puede haberla. Sin embargo, se dio un proceso que se podría caracterizar como de *secularización* de las ideas con respecto a la filosofía, al no ser solamente historia de los sistemas filosóficos o del pensamiento de los filósofos, sino de la relación de unos y otros con pensamientos aplicados a esferas particulares del acontecer. Sterling P. Lamprecht sentenció en 1939 que "la historia de la filosofía es la historia del pensamiento del filósofo; la historia de las ideas es la historia del pensamiento del hombre".

La historia de las ideas es una especialidad de la historiografía, de la filosofía, de la sociología y la ciencia política, principalmente, aunque también puede concebirse desde muy diversos campos como el de la medicina, la física o la geografía, para sólo citar algunas disciplinas. Puede haber una historia de la economía y otra paralela del pensamiento económico. El uno complementa a la otra y a la inversa, pero pueden concebirse de manera legítima como independientes. Son campos del conocer que pueden practicarse como autónomos o no, de acuerdo con el enfoque empleado por quien emprende la investigación del caso.

El siglo XIX, también conocido como "siglo de la historia", no se significó por sus grandes avances en historia de las ideas, sino hasta el final del mismo, en gran medida a causa de la reacción antihegeliana de grandes historiadores, como Leopold von Ranke, más atento a la historia fáctica, en su vertiente política. En cambio, la historia de la cultura, con Jakob Burckhardt como su mejor cultivador, se dirigió por un buen camino hacia el pensamiento. Pero más bien fue la teología la que impulsó un avance en la historia del pensamiento con Schleiermacher, quien desarrolló la hermenéutica como la metodología idónea para la comprensión de los textos bíblicos. Wilhelm Dilthey perfeccionó lo logrado por su antecesor y lo secularizó, en el sentido de aplicarlo ya no a la exégesis de las Escrituras, sino al estudio de obras filosóficas y literarias para con ellas establecer la concepción del mundo, no sólo de sus autores, sino del tiempo que vivieron. La concepción hegeliana de las ideas cobra actualidad con Dilthey y el conocimiento del pensamiento se privilegia como el esencial en la historia. De esos hechos —las ideas— dependen los demás, como asevera Gaos. La concepción diltheyana de *ciencias del espíritu* se amolda muy bien con el campo de la historia de las ideas, sin que sean una y la misma cosa. Se puede argüir que su *Introducción a las ciencias del espíritu* no es propiamente una historia de las ideas, pero la fundamentación filosófica que hace Dilthey en ese libro de manera implícita echa mano de la historia de las ideas y se apoya en ella. Un texto que de manera más plena es historia del pensamiento, del mismo autor, es *Hombre y mundo en los siglos XVI y XVII*. En su lenguaje, es historia del espíritu.

El campo de interés por la historia del pensamiento fue ampliando su radio de acción de la historia de la filosofía, como pensamiento formal, sistemático, a la historia del pensar. De acuerdo con José Ortega y Gasset, es importante distinguir entre *ideas* y *creencias*. "Las ideas se tienen, en las creencias se está", dice su afortunado aforismo. Idea, aquí, tiene una connotación precisa, específica, como aquello que se piensa tras haber reflexionado sobre un objeto o conjunto de objetos; el estar en la creencia es el pensamiento que se hereda, al que se llega por vivir inmerso en él, en última instancia, la cultura espiritual recibida. Ideas y creencias son objetos históricos y, por lo tanto, tienen su historicidad y son susceptibles de que se les escriba su historia.

En un plano paralelo, Benedetto Croce, con su idea de que la historia es/debe ser *historia del espíritu*, no está lejos del concepto orteguiano. En su obra como historiador, Croce hace una historia en la que las ideas desempeñan un papel preponderante, ya que ellas expresan el espíritu. Lo material depende de lo espiritual. Por su parte, un ejemplo interesante de esta situación se puede encontrar en la clásica obra de Max Weber *La ética protestante y el espíritu del capitalismo*, libro en el que se establece un diálogo importante entre los aspectos material y espiritual, siendo éste el preponderante. No es historia de las ideas, pero éstas adquieren un plano destacado en la historia, la cual, a su vez, es interacción entre lo espiritual y lo material.

Para ejemplificar cómo se fue desarrollando este campo, más allá de lo sancionado como historia de las ideas, el libro de Bernhard Groethuysen, *La formación de la conciencia burguesa en Francia en el siglo XVIII*, es una excelente muestra de lo que se puede denominar historia del espíritu o, a lo Ortega, historia de las creencias. Lo es tanto por lo que permanece como por lo que cambia y que da por resultado una forma de pensamiento nueva, pero integrada por elementos de la tradición. Metodológicamente, el libro también es una obra señera, ya que está basado en sermones de la época en los cuales se condena lo heterodoxo que se va incorporando a las costumbres seculares.

En contraste, los libros de Paul Hazard, *La crise de la conscience européene* y *La pensée européene au XVIII siècle*, son buenos ejemplos de historias más formales del pensamiento, que no de las ideas, ya que abarcan un ámbito que se extiende más allá de lo formal, campo que José Ferrater Mora define como *protofilosófico*. Desde luego, Hazard parte de los pensamientos así sancionados, o ideas, también en el sentido orteguiano. Recorre las aportaciones de los filósofos, pero no se queda en una historia de la filosofía, sino de las ideas en un sentido más ligado a la historia no disciplinaria de la filosofía, más abierta, conjugada con la sociedad y la cultura. Es otra manera de hacer historia del espíritu.

Tal vez el ejemplo más *puro* de historia de las ideas entendida como la búsqueda de los elementos nucleares de lo que con los siglos sería una doctrina es *El historicismo y su génesis*, de Friedrich Meinecke, autor también de una importante *Historia de la razón de Estado*. El libro sobre el historicismo es ejemplar por la manera en que su autor se remonta a examinar textos en los que aparecen elementos contrarios al jusnaturalismo, los cuales con el tiempo se sistematizarán hasta convertirse en una doctrina que, al estar ya formada y realizada, comienza a identificarse con el nombre de historicismo.

A veces ha sido difícil deslindar entre historia de la cultura e historia de las ideas o del pensamiento. Sucede, por ejemplo, en tratamientos en los que todo va unido y obedece a un mismo principio, como el religioso. En el campo historiográfico, una buena muestra la ofrece Christopher Dawson, eminente historiador del cristianismo medieval. Con referencia a la misma época, pero en este caso bien establecido el campo de historia de las ideas como historia de la filosofía, se cuenta con la obra de Etienne Gilson.

Como en tantos ámbitos del saber, la historia de las ideas o del pensamiento fue algo que se practicó antes de que hubiera una definición de ese campo. Antes de que ello sucediera ya se le podía identificar como una especialidad, campo de conocimiento o, incluso, como una subdisciplina. Las aportaciones eran una realidad en manos de los grandes maestros mencionados, como Dilthey, su discípulo Groethuysen o Hazard. Fue el norteamericano Arthur J. Lovejoy quien intentó definir y deslindar la historia de las ideas en su libro *The Great Chain of Being* (1936). Antes de él pudo haber confusión en cuanto a entender como sinónimas las historias de las ideas, del pensamiento o de la filosofía. Para Lovejoy existen *unidades* que se pueden captar al descomponer sistemas o momentos: aquello a lo que se puede reducir el *espíritu de una época*, lo que está en el fundamento de todo, lo que lo constituye. En ese sentido, hay una vuelta al concepto hegeliano traído a colación por Gaos. No es un sólo pensar, como lo podría advertir Maitland, sino la esencia del pensar, del cual pueden depender los hechos. La propuesta de Lovejoy tuvo mucha repercusión en el mundo anglosajón y se ha retomado en años más recientes como importante punto de partida para renovar la discusión sobre el concepto. El propio Lovejoy fundó en 1940 el *Journal of History of Ideas*, que continúa apareciendo hoy en día. El artículo inicial de la revista, "Reflections on the History of Ideas", permite a Lovejoy no sólo justificar la aparición de una revista especializada sino también insistir en su deslinde de lo que debe ser y lo que no debe ser la historia de las ideas. Menciona, por ejemplo, el término *historia intelectual*, de absoluta raigambre anglosajona y que ha corrido parejo con el de historia de las ideas, a veces como sinónimos y a veces diferenciados. Lovejoy estableció 12 campos de conocimiento dentro de la historia de las ideas, a saber: historia de la filosofía, historia de la ciencia, folclor y etnografía, historia del lenguaje y semántica, historia de las creencias religiosas y las doctrinas teológicas, historia literaria, "lo que de manera no muy feliz es llamada literatura comparada", historia del arte, historia del pensamiento económico, historia de la educación, historia del pensamiento político y social, y sociología del conocimiento. Este último campo, del que se deslinda Lovejoy, que ya había sido formulado por Karl Mannheim, definitivamente guarda una relación muy estrecha con la historia de las ideas.

La antes mencionada historia intelectual comenzó a diferenciarse de la historia de las ideas en la medida en que trató, si no de hacer propiamente lo que proponía Mannheim, a saber: una explicación de los "estilos de pensamiento", para con ellos caracterizar a una época, sí, por lo menos, establecer relaciones entre el pensamiento y el entorno social del que había surgido. Dependería de quien la emprendiera el peso que le pudiera dar a esa relación sociedad-pensamiento, si con un énfasis determinista o simplemente de correlación. No hay que omitir que dentro de los estudios de historia cultural marxista, que se pueden ejemplificar con la obra de Lukács, se parte del condicionamiento de la superestructura por la estructura.

La historia de las ideas, la historia intelectual, la historia de la filosofía, así como las historias del pensamiento social, económico, político, científico, etcétera, adquirieron carta de naturalización en los ámbitos académicos y se convirtieron en una práctica habitual. No sólo aumentó la investigación sobre esos campos, sino que se multiplicó al convertirse en el soporte necesario para una gran cantidad de cursos impartidos en las universidades, que pronto requirieron de manuales. Algunos de ellos adquirieron merecida notoriedad.

Maurice Mandelbaum hizo aportaciones muy importantes en un artículo publicado en 1965 en el cual pretende establecer diferencias entre historia de las ideas, historia intelectual e historia de la filosofía. Parte de un concepto riguroso de historia de las ideas, para evitar referirse a él con demasiada amplitud. En la práctica de la subdisciplina encuentra dos escuelas: la de Lovejoy y la alemana, de tradición diltheyana, encabezada en el momento del análisis de Mandelbaum por Erich Rothaker, editor del *Archiv für Begriffsgeschichte*. En ésta continuó ejerciéndose el análisis hermenéutico, aunque en la primera no fueron extraños algunos contactos con el pensamiento alemán, sobre todo con las aportaciones de Ernst Cassirer. De cualquier manera, la escuela americana desarrolló una línea más analítico-descriptiva.

La reducción de Mandelbaum a dos "escuelas" puede parecer drástica al no considerar a algunos cultivadores de temas sobre la historia de las ideas ajenos a ser encuadrados en una u otra, como por ejemplo Isaiah Berlin y Raymond Aron, poderosas individualidades difícilmente ubicables en una "escuela".

La proyección del pensamiento alemán del primer cuarto del siglo XX encontró una entusiasta recepción en España, donde alcanzó un desarrollo importante. Si bien Ortega y Gasset, Manuel García Morente, Xavier Zubiri o Joaquín Xirau no fueron propiamente historiadores de las ideas, dentro de su quehacer filosófico ejercieron, más que nada, como historiadores de la filosofía, al haberse ocupado de grandes filósofos. Aunque Ortega haya afirmado que no podía hacerse la historia de las ideas, lo importante es que todos ellos formaron a sus discípulos con una idea muy clara acerca de la importancia que tenía la historicidad del pensamiento, a grado tal que uno de ellos, José Gaos, quien adoptó el historicismo como filosofía, incorporó a sus tareas la práctica rigurosa y sostenida de la historia de las ideas.

La circunstancia de la Guerra Civil española y el exilio de los republicanos hacia Hispanoamérica, con particular destino a México, produjo matices importantes en el cultivo de la historia de las ideas, además de una significativa ramificación de la tradición historicista alemana. Además de la enseñanza y la investigación filosófica que desarrollarían los filósofos del exilio español en México, se presentaba un problema interesante para ellos, que Gaos, sobre todo, captó, asimiló y desarrolló y que no es otro que la necesidad de extender el radio de acción de la historia de las ideas a la historia del pensamiento, incluyendo dentro de éste aquello que se podría considerar como protofilosófico. Esto, por lo que corresponde a una historia de las ideas centrada más en el ideario de las distintas épocas y, dentro de ellas, de sus figuras sobresalientes. Pero también, de raigambre hegeliana, estableció Gaos otro modo de pensar historicista que enriqueció la práctica de la historia de las ideas en México al plantear la necesidad de investigar qué se había pensado de ciertos objetos en particular a lo largo del tiempo. Así se fortaleció la historia de las ideas en este país, que se había iniciado desde un ángulo polémico con los presbíteros Agustín Rivera y San Román y Agustín de la Rosa, en el siglo XIX, continuó con un enfoque bibliográfico-descriptivo con Emeterio Valverde Téllez y se enriqueció con las incursiones de Antonio Caso en terrenos histórico-filosóficos y posteriormente con Samuel Ramos, cuya aportación engarzó con las propuestas de Gaos, las cuales fructificaron en Antonio Gómez Robledo, Edmundo O'Gorman, Justino Fernández y Leopoldo Zea, primeros discípulos mexicanos de Gaos, dedicados a diversas modalidades del estudio de las distintas percepciones en torno a lo americano en general o lo mexicano en particular. En el caso de Fernández, el objeto de su estudio fueron las ideas en torno al arte mexicano, con lo cual desarrolló una interesante estética historicista.

En esa generación, como en la siguiente, hacer historia de las ideas y hacer filosofía era una y la misma cosa o, dicho de otro modo, se hacía filosofía al hacer historia de las ideas. Libros como *Idea y experiencia de América*, *La invención de América* y *América en la historia* son ejemplos típicos de ese filosofar/historiar. Dentro de esta conjunción derivó la conocida corriente denominada "filosofía de lo mexicano", que buscó una ontología particular a partir de las ideas, pero se apartó de la indagación de su historicidad, y por consiguiente no puede ser considerada historia de las ideas.

De la generación subsecuente de discípulos de José Gaos destaca, sobre todos, Luis Villoro, con sus obras en torno al indigenismo y la independencia mexicana. De esta generación sobresalen como historiadores de las ideas Juan Hernández Luna, Bernabé Navarro, Rafael Moreno, Victoria Junco, Carmen Rovira, Elsa Cecilia Frost. El libro de Villoro consagrado a la Independencia de México abre su campo de estudio a las ideas políticas, en el cual se contaba con la aportación precedente del transterrado español José Miranda, quien del ámbito jurídico-político partió como otros al de las ideas sobre ese particular. Dentro de la historia de las ideas políticas incursionaron Francisco López Cámara, Pablo González Casanova, Raúl Cardiel Reyes y Jesús Reyes Heroles. Este último, no desde la perspectiva historicista, sino a partir de la influencia de Guido di Ruggiero. Posteriormente, Abelardo Villegas ha hecho estudios importantes en este particular, también en la línea de hacer filosofía al emprender el estudio sobre el pensamiento filosófico-político. De manera independiente, José María Gallegos Rocafull, con sólidas bases teológicas, estudió sobre todo el pensamiento colonial mexicano.

El florecimiento del cultivo de la historia de las ideas en México desde la mira historicista tuvo lugar de 1940 hasta mediados de los años sesenta. En ese periodo, los mencionados se dedicaron a estudiar el pensamiento filosófico y político mexicano, con especial atención al producido en los siglos coloniales y el XIX, buscando establecer la relación de los modelos originales europeos con su trasplante a América. (Cabe destacar que no se limitaron al análisis del pensamiento mexicano, sino que lo ampliaron hacia otros ámbitos de la América hispana y portuguesa.) Se trató de un desarrollo autónomo con respecto a otros ámbitos de trabajo.

José Gaos mismo es un hito en la historiografía de las ideas. Su universalidad es ejemplar. Además de sus incursiones en la historia de la filosofía propiamente dicha, que abarca filósofos clásicos, medievales, modernos y contemporáneos, también se ocupó de temas hispanomexicanos, ya sea a través de individualidades o de visiones de conjunto. Pero, sobre todo, es necesario hacer énfasis en una obra muy singular que pocos autores pueden acometer. Se trata de un libro póstumo, la *Historia de nuestra idea del mundo*. Su edición partió de sus propios apuntes, reforzados con las notas de su discípulo Andrés Lira. Es, como su nombre lo sugiere, un recorrido por lo que Gaos concibe como *nuestra idea del mundo*, es decir, *nuestra* por ser una idea occidental, y también por ser moderna y contemporánea. Esto es, deja atrás las ideas clásica y medieval del mundo que llegan a *nosotros* no como algo constitutivo de nuestro pensamiento, sino a través de la relectura de los modernos. El recorrido es impresionante por cuanto a que está hecho sin mediaciones, es decir, en la lectura y hermenéutica directas de la obra de los autores originales. Pese a haber sido un libro escrito a partir de una necesidad docente, está muy lejos de tener la apariencia de un manual. Es una obra mayor, que desgraciadamente no entró en los circuitos internacionales debido al aislamiento del mundo hispanohablante con respecto a otros centros académicos. Es difícil encontrar en la bibliografía internacional una obra como ésta que, después de caracterizar el mundo medieval a través de las obras de santo Tomás de Aquino, Dante y la catedral de Chartres, recorra la modernidad desde el Renacimiento y el binomio Reforma/Contrarreforma hasta la Ilustración y el romanticismo, pasando por Newton, Molière, el *Quijote* y avance sobre la contemporaneidad con el psicoanálisis, el marxismo, la cibernética y otros ámbitos que al confluir en un mismo mundo se convierten en "nuestros". En un interesante apéndice discute si es posible la historia de las ideas en el sentido de que al no tener corporeidad, de acuerdo con Platón, no podía haber una historia de ellas. Su obra demostró con creces la posibilidad de la historia de lo que han pensado los hombres, filósofos o no.

Si bien la historia de las ideas tuvo un desarrollo de primera magnitud en México, y pese a que los últimos discípulos de Gaos emprendieron un importante esfuerzo de renovación historiográfica, la práctica de este campo de estudio se desarrolló, igualmente, al margen de las aportaciones estadunidense y alemana posteriores a la segunda guerra. Ello en principio no fue grave, por cuanto a que la solidez con que fue emprendida por las primeras generaciones le imprimió una originalidad que la hacía ser autosuficiente. El problema se agudizó cuando irrumpieron nuevas corrientes como la filosofía analítica y del lenguaje y el estructuralismo, que promovieron nuevos giros metodológicos, así como, fuera de estas tendencias, el desarrollo de la hermenéutica en manos de Hans Georg Gadamer y Paul Ricoeur, para sólo citar a sus más grandes exponentes. En ese sentido, puede hablarse de una cierta recesión, que no debe entenderse de manera peyorativa, ya que se siguieron elaborando trabajos apreciables. El problema fue lo ajeno a los nuevos ímpetus cobrados por aportaciones originales, como las de Michel Foucault, cuyo primer gran libro de repercusión internacional, *Las palabras y las cosas*, es una manera novedosa de historia de las ideas. Sus trabajos posteriores, por su originalidad, la rebasan y penetran en el mundo de la historia de las mentalidades, en lo que pueda haber de frontera entre uno y otro campos.

LÍNEAS DE INVESTIGACIÓN Y DEBATE CONTEMPORÁNEO

Lo ajeno que se mencionó se refiere al enriquecimiento que hubo en este campo desde 1969, fecha coyuntural, ya que rememora la muerte de Gaos y la aparición de un artículo muy influyente de Quentin Skinner, "Meaning and Understanding in the History of Ideas". El estructuralismo y la filosofía del lenguaje vinieron a poner en primer plano la importancia del análisis del texto para no hacer depender su comprensión del contexto, como lo hacía la hermenéutica tradicional, que ponía un énfasis sobresaliente en las intencionalidades manifiestas u ocultas de los autores.

Con Skinner y la tendencia o escuela que él representa, con J. G. A. Pocock, se trata de analizar las ideas como respuesta a los problemas que las generaron en su momento. Para algunos comentaristas, como Ambrosio Velasco, la posición de Skinner, al buscar una reconstrucción historiográfica más plenamente auténtica, pone la historia de las ideas en peligro de convertirse en anticuaria, de acuerdo con la connotación que da Nietzsche a este término. Sin embargo, la otra posibilidad, es decir, la de hacer filosofía crítica a partir de los materiales que proporciona la historia de las ideas, la pone en peligro de convertirse en anacrónica. Es importante tratar de superar esa disyuntiva. La cuestión que en este caso se plantea para la teoría política puede ser válida para cualquier otra historia de las ideas, en la medida en que de hecho cualquier modo de historiar puede incurrir en los dos peligros: ser anacrónico en el sentido de dotar de demasiado presentismo al pasado, o ser anticuario, en el sentido de restaurar el pasado con tanta corrección, que se vuelva intrascendente y carezca de valor para el presente. De cualquier manera, entre los debates actuales, éste es uno de los que más han enriquecido el campo de la historia de las ideas. La polaridad puede encontrarse entre quienes plantean la posibilidad de hacer filosofía a partir de la historia, como lo hicieron los historicistas, o quienes sólo quieren hacer una historia pura, exenta de filosofemas. ¿Es realmente una disyuntiva? ¿Es posible hacer una cosa sin la otra?

Los debates actuales, o al menos recientes, también han versado sobre la relación texto/contexto, sobre todo a partir del estructuralismo y sus secuelas. Acaso el historicismo llegó al exceso del contextualismo para plantear su hermenéutica, la cual partía, sobre todo, de postular la intencionalidad del autor. El autor era un sujeto consciente que reflejaba su tiempo proyectándolo en la obra, lo cual es desde luego aceptable, pero se consideraba esta situación como un acto de conciencia. Asimismo, el abuso de los marcos contextuales llegó a una suerte de mecanicismo, en el sentido de que el contexto, de manera automática, explicaba el texto. El giro lingüístico dado por la historia intelectual parte de la consideración del lenguaje como un sistema de signos dentro del cual está atrapado el sujeto, cuya intencionalidad se pierde al ser él mismo un propagador de esos signos.

Con ello, la historia de las ideas avanzó metodológicamente hacia rumbos distintos de aquellos a que la había enviado la reiteración de metodologías ya probadas. En los últimos decenios el bagaje intelectual de la historia del pensamiento se ha enriquecido de manera notable. Los campos de conocimiento que abarca han experimentado variaciones con respecto a los que identificó Arthur Lovejoy hace más de medio siglo, aunque muchos de ellos siguen siendo los mismos, vistos con otros enfoques.

La relativamente reciente práctica de la historia de las mentalidades no debe confundirse con la historia intelectual o de las ideas, aunque en autores como Foucault es difícil establecer fronteras. Fundamentalmente, la segunda es de minorías, ya que su fuente es el texto, la influencia que él recibe y la que él proyecta, es decir, su recepción y la recepción que él mismo manifiesta. La mentalidad es, dicho a la española, o a la orteguiana, la creencia, lo cual es por antonomasia colectivo y no necesariamente textual. Se pueden compartir elementos heurísticos y hermenéuticos, pero sus finalidades son distintas. En algunos aspectos se tocan, como el de la historia del libro, sobre todo en lo que toca a la recepción. Algunos historiadores como Roger Chartier han puesto énfasis en la recepción y no necesariamente en el contenido mismo de las ideas.

La historia intelectual o de las ideas sigue siendo un campo de trabajo en el que confluyen de manera natural, sobre todo, historiadores, filósofos y estudiosos de la literatura. Por esa confluencia se han deslindado, a su vez, los cultivadores de otros tipos de historia, filosofía y crítica literaria más atentos al cultivo "puro" de cada una de esas disciplinas. La historia intelectual o de las ideas se ha convertido naturalmente en interdisciplinaria o transdisciplinaria.

Esta interdisciplina de convergencia filosófico-histórico-lingüístico-literaria se ha manifestado en las propuestas novedosas de autores como Hayden White y Dominick LaCapra, entre otros. Metodológicamente, White hace historia de las ideas echando mano de instrumentos provenientes de la tradición historicista, del estructuralismo, de la retórica, para llegar a una comprensión del pensamiento historiográfico que trata de no dejar fuera ningún aspecto significativo de la expresividad histórica manifiesta en los textos. Su propuesta de análisis toma en cuenta tanto la presencia del factor ideológico, como lo había planteado Mannheim, como los modos en que están entramados los textos, según la preceptiva de Northrop Frye, la lógica con la que establecen sus explicaciones y los tropos con los que están concebidos y expresados.

Por su parte, LaCapra, en un importante artículo de 1980, invita a repensar la historia intelectual a partir de la reconsideración de seis elementos fundamentales: las relaciones del texto con las intenciones, las motivaciones, la sociedad, la cultura, su ubicación dentro del *corpus* de la obra de un autor, y los *modos* de entramado del discurso, de acuerdo con White. El examen que propone de cada uno de esos puntos implica una interesante apertura metodológica que no debe ser soslayada por el historiador de las ideas. LaCapra aboga por una historia intelectual que tome como objeto de estudio los "grandes textos", como también lo hizo Hayden White principalmente a partir de la publicación de su afamado libro *Metahistoria. La imaginación histórica europea en el siglo XIX*. White y LaCapra ejemplifican bien la mencionada transdisciplinariedad.

Fuera del "giro lingüístico", pero sin ser ajeno a él, el historiador Peter Novick ha dado una excelente muestra de historia de las ideas que remite a la práctica tradicional de la subdisciplina, con un libro en el que persigue de manera exhaustiva la idea de objetividad en la historiografía norteamericana. Desde un ángulo metodológico, es un buen ejemplo de historia intelectual, al manejar de manera muy clara y rica la relación del contexto social con el desarrollo de las ideas. El objeto de estudio, la "objetividad", resulta ser algo inexistente en cuanto tal, a la vez que existe como paradigma que se convierte en un "noble sueño" que permite examinar las actitudes de diversas generaciones de historiadores estadunidenses.

Desde la perspectiva hispanohablante, es deseable recuperar el tiempo perdido a causa del marginamiento con respecto al cultivo internacional de la disciplina. Un buen ejemplo de ello lo dio el brasileño José Guilherme Merquior, de formación netamente europea, pero latinoamericano al abordar los problemas de historia de las ideas a los que se enfrentó. A él se deben importantes incursiones dentro del liberalismo, el marxismo occidental y el estructuralismo como corrientes generales, así como un estudio luminoso acerca de Foucault. Su penetración y dominio de objetos son dignos de encomio. La universalidad de su obra es notable.

En el ámbito mexicano, el interés en el campo se ha manifestado recientemente tanto en historia de la filosofía y el pensamiento, en la obra de Mauricio Beuchot, Horacio Cerutti, Margarita Vera Cuspinera, como en historia de la historiografía, historia de la Iglesia, pensamiento político y económico, campos en los que no se ha dejado de contar con cultivadores y enriquecimientos metodológicos.

Es interesante notar que los historiadores extranjeros mexicanistas, ya sea europeos o norteamericanos, no están ligados a las vanguardias metodológicas, sino que siguen patrones más tradicionales, aunque no por ello sus resultados carezcan de la alta calidad que los caracterizan. Así, es muy indicativo que Charles A. Hale exprese su afiliación a un historiador de las ideas como Élie Halévy, de principios de siglo, que Jacques Lafaye transite por los caminos abiertos por su maestro Marcel Bataillon, y que David Brading exprese su deuda con autores como Edmundo O'Gorman. El caso es que los tres dan muestra de excelencia en el tratamiento de sus temas, al igual que los franceses Claude Fell, Charles Minguet y Claude Dumas y el israelita Tzvi Medin, éste muy cercano a la tradición orteguiana continuada en México por Zea.

La historia intelectual o de las ideas es un campo que sigue suscitando muchas preguntas y que, como tantos otros, plantea y requiere relecturas. El enriquecimiento que ha tenido en los últimos años es inconmensurable. De hecho, ya sea dentro de las innovaciones metodológicas o fuera de ellas, la historia del pensar y de la expresión de los pensamientos sigue siendo una práctica que reclama la atención de los estudiosos de todo el mundo. Hay diversas publicaciones periódicas especializadas, se produce anualmente una cantidad considerable de libros y, recientemente, en 1996, se fundó la International Society for Intellectual History (ISIH), cuyo objetivo es comunicar a estudiosos de todo el orbe practicantes de este campo de conocimiento.

BIBLIOGRAFÍA

Brinton, Crane (1968), "Historia de las ideas", en *Enciclopedia internacional de las ciencias sociales*, dirigida por David L. Sills, 10 vols., Aguilar, Madrid, pp. 436-440.

Cerutti Goldberg, Horacio (1997), *Hacia una metodología de la historia de las ideas (filosóficas) en América Latina*, UNAM-Miguel Ángel Porrúa, México.

——— (1996), "Different Approaches towards Intellectual History", en *Intellectual News. Newsletter of the International Society for Intellectual History*, núm. 1, otoño, pp. 13-24.

Gaos, José (1996), *"En torno a la filosofía mexicana"*, en *Obras completas*, VIII, UNAM, México, pp. 267-392.

——— (1994), *Historia de nuestra idea del mundo*, nueva edición cotejada con el manuscrito original y prólogo de Andrés Lira, en *Obras completas*, UNAM, México.

Groethuysen, Bernhard (1943), *La formación de la conciencia burguesa en Francia durante el siglo XVIII*, trad. y pról. de José Gaos, FCE, México.

Hale, Charles A. (1991), *La transformación del liberalismo en México a fines del siglo XIX*, Vuelta, México.

Hazard, Paul (1958), *El pensamiento europeo en el siglo XVII*, Guadarrama, Madrid.

Kelley, Donald R. (1990), "What is Happening to the History of Ideas?", *Journal of History of Ideas*, vol. 51, núm. 1, marzo, pp. 3-25

LaCapra, Dominick (1980), "Rethinking Intellectual History and Reading Texts", *History and Theory*, Beiheft 19, pp. 245-276.

Lovejoy, Arthur O. (1940), "Reflections on the History of Ideas", *Journal of History of Ideas*, vol. 1, núm. 1, pp. 3-23.

Mandelbaum, Maurice (1965), "The History of Ideas, Intellectual History and the History of Philosophy", *History and Theory*, Beiheft 5, pp. 33-66.

Novick, Peter (1997), *Ese noble sueño. La objetividad y la historia profesional norteamericana*, 2 vols., Instituto Mora, México.

Raat, William D. (1971), "Ideas and History in Mexico: An Essay on Methodology", en *Investigaciones contemporáneas sobre historia de México. Memorias de la tercera reunión de historiadores mexicanos y norteamericanos*, UNAM-El Colegio de México-University of Texas at Austin, México, pp. 686-699.

Skinner, Quentin (1988), "Meaning and Understanding in the History of Ideas", en James Tully (comp.), *Meaning and Context*, Oxford University Press, Oxford, pp. 26-67.

Velasco Gómez, Ambrosio (1995), *Teoría política: filosofía e historia. ¿Anacrónicos o anticuarios?*, UNAM, México.

Villegas, Abelardo (1971), "Naturaleza de la idea y de su historia", en *Investigaciones contemporáneas sobre historia de México. Memorias de la tercera reunión de historiadores mexicanos y norteamericanos*, UNAM-El Colegio de México-University of Texas at Austin, México, pp. 678-686.

Villoro, Luis (1965 y 1966), "Historia de las ideas", *Historia Mexicana*, vol. XV, núms. 2-3, octubre-marzo, pp. 161-195.

White, Hayden (1973), *Metahistory. The Historical Imagination in Nineteenth-Century Europe*, The Johns Hopkins University Press, Baltimore.

HISTORIA MEXICANA

Evelia Trejo

Definición

Definir el primero de estos términos supone precisar su uso común para nombrar dos cosas que pueden vincularse pero que deben distinguirse: el acontecer y la memoria de éste. Así, por historia mexicana puede entenderse lo acontecido en el pasado de México, o bien lo que de ese pasado se conserva y representa. El ejercicio disciplinario que consigue la representación de lo sucedido implica operaciones tales como la reunión de datos, la ordenación y publicación de fuentes, la crítica de éstas a la luz de diferentes ciencias, la utilización de teorías y filosofías de la historia que dotan de significado a ese pasado. La representación escrita del pasado, cuya denominación aceptada es historiografía, no se limita a una sola de las operaciones mencionadas, supone la relación entre sí de muchas de ellas, pero es ante todo la composición retórica con la cual un autor logra transmitir el conocimiento de lo histórico. Es este último fenómeno el que interesa aquí. Por historia se entiende historiografía, es decir, suma de obras que proporcionan conocimiento del pasado. Mexicana, a su vez, significa generada en México, posible gracias al interés de quienes en este país indagan en fuentes y organizan discursos con el fin de comunicar por escrito la memoria de lo acontecido. Una memoria, por cierto, que ha privilegiado el tema de lo acontecido en el propio país, y atendido escasamente otras realidades. Centrarse en la historia mexicana obliga a omitir la referencia a muchos autores extranjeros influyentes en la producción de los mexicanos —aquí aparecerán sólo algunos de los más sobresalientes—, así como a renunciar al temerario intento de resumir las novedades del conocimiento obtenido sobre la historia de México —una buena muestra de las aportaciones de tres décadas la ofrece *El nuevo pasado mexicano*, de Enrique Florescano.

Proporcionar una idea de la historia mexicana implica, pues, referirse a las condiciones en que se desarrolla este rescate, representación y divulgación del pasado en México a lo largo del presente siglo, a los historiadores que la escriben, a los temas que se cultivan y a los lectores que la consumen. Una cuestión de importancia capital que debe considerarse es que la disciplina de la historia alcanzó en México el carácter de actividad profesional hacia la mitad del siglo, hecho que se destaca en un quehacer cuyo origen se remonta al siglo v a.C. en la cultura occidental y que se ha practicado sin tregua en estas tierras desde la antigüedad prehispánica. La profesionalización de la disciplina se convierte, por tanto, en uno de los hilos que entrama este discurso sobre lo que indistintamente se denominará historia o historiografía mexicana; el otro es la cronología de ciertos acontecimientos significativos para su desenvolvimiento.

Historia, teoría y crítica

Los esfuerzos emprendidos por el hombre para conservar el recuerdo de los sucesos que le resultan importantes y dar una forma digna a la transmisión de ese recuerdo han sido continuos y no requirieron del establecimiento de una profesión para llevarse a cabo. En el pasado de México, la calidad de esas formas ha sido proporcional al contenido que se ha querido representar; de ello dan prueba, entre otros, los códices prehispánicos y poshispánicos, las crónicas de la Conquista y las provinciales, las sumas de la historia novohispana concebidas desde cosmovisiones que van de la agustiniana a la ilustrada, los recuentos cargados de sentimiento y de utopía de las distintas crisis que dieron cauce al nacimiento de la nación mexicana. En la mayor parte de los casos se dan la mano el registro puntual de los sucesos que conmueven y la imaginación histórica que indaga porque busca recrear lo ocurrido y proyectarlo hacia el futuro. A la vista de todos ellos se advierte el papel definitivo que desempeñan las circunstancias políticas, económicas y sociales, las experiencias colectivas de índole moral y cultural, y desde luego las individualidades, de una pluralidad sin límites, para explicar la realidad de la historiografía. Ninguna de las herencias se desdeña cuando ésta se encamina hacia rumbos de exigencia disciplinaria y, hacia la segunda mitad del siglo XIX, aparece la primera gran oleada de erudición como paso preparatorio del discurso histórico "verdadero", acompañada en algunas obras por la prédica del positivismo que pretende "cientifizar" la historia.

Si la última etapa del porfiriato y los primeros anuncios de la revolución armada se aceptan como el comienzo del siglo que finaliza, la historia mexicana del siglo XX se inicia con el desmoronamiento de ciertas tesis que habían servido para recuperar el pasado y explicarlo, propias de la escuela positivista. Tal se percibe incluso en la obra monumental, representativa de aquélla, dirigida por Justo Sierra en 1900-1902, *México. Su evolución social*. De allí en adelante, salvo honrosísimas excepciones, como Andrés Molina Enríquez, Emilio Rabasa, Ricardo García Granados y Jorge Vera Estañol, la metodología y la filosofía provenientes de dicha escuela comenzaron a debilitarse en el medio mexicano. Los historiadores siguieron rescatando vestigios del pasado con acuciosidad, haciendo gala de su confianza en el empirismo como base del conocimiento histórico, pero desconfiaron cada vez más de las teorías deterministas y de las tesis del progreso a ultranza. Esto es, redujeron los propósitos de la metodología e hicieron a un lado los de la filosofía ideologizada.

Indudablemente, los episodios que constituyeron la Revolución mexicana propiciaron miradas hacia el pasado que se veían condicionadas de manera directa o indirecta por ellos. La segunda década del siglo XX es pródiga en autores de historia inmediata, que más que historiadores podrían denominarse cronistas o memoriosos de los tiempos vividos, cuyo interés era esclarecer los sucesos revolucionarios y dejar en buenos términos su participación y la de sus facciones. Abundaron también los diagnósticos de la realidad ávidos de proponer caminos para un México desgastado; sus autores, más que escribir historias, aprovecharon situaciones del pasado para ensayar sociologías. Junto a unos y otros, estaban los historiadores que aparentemente no necesitaban ajustar cuentas con ella, ni pronunciarse en favor o en contra de una vía posible o deseable para la historia futura de México. Hacían sus armas como escritores, y eran a la vez abogados o médicos de profesión que veían en la historia alejada del estruendo revolucionario una realidad digna de ser rescatada. Los tintes románticos de quienes refundan el pasado colonial explorando sus rincones se acompañan en la actividad de estos historiadores de una disciplina heredera del empirismo cientificista, que les hace guardar celosamente su lugar al documento histórico. Puesto que la historiografía mexicana de las tres primeras décadas del siglo mantiene un espacio reducido para el positivismo, es inmediatista o tradicionalista y tiene como distintivo un apego al conocimiento de los hechos, sin hacer mayor aprecio de las teorías o filosofías explicativas del pasado que, de tiempo en tiempo, el historiador reclama para su quehacer. Los temas más socorridos para quienes miran más allá del acontecer revolucionario son los que ilustran sobre la etapa colonial, aunque también se rescata el tiempo prehispánico. Miguel Alessio Robles, Juan Barragán, Luis Cabrera, Emilio Portes Gil, José Vasconcelos escriben historia reciente; Luis Castillo Ledón, Alberto María Carreño, Luis González Obregón, Manuel Romero de Terreros, Francisco Sosa y Artemio de Valle Arizpe atienden el pasado lejano; Vito Alessio Robles contribuye en ambos sentidos. Álvaro Matute ha llamado historiadores pragmático-políticos a los primeros y empírico-tradicionalistas a los segundos.

Una actividad que rendiría frutos muy jugosos para el desarrollo de la historia mexicana fue la del rescate, ordenamiento y publicación de materiales, emprendida por esos años en algunas secretarías de Estado y organismos descentralizados del sector público, por personajes devotos de la historia, tales como Genaro Estrada y Luis Chávez Orozco. A ellos dos se deben aportes clave para esclarecer las historias diplomática y económica. El tipo de labor que impulsaron tuvo continuidad durante varias décadas. Así se dieron a conocer muchos volúmenes de documentos especializados en diversos temas. Más tarde, las instituciones académicas se sumaron a los esfuerzos que aun antes de iniciar el siglo se llevaban a cabo en el Museo Nacional de Arqueología, Historia y Etnología, a los de Luis González Obregón en el Archivo General de la Nación, y a los que por su iniciativa llevaba a cabo Genaro García, encaminados a dar a conocer fuentes documentales y bibliográficas, constituyeron un magnífico aporte para la edificación de la historiografía.

Para los años treinta es notable una nueva presencia: la de aquellos autores de una historiografía en la que el trabajo heurístico viene inmerso en reflexiones de mayor hondura. Historiadores que exploran y encuentran recursos dentro de la teoría de la historia que los conducen, por ejemplo, a la valoración y puesta en práctica de algunas tesis del marxismo para explicar el pasado. Proponen, ya sea a la vista de éstas o con miradas eclécticas, interpretaciones que se refieren tanto a los tiempos prehispánico y colonial, como a los del porfiriato y la Revolución de 1910. Sus aportaciones logran destacar aspectos de la historia nunca antes puestos de relieve y se atreven incluso a delinear características del pasado inmediato, desde un mirador menos comprometido con las facciones en pugna que retratan y más con la voluntad de comprenderlas dentro de un proceso. Se distinguen las obras de Rafael Ramos Pedrueza, Alfonso Teja Zabre, José C. Valadés y Luis Chávez Orozco.

En un buen número de las obras escritas en esta primera parte del siglo vibra la cuerda del nacionalismo; en las dos primeras décadas, con tintes de indigenismo y colonialismo, y en la tercera, en una curiosa amalgama con las tesis internacionalistas.

Los aportes de quienes redactan memorias de sucesos recientes, de los que retratan episodios curiosos del pasado, de aquellos que rescatan fuentes y de los historiadores que elaboran imágenes comprensivas de periodos amplios forman un interesante vestíbulo para acceder a la historiografía que se produce hacia la cuarta década. Ninguna de esas vertientes tiene como destino el cajón de desperdicios; antes bien, combinadas con distintos factores, cobran un significado mayor.

Desde finales de los años veinte hasta los primeros años cuarenta, en el medio mexicano ocurre una serie de acontecimientos que forman la infraestructura para la profesionalización de la práctica de la historia. Entre ellos, la organización de los estudios de historia en la Facultad de Filosofía y Letras de la Universidad Nacional, que a partir de 1928 ofrece grados de licenciado, maestro y doctor en la disciplina; la presencia, desde 1930, del Instituto Panamericano de Geografía e Historia; la de El Colegio de México, en 1939, residencia intelectual de importantes profesores transterrados con motivo de la Guerra Civil española, en el cual tiene lugar la creación y fortalecimiento de un Centro de Estudios Históricos; la fundación del Instituto Nacional de Antropología e Historia en 1939, como institución derivada del centenario Museo Nacional de Arqueología, Historia y Etnología; el nacimiento de los institutos de investigación de la Universidad Nacional Autónoma de México, de los cuales los de Sociales, Estéticas, Históricas y Antropológicas, principalmente, albergarían la investigación histórica en sus distintas modalidades.

Aunado a estas instituciones, cuyos fines específicos de enseñanza e investigación comenzaron a beneficiar de inmediato el campo del conocimiento histórico, el trabajo de edición y traducción de textos desarrollado por maestros españoles y mexicanos del más alto nivel, dentro de la casa editorial Fondo de Cultura Económica, puso en circulación obras muy valiosas para el crecimiento de la historiografía. De un efecto menor que la publicación de libros, pero poderosa por el peso que alcanzó con los años, fue la apertura de nuevos espacios de diálogo entre historiadores. Si bien se celebraba un Congreso Mexicano de Historia desde 1933, a partir de 1948 la realización del Congreso de Historiadores Mexicanos y Norteamericanos propició el intercambio periódico de saberes entre especialistas en la historia de México de uno y otro país. Asimismo, la presencia en México del Instituto Francés de América Latina, por un tiempo en manos del historiador François Chevalier, cumplió un papel esencial para relacionar las historiografías mexicana y francesa.

Muchos de los acontecimientos mencionados han tenido eco en la segunda parte del siglo. Tanto en la capital del país como en un buen número de ciudades de provincia se han multiplicado los espacios para llevar a cabo estudios profesionales de historia; universidades federales, estatales y privadas tienen programas que extienden títulos y grados para ejercer la historia. Ha crecido el número de sitios destinados a la investigación histórica y hoy alcanzan cifras superiores a la treintena, según puede constatarse en los registros que da a conocer el Comité Mexicano de Ciencias Históricas. La publicación de obras originales constituye un reto para universidades y casas editoriales; y el número de revistas especializadas que se publica en México es día con día mayor. Prácticamente cada institución productora de conocimiento histórico cuenta con un órgano de difusión, ya sea exclusivo para la disciplina o que la acoge entre otras afines. Los congresos son encuentros de especialistas y no es posible celebrar reunión alguna si no se anuncia su especificidad y se selecciona cuidadosamente la integración de las mesas de trabajo.

Esta estructura general es la que desde hace seis décadas constituye el marco de acción reconocido como válido para llevar a cabo el quehacer historiográfico; paulatinamente se inscriben en él aquellos sujetos que eligen la historia como vocación. Aunque no puede negarse que mirar el pasado con intención de rescatar lo que resulta significativo sigue siendo un patrimonio de todos los hombres —y muchos de ellos, al margen de las instituciones, continúan esa tradición que no necesitó de escuela para consolidarse—, los paradigmas de la disciplina se establecen dentro de los marcos aludidos.

Al promediar el siglo el panorama de la historiografía mexicana se torna más rico y complejo. En las instituciones académicas destacan individualidades que resultan líderes en los diversos campos de la historia, ya sea porque impulsan la investigación de ciertos temas, ya porque además proponen principios metodológicos o teóricos que renuevan o modifican los planteamientos de la historia. Tales son los casos, por citar sólo algunos, de Manuel Toussaint, Ángel María Garibay, Daniel Cosío Villegas, Silvio Zavala, José Miranda, Edmundo O'Gorman y Justino Fernández. A ellos se deben obras que proyectan la historia a un nivel de exigencia mayor; constituyen modelos y abren rutas. Es ejemplar la generosidad con que Toussaint franquea la puerta al estudio de la historia del arte, y Garibay al estudio del mundo náhuatl a través de su literatura. Al abrigo del Instituto de Investigaciones Estéticas, en un principio Laboratorio del Arte, Toussaint dispone todo lo conducente para escribir una historia del arte mexicano; congrega a dos historiadores, Salvador Toscano y Justino Fernández, y junto con ellos resuelve una descripción de las diversas expresiones de arte en los distintos tiempos. *Historia general del arte mexicano* (1944-1952) queda como base para ejercitar esa tarea que ha alcanzado hoy una plenitud envidiable. Garibay, dentro del Seminario de Cultura Náhuatl, fundado por él, y con su *Historia de la literatura náhuatl* (1953-1954), siembra la semilla de unos estudios que igualmente se han convertido en esta segunda parte del siglo en muestras vigorosas de lo que produce el conocimiento histórico bien sustentado. Nombres prominentes como los de Miguel León Portilla y Alfredo López Austin no pueden disociarse de esta fuente, aun cuando las propuestas interpretativas de cada uno son diversas puesto que provienen de principios teóricos y metodológicos distintos. En este territorio, como en el de la historia del arte, se han recorrido muchos caminos. Los historiadores han pasado del rescate y descripción de materiales a las narraciones muy bien documentadas de la realidad artística y prehispánica, que se interpretan con base en conocimientos y planteamientos teóricos procedentes de disciplinas desde económicas hasta lingüísticas, pasando por las políticas, sociológicas, psicológicas y antropológicas, según el caso.

Un ejemplo de liderazgo académico igualmente rico es el propiciado por el trabajo de Daniel Cosío Villegas. Hacia mediados del siglo, Cosío se convirtió en historiador a partir de una decisión madurada al calor de su experiencia como observador atento de la política del México posrevolucionario. Sus contribuciones a la historiografía son muchas y de diversa índole; por lo pronto, basta con señalar que la empresa que se echa a cuestas en 1948 y culmina, en una primera etapa, en 1972 —consistente en la investigación, escritura y publicación de la *Historia moderna de México* en 10 volúmenes—, revela su convicción de hacer de la historia la base de la comprensión de la realidad circundante. La voluntad de conocer puntualmente la República Restaurada y el Porfiriato implicó la reunión de materiales abundantísimos, y supuso además la organización de equipos de trabajo para dar solución a una historia vista en perspectiva cronológica, y diferenciada en los aspectos que le daban las políticas interior y exterior, la economía y la sociedad. La riqueza de la aportación es enorme, y el ejercicio impuesto a sus colaboradores, digno de encomio. Dos de ellos, Luis González y González y Moisés González Navarro, se convirtieron con el paso de los años en líderes de algunas formas de la historia social, que implican, por una parte, lidiar con la pluralidad demográfica de México y, por otra, con su variedad regional. La ganancia para Cosío fue proponer un conocimiento exhaustivo de las etapas que consideraba esenciales para ir adelante en la comprensión de la historia revolucionaria y contemporánea. El siguiente paso de su labor lo dio en condiciones nuevas para el desarrollo de la historiografía mexicana, las de los años setenta, de las cuales se tratará más adelante.

Todavía dentro de la etapa en que arranca la historiografía profesionalizada, es necesario hacer referencia a personajes encargados de renovar los aspectos metodológicos y teóricos, cuyas versiones sobre el deber ser del trabajo histórico siguen vigentes. Son los casos de Silvio Zavala, José Miranda, Edmundo O'Gorman y Justino Fernández. No surge ninguno de ellos de manera espontánea y aislada; en sus obras se advierten influencias diversas que toman cuerpo en la formación recibida de cuando menos dos autoridades intelectuales de origen español: el jurista historiador Rafael Altamira y Crevea, en un caso, y el filósofo e historiador José Gaos, en otros dos. Desarrollan sus trabajos en ambientes que enriquecen los planteamientos heredados sobre el quehacer histórico, y el magisterio que ejercen propicia el cultivo de una historiografía que muy pronto se encamina hacia la especialización. Las diferencias de enfoque que adoptan unos y otros tienen trascendencia para la concepción del trabajo historiográfico y, sin que pueda hablarse de corrientes diametralmente opuestas o de formas de cultivo radicalmente distintas, y menos aún de que las instituciones académicas en que llevan a cabo su labor obedezcan a un solo modelo, es innegable que hay entre ellos quienes ponen el acento en las operaciones heurísticas y quienes privilegian las fórmulas hermenéuticas, sin que esto signifique que sus obras se limiten a una de las dos operaciones. Por ejemplo, la dosis de empirismo que sustenta los trabajos de Zavala y de Miranda respalda el conocimiento de la historia de las instituciones jurídicas de la Colonia, en una primera etapa, y, en adelante, la obra de sus discípulos se beneficia de la confianza que depositan en la exhaustividad de la documentación como base del conocimiento de la realidad histórica. En los casos de O'Gorman y Fernández, la influencia del pensamiento historicista en su versión relativista y vitalista dota a su obra de una calidad interpretativa peculiar en todo lo que se refiere a las preguntas del primero sobre el ser de América y de México, y a las del segundo acerca del arte mexicano. Las obras de sus alumnos dan testimonio del valor de la interpretación como atributo inherente a la historiografía.

El trabajo profesional de la historia es una realidad que se consta en la creciente producción historiográfica de los años cincuenta y primeros sesenta; temas, metodologías y teorías contienen referencias claras de quienes figuran como prototipos de maestros e investigadores. Un recuento hecho en 1965-1966 sobre 25 años de historia mexicana la divide en especialidades temáticas. El tratamiento que reciben éstas es interesante sobre todo si se juzga desde la perspectiva de lo que viene después. Varias secciones se ocupan de la historia política y de la historiografía sobre acontecimientos particulares; sólo una, a la historia económica y social; los estudios del arte tratan de las artes plásticas; la historia religiosa, de la ciencia, de la educación, de la literatura y de la diplomacia reclaman cada una su espacio, y hay secciones dedicadas a las historias de España, universal y de América y Filipinas. En términos generales, la mayoría de los artículos y las cédulas de los trabajos con que se acompañan permite observar la supervivencia de formas tradicionales de hacer la historia, aun cuando la profesionalización de los estudios había incrementado el rigor en la investigación de fuentes, ampliado los campos temáticos, renovado algunos cultivos e inaugurado otros. El componente empirista de la herencia del siglo XIX guiaba los trabajos de historia política y amparaba los estudios de las instituciones coloniales; en ambos casos, la abundancia de documentación suponía un reto apetecible para la heurística; el historicismo, en polémica con quienes defendían el acopio de fuentes como única vía hacia el conocimiento de la realidad histórica, abría el camino a la historia de las ideas y de la historiografía, en las que la interpretación de los textos representaba un desafío para la comprensión del pasado desde el presente.

Son muchos los nombres que habría que mencionar para hacer justicia a quienes dejaron huella; la selección de algunos da una pequeña muestra de aquellos autores que se significaron por elevar el nivel de la investigación histórica con sus obras y por ejercer una influencia fructífera perceptible hasta el día de hoy: María del Carmen Velázquez, Ernesto de la Torre Villar, Juan A. Ortega y Medina, Leopoldo Zea, Francisco de la Maza, Carlos Bosch García, Berta Ulloa, Josefina Muriel, Luis Villoro y Elisa Vargas Lugo. Sus campos preferidos: la historia de las instituciones coloniales y decimonónicas —algunas de las cuales permitieron incluso llamar la atención sobre el papel de las mujeres en la historia—, la historia de las ideas, la de la historiografía, la de la filosofía, la del arte y la diplomática.

Una ojeada a la memoria de la reunión de historiadores mexicanos y norteamericanos celebrada en 1969 con el fin de revisar las investigaciones contemporáneas sobre la historia de México permite vislumbrar cambios significativos ocurridos en el curso de los años sesenta. Se destacan las llamadas de atención hacia la historiografía de la vida económica y la de la vida social, presentes más con el propósito de abrir perspectivas que con el fin de valorar realizaciones. Para hablar de ellas hacían acto de presencia dos historiadores cuyas trayectorias señalaban a Francia: Enrique Florescano, porque allá había continuado sus estudios superiores y había abrevado en las fuentes del marxismo renovado y de la historia cuantitativa, y Jean Meyer, porque la formación recibida en su país de origen y la temática elegida lo convertían en un abanderado natural de la historia social. La historia del tema regional y parroquial ocupó el sitio que había ganado ya dentro de la academia con el trabajo de Luis González y González, quien se encargaría de procurarle en la siguiente década un espacio considerablemente mayor. Estos aspectos, más una revisión del tema de las síntesis de historia de México, a cargo de Josefina Zoraida Vázquez, cuyos trabajos publicados hasta entonces ya respaldaban su notoriedad, sirven de base para presentar los rasgos principales de la historiografía que se produce en la segunda parte de los años sesenta y a lo largo de los setenta.

Contrariamente a las recomendaciones de una escuela historiográfica internacional tan fuerte como la francesa, que comenzó a cobrar simpatías en México en los años en que los egresados de escuelas profesionales de historia, ciencia política y sociología emprendían viajes de estudio por Europa, la historia política continuó siendo una realidad muy socorrida en nuestro medio. Temas candentes como el de la Revolución mexicana y sus antecedentes y consecuencias demandaban estudio y reunían a cultivadores de diferentes ramas de las ciencias sociales e incluso a especialistas de otras nacionalidades. En los años setenta, además de la continuación del proyecto de Cosío Villegas que reúne a una legión de autores de formaciones diversas, y de distintas generaciones, con la intención de revisarla palmo a palmo y abarcando todos los aspectos posibles, sobresalen las contribuciones de quienes la estudian a partir de cuestionamientos ricos y serios, y desde ángulos interpretativos nuevos. Arnaldo Córdova y Adolfo Gilly son dos ejemplos. La historia política también llama la atención de observadores que sacan conclusiones novedosas sobre algunos de los protagonistas notables del siglo XIX. Tal es el caso de Moisés González Navarro, uno de los autores mexicanos que mejor partido ha sacado a sus conocimientos de sociología para abordar la historia política. La historia económica, por su parte, tiene hasta estos años un verdadero despegue. Las tesis del marxismo actualizado cobran vigencia en México y las metodologías cuantitativas se aplican a explorar los rincones de la economía que se considera que explicarán mejor el transcurrir histórico. La Colonia es uno de los tiempos preferidos aunque no el único. Enrique Florescano, antes de que arranque la década, pone en circulación un buen modelo. Poco después, una obra erudita, publicada por Jan Bazant, confirma las expectativas que se abren para la historiografía económica en México. La historia social descubre temas inéditos y convoca a atenderlos con múltiples ejemplos. Al parejo de todos ellos, continúa el ritmo de trabajo de quienes, formados generaciones atrás y reconocidos ya dentro de un campo, despejan caminos nuevos para la indagación de la historia. Miguel León-Portilla abre ruta hacia los estudios del noroeste, en cuyo tránsito ya son muchos los que se destacan, los que han innovado y aun rebasado el espacio y el tiempo del análisis propuesto; Jorge Alberto Manrique apuntala con enfoques sugerentes la historia y crítica del arte moderno y contemporáneo, y Pablo González Casanova orienta la investigación hacia el territorio de la historia obrera.

Otro factor que se hace evidente, conforme el tiempo avanza y la historia de corte profesional se consolida, es el de la influencia ejercida sobre los estudiosos mexicanos por investigadores y profesores mexicanistas de distintos países. La presencia de sus obras y, en algunos casos, de sus personas en el medio de la historiografía mexicana no puede soslayarse. Charles Dibble y Arthur Anderson, Jacques Soustelle y Robert Barlow, para el tiempo prehispánico; Charles Gibbson, Woodrow Borah, François Chevalier y Jean Pierre Berthe para la Colonia; Nettie Lee Benson, Charles Hale y David Brading, para el siglo XIX; Frank Tannenbaum, George C. Cumberland, Friedrich Katz y John Womack para la Revolución mexicana; y, en años más recientes, William Taylor, Jacques Lafaye, Criston Archer, Jaime Rodríguez, John Coatsworth, Brian Hammet, Gilbert Joseph, François-Xavier Guerra y Alan Knight, para diversos momentos y aspectos de la historia del país, resultan valiosos puntos de referencia.

Junto a las temáticas nuevas, a partir de los años setenta se consolidan aquellas tradicionalmente tratadas, como las de la historia de la educación o la historia diplomática, y, por encima de muchas, a la vez que entrelazada con ellas, se desencadena una verdadera revolución historiográfica que acaparará la atención de gran número de historiadores, conquistará vocaciones y ganará espacios para el cultivo de la historia: la historia regional. El líder que encabeza esta cruzada, profetizada por el célebre Wigberto Jiménez Moreno, desde 1952, es sin duda Luis González. Se suman a esta lucha —que se diversifica—, aportando conceptos teóricos para sostenerla, y argumentos para defenderla, historiadores de la talla de José María Muriá, Ignacio del Río y Carlos Martínez Assad. La nómina de quienes acuden a la *Invitación a la microhistoria* es inmensa y en buena medida significa la renovación y profesionalización de las prácticas de la historiografía local, que han sido continuas desde tiempos remotos. En contraparte, este tiempo es el que ve nacer un número significativo de obras de síntesis de historia de México, cuyas características llevan a percibirlas más como sumas que como síntesis. La *Historia de México Salvat* pone la muestra en 1973, y los ejemplos que siguen adoptan el modelo. Aun la elaboración de la *Historia mínima de México* requiere del concurso de varios especialistas para dar cuenta de una historia que abarque de la prehistoria al México del siglo XX. Entre las escasas excepciones a esta regla, historias generales que se deben a una sola pluma son la del filósofo historiador chihuahuense José Fuentes Mares, y la del historiador checo, avecindado en México, Jan Bazant, quien procura a los extranjeros una versión de la historia mexicana desde Hidalgo hasta Cárdenas. Lo cierto es que las múltiples historias regionales y las diversas síntesis son síntomas de la riqueza de la producción historiográfica mexicana, a la vez que indicativas de las dificultades que puede enfrentar quien pretenda conseguir una visión fundada y, a la vez, coherente del pasado de México. Sobre este particular, aun la lectura de los textos de historia para los cursos escolares de los distintos niveles de enseñanza o bien requieren del concurso de varios autores, o muestran la debilidad de recursos de uno solo para lograr una visión actualizada de todas las etapas.

Muchas instituciones han respaldado la riqueza de expresiones de la historiografía mexicana. Las modalidades de cada una y los programas que emprenden determinan en buena medida los aspectos de la historia que reciben mayor atención. Pero los condicionamientos temáticos y metodológicos para la investigación se deben sobre todo al curso que toma la disciplina, a los rumbos que señalan obras, autores y maestros que se constituyen en paradigmas del quehacer histórico. Una muestra de las búsquedas que se incorporan a partir de los años ochenta, y de los temas cuyo cultivo tiene ya mucho tiempo y ha cristalizado en trabajos recientes, otorgaría un sitio destacado entre las primeras a las que sugiere la historia de las mentalidades. Esa historia, derivada de la escuela de los *Annales*, llama la atención hacia el estudio de los comportamientos a partir de la investigación de fenómenos de larga duración que pueden rastrearse en series documentales, y ha dado lugar a la exploración de nuevas fuentes y al planteamiento de problemas vistos con ojos enteramente nuevos. Una historia que tiene eco en el medio mexicano por el nivel de sus primeros promotores, fundadores de un seminario *ad hoc* en la Dirección de Estudios Históricos del Instituto Nacional de Antropología e Historia, y la amplia gama de temas que admite para calar en la realidad colonial y, recientemente, en la decimonónica. En términos semejantes deberán valorarse las propuestas de la historia social que han atraído la mirada hacia los estudios de género, que preferentemente ha revisado historias de mujeres; la historia de las religiones, que no se centra únicamente en la Iglesia católica y sus relaciones con el poder sino que advierte y revela la presencia de otros credos, así como la pluralidad de formas que adquiere el catolicismo; la de las migraciones y de las colonias extranjeras en México, que da noticia puntual de las vicisitudes por las que han pasado los distintos pueblos que habitan el territorio nacional; la de las comunidades indígenas, que hoy más que nunca las detecta y se pregunta por sus múltiples realidades históricas; la de las rebeliones de diversa índole y en distintos tiempos; la de la educación, que se entrelaza con la historia de instituciones; la social, la de género y la de las ideas; la historia económica, que toma en cuenta no sólo fenómenos sino actores y estudia desde algún tiempo, además de haciendas, hacendados, comerciantes, mineros, banqueros, prestamistas; la historia de la ciencia, la del arte, de las ciudades, del folclor, de la vida cotidiana, etcétera.

Líneas de investigación y debate contemporáneo

En lo que concierne a los cultivos más añejos que en las dos últimas décadas han mantenido un paso firme, e incluso han tenido verdaderos renacimientos, pueden mencionarse las historias que giran alrededor de los grandes acontecimientos de la historia mexicana, pero se aproximan a ellos con nuevas preguntas y utilizan nuevas fuentes, dando un perfil distinto a la Conquista, al proceso de colonización y expansión territorial, a las guerras de Independencia, de Intervención y de Reforma; a la Revolución mexicana; las que se ocupan de las distintas épocas, las que enriquecen el conocimiento de las relaciones buenas y malas de México con el exterior; las que acotan la historia de la historiografía mexicana y señalan las posibilidades de estudio que ofrece.

Son muchos los historiadores que hacen posible esta realidad plural de la historiografía mexicana; la imposibilidad de nombrarlos deja lugar únicamente al reconocimiento de algunos de aquellos que se han significado por abrir caminos y formar discípulos: Solange Alberro, Sergio Ortega Noriega, Manuel Ceballos, Jean-Pierre Bastian, Clara Lida, Pilar Gonzalbo, Brian Connaughton, Carlos Marichal, Elías Trabulse, Aurelio de los Reyes, Mercedes de la Garza, Carlos Herrejón, Romana Falcón, Antonio Rubial, Rosa Camelo, Álvaro Matute.

Día con día nuevos aspectos de realidad se incorporan al trabajo historiográfico, nuevos protagonistas aparecen atrapados en temas que parecían resueltos; los ojos de los historiadores no se cansan de escudriñar asuntos, siempre en el esfuerzo de invocar el pasado o de evocarlo. Se propicia el rescate de fuentes mediante el acopio y sistematización de *corpus* documentales considerados importantes, acción en la que juegan un papel muy importante los archivos públicos y privados que compiten en niveles de eficiencia; se generan explicaciones del acontecer en colaboración estrecha con las ciencias sociales, o se lanzan interpretaciones que sugieren nuevas preguntas para mirar el pasado.

Las condiciones en las que se lleva a cabo la investigación histórica, sin salir del marco impuesto por la academia, han variado con el paso del tiempo; las exigencias de la profesionalización implican, entre otras cosas, rendir cuentas no sólo ante los lectores o discípulos, sino ante las instituciones que la auspician y las instancias supervisoras de éstas. Los investigadores deben someterse a pruebas de productividad que requieren de la publicación frecuente de avances de investigación y de la obtención de los grados que se ofrecen en los tiempos establecidos como deseables por los programas de educación superior. Sin embargo, las fórmulas con las que se prueba una vocación histórica no varían. Los historiadores más célebres siguen siendo aquellos que plantean preguntas inteligentes al pasado, que tienen la paciencia suficiente para hacer el acopio y la selección de las fuentes pertinentes para conseguir respuestas y que reúnen las cualidades para lograr narraciones vívidas de aquello que han elegido conocer y comunicar.

La historia que se escribe en los noventa mantiene tradiciones, inaugura espacios y asume retos, algunos de éstos con el fin de redefinir sus límites. Si en el curso del siglo XIX la disciplina histórica quiso erigirse como un conocimiento autónomo, distante de la filosofía idealista, del arte romántico y de la ciencia positivista que la acechaban, y fundar su espacio a partir de las aspiraciones de realismo, la historia en el medio mexicano a lo largo del siglo que termina ha intentado guardar fidelidad a ese modelo; aunque, quizá, con los mismos resultados que la centuria anterior, dando muestras fehacientes en sus más notables realizaciones de la dificultad de conseguir la recuperación del pasado como realmente pasó. No es casual el hecho de que, en el momento actual, uno de los debates de la historia de mayor riqueza sea el que intenta destacar los límites entre la historia y la literatura. Ha crecido el número de hombres de letras que basan sus novelas en episodios históricos, pero también se ha presentado el caso de los historiadores que dan a conocer sus hallazgos por medio de la novela. Pese a la enorme cantidad de aspectos en que se relacionan una y otra práctica, entre los cuales es apasionante el que se refiere al lenguaje y a la narración que usan para expresarse, hay evidencias de que el deslinde entre una y otra radica en la dosis de ficción que admite la literatura y el paradigma de veracidad que rige a la historia. Junto a dicho debate puede situarse el que entablan quienes pretenden distinguir los campos de la historia y de la filosofía a grado tal que no haya comercio entre uno y otro. Como en el caso de la literatura, los puntos de convergencia son muchos; ciertas formas del pensamiento y del lenguaje son comunes a ambas. El historiador piensa en el hombre y en el mundo cuando trata de reconstruir la historia; categorías propias de la filosofía son indispensables para el proceso de indagación e interpretación que supone la historia; a su vez, la filosofía para ser comprendida debe verse históricamente. Sin embargo, será posible establecer el deslinde entre las dos tareas si se atiende a que la historia utiliza categorías siempre dentro de los parámetros del tiempo y el espacio, mientras que la filosofía, aun cuando está inmersa en ellos, no necesariamente lo hace. En el fondo de ambos debates, entre los historiadores está presente el que se refiere a la objetividad del conocimiento que generan. Quienes abogan en su favor confían en obtener conocimiento de lo ocurrido por la vía del rescate de los documentos que ha dejado el pasado; los subjetivistas, en cambio, parecen estar seguros de que la realidad pasada sólo tiene la objetividad de que la dota el sujeto que pretende conocerla. En el ejercicio mismo del trabajo historiográfico, unos y otros proceden de manera semejante, pero mientras los primeros confían en la posibilidad de alcanzar la verdad de lo acontecido, los segundos piensan que los intentos por hacerlo revelan sobre todo la condición y la necesidad de los sujetos históricos de conseguir representaciones del pasado que eligen conocer. Lo que resulta de todos estos esfuerzos es el enriquecimiento constante de una historia cada vez más plural y que, por consiguiente, acrecienta también el problema de lograr una versión que la unifique. Así, por parte de los emisores del conocimiento histórico hay innumerables propuestas, mientras que los lectores de la historia, dependiendo del lugar en que se encuentren, están más o menos conformes con los resultados que arroja la investigación y la escritura de la historia mexicana. Los lectores cautivos de la historia, los educandos de la primaria, la secundaria y el bachillerato, lidian con los esfuerzos más o menos logrados de los autores de textos que deben cubrir grandes procesos de la historia y buscan ser puntuales en datos y coherentes en las interpretaciones. El gran público que gusta del conocimiento histórico puede elegir entre la historia con distintos niveles de especialización y las sumas arriba mencionadas.

Los esfuerzos por divulgar una historia renovada en conocimientos e interpretaciones han recibido impulso desde hace por lo menos tres décadas, y más allá de las discusiones en torno a la idoneidad de muestras como las que han dado las telenovelas o los libros de formatos atractivos —en los que han invertido su dinero empresas cuyos fines publicitarios no se ocultan, y su talento historiadores de prestigio como Enrique Krauze y Fausto Zerón Medina—, es evidente que unas y otros han conquistado lectores y televidentes para el saber histórico, como es patente que la literatura histórica en manos de escritores ha hecho lo propio. La historia académica, día con día más especializada, queda para el consumo de quienes se forman en las filas de la disciplina; cumple un papel importante en la actualización de las visiones del pasado y en la apertura de campos nuevos; alimenta a quienes escriben para la enseñanza y la divulgación y, desde luego, interesa a quienes gustan de la historia como investigación narrativa.

Uno de los interrogantes que suscitan algunas historias escritas en la segunda parte de este siglo es acerca del número y el efecto de los discursos que ponen en entredicho verdades históricas consagradas, aquellos que logran desdibujar propuestas predominantes y ofrecen en su lugar versiones nuevas, provocando con ello una lectura irónica del pasado comúnmente aceptado. De muchos episodios y procesos de la historia mexicana se saben cada vez más noticias, como también se elaboran interpretaciones contrarias a las admitidas. En suma, el conjunto de las operaciones que llevan a cabo los historiadores de México demuestra las formas variadas de abordar el pasado y permite alcanzar la satisfacción de leer la realidad en sus diversos ángulos.

Leer la historia mexicana de este fin de siglo supone encontrar en ella protagonistas que no habían salido a escena, reconocer el perfil humano de los héroes y percibir la heroicidad de personajes sin nombre. Escribirla implica estar abierto a la sorpresa que depara un tema inédito, asumir el reto de dar con los restos del pasado que permiten representarlo, y admitir el compromiso de transmitir el conocimiento histórico con la conciencia de los límites y los alcances de los lenguajes propios de este tiempo. Hoy, como ayer, en los dos ejercicios, la historia mexicana, como la historia en general, cumple con la necesidad insatisfecha de los hombres de revisar sus pasos y conciliarse con los rasgos de su humanidad como única vía posible para mirar hacia adelante.

BIBLIOGRAFÍA

El historiador frente a la historia. Corrientes historiográficas actuales (1992), UNAM, Instituto de Investigaciones Históricas, Serie Divulgación, 1, México.

Florescano, Enrique (1991), *Nuevo pasado mexicano*, Cal y Arena, México.

———, y Ricardo Pérez Montfort (comps.) (1995), *Historiadores de México en el siglo XX*, Consejo Nacional para la Cultura y las Artes-FCE, Sección de Obras de Historia, México.

Historia ¿Para qué? (1980), Siglo XXI, México.

Investigaciones contemporáneas sobre historia de México. Memoria de la tercera reunión de historiadores mexicanos y norteamericanos, Oaxtepec, Morelos, 4-7 de noviembre de 1969 (1971), Universidad Nacional Autónoma de México, El Colegio de México, Universidad de Texas, México.

León-Portilla, Miguel (1978), "Tendencias en las investigaciones históricas de México", en *Las humanidades en México, 1950-1975*, Consejo Técnico de Humanidades, UNAM, México, pp 43-90.

Manrique, Jorge Alberto (1991), "La historia del arte en México", *El Boletín, Centro de Enseñanza para Extranjeros*, UNAM, año II, otoño-invierno, pp. 41-48.

Matute, Álvaro (1979), "La historiografía mexicana contemporánea", en *Ciencias sociales en México. Desarrollo y perspectivas*, El Colegio de México, México, pp. 73-88.

Matute, Álvaro (1974), *La teoría de la historia en México 1940-1973*, Secretaría de Educación Pública, Sep-Setentas, 126, México.

Memoria del Simposio de Historiografía Mexicanista (1990), Comité Mexicano de Ciencias Históricas, Gobierno del Estado de Morelos, Instituto de Investigaciones Históricas, UNAM, México.

Meyer, Jean (coord.) (1993), *Egohistorias. El amor a Clío*, Centre d'études mexicaines et centraméricaines, México.

Panorama actual de la historiografía mexicana (1983), Instituto José María Luis Mora, México.

Pérez Monfort, Ricardo (1997), "Entre la historia patria y la búsqueda histórica de 'lo mexicano'", Historiografía mexicana 1938-1952", *Dice. Revista del Instituto de Ciencias de la Educación*, año 1, núm 1, enero-abril, pp. 15-27.

Reflexiones sobre el oficio del historiador (1995), UNAM-Instituto de Investigaciones Históricas, Serie Divulgación, 2, México.

Trejo Estrada, Evelia (1996), "El asunto religioso: tema de la historiografía contemporánea de México", *Fuentes Humanísticas*, año 7, núm. 12, pp. 114-127.

Veinticinco años de investigación histórica en México. Edición especial de historia mexicana (1967), El Colegio de México, México.

I

IDENTIDAD

Gilda Waldman M.

Definición

En los umbrales del nuevo siglo, si alguna repercusión debiera tener este acontecimiento, sería en referencia al imperativo de leer de manera diferente la realidad. Hoy, la nueva escenografía planetaria modifica radicalmente nuestra imagen del mundo: al tiempo que hace del planeta una ciudad universal, multiplica sus barrios en una eclosión de matices y diferencias que permanecían ignorados, postergados o ignorados. Es cierto que todas las imágenes del planeta se pueden reflejar en una sola pantalla, pero también es indudable que el resurgimiento de motivaciones religiosas, espirituales o étnicas sumidas largo tiempo en el olvido interrumpe la homogeneidad de las historias heredadas de la nación, la política, la cultura o la experiencia.

Hasta hace relativamente poco tiempo, el mundo ofrecía lecturas asequibles. A partir de la Ilustración, había en Occidente un "canon de lectura" que proporcionaba sólidas pautas de orientación para atravesar la historia y anticipar su futuro. Hoy han quedado atrás los enfoques teóricos que solían presentarse como los únicos válidos o los más cercanos a la verdad; atrás han quedado los tiempos en que los destinos universales (clases, partido o Estado) eran los pilares de organización de la vida social. El siglo XX concluye con el resquebrajamiento del "canon", reflejado, de igual forma, en el derribamiento del muro de Berlín y en otras fracturas, quizá más lentas e imperceptibles, que también integran nuestra atmósfera finisecular. El futuro se llena de pasado y la confluencia de lenguas, culturas y tradiciones, hasta ahora excluidas entre sí, modifica las imágenes de nuestras historias e identidades colectivas. Lo complejo de la vida social, ligado con el fin de los grandes pilares en torno a los cuales ella se articulaba, ha generado cambios importantes en las pertenencias, lealtades y adscripciones a través de las cuales los actores sociales se reconocían y eran reconocidos, convirtiendo la "identidad" en principio básico de movilización social e interrogación personal, transformando este concepto en uno de los términos que aparece y reaparece insistentemente en el debate político e intelectual de nuestro tiempo. La nueva lectura sociopolítica del mundo supone ir más allá de la economía o la geopolítica para centrarse en el lenguaje de las identidades, o más bien, en la simultaneidad de identidades que constituye hoy la trama esencial de la experiencia, la política, la ciudadanía y el pacto social. La "identidad" se ha convertido en una palabra "problema" para los optimistas de la globalidad. Al mismo tiempo, se ha transformado en trinchera, raíz y morada de reorganización de la vida frente a procesos planetarios que amenazan con desarraigar a los individuos de sus vínculos fundamentales. Pero también la "identidad" constituye hoy por hoy la nueva gramática histórica y cultural de la heterodoxia, acorde con la cual tiempos, espacios geográficos, memorias, lenguajes, historias y diversidades pugnan por coexistir civilizadamente en un nuevo modelo de convivencia política sustentada en el respeto a la diversidad.

Una primera aproximación del tema de la "identidad" permite entenderla como la forma en que los individuos se definen a sí mismos (Figueroa, 1994; Glazer, 1997). En este sentido, la identidad constituye una autopercepción, un autorreconocimiento, una representación autoasignada desde la perspectiva subjetiva de los actores con respecto a su ubicación en el espacio social (Jiménez, 1993, 1994). En este sentido, sólo al darse una identidad, el individuo existe para sí y para los demás. Pero esta definición de "identidad" no implica otorgarle matices sustancialistas: la identidad emerge y se afirma como tal en su interacción con "otros". La identidad es, así, la manera en que los miembros de un grupo se definen a sí mismos, pero también cómo son definidos por los "otros" con quienes entablan interrelación. La afirmación de la identidad es, al mismo tiempo, la afirmación de la diferencia. La cuestión del "otro" es, por tanto, constitutiva de la identidad. En este sentido, toda identidad es *relacional*: ella se establece en una relación intersubjetiva en la que debe existir la presencia de un "otro" (Figueroa, 1994). Por lo tanto, si bien la identidad es constitutiva del individuo, ella tiene un carácter *social*, pues se genera y manifiesta en un marco de relaciones sociales. En este punto, cabe señalar que, según el contexto de interacción en el que se encuentre ubicado el individuo, puede hacerse referencia a identidades individuales o colectivas. En el primer caso, si el contexto de interacción es entre individuos pertenecientes a un mismo grupo, la identidad hace referencia a su singularidad frente a los otros individuos. En el segundo caso, si la interacción tiene lugar entre grupos diferentes, la identidad hace referencia a los rasgos comunes compartidos por una colectividad y no por otra. El sexo, la familia, el territorio, la religión, la etnia, la nación, etc., propician la formación y reproducción de redes que desarrollan elementos de representación simbólica fuertemente mediados por la cultura, a partir de los cuales se refuerzan los vínculos sociales internos y se construyen "identidades colectivas", que incluyen a quienes comparten rasgos identitarios similares y excluyen a quienes no lo hacen (Bonfil, 1991; Smith, 1997).

La construcción de la identidad colectiva se vincula, así, con la definición de lo "propio" y lo "ajeno" y, por tanto, remite a una subjetividad en la que se encuentran presentes sistemas de valores, visiones del mundo, etc. La cultura se encuentra, así, en el fundamento de toda identidad, aunque no constituya en sí misma el fenómeno identitario. La pertenencia al grupo otorga al individuo rasgos de identidad propios y, al mismo tiempo, cuando los individuos se identifican sólidamente con el grupo, éste adquiere una identidad colectiva, consolidada en la medida en que el grupo posea atributos y un devenir común que lo diferencie de "otros". La identidad colectiva implica, por lo tanto, la construcción de una conciencia del "nosotros" en la que los rasgos distintivos comunes configuran un sentido de pertenencia que excluye la "alteridad". Todo supone, así, necesariamente, que el "nosotros" no existiría sin el "otro", el cual, a pesar de su posible cercanía física, permanece remoto y distante. Identidad y alteridad constituyen, por tanto, dos polos de una misma tensión, en la cual las representaciones de la identidad se caracterizan por no ser inmutables: ellas pueden estar sujetas a una constante reinterpretación, susceptible de variar históricamente en relación con el tiempo y el contexto social (Kristeva, 1991).

Historia, teoría y crítica

La identidad como concepto y problema aparece en la época moderna. Para los filósofos iluministas, la identidad (racional) del hombre es algo innato, sustancial, unitario e inmóvil; por el contrario, para los filósofos críticos de la Ilustración, como Nietzsche o Sartre, la identidad es un proyecto existencial, creado por el individuo (Kellner, 1991). La psicología, por su parte, inició tempranamente la búsqueda de la constitución del "yo" y su traducción en términos de "identidad". Sin embargo, la introducción del concepto de "identidad" en el léxico de las ciencias sociales es relativamente reciente. Eric Hobsbawm, por ejemplo, señala que en la *Enciclopedia internacional de las ciencias sociales*, publicada en 1968, el término se encuentra virtualmente ausente (Hobsbawm, 1996). El tema tampoco se encuentra presente en la tradición sociológica clásica, apareciendo recientemente en la bibliografía sociológica, de manera oblicua, en la esfera del modelo funcionalista y desde la vertiente subjetiva de la integración (Dubet, 1989). En esta línea, la "identidad" —dimensión estable de la personalidad— constituiría el puente entre la conciencia individual y la conciencia colectiva. En este sentido, mientras la personalidad se encuentre más integrada al orden social a través de la internalización de papeles y valores, menos posibilidad existirá de que se produzca una situación de ruptura de las fuerzas de integración y de "crisis de identidad" del sujeto (Dubet, 1989).

En un segundo momento, el tema de la "identidad" aparece inserto dentro del paradigma de la modernización, según el cual el sistema social pasa de una fase "tradicional", caracterizada por el particularismo y la adscripción, a una fase "moderna", caracterizada por valores universalistas y la búsqueda de eficacia en la acción. La identidad sería diferencial en ambos modelos de estructura social. En el primero, referida a las sociedades tradicionales, la identidad —sólida, fija y estable— está referida al pasado, es fundamentalmente colectiva y territorializada y se sustenta, en esencia, en la religión. En las sociedades modernas, en cambio, en las que se fracturan formas de vida y valores pasados, se rompe este carácter natural y comunitario de la identidad, el cual ya no es un *a priori* adquirido, sino más bien un proceso de construcción individual que afirma la primacía del individuo desvinculado de cualquier adscripción particular. Desde la perspectiva teórica antes mencionada, en la era moderna, si bien la identidad se configura a partir de un conjunto circunscrito de papeles y normas, ella se vuelve móvil, múltiple, autorreflexiva y sujeta a cambio e innovación en la medida en que el individuo puede hacerse y rehacerse, transformando y expandiendo sus posibilidad sociales y vitales (Berman, 1982).

Interpretaciones teóricas posteriores modificaron la concepción de la identidad asociada a formas de integración social o a la dicotomía tradición-modernidad para ubicarla, bajo el término de *triunfo del individualismo*, dentro de la crisis del tejido social en la sociedad industrial. Daniel Bell (1976), por ejemplo, afirma que la preocupación exclusiva por la afirmación subjetiva de una identidad personal se pierde en el narcisismo y no constituye sino una identidad vacía. Por su parte, Christopher Lasch (1979) también se interroga por el auge del individualismo, afirmando que en una sociedad de consumo el narcisismo se convierte en una nueva forma de identidad, quedando ésta sometida a la manipulación de los comerciantes de la imagen. Según Lasch, esta nueva modalidad de identidad queda encerrada en el mito de una identidad no social, en la fascinación de la experiencia íntima, en una subjetividad que es sólo indiferencia. La identidad así concebida conduce al vacío y a la muerte del sujeto que creyó crear (Lasch, 1979).

Por otra parte, el tema de la "identidad" comienza a ser replanteado en el marco del reflujo de los paradigmas (dominantes hasta la década de los sesenta o los setenta), a partir de los cuales el sujeto podía definirse de manera absolutamente objetiva. Frente a la imagen de un actor social encerrado en el determinismo de situaciones o sistemas, nuevas concepciones teóricas recuperan su subjetividad y la visión que él elabora sobre sí mismo. De igual forma, la creciente dificultad de los modelos explicativos tradicionales para dar cuenta de las nuevas modalidades que asumen los conflictos sociales no centrados ya en la explotación económica, así como el desarrollo de movimientos sociales que reivindicaban su autonomía identitaria movilizándose por la defensa de los derechos de la diferencia, etc., colocaron nuevamente la "identidad" en el centro del debate intelectual. Alberto Melucci, por ejemplo, señala que la emergencia de los nuevos movimientos colectivos tiene como eje central las demandas y necesidades individuales, constituyendo el ámbito donde se redefine la identidad colectiva y se proporciona a los individuos un punto de referencia para su reconstrucción; pero, al mismo tiempo, los nuevos movimientos son, hoy por hoy, el espacio social en el que se busca la identidad personal a través de la diferencia (Melucci, 1994).

Desde lo que se ha denominado una perspectiva "posmoderna", a medida que la extensión y complejidad de las sociedades modernas se acelera, la identidad se vuelve más inestable y frágil. En esta línea, los recientes discursos posmodernos problematizan la noción misma de identidad. Así, por ejemplo, Frederic Jameson (1985) señala que la identidad se ha desintegrado en un flujo de intensidades eufóricas, fragmentadas y sin conexión, careciendo ya de la profundidad y coherencia que constituía el ideal del "yo" moderno. Jean Baudrillard (1978), a su vez, afirma que en la "lógica de la simulación" que caracteriza a la sociedad contemporánea, la identidad carece ya de cualquier referente, habiendo sido suplantada por un "simulacro" de sí misma. Por otra parte, para las nuevas corrientes fenomenológicas, el proceso de diferenciación estructural y polifacético que caracteriza a las complejas sociedades modernas provoca, de manera paralela, una "pluralización de los mundos de vida", es decir, la especialización de las diversas esferas de la vida social y su correlativa autonomía, en términos de códigos de comunicación y dimensiones valorativas; lo anterior se traduce en un panorama cultural descentrado, en la consolidación creciente de una realidad social fragmentada que se expresa en la pérdida de integración de los ámbitos de la existencia y en una fragmentación de la conciencia, en el cual los contornos de la identidad se diluyen; ésta no existe ya como algo estable, fijo y coherente. La propia complejidad de la pluralización de mundos de vida, que permite al individuo transitar por contextos sociales diversos o discrepantes, abre al individuo una multiplicidad de alternativas que amplían los horizontes de su subjetividad, de modo tal que la identidad se vuelve un atributo móvil y abierto, obligado a construir reiteradamente su espacio en entornos y situaciones profundamente cambiantes (Glazer, 1997; Constantino y Makowski, 1995).

En la actualidad, a fines del siglo XX, el tema de la identidad ha adquirido una particular importancia en el debate intelectual y político. La identidad, que delimita, connota y demarca, se confronta hoy con su eje tensional, la alteridad, reescribiéndose desde la heterogeneidad y la contradicción en un doble sentido. Por una parte, en el horizonte de una apertura teórica que impugna todo punto de vista homogéneo, convirtiendo el itinerario de la reflexión contemporánea en un "discontinuo" que fractura los supuestos tradicionales del conocimiento social para dar paso a una lógica de apertura que incluye las voces "olvidadas" por las ciencias sociales (Wallerstein, 1997). En esta línea, los recientes virajes teóricos han resquebrajado las antiguas moradas epistemológicas que unificaban imperiosamente los contrastes del mundo y han asumido una apertura crítica que incorpora voces y perspectivas que habitaban previamente en las sombras (Owens, 1985). El cuestionamiento de los paradigmas omnicomprensivos sustentados en el logocentrismo, que se traducían en concepciones lineales de la historia y en "narrativas" (Lyotard, 1984) que se arrogaban la representación de la verdad, han dado paso a nuevas formulaciones que fracturan el *continuum* homogéneo de una sola y única historia, interrumpen la clausura de identidades fijas y se abren al despliegue de una vorágine de voces que ponen en tela de juicio toda certeza teórica unitaria y generan nuevos modos de pensar al "otro".

Por otra parte, la nueva configuración mundial ha obligado también a replantear el tema de la identidad. Ciertamente, el impacto financiero, comercial, tecnológico y político o de la globalidad ligado a los alcances de nuevas formas culturales sustentadas en la informática debilitan las fronteras nacionales y, con ello, la identidad colectiva más importante de la modernidad: la identidad nacional (Habermas, 1989), vinculada orgánicamente con el Estado-nación y configurada como principio hegemónico de superación de las diferencias particulares y de afirmación de la homogeneidad étnica, cultural y lingüística e histórica de sus ciudadanos.

En este sentido, un primer debate se refiere a la supervivencia, a mediano y largo plazo, de la identidad nacional. Para el historiador Anthony Smith (1997), la fuerza de la identidad nacional en las sociedades modernas es incuestionable; ella impone la lealtad de sus ciudadanos y articula la identificación colectiva de la sociedad en torno al Estado-nación, el cual regula, aún, la defensa militar y la legislación nacional. Por otra parte, ciertas perspectivas teóricas asumen que las fuerzas de la lógica económica globalizadora sustentada en el libre mercado y ligada con la expansión de la democracia en todo el mundo tienden a la homogeneización planetaria, con el consiguiente debilitamiento de los vínculos ciudadanos con el Estado-nación. Desde otro punto de vista, sin embargo, se plantea que los flujos de actividad económica en un mundo de fronteras económicas alientan la creación de procesos de regionalización económica, independientes de las tradicionales fronteras geográficas, jurídicas y políticas, que se traducen en la conformación de Estados-regiones y de nuevas identidades regionales, distanciadas económica y culturalmente del centro de la identidad nacional (Omae, 1997; Jiménez, 1994).

Sin embargo, hay procesos inversos que parecen desdecir lo anterior: en la era de la globalidad económica y de los medios de comunicación de masas resurgen identidades singulares que afirman, cada vez con mayor fuerza, sus raíces históricas, territoriales, culturales, étnicas y religiosas. Es decir, quizá como respuesta a la pretendida homogeneización globalizadora, las sociedades tienden a fragmentarse en una multiplicidad de códigos que interrogan la homogeneidad identitaria del Estado-nación.

Manuel Castells (1997) señala al respecto que el resurgimiento de estas modalidades de identidad colectiva se encuentra ligado tanto al declive de las grandes construcciones político-ideológicas de la era moderna —liberalismo y marxismo— que dejaron de lado la tradición, la religión, las raíces territoriales e históricas, etc., como asimismo al imperativo de encontrar un repliegue significativo frente a un mundo súbitamente incontrolable e impredecible frente al cual no se tienen cauces de representación.

Frente a la dicotomía del debate planteado anteriormente —globalidad *versus* resurgimiento de identidades particulares— se alzan otras voces que plantean, a partir de la porosidad de las fronteras —derivada tanto del libre flujo de mercancías y personas como también de las fuertes oleadas migratorias—, nuevas formas de identidad que pueden adoptar diversas modalidades. Ian Chambers (1995), por ejemplo, elabora el concepto de "identidades nómadas" refiriéndose a aquellas identidades que, en búsqueda de una morada en un mundo sin garantías, cruzan fronteras respondiendo a los desafíos de un mundo más vasto en constante mutación y transformación; reescritas y modificadas al no encontrar su raíz en una "identidad originaria", ellas deshacen los vínculos que las ligan a un centro específico y se abren a una mutua imbricación entre el "nosotros" y el "ellos". Por su parte, desde una óptica distinta, se anticipa que, al iniciarse el próximo siglo, difícilmente podrá hablarse de "identidades unívocas"; las grandes corrientes migratorias, con sus variados y contradictorios efectos, crearán identidades "mestizas", producto de combinaciones y mezclas de diferentes formas de vida, tradiciones, sensibilidades y visiones del mundo. Se tratará, en este caso, de una modalidad de identidad heterodoxa, variada y diversificada —apenas un punto de referencia— en la que coexistirán tiempos históricos y espacios geográficos distintos (Flores Olea, 1993). En esta misma línea, el periodista Ryszard Kapuzinsky (1997), por ejemplo, afirma que hay ya espacios en los que esta síntesis se expresa claramente en la actualidad; al analizar una ciudad como Los Ángeles, convertida en una geografía mixta de diferentes historias, culturas, memorias y experiencias, Kapuzinsky destaca tanto la convergencia entre las identidades culturales del Tercer Mundo con las cosmovisiones derivadas del mundo de la alta tecnología. En un sentido cultural y antropológico, Los Ángeles podría simbolizar un "laboratorio del futuro", al surgir allí permanentemente nuevas formas de vida y de identidad colectiva, transformándose los lenguajes y renovándose las maneras de actuar.

La fragmentación de los principios básicos de adscripción a la nación, la evidencia de la porosidad de las fronteras que permite la intersección de culturas, lenguas, tradiciones e historias que, en su heterogeneidad, se resisten a la fuerza homogeneizadora de la historia como identidad nacional (Meyer, 1995), así como la virulencia de los conflictos étnicos (Margolis, 1992) y la preocupación por los derechos de las minorías, llevan a plantear hoy, como el gran tema de la identidad, el problema del reconocimiento del "otro", es decir, la interpretación de la diferencia y la reflexión en torno a los encuentros y desencuentros que se dan en el binomio identidad-alteridad. Lo anterior plantea una multiplicidad de interrogantes: ¿cómo conciliar la unidad de la sociedad con la diversidad de identidades que pueden existir dentro de ella? ¿Cómo hacer compatibles la democracia y sus tendencias hacia la igualdad con la presencia de identidades sociales cada vez más diferenciadas? ¿Cómo equilibrar, en el ámbito del Estado-nación, la integración de la identidad nacional mayoritaria con las identidades particulares de las minorías? ¿Cómo asegurar un orden social que asegure libertad y justicia para ciudadanos de diferentes identidades sociales? ¿Cómo garantizar una democracia fundada en la aceptación plena de la diversidad identitaria? ¿Cómo vivir democráticamente integrando las diferencias? ¿Cómo garantizar el reconocimiento de las identidades particulares en el espacio publico? ¿Cómo garantizar un tratamiento institucional y jurídico para las minorías dentro de un Estado de derecho?

Desde la perspectiva liberal tradicional, las identidades particulares son secundarias frente a la identidad universal de los seres humanos. Las instituciones democráticas son incluyentes y generales y la ciudadanía se sustenta en el valor universal de los individuos, independientemente de género, raza, religión, etnia, etc. En este sentido, no puede haber ni democracia ni libertad sin referencia a valores universales admitidos por todos. El espacio público garantiza la libertad e igualdad de los ciudadanos, y asumir que alguna forma de identidad particular sea más importante que la universalidad del ser humano implica alentar la erosión social. De esta manera, cualquier intento de otorgar un privilegio político particular a una cierta colectividad es contradictorio con el principio fundamental de derechos similares para todos (Rockefeller, 1992).

Frente a la postura liberal, otra perspectiva afirma que los individuos no son abstracciones, sino que tiene una pertenencia específica. Esta perspectiva se abre, a su vez, a dos ámbitos de debate. El primero reconoce la variedad de identidades y culturas que pueden estar presentes en una sociedad, asumiendo que el pluralismo es principio esencial de libertad. Desde esta óptica, pueden combinarse, en el ámbito de un Estado-nación, modalidades culturales independientes que pueden convivir armoniosamente; el pluralismo no descansa, en este caso, en la "diferencia", sino en el diálogo entre culturas e identidades, y en el reconocimiento, por parte de cada una de ellas, de su valor mutuo (Ravitch, 1990). Por otra parte, el segundo enfoque, desde un repliegue identitario, asume una defensa ineluctable de las identidades particulares, poniendo el acento en las "diferencias" que las separan, rechazando todo tipo de "alteridad", defendiendo un relativismo cultural absoluto y alentando la formación de comunidades homogéneas y excluyentes (Ravitch, 1990). Llevada al extremo, esta perspectiva condena la noción de "universalidad" como una arrogancia eurocéntrica, argumentando que ella constituye un mito destinado a reforzar una ideología imperialista y racista (Stam y Shohat, 1994). Ciertamente, las críticas a este enfoque provienen no sólo del liberalismo —desde su principio sustantivo de disolver las raíces particulares para crear una sociedad de ciudadanos—, sino también desde la izquierda y su proyecto universalista (Hobsbawm, 1996).

Las críticas a las concepciones liberales en torno a los desafíos planteados por la diversidad de identidades existentes dentro del Estado-nación provienen también del intento por equilibrar la integridad de las culturas mayoritarias con los derechos de las culturas minoritarias. En este sentido, y desde la duda sobre si las categorías liberales reconocen de manera adecuada la diversidad de identidades y culturas, se plantean dos problemáticas: la de garantizar en un marco democrático la pluralidad de identidades, y la de construir una cultura democrática fundada en la aceptación plena e igualitaria de la diversidad. Esta vertiente teórica, que intenta conciliar una concepción universal de ciudadanía con los derechos particulares de las minorías, expande la dimensión restrictiva de "ciudadanía política" (derechos legales y formales) al reconocimiento de la diversidad identitaria de los grupos que integran una sociedad, abriendo cauces para incorporar la diferencia y garantizar políticamente la pluralidad cultural (Kymlicka, 1995). En una línea cerca de la anterior, el pensador alemán Jurgen Habermas (1989) postula una mediación entre el universo frío de la Constitución y el particularismo cálido de la identidad étnica. Con su concepto de "patriotismo constitucional", Habermas construye un equilibrio entre los derechos de la Constitución y la fuerza primordial de la identidad étnica.

Ciertamente, los debates anteriores también han tenido repercusión en México, esencialmente en el marco de la crisis del sistema político y de las formas de legitimación y consenso del Estado. En la actualidad, la discusión en torno a la identidad cultural y nacional de México se ha vuelto piedra de toque del debate intelectual y político del país, a la luz de dos fenómenos esenciales. Por un lado, la apertura de fronteras económicas y los interrogantes en torno a su consecuente repercusión sobre la identidad nacional y cultural del país. Por la otra, la conflictiva tensión entre la supervivencia cultural y étnica de los indígenas y su inserción y vinculación con las estructuras sociales y políticas del Estado-nación.

En relación con el primero de los puntos mencionados anteriormente, y más allá de la preocupación por los embates de la globalidad económica, el debate se centra en la fuerza de la integración cultural e informática en todo el mundo y su efecto sobre la conservación de la identidad nacional. Esta preocupación se refiere, en lo esencial, a los peligros de una penetración cultural que puede distorsionar la historia, transformar hábitos de consumo, modificar formas de vida e incidir en el imaginario cultural (Esteinou, 1996). Por otra parte, sin embargo, se enfatiza el vigor de la identidad nacional enraizada en la preservación de una cultura que, desde el pasado, recorre el presente y marca el futuro. Más aún, desde esta perspectiva, la fuerza de la identidad cultural es de tal magnitud que, en el corazón mismo de los Estados Unidos, su presencia está modificando su política, su economía y su cultura (Fuentes, 1992).

En relación con el segundo punto, el debate se ha centrado en la controversia entre "identidad nacional" *versus* "identidades étnicas", a la luz tanto del surgimiento y reactivación de movilizaciones sociales que enarbolan características étnicas como del cuestionamiento de los paradigmas sobre la homogeneidad del Estado nacional.

Si bien el concepto de "identidad nacional" del país se basó en un modelo de integración que alentaba la integración de europeos e indígenas y exaltaba la dimensión unificadora del mestizaje, la realidad ha constatado que las identidades étnico-culturales de los pueblos indígenas no se han disuelto, a pesar de las políticas estatales tendientes a la asimilación y a los procesos económicos regionales que buscaban su integración (Figueroa, 1994). De igual modo, el gradual reconocimiento de las diferencias étnicas por parte de organizaciones civiles y de instituciones e ideologías oficiales ha puesto en entredicho la validez de la concepción monolítica de una "identidad nacional". A lo anterior cabe agregar que el surgimiento y propagación de conflictos étnicos ha colocado en el tapete de la discusión la necesidad de una nueva relación entre el Estado-nación y los pueblos indígenas.

El debate en torno a los derechos y cultura indígenas (respeto a su identidad étnica, aceptación de sus normas jurídicas y de su organización social, preservación y revitalización de sus lenguas, etc.) ha abarcado un amplio espectro de posiciones. Por una parte, los defensores de la autonomía indígena argumentan que ésta implica la búsqueda de un espacio político en el marco de la nación para ejercer su identidad específica y sus derechos históricos. La autonomía constituye, así, un sistema de preservación de las identidades étnicas, sus tradiciones y modos de vida. En esta línea, se afirma que el liberalismo, inspirado en principios europeos, ha impuesto leyes que amenazan y atentan contra la historia indígena, obstruyendo el derecho a su propia identidad. Desde esta óptica, los principios globales que rigen la vida de la nación deben adecuarse para permitir el ejercicio del derecho de las comunidades a garantizar su identidad (Díaz Polanco, 1991).

Este enfoque ha sido criticado, y no sólo desde una perspectiva liberal (sustentada en la negativa a establecer una legislación discriminatoria); un intelectual de izquierda, Roger Bartra, ha denunciado los peligros de una pretendida "democracia comunitaria", visualizando los peligros de una futura violencia étnica y criticando el autoritarismo de los sistemas tradicionales de organización de las comunidades y del poder local indígenas (Bartra, 1996).

LÍNEAS DE INVESTIGACIÓN Y DEBATE CONTEMPORÁNEO

¿Cuáles son los retos que el tema de la identidad plantea hoy por hoy? Ciertamente, la simultaneidad de espacios y tiempos, así como las modalidades de aprehender los territorios de lo "propio" y lo "ajeno", han modificado significativamente los límites percibidos del mundo y, por tanto, han puesto de manifiesto la multiplicidad de "alteridades" diferenciadas que existen, de hecho, en la realidad. Por otra parte, en una realidad que tiende a desaparecer las fronteras, las identidades no pueden construirse sin la presencia del "otro", que relativiza su univocidad. La diversidad identitaria ha sido la gran constante de la humanidad a lo largo de su historia, y constituye hoy la gran demanda de fin de siglo. El gran desafío consiste, por una parte, en combinar, de manera creativa, las particularidades identitarias con la participación en los intercambios económicos y culturales del mundo moderno y, por la otra, en convertir el pluralismo en la gran tarea de nuestro tiempo, para evitar que la "diferencia" no devenga en nuevas confrontaciones y conflictos.

BIBLIOGRAFÍA

Bartra, Roger (1987), *La jaula de la melancolía*, Grijalbo, México.

——— (1996), "La tentación fundamentalista y el síndrome de Jezabel", *Enfoque*, núm. 128.

Baudrillard, Jean (1978), *Cultura y simulacro*, Kairós, Barcelona.

Bell, Daniel (1976), *The Cultural Contradictions of Capitalism*, Basic Publishers, Nueva York.

Berman, Marshall (1972), *All That is Solid Melts into Air*, Simon and Schuster, Nueva York.

Bonfil, Guillermo (1991), *Pensar nuestra cultura*, Alianza, México.

Castells, Manuel (1997), "Identidades", *El País*, 20 de diciembre.

Chambers, Ian (1995), *Migración, cultura, identidad*, Amorrortu, Buenos Aires.

Constantino, Mario, y Sara Makowski (1995), "Imágenes de sobredosis: complejidad social e identidad en el fin del milenio", *Perfiles latinoamericanos*, diciembre.

Díaz Polanco, Héctor (1991), *Autonomía regional: la autonomía de los pueblos*, Siglo XXI, México.

Dubet, Francois (1989), "De la sociología de la identidad a la sociología del sujeto", en *Estudios Sociológicos*, septiembre-diciembre,

Esteinou, Javier (1996), "Satélites de transmisión directa en México: el caso de las antenas parabólicas", *Convergencia*, núms. 10-11.

Figueroa, Alejandro (1994), *Por la tierra y por los santos. Identidad y persistencia cultural entre los yaquis y mayos*, Conaculta, México.

Flores Olea, Víctor (1993), "Identidad nacional: los rostros en movimiento", *La Jornada Semanal*, 3 de enero.

Fuentes, Carlos (1992), "La pasión del futuro", *Nexos*, julio.

García Castro, María (1993), "Identidad nacional y nacionalismo en México", *Sociológica*, enero-abril.

Giménez, Gilberto (1993), "Cambios de identidad y cambios de profesión religiosa", en Guillermo Bonfil (comp.), *Nuevas identidades culturales en México*, Conaculta, México.

Glazer, Marcela (1997), *Identidad, subjetividad y sentido en las sociedades complejas*, Juan Pablos, México.

Habermas, Jurgen (1989), *Identidades nacionales y posnacionales*, Tecnos, Madrid.

Hobsbawm, Eric (1996), "Contra la política de la identidad", *Nexos*, agosto.

Jameson, Frederic (1985), "Posmodernismo y sociedad de consumo", en Hal Foster (coord.), *La posmodernidad*, Barcelona.

Jameson, Frederic (1994), "Modernización, cultura e identidad en México", *Revista Mexicana de Sociología*, núm. 4.

Kapuscinski, Ryszard (1997), "La raza cósmica en Estados Unidos", *Nexos*, enero.

Kellner, Douglas (1991), "Popular Culture and the Construction of Postmodern Identities", en Scott Lash y Jonathan Friedman (comps.), *Modernity and Identity*, Blackwell, Cambridge.

Kristeva, Julia (1991), *Extranjeros para nosotros mismos*, Plaza y Janés, Barcelona.

Kymlicka, Will (1995), *Ciudadanía multicultural*, Paidós, Barcelona.

Lasch, Christopher (1979), *The Culture of Narcissism*, Warner Books, Nueva York.

Lyotard, Jean-François (1984), *La condición posmoderna*, Cátedra, Madrid.

Margolis, Ana (1992), "Vigencia de los conflictos étnicos en el mundo contemporáneo", *Estudios Sociológicos*, núm. 28.

Melucci, Alberto (1994), "¿Qué hay de nuevo en los nuevos movimientos sociales?", en Enrique Larana y Joseph Gursfield (coords.), *Los nuevos movimientos sociales. De la ideología a la identidad*.

Meyer, Jean (1995), "La historia como identidad nacional", *Vuelta*, febrero.

Ohmae, Kenichi (1997), *El fin del Estado-nación*, Andrés Bello, Santiago.

Owens, Craig (1985), "El discurso de los otros", en Hal Foster (comp.), *La posmodernidad*, Kairós, Barcelona.

Ravitch, Diane (1990), "Multiculturalism", *American Scholar*, vol. 59, núm. 3.

Rockefeller, Steven (1992), "Comment", en Amy Gutman (comp.), *Multiculturalism and the Politics of Recognition*, Princeton Press, Nueva Jersey.

Smith, Anthony (1997), *La identidad nacional*, Trama Editorial, Madrid.

Stam, Robert, y Ella Shohat (1994), "Contested Histories: Multiculturalism and the Media", en David Theo Goldberd, (coord.), *Multicultural Conditions*, Cambridge University Press.

Valenzuela, José Manuel (1993), "Las identidades culturales frente al TLC", *Sociológica*, enero-abril.

Wallerstein, Immanuel, *Abrir las ciencias sociales*, Siglo XXI, México, 1997.

IDEOLOGÍA

Raymundo Mier

Definición

Es una red de relaciones entre reglas —dotada de cierta permanencia y estabilidad— que fundan el vínculo social y están orientadas a la producción de nociones, representaciones, formas de discurso, regímenes de acciones, pautas morales y procesos de asignación de identidad de sí. Estas reglas conllevan una carga afectiva que marca los actos, las significaciones y las evocaciones, destinándolas a cobrar una cuota de certeza por su arraigo en hábitos e identificaciones. Así, la ideología se presenta a la reflexión en cuerpos de enunciados dotados de cierta cohesión y coherencia que son sólo un efecto de sentido que emerge en condiciones sociales y políticas locales. La ideología se presenta, en consecuencia, como una serie de visiones sintéticas y fragmentarias, elípticas, coherentes en apariencia, que engendran el sentido social de la acción individual y la experiencia social del tiempo: orientan la memoria, las alternativas de la acción, las expectativas y los deseos de los actores sociales. Confieren un perfil a las identidades individuales y colectivas y enmarcan y alientan su acción política.

Historia, teoría y crítica

Antecedentes: del siglo XVII a Marx

El concepto *ideología* ha tenido un uso extenso, variado y equívoco en todo el espectro de las ciencias sociales. Se suele reconocer en Francis Bacon (1561-1626) un antecedente decisivo de las concepciones que caracterizaron la noción de ideología. A pesar de que Bacon no enuncia explícitamente la noción, es quizá el primero que, en una de sus obras fundamentales, el *Novum Organum* (1620), al reflexionar sobre las fuentes, la naturaleza y los obstáculos del conocimiento, busca identificar los agentes del error humano. Los denomina *idola*, y los describe como extravíos debidos a las diferencias inherentes al temperamento y las facultades de los hombres, las distorsiones del lenguaje, las aberraciones suscitadas por la fábula y la filosofía o la incidencia perniciosa de los sentimientos.

Pero es el Iluminismo, con su lucha contra el prejuicio y el pensamiento heredado, al poner el acento en la autonomía y la potencia de la razón, el que habrá de enunciar una de las acepciones modernas del vocablo. Reconoce la relación sistemática que aparece entre una trama de conceptos y el velo que la conjugación de nociones y conceptos heredados impone a la reflexión. El término *ideología* aparece ya en la obra de Destutt de Tracy (1754-1836), *Elementos de ideología* (Eléments d'idéologie, 1801), y, desde entonces, su sentido ha variado drásticamente. En la obra de De Tracy, la noción de ideología denomina una disciplina: aquella que revela sistemáticamente la génesis y los fundamentos de las ideas. Por otra parte, esta disciplina habría de ofrecerse como una meditación implícita sobre los límites del conocimiento. El proyecto de constituir la ideología como una disciplina crítica habría de prolongar el pensamiento y las convicciones expresadas por Condillac (1714-1760) ante los testimonios de los hábitos históricos aberrantes del pensamiento:

> La verdad —había sostenido Condillac— es muy difícil de reconocer entre tantos sistemas monstruosos que están sostenidos por las causas que los han engendrado, es decir, por las supersticiones, los gobiernos y la filosofía nociva. Los errores, demasiado ligados entre sí, se defienden mutuamente. En vano se combatirá contra alguno; sería preciso destruirlos todos a la vez. Es decir, sería necesario combatir de golpe todas las costumbres del espíritu humano [*Lógica*, 1780].

Las reflexiones filosóficas de Condillac y de De Tracy harían visible el destino ambiguo del pensamiento: por una parte, su capacidad para forjar ideas ceñidas a las condiciones reales del mundo, pero, por otra, la inclinación latente del conocimiento a la contaminación de las nociones, a ser presa de la vacilación, la incertidumbre, las fantasmagorías y el error.

Desde este punto de vista, la noción de ideología exhibe un sentido dual: por una parte, busca nombrar la experiencia del conocimiento; por la otra, nombra el extravío del conocimiento, designa un límite que separa al hombre de la aprehensión directa de la verdad del mundo. El conocimiento sigue así, según esta mirada, un trayecto casi siempre incierto que lleva desde el deseo de conocimiento hasta su caída en las distorsiones y las ficciones del lenguaje. Es el lenguaje mismo el que conlleva esta ficción, que no es sino el efecto de la distorsión de la capacidad analítica de las categorías del lenguaje, las contorsiones y monstruosidades de los hábitos del alma que dan forma a la empresa humana: "si se quieren conocer los malos hábitos del espíritu humano —escribió Condillac—, obsérvense las diferentes opiniones de los pueblos. Véanse las ideas falsas, contradictorias, absurdas que la superstición ha extendido por todas partes y valórese la fuerza de las costumbres por la pasión que hace respetar el error mucho más que la verdad".

D'Holbach, por su parte, contribuye a dar a la noción un giro político sustancial. Asigna a los prejuicios, los pensamientos heredados, la inercia de las creencias, un acento expreso sobre el efecto de este velo distorsionante que pesa en la génesis del conocimiento y la convicción, y se revela como sustento de la tiranía: la aportación suplementaria del Iluminismo es el acento que pone sobre el papel que desempeña esa trama de los prejuicios y el pensamiento heredados y encarnados en la defensa supersticiosa de la religión, en el ejercicio del poder y en la preservación del despotismo en la vida social. D'Holbach escribió:

> La política cree necesaria esta religión para el gobierno de los pueblos y para su propio sostenimiento. Corrompida por sus halagos, aterrada por sus amenazas, engañada en sus promesas por un andar monstruoso, la política se liga a ese rival que la persuade de que es el apoyo de su poder: en consecuencia, secunda la reli-

gión, hace causa común con ella, e incluso se ve obligada a compartir sus furores. Ambos se reúnen para doblegar la razón, la verdad, la naturaleza, que siempre se opondrán a los proyectos criminales de los enemigos de la especie humana [*Traité de la Nature*, 1781].

La visión de Marx y sus desarrollos clásicos

Quizá el uso del término ideología que marcó definitivamente su sentido y estableció las condiciones de su empleo contemporáneo se afirma con el trabajo filosófico de Karl Marx (1818-1883). El término, como lo emplea Marx, conserva sólo vagos y muy débiles ecos de sus vicisitudes iluministas. La contribución de Marx involucra más bien una mutación drástica de la reflexión sobre el hombre, sobre la historia y sobre la naturaleza que acompañaron a un eclipse momentáneo de la doctrina kantiana y las polémicas del hegelianismo en el trayecto del pensamiento filosófico alemán. En efecto, la noción de ideología se delinea con sus perfiles más nítidos en *La ideología alemana* —escrita en los años que sucedieron a los manuscritos de 1844 y que permaneció inédita hasta 1932—, escrita con Friedrich Engels como una secuela crítica de las tesis que Ludwig Feuerbach (1826-1895) había formulado en *La esencia del cristianismo* (1841). Feuerbach había explorado en su antropología no sólo las consecuencias del carácter esencialmente humano de la religión, sino también la contradicción que hay entre ese hombre, confinado en su singularidad, condenado a confrontar la experiencia de la muerte y el sufrimiento, y esa noción abstracta, inconmensurable y, en cierto modo, sublime del hombre, concebido como un concepto universal, como el nombre de un género, como una clase sin otro ser que su implantación en el pensamiento. El hombre vivo se enfrenta así a la imagen abstracta de su naturaleza humana como una abstracción genérica. La realidad de la muerte separa al hombre vivo histórico de su imagen universal. Es el propio destino del hombre vivo, actuante, que se precipita en la muerte y encara íntima y permanentemente su finitud, lo que lleva al hombre histórico a concebir esa figura abstracta de hombre como dotada del impulso y la fuerza de lo vivo. Lo inerte de la categoría se troca en su imagen invertida: el hombre universal aparece como una presencia viva que entonces cobra el sentido de lo divino. Esta figura, redimida de la mortalidad y del sufrimiento aunque dotada también de vida, se presenta como un ser, el ser universal del hombre, que desborda la experiencia concreta de la vida. Así, son los propios hombres los que engendran ese fantasma, ese ser dotado de una vida inextinguible, que usurpa una vida no menos abstracta que la noción que le dio origen.

Aparece ya, en Feuerbach, con la crítica al cristianismo, una aprehensión de la alienación, sustentada en esta imagen invertida con la que lo divino se presenta al hombre asediado por la muerte y la finitud. La crítica al cristianismo se inscribe también en el contexto de la lucha política que Feuerbach habrá de entablar contra la concepción de la religión que en Hegel aparece en estrecha relación con una visión redentora de la misión del Estado. Feuerbach, al revelar el origen del cristianismo en esa visión perturbadora y alienante, "desmitologizando" esa inversión, hace patentes los alcances políticos de la crítica de la religión.

Marx y Engels advierten y enfatizan esa inversión de las representaciones de la condición real de la vida de los hombres operada por la ideología, y su capacidad alienante. Como es frecuente en Marx, esta noción de inversión se expresa metafórica y alegóricamente. En *La ideología alemana* equiparará la naturaleza de la ideología con la de un fenómeno óptico: la cámara oscura —artificio que consiste en perforar en la pared de una cámara hueca y hermética a la luz un orificio, a través del cual se introduce un haz luminoso que proyecta las imágenes reflejadas en la pared de la cámara oscura—. En la cámara oscura, las imágenes aparecen invertidas en el fondo del interior del dispositivo fotográfico, inaccesible a la mirada. Su mecanismo es indescifrable para una mirada solamente expectante. La metáfora es reveladora y perturbadora. La mera naturaleza óptica de la representación, el fenómeno lumínico que traza la imagen invertida de lo real en secreto de la cámara —pero también el orificio que da lugar a la inversión interior de la imagen— representan nítidamente la realidad, pero la trastocan enteramente; el dispositivo captura y transforma secretamente la imagen, opera sobre ella como si fuera un ser capaz de distorsionarla a voluntad. Además, es una imagen fiel en apariencia: su carácter "objetivo" haría que la distorsión pasara inadvertida para quien observara la imagen desde el interior mismo de la cámara. Para Marx, esa imagen trastocada de la realidad, producida por el mecanismo óptico, es análoga a la que se suscita en los hombres en la sociedad de clases: "Las ideas de la clase dominante —leemos en *La ideología alemana*— son en cada época las ideas dominantes, es decir, que la clase que es la fuerza material dominante en una sociedad es, al mismo tiempo su fuerza intelectual dominante". Ese dominio se expresa como un velo, una inversión, una alienación que hace visibles las relaciones sociales, pero bajo esa aberración impuesta a la mirada por el efecto de clase.

Pero es quizá una fórmula ceñida de Engels la que introducirá en la reflexión filosófica la tentación de una síntesis teórica que dará a la noción de ideología su expresión canónica. Es esta fórmula la que, a la larga, habría de impregnar, o bien expresa o bien oblicuamente, gran parte de la reflexión posterior. En su carta a Mehring del 14 de julio de 1893, Engels escribe: "La ideología es un proceso que se opera por el llamado pensador, conscientemente, en efecto, pero con una conciencia falsa". Pese a su manifiesta oscuridad, esta fórmula habría de encontrar sus ecos en Lukács y en innumerables reflexiones posteriores. Las resonancias y derivaciones de esta visión de la ideología como falsa conciencia se ahondaron y adquirieron otra fisonomía a partir de una de las metáforas más difundidas y quizá más equívocas de esta noción: la que concibe la ideología como "superestructura" levantada sobre el fundamento determinante de la estructura económica. En el "Prólogo" a la *Contribución a la crítica de la economía política* (1859), Marx bosqueja esta metáfora:

En la producción social de su existencia, los hombres establecen determinadas relaciones, necesarias e independientes de su voluntad, relaciones de producción que corresponden a un determinado estadio evolutivo de sus fuerzas productivas materiales. La totalidad de estas relaciones de producción constituye la estructura económica de la sociedad, la base real sobre la cual se alza un edificio [*Überbau*, traducido canónicamente como "superestructura"] jurídico y político y a la cual corresponden determinadas formas de conciencia social. El modo de producción de la vida material determina el proceso social, político e intelectual de la vida en general. No es la conciencia de los hombres la que determina su ser, sino, por el contrario, es su existencia social lo que determina la conciencia.

Un rasgo que determinó el curso de los debates sobre la noción de ideología en la perspectiva de la ortodoxia marxista fue la necesidad de su vínculo con el concepto de clase. Sólo que este vínculo no es directo ni mecánico. El carácter mismo de la llamada "superestructura" —que compromete, entre otras, las dimensiones jurídicas y políticas de la sociedad— fija un conjunto de condiciones de clase, que modelan procesos históricos particulares. Es este apuntalamiento recíproco entre las nociones de ideología y de clase el que enfatiza la relevancia política de la noción.

No obstante la primacía que tuvo en la teoría, esa visión cifrada y programática de ideología adquiere a lo largo de los distintos momentos de la obra de Marx matices divergentes e incluso contrastantes: la alegoría de la cámara oscura, la fórmula de la "falsa conciencia" y la metáfora de la naturaleza superestructural de las manifestaciones ideológicas prepara quizá una de sus aportaciones más significativas: la tesis sobre el "fetichismo de la mercancía". Es en el primer tomo de *El capital* —en la edición corregida de 1872— donde Marx introduce esta expresión, donde desarrolla y modula su contribución más tardía y quizá más reveladora: sus reflexiones tempranas sobre las condiciones y los modos de existencia de la alienación. En ella explora las condiciones de la "ficción ideológica" inherentes a las condiciones estructurales de la producción capitalista. Si bien el lugar teórico relevante de la noción de clase no desaparece en esta figura del fetichismo desarrollada en *El capital*, es posible, sin embargo, apreciar un desplazamiento del acento de la reflexión hacia los factores inmanentes a las condiciones mismas de la estructura del modo de producción capitalista. El intercambio de mercancías se ofrece como un intercambio de valor intrínseco de los productos heterogéneos; oculta y trastoca entonces la esencia misma de su producción: lo que radica en todo intercambio es la equiparación de los diversos trabajos concretos como trabajo humano, como fuerza abstracta de trabajo. "El valor —afirmará Marx— transforma todo producto de trabajo en jeroglífico social." El valor aparece ante los hombres como una condición intrínseca a las mercancías —originada en las condiciones estructurales del intercambio—, parece emanar de su propia sustancia y no de las condiciones sociales que la provocan. Así, las mercancías parecen reconocerse entre ellas, chocar entre sí, compararse, medirse recíprocamente como entes dotados de una voluntad propia. Su valor aparece encarnado en su propia sustancia y al margen de las relaciones sociales y del trabajo que les dieron vida. Es la condición intrínseca de la génesis estructural de la mercancía la que suscita esa apariencia equívoca, perturbadora, espectral de los objetos. "Lo que aquí adopta, para los hombres, la forma fantasmagórica de una relación entre cosas es sólo la relación social determinada existente entre aquéllos" (*El capital*). Así, los objetos, transformados en mercancías, no sólo parecen dotados de una vida propia, sino capaces de definir el curso de los acontecimientos, mostrando ante el sujeto un mundo donde los objetos se comprometen en una escena viva, engendran su propio drama en un mundo que impone sus leyes a la vida de los hombres. Vivos más allá de la vida de los hombres, los objetos parecen dictar valores y destinos, prescribir modos de vida y condiciones para el conocimiento y la acción.

Esta noción de *fetichismo* encontrará ecos y desarrollos notables en los ámbitos antropológico y psicoanalítico, porque permite formular de manera nueva y quizás más radical ciertos rasgos de la ideología, su desarrollo y sus alcances propios: el fetichismo hace patente la autonomía aparente de la representación ideológica respecto de sus condiciones reales de producción; pero, más aún, revela un trastrocamiento de la representación de las relaciones concretas en su imagen objetivada y desplegada socialmente y se traduce en efectos específicos en la subjetividad de los hombres y en la experiencia de su historicidad.

La alianza, aparentemente ineludible, entre las nociones de clase e ideología es la que habrá de alimentar mayores reservas; el carácter determinante de la clase suscitará una creciente distancia crítica, una mirada incierta que desembocará en la disputa entre posiciones teóricas y enfrentamiento en las alternativas políticas: la incertidumbre sobre la definición y la pertinencia teórica de la noción de clase se irá ahondando en las sucesivas versiones del marxismo, en su confrontación con la experiencia obrera ante las mutaciones de la sociedad contemporánea. Al desdibujarse la caracterización marxista canónica de la noción de clase, se vuelve también incierta la comprensión de la ideología. Ésta no es ya la expresión social de una aprehensión distorsionada que el sujeto realiza de sus propias relaciones, su condición social y su acción política. La noción de ideología deja de ser un medio privilegiado para la comprensión de la reproducción de las formas desiguales de ejercicio del poder y de dominación política.

Sin embargo, el vínculo fundamental entre la noción de ideología y la de clase se profundiza y alcanza contornos acentuados tanto en la obra de Antonio Gramsci (1891-1937) como en la de Georg Lukács (1885-1971). Gramsci concibe la ideología como la coexistencia antagónica de dos concepciones del mundo: una forjada y asumida como una edificación meramente intelectual, y otra que se advierte entretejida en el espectro de acciones del hacer cotidiano, en la trama de prescripciones inherentes al actuar. Es el bosquejo eficaz, práctico, de una ética que da forma y sentido a la vida diaria y hace patentes los alcances de la acción política concreta. Se trata, entonces, de dos regímenes divergentes de representación: por una parte, la acción engendra un conjunto de representaciones puntuales e inconsistentes que dan lugar a patrones éticos dispersos y se rige por ellos. Por otra parte, la filosofía busca conferir a estas constelaciones de representaciones y figuras disgregadas en los actos cotidianos una cohesión que les otorgue una fuerza para incidir en la transformación política. Mientras que el conjunto de las acciones responde a la propia concepción del mundo viva, táctica, precaria y eficaz, la otra concepción del mundo, que emerge de un trabajo intelectual conducido por la clase dominante, se propaga e impregna las representaciones, saberes, conceptos, historias de todo el conjunto social. Es preciso añadir que la "coherencia" interna de la concepción filosófica, de la que habla Gramsci, no presupone una visión monolítica, ni uniforme, ni una elección doctrinaria generalizada imperante de manera unívoca en todo el espacio social. Para Gramsci, este dualismo, que es coexistencia y confrontación de ambas concepciones del mundo, se ve sometido a la propia dominación de clase. Este dualismo irreductible revela la condición conflictiva irresoluble que se produce en el campo ideológico como efecto del dominio de clase y la naturaleza política de toda elección ideológica. El dualismo entre la filosofía y la ética práctica se proyectará en la articulación de dos categorías distintas cualitativamente: teoría y praxis.

En la perspectiva de Gramsci, el materialismo histórico revelará el vínculo intrínseco entre estas dos vertientes de la vida. Ésta será su contribución a la posibilidad de una intervención política transformadora de la clase subordinada; ésta podrá ser capaz, con esta filosofía de la praxis, de dar forma a una concepción del mundo cuya coherencia y consistencia podrán dar una fuerza de acción unitaria a las representaciones dispersas de la clase: surge así el materialismo histórico como filosofía de la praxis. En este contexto introduce Gramsci la noción de hegemonía, quizá una de sus contribuciones más relevantes en su comprensión de la ideología como expresión de la confrontación y la dinámica de dominación de las clases. Es posible advertir en las reflexiones de Gramsci, en torno de la ideología, dos dominios de tensión que definen el destino de la ideología: por una parte, está la confrontación ideológica en sí misma, que busca unificar la concepción del mundo y resolver en una concepción coherente la lucha entre la multiplicidad de las concepciones del mundo de distintas elaboraciones filosóficas, científicas y religiosas en un momento dado; se experimenta la fuerza de diseminación de la ideología hegemónica, su posibilidad de impregnar el cuerpo de las acciones de los distintos grupos sociales. Por otra parte, la concepción práctica que se va perfilando con la acción de las clases subalternas engendra otras tensiones que se resisten a esta unificación; tienden a preservar la disgregación ética —es decir, práctica— entre las clases, pero reclaman para sí una coherencia propia; se vive en una constelación de tensiones que o bien disgrega o bien conjunta el espectro colectivo de las acciones de quienes conforman las clases subalternas, los "simples", como los llamaría ocasionalmente Gramsci.

Se establece así una confrontación entre las elaboraciones filosóficas más acabadas, las que se desprenden de esquemas filosóficamente elaborados y ofrecidos como una propuesta coherente y cohesiva de concepción del mundo, y aquellas que, en última instancia, orientan la finalidad y el sentido de la acción en el seno de la clase. El desenlace de estas tensiones determina la posibilidad de que la ideología se constituya en un factor decisivo en la unidad orgánica de un bloque social histórico. Así, la noción de ideología no se refiere solamente a un conjunto de andamiajes conceptuales, de esquemas de categorías, de figuras filosóficas o de representaciones narrativas autónomas. Por el contrario, estas elaboraciones conceptuales dan lugar a ideologías sólo en la medida en que suscitan acciones, demandan una elección e involucran la adhesión y, a la larga, la fe del sujeto expresadas privilegiadamente en un orden verbal y que se revela "en todas las manifestaciones de la vida individual y colectiva" (*El materialismo histórico y la filosofía de Benedetto Croce*).

Es preciso resaltar que, en la noción gramsciana de ideología, el campo de la acción está referido tanto a un marco ético como a un ámbito de representación que orienta y da sentido a la acción concreta que precede y fundamenta el sentido político —es decir, cohesivo— de la acción de la clase. Gramsci no vacilará en concebir la ideología como el resultado del ejercicio de una voluntad política y ética que define el universo político y que toma su orientación y sus objetos de ese orden verbal. Esta noción de ideología constituye en Gramsci una referencia imprescindible para concebir el lugar de los intelectuales como una élite capaz de conferir a un conjunto de representaciones su cohesión y su consistencia específica y de lograr su articulación con las acciones colectivas. Los intelectuales son entonces capaces de ligarse orgánicamente con la clase. A su vez, este papel desempeñado por los intelectuales permitirá orientar el desempeño de instituciones que determinan la implantación, la diseminación y la autorización de estas concepciones unitarias del mundo, una de cuyas manifestaciones fundamentales son, precisamente, los partidos políticos.

Junto a la contribución de Gramsci, sin duda la reflexión de Lukács —sobre todo su obra temprana y específicamente *Historia y conciencia de clase* (1923)— impondrá una orientación de largo impacto a la reflexión sobre la ideología. Con él se consolida la figura que habrá de convertirse en un mascarón y una referencia canónica de la noción: la ideología como falsa conciencia. Con Lukács, la ideología aparece referida a un orden cognitivo situado dentro de confines históricos y cuyos contornos responden a las formas particulares de la estructura de clases en un modo de producción determinado. Quizá, lo que confiere a la perspectiva de Lukács una inflexión particular es la insistencia en el vínculo marxista —como en el caso de Gramsci— entre teoría y praxis; pero la concepción de Lukács presupone un umbral de verdad trascendente contra el cual se definen el límite y los contornos contrastantes de un conocimiento siempre precario engendrado bajo determinadas condiciones y puntos de vista históricos. Esta verdad trascendente se arraiga en una clase en particular: en el proletariado.

El capitalismo ha ahondado la distancia entre los modos de conocimiento de ciencia e ideología, pero, al mismo tiempo, ha permitido que se haga patente la naturaleza de ese umbral. Ese lindero trazado por la verdad de la ciencia se suprimirá con la emergencia y el dominio del materialismo dialéctico: éste representa el triunfo de la aprehensión totalizante de la historia, que para Lukács es propio de la concepción dialéctica e inherente a la conciencia de clase del proletariado. Para

Lukács, sólo la unidad de teoría y praxis, llevada a cabo por el proletariado a través del conocimiento de sí mismo como clase, hace posible la comprensión completa de toda la sociedad. Estas aseveraciones movieron a una controversia áspera en todos los frentes. Escribe Lukács en *Historia y conciencia de clase*: "sólo con la aparición del proletariado se consuma el conocimiento de la realidad social. Y ese conocimiento se consuma al descubrir el punto de vista de clase del proletariado, punto a partir del cual se hace visible el todo de la sociedad".

Convergencias y confrontaciones significativas: Weber y Pareto

En la reflexión sobre la ideología hay también otra esfera de contribuciones quizá menos explícitas, vinculadas tangencialmente a la propia noción de ideología, pero igualmente relevantes porque contribuyen a definir la pertinencia analítica del concepto. La obra de Max Weber (1864-1920) es una de las que más rigurosamente encara de manera lúcida aunque oblicua, implícita, la reflexión sobre el papel de "la dimensión ideológica" en el espectro de las reflexiones sociales. A pesar de que Weber no toma como objeto de su reflexión la propia noción de ideología, y el empleo de conceptos afines en su obra es prácticamente incidental, el papel que en sus análisis confiere a las ideas, los valores y la racionalidad en el curso de la vida social es cardinal dentro del pensamiento sociológico y político contemporáneos. El lugar de las ideas aparece —según la mirada de Weber— con una relevancia dual: por una parte, permite rechazar la hipótesis del determinismo económico al reconocer una incidencia cardinal de las ideas y valores en el curso de los procesos sociales. En la concepción weberiana de la sociedad, la estructura económica involucra de manera constitutiva la participación de la acción racional y la capacidad de los sujetos para entablar entre sí un pacto constituido según intereses y motivos, enmarcados en valores y fines. Por otra parte, en esta concepción la trama de las diversas modalidades de la acción hace patentes formas particulares de la organización social, líneas de fuerza propias, dinámicas de cohesión social, modos del ejercicio del poder, que se conjugan con la división en clases y que se despliegan según una dinámica propia, singular, en un ámbito social de cohesión propio: el estamento *(Stand)*. La incidencia de las ideas se despliega así, según su perspectiva, en una multiplicidad de manifestaciones cualitativamente diferentes: valores, intereses, formas de vida, finalidades, que orientan la implantación de los distintos tipos de dominación. La estratificación social —que revela una cierta regularidad de las diferencias en oportunidades, acceso a bienes, usos sociales e individuales, asignación y reconocimiento de privilegios y prestigios, tabúes, etc.— exhibe una cierta uniformidad de los estilos de vida que reclaman del sujeto una elección y una voluntad y que suscitan, simultáneamente, formas de exclusión.

En su análisis del papel de la ética protestante en la génesis y desarrollo del capitalismo, Weber busca esclarecer el mecanismo por el cual los imperativos éticos, los perfiles de comportamiento, los modos de segmentación social, las pautas de individuación que la práctica religiosa del protestantismo alienta se proyectan en las exigencias dinámicas de la vasta estructura de producción capitalista para consolidarse recíprocamente. Esto culminó, para Weber, en la implantación irrestricta de pautas racionales —lo que denominó *el desencantamiento del mundo*— que articulan el conjunto de las acciones sociales. Weber rechaza, entonces, cualquier tentativa de establecer una determinación unilateral entre la estructura económica y el régimen ético e ideal que la ha hecho posible. Recoge el término de Goethe de "afinidades electivas" para designar esta convergencia en la que se sustentan recíprocamente dos procesos heterogéneos en su naturaleza: el protestantismo y las pautas económicas necesarias para la consolidación del capitalismo. La relevancia que Weber atribuye a la función de la estructura burocrática —en la que convergen racionalidad y normatividad en un juego inextinguible de confrontaciones y alianzas— apuntala también su reflexión sobre las formas de dominación. El desenlace de estas confrontaciones se expresa como una dinámica conflictiva entre burocracia y racionalidad, pero que suscita y sustenta pautas propias de dominación, sin cuya comprensión el capitalismo contemporáneo sería indescifrable. Weber acuña dos conceptos fundamentales para la comprensión de las manifestaciones de esa racionalidad imperante: la racionalidad orientada a valores *(Wertrationalität)* y la racionalidad orientada a fines *(Zweckrationalität)*. La primera permite reconocer ese sistema de acciones cuya finalidad es la realización de ciertos valores, al margen de los costos, mientras que la segunda permite comprender esa forma de racionalidad que compromete la elección de una acción o conjunto de acciones gobernadas enteramente por la búsqueda de adecuación a un fin característico. Esta última manera de racionalidad desempeña un papel fundamental en las formas contemporáneas de dominación, que tienen en el aparato burocrático uno de sus engranajes esenciales. Pero quizá el tema que alude con más fuerza a los alcances políticos de la noción de ideología es el que atiende a la validez de las pretensiones de los tres tipos de dominación legítima —racional, tradicional y carismática— y, quizá más claramente, a la naturaleza de las creencias involucradas necesariamente en el establecimiento de cualquiera de estos tres regímenes de legitimidad. Para Paul Ricœur, esta intervención necesaria de la creencia es lo que revela los alcances de una teoría de la ideología implícita en Max Weber, pero también de la ausencia de un desarrollo propio de esta noción. En efecto, Ricœur afirma:

> La creencia involucrada en la tipología de las pretensiones agrega algo más que permite que la pretensión sea aceptada o dada por descontada por quienes están sometidos al orden correspondiente [...] ¿No podemos afirmar que el problema de la ideología se refiere precisamente a este suplemento, a esta brecha entre pretensión y creencia, al hecho de que tiene que haber en la creencia algo más de lo que racionalmente se entiende desde el punto de vista de los intereses, ya sean éstos emocionales, consuetudinarios o racionales? Segundo, ¿no es acaso la función de la ideología llenar la brecha de credibilidad? Si ello es así, entonces, tercero, ¿no necesitamos elaborar un concepto de plusvalía relacionado ahora no con el trabajo, sino con el poder? [*Ideología y utopía*, 1986].

Vilfredo Pareto (1848-1923), a pesar de que tampoco aborda expresamente la noción de ideología, desarrolla en su *Tratado de sociología general* (1916) una reflexión que circunscribe y bosqueja un análisis de rasgos de la conducta y el pensamiento significativos para la comprensión de la noción de ideología. En efecto, Pareto, al buscar exhibir los fundamentos del conocimiento social, desemboca en la interrogación acerca de la suerte colectiva de los pensamientos erróneos. Aunque su reflexión no encara el conocimiento social desde el punto de vista de la "falsa conciencia", sin duda su inquietud por la suerte que corren en la sociedad los que él caracteriza como conocimientos aberrantes y distorsionados muestra extrañas resonancias con los desarrollos canónicos de la noción de ideología. Pero el curso del razonamiento de Pareto ofrece una trayectoria propia: dirige su reflexión a las fuentes y las razones que hacen posible la persistencia de ciertas pautas de la acción del sujeto; estas pautas perduran disgregadas desigual, residualmente en el sistema social. La adhesión afectiva del sujeto a estas formas residuales de acción da lugar a sistemas complejos de acciones que confieren su estabilidad a las representaciones sociales, pues involucran sentimientos y afectos no conscientes que garantizan la estabilidad de las representaciones y las acciones que traman los acontecimientos cotidianos y los hábitos.

La sociología del conocimiento: Karl Mannheim

Karl Mannheim (1893-1947) ahonda la reflexión sobre el vínculo de ideología y conocimiento: en su reflexión sobre la ideología se privilegia el tema de la historicidad de las nociones, de las estructuras de conocimiento y los criterios de verdad en su vínculo con las condiciones históricas y sociales que las hacen posibles. Mannheim preserva el vínculo entre ideología y falsedad, pero busca elucidar el conjunto de condiciones que limitan su validez. Si bien Mannheim se muestra próximo al relativismo, es él mismo quien rechaza explícitamente la pertinencia de éste: el relativismo presupone una creencia fundamental en el carácter absoluto de la verdad, es decir, al mismo tiempo que afirma la condición histórica, irreductible, de todo conocimiento, preserva la convicción de un conocimiento y una verdad trascendentales. Este contraste entre la mutación histórica del conocimiento y el carácter absoluto de la verdad señala los límites de un relativismo, limitado siempre por un historicismo paradójico e irreductible, atado al fundamento de una verdad trascendental. Contra esta visión relativista, Mannheim propone una visión relacional de los órdenes del conocimiento. Esta visión se sustentaría en un rechazo de toda tentación de persistir en la creencia de una verdad trascendental, explícita o implícita, que determinaría la génesis y la validez del conocimiento histórico. Así, sugiere Mannheim, es preciso afirmar la historicidad de todo conocimiento. Esto desemboca en una noción de verdad que emerge sólo del diálogo entre las propias disciplinas en un momento histórico determinado, sin ninguna garantía en lo real del mundo: "lo inteligible en la historia —escribe— se puede formular únicamente en relación con problemas y construcciones conceptuales que surgen a su vez en el devenir de la experiencia histórica".

La discusión de los alcances y la relevancia de la noción de ideología como "falsa conciencia" llevará a la necesidad de redefinir lo falso, pero ahora en términos de una teoría de la acción, comprendida como adecuación histórica de los actos a las condiciones mismas de existencia. "Una teoría sería errónea —escribe Mannheim— cuando, en determinada situación práctica, aplica conceptos y categorías que, si se les tomara en serio, impedirían que el hombre se acomodara a aquella etapa histórica" *(Ideología y utopía*, 1929). La concepción de Mannheim se desprende con este gesto de la noción clasista de ideología para desembocar en una sociología del conocimiento erigida a partir de una visión compleja de la génesis y las identidades de los grupos y actores sociales y las formas particulares en que éstos engendran su propia historicidad.

La teoría crítica de la ideología

En la estela de la reflexión de Lukács sobre la noción de ideología como falsa conciencia —aunque con matices que trastocan drásticamente su fisonomía—, a partir de una nueva lectura de Hegel, de la polémica abierta en la sociología alemana por la reflexión weberiana sobre la racionalidad y sus críticas, y la asimilación analítica del pensamiento de Freud, se crea lo que se dio en llamar la Escuela de Frankfurt, cuyos planteamientos desembocarán en una formulación radical de la noción de ideología. Sin duda, una de las figuras centrales en la reflexión sobre la ideología fue Theodor W. Adorno (1903-1969). Una de sus aportaciones más significativas fue sustentar la nueva visión de la ideología sobre una crítica radical del efecto del principio de identidad. En efecto, Adorno postula en su *Dialéctica negativa* (1966) la primacía del principio de identidad en la ideología: "Identidad es la forma originaria de la ideología. Su sabor consiste en su adecuación a la realidad que oprime". Esta adecuación implica una plena identificación del sujeto con las condiciones de su propia opresión, un apego a estas condiciones, que se revela en su sometimiento ante lo dado, expresada con los recursos de una racionalidad enfrentada a una realidad que se despliega ante él como destino: "esto es así y no de otro modo". La voluntad de reconocer la propia identidad en las condiciones de sometimiento la convierte, necesariamente, en algo "positivo y deseable". Para Adorno, en las sociedades contemporáneas, la dialéctica de la identidad se encuentra ya en la dialéctica del intercambio: éste reclama, como premisa fundamental, la posibilidad de someter toda diferencia a un principio unitario que hace posible la comparación de los bienes y el establecimiento de un patrón general de equivalencia. Ese principio los hace comparables, medibles; para poder ser intercambiado por otro, todo objeto debe poder ser comparado, es decir, exhibir cierto rasgo de identidad con aquel que se intercambia. Sin embargo, el aspecto contradictorio del intercambio, patente en su dialéctica, es que éste es también la forma privilegiada de conjurar la acumulación y todo régimen de apropiación diferencial.

En la dialéctica del intercambio se encuentra así el fundamento dialéctico de la racionalidad. El principio de identidad que hace posible el intercambio define las claves de la identidad misma de los sujetos. El sujeto, enfrentado al objeto de intercambio y sin posibilidad de operar el distanciamiento y la superación de ese vínculo, se somete a una identificación con la lógica que lo constituye. La dialéctica de la racionalidad se expresa privilegiadamente en la transformación de las necesidades y el impulso irrefrenable del consumo. El sujeto, a través de esta transformación histórica de las necesidades, se identifica plenamente con el entorno que las crea y las satisface. Pierde con ello toda identidad en esta fusión con lo que lo determina. La noción de alienación alcanza su límite. En su grado más extremo, el sujeto mismo desaparece en esta exigencia mimética. Se confunde en esa satisfacción de necesidades creadas autónomamente por el régimen ideológico. La noción de industrias culturales revela la aparición y el efecto de la transformación de la cultura en mercancía producida por la maquinaria de las instituciones culturales y los medios de comunicación en la búsqueda incesante del engendramiento de necesidades y de la identificación del sujeto. "La industria cultural logra presentarse como espíritu objetivo en la medida en que retoma, cada vez más, tendencias antropológicamente vivas en sus clientes. Al apegarse a estas tendencias, al corroborarlas y ofrecerles una confirmación, puede al mismo tiempo suprimir, o aun condenar, explícitamente todo aquello que rechace la subordinación" (T. W. Adorno y Max Horkheimer, 1944).

A pesar de la relativa disparidad de sus intereses y de sus contribuciones, los miembros de la Escuela de Frankfurt fueron —en particular, Adorno, Horkheimer y Marcuse— quienes contribuyeron a profundizar esta crítica de la ideología de las sociedades industriales contemporáneas a la luz de una reflexión original sobre la crítica de la racionalidad, la dialéctica de sus mutaciones, sus eficacias y sus límites. Una de las contribuciones más polémicas, aunque quizá más fértiles, fue la incorporación del psicoanálisis y particularmente de la obra freudiana a la reflexión sobre la dominación y la ideología. Tanto Horkheimer como Adorno recogieron de manera crítica las aportaciones de Freud. Incorporaron a su reflexión sobre los mecanismos de dominación las reflexiones freudianas, en particular la distinción en la constitución del sujeto, del ello, el yo y el superyo. A partir de esta tripartición y del reconocimiento del papel que juega en ellas y a partir de ellas la represión, fue posible trazar vínculos estrechos entre la crítica de las ideologías y las elaboraciones psicoanalíticas. Pero fue quizá particularmente la obra tardía de Marcuse, en particular *Eros y civilización* (1953) y *El hombre unidimensional* (1964), la que exploró más estrechamente las consecuencias del modelo freudiano del aparato psíquico y las reflexiones sobre el lugar de la represión en la comprensión de las estrategias contemporáneas de la dominación política.

La aportación de Louis Althusser

Por otra parte, la herencia del marxismo se amplió y se diversificó aún más a partir de la obra de Gramsci. Abrió horizontes hasta entonces poco explorados aunque fundamentales. En uno de los últimos y más rigurosos esfuerzos por enriquecer la noción marxista de ideología, Louis Althusser (1918-199?) elabora una concepción propia, estructural, de práctica, recobrando en su lectura de Marx las contribuciones del psicoanálisis y del análisis del discurso franceses contemporáneos. Recoge y elabora según este marco propio la concepción de un Estado ampliado, propuesto ya por Gramsci, constituido por un cuerpo de instituciones que se insertan capilarmente en la vida social: la familia, la educación, la religión, los sindicatos. Sus argumentos se encuentran expuestos sintéticamente en el artículo "Ideología y aparatos ideológicos de Estado" (1970). Sustentándose en el contraste conceptual entre ciencia e ideología, Althusser define los rasgos axiales de su teoría, que él mismo sintetiza en dos tesis fundamentales. La primera es que *la ideología representa la relación imaginaria entre los individuos y sus condiciones reales de existencia*. La categoría de lo imaginario recoge los ecos de la imaginación psicoanalítica de Jacques Lacan, a cuyas nociones impone un viraje crítico, orientando la reflexión sobre lo imaginario a una reconsideración política del lugar de la subjetividad. Por otra parte, en una segunda tesis, Althusser señala un rasgo esencial de la nueva perspectiva de ideología: *la ideología tiene existencia material*. Esta definición no solamente no es obvia, es inusitada. En el espectro de las diferentes prácticas que definen la estructura social, para Althusser, es posible reconocer ideologías regionales, señaladas por sus formaciones ideológicas y discursivas particulares, su propia inscripción en la estructura social y las diferentes manifestaciones e incidencias que tienen en los procesos sociales. Así, la religión no puede compararse sin más con la educación; los efectos de la práctica sindical no son equiparables al lugar particular que ocupa la familia en el destino del sujeto. Pero además, estas prácticas ideológicas regionales se expresan en cuerpos institucionales y regulaciones sociales que se erigen como aparatos cuyos efectos estructurales se conjugan en la reproducción social.

Todo esto dio lugar a una de las nociones quizá más relevantes, aunque también más controvertidas de la última etapa del pensamiento althusseriano: la teoría de los aparatos ideológicos de Estado, que no deja de guardar ciertos ecos de la noción gramsciana de aparatos hegemónicos. A partir de estas consideraciones, la ideología aparece bajo otra luz. En efecto, Althusser subrayará: "Ha desaparecido [de mi concepción]: el término ideas. Subsisten: los términos sujeto, conciencia, creencia y actos. Aparecieron: los términos prácticas, rituales, aparato ideológico". Por otra parte, Althusser pone un énfasis sustancial en la condición material de la ideología, implícita en su concepto de práctica, que se expresa en las formaciones de discursos y de otras formas de significación que participan en la esfera ideológica. Esa condición material de la ideología hace posible, también, introducir como un problema relevante para la noción de ideología la necesidad de una teoría científica, acerca de la estructura y la génesis de la subjetividad. La noción de lo imaginario, que Althusser incorpora de manera constitutiva en su noción de ideología, tanto como la noción central de interpelación —el efecto estructural que confiere a los individuos su particular estructura subjetiva según los patrones dictados por las condiciones imperantes en un modo de producción determinado—, le permiten al filósofo francés formular un modelo para comprender la incidencia del proceso ideológico en la configuración de la estructura y el desempeño psíquicos de los sujetos en determinada posición histórica en el espectro de las relaciones estructurales y su reproducción.

El fin de las ideologías

Tanto desde las concepciones divergentes en la esfera marxista como desde las posiciones antagónicas a ésta se multiplicaron las miradas críticas, los intentos de renovación y de creación de alternativas analíticas relativas a la noción de ideología. En este contexto, es preciso considerar, por su particular relevancia, un espectro de voces críticas que dio lugar al conjunto de reflexiones a las que se alude conjuntamente bajo el rubro de "el fin de las ideologías" y que incluyó privilegiadamente las contribuciones de Raymond Aron (1905-1983) y de Daniel Bell (1919). Por otra parte, Jürgen Habermas (1929) habría de desarrollar, en una fase temprana de su trabajo, una reflexión que, aun cuando podría revelar las resonancias de la Escuela de Frankfurt, muestra ya con claridad los puntos de divergencia que lo habrían de llevar a una posición singular, propia, en una divergencia clara con las posiciones marxistas.

En *El opio de los intelectuales* (1955), una obra escrita en el marco de una aguda polémica nutrida de los conflictos políticos en el universo francés de la posguerra y que involucraba posiciones antagónicas de los intelectuales —particularmente de Sartre— en torno de las políticas hacia la entonces Unión Soviética, Raymond Aron caracterizó la ideología a partir de ciertos rasgos fundamentales; es una visión global del mundo histórico, que además se presenta bajo una fisonomía de seudosistematicidad y que compromete la fe. Para Aron, la época febril de las confrontaciones ideológicas se enfrentaba a su crepúsculo. La evidencia presentada por Aron en aquel momento era la visible y progresiva atenuación de la polémica entre campos ideológicos contrarios a la que acompañaba una uniformidad patente de los fundamentos programáticos y políticos en todas las arenas de la lucha política, que coincidían en un reclamo moral universal: la salvaguarda de la libertad individual. En un texto de 1965, *Ensayo sobre las libertades*, Aron desarrolla explícitamente los alcances y el sentido de esta expresión:

> La fórmula *fin de las ideologías* no ha significado jamás que una sociedad industrial, en un nivel determinado de prosperidad, ignore el conflicto de las ideas o el choque de los temperamentos. Siempre ha habido y siempre habrá oportunistas y rebeldes, moderados y violentos, conservadores que teman los cambios y reformadores que se indignen por las imperfecciones de lo real. Lo que sugería la fórmula era el escepticismo ante los sistemas globales de interpretación del mundo histórico, en nombre de los cuales un partido se creía portador de una misión y destinado a la destrucción del orden existente y a la edificación de un orden radicalmente opuesto. Ni el marxismo-leninismo, ni el fascismo, ni el liberalismo, despiertan ya esa fe capaz de mover montañas.

Para Aron, esta época inaugura el comienzo del predominio de políticas híbridas, distanciadas de todo monolitismo programático. Aparece el énfasis en el uso de recursos técnicos de diversa índole para la solución de los problemas de gobernabilidad que acompañan la atenuación de la virulencia polémica con que se enfrentaron las distintas visiones del mundo. Para Aron, en aquel entonces era posible atestiguar ya un acento político en la noción de ciudadanía y la búsqueda de una "salvación individual". En un ensayo incluido en su publicación *Tres ensayos sobre la era industrial*, Aron caracterizará el nuevo espíritu como: "el pragmatismo del ingeniero social, más conforme con el espíritu del racionalismo y que da mejores posibilidades a los hombres, no para convertirse en 'dueños y poseedores de la naturaleza social', sino para mejorarla obedeciéndola". Esta ingeniería había minado —afirmaba Aron—, quizá irreversiblemente, la implantación de las visiones globales que sustentarían la vigencia de formas ideológicas características de todas las esferas totalitarias.

La reflexión sobre las ideologías había acumulado panoramas contrastantes de análisis y puesto de relieve un repertorio de distintos rasgos acentuados de manera particular por cada uno de los autores. La ideología fue concebida en distintos momentos por distintos autores, con distintos acentos, con distintas orientaciones políticas, como fuerza totalizante, como un conjunto de representaciones capaces de producir una visión consistente y unitaria del mundo, un conjunto de imágenes capaces de despertar apegos y emotividad, concepciones surgidas de la confrontación de clases y estratos sociales, visiones forjadas por los intelectuales, visiones cohesivas del mundo, mundos próximos a la religión y que involucran la fe y la creencia. Daniel Bell conjuga estos rasgos para ofrecer su propuesta del fin de las ideologías. "El ideólogo —escribe Bell— se vivifica no en la contemplación, sino en 'el hecho'. Podría decirse, efectivamente, que la función más importante y latente de la ideología es desatar la emoción [...] La religión simbolizaba, alejaba, dispersaba la energía emocional del mundo a la letanía, la liturgia, los sacramentos, los edificios y las artes. La ideología funde estas energías y las canaliza en la política."

Bell subraya el vínculo intrínseco entre intelectuales e ideología y contrasta el papel decisivo que esta relación desempeña en el siglo XIX y el eclipse del marxismo en la posguerra. En consecuencia, el *fin de las ideologías*, para Bell, se revela en la progresiva despolitización de los intelectuales ante las pautas de crecimiento de la productividad y las nuevas formas complejas de desarrollo de las sociedades occidentales contemporáneas, pero también en el declive de las creencias, la transformación de las confrontaciones de clase y la desaparición de la inquietud y el desasosiego de los trabajadores ante la consolidación del mundo posindustrial, la incorporación de las vanguardias al propio proceso social como una fuerza de apuntalamiento de la fisonomía contemporánea de los pluralismos sociales y la extinción de las grandes luchas entre visiones totalizantes y simplificadas del mundo.

Por su parte, Jürgen Habermas, en el marco de su reflexión temprana, recoge algunas de las aportaciones significativas de la Escuela de Frankfurt —particularmente de Marcuse— y le impone una inflexión singular a la noción de ideología. Ésta, sin embargo, se irá desdibujando progresivamente a lo largo de su obra, pero en aquel momento aparece en la cauda de una reflexión crítica de la teoría de la acción de Weber y de conceptos de la sociología sistémica, para centrarse en los problemas de la dimensión normativa que estructura y condiciona los procesos sociales. Sin abandonar la noción de ideología como distorsión, Habermas, en un texto temprano que explora los alcances de la noción de ideología ("Ciencia y técnica como ideología", 1968), recobra la noción weberiana de acción orientada a fines para desarrollar un análisis de la sociedad contemporánea. Parte de una taxonomía de las acciones que complementa y, acaso corrige, la noción weberiana de acción orientada a fines con otras dos formas de acción: la acción estratégica —"valoración correcta de las alternativas de comportamiento posible"— y, finalmente, la acción comunicativa: "una interacción simbólicamente mediada, que se orienta según normas intersubjetivamente vigentes que definen expectativas recíprocas de comportamiento y que tienen que ser entendidas y reconocidas, cuando menos por dos sujetos agentes, [...] y que se objetivan en la comunicación lingüística cotidiana".

Habermas analiza en ese momento las pautas contemporáneas de desarrollo técnico-científico que se convierten en patrones dominantes y que someten finalmente el campo de acción social a la racionalidad de la acción orientada a fines. Son los intereses sociales de progreso técnico, dominantes en el capitalismo tardío, lo que

> define al sistema social como un todo, que viene a coincidir con el interés de mantenimiento del sistema. La forma privada de la revalorización del capital y la clave de distribución de las compensaciones sociales que aseguran el asentimiento de la población permanecen como tales sustraídas a la discusión. Como variable independiente aparece un progreso cuasiautónomo de la ciencia y de la técnica del que de hecho depende la otra variable más importante del sistema, es decir, el progreso económico. El resultado es una perspectiva en la que la evolución del sistema social parece estar determinada por la lógica del universo científico y técnico. La legalidad inmanente de este progreso es la que parece producir las coacciones materiales concretas a las que ha de ajustarse una política orientada a satisfacer las necesidades funcionales. Y cuando esta apariencia se ha impuesto con eficacia, entonces el recurso propagandístico al papel de la ciencia y de la técnica puede explicar y legitimar por qué en las sociedades modernas ha perdido sus funciones una formación democrática de la voluntad política en relación con las cuestiones prácticas y puede ser sustituida por decisiones plebiscitarias relativas a los equipos alternativos de administradores ["Ciencia y técnica como ideología"].

LÍNEAS DE INVESTIGACIÓN Y DEBATE CONTEMPORÁNEO

Confrontaciones en torno de la compleja constelación de características y efectos de la ideología tuvieron resonancias en los más diversos ámbitos: no sólo la filosofía, la economía, la teoría política o la sociología intervinieron abiertamente en el debate. Los efectos de la discusión también se propagaron a la antropología, la lingüística, la semiótica, la historiografía, la literatura, las reflexiones sobre la estética. No obstante, pese al sentido equívoco y la persistente indefinición de sus perfiles, la noción de ideología no sólo preserva una vitalidad y una capacidad evocativa que no conservan otros conceptos de la sociología y la teoría política. Esta noción sigue suscitando una cauda de reflexiones en varias esferas disciplinarias y cuyos alcances, hoy todavía en pleno desarrollo, son difíciles de anticipar. Quizá su fertilidad se apuntala en la propia naturaleza multívoca y contradictoria, inacabada, del concepto, en su capacidad para incorporar en su desarrollo contribuciones de un vasto espectro disciplinario y en la necesidad de inteligibilidad de comportamientos políticos colectivos e individuales que definen históricamente las estrategias del ejercicio del poder.

Así, al hacerse patente el carácter material de las manifestaciones ideológicas, se hace imperativo reconocer la ideología en la génesis y el desempeño discursivos, en las estrategias complejas de signos, en formaciones retóricas y regulaciones pragmáticas. Aparece así la interrogación sobre las condiciones, la eficacia particular, la naturaleza del sentido del proceso ideológico. La lingüística y la semiótica se vieron orilladas, por su parte, a buscar una delimitación conceptual de la significación y la interpretación, y su relevancia en la fisonomía y los efectos de poder propios de las ideologías.

Por su parte, la antropología se vio ante la necesidad de explorar al mismo tiempo los vínculos entre las nociones de mito, ritual, cultura, fetichismo, religión, comprometidas a través de múltiples vasos comunicantes en la reflexión sobre la ideología. Se hizo patente la necesidad de deslindar estos conceptos que parecían a veces confundirse y a veces contrastar violentamente. Desarrollos del concepto de ideología concebidos a partir del vínculo entre religión, magia y mito aparecen tempranamente en la obra antropológica de Maurice Godelier o de Jean Pouillon, cuyas reflexiones sobre el fetichismo como convergencia de objetos y simbolismos abren vías particularmente sugerentes en el entrecruzamiento de las reflexiones política, antropológica y psicoanalítica. Con las reflexiones de la antropología, se hace posible intentar una redefinición de la ideología desde el momento en que ésta se sustrae a la concepción positiva o dialéctica de la verdad y a la relación de las categorías sujeto-objeto. Sus nuevas alternativas trazan otro eje conceptual estratégico para la comprensión de la ideología: la relación entre significación y regímenes de inteligibilidad o actos interpretativos. Se conjugan en esta nueva perspectiva las interrogaciones contemporáneas sobre lo simbólico, la interpretación, la comprensión; pero también se incorporan las visiones antropológicas sobre el vínculo entre los rituales, los mitos y la creación de normas, valores e identidades individuales y colectivas, o bien las reflexiones sobre las calidades de la significación y la naturaleza heterogénea de los sistemas de intercambio simbólico y su participación en los vínculos de dominación, de prestigio o de sometimiento.

El énfasis sobre lo imaginario, fundamental en la nueva caracterización del proceso ideológico, irrumpió con toda su fuerza en la reflexión contemporánea a partir del lugar privilegiado que adquirió en el ámbito teórico la relación entre los regímenes simbólicos y la ideología. Lo imaginario apareció en un primer momento como una dimensión de lo ideológico para luego adquirir un alcance y una relevancia propios y dar lugar a una reflexión polémica y sistemática autónoma. Este replanteamiento de la ideología en términos de una referencia general a lo simbólico y lo imaginario suscitó una reflexión vigorosa y continua sobre la naturaleza de la cultura, el lugar de las culturas populares, los estudios de género, el lugar de la sexualidad, las manifestaciones de la memoria, la repercusión de las nociones de territorio y de espacio en los comportamientos urbanos, etc. El debate sobre la naturaleza de lo imaginario y su lugar en lo político llevó a bosquejar una teoría sobre el vínculo entre creación de sentido y creación histórica.

Es en este nuevo espectro en el que se inscribe también una nueva reflexión sobre la historia y la historiografía. La llamada "historia de las mentalidades" llevó a un nuevo deslinde y complementariedad entre las reflexiones históricas sobre la relación entre la noción de mentalidad y la de ideología. El análisis de las mentalidades pone un énfasis en la "larga duración" de ciertos procesos sociales que obligan a reconsiderar el sentido de las expresiones residuales de la memoria en la vida colectiva, una recuperación de los rastros y registros que se preservan obstinadamente de manera fragmentaria y que escapan a los grandes movimientos de integración y unificación ideológica, pero que son capaces de suscitar y alentar representaciones sistemáticas de la identidad y las formas de vida colectivas; la historia de las mentalidades recoge representaciones aparentemente ínfimas, indiferentes, que escapan a los regímenes y campos normativos que rigen las acciones accesibles a la reflexión consciente, que se preservan según tiempos y ritmos propios ocultos a la observación sistemática, pero que expresan, inconscientemente, modos de preservación de identidades colectivas.

BIBLIOGRAFÍA

Adorno, Theodor W., y Max Horkheimer (1994), *Dialéctica de la Ilustración*, Trotta, Madrid. [1a. ed. 1944.]
—— (1975), *Dialéctica negativa*, Taurus, Madrid. [1a. ed. 1966.]
Althusser, Louis (1970), "Ideología y aparatos ideológicos de Estado", en *La filosofía como arma de la revolución*, Siglo XXI, México.
Aron, Raymond (1955), *El opio de los intelectuales*, Buenos Aires, Siglo XX.
—— (1967), *Tres ensayos sobre la era industrial*, Edima, Barcelona.
Bacon, Francis (1984), *Novum Organum*, Sarpe, Madrid. [1a. ed. 1620.]
Bell, Daniel (1964), *El fin de las ideologías*, Tecnos, Madrid.
Condillac, Etienne (1975), *Lógica y extracto razonado de las sensaciones*, Aguilar, Madrid. [1a. ed. 1780.]
—— (1984), *Traité des sensations*, Col. Corpus des Œuvres Philosophiques en langue française, Fayard, París. [1a. ed. 1756.]
D'Holbach (1990), *Système de la Nature*, Col. Corpus des Œuvres Philosophiques en langue française, Fayard, París. [1a. ed. 1770.]
Feuerbach, Ludwig (1841), *La esencia del cristianismo*.
Gramsci, Antonio (1975), *El materialismo histórico y la filosofía de Benedetto Croce*, Juan Pablos, México.
Habermas, Jürgen (1984), "Ciencia y técnica como ideología", en *Ciencia y técnica como ideología*, Tecnos, Madrid. [1a. ed. 1968.]

Lukács, Georg (1969), *Historia y conciencia de clase*, Grijalbo, México. [1a. ed. 1923.]
Mannheim, Karl (1987), *Ideología y utopía*, FCE, México. [1a. ed. 1929.]
Marcuse, Herbert (1968), *El hombre unidimensional*, Joaquín Mortiz, México. [1a. ed. 1964.]
—— (1972), *Eros y civilización*, Seix Barral, Barcelona. [1a. ed. 1953.]
Marx, Karl, y Friedrioh Engels (1958), *La ideología alemana*, Pueblos Unidos, Montevideo.
—— (1975), *El capital*, 3 t., 8 vols., Siglo XXI, México. [1a. ed. 1872.]
—— (1980), "Prólogo" a la *Contribución a la crítica de la economía política*, Siglo XXI, México. [1a. ed. 1859.]
Pareto, Vilfredo (1916), *Tratado de sociología general*, Alianza, Madrid.
Ricœur, Paul (1989), *Ideología y utopía*, Gedisa, Barcelona.
Tracy, Destutt de (1970), *Eléments d'idéologie*, Vrin, París. [1a. ed. 1801.]
—— (1992), "Dissertations sur quelques questions de l'idéologie", en *Mémoire sur la faculté de penser, et autres textes*, Col. Corpus des Œuvres Philosophiques en langue française, Fayard, París. [1a. ed. 1799.]
Weber, Max (1964), *Economía y sociedad*, FCE, México. [1a. ed. 1922.]
—— (1987), *Ensayos sobre sociología de la religión*, Taurus, Madrid. [1a. ed. 1920.]

BIBLIOGRAFÍA ADICIONAL

Althusser, Louis, *et al.* (1971), *El proceso ideológico*, Tiempo Contemporáneo, Buenos Aires.
Ansart, Pierre (1983), *Ideología, conflictos y poder*, Premiá, México.
Baechler, Jean (1978), *¿Qué es la ideología?*, Emecé, Buenos Aires.
Barthes, Roland (1957), *Mythologies*, Seuil, París.

Boudon, Raymond (1986), *L'idéologie*, Fayard, París.
Cassigoli, Armando, y Carlos Villagrán (comps.) (1982), *La ideología en los textos*, Marcha, México.
Châtelet, François (1980), *Historia de las ideologías*, Premiá, México.
Della Volpe, Galvano (1970), *Crítica de la ideología contemporánea*, Alberto Corazón, Madrid.

Eagleton, Terry (1997), *Ideología*, Paidós, Barcelona.

Geertz, Clifford (1987), "La ideología como sistema cultural", en *La interpretación de las culturas*, Gedisa, Barcelona. [1a. ed. 1964.]

Gouldner, Alvin (1978), *La dialéctica de la ideología y la tecnología*, Alianza, Madrid.

Habermas, Jürgen (1981), *La reconstrucción del materialismo histórico*, Taurus, Madrid.

Ipola, Emilio de (1982), *Ideología y discurso populista*, Folios, México.

Kristeva, Julia (1969), "Le text clos", en *E0: 4TJ46. Recherches pour une sémanalyse*, Seuil, París.

Kristeva, Julia, *et al.* (1972), *Literatura e ideologías*, Alberto Corazón, Madrid.

Lenk, Kurt (comp.) (1974), *El concepto de ideología*, Amorrortu, Buenos Aires.

Voloshinov, Valentin (1992), *El marxismo y la filosofía del lenguaje*, Alianza Editorial, Madrid. [1a. ed. 1929.]

Vovelle, Michel (1982), *Idéologies e mentalités*, Maspero, París.

Zeitlin, Irving (1970), *Ideología y teoría sociológica*, Amorrortu, Buenos Aires.

IGUALDAD

Corina Yturbe

Definición

La mayoría de las teorías políticas contemporáneas tienden a sostener la tesis de que todos los seres humanos son esencialmente iguales, de igual valor, y que esta igualdad debería reflejarse en las esferas económica, social y política de la sociedad. El valor de la igualdad ha sido un tema constante de las ideologías y de las teorías políticas a lo largo de la historia, y, en el discurso político contemporáneo, el concepto de igualdad ha llegado a desempeñar un papel tan importante que casi podría decirse que ha remplazado a la libertad como tema central.

En su sentido descriptivo, la igualdad es un concepto indeterminado. A diferencia del concepto de libertad, que se refiere a una cualidad o propiedad que puede o no tener una persona, la igualdad no es un concepto atribuible a un sujeto. La proposición "X es igual" sólo tiene sentido como relación entre dos o más objetos o personas en algún aspecto. Es necesario, entonces, precisar la extensión del campo significativo sobre el que versa la relación de igualdad: quiénes son, o quiénes deben ser considerados, iguales; es decir, cuando se afirma que dos o más objetos o personas son iguales, es necesario formular la pregunta *¿igualdad entre quiénes?* (todos, un número limitado). Y, dado que la igualdad pura sólo existe entre ideas abstractas, como por ejemplo los números (no hay nada ni nadie perfectamente igual a otra cosa o a otra persona), cuando se afirma que dos objetos o dos personas son "iguales" es necesario especificar respecto a qué cosa son, o deberían ser considerados, iguales; es decir, una vez que se reconoce que la igualdad es una relación entre dos o más objetos o personas, es necesario plantear la pregunta: ¿iguales en qué?, o ¿respecto a qué cosa? La igualdad es, pues, en sentido descriptivo, un tipo de relación formal, que tiene por objeto la relación entre dos o más individuos de un grupo, cuya extensión puede variar según la propiedad que se considere relevante para establecer la igualdad (Bobbio, 1993: 53-54; Revelli, 1995: 59).

En el contexto de las ciencias sociales, la igualdad se refiere a ciertas propiedades que los hombres tendrían en común, en virtud de las cuales deberían ser tratados de manera igual. Según el uso básico del concepto de igualdad en el debate político, los hombres son descritos como seres iguales; esto es, se pone el acento en el hombre como ser genérico, como ser perteneciente a una determinada clase y, por tanto, en las características comunes a todos los pertenecientes a esa clase. La sociedad es vista como una totalidad y de lo que se trata es de establecer qué tipo de relaciones hay o debería haber entre la pluralidad de seres que la componen. A la pregunta ¿quiénes son iguales?, una doctrina igualitaria respondería que son iguales el mayor número de hombres en el mayor número de aspectos.

La máxima que caracteriza las teorías políticas defensoras de la igualdad según la cual "todos los hombres son —'o nacen'— iguales" ha sido proclamada de distintos modos a lo largo de la historia del pensamiento político occidental. Es evidente que cuando se habla de igualdad en teoría política afirmando que "todos los hombres son iguales" no se está haciendo referencia a un hecho empírico; el dato evidente de manera inmediata es, por el contrario, la diferencia. Los seres humanos son desiguales en casi todo: son de diferente tamaño, forma y sexo, y sus capacidades físicas, mentales y morales varían de uno a otro. La expresión, entonces, no debe ser tomada en su sentido literal, sino que debe ser interpretada. Lo que esa máxima proclama es que los hombres sean considerados y *tratados* como iguales: no se trata de la descripción de un hecho, sino de la prescripción de un deber, de un juicio de valor. La igualdad es un ideal o un valor que se postula precisamente porque se reconoce que los hombres son distintos: dice que deben ser tratados del mismo modo todos los que pertenecen a la misma categoría. Desde esta dimensión normativa, ciertas características humanas compartidas —la dignidad humana o la racionalidad, por ejemplo— son valoradas como políticamente más significativas que las diferencias fácticas, sean físicas o sociales. Y es a partir de la valoración positiva de estas "semejanzas" que puede exigirse que se trate a los hombres *como si* fueran iguales (*cf.* Gutman, 1989: 286).

Historia, teoría y crítica

La igualdad no es, pues, un dato inmediatamente perceptible; el dato evidente es la diferencia. Cuando se afirma que los hombres son iguales en un aspecto determinado, con el fin de distribuir de manera justa ciertos bienes o ciertos derechos, así como para establecer relaciones sociales aceptables para todos, en tanto que es imposible establecer jerarquías naturales, la igualdad es un producto artificial, una "técnica": es "el producto de un proceso de análisis racional que, descomponiendo al objeto en sus diferentes aspectos, llega a establecer para cada uno de ellos relaciones de equivalencia o de no equivalencia" (Revelli, 1995: 60).

Afirmar una relación de igualdad entre varios objetos o personas considerados como equivalentes entre sí supone llevar a cabo varias operaciones mentales, conceptualmente distintas: al descomponer un enunciado de igualdad, el mismo contiene en realidad tres tipos de proposiciones, cada una de las cuales incluye un tipo de juicio distinto:

a) Un *juicio de relevancia* (juicio de valor) sobre lo que se considera relevante para distribuir cierto bien o para establecer determinado derecho. Como ya se dijo, los hombres son diferentes en muchos aspectos. Habría que preguntarse, entonces, ¿qué diferencias son relevantes respecto al tipo de beneficios o de cargas que se van a distribuir? Así, por ejemplo, el modo en que se distribuye el derecho de voto, los salarios, la obligación de pagar impuestos o de hacer el servicio militar puede ser igualitario o no igualitario, dependiendo del criterio que se utilice. El sexo, el color de los ojos o la riqueza no son relevantes con respecto al hecho de votar, como sí lo son la edad y la ciudadanía. Como ha señalado Bobbio, lo que hace que una relación de igualdad sea considerada como un valor, como algo deseable, es que tal relación sea valorada como justa: a través del vínculo de la igualdad con la justicia, a lo largo de la historia se ha dado una interminable lucha por la anulación de criterios discriminatorios. Poco a poco ha ido creciendo la lista de las desigualdades consideradas como irrelevantes y, por tanto, intolerables, aun cuando "los criterios útiles para reagrupar a los individuos en categorías socialmente relevantes dependen con frecuencia de juicios de valor que no son por sí mismos objetivos. Es más, casi siempre derivan en prejuicios" (Bobbio, 1997: 192-193).

Lo que tienen en común estas luchas en favor de la igualdad no es el hecho de que existan distintos grupos o personas con características diferentes, sino el hecho de que determinado grupo o persona imponga a otros un comportamiento sumiso:

> No es la existencia de aristócratas y personas comunes o de funcionarios y ciudadanos ordinarios (y, por supuesto, tampoco la existencia de diferentes razas y sexos) lo que origina las demandas populares de abolición de las diferencias sociales y políticas, sino lo que los aristócratas hacen con las personas comunes, lo que los funcionarios hacen a los ciudadanos ordinarios: lo que individuos con poder hacen a otros sin él. La experiencia de la subordinación —de la subordinación personal, sobre todo— se halla tras la idea de la igualdad [...] El objetivo del igualitarismo político es una sociedad libre de dominación [Walzer, 1993: 10-11].

A través del principio de igualdad se ha luchado por la eliminación de las diferencias históricamente relevantes que han dado lugar a discriminaciones, las cuales pueden dividirse en diferencias naturales: raza (color), sexo; histórico-sociales: religión, opinión, nacionalidad (lengua), clase social; jurídicas: estatus político o civil derivado de la pertenencia a uno u otro tipo de estado (Bobbio, 1963: 80).

b) Un *juicio de equivalencia* (juicio de hecho) a partir del cual se establece cuáles y cuántos hombres son equivalentes entre sí con respecto a una determinada característica, respecto de la cual algunos hombres pueden ser iguales, pero no todos son iguales. La única característica que comparten todos es una "naturaleza humana" común, pero decir que en virtud de ésta los hombres son iguales sería una afirmación tautológica *(cf.* Oppenheim, 1968: 102). Se trata de un "juicio de hecho" en tanto que implica la verificación empírica de la distribución real de una característica determinada; se trata de verificar la inclusión o exclusión de los distintos individuos en una determinada clase o grupo: quiénes cumplen con los requisitos establecidos para ser considerados ciudadanos, por ejemplo *(cf.* Revelli, 1995: 63). La Declaración Universal de los Derechos del Hombre sería, en este sentido, la máxima expresión jurídico-política de la unidad sustancial del género humano.

c) Un *juicio de equidad* (juicio de valor) según el cual se considera como "justa" la proporción entre el bien o derecho al que se tiene acceso en virtud de poseer el requisito considerado como relevante en la medida afirmada de manera fáctica. Dicha proporción, a su vez, puede ser aritmética (distribuye a todos la misma medida) o geométrica (distribuye de manera diferenciada y proporcional).

La naturaleza del concepto de igualdad es, por tanto, "elástica, móvil": "Su *extensión* (el número de hombres considerados iguales) y su *profundidad* (la cantidad de bienes y derechos sobre los que se pueden tener pretensiones iguales) varían con relación a los distintos juicios de relevancia, a los distintos modos de establecer la equivalencia y a las distintas concepciones de equidad, además, desde luego, a los distintos tipos de 'objetos' que se pretende distribuir según criterios igualitarios" *(cf.* Revelli, 1995: 62-64 y 67).

Es importante notar que no sólo el criterio de relevancia cambia según la naturaleza de los bienes o derechos que se van a distribuir y de la concepción del mundo de quienes establecen los criterios de distribución, sino que también cambia el criterio de equidad. Walzer, por ejemplo, rechaza las nociones de "igualdad simple", afirmando que nuestras convenciones sociales no permiten que todos los bienes se distribuyan según el mismo principio. Más bien, remiten distintos tipos de bienes a diferentes esferas de justicia, cada una de las cuales se rige por un principio de justicia específico. Esta "igualdad compleja" reconoce la separación y la pluralidad de las esferas de justicia (por ejemplo, más o menos poder político, riqueza, etc.). Tales esferas no deben extenderse y dominarse la una a la otra. Las personas pueden experimentar una satisfacción más o menos igual, pero de diferentes maneras; sin embargo, la sociedad debe garantizar de alguna manera que cada uno pueda desarrollarse de manera igual *(cf.* Walzer, 1993).

La presencia de juicios de valor en el establecimiento de tales criterios permite explicar por qué hay distintas formas de igualdad o distintas ideologías igualitarias que incluso pueden llegar a ser antagónicas entre sí.

Una teoría de la *igualdad formal* enuncia la fórmula o el modo de establecer un trato igualitario, sin incluir un criterio específico. Un ejemplo es la noción aristotélica de justicia formal, según la cual "es necesario tratar a los iguales de modo igual y a los desiguales de modo desigual" (Aristóteles, 1983). Es decir, la fórmula prescribe darles a los iguales partes iguales y a los desiguales partes desiguales, pero no especifica con qué criterio. Esta noción de igualdad no nos dice nada sustantivo: cualquier regla puede ser concebida como igualitaria, ya que una regla estipula que todos, o que sólo aquellos que son iguales con respecto a algo específico, reciban el mismo trato específico (Oppenheim, 1968: 106).

Las teorías de la igualdad sustantivas se plantean la pregunta: ¿iguales en qué?, buscando establecer criterios que permitan calificar un determinado trato como igual o como desigual. Volviendo a la máxima "todos los hombres son iguales", ésta nos dice que a pesar de las diferencias personales (no relevantes), los hombres tienen igual dignidad, igual valor y que por ello todos los hombres *tienen derecho* a ser tratados de manera igual. Históricamente pueden distinguirse varios conceptos o, mejor, varios planos de igualdad, entendida como uno de los ideales o valores políticos fundamentales para los hombres que viven en sociedad, en los que ciertas diferencias o desigualdades son reconocidas como relevantes o no, proponiendo alguna corrección en caso de que se les considere inaceptables.

Entre las distintas determinaciones históricas que ha tenido la máxima que proclama la igualdad de todos los hombres, la única aceptada de manera universal es la que afirma: "todos los hombres son iguales frente a la ley" (Bobbio, 1993: 70). Los términos clásicos de "isonomía" —"igualdad de ley"— y de "isegoría" —"igualdad de palabra"— son los antecedentes, en la Antigüedad, de la proclamación en la modernidad del enunciado básico de la *igualdad de todos frente a la ley*. Este principio, en su significado histórico, se entiende en sentido principalmente negativo: niega o rechaza que ciertas diferencias entre los hombres —órdenes o castas que dividen a los ciudadanos en distintas categorías jurídicas, jerarquías que garantizan privilegios para los superiores y cargas para los inferiores— sean relevantes. La igualdad "se orienta a eliminar no todas las diferencias sino únicamente una parte de ellas, y un conjunto particular diferente en tiempos y lugares diferentes" (Walzer, 1993: 10). Así, con el paso del Estado estamental al Estado burgués, sólo hay ciudadanos y todos son iguales, no sólo frente a la ley, sino *iguales en los derechos*: es decir, todos gozan igualmente de algunos derechos fundamentales, como son los derechos civiles y políticos, proclamados y, en algunos casos, garantizados, en casi todas las constituciones desde finales del siglo XVIII hasta la fecha. Para realizar la igualdad es necesaria la garantía de los derechos fundamentales, derechos que no son negociables y que corresponden a *todos* y por igual medida.

La *igualdad jurídica* afirma que todos los ciudadanos tienen capacidad jurídica, es decir, que todos son sujetos jurídicamente reconocidos por el ordenamiento jurídico. En este nivel de igualdad que, como veremos, es un principio complejo que incluye las diferencias personales y excluye las diferencias sociales, pueden distinguirse dos sentidos fundamentales: la igualdad formal o política y la igualdad sustancial o social. Por medio de la igualdad formal o política, ciertas diferencias entre las personas —sexo, raza, lengua, religión, opiniones políticas— no son consideradas como contrarias a la igualdad; por el contrario, "el valor de la igualdad consiste precisamente en el igual valor asignado a todas las diferentes identidades que hacen de cada persona un individuo diferente de los demás y de cada individuo una persona como todas las demás" (Ferrajoli, 1995: 906). Las diferencias de este tipo deben ser reconocidas para ser respetadas y garantizadas. La igualdad formal o política queda asegurada por las garantías de los derechos de libertad que son, justamente, "derechos a la diferencia: a ser uno mismo y a seguir siendo personas diferentes de los demás" (Ferrajoli, 1995: 907).

La *igualdad sustancial* o *social* afirma que los hombres deben ser hechos tan iguales como sea posible: radica en el desvalor asociado a las diferencias de orden económico y social, es decir, de aquellas diferencias que en lugar de ser rasgos de las distintas identidades de las personas "se convierten en privilegios o discriminaciones sociales que deforman la identidad y determinan la desigualdad de aquéllas" (Ferrajoli, 1995: 906). Es obvio que las diferencias personales deben ser respetadas y su violación es inadmisible, pero estas *desigualdades* económicas y sociales deben ser reconocidas para ser removidas o, por lo menos, compensadas a través de las garantías de los derechos sociales.

Los derechos de libertad pueden definirse, entonces, como derechos a la diferencia; y los derechos sociales, como derechos a llegar a ser personas iguales a las demás, derechos de todos a condiciones sociales de supervivencia.

Las distintas respuestas a las preguntas ¿quiénes son iguales? y ¿en qué son iguales?, cada una con una concepción específica sobre la igualdad, se encarnan en las tres culturas políticas que han marcado la historia desde el siglo XVIII hasta nuestros días: el liberalismo, la democracia y el socialismo.

Una doctrina igualitaria podría definirse como aquella que responde a las preguntas: ¿igualdad entre quiénes? e ¿igualdad en qué? exigiendo —en el límite ideal— la igualdad de todos en todo, es decir, una doctrina que tendencialmente busca la igualdad del mayor número de individuos en el mayor número de cosas. La doctrina liberal sólo pide la igualdad de todos en *alguna cosa*, es decir, en la libertad. La única forma en que la igualdad no es incompatible con la libertad de la doctrina liberal es entenderla como *igualdad en la libertad*, en la cual se inspiran los dos principios fundamentales del Estado liberal: la igualdad ante la ley (la protección igual de las leyes generales) y la igualdad de derechos (todos los hombres en cuanto tales poseen derechos iguales e inalienables). La función del Estado liberal es garantizar que todos los individuos sean *igualmente* libres en este sentido. El liberalismo supone que los ciudadanos de una sociedad tienen concepciones distintas, las cuales no deben convertirlos en sujetos diferentes ante el gobierno: "propondría llamar liberal —escribe Bobbio— al que tiende a poner en evidencia no lo que los hombres tienen en común, en tanto que hombres, sino aquello que tienen de diverso, en tanto que individuos, de donde la frecuente reducción del liberalismo al individualismo" (Bobbio, 1981: 28).

Sin embargo, los teóricos llamados liberales discrepan sobre qué debe entenderse por *igual libertad*. Según Rawls, el fin de la justicia social es maximizar el valor de la libertad para los miembros menos favorecidos de la sociedad, redistribuyendo si fuera necesario las rentas y la riqueza de los ricos y propietarios entre los ciudadanos pobres y desposeídos de propiedad (*cf*. Rawls, 1978). Para Dworkin, el principio fundamental de la concepción de igualdad que es constituyente del liberalismo consiste en "pedir que el gobierno trate a todos los que están bajo su cargo como *iguales*, o sea, con el mismo derecho a su igual respeto y consideración", bajo el supuesto fundamental de que el gobierno debe ser neutral respecto de lo que se llama la cuestión de la "buena vida"; es decir, las decisiones políticas deben ser independientes de cualquier concepción particular de la buena vida o de lo que le da valor a la vida (*cf*. Dworkin, 1978: 122-127). Los partidarios del Estado mínimo identifican la libertad igual con el derecho casi absoluto a poseer propiedades y a establecer contratos, sin tener en cuenta la distribución de recursos que implica este derecho. Los llamados "libertaristas" o "libertarios", como Nozick, por ejemplo, identifican la igualdad con el derecho casi absoluto a poseer propiedades y a establecer contratos, por lo que para ellos la condición de libertad igual no supone, más bien excluye, la distribución de los recursos disponibles según las necesidades (cf. Nozick, 1988: 228). Es en virtud de estas posiciones que Bobbio puede afirmar que el liberalismo es "una doctrina más igualitaria en las intenciones que en los resultados, desde el momento en que entre las libertades protegidas se encuentra generalmente también la de poseer y acumular sin límites bienes económicos a título individual, y la libertad de iniciativa económica en las que tuvieron y continúan teniendo origen las mayores desigualdades sociales en las sociedades capitalistas más avanzadas" (Bobbio, 1993: 90).

A pesar de las diferencias con respecto a la igualdad, el liberalismo, en general, es partidario de la igualdad, entendida únicamente como igualdad ante la ley e igualdad de derechos o, a lo más, como igualdad de oportunidades, siempre y cuando ello no disminuya la esfera de libertad de los individuos.

El principio de la *igualdad de oportunidades*, considerado como uno de los ideales del Estado social democrático, sostiene que los individuos deberían tener las mismas oportunidades en la vida para realizarse a sí mismos o para alcanzar las mismas metas: "el principio de la igualdad de oportunidades elevado a principio general apunta a situar a todos los miembros de una determinada sociedad en las condiciones de participación en la competición de la vida, o en la conquista de lo que es vitalmente más significativo, partiendo de posiciones iguales" (Bobbio, 1993: 78).

El liberalismo clásico creyó que si se eliminaban los privilegios y se establecía una igualdad de derechos no habría ningún obstáculo en el camino de ninguno para llevar a cabo sus planes de vida. Más tarde, se hizo evidente que la igualdad de derecho no era suficiente para que todos tuvieran un punto de partida igual. Se requería algún tipo de compensación para aquellos que se encuentran en desventaja al principio de sus vidas para colocarlos en el mismo nivel de los privilegiados; es decir, se necesitaban privilegios jurídicos y beneficios materiales para los no privilegiados económicamente.

Entre las distintas concepciones de la igualdad, el ideal de la igualdad de oportunidades ha tenido más defensores que críticos. Sin embargo, algunos piensan que "llevada a sus últimas consecuencias, la igualdad de oportunidades deteriora la libertad humana al impedir a las personas desarrollar libremente sus recursos, sus aptitudes y sus virtudes —condicionadas por el entorno— para obtener resultados desiguales" (Gutman, 1989: 287). Nozick argumenta que la noción de igualdad de oportunidades se basa en la metáfora según la cual la vida es como una carrera en la que todos deben empezar en el mismo lugar. La metáfora es inadecuada, señala, porque no sólo la vida no es una carrera en la que todos compiten por un premio que alguno ha establecido, sino que la igualdad de oportunidades violaría los derechos de los individuos:

> Hay dos caminos para intentar proporcionar esta igualdad: empeorar directamente la situación de los más favorecidos por la oportunidad o mejorar la situación de los menos favorecidos. La última necesita del uso de recursos y así presupone también empeorar la situación de algunos: aquellos a quienes se quitan pertenencias para mejorar la situación de otros. Pero las pertenencias sobre las cuales estas personas tienen derechos no se pueden tomar, aun cuando sea para proporcionar igualdad de oportunidades para otros. A falta de varitas mágicas, el medio que queda hacia la igualdad de oportunidad es convencer a las personas para que cada una decida destinar algunas de sus pertenencias para lograrlo [Nozick, 1988: 231].

Los demócratas, por su parte, acentúan otra dimensión de la igualdad: la igualdad política, entendida como el derecho de todos los ciudadanos de poder tener la oportunidad de participar en el gobierno de su sociedad en tanto que son iguales respecto a la política. Sin embargo, el desarrollo histórico de esta forma de gobierno nos muestra que, a través de la lucha por la democracia, es decir, de la lucha por la igualdad en el poder político, se efectuó la demanda por otros tipos de igualdad, fundamentalmente la igualdad social y la económica. Con la ampliación del sufragio, las clases sociales recién titulares de derechos políticos ya no le piden solamente al sistema político la protección de las libertades individuales, como lo hacían los ciudadanos privilegiados de los Estados liberales, sino, por el contrario, plantean demandas de protección frente al mercado. Para cumplir con sus principios de igualdad y libertad, en la medida en que a mayor igualdad con respecto al poder mayor libertad, el ideal de igualdad de la democracia "se extiende hasta perseguir el ideal de cierta equiparación económica, ajena a la tradición del pensamiento liberal" (Bobbio, 1985: 45, y cf. 1981: 30); sólo así puede llegar a garantizarse que todos sean igualmente libres. Con todo, las demandas democráticas por una mayor igualdad, con respecto al poder político o al poder económico, no deben confundirse con el igualitarismo, esto es, con una sociedad en la que todos sean iguales en todo, sofocando el pluralismo.

Sin entrar en el difícil problema de intentar definir el socialismo —con respecto al cual parecería haber cada vez menos acuerdo sobre lo que es—, habría que aclarar, por lo menos, que si bien el socialismo reconoce y propone como valor final último la igualdad social, el principio de igualdad que se defiende no tiene nada que ver con la homogeneización de la sociedad; políticamente nunca se ha planteado una igualdad *en todo*, sino, más bien, la eliminación de ciertas formas de opresión que tienen su base en cierto tipo de desigualdad básicamente económica. En la tradición del pensamiento socialista, la crítica del Estado benefactor se extiende a la esfera económica, planteando la pregunta sobre la relación entre propiedad e igualdad. Al considerar que la fuente principal de la desigualdad entre los hombres radica en la propiedad privada, una doctrina socialista radical plantea, como proyecto de sociedad justa, su eliminación total o parcial a través de la colectivización integral y forzada. Un socialismo, en algún sentido compatible con la democracia liberal, concibe la igualdad únicamente como la búsqueda de criterios de justicia distributiva a través de la distribución de derechos sociales. Estos últimos son pensados como condiciones mismas del ejercicio de los derechos civiles y políticos y, por tanto, garantía de las igualdades conquistadas por el liberalismo y la democracia.

En virtud de que la igualdad no sólo es una técnica de la razón indispensable para la producción de la sociedad, sino también un producto social, además de las dos preguntas sobre la igualdad *entre quiénes* y sobre la igualdad *en qué*, habría que agregar una tercera: igualdad *cómo*, igualdad *a través de qué medios* (Revelli, 1995: 70-71). En otras palabras, la igualdad, o mejor, las distintas igualdades suponen la existencia de instituciones capaces de instaurarlas. Entre las distintas instituciones políticas destaca el Estado moderno, aparato institucional cuya evolución —de Estado liberal a Estado democrático y, finalmente, a Estado social— coincide con la historia de la conquista de los distintos tipos de igualdad.

La igualdad jurídico-política, principio bajo el cual se plantean ciertas reglas para distribuir ciertos derechos, tiene como medio de institución el Estado liberal democrático; la afirmación, primero, de la igualdad frente a la ley y de los derechos civiles sigue al nacimiento de los sistemas jurídicos modernos en el Estado liberal; y, segundo, la afirmación de la igualdad política, es decir, de los derechos políticos, tiene como medio el Estado democrático, fundado sobre el principio de la soberanía popular y, por tanto, en la institución del sufragio universal. El Estado liberal-democrático es, entonces, la institución por medio de la cual se instituye y se garantiza la igualdad de todos sólo en los llamados derechos fundamentales, que son las distintas formas de libertad personal, civil y política. La igualdad social, principio bajo el cual se busca regular el acceso a ciertos bienes a través de los llamados derechos sociales, encuentra su medio en el desarrollo del Estado democrático a Estado social. Como ya se dijo, los derechos sociales son, asimismo, expresión de las demandas de la tradición socialista, entendiendo aquí por socialismo la familia de proyectos políticos orientados hacia la solución de los problemas de justicia social.

Líneas de investigación y debate contemporáneo

En la actualidad, el principio de la igualdad ha sido proclamado por casi todas las constituciones nacionales y los organismos internacionales, mostrando como signo de nuestro tiempo una tendencia general hacia la igualdad, entendida como eliminación de criterios de discriminación considerados injustos. Sin embargo, la igualdad resulta ser uno de los grandes valores o ideales sociales más controvertidos. Por un lado, en los países subdesarrollados no es suficiente que los ciudadanos tengan la garantía de la igualdad política y de las libertades y derechos básicos de los individuos, ya que en condiciones de extrema desigualdad material, social y cultural, esta igualdad y estos derechos se convierten en meras apariencias.

Por otro lado, junto con esa tendencia general hacia la igualdad, en el seno de las minorías culturales y de los grupos étnicos ha surgido una tendencia de sentido aparentemente contrario, dando lugar a múltiples conflictos: la aspiración al derecho a la diferencia o a la diversidad. Las demandas de reconocimiento de esos grupos se han hecho fundamentalmente apelando a los derechos de grupo, en particular a los llamados derechos culturales y a la "política de la diferencia". El reconocimiento del pluralismo cultural como rasgo definitorio de las sociedades modernas, de los problemas planteados por la diversidad cultural y de los reclamos de las culturas minoritarias por el reconocimiento de su identidad y acomodo de sus diferencias culturales es lo que en teoría política constituye lo que recientemente se ha llamado "multiculturalismo" y "política del reconocimiento". El desafío del multiculturalismo es acomodar las diferencias étnicas y nacionales de manera estable y moralmente defendible. La respuesta de las democracias liberales a tales demandas ha consistido en la proclamación y garantía de los derechos civiles y políticos de los individuos. Los derechos fundamentales —libertad de asociación, de pensamiento, de movimiento— protegerían las diferencias de grupo, permitiéndoles a los individuos formar y mantener los distintos grupos y asociaciones, adaptar esos grupos a las circunstancias cambiantes y promover sus puntos de vista e intereses. Muchas formas de diversidad en la sociedad quedan efectivamente protegidas con esos derechos, pero parecería que, en nuestro tiempo, eso no es suficiente y que, por tanto, se requieren derechos especiales para las minorías.

La igualdad tiene, pues, distintas dimensiones; por ello, "no existe un problema de igualdad para quien se ocupe de cuestiones morales, sociales o políticas, sino muchos, tantos como son las igualdades" (Bovero, 1987: 154). El punto central es el de cuáles desigualdades entre los hombres junto con sus consecuencias pueden seguir siendo vistas como "naturales" o deben ser consideradas como injustas. Si se parte de la afirmación de que todos los individuos merecen un trato igual con el fin de tener una vida mejor, y que su sociedad debe hacer lo posible para que así sea, el reto para las democracias liberales es promover una mayor igualdad económica y social mediante políticas de bienestar y de redistribución de la riqueza. Para los teóricos y filósofos de la política, sigue abierto el reto de desarrollar una teoría de los derechos de las minorías compatible con la teoría de los derechos liberales.

BIBLIOGRAFÍA

Aristóteles (1983), *Ética nicomaquea*, UNAM, México.
——— (1986), *Política*, Alianza, Madrid.
Berlin, I. (1955-1956), "Equality", en *Proceeding of the Aristotelian Society*, 56, pp. 301-326. ["La igualdad", en *Concepciones y categorías. Un ensayo filosófico*, FCE, México, 1983.]
Bobbio, Norberto (1981), *Le ideologie e il potere in crisi. Pluralismo, democrazia, socialismo. Terza via e terza forza*, Felice le Monnier, Florencia.

Bobbio, Norberto (1985), *Liberalismo e democrazia*, Franco Angeli, Milán. [*Liberalismo y democracia*, FCE, México, 1989.]
——— (1989), "Eguaglianza e dignità degli uomini", en *Il terzo assente*, Sonda, Turín.
——— (1993), "Igualdad", en *Igualdad y libertad*, Paidós, Barcelona. [*Eguaglianza e libertà*, Einaudi, Turín, 1995.]
——— (1997), "Iguales y diferentes", en *Elogio de la templanza*

y otros escritos morales, Temas de Hoy, Madrid. [*Elogio della mitezza e altri scritti morali*, Linea d'Ombra, Milán, 1994.]

Bovero, M. (1987), "Sobre los fundamentos filosóficos de la democracia", en *Diánoia*.

Dworkin, R. (1978), "Liberalism", en S. Hampshire, *Public and Private Morality*, Cambridge University Press.

—— (1990), *Foundations of Liberal Equality*, University of Utah Press, Salt Lake City. [*Ética privada e igualitarismo político*, Paidós, Barcelona, 1993.]

Ferrajoli, L. (1997), *Derecho y razón*, Trotta, Madrid.

Gutman, A. (1980), *Liberal Equality*, Cambridge University Press, Nueva York y Cambridge.

—— (1989), "Igualdad", en D. Miller (comp.), *Enciclopedia del pensamiento político*, Alianza, Madrid.

Nozick, R. (1988), *Anarquía, Estado y utopía*, FCE, México. [*Anarchy, State, and Utopia*, Basic Books, Nueva York, 1974.]

Oppenheim, Felix E. (1968), "The Concept of Equality", en "Equality", *International Encyclopedia of the Social Sciences*, vol. 5, The Macmillan Co. & The Free Press. ["Igualdad", en N. Bobbio y N. Matteucci, *Diccionario de política*, Siglo XXI, México, 1981.]

Rawls, J. (1978), *Teoría de la justicia*, FCE, México. [*A Theory of Justice*, President and Fellows of Harvard College, 1971.]

Revelli, M. (1995), "Eguaglianza", en A. Orsi (comp.), *Alla ricerca della politica. Voci per un dizionario*, Bollati Boringhieri, Turín.

Sen, A. (s. f.), "Equality of What?", en *The Tanner Lectures on Human Values, Liberty, Equality, and Law*, s. l.

—— (1992), *Inequality Reexamined*, Russell Sage Foundation, Harvard University Press, Cambridge, Mass.

Walzer, M. (1993), *Las esferas de la justicia*, FCE, México. [*Spheres of Justice*, Basic Books, Nueva York, 1983.]

INDIVIDUALISMO

Fernando Díaz Montiel

Definición

En el mundo de la modernidad, el individuo es el punto de partida para entender las instituciones económicas, jurídicas, sociales y culturales. El individualismo considera que es la convivencia del conjunto de individuos lo que da vida a fenómenos colectivos como el Estado nacional. Thomas Hobbes postula en su obra *Leviatán* que en el origen (que él denomina *estado de naturaleza*) sólo hay individuos separados unos de otros por sus pasiones y sus intereses contrapuestos y obligados a unirse de común acuerdo en una sociedad política para huir de la "guerra eterna", es decir, de la violencia que engendra muerte y dolor.

En la tesis contractualista de Thomas Hobbes y, posteriormente en la de Jean-Jacques Rousseau, los individuos se reúnen y pactan ceder derechos para garantizar la vida y la seguridad, o bien, ganar más derechos (denominados cívicos o sociales). De lo que se desprende que:

1. Los individuos tienen derechos que preexisten a su ayuntamiento. La doctrina de los derechos del hombre confirma que todos los individuos indistintamente tienen por naturaleza y, por tanto, sin importar su voluntad, algunos derechos fundamentales: a la vida, a la seguridad, a la felicidad, al trabajo, al pensamiento y a contar con creencias y convicciones, entre otros.

2. Ninguna concepción individualista de la sociedad prescinde del hecho de que el hombre es un ser social ni considera al individuo aislado. Las relaciones del individuo con la sociedad pueden ser enfocadas desde una visión que privilegia la separación entre ambos, por lo menos por un largo tiempo, en donde se fortalece el espíritu de independencia, competencia y la voluntad de no permitir coacciones exageradas ni oprobiosas en su esfera íntima; o bien, una visión que lo integra a otros individuos semejantes a él, en una asociación de individuos libres.

Respecto a este último punto, Norberto Bobbio afirma que la primera visión reivindica la libertad individual tanto en la esfera espiritual como en la económica contra el Estado; la otra reconcilia al individuo con la sociedad haciendo de ella el producto de un acuerdo entre los individuos. La primera hace del individuo el protagonista de toda actividad que se desarrolle fuera del Estado; la segunda lo hace protagonista de una forma de Estado diferente en la que las decisiones colectivas son tomadas por los individuos, por sus delegados o por sus representantes. Tomando en cuenta al individuo, la primera visión pone en evidencia la capacidad de autoformación, para desarrollar sus propias facultades, para progresar intelectual y moralmente en condiciones de máxima libertad de vínculos externos impuestos en forma coercitiva; la segunda exalta sobre todo la capacidad para superar el aislamiento con varios acuerdos que permiten instituir un poder común no tiránico. En síntesis, se trata de dos matices en el individualismo:

1. El individuo como microcosmos o totalidad completa en sí misma;

2. El individuo como partícula indivisible (átomo), pero componible y recomponible de diversas maneras con otras partículas similares en una unidad artificial.

El contractualismo moderno representa una verdadera mutación en la historia del pensamiento político dominado por el organicismo, en cuanto, cambiando la relación entre el individuo y la sociedad, ya no hace de la sociedad un hecho natural que existe independientemente de la voluntad de los individuos, sino un cuerpo artificial, creado por los individuos a su imagen y semejanza para la satisfacción de sus intereses y necesidades y el más amplio ejercicio de sus intereses.

En la ciencia política se considera que el análisis del Estado que parte de la base de los individuos y no de los gobernantes o monarcas constituye una "revolución copernicana" o un cambio de paradigma. Al situar y fundamentar el poder soberano (capacidad de conducción, de orientación y de corrección en la orientación general) en los individuos y no en los gobernantes, el individualismo dilata su perspectiva y sus nexos tanto con la democracia como con el socialismo e incluso con teorías como el institucionalismo, la escuela sistémica y la teoría crítica en la medida en que comparten la preocupación por los límites y las funciones del Estado, así como por los mecanismos de frenos y contrapesos *(check and balance)* que se erigen como mecanismos automáticos de salvaguarda de los intereses individuales frente al "avasallamiento" del despotismo burocrático y la arbitrariedad.

En su obra *Liberalismo y democracia*, Norberto Bobbio postula que tanto el individualismo liberal como el individualismo democrático nacen en contraposición con las diversas formas de organicismo, pero a través de dos procesos diferentes: el primero por corrosión gradual de la totalidad, mediante el cual los individuos, como hijos que se vuelven mayores de edad, se separan del grupo primitivo omnipotente y omnipresente y conquistan espacios de acción personal cada vez más amplios; el segundo por la completa disolución de la compacta unidad global, de donde se forman partes independientes las unas de las otras y todas juntas del todo, y comienzan a vivir su propia vida. El primer proceso tiene como resultado la reducción del poder público a los términos mínimos, el segundo lo reconstituye, pero como suma de poderes particulares, lo que se evidencia en el contractualismo que funda el Estado sobre un instituto jurídico como el contrato, propio de la esfera del derecho privado, donde se encuentran voluntades particulares para la formación de una voluntad común.

Se debe al pensador Benjamin Constant la distinción de *libertad negativa* en la medida en que constituye una esfera de acción en la que el individuo no está constreñido, por quien detenta el poder coactivo, a hacer lo que no quiere y, a la vez, no es obstaculizado para hacer lo que quiere. Es la facultad para hacer y, si así se desea, para no hacer. Esta *libertad negativa* tiene su correlato en el postulado fisiócrata del *laissez faire, laissez passer*.

Uno de los pasajes más citados por los partidarios del individualismo es aquel en el cual Alexis de Tocqueville afirma:

Quiero imaginar con qué nuevos rasgos podría volver a repetirse el despotismo en el mundo: veo una innumerable muchedumbre de hombres, semejantes e iguales, que giran sin descanso sobre ellos mismos, con el fin de satisfacer los vulgares placeres con los que colman su alma. Cada uno se ha retirado aparte, como ajeno al destino de todos los otros; sus hijos y su familia constituyen para él toda la especie humana. En cuanto a sus conciudadanos, está junto a ellos sin verlos, los toca sin sentirlos; sólo existe en sí mismo y para sí mismo, y si todavía le queda una familia, por lo menos puede decirse que ya no le queda patria. Por encima de todos éstos se eleva un poder inmenso y tutelar que se encarga sólo de garantizar sus placeres y de velar por ellos. Ese poder es absoluto, detallado, regular, previsor y apacible. Se parecería al poder paternal si, como éste, tuviese por objeto preparar a los hombres a la edad viril; pero, por el contrario, sólo busca fijarles irrevocablemente en la infancia; no le disgusta que los conciudadanos gocen, siempre y cuando sólo piensen en gozar; trabaja con gusto para hacerles felices, pero quiere ser el único agente y el único árbitro; subyace a su seguridad, prevé y garantiza la satisfacción de sus necesidades, gestiona sus principales asuntos, dirige su industria, regula sus sucesiones, divide su herencia. ¡Ah, si pudiera quitarles enteramente la molestia de pensar y el dolor de vivir!

Historia, teoría y crítica

La desconfianza del individualismo en el compromiso del Estado, en las ideologías y en las grandes movilizaciones populares, en lo que Ralf Dahrendorf denomina "el gran baño de sentimientos populares", ha sido con frecuencia tan dramáticamente justificado que ya se ha abierto un espacio importante en la reflexión de la construcción y fortalecimiento de la democracia, a tal punto que, hablar, por ejemplo, de una "democracia antiliberal" y, por extensión, antiindividualista, es una expresión contradictoria y que delata más un régimen autoritario que un tipo particular de democracia.

Pero individualismo y democracia no son, sin embargo, sinónimos. Si no hay democracia que haga de lado las libertades individuales, hay casos de regímenes ultraliberales que no son democráticos. El marcado acento con que el individualismo persigue la limitación de los poderes del Estado podría, a la larga, poner en riesgo la concepción misma sobre la que se funda la democracia: la tolerancia como un sistema de vida fundado en la coexistencia civilizada, el respeto a las diferencias y el auspicio de la pluralidad de permanecer —como lo ha postulado Alain Touraine— iguales y diversos.

El pensamiento del individualismo tiene como punto de partida, efectivamente, una desconfianza en un compromiso con valores distintos de los emanados de, o que redunden en perjuicio de, la esfera de la persona, así como en la forma de autoridad que hace respetar dicho compromiso. Esta desconfianza induce a separar el orden de la razón impersonal que debe ser el reservado a la vida pública, y que es aquel de la utilidad, respecto del orden de las convicciones, que debe permanecer como el relativo a la vida privada. No acepta la existencia de actores sociales definidos a la vez por valores y relaciones sociales.

Acepta, en cambio, que se debe otorgar el mayor espacio público posible a los intereses y las preferencias privadas, a partir de la premisa de "otorgar a cada grupo humano suficiente espacio para llevar a cabo sus propios fines particulares y únicos, sin interferir demasiado con los fines de los otros", como señalara Isaiah Berlin. Por su parte, en una tradición cara al historicismo alemán y a la escuela del relativismo de los valores, para que esa conciliación de fines sea posible es imperativo que cada grupo humano renuncie a la pretensión de dominio absoluto, lo que podría conducir a cancelar aquellas creencias con propensión natural a imponerse, y limitarse a ser un interés, un gusto o una opinión que no pretendería imponerse a otros. Se perfila una imagen de la vida social de la que se excluyen simultáneamente las creencias y los conflictos sociales fundamentales y, por consecuencia, la idea misma de poder.

La sociedad ideal es concebida por el individualismo como un mercado, lo que no excluye por otra parte la intervención del Estado y de la ley únicamente para hacer respetar las reglas del juego, la honestidad de las transacciones y la libertad de expresión y de acción de cada uno.

La expresión de Ralf Dahrendorf según la cual *lo importante es controlar y equilibrar los grupos dirigentes y remplazarlos a tiempo por mecanismos serenos tales como las elecciones* pone de relieve el talante que puede adquirir un individualismo que asigne a la democracia únicamente la función de garantizar la libre elección de gobernantes, sin importar mayormente el contenido de la acción de éstos.

El pensamiento individualista, al hacer indistinta la representatividad de los elegidos respecto de los actores y los movimientos sociales, y de hecho al rechazar la existencia misma de un campo social, puesto que sólo acepta la organización política y la preminencia de las libertades e intereses individuales, se ha condenado a contar con una limitada importancia práctica, aunque su importancia crítica ha sido y es considerable.

El individualismo es un elemento permanente del pensamiento democrático, pero en ocasiones no es sino una zona de intermediación inestable cuando se oponen fuerzas políticas antagónicas, en particular cuando éstas tienen una fuerte definición "social" en términos de clases sociales o grupos de presión. El individualismo que tanto combatió a los regímenes absolutistas, una vez que éstos se desploman, reacciona también en contra de los movimientos populares.

Y, ciertamente, las posiciones individualistas cobran mayor prestigio en un mundo acosado por la incertidumbre, la anomia social y política, así como por la atonía (cuando no el franco desprestigio) de las salidas colectivas. Sin embargo, el curso del nuevo orden mundial plantea preguntas que son difíciles de resolver desde la posición irreductible del individualismo: ¿cómo defender la atomización de las convicciones en medio del ascenso del nacionalismo, el fundamentalismo religioso o la globalización irresistibles? En los países dominados por las economías de mercado, ¿cómo impedir que los gustos y los intereses privados fragmenten la sociedad en una serie de comunidades encerradas en sí mismas, verdaderos *cocoons*, que no mantienen otros lazos que los impuestos por un mercado sometido a la dominación de los intereses financieros que ya no están sujetos ni encuadrados por el control del cada vez más impotente Estado nacional?

Todos los temas se reúnen en un tema central: el de la libertad del sujeto. Se denomina sujeto a la construcción del individuo como actor, por la asociación de su libertad afirmada y su experiencia vivida, asumida y reinterpretada. Es el esfuerzo de transformación de una situación vivida (denominada también "experiencia de vida", que se exterioriza en "un proyecto de vida") en acción libre.

¿Cómo se expresa la acción libre? ¿Es a partir de una autoconciencia o de una meditación del ser? No. Lo propio de la acción libre de los individuos es a través de la resistencia al poder de coacción social sobre la personalidad y la cultura. En diferentes ámbitos se resiste, por ejemplo, al gran aparato industrial que impone la normalización o estandarización de los procedimientos, y con ello refuerza el anonimato de los individuos que participan en la organización bajo supuestos científicos del trabajo. Asimismo, es la reacción al imperativo de la sociedad de consumo cuya máxima seña de identidad individual se define por la cantidad extraordinaria de consumo y ostentación. De igual manera, es un extrañamiento a los aparatos políticos que subsumen a los individuos en mítines en los que la máxima seña de pertenencia y lealtad es la fusión multitudinaria.

Contra todas estas restricciones que amenazan con disolver todo rasgo de individualidad y de independencia, el sujeto resiste afirmando, a la vez, su particularismo y su deseo de libertad, es decir, la creación de sí mismo como actor capaz de transformar su entorno.

De hecho, ningún principio define con más nitidez la teoría del individualismo que el de la limitación del poder estatal mediante el respeto pleno de los derechos humanos. En la época moderna en la que el adversario principal ya no es el derecho divino de los monarcas o la dominación de una oligarquía feudal y rentista, sino el totalitarismo, nada es más importante para los partidarios del individualismo que el reconocimiento de los límites del poder público.

Este sentimiento es tan fuerte que los partidarios de las libertades individuales le otorgan más importancia que la que tuvo originalmente en el siglo XVIII y principios del XIX, cuando surgió esta reivindicación al calor de las luchas reformista en Inglaterra y revolucionaria en Francia.

A fines del siglo XX, época del desplome de los vastos sistemas de burocracias fosilizadas y jerarquizadas, así como de los poderosos mecanismos de control social y de cambios políticos y sociales acelerados, resurge con fuerza la idea (y la oportunidad real y evidente) de reformular el *contrato* o *pacto social* en torno a los cuales concurren los individuos desprovistos de ilusiones (lo que Max Weber llama el "desencantamiento del mundo") y con una conciencia más certera de lo que está en juego en términos de ventajas, seguridades, riesgos y restricciones.

LÍNEAS DE INVESTIGACIÓN Y DEBATE CONTEMPORÁNEO

La ausencia de un principio central de definición de la democracia y de la justicia es la consecuencia lógica de la separación de la política y de la religión que definió la modernidad en el campo político. La secularización obliga a buscar principios de organización social que no dependan de una concepción filosófica y moral, aun cuando éstos puedan concordar con ella. John Rawls señala con vigor que éste es el punto de partida indispensable para toda reflexión sobre el derecho. De ahí que sostenga que una teoría del derecho debe tener fundamentos políticos y no filosóficos, lo que le permite definir la justicia como equidad, la cual no puede ser sino concebida como una combinación de principios independientes uno del otro, y a la vez orientados en dos sentidos opuestos: la libertad y la igualdad.

La respuesta de John Rawls es que el principio de libertad debe tener prioridad sobre el de igualdad, sin que ello determine disociarse de este principio por lo menos en los matices de igualdad de oportunidades y la necesidad de reducir las desigualdades como medio infalible de defensa de la libertad.

Para John Rawls, la combinación de la libertad y de la igualdad significa la asociación de una visión individualista por excelencia de los actores y una visión propiamente política de la sociedad. La ratificación de que los individuos, al buscar ventajas racionales (en el sentido de aquello que está bien para ellos), entran en cooperación y constituyen la sociedad —concepción contractualista no muy apartada del pensamiento de Jean-Jacques Rousseau— está en la base de su ensayo sobre *Una teoría de la justicia*. La personalidad, en tanto expresión jurídica del individuo económico y del individuo político, no puede separarse de una "personalidad moral" que reposa sobre un sentido de la justicia y una concepción del bien y, por extensión necesaria, sobre la conciencia de las necesidades de la vida colectiva.

En la visión de John Rawls se percibe una dimensión moral, que ya antes había advertido Alexis de Tocqueville, como esencial para la sociedad estadunidense, la que se combina con un individualismo cuya expresión económica es la libertad de empresa. De este modo, se vuelven a fusionar y complementar tanto el interés y la justicia, como la economía y la religión.

La historia de la democracia, que ha sido frecuentemente la de las movilizaciones y las reformas, obliga a remplazar el tema de la igualdad de las oportunidades (que combina de manera vaga individualismo e integración social) por el de la representatividad, es decir, el de la pluralidad de intereses. El principio, precisamente invocado por Rawls, de la pluralidad de valores en la sociedad moderna tiene efectos sociales que permitirán trasponer el umbral del análisis de la justicia para situarlo en términos de equilibrio y de consenso.

En este contexto, una sobreestimación de la pluralidad de valores y, por ende, de los objetivos de los individuos obstaculiza la comprensión del pasaje de los individuos a ciudadanos y, particularmente, de éstos como actores sociales. La separación del orden político de las relaciones sociales, como se desprende de las reflexiones de John Rawls, tiene varias consecuencias. La principal de ellas es que una teoría de la democracia y de la justicia debe ser política, justamente como lo postula Rawls, pero al ignorar las relaciones sociales se corre el riesgo de menospreciar la red de mediaciones que son portadoras de reivindicaciones que ponen en tensión el derecho fundado a la vez en los principios de libertad y de igualdad.

La democracia no es solamente un conjunto de garantías institucionales, una libertad negativa. Es la lucha de los individuos imbuidos en su cultura y libertad contra la lógica aplastante y dominante de los sistemas. Es, de acuerdo con la expresión de Robert Fraisse, la política del sujeto. En la época contemporánea en la que por doquier los seres humanos se encuentran aislados en colectividades restringidas y sometidas al peso del sistema global de producción, de consumo y de comunicación, la libertad individual provendrá de la capacidad para distinguir entre una racionalidad meramente instrumental y el espacio de invención y memoria para constituirse en algo que sea, a la vez, permanencia y cambio; sentido de pertenencia y proyecto de vida; cuerpo y espíritu. El gran desafío para el individuo es seguir siendo el promotor de la diversidad en medio de una cultura de masas.

Este desafío es retomado por Alain Touraine al interrogarse si para los individuos es posible vivir en sociedad y ser al mismo tiempo iguales y diferentes. En un contexto en el cual desde hace tres décadas se vive un proceso acelerado de *desmodernización* marcada por la liberación de la economía, de las preocupaciones políticas y frente al progresivo y consistente declive de instituciones como la escuela, la familia y la justicia, parecen abrirse dos mundos: *1)* el que pertenece al individuo, a la cultura y a la subjetividad, y *2)* el que pertenece a la economía, escindida de las preocupaciones sociales. Por un lado, una economía desocializada, casi puramente financiera y que acentúa la exclusión social y, por el otro lado, una obsesión de identidad que con frecuencia se expresa en el poder de las comunidades cerradas y excluyentes. En esta encrucijada, ¿cuál es el punto de enlace? ¿Será definitiva la disociación extrema entre el mundo de la economía y el de las identidades culturales? ¿Entre estos dos ámbitos se ha formado un *hoyo negro* que engulle las preocupaciones sociales y políticas?

Para unos, la respuesta a este dilema pasa por reforzar las instituciones de la república, revigorizar los valores tradicionales del asistencialismo y la conveniencia práctica de instituciones como la escuela laica y los valores familiares integristas. En cambio, para otros, la confianza ya no se deposita ni en el ciudadano, ni en el trabajador sino en el individuo. Éste se constituye en el punto de unión que busca ligar, en el ámbito de la vida personal, la participación en la vida económica y la identidad cultural.

Esta última respuesta tiene varias implicaciones:

La primera es que el marco a partir del cual todos son parecidos no suponga sacrificar el estímulo de lo que haya de diverso en una sociedad. Esto significa que en los países se reconozca la diversidad de culturas y subculturas, pero también la personalidad humana.

La segunda es que la solidaridad esté soportada en el mantenimiento de condiciones colectivas y legales que deben ser respetadas como precondición para que cada uno, y en particular las minorías, pueda seguir el empeño de la construcción de sí mismo, en tanto sujeto. Esto fortalece la capacidad de articular la voluntad del ser-sujeto con la vida económica en el espacio de la globalización.

En la *civilización del supermercado*, que obliga a que todos sean parecidos, la voluntad de individualización, de singularidad, continúa siendo una razón de ser y estar en el mundo; como señala Alain Touraine, "quiero combinar mi computadora y mis alimentos congelados, al mismo tiempo que mi identidad cultural, mi idioma, mis relaciones, mis hábitos, en fin, mi manera de ser". No es la pertenencia a una misma cultura lo que fundamenta las relaciones entre sujetos, sino el reconocimiento de que todos los individuos son iguales en tanto tienen, y ejercen, el derecho a construir su propia individualización.

En estas condiciones, ¿qué es lo que garantiza el mantenimiento de los movimientos sociales? Para el autor francés la respuesta es simple: desde hace 30 o 40 años, los más grandes y visibles movimientos, denominados sociales, son justamente aquellos vinculados a la afirmación del individuo autoconsciente, como sujeto. Quizá el más representativo de ellos sea el movimiento feminista: mientras algunas militantes como Simone de Beauvoir demandaban la igualdad, otras destacaban la diferencia.

Y aquí se nota con nitidez la diferencia entre un movimiento social y una reivindicación meramente gremial: un movimiento social cuestiona la orientación general de la sociedad. No hay movimiento social que no sea, ante todo, la defensa y la ilustración de un sujeto y su derecho a ser reconocido simultáneamente como igual y diferente. Mientras que la igualdad mira el acceso al empleo y al ingreso, la diferencia es esencialmente el valor central de la libertad, de la individualización. Esta última es un modelo positivo de alteridad, de creación e innovación; no es tan sólo el reconocimiento del "otro" en función de la diferencia cultural, sino reconocer al otro como "mi prójimo" (pero no en la acepción cristiana), como un hombre y mujer parecidos a mí, pero que intentan realizar su propio "proyecto de vida" a partir de la convicción de que todas la vidas siempre son vidas individuales.

BIBLIOGRAFÍA

Arendt, Hannah (1972), *Le Systeme Totalitaire*, Editions du Seuil, París.

Aristóteles (1993), *Politique*, PUF, París.

Berlin, Isaiah (1969), *Four Essays on Liberty*, Oxford University Press, Londres.

Bobbio, Norberto (1989), *Liberalismo y democracia*, FCE, México.

——, y Nicola Mateucci (1981), *Diccionario de política*, 2 t., Siglo XXI, México.

Cerroni, Umberto (1967), *Introducción al pensamiento político*, Siglo XXI Editores, México.

Rawls, John (1982), *Théorie de la Justice*, Éditions du Seuil, París.

Touraine, Alain (1994), *Qu'est-ce que la Démocratie*, Fayard, París.

—— (1997), *Tous Egaux, Tous Différents*, Fayard, París.

INNOVACIÓN

Mónica Casalet

Definición

El objetivo de este primer punto es describir, comprender y explicar los procesos que inciden en la innovación en toda su complejidad, ya que su desempeño involucra la ciencia, la tecnología, el aprendizaje, la producción, las políticas públicas y la demanda.

El tratamiento de la innovación como un problema complejo y sistémico abre nuevas perspectivas a los estudios multidisciplinarios, en la medida en que su análisis abarca tanto la interrelación de las distintas dimensiones del fenómeno (económico, organizativo, institucional y político) como las áreas de influencia (nacional, sectorial y regional).

Nueva conceptualización de la innovación

El estudio del cambio tecnológico y la innovación como fuentes determinantes del crecimiento económico y la productividad adquiere nueva significación desde los años ochenta al perder importancia interpretativa la visión lineal y exógena de la ciencia y la tecnología y reconocerse la necesidad de la innovación como fuente de competitividad, apoyada en la regulación que ejercen las políticas públicas en los ámbitos sectorial y regional en la creación de una red de conexiones entre empresas y centros de investigación, como soportes articuladores del fomento productivo y del desarrollo de las capacidades tecnológicas de los países.

La difusión de los nuevos enfoques toma fuerza con los estudios pioneros de Freedman (1987), Nelson y Rosenberger (1993), y en la publicación del libro de Bengt Age Lundvall (1992) y de Richard Nelson (1993), que abren una perspectiva de análisis sistémico de la innovación y de la evaluación de los efectos en los distintos actores que intervienen en el Sistema Nacional de Innovación (SIN).

A estos estudios se suman las investigaciones efectuadas por Bo Carlsson (1994) sobre "sistemas tecnológicos",[1] y los trabajos publicados en febrero de 1995 por *Cambridge Journal of Economic* sobre estudios comparativos de las trayectorias de los sistemas de innovación de varios países, como Dinamarca, Suecia, Suiza, Finlandia, Austria. El enfoque de los sistemas nacionales de innovación tuvo una rápida divulgación internacional, especialmente en el contexto de los *policy makers* y de organizaciones internacionales como la OCDE y posteriormente la Cepal, que adoptaron tales interpretaciones por su utilidad para comprender la diferencia entre la economía y las vías adecuadas de gestión para sostener el cambio tecnológico y la innovación.

[1] El concepto de sistemas tecnológicos fue desarrollado en el programa de investigación Sistemas Técnicos y Desarrollos Potenciales, dirigido durante cinco años por Bo Carlsson en Suecia. El desarrollo de dicho programa contempló reflexiones teóricas y estudios empíricos en el ámbito sectorial (electroquímica, farmacéutica).

Historia, teoría y crítica

El concepto de innovación abarca desde la innovación tecnológica *stricto sensu* hasta aspectos más ligados con el nivel institucional y organizativo. La propuesta de Nelson y Rosenberg (1993) enfatiza el análisis de las instituciones y mecanismos que soportan las innovaciones tecnológicas en varios países. Para Schumpeter (1939) la innovación consiste en la oportunidad de crear nuevas combinaciones tanto en la esfera de los *commodity* como de las formas de organización de la producción.

La misma imagen de nuevas combinaciones las retoma Lundvall, aunque agrega al proceso de innovación la incidencia del esquema institucional. El enfoque de los sistemas tecnológicos en Carlsson y Stankiewicz (1995) se orienta a la generación, difusión y utilización de las tecnologías. Las innovaciones tecnológicas abarcan desde el *software* hasta el *hardware*, como el producto y el proceso.

El aporte significativo de esta nueva concepción de la innovación radica en superar la visión exógena del cambio tecnológico, enfoque que imperó durante la década de los setenta, donde se daba por supuesto que las innovaciones surgían como invenciones fruto de un proceso exógeno, independientes en alto grado de los factores económicos del país, como un proceso de producción autónomo de conocimientos y de habilidades tecnológicas desarrolladas, generalmente, por los países con mayor desarrollo. Estas invenciones convertidas en productos homogéneos con cualidades fijas e inamovibles de producto y productividad eran introducidas en el sistema económico (OCDE, 1992). Esta explicación *technology push* ignora la evolución de las tecnologías a través de su aplicación; Schmookler (1966) complementó esta visión interponiendo *demand pulls* provenientes del mercado, pero sin cuestionar el carácter lineal y meramente reactivo de los desarrollos tecnológicos (Rosenberg, 1979).

Tanto la versión *technology-push* como la *demand pull* suponían una división radical entre descubrimiento, invención, innovación y difusión, visión imperante durante el desarrollo de la producción en masa, con empresas verticalizadas y departamentos de investigación y desarrollo que trabajan en forma aislada, con débiles vínculos con el resto de la empresa y casi inexistentes con otras instituciones de investigación y del entorno socioeconómico.

Dicho enfoque correspondía con la concepción vigente en ese momento histórico, que entendía el cambio tecnológico como resultado de inyecciones intermitentes de tecnología dentro de la economía, sostenido por inversiones en bloque relativamente cuantiosas e infrecuentes para la construcción de plantas y grandes complejos especializados (Bell, 1995).

La consideración de grandes inversiones en bloque de tecnología incorporadas en el capital estaba unida a otras tales, como que las características técnicas incorporadas eran fijas y que, además, no iban a ocurrir grandes adelantos tecnológicos durante la subsiguiente época. De ahí la diferencia entre productores tecnológicamente activos (países industrializados y grandes empresas) con usuarios tecnológicamente receptores, que solamente adaptaban o ponían en uso tecnologías ya existentes y probadas.

Durante esos años, el proceso de innovación se consideraba centrado en innovaciones individuales, es decir, en nuevos productos y procesos que se analizaban aislados, sin tomar en cuenta la acumulación de saberes ya existentes, ni las proyecciones de futuro.

La innovación era concebida como una actividad que se desarrollaba en áreas específicas, con responsabilidades claras y objetivos predeterminados *ex ante*. La estructura del proceso innovativo era funcional al modelo de demanda que favorecía la estandarización de la producción.

El carácter interactivo de las innovaciones

En la nueva interpretación del proceso de innovación emerge el carácter endógeno multidimensional de la interacción con efectos acumulativos; la innovación en las nuevas interpretaciones es un proceso complejo retroalimentado por las redes de enlace con el entorno institucional (OCDE, 1992; Lundvall, 1988). En el enfoque evolucionista, la innovación se distingue por un alto grado de inseguridad, por una creciente densidad del conocimiento, por la formalización de la investigación y desarrollo en las empresas, conjuntamente con el papel complementario de los procesos informales de aprendizaje y los efectos acumulativos. Dichos factores son esenciales ya que destacan el papel del conocimiento tácito y los procesos de aprendizaje informal cuya especificidad depende de las tecnologías y la cultura organizativa de las empresas (Hurtienne y Messner, 1993; Cimoli, 1997; Dosi, 1988).

El concepto de innovación utilizado en este análisis parte de una visión amplia del mismo e incluye el conjunto de cambios interconectados que se llevan a cabo en las distintas áreas de una empresa y que apuntan a mejorar la competitividad y eficiencia económica.

En esta perspectiva, la innovación no se reduce sólo a actividades aisladas orientadas a desarrollar nuevos productos y procesos, no es sólo el resultado de actividades de investigación y desarrollo efectuadas en laboratorios específicos de empresas y centros tecnológicos y de investigación, sino que también es el resultado de procesos informales acumulativos. Comprende el conjunto de desarrollos y mejoras incrementales efectuados en distintas áreas de la empresa, que van constituyendo un patrimonio específico de la misma. De ahí que el proceso de innovación sea concebido como una actividad compleja de adaptación de conocimientos genéricos a conocimientos específicos a partir de competencias desarrolladas por las empresas.

El carácter interactivo no lineal de las innovaciones requiere estructuras organizativas que fomenten las interacciones dinámicas entre empresas y con los centros de investigación.

En el nuevo paradigma, las redes de cooperación entre empresas y las instituciones dedicadas a la investigación y asistencia tecnológica adquieren un carácter dinamizador de relaciones cuyos efectos sinérgicos refuerzan las vinculaciones entre diferentes actores.

El estancamiento de la demanda junto a la globalidad y la emergencia de nuevos paradigmas intensivos en información han producido importantes transformaciones en la organización de la producción, donde la innovación adquiere un papel determinante en la búsqueda de la competitividad.

El conjunto de transformaciones involucra nuevos agentes y modalidades operativas, que otorgan importancia a factores vinculados con la calidad, la normalización de los productos, la formación de redes y la cooperación interempresarial, y el conjunto de interfases que se tejen entre las empresas e instituciones involucradas en desarrollar un entorno favorable a la innovación.

En este contexto, las actividades innovativas incluyen acciones orientadas a la calidad y desarrollos acumulativos de tipo incremental, que son incorporados a los productos, a los procesos productivos y a las modalidades de organización y comercialización. También incluyen actividades orientadas a impulsar colaboraciones entre instituciones de ámbitos diferentes.

La plena significación del carácter interactivo de las innovaciones se expresa en el proceso de aprendizaje. Las interacciones se basan en procesos de intercambio de información, conocimientos y habilidades, algunos planteados por el mercado, aunque la mayoría se organizan fuera de él. La información, los conocimientos y las habilidades surgen, a su vez, de la acumulación local de *know-how* específico y conocimientos formalizados e informales que surgen del aprendizaje de las empresas y de vinculaciones de las instituciones del entorno.

El enfoque evolucionista alude claramente a las informaciones formales (de acceso general) y conocimientos de difícil codificación *(tacit knowledge)* específicos de cada empresa (Dosi *et al.*, 1988; Nelson, 1988). El conocimiento tácito se genera a través de los procesos de aprendizaje en las empresas; corresponde a la experiencia almacenada en la producción, la comercialización, los intercambios con los competidores, o sea, el *learning by doing* (Arrow, 1962), el *learning by using* (Rosenberg, 1982) y el *learning by interacting* (Lundvall, 1988). En estos análisis se enfatiza el carácter informal de los procesos de aprendizaje cuyos efectos acumulativos son determinantes para consolidar la cultura organizativa de las empresas y del país.

Contexto macro de la innovación

Las tendencias a la globalización que se manifiestan desde hace tiempo en los procesos de industrialización se han fortalecido sustancialmente en los últimos años. Aunque casi todos los países se orientan hoy por el concepto de economía de mercado, procurando integrarse al mercado mundial, los patrones de organización y coordinación económica acordes con dicho concepto son muy heterogéneos.

En este proceso de generación y difusión de competencias desempeñan una función central tanto los factores microeconómicos (la cultura organizacional, la acumulación de activos tangibles e intangibles, las características del entorno socioinstitucional) como los elementos macroeconómicos. Entre estos últimos, los más significativos serían la distribución y el papel desempeñado por la inversión extranjera directa (IED), el intercambio de bienes intermedios y de producción de capitales y máquinas (ya sean éstos nuevos o usados), la distribución de actividades innovativas y los flujos de circulación de la misma.

Desde la década de los ochenta, en los países desarrollados se ha pasado de un esquema productivo en el que predominaba la estandarización de la producción, las economías de escala, la automatización rígida, las empresas altamente integradas y los ciclos largos de productos, a otro esquema tecnoorganizativo en el que predomina la segmentación de la demanda, las economías de variedad, la automatización flexible, la disminución del ciclo de vida de los productos y las turbulencias e incertidumbres en los mercados.

La crisis del modelo industrial de posguerra, el estancamiento de la demanda, junto a la globalidad y la emergencia de nuevos paradigmas intensivos en información, han producido importantes transformaciones en la organización de la producción, donde la innovación adquiere un papel determinante en la búsqueda de la competitividad.

En el desarrollo del proceso de innovación, la empresa desempeña un papel determinante, pero no en forma aislada, ya que depende tanto del crecimiento del esquema institucional del país como del desarrollo y coherencia del contexto económico, político y administrativo, cuya función es definitiva para la fijación de incentivos en el desarrollo de la capacidad tecnológica de la sociedad. A su vez, dentro de este proceso inciden el apoyo a la consolidación de instituciones públicas y privadas orientadas a desarrollar tecnología, apoyo organizativo, de gestión, calidad y certificación a las empresas, y la estrecha vinculación con los centros tecnológicos y de investigación públicos y privados.

Las nuevas exigencias de productividad ubican la empresa en un espacio complejo cuyo análisis requiere un estudio interdisciplinario, dado que ninguna de las disciplinas, de manera aislada, puede dar una imagen actualizada y dinámica. La comprensión de las transformaciones empresariales requiere hoy de estrategias de análisis multidimensional.

Las redes tecnológicas y de cooperación: elementos para la creación del entorno favorable a la innovación

La innovación no se restringe a la visión del *know how* necesario para desarrollar y aplicar procedimientos técnicos, ya que implica calificación del personal para responder a las nuevas exigencias del proceso de producción y organización, o sea, a la inserción de los procesos innovadores en contextos sociales. De ahí la importancia del entorno institucional donde se desarrollan estos procesos innovadores.

El ambiente, o sea, el entorno socioinstitucional y su influencia en el proceso de construcción de competencias, desempeña un papel fundamental en la consolidación del proceso de innovación; su influencia se manifiesta en la construcción de las competencias institucionales (Casalet, 1997).

El ambiente, entendido como el conjunto de instituciones, agentes y redes de relaciones existentes entre ellos, influye de manera decisiva en el grado de desarrollo de actividades innovadoras, concebidas como un proceso social e interactivo (Johnson y Lundvall, 1994). El ambiente puede asegurar un conjunto de funciones que contribuyen a reducir la incertidumbre. Estas funciones complementan y fortalecen las competencias de las empresas, potencian los procesos de aprendizaje y contrarrestan las debilidades propias de las culturas organizacionales.

La actividad innovadora se desarrolla en un ambiente económico con diversos tipos de incertidumbres, que son decodificados de distintas formas en función de la cultura organizacional y del grado de desarrollo de sus competencias. Estas competencias permiten a las empresas asimilar diferencialmente el conjunto de informaciones y señales del ambiente en términos de conocimientos específicos.

La competitividad de una sociedad no surge espontáneamente ni es el resultado exclusivo de la capacidad de innovación de las empresas, sino que representa la compleja interacción entre el Estado, las empresas, las instituciones y la capacidad de organización de la sociedad. El concepto de competitividad sistémica de la OCDE se refiere al aspecto pluridimensional de la conducción que incluye la competencia, el diálogo y la toma conjunta de decisiones.

La competitividad sistémica constituye un marco de referencia para los países tanto industrializados como en vías de desarrollo; la estabilización en el nivel macro es una premisa necesaria que presiona sobre las empresas para que mejoren su desempeño, pero no suficiente para hacer sustentable el desarrollo de la competitividad, ya que cada vez adquiere mayor significación la implementación de políticas meso, volcadas a consolidar la capacidad de negociación generada entre el Estado y los distintos actores sociales para impulsar políticas. La competitividad sistémica sin integración social es un proyecto sin perspectivas, dado que involucra un proceso de transformación social que va más allá de la simple corrección del contexto macroeconómico (Messner, 1994; Casalet, 1998).

Las redes tecnológicas se caracterizan por una estructura institucional flexible que se yergue entre el mercado y las empresas como forma autónoma basada en relaciones horizontales de coordinación del intercambio económico (OCDE, 1992). En esta modalidad de coordinación se acentúan las relaciones de confianza, donde influyen criterios informales y generalmente más flexibles, ajenos al mercado.

El redescubrimiento de estas dinámicas localizadas —basadas en procesos endógenos influidos por las estructuras sociales, culturales e institucionales— abrió una oportunidad a los esquemas asociativos de empresas y a la consolidación de sistemas eficientes de relaciones productivas. En un contexto cada vez más complejo e incierto, la capacidad de las empresas (consideradas individualmente) para captar información, evaluar las relaciones de producción en las que están insertas, interpretar la información disponible y analizar anticipadamente los acontecimientos es cada vez más insuficiente, lo que aumenta sensiblemente la incertidumbre y las dificultades para llevar a cabo una planificación (Dini, 1996).

Las empresas, al cooperar, construyen un sistema de relaciones internas y externas indispensable para establecer el sistema de información. La experiencia de los distritos industriales y los diferentes agrupamientos Pymes ha demostrado que la cooperación estimula la interacción permanente entre los participantes, desarrollando nuevas informaciones que conducen a generar nuevas soluciones a los problemas.

Las redes constituyen los vínculos que ligan los conjuntos de actores diferenciados a través de relaciones implícitas o explícitas que van desde el simple conocimiento hasta la cooperación; de esta forma, no son el resultado de la voluntad de un solo actor, sino que responden a un plan estratégico donde cada uno participa en un conjunto de interacciones con otros actores relativamente autónomos motivados por un interés propio, situación que demanda ajustes continuos y adaptaciones mutuas (Granovetter, 1985; Callon, 1991).

Una condición necesaria para que los mercados sean operacionales es que estén estructurados por redes de relaciones no exclusivamente mercantiles, producto de un aprendizaje más o menos prolongado, sino que estén ligados a las interacciones y adaptaciones mutuas entre los diferentes actores.

La competitividad sistémica surge como una contrapropuesta a la ortodoxia económica dominante; las políticas macroeconómicas en la nueva versión de la industrialización se apoyan en el desarrollo de las capacidades tecnológicas y sociales impulsadas por las políticas micro y meso, que contribuyen a condensar los efectos acumulativos del aprendizaje y la innovación. Ya hace algún tiempo que los actores y responsables de la política tecnológica e industrial advirtieron la insuficiencia de una visión lineal de la producción y su organización para dar cuenta de la complejidad intrínseca del crecimiento de la sociedad. Los cambios en la producción y en las relaciones socioinstitucionales se dan porque la carrera del desarrollo no es un proceso acumulativo unidireccional, sino que cada cinco o seis decenios ocurre una revolución tecnológica que implica un cambio de rumbo y la exclusión, por obsoleta, de una parte de la experiencia acumulada por los más avanzados (Pérez, 1996).

La transformación radical de las reglas de la competencia en el ámbito internacional no sólo modificó las relaciones de fuerza entre las unidades productivas de diferentes tamaños, sino que alteró profundamente las tendencias estructurales. En el desarrollo productivo fordista, los espacios locales no presentaban ningún interés encerrado en una regulación estática. Con la crisis del modelo fordista se abren nuevas posibilidades, toma cuerpo la pluralidad de "mundos reales de producción" y la variedad en las trayectorias de desarrollo (Salais y Storper, 1993).

Los cambios en nuevas formas de coordinación económica: un efecto de las innovaciones

En la década de los ochenta se perfilan modificaciones significativas en la forma de coordinación económica y de organización de los sectores productivos, constatándose un incremento cualitativo de nuevas modalidades en los acuerdos de cooperación entre empresas jurídicamente independientes. Las tecnologías informáticas y comunicacionales estimularon la creación de redes interempresariales, redefiniendo las relaciones de subcontratación y las vinculaciones interempresariales entre las pequeñas y medianas empresas.

En algunos casos emerge un sistema de producción nuevo y flexible, constituido por redes de empresas pequeñas y medianas que trabajan en cooperación; los ejemplos internacionales son múltiples y ampliamente conocidos: los distritos industriales italianos, la región de Baden Wurtterberg y los numerosos intentos en regiones de países menos desarrollados, como Marruecos, Argentina, Brasil, India, Egipto (Schmitz, 1990 y 1994; Casalet, 1995 y 1997). En otros casos, lo que confiere flexibilidad es el recurso de la subcontratación nacional e internacional entre empresas grandes y pequeñas; el caso de Japón es un ejemplo; el avance de estas relaciones se advierte también en Francia y en países asiáticos como Singapur, Taiwán, Hong Kong e Indonesia (D'Arc y Paix). El desarrollo industrial exitoso está signado por la existencia de fuertes lazos entre proveedores y subcontratistas *(backward linkages)*.

Otra opción es que las grandes empresas, y en particular las multinacionales, descentralicen sus unidades aumentando su autonomía hasta el grado de que unas compitan con otras. La tónica de lo que se entiende por una buena gestión en la era de la informática sería más pequeña y más ajustada (Castells, 1996).

La tendencia apunta no sólo a la desagregación de la actividad empresarial, sino también a la cooperación entre las unidades. Las grandes empresas cuentan con redes de proveedores, donde la calidad y la eficiencia son decisivas para el buen éxito de aquéllas. Las modalidades de vinculación entre subcontratista y proveedores son variadas; en algunos casos, como en la República de Corea y Japón, los proveedores suelen ser fieles y dependientemente integrados a tal o cual empresa; en otros, como en los Estados Unidos, Europa occidental, Taiwán, China y Hong Kong, los proveedores alternan sus servicios entre varios clientes.

Las grandes empresas forman constantemente alianzas estratégicas, es decir, suscriben acuerdos con otras compañías a veces rivales, respecto a determinados procedimientos de fabricación o series de productos. Estas alianzas estratégicas se hallan limitadas en el espacio (pueden circunscribirse a tal o cual país o conjunto de países), en el tiempo (se les fija un plazo de validez) y por su objetivo (pueden referirse a la técnica pero no a la comercialización o viceversa) (Castells, 1996).

El comportamiento efectivo de las empresas constituye una red de geometría variable. Quienes son aliados hoy, mañana pueden ser rivales, o bien quienes fungen como aliados en la investigación y desarrollo tecnológico en el mercado estadunidense pueden ser competidores acérrimos en la obtención de contratos públicos en el mercado asiático.

Las innovaciones en el contexto latinoamericano

En el contexto latinoamericano, la magnitud de los cambios (productivos, tecnológicos y organizacionales) y la variedad de las respuestas nacionales y regionales rompieron la relativa homogeneidad, implementada por las políticas de desarrollo para la industrialización sustitutiva.

Los rasgos básicos del funcionamiento actual, a pesar de tener sus fundamentos asociados al modelo de sustitución de importaciones (SI), presentan modalidades radicalmente diferenciadas de esa etapa de la industrialización. Estos cambios estructurales se deben a repercusiones simultáneas de las propias restricciones internas en las dinámicas de las industrias latinoamericanas y de las notables modificaciones ocurridas en el plano tecnoproductivo internacional (Kosacoff, 1995 y 1998).

La industrialización por sustitución aplicada como estrategia de desarrollo predominante en América Latina desde los años cincuenta hasta los ochenta fue mucho más que una política gubernamental. De modo gradual, el modelo se fue convirtiendo en un conjunto perfectamente coherente de conductas, conceptos y prácticas que incluían empresas, trabajadores, gobiernos, bancos consumidores, políticos y fue cristalizando en instituciones que se reforzaban mutuamente (Pérez, 1996). De esta forma, el desarrollo industrial generó modos de producción altamente idiosincrásicos basados en un conjunto de elementos, entre los que sobresalen el carácter tardío de la industrialización, la dotación diferencial de factores y la reducida extensión de los mercados locales. Como resultado, el sendero industrial de América Latina adquirió un neto corte localista. La reducida escala de producción de muchas plantas industriales (en comparación con los estándares internacionales) y el escaso desarrollo de proveedores especializados y subcontratistas definieron una estructura industrial con importantes ganancias de productividad en el medio local, pero con pérdidas de economías de escala y especialización muy lejos de las mejores prácticas internacionales. En estas condiciones, los sectores industriales fueron evolucionando de la producción de bienes de consumo hasta la articulación de los complejos metalmecánicos y petroquímicos de los años sesenta y setenta; así se consolidaron el sector automotriz y algunas de las industrias productoras de bienes de capital.

El perfil productivo de este periodo estuvo centrado en el desarrollo de empresas estatales y subsidiarias de empresas transnacionales como agentes económicos líderes y dinamizadores de la industrialización, complementado por el desarrollo de un gran número de empresas pequeñas y medianas de carácter familiar, con alta generación de empleo. Paralelamente se consolidó un conjunto de instituciones y normas regulatorias tendientes a privilegiar el desarrollo evolutivo de la industria con clara orientación hacia el mercado interno (Kosacoff, 1996 y 1998; Katz J., 1996; Chudnovsky, 1996).

La década de los ochenta significó un punto de ruptura en este proceso de industrialización; la acción simultánea de múltiples elementos quebró la persistencia de las condiciones prevalecientes; entre los factores decisivos figuran los siguientes:

—La aparición de una nueva trayectoria tecnoproductiva basada en el doble principio de integración y flexibilidad. La producción estándar ya no constituía la forma más adecuada de producción y de organización industrial; eso no quiere decir que desaparezca, sino que coexiste con nuevas formas organizativas donde adquieren un papel más dinámico las pequeñas y medianas empresas. La creciente globalidad financiera y productiva conjuntamente con el dinamismo del comercio internacional apoyan la difusión de economías de escala y la especialización de industrias intensivas en el uso del conocimiento e incorporación del progreso técnico.

—El fracaso en la implementación de distintas políticas internas que abarcaron experiencias generalizadas de intentos de estabilización basados en la apertura externa o en la profundización del proceso sustitutivo, conjuntamente con las modificaciones en las condiciones del financiamiento internacional, introdujo efectos adicionales de incertidumbre y volatilidad en los procesos de cambios estructurales.

A partir de estas condiciones emergieron distintos procesos de reestructuración caracterizados por una gran heterogeneidad entre las distintas estructuras industriales de América Latina, en comparación con la mayor homogeneidad verificada a lo largo del proceso de sustitución de importaciones. Si bien varios de los cambios ocurridos en los años ochenta contienen una gran cantidad de rasgos comunes, que van desde los aspectos macroeconómicos hasta experiencias microeconómicas de notable similitud, las respuestas nacionales a las rupturas de las condiciones de desarrollo tienen como punto de apoyo condiciones iniciales diferenciales que abarcan: tamaño de los mercados, articulaciones productivas, niveles de competitividad sectorial, desarrollo de vinculaciones industria-investigación y calificaciones de recursos humanos.

Líneas de investigación y debate contemporáneo

Los años noventa, a diferencia del pasado sustitutivo, muestran una industria estancada, expulsora de mano de obra y con tasas de inversión muy deterioradas. Sin embargo, se manifiesta un modo de producción muy distinto, con fuertes incrementos de productividad y de internacionalización en las esferas sectoriales y microeconómicas, pero aún sin la fuerza suficiente para repercutir en procesos macroeconómicos sustentables (Kosacoff, 1998).

La desregulación y la reforma del Estado enfatizaron, en la mayoría de los países latinoamericanos, la importancia del mercado como centro de preocupación y eje de los procesos de reorganización. Los actores de la nueva industrialización difieren del pasado, ya que los procesos de privatizaciones marcan el liderazgo de los grandes grupos económicos nacionales solos o asociados estratégicamente con empresas transnacionales.

A su vez, se aprecia un cambio radical en el enfoque de las políticas públicas latinoamericanas, especialmente las dirigidas al fomento de las pequeñas y medianas empresas, donde el objetivo ya no es la empresa aislada, sino generar un conjunto de relaciones que interactúen dinámicamente, retroalimentando la compleja red de intercambios entre las empresas y su entorno (Casalet, 1995).

Los comportamientos de los actores sociales privados (empresas, asociaciones empresariales, bancos) no han generado aún, en la mayoría de los países latinoamericanos, una tarea de complementación y respuesta que constituya una alternativa estratégica de las empresas para construir una política horizontal en el logro de las ventajas competitivas.

En la etapa actual de revalorización de la función de las Pymes, el sector público ha desplegado apoyos, pero no cuenta aún con interlocutores de peso para impulsar la demanda donde existe y generar la oferta donde es deficiente. La falta de concertación interinstitucional y la escasa participación activa (no sólo de discurso del sector privado) se reproduce, en casi todos los países latinoamericanos, en detrimento de la densidad y eficacia de las redes y sus múltiples retroalimentaciones.

Los países latinoamericanos transitan aún por una etapa defensiva en la organización de los apoyos al sector. La estrategia defensiva jerarquiza el crédito e inicia con mayor o menor desarrollo apoyos a la innovación (aunque éstos son intentos aislados y no constituyen una red articulada), y en algunos países se ensayan tímidamente modalidades de cooperación interempresarial.

La heterogeneidad sectorial interna, la disparidad regional y, sobre todo, la existencia de empresarios desconfiados y desinformados —técnica y comercialmente— constituyen los elementos clave de la estrategia defensiva. Por otra parte, un elemento determinante en la estrategia ofensiva es la presencia de un sistema de relaciones preferenciales que las empresas desarrollan en el ámbito del sistema local al que pertenecen.

En el caso de los países latinoamericanos, factores como la limitación de información y la mala distribución de los recursos constituyen un obstáculo, y la escasa transparencia dificulta la consolidación de relaciones más complejas. A esto se agrega la débil vinculación entre la investigación, la formación técnica y la actividad industrial.

Algunas características del proceso de innovación en México

El tratamiento de los problemas de la innovación y sus relaciones con el entorno institucional regional y nacional se inició en México débilmente en la década de los noventa. El crecimiento de la reflexión sobre esta problemática y la realización de estudios empíricos se ha ido fortaleciendo como una área básica de conocimiento multidisciplinario. El aporte de las investigaciones sobre el tema se ha reunido en las publicaciones de la *Revista de Comercio Exterior* (1994, núms. 8 y 9), en la realización de un coloquio internacional sobre el tema de Innovación, Aprendizaje Tecnológico y Política Industrial: Experiencias Nacionales e Internacionales (una selección de ponencias se publicó en *Comercio Exterior*, 1997, núm. 8); tal evento congregó a investigadores de la UNAM, UAM, Flacso, Conacyt, sumados al apoyo de la Fundación Freidrich Ebert, el Instituto Francés de Investigación Científica para el Desarrollo en Cooperación (ORSTOM), la OEA y la Dirección General de Educación Superior de la Subsecretaría de Educación Superior e Investigación Científica de la SEP.

En esa ocasión se contrastaron las experiencias de las empresas y los países en materia de adquisición, adaptación y dominio de la tecnología, destacando las modalidades de las relaciones entre los actores, así como la relevancia económica de la creación de redes sociales, políticas y profesionales (Casalet, 1997).

En 1997, el Conacyt, bajo el auspicio de la OCDE, congregó a un grupo de expertos en el tema para llevar a cabo un estudio regional, sectorial y nacional sobre el Sistema Nacional de Innovación Mexicano, obteniendo una amplia información sobre instituciones, interacciones y estudios de casos. En este informe se perfila el papel que pueden asumir ciertas organizaciones, denominadas puentes, ya que cumplen una tarea de vinculación entre el mercado y la empresa y contribuyen a generar una estructura intermedia relacional entre los agentes que intervienen en la producción y su organización.

La emergencia de estas organizaciones y la adecuación de otras como los centros SEP-Conacyt, especialmente el Subsistema de Desarrollo Tecnológico, nos lleva a considerar que asistimos a una etapa en la que se construye institucionalmente el mercado para responder a las nuevas exigencias de la competitividad internacional. En dicha creación, el sector público desempeña un papel importante en la construcción de una capacidad anticipadora, o sea, la posibilidad para alterar y conformar nuevas relaciones en el tipo de interfases entre las empresas y el entorno. Este nuevo papel del sector público no se desempeña en solitario, sino que está complementado por los esfuerzos de la iniciativa privada.

El cambio en el modelo de industrialización orientado hacia la demanda generó la posibilidad de acentuar las interacciones entre los distintos agentes. Anteriormente, el papel de la autoridad del Estado era fundamental en la determinación de la política industrial; hoy los distintos planes de desarrollo nacional (iniciados desde 1990), conjuntamente con la acción de las instituciones de fomento productivo y con otras creadas para sostener la capacidad innovadora de las empresas, se orientan a remodelar el mercado a través de la interacción continua entre los múltiples agentes que arman el juego. Las condiciones del nuevo contexto exigen a las empresas captar y procesar una mayor información sobre mercados y condiciones de competencia nacional e internacional. Las prácticas de gestión que combinan las habilidades productivas con una visión global de los negocios plantea a las Pymes una valoración más integral de la competitividad, ya que no se percibe tanto como un fenómeno exclusivamente macroeconómico, sino como una exigencia micro y de interacción con el entorno productivo e institucional (Casalet, 1998).

Los ámbitos de acción de dichas instituciones puentes se refieren a:

a) El papel de intermediación que las instituciones puentes cumplen a través de un amplio abanico de actividades.

b) Estas instituciones pueden presentarse bajo diferentes situaciones legales y al mismo tiempo bajo condiciones intermedias que oscilan entre la esfera de lo público y lo privado.

c) Finalmente, en el caso específico de México, este tipo de instituciones tiene una corta trayectoria; unas aparecen a los inicios de los años noventa, en tanto que la mayoría se consolida a partir de 1994; actualmente nos encontramos en una etapa de gestación y de incipiente consolidación de un mercado de servicios aún desconocido y en cierta medida caracterizado por la espontaneidad, lo cual acrecienta notablemente la heterogeneidad del sector.

Los ámbitos de especialización donde se canalizan los apoyos son los siguientes:

a) Consultorías para brindar apoyo tecnológico.
b) Servicios de información tecnológica.

c) Servicios de normalización y certificación.
d) Promoción de una cultura de calidad.
e) Capacitación.
f) Otros servicios (financiamiento para proyectos de innovación tecnológica; administración de propiedad industrial, etcétera).

De acuerdo con los objetivos perseguidos, es posible agrupar las instituciones en cuatro grandes áreas básicas: *a)* la modernización tecnológica; *b)* el mejoramiento de los niveles de capacitación (no sólo de la fuerza de trabajo, sino también de los micro y pequeños empresarios); *c)* generación de un contexto de confianza y certidumbre (normalización, metrología, derechos de propiedad industrial), y *d)* promoción de una cultura de la calidad.

Las instituciones puente desempeñan un papel determinante en la creación de competencias y en la homologación de las culturas organizacionales y de marcos interpretativos desiguales. Su función contribuye a transformar los *inputs* innovativos en *outputs* para las empresas. Estas organizaciones puente, junto con las instituciones de fomento productivo ya existentes, constituyen el ambiente institucional que propicia el desarrollo de actividades innovadoras concebidas como un proceso social e interactivo, proporcionando a las empresas aquellas competencias faltantes o insuficientes.

BIBLIOGRAFÍA

Bianchi, Patrizio (1997), *Construir el mercado, lecciones de la Unión Europea: el desarrollo de las instituciones y las políticas de competitividad*, Universidad Nacional de Quilmes, Buenos Aires.

Carlsson, Bo (1994), "Technological Systems and Economic Performance: The Case of Factory Automation", en *The Nature and Importance of Competence*.

Casalet, M. (1995), *Red de apoyos públicos y privados hacia la competitividad de las Pymes*, Convenio Nafin-Flacso, México.

—— (1997), "*Redes empresariales y aprendizaje tecnológico*", *Comercio Exterior*, vol. 47, núm. 8, agosto, México.

—— (1997), "La cooperación interempresarial, una opción para la política industrial", en *Comercio Exterior*, vol. 47, núm. 1, enero.

Cimoli, Mario, y Marina Della Giusta (1997), "Paper Prepared for the Book. Innovation and Urban Development", en *The Nature of Technological Change and its Main Implications on National and Local Systems of Innovation*.

—— (1997), *The Nature of Technological Change and its Main Implications on National and Local Systems of Innovation. The Study of the Mexican Innovation SYSTEM-Conacyt, 1997*.

Coriat, Benjamin, y Dosi Giovanni (1995), "The Institutional Embeddedness of Economic Change, An Appraisal of the Evolutionary and Regulationist Research Programmes", en *International Institute for Applied Systems Analysis*, Luxemburgo, Austria, p. 117.

David, A. Paul (1994), "Why Are Institutions the Carriers of History. Path Dependence and the Evolution of Conventions, Organizations and Institutions", *Structural Change and Economic Dynamics*, vol. 5, núm. 2, Oxford University.

Dini, M., y J. Katz (1997), "*Nuevas formas de encarar la política tecnológica: el caso de Chile*", *Comercio Exterior*, vol. 47, núm. 8, agosto.

Dosi, Giovanni (1985), "Institutions and Markets in a Dynamic World", *The Manchester School of Economic and Social Studies*, vol. LVI, núm. 2.

—— (1988), "The Nature of the Innovation Process", G. Dosi (comp.).

Dosi, G., C. Freeman, R. Nelson, G. Silverberg y L. Soete (1988), *Technical Change and Economic Theory*, Pinter, Londres y Nueva York.

Edquist Charles (1997), *Systems of Innovation Technologies, Institutions and Organizations*, Londres y Washington.

Freeman, C. (1987), *Technology Policy and Economic Performance: Lesson from Japan*, Pinter, Londres.

—— (1988), "Japan: a New National System of Innovation", G. Dosi *et al.* (comps.), *Technical Change and Economic Theory*, Pinter, Londres y Nueva York.

Freeman, C. (1995), "The National System of Innovation", *Historical Perspective*, Cambridge Journal of Economic, vol. 19, núm. 1.

Hilebrand, W., D. Messner, J. Meyer-Stamer (1994), *Fortalecimiento de la capacidad tecnológica en los países en desarrollo*, Instituto Alemán de Desarrollo, Berlín.

Katz M., Jorge (1997), "The Dynamics of Technological Learning During the First Period and Recent Structural Changes in the Industrial Sector of Argentina, Brazil and Mexico", en *Economic Commission for Latin America and the Caribbean*, Santiago de Chile.

Lall, Sanjaya (1997), "Technological Change and Industrialization in the Asian NIEs: Achievement and Challenges", en *Innovation and Competitiveness in Newly Industrializing Economies*, Seúl, Corea del Sur.

Lundvall, B. A. (1988), "Innnovation as Interactive Process: from User-Producer Interaction to National System of Innovation", G. Dosi *et al.* (comps.), *Technical Change and Economic Theory*, Pinter, Londres y Nueva York.

—— (1992), *National Systems of Innovation: Towards a Theory of Innovation and Interactive Learning*, Pinter, Londres.

—— (1994), "The Learning Economy", *Journal of Industries Studies*, vol. 1, núm. 2, pp. 23-41.

Nelson, Richard R. (1988), "Institutions Supporting Technical Change in the United States", G. Dosi *et al.* (comps.), *Technical Change and Economic Theory*, Pinter, Londres y Nueva York.

—— (1987), *Understanding Technical Change as an Evolutionary Process*, Amsterdam.

—— (1991), "Why Do Firms Differ, and How Does it Matter", *Strategic Management Journal*, vol. 12.

—— (1992), "The Rise and Fall of American Technological Leadership: The Postwar in Historical Perspective", *Journal of Economic Literature*, vol. XXX.

—— (1993), *National Systems of Innovation: A Comparative Study*, Oxford University Press, Oxford.

—— (s. f.), "The Concept of Institutions as an Attractor, Share, and Challenge".

—— (1995), "Recent Evolutionary Theorizing about Economic Change", *Journal of Economic Literature*, núm. 33, marzo, pp. 48-99.

—— (1996), *The Sources of Economic Growth*, Harvard University Press, Massachusetts.

——, y N. Rosenberg (1993), "Technical Innovation and

National System. Introductory Chapter", R. R. Nelson (comp.), National Systems of Innovations, Oxford University Press.

Pinter (1992), "Technological and Organizational Innovations —A Conceptual Discussion and Some Notes on Consequences for Productivity and Employment", *Working Paper*, núm. 233, World Employment Program, ILO, Ginebra.

Schumpeter, J. A. (1939), *Business Cycles: A Theoretical, Historical and Statistical Analysis of Capitalism. Process*, 2 vols., McGraw Hills, Nueva York.

Valenti, Giovanna, y Gonzalo Petito Valera (1997), *Estudio sobre el sistema de innovación en México* (capítulo: Recursos humanos y capacidades tecnológicas a través de la formación profesional), México.

INTEGRACIÓN ECONÓMICA REGIONAL

ALICIA PUYANA MUTIS

Definición

La integración económica regional constituye un área relativamente nueva de la teoría económica y se refiere a los procesos de asociación voluntaria de las economías. En este sentido, trata un fenómeno diferente de la anexión, la ocupación o la colonización, en las cuales la vinculación de las economías es coercitiva, resultado del ejercicio de la fuerza. A diferencia del multilateralismo o del librecambio universal, en los acuerdos regionales de integración los países miembros se otorgan beneficios recíprocos de los cuales no se benefician los países no signatarios. Es decir, estos acuerdos se basan en la discriminación geográfica entre los miembros y los no miembros.

La integración económica regional se inició en Europa como una respuesta política a un fenómeno político: la división de Europa en dos bloques antagónicos: el campo socialista y la Europa capitalista. La instrumentación del Plan Marshall para la reconstrucción de Europa fue el punto de choque que selló dicha división, al excluir a los países bajo control soviético. Europa, atemorizada ante la Unión Soviética y empequeñecida ante los Estados Unidos, recurrió al viejo ideal de la Europa federal como el medio para enfrentar a las dos potencias y evitar nuevas conflagraciones. La unión política de Europa, como estrategia de paz y de fortalecimiento económico y democrático, fue y es el objetivo final del proceso de integración europeo. A este objetivo político se llegaría mediante pasos ascendentes en el área económica, creando interdependencias cada vez más estrechas, que harían imposible el retorno hacia posiciones antagónicas. Este proceso sería acumulativo, ascendente de lo económico a lo político. Partiendo del desmonte de las barreras comerciales, que constituye la etapa de integración negativa, se avanza hacia la liberación del movimiento de los capitales y del trabajo y hacia la creación de las instituciones supranacionales de decisión política, lo que constituye la integración positiva. La aceptación del concepto de un continuo económico-político nació de la experiencia europea, el establecimiento de la Comisión Europea para el Acero y el Carbón (ECSC) y el Plan Schumann de 1950 hasta la firma de los acuerdos de la CEE y el Euratom, y se basaba en los planteamientos neofuncionalistas de Schmitter (1972 y 1969) y Hass (1969 y 1975), entre otros. El supuesto es que, conforme avanza el proceso, los gobiernos delegarían mayores responsabilidades a las instituciones comunes. El acuerdo sobre esta delegación deberá pactarse desde un principio para garantizar que se cumplan los requisitos de coordinación. Esta estrategia se adoptó en el itinerario original del Acuerdo de Cartagena, que anticipaba la armonización de políticas para 1973, como prerrequisito de la liberalización total del comercio intrarregional acordada para 1980. El objetivo del ambicioso programa andino de armonización de políticas macroeconómicas era establecer las condiciones jurídicas que garantizaran un punto de no retorno en las metas de los otros programas de integración subregional (Puyana, 1983).

Esta perspectiva encuentra su origen en la teoría neofuncionalista de acuerdo con la cual un proyecto de integración económica comienza con acciones conjuntas en áreas sin controversia y va ganando terreno por acción del efecto de difusión *(spillover)* desencadenado por las propiedades dinámicas del proceso (Schmitter, 1969; Moravcsik, 1994). Los neofuncionalistas lo llaman el proceso de "politización gradual", esto es, el reconocimiento de los vínculos automáticos entre la integración económica y la política. La tesis neofuncionalista sugiere que, en condiciones modernas, la relación entre la unión política y la económica deberá considerarse como un continuo. La integración, así concebida, implica la gradual politización de los objetivos inicialmente considerados como "técnicos" o "incontrovertibles". Los actores, en respuesta a los problemas que surgen en el logro de los objetivos iniciales, acuerdan ampliar el espectro de los medios adecuados para alcanzarlos. Esto tiende a incrementar el componente de controversia, por ejemplo, aquellas medidas que requieren decisiones políticas para determinar qué tanta autonomía nacional le será delegada a la unión. La politización implica que los actores busquen resolver los conflictos delegando mayor autoridad en las instituciones supranacionales. Constituye una de las propiedades de la integración la variable mediadora entre la unión política y la económica, junto con el desarrollo de nuevas expectativas y lealtades por parte de los intereses organizados de las naciones miembros (Haas y Schmitter, 1966). El neofuncionalismo ha sido criticado a la luz de las experiencias europeas y el fracaso de los esquemas de integración entre países en desarrollo, pues la automaticidad en el continuo de lo económico a lo político no se ha verificado siempre. Si en Europa se avanza, no sin tropiezos o retrocesos, hacia "la integración cada vez más profunda, en los países en desarrollo ha sido imposible ascender a niveles superiores de interdependencia política (Lindberg, 1994; MacCormick, 1993). El neofuncionalismo avanza hacia una concepción nueva de negociaciones y construcción de las instituciones supranacionales y nacionales, en una forma de neoinstitucionalismo, en el cual los actores tratan de avanzar en los intereses nacionales particulares preservando al máximo su autonomía y soberanía.

El modelo integracionista europeo ha estimulado y servido de ejemplo a los múltiples programas de integración emprendidos entre 1950 y 1980 por América Latina y otras regiones en desarrollo, en los cuales la integración económica constituía un instrumento para avanzar la industrialización sustitutiva. El modelo europeo (y los de los países en desarrollo) difiere del recientemente acordado entre Canadá, México y los Estados Unidos en el grado de integración que persigue y en el carácter de los objetivos políticos que busca. El Tratado de Libre Comercio de Norteamérica es un acuerdo estrictamente comercial; según algunos autores, se trata más de un acuerdo de comercio administrado, que de uno de libre comercio (Smith, 1993), y sus objetivos políticos son básicamente procurar la estabilidad de las reformas macroeconómicas liberales en México y, como resultado del crecimiento de las exportaciones de éste hacia sus socios comerciales, la disminución de las corrientes migratorias hacia los Estados Unidos (Balassa, 1962 y 1965; Brenton, 1997). En la Unión Europea, además de la consolidación de la democracia y la creación de instancias supranacionales hacia las cuales se trasladarían numerosas decisiones, cediendo soberanía, por ejemplo en política monetaria, el objetivo principal fue, y es aún hoy, reducir las diferencias en desarrollo económico entre los países y dentro de éstos, para lo cual se aprobó un complejo mecanismo de transferencias. Estas metas e instrumentos están ausentes en el TLC.

HISTORIA, TEORÍA Y CRÍTICA

La teoría económica de la integración. El debate

El marco teórico de referencia para los estudios sobre la integración económica regional tiene sus raíces en la teoría sajona del comercio exterior; se restringe a analizar los problemas derivados de la instrumentación de las uniones aduaneras entre economías industrializadas, relativamente abiertas y que operan en condiciones de pleno empleo de los factores productivos. Los autores pioneros en este campo son J. Viner (1950), Meade (1955) y Lipsey (1961). Sus escritos pueden considerarse como una adaptación de la teoría tradicional del comercio exterior que estudia los efectos sobre el bienestar social derivables de una transición del proteccionismo hacia el libre comercio. En esta perspectiva, los supuestos fundamentales de la teoría clásica del comercio internacional se aplican plenamente y sin ninguna modificación al análisis de las uniones aduaneras. Estos principios suponen que los mercados operan en condiciones de perfecta competencia, hay inmovilidad de los factores productivos entre los países, y los productos que se intercambian no son sustitutos perfectos. De este modo quedaban excluidos del marco conceptual tanto los costos de transporte como los aspectos monetarios. La principal preocupación de la teoría clásica de la integración económica regional se reduce a definir si la liberación del comercio entre los miembros de una unión aduanera, cuando se mantienen las restricciones comerciales con el resto del mundo, incrementa o no el bienestar global. Por otra parte, se centra casi exclusivamente en los problemas de integración entre países industrializados, cuyo objetivo principal es lograr ajustes en los modelos de producción y consumo por medio de la discriminación geográfica en los mecanismos arancelarios (Balassa, 1965).

Según la teoría tradicional de la integración económica, los efectos que buscan los países que ingresan en un proyecto de integración son de dos tipos:

1) Efectos estáticos: son las pérdidas o las ganancias provenientes de los cambios marginales, de corto plazo, en la producción y el consumo, inducidos por la reducción de los aranceles. Estos efectos incluyen, por una parte, los efectos de producción, causados por la sustitución del comercio entre los países; son los conocidos efectos de creación y de desviación del comercio. La creación de comercio es el término utilizado por Viner para describir la sustitución de la producción doméstica de alto costo por la de menor costo en un país asociado. La desviación del comercio involucra el cambio de un productor de bajo costo, que no pertenece a la unión, a una fuente costosa de abastecimiento ubicada en un país miembro. Por la otra, se tienen los efectos de consumo o la sustitución de productos, debida a cambios en los precios relativos y, finalmente, el efecto en los términos de intercambio.

Las estimaciones de los efectos "antes y después" de creación y desviación de mercado (en términos de crecimiento del PNB basado en la elasticidad de la oferta y la demanda de los artículos beneficiados con preferencias arancelarias, y tomando en cuenta la sustitución de los proveedores anteriores) concluyen que, para los países de la Asociación Europea de Libre Comercio (AELC) y de la Comunidad Económica Europea (CEE), los resultados cuantitativos fueron muy pobres. La medición de los beneficios de una unión aduanera en términos del PIB o de otros criterios de bienestar social arroja un cuadro todavía más pesimista sobre el desarrollo de la CEE y la Asociación Europea de Libre Comercio. De acuerdo con Johnson, los beneficios para los países de la CEE representaron un 0.05% del producto interno bruto (PIB) comunitario. Actualizando sus cálculos de 1966, Balassa corroboró esta conclusión en 1974 (Balassa, 1974), y sugiere que la creación de mercado significaba un incremento en el PIB del 0.09%. Como lo sugiere Scitovsky (1958), el empleo del planteamiento básico para medir los resultados cuantitativos conduce siempre a resultados limitados. En su opinión, los estudios tendrían que orientarse a cuantificar en qué medida las uniones aduaneras afectan la eficiencia de la productividad en términos de economías de escala, de mayor competencia y ampliación de los mercados. Mientras se acepte sin discusión el planteamiento básico, los resultados cuantitativos seguirán siendo tan pequeños que no podrán ser medidos en el actual sistema de cuentas nacionales, y no ameritan tanta atención de economistas, estadistas o políticos concentrados en el problema de la rebaja de los aranceles entre los países industrializados (Lundgren, 1971).

2) Efectos dinámicos: se refieren al efecto de la integración sobre el ritmo de crecimiento de las economías de los países participantes y la capacidad para inducir nuevas actividades económicas en un nivel superior de eficiencia. Se supone que, en el largo plazo, estos efectos aceleran el crecimiento del producto interno de los países miembros e inducen una asignación de los factores productivos mucho más eficiente. Los efectos dinámicos, que hasta cierto punto se yuxtaponen unos a otros, incluyen, en primer lugar, la ampliación de la demanda, que permite a las plantas existentes una mejor utilización de sus recursos productivos mediante el aprovechamiento de las economías de escala y externas (es decir, induce la reducción de costos) y, en segundo término, los efectos sobre el monto y la ubicación de nuevas inversiones. Además de los anteriores, hay que mencionar los efectos de polarización, es decir, la tendencia a que empeore la posición económica relativa y absoluta de los países miembros menos desarrollados o de las áreas más pobres, y los efectos sobre la eficiencia económica provenientes de cambios en el grado de competencia y de incertidumbre.

La teoría de la integración económica inspirada en la experiencia europea concentra su análisis en los efectos estáticos sobre el bienestar económico derivados del comercio internacional. A pesar de la importante contribución hecha por Meade, Johnson, Lipsey y Scitovsky, esta teoría considera la integración económica como parte de la teoría del comercio internacional y como una rama de la ciencia arancelaria, la cual mide los ajustes en la producción y el consumo causados por cambios arancelarios marginales y geográficamente discriminatorios, pero deja de lado los problemas de desarrollo económico (Lipsey, 1970). Viner, por ejemplo, confinó su análisis solamente a los efectos de la producción, suponiendo curvas de demanda sin ninguna elasticidad y curvas de oferta de elasticidad infinita. Consideró que el bienestar social mundial crecería únicamente si los efectos de creación de comercio superaban los de desviación. Esto sólo podría lograrse cuando la unión aduanera constituyese un sistema lo más cercano posible al libre comercio universal. Viner consideró que, en el largo plazo, las uniones aduaneras no alientan una asignación eficiente de los factores productivos porque se alejan de la posición óptima del libre comercio universal. Meade hizo más realista el análisis al introducir el concepto de la elasticidad precio de la demanda, y concluyó que la manera de sopesar los cambios en los flujos comerciales era multiplicar los valores monetarios del comercio creado y desviado por el valor de los aranceles de los países importadores, y tomar el valor neto resultante como medida del bienestar social creado. Esta aproximación ha sido criticada aun dentro del contexto de la teoría tradicional de la integración económica. Por ejemplo, Lipsey (1952) sugirió que cuando se toman en cuenta los efectos del consumo dejan de ser válidas las conclusiones de que la creación de comercio es positiva y la desviación negativa. Cooper y Massell (1965) fueron más lejos y mostraron bajo qué circunstancias una unión aduanera podría dar suficiente protección a las industrias no competitivas (lo que permitiría una diversificación industrial) y, al mismo tiempo, propiciaría incrementos en el nivel de especialización a través del libre comercio entre los socios, con lo cual se reducirían los costos de la desviación. En esta misma línea, Johnson (1965) trató un punto diferente al introducir el supuesto de que los países se habían apartado del libre comercio y establecieron aranceles con el objeto de salvar la brecha entre el costo (o beneficio) social y el privado. Scitovsky (1958) analizó, para Europa, otros efectos considerados como los efectos dinámicos de la liberación comercial geográficamente discriminatoria. Se trata de los resultados inducidos por el incremento en la competencia, el aprovechamiento de economías de escala, los cambios en el volumen y la distribución de las inversiones y, por último, los cambios en las condiciones del comercio exterior. Sin embargo, los trató dentro del marco de referencia analítico tradicional que concede una gran significación a los efectos producidos por los cambios en los términos de intercambio del comercio exterior. Sus argumentos se centraban en demostrar que los más importantes resultados de la integración son los derivados del incremento en la competencia causada por la instrumentación del Mercado Común Europeo; Krugman (1988) enriqueció el análisis al integrar las economías de escala, avanzando los aportes de Grubel, Kojima y Meade.

Más recientemente, la teoría de la integración económica entre países desarrollados ha avanzado en dos direcciones. En primer lugar, se toman modelos del comercio internacional menos restrictivos y, en segundo término, se consideran efectos no ortodoxos del comercio (Bensel y Emslie, 1992; CEE, 1988; Robson, 1994). En consecuencia, son dos las fuentes de beneficios de la integración: la primera son los costos de superar las distorsiones en el mercado inducidas por las políticas gubernamentales, y que van más allá de los costos de desviación y creación de comercio. Los más importantes son los de creación y desviación de inversiones, los de mejorar la administración y la reducción de los costos de transacción. Todos estos beneficios pueden llevarse a cabo aunque no haya grandes diferencias en costos relativos ni en ventajas comparativas (Brenton *et al.*, 1997). La segunda fuente de beneficios es la coordinación de políticas, en la forma de economías de escala en la operación de las instituciones públicas, en el uso coordinado de instrumentos de política o en el desarrollo y operación de infraestructura. Adicionalmente se mencionan la necesidad de una distribución equitativa de los beneficios y la credibilidad en los acuerdos. Aquí los análisis se han nutrido del estudio de la integración monetaria y el establecimiento de la moneda única (Gros y Thygesen, 1992; Cobham y Robson, 1992).

*La integración económica y los países en desarrollo.
Los temas por esclarecer*

La integración económica entre países en desarrollo ha fungido como complemento del modelo económico y como factor para acelerar el crecimiento. Ha tenido que adaptarse, por lo tanto, a los cambios que implicó el paso del modelo de sustitución de importaciones al de economías abiertas y liberalizadas. Desde los inicios de los procesos de integración en los años cincuenta hasta el nuevo modelo de "regionalismo abierto" de los noventa, la integración continua como un instrumento para la industrialización es el vehículo para diversificar la exportación de manufacturas y el mecanismo para ampliar el mercado y las economías de escala a aquellas actividades en las cuales los países no son competitivos internacionalmente. En ningún acuerdo, ya sea el Grupo de los Tres —entre México Venezuela y Colombia—, o en el Mercosur o en el TLC, se han negociado preferencias arancelarias para los productos en los cuales los países son competitivos internacionalmente, como el petróleo, el trigo o la carne. Es más, estos productos continúan bajo fuerte protección en los países exportadores.

Dado que el objetivo básico de la integración económica entre los países subdesarrollados es acelerar el crecimiento económico, hay que analizar su contribución a este proceso y la convergencia entre estos objetivos y los presupuestos teóricos. Como en el caso de la integración entre países desarrollados, el análisis teórico de las uniones aduaneras debería centrarse más en su repercusión sobre la dirección y la eficiencia de las inversiones, que limitarse al análisis de las implicaciones para el bienestar social global (Seade, 1992; Robson, 1994).

Al emprender un proceso de integración, los países no parten de una situación de equilibrio general ni de libre comercio universal. Los países en desarrollo —al igual que, en su tiempo, los desarrollados— buscan industrializarse y desarrollar su producción a expensas de la especialización. En estas condiciones, la integración permite incrementar el volumen del comercio y la capacidad para invertir; ésta es la relación más importante entre el comercio y el desarrollo económico. La integración facilita aumentar la disponibilidad de las divisas extranjeras necesarias para adquirir del mundo los bienes de capital que el crecimiento económico demanda (Kitamura, 1966; Krugman, 1991).

En términos generales, el desarrollo económico es una función de la formación de capital para la cual es determinante la disponibilidad de capital. La tasa de formación de capital resulta de la capacidad para importar, de la posibilidad de sustituir bienes de consumo o de capital importados, o diversificar las exportaciones, y del flujo de ahorro interno. Es decir, el comercio no actúa exclusivamente sobre la balanza comercial ni es éste su principal efecto; repercute también en el crecimiento del sector fabril y puede estimular un cambio de actitud de los inversionistas extranjeros y nacionales. Cambios en la tasa de formación de capital atribuibles al comercio sólo pueden presentarse a largo plazo, ya que los desequilibrios en el sector externo son de carácter estructural, y el subempleo y la subutilización de los recursos, al combinarse con los déficit externos, demandan la introducción de controles y otras restricciones comerciales. Con la integración, ciertos bienes de consumo intermedio y final pueden intercambiarse dentro de la región integrada, con lo que se liberan las divisas necesarias para importar desde terceros países los bienes de capital requeridos para cubrir la expansión de la producción.

En resumen, al analizar los efectos de una mayor actividad comercial, la atención debe centrarse en la disponibilidad de divisas para financiar el crecimiento del producto nacional bruto (PNB) y en los efectos del crecimiento sobre el ingreso y la demanda, los que pueden presentarse aun cuando el efecto neto de la integración económica sea de desviación del comercio. En otras palabras, ¿se alcanzarán mayores tasas de inversión y crecimiento? Estudios hechos por la ALALC concluyen que la expansión del PNB se ve frenada por la poca capacidad de los sistemas respectivos para reaccionar a corto plazo (Griffin, 1969). Los estudios del Mercado Común Centroamericano (MCCA) llegan a las mismas conclusiones, a pesar de que se haya constatado que los incrementos en el comercio recíproco han sido especialmente altos (Lizano, 1976). Entre los argumentos que se esgrimieron para la firma del TLC, se insistió repetidamente en el potencial de inducir inversiones en México (Balasubramanyam y Greenaway, 1993; Whalley, 1993).

Por tanto, es necesario establecer la validez de los factores que, de acuerdo con la teoría tradicional, son relevantes para evaluar la racionalidad de las uniones aduaneras entre países subdesarrollados. Estos factores son el nivel de complementariedad o competitividad de las respectivas economías; el tamaño de la unión; el nivel de los aranceles nacionales existentes antes de firmar un tratado; la proporción del comercio intrasubregional en comparación con el comercio externo total, y los costos de transporte. Aunque estos criterios fueron diseñados para analizar la integración entre países industrializados, se aplican sin modificaciones al estudio de la integración entre países en desarrollo y concluyen que sus efectos serán negativos (Allen, 1961; Krugman, 1991; De Melo et al., 1992; Baghwati, 1992). Sin embargo, su validez es limitada, entre otras, por las siguientes razones (Langhammer y Hiemenz, 1990):

Competitividad y complementariedad. De acuerdo con Viner, una unión aduanera será más benéfica mientras más competitivos sean los países involucrados. Si las estructuras productivas son competitivas y no complementarias, es decir, producen bienes similares o sustitutivos, los beneficios de la integración dependerán de las diferencias en los costos de producción. A mayores diferencias en los costos, superiores los beneficios y los costos derivados de los cambios en la ubicación de factores. Debido a que los países en desarrollo se especializan en productos primarios, que exportan al mercado internacional, sus estructuras productivas no se consideran competitivas en el sentido de Viner. En este caso, la competitividad y la complementariedad adquieren un carácter dinámico. La integración busca desarrollar una estructura complementaria y minimizar los costos de industrialización (Mikesell, 1963).

Tamaño de la unión. En la teoría tradicional de la integración económica, el tamaño de la unión es decisivo para determinar el monto de sus beneficios. Este tamaño se mide por la proporción del comercio que sería creado bajo las condiciones de libre comercio universal dentro del grupo de países. Se sugiere que una unión aduanera tiene mayores probabilidades de incrementar el bienestar social cuanto más alta sea la proporción del comercio (con el país socio) y más baja la proporción del comercio con el mundo exterior (Lipsey, 1952). El comercio entre los países menos desarrollados es pequeño, y por lo tanto los beneficios de bienestar social serían limitados. Pero la integración puede ser un catalizador para eliminar los factores que limitan el comercio intrarregional, como el bajo nivel de desarrollo, lo inadecuado de los medios de transporte, las divisas sobrevaluadas, etcétera (Jaber, 1971; De Melo et al., 1992).

Tasas arancelarias previas. Mientras más altas sean las tarifas iniciales y más baja la tarifa externa común, mayor será el beneficio en bienestar social que se obtenga de la integración económica. La mayoría de los países en desarrollo tiene niveles arancelarios más altos que los países desarrollados y busca una utilización de sus recursos productivos, especialmente la mano de obra, mucho mayor a la que se lograría mediante la industrialización autárquica nacional o con el total librecambismo universal. Se acepta incluso que el arancel externo común supere el promedio de los aranceles nacionales de los países miembros (Dell, 1963).

Comercio exterior y gasto nacional. La teoría tradicional acepta que las ganancias del comercio intrarregional son mayores mientras menor sea la participación del comercio exterior en el PIB de cada país miembro (Lipsey, 1961; Srinivasan et al., 1993; Puyana, 1994). En consecuencia, serían limitados los efectos sobre el bienestar resultantes de una unión aduanera entre países en desarrollo. No obstante, si los ingresos de exportación no crecen o lo hacen a menor ritmo que la economía, o son inestables, la relación entre el comercio exterior y el gasto interno disminuirá. La creación de los mercados regionales permitiría frenar la diminución en la proporción entre el comercio y el gasto interno e incrementar el bienestar (Mikesell, 1963 y 1971; Robson, 1994; Puyana, 1983).

Costos de transporte. Finalmente, se supone que los costos de transporte tienden a restringir los beneficios de la integración económica. Por ejemplo, en el África oriental, la eliminación de aranceles no provocó una integración de los mercados debido a la falta de una infraestructura del transporte (Haslewood, 1967: 10). La misma conclusión puede aplicarse al Mercado Común del Caribe, la ALALC o el Grupo Andino (Cooper y Massel, 1965: 462; Nogués y Quintanilla, 1992). La infraestructura del transporte es una variable dependiente del tipo de desarrollo económico orientado hacia el mercado internacional.

La aplicación estricta de la teoría tradicional de la integración económica lleva a la conclusión de que los países en desarrollo no son candidatos idóneos para avanzar acuerdos integracionistas, y que las uniones aduaneras entre esos países disminuyen el bienestar social tanto de los países miembros como del mundo. Sin embargo, los supuestos de la teoría tradicional tienen una aplicación limitada en los países en desarrollo, comparada con los países industrializados (Anderson *et al.,* 1993; Brenton, 1997). En el primer caso, la integración puede permitir alcanzar con mayor eficiencia los objetivos que de otra forma buscaría por medio del proteccionismo (Morawetz, 1974; Robson, 1993; Langhamer, 1992; Puyana, 1995). De acuerdo con diferentes autores (Balassa, 1965; Mikessel, 1963; Cooper y Massell, 1965; Bird, 1966; y Linder, 1964), para que la integración entre países subdesarrollados tenga éxito tendrá que incluir:

a) Un arancel externo común (AEC): si no se adopta un arancel común, resultará una especialización basada en las diferencias de los niveles arancelarios nacionales. Las preferencias acordadas entre los miembros dependerán del nivel de los aranceles respecto a terceros. Los países con aranceles más altos ofrecen mayor preferencia en sus mercados y obtienen menos preferencias en los de los otros países miembros. La carencia de AEC en el TLC ha sido criticada repetidamente como un elemento que va en contra de los intereses de los países menos industrializados y se ha sugerido igualmente que cualquier esquema de integración económica en el hemisferio occidental deberá incluir este arancel (Erzan *et al.,* 1992). De no pactarse inicialmente un AEC, los países latinoamericanos tenderán a ajustar sus aranceles al de los Estados Unidos, sin que medien negociación ni reciprocidad, ya que los Estados Unidos no están interesados en negociar la formación de una unión aduanera con los países de América Latina, la que sería la mejor opción para estos últimos (Puyana, 1994).

b) Política sectorial industrial activa: si ha de ser atractiva la membrecía permanente para los países menos desarrollados, se les deberá garantizar el aprovechamiento de economías de escala y prevenir la concentración de los efectos de la integración en los países más desarrollados (Robson, 1993).

c) Armonización de políticas: con el fin de crear las condiciones de irreversibilidad de los acuerdos, consolidar la credibilidad y evitar que los países actúen unilateralmente o implementen medidas que distorsionen su capacidad competitiva. La falta de convergencia en las variables macroeconómicas debilita los acuerdos.

Por ejemplo, la devaluación del real brasileño en 1999 pone en riesgo el desarrollo del Mercosur, ya que afecta negativamente el comercio con Argentina y Uruguay y desestabiliza sus economías. Iguales experiencias se registraron en los sucesivos episodios devaluatorios y de ajuste experimentados en Colombia, Venezuela y Ecuador, los cuales afectaron fatalmente la integración andina (Puyana, 1993).

LÍNEAS DE INVESTIGACIÓN Y DEBATE CONTEMPORÁNEO

El modelo de desarrollo integrado y los efectos estáticos de la integración

Los esquemas integrativos entre países en desarrollo bien pueden denominarse "el modelo de desarrollo integrado", ya que su meta explícita es la aceleración del desarrollo económico y social de los países miembros, y su orientación básica es la optimización de las políticas económicas como un todo. En 1959, el secretario de la CEPAL declaró en su informe que el mercado común latinoamericano ofrecería a todos y cada uno de los países latinoamericanos iguales oportunidades para expandir su crecimiento económico. El mercado común desempeñaría un papel importante para mitigar la vulnerabilidad de los países latinoamericanos frente a contingencias y fluctuaciones externas (ONU/CEPAL, 1959). Estas metas se repiten en todos los procesos a lo largo de América Latina, Asia y África y se manifestaron también en referencia al TLC. El proceso de desarrollo integrado presupone la creación de instituciones supranacionales que aseguren la continuidad del sistema y el logro de los objetivos planeados. La ausencia de estas nuevas instituciones en los nuevos esquemas siembra dudas sobre su viabilidad y estabilidad.

En el caso de integración entre países subdesarrollados, los efectos de la producción tienen una importancia limitada. Es incluso discutible la utilidad misma de usar la distinción clásica entre los efectos de creación y desviación de comercio. Estas limitaciones surgen, entre otras, de las siguientes razones:

La alternativa a la integración (que constituye una desviación comercial hacia los productores regionales) es desviar el comercio hacia los productores nacionales, probablemente menos eficientes que los productores regionales, porque en la práctica han estado limitados al mercado nacional e iniciaron el proceso de industrialización tras elevadas barreras arancelarias. Al ampliar los mercados, la integración económica permite que las empresas reduzcan sus costos de producción en un plazo más corto. En ausencia de una política de integración, la tasa de crecimiento de la demanda doméstica sería menor y no permitiría una reducción de consideración en los costos de producción. Esto es más evidente en el caso de los bienes de consumo duraderos (Lambri, 1962; Krugman, 1993). Independientemente del ángulo de análisis, es muy probable que una estructura productiva basada en la especialización regional sea más eficiente que aquella orientada exclusivamente a los mercados nacionales. Aunque no se logre la relación óptima entre el precio de los bienes producidos regionalmente y aquellos importados dentro de un esquema universal de libre comercio, el área integrada se acercaría hacia una situación de "segunda opción óptima", ya que la especialización regional mejoraría las estructuras de costos.

Si la desviación del comercio hacia la región integrada permite que parte de la fuerza de trabajo sea ocupada en actividades más productivas, habrá incrementos en bienestar. Este punto, que es considerado por un análisis estático, adquiere importancia en situaciones de subempleo o desempleo. En el caso de países con excedente de mano de obra, el cálculo económico debe equilibrar la pérdida de eficiencia económica derivada de la desviación del comercio con el incremento en el producto social neto proveniente de la utilización de más mano de obra y de la generación de empleo en sectores más eficientes (Demas, 1960 y 1965). Generar más empleo industrial en las regiones menos desarrolladas de los países miembros fue y es un objetivo explícito de la integración europea, y es la razón de ser de la política de transferencias y la política común agrícola (CEE, 1988; Brenton, 1997; Winters, 1993).

El efecto de establecer una unión aduanera entre países en desarrollo representa, a la larga, un incremento, más que una disminución de su comercio con el mundo exterior. Esto se debe, en primer lugar, a que al estimular la economía regional tendrán que importarse más bienes de capital de países no pertenecientes al grupo. En segundo lugar, el grupo intercambiará bienes industriales que anteriormente se destinaban al mercado nacional o sólo eran marginales en su comercio externo. El argumento de Viner de que una unión aduanera entre los países en desarrollo es negativa ya que puede reducir la proporción del comercio externo por la desviación del comercio ha sido sólidamente refutado (Balassa, 1965; Kitamura, 1966; Mikesell, 1964).

Finalmente, los efectos sobre las condiciones de comercio de la región *vis-à-vis* el resto del mundo son irrelevantes, porque estos países no son compradores importantes en el mercado mundial de aquellos bienes que serán objeto del comercio intrarregional. Son más importantes los cambios en las condiciones de comercio dentro de la región (Allen, 1961). Por la integración se induciría o fortalecería la estructuración de una oferta exportable desde los países menos industrializados de dos tipos: de un lado, un comercio ricardiano con los países desarrollados, basado en materias primas y *commodities*, de acuerdo con la dotación de factores productivos. De este intercambio se obtienen ganancias de capital, los recursos para financiar el desarrollo. De otra parte, un flujo de comercio constituido por bienes industriales, relativamente más costosos, orientado a los países miembros. De este intercambio se obtendrían ganancias de aprendizaje, de economías de escala y de entrada a mercados muy competidos (Krugman, 1991; Puyana, 1993).

El regionalismo abierto. Se dudaba que el modelo de desarrollo, establecido a partir de la crisis de la deuda y las reformas macroeconómicas del ajuste, permitiera la supervivencia de los esquemas de integración entre los países en desarrollo. Se suponía que al desplazarse la producción hacia los sectores con ventajas comparativas desaparecería la necesidad de la desviación de comercio hacia los socios regionales y que, al reducirse o eliminarse las barreras proteccionistas y los subsidios a la industrialización, desaparecerían los estímulos a la integración regional basada en preferencias arancelarias. Sin embargo, estos supuestos no se han confirmado y, por el contrario, se han multiplicado los esquemas de integración entre países en desarrollo, y los Estados Unidos, el campeón del librecambismo universal, dio el paso de signar el TLC. "El regionalismo está aquí para quedarse" (Anderson *et al.*, 1993). Las razones para este resurgimiento de la integración económica en la forma del regionalismo abierto son varias: la necesidad de prevenir cierres de mercado o quedar excluidos de arreglos preferenciales; la dificultad de avanzar en las negociaciones multilaterales en las que participan centenares de actores; el interés de atraer inversiones o el deseo de crear garantías para la estabilidad y la credibilidad de las políticas macroeconómicas.

Las reformas macroeconómicas han reducido considerablemente las diferencias en políticas económicas que dificultaban la integración. Por otra parte, los nuevos elementos de complementariedad económica, centrados en la producción de bienes intensivos en los recursos naturales, están creando bases más sólidas para la integración que las otorgadas por la industria sustitutiva. La política de mantener, en lo posible, una tasa real de cambio en equilibrio previene cambios abruptos en la competitividad y en la dirección de los flujos comerciales, inducidos por las devaluaciones masivas frecuentemente aplicadas como respuesta a los choques externos. Al desmantelar el sistema de subsidios para promover la industrialización y las exportaciones no tradicionales, los precios se ubican cerca de los costos marginales de producción y se reducen los costos de desviación de comercio y las controversias sobre competencia desleal. De igual manera, la contracción de la intervención estatal en el mercado implica que las empresas estatales no reciben exenciones de impuestos, tarifas o aranceles, ni subsidios tributarios. Finalmente, por la reducción de los aranceles de importación, los países serán más competitivos internacionalmente, lo que significa que las preferencias que se otorguen recíprocamente serán relativamente menores, pero también más equitativas y uniformes. Es decir, los costos de la desviación de comercio se han reducido considerablemente y con ello la percepción de desequilibrios e injusticias en las concesiones comerciales (Puyana, 1992 y 1995).

La integración abierta, especialmente la que integra países desarrollados y en desarrollo, plantea retos analíticos y de implementación. En primer lugar, surge nuevamente el conflicto de intereses entre los países de diferente grado de industrialización. Los conflictos por la distribución de los beneficios tienen una manifestación interna, nacional, ya que aun si el balance entre costos y beneficos para un país fuese positivo, habrá sectores —los de mayores costos o los que disfrutaron de mayor protección— para los cuales el balance será negativo. Transferir recursos compensatorios no es una tarea libre de conflictos. En principio, a mayor competencia mercantil, superiores las fuerzas concentradoras de los efectos dinámicos en los países, o en los sectores, mejor dotados de capital, tecnología y con mano de obra mejor preparada. Por otra parte, los conflictos negociadores tienden a ser más agudos y a acrecentarse el poder decisorio y negociador en los países más poderosos (Baghwati, 1993). Adicionalmente, queda pendiente una reflexión más centrada en los aspectos de la integración social, cultural y política. ¿Es factible que la integración económica regional pueda limitarse al libre intercambio de bienes, capital y tecnología? ¿Es posible que se pueda llegar a un alto grado de interdependencia comercial y financiera sin que sea necesaria la armonización de políticas macroeconómicas ni la creación de instituciones supranacionales?

BIBLIOGRAFÍA

Allen, R. (1967), "Integration in Less Developed Countries", *Kyklos*, Basilea, vol. 14.

Anderson, *et al.* (1993), "History, Geography and Regional Economic Integration", en Anderson *et al.*, *Regional Integration and the Global System*, cap. 1, Harvester Wheatsheaf, Ginebra.

Baghwati, J. (1993), "Regionalism and Multilateralism: an Overview", en J. de Melo *et al.*, *New Dimensions in Regional Integration*, CEPR, Londres.

Balassa, B. (1974), *Economic Integration Among Developing Countries*, IBRD, Washington.

—— (1965), *Economic Development and Integration*, CEMLA, México.

—— (1966), *Tariff Protection in Industrial Countries*, Yale U. P., New Haven.

—— (1971), *The Structure of Protection in Developing Countries*, J. Hopkins Press, Baltimore.

Balasubramanyam, y Greenaway (1993), "Regional Integration Agreements and Foreign Direct Investment", en Anderson *et al.*, *Regional Integration and the Global System*, Harvester Wheatsheaf, Ginebra.

Bensel, T., y B. T. Emslie (1992), "Rethinking International Trade Theory: A Methodological Appraisal", Weltwirstchaftliches Archiv, vol. 128.

Brenton, P., *et al.* (1997), *International Trade, a European Text*, cap. 13, Oxford University Press.

CEE (1988), "The Economics of 1992: An Assessment of the Potential Economic Effects of Complting the Internal Market", *European Economy*, núm. 35.

Cobham, y Robson (1992), "Monetary Integration in Africa: A Deliberately European Perspective", World Development, vol. 22, núm. 3.

Cooper, C. A., y B. F. Massell (1965), "Towards A New Theory of Customs Unions for Developing Countries", *Journal of Political Economy*, núm. 73, octubre.

De Melo, Panagariya, y Rodrik (1993), "The New Regionalism a Country Perspective", en Anderson *et al.*, *Regional Integration and the Global System*, Harvester Wheatsheaf, Ginebra.

Demas, W. E. (1960), "The Economics of West Indies Customs Unions", *Social and Economic Studies*, marzo.

—— (1965), *The Economics of Development in Small Countries with Special Reference to the Caribbean*, McGill U. P., Montreal.

Erzan, *et al.* (1992), "Free Trade Arrangements with the United States. What Is in it for Latin America?", *The World Bank*, documento de trabajo, WPS, núm. 287/1992.

Griffin, K. (1969), *Underdevelopment in Spanish America*, Allen and Unwin, Londres.

Gros, y Thygesen (1992), *From the European Monetary System to European Monetary Union*, Longman, Londres.

Haas, E., y P. C. Schmitter (1966), "Economics and Differential Patterns of Political Integration", en W. P. Davison (comp.), International Political Communities, Y. Praeger.

Hass, E. (1976), "Turbulent Fields and the Theory of Regional Integration", International Organization, Mda. Wisc., vol. 30.

—— (1970), "The Study of Regional Integration: Reflections on the Joy and Anguish of Pretheorizing", International Organization, vol. 24.

Jaber, T. A. (1971), "The Relevance of Traditional Integration. Theory to Less Developed Countries", JCMS, vol. 9, núm. 3, Oxford.

Johnson (1965), "An Economic Theory of Protectionism, Tariff Bargaining and the Formation of Customs Unions", *Journal of Political Economy*, vol. LXXIII.

Kitamura, H. (1966), "Economic Theory and the Economic Integration of Underdeveloped Regions", en M. Wionczek, (comp.), *Economic Integration in Latin America*, Praeger, Nueva York.

Krugman, P. (1993), "Regionalism versus Multilateralism. Analitical Notes", en J. de Melo *et al.* (comps.), *New Dimensions in Regional Integration*, CEPR, Londres.

—— (1988), "EFTA and de 1992", *Economic Affairs*, Dept. Ocassional Paper núm. 23.

—— (1991), "Is Bilateralism Bad?", en E. Helpman *et al.*, *International Trade and Trade Policy*, MIT Press, Cambridge, Mass.

Lambri, B. (1962), "Customs Unions and Underdeveloped Countries", *Economia Internationale*, mayo.

Lindberg, N. (1994), "Comment on Moravcsik", en S. Bulmer y A. Scott, *Economic and Political Integration in Europe*, Blackwell Publishers, Oxford, R. U., y Cambridge, EUA.

—— (1971) (comp.), *Regional Integration: Theory and Research*, Harvard U. P., Cambridge, Mass.

Lipsey, R. R. G. (1970), *The Theory of Customs Unions: A General Equilibrium Analysis*, LSE, Londres.

—— (1952), "The Theory of Customs Unions: Trade Diversion, Trade Creation and Welfare", *Economica*, febrero.

—— (1960), "The Theory of Customs Unions", *Economic Journal*, vol. LXX, núm. 279, 1960.

Lizano, E. (1976), "Integration of Less Developed Areas and of Areas of Different Levels of Development", en F. Machlup, *Economic Integration Worldwide, Regional, Sectoral*.

Lundgren, N. (1971), "Customs Unions of Industrialized West European Countries", en J. R. Denton (comp.), *Economic Integration in Europe*, World University, Londres.

MacCormick, D. N. (1993), "Beyond the Sovereign State", en *Modern Law Review*.

Meade, J. E. (1995), *The Theory of Customs Unions*, Amsterdam, N. H.

Mikesell, R. F. (1971), "The Theory of Common Markets and Developing Countries", en R. Harrod y D. Hague (comps.), *International Trade Theory in a Developing World*, Londres.

—— (1961), "The Movement Towards Regional Trading Groups in Latin America", en A. Hirschman (comp.), *Latin American Issues, Essays and Comments*, Twentieth Century, Nueva York.

—— (1971), "The Theory of Common Markets as Applied to Regional Arrangements Among Developing Countries", en R. Harrod y D. Hague (comps.), *International Trade Theory in a Developing World*, Londres.

Moravcsik, A. (1994), "Preferences and Power in the European Community: A Liberal Intergovernmentalist Approach", en

S. Bulmer y A. Scott, *Economic and Political Integration in Europe*, Blackwell Publishers, Oxford, R. U., y Cambridge, EUA.

ONU/CEPAL (1959), *The Latin American Common Market*, Nueva York, pp. 5-6.

Puyana, A. (1983), *Economic Integration Among Unequal Partners. The Case of the Andean Group*, Pergamon Press, Nueva York.

——— (1992), "Economic Integration in Latin America. A Never Ending Story?", *The Oxford International Review*, vol. III, núm. 3.

——— (1993), "The External Sector and the Latin American Economy in the 90s: Is There Hope for Sustainable Growth?", en G. Bird y A. Helwegw, *Latin Americas Economic Future*, Academic Press, Londres.

——— (1995), "Las relaciones de Latinoamérica y la Unión Europea en la era post GATT", BID, documento de trabajo, Washington.

Robson, P. (1994), "The New Regionalism and the Developing Countries", en S. Bulmer y A. Scott, *Economic and Political Integration in Europe*, Blackwell Publishers, Oxford, R. U. y Cambridge, EUA.

Schimtter, P. C. (1972), "Authonomy or Dependence as Regional Integration Outcomes: Central America", *Research Series*, núm. 17, Institute of International Studies, U. California, Berkeley.

Schimtter, P. C. (1969), "Three Neo-Functional Hypothesis About International Integration", *International Organization*, Madison, Wisconsin, vol. 22, invierno.

Scitovsky, T. (1958), *Economic Theory and Western European Integration*, Allen and Unwin, Londres.

Seade (1993), "Comments on Nogués y Quintanilla", en J. de Melo *et al.*, *New Dimensions in Regional Integration*, CEPR, Londres.

Smith, M. (1993), "The North American Free Trade Agreement", en Anderson *et al.*, *Regional Integration and the Global System*, Harvester Wheatsheaf, Ginebra.

Viner, J. (1950), *The Customs Unions Issue*, Carnegie Endowment for International Peace.

Whalley (1993), "Regional Trade Arrangements in North America: CUSTA and NAFTA", en Anderson *et al.*, *Regional Integration and the Global System*, Harvester Wheatsheaf, Ginebra.

Winters, L. A. (1993), "The European Community: A Case of Successful Integration?", en J. de Melo *et al.*, *New Dimensions in Regional Integration*, CEPR, Londres.

INTELECTUALES
Laura Baca Olamendi

Definiciones

Hoy se llaman intelectuales aquellos que en otros tiempos han sido denominados sabios, *gens de lettres*, *philosopes*, doctos, eruditos, estudiosos, literatos, *men of ideas* o simplemente escritores. Por ello, antes de iniciar el análisis sobre la función de los intelectuales en la sociedad y su relación con el mundo de las ideas, consideramos pertinente llevar a cabo algunas precisiones referidas, sobre todo, a las distintas definiciones que se pueden utilizar para conceptualizar el trabajo del intelectual. Es posible identificar desde aquellas interpretaciones que contraponen el trabajo intelectual con el trabajo manual hasta aquellas que lo restringen sólo a grandes pensadores, quienes por la universalidad de sus ideas son considerados los únicos y verdaderos intelectuales. Con el término *intelectuales* se ha tratado de caracterizar a una categoría o grupo social que trabaja en actividades no manuales y que requiere de un alto nivel de instrucción y de cultura.

Hay también otras definiciones del intelectual que lo relacionan con la actividad literaria y política. En estas concepciones, los intelectuales aparecen como escritores comprometidos y con influencia en las cuestiones políticas y en la opinión pública. Cuando hablamos de intelectuales no debemos olvidar la importancia que tiene en la definición mínima la actitud crítica y la capacidad para problematizar las cuestiones relevantes. Decir la verdad y practicar la libertad es el motor del intelectual. En esta ocasión utilizaremos una definición "intermedia" que relaciona al intelectual con su función de *men of ideas*, lo que significa que el intelectual es sobre todo un trasmisor y un difusor de ideas. De acuerdo con Norberto Bobbio, este enfoque trata de entender qué cosa hacen los creadores y difusores de ideas, ya que implica un uso neutral del término y permite eliminar los diferentes juicios de valor. Esta acepción intermedia se ocupa especialmente de la influencia o de la falta de incidencia de las ideas en la sociedad. El origen de la palabra *intelectual* se remite al concepto *intelligenzia*, que identifica sobre todo en la edad moderna a un individuo con capacidad crítica o de antagonismo en relación con cualquier tipo de poder. Lo que distingue a los intelectuales es su comportamiento radical y anticonformista. El término *intelectual* depende del contexto histórico. Es de origen latino pero encuentra una nueva forma de hacerse sustantivo hacia la mitad del siglo XVIII, en lengua rusa, con el término *inteligencija* utilizado por el escritor P. D. Boborkyn. El concepto designa a un grupo social en la Rusia zarista que era identificado por un conjunto de "personas instruidas" amantes de las bellas artes y cuyo ingreso en la política confirmaba la aplicación de la inteligencia tanto en el campo del saber como en el de la acción. También en lengua francesa encontramos el concepto *intellectuels*, que introduce nuevas problemáticas y significados. En efecto, los *philosophes* del siglo XVIII trasmitieron sus mensajes a través de la palabra escrita y desempeñaron un papel fundamental en la destrucción del *Ancien Regime;* fueron los intelectuales, nobles o clérigos, conservadores o jacobinos, conciliadores o fanáticos, quienes influyeron en el cambio de época que representó la Revolución francesa. Un siglo habría de pasar antes de encontrar otro suceso importante que impulsara la aparición pública de los intelectuales, representado por el "Affaire Dreyfus". A mediados del siglo XIX, los intelectuales se dividen entre quienes reclaman la libertad y entre aquellos viejos protagonistas de la derecha francesa, representantes de una cultura que hacía suya la tesis de que el verdadero intelectual debe saber subordinar la razón y la verdad a los intereses del Estado. El antisemitismo que imperó en algunos sectores de la sociedad francesa en aquella época fue evidente con el "Affaire Dreyfus", el cual mostró las intolerancias de su tiempo: en efecto, el capitán francés Alfred Dreyfus (1859-1935) fue acusado injustamente y hecho prisionero en 1895 en la Isla del Diablo imputándole el cargo de traición, aunque la verdadera acusación radicaba en su origen judío. Tiempo después fue reconocido el error. Debemos al fundador del movimiento naturalista, Émile Zola (1840-1902), con su famoso *J'accuse*, la aparición del intelectual como una categoría social particular. El caso Dreyfus marcó una época y obligó no sólo a la sociedad sino también a los intelectuales a tomar una determinada posición al respecto.

Historia, teoría y crítica

Los intelectuales se distinguen de aquellos sujetos que tienen el poder económico (basado en la riqueza) o el poder político (basado en la fuerza) porque ejercen el poder ideológico. Esta capacidad puede ser ejercida como grupo, clase o categoría; pero, más allá de su influencia ideológica, el aspecto verdaderamente importante es el lugar que los intelectuales ocupan en la sociedad o, dicho de otra forma, *la función o el papel* que los intelectuales cumplen. Cuando se caracteriza la función de los intelectuales se debe distinguir en su especificidad y en modo preciso de la función de los políticos. Entre las funciones del político y del intelectual hay una diferencia de fondo. Según Max Weber, tanto los políticos como los intelectuales se ocupan de la ética de la responsabilidad. Usando una metáfora de Norberto Bobbio, podemos decir que los intelectuales deben ser independientes pero no indiferentes en relación con los problemas que aquejan a la sociedad. La concepción que tiene Norberto Bobbio se encuentra profundamente influida por Antonio Gramsci y su concepción del intelectual órganico que desempeña la función del revolucionario, mientras que el intelectual tradicional es aquel intelectual del poder. En este sentido, Bobbio propone a su vez el modelo de intelectual crítico. Por ello, la función que los intelectuales desempeñan en la sociedad no debe ser considerada metahistórica, sino que nace y se desarrolla en contextos históricos determinados. La función del intelectual se ha enunciado en tiempos, modos y contextos diversos y, por lo tanto, no hay una respuesta única al problema de la función de los intelectuales en la sociedad. El estudio de cada caso histórico debe comenzar con el siguiente interrogante bobbiano: ¿cuál intelectual para cuál política? Lo importante es distinguir la identidad colectiva que los intelectuales adoptan en cada periodo histórico, ya que de esta forma emergen las características, las contradicciones y las potencialidades de la misma sociedad. Responder a la pregunta formulada nos permite delinear las diferentes épocas históricas identificando las "figuras de intelectual", así como las diversas interpretaciones que hay acerca del mundo de los hombres de cultura. De hecho, los intelectuales han existido siempre aunque con diferentes nombres. En efecto, se han manifestado en toda sociedad, al lado del poder económico y del poder político, a través de un poder ideológico que influye en las mentes de los individuos por medio de la transmisión de ideas, de símbolos, de visiones del mundo o mediante el uso de la palabra. El poder ideológico se distingue del poder político porque evita el uso de la fuerza física legítima, y del poder económico porque su influencia no se mide por la posesión de bienes materiales. Así como cada sociedad tiene sus poseedores del poder ideológico, cuya función cambia de sociedad en sociedad y de época en época, así también sus relaciones son cambiantes, a veces en contraposición y a veces en alianza, respecto a los otros poderes.

En este sentido, las sociedades en las cuales el poder ideológico ha sido monopolio de una casta han sido denominadas "monocráticas" en la medida en que la política y la cultura se fusionan dando vida al principio del totalitarismo en donde se dificulta la existencia del disenso. Por el contrario, en las sociedades "policráticas", tanto la política como la cultura tienen su propio ámbito de acción que estimula el desarrollo de la democracia. Por ello, no se debe menospreciar la importancia de los intelectuales en cualquier proceso de cambio político, ya que, de acuerdo con el tipo de competencia y de las modalidades de relación entre las élites intelectuales, una sociedad puede ser de tipo democrático o autoritario. Por lo tanto, los intelectuales ejercen una influencia especial en las cuestiones de interés público. En el mundo contemporáneo, la acción de los intelectuales se expresa en diversos campos pero, sobre todo, en la opinión pública, evidenciando su precisa función y responsabilidad en relación con la colectividad, sobre todo después de la crisis de las ideologías. Los intelectuales pueden distinguirse en el campo normativo, entre ideólogos y filósofos; en el campo de la política, entre comprometidos y apolíticos; en el de la religión, entre creyentes y laicos; en el campo de la experiencia práctica, entre expertos y técnicos. En relación con las ideas del intelectual, éstas pueden ser progresistas o conservadoras. Como es posible observar, son muchas las dimensiones a través de las cuales se puede estudiar el universo que circunda a los hombres de cultura. En la actualidad, el intelectual es representado en modo principal, aunque no único, por el escritor y el autor de libros que, a través de la difusión de ideas, estimula la formación de la opinión pública. El intelectual es un promotor natural del consenso y del disenso y, por lo tanto, debe ser responsable de aquello que piensa y que escribe. En este sentido, el papel del intelectual tiene un carácter político, es decir, no puede ser neutro, ya que refleja de una u otra manera los símbolos y las ideas de su tiempo. Dicho de otra forma, el intelectual expresa el sistema de valores en el que está inserto su pensamiento. Norberto Bobbio ha considerado que la función política de los hombres de cultura se encuentra determinada por la disposición de los intelectuales frente a los problemas de su tiempo, proponiendo el diálogo como forma para hacer que los intelectuales se comuniquen entre ellos. Una pregunta que surge recurrentemente acerca de su función política es si su colocación es *ex parte populi* o *ex parte principi*. Resulta importante clarificar el juicio que los intelectuales poseen sobre el poder político, ya sea éste un poder constituido o un poder constituyente. De acuerdo con la respuesta que se tenga, negativa o positiva, los intelectuales desarrollan su función de acuerdo con un determinado punto de vista. Debemos agregar que cualquier tipología que se utilice para clasificar la función del intelectual posee un carácter histórico y que cada punto de vista puede cambiar según los tiempos y las circunstancias. En este sentido, no hay una única concepción y esto hace que el campo de estudio de los intelectuales sea muy complejo y diverso.

Una de las constantes que podemos encontrar en la historia de las ideas, sobre todo durante el periodo posterior a la Revolución francesa, es que la razón de ser de los intelectuales se circunscribe al ejercicio de la crítica. En efecto, las consecuencias de la ruptura política e intelectual que inaugura la modernidad y llega hasta nuestros días fueron el desarrollo del pensamiento laico, de la razón y del espíritu crítico. Esta herencia valorativa ha sido asumida por las sociedades complejas en grado tal que, en estos momentos de profundos cambios culturales, sociales y políticos, para la misma democracia resulta un ejercicio saludable la existencia del pensamiento crítico. Quizás es posible hacer algunas preguntas: ¿cuál es el resultado del ejercicio de la crítica en las sociedades contemporáneas?, ¿qué función ejerce la crítica cuando se concibe como una expresión del disenso, sobre todo en momentos de fuertes contradicciones, tanto en la política como en la cultura?, y, finalmente, ¿puede considerarse la crítica un instrumento útil para caracterizar el papel de los intelectuales en las modernas democracias? Norberto Bobbio considera que la función de los intelectuales está representada por el ejercicio de la crítica. La crítica como atributo del intelectual significa que los hombres de razón, como en alguna ocasión también han sido definidos los intelectuales, deben relacionarse tanto con el sentido de la argumentación como con el de la imparcialidad. Esta última actitud no debe confundirse con la neutralidad, ya que se puede ser imparcial sin ser necesariamente neutral. En pocas palabras, para el intelectual, ejercitar la crítica en la democracia significa medida y moderación. La crítica tiene mayor significación cuando su ejercicio es compartido por quienes hacen de la libre transmisión de las ideas el principal instrumento para la defensa de las libertades civiles. Por este motivo, el intelectual se identifica con aquellos sujetos que llevan a cabo una reflexión crítica y promueven un saber desinteresado con respecto a quien no piensa del mismo modo. Esto es importante ya que de acuerdo con Bobbio: "aclarar los términos de una cuestión es a veces más difícil que aquella de proclamar a los cuatro vientos la propia opinión". Uno de los peligros que enfrenta el espíritu crítico aparece cuando los intelectuales trabajan sin contacto con la realidad, encerrados en su "torre de marfil", o cuando se da la situación contraria, es decir, cuando el intelectual "se compromete con la política" de manera excesiva y total. Por ello existe una relación biunívoca entre ambas situaciones, ya que cuando el pensamiento crítico no se ejerce, los intelectuales pierden una de sus principales razones de ser, que es justamente la que hace su función creadora. Lo mismo ocurre cuando la racionalidad del intelectual se sustituye con la racionalidad del político. Una vez que los intelectuales hayan conducido una investigación precisa y metódica es necesario que asuman una determinada posición alejada de la mentalidad especulativa. Conviene agregar que la crítica se contrapone al dogma, la especulación y el prejuicio, ayudando a clarificar los conceptos y las ideas de la cultura, los cuales se encuentran continuamente en renovación en una sociedad democrática.

La crítica se desarrolla a través de un pensamiento abierto, plural y tolerante. Es aquí donde el trabajo intelectual manifiesta su "ética de la responsabilidad", en la medida en que desempeña una función orientada a "propiciar la pluralidad" independientemente de los intereses creados por determinados grupos o corrientes. Es justamente en este sentido que el espíritu crítico se contrapone al dogmatismo, para el cual la cultura es rígida e inmutable y no pocas veces la concibe como un artículo de fe. La crítica de los intelectuales se expresa a través del diálogo, y utiliza la razón para tratar de discernir acerca de los argumentos que favorecen o contradicen un determinado hecho, posición o juicio. En esta perspectiva, la tarea de los intelectuales debe ser justamente aquella de "sembrar dudas y no la de recoger certezas". Como afirma Bobbio, cuando se ejercita la crítica resulta necesario ponderar y analizar todos los argumentos antes de pronunciarse a favor o en contra, tratando de evitar al máximo colocar los problemas en términos de opciones radicales en una posición de *aut-aut* (o de aquí o de allá) y buscando establecer el *et-et* (aquí y allá). Sólo en este sentido, el intelectual puede ser considerado un sujeto que utiliza la persuasión a través de las ideas, más que un defensor de las verdades constituidas. La crítica se manifiesta en contra del adoctrinamiento al confirmar el derecho del hombre de cultura —sostiene Bobbio— a "no aceptar los términos de la lucha como impuestos; es necesario que puedan ser discutidos y sometidos a la crítica de la razón". En efecto, la crítica evita los juicios absolutos e ilumina las posiciones en contradicción, poniendo a discusión las pretensiones de una y otra parte, tratando, en síntesis, de entender las razones de los demás. En la democracia, el ejercicio de la crítica se encuentra íntimamente ligado a la "soledad del intelectual", el cual, cuando examina e interroga, somete a prueba —al mismo tiempo— los postulados que considera necesario reinterpretar, sin importar si éstos son de carácter social, cultural o político. Se puede afirmar, por último, que el intelectual que ejerce la crítica "habla en voz alta" a sus interlocutores y por lo general establece una cierta distancia en relación con los poderes constituidos. En efecto, la distancia que el intelectual establece con su materia de reflexión varía de acuerdo con los tiempos y las cambiantes circunstancias. Debemos advertir los riesgos y los límites del ejercicio de la crítica, ya que ésta puede degenerar, siendo suplantada por ataques unilaterales o, en el peor de los casos, por la difamación. En la democracia moderna, el intelectual debe tener una actitud de moderación y tolerancia que le permita establecer la crítica con otros hombres de cultura, evitando los extremos que siempre pueden interrumpir las posibilidades del diálogo. Ser críticos en las sociedades contemporáneas implica una actitud de respeto hacia la opinión diferente.

LÍNEAS DE INVESTIGACIÓN Y DEBATE CONTEMPORÁNEO

En la democracia, la función que ejercen —y continuarán ejerciendo— los intelectuales puede entenderse como una expresión del disenso y del consenso que existe contemporáneamente en cualquier comunidad organizada. El disenso democrático evita la guerra de posiciones absolutas y el enfrentamiento estéril: no se trata de eludir la confrontación y el conflicto, sino más bien de hacer que ambos den un paso adelante, lo que se traduce en acuerdos socialmente útiles. En este proceso, la función de los intelectuales será cada vez más relevante; no olvidemos que la convivencia democrática se fundamenta justamente en compromisos recurrentes y pactos entre las partes. Aun en momentos en que imperan fuertes contradicciones, la crítica de los intelectuales puede regular y modelar el espacio público para propiciar la expresión del pluralismo y el logro del bienestar colectivo. Extender la actitud crítica no sólo entre los intelectuales sino también entre los ciudadanos en su conjunto representa un ejercicio útil para el desarrollo de la democracia. Es necesario, entonces, reivindicar una cultura cívica en las prácticas sociales públicas que permita dar vida a un pluralismo fundado en un compromiso ineludible en defensa de la democracia y sus valores. Por ello, al final del siglo XX es necesario cuestionar y revisar algunas tesis relativas a la función de los intelectuales, ya que es imperiosa la necesidad de encontrar respuestas a los desafíos que enfrentan los hombres de cultura. Después de la caída del muro de Berlín, los intelectuales enfrentan una nueva circunstancia en la que los viejos paradigmas no sirven más al haberse agotado su capacidad explicativa. Reflexionar en la frontera entre dos siglos, que es al mismo tiempo la frontera entre dos milenios, permite hacer un balance de este final de época, recuperando algunas temáticas que no han sido lo suficientemente exploradas; se trata de un abanico de ideas y autores que buscan encontrar un sentido al siglo XX: fue el siglo del proceso de desarrollo inarrestable de la técnica; fue el siglo de las dos guerras mundiales (con sus campos de exterminio: Auschwitz y Dachau, y la bomba atómica en Hiroshima y Nagazaki); incluso fue el siglo de las experiencias encabezadas por Hitler, Mussolini y Stalin; pero también fue el siglo de la extensión del proceso de secularización como nunca antes en la historia; fue el siglo de la "democracia social" y de la mayor utopía política de los tiempos contemporáneos si exceptuamos, claro está, las utopías religiosas; finalmente, fue el siglo de la afirmación de los derechos de las minorías y, en primer lugar, de las mujeres.

El próximo milenio presenta nuevos desafíos para

los intelectuales: la extensión de los derechos de ciudadanía, la necesaria incorporación de los excluidos del planeta, el desarrollo de una idea de progreso que permita disminuir las diferencias entre aquellos que gozan de sus derechos y aquellos que aún no los hacen efectivos. En estos momentos de cambio es recurrente preguntarse acerca del universo de los intelectuales. Por lo tanto, aparece en primer plano la discusión acerca de algunos aspectos que podríamos enunciar de la siguiente manera: ¿cuál es la función de los hombres de cultura en un contexto en donde la nueva contraposición es entre fundamentalismo y democracia? ¿El desempeño de los intelectuales continuará estando determinado por las condiciones históricas en las que se inserta su pensamiento? Y por último, si es posible identificar nuevas funciones, ¿éstas poseen un carácter político? Es importante precisar que, si bien los intelectuales pueden ser considerados como un grupo o una clase, esto no significa de ninguna forma que todos aquellos que ejercitan la profesión de las ideas la conciban del mismo modo. De aquí la multiplicidad de reflexiones que han tratado de dar una respuesta a estos interrogantes. Norberto Bobbio sostiene que a lo largo de la historia de las ideas es posible constatar la existencia de diversas interpretaciones sobre la función del intelectual y que cada una de estas corrientes de pensamiento ha propuesto, a su vez, diferentes tipologías y modelos para analizar estos problemas. En primer lugar, recordemos que cada una de las definiciones posibles se encuentran circunscritas a un determinado momento y sociedad. Esta problemática siempre incesante obliga a quien se ocupa del tema de los intelectuales a interrogarse constantemente sobre uno de los "nudos cruciales" del pensamiento occidental, representado por la relación existente entre el mundo de las ideas y el ámbito de las acciones. En efecto, gracias al modo diferenciado de entender esta relación se justifica y se hace posible la pluralidad de análisis que tienen por objeto el estudio del universo de los intelectuales. Una primera conclusión se refiere al hecho de que el hombre de cultura expresa tanto las necesidades como el sistema de valores y los ideales de su tiempo. En realidad, aquello que caracteriza al intelectual no es tanto el tipo de trabajo que lleva a cabo sino el papel que desempeña en una sociedad. En el mundo contemporáneo se han afirmado diversas concepciones en mérito a esta función, y para analizarla de modo integral se ha considerado necesario estudiar también, de un lado, la concepción que se tiene sobre la relación entre la política y la cultura y, del otro, la concepción predominante sobre el poder político. De acuerdo con esto, la respuesta que se da al problema de cuál intelectual para cuál política depende del juicio que el intelectual expresa y que lo compromete con un determinado punto de vista. Cuando responde a esta pregunta, coloca su propia actividad intelectual en dos ámbitos distintos: en el del poder constituido o en el del poder constituyente. Por otra parte, los mismos intelectuales pueden representar diversas posiciones de acuerdo con los diferentes momentos históricos sin sentirse en contradicción consigo mismos. A pesar de su heterogeneidad cada vez en aumento, hay dos posiciones contrapuestas: la primera representada por aquellos intelectuales que exaltan la vida contemplativa, parangonándola con la vida activa, despreciando, por lo tanto, a aquellos que se pierden en las atenciones del mundo; la segunda posición está representada por quienes consideran que el intelectual tiene el deber de comprometerse directamente con la acción política porque fuera de la comunidad ordenada, nos dicen, no existe salvación. A pesar de que algunos autores han pronosticado su extinción o su desaparición después de la crisis del comunismo histórico, los intelectuales continúan formando opinión pública. Una de sus tareas más importantes hoy es la de seguir interrogándose acerca de cuál puede ser la mejor sociedad posible para el género humano.

BIBLIOGRAFÍA

Adler, Max (1974), *El socialismo y los intelectuales*, Siglo XXI, México.
Ajello, Nello (1974), *Lo scrittore e il potere*, Laterza, Roma.
Asor, Rosa, et al. (1987), *Gli intellettuali megli anni 80*, Franco Angeli, Milán.
Barnaba, Maj (1981), *Il mestiere dell'intellettuale*, Editori Riuniti, Roma.
Benda, Julien (1976), *Il tradimento dei chierici*, Einaudi, Turín.
Bobbio, Norberto (1955), *Politica e cultura*, Einaudi, Turín.
——— (1993), *Il dubbio e la scelta*, La Nuova Italia Scientifica, Roma.
Bourdieu, Pierre (1991), *La responsabilitá degli intellettuali*, Bari, Laterza.
Bourricaud, Francois (1990), *Los intelectuales y las pasiones democráticas*, UNAM, México.
Camp, Roderic A. (1988), *Los intelectuales y el Estado en el México del siglo XX*, Fondo de Cultura Económica, México.
Careaga, Gabriel (1972), *Los intelectuales y el poder*, Sepsetentas, México.
Colombo, Arturo (1990), *Voci e volti della democrazia*, Le Monnier, Florencia.
Colombo, Arturo (1990), *Ritratti di carta*, Bon Editore, Bolonia.
Coser, Lewis A. (1968), *Hombres de ideas*, Fondo de Cultura Económica, México.
De Beavouir, Simone (1986), *Los mandarines*, Editorial Hermes, México.
García Cantú, Gastón, y Gabriel Careaga (1993), *Los intelectuales y el poder*, Contrapuntos, México.
Gramsci, Antonio (1949), *Gli intellettuali e l'organizzazione della cultura*, Einaudi, Turín.
——— (1977), *Cultura y literatura*, Ediciones Peninsula, Barcelona.
Johnson, Paul (1988), *Gli intellettuali*, Longanesi, Milán.
Kolakowski, Leszek (1986), *Intelectuales contra intelecto*, Tusquets, Madrid.
Le Goff, Jacques (1987), *Los intelectuales en la Edad Media*, Gedisa, México.
Lowy, Michael (1992), *Redenzione e utopia*, Bollati Boringhieri, Turín.
Rusconi, Enrico (1980), *Intellettuali e societá contemporanea*, Loescher, Turín.

Sartre, Jean Paul (1992), *Difesa dell'intellettuale*, Edidzioni Theoria, Roma.

Schiffer, Daniel (1992), *Il discredito dell'intellettuale*, Sugarco, Varese.

Suárez Íñiguez, E. (1980), *Los intelectuales en México*, Ediciones El Caballito, México.

Walzer, Michael (1991), *L'intellettuale militante*, Il Mulino, Bolonia.

Weber, Max (1971), *Il lavoro dell'intellettuale come professione*, Einaudi, Turín.

Zola, Émile (1959), *Eclissi dell'intellettuale*, Bompiani, Milán.

INTELECTUALES Y GRUPOS GENERACIONALES

Osmar Gonzales

Definición

En sentido estricto, el de grupos intelectuales no es un concepto. No obstante esta limitación, el término nos puede ser útil para comprender los procesos culturales, ideológicos e intelectuales, de la sociedad. Los grupos intelectuales son una referencia básica por un hecho muy sencillo: es muy difícil que los intelectuales, en tanto voces solitarias, sean capaces de mantener y ampliar su influencia sobre sus respectivas sociedades. Para que la voz del intelectual no sea sólo un hecho aislado y sin repercusiones, necesita agruparse.

Por otro lado, el seguimiento del proceso de la aparición, desarrollo y fin de los grupos intelectuales nos permite entender los cambios y las permanencias culturales, además de que nos vuelve significativa la mentalidad de cada época y los cambios de visiones; de esta manera, permite conocer las herencias que se trasmiten de generación en generación sobre los problemas que cada sociedad ha definido como los principales. Por otra parte, analizar los grupos intelectuales nos ofrece una nueva mirada sobre el papel de los intelectuales en su sociedad específica, sus relaciones con la política, los proyectos de sociedades que diseñan y que compiten entre sí, entre otros aspectos que surgen cuando se efectúa el análisis concreto.

El sociólogo alemán Karl Mannheim señaló los grupos o unidades generacionales como la unidad básica de análisis de los procesos socioculturales. Su propuesta para el estudio generacional buscó superar los análisis vigentes, como el enfoque positivista (de José Ortega y Gasset) y el de las ciencias del espíritu o histórico-románticas (representado por Wilheim Dilthey, básicamente) (Mannheim, 1952). Su objetivo era evitar caer tanto en una visión lineal en la que predominara el factor etéreo, como en otra en donde sólo cupiera la manera vital como los individuos vivían su mundo. Los conceptos que propuso Mannheim fueron tres: *situación de la generación*, referida a la vivencia temporal común en un mismo espacio, regional o nacional, que demuestra cierta afinidad por la participación conjunta en los mismos acontecimientos y por los contenidos vivenciales; *complejo generacional*, referido a la unidad de destino de los individuos que se encuentran en una misma situación y comparten un destino común; y, finalmente, la *unidad generacional*, donde se elaboran las vivencias recibidas de formas distintas. Dentro de un mismo complejo generacional pueden surgir diversos grupos generacionales que tienen un manejo similar de sus experiencias.[1]

No obstante la utilidad de la propuesta mannheimiana, no ha causado mayor interés en las ciencias sociales latinoamericanas, en las que predomina el análisis de clase o el generacional al estilo de José Ortega y Gasset y Julián Marías. La pertinencia de estudiar a las generaciones desde la perspectiva de los grupos generacionales radica en que hace factible mantener un seguimiento de la evolución cultural, así como de las polémicas que ocurren en un mismo espacio y tiempo (entre contemporáneos y coetáneos). Pero más allá de este esfuerzo por el estudio generacional, la definición propiamente dicha de lo que son grupos intelectuales no existe.

Historia, teoría y crítica

¿Por qué se agrupan los intelectuales? Pueden existir varias razones. En primer lugar, para que las ideas más o menos comunes de intelectuales afines —por razones ideológicas, estéticas o de otra índole— tengan un peso y una influencia que cada uno por separado no alcanzaría —salvo casos excepcionales— y, por consiguiente, poder recabar mayor reconocimiento público. Es usual que estos grupos estén dirigidos por un "caudillo cultural", sea por un intelectual sobresaliente o por uno que posee el recurso de las relaciones personales y acceso a circuitos que el resto de los integrantes no posee. Generalmente, la plataforma por la cual se expresan es una revista o un suplemento cultural.

En segundo lugar, la agrupación puede estar motivada por hacer explícita una ruptura con lo precedente, un relevo generacional; esto sucede cuando: *a)* los nuevos miembros de la intelectualidad que presionan el sistema por su incorporación perciben que las claves interpretativas de los predecesores ya no tienen la fuerza explicativa que antaño se le atribuía, o *b)* por una pugna que tiene que ver, estrictamente, con el poder que se juega en las instituciones culturales de su sociedad (aunque pueden darse los dos factores conjuntamente).

En tercer lugar, esta ruptura generacional y este relevo en el seno de la intelectualidad de una sociedad determinada puede suponer el conflicto político, al ser cada grupo portador de un proyecto de organización de la sociedad no sólo distinto sino incluso opuesto radicalmente al anterior que se desea sustituir. Pero hay que tener presente que esta disputa no sólo es privativa de predecesores y sucesores, sino que también se observa entre contemporáneos que disputan entre sí el monopolio ideológico de su sociedad. Es usual, en este caso, que los intelectuales, además de las obras propias de sus profesiones (en literatura, historia, sociología, etc.) con las que adquieren prestigio social, se integren a partidos políticos ya existentes o, por el contrario, formen uno nuevo.

En cuarto lugar, la agrupación de intelectuales puede deberse a que sus miembros tratan de suplir al Estado en ciertas funciones que éste no puede cumplir, como la de la promoción cultural, justamente. Las organizaciones no gubernamentales son un ejemplo; también las instituciones orientadas a la difusión cultural, como las universidades populares que tuvieron un momento de auge en los años finales del siglo XIX y principios del XX en Europa y en América Latina.

En quinto lugar, en la agrupación puede ocurrir precisamente por lo contrario: justificar o legitimar un discurso que proviene de las esferas estatales o de

---

[1] Sobre el problema generacional véase también Francisco Gil Villegas M. (1996). Una aplicación del método mannheimiano —entre otros— ha sido realizada por Rosa María Martínez de Codes (1986).

poder; incluso muchos grupos pueden ser auspiciados por el propio Estado a fin de ejercer un mayor y más efectivo control social; pero también puede deberse a que aparecen intelectuales que, incorporándose en las esferas estatales, buscan socavar el poder "desde adentro".[2] En este caso aparecen los asesores en dependencias clave del aparato estatal (ministerio de educación, instituciones de cultura, etcétera).

Las dos últimas razones, especialmente, nos permiten entender, desde los grupos intelectuales, las características básicas de la sociedad en la que surgen. En el primer caso, supone una escasa institucionalización de la sociedad en la que el Estado no es una institución central en el desarrollo —cultural, al menos— de la sociedad, en el que ésta muestra precarios grados de cohesión con el aparato estatal. En el segundo caso se advierte una mayor consistencia estatal y quizá mayores grados de institucionalización que le permite una relación más sólida con su sociedad. En el primer caso, surgen los intelectuales críticos; en el segundo, los que utilizan el poder para ascender en la escala social.

LÍNEAS DE INVESTIGACIÓN Y DEBATE CONTEMPORÁNEO

En estas páginas es prácticamente imposible presentar un panorama exhaustivo de los grupos intelectuales que han aparecido en México. Éste es un tema que, por sí mismo, merece toda una investigación especializada con el recurso de múltiples fuentes, en donde los archivos deberían cumplir un papel fundamental. Por eso, sólo enunciaré algunos de los grupos más importantes que han aparecido en México desde fines del siglo XIX y que pueden ejemplificar los cinco casos de agrupación intelectual mencionados líneas arriba.

Un grupo destacado que surgió a fines del siglo XIX fue el de los positivistas o "científicos"[3] que coparon el ambiente intelectual en los tiempos del Porfiriato, a pesar de que en un inicio se habían opuesto a la Revolución de Tuxtepec en 1876. Integrantes importantes de este grupo fueron Justo y Santiago Sierra, Telésforo García y Jorge Hammenken y Mexía. El órgano de expresión de sus ideas fue el periódico *La Libertad* (1878-1885). Políticamente fundaron el partido, dirigido por Justo Sierra, llamado Unión Liberal (1892), con el propósito de apoyar la tercera reelección de Díaz. Este grupo intelectual cubre varias características simultáneamente, pues además de poseer una imagen sobre la historia y el progreso de México, que es un dato eminentemente cultural, expresa un proyecto ideológico que se traduce en práctica política. Los positivistas o científicos fueron intelectuales que no renunciaron a llevar a la práctica, ellos mismos, sus propuestas; de esta manera, ubicaron su influencia en los linderos del campo estatal y el social.

Con la explosión de la Revolución mexicana, los intelectuales, al menos un sector de ellos, se incorporaron a ese gran movimiento. Como señala James Cockcroft (1968), personajes como Ricardo Flores Magón, Antonio Díaz Soto y Gama, Camilo Arriaga, Juan Sarabia Rivera, entre otros, fueron relevantes en los inicios de la Revolución. Sin embargo, como apunta Alan Knight (1989), el papel de los intelectuales debe verse de una manera dinámica, pues no es el mismo que cumplieron en 1909, en 1911, en 1917 o en 1929, desde el tono moralista hasta la participación efectiva en la Revolución y en la disputa por el poder.[4] Evidentemente, los años convulsos y apasionados del proceso revolucionario iniciado en 1910 aceleraron los tiempos y obligaron a tomar posiciones; por ello, los intelectuales variaron rápidamente sus posturas frente al proceso político.

Un grupo de especial importancia fue el que fundó, en 1909, el Ateneo de la Juventud de México (Rojas, 1979), momento indispensable en la cultura mexicana de su tiempo y que tendrá profundas repercusiones en el proceso intelectual del México posrevolucionario. Sus principales integrantes fueron José Vasconcelos, Antonio Caso, Alfonso Reyes, además del sabio dominicano Pedro Henríquez Ureña, guía espiritual de varios intelectuales mexicanos.[5]

Con el triunfo de la Revolución apareció el problema de la construcción del nuevo Estado. Como señala Roderic A. Camp, el triunfo revolucionario abrió las puertas del liderazgo cultural a una nueva clase intelectual (Camp, 1995). Ante un Estado casi destruido, se tuvo que echar mano de jóvenes intelectuales, de la generación de 1915, herederos de la tradición ateneísta que, aun sin experiencia, se dedicaron a la tarea de construir instituciones. Tal fue el caso de los que Enrique Krauze (1976) llama los "caudillos culturales de la Revolución mexicana". Intelectuales como Alfonso Caso, Vicente Lombardo Toledano, Gómez Morin y otros fueron los principales personajes. Este grupo de caudillos culturales expresa esa forma de agrupación intelectual que tiene como cobijo el aparato estatal para, desde allí, irradiar su influencia. En algún sentido, guarda semejanza con la participación de los científicos, quienes también encontraron en su cercanía con el Estado el ámbito predilecto para ejercer su actividad pública. En ambos casos, además, se trata de momentos constitutivos de las instituciones modernas mexicanas.

Posteriormente, en 1928, apareció la revista *Contemporáneos*, en la que se agrupó un puñado selecto de artistas como Torres Bodet, González Rojo, Villaurrutia, Ortiz de Montellano, que tenían como propósito fundamental introducir a México en la cultura occidental, no como apéndice o producto residual de ésta sino como una parte dialogante, de igual a igual. Frente a este propósito, algunos juzgaron el producto —equivocadamente— como antinacionalista o europeísta, que no rescataba los valores esenciales de la cultura me-

---

[2] Para una clasificación de los intelectuales, véase Lewis A. Coser (1996).

[3] Un interesante artículo en este sentido es el de Gerardo Torres Salcido (1993).

[4] Henry C. Schmidt ofrece un análisis que complementa los estudios sobre los grandes intelectuales y las instituciones reconocidas, pues, partiendo de la propuesta de los *Annales*, señala que hay que comprender la totalidad histórica que permite que los intelectuales se aculturen con la revolución, aun cuando éstos no sean los prominentes nombres. Así, "baja" a las condiciones básicas de socialización de los intelectuales durante la época revolucionaroa. Véase *Revista Mexicana de Sociología* (1989).

[5] Sobre el magisterio de Henríquez Ureña en México, consúltese el artículo de Javier Garciadiego (1997).

xicana. Guillermo Sheridan (1985) ha demostrado suficientemente que esta acusación no es cierta y que no es más que un producto de mentes estrechas que no son capaces de colocar su país dentro del proceso mundial, desarrollando antinomias absurdas como la de nacionalismo/universalismo. El grupo de los Contemporáneos encarna con nitidez la ruptura generacional, expresada en el terreno estético y de las sensibilidades. Es un grupo que aparece luego de la consolidación del proceso revolucionario y que, por ello, anuncia el advenimiento de una nueva etapa. Si lo político tiene sus tiempos, lo cultural también se mueve según sus propias necesidades. Después de cierto encapsulamiento que experimentó la vida cultural mexicana durante los años fragorosos de la Revolución, el grupo de los Contemporáneos pretendió romper con los esquemas anteriores dentro de los cuales se había desarrollado la creación artística.

Como resulta evidente, ninguno de los grupos intelectuales tomados como referencias para estas páginas son expresión cabal y nítida de solo un aspecto de las razones por las cuales ciertos intelectuales deciden agruparse. Por el contrario, en cada caso las diversas causas se cruzan, y las razones últimas sólo es posible encontrarlas interiorizándose en los individuos, en sus biografías.

Como sólo se trata de una selección de casos de grupos intelectuales, se han dejado de lado algunos grupos importantes que ya ha mostrado R. A. Camp, como los del suplemento del periódico *Novedades*, "México en la Cultura", fundado por Pablo González Casanova; de *El Espectador*, de Víctor Flores Olea; de la revista *Política*; del suplemento de *Excélsior*, "Plural", de Octavio Paz, antecedente inmediato de la revista *Vuelta*, o de *Nexos* (Camp, 1995: 194-197). Dejo también de lado revistas universitarias como *Cuadernos Americanos*, fundada por Leopoldo Zea, e instituciones tan importantes como El Colegio de México y otras universidades.[6] El propósito de estas páginas es ofrecer una simple muestra. La necesidad de una investigación profunda sobre los grupos intelectuales en México sigue pendiente.

[6] Sobre la importancia de la Universidad Nacional en el proceso cultural mexicano, véase Javier Garciadiego (1996).

BIBLIOGRAFÍA

Camp, Roderic A. (1995), *Los intelectuales y el Estado en el México del siglo XX*, FCE, México.

Cockcroft, James (1968), *Intellectual Precursors of the Mexican Revolution*, University of Texas Press.

Coser, Lewis A. (1966), *Hombres de ideas. El punto de vista de un sociólogo*, FCE, México.

Garciadiego, Javier (1966), *Rudos contra científicos. La Universidad Nacional durante la Revolución mexicana*, Colmex-UNAM, México.

——— (1997), "La presencia de Pedro Henríquez Ureña en el ámbito académico mexicano", *Boletín Editorial de El Colegio de México*, núm. 71, enero-febrero, México.

Gil Villegas, Francisco M. (1996), *Los profetas y el mesías. Lukács y Ortega como precursores de Heidegger en el Zeitgeist de la modernidad*, El Colegio de México-FCE, México.

Knight, Alan (1989), "Los intelectuales en la Revolución mexicana", *Revista Mexicana de Sociología*, año LI, núm. 2, abril-junio.

Krauze, Enrique (1976), *Caudillos culturales en la Revolución mexicana*, Siglo XXI, México.

Mannheim, Karl (1952), "The problem of generation", en *Essays on the Sociology of Knowledge*, Oxford University Press, Nueva York.

Martínez de Codes, Rosa María (1986), *El pensamiento argentino (1853-1910), una aplicación del método generacional*, Editorial de la Universidad Complutense, Madrid.

Rojas Garcidueñas, José (1979), *El Ateneo de la Juventud y la Revolución*, INEHRM, México.

Schmidt, Henry C. (1989), "Los intelectuales de la Revolución desde otra perspectiva", *Revista Mexicana de Sociología*, año LI, núm. 2, abril-junio.

Sheridan, Guillermo (1985), *Los Contemporáneos ayer*, FCE, México.

Torres Salcido, Gerardo (1993), "Los intelectuales finiseculares del XIX. Una modernización conservadora", *Sociológica*, año 8, núm. 21, enero-abril.

INTELECTUALES Y POLÍTICA

Osmar Gonzales

Definición

Un intelectual, según Norberto Bobbio, se caracteriza por tratar de comprender o interpretar el mundo (Fernández, 1996). No obstante, el término *intelectual* presenta importantes dificultades cuando se trata de establecer un significado comúnmente aceptado.[1] Por esta razón repaso someramente las principales características que lo particularizan según diversos autores para tratar de ubicar mejor a los intelectuales y luego entender mejor sus vinculaciones con la política.

Historia, teoría y crítica

Para Alexis de Tocqueville, el intelectual debe ser, ante todo, un rebelde que siempre esté dispuesto a decir *no* al conocimiento legitimado; su meta es buscar siempre nuevos horizontes explicativos. De modo parecido, Lewis A. Coser enfatiza que el papel de los intelectuales debe ser el buscar permanentemente perturbar la paz intelectual. Julien Benda, por su parte, sostiene que los intelectuales se caracterizan por su predilección por las ideas abstractas y generales; su "reino no es de este mundo". Francois Bourricaud hace hincapié en la capacidad de control y regulación —benéfica o dañina— que los intelectuales tienen sobre la sociedad. Para Karl Mannheim, los intelectuales son los productores de ideas e ideologías. De manera similar, Seymour M. Lipset sostiene que los intelectuales crean, distribuyen y aplican la cultura. Max Weber señala que la actividad específica del científico está guiada por la ética de la convicción, distinta de la de la responsabilidad, propia del político.

Sobre la ubicación social de los intelectuales, Michael Löwy los entiende como categoría social y no como clase, puesto que señala que pueden ser reclutados de todas las clases y capas de la sociedad. George Konrad e Iván Selényi afirman algo distinto, al menos cuando se refieren a los países socialistas, pues en éstos los intelectuales sí constituyen una clase con sus propios intereses; esta posición es similar a la de Milovan Djilas.

Seguramente, a las características señaladas se pueden agregar muchas otras, favorables o desfavorables. Pero más allá hay algo que unifica todas las propuestas de definición: los intelectuales encuentran su espacio natural de desarrollo y legitimación en el campo cultural, sin que por ello se niegue la posibilidad de su incidencia en el campo político (Bourdieu, 1965).

Ofreciendo un rápido bosquejo histórico, hay que señalar que el intelectual moderno aparece embrionariamente hacia el siglo XII, en la etapa final de la Edad Media; aparece cuando en Europa occidental se produce el crecimiento de las ciudades. Este nuevo sector social tiene su origen cuando los nuevos clérigos abren escuelas y se oponen a los métodos monásticos tradicionales, iniciando un cambio en las orientaciones filosóficas gracias a la incorporación de los fundamentos greco-árabes (Le Goff, 1965). Edward Shils señala que los intelectuales son la contrapartida de los clérigos (Shils, 1972). Alvin W. Gouldner afirma que representan algo más: una ruptura respecto de los viejos clérigos (Gouldner, 1980). Pero, en cualquier caso, los intelectuales encuentran en el derrumbe del orden feudal el escenario favorable para su surgimiento y desarrollo. Estos nuevos sujetos son portadores de un *ethos* y de un sentido de la vocación particulares, promoviendo los conflictos de ideas (Coser, 1966).

Gouldner señala varios hitos que componen la aparición y desarrollo de lo que llama la *nueva clase*. El derrumbe del orden feudal permitió la aparición de las lenguas vernáculas y el consiguiente declive del latín, haciendo que disminuyera la distancia entre vida cotidiana e intelectuales (fueran éstos clérigos o seculares). La superación de la fragmentación feudal propició la creación de un mercado anónimo para los productos y servicios de la *nueva clase*. El trabajo de sus integrantes ya no sería supervisado por los "patrones", por lo cual podrían dirigirse a un público más amplio, lo que derivó en una mayor libertad. A lo anterior se sumó la configuración multinacional del sistema político europeo, que permitió que los intelectuales —cuando se sentían acosados por sus respectivas estructuras estatales— migraran, estableciendo un mayor contacto con otras culturas y con otros intelectuales para adquirir así un carácter cosmopolita.

En relación con las modificaciones producidas hay que mencionar el remplazo de la familia patriarcal por la nuclear, con el cuestionamiento a la autoridad paterna que supuso. La reforma de la educación pública (que rompió el monopolio de la Iglesia católica) permitió que adquiriera un carácter multiclasista. La escuela superior, que es la base institucional para la producción en masa de la *nueva clase*, conformada tanto por la *intelligentsia* como por los intelectuales,[2] permitió a su vez que éstos se autoconcibieran como los responsables de la sociedad en su conjunto y como sus representantes. Este sistema educacional se convirtió en fuente de producción de valores distintos de los, hasta entonces, prevalecientes en la vida familiar y de los valores e intereses localistas, y en ello fue decisiva la presencia del Estado nacional. A partir de entonces, el conocimiento se vuelve autónomo de las jerarquías sociales, y la referencia a la autoridad ya no funciona como elemento legitimador.

La aparición de la imprenta y el desarrollo de las comunicaciones, dentro de las múltiples revoluciones que ocasionaron, permitieron además contrastar las definiciones de las élites locales con las que se ofre-

---

[1] Es más, la popularización del término data de la aparición del "Manifiesto de los intelectuales", en el diario *La Aurora*, de París, en el año 1898, firmado por los más importantes intelectuales franceses que reclamaban la revisión del caso Dreyfus. Al respecto, véase Daniel Gueé *et al.* (1969). Una interesante crónica del ambiente parisiense durante el juicio de Dreyfus se puede encontrar en Tuckman (1966).

[2] *Intelligentsia* e intelectuales constituyen dos élites dentro de la *nueva clase*. La primera tiene intereses intelectuales básicamente técnicos; los segundos los tienen de crítica, emancipación, hermenéutica y, a menudo, políticos (A. W. Gouldner, 1980: 71).

cían en otros lugares y tiempos sobre la realidad social. Por otra parte, la difusión de las escuelas públicas y el proceso de alfabetización produjeron una diferenciación interna en la *nueva clase:* al lado de los humanistas estará desde entonces la *intelligentsia* tecnocrática (o expertos).

Para concluir este recorrido, hay que señalar que esa *intelligentsia* moderna se incorpora como élite pública a la lucha por los cambios revolucionarios, en donde el partido de vanguardia "expresa la modernización y las ambiciones de élite de la *nueva clase*, y es también un esfuerzo dirigido a superar sus limitaciones políticas".[3]

Sobre las funciones de los intelectuales, Raymond Aron apunta que cumplen tres tipos de crítica. La primera es la crítica técnica, de carácter administrativo; la segunda es la de tipo moral y normativa, orientada al debiera ser y a decir siempre "no"; y la tercera, la crítica ideológica o histórica, que permite al intelectual imaginar un orden social distinto (Aron, s. f.).

Otro aspecto que hay que tomar en cuenta es el papel que han cumplido los espacios públicos en favorecer la actividad de los intelectuales, como el salón (predominante en Francia), los cafés (especialmente distintivos de Inglaterra), los clubes políticos, las comunidades científicas, las universidades, los organismos no gubernamentales y, finalmente, los medios de comunicación, utilizados para tratar de llegar al gran público (Coser, 1966: 19 y *passim;* Mannheim, 1957).

En ciertas miradas sobre los intelectuales ha sido usual señalar que éstos se sienten por encima de la sociedad y como sus representantes; ello explicaría su opción por un discurso abstracto y sin compromiso con los conflictos sociales existentes. No buscarían fines prácticos sino la especulación, el arte o la actividad científica propiamente dicha. En términos de J. Benda, este tipo de intelectuales no participan de las "pasiones políticas" y procuran mantenerse alejados del "realismo de las muchedumbres". Se trata de la visión sobre los intelectuales que los considera sólo como humanistas. De esta manera, los intelectuales pueden optar por cualquiera de los siguientes dos caminos: oponerse totalmente a dichas pasiones o asumir posiciones moralistas. Pero desde fines del siglo XIX es mucho más explícito el hecho de que los intelectuales deciden involucrarse en esas pasiones tomando parte de los odios raciales, de las fracciones políticas o de las pasiones nacionalistas, modificando sustancialmente la mirada que se tenía sobre ellos.

A ese tema se refiere Benda en su libro *La traición de los intelectuales* cuando dice:

Los intelectuales realizan las pasiones políticas con todos los rasgos de la pasión: la tendencia a la acción, la sed por un resultado inmediato, la única preocupación por el objetivo, el desprecio por los argumentos, la exageración, el odio, la idea fija. El intelectual moderno ha dejado completamente de permitir que sólo sea el profano *(laïc)* quien descienda a la plaza pública. Ahora pretende haberse formado un alma de ciudadano y ponerla vigorosamente en práctica (Benda, 1951: 47).

En otras palabras, los intelectuales abandonan su responsabilidad tradicional: generar los valores centrales de la sociedad (Bourricaud, 1990).

En cambio, los expertos tendrían una mirada distinta de las cosas, pues no les preocuparían los grandes problemas de la humanidad, sino cómo afrontar problemas concretos y cómo resolverlos. Usualmente, los expertos están identificados como libres de ideologías, y su participación en el Estado se caracterizaría por no tener compromiso alguno y por no alimentar las pasiones que dividen a la sociedad. Resulta evidente que en las miradas que se tienden sobre humanistas y expertos hay mucho de estereotipo, pues ni los humanistas se desentienden de los problemas urgentes ni los expertos están libres de asumir ideologías o posturas políticas.

En estos momentos surge un problema importante: ¿cómo clasificar a los intelectuales?, ¿con cuáles referentes, de manera que permita el análisis de sus características de una forma más comprensiva, evitando caer en los estereotipos?

Un esfuerzo interesante por clasificar a los intelectuales es el que nos ofrece E. Shils, quien los discrimina según las tradiciones a las que se adscriben. Para este autor, las tradiciones son los "criterios y las reglas a cuya luz se evalúan las obras de los artistas y de los científicos, y las creencias y los símbolos cuya temática constituye su herencia" (Shils, 1972). A partir de esta definición, Shils distingue las siguientes tradiciones: la *intelectualista*, en la que predomina el método lógico; la *romántica*, caracterizada por la espontaneidad, inspiración y originalidad; la *revolucionaria*, con su visión apocalíptica y milenarista del desarrollo social, y la *populista*, que atribuye al pueblo los mejores valores de la humanidad. Hay que señalar que estas tradiciones no son excluyentes, sino que las diferencian sus prioridades y énfasis.

Por su parte, Thomas Sowel prefiere distinguir a los intelectuales con base en la identificación de lo que llama visiones, que son procesos culturales sedimentados en el largo plazo y que están incorporados en la mentalidad de los intelectuales (Sowel, 1990). Sowel señala que los dos tipos de visiones más importantes son la restringida y la no restringida, y las diferencian las concepciones que tienen sobre la naturaleza humana.

La visión restringida supone que el hombre está atado a ciertas condiciones y que lo único que puede hacer es aprovechar al máximo las oportunidades que se le brindan. La visión no restringida enfatiza, por el contrario, que el hombre es perfectible y puede mejorar su naturaleza. Sowel señala una tercera visión, la híbrida, en la que se combina cierto carácter ineluctable de un destino con el reconocimiento de grados de libertad de los individuos (el marxismo, por ejemplo). Por su parte, Richard Morse (Morse, 1989) prefiere entender a los intelectuales dentro del proceso largo

---

[3] A. W. Gouldner (1980: 16). El autor yugoslavo M. Djilas, en un texto escrito a fines de la década de 1950, entiende la *nueva clase* como la burocracia que detenta el poder en los países comunistas, señalando que su poder es tan fuerte y absoluto que puede ejercer lo que llama "la tiranía de los espíritus", en la medida en que el "comunismo científico" es elevado a la categoría de ideología oficial, impidiendo a los intelectuales ejercer de manera libre su imaginación y su capacidad de crítica por el miedo que tienen de contradecir los dogmas, cayendo inevitablemente en el estancamiento intelectual (Djilas, s. f.).

de conformación de las culturas políticas a las que ellos se adscriben.

Ubicar a los intelectuales según tradiciones, visiones o culturas políticas no es ocioso, pues nos puede permitir aproximarnos a lo que Pierre Bourdieu llama "sociología crítica de los intelectuales", que considera como una condición previa para emprender la investigación sobre los intelectuales y su acción política (Bourdieu, 1993).

Sobre lo primero, y en términos generales, cuando se ha tratado el tema de los intelectuales ha sido desde los siguientes enfoques:

a) Tratando de entender la lógica interna de sus propuestas, sus orígenes, influencias y variaciones propias de sus planteamientos cronológicamente presentados. Es decir, se ha intentado conocer y entender a los intelectuales básicamente desde el esfuerzo por ordenar una historia de las ideas (Isaiah Berlin, Crane Brinton).

b) Buscando establecer ciertas tipologías tomando en cuenta sus orígenes sociales y los espacios que permitieron un ambiente propicio para la formación de la actividad intelectual como una esfera de autonomía dentro de la sociedad que se modernizaba. Es lo que se puede denominar sociología de intelectuales (Lewis A. Coser, Jean-Paul Sartre).

c) Otra manera de enfrentar el problema de los intelectuales es tratando de entender su actividad propiamente intelectual: qué son los intelectuales, qué funciones cumplen o deben cumplir, cuáles son sus responsabilidades frente a la sociedad o al grupo social de referencia. Es la perspectiva de la sociología del conocimiento (Karl Mannheim; de alguna manera, Antonio Gramsci).

d) Finalmente, una vía distinta representa el vincular a los intelectuales con las instituciones de la cultura o las políticas culturales, en tanto educadores (José Joaquín Brunner, Angel Flisfisch, Pierre Bourdieu).

Estas perspectivas pueden combinarse y tener más de un punto en común, pero por ahora sólo nos debe interesar el énfasis privilegiado que caracteriza a cada una de ellas.

Un aspecto central dentro del estudio de los intelectuales es analizar la relación que establecen con la política. La participación de los intelectuales puede caracterizarse por la búsqueda de éstos en constituirse en lo que Gramsci llamaba "intelectuales orgánicos", o por mantenerse como "socialmente desvinculados" o "flotantes", en términos de Mannheim y Alfred Weber. La historia nos muestra los diversos grados de acercamiento o de alejamiento de los intelectuales respecto de la política y el poder, y esto desde tiempos muy lejanos.[4] L. A. Coser señala por lo menos cinco: *a)* los que llegan a detentar directamente el poder (como fueron los jacobinos y los bolcheviques); *b)* los que buscan socavar el poder desde adentro (como los "fabianos" ingleses y los intelectuales que se agruparon en torno al *New Deal* de Roosevelt); *c)* los que intentan legitimar el poder (los "ideologes" de Napoleón y los "revisionistas" de Gomulka); *d)* los que son críticos del mismo (los abolicionistas en los Estados Unidos, los "dreyfusards" en Francia). En este aspecto se puede agregar, en un extremo radical, al disidente. Desde el oficio de literato, Pedro Matvejevic recuerda las palabras de un maestro suyo que afirmaba: "Para realizar con honradez su trabajo, el escritor debe ser un disidente respecto a la ideología del Estado o de la nación" (Matvejevic, 1993). La aparición del disidente puede deberse a dos situaciones: por la reacción que provoca el hecho de que un grupo social sea derribado, es decir, de oposición y desafío frente a las clases superiores (Mannheim, 1957: 207), o por la desilusión que experimenta el intelectual cuando considera que el proyecto original ha sido traicionado (los intelectuales del bloque socialista que migran a Occidente, por ejemplo).

Finalmente, *e)* los que buscan la salvación en el extranjero (la admiración que despertó en muchos intelectuales occidentales la Revolución soviética o, ahora, intelectuales latinoamericanos que miran a Europa occidental como un modelo no sólo deseable de ser imitado, sino como el único posible, son dos buenos ejemplos) (Coser, 1966; Bobbio, 1994).

A esta propuesta de clasificación hay que agregar a aquellos intelectuales que prefieren mantener una total separación de la política, que no aspiran al poder pero que, sin embargo, son capaces de producir contrasímbolos que socavan las legitimaciones de quienes están en él (los intelectuales de vanguardia que denunciaba Daniel Bell por ir contra los cimientos de la sociedad estadunidense, es decir, la ética del trabajo y el puritanismo).

Dentro de la relación de los intelectuales con la política es interesante preguntar cuáles son sus razones. K. Mannheim ofrece dos pistas. La primera se refiere al resultado de la tensión que experimentan los intelectuales cuando quieren ser consecuentes con una forma ideal de ejercer su actividad. Es decir, como seres aislados, desconectados del mundo real. Entonces su decisión de ingresar en la política sucede cuando ya no pueden soportar tal soledad (Mannheim, 1957: 230). La segunda alude al estado de permanente incertidumbre en el que se encuentra el intelectual ante la ausencia de respuestas últimas y definitivas, al que se suma la presencia de múltiples posibilidades en el plano del conocimiento que aumentan la falta de certezas. Ingresar en la lucha política en estos momentos aparece como una solución radical a la situación de incertidumbre; por el contrario, la política puede ofrecer certezas y seguridad (Mannheim, 1957: 233). A las dos pistas mencionadas se puede agregar una tercera que tiene que ver con el momento actual, de crisis generalizada de los sistemas de representación política. Esta situación crea el terreno propicio para el ingreso en la política de dos tipos de actores: los que, utilizando un discurso antipartido ingresan en la vida pública dejando explícita constancia de su distancia con respecto de los políticos "tradicionales", y los intelectuales justamente, quienes se incorporan al juego de las pasiones políticas, pero por lo general invocando una dimensión ética a su actuación política por considerar ésta sucia y carente de un sustento moral. Este fenómeno no sólo es característico de países de poca maduración institucional; en Europa oriental y en parte de los países europeo-occidentales también ocurre. En América Latina, los casos de Mario Vargas

---

[4] Sobre las antiguas relaciones de los filósofos con la política véase el libro de María José Hidalgo de la Vega, *El intelectual, la realeza y el poder político en el Imperio romano*, 1995.

Llosa en Perú y de Fernando Henrique Cardoso en Brasil, aunque con distinto éxito, lo ejemplifican muy bien.

Con respecto a América Latina, hay que mencionar que la manera como los intelectuales, desde sus discursos, buscaron establecer puntos de contacto con la política se basó en la articulación específica de tres asuntos fundamentales: el problema de la nación, el de cómo lograr el desarrollo, y la cuestión del diseño de un orden político-social (Zapata, 1990; Acosta, 1993).

Del modo como intentaron dar respuesta a estos tres aspectos se entenderá mejor el carácter de su motivación para influir en la vida política, siempre enmarcándolos evidentemente en sus contextos particulares de surgimiento. Por ejemplo, es distinta la reflexión de los intelectuales en un contexto de dominación colonial (cuando el asunto central es cómo construir el Estado nacional) de la que tienen que hacer una vez conseguida la independencia (cuando lo que está en el centro del debate es qué hacer con el nuevo Estado y el tipo de régimen político que debe implantarse).

Líneas de investigación y debate contemporáneo

Para el caso de América Latina no hay que perder de vista la necesidad por parte de los intelectuales de establecer un diálogo, influir o, en el mejor de los casos, incorporarse con éxito al terreno de la política. A manera de hipótesis, podemos decir que las razones de esta opción se pueden hallar, más allá de las motivaciones personales o de explicaciones biográficas, en la combinación de tres rasgos decisivos: *a)* ausencia de un universo cultural común, en cuyo centro se debe encontrar el lenguaje como articulador y comunicador de las diversas experiencias; *b)* escasa diferenciación del campo intelectual del campo político, que impide al primero ser una fuente de legitimación importante para los propios intelectuales, y *c)* precaria institucionalización del campo intelectual que ayude a reproducir a la clase intelectual de modo sostenido y autónomo.

Sin embargo, el caso mexicano reviste algunas peculiaridades. En primer lugar, está el hecho del proceso de mestizaje que avanzó como en ningún otro país de la región y que encuentra su origen en los tiempos de la Colonia, a diferencia de los países andinos, por ejemplo, donde la fragmentación es más pronunciada.[5] En segundo lugar, la formación de una élite cosmopolita y pujante que empezó a consolidar instituciones como en el sector educativo,[6] especialmente durante el llamado Porfiriato, a pesar del carácter personalista de gobierno. En tercer lugar, la formulación de un discurso oficial orientado a mitigar conflictos y a realzar la unidad nacional, tendiente a unificar el Estado con la nación. En cuarto lugar, el parteaguas que significó el proceso revolucionario iniciado en 1910, en la medida en que hizo plausible la legitimación de un discurso unificador: el mesticismo.[7] Esta experiencia revolucionaria, salvo Bolivia, ningún país de la región la ha vivido.

La consolidación que logró el aparato estatal lo convirtió en el referente ineludible para la producción intelectual, sea para involucrarse con él[8] o para mantener distancia.[9] La presencia del Estado como institución vertebral de la vida social mexicana en detrimento de la vida social explica —o ayuda a explicar— por qué los intelectuales se ven atraídos hacia la política, convirtiéndose ésta en un canal sumamente importante de movilización social. El fracaso o éxito de su incursión en la política por parte de los intelectuales va a explicar su posterior evolución propiamente reflexiva. Un caso típico del fracaso es el de José Vasconcelos, quien, luego de ver frustrados sus intentos por llegar a la presidencia, se convierte en un intelectual amargado que reniega de sus visiones optimistas de juventud.[10] En sentido contrario, muchos de los líderes del movimiento radical de 1968 son cooptados por el Estado, haciendo que abandonen las posturas que los llevaron a ser personajes públicos de importancia.

Entender las propuestas y reflexiones de los intelectuales en México supone no descuidar la presencia de la política. La política ejerce una influencia tan gravitante que es capaz de darle dirección a la producción de pensamiento. Si volvemos a los términos de Bobbio con los que se iniciaron estas líneas, habrá que decir que los intelectuales mexicanos tratan de entender el mundo, sí, pero sin olvidarse de la presencia de la política, que se convierte en su interlocutor obligado, cuando no en su sombra.

---

[5] Sobre el caso peruano, que puede ser leído de alguna manera como representativo de los países andinos, véase el artículo de Osmar Gonzales "Intelectuales y política en Perú: un esquema", 1997.

[6] Sobre esta relación es imprescindible consultar el libro de Roderic A. Camp, *Los intelectuales y el Estado en el México del siglo xx*, 1988.

[7] Una revisión reciente sobre este tema es de Sara Makowski Muchnik, "Un asomo a la otredad: nuevos derroteros para la democratización en México", 1997.

[8] Un caso ejemplar es el que estudia Enrique Krauze, *Los caudillos culturales de la Revolución mexicana*, 1976.

[9] Véase el artículo de Laura Baca Olamendi, "Entre la institución y la revolución: intelectuales y cambio político en México", 1997.

[10] Sobre Vasconcelos se ha escrito mucho. Un interesante análisis de su biografía se puede encontrar en Martha Robles, *Entre el poder y las letras. Vasconcelos en sus memorias*, 1989.

BIBLIOGRAFÍA

Acosta Silva, Adrián (1993), "La pluma y el mando", *Etcétera*, núm. 7, 3 de junio, México.

Aron, Raymond (s. f.), *El opio de los intelectuales*, Leviatán, Buenos Aires.

Baca Olamendi, Laura (1997), "Entre la institución y la revolución: intelectuales y cambio político en México", *Allpanchis*, núm. 49, Cusco, segundo semestre.

Bell, Daniel (1990), *Las contradicciones culturales del capitalismo*, Alianza Editorial, México.

Benda, Julien (1951), *La traición de los intelectuales*, Ercilla, Santiago de Chile.

Berlin, Isaiah (1983), *Contra la corriente. Ensayos sobre historia de las ideas*, FCE, México.

Bobbio, Norberto (1994), "Los intelectuales y el poder", *Nexos*, núm. 195, marzo, México.

──── (1996), "Intelectuales", en José Fernández Santillán (comp.), *Norberto Bobbio: el filósofo y la política*, FCE, México.

Bourdieu, Pierre (1965), *Campo del poder y campo intelectual*, Folios, Buenos Aires.

──── (1993), "Los muros mentales", *El País*, año VII, núm. 278, Madrid, 17 de junio.

Bourricaud, Francois (1990), *Los intelectuales y las pasiones democráticas*, UNAM, México.

Brunner, José Joaquín, y Ángel Flisfisch (1983), *Los intelectuales y las instituciones de la cultura*, Flacso, Santiago de Chile.

Camp, Roderic A. (1988), *Los intelectuales y el Estado en el México del siglo XX*, FCE, México.

Coser, Lewis A. (1966), *Hombres de ideas. El punto de vista de un sociólogo*, FCE, México.

Djilas, Milovan (s. f.), *La nueva clase. Análisis del sistema comunista*, Instituto de Investigaciones Internacionales del Trabajo, México.

Fernández Santillán, José (comp.) (1996), *Norberto Bobbio: el filósofo y la política*, FCE, México.

Gonzales, Osmar (1977), "Intelectuales y política en Perú: un esquema", *Secuencia*, núm. 38, Instituto Mora, México, mayo-agosto.

Gouldner, Alvin W. (1980), *El futuro de los intelectuales y el ascenso de la Nueva Clase*, Alianza Editorial, Madrid.

Gramsci, Antonio (1990), *La formación de los intelectuales*, Enlace Grijalbo, México.

Gueé, Daniel, *et al.* (1969), *La cuestión de los intelectuales*, Rodolfo Alonso Editor, Buenos Aires.

Konrad, George, e Iván Selenyi (1981), *Los intelectuales y el poder*, Península, Barcelona.

Krauze, Enrique (1976), *Los caudillos culturales de la Revolución mexicana*, Siglo XXI, México.

Le Goff, Jacques (1965), *Los intelectuales de la Edad Media*, Eudeba, Buenos Aires.

Makowski Muchnik, Sara (1997), "Un asomo a la otredad: nuevos derroteros para la democratización en México", en *Allpanchis*, núm. 49, Cusco, segundo semestre.

Mannheim, Karl (1957), *Ensayos de sociología de la cultura*, Aguilar, Madrid.

Matvejevic, Pedrag (1993), "Desilusiones de un disidente", *El País*, año VII, núm. 278, Madrid, 17 de junio.

Morse, Richard (1989), *El espejo de Próspero*, Siglo XXI, México.

Robles, Martha (1989), *Entre el poder y las letras. Vasconcelos en sus memorias*, FCE, México.

Shils, Edward (1972), *The Intellectuals and the Powers, and Other Essays*, The University of Chicago Press.

Sowel, Thomas (1990), *Conflicto de las visiones*, Gedisa, Barcelona.

Tocqueville, Alexis de (1980), *El antiguo régimen y la revolución*, Alianza Editorial, Madrid.

Tuckman, Bárbara (1966), *La torre de orgullo. 1895-1914*, Bruguera, Barcelona.

Vega Hidalgo, María José de la (1995), *El intelectual, la realeza y el poder político en el Imperio romano*, Ediciones Universidad Salamanca, España.

Zapata, Francisco (1990), *Ideología y política en América Latina*, El Colegio de México, México.

INTELECTUALES Y RETRATOS HISTÓRICOS

Xavier Rodríguez Ledesma

Definición

Se entiende por "retratos intelectuales" los estudios sobre personalidades cuyas obras —debido a su trascendencia, profundidad o extensión— ameritan ser sistematizadas, criticadas o presentadas a fin de exponer una visión de sus límites, virtudes, aportaciones, ubicaciones y deficiencias.

Dado el sentido amplio e incluso polisémico que tiene el concepto "intelectual", consideraremos que los retratos intelectuales eligen como objeto de análisis particular la estructuración de las reflexiones de creadores, políticos, científicos, artistas, en fin, de diversos personajes que pueden ser englobados dentro del concepto general de "pensadores".

Para cumplir con su objetivo, los retratos intelectuales abordan los elementos centrales necesarios para la comprensión de la obra, ya sea en su totalidad o de sólo alguna(s) de sus facetas del autor elegido. En virtud de que los retratos intelectuales pueden versar sobre únicamente determinados ámbitos conformadores de toda una obra, es evidente que el investigador elegirá de acuerdo con un interés particular, entre otras cosas: *a)* quién será el autor por retratar; *b)* qué parte de la obra se abordará; *c)* a qué tipo de reflexión se le dará mayor peso; *d)* qué clase de acercamiento se llevará a cabo (presentación, crítica, ubicación escolástica, etcétera).

Justamente en el punto anterior radica una diferencia con las "biografías intelectuales", ya que éstas, al pretender abarcar la totalidad creadora de un autor, se obligan precisamente a trabajar y abordar cada una de las facetas que ella pueda tener, mientras que el retrato intelectual, al ser una visión más general, otorga la oportunidad de elegir y dedicarse a analizar tan sólo uno de los aspectos conformadores de la obra.

Historia, teoría y crítica

Decíamos que los retratos intelectuales encarnan, como todo producto del trabajo intelectual —entendiendo éste como el ejercicio de la crítica en su más amplia, pura y rica significación—, la discusión acerca de la imposibilidad de "neutralidad" y "objetividad" por parte del autor en el tratamiento del personaje seleccionado para ser retratado. Evidentemente todas las disquisiciones que en términos metodológicos se tienen en cuenta para demostrar que el investigador de ninguna manera es neutral frente a su objeto de estudio son válidas y, por demás, fácilmente distinguibles cuando hablamos de la realización de retratos intelectuales.

Lo anterior abarca desde las razones particulares esgrimidas por el investigador (políticas, estéticas, psicológicas, etc.) para elegir a tal o cual personaje como objeto de estudio hasta el tipo de encuadre que se le haga, los temas por resaltar, los perfiles que se privilegien, el fondo elegido para completar el cuadro, la postura adoptada para criticar su obra, los puntos que se ensalcen, oculten, subrayen u omitan, etc. En suma, todos y cada uno de los elementos conformadores del retrato serán deudores del sentido que el autor, desde su particular apreciación y horizonte de visibilidad, le dé.

Luego, entonces, vale la pena repetirlo y enfatizarlo: los retratos no son ni pueden ser neutros u objetivos; son la visión, la panorámica elegida y construida por el investigador que, simplemente, ha tomado como punto de referencia, como objeto de estudio, a cierto creador.

Los retratos intelectuales encarnan, asimismo, otro de los atributos más apasionantes del quehacer académico. Me refiero al hecho de que la realización de un escrito de esta naturaleza implica un serio, profundo y vasto conocimiento del autor elegido como objeto de estudio, de su obra y, como a continuación veremos con detalle, de la ubicación histórica en que aquélla vio la luz. Así, en los retratos intelectuales se cumple a cabalidad la paradoja metodológica de que únicamente el estudio especializado del trabajo de un intelectual posibilita la realización de una síntesis que logre discernir y, consecuentemente, otorgar al lector los elementos sustanciales sobre los que el investigador quiere reflexionar.

Vemos, pues, que los retratos intelectuales, al constituir un ejercicio intelectual de análisis crítico, se sujetan a ciertos elementos básicos metodológicos definidores del trabajo de reflexión intelectual. Así, una de las características centrales de este tipo de escritos es que cumplan con una de las máximas fundamentales del análisis social: la historización plena y absoluta del autor y, por tanto, de su obra. Esto significa que el ejercicio crítico considere en todo momento el sentido que los diversos conceptos filosóficos, políticos, estéticos, morales, etc., referidos en el trabajo asumen, de acuerdo con el momento histórico en el que el sujeto retratado se desarrolló.

Lo anterior, entre otras cosas, pone de relevancia la necesidad de ubicar muy claramente el hecho de la variación del significado de los conceptos de acuerdo con el andamiaje simbólico en el que se insertan, los cuales a su vez se encuentran en un perenne proceso de transformación que, de no tenerse presente otorgándole su peso específico fundamental, puede obstaculizar la cabal comprensión de las ideas y propuestas e incluso de las propias personas en tanto encarnación de actitudes y posiciones políticas, culturales, estéticas y filosóficas.

Un ejemplo clásico de lo que se acaba de señalar es la conocida referencia acerca de la innegable importancia y trascendencia del pensamiento aristotélico, que lo convierte en un eje axial de la filosofía y de la reflexión política contemporánea. Para valorar la inmensa magnitud de dicha obra es absolutamente irrelevante la postura del propio pensador griego frente a la existencia del esclavismo como modo básico de producción de la sociedad en la que vivió. De tal forma, al asumir el pleno entendimiento histórico del sentido que la esclavitud tenía dentro de la conformación política, económica y cultural de la Grecia antigua, cualquier tipo de descalificación o matización de la importancia de la obra de Aristóteles por la ausencia de crítica y consecuente denuncia o, mejor aún, por no convertir la esclavitud en objeto de reflexión específico sería completamente absurda.

Ahora bien, si Aristóteles como individuo pensante debe ser ubicado y valorado dentro de esta estructuración cultural, política, económica —en suma, simbólica—, lo mismo sucede evidentemente con los conceptos. Dentro de esta lógica podemos traer a colación las características sustanciales que la noción de "democracia" tiene como una forma de organización política cuyas raíces clásicas se encuentran justamente en la antigua sociedad griega, en la cual no solamente existían relaciones de esclavitud sino también la total ausencia de derechos políticos de, por ejemplo, las mujeres. Todo ello no obsta para que el sentido que el concepto de democracia tuvo en esa sociedad siga considerándose como la referencia ineludible para la construcción del sentido contemporáneo que ella tiene; esto es, una sociedad incluyente e igualitaria en cuanto a derechos ciudadanos.

Vemos entonces que los retratos intelectuales necesariamente poseen como elemento característico la ubicación y desarrollo de una visión biográfica (en el más amplio sentido de la palabra) del autor seleccionado.

Ahora bien, el retrato intelectual no versa exclusivamente sobre los atributos y limitaciones de la obra, o sobre las anécdotas y azares que perfilan la vida de un individuo, sino también, de manera enfática, sobre los elementos que muestran su trascendencia. Ésta, invariablemente, estará definida por las condiciones particulares en las que el autor vivió y elaboró su trabajo. La importancia del *Guernica* de Picasso, por ejemplo, no radica exclusivamente en ser una magistral obra hecha por uno de los más grandes artistas del siglo XX, sino que su trascendencia (más allá de sus atributos estéticos y de la "marca" del pintor) radica en que se convirtió en uno de los elementos más fuertes de denuncia de una política genocida que llegaría a su clímax apenas unos cuantos años después de haber sido elaborado el cuadro.

Hasta hoy, aun cuando la pintura haya regresado a España una vez que, de acuerdo con los deseos de su autor, en ese país se restableciera un régimen democrático, el *Guernica* debe su importancia —me atrevo a afirmar— al contexto histórico que refiere tanto lo ilustrado dentro del cuadro como, sobre todo, al significado de la obra de acuerdo con la coyuntura en la que se pintó y, por supuesto, al largo tiempo que tuvo que pasar en los muros del Metropolitan Museum of Art de Nueva York en espera de que en el país ibérico se cumplieran las condiciones políticas que harían posible su repatriación.

De tal forma, por cualquier lado que los abordemos, los retratos intelectuales nos muestran el carácter imprescindible de la historización plena del autor analizado.

Dentro de este punto, no es ocioso explicar que en estos trabajos se cumple con otra más de las nociones metodológicas generales de todo ejercicio investigativo: la referente a que la presentación de los resultados puede (y seguramente lo hará) variar de la forma en que se llevó a cabo el proceso mismo de investigación. De tal manera, en la redacción final que se hace llegar al lector puede no encontrarse, por ejemplo, el desarrollo específico de los datos biográficos del personaje objeto de estudio, lo cual no quiere decir que esa referencia obligada no sea el telón de fondo que haya tenido que construir el investigador al hacer el trabajo específico sobre su obra o, mejor aún, durante la redacción de los resultados.

Todo esto se comprenderá con mayor claridad si se considera que una gran cantidad de retratos intelectuales son redactados bajo la forma de artículos hemerográficos, lo que significa, entre otras cosas, ajustarse a ciertas características de extensión. De ahí que, en ocasiones, presentar de manera explícita tales soportes biográficos e históricos implicaría utilizar espacio valiosísimo, por lo que dicha redacción se deja de lado, teniéndose siempre en cuenta como referencia ineludible pero simplemente no explícita. Esto, evidentemente, no acontece en los trabajos que tienen mayor libertad de espacio; de ahí que cuando los resultados de la investigación se presentan como libros las referencias historiobiográficas por lo general se encuentren explícitas.

El conocimiento de las condiciones históricas en las que el autor vivió y desarrolló su obra permite avanzar con paso seguro en la ubicación y mejor comprensión de ambos ejes reflexivos. Dicho en otras palabras, esa historización permite al lector iluminar, en primer lugar, las razones profundas por las que, por ejemplo, el autor seleccionado eligió como objeto de reflexión ciertos temas y no otros que quizá hoy nos parecerían fundamentales desde el tiempo actual y a partir de nuestra ubicación geográfica, política, cultural y filosófica particulares.

Ese marco de comprensión construido con base en la historización del autor y de su obra posibilita: *a)* el entendimiento de las condiciones de desarrollo teórico, político, estético, bibliográfico, etc., que permitieron el florecimiento de una obra que algunos años antes o, mejor aún, en otro ámbito cultural simplemente hubiera sido imposible que surgiera, por más talento o genialidad que una persona posea, y *b)* avanzar en la visualización de por qué, como ya hemos dicho, se seleccionaron como objeto de reflexión o creación ciertos temas y no otros.

Pensemos en dos ejemplos sobre lo recientemente desarrollado. Uno de ellos es el del mayor y más reconocido escritor mexicano del siglo XX: Octavio Paz. Su obra tanto poética como ensayística debe ubicarse, por más innegable genialidad que él poseyera, en términos eminentemente históricos. Su gusto por las letras, su pasión por la escritura, son deudoras innegables de la arraigada tradición familiar de degustar literatura; así las cosas, la biblioteca del abuelo fue la fuente primera que le imbuyó la pasión literaria, convirtiéndose en elemento definidor de lo que el poeta devendría.

Por otro lado, su poesía y apreciación estética fueron influidas por, entre otros factores, las concepciones de sus antecesores inmediatos, los Contemporáneos. En ella se dejan sentir fuertemente sus estrechos vínculos con el surrealismo, cuyo apogeo le tocó vivir plenamente (Breton). Su disposición y apertura para trabajar sobre las corrientes lingüísticas más avanzadas de su tiempo (Saussure) y su expresión en otros ámbitos intelectuales como la antropología (Lévi-Strauss) también fueron afluentes alimentadores de su don. Los viajes y largas estancias, inmerso en pueblos y culturas distintas de la suya, le permitieron verse a sí mismo, su cultura, su poesía, su país, su tiempo, etc., de forma particular. Todos esos factores coadyuvaron a la construcción de una propuesta estética particular, única, que no habría sido la misma si alguno de esos elementos, culturas, tiempos, autores, etc., hubiera variado.

Por lo que respecta a su amplia obra ensayística, entre la que destaca su reflexión política, ésta es deudora y se explica por los fenómenos históricos que Octavio Paz ha atestiguado como hombre nacido en los albores del siglo XX. De tal forma, no es casual que esta faceta de su pensamiento haya versado fundamentalmente sobre tres ejes: *a)* reflexión y discusión con el marxismo y consecuente crítica del socialismo; *b)* análisis sobre el sistema político mexicano posrevolucionario, y *c)* consideraciones sobre la modernidad, particularmente sobre el significado que ésta tiene para los pueblos y naciones latinoamericanas.

Tres grandes temas que, evidentemente, son característicos, por una parte, del tiempo cronológico en el que ha vivido y, por otra, de los fenómenos sociales y preocupaciones definidoras de la cultura constitutiva del centro de su vida y su pasión: México.

Un segundo ejemplo de la necesaria ubicación histórica de un trabajo intelectual lo constituye un autor decimonónico que, al igual que el poeta mexicano, lo mismo es vilipendiado que alabado: Karl Marx. Tanto la temática de su obra como la magnitud de su influencia sólo pueden explicarse en función de su propia historicidad, marcada por la vida europea (particularmente de Alemania, Francia e Inglaterra) del siglo XIX. Es posible hacer el ejercicio de historización sobre cualquiera de las facetas de desarrollo de su actividad creadora. Por ejemplo, sus reflexiones filosóficas, teniendo como antecedente inmediato el ambiente cultural y filosófico de la Alemania en donde nació y vivió sus primeros años; o sus apreciaciones y aportes sobre la política y el quehacer revolucionario, de acuerdo con los hechos que le tocó reseñar, especialmente en la Francia de 1848 y 1871. Sin embargo, quiero resaltar lo que sería, con mucho, su obra más conocida y que en particular le significó el centro de su proyecto de vida intelectual, me refiero evidentemente a la crítica de la economía política encarnada en *El capital*.

Es evidente que por más atributos intelectuales que se le asignen al pensador alemán, él no habría escrito una sola línea de esa obra central e inconclusa si no hubiera vivido justamente en los años de consolidación y despegue impresionante de la economía capitalista. Aún más, fue justamente su estancia en Inglaterra, cuna y punta de lanza del capitalismo en el siglo XIX, lo que le permitió ver de cerca y tener acceso a los elementos históricos, económicos, laborales, legales y, preponderantemente, bibliográficos que alimentaron su investigación. Las obras de Ricardo y Adam Smith son pilares sobre los cuales construye su crítica a la economía política. De igual forma, las legislaciones inglesas para la regulación de la fuerza de trabajo, el impresionante avance tecnológico, las políticas imperialistas, la lucha por conseguir mercados, así como una multiplicidad de factores más, crearon el ambiente histórico necesario para que su obra pudiera primero concebirse y después empezar a desarrollarse.

Bajo la misma lógica, es interesante no dejar de lado que el azar le deparó a Marx el cultivo de una entrañable amistad que le permitió consagrarse a su trabajo de investigación sin tener que dividir sus esfuerzos y tiempos para dedicarse a la mundana actividad de conseguir el dinero necesario para sobrevivir.

Desde otro lado, podemos observar que no solamente la obra de Marx se explica por esas condiciones que la posibilitaron, sino que, a su vez, la trascendencia que ella adquirió también tiene su razón de ser justamente por las condiciones históricas del desarrollo del capitalismo, entre las cuales se pueden mencionar: surgimiento y fortalecimiento de una clase asalariada, nacimiento de los movimientos obreros organizados, etc., que encontraron en ese discurso un elemento vivificador y explicativo de su razón de ser y de su futuro.

Asimismo, la construcción de una sociedad dentro de la cual millones de seres vivieron bajo el peso de una feroz dictadura completamente ajena a la utopía que se supone estaría inmersa en las propuestas libertarias de la obra de Marx nos da cuenta de la trascendencia histórica de una obra, esto es, del quehacer intelectual de un autor. Tan es así que, en lo que respecta a este caso, para muchos analistas, el principio y el fin de esa sociedad marcarían los límites históricos periodizadores del siglo XX.

Igualmente podemos recordar la manera en que los textos de Marx se convirtieron en razón de ser de una nueva escolástica, de la cual surgió una infinita cantidad de obras, discusiones, polémicas que, al considerar la palabra marxiana como el nuevo verbo, generaron la construcción de corrientes de interpretación similares a las formas eclesiásticas de polemizar sobre las Sagradas Escrituras. Si las disputas se hubieran restringido al ámbito meramente intelectual, quizá la visión histórica que a escasas décadas pudiéramos tener no pasaría de ser anecdótica sobre lo absurdo de su carácter; sin embargo, al tener como centro de reflexión y disertación el sentido que "la palabra" tenía para la correcta intervención política (esto es, en términos militantes, para el diseño y ejecución de las estrategias y tácticas adecuadas), tales discrepancias de interpretación tuvieron no en raras ocasiones consecuencias verdaderamente trágicas.

LÍNEAS DE INVESTIGACIÓN Y DEBATE CONTEMPORÁNEO

Vemos entonces que la historia del personaje, de la construcción de su obra y de su influencia o falta de ella —es necesario recalcarlo— se explica fundamentalmente por las condiciones históricas. Éstas constituyen el elemento nucleador y axial de todo retrato intelectual.

Queda claro que cualquier autor elegido para ser retratado intelectualmente debe ser objeto de este apasionante trabajo investigativo de conocer, adentrarse en la comprensión de las vicisitudes históricas y personales que le permitieron dar a luz una obra particular y única.

Ahora bien, enfatizar la importancia que el sentido de lo histórico tiene en la conformación del sujeto y, en consecuencia, en su obra, no quiere decir que se proponga simplemente una concepción reduccionista, historicista o, para utilizar una palabra quizá más adecuada, determinista. No, nada de eso. Si así fuera, se negaría la existencia de la habilidad, don, capacidad (o como se le quiera denominar) de los individuos creadores de las obras, lo cual constituye un craso error.

Es evidente que ese don, ese genio, se da sólo en algunos cuantos individuos, que al estar imbuidos en —tomando un concepto prestado de las ciencias naturales— un cierto "caldo de cultivo" posibilita la explosión de esa capacidad sobre ciertos cauces. Si esto no fuera así, contando sólo para la creación intelectual las condiciones de estructura social y cultural en las que crecen los individuos, no se explicaría por qué no surgen más talentos dentro de las sociedades que dan a luz a un gran escritor, científico, poeta o cualquier otro tipo de pensador.

Un ejemplo que no por coloquial deja de ser sumamente aleccionador sobre este punto es la referencia de que en cierta ocasión el popular compositor mexicano Agustín Lara, al estar en una reunión social fumando un cigarrillo de mariguana, fue increpado por otro invitado, quien le dijo que con esa ayuda cualquiera componía música como la de él. Como respuesta, Lara simplemente, quitándose el cigarrillo de la boca y ofreciéndoselo al individuo, le dijo: "tenga y componga".

Sea verdad que dicha querella se dio o no, la supuesta respuesta atribuida al compositor mexicano habría sido, además de contundente, sumamente ilustradora para nuestro tema. Lara, con su desafío, evidenció que la creación, o la actividad de pensar en dimensiones distintas, o encontrar, sugerir y proponer nuevos caminos para la reflexión, el arte, la ciencia, la crítica o cualquier otro tipo de actividad que queramos asignar a nuestro sujeto de estudio (los intelectuales) tiene como condición imprescindible que exista la materia prima necesaria, la cual eufemísticamente podemos denominar "don", "genio", habilidad o, simplemente, capacidades creativas extraordinarias.

Ambos universos, el personal y el histórico, al entrelazarse, explican el carácter y devenir de una obra. Cuestionarse sobre qué hubiera sucedido si alguno de esos infinitos factores hubiera variado es completamente ocioso o, en el mejor de los casos, puede constituir un juego intelectual productor de ocurrencias que, en alguna medida, ilustran justamente la importancia de la atmósfera histórica en la que se desenvuelve un cierto quehacer intelectual; es el caso de la conocida afirmación de que si Kafka hubiera nacido en México no hubiera pasado de ser un buen escritor costumbrista.

Ver horizontes distintos, concebir nuevas dimensiones, caminar rutas desechando mapas, inventar itinerarios, colorear lo invisible, proponer lo inconcebible, agitar la arena, construir mundos, consolidar pompas de jabón, para ello y más, coinciden tiempos, dones, culturas, aromas, libros, familias, escuelas, ideologías, pasiones, perversiones, amistades, filosofías, tecnologías, gastronomías, tantos factores como la infinita cantidad de palabras necesarias para explicar el devenir de una vida humana. A ello nos acercan los retratos intelectuales; éstos constituyen un bosquejo, una impresión primera y, necesariamente, parcial, que pretende ayudar a conocer al autor y su obra en su eterna e inseparable unidad.

BIBLIOGRAFÍA

Baca Olamerdi, Laura, e Isidro H. Cisneros (comps.) (1997), *Los intelectuales y los dilemas políticos en el siglo XX*, Triana-Flacso, México.

Blanco, José Joaquín (1993), *Se llamaba Vasconcelos. Una evocación crítica*, FCE, México.

Braude, Fernand (1992), "Marx: derivaciones a partir de una obra ineludible", *La Jornada Semanal*, nueva época, núm. 167, 23 de agosto, México.

Domínguez Michael, Christopher (1997), *Tiros en el concierto. Literatura mexicana del siglo V*, Era, México.

Fuentes, Carlos (1984), "Nicolás Gogol. La identidad aplazada", *Vuelta*, núm. 91, junio, y núm 92, julio, México.

Paz, Octavio (1978), *Xavier Villaurrutia en persona y obra*, FCE, México.

Rodríguez Ledesma, Xavier (1996), *El pensamiento político de Octavio Paz. Las trampas de la ideología*, UNAM-Plaza y Valdés, México.

Ruy Sánchez, Alberto (1991), *Tristeza de la verdad. André Gide regresa de Rusia*, Joaquín Mortiz, México.

IUSNATURALISMO

Óscar Correas

Definición

Etimología: es fácil ver que se trata de una palabra compuesta de *ius* y *naturaleza*. *Ius* es la palabra latina que tradicionalmente se traduce por "derecho" (véase *derecho subjetivo*). La palabra "naturalismo" indica en este caso la idea de que el derecho, de alguna manera, proviene de la naturaleza.

Concepto: se denomina *iusnaturalismo* a una corriente de la *filosofía del derecho* según la cual en la naturaleza están inscritas algunas normas o principios que los hombres deben incorporar en sus derechos positivos para que éstos sean justos. Es decir, si un derecho positivo ordena lo mismo que ordena el derecho natural, entonces ese sistema de normas prevalecerá, no porque sea derecho dictado por un poder, sino porque sus normas son justas. Ese derecho sería válido por el contenido de sus normas y no por la forma en que se ha producido. Por lo tanto, hay en todos los iusnaturalismos la creencia de que la justicia está en la naturaleza o, tal vez, que para lograr la justicia hay que seguir estas normas que se encuentran allí. Si se pregunta en qué sentido puede decirse que en la naturaleza hay normas, los iusnaturalistas contestan de diversos modos. Gran parte de ellos, que de esta manera se afilian a lo que puede llamarse iusnaturalismo racionalista, opinan que es la razón humana la que, observando, analizando, estudiando la naturaleza, puede extraer, conceptualmente desde luego, esos principios o normas. Por ejemplo, que observando cómo los seres humanos aprecian su vida, puede colegirse que no hay que quitar la vida a un ser humano. Otros iusnaturalistas que son creyentes o practicantes de alguna religión en particular piensan que esas normas han sido puestas en la naturaleza por Dios —o que en el momento de su creación ha sido dotada de esas normas por Dios—, y algunos opinan que él mismo ha revelado cuáles son esas normas en los libros que consideran inspirados por él; tal es el caso de algunos cristianos respecto de la Biblia y de los musulmanes respecto del Corán.

Lo que asemeja todos los pensamientos iusnaturalistas es la idea de que, además del derecho positivo creado por los hombres, hay otro derecho que no depende de la creación de ningún hombre ni de las opiniones de los hombres acerca de la justicia. Con ello, lo que sostienen es que existe una justicia, o una idea de justicia, que no depende ni proviene de las ideas que los hombres tienen de ella sino que está más allá de los hombres. Ese más allá puede ser Dios; puede ser la naturaleza en algunos casos en que no se quiere reconocer un Dios, aunque también puede decirse que se trata de una naturaleza creada así por Dios; puede ser no la naturaleza o Dios, sino un mundo ideal o de ideas como en el caso de Platón. Nótese que el iusnaturalismo se funda, siempre, en una creencia metafísica, entendiendo por esto último una afirmación que no puede comprobarse experimentalmente. En efecto, la naturaleza humana, las normas del derecho natural, Dios, el destino, los designios de la historia son conceptos que no tienen referencia empírica; esto es, nadie puede señalar un objeto, empíricamente mostrable, que pueda ser el referente de estas ideas.

Es necesaria una convicción de distinto tipo de las que provienen de la experiencia sensorial para aceptar la existencia de entes como "naturaleza" o "designios de la historia". Algunos iusnaturalistas dicen esto mismo de otra forma; por ejemplo, que el derecho que no es justo —que no se atiene al derecho natural— no es derecho. La conclusión ética puede ser —aunque no se desprende necesariamente de ello— que tal derecho no debe ser obedecido, o tal vez que no es obligatorio obedecerlo. Lo contrario al iusnaturalismo es el positivismo, que sostiene que el único derecho realmente existente es el producido por los seres humanos, aun cuando sea injusto (con lo cual no se quiere decir que *debe* ser obedecido). El positivismo sostiene que todo derecho es producto de la cultura humana, de las relaciones sociales, de la historia, de la ideología, o de cualquier otra causa; lo único irrenunciable para un positivista, en oposición al iusnaturalismo, es que el derecho no proviene de ningún ente extrahumano, como Dios, la naturaleza, el designio de la historia, el destino, etcétera.

Historia, teoría y crítica

La extensión del iusnaturalismo: la idea iusnaturalista de que la justicia no depende de algunos hombres aparece también, transformada, en otros pensamientos. Por ejemplo, el nazismo es una forma de iusnaturalismo en el sentido de que considera justo, más allá de lo que los hombres consideren justo, que las razas inferiores sean objeto de normas represivas. En este sentido, todos los pensamientos racistas son iusnaturalistas porque sostienen que las normas justas están dictadas por la naturaleza, que es la que ha hecho diferentes a las razas. Nótese que no es la aceptación de la diferencia de razas lo que hace iusnaturalista un pensamiento, sino la idea de que, porque las razas son distintas, *deben* ser tratadas de manera desigual por el derecho porque "así lo ha dispuesto la naturaleza al hacerlas distintas". Es también iusnaturalista el pensamiento de Calicles, el sofista criticado por Platón. Para Calicles, según Platón, lo justo es lo que le conviene al más fuerte, puesto que lo justo es "lo natural" y lo natural es que el más fuerte domine al más débil. Otra forma de iusnaturalismo es la de ciertos nacionalismos que sostienen que el derecho justo sería aquel que coincide con las normas que provienen del "espíritu del pueblo". Se piensa en este caso que hay algo así llamado y que es lo que dicta, o debería dictar, el derecho justo. Otra forma de iusnaturalismo es el que sostiene que la historia humana tiene un fin, un designio, sea o no establecido por Dios, y que el derecho justo sería el que ordena las conductas que tienden a ese fin y prohíbe las que atentan contra ese fin. Esto está presente en todos los pensamientos en que los motivos escatológicos tienen amplio espacio y puede encontrarse en algunos marxistas —los estalinistas, por ejemplo.

Ejemplos de pensamientos iusnaturalistas: el iusnaturalismo es, posiblemente, la tendencia dominante en todo el mundo y en la mayor parte de las personas. Existen muchos pensadores que lo son. Platón es iusnaturalista porque piensa que existe una idea de justicia más allá de lo que establecen las normas de la *polis*. De modo que las *polis* que no producen normas conformes con la idea de justicia son *polis* injustas. Aristóteles, dentro del mismo tipo de pensamiento, dice en la *Política* que las uniones humanas son, "por naturaleza", la familia, la *polis*, la que existe entre el amo y el esclavo, y que los hombres —los no bárbaros, es decir, los griegos— viven "naturalmente" en *polis*, mientras que los no griegos, los bárbaros, son "naturalmente" esclavos. Como se ve, en el mundo griego el iusnaturalismo tiene como una de sus funciones la justificación de la esclavitud. El pensamiento cristiano es desde luego iusnaturalista, y puede decirse que la mayor parte de los iusnaturalistas latinoamericanos son cristianos. Para el cristianismo primitivo, por ejemplo, precisamente el derecho natural era lo que se oponía a la esclavitud, en tanto que Dios había hecho iguales a todos los hombres y era injusto reducir a algunos a la esclavitud. Como se ve, es el mismo argumento esclavista, pero en sentido inverso.

La crítica del iusnaturalismo: todas las críticas al iusnaturalismo apuntan a denunciarlo como un pensamiento totalitario. Se dice así que todos los dictadores antiguos y modernos justifican su derecho a gobernar y el derecho que dictan como gobernantes en la idea de que, como ellos conocen la naturaleza, o bien los designios de Dios o de la historia, conocen cuáles son las normas justas, que son, precisamente, las que ellos dictan todo lo cual les permite perseguir a quienes no piensan igual porque creen que la justicia es algo distinto de lo que piensa el gobernante. Toda vez que se encuentre un gobernante que justifica el derecho que dicta fundándose en que éste está conforme con la naturaleza —con el derecho "natural"—, dicen los críticos del iusnaturalismo, estamos frente a un iusnaturalista que usa esta filosofía para justificar su dominación. Y esta clase de gobernantes puede encontrarse, agregan, en los más opuestos gobiernos; por ejemplo, en los más crudos capitalismos o en los más igualitarios socialismos. Todo está en justificar el propio poder a través de las normas que la naturaleza dicta o, al menos, propone como justas. Esta crítica, como se comprende, tiene como fundamento el carácter totalitario de los efectos políticos del iusnaturalismo, y es una crítica que proviene de sectores relativistas y de nocráticos, que opinan que nadie puede arrogarse la prerrogativa de decir que lo que él piensa es lo justo y mucho menos justificar con ello la persecución de los opositores. No obstante, también existen iusnaturalistas democráticos, que dicen, precisamente, que lo "natural" en el hombre es la vida democrática y el respeto de todas las opiniones.

Sin embargo, la crítica más incisiva, de fundamentos filosóficos difíciles de rebatir, proviene de los empiristas de la escuela de Hume; entre éstos debe ubicarse a los positivistas contemporáneos, como Kelsen. Esta crítica se funda en la denominada *falacia naturalista*, que consiste en intentar extraer, por una inferencia lógica, una conclusión prescriptiva de premisas descriptivas. Esto quiere decir que de una descripción no puede obtenerse, lógicamente, una prescripción. Que no puede, de la sola descripción de la naturaleza, obtenerse por un procedimiento lógico ninguna norma. Por lo tanto, no es posible decir que porque se conoce la naturaleza se conoce además cómo deben conducirse los seres humanos. Un ejemplo siempre citado es el siguiente: del hecho de que se pueda decir que el pez grande se come al chico no se puede inferir que *debe* comérselo. O, dicho de otra forma, de un "ser" —de la descripción de algo que es— no puede extraerse un "deber ser", es decir, una prescripción. Esta crítica no ha podido ser superada por el iusnaturalismo porque, conforme con las leyes comúnmente aceptadas de la lógica, efectivamente no es válido un razonamiento que obtenga una prescripción de premisas que solamente describen algo. Desde luego, es necesario notar que la crítica da por sentado esas reglas de la lógica; por lo tanto, si las reglas aceptadas fueran otras, la conclusión podría ser distinta.

LÍNEAS DE INVESTIGACIÓN Y DEBATE CONTEMPORÁNEO

El iusnaturalismo y la defensa de los derechos humanos: no puede dejar de hacerse notar que los llamados "derechos humanos", cuya defensa se ha mostrado como una de las necesidades de nuestras sociedades modernas frente al avance del Estado y sus cuerpos represivos, han surgido en el mundo moderno como una ideología de carácter iusnaturalista. En efecto, los derechos del hombre, desde las revoluciones modernas, han sido considerados como algo que todos los seres humanos tienen *antes* de que el Estado los reconozca, y, por lo tanto, éste no puede no reconocerlos ya que son anteriores a él. Este pensamiento es mayoritario en el mundo moderno, lo cual, por otra parte, no ha impedido que la mayor parte de los hombres del planeta sean tratados infrahumanamente. Más aún, esta ideología iusnaturalista, que ha sido la justificación del poder de los Estados europeos, a los que se agrega ahora el estadunidense, no les ha impedido invadir los países del Tercer Mundo, extraerles sus riquezas y vender como esclavos a sus habitantes. Por ello es que, para los pueblos del Tercer Mundo, la defensa de los derechos del hombre, desde una perspectiva iusnaturalista, sigue siendo una bandera que se continúa desplegando, precisamente por ser opuesta a estos "derechos" que los países centrales se arrogan respecto de los más pobres. Sin embargo, tampoco es posible dejar de decir que todas las dictaduras latinoamericanas han tratado de justificarse diciendo que defienden la civilización cristiana y los derechos naturales del hombre. Esto muestra que el iusnaturalismo es una filosofía que es utilizada tanto por los tiranos para justificarse, como por las víctimas para justificar su resistencia.

BIBLIOGRAFÍA

García Máynez, Eduardo (1977), *Positivismo jurídico, realismo sociológico y iusnaturalismo*, UNAM, México.

Kelsen, Hans (s. f.), *Teoría pura del derecho*, UNAM, México.

Kelsen, Hans (1974), *La idea del derecho natural y otros ensayos*, Editorial Nacional, México.

Ovilla Mandujano, Manuel (1990), *Teoría del derecho*, Editorial Duero, México.

IZQUIERDA

Isidro H. Cisneros

Definición

La izquierda puede ser definida como una concepción y una modalidad de la política que nace en oposición al *status quo* y que, con modificaciones varias, mantiene ese carácter hasta nuestros días. El término *izquierda* se refiere a un conjunto heterogéneo de actores, concepciones y proyectos muy diferentes entre sí y que en no pocas ocasiones conllevan estrategias, símbolos y estructuras de organización de carácter antagónico.

Historia, teoría y crítica

La distinción entre derecha e izquierda resulta tan antigua como la Revolución francesa; a partir de ella, en 1789, "se dio un nombre a la persistente, y persistente por esencial, composición dicotómica del universo político". Es justamente el problema de la igualdad entre los hombres el "núcleo teórico" a partir del cual es posible formular definiciones sobre la izquierda. Existen profundas diferencias conceptuales en la izquierda, y por ello es posible encontrar izquierdas liberales, democráticas, socialistas o comunistas. En este contexto, una pregunta significativa se refiere a la pertinencia de identificar un núcleo específico de ideas, valores, principios y objetivos históricos que puedan formar, hoy por hoy, parte de un proyecto progresista. Las diversas actitudes hacia el problema de la igualdad establecen un criterio básico que permite diferenciar entre la izquierda y la derecha. La izquierda representa la herencia normativa que nació con la Revolución francesa, a partir de la cual se desarrolló la concepción moderna de la democracia: derechos humanos, igualdad, libertad y disposición al diálogo. Aunque la democracia nace con las ideas del liberalismo y en abierta contraposición a las del socialismo, con el tiempo se ha desarrollado entre ambas concepciones una relación de mutua complementariedad. En efecto, la historia de la democracia no coincide con la historia de la izquierda, porque la democracia no siempre enarboló los valores defendidos por esta última y porque existió una influyente izquierda de carácter no democrático. Al respecto, es posible formular dos cuestiones: la primera, si el binomio derecha-izquierda puede continuar enmarcando los cambios que acontecen en las modernas relaciones políticas, y la segunda, analizar si no resulta contradictorio intentar reducir la necesaria pluralidad que acompaña la constitución de las sociedades democráticas a una visión dicotómica de la política.

Un intento de respuesta a tales interrogantes lo ofrece el filósofo italiano Norberto Bobbio, según el cual, no obstante la crisis del comunismo, la distinción entre izquierda y derecha aún continúa en el centro del debate político, ya que los problemas de libertad y de justicia social que "la más grande utopía de la historia" no logró resolver se han trasladado al interior de las democracias. Por lo que hace a la segunda cuestión, Bobbio sugiere que gracias a la existencia de sociedades plurales es posible una síntesis de los opuestos y, por tanto, la convivencia pacífica entre las diversas formas de consenso y de disenso. No obstante, y a pesar de su versatilidad, en muchos aspectos la vieja dicotomía ha perdido parte de su valor descriptivo frente a la aparición de nuevos equilibrios políticos. El conjunto de desafíos que enfrentan las democracias impone la necesidad de volver a reflexionar sobre los conceptos clave que podrían permitir entender el sentido y el significado de los nuevos actores y concepciones considerados de izquierda. Uno de los ejemplos más claros de esta situación es representado por el movimiento ecologista, el cual es definido como un "movimiento transversal" que no puede ser clasificado simplemente como de derecha o de izquierda. La tradicional antítesis, sin embargo, aún continúa evidenciando con claridad una contraposición entre ideologías y movimientos de pensamiento y acción política que tienen en el centro de sus preocupaciones diversos modos de abordar los problemas de la igualdad. Mediante una reflexión que atraviesa distintos campos de la teoría política se ha desarrollado una discusión alrededor del "legado normativo" que heredó a la democracia con la caída del comunismo histórico. La igualdad política aparece como una realidad constante de las sociedades democráticas, mientras que la igualdad social aún continúa siendo una aspiración para la creación de la *civitas maxima* de inspiración kantiana.

A partir de los sucesos derivados del derrumbe del socialismo real en 1989, se han desarrollado nuevas interpretaciones en relación con un proyecto de izquierda diferente del comunista, el símbolo más importante de la realización política que impulsaba la izquierda tradicional. A pesar de su fracaso, que puede abonarse a la inoperancia de un régimen político basado en la limitación de las libertades así como en una aspiración a la transformación social fundada en la ideología marxista, es significativo que la utopía comunista aún continúe representando para un sector importante de los grupos que se consideran parte de esta tradición de pensamiento el paradigma central de su proyecto social y político. Por lo anterior, resulta extremadamente paradójico que, justamente en el momento más importante de nuestra historia reciente, que marca incluso el final de una época y el inicio de otra, la izquierda se encuentre incapacitada para ofrecer respuestas coherentes a los dilemas que acompañan el inicio del siglo XXI. Esto ocurre precisamente cuando a esta particular concepción y modalidad de la política se le presenta la oportunidad histórica de ofrecer una solución alternativa a aquellas sociedades que van pasando de las distintas formas autoritarias y despóticas que adoptó el socialismo real hacia los sistemas democráticos. Durante 200 años, la izquierda había insistido en ofrecer el advenimiento de un "mundo nuevo" en el que ella sería el sujeto dinámico de la transformación. El que esto no haya sido así se debe en parte al hecho de que la izquierda permaneció fuertemente anclada en la cultura del viejo mundo político y prisionera de su "jaula de oro" mental y de sus ideologías autorreferenciales. Los principios constitutivos que permitirían una recomposición programática de la izquierda frente a los nuevos desafíos obligan a replantear el conjunto de valores que dan contenido y a partir de los cuales se podría desarrollar la idea de ciudadanía. En este sentido, los nuevos desafíos obligan a la izquierda a salir del estado de "soledad normativa" en que la democracia la ha colocado, a identificarse más plenamente con un nuevo sujeto de la transformación vinculado a los individuos y a los grupos en cuanto ciudadanos, y a asumir plenamente un compromiso con la solución concertada de los conflictos. La izquierda deberá expresar, en síntesis, un acuerdo en relación con los principios y valores, con las normas y procedimientos sobre los que se funda la convivencia ciudadana, realizando así una contribución fundamental a la constitución de "sociedades fundadas sobre la tolerancia". En tal sentido, estudiar los problemas que en este momento encarna la izquierda significa sobre todo hacer referencia al futuro de la democracia y, de manera particular, a la evolución de los sistemas representativos, al funcionamiento del gobierno y al sentido de la acción pública en la vida social.

Entre los estudiosos existe un acuerdo generalizado respecto al hecho de que actualmente se ha desarrollado una crisis del binomio derecha-izquierda como elemento ordenador de las modernas relaciones políticas. La fragmentación del paradigma representado por el denominado "socialismo real" ha extendido su influencia alcanzando también a la izquierda occidental. Este "eclipse de la izquierda" acontece justamente en el momento en que estamos viviendo un cambio de época. La crisis de la izquierda ha venido a confirmar que no existe un espacio único de la política con validez universal. De frente a lo "novedoso" que en este momento encarna la política, la izquierda permanece inmersa en la cultura del viejo mundo político. Se puede sostener que, en cierto sentido, la izquierda tradicional se ha convertido en defensora del *status quo*; se ha transformado en conservadora, sobre todo por su recurrente oposición a la apertura de los mercados y a la innovación tecnológica en aras de una defensa a ultranza del anquilosado mundo sindical. Por ejemplo, un aspecto en el cual la izquierda se niega a modificar sus concepciones es la práctica leninista de la relación partido-sindicato, es decir, entre el movimiento de vanguardia representado por la estructura piramidal de cuadros y el sujeto político colectivo encarnado en la organización sindical, relación en la cual esta última aparecía en el mejor de los casos como "fuerza auxiliar" y, en el peor, como una "correa de transmisión" en el proceso de transformación social. En esta perspectiva, se considera necesario un nuevo proyecto progresista ya no concentrado en la identificación tradicional entre crecimiento económico, justicia social y trabajo estable de por vida, sino en una más flexible distribución del tiempo y del trabajo y en una diversa filosofía de la intervención del Estado, la cual establezca una *igualdad de oportunidades* acompañada de reducciones del horario de trabajo y disminución del desempleo, así como de un aumento de la calidad de la vida y de la promoción del voluntariado y la cooperación en los diversos aspectos de la vida social.

La crisis que caracteriza a la izquierda comunista ha alcanzado de igual modo a sus homólogos en el mundo de la socialdemocracia. Las preguntas que actualmente es necesario formularse podrían ser planteadas en los siguientes términos: ¿es posible hablar de una izquierda del futuro?, y, si esto es así, ¿puede ella continuar siendo identificada con el movimiento socialista y con el principal sujeto social de este proyecto, la clase obrera? Los programas y las ideas de la renovación política, social y cultural han influido poco en la izquierda. De estos problemas se habla desde hace tiempo, pero el resultado es desalentador: en los hechos no se evidencian diferencias sustantivas entre los gobiernos conservadores y aquellos que se dicen progresistas. En efecto, a nivel mundial es extremadamente difícil definir qué cosa representa actualmente el programa de la izquierda y quiénes podrían enarbolarlo. El problema es más complejo de cuanto pudiera aparecer a simple vista. En este supuesto nos debemos preguntar si es todavía posible identificar un núcleo de ideas y de valores, de principios intelectuales y de objetivos históricos capaces de orientar a los sujetos individuales y colectivos en la acción política. Aquello que sí es posible adelantar es lo que la izquierda no es y no puede continuar siendo: no es la planificación centralizada, la abolición del mercado y de la propiedad privada; no es la colectivización y la supresión de las libertades individuales; la izquierda no está constituida, finalmente, por la pretensión de representar un proyecto global (y por lo tanto totalizante) del hombre y de la sociedad, y mucho menos si ese proyecto se fundamenta en la dirección de una minoría ilustrada o de una vanguardia de revolucionarios. En este supuesto, aquello que ha muerto es un intento por realizar un sistema económico alternativo al capitalismo, así como un experimento político autoritario; en contraparte, aquello que aún permanece es la necesidad de una confrontación con aspiraciones igualitarias de tipo laico, civil y reformista.

De este modo, la respuesta a la pregunta: ¿qué cosa es hoy la izquierda?, no puede ser establecida de una vez y para siempre. A pesar de la ausencia de fundamento que hoy expresan los conceptos izquierda-derecha, permanece vigente la distinción analítica entre aquellos que colocan en segundo plano la solución de las desigualdades políticas y sociales y aquellos que intentan establecer no iguales puntos de partida, sino más bien iguales puntos de arribo, limitando los arbitrios que la selección natural y meritocrática produce en la vida social. Esta nueva tensión entre conservación y progreso debe servirnos para analizar los problemas que surgen con el nuevo milenio. No obstante, es necesario formular los nuevos parámetros normativos en la redefinición del proyecto de izquierda. La primera premisa a la que nos referiremos consiste en tener presente que ninguno de los grandes problemas sociales y políticos que la deontología de izquierda —entendida como la ideología de la transformación radical de la sociedad considerada opresiva e injusta— buscaba resolver desapareció con la caída de los regímenes comunistas, y sobre todo con el fracaso de la revolución inspirada en tal ideología. Asistimos en efecto, como ha sostenido Bobbio, al derrumbe irreversible de una gran utopía que pretendía solucionar el "enigma de la historia", a la crisis de un paradigma que atrajo al menos durante un siglo a filósofos, artistas e intelectuales. Los límites para una posible reconstrucción de esta utopía están precisamente en el hecho de que no quedan claros cuáles serán los principios normativos y los instrumentos institucionales a partir de los cuales la izquierda podrá afrontar —ofreciendo nuevas soluciones— los problemas de injusticia y pobreza que hicieron nacer y desarrollarse a tal paradigma y que siguen flagelando a dos tercios de la humanidad. Esta cuestión es todavía más grave, ya que a la pregunta de si las democracias, que gobiernan en los países más ricos del mundo, serán capaces de resolver los problemas que el comunismo histórico no logró solucionar, tampoco se ha podido ofrecer una respuesta satisfactoria.

En este sentido, aquello que está hoy en crisis es el mito fundador de la izquierda; es decir, está en crisis un tipo de política ideológica que trasladándonos al reino de los valores establecía su mensaje en la carga utópica de los conceptos. Por esto, debemos asomarnos al núcleo originario de principios y valores que representó (y que en muchos casos todavía representa) la izquierda. En tal perspectiva, es posible identificar la existencia de dos paradigmas culturales que caracterizaron a la izquierda y que actualmente se encuentran en crisis irreversible. El primero de ellos, encarnado por la izquierda de tipo comunista, se refiere a la existencia de un "conflicto central" de tipo social simbolizado por la lucha de clases. Este paradigma ocupó por muchos años el núcleo de toda la política de izquierda. El papel central que la lucha de clases ocupaba en esta estrategia se ha desvanecido ante las contradicciones producidas por las sociedades modernas. Ha muerto el antagonismo histórico que existía entre capitalismo y comunismo y, al calor de las transformaciones producidas tanto por las revoluciones de 1989 en el mundo socialista cuanto por la guerra del Golfo en 1991 y la de Kosovo en 1999, nuevas tensiones han aparecido en la escena mundial. En los últimos tiempos, la tensión más importante que es posible observar deriva de la separación Norte-Sur, representada por importantes aspectos relativos al desarrollo socioeconómico, y que en su dimensión político-cultural expresan en parte aquello que Samuel Huntington ha denominado "el choque entre civilizaciones". Esta tensión tiene una de sus máximas expresiones en la confrontación producida, por un lado, entre los principios y las instituciones de la democracia y, por el otro, entre los valores y procedimientos que caracterizan el resurgimiento de los regímenes de tipo fundamentalista. Esto, para no hablar de otras tensiones derivadas de la contraposición existente entre la ética y la política o entre el poder absoluto y sus límites; o aquella tensión entre el corporativismo étnico y la necesaria convivencia racial, la cual tiene su máxima expresión en las múltiples guerras regionales de origen étnico que en este momento se desarrollan en diversas partes del mundo. ¿Y qué decir, por último, de las contraposiciones que es posible observar entre descentralización y centralismo o entre legalidad e ilegalidad?

Otro aspecto fundamental para la reconstrucción de un programa de izquierda es aquel referido al problema de la ecología. Esta cuestión es representada por una de las nuevas "tensiones" a las que hemos hecho referencia: la existente entre crecimiento económico ilimitado y crecimiento posible. La destrucción del medio ambiente representa hoy por hoy una de las contradicciones clave; esta vez ya no entre distintas clases sociales, sino entre el hombre y la naturaleza. Esta tensión es importante porque —como sostiene Ferdinando Adornato— encierra una revolución ética y una involución cultural; una revolución ética que consiste en una dilatación temporal del concepto de responsabilidad, y una involución cultural que nace de un complejo de derrota frente a la naturaleza; una derrota no ideológica o política, sino posible derrota del hombre como especie. Involución cultural como crítica del consumismo desenfrenado, y revolución ética como limitación de los comportamientos destructivos.

La existencia de estas tensiones nos invita a descubrir significados alternativos de la palabra izquierda, sobre todo en referencia a los nuevos movimientos sociales.

El segundo paradigma cultural, representado por la izquierda de tipo socialdemocrático, se refiere al papel que el Estado debería desempeñar en la solución de las contradicciones sociales y en la promoción del *Welfare State*. Esta estrategia estaba orientada a la satisfacción de las necesidades sociales y a una nueva distribución de los recursos. Actualmente, aquello que está en crisis del proyecto socialdemocrático es sobre todo la idea de la cuestión social como motor de la iniciativa del partido y del Estado. El *Welfare State* en sus experiencias clásicas terminó creando pesadas estructuras burocráticas que sólo contribuyeron a empeorar la prestación de los servicios públicos y, por si fuera poco, al calor de la crisis de los ochenta, se interrumpió el "círculo virtuoso" de marca socialdemócrata, según el cual el constante desarrollo económico se traducía en un incremento proporcional de sus bases sociales. En este sentido, la crisis de los regímenes comunistas se ha traducido también en un agotamiento de las potencialidades de la socialdemocracia, la cual, paradójicamente, se había desarrollado sobre la base de la crítica al llamado "socialismo real". Sin embargo, la izquierda no puede abandonar estas experiencias de formación de la ciudadanía, sobre todo porque la socialdemocracia dio un contenido social al Estado y un contenido normativo al concepto de solidaridad.

LÍNEAS DE INVESTIGACIÓN Y DEBATE CONTEMPORÁNEO

Se puede sostener que si bien la llamada "contradicción fundamental" no se desarrolla ya entre capitalismo y socialismo, sí se da entre sociedades cerradas y sociedades abiertas. La acumulación es la lógica de las primeras, el intercambio debe ser la lógica de las segundas. Así como el disenso, también el mercado resulta vital para la convivencia democrática. Suprimir el mercado significa suprimir una de las condiciones de la democracia. En este sentido, el capitalismo hoy en día puede ser definido como un modo de producción, pero sobre todo como un modo de intervención sobre el mercado que, como tal, puede ser también modificado por el desarrollo de la civilización productiva. A la izquierda, que ha tenido siempre una relación teórica difícil con la categoría de mercado, se le presenta una buena oportunidad para salir definitivamente de una discusión que hoy por hoy carece de sentido. Puede oponerse a la lógica de la ganancia no en nombre de un imposible comunismo, sino en nombre del principio de una libre contractualidad entre los individuos. Es necesario liberar al valor de la igualdad de los fantasmas del nivelamiento social dentro de los cuales el marxismo lo había aprisionado. *Hemos insistido en la importancia de establecer iguales oportunidades tanto en los puntos de partida como en los puntos de arribo para todos los ciudadanos;* pero es igualmente indispensable evitar la formación de fuerzas que puedan anular en la competencia de mercado esta igualdad de oportunidades. La igualdad no debe traducirse más como una "constricción a idéntico trato", sino que debe significar una nueva adquisición de valor: considerar la presencia del otro, justamente por su diversidad, un hecho irrenunciable de la propia socialidad. En términos positivos, la igualdad debe entenderse como creación de condiciones de libertad para dar nuevas posibilidades a la conquista de derechos para todos; una lectura diferenciada de la igualdad la debe considerar el resultado de una nueva identidad del sujeto colectivo. Por lo tanto, tratar de hacer universales los derechos es un deber, y en este sentido la democracia no es un medio, sino un fin en sí mismo. Una izquierda que asumiera la temática de los "nuevos derechos" como eje central de la propia cultura sería una izquierda nuevamente a la ofensiva sobre las condiciones de la modernidad. Entre los valores de la democracia que son hoy fundamentales resaltan los de la libertad y la no violencia; la primera, como medida del derecho inalienable de resistencia frente a cualquier forma de intolerancia; la segunda, como cultura universal de los hombres que desean vivir sin temores. En este sentido, es de izquierda quien es capaz de transformar la intolerancia de los otros en la propia tolerancia. Un intento para rediseñar los elementos de una reconstrucción cultural y política de la izquierda debe ser realizado a partir del momento de que no existe política, y ciertamente no puede existir una política de izquierda sin ideas.

Del núcleo de valores que identifica al pensamiento de izquierda resaltan las categorías clásicas: *liberté, égalité, fraternité*. Esta herencia se ha mantenido como patrimonio de la izquierda, acompañando el largo ciclo histórico de las revoluciones durante dos siglos. Pero también adquisiciones de valor relativamente recientes nos pueden permitir dibujar la nueva identidad cultural de una izquierda representada por los conceptos de solidaridad, inclusión, tolerancia y diversidad. Pensamos en una nueva izquierda que pueda representar el "partido de los derechos", sobre todo los derechos de ciudadanía. Estos nuevos valores derivan de la superación de la vieja contraposición entre forma y contenido de la democracia. En los tiempos que corren es cada vez más aceptado que la democracia es formal o no es nada, ya que ella constituye principalmente un proceso o un conjunto de procesos para la toma de decisiones. Sin embargo, la democracia no es simplemente un método porque justamente en sus procedimientos existe un aspecto sustantivo que la hace deseable y que la transforma en un fin y, por lo tanto, en un valor en sí mismo. Este aspecto constituye "el valor-base de la política" sin el cual otros valores no pueden ser perseguidos. Dicho de otro modo, el proceso democrático no asegura que se tomarán buenas decisiones, pero, en cualquier caso, constituye un aspecto positivo que las decisiones sean tomadas mediante un proceso democrático que incorpora justamente en su aspecto técnico y formal valores fundamentales como la igualdad y la autonomía personal y de grupo.

En este aspecto, encontramos una paradoja que afecta tanto a la izquierda cuanto a la democracia, y que es representada por el modo como se le puede dar adecuada respuesta a las "reivindicaciones de ciudadanía" de aquellos individuos y grupos culturalmente diferenciados que, mientras por un lado reclaman instrumentalmente el reconocimiento de sus derechos, por el otro no están dispuestos a reconocer legitimidad universal al formalismo democrático. De frente a la "soledad normativa" existente, corresponde a la democracia incorporar la herencia ética del pensamiento socialista, mientras que toca a la izquierda reformular su línea de acción en términos de credibilidad, identificando nuevos objetivos e interlocutores. Esto último se debe traducir en un declarado acercamiento de la izquierda al área de apoyo de la democracia y del mercado. Salvo contadas y muy honrosas excepciones, es justamente en este punto donde brilla por su ausencia la impostergable autocrítica a los postulados sostenidos por la izquierda durante largos decenios. No deja de sorprender el modo como una parte de esta izquierda se ha adaptado —cómodamente— a la denominada "crisis de las ideologías" y a los efectos producidos por la "caída del muro de Berlín" sin que mediara una revisión crítica, tanto política como cultural e ideológica, que hoy por hoy resulta fundamental en el necesario proceso de renovación que estamos sugiriendo. Sin embargo, cambiar no significa caer en la autoflagelación permanente, en el sentido de irremediable derrota, ni exaltarse ante cualquier síntoma que indique que ni siquiera el neoliberalismo se encuentra en óptima salud. Este proceso debe orientarse a la creación de una nueva identidad y a la conquista de los mejores valores de la herencia histórica del pasado. En pocas palabras, la izquierda debe avanzar sobre los planos de la confiabilidad democrática y de la credibilidad como fuerza de gobierno. Derechos humanos, jornada de trabajo, organización urbana, ingeniería genética y medio ambiente representan sólo algunos de los temas en los cuales la izquierda aparece muy a la zaga con respecto a las nuevas condiciones del país. En tal contexto, la izquierda democrática debe promover la creación y la extensión de una nueva concepción de los derechos de ciudadanía, pero en ella el ciudadano debe dejar de ser, por un lado, el "sujeto de una reivindicación" y, por el otro, una parte de la "gran contradicción social". Esta nueva concepción debe considerar al ciudadano en el concreto malestar de su existencia cotidiana: el área de los derechos civiles debe constituir el nuevo campo de la izquierda, en donde la categoría "libertad" representa la medida de la civilización humana. La creación del "enemigo" es una enfermedad de la política. Frente a ella, resulta más completo identificar los aspectos que ya no pueden representar a la izquierda del mañana: no podrá ser encarnada por un partido único pretendidamente hegemónico; tampoco podrá articularse a partir de concepciones que colocan al Estado en el centro de la vida social; del mismo modo no podrá ser intolerante y dogmática, y por lo tanto deberá rechazar cualquier tendencia al "centralismo democrático" o a la "planificación centralizada" de inspiración leninista. Por otro lado, deberá también redefinir sus posiciones sobre la innovación tecnológica; pero, sobre todo, deberá asumir una posición sin ambigüedades en relación con cualquier intento de supresión de las libertades individuales. Positivamente, la izquierda podría definirse, según Bobbio, como una "izquierda de los derechos", con lo cual estaría convocando a recuperar una tradición política que deriva de la Ilustración y que ve en la preservación de los derechos humanos la restauración del proyecto igualitario que la Edad de la Razón encarnó y que aún se encuentra inconcluso en muchos de sus aspectos referidos a los derechos de ciudadanía. Por lo tanto, la izquierda de los derechos resultará una posible alternativa en la conformación de un proyecto progresista para el próximo milenio.

BIBLIOGRAFÍA

Adornato, Ferdinando (1992), "Il tramonto della sinistra", *La Repubblica*, agosto, p. 9.

—— (1991), *Oltre la sinistra*, Rizzoli, Milán, pp. 84-87.

Bobbio, Norberto (1995), *Derecha e izquierda. Razones y significados de una distinción política*, Taurus, Madrid, p. 187.

—— (1991), "L'Utopia capovolta", *L'Utopia Capovolta*, La Stampa, pp. 127-128.

—— (1993), "La sinistra e i suoi dubbi", documento presentado en el seminario *La sinistra alle soglie del 2000*, celebrado el 11 de enero de 1993 en el Centro Studi Piero Gobetti de Turín, Italia.

Bodei, Remo (1992), "Mutamenti di identità", en *Le idee della sinistra*, Editori Riuniti, Roma, p. 27.

Bosetti, Giancarlo (1993), "La crisi in cielo e in terra" en *Sinistra punto zero*, Donzelli Editore, Roma, p. 15.

Colletti, Lucio (1993), "In nome di Dio scioglietevi", *L'Espresso*, 7 de febrero, pp. 40-42.

"Comments. Responses to Samuel P. Huntington's 'The Clash of Civilizations?'", en *Foreign Affairs*, septiembre-octubre de 1993, vol. 72, núm. 4, pp. 2-26.

Dahl, Robert (1990), *La democrazia e i suoi critici*, Editori Riuniti, Roma, p. 165.

Huntington, Samuel (1993), "The Clash of Civilizations?", *Foreign Affairs*, verano, vol. 72, núm. 3, pp. 22-49.

Jonas, Hans (1990), "Etica della responsabilità", *Micromega*, núm. 2, Roma, p. 230.

Lukes, Steven (1993), "Che cosa è rimasto?", en *Sinistra punto zero*, Donzelli Editore, Roma, p. 53.

Marramao, Giacomo (1992), "Paradossi dell'Universalismo", en *Le idee della sinistra*, Editori Riuniti, Roma, p. 57.

Martinelli, Alberto, y Michele Salvati (1993), "'What is left'. La sinistra disincantata", *Il Mulino*, año XLII, núm. 346, marzo-abril, p. 229.

Przeworski, Adam (1985), *Capitalism and Social Democracy*, Cambridge University Press, Cambridge.

Rocard, Michel (1993), "L'Utopia concreta della sinistra" y el "Discorso di Tours", ambos en *L'Unità*, 18 de enero y 19 de febrero, p. 2.

Trentin, Bruno (1992), "Eguaglianza e libertà", en *Le idee della sinistra*, Editori Riuniti, Roma, p. 40.

Veca, Salvatore (1989), "Libertà e eguaglianza. Una prospettiva filosofica", *Progetto 89*, Il Saggiatore, Milán, pp. 27 y 28.

Walzer, Michael (1993), "La sinistra che c'è", en *Sinistra punto zero*, Donzelli Editore, Roma, p. 145.

JUSTICIA

Óscar Correas

Definición

Del latín *ius*, derecho, ley. Sin embargo, en ese contexto cultural el derecho, lo justo, lo que corresponde, es más bien el puesto que le toca a algo en el orden universal. Así, el *ius* de una cosa es lo que le toca conforme con este orden difuso (*logos* en griego, que todo lo gobierna: personas, cosas, bestias y plantas).

El discurso de la justicia: la justicia se dice de las normas. Por extensión, se habla también de sociedad justa o injusta. De cualquier manera, es una propiedad que le adjudicamos a algo, a las normas o a los sistemas normativos, sean morales, jurídicos o de otra clase, si las hay. Esto es, se trata de un *discurso* en el mejor sentido de esta palabra. Con esta palabra calificamos las normas. Producimos un discurso acerca de ellas. Por tanto, la justicia depende del punto de vista del hablante. Para quien detenta el poder, la justicia es el derecho que él produce. Y la aplicación de las leyes se denomina *administración de justicia*. Para el sujeto del poder, justicia es un calificativo utilizable para hablar del derecho que le es impuesto. El poderoso justifica —hace aparecer como justo— las leyes que produce, con una ideología según la cual es valioso obedecer esas leyes. Por ejemplo, recurre a la idea de que el orden es necesario, bueno, mientras el caos, detestable. El poderoso no es proclive a justificar sus leyes en virtud de su validez moral intrínseca. Se limita a identificar justicia con ley. Le basta con la ideología de aceptación del derecho que consigue desarrollar en la conciencia del ciudadano. El sujeto de la ley —sujeto *a* la ley—, el ciudadano, el dominado, en cambio, utiliza el discurso de la justicia para contestar la pretendida bondad de las leyes que se le imponen. En este orden de cosas, entonces, justicia es una ideología, que aparece en discursos de naturaleza eminentemente política.

Historia, teoría y crítica

Justicia y orden universal

El racionalismo iusnaturalista

La tradición filosófica ha recogido una máxima atribuida a Solón, uno de los siete sabios de Grecia, según la cual "es justo dar a cada uno lo suyo". Puede decirse de esta definición que es aformal, en el sentido de que deja abierta, incontestada, la pregunta acerca de qué es "lo suyo". Los filósofos griegos Platón y Aristóteles, por ejemplo, emparentaron la justicia con la felicidad y con el conocimiento; de modo que la justicia era la felicidad, que se encontraba con ayuda de la razón. Por una parte, el hombre justo es feliz; el injusto, lo contrario. Por otra parte, la justicia es una virtud del que conoce. Quien comete injusticia lo hace porque no sabe. La solución, claro, respecto de esto último, es la educación; pero no sólo en el conocimiento de las leyes de la *polis*, sino en el conocimiento científico. Pero, si el hombre, para ser feliz, sabe que ha de ser justo, no por saber esto sabe también cuáles son las conductas que lo harán feliz. Claro, no faltó quien dijera que lo justo es lo que le conviene al más fuerte —Platón pone esta frase en boca de Trasímaco—, y, por tanto, se es feliz dejando desbordar las pasiones. Pero precisamente, Platón y Aristóteles quieren fundar la justicia en el dominio de las pasiones por parte de la razón. Recurren entonces al orden universal, al *logos* que gobierna el universo, la *physis*, como se dice en griego. Y lo justo resulta, para Platón, un orden jurídico —una *polis*—, en el cual cada uno se dedica a hacer aquello para lo cual fue mejor dotado por la naturaleza. Los fuertes a guerrear, los hábiles a trabajar, los inteligentes a gobernar. Lo que finalmente determina qué se debe hacer para que resulte la felicidad de todos y, por tanto, se cumpla la máxima solónica es este *logos* universal que gobierna la *physis*. En Aristóteles, la felicidad —*eudaimonía*— se consigue practicando la justicia, dando a cada uno lo suyo. Ahora bien, lo suyo se encuentra en el justo medio. El orden universal parece mostrar que todo se encuentra en equilibrio, y que la ruptura de él produce consecuencias nefastas. Así, la enfermedad es producida por los desequilibrios de los humores del cuerpo, mientras que todo lo que peca por grandeza o pequeñez es malo. Lo bueno, lo justo, está en conseguir el punto medio: la virtud se encuentra entremedio de dos vicios. No hay mayores precisiones en estas concepciones de la justicia, aunque sí está claro que se sabe cuál es el justo medio y quién es el mejor dotado, gracias a la virtud. Y la virtud —*areté*— se aprende; se transmite racionalmente (y de allí que esta posición pueda ser llamada también *racionalismo*). Por lo demás, detrás de todo esto está la idea de que es bueno obedecer las leyes de la *polis*, al menos cuando esa *polis* está organizada como Platón o Aristóteles quieren que lo esté. En el extremo, Platón pone a Sócrates como el héroe que prefiere morir antes de violentar las leyes. Y muere feliz. Se trata, sobre todo la de Platón, de una apología del Estado: las leyes son justas y el justo debe obedecerlas. A cambio, se le dota de la felicidad anhelada.

Aristóteles agrega un par de precisiones que han tenido feliz y larga fortuna. Precisa que una cosa es la justicia distributiva y otra la conmutativa. En el primer caso, se trata de dar a cada uno lo suyo —de que la *polis*, el Estado, lo haga— conforme con los merecimientos de cada uno. Es el Estado el encargado de distribuir los bienes a los ciudadanos. Pero no se trata de un adelanto del bienestar por el Estado. Se trata, aquí, de los bienes en tanto merecimientos cívicos, cargos públicos. La justicia conmutativa no es otra cosa que la ideología mercantilista según la cual es justo entregarse mutuamente equivalentes entre portadores de mercancías. Para la justicia conmutativa, "lo suyo" es el equivalente. De modo que entregar menos es injusto, y la reparación consiste en la restitución hasta el monto equivalente; ni más ni menos. Puede decirse, sin mucho riesgo de error, que en la ideología cotidiana de nuestra cultura la justicia se identifica con este orden mercantil: difícilmente alguien dudaría de que es injusto recibir menos de lo que entregamos. En estas justicias aristotélicas, no puede negarse que hay un mayor grado de concreción acerca de lo que es "lo suyo", sobre todo en la conmutativa: el equivalente.

En el Occidente cristianizado, las cosas no varían mucho, pese al gran esfuerzo de los pensadores medievales para definir la justicia. El orden universal sigue siendo la fuente de la justicia, sólo que ahora la *physis* ha sido creada por Dios. Es más fácil, ahora, ver el orden natural como fuente de la justicia: obedecerlo es obedecer a Dios. Por otra parte, este mundo cristiano es también racionalista, y, por tanto, el buen uso de la recta razón permite el acceso a los derechos naturales, en cuyo cumplimiento consiste la justicia. Esto no significa una variación importante respecto de la posición griega; sin embargo, se utiliza mayormente la palabra *iusnaturalismo*, para hacer referencia al punto de vista medieval cristiano acerca de los criterios que permiten calificar un orden normativo como justo, donde la recta razón cumple un papel de primera magnitud. Merece destacarse que el iusnaturalismo católico propuso la idea de que es justo desobedecer el derecho injusto, esto es, el que no está de acuerdo con el derecho natural. Incluso son justos el tiranicidio y la rebelión. Con todo lo que ese pensamiento tenía de justificatorio del orden establecido, no dejó de entregar a la posteridad un criterio contestatario para el discurso de la justicia. Y por eso los defensores de los derechos humanos afines al cristianismo hacen hincapié en ese iusnaturalismo cuando se trata de la fundamentación de los derechos.

También se usa la palabra iusnaturalismo para hacer referencia al pensamiento moderno de personajes como Pufendorff, Thomasius, Grocio, Hobbes, Rousseau, Locke y Kant. Todos ellos tienen en común que sostienen la existencia de una naturaleza humana primigenia, y que el derecho justo, o la justificación del Estado, debe buscarse en el estudio de esa naturaleza humana. Se entiende el parentesco con la posición griega y medieval: la justicia está ligada a un orden universal eterno, inmutable, que se llama tanto *logos*, dios o naturaleza, cuyo estudio permite conocer las fórmulas jurídicas verdaderas, esto es, justas. Se entiende, por ello, que la palabra iusnaturalismo también puede extenderse al pensamiento griego.

El pensamiento iusnaturalista desde la antigüedad a nuestros días es esencialmente absolutista y autoritario, aun si existen iusnaturalistas de tendencia probadamente democrática. Esto es así porque supone que es absolutamente posible el conocimiento de los principios de la justicia. El orden universal, Dios, o la naturaleza inmutable creada por Dios, ofrecen un fundamento sólido. Todo es cuestión de usar bien la razón. Y el autoritarismo proviene de que fácilmente se pasa de estas ideas a esta otra: si yo, por el buen uso de mi recta razón, llego a una conclusión sobre la justicia, y tú no llegas a la misma, entonces estás equivocado. Y de allí a esto: como consecuencia, yo debo mandar y tú obedecer. El autoritarismo es inevitable, porque no hay un tercero que pueda dirimir la discusión acerca de quién usó rectamente la razón. Y si lo hubiera, ése sería el que reclamaría el derecho a mandar, fundado en el argumento de saber cuál es el criterio de la justicia. Como se comprende, de aquí a la inquisición hay un paso corto. En suma: la concepción iusnaturalista de la justicia supone que lo justo, lo suyo, se encuentra en la observación de la naturaleza; como esta observación debe ser hecha por la razón, el iusnaturalismo es racionalista.

El relativismo ético

Una posición distinta, esencialmente relativista y tolerante, es la de la filosofía empirista inglesa, cuyo prócer máximo es David Hume. Esta posición es escéptica, porque se niega a creer que acerca de la moral pueda llegarse a convicciones universales y válidas para todos los hombres y todos los tiempos. Por el contrario, lo que se comprueba con el repaso de las ideas en la historia es que la idea de justicia cambia con el tiempo y los lugares. Sin que lo haya dicho el escepticismo de Hume, podemos agregar que, en una sociedad como la nuestra, dividida en clases y grupos con intereses antagónicos, lo que sea justo dependerá de la posición social de los protagonistas de la discusión. El talante tolerante del escepticismo proviene de ese reconocimiento de la imposibilidad de arribar a soluciones absolutas en problemas éticos. Por otra parte, se diferencia del racionalismo en que ve los problemas de la justicia como pertenecientes a esa dimensión humana de los sentimientos y las emociones. El relativismo, por otra parte, se opone al iusnaturalismo porque no consigue aceptar la evidencia de esa naturaleza humana, de la cual no existen las evidencias experimentales que el empirismo exige a los conocimientos que ha de dar por buenos. Esto no impide que el escepticismo se proponga como tema científico el del origen del Estado. Pero esto será, entonces, una reflexión sociológica, y no una especulación metafísica, como la que hace hincapié en la naturaleza humana. El escepticismo de Hume propuso, también, una ley lógica que ha tenido buena fortuna. Según Hume, es lógicamente incorrecto deducir normas a partir de la observación de la naturaleza. O, como también se dice, y con más propiedad, es lógicamente incorrecto deducir prescripciones a partir de descripciones. Esto es: no hay conexión lógica entre una descripción de lo que efectivamente sucede en la naturaleza, y una norma. Se conoce ésta como *ley de Hume* o *falacia naturalista*. Significa que, contrariamente a lo sostenido por los iusnaturalistas, es lógicamente incorrecto obtener normas o valores de la simple observación de la naturaleza. Esto es, lo que sea justo, lo suyo, no se encuentra observando lo que sucede; la justicia, los valores, por el contrario, se instalan en otra dimensión del lenguaje. Los iusnaturalistas, por cierto, reniegan de la ley de Hume, pues se opone a su punto de partida.

El concepto procedimental de justicia

El pensamiento acerca de la justicia no había ido más allá de esta ya larga oposición entre racionalismo y escepticismo, entre absolutismo y relativismo, entre iusnaturalismo y positivismo hasta hace pocos años. Junto con el desencanto del hombre contemporáneo por las certezas de la ciencia, aparece el desencanto por lograr unanimidad, universalidad, en el tema de la justicia. Así como en la epistemología contemporánea se busca un sucedáneo de la verdad en el procedimiento para conseguir no la certeza, pero cuando menos el consenso, así también en los últimos tiempos han aparecido teorías de la justicia que buscan un concepto universal en la discusión. Suponen que sería posible arribar a ideas aceptadas por todos sobre qué es lo justo, lo suyo, en una discusión en la cual todos los participantes pudieran participar en igualdad de condiciones. Como tal discusión, se comprende, es solamente ideal, resulta que estas teorías constituyen una utopía. Sin embargo, no por ello han resultado menos atractivas, y en nuestros días, en ética, tanto como en epistemología, la idea del consenso suplanta a la certeza, tanto como a la justicia entendida al estilo iusnaturalista.

Justicia como contenido del orden normativo

Otra manera de abordar la cuestión, es suponer, como lo hace la ideología estatal, que lo justo está expresado en las leyes efectivamente dictadas por los encargados de hacerlo. Es claro que ésta es la ideología propia del poder; es uno de los motivos más importantes del discurso del poder: el discurso de la justicia como contenido del orden jurídico positivo. Esta ideología es la de los filósofos antiguos, sin duda: es la ideología del ciudadano Sócrates bebiendo la cicuta voluntariamente, para no incumplir las leyes de la *polis*. Se comprende que esta ideología es antagónica con todas las que proponen la idea de que las leyes *deben* ser justas, y si no lo son deben ser desobedecidas y cambiadas. El discurso estatal de la justicia propone, en cambio, que la desobediencia, y la lucha por cambiar las leyes, es *subversión* y constituye un delito que la justicia debe juzgar y condenar.

Administración de justicia

Ahora la justicia se ha convertido no en un valor, sino en una institución. Esto es, en un conjunto de normas que indican cuáles miembros de la sociedad deben ejercer la coerción contra los otros. Estas normas y estos funcionarios constituyen lo que se denomina *administración de justicia*. Esta institución no se diferencia de otras, como hacienda, salud pública o recursos hidráulicos. No es otra cosa que una actividad que desarrollan ciertos individuos que han sido designados para ello, tal como los otros empleados del gobierno. Sin embargo, la función social de esta institución es de tal importancia que aparece como un "poder" independiente y vigilante de la conducta, no sólo de los ciudadanos, sino también de los otros miembros del Estado. La función social de la administración de justicia consiste en la legitimación del poder. Si la justicia es bien vista por los ciudadanos, si consigue que sus decisiones sean vistas como justas, la legitimación está cumplida.

LÍNEAS DE INVESTIGACIÓN Y DEBATE CONTEMPORÁNEO

Libertad e igualdad

En el mundo contemporáneo, la discusión acerca de la justicia se ha visto constreñida a girar alrededor de estas dos ideas: libertad e igualdad. Para algunos, lo justo, lo suyo, consiste en la igualdad de todos los hombres, y éste sería el valor supremo, aquello que las leyes deben defender. Pero, para otros, la libertad conlleva la injusticia, si eso les permite a algunos convertirse en desiguales respecto de otros. Para éstos, el valor supremo es la igualdad, y eso es lo que deben promover las leyes. Y aquí está el *quid* de la cuestión: para quienes quieren ver la justicia del lado de la igualdad, ésta debe conseguirse aun a costa de la libertad de algunos, lo cual es inadmisible para los otros. Se atribuye al *liberalismo* la ideología de la libertad como contenido de la justicia, y al *socialismo* la de la igualdad: el primero tiene la libertad como el máximo valor, y el segundo la igualdad. ¿Se puede conseguir la igualdad en la libertad absoluta? Pareciera que la historia muestra que la igualdad política no garantiza la igualdad entre los hombres. Y que sociedades en las cuales se hicieron esfuerzos para otorgar igualdad de oportunidades a todos fueron criticadas por haber conculcado la libertad de los ciudadanos. Éste ha sido el caso de los países del llamado *socialismo real*, como la Unión Soviética y los países del este europeo. Y ésta es la discusión actual, que tampoco es nueva: lo justo ¿debe aproximarse a la libertad más que a la igualdad? ¿Al contrario? ¿O, como quería Aristóteles, lo justo está en el término medio? Y esto último ¿es posible? La cuestión está abierta. Pero vale la pena tener en cuenta que existen socialistas y comunistas libertarios, al mismo tiempo que liberales que defienden el Estado mucho más de lo que cabría esperar. Esto no hace sino mostrar las distintas aristas que tiene la discusión.

Los derechos humanos

En el mundo contemporáneo, a pesar de la subsistencia de la discusión en la cual se enfrentan libertarios contra igualitaristas, hay un punto de acuerdo: es justo el respeto de los derechos humanos. Puede decirse que, a finales del siglo XX, los derechos humanos expresan la idea de justicia. Casi nadie está en desacuerdo con esto. O bien, pocos se atreven a decir lo contrario, aun cuando vean los derechos humanos como una cortapisa para la persecución de delincuentes y subversivos. Más aún, pavorosas violaciones a los derechos humanos se han cometido en nombre de los derechos humanos. Pero lo cierto es que la mayoría de los ciudadanos está de acuerdo en que debe exigirse al Estado el cumplimiento de ciertas expectativas que la sociedad moderna ha puesto a la vista de todos. El discurso de los derechos humanos pone la cuestión de la justicia como algo que se demanda al Estado. El Estado, por su parte, responde con su ideología de la administración de justicia y con la creación de órganos especiales para suplir las demandas de los ciudadanos. Lo justo, lo suyo, para el ciudadano contemporáneo, consiste en ciertas actividades que deben cumplir ciertos funcionarios públicos. Como el abstenerse de aplicar tormentos, proporcionar salud y bienestar, cuidar el medio ambiente, etcétera. Todas estas expectativas son vividas, en el mundo moderno, en términos de derechos subjetivos. Es decir, en términos de este discurso que constituye a los ciudadanos al mismo tiempo que al Estado. El discurso de la justicia, desde el punto de vista del ciudadano moderno, entonces, se hace concreto en el discurso de los derechos humanos. Éste es el punto en el cual se encuentra, hoy, el tema de la justicia.

LEGALIDAD

Pedro Salazar Ugarte

Definición

El concepto de legalidad tiene una doble dimensión político-jurídica. Desde la perspectiva de la ciencia política, la legalidad es un requisito y un atributo del poder que supone ciertos límites al ejercicio del mismo. Un poder es legal y actúa legalmente en la medida en que se constituye en conformidad con un determinado conjunto de normas y se ejerce con apego a otro catálogo de reglas previamente establecidas. Bajo esta óptica, el concepto de legalidad está estrechamente relacionado con el de legitimidad: el primero se refiere al ejercicio del poder y el segundo a la titularidad del mismo. Un poder es legítimo en sentido estricto cuando su titularidad tiene un sustento jurídico, y es legal cuando los actos de autoridad que de él emanan se ajustan a las leyes vigentes. El concepto de legitimidad trata de responder a la pregunta: ¿cuál es el sustento de un poder político determinado?, mientras que el concepto de legalidad responde a la interrogante: ¿cómo se ejerce dicho poder? En esta tesitura tenemos, en principio, dos niveles de relación entre las leyes y el poder político: *a)* un primer nivel que se refiere al sustento jurídico de la titularidad del poder (legitimidad), y *b)* un segundo nivel que atiende al ejercicio del poder desde la perspectiva de su apego a un conjunto de normas (si se apega, es un poder legal; si no lo hace, es un poder arbitrario).

Más allá de la estrecha relación entre ambos conceptos, la legalidad, desde el punto de vista de la ciencia jurídica, se refiere al segundo nivel de relación entre derecho y poder político. Es decir, a la adecuación de los actos de autoridad a un conjunto de disposiciones legales. Efectivamente, desde la perspectiva jurídica, el principio de legalidad (en sentido estricto) se enuncia de la siguiente manera: "todo acto de los órganos del Estado debe encontrarse fundado y motivado en el derecho en vigor". Es decir, que todo acto de la autoridad pública debe tener fundamento en una norma jurídica vigente y, más allá, dicha norma jurídica debe encontrar su propio sustento en una norma superior. Este principio tiene un origen histórico antiguo y se ha venido enriqueciendo durante el desarrollo del pensamiento político y jurídico. Desde sus orígenes, detrás del principio de legalidad descansa la contraposición entre "el gobierno de los hombres" y "el gobierno de las leyes": en el primer caso, los gobernados se encuentran desprotegidos frente al arbitrio del gobernante, y, en el segundo, los súbditos cuentan con más posibilidades de conocer de antemano los límites y alcances del ejercicio de la autoridad. Ciertamente, detrás de esta dicotomía existe un juicio de valor: donde impera la legalidad los gobernados cuentan con un cierto grado de certeza y seguridad jurídica y disfrutan, en principio, de un estado de igualdad frente a la ley (ideal griego *isonomia);* donde la legalidad es un principio ausente, los gobernantes cuentan con un margen discrecional absoluto para afectar la vida de sus súbditos. Sin embargo, en términos estrictos, el principio de legalidad como tal poco nos dice del contenido de las normas jurídicas que rigen a una comunidad determinada. La existencia de un determinado cuerpo normativo que regule las condiciones del ejercicio del poder político (sistema jurídico vigente) no garantiza, por sí sola, la vigencia de un catálogo de garantías de seguridad jurídica para los súbditos de quien ejerce la autoridad. Por eso, el principio de legalidad en sentido amplio debe entenderse como un ideal jurídico que no hace referencia al derecho que "es", sino al derecho que "debe ser".

Historia, teoría y crítica

Efectivamente, el desarrollo histórico del concepto de legalidad tiene aparejado un ideal valorativo que aspira a restringir, mediante normas, el uso arbitrario del poder político, garantizando a la par una serie de seguridades para quienes están sometidos a dicho poder. En esta tesitura, el concepto de legalidad se ha venido ampliando y ha dado paso a manifestaciones de la ciencia jurídica de un alcance más amplio; tal es el caso de la noción del "imperio de la ley" o —*Rule of law* en su expresión inglesa y *Rechtsstaat* en su expresión germana— y de la concepción de Estado de derecho (desde la perspectiva del pensamiento liberal moderno). Todas estas nociones tienen como sustento nociones valorativas que buscan garantizar determinados principios, tales como la igualdad, la certeza y la seguridad jurídicas. Con ello, en última instancia, se busca proteger la idea liberal de "autonomía" de las personas. En todos los casos se trata de una concepción ética (prescriptiva) del derecho que rebasa el plano meramente descriptivo en el que sólo importa constatar la existencia o ausencia de un cuerpo normativo que regule las relaciones entre los gobernantes y sus gobernados. De esta forma, la noción del "imperio de la ley" va más allá del concepto de legalidad y exige que las normas jurídicas existentes cumplan con un conjunto de características específicas. Es un ideal del derecho que no se satisface con la existencia del mismo. En palabras de Francisco J. Laporta, el imperio de la ley es [...] un universo ético, es decir, no es una propiedad del derecho, algo inherente a la mera existencia empírica del orden jurídico, algo que nace ya con la mera norma jurídica, sino que es un postulado metajurídico, una exigencia ético política o un complejo principio moral que está más allá del puro derecho positivo [...].

Así las cosas, el concepto de legalidad adquiere una dimensión más amplia en la medida en que tiende a garantizar determinados principios dentro del contexto social en el que tiene vigencia. En un Estado de derecho moderno, no basta con la existencia de normas jurídicas y con el apego a las mismas por parte de quien(es) detenta(n) el poder político, sino que es necesario, para garantizar efectivamente el imperio de la legalidad, que esas normas cuenten con una serie de características en su origen y estructura (aspecto estático del derecho) y que sean aplicadas respetando determinados criterios (aspecto dinámico del derecho). En palabras de Elías Díaz:

No todo Estado es un Estado de derecho. Por supuesto que todo Estado genera, crea, un derecho, es decir, produce normas jurídicas; y que, en mayor o menor medida, las utiliza, las aplica y se sirve de ellas para organizar y hacer funcionar al grupo social, así como para resolver conflictos concretos surgidos dentro de él. Difícilmente cabría imaginar hoy (y quizás en todo tiempo) un Estado sin derecho, sin leyes, sin jueces, sin algo parecido a un sistema de legalidad, aunque los márgenes de arbitrariedad hayan tenido siempre una u otra efectiva y, en todo caso, negativa presencia. Pero, a pesar de ello, de esa constante, no todo Estado merece ser reconocido con este, sin duda, prestigioso rótulo cualificativo y legitimador que es —además de descriptivo— el Estado de derecho: un Estado con derecho (todos o casi todos) no es, sin más, un Estado de derecho (sólo algunos).

Ahora debemos determinar cuáles son las características que ha de satisfacer el cuerpo normativo para garantizar esta dimensión "prescriptiva" del concepto moderno de "imperio de la ley" propio de todo Estado de derecho. Dado que éste es un tema sobre el que no existe un acuerdo definitivo entre los estudiosos, revisaremos, siguiendo principalmente a Laporta, los aspectos básicos sobre los cuales parece existir un consenso:

a) En primer lugar, es necesario que exista un cuerpo normativo estable. La existencia de reglas ciertas es el primer paso para garantizar el principio de certeza jurídica. Un cuerpo normativo claramente delineado permite a los sujetos que se encuentran sometidos al imperio de ese conjunto de reglas conocer con anterioridad a la realización de sus acciones las consecuencias jurídicas que se derivan de las mismas. Esta noción "normativista" se opone a las posturas "decisionistas" que abren la puerta para que la autoridad tome decisiones imprevisibles y arbitrarias. Cabe resaltar que la concepción de "imperio de la ley" parte de una postura ideológica de carácter liberal. En última instancia, lo que se pretende salvaguardar con esta concepción del derecho es el principio ético de la autonomía de la persona. Es decir, se busca proteger una determinada noción de "persona": aquella que, desde la perspectiva de Rawls, permite al ser humano "vivir su vida de acuerdo con un plan, proponerse una identidad propia a través de sus propios propósitos, de lo que intenta hacer y ser en la vida". En esta tesitura, el contexto social que mejor permite el desarrollo del ser humano es aquel que se encuentra regulado por un cuerpo normativo claramente establecido, el cual le permite planear y ejecutar con certeza su propio plan de vida. Una noción de estas características es la que corresponde a la manifestación jurídica del imperativo categórico ideado por Kant: una ley que hace posible el máximo de libertad de cada uno compatible con la libertad ajena.

b) Sin embargo, como ya se señalaba, ese cuerpo normativo también debe satisfacer determinadas características para cumplir con el ideal ético del "imperio de la ley": *1)* En primer lugar, se trata de leyes que deben ser emitidas por autoridades facultadas legalmente para hacerlo. Es necesaria la existencia de normas de competencia que faculten a determinados órganos del poder público para emitir leyes que regulen el comportamiento social. Asimismo, estas leyes "recién creadas" deben ser congruentes con el resto de las normas del sistema. Las leyes deben provenir de un órgano facultado para emitirlas y su contenido debe ser consistente con las normas de jerarquía superior dentro del propio sistema jurídico (un ejemplo claro de esta relación es la que debe existir entre las normas constitucionales y las leyes secundarias). *2)* Las normas jurídicas deben ser de carácter general. Su contenido debe estar dirigido a "clases abiertas" de individuos y no restringirse a grupos de personas claramente determinadas. Con este rasgo de la legalidad se da respuesta al principio de "igualdad ante la ley" o *isonomía*, ya que cualquier individuo dentro de una "clase abierta", sin importar sus características individuales, tiene la misma relación frente a la legalidad que el resto de los integrantes de su "clase". *3)* Las normas deben ser prospectivas y nunca de carácter retroactivo. Su existencia debe preceder al acto al que se aplican para garantizar los principios de "certeza y seguridad jurídicas". Asimismo, deben gozar de cierto grado de estabilidad en el tiempo: su vigencia debe tener una duración razonable para que los individuos sujetos a las mismas puedan prever las consecuencias de sus actos. *4)* El contenido de las leyes debe ser razonablemente claro y conocido por el mayor número de sujetos sometidos a las mismas. La publicidad y claridad de las normas (en el ámbito de parámetros razonables) son garantías necesarias para la certeza y seguridad jurídicas.

c) El siguiente requisito para garantizar el "imperio de la ley" guarda relación con el aspecto dinámico del derecho: con la aplicación concreta de las leyes a casos particulares. El referente obligado para esta dimensión del sistema jurídico proviene de la tradición anglosajona y se conoce como *due process of law* (debido proceso legal). Tal como ha sido interpretado por la jurisprudencia de la Suprema Corte de los Estados Unidos, esta institución salvaguarda cuatro garantías fundamentales: *1)* nadie puede ser sancionado sin mediar un proceso jurisdiccional; *2)* todo juicio debe llevarse a cabo ante tribunales previamente establecidos; *3)* durante todo proceso jurisdiccional deben observarse las formalidades del caso, y *4)* las resoluciones judiciales deben sustentarse en normas jurídicas con una vigencia anterior a la comisión del acto materia del procedimiento. Como puede observarse, se trata de aspectos institucionales y formales que tienen por objeto salvaguardar, principalmente, el principio de "seguridad jurídica". De hecho, para Dicey, el principal teórico del *Rule of law*, el primer significado de esta concepción consiste, precisamente, en que "ningún hombre ha de ser castigado o puede sufrir legalmente en su cuerpo o en sus bienes excepto por una violación específica de la ley, establecida del modo legal ordinario ante los tribunales ordinarios del país". Esta posición fundamental se encuentra claramente enunciada en un principio general del derecho penal: *nullum crime, nulla poena, sine lege* (no hay crimen, ni pena, sin ley anterior al hecho). Adicionalmente, la salvaguarda del principio de "seguridad jurídica" requiere de otros aspectos no menos relevantes, tales como: *1)* la total imparcialidad de los jueces al aplicar el derecho; *2)* equidad para acceder al sistema de justicia; *3)* garantías de defensa durante los procesos judiciales, y *4)* reglas en la argumentación judicial, a partir de razonamientos deductivos, que tengan como punto de partida un fundamento legal expreso y cuya conclusión se infiera lógicamente de las premisas (fundamentación y motivación jurídica). Este tercer nivel de garantías para la vigencia del "imperio de la ley" es, sin duda, el corazón de todo Estado de derecho moderno, ya que en él se materializa la relación cotidiana y efectiva del cuerpo normativo con los sujetos sometidos a su imperio.

Hasta aquí los elementos mínimos, generalmente aceptados, como característicos de un sistema jurídico que garantice el "imperio de la ley", entendido éste como un ideal ético de los estados de derecho modernos. Sin embargo, en el contexto del análisis jurídico actual, algunos autores como Elías Díaz y Liborio L. Hierro han introducido otros elementos (notas características) a la idea de Estado de derecho. La incorporación de mayor importancia es la del "principio democrático" para dar como resultado un concepto más amplio: "Estado democrático de derecho". Desde la perspectiva de quienes adoptan esta posición doctrinal, la ley (para garantizar el principio de autonomía de la persona) debe ser la expresión de la propia autonomía de los sujetos a que se aplica. En palabras de Hierro, la ley debe concebirse "como expresión mediata o inmediata de la voluntad general. Sea directamente, sea a través de la representación, la ley aparece entonces como la expresión de la autonomía de un colectivo social que generaliza la autonomía de cada uno de sus componentes mediante el principio de mayorías". En esta misma tesitura Elías Díaz, además de incorporar el principio democrático, argumenta la necesidad de considerar dentro del concepto de Estado democrático de derecho la noción de derechos fundamentales. Según este autor, "el Estado de derecho [...] es aquel en el que las regulaciones normativas se hacen desde la libre participación [manifestada en la elección democrática de los miembros del poder legislativo], incorporando mejor los derechos fundamentales y [...] obligando con todo rigor [mediante la fiscalización del gobierno] a que los poderes públicos se muevan siempre dentro del más estricto respeto y sometimiento a las leyes [Constitución y demás] prohibiendo y persiguiendo toda actuación o respuesta estatal que utilice cualquier tipo de fuerza o coacción que pueda considerarse ilegal".

Como podemos ver, se trata de una concepción que va más allá de los requisitos formales (estructurales) del sistema normativo y de los criterios que deben observarse en la aplicación dinámica del derecho. Cuando revisamos las características que en aras del "imperio de la ley" debe contener un sistema normativo, señalamos que la emisión de normas (reglas de conducta) debe realizarla un órgano legalmente reconocido para hacerlo, pero en ningún momento consideramos el origen democrático de ese órgano emisor. Ese nuevo ingrediente del Estado de derecho se coloca, desde un punto de vista formal, en un nivel previo y extralegal que responde más a una idea concreta de legitimidad que al principio de legalidad propiamente dicho. Se trata de un elemento que tiende a fortalecer el principio de autonomía y a reforzar, consecuentemente, los mecanismos para garantizar los principios de "seguridad, certeza e igualdad jurídicas". Sin embargo, se ubica en una perspectiva más cercana a argumentos de índole política (legitimidad democrática del órgano emisor del derecho y, por ende, del derecho mismo) que a consideraciones de carácter jurídico (producción y aplicación de normas jurídicas). Ciertamente, esta relación entre legalidad y legitimidad democrática se ha venido estrechando en la concepción del Estado moderno y es el vértice de la estructuración de las democracias liberales de nuestros días: en ellas no cabe imaginar un poder legítimo pero no legal, y viceversa.

Líneas de investigación y debate contemporáneo

En contraste con estas concepciones que incorporan elementos morales y democráticos dentro del concepto de Estado de derecho, cabe resaltar la existencia de posiciones que se colocan en el extremo opuesto. Tal es el caso de Joseph Raz, quien si bien reconoce la importancia del Estado de derecho e insiste en la necesidad de que el cuerpo normativo cumpla con determinadas características (básicamente aquellas a las que hemos hecho referencia en este estudio), asegura que el Estado de derecho se reduce a dos aspectos que se desprenden de su sentido literal: *1)* las personas deben ser regidas por el derecho y obedecerlo, y *2)* el derecho debe ser de tal manera que las personas puedan ser guiadas por él. Esta concepción formal "no dice nada de cómo debe ser creado el derecho: por tiranos, mayorías democráticas o de cualquier otra forma. No dice nada sobre los derechos fundamentales, igualdad o justicia". Se trata de una posición que ve el derecho como un instrumento sumamente útil y necesario, pero desprovisto de contenidos valorativos. En palabras de Raz —y para concluir esta breve descripción del debate contemporáneo sobre el tema—, desde esta óptica formal "el Estado de derecho es una virtud negativa en dos sentidos: la conformidad a él no causa bien, salvo impidiendo el mal y el mal que se evita es el mal que únicamente pudo haberse producido por el propio derecho". Se trata de una concepción que reconoce un "fin útil" al derecho positivo, pero supone que esa finalidad se logra (hasta donde es posible) con la existencia de un sistema normativo que cumpla con ciertas características y no por el origen y los contenidos valorativos del orden legal.

En síntesis, el concepto de legalidad expresado en su acepción más restringida supone, únicamente, la adecuación de los actos de la autoridad a un conjunto de normas jurídicas de cualquier origen y contenido. Sin embargo, en su acepción moderna, más generalizada, el concepto de legalidad se traduce en concepciones más amplias como "imperio de la ley" (*Rule of law*) o "Estado de derecho", cuya vigencia supone al menos lo siguiente: *a)* la existencia de un cuerpo normativo emitido por una autoridad jurídicamente reconocida; *b)* dicho cuerpo normativo debe estar integrado por normas (en sentido de reglas de conducta) estables, prospectivas, generales, claras y debidamente publicadas, y *c)* el aspecto dinámico del derecho (aplicación de normas a casos concretos) debe ser ejecutado por una institución imparcial (tribunales previamente establecidos), mediante procedimientos normativos accesibles para todos (equidad en el acceso a la justicia) que garanticen que toda pena se encuentre debidamente fundada y motivada en derecho. Por su parte, una concepción más amplia del Estado de derecho y del concepto de legalidad inherente sostiene que no basta con que el derecho satisfaga las características antes descritas, sino que debe ser la manifestación de la voluntad popular (principio democrático) y contemplar expresamente los mecanismos de protección para ciertos derechos fundamentales.

El caso de México

En términos formales, el sistema jurídico mexicano recoge la mayoría de los elementos propios de un Estado democrático de derecho (entendido en su concepción más amplia). No sólo existe un cuerpo normativo claramente definido y con un aceptable grado de estabilidad, sino que la Constitución Política de los Estados Unidos Mexicanos contempla puntualmente los aspectos más trascendentes de todo Estado de derecho moderno. Efectivamente, el principio de legalidad (en sentido estricto) se encuentra contemplado en los artículos 103 y 107 de la Constitución. En dichas disposiciones no solamente se expresa la necesidad de que los actos, de cualquier naturaleza, que sean emitidos por autoridades públicas deben sujetarse al derecho, sino que, además, se consagra el mecanismo de protección por excelencia de los gobernados frente a los actos de autoridad: el juicio de amparo. Asimismo, en otra disposición de la Constitución (art. 41) se contempla el principio de supremacía constitucional, que supone un orden jerárquico de normas en el que las reglas o actos inferiores encuentran su fundamento de validez en una norma de carácter superior. Consecuentemente, en la propia norma suprema (art. 105) se establecen mecanismos para garantizar que las normas generales de carácter secundario se ajusten a lo dispuesto por la Constitución política. Si a esto le adicionamos que el artículo 73 del mismo ordenamiento define la competencia de un órgano específico (Congreso de la Unión) para emitir y modificar leyes generales de carácter secundario, y que esto debe hacerse de conformidad con un procedimiento preciso (arts. 71 y 72), concluimos que el sistema jurídico mexicano contempla, en términos generales, todos los elementos legales "estáticos" de un Estado de derecho. Efectivamente, tenemos un orden jurídico estable y jerarquizado que se integra por normas generales de duración definida y son emitidas por un órgano competente que, por si fuera poco, tiene la obligación de publicarlas. Así pues, las normas de competencia de los poderes públicos y las que rigen las relaciones de los gobernantes con los gobernados, y de éstos entre sí, cumplen con el principio de legalidad en sentido amplio.

La Constitución mexicana también contempla la mayoría de los aspectos que corresponden a la dimensión "dinámica" del derecho bajo la óptica del "imperio de la ley" y del Estado de derecho moderno. Los artículos 14 y 16 de la Carta Magna mexicana consagran, uno a uno, los elementos fundamentales que garantizan el principio de seguridad jurídica. Para empezar, el artículo 14 contempla que "a ninguna ley se le dará efecto retroactivo en perjuicio de persona alguna" (leyes prospectivas) y, en su segundo párrafo, enuncia con toda precisión el ideal del *due process of law*, o "debido proceso legal", en los siguientes términos: "Nadie podrá ser privado de la vida, de la libertad o de sus propiedades, posesiones o derechos sino mediante juicio seguido ante los tribunales previamente establecidos, en el que se cumplan las formalidades del procedimiento y conforme a las leyes expedidas con anterioridad al hecho". Como puede verse, el primer significado del *Rule of law* expresado por Dicey, y reproducido párrafos arriba, es consagrado en esta disposición constitucional con sorprendente exactitud. Más adelante, en el propio artículo 14 se contempla lo que podríamos llamar "derecho a la exacta aplicación de la ley" y que habíamos enunciado con el principio de *nullum crimen, nulla poena, sine lege*. Efectivamente, en dicho artículo se establece que "en los juicios del orden criminal queda prohibido imponer [...] pena alguna que no esté decretada por una ley exactamente aplicable al delito que se trata", y más adelante este mismo principio se hace extensivo a los juicios del orden civil decretando que en éstos "la sentencia definitiva deberá ser conforme a la letra o a la interpretación jurídica de la ley, y a falta de ésta se fundará en los principios generales del derecho".

Por su parte, el artículo 16 contempla las condiciones y requisitos que deben satisfacer todos los actos de autoridad para que sea posible aplicar las sanciones que contempla el artículo 14 antes reseñado. De esta forma, los requisitos de fundamentación y motivación que debe cumplir toda autoridad al aplicar las leyes a los casos concretos son puntualmente establecidos. El artículo 16, en su primer párrafo, señala que "nadie puede ser molestado en su persona, familia, domicilio, papeles o posesiones sino en virtud de mandamiento escrito de la autoridad competente, que funde y motive la causa legal del procedimiento". Indiscutiblemente, se trata de una clara expresión del principio de legalidad referida particularmente a los actos de aplicación normativa por parte del poder público. Como puede verse, este catálogo de garantías institucionales y formales, referido al ámbito de la aplicación de las normas jurídicas en México, corresponde al tercer ámbito de los elementos del Estado de derecho moderno (aquellos referidos al aspecto dinámico del orden jurídico). De esta manera, se puede afirmar que la Constitución Política de los Estados Unidos Mexicanos consagra la gran mayoría de los elementos que deben ser característicos de todo sistema en el que tenga vigencia el "imperio de la legalidad".

Asimismo, el ingrediente democrático que se ha venido incorporando al concepto de Estado de derecho también forma parte del sistema jurídico y político mexicano. En la medida en la que los miembros del Poder Legislativo mexicano (Congreso de la Unión) son electos por el voto secreto, universal y directo de los ciudadanos mexicanos en elecciones libres y periódicas (art. 41 de la Constitución), se puede afirmar que las leyes emitidas por ese poder son una manifestación (indirecta) de la voluntad popular. De hecho, el fortalecimiento de la democracia mexicana, a través de múltiples reformas a las instituciones político-electorales del país, es uno de los aspectos palpables en el México de fin de siglo. Desde esta óptica, la legitimidad de los gobernantes y representantes mexicanos se funda, cada vez más, en la satisfacción del principio democrático: las autoridades son electas a través de procesos electorales efectuados con apego a procedimientos legales previamente establecidos. El ingrediente de la legitimidad que, como hemos insistido, se encuentra estrechamente vinculado con el de legalidad en los estados de derecho modernos, es un elemento clave de la realidad mexicana. Asimismo, en adición al principio democrático, la Constitución mexicana, desde su primer artículo, contempla una serie de garantías para todos los individuos que se encuentren en el territorio nacional (principio de igualdad frente a la ley). Además, dichas garantías (contempladas en los primeros 29 artículos de la Constitución) protegen los valores de libertad, igualdad y seguridad social y jurídica propios de la tradición liberal, los cuales indiscutiblemente se insertan dentro de la concepción de "derechos fundamentales" a los que hacen referencia estudiosos como Elías Díaz y que son consustanciales al constitucionalismo moderno.

A partir de lo anterior, no es equivocado concluir que el sistema normativo mexicano está a la altura del ideal moderno de Estado de derecho, lo que supondría la vigencia del "imperio de la ley". Sin embargo, lo cierto es que en su aspecto dinámico el sistema legal de este país no logra ser una garantía de seguridad y certeza jurídicas. Más allá de los principios consagrados en la Constitución y en las leyes secundarias, la aplicación del derecho en México distorsiona los presupuestos del Estado de derecho: el aparato de justicia responsable de garantizar la constitucionalidad y legalidad de los actos de autoridad es un cúmulo de rezagos e ineficiencias. Como lo señala Alberto Begné, la realidad jurídica mexicana está caracterizada por "la inobservancia de las leyes y su deficiente y desigual aplicación". Desde esta perspectiva, es conveniente apuntar que la vigencia de cualquier Estado de derecho no se agota en aspectos de carácter formal, sino que tiene que estar apuntalada en la eficacia del ordenamiento jurídico. Más allá del origen, las características y el contenido del derecho, la noción de eficacia está dirigida a la observancia y aplicación práctica de las normas jurídicas. Una vez resuelto el expediente de la legitimidad democrática de los gobernantes mexicanos, la consolidación del Estado de derecho en México supone, necesariamente, la vigencia efectiva del "imperio de la ley". Para lograr esa amalgama de legitimidad y legalidad que caracteriza a las democracias liberales es necesario, como lo apunta Begné, "la aplicación efectiva del ordenamiento jurídico, haciendo valer la ley, sin excepciones, allí donde haya sido infringida, hasta generar un proceso gradual, pero sostenido, de transformación cultural, lo que significa poner el acento en el papel de los jueces y en las condiciones para el ejercicio de su función". De otra forma, el principio de legalidad en México seguirá siendo un elemento consagrado en el texto constitucional, pero no logrará instalarse como una garantía de igualdad, seguridad y certeza jurídicas para todos los mexicanos. (Véanse constitución, teoría de la democracia, derecho, derechos humanos, Estado, igualdad, legitimidad, poder y poder político.)

BIBLIOGRAFÍA

Begné, Alberto (1997), *La democracia y el valor de las leyes*, en *Nexos*, México, núm. 232, año 20, vol. XX, abril.

Bobbio, Norberto (1993), *El positivismo jurídico*, Ed. Debate, España.

———, Nicola Matteucci y Gianfranco Pasquino (1991), *Diccionario de política*, Siglo XXI, México.

Caracciolo, Ricardo (1996), "Sistema jurídico", en *Enciclopedia iberoamericana de filosofía*, tomo 11, *El derecho y la justicia*, Ed. Trotta, Madrid.

Castro, Juventino (1981), *Lecciones de garantías y amparo*, Porrúa, México.

Díaz, Elías (1981), *Estado de derecho y sociedad democrática*, Taurus, Madrid.

Díaz, Elías (1995), *Estado de derecho: exigencias internas, dimensiones sociales*, Sistema, España.

Diccionario jurídico mexicano (1996), Instituto de Investigaciones Jurídicas, Universidad Nacional Autónoma de México-Porrúa, México.

Dicey, A. V. (1982), *Introduction to the Study of the Law of the Constitution*, The Liberal Foundation.

Hierro, Liborio (1996), "El imperio de la ley y la crisis de la ley", en *Cuadernos de Filosofía del Derecho*, Doxa, España, núm. 19, Departamento de Filosofía del Derecho, Universidad de Alicante.

Kant, Emmanuel (1978), *Introducción a la teoría del derecho*, Centro de Estudios Constitucionales, Madrid.

Kelsen, Hans (1974), "La garantía jurisdiccional de la Constitución", en *Anuario Jurídico*, México.

Laporta, Francisco (1994), "Imperio de la ley. Reflexiones sobre un punto de partida de Elías Díaz", en *Cuadernos de Filosofía del Derecho*, Doxa, España, núms. 15-16, vol. I, Departamento de Filosofía del Derecho, Universidad de Alicante.

Laporta, Francisco, (1996), "Poder y derecho", *Enciclopedia iberoamericana de filosofía*, tomo 11, *El derecho y la justicia*, Ed. Trotta, Madrid, edición de Ernesto Garzón y Francisco Laporta.

Lucas, Javier de (1996), "La igualdad ante la ley", en *Enciclopedia iberoamericana de filosofía*, tomo 11, *El derecho y la justicia*, Ed. Trotta, Madrid.

Pérez Luño, Enrique (1984), *Derechos humanos. Estado de derecho y constitución*, Tecnos, Madrid.

Raz, Joseph (1985), *La autoridad del derecho*, Universidad Nacional Autónoma de México, México.

Schmill, Ulises (1996), "El positivismo jurídico", *Enciclopedia iberoamericana de filosofía*, tomo 11, *El derecho y la justicia*, Trotta, Madrid.

LIBERALISMO

Víctor Alarcón Olguín

Definición

La premisa básica que ha situado al liberalismo como uno de los principales movimientos ideológicos a lo largo de la historia es la promoción y defensa de la libertad humana en todas sus manifestaciones éticas, económicas y políticas. La libertad parte del principio de no impedimento, mediante el cual los individuos asumen plena conciencia de sus capacidades creativas para controlar y transformar su naturaleza interna, así como para proceder al dominio de su entorno por los medios tecnológicos, legales e institucionales que se encuentren a su alcance. Si bien la libertad es una condición natural que inicialmente se encuentra manifiesta en cada ser humano, su ejercicio responsable y organizado en forma colectiva hace que ésta no tenga una interpretación homogénea, aunque se la considere como un factor mínimo en la formación de las sociedades democráticas modernas.

El movimiento liberal nace junto con la modernidad y la Ilustración. Podemos situar tres importantes momentos del liberalismo, correspondientes a las demandas que se fueron cimentando con el surgimiento de nuevos actores que exigían la ampliación de espacios para su propio desarrollo social y personal. En primer término, el liberalismo se convierte en promotor de la diversidad de las creencias religiosas. La libertad de creencias permite que cada individuo y comunidad asuma los principios y reglas de conducción de su fuero interno.

Las primeras grandes luchas en favor de la tolerancia y el derecho de asociación para la práctica religiosa o el derecho a la educación —que van desde el protestantismo hasta la comprensión y coexistencia de los credos no occidentales en la actualidad— son una muestra objetiva de la importancia de dichos valores, así como de la dificultad de mantenerlos vivos como parte sustantiva de una esfera pública capaz de combinar la presencia de las llamadas morales privadas con una ética laica que permite acceder a las condiciones elementales de la convivencia entre las diversas comunidades e individuos en condiciones de clara tolerancia. En este último aspecto, el liberalismo se ha visto entonces complementado en su definición originaria de que el sujeto de derechos es sólo el individuo, al cual correspondan los deberes y usufructos de la propiedad, los derechos humanos o la seguridad.

El liberalismo asume así que los individuos y sociedades se guían por preceptos racionales que terminan por contener a los meros impulsos pasionales. El papel de la razón como elemento dominante de la libertad hace entonces que el movimiento liberal permita acceder, en muy poco tiempo, a la posibilidad de que el hombre entienda que mientras más libertad se ejerza, mayores serán sus posibilidades hacia la trascendencia mediante sus propias obras y labor. La humanidad se vuelve así dueña de su propio destino. En este sentido, se puede situar la dimensión estructurante del liberalismo como una propuesta probabilística del hombre y su propia naturaleza bajo un principio pragmático de acuerdo e interés, aunque también pueda vérsele fundamentado en su opuesto, esto es, gracias a la aplicación de principios inmanentes que no estén sujetos a la interpretación subjetiva, sino que justamente se coloquen como mecanismos neutros e imparciales, como acontece en el caso de las leyes.

Historia, teoría y crítica

Otra línea de continuidad que puede hallarse en torno a este aspecto dentro de nuestras sociedades liberales secularizadas es aquella que recupera la defensa de las libertades públicas de los llamados "sujetos colectivos de derecho", como lo han sido las comunidades culturales tradicionales o como lo son ahora las nuevas agrupaciones de preferencias posmateriales que han venido a recomponer los tejidos y divisiones sociales (como ocurre con las minorías sexuales, los ambientalistas o los grupos de consumidores, discapacitados y feministas, entre otros). La lucha por su reconocimiento y coexistencia bajo premisas multiformes pone a las connotaciones clásicas de la idea de libertad ante un reto significativo, ya que implica probar una de sus premisas básicas: su adaptabilidad y condición siempre inacabadas, pero tendientes a mejorar y autocriticar sus contenidos mínimos. La libertad y el liberalismo regularmente han respondido así a una premisa de adquisición y transformación de elementos que hagan más atractiva su práctica para cada una de los sociedades, instituciones e individuos que están bajo su influencia.

El segundo gran factor de la ideología liberal es el respeto a la expresión de las ideas políticas y el derecho a manifestarlas en los espacios públicos. En este campo, la plena libertad de asociación de los individuos se consuma con el reconocimiento de su calidad jurídica, como ciudadanos que puedan discrepar de todo esfuerzo de imposición corporativo o gremial, tales como aquellos del feudalismo y las sociedades de castas o estamentales. Sin embargo, la evolución de dichos derechos políticos individuales permite dar nacimiento a la noción más importante dentro del derecho político, que son los mecanismos institucionales de gobierno que permitan regular las decisiones y el respeto de ellas por parte de los individuos. Bajo esta premisa, los ciudadanos recuperan el valor de la asociación colectiva y de su papel de responsabilidad moral para el bienestar solidario, que se convierte como propio mediante la presencia de dos importantes principios: la democracia y la regla entre mayoría y minorías.

El descubrimiento de estas dos importantes premisas en la consecución de la libertad política y de asociación entre los individuos permite signar a su vez varias cuestiones: una, que el factor de la fijación de las normas y los comportamientos se torna secular y abierto, desproveyéndola de cualquier influencia metafísica o providencial. Con pleno dominio de mente y cuerpo, las sociedades pueden darse a sí mismas el orden constituyente que resulte más conveniente a sus intereses. Bajo esta lógica, los individuos pueden crear un mecanismo que garantice su libertad colectiva, la que se sintetiza bajo la figura del contrato. El contrato sin duda incorpora la aportación más directa en la transformación de la idea de libertad y se ha mantenido vigente hasta nuestros días.

Para el movimiento liberal el contrato es significativo también por las razones siguientes: permite asumir que la capacidad política de los individuos para elegir y ser electos sea garantizada en términos colectivos. Esto es, la libertad mediante la democracia como método electivo se torna en un vínculo que compromete a todos por igual, así que su defensa ya no debe ser interpretada como algo egoísta, sino como la consecución de un bien común solidario que nos resulta imprescindible sobreponer a cualquier otro fin o principio asociativo.

Por otra parte, en el contrato cada uno de los individuos crea los principios electivos necesarios para mantener el acuerdo social conseguido en términos de que el poder político resida en la responsabilidad colectiva, sin permitir concentración excesiva de poder en manos de alguien. En este sentido, uno de los principios irrenunciables que están presentes dentro del movimiento liberal es el acotamiento legal a cualquier concentración excesiva de atribuciones o bienes adquiridos mediante el abuso o la desviación de las leyes.

Asimismo, el desarrollo de la idea del contrato como instrumento garante de las libertades públicas y privadas aporta otro elemento significativo: que las decisiones puedan ser revocables en todo momento. La aportación de la democracia y el principio de la regla entre mayoría y minorías también permite un cambio central en el concepto de la soberanía, ya que ahora los individuos pactan y se obligan mutuamente a consultarse tantas veces como sea necesario hasta llegar a un auténtico acuerdo común que manifieste sin limitaciones la llamada "voluntad general". En ese aspecto, la idea de depositar el poder colectivo en un conjunto de representantes que puedan ser llamados a cuentas en todo momento permite que la participación y representación de los intereses sean un elemento básico y a la vez creciente dentro de las propias libertades públicas.

El tercer momento de la evolución del movimiento liberal se concentra en la promoción irrestricta de las llamadas libertades económicas, que se significan por romper toda práctica de esclavitud formal o encubierta a efecto de que los individuos puedan contratarse y valorar la principal cualidad inherente que les garantiza su supervivencia, que es su capacidad de trabajo. Desde luego, las posibilidades de los términos de dicho intercambio se convierten en uno de los capítulos más complicados dentro de la ideología liberal, ya que si bien se facilita la emancipación de los individuos, al mismo tiempo no se crean los mecanismos compensatorios para que éstos tengan garantizado un acceso equitativo a los beneficios por ellos creados. En efecto, la desigualdad en el goce de los beneficios del trabajo a favor de los propietarios agrícolas o industriales —o los grandes financieros de la actualidad— hace claro que las libertades económicas son todavía una de las demandas que no han sido debidamente atendidas por el movimiento liberal. En este punto, el liberalismo se ha escindido al menos en dos vertientes de interpretación acerca de las condiciones que deben propiciarse para un clima justo de libertades económicas.

Por una parte, se tiene el llamado "liberismo", con una visión extrema que concentra su atención en la defensa esencial de la libertad económica como punto de partida de todas las demás libertades. Factores como la propiedad privada, la circulación irrestricta de capitales financieros y humanos, la confianza en la empresa y el principio de competencia como motores del desarrollo, así como la presencia de un Estado mínimo en la regulación de las actividades económicas, restringiéndose entonces a las funciones de protección de dichas libertades económicas, deben traer como consecuencia el que los mercados permitan la libre asignación de las preferencias sociales en la fijación de las demás reglas morales y políticas. El "liberismo" asume que el progreso individual con fines egoístas es perfectamente lícito en términos de garantizar una evolución natural y fuerte, a efecto de hacer verdaderamente innecesarias la presencia de toda regla o mecanismo de coerción que inhiba la creatividad humana.

En sentido opuesto, el "liberalismo social" asume la premisa de que las libertades individuales son ineficaces, si no se expresan en prácticas sociales verdaderamente consensuadas. Esto parte de la idea de que las libertades individuales deben tener un sustento ético igualitarista en sus consecuencias de aplicación. Siguiendo esta lógica, el liberalismo social acepta la presencia del Estado y las instituciones públicas que sean necesarias para que puedan desarrollar una función subsidiaria, esto es, que puedan operar como mecanismos de compensación en apoyo de aquellos sectores sociales e individuos cuya condición de acceso al goce pleno de los derechos sea inequitativa. Es responsabilidad del Estado y la propia sociedad corregir tales diferencias con instrumentos lícitos, como el propio orden legal y medios institucionales tales como la capacitación laboral, la regulación de los monopolios y las reglas contra la exclusión o discriminación.

Bajo esta idea, el principio del liberalismo social puede definirse como la defensa de tanto Estado como sea necesario y de tanta sociedad como sea posible. En esta lectura, a diferencia del "liberismo", el debate no se centra en hacer imperar a la sociedad a cualquier costo, sino en situar las formas democráticas más adecuadas para lograr el principio de preeminencia de la sociedad civil sobre el Estado, con lo que se garantiza que ambos tengan la eficacia y fortaleza para que desempeñen sus funciones respectivas. De esta forma, el problema consiste en encontrar la ecuación que garantice no sólo un tamaño adecuado, sino la calidad y retribución de justicia que los ciudadanos esperan de su deseo de cooperación económica y política.

Sin embargo, para situar con claridad los contornos del liberalismo con respecto a otras visiones del pensamiento económico y social, conviene precisar en qué se diferencia de posturas tales como el anarquismo y el marxismo, pero sobre todo de las ideologías conservadoras, a efecto de resaltar por qué se aduce que el liberalismo pretende situarse en un punto intermedio.

Para el anarquismo, la premisa del goce pleno de la libertad se encuentra en potenciar al máximo la no dependencia del individuo o la comunidad respecto de ninguna regla o institución que no sea "natural" en la distribución o la creación de los bienes, como ocurre con el Estado, por ejemplo. En cambio, en las interpretaciones extremas del marxismo o del fascismo se asume que la libertad individual o colectiva deben ser subsumidas en una premisa de igualdad absoluta, y a la vez fijada dentro de la "totalidad" del mecanismo legítimo que ha sido autorizado para la asignación de los bienes, como ocurre con la burocracia estatal o el partido único, que proscriben la presencia de cualquier mecanismo alterno que contradiga sus principios. En este sentido, la libertad económica y política del liberalismo trata de situarse como un medio y un fin que garanticen acciones electivas plenas dentro de un entorno fundamentalmente democrático, cuestión que se vuelve prescindible y antagónica en las visiones totalitarias.

LÍNEAS DE INVESTIGACIÓN Y DEBATE CONTEMPORÁNEO

Sin duda, el siglo XX ha experimentado un decaimiento con respecto a las ideas liberales, cuya fuerza propositiva animó las luchas sociales del siglo precedente. En muchos contextos, sus aspiraciones democratizadoras y modernizadoras han culminado con la presencia de naciones cuya fortaleza jurídica y económica tradicionalmente las ha colocado como referencia para el llamado "mundo en desarrollo". Sin embargo, la creación de sistemas políticos, económicos y culturales dentro de contextos liberales no ha sido exitosa en muchas latitudes. Por el contrario, sus resultados han sido ambiguos y desalentadores, en tanto se han visto rebasados y confundidos con otro tipo de prácticas sociales que terminan por desdibujar al propio proyecto liberal. Dicha circunstancia ocurre con el llamado "neoliberalismo", cuya acción se manifiesta como una propuesta de reorganización global cuyas premisas se alejan de varios de los principios generales con que la ideología liberal fue formándose en etapas históricas previas.

Una primera característica del llamado "neoliberalismo" es propugnar la contención abrupta de la intervención del Estado en la economía mediante las llamadas políticas de choque o contención que buscan reducir todo aquello que se considere excedente o ineficaz dentro de la esfera de la producción. El principio articulador e innovador de las sociedades abiertas se vuelve incapaz de diagnosticar diferencias en los ritmos y las estructuras sociales afectadas, en tanto asume que habrá ciclos de rápida recomposición y adaptación al pleno mercado.

Por otra parte, los mecanismos de dirección política son fuertemente centralizados y ejecutados desde arriba por las clases dirigentes, con lo que se reduce la capacidad de convocatoria democrática para consensuar los costos colectivos del ajuste, ya que carecen de una legitimidad participativa, y se pone así en riesgo a las propias instituciones públicas. Su retiro de muchas áreas de cobertura y servicios significa un desajuste en el cumplimiento y observancia de las reglas, lo que obliga al surgimiento de comportamientos antisociales y antieconómicos caracterizados por la informalidad y falta de apego a cualquier tipo de orden legal.

Así, el neoliberalismo automáticamente se convierte en un instrumento inhibidor de los círculos productivos, además de que acelera el debilitamiento de los mecanismos democráticos y, en muchos casos, afecta la aplicación y cumplimiento de los derechos humanos, ya que lesiona también la capacidad de los mecanismos de impartición de la justicia. Esta última se distorsiona en medio de una abierta sujeción a las nuevas fuerzas que estructuran los mercados económicos y políticos, como lo llegan a configurar la corrupción promovida por el crimen organizado y el narcotráfico, que terminan por imponer su lógica de organización dentro de las prácticas públicas.

En consecuencia, la marginación y la pobreza en los procesos de producción y asignación de los bienes públicos hacen que uno de los productos paradójicos de la modificación destructiva sin concertación de las instituciones políticas y económicas sea el debilitamiento simultáneo de los Estados y las sociedades. En este sentido, el "neoliberalismo" no puede ser equivalente o similar al liberalismo, ya que adopta los principios más drásticos del "liberismo", pero a la vez mantiene inalteradas las estructuras tradicionales, tales como el corporativismo, el autoritarismo, el populismo político, etc., tal y como ha ocurrido recientemente con las experiencias inacabadas de transición de Latinoamérica y Europa del Este.

De esta forma, el llamado neoliberalismo económico en realidad se ha convertido en una ortodoxia nociva asociada a un neoconservadurismo político, por lo que los esfuerzos de las últimas dos décadas en contra de los órdenes sociales y económicos atrapados en prácticas autoritarias han resultado insuficientes y dado como resultado una globalización excluyente y no cooperativa. Sin duda, esto manifiesta un hecho totalmente contradictorio, si se observa la naturaleza histórica y vinculante de los documentos rectores de la Internacional Liberal, la cual, desde su fundación en 1947 hasta la fecha, asume como imprescindible una cooperación mundial ordenada y regida bajo instituciones de derecho, cuya finalidad culmine en la creación de órdenes económicos y políticos justos.

¿Cuál es el futuro del liberalismo en un mundo donde la moderación y los equilibrios ideológicos no parecen posibles dada la radicalidad de las soluciones que son exigidas en plazos y secuencias cada vez más apremiantes? Ciertamente, no es promisorio, en tanto el principio de "libertad negativa", con su acento en la falta de compromiso y la competencia irrestricta, prevalezca sobre la "libertad positiva", tendiente a buscar la defensa igualitaria del goce de las libertades bajo mecanismos de responsabilidad e identidad. Recuperar el aliento radical y autocrítico del liberalismo es sin duda una de las tareas sustantivas a que deberán enfrentarse los procesos de restructuración política y económica durante la siguiente centuria. Implica reconquistar la idea de que es posible un auténtico liberalismo con rostro humano.

BIBLIOGRAFÍA

Aron, Raymond (1976), *Ensayo sobre las libertades*, Alianza Editorial, Madrid.

Bauman, Zygmunt (1992), *Libertad*, Nueva Imagen, México.

Berlin, Isaiah (1988), *Cuatro ensayos sobre la libertad*, Alianza Universidad, Madrid.

Bobbio, Norberto (1989), *Liberalismo y democracia*, FCE, México.

Bourdeau, George (1983), *El liberalismo político*, Eudeba, Buenos Aires.

Bury, J. B. (1957), *A History of Freedom of Thought*, Oxford University Press, Oxford.

Carlyle, A. J. (1982), *La libertad política. Historia de su concepto en la Edad Media y los tiempos modernos*, FCE, México.

Dahrendorf, Ralph (1982), *El nuevo liberalismo*, Tecnos, Madrid.

Gray, John (1991), *Liberalisms: Essays in Political Philosophy*, Routlegde, Londres.

Hayek, Friedrich Von (1961), *Los fundamentos de la libertad*, Fomento de Cultura Ediciones, 2 t., Valencia.

Held, David (1997), *La democracia y el orden global*, Paidós, Buenos Aires.

Macpherson, C. B. (1982), *La democracia liberal y su época*, Alianza Editorial, Madrid.

Merquior, José Guilherme (1991), *Liberalism Old and New*, Twayne Publishers, Boston.

Popper, Karl R. (1997), *El mito del marco común*, Paidós, Buenos Aires.

Rawls, John (1995), *Liberalismo político*, FCE, México.

Van Parijs, Philippe (1996), *Libertad real para todos*, Paidós, Buenos Aires.

LIBERTAD

Carlos de la Isla

Definición

Cuando Wittgenstein abandona su obsesión por la univocidad de significados y significantes (*Tractatus*) para afirmar que las palabras como referentes pueden tener innumerables referencias en el lenguaje natural (investigaciones filosóficas) debió pensar en la palabra libertad. Es difícil encontrar un término con tantos y tan diversos significados; una palabra tan defendida y ofendida, amada y despreciada, tan creativa y destructiva, acusada y perseguida como la palabra "libertad".

La defensa romántica de Goethe: "La palabra libertad suena tan bellamente que no podemos prescindir de ella, aunque no fuera más que un error"; la negación radical de Geog Gröddeck, citado por Freud (1979): "Lo que llamamos nuestro 'yo' se comporta en la vida de manera esencialmente pasiva, y —según su expresión— somos vividos por poderes ignotos (*unbekannt*), ingobernables"; la exaltación de Rousseau al señalar la libertad como la diferencia específica de la esencia del hombre, desplazando incluso a la racionalidad; el hincapié que hace H. Hart al reducir los derechos humanos al derecho igual de todos los hombres a ser libres, son ejemplos de las percepciones diversas, extremas y hasta contrarias de la palabra libertad. Isaiah Berlin distingue 40 acepciones del concepto.

Sin embargo, existen factores, características evidentes que integran lo que llamaríamos la esencia de la libertad, válidos aun para los que niegan su existencia; como dice Vargas Llosa:

> Jean François Revel ha escrito que debemos desconfiar de quienes pretenden definir la libertad, pues, por lo general, detrás de cada definición propuesta acecha el designio de suprimirla. Y es cierto: la experiencia de la libertad, como la del amor, es más rica que las fórmulas que quieren expresarla. Al mismo tiempo que definirla es inconmensurablemente difícil, nada es más fácil que identificarla, saber cuando está presente o ausente, si es genuina o un simulacro, si gozamos de ella o nos la han arrebatado.

Entre los factores de esta intuición aparecen: la clara conciencia de opciones reales, la posibilidad de elección, la sensación de responsabilidad sobre el acto que se gesta, la afirmación de la mismidad sobre la alteridad, el dominio del yo sobre sus circunstancias. Mientras que en la percepción opuesta a la libertad también marchan en fila las inconfundibles experiencias de dominación, imposición de poderes, de invasión de espacios interiores, de manipulación, sensación de ser manejados a veces con cadenas burdas y a veces con los hilos sutiles del condicionamiento psicológico, como los hilos invisibles pero irresistibles de las marionetas. Así lo pinta Michelangelo Bovero (1995) en su análisis conceptual de la libertad:

> Intuitivamente nosotros decimos que un sujeto es libre si tiene capacidad de autodeterminación, de querer un objeto, de seleccionar una conducta, y al mismo tiempo si tiene la oportunidad de realizar su propia selección, si no es impedido en su comportamiento o si no es constreñido a tener un comportamiento diferente.

La libertad también es concebida como connatural al hombre, no como mero agregado o una adquisición. Es el sentido y punto de partida del contrato social: "El hombre nace libre y pronto es encadenado" (Rousseau, 1973). En forma muy explícita Sol Arguedas (s. f.: 147) afirma: "la libertad fue el impulso y es la meta de la transformación biológica, social y espiritual del hombre […] La libertad está en la esencia del hombre".

Pocos filósofos como Heidegger (1971: 208) han expresado con tanto rigor y vigor el carácter de la libertad como responsabilidad que angustia, porque significa la responsabilidad de "ser-se", darse el ser, la peculiar ec-sistencia que constituye la esencia a través de sus elecciones: *La angustia hace patente en el "ser ahí, el ser relativamente al más peculiar poder ser"*, es decir, el ser libre para la libertad de elegirse y empuñarse a sí mismo.

Si bien es posible percibir la elaboración conceptual de la libertad a pesar de las más variadas interpretaciones ideológicas o legítimas distinciones, el gran problema comienza cuando la libertad pasa del concepto a la acción, a la vida, cuando se trata de la libertad positiva, de la autonomía, del poder de realización y no sólo de la ausencia de coacción o impedimento.

Tolstoi afirma que toda acción humana se nos presenta como una combinación de libertad e inevitabilidad. Describe así la continua lucha de poderes: cuando la libertad se fortalece y avanza, la inevitabilidad retrocede y se debilita. Ésta sería la marcha de la libertad. La relación opuesta es la avanzada de la dominación, del sometimiento, de la necesidad sobre la libertad. El resultado de esta lucha frenética divide a los hombres y naciones en libres y esclavos, o cuando menos, dependientes, y las dimensiones de estos resultados tienen variaciones hasta el infinito porque no existen dos naciones, ni dos personas con el mismo grado en la relación: libertad-inevitabilidad, autonomía y necesidad.

Aquí el significado de lo inevitable se toma en el sentido estricto, diferente del sentido en que con mucha frecuencia y por razones ideológicas se llama inevitable a lo que es evitable, pero se ha impuesto por poderes externos o internos como limitación de la libertad: así se dice que es inevitable la globalización económica (un hábito convertido en necesidad). En cierto sentido, la lucha por la libertad consiste en evitar lo que parece inevitable, en repeler las invasiones al campo de la autonomía individual.

Desde la perspectiva de esta relación se ha considerado la libertad como una creación, como una conquista. El hombre nace libre, pero su libertad es una potencia que se proyecta en formas impredecibles, es una creación difícil en un medio de hostilidad. Y en esta creación consiste la dimensión más noble del proyecto humano.

El hombre está hecho de mismidad y de alteridad, dice Julián Marías. Cuando la mismidad se fortalece, avanza y domina a la alteridad hasta la autosuficiencia, que Aristóteles considera como máximo grado de la felicidad alcanzable porque no depende de lo otro. Por el contrario, cuando la alteridad invade la mismidad el yo se convierte en lo otro, en lo ajeno (*alienum*); es el caso del enajenado; la enajenación es ese estado de conciencia en el que los actos se experimentan como extraños, como no pertenecientes al sujeto (E. Fromm). Y es más precisa la apreciación de Marx al señalar que en el trabajo enajenante (que se realiza por necesidad, en contra de los intereses y aptitudes) los actos se experimentan como enemigos y contrarios; es la alteridad adversa que se impone a la mismidad. Es en el mismo sentido la afirmación de Marx sobre el posible ingreso al reino de la libertad sólo cuando haya sido superado el mundo de la necesidad; y por eso también dirá que la historia (escrita) de la humanidad es la historia de la lucha de clases, es decir, la lucha por la libertad de los oprimidos en contra de la necesidad impuesta.

Vargas Llosa se refiere con lucidez a este acto de libertad que hay que defender para poder vivir y no ser vivido, para poder crear:

> Se trata de una adivinación, de una misteriosa voluntad de alcanzar la individualidad plena y suprema desgarrándose de la colectividad indiferenciable, esa soberanía del ser que sólo se alcanza a través de la experiencia de la responsabilidad suma: decidir por cuenta propia, optar en un sentido o en otro sobre las cuestiones más vitales, ser el verdadero protagonista de su destino.

Y cuando se refiere a la condición necesaria de la libertad para la creación artística (circunstancia sustancial que mejor explica la genial explosión creativa de los clásicos griegos) dice:

> La libertad de creación no garantiza el genio, es apenas el terreno propicio para que brote. Cuando ella no existe, en cambio, es prácticamente seguro que no germinará, porque en el dominio de la creación es indispensable que el hombre se vuelque entero con su conciencia y su inconciencia, con su luz racional y sus tumultos irracionales hacia lo ignoto [Vargas Llosa, 1988: 14].

Otra importante distinción conceptual íntimamente relacionada con el paso de la mera potencialidad al acto de la libertad es aquella de las libertades negativa y positiva, también llamadas libertad y autonomía. Es importante explicitar esta distinción porque la práctica de la libertad tiene como singular e inevitable escenario la realidad de un mundo que disputa por el poder, siendo los actores permanentes el individuo que lucha por ensanchar su autonomía y los grupos de poder que tratan de extender su dominio invadiendo la autonomía individual.

Historia, teoría y crítica

La palabra libertad, dice F. E. Oppenheim (1961: 118), se aplica a una relación social, es decir, a una relación entre individuos. La libertad social implica al mismo tiempo libertad *from* y libertad *to*. "Soy libre de hacer una cosa determinada a condición de que nadie me impida hacerla o me castigue por haberla hecho o me imponga la necesidad o la obligación de hacerla". Raymond Aron (1990: 205-206), cuando se refiere a la heterogeneidad de las libertades, subraya la antinomia libertades formales-libertades reales: "Ser libre de hacer una cosa y ser capaz de hacer una cosa son nociones radicalmente diferentes", y explica: "No es libre el individuo impotente y aislado de la sociedad del dinero; es en realidad esclavo de un Estado anónimo, de una sociedad cruel en la que el hombre es un extraño para el hombre cuando no su enemigo". Y no está significando el estado natural en el que según Hobbes *homo homini lupus est*. Pero tampoco es suficiente que no esté constreñido por la sociedad o por el Estado, lo que sería libertad negativa (*free from*), como lo expresa el joven Marx: el ciudadano no debe ser libre solamente en un Estado lejano y como trascendente comparable con la vida de ultratumba del alma salvada; debe ser libre en su vida cotidiana, en su actividad profesional; haciendo clara la referencia a la libertad positiva, posibilidad de autodeterminación (*able to*).

A la pregunta sobre qué significa en concreto la libertad real opuesta a las libertades formales de los burgueses, Aron contesta: que el trabajador pueda disponer de los recursos que le permitan sacar provecho de las libertades personales y políticas; que el trabajador no permanezca aislado en su particularidad, que supere el ser prisionero mutilado de la división de trabajo, que sea capaz de suprimir la relación alienante del dinero, que superando el plano de la necesidad sea capaz de elegir entre opciones reales. Como se advierte, Aron subraya la libertad positiva como libertad real, sin la cual la libertad quedaría en el espacio vacío, en la abstracción de la posibilidad o en la mera formulación del "nadie te impide".

Todavía tratándose de esta distinción a partir de la relación de poder, M. Bovero aporta una clara y sutil diferenciación ya no sólo entre las libertades positiva y negativa, sino entre libertad y autonomía:

> Libre es quien está sin cadenas, sin lazos, sin vínculos de diversos tipos. Esta primera definición aparece con una amplia gama de significados compartidos. [Y agrega sobre el factor diferenciador:] Como Bobbio afirma, la oposición conceptual de la que es preciso partir para resolver la ambigüedad —multiplicidad de los significados genéricos, imprecisos y a veces contradictorios— de la palabra libertad es aquella entre libertad y poder. [...] Con la expresión libertad negativa es indicada aquella forma o especie de libertad que consiste en la negación de poder (ajeno). [...] Las llamadas libertades individuales fundamentales son ante todo libertades negativas garantizadas por las constituciones modernas contra la invasión del poder. [Sin embargo], con la expresión libertad positiva viene indicada aquella forma o especie de libertad que coincide con el poder sobre sí mismo, con la autonomía. Según este concepto de libertad una persona puede ser definida libre en cuanto reconocemos que es capaz de tomar decisiones por sí misma, que es capaz de ser sujeto de voluntad, de determinar su propia voluntad de una u otra manera, es decir, de seleccionar [Bovero, 1995: 27].

Así, la libertad negativa está definida por lo que debe estar ausente para que sea libertad, y la libertad positiva es definida por lo que debe estar presente para que sea libertad, capacidad para determinar la propia voluntad por sí mismo.

Por tal razón, dice Bovero (1995: 30):

> [...] es oportuno distinguir tales conceptos, incluso por nombre, reservando el término libertad para el concepto que hemos llamado libertad negativa y recuperando para la llamada libertad positiva el término griego "autonomía", que indica propiamente una forma no de libertad sino de poder. Autonomía es poder sobre sí mismo.

Se ha dicho, con razón, que la historia de la humanidad sigue siendo la historia de la lucha por las libertades tanto de los individuos como de las naciones: la constante lucha por romper las ataduras, resistir las agresiones y al mismo tiempo conquistar los medios para elegir y realizar el proyecto de vida. En el forcejeo de las tensiones públicas y privadas, cuando los poderes en pugna han estado más o menos nivelados la libertad ha ganado terreno, pero cuando los contendientes han sido muy desiguales la libertad y la autonomía de los débiles siempre han salido perdiendo, porque en los tratos entre poderosos y débiles la libertad es opresora, por supuesto, de los débiles. Esto muestra la inequívoca relación entre igualdades y libertades.

En el tan debatido proceso de globalización, ¿quién puede negar la disminución de independencia, de soberanía, de real posibilidad de autodeterminación de los países débiles? A mayor dependencia económica y tecnológica, mayor dependencia política, aunque se pregone la sacralidad intocable de la soberanía nacional. Y lo más dramático para los países débiles es que caminan en la dirección opuesta a la que conduce hacia la autosuficiencia que pueda generar libertad y autonomía.

En las relaciones internas de los países el desequilibrio de poderes es muy semejante, con resultados idénticos: ¿cuál es la libertad del desempleado para elegir empleo? ¿Cuál es la libertad para exigir un salario justo del trabajador urgido por la necesidad? En una sociedad de tan hirientes desigualdades la necesidad invade todos los resquicios de libertad.

En la dimensión económica, ¿cómo es posible esperar que el libre mercado sea generador de libertades cuando de hecho lo que ha generado han sido mayores diferencias sociales? ¿Qué poder de resistencia pueden tener los consumidores del "libre mercado" si los vendedores tienen en su dominio todos los medios para manejar no sólo sus gustos e intereses, sino también sus voluntades? Los grupos de poder, a través de los medios de información, desvertebran, fragmentan la realidad, la deconstruyen para después crear todo un mundo de bienes, verdades, amores y valores que imponen a los consumidores de imágenes para convertirlos en consumidores de mercancías; como dice Baudrillard (1970: 184-185):

> El medio impone todo un sistema de segmentación y de interpretación del mundo. Es el mensaje totalitario de una sociedad de consumo. [...] Detrás del consumo de imágenes se perfila el imperialismo de un sistema de lectura. [...] Consumimos una realidad despedazada, reinterpretada por el código legendario.

Por eso, en encuestas realizadas con amplios muestreos sobre el sentido de la vida, del éxito, de la felicidad, de la belleza, de la verdad, del valor, la respuesta dominante se sitúa en torno a la creación del mensaje legendario, del mensaje totalitario de los *media*. ¿Qué queda de libertad para conocer, percibir, juzgar, apreciar la realidad? ¿Qué queda de autonomía, de poder personal para elegir en ese mundo de falsedades?

Por otra parte, es sabido que el único camino hacia la libertad desde la prisión enajenante es el camino de la reflexión, del análisis crítico, del cuestionamiento, que según Heidegger es la devoción del pensamiento; el único antídoto es esa educación liberadora de la que habla Freyre, opuesta a la educación para el sometimiento, esa educación que según Platón consiste en salir de la falsedad de la caverna y ascender a la luz de la verdad, educación sin la cual, según Dewey, la democracia es una farsa. Por eso precisamente, como estrategia de control, los grupos de poder imponen un sistema educativo basado en la memoria, en la repetición, en la aceptación sumisa, una educación reproductora que afirma el "orden establecido" donde está prohibido pensar, y como resultado la dignidad y la libertad se convierten en ilusiones (B. Skinner). Por eso, en el diagnóstico de la sociedad contemporánea encontramos la libertad individual sacrificada por las fuerzas de la desigualdad social y por los condicionamientos especializados para el control y la manipulación.

En este contexto es donde la relación de poder adquiere mayor relevancia, sobre todo en lo que se refiere al poder político y a la autonomía personal. En la historia política de Occidente aparecen dos momentos especialmente diferentes de la relación entre el poder político y la libertad ciudadana: el primer momento, que sigue siendo el más aprobado y deseado: el poder del Estado (la *polis*) es la expresión, participación y decisión de los ciudadanos, "el poder somos todos"; y el otro momento: el Estado como expresión del poder de los ciudadanos por el contrato social, el Estado como poder sobre (y ocasionalmente contra) los ciudadanos.

> Los griegos inventaron la política. Además de la palabra concreta todos los términos de la actual ciencia política tienen un origen griego: democracia, aristocracia, monarquía, plutocracia, oligarquía, tiranía. Sólo la dictadura es de origen romano. Fueron los primeros en reflexionar sobre los problemas del Estado, su gobierno, las relaciones entre los grupos sociales, el funcionamiento de las instituciones [Mossé, 1970: 5].

La ciudad-Estado ya había existido antes de la experiencia especialmente ateniense, pero fueron los griegos quienes por primera vez dieron vida a una *polis* en la que los *pólitai* (ciudadanos) reunidos en el ágora (plaza pública) constituían la *ekklesía* (reunión), en la que deliberaban y tomaban decisiones sobre toda clase de problemas, como hacer o no hacer la guerra a Filipo de Macedonia, erigir estatuas a los dioses y resolver cuestiones administrativas, financieras y domésticas, siempre inspirados y regidos por la *politeia* (constitución). Fueron los griegos los que inventaron y practicaron una mezcla armoniosa de igualdades, libertades y responsabilidades.

Bajo el gobierno de Pericles se vivió la época de oro de la democracia y Atenas se convirtió en la "Grecia de

Grecia", en la "Escuela de Grecia" a donde acudieron los más distinguidos sabios, escritores, artistas. En la extraordinaria producción cultural de los clásicos griegos mucho tuvo que ver el ambiente de libertad.

Es muy significativa la adhesión a la democracia y el rechazo a la tiranía que se muestra ya en el teatro de Eurípides: en *Las fenicias* aparecen como opciones el absolutismo (tiranía), la igualdad y la democracia. Lo primero que se rechaza es la tiranía. Y la exaltación de la democracia es más explícita en la confesión de fe democrática que pone el poeta en boca de Teseo en *Las suplicantes*: "No busques tirano aquí, la ciudad no está gobernada por un hombre, es libre. El pueblo es soberano. Cada año tenemos un caudillo por riguroso turno. El rico no posee privilegios especiales, el pobre es su igual". Es difícil encontrar de manera más simple y precisa los elementos ideales de la convivencia democrática: la libertad de la ciudad, la soberanía del pueblo, la igualdad y la presencia del caudillo, no del tirano.

En la oración fúnebre que pronuncia Pericles en honor a los caídos en el primer año de guerra subraya también el valor de la libertad, de la igualdad, pero de una libertad respetuosa de las leyes y de una igualdad que atiende al mérito y a la educación; asimismo, alaba la tolerancia, la ley de la mayoría y hasta el temor a violar las leyes escritas y no escritas (Tucídides). Dice Sabine (1972: 22, 24, 26):

> Para el griego, la ciudad era vida en común, su constitución, como dijo Aristóteles, era un modo de vida más que una estructura jurídica; y en consecuencia el pensamiento fundamental de toda la teoría política griega era la armonía de esta vida común. La teoría de la *polis* era a la vez sociología, ética y economía así como política en el sentido moderno más estricto. [...] El ideal de una vida común armónica en la que el mayor placer de todo ciudadano debía ser la participación en la vida pública constituye el pensamiento central de la teoría política griega.

El ateniense no aspiraba a una libertad sin restricciones, pero sabía distinguir la arbitraria imposición de otro hombre y la prescripción de la ley que merece todo respeto. "Hay un punto en el que están de acuerdo todos los pensadores políticos griegos y es que la tiranía es el peor de todos los gobiernos [...] porque destruye la autonomía" (Sabine, 1972: 26).

Con la orgullosa frase "Atenas es la escuela de la Hélade", Pericles quiere significar que la gran lección de Atenas a toda la Grecia (y al mundo entero) es la concepción de una ciudadanía libre en un Estado libre.

> Para los griegos el Estado (en realidad, la *polis*) era la sociedad misma, la ciudad en la que lo político y lo jurídico se identifican con lo religioso y con lo moral y en la que, siguiendo a Hauriou, puede decirse que no existía distinción alguna entre lo político y lo privado, de manera tal que la vida del hombre era inmediatamente vida en y para la comunidad, y la vida de la comunidad se identificaba con la vida de cada momento de sus integrantes [Córdova, 1976: 23].

La oposición platónica a la participación del pueblo y su preferencia por el rey filósofo no son planteamientos contrarios a lo dicho anteriormente. Como se sabe, la política de Platón se deriva de su teoría del conocimiento. El supuesto que respalda la preferencia por el rey filósofo es que este hombre singular ha salido de las sombras engañosas de la caverna y ascendido hasta la fuente de la Luz. El conocimiento de la Realidad en sí y por sí (la Belleza, la Verdad, el Bien en sí y por sí) de tal manera se apodera del filósofo que se le impone de modo irresistible; en consecuencia, el sabio es el mejor hombre y el que mejor sabe lo que los ciudadanos necesitan para ser felices. La inconveniencia de la participación del pueblo es por su ignorancia, porque los ignorantes no podrán ser virtuosos, sino viciosos y libertinos.

Aristóteles, sin embargo, está explícitamente a favor de la participación de muchos en el gobierno. Concibe la política como la ciencia ordenadora de fines, es decir, de bienes para los integrantes de la comunidad, y si bien califica de formas puras de gobierno en general las que procuran el bien común (monarquía, aristocracia, democracia), manifiesta preferencia por el gobierno en el que participan muchos ciudadanos, principalmente de la clase media.

Sin duda la teoría y práctica políticas de los griegos siguen siendo ejemplares si se miran desde la perspectiva de la libertad en la convivencia social organizada. Con razón Castoriadis (1990), cuando se pregunta si "la idea de la revolución tiene sentido todavía", después de calificar a las actuales democracias de oligarquías, señala como la verdadera revolución que aún tiene sentido aquella de la democracia entendida como autogobierno, autoinstituciones, como una sociedad libre de hombres libres e iguales, un Estado en el que el poder somos todos, donde las leyes no son imposiciones sobre los ciudadanos, sino defensa de los ciudadanos; en una palabra, la política como una actividad colectiva, lúcida, democrática. Ni un solo rasgo o característica de este sistema político difiere de la democracia de los griegos, que por otra parte el propio Castoriadis recuerda y alaba.

Es también la democracia como modo de vida aquella que Alexis de Tocqueville admiraba cuando observó y escribió *La democracia en América*: advierte que los ciudadanos se organizan y participan en la solución de sus problemas y sólo acuden a las autoridades en casos de extrema necesidad.

Es cierto que la gran mayoría de las democracias actuales se han convertido en oligarquías, en plutocracias que evidencian la afirmación de Bodino: *Pecunia nervus Reipublicae*. Sus vicios son numerosos y graves: desde los poderes ocultos, las pugnas de las élites, los espacios limitados, el autoritarismo, hasta la pobre calidad del voto que se vende por menos de 30 monedas; sin embargo, como dice Bobbio (1986: 30): "Existen democracias más sólidas o menos sólidas, más vulnerables o menos vulnerables: hay diversos grados de aproximación al modelo ideal, pero aun la más alejada del modelo no puede ser de ninguna manera confundida con un Estado autocrático y mucho menos con uno totalitario".

Hay que defender la democracia a pesar de sus vicios, por sus virtudes: la tolerancia, la no violencia, el libre debate de las ideas y el ideal de la fraternidad. "En ningún país del mundo [concluye Bobbio (1986: 31)], el método democrático puede durar sin volverse una costumbre. Pero ¿puede volverse una costumbre sin el reconocimiento de la fraternidad que une a todos los hombres en un destino común?"

El Estado romano conserva algunas características de la polis griega, como es el respeto a las leyes que reconocen y custodian la dignidad, la igualdad de las personas y el carácter de un Estado basado en el derecho; por eso se denomina *res populi, res publica*.

Es muy clara la apreciación del gran romano Agustín de Hipona en cuanto a que un Estado, si no es una comunidad con fines éticos y vínculos morales, no es más que "un bandidaje en gran escala". Cicerón expresa también el carácter de una ley protectora y liberadora: "Todos somos siervos de la ley para poder ser libres".

Jacob P. Mayer (1986: 30) aprecia así la relación del Estado y el derecho:

> Las instituciones políticas romanas están en conexión estrecha con la idea romana del derecho. La concepción romana del derecho revela en su origen histórico los mismos rasgos característicos que condicionan la actitud del romano respecto al Estado: un sentimiento muy desarrollado de dignidad, tradición, dedicación e igualdad ante la ley.

Hacia el siglo VII y en especial en el IX se fue desplazando el carácter particular, tribal del derecho y se fue generalizando la aplicación común. Aun en estos tiempos de indefinición en la aplicación del derecho la creencia generalizada era que el derecho pertenecía al pueblo, y se lo apreciaba como su defensa. El propio rey debía observar las leyes y él mismo era un producto de las instituciones legales. En las capitulares abundan expresiones y promesas de los reyes de defender las leyes de los antepasados y de que no fueran violadas.

En la Edad Media era casi imposible definir el carácter constitucional respecto al poder del soberano y de la ley: por una parte se afirmaba, con base en el derecho romano, que el rey estaba obligado a observar la ley, y por otra parte existían teorías de jurisconsultos en el sentido de que la cesión del poder al rey por parte del pueblo era irrevocable una vez que éste lo recibía: "Lo que agrada al príncipe tiene valor de ley". A partir de esta interpretación y práctica la idea del reino como un cuerpo y la autoridad legal de la corona se fueron consolidando. Las relaciones propias de la edad feudal, las del señor y los siervos, son el resultado, entre otras causas, de esta interpretación del derecho, del poder del príncipe y de las relaciones materiales de existencia. La necesidad económica fue y sigue siendo la causa principal de la dependencia, del sometimiento, de la servidumbre y de la esclavitud.

El poder del señor feudal sobre el siervo abrevia el camino al abierto rompimiento entre el poder político y la masa de ciudadanos. Y este rompimiento constituye el inicio del Estado moderno en el Renacimiento. Actualmente nadie se opondría a la afirmación de que con Maquiavelo se origina la ciencia política moderna. Como afirma A. Córdova (1976: 61):

> Maquiavelo es un hombre ligado como pocos otros a su tiempo y a sus circunstancias; pero es justamente porque en su tiempo nace el mundo en el que seguimos viviendo, por lo que su obra sigue siendo tan nuestra y tan profundamente actual. Maquiavelo presencia el nacimiento del Estado moderno, la separación y contraposición entre el Estado y la sociedad, el aislamiento de los hombres y su función en las masas amorfas en las que el Estado y el príncipe que lo encarna llevan a efecto una nueva función, la función política [...].

En cuanto a la interminable discusión sobre los fines de Maquiavelo: "preceptos al tirano", el "arte de gobernar", "consejos al príncipe protector"..., él mismo expresa la necesidad de un reino, de una mayor fuerza, de una mano regia que con "la potencia absoluta y excesiva ponga freno a la excesiva ambición y corruptela de los poderosos que sólo se dedican al ocio y disfrute de sus fortunas, de los que comandan castillos y tienen súbditos que los obedecen" (Maquiavelo, 1996: 161).

Otra razón de la necesidad de una mano regia y una mayor fuerza se justifica por el clamor que exige hacer efectiva la seguridad universal. "Y cuando un príncipe haga esto y el pueblo vea que por ningún accidente quebranta tales leyes comenzará en breve tiempo a vivir seguro y contento" *(ibid.*: 80). Maquiavelo tiene preferencia por la república frente al principado, como él mismo lo revela: "No es el bien particular sino el bien común el que hace grandes a las ciudades. Y sin duda este bien común no es observado sino en las repúblicas, porque lo que entre en su propósito se cumple" *(ibid.*: 186). El príncipe ciertamente se mueve en el mundo de los hechos regidos por el poder que ha definido la historia del mundo.

En el siglo XVII el *Leviatán* de Hobbes significa la expresión más completa del pensamiento político. Hobbes parte, en su concepción filosófica bien integrada, del concepto antropológico: el hombre es egoísta, tiene un apetito natural de dominar. Esto hace de cada hombre un lobo agresor que en la sociedad desata "la guerra de todos contra todos". De esta percepción del hombre natural se deriva un orden social, obligado si se quiere mantener la existencia individual y la de la especie; un orden social que evite el miedo a una muerte violenta, que pueda proporcionar las cosas que hacen la vida agradable y la paz, que dé seguridad al bienestar. Pero este orden social sólo podrá darse por medio de un gran poder ordenador derivado del consenso de todos los hombres de ceder los propios derechos naturales, porque:

> El único camino para erigir semejante poder común [...] es conferir todo su poder y fortaleza a un hombre o a una asamblea de hombres, todos los cuales, por pluralidad de votos, pueden reducir sus voluntades a una voluntad [...] como si cada uno dijera a todos: autorizo y transfiero a este hombre o asamblea de hombres mi derecho de gobernarme a mí mismo con la condición de que vosotros transfiriéreis a él vuestro derecho y autorizaréis todos sus actos de la misma manera. Hecho esto, la multitud así unida en una persona se denomina Estado, en latín *civitas*. Ésta es la generación de aquel gran leviatán, o más bien de aquel dios mortal al cual debemos, bajo el Dios inmortal, nuestra paz y nuestra defensa [Hobbes, 1980: 140-141].

Hobbes piensa que esta cesión es el único medio de salvaguardar la paz y la libertad de los individuos, pero de hecho crea ese poder soberano y absoluto que se constituye autónomo, separado de los ciudadanos y, con gran frecuencia, en contra de ellos; soberano que podrá cometer iniquidades, pero nunca injusticias. Según Hobbes, la libertad natural no es de la voluntad, la que está determinada por la serie de causas originadas por la Primera Causa. La libertad natural consiste en no encontrar impedimento para obrar. Esta libertad no existe en la sociedad civil, en la que sólo se da la libertad de hacer lo que la ley del Estado no prohíbe. Para Locke (1980: 63-64), "el hombre nace con un título a la perfecta libertad y disfrute ilimitado de todos los derechos y privilegios de la ley natural". Sin embargo, no es una libertad ilimitada pues "no tiene derecho a destruirse a sí mismo, ni siquiera a alguna de las creaturas que posee" (ibid.: 6).

Por la dificultad de aplicar una justicia imparcial en el estado natural también advierte la conveniencia de una cesión voluntaria de derechos, porque: "a pesar de disponer de tales derechos el estado natural es muy inseguro; en ese estado el disfrute de los derechos se encuentra expuesto constantemente a ser atropellado por otros hombres" (ibid.: 93). Y no puede ser otro el fin de la constitución de la sociedad civil que la seguridad y el logro del bien común:

> Aunque al entrar en sociedad renuncian los hombres a la igualdad, a la libertad y al poder ejecutivo de que disponían en estado de naturaleza y hacen entrega de los mismos a la sociedad [...] no cabe aceptar que el poder de la sociedad política o de los legisladores instituidos por ella pretenda otra cosa que el bien común [...] [ibid.: 96].

La libertad de una voluntad libre puede ejercerse para elegir el bien o el mal. Pero la diferencia entre libertad y libertinaje radica en que la libertad observe o no la ley moral. En todo caso, la ley moral, como la ley civil, pone límites morales a la libertad. Así la libertad individual crece en la medida en que la ley decrece. Y por eso *optima Respublica minimae leges; pessima Respublica maximae leges*.

El contrato social, si bien se expresa en todos los casos como el consenso del pueblo que da origen al Estado, se presenta, sin embargo, con características diferentes en distintos pensadores: para Althusius, es el acuerdo voluntario que hace posible la convivencia pacífica de la comunidad; para Hobbes, como se ha visto, es el pacto de sujeción del pueblo al monarca; para Locke, es el pacto voluntario por el que el Estado se constituye en custodio de los individuos; para Rousseau, es el acuerdo para fundar un Estado formado por el conjunto de voluntades (voluntad general) que deciden sobre la existencia general, Estado que se convierte en una entidad independiente de los individuos concretos. Por eso dice: "Las leyes no son, hablando con propiedad, sino las condiciones de la sociedad civil. El pueblo sometido a las leyes debe ser su propio autor. La reglamentación de las condiciones de la sociedad es asunto exclusivo de quienes se asocian" (Rousseau, 1973: 41).

En Rousseau, el Estado debe estar constituido por la efectiva participación de los ciudadanos, por el interés general. En Kant, la ley, el derecho y el Estado se colocan por encima de la sociedad. El carácter de la voluntad del ser racional funda la autoridad para la creación de leyes y para convertirse en legislador universal. Las leyes así generadas se constituyen como universalmente válidas para todo ser racional. Toda verdadera república —dice Kant— no es ni puede ser más que un sistema representativo del pueblo instituido para la protección de sus derechos en su nombre, es decir, en nombre de todos los ciudadanos reunidos y a través de sus delegados (de sus diputados). Pero desde el momento en que un jefe de Estado en persona (bien sea el rey, la nobleza o todo el pueblo en su conjunto, la unión democrática) se hace representar, entonces el pueblo reunido ya no representa solamente al soberano, él mismo es el soberano porque en él (el pueblo) reside originalmente el poder supremo del que deben emanar todos los derechos de los individuos como simples súbditos (en todo caso como servidores del Estado), y la república, una vez que ha sido establecida, no tiene ya necesidad de dejarse quitar de las manos las riendas del gobierno y de ponerlas en quienes las tuvieron antes (es decir, el pueblo) y que ahora podrían destruir de nuevo con su arbitrio absoluto todas las nuevas instituciones (Kant, s. f.: 464-465). Por eso, contra el Estado no puede haber ninguna oposición legítima, puesto que gracias a él es posible toda institución jurídica. Ésta es la santificación de la ley y su inviolabilidad, que Kant deriva de la voluntad del ser racional (ibid.: 435). En Hegel se da la sacralización del Estado cuando el Estado es la expresión de la Idea como objetivación del Espíritu. Y la libertad individual consiste en la conciencia de la sujeción.

Córdova (1976: 71) hace una lúcida síntesis sobre el "acuerdo" que funda el Estado moderno:

> Si se quisiera precisar en una palabra el fundamento social y político del Estado moderno diríamos, sin temor a equivocarnos, que es el consenso del pueblo, es decir, el "acuerdo" que teóricamente da lugar a la organización del Estado y que, prácticamente, acepta el orden establecido y se somete al mismo; un acuerdo por tanto que es continuo y permanente y que se transforma en continua rebelión (es decir, en algo ilegítimo) cuando no sigue siendo tal. El consenso está en la base de todas las concepciones políticas modernas y es la razón misma de la existencia del Estado. Es activo en Rousseau, y constituye la esencia del contrato social; es simplemente pasivo en Kant en cuanto que es resultado de una ley universal que la razón impone a todos; y es activo y pasivo al mismo tiempo en Constant, pues para él no se trata, como sucede en Kant, de una mera imposición del orden estatal a los ciudadanos, sino de la defensa de sus intereses; de manera que allí donde tal defensa no se da no existirá tampoco el consenso y la autoridad se hará automáticamente ilegítima.

Es muy importante para la práctica de las libertades la distinción del orden teórico que legitima y funda el Estado por la vía del consenso, y el plano práctico, el de los hechos, en el que el Estado es el poder nacido de la sociedad, pero que se pone por encima de ella y se divorcia de ella más y más, en expresión de Engels; o todavía más, el Estado como órgano defensor de la clase dominante y por lo tanto opresor de las mayorías, en el análisis de Marx; e incluso el Estado convertido en la legitimación de la violencia, según Weber.

Cae ciertamente en el plano teórico la concepción de los liberales, y en particular de J. S. Mill (1977: 18): "En lo que sólo a sí concierne de hecho su libertad es absoluta. Sobre sí mismo su cuerpo y su espíritu el individuo es soberano". También quedan en el plano teórico las aplicaciones de estas "soberanías": la "libertad" de mercado cuando las grandes mayorías se ven obligadas a aceptar las humillaciones impuestas por la necesidad; la mínima intervención del Estado cuando el ideal de la política, en el plano de los hechos, se ha definido como el arte de conquistar y conservar el poder para beneficio de su propia clase.

Quedan también en el mundo de las teorías y de las constituciones los estados de derecho, las divisiones y equilibrio de poderes, los estados defensores y benefactores, las igualdades y las libertades, los gobiernos del pueblo y para el pueblo.

Parece legítimo concluir que en las tensiones reales entre libertad y poder la única verdadera opción a favor de la libertad, de las libertades, es una democracia hecha de autogobierno, de autoinstituciones, una democracia en la que el poder somos todos.

En el imaginario de las utopías constructivas éste parece un ejercicio legítimo de la libertad.

BIBLIOGRAFÍA

Abbate, Michele (1974), *Libertad y sociedad de masas*, Amorrortu, Buenos Aires.

Acton, John Emerich Edward Dalberg (1949), *Essays of Freedom and Power*, The Beacon Press, Boston.

Arguedas, Sol (s. f.), "Libertad y libertades-democracia", *Revista Mexicana de Ciencias Políticas y Sociales*, núm. 157, p. 147.

Aristóteles, *Obras completas* (1973), Aguilar, Madrid.

Aron, Raymond (1990), *Ensayo sobre las libertades*, Alianza Editorial, México.

Bakunin, Miguel (1972), *La libertad*, Grijalbo, México.

Baudrillard, Jean (1970), *La Societé de consomation: Ses mythes, ses structures*, Ed. SGPP, París.

Bay, Christian (1961), *La estructura de la libertad*, Tecnos, Madrid.

Beer, Stafford (1977), *Diseñando la libertad*, FCE, México.

Berdiaev, Nicolai Aleksandrovich (1955), *Esclavitud y libertad del hombre*, Emecé, Buenos Aires.

Berlin, Isaiah (1988), *Cuatro ensayos sobre la libertad*, Alianza, Madrid.

Bernal, J. D. (1958), *La libertad de la necesidad*, UNAM, México.

Bobbio, Norberto (1986), *El futuro de la democracia* (trad. de José F. Fernández Santillán), FCE, México.

Bovero, Michelangelo (1995), "Libertad", *Este País*, diciembre, p. 30.

Buchanan, James M. (1981), *Los límites de la libertad: entre la anarquía y el leviatán*, Premiá Editora, México.

Caamaño Martínez, José (1957), *La libertad jurídica*, Bosch, Barcelona.

Campero, Alberto (1951), *Libertad y derecho*, Editorial Jus, México.

Carlyle, A. J. (1942), *La libertad política, historia de su concepto en la Edad Media y los tiempos modernos*, FCE, México.

Castoriadis, Cornelius (1990), *Le Monde morcelé, le carrefours de laberynthe III*, Ed. de Seuil, París.

Cerroni, Humberto (1972), *La libertad de los modernos*, Martínez Roca, Barcelona.

Cicerón, Marco Tulio, *Pro Cluentio*.

Cooper, David (1969), *La dialéctica de la liberación*, Siglo XXI, México.

Córdova, Arnaldo (1976), *Sociedad y Estado en el mundo moderno*, Grijalbo, México.

Croce, Benedetto (1960), *La historia como hazaña de la libertad*, FCE, México.

Dahl, Robert A. (1986), *Democracy, Liberty, and Equality*, Norwegian University Press, Beirut.

Dahrendorf, Ralf (1988), *The Modern Social Conflict: An Essay on the Politics of Liberty*, Weidenfeld & Nicholson, Nueva York.

Dewey, John (1965), *Libertad y cultura*, UTEHA, México.

Duguit, León (1924), *Soberanía y libertad*, Francisco Beltrán, Madrid.

Dworkin, Ronald (1995), *Los derechos en serio*, Editorial Ariel, Barcelona.

Eurípides, *Obras completas, Las suplicantes*, vol. II, Prometeo, Valencia.

Freire, Paulo (1973), *La educación como práctica de la libertad*, Siglo XXI, México.

Freud, Sigmund (1979), *Obras completas*, vol. XIX, Amorrortu, Buenos Aires.

Gibbs, Benjamin (1980), *Libertad y liberación*, Premiá Editora, México.

Goethe, J. Wolfgang von (s. f.), *Memorias de un joven escritor*, Espasa-Calpe, Buenos Aires.

Gordon, Scott (1980), *Bienestar, justicia y libertad*, Abeledo-Perrot, Buenos Aires.

Gray, John (1993), *Post-liberalism: Studies in Political Thought*, Routledge, Nueva York.

Hayek, Friedrich A. (1961), *Los fundamentos de la libertad*, Fundación Ignacio Villalonga, Valencia.

——— (1990), *The Constitution of Liberty*, Routledge, Londres.

Heidegger, Martin (1971), *Ser y tiempo*, FCE, México.

Hobbes, Thomas (1980), *Leviatán*, FCE, México.

Hook, Sidney (1969), *Determinismo y libertad*, Editorial Fontanella, Barcelona.

Hoover, Calvin B. (1960), *La economía, la libertad y el Estado*, Ed. Víctor Leru, S. R. L., Buenos Aires.

Hoover, Herbert (1934), *The Challenge to Liberty*, Charles Scribner's Sons, Nueva York.

Kant, Immanuel (s. f.), *Metaphysik der Sitten, Rechtslere*, en *Werke insel-verlag*, t. IV.

Leoni, Bruno (s. f.), *La libertad y la ley*, Unión Editorial, Madrid.

Locke, John (1980), *Ensayo sobre el gobierno civil*, Aguilar, Madrid.

Maquiavelo, Nicolás (1996), *Discorsi sopra la prima deca di Tito Livio*, I, 55, Alianza Editorial, Madrid.

Mannheim, Karl (1982), *Libertad, poder y planificación democrática*, FCE, México.

Mayer, Jacob P. (1986), *Trayectoria del pensamiento político*, FCE, México.

Mill, John Stuart (1989), *Sobre la libertad*, Alianza, México.

Mises, Ludwig von (1952), *Planning for Freedom: and other Essays and Addresses*, Libertarian Press, Illinois.

Mossé, Claude (1970), *Doctrinas políticas en Grecia*, A. Redondo, Barcelona.
Oppenheim, Felix E. (1961), *Dimensions of Freedom*, Nueva York.
Peretti, André de (1976), *Libertad y relaciones humanas: o la inspiración no directiva*, Marova, Madrid.
Platón (1979), *Obras completas*, Aguilar, Madrid.
Raz, Joseph (1988), *The Morality of Freedom*, Clarendon Press, Oxford.
Rousseau, Jean-Jacques (1973), *El contrato social*, Aguilar, Madrid.
Russell, Bertrand (1966), *Roads to Freedom: Socialism, Anarchism, and Syndicalism*, Unwin Books, Londres.
Sabine, George (1972), *Historia de la teoría política*, FCE, México.
Skinner, B. F. (1972), *Más allá de la libertad y la dignidad*, Editorial Fontanella, Barcelona.
Stephen, James Fitzjames (1993), *Liberty, Equality, Fraternity*, Liberty Fund, Indianápolis.
Sucre, José Francisco (1969), *Sobre el fetichismo y la libertad: ensayo*, Monte Ávila, Caracas.
Tucídides, *El epitafio de Pericles*, VI, 39.
Vargas Llosa, Mario (1988), "Cultura de la libertad y libertad de la cultura", *Vuelta*, núm. 109, p. 13.
Weil, Simone (1977), *Reflexiones sobre las causas de la libertad y la opresión social*, Premiá Editora, México.
Wootton, Barbara (1946), *Libertad con planificación*, FCE, México.

M

MEDIO AMBIENTE

Jorge Dehays Rocha

Definición

La expresión *medio ambiente* nos remite a un conjunto de elementos del medio natural: fauna, vegetación, suelo, clima, agua, etc., así como a sus interrelaciones. Sin embargo, el concepto de medio ambiente aún no está completamente definido ni se ha acotado perfectamente todo lo que concierne; lo que sí es incuestionable es la necesidad de estudiarlo mediante esfuerzos interdisciplinarios que reconozcan la multicausalidad e interdependencia de los fenómenos que abarca.

Muchos vocablos provenientes de diferentes campos forman parte ya del patrimonio conceptual del tema ambiental; entre ellos los más conocidos son: ecosistema, hábitat, recursos naturales, complejidad, resiliencia, adaptación, cambio global, capacidad de carga y ecología, entre otros. El carácter nocivo de la acción del hombre sobre el medio ambiente se expresa en palabras como deterioro, contaminación y degradación.

El campo ambiental no es sólo biofísico, sino que comprende diferentes ciencias, por lo cual debe intentar superar los marcos disciplinarios. La percepción de que la dimensión humana (aspectos sociales, culturales, económicos y políticos) es vital para el porvenir del patrimonio natural ya es una visión consolidada.

Asimismo, las situaciones a las cuales refiere la expresión medio ambiente o, si se quiere, la de "problemas ambientales" son de diversa complejidad, contienen diferentes dimensiones en juego y su escala de observación puede abarcar un amplio espectro: desde el efecto de un determinado pesticida en la población y en el suelo de una comunidad agrícola, hasta el planeta que ve comprometida su capacidad termorreguladora por las grandes cantidades de gases de invernadero (CFC, vapor de agua y CO_2) que se inyectan a la atmósfera como consecuencia de la actividad industrial.

El erigirse en el tema de mayor interés en la actualidad no lo ha eximido de caracterizarse por la confusión y la indefinición de sus límites, lo cual se refleja en la inexistencia de un campo teórico que tenga como objeto algo llamado medio ambiente. Por esto se plantea, cada vez con mayor convencimiento, la necesidad de construir las bases de un trabajo interdisciplinario, donde las ciencias "naturales" y las "sociales" puedan ser integradas en pro de un conocimiento nuevo y de la promoción de formas inéditas de acometerlo metodológicamente.

Historia, teoría y crítica

El medio ambiente como preocupación científica se gestó en pequeños círculos académicos de los países industrializados. Después de la segunda Guerra Mundial este interés se propagó paulatinamente por todo el mundo hasta institucionalizarse en la década de los setenta mediante la creación de organismos mundiales y regionales encargados de velar por la protección de los ecosistemas y participar en la búsqueda de nuevas formas de explotación de los recursos. Desde ese momento comienzan a aparecer en cada uno de los países del Tercer Mundo, incluidos los latinoamericanos, lecturas propias de la problemática ambiental, lo que llevó tanto a la creación de órganos gubernamentales competentes que entendieran de estos asuntos, como a la elaboración de legislaciones protectoras del medio natural y programas de control e intervención específicos para garantizar el desarrollo económico sin comprometer los recursos naturales.

También influyeron en un primer momento las posiciones conservacionistas, reflejadas en movimientos sociales tan tempranos como los que surgieron en los Estados Unidos a fines del siglo pasado. El conservacionismo, en una actitud casi contemplativa frente a la naturaleza, propagó la idea de mantenerla intacta, sin intervención del hombre, pero no quedaba claro si el propósito era conservarla para la gente o para nadie en absoluto.

No es correcto atribuir una paternidad al debate ambiental, pero ya es un hábito mencionar a la ecología cuando queremos referirnos a sus orígenes. Muchos problemas como la contaminación del aire, agua y suelos, la degradación de los recursos o las crisis consecuentes de energéticos y alimentos fueron, primeramente, tratados por la ecología. Como disciplina descendiente de las ciencias naturales, la ecología siempre ha tenido como objeto el estudio de la evolución y transformación de los ecosistemas naturales, donde el hombre es un agente externo, a pesar de que se ha destacado el papel de la naturaleza en la conformación cultural.

Ahora bien, desde el punto de vista de las influencias teóricas y disciplinarias que establecieron los derroteros que definieron posteriormente las posiciones en torno al tema, resalta la ecología como el cuerpo de conocimientos de mayor influencia en el proceso de consolidación de las preocupaciones ambientales. Esta disciplina vio la luz en la segunda mitad del siglo XIX y estableció que su objeto de estudio eran las relaciones que se establecían entre los organismos y su ambiente orgánico e inorgánico. Su desarrollo más importante lo alcanzó en las últimas décadas, en los precisos momentos en que se hacía evidente la fragilidad de los ecosistemas como consecuencia del estilo de desarrollo dominante. Los patrones de consumo y de explotación de recursos difundidos por el mundo son vistos como las expresiones más notorias de la conflictiva relación sociedad-naturaleza.

El abordaje metodológico que debía orientar el trabajo de la ecología no estuvo libre de controversias; con el tiempo quedó en evidencia la falta de consenso acerca de su objeto, contenido y campo de estudio, lo cual dio lugar a diferentes enfoques o corrientes dentro de la disciplina misma. Por ejemplo, no hubo acuerdo acerca de las unidades de análisis que se deberían utilizar; organismos, poblaciones, ecosistemas, comunidades, así como la naturaleza misma, fueron propuestos como los marcos de análisis apropiados.

Una posición más ecléctica en cuanto a su abordaje metodológico señala: "un sistema ecológico no tiene una dimensión o escala única, ya que lo que lo caracteriza no es su dimensión o grado de agregación sino su naturaleza, la cual adquiere sentido a partir de la delimitación del sistema ecológico, es decir, ese espacio cubierto por una serie de organismos y sus relaciones funcionales" (Gallopin, 1986: 127).

La ecología —como toda disciplina— también evolucionó, desde el estudio de las interacciones entre las cosas u organismos hasta el estudio entre esos organismos y el hombre, al cual se le consideró como elemento de la biosfera.

A diferencia de la ecología general, más cercana a lo biofísico, la llamada ecología humana o ecología cultural se constituyó en un aporte, dado su interés en descifrar los mecanismos de equilibrio ecológico que mantienen principalmente los grupos indígenas con su medio. De aquí se desprende que el objeto básico de esta disciplina es el comportamiento humano, las formas y estrategias que el hombre utiliza para relacionarse con el mundo exterior.

La idea de adaptación es el concepto explicativo clave de esta corriente ecológica, ya que permite entender el comportamiento de los hombres en interacción con el medio, cualquiera que sea la unidad de análisis utilizada: el individuo, la familia, el grupo, la comunidad, etcétera.

La relación que se establece, bajo esta perspectiva, entre el hombre y su medio natural queda expresada en la siguiente frase: "El hambre, la competencia con otras especies o sociedades, las enfermedades y otras fuerzas ambientales determinan el tamaño y la condición física de cualquier población" (Morán, 1993). De esta forma se destacan las posibilidades de adaptación de las poblaciones humanas a las condiciones que presentan los ecosistemas. No es de extrañar que los primeros llamados de atención acerca de los efectos que estaba teniendo la relación entre los pobladores pensantes de este planeta y su medio natural tuviesen un carácter claramente ecológico. La principal preocupación transmitida por esta corriente es la distancia que existe entre las formas hegemónicas de aprovechamiento de los recursos exportadas por los países industrializados, y que se reproducen sin mayor cuestionamiento en los países en desarrollo, y las modalidades de relación tradicional, mucho más sustentables, que las poblaciones del Tercer Mundo han atesorado a través del tiempo.

Otro aporte decisivo en la definición de la problemática ambiental lo proporcionó la teoría de sistemas, la que junto a la ecología ha enriquecido el acervo conceptual sobre el medio ambiente. El suyo es uno de los abordajes más interesantes para comprender la complejidad de los sistemas socioambientales y predecir su comportamiento. La complejidad de un sistema está dada por situaciones problemáticas donde confluyen múltiples procesos que evolucionan a diferentes niveles de la realidad, a diferentes tiempos (Wood, 1993), y donde las interrelaciones funcionales, como interdependencias entre sus diferentes componentes, dan lugar a la estructura del sistema, el cual tiene la virtud de funcionar como una totalidad organizada (García, 1994).

El uso de una herramienta teórico-metodológica como ésta puede proporcionar la mejor, si no la única, forma de abordar como un todo organizado el estudio de la complejidad de los sistemas referidos al campo problemático ambiental, lo cual supone la superación de los marcos disciplinarios existentes para elevar a la interdisciplina como la estrategia metodológica apropiada.

Otra perspectiva que influyó claramente en la posición adoptada por los países del Tercer Mundo durante los setenta y los ochenta fue el llamado ecodesarrollo (desarrollo sin destrucción). Desde su nacimiento en 1972, mientras se celebraba la Conferencia de Naciones Unidas sobre Medio Ambiente en Estocolmo, Suecia, hasta ahora ha gozado de mucha presencia en los debates sobre desarrollo y medio ambiente.

El ecodesarrollo se orientó desde el comienzo a poner de manifiesto las consecuencias nocivas que los estilos de desarrollo vigentes tienen sobre los ecosistemas, haciendo hincapié en las posibilidades de un desarrollo auténtico (Sachs, 1982). Pretendió encontrar la forma de armonizar los objetivos sociales y económicos del desarrollo con un manejo de los recursos (ambiente) ecológicamente adecuado. También desechó las posiciones extremas como el economicismo y el ecologismo por la explotación depredadora que promueve la primera en aras de la ganancia inmediata, y por la búsqueda desmedida de la conservación de la naturaleza a través de la política de "no tocar" que impulsa la segunda.

La dimensión social del desarrollo, como podrá percibirse, es fundamental en su calidad tanto de receptora como de productora de los efectos ambientales. Especial atención han concitado las nocivas consecuencias que las prioridades establecidas del desarrollo generan en la dimensión sociocultural, como el crecimiento económico a cualquier costo:

No es suficiente encontrar soluciones factibles y financieramente aceptables para los problemas ambientales [...] algunos proyectos atentan contra sistemas establecidos de valores, creencias, costumbres y formas de vida que desde el principio se enfrentan a un clima de hostilidad [...] De este modo, el resultado final será una mayor ruptura ambiental de la que había al comienzo del proyecto, la que servirá a algunos intereses particulares [Sachs, 1982].

Como respuesta a la conflictiva relación descrita en el párrafo anterior, se plantea que una estrategia para revertir la situación supone observar el cumplimiento de tres condiciones. En primer lugar, es fundamental acrecentar y profundizar los conocimientos que se tienen acerca de la particular relación que sostienen diferentes culturas y sus ecosistemas; esto debería permitir el logro de otra tarea insustituible, la elaboración de inventarios sistemáticos de ecotécnicas orientadas a la producción de alimentos en diferentes ecosistemas y culturas, y, finalmente, buscar puntos de encuentro o concebir la estrategia que haga compatible y complemente la investigación en nutrición con la orientación de la actividad agrícola.

Otra disciplina que ha contribuido a conformar el tema ambiental es la teoría económica. Como cualquier campo de conocimiento, la economía no ha exhibido una posición única frente al debate ambiental; los economistas clásicos y neoclásicos constituyen los enfoques más representativos de su aporte. Los primeros le atribuyen a la población la mayor responsabilidad en la degradación ambiental, dado que los incrementos en su número tienen como resultado una presión sobre los recursos, considerados fijos, comprometiendo así la salud de la economía. En cambio, los segundos consideran que el alto crecimiento poblacional es un factor neutral, por lo que no tiene un efecto *per se* sobre el ambiente. En este sentido, el papel de la población es una función de la eficiencia de las políticas de libre mercado al operar en un contexto determinado. Así, se puede admitir que en un mercado eficiente el crecimiento poblacional puede promover la innovación y los avances tecnológicos. De manera contraria, en una economía colmada de distorsiones, el crecimiento poblacional no hace más que multiplicar los efectos de esas deficiencias (Jolly, 1994).

Los conceptos económicos que recogen los estudios ambientales son la llamada "tragedia de los comunes" y las externalidades.

El primer concepto se refiere a los defectos de la propiedad "común". El planteamiento básico es que el ejercicio de este tipo de propiedad tiene efectos dañinos, dado que siempre cada actor busca maximizar su utilidad intensificando la explotación a que tiene derecho, con el resultado de que los costos que se generan (pérdida de productividad y extinción del recurso, entre otros) son asumidos por todos. De esta manera, en la medida en que cada uno se oriente por su racionalidad individual, el resultado será una tragedia colectiva.

La solución para la conflictiva relación entre racionalidad individual y bien común es el mercado, el cual se considera el mejor medio para distribuir los recursos naturales y permitir la competencia, condición para un manejo apropiado y eficiente de ellos.

Las externalidades, por su parte, son todos aquellos costos ambientales de producción que no son asumidos únicamente por quien recibe los beneficios, sino por la sociedad en conjunto. La solución para estos efectos nocivos de la actividad económica está dada por los subsidios, regulaciones y medidas políticas en general.

Líneas de investigación y debate contemporáneo

La llamada crisis ambiental ha convocado en las tres últimas décadas a las más diversas disciplinas de las ciencias naturales y sociales a un debate que ha sido alimentado en consecuencia por un buen número de perspectivas teóricas y marcos analíticos. Desde el comienzo se reconoció la imposibilidad de un abordaje unilateral, dada la naturaleza multidimensional de los fenómenos relacionados con el medio ambiente.

La contaminación del aire, de los cuerpos de agua, del suelo productivo, entre otros indicadores del estado en que se encuentra el patrimonio natural de la humanidad y la constatación fehaciente del desequilibrio y degradación de los ecosistemas ocasionado por la intervención del hombre, fueron los primeros temas incluidos en la agenda ecológica. Muy pronto comenzaron a desarrollarse investigaciones que se proponían identificar los efectos que ocasionaba el uso de tecnologías e insumos específicos tanto en el medio natural como en las poblaciones humanas. Asimismo, se volvieron más complejos los instrumentos y las técnicas de vigilancia de la calidad de los ecosistemas en que interviene el hombre, al tiempo que se comenzaron a generar estadísticas sobre la pérdida de la biodiversidad.

A partir de la celebración de la Conferencia de Estocolmo en 1972, la temática ambiental o ecológica amplía su cobertura y percepción. Desde aquí, y sobre todo, por los aportes de los países del Tercer Mundo, se comienza a hablar de lo social como un ámbito con vida propia y trascendental para la conservación del ambiente.

Las líneas de investigación, entendidas como conjunto estructurado y acotado de preocupaciones científicas relacionadas con el medio ambiente, ganaron en precisión y cantidad en la medida en que incorporaban cada vez más factores asociados a la conservación de los recursos; los mismos aluden a prácticamente todas las dimensiones de la realidad: biofísica, social, económica, cultural, política, ética, de género, etc. Sin pretender agotar todas las fuentes de debate ambiental, se esbozan en los párrafos siguientes aquellas que se consideran de mayor interés en la actualidad.

Desarrollo sustentable

El llamado desarrollo sustentable constituye en la actualidad el principal proyecto político, económico y social de los gobiernos del mundo: el impresionante desafío de compatibilizar la eliminación de los rezagos sociales mediante una justa distribución de la riqueza con la reversión de los procesos de deterioro de los ecosistemas para que puedan ser aprovechados por las generaciones futuras. Se asume, entonces, que el futuro tiene el mismo valor del presente, y que quienes hoy habitan el planeta deben actuar responsablemente al diseñar y llevar a la práctica sus medios de desarrollo material. La complejidad que dicha empresa supone ha dado pie a acaloradas controversias, en las cuales la identificación de mayores responsabilidades es el punto de división entre los diferentes actores (países ricos y países pobres, empresarios y trabajadores, etc.). De cualquier manera, la necesidad de integrar la sustentabilidad a las políticas nacionales de desarrollo es incuestionable; el problema sigue siendo definir el papel de cada uno de los actores en un contexto de creciente interdependencia mundial, lo que hace más complejo su abordaje y más difícil la búsqueda de la estrategia correcta.

Política y medio ambiente

De la cuestión ambiental dependen cada vez más asuntos y de diversa índole, y por tal razón su contenido político es incuestionable. En el caso de México, "los partidos políticos han encontrado dificultades ideológicas, doctrinarias, institucionales, estructurales y operativas para comprender y apropiarse de los debates y temas ambientales e incorporarlos de manera coherente a sus plataformas de acción" (Quadri de la Torre y Provencio, 1995).

El hecho de que la ecología invada espacios donde se dirime la organización social y política de los países significa que las posiciones que se adoptan en torno a esas realidades dejan de ser neutrales y se convierten en un nuevo indicador de la identidad ideológico-política de los partidos.

Pobreza y medio ambiente

Ya no son nuevos los llamados de los gobiernos a superar la situación de pobreza que viven los países del Tercer Mundo y sobre todo de América Latina, aunque desafortunadamente no han tenido éxito hasta ahora en la mayoría de los casos. A los pobres, por su forma de vida, se les ha acusado de destruir el medio natural; según algunas versiones,[1] ellos son responsables de gran parte de la desforestación (por la necesidad de leña para calefacción y cocina), la contaminación de cuerpos de agua y aire (por la falta de servicios urbanos básicos) en las grandes ciudades o la degradación de los suelos en las zonas rurales latinoamericanas (por la ausencia de técnicas e insumos adecuados, sumada a la necesidad de cultivar en zonas de pendientes donde los ecosistemas expresan su fragilidad con mayor intensidad). No obstante, la real capacidad depredadora de la pobreza no ha sido analizada con detenimiento.[2]

Patrones de consumo y medio ambiente

Este tema apenas comienza a tener eco en la academia latinoamericana, después de que, como era de esperar, los países desarrollados ya vieran la importancia de orientar el consumo mediante la promoción del uso o preferencia de bienes elaborados bajo normas de protección ambiental, como en Alemania por

[1] Véase al respecto el Informe Brutland, "Nuestro futuro común", 1987. En dicho informe se resalta la responsabilidad de la pobreza en la degradación ambiental, y se señala que la solución para ambas es el crecimiento económico.
[2] Para obtener otra visión del papel de la pobreza en el deterioro de los recursos, véanse las reflexiones de Carlos Reboratti, "Población, ambiente y recursos naturales en América Latina", en IV *Conferencia Latinoamericana de Población. La transición demográfica en América Latina y el Caribe*, vol. II, INEGI-IISUNAM, México, 1993.

ejemplo (De Lara, 1989). No olvidemos que un patrón de consumo determinado conlleva modalidades de explotación de los recursos, y que si no atiende a consideraciones de protección ambiental se transforma en un factor de deterioro "remoto" o indirecto del medio natural.

El acto de consumir es, por sobre todo, un acto trascendente en materia ambiental; se ubica en el centro de una secuencia que tiene en un extremo la explotación de recursos y en otro la generación de desechos. En materia social tampoco lo es menos; en efecto, existe una fuerte determinación del consumo por la distribución del ingreso, lo cual da lugar a efectos desiguales en el proceso: la calidad y cantidad de lo que se consume son distintas según el estrato social, pero los costos asociados a sus consecuencias ambientales (salud, oportunidades de trabajo, etc.) no se distribuyen de la misma forma.

Un principio económico básico señala que las características y volúmenes de la producción responden a su consumo esperado. Dicho de otra forma, los patrones de consumo determinan un modo particular de producir y distribuir bienes y servicios. Preguntas como ¿qué consumir?, ¿cuánto consumir?, y ¿qué niveles de autonomía manejan los actores respecto a la producción y al consumo? son esenciales en este proceso.

Ética, medio ambiente y educación ambiental

El continuo deterioro del planeta ha llevado la discusión ambiental al plano de la ética para replantear los valores que guían el comportamiento de la sociedad en su relación con el medio natural. En este plano se cuestiona la base ética de la economía neoliberal, caracterizada por el pragmatismo, el utilitarismo, el eficientismo y una racionalidad de aprovechamiento de corto plazo, los cuales se reflejan en patrones específicos de explotación y manejo de los ecosistemas (Leff, 1997).

Una vez asumida la necesidad de modificar o reorientar la valoración de la naturaleza comienza a ser necesario promover un proceso de sensibilización de la sociedad, lo cual se alcanza mediante la incorporación de la dimensión ambiental en los planes de estudios del sistema educativo.

Esta incorporación se desenvuelve en dos dimensiones paralelas: en el nivel de formación escolar y en el nivel de concientización de la sociedad como un todo mediante los medios de comunicación de masas y programas de gestión local. En un nivel más amplio e integrador, esta necesidad de promover la educación ambiental supone la creación de un saber transdisciplinario que vaya más allá del que aporte la simple suma de disciplinas, rescate las culturas y valorice las subjetividades. En suma, una nueva postura epistemológica y de visión del mundo, lo cual supone la invención de nuevos principios teóricos y herramientas metodológicas para enfrentar la complejidad de los procesos a los que refiere la problemática ambiental.

Salud y medio ambiente

Éste es quizás uno de los aspectos más explorados a propósito de los efectos del uso de la tecnología. Las víctimas de problemas como la contaminación de aguas, suelos y aire se cuentan por montón. Este hecho ha propiciado acalorados debates sobre, por ejemplo, el uso de plaguicidas como el DDT, al cual se le ha comprobado su relación con las malformaciones congénitas, la infertilidad y la muerte. El desarrollo de la agricultura intensiva de exportación en América Latina ha originado un aumento de los riesgos para la salud de los trabajadores del campo, condiciones crónicas de reproducción de la pobreza e inestabilidad de las oportunidades de empleo.

Cultura y medio ambiente

Existe un consenso cada vez mayor sobre la necesidad de recuperar, en algunos casos, y respetar, en otros, las formas tradicionales de uso y manejo del medio de los grupos indígenas o pobladores locales.

Estudios ecológico-antropológicos han demostrado lo adecuadas que son dichas prácticas, al tiempo que los gobiernos fomentan su aplicación en otros lugares.

Población y medio ambiente

La expresión medio ambiente alude a un sinnúmero de interacciones entre el hombre y el medio natural, las cuales no se establecen necesariamente de manera directa ni lineal. Las instituciones, la tecnología, el mercado, los patrones de consumo, los estilos de desarrollo desempeñan un papel mediador, esto es, a través de ellos se expresa la intervención de la población en el medio natural.

Interdisciplinariedad y medio ambiente

El carácter multidimensional, multicausal e interdependiente de los fenómenos ambientales ha puesto en evidencia la necesidad de abordarlos interdisciplinariamente, esto es, mediante una estrategia que integre los aspectos sociales con los biofísicos y permita así descifrar la complejidad del sistema. Esto también ha quedado reflejado en el convencimiento de que no es posible aislar cada uno de los factores interactivos en un fenómeno, y, en consecuencia, de que su estudio no es posible simplemente sumando los análisis que hagan de ellos cada una de las disciplinas. Por tal motivo, no es sencillo constituir equipos de investigación que tengan la capacidad para observar estas premisas y compartan un marco epistemológico, conceptual y metodológico supradisciplinario.

En este sentido, el problema ha sido cómo lograr una verdadera articulación de las diferentes ciencias convocadas para tal fin, sobre todo porque la mayoría de los investigadores se han formado en universidades donde aún persisten formas anquilosadas de presentar el conocimiento, esto es, como un saber fragmentario que impide la interacción fluida entre los diferentes espacios de la realidad cubiertos por las disciplinas científicas.

Desde aquí se plantea entonces una verdadera reconstrucción de la epistemología, de cómo debemos ver el mundo y aprehenderlo, lo cual supone asimismo la superación de la dicotomía "ciencias de la naturaleza" vs. "ciencias sociales" (García, 1994). Asimismo, es preciso superar las nociones de causalidad dominantes hasta ahora; sobre todo, la idea de las líneas causales directas y únicas ya no se puede sostener. En este sentido, parece mucho más enriquecedor el uso de nociones como la de "mediaciones", la cual nos sugiere la presencia de instituciones o factores relativamente localizados (la tecnología, la cultura, los patrones de consumo, los sistemas de distribución de la riqueza, la pobreza, etc.) que median la relación entre la sociedad y el medio natural, y es ahí donde hay que fijar el análisis (Dehays, 1997).

BIBLIOGRAFÍA

Dehays, Jorge (1997), "Metodologías utilizadas en el estudio de la desforestación: una revisión desde la perspectiva de las relaciones entre población y ambiente", en Cecilia Rabell (coord.), *Los retos de la población*, Facultad Latinoamericana de Ciencias Sociales, Juan Pablos Editor, México.

Gallopín, Gilberto (1986), "Ecología y ambiente", en Enrique Leff (coord.), *Los problemas del conocimiento y la perspectiva ambiental del desarrollo*, Siglo XXI, México.

García, Rolando (1994), "Interdisciplinariedad y sistemas complejos", en Enrique Leff (comp.), *Ciencias sociales y formación ambiental*, Gedisa, Barcelona.

Gazzoli, R., y César A. Vapnarsky (1978), *La temática del medio ambiente en América Latina*, seminario sobre la cuestión regional en América Latina, documento IV.4, El Colegio de México.

González, Alfonso (1994), "Las luchas ecológico-sociales en México: prospectivas", en M. García-Guadilla y Jutta Blauert (eds.), *Retos para el desarrollo y la democracia: movimientos ambientales en América Latina y Europa*, Fundación Friedrich Ebert y Editorial Nueva Sociedad, México.

Hecht, Susanna (1985), "Environmet, development and Politics: Capital Accumulation and the Livestock Sector in Eastern Amazonia", *World Development*, vol. 13, núm. 6, pp. 663-684.

Lara R., Salvador de, (1989), "Consumo y medio ambiente" en Günther Maihold y Leonardo Meza (comps.), *Ecología: motivo de solidaridad*, Fundación Friedrich Ebert.

Leff, Enrique (coord.) (1986), *Los problemas del conocimiento y la perspectiva ambiental del desarrollo*, Siglo XXI, México.

——— (1997), "Conocimiento y educación ambiental", en *Formación ambiental*, PNUMA, vol. 7, núm. 17, vol. 8, septiembre de 1996-marzo de 1997, pp. 19-23.

Morán, Emilio F. (1993), *La ecología humana de los pueblos de la Amazonia*, FCE, México.

Quadri de la Torre, G., y Enrique Provencio (1995), *Partidos políticos y medio ambiente. Experiencias internacionales y perspectivas para México*, El Colegio de México-CEDDU, México.

Semarnap (1996), *La transición hacia el desarrollo sustentable*, México.

Wood, Charles H. (1993), "Temporalidades y escalas en competencia en el estudio de la población, el ambiente y la sustentabilidad", en Haydea Izazola y Susana Lerner (comps.), *Población y ambiente. ¿Nuevas interrogantes a viejos problemas?*, SOMEDE-COLMEX, México.

MEDIOS

Raúl Trejo Delarbre

Definición

Todos entendemos qué son los medios. Los presenciamos, sintonizamos, recibimos, padecemos y disfrutamos o sobrellevamos todos los días. Son parte insustituible de la sociedad contemporánea, de la cultura de masas y de la política moderna: ninguna de las tres podría entenderse, ni ser lo que han llegado a ser, sin los medios de comunicación. Pero con los medios ocurre, por esa misma omnipresencia y por la familiaridad que les tenemos, algo similar a lo que nos sucede con el aire o con el sol: todos los conocemos, pero al definirlos se rompen géneros.

Cuando nos referimos a los medios, aludimos a los instrumentos de comunicación de masas que propagan mensajes a grandes públicos: prensa, cine, radio y televisión. Los medios implican audiencias, y éstas, a su vez, recursos técnicos para recibir los mensajes a través de los instrumentos de propagación masiva.

Historia, teoría y crítica

El término viene del latín *medium*, pero es de uso frecuente el vocablo *media*, empleado según la acepción inglesa, que se refiere a la comunicación que llega a auditorios numerosos, o a las técnicas modernas de difusión masiva. En el sentido anglosajón, a los medios se les entiende fundamentalmente como los mecanismos de difusión "que alcanzan al público en general y que contienen publicidad" (Webster's, 1971: 466). En otros contextos culturales, se les prefiere definir como "los mecanismos de distribución de las obras del espíritu o los instrumentos de comunicación entre los hombres" (Albert, 1989: 118).

Como quiera que sea, a los medios se les ubica como portadores de mensajes. "Los medios de comunicación masiva comprenden las instituciones y técnicas mediante las cuales grupos especializados emplean recursos tecnológicos para difundir contenidos simbólicos en el seno de un público numeroso, heterogéneo y disperso" (Janowitz, 1952). Dicho de manera directa, un medio de comunicación es "todo instrumento o soporte de mensajes" (Goded, 1985: 157).

Los medios conducen mensajes entre una entidad que los produce y sus destinatarios, que los reciben. Cuando son de comunicación de masas, los medios llevan mensajes propagados por empresas de información a públicos amplios; unos pocos difunden para muchos más. En todo caso, se les entiende, precisamente, como intermediarios en esa diseminación (que no intercambio) de contenidos. Son el continente que difunde tales mensajes. De esa manera, a los medios se les define: *a)* por su carácter de intermediarios en el proceso de la comunicación, y *b)* por los recursos tecnológicos que hacen posible la propagación de tales contenidos en las sociedades de masas.

Los medios masivos son "canales artificiales que el hombre ha creado para llevar sus mensajes a auditorios representativos" (González Alonso, 1992: 33). Su existencia misma indica un desarrollo tecnológico y, además, un funcionamiento corporativo o empresarial. Los medios, así: "Por lo general necesitan para su desarrollo de organizaciones estables, profesionales y complejas. En otras palabras, se requiere de vigilancia financiera, de considerable personal humano especializado en diversas áreas y de controles normativos y administrativos" (*ibid.*). Pero más allá de esos reconocimientos, hay autores que consideran prioritario el mensaje, por encima del medio mismo. El profesor venezolano Antonio Pasquali (1978: 35-36) advierte contra la tendencia a conceder demasiada importancia a los medios en sí, pues se incurre en el error de

creer que el desarrollo tecnológico de los modernos medios de comunicación es el factor desencadenante de un problema de comunicaciones antes inexistente [...] Las nuevas tecnologías sólo han expandido una función, la de comunicarse, que es esencial, permanente e inherente a la naturaleza social del hombre. Los nuevos medios [...] sólo han venido a ampliar una capacidad preexistente y a facilitar una función esencial, no a engendrarla.

Para este autor, "el problema esencial sigue siendo el de la comunicación humana y no el de los medios o de su desarrollo".

Es difícil disociar a los medios de los contenidos que comunican. Con frecuencia, unos y otros se confunden, difuminando la importancia de los mensajes. Y éstos, a su vez, suelen tener una forma y una intención que dependen de las concepciones y los intereses de las organizaciones (empresas o instituciones) capaces de difundir mensajes de manera masiva. López Veneroni (1989: 26) ha explicado:

En efecto, los medios masivos, en sí mismos, sólo entrañan una sustancialidad tecnológica. Lo que los hace objeto de interés social es su uso; éste [...] está determinado por las condiciones económicas y sociopolíticas de las formaciones sociales en las que aquéllos emergen. De ahí se sigue que lo que en verdad se estudia, desde una perspectiva social, es su uso económico, político, educativo, psicológico, la estructuración de mensajes y el régimen legal en el que los medios están circunscritos.

De hecho, la intensa circulación de capital que hay en y alrededor de las industrias de la comunicación ha propiciado la creciente aglomeración de medios de diversos géneros en corporaciones capaces de trascender fronteras. Los *grupos multimedia*, que en ocasiones cuentan con capitales asentados en varias naciones, son la expresión más reciente e influyente del ascendiente ideológico, comercial y político de los medios.

Los medios de comunicación de masas son un fenómeno del siglo XX. El cine y la radio alcanzaron una presencia social intensa en los años veinte y treinta, y la televisión cuando ya se había cumplido la primera mitad del siglo. Los medios, de esa manera, han tenido un crecimiento paralelo al desarrollo económico y cultural de las sociedades contemporáneas. Mientras mayores son la circulación de capital y la riqueza financiera de un país, mayor suele ser el acceso de sus habitantes a los medios. Ello no significa que, por sí solos, los medios sean productores de bienestar material en las sociedades para las cuales difunden sus mensajes.

LÍNEAS DE INVESTIGACIÓN Y DEBATE CONTEMPORÁNEO

Autoritarios, paternalistas, comerciales y democráticos

Los medios contribuyen a moldear el contexto político en el que se ubican, pero, antes que nada, ese contexto determina limitaciones o garantías para la libertad de expresión. El especialista británico Raymond Williams llegó a considerar que la principal distinción entre los medios de comunicación se reduce a si están controlados o son libres. En realidad, siempre existen controles sobre los medios: perspectivas profesionales o políticas de quienes trabajan en ellos, intereses de las empresas de comunicación y de quienes les contratan espacios, presiones de los diversos actores del sistema político, regímenes jurídicos, convicciones éticas, exigencias o inercias de parte de los públicos. Esas y otras características determinan las condiciones para la expresión a través de los medios. Pero de acuerdo con la condición que guarde la siempre tirante cuerda entre control y libertad, Williams (1978: 123-129) clasificó cuatro tipos de sistemas de medios: a) *autoritario*, en donde los medios "son considerados como una parte del engranaje total mediante el cual una minoría gobierna a una sociedad"; b) *paternalista*, que es "un sistema autoritario con una conciencia, es decir, con unos valores y unos objetivos que están más allá del mantenimiento de su propio poder"; c) *comercial*, en donde "en lugar de decir que estos medios sirven para gobernar o dirigir, se declara que los hombres tienen el derecho de poner a la venta cualquier tipo de trabajo, y que todo el mundo tiene el derecho de comprar todo lo que se le ofrece", y d) *democrático*, que en su sentido más pleno "sólo podemos discutirlo e imaginarlo" y que: "Está en firme oposición al control autoritario de lo que puede decirse, y contra el control paternalista de lo que debería decirse. Pero también es contrario al control comercial de lo que puede decirse con beneficio, porque esto también puede ser una tiranía".

Medios fríos y calientes

En 1964, el canadiense Marshall McLuhan (1969: 46-47) clasificó a los medios según la intensidad con que sus mensajes son percibidos por los públicos:

> Existe un principio fundamental que distingue un medio cálido, como lo es la radio, de otro frío, cual la televisión. Es un medio cálido el que prolonga o amplía un solo sentido en "alta definición". Alta definición es el estado del ser bien abastecido de datos. Visualmente, una fotografía es de "alta definición". Una caricatura es una "definición baja", por la sencilla razón de que proporciona muy poca información visual […] los medios cálidos son de poca o baja participación, mientras que los medios fríos son de alta participación, para que el público los complete.

La radio es un medio cálido porque ofrece mucha información, y entonces sus escuchas tienen un comportamiento pasivo. La televisión sería, en esos parámetros, un medio frío en tanto que la información que transmite es fragmentaria y, visualmente, de menor calidad que la del cine.

Si bien es discutible y en muchas ocasiones refutada por la cambiante realidad de la comunicación de masas, la teoría de McLuhan sobre los cálidos y fríos tuvo el mérito de reconocer la importancia sustantiva de los medios desde comienzos de los años sesenta. A diferencia de otros enfoques metodológicos que atendieron más al proceso de comunicación, ese pensador canadiense puso el acento en el carácter sustantivo de los medios y aquilató su importancia de acuerdo con la capacidad que tienen para conmover a las sociedades de masas y a los individuos que las integran. De allí derivó su también polémica fórmula *el medio es el mensaje*, para decir que los rasgos de un medio moldean el contenido que se transmite a través de él.

Los juicios de Marshall McLuhan han sido insistente y duramente cuestionados. Pasquali (1978) los ubica en una dimensión ideológica conservadora y advierte:

> La tesis de que el medio predetermina fatalmente el mensaje y la relación de comunicación, haría de esta última una función dependiente y accesoria del aparato tecnológico —supuestamente dotado de leyes autónomas de funcionamiento— y está destinada a encubrir la dimensión antropológica, social y política del problema.

Calidad de los mensajes

Las sociedades contemporáneas se desarrollan, cohesionan, divergen, movilizan, manifiestan o dejan de exteriorizar consensos a través de y delante de los medios. Éstos son fuentes de mensajes culturales, educativos, de esparcimiento o informativos. Una de las más frecuentes polémicas es sobre la calidad de los mensajes que suelen propagar los medios. Por un lado, los medios son industrias culturales que no acostumbran desempeñarse según el interés o el beneficio público, sino para hacer negocio. La calidad de los mensajes, así, suele quedar subordinada a los costos de producción y, al mismo tiempo, a la complacencia de los públicos, los cuales no es frecuente que sean perspicaces, exigentes o participativos.

Otra discusión no resuelta es sobre la posible influencia de los medios en las conductas de la sociedad. Con insistencia se dice que las actitudes individuales o colectivas de disrupción del orden institucional suelen ser propiciadas por los medios, especialmente la violencia en las ciudades. Cuando cumple 18 años, un joven estadunidense típico ha visto en la televisión cerca de 200 000 actos de violencia, incluyendo 16 000 asesinatos (American Medical Association). Sin embargo, no hay suficientes pruebas de que la violencia en los medios provoque, por sí sola, conductas violentas entre sus receptores. Lo que sí es altamente posible es que los contenidos agresivos influyan de manera especialmente catalizadora sobre individuos o incluso grupos proclives a comportamientos impulsivos. La discusión sobre si los medios "inyectan" conductas determinadas en sus públicos, como si fueran una aguja hipodérmica, ha sido de las más frecuentes en el examen académico de la comunicación. Una de las vertientes menos investigadas en ese campo es la de los efectos reales de los medios sobre los lectores, radioescuchas o televidentes.

Industrias culturales. Manipulación y liberación

El asunto más polémico cuando se estudian los medios es su contenido. Los autores de o ubicados en la tradición de la Escuela de Francfort (especialmente Theodor Adorno y luego Herbert Marcuse) identificaron contenidos ideológicos clasistas en los medios, a los cuales prefirieron denominar *industrias culturales*. Los medios, así entendidos, funcionarían como aparatos ideológicos de Estado (el término fue promovido por Louis Althusser) para legitimar el sistema capitalista y reprimir así la toma de conciencia de las clases subordinadas. Esa concepción de las industrias culturales como instrumentos intencional y devastadoramente manipuladores fue muy útil para desmitificar la concepción de los medios como propagadores inocentes de mensajes, especialmente de entretenimiento. Pero ha tenido limitaciones, al oscilar entre el pesimismo paralizador y la magnificación totalizadora de las aptitudes de los medios masivos.

Emparentado críticamente con esa vertiente, pero buscando un sesgo que no fuese fatalista, Hans Magnus Enzensberger (1972) reconoció capacidades "manipuladoras" y "liberadoras" de los medios de comunicación. El uso "represivo" de los medios masivos comprendería: *a)* programación controlada centralmente; *b)* un transmisor y muchos receptores; *c)* inmovilización de individuos aislados; *d)* conducta pasiva del consumidor; *e)* despolitización; *f)* producción a cargo de especialistas, y *g)* control de capitalistas o burócratas. De la misma forma, un uso "liberador" de los medios masivos, implicaría: *a)* programación descentralizada *b)* cada receptor es un transmisor potencial; *c)* movilización de las masas; *d)* interacción de los involucrados, retroalimentación; *e)* un proceso de enseñanza política; *f)* producción colectiva, y *g)* control social por organización autónoma.

Cultura para el mercado

La disputa por los medios se ha convertido en propósito de todas aquellas fuerzas —políticas, financieras, ideológicas, religiosas— que quieren influir en las sociedades contemporáneas. Pero, además, la masificación de los mensajes ha propiciado nuevas formas de creación y propagación de la cultura. Para Umberto Cerroni (1992: 142):

> Con los *mass media* la industria cultural adquiere dimensiones inusitadas, es decir, la producción intelectual destinada principalmente al mercado o la producción de mercancías de contenido no comercial [...] La televisión ha concentrado y vuelto esenciales las teori-

zaciones de la industria cultural y ha sido por tanto golpeada por la crítica por su difusión hoy universal, consuetudinaria, doméstica. En la otra vertiente el producto televisivo ha tratado de poner barricadas para defender su dignidad detrás de la especificidad de sus técnicas y de su mercado valiéndose de la coartada del índice de agrado.

Videopolítica

Legitimados por el *rating* y omnipresentes en las sociedades contemporáneas, los medios son instrumentos y —también— actores en la política de nuestros días. Giovanni Sartori (1992) denominó *videopolítica* a la enorme influencia de los medios en la definición de las relaciones políticas en la actualidad: "es la fuerza que nos está modelando". De manera paralela a la decadencia de los partidos, los medios de comunicación se erigen en los espacios privilegiados para procesar consensos, *propagandizar* aspiraciones y, sobre todo, consolidar o abatir figuras políticas. La imagen desplaza a las ideas y las técnicas del *marketing* al discurso político, al menos tal y como hasta ahora se le había concebido, en virtud de la preponderancia de los medios.

En regímenes autoritarios el uso de los medios tiende a reforzar actitudes despóticas o absolutistas. "La videopolítica no es una prerrogativa de la democracia. El poder del video también está a disposición de las dictaduras", reconoció más tarde este politólogo italiano (Sartori, 1998). Pero los medios, no hay que olvidarlo, son a la vez protagonistas e intermediarios de los acontecimientos públicos. De la misma forma que empleados con criterios de arbitrariedad e intolerancia pueden reforzar posiciones autoritarias, su efecto al propagar experiencias de las sociedades abiertas ha sido decisivo en la abrogación de regímenes dictatoriales. En la antigua Europa del Este la difusión de los medios occidentales, especialmente la televisión, fue definitiva para propiciar las condiciones que llevaron a la caída del muro de Berlín.

Verosimilitud e información

La principal función política de los medios es servir de canales para transmitir informaciones.

> En una sociedad de masas los medios masivos se consideran fuentes de noticias verificadas. Así, si bien las noticias difundidas por quienes actúan dentro de una organización compleja que se conoce como medios masivos tal vez de hecho sean falsas, lo importante es que el relato pueda rastrearse a su fuente. En gran medida esto asegura a la sociedad, bajo amenaza de desenmascaramiento, que los relatos tenderán a ser verídicos o que los miembros del auditorio, al conocer la fuente, podrán identificar en ellos ciertas tendencias (intentos de manejar a otros) o censura [Blake y Haroldsen, 1977].

Uno de los indicadores de la madurez o del desarrollo cívico de una sociedad es su capacidad para discriminar entre unos y otros medios. Cuando están en condiciones de distinguir entre diferentes formas e intenciones en los mensajes de los medios que tienen a su alcance y, así, de favorecerlos con su preferencia o sancionarlos con su indiferencia, los públicos están en posibilidad de influir sobre los contenidos que difunden las empresas de comunicación. Ello supone que haya competencia entre los medios que difunden mensajes delante de una sociedad determinada. Sin embargo, como en la economía, en el terreno de los medios la competencia perfecta es más una aspiración teórica que una realidad frecuente.

Para que exista un auténtico mercado de mensajes capaz de automoldearse en correspondencia con las necesidades y exigencias de la sociedad, se requiere no sólo de empresas de medios que gocen de condiciones de equidad tales que puedan equilibrar mutuamente sus respectivas influencias, sino también de espectadores con información, discernimiento y crítica suficientemente aguzados para interactuar con esos medios. El reputado investigador Ben H. Bagdikian (1997: 66), conocido cuestionador de los excesos corporativos de los medios, ha escrito:

> La dimensión apropiada para los medios en un país es cuando, a través del examen y el reportaje, incrementan el entendimiento de las realidades importantes y cuando, a través de la presentación del espectro de pensamiento y análisis más amplio posible, crean una adecuada reserva de conocimientos al interior del proceso social. Los medios pueden producir entretenimiento y vender mercancías, pero si, además, no crean un fértil mercado de ideas y de información seria, fracasarán en una función cardinal. La diversidad y la riqueza en los medios no son adornos de una democracia, sino elementos esenciales para su sobrevivencia.

Legislación y autorregulaciones

Desde 1952, una subcomisión de las Naciones Unidas dedicada a la evaluación de los medios y sus consecuencias sociales y políticas propuso un Código Internacional de Ética Periodística. Iniciativas similares han sido presentadas, desde entonces, en numerosas naciones. En algunos países y regiones, hay códigos con normas cuya adopción se sugiere para propiciar la escrupulosidad, la veracidad y el respeto a garantías individuales en la publicación de informaciones en los medios. Esos códigos suelen ser instrumentos de autorregulación por parte de los operadores o trabajadores de los medios.

De manera paralela, se han conocido —y en algunos casos promulgado como leyes específicas— iniciativas para regular la propiedad de empresas de comunicación, el respeto a la vida privada de los ciudadanos y el acceso al derecho a la información. En 1980 se dio a conocer el Reporte McBride, auspiciado por la UNESCO (McBride *et al.*, 1988), que fue el eje de una extensa pero inacabada discusión internacional sobre los nuevos desafíos jurídicos y éticos que implican el desarrollo corporativo y tecnológico, así como la influencia pública, de los medios de comunicación.

Medios alternativos

Como respuesta a las dificultades de distintos grupos sociales para tener acceso a los medios de carácter eminentemente comercial, y en ocasiones con el propósito explícito de enfrentarlos, en algunos casos se han creado medios alternativos o que pretenden serlo. Cine marginal, radios libres, prensa alternativa o redes de video no convencionales han sido algunos de los recursos más usados por grupos de activistas sociales o políticos, con resultados muy variados y con una eficacia casi siempre efímera. Tesis como las de Enzensberger antes mencionadas otorgaron respaldo conceptual a esas experiencias, sobre todo en los años setenta. Su principal limitación radicaba en la fortaleza institucional y tecnológica de los grandes medios, ante la cual casi siempre acabaron por desaparecer.

Nuevos medios. La internet

El desarrollo tecnológico ha permitido la existencia y propagación de formas de comunicación que no obedecen, al menos en todos sus rasgos, a las definiciones convencionales y cuya trascendencia social y política es aún incierta. La red de redes de cómputo, internet, se desarrolló en los años setenta inicialmente como un proyecto militar de los Estados Unidos, pero más tarde las comunidades académicas y luego otros sectores de la sociedad se apropiaron de ella, hacia el comienzo de los noventa. La internet ha tenido un crecimiento geométrico, pero el acceso a esa colección de sistemas informáticos todavía es privilegio de las naciones más desarrolladas y de las élites que, en otros países, tienen recursos suficientes para conectarse. Las cifras al respecto son variables, pero hacia fines de los noventa se estimaba que para el año 2000 habría en todo el mundo unos 80 millones de usuarios de la internet y quizá 10 millones de páginas *web*, de entre las cuales varios millares estarían dedicadas a difundir y analizar asuntos de carácter político. Hay quienes dudan que la internet sea un medio de comunicación de masas. De hecho sirve para propagar, pero con destinatarios casi siempre inciertos, mensajes de toda índole, todavía con una variedad y una libertad que no existen en los medios convencionales. En la red de redes, además, hay una posibilidad de interacción que es poco frecuente en los grandes medios masivos como la radio y la televisión. Pero, también allí, las grandes corporaciones y especialmente los grupos *multimedia* tienden a ganar espacios y auditorios, por encima de los esfuerzos de individuos y grupos ciudadanos.

Espejos de la realidad

En otro sitio (Trejo Delarbre, 1996: 239) hemos concluido un análisis sobre los efectos políticos de los medios, anotando que ellos, valga la insistencia, son precisamente eso: instrumentos que pueden ser empleados en uno u otro sentido, intermediarios. No sustituyen a la política; le dan cauces, ritmos y formas nuevas, pero por mucho que se hayan impuesto a los partidos, a los candidatos e incluso a los gobernantes, lo que propagan son intenciones para moldear de una manera o de otra la realidad. Por eso es de la mayor importancia no olvidar que los medios son espejos de la vida, no la vida misma.

BIBLIOGRAFÍA

Albert, Pierre (1989), *Lexique de la presse écrite*, Dalloz, París.
American Medical Association, "Facts about media violence", www.ama-assn.org/ad
Bagdikian, Ben H. (1997), "The U. S. Media. Supermarket or Assembly Lyne?", en Shanto Iyengar y Richard Reeves (eds.), *Do the Media Govern? Politicians, Voters and Reporters in America*, Sage Publications, Thousand Oaks, Calif.
Blake, Reed H., y Edwin O. Haroldsen (1977), *Taxonomía de conceptos de la comunicación*, Nuevomar, México.
Cerroni, Umberto (1992), *Política, método, teorías, procesos, sujetos, instituciones y categorías*, Siglo XXI, México.
Enzensberger, Hans Magnus (1972), "Integrantes de una teoría de los medios masivos de comunicación", en *La Cultura en México*, suplemento de la revista *Siempre!*, México, 28 de junio.
Goded, Jaime (1985), *100 puntos sobre la comunicación de masas en México*, Juan Pablos, México.
González Alonso, Carlos (1992), *Principios básicos de comunicación*, Trillas, México.
Janowitz, M. (1952), "The Community Press in an Urban Setting", Free Press, Glencoe, citado por Denis McQuail en *Sociología de los medios masivos de comunicación*, Paidós, Buenos Aires.
López Veneroni, Felipe (1989), *Elementos para una crítica de la ciencia de la comunicación*, Trillas y Felafacs, México.
McBride, Sean, *et al.* (1988), *Un solo mundo, voces múltiples. Comunicación e información en nuestro tiempo*, FCE, México.
McLuhan, Marshall (1969), *La comprensión de los medios como las extensiones del hombre*, Diana, México.
Pasquali, Antonio (1978), *Comprender la comunicación*, Monte Ávila Editores, Caracas.
Sartori, Giovanni (1992), "Videpoder", en su libro: *Elementos de teoría política*, Alianza Editorial, Madrid.
——— (1998), "La opinión teledirigida", en *Claves de razón práctica*, núm. 79, Madrid, enero-febrero. En el libro *Homo videns. La sociedad teledirigida*, Taurus, Madrid.
Trejo Delarbre, Raúl (1996), "Teatralidad política y realidad virtual. El televisor, el ordenador, el poder y los medios", en *Comunicación social/ Tendencias*, Fundesco, Madrid.
Webster's (1971), *New World Dictionary of the American Language*, Avenel Books, Nueva York.
Williams, Raymond (1978), *Los medios de comunicación social*, Península, Barcelona.

MENTALIDADES
Carlos Antonio Aguirre Rojas

Definición

El concepto *mentalidades*, utilizado más frecuentemente en plural que en singular, adquirió gran difusión y relevancia dentro del mundo académico occidental durante las décadas de 1970 y 1980. Esta difusión y proyección internacionales se asociaron al hecho de que en esta misma coyuntura, de 1968 a 1989, la historiografía francesa producida por la célebre *corriente de los Annales* se difundió igualmente a nivel planetario, para hacerse presente dentro de los más diversos ámbitos de la historiografía y de las ciencias sociales del mundo entero.

Y puesto que la tercera generación de esa mal llamada "escuela" de los *Annales* reivindicaba sobre todo el proyecto y la exploración de una "historia de las mentalidades", entonces su afirmación y amplia difusión en Europa y en el mundo, que se despliega justamente durante esos años setenta y ochenta recién vividos, va a correr paralela a la popularización y también extensa recuperación de ese ambiguo término de *mentalidades*, hasta el punto incluso de crear neologismos, tanto en alemán *(mentalitäts)* como en inglés *(mentalities)*, para designar este término lanzado a la fama por los historiadores franceses posteriores a la enorme revolución cultural de 1968.

Sin embargo, y a pesar de esa amplia difusión y popularidad, no existe hasta hoy un concepto preciso y único, universalmente aceptado del término mentalidad. Porque esa "mentalidad", más que designar un concepto analítico bien definido, que hiciera referencia a un conjunto preciso de elementos o de realidades que hubiesen sido rigurosamente teorizados y delimitados, ha funcionado más bien como un término puramente *descriptivo y connotativo* que alude a un vasto y poco preciso *campo problemático*, en el que se incluyen, según los distintos autores, desde los comportamientos y los gestos cotidianos hasta un inaprehensible "inconsciente colectivo", pasando por las emociones, las creencias populares, las formas de conciencia, los *epistemes* que subyacen tras la construcción discursiva, las estructuras ideológicas o los imaginarios sociales, entre muchos otros elementos posibles. Un conjunto dispar y heterogéneo de dimensiones que tal vez explica el hecho de que el propio Jacques Le Goff, uno de los promotores franceses importantes de esa historia de las mentalidades antes referida, haya confesado sin ambages, al intentar explicar dichas mentalidades, que se trataba de una *historia ambigua*. Y es un hecho que casi todos los críticos de esta historia de las mentalidades subrayan justamente esa ambigüedad e indefinición, que hace más difícil tanto su aprehensión como un real análisis en torno de sus posibles aportes, pero también de sus límites e insuficiencias principales. Lo que, además, obliga a cada nuevo autor que se aventura dentro de esta misma historia de las mentalidades a volver a definir y precisar sus supuestos contenidos.

Una ambigua y muy laxa definición del término mentalidad, que ha permitido a sus defensores postular la falsa idea de que dicha historia de las mentalidades se remontaría por lo menos a los principios del siglo XX, incluye entre sus antecedentes a autores tan diferentes como Lucien Levy-Bruhl, Johan Huizinga, Marc Bloch, Lucien Febvre o Georges Lefebvre, entre muchos otros. Pero al aproximarse con cuidado y al comparar atentamente el libro de Levy-Bruhl, *La mentalidad primitiva*, o el de Huizinga sobre *El otoño de la Edad Media*, con *Los reyes taumaturgos* de Marc Bloch, *El gran pánico* de Georges Lefebvre o con *El problema de la incredulidad religiosa en el siglo XVI. La religión de Rabelais*, de Lucien Febvre, es fácil darse cuenta de que se trata de acercamientos intelectuales y de modelos de análisis *muy distintos entre sí*, y también bastante alejados de los igualmente diversos modelos de "historia de las mentalidades" practicados en las décadas de 1960, 1970 y 1980.

No hay, entonces, en contra de una opinión ampliamente difundida aunque errónea, una verdadera filiación y continuidad entre las obras de Marc Bloch y de Lucien Febvre —que, ya entre ellas mismas, son muy diferentes—, es decir de los autores de la primera generación de los *Annales*, y los trabajos sobre mentalidades de esa tercera generación *annalista* posterior a la ruptura cultural de 1968. Esto se hace ya evidente, por ejemplo, en la carta que Marc Bloch envía a Lucien Febvre el 8 de mayo de 1942, en la que califica claramente el concepto de mentalidad como "un término mediocre" que *"se presta a algunos equívocos"*.

De esta manera, el término mentalidad y, por consiguiente, esa historia de las mentalidades son, más que la prolongación de una anterior y venerable tradición que se remontaría a las décadas de 1920 y 1930, un típico y exclusivo producto de los grandes efectos sociales y culturales provocados por la enorme *revolución cultural* simbolizada en la histórica fecha de 1968.

Porque es claro que esa popularidad y difusión inusitadas, tanto del término como del género mismo de las mentalidades, en Francia igual que en el extranjero, se debe sobre todo al hecho de que el género abordaba, desde una perspectiva histórica, justamente aquellas realidades y dimensiones del tejido social que el movimiento del 68 había colocado en el centro de su contestación y de sus impugnaciones, y que después de esa fecha comenzarían a modificarse rápidamente. Así, los años mismos en que todos los mecanismos de la reproducción cultural de las sociedades modernas se transformaban radicalmente, son también los años en que se escriben y divulgan profusamente esas historias de la familia, de la vida privada, de la actitud ante la muerte, ante el miedo, ante el niño y la mujer en el Antiguo Régimen, que constituyen otros tantos ejemplos de esa historia de las mentalidades, entonces tan en boga.

De esta forma se da expresión, dentro del discurso y el trabajo de los historiadores, a las inquietudes sociales y culturales de la coyuntura histórica de 1968-1989; esa historia de la "mentalidad" se instala completamente dentro de las preocupaciones de su época, logrando a la vez una vasta difusión por los medios de comunicación y una igualmente amplia circulación dentro de los ámbitos historiográficos y de ciencias sociales de todo el planeta.

Historia, teoría y crítica

Dado que esta historia de las mentalidades, como el término mismo de mentalidad, ha recibido tantos y tan diversos significados según los distintos autores que la han abordado, resulta más fácil definirla por lo que ella niega y critica, es decir, por aquello que intenta superar, que de una manera positiva y precisa.

Así, en la mayoría de los defensores y de los practicantes de esta historia de las mentalidades, se repite el trazo de oponer radicalmente dicha historia de las mentalidades a la vieja, tradicional y ya entonces anacrónica historia de las ideas, pues en todos los casos el enfoque que se trata de superar es justamente el de esa historia clásica de las ideas, que se concentró siempre en reconstruir solamente los grandes sistemas de pensamiento o las concepciones sistemáticas del mundo de los grandes pensadores, poniendo sólo atención en la obra de los científicos notables, de los grandes literatos y artistas, de los "intelectuales" renombrados, o incluso, y avanzando un poco más, en las siempre elitistas corrientes literarias, tendencias políticas, corrientes intelectuales o grandes movimientos artísticos de una época dada.

En contra de esta predilección de la tradicional historia de las ideas por las concepciones de un solo individuo o de un pequeño grupo de individuos, la historia de las mentalidades va a reivindicar en cambio el estudio de las *dimensiones más colectivas* de estos mismos problemas, abordando más bien las creencias populares de una determinada sociedad, o las cosmovisiones universales de un cierto siglo, o los puntos de vista socialmente difundidos en torno a tal o cual problema científico, o la sensibilidad cultural o artística de las masas en una época específica.

Cambiando entonces sus centros de interés y su enfoque general, la historia de las mentalidades estudiará no la obra de Voltaire, sino las concepciones culturales de la Francia del siglo XVIII, y no los aportes de Galileo Galilei, sino más bien el cambio de mentalidades respecto de las percepciones científicas en el periodo final del Renacimiento. Y también, más que analizar los aportes y las fallas de Bakunin y del anarquismo del siglo XIX, esta historia se dedicará al estudio de las sensibilidades obreras de Italia, Francia, Suiza y España en estos mismos tiempos.

Por otro lado, y también en contra de esa historia de las ideas decimonónicas, siempre ocupada de las construcciones conscientes, coherentes y bien ordenadas de los sistemas de pensamiento antes referidos, la historia de las mentalidades intentará también la recuperación de las dimensiones inconscientes, no explicitadas, no organizadas sistemáticamente de la cultura y de las creencias de una sociedad. Es decir, cambiando una vez más su centro de gravedad, la historia de las mentalidades irá a buscar sus fuentes no en las obras de los grandes pensadores o en los grandes textos cultos, sino en los textos más simples y cotidianos, e incluso en los gestos, en la iconografía, en la pintura y en las formas de representación más triviales y populares de una sociedad.

Pasando entonces de los individuos y las élites a los grandes grupos sociales y las colectividades, y del nivel consciente sistemático a los niveles inconscientes y poco organizados de la cultura y de las creencias populares, esta historia de las mentalidades intenta ir más allá de la limitada, puntual y ya anacrónica historia de las ideas, cuyos modelos principales se elaboraron en el siglo XIX y se conservaron sin grandes cambios hasta esa coyuntura de los años de 1968-1989 que ya hemos evocado antes.

Las mentalidades bajo el prisma de la crítica

Al representar así un paso adelante respecto de esa vieja historia de las ideas, la historia de las mentalidades francesa, acogida y proyectada por los terceros *Annales*, ha suscitado, sin embargo, casi desde su propio origen, toda una serie de críticas recurrentes y bastante pertinentes. En primer lugar, y reiteradamente, una crítica respecto del carácter indefinido, poco preciso y claramente ambiguo del mismo concepto de mentalidades. Se trata de un concepto que presenta un carácter más *connotativo* que propiamente riguroso y articulado en términos teóricos, y que ha sido definido de muy distintas maneras por cada uno de los diversos autores que han intentado presentarlo. Y entonces, con un sentido más bien de *designación* de un cierto género no muy preciso de problemas, más que un estatuto claramente establecido y estrictamente jerarquizado y estructurado, ese término de "mentalidades" —al que el propio Jacques Le Goff caracteriza explícitamente como "ambiguo"— ha servido como una suerte de paraguas general para el cobijo de investigaciones de muy distinta relevancia y de muy heterogénea profundidad.

Basta comparar con cuidado las definiciones, claramente diferentes y a veces hasta alternativas y parcialmente excluyentes que han dado de esas "mentalidades" autores como Robert Mandrou, Georges Duby, Michel Vovelle, Philippe Aries o Jacques Le Goff, para darse cuenta de que se trata de un término que no alcanzó nunca una elaboración y una construcción teóricas fuertes, y cuya invención respondía más al deseo y a la necesidad de designar o connotar de alguna manera, si bien fuese provisoria, a ese nuevo espacio de problemas que la historia tradicional de las ideas había ignorado, y que los efectos de la revolución cultural de 1968 actualizaba, urgiendo a los discursos de las ciencias sociales para su reconocimiento y explicación más detenidas. Esto explica el hecho de que, en un momento dado, casi toda investigación de temas de historia un poco exóticos o extraños haya podido ser calificada de historia de las mentalidades, y se hayan incluido bajo este rubro problemas que eran esencialmente ajenos a esas mentalidades y que correspondían más bien a formas específicas de la historia antropológica, o a estudios de historia de la vida cotidiana, o a investigaciones de historia lingüística, folclórica o artística, entre otras.

Y también el hecho de que casi inmediatamente se abrió la discusión respecto de los vínculos, articulaciones, superposiciones o nexos específicos de esas "mentalidades" con otros conceptos provenientes a veces de tradiciones teóricas fuertes y mucho más elaborados y problematizados, como los conceptos de ideología, formas de conciencia, cultura, imaginario o inconsciente.

Una segunda crítica a ese concepto débil de mentalidades, también recurrente entre los analistas de esta problemática, afirma que, debido a esa misma falta de sistematización y de mayor rigor en su elaboración, era un concepto que dejaba en suspenso la relación que tenían dichas mentalidades —fuese cual fuese el contenido que se les asignaba— con el conjunto más vasto de la totalidad social. Pues a diferencia, por ejemplo del concepto de ideología, que remite siempre a muy precisas relaciones de ésta con las clases y con los grupos sociales, con las realidades económicas y con los conflictos sociales en el plano mismo de la cultura, el concepto de mentalidades, en su total ambigüedad e indeterminación, dejaba completamente en silencio este problema, permitiendo lo mismo posturas que reivindicaban la absoluta autonomía y autosuficiencia explicativa de estas realidades de lo "mental", que posiciones que por el contrario intentaban establecer y reconstruir, de una manera creativa e interesante, los distintos y complejos puentes de relación de esas mentalidades con el todo social. Y así como cada autor que se ocupaba de estas mentalidades se sentía obligado a aportar su propia definición de las mismas, así también cada especialista que se ha adentrado en estos territorios ha resuelto de diferente modo este punto igualmente indefinido de su conexión con los restantes niveles o dimensiones del complejo tejido social. Ello, por lo demás, sólo confirma el hecho de que esa historia de las mentalidades *no es ni un paradigma teórico ni tampoco una perspectiva metodológica, sino sólo una nueva problemática* que es susceptible de ser abordada desde muy distintas perspectivas, enfoques, paradigmas o aproximaciones intelectuales.

Por último, una tercera crítica en contra de esas mentalidades es la que se refiere a su pretendido carácter "trasclasista" o universal. Si afirmamos, como hace Jacques Le Goff, que la mentalidad es aquello "que comparte Napoleón con el más humilde de sus soldados o Cristóbal Colón con el último de sus marineros", lo que hacemos es evitar el papel, fundamental e ineludible, del conflicto de clases en la esfera cultural, y, con ello, la también esencial distinción entre la cultura de las clases dominantes y la cultura popular. Dos parámetros imprescindibles del análisis de los fenómenos culturales, que al ser ignorados sesgan inevitablemente de manera negativa todo análisis posible de esas heterogéneas realidades incluidas en el término de mentalidades.

Tres críticas constantemente repetidas frente a esta historia francesa de las mentalidades, que, sin embargo, no han impedido su muy vasta difusión, tanto en Francia como fuera de ella, durante toda esa coyuntura de los años 1968-1989. Lo que en el fondo da testimonio, justamente y como ya hemos señalado, acerca de la profundidad de los cambios desatados por la revolución cultural de 1968 y de la necesidad apremiante tanto de la sociedad francesa como de las restantes sociedades para asimilar y procesar intelectualmente dichos cambios.

LÍNEAS DE INVESTIGACIÓN Y DEBATE CONTEMPORÁNEO

La historia de las mentalidades florecerá abundantemente en Francia en los años setenta y ochenta, para constituirse en el aporte más original y característico de esos terceros *Annales*. Pero, como ya hemos anotado, no poseerá un carácter homogéneo y bien delimitado, sino por el contrario, va a desplegarse a través de distintas vertientes o modelos muy diferentes entre sí. Y resulta curioso constatar que ni los estudiosos de la corriente de los *Annales* en general, ni tampoco aquellos que se concentran en analizar a esta tercera generación de *annalistas* y a esta historia de las mentalidades en particular, han intentado hasta hoy crear un esbozo de *tipología general de los distintos modelos de historia de las mentalidades* que prosperaron dentro de la historiografía francesa en esa coyuntura inmediatamente posterior a 1968.

Dicha tipología general ameritaría sin duda una investigación más detenida y, al concretarse, tendría seguramente que señalar las diferencias entre los siguientes "modelos" de aproximación a esas mentalidades:

1. El modelo de una historia autónoma, autosuficiente y casi idealista de las mentalidades. Éste se ejemplifica en la obra de Philippe Aries, *El hombre ante la muerte*, en la cual la evolución y transformaciones de las distintas actitudes de los hombres frente al acto de morir son remitidas, finalmente, a los cambios de un etéreo e indefinido "inconsciente colectivo". Un modelo que hace abstracción completamente del contexto social general y de los cambios reales y materiales de las sociedades que han elaborado y desarrollado estas formas diversas de morir, para intentar explicarlos sólo a través de factores exclusivamente psicológicos, como el progreso de la conciencia de sí, el rechazo frente a la naturaleza salvaje o las creencias en la vida después de la muerte y en el mal. Un modelo apoyado en una enorme y a veces muy interesante erudición factual, pero limitado completamente por esta perspectiva que considera a las mentalidades como un fenómeno autoexplicativo y absolutamente independiente de otras esferas o procesos de la totalidad social.

2. Un segundo modelo de historia, o más bien de arqueología y genealogía de las estructuras discursivas y de los fundamentos subyacentes tras la construcción misma de los discursos. Modelo completamente original, asociado a ciertos trabajos de Michel Foucault como *La historia de la locura en la época clásica, Las palabras y las cosas* o *Vigilar y castigar*, que, rechazando explícitamente el concepto de mentalidades y también el objetivo de reconstruir un problema desde una secuencia histórica lineal y cronológica tradicional, prolonga sin embargo, en alguna medida, el tipo de historia de las mentalidades propuesto por Lucien Febvre en su libro sobre *El problema de la incredulidad religiosa en el siglo XVI. La religión de Rabelais*. Es más que evidente la cercanía entre el "utillaje mental" febvriano y el "episteme" foucaultiano, ambos utilizados para discernir lo que es posible y lo que es imposible pensar y concebir en una época dada cualquiera. Un modelo entonces de arqueología y genealogía de los discursos, apoyado en una compleja síntesis de la filosofía, la lingüística y la historia de las ciencias que será aplaudida y reverenciada por los terceros *Annales*, pero que fuera de la obra misma de Michel Foucault no tendrá casi imitadores o seguidores importantes.

3. Un tercer modelo de historia que podríamos llamar neopositivista o puramente descriptivo de las mentalidades. Es decir, una variante que sobre la base del abandono de las perspectivas de la historia global y del debate metodológico fuerte, que habían caracterizado a los *Annales* de los años 1929 a 1968, ha cultivado trabajos casi puramente *descriptivos y testimoniales* de historia de la familia, de historia del cuerpo, de historia de una revuelta campesina medieval, de historia de la muerte, etc., que únicamente nos reproducen una suerte de disección o radiografía de tal actitud, institución, movimiento, creencia o fenómeno de la mentalidad en una cierta época o sociedad determinada, pero sin intentar nunca elaborar modelos generales o explicaciones articuladas de más largo aliento de esos temas que abordan. Un modelo de historización de las mentalidades que es en el fondo una resurrección de la vieja y tradicional historia positivista, puramente narrativa y descriptiva y que en este caso se aplica también a este campo problemático de las mentalidades. Campo que, como es claro en esta versión o modelo, acepta cualquier enfoque o perspectiva de análisis posible, e incluso perspectivas bastante tradicionales. Un modelo que ha estado presente también dentro de algunos resultados de esos terceros *Annales*, para difundirse luego con cierta amplitud en Francia y todavía más dentro de la historiografía española posterior a la muerte de Franco y en la historiografía latinoamericana de los últimos 20 años.

4. Una cuarta vertiente sería la de una historia sociológica o socioeconómica de las mentalidades, ejemplificada en los trabajos de Georges Duby, como en su libro sobre *Los tres órdenes o lo imaginario del feudalismo*. Una aproximación que intentando más seriamente imbricar estas mentalidades con los contextos sociales y económico-sociales que las enmarcan, se ha dejado influir de manera importante por ciertos aportes del marxismo. Y entonces, recuperando el trasfondo esencial de la división en clases sociales y de la lucha de clases, y también la ubicación de estas mentalidades dentro del conjunto de la totalidad social, esta historia de los fenómenos de la mentalidad se acerca mucho más que los otros modelos a las viejas perspectivas de la historia global defendida y promovida por Marc Bloch, Lucien Febvre y Fernand Braudel. Y aunque sin duda no se trata de una historia marxista ni mucho menos, estrictamente hablando, sí será un modelo de historia de las mentalidades que no tendrá demasiado eco dentro de las páginas de los terceros *Annales*, los que acogerán más abundantemente a otras variantes de esta misma historia. Ello no impide que ciertos trabajos de Jacques Le Goff, como su libro *El nacimiento del Purgatorio*, puedan también incluirse dentro de este cuarto modelo.

5. Por último, un modelo de historia serial y crítica de las mentalidades, que se puede ilustrar con el libro de Michel Vovelle, *Pieté Baroque et deschristianisation en Provenze au XVIIIe siècle*. Una historia de explícita filiación labroussiana que ha intentado abordar este llamado "tercer nivel" de las mentalidades con todas las herramientas y apoyos de la historia cuantitativa y sobre todo serial, a la vez que recupera de manera mucho más explícita y central todo el aparato crítico del marxismo, para introducirlo como elemento de apoyo fundamental de la explicación. Una historia que replantea el vínculo entre ideología y mentalidades, esforzándose por ubicar a estas últimas como ese tercer nivel siempre articulado e imbricado tanto con el nivel económico inferior como con el nivel intermedio de lo social. Historia que, a la vez que constituye otro de los modelos alternativos posibles para el examen y la explicación de las mentalidades, se manifiesta también como una de las tantas expresiones del movimiento de convergencia intelectual entre la perspectiva de los *Annales* y el marxismo que se desarrolló igualmente dentro de la coyuntura histórica general de los años de 1968 a 1989.

Historia de las mentalidades e historia social de las prácticas culturales

Si la historia de las mentalidades es un claro fruto de la revolución cultural de 1968, su curva de vida se ha desplegado completamente dentro de la inmediata coyuntura abierta por esa misma fecha de 1968 y se cierra con la también simbólica y emblemática caída del muro de Berlín en 1989.

Como hemos señalado, las críticas al término de mentalidad y a la historia de las mentalidades comienzan con el surgimiento mismo de dicho género historiográfico, y es claro que las mismas alcanzan su apogeo completo durante la década de 1980. Y así, si en los años setenta, a pesar de su ambigüedad e indefinición, las mentalidades se transformaron en el tipo más frecuentado de ejercicio de la práctica histórica, en los ochenta, en cambio, en Francia y un poco en el este de Europa, y más tardíamente en todo el Occidente y en el mundo, aumentaron enormemente las críticas a esa historia de las mentalidades, provocando un progresivo abandono de este semiamorfo concepto y de este tipo de historia, que cada vez más era relegado por un sector importante del gremio de los historiadores.

Ya desde el segundo lustro de los años ochenta, esa historia de las mentalidades comenzó a caer en desuso en Francia, para ser sustituida poco a poco por una nueva concepción en torno de esta misma problemática, que es la *historia social de las prácticas culturales* o la historia cultural de lo social, promovida y ejemplificada entre otros autores por Roger Chartier o Alain Boureau.

La declinación de aquella historia de las mentalidades en Francia y luego en el conjunto de Europa no ha impedido, sin embargo, su difusión e incluso su gran popularidad, mantenida un poco extrañamente hasta el día de hoy en lugares como España, América Latina o Japón, entre otros.

De este modo, la cuarta generación de *Annales*, que ha comenzado a afirmar su proyecto justamente desde 1989, se ha distanciado ya claramente de esta historia de las mentalidades y acogido en su lugar esa nueva historia social de las prácticas culturales antes referida. Así, sustituyendo el inaprehensible término de "mentalidad" por el más preciso y riguroso concepto de "prácticas culturales", los autores de esta cuarta generación *annalista* van a poder proponer una visión de los temas culturales en la cual se vuelve *obligada* la interconexión de esa cultura con su entorno social y material, a la vez que se abre su operacionalización para ser capaz de reflejar la diversidad, dentro de una misma sociedad, de las distintas expresiones culturales de las clases y de los grupos sociales que la constituyen.

Porque frente al concepto de mentalidad, que respecto de su contexto social general tiene una relación totalmente indefinida y por lo tanto *aleatoria*, el concepto de prácticas culturales diferenciadas remite en cambio, necesariamente, a la materialidad misma de los procesos culturales, y en consecuencia tanto a los fundamentos sociales y económicos de dichas prácticas, como también a los espacios y modos reales y concretos de creación de los mensajes y de las ideas, junto a los mecanismos y figuras reales de su circulación, distribución y apropiación. Además, y al insistir en que se trata de una historia *social* de esas prácticas culturales, se reivindica nuevamente el carácter indisolublemente social de la cultura, es decir, el hecho de que dichas prácticas son siempre expresiones culturales de las propias realidades y fenómenos sociales, a las que se ligan y a las que reproducen de manera compleja y mediada.

Igualmente, y en esta misma línea innovadora, la visión de una mentalidad "transclasista" va a ceder su lugar a una nueva aproximación, que al interrogarse acerca de las diferencias profundas entre las múltiples prácticas culturales coexistentes en cualquier sociedad, va a encontrar su raíz en la misma diferenciación y compartimentación compleja de la sociedad que está generalmente y, sin duda, dividida en clases sociales, pero también, y a un mismo tiempo, habitada por grupos sociales diferenciados desde las distinciones o polaridades de lo urbano y lo rural, lo masculino y lo femenino, las generaciones viejas y las jóvenes, los grupos —por ejemplo los católicos y los protestantes—, los estratos de artesanos y los de profesioniales, etc. Esto nos conduce a una historia que, además de recuperar las diferencias culturales nacidas de la oposición de clases, es capaz, simultáneamente, de introducir los matices derivados de estas otras diferencias de los grupos sociales, que a su turno se expresan en otras tantas prácticas culturales igualmente disímiles. Nueva historia cultural de lo social que, asimilando el conjunto de las críticas pertinentes que terminaron por invalidar la historia de las mentalidades, va a constituir una real alternativa a esa historia de lo mental que tanto éxito tuvo en los años setenta y ochenta y que hoy se encuentra ya definitivamente superada.

Visto entonces desde una perspectiva más global, el concepto de mentalidad fue útil, sobre todo como instrumento crítico que hizo posible denunciar y hacer evidentes las enormes limitaciones de la tradicional y ya anacrónica historia de las ideas. También fue interesante el efecto que tuvo en la historiografía y en las ciencias sociales, en el sentido de permitir la apertura y el acceso a nuevos temas y campos de investigación, antes relegados o poco frecuentados por los científicos sociales y que la revolución cultural de 1968 reintrodujo con fuerza dentro de la agenda esencial y cotidiana de esos historiadores y cientistas sociales.

Sin embargo, al tratarse de un concepto más connotativo y descriptivo que analítico y riguroso, el término mentalidades mostró muy pronto sus limitaciones e insuficiencias. Y aunque aún goce hoy de mucha popularidad en México, en España y en América Latina, es útil recordar que en Francia y en gran parte de Europa ha sido ya completamente superado, para ceder su puesto a esa nueva historia social de las prácticas culturales, cuya recuperación y asimilación constituyen uno de los más importantes desafíos intelectuales para los historiadores y los científicos sociales que hoy se ocupan de estas complejas te-máticas de la cultura y de los fenómenos culturales humanos.

BIBLIOGRAFÍA

Aguirre Rojas, Carlos Antonio (1996), *Los Annales y la historiografía francesa*, Editorial Quinto Sol, México.

Alberro, Solange (1992), "La historia de las mentalidades: trayectoria y perspectivas", *Historia Mexicana*, núm. 166, octubre-diciembre.

Aries, Philippe (1983), *El hombre ante la muerte*, Taurus, Madrid.

——— (1988), "La historia de las mentalidades" en Diccionario *La nueva historia*, Editorial Mensajero, Bilbao.

———, y Georges Duby (1988), *Historia de la vida privada*, Taurus, Madrid.

Bartra, Roger (1992), *El salvaje en el espejo*, Era-UNAM, México.

——— (1997), *El salvaje artificial*, Era-UNAM, México.

Bloch, Marc (1988), *Los reyes taumaturgos*, FCE, México.

Boureau, Alain (1989), "Propositions pour une histoire restreinte des mentalites", en *Annales. Economies. Sociétés. Civilisations*, año 44, núm. 6, noviembre-diciembre.

Braudel, Fernand (1994), *Le modèle italien*, Flammarion, París.

——— (1982), "Civilisation et culture. Les splendeurs de l'Europe", en *L'Europe*, Arts et Métiers Graphiques, París.

Brusa, Antonio (1996), "Dentro de la historia de las mentalidades", en *Pedagogía*, núm. 8, México.

Chartier, Roger (1992), *El mundo como representación*, Gedisa, Barcelona.

——— (1998), *Au bord de la falaise*, Albin Michel, París.

Darnton, Robert (1994), *La gran matanza de gatos y otros episodios de la historia de la cultura francesa*, FCE, México.

Dosse, François (1989), *La historia en migajas*, Editorial Alfons el Magnanim, Valencia.

Duby, Georges (1961), "L'histoire des mentalités", en *L'histoire et ses méthodes*, La Pleyade, París.

——— (1980), *Los tres órdenes o lo imaginario del feudalismo*, Editorial Petrel, Barcelona.

——— (1980), *Hombres y estructuras de la Edad Media*, Siglo XXI, Madrid.

Febvre, Lucien (1959), *El problema de la incredulidad religiosa en el siglo XVI. La religión de Rabelais*, Unión Tipográfica Editorial Hispanoamericana, México.

——— (1962), *Pour une histoire à part entiere*, SEVPEN, París.

Foucault, Michel (1968), *Las palabras y las cosas*, Siglo XXI, México.

——— (1976), *Vigilar y castigar*, Siglo XXI, México.

——— (1985), *La arqueología del saber*, Siglo XXI, México.

——— (1986), *Historia de la locura en la época clásica*, FCE, México.

García de León, Antonio (1985), *Resistencia y utopía*, Era, México.

Ginzburg, Carlo (1981), *El queso y los gusanos*, Muchnick, Barcelona.

——— (1991), *Historia nocturna*, Muchnick, Barcelona.

Le Goff, Jacques (1980), "Las mentalidades. Una historia

ambigua", en *Hacer la historia*, vol. III, Editorial Laia, Barcelona.

Le Goff, Jacques (1989), *El nacimiento del Purgatorio*, Taurus, Madrid.

Levy-Bruhl, Lucien (1972), *La mentalidad primitiva*, La Pléyade, Buenos Aires.

Lloyd, Georges (1993), *Pour en finir avec les mentalités*, La Découverte, París.

Mandrou, Robert (1961), "L'histoire des mentalités", en *Encyclopaedia Universalis*, vol. VIII, París.

Molina, Iván (1989), "Imagen de lo imaginario: introducción a la historia de las mentalidades colectivas", en *Historia. Teoría y métodos*, Editorial Universitaria Centroamericana, San José.

Ortega Noriega, Sergio (1992), "Introducción a la historia de las mentalidades", en *El historiador frente a la historia*, Instituto de Investigaciones Históricas, UNAM, México.

Vovelle, Michel (1978), *Pieté Baroque et Deschristianisation en Provence au XVIIIe siècle*, Editorial du Seuil, París.

——— (1982), *Idéologies et Mentalités*, Gallimard, París.

MERCADO DE TRABAJO

Rodolfo Masías Núñez

Definición

¿Un concepto teórico o un área de investigación? Actualmente la noción de mercado de trabajo remite a la idea de un campo o espacio sistémico específico en el que se desarrollan diversas prácticas y relaciones de trabajo. Hablar a la vez de diversas prácticas y relaciones de trabajo es un esfuerzo por incluir en el concepto no sólo las manifestaciones de la compraventa de fuerza de trabajo, sino también aquellas expresiones laborales que no se instituyen y organizan sobre relaciones salariales. Esta ampliación resulta muy relevante, pues por mucho tiempo, y de modo un tanto convencional, por mercado de trabajo se entendía solamente el ámbito de las conexiones entre la llamada oferta y demanda de trabajo; se centraba en los agentes que ofrecían sus capacidades y en los agentes que se disponían a contratarlas.

No obstante lo anterior, más que a un concepto teórico riguroso, mercado de trabajo se refiere a un objeto de estudio o un campo de investigación. Dentro de este campo delimitado se hallan como componentes de observación, entre otros: *a)* todo el complejo mundo de las relaciones asalariadas, donde destacan los tipos de empleo, su dinámica e interconexiones; el carácter económico, social y demográfico de los agentes que se emplean y el tipo de agentes, instituciones o instancias que generan una demanda de trabajo. *b)* El más novedoso y sorprendente campo de las actividades no asalariadas que congrega, según la perspectiva en juego, al autoempleo, el trabajo independiente, la informalidad o la generación y expansión de la llamada microempresa. *c)* Una amplia gama de fenómenos y procesos que se refieren a tendencias y, en tal sentido, al lado más dinámico de la problemática: la urbanización del empleo, la terciarización de la fuerza de trabajo, la feminización de la participación económica, la precarización del empleo, la subcontratación, la desregulación de los mercados, etc. Perfectamente, cada uno de los componentes señalados puede entenderse como la línea de investigación que define el estudio especializado del mercado de trabajo.

Historia, teoría y crítica

Elementos para la complejización del concepto: el principal problema que plantea la noción de mercado de trabajo es la superación de la simplicidad que arrastra para la comprensión de los cambios societales más recientes. El reto es la complejización de los esquemas de investigación vigentes, a partir de la incorporación de los cambios globales y los desarrollos teóricos habidos en el campo de los estudios del trabajo. Se pueden proponer y analizar varios elementos que se revelan como indispensables. Respetando un pluralismo de perspectivas, se hace necesario en la actualidad que cualquier comprensión del acontecer en este campo comparta o tenga en cuenta algunos de los elementos que se revisarán. Se quiere, por tanto, hacer hincapié en tal sustrato común.

Una noción integral de contexto

Las aproximaciones a los mercados de trabajo ameritan una ampliación y profundización de la noción de contexto. Esta noción habría de ser complejizada en dos sentidos: uno espacial y otro sociológico. En su sentido espacial, conlleva el hecho de traspasar las fronteras locales de la sociedad en que se ubican los mercados de trabajo, para situarse en una posición que considere la globalidad económica, social y cultural. Dados los cambios globales, entendidos como globalización o como la conformación de un sistema económico mundial, se precisa situar simultáneamente el contexto en su nivel más inmediato y su nivel transnacional. El contexto quedaría definido como un marco en que se imbrican la sociedad del mercado de trabajo en estudio y el concierto de los cambios mundiales compartidos (Clarke, 1993; De Oliveira y García, 1997).

Los contextos, por su parte, no tendrían por qué ser connotados como los planos en que se despliegan únicamente las restricciones a la acción. Al tiempo que efectivamente tendría que reconocérseles ese atributo, habría que interpretarlos como un marco de posibilidades donde se decidirán en su momento opciones diversas (una estructura de posibilidades) (Clarke, 1993). Esta aseveración es la que previene de los determinismos y también de los estructuralismos, en donde, identificados los parámetros de las estructuras, se cree dar por conocidos los comportamientos particulares, omitiéndose justamente el conocimiento de lo particular. Toda la experiencia y saber acumulados al respecto provienen de los estudios de la llamada informalidad. Ahí se ha podido comprobar cómo los actores necesitados y dispuestos a trabajar establecen conductas y preferencias con relativa independencia de los condicionantes estructurales (Beneria y Roldán, 1992; Alba y Kruijt, 1995; Portes, 1995). Los estudios que parten de la unidad doméstica como unidad de análisis también han contribuido sustantivamente a establecer las mediaciones entre actores y estructuras (García y De Oliveira, 1994).

Lo mismo se aplica al juicio del contexto como espacio de articulación entre lo nacional y lo internacional. En algún momento se creyó suficiente para el conocimiento de lo local el discurrir extralocal, en vista, por ejemplo, de la situación de dependencia de ciertas economías. La sola constatación de una condición periférica en la economía internacional hizo suplir el análisis profundo de la unidad nacional particular debido a su falta de autonomía. Al otro extremo, creó satisfacción el estudio de lo local sin su ubicación en la generalidad.

Los cambios globales y su conceptuación

Aproximadamente desde fines de los años setenta empiezan a producirse cambios profundos en la sociedad y la economía a nivel mundial. Estos cambios intensos han venido a modificar paulatina y expansivamente las distintas realidades nacionales. Si bien es cierto que la incorporación de los cambios no ha sido homogénea, es difícil pensar en una realidad que haya escapado a ellos (Gereffi y Fonda, 1992). Para algunos, estos cambios se han revelado como exigencias o condiciones ineludibles para la economía de los países que desean mejorar su grado de bienestar. La idea de cambios profundos, rápidos y generales es una premisa que no podría estar a discusión; la idea de que afectan las realidades particulares, tampoco. El problema está en la identificación y precisión de los cambios, así como en el contenido y los conceptos de la teoría que los propugne.

Generalmente, para hacer referencia a estos cambios se recurre al binomio de globalización y reestructuración económica (Bakker, 1988; Brodie, 1988; Crompton *et al.*, 1996). Estos conceptos remiten al carácter ampliado de los cambios que se revelan sobre el conjunto mundial y a la profundidad que manifiestan al modificar las estructuras económicas. En términos generales, una apreciación así es correcta; se precisa, sin embargo, colocar algunos matices.

No hay duda de que los mercados de trabajo deben ser estudiados en el contexto de la globalización y la reestructuración económica, pero haciendo caso a las llamadas de atención concernientes al sesgo economicista de esos conceptos (Elson, 1988). Un punto de vista más complejo, por ser más integral, considera la globalización multidimensionalmente, esto es, como fenómeno a la vez que económico, social y cultural. La globalización es un fenómeno que puede ser visto además macro y microsociológicamente, pues se expresa en grandes patrones estructurales que llegan hasta la misma cotidianidad (Elson, 1988). La presencia de la globalización no sólo se hace patente en la economía y las instituciones (Crompton, 1996), sino también en la propia esfera en que los individuos deciden sus vidas.

Otros tantos matices pueden anotarse con respecto a la reestructuración económica. En realidad, este concepto reconoce dimensiones variadas. Incluye procesos de ajuste netamente económicos, al tiempo que modificaciones en las estructuras productivas empresariales ante las exigencias de los mercados. No obstante, estos ajustes y modificaciones han venido sobrepasando el mundo de las empresas o los agentes productivos (Abramo, 1994). Se reestructuran las empresas reestructurando las reglas de juego de los mercados de trabajo, y viceversa (Szekely, 1994). La reestructuración económica como concepto, entonces, implica el mercado laboral. Particularmente, el rasgo más sobresaliente de ésta ha sido la flexibilización de las reglas de juego entre oferta y demanda de fuerza de trabajo (De la Garza, 1993; Humphrey, 1993).

En este reconocimiento multifacético de las tendencias globales ocupa un lugar preponderante como dimensión explicativa el papel del Estado (Bakker, 1988). Los cambios globales a que nos referimos ocurrieron con la anuencia o con la omisión del Estado, aunque se ha tendido a identificarlos solamente con la plasmación de las ideologías liberales. En este periodo no es posible comprender los mercados de trabajo sin la variable del Estado. Efectivamente, no existe un único patrón de comportamiento estatal hacia el mercado, y a la vez, más que pensar en que deje de intervenir en él, habría que pensar en cómo podría seguir regulando en mucho las condiciones del mercado de trabajo.

El estudio de los mercados de trabajo que tiene en cuenta los niveles de contexto y la vastedad de los cambios mencionados podría alejarse del peligro de una idea progresiva y cancelatoria de la historia laboral reciente. La globalización y la reestructuración no implican una cancelación del pasado. Se manifiestan como procesos más complejos al verlos en su conexión con las localidades nacionales. Italia y Japón son casos en que se han hecho compatibles las estructuras prevalecientes con los cambios modernos (Becattini, 1988-1989; Bonazzi, 1993). Al paso de la globalización el pasado puede tener diversos papeles y significados: de hecho, puede sucumbir, pero puede también refuncionalizarse hasta ocupar los pilares de la nueva estructura y reglas de juego de la economía y el mercado laboral. Para el caso latinoamericano y mexicano se puede llamar la atención sobre el significado que adquieren las manifestaciones del trabajo informal y la división del trabajo basada en el género (García, Blanco y Pacheco, 1996). Se observa perfectamente cómo, ante las modernas exigencias del mercado, los agentes combinan y refuncionalizan prácticas tradicionales.

Nuevos escenarios y nuevos patrones en los mercados de trabajo

Para efecto de los estudios por emprender, se hace imprescindible utilizar una perspectiva histórica en la comprensión de las novedades aparejadas a los mercados de trabajo. Sólo es posible identificar lo nuevo por la vía de la comparación con el momento precedente o con momentos históricos en que se sospecha haya similitudes. Ello es fundamental en la medida en que, como se había mencionado, podría estarse asistiendo a procesos de resignificación o refuncionalización de ciertos factores constitutivos de los mercados. Es el caso del Estado, pero también es el caso de la unidad doméstica como proveedora de fuerza de trabajo y mediación condicionante de su incorporación (Stichter, 1990).

No obstante la premisa analítica anterior, se esbozarán aquellos rasgos que parecen ir configurando tanto la oferta como la demanda de trabajo en el interior de los cambios amplios analizados. Ciertamente, se hablará aquí de oferta y demanda como esferas separadas en un sentido más analítico que real y en algún caso en un tono metafórico. Difícilmente podría esperarse para los escenarios recientes una idea explicativa del mercado que estribe en la oferta o en la demanda de trabajo, como tampoco en la exclusiva determinación de una instancia intermedia como el hogar y la familia (Brinton *et al.*, 1995). Entre estos elementos hay una dialéctica real de retroalimentaciones constantes, de donde es dificultoso e inapropiado hacer separaciones y esquemas explicativos unilaterales.

Si se vieran los mercados desde un punto de vista institucional, en términos de las regulaciones que se establecen y la intervención del Estado, habría que decir que presenciamos un escenario donde se busca la flexibilización de la oferta y se trata de imponer restricciones desde la demanda. Los agentes y espacios donde aparecen las oportunidades de empleo han venido modificando sus contornos introduciendo modalidades novedosas: puede registrarse el caso de las cadenas productivas descentralizadas donde el trabajo es contratado vía esquemas de subcontratación productiva; está, asimismo, el caso de las ocupaciones a tiempo parcial, prefiguradas desde la demanda, aunque si bien es cierto están basadas también en la perfecta complementariedad con determinados segmentos de la oferta laboral (Stichter, 1990; Bakker, 1988).

No sólo han ido apareciendo nuevos fenómenos ocupacionales vistos desde la demanda y en inextricable vínculo con la *desasalarización* de los mercados; hay, además, un cambio en el perfil de los nuevos trabajadores. Puede citarse el caso de la creciente incorporación femenina, la preferencia por una fuerza de trabajo más bien joven y la racionalizada incorporación de minorías inmigrantes (Szasz y Pacheco, 1995). Esto, obviamente, condiciona el tipo de miembros que salen del hogar, modificando sus esquemas cotidianos de organización. Sin embargo, complementariamente, a este patrón de demanda ha contribuido la reformulación de las relaciones en el hogar originadas en cambios demográficos y los propios procesos modernizadores. Quizás el rasgo más relevante sea la declinación de la mujer como trabajadora doméstica exclusivamente (García y De Oliveira, 1996).

Sobre estos escenarios y cambios se deberían tomar algunas precauciones teóricas y metodológicas. La clave está en las nociones de flexibilidad y fragmentación. Ambas aluden a que es muy posible, tal como ya se está prefigurando, que al momento de estudiar un mercado se encuentre con un predominio de la diversidad. Los modelos para el estudio de los mercados deben poder recoger las múltiples maneras en que se puede manifestar la oferta y la demanda de trabajo. El supuesto básico sería que existen mercados fragmentados a la par que estructuras fragmentarias de empleo y el predominio de una fuerza de trabajo plural (mujeres, jóvenes, niños, inmigrantes, minorías étnicas, etcétera).

Fuera del plano de la oferta y la demanda, una clave de comprensión importante sería el reconocimiento de la cada vez mayor interdependencia entre los ámbitos productivos y reproductivos de la sociedad. Es decir, se hace difícil comprender el trabajo al margen de las condiciones de su reproducción, especialmente en lo que concierne a la dimensión del hogar y la familia. No sólo la oferta y la demanda devienen interdependientes, y así debieran ser tratadas, sino que tanto una como la otra devienen interdependientes de la dimensión del hogar y la unidad doméstica.

LÍNEAS DE INVESTIGACIÓN Y DEBATE CONTEMPORÁNEO

En torno a una perspectiva distinta para los mercados: los estudios hechos para explicar la expansión y condiciones de la participación femenina reciente han enriquecido mucho la investigación de los mercados de trabajo (Brinton *et al.*, 1995). Varias teorías intentan explicar tanto este fenómeno como la participación laboral en general. Así, tenemos la que subraya el papel de la oferta; la que lo hace con la demanda laboral; la que encuentra en ciertos valores patriarcales predominantes la clave para la participación; la más reciente, que estriba en el concepto de la nueva división internacional del trabajo, y, por último, la que tiene como núcleo explicativo el crecimiento mediante una industrialización exportadora (Brinton *et al.*, 1995). Un modelo integral incluiría como dimensiones específicas las aportaciones de cada uno de los enfoques mencionados. No es cierto que éstos fallen en sus aseveraciones; el problema está en que nos dan una imagen fragmentaria de lo que acontece en los mercados de trabajo y la participación.

El elemento explicativo puesto de relieve en el estudio integral tendría que ser una resultante y no la premisa teóricamente establecida. Aun cuando la participación o el comportamiento de los mercados no puedan ser solamente comprendidos según la oferta o la demanda, por ejemplo, es posible determinar para un caso, dado que esos factores tienen un peso preponderante en relación con todos los demás. Hablar de peso preponderante no significaría descartar el papel de los otros factores.

La reflexión precedente sobre la aportación mexicana invita a un trabajo profundo de reconceptuación del término *mercado de trabajo*. Los elementos empíricos y teóricos están a la mano; falta el esfuerzo teórico que sintetice el amplio conjunto de aportaciones parciales. Por lo pronto, se prefiguran algunas tareas: hacer del concepto una noción menos metafórica y más formal; asemejarlo todavía más a un modelo teórico sistémico y complejo; recubrirlo con una visión institucional, en la cual los mercados signifiquen también entramados de reglas de juego particulares, y quitarle el estigma descriptivo del que adolece. Un escollo importante para tal reformulación es el uso convencional irreflexivo que se le da al término: cada vez que aparece "mercado de trabajo" ¿se está seguro de que se habla de lo mismo? Todo parece indicar que no.

Ahora bien, cuando se considera el término como un campo de estudio, se advierte que en su interior, para el caso de las ciencias sociales mexicanas, ha habido un desarrollo desigual de las líneas de investigación. En los últimos años se han puesto a la vanguardia los estudios que destacan en su análisis la unidad doméstica como mediadora entre oferta y demanda de trabajo, así como, y muy sobresalientemente, los estudios basados en una perspectiva de género. Destacan también las aportaciones acerca de la desregulación y la flexibilización como consecuencia de los procesos de restructuración económica. En esta evolución llama la atención la declinación de la línea de trabajos abocados al fenómeno de la informalidad.

BIBLIOGRAFÍA

Abramo, Lais (1994), "La sociología del trabajo en América Latina. Nuevos paradigmas productivos, subjetividad obrera y relaciones de género", *Revista de Economía y Sociología del Trabajo*, núms. 23-24.

Alaba Vega, Carlos, y Dirk Kruijt (1995), "La utilidad de lo minúsculo; informalidad y microempresa en México, Centroamérica y los países andinos", *Jornadas*, núm. 125, Centro de Estudios Internacionales, El Colegio de México, México.

Bakker, Isabella (1988), "Engenderig Macro-Economic Policy Reform in the Era of Global Restructuring and Adjustment", en *id.*, *The Strategic Silence. Gender and Economic Policy*, The North-South Institute, Ottawa.

—— (1988), "Women's Employment in Comparative Perspective", en Jane Jenson, Elizabeth Hagen y Reddy Ceallaigh, *Feminization of the Labor Force. Paradoxes and Promises*, Oxford University Press, Oxford y Nueva York.

Becattini, Giacomo (1988-1989), "Los distritos industriales y el reciente desarrollo italiano", *Sociología del Trabajo*, núm. 5, Siglo XXI, Madrid.

Beechey, Verónica (1988), "Rethinking the Definition of Work. Gender and Work", en Jane Jenson, Elizabeth Hagen y Reddy Ceallaigh, *Feminization of the Labor Force. Paradoxes and Promises*, Oxford University Press, Oxford y Nueva York.

Beneria, Lourdes, y Martha Roldán (1991), *Encrucijadas de clase y género. Trabajo a domicilio, subcontratación y dinámica de la unidad doméstica en la ciudad de México*, El Colegio de México-FCE, México.

Bonazzi, Giuseppe (1993), "Modelo japonés, toyotismo, producción ligera: algunas cuestiones abiertas", *Sociología del Trabajo*, núm. 18, Siglo XXI, Madrid.

Brinton, Mary, Yean-Ju Lee y William Parish (1995), "Married Women's Employment in Rapidly Industrializing Societes: Examples from East Asia", *American Journal of Sociology*, University of Chicago, Chicago.

Brodie, Janine (1988), "Shifting the Boundaries: Gender and the Politics of Restructuring", en Isabella Bakker, *The Strategic Silence. Gender and Economic Policy*, The North-South Institute, Ottawa.

Clarke, Susan (1993), "The New Localism. Local Politics in a New Era", Edward Goetz y Susan Clarke, *The New Localism. Comparative Urban Politics in a Global Era*, Sage Publications, Londres.

Crompton, Rosemary, Duncan Gallie y Kate Purcell (1996), "Work, Economic Restructuring and Social Regulation", en Rosemary Crompton, Duncan Gallie y Kate Purcell, *Changing Forms of Employment. Organizations, Skills and Gender*, Routledge, Londres y Nueva York.

García, Brígida, y Edith Mercedes y Pacheco (1996), *Género y trabajo extradoméstico*, Sociedad Mexicana de Demografía, México, mimeo.

——, y Orlandina de Oliveira (1996), *¿Qué sabemos de nuevo sobre la participación femenina en los mercados de trabajo?*, El Colegio de México, México, mimeo.

Garza, Enrique de la (1993), "Prólogo", en Alejandro Covarrubias, *La flexibilidad laboral en Sonora*, El Colegio de Sonora-Fundación Friedrich Ebert, México.

Gereffi, Gary, y Stephanie Fonda (1992), "Regional Path of Development", *Annual Review Sociological*, núm. 18.

Hagen, Elizabeth, y Jane Jenson (1988), "Paradoxes and Promises. Work and Politics in the Postwar Years", en Jane Jenson, Elizabeth Hagen y Reddy Ceallaigh, *Feminization of the Labor Force. Paradoxes and Promises*, Oxford University Press, Oxford y Nueva York.

Humphrey, John (1993), "Los nuevos métodos de producción y flexibilidad laboral", *Sociología del Trabajo*, núm. 18, Siglo XXI, Madrid.

Oliveira, Orlandina de, y Brígida García (1994), *Trabajo femenino y vida familiar en México*, El Colegio de México, México.

——, y Brígida García (1997), *Crisis, restructuración económica y transformación de los mercados de trabajo en México*, El Colegio de México, México, mimeo.

Portes, Alejandro (1995), *En torno a la informalidad; ensayos sobre teoría y medición de la economía no regulada*, M. A. Porrúa, México.

Stichter, Sharon (1990), "Women, Employment and Family Current Debates", *Women, Employment and the Family in the Onternational Division of Labour*, The Macmillan Press, Londres.

Szasz, Ivonne, y Edith Pacheco (1995), "Mercados de trabajo en América Latina", *Perfiles Latinoamericanos*, año 4, núm. 6, México.

Szekely, E. Miguel (1994), "Demandas impuestas por la empresa globalizada sobre la fuerza de trabajo", *Revista Mexicana de Sociología*, núm. 2, UNAM, México.

MIGRACIÓN INTERNACIONAL

RODOLFO CASILLAS R.

Definición

Por migración internacional se entiende el desplazamiento de una persona o un conjunto de ellas de un país a otro. El desplazarse internacionalmente hace referencia a la capacidad de organización social, al Estado-nación, a las leyes vigentes en él, a los derechos y obligaciones de sus ciudadanos y a la normatividad específica que regula el ingreso a, el tránsito por o estadía en dicho Estado de quienes tienen una nacionalidad distinta del Estado de referencia. De ahí que cuando se habla de migración internacional se suele hacer una distinción entre los flujos que se apegan a los marcos legales de los Estados, de aquellos otros que no lo hacen, sea para migrar, para permanecer en el lugar de destino más allá del tiempo autorizado por las autoridades migratorias, o bien para cambiar de actividad de la previamente permitida. Una segunda distinción se refiere a la condición migratoria y a la categoría que se le asigna a la persona: legal y para qué tipo de actividad; ilegal, indocumentada, o migrante no autorizada para aquella que se aparta de la legalidad migratoria. Cada una de ellas tiene distintas implicaciones para el análisis social, pero todas en común hacen referencia al poder gubernamental y al lugar que desde éste se le reconoce al individuo, teniendo en cuenta su *condición* de nacional o extranjero y su *circunstancia* de contar o no contar con la autorización vigente por parte del Estado receptor.

Historia, teoría y crítica

La migración es tan vieja como el hombre en la Tierra. Históricamente hablando, el carácter sedentario está asociado a algunas civilizaciones, lo que no implica que los pueblos nómadas carezcan de expresiones culturales, identidades grupales y otros atributos sociales. Sedentario o nómada, el hombre se ha desplazado de manera continua a lo largo del tiempo, encontrando en distinto momento histórico y circunstancia sociopolítica condiciones que favorecen, dificultan o impiden el libre tránsito de una localidad a otra, de una ciudad a otra, de un país a otro. En la actualidad, hay una gran preocupación de los Estados nacionales, particularmente los de mayor desarrollo económico, por regular la migración internacional que ocurre al margen de las normas gubernamentales por considerar que, entre otros efectos negativos, ella afecta sus planes de desarrollo nacional.

La migración internacional ha sido materia de interés para los estudiosos de la población, en particular de los demógrafos, así como de los antropólogos y sociólogos preocupados por los procesos culturales y de identidad. Los historiadores, por su parte, han abordado aspectos de los flujos migratorios relacionados con su incorporación a las sociedades de destino y algunas de las vicisitudes que los recién llegados han enfrentado con las autoridades y las prácticas culturales de dichas sociedades. Por lo regular, el migrante ha sido visto desde el Estado o en relación con él. De ahí que en la mayoría de los estudios sobre la migración internacional se haga hincapié en los lugares de origen y destino; en el primer caso para encontrar las razones que estimulan u obligan a la migración, y en el segundo, para señalar los atractivos del lugar hacia donde se dirige el migrante. También se establece una distinción entre los flujos y las características de los sujetos que los integran; se señalan las temporalidades, las rutas, las actividades, los grupos etarios, las diferencias de género, las relaciones campo-ciudad, las frecuencias y relevos generacionales, entre otros elementos que conforman el perfil sociodemográfico del migrante. Estos conocimientos permiten a los planificadores gubernamentales hacer diagnósticos y sugerir recomendaciones diversas, sobre todo cuando se presume la existencia de un volumen migratorio que es, o amenaza con ser, inmanejable a la luz de las asimetrías económicas de un país frente a otro.

Por lo general, esas recomendaciones se pueden aglutinar en tres niveles de acción: por el lugar de origen, contrarrestar las supuestas causas de la migración; por el lugar de destino, reglamentar y proponer una práctica eficiente de las formas y términos de contratación, y por el lado de los agentes sociales involucrados en el proceso migratorio, sancionar el traslado que se aparta de la normatividad gubernamental y buscar hacer inoperantes los mecanismos sociales de apoyo al migrante. La conjugación adecuada de estos tres niveles permite augurar la administración de los flujos migratorios de forma tal que sean incorporados a la lógica institucional del desarrollo económico de los Estados involucrados. Este conjunto de perspectivas analíticas, no obstante que algunas de ellas reconocen los beneficios resultantes de la migración y de los altos costos humanos que pagan los migrantes, no han cubierto un vacío del conocimiento: los procesos de cambio o afirmación que viven los migrantes durante el proceso migratorio, si bien hay algunas aportaciones significativas sobre los procesos socioculturales de los migrantes en el lugar de destino.

El tipo de enfoque, distinciones conceptuales, aportes cualitativos y vacíos del conocimiento, característicos de los flujos de vieja data, se han reproducido en la mayoría de los estudios de las migraciones que en fecha reciente empezaron a constituirse en objeto de atención de los gobiernos y los estudiosos de la materia. En el continente americano, a partir de los años ochenta llamaron la atención los flujos crecientes de migrantes centroamericanos, así como de sudamericanos, africanos y asiáticos en menor proporción, que al margen de la normatividad de los Estados se han desplazado al norte del continente. Los Estados Unidos y México, en este contexto, se han caracterizado por ser en los últimos años grandes expulsores de migrantes carentes del permiso gubernamental correspondiente. Dichos países han actuado de acuerdo con la legalidad ajustada a las circunstancias y con fundamento en acuerdos de colaboración internacional signados entre ellos, por lo que las expulsiones que realizan son presumiblemente legales. Hay, empero, algunos interrogantes que pueden plantearse sobre: *1)* la noción de justicia que reflejan las leyes migratorias, y no sólo el aspecto de legalidad; *2)* la ejecución correcta o incorrecta de las leyes vigentes; *3)* los derechos de los migrantes en su calidad de ciudadanos, y *4)* la pertinencia de reproducir acríticamente los esquemas de conocimiento utilizados hasta el momento para el estudio y atención de la migración internacional.

Sin duda alguna, es deseable producir conocimientos que permitan el análisis comparativo. Empero, hacerlo implica resolver cuestiones teóricas y metodológicas, así como las que atañen a la existencia y generación de bases empíricas comparables, entre otras, para no ahondar sobre las particularidades de los procesos sociales, económicos, culturales y políticos involucrados en cada caso. Para hablar con elementos de juicio comprobables y ver contenidos y alcances de las respuestas a los interrogantes antes planteados, habría que verificar si existen algunos supuestos básicos que tienen que ver con el conocimiento de los migrantes de referencia. De no ser así, cualquier pronunciamiento sobre el volumen o aspecto cualitativo tendría que ser tomado con reserva. En general, lo producido enfrenta problemas del siguiente tipo: *1)* amplios vacíos de conocimiento; *2)* producciones acotadas a estudios de caso, y *3)* una preferencia por realizar estudios desde la perspectiva de la relación subordinada del migrante al esquema legal establecido por el Estado. Estas limitaciones tienen implicaciones no sólo para el saber, sino también para la formulación y aplicación de políticas públicas en temas migratorios. Porque, por ejemplo, en el supuesto caso de que inversionistas y gobiernos quisieran estimular la actividad económica en los sitios de origen de los migrantes, ¿cómo saber de qué localidades se trata, cuáles son las actividades posibles, qué recursos humanos se encuentran capacitados, etc., si no se cuenta con la información necesaria? Sin este conocimiento concreto, cualquier tipo de pronunciamiento de abatir la oferta de mano de obra es sólo un enunciado macroeconómico sin sustento real. Mas, por otra parte, suponiendo que con los pocos elementos disponibles se impulsaran los mercados y ocupaciones locales en los sitios de origen de los migrantes, ¿cómo saber que éstos sólo son expresión del desempleo, subempleo y salarios depreciados? Este conjunto de medidas respondería, de ser exitoso, a los migrantes potenciales con motivaciones económicas. Pero, ¿qué se propone para los que no responden en sentido estricto a lo económico inmediato, para los que están en pleno tránsito y para los que ya han llegado a su destino? Las medidas de detección y expulsión en estos casos, aunque puedan ser efectivas en lo inmediato, lo que estimulan son nuevas formas sociales de evasión de los marcos institucionales, a la vez que se dejan de encauzar los aprendizajes que los migrantes adquirieron durante su travesía y lugar de destino.

Las remesas económicas han devenido importantes para los países de origen de los migrantes (están entre los principales generadores de divisas para México, Centroamérica o el Caribe, por ejemplo), pero tanto los Estados de procedencia como los de destino han dejado pasar la oportunidad de potenciar los conocimientos técnicos, de organización, culturales y sociopolíticos adquiridos por quienes ya han pasado a formar parte del proceso migratorio. Lo económico es una aportación y una limitante; de lo primero hay variadas pruebas, tantas, que centran en demasía la atención de los gobiernos. Lo segundo no siempre es considerado como tal, debido precisamente al peso excesivo otorgado a lo económico. Se presenta así una distorsión en la manera de concebir y tratar el proceso migratorio. El principal inconveniente es que la variable económica, aunque a veces se matice su importancia diciendo que es la principal pero no la única razón de la migración, se convierte en eje articulador de las iniciativas gubernamentales que pretenden incidir en el proceder de los migrantes y de los agentes sociales con que se relacionan. Así, hay un reduccionismo contraproducente que se evidencia cada vez que se anuncian y aplican nuevas medidas de contención a la migración indeseada por los gobiernos. Pronto, los destinatarios de las medidas gubernamentales desarrollan nuevas formas de eludir los alcances y efectividad de las políticas de control. Ello ocurre porque se deja de lado el aspecto social. Es decir, habría que partir de la noción de que la migración internacional es un proceso que no sólo involucra a los cientos de miles de personas que se desplazan de un país a otro, sino también a un número impreciso de agentes sociales dispersos a lo largo de amplios territorios, en vínculos múltiples, flexibles e informales que sólo pueden ser entendidos si son relacionados tanto entre ellos mismos como con la actuación de las autoridades migratorias.

LÍNEAS DE INVESTIGACIÓN Y DEBATE CONTEMPORÁNEO

La migración autónoma del poder estatal es una práctica social y no una·política formalmente constituida, explicitada en texto alguno o expuesta ante alguna autoridad competente. Es una práctica que surge entre miembros de un mismo entorno familiar o social como respuesta a situaciones indeseadas. En esta práctica migratoria autónoma hay una riqueza social que se desaprovecha porque no se le reconoce debido al peso excesivo que se atribuye a lo económico. Mientras el enfoque no cambie, se seguirán observando acciones parciales en tanto que se analiza la migración "desde fuera" (desde las leyes del Estado) y desde lo económico, teniendo como resultado único cifras más o menos constantes de la cantidad de expulsiones de determinadas nacionalidades por año y una cifra menor de traficantes de migrantes detenidos.

Por otra parte, sería igualmente limitado observar la migración internacional sólo desde "adentro", definida por sus propias particularidades. El resultado, en este caso, sería el de recoger las impresiones inmediatas de los sujetos y agentes sociales involucrados en el proceso, que darían cuenta de sus razones para migrar, los obstáculos para hacerlo, las colaboraciones recibidas de manera casuística, los peligros generalizados y las expectativas de llegar a establecerse en el lugar de destino. Ciertamente ésta sería una contribución importante, pero también presentaría limitantes en enfoques y contenidos. Entre ellas, y a diferencia de los diagnósticos que hacen hincapié en lo macro y general, se centrarían en lo micro e individual; mientras que aquéllos trabajarían para efectos en el mediano y largo plazos, éstas buscarían resultados en el corto plazo, obviamente, sin perder de vista el futuro; las institucionales hablarían de legalidad, éstas de búsquedas legítimas de realización; aquéllas tendrían presentes las relaciones entre los Estados y éstas los vínculos sociales; aquéllas verían sólo, o de manera preferente, lo económico, y éstas, aunque lo incluyan, hablarían de una vida más plena, segura y, sobre todo, promisoria. En síntesis: unas verían lo concerniente al poder estatal y su ejercicio, las otras harían caso omiso de él, o lo subordinarían de manera notable, en aras de destacar los méritos sociales del fenómeno migratorio independiente de la vida institucional.

Desde una perspectiva amplia e integral, la migración internacional sólo puede ser concebida en relación con las diversas fuerzas y circunstancias que le dan forma. Su naturaleza se establece por la manera en que ella se vive o experimenta y no sólo por las razones que la originan o la encaminan a determinados destinos, ya que es un proceso social diferenciable en el que se dan relaciones de diverso tipo. De ahí que las razones que pudieran explicar un primer flujo no necesariamente se aplican a los siguientes, así provengan del mismo lugar y en éste pervivan las circunstancias socioeconómicas observadas en el momento de la primera migración. La migración internacional está compuesta por diferentes tipos de personas en distintas circunstancias; si todas fueran iguales, no habría la diversidad de flujos migratorios que hoy en día observamos.

Algunos Estados han resuelto atender de manera drástica la migración autónoma que ocurre por sus fronteras, mientras que otros siguen sin ocuparse de ella. Al posponer su atención, o hacerlo de manera tardía, los gobiernos ganan tiempo, pero no cancelan la posibilidad de que en un momento dado el fenómeno migratorio adquiera perfiles de problema (interno o internacional) y entonces se vean obligados a actuar con apresuramiento y no siempre provistos del conocimiento necesario, de las herramientas institucionales que se requieren ni de un clima social propicio para acciones legales, legítimas y socialmente aceptables. Por el contrario, lo que se observa es una preocupación constante por desarrollar leyes, reglamentos y acciones unilaterales por parte de los Estados que ven resistencias y obstáculos que vencer en las tramas sociales de los migrantes y en los migrantes mismos. Mientras que para los gobiernos tienen implicaciones de gobernabilidad o de acatamiento social de las leyes, la resistencia y los obstáculos adquieren un significado diferente para los migrantes. La fortaleza y resistencia de la migración son, entonces, producto de su pluralidad, de su heterogeneidad en formas, tiempos, alcances, expectativas, realizaciones, y también de la desatención del gobierno que sólo observa sus implicaciones económicas y trata de responder a ellas o sacar el mejor partido posible en su relación con los gobiernos vecinos. Es evidente que esta manera de enfocar y participar en el proceso migratorio no fortalece a las sociedades y sus gobiernos.

En la actualidad, por las fronteras nacionales transita prácticamente todo el catálogo de las migraciones internacionales, con permisos migratorios de los más variados o aun sin ellos. Por los volúmenes anuales y complejidades sociales involucradas, pareciera ser el caos, la anarquía, una diáspora que vacía pueblos de brazos, culturas, identidades, relaciones y de futuro. Pero no se trata de una sangría social incontenible, sino de búsquedas y concreciones múltiples. En tanto que la práctica migratoria es realizada individualmente y en grupos, en la mayoría de los casos a baja escala, salvo que ocurra una catástrofe que obligue a movimientos masivos, el uso del anonimato es un recurso bien adaptado a las circunstancias del desplazamiento internacional, en particular de los que recurren a métodos autónomos de la legalidad migratoria. En estos casos, no hay líderes fáciles de ubicar por la sencilla razón de que los liderazgos se producen en el momento y para acciones específicas, y, una vez realizadas éstas, desaparecen la necesidad y el liderazgo. No hay una lista de miembros que investigar porque, en el camino, de forma aleatoria y circunstancial se aglutinan quienes formarán parte de la búsqueda, sin que exista el compromiso de formalizar o continuar relaciones de solidaridad más allá de la travesía; no hay actividades públicas que llamen la atención, en tanto que el anonimato, el no ser ellos mismos sino fingir ser el otro, el local, es el mejor disfraz posible. Hay, podría decirse, formas de organización, desplazamiento y encubrimiento de las cuales dependen la vitalidad y éxito de la travesía. Se trata de masas humanas en una lógica compartida, con un imaginario común, que no pueden ser entendidas, menos contrarrestadas, con medidas puntuales que sólo ven sus aspectos y expresiones económicos.

Hay una brecha social creciente en la actualidad, y la migración internacional está inserta en ella: mientras la sociedad en general se mueve hacia la pluralidad, la diversidad, la autoconstitución y la autoorganización, el sistema jurídico de los gobiernos demanda conformidad, uniformidad, disciplina y el mínimo desplazamiento posible de grandes segmentos de los grupos subalternos. Los objetivos gubernamentales revelan las características más esenciales de una determinada concepción y práctica sociales: hacia la introversión, cerrazón y reserva en sí misma, como si el inmovilismo fuera el *factotum*, o parte importante de él, que garantizara la solución de los problemas de diverso tipo que enfrentan las sociedades, los gobiernos y las actuales formas de producir y distribuir bienes. Un efecto inmediato del desarrollo de tal concepción es que el radio de influencia gubernamental es continuamente reducido no sólo en los recursos económicos de que antes disponía el Estado, sino también en la gestión y actuación de diversos sectores sociales.

Desde una perspectiva autónoma respecto del poder estatal, los migrantes son personas que reciben afrentas en su lugar de residencia previa a la migración que les lleva a desarrollar una búsqueda personal de superación, pero cuando la afrenta que reciben es sólo una variante de diversas afrentas que sufren sistemáticamente amplios sectores de la sociedad, la búsqueda deviene un producto sociocultural colectivo. De ahí los volúmenes significativos de migrantes que, desde mucho antes de partir físicamente, empiezan su itinerario de búsqueda sin fronteras nacionales que los detengan. En su imaginario social desarrollan alternativas provistas de su propio lenguaje, gestos, actitudes y acompañamientos. Los lenguajes y deseos ocultos o privados de cada migrante se vuelven acciones públicas de colectivos sociales que se exteriorizan durante el traslado y posteriormente en la sociedad de destino, con determinadas prácticas de poder social. ¿Qué papel desempeñan los migrantes en las sociedades de procedencia, de tránsito y de destino?, ¿cuáles son sus esperanzas y en qué las basan? Con el poder económico, social y cultural que desarrollan, ¿qué influencia tienen para cambiar algo que les afecta? Responder a estos interrogantes requiere una trama de conocimientos de diverso tipo, entre ellos el de la ubicación geográfica y social de los lugares de donde parten las respuestas y las acciones.

Para migrar se conjugan: *1)* la necesidad o deseo de buscar satisfactores fuera del entorno inmediato; *2)* una circunstancia propicia para hacerlo o que obliga a salir; *3)* la aceptación de correr riesgos, de partir sin mayores apoyos o respaldos, y *4)* aunque no siempre, una red de apoyos. Cada migrante, en su parquedad de recursos, está provisto de reservas espirituales, físicas, morales, económicas, etc., que utiliza para disminuir la posibilidad del fracaso. Pero también es acompañado de estereotipos. Por ello los migrantes, particularmente los autónomos respecto al Estado, procuran pasar por lugareños, mimetizándose localmente para proseguir su tránsito sin mayor obstáculo. El temor, la inseguridad y el peligro van de la mano con la búsqueda de seguridad y autodefensa en procura de volverse intocables, en tanto que se fusionan transitoria y artificialmente con la otredad local; dejan de ser, así sea por un momento, para seguir siendo ellos mismos, los migrantes. El tránsito entonces se segmenta en tramos, unos de mayor peligro y otros de relativa seguridad, con una incertidumbre que se exagera o minimiza en el imaginario colectivo y se vive durante la migración. Esto es, las noticias de qué puede ocurrir se reelaboran en el transitar, el concepto se va a la vivencia, se materializa en el movimiento físico del individuo que, en conjunto, forma un caudal, es decir, un proceso social ininteligible para el migrante mismo que, a lo más, alcanza a decir que "son muchos los que están saliendo" de sus pueblos por las mismas razones de insatisfacción.

Hay estereotipos que gravitan sobre el conocimiento de los migrantes y que no deben soslayarse. El estereotipo del migrante-problema, de frágil economía y mucha cultura "tradicional", en lugar de explicar la complejidad la niega en la simplificación. Habría que aclarar para qué efectos hay economía frágil, si es para cubrir los requisitos en tiempo y forma, como lo estipulan los consulados para el otorgamiento de visas, el señalamiento podría ser aceptable. Mas, si con ello se refiere uno a la inexistencia de fondos y a la imposibilidad de conseguirlos, es una incorrección en tanto que el pago a los traficantes de migrantes, el sufragar costos de traslado, la adquisición de bienes y servicios durante el trayecto, etc., suponen la utilización de recursos nada despreciables. Por otra parte, con cultura tradicional se quiere indicar la circunstancia de subordinación de los migrantes y su adscripción a circuitos informales y anacrónicos respecto de la vida moderna. Esto supone que, por su "atraso", no podrán avanzar gran cosa en su itinerario internacional y que, de llegar a su destino, difícilmente podrán insertarse en una economía desarrollada. Esto es desconocer las instancias sociales y culturales que crean los propios migrantes y aquellas otras que les asisten para partir, desplazarse e insertarse en la sociedad de destino: las redes sociales, instancias "vivas" y actualizadas; de otra forma pierden su utilidad social. A la luz de estas prácticas socioculturales, el supuesto no tiene gran sostén real.

Otro estereotipo común es que la identidad del migrante es transparente y poco cambiante (migrante económico o migrante político, no hay de otra en todo momento y lugar), fácil de discernir, ya que el número de expulsiones indica las variaciones porcentuales de campesinos, citadinos, de hombres y mujeres, de antecedentes migratorios personales o familiares, etc. Pareciera que sólo en momentos de crisis el migrante muestra su identidad (que nunca cambia) y la pone a batallar contra los embates que le llegan de fuera y defiende sus intereses inamovibles. Estas percepciones son igualmente simplificadoras y equívocas. Es socialmente inválido calificar lo que se desconoce o se conoce limitadamente. Segundo, dada la diversidad de procedencia e inserción sociales de los migrantes previas a la experiencia y durante la travesía, lo que se evalúa son los aconteceres macroeconómicos en los lugares de origen de los migrantes, pero no a los migrantes mismos.

Todo intento de análisis del proceso migratorio debiera entonces partir de tres supuestos básicos: *1)* cualquier proceso migratorio, más o menos forzado o contenido, es más abierto y contingente de lo que parece, pues siempre hay posibilidades de crear una afinidad nueva entre los propios migrantes o entre éstos y los agentes sociales que encuentran en su camino; *2)* toda experiencia migratoria conlleva relaciones jerárquicas y relaciones de solidaridad que están en constante movimiento debido a la naturaleza misma del hecho social, y *3)* al analizar un proceso migratorio específico, hay que hacerlo en todos sus ámbitos, desde el familiar y comunitario hasta las instituciones más centralizadas del aparato estatal, en este caso a través de las autoridades migratorias y auxiliares. La migración es un proceso sociocultural polimorfo y múltiple por definición.

BIBLIOGRAFÍA

Aguayo, Sergio, y Patricia Weiss Fagen (1988), "Central Americans in Mexico and the United States", HMP/CIPRAR, Georgetown University, Washington.

Aguilar Zinser, Adolfo (1991), CIREFCA: *The Promises and Reality of International Conference on Central American Refugees*, Center for Immigration Policy and Refugee Assistance, Georgetown University, Washington.

Anker, Debora E. (1990), "Determining Asylum Claims in the United States Summary Report of an Empirical Study of the Adjudication of Asylum Claims Before the Immigration Court", *International Journal of Refugee Law*, vol. 2, núm. 2, pp. 253-264.

Anker, Debora E. (1989), "Migration and Development: Myths and Reality", *International Migration Review*, vol. XXIII, núm. 3, pp. 487-499.

——— (s. f.), "International Migration and Development. An Unresolved Relationship", *International Migration*, núm. especial, *Migration and Development*, vol. XXX, 3/4, pp. 252-266.

Appleyard, Reginal T. (1989), "Migration and Development: Myths and Reality", *International Migration Review*, vol. XXIII, núm. 3, pp. 487-499.

Arretx, Carmen (1987), "Research on International Migration and Census Data Cooperation in Latin American", *International Migration Review*, 1987, vol. XXI, núm. 4, Latin American Demographic Center, Santiago.

Berlund, Susan (1993), "Las migraciones en el proceso de integración de las Américas. Seminario Internacional (Migration in the Integration Process in the Americas: International Seminar), Conference report", *International Migration Review*, primavera, pp. 182-190.

Bosniak, Linda S. (1991), "Human Rights, State Soverignty and the Protection of Undocumented Migrants Under the International Migrants Workers Convention", *International Migration Review*, vol. XXV, núm. 4, invierno, pp. 737-765.

Brubaker, Rogers (1991), "International Migration: a Challenge for Humanity", *International Migration Review*, 1991, vol. XXV, núm. 4, pp. 946-957.

Comisión Económica para América Latina (CEPAL) (1992), "El impacto económico y social de las migraciones en Centroamérica", 15 de abril, mimeo.

—— (1988), "Notas para el estudio económico de América Latina y el Caribe", Documento LC/MEX &L83, julio, mimeo., 43 pp.

CEPAL y Naciones Unidas (1991), "Remesas y economía familiar en El Salvador, Guatemala y Nicaragua", México, 25 de junio, mimeo. Proyecto CEPAL/gobierno de los Países Bajos, NED/89/003.

Defreitas, Gregory (1991), "Inequality at Work: Hispanics in the U. S. Labor Force", Oxford University Press.

Dimarzio, Papademetriou D. G. (1988), *Toward New US Statutory Standards for those who Flee Crises: Humanitarian and Political Responses*, 71 pp., United States Catholic Conference, Migration and Refugee Service.

Fairweather, Gordon (1990), "Immigrants and Refugees: Present Problems and Future Needs; a Canadian Perspective", *International Journal of Refugee*, septiembre, pp. 283-291, Oxford University Press.

Filer, Randall (1992), "The Effects of Immigrant Arrivals on Migratory Patterns of Native Workers", en George Borjas y Richard Freeman (eds.), *Immigration and the Work Force*, University of Chicago.

Gindling, Tim (1991), "Labor Market Segmentation and the Determination of Wages in the Public, Private-Formal, and Informal Sectors in San Jose, Costa Rica", *Economic Development and Cultural Change*.

González Navarro, Moisés (1993), *Los extranjeros en México y los mexicanos en el extranjero. 1821-1970*, 3 vols., El Colegio de México, México.

Goodwin-Gill, Guy S. (1989), "International Law and Human Rights: Trends Concerning International Migrants and Refugees", *International Migration Review*, vol. XXIII. núm. 3, pp. 526-546.

Gzesh, Susan (1995), "So Close to the United States, So Far from God: Refugees and Asylees Under Mexican Law", *World Refugee Survey*, 1995, U. S. Committee for Refugees, Washington.

IMR *et al.* (1989), "Reflections on a Quarter Century of International Migration Research and Orientations for Future Research", *International Migration Review*, vol. XXII, núm. 3, otoño, pp. 393-401.

Mitchell, Christopher (1989), "International Migration, International Relations and Foreign Policy", *International Migration Review*, vol. XXIII, núm. 3, otoño, pp. 681-708.

Peek, Peter (1978), "The Political Economy of Rural Emigration in Latin American", *Ponencia*, 36 pp., CLACSO.

Percy Kraly, Ellen (1991), "Long-Term Immigration to the United States: New Approaches to Measurement", *International Migration Review*, vol. XXV, núm. 1, primavera de 1991, pp. 60-91.

—— (1987), "Efforts to Improve International Migration Statics: a Historical Perspective", *International Migration Review*, vol. XXI, núm. 4, invierno de 1987, pp. 967-995.

Portes, Alejandro, y Robert D. Manning (1986), "The Immigrant Enclave: Theory and Empirical Examples", en Susan Olzak y Joanne Nagel (eds.), *Competitive Ethnic Relations*, Academic Press.

Psacharopoulos, George, y Ying Chu Ng (1992), *Earnings and Education in Latin America: Assessing Priorities for Schooling Investments*, Education and Employment Working Papers, World Bank, diciembre.

Rodríguez, Néstor (1987), "Undocumented Central Americans in Houston: Diverse Populations", *International Migration Review*, primavera.

Seyon, Patrick (1995), "My First Return Home", en *World Refugee Survey*, U. S. Committee for Refugees, Washington.

Simmons, Alan B. (1991), "Explicando la migración: la teoría en la encrucijada", *Estudios Demográficos y Urbanos* (16), vol. 6, núm. 1, Centro de Estudios Demográficos y de Desarrollo Urbano, El Colegio de México, enero-abril, pp. 5-31.

The Tomas Rivera Policy Institute, "Diversifying the Los Angeles Area Latino Mosaic: Salvadoran and Guatemalan Leaders' Assessments of Community Public Policy Needs", National Association of Latino Elected and Appointed Officials Educational Fund.

Zolberg, Aristide R. (1989), "The Next Waves: Migration Theory for a Changing World", *International Migration Review*, vol. XXIII, núm. 3 otoño, pp. 404-429.

MINORÍAS

Angela Giglia

Definición

El término *minoría* se aplica a una población que por sucesos históricos, políticos o económicos (por ejemplo, migración, colonización, invasiones, deportaciones, expulsiones, anexiones) se encuentra en un territorio donde la mayoría de los ciudadanos pertenecen a otra cultura o raza, hablan una lengua diferente o practican otra religión. Históricamente, los elementos de discriminación más utilizados para delimitar una minoría han sido la raza, la cultura, la lengua y la religión. Minorías típicas en la historia de la humanidad han sido los judíos, los gitanos, los negros en los Estados Unidos y los católicos en los países protestantes.

Si por un lado el concepto de minoría se refiere a elementos determinantes de las identidades colectivas en sentido tradicional —como son la raza, la cultura, la lengua, la religión y la nación—, recientemente han aparecido "nuevas minorías". Estas últimas se refieren a sujetos que se encuentran en una situación de desventaja con respecto al ejercicio pleno de los derechos propios de la mayoría. Así, en los últimos años han cobrado importancia, como bases para la constitución y la definición de grupos minoritarios, otros factores de discriminación tales como la desigualdad social y el ser objeto de prejuicios, de racismo o simplemente de intolerancia por parte de la mayoría. Por lo tanto, se está afirmando la tendencia a considerar minoría a cualquier grupo —más o menos numeroso— que contraste con los valores y las costumbres comunes en la mayoría de la población y que, por ende, se encuentre marginado o conculcado y oprimido en su derecho de ser como es. Forman parte de esta definición las mujeres, los discapacitados, los homosexuales, los jóvenes, los niños y los ancianos. En ese sentido, y en términos generales, las minorías forman parte de la problemática sociológica ligada al estudio de los procesos de integración y desintegración social.

La categoría de minoría no necesariamente tiene que ver con una condición numéricamente minoritaria. Sin embargo, en términos de la ciencia política, el concepto de minoría tiene un lugar en el marco de las formas de gobierno liberal-democráticas, que prevén un sistema de representación donde existen una mayoría y una minoría. En ese sentido, las minorías no pueden existir como tales sin la existencia de las mayorías. Para la ciencia política, la presencia de minorías es un llamado implícito a los límites de la democracia en cuanto forma de gobierno que se basa en la regla de la mayoría. Es sabido que en muchas ocasiones es muy importante tener en cuenta la opinión de los perdedores, por minoritarios que sean, con el fin de garantizar el equilibrio político. En los sistemas democráticos, "saber ganar" implica el mantenimiento de una actitud de respeto hacia la voluntad y la opinión de la minoría.

La de minoría, como muchas categorías del pensamiento moderno, es un *concepto relacional*, ya que su conceptuación es inseparable de aquella sobre otros conceptos, ante todo sobre su opuesto, el de mayoría, como expresión de todo lo que la sociedad considera "normal".

Recientemente han capturado la atención las llamadas minorías *nacionales*, con su carga de nacionalismos y de "guerras étnicas" en el marco de un proceso de más largo alcance que algunos autores han denominado "*revival* étnico" (Smith, 1981), refiriéndose a los numerosos nacionalismos surgidos en Europa occidental a partir de los años sesenta. Estas minorías no se definen sólo con respecto a la mayoría, sino también por el hecho de mantener relaciones conflictivas las unas respecto a las otras. Sin poder abundar aquí sobre este asunto, cabe señalar que los actuales conflictos surgidos por el "etnonacionalismo" en Europa (Connor, 1973) representan seguramente uno de los resultados más dramáticos de las tensiones entre globalización y fragmentación de la sociedad contemporánea. Varios autores los interpretan como un fenómeno ligado al desarrollo de la modernización y a la dinámica propia de las sociedades posindustriales (De Rosa, 1994; Connor, 1990; Smith, 1981; Allardt, 1981).

En la actualidad, las minorías se encuentran en una situación de discriminación y de falta de reconocimiento, o bien en una en la que la sociedad les reconoce su derecho a manifestar su diferencia y así lo ratifica en leyes y reglamentos pensados para cumplir con este objetivo. Conceptualmente podemos entonces distinguir entre minorías *oprimidas* y minorías *protegidas*, pero en la práctica estas dos condiciones pueden referirse al mismo grupo minoritario.

En la medida en que la definición de minoría incluye también la autopercepción de sus miembros, esta categoría tiene que ver con los conceptos de *identidad* y de *subjetividad*. El primero, a pesar de ser muy utilizado, no deja de ser muy ambiguo, ya que "la identidad es una categoría que se sustrae a la demostración y que prefiere más bien formas expresivas y metafóricas" (Pasquinelli, 1994: 10). El segundo se refiere a las formas sociales que la subjetividad asume en las distintas sociedades. El nexo entre minoría e identidad-subjetividad conlleva una consecuencia importante: las minorías existen sólo en cuanto existe, en un país dado, una X relación entre mayoría y minoría. En otras palabras, podemos concebirnos como parte de una minoría en un país mas no en otro, y nuestra percepción del ser minoritario cambia según vivamos en un país o en otro. Si examinamos, por ejemplo, el sentido de pertenencia a la categoría minoritaria del "extranjero", éste es seguramente distinto en países como México y Francia: la forma de pertenecer a la minoría de los extranjeros es diferente en cada uno de ellos. Y —para seguir con el mismo ejemplo— también los derechos, las prerrogativas y las posibilidades concretas de existir socialmente de los extranjeros no son iguales en Francia y en México, sin por ello decir que son mejores o peores en uno o en otro país. Simplemente, cada sociedad define sus minorías, sus formas de vida, de integración o de exclusión según características específicas. Por ello, para entender a las minorías no podemos descuidar el estudio del *poder* y de los poderes en cada sociedad y, sobre todo —como diría Bourdieu (1992)—, el estudio de la atribución y de la distribución de los atributos correspondientes a determinadas posiciones de poder, que hacen que existan derechos diferentes para los miembros de la minoría y para los otros.

Historia, teoría y crítica

Históricamente, los conflictos entre minorías se encuentran en el origen de las formulaciones modernas sobre los derechos humanos occidentales: las llamadas "guerras de religión" entre católicos y protestantes que sacuden a Europa en el siglo XVI se constituyen en la base para establecer la necesidad de la tolerancia recíproca y el reconocimiento de la libertad religiosa y de los derechos de la persona.

En las ciencias sociales el concepto de minoría aparece desde muy temprano (Mair, 1928), pero sólo con Luis Wirth, en los años cuarenta, se afirma la necesidad de una teoría global sobre él. El concepto es ligado a los estudios de la Escuela de Chicago, cuyos integrantes tenían una fuerte preocupación por entender la naturaleza de los grupos minoritarios que se estaban constituyendo en la Escuela de Chicago de los primeros años de este siglo. Según la definición de Luis Wirth (1945: 347):

> Podemos definir como minoría a un grupo de población que, por sus características físicas o culturales, se distingue de los otros en la sociedad en la que vive por el trato diferente y desigual al que está sometido, y que por esa misma razón se considera a sí mismo el objeto de una discriminación colectiva. La existencia en la sociedad de una minoría implica la existencia correspondiente de un grupo dominante que goza de un mejor estatus y de más privilegios. De la condición de minoría deriva la exclusión de la plena participación en la vida de la sociedad.

Desde el punto de vista del estudio de los derechos en los distintos sistemas políticos, el concepto de minoría alude a la oposición entre *particularismo* y *universalismo* como dos distintos criterios para plantear la relación entre el ciudadano y el sistema político. El punto de vista universalista, acorde con la tradición liberal ilustrada, defiende los derechos del individuo como prerrogativas inenajenables de cada ser humano, independientemente de sus determinaciones sociohistóricas, mientras el punto de vista particularista, al contrario, sostiene la mayor viabilidad y la mayor validez —frente a los derechos universales— de aquellos derechos que se refieren a la pertenencia del individuo a una comunidad particular, ya sea una nacionalidad, un pueblo, una Iglesia, etc. Algunos autores han sostenido recientemente la necesidad de "superar" la época de los derechos universales "denunciando la concepción ahistórica y desencarnada del individuo dotado de derechos concebidos como anteriores a su entorno social y político" (Vázquez, 1997: 43). Es el caso de las tesis relativistas y pluralistas de Michael Walzer (1983) y de otros autores (Vázquez, 1997; Palminiello, 1994).

Tanto en la perspectiva particularista como en la universalista, el estudio de las minorías debe enmarcarse dentro del estudio de las instituciones. Como ha escrito recientemente Etienne Balibar (1993: 40-41), "el racismo es un fenómeno institucional: se encuentra siempre dentro de un marco normativo". En otras palabras, siempre tiene que ver con un aparato de normas legales y con ciertas actitudes o prejuicios más o menos presentes en la sociedad.

La gran mayoría de las prácticas que combinan discriminación y humillación hacia una categoría de habitantes "étnicamente", "racialmente" o "nacionalmente" marcados (es decir, marcados por su procedencia, por sus orígenes reales o supuestos) es cuestión de las autoridades en su funcionamiento diario: desde las comunales hasta las nacionales, y particularmente la policía y la justicia, es decir, aquellas que operan de forma discrecional.

En otras palabras, si por un lado los procesos de discriminación no pueden ser entendidos —y modificados— sin entender el funcionamiento de las instituciones, por el otro lado estos mismos procesos se fundamentan en actitudes psicológico-culturales específicas, tales como el racismo y la intolerancia, que se amparan en ciertos aparatos institucionales. Para las víctimas de estas actitudes —los miembros de las minorías—, es difícil escapar a lo que Lapeyronnie define como una "alternativa imposible". La víctima del racismo se ve obligada a elegir entre la adopción de una actitud fundamentalista, de extremado arraigo en las costumbres, con función obviamente defensiva, y el abandono de su propia identidad comunitaria o grupal para convertirse en un "individuo *tout court*" —el sujeto-objeto ideal de los derechos universales del hombre— sin mayores caracterizaciones. Sin embargo, lo que sucede en la realidad es la imposibilidad de practicar cualquiera de estas dos opciones, porque ambas son limitantes de la complejidad del sujeto contemporáneo. Este último es una mezcla entrañable de universalismo y particularismo, de individualismo y comunitarismo, de efectos de globalización y de "tribalización". La realidad nos muestra el continuo y cotidiano transitar de los sujetos entre diferentes pertenencias a grupos y comunidades, todos diferentemente "minoritarios" (Melucci, 1996).

> Cualquier persona es al mismo tiempo miembro de una comunidad e individuo moral. Son los dos pilares de la construcción de su personalidad. Elegir entre los dos es imposible. La personalidad se define justamente a partir de su capacidad de combinar y de integrar la pertenencia y la individualidad. Para la víctima, la doble ambivalencia de la relación racista rompe toda posibilidad de combinación. El racismo la encierra en un círculo donde su identidad es una amenaza para su individualidad y, a la inversa, su individualidad es una amenaza para su identidad [Lapeyronnie, 1997: 89].

Un enfoque crítico al estudio de los grupos minoritarios tiene que evitar el riesgo de hipostasiar estos últimos, como si se tratara de etiquetas definitivas que determinados sujetos tendrán que llevar en cada momento y para toda la vida.

En general, el problema de la relación entre particularismo y universalismo consiste en conjugar la existencia de prerrogativas, normas y derechos alternativos para las minorías y, al mismo tiempo, garantizar que esto no socave aquellos principios universales que rigen el sistema en el que se reconoce la mayoría.

Antes de ser reconocidos por el Estado del que forman parte, los derechos de las minorías, como una expresión de su diferencia que se basa en la tradición, se manifiestan en todas aquellas costumbres y prácticas heredadas (reglas y formas de gobierno, de suministro de la justicia, de relación entre el individuo y la comunidad) que hacen diferente a la minoría. En ciertos casos, muchas o algunas de estas normas tradicionales (la gerontocracia, la poligamia, las formas de castigar a los inconformes, las modalidades rituales —infibulación para las mujeres, duras pruebas físicas para los hombres— de integrar a los jóvenes en la edad adulta) se encuentran en contradicción con el respeto de los "derechos humanos", sin más.

En suma, en el reconocimiento legal del carácter diferente de las minorías existe un doble riesgo: para las minorías el riesgo de la tipificación que enjaula a sus miembros dentro de los comportamientos previstos, por lo que se supone que debe de ser el comportamiento "típico" de la minoría; y para toda la sociedad el riesgo de hacer pasar principios inaceptables desde el punto de vista del respeto del individuo.

El México de hoy, por ser desde hace varios siglos un país multicultural, nacido de una guerra entre grupos étnicos diferentes, ha sido en muchos sentidos un precursor en la formulación teórica y el manejo institucional de los problemas contemporáneos del multiculturalismo. El tema de las minorías étnicas —los más de 50 pueblos indígenas que existen todavía en el país— ha sido abordado en México bajo la forma del llamado "indigenismo": un proyecto fuertemente ligado al nacionalismo mexicano y a su afán de promover la formación de una sola identidad nacional que unificara las distintas culturas y las distintas razas que componen la población del país. Ambos, indigenismo y nacionalismo, son inseparables en la historia de la idea de la nación mexicana (Stavenhagen, 1988).

El indigenismo, en cuanto política fuertemente integracionista que auspiciaba la desaparición de las minorías indígenas, ha sido ya ampliamente criticado, y no es ésta la sede para abundar sobre el tema. Cabe destacar solamente la enseñanza que es fácil recabar de la historia del indigenismo mexicano. El proyecto de "mexicanizar al indio" ha fracasado. Las culturas indígenas persisten, siguen resistiendo a la integración, o más bien buscan una integración diferente, bajo sus propias condiciones. Es el caso del planteamiento llamado "etnodesarrollo", en los años setenta, y más recientemente de la reivindicación de la *autonomía* de las comunidades indígenas con respecto al marco normativo del Estado (Díaz Polanco. 1998: IV; Villoro, 1998: VI-VII).

Casi todos los desafíos, los equívocos y los riesgos posibles en el manejo de la relación entre minorías y mayorías, que hoy día se presentan condensados en muchos países europeos, han sido ya experimentados en la historia de México. En ese sentido, la enorme resonancia internacional que el conflicto chiapaneco ha adquirido en los últimos años no debe sorprender. Más allá de las capacidades de comunicación de algunos líderes, el caso de Chiapas interesa al resto del mundo porque propone en forma paradigmática el tema de la relación entre minorías y Estado nacional en sus términos más extremos.

LÍNEAS DE INVESTIGACIÓN Y DEBATE CONTEMPORÁNEO

A pesar del largo tiempo que nos separa de la definición de Wirth, y de la gran actualidad que este tema cobra en todo el mundo, hoy en día no existe todavía acuerdo a nivel internacional sobre el concepto de minorías ni una definición compartida por los principales instrumentos legislativos internacionales (Thornberry, 1987). Un estudio comparativo de las diferentes formas de definir a los grupos minoritarios sería sumamente útil, ya que daría luz sobre un campo conceptual complejo y que atañe a temas centrales de las sociedades contemporáneas.

En la medida en que las minorías —como las etnias y las naciones— son formaciones históricas, en constante devenir, se vuelve de suma importancia el análisis socioantropológico de las condiciones de creación de la diferencia y de la estigmatización, hasta su impugnación en nombre de principios excluyentes con todas sus nefastas consecuencias (racismo, separatismo, guerras étnicas, etc.). Líneas de investigación importantes en ese sentido han sido desarrolladas en Inglaterra, Francia y los Estados Unidos, alrededor de los procesos concretos y cotidianos de formación y percepción de la pertenencia comunitaria (Wallman, 1986; Lapeyronnie, 1993; Anzaldúa, 1987; Gilroy, 1987).

El problema de cómo conjugar la coexistencia entre derechos universales para todos los ciudadanos pertenecientes a cierto Estado, y derechos y leyes especiales, que se refieren exclusivamente a las minorías, es uno de los retos y de los ámbitos de estudio más estimulantes en la actualidad. Como ha escrito recientemente Rodolfo Vázquez (1997: 43), "el debate contemporáneo en torno a lo que se conoce hoy día como multiculturalismo oscila entre dos extremos éticamente injustificables: o la integración indiscriminada, o la tolerancia incondicional de los grupos minoritarios". Ambas perspectivas conllevan riesgos.

Por un lado, la asimilación total, mientras niega las identidades comunitarias, no consigue por ello realizar la igualdad. Como recuerda Lapeyronnie, el racismo contra los judíos en Europa se ha dado más en los momentos de mayor asimilación y cuando este grupo había casi alcanzado la "invisibilidad" social. Por el contrario, había sido mucho mejor tolerado cuando sus marcas distintivas eran todavía evidentes y su asimilación apenas empezaba.

Por otro lado, la tolerancia incondicional hacia las comunidades pisotea al individuo, haciendo muy difícil su existencia fuera de los cánones establecidos por la pertenencia comunitaria. En otras palabras, si se acepta el punto de vista relativista, se acaba la posibilidad de considerar iguales a todos los individuos: serán iguales sólo en cuanto todos pertenecen a comunidades particulares. Ya no son las personas que deciden su propio destino, sino su pertenencia a cierta comunidad (Palminiello: 79). Además, cuando se reconocen derechos especiales para las minorías, se admite implícitamente que los miembros de ciertas minorías son afectados —más que otros ciudadanos— por los procesos de *exclusión* (Paugam, 1996) con los fenómenos que la acompañan, tales como el racismo, la intolerancia, la segregación social y espacial. Ahora bien, si hoy se habla tanto de exclusión es porque implícitamente se ha renunciado a la idea de una plena integración de todos los ciudadanos y se asume que, muy probablemente, una parte de la población quede excluida de los beneficios principales de la ciudadanía y del mercado de trabajo. Ello implica también poner en marcha una serie de políticas "en contra" de la exclusión, que —entre otras cosas— surten el efecto paradójico de contribuir a tipificarla y a reproducirla como tal. En este marco, las minorías encuentran terreno fértil para ser reconocidas y, al mismo tiempo, tipificadas por las leyes pensadas *ex profeso* para ellas.

El universalismo es históricamente el principio que permite la existencia de una ciudadanía igual para todos, esto es, capaz de garantizar la misma relación (entendida como conjunto de deberes y derechos) de todos los ciudadanos con respecto al Estado y a la *res publica*. Un reporte reciente de Amnistía Internacional denuncia el aumento de los países donde se violan sistemáticamente los derechos universales del hombre. Es como si el despliegue completo del universalismo no se hubiera acabado aún y al mismo tiempo hubiera sido ya rebasado por otros procesos de signo contrario. La presencia de las minorías cuestiona al universalismo en el sentido de que pone de manifiesto los límites de su realización y las fallas en su aplicación efectiva, como conjunto de principios realmente universales. En esa línea de reflexión, Balibar destaca que históricamente el surgimiento de la categoría de ciudadanía está ligado a la afirmación de los Estados nacionales y al nacionalismo. Existe entonces una contradicción en la base de la supuesta universalidad del concepto de ciudadanía, ya que en la práctica no existe una ciudadanía en abstracto, prescindiendo de la ubicación del sujeto. Sólo se es ciudadano dentro de los límites físicos, legales y conceptuales de un territorio-nación (Balibar, 1993). El reconocimiento de los derechos de las minorías plantea entonces el problema de cómo diferenciar la ciudadanía actual, de manera que se adapte más a la existencia de situaciones y poblaciones que, cada vez más vigorosamente, plantean su propia diferencia con respecto a la mayoría.

Sin embargo, ya que en muchas partes del mundo es cada vez más difícil garantizar el respeto de los derechos más elementales del hombre (el derecho a vivir y a opinar libremente), no se puede tan fácilmente renunciar a los derechos universales, a menos de no tener la seguridad de que el respeto de derechos diferentes —tradicionales y comunitarios— tendría más posibilidades de afirmarse, sin implicar las violencias y las tragedias a las que la información internacional nos ha acostumbrado, y sin perjudicar el respeto del individuo. ¿Es el reconocimiento de las diferencias étnicas y nacionales en la antigua Yugoslavia una garantía suficiente para contrarrestar las masacres cometidas en nombre de la "limpieza étnica"? ¿Cuál espacio queda, en el marco del respeto de los derechos tradicionales y comunitarios, para la inviolabilidad y la autodeterminación de la persona, en el caso de que el sujeto "X" quiera proponerse y ser tratado como persona, y ya no como "miembro de"? En otras palabras, ¿hasta dónde puede llegar la reivindicación de una ciudadanía diferenciada, o de una "ciudadanía cultural", como ha sido planteada recientemente en los Estados Unidos? (Rosaldo, 1995).

Frente a estos dilemas, las formulaciones de algunos estudiosos mexicanos son a la vez razonables en términos generales y cuidadosas del respeto a la opinión de las minorías. Una propuesta reciente es que los derechos comunitarios sean reconocidos sólo en la medida en que no contradigan los derechos universales (Stavenhagen, 1988) y no afecten la estabilidad del Estado: las reivindicaciones de autonomía de las comunidades minoritarias serían admisibles sólo en cuanto no afectasen la soberanía del Estado (Villoro, 1998). Si éstos deben ser los objetivos para que se logre el respeto de las diferencias y, al mismo tiempo, su "integración sustentable" dentro del marco estatal del que forman parte, falta averiguar en la práctica su aplicación concreta y sus implicaciones y consecuencias. Sobre estos temas, las investigaciones y el debate siguen abiertos.

BIBLIOGRAFÍA

Anderson, Benedict (1993), *Comunidades imaginadas. Reflexiones sobre el origen y la difusión del nacionalismo*, FCE, México.

Anzaldúa, Gloria (1987), *Borderlands, la Frontera: the New Mestiza*, Spinster-Aunt Lute, San Francisco, pp. 53-98.

Balibar, Etienne (1993), *Le frontiere della democrazia*, Manifesto libri, Roma.

────── (1993), e Immanuel Wallerstein (1988), *Race, nation, classe. Les identités ambiguës*, La Découverte, París.

Bobbio, Norberto (1995), *Eguaglianza e libertà*, Einaudi, Turín.

Bonazzi, Tiziano, y Michael Dunne (coords.) (1994), *Cittadinanza e diritti nelle società multiculturali*, Il Mulino, Bolonia.

Bourdieu, Pierre (1992), *Reponses. Pour une anthropologie réflexive*, Seuil, París.

Díaz Polanco, Héctor (1998), "Autonomía y democracia", *Equis*, 1º de mayo, dossier *Autonomías en el mundo*.

────── (comp.) (s. f.), *Etnia y nación en América Latina*, Consejo Nacional para la Cultura y las Artes, México.

Gilroy, Paul (1987), *There Ain'T No Black in the Union Jack*, Unwin Hyman, Londres.

Kellas, James G. (1993), *Nazionalismi ed etnie*, Il Mulino, Bolonia.

Lapeyronnie, Didier (1993), *L'individu et les minorités. La France et la Gran Bretagne face à leurs immigrés*, Presses Universitaires de France, París.

Marta, Claudio (1994), "Minoranze e società multietnica. I tentativi delle scienze sociali di elaborare una teoria unitaria", en C. Pasquinelli, *Forme dell'identità culturale*, Quaderni del dipartimento di scienze sociali, Istituto Universitario Orientale, nueva serie, núms. 9-10, Liguori Editore, Nápoles, pp. 95-116.

Melucci, Alberto (1996), *The Playing Self*, Cambridge University Press, Cambridge.

Nolasco, Margarita (1988), "Los indios de México", en Rodolfo Stavenhagen, *Cultura y sociedad en América Latina. Política cultural para un país multiétnico*, SEP-El Colegio de México, México.

ONU, *Carta de las Naciones Unidas*, 1945.

ONU, *Declaración universal de los derechos humanos*, 1948.

Pasquinelli, Carla (coord.) (1994), "Identità: una categoria ambigua", en *Forme dell'identità culturale*, Quaderni del dipartimento di scienze sociali, Istituto Universitario Orientale, Nueva serie, núms. 9-10, Liguori Editore, Nápoles.

Rosaldo, Renato (1995), *Cultura y verdad*, Grijalbo, México.

Stavenhagen, Rodolfo (1988), "Cultura y sociedad en América Latina", en Rodolfo Stavenhagen y Margarita Nolasco (coords.), *Política cultural para un país multiétnico*, SEP-El Colegio de México, México.

Taylor, Charles (1993), *El multiculturalismo y la política del reconocimiento*, Colección Popular, FCE, México.

Thornberry, P. (1987), *Minorities and Human Rights Law*, The Minorities Rights Group, Londres, Report 73.

Vázquez, Rodolfo (1997), "Derechos y tolerancia", *Este país*, núm. 72, marzo, pp. 42-49.

Villoro, Luis (1998), "El derecho de los pueblos indios", *Equis*, 1º de mayo, dossier *Autonomías en el mundo*.

Walzer, Michael (1983), *Sfere di giustizia*, Feltrinelli, Milán.

Wallman, Sandra (coord.) (1979), *Ethnicity at Work (Studies in Ethnicity)*, MacMillan and Co., Londres.

Wieviorka, Michel (1996), *Une societé fragmentée. Le multiculturalisme en débat*, La Découverte, París.

Wirth, Luis (1945), "The Problem of Minority Groups", en R. Linton (ed.), *The Science of Man in the World Crisis*, pp. 347-372, Octagon Books, Nueva York.

MODERNIDAD

Vania Salles

Definición

Es una tarea difícil señalar el contenido de ciertos conceptos que —como el de modernidad— tienen distintas acepciones y han sido objeto de un sinnúmero de controversias. Aquí proponemos tres ejes básicos para definir la modernidad.

El primer eje se deriva de la lectura de Hegel hecha por Habermas (1988), que remite la modernidad a una época: "el nuevo tiempo" es el "tiempo moderno". Si tomamos como referencia 1800 —el periodo de la Ilustración—, el tiempo moderno se refiere al conjunto de los tres siglos precedentes. *El descubrimiento del Nuevo Mundo, así como el Renacimiento y la Reforma —los tres grandes acontecimientos de 1500— forman el parteaguas entre el nuevo tiempo y el Medievo* (Habermas, 1988: 317).

La clasificación de la historia en antigua, medieval y moderna, que tiene un matiz cronológico, encierra también, con respecto al último periodo, un contenido de nueva época, percepción que se reporta al siglo XVIII, tomado como un umbral, cuyo principio se ubica en el siglo XVI (*Enciclopedia Universalis*, 1980, vol. 10: 155).

El segundo eje permite pensar la relación entre el nuevo tiempo —tiempo moderno— y la contemporaneidad. En este marco tiene un papel esencial lo que se denomina espíritu de la época (*Zeitgeist*), expresión contemporánea inspirada en Hegel. El tiempo moderno (*modern times, temps moderne*) se distingue de lo viejo porque "se abre al futuro", y al hacerlo instaura un movimiento repetitivo y continuado que apunta, en el contexto de la contemporaneidad y de la conciencia histórica que le es propia, hacia el "neocomienzo epocal". La contemporaneidad es señalada por Habermas (1988: 316-318) como "la partera de lo nuevo" y como el horizonte de "nuestro tiempo más nuevo", marcado por un sentimiento de "transición".

El tercer eje, igualmente tomado de la lectura que hace Habermas (1988) de Hegel, se remite a la *subjetividad*, interpretada como el principio del tiempo moderno, por la *posibilidad* de la *libertad* y de la *reflexión*, tiempo también *caracterizado a través de una estructura de autorrealización*. A este propósito indica Hegel en *La fenomenología del espíritu* (citado por Habermas, 1988: 328): "Lo más grande de nuestro tiempo es que está reconocida la libertad, la propiedad del espíritu, eso es el en sí en ella".

A esta breve exposición, que aprovecha el discurso filosófico para utilizarlo bajo la modalidad de un marco conceptual, interesa añadir una descripción de *momentos y ubicaciones* que enmarcan el devenir de la concepción moderna de sociedad. La mencionada descripción se hace sin la pretensión de delimitar etapas o espacios rígidamente demarcados. Aunque encierre un matiz cronológico que busca ubicar en una temporalidad lo que se denomina el despliegue de la concepción moderna de sociedad, se asume que la división de la historia en etapas y su confinamiento en espacios delimitados no permite llegar a soluciones rigurosas para la sistematización del conocimiento sobre la realidad.

El entendimiento de la modernidad implica una referencia obligada a la concepción moderna de sociedad, vista como un proceso histórico que surge en Europa occidental a partir del siglo XVI y se desarrolla a lo largo del XVII para cobrar fuerza en el XVIII, marcando de múltiples maneras los siglos subsecuentes.

En estos siglos iniciales, que pueden ser tomados como el primer momento de la historia de la modernidad, "las personas apenas comienzan a experimentar la vida moderna [...] buscan desesperadamente un vocabulario adecuado" (Berman, 1988: 2).

Además de las referencias previas, en este marco se desarrollan un sinnúmero de acontecimientos, desde los de índole artística que dieron cuerpo al Renacimiento, pasando por las grandes reflexiones sobre la política y el Estado (por ejemplo Maquiavelo, quien escribe *El príncipe* en 1516), arribando a las utopías de carácter escatológico (por ejemplo *La utopía* de Tomás Moro, quien vive de 1478 a 1535), hasta producir hechos íntimamente vinculados con el desarrollo de la ciencia y la tecnología, como los que permitieron la conquista del Nuevo Mundo, fenómeno que forma parte de un proceso mayor, relativo a la expansión de Occidente. Heredada de la Edad Media, la monarquía absoluta —como forma de organización del poder e ideología estructuradora del Estado y de la sociedad— pervive, pero será irremediablemente cuestionada en los periodos que anteceden y acompañan las grandes revoluciones en Europa.

En el ambiente de la Ilustración, se consolida en el siglo XVIII una nueva preocupación filosófica, centrada en la "voluntad de dilucidar sistemáticamente la realidad humana bajo las formas más diversas de su afirmación" (*Enciclopedia Universalis*, 1980, vol. 10: 155). Se instaura una especie de racionalismo militante que somete a las exigencias del entendimiento y de la razón tanto la naturaleza de las cosas como la naturaleza humana. Se crea una "voluntad de control racional según las normas de una lucidez crítica" (*Enciclopedia Universalis*, 1980, vol. 10: 156).

Este movimiento, que caracterizó el pensamiento europeo del siglo XVIII (con fuerte arraigo en Francia, Inglaterra y Alemania), se ancla en la creencia del poder de la Razón para solucionar los problemas sociales. La democracia y el liberalismo modernos, así como la Revolución industrial, guardaron un estrecho vínculo con la Ilustración, que además inspiró movimientos de rebeldía, de independencia y autonomía en contextos distintos del europeo, por ejemplo el latinoamericano.[1] La Revolución francesa fue una de sus

---

[1] Casullo (1990: 12) señala la existencia de lazos inextricables entre la Ilustración (momento crucial de la concepción moderna de sociedad) y América Latina, que van más allá del componente relativo a los movimientos de rebeldía en periodos coloniales, apuntando hacia cuestiones de nuestra contemporaneidad. En este sentido afirma: "nosotros latinoamericanos, con una historia violentamente marcada en el despuntar de lo moderno a través de la conquista hispano-portuguesa, quedamos plenamente involucrados en esta problemática, a partir de nuestras especificidades, desde nuestra memoria y a partir de la manera en que participamos de los códigos y pa-

principales expresiones en el plano político. Entre los representantes más conocidos de la Ilustración encontramos a Hume, Voltaire, Goethe, Lessing, Diderot, Holbach, Rousseau, Montesquieu, los enciclopedistas.

La concepción moderna de sociedad es deudora del movimiento intelectual que caracterizó el pensamiento europeo del siglo XVIII, cuyas ideas se expresan y toman cuerpo en distintos acontecimientos de naturaleza tanto pública (los de índole político-económica y artística) como de naturaleza privada y subjetiva (la vida cotidiana, las mentalidades y las identidades epocales). En este contexto cobran significado fenómenos esenciales, entre los que destacan el individualismo, el derecho a la crítica y la autonomía de la acción. Dicha concepción adquiere el sentido de un proyecto (el de la Ilustración) que abarca esfuerzos por desarrollar una ciencia objetiva, una moralidad, leyes universales y un arte autónomo, acorde con su lógica interna, (Habermas, 1988 y 1989).

La última década del siglo XVIII puede ser tomada como una posibilidad para pensar otro momento del desarrollo del proyecto moderno de sociedad: "nuestra segunda fase comienza con la gran ola revolucionaria de la década de 1790. Con la Revolución francesa y sus repercusiones, surge abrupta y espectacularmente el gran público moderno" (Berman, 1988: 3). Con base en la observación de las vivencias de este público se puede definir la modernidad como un elenco de principios universales que se encuentran en el origen mismo de las formas democráticas modernas y, como ya se dijo, en el origen de la aceptación generalizada de los derechos humanos.

El siglo XIX, marcado por la convivencia de lo tradicional (aquí referido a los resquicios del feudalismo europeo) y lo moderno (aquí referido al capitalismo emergente), es el escenario de un acelerado proceso de modernización anclado en la gran industria. Paralelamente a este proceso, surge una suerte de pensamiento crítico que servirá de contrapunto a la ideología de la burguesía, que se expande y consolida su poder en esferas con alcances más amplios que los económicos. Las críticas al capitalismo, bajo las modalidades de distintos tipos de propuestas socialistas, entre las que resalta el socialismo científico de Marx, acompañan también el desarrollo del proyecto moderno de sociedad y forman el núcleo mismo de las nuevas utopías modernas.

El siglo XX abarca el tercer momento de la historia de la modernidad, cuando el capitalismo progresivamente se expande "para abarcar prácticamente todo el mundo" (Berman, 1988: 3). Este siglo constituye el escenario de las revoluciones socialistas pero, al mismo tiempo, asiste en sus últimas décadas —no sin perplejidad— al derrumbe de los regímenes que se erigieron como una alternativa al sistema capitalista. Alexander (1995: 9 ss.) prefiere analizar el síndrome que tal fenómeno provoca en nuestra percepción contemporánea de la modernidad y destaca la existencia de una especie de inversión en la problemática de la transición.

radigmas de la modernidad". Sobre cuestiones latinoamericanas que se discuten a la luz de la modernización, modernismo y posmodernidad, véanse los textos fundamentales de García Canclini (1989 y 1995), Quijano, Lechner (1988) y Zermeño (1988).

Las últimas décadas de este momento de la concepción moderna de sociedad, cercano al fin del siglo XX, además del matiz cronológico que imponen, se distinguen por la existencia de nuevos procesos, por el surgimiento de nuevos sujetos y por nuevos tipos de acción que provocan ineludiblemente la apertura de espacios para la aparición de fuerzas sociales de carácter totalmente original y transclasistas que pasan a protagonizar movimientos colectivos, antes organizados en torno a intereses de clase (burgueses, obreros, campesinos), y tienen, entre otras banderas, aquellas de los que promueven acciones para preservar la naturaleza (movimientos ecologistas), de los que defienden su condición de raza y etnia (los movimientos étnicos) y de las feministas que luchan por instaurar nuevas relaciones sociales que implican repensar —para cambiar— las pautas de convivencia entre los sexos desde la perspectiva del género.

Con respecto a la última bandera —empuñada por las feministas y considerada como parte constitutiva de este momento especial del siglo XX, denominado *la fin du siècle*— es de vital importancia resaltar algunos de los innegables vínculos del feminismo con lo moderno (Salles, 1996).

Según Lovibond (1992), "la reflexión histórica sobre el feminismo permite afirmar que se trata de un movimiento típicamente moderno". A su vez, Lara (1992: 165-166) señala que "la modernidad es un tema de recurrente necesidad para las feministas", y subraya —a la luz del examen de la propuesta de Habermas, firmemente ligada a la interpretación ilustrada— algunas cuestiones consideradas candentes para el feminismo y otras de gran importancia para estimular reflexiones críticas desde la óptica de género. Entre ellas destacan la cuestión de la autonomía —punto nodal de las reivindicaciones feministas— y la necesidad de plantear una interpretación de la modernidad que "centre sus impulsos en la vida cotidiana y en las relaciones ético-estéticas".

Para Huyssen (1986: 183), "las modalidades según las cuales hoy se plantean cuestiones concernientes al sexo y la sexualidad, la lectura y la escritura, la subjetividad y la enunciación, la voz y la 'performance', son impensables sin el impacto del feminismo". Además analiza cómo la crítica feminista es vital en el proceso de revisar la historia desde la cultura rescatando a autoras olvidadas, leyendo de una nueva manera la reflexión sobre lo moderno y la modernidad.

Amorós (1985) examina la situación de las mujeres y dibuja el vínculo de lo moderno con el patriarcalismo, bajo la modalidad de la sociedad patriarcal. El patriarcalismo consiste en un fenómeno que no sólo acompaña el devenir de la familia moderna desde sus albores, sino que está presente en el feudalismo y en la Antigüedad clásica (Horkheimer, 1970; Boyer, 1991), lo cual hace posible otorgarle el atributo de una figura transhistórica. En lugares que no fueron la cuna de la concepción moderna de sociedad —como América Latina, por ejemplo— el patriarcalismo deja sus huellas en un sinnúmero de instituciones y se erige en una especie de *constructum* macrosocialmente producido que conforma ideologías, prácticas, costumbres, instituciones, e interviene, desde luego, en el conjunto del tejido social (Salles, 1996).

Un estudio reciente de Johnson (1997) subraya los

aspectos contemporáneos del fenómeno. Para este autor, el rasgo patriarcal que históricamente ha dado significado a variadas culturas y a diferentes regímenes sociales —como los implicados en la concepción moderna de sociedad— sigue vigente en nuestro tiempo, aunque con características diferentes de las del pasado. El carácter de pensamiento crítico del feminismo en relación con paradigmas y modos de vida implicados en el *corpus* del discurso y de las prácticas inspiradas en la concepción moderna de sociedad es examinado desde el punto de vista de la vertiente posmoderna (Flax, 1987; Fraser y Nicholson, 1992; Lara, 1992; Lovibond, 1992; Salles, 1996). Se asume que "el feminismo y el posmodernismo son dos de las corrientes político-culturales más importantes de la última década" (Fraser y Nicholson, 1992: 7). Buscando recuperar cuestiones posmodernas a la luz de la tradición moderna, Lara (1992: 171) arguye que la crítica posmoderna a los metarrelatos "está relacionada con su rechazo de la idea de que una sola teoría pueda abarcar todas las problemáticas de la vida desde un solo horizonte", lo cual constituye uno de los temas fundacionales del pensamiento crítico en general y muy particularmente del feminista.

En el contexto reflexivo del feminismo se ha recalcado la heterogeneidad en la formación de lo femenino. Por la celeridad del tiempo y el acortamiento de los espacios, las mujeres contemporáneas no comparten un proyecto homogéneo de futuro. Enfocados hacia la diferencia, no obstante, sin crear oposiciones binarias (Nicholson, 1985), muchos aportes subrayan la heterogeneidad de las configuraciones femeninas con base en argumentos que cuestionan los universales (Owens, 1985).

Lo expuesto en este apartado relativo al pensamiento crítico y a las acciones de diversa índole (incluyendo las revolucionarias) constituyen manifestaciones de las transformaciones ideológicas que crean condiciones para el surgimiento de nuevas mentalidades, lo cual es un ambiente indispensable para la búsqueda de nuevos fundamentos de la moral, el conocimiento tanto cotidiano como teórico y la acción política.

Todos estos elementos —que aparecen no aisladamente, sino más bien como parte de un tejido social— han propiciado en el periodo reciente una especie de reedición de situaciones de transición vividas por la humanidad en distintos contextos y tiempos sociales, muy frecuentemente marcados por una creciente pérdida de sentido e incertidumbre en el plano existencial.

Historia, teoría y crítica

Modernidad/modernismo/modernización: ¿dimensiones para pensar lo moderno?

Max Weber (1987), al referirse a las sociedades modernas, nos habla de su racionalización paulatina. Nos habla del predominio de formas de legitimación de la dominación que cuestionan las interpretaciones religiosas y místicas del mundo, provocando la pérdida de vigencia de las características centrales de las denominadas sociedades tradicionales. De sus reflexiones se desprende la idea de la secularización de la cultura (cultura profana), vinculada con el desencantamiento del mundo, marcado por la pérdida de importancia de creencias (de índole religiosa, cosmológica o metafísica) que otrora funcionaban como fuentes de sentido para la vida. Este encadenamiento de fenómenos alude a la aparición de una visión del mundo descentrada y a un proceso de diferenciación. En ausencia de instancias globalizantes, otorgadoras de sentido —y con el afianzamiento de la sociedad capitalista—, proliferan y se consolidan nuevas esferas de valor. Como ejemplo de las más importantes podemos mencionar las relacionadas con la ciencia, el arte, el derecho, la política, la moral, que guardan entre sí cierto grado de autonomía y se organizan según racionalidades propias y *de acuerdo con regularidades internas* (Habermas, 1981 y 1989).

La existencia de esferas fragmentadas, autónomas y dotadas de racionalidades y mecanismos propios de organización interna ocasiona un tejido complejo de problemas: cada una de las esferas fragmentadas (que pueden ser tomadas como *dimensiones* constitutivas de las sociedades) se encuentra bajo el control de un grupo de especialistas que desarrollan sus perfiles y las reproducen de tal manera que uno de los efectos es el distanciamiento que ocurre entre los saberes especializados y el saber cotidiano, lo cual empobrece inmensamente la esfera de la cotidianidad (Lukács, 1965).

Además de ocuparse de la secularización —del surgimiento de una cultura profana—, Weber analiza las nuevas características y los nuevos modos de operación de lo moderno en el contexto de lo que denominó el espíritu del capitalismo.

Lo moderno sigue ocupando un lugar importante en la reflexión contemporánea. A propósito del aporte de Habermas, Jay (1988: 197) afirma que "formular una teoría de lo *moderno* le ha llevado no sólo a reflexionar sobre la *modernización*, entendida en términos sociológicos, sino también sobre el *modernismo* estético" (cursivas de la autora). Estas aseveraciones podrían ser pensadas en términos metodológicos como una búsqueda de dimensiones para teorizar sobre lo moderno.

Este apartado es un intento de examinar dimensiones ya establecidas y los vínculos entre ellas, lo cual aparece tanto en Berman (1988) como en Habermas (1989), para quienes los procesos referidos a la modernidad, a la modernización y al modernismo están inscritos en una especie de red tanto real como conceptual.

El término *modernismo* en su acepción amplia indica un movimiento cultural de crítica y oposición a lo establecido, o sea, a la sociedad capitalista industrial que se conforma más nítidamente a partir del siglo XIX (Berman, en su texto de 1988, nos habla de un Marx modernista). En su acepción restringida, se refiere al camino que siguió el arte en su constitución como esfera valorativa independiente (Habermas, 1988). Pero más allá de esta categorización, en *La modernidad inconclusa*, Habermas, al hablar del modernismo, alude al surgimiento de una "conciencia de la época" (propia del siglo XIX con extensiones a momentos posteriores), que señala una voluntad de cambio y de crítica que, a pesar de tener como punto de partida la esfera del arte, busca generalizar sus argumentos y técnicas al cuerpo social.

La modernización puede ser entendida como un conjunto de transformaciones que se dan en ámbitos demográficos, urbanos, industriales, infraestructurales, científicos, tecnológicos y otros; transformaciones que son provocadas por conflictos, movimientos de masas, reformas emprendidas por el Estado. Para Habermas (1988: 314), el concepto de modernización

> se relaciona con un hato de procesos acumulativos que se fortalecen e intercambian entre sí: la formación de capital y la movilización de recursos; el desarrollo de las fuerzas productivas y el aumento de la productividad del trabajo; el establecimiento de poderes políticos centrales y la conformación de identidades nacionales; la extensión de los derechos de participación política, de las formas urbanas de vida, de la educación formal; la secularización de valores y normas, etcétera.

Alexander (1992: 11) examina varios aspectos relativos a la modernización. Sobresale su afirmación sobre el desarrollo histórico, que desde la teoría de la modernización es concebido como una suerte de paso de lo tradicional a lo moderno.

La modernización y el modernismo se refieren a dimensiones distintas de lo moderno que, no obstante, en términos de la realidad están íntimamente imbricadas. El imbricamiento se da en el contexto de relaciones de mutua influencia, en las que a veces predomina la lógica del proceso modernizador y a veces la lógica crítica del pensamiento, de la visión y de la producción modernista-contestataria.

Toda vez que es en el ámbito de "la cultura y de la conciencia modernista donde se mantienen vivos el pensamiento crítico y la imaginación libre" (Berman, 1988: 5), queda sentada la posibilidad de una influencia que opera en la sociedad, mediante acciones marcadas por la protesta de un cierto tipo de pensamientos y de acciones que buscan una racionalidad distinta de la que es impuesta por los procesos modernizadores.

A su vez, la noción de modernidad tiene un contenido que no se reduce a la mera modernización socioeconómica y tampoco se identifica simplemente con el modernismo cultural: según Berman (1988), es una suerte de "experiencia vital", contextualizada en espacios en los que convive una multiplicidad de elementos en íntima interacción.

Por la convivencia de los procesos enmarcados en la dimensión de la modernización y del modernismo se plantean las características de la modernidad. Con base en los rasgos de la modernización y del modernismo se van precisando los contenidos particulares y cambiantes de la modernidad, que no están dados previamente según lógicas de funcionamiento o devenires claramente demarcables. Los momentos de la modernidad dependen de la naturaleza interna, marcada por cambios, de los macroprocesos —modernización/modernismo— y de las relaciones que surgen entre ellos. De ahí aparece lo que podríamos llamar la posibilidad de historización de la modernidad, pero no su encajonamiento fijo en etapas claramente determinables (Salles, 1990).

A partir de la constitución de una *modernidad determinada* —sea la de ayer, sea la de hoy, o de la aparición de un tipo de "experiencia vital" compartida por hombres y mujeres que se ubican en un periodo o un contexto (Berman, 1988)— se establecen pautas que a su vez intervienen en la relación (y en los contenidos) de los fenómenos modernización/modernismo. Por ello es posible hablar de la existencia de una especie de red que integra de forma compleja los conceptos y las realidades relativos a la modernidad, al modernismo y a la modernización.

La modernidad, según Berman (1988), desarrolla sus raíces y se constituye a partir del *ámbito de la vida cotidiana*, a partir del mundo de las vivencias y de la subjetividad. En relación con esta perspectiva es pertinente la alusión a una idea de Foucault (1988: 56), quien sugiere imaginar la modernidad "como una actitud, como una manera de relacionarse con el mundo actual [...] como una manera de pensar y de sentir y *también* como una forma de actuar y de conducirse".

En este sentido hay un cierto vínculo (no siempre explícito) con los razonamientos de Baudelaire (citado por Berman, 1988, y Habermas, 1988), quien se refiere a la modernidad como una experiencia, una vivencia, sólo captable por el intérprete, a partir de los contextos de la vida cotidiana, tomada como ámbito privilegiado de desarrollo de las "experiencias vitales" y de surgimiento de las "fuerzas fundamentales de la vida moderna".

Algo parecido pasa con el eje de la subjetividad, tratado en el primer apartado, a la luz de la lectura de Habermas a Hegel, que se centra en la posibilidad de la *reflexión* y de la libertad, cuestiones que evidentemente poseen un componente subjetivo.

A pesar de que tenga matices diferentes y grados elevados de complejidad, el *mundo-de-vida* de Habermas constituye un espacio importante para pensar la modernidad. Al plantear, por ejemplo, las tareas de la filosofía, Habermas insiste en la necesidad de interrelacionar lo fragmentado (en términos de las ya mencionadas esferas), vincularlo con contextos más amplios que incluyan conexiones con el mundo-de-vida. Al referirse al desacoplamiento de esferas y formas de saber, insiste una vez más en la necesidad de ligar el "mundo de los especialismos" y el "mundo-de-vida".

En algunos intentos de sistematización de aportes sobre la modernidad (Salles, 1990; Lara, 1992; Girola, 1992) se señala la existencia de reflexiones que —como las de Berman (1988) y Toulmin (1991)— demuestran que "no hubo sólo una forma de modernidad, sino muchas" (Lara, 1992: 166).

Esta diversidad es ejemplificada igualmente con una de las divisas de la Ilustración —que puede ser considerada una manera de conceptuar los sentidos distintos de la modernidad—, la cual recupera la aseveración de Kant (1724-1804): "ten coraje para servirte de tu propia razón" (citado por Farfán, 1988).

Lo moderno

Para los fines de este léxico y al terminar esta parte de discusión de conceptos, es importante tener presentes los sentidos iniciales otorgados al término *moderno*. Originada del latín *modo*, la palabra moderno significa reciente. De ella se deriva el adjetivo *modernus*, que en el siglo v se refiere a lo formado hace poco tiempo. Según fuentes históricas (citadas, por ejemplo, en Habermas, 1981 y Alexander, 1995), la palabra moderno fue usada en Occidente por los cristianos, que le otorgaron un sentido político-social; la utilizaban para referirse a su condición religiosa, distinguiéndola del pasado pagano y del mundo grecorromano con su multitud de dioses, creencias y cultos. En los siglos posteriores, el contenido que se atribuye al término moderno puede aludir a "reciente" y "formado hace poco tiempo". Alexander (1995: 9) menciona las acepciones otorgadas al término moderno durante la Edad Media y la Ilustración.

Líneas de investigación y debate contemporáneo

En el estudio de lo moderno participan diferentes voces y distintas maneras de pensar la contemporaneidad, lo cual conforma una suerte de debate anclado en argumentos críticos que integran los saberes y las prácticas involucradas en el campo del arte (en sus diferentes manifestaciones: literatura, música, arquitectura, pintura), de las ciencias sociales, de la filosofía, de la historia. Este estudio implica repensar la concepción moderna de sociedad y sus desdoblamientos, que evidentemente sobrepasan el ámbito europeo (su contexto de origen), sea para establecer pautas de ruptura, sea para rescatar continuidades aún vigentes. Pero la referencia a la concepción moderna de sociedad —gestada y afianzada en siglos pasados— no significa que los problemas de "nuestro tiempo más nuevo", o sea, de la contemporaneidad, se plantearán en función de las otras modernidades pretéritas. A este respecto encontramos en Habermas (1987: 23) la siguiente afirmación: "La modernidad ya no puede tomar prestado de los modelos de otras épocas sus patrones de orientación; ella se encuentra completamente abandonada a sí misma, y es de sí misma de donde tiene que extraer su normatividad". Para organizar los términos del debate según enfoques claramente diferentes entre sí, Hopenhayn (1989: 61) habla de la existencia de: *a)* posmodernos entusiastas, *que proclaman el colapso de la modernidad, de sus bases culturales y de sus paradigmas en ciencias sociales, en política, en arte, en filosofía;* *b)* modernos críticos, *que reconocen la crisis de la modernidad, pero como un punto de inflexión que no supone la obsolescencia de dicha modernidad, sino que es parte de su propia dinámica,* y *c)* modernos nostálgicos que, *grosso modo,* predican que para resolver los problemas de la contemporaneidad es preciso un regreso al pasado.

Otro intento de sistematización de aportes lo encontramos en Berman (1988: 17 y 21), quien propone una categorización en *tres grandes tendencias, basadas en las actitudes hacia la vida moderna en su conjunto: afirmativa, negativa y marginada.*

Respecto a la reflexión posmoderna (correspondiente al primer punto de la categorización de Hopenhayn), Alexander (1992: 23) plantea que abarca diferentes tipos de visiones para la comprensión de la realidad. Esta reflexión puede ser vista como

Una teoría social explicativa de alcance intermedio que produjo nuevos modelos de cultura (Foucault, 1977; Huyssen, 1986; Lyotard, 1984), ciencia y epistemología (Rorty, 1979), clase (Bourdieu, 1984), acción social (Crespi, 1992), género y relaciones familiares (Halpern, 1989; Seidmen, 1991a), de vida económica (Harvey, 1989; Lash, 1985).

Esta referencia, sin ser exhaustiva, es valiosa porque cita un amplio abanico de autores, según áreas del conocimiento, los cuales guardan diferentes vínculos con el pensamiento posmoderno. Además, Alexander (1992: 23) ubica este legado multitemático en un campo no reductible al filosófico sino como una teoría social, lo cual sirve de argumento para desestigmatizar el pensamiento posmoderno, visto por un sinnúmero de científicos sociales como una esfera del saber pertinente única y exclusivamente al quehacer filosófico. Es no obstante importante recalcar que —según Alexander (1992: 53)— tal argumento aún no logra consenso y es examinado a partir de una poderosa crítica, en cuyo marco destaca Herpin (1993). Sobre este nudo importante de la crítica contemporánea a las nuevas modalidades de producción de conocimiento surgidas en las últimas décadas —lo cual incluye la modalidad posmoderna— Alexander (1992: 24) también afirma que la "teoría de alcance medio" no agota las huellas dejadas por la reflexión posmoderna. Destaca "que estas discusiones devinieron significativas solamente porque ellas son tomadas para ejemplificar nuevas y amplias tendencias de la historia, de la estructura social y de la moral".

Lo posmoderno, desde la óptica de Lyotard (1984) —considerado como autor central y uno de los precursores del debate modernidad/posmodernidad—, se remite a una "condición" que marca la sociedad occidental, pensada en términos de la contemporaneidad. A partir de la filosofía se introducen conceptos de crítica social que no se basan en los "soportes filosóficos tradicionales" (Fraser y Nicholson, 1992: 9).

Desde la perspectiva posmoderna, vista en términos más amplios, se desmoronan los grandes relatos y entre ellos el que predica una relación positiva entre desarrollo científico y bienestar cotidiano, evaluándose críticamente las prioridades de la ciencia y su eficacia para resolver los problemas de la cotidianidad. Se reconoce la ruptura de la idea de progreso vinculada a la idea de futuro. Se habla del fin de las utopías. Se arguye que se acaban las certezas y algunas de las seguridades perfiladas en diferentes tipos de discursos y de realidades. Se llama posmoderna porque reconoce el agotamiento de contenidos incluidos en la concepción moderna de sociedad y además evoca el fin de una época.

Con base en los argumentos desarrollados en los últimos apartados, se puede sostener el innegable papel que el debate modernidad/posmodernidad está ejerciendo sobre la investigación teórica actual, tanto en lo que se refiere a la clarificación de conceptos y enfoques, como a la crítica de los rumbos tomados por la producción científica y filosófica. En este marco, las siguientes preguntas funcionan como sugerencias de líneas de investigación, que se presentan en tres bloques:

1) ¿Qué se preserva de las "energías utópicas" (Habermas, 1987) y de las propuestas inspiradas en los contenidos de la Ilustración? ¿Será que dichas energías y propuestas se agotaron? ¿Serán sustituidas por otras?

2) Se mencionó que en las últimas décadas surgen fuerzas sociales de carácter totalmente original y transclasista, como por ejemplo, las feministas, las ecologistas y las étnicas. ¿Cuáles son los elementos de emancipación implicados en sus acciones?

3) Girola (1988: 257) propone: "América Latina no ha sido, no es, globalmente moderna. ¿Puede, por lo tanto, considerarse posmoderna?" Su preocupación por el tema la comparten también Aguilar Camín (1988), Gilly (1988) y Zermeño (1988: 69), quien afirma: "Las coincidencias de lo latinoamericano con las tesis posmodernistas no existen". A su vez, Lechner (1988: 129) plantea que "el desencanto llamado posmodernidad podría ser un punto de partida para repensar la política en América Latina". Los distintos aspectos presentes en los tres bloques arrojan pautas creativas para un debate.

Como éstas son algunas de las grandes cuestiones —varias de ellas referidas a América Latina— que marcan la contemporaneidad, el actual *fin de siècle* y el espíritu de nuestro tiempo, debemos transformarlas —ampliándolas— en elementos impostergables de una agenda contemporánea de investigación.

BIBLIOGRAFÍA

Aguilar Camín, Héctor (1988), "La transición mexicana", *Nexos*, núm. 124, abril, México.

Alexander, Jeffrey (1995), *Fin de Siècle Social Theory. Relativism, Reduction and the Problem of Reason*, Verso, Nueva York.

Amorós, Celia (1985), *Hacia una crítica de la razón patriarcal*, Anthropos, Barcelona. (Véase sobre todo "¿Feminismo existencialista *versus* feminismo estructuralista?")

Arizpe, Lourdes (1989), *Cultura y desarrollo: una etnografía de las creencias*, El Colegio de México-UNAM-Porrúa, México.

Berman, Marshall (1988), *Todo lo sólido se desvanece en el aire. La experiencia de la modernidad*, Siglo XXI, México.

Bernstein, R. (1988), *Habermas y la modernidad*, Cátedra, Madrid.

Bourdieu, Pierre (1984), *Distinction: a Social Critique of the Judgement of Taste*, Harvard University Press, Cambridge.

Boyer, Richard (1991), "Las mujeres, la 'mala vida' y la política del matrimonio", en Asunción Lavrin (comp.), *Sexualidad y matrimonio en América hispánica: siglos XVI-XVIII*, CONACULTA-Grijalbo, México.

Careaga, Gabriel (1990), "Modernidad y posmodernidad", *Revista Mexicana de Ciencias Políticas y Sociales*, núms. 136-137, año XXXVI, abril-junio, pp. 231-233, México.

Casullo, Nicolás (1990), "Modernidad, biografía del ensueño y las crisis (introducción a un tema)", en Nicolás Casullo (comp.), *El debate modernidad posmodernidad*, Pontosur, Buenos Aires.

Crespi, F. (1992), *Power and Action*, Blackwell, Oxford.

Crook, S., J. Pakulski y M. Waters (1992), *Posmodernization: Change in Advanced Society*, Sage, Londres.

Echeverría, Bolívar (1989), "Quince tesis sobre modernidad y capitalismo", *Cuadernos Políticos*, núm. 58, revista cuatrimestral de Ediciones Era, octubre-diciembre, pp. 41-62.

Enciclopaedia Universalis (1980), Éditeur à París, Francia.

Farfán, Rafael (1988), "Habermas-Foucault: dos diagnósticos de la modernidad", *Sociológica*, año 3, núm. 6, Universidad Autónoma Metropolitana, México, pp. 85-109.

Flax, Jane (1987), "Postmodernism and Gender Relations in Feminist Theory", *Signs*, núm. 4.

Foucault, Michel (1977), *Discipline and Punish: the Birth of the Prison*, Pantheon, Nueva York.

——— (1988), "¿Qué es la ilustración?" ("Was is aufklärung"), *Sociológica*, año 3, núms. 7-8, Universidad Autónoma Metropolitana, México.

Franco, Jean (1996), *La cultura moderna en América Latina*, Grijalbo, México.

Fraser, Nancy, y Linda Nicholson (1992), "Crítica social sin filosofía: un recuento entre el feminismo y el posmodernismo", en Linda Nicholson, *Feminismo/Posmodernismo*, Feminaria Editora, Buenos Aires.

Galván Díaz, Francisco (1988), "Habermas y el discurso filosófico de la modernidad. Una entrevista con Ludwig Nagl (Universidad de Viena)", *Sociológica*, año 3, núm. 6, UAM, México, pp. 139-148.

García Canclini, Néstor (1989), "Modernismo sin modernización", *Revista Mexicana de Sociología*, año LI, núm. 3, julio-septiembre, México.

García Canclini, Néstor (1995), *Consumidores y ciudadanos. Conflictos multiculturales de la globalización*, Grijalbo, México.

Gilly, Adolfo (1988), "La otra modernidad", *Nexos*, núm. 124, abril, México.

Girola, Lidia (1988), "Particularismo y posmodernidad", *Sociológica*, año 3, vols. 7-8, mayo-diciembre, UAM-Azcapotzalco, México.

Habermas, Jürgen (1981), "La modernidad inconclusa", *Vuelta*, núm. 54, vol. 5, mayo, México.

——— (1987), "A nova intransparencia: A crise do Estado de bem-estar social e o esgotamento das anergias utópicas", *Novos Estudos*, 18, São Paulo.

——— (1988), "La conciencia del tiempo de la modernidad y su necesidad de autoconvencimiento", *Sociológica*, año 3, vols. 7-8, UAM-Azcapotzalco, México.

——— (1989), *El discurso filosófico de la modernidad*, Taurus, Madrid.

Halpern, D. (1990), *100 Years of Homosexuality and Other Essays in Greek Love*, Routledge, Nueva York.

Harvey, D. (1989), *The Conditions of Post-Modernity*, Blackwell, Oxford.

Herpin, D. (1993), "Au-delà de la consomation de masses? Une discussion critique des sociologues de la pos-modernité", *L'Année Sociologique*, núm. 43, París.

Hopenhayn, Martin (1988), "El debate posmoderno y la dimensión cultural del desarrollo", en Fernando Calderón (comp.), *Imágenes desconocidas*, CLACSO, Buenos Aires.

Horkheimer, Max, *Teoría crítica*.

Huyssen, Andreas (1986), "Mapping the Postmodern", en A. Huyssen, *After the Great Divide*, Indiana University Press, Bloomington.

Jameson, Frederic, "Posmodernismo y sociedad de consumo".

Jay, Martin (1988), "Habermas y el modernismo", en R. Bernstein, *Habermas y la modernidad*, Cátedra, Madrid.

Johnson, Allan (1997), *The Gender Knot. Unraveling our Patriarchal Legacy*, Temple University Press, Filadelfia.

Kurnitzky, Horst (1994), "¿Qué quiere decir modernidad?", *La Jornada Semanal*, 18 de diciembre, México.

Lara, María Pía (1992), "Reconocernos en la modernidad", *Debate Feminista*, año 3, vol. 5, marzo, pp. 165-175.

——— (1988), "¿El fin de la modernidad?", *Topoduto*, núm. 3, pp. 32-34.

Lash, Scott (1992), "Posmodernity and desire", *Theory and Society*, núm. 14, vol. 7.

Lechner, Norberto (1988), "El desencanto posmoderno", en Fernando Calderón (comp.), *Imágenes desconocidas: la modernidad en la encrucijada post-moderna*, CLACSO, Buenos Aires.

Lovibond, Sabina (1992), "Feminismo y posmodernismo", *Debate Feminista*, año 3, vol. 5, marzo, México.

Luhman, Niklas (1997), *Observaciones de la modernidad. Racionalidad y contingencia en la sociedad moderna*, Paidós, Barcelona.

Lukács, György (1965), *La estética*, vol. I, Grijalbo, Barcelona.

Lyotard, Jean François (1984), "La condición posmoderna", Cátedra, Madrid.

Montesinos, Rafael (1992), "La génesis de la modernidad en Norbert Elias", *Sociológica*, año 7, núm. 20, septiembre-diciembre, Universidad Autónoma Metropolitana-Azcapotzalco, México, pp. 125-146.

Owens, Craig (1985), "El discurso de los otros: las feministas y el posmodernismo", en Hal Foster *et al.*, *La posmodernidad*, Kairós, Barcelona.

Piccini, Mabel (1990), "Desde otro lugar: verdad y sinrazones del feminismo", *Debate Feminista*, núm. 2, año 1, septiembre, México.

Pico, Josep (1988), "Introducción", en J. Pico (comp.), *Modernidad y posmodernidad*, Alianza, Madrid.

Rorty, R. (1979), *Philosophy and the Mirror of Nature*, Princeton University Press, Princeton.

Salles, Vania (1990), "Modernidad/posmodernidad: un contexto para pensar algunas cuestiones planteadas por Marshall Berman", *Estudios Sociológicos*, El Colegio de México, vol. VIII, núm. 23, mayo-agosto, México.

——— (1996), "El feminismo, la modernidad, la posmodernidad: aspectos de un debate", Centro de Estudios Sociológicos, El Colegio de México, México, mimeo.

Seideman, S. (1991), *Romantic Longings: Love in America, 1830-1980*, Routledge, Nueva York.

Solares, Blanca (1993), "Convergencias y divergencias de la teoría crítica sobre el problema de la modernidad", *Revista Mexicana de Ciencias Políticas y Sociales*, núm. 153, año XXXVIII, julio-septiembre, pp. 49-57.

Toulmin, Stephen (1991), *The Hidden Agenda of Modernity*, Free Press.

Valenzuela, José Manuel (1991), "La posmodernidad y los jóvenes", El Colegio de la Frontera Norte, México, mimeo.

Weber, Max (1987), *Ensayos sobre sociología de la religión*, vol. I, Taurus, Madrid.

———, *La ética protestante y el espíritu del capitalismo*.

Wolin, R. (1987), "Modernismo *versus* posmodernismo", *Revista de la UNAM*, México.

Zermeño, Sergio (1988), "La tentación pos-moderna", *Nexos*, núm. 124, abril, México.

MODERNIZACIÓN POLÍTICA

Cristina Puga

Definición

El extenso debate que se libra en el ámbito intelectual en torno a los alcances y límites de una modernidad que, lo mismo como concepto filosófico, histórico o sociológico, ha estado definida arbitrariamente obliga a referirse con cuidado a un término como *modernización política*.

Derivado de la fe del iluminismo en la ciencia y en la razón (Habermas en Foster *et al.*, 1988), el concepto de lo "moderno" es recreado una y otra vez a partir de referentes temporales y criterios que se renuevan en la medida en que el tiempo avanza, en que las fronteras del conocimiento se redefinen y en que los valores universales se modifican. Por consiguiente, también hay una arbitrariedad implícita en la propuesta de un proceso de "modernización", entendido como camino hacia una modernidad que permanentemente se aleja y de la que ninguna sociedad o comunidad humana tiene el modelo exclusivo.

Por ello, para hablar del concepto de "modernización política" hemos tratado de recuperar la genealogía del concepto y su aplicación heurística en el análisis político y, de tener en cuenta los elementos de una realidad social que, sometida a intensas transformaciones en la segunda mitad del siglo, obliga a reformular no solamente la idea de la modernización, sino incluso la de la política.

Historia, teoría y crítica

Teoría de la modernización

El concepto de modernización, como categoría del análisis sociológico, surge a mediados del siglo XX, cuando, en la coyuntura del despegue industrializador de un buen número de países de América, Asia y África —y también en la del arranque de los movimientos de liberación nacional—, diversos sociólogos intentaron, desde una perspectiva funcionalista, establecer un marco de análisis que explicara los diversos cambios que experimenta una sociedad en transición y, al mismo tiempo, diera cuenta de los obstáculos para el cambio.[1]

Centradas en el proceso industrializador, las teorías de la modernización surgían, por así decirlo, *a posteriori*, dado que los arranques de la industrialización en países asiáticos y latinoamericanos se remontaban a la década de los cuarenta y cuando se iniciaron estos estudios ya se podían constatar logros, fracasos, errores y obstáculos. Aunque se sumaban, en cierto modo, a las reflexiones de los economistas sobre el crecimiento económico que habían llegado en 1960 a una síntesis con los planteamientos de Rostow, las teorías de la modernización tuvieron sobre aquéllas la ventaja de una mayor amplitud en la perspectiva de análisis y más flexibilidad en la consideración de los elementos que intervenían en el proceso.[2] En este sentido, autores como Apter, Lerner, Huntington, Levy y Eisenstadt dieron menos importancia a la aparición de etapas sucesivas de desarrollo y subrayaron, en cambio, el paso de una sociedad regida por normas tradicionales y religiosas, con estructuras sociales y políticas jerárquicas y rígidas y con escasa movilidad social, hacia otra regida por normas racionales, con alta movilidad horizontal y vertical y con amplios espacios de participación (Apter, 1965; Eisenstadt, 1972; Lerner; Coleman, 1972). Desde luego, el proceso se asociaba a una perspectiva histórica de largo plazo en la cual la industrialización operaba como elemento que aceleraba los cambios.[3]

Al ser lo anterior parte de una transformación de la sociedad rural en sociedad urbana, coincidente además con cambios en la actividad económica, aumento en los niveles educativos y crecimiento demográfico derivado de mejores condiciones de vida, los autores mencionados señalaban que la modernización acarreaba además nuevos patrones de movilidad, basados más en la ocupación y la educación y menos en la "adscripción" y, por lo mismo, una creciente diferenciación de "roles" y ocupaciones, con cambios importantes en las aspiraciones de los individuos.

La propuesta implícita para algunos de los autores y explícita para la gran mayoría, fue la de que la modernización tiene invariablemente como referencia la imagen de una sociedad "adelantada" que sirve de modelo a las sociedades a manera de un espejo con el cual se miden avances y retrocesos. Eisenstadt subraya que Europa y los Estados Unidos constituyen los únicos casos de "modernización autóctona y espontá-

---

[1] Por supuesto, estos autores no son los primeros en tratar el avance hacia la modernidad, estudio que se remonta a la Ilustración. El desarrollo mismo de la teoría sociológica de Comte se orienta por la idea del progreso y, de hecho, los autores de la "modernización" retoman las ideas de Weber acerca de la racionalidad capitalista y de Durkheim sobre la división del trabajo como elementos de su propio análisis.

[2] Como se sabe, en el esquema desarrollista de Rostow los países simplemente ascendían por una suerte de escalera lineal que, de escalón económico en escalón económico, llevaría hasta la etapa final de la industrialización y la abundancia en que se encontraban entonces países como los Estados Unidos, Inglaterra, Francia y Suecia. En un planteamiento que descansaba en la inevitabilidad histórica del progreso, si los países cumplían con las condiciones asociadas a cada etapa, podrían ascender a la siguiente con los avances en los distintos órdenes de la vida social, asociados a cada una de las etapas, las cuales Rostow (1971) describía en detalle. Diversos autores, de Lewis a Hirschman y a la CEPAL, continuaron o criticaron estos planteamientos en las diversas teorías del desarrollo.

[3] Aunque algunos autores diferían en este punto: "En muchos países no occidentales —dice Apter (1965: 43-44)— la modernización ha sido el resultado de la comercialización y de la burocracia más que de la industrialización. Algunos de los valores que pertenecen a los países industrializados han sido esparcidos algunas veces por hombres de empresa, algunas veces en el contexto de la política o del comercio, otras en el de la religión y la educación. La modernización, por lo tanto, puede verse como algo aparte de la industrialización: fue causada por ella en los países occidentales, pero puede ser causa de la industrialización en otras áreas.

nea" y Lerner se atreve a citar la frase de Marx en el Manifiesto Comunista: "el país que ya está más desarrollado industrialmente sólo muestra al menos desarrollado la imagen de su propio futuro". Con frecuencia los teóricos de la modernización no escapaban a la tentación prescriptiva y proponían a la sociedad estadunidense como el modelo (Eisenstadt, 1972; Lerner).

Por otra parte, coincidían en considerar la modernización como un proceso continuo cuyo comienzo no puede situarse en un momento concreto y cuyo fin parece alejarse sucesivamente en cada etapa. Ello llevaba en la mayoría de los casos a una forma de determinismo histórico, en el cual economía, política y sociedad formaban parte de un mismo, continuo e inevitable proceso de cambio que podía ser acelerado si se cumplía con determinados requisitos históricos y sociológicos. Por ello, la teoría se empeñó en la búsqueda de similitudes y diferencias entre diversos procesos para proponer modelos o tipos ideales, explicar las diversas modalidades que podía asumir la transformación social, señalar las posibles causas de conflicto, proponer algunas soluciones a problemas específicos y, en más de un caso, proponer estrategias para inducir el proceso.

Abundantes en elementos de carácter descriptivo, basados en una extensa recopilación de datos en diversos países en vías de desarrollo, los planteamientos modernizadores, no siempre coincidentes, sí llegan a serlo al considerar la *racionalidad* como elemento definitorio de la modernidad. El concepto weberiano, en donde la racionalidad se identifica por la relación entre medios y fines, separa la conducta "moderna" de la que no lo es. Así, la sustitución de normas y formas de conducta basadas en la tradición, en el temor y en la costumbre por otras basadas en la ley, la educación, la calificación o el esfuerzo, se explica a partir de la paulatina separación entre razón y tradición y el creciente dominio de la primera.

Los planteamientos de la teoría de la modernización generaron una corriente opositora en la que se colocaron muchos destacados sociólogos latinoamericanos que criticaban cuando menos cuatro líneas fundamentales: *1)* las limitaciones conceptuales derivadas de la utilización del sistema cerrado parsoniano, que llevaba a considerar cada proceso nacional como encerrado en sí mismo y sujeto únicamente a la acción de los actores internos; *2)* derivada del anterior, la falta de consideración del factor externo y en particular del carácter desigual y subordinado del desarrollo capitalista en las sociedades que llegaron tarde al mismo; *3)* el carácter ideológico de la teoría, expresado por la propuesta arbitraria del modelo del capitalismo occidental y aún más precisamente del capitalismo estadunidense y el "american way of life" como imagen ideal hacia la cual deberían encaminarse los esfuerzos modernizadores, y, finalmente, *4)* el carácter instrumental de la teoría, en cuanto fue adoptada por instituciones oficiales del gobierno de los Estados Unidos, así como por organismos internacionales, que se ocupaban en buscar y apoyar a los agentes del cambio y en impulsar la modernización acelerada como una manera de evitar la posible incorporación de las sociedades atrasadas al radio de influencia del mundo socialista. En el caso de la sociología latinoamericana la crítica concluía en la necesidad de tener en cuenta las especificidades históricas, económicas y culturales de cada sociedad antes de imponerle un patrón establecido de cambio, surgido de la experiencia de los países capitalistas occidentales *(cf.* entre muchos otros: Cardoso y Faletto, 1969; Gunder Frank, 1969; Warman, 1982; Touraine, y un buen resumen de puntos de vista en Harrison, 1988).

Pese a esas evidentes limitaciones y a su carácter descriptivo —y prescriptivo—, las teorías de la modernización señalan algunas cuestiones que hasta la fecha permiten seguir algunas pistas de investigación válidas y aplicables a los procesos contemporáneos. Entre ellas podríamos mencionar las siguientes:

• La cuestión del liderazgo del proceso modernizador, relacionado según unos autores con la existencia de grupos sociales calificados en un momento dado; y según otros con una élite política unificada en torno a un proyecto para impulsar los cambios, y respaldada por una responsabilidad estatal.

• La propuesta de que la modernización conlleva el remplazo de símbolos culturales pertenecientes a la sociedad tradicional por los de la sociedad moderna, problema relacionado fuertemente con los procesos de educación, ideología e integración al Estado nacional.

• El carácter necesariamente conflictivo del proceso modernizador que, lejos de producirse de manera homogénea, genera resistencias, conflictos de adaptación y surgimiento de nuevas demandas y liderazgos, lo cual en la perspectiva funcionalista se traduce a su vez en nuevas demandas sobre el sistema social y político que requerirán de respuestas y soluciones.

• El desarrollo de una nueva personalidad individual más flexible, más racional y más orientada al cambio que pueda ser la promotora de una sociedad distinta.

• Finalmente, la coincidencia entre los diversos autores acerca de la necesidad de que tanto el desarrollo económico como la modernización social se correspondieran con el fortalecimiento de instituciones democráticas y de participación política, proceso este último que generalmente se presentaba en forma más lenta y dispareja.

Esta última preocupación constituyó el eje de la reflexión acerca de la modernización política, cuyo exponente más completo, aunque no el único, ha sido Samuel P. Huntington.

Huntington y la modernización política

Huntington sostiene dos ideas principales: una, la de que un sistema político moderno se identifica por su grado de institucionalización y la amplitud de la participación política de sus integrantes. Dos, la de que un sistema semejante no se desarrolla simultáneamente con otros procesos modernizadores de la sociedad, lo cual puede tener consecuencias políticas serias.

En su libro *El orden político en las sociedades en cambio*, publicado en 1968, Huntington sostuvo que la falta de instituciones políticas adecuadas crea condiciones desfavorables para encauzar los inevitables conflictos que se producen en los países que llegan tarde a la modernización. Así, advertía que la modernización política debe contemplar la racionalización y secularización de la autoridad, junto con la diferenciación de funciones políticas a partir de la creación de estructuras especializadas y con una creciente participación por parte de grupos sociales. Sin embargo, señala que con frecuencia el proceso modernizador destruye sistemas políticos tradicionales, lo cual no garantiza el avance a un sistema político moderno. Al no darse ni la racionalización de la autoridad ni la creación de nuevas estructuras especializadas, la última característica, referida a la participación creciente, se manifiesta como conflicto entre grupos tradicionales y modernos sin encontrar mediaciones institucionales.

La institucionalización, entendida como "el proceso por el cual las organizaciones y procedimientos adquieren valor y estabilidad", se mide por la adaptabilidad, coherencia, complejidad y autonomía de los organismos y sus procedimientos. Un sistema político en un país que lleva a cabo un proceso de modernización debería al menos ser capaz, por un lado, de innovar políticas públicas para promover reformas sociales y económicas y, por el otro, de asimilar a las fuerzas resultantes de la modernización, ya sean grupos nuevos o tradicionales politizados, a través de instituciones políticas que representen el interés público y tengan por ello una dimensión moral. Esta última se relaciona con formas de comportamiento reguladas e institucionalizadas que, por su predictibilidad, generen confianza entre la sociedad.

Huntington concluye que una sociedad política moderna debe incluir una población con amplitud de conciencia y compromiso político e instituciones que permitan u organicen la participación masiva de la población. En este sentido sostiene que, aunque la institucionalización supone una burocracia eficiente y posiblemente un sistema federal, la institución más importante es sin duda el partido político y, por lo mismo, el sistema de partidos.

En una posición coincidente con muchos de los puntos anteriores, Robert Scott vería el problema de la modernización política como un conflicto en la cúspide del poder en donde las élites tradicionales obstaculizan el avance de las élites modernizadoras. Así, situaba el motor de todo proyecto modernizador en el surgimiento de una cultura política que integrara a la sociedad nacional sobre la base de modelos racionales y universalistas y que condujera a un consenso en torno de valores y esperanzas políticas. Para Scott, la modernización política requiere, además, de estructuras viables que sirvan para resolver conflictos internos y movilicen a la ciudadanía frente a las amenazas externas, y al mismo tiempo de una ciudadanía participante que responsabilice al gobierno y asuma sus obligaciones en el sistema político (Scott, 1971: 125-149).

Es interesante mencionar que, hacia fines de los años sesenta, Scott, estudioso de la política mexicana, se preocupaba por el lento paso de valores culturales políticos tradicionales a valores modernos, pero consideraba a México un ejemplo bastante exitoso de modernización debido al papel cohesionador del Partido Revolucionario Institucional.

De hecho, el acelerado crecimiento de México en la etapa de la sustitución de importaciones y el posterior "desarrollo estabilizador" llevaron a más de un autor, principalmente a los estadunidenses, a interesarse por las transformaciones realizadas en los diversos niveles de la sociedad mexicana como paradigma de proceso modernizador. Con ello contribuyeron a convertir la "modernización" en una ideología oficial que resurgiría un lustro más tarde.

La modernización en México

En efecto, en los años cincuenta México elige el camino de la industrialización como vía modernizadora. Lo hace mediante un sistema protegido en lo económico y en lo político, en donde el capital privado encuentra un espacio para crecer a partir de una política fiscal extraordinariamente benigna y de aranceles protectores que impiden la competencia con productos extranjeros. El presidencialismo y el corporativismo actúan como elementos de estabilidad política, y el país se ofrece como nueva plaza de inversión para el capital extranjero que desee acogerse a la protección del Estado. México se urbaniza aceleradamente y la tasa de crecimiento anual del PIB supera el 6.5%. Es la época del "milagro mexicano", estudiado y propuesto como modelo paradigmático por muchos de los autores estadunidenses del periodo (cf., entre otros, *Mexican Government in Transition* de Robert Scott).

Pasada la crisis de los setenta (que culmina con la devaluación de 1975) y la casi inmediata de los ochenta (que lleva a dos sucesivas devaluaciones, a la nacionalización de la banca en 1982 y a una vertiginosa espiral inflacionaria en los años siguientes), el Estado mexicano elige un nuevo camino hacia la modernidad: el de la incorporación al mercado mundial a través de un esquema neoliberal. En el Plan Nacional de Desarrollo elaborado por el gobierno de Salinas de Gortari en mayo de 1989, la necesidad imperiosa de "modernizar a México" se plantea como exigencia primordial. El extenso documento contiene una definición vaga y bastante difusa de la modernización, entendida sucesivamente como reforma del Estado que incluye reducción y democratización del mismo; como estrategia de recuperación económica, y como modificación de relaciones internacionales (Secretaría de Hacienda y Crédito Público, 1992). Sobresalen en el proyecto, sin embargo, tres elementos reconocidos en la teoría de la modernización: primero, la voluntad transformadora de las élites gubernamentales; segundo, el acento en una nueva institucionalidad que incluiría tanto el paso a la democracia como una nueva organización de la economía basada fundamentalmente en las exigencias que impone el mercado, en particular el externo, a la vida económica, social y política, y, tercero, el replanteamiento del proceso educativo como camino para formar un nuevo tipo de ciudadano, más comprometido con el cambio y más capacitado para enfrentar los requerimientos del mismo (cf. Villarreal, 1993; Roett, 1993; Loyo, 1997).

Un tercer elemento, el del modelo que se debe seguir, se vuelve complejo en la medida en que la nueva realidad internacional impone nuevas alternativas: esta segunda modernización mexicana se produce en un contexto de cambio mundial definido por la internacionalización de las economías, a partir de la conformación de un mercado global y de una nueva división internacional del trabajo regida con frecuencia por las grandes empresas que distribuyen mundialmente las diferentes etapas de la producción y que defienden, sin matices, los principios del neoliberalismo. En el proyecto modernizador del gobierno mexicano ninguna nación constituye un ejemplo acabado de lo que se busca, y cada una aporta un elemento diferente. El modelo de México puede ser en parte el de Japón o los Estados Unidos, en parte el de Corea del Sur, Hong Kong o Malasia, en parte el de las nuevas naciones democráticas de Europa oriental y en parte el de las recuperadas democracias de Sudamérica, en la medida en que no solamente la producción acelerada de mercancías y servicios, sino los principios de la democracia liberal empiezan a ser vistos como requisitos imprescindibles de una sociedad moderna.

Por múltiples razones, el nuevo proceso modernizador patrocinado por el gobierno mexicano ocasiona críticas y resistencias. El carácter autoritario con el cual se impuso el modelo, calificado repetidamente de neoliberal, y sus primeros efectos visibles (desempleo, recorte al gasto social, empobrecimiento de comunidades, quiebre de empresas pequeñas, etc.), generan un gran descontento social que, en el ámbito del análisis sociológico y político, se expresa frecuentemente como crítica al concepto mismo de modernidad con su carga teórica de secularización, urbanización y racionalidad. Más aún, diversos autores han señalado los riesgos de imponer un modelo importado y sustentado exclusivamente por las élites económicas a una sociedad que requiere de soluciones propias y en la que, con mucha frecuencia, se excluye a los propios interesados de los procesos de toma de decisiones (*cf.* Warman, 1982; García Canclini, s. f.; Zermeño, 1993).

No obstante, pareciera haber un acuerdo social tácito en la necesidad de la otra cara de la modernización: es decir, aquella que se refiere justamente al ámbito de la política y que, en un proceso de cambio mucho más pausado que el experimentado por la economía, ha llevado, en el caso mexicano, al avance en la institucionalización de los procesos democráticos y, con ello, a la sustitución paulatina de las relaciones clientelares y corporativas por mecanismos más institucionales de participación.[4] Desde la perspectiva de la modernización política de Huntington, podría argumentarse que los cambios realizados mitigaron los efectos del inevitable conflicto derivado tanto del efecto de la modernización entre sectores tradicionales como del desequilibrio entre el cambio económico y social, por un lado, y el político, por el otro.

Líneas de investigación y debate contemporáneo

La modernización política hoy

El tema de la modernización política reaparece con el arribo del neoliberalismo y el resurgimiento democrático que el propio Huntington bautiza como la "tercera ola". Si bien permanece el contenido básico del concepto, se añaden a él algunos elementos nuevos, en su mayoría derivados de una nueva concepción de la economía, tales como la liberalización de los mercados, la disminución de las funciones económicas del Estado y la incorporación exitosa de las naciones a un sistema de economía mundial. Para algunos autores, la modernización consiste exclusivamente en la aplicación del concepto mismo de mercado al mundo de la política, visto como un territorio de elección en donde confluyen individuos libres (*cf.* Kurnitsky, 1994: 22-29); para otros, la nueva dimensión global obliga a una reflexión cuidadosa y a una concepción más elástica del concepto.

Para referirse no sólo al caso de México sino al de los países de Europa oriental, Przeworsky, quien realiza una aguda crítica del modelo, acuña el concepto de "modernización por internacionalización" y señala que los nuevos procesos modernizadores acarrean problemas latentes, tales como los efectos diferenciados que tiene la incorporación al mercado mundial sobre naciones, regiones, sectores, industrias y grupos sociales que llevarán a que la "carrera de la modernización" tenga ganadores y perdedores, así como "la combinación desigual entre desigualdad creciente y soberanía nacional decreciente", que puede llegar a exacerbar conflictos sociales y debilitar instituciones democráticas en gestación (Przeworsky, 1993).

Przeworsky es uno de muchos autores que han apuntado los muy diversos elementos que deberían ser considerados por una reflexión sobre la modernización política que remonte el requisito de los avances democratizadores o la formación de instituciones políticas eficaces. De hecho, los contenidos que se le atribuyeron al concepto hace algunas décadas vuelven a plantear hoy algunos problemas relativos a su uso en el análisis contemporáneo:

1. En primer lugar, se vuelve más urgente la tarea de delimitar los ámbitos del desarrollo económico y de la modernización política, así como la posible relación causal entre ambos procesos. A pesar de las muchas pruebas empíricas en contra, el uso ideológico del concepto de modernización lleva con frecuencia a proponer acciones "modernizadoras", referidas fundamentalmente al ámbito de la economía, condiciones del desarrollo político. En sentido contrario, otros autores han observado que, en un mundo que se vuelve cada vez más exigente en cuanto a sus normas de democracia, la modernización política deviene con frecuencia requisito para el otorgamiento de confianza internacional con su cauda de créditos, inversiones y convenios. En este sentido, habría que añadir que crecientemente se acepta que la economía de mercado constituye un ámbito favorable a la democratización, aunque no necesariamente la presupone (*cf.* Touraine, 1994).

2. Un segundo debate surge de la verticalidad del proceso modernizador, definido desde siempre como producto de una iniciativa de las élites económicas y políticas o como decisión gubernamental. La diversificación de los actores sociales y la necesidad de una mayor participación presuponen que un proceso de modernización no sólo política, sino en su sentido sociológico más amplio puede provenir de muy diversas formas de acción social. Más aún, la horizontalidad del proceso de modernización social constituiría al mismo tiempo, según Touraine (*ibid.*: 17), una garantía de democracia en la medida en que la comuni-

---
[4] Sin intentar ni un análisis ni siquiera una enumeración de cambios a la luz del concepto de modernización política, baste señalar la autonomía del Instituto Federal Electoral; el avance en la realización de elecciones "limpias"; el nuevo papel del Poder Legislativo y el proceso de la llamada "modernización educativa", que dio un primer paso con la federalización de la educación primaria y con ello contribuyó a reducir el peso del presidencialismo en la vida nacional.

dad y no una pequeña élite participa en la tarea modernizadora.

3. Un tercer problema proviene de la limitación del concepto de modernización política: entendido tan sólo como institucionalización de procesos democráticos a partir de estructuras burocráticas y modelos racionales. Cuestiones nuevas, tales como los límites de la soberanía frente a nuevos actores políticos transnacionales y arreglos federativos; el papel de las minorías, el fortalecimiento de la sociedad civil y la multiplicación de los actores sociales por fuera de los partidos políticos, junto con el nuevo papel que los medios masivos desempeñan como generadores de opinión, intercambio y comunicación entre distintos sectores y sociedades, obligan a replantear el concepto de la modernización para hacerlo menos comprometido con un modelo exclusivo de sociedad y más abierto en cuanto a las alternativas de participación democrática (cf. Giddens, 1990; Touraine, 1994).

4. En cuarto lugar, un uso efectivo del concepto de modernización obligaría a aceptar la probada insuficiencia del modelo único y reconocer la diversidad social como escenario en donde diversas alternativas son posibles y no existe una única posibilidad de avance social. Paradigmáticamente, quien ha reflexionado sobre esta cuestión es justamente Huntington, quien, consciente de que años atrás lo había concebido sobre un modelo occidental, revierte su idea para proponer, no sin alarma, el enfrentamiento entre civilizaciones —es decir, entre conceptos distintos de modernidad— como uno de los problemas del fin de siglo (Huntington, 1996).

5. Finalmente, habría que tener presente, como se dijo al comienzo de estas páginas, el debate actual en torno de la llamada posmodernidad que recoge el descontento de creadores artísticos y literarios, así como de corrientes filosóficas y sociológicas, con un mundo pretendidamente moderno que no responde a las expectativas que de él se tenían. En una actitud que Habermas no vacila en calificar de "neoconservadora", los posmodernistas identifican su propia insatisfacción social con la modernidad y se enfrentan a ella en una suerte de relativismo cultural que en ocasiones se acerca al nihilismo. La posmodernidad se refiere simultáneamente al quiebre de las utopías, a la desilusión de un desarrollo capitalista que no produjo la tan anhelada igualdad, a la aparición de las nuevas tecnologías de la información que redefinieron los límites del mundo y a la exaltación del individualismo. Postula además la relatividad del razonamiento lógico y del conocimiento científico de la realidad que va de la mano con la multiplicidad de las explicaciones, de las expresiones humanas y de las posibilidades de la existencia colectiva (cf. Foster et al., 1988).

Si bien no hay un consenso en torno a lo posmoderno, la polémica ha puesto de manifiesto la dificultad para precisar los conceptos contradictorios y cambiantes de "modernidad" y "modernización" y, con ello, la innegable existencia de una realidad social que contiene problemáticas muy diversas y a la que no puede brindarse una respuesta única. Plantear hoy la modernización tanto social como política implica encontrar caminos que cierren la brecha entre democracia política y desigualdad social; que permitan la conciliación entre el progreso y la defensa del medio ambiente, y que respeten los derechos de minorías étnicas, religiosas o políticas. Supone el reconocimiento de nuevos actores políticos dentro y fuera de los límites del Estado-nación y la tendencia de este último a disolverse dentro de estructuras más amplias y menos limitadas por la nacionalidad o el patriotismo. Supone la existencia de un nuevo tipo de actor social, más comprometido con su entorno, pero también más decidido a hacer uso de su capacidad de elección social, económica y política. Finalmente, si la modernización debe ser tarea de la colectividad, como propone Touraine, su proceso deberá incluir la posibilidad de contar con proyectos colectivos que den sentido a una sociedad cada vez más numerosa y participativa y que al mismo tiempo respeten la libertad individual, la pluralidad de ideas y la posibilidad de optar por un camino diferente al de las mayorías.

BIBLIOGRAFÍA

Apter, David (1965), *The Politics of Modernization*, University of Chicago Press, Chicago (traducido como *Estudio de la modernización*, Amorrortu, Buenos Aires, 1970).

Calderón, Fernando (comp.) (1988), *Imágenes desconocidas. La modernidad en la encrucijada posmoderna*, CLAO, Chile.

Cardoso y Faletto (1969), *Dependencia y desarrollo en América Latina*, Siglo XXI, México.

Coleman, J. (1972), "Modernización: aspectos políticos", en *Enciclopedia de las ciencias sociales*, tomo 7, Ed. Aguilar.

Eisenstadt, Schmuel (1972), *Modernización: movimiento de protesta y cambio*, Amorrortu, Buenos Aires.

Foster, Habermas, Baudrillard et al. (1988), *La posmodernidad*, Kairós, Barcelona y México.

García Canclini, Néstor (s. f.), ¿*Modernismo sin modernización?*, *Revista Mexicana de Sociología*, México.

Gunder Frank, André (1969), *Latin America: Underdevelopment or Revolution*, Monthly Review Press, Nueva York.

Habermas, Jürgen (1988), "La modernidad, un proyecto incompleto", en Foster et al., *La posmodernidad*, Kairós, Barcelona.

Harrison, David (1993), *The Sociology of Modernization and Development*, Routledge, Londres.

Horst (1994), "¿Qué quiere decir modernidad?", *La Jornada Semanal*, 18 de diciembre.

Huntington, Samuel P. (1966), *The Clash of Civilizations and the Remaking of the World Order*, Simon and Shuster-Kurnitsky, Nueva York.

Loyo, Aurora (coord.) (1997), *Los actores sociales y la educación*, IIS-UNAM/Plaza y Valdés editores, México.

Przeworsky, A. (1993), "The Neoliberal Fallacy", en Larry Diamond y Marx Platter, *Capitalism, Socialism and Democracy Revisited*, Johns Hopkins University Press, Baltimore.

Riordan, Roett (comp.) (1993), *La liberalización política y económica de México*, Siglo XXI, México.

Rostow, W. W. (1971), *The Stages of Economic Growth*, Cambridge University Press, Londres y Nueva York.

Scott, Robert E. (1971), "Las élites políticas y la modernización en América Latina", en Lipset, Seyour y A. Solari (comps.), *Élites y desarrollo en América Latina*, Paidós, Buenos Aires.

Touraine, Alain (1994), *What is Democracy*, Westview, Boulder.
—— (1988), "Actores sociales y modernidad", en Fernando Calderón, *op. cit.*
Villarreal, René (1993), *Liberalismo social y reforma del Estado*, FCE, México.

Warman, Arturo (1992), "Modernizarse, ¿para qué?", *Nexos*, núm. 50, febrero.
Zermeño, Sergio (1993), "La derrota de la sociedad. Modernización y modernidad en el México norteamericano", *La Jornada Semanal*, 27 de junio.

MOVIMIENTOS SOCIALES

Ligia Tavera Fenollosa

Definición

Los movimientos sociales, como cualquier fenómeno social, son el producto de un momento histórico particular. Si bien es cierto que la acción colectiva existía antes del surgimiento del Estado moderno como forma específica y distintiva de comportamiento colectivo, los movimientos sociales están asociados a un conjunto de procesos determinados. Básicamente, al nacimiento de lo que conocemos como sociedades modernas preindustriales o industriales con Estados nacionales y a cambios estructurales relacionados con el surgimiento del capitalismo (Tilly, 1995; Tarrow, 1994). Así, a diferencia de otros conceptos con una larga historia intelectual, el que nos ocupa ahora tiene apenas dos siglos de vida. Por otra parte, su desarrollo conceptual ha estado ligado, en gran medida, al surgimiento de formas de acción colectiva diferentes o novedosas. Por consiguiente, lejos de ser constante, el interés por el estudio de los movimientos sociales ha variado según el nivel de movilización social existente. Sin embargo, puede decirse que a partir de los años setenta los movimientos sociales devienen uno de los temas dominantes de la sociología mundial.

Cuando empezó a utilizarse a principios del siglo XIX, el concepto de movimiento social estaba ligado a un tipo de cambio social particular (revolucionario) y a un fin específico (la instauración de un régimen socialista o comunista), así como a una identidad en concreto (identidad de clase) y a un grupo social en particular (la clase obrera) (Melucci, 1991). Actualmente, sin embargo, no está vinculado a un cambio particular y se emplea para designar acciones colectivas que difieren considerablemente en cuanto a los niveles, intensidad y alcances de sus demandas y objetivos, así como respecto de los grupos que las realizan. El término *movimiento social* engloba movimientos que se sitúan en muy diferentes contextos político-ecológicos —local, regional, nacional o transnacional—, cuyos objetivos se encuentran en esferas tan distintas como la cultural, social, política, económica o personal, y cuya composición incluye a clases, sectores, grupos e identidades tan diversos, como obreros, campesinos, mujeres, estudiantes, vecinos y grupos étnicos, por nombrar sólo algunos.

Frente a esta heterogeneidad, algunos teóricos han optado por establecer una distinción entre los movimientos que tienen objetivos limitados y aquellos que buscan cambios profundos que alteren la estructura, los valores o el funcionamiento de una sociedad. Así, por ejemplo, Alain Touraine, uno de los principales estudiosos sobre movimientos sociales, quien ha sido particularmente influyente en México y en Latinoamérica, distingue entre movimientos societales, aquellos que cuestionan orientaciones generales de la sociedad, y movimientos sociales, aquellos con reivindicaciones particulares (Touraine, 1997: 100). Además de esta distinción analítica y con el fin de hacer manejable la diversidad de fenómenos sociales englobados en el término movimiento social, se han formulado, con base en criterios diversos, un sinnúmero de tipologías sobre movimientos sociales. Una de las primeras es la elaborada por Herbert Blumer (1951), quien divide los movimientos sociales en tres grupos: movimientos generales, movimientos específicos (reformistas y revolucionarios) y movimientos expresivos. Más recientemente, Touraine (1997: 112, 116), por ejemplo, distingue a los movimientos sociales y societales de los movimientos culturales y de los movimientos históricos. Por su parte, uno de sus más célebres alumnos, Alberto Melucci (1988: 110), diferencia entre movimientos reivindicadores, movimientos políticos y movimientos de clase, mientras que, por ejemplo, el sociólogo norteamericano Robert Benford (1992: 1880-1881) clasifica los movimientos sociales en revolucionarios, reformistas y contramovimientos.

Al margen de la diversidad de clasificaciones, y sin que, como se verá más adelante, exista un consenso acerca del término movimiento social, es posible identificar una serie de características básicas que nos permiten, al menos, distinguir a los movimientos sociales de otras formas de comportamiento colectivo. La acción colectiva, definida como cualquier actividad orientada hacia un objetivo particular que no puede ser obtenido de manera individual y que, por lo tanto, requiere de la acción conjunta de dos o más individuos, puede adquirir muchas formas. El comportamiento colectivo que resulta de la proximidad, la protección o el contagio grupales, como ciertas expresiones de solidaridad, los disturbios o el pánico, puede formar o no formar parte de un movimiento, pero no constituye en sí mismo un movimiento social. Es decir, si bien todo movimiento social es una forma de acción colectiva, no todo comportamiento colectivo constituye un movimiento social. Para que una acción colectiva sea la base de un movimiento social, ésta debe ser contenciosa (Tarrow, 1994), debe estar orientada al cambio (o a la resistencia al cambio) y debe implicar algún grado de actividad extrainstitucional, así como exhibir una mínima organización y permanencia temporal (Wilkinson, 1971: 21; Turner y Killian, 1972: 246).

Más allá de estos elementos básicos, sin embargo, los movimientos sociales son entendidos de muy diversas maneras. En su conceptuación más general, los movimientos sociales son definidos como "una forma de acción colectiva no efímera, en la cual un grupo más o menos organizado recurre a acciones extrainstitucionales a fin de promover o impedir ciertos cambios" (McAdam y Snow, 1996: xviii). Otras definiciones sitúan el concepto de movimiento social en el terreno político al entenderlo o bien como la continuación de la política por otros medios (e. g. McAdam, McCarthy y Zald, 1988) o bien como una respuesta al fracaso (real o supuesto) de los arreglos institucionales existentes para responder a las demandas y necesidades de grupos y categorías sociales excluidas de la estructura política (e. g. Jenkins y Perrow, 1977; Tilly, 1978). Por ejemplo, Charles Tilly (1995: 18) define los movimientos sociales como "un reto público ininterrumpido, librado contra los que detentan el poder en nombre de una población desfavorecida que vive bajo la jurisdicción de aquellas personas que detentan el poder". De manera similar, Sidney Tarrow (1997: 21) los define como "desafíos colectivos planteados por personas que comparten objetivos comunes y solidaridad en una interacción mantenida con las élites, los oponentes y las autoridades" (Tarrow, 1997: 21). En otras definiciones, dichos desafíos van más allá de confrontaciones con las autoridades u oponentes e incluyen el cuestionamiento de los códigos culturales de una sociedad (e. g. Gamson y Meyer, 1996: 283). Otros autores, en cambio, proponen una definición más analítica del concepto de movimiento social. Para Touraine (1995: 250-253), por ejemplo, el término movimiento social implica tres principios: el principio de identidad, mediante el cual un actor se define a sí mismo; el principio de oposición o conflicto con un adversario social, y el principio de totalidad, según el cual se establece un campo común en el que se desarrolla el movimiento. En su opinión, el concepto de movimiento social y en especial el de movimiento societal conllevan el cuestionamiento del modo de utilización social de recursos y modelos culturales y, en consecuencia, implican una referencia moral que no puede ser reducida a ganancias materiales o políticas (Touraine, 1997: 104-105). Sobre la definición de Touraine, Melucci añade a la dimensión de conflicto las nociones de solidaridad y ruptura y define los movimientos sociales a partir de tres elementos: la solidaridad de la acción colectiva, entendida ésta como un tipo ideal; la presencia de un conflicto, y la ruptura de los "límites de compatibilidad de un sistema" (Melucci, 1989: 217; 1991: 362). Al igual que Touraine, Melucci se opone a la conceptuación de los movimientos sociales como la "continuación de la política por otros medios". Para Melucci, como para otros autores (e. g. Gamson, 1988 y 1992), los movimientos sociales implican una lucha simbólica a través de la cual se crean y se re-crean nuevos mensajes y significados sociales. En este sentido, los movimientos sociales poseen cualidades prepolíticas y metapolíticas importantes. Por una parte, "operan en la dimensión prepolítica de la vida cotidiana. Dentro de redes informales, los actores colectivos colaboran en el trabajo de laboratorio de inventar nuevos significados y ponerlos a prueba" (Melucci, 1989: 222). Al mismo tiempo, poseen una dimensión metapolítica, pues "hacen pública la existencia de ciertos dilemas básicos inherentes a las sociedades complejas que no pueden ser resueltos por medio de decisiones políticas" (Melucci, 1989: 222). La dimensión simbólica/cultural del concepto de movimiento social ha sido desarrollada desde otra perspectiva por David Snow y Robert Benford (1988: 198), quienes definen parcialmente los movimientos sociales como "mensajeros y transmisores de creencias e ideas, así como productores de significado".

Como puede observarse en el conjunto de definiciones arriba descritas, diferentes autores entienden de manera distinta el término movimiento social. Mientras que algunos como McAdam, McCarthy y Zald prefieren concebirlo en un sentido amplio, otros, como Touraine, favorecen definiciones más restringidas. Por otra parte, mientras que para algunos autores como Melucci los aspectos sociales e interpretativos de la acción colectiva ocupan una posición central, para otros, como Tilly, la dimensión política es la más relevante.

Historia, teoría y crítica

Al margen de las diferencias en cuanto a la naturaleza de sus objetivos, la base de su identidad y el nivel en el que operan, la razón de ser de los movimientos sociales es la transformación de un aspecto de la realidad social o la creación de un nuevo proyecto de sociedad —sin que ello signifique que no existan movimientos orientados hacia la defensa del *statu quo*—. En consecuencia, su estudio supone, entre otras, y de manera más o menos explícita, ciertas consideraciones teórico-metodológicas acerca de la acción y el cambio sociales. Así, las teorías contemporáneas sobre movimientos sociales pueden dividirse en dos grandes líneas: una que ve los movimientos sociales como respuesta a determinados problemas y condiciones, y otra que los liga a un sentido general de cambio de una sociedad. La primera recurre básicamente a metodologías individualistas, está orientada al análisis microsocial y se vincula a la teoría de la elección racional. La segunda tiene un enfoque estructural y sistémico y pone un gran acento en la vida cotidiana y el ámbito cultural. A continuación se presenta una breve síntesis de las principales teorías sobre movimientos sociales desarrolladas en las últimas décadas en los Estados Unidos y Europa, en donde la producción teórica en el campo de la acción colectiva y los movimientos sociales ha sido mayor.

Las primeras teorías contemporáneas sobre el comportamiento colectivo empiezan a desarrollarse en los Estados Unidos a partir de los años veinte, en la Escuela de Sociología de la Universidad de Chicago, con los trabajos de Robert Park (Park y Burgess, 1921; Park, 1967) y su alumno Herbert Blumer (1946, 1955), así como con la publicación en 1965, en Francia, de la mundialmente conocida *Sociología de la acción* de Alain Touraine. Ya desde entonces el estudio de los movimientos sociales en Europa y los Estados Unidos tomaría dos caminos divergentes, que empezarían a encontrar algunos puntos de encuentro sólo hasta los años noventa y llevarían a la elaboración de tres principales teorías sobre movimientos sociales: la teoría de la movilización de recursos, la teoría de las oportunidades políticas en los Estados Unidos y la teoría de los nuevos movimientos sociales en Europa. Inspirados en movimientos sociales diferentes y respondiendo a diversas perspectivas teóricas acerca de la acción colectiva y el cambio social, estas teorías, que empiezan a desarrollarse de un lado y otro del Atlántico a partir de finales de los años setenta, son, como se verá más adelante, radicalmente opuestas en muchos sentidos. Sin embargo, a diferencia de algunos enfoques clásicos, todas ellas consideran el comportamiento colectivo como un comportamiento racional y el conflicto como un elemento central de los movimientos sociales.

El estudio de los movimientos sociales en los Estados Unidos: los enfoques clásicos

A principios de los años setenta existían en los Estados Unidos tres enfoques principales acerca del comportamiento colectivo: las teorías de la sociedad de masas, las teorías de la frustración-agresión y las teorías del comportamiento colectivo. Aunque existen importantes diferencias entre ellas, estas tres perspectivas teóricas comparten, en mayor o menor grado, un enfoque psicosocial de la acción colectiva y una visión de los movimientos sociales como el resultado de la descomposición social asociada a cambios estructurales, en particular al proceso de industrialización.

Para los teóricos de la sociedad de masas (Hannah Arendt, 1951, y William Kornhauser, 1959, entre otros), los movimientos sociales y en especial los de masas (nazismo, fascismo) son el resultado de la transformación de las sociedades industriales modernas en sociedades de masas. Es decir, en sociedades en las que los procesos vinculados a la modernización (urbanización, burocratización, homogeneización, etc.) han socavado las funciones integradoras de las asociaciones primarias y secundarias (comunidades locales, grupos étnicos y religiosos, etc.) y en las que, por consiguiente, el sentimiento de pertenencia a un grupo o clase se ha debilitado, por lo que los individuos viven enajenados de sus grupos de referencia tradicionales. Este sentimiento de enajenación o anomia hace que los individuos sean más susceptibles de ser movilizados por líderes carismáticos que prometen un nuevo orden social. De manera similar, la teoría de la frustración-agresión, desarrollada principalmente por Davies (1962, 1969) y Gurr (1970), define la acción colectiva como el producto de situaciones macroestructurales caracterizadas, en términos generales, por la percepción de un desfase entre expectativas y necesidades, por un lado, y sus posibilidades de ser satisfechas, por el otro. Al decir de Davies y Gurr, este desfase genera "un clima" o "un estado mental" de frustración y agresión que lleva a los individuos a participar en movimientos sociales y en otras formas de acción colectiva.

La tercera perspectiva teórica dominante en los Estados Unidos hasta finales de los años setenta es la teoría del comportamiento colectivo, en especial la versión estructural-funcionalista de Neil Smelser, cuyo influyente libro *La teoría de la acción colectiva* (1962) constituye, junto con la obra de Rudolf Heberle (1951), Hebert Blumer (1957) y Turner y Killian (1957), uno de los primeros intentos de elaboración de una teoría sociológica general que diese cuenta de los procesos de acción colectiva. Trabajando desde el estructural-funcionalismo dominante en esos años en la sociología norteamericana, Smelser se pregunta por las condiciones estructurales que favorecen el comportamiento colectivo. En su opinión, este tipo de comportamiento es el resultado de situaciones no estructuradas, de crisis o de tensión, en las que los medios institucionales para superarlas son inadecuados. A diferencia del comportamiento ordinario, el comportamiento colectivo está guiado por creencias generalizadas exageradas o distorsionadas que llevan a los individuos a "saltarse" los canales convencionales o institucionalizados de acción y a participar en acciones colectivas que van desde fobias, furores y pánicos hasta movimientos sociales. Aunque con acentos distintos, el análisis de la acción colectiva representado por las teorías arriba descritas se caracteriza por definir al comportamiento colectivo en oposición al comportamiento convencional, institucionalizado y racional y por equiparar el surgimiento de movimientos sociales a los procesos psicosociales que subyacen tras la participación de los individuos en procesos colectivos.

El surgimiento de diversos movimientos sociales en los Estados Unidos y Europa en los años sesenta y setenta cuestionó varios de los supuestos de los paradigmas existentes e hizo evidente la necesidad de elaborar nuevas teorías que dieran cuenta de una manera más satisfactoria de estas instancias de acción colectiva. En términos generales, el movimiento por los derechos civiles, el movimiento estudiantil y los movimientos pacifista y feminista cuestionaron el acento que los enfoques clásicos ponían, por un lado, en las transformaciones socioeconómicas y en el quiebre del orden social como el origen de los movimientos sociales y, por el otro, en los aspectos psicosociales de la acción colectiva, así como su visión del comportamiento colectivo como patológico, no convencional y no institucionalizado (Jenkins, 1983; Cohen, 1985). Con objeto de explicar el surgimiento de los movimientos de los años sesenta y setenta, un grupo de sociólogos y politólogos estadunidenses recurrieron a la entonces recientemente publicada teoría de la acción colectiva de Mancur Olson (1965) y, en menor medida, al trabajo de varios científicos políticos e historiadores (Salisbury, Hobsbwam, Wolff) y elaboraron una nueva teoría sobre los movimientos sociales.

Para Olson, la participación de los individuos en procesos de acción colectiva no es explicable ni en términos de las creencias de los individuos que participan en ellos, ni a partir de sus sentimientos, ya sean éstos de enajenación, frustración o privación relativa. Más importante aún, la acción colectiva no se deriva automáticamente de la existencia de intereses comunes, como lo establecían los pluralistas estadunidenses y la teoría marxista de clases. Por el contrario, de acuerdo con Olson, la lógica de la acción colectiva tiene en su centro la siguiente paradoja: los grupos de personas con intereses comunes, en particular los de gran tamaño, no tienden a favorecer esos intereses comunes a menos que se ejerza algún tipo de coacción o se ofrezcan incentivos selectivos que compensen los costos de la acción colectiva. El problema de la acción colectiva consiste entonces en encontrar aquellos incentivos positivos o negativos para que, en los casos en los que un actor puede obtener los beneficios de una acción colectiva sin necesidad de participar directamente en ella, asuma los costos que ésta implica (Olson, 1965). Este modelo racional-instrumental de la acción colectiva, que se oponía de manera radical a los análisis sociológicos entonces prevalecientes, fue la base para el desarrollo de la teoría de la movilización de recursos que en pocos años dominaría el estudio de los movimientos sociales en los Estados Unidos y que, por diversas razones, no ha empezado a ser utilizado en México y América Latina sino hasta muy recientemente.

La teoría de la movilización de recursos

En franca oposición a los enfoques psicosociales, la teoría de la movilización de recursos, formulada en sus diversas vertientes por McCarthy y Zald (1973,

1977), Oberschall (1973), Tilly (1978) y Gamson (1968, 1975), entre otros, minimiza el papel que los cambios estructurales desempeñan en el surgimiento de movimientos sociales y rechaza la idea de que el comportamiento colectivo está guiado por normas y valores distintos de los que orientan el comportamiento institucionalizado, así como el supuesto de que éste puede ser reducido a los estados mentales individuales. La teoría de la movilización de recursos parte del supuesto de que los agravios y las situaciones de descontento son inherentes a la vida social, y pueden incluso ser fabricados y manipulados por diversos actores, por lo cual su papel en el surgimiento de movimientos sociales es secundario (McCarthy y Zald, 1977: 1215). Siguiendo el modelo de la acción colectiva de Olson, esta teoría establece que la variable relevante para explicar la formación de un movimiento social es la movilización de los recursos necesarios para la acción colectiva. Así, desde esta perspectiva, el estudio de los movimientos sociales es equiparable al análisis de los procesos de movilización y organización, mediante los cuales aquellos miembros de una sociedad que carecen relativamente de poder se allegan los recursos necesarios (materiales y no materiales) para lograr la satisfacción de sus demandas. En términos generales, la teoría de la movilización de recursos concibe el comportamiento colectivo como un juego estratégico de relaciones de poder, particularmente entre las élites y los demás grupos, y subraya la orientación político-institucional de los movimientos sociales.

Al otorgar a la movilización de recursos y a la organización un lugar central en la explicación de los procesos de acción colectiva, este enfoque hace hincapié en la inserción de los movimientos sociales en el contexto social y de organización más amplio. Contrariamente al supuesto de marginalidad de los enfoques clásicos, la teoría de la movilización de recursos subraya el papel que las solidaridades y redes sociales preexistentes, o lo que en términos generales se conoce como el contexto de micromovilización, desempeñan en el surgimiento y desarrollo de un movimiento social. Particularmente, en lo que respecta al reclutamiento de miembros, la obtención y formación de líderes y al establecimiento de redes de comunicación (McAdam y Snow, 1996: 80). Por otra parte, dado que la agregación de recursos requiere de organización, esta perspectiva resalta la capacidad de organización de los movimientos sociales (e. g. Curtis y Zurcher, 1973; Oberschall, 1973; Garner y Zald, 1985). Trabajando sobre diversas teorías de la sociología de las organizaciones, la teoría de la movilización de recursos ha introducido una serie de conceptos que permiten analizar tanto la estructura interna de los movimientos como sus relaciones con otros movimientos y organizaciones sociales. Así, esta teoría diferencia entre: un movimiento social, las organizaciones que lo componen, las organizaciones de apoyo, las asociaciones de un movimiento social, la industria y el sector de movimientos sociales (Zald y Ash, 1966; McCarthy y Zald, 1977; Garner y Zald, 1985; Kriesi, 1996). Además de estas diferenciaciones, McCarthy y Zald (1977) distinguen entre varios tipos de participantes. Según la intensidad de su participación y su posición respecto a los beneficios de la acción colectiva, éstos pueden ser: constituyentes (normales y de conciencia), adherentes (normales y de conciencia), beneficiarios potenciales y simpatizantes.

Al cuestionar la idea clásica de que los intereses, las injusticias y desigualdades sociales son condiciones suficientes para explicar la acción colectiva, la teoría de la movilización de recursos abrió un espacio teórico importante para el análisis de los procesos a través de los cuales los movimientos sociales se producen a sí mismos (Melucci, 1989: 192-193). Además, al distinguir entre diversos tipos de organizaciones y de participantes, esta teoría reconoció que los movimientos sociales no son unitarios. Es decir, no están constituidos únicamente por aquellos individuos directamente agraviados y por aquellas organizaciones directamente beneficiadas por la acción colectiva, como había sido generalmente aceptado hasta entonces, sino por una variedad de organizaciones, así como por distintos tipos de participantes. Sin embargo, al no proveer al investigador de los elementos teóricos que le permitan entender la formación de los intereses y las demandas comunes a un grupo, esta teoría es más útil para explicar cómo surge y se desarrolla un movimiento social que para entender por qué lo hace (Cohen, 1985). Por otra parte, como ha sido señalado, entre otros, por Margit Mayer (1995), el modelo de sociedad política que subyace tras la teoría de la movilización de recursos es el modelo elitista. En consecuencia, esta perspectiva teórica es más útil para el estudio de aquellos movimientos que buscan la redistribución de recursos entre grupos y sectores de una sociedad que para aquellos que buscan cambios estructurales y culturales fundamentales. Asimismo, debido a que este enfoque tiene como supuesto la igualdad de condiciones entre los actores movilizados y sus oponentes, su aplicación es más difícil a las sociedades en las que las organizaciones preexistentes, las redes sociales y las identidades se fundan en principios tradicionales, difícilmente intercambiables en el mercado (Dubet, 1989, citado en Tarrés, 1992: 748).

La teoría de la movilización de recursos también ha sido criticada: por reducir la actividad de los movimientos sociales a cálculos, negociaciones e intercambios que no tienen en cuenta ni los límites estructurales ni la dimensión subjetiva de la acción colectiva (Melucci, 1989: 190; Cohen y Arato, 1992: 510-512); por subrayar en exceso la continuidad entre la conducta convencional y el comportamiento de protesta (Piven y Cloward, 1991), y por minimizar los aspectos psicosociales y simbólicos del comportamiento colectivo (Ferrere y Miller, 1985; Zurcher y Snow, 1981), así como por minimizar el papel de los agravios en el surgimiento de los movimientos sociales (Useem, 1980; Walsh, 1981). De las críticas señaladas, quizá la más extendida y la que ha recibido mayor atención por parte de los teóricos de la movilización de recursos sea la relativa a los aspectos psicosociales, subjetivos y culturales de la acción colectiva (Morris y Mueller, 1992). En la actualidad, esta teoría ha incorporado al análisis de los movimientos sociales las dimensiones cultural e interpretativa del comportamiento colectivo, principalmente a través del trabajo de David Snow y sus colaboradores (Snow et al., 1986; Snow y Benford, 1988; Snow y Benford, 1992; Benford y Hunt, 1992).

La teoría de las oportunidades políticas

Con base en el trabajo de Peter Eisinger y siguiendo el mismo enfoque racional-instrumental de la acción colectiva de Olson, un grupo de académicos norteamericanos, algunos de ellos exponentes de la teoría de la movilización de recursos, desarrollaron una variante que situaba los recursos externos y el contexto político como las variables más relevantes para comprender el surgimiento de un movimiento social, la cual más tarde sería conocida como la teoría de las oportunidades políticas.

Siguiendo la recomendación hecha unos años antes por Michael Lipsky (1968) en el sentido de que el sistema norteamericano, al igual que otros sistemas políticos, pasaba por diferentes fases y experimentaba fluctuaciones que lo hacían más o menos receptivo a las demandas de diversos grupos en momentos y lugares diferentes, Peter Eisinger analizó la variación en el número de disturbios en 43 ciudades norteamericanas (Eisinger, 1973). En su opinion, el índice de protesta estaba relacionado con lo que él denominó la "estructura de oportunidades políticas" o la "permeabilidad" del sistema político. Con base en esta premisa, Gamson (1975), Tilly (1975, 1978), Jenkins y Perrow (1977), McAdam (1982) y Tarrow (1983, 1994), entre otros, desarrollaron una nueva perspectiva teórica cuya premisa fundamental es que los movimientos sociales no pueden ser entendidos al margen del contexto político en el que surgen y operan. En particular, este enfoque considera que el surgimiento de un movimiento social depende fundamentalmente de los incentivos generados por la estructura de oportunidades políticas. Así, de manera similar a algunas explicaciones contemporáneas de las revoluciones (Skocpol, 1979; Arjomand, 1988; Goldstone, 1991), la teoría de las oportunidades políticas establece, en términos generales, que el surgimiento de un movimiento social está vinculado a cambios, fisuras o transformaciones en la estructura política que ponen al régimen en una situación de vulnerabilidad.

El término de estructura de oportunidades políticas ha sido empleado *diversas maneras*. Para algunos autores, las variables relevantes son aquellas relativas a los aspectos inestables o dinámicos de la estructura de oportunidades políticas, en especial los cambios en el acceso a la participación y en los alineamientos de los gobiernos, la disponibilidad de aliados influyentes y las divisiones entre las élites y en el interior de las mismas (Tarrow, 1994: 86-89). A esta lista, otros autores añaden la propensión y capacidad del Estado para reprimir (Brockett, 1991; McAdam, 1996) y la ubicación del movimiento dentro del ciclo de protesta (Brockett, 1991: 254). Para otros, son los elementos estables del sistema político, como la estructura institucional formal (Kitschelt, 1986), la estructura de clivajes a nivel nacional y los arreglos institucionales formales e informales (Kriesi *et al.*, 1995) o la fuerza y estructura del Estado (Tilly, 1984; Jenkins y Klandermans, 1995), los que tienen un mayor efecto en la formación y desarrollo de los movimientos sociales. Recientemente, el concepto de estructura de oportunidades políticas ha sido expandido de tal forma que incluye, además de los aspectos institucionales, los aspectos culturales y simbólicos del sistema político (Gamson y Meyer, 1996; Oberschall, 1996). Por otra parte, las concepciones más recientes presentan una visión más dinámica de la estructura de oportunidades políticas y reconocen que los movimientos sociales no sólo se benefician de las oportunidades políticas, sino que también crean oportunidades para el surgimiento de otros movimientos o de contramovimientos, o incluso para ciertos grupos dentro de las élites (Tarrow, 1996: 58-61).

Al introducir al estudio de los movimientos sociales el contexto político en el que surgen y se desenvuelven, la teoría de las oportunidades políticas contribuyó sustancialmente al avance de las teorías sociológicas sobre movimientos sociales. Así, por ejemplo, los aspectos estables de la estructura de oportunidades políticas han demostrado ser particularmente útiles para explicar variaciones en el surgimiento, características y resultados de un movimiento social en diferentes países, mientras que los aspectos inestables han sido especialmente provechosos para entender las opciones estratégicas a las que se enfrentan los movimientos sociales (Gamson y Meyer, 1996: 289). Sin embargo, como ha sido reconocido recientemente por varios de sus principales exponentes, el término estructura de oportunidades políticas incluye tantas variables y ha sido utilizado de tan diversas maneras (como variable independiente, intermedia e incluso dependiente), que corre el riesgo de perder su fuerza explicativa (Gamson y Meyer, 1996; McAdam, McCarthy y Zald, 1996). Por otra parte, este enfoque ha sido criticado por centrarse en los aspectos visibles y cuantificables de la acción colectiva —tales como su relación con el sistema político y sus efectos sobre las políticas públicas—, en detrimento, por un lado, del estudio del efecto de los movimientos sociales sobre la sociedad civil (Cohen y Arato, 1992: 507-508) y, por el otro, de la dimensión soterrada e invisible de los movimientos sociales, donde la acción colectiva toma forma antes de expresarse como acción política (Melucci, 1995: 229).

La teoría de los nuevos movimientos sociales

De la misma manera que los movimientos surgidos en los Estados Unidos en las décadas de los sesenta y setenta cuestionaron la utilidad de los enfoques sobre el comportamiento colectivo entonces prevalecientes, diversos acontecimientos históricos en Europa estimularon el desarrollo de una nueva teoría sobre los movimientos sociales. Conocida por el nombre de la teoría de los nuevos movimientos sociales, esta perspectiva, elaborada en sus diferentes variantes por Alessandro Pizzorno (1978), Alain Touraine (1981, 1985), Alberto Melucci (1980), Jürgen Habermas (1981) y Claus Offe (1985), surgió en respuesta, por una parte, a lo que ha sido visto como una nueva fase en el desarrollo del capitalismo y, por la otra, a los movimientos sociales que surgieron en Europa occidental a partir de finales de los años sesenta. De acuerdo con estos autores, las sociedades industriales europeas se han transformado en sociedades "posindustriales", "programadas", "posmodernas", "complejas", o de un "capitalismo desorganizado". Aunque no son estrictamente intercambiables, estos términos denotan las transformaciones sociales experimentadas por los países capitalistas avanzados, tales como la disminución del conflicto bipolar de clases, el crecimiento del sector terciario y la expansión de actividades culturales, de consumo y de recreación. De acuerdo con esta perspectiva, estos cambios estructurales han dado lugar a la aparición de nuevos tipos de protestas sociales, como los movimientos pacifista, ecologista y feminista. Estos movimientos, y la cautelosa participación de obreros y comunistas en el movimiento estudiantil de mayo de 1968 en Francia, cuestionaron la actualidad del modelo marxista dominante en la época y señalaron la necesidad de elaborar una nueva teoría sobre la acción colectiva. Al decir de los observadores europeos, dichos movimientos evidenciaban cambios importantes en relación con el movimiento obrero, considerado como el movimiento social por excelencia. Los cambios podían observarse con respecto a varios temas: la problemática en torno a la cual surgían, los valores que defendían, los modos de acción con los que operaban y los actores que participaban en ellos (Offe, 1985; Klandermans y Tarrow, 1988). Contrariamente a lo que el marxismo estructural preveía, los participantes en dichos movimientos provenían de las clases medias (aunque su origen de clase no definía su participación en los movimientos), sus demandas no estaban vinculadas a transformaciones socioeconómicas y no buscaban el control del poder estatal. La novedad de estos movimientos con respecto al modelo marxista clásico, sus causas estructurales y su relación con el surgimiento de un nuevo tipo de sociedad y una concepción nueva de lo político se convirtieron en el eje constitutivo de la teoría de los nuevos movimientos sociales.

Al igual que los enfoques dominantes en los Estados Unidos hasta los años setenta, la teoría de los nuevos movimientos sociales concibe a éstos como una reacción a cambios macroestructurales. Sin embargo, su interpretación no es psicologista como la de los modelos estadunidenses clásicos, sino claramente sociológica: la modernización, la industrialización y el crecimiento económico han producido un nuevo tipo de sociedad. Esta sociedad nueva ya no se organiza en torno a estructuras más o menos inmutables y a relaciones sociales basadas en una identidad de clase, sino en torno a nuevos valores (de carácter posmaterialista como la autonomía o la identidad), nuevas preocupaciones (el medio ambiente o el desarrollo personal) y nuevos objetivos y formas de acción política (generalmente incompatibles con la negociación, el compromiso y la reforma) (Offe, 1985; Kriesi, 1988). Así, las dimensiones cultural y simbólica del comportamiento colectivo, particularmente la creación de nuevas identidades que expanden el concepto de lo político y redefinen la esfera de lo público y lo privado, cobran un papel central en el estudio de los movimientos sociales. En oposición a la teoría de la movilización de recursos y a la teoría de las oportunidades políticas, la teoría de los nuevos movimientos sociales sostiene que sus acciones no están orientadas principalmente hacia el Estado y que no tienen como objetivo su inclusión en el sistema político, sino la defensa y democratización de la sociedad civil (Cohen y Arato, 1995). Debido en parte al acento en la orientación antiestatista de los nuevos movimientos sociales y en su capacidad para generar un nuevo orden social, político y cultural, la teoría de los nuevos movimientos sociales ha sido particularmente popular en Latinoamérica, en donde hasta mediados de la década de los ochenta la gran mayoría de los estudios se realizaban desde esta perspectiva.

A diferencia del marxismo ortodoxo y de modelos racionales de la acción colectiva, la teoría de los nuevos movimientos sociales subraya correctamente la dimensión normativa del comportamiento colectivo e incorpora al análisis de los movimientos sociales los conflictos acerca de estilos de vida, valores y concepciones sobre la sociedad, que desde otras perspectivas no son visibles. Sin embargo, la perspectiva sobre los nuevos movimientos sociales ha sido criticada por acentuar demasiado la novedad de los movimientos que analiza. Aquellos que la defienden han respondido diciendo que las similitudes son sólo formales o aparentes y que su significado ha cambiado al cambiar el contexto en el que se desenvuelven. Sin embargo, como ha sido señalado por Melucci, tanto quienes defienden la novedad de los nuevos movimientos sociales como quienes la cuestionan cometen el mismo error epistemológico: consideran a los movimientos sociales como objetos empíricos unitarios, unos acentuando sus diferencias respecto a movimientos anteriores, y otros su continuidad y comparabilidad (Melucci, 1996: 5). Esta teoría también ha sido criticada por exagerar el carácter cultural de los movimientos sociales y por insistir en que éstos representan una nueva forma de hacer política. Como lo ha señalado, entre otros, David Plotke (1990), al presentar una visión totalizante del papel de las identidades y la autonomía en el comportamiento colectivo, negando, o en el mejor de los casos minimizando, por una parte, las demandas de carácter redistributivo y, por la otra, la política concebida tradicionalmente, es decir, el Estado y las instituciones políticas clásicas (sistema electoral, sistema judicial, etc.), la teoría de los nuevos movimientos sociales ha caído frecuentemente en los mismos errores que critica (Plotke, 1990).

Si bien el debate teórico contemporáneo sobre los movimientos sociales gira principalmente alrededor de las tres teorías arriba descritas, existen otros enfoques que no pueden dejar de ser mencionados. Éstos son: los análisis estructural-marxistas, muy influyentes en Latinoamérica hasta hace poco (e. g. Castells, 1974; Camacho *et al*, 1989); los enfoques basados en el marxismo analítico (e. g. Elster, 1985, 1991; Roemer, 1988); el análisis de los movimientos sociales desde la perspectiva de la teoría del sistema mundial desarrollada por Immanuel Wallerstein y sus colaboradores (Wallerstein, 1990; Amin *et al*, 1989; Arrighi *et al*., 1990), y la perspectiva sistémica de Niklas Luhmann (Luhman *et al*., 1993).

Líneas de investigación y debate contemporáneo

Conscientes de las limitaciones de cada una de las perspectivas teóricas para explicar cómo, cuándo y por qué surge un movimiento social, diversos autores han propuesto la síntesis de las teorías de la movilización de recursos y de las oportunidades políticas, y la teoría de los nuevos movimientos sociales (Cohen, 1985; Kriesi, 1988: 364; Klandermans y Tarrow, 1988;

Tarrow, 1991). Frente a esta propuesta, algunos investigadores han señalado la dificultad de integrar dichas perspectivas debido a que parten de supuestos incompatibles acerca de la estructura y el cambio sociales (Mayer, 1991). Por el contrario, otros sostienen que si bien dichas teorías son opuestas en muchos sentidos, todas ellas tienen como hipótesis fundamental la existencia de una sociedad civil moderna, y que, por lo tanto, son susceptibles de ser integradas (Cohen y Arato, 1992: 493). En la práctica, existe un consenso cada vez mayor acerca de la necesidad de estudiar los movimientos sociales desde una perspectiva que incluya tanto los procesos de movilización de recursos y la estructura de oportunidades políticas como los procesos interpretativos y culturales de la acción colectiva (McAdam et al., 1996). Como ha sido reconocido recientemente por McAdam y sus colegas, la combinación de oportunidades políticas y estructuras de movilización crea cierto potencial estructural para la acción. Sin embargo, estos factores son insuficientes para explicar el surgimiento de un movimiento social. Mediando entre las oportunidades, la organización y la acción están los procesos colectivos de atribución, formación e interpretación a través de los cuales los individuos concluyen que existe un aspecto de sus vidas que necesita y puede ser cambiado colectivamente (McAdam et al., 1996: 5). Desde una perspectiva diferente, Melucci considera igualmente que el estudio de los movimientos sociales debe enfocarse simultáneamente en los procesos de formación de las identidades colectivas, en los procesos de movilización y en las formas de organización, así como en las relaciones de los movimientos sociales con el sistema político (Melucci, 1996: 4). La integración de las diversas teorías sobre movimientos sociales también ha sido sugerida por Jean Cohen y Andrew Arato. A partir de los trabajos de Touraine y Habermas, Cohen y Arato argumentan que los movimientos sociales contemporáneos tienen una doble cara y operan de acuerdo con lo que llaman una "lógica dual". Por un lado, sus acciones se orientan hacia el Estado y las instituciones políticas conforme a la lógica racional-instrumental. En este sentido, la teoría de la movilización de recursos y la de las oportunidades políticas proporcionan elementos útiles para su análisis. Por el otro lado, los movimientos sociales se orientan hacia la sociedad civil de acuerdo con la lógica de comunicación discursiva. En consecuencia, su estudio no puede prescindir de los conceptos e hipótesis desarrollados por la teoría de los nuevos movimientos sociales (Cohen y Arato, 1992: 526-563).

La tendencia hacia un mayor eclecticismo en el estudio de los movimientos sociales ha sido acompañada por un creciente interés en realizar estudios comparativos. Ya sea desde la perspectiva de la movilización de recursos, o desde el enfoque de las oportunidades políticas, son cada vez más numerosos los análisis que comparan el surgimiento, el efecto o la estructura de organización de un movimiento social en diferentes países (e. g. Ferrere, 1987; Kriesi et al., 1992; Klandermans, 1993; Rucht, 1996). Sin embargo, en la mayoría de los casos, las comparaciones se limitan a países desarrollados y son todavía muy pocos los análisis que incluyen movimientos que surgen en países o regiones que no sean los Estados Unidos y Europa occidental (e. g. Opp et al., 1995). Finalmente, como en otras disciplinas, el estudio de los movimientos sociales se ha visto influido por el viraje hacia el análisis cultural en las ciencias sociales que se inició a principios de los ochenta (e. g. *Contemporary Sociology* 19, núm. 4, 1990). Además de proveer un terreno favorable a la integración de las teorías dominantes, el resurgimiento de los enfoques culturalistas ha generado nuevas orientaciones en el estudio de los movimientos sociales. Algunas de las más importantes son: la aplicación de conceptos e hipótesis desarrollados por el análisis cultural al estudio de los movimientos sociales (e. g. Swindler, 1995; Fine, 1995); la relación entre movimientos sociales y cambio cultural (e. g. D'Anjou, 1996), y la formación de una cultura dentro de los movimientos sociales (Johnston y Klandermans, 1995).

Mientras que algunos autores proponen la integración de las perspectivas dominantes, otros han formulado objeciones importantes a la manera en que, en mayor o menor grado, dichas teorías han concebido a los movimientos sociales. Charles Tilly, por ejemplo, considera que el estudio de los movimientos sociales ha estado fundamentado en dos supuestos erróneos: la idea de que un movimiento social es un grupo y no una agrupación de actuaciones, y el supuesto de que los movimientos sociales tienen una dinámica interna e intrínseca que permite entenderlos como grupos con historias vitales continuas en el sentido de que se forman, florecen, evolucionan y perecen en secuencias que se reproducen de un movimiento a otro (Tilly, 1995: 14-15). En su opinión, el estudio de los movimientos sociales debe partir del reconocimiento de que "un movimiento social no es un grupo, un cuasigrupo ni un compuesto parecido a un grupo, sino una forma compleja de acción" (Tilly, 1995: 16). Desde una perspectiva diferente, Alberto Melucci cuestiona la visión de la acción colectiva como un fenómeno empírico unitario y propone un enfoque constructivista en el que ésta es considerada como "el resultado de intenciones, recursos y límites, con una orientación creada por medio de relaciones sociales dentro de un sistema de oportunidades y restricciones" (Melucci, 1991: 357-358). De acuerdo con Melucci, la investigación contemporánea debe partir del hecho de que los movimientos sociales no son un dato, una unidad empírica, sino un proceso, el resultado de una combinación de elementos sincrónicos y diacrónicos. La tarea del investigador consiste en explicar cómo éstos se combinan y dan lugar a un movimiento social (Melucci, 1996: 6).

Además de los estudios teóricos arriba señalados, diversos acontecimientos históricos en Europa del Este y cambios macroestructurales a nivel mundial han suscitado nuevas preguntas y nuevas orientaciones en el estudio de los movimientos sociales. Por una parte, el surgimiento de *Solidarnosc* en Polonia y de otros movimientos sociales en los países ex comunistas a finales de los años setenta y principios de los ochenta convirtió la cuestión de su participación y contribución a la ampliación y redefinición de la democracia y la sociedad civil en un tema central de estudio (White, 1994; Geremek, 1992; Cohen y Arato, 1992; Escobar y Álvarez, 1992). A este respecto destacan, entre otras, dos líneas de investigación: la primera consiste en analizar los procesos mediante los cuales la sociedad civil, a través de los movimientos sociales, impacta a la sociedad política y contribuye a los procesos de democratización —lo que Cohen y Arato llaman la "política de influencia"—. La segunda se centra en la "política de identidad" y analiza tanto los procesos a través de los cuales los movimientos sociales defienden a la esfera civil de su "colonización" política y económica, como aquellos por medio de los cuales transforman y democratizan las instituciones y relaciones de la sociedad civil (Cohen y Arato, 1992: 509). El primer enfoque ha sido particularmente popular en Latinoamérica, en donde hasta hace algunos años se tenía una visión muy optimista acerca del poder democratizador de los movimientos sociales (e. g. Mainwaring y Viola, 1984; Mainwaring, 1985).

Por otra parte, los procesos de integración mundial en los ámbitos económico, social, político, tecnológico y cultural han suscitado, por ejemplo, el surgimiento de movimientos sociales de corte nacionalista y fundamentalista que ven en los procesos de globalización una amenaza a su identidad y estilos de vida. Al mismo tiempo, han dado lugar a la aparición de movimientos que aprovechan la integración mundial para generar nuevos espacios de lucha y nuevas identidades, que emplean nuevos medios (internet), producen nuevos tipos de organizaciones y estructuras a nivel internacional y se enfrentan a nuevos retos (libre comercio) (Alfie, 1995; Tarrow, 1998). El surgimiento de estos y otros movimientos ha motivado la discusión, revisión o reelaboración de las teorías existentes a fin de tener en cuenta nuevas interrogantes como la relación entre movimientos sociales y entidades supranacionales y variables, como la violencia, que habían sido minimizadas. Además de las líneas de investigación motivadas por acontecimientos históricos, existen otras relacionadas con el desarrollo mismo de este campo de investigación. Algunas de ellas son el estudio de las etapas posteriores al surgimiento de un movimiento social, la relación de los movimientos sociales con los sistemas políticos y su vinculación con la experiencia cotidiana de los individuos (McAdam et al., 1988, 1996; Melucci, 1995).

En los ultimos años, el tema de los movimientos sociales como objeto de análisis sociológico ha venido a ser cada vez más central en la reflexión de quienes por diversas razones se ocupan de los cambios en las sociedades contemporáneas. De acuerdo con autores como Melucci y Touraine, los movimientos sociales se han convertido en una característica permanente e irreversible de las sociedades complejas. Por un lado, este tipo de sociedades produce —y requiere— de las formas de participación individual y de movilización colectiva generadas por los movimientos sociales. Por el otro, por primera vez en la historia las sociedades perciben su carácter contingente y la necesidad de reconstruirse continuamente. Los movimientos sociales se alimentan de este sentimiento de contingencia y lo refuerzan (Melucci, 1989: 232). En otras palabras, el espacio social de los movimientos sociales se ha convertido o está en vías de convertirse en un sector o subsistema de lo social (Melucci, 1996: 3). El estudio de este sector debe partir de una teoría que dé cuenta de la especificidad y autonomía de la acción social y que, al mismo tiempo, pueda fundamentar su carácter colectivo como algo más que la suma total de conductas individuales (Melucci, 1996: 14). En este sentido, como lo han apuntado, entre otros, McAdam, McCarthy y Zald (1988: 729), el análisis de los movimientos sociales que en términos generales se ha concentrado hasta ahora en los niveles macro y micro debe ubicarse en el nivel meso, pues es en este nivel intermedio en el que los actores colectivos se forman y se mantienen.

BIBLIOGRAFÍA

Alfie, Miriam (1995), "Movimientos sociales y globalización", *Sociológica*, año 10, núm. 27: 195-210 (enero-abril).

Amin, Samin, Giovanni Arrighi, T. K. Hopkins e Immanuel Wallerstein (1990), *Transforming the Revolution. Social Movements and the Worldsystem*, Monthly Review Press, Nueva York.

Arendt, Hannah (1951), *The Origins of Totalitarianism*, Meridian, Nueva York. Para la versión en español, véase *Los orígenes del totalitarismo*, Alianza Universidad, Madrid, 1981.

Arjomand, Said Amir (1988), *The Turban for the Crown: The Islamic Revolution in Iran*. Oxford University Press, Nueva York.

Arrighi, Giovanni, T. K. Hopkins e Immanuel Wallerstein, *Antisistemic Movements*, Verso, Nueva York.

Benford, Robert (1992), "Social Movements", en *Encyclopedia of Sociology*, editada por Edgar F. Borgatta, Macmillan, Nueva York; Collier, Toronto; Canadá, Macmillan; Maxwell Macmillan International, Nueva York.

———, y Scott A. Hunt (1992), "Dramaturgy and Social Movements: The Social Construction and Communication of Power", *Sociological Inquiry* 62, núm. 1: 36-55.

Blumer, Herbert (1957), "Collective Behavior", en *Review of Sociology: Analysis of a Decade*, editado por Joseph Gittler, Wiley, Nueva York.

Blumer, Herbert (1951), "Social Movements", en *New Outline of the Principles of Sociology*, 2ª ed., editado por Alfred M. Lee, Barnes and Noble, Nueva York.

Brockett, Charles D. (1991), "The Structure of Political Opportunities and Peasant Mobilization in Central America", *Comparative Politics*, 253-274.

Camacho, Daniel, y Rafael Menjívar (1989), *Los movimientos populares en América Latina*, Siglo XXI-Universidad de las Naciones Unidas, México.

Castells, Manuel (1974), *Movimientos sociales urbanos*, Siglo XXI, Madrid.

Cohen, Jean L. (1985), "Strategy or Identity: New Theoretical Paradigms and Contemporary Social Movements", *Social Research* 52, núm. 4 (invierno). Para la versión en español, véase *Teoría de los movimientos sociales*, Cuadernos de Ciencias Sociales núm. 17, Facultad Latinoamericana de Ciencias Sociales (FLACSO), San José.

———, y Andrew Arato (1992), *Civil Society and Political Theory*, The MIT Press, Cambridge, Mass., y Londres.

Curtis, Russell L., Jr., y Louis A. Zurcher (1973), "Social

Movements: An Analytical Exploration of Organizational Forms", *Social Problems* 21: 356-370.

D'Anjou, Leo (1966), *Social Movements and Cultural Change*, Walter de Gruyter, Nueva York.

Davies, James (1969), "The J-Curve of Rising and Declining Satisfactions as a Cause of Some Great Revolutions and Contained Rebellion", en *Violence in America: Historical and Comparative Perspectives*, editado por Hugh Graham y Ted Gurr, Signet Books, NuevaYork.

——— (1962), "Toward a Theory of Revolution", *American Sociological Review*, 27: 5-19.

Eisinger, Peter K. (1973), "The Conditions of Protest Behavior in American Cities", *American Political Science Review* 67: 11-28.

Elster, John (1991), *El cemento de la sociedad: las paradojas del orden social*, Gedisa, Barcelona.

——— (1985), *Making Sense of Marx*, Cambridge University Press, Cambridge.

Escobar, Arturo, y Sonia Álvarez (1992), *The Making of Social Movements in Latin America*, Westview Press, Boulder.

Ferree, Myra Marx, y Frederick Miller (1985), "Mobilization and Meaning: Toward and Integration of Social Psychological and Resource Perspectives on Social Movements", *Sociological Inquiry* 55, núm. 1: 38-61.

Gamson, William A. (1992), *Talking Politics*, Cambridge University Press, Cambridge.

——— (1988), "Political Discourse and Collective Action", en *International Social Movement Research*, vol. 1, *From Structure to Action: Comparing Social Movement Research Across Cultures*, editado por Hanspeter Kriesi y Sidney Tarrow, JAI Press, Greenwich, Conn.

——— (1975), *The Strategy of Social Protest*, Wadsworth, Belmont, Calif.

——— (1968), *Power and Discontent*, Dorsey Press, Homewood, Ill.

———, y David S. Meyer (1996), "Framing Political Opportunity", en *Comparative Perspectives on Social Movements*, editado por Doug McAdam *et al.*, Cambridge University Press, Cambridge.

Garner, Roberta, y Myer N. Zald (1985), "The Political Economy of Social Movement Sectors", en *The Challenge of Social Control*, editado por Gerald Suttles y Mayer N. Zald, Ablex, Norwood, N. J.

Geremek, Bronislaw (1992), "Civil Society Then and Now", *Journal of Democracy* 3, núm. 2: 3-12.

Goldstone, Jack (1991), *Revolution and Rebellion in the Early Modern World*, University of California Press, Berkeley.

Gurr, Ted (1970), *Why Men Rebel*, Princeton University Press, Princeton.

Habermas, Jürgen (1981), "New Social Movements", *Telos*, núm. 49: 33-37.

Heberle, Rudolf (1951), *Social Movements: An Introduction to Political Sociology*, Appleton, Nueva York.

Jenkins, Craig (1983), "Resource Mobilization Theory and the Study of Social Movements", *Annual Review of Sociology* 9: 527-553. Para la versión en español, véase *Teoría de los movimientos sociales*, editado por la Facultad Latinoamericana de Ciencias Sociales (FLACSO), Cuadernos de Ciencias Sociales, núm. 17, San José, 1988.

———, y Charles Perrow (1977), "Insurgency of the Powerless: Farm Worker Movements (1946-1972)", *American Sociological Review* 42: 249-268.

———, y Bert Klandermans (eds.) (1995), *The Politics of Social Protest. Comparative Perspectives on States and Social Movements*, University of Minnesota Press, Minneapolis.

Johnston, Hank, y Bert Klandermans (eds.) (1995), *Social Movements and Culture*. University of Minnesota Press, Minneapolis.

Kitschelt, Herbert (1986), "Political Opportunity Structures and Political Protest: Anti-Nuclear Movements in Four Democracies", *British Journal of Political Science* 16: 57-85.

Klandermans, Bert (1993), "A Theoretical Framework for Comparisons of Social Movement Participation", *Sociological Forum* 8: 383-402.

———, y Sidney Tarrow (1988), "Mobilization into Social Movements: Synthesizing European and American Approaches", en *International Social Movement Research*, vol. 1, editado por Hanspeter Kriesi y Sidney Tarrow, JAI Press, Greenwich, Conn.

Kornhauser, William (1959), *The Politics of Mass Society*, Free Press, Glencoe, Ill.

Kriesi, Hanspeter (1996), "The Impact of National Contexts on Social Movement Structures: a Cross-Movement and Cross-National Comparison", en *Comparative Perspectives on Social Movements*, editado por Doug McAdam *et al.*, Cambridge University Press, Cambridge.

——— (1988), "The Interdependence of Structure and Action: Some Reflections on the State of the Art", en *International Social Movement Research*, vol. 1, editado por Hanspeter Kriesi y Sidney Tarrow, JAI Press, Greenwich, Conn.

———, Ruud Koopmans, Jan W. Duyvendak y Marco G. Giugni (1992), "New Social Movements and Political Opportunities in Western Europe", *European Journal of Political Research* 22: 219-244.

Lipsky, Michael (1968), "Protest as a Political Resource", *American Political Science Review* 62: 1144-1158.

Luhmann, Niklas, y Raffaele de Georgi (1993), *Sistemas sociales. Lineamientos para una teoría general*, U. de G.-UIA-ITESO-U, México.

Mainwaring Scott (1985), *Grass Roots, Popular Movements and the Struggle for Democracy: Nova Iguaçu, 1974-1985*, The Helen Kellog Institute for International Studies: University of Notre Dame, documento de trabajo núm. 52.

———, y Eduardo Viola (1984), *New Social Movements, Political Culture, and Democracy: Brazil and Argentina*, The Helen Kellog Institute for International Studies, University of Notre Dame, documento de trabajo núm. 33.

Mayer, Margit (1995), "Social Movement Research in the United States: A European Perspective", en *Social Movements, Critiques, Concepts, Case Studies*, editado por Lyman M. Stanford, New York University Press, Nueva York.

McAdam, Doug (1996), "Political Opportunities: Conceptual Origins, Current Problems, Future Directions", en *Comparative Perspectives on Social Movements*, editado por Doug McAdam *et al.*, Cambridge University Press, Cambridge.

——— (1982), *Political Process and the Development of Black Insurgency, 1930-1970*, University of Chicago Press, Chicago.

———, John D. McCarthy y Mayer N. Zald (1996), "Introduction: Opportunities, Mobilizing Structures, and Framing Processes Toward a Synthetic, Comparative Perspective on Social Movements", en *Comparative Perspectives on Social Movements*, editado por Doug McAdam *et al.*, Cambridge University Press, Cambridge.

——— (1988), "Social Movements", en *Handbook of Sociology*, editado por Neil J. Smelser, Sage, Beverly Hills, Calif.

———, y David A. Snow (1997), *Social Movements: Readings on Their Emergence, Mobilization, and Dynamics*, University of Arizona.

McCarthy, John D., y Mayer N. Zald (1977), "Resource Mobilization and Social Movements: A Partial Theory", *American Journal of Sociology* 82 (6): 1212-1241.

—— (1973), *The Trend of Social Movements in America: Professionalization and Resource Mobilization*, General Learning Press, Morristown, N. J.

Melucci, Alberto (1996), *Challenging Codes. Collective Action in the Information Age*, Cambridge University Press, Cambridge y Nueva York.

—— (1995) "El conflicto y la regla: movimientos sociales y sistemas políticos", *Sociológica*, año 10, núm. 28: 225-233 (mayo-agosto).

—— (1991), "La acción colectiva como construcción social", *Estudios Sociológicos*, vol. IX, núm. 26: 357-364 (mayo-agosto).

—— (1989), *Nomads of the Present. Social Movements and Individual Needs in Contemporary Society*, editado por John Keane y Paul Mier, Temple University Press, Filadelfia.

—— (1988), "Las teorías de los movimientos sociales", en *Teoría de los movimientos sociales*, Cuadernos de Ciencias Sociales núm. 17, Facultad Latinoamericana de Ciencias Sociales (FLACSO), San José.

—— (1985), "The Symbolic Challenge of Contemporary Movements", *Social Research* 52: 4 (invierno): 789-816.

—— (1980), "The New Social Movements: A Theoretical Approach", *Social Science Information* 19: 199-226.

Oberschall, Anthony (1973), *Social Conflict and Social Movements*, Prentice Hall, Englewood Cliffs, N. J.

Offe, Claus (1985), "New Social Movements: Challeging the Boundaries of Institutional Politics", *Social Research* 52: 817-868.

Olson, Mancur (1965), *The Logic of Collective Action*, Harvard University Press, Cambridge Mass. Para la versión en español, véase: *La lógica de la acción colectiva: bienes públicos y la teoría de grupos*, Limusa; Grupo Noriega Editores, México, 1991.

Opp, Karl-Dieter, et al. (1995) "Left-Right Ideology and Collective Political Action: A Comparative Analysis of Germany, Israel, and Peru", en *The Politics of Social Protest. Comparative Perspectives on States and Social Movements*, editado por Craig Jenkins y Bert Klandermans, University of Minnesota Press, Minneapolis.

Park, Robert E., y Ernest W. Burgess (1921), *Introduction to the Science of Society*, University of Chicago Press, Chicago.

—— (1967), *On Social Control and Collective Behavior*, editado por Ralph Turner, University of Chicago Press, Chicago.

Piven, Frances Fox, y Richard A. Cloward (1991), "Collective Protest: A Critique of Resource Mobilization Theory", *International Journal of Politics, Culture, and Society*, vol. 4, núm. 4: 435-458 (verano).

Pizzorno, Alejandro (1978), "Political Exchange and Collective Identity in Industrial Conflict", en *The Resurgence of Class Conflict in Western Europe since 1968*, editado por C. Crouch y A. Pizzorno, Macmillan, Londres.

Plotke, David (1990), "What's So New About New Social Movements?", *Socialist Review*, vol. 20, núm. 1 (enero-marzo).

Roemer, John (ed.) (1988), *Analytical Marxism*, Cambridge University Press, Cambridge.

Skocpol, Theda (1979), *States and Social Revolutions: A Comparative Analysis of France, Russia, and China*, Princeton University Press, Princeton. Para la versión en español, véase: *Los Estados y las revoluciones sociales*, Fondo de Cultura Económica, México.

Snow, David, E. Burke Rochford, Jr., Steven K. Worden y Robert D. Bendord (1986), "Frame Alignment Processes, Micromobilization, and Movement Participation", *American Sociological Review* 51: 464-481.

——, y Robert D. Benford (1992), "Master Frames and Cycles of Protest", en *Frontiers in Social Movement Theory*, editado por Aldon D. Morris y Carol McClurg Mueller, Yale University Press, New Haven.

—— (1988), "Ideology, Frame Resonance and Participant Mobilization", *International Social Movement Research*, vol. 1: 197-217.

Swidler, Ann (1995), "Cultural Power and Social Movements", en *Social Movements and Culture*, editado por Hank Johnston y Bert Klandermans, University of Minnesota Press, Minneapolis.

Tarrés, María Luisa (1992), "Perspectivas analíticas en la sociología de la acción colectiva", *Estudios Sociológicos*, vol. X, núm. 30: 735-757 (septiembre-diciembre).

Tarrow, Sidney (1998), "El proceso político de los movimientos sociales", seminario, COLMEX-Centro de Estudios Sociológicos, México, 26-28 de mayo.

—— (1996), "States and Opportunities: The Political Structuring of Social Movements", en *Comparative Perspectives on Social Movements*, editado por Doug McAdam et al., Cambridge University Press, Cambridge.

—— (1994), *Power in Movement. Social Movements, Collective Action and Politics*. Cambridge University Press, Cambridge. Para la versión en español, véase *El poder en movimiento. Los movimientos sociales, la acción colectiva y la política*, Alianza Editorial, Madrid, 1997.

—— (1991), "Comparing Social Movement Participation in Western Europe and the United States: Problems, Uses, and a Proposal for Synthesis", en *Research on Social Movements* editado por Dieter Rucht, Francfort-Boulder, Co.: Campus/Westview.

—— (1983), "Resource Mobilization and Cycles of Protest: Theoretical Reflections and Comparative Illustrations", documento presentado en las reuniones de la American Sociological Association, Detroit.

Tilly, Charles (1995), "Los movimientos sociales como agrupaciones históricamente específicas de actuaciones políticas", *Sociológica*, año 10, núm. 28: 13-36 (mayo-agosto).

—— (1984), "Social Movements and National Politics", en *Statemaking and Social Movements*, editado por Charles Bright y Susan Harding, University of Michigan Press, Ann Arbor.

—— (1978), *From Mobilization to Revolution*, Random House, Nueva York.

Touraine, Alain (1997), "Los movimientos sociales", en *¿Podremos vivir juntos? Iguales y diferentes*, Fondo de Cultura Económica, México.

—— (1995), *Producción de la sociedad*, Instituto de Investigaciones Sociales-UNAM e Instituto Francés de América Latina, México.

—— (1985), "An Introduction to the Study of Social Movements", *Social Research*, vol. 52, núm. 4: 749-787 (invierno).

—— (1981), *The Voice and the Eye*, Cambridge University Press, Cambridge.

Turner, Ralph H., y Lewis M. Killian [1957] (1972), *Collective Behavior*, Prentice-Hall, Englewood Cliffs, N. J.

Useem, Bert (1980), "Solidarity Model, Breakdown Model, and the Boston Anti-busing Movement", *American Sociological Review* 45: 357-369.

Walsh, Edward (1981), "Resource Mobilization and Citizen Protest in Communities around Three Mile Island", *Social Problems* 29, núm. 1: 1-21.

White, Gordon (1994), "Civil Society, Democratization and Development", *Democratization* 1, núm. 3: 375-390.

Wilkinson, Paul (1971), *Social Movements*, Macmillan, Londres.

Zald, Mayer N., y Roberta Ash (1966), "Social Movement Organizations: Growth, Decay and Change", *Social Forces* 44: 327-341.

Zurcher, Louis A., y David A. Snow (1981), "Collective Behavior: Social Movements", en *Social Psychology, Social Perspectives*, editado por Morris Rosenberg y Ralph H. Turner, Basic Books, Nueva York.

MULTICULTURALISMO

María Pía Lara

Definición

El multiculturalismo es un concepto típicamente moderno. Ello no significa que en el pasado no existieran o importaran públicamente las diferencias culturales y étnicas. Lo verdaderamente específico acerca de la concepción sobre el multiculturalismo en los Estados modernos es que existe un interés, una necesidad y una obligación de establecer criterios y procedimientos que reconozcan esas diferencias culturales como partes sustantivas de los derechos ciudadanos. Sin embargo, el término *multiculturalismo* es un concepto "paraguas" en el que hasta ahora se ha mezclado la descripción de distintos problemas.[1]

Países como los Estados Unidos, Canadá, Inglaterra y Australia se han declarado abiertamente multiculturales y sus debates políticos y académicos han reflejado su interés por definir lo característico de sus rasgos multiculturales. Todos estos países tienen problemas diversos y sus realidades plurales configuran patrones "multiculturales" específicos. El verdadero reto del futuro será la forma en la que las teorías democráticas y los proyectos liberales puedan articular la concepción de individuo con la de los derechos culturales y étnicos vinculados a los derechos ciudadanos en las sociedades democráticas.

Podemos delimitar históricamente el problema si reparamos en la relación conceptual entre derechos y ciudadanía. Es por ello que en el debate contemporáneo sobre el multiculturalismo se *redefine* críticamente la concepción del Estado-nación y se rearticulan los derechos ciudadanos. Habermas (1995: 257), por ejemplo, ha argumentado:

> Esta formación de Estado aseguró las condiciones bajo las cuales el capitalismo podría desarrollarse mundialmente. El Estado-nación proveyó tanto la infraestructura de la administración racional, como el marco legal para la acción libre individual y colectiva. Más aún, y esto es lo que más nos interesa aquí, el Estado-nación propuso como sus fundamentos las ideas de homogeneidad étnica y cultural sobre las bases de lo que entonces se consideraban las posiciones más democráticas, más progresistas, aun cuando ello fue conseguido al costo de excluir a las minorías étnicas.

Fue así como el capitalismo y la democracia hallaron convergencias en sus intereses acerca de la propuesta de transformación social de un Estado-nación que integrara a los diversos grupos sociales dentro un todo homogéneo. Las identidades heredadas, producto de sociedades desiguales, como la aristocrática, desaparecieron. En lugar de ellas surgió una concepción igualitaria donde los individuos fueron reconocidos en su papel de ciudadanos libres e iguales frente a la ley. La sociedad homogénea[2] e igualitaria se convirtió en el signo progresista de la democracia como mecanismo de transformación social. En este mismo sentido, el nacionalismo se transformó en un fenómeno moderno de integración cultural. Como constructor político, el nacionalismo ha estado sujeto siempre a una manipulación interpretativa por los diferentes grupos sociales y en los diferentes momentos históricos. No fue sino hasta el siglo XVIII cuando se equiparó el término *nación* con el de la interpretación que la describía como el "conjunto de gente políticamente organizada". La Ilustración permitió entender este concepto como constitutivo del papel de la identidad política de un ciudadano dentro de una democracia. Al mismo tiempo, esta dimensión pudo concebir la nación de ciudadanos ya no derivando su identidad a partir de propiedades culturales compartidas o a través de una etnia común, sino de la *praxis* de los ciudadanos que activamente ejercieron y delimitaron sus derechos y responsabilidades civiles.

Historia, teoría y crítica

La homogeneidad como signo de modernización fue sólo una primera parte importante de la creación de los Estados-nación. Las experiencias de las democracias contemporáneas han apuntado cada vez más hacia una mayor heterogeneidad y diversidad social. Esta paradójica direccionalidad puede explicarse sólo a partir de un nuevo marco teórico. La cada vez más fuerte e intensa migración internacional, el proceso de una mayor secularización y, al mismo tiempo, un mayor individualismo moral son algunos de los factores que han contribuido a esta diversificación. Quizá lo más relevante de esta transformación diversificada de las sociedades modernas se debió al papel transformador que propiciaron las luchas sociales de diversos grupos marginales y a los movimientos sociales en torno a los derechos civiles.

Por otro lado, entender el proceso de la configuración de una nación vinculada a la apropiación reflexiva[3] de una tradición está en la base del vínculo moder-

---

[1] "Multicultural resulta ser un concepto confuso en términos descriptivos, y poco operativo en términos explicativos y normativos" (Requejo, 1996: 93-120).

[2] Como ha afirmado acertadamente Bhikhu Parekh (1997: 54-62): "Contemporary multiculturalism in the West has occurred against the background of nearly three centuries of the homogeneizing nation-state" [El multiculturalismo contemporáneo en Occidente ha surgido ante el trasfondo de casi tres siglos de la homogeneizada nación-estado].

[3] Habermas (1995: 259) argumenta: "Nationalism, which was inspired by the works of historians and romantic writers, founded a collective identity that played a *functional role* for the implementation of the citizenship that arose in the French Revolution. In the melting pot of national consciousness, the ascriptive features of one's origin were now transformed into just so many achieved properties, resulting from a reflexive appropriation of tradition. *Hereditary nationality gave way to an acquired nationalism, that is, to a product of one's own conscious striving*" [El nacionalismo, que fue inspirado por las obras de historiadores y de escritores románticos, fundó una identidad colectiva que desempeñó un *papel funcional* para la implementación de la ciudadanía que surgió con la Revolución francesa. En el crisol de la conciencia nacional, los rasgos de adscripción del origen de cada quien se transformaron en sólo otras tantas propiedades logradas, resultantes de una apropiación refleja de la tradición. *La nacionalidad hereditaria cedió ante un nacionalismo adquirido,*

no entre nación y ciudadano. La reflexividad crítica permitió que la concepción de ciudadanía tuviese un marco legal con el reconocimiento de los derechos. En los siglos pasados, la idea de ciudadanía sólo apelaba al papel de miembro. Sólo durante este siglo el concepto de ciudadanía se definió en términos de derechos civiles. En las democracias modernas, la Constitución representa el consenso establecido entre la voluntad ciudadana y sus derechos y las garantías dentro de una democracia.[4] El trabajo de T. H. Marshall es una prueba de la tesis de que el estatus de ciudadanía en las sociedades modernas se ha ido expandiendo y reforzando paso a paso (Habermas, 1995: 267). Marshall reconoce los derechos civiles, los políticos y los sociales. Los derechos negativos de los individuos se han completado ahora con derechos democráticos y éstos con derechos sociales que han permitido una mayor integración de grandes sectores de la población.

En mi opinión, tomando como punto de partida la teoría de T. H. Marshall[5] es posible plantear una visión normativa del multiculturalismo como la culminación de la conquista de los derechos civiles en el reconocimiento de los derechos culturales del ciudadano.[6] La reflexión acerca de cómo definir esos derechos culturales está todavía a debate y, sin embargo, es posible plantear los problemas relacionados con el multiculturalismo como partes integrales de las luchas sociales por la integración y la transformación de la estructura legal del reconocimiento y los derechos de los ciudadanos. Por esta razón podría afirmarse que el multiculturalismo es también un resultado de los potenciales positivos de las sociedades civiles. En este sentido, se trataría de establecer una relación entre las necesidades de los grupos sociales de promover un proceso de integración social y una nueva definición de los derechos de dichos grupos. Históricamente esto puede reconstruirse a partir de los sesenta y de los setenta, décadas en las que se vieron aparecer toda clase de reivindicaciones sobre las diferencias entre géneros, razas, clases y orígenes culturales y étnicos. En suma, podría afirmarse que el multiculturalismo es un producto contemporáneo porque está claramente asociado a una relación estrecha entre la acción colectiva y la sociedad civil de las sociedades abiertamente pluralistas[7] en torno a la nueva definición de sus derechos. Precisamente por ello en los países democráticamente más desarrollados es posible advertir con mayor fuerza la influencia social de los debates multiculturales. Estos contextos de acción incluyen generalmente un espacio público fuerte, lo que significa la existencia de instituciones sociales como los medios de comunicación masiva y la prensa; los derechos más elementales, como los de asociación, de expresión y de reunión; las instituciones políticas representativas, y un sistema judicial autónomo. La autorreflexión de las sociedades modernas en torno a sí mismas nos permite plantear las luchas sociales ya no sólo como los esfuerzos de "integración social" de los grupos sociales, sino también como luchas por la necesidad del reconocimiento de las identidades de estos grupos y sus derechos. Los actores colectivos contemporáneos son conscientes de que la creación de identidades es una lucha en el territorio de la dimensión cultural. Se trata, por ejemplo, de conflictos de interpretación de las normas sociales, de la creación de nuevos significados políticos y sociales, y finalmente, del reto de formación de distintos derechos y de sus límites.[8]

---

es decir, ante un producto del propio afán consciente de cada cual] (cursivas de la autora).

[4] Habermas (1995: 261) argumenta que "the status of citizen is constituted above all by those democratic rights to which the individual can reflexively lay claim in order to alter his material legal status" [El estatus de ciudadano está constituido ante todo por aquellos derechos democráticos que el hombre puede reflexivamente exigir para alterar su estatus jurídico material].

[5] Will Kymlicka y Wayne Norman (1995: 285) aducen: "Marshall divides citizenship rights into three categories which he sees as having taken hold in England in three successive centuries: civil rights, which arose in the eighteenth century; political rights, which arose in the nineteenth century; and social rights, for example, to public education, health care, unemployment insurance, and old-age pension, which have become established in this century [...] And with the expansion of the rights of citizenship, he notes, there was also an expansion of the class of citizens. Civil and political rights that had been restricted to white property-owning Protestant men were gradually *extended to women, the working class, Jews and Catholics, blacks, and other previously excluded*" [Marshall divide los derechos de ciudadanía en tres categorías que, en su opinión echaron raíces en Inglaterra durante tres siglos sucesivos: derechos civiles, que surgieron en el siglo XVIII; derechos políticos, que surgieron en el siglo XIX; y derechos sociales, por ejemplo a la educación pública, cuidado a la salud, seguro de desempleo y pensión para la vejez, que se han establecido en este siglo (...) Y con la expansión de los derechos de ciudadanía, observa, vino también una expansión de la clase de los ciudadanos. Los derechos civiles y políticos que habían estado limitados a los varones protestantes blancos propietarios *se extendieron gradualmente a las mujeres, la clase obrera, judíos y católicos, negros y otros que antes habían quedado excluidos*" (cursivas de la autora).

[6] Habermas (1995: 270) tiene razón cuando afirma: "Clearly, the view that sees the rights of citizenship essentially as the product of class struggle (Marshall) is too narrow to focus. Other types of social movements, above all migrations and wars, were the driving force behind the development of a full-fledged status for citizens. In addition, factor that prompted the juridification of new relations of inclusion also had an impact on the political mobilization of a population and thus on the active exercise of given rights of citizenship" [Sin duda, el concepto que ve los derechos de ciudadanía esencialmente como producto de la lucha de clases (Marshall) muestra muy poco criterio. Otros tipos de movimientos sociales, ante todo emigraciones y guerras, fueron la fuerza impelente del desarrollo de la categoría de ciudadanos con todos los derechos. Además, el factor que promovió la juridificación de nuevas relaciones de inclusión también ejerció un impacto sobre la movilización política de una población y, por ello, sobre el ejercicio activo de los derechos dados de ciudadanía].

[7] En mi opinión, la mejor definición sobre la lógica de la acción colectiva y los movimientos sociales contemporáneos la han dado Jean L. Cohen y Andrew Arato, quienes argumentan que dichos movimientos articulan una política de la identidad combinada con otra de la influencia. Su perspectiva no sólo permite comprender la diferencia entre las estrategias de influencia con las de poder, sino que también coloca a la política de las identidades en un plano de gran importancia, sin el cual sería imposible concebir al multiculturalismo (Cohen y Arato, 1992: 504).

[8] Will Kymlicka (1997: 82, 72-88) argumenta: "For better or worse, the heart of multiculturalism in the West is about

El multiculturalismo es el fenómeno que abre el campo al planteamiento de los derechos "culturales" y de los derechos a las "identidades". Los movimientos civiles de los años sesenta, setenta y principios de los ochenta abrieron el espectro de temas acerca de las identidades. El movimiento de los derechos civiles en los Estados Unidos y el feminismo en todo el mundo fueron los actores principales que transformaron el espectro de consideración de los grupos sociales en las sociedades contemporáneas. Las razas, el género y las diferentes culturas étnicas y minoritarias constituyen ahora la materia prima de las relaciones multiculturales de los Estados democráticos. A su vez, los grupos de inmigrantes que continuamente llegan a países desarrollados han transformado la vida social y cultural de esos países. Sólo recientemente las teorías liberales han comenzado a estudiar el estatus "étnico-cultural" de los diversos grupos sociales, y el reto ha sido el poder definir con claridad en qué consiste el principio general de la "no discriminación" como clave en la que la justicia institucionaliza las relaciones etnoculturales.

Líneas de investigación y debate contemporáneo

Diversas teorías multiculturales

Cuando Rawls advertía que la única fuente posible de unidad en una sociedad multicultural era una concepción compartida de la justicia, dejaba entreabierto el panorama en el que se puede introducir el debate del multiculturalismo en términos de derechos.[9] La experiencia de integración total o parcial de los inmigrantes en las sociedades democráticas ha estimulado la posibilidad de pensar en sí es necesaria la protección legal del derecho a no ser discriminado por diferencias culturales, así como si tiene uno derecho a la integración sin haber necesitado abandonar la cultura original de donde uno proviene. El reto de plantear la perspectiva de cómo puede una teoría liberal responder en forma normativa a lo que son ya las actuales prácticas de las democracias liberales en torno a los grupos etnoculturales, ha sido la tarea más importante de Will Kymlicka.[10] Al principio, su obra dibujó las primeras líneas sobre una teoría multicultural en su libro *Liberalism, Community and Culture*, y recientemente ha trabajado en forma más elaborada al intentar estrechar la separación entre teoría y práctica liberal con su libro *Multicultural Citizenship: A Liberal Theory of Minority Rights* (1995). Este texto constituye un ambicioso tratado filosófico cuyo principal objetivo es ofrecer una teoría liberal de los derechos de las minorías. Kymlicka delimita lo que son los principios básicos del liberalismo: el individualismo, la autonomía, la autorreflexión crítica y el poder de elección. Los individuos son las unidades morales básicas de una sociedad y los únicos poseedores de derechos y obligaciones. Ni las sociedades ni las culturas tienen un "estatus moral propio" y sólo pueden considerarse en los términos en los que afectan a sus miembros. Un Estado es monocultural si todos sus miembros comparten una cultura común y constituyen una sola nación; y es multicultural si ellos pertenecen a naciones diferentes, como el caso de Quebec y los indios aborígenes de Canadá (en cuyo caso es un Estado multinacional) o han inmigrado desde otras naciones diferentes (en cuyo caso es un Estado poliétnico). La teoría de Kymlicka está diseñada para especificar las bases y los contenidos de los derechos de estos dos grupos. Kymlicka distingue entre multinacionalismo y polietnicidad. El primero se refiere a la presencia de varias naciones o pueblos dentro de un Estado, mientras que la polietnicidad se refiere al Estado que cobija la presencia de gente proveniente de otras naciones y cuyos orígenes son de gran importancia para sus descendientes. De la misma forma, Kymlicka desarrolla tres clases de derechos de grupo diferenciados: los derechos de autogobierno, los derechos poliétnicos[11] y los derechos especiales de representación.

La importancia de la teoría de Kymlicka radica en ser absolutamente coherente con los principios liberales en los que se inspira.[12] Para él, el poder elegir y la

---

how to interpret liberal democratic principles, not about whether those principles are legitimate" [Para bien o para mal, el meollo del multiculturalismo en Occidente es sobre cómo interpretar los principios democráticos liberales, no sobre si esos principios son legítimos].

[9] Kymlicka (1997: 72) argumenta: "Insofar as liberal theorists have discussed the status of ethnocultural groups, they have typically advanced a generalized principle of 'non-discrimination' as the key to justice in ethnocultural relations" [En la medida en que los teóricos liberales han analizado la posición de grupos etnoculturales, típicamente han propuesto un principio generalizado de "no discriminación" como clave de la justicia en las relaciones etnoculturales].

[10] "This differential treatment of immigrants and national minorities is a striking fact about liberal democracies in this century. It is a well-established feature of liberal democracies, and one which is surprisingly uncontroversial in most countries. Yet it is undertheorized in normative liberal theory. It is difficult to think of a single major liberal theory who has discussed this differential treatment, whether to defend or criticize it" [Este diferente trato a los inmigrantes y a las minorías nacionales es un hecho notable de las democracias liberales en este siglo. Es un rasgo bien establecido de las democracias liberales, que sorprendentemente no causa controversias casi en ningún país. Resulta difícil pensar en una sola teoría liberal importante que haya estudiado esta diferencia de trato, sea para defenderla o para criticarla] (Kymlicka, 1997: 73).

[11] Joseph Carens (1997: 37) ha advertido una serie de ambigüedades en la consideración de los derechos poliétnicos y sugiere en cambio un nombre distinto "derechos de reconocimiento", cuyo principal objetivo sería el de proveer de reconocimiento público y de apoyo a ciertas prácticas culturales de minorías o formas de identidad.

[12] Joseph H. Carens (1997: 35-53) describe las tres mejores contribuciones del segundo libro de Kymlicka como sigue: "First, it makes a number of key conceptual points about the nature of group rights. Second, it demonstrates the advantages for normative democratic theory of starting from the actual practices of democratic states, and specifically, in this case, in paying attention to the many ways in which liberal democratic states today do already recognize minority cultural rights. Third, it launches an effective critique of the idea that the state can be culturally neutral" [Primero, establece cierto número de puntos conceptuales clave acerca del carácter de los derechos de grupo. Luego, demuestra las ventajas (para la teoría normativa práctica) de partir de las prácticas reales de los Estados democráticos y, específicamente en este caso, de prestar atención a las muchas maneras en que los Estados democráticos de hoy reconocen ya los derechos culturales de las minorías. En tercer lugar, lanza una crítica

autonomía son los valores liberales que sostienen su propuesta, y su concepción de la cultura es que ésta sólo es importante como contexto de elección y en tanto que alimenta a la autonomía. En este sentido, la cultura no tiene ningún valor intrínseco, por el contrario, su sentido es instrumental y consiste en proveer al individuo de opciones relevantes y en permitirle desarrollar su capacidad reflexiva para hacer elecciones inteligentes. De acuerdo con esta visión, Kymlicka concede evaluaciones de superioridad a aquellas culturas que permiten la autonomía y la elección frente a otras que las impiden. Y, finalmente, como la cultura debe sostener la posibilidad de hacer elecciones, ésta deberá siempre permanecer abierta a la influencia de otras culturas y, por lo tanto, no puede restringir el libre intercambio de ideas ni permitir la censura. La teoría de Kymlicka es el esfuerzo más acabado por establecer la conexión entre las culturas societales y los valores liberales que permita el reconocimiento de los derechos etnoculturales.

Por otro lado, los comunitaristas han tenido siempre en la mira los fracasos o dilemas generados por el liberalismo. La aportación más relevante del comunitarismo al problema del multiculturalismo ha sido la propuesta de Charles Taylor en su "Política del reconocimiento". En dicha obra, Taylor argumenta acerca de dos formas distintas del liberalismo: "el liberalismo 1, que es el homogeneizador"; y el "liberalismo 2", que es su propuesta de Estado comunitario. Taylor se pone a la tarea de examinar los valores liberales, que, para él, chocan con la idea de la neutralidad del Estado y, por otro lado, la forma paradójica y contradictoria en que la ley impone a todos un tratamiento formal de ciudadanos iguales. Su defensa de la protección de los derechos de las identidades colectivas rechaza la noción individualista en la que están definidos los derechos humanos, así como la prioridad del valor de la libertad en la que se sustentan. El trabajo de Taylor siempre ha estado asociado a la defensa de la noción de libertad "positiva" como un ejercicio de autenticidad y autorreflexión (Taylor, 1985: 211-229).

Las críticas más importantes a este análisis de Taylor pueden resumirse básicamente en tres: *a)* Taylor posee una noción de cultura estetizante que impide una valoración moral y política adecuada. *b)* Su concepción de "cultura" como bien intrínseco es religiosa e ignora la capacidad crítica de las culturas modernas, en las que es posible discriminar entre las culturas opresivas, racistas, criminales o crueles de otras que no lo son. *c)* Su noción cuasirreligiosa de cultura le impide establecer criterios transculturales de evaluación sobre las cualidades o defectos de una cultura, pues según Taylor, todas las culturas son igualmente valiosas. Sin criterio evaluativo perdemos la posibilidad que permitía establecer la ventaja de un diálogo y el posible aprendizaje entre distintas culturas. Dicho criterio permitiría concebir la aportación de las culturas en el sentido de apertura, de la capacidad de sus horizontes reflexivos y críticos para aprender de otros y para aportar o recibir de otros. Parecería que en el centro de este problema se encuentra la perspectiva comunitarista que es incapaz de reconocer una perspectiva ética que incluya valoraciones transculturales y universales.[13]

La versión feminista multicultural más radical la hallamos en la propuesta de Iris Marion Young (1990). Algunos la consideran una de las más importantes aportaciones a la posición conocida como "pluralismo cultural" (Kymlicka, 1995: 303). Para Young, el intento de crear una concepción universal de lo que es la ciudadanía y sus derechos que trascienda las diferencias es fundamentalmente injusto porque oprime a otros grupos históricamente excluidos. Según Young, la verdadera igualdad supone afirmar las diferencias culturales y étnicas en vez de ignorarlas. Podría decirse que esta teoría más que ninguna otra es antimoderna; de ahí el éxito que ha tenido al compartir muchas opiniones con las teorías posmodernas que rechazan el legado de la modernidad.

La posición de Young ha sido ampliamente criticada, y quizá vale la pena mencionar las más importantes objeciones a su postura. Una de las primeras críticas ha sido la de plantear que al afirmar *solamente* las diferencias étnicas, religiosas, sexuales y raciales, los ciudadanos terminarían por abandonar la tarea de fraternización en la que debe constituirse el núcleo civil de un país democrático. Otra forma de articular este argumento es si consideramos que el concepto de ciudadanía deja de ser una preocupación normativa importante, lo que supone olvidarse de él como característica virtud política. Al no poseer mayor valoración normativa, dejaría de formar parte del sentir colectivo, lo que a su vez implicaría que los diversos grupos ya no tendrían ninguna razón colectiva para querer una relación de identidad común (creando *ghettos* y no comunidades), y ello provocaría la desconfianza y el conflicto. Otros críticos han señalado que la posición de las diferencias puede afirmar y alentar la "política" del rencor y la "victimización". La consecuencia de ello puede ser, en muchos casos, el que los grupos trabajen más por establecer sus diferencias y por hacer públicas sus desventajas y rencores y se olviden de luchar por sobreponerse a las injusticias y al maltrato del pasado. Por último, Young simplifica las dimensiones políticas y sociales de las democracias contemporáneas. Todo ello redunda en la ausencia teórica más grande de su obra: el papel que desempeña la *solidaridad entre personas, grupos, naciones y la posibilidad de que a partir de ella se creen los objetivos institucionales comunes.*

---

[13] Al respecto dice Habermas (1994: 126): "Because ethical-political decisions are an unavoidable part of politics, and because their legal regulation expresses the collective identity of a nation of citizens, they can spark cultural battles in which disrespected minorities struggle against an insensitive majority culture. What sets off the battles is not the ethical neutrality of the legal order but rather the fact that every legal community and every democratic process of actualizing basic rights is inevitably permeated by ethics" [Dado que las decisiones ético-políticas son parte inevitable de la política, y dado que su regulación legal expresa la identidad colectiva de una nación de ciudadanos, pueden desencadenar batallas culturales en que las minorías no respetadas luchen contra una insensible cultura mayoritaria. Lo que causa estas batallas no es la neutralidad ética del orden jurídico sino, antes bien, el hecho de que toda comunidad jurídica y todo proceso democrático de dar realidad a los derechos fundamentales están inevitablemente imbuidos por la ética].

atinada a la idea de que el Estado puede ser culturalmente neutral].

Por otro lado, Kymlicka también ha advertido que Young tiende a confundir distintos derechos que es importante diferenciar, a saber: *a)* los derechos de representación especial (para los grupos en desventaja como las mujeres o las razas oprimidas); *b)* los derechos multiculturales (para inmigrantes y grupos religiosos), y *c)* los derechos de autogobierno (para las minorías nacionales como los casos de Canadá, España e Irlanda). Cada uno de estos derechos tiene que verse definido y esclarecido (Kymlicka, 1995: 304). Lo importante de esta aclaración crítica de Kymlicka es que, al ignorar la diferenciación de los derechos y sus diversas causas, Young olvida que la demanda por los derechos de representación y la demanda por los derechos multiculturales son demandas "de inclusión" (*ibid*.: 306). El único grupo que Kymlicka acepta que desea hacer más débiles los lazos de la gran comunidad es el grupo o los grupos que apelan al "autogobierno".[14] Lo que difícilmente ha advertido Young es que lo que se ha transformado socialmente en las sociedades democráticas multiculturales no es la necesidad de inclusión, sino el derecho a llevar la diferencia hasta el territorio del reconocimiento colectivo y a que ello contribuya a hacer más viable la aceptación de los diversos grupos dentro de una sociedad más grande.

Por último, en el trabajo crítico que escribió Habermas en torno a la propuesta de Taylor podemos hallar su postura con respecto al multiculturalismo. Habermas comparte mucho de la visión liberal de Kymlicka, pero hace recaer la fuerza de la evolución de los derechos en la articulación real entre autonomía individual y autonomía colectiva, o, en otras palabras, a la permanente tensión entre la legalidad y la facticidad. Habermas concibe la constitución de las identidades de las personas y de los grupos como una dinámica compleja que interactúa, y por ello los derechos son su base.[15] Quizá lo más relevante de su postura es su afirmación de que las leyes y el sistema jurídico debieran permitir la posibilidad de articular las demandas de integración con las de transformación social. Se trata entonces de luchas que habrán de darse dentro de las democracias constitucionales y a través de la sociedad civil y de la influencia de los actores sociales en la esfera pública.[16] "*Una constitución* —advierte Habermas (1994: 107)— *puede pensarse como un proyecto histórico que cada generación de ciudadanos continúa*". Habermas tiene muy claro el papel cultural de esta tarea, "*pues lo que nos interesa aquí con los movimientos libertarios son sus objetivos políticos que se definen primeramente en términos culturales, aun cuando desigualdades sociales y económicas, así como las dependencias políticas, siempre están presentes*" (*ibid*.: 117). El proceso de actualización de los derechos, tal como Habermas lo ve, está inmerso en contextos que requieren abiertamente de las dimensiones políticas, morales y éticas relacionadas con las dimensiones culturales, de identidad y de la vida buena. Esto significa que los conflictos culturales se encuentran en el medio de estas batallas, y es por ello que el problema no puede concebirse sólo bajo la idea de la supuesta "neutralidad" del Estado o de las leyes, sino en el hecho de que cada comunidad jurídica y cada proceso democrático de actualización de los derechos humanos estará influido por visiones morales que permitirán o impedirán una posible apertura, diálogo, intercambio, autocrítica y transformación de dichas sociedades (*ibid*.: 126). "*Si la totalidad de la población de ciudadanos cambia* —dice Habermas— *este horizonte cambiará también*" (*ibid*.: 126). Lo importante es que las sociedades no son estáticas ni homogéneas, y que el papel de los actores sociales es el de buscar nuevas definiciones en las que sea posible el reconocimiento de cómo estos cambios han ido modificando también las necesidades de la sociedad civil para integrarse y sentirse parte de una nación.

La supervivencia de las culturas así entendida guarda directa relación con la capacidad para sobrevivir y para convivir con otras culturas en las condiciones contemporáneas posmodernas y posmetafísicas. Es evidente que esta interpretación guarda alguna semejanza con la de Kymlicka, especialmente en esta dimensión en la que la cultura es un puente hacia la integración y la transformación social. Ambos autores conciben la posibilidad de las culturas como vehículos de crecimiento y enriquecimiento y, como tales, las sociedades democráticas multiculturales son las que pueden permitir una legislación que haga más provechoso el diálogo y el reconocimiento de la identidad entre diferentes.

---

[14] "Self-government rights, therefore, are the most complete case of differentiated citizenship, since they divide the people into separate "peoples", each with its own historic rights, territories, and powers of self-government, and each, therefore, with its own political community" [Por consiguiente, los derechos al autogobierno son el caso más completo de ciudadanía diferenciada, ya que dividen al pueblo en "pueblos" separados, cada uno con sus propios derechos, territorios y poderes históricos de autogobierno, y cada uno de ellos, por tanto, con su propia comunidad política] (Kymlicka, 1995: 307).

[15] "We ascribe to the bearers of individual rights an identity that is conceived intersubjectively. Persons, and legal persons as well, become individualized only through a process of socialization. A correctly understood theory of rights requires a politics of recognition that protects the integrity of the individual in the life contexts in which his or her identity is formed. This does not require an alternative model that would correct the individualistic desing of the system of rights through other normative perspectives. All that is required is *the consistent actualization of the system of rights. There would be little likelihood of this, of course, without social movements and political struggles*" [A los poseedores de derechos individuales les atribuimos una identidad que fue concebida intersubjetivamente. Las personas, así como las personas legales, sólo quedan individualizadas por un proceso de socialización. Una teoría de los derechos debidamente interpretada exige una política de reconocimiento que proteja la integridad de la persona en los contextos de vida en que se forma su identidad. Esto no requiere otro modelo que corrigiera el diseño individualista del sistema de derechos por medio de otras perspectivas normativas. Todo lo que se necesita es *la consistente aplicación del sistema de derechos. Desde luego, esto sería muy poco probable sin movimientos sociales y luchas políticas*] (cursivas de la autora) (Habermas, 1994: 113).

[16] "Exisiting law also has to be interpreted in new ways in different contexts in view of new needs and new interests. This struggle over the interpretation and satisfaction of historically unredeemed claims is a struggle for legitimate rights in which collective actors are once again involved, combating a lack of respect for their dignity" [El derecho existente debe interpretarse en formas nuevas en distintos contextos, en vista de nuevas necesidades y de nuevos intereses. Esta lucha por la interpretación y la satisfacción de reclamaciones históricamente desatendidas es una lucha por unos derechos legítimos en que, una vez más, participan actores colectivos, combatiendo una falta de respeto a su dignidad] (Habermas, 1994: 108).

BIBLIOGRAFÍA

Carens, Joseph H. (1997), "Liberalism and Culture", *Constellations*, vol. 4, núm. 1, pp. 35-53.

Cohen, Jean L. (1994), "Struggles for Recognition in the Democratic Constitutional State", en Amy Gutmann, *Multiculturalism*, Princeton University Press, Nueva Jersey, p. 126.

——, y Andrew Arato (1992), *Civil Society and Political Theory*, The MIT Press, Cambridge, p. 504.

Habermas, Jürgen (1995), "Citizenship and National Identity: Some Reflections on the Future of Europe", en Ronald Beiner (ed.), *Theorizing Citizenship*, State University of New York, Nueva York, p. 257.

Kymlicka, Will, y Norman Wayne (1995), "Return of the Citizen: A Survey of Recent Work on Citizenship Theory", en Ronald Beiner (ed.), *Theorizing Citizenship*, State University of New York Press, Nueva York, p. 285.

Kymlicka, Will (1995), *Multicultural Citizenship: A Liberal Theory of Minority Rights*, Clarendon Press, Oxford.

—— (1997), "Do We Need a Liberal Theory of Minority Rights?", *Constellations*, vol. 4, núm. 1, pp. 82, 72-88.

Parekh, Bhikhu (1997), "Dilemmas of a Multicultural Theory of Citizenship", *Constellations*, vol. 4, núm. 1, pp. 54-62.

Requejo Coll, Ferran (1996), "Pluralismo, democracia y federalismo. Una revisión de la ciudadanía democrática en Estados plurinacionales", *Revista Internacional de Filosofía Política*, núm. 7, mayo, pp. 93-120.

Taylor, Charles (1985), "What's Wrong With Negative Liberty", Charles Taylor, *Philosophy and the Human Sciences. Philosophical Papers*, vol. 2, Cambridge University Press, Cambridge, pp. 211-229.

Young, Iris Marion (1990), *Justice and the Politics of Difference*, Princeton University Press, Nueva Jersey.

NACIÓN Y NACIONALISMO

Sara Makowski Muchnik

Definición

La idea moderna de nación como comunidad política y culturalmente determinada que consagra la base soberana del poder político es una creación de la Ilustración y sus bases emanan de la Revolución francesa. Tributaria por una parte de la concepción voluntarista y electiva de filiación francesa que está basada en la creación del consenso y del pacto social, y por otra parte de la tradición romántica alemana que postula la idea de una comunidad cultural hipostasiada, la nación tiene orígenes anteriores y distintos de los del Estado, y sus contornos no siempre coinciden con las fronteras de éste. De hecho, hay muchos ejemplos de la existencia de naciones sin Estado y de Estados que agrupan a más de una nación.

Un componente ideológico y otro de organización dan forma a la idea de nación (Lomnitz, 1993). El primero de ellos alude al sentido de pertenencia, al reconocimiento general de ser parte de una misma comunidad; estos sentimientos comunales son el centro de las luchas ideológicas de los distintos grupos que componen la nación, y aseguran las bases de la lealtad de los grupos. El componente de organización se refiere al conjunto de elementos que constituyen la nación: la tradición, una lengua común, una historia compartida, mitos, ritos e imágenes de fundación, relaciones de parentesco biológico (raza), símbolos y una memoria colectiva que conjuga dialécticamente el pasado y el presente. Esta suerte de precipitado da cuenta, precisamente, de que la nación no es una realidad creada *ex nihilo*, sino, más bien, una creación social que a partir de la apelación a estos elementos es permanentemente reinventada y refuncionalizada.

Al ser una suerte de cemento de las unidades políticas modernas, la nación se extiende como un manto protector que cobija las contradicciones y las diferencias con miras a generar una integración social. En este movimiento cohesionador, la nación se presenta como la única etnia legítima con capacidad para subsumir la pluralidad y la diversidad; de allí el ideal casi compulsivo de "una nación, una cultura" que ha regido los procesos de formación nacional (Giménez, 1993).

En términos generales, la nación cumple dos funciones igualmente medulares (Giménez, 1993): desde el punto de vista político, constituye una garantía de integración y homogeneidad cultural, lo cual hace posible la proyección de un espacio único y natural para la estabilidad y legitimidad del sistema social; desde un punto de vista psicosocial, otorga a los sujetos un refugio y un sistema de clasificación (etnia, clase, pertenencia política) que les permite ampararse frente al creciente proceso de secularización y desintegración de los lazos sociales tradicionales.

Una aproximación a la idea de nación desde una perspectiva socioantropológica hace visible su sustrato imaginario e imaginado que modula la expresión de las identidades colectivas, del sentido de pertenencia y de la existencia de una comunidad interclase y transtemporal. Tal como más recientemente la ha definido B. Anderson (1983: 15), la "nación es una comunidad política imaginada; e imaginada como intrínsecamente limitada y soberana" porque sus miembros jamás podrán conocer a la totalidad de los connacionales, aunque en el plano de las representaciones colectivas experimenten un sentido de comunión y de camaradería que rige la existencia colectiva y que perdura a lo largo del tiempo.

Una de las vías principales a través de las cuales se legitima la constitución de un espacio nacional es el nacionalismo. Al igual que la nación, el nacionalismo es *stricto sensu* un fenómeno de la modernidad que ha sido también heredero de las revoluciones francesa y norteamericana y que se ha nutrido de los movimientos de masas.

Los autores dedicados al estudio de los nacionalismos modernos han identificado una serie de factores estructurales e ideológicos que explican su aparición y permanencia a lo largo del tiempo. Una de las correlaciones más fuertes que se han establecido en este sentido es aquella que encuentra un sólido vínculo explicativo entre el capitalismo y el nacionalismo. En efecto, los pensadores clásicos de la tradición sociológica —Marx, Weber— y los teóricos más contemporáneos han mostrado que el nacionalismo moderno ha bebido de las fuentes del capitalismo. La tradición marxista, por ejemplo, con un marcado sesgo economicista afirmaba que el nacionalismo estaba determinado por el modo de producción capitalista y dio por sentado que era la ideología propia de los capitalistas, utilizada como instrumento de dominación sobre el proletariado. Más recientemente, Gellner ha sugerido que la expansión del capitalismo industrial, su consecuente desigualdad y creciente modernización y división social del trabajo, fue el detonante del nacionalismo moderno (Llobera, 1996). Algunas otras explicaciones se alinean en lo que ha sido denominado como teorías del colonialismo interno, variantes de las teorías imperialistas y dependentistas, y plantean la existencia (para el ámbito de América Latina) de identidades etnonacionales sometidas que ocupan lugares de inferioridad y marginación respecto de una estructura de dominación hegemónica (Stavenhagen, 1992: 65-66). En un reciente estudio, J. Llobera (1996: 144-145) ha demostrado que no existe una afinidad electiva entre capitalismo y nacionalismo; reconoce este autor que el industrialismo puede acelerar los procesos nacionalistas pero no los crea, y sostiene que no es posible ignorar el legado nacionalista de la época medieval como antecedente de los nacionalismos modernos.

Se reconocen básicamente dos tipos de nacionalismos que a lo largo de los dos últimos siglos han alimentado las diversas fuentes y tradiciones. Por una parte, se encuentra el llamado "nacionalismo político", que tiene como precursor a Rousseau, reconocido por equiparar el carácter de nación con la expresión de la voluntad popular; por otra, se reconoce a Herder como el fundador del denominado "nacionalismo cultural", que sin desconocer los problemas de la legitimidad política subraya los elementos culturales y las características étnicas como los aspectos definitorios de lo nacional (Llobera, 1996).

Como ideología, el nacionalismo tiene un fuerte componente de etnicidad que se ha montado sobre bases culturales y políticas, y que ha mostrado flexibilidad y permanencia —aunque sea en sentido latente o de hibernación— frente a variadas modalidades de represión y persecución política. En la gran mayoría de los casos el nacionalismo constituye un importante recurso ideológico para la integración y la unificación, para lo cual se vale de discursos que exaltan la homogeneidad y la unidad étnico-cultural.

Al mismo tiempo, el nacionalismo es un movimiento político que dota de fuerza motriz y de voluntad política a los procesos de formación y mantenimiento de la nacionalidad; colabora en el diseño de las esferas económica y política, y otorga legitimidad a las formas de dominación de un grupo social sobre otros. Por ello, el nacionalismo es, según algunos autores (Gellner, 1991), una teoría de la legitimidad política que sostiene la unidad entre el Estado y la nación. Hay que mencionar, sin embargo, que en algunos escenarios el nacionalismo puede ser un movimiento de carácter emancipador y revolucionario no concentrado necesariamente en los sectores social y políticamente dominantes.

HISTORIA, TEORÍA Y CRÍTICA

El desbordamiento que puede experimentar el nacionalismo a través de las visiones y las prácticas extremas que en su nombre se cometen ha causado fuertes estragos que se han expresado como reivindicaciones de autonomía e independencia y aun de intolerancia y etnocidios; estos últimos son formas de asesinato cultural de minorías étnicas en nombre de la tan mentada unidad nacional (Stavenhagen, 1984: 153).

En el mundo poscolonial y de creciente globalización e interconexión, las ideologías nacionalistas han dejado traslucir las contradicciones y fisuras existentes en la anteriormente consolidada ecuación Estado-nación. El resurgimiento de las denominadas identidades negadas y etnonacionalismos ha puesto en evidencia que los Estados nacionales muestran dificultades para enfrentar y procesar de manera tolerante y democrática la diversidad cultural y la realidad multinacional, multiétnica y multicultural de sus sociedades.

Una mirada al complejo proceso de formación del espacio nacional en el caso de México pondrá en evidencia que nación, nacionalismo e identidad nacional son creaciones polisémicas, ambiguas y poco homogéneas que se han ido modificando a lo largo de los siglos. La definición de la nación y de lo nacional será, entonces, producto de la decantación histórica, de los enfrentamientos sociales y de las luchas por la clasificación del mundo.

El trabajo de invención de la nación mexicana da cuenta, en definitiva, de la aceleración de la tendencia cohesionadora y unificadora que necesitó desdibujar los territorios de la diversidad y de la diferencia para imponer una única nacionalidad. Con el nacionalismo se fue nombrando la otredad, se formaron los estereotipos necesarios y los mecanismos de legitimación; por una parte, el nacionalismo desempeñó un papel ideológico importante en la formación del consenso, y por otra, dotó a la nación de las figuras, mitos y rituales que conformaron las redes imaginarias del poder político (Bartra, 1992).

Dada la importancia de comprender la existencia de nacionalidades y de ideologías comunitarias en el territorio mexicano antes de la Conquista y la colonización, se vuelve necesario explorar la particular naturaleza del vínculo de pertenencia más allá del canon del Estado-nación consagrado por la Revolución francesa (Lomnitz, 1993: 345-346). En efecto, en la época precolombina, México estaba habitado por una gran diversidad de grupos o comunidades (mexicas, mayas, olmecas, etc.) que no se encontraban constituidos étnicamente y cuyos límites no correspondían a fronteras lingüísticas o territoriales. Los lazos de pertenencia y de nacionalidad estaban anclados en el parentesco, en el territorio y en la relación con los dioses. En el caso particular de los mexicas, la institución del *calpulli* era la esencia de la noción de comunidad, constituida por un conjunto de bienes inalienables como la tierra, el parentesco, las filiaciones y las alianzas (Lomnitz, 1993: 348). Además, existía una modalidad de identificación social más amplia que tenía que ver con la propia estructura política del Imperio mexica, la que se garantizaba con los sistemas de alianzas y con el dominio comercial y militar, entre otros mecanismos.

Durante el periodo de la colonización española, la sociedad se volvió más compleja con la instauración de un sistema jerarquizado de castas que reconoció la existencia de una diversidad de comunidades: españoles, indios, criollos, esclavos, mestizos. En el caso de los indígenas, cabe mencionar que se mantuvieron algunos de los sentidos de comunidad del periodo anterior, aunque con ciertas transformaciones a causa de la reorganización de las poblaciones que efectuaron los españoles por necesidades económicas y con objeto de hacer más eficiente el control. De todas formas, un cambio esencial respecto del periodo precolombino es que la noción de comunidad estaba ahora atravesada por un concepto racial —ser indio— que transformaba a la comunidad indígena en una casta, inmersa en un sistema de jerarquías sociales más vasto. La Colonia crea, de hecho, la categoría de indios; antes de la invasión española en el territorio mexicano no había indios, sino pueblos con una identidad social y cultural claramente definida (Bonfil Batalla, 1989: 121). Y junto con esta invención de la otredad se instaura una sociedad compuesta por dos naciones desiguales: la de indios y la de españoles.

La independencia de la Corona española implicó para los criollos la difícil tarea de pensar un destino común en el que tuvieran cabida y pudieran identificarse las distintas castas y comunidades heredadas del pasado colonial. Ello obligaba a precisar quiénes eran los ciudadanos de la nueva nación independiente y qué conformaría el repertorio de signos y símbolos de la mexicanidad. La diversidad indígena aparecía en este marco como una amenaza al proyecto de una nación unificada y homogénea. Una de las soluciones que se vislumbró fue la aceleración de la fusión de razas con objeto de purificar los remanentes atrasados que estaban enquistados en la sangre indígena. Si bien es cierto que en el camino de creación de una nueva identidad nacional se hacía una revalorización del pasado y de la grandeza indígena, hay que destacar que ésta operó a partir de una distinción artificial entre indio vivo e indio muerto. El indio de ayer y su herencia debían ser rescatados, pero el indio vivo debía ser radicalmente transformado para desactivar su potencial amenaza para la armonía nacional. Se trataba de exiliar al indio del proyecto nacional en forja y de instalar, como lo había sugerido Andrés Molina Enríquez, al mestizo como elemento étnico preponderante y como clase política rectora. El indígena como tal no tenía lugar en la nación más que desapareciendo como tal; de allí que desde una posición etnocéntrica se proponía "blanquear" al indígena (Portal y Ramírez, 1995: 57). De todas formas, la demarcación del espacio nacional y de la nacionalidad no se llevó a cabo de manera pacífica; las comunidades indígenas reaccionaron con sublevaciones y alzamientos llamados "guerras de castas" a través de las cuales pretendían conformar sus propias autonomías: en Yucatán, en los Altos de Chiapas, en la Huasteca potosina y en la Mixteca de la costa.

El estallido de la Revolución mexicana en 1910 representó, de un lado, una gran movilización social, económica y mítica y, de otro, constituyó un parteaguas crucial en el proceso de cimentación de la nacionalidad al evidenciar las tremendas fisuras del proyecto civilizador esbozado por el Estado independiente. Con la Revolución, regresaba la idea de conformar una nación más incluyente y equitativa en la cual estuvieran contenidos todos los grupos bajo el manto envolvente de la voluntad común, del monolingüismo y de una cultura homogénea. Nuevamente se apelaba a la ideología del mestizaje, a la raza cósmica de José Vasconcelos, aunque esta vez con menos carga discriminatoria y racista merced a las ideas de igualdad entre razas y de validez de todas las culturas que se desprendían de la teoría de Boas, y que fueron retomadas por Manuel Gamio en el caso de México. Así, el mayor desafío del nacionalismo revolucionario fue la integración —mexicanización— del indio vivo al proyecto nacional y, a través de éste, al Occidente moderno. Durante el periodo de la institucionalización de la Revolución mexicana y en las largas décadas en las que ésta siguió vigente, el indigenismo funcionó como un dispositivo estratégico en la producción de un sujeto sociomoral productivo y disciplinado; el indigenismo estuvo acompañado del desarrollo de instituciones, saberes y prácticas que operaron como matriz de clasificación, control e intervención sobre la diversa geografía de la otredad. A través de la acción educativa y del reparto agrario se fueron borrando las fronteras de la diferencia y con ello se asistió a la paulatina pérdida de las identidades particulares, de las formas tradicionales de autoridad y organización, de las lenguas vernáculas y de la unidad étnica, hoy sólo presentes en ámbitos locales y muy acotados.

De la Revolución emana una forma de nacionalismo político —impulsado por el propio Estado— llamado nacionalismo revolucionario, que operó como un conjunto de ideas, mitos y pactos que mantuvieron vigente el sistema político por más de medio siglo. Los rasgos de este nacionalismo fueron, entre otros, la defensa irrestricta de las riquezas de la nación, la existencia de un Estado interventor amplio, el fortalecimiento del sistema educativo y la exaltación de la identidad mestiza como fuente de la energía política, volviendo los términos nación-revolución-mexicanidad los referentes medulares de la integración y la legitimidad (Bartra, 1989; Salazar Sotelo, 1993). De esta forma, el nacionalismo revolucionario estructuró un particular vínculo entre sistema político y sociedad nacional que no sólo desempeñó una eficaz función ideológica de legitimación y de conformación de una reserva de soluciones políticas modernizadoras, proteccionistas y corporativistas, sino que al mismo tiempo estructuró el horizonte mítico y real de la cultura y de las identidades colectivas.

LÍNEAS DE INVESTIGACIÓN Y DEBATE CONTEMPORÁNEO

A comienzos de la década de 1980, con los primeros síntomas del agotamiento de un modelo económico, el nacionalismo revolucionario comienza a agonizar; las grietas se profundizan precisamente por su dificultad para seguir siendo una ideología unificadora, por su carencia de sentido democrático, por la profundización del paternalismo y de la complicidad. Ante los imperativos de la modernización y de la ampliación democrática, el nacionalismo revolucionario ensaya formas vacías de refuncionalización para poder mantenerse como el cielo protector de la identidad nacional (Gilly, 1995); el cumplimiento de los imperativos de la apertura hacia el exterior, de las privatizaciones y del paso hacia un eficientismo tecnocrático han ido minando sus propios cimientos.

La crisis del nacionalismo revolucionario ha instaurado la contradicción en su seno, con lo cual se han comprometido las bases de su propia reproducción; se ha alcanzado tal nivel de incongruencia interna, que se pierde eficacia para seguir manteniendo la legitimidad del partido único y la cultura de la clase hegemónica, y la credibilidad ante las masas se ve crecientemente mermada (Bartra, 1989). La naturaleza misma del nacionalismo revolucionario parece agotarse a la hora en que la sociedad civil demanda una mayor apertura democrática y la recomposición de la comunidad estatal bajo formas diferentes.

En algún sentido, esta crisis del nacionalismo es también la evidencia del agotamiento de la eficacia de la ecuación Estado = nación como forma de contención de la pluralidad; la nación y las nacionalidades experimentan un desbordamiento de sus límites que afecta directamente la legitimidad de los acuerdos y pactos que conforman el Estado. El 1º de enero de 1994 no sólo significó para México la entrada al Primer Mundo a través de la incorporación al Tratado de Libre Comercio de América del Norte (TLC); fue también el día en que la insurrección zapatista sacó del letargo los rostros de la otredad olvidada. Este hecho trae al escenario nacional nuevas voces que dan otra dimensión al debate sobre la nación y el nacionalismo. Los conceptos de autonomía y libre determinación indígena, el respeto a la pluralidad y a la diferencia y la formación de un Estado multinacional y pluriétnico son algunos términos que se esbozan en este proceso abierto de reconformación del espacio nacional. De este modo México se incorpora a un movimiento mundial en el que la redefinición de la ciudadanía y de las fronteras nacionales se ha vuelto un signo de la globalización.

De hecho, y con motivo del cumplimiento de los 500 años del "encuentro entre dos mundos", México lleva adelante una reforma a su artículo 4º constitucional en materia de derechos indígenas, con lo cual queda formalmente reconocida la multietnicidad de la nación mexicana. Sin embargo, esto no correspondió a una transformación en las prácticas institucionales, ni a un cambio significativo en las políticas culturales, y menos aún a una mejora en las condiciones económicas, políticas y sociales de los indígenas (Castellanos y López y Rivas, 1997: 146).

Lo novedoso de los movimientos indígenas del presente es que colocan en el debate actual los términos de autonomía y libre determinación como una forma de establecer espacios políticos de respeto a la diferencia, como una alternativa a la modalidad corporativa establecida por el Estado. Para sorpresa del nacionalismo revolucionario, que parecía haber encontrado la fórmula ideal del mestizaje y la integración completa a una única comunidad nacional homogénea, el actual debate ha transformado la cuestión indígena en un problema nacional para este fin de siglo.

BIBLIOGRAFÍA

Akzin, B. (1983), *Estado y nación*, FCE, México.

Anderson, Benedict (1983), *Imagined Communities*, Verso, Londres.

Balibar, Etienne, e Immanuel Wallerstein (1988), *Race, Classe, Nation*, La Découverte, París.

Bartra, Roger (1989), "La crisis del nacionalismo en México", *Revista Mexicana de Sociología*, núm. 3, julio-septiembre, IIS-UNAM, México.

—— (1992), *La jaula de la melancolía. Identidad y metamorfosis del mexicano*, Grijalbo, México.

Basave, A. (1992), *México mestizo*, FCE, México.

Bonfil Batalla, Guillermo (1989), *México profundo. Una civilización negada*, Grijalbo, México.

Brading, David (1972), *Los orígenes del nacionalismo mexicano*, Era, México.

Canetti, Elías (1987), *Masa y poder*, Alianza Editorial, Madrid.

Castellanos, Alicia (1994), "Asimilación y diferenciación de los indios en México", *Estudios Sociológicos*, vol. XII, núm. 34, enero-abril.

—— (1997), "Autonomías y movimiento indígena en México: debates y desafíos", *Alteridades*, año 7, núm. 14, México.

——, y Gilberto López y Rivas (1992), *El debate de la nación. Cuestión nacional, racismo y autonomía*, Claves Latinoamericanas, México.

Deutsch, K. (1981), *Las naciones en crisis*, FCE, México.

Gamio, Manuel (1960), *Forjando patria*, Porrúa, México.

García Castro, María (1993), "Identidad nacional y nacionalismo en México", *Sociológica*, año 8, núm. 21, enero-abril.

Gellner, E. (1991), *Naciones y nacionalismo*, Alianza-Conaculta, México.

Gilly, Adolfo (1995), "Las transfiguraciones del nacionalismo mexicano", *Nexos*, México, marzo.

Giménez, Gilberto (1993), "Apuntes para una teoría de la identidad nacional", *Sociológica*, año 8, núm. 21, enero-abril.

González, Luis (1987), "Patriotismo y matriotismo. Suave matria", *Nexos*, núm. 108, diciembre, México.

Gruzinski, Serge, et al. (1994), *México: identidad y cultura nacional*, UAM-Xochimilco, México.

Gutiérrez López, Roberto, y José Luis Gutiérrez (1993), "En torno a la redefinición del nacionalismo mexicano", *Sociológica*, año 8, núm. 21, enero-abril.

Habermas, Jürgen (1989), *Identidades nacionales y posnacionales*, Tecnos, Madrid.

Hobsbawm, E. (1983), *The Invention of Tradition*, Cambridge University Press, Cambridge.

—— (1991), *Nations and Nationalism since 1780*, Cambridge University Press, Cambridge.

Lafaye, Jacques (1977), *Quetzalcóatl y Guadalupe: la formación de la conciencia nacional en México*, FCE, México.

Llobera, J. (1996), *El dios de la modernidad. El desarrollo del nacionalismo en Europa occidental*, Anagrama, Barcelona.

Lomnitz, Claudio (1993), "Antropología de la nacionalidad mexicana", en *Antropología breve de México*, Academia de la Investigación Científica, México.

—— "Ritual, rumor y corrupción en la formación del espacio nacional en México", *Revista Mexicana de Sociología*, IIS-UNAM, México, 2/96.

López y Rivas, Gilberto (1996), *Nación y pueblos indios en el neoliberalismo*, UIA-Plaza y Valdés, México.

Monsiváis, Carlos (1982), "Muerte y resurrección del nacionalismo mexicano", *Nexos*, núm. 109, febrero.

—— (1987), "Las tribulaciones del nuevo nacionalismo", *Nexos*, núm. 50, enero.

Montalvo, E. (1986), *El nacionalismo contra la nación*, Grijalbo, México.

Paz, Octavio (1984), *El laberinto de la soledad*, FCE, México.

Portal, María Ana, y Xóchitl Ramírez (1995), *Pensamiento*

antropológico en México: un recorrido histórico, UAM-Iztapalapa, México.

Ramírez, S. (1985), *El perfil del hombre y la cultura en México*, Espasa-Calpe, México.

—— (1986), *El mexicano. Psicología de sus motivaciones*, Grijalbo, México.

Rocker, R. (1977), *Nacionalismo y cultura*, La Piqueta, España.

Stavenhagen, Rodolfo (1984), "Notas sobre la cuestión indígena", *Estudios Sociológicos*, vol. 2, núm. 4, enero-abril.

—— (1992), "La cuestión étnica: algunos problemas teórico-metodológicos", *Estudios Sociológicos*, vol. X, núm. 28, enero-abril.

—— (1994), "Racismo y xenofobia en tiempos de la globalización", *Estudios Sociológicos*, vol. XII, núm. 34, enero-abril.

Tivey, Leonardo (1987), *El Estado-nación*, Península, Barcelona.

Turner, F. (1971), *La dinámica del nacionalismo mexicano*, Grijalbo, México.

Valenzuela, J. M. (coord.) (1992), *Decadencia y auge de las identidades. Cultura nacional, identidad cultural y modernización*, El Colegio de la Frontera Norte-Programa Cultural de las Fronteras, México.

Villoro, Luis (1979), *Los grandes momentos del indigenismo en México*, Ediciones de la Casa Chata, México.

Wieviorka, Michel (1994), *Le racisme et la xénophobie en Europe*, La Découverte, París.

NEOINSTITUCIONALISMO

Andreas Schedler

Definición

En los últimos 15 años, desde el ensayo pionero de March y Olson (1984), que introdujo el término en la ciencia política, el "nuevo institucionalismo" ha tenido un fuerte desarrollo en varias disciplinas de la ciencia social, sobre todo en economía, sociología, historia y ciencia política. ¿De qué se trata? El presente artículo bosqueja una respuesta con respecto al neoinstitucionalismo en la ciencia política. Inicia su breve sobrevuelo sobre el paisaje neoinstitucionalista en esta disciplina tratando de aclarar el significado de la noción básica del proyecto: la noción de institución.

El neoinstitucionalismo, en ciencia política al igual que en otras disciplinas, es un fenómeno polifacético. No hay uno solo, hay muchos neoinstitucionalismos. Pero todos comparten, por lo menos, una convicción básica: *institutions matter*, las instituciones importan. Pero ¿qué es una institución? Los enfoques institucionalistas ¿tienen una idea compartida de su noción central? ¿Parten de una base conceptual común?

En nuestro lenguaje cotidiano, el término *institución* se aplica a entidades sumamente dispares: la Iglesia católica, la Cámara de Diputados, el matrimonio, las reglas de urbanidad, el dedazo presidencial, la ley de tráfico, la corrupción policiaca, las ofrendas del Día de Muertos o el futbol dominical. Todo esto y mucho más lo llamamos institución sin que necesitemos dar definiciones explícitas. De todos modos nos entendemos, al parecer.

En las ciencias sociales, el esfuerzo por definir el término es obviamente mayor. Pero no ha llevado a ningún punto de consenso. Muy al contrario, todavía persiste una "embarazosa multiplicidad de usos" (Elinor Ostrom). Instituciones, nos informa la literatura, son padrones de comportamiento estables y valuados, padrones regularizados de interacción, padrones compartidos de expectativas, las reglas del juego, colecciones de reglas y rutinas, organizaciones formales, reglas y procedimientos informales, restricciones sociales, sistemas de incentivos, metaestructuras, sistemas cognitivos compartidos, rutinas cuasinaturales, equilibrios de comportamiento, etc. La lista es interminable.

El problema reside no sólo en la cantidad de propuestas conceptuales, sino en su carácter solitario. Comúnmente las definiciones se estipulan con aspiración enciclopédica, a modo de "una institución es" o "instituciones son" tal o cual cosa, sin que se explique su relación con otras definiciones competidoras. En consecuencia, el concepto se encuentra en medio de un campo semántico extremadamente amplio, complejo y desordenado. Se sitúa en vecindad inmediata —y con notorios problemas de demarcación— de términos como padrón, regularidad, estructura, sistema, rutina, convención, costumbre, hábito, norma, papel (*role*), regla, ley, restricción (*constraint*), organización, código y paradigma.

¿De todos modos existe algún denominador común a todas las acepciones del término, algún "núcleo duro" de sentido que las una a todas? Obviamente, si es que existe, tiene que ser un denominador mínimo, muy general, muy arriba en la "escalera de abstracción" (Giovanni Sartori). Haciendo una encuesta entre los miembros de la familia neoinstitucionalista, es probable que concuerden en que cualquier concepto de "institución social" contiene los siguientes cuatro atributos:

1) Aun cuando el actor individual, desde su perspectiva, tiende a percibirlas como fenómenos exteriores, objetivos, inmutables, las instituciones sociales son creaciones sociales; no son ni hechos naturales ni productos divinos: el *origen social* de las instituciones.

2) Las instituciones sociales no son atributos de individuos, son propiedades sociales, colectivas; los conocimientos y las prácticas institucionales son más que idiosincrasias personales, son el patrimonio compartido de toda una sociedad o "comunidad relevante": la *extensión social* de las instituciones.

3) La noción de institución se asocia estrechamente a ideas de estabilidad, regularidad, reproducción, persistencia, recurrencia; las instituciones no son efímeras, momentáneas o inestables, sino que persisten en el tiempo: la *extensión temporal* de las instituciones.

4) Las instituciones sociales no son meros adornos de la vida cotidiana; tienen efectos, tienen peso propio; inciden sobre variables sociales clave, aun cuando no existe consenso sobre cuáles en concreto: el comportamiento, la interacción, las expectativas o las percepciones; en esencia, establecen restricciones y abren oportunidades: la *función social* de las instituciones.

Por su carácter general, para no decir vago e indefinido, la noción misma de institución genera la tentación de pensarla también de manera general. Sin embargo, sólo una parte de los nuevos institucionalistas en ciencia política conciben las instituciones de manera tan abstracta como lo acabamos de hacer. Sí hay muchos (y cada vez más) politólogos que adoptan esta visión sociológica de las instituciones. Hablan de reglas, restricciones, padrones de interacción, normas y expectativas. Pero la mayoría evade ese nivel vertiginoso de abstracción y emplea nociones más concretas y más intuitivas de institución.

Historia, teoría y crítica

El *mainstream* del nuevo institucionalismo en ciencia política no se preocupa mucho por definir el concepto que le da nombre e identidad. A diferencia de los conceptos sociológicos de institución, parte de una idea más concreta, más empírica, más cercana al lenguaje cotidiano. Básicamente, identifica la noción de institución con *reglas y organizaciones formales*.

De hecho, si alguien pregunta ¿qué es el nuevo institucionalismo en ciencia política?, ¿un enfoque metodológico? ¿una escuela teórica?, ¿un grupo de amigos?, ¿una ilusión óptica?, ¿una marca de comercialización?, la respuesta más precisa es: se trata de un conjunto de trabajos que difieren tanto metodológica como teóricamente, pero comparten una preocupación sustancial: la preocupación por las instituciones formales. Éste es entonces el lema central del neoinstitucionalismo en política, su esencia, su programa: *tomar las instituciones formales en serio*.

En consecuencia, esta corriente de neoinstitucionalismo estudia, de alguna manera, lo que la ciencia política siempre ha estudiado: las reglas básicas de la política (constituciones, regímenes políticos, formas de gobierno, sistemas electorales), los actores colectivos de la política (partidos y organizaciones de interés), los subsistemas del Estado (gobiernos, parlamentos, burocracias, tribunales, fuerzas armadas) y las reglas de autoridad que emite el Estado (leyes y reglamentos).

Institucionalismo nuevo y viejo

¿Qué es lo nuevo del nuevo institucionalismo?, podría preguntarse uno entonces con otros observadores críticos. Esquemáticamente, la historia disciplinaria que se relata usualmente para justificar el prefijo "neo" del neoinstitucionalismo es la siguiente: al inicio estaban los viejos institucionalistas que se la pasaban, con formalismo ingenuo, describiendo, enumerando y clasificando estructuras constitucionales de sistemas políticos nacionales. No se preocuparon de la relevancia real de las formalidades ni tampoco tuvieron en cuenta experiencias ajenas. En realidad, ni eran politólogos ni comparativistas. Luego vino el contramovimiento de los conductistas, quienes se fueron al otro extremo. Con menosprecio abierto hacia estructuras y procedimientos formales, adoptaron un enfoque radicalmente individualista y antiinstitucional. Concibieron un mundo político fluido y atomizado, habitado por actores aislados inmersos en juegos de poder y negociación. Finalmente, en reacción a la ceguera institucional del *behavioralism*, surgió el nuevo institucionalismo para, ahora sí, establecer los equilibrios propios entre actor y estructura, la síntesis feliz entre los extremos de formalismo e individualismo.

Mucho de eso es cierto. Pero también tiene elementos de caricatura y exageración, útiles principalmente para delinear la identidad neoinstitucionalista. Por lo menos algunos representantes destacados del "viejo institucionalismo" no eran ni tan burocráticos, ni tan formalistas, ni tan parroquiales como los pintan (recordemos, solamente en el área de habla alemana a Max Weber, Hans Kelsen, Gerhard Leibholz, Otto Kirchheimer o Reinhard Bendix). Asimismo, el estudio de las instituciones políticas tampoco desapareció completamente de la agenda politológica. Por último, la aspiración neoinstitucionalista de encontrar un nuevo equilibrio entre macro y micro, entre sistema y acción, es precisamente eso: una aspiración, un programa, un buen propósito que todavía falta cumplir.

Además, hay que añadir que toda esta historia de precedentes es algo diferente para el neoinstitucionalismo latinoamericano. En América Latina, el nuevo institucionalismo en ciencia política no se presenta en primer lugar como "contrarrevolución" de la "revolución conductista". Más bien se define en contraposición a variantes de una sociología política que hicieron desaparecer la política misma. Sucede a enfoques (como las teorías de modernización, dependencia, cultura política o autoritarismo burocrático) que trataron a la política como mero epifenómeno de fuerzas económicas, sociales o culturales. En el continente latinoamericano, el nuevo institucionalismo indica y promueve el regreso de la política. Forma parte de una tendencia más general: *la revaloración de la política*.

Las reglas formales de la democracia

Cuando tratamos de entender el origen y desarrollo del nuevo institucionalismo, la dinámica interna de la ciencia política es solamente una parte de la respuesta. La otra se encuentra fuera de las aulas académicas, en la realidad política. En América Latina, igual que en otras regiones de democratización reciente, el renovado interés por las reglas formales ha estado estrechamente vinculado con el resurgimiento de la democracia.

Mientras el autoritarismo es el reino de la arbitrariedad (solamente limitada por eventuales reglas informales, siempre precarias y susceptibles de abolición), la democracia liberal es el reino de las reglas, el reino de las leyes. No hay democracia sin Estado de derecho, que no es otra cosa que un sistema recursivo de reglas formales (centralmente definidas y respaldadas por el monopolio de violencia que reclama el Estado).

En democracia, la política (incluyendo la definición de las reglas de la política) se somete a ciertas reglas formales de procedimiento que determinan quién puede decidir qué, cuándo, en dónde y cómo. Solamente son válidas las decisiones que se apegan a estas reglas. Violarlas significa prescindir de "legitimidad procedural", lo que a su vez significa prescindir de legitimidad en general: la democracia liberal no reconoce otra fuente de legitimidad que no sean los procedimientos. En otras palabras —palabras antiguas—, en democracia, idealmente, no son las personas sino las leyes las que gobiernan.

En este sentido, el nuevo institucionalismo solamente siguió a la realidad empírica. Respondió a las nuevas instituciones establecidas en las nuevas democracias. Su nueva preocupación por las reglas formales reflejó la nueva relevancia que estas reglas adquirieron en la vida real. La reintroducción de las instituciones formales y la reorientación de atención hacia ellas no ha sido (exclusivamente) una moda académica: fue un hecho empírico.

El regreso de la informalidad

Algo irónicamente, el estudio de las nuevas democracias que llevó a una revaloración de las instituciones formales también provocó un contramovimiento más reciente: el redescubrimiento de las instituciones informales, una suerte de *backlash* contra el "formalismo" neoinstitucionalista. Formalmente, argumentan los críticos, las democracias latinoamericanas son "poliarquías" (Robert Dahl) comunes y corrientes. Pero en la práctica, no son las reglas formales sino fenómenos como el clientelismo, el personalismo, el caciquismo, el caudillismo y la corrupción los que dominan la política. Estas "instituciones informales" tienden a socavar y ahuecar las instituciones formales, dañando gravemente la "calidad democrática" de estos regímenes. En realidad, se trata de temas antiguos en los estudios latinoamericanos, y el *mainstream* neoinstitucionalista ni siquiera los clasificaría como temas institucionales sino más bien culturales (con sesgo antiinstitucional). Como es evidente, hablar de "institucionalización informal" (Guillermo O'Donnell) presupone el uso de una noción más amplia, más sociológica, de institución.

Los debates constitucionales

En las nuevas democracias, la atención tanto de los actores como de los analistas políticos naturalmente se concentró en las "grandes" cuestiones: los diseños constitucionales. En América Latina, no todas las democracias recientes diseñaron y adoptaron Constituciones nuevas (como lo hicieron Brasil, Colombia y Perú). Pero no había ninguna donde no se hubieran discutido (y muchas veces también establecido) reformas significativas al sistema político nacional.

En el mundo académico, las dos decisiones constitucionales clave que llegaron a ocupar la agenda de investigación fueron las formas de gobierno (presidenciales *versus* parlamentarias) y los sistemas electorales (proporcionales *versus* mayoritarios). Fue Juan Linz, con su ensayo "Presidential or Parliamentary Democracy: Does It Make a Difference?" (1994) —cuya versión original circulaba soterradamente ya desde 1984—, quien volvió a abrir el debate sobre el primer tema, la disyuntiva entre presidencialismo y parlamentarismo. Su argumento central se puede resumir de la siguiente manera:

Presidencialismo significa separación de poderes; los sistemas presidenciales establecen la independencia entre ejecutivo y legislativo; el jefe de gobierno y el parlamento se eligen en elecciones separadas, sus mandatos son predeterminados y fijos, ninguna de las partes depende del apoyo que le brinda la otra; el presidencialismo, por lo tanto, representa una estructura de incentivos que fomenta la confrontación entre los actores. Parlamentarismo, a su vez, significa fusión de poderes; los sistemas parlamentarios implican la dependencia entre ejecutivo y legislativo; es una sola elección popular la que determina la composición del parlamento, la que a su vez determina la composición del gobierno; dentro de límites máximos, ambos poderes tienen mandatos variables y dependen uno del otro: el parlamento puede derrumbar al gobierno mediante un voto de "no confianza", mientras éste puede disolver al parlamento mediante elecciones nuevas; el parlamentarismo, por lo tanto, constituye una estructura de incentivos que invita a la cooperación entre los actores.

En conclusión, la "legitimidad dual" de los sistemas presidenciales tiende a llevar al conflicto y bloqueo mutuo entre los poderes (*deadlock*), lo que en ausencia de soluciones institucionales tiende a provocar soluciones extrainstitucionales, tales como golpes militares o autogolpes presidenciales, con el consecuente derrumbe de la democracia. En pocas palabras, el parlamentarismo promete estabilidad democrática, mientras que el presidencialismo es un sistema arriesgado que dificulta la consolidación democrática.

La validez empírica de los razonamientos proparlamentarios todavía es controvertida. Su plausibilidad se deriva ante todo de la reconstrucción histórica de crisis y derrumbes democráticos. Es decir, se deriva del argumento contrafáctico de que, por ejemplo, la democracia alemana en 1933, la chilena en 1973 o la peruana en 1990 hubieran probablemente sobrevivido dentro de un marco parlamentarista (en lugar del marco constitucional presidencialista o semipresidencialista en vigencia). También existen ciertos resultados estadísticos que apoyan al escepticismo antipresidencialista de la "escuela linziana". Sin embargo, hay dos argumentos fuertes que ponen en duda sus recomendaciones prácticas.

Primero, las consecuencias que traen las distintas formas de gobierno no se pueden evaluar de manera aislada; hay que tener en cuenta todo su entorno institucional y cultural, especialmente los sistemas electorales y los sistemas de partidos presentes. Cuando se incluyen estos *intervening variables* en el análisis, parece que la combinación latinoamericana de sistemas presidencialistas con sistemas electorales proporcionales (que tienden a fragmentar el sistema de partidos) representa el peor de todos los mundos institucionales.

Segundo, aun cuando el parlamentarismo sería la opción claramente preferible en abstracto, cualquier iniciativa de reforma tendría que encontrar una respuesta convincente a la pregunta: ¿cuánto nos va a costar el cambio? La sospecha es que estos costos de transición podrían resultar prohibitivos. Las grandes interrogantes son: ¿cómo funciona un sistema parlamentario con partidos débiles heredados del presidencialismo? ¿Cuánto tiempo se requiere para que los incentivos parlamentarios para la cooperación inter e intrapartidaria se hagan efectivos?

No obstante estas dudas, en América Latina, el continente del presidencialismo, los argumentos a favor de gobiernos parlamentarios han tenido un efecto político considerable. En varios países se discutió, seria, acalorada y ampliamente, una posible transición hacia un sistema parlamentario (o por lo menos hacia un sistema semipresidencialista); el referéndum brasileño de 1993 representó el punto culminante de este debate constitucional.

Hoy en día, al parecer, los grandes "momentos constitucionales" han pasado en la mayoría de los países latinoamericanos. La política se vuelve rutina y las "grandes cuestiones" de reforma constitucional pasan al trasfondo. Los debates institucionales, si no se agotan, empiezan a girar alrededor de los "pequeños problemas" relacionados con el funcionamiento cotidiano de las instituciones. Ya no son los grandes diseños ni las disyuntivas fundamentales los que ocupan la agenda política, sino las "microrreglas" más técnicas que regulan el funcionamiento concreto de las instituciones políticas. Los estudios institucionalistas más recientes reflejan (pero también promueven) este desplazamiento de atención de cuestiones "macro" a problemas "micro". Estos estudios de "segunda generación" se hacen cada vez más complejos, empírica y metodológicamente invierten cada vez más en la generación de bancos de datos y en la creación de indicadores cuantitativos, y ponen cada vez más atención en los intrincados detalles institucionales, por ejemplo, en la relación entre gobierno y parlamento, en el proceso legislativo, en la estructura militar, en la impartición de justicia o en la administración pública.

Perspectivas mexicanas

En el México de la llamada revolución institucional, podría decir uno, el "viejo institucionalismo" no era primeramente académico sino político. El autoritarismo mexicano se apoyaba en un conjunto de instituciones fuertes: el presidencialismo, el Estado, el Partido Revolucionario Institucional (PRI) y las organizaciones corporativas. Estas instituciones también fueron los grandes temas de la "mexicanología" posrevolucionaria, la que en este sentido fue "institucionalista" por necesidad.

Sin embargo, a pesar del papel importante que desempeñaron las organizaciones formales (y a pesar de su fuerte tradición legalista), las "reglas del juego" de la política mexicana nunca fueron formales sino que han predominado las informales (con excepciones como la regla de no reelección). Aunque su alto grado de institucionalización se solía citar como un rasgo distintivo y excepcional del régimen, en términos formales solamente estuvo cuando más "semiinstitucionalizado" (Soledad Loaeza). De hecho, la pieza clave en el andamiaje institucional del autoritarismo mexicano, el hiperpresidencialismo, fue un arreglo informal. No se derivó de las facultades legales o constitucionales del presidente, sino de su control sobre el hegemónico partido del Estado, el PRI. El Revolucionario Institucional funcionaba como el gran agente de integración (*linkage organization*) que vinculaba todos los subsistemas (legislativo, estados, municipios, administración pública, empresas paraestatales, fuerzas armadas, organizaciones campesinas y sindicatos) con el centro y epicentro del sistema, el presidente.

Por lo tanto, el "viejo institucionalismo" de los estudios mexicanos no fue de ninguna manera formalista, sino muy al contrario. Entendió que las formalidades eran eso, meras formalidades, fachadas débiles que nunca lograron bien cubrir las realidades de atrás: una estructura bastante piramidal de un poder bastante arbitrario. Se podría decir que fueron estudios institucionales encaminados sobre premisas antiinstitucionales.

Pero, evidentemente, las cosas han cambiado y están cambiando. Igual que en otros países, el proceso de democratización en México ha despertado el interés por las estructuras formales. La razón es muy simple: en el momento en que el PRI pierde su control envolvente y deja de funcionar como la gran máquina de poder, las reglas formales empiezan a cobrar importancia. Ya no es posible ignorar, eludir, socavar, manipular, tergiversar o subordinar las arenas y los procedimientos formales a gusto. Ya existen actores independientes que se interesan en tomar las formas en serio y también son cada vez más capaces de establecer los contrapesos necesarios. Así, instituciones "latentes" como la división de poderes y el federalismo paulatinamente empiezan a ganar peso y perfil propios. Empiezan, de hecho, a hacerse realidad.

La nueva relevancia de las reglas formales en la política mexicana se está traduciendo asimismo en una nueva agenda para la ciencia política mexicana. Siguiendo el paso de los actores políticos, los observadores académicos también empiezan a tomar las instituciones formales en serio. De esta manera, vemos surgir una serie de estudios empíricos innovadores, por ejemplo, sobre los gobiernos municipales y estatales, el federalismo, la Cámara de Diputados, los procedimientos internos de los partidos, el IFE y la legislación electoral, la Suprema Corte de Justicia o las comisiones reguladoras de mercado.

Es notable que el examen neoinstitucionalista en México no haya seguido la secuencia general, de pasar de estudios macro a microconstitucionales. Desde el inicio, el análisis se ha centrado en las "microrreglas" que regulan el funcionamiento interno de y las relaciones entre diversos subsistemas del Estado. Hasta hace poco, prácticamente no había habido un debate constitucional serio, ni en el mundo político ni en el mundo académico (con la principal excepción de determinados límites a los derechos de propiedad —de los ejidos y de la Iglesia católica— que se reformaron bajo Salinas. Sin embargo, las nuevas realidades de poder después de las elecciones históricas del 6 de julio de 1997 han llevado a los actores a considerar también nuevas reglas constitucionales (sobre todo la posibilidad de una "segunda vuelta" en las elecciones presidenciales).

¿Cómo podemos explicar esta tardía aparición de análisis constitucionales? ¿La Constitución de 1917 todavía incitaba tanta admiración? ¿Todavía era un símbolo intocable de pureza revolucionaria? Quizás. Pero más probablemente, la relativa inatención a cuestiones constitucionales se explicaba por el hecho de que, durante la hegemonía del Partido Revolucionario Institucional, la Constitución actual, a pesar de su edad avanzada, era una Constitución sin probar. Por lo tanto, sabemos cómo funcionó cuando no funcionó, cuando era un conjunto de reglas vacías a disposición del poder. Pero todavía no sabemos cómo funciona bajo las nuevas condiciones de competencia partidaria, ahora que la letra muerta está recobrando vida. A consecuencia, hasta ahora, por lo menos en lo que se refiere a la división funcional y territorial del poder, las ganas de llevar la Constitución a la práctica para ver cómo opera parecen haber predominado sobre el ímpetu de reformar algo que ni se conoce bien.

LÍNEAS DE INVESTIGACIÓN Y DEBATE CONTEMPORÁNEO

A estas alturas, el nuevo institucionalismo ya no está tan nuevo y reluciente como lo sugiere su nombre. Sin embargo, todavía le queda mucho camino por recorrer. ¿Cuáles son los retos que enfrentará en el futuro? Mencionemos solamente dos.

Primero, es común afirmar que ya sabemos bastante sobre las consecuencias de diversas instituciones mientras es poco lo que sabemos de sus orígenes y dinámicas de cambio. En otras palabras, ya hemos estudiado bien las instituciones como "variables independientes", mientras hemos dejado de lado su estudio como "variables dependientes". Aparte de que uno puede dudar de lo mucho que supuestamente sabemos sobre efectos institucionales, las reiteradas llamadas a explorar cambios institucionales ya han hecho girar la atención de los neoinstitucionalistas en esa dirección. Existen ya varios estudios empíricos pero también reflexiones teóricas que van más allá de los primeros modelos sencillos tomados de la economía de mercado (la competencia) o de la biología (la selección natural). Sin embargo, comprender bien el origen y la dinámica de diferentes instituciones sociales todavía constituye uno de los grandes retos que enfrenta el nuevo institucionalismo.

Segundo, en el nuevo institucionalismo, quizás aún más que en otros campos de la ciencia política, se siente (y resiente) la aspiración y ascendencia hegemónica del enfoque de decisión racional (*rational choice*). En consecuencia, muchas de las clasificaciones que tratan de ordenar el universo neoinstitucionalista en ciencia política trazan su línea divisoria básica entre institucionalismo de selección racional (*rational choice institutionalism*) y lo demás, como el institucionalismo histórico o el institucionalismo interpretativo. Al mismo tiempo, se reconoce que esta contraposición metodológica se está volviendo cada vez más artificial. Esta convergencia entre los enfoques se debe principalmente a transformaciones profundas que está sufriendo la noción de racionalidad que emplean los analistas de selección racional. En parte, ya se están despidiendo del concepto estrecho, microeconómico de racionalidad, identificado con la tendencia a maximizar la utilidad personal. Llegan a incluir en sus análisis no sólo aspectos normativos, sino también aspectos cognitivos (lo que antes se llamaba ideologías y hoy se conoce como discursos). De hecho, es el análisis mismo de la racionalidad estratégica el que revela sus límites, su carácter parcial y su dependencia de otras dimensiones de racionalidad. Sin embargo, aunque se estén borrando las líneas divisorias entre los enfoques, todavía falta cruzarlas con espíritu ecléctico, con ánimo de realizar síntesis creativas. Mientras las teorías concurrentes tienden a guardar su distancia con sus adversarios de la escuela racionalista, éstos tienden, en sus innovaciones, a inventar de nuevo la rueda en lugar de explorar e integrar lo que ya sabemos de otros enfoques y disciplinas.

BIBLIOGRAFÍA

Alston, Lee J., Thráinn Eggertsson y Douglass C. North (comps.) (1996), *Empirical Studies in Institutional Change*, Cambridge University Press, Cambridge.

Goodin, Robert (comp.) (1996), *The Theory of Institutional Design*, Cambridge University Press, Cambridge.

Huntington, Samuel (1968), *Political Order in Changing Societies*, Yale University Press, New Haven, Londres.

Knight, Jack (1992), *Institutions and Social Conflict*, Cambridge University Press, Cambridge.

Lijphart, Arend, y Carlos H. Waisman (comps.) (1996), *Institutional Design in New Democracies: Eastern Europe and Latin America*, Westview, Boulder y Oxford.

Linz, Juan (1994), "Presidential or Parlamentary Democracy: Does It Make a Difference?", en Juan Linz y Arturo Valenzuela (comps.), *The Failure of Presidential Democracy: The Case of Latin America*, Johns Hopkins University Press, Baltimore y Londres, pp. 3-87.

Mainwaring, Scott (1990), "Presidentialism in Latin America", *Latin American Research Review*, núm. 25, pp. 167-170.

———, y Timothy Scully (comps.) (1995), *Building Democratic Institutions: Party Systems in Latin America*, Stanford University Press, Stanford.

———, y Matthew Sobert Shugart (comps.) (1997), *Presidentialism and Democracy in Latin America*, Cambridge University Press, Cambridge.

March, James G., y Johan P. Olsen (1984), "The New Institutionalism: Organizational Factors in Political Life", *The American Political Science Review*, núm. 78, pp. 734-749.

North, Douglas (1990), *Institutions, Institutional Change and Economic Performance*, Cambridge University Press, Cambridge.

O'Donnell, Guillermo (1996), "Illusions about Consolidation", *Journal of Democracy*, núm. 7, vol. 2, pp. 34-51.

Ostrom, Elinor (1990), *Governing the Commons: The Evolution of Institutions of Collective Action*, Cambridge University Press, Cambridge.

Powell, Walter W., y Paul J. DiMaggio (comps.) (1991), *The New Institutionalism in Organizational Analysis*, University of Chicago Press, Chicago y Londres.

Schedler, Andreas, Larry Diamond y Marc F. Plattner (comps.) (1998), *The Self-Restraining State: Public Accountability in New Democracies*, Lynne Rienner Plublishers, Boulder y Londres.

Shugart, Matthew Sobert, y John M. Carey (1992), *Presidents and Assemblies: Constitutional Design and Electoral Dynamics*, Cambridge University Press, Cambridge.

Steinmo, Sven, Kathleen Thelen y Frank Longstreth (comps.) (1992), *Structuring Politics: Historical Institutionalism in Comparative Analysis*, Cambridge University Press, Cambridge.

Weaver, R. Kent, y Bert A. Rockman (comps.) (1993), *Do Institutions Matter? Government Capabilities in the United States and Abroad*, The Brookings Institution, Washington.

NORMATIVISMO
Óscar Correas

Definición

Se aplica este vocablo a una concepción del derecho según la cual éste consiste principalmente en un conjunto de normas. Ésta es, desde luego, la concepción mayoritaria. Sin embargo, muchos críticos contemporáneos han hecho hincapié en que el derecho no sólo contiene normas, sino muchas otras cosas, como por ejemplo, definiciones. Otros, yendo aún más allá, quieren incluir en el concepto de "derecho" las prácticas a que éste da lugar. Así, el estudio de lo que hacen los juristas sería también objeto de la ciencia del derecho. Desde una posición como ésta, tiene sentido llamar "normativistas" a quienes insisten en que la normatividad caracteriza al derecho, que el objeto de la ciencia jurídica es la descripción de normas y que el estudio de las prácticas es el objeto propio de la *sociología jurídica*.

Normativismo y realismo: desde otro punto de vista, se usa el término para referir una posición según la cual las normas válidas son las que han sido producidas por un órgano del Estado *(véase)*, autorizado para ello por otra norma superior; esta posición sería la contraria de la del *realismo jurídico*, que es la de quienes sostienen que las normas válidas son las que verdaderamente se aplican, es decir, las que son *eficaces*; incluso para esta posición tal vez ni siquiera tiene sentido la palabra "validez". Kelsen sería un normativista, por ejemplo, porque sostiene que el derecho es una técnica de control social que procede a través de normas coactivas. Sin embargo, Kelsen no sostiene que una norma sea válida exclusivamente porque haya sido dictada por la autoridad competente, sino que una norma, para ser válida, debe tener algún grado de eficacia; así, la eficacia constituye la *condición* de la validez de las normas. Es decir, Kelsen sería un normativista conforme a nuestra definición inicial, pero no conforme al uso que se da al vocablo para referirse a lo contrario del realismo jurídico.

Norma jurídica

Etimología: norma viene del griego *nomos*, que significa la "manera de ser" de un pueblo —por ejemplo los atenienses—, entendida como el comportamiento de los ciudadanos; para los primeros griegos no hay diferencia entre la "manera de ser" y los comportamientos "debidos". En la época de los sofistas (siglo V a.C.) precisamente ellos —Protágoras, por ejemplo— oponen *nomos* a *physis*, es decir, *norma* a *naturaleza*, con lo cual se cumple la primera diferenciación entre ser y deber ser. Algunas cosas son "por *nomos*", y entonces son atribuibles a los hombres, y otras cosas suceden "por *physis*", y entonces son imputables a la necesidad natural. Y precisamente contra estas verdaderas herejías respecto del mundo griego originario se alza la filosofía socrática (Platón y Aristóteles), que intenta restituir el significado original de *nomos* como lo que no depende de ningún hombre, sino de las leyes más generales del cosmos, o *physis*.

Historia, teoría y crítica

Primera aproximación: la palabra "norma" se utiliza en distintos contextos para significar tanto las regularidades que ocurren como las que se cree que deben ocurrir. Por ejemplo, "norma" significa que cierto suceso natural o conducta humana ocurren con una frecuencia que puede ser atribuida a una "ley" natural o social; "norma" es que cada vez que suben los precios los obreros demanden aumento salarial; "normal" es que en la ciudad de México llueva durante el verano. También suele usarse "norma" para designar los artículos de un código como el civil. Pero en el sentido propio en que la usan los juristas, "norma" significa una directriz dictada por un funcionario público, o bien por un particular especialmente autorizado a dictarla (con lo cual tal particular puede, en realidad, ser visto como funcionario público, como es el caso de los padres que están autorizados para reprender moderadamente a sus hijos). Ahora bien, a pesar de que el derecho *(véase)* puede definirse, y de hecho se hace, como un conjunto de normas, de todos modos no existe unanimidad en la teoría del derecho *(véase)* sobre qué es o cómo debe definirse "norma jurídica".

La norma como enunciado condicional. Kelsen vio las normas como enunciados condicionales de la forma "si A, entonces *debe ser B*", es decir, "si sucede la conducta A del individuo Pedro, entonces otro individuo, que en virtud de un nombramiento es juez, *debe aplicarle* la sanción B". Pero está bien entendido que con este enunciado nada se dice acerca de si *realmente* el juez aplica esa sanción; se dice sólo que *debe* hacerlo. Este enunciado es condicional porque enlaza una sanción con una conducta que se convierte en la condición de la misma; la condición es que suceda la conducta A prevista, sin lo cual está supuesto que *no debe* aplicarse la pena B. Sin embargo, la redacción de los textos jurídicos casi nunca corresponde a esta fórmula condicional. Por ejemplo, los códigos penales dicen que "será reprimido con 25 años de prisión el que produjere la muerte a otro". ¿Dónde está el enunciado condicional? Puede decirse que en realidad *aparece en el discurso del jurista* que *interpreta* el texto jurídico; ese enunciado condicional producido por el jurista dice algo así como "en México, si alguien produce la conducta de matar a otro, un juez, previo el debido proceso, *debe aplicarle* una pena de 25 años de prisión" *(véase* regla del derecho). Por lo tanto, corresponde hacer la diferencia entre *texto jurídico* y *norma jurídica*. El texto es el material sobre el que trabaja la ciencia jurídica *(véase)* dogmática *(véase)* para encontrar la norma.

La norma como modalización deóntica de una conducta. Lo que se encuentra en el texto jurídico, la norma jurídica, puede verse como *la modalización deóntica de la descripción de una conducta*. "Es obligatorio pagar el salario justo", u "Obligatorio p.", como resumen los lógicos (OP), es una fórmula en la que podemos distinguir la descripción de una conducta —"pagar el salario"— y la modalización deóntica de la misma: "obligatorio". Esa misma expresión, reescrita —o interpretada más bien— conforme a la fórmula condicional, diría algo así como "si no se paga el salario, entonces, previo un procedimiento, un juez *debe condenar* al patrón a pagar". La *lógica jurídica* prefiere enunciados como "es obligatorio pagar…" (OP) a la forma condicional. En tal caso, "obligatorio" es un modalizador deóntico *(véase)* y "pagar…" es la *descripción de una conducta*. Es decir, una norma sería la combinación de ambos usos del lenguaje: el descriptivo —la descripción de la conducta— y el prescriptivo —la modalización deóntica—. De allí que puede hacerse la distinción entre *sentido deóntico* y *sentido ideológico* de las normas; este último sería el juego de sentidos producido y transmitido en la descripción de la conducta modalizada *(véase* derecho). Como se comprende fácilmente, tampoco la redacción "es obligatorio —o prohibido o permitido— pagar…" es la que se encuentra en los textos producidos por los órganos estatales. El "OP" de los lógicos es también el resultado del análisis de los textos que hace el jurista (aunque también de cualquier persona que intenta informarse sobre cuál es la conducta de la que debe abstenerse o que debe producir para evitar la sanción). Porque lo que se da en la realidad son los textos en los cuales los juristas piensan que están las normas. En realidad tampoco es así: lo que el jurista hace es una interpretación *(véase)* del texto, y eso es *siempre* una *atribución de sentido*, y así lo que en verdad sucede es un acto político, un acto de poder, en virtud del cual aquel que está legitimado para "interpretar" le hace decir algo al texto. La norma nunca está ya en el texto: el jurista —el juez, el funcionario, incluso el mismo ciudadano— produce un acto de creación o, si se quiere matizar la afirmación, un acto de cocreación de la norma.

Normas jurídicas y otras normas. La diferencia entre las normas jurídicas y otras normas, principalmente las morales, es la misma que existe entre el derecho y otros discursos prescriptivos; según cuál sea la concepción del derecho que se tenga será la diferencia que se postule entre ambas: si se concibe el derecho como un discurso que organiza la violencia, entonces las normas jurídicas se diferencian de las otras porque amenazan con el ejercicio de la violencia por parte de algún funcionario público. Como se ve, aceptar esta concepción es adoptar la postura teórica según la cual el derecho es un orden coactivo o bien la organización de la violencia legítima. Esto abre otra cuestión: para quien sostiene esta posición teórica —"el derecho organiza la violencia"— se hace necesario contestar a la pregunta: "en el ejemplo de la obligación de pagar el salario, ¿dónde está la amenaza de la violencia?" O bien, "¿qué es lo obligatorio?" Frente a esto, habría que contestar que lo obligatorio es la sanción; que, por lo tanto, si el discurso del derecho enuncia "es obligatorio pagar…" en realidad es porque se trata de una forma lingüística —que puede ser cualquiera— que es necesario interpretar como un discurso dirigido al juez para que ejerza la violencia frente a la falta de pago. Incluso puede interpretarse como la amenaza de la violencia contra el juez que a su vez no ejerza la violencia contra el deudor. Pero, más aún, puede verse como la orden dirigida al juez —bajo pena de ejercerse la violencia contra él— para que ordene al oficial de justicia o ujier que use la violencia, ya que en realidad no es nunca el juez el que la ejerce personalmente. Visto así el discurso jurídico, resulta verdadero decir que el derecho es la organización de la violencia a través de prescripciones que indican quién y en qué casos debe ejercerla, y *siempre bajo apercibimiento de que la misma sea ejercida contra él si no lo hace.* Si esto es visto así, entonces las normas siempre dirán, o mejor, los textos jurídicos contendrán normas que dirían, luego de ser analizados: "es obligatorio ejercer la violencia contra los individuos si éstos producen la conducta prohibida" (o se abstienen de producir la conducta ordenada). En esta formulación quedarían comprendidos los dos modelos: el del enunciado condicional y el de la modalización deóntica de la descripción de una conducta. Pero en tal caso el derecho resultaría un mensaje dirigido siempre a los funcionarios públicos, y eso significaría que, cuando un cliente le presentara un caso a un abogado, la tarea de éste consistiría en buscar dentro de los textos jurídicos al funcionario público a quien pudiera exigirle, bajo apercibimiento de denunciarlo ante otro superior, que realice cierta actividad represiva contra el individuo que ha causado la situación que provocó la consulta del cliente. En realidad muchos abogados dirían que efectivamente tal es la realidad, que eso es lo que hacen cuando son consultados por sus clientes, y con seguridad muchos funcionarios públicos dirían que, según su experiencia, gran parte de las órdenes ingratas que deben dar, como desalojar a una familia de una casa, son producidas "porque están obligados", esto es, porque si no lo hicieran serían sancionados con la pérdida de su puesto, por ejemplo.

Normas primarias y secundarias. Sin embargo, está claro que los textos jurídicos no muestran siempre la amenaza de la violencia; son las normas penales casi las únicas que lo hacen, pero todo el resto del derecho no se presenta de esa manera. Por ejemplo, en ningún artículo del código civil se amenaza con la violencia, sino que únicamente se establecen las conductas "obligatorias" como pagar, entregar, hacer o no hacer, etc. A lo sumo hay expresiones como "desalojo" o "subasta de bienes". Tampoco en el código de procedimientos civiles se amenaza con la violencia: a lo sumo hay disposiciones que indican cómo debe hacerse la subasta, pero nada se dice sobre hasta qué punto hay que llegar a la violencia contra el deudor condenado para desposeerlo de los bienes embargados. Sin embargo, hay otros textos donde sí se amenaza con la violencia: por ejemplo, a los policías que deben cumplir la orden de arrebatar los bienes ejerciendo violencia física sobre la persona del deudor si éste se resiste, bajo pena de, si no lo hacen, sufrir ellos el castigo impuesto a los miembros de los cuerpos armados en caso de desobediencia a sus superiores. Según esta visión del derecho, éste es un discurso que organiza la violencia pero también la esconde ubicándola en otros textos muy especiales, como los penales dirigidos contra los funcionarios que no cumplen con lo ordenado. De allí que se haya hecho la diferencia entre normas primarias, que son las que ordenan aplicar la violencia, y las secundarias, que serían las que no lo hacen. También se ha dicho que estas últimas, en realidad, como el derecho es la organización de la violencia, son *fragmentos* de normas que deben ser integrados con los otros "fragmentos", los que sí amenazan con la violencia (Kelsen y Ross). En cambio, quienes no ven el derecho solamente como la organización de la violencia tampoco ven las normas jurídicas como las que amenazan con ella. Por ejemplo, dicen (Hart), hay normas que declaran la nulidad en caso de que no se sigan ciertos pasos en un procedimiento, que dicen cómo deben aplicarse otras, cómo deben dictarse algunas más, cómo debe nombrarse a los funcionarios, qué deben hacer éstos para que sus órdenes sean normas, etc. Claro que puede contestarse, desde la otra posición, que eso es confundir los textos con las normas jurídicas, que bien estudiados los primeros siempre aparecen las segundas, las cuales sí amenazan con la violencia. La discusión parece no tener solución porque, en definitiva, se trata de *maneras de ver* el derecho, incluso de distintas concepciones filosóficas (*véase* filosofía del derecho), y si bien hay competencia entre éstas, no es posible que alguna sea descalificada como "mentira".

Las normas como sentidos de actos de voluntad. Kelsen ha insistido en que las normas, cualesquiera normas, sean o no jurídicas, son siempre el producto de la voluntad de alguien, un ser humano desde luego; son, entonces, *el sentido de un acto de voluntad*, a diferencia de los enunciados descriptivos, que serían el sentido de un acto de conocimiento. Por eso las normas no son ni verdaderas ni falsas sino, en todo caso, válidas o inválidas: porque sólo puede ser verdadero —o falso— el acto intelectual de conocimiento, nunca el de voluntad. Por eso también, piensa Kelsen, es imposible obtener normas con un procedimiento lógico a partir de premisas aceptadas; lo que se obtendría, por ejemplo, de una computadora —dice— sería una indicación de qué norma debe producir el juez; pero no habría norma sino después de que el juez produzca el acto de voluntad creador de esa norma.

Norma fundante

Presentación del problema. Es aceptado por gran parte de los teóricos del derecho, con excepción tal vez de quienes siguen el *realismo jurídico*, que la validez de una norma depende, entre otras cosas, de que la misma haya sido producida por un funcionario público con facultad para hacerlo. Pero esa facultad debe provenir de otra norma superior, de la cual, a su vez, puede preguntarse lo mismo: ¿por qué es válida? Y la respuesta deberá ser la misma: porque otra norma, aún superior, faculta a otro funcionario público a dictar la norma que faculta al funcionario que creó aquella con la cual comenzamos a hacer este razonamiento. Ahora bien, si continuamos preguntando así en un país como México, llegará un momento en que se deberá contestar señalando la Constitución política como aquella norma que autoriza a los funcionarios de mayor rango a producir las normas por virtud de las cuales las demás —que por eso son "inferiores"— deberán ser consideradas válidas. Esto porque, si algún enunciado pretende ser norma, pero no ha sido producido por un funcionario investido en virtud de otra norma cuya validez se remonta a la Constitución, o bien que habiendo sido producido por un funcionario autorizado, de todos modos éste no siguió el procedimiento establecido por la Constitución, entonces tal enunciado no es norma perteneciente al sistema jurídico mexicano. Bien, pero llegado el razonamiento a la Constitución, de todos modos tiene sentido preguntarse ¿por qué debe obedecerse la Constitución? O bien: ¿de dónde proviene la validez de la Constitución? O bien: ¿cómo se reconoce que la Constitución es una norma —o conjunto de normas— válida? La respuesta a esta pregunta última del razonamiento jurídico es uno de los temas más importantes de la *teoría del derecho*.

La norma fundante. Kelsen ha contestado esta pregunta diciendo que más allá de la Constitución existe otra norma, a la que llama "norma fundante" (*Grundnorm*, en alemán), que es la que establece la validez de esa Constitución. En el transcurso de su vida intelectual, Kelsen varió cuando menos tres veces la caracterización de esta norma. Primeramente sostuvo que se trataba de una norma *presupuesta*. En 1960 dijo que era una norma *pensada*, hasta que en sus últimos escritos llegó a la conclusión de que se trataba de una *ficción*. A esta última posición, que debe considerarse como la definitiva, arribó —dice— por haber comprendido que si se trataba de una norma, entonces no podría ser "presupuesta" porque una norma nunca puede ser tal: existe o no existe; o la produjo alguien por un acto de voluntad, o bien no existe. Y no puede ser "pensada", porque una norma nunca es el resultado de un acto de pensamiento, sino de un *acto de voluntad*.

Su conclusión fue, finalmente, que se trataba de una *ficción*, porque en realidad es un recurso del pensamiento cuando éste ya no tiene más respuestas. Y a la pregunta sobre la validez de una Constitución, en realidad no tendría otra respuesta que no fuera la fuerza de quienes consiguen imponerla. Pero como el pensamiento jurídico no quiere reconocer este origen violento del Estado, recurre a la ficción de sostener que quienes dictaron la Constitución tenían autoridad para hacerlo, lo cual no se basa ya en una norma, sino en la *ficción* de una norma. La posición de Kelsen es tal vez poco clara, pero de todos modos tiene la virtud de dejar planteado el problema de la perplejidad en que cae el pensamiento jurídico cuando tiene que justificar en última instancia un sistema de normas. O, dicho de otro modo, puede no aceptarse la posición de Kelsen, pero de todos modos no puede dejarse de advertir la dificultad que presenta la justificación de un Estado o sistema jurídico si no se quiere recurrir a la respuesta de que un Estado existe basado en la violencia que es capaz de desatar el grupo en el poder. ¿Dónde existe esta norma fundamental, que no está escrita en ninguna parte como sí lo está la Constitución? La respuesta de Kelsen es que existe en la mente de cualquier persona y no sólo de los juristas, que intentan contestar a la pregunta última. Esto quiere decir que se trata de un fenómeno ideológico; es decir, que aun tratándose de un discurso, que no es fenómeno en el sentido de que no es empíricamente verificable, de todos modos sólo podría comprobarse realizando una encuesta sociológica. En tal sentido podría decirse que la norma fundante es un *hecho*, y de tal manera esta norma cambia cada vez que, por una revolución, por ejemplo, cambia el grupo en el poder.

LÍNEAS DE INVESTIGACIÓN Y DEBATE CONTEMPORÁNEO

Las críticas a Kelsen. Kelsen ha sido vivamente criticado por su última concepción de la norma fundante como *ficción*. Se ha dicho, por ejemplo, que una teoría del derecho que culmina en una ficción no puede ser una buena teoría. Podría responderse que no es la teoría la que culmina en una ficción, sino el pensamiento jurídico que la teoría permite criticar, develando precisamente que la justificación última del Estado consiste en una ficción y que con ello el pensamiento jurídico concluye en el *fetichismo jurídico*. Hart ha criticado a Kelsen, aunque puede decirse que su crítica no fue dirigida contra la posición última de Kelsen, sino contra una 20 años anterior. De todos modos es ilustrativo considerar una de estas críticas. Según Hart, la norma fundante de Kelsen tiene siempre el mismo contenido y diría algo así como "debe obedecerse la Constitución", o tal vez "debe obedecerse a quienes establecieron la primera Constitución". Pero esta apariencia de uniformidad o simplicidad puede ser engañosa porque resulta una duplicación innecesaria de conceptos, por ejemplo, si estuviéramos ante el caso de una Constitución que especificara todos los criterios con arreglo a los cuales los tribunales y demás funcionarios reconocieran el derecho positivo. Sería una duplicación innecesaria de conceptos, porque bastaría con que la teoría reconociera el hecho de tal obediencia a las reglas constitucionales de reconocimiento de normas como la regla de reconocimiento suprema. A Hart le parece particularmente claro que hay esta duplicación innecesaria en Kelsen, si se tiene en cuenta la Constitución inglesa, que no está escrita: la regla kelseniana de "debe obedecerse la Constitución" es innecesaria en Inglaterra, donde para reconocer las normas se usa la fórmula "es derecho lo que declara la reina en el Parlamento". Esta crítica tal vez no sea del todo válida porque bien podría contestarse con el postulado, ofrecido por Kelsen, de que precisamente esa fórmula es la norma fundante. Pero aun así la crítica demuestra las dificultades del pensamiento jurídico para explicar cuál es el fundamento último de la validez de un sistema de normas. Por otra parte, también se ha dicho que lo que Kelsen llama "norma" no es tal, sino simplemente una hipótesis que usan los juristas para realizar su trabajo científico de reconocimiento y descripción de normas. Esta posición no tiene en cuenta que Kelsen se refiere al reconocimiento del orden jurídico que realizan todos los ciudadanos, y no solamente los juristas.

BIBLIOGRAFÍA

Abeledo-Perrot, Ross A. (s. f.), *Sobre el derecho y la justicia*, EUDEBA, Buenos Aires.
Correas, O. (s. f.), *Crítica de la ideología jurídica*, UNAM, México.
García Máynez, Eduardo (1977), *Positivismo jurídico, realismo sociológico y iusnaturalismo*, UNAM, México.
Hart, H. (s. f.), *El concepto de derecho*, Buenos Aires.
Kelsen, H. (s. f.), *Teoría pura del derecho*, UNAM, México.
——— (1986), *Teoría geral das normas*, Fabris, Portoalegre.
Nino, Carlos S. (s. f.), *Introducción al análisis del derecho*, Astrea, Buenos Aires.
Ovilla Mandujano, Manuel (1990), *Teoría del derecho*, Duero, México.
Ross, Alf (1974), *Sobre el derecho y la justicia*, EUDEBA, Buenos Aires.
Vernengo, R. (1976), *Curso de teoría general del derecho*, Cooperadora de Ciencias Sociales, Buenos Aires.

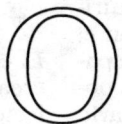

OPINIÓN PÚBLICA

Laura Gingold

Definición

Los términos *público*, *opinión pública*, *publicidad* y *espacio público* en el uso cotidiano, en el pensamiento político e incluso en ciertos ensayos académicos se confunden y utilizan indistintamente. Sin desconocer que cada uno de estos términos procede de contextos históricos específicos y denota una variedad de significaciones, quiero tratar conjuntamente la redefinición de lo público, de la publicidad y de la opinión pública en el contexto actual de los escenarios mediáticos y globalizados.

Actualmente, es bastante generalizado el consenso sobre la dificultad de definir el concepto de *opinión pública*, no sólo porque el concepto sugiere una considerable fluctuación e incertidumbre en el intento de unir el uno (opinión) con los muchos (público), el bienestar colectivo con las preferencias individuales, sino también porque los esfuerzos por definir el concepto vacilan entre puntos de vista opuestos (Price, 1994). Mientras unos se refieren a su aspecto deliberativo y social, otros destacan las opiniones individuales sobre asuntos públicos, algunos valoran la opinión que circula entre una serie de actores clave (políticos, periodistas, intelectuales, gobierno), otros rescatan la voz ciudadana; unos tienen una visión más orgánica, otros tienen una visión de "agregados" de individuos. Pareciera que cuanto más nos acercamos, su significado se torna más huidizo y fluido. Por lo tanto, más que proponer "una" definición —que connotaría cierto riesgo de presentar un significado unívoco o "verdadero"— busco identificar los principales temas y transitar a través de las significaciones que fue adquiriendo en distintos marcos históricos y socioculturales.

Aunque la opinión pública no emergió como concepto político hasta el siglo XVIII, los dos términos que la enuncian, "opinión" y "público", tienen raíces anteriores. A fines del siglo XVII surge (primero en Francia y posteriormente en Inglaterra; en Alemania aparece en el siglo XVIII) el sustantivo *publicidad*, derivado del adjetivo *público*. Se concibe una publicidad literaria e ilustrada, que se erige contra el secreto de Estado, contra la exclusión del público de los asuntos comunes. La noción de "opinión pública" es acuñada en la segunda mitad del siglo XVIII a partir de la voz francesa *opinion publique*, y casi en la misma época surge en Inglaterra el término *public opinion*. Sus primeras acepciones se refieren a una opinión formada en la discusión pública, fundada por medio del raciocinio y la educación, y se cree que es accesible para todos y expresiva del interés general de la sociedad. El *Oxford dictionary* la registra por primera vez en 1781. El temprano desarrollo de la vida parlamentaria y la prensa, la conquista de derechos civiles y políticos y las convulsiones políticas que azotaron a Europa fueron las instituciones sociales y condiciones históricas que permitieron (primero en el caso inglés, más tarde en el francés y alemán) cuestionar la arbitrariedad del Estado.

En este contexto, *el público* se refiere al conjunto de actores que por su importancia en la producción y reproducción de la sociedad pasan a ser en una primera instancia los interlocutores del poder público (hasta entonces ejercido unilateralmente) y por último a codeterminar el contenido de las normas generales del Estado. Desde entonces, las normas y las acciones administrativas deberán ser negociadas, dialogadas, confrontadas. En este sentido, el público significó la aparición de una zona intermediaria y mediadora entre el poder público (hasta entonces sólo estatal) y los intereses privados (particularmente de la burguesía). Como expondremos con brevedad en los antecedentes históricos del término, las agudas tensiones y contradicciones que en los dos últimos siglos han acompañado el desarrollo del capitalismo y del Estado nacional han transformado el espacio público y las significaciones asociadas a la opinión pública. Asimismo, su valoración no ha sido unívoca; diferentes tradiciones de la cultura occidental (liberal, republicana, democrática) ponderaron distintas perspectivas y signos: la defensa de los derechos individuales frente al poder público —jerarquizando el ámbito privado—, la ilusión de una comunidad y de un espacio público expresivo de la pluralidad, y la participación ciudadana en la formulación de las leyes. Como en otros campos, existen versiones optimistas y pesimistas sobre el papel de la opinión pública: algunos señalan las bondades de una sociedad más plural, otros las dificultades que representa para un gobierno la falta de consenso; unos hacen hincapié en el aspecto racional (en la formación de la opinión pública y en las decisiones gubernamentales), otros en su aspecto participativo, como control social.

En la actualidad, encontramos una tensión en el propio núcleo del concepto de opinión pública. El diálogo, la crítica, la participación responsable e informada, y el consenso —como algunas de las formas de comunicación señaladas como normativas de la idea democrática de opinión pública— se hallan desproporcionados respecto a las formas que ha adquirido la comunicación en las sociedades masivas. En el marco "mediático" es preciso reconocer que el espacio público desborda la esfera de las interacciones políticas clásicas y del Estado-nación. Es el escenario gracias al cual el dispositivo institucional y tecnológico propio de las sociedades posindustriales es capaz de presentar a un "público" los múltiples aspectos de la vida social (Ferry, 1992: 19). El concepto de *público* se vincula entonces, por un lado, con el de publicidad, de participación (entendida como accesibilidad, visibilidad y posibilidad de controlar los actos de quien gobierna) y de espectáculo (entendido como consumo) y, por el otro, la opinión pública ya no es aquella comunicación cara a cara, sino una experiencia mediada por los medios de comunicación de masas y los expertos. La contracara de esta ampliación del espacio de lo público es que tanto las tecnoburocratizaciones como los procesos de globalización han reducido el campo de lo que está sujeto a debate. Entonces, ¿a través de qué instituciones, canales o foros pueden participar los ciudadanos para reconocer que comparten "algo en común"? ¿Cómo pueden participar los ciudadanos cuando los medios parecen ser los proveedores del espacio público?

Una de las herencias liberales ha sido la definición del carácter mediador de la opinión pública (entre el Estado y la sociedad civil, entre una subjetividad enraizada en el espacio íntimo de la familia y la intersubjetividad de un espacio público autosuficiente). Sin embargo, una época de sociedades globalizadas (sostenidas por una comunicación fluida con los órdenes transnacionales de la información, la economía y el conocimiento), en las que los límites entre lo público y lo privado, lo local y lo global no son tan claros, exige indagar y volver a pensar los conceptos de Estado, sociedad civil y opinión pública.

Es necesario pensar en la noción de opinión pública en un espacio público constituido por una inestable combinación de diferentes publicidades (que corresponden a posibilidades asimétricas de organización y apropiación técnicas, políticas y culturales) y como un escenario discursivo de contienda y negociación por múltiples y diversos públicos y a través de ellos. Disputas sobre qué y qué no puede ser expresado, cómo puede expresarse, y quiénes y cuáles experiencias son consideradas relevantes o irrelevantes en un escenario codeterminado e interpenetrado por diferentes niveles (personales, locales, nacionales, globales) y por la coexistencia fragmentada de horizontes de experiencia social (trabajo, consumo, intimidad familiar y sexual, política, medios e identidades individuales y colectivas). Ya no es posible postular la ilusión de una opinión pública expresiva de un consenso, sino una heterogeneidad de públicos parciales (variables en cuanto a tamaño, composición y en el grado de compromiso y participación), en algunos casos marcados por un término específico de exclusión (género, edad, etnia, religión, economía) en relación con la publicidad hegemónica, pero en continua negociación, conflicto, apropiación y complicidad con ella respecto de la identidad, el sentido y la representación. Es indispensable reconocer que, incluso en el siglo XVIII, la opinión pública nunca ha existido fuera de la representación mediada y ha tenido un componente ficticio o simbólico construido.

HISTORIA, TEORÍA Y CRÍTICA

El espacio público moderno se puede decir que es una creación de la Ilustración. Se trataba de un público lector, compuesto ante todo por ciudadanos y burgueses (en el que coincidía la intelectualidad con la aristocracia), que estaba al corriente de las novedades y que discutía críticamente. Esto sucedía en el marco de una expansión de las publicaciones, de una sociabilidad asociativa liberal que giraba en torno de los salones, los círculos literarios y los cafés, y de una emancipación de los artistas e intelectuales de las ataduras de los gremios, la corte y las iglesias. Esta "politización de la vida social" —en palabras de Habermas— al comienzo quizá correspondía a la institucionalización de una crítica que empleaba los medios de la moral para controlar o defenderse de un poder despótico, que estaba a favor de la libertad de expresión y contra la censura.

Con perspectivas filosóficas y políticas diferentes, J. Habermas (1990) y R. Koselleck (1978) trataron de reconstruir su historia. Para Koselleck, lo que crea la apertura de la publicidad y vuelca el dominio público en el espacio público es la fuerza exterior de la crítica. El impulso viene de abajo, de las personas particulares reunidas en los salones, los cafés y los clubes. Estos primeros espacios públicos, donde se intercambian experiencias e información, fueron el escenario donde comenzó a gestarse la crítica a la dominación política (dominación que se aferraba al secreto o a la razón de Estado).

Habermas apunta que lo que confirió al espacio público burgués su especificidad fue la publicidad y una nueva forma de subjetividad. En el siglo XVIII, la ciudad es el centro económico vital no sólo de la sociedad burguesa, sino también de una publicidad literaria nueva que se desarrolla en los cafés, los salones y las asociaciones literarias en un contexto de ampliación acelerada de la red de comunicación política (prensa). Era un público lector que estaba al corriente de las novedades y que en estos espacios privados pudo ensayar —a partir de la práctica de una discusión crítica, racional y no coaccionada de los hechos públicos— las normas de igualdad política de una sociedad futura. Esta publicidad literaria vendrá a adquirir funciones políticas: la *public opinion* inglesa, crítica de las medidas de gobierno, se reunirá en asociaciones políticas locales que ampliarán las bases de los partidos como representantes del público.

El intercambio público de experiencias privadas es uno de los rasgos sobresalientes de la cultura y publicidad burguesas. Pero sólo los temas que podían entrar en el concepto *burgués* de las "conversaciones de interés general, según cierta concepción de la decencia y de la cultura, tenían derecho de ciudadanía dentro de la publicidad" (Ferry, 1992: 21). La selectividad se daba no sólo en la imposición de reglas y rituales de ingreso y en los temas debatidos, sino también en la posibilidad de tener acceso a las lecturas (educación) y a los códigos de interpretación.

La idea de opinión pública en el siglo XVIII es equivalente a la de consenso y tiene los atributos de la voluntad general: es justa, desinteresada, veraz, racional y homogénea. Las relaciones amigo-enemigo están excluidas del seno del público, cuyo supuesto es el interés común. No se le percibe como plural, interesada o caprichosa. Incluso, con ciertos matices, pensadores contemporáneos, como Habermas, tendrán dificultad para apreciar la coexistencia de publicidades en competencia y de considerar la dinámica de los procesos de comunicación excluidos de la publicidad hegemónica. La ficción es imaginar la esfera pública como una arena transparente, coherente e igualitaria.

Desde la Ilustración se rinde un culto fetichista a la opinión pública como un freno al despotismo y como fuente de soberanía. La paradoja es que mientras se reinvindica al pueblo a partir de una noción abstracta del mismo, se le ve como algo que debe ser superado por considerarlo apático, indiferente, anafabeto y principalmente inestable e impredecible. Como varios autores han apuntado (Matteucci, 1991; Hacking, 1975, Peters, 1995, y otros), la *opinión*, desde sus raíces griegas, se ha asociado con el terreno de la probabilidad, con lo que cambia a través del tiempo, con lo que es objeto de disenso y con los juicios de valor (y prejuicios) en oposición a la ciencia y al mundo de los expertos, pero también con cierta autoridad, aunque no pueda ser suficientemente probada. Estos sentidos ambivalentes han llevado, por un lado, a ver al "público" como el más autorizado para determinar una política pública y, por el otro, a desconfiar de él.

En el siglo XIX, con el advenimiento de la democracia y los medios de comunicación de masas (particularmente la prensa llamada sensacionalista), se modificarán el espacio público, así como los códigos de comportamientos y estilos de comunicación. El espacio público se convertirá en un escenario de disputas violentas y de enfrentamientos de intereses. Las clases obreras, las masas carentes de instrucción y de propiedad, exigirán ser incluidas en el público y propugnarán por la extensión de sus derechos. Las leyes promulgadas bajo la presión de la calle expresarán el compromiso entre intereses privados en pugna. Al respecto, Tocqueville (1835) denunciaba un verdadero despotismo de las mayorías y Mill (1824) se quejaba del "yugo de la opinión pública". El reino de la crítica se ve subvertido por el reino de la opinión de la muchedumbre confundida, manipulable, poco predecible y opresiva.

En especial, el concepto de opinión pública cambia de sentido; ya no se trata de esa opinión ilustrada (modelada por la razón) de la que hablaba Siéyês y que se empeñaba en discriminar de las opiniones prejuiciosas de una plebe analfabeta. Designa más bien a la masa segmentada de opiniones particulares, en las que se expresan intereses heterogéneos, conflictivos y contradictorios (de los sindicatos, partidos políticos, asociaciones empresariales). Este concepto es el que retomarán de manera implícita los institutos de encuestas y sondeos. El carácter público de la opinión ya no puede ser identificado con una voluntad general. En adelante, habrá que aceptar la heterogeneidad y la conflictividad social como inherentes a la opinión y al espacio públicos. El modelo democrático y el gobierno de la mayoría —establecido por medio de elecciones periódicas— fue un esfuerzo por canalizar los intereses dispares del público. En adelante, el problema será la preocupación por el retraimiento de las minorías frente a la presión de las mayorías.

El concepto de "público" sufrió otro giro con el fin de la era liberal. Desde la gran depresión que comienza en 1873 surge un nuevo proteccionismo e intervencionismo del Estado (fortalecimiento de los mercados internos), y en las industrias centrales se origina una tendencia al oligopolio y al monopolio. La industria de la información y de la comunicación no estuvo al margen de este proceso. Por eso, algunos autores (Habermas, 1990; Aguilar, 1988) tienden a una evaluación pesimista y concluyen que el público culto y razonador deviene en un público consumidor de cultura política, digiriendo opiniones preconcebidas, que se vuelven imposibles de objetar mediante la interlocución. Algunos efectos de esta tendencia son la creciente fusión entre el entretenimiento y la información, la nueva relevancia de la propaganda y la persuasión, la desintegración de la vida asociativa liberal y comunitaria, las limitadas oportunidades de acceso a la comunicación pública (sujetas a una presión selectiva mayor). En estos diagnósticos, se define implícitamente al público como un receptor pasivo, manipulable, y se juzga con demasiado pesimismo la capacidad de resistencia y el potencial crítico de un público masivo pluralista y diferenciado internamente.

En la década de 1930 también se dio un giro importante en el pensamiento respecto de la opinión pública; esta época estuvo marcada por un alejamiento del punto de vista que consideraba a la opinión pública como un fenómeno colectivo (y un complejo orgánico) hacia una perspectiva más individualista. Esto fue posible por el desarrollo de las técnicas cuantitativas para la medición de actitudes y por la aplicación de la técnica de muestreo. A principios de la década de 1940 se establecieron grandes centros de investigación en las universidades y en los despachos gubernamentales y se fundaron institutos privados de sondeos. La revista *Public Opinion Quarterly* se publicó por primera vez en 1937. La autonomía de la opinión pública de los medios de comunicación (información) produjo otro significado del campo de la opinión pública. Por una parte, incorporó una separación entre la lógica de los medios y de la opinión pública, que desde el siglo XVIII se encontraban unidas. Por la otra, introdujo una posición contradictoria y conflictiva entre los diversos discursos (particularmente de los políticos, de los medios y de los institutos de sondeos) respecto al tema de la representatividad de la opinión pública y una complejización de las relaciones entre los políticos y la ciudadanía, los medios y el gobierno, los medios y los partidos políticos (Wolton, 1992: 42).

El crecimiento vertiginoso de los medios de comunicación y el proceso de globalización hicieron ver con claridad de qué modo venían cambiando desde el siglo pasado el espacio público y el ejercicio de la ciudadanía. Lo novedoso del proceso de globalización es que supone una interacción funcional de actividades económicas y culturales, generadas por un sistema con muchos centros, en el que es difícil reconocer qué es lo propio porque se han desterritorializado los contenidos, los bienes económicos y simbólicos y las formas de consumo. Varios estudios han señalado el pasaje del ciudadano como representante de una opinión pública al ciudadano como consumidor, interesado en disfrutar de una cierta calidad de vida. Una de las manifestaciones de este cambio es que las formas argumentativas y críticas de participación ceden su lugar al goce de espectáculos en los medios electrónicos, en los cuales la narración prevalece sobre el razonamiento de los problemas (García Canclini, 1995: 25). Sin embargo, estas mismas investigaciones conceptualizan el consumo no como un proceso pasivo, sino como una instancia en la que se piensa, se elige y se reelabora el sentido social y, en ese sentido, como algo que sustenta, retroalimenta y hasta cierto punto constituye un nuevo modo de ser ciudadano en un escenario donde lo público ha sido absorbido por los medios de comunicación de masas.

Uno de los hechos centrales de las décadas de 1980 y 1990 ha sido el desvanecimiento de los espacios políticos de negociación y el desplazamiento de la conflictividad social a lugares herméticos donde los ciudadanos no pueden entrar, por lo que ya no queda lugar para la confrontación razonada ni para la negociación. Sin embargo, persiste otra tendencia: los movimientos sociales y de oposición mantienen abiertas las disputas, evitando el cierre del sistema político. "Los conflictos ocurren hoy no únicamente entre clases o grupos, sino también entre dos tendencias culturales: la negociación razonada y crítica o el simulacro de consenso inducido mediante la devoción por los simulacros" (García Canclini, 1995: 183).

La revisión documental que se presenta a continuación es un itinerario más que un estudio exhaustivo para recuperar las diferentes visiones desde las que se ha estudiado este concepto en México. Como se verá, el campo de la opinión pública constituye un fenómeno relativamente reciente.

La nostalgia por la pérdida de un espacio público idealizado se encuentra presente en los primeros intentos de reflexión sobre el fenómeno en México. Hacia la segunda mitad de la década de 1960, los científicos sociales tomaron como objeto de estudio a los medios masivos de comunicación. Influidos por el paradigma marxista (Fátima Fernández Christlieb, 1982; Julio del Río Reynaga, 1972; Silvia Molina, 1985; y Raúl Trejo Delarbre, 1980, 1992, entre otros); el resultado fue la concepción de los medios de comunicación como una enorme maquinaria de dominación ideológica que imponía a las conciencias (siempre pasivas) hábitos de consumo y formas de vida que reproducían el orden social. Se apoyaban en otro lugar común acerca de la omnipotencia de los medios de comunicación de masas para incitar a los receptores de esos mensajes a actuar de manera irreflexiva. El concepto de ideología como *reflejo* o *falsa conciencia* fue una de las nociones dominantes.

De este enfoque se derivó la idea (aún vigente en algunos científicos sociales) de que la modernización traía consigo el avasallamiento de las formas tradicionales y el desmoronamiento de la identidad. Así reflexionaba Julio del Río Reynaga (1972: 41-42): "la entrada plena de la radio ha dado lugar a un rompimiento de la estructura de la opinión pública tradicional, que en lugar de difundirse tradiciones y costumbres nacionales, se difunden modos de vida extranjeros". A las denuncias sobre la destrucción de las tradiciones nacionales se sumaron las de manipulación de los públicos. Tal es el caso de Silvia Molina (1985: 82-83):

Porque si por un lado la opinión pública continúa siendo un intrumento político-ideológico, al servicio de los intereses del Estado burgués, por el otro expresa relaciones que existen entre los Estados metrópolis y satélites. De esta manera, los intereses de la metrópoli en los países satélites son protegidos por medio de la formación de la opinión pública adecuada a nivel local. Tal es el caso del llamado malinchismo de los mexicanos, que reviste de un aura de calidad y prestigio a los ideales de vida, las costumbres y los productos foráneos, en detrimento de los nacionales.

Hoy, una serie de estudios antropológicos ha demostrado que esa "autenticidad" de las tradiciones es ilusoria, pues los sentidos de un repertorio de bienes (materiales y simbólicos) son delimitados por procesos históricos y culturales de "hibridez". Por tanto, la nostalgia por un pasado ilusorio esconde una concepción esencialista de la identidad.

Uno de los puntos más débiles de esta serie de estudios ha sido la reducción de las interacciones entre clases a un enfrentamiento polar, en el que no es posible captar la red de intercambios, préstamos, apropiaciones, complicidades y condicionamientos recíprocos que traman los vínculos entre los grupos hegemónicos y subalternos.

Otra tradición (Aguilar, 1988) ha partido de la apropiación crítica del marco teórico propuesto por Habermas. Uno de los aportes ha sido considerar las nociones de espacio y opinión pública como categorías históricas y como un escenario diferente del Estado, del mercado y la familia. Si bien Aguilar admite la coexistencia de publicidades en competencia (que Habermas no exploró), tiene dificultad para indagar los mecanismos de circulación y de apropiación mutuos entre la publicidad hegemónica y las excluidas.

La opinión será el circuito cerrado e ilustrado de tertulias familiares, salones cultos, clubes, logias, partidos e inteligencias que, en concordancia canónica con el concepto liberal democrático, reivindicarán el derecho de existencia de la libre opinión [...] por la otra, será el circuito en el que los intereses del pueblo, analfabeto e incomunicado, quedarán al margen, sin voz y opinión, materia de comentario e interpretación en los textos de los publicistas [Aguilar, 1988: 821-822].

Esta proposición, referida a la formación de la opinión pública en México, se repite, con algunas variantes, para el contexto posrevolucionario. Si bien puede ser cierta en lo esencial, es cuestionable la imagen de un público que permaneciera incomunicado.

Una de las contribuciones de Aguilar ha sido la de señalar la especificidad de la opinión pública mexicana, que se ha apartado del modelo europeo: un fuerte Estado interventor, y actor decisivo en la formación de la opinión pública y en la mediación de intereses. La creación del sistema político mexicano posrevolucionario (con la incorporación subordinada del proletariado, el campesinado y los sectores medios dentro del aparato estatal) imprimirá su sello en el espacio público. En este ámbito, la opinión política será constreñida a abandonar su función de articulación entre la sociedad civil y el Estado, ya que no puede conocer la acción estatal, juzgar sus acciones o emitir sus propios enunciados públicos, pues sólo se admite la versión oficial de los hechos. Aquí es conveniente señalar, por un lado, la complicidad de un periodismo, de algunos intelectuales —reproductores de los boletines oficiales— poco críticos y serviles frente al Estado y la "censura ambiental" (el inestable equilibrio que deben cuidar los editores para mantener una actitud de independencia frente al gobierno y no perder la publicidad empresarial) y, por el otro, la de una opinión pública desconexa y sorda a la formación de intereses compartidos. Desde entonces se abrirá una brecha entre el Estado y el público, entre los lenguajes y las interlocuciones.

> La existencia de una expresión y opinión pública —en los años recientes—, calificadas de minoritarias, [...] denota el inicio de la coexistencia con la opinión independiente y de oposición, en un Estado sin tradición política "contractual", acostumbrado en cambio a la negociación secreta de cúpula o la descalificación tajante de los adversarios [Aguilar, 1988: 857].

En Aguilar (1988) subyace, como en Habermas, una ambivalencia respecto de la opinión pública a partir de la distinción entre una subjetividad crítica (asociada con un modo de actividad intelectual) y un sujeto masificado y, por lo tanto, manipulado. Esto implica ligar el concepto de opinión pública con el de racionalidad (a la discusión crítica de argumentos, en la que participa un grupo selecto y gana el mejor) o, mejor dicho, con un tipo específico de racionalidad (occidental y europea). Como toda teoría que permite ver ciertas cosas y opaca otras, esta concepción de racionalidad impide percibir el surgimiento, rivalidad o complicidad de otras publicidades.

Una tercera tradición (Segovia, 1975; Cañibe, 1970; Hernández Medina y Nava Rodríguez, 1987; Alduncin, 1986; entre otros) ha considerado como punto de referencia el enfoque elaborado hace varias décadas por Almond y Verba (1963) y la manera de estudiar empíricamente la cultura política aplicando la técnica de la encuesta de opinión y actitud. En estas investigaciones se trata de descubrir las variables que influyen en la formación y comportamiento de la cultura política mexicana. Por ejemplo, el estudio sobre *Los valores de los mexicanos* (1986) considera una serie de variables (distribución del ingreso, edad, nivel de escolaridad y distribución de los valores) que interrelaciona con diversos temas, como la oposición entre modernidad y tradición, la construcción de tipos sociopsicológicos, el individuo y sus objetivos, la familia y sus funciones, el trabajo y sus motivaciones.

Algunas de las limitaciones que se han señalado a este enfoque tienen que ver con la presentación de una visión de la cultura política en la que no es posible recuperar su aspecto relacional y, en esa misma dirección, no se contextualizan las opiniones ciudadanas con las estructuras políticas, económicas, sociales y las instituciones. Asimismo, el modelo tiene dificultad para explicar cómo un mismo individuo frente a distintas situaciones o instituciones recurre a diferentes estrategias y recursos que oscilan desde estilos clientelísticos y patrimoniales hasta formas más participativas y democráticas. La heterogeneidad son no sólo las diferentes culturas políticas que coexisten en un Estado-nación, sino también la diversidad de respuestas de que dispone un mismo individuo para hacer frente a la complejidad del entorno.

En México, las encuestas de opinión y la presentación de encuestas en foros públicos han cobrado relevancia en el escenario político a partir de las movilizaciones de la sociedad civil a raíz del terremoto de 1985, pero ante todo desde las elecciones presidenciales de 1988 y la efervescencia política en 1994, cuando el monopolio del poder por un partido comenzó a fragmentarse. Antes de 1988 existían escasas experiencias de encuestadores y de medios de comunicación independientes del Estado, y la mayoría de los estudios que se realizaban no se publicaban en los medios de comunicación de masas. El proceso de formación de la opinión pública se complica en México no sólo porque las encuestas de opinión y su publicidad tienen una historia relativamente corta (como medios independientes la revista *Nexos* nace en 1978, mientras que *Etcétera* y *Voz y Voto* ven la luz en 1993), sino también porque éstas son vistas con desconfianza por amplios sectores de la población. Además, al limitado alcance de la prensa escrita se aúna la falta de credibilidad de los medios de información y la exclusión de una mayoría analfabeta y desinformada. En México, tanto el procedimiento electoral como las encuestas de opinión son aún objeto de debate respecto a su credibilidad y legitimidad, y en este sentido no se constituyen en insumos del debate. La comunidad académica (Basáñez, 1995; Trejo Delarbre, 1997; De la Peña, 1992, entre otros) ha debatido en torno a dos posiciones divergentes la función de las encuestas en las democracias liberales. Por un lado, están quienes valoran positivamente las encuestas como una retroalimentación de los políticos con la ciudadanía, y en este sentido conciben que las políticas públicas deben reflejar las preferencias de la ciudadanía. Por el otro, está la visión pesimista que considera la encuesta de opinión como un instrumento de manipulación de las élites y como herramienta de construcción de apoyo a determinada plataforma o política pública.

De estos modelos se ha rescatado su aproximación al estudio de lo político desde la perspectiva de los actores, es decir, recuperando la perspectiva subjetiva hacia la política; pero se ha cuestionado confundir la cultura política de los entrevistados con las creencias y preferencias electorales recogidas en las encuestas de opinión pública. En este marco metodológico y conceptual, la opinión pública se refiere a asuntos públicos y no a una participación del público en un proceso de deliberación y discusión. Por otra parte, como ha sido señalado en algunos estudios (Winocur y Vázquez Mantecón, 1993: 63-72), las encuestas de opinión presuponen una respuesta homogénea de los destinatarios de las preguntas y propuestas, de ciudadanos idénticos, cuya naturaleza implica una determinada cultura política. En los estudios de sondeo subyacen supuestos no sólo sobre el grado de información que poseen los entrevistados, sino también particularmente sobre la eficacia del instrumento de medición. Sin embargo, debe admitirse el hecho de que un SÍ o un NO no necesariamente avala o rechaza los contenidos de las preguntas, sino que pueden expresar preocupaciones o motivaciones cotidianas situadas física y simbólicamente en territorios segmentados y diferenciados según las condiciones que impone la modernidad a cada grupo social.

En las décadas de 1980 y 1990, otra larga tradición de autores mexicanos trata de explicar el papel de la opinión pública en el marco de una cultura política, en la que ya no se aboga por la pérdida de un papel histórico presente en otro contexto o por mostrar las deficiencias locales en términos del modelo clásico, sino que busca recuperar su especificidad a partir de una aproximación socioantropológica (García Canclini,

1995; Escalante, 1994; De la Peña, 1992; Krotz, 1993, entre otros). Escalante muestra que, lejos de existir una opinión pública al estilo del modelo liberal y europeo (ilustrada, racional, desinteresada): "por la estrechez de los círculos de opinión influyentes, por lo reducido de la clase política y por la mecánica clientelística, la prensa mal podía ser un espacio abierto de discusión, pero servía para regular los conflictos dentro de la élite, para definir y exhibir sus alianzas, sus decisiones [...] La opinión así de turbia era necesaria para gobernar" (1994: 273).

Así como la opinión pública opaca era necesaria para gobernar, ni la dominación de una clase dominante terminaba por consolidarse, ni los grupos subalternos cedían ante las diversas formas de manipulación denunciadas.

A partir de la investigación de la cultura política se teje un nuevo armazón conceptual. Se focaliza en las perspectivas de los actores situados socioculturalmente, entendiendo los procesos —a veces simultáneos y contradictorios— de resignación y resistencia, de imposiciones y de resignificaciones, así como el reconocimiento de las diferentes lecturas y formas de apropiación de los mensajes de los diversos grupos socioculturales. En esta trama, el debate de la pluralidad de voces no garantiza llegar a un consenso, sino más bien se trata de una lucha de poder, de complicidades y negociaciones sobre el campo de la identidad y las representaciones.

Líneas de investigación y debate contemporáneo

Sin aspirar a una exhaustividad en la materia, quisiéramos exponer algunos de los principales debates:

1) *Problema de la representatividad de la opinión pública a partir de la técnica de sondeo o encuestas de opinión.* Existe una extensa tradición de trabajos que critica el carácter no representativo y no público de la opinión pública presente en la investigación de encuestas (Bourdieu, 1973; Blumer, 1948; Habermas, 1990, entre otros). Sobre todo apuntan a cuestionar la adecuación posible de la opinión pública considerando las dificultades de mediatización (a partir de las categorías y temas impuestos por el investigador), de distorsión de deseabilidad social (por la propensión de los encuestados a dar una respuesta según la percepción que tengan éstos de qué o a quiénes representa el encuestador), de reduccionismo (por confundir las creencias y preferencias expresadas en las encuestas de opinión pública con la cultura política de los entrevistados), de estatismo (sólo pueden mostrar una imagen fotográfica, como detenida en el tiempo y raras veces pueden traducir los cambios profundos, o expresiones como los movimientos sociales que no pasan por las encuestas), de agregación (al hacer correspondencias entre las opiniones individuales y el nivel macrosocial de la opinión pública) y de equivalencia (en las encuestas, las opiniones de las personas influyentes y formadas se tratan de manera equivalente a las opiniones de las personas no interesadas en participar, no formadas y sin poder de influencia).

La técnica de los sondeos no *crea* a la opinión pública más que cualquier otro método (como el trabajo de campo, la historiografía, etc). Pero es importante destacar que detrás de toda metodología existe una filosofía y una definición sobre qué es la opinión pública. En la línea de investigación actual se están aplicando metodologías cualitativas (como los enfoques etnográficos) que buscan recuperar "la perspectiva del actor" (sus valoraciones, apropiaciones, prácticas y discursos sobre sus prácticas), entramada en contextos socioculturales.

2) *Problema del papel de los medios de comunicación en la creación o reflejo de la opinión pública.* La hipótesis de la función de agenda de los medios de comunicación *(agenda-setting* y *priming)* se funda en la idea de que los medios, a través de un trabajo de selección, jerarquización y orientación de los temas políticos, influyen en las prioridades de los ciudadanos y, por lo mismo, en sus preferencias políticas. La debilidad de este tipo de estudios es que se preguntan muy poco por el retorno de la interacción. Los medios pueden priorizar ciertos temas, pero el público los apropia selectivamente, incluso resignificando su contenido o no tomándolos en cuenta.

De aquí se desprende que la relación entre medios y opinión pública no es nada clara. Habría que hacer investigaciones acerca del modo en que una opinión sobre un tema llega a prevalecer sobre otros a partir de los medios de comunicación de masas, acerca de cuáles son los temas que los medios de comunicación presentan como opinión pública (con función de agenda) y cuáles son los temas privilegiados, sobre cómo se percibe la presentación de los problemas por parte de los medios y cómo la emplean y valoran los ciudadanos.

3) *Problema del impacto de la opinión de las élites en las políticas públicas y de cómo los puntos de vista de la ciudadanía informan las opiniones de los políticos.* El debate ha girado en torno a dos visiones: una optimista y otra pesimista. Las interpretaciones más optimistas conciben a un gobierno que considera las preferencias del público para diseñar sus políticas (utilización de las encuestas para obtener información sobre las preferencias ciudadanas y para definir los temas), y en ese sentido las decisiones gubernamentales reflejan los puntos de vista de la ciudadanía. Una visión más pesimista sugiere que los políticos se orientan no por las preferencias del electorado, sino por las de la élite, que es la que influye sobre los puntos de vista de la sociedad. Las investigaciones se han orientado en un doble proceso: *a)* a dilucidar cómo influyen los estudios de opinión pública en la definición de las plataformas políticas de los candidatos y las opiniones de los políticos, y *b)* en la manipulación de la información, así como en la influencia que ejerce la élite política sobre la opinión pública.

4) *Problemas de gobernabilidad: la función de la opinión pública en las decisiones políticas.* En las democracias actuales se ha incrementado la cantidad de problemas que son objeto de tratamiento político, así como la cantidad de actores, todo ello acompañado de una mayor visibilidad del desempeño político (por el papel de los medios y de los sondeos de opinión). La función principal de la publicidad es evitar la reclusión del debate político en sí mismo al integrar los temas de diferente índole, y en este sentido brindar mayor flexibilidad al sistema político. En otras palabras, su papel es impedir el cierre del sistema. Uno de los principales desafíos es hacer alternar un sistema de apertura a los

problemas nuevos con un sistema de cierre destinado a evitar que todo esté en debate permanente en la plaza pública.

Algunos autores, como Touraine (1992), advierten sobre los peligros de una pérdida de sustancia del discurso político, señalando que la apertura del espacio público implica el debilitamiento del lazo que une a la opinión pública con la gestión del Estado; otros, como Alain Minc (1995), predicen el reino de la manipulación. Con otro signo están los que elogian los beneficios de la democratización del debate a través de la incorporación de nuevos actores y la ampliación de lo que está sujeto a debate.

5) *Problema de la traducción de los conceptos de opinión pública, publicidad y espacio público a contextos lingüísticos y culturales en los que esa experiencia y estos conceptos no tienen correspondencia.* El debate ha girado en torno a la crítica posmodernista y poscolonial de deconstruir los términos ligados al desarrollo capitalista, la cultura occidental y la modernidad. Algunos autores (Abedi y Fisher, 1993) han señalado que en la cultura islámica la noción de mayoría como proveedora de una base moral para gobernar es vista con suspicacia y que la esfera pública es concebida como un ámbito corrupto donde no se pueden expresar los sentimientos verdaderos; en China (Lee, 1993) los espacios públicos han emergido en el *underground* o en los propios nichos del Estado y, por lo tanto, susceptibles a su presión o política, y no ha habido organizaciones autosuficientes y emancipadas al estilo habermasiano. Esto no implica que no sea enriquecedor explorar estas diferencias tanto en términos de las organizaciones sociales como de los conceptos que las definen. Se trata de indagar las formas en que la sociedad civil y los discursos públicos se han desarrollado y han confrontado el ejercicio del poder del Estado. Estos estudios tienen que empezar por captar la dinámica compleja de las esferas públicas existentes, las instituciones particulares que han actuado como mediadoras, su imbricación en los ámbitos locales y globales, y su modo particular de desorganización social y de experiencia colectiva.

BIBLIOGRAFÍA

Aguilar, L. (1988), "Opinión pública y comunicación social", en *México, 75 años de revolución. Educación, cultura y comunicación*, FCE/INEHRM, vol. II, México.

Alduncin Abitia, E. (1986), *Los valores de los mexicanos. México: entre la tradición y la modernidad*, Fomento Cultural Banamex, México.

Basáñez, M. (1995), "Public Opinion Research in México", en P. Smith (comp.) (1995), *Latin American in Comparative Perspective. New Approaches to Methods and Analysis*, Westview Press, Boulder.

—— (1997), "Encuestas y resultados de la elección de 1994", en *Encuestas y democracia: opinión pública y apertura política en México*, Siglo XXI, México.

Bourdieu, P. (1972), "Public Opinion does not Exist", en A. Mattelart y E. Siegetaub, *Communication and Class Struggle: Part I. Capitalism and Imperialism*, International General, Nueva York.

Calhoun, C. (comp.) (1992), *Habermas and the Public Sphere*, The MIT Press, Cambridge.

Camp, Roderic Ai (comp.) (1997), *Encuestas y democracia: opinión pública y apertura política en México*, Siglo XXI, México.

Cañibe, J. M. (1970), "El movimiento estudiantil y la opinión pública", en *Revista Mexicana de Ciencia Política*, UNAM, México.

De la Peña, G. (1992), "Una nueva cultura política", en J. Alonso, A. Aziz y J. Tamayo (coords.), *El nuevo Estado mexicano*, t. IV, Nueva Imagen, México.

Domínguez, J. I., y J. A. McCann (1996), *Democratizing Mexico. Public Opinion and Electoral Choices*, John Hopkins University Press, Baltimore y Londres.

Escalante, F. (1994), *Ciudadanos imaginarios*, en especial el capítulo "La vida pública", El Colegio de México, México, pp. 259-286.

Fernández Christlieb, F. (1982), *Los medios de difusión masiva en México*, Juan Pablos, México.

Ferry, J. M., D. Wolton et al. (1992), *El nuevo espacio público* (especialmente los artículos de Ferry, Wolton, Touraine y Noelle-Neumann), Gedisa, Colección El Mamífero Parlante, Barcelona.

Fuentes Navarro, Raúl (1987), *La investigación en comunicación en México. Sistematización documental, 1956-1986*, Ediciones de Comunicación, México.

García Canclini, N. (1995), *Consumidores y ciudadanos. Conflictos multiculturales de la globalización*, Grijalbo, México.

Glasser, T., y Ch. Salmon (comps.) (1995), *Public Opinion and the Communication of Consent*, Guilfort, Nueva York.

Habermas, J. (1994), *Historia y crítica de la opinión pública*, Ediciones Gili, México.

Hernández Medina, A., y L. Nava Rodríguez (comps.) (1987), *Cómo somos los mexicanos*, Centro de Estudios Educativos, México.

Koselleck, Reinhart (1988), *Critique and Crisis: Enlightenment and the Pathogenesis of Modern Society*, The MIT Press, Cambridge.

Krotz, E. (1993), *La cultura adjetivada*, UAM-Iztapalapa, México.

Matteucci, N. (1991), "Opinión pública", en N. Bobbio, N. Matteucci y G. Pasquino (comps.), *Diccionario de política*, Siglo XXI, México.

Minc, A. (1995), *La borrachera democrática*, Temas de Hoy, Madrid.

Molina y Vedia, Silvia (1985), *Manual de opinión pública*, UNAM, Serie Estudios 57, México.

—— (1987), "Control y opinión pública", *Revista Mexicana de Ciencias Políticas*, núm. 69, año XVIII, julio-septiembre, México.

Noelle-Neumann, E. (1994), *La espiral de silencio*, Paidós, Comunicación/62, Barcelona.

Price, V. (1994), *La opinión pública. Esfera pública y comunicación*, Paidós, Comunicación /63, Barcelona.

Public Culture (1993), The University of Chicago, especialmente los artículos de Mehdi Abedi y Michael Fisher, Benjamin Lee, Miriam Hansen, Craig Calhoun y Nicholas Garnham.

Public Opinion Quarterly (1987), núm. 51, suplemento dedicado a la evaluación crítica de las relaciones entre sondeos y opinión pública.

Reynaga, Julio del Río (1972), "Anotaciones sobre los medios de información en México", *Revista Mexicana de Ciencias Políticas y Sociales*, núm. 69, año XVIII, julio-septiembre.

Rivadeneyra Prada, R. (1995), *La opinión pública. Análisis, estructura y métodos para su estudio*, Trillas, México.

Segovia, Rafael (1975), *La politización del niño mexicano*, El Colegio de México, México.

Trejo Delarbre, R. (1992), *La sociedad ausente. Comunicación, democracia y modernidad*, Cal y Arena, México.

Trejo Delarbre, R. (1997), "Las peores opiniones. Opinión pública, encuestas, elecciones y medios en México", en Roderic Ai Camp (comp.), *Encuestas y democracia: opinión pública y apertura política en México*, Siglo XXI, México.

Vázquez Mantecón, V., y R. Winocur (1993), "Los unos y los otros. Ciudadanos del plebiscito", *Argumentos*, UAM-Xochimilco, México.

OPOSICIÓN

JORGE ALONSO

DEFINICIÓN

En términos generales, se dice que hay oposición cuando existe un gasto de energía en contra de un objeto que se mueve en una dirección contraria. En ciencias sociales, el término *oposición* ha sido empleado en cinco orientaciones: *a)* la semántica (como uno de los pasos metodológicos para el análisis del discurso, pues una vez constituido el *corpus*, establecido lo que se analizará en primera instancia, elegida la segmentación del texto, hecha la síntesis de las categorías posibles, aparece su articulación en oposiciones binarias); *b)* la administrativa para acceso a empleos públicos (por medio de concursos de oposición); *c)* la jurídica (además de recursos de reposición y apelación en el proceso de ejecución, se encuentran los incidentes de oposición tanto a títulos extrajurisdiccionales como a sentencias, para terminar con el juicio declarativo como medio de impugnación del proceso de ejecución); *d)* la antropológica (las facciones en un sistema de linajes), y *e)* la política.

La oposición política es la contraposición de criterios y acciones a la política dominante. Implica resistencia a ideas o esfuerzos de personas, grupos e instituciones. Se trata de una interacción en la que se pretende alcanzar determinados objetivos, en tal forma que cuanto mayor sea el éxito de unos menos será el de sus contrarios. Por una parte, implica competencia y conflicto, y, por otra, la construcción de alternativas a la política oficial. La oposición conlleva contradicciones, antagonismos, rivalidades, contiendas, protestas, resistencias y rebeliones. La oposición da expresión a un movimiento en contraposición a los detentadores del poder. Puede darse una oposición dentro del sistema o fuera de él (contra el sistema). Para que se exprese una oposición se requiere la construcción de una identidad y la adopción de una forma organizativa.

HISTORIA, TEORÍA Y CRÍTICA

El choque de intereses que implica la oposición puede llevar a hacer prevalecer uno de los polos por medio de la violencia. Por esto mismo, un estudio de oposiciones se encuentra desde el mismo Tucídides. Pero también es posible encarar la oposición por medio del diálogo y el debate. Platón y Cicerón utilizaron las formas de diálogos para presentar y analizar opiniones opuestas. Santo Tomás de Aquino perfeccionó el método escolástico de presentar opiniones rebatibles para después oponerles los argumentos que consideraba válidos. Maquiavelo destacó en política la oposición entre los que categorizaba como zorros y leones. También ofreció una contraposición entre lo que se deseaba que fuera el poder político y los mecanismos que en oposición a determinados valores posibilitaban la expresión, mantenimiento y extensión del poder. Hobbes resaltó que naturalmente había una oposición entre los hombres que les llevaba a destruirse entre sí. El estado de naturaleza era el de guerra de todos contra todos. Pero estas fuerzas naturales eran mitigables por reglas convencionales para vivir en común pacíficamente. Para lograr esto se requería un poder coercitivo que obligara a todos a cumplir sus tratos. Se transitaba del estado de naturaleza al de la sociedad política mediante la creación de las condiciones del poder. Había que oponer el Estado a la situación de naturaleza. Locke argumentaba que el gobierno existía por el consentimiento de los gobernados, pero anotó que para que funcionara bien ese gobierno debía tener límites, oposiciones. Los gobernados sólo han confiado poderes del gobierno a los gobernadores; no hay una renuncia a ellos. Los poderes en las comunidades bien ordenadas están separados. Destacó el derecho del pueblo a resistir la tiranía, a defenderse de la agresión del tirano. Defendió la oposición absoluta al poder absoluto. Rousseau planteó que se da un acuerdo entre un grupo de hombres de que cada quien formará parte de la voluntad general y la obedecerá. Pero insistió en que el contrato social constituye al soberano. La fuente de legitimidad está en el pueblo. La forma de gobierno puede variar, pero el derecho a gobernar dimana del pueblo. Esta oposición es básica. Para Hegel, la lucha social produce la oposición entre amo y esclavo. La dialéctica amo-esclavo es el resorte impulsor de la historia humana. Familia y sociedad civil son opuestas al Estado. La función del Estado es resolver este conflicto. En la sociedad hay una contraposición que el Estado debe reconciliar en una síntesis. Todos los conflictos que están implícitos en las relaciones del individuo, la familia, la sociedad y el Estado se remiten en última instancia a una oposición que tiene su sede en la voluntad del individuo, conflicto en el que está en entredicho el estatus del individuo en el Estado. En varios niveles, ese conflicto se suscita como oposición entre lo individual y lo universal, la voluntad particular y la voluntad general, el interés particular y el interés público.

Pero el Estado no sólo surge de conflictos, sino también es origen de ellos. Marx destacó la oposición entre las clases. Este antagonismo es clave para el desarrollo histórico. Marx precisó que la oposición fundamental era la que se daba entre las fuerzas sociales y las relaciones sociales de producción. La oposición que privilegió Marx fue la que se establecía entre los propietarios de su fuerza de trabajo frente a los propietarios de los medios de producción, la que se entablaba entre lo social en general y el poder privado de los capitalistas. Por su parte, Lenin, analizando las oposiciones sociales, destacó las posibilidades de determinadas alianzas entre clases. A su vez, Pareto visualizó la historia de la humanidad como una oposición entre élites y masas. Mao popularizó la distinción entre oposición o contradicción con el enemigo (principal o secundario) y la que se genera en el seno del pueblo. La primera la calificó de antagónica. Según él, las contradicciones en el seno del pueblo existían sobre la base de la identidad fundamental de los intereses de éste, y concibió un método de resolución de las oposiciones de acuerdo con sus características cualitativamente distintas.

El examen de lo político conduce a cuestiones de dominación, de hegemonía, de Estado, de gobierno, de oposición. Lo político dice por una parte poder, y por otra resistencia a él. Se ha encontrado que un método pacífico para resolver conflictos y oposiciones está en la democracia. Ésta implica no sólo tolerancia, sino también la aceptación de la oposición. No obstante, Joly desenmascaró las maquinaciones del poder para controlar la oposición. Además de la compra del voto, se puede neutralizar la oposición, para evitar su "contagio", dividiendo las zonas de influencia opositora en circunscripciones diversas. Los medios de comunicación de masas resultan básicos para dicho control, pues hasta se pueden impulsar medios opositores con tal de sacar adelante objetivos fundamentales del poder.

El poder tiende a debilitar o eliminar la oposición que lo obstaculiza. Los poderes absolutistas lo logran. Los autoritarios maquillan oposiciones domesticables y reducen los espacios a las verdaderas oposiciones. No obstante, los logros de avances democratizadores se miden precisamente por la institucionalización de la oposición. La lucha política fue logrando que se reconociera la legitimidad del disenso, la divergencia, la discusión y el debate. Un primer paso fue la tolerancia a la oposición. Se fue instituyendo la libertad de asociación, de expresión, de tener la oportunidad de formular y expresar preferencias. Posteriormente se llegó al reconocimiento del derecho a recibir igual trato en la ponderación de las preferencias y a la diversidad de información. Se fue logrando que hubiera elecciones libres e imparciales y que el voto fuera libre. La alternancia fue la conquista de la oposición, la cual nació de determinadas disposiciones y consiguió avances legales.

La separación de poderes, traducida no pocas veces en oposición entre el Legislativo y el Ejecutivo, respondió a la intención de limitar el poder a través de una rivalidad dentro del Estado. La Constitución de los Estados Unidos hace posible un gobierno dividido, en caso de que los votantes así lo decidan. Se ha destacado que la Convención de 1787 adoptó la doctrina de la separación de poderes no para promover la eficiencia, sino para evitar el ejercicio arbitrario del poder y proteger al pueblo contra la autocracia.

Duverger ha subrayado que la democracia occidental se caracteriza por la existencia de una oposición organizada. Distingue la función gubernamental de la función de oposición. Los partidos políticos han encarnado esta última función en un órgano distinto. El sistema bipartidista ha hecho de la oposición una institución. Así, la oposición tiene una función pública. La oposición suele ser clara y moderada, porque sabe que en la alternancia puede llegar a gobernar. En los regímenes multipartidistas, los partidos pequeños cambian sus alianzas entre el partido gobernante y el principal partido opositor, lo cual incide en el peso de la oposición. En estos regímenes es más fácil llegar a acuerdos en contra de una política que a favor de un programa. Los partidos pequeños, sin posibilidades reales de acceso al gobierno, suelen desatar críticas extremas. Esta oposición tiende a ser más confusa. La oposición no es ejercida de la misma forma por un partido grande que por uno pequeño. Cuando se dan coaliciones sólidas entre partidos opositores, se suele llegar a configurar un escenario de cierto bipartidismo. La naturaleza de la oposición se encuentra ligada al cuadro general de la lucha entre los partidos. Se ha hablado de una oposición sensata, leal y de otras formas irresponsables de oposición. Se ha insistido en que más allá de la función de control del gobierno por parte de la oposición, ésta tiene que poder articular un programa de gobierno alternativo al del gobierno en turno y someterlo al juicio de la sociedad.

La democracia garantiza la oposición y la competencia. Esto conlleva diversidad, pluralidad, tolerancia y convivencia pacífica; permite la expresión de disensos y la construcción de consensos y de convergencias. También hay tiempos políticos propicios para contraposiciones y otros que favorecen la cooperación.

En México, ante un partido de Estado, la oposición partidista ha enfrentado grandes obstáculos. Se argumentó que para que en una democracia tuvieran vigencia efectiva debían existir posibilidades reales de ejercer la vigilancia y la crítica a los actos del poder, la información a la opinión pública de los puntos de vista de quienes no compartían las tendencias o las prácticas del gobierno, y la asociación de ciudadanos encaminada a lograr la integración de los órganos básicos de gobierno. La sustitución debía ser no sólo de personas, sino también de programas, de partidos. Se argüía que hacían oposición democrática los ciudadanos que militaban en partidos políticos que agrupaban a quienes no compartían las tendencias de un gobierno o consideraban inadecuadas las medidas que el poder ponía en práctica para la solución de problemas. La oposición impedía a los gobiernos la estrechez de miras. Una oposición fuerte era garantía de la estabilidad política de la nación. La tolerancia se exteriorizaba cuando se reconocían los derechos de la oposición. La tarea fue dura y desigual. La oposición, de diversas tendencias, se fue consolidando, y a finales de la década de 1990 logró que se conformaran lo que se denominó gobiernos divididos (el peso de los partidos opositores en el Poder Legislativo obligaba al Ejecutivo a tener que negociar). Se han ensayado diversas convergencias opositoras para enfrentar el poder de un partido de Estado.

Existe una gran gama y niveles de oposiciones. La oposición tiene su base en la estructura social, pero adquiere ropaje propio en la lucha concreta. Las necesidades se codifican en demandas. También en un mismo partido se suscitan oposiciones internas. La lucha entre grupos de una misma organización opositora puede llegar a ser muy estridente. Son determinantes las percepciones de intereses y el acceso a puestos electorales. También entra en juego el control del aparato partidario. La oposición entre los partidos o en el interior de éstos se manifiesta en pugnas por fines contrapuestos o por la adopción de distintas tácticas. Hay un esfuerzo por jerarquizar las oposiciones y hacer prevalecer intereses generales. En el gobierno también se expresan oposiciones no menos fuertes (como la tipificada entre "políticos" y "tecnócratas"). Durante gran parte de la segunda mitad del siglo XX, el mundo se debatió en medio de la oposición de dos sistemas que se disputaban el control mundial. Esa oposición influyó en el nacimiento y evolución de conflictos locales, por una parte, y en el desarrollo de avances tecnológicos, por otra. La oposición tiene una fuerza capaz de crear pulsiones de identidad. Por esto, gobiernos con problemas buscan que sus pueblos visualicen enemigos externos.

El concepto de oposición no puede ser circunscrito sólo al ámbito partidista. Los principales teóricos de los movimientos sociales argumentan que éstos encierran en sí una oposición. Alain Touraine ha hecho ver que los movimientos sociales son esa acción conflictiva de agentes que luchan por el control de un sistema de acción histórico. Se trata de una acción colectiva en la que intervienen tres elementos combinados: la identidad, la oposición y la totalidad. Un movimiento requiere la pertenencia a un conjunto social, un adversario y un proyecto propio, que debe ocupar un lugar central en la sociedad, pues tiene que ver con conflictos generales y centrales para la sociedad. La lucha se da contra un adversario social por la gestión de los medios a través de los cuales una sociedad actúa sobre sí misma y sobre su entorno cuando un actor colectivo se opone en términos sociales a un adversario, y cuando ambos tratan de dirigir o de apropiarse de recursos culturales considerados de gran importancia. Hay que distinguir lo que se puede denominar *conductas colectivas* de lo que son sólo luchas, y de lo que constituyen propiamente los movimientos sociales. Las primeras son acciones conflictivas de defensa, las segundas tienen la capacidad para modificar decisiones, y los terceros surgen cuando las acciones conflictivas transforman las relaciones de dominación social que se ejercen sobre las principales fuentes culturales. Un mismo conflicto se puede manifestar en uno, dos o los tres tipos. Así, los movimientos sociales son una lucha por el control de modelos culturales. Se trata de un conflicto que puede desembocar en una ruptura del sistema.

Un movimiento social es a la vez un conflicto social y un proyecto cultural. El sujeto tiene que ver con la resistencia a la dominación. En esta forma, el movimiento social implica una dimensión dialéctica; se refiere a conflictos que ponen en tela de juicio el uso social de orientaciones culturales básicas. El conflicto básico actual es la lucha, por una parte, en contra del triunfo del mercado y de las técnicas y, por otra, en contra de los poderes comunitarios autoritarios. Una categoría social particular pone en entredicho una forma de dominación social (a la vez particular y general) y llama en contra de ella a valores y orientaciones generales de la sociedad que tal categoría social comparte con su adversario para privarlo de legitimidad. Los movimientos sociales combinan un conflicto social con un proyecto cultural, que siempre está definido en referencia a un sujeto. En todas las sociedades, el sujeto se revela por la presencia de valores morales que están opuestos al orden social. El movimiento social defiende un modo de empleo social de valores morales en oposición a los que defiende y trata de imponer su adversario social. Referencias morales y conciencia de un conflicto con un adversario social son las dos caras inseparables del movimiento societal. Los que participan en un movimiento societal quieren poner fin a lo intolerable a través de una acción colectiva. Hay dos vertientes: una ideológica, que se concreta en la lucha contra el adversario social, y la utópica, que se identifica con los derechos del sujeto.

Los nuevos movimientos sociales se orientan más a la defensa del sujeto. Habría que tener en cuenta que los movimientos sociales, como los históricos y culturales, pueden convertirse en antimovimientos sociales. Esto se da sobre todo cuando la defensa de la identidad se separa de la matriz de la producción. Los antimovimientos sociales siempre están dominados por un poder político centrado en una personalidad, etnia o grupo. Por otra parte, movimientos sociales actuales y democracia no pueden existir uno sin el otro. El lazo de movimientos sociales y democracia ha tomado formas diferentes en las sociedades posmodernas, que están dominadas por la autonomía de la economía mundializada. La democracia ha sido vivida como una liberación tanto de la explotación económica como de la dominación social. El análisis de los movimientos sociales muestra que al mismo tiempo que son conflictivos llaman a valores culturales superiores al conflicto social. Los movimientos sociales de la sociedad industrial decaen, mientras que los de sociedades modernizadas están en construcción. Los movimientos culturales contribuyen a la construcción de una nueva cultura política (movimientos de mujeres, defensa de minorías, lucha contra integrismos, rechazo a la exclusión social). Los partidos políticos se han transformado en agencias electorales que no representan a los movimientos sociales ni son defensores de un proyecto de sociedad. Hay dos luchas complementarias: contra el poder absoluto de los mercados y contra la dictadura de las comunidades. Hay que preguntarse por las fuerzas que puedan engendrar nuevos movimientos sociales que propugnen por objetivos de solidaridad, diversidad y animación de una política del sujeto. Considera Touraine que los principales actores políticos del futuro próximo no serán los trabajadores ni los ciudadanos, sino individuos o grupos que tratarán de combinar una experiencia cultural privada con la participación en el universo de la acción instrumental. No se trata de categorías sociales objetivamente definidas. Los jóvenes, las mujeres, los inmigrantes, los miembros de minorías, los defensores del entorno son los actores más manifiestos. Éstos se esfuerzan por actuar más consecuentemente y ser reconocidos como sujetos.

Los movimientos sociales culturales son hoy más democráticos en su orientación principal porque nos llaman a vivir juntos con nuestras diferencias, animados por un deseo de ser sujetos. Hemos salido de un periodo en el que los movimientos sociales se definían sobre todo por lo que combatían (anticapitalistas, anticolonialistas, antimachistas...). Hoy no se pueden constituir sino a partir de una propuesta positiva: la libertad de una existencia responsable y benéfica. No identificamos fácilmente a los grupos que dirigen el mundo, pero sí percibimos la exclusión, la miseria, el hambre. Las acciones colectivas están menos armadas de análisis económicos que de convicciones morales. Los movimientos sociales buscan la libertad y la justicia y no el poder. Una de las razones por las cuales la acción colectiva no se organiza y el deseo de subjetivización no se transforma en un movimiento social y en una acción política es que el campo político está todavía ocupado por los representantes de los viejos movimientos sociales en vías de desaparición. Los partidos y los sindicatos que han estado ligados a grandes conflictos de la sociedad industrial (sean de derecha o de izquierda) se han convertido en agentes de gestión de cambios impuestos por las transformaciones de la economía mundial. Para que se formen nuevos actores sociales hace falta que se reconozca la existencia de un nuevo tipo de sociedad.

La ideología dominante hoy representa al mundo como un conjunto de flujos incontrolables, en permanente transformación, lo que lleva a juzgar imposible la formación de nuevos movimientos sociales o cualquier acción reformadora. La acción colectiva reposa, al contrario, sobre la voluntad de cada individuo, grupo o nación, de actuar sobre los hechos económicos, de construir y de transformar su identidad y su integración, y de defender un ideal de solidaridad. Un discípulo de Touraine, Alberto Melucci, ha ensayado vías propias de acceso a los movimientos sociales. Comenzó definiendo el movimiento social como una acción colectiva conflictiva en la medida que implicaba la lucha de dos adversarios en la que cada uno se caracterizaba por una solidaridad específica y se oponía al otro por la apropiación y destino de los recursos y valores sociales. Anotaba que para que una acción colectiva pasara a ser movimiento social se requería que el comportamiento de los actores quebrara las normas institucionalizadas en funciones sociales y que desbordara las reglas del sistema político. Por sus investigaciones de la década de 1980 constató que la acción colectiva se había ido separando cada vez más de la forma política común a los movimientos de oposición tradicional y que se encaminaba en los países altamente industrializados hacia el campo cultural. Contrastó sus descubrimientos con los de su maestro y precisó que tanto Touraine como Habermas, basados en enfoques sistémicos, habían tratado de establecer un vínculo entre las nuevas formas de conflicto y la estructura del capitalismo posindustrial.

Melucci destacó que los análisis tenían que concentrarse más en las relaciones sistémicas que en la lógica de los actores. En esta forma, su definición de movimiento social ha resaltado que no es una cosa sino un sistema de acción que opera en un campo sistémico de posibilidades y de límites en una conjugación de orientaciones y significados plurales. Recalca que los movimientos sociales deben ser estudiados como construcciones sociales. En el fondo de los análisis de los movimientos sociales ha persistido la visión de que son una forma de acción colectiva basada en la solidaridad que mantienen un conflicto y que rompen con los límites del sistema en el que ocurre la acción. Los conflictos sociales se han ido desplazando del sistema tradicional. Melucci prefiere llamar a los fenómenos emergentes áreas de movimiento o redes de movimiento. Estas redes permiten membresías múltiples y militancias parciales y, por lo tanto, toleran oposiciones de la misma índole. Hay que reconocer la pluralidad de significaciones y de formas de acción que implican diferentes orientaciones. El espacio simbólico es múltiple y discontinuo. Las redes están compuestas por una multiplicidad de grupos sumergidos en la cotidianidad. Ahora los nuevos movimientos sociales se ocupan de cuestiones fundamentalmente planetarias, globales. Hay lógicas de dominación y múltiples construcciones de sentido que los actores fabrican ellos mismos gracias a los recursos de los cuales disponen. Los movimientos sociales nacen precisamente en el punto de juntura de esta construcción de sentidos y de la lógica de dominación al momento en que la construcción autónoma de individuos y de grupos se reprime por políticas que intervienen en los procesos cotidianos.

El movimiento social se forma antes de una manifestación visible. Si los movimientos sociales están, al menos en el primer plano, constituidos no por actores políticos o por sujetos históricos globales, sino por fenómenos compuestos de numerosos elementos diferentes, y si su cualidad eventualmente nueva consiste en volver visible y en permitir nombrar los dilemas fundamentales de la sociedad compleja, entonces el conocimiento por el que estos fenómenos nuevos son reconocidos y el lenguaje con el cual se nombran constituyen un componente importante. Los movimientos sociales tocan los mecanismos más sensibles de la sociedad en las formas de resistencia e innovación. Melucci recalca que, como profetas del presente, los movimientos sociales hablan antes, anuncian un cambio que está próximo. Los movimientos contemporáneos asumen la forma de redes de solidaridad con significados culturales, y eso es lo que los distingue de los actores políticos y de las organizaciones formales. En las sociedades complejas, el poder se ha hecho impersonal y las demandas colectivas no asumen la forma política. Melucci no pierde de vista que la noción de movimiento social es una categoría analítica referida a una acción colectiva específica que invoca solidaridad, que hace manifiesto un conflicto y que en los movimientos contemporáneos adquiere una dimensión cultural. En todas sus vertientes, y precisiones analíticas, los movimientos sociales implican oposiciones.

Líneas de investigación y debate contemporáneo

Con la globalización, las tendencias opositoras a poderes dominantes también han tendido a la mundialización. Se ha señalado que el neoliberalismo ha implicado un fracaso económico para las mayorías, por una parte, y un éxito económico e ideológico de las minorías financieras, por otra; pese a que el modelo presenta varios problemas, éste se ha introyectado en la conciencia de grandes grupos. No obstante, en la lucha contrahegemónica se ha ido constituyendo un frente mundial contra el neoliberalismo (Touraine, 1996). El EZLN ha denunciado los efectos devastadores del neoliberalismo en el mundo, ya que sólo ha servido para el enriquecimiento de algunos y el empobrecimiento de la mayoría. El movimiento social que se ha propuesto establecer una Internacional de la Esperanza ha ido en aumento y se han creado redes intercontinentales de resistencia y comunicación por la humanidad y contra el neoliberalismo. Bourdieu ha invitado también a la creación de ese nuevo internacionalismo contra la explotación sin límites en que ha devenido el neoliberalismo (Bourdieu, 1998).

Las nuevas tendencias opositoras de tránsito de siglo y de milenio implican el reclamo del respeto a la diferencia. Ya no se está planteando derrocar una dominación para erigirse en poder, sino en impedir ser dominado y excluido. Mientras el poder impositivo pretende impedir las acciones y los propósitos de los otros, el contrapoder de los nuevos movimientos sociales va en el sentido de la posibilidad de llevar a cabo acciones determinadas por voluntad propia. Así, este contrapoder no intenta imponer su voluntad sobre ningún grupo social, sino que tiene un carácter general. Se trata de una oposición a los poderes imperantes, que busca una democracia que devuelva al pueblo la capacidad para participar activamente en todos los aspectos colectivos que afectan su vida (Villoro, 1997).

BIBLIOGRAFÍA

Bourdieu, P. (1998), *Contre-feux. Propos pour servir à la resistance contre l'invasion néo-liberale*, Liber-Raisons d'Agir, París.
Christlieb, A. (1965), *La oposición*, Ediciones de Acción Nacional, México.
Dahl, R. A. (comp.) (1966), *Political Oppositions in Western Democracies*, Yale University Press, New Haven.
—— (1971), *Polyarchy. Participation and Opposition*, Yale University Press, New Haven.
Duverger, M. (1951), *Les partis politiques*, Librairie Armand Colin, París.
Espósito, R. (1966), *Confines de lo político*, Trotta, Madrid.
Haluani, M. (1990), *La ciencia del control político*, Alfadil Ediciones, Caracas.
Ionescu, G., e I. de Madariaga (1968), *Opposition, Past and Present of a Political Institution*, Watts, Londres.
Joly, M. (1977), *Diálogo en el infierno entre Maquiavelo y Montesquieu*, Seix Barral, Barcelona.
Kolinsky, E. (comp.) (1987), *Opposition in Western Europe*, PSI & Croom Helm, Londres.
Loaeza, S. (1966), *Oposición y democracia*, IFE, México.
Lujambio, A. (comp.) (1996), *Poder legislativo. Gobiernos divididos en la Federación mexicana*, UAM, México.
Melucci, A. (1996), *The Playing Self. Person and Meaning in the Planetary Society*, Cambridge University Press, Cambridge.
—— (1996), *Challenging Codes. Collective Action in the Information Age*, Cambridge University Press, Cambridge.
Rodríquez, V., y P. M. Ward (1995), *Opposition Government in Mexico*, University of New Mexico Press, Albuquerque.
Touraine, A. (1973), *Production de la société*, Seuil, París.
—— (1996), "Sistema global de oposición", en I Encuentro Intercontinental por la Humanidad y contra el Neoliberalismo, mimeo.
—— (1997), *Pourron-nous vivre ensemble? Egaux et différents*, Fayard, París.
Villoro, L. (1996), *El poder y el valor*, FCE, México.

ORGANISMO NO GUBERNAMENTAL (ONG)

Liliana Rivera Sánchez

Definición

El concepto de *organismo no gubernamental* encierra en sí mismo una connotación negativa, puesto que, antes de definir cuál es su significado, sugiere en su propia denominación lo que no es; aparece, entonces, como una entidad organizacional que se excluye, diferenciándose a sí misma, de las instituciones e instancias gubernamentales.

El sentido de este concepto ha variado sustancialmente desde su origen. El concepto de ONG no tiene un significado único transhistórico o trasnacional; de hecho, el concepto conlleva definiciones jurídicas, estructuras institucionales, herencias culturales y tradiciones políticas y organizativas que varían en cada región o país.

El concepto de ONG nace en la Organización de las Naciones Unidas (ONU), en los años posteriores a la segunda Guerra Mundial, para referirse a un grupo de personas que no tenían representación oficial de sus países de origen, pero que participaban en algún organismo integrante de la ONU. Estos grupos desempeñaron funciones de intermediación en el espacio de concertación internacional abierto durante la posguerra (Organización de las Naciones Unidas, 1950).

En ese sentido, el término ONG fue acuñado para denominar a todas aquellas organizaciones internacionales cuya constitución no era consecuencia de un tratado intergubernamental; explícitamente, las ONG fueron consideradas agrupaciones internacionales independientes de los gobiernos, producto de los mecanismos de cooperación internacional para el desarrollo establecidos entre los países de Europa occidental y los llamados países del Tercer Mundo.

Esta definición de ONG, ampliamente incluyente, alude a cualquier asociación internacional de carácter permanente, constituida por particulares (de diferentes países), con "objetivos no lucrativos". A partir de tal concepción, otros organismos internacionales, como el Banco Mundial y el Banco Interamericano de Desarrollo, han propuesto definiciones operativas para distinguir a posibles socios de proyectos de desarrollo, las cuales responden más bien a imperativos de viabilidad técnica y organizacional. Su connotación suele ser ambigua y flexible, de tal forma que la definición puede ser adaptada según la región, el proyecto y el tipo de acuerdos internacionales entre los países y estos organismos.

El Banco Mundial define a los organismos u organizaciones no gubernamentales como grupos o instituciones de carácter privado, total o parcialmente independientes del gobierno, cuyos objetivos son sobre todo de "índole humanitaria o cooperativa, más bien que comerciales" (Banco Mundial, 1991: 7). Los organismos no gubernamentales, continúa diciendo el Banco Mundial, son entidades privadas en países industriales que apoyan el desarrollo internacional; grupos locales organizados en los planos regional o nacional, y grupos comunitarios dirigidos por sus propios miembros. En ese sentido, las organizaciones no gubernamentales incluyen asociaciones religiosas y de beneficencia que movilizan fondos privados para el desarrollo, proporcionan alimentos y servicios de planificación familiar, al mismo tiempo que fomentan la organización comunitaria. También abarcan cooperativas independientes, asociaciones comunitarias, sociedades de usuarios de servicios públicos, grupos femeninos y asociaciones pastorales. Asimismo, son organizaciones no gubernamentales los grupos cívicos que procuran que se tome conciencia de los problemas sociales y ambientales e intentan influir en las políticas pertinentes (Banco Mundial, 1991).

Para el Banco Mundial, las ONG también asumen el papel de intermediarias en la ejecución de proyectos, encauzando fondos e informando y asesorando a los posibles beneficiarios de aquéllos; en algunos casos son socios independientes que trabajan en actividades complementarias de un proyecto. También realizan trabajos de difusión y concientización entre el público y los especialistas acerca de la "cuestión social" (Banco Mundial, 1991).

Las definiciones de ONG elaboradas por los organismos internacionales, si bien no aclaran consistentemente el carácter específico de un organismo no gubernamental respecto de otro tipo de organizaciones, permiten discriminar un conjunto de organizaciones que se conciben diferentes de las que integran el sector empresarial y el mercado, por un lado, y de las que integran el sector público y el gobierno, por el otro.

Las organizaciones no gubernamentales se han autodefinido como parte del llamado tercer sector *(third sector)*, entendido como un sector privado no lucrativo, orientado hacia fines públicos, que tiene como fin complementar las acciones del gobierno y del mercado en la atención de necesidades sociales; en términos generales, el objetivo autorreconocido de estas organizaciones es la consecución de un bien común, "haciendo frente a las necesidades humanas y promoviendo la participación progresiva de la sociedad" en los espacios desatendidos por la dinámica del mercado y la política estatal (García, 1995: 23 y 24).

Las propias ONG han utilizado otros términos para definirse y ubicarse en el espectro institucional; se autoconciben como organizaciones de la sociedad civil, como un sector sin ánimo de lucro, pero organizado para producir bienes y servicios a la comunidad; se conciben también como un sector voluntario, solidario y filantrópico; como organizaciones sociales autónomas de promoción social y desarrollo; finalmente, en un sentido más amplio, como parte de un tercer sector, alternativo al mercado y al Estado. En suma, la definición que los propios organismos no gubernamentales han construido alude a agrupaciones civiles que no persiguen fines de lucro y que se dirigen fundamentalmente a la beneficencia y a la promoción social, enfocándose a problemáticas específicas *(cfr.* García, 1995; Fernandes, 1994; Concha, 1994).

Historia, teoría y crítica

El origen de las organizaciones no gubernamentales en América Latina se atribuye a diversas causas; entre otras, a la agudización de diversos problemas sociales como consecuencia de crisis económicas y gobiernos autoritarios, aparejado al desarrollo de una mayor "conciencia cívica" proveniente de un nivel educativo más alto en la sociedad, un mayor acceso a los medios de información y comunicación, así como a nuevos compromisos asumidos por los grupos cristianos; al colapso de las izquierdas; a la desilusión de la población en los partidos políticos como vía casi única de representación social y medio de expresión política; finalmente, se menciona la búsqueda de espacios para la realización personal más allá de los convencionales. En suma, las ONG en América Latina son expresión del proceso de reorganización y constitución de la sociedad civil, como parte de los denominados procesos de transición y democratización de las sociedades latinoamericanas (*cfr*. Reilly, 1994; Cavarozzi y Palermo, 1994).

A continuación puntualizaremos el significado del concepto de ONG en América Latina atendiendo a la trayectoria de este tipo de organizaciones en la región y al debate académico que se ha desarrollado en torno del mismo. Si bien no se trata de un concepto teórico ampliamente discutido en los círculos académicos, se encuentra inmerso dentro de debates teóricos relevantes acerca de la sociedad civil, de los movimientos sociales, de la naturaleza de las organizaciones e instituciones, y en general de las teorías de la acción colectiva en los enfoques sobre *public policy*, así como en el análisis que intenta establecer las fronteras entre lo público y lo privado.

Las organizaciones no gubernamentales surgen en América Latina durante la década de 1950, ligadas sobre todo a la Iglesia católica. El surgimiento de organismos no gubernamentales en América Latina en el seno de la Iglesia se explica debido a que era virtualmente el único sector que no estaba relacionado de modo directo con las instituciones del mercado ni con las instituciones estatales; aparecía también desconectado de los partidos políticos y los movimientos sociales que habían radicalizado sus posturas políticas en la región. La Iglesia aparecía como un actor en el que la población podía reconocer independencia y autodeterminación; adicionalmente, podía reconocerla como una organización sin ánimo de lucro, que podía ofrecer las garantías jurídicas e institucionales que requerían los organismos internacionales para brindar financiamiento en la región (Fernandes, 1994).

Durante la década de 1950 y principios de la siguiente, las ONG se erigieron en América Latina como estructuras institucionales, producto de la interacción entre la cooperación internacional para el desarrollo y la práctica de "opción por los pobres y necesitados", tomando el camino del financiamiento no gubernamental y estableciéndose como *socios locales* para la formulación de proyectos de desarrollo rural y de atención a la salud principalmente. Así, los organismos internacionales establecieron vínculos con estos grupos, en su mayoría católicos, en la medida en que constituían entidades legales con una mínima estructura administrativa y quizás no distantes de las metas que en ese momento perseguían los organismos internacionales a través del financiamiento, puesto que los movimientos sociales existentes en el área latinoamericana habían adoptado posturas radicales que desde afuera eran observadas como posibles focos revolucionarios. Esto explica por qué los principales puntos de atención y canalización de recursos internacionales fueron las zonas rurales de países como Perú, Colombia y Bolivia en Sudamérica, así como algunos países del área centroamericana, donde prevalecían Estados débiles con organizaciones populares y movilizaciones sociales importantes; en ese contexto, el financiamiento externo pretendió funcionar explícitamente como una atenuante de la pobreza de la población, pero implícitamente como un freno de posibles revueltas sociales (*cfr*. Hirschman, 1986).

Este papel de las ONG como mediadoras entre agencias internacionales y comunidades locales para la puesta en marcha de proyectos de asistencia implicó también el desarrollo cognoscitivo de los participantes, quienes no sólo fueron aprendiendo a manejar situaciones de complejidad creciente y adquiriendo importantes habilidades para negociar entre ellos, con las agencias nacionales y extranjeras y con las instancias gubernamentales más tarde, sino también ampliando sus horizontes de acción a través de un aprendizaje colectivo. Las ONG no se caracterizaron por labores de carácter netamente asistencialista, sino que pasaron del discurso del desarrollo de programas y proyectos productivos, además de la asistencia técnica, al plano del desarrollo con justicia social, implícita también en los principios y valores de los nuevos estilos de misión de la Iglesia católica.

En este contexto, las ONG transitaron de un discurso que concebía a la comunidad como un ámbito que funciona con lógicas mucho más complejas que las del mercado y el Estado a un concepto más amplio de solidaridad colectiva que pretendió combinar el desarrollo con el bienestar social, pasando de la educación popular a la defensa de los derechos humanos y los derechos civiles. En contextos autoritarios, este apoyo no gubernamental resultó central en la agilización de los procesos de transición democrática. Finalmente, las organizaciones no gubernamentales también transitaron de su focalización casi exclusiva en el medio rural hacia la atención y el trabajo con poblaciones urbanas, introduciendo la idea de participar no sólo en el mercado, sino también en su constitución como agentes "activos" de la transición (*cfr*. Loveman, 1994; Fernandes, 1994; Fernandes y Piquet, 1994).

Hacia la década de 1980, las ONG latinoamericanas adquirieron legitimidad y empezaron a ser consideradas como recursos alternativos de acción colectiva. La función original de las ONG como *benefactoras de los pobres* fue disminuyendo a consecuencia de la intersección de actores diversos que confluyeron en el espacio de los organismos no gubernamentales. Se trató fundamentalmente de actores provenientes de los círculos universitarios o de miembros de las pastorales populares inspiradas en la teología de la liberación (los casos de Brasil y Chile son ilustrativos de este proceso), quienes confluyeron con actores provenientes de la izquierda en resistencia a las dictaduras latinoamericanas y nuevos profesionistas liberales que buscaban espacios alternativos de expresión y participación (*cfr*. Fernandes y Piquet, 1994).

Las ONG latinoamericanas se multiplicaron a fines de la década de 1980 y principios de la de 1990; son múltiples, segmentadas y establecen redes de comunicación y colaboración, pero no llegan a imponer relaciones de subordinación jerárquica hacia el exterior ni hacia el interior (Scott, 1990). Las organizaciones no gubernamentales constituyen una innovación en la cultura institucional como organizaciones "microarticuladoras que se movilizan entre las grandes instituciones de la sociedad" (Fernandes y Piquet, 1994: 88), como el Estado, los partidos políticos, los movimientos sociales, el mercado y la gran diversidad de asociaciones civiles que convergen en el espacio público. Este proceso multiplicador de organizaciones y redes se expresa tanto en el plano local como en el internacional; de hecho, las interrelaciones de los organismos no gubernamentales constituyen la red más internacionalizada de la sociedad local (cfr. Darcy de Oliveira y Tandon, 1994).

Líneas de investigación y debate contemporáneo

La observación de las diversas fases por las que transitaron las ONG en América Latina nos permite definir de una forma más rigurosa el concepto de organismo no gubernamental, ubicando a este tipo de organizaciones como parte de la sociedad civil, mas no como la única expresión asociativa de ésta. En efecto, un organismo no gubernamental forma parte de las instituciones y organizaciones de la sociedad civil que intentan materializar nuevas formas de solidaridad y generar sobre todo un aprendizaje colectivo que sólo es posible en la esfera pública, puesto que implica un flujo constante de información, pero fundamentalmente de comunicación entre los actores (cfr. Giddens, 1995). En este aspecto, es fundamental la reflexión de éstos en el proceso de institucionalización de la sociedad civil (Cohen y Arato, 1992) y de ampliación de los espacios en los cuales los organismos no gubernamentales tendrían posibilidad de influir; es decir, en los puntos nodales de las redes, participando en la construcción de la agenda pública.

En ese sentido, el concepto de organismo no gubernamental en América Latina se refiere hoy día a una organización privada, con autodeterminación e independencia respecto del gobierno y del mercado. Esta organización tiene como objetivo la producción de bienes y servicios públicos, por lo que no tiene en sí misma fines lucrativos (cfr. DiMaggio y Anheier, 1995). Aun cuando puede obtener utilidades, no las distribuye entre los miembros de la organización, sino que las dirige hacia nuevas funciones públicas o hacia la producción de bienes públicos, en sentido amplio (cfr. Olson, 1992; Knoke, 1990).

Otra de las características distintivas de un organismo no gubernamental es que, comparativamente con otras organizaciones y asociaciones que integran la sociedad civil, no tiene un carácter representativo, característica que lo diferencia de sindicatos y movimientos sociales; por ejemplo, un organismo no gubernamental no puede hablar o actuar en nombre de terceros. Sus labores se ubican en un amplio espectro de actividades que van desde la asistencia, información, capacitación, asesoría de proyectos y entrenamiento hasta la investigación y el cabildeo, aunque cabe notar que se trata de organizaciones especializadas que mantienen nichos particulares de acción, que aluden a problemáticas específicas, acotadas no exclusivamente en términos territoriales, sino también en ámbitos temáticos.

BIBLIOGRAFÍA

Banco Mundial (1991), *El Banco Mundial y las organizaciones no gubernamentales*, Banco Internacional de Reconstrucción y Fomento, Banco Mundial, Washington, D. C.

Cavarozzi, Marcelo, y Vicente Palermo (1994), "Estado, sociedad civil y organizaciones populares vecinales en Buenos Aires: actores clave de la transición a la democracia en Argentina", en Charles A. Reilly (comp.), *Nuevas políticas urbanas. Las ONG y los gobiernos municipales en la democratización latinoamericana*, Fundación Interamericana, Arlington, Virginia, pp. 31-48.

Cohen, Jean L., y Andrew Arato (1992), *Civil Society and Political Theory*, The MIT Press, Massachusetts.

Concha, Miguel (1994), "Las organizaciones civiles y la lucha por la democracia", en *Justicia y Paz, Información y Análisis sobre Derechos Humanos*, núm. 33, año IX, enero-marzo, pp. 33-37.

Darcy de Oliveira, Miguel, y Rajesh Tandon (1994), "An Emerging Global Civil Society", en Miguel Darcy de Oliveira y Rajesh Tandon (coords.), *Citizens, Strengthening Global Civil Society*, CIVICUS, World Alliance for Citizen Participation, World Assembly Edition, Washington, D. C., pp. 1-18.

DiMaggio, Paul J., y Helmut K. Anheier (1995), "A Sociological Conceptualization of Nonprofit Organizations and Sectors", *Annual Review of Sociology*, núm. 16, Boston, pp. 137-159.

Fernandes, Rubem César (1994), "Private but Public: The Third Sector in Latin America", en Miguel Darcy de Oliveira y Rajesh Tandon (coords.), *Citizens, Strengthening Global Civil Society*, CIVICUS, World Alliance for Citizen Participation, World Assembly Edition, Washington, D. C., pp. 19-70.

Fernandes, Rubem César, y Leandro Piquet Carneiro (1994), "Las ONG en los años noventa: una perspectiva", en Charles A. Reilly (comp.), *Nuevas políticas urbanas. Las ONG y los gobiernos municipales en la democratización latinoamericana*, Fundación Interamericana, Arlington, Virginia, pp. 79-96.

García, Sergio, y Natalia Armijo (coords.) (1997), *Organizaciones no gubernamentales. Definición, presencia y perspectivas*, 2ª ed., Foro de Apoyo Mutuo, Fundación DEMOS IAP e Instituto de Análisis y Propuestas Sociales, IAP, México.

Giddens, Anthony (1995), *La constitución de la sociedad. Bases para la teoría de la estructuración*, Amorrortu Editores, Buenos Aires.

Hirschman, Albert O. (1986), *El avance en colectividad. Experimentos populares en la América Latina*, FCE, México.

Knoke, David (1990), *Organizing for Collective Action. The Political Economies of Associations*, Aldine de Gruyter, Nueva York.

Loveman, Brian (1994), "Las ONG chilenas: su papel en la transición a la democracia", en Charles A. Reilly (comp.), *Nuevas políticas urbanas. Las ONG y los gobiernos municipales en la democratización latinoamericana*, Fundación Interamericana, Arlington, Virginia, pp. 135-164.

Olson, Mancur (1992), *La lógica de la acción colectiva*, Limusa Editorial, México.

Organización de las Naciones Unidas (1978), *Carta de las Na-*

ciones Unidas para la Cooperación y el Desarrollo, 1950, ONU, Nueva York.

Reilly, Charles A. (comp.) (1994), *Nuevas políticas urbanas. Las* ONG *y los gobiernos municipales en la democratización latinoamericana,* Fundación Interamericana, Arlington, Virginia.

——— (1994), "Los topócratas, los tecnócratas y las ONG", en *ibid.*, pp. 293-322.

Scott, W. R., y J. W. Meyer (1990), "The Organization of Societal Sectors: Propositions and Early Evidence" en W. Posell y J. DiMaggio (comps.), *The New Institutionalism in Organization Theory,* Chicago University Press, Chicago.

Torres Nafarrate, Javier (1996), "El concepto de sociedad civil ¿fata morgana?", *Revista Sociedad Civil. Análisis y debates: conceptos sobre sociedad civil,* núm. 1, vol. 1, México, otoño, pp. 45-62.

PARADIGMA POLÍTICO

Isabelle Rousseau

Definición

De manera general, podemos definir el paradigma en el contexto de las ciencias sociales como "una imagen de toda la sociedad". Es una representación global que sirve de punto de referencia; ordena y jerarquiza las representaciones de los diferentes campos y sectores sociales; integra el conjunto de valores fundamentales que constituyen las creencias de base de una sociedad, así como una serie de normas que permiten elegir entre varias conductas. En este sentido, define la representación que, en un momento dado, una sociedad se hace de su posición en el mundo. No es una imagen muy coherente ni muy racional; es más bien la síntesis de las imágenes que tienen los diferentes actores que intervienen en un ámbito (sector productivo, una profesión, una disciplina). Hoy en día, el paradigma tiende a organizarse cada vez más alrededor de una visión "científica" de la sociedad, es decir, una visión dominada por mecanismos económicos. El paradigma nunca traduce un consenso total; más bien delimita un espacio en el cual se organizan los conflictos y los enfrentamientos que se desarrollan en la sociedad. Paralelamente, el paradigma determina un conjunto de medios, de formas de organización —financieras, administrativas, jurídicas y humanas— que utilizarán los gobiernos; es decir, orienta la selección de procesos, técnicas y relaciones de poder que van a acompañar la construcción y los métodos operacionales de las políticas públicas. En este sentido, delimita una especie de campo normativo.

Un paradigma global, a su vez, se desglosa en paradigmas sectoriales. Cada uno de ellos es la imagen dominante de un sector, una disciplina, una profesión. Al igual que el paradigma global, la visión que brinda no es totalmente racional ni por completo arbitraria (tiene que tomar en cuenta a los grupos que componen el sector). También el paradigma sectorial es una construcción, una imagen social que refleja las relaciones de fuerzas que permean un sector.

El ajuste y la armonía entre el paradigma global y los paradigmas sectoriales son uno de los principales problemas que enfrentan y tienen que solucionar adecuadamente los gobiernos. Este ajuste es una etapa decisiva cuando se construye un nuevo proyecto social, y es una operación constante en tiempo normal.

Un paradigma es un filtro que ofrece una visión de la realidad y que guía las decisiones y las acciones futuras. Tanto el paradigma global como el paradigma sectorial proporcionan imágenes codificadas de la realidad que producen efectos tangibles. Esas imágenes no ofrecen una visión totalmente transparente de la realidad, sino que ocultan en general las relaciones de hegemonía que existen en un sector determinado; sin embargo, contribuyen a volverlo un poco menos opaco. En la medida en que los paradigmas —globales o sectoriales— son el sustrato a partir del cual se producen las normas (leyes, decretos, procedimientos), permiten actuar sobre la realidad. Para entender el sentido que adquiere un paradigma, es fundamental identificar los actores que han participado en su construcción, las modalidades que se han empleado para su elaboración, el código social que lo sustenta y detecta los grupos que se benefician con la nueva interpretación paradigmática.

Francia experimentó un doble trauma, provocado primero por el fracaso militar de 1940 y luego por la liberación; los ejércitos angloamericanos enseñaron a los franceses lo que era entonces una verdadera nación industrial, dueña de la fuerza mecánica. En ese momento, Francia cobró conciencia de su retraso, por lo cual, durante los años cincuenta, se abandonaron las normas y los valores que privilegiaron el equilibrio y el mantenimiento de las relaciones sociales asociadas al pasado. Se alentaron nuevas normas que privilegiaban la apertura y la transformación de la sociedad alrededor de los términos de movilidad, cambio y modernización. Para adecuar los paradigmas sectoriales con el nuevo paradigma de modernidad, se emprendió una serie de reformas políticas. Una de las más importantes fue la transformación de la política agrícola. De 1956 a 1960, el Centro Nacional de los Jóvenes Agricultores (CNJA) construyó un nuevo paradigma agrícola (paradigma sectorial). Esta nueva matriz estuvo basada en una nueva representación de la profesión de agricultor —asociando cada vez más al campesino a la idea de competencia técnica y no tanto a la tierra y a la comunidad—, fundada en una nueva concepción del papel social de la agricultura (donde prevalecían valores como el dominio del progreso técnico, la capacidad para administrar una empresa y la participación en la expansión económica general). El CNJA construyó las herramientas intelectuales que permitieron al campesino entender su papel en la sociedad; además, elaboró un programa de acción para acelerar las transformaciones del campo.

Historia, teoría y crítica

Antecedentes

Thomas S. Kuhn nos recuerda en su libro *La estructura de las revoluciones científicas* que la noción de paradigma ha sido utilizada en la gramática latina con el significado de *modelo*, es decir, algo que sirve para ser reproducido *ad infinitum*, como las declinaciones. El recordatorio le permite distanciarse de esta acepción del término. Al estudiar la evolución del conocimiento científico, T. S. Kuhn emplea la noción de paradigma como "un conjunto de teorías en sus explicaciones conceptuales y experimentales (es decir, en sus aplicaciones observables e instrumentales)". El paradigma fija un marco conceptual, experimental y matemático que delimita los linderos del campo científico, precisa la naturaleza de los problemas (enigmas) que se presentan y su nivel de solución. En otros términos, un paradigma tiene un valor cognoscitivo pero sobre todo normativo. Además, facilita la comunicación entre los miembros de la comunidad científica; un grupo científico se compone de hombres que comparten el mismo paradigma y, por ende, hablan el mismo idioma. Sin embargo, existen periodos en los cuales los enigmas se convierten en anomalías, es decir, en problemas que no encuentran solución en el marco del paradigma. Esos periodos son momentos en los cuales un paradigma entra en crisis; si durante ese lapso las anomalías no encuentran una solución viable dentro del marco paradigmático, se abandona el paradigma para adoptar nuevas orientaciones teórico-metodológicas. Kuhn llama *ciencia normal* a los momentos regulados por un paradigma dominante; a los periodos de crisis y de cambio de paradigma los llama *ciencia extraordinaria*.

La noción de paradigma tal como ha sido empleada en las ciencias sociales tiene mucha semejanza con el concepto definido por Kuhn, pero presenta también algunas diferencias.

La noción de paradigma en el campo de las políticas públicas

Afiliación teórica del paradigma político

En la medida en que otorga un papel importante a la variable cultural para comprender la formación y el funcionamiento de las organizaciones, el institucionalismo sociológico —una corriente del neoinstitucionalismo— empieza a destacar la idea de paradigma político. Subraya la utilidad de los elementos cognoscitivos para entender y explicar los comportamientos individuales y determinar la legitimidad de las organizaciones.

Sin embargo, "el enfoque cognoscitivo de las políticas públicas" es el que va a definir con mayor nitidez la noción de paradigma político: cómo nace un paradigma, cuáles son sus funciones, cuáles son las modalidades de su evolución y de su remplazo.

El *"enfoque cognoscitivo" de las políticas públicas*

Características de un paradigma

Desde hace unos 10 años, varios estudiosos de las formas de acción del Estado han centrado su atención sobre las dinámicas de construcción social de la realidad que determinan el marco y las prácticas socialmente legítimas en un momento dado (Berger y Luckmann, 1986). La construcción de nuevos enfoques parte de la premisa de que las políticas públicas son matrices cognoscitivas y normativas que constituyen sistemas de interpretación de lo real y enmarcan las acciones que pueden emprender los diferentes actores privados y públicos.

Estos trabajos han valorado mucho el papel de los agentes del cambio, los cuales demuestran tener, en un momento dado, la capacidad de aprendizaje para situarse de manera satisfactoria en contextos nuevos.

A pesar de las diferencias que existen entre los diversos autores, todos recalcan el peso que poseen las ideas, los valores, las representaciones y la dimensión simbólica en política. Murray Edelman ha establecido la importancia de los elementos simbólicos y retóricos en la determinación de las políticas y de los usos de la política (Edelman, 1976). Otros autores, como Giandomenico Majone, se han interesado más en las dinámicas intrínsecas de la argumentación y de los intercambios simbólicos que permean las prácticas estadistas (Majone, 1989). Paralelamente, varios trabajos se han centrado sobre la actualización de las dinámicas cognoscitivas de aprendizaje para determinar la extensión y la evolución de los dispositivos de acción pública (Heclo, 1974; Wildavsky, 1979; Rose, 1990, 1991).

Tres enfoques han surgido de manera separada durante la década de 1980 en el marco de esta misma corriente sociológica. Aceptan la función esencial desempeñada por las "matrices cognoscitivas y normativas" —expresión genérica que integra tanto los *paradigmas* (Hall, 1993) como los *sistemas de creencias* o *advocacy coalition* (Sabatier y Jenkins-Smith, 1993) o los *referenciales* (Jobert y Muller, 1987; Faure, Pollet y Warin, 1995). A pesar de diferencias importantes, esos enfoques plantean que:

—Existen valores y principios generales que definen "una visión del mundo" particular. Son principios abstractos que delimitan el campo de lo posible y de lo decible en una sociedad; permiten identificar y justificar las diferencias entre individuos o grupos y jerarquizar un cierto número de dinámicas sociales.

Por ejemplo, estudiando el giro que hubo en Gran Bretaña en las políticas macroeconómicas (de inspiración keynesiana a favor de principios "monetaristas") entre 1970 y 1980, Peter Hall hace notar que cada modelo conlleva una visión del mundo diferente. Mientras el monetarismo exalta al individuo racional y responsable, basándose en una forma de darwinismo social simplista ("los mejores van a ganar por el efecto benéfico del mercado y van a capitalizar la prosperidad de la comunidad entera"), el paradigma keynesiano planteaba que la colectividad debía corregir los males inherentes a las sociedades modernas, rechazando el carácter necesario y benéfico del libre ajuste del mercado.

—Retomando los principios analíticos de Kuhn, una matriz cognoscitiva y normativa determina los valores generales aceptados; la matriz cognoscitiva, a su vez, se divide en subsistemas que cubren un campo o una política determinados o un sector de políticas. Esos subsistemas fijan los grandes ejes —cognoscitivos y normativos— que orientan las estrategias que van a desarrollar los diferentes actores en esos sectores. La noción de *referencia sectorial* empleada por Jobert y Muller (1987) traduce bastante bien esta dinámica, otorgándole además una dimensión espacial.

—La matriz determina también una serie de consideraciones prácticas acerca de los métodos y los medios apropiados para lograr los objetivos planteados. La selección de los instrumentos para llevar a cabo una política no es neutra; al contrario, los elementos anteriores dibujan ciertos imperativos normativos y prácticos. Peter Hall, con el mismo ejemplo de las políticas macroeconómicas, muestra que las técnicas varían mucho según el paradigma empleado; por ejemplo, los dispositivos para reanudar el consumo mediante una política presupuestal expansiva —característica del keynesianismo— se oponen al control de las tasas y al uso general de la política monetaria en el marco del monetarismo.

Distinguir esos tres niveles tiene un propósito solamente heurístico: permite aislar analíticamente los procesos mediante los cuales se producen y legitiman las representaciones, las creencias y los comportamientos bajo la forma de políticas públicas particulares.

El hecho de que las políticas públicas traduzcan la existencia de una matriz cognitiva y normativa conlleva muchos efectos. Por ejemplo, el paradigma tiene un papel socializador y es fuente de poder.

El paradigma como productor de identidades

Un paradigma organiza un conjunto de conocimientos, de valores y de normas aceptable y aceptado por un amplio número de actores; alimenta en ellos un sentimiento subjetivo de pertenencia que produce una identidad específica. Por lo tanto, es productor de una especie de "conciencia colectiva" que define los límites legítimos de un círculo profesional y sus relaciones con otros actores.

En México, el proyecto de *desarrollo compartido* propuesto por Luis Echeverría reunía a un grupo de actores (jóvenes cepalinos, en general) que compartían visiones básicas sobre el tamaño y el papel del Estado y acerca de la importancia de ciertas variables económicas, principios que, en muchos aspectos, se oponían a los del desarrollo estabilizador.

Las lógicas de poder

Paralelamente, la afirmación de nuevas lógicas de poder acompaña el proceso de construcción de un paradigma (sea global o sectorial). Al edificar una política pública (desde idear hasta imponer e implementar una nueva matriz conceptual y normativa), los representantes del grupo enarbolan también el liderazgo del sector. En Francia, en el Partido Socialista, la corriente del neoliberalismo gestionario, al conquistar los mandos del Estado y constituir el armazón intelectual de la nueva estrategia económica que arrancó en 1983, desplazó, marginó y finalmente desechó la fracción de la élite socialista que soñaba con construir una forma original de social-democracia adaptada a la situación francesa.

Por ende, el proceso de construcción intelectual es paralelamente un proceso de poder a través del cual un actor (un grupo de actores) afirma sus intereses propios. Una relación circular une las lógicas del sentido y las lógicas de poder: el actor que construye el sentido toma el liderazgo del sector; asimismo, afirma la hegemonía del paradigma que adquiere legitimidad mediante esta estabilización de las relaciones de fuerzas.

El gobierno de Michel Debré y luego el de Edgar Pisani se posesionaron del programa de reforma agrícola desarrollado por el CNJA, centro que había desplazado al Ministerio de Agricultura en la edificación del nuevo paradigma. No sólo fue un proceso puramente ideológico, sino también fomentó un cambio de liderazgo en el sector agrícola. El CNJA tomó la dirección del sector agrícola, negoció con el Estado un sistema de cogestión de la política agrícola, permitiéndole asociar la profesión de agricultor con las decisiones políticas, además de otorgarle medios financieros muy importantes.

Sin embargo, el hecho de que un grupo o una coalición de actores asuma el liderazgo no significa que se anulen *ipso facto* los debates en un subsistema, sino que el nuevo marco cognoscitivo va a orientar los enfrentamientos entre los actores. El debate sobre la globalización es emblemático; una serie de imágenes ("la competitividad internacional"), de principios de acción ("es necesario bajar la tasa impositiva que pagan las empresas para mantener la competitividad internacional"), de normas ("hay que aligerar el peso de los sistemas de protección social") o de valores ("el espíritu de empresa, el valor del sector privado en detrimento del sector público") enmarca el debate entre los principales actores.

Una política pública representa la traducción de un paradigma en un plano político. ¿Cómo un fenómeno social se transforma en un problema digno de la atención del Estado para que lo inscriba en la agenda? Ésa es una de las cuestiones que atañen al análisis de las políticas públicas.

Producción y socialización de un paradigma

Génesis de la acción pública

En contra de las tesis deterministas, las investigaciones actuales demuestran que se han identificado múltiples modalidades posibles para que surjan problemas públicos. La complejidad y la pluralidad de las relaciones causales que pueden originar los problemas públicos llevan a Howlett y Ramesh (1995) a utilizar el término *funnel of causality*, es decir, un conjunto necesario de diversas variables como el ambiente económico y físico, las alianzas entre actores, las matrices cognoscitivas y normativas predominantes, y las características institucionales de los actores públicos. Los trabajos actuales muestran cómo uno o varios actores, partiendo de sus propios recursos cognoscitivos y normativos, se posesionan de un fenómeno y formulan una interpretación, es decir, elaboran argumentos opuestos que definen un problema en un "idioma" que corresponde a sus valores, creencias, posiciones, intereses y características de su organización. Se abre un espacio de alternativas y de intercambios en el cual se afina la versión aceptada (negociación del sentido). Esta dinámica conlleva a una primera problematización. Los símbolos con los que se presenta el problema y las características cognoscitivas y normativas que se le atribuyen determinan las condiciones de su recepción por públicos más o menos amplios. A partir de este momento empieza el tiempo de la inscripción en la agenda.

Se trata obviamente de una presentación muy lineal de la aparición de los problemas y de su inscripción en una agenda; no tiene mayor pretensión sino de ser una especie de tipo-ideal que permite enmarcar los casos estudiados. Existen ejemplos en que la producción de alternativas ha antecedido a toda forma de problematización, u otros en que puede haber problematización y hasta producción de alternativas sin que intervenga el Estado.

El papel de los actores en la producción de las políticas públicas

El enfoque cognoscitivo de las políticas públicas evidencia los vínculos que unen los núcleos de actores y los paradigmas en competencia para resolver un problema.

La "inscripción en la agenda" constituye la etapa inicial; se visualiza un problema, es decir, se circunscribe en un espacio cognoscitivo y normativo. Paralelamente, los diversos actores empiezan a colocarse y buscar alianzas para defender su visión. Van estructurando de manera paulatina sus recursos, sus modos de acción y la naturaleza de sus vínculos. Se forman y se concretan los valores, las creencias, las representaciones que fundan un paradigma. Aun cuando domina cierta visión y explicación de un problema, coexisten matrices alternas que ofrecen otras explicaciones y compiten para ganar legitimidad.

En México, a pesar de la victoria y la imposición del paradigma "monetarista" durante el sexenio de Miguel de la Madrid, cuestiones como la del petróleo o del pago de la deuda externa suscitaron debates conflictivos cuyas premisas enfocaban paradigmas antagónicos.

La capacidad de los grupos en competencia para fomentar la adhesión a su paradigma y hacer penetrar sus problemas en la esfera pública depende de la cercanía que tiene su propia "visión del mundo" con los valores y las creencias mayoritarias.

En esta batalla, las redes de acción pública juegan un papel fundamental. Una comunidad epistémica es "una red de profesionales que disponen de una competencia reconocida en un campo particular. Comparten creencias en un conjunto de normas y de principios, lo que define una base razonada de valores". También se le llama *comunidad de las políticas públicas*. Las redes que se tejen entre los múltiples actores son muy densas; la diversidad de escenas en las cuales se efectúan los debates sobre las políticas públicas son regidas por reglas y apuestas específicas para establecer un compromiso. La acción pública es el producto de interacciones complejas entre los diferentes actores sociales, varios segmentos del aparato de Estado, los expertos y los políticos. En esta fase, el meollo del debate lo constituyen no el rigor científico ni la conquista del poder político, sino una manera de definir nuevamente la realidad social que sea aceptable para el conjunto de los actores, permitiendo asimismo que prosigan la negociación y el intercambio. Las modalidades con que se desarrollará esta fase definirán el nivel futuro de gobernabilidad; se medirá en función de la capacidad de los actores públicos y privados para definir un espacio de sentido común —sorteando la incertidumbre que resulte de la multiplicidad de los actores y niveles de discusión— a fin de movilizar expertos de diferentes orígenes e instalar formas de legitimación de las decisiones en los campos de la política electoral como en el campo de la política de los problemas.

Los cambios de paradigma y los cambios de políticas

Una política pública cambia de manera paulatina adaptándose a las nuevas situaciones *(incrementalismo)*. Sin embargo, existen periodos en los cuales el paradigma vigente es cuestionado profundamente porque ya no cumple con las expectativas que genera. Si no se resuelve de manera favorable este enjuiciamiento, podrá haber cambios radicales que modifiquen el enunciado del paradigma. Krasner ha denominado esta sucesión de momentos estables y de momentos de fuertes cambios *punctuated equilibrium*. Como el paradigma de Kuhn en las ciencias exactas y experimentales, la noción de paradigma político sirve para analizar los procesos de cambios *no incrementales*.

Hay crisis política cuando la acumulación de anomalías en el subsistema de una política pública pone en tela de juicio las matrices cognoscitivas y normativas legítimas, la configuración intelectual, el equilibrio de las relaciones de fuerzas que imperaban o todo ello. Es decir, los problemas que surgen en un subsistema ya no pueden interpretarse o "tratarse" en el marco de las matrices cognoscitivas y normativas ni en el sistema de acción vigente. Por lo tanto, reconocer que se presentan anomalías es reconocer que se necesita ajustar de manera más o menos sustancial la matriz cognoscitiva y normativa legítima.

Inspirado en los trabajos de Peter Hall, Howlett y Ramesh, el cuadro siguiente resume el camino que recorren los cambios de paradigmas.

La crisis económica que resulta de los dos choques petroleros ha producido un cierto número de "anomalías" que han precipitado la "crisis" del paradigma keynesiano. El apego visceral de los principales actores político-administrativos a las representaciones y los preceptos keynesianos los llevó a adoptar "respuestas" mecánicas a los problemas que acabaron por fracasar. La acumulación de anomalías aceleró la producción de un paradigma alterno y de una configuración de actores que debía ratificar paulatinamente la opción monetarista. La llegada de gobiernos conservadores en Gran Bretaña y en los Estados Unidos a principios de la década de 1980 impuso visiones de la economía sustentadas en la lógica de mercado; esto llevó de manera paulatina a definir nuevamente las fronteras legítimas de la acción del Estado, a valorizar un cierto número de actores sociales *(yuppies,* empresarios) y a usar otras herramientas de intervención (manipulación de las tasas de interés para controlar la masa monetaria y la inflación, desregulación de los mercados, aliento a la liberación de los intercambios internacionales, etcétera).

Al ser dominante el paradigma monetarista o el referencial de mercado, se modifica poco a poco la mayor parte de los subsistemas de la acción pública para ajustarse con las nuevas normas de acción gubernamental.

La noción de paradigma evidencia el carácter conflictivo y aleatorio de la creación y evolución de la matriz cognoscitiva y normativa. Esta matriz, lejos de ser hegemónica, orienta subsistemas en los cuales coexiste una pluralidad de coaliciones de actores y de esquemas

Etapas	Características del proceso
1. Periodo "normal"	Fase de estabilidad institucionalizada. Los ajustes son incrementales; quedan bajo el control de grupos restringidos de expertos y funcionarios.
2. Acumulación de "anomalías"	La matriz cognoscitiva y normativa no logra anticipar ni explicar las evoluciones que se producen. Inicia la crisis del paradigma.
3. Experimentación	Se modifican algunos parámetros del paradigma para intentar aportar un remedio a las anomalías.
4. Fragmentación de la autoridad	Los actores que se identifican con este paradigma empiezan a ser descalificados.
5. Cuestionamiento	Aparece una pluralidad de matrices cognoscitivas y normativas distintas que alimentan el debate público.
6. Institucionalización del nuevo paradigma	Después de un periodo más o menos largo, la coalición de actores que domina asienta su poder. La acción pública se modifica de manera sustancial.

FUENTE: P. Muller e Y. Surel, *L'analyse des politiques publiques*, p. 139.

cognoscitivos y normativos. Con el término *advocacy coalition*, Paul Sabatier señala que las coaliciones que están atadas a diferentes sistemas de creencias conviven y se pelean en cada espacio de la acción pública.

Por ejemplo, la acción pública en materia de medio ambiente se caracteriza por la confrontación entre la coalición económica y la coalición ambientalista, las cuales descansan sobre valores y principios de acción del Estado en competencia.

Las rupturas (los cambios *no incrementales*) dependen de condiciones particulares que determinan un funcionamiento "extraordinario" del campo político. El concepto de "ventanas políticas" (Kingdon, 1984) representa el momento en que se suspenden las condiciones ordinarias. Esta noción establece las condiciones favorables para que se abra un periodo más o menos largo en el cual se amplía temporalmente la capacidad de intervención de los actores político-administrativos (y otros actores implicados en la situación), lo que permite restructurar profundamente las políticas públicas.

Según Keeler (1993), dos condiciones suelen favorecer la aparición de esas ventanas políticas. A veces, ciertas dinámicas político-institucionales —una fuerte presión ejercida por el partido en el poder sobre el gabinete para cumplir las promesas electorales, la toma de poder de los puestos institucionales o un gobierno que goza de una gran legitimidad, que lo "autoriza" a actuar— propician un cambio importante. A veces, la aparición de una crisis favorece iniciativas reformistas importantes; el miedo también puede ser un gran acitate para el cambio.

La fuerte crisis económica que avasalló a México en 1982 fue una plataforma ideal para permitir al nuevo gobierno, encabezado por Miguel de la Madrid, realizar transformaciones radicales. La lectura de la crisis que ofreció el nuevo presidente y su equipo a partir del 1º de diciembre de 1982 fue una estrategia sutil para impulsar las ideas de restricción y de austeridad —ideas exóticas en un país cuyo crecimiento del PIB había sido positivo desde la década de 1950—. De la Madrid optó por dramatizar la situación, tomando prestado a la oposición su lenguaje crítico y describiendo un país hundiéndose irremediablemente de no adoptarse medidas drásticas. Fue una retórica eficaz que le permitió culpar a los populistas de la catástrofe, es decir, a los que habían implantado políticas macroeconómicas de tipo keynesiano; le permitió además efectuar un viraje de tipo neoliberal y reducir mucho el tamaño y el papel del Estado.

LÍNEAS DE INVESTIGACIÓN Y DEBATE CONTEMPORÁNEO

Las críticas que ha recibido la noción de paradigma político —que subrayan las insuficiencias teóricas que padece este concepto en la actualidad— constituyen una de las principales fuentes que orientan las investigaciones para un futuro cercano.

¿Cuáles son los principales cuestionamientos hechos a la noción de paradigma político (y las nociones que se le asemejan: *referencial*, *advocacy coalition*)?

Muchos lo han criticado por su carácter determinista. Por otro lado, subyace un cierto número de preguntas sin respuestas acerca del génesis del paradigma y también de la relación entre el paradigma y los subsistemas. ¿De dónde viene la matriz cognoscitiva y normativa que determina la acción pública en un momento dado? ¿Es la síntesis de varias matrices que estuvieron en competencia o es la matriz que ganó la lucha? ¿Cómo se producen y se socializan estos esquemas cognoscitivos y normativos que determinan las representaciones y las acciones de los diversos grupos en un subsistema? ¿Cómo se vinculan las ideas, los intereses y las instituciones en la producción y el cambio de la acción pública?

Varios trabajos recientes han permitido modificar este enfoque. Algunos subrayan que la creación de un paradigma no es tan lineal; no hace *tabula rasa* del pasado, sino que retoma elementos viejos y los adapta. Tampoco un paradigma se instaura de manera súbita y unívoca; enmarca los límites de las acciones públicas futuras y no reforma completamente el subsistema y los esquemas normativos y cognoscitivos legítimos. Otros precisan el peso de las interacciones propias de un subsistema dado. Claudio Radaelli, al analizar las políticas fiscales en Europa, muestra que los principios cognoscitivos y normativos se modifican cuando los actores los utilizan. Los trabajos de Jobert, Baumgartner y Jones confirman esas intuiciones y valoran los foros en que se dan los debates, en los que los actores "movilizan" esos paradigmas. Es decir, reinsertan los usos sociales íntimamente vinculados con los mecanismos de construcción social de la realidad.

Indudablemente, en un análisis de las políticas públicas que integra el papel de las representaciones, el concepto de *policy networks* (redes) es una herramienta útil no tanto para entender cómo se formulan los espacios de "sentido", que son los paradigmas, sino para comprender la manera en que se organizan, movilizan y negocian las ideas. En la actualidad, este tema es uno de los más analizados por los investigadores que siguen un *approache* cognoscitivo para estudiar las políticas públicas.

Conclusión

La noción de paradigma político tiene mucha semejanza con el concepto que emplea T. S. Kuhn. En ambos casos, el paradigma establece un marco cognoscitivo y normativo que determina la "visión del mundo" (científico o político) aceptada. El papel de los actores (grupos) que forjan e imponen el paradigma también es fundamental para comprender el sentido profundo de la visión que impera (¿qué intereses respaldan esta visión?); en este contexto, el paradigma científico posee un carácter profundamente político (negociación e imposición del sentido). En ambos casos, prevalece la idea de ruptura (revolución) como única modalidad para el cambio, lo que otorga una figura especial a la evolución de los fenómenos: normalidad prolongada entrecortada por breves pero intensos momentos de crisis y rupturas.

Las reacciones y los ataques que ha recibido la noción de paradigma en ambos casos es lo que permite apreciar sus diferencias. La irracionalidad que otorga a la ciencia la noción de paradigma en la obra de Kuhn es el mayor reproche que le hizo la comunidad científica. Por un lado, Israel Scheffler lo acusa de negar la existencia de instituciones de control compartidas que permitan salvar la idea de racionalidad con criterios de objetividad.

Por su lado, Karl Popper y su escuela (Lakatos, Feyerabend, etc.) le reprochan su dogmatismo (ausencia de un pensamiento crítico resultante de una fuerte preeminencia de la ciencia normal). En cambio, la noción de paradigma político padece el estigma de responder a una visión muy determinista: aparece como un elemento que encamina de manera secuencial y unilateral las acciones (políticas públicas) que actores e instituciones van a emprender. El tema del rigor teórico —o científico— no cobra tanta importancia en la construcción de un paradigma político; este concepto no opera en un medio donde la cientificidad es el criterio de evaluación. En cambio, la negociación del sentido —con la importancia de las diversas redes de actores y de los múltiples escenarios en los cuales se desarrollan los debates— es el tema que adquiere una importancia fundamental en la construcción (y revisión) de un paradigma político.

BIBLIOGRAFÍA

Baumgartner, F. R., y B. D. Jones (1993), *Agendas and Instability in American Politics*, University of Chicago Press, Chicago.

Berger P., y T. Luckmann (1986), *La construction sociale de la réalité*, Méridiens-Klincksieck, París.

Crozier, M., y E. Friedberg (1997), *L'acteur et le systeme. Les contraintes de l'action collective*, Seuil, París.

Edelman, M. (1976), *The Symbolic Uses of Politics*, University of Illinois Press, Urbana.

Faure, A., P. Warin y G. Pollet (1995), *La construction du sens dans les politiques publiques. Débats autour de la notion de "référentiel"*, L'Harmattan, Coll. Logiques Politiques, París.

Haas, P. (1992), "Introduction. Epistemic Communities and International Policy Co-ordination", *International Organization*, vol. 49, núm. 1, pp. 1-35.

Hall, P. (1993), "Policy Paradigm, Social Learning and the State", *Comparative Politics*, vol. 25, núm. 3, pp. 275-296.

—— (1996), "Political Science and the New Institutionalisms", *Political Studies*, XLIV, pp. 936-957.

Heclo, H. (1974), *Modern Social Politics in Britain and Sweden*, Yale University Press, New Haven.

Howlett, M. C., y M. Ramesh (1995), *Studying Public Policy: Policy Cycle and Policy Sub-systems*, Oxford University Press, Oxford.

Jobert, B., y P. Muller (1987), *L'État en action. Politiques publiques et corporatismes*, PUF, Recherches Politiques, París.

—— (comp.) (1994), *Le tournant neo-libéral en Europe*, L'Harmattan, Coll. Logiques Politiques, París.

Keller, J. (1993), "Opening the Window for Reform", *Comparative Political Studies*, vol. 25, núm. 4, pp. 433-486.

Kingdon, J. (1984), *Agendas, Alternatives and Public Policies*, Little Brown, Boston.

Kuhn, T. S. (1971), *La estructura de las revoluciones científicas*, FCE, Serie Breviarios, México.

Mény, Y., y J. C. Thoenig (1989), *Politiques publiques*, PUF, París.

Muller, P. (1990), *Les politiques publiques*, PUF, Coll. Que sais-je?, París.

—— (1995), *Politiques publiques en Europe*, L'Harmattan, Coll. Logiques Politiques, París.

——, y Y. Surel (1998), *L'analyse des politiques publiques*, Montchrestien.

Popper, K. R. (1973), *La lógica de la investigación científica*, Tecnos, Madrid, Payot, París.

Radaelli, C. (1996), *The Policy of Corporate Taxation in the European Union*, Routledge, Londres.

Rose, R. (1990), "Inheritance Before Choice in Public Policy", *Journal of Theoretical Politics*, vol. 2, núm. 3, pp. 263-291.

—— (1991), "What is Lesson Drawing?, *Journal of Public Policy*, vol. 11, núm. 1, pp. 3-30.

Sabatier, P. (1997), *"The Advocacy Framework: Revisions and Relevance for Europe"*, EUI/Centre Robert Schuman, Jean Monnet Chair Lecture, Florencia, Italia.

——, y H. Jenking-Smith (dirs.) (1993), *Policy Change and Learning*, Westview Press, Boulder.

Scheffler, I. (1982), *Science and Subjectivity*, Ind. Hackett, Indianápolis.

Wildavsky, A. (1975), *Budgeting. A Comparative Theory of Budgetary Process*, Little Brown, Boston.

—— (1979), *Speaking, Truth to Power. The Art and Craft of Policy Analysis*, Little Brown, Boston.

PARLAMENTARISMO

Luisa Béjar

Definición

La palabra *parlamentarismo* contempla dos ideas no siempre bien comprendidas en su aplicación corriente. El concepto designa una *forma de gobierno*, es decir, un modo de organización de los poderes públicos caracterizado por una separación de poderes elástica o atenuada, pero también una *forma de Estado* o, lo que es lo mismo, una forma de expresión del orden ideológico-institucional vinculado a las democracias representativas.

Como *forma de gobierno*, el parlamentarismo cubre en la práctica una vasta gama de posibilidades. Sin embargo, la diversidad de experiencias amparadas bajo esta fórmula no impide la existencia de un conjunto de atributos comunes a todas ellas. Sus particularidades se hacen más evidentes cuando se les compara con el presidencialismo, la otra forma pura que puede revestir la relación entre legislatura y gobierno.[1]

Para empezar, vale la pena advertir que en el parlamentarismo la única institución que goza de legitimidad democrática es el Parlamento, cuyos miembros son elegidos de manera directa por el pueblo. El gobierno, en cambio, es designado por el Parlamento y, por lo mismo, es exclusivamente responsable ante él. En su expresión clásica, la responsabilidad gubernamental comprende tanto al jefe del Ejecutivo como a su gabinete, y es aplicable sólo frente a la cámara votada en forma popular.

Bajo este acomodo de los poderes públicos, la permanencia del gobierno depende del Parlamento, quien de juzgarlo necesario puede removerlo con la expedición de un voto de censura apoyado por la mayoría de los legisladores. En compensación, el gobierno está facultado para disolver el Parlamento, acto que de concretarse indica el llamamiento automático a elecciones para la integración de una nueva asamblea.

La distancia que media entre el parlamentarismo y el presidencialismo parece clara en todos estos puntos. Al respecto, basta recordar que en el segundo tanto el Ejecutivo como la legislatura son resultado del voto ciudadano, razón por la que ambos cuerpos gozan de igual legitimidad democrática. En efecto, bajo este esquema de gobierno ningún poder es superior, ni puede ser obligado a renunciar por la ausencia de sostén del otro.

En el parlamentarismo, por otra parte, la duración del gobierno está sujeta en su renovación a un lapso máximo; pero éste puede ser acortado, como ya se ha visto, con la expedición de un voto de censura de la mayoría parlamentaria. Los gobiernos presidenciales, por el contrario, son designados por un plazo inamovible y prefijado, lo que, a juicio de algunos especialistas, confiere una menor flexibilidad a su estructura ante potenciales situaciones de crisis política.[2]

Por último, en el parlamentarismo, la jefatura del Estado y la del gobierno se encuentran depositadas por regla general en personas diferentes. Este hecho se traduce en una clara distinción de las áreas de competencia propias de cada una de ellas, a diferencia del presidencialismo, en que ambos cargos recaen en la misma figura, la que por cierto da origen a un Ejecutivo unitario muy diferente al del parlamentarismo, toda vez que en este último el gobierno se expresa como un cuerpo colectivo.

No obstante, en las experiencias que contempla el mundo actual, las divergencias entre la forma parlamentaria de gobierno y la presidencial suelen verse ampliamente atemperadas por la acción de múltiples factores. Entre ellos vale la pena nombrar la experiencia histórica y el contexto actual, y su particular combinación con las distintas piezas que componen el rompecabezas de la política; por ejemplo, el sistema electoral, el sistema de partidos y la organización territorial del gobierno en términos de descentralización y autonomía de la administración pública.

Admitida la presencia de una amalgama de circunstancias y elementos en la realidad política y sus productos, no queda más que concluir que ambos formatos de gobierno no son especies de un mismo género: aquel determinado por la *forma de Estado democrática*, esto es, por la conjunción de valores, principios ideológicos e instituciones que fundamentan esta manera de concebir y ejercer el poder público.

En tanto *forma de Estado*, el parlamentarismo se plantea como un instrumento útil para plasmar la idea de la democracia dentro de la realidad social del presente, cuya figura no puede ser otra que la de democracia representativa. El acento en este acercamiento al fenómeno democrático recae en el órgano parlamentario y en las tareas que en nombre de la representación éste deberá cumplir a fin de garantizar la operación de este arreglo institucional.

La representación democrática, no está de más recordarlo aquí, se expresa en forma institucional principalmente por medio de las asambleas parlamentarias. En efecto, aunque en el presidencialismo se cuenta con dos agentes para cumplir con esta responsabilidad, Ejecutivo y Legislatura, no existe ninguna democracia en la cual el primero sea el único poder electo. Sí hay, en cambio, una en la que solamente la legislatura observa tal carácter. Este hecho comprueba, pues, el grado diverso de indispensibilidad otorgado a cada uno de estos órganos. A esta consideración cabe agregar también la exclusiva apertura parlamentaria a la representación plura-

---

[1] Al respecto, se puede consultar M. Duverger, *Instituciones políticas y derecho constitucional*, Ariel, Barcelona, 1984; A. Hauriau, *Derecho constitucional e instituciones políticas*, Ariel, Barcelona, 1980, y S. Tosi, *Derecho parlamentario*, Miguel Ángel Porrúa, LVI Legislatura, Cámara de Diputados del H. Congreso de la Unión, IL, México, 1996. Para un enfoque más reciente sobre el parlamentarismo y los efectos de su vinculación con otros factores políticos, véase J. Linz y A. Valenzuela, *The Failure of Presidential Democracy*, The Johns Hopkins University Press, Baltimore y Londres, 1994; K. Strom, *Minority Government and Majority Rule*, Cambridge University Press, Cambridge, 1985; A. Lijphart, *Democracies, Patterns of Majoritarian and Consensus Government in Twenty-One Countries*, Yale University Press, New Haven y Londres, 1984.

[2] Esta tesis es desarrollada principalmente por Juan Linz, *op. cit.*, pp. 8 y ss.

lista, restricción de no poca monta frente a la diversidad de intereses que cultiva el presente (Cotta, 1988).

El parlamentarismo encuentra en Hans Kelsen uno de los teóricos que mejor caracterizan su disposición institucional a la luz del entorno social del siglo XX. Al respecto, apunta el autor en su texto *Esencia y valor de la democracia:* el concepto remite a *la formación de la voluntad decisiva del Estado mediante un órgano colegiado elegido por el pueblo en virtud de un derecho de sufragio general e igual, o sea democrático, obrando a base del principio de la mayoría* (Kelsen, 1992).[3]

Aceptado el pluralismo como una secuela de la sociedad moderna, no ajena a la universalización del sufragio, es evidente que *la voluntad decisiva del Estado* —esto es, la ley— rara vez podrá ser consecuencia del consenso unánime de la ciudadanía. Por lo mismo, se previene que su aprobación deberá contar sólo con el apoyo de la mayoría. La coincidencia total de voluntades figura como exigencia exclusivamente en el acto de fundación del Estado, experiencia bastante remota en la política cotidiana.

No obstante, la utilización del principio de la mayoría, mecanismo clave en el funcionamiento del parlamentarismo, está lejos de constituir un patrón que deba repetirse en forma inexorable con cada votación. Al actuar como tribuna pública para la deliberación de los asuntos de interés común, el órgano parlamentario logra de igual manera establecer las bases para la suscripción de acuerdos que incorporen al conjunto de los representantes populares.

Con ello se genera un sistema en el que los opositores, protegidos por un régimen de libre concurrencia, pueden expresar sus ideas en igualdad de condiciones a fin de alcanzar el apoyo intelectual y emotivo demandado para la consecución de sus fines. Un mérito permanente de esta fórmula es que permite contrarrestar el peligro, siempre latente, de que las minorías puedan quedar simplemente subyugadas por el peso numérico de la mayoría (Aragón, 1990).

Por otra parte, al definirse la composición de los organismos parlamentarios bajo un criterio territorial se evita el predominio en las urnas de cualquier interés de grupo. El elector vota en cuanto ciudadano y no en cuanto miembro de alguna secta, profesión o clase. Este mecanismo brinda el máximo de oportunidad posible a la integración solidaria de los ciudadanos, sin tener que renunciar por ello a su posición social o sus preferencias religiosas o vocacionales (Mannheim, 1953).

Ahora bien, no está de más insistir en que, en el desarrollo de este proceso, la publicidad del debate parlamentario muestra una importancia fundamental al garantizar el libre intercambio de puntos de vista. Por la misma vía, se dan a conocer a los ciudadanos las razones que animan la acción de cada una de las corrientes políticas en disputa. De esta suerte, el electorado puede informarse ampliamente de los asuntos de su interés y hacer efectivo su control sobre la autoridad.

Sin duda, el parlamentarismo constituye únicamente un método formal para la creación de un orden social dado. El contenido sustantivo del mismo es producto, como ya se ha dicho, del voto de la mayoría o de la negociación entre las diferentes opciones presentadas por los partidos políticos, situación esta última que deberá ser acreditada posteriormente por el voto de cada uno de los legisladores. En esta parte del proceso, la participación de los partidos políticos parece ineludible al intervenir como agentes de enlace entre la acción individual y la acción colectiva en las asambleas parlamentarias.

Como factores de organización y reducción de la pluralidad de opiniones en alternativas simplificadas, los partidos políticos —siguiendo nuevamente a Hans Kelsen— reúnen a aquellos ciudadanos que mediante el ejercicio efectivo de sus derechos políticos *imprimen una dirección al proceso de formación de la voluntad colectiva* (Kelsen, 1992). Es patente, explica el autor, que el individuo aislado no puede ejercer ninguna influencia efectiva en la formación de la voluntad del Estado. En consecuencia, la democracia sólo es posible cuando éstos se fusionan en organizaciones capaces de llevar hasta el Estado su voluntad política coincidente.

La voluntad del Estado sale pues a la superficie en el Parlamento como una resultante de la transacción entre opiniones o intereses divergentes, previamente articulados por la acción de los partidos. La disciplina entre sus miembros figura en este aspecto como una cláusula indispensable, aunque no obligatoria, para asegurar el adecuado funcionamiento del parlamentarismo moderno.

A pesar de la limitación indiscutible que esta medida significa a la expresión individual de los legisladores, el procedimiento dialéctico de argumentar y contraargumentar, buscando no la verdad, imposible en un orden pluralista, sino una solución aceptable para los grupos con el compromiso de buscar lo mejor para sus electores, queda resguardado. Este resultado se asegura por la inexistencia de una disciplina análoga en la interacción de los partidos en la legislatura, arena en la que cada uno de los participantes goza de total autonomía en la fijación de sus posiciones y en la aprobación de cualquier acuerdo.

El impacto del sistema de partidos en la mediación de los procesos representativos depende de circunstancias como el número y grado de polarización ideológica de las organizaciones y su grado de estructuración como sujetos colectivos, lo que lleva a considerar las posibilidades de profesionalización de sus miembros. Del mismo modo, se puede afirmar que la calidad de la representación parlamentaria no está al margen de los mecanismos utilizados por los partidos para la selección de sus candidatos.

En el mismo sentido, vale la pena recordar que la democracia representativa tiene como uno de sus elementos axiomáticos la existencia de comicios competitivos. La observación de esta formalidad permite al elector llevar a cabo la designación tanto de las personas que integrarán la asamblea como de las líneas generales que deberán orientar su acción en aras de dar cuerpo al bien común.

Bajo esta óptica, cualquiera que sea la modalidad adoptada por el sistema electoral, su huella quedará impresa en el desarrollo y productos de la representación parlamentaria. Piénsese simplemente, como lo han demostrado ya los especialistas, en las consecuencias que el principio de mayoría relativa o la representación proporcional tienen en la concentración o el fraccionamien-

---

[3] Las cursivas son mías.

to del sistema de partidos y, por ende, en la disposición de las asambleas legislativas.[4]

A este dato hay que añadir otras consideraciones, como el tipo de nexo entre parlamentarios y votantes que favorece cada una de estas fórmulas, la organización del proceso electoral, la sincronía de los tiempos y la fijación de plazos en los que éste tiene lugar, los criterios atendidos en la división territorial de distritos y circunscripciones, y las condiciones para garantizar la equidad de la competencia, elementos todos imprescindibles en el análisis institucional del parlamentarismo y sus productos.

Ahora bien, si partidos y elecciones no pueden ser desdeñados en cualquier estudio sobre el tema, su intervención en la esfera política sólo adquiere un sentido institucional en el circuito parlamentario. Para quienes están ciertos de la supuesta decadencia de las legislaturas, esta limitación parece no haber sido advertida. Omisión similar se observa en las críticas dirigidas al parlamentarismo bajo el argumento de la distancia que separa su práctica en la actualidad de su diseño original (Cotta, 1988).

Con esa referencia en mente, se recuerdan las facultades que las asambleas parlamentarias han dejado de ejercer activamente, en especial la legislativa. Sin embargo, las reconvenciones de este tipo olvidan las muchas transformaciones experimentadas por la práctica política desde el siglo XIX. Desde esta perspectiva, mal habría hecho la democracia parlamentaria en no distanciarse de su modelo clásico de organización y funcionamiento para adaptarse a la realidad. La falta de comprensión de los reajustes experimentados por el modelo se ha traducido en su descalificación por su supuesta incapacidad para enfrentar la problemática contemporánea.

Sin duda alguna, un buen número de las críticas dirigidas contra el funcionamiento del parlamentarismo se corrobora en la práctica. Ello ocurre ante todo cuando se alude a las muchas adecuaciones que éste requiere con el fin de precisar la responsabilidad de representantes y partidos frente a sus electores. No faltan experiencias en las que estas organizaciones y sus miembros anteponen su propio interés al bien común. No obstante, otras reconvenciones son arbitrarias a todas luces al confundir, como más adelante se verá, situaciones de carácter excepcional con el desempeño general de este tipo de ordenamientos institucionales de la política.

Historia, teoría y crítica

El parlamentarismo como sistema para el procesamiento de las principales decisiones del Estado es producto de la incubación de múltiples elementos generados a lo largo de mucho tiempo. Desde los siglos XII y XIII, momento en que los historiadores ubican su aparición, hasta llegar a la época actual, casi de más está decirlo, sus modificaciones han sido más que abundantes.

En su despegue, el parlamentarismo se desenvuelve de manera poco institucionalizada. Convive con una diversidad de niveles de autoridad frente a los cuales el órgano se encuentra lejos de ocupar el vértice político. En su seno, el pluralismo es reflejo de una organización sociopolítica estática que se manifiesta por una representación diversa de cada estrato social, y su integración casi siempre se halla ajena a toda experiencia de tipo electoral.

Con el afianzamiento del Estado liberal al inicio del siglo XIX, el Parlamento comienza a cobrar un brío inédito. Figura ya no como un mero objeto de dominio, sino como un cuerpo dotado de luz propia. A pesar de ese cambio, la pequeñez del cuerpo político representado en su seno por las restricciones puestas al sufragio constituye un obstáculo insalvable para alcanzar plena voz en la esfera pública.

Eliminadas estas reservas en la segunda mitad del siglo XIX y primera del XX, la eficacia del parlamentarismo se amplía de manera considerable. Su tribuna sirve entonces tanto al segmento mayoritario de la población como a las minorías. Sin embargo, la pluralidad que ahora exhibe descansa ya no en el lugar ocupado en la estratificación de la sociedad, sino en la diversidad de expectativas y demandas de individuos situados en un plano de igualdad jurídica. De igual manera, la asamblea muestra ya un carácter permanente y colegiado que hace obligatoria su intervención en el flujo decisional del Estado.

La primera prueba de fuego para el parlamentarismo coincide con la terminación de la primera Guerra Mundial. Los acuerdos políticos con que concluye esta contienda y las tensiones que éstos generan en distintos espacios abonan el terreno para el surgimiento de nuevos y muy difíciles desafíos para el pensamiento democrático-liberal. No obstante, los impulsos de resarcimiento y renovación que afloran apenas buscan el mejoramiento de sus propuestas, y sí su destrucción (Aragón, 1990).

Marcada por los signos de una época pródiga en conflictos abiertos y latentes, la naciente República de Weimar se coloca en el ojo de la tormenta. Las tensiones inscritas en su entorno le impiden superar su situación de crisis permanente. Ante este panorama, marcado por una precoz desilusión de las instituciones democráticas, los ataques al parlamentarismo por grupos de derecha o de izquierda no se hacen esperar.

La polémica en torno al tema suscita algunas posturas de considerable fuerza analítica. Destacan en este plano las de Carl Schmitt y Hans Kelsen, desde trincheras antagónicas. La crítica del primero, inspirada en la escasa tradición liberal y democrática en Alemania, abunda en argumentos sobre la fragilidad del modelo, pero es excesiva al generalizar sus conclusiones a toda experiencia de tipo similar. La del segundo, más reflexiva y ponderada que la de su colega, advierte los problemas por los que atraviesa el esquema institucional de la democracia parlamentaria y promueve su rectificación.

El diagnóstico de ambos autores sobre el fenómeno difiere radicalmente en principios, razonamientos e inferencias. Para Schmitt, la democracia exige una homogeneidad en la representación que el parlamentarismo no puede ofrecer. Para Kelsen, por el contrario, sólo el parlamentarismo es capaz de resolver los conflictos derivados de la pluralidad de intereses que legítimamente concurren en la democracia moderna. Del mismo modo, mientras Schmitt observa en los partidos políticos un obstáculo para el logro pleno de esta forma de Estado, Kelsen pondera su aparición como un imperativo para el Estado democrático.

El debate parlamentarismo-antiparlamentarismo, des-

---

[4] Maurice Duverger y Giovanni Sartori se han ocupado ampliamente del tema.

arrollado a lo largo de los años que separan las dos guerras mundiales, cuenta también con aportes de otros importantes teóricos, como Max Weber. De ellos se extraen importantes reflexiones sobre la relación de la democracia parlamentaria con las élites políticas. Su preocupación es coincidente al destacar el papel del Parlamento como mecanismo eficiente para el reclutamiento de los cuerpos dirigentes del Estado moderno, pero no aprecia su intervención en el proceso político.

Desde la izquierda, las críticas al paradigma de la democracia parlamentaria son asumidas con igual vehemencia tanto por anarquistas como por marxistas. Sin embargo, la polémica dentro del socialismo comprende por igual tanto a partidarios de la democracia parlamentaria como a partidarios de la revolución y la dictadura del proletariado (Aragón, 1990). Los argumentos de los segundos, por cierto, se confunden en no pocas ocasiones con los elaborados desde la derecha, tendientes a descalificar la vía parlamentaria como un instrumento capaz de crear una auténtica vida democrática.

Empero, el desenlace de la experiencia fascista en Europa al término de la segunda Guerra Mundial da la pauta para recuperar el parlamentarismo como eje fundamental del Estado moderno. Para ese entonces, el órgano legislativo se ha confirmado, si no ya como su poder más fuerte, sí como un medio insustituible para la implantación de acuerdos plurales con un real sustento democrático.

Líneas de investigación y debate contemporáneo

El debate político contemporáneo no gira ya en torno a la validez o no del parlamentarismo como el recurso más adecuado para la toma de decisiones que atañen a la comunidad. Esa discusión comienza a gastarse con el ascenso del nacionalsocialismo en Alemania y su pronta demostración como una alternativa fallida para sustituir a la democracia representativa.

Después de casi 50 años y de los acontecimientos que acompañan en el mismo espacio geográfico la caída del muro de Berlín y la renovación del perfil de Europa del Este durante 1989 y 1990, el valor del parlamentarismo se ve confirmado nuevamente. De hecho, amplios segmentos de la izquierda lo aceptan como el mejor procedimiento para la creación de un orden social con la menor carga de conflicto posible, al permitir la manifestación institucional de la disidencia en el desarrollo del proceso político.

A pesar de este cambio, la suerte de este método de llegar a decisiones públicas está lejos de encontrarse resuelta. En el futuro inmediato, frente a la democracia parlamentaria aparecen nuevos desafíos de gran envergadura; el más difícil de ellos es, quizás, la globalización de todas las actividades. En el ámbito político, el fenómeno se manifiesta de manera puntual en el desbordamiento de la estructura del Estado-nación, que en el pasado dio sostén al parlamentarismo. No obstante, su presencia significará también la intensificación de las diferencias no sólo entre países, sino también entre sus ciudadanos (Held, 1995).

La democracia parlamentaria, se ha afirmado aquí, es la mejor llave para garantizar la pluralidad concurrente en cualquier sociedad moderna. No obstante, en las condiciones que acompañan su desenvolvimiento en la actualidad, mal podrá salir adelante si no se logra frenar la creciente desigualdad social. No por nada los especialistas han advertido sobre los riesgos que corre el funcionamiento del modelo democrático de exceder demasiado los límites en este aspecto.[5]

Hasta ahora, la reflexión sobre el parlamentarismo ha sido atendida sobre todo por los juristas, quienes han dado cuenta de diversos aspectos referidos a la institución desde una visión que destaca sus rasgos formales. Campo menos cultivado por los politólogos, la cuestión está todavía en espera de un examen de fondo que describa y explique en detalle su comportamiento desde una visión empírica. Al respecto, cabe destacar aquí los aportes del nuevo institucionalismo en el examen de diversos aspectos relacionados con los parlamentos. Desde él, se han analizado con alguna profundidad sus relaciones con el Ejecutivo bajo distintos formatos de gobierno. Los estudios de Arend Lijphart y Juan J. Linz ocupan en este rubro un lugar especial.[6]

Es insuficiente lo que hasta ahora se sabe en concreto sobre otros temas del proceso político que tiene lugar en las asambleas; por ejemplo, su articulación y funcionamiento estructural. En efecto, aún es poco lo que se puede afirmar sobre la manera en que la realidad partidista incide sobre el diseño institucional del órgano legislativo, o sobre los efectos de éste en el comportamiento del sistema de partidos. En este renglón existen ciertamente algunos trabajos, como los elaborados por Scott Mainwaring y Matthew Shugart.[7] No obstante, las dudas son hasta el momento más abundantes que las respuestas.

Otro asunto relacionado con lo anterior, por cuanto la teoría orientada a resolver los dilemas parlamentarios todavía muestra avances incipientes, es la ausencia de medidas en la estructura jurídico-institucional de muchos Estados tendientes a reafirmar la responsabilidad de los partidos con sus electores. Una vez que el ordenamiento partidista de los parlamentos se ha convertido en una realidad incontrovertible, parece claro que el arreglo constitucional del Estado democrático-representativo, pensado sobre el supuesto de diligencias aisladas e individuales de los representantes y no de acciones colectivas, debe cumplir con el emplazamiento de efectuar una revisión a fondo, si no en sus principios, sí en su estructura.

El reto de investigar a fondo la representación parlamentaria para garantizar que los gobiernos actúen en el mejor interés de los votantes aún no encuentra res-

[5] Al respecto se puede consultar, por ejemplo, A. Przeworski, *Sustainable Democracy*, Cambridge University Press, Cambridge, 1995.

[6] Textos clásicos de ambos autores fueron citados en la nota 1 de este texto.

[7] Véase, por ejemplo, S. Mainwaring y T. Scully, *Building Democratic Institutions. Party Systems in Latin America*, Stanford University Press, Stanford, 1995; S. Mainwaring, *Rethinking Party Systems Theory in the Third Wave of Democratization. The Importance of Party System Institutionalization*, ensayo del Annual Meeting of the American Political Science Association de 1997. De Matthew Shugart se puede consultar *Presidents and Assemblies: Constitutional Design and Electoral Dynamics*, Cambridge University Press, Cambridge, 1992. Ambos autores unieron sus conocimientos para elaborar el texto *Presidentialism and Democracy in Latin America*, Cambridge University Press, Cambridge, 1997.

puesta. De igual manera, todavía están por precisarse cuáles deben ser los mecanismos institucionales para reforzar la capacidad supervisora de las asambleas parlamentarias, vigorizar el debate parlamentario, atender la exigencia de una legislación cuyos requerimientos técnicos se adentran en campos cada vez más complejos, y poner un límite al uso inmoderado de principios como la inmunidad y la libertad de expresión de los representantes populares, por únicamente nombrar algunas de las urgencias que el parlamentarismo debe solventar en el corto plazo.

Después de casi un siglo desde la generalización del sufragio y el afianzamiento de los partidos en la escena política, esta fórmula de la democracia apenas empieza a recomponer sus métodos de actuación anteriores. Sin embargo, cualquier paso en ese sentido reclama como prioridad el afianzamiento de la autonomía parlamentaria, desde hace tiempo incapaz de resistir los embates de un Ejecutivo que no ha dejado de ganar terreno frente a ella. Empero, esto no significa en forma alguna que el poder concentrado por el Ejecutivo tenga que ser disminuido. Su gran capacidad de gestión, no cabe duda, es necesaria para atender las contradicciones de cualquier sociedad moderna. En cambio, el llamado que aquí se formula es a infundir nueva energía al parlamentarismo a fin de fortalecer el sentido democrático del proceso político. Ojalá que esta propuesta encuentre eco entre los politólogos.

BIBLIOGRAFÍA

Aragón, M. (1990), *Estudio preliminar al texto de Carl Schmitt, sobre el parlamentarismo*, Tecnos, Madrid.

Bagehot, W. (1955), *The English Constitution*, World Clasics, Londres [1887].

Blondel (1973), *Comparative Legislatures*, Prentice Hall, Englewood Cliffs.

Cotta, M. (1988), "Parlamentos y representación", en G. Pasquino, *Manual de ciencia política*, Alianza, España.

Dahl, R. (1989), *Democracy and its Critics*, Yale University Press, New Haven y Londres.

Duverger, M. (1984), *Instituciones políticas y derecho constitucional*, Ariel, Madrid.

Garrorena, A. (1991), *Representación y constitución democrática*, Civitas, España.

Groffman, y A. Lijphart (1986), *Electoral Laws and their Political Consecuences*, Agarthon, Nueva York.

Held, D. (1995), *Democracy and the Global Order*, Stanford University Press, Stanford.

Kelsen, H. (1992), *Esencia y valor de la democracia*, Colofón, México.

Kornberg (1973), *Legislatures in Comparative Perspective*, McKay, Nueva York.

Lijphart, A. (1984), *Democracies, Patterns of Majoritarian and Consensus Government in Twenty-One Countries*, Yale University Press, New Haven y Londres.

Linz, J., y A. Stephan (1978), *The Breakdown of Democratic Regimes*, Johns Hopkins University Press, Baltimore.

——, y A. Valenzuela (1994), *The Failure of Presidential Democracy*, The Johns Hopkins University Press, Baltimore y Londres.

Loewenberg, G. (comp.) (1971), *Modern Parliaments. Change or Decline?*, Aldine-Atherton, Chicago.

——, y S. C. Patterson (1979), *Comparing Legislatures*, Little Brown and Co., Boston.

Lowenstein, K. (s. f.), *Las constituciones modernas*, Ariel, Barcelona.

Mainwaring, S. (1997), *Rethinking Party Systems Theory in the Third Wave of Democratization: The Importance of Party System Institutionalization*, ensayo del Annual Meeting of the American Political Science Association de 1997.

——, y T. Scully (1995), *Building Democratic Institutions: Party Systems in Latin America*, Stanford University Press, Stanford.

——, y M. S. Shugart (1997), *Presidentialism and Democracy in Latin America*, Cambridge University Press, Cambridge.

Mayhew, D. R. (1974), *Congress: The Electoral Connection*, Yale University Press, New Haven.

Przeworski, A. (comp.) (1995), *Sustainable Democracy*, Cambridge Press University, Cambridge.

Rae, D. (1967), *The Politic Consecuences of Electoral Laws*, Yale University Press, New Haven.

Sartori, G. (1994), *Ingeniería constitucional*, FCE, México.

Schmitt, Carl (1990), *Sobre el parlamentarismo*, Tecnos, Madrid.

Shugart, M., y J. Carey (1992), *Presidents and Assemblies: Constitutional Design and Electoral Dynamics*, Cambridge University Press, Cambridge.

Strom, K. (1985), *Minority Government and Majority Rule*, Cambridge University Press, Cambridge.

Taagapera, R., y M. Soberg (1989), *Seats and Votes: The Effects and Determinants of Electoral Systems*, Yale University Press, New Haven.

Tosi, S. (1996), *Derecho parlamentario*, Miguel Ángel Porrúa, LVI Legislatura, Cámara de Diputados del H. Congreso de la Unión, México.

Wheare, K. C. (1981), *Legislaturas*, Cámara de Diputados, LI Legislatura, México.

PARTICIPACIÓN CIUDADANA

Mario Constantino Toto

Definición

Por *participación ciudadana* se entiende aquel proceso por el cual los sujetos, a título individual o colectivo, desarrollan una acción tendiente a vincular una expectativa o una opinión con los ámbitos público o político. En el caso de que la acción se oriente al espacio público, la participación adquiere modalidades de movimiento social o de organización de interés; mientras que si la orientación se refiere al espacio político, puede adquirir el carácter de militancia en un partido o de participación en los procesos electorales a través del ejercicio del derecho a votar y ser votado.

Historia, teoría y crítica

Por regla general, cuando se habla de participación ciudadana, inmediatamente se tiende a referirla al estrecho ámbito del ejercicio del sufragio y al cumplimiento de un conjunto de obligaciones que constituyen el marco de referencia más general de las relaciones entre individuo y sistema político. Si bien es cierto que una de las manifestaciones más claras de lo que se considera la inclusión orgánica del individuo en la sociedad política se refiere a este acto procedimental, en los últimos años se ha visto que tal acción constituye una de las tantas estrategias a través de las cuales los individuos tratan de incorporar su opinión o decisión al sistema político en particular y al espacio público en general.

Una de las preocupaciones clásicas de la reflexión politológica y de la sociología política ha sido la búsqueda y exploración de los mecanismos de inclusión de los individuos, en tanto miembros de una comunidad política dada, en la gestión, el control y la toma de decisiones que generan esquemas vinculantes (obligatoriedad de conformidad a la norma o asunción de un derecho de carácter prescriptivo). El dilema participación-exclusión ha definido las rutas de investigación a lo largo de la historia de las ideas políticas. Del mismo modo, la propia participación ciudadana ha evolucionado a lo largo de la historia, pues a partir del traslado del "concepto de soberanía de las casas reales hacia la voluntad popular" y del abandono de la autorrepresentación de intereses por parte de soberanos y estamentos en favor de la nación (Merino, 1997: 21) se fue facilitando la convivencia entre las ideas de representación política y participación ciudadana. Así, a partir de los procesos de revolución en el siglo XVIII, se fue allanando el camino para una creciente inclusión de los ciudadanos vía derechos, libertades y obligaciones en la comunidad política de pertenencia.

En los últimos 20 años se ha observado una tendencia creciente a reivindicar la participación de los individuos en la cosa pública. La búsqueda de mecanismos normativos que regulen la participación ciudadana en la toma de decisiones ha cristalizado en los debates sobre la llamada "democracia participativa" y la "democracia directa" (Bobbio, 1986). En efecto, una de las rutas más fecundas exploradas por los estudiosos de la democracia ha sido la del perfeccionamiento de los mecanismos a través de los cuales los individuos pueden participar activamente en la toma de decisiones y la gestión pública-política. Así, parte de los debates sobre la participación ciudadana se han centrado en la exploración de formas activas de inclusión (Zimmerman, 1992: 18 y ss.); entre éstas destaca la asamblea popular, la audiencia pública y los comités o consejos consultivos de ciudadanos, que normalmente se desarrollan en el ámbito local. También encontramos formas más generales de participación ciudadana que involucran decisiones de gobierno en el ámbito nacional, como el plebiscito, el referéndum, la iniciativa popular —directa en el caso de sitios donde los ciudadanos pueden promulgar leyes sin la acción del Poder Legislativo, e indirecta cuando el Poder Legislativo responde a una petición ciudadana en un plazo perentorio— y la convocatoria a funcionarios públicos para rendición de cuentas. Es importante destacar que todos estos mecanismos responden a la pregunta sobre qué instrumentos perfeccionan la participación en la toma de decisiones. De igual modo, en los últimos años se ha desarrollado una corriente interpretativa que ve en la participación de los individuos en la vida pública de su comunidad una vertiente que trasciende el plano normativo, para colocarse en el de la acción colectiva (Rodel, Frankerberg y Dubiel, 1997). Estas corrientes destacan la importancia de la participación en movimientos sociales y en redes de acción voluntaria como uno de los elementos que desarrollan las capacidades de los individuos para la asunción del autogobierno.

Como puede inferirse, entonces, el renacimiento del ciudadano y de la participación ha generado esfuerzos por extender la noción de participación ciudadana —que por definición es de corte estrictamente individual y referida a una decisión pública de carácter vinculante— a ámbitos de participación social más diseminados (grupos de autoayuda, ONG, organismos filantrópicos, etc.) que operan como espacios estratégicos de inclusión en la toma de decisiones orientadas a la opinión pública.

Sobre este conjunto de ámbitos estratégicos destacan, especialmente, la incorporación de los denominados nuevos movimientos sociales (NMS) y de las llamadas organizaciones no gubernamentales (ONG). Trataremos de explicar las modalidades de inclusión que cada una de estas estrategias tiene respecto del sistema político y cómo ellas conducen a diversas gradaciones en términos del vínculo con las estructuras históricas de intermediación entre política y sociedad.

Los procesos de cambio institucional y de modificación de expectativas vitales de los individuos en casi todas las naciones del orbe, sumados a la crisis de los Estados asistencialistas y desarrollistas de la segunda posguerra, han dado como resultado el agotamiento de un modelo de articulación entre el sistema político y la sociedad, que ha desembocado en dos grandes déficit de articulación:

1. Una creciente incapacidad del sistema político para traducir, jerarquizar y representar necesidades y expectativas sociales derivadas no sólo del rezago históricamente acumulado de satisfacción de necesidades básicas, sino también de la incorporación de conjuntos de demandas cada vez más diferenciados y con orientaciones que trascienden la satisfacción de los mínimos vitales; tal es el caso, por ejemplo, de la eclosión en las décadas de 1970 y consecuentemente en la de 1980 de movimientos reivindicativos del denominado *derecho a la diferencia*, como el feminista y el de minorías sexuales, entre otros. Evidentemente, la incapacidad institucional tiene que ver con el debilitamiento de las estructuras de gestión y control creadas con base en un modelo de régimen de bienestar con grandes márgenes de maniobra en materia de subsidiaridad social y de ampliación de expectativas vitales, bajo el nuevo contexto de recursos escasos y soberanías limitadas.

2. Un proceso de diferenciación social y cultural de las diversas sociedades nacionales, en el que el dispositivo simbólico de la unidad de la nación y el sistema político se van fracturando a raíz del crecimiento educativo y de las expectativas de calidad de vida entre amplios sectores de las clases medias urbanas; de este modo, la existencia de una *cultura nacional*, que en la mayor parte de los casos —siguiendo el modelo francés— cristalizaba en la fusión del modelo de régimen y los parámetros culturales de identidad nacional, se ve disminuida frente a otro tipo de identificaciones sociales y culturales, como las ideológicas, las generacionales y las referidas al hábitat o al espacio ocupado en la urbe.

Esta asimetría entre capacidad institucional para traducir expectativas de sectores sociales cada vez más amplios y diferenciados ha conducido al surgimiento de la llamada *sociedad civil*, organizada alrededor de los nuevos movimientos sociales y las denominadas organizaciones no gubernamentales. En ambos casos, como en el de los movimientos de protesta urbanos de las décadas de 1960, 1970 y 1980, se trata de tipos de acción colectiva que —como todo sistema de acción— supone un proceso de interacción entre actores, quienes, a través del reconocimiento de un conjunto de expectativas semejantes, construyen un conjunto de significados comunes que les permite ordenar y orientar sus acciones (Melucci, 1994).

Esta premisa, sobre la que descansan los diversos tipos de acción colectiva, nos permite introducir un primer criterio de diferenciación respecto de la participación ciudadana: toda manifestación pública de expectativas sociales corresponde a una acción colectiva; sin embargo, no toda acción colectiva se orienta a la reivindicación pública, pues varía conforme al tipo y significado de la demanda enarbolada. Veamos esto con más detalle.

Al afirmar que toda manifestación pública de expectativas corresponde a una acción colectiva, se señala la existencia de un consenso mínimo entre un conjunto de actores para establecer lo que es significativo y relevante de comunicar a los otros (Luhmann y De Giorgi, 1993), ya sean éstos otros actores sociales, como otros movimientos sociales afines a la demanda enarbolada o la sociedad en su conjunto, o actores del sistema político —partidos o las instancias gubernamentales encargadas de la gestión—. En este sentido, existe un criterio mínimo que conduce a la estructuración de una acción colectiva. Pero al afirmar que no toda acción colectiva tiene una orientación pública al variar su tipo y significado, se introduce un criterio adicional de diferenciación acerca del sentido de las acciones y las características del grupo que las lleva a cabo.

LÍNEAS DE INVESTIGACIÓN Y DEBATE CONTEMPORÁNEO

Sobre este plano cabe establecer una doble distinción: *1)* aquella que se refiere a la estructura interna de la instancia ordenadora de la acción colectiva y *2)* aquella que se refiere a la función del tiempo y a la estabilidad de las expectativas.

Respecto del punto 1, cabe destacar que el principio organizacional remite a la capacidad de los sujetos involucrados para estructurar un conjunto de significados comunes que hagan emerger una expectativa compartida y relevante para el sistema social en su conjunto. Es el tipo de demandas estructuradas alrededor del principio del *derecho a la diferencia*, sustentado en el principio universalista de la diferenciación. Dentro de este tipo de articulación caben los denominados nuevos movimientos sociales, que apelan a la distinción antes que al conjunto de reglas comunes del sistema. El tipo de preocupación es regularmente de orden pragmático: se alude a la identidad particular de un segmento social antes que a la necesidad en sí misma.

Dentro del mismo principio organizacional encontramos un tipo de acción colectiva que se caracteriza por articularse alrededor de demandas de orden expresivo, esto es, un tipo de demanda sin interlocutor fijo, dado que el principio que las articula apela a la existencia de un conjunto de valores *universales* y abstractos, cuyo poder reside en la diseminación del sentido imputado a la demanda. Tal es el caso, especialmente, del movimiento ecologista, que se dirige por igual hacia el sistema político que a la sociedad en su conjunto.

Al introducir el punto 2, recuperamos una segunda cualidad de las acciones colectivas: su estabilidad y perdurabilidad en el tiempo. En este caso, el criterio de distinción pasa por la capacidad grupal para discriminar la identidad de las expectativas, esto es, no hacer depender la satisfacción de una demanda de aquello que cohesiona al grupo (la identidad). Tal es el caso de las denominadas ONG; en ellas se alude a principios universalistas que confieren a las organizaciones una mayor capacidad de comunicación con interlocutores bien establecidos y definidos. No sólo es el hecho del universalismo de sus demandas, sino también, acaso centralmente, la capacidad para incidir en la orientación de las políticas públicas relativas a los temas que tratan. Empero, esta capacidad para integrarse en un circuito definido de comunicaciones pertinentes al sistema político tiene también una *ventaja comparativa* derivada de la crisis de la política y lo político en los sistemas sociales: la existencia de divisiones sociales abandonadas o relegadas a segundo plano por el sistema político (tanto en el plano de gestión como en el del poder), circunstancia que favorece el surgimiento de temas sociales pertinentes y estructurados alrededor del principio de inclusión en la lógica discursiva del sistema político.

A diferencia de la lógica de los llamados nuevos movimientos sociales, cuya estabilidad temporal está fijada por el límite en que la identidad es puesta en riesgo y que requiere una coyuntura de emergencia temática favorable, las ONG logran una mayor estabilidad temporal merced a la capacidad que tienen para distinguir entre expectativa e identidad organizacional. En este contexto, son estructuras que por su capacidad de diferenciación interna y ubicación de interlocutores legítimos logran una mayor permanencia en la lógica del sistema social; al tratar el mismo tema, pueden hacerlo de múltiples maneras de suerte tal que interpelan a múltiples actores, lo que les da una mayor estabilidad en el espacio público. Esto es, son entidades capaces de colocar el mismo tema desde múltiples horizontes de observación, con lo que logran dos perspectivas ausentes en la lógica de los movimientos sociales: compromiso temático y distanciamiento identitario.

Dentro de las ONG debe distinguirse también un conjunto de organizaciones que articulan la defensa de los derechos civiles y, en particular, los electorales; este tipo de organización tiene funciones de observación y vigilancia electoral, cuyo objetivo es la salvaguarda de los derechos de los ciudadanos. El carácter político de este tipo de ONG permite su inclusión en el sistema político y electoral bajo la figura, como en el caso de México, de asociaciones políticas nacionales, que no son sino "formas de asociación ciudadana que coadyuvan al desarrollo de la vida democrática y de la cultura política, así como a la creación de una opinión pública mejor informada". Cabe destacar un dato respecto de este tipo de organizaciones: son instancias que coadyuvan al reconocimiento y respeto del derecho a la diversidad y su traducción sin mediaciones al ámbito público.

Como ha podido observarse, la existencia de nuevas manifestaciones de la participación ciudadana surge del paulatino abandono de temáticas pertinentes por parte del sistema político, así como a la crisis de los antiguos mecanismos de intermediación (partidos, sindicatos, centrales). Ciertamente, existe un movimiento social que se manifiesta publicamente y que, a veces, parece traducir de manera directa expectativas sociales al ámbito de lo político. Sin embargo, es necesario matizar una afirmación de este tipo; a lo que se asiste es al reposicionamiento de la acción colectiva y del ciudadano en el espectro de agentes y agencias del desarrollo democrático, sin que ello implique la anulación de la función de las estructuras normativas e institucionales que confluyen en las nociones de ciudadanía y de participación ciudadana.

BIBLIOGRAFÍA

AA.VV. (1994), *Política social y participación ciudadana*, PRI-Comisión Nacional de Ideología, México.
—— (1998), *La participación ciudadana y el futuro de la democracia en el Distrito Federal*, Ed. SONER/UNÍOS/FP, México.
Bobbio, Norberto (1986), *El futuro de la democracia*, FCE, México.
Código Federal de Instituciones y Procedimientos Electorales, libro segundo, título segundo, capítulo segundo, artículo 33, 1.
Cortina, Adela (1997), *Ciudadanos del mundo*, Alianza Editorial, Madrid.
Jáuregui, Gurutz (1994), *La democracia en la encrucijada*, Anagrama, Barcelona.
Kymlicka, Will, y Norman Wayne (1997), "El retorno del ciudadano", *Ágora. Cuaderno de Estudios Políticos*, año 3, núm. 7, invierno, pp. 3-42.
Luhmann, Niklas, y Raffaele de Giorgi (1993), *Teoría de la sociedad*, U. de G./ITESO/UIA, México.
Melucci, Alberto (1994), *Passaggio d'epoca. Il futuro è adesso*, Feltrinelli, Milán.
Merino Huerta, Mauricio (1997), *La participación ciudadana en la democracia*, IFE, México.
Rodel, Ulrich, Gunter Frankerberg y Helmut Dubiel (1997), *La cuestión democrática*, Huerga y Fierro Editores, Madrid.
Thiebaut, Carlos (1998), *Vindicación del ciudadano*, Paidós, Barcelona.
Zimmerman, Joseph (1992), *Democracia participativa*, Limusa, México.

PARTIDOS POLÍTICOS

Jaime Cárdenas Gracia

Definición

Es difícil hablar de democracia en los tiempos que corren sin considerar a los partidos políticos, pues ellos son los principales articuladores y aglutinadores de los intereses sociales. Para precisar su origen, podemos distinguir dos acepciones. Una concepción amplia de partido nos dice que éste es cualquier grupo de personas unidas por un mismo interés, y en tal sentido el origen de los partidos se remonta a los comienzos de la sociedad políticamente organizada. En Grecia encontramos grupos organizados para luchar por fines políticos, mientras que en Roma, la historia de los hermanos Graco y la guerra civil entre Mario y Sila son ejemplos de ese tipo de "partidos".

En cambio, el *partido político* en su concepción restringida se define como una agrupación con ánimo de permanencia temporal, que media entre los grupos de la sociedad y el Estado, y participa en la lucha por el poder político y en la formación de la voluntad política del pueblo, principalmente a través de los procesos electorales; en este caso, su origen se remonta a un pasado más reciente. En esta acepción, el origen de los partidos tiene que ver con el perfeccionamiento de los mecanismos de la democracia representativa, sobre todo con la legislación parlamentaria o electoral.

Una de las opiniones con mayor aceptación en la teoría afirma que los partidos modernos tuvieron su origen en el siglo XVII, evolucionaron durante el XVIII y se organizaron, en el pleno sentido del término, a partir del XIX, concretamente después de las sucesivas reformas electorales y parlamentarias iniciadas en Gran Bretaña en 1832. Los partidos modernos, aunque son producto de la peculiar relación de los grupos políticos con el Parlamento, fueron condicionados por los procesos de formación de los Estados nacionales y por los de modernización, que ocurrieron en el mundo occidental durante los siglos XVIII y XIX.

La sociedad libre que surgió después de la quiebra de los estamentos y las corporaciones precisaba de organizaciones que fueran funcionales en el nuevo estado de cosas. La división entre la sociedad civil como ámbito de la libertad de la persona —dotada de derechos inherentes— y la sociedad política o Estado exigía canales de comunicación que articularan intereses entre una y otra. Los cauces de intercambio fueron el Parlamento, los partidos políticos y la opinión pública.

Los partidos fueron y son los articuladores de la relación entre la sociedad civil y el Estado, aunque su estatus siempre ha estado en discusión por las críticas que desde la Antigüedad han lanzado contra ellos sus detractores. Los partidos permiten que se expresen intereses tanto nacionales como particulares; pero, al existir en pluralidad, impiden que los intereses particulares dominen por entero los nacionales. Su función es por tanto ambigua, pero indispensable en una sociedad plural en la que los distintos grupos e intereses requieren de participación y representación. Lo condenable siempre es el partido único, que generaliza artificialmente intereses particulares. Por el contrario, los partidos políticos en plural y en condiciones igualitarias de lucha política son los mejores catalizadores, propiciadores y garantes de la democracia.

En suma, por su carácter ambiguo, los partidos políticos no siempre han sido bien aceptados, y diríamos que su inclusión en el pensamiento político se dio lentamente.

Historia, teoría y crítica

Distinción entre partidos, facciones, grupos de interés y movimientos sociales

En el término *facción* predomina el sentido peyorativo. La palabra deriva del verbo latino *facere* (hacer, actuar). La palabra *factio* indicó, para los autores que escribían en latín, un grupo político dedicado a un *facere* perturbador y nocivo, a "actos siniestros". El término *partido* se deriva también del latín, del verbo *partire*, que significa dividir; sin embargo, no entró en el vocabulario de la política sino hasta el siglo XVII. La palabra *partido* tuvo, casi desde su ingreso al lenguaje político, una connotación más suave y menos peyorativa que facción, aunque autores como David Hume utilizaron indistintamente ambos términos. Para Hume, los partidos o las facciones subvierten el gobierno, hacen impotentes las leyes y suscitan la más fiera animosidad entre los hombres de una misma nación, que por el contrario debieran prestarse asistencia y protección mutuas.

La distinción entre partido y facción se establece con Bolingbroke (1678-1751) y con mayor claridad con Edmund Burke (1729-1797). Para el primero, los partidos reflejan una diferencia de principios y proyectos más allá de una facción, es decir, de los intereses personales de sus miembros. Burke, por su parte, define el partido como un conjunto de hombres unidos para promover, mediante su labor conjunta, el interés nacional sobre la base de algún principio particular acerca del cual todos están de acuerdo; al igual que Bolingbroke, distingue el partido de la facción al considerarlo una organización con fines superiores a los puros intereses mezquinos por obtener puestos y emolumentos; pero, a diferencia de aquél, Burke concibe al partido como una participación que se produce ya no entre súbditos y soberano, sino entre soberanos.

No obstante la defensa de Burke de los partidos, a éstos se les siguió viendo durante mucho tiempo con desconfianza. Los revolucionarios franceses los rechazaron, apoyados en la incompatibilidad de los partidos con la teoría de Rousseau de la voluntad general o con la nueva idea de la soberanía nacional, según la cual cada diputado representa directamente y sin mediación alguna a la totalidad de la nación. En los Estados Unidos de América, los padres fundadores, como Madison o el propio Washington, condenaron a los partidos por considerarlos facciones. No fue sino hasta bien entrado el siglo XIX cuando los partidos fueron aceptados positivamente, y sólo después de la segunda Guerra Mundial, luego de grandes debates teóricos y políticos, comenzó su proceso de constitucionalización en el mundo entero. En la actualidad ya no son catalogados como facciones, sino como instrumentos para lograr beneficios colectivos y no el mero provecho particular de sus miembros.

La polémica en los siglos XVII, XVIII y XIX versó acerca de si los partidos debían ser considerados como facciones; en el siglo XX, en cambio, giró sobre su equiparación con los grupos de interés. El desplazamiento no es inocente, puesto que pretende minimizar los elementos ideológicos de los partidos. En 1912, H. Rehm señaló que estos últimos son "grupos de interés encubiertos". Desde Max Weber existe la intención de distinguir entre ambas categorías. La distinción weberiana y las posteriores de corte sociológico son funcionales; se dice que los grupos de interés tienen la función de articular intereses y los partidos la de su agregación. Tal vez esta distinción no sirva a nuestros propósitos; por ello, una diferenciación asequible de tipo político nos señala que los partidos, a diferencia de los grupos de interés y de otros grupos de presión, participan en las elecciones y pretenden conquistar cargos públicos. La distinción insiste en la orientación competitiva de los partidos, que los grupos de interés o de presión no tienen por sí solos. Además, los partidos tienen importantes cometidos en los Estados modernos; por ejemplo, proponer programas e ideologías a los ciudadanos, articular y aglutinar intereses sociales con finalidades estrictamente políticas, movilizar y socializar a los ciudadanos y, sobre todo, reclutar élites y formar gobiernos, función que sólo ellos pueden realizar.

Los partidos se diferencian de las facciones y los grupos de interés o de presión, pero también de los movimientos sociales. Estos últimos son corrientes fundadas en un conjunto de valores compartidos para redefinir las formas de la acción social e influir en sus consecuencias. Los movimientos sociales permanecen en la esfera de la sociedad civil reivindicando u oponiéndose a decisiones políticas; son organizaciones informales reivindicativas, en ocasiones radicales. Los partidos, en cambio, aun originándose en la sociedad civil, actúan fundamentalmente en la esfera política a través de una organización formal y con la intención de llegar al poder a través de la competencia política y las elecciones. Los movimientos sociales, al institucionalizarse, podrán llegar a ser partidos políticos si se organizan formalmente, adoptan una estructura y participan en las contiendas electorales.

Entre los contenidos de los nuevos movimientos sociales destacan el interés por un territorio; un espacio de actividades o "mundo de vida", como el cuerpo, la salud y la identidad sexual; la vecindad, la ciudad y el entorno físico; la herencia y la identidad cultural, étnica, nacional y lingüística; las condiciones físicas de vida y la supervivencia de la humanidad en general. Los valores predominantes de los movimientos sociales son la autonomía y la identidad, y sus correlatos organizativos, como la descentralización, el autogobierno y la independencia, en oposición a lo que algunos consideran que existe en los partidos: manipulación, control, dependencia, burocratización y regulación.

El modo de actuar de los movimientos sociales puede clasificarse en interno y externo. El interno se caracteriza por su informalidad, su discontinuidad y su propensión a los contextos igualitarios. Por lo que se refiere al modo de actuar externo, la táctica de los movimientos son las manifestaciones y otras formas de presencia física. Recurren a estrategias de protesta para movilizar a la opinión pública y atraer su atención con métodos no convencionales aunque legales. Las tácticas y las reivindicaciones de la protesta indican que el grupo de actores movilizado se concibe a sí mismo como una alianza de veto *ad hoc*, a menudo monotemática, que deja un amplio espacio para una gran diversidad de creencias entre los que protestan. El modo de actuar de los movimientos hace hincapié en plantear sus exigencias como de principio y no renunciables, lo que puede considerarse una necesidad, dada la debilidad de las primitivas estructuras de organización involucradas.

Por tanto, los movimientos sociales carecen de las propiedades de las entidades formales, sobre todo de la vigencia interna de las decisiones de sus representantes, gracias a la cual dichas entidades pueden asegurar en cierta medida el cumplimiento de los acuerdos de una negociación política. Además, los movimientos sociales rechazan en general su identificación con un código político establecido (izquierda, derecha, liberalismo, conservadurismo), así como los códigos socioeconómicos (clase obrera, clase media, pobres, ricos, etc.); prefieren utilizar códigos políticos provenientes de los planteamientos del movimiento, con categorías como sexo, edad, lugar y género, aunque ello no significa, ni por asomo, que los movimientos sociales sean entidades amorfas y heterogéneas en términos de clase e ideología.

Evolución de los partidos

En el Estado liberal o decimonónico, la relación entre los ciudadanos con derecho al voto y los gobernantes era directa. Por lo tanto, el control que los ciudadanos ejercían sobre sus mandatarios se agotaba en el momento electoral. En dicho Estado, los partidos tenían escasa importancia, no existía aún el sufragio universal, sino el censitario, en el cual sólo unos cuantos podían votar, por lo que no había necesidad de contar con grandes organizaciones que articularan y aglutinaran intereses con fines político-electorales. El Estado liberal se caracterizaba por la contraposición tajante entre Estado y sociedad, por el individualismo y la atomización del poder y sobre todo por la idea, hoy puesta de nuevo en circulación, del Estado mínimo o gendarme, encargado de vigilar el respeto de las reglas del intercambio de la propiedad y de dotar de seguridad jurídica a tales intercambios.

En dicho Estado, los partidos fueron entidades embrionarias o, a lo sumo, partidos de notables. Se trataba de asociaciones locales, sin reconocimiento o regulación legal, promovidas por candidatos al Parlamento o por grupos de la burguesía que combatían por la ampliación del sufragio, o que en ocasiones representaban a grupos de interés. Tales círculos agrupaban un número restringido de personas y funcionaban casi exclusivamente durante los periodos electorales. El partido era una simple maquinaria provisional, sin programa político alguno y sin disciplina u organización de carácter permanente. La ampliación del sufragio y los procesos democratizadores de finales del siglo XIX y principios del XX trajeron consigo los partidos de masas y con ellos los procesos de su reconocimiento legal y constitucional.

El Estado de partidos es consecuencia principalmente de los partidos de masas, de las luchas políticas por la extensión del sufragio, así como de los cambios en la estructura parlamentaria y electoral de muchos países europeos. La noción de Estado de partidos es de origen alemán y obedece a la preocupación de algunos autores germanos por la crisis parlamentaria y por la dependencia del diputado a través del llamado mandato imperativo, que exigía del representante popular —como aún sucede en muchos países— una fuerte disciplina a las decisiones tomadas en la cúpula del partido.

El Estado de partidos tiene seguidores y detractores. Según Thomas, sólo el potencial de organización de los partidos políticos puede evitar que las democracias modernas dejen de estar movidas por vaivenes emocionales y sin sentido que las hagan caer en el desamparo, la desintegración y la demagogia. Puede existir un Estado de partidos no democrático; pero aquel que sí lo es se opone al Estado de privilegios o de clases, es un Estado abierto a toda la comunidad popular y tiene la posibilidad de defender la democracia contra la demagogia u otras formas de organización política o social inaceptables para el respeto a los derechos de los individuos.

Kelsen entendió que en el Estado de partidos la voluntad general o del Estado se mueve en la línea de conciliación entre los intereses de los distintos partidos; que éstos son órganos del Estado que exigen su constitucionalización para promover su democracia interna y rechazar toda tendencia oligárquica que se produzca en el interior de la organización partidaria. Para Radbruch, la democracia real se compone no de individuos, sino de partidos y de ellos emanan los demás órganos del Estado. Según él, el rechazo del Estado de partidos viene dado más por la defensa del autoritarismo que por el individualismo a ultranza del Estado liberal. El Estado de partidos, dice, es la forma del Estado democrático de nuestro tiempo, y sin la mediación organizativa de los partidos sería imposible la formación de la opinión y la voluntad colectivas.

Sobre los detractores del Estado de partidos debemos mencionar que, para autores como Schmitt, esta situación implica que las principales decisiones políticas son tomadas no en el Parlamento mediante el ejercicio de la razón y el debate de las ideas, sino por los dirigentes de los partidos, que obligan a sus diputados y demás funcionarios de elección popular a seguir los mandatos de éste. Las condiciones del actual Estado de partidos llevaron a Robert Michels a elaborar su famosa ley de hierro de la oligarquía, que alude a la burocratización del partido y a la ausencia de democracia interna en su seno, lo que constituye, entre otras cosas, una de las razones del descrédito y la crisis de los partidos.

Tipologías de partidos

La ciencia política ha recogido distintas tipologías de los partidos. Es célebre la clasificación de Duverger, que distingue entre sistemas de partido único, bipartidistas y multipartidistas. Este autor considera que el tipo de sistema partidario determina el sistema político; así, el sistema de partido único corresponde al Estado totalitario o autoritario. Sin embargo, la clasificación de Duverger no corresponde, en ocasiones, a la realidad del sistema político. Por ejemplo, la República Popular China cuenta con ocho partidos y, no obstante, no es una democracia.

La Palombara y Weiner proponen una clasificación que divide a los sistemas políticos en competitivos y no competitivos. Entre los primeros distinguen cuatro tipos: alternante-ideológico, alternante-pragmático, hegemónico-ideológico y hegemónico-pragmático. La distinción trata de dar cuenta del hecho de que los fenómenos políticos a veces son provocados por razones doctrinales y en ocasiones por la *praxis* política. Los sistemas no competitivos los dividen en unipartidista-autoritario, unipartidista-pluralista y unipartidista-totalitario. La clasificación está influida obviamente por la distinción tipológica que Juan Linz hace de los regímenes no democráticos: totalitarios, postotalitarios, autoritarios y sultanistas. La deficiencia de esta tipología radica en su carácter estático; los sistemas de partidos aparecen definidos de una vez por todas, sin que se haya pensado en los mecanismos de transformación que modifican tales sistemas y hace que evolucionen de una forma u otra.

La siguiente clasificación es la de Sartori. Este autor tiene en cuenta el factor dinámico, es decir, la posibilidad de que un régimen político se transforme en otro. Sartori elabora la siguiente lista de sistemas: de partido único (Albania y Unión Soviética hasta 1989), de partido hegemónico (México hasta 1988), de partido predominante (Japón y Suecia hasta antes de la crisis del Partido Liberal Democrático Japonés y del Partido Social-demócrata Sueco), de bipartidismo (los Estados Unidos y el Reino Unido), de pluralismo moderado (Alemania y los Países Bajos), de pluralismo polarizado (Italia hasta antes de su más reciente reforma electoral) y de atomización (Malasia).

Las anteriores tipologías, como cualquier clasificación, no son perfectas y dan paso a otras distintas. Lo importante es saber que el sistema de partidos está en íntima relación con la naturaleza y las características del sistema político. Los partidos forman un subsistema de ese gran conjunto de instituciones y elementos que conforman un régimen político, en el que las distintas partes se influyen recíprocamente. Las leyes electorales tienen relación directa con el sistema de partidos, y el tipo de régimen político —por ejemplo, si es presidencial o parlamentario— también influye en el número y la composición de éstos.

Evolución de los partidos y del sistema de partidos nacionales. Aportaciones teóricas

Los partidos decimonónicos mexicanos, como algunos de sus homólogos europeos o americanos, no fueron realmente partidos. La historia del siglo XIX describe las luchas entre centralistas y federalistas, conservadores y liberales, republicanos y monárquicos. Los partidos, como hoy los conocemos, no jugaron en esas contiendas un papel fundamental, entre otras razones porque no hubo vida camaral o legislativa intensa, salvo en el periodo posterior a la intervención francesa y en las presidencias de Juárez, Lerdo de Tejada y en el primer cuatrienio de Porfirio Díaz. Además, como algunos lo han señalado, no se trataba de auténticos partidos; por ejemplo, Vicente Fuentes, en su obra sobre los partidos políticos en México, aclara que lo que en el siglo pasado se dio en llamar —por uso generalizado del vocablo, por inercia mental o por comodidad de definición— partido liberal y partido conservador nunca fueron en realidad verdaderos partidos, sino movimientos políticos o corrientes políticas.

En el siglo XX, la presencia de los partidos en México es manifiesta. José Woldenberg ha periodizado la historia de los partidos nacionales en cuatro etapas: *1)* un primer momento, que comprende desde el inicio del movimiento armado de 1910 y se cierra en 1929 con la creación del PNR, cuando se multiplican hasta la atomización extrema los partidos políticos; *2)* una segunda etapa, que abarca de 1929 a 1968, que puede considerarse centralizadora, en la cual el espacio político es ocupado prácticamente por el partido oficial, a los flancos del cual existen solamente opciones partidistas testimoniales; *3)* de 1968 a 1977, un momento de crisis política y social aguda sin correspondencia con el mundo de los partidos y las elecciones, y *4)* de 1977 a la fecha, un proceso lento y errático de reforma política, en el que quizá estemos transitando de un sistema de "partido casi único" a otro pluripartidista.

La periodización anterior es útil para comprender el proceso esquemático de evolución del sistema nacional de partidos. Sin embargo, la historia de los partidos en México en el siglo XX está ligada al PNR, después PRM y ahora PRI, y a la construcción del sistema de partido hegemónico o casi único, que desde 1977 y principalmente después de 1988 se pluraliza y se transforma en competitivo. En efecto, la evolución del sistema de partidos en México está muy vinculada a las características de nuestro régimen político, al presidencialismo y al sistema electoral. Sin un estudio previo del régimen y de su transformación es muy difícil entender la estructura del sistema nacional de partidos.

Los enfoques disciplinarios desde los que se han estudiado el sistema de partidos y los partidos en México son principalmente históricos, políticos, sociológicos y jurídicos. Desde el punto de vista histórico, se ha documentado la historia de los partidos, principalmente del PRI, en obras tan importantes como la de Luis Javier Garrido o la de Octavio Rodríguez Araujo, o en trabajos como los de Vicente Fuentes Díaz y Daniel Moreno, en los que se destacan las relaciones y sucesos concretos del partido hegemónico con el régimen, la presidencia, la política social y sus vínculos con el resto de los partidos testimoniales y las fuerzas sociales importantes del país.

Los trabajos políticos sobre el sistema de partidos inscriben el papel del PRI en el mantenimiento del sistema semiautoritario y su evolución, la cual corre paralela a la transformación gradual del régimen a través, y principalmente, de las últimas reformas electorales. Tal es el tipo de análisis de Juan Molinar, y de Leonardo Valdés en su tesis doctoral *Las consecuencias políticas de las reformas electorales en México: 1978-1991*.

En cuanto a los estudios sociológicos, éstos han ido constatando el crecimiento de los partidos opositores, el declive paulatino del PRI, los niveles sociales de influencia de cada partido, el peso del factor regional en su implantación, las consecuencias de la apertura económica y los efectos de la urbanización, la educación o la cultura política en la evolución del sistema de partidos. Muchos de estos análisis han sido parte de los trabajos de ciencia política nacional y extranjera; algunos de ellos son los de Alberto Aziz, Arturo Alvarado, Amparo Casar, José Antonio Crespo y Soledad Loaeza.

En cuanto a los trabajos jurídicos sobre los partidos, el hilo conductor de las investigaciones ha sido analizar el desarrollo legislativo electoral en materia de partidos; por ejemplo, la legislación electoral de 1918, que fue minimalista respecto de los partidos, en la que los requisitos para constituirse como tales eran mínimos, muy diferente de la legislación posterior a 1946, que fijó requisitos estrictos a las organizaciones que desearan constituirse como partidos políticos. Los ensayos jurídicos se han centrado en la legislación electoral, en el derecho comparado sobre leyes de partidos, y algunos han abundado sobre el tema de la democracia interna en los partidos.

Hasta el momento no hay en nuestro país una obra omnicomprensiva que se ocupe de los partidos en sus distintas facetas: histórica, política, jurídica o sociológica. Tenemos, como ya se dijo, una gran variedad de análisis sobre aspectos monográficos y puntuales, como estudios históricos sobre el PRI; evolución del sistema de partidos; algunos desarrollos históricos de los partidos nacionales, principalmente del PAN; análisis socioelectorales de cada partido; estudios coyunturales del papel de cada partido después de un proceso electoral; investigaciones del papel de los partidos nacionales en la transición a la democracia y en el cambio del régimen, y estudios de corte teórico sobre las relaciones entre el sistema de partidos y el sistema electoral.

LÍNEAS DE INVESTIGACIÓN Y DEBATE CONTEMPORÁNEO

Dentro de las líneas de investigación acerca de los partidos nacionales que se desarrollan hoy, y que seguramente continuarán desarrollándose, habría que apuntar las siguientes:

1. Posible desarrollo del sistema nacional de partidos: partido predominante, pluralismo moderado o pluralismo polarizado.
2. Futuro del PRI.
3. Análisis sobre el sistema de partidos en relación con el sistema electoral.
4. Estudios sobre la historia y organización de cada uno de los partidos nacionales, principalmente de los tres más importantes.
5. Alianzas y coaliciones entre los partidos.
6. Relaciones entre los partidos nacionales y los factores reales de poder.
7. El papel de los partidos en la transición y consolidación democrática nacional.
8. Partidos políticos y movimientos sociales.
9. Implantación de los partidos en regiones o sectores sociales.
10. Los partidos y su regulación jurídica.
11. Crisis de los partidos políticos.
12. Financiamiento, equidad y transparencia en el manejo de recursos públicos y privados de los partidos.
13. Partidos y medios de comunicación.
14. Democracia interna en los partidos.
15. Partidos nacionales y regionales.
16. Partidos y agrupaciones políticas nacionales.
17. Partidos y disciplina de sus representantes en el Congreso y en otros órganos del Estado.

18. Mecanismos para evitar los riesgos de la partidocracia.
19. Partidos políticos e integración de los poderes y de otros órganos del Estado.
20. Partidos políticos, democracia representativa y mecanismos de democracia semidirecta.

Éstas son, a nuestro juicio, las líneas de investigación que seguirán analizándose respecto a los partidos por las ciencias sociales. Algunos de estos temas son parte del debate contemporáneo. La polémica esta centrada, por el momento, en tres aspectos fundamentales: la evolución del sistema de partidos, el papel de los partidos en la transición, y la regulación jurídica del financiamiento y de la equidad en el uso de los medios de comunicación. En cuanto al futuro del sistema de partidos, se discute mucho el número de partidos que serán relevantes en la arena política nacional, las posibilidades de escisión interna de cada uno de ellos, el futuro del PRI, los principales retos de cada partido y el impacto que la legislación electoral o el entramado institucional tiene o puede tener en el número y niveles de competencia entre los partidos.

Respecto al papel de los partidos en la transición, el debate se centra en el tipo de propuesta de cada uno respecto a la transición: gradualista, evolucionista, pactista con el régimen o de pacto opositor. En este nivel, el análisis resulta muy útil para conocer el tipo de reforma que cada partido apoya, su énfasis en lo nacional o regional, las preocupaciones por incluir o no a determinados sectores de la sociedad, y la profundidad de la reforma que proponen. Además del discurso, se estudia la conducta de los partidos en el proceso de transición, los consensos y disensos tanto para precisar la correspondencia entre las propuestas y los hechos como para medir el papel efectivo de cada partido en la transición. Sin embargo, hay politólogos que opinan que aun cuando la actitud de los partidos es relevante para la transición, éstos —por lo menos los de oposición— no son los principales actores de la misma debido a las características del régimen.

Un tema que ha acaparado la atención de los estudiosos del sistema electoral y de los partidos ha sido el de la equidad en el financiamiento y en el uso de los medios de comunicación. La legislación federal ha avanzado mucho en este terreno, pero la práctica en muchas entidades federativas sigue contrariando la aspiración a una igualdad aproximada de oportunidades entre los partidos. Se requieren más reformas en los ámbitos federal y estatal para ir consolidando la equidad y lograr una democracia aceptable. Donde también hay problemas es en el terreno de la transparencia en el manejo de los recursos y su debida fiscalización, pues el desarrollo de las legislaciones estatales electorales, además de ser desigual, es insuficiente; en tanto que en el ámbito federal se requieren más y mejores instrumentos de control sobre los recursos públicos y privados de los partidos.

BIBLIOGRAFÍA

Alcocer V., Jorge (coord.) (1995), *Elecciones, diálogo y reforma*, Nuevo Horizonte Editores, México.

Anguiano, Arturo (1993), "Los saldos del PRD", *Revista Topodrilo*, UAM, Iztapalapa.

Beymw von, Klaus (1986), *Los partidos políticos en las democracias occidentales*, Centro de Investigaciones Sociológicas, Madrid.

Blanco Valdez, Roberto L. (1990), *Los partidos políticos*, Tecnos, Madrid.

Burgoa, Ignacio, et al. (1975), *El régimen constitucional de los partidos políticos*, UNAM, Instituto de Investigaciones Jurídicas, México.

Cansino, César (1998), "Crisis y cambios en el sistema de partidos en México:1985-1997", *Revista Conciencia Mexicana*, año 2, núm. 5, primavera.

Cárdenas Gracia, Jaime F. (1992), *Crisis de legitimidad y democracia interna de los partidos políticos*, FCE, México.

Castillo Vera, Pilar del (1985), *La financiación de partidos y candidatos en las democracias occidentales*, CIS-Siglo XXI, Madrid.

Cotteret, J. M., y C. Emeri (1973), *Los sistemas electorales*, Oikos-Tau, Barcelona.

Crespo, José Antonio (1991), "La evolución del sistema de partidos en México", *Revista Foro Internacional*, El Colegio de México, vol. XXXI, núm. 4, abril-junio.

——— (1994), "Dominación y hegemonía en los sistemas partidistas de México y Japón", *Revista Foro Internacional*, El Colegio de México, vol. XXXIV, núm. 3, julio-septiembre.

Duverger, Maurice (1985), *Los partidos políticos*, FCE, México.

Esteban, Jorge de, y Luis López Guerra, *Los partidos políticos en la España actual*, Planeta, Barcelona.

Fernández de la Mora, Gonzalo (1977), *La partitocracia*, Instituto de Estudios Políticos, Madrid.

Fuentes Díaz, Vicente (1996), *Los partidos políticos en México*, Porrúa, México.

Fuentes Muorua, Jorge (1995), "1970-1976, PAN: cambio y permanencia", *Revista Memoria*, núm. 76, abril.

Gallegos Castañera, Carmen (1988), *Los partidos políticos en el ordenamiento constitucional español*, Universidad Complutense, Madrid.

García Cotarelo, Ramón (1985), *Los partidos políticos*, Editorial Sistema, s. l.

García Laguardia, Jorge Mario (comp.) (1981), *Partidos políticos y democracia en Iberoamérica*, II Congreso de Derecho Constitucional, UNAM, México.

García Medina, Amalia, "Elecciones en el PRD", *Revista Coyuntura*, núm. 72, cuarta época, junio.

García Pelayo, Manuel (1986), *El Estado de partidos*, Alianza Editorial, Madrid.

Garrido, Luis Javier (1991), *El partido de la revolución institucionalizada. La formación del nuevo Estado en México, 1928-1945*, Siglo XXI, México.

Gómez Tagle, Silvia (1984), "El Partido Demócrata Mexicano y su presencia en la sociedad", *Revista Mexicana de Sociología*, año XLVI, núm. 2, abril-junio.

González Casanova, Pablo (1979), "El partido del Estado", *Nexos*, núm. 16, abril.

González Encinar, José Juan (1982), *Sistema de partidos y comportamiento electoral 1976-1981*, Akal, Madrid.

——— (1992), *Derecho de partidos*, Espasa Universidad, Madrid.

———, et al. (1984), *Autonomía y partidos políticos*, Tecnos, Madrid.

Hall, Linda B. (s. f.), "Álvaro Obregón y el partido único mexicano", *Historia Mexicana*, Colegio de México, núm. 116.

Henig, S., y J. Pinder (1976), *Partidos políticos europeos*, Ediciones Pegaso, España.

Lenik, Kurt, y Franz Neumann (1980), *Teoría y sociología críticas de los partidos políticos*, Anagrama, Barcelona.

Leoni, Francesco (1986), "Relación entre procedimientos electorales y sistemas de partido", *Revista de Estudios Políticos*, núm. 52, julio-agosto.

López, Mario Justo (1983), *Partidos políticos. Teoría general y régimen legal*, De Palma, Buenos Aires.

López Obrador, Manuel (1996), "Elecciones en el PRD", *Coyuntura*, núm. 72, cuarta época, junio.

Martín Merchán, Diego (1981), *Partidos políticos, regulación legal. Derecho comparado, derecho español y jurisprudencia*, Ediciones de la Presidencia del Gobierno, Colección Informe, Madrid.

Michels, Robert (1983), *Los partidos políticos*, Amorrortu Editores, Buenos Aires.

Mirón, Rosa María, y Leonardo Valdez (coords.) (1996), *Partidos y elecciones*, Congreso Nacional de Ciencia Política, Colegio Nacional de Ciencias Políticas y Administración Pública, A. C., Universidad Autónoma Metropolitana e Instituto Federal Electoral, México.

Molinar Horcasitas, Juan (1991), *El tiempo de la legitimidad. Elecciones, autoritarismo y democracia en México*, Cal y Arena, México.

Moreno, Daniel (1970), *Los partidos políticos del México contemporáneo, 1926-1970*, Costa-Amic, México.

Musacchio, Humberto (1979), "Viaje al interior del PCM", *Nexos*, núm. 24, diciembre.

Offe, Claus (1988), *Partidos políticos y nuevos movimientos sociales*, Sistema, Madrid.

Otto Pardo, Ignacio de (1985), *Defensa de la Constitución y partidos políticos*, Centro de Estudios Constitucionales, Madrid.

Panebianco, Angelo (1990), *Modelos de partido. Organización y poder en los partidos políticos*, Alianza Universidad, Madrid.

Peschard, Jacqueline (1993), "El fin del sistema de partido hegemónico", *Revista Mexicana de Sociología*, núm. 2.

Rodríguez Araujo, Octavio (1979), *La reforma política y los partidos en México*, Siglo XXI, México.

—— (1985), "Partidos políticos y elecciones en México, 1964 a 1985", *Revista Mexicana de Sociología*, año XLVII, núm. 1, enero-marzo.

Sánchez Susarrey, Jaime (1990), "La crisis de identidad del PRD", *Vuelta*, vol. 14, núm. 161, abril.

Sartori, Giovanni (1987), *Partidos y sistemas de partidos*, t. I, Alianza Universidad, Madrid.

Valdés, Leonardo (1995), *Sistemas electorales y de partidos*, Instituto Federal Electoral, Cuaderno de Divulgación de la Cultura Democrática, México.

Varios autores (1994), "La financiación de los partidos políticos", debate celebrado en el Centro de Estudios Constitucionales, Madrid, 23 de noviembre de 1993, en *Cuadernos y Debates*, núm. 47, Centro de Estudios Constitucionales, Madrid.

Vega, Pedro de (comp.) (1979), *Teoría y práctica de los partidos políticos*, Cuadernos para el Diálogo, Madrid.

Woldenberg, José (1993), "Estado y partido: una periodización", *Revista Mexicana de Sociología*, núm. 2.

PARTIDOS Y CAMBIO POLÍTICO*

Fredy Rivera Vélez

Definición

Las instituciones políticas, entre las que se encuentran los partidos políticos, constituyen entidades y organizaciones sociales que han sido observadas y estudiadas en los últimos decenios por las ciencias sociales como instancias organizadas que cumplen funciones mediadoras entre el Estado y la sociedad.

Durante largo tiempo predominó el análisis estructural, basado primordialmente en el estudio de las condiciones socioeconómicas que determinaban las transformaciones de los procesos políticos. En la actualidad, las teorías sobre las opciones contingentes de las élites para transitar de un régimen político a otro o más específicamente, en el caso latinoamericano, del paso de regímenes autoritarios a democráticos han ocupado un sitio central en el debate teórico sobre las llamadas transiciones a la democracia.

Desde una perspectiva analítica institucional, los regímenes y los cambios políticos que experimentan las sociedades en conjunto constituyen un campo de observación fundamental, ya que en ellos es posible determinar los elementos institucionales que actúan en la estabilidad política, la gobernabilidad, los procesos y tomas de decisión, y la función de los actores políticos en el establecimiento o cambio de un determinado sistema político.

En la construcción institucional y constitucional de un régimen político se encuentran presentes dos factores clave e inseparables. Por una parte, la idea de que las sociedades son portadoras de su propia identidad a través del tiempo, la continuidad expresada como fundamento real y, por otra, la noción de constructivismo, expresada como el proceso libre de decisión que una sociedad adopta para implementar el régimen político deseado.

En ese terreno, los actores políticos y sociales, los grupos de presión, los movimientos y las instituciones políticas se asumen como tales y redefinen con su intervención el tipo, las modalidades y los procedimientos de las relaciones entre sociedad y Estado. Más concretamente, en ese juego de interacciones se definen las relaciones entre el Estado y sus diferentes dimensiones: —unidad nacional, política externa, agente de desarrollo e integración, el sistema de representación —instituciones, sistema de partidos— y base sociocultural y socioeconómica de los actores que son parte de la sociedad civil y la economía. Las mediaciones e interacciones entre estos factores dan forma y constituyen determinado régimen político.

Visto de esa manera, el cambio de un régimen político a otro incorpora algunas dimensiones que se relacionan con los acontecimientos y situaciones históricas y estructurales en que se desenvolvieron las instituciones del pasado reciente, la naturaleza y estabilidad del régimen anterior, la capacidad de los grupos políticos —movimientos sociales, partidos, agrupaciones de distinto signo— para impulsar con su acción cambios y generar consensos con base en una agenda representativa que dé cabida a los distintos actores y la legitimidad de esas acciones como condición del proceso de transición. En términos generales, la transformación y cambio político engloba las modificaciones en determinado tipo de cultura política, las instancias de procedimiento de regulación del orden social, el tipo de liderazgo y autoridad, y las modalidades de institucionalización democrática que una sociedad desarrolla en ese periplo transformador.

Estos elementos constitutivos del cambio político han sido estudiados desde algunos frentes interpretativos que han fluctuado entre las teorías del desarrollo político, las basadas en los principios de modernización económica y social y, por lo menos para el caso latinoamericano, las relacionadas con la transición a la democracia desde regímenes autoritarios. En ese sentido, el análisis de los cambios políticos puede adoptar distintas formas y posturas conceptuales de acuerdo con las especificidades de las sociedades que deben interpretarse; sin embargo, existe la posibilidad de generar dos modelos analíticos con fines clasificatorios. Para Cisneros (1994:145-47), estos modelos presentan esquemas diádicos y triádicos.

El esquema diádico, que corresponde al tránsito desde el autoritarismo a la democracia, no tendría estaciones políticas intermedias en el *continuum* y presentaría una subdivisión en dos posibles momentos. El primero relacionado con el tránsito del autoritarismo a la democracia, y el segundo vinculado con un proceso contrario, desde la democracia al autoritarismo.

En el primer caso estaríamos ante el análisis de las características, causas y efectos del deterioro o crisis de los autoritarismos, en tanto que en el segundo nos situaríamos frente a la reflexión sobre el derrumbe del sistema democrático ocasionado por varios factores, entre los que ocupan un lugar preponderante la ingobernabilidad, las tensiones sociopolíticas producidas por el déficit institucional, la pérdida de la representación y las funciones de los partidos políticos y movimientos sociales en la democracia y, en general, la acción de elementos perturbadores del orden democrático establecido.

Durante varias décadas, en las ciencias sociales predominó un contexto explicativo "cerrado" de los cambios políticos, en el sentido de que éstos sólo podrían generarase mediante la negociación o la revolución; sin embargo, numerosos casos empíricos estudiados demuestran que este estrangulamiento conceptual no podía interpretar el funcionamiento de los "pactos" en los procesos de cambio político. Es más, ese tipo de procedimiento, denominado *pacto consociativo*, fue considerado relevante y funcional para el desarrollo de la democractización en el tránsito de un régimen a otro (Lijphart, 1988).

En el cambio político pueden estar presentes dimensiones endógenas y exógenas que influyen en el proceso de transformación política. Las primeras se relacionan con la adaptabilidad interna del régimen para institucionalizar los cambios, y las segundas se vinculan con in-

---

* El presente ensayo fue realizado con la valiosa colaboración del licenciado Franklin Ramírez G., alumno de la maestría en relaciones internacionales de la Flacso, sede Ecuador.

tervenciones extranjeras o presiones del sistema económico y político internacional.

El esquema triádico, que corresponde a las alternancias de democracia-autoritarismo-democracia o autoritarismo-democracia-autoritarismo, presenta mayores niveles de complejidad para la formulación de modelos interpretativos porque existen estaciones intermedias que representan momentos de freno o crisis, situación por la cual los procesos de cambio político no llegan a madurar plenamente. En ese contexto, las causas explicativas del cambio político "limitado" se asocian a la falta de permeabilidad de las características institucionales del régimen, la presencia de condiciones variables en los arreglos institucionales a las que han apostado los diferentes actores y partidos políticos, y la persistencia de factores socioeconómicos adversos a la sociedad en su conjunto, de tal forma que predomine un ambiente de incertidumbre constante que limite la construcción de políticas de conducción social diferenciadas en la gestión gubernamental.

En cuanto a la función de los partidos políticos en el cambio político o, en otras palabras, a su actuación en los procesos de transformación de regímenes y sistemas políticos, cabe decir que es una dimensión que va asociada a la búsqueda de sistemas de representación política que, por un lado, controlen las tendencias de total independencia del Estado respecto a la sociedad y garanticen los límites de su acción y, por otro, aseguren la canalización de demandas y aspiraciones y la gobernabilidad. En ese sentido, la construcción de partidos fuertes, representativos y eficientes, que tengan la capacidad para concertar, consensar y dar cabida a la diversidad social en sus programas, aparecería como la condición indispensable para generar el proceso de los cambios políticos.

Historia, teoría y crítica

Resulta poco probable analizar con pertinencia teórica el problema de la construcción democrática sin tener en cuenta a los partidos políticos. Por lo general, éstos son considerados, además de los movimientos sociales y de otras agrupaciones identitarias, los principales articuladores y aglutinadores de los intereses sociales.

Su origen puede presentarse, brevemente, en torno a dos acepciones. Una concepción amplia de partido nos dice que éste es cualquier grupo de personas unidas por un mismo interés; en este sentido, el origen de los partidos se remonta a los comienzos de la sociedad políticamente organizada. Por otro lado, debe admitirse la noción de partido político en un tipo de connotación más restringida, que lo define como una agrupación con ánimo de permanencia temporal, que media entre los grupos —de presión— de la sociedad y el Estado, participa en la lucha por el poder político y sobre todo en la formación de la voluntad política del pueblo, principalmente por medio de los procesos electorales. Desde esta perspectiva, su origen está estrechamente ligado al perfeccionamiento de los mecanismos de la democracia representativa, principalmente con la legislación parlamentaria, electoral e institucional.

Existe un amplio consenso en aceptar que los partidos modernos tuvieron su origen en el siglo XVII, fueron desarrollándose durante el XVIII y parecen organizarse, en el sentido pleno del término, a partir del XIX, más concretamente después de las sucesivas reformas electorales y parlamentarias celebradas en Gran Bretaña en 1832. Del mismo modo, una mayoría de analistas coinciden en advertir que los partidos modernos, aunque son producto de la peculiar relación de grupos políticos con el Parlamento, fueron condicionados por los procesos de formación de los Estados nacionales y por los de modernización, que ocurrieron en el mundo occidental durante los siglos XVIII y XIX. En esta visión, los partidos políticos aparecen indisolublemente ligados a la quiebra de la sociedad tradicional —o feudal— y su paso a la sociedad industrial. Las sociedades burguesas, posteriores a las revoluciones en Inglaterra y Francia, requerían formas de organización política que sustituyeran al orden estamentario o corporativo a través de modos de organización dependientes de grupos políticos organizados en el Parlamento, con reglas claras para la circulación de la clase política. Tales reglas tendrían *grosso modo* un carácter electoral y recogerían un espíritu distinto del llamado mandato directo —y normalmente vitalicio— de los representantes respecto de los representados. Surge de esta forma la figura de la representación, en la cual cada diputado es considerado representante exclusivo de determinado distrito, aunque su desempeño puede tener proyección nacional.

A partir de este recuento se advierte en los estudios sobre América Latina que la relación entre partidos y cambio político ha sido asociada principalmente dentro de dos aristas analíticas: *a)* como ejes de los procesos de modernización política de las sociedades tradicionales, y *b)* como actores centrales de los procesos de transición de regímenes autoritarios a formas democráticas de gobierno, en primera instancia, y como vehículos para la consolidación y profundización de la democracia, en un segundo momento.

La primera visión recupera la figura de los partidos políticos como innovadores del ordenamiento político, vehículos de expansión de las formas modernas de organización de la representación, la participación y la institucionalización de los mecanismos decisorios, pero sobre todo les adjudica una cierta funcionalidad perturbadora de las formas tradicionales de hacer y pensar la política. La visión de cambio político se encuentra asociada de esta forma a los partidos políticos como forjadores de una sociedad ajena a las modalidades estamentarias y corporativas del ejercicio; su presencia es funcional a los requerimientos de una sociedad con formas de distribución del poder más dispersas.

La idea del cambio político queda ligada, así, a la estructura binaria tradición-modernidad, en la que los partidos aparecen como elementos condensadores de la innovación de la política y la promoción de la reforma social y económica. Tal planteamiento puede encontrarse posteriormente en autores como Huntington (1990: 19-22) cuando afirma que en las sociedades en proceso de modernización se establece un movimiento entre partidos, individuos y grupos que impone la modalidad de transición al resto del cuerpo social: "es frecuente que la modernización exija [...] el traspaso del poder de los grupos regionales, aristocráticos y religiosos a instituciones centrales, seculares, nacionales", que tienen por función evitar la dispersión del poder. Desde esta óptica, los partidos políticos —y los sistemas políticos— se consideran los principales medios institucionales para organizar y estructurar la participación y la competencia políticas. Son mecanismos de estabilización y equilibrio de intereses dispersos y en conflicto, característicos de las sociedades en proceso de modernización.

La segunda arista antes mencionada puede ser descubierta a través de los intensos esfuerzos analíticos que la teoría política en América Latina ha debido desarrollar para aprehender el panorama del continente después de la década de 1960. Cabe destacar nítidamente el desenvolvimiento de sucesivas crisis políticas que implicaron el desmoronamiento de los grandes modelos de cambio sociopolítico a través de proyectos revolucionarios (Garretón, 1992: 180-183). En este marco, la idea de cómo desenvolver el cambio político ha pasado, no sin enormes dificultades y sufrimientos, de la guerrilla, la revolución, las vías al socialismo, la guerra civil o las dictaduras militares a la lucha por la reconstrucción de marcos institucionales que permitan la inserción o reinserción del cambio en el juego político democrático.

La experiencia de las dos décadas pasadas mostró que habían fracasado los modelos políticos que implicaban redistribución por la vía revolucionaria, cualquiera que ella fuera. De ahí que el nuevo clima de la región se caracterizaría a comienzos de la década de 1990 por la siguiente cuadratura del círculo: pensar el cambio sociopolítico a partir de la idea de redistribución del poder y la riqueza, pero bajo una matriz de transformación política instrumentalizada por medios y métodos democráticos, es decir, por fórmulas que no excluyan el conflicto, adecuándose éstas a marcos institucionales y consensos básicos (Garretón, 1992: 181).

Estas ideas sirvieron de base para entender la historia del concepto de cambio político y las formas en que se ha estudiado la práctica de los partidos políticos al respecto. Así, se pueden encontrar tres grandes visiones: una que atiende a los procedimientos, otra más ligada a los enfoques de elección racional y la última más vinculada a enmarcar las formas de cambio político dentro de contextos situacionales específicamente acotados.

1. Desde la década pasada, la noción de cambio político y la agenda que al respecto han desplegado los partidos políticos se encuentra íntimamente ligada a las denominadas teorías de la transición; se trató de estudios formalistas con una excesiva impronta coyuntural. Formalistas en el sentido de que privilegiaron aspectos legales e institucionales del régimen político en detrimento de la consideración de variables culturales, sociales y económicas presentes en esos procesos, y conyunturalistas porque abundaron en el estudio de factores de corto plazo y de escenarios espaciotemporales acotados. En suma, se trató de un enfoque teórico-analítico que se centró en la dicotomía autoritarismo-democracia y que privilegió el estudio de los regímenes políticos y de las condiciones político-institucionales de los procesos de transición-consolidación democrática, dando forma así a una perspectiva marcadamente institucionalista.

Tales enfoques derivaron de una doble característica: *a)* la teoría de la transición se centró en lo que se denominó una definición *mínima* de democracia, a saber: un tipo de régimen político compuesto por un conjunto de reglas y mecanismos institucionales de selección de autoridades y de ejercicio del poder, y *b)* no distinguieron claramente la noción de democracia, entendida como régimen político, de la de democratización, comprendida como proceso de cambio político, social, económico, cultural e institucional destinado a la construcción de un cierto orden político. Al mismo tiempo, identificaron a la democratización con el establecimiento de un régimen formalmente democrático y con la instauración de un gobierno democráticamente electo. En ese sentido, la influencia y las derivaciones del concepto de poliarquía de Robert Dahl (1989) en estos casos resulta evidente.

Esto condujo a que el cambio político hacia la democratización fuera definido fundamentalmente en términos de cambio de régimen; la construcción democrática quedó en consecuencia limitada a una tarea de redefinición institucional y de procedimientos que apuntaba apenas a la reconstitución de actores, reglas y mecanismos formales por la vía de la noción de "pacto democrático", uno de los ejes —más deontológicos que analíticos— de los principales trabajos inscritos en este enfoque.

Luego de más de una década de los primeros estudios basados en esta perspectiva, es posible señalar algunas de sus limitaciones metodológicas y de contenido: *a)* los cambios ocurridos en los países de la región en los últimos años dan señales evidentes de que la definición de democracia no se agota en los soportes normativos, de procedimiento e institucionales de un régimen político poliárquico y, por tanto, la noción de cambio político, ligada a las posibilidades de democratización, tampoco se restringe a las diversas formas de reforma institucional y reformulación cultural; *b)* la democratización alude a una determinada "creación histórica de los actores sociales" (Garretón, 1992: 284-285) y, por tanto, indica un horizonte no limitado a la instauración de un conjunto de reglas de procedimientos; supone más bien un proceso de construcción histórica de carácter colectivo en el que los actores que lo protagonizan establecen una compleja red de interacciones condicionadas por las tendencias y características situacionales de índole política, social, económica, cultural e institucional; *c)* la orientación conceptual dominante en los estudios de la transición tendió a pasar por alto que si la noción de democracia se halla vinculada con la de democratización —proceso del que la transición es apenas una de sus etapas—, una conceptualización integral de ambos términos debería abarcar tanto los aspectos formales como los factores situacionales que, bajo diferentes modalidades históricas y con distinta intensidad, influyen sobre el funcionamiento institucional y las interacciones políticas allí desenvueltas.

Algunos autores hicieron ya por esos días fuertes críticas al carácter limitativo de las definiciones de procedimiento de la democracia: la idea de cambio democrático como la adopción de reglas de procedimiento "es insuficiente para comprender el proceso político porque ningún conjunto de reglas alcanza para definir socialmente prácticas concretas, esto es, las actividades mediante las cuales los actores específicos interpretan, negocian y aplican esas reglas" (Nun, 1989: 104).

2. Un segundo acceso teórico con el que se estudió la noción de cambio político y democratización tiene que ver con los mecanismos de decisión de los actores sociales y políticos involucrados en los procesos de transición. Así, los trabajos de Adam Przeworski (1988: 93) tuvieron gran repercusión dentro de los estudios políticos de entonces; su definición de la democracia como un sistema de procesamiento y resolución de conflictos intergrupales, conforme a "reglas especificadas *a priori*", se sustentó en los principales parámetros conceptuales de la teoría de juegos y de la elección racional, colocando a las opciones, acciones y estrategias individuales de los actores relevantes como eje constructivo del proceso de cambio político. Dentro de este marco conceptual se planteó que el establecimiento de la democracia deriva de la intención de los actores políticos de institucionalizar, por la vía de acuerdos y compromisos instrumentales, la "incertidumbre" producida por la indeterminación de los resultados del conflicto político. En consecuencia, los cambios dentro de los regímenes democráticos resultan de acciones, intereses y estrategias de los principales actores políticos —entre ellos, los partidos— con miras a resolver los conflictos producidos por la existencia de intereses antagónicos y satisfacer, en un marco de incertidumbre, sus intereses específicos de grupo, todo lo cual no derivaba ni dependía de la estructura económico-social ni de la posición de los actores en esa estructura.

Este estudio "micro" de la democratización y de la racionalidad de los actores políticos dentro de ella posibilita la evaluación del desempeño de los partidos políticos como vehículos para la variación de "situaciones estratégicas" o coyunturas, por cuanto éstas se entienden como el resultado de las acciones adoptadas por los actores centrales.

En suma, los procesos de instauración de regímenes democráticos y las formas de cambio político se consideran resultado de la "decisión de los actores políticos" en favor de establecer dicho régimen a partir de las oportunidades surgidas por la difusión de las ventajas que el mismo aportaba en un contexto signado por resultados fortuitos e indeterminados. Los partidos políticos son instrumentos para la institucionalización de la democracia, visión que deriva de la forma de la elección de éstos acerca de la "calidad de las reglas e instituciones adoptadas", de su preferencia por pactos y negociaciones en el proceso de elección de las reglas e instituciones, y del tipo de alianzas y coaliciones que establezcan. Los resultados de tales acciones dependen de la capacidad contractual de los actores relevantes para establecer eficientemente los parámetros normativos e institucionales del régimen en cuestión, "lo que dependía y estaba condicionado no por los factores sociales, económicos y culturales del contexto histórico, sino, más bien, por las preferencias y la voluntad de los actores" (Saín, 1996: 13-17).

Los trabajos de Guillermo O'Donnell y Philippe Schmitter (1991: 17-18), ubicados con ciertas variaciones dentro de este enfoque, privilegiaron el estudio de la capacidad y las orientaciones de los actores políticos relevantes en la tarea de construcción democrática, aunque lo hicieron subrayando una relativa secundarización de los factores económicos, sociales y políticos situacionales frente al papel estratégico de las interacciones políticas

A pesar de esta diferenciación, básicamente a través de la utilización del concepto de *interacciones estratégicas*, tales aportes se vinculan con un cambio de visión acerca de las democratizaciones. Se pasa de un enfoque que ubicaba a los factores necesarios para la consolidación democrática en América Latina en la estructura económico-social a otro en que dichos factores y condiciones se resumían en las acciones y los acuerdos efectuados entre los actores estratégicos.

Las principales críticas que se han esbozado a estos postulados tienen que ver con que: *a)* resulta peligroso asociar la idea de cambio político en el contexto de los procesos de democratización con las acciones estratégicas de los actores políticos, ya que en el mismo marco podría afirmarse que, como en cualquier circunstancia histórica, las prácticas sociales y políticas de los actores, aunque no estén determinadas por los factores estructurales, se hallan condicionadas por las tendencias, características y factores situacionales de largo plazo que enmarcan el proceso político; *b)* al otorgar primacía a ciertos actores estratégicos, entre ellos los partidos políticos, este enfoque elimina de su análisis a la sociedad, y con ello proclama cierta autonomía de la política frente a lo social y lo económico. De esa forma, se concibe la política como un ámbito constituido por las acciones y prácticas de los actores relevantes e independiente respecto de sus condicionantes sociales, económicas, culturales e institucionales; *c)* se trata de un enfoque que no analizó cómo y cuánto las condiciones socioeconómicas, culturales e institucionales de largo plazo condicionan o determinan históricamente las preferencias, visiones e intereses de los actores, sus comportamientos y sus posibilidades fácticas de acción y de proyección política (Franco, 1993: 52).

3. Autores como Huntington y Terry Karl plantean respuestas novedosas que trascienden las limitaciones del politicismo original y analizan el problema del cambio político dentro de los procesos de transición democrática. Karl plantea que la transición debe ser entendida como un proceso caracterizado por la ausencia de reglas de juego predecibles, en el grado de incertidumbre es elevado y la evolución de una situación tal pasa a depender de la capacidad de los actores políticos relevantes para establecer las condiciones del juego político mediante el pacto democrático. Sin embargo, las decisiones tomadas por varios de los actores responden y están condicionadas por los tipos de estructuras socioeconómicas e instituciones políticas ya existentes. Éstas pueden ser decisivas en la medida en que podrían restringir o ampliar las opciones disponibles para los diferentes actores políticos en su intención de construir la democracia (Karl, 1991: 420). Su contribución consiste en no limitar la comprensión de los cambios políticos dentro de regímenes democráticos a los compromisos institucionales pactados por actores-ejes o como producto de interacciones estratégicas, independientemente de las condiciones de índole socioeconómica y política (Saín, 1996). En función de esto, Karl propone un enfoque para estudiar las democratizaciones y el cambio político desde el estudio de los "vínculos entre estructuras, instituciones y opciones contingentes", basado en el análisis de las condiciones y los cambios estructurales que dan forma a los procesos transicionales y a las instauraciones democráticas y, en otro plano, estudiar las preferencias y capacidades de los individuos, grupos y partidos y las posibilidades de acción que se abren en el escenario histórico en el que ocurre dicho proceso.

De manera similar, Samuel Huntington (1994) plantea que los cambios políticos dentro de los regímenes democráticos deben tender a apuntalar sus atributos institucionales, es decir, pone el acento en una definición de precedimiento. De ese modo, conceptualiza a la democracia como un sistema basado en la "selección de líderes' mediante "elecciones competitivas por parte de las personas gobernadas por ellos", para lo que deben existir las condiciones civiles y políticas que permitan la competencia y la participación de los ciudadanos en los asuntos políticos. En este sentido, otorga una función protagónica a los partidos políticos en tanto instancias que hacen visibles los liderazgos y potencian la capacidad de la dirigencia política, dos elementos centrales del proceso de institucionalización de la democracia. Sin embargo, y ello lo aleja de planteamientos anteriores, sostiene que el comportamiento y la proyección del liderazgo político están condicionados por *factores contextuales* de carácter social, económico, cultural y político que conforman los escenarios históricos en que esos procesos tienen lugar. De esta forma, la experiencia política previa, el desempeño del gobierno (autoritario) anterior, las modalidades bajo las cuales se desarrolló la transición —consensada o por ruptura—, el contexto internacional, la naturaleza de las instituciones y de la legalidad democrática establecida y la eficacia de los gobiernos instaurados en la resolución de problemas importantes configuran factores políticos que, según Huntington, operan decisivamente sobre el surgimiento y la consolidación democrática. Los cambios políticos dentro de la democracia dependen, además, de las consecuencias y los condicionamientos que derivan tanto de los valores y creencias culturales, las actitudes y los modelos de conducta, como del nivel de desarrollo económico y social de los países en cuestión.

Los dos autores mencionados, a pesar de partir de conceptualizaciones de los procedimientos de la democracia, reconocen la centralidad del liderazgo político y de las interacciones políticas de los actores relevantes: el cambio dentro del régimen democrático emanaría de las prácticas vinculantes entre partidos y grupos sociales consolidados dentro de un determinado contexto de la situación. El corte analítico propuesto examina los márgenes de proyección de los actores políticos a partir de las coordenadas sociales, culturales y económicas en que operan, de forma tal que ambos niveles aparecen interrelacionados y mutuamente condicionados a la hora de entender el cambio político.

LÍNEAS DE INVESTIGACIÓN Y DEBATE CONTEMPORÁNEO

Los acontecimientos mundiales ocurridos en estas dos últimas décadas relacionados con los procesos políticos de fin de siglo han dejado sin sustento ideológico a los partidos políticos y a los fundamentos de los que venían nutriéndose. Tal situación deriva de las profundas crisis por las que atraviesan los megaproyectos sociales y las grandes utopías desplegadas en distintas esferas de la sociedad.

En efecto, si bien los partidos políticos y sus acciones programáticas estaban de cierta manera vinculadas e identificadas con determinadas utopías, el mundo de lo fáctico en la política ha tenido que sobrellevar las constantes crisis del Estado interventor y de bienestar, y la caída de las grandes construcciones sociales que apuntaron a determinada forma de concebir el desarrollo y la modernización como mecanismo privilegiado de cohesión social y política. Ello no implica que en los procesos de cambio político o transición de régimen —tal como hemos anotado en los modelos anteriormente expuestos— se deje de lado la consolidación democrática como una de las ideas que deben ser reivindicadas por los distintos actores sociales y políticos, ya que ello confiere sentido y cohesión a la voluntad colectiva.

Pero esta intencionalidad de construcción democrática, que se dirige hacia todos los órdenes y ámbitos de la vida, no podría concebirse sin la presencia de tensiones. En la vida política es imprescindible saber manejar tensiones socioeconómicas provenientes de la exclusión social acarreada por la aplicación de modelos económicos concentradores, la corrupción política que permea a las élites y partidos, la falta de representación y gobernabilidad, y de una serie de factores que influyen en el desarrollo del cambio político expresado como construcción democrática.

En ese terreno, los cambios políticos tienen que soportar una serie de tensiones en los distintos ámbitos de la sociedad, pues las diferentes racionalidades, los diversos criterios de legitimidad y las distintas temporalidades se presentan como un marco que regulan esas transformaciones del sistema político. A ello podríamos sumar la arritmia que hay entre los procesos de toma de decisión y los procesos de toma de conciencia, es decir, la tensión entre las exigencias que tienen los gobiernos y el sistema político de tomar decisiones bajo presiones de urgencia y el ritmo, mucho más lento, que requiere la deliberación ciudadana para asumir, discutir y decidir sobre determinados temas (Lechner, 1997: 168).

Una tensión que también debe ser considerada reside en la relación entre el alcance y la celeridad de los cambios político-sociales que estamos viviendo hoy día y la capacidad de respuesta de los partidos ante esas transformaciones. En este punto habría que incorporar la velocidad a la que han estado cambiando las estructuras sociales, económicas, tecnológicas o de comunicación, lo cual en pocos años ha trastocado el panorama que era habitual y familiar para las sociedades en su conjunto, contrastando ese ritmo vertiginoso con la capacidad psicocultural para asumirlo, para vivir en situaciones sin referentes firmes y conocidos y, por tanto, para afrontar altas incertidumbres y contingencias.

Estas tensiones se empalman o se ensamblan con problemas específicos que tienden a ser compartidos por diferentes sociedades latinoamericanas y en el mundo; por ejemplo, fenómenos como el desapego ciudadano por la política y en especial por los partidos dentro de lo que se ha llamado *crisis de la política*. De esa manera, el malestar que existe en relación con la política enfrenta un dilema. Por una parte, la existencia e inercia de ciertas imágenes antiguas y obsoletas respecto de la política expresada como una visión estática que no da cuenta de los cambios en curso, es decir, un tipo de malestar que representaría una visión defensiva de lo que fue la política frente a nuevas formas y procesos políticos que no son inteligibles en el código antiguo. Por otra parte, junto con la transformación de la política, también ocurren modificaciones sobre el significado de lo que representa la democracia, ya que al cambiar el contexto también cambia la comprensión de lo que implica ésta desde la perspectiva de que no tiene un significado único, establecido de una vez y para siempre.

En consecuencia, los actores sociales y políticos y los partidos se enfrentan a la necesidad de redefinir el sentido de la democracia en los procesos de cambio político o consolidación democrática si es el caso, especialmente cuando tienen que asumir las tensiones permanentes entre la dimensión normativa de la política —el mundo de los valores— y la dimensión fáctica de la política —el mundo de los intereses.

En estas dos grandes dimensiones se encuentran actualmente muchas de las investigaciones sociales que tratan de analizar la función que desempeñan los partidos en los procesos de cambio político. En la primera dimensión parece existir una tendencia a observar el papel de los partidos en relación con: *a)* la forma de gobierno, *b)* la forma de acceso de las personas al gobierno, *c)* la forma de sustituir a los gobernantes, *d)* los derechos fundamentales de las personas que residan en el ámbito en que se aplica el sistema normativo, *e)* los límites al ejercicio del poder de los gobernantes y *f)* las formas legítimas de enmendar, modificar o sustituir las normas del sistema.

En la segunda dimensión, las posturas analíticas tradicionales solían ver fundamentalmente a los partidos políticos como instancias de agregación de intereses y como portadores de una serie de discursos que estructuraban una realidad amorfa en un panorama inteligible; sin embargo, el proceso de desideologización que hemos vivido en los últimos lustros revela la descomposición de las claves interpretativas que los partidos y otras organizaciones sociales tenían a mano. Ante estas situaciones, las nuevas agendas de los partidos parecen encaminarse hacia una estrategia que los separe de esas imágenes comprometedoras, básicamente las asociadas a los procesos de ajuste, modernizaciones inconclusas, niveles de exclusión ocasionados por la implementación de modelos concentradores, y programas que supongan transformaciones radicales del sistema social y político que acarrean demasiados costos a los distintos sectores de la sociedad.

Desde esa perspectiva, uno de los temas prioritarios de la investigación y análisis político en nuestra época radica en observar ese proceso de descomposición y restructuración de los mapas políticos. Si aceptamos el hecho de que han cambiado las coordenadas básicas del pensamiento —como las dimensiones espacial, temporal y normativa, entre otras—, aparecerá como imprescindible la necesidad de incorporar la variable cultural de la política en las reflexiones que se generan sobre cambio político y las implicaciones que ello trae en relación con los efectos de la globalización.

En términos generales y considerando el caso latinoamericano, podemos mencionar que los procesos de cambio político, asociados en este contexto regional con la instauración de nuevas democracias, han estado supeditados a una serie de contingencias derivadas de penosos ajustes económicos, altos niveles de desintegración y exclusión social, marcada fragmentación cultural y presencia de constantes crisis de legitimidad y representación política (Saín, 1996: 35). Con ese escenario de por medio, los esfuerzos por consolidar la democracia no implicaron el crecimiento ni el establecimiento de formas más amplias de participación política o de bienestar general, razón por la cual varios estudios destacan la existencia de una democratización parcial y limitada (Weffort, 1994:98-99).

Es por ello que los nuevos esfuerzos por interpretar los procesos de cambio político y democratización en América Latina tratan de incorporar las especificidades de la realidad político-social de cada uno de los países, desde entradas analíticas que incluyan los aspectos multidimensionales y complejos que las sociedades presentan en sus transformaciones políticas, de tal manera que las reflexiones generadas no presenten limitaciones conceptuales como ha venido sucediendo desde tiempo atrás.

BIBLIOGRAFÍA

Calderón, Fernando, y Mario Dos Santos (1991), *Hacia un nuevo orden estatal en América Latina. Veinte tesis sociopolíticas y un corolario*, FCE, Santiago.

Cavarozzi, Marcelo (1991), "Más allá de las transiciones. Reflexiones sobre el largo plazo en la política latinoamericana", en Carlos Barba S., José Luis Barros H. y Javier Hurtado (comps.), *Transiciones a la democracia en Europa y América Latina*, Universidad de Guadalajara-Grupo Editorial Porrúa-Flacso, sede México, México.

Cisneros, Isidro (1994), "Los diferentes momentos del cambio político de tipo democrático: hacia una propuesta clasificatoria", en *Perfiles Latinoamericanos*, México, núm. 4, Flacso, sede México, México.

Dahl, Robert (1989), *La poliarquía, participación y oposición*, REI, Buenos Aires.

——— (1991), *Los dilemas del pluralismo democrático. Autonomía versus control*, Alianza, México.

——— (1991a), *La democracia y sus críticos*, Paidós, Buenos Aires.

Franco, Carlos (1993), "Visión de la democracia y crisis del régimen", *Nueva Sociedad*, núm. 128, Caracas.

Garretón, Samuel (1992), "Transformaciones sociopolíticas en América Latina", *Estudios Sociales, Documentos de trabajo*, núm. 36, Santiago.

Garretón, Samuel (1992a), "Del autoritarismo a la democracia política: una transición a reinventar", en *Cultura y gobernabilidad democráticas*, UNESCO-Imago Mundi, Buenos Aires.

Huntington, Samuel (1990), *El orden político en las sociedades en cambio*, Paidós, Buenos Aires.

——— (1994), *La tercera ola. La democratización a finales del siglo XX*, Paidós, Buenos Aires.

Karl, Terry (1991), "Dilemas de la democratización en América Latina", en Carlos Barba Solano, José Luis Barros Horcasitas y Javier Hurtado (comps.), *Transiciones a la democracia en Europa y América Latina*, Universidad de Guadalajara-Miguel Ángel Porrúa-Flacso, México.

Lechner, Norbert (1996), "Las transformaciones de la política", *Revista Mexicana de Sociología*, vol. 58, núm. 1, México.

——— (1997),"Orden político, democracia y cambio social", *Ecuador Debate*, núm. 42, CAAP, Quito.

Lijphart, Arend (1988), *Democracia en las sociedades plurales. Una investigación comparativa*, Prisma, México.

Nun, José (1989), "Algunas exploraciones teóricas en torno a las transiciones democráticas", en José Nun, *La rebelión del coro. Estudios sobre la racionalidad política y el sentido común*, Nueva Visión, Buenos Aires.

O'Donnell, Guillermo, y Philippe Schmitter (1991), *Transiciones desde un gobierno autoritario*, Paidós, Buenos Aires.

Pachano, Simón (1996), *Democracia sin sociedad*, Ildis, Quito.

Przeworski, Adam (1988), "Algunos problemas en el estudio de la transición hacia la democracia", en G. O'Donnell, Ph. Schmitter y L. Whitehead (comps.), *Transiciones desde un gobierno autoritario*, tres perspectivas comparadas, Paidós, Buenos Aires,

Saín, Fabián (1996), "Democracia y democratización: actores, condiciones históricas y redefinición histórico-conceptual", *Cuadernos de Investigación*, núm. 1, Universidad Nacional de Quilmes, Argentina.

Sartori, Giovanni (1994), *¿Qué es la democracia?*, Altamir, Bogotá.

Serrano, Enrique (1997), "El conflicto político. Una reflexión filosófica", *Sociológica*, núm. 34, UAM, México.

Weffort, Francisco (1994), ¿Qual democracia?, Companhia das Letras, São Paulo.

PARTIDOS Y ELECCIONES

Alberto Aziz Nassif

Definición

Un sistema de partidos y un sistema electoral son dos de las piezas básicas de la dinámica política en un país. Dentro de las múltiples definiciones de un sistema de partidos se encuentra la de Eckstein, quien afirma que la temática del problema tiene que ver con "los modelos de interacción entre organizaciones electorales significativas y genuinas en los gobiernos representativos —gobiernos en los cuales tales sistemas adoptan predominantemente (bien o mal) las funciones de producir las bases para una eficaz autoridad y de definir las alternativas que pueden ser decididas por los procedimientos electorales" (Bobbio y Matteucci, 1982: 1 506). Con este enfoque se deja de lado a los sistemas de un solo partido. En la investigación sobre el tema hay dos tipos de estudios: los que se han concentrado en el desarrollo histórico que hizo posible la aparición del sistema de partidos para la competencia democrática, y los que se han concentrado en la dinámica misma de funcionamiento de los partidos, sobre todo a partir de su número o de sus funciones de integración.

De la misma forma, en los sistemas electorales, una definición amplia tiene que ver con los mecanismos que hacen posible la participación popular de forma institucional para elegir a las personas que van a encabezar un gobierno. A partir de este postulado se inicia la discusión sobre los tipos de sistema electoral, como el mayoritario, proporcional o mixto, y sobre las modalidades, como las boletas, las candidaturas, las vueltas y las circunscripciones.

Uno de los indicadores más notables de los cambios de un sistema político es el de los partidos y los procesos electorales. De las diversas posibilidades que se han elaborado sobre la relación que hay entre ambos, ya sea como variables independientes o dependientes, como causas y efectos, o con múltiples influencias, una opción es considerarlos como dos sistemas que tienen incidencias recíprocas. Durante años se debatió la tesis de Duverger, quien afirmó que un tipo de sistema electoral daba como consecuencia un sistema determinado de partidos; por ejemplo, que los sistemas mayoritarios daban sistemas bipartidistas y que los de representación proporcional generaban sistemas multipartidistas, tesis débil por la gran cantidad de excepciones que dejaba fuera de su explicación. A partir de entonces, otros politólogos tuvieron menos ambiciones para formular leyes y más para plantear tendencias temporales en su vigencia.[1]

Compartimos la tesis de Dieter Nohlen, quien afirma que puede haber sistemas electorales similares en países distintos y los efectos políticos pueden ser diferentes; o también el caso contrario, de sistemas diferentes y efectos similares (Nohlen, 1994: 351). De cualquier forma, para analizar las relaciones entre sistema electoral y sistema de partidos se pueden establecer algunas precauciones metodológicas:

—un sistema electoral puede determinar al sistema de partidos porque establece una regulación sobre los mecanismos de acceso, constitución o desaparición de los partidos políticos;

—un sistema de partidos puede incidir en el avance o retroceso de un sistema electoral, porque los partidos están anclados en una determinada correlación de fuerzas sociales, la cual puede generar cambios y adecuaciones en las reglas del juego electoral;

—los sistemas de partidos y los electorales son expresiones del grado de desarrollo político y social de un país; como tendencia, no se pueden tener sistemas electorales competitivos sin un sistema de partidos fuerte que luche por el poder en condiciones de equidad; de la misma forma, sería difícil pensar en un sistema de partidos fuerte con un sistema electoral retrasado e inequitativo.

A pesar de que hoy en día se ha generalizado una concepción democrática por el gran número de países que han transitado hacia este tipo de régimen, no se puede dejar de señalar que existen partidos y métodos de elección que no tienen nada que ver con las características de un sistema democrático; casos como los de China o Cuba, o algunos sistemas político-religiosos de Medio Oriente, como Irán. Vamos a centrar el tema en el contexto de los sistemas democráticos, dado que tratar todos los sistemas resulta demasiado ambicioso para este espacio.[2]

Los partidos y las elecciones tienen sentido dentro del sistema político que les da significación. Robert Dahl estableció un conjunto de criterios para reconocer una democracia, a la que denominó poliarquía: *1)* autoridades públicas electas; *2)* elecciones libres y limpias; *3)* sufragio universal; *4)* derecho a competir para ser electo para cargos públicos; *5)* libertad de expresión; *6)* información alternativa, y *7)* libertad y autonomía de asociación (Dahl, 1989: 221).

Las primeras cuatro características tienen que ver directamente con el problema de las elecciones; las otras tres con el tema de la democracia y, de alguna forma, con un sistema de partidos que compiten por el poder.

Sobre las múltiples definiciones de partidos tomamos como punto de referencia la de Giovanni Sartori: partidos como parte de un todo y no como una facción; en todos los países existe una larga evolución histórica para llegar a la formación y consolidación de un sistema de partidos propiamente dicho, el cual no es otra cosa que interacciones, resultado de la competencia (Sartori, 1980: 69). En este sentido, un sistema de partidos es el conjunto de instituciones encargadas de la representación política, la lucha por el poder y la agregación de intereses. Para el análisis del sistema de partidos se han desarrollado algunos criterios, como el número de partidos, su tamaño, la posición ideológica que existe entre

---

[1] Para ver las discusiones se puede consultar el *Diccionario de política*, Bobbio y Matteucci, 1982, en sus definiciones conceptuales de *sistema de partido* y *sistemas electorales*.

[2] Sobre el impulso democrático de las últimas décadas se puede consultar el trabajo de Samuel P. Huntington, "La tercera ola de la democracia", en el libro *El resurgimiento global de la democracia*, compilado por Larry Diamond y Marc F. Plattner, 1996.

los partidos, las formas de relación que mantienen entre ellos, sus vínculos con los grupos sociales, su actitud sobre el sistema político y su peso estratégico dentro del sistema (Nohlen, 1994: 38).

Dentro de los criterios más importantes para el análisis de un sistema de partidos se encuentran dos principalmente: el del número de partidos, el cual define las piezas del tablero, y el de las reglas del juego, lo cual tiene que ver con el tipo de sistema electoral en las democracias. Vayamos por orden en este rompecabezas. Al respecto, Sartori concibe en la década de 1970 una clasificación interesante de siete tipos de sistemas de partidos: *1)* de partido único, como Albania o China; *2)* de partido hegemónico, México; *3)* de partido predominante, Japón o India; *4)* bipartidista, Inglaterra o los Estados Unidos; *5)* de pluralismo limitado, Alemania o Bélgica; *6)* de pluralismo extremo, Italia o Finlandia, y *7)* de atomización, Malasia.[3] Los formatos de partidos tienen importancia en la medida en que producen efectos y determinaciones sobre las propiedades del propio sistema político. En este sentido, se puede atender la preocupación de cómo se ejerce el poder. Está claro que los sistemas unipartidistas son monopolios; los casos de hegemonía, como fue el de México durante varias décadas, son de un ejercicio monopólico del poder, pero con algunos matices en el tipo de representación y aceptación de otros partidos que no compiten por el poder en igualdad de condiciones; los casos de predominio o dominantes son el principio de los sistemas democráticos, cuyo requisito inicial es tener elecciones libres, así como los casos de bipartidismo o pluripartidismo, que también funcionan con dinámicas de pluralismo y competitividad. En esta clasificación, a partir del criterio 3 es donde empieza a darse un sistema electoral estructurado por la competitividad, porque en los anteriores se trata de elecciones no competidas (Hermet *et al.*, 1982).[4]

En el estudio de los sistemas electorales se han elaborado también los criterios importantes que delimitan este campo. Estos factores tienen que ver con el tipo de las circunscripciones electorales, que son los territorios variables que dividen a los votantes, que pueden organizarse por sistemas de mayoría relativa, o de listas de candidatos cuando el caso es de representación proporcional; luego vienen las candidaturas, que pueden ser personales o con las modalidades de listas o algún tipo de porcentaje; están también los métodos para emitir el sufragio, que se dan de acuerdo con las candidaturas, como el sufragio universal, directo y secreto, el cual se puede emitir sobre una candidatura, una lista o una doble boleta; y finalmente están los procedimientos y fórmulas para convertir los votos en escaños, que se realizan a través de fórmulas de mayoría, de representación proporcional o mixtas.[5]

Otro de los factores importantes en el estudio del vínculo entre el sistema de partidos y los sistemas electorales es el de la predominancia entre reglas o correlación de fuerzas; un principio afirma que son las reglas las que determinan el perfil de un sistema de partidos y su comportamiento interno; en el caso contrario, se encuentra el supuesto de que es la correlación de fuerzas de los grupos y los intereses lo que determina el esquema de los partidos. Sin embargo, hay una tercera postura, con la que coincidimos, que plantea el problema en los siguientes términos: "La elección de un sistema electoral y otro se halla condicionada por la correlación de fuerzas entre los distintos grupos, por la distribución de poder existente en el partido. Pero una vez que se ha producido tal decisión, el sistema electoral reacciona, al menos en cierta medida, sobre la correlación de fuerzas existente entre los grupos" (Panebianco, 1993: 379).

Historia, teoría y crítica

Elecciones y partidos en México: una manera interesante de establecer la utilidad de los conceptos es vincularlos con casos de estudios. Entre los países que han tenido cambios importantes en el sistema de partidos y en sus procesos electorales se encuentra México. Se puede discutir de forma amplia si este país se puede ubicar dentro de los sistemas democráticos o todavía le faltan algunas condiciones para llegar a ser una poliarquía, como diría Robert Dahl.

Una de las pruebas infalibles de un sistema democrático es, como dice Adam Przeworski, que los partidos pierdan elecciones, lo cual conduce a la alternancia en el poder; esta dinámica forma parte de una rutina en los países democráticos y que en México apenas se inicia (Przeworski, 1995: 14).

Una manera de ubicar el sistema político en México puede ser mediante una caracterización de los siguientes rasgos:

—México se encuentra en un proceso de liberalización que ha pasado por varias etapas, las cuales pueden ser medidas desde distintos ámbitos y criterios; por ejemplo, desde el punto de vista del sistema de partidos hemos llegado a un pluralismo moderado de tres grandes fuerzas nacionales y un conjunto de pequeños partidos de implante regional o local, los cuales han entrado en una tendencia de competencia creciente.

—El sistema electoral que existe a partir de la reforma de 1977 es mixto con partido dominante mayoritario; sin embargo, en cuanto a las reglas electorales hay un nivel real de autonomía de los organismos electorales hasta 1996; sobre las condiciones de la competencia hubo avances importantes a partir de los comicios de 1997, tanto en materia de gasto y financiamiento como en el acceso de los partidos a los medios de comunicación; sin embargo, todavía existen algunos desequilibrios, como el desproporcionado financiamiento público de los partidos políticos, o las limitaciones para que éstos puedan hacer alianzas y coaliciones electorales.

En la perspectiva política se puede hablar de que el viejo sistema autoritario y corporativo se encuentra en una crisis que hasta la fecha no se ha resuelto. En este punto existe una amplia discusión sobre los criterios para medir si el país está todavía en alguna fase de tránsito, si la terminó, si faltan algunas piezas o si se trata

---

[3] Es necesario aclarar que estas clasificaciones son útiles, pero hay que ubicarlas históricamente, por lo cual se puede ver que los datos de este trabajo son de mediados de la década de 1970 (Sartori, 1980: 160).

[4] Sobre las diferencias de elecciones competidas y no competidas se puede consultar el libro de Hermet, *¿Para qué sirven las elecciones?* (1982).

[5] Un desarrollo muy amplio y detallado de todos estos mecanismos se encuentra en Nohlen (1994: 47-85).

de esperar que se asienten los cambios que ya se han dado. Por ejemplo, las elecciones de 1997 pueden ser un momento importante de arranque para un nuevo sistema político, sobre todo por la nueva composición del Congreso, en donde ningún partido tuvo mayoría absoluta. Quizá el signo más claro de este acontecimiento sea el de una nueva forma de relación entre el presidente y el Poder Legislativo; y tal vez no estemos lejos de una alternancia del poder en el ámbito nacional, acontecimiento que puede ser la pieza que todavía le falta a la transición.

Estos cambios y posibilidades no significan que México vaya a estar al margen de los problemas de consolidación que tienen los países que han transitado a la democracia, pero eso es tema de otro trabajo. En síntesis, se puede indicar que en los últimos 30 años no hubo en el país propiamente una regularidad en sus cambios político-electorales; por lo tanto, se tienen que reconocer ciclos heterogéneos de avances y retrocesos, participación y abstencionismo, razón por la cual no se puede distinguir con claridad un hecho fundante, ni un requisito que dé por terminada la construcción de un sistema democrático.

En el caso mexicano, el desarrollo de sus elecciones y partidos se puede analizar —como hipótesis para formalizar el estudio— de acuerdo con tres periodos.[6] El primero se inicia en 1946, con la ley electoral, pasa por la reforma de 1963, con los diputados de partido para la oposición, primer experimento de una apertura limitada y controlada del sistema político en el espacio electoral, y cierra con la elección presidencial de 1976, en la cual se expresa una crisis de estrechez del sistema político que ahoga cualquier posibilidad de competencia electoral; 1976 representa el último gran monólogo del PRI; esta etapa se puede llamar de partido hegemónico. La fase de hegemonía —en el sentido de Gramsci, como la capacidad de dirección política y moral en una sociedad— tiene características de un claro predominio de un partido sobre el resto; un origen de la legitimidad no basado original y exclusivamente en las urnas; la imposibilidad radical de la alternancia en el poder; un modelo de no competitividad electoral; un diseño excluyente de reglas del juego y mecanismos cerrados de acceso a nuevos y viejos actores e instituciones políticas.

En el flanco electoral, la correspondencia son las elecciones no libres, que se distinguen claramente de los comicios democráticos por una serie de características del siguiente tipo: "El cuerpo electoral no está diseñado a la medida por el poder o por los notables locales, en que los electores no se sienten amenazados cuando depositan sus papeletas y donde los resultados oficiales corresponden verdaderamente, salvo errores mínimos o distorsiones puramente locales, a los sufragios emitidos" (Hermet, 1982: 23).

Las elecciones en México durante estas décadas no son libres y tienen todos los requisitos de los comicios donde no hay posibilidad de alternancia. El diseño institucional era *ad hoc* para que la oposición pudiera crecer de forma muy limitada, sin tener posibilidad real de competir por el poder; el voto por el PRI era básicamente corporativo; no había debate ni espacio para que la oposición pudiera tener acceso a los medios de comunicación; en síntesis, los recursos de la oposición, comparativamente, eran muy desiguales y las condiciones de la competencia eran inequitativas de manera radical.

Una segunda fase se inicia con la reforma política de 1977, en la cual se establece el sistema electoral mixto de representación con dominante mayoritario, se expande el sistema de partidos y comienza una larga ruta hacia la formación de un sistema de partidos. Este periodo termina en 1988 con las elecciones presidenciales, la ruptura cardenista del PRI, la "caída" del cómputo electoral. En 1988 hay un agotamiento del sistema no competitivo, que es rebasado por condiciones políticas y sociales que muestran la necesidad de cambiar las reglas del juego. Esta fase la podemos llamar de partido dominante (o predominante).

En esos años, el sistema de partido dominante mexicano estaba muy lejos de ser una democracia porque la alternancia estaba prácticamente cancelada, salvo algunas excepciones conflictivas; las reglas del juego mantenían un núcleo duro de inequidad y falta de transparencia, que daban al aspecto electoral un perfil de ilegitimidad muy acentuado. En este periodo fue clave la reforma política de 1977, la cual se puede analizar desde dos puntos de vista complementarios: por una parte, fue el inicio de un cambio que abrió el sistema político, incorporó a nuevos partidos, estableció un sistema electoral para el Poder Legislativo de carácter mixto —mayoría y representación proporcional—, con predominio de la mayoría, y modificó las reglas del juego electoral; por la otra, fue un cambio parcial porque se mantuvo un esquema predeterminado de la mayoría priísta frente a las minorías opositoras; no se modificaron los mecanismos de control del proceso electoral, los cuales siguieron en manos del gobierno y del partido oficial, y se dejaron cerrados los demás componentes de un sistema democrático, como los medios de comunicación y la posibilidad de tener información alternativa. En síntesis, se trató de una reforma inicial que, vista a la distancia, sirvió para adecuar el paso de un sistema de partido hegemónico a otro de tipo dominante, en el que el PRI pudiera seguir conservando la mayoría y el control, es decir, un sistema no competitivo.

En México no resulta complicado responder a la pregunta que se hace T. J. Pempel para otros casos en los que se da una combinación entre un sistema de partido dominante dentro de reglas democráticas; casos como el de India, Japón o Italia entran en esta situación, y en cada uno se responde a la pregunta: ¿cómo es posible la combinación entre democracia y dominio? (Pempel, 1991: 388). En México, como no había una democracia, no se limitaban los rasgos de un partido dominante; las limitaciones se daban en el conflicto y en las batallas que daba la oposición para ampliar el espacio y libera-

---

[6] Hay diversos trabajos que se han elaborado para estudiar el sistema de partidos o las elecciones y cada uno de ellos combina de forma distinta los criterios de separación, por ejemplo: Juan Molinar Horcasitas estudia el sistema electoral y conforma varias etapas (hegemónico, clásico, posclásico) en *El tiempo de la legitimidad* (1991); otro es José Woldenberg, quien hace una periodización del sistema de partidos en cuatro etapas (dispersión, hegemonía, crisis y sistema de partidos) en "Estado y partidos: una periodización" (1993). En cada cronología lo importante es la jerarquía y la selección; por eso, al mezclar diversos criterios podemos tener un resultado como el que aquí se presenta.

lizar las reglas del juego. En México, la democracia no se había constituido, el gobierno estaba completamente conectado a su partido, la oposición de izquierda era perseguida, los medios de comunicación, en su gran mayoría, no eran independientes del gobierno y las elecciones competidas terminaban en conflicto, por lo cual el dominio no era producto de condiciones de equidad y transparencia.

Se inicia una tercera fase con la reforma política de 1989-1990, cuando se crea una institución electoral propiamente dicha —el Instituto Federal Electoral—, se pasa por las complicadas elecciones de 1994, la reforma de 1996 y su exitosa prueba en las elecciones intermedias de 1997. En esta etapa se logra la autonomía de los organismos electorales y se dan las bases para que la oposición empiece a gobernar en el Congreso de la Unión; el PRI pierde la mayoría absoluta en la Cámara de Diputados y se elige democráticamente, por primera vez, al jefe de gobierno del Distrito Federal; a esta fase se le puede llamar un sistema de pluralismo tripartito con alternancia.

En este periodo se establece una serie de condiciones importantes en materia de transparencia y equidad, como piezas centrales del sistema electoral. Con la reforma de 1996 se logra, además de la autonomía del organismo electoral, la redistritación de las circunscripciones electorales, condiciones de equidad para la competencia mediante un predominio en el financiamiento público de los partidos, y la posibilidad de acceso de todos los partidos a los medios de comunicación electrónica en horarios de gran auditorio. Por otra parte, el sistema de partidos políticos, conformado por tres grandes fuerzas a partir de 1989, logra fortalecer un perfil de competitividad que se generaliza prácticamente en todo el país en 1997.[7]

LÍNEAS DE INVESTIGACIÓN Y DEBATE CONTEMPORÁNEO

En las perspectivas que se pueden establecer para el sistema de partidos y los procesos electorales dentro de los sistemas democráticos, se pueden localizar dos grandes grupos de problemas. Estos dos conjuntos tienen una ubicación diferente; el primero se liga de manera directa con nudos problemáticos internos a la democracia en este fin de siglo; el segundo trata de problemas externos que afectan a los sistemas democráticos. De los problemas internos sobresalen los siguientes:

—La volatilidad del voto en amplias franjas de la población, que cambian fácilmente la intención de su voto con base no en las plataformas ideológicas de los partidos, sino en circunstancias coyunturales como el candidato, la campaña o el problema más importante durante una contienda.

—Las nuevas formas de hacer la política en sociedades que han entrado a las redes tecnológicas de la comunicación, la internet y los medios de comunicación de masas, innovaciones que obligan a los partidos a replantear sus estrategias de campaña y de gobierno, ya que el éxito electoral depende no del desempeño acertado de un gobierno, sino de una buena estrategia de publicidad, guerra sucia y manejo de los medios de comunicación.

—La representatividad política se ha movido en varios sentidos; por una parte, en las fórmulas de proporcionalidad y de mayoría que incorporan los sistemas electorales y, por la otra, en el cambio de referentes culturales e ideológicos de la ciudadanía, que se ubica mayoritariamente fuera de los viejos ejes que articulaban a las izquierdas y derechas, o a los criterios de más mercado o más planificación central; hay una gama de novedades que hoy juegan en la política, desde los nuevos movimientos sociales hasta las formas de integración y desintegración que ha generado la globalización, como un fenómeno que va mucho más lejos de las meras reglas del intercambio económico y financiero.

—El tipo de equilibrios que puede haber dentro de los partidos políticos entre liderazgos y estructuras de organización; los grados de autonomía que pueden tener los mandos sobre las bases; las formas de organización territorial y los dilemas frente a las exigencias democráticas de no reproducir esquemas clientelares o corporativos.

Entre los problemas externos que afectan tanto la legitimidad de los procesos electorales como los retos que enfrentan los partidos como instituciones necesarias en la construcción democrática y la renovación institucional del poder destacan los siguientes (véase Offe y Schmitter, 1995: 5-30):

—Los poderes, de hecho, que no están sometidos a ninguna legalidad; éstos van desde las mafias y el crimen organizado hasta los vacíos de la misma globalización para controlar el manejo de los capitales financieros.

—El fortalecimiento de la ciudadanía frente a dos tendencias contrarias al proceso democrático: las ubicaciones premodernas de intolerancia y las ubicaciones posmodernas de desencanto.

—La creciente inseguridad que viven los países como una expresión compleja de la descomposición social, la polarización económica y la sobrepoblación urbana.

—Las desigualdades económicas crecientes, que generan millones de pobres que viven por debajo de la línea de pobreza, lo cual debilita a las democracias y a la ciudadanía e introduce distorsiones graves en los esquemas de competencia política.

—Los conflictos étnicos y las intolerancias religiosas, que se han expandido en muchos países y que mantienen una tensión aguda sobre los sistemas institucionales de las democracias liberales.

---

[7] A partir de los resultados de las elecciones intermedias de 1997 se establece un sistema competitivo que tiene a su vez tres subsistemas; éstos se establecen con base en el análisis de los resultados por estados: uno de plena competencia entre los tres partidos, PAN, PRI y PRD; otro de alta competencia entre PRI y PRD, con un tercer partido en condición de competencia baja, y el otro entre el PRI y PAN, con un tercer partido también en situación de competencia baja.

BIBLIOGRAFÍA

Bobbio, Norberto, y Nicola Matteucci (1982), *Diccionario de política, l-z*, Siglo XXI Editores, México, 1982.

Dahl, Robert A. (1989), *Democracy and its Critics*, Yale University Press, EUA.

Hermet, Guy (1982), *¿Para qué sirven las elecciones?*, FCE, México.

Huntington, Samuel P. (1996), "La tercera ola de la democracia", en Larry Diamond y Marc F. Plattner, *El resurgimiento global de la democracia*, Instituto de Investigaciones Sociales, UNAM, México, 1996.

Molinar Horcasitas, Juan (1991), *El tiempo de la legitimidad*, Cal y Arena, México.

Nohlen, Dieter (1994), *Sistemas electorales y partidos políticos*, FCE, México.

Offe, Claus, y Philippe C. Schmitter (1995), "Las paradojas y los dilemas de la democracia liberal", en *Revista Internacional de Filosofía Política*, núm. 6, diciembre, Madrid.

Panebianco, Angelo (1993), *Modelos de partido*, Alianza Universidad, México.

Pempel, T. J. (comp.) (1991), *Democracias diferentes: los regímenes con partido dominante*, FCE, México.

Przeworski, Adam (1995), *Democracia y mercado: reformas políticas y económicas en la Europa del Este y América Latina*, Cambridge University Press, Gran Bretaña.

Sartori, Giovanni (1980), *Partidos y sistemas de partidos*, t. 1, Alianza Editorial, Madrid.

Woldenberg, José (1993), "Estado y partidos: una periodización", *Revista Mexicana de Sociología*, Instituto de Investigaciones Sociales, UNAM, núm. 2, México.

PENSAMIENTO LAICO

Edoardo Tortarolo

Definición

En el discurso político y cultural contemporáneo, los *laicos* son aquellos que afirman la necesidad de excluir las doctrinas religiosas, y las instituciones que fungen como intérpretes suyos, del funcionamiento de la cosa pública en todos sus aspectos. Ser laico o remontarse a la tradición laica significa, por tanto, oponerse al confesionalismo y al fundamentalismo, según los cuales las instituciones políticas deben estar unidas al respeto obligatorio para todos, creyentes y no creyentes, de los principios religiosos de la Iglesia dominante. En general, *laicismo* significa creer en la necesidad de separar la esfera pública de la política y la esfera privada de la fe religiosa; los laicos reconocen en esta separación una condición necesaria para el bienestar del hombre, para el respeto de su dignidad y para el libre desarrollo de todas sus capacidades. Los laicos son pues tendencialmente individualistas y racionalistas; por tanto, el pensamiento laico se ha identificado también con una concepción más amplia y global de la cultura y la vida civil, basada sobre la tolerancia comprensiva de las creencias de los demás, el análisis crítico de las opiniones predominantes, el rechazo del dogmatismo en todo sector de la vida asociada, incluso más allá de la influencia directa de la institución religiosa dominante.

El pensamiento laico tiene su historia específica. Aunque nació en el contexto de la cultura política y religiosa de la Europa occidental en la época medieval, ahora es reconocible también una actitud de consciente espíritu laico en situaciones político-religiosas no cristianas, como aquellas de los países islámicos, en los cuales los equilibrios entre la religión y la concepción del Estado eran originariamente bastante diversos de los de la Europa moderna. La distinción entre el ámbito de la política y el ámbito de la religión es por lo demás problemática; para el desarrollo del pensamiento laico, la premisa histórica es una forma de dualismo, que es imposible imaginar en un contexto político-religioso caracterizado por el cesaropapismo o dominado por la identidad de Estado e Iglesia.

Para comprender la evolución del pensamiento laico es necesario tener presente la existencia del debate, sobre todo filosófico y sociológico, de conceptos que indican fenómenos que se encuentran en correlación con la actitud laica pero claramente distintos; entre éstos sobresale el concepto de secularización, entendida aquí como proceso de pérdida de importancia de la religión en la vida social como fuente de identidad y orientación en el obrar de los individuos y grupos. Admitido que sea posible asegurar una real secularización en el conjunto de la sociedad europea en el sentido arriba indicado en la edad moderna y contemporánea, y que sea plausible anticipar los desarrollos en las décadas por venir, la vicisitud histórica del pensamiento laico puede ser analizada de manera autónoma, porque indica sobre todo un ámbito de la historia política e intelectual.

El término *laico* en todas las lenguas europeas proviene de la palabra griega *laós*, que indica el pueblo guerrero en su relación con un jefe, al que está ligado por mutuo consentimiento. La gama de significados actuales de laico debe mucho al uso que de él hizo la Iglesia cristiana; en el vocabulario apologético de los orígenes (por ejemplo, en Tertuliano), laico indicaba lo que es propio del pueblo; era laico en el Medievo el que no formaba parte del clero con pleno título, en cuanto no había recibido las órdenes sacerdotales. La apropiación por parte de los laicos de funciones y responsabilidades culturales tradicionalmente ejercidas por el clero dio origen a una acepción específica de *laicismo*, que volvió a surgir como *laicism* en la Inglaterra del siglo XIX para indicar "la usurpación de los derechos sacerdotales". En la segunda mitad del siglo XIX, en el contexto de la lucha entre el liberalismo separatista y la Iglesia católica, nació y se difundió a partir de Francia el término *laicismo (laïcité)*. El uso actual de laico está en gran parte ligado a la fortuna de este término francés, que se volvió un concepto clave de la política del siglo XIX.

Historia, teoría y crítica

Es imposible fijar una fecha de origen del pensamiento laico: ciertamente el terreno sobre el que nació fue aquel de la lucha entre la pretensión universalista de la Iglesia medieval y los poderes seculares en los diversos territorios; es una historia de disidencias y tensiones que se renuevan; sin embargo, ninguno de estos momentos puede ser reclamado como anuncio del pensamiento laico moderno ni como prueba de una presunta actitud laica atemporal y verificable, siempre igual a sí misma, en fases diversas de la historia humana. Históricamente significativa fue la contraposición entre el poder espiritual y el poder temporal del emperador entre los siglos XI y XII, que hizo del poder civil del emperador, a través de la acción vigorosa de Gregorio VII, ya no un *ordo* consagrado sino el objeto de la autoridad papal, la cual creó así, de hecho, con el *Dictatus Papae* (1075) un espacio de la política. Otra contribución viene de la civilización comunal, afirmándose la existencia de formas políticas autónomas del poder eclesiástico, episcopal en particular, que se desarrolló en formas de vida urbana y mercantil extrañas a los modelos religiosos tradicionales y creó una jurisdicción autónoma de las jerarquías eclesiásticas.

Sobre estas condiciones de desarrollo se puso en marcha la difusión, a partir de Italia, del nuevo descubrimiento de la civilización clásica griega y romana en la forma de una cultura humanista que propuso a toda Europa un ideal de perfección humana, precisamente laica, en cuanto se derivaba de una cultura literaria y filosófica que no había conocido el problema de un poder religioso organizado autónomamente como contraparte o aliado del civil y político. Un elemento ulterior de desacralización vino de la reflexión sobre la naturaleza del poder. La obra de Nicolás Maquiavelo (1469-1527) fue fundamental. Con el descubrimiento maquiaveliano de la política como dimensión absoluta del actuar humano, carente de relaciones con la ética, la religión se vio reducida a instrumento del poder y sus instituciones a factores puramente terrenales a juzgar por su importancia respecto al plan, terreno y siempre precario e inestable, sobre el que se desarrolla la existencia del hombre. A la toma de distancia de la Iglesia romana, a la desconfianza hacia su papel histórico en nombre de la autonomía de las capacidades humanas, se unió la experiencia dramática de la profunda crisis religiosa que atravesó toda la Europa del siglo XVI. El resultado de esta crisis fue la fractura de una unidad religiosa europea ya casi milenaria; la creación de confesiones diversas y enemigas, fuertemente ligadas a las instituciones políticas nacionales, y la divergencia de la experiencia histórica entre los países que permanecieron bajo la obediencia romana, aunque según los modelos profundamente renovados de la Contrarreforma católica, y los países en que se afirmaron las reformas protestantes, luterana, calvinista y anglicana. En la Europa de finales del siglo XVI, las confesiones cristianas concurrentes, fuertemente intolerantes, dentro de su propio ámbito, vieron la necesidad de contar con la tolerancia y la convivencia pacífica, la cual fue interpretada por los pensadores clásicos del pensamiento laico. Así, en la Francia desgarrada por las guerras de religión, Jean Bodin, en el *De re publica* (1576), subrayó el carácter absoluto, unitario e indivisible del poder soberano: el monarca debía ser superior a las disputas religiosas. Para Bodin, era ciertamente deseable la unidad de religión del reino; mas, por otra parte, el objeto fundamental del gobierno era la garantía de la seguridad y de la prosperidad del reino. Si el bien común hubiese entrado en colisión con la uniformidad religiosa, el buen orden en la sociedad debía tener la ventaja sobre las preocupaciones confesionales. Establecido pues que, para los fines de la salvación individual ultraterrena, la verdad de la religión católica no se ponía en duda, el problema de la verdad pasaba a segundo plano frente al peligro del desquiciamiento de toda forma de convivencia que resultaba de la búsqueda de una total uniformidad de fe.

De estas posiciones, que cada vez más claramente querían distinguir los problemas de la convivencia política de aquellos de la salvación individual en el más allá, surgieron los caracteres ya no contingentes, sino cada vez más coherentes y argumentados de una reflexión que a través de la perspectiva iusnaturalista y contractualista reconstruye los orígenes y las funciones del Estado como institución humana, de la cual explícitamente se pone de relieve la tarea de organizar la convivencia humana según la justicia: salir del estado de naturaleza significa para los hombres encontrar un acuerdo válido exclusivamente para la vida terrena. Las soluciones nacidas en el terreno del iusnaturalismo y del contractualismo fueron diversas, pero aquí nos interesa establecer cómo se enfrentó el tema de las relaciones entre el poder civil y el poder religioso.

Recordemos que en el curso del siglo XVII, Hobbes y Spinoza se plantearon el problema de neutralizar la potencialidad disgregadora de la religión para la convivencia civil argumentando la superioridad del poder civil sobre la institución religiosa. Haciendo esto aclararon los términos de posibles procesos de separación entre la esfera política y la esfera religiosa o de absorción de ésta en aquélla, y argumentaron resueltamente ambos a favor de la desacralización del poder civil. Sobre el tema de la separación y distinción entre Iglesia y gobierno civil, entre *church* y *commonwealth* y entre *religion* y *government*, la posición más fuerte e influyente vino de John Locke, quien en sus diversos escritos sobre tolerancia, en particular en la *Epistula de Tolerantia* (1689), teorizó acerca de la capacidad del poder político para reconocer sus propios límites en el ámbito más estrictamente religioso, el de la conciencia individual, con el fin de garantizar a todas las confesiones iguales posibilidades de acción y, al mismo tiempo, impedir que una de éstas se arrogase funciones públicas propias del poder secularizado. Por lo demás, Locke no creía que el gobierno civil debiera abstenerse siempre y en cualquier circunstancia de intervenir en la organización eclesiástica, sino que, más bien, el Estado estaba llamado a actuar cuando viniesen por parte de una Iglesia amenazas a los intereses de la sociedad. Una religión en la sociedad civil era necesaria como garantía social. La libertad religiosa misma (de la que de todos modos eran excluidos los ateos) debía contribuir a transformar el cristianismo en una fe razonable, basada esencialmente en una ética natural y no dogmática, y por ello favorable al bienestar de la sociedad y opuesta a los abusos tiránicos del poder político.

El movimiento de la Ilustración intentó, en particular en la Europa católica, incidir sobre este nudo de la cuestión profundizando la teorización contractualista y iusnaturalista en dirección de la afirmación de los derechos de los Estados, pero abriendo también vigorosamente la discusión por lo menos sobre otros dos aspectos que confluyeron en el laicismo clásico: la autonomía de la moral como hecho humano y el papel negativo de la Iglesia en la economía global del progreso de la humanidad. En torno a estos grandes temas polémicos, intelectuales ilustrados y élites de gobierno cooperaron, de modos diversos y medidas distintas según los lugares y las circunstancias, para limitar y, donde fuera posible, suprimir del todo las competencias eclesiásticas en la vida civil. Con la Ilustración, la polémica contra la conmistión entre secular y religioso, entre civil y eclesiástico adquirió una fuerza y una coherencia nuevas, ya no limitadas sólo a la polémica socialmente restringida contra la religión revelada como engaño sacerdotal y vacía superstición, que había caracterizado a los textos con frecuencia clandestinos de los librepensadores franceses del siglo XVII; la discusión ilustrada se desarrolló cada vez más sobre el terreno de la opinión pública a través de un llamado reiterado al público de lectores cultos de toda Europa y en nombre de la libertad de fe y de expresión religiosa. En el discurso ilustrado, entusiasmo fanático y superstición fueron dos hechos imputados a la experiencia histórica de las iglesias, la católica en primer lugar. No fueron sólo los *philosophes* franceses, más destacados en la crítica a la Iglesia, los que influyeron sobre la formación del pensamiento laico moderno; junto a Voltaire, Diderot, Montesquieu, D'Holbach, se formó una opinión pública laica en la segunda mitad del siglo XVIII que reclamó la distinción entre asuntos civiles y religiosos, y el retiro de la institución eclesiástica de la vida pública. Según esta orientación, la pretensión de la Iglesia de imponerse como guía de la sociedad terrena se demostraba infundada, y el largo poder eclesiástico se manifestaba como una tiranía espiritual y material que no era natural, con gran daño de la verdad simple, universal y comprensible sobre los misterios del mundo y de la vida. Por consiguiente, no a la Iglesia sino a la filosofía, puramente humana, racional y liberadora, y a los *philosophes* —los intelectuales que eran sus intérpretes— correspondía asumir la guía moral e intelectual de la sociedad europea. Los filósofos debían colaborar con el poder absoluto, comprometido en la obra de afirmar una concepción laica de la sociedad y del Estado. Es típico de esta actitud, para citar un solo ejemplo, el celebérrimo tratado de Cesare Beccaria (1738-1794), *Dei delitti e delle pene* (1764), que fundaba su solicitud de una reforma del sistema judicial sobre una distinción radical entre crimen y pecado, resarcimiento a la sociedad y expiación moral, que está todavía en la base del concepto laico de justicia. También para Beccaria, la superposición entre la represión de la herejía y el uso del poder judicial representaba una desviación muy grave del principio de la separación entre ámbito civil y ámbito religioso. En el curso del siglo XVIII, la forma más radical de la laicización del Estado y la sociedad fue denominada *josefinismo* (o *josefismo)*, porque retomaba la acción de gobierno del emperador José II de Habsburgo de 1780 a 1790: entre otros, los decretos de tolerancia religiosa de 1781 —que reconocieron a los no católicos, comprendidos los judíos, como súbditos de la monarquía con pleno título— y las enérgicas y profundas reformas organizativas de la Iglesia católica, que constituyeron una especie de Iglesia nacional austriaca, en la cual los sacerdotes se asimilaban a los funcionarios públicos y debían contribuir a la prosperidad colectiva según las directivas estatales; fue anulada la interferencia papal en los territorios de los Habsburgo; el nuevo juramento de los obispos simbolizaba esta nueva perspectiva en cuanto los obligaba a la fidelidad hacia el emperador y al máximo compromiso por el bienestar del Estado; además, se puso bajo control a las órdenes mendicantes, se reformaron profundamente los estudios en el seminario y se frenó el flujo financiero de los territorios del Estado hacia Roma.

Al mismo tiempo, en América los revolucionarios garantizaron en sus constituciones, a partir de 1776, la libertad religiosa y pusieron en marcha, con disposiciones legislativas, la clara separación entre instituciones políticas e iglesias. El *disestablishment*, como es llamada en los Estados Unidos la autonomía entre el Estado y las confesiones religiosas, trajo como consecuencia lógica la ruptura con la madre patria inglesa: la unidad entre monarquía e Iglesia anglicana no podía obviamente ser reproducida en la nueva república. Era decisiva la pluralidad efectiva de confesiones que se había creado en las colonias durante su formación. La multiplicidad de cultos religiosos hizo irrelevante la pretensión de una confesión específica de gozar de una relación privilegiada con el Estado; esto dio origen a una "democracia de experimentos religiosos", vinculada funcionalmente con la democracia política en el sentido de que tanto la actividad política como la práctica religiosa han adquirido un carácter fuertemente pragmático: la religión, presente en todas las orientaciones políticas, no puede volverse en cuanto tal alternativa a la elaboración política.

El trauma revolucionario

La polémica ilustrada contra la injerencia eclesiástica en la vida estatal y el ejemplo de la obra de reforma de las instituciones católicas por parte de la monarquía de los Habsburgo confluyeron en la política eclesiástica de los gobiernos durante la Revolución francesa. En lo que respecta a la Iglesia, la política revolucionaria inició la reforma de la Iglesia católica como parte del desmantelamiento del antiguo régimen, del que la Iglesia galicana era parte integrante. La Iglesia debía participar en la regeneración de la nación-Estado francés, según las intenciones de los revolucionarios: la constitución civil del clero en el nuevo Estado, donde, por lo demás, la libertad de religión se afirmaba como derecho natural de cada uno. La condena papal de la constitución civil del clero y el rechazo de una parte tenaz del clero francés a prestar el juramento solicitado por el Estado llevaron al enfrentamiento radical entre Estado revolucionario e Iglesia católica. La resistencia del clero a la constitución civil fue interpretada por los revolucionarios como parte de la conspiración aristocrática y monárquica. Haciendo hincapié sobre un proceso de discriminación que venía operando desde hacía tiempo en amplias zonas de la sociedad francesa, los revolucionarios hicieron del clero refractario una de las víctimas del Terror e instauraron al mismo tiempo formas de religión racionalista, patriótica, deísta; de esta manera, la autoridad religiosa y política quedaba unificada en el poder democrático revolucionario, instaurando la doctrina rousseauniana de la religión civil, lejana del catolicismo tradicional y orientada más bien al culto de la naturaleza y la razón. La transformación de la catedral de Notre Dame en Templo de la Razón representa muy bien este cambio de sensibilidad religiosa en sentido laico y descristianizado, sancionado por el decreto del Comité de Salud Pública del 18 Floral (año II), que proclamaba el culto del Ser Supremo y la inmortalidad del alma. Las vicisitudes revolucionarias cavaron una zanja imposible de llenar entre el Estado moderno y la Iglesia católica; la dinámica del pensamiento laico en el siglo XIX y en el XX es vista a partir de la fractura operada por la Revolución francesa y por el intento trágico de unir política y religión renovada por el Estado: cada vez más el pensamiento laico se orientó hacia el separatismo. La fase de separación violenta del gobierno revolucionario respecto de la Iglesia como poder político terminó con el fin del Comité de Salud Pública. En 1794, el Directorio separó al Estado de la Iglesia, alejándose así del modelo de integración jacobina sin abandonar por esto la polémica anticatólica. El experimento de separación fue interrumpido por Napoleón en el contexto de su proyecto de pacificación de Francia y de consolidación del poder político: la función estabilizadora de la religión tradicional fue considerada irrenunciable. Napoleón restauró la religión católica a través del concordato de 1802, sometiendo por lo demás al clero a un rígido control por parte de las autoridades estatales: no volvió el Estado confesional; el clero no fue reconocido como clase *per se;* la libertad religiosa y los cultos no católicos fueron salvaguardados, pero la solución concordataria, rechazando de hecho la reflexión laica de la Ilustración, pareció a los herederos de ésta una solución inadecuada, en particular frente a la voluntad explícita de una parte importante del clero, en Francia y en el resto de la Europa católica, de retornar al *statu quo* y a su posición de privilegio político-social y de monopolio religioso y cultural.

Laicismo como modernidad y libertad en el siglo XIX

En Europa, los gobiernos de la Restauración repudiaron la concepción laica del gobierno por ser destructora del equilibrio social y recuperaron la relación con la Iglesia católica, aun cuando en ningún país existió un verdadero retorno a las condiciones prerrevolucionarias ni siquiera en el ámbito de las relaciones entre Estado e Iglesia. La marcada identificación de la Iglesia de Roma con los valores de la contrarrevolución y su elección de la cristiandad medieval como *societas christiana*, modelo perfecto para el presente, condicionó gran parte de la cultura política del siglo XIX, haciendo del laicismo uno de los puntos centrales de las teorías de la modernidad. En efecto, el naciente liberalismo inglés y francés tomó una fuerte connotación laica, mientras en Italia el problema de la soberanía temporal del papa vino a acentuar el carácter laico del movimiento de unificación nacional. De cualquier modo, los liberales del siglo XIX tuvieron muy presente la experiencia del Terror y de su lucha anticatólica.

Para Benjamin Constant y Alexis de Tocqueville, la religión es necesaria para ser políticamente libres, porque las masas tienen necesidad de contar con una moral sancionada religiosamente. Con igual claridad solicitaron que el Estado no se identificase con alguna confesión cristiana específica. Para Tocqueville, la compenetración entre Estado y religión no tiene razón de ser; uno y otra ganan de la separación, y la religión encuentra en la separación las condiciones para ser verdaderamente ella misma. En los Estados Unidos, que Tocqueville describió en un análisis célebre, se practicó el modelo de separación, y las religiones, incluida la católica, han contribuido a la democracia republicana. Análogamente, el protestante Guizot minimizaba los disensos entre catolicismo, protestantismo y filosofías; subrayaba la necesidad de renovar el espíritu religioso en la sociedad, pero reivindicaba para el Estado la libertad de pensamiento en el orden moral. El carácter laico de la vida estatal fue reconocido, en áspera polémica con la Curia romana, por el catolicismo liberal francés, que con Lamennais y su revista *L'Avenir* se remontaba al principio de "Iglesia libre en el estado libre", proclamado en Bélgica con la Revolución de 1830. En Francia, reclamar la separación entre el Estado y la Iglesia podía significar no sólo dar vigencia a un principio del pensamiento laico, sino también superar la herencia de la tradición galicana de control estatal sobre la Iglesia y liberar para ésta nuevos espacios de expresión y actividad.

Era diversa la situación en Italia, donde la Iglesia católica se consideraba como un soporte de los gobiernos antiliberales y un fuerte obstáculo a la solución del problema nacional. Por lo demás, Gregorio XVI en la *Mirari vos*, del 15 de agosto de 1832, condenó formalmente la voluntad de romper la unidad de *imperium* y *sacerdotium*, *regnum* y *Ecclesia;* en esta perspectiva, la Iglesia católica rechazó en un principio el carácter laico y moderno del Estado y mostró su adhesión al modelo medieval. La breve temporada del neogüelfismo tampoco melló esta posición; para la Constitución concedida por Pío IX en 1848, la religión católica era condición necesaria para el disfrute de los derechos políticos (artículo 25); mientras, significativamente, durante la República romana, la Constitución afirmaba la naturaleza laica del Estado, inseparable de su naturaleza democrática.

En el resto de Italia, el movimiento nacional en la primavera de 1848 estuvo ligado a la consecución de la igualdad civil de los no católicos. El Piamonte tomó en este campo el papel de guía tanto desde un punto de vista legislativo, con la emancipación de judíos y valdenses, como del intelectual.

Entre 1850 y 1860, el nexo entre Resurgimiento, liberalismo constitucional y laicismo se hizo estrecho, incluso "por la solidaridad de intereses entre la Santa Sede y los regímenes absolutos, ligados todos al predominio austriaco en Italia" (Jemolo, 132). En torno a la discusión sobre las leyes Siccardi (aprobadas en 1851) para la abolición del fuero eclesiástico y diezmos sardos, se desarrolló una serie de proyectos de la izquierda para la confiscación de los bienes eclesiásticos, la creación de una caja eclesiástica para pagar a los párrocos pobres, la abolición de las órdenes religiosas y la introducción del matrimonio civil. Tomando la reflexión de Hegel sobre el Estado, una parte de la filosofía italiana (Bertrando Spaventa, por ejemplo) exaltó el Estado laico, contrapuesto a la Iglesia, hasta proponer la absorción por parte del Estado de funciones espirituales propias de la Iglesia. En el apretado debate en torno a la política laica del Estado subalpino fue determinante la posición de Cavour, para quien no sólo, como reza la célebre fórmula de "libre Iglesia en libre Estado", era fundamental el separatismo neutral, sino también era decisivo que la Iglesia católica hiciese propia la elección de la libertad, que era la única que podía permitir el progreso del mundo moderno. Las décadas de 1860 y 1870 vieron en Italia, y en general en Europa, una acentuación del carácter laico tanto de la política gubernamental en el nuevo reino como de las orientaciones de amplios sectores de la sociedad civil; la cuestión romana se unió a la reacción contra el antiliberalismo y el antiprogresismo intransigente del Sílabo (1864) para generar en las clases cultas una compleja actitud que reflejaba la evidente enajenación de la religión católica respecto a la sociedad moderna. El caso de Italia es representativo de las formas concretas adoptadas por la política laica en la segunda mitad del siglo XIX. A través de una serie de providencias legislativas, desde la liquidación del eje eclesiástico (1867) pasando por la abolición de la obligación de la enseñanza religiosa (1876) hasta el reconocimiento del juramento público no religioso (1876) y la cremación (1888), es clara la continuidad entre derecha e izquierda en el esfuerzo por crear un Estado no confesional y por reducir a la Iglesia católica a asociación religiosa. La desclericalización del personal docente en las escuelas públicas fue radical, pasando la cantidad de docentes religiosos de 33.5% en 1862 a 5.39% en 1897. Paralelamente a la actividad gubernamental, se desarrolló una fuerte actividad de laicización de la vida pública con el materialismo de orígenes socialistas, el positivismo en sus formas de divulgación más menuda y el crecimiento de nuevos grupos sociales extraños al magisterio tradicional de la Iglesia. Sobre esta base se constituyeron las sociedades de libre pensamiento y las sociedades obreras de ayuda mutua como formas de organización laica, de solidaridad no confesional que rechazaban la concepción paternalista de las relaciones sociales y sustituían la religión revelada por el culto del progreso y de la ciencia. Así, el anticlericalismo materialista y evolucionista se convierte en núcleo del pensamiento laico en la segunda mitad del siglo XIX, que exaltaba la autonomía de la política, la ciencia, la moral, la sociabilidad del magisterio religioso y la organización de la Iglesia católica.

En Inglaterra, en 1829 se abolió la *Test Act*, que estipulaba que para cubrir de nuevo cargos públicos se debía ser miembro de la Iglesia anglicana, pero sólo en 1869 la *Irish Church Act*, de Gladstone, suprime la oficialidad de la Iglesia anglicana en la católica Irlanda; el reto lanzado por John Stuart Mill por un liberalismo laico y antidogmático se había estancado frente a los peligros que los mismos laicos liberales veían en la persistencia de la obediencia de estratos significativos de la población al papa de Roma, mientras se difundían los círculos laicos denominados *secular societies*.

En España, el problema de las relaciones entre Estado e Iglesia fue tema central de la lucha política del siglo XIX; el grupo liberal planteó el problema de la reforma para darle un carácter laico al Estado, obteniendo después de la revolución de septiembre de 1868 el matrimonio civil, la enseñanza no confesional en las escuelas públicas y el reconocimiento de la libertad religiosa.

En Francia, la función unificante de los príncipes laicos respecto de un amplio espectro político ha sido muy marcada. En particular, en la polémica agresivamente anticlerical de Napoleón III convergían las múltiples tendencias que se oponían al emperador y a su política de acuerdo con los católicos franceses y con el Papa, oposición que se nutría al mismo tiempo de la voluntad de libertad interna y de la defensa de la libertad nacional contra la amenaza siempre viva del ultramontanismo. La cuestión de la libertad de enseñanza y de la escuela estatal no confesional estuvo por largo tiempo en el primer plano en la discusión política y se volvió circunstancia discriminante entre dos formaciones contrapuestas. Este encendido debate público culminó en las "leyes laicas" de Jules Ferry, en 1881-1882, gozne de una concepción global del Estado y de la historia francesa. En 1902, el programa electoral del partido radical establecía medidas como la supresión de las órdenes religiosas, la secularización de las propiedades de eclesiásticos de manos muertas, la abolición del pago de dinero público al clero con la intención de "poner en práctica esta decisiva fórmula liberal: iglesias libres en un Estado libre". La ley del 9 de diciembre de 1905, llamada de la "separación de las iglesias del Estado", concluyó el proceso de laicización de la vida pública francesa, liberalizando y privatizando también jurídicamente todas las organizaciones religiosas.

Líneas de investigación y debate contemporáneo

La fragilidad del axioma laico

El laicismo, como orientación de una clase política liberal que se identifica con el proyecto de un Estado moderno (y por ello laico), perdió progresivamente significado, no sólo en Italia, entre finales del siglo XIX y comienzos del siglo XX. Logrados en Italia y Francia por lo menos algunos de los objetivos fundamentales para la consolidación de las instituciones estatales en el sentido no confesional y agotado en Alemania el *Kulturkampf* bismarckiano, se planteó más bien el problema de buscar un contacto con la población católica que, frente a la política y la cultura laica, se había aislado y organizado como sociedad civil separada. A la necesidad de ampliar las bases del Estado en esta dirección se unía la comparación con el movimiento socialista, que hizo propias y radicalizó en el sentido positivista muchas temáticas laicas que el liberalismo estaba abandonando lentamente. Ya no ligado en Italia a la causa de la unidad nacional y cada vez menos sostenido por la fe en la victoria final de la ciencia como verdad absoluta y definitiva, el pensamiento laico se volvió un instrumento de la lucha por la justicia social, un tema entre muchos en el choque entre clases sociales y los partidos que representaban sus intereses; el escenario más natural fue la alianza entre laicos liberales y partidos católicos en vía de formación contra los movimientos socialistas. Defender el orden constituido implicaba, por lo demás, defender el papel estabilizador de la religión contra la aspiración socialista de una emancipación humana total, en la que la Iglesia y la religión eran los puntales de un Estado y de un orden social opresivos.

El advenimiento de los sistemas totalitarios de derecha en Italia, Alemania y España después de la crisis de la primera Guerra Mundial, el surgimiento de un modelo de Estado ateo y totalitario en la Unión Soviética y la profunda revisión de los supuestos de la cultura europea en las décadas de 1920 y 1930 tuvieron juntos el efecto de redefinir la actitud laica al estilo del siglo XIX. En efecto, la indulgencia y quizá la connivencia de las jerarquías de la Iglesia católica con las dictaduras reaccionarias volvieron a proponer el tema de la amenaza representada por el Estado confesional (en la España franquista y en parte de la Italia fascista, donde el Concordato de 1929 reunió y transmitió a la Italia republicana gran parte de cuanto, administrativa y culturalmente, la política de los gobiernos liberales había separado) y, por consiguiente, la actualidad de los valores laicos como la autonomía de la razón crítica y la libre discusión tolerante frente a recurrentes arrogancias dogmáticas; pero se plantearon también en términos dramáticos el problema de un Estado totalitario como el nacional-socialismo, que creó su "religión política", y el problema de un Estado como el soviético, que pretendía intervenir en la dimensión religiosa del individuo para anularle los nexos con la tradición, haciendo paradójicamente del ateísmo una religión de Estado. Particularmente en Italia, el pensamiento laico unió de nuevo los hilos de una tradición ilustrada y liberal, y encontró en la posguerra su propio espacio específico en la exigencia de hacer frente ya sea al "mito de la cristiandad", incitado por las instituciones eclesiásticas para dar al Estado una guía católica, ya sea a la estrategia política y cultural del partido comunista, del cual se rechazaban lo monolítico de la doctrina y la organización centralista. En este espacio, propio de la situación italiana, pero presente también en Francia, España y, por lo menos en parte, en Alemania Federal, los movimientos de opinión laicos se movieron en el terreno tradicional de la no confesionalidad del sistema educativo estatal y de su superioridad sobre el sistema privado, en gran parte caracterizado por la religión, y especificaron temas nuevos como el divorcio, las formas de convivencia no oficializadas y el aborto, sobre los cuales la separación entre esfera pública política y esfera privada religiosa debía encontrar una redefinición legislativa respetuosa de los derechos de la libre opción de los no creyentes, aceptable para la conciencia de los católicos. En los últimos años, la cuestión se volvió a proponer, en formas nuevas y de las cuales es difícil prever los desarrollos, en relación con los temas ligados a la manipulación genética y más en general a la bioética. Si, a pesar de las renovadas tentaciones integristas de una parte de la jerarquía católica, algunos principios esenciales del pensamiento laico se han vuelto axioma en las sociedades occidentales y la discusión se refiere más bien a su articulación política, la problematicidad del pensamiento laico, sus promesas y su vulnerabilidad son evidentes en las zonas del mundo expuestas a la tentación del integrismo y del tribalismo religioso como instrumento de identidad colectiva.

PLURALISMO

Laura Baca Olamendi

Definición

Un aspecto relevante que debemos considerar cuando hablamos de pluralismo es que este término tiene diversas acepciones. En efecto, no siempre resulta claro a qué nos referimos con este concepto. Una primera caracterización nos la ofrece Norberto Bobbio cuando sostiene que si se desea proporcionar una "connotación positiva" al pluralismo, entonces resultará necesario evocar un estado de cosas en el cual no exista un poder monolítico. Esta caracterización positiva del pluralismo hace referencia a un ámbito en el que existen y se manifiestan diversos centros de poder, que además se encuentran perfectamente organizados y son funcionales al margen del poder centralizado del Estado. Por el contrario, según nuestro autor, es posible también identificar un *enfoque negativo* del pluralismo, el cual hace referencia principalmente a los diversos particularismos que aparecen con frecuencia en las sociedades modernas; estos particularismos revelan la existencia de fuertes tendencias centrífugas y desestabilizadoras dentro del cuerpo social, generando una serie de tensiones étnicas, religiosas y culturales que no pocas veces han terminado por alterar la convivencia que deben garantizar las formas modernas de la organización política. Otra acepción muy difundida del pluralismo nos la proporciona Giovanni Sartori, quien ubica al pluralismo en tres planos: el cultural, el societal y el político, y este último lo sitúa en relación con el sistema de partidos, en el que han sido identificados grados variables del pluralismo que van desde el pluralismo simple hasta el pluralismo extremo, pasando por el pluralismo moderado.

Historia, teoría y crítica

La teoría política sostiene que uno de los modos tradicionales de distinguir un gobierno despótico de uno democrático es la presencia o ausencia de los denominados *cuerpos intermedios* en el ámbito social, es decir, un conjunto de grupos que expresan distintos intereses particulares, muchas veces irreconciliables. No es éste el lugar para referirnos *in extenso* al itinerario que el pluralismo ha seguido en la historia de las doctrinas políticas; sin embargo, resulta interesante identificar las tres principales corrientes intelectuales que le han otorgado una importancia particular al fenómeno del pluralismo. La primera de ella, conocida con el nombre de *socialismo pluralístico*, se desarrolló principalmente en Francia a través de Proudhon, así como en Inglaterra, donde se expresó a través del llamado *guild-socialism*. La tesis principal de esta interpretación sostenía la necesidad de impulsar una lucha en contra del *individualismo atomizante* que representaban algunas concepciones del positivismo que prevalecía a lo largo del siglo XIX, principalmente por medio de la organización de un Estado democrático descentralizado no sólo desde el punto de vista territorial, sino también desde el punto de vista funcional. La segunda corriente a la que deseamos referirnos se agrupó bajo el nombre de *pluralismo cristiano-social* y, a diferencia del pluralismo liberal-democrático, que veremos a continuación, se fundaba sobre temáticas básicamente de tipo organicístico, ya que "cada grupo adquiere la dignidad de la función que desarrolla en el interior de un todo jerárquicamente ordenado". En efecto, la concepción pluralista del cristianismo social se fundamentaba en la valoración del apoyo dado por la Iglesia a los grupos familiares, sociales y culturales. Por último, es posible identificar el *pluralismo liberal-democrático*, el cual tiene como su principal fuente de inspiración la obra de Tocqueville, sobre todo en su parte referida a la "fecunda vida asociativa de los americanos". Según esta concepción, un instrumento fundamental para el análisis del pluralismo en las modernas sociedades puede ser ubicado en el concepto de grupo. Pertenecer a una de las muchas asociaciones, más o menos formales, existentes en la sociedad no elimina la posibilidad de pertenecer a otras formaciones autónomas. En efecto, el pluralismo desarrolla una batalla en dos frentes: por un lado, contra la concentración del poder del Estado y, por el otro, contra una fragmentación demasiado individualista de la sociedad civil. En este sentido, el pluralismo es eficaz para salvaguardar la individualidad contra el excesivo poder estatal, o para imponer y mantener el respeto necesario a las leyes que regulan la convivencia civil, evitando el desarrollo de una relación de fuerza que pueda expresarse en la concepción del "enemigo" de inspiración schmittiana que ve al adversario como un enemigo a destruir en una lógica del uno contra el otro, haciendo imposible la convivencia entre ciudadanos con iguales libertades y derechos, aunque éstos en ocasiones expresen sus particularidades o su disenso. En este sentido, el problema de la compatibilidad entre diversos principios y puntos de vista en conflicto se convierte en una cuestión decisiva: los problemas relevantes del pluralismo se refieren no a las diferencias que están vinculadas a los individuos en lo particular, sino a los grupos. En efecto, en una democracia se busca ser aceptado no prescindiendo de las diferencias, sino incluso *con* las diferencias. El pluralismo hace referencia en primer lugar a un ámbito de la vida social y política. De este modo, el pluralismo se relaciona con la esfera empírico-descriptiva, que nos permite caracterizar el tipo de organización que los hombres adoptan cuando se integran en sociedad y, por el otro, con un espacio normativo-prescriptivo, que representa el conjunto de principios sobre los que las colectividades humanas han desarrollado sus pautas de convivencia civil. En este sentido, es posible sostener que el pluralismo encarna un contraste de intereses, que al convertirse en una práctica puede transformarse en un pluralismo democrático. Suponiendo la existencia de esta doble dimensión analítica, es necesario establecer el planteamiento básico de que el pluralismo constituye principalmente un factor limitante de los excesos del poder, en la medida en que representa una diversidad de puntos de vista que coexisten productivamente para la convivencia pacífica entre los ciudadanos; el ejercicio del pluralismo hace posible un nivel de consenso suficiente (o de disenso aceptable) en relación con las "reglas del juego" democrático. En los tiempos que corren —caracterizados por el fracaso del ideal comunista como proyecto de transformación social y como forma de organización política—, es posible constatar que el proceso democrático, aun cuando encuentra innumerables obstáculos a su paso, se caracteriza por una tendencia creciente a ocupar nuevos espacios en los ámbitos social y político. Este desarrollo progresivo de la democracia, que se puede observar con cierta intensidad en muchas partes del planeta, nos obliga a dedicar una mayor atención al estudio de este fenómeno, que ha tomado fuerza al final del siglo XX y se distingue por la formación y expansión de "nuevos centros de poder" que, aunque formando parte del Estado, no se identifican plenamente con él. En efecto, sociedades que han sido tradicionalmente dominadas por fuertes tendencias monolíticas y centralizadoras han comenzado a expandir sus espacios democráticos en la medida en que surgen y se desarrollan nuevos centros de poder con una mayor autonomía tanto en la esfera de la política como en la social y económica. Esta expansión ha colocado en un primer plano el fenómeno del pluralismo; hoy es posible observar un modelo de sociedad que se integra por una gran cantidad de grupos, los que, según Norberto Bobbio, "tienen la tarea de limitar, contrastar y controlar aquel poder que históricamente se ha identificado con el Estado". Si partimos del hecho de que el pluralismo constituye un factor orientado a establecer límites precisos a los excesos del poder, deberemos aceptar, en consecuencia, que el pluralismo constituye una de las condiciones tanto para la consolidación de la democracia —en la medida en que garantiza las condiciones necesarias para la conservación del conjunto de libertades en que se basa dicho régimen— como una garantía en contra del desarrollo de los sistemas autoritarios y de monopolio político. Estas formas de pluralismo son muy importantes para el mantenimiento de la democracia, ya que un sistema plural representa muchas veces también un sistema competitivo. Del mismo modo, no se debe olvidar que la existencia de un pluralismo extremo puede alterar la estabilidad de un determinado sistema de gobierno. Sobre la base de estas diversas acepciones acerca del pluralismo, es posible establecer un primer criterio que permite distinguir diferentes interpretaciones contemporáneas. Este criterio se refiere a la diferenciación entre pluralismo y democracia. Esta diferenciación se encuentra determinada por un aspecto importante que con frecuencia escapa cuando se analiza el problema. Al respecto, Norberto Bobbio afirma que "muy seguido escuchamos decir que la sociedad pluralística y la sociedad democrática son la misma cosa [...] esto no es verdad, en cuanto el concepto de democracia y el de pluralismo, diría un lógico, no tienen la misma extensión. Se puede muy bien dar una sociedad pluralística no democrática y una sociedad democrática no pluralística". Un ejemplo del primer caso estaría bien representado por el Estado feudal, el cual se encontraba constituido sobre la base de diversos centros de poder que se desarrollaron a partir de una fuerte competencia entre sí. Pero no se debe pasar por algo que estos poderes se insertaban en el ámbito de un gobierno muy débil, que difícilmente podríamos parangonar con el gobierno característico de los Estados modernos. Respecto al segundo tipo de sociedad, democrática pero no pluralista, la referencia más clara es la democracia directa de los antiguos, la cual excluía por principio cualquier tipo de cuerpo intermedio entre el ciudadano y el gobierno de la *polis*. En esta forma de organización política, nos dice Giovanni Sartori, la libertad se ahogaba en la colectividad, en el sentido en que "era libre la ciudad pero no los individuos". Solamente cuando las sociedades se transformaron en entidades más complejas fue cuando se generaron la condiciones necesarias para el surgimiento de los grupos intermedios y, sobre la base de ellos, de los regímenes democráticos de carácter representativo. Por tales motivos, la discusión referente a la relación entre los conceptos de democracia y pluralismo no resulta inútil, puesto que no existe una relación de identidad entre ambos; al contrario, el análisis de su diversa extensión constituye un ejercicio necesario para la comprensión de las razones por las cuales los modernos Estados democráticos deben ser al mismo tiempo pluralísticos. Dicho en otras palabras, la teoría democrática y la teoría pluralística constituyen dos propuestas diversas entre sí, pero que de ningún modo resultan incompatibles, ya que ambas coinciden en la meta de limitar los abusos del poder político. En las democracias contemporáneas, el remedio al exorbitante poder que ha logrado acumular el Estado debe buscarse y conducirse en dos frentes paralelos: "contra el poder desde lo alto, en nombre del poder desde abajo (democracia); contra el poder concentrado, en nombre del poder distribuido (pluralismo)". En este sentido, las tensiones que resultan del mantenimiento y la consolidación de las democracias pluralísticas se explican, en parte, por las iniciativas orientadas a evitar cualquier concentración del poder, sobre todo porque tal concentración iría en detrimento de uno de los principios esenciales sobre los que se funda la convivencia democrática: la libertad o, dicho de otro modo, la licitud del disenso. He aquí una cuestión fundamental que afecta a los regímenes pluralísticos, ya que el disenso en una sociedad democrática (siempre y cuando sea conducido por las normas y los procedimientos aceptados por todos los actores políticamente relevantes) representa el espacio de la política que mejor garantiza la coexistencia entre el pluralismo, entendido como conflicto y convivencia de intereses antagónicos, y la existencia legítima de distintos puntos de vista.

LÍNEAS DE INVESTIGACIÓN Y DEBATE CONTEMPORÁNEO

El pluralismo representa un componente de la ciudadanía. Debemos relacionar las diferentes dimensiones del pluralismo con la democracia, ya que cuando usamos este término nos referimos principalmente a un "precepto ético de la convivencia civil" entre los hombres sin importar su credo y su orientación política. En las sociedades democráticas, el pluralismo se expresa a partir de un conjunto de normas jurídicas que garantizan el reconocimiento de los derechos inalienables del individuo y del ciudadano, y en esta medida impone a los individuos un código de conducta civil con una valencia universal, que representa al gobierno de las leyes en contra del gobierno de los hombres. El reconocimiento de estos derechos de ciudadanía permitió que el Estado fuera concebido por el liberalismo como una sociedad de hombres establecida para conservar y promover los "bienes civiles", representados, entre otras cosas, por la vida, la libertad, la integridad, el bienestar corporal, así como por la posesión de los bienes materiales. Esto permitió que los principios en que se sustentaba el pluralismo fueran ampliando sus espacios, lo cual favoreció el desarrollo de este término hasta su forma más completa durante la segunda mitad del siglo XX. Esta transformación contribuyó a darle un nuevo significado, identificándolo con el *pluralismo* de los valores, los grupos y sus intereses. El pluralismo permitió el desarrollo de un método de convivencia entre los grupos con una valencia "racional" en términos jurídicos y normativos. La concepción democrática del pluralismo tiene por fundamento una razón ética de inspiración liberal, representada por el respeto de los derechos inalienables de la persona. Al respecto, algunos autores sostienen que el pluralismo "es ya no solamente una reivindicación hecha por individuos y grupos a los poderes públicos, sino también una exigencia de la comunidad a cada uno de sus miembros para que soporten pacíficamente lo que desaprueban en sus conciudadanos". Cuando el pensamiento liberal defiende el pluralismo lo hace desde la perspectiva de las garantías de la libertad individual, rechazando la primacía de cualquier otro poder sobre las instituciones civiles que fundan su existencia sobre la base de la libre voluntad de los ciudadanos. En consecuencia, el pensamiento liberal incorporó en su cuerpo doctrinal, caracterizado por un sistema basado en el *conflicto* como elemento constitutivo de la naturaleza humana, el reconocimiento legítimo de la existencia de "oposiciones contrastantes", favoreciendo el desarrollo del disenso; sin embargo, también estableció una serie de limitaciones a este principio de convivencia entre mayorías y minorías a partir de la configuración de un marco jurídico-normativo y de un conjunto de "reglas del juego" que habían sido convenidas previamente. Si el pluralismo se vinculaba originalmente con el problema de la convivencia pacífica entre diferentes confesiones religiosas, poco a poco se fue transformando en un *derecho a la diversidad* sobre la base de la coexistencia contemporánea de diferentes posiciones políticas en conflicto. El pluralismo debe desarrollarse, entonces, a partir de un marco legal, de un encuadramiento normativo, fuera del cual el diálogo se dificulta o, en casos extremos, se vuelve imposible. Por estas razones, el Estado de derecho constituye el fundamento más importante para la democracia, ya que representa la única garantía plena para la convivencia civilizada y pacífica, que no significa indiferencia o debilidad. Por lo tanto, el pluralismo resulta ser una "expresión ética del derecho", que transformó el viejo sistema de principios y valores (fundados en "convicciones") en un sistema alternativo de normas que reconocen y garantizan constitucionalmente el valor de la "opinión" del individuo en cuanto ciudadano. Este desarrollo de los principios de la democracia permite, en muchos casos, la "revocación del prejuicio", aceptando la posibilidad de pregonar y defender, incluso a contracorriente, un determinado punto de vista de carácter político o ético, modificándolo en cada momento de acuerdo con la transformación de las circunstancias históricas. En síntesis, la dimensión pluralística de la sociedad garantiza el "reconocimiento y la inclusión pública de las diferencias y de las identidades excluidas". Las dimensiones del pluralismo en las sociedades contemporáneas han comenzado a desarrollar una nueva contraposición de carácter radical entre diversas expresiones de tipo "religioso", representativas de las nuevas ideologías del conflicto. El final del siglo XX ha favorecido la aparición de nuevas ideologías que representan un peligro para el *pensamiento laico*, el cual sostiene que el diálogo, la convivencia respetuosa y la tolerancia son prácticas fundamentales para la solución de los problemas que afectan a las democracias. En una democracia, el pluralismo no sólo es la consecuencia de la garantía de unos derechos o libertades, sino también puede considerarse como la garantía de un comportamiento social que reconoce la función vital que desempeñan las diversas instancias de "mediación" que existen entre el individuo y el Estado. En efecto, el pluralismo reconoce la existencia de diversos mecanismos para la solución pacífica de los conflictos, así como la ineliminable heterogeneidad en la conformación de las decisiones colectivas de carácter político. Impedir la heterogeneidad en política es favorecer el autoritarismo. En este sentido, pluralismo y democracia garantizan un espacio para la expresión del *disenso*, el cual, como bien se sabe, cuando es lícito resulta funcional para la democracia. Los derechos multiculturales no se contraponen con las bases teóricas de la sociedad liberal, sino que sólo las reformula con un objetivo muy preciso: lograr que en el régimen democrático se encuentren equitativamente representadas las múltiples identidades sociales que allí coexisten y se expresan. Para ampliar los espacios del pluralismo, es necesario que los actores estratégicos que representan a los distintos grupos manifiesten su disposición al "acuerdo político", ya que la solución pacífica de las controversias requiere una gobernabilidad mínima, la cual sólo se puede garantizar a través del desarrollo de distintos tipos de pactos y concordancias entre dichos actores sobre la base del diálogo. El acuerdo entre las partes constituye la base de la convivencia civil entre los sujetos del orden democrático.

BIBLIOGRAFÍA

Bobbio Norberto (1976), "Come intendere il pluralismo", *La Stampa*, 22 de septiembre.
—— (1978), "Democrazia rappresentativa e democrazia diretta", en *Democrazia e partecipazione*, Stampatori, Turín.
—— (1982), "Pluralismo", en *Diccionario de política*, Siglo XXI Editores, México.
Cisneros, Isidro H. (1994), "Se escribe tolerancia, pero se debe leer democracia", *La Jornada Semanal*, núm. 269, 7 de agosto.
Dahl, Robert (1988), *I dilemmi della democrazia pluralista*, Il Saggiatore, Milán.
Sartori, Giovanni (1994), *Partidos y sistemas de partidos*, Alianza Universidad, Madrid.
—— (1994), "The Background of 'Pluralism'", ensayo presentado en el XVI World Congress of IPSA, Berlín, 21-25 de agosto.
—— (1989), *Teoría de la democracia. Los problemas clásicos*, vol. 2, Alianza Universidad, México.

PODER

Francisco Piñón G.

Definición

El poder, al ser universal, nos interesa a todos a fin de explicar su génesis, delimitar sus alcances y efectos y estudiar sus manifestaciones en las instituciones sociales. El poder todo lo abarca, todo lo toca, salva o libera, es "experiencia" cotidiana y es institución universal. Es *fenómeno cultural*, que se entrelaza con todas las disciplinas; es *gobernación* o *administración*, inherente a toda sociedad; es *tecnociencia*, compleja y variada, muy propia de las sociedades modernas; es *fuerza unipersonal*, patrimonialista y sultanista, ajena todavía a los avatares de la democracia; es *instrumento técnico*, como un *deus ex machina*, que llega de fuera, o es *ídolo*, como los de Bacon, que al ser interior maniata, desde dentro, el ser del hombre.

El poder es, al mismo tiempo, mágico y mítico, desnudo o revestido de "religiosidad", de aculturación, de cientificidad, de modernidad o, inclusive, de "civilización". El poder es, en este sentido, un concepto fundamental en las ciencias sociales.

En México, el fenómeno del poder ha sido parte esencial de la historia. En tierras mexicanas, el "espíritu" ha "hablado" desde la vieja Tenochtitlan, en 1521, en forma de dominación y conquista. El poder, que Maquiavelo describiera en esos años, aquí ya había empezado a cabalgar por medio de la *técnica-poder*, muy propia del tiempo histórico del autor de *El príncipe*. Y si por *la conquista* nos llegó el poder absolutista y patrimonialista de las herencias romanas y españolas, por ella también nos llegó el *derecho de gentes* (antecedente del *derecho internacional*), que la tradición salmantina había conservado en las voces y logros de los primeros evangelizadores. Cierto que tuvimos un Hernán Cortés, un Pedro de Alvarado o un Cristóbal de Olid, que representaban la espada del poder del *ius dominandi* y que, a veces, no era sino la recreación de un humanismo de *ars et litterae*, en consonancia con los tiempos del renacimiento italiano y español. Pero también es cierto que Pedro de Gante, Bernardino de Sahagún, Vasco de Quiroga y Bartolomé de las Casas eran la expresión de un concepto de poder que arrancaba de las páginas de la gran tradición ética del iusnaturalismo grecolatino. Cierto que aquí tuvimos *encomiendas* y requerimientos, pero al mismo tiempo hay que reconocer que la Corona española puso a sus mejores filósofos y teólogos a discutir la *licitud* de la conquista, y tal vez por ello hoy contemplamos nuevos vientos que critican el fenómeno del poder. Cierto que aquí nunca se concilió, ni siquiera en las formas, a Marco Aurelio con Epicteto y que los conceptos de "pueblo", "nación" y "patriotismo" nunca nos hermanaron en el terreno de la efectividad política. Sabemos que nuestro sistema político nació de los parámetros de Hobbes *(auctoritas, non veritas facit legem)* y del axioma de Stahl (autoridad y no mayoría), y que Locke, Montesquieu y Rousseau fueron maniatados por el poder del moderno Leviathan.

Por todo lo anterior, es urgente repasar en México el concepto de poder o, mejor aún, estudiar sus fenómenos y su génesis. Es necesario estar en posesión de una radiografía cultural del poder. Saber de sus "instituciones", de sus formas de dominación, de sus ideologías mediatizadoras es, al mismo tiempo, tener "información" de las diversas escuelas o corrientes de pensamiento que, en este renglón, hemos padecido en la historia nacional. Y parece que, en México, repasar su historia es también recordar la historia de las diferentes tradiciones con las que el fenómeno del poder se ha mezclado, manifestado o combatido.

Creemos que la historia de México es la historia cultural del poder en Occidente. Su típica *forma mentis*, en forma de dominación, es la "racionalidad" grecolatina, pero también su antítesis. El *logos* griego, que pareciera todo racionalidad, también estaba revestido de los *demonios* platónicos. Y el *fatum* y la necesidad de los latinos tenía que enfrentarse con la *vis* (fuerza), virtud propia para vencer a la belicosa diosa fortuna.

Por lo tanto, la conceptualización del fenómeno del poder en las ciencias sociales en México empezaría por un repaso de las formas culturales del poder en la tradición europea. No en vano tuvimos una *conquista*.

Revisemos, pues, los conceptos, las actitudes o las "experiencias" que, sobre el poder, han tenido nuestros pensadores clásicos. Ellos han configurado, a veces a nuestro pesar, nuestras visiones del poder. Las "ideas" acompañan o anteceden al *Leviathan*. Una mano con espada no hace, por sí sola, un Cortés. Pero una mentalidad renacentista, enamorada de la *verità effettuale della cosa* maquiaveliana, aun con su *ars et lettere*, sí puede producir un Borgia.

El fenómeno del poder, al ser universal y detectable en la experiencia histórica, ha venido a ser un concepto clave de la ciencia política. Y, como tal, ha sido "interpretado" y "conceptualizado" por diferentes pensadores y encerrado en distintas *escuelas*, dependiendo del ángulo o del horizonte en el que se le estudie. En los albores de la cultura occidental, en la filosofía griega, era el fenómeno personificado por la *hybris*, o sea, la fuerza, enemiga de *Dike* (el derecho) (Hesíodo). Para los griegos, la *pleonexía* era la sed de dominio, esa que en lo futuro el filósofo Hobbes retratará como la *cupiditas dominandi* que se termina con la muerte. Por eso, Zeus trata de educar a los hombres en el reino del derecho y oponerlo, como lo consigna Hesíodo, a esa fuerza o poder que no era otra cosa sino *meter el derecho en el puño*. Por tal motivo, Platón y Aristóteles fundarán su teoría del Estado en las virtudes políticas, basándose sobre todo en su concepto de libertad frente al poder (Platón, *La república*).

Por lo tanto, la ciencia política griega fundaba esencialmente su *paideia*, según Aristóteles, en una lucha perenne contra la fuerza, contra un poder que convertía a los hombres en esclavos, cosa que los griegos negaban de manera rotunda (Aristóteles, *Política*). El hombre griego, inclusive por sus raíces divinas, como lo afirmaba Teodecto, estaba abocado a enfrentarse al fenómeno del poder y a no llamarse siervo (Aristóteles, *Política*). Por eso, la *isonomía* (igualdad ante la ley) de Pericles, la libertad en *Las suplicantes* de Esquilo, la poesía trágica de Eurípides o aun el sentimiento de decadencia consignado por Tucídides son un canto contra el poder despótico, o a veces un lamento por la libertad perdida. Los griegos disertaron sobre el poder porque, después de la batalla de Queronea, en 338 a.C., tenían ante sí el panorama de la fuerza y el ejército. Heráclito, Protágoras, Herodoto, al pugnar por la vigencia de las leyes lo hacían, tal vez, porque en sus experiencias políticas no veían sino el dominio y el poder. Quizá por eso también la mirada pesimista de un Platón que, ante el fenómeno del poder, se sentía tentado de refugiarse "hacia la ciudad interior que lleva dentro de sí" *(Prós tén autó politeían)* y "dedicarse a sus propios asuntos" *(Tá autón Phrátton)*. Por su parte, los sofistas, al proclamar la individualidad, lo hacían porque consideraban al Estado como opresor. Las *Euménidas* y la *Antígona*, en los siglos V y IV a.C., eran antiestatistas y atacaban el poder de lo tradicional, de la esclavitud, abogando por la industria y el comercio que anunciaban ya los presagios de los futuros filósofos del siglo XVIII.

Por consiguiente, los griegos formularon el concepto de poder a partir de su propia *empiricidad* y *facticidad*. "No tiene la *polis* peor enemigo que el déspota", exclamaba Eurípides en *Las suplicantes*. Y Platón sintetizaba esa lucha contra el fenómeno del poder despótico al erigir las leyes como principio y fundamento de los Estados. Como lo escribe en *Las leyes*: "Un Estado en que la ley depende del capricho del soberano, y por sí misma no tiene fuerza, está, a mi juicio, muy cerca de su ruina. En cambio, donde la ley es señor sobre los señores y éstos son sus servidores, allí veo florecer la dicha y prosperidad que los dioses otorgan a los Estados".

La filosofía moderna, sobre todo a partir de Kant, se verá influida cuando se tope con el fenómeno del poder, por el pensamiento grecolatino. Cicerón y Santo Tomás de Aquino, acentuando el elemento jurídico, sin olvidar el peso de la ley natural como emanada de la *ratio* y de la *recta ratio*, enfrentarán el sumo poder —o sea, la *maiestas* o el poder desmedido, fáctico y terrenal— de los césares, de los *dominus*, señores feudales y emperadores acudiendo a una reformulación de la filosofía griega estoica: el poder se vence con la ley, fruto de una racionalidad que tiene como norma a una naturaleza y a una *ratio* en la que el deber ser es un imperativo. Cicerón, siguiendo a Crisipo y éste los mandatos de Júpiter, combatirá el poder despótico acudiendo a una ley "enclavada en la naturaleza", clarificada y mandada por un *logos* manifestado en una naturaleza en la que la *razón* detecta lo que *debe* hacerse (Cicerón, *De legibus*). Santo Tomás de Aquino, en su *De regimine principum*, acentuando más el papel positivo del orden político y siguiendo a Aristóteles y a Cicerón, delimitará más el estudio del poder, enmarcado ya en "señores" y "gobierno", pero dentro de una cosmología y teología típicamente platónico-aristotélicas. El fenómeno del poder, según santo Tomás, tendría que estar sujeto y conformado al *ordo mundi*, o sea, al orden que dicta una naturaleza del hombre que, en cuanto tal, expresa al mismo tiempo el poder de Dios. El poder, aun el terrenal y mundano, debe ser una extensión del poder divino. De ahí el aforismo: "todo poder viene de Dios", aunque para ser un poder legítimo y auténtico debe ser, al mismo tiempo, una práctica de una ley que tiene como objetivo el bien común.

Pero en el Medievo sucedía, igual que en la Antigüedad griega, que el poder andaba muy lejos de las buenas leyes. El poder real, el del *pontifex romanus*, estaba constituido por una *maiestas*, del papa y del emperador, que era monárquica y absolutista. La *recta ratio* estaba ausente la mayoría de las veces.

Será en la época del Renacimiento, sobre todo en Italia, cuando el fenómeno del poder será mejor descrito y tipificado. Maquiavelo, el literato y político florentino, será su eximio teórico. Julio II, el cardenal Sforza, Cosme de Médicis, Lorenzo *el Magnífico*, Luis XII de Francia, Carlos VIII, Fernando *el Católico*, Savonarola, etc., serán los personajes que desfilarán en el análisis del poder maquiaveliano. Siguiendo la inspiración de Tito Livio y Polibio, Maquiavelo dará otra interpretación al fenómeno del poder. Por otro lado, el poder ya no será pura fuerza "espiritual" o no vendrá tan sólo "de lo Alto". La diosa Fortuna ya no estará solamente en el Olimpo, sino estará ejerciendo su influencia en la *virtus* del *princeps* en contra del *fatum*. El poder, por lo tanto, ya es real, fenomenológico. Se puede medir, describir, pesar, contemporizar. Es ya un dato, una fuerza natural, cuantificable. Es parte esencial del ser histórico del hombre. Por lo tanto, hay que afrontarlo con los instrumentos históricos y psicológicos. La política, por consiguiente, para Maquiavelo, será un arte, porque el Estado moderno, que en sus tiempos empezaba a nacer, ya es también un dato natural, un paralelogramo de fuerzas; son nervios fenomenológicamente detectables, que tienen que considerarse casi como un continente aparte. Este poder, descrito por Maquiavelo y que representaba el nacer de un nuevo mundo, será al mismo tiempo el que definirá los contornos —y los límites— de las futuras "definiciones" del poder. Esta nueva acepción del poder en las páginas de Maquiavelo fue posible porque el escritor florentino ya tenía, a su vez, otra visión del mundo. Éste ya era el mundo del hombre, terrenal; es ya su casa común y, por lo tanto, el hombre es el que debe edificarlo. Es éste el "humanismo" de Maquiavelo. Tal vez por eso Francesco de Sanctis lo llamó "el Lutero de Italia".

Por otra parte, Hobbes, ese otro gran teórico del poder, en tiempos del Renacimiento sistematiza ya los datos y las fuerzas del fenómeno del poder que Maquiavelo barruntaba y describía. Hobbes está, como Descartes y Galileo, en posesión de un método científico. Ya tiene una "idea clara y distinta" del poder y, como Descartes lo hiciera con las ideas, Hobbes clarifica y divide las parcelas del poder, temporal y espiritual, y, siguiendo a Galileo, lo convierte en un *quantum* y erige, por consiguiente, la mecánica como la ciencia básica de interpretación. Por lo tanto, el fenómeno del poder será algo físico, un conjunto de meras fuerzas que tendrán que ser equilibradas y controladas por un *Leviathan*. El Estado es una fuerza mayor: es el *Leviathan* que aglutina todo y se erige como la suprema *voluntas* y fundamento de la ley y la obligación. Es, pues, el positivismo jurídico, pero que exige una buena dosis de poder. El Estado no es sino la creación y recreación de fuerzas de poder. Las leyes son y deben ser también poder: "La ley propiamente es la palabra de quien por derecho tiene mando sobre los demás" (Hobbes, 1940: 131). Anticipándose a Weber, Hobbes declara que un gobierno existe cuando, con poder para ordenar, declara válidas ciertas leyes: "Donde no hay poder común, la ley no existe; donde no hay ley, no hay justicia" (Hobbes, 1940: 104). De ahí, pues, añade Hobbes, la necesidad de tener un Estado: "Si no se ha instituido un poder o no es suficientemente grande para nuestra seguridad, cada uno fiará tan sólo, y podrá hacerlo legalmente, sobre su propia fuerza y maña" (Hobbes, 1940: 137). El poder del *homo homini lupus* solamente puede ser controlado y regulado por otra fuerza o poder mayor: el Estado.

Hobbes representa, en las postrimerías del Renacimiento, la incipiente fuerza de la *tecnociencia*. A la mecánica galileana, Hobbes añadirá la física y "leerá" con ellas la naturaleza del hombre, aunque sabemos que su intento fue fallido porque el hombre, como consta en la historia, ha procedido *etiam* pero *non tantum mechanice*. Pero eso no obsta para que, en la teoría política, su *De corpore* y su *De homine* sean los cimientos de una física social que será usada como engranaje del poder en sus ordenamientos políticos. Con Hobbes, el poder deja de ser un simple dato natural, un nervio o una fuerza, como en Maquiavelo, para convertirse en una fisicalidad sistematizada y estructurada metódicamente con pretensiones de cientificidad, cuyos "movimientos" tendrán que ser controlados en la sociedad por otra fuerza central, en cuyas manos residía el poder eclesiástico y civil: el *Leviathan*. Con Hobbes nace, pues, el poder soberano, y se une a éste el poder de un método científico que concibe al hombre como un simple paralelogramo de fuerzas. El hombre, por consiguiente, puede ser medido y pesado.

Con esta visión del hombre, el poder, sobre todo el absolutista, se enseñoreó de todo el escenario social. Huyó de la libertad y advino un poder político y económico que ya echó a volar las ideas liberales de "Dejar hacer, dejar pasar" y sus consiguientes utilitarismos y hedonismos. Por fin, el optimismo de las evoluciones liberales consiguió casar el concepto maquiaveliano de *efectividad* (poder efectivo) con el de *utilidad*, otro concepto revolucionario y muy actual. Hobbes logró el matrimonio, por el camino de la ciencia, entre Maquiavelo y J. Stuart Mill. Y al preparar el camino al "utilitarismo" de Helvetius, éste le abrirá las puertas a los conceptos de "utilidad" y "propiedad" de Bentham. Por consiguiente, el poder económico del mundo capitalista ya podía, a su vez, proclamar sus fueros y ejercer sus funciones sin los estorbos ideológicos de los *iusnaturalismos*. La economía capitalista se presentaba como una técnica o una ciencia en la que los ordenes ético y moral no tenían cabida. Eran —lo ético y lo moral— palabras extrañas, conceptos vacíos o inútiles, o, como dijeran algunos positivistas lógicos, "meros juegos del lenguaje".

Por otra parte, a Marx le tocará desentrañar y desenmascarar ese monstruo del poder del mundo moderno, ese *Monsieur Le Capital* que, como fetiche automático y expresión de un mundo "embrujado, deformado y alrevesado", es un "compendio sin sentido que aliena y aplasta el ser del hombre" (Marx, 1971: 53, 473-474, 503). Su crítica a las estructuras del mundo capitalista propiciaría, ya desde el siglo XIX, la formulación y elaboración de otra forma de poder, la cual originó movimientos sociales e instituciones políticas que en conjunto conformaron el poder socialista, disímbolo, diferente y con un variado aterrizaje económico-político, según los tiempos históricos y países en que se desarrolló. En los socialismos reales, esta nueva forma de poder llegó a desembocar, muchas veces, en un poder unipersonal o partidista que se vio ajeno y extraño a los ideales auténticos de Marx, sobre todo en los socialismos que técnica y teóricamente no tenían que ver con los ideales y valores de la mejor tradición socialista europea. Pero la historia presenció el derrumbe de ese poder burocrático, que Milovan Gilas llamaba "la cosa" y que fue perdiendo consistencia a medida que crecían y se desarrollaban otros poderes surgidos de diferentes tradiciones.

Sin embargo, no hay que olvidar que las investigaciones académicas del marxismo nos han ofrecido una gama, rica y variada, si no de las teorías del poder, sí de críticas al poder y de elaboraciones de sociedades más acordes con el ideal humano de libertad.

Pero Marx no sospechó que el monstruo del poder del mundo capitalista tenía demasiadas cabezas. La racionalidad instrumental que en Europa había dado lugar a una ciencia positiva influida por la *Prosperity*, también había creado una *forma mentis* que se convertía en un poder racional y científico, que reducía al hombre a un *quantum*, despojándolo de lo mejor de su subjetividad y, sobre todo, de su intuición. El hombre, convertido en un *ens tecnichus*, se prestaba a la cosificación y quedaba desnudo, sin más armas que su pequeña fuerza, frente a la gran maquinaria del poder, llámese Estado, corporación o asociación. Era la sinrazón de una modernidad que dejaba solo al hombre, como pensaba Husserl, frente a una realidad cambiante y que, por consiguiente, no veía sino "puros y simples hechos", sin capacidad para criticar un poder fenoménico que necesitaba algo más que la pura técnica para ser vencido (Husserl, 1979: 243 y 245). Ésta es la técnica-ciencia que criticaba Heidegger, aquella que imaginaba su propio mundo y se tornaba alienación planetaria. Ciertamente Descartes no sospechó que su credo cientificista —que no admitía sino cosas corpóreas, divisibles y figurables, porque no admitía otros *principios* que no fuesen los de la *física* (Descartes, 1647)— crearía más adelante ese ogro de poder que se llama *espíritu científico*, que está despojado de intuiciones, de subjetividades, de creencias, porque sólo se basa en la racionalidad tecnológica. Es el poder moderno que criticaron la escuela de Frankfurt y en especial H. Marcuse. El poder de una sola dimensión produce, ciertamente, hombres de una sola dimensión. Es el poder del nuevo Estado industrial del que nos hablaba John K. Galbraith en su *Anatomía del poder*, con su organización tecnoestructural cuyos "círculos concéntricos" no dejan lugar a ninguna eticidad.

Evidentemente, el poder de esta racionalidad meramente instrumental es más terrible que el descrito por Maquiavelo o Hobbes. Es el poder del *american way of life* visto y practicado de una manera unidimensional. Es una *Weltanschauung*, considerada única y pretendidamente universal, que se aterriza en una "batalla" de *destino manifiesto*, que se cree ganada y que se cree que constituye el modelo universal (Wattengerg, 1991: 9). Es el *Pragma* estadunidense, pero sin los aires de clasicidad grecolatinos, que ha erigido la técnica del bienestar, en su pura cientificidad cuántica, el *summum bonum* de todo humanismo. Este nuevo *Moloch* es el *marketing* de una globalización que el pragmatismo de Pierce, de W. James o J. Dewey no imaginaron. Éste es el poder de una seguridad nacional que, como antigua *pax romana*, pero sin sus tiempos históricos, exige una *fides* y una sola *potestas*. Es el "evangelio de la riqueza" que pacientemente se elaboró con los materiales ideológicos del calvinismo, pero que, como lo lamentó Weber, se convirtió en un poder que aniquiló los prístinos ideales morales con los que nació. Es el poder de un Estado que ya no tiene fronteras porque la *voluntas* del antiguo *princeps* o la del pueblo ya no radica en ellos como sujetos, sino en las grandes decisiones corporativas de carácter económico internacional (Wallerstein, 1984: 29). Es el poder de un Estado en el que se suelta la libertad económica de las grandes corporaciones, el que el individuo ya no puede cumplir el ideal de Jefferson: *la administración de cada hombre de su propia granja y poner bajo cada quien lo que su propia vista pueda vigilar* (Jefferson, 1995: 29).

Después de las consideraciones anteriores sobre el fenómeno del poder y en posesión, por lo menos en parte, de ese "material" de la *cupiditas*, ya estamos preparados para ofrecer una definición del poder y detectar sus diversas teorías. Por lo menos, ensayemos algunas.

Historia, teoría y crítica

En primer lugar, es evidente que el poder es uno de los conceptos centrales en las ciencias sociales y políticas. Weber le dará carta de ciudadanía al abarcar en su definición muchos de sus aspectos. Poder es, para Weber, "toda posibilidad de imponer la voluntad propia —incluso en contra de una oposición, no importa en qué se funde esta posibilidad— dentro de una relación social" (Weber, 1965: 28). Cuando es legítimo, el poder se concibe como sinónimo de autoridad y conlleva, necesariamente, la idea de "principio de legitimidad", según la interpretación de Guglielmo Ferrero, que Bobbio sigue y que lleva ya, también, la idea de "derecho" (Stelling-Michaud, 1996: 18, 454). Ferrero y Bobbio llegan a esta conclusión desentrañando el concepto de Mosca de fórmula política, en el que el poder es legitimado por medio de la creencia o el sentimiento de un pueblo en un tiempo determinado (Mosca, 1934: 297).

Pero poder y derecho no siempre caminan juntos. Weber ya nos alertaba sobre el "poder de hecho" *(Macht)* y el "poder de derecho" *(Herrschaft)*, de la misma manera que Kelsen nos aclaraba la distinción entre un ordenamiento jurídico (que es una forma de poder) desde el punto de vista del deber *(Sollen)* o desde el ángulo del ser *(Sein)*. El poder, por consiguiente, depende del horizonte que se mire; es persuasión, influencia, manipulación o, inclusive, fuerza bruta. Si el poder encuentra *obediencia en personas determinadas respecto de un contenido determinado*, estaremos hablando, según Weber, de *dominio*. Es el antiguo concepto de *dominus* o *señor* de las tradiciones romana y española.

Por otro lado, el poder lo podemos visualizar o encerrar en las siguientes teorías: teoría psicológica, teoría del poder sustancial, relaciones y conceptos operacionales del poder.

Platón nos ofrece una muestra variada de las tipologías del poder. Bastaría leer los diálogos *Gorgias y Alcibíades,* en los que el filósofo hace la contraposición entre retórica y sabiduría, entre el derecho de la justicia y el derecho de la fuerza. Su *República* es una síntesis de los problemas del poder. Su experiencia de Siracusa y las tiranías de Pisístrato y Perirandro de Corinto le proporcionaron, además, los rasgos esenciales del poder fáctico. En general, la cultura griega, sobre todo en su literatura, ya nos manifiesta el fenómeno del poder como *condición humana*.

Pero el filósofo Hobbes nos habla del poder como uno de los impulsos clave y fundamentales del hombre. En su *Leviathan* es tajante: "Considero, así, en primer lugar el anhelo continuo e incansable de poder, siempre renovado, como un impulso general de todos los hombres que sólo termina con la muerte". Es un poder psicológico, pero también medido como *quantum* en su fisicalidad. Poder que también conlleva el impulso de obedecer al poder general, pues *tal deseo contiene el anhelo de tranquilidad y, consiguientemente, de protección por un poder distinto del propio*. De ahí la necesidad del *Leviathan*. Nietzsche, en contra de la "falsificación psicológica de las cosas inmediatas", centró su concepción sobre el poder: "Placer y desagrado —escribe— son mera secuela, mero fenómeno concomitante; lo que el hombre quiere, lo que cada parte mínima de un organismo vivo quiere, es un plus de poder" (Nietzsche, s. f.). Adler, bajo la influencia de Nietzsche, modificó la teoría de Freud al proponer como regulador de los procesos interiores de la personalidad no la libido sino un complejo de inferioridad, que se compensa con el ansia de poder.

Pero el poder no sólo es ansia y anhelo. La ciencia política no se conformaría con ese concepto psicológico que, como tal, es importante en lo que se ha llamado *politics of ambition* (Schlesinger). El darwinismo social, el fascismo, el decisionismo, la filosofía vitalista (de Bergson) y hasta el pragmatismo se verán influidos por esta teoría psicológica del poder. Evidentemente, muchos no se quedaron sólo en ella, sino que pasaron directamente al *poder sustancial*.

C. J. Friedrich detecta en la filosofía de Hobbes un *poder sustancial*, es decir, un poder considerado como cosa (Friedrich, 1966: 160), una especie de *deus ex machina* que, viniendo de fuera, violenta la persona, que se considera y la toma como aislada, sin organización, sin defensa social. En muchos de sus aspectos coincide con el poder del déspota o del cacique. En otros, se ha relacionado con el poder que se detecta en la teoría primitiva de la organización y, ciertamente, en el ámbito de las relaciones internacionales, en donde la nación fuerte no es sino potencia que dirime sus conflictos, en último término, "con la crítica de las armas". Aquí, el poder del derecho no es sino subterfugio ideológico y cobertura jurídica de un humanismo abstracto ya criticado en la Antigüedad por el filósofo Carneades. También ese poder como cosa, semejante a un *quantum*, es parecido al poder de los medios de producción que, en el sistema capitalista, al decir de Marx, se vuelven "una potencia extraña" al hombre, "que lo aplasta, que lo subyuga, en vez de ser por él dominada" (Marx-Engels, 1976: 33). Es la cosificación del hombre en la que "el sujeto es la cosa y el predicado es el hombre", en la que el único lazo de unión "es la necesidad natural, el interés privado y la conservación de la propiedad (Marx, 1954: 71).

Por lo demás, es común en el escenario de las relaciones internacionales lo que Inis L. Claude ha llamado la *military culpability:* ese poder que incluye elementos "que contribuyen, directa o indirectamente, a la capacidad para avasallar, matar o destruir" (Claude, 1968: 6). En el ejercicio de la *real politic*, este fenómeno de poder se cobija muchas veces, inclusive, en razón del Estado o en el famoso y weberiano *formonopolio del uso legítimo del poder*. Es evidente que ese poder, en el ámbito internacional, se encubre bajo los términos de seguridad nacional, interés nacional o defensa de la autonomía.

El teólogo H. Morgenthau ha definido la política como *una actuación según intereses, definidos en conceptos de poder*, pero poder que es sinónimo de beneficio (en el terreno económico) o de norma (en la jurisprudencia) y que, por lo tanto, los Estados nacionales, lo contrario de lo que pensaba Hobbes, no ansiaban el poder de la misma manera (Morgenthau, 1948: 53), aunque habría que reconocer que en Hobbes ya se perfilaban otros factores (sociales y psíquicos) que no se podían encerrar sólo en los elementos materiales y físicos. En Hobbes, el deseo de poder incluye, necesariamente, los ingredientes de fama, estimación, competencia, por mencionar algunos, que hacen de su *Leviathan* un animal pletórico de pasiones, a veces tanto más terribles en cuanto están presididas por el miedo. Hobbes, es cierto, está muy lejos de reducir el fenómeno del poder a la sola y desnuda potencia de la fuerza física. Su animal bíblico, revestido de pasiones, aun con la *potestas absolutista*, llevaba a cuestas, en las tradiciones del báculo y de la espada, una compleja maraña cultural sobre el poder. El querer reducir la "fórmula del poder" a una sola causa, meramente física, como combinación de dos variables que serían la *producción de energía y acero por raíz cúbica del número de habitantes*, como afirma H. Fucks, no deja de ser una aseveración simplista y ultramecanicista. El poder no es un simple dolor de cabeza. Hasta la espada del déspota está cargada de demonios, y los ídolos que Bacon describe forman los variados cimientos de las "formas" del fenómeno del poder.

El poder es no sólo el dato desnudo y natural que llega de fuera. Ni siquiera las fuerzas naturales, encerradas en las *vis*, que Maquiavelo describía en los príncipes renacentistas, se podían agotar o expresar en la *virtus* del *dominus* o *condottiero*. La diosa Fortuna exigía algo más que la pura fuerza para ser seducida y vencida. Tal vez por eso, hoy, los eternos Trasímacos se siguen revistiendo con infinitas máscaras. El poder, como en el tiempo de los pensadores griegos, sigue reviviendo a Glaucón. Y, con toda la modernidad encima, sigue cabalgando como centauro, como en los tiempos de Maquiavelo.

BIBLIOGRAFÍA

Aristóteles (s. f.), *Política*, Instituto de Estudios Políticos, Madrid.

Cicerón, *De legibus*.

Claude, Inis L. (1968), *Power and International Relations*, Nueva York.

Cristoff, Daniel (1979), *Husserl (La crisis de las ciencias europeas y la fenomenología trascendente)*, Edaff Ediciones, Madrid.

Descartes, René (1647), *Principia II, 6, Princ. Philosophiae*, París.

——— (s. f.), "Traité du monde ou de la lumiére", en *Oeuvres*, E. A. Tanery, vol. II, p. 36.

Eurípides (s. f.), *Las suplicantes*.

Friedrich, C. J. (1966), *La democracia como forma política y forma de vida*, Tecnos, Madrid.

——— (1958), *Authority*, Cambridge, Massachusetts.

Hesíodo (s. f.), *Los trabajos y los días*, v.

Hobbes, T. (1940), *Leviathan*, FCE, México.

Marx, Karl (1954), "La questione ebraica", en *Un Carteggio del 1843 e altri scritti giovanili*, Roma.

Marx, Karl (1971), *Stria delle teorie economiche*, vol. III, Turín.

Marx-Engels (1976), *Opere*, Riuniti, Roma.

Morgenthau, H. J. (1948), *Politics among Nations*, Nueva York.

Mosca, G. (1934), *Storia delle dottrine politiche*, Laterza, Bari.

Nietzsche, F. (s. f.), *Der Wille zur Macht*, III.

Platón, *La república*, VIII, 55 B3.

———, *Las leyes*.

Stelling-Michaud, S. (1996), "Ferrero á L'Université de Genéve", en G. Ferrero, *Histoire et politique au XIX siécle*, "Cahiers V. Pareto", Librairie, Ginebra.

Wallerstein, Immanuel (1984), *The Politics of the World-Economy. The States, the Movements, and the Civilizations*, Cambridge University Press, Cambridge.

Wattengerg, Ben J. (1991), *The First Universal Nation*, The Free Press y M. Macmillan, Nueva York.

Weber, Max (1965), *Economía y sociedad, Wirtschaft und Gesellschaft*, 4ª ed., Semit, I, Tubinga.

PODER LOCAL

Vicente Arredondo Ramírez

Definición

El modelo organizativo social denominado Estado-nación, y su modalidad de Estado-benefactor, le asignó un papel central a la función y a los órganos gubernamentales. Con ello se creó la conciencia de que los gobiernos son los únicos responsables del bienestar colectivo, lo cual les da el derecho a tener todo el poder y a ejercerlo en nuestra representación.

El gobierno ha sido el punto de referencia de toda la sociedad y, por consiguiente, se ha convertido en el origen de todos los bienes y todos los males que en ella suceden. Por ello, los gobernantes se han sentido con el derecho a ejercer monopólicamente todo el poder que requieren para cumplir con las obligaciones que se les imponen, mientras que la ciudadanía simplemente espera que los gobernantes cumplan bien sus responsabilidades.

Esta idea aún persiste, a pesar de que la historia nos enseña que el poder ha sido la peor enfermedad de la humanidad, ya que siempre tiende a ser ejercido por una minoría que fácilmente se vuelve adicta a él y tiende a utilizarlo en su propio beneficio.

El contexto actual

Los paradigmas modernos de convivencia social y de ejercicio del poder surgidos a partir de fines del siglo XVIII, bajo la modalidad de "pactos sociales", están siendo profundamente cuestionados en distintas partes del mundo. En las postrimerías del siglo XX, un creciente número de ciudadanos se preguntan sobre cuál es el sentido y propósito de vivir en sociedad y cuál es la mejor forma de instrumentarlo.

El modelo de organización social conocido como Estado-nación se halla en un serio proceso de debilitamiento y disfuncionalidad. Esto se manifiesta en las modificaciones del papel tradicional del gobierno en los aspectos económico, político y social; en el descrédito de las instituciones de la modernidad; en el incremento de la marginalidad social, que afecta la capacidad de satisfacer las necesidades básicas de las personas; en la crisis del modelo tradicional de gobernabilidad, y en los desajustes económicos en el esquema de producción, comercialización, consumo y empleo.

La actual corriente de pensamiento mundial denominada por muchos "neoliberalismo" tiende a desmantelar los aparatos gubernamentales y a acotar sus funciones tradicionales. Se plantea que el gobierno ya no debe ser el responsable de promover y estimular el desarrollo con justicia y equidad, sino que las fuerzas del mercado son las que habrán de resolver ese problema. Por tanto, el gobierno debe sólo dedicarse a mantener la paz social y a crear las condiciones que permitan el desarrollo de las fuerzas del mercado.

Esta situación implica, de hecho, la pérdida de la autodeterminación económica y política de los Estados nacionales basada en su soberanía, con lo que se invalida la razón histórica de este modelo de organización social. Los nuevos modelos y sistemas de economía metanacional, controlados por grupos cada vez más reducidos de megaempresas, imponen nuevas formas de financiamiento, producción, comercialización y comunicación, todo lo cual está modificando el sentido de vivir en sociedad y la forma de ejercer la ciudadanía.

En medio de estos cambios, lo único que los promotores de "las fuerzas del mercado" quieren mantener es el ritual de la democracia representativa, como práctica periódica de participación ciudadana en los procesos electorales, lo cual sirve para calificar la actuación de los políticos.

Siendo muy importante el modelo de democracia formal representativa, habrá de reconocerse que dicho modelo no ha sido capaz de promover una cultura de participación, que permita a la ciudadanía involucrarse realmente en las tareas de interés público. Además, el empeño por promover exclusivamente la democracia formal ha obstaculizado la creación de fórmulas imaginativas de corresponsabilidad social. Hay una atrofia generalizada en todo el mundo de la capacidad para diseñar e instrumentar modelos de desarrollo y convivencia social, acordes con la naturaleza propia de cada sociedad.

Los factores tradicionales de gobernabilidad también están siendo afectados por los cambios económicos mundiales. El Estado moderno occidental creó los conceptos e instrumentos normativos para que la sociedad se articulara alrededor de un pacto social neutral y convenido, y con ello modificar el secular poder omnímodo de las monarquías y autoridades religiosas.

Para esto se crearon instituciones que dieran racionalidad a la administración de lo público, y permitieran la representación de los diversos grupos de interés en el proceso de toma de decisiones gubernamentales y legislativas. En esta construcción organizativa de lo social, las instituciones de la modernidad fueron concebidas como instrumentos para hacer operativo un modelo de pacto social.

Los procesos históricos de concentración de poder han convertido a los ciudadanos, en el mejor de los casos, en emisores de votos electorales cada determinado tiempo en receptores pasivos de los bienes y servicios del Estado-benefactor y en víctimas o beneficiarios pasivos de las decisiones que toman quienes dirigen las instituciones de la modernidad.

El debilitamiento de los elementos tradicionales de la gobernabilidad

El desconocimiento generalizado que la sociedad tiene de las normas legales, su caducidad y la ineficiencia de los aparatos encargados de hacerlas valer lesionan seriamente el Estado de derecho y generan mecanismos viciados de interacción y sobrevivencia social. Tal es el caso de la multifacética corrupción, reforzada por la debilidad de las instituciones del Estado y por la inmadurez ciudadana.

La hacienda pública permite utilizar los excedentes generados o adquiridos socialmente en beneficio de los intereses y necesidades de la colectividad. Sin embargo, el mal uso de esos recursos y las crisis económicas y financieras de fin de siglo experimentadas en muchos países están provocando severas limitaciones fiscales que impiden que los gobiernos procuren y faciliten el bienestar colectivo, razón de ser de la vida en sociedad.

Aunque en la retórica política aún se maneja el cuasisagrado concepto de soberanía, la verdad es que cada vez es menor la capacidad real de los países para decidir su propio destino, sobre todo de los rezagados económicamente. La práctica de la nueva ideología llamada globalización económica está demostrando la caducidad e inoperancia del concepto tradicional de soberanía nacional. No puede hablarse de soberanía cuando lo que sucede en las antípodas del planeta o lo que deciden los "mercados" determina la capacidad para satisfacer las necesidades de un país e imposibilita su desarrollo a la medida de su propia historia, cultura y visión de las cosas.

Con demasiada frecuencia, los partidos políticos, más que servir de factor de solución de los naturales intereses divergentes de los ciudadanos, tienden a convertirse en instrumentos de división social, ya que la necesidad de significarse y distinguirse de otros partidos políticos impide la creación de los consensos necesarios para el quehacer gubernamental y legislativo.

Intereses personales y grupales ajenos al interés colectivo, y deficiencia en los conocimientos y capacidades requeridos para gobernar y administrar los asuntos públicos, no permiten el ejercicio equilibrado y controlado del buen gobierno.

A nadie le resulta novedoso el señalamiento de que la política, en sus distintas expresiones institucionales, es en realidad el campo de batalla por el poder de quienes se dedican a ella, mientras que la masa ciudadana trata de sobrevivir con sus propias reglas, sin interés por participar en eso denominado *política*.

El terrorismo y las expresiones de descontento social por razones económicas, religiosas y políticas son un fenómeno en crecimiento. Sin garantías de seguridad física, de trabajo, de propiedad, de libre tránsito, de salud, de educación y, sobre todo, de participación social, es imposible hablar de paz y desarrollo nacional.

En efecto, la creciente exclusión de miles de millones de personas de los beneficios del desarrollo es sin duda la mayor prueba de la crisis del paradigma tradicional de vida en sociedad. Hasta ahora, el desarrollo socioeconómico se ha entendido como el tránsito de una condición insatisfactoria a una condición deseable, modelado siempre por los países más ricos del planeta. El paradigma de desarrollo que se ha impulsado está basado en el principio de "alta producción y alto consumo". Recientemente, la nueva ideología denominada *globalización* ha modificado la estrategia de aplicación de este principio, pero los conceptos básicos permanecen igual.

Por todo ello, no es exagerado concluir que la gobernabilidad de muchos países está en peligro, lo cual explica el creciente interés de la ciudadanía por participar en la definición, actualización y cumplimiento del pacto social.

El poder local

Un nuevo fundamento de la gobernabilidad plantea necesariamente una reconceptualización y una redistribución del poder. A finales del siglo XX, la recomposición del poder se está operando con una lógica global y metanacional, cuyos resultados negativos están ya a la vista. Por consiguiente, todo señala que, a manera de contraflujo, la promoción del auténtico bienestar colectivo tiene que darse desde la dimensión de lo local y con la participación ciudadana. Esta idea es muy amenazante para aquellos que ejercen el poder en su propio beneficio, desconociendo los intereses de la colectividad.

En efecto, cada vez hay más conciencia de que el desarrollo de un país, en todas sus facetas, debe impulsarse desde espacios geográficos bien determinados, tomando en cuenta las características específicas de la población y de su entorno, y promoviendo la participación de los actores sociales que en él se ubican.

Justificación del poder local como alternativa

La ciudadanía está despertando como resultado de la disfuncionalidad de los poderes gubernamentales del Estado-nación, especialmente en aquellos países donde existe una alta concentración del poder en el ámbito nacional.

La ineficacia de los poderes gubernamentales se manifiesta en su incapacidad e impotencia para crear condiciones favorables que permitan que la mayoría de la población acceda al empleo, la salud, la educación y la vivienda, mientras que se incrementa el crimen organizado, la concentración de la riqueza, la inseguridad pública y la desesperanza en un futuro promisorio. Frente a esto, la ciudadanía empieza a buscar el control de su propia vida, ahí en su ámbito real de influencia, rechazando la idea de que su futuro depende de fuerzas externas desconocidas e insensibles a los problemas humanos concretos.

El poder local como concepto

Asumiendo que una definición nunca agota lo definido, el concepto de poder local es la capacidad de la ciudadanía para apropiarse de su propio destino. La idea de poder local está referida a la creciente conciencia de que el bienestar colectivo es la única razón de ser de la vida en comunidad y que las instituciones y formas organizativas de la sociedad son sólo un instrumento para ello. En este sentido, el poder local se ejerce a través de la participación ciudadana, para lo cual cada persona debe tener la capacidad de analizar, definir, decidir e instrumentar todo aquello que se requiere para su propio bienestar y el de los demás.

HISTORIA, TEORÍA Y CRÍTICA

Son muchos los enfoques, conceptos y dimensiones alrededor de la idea del poder local. Algunos se refieren a los propósitos, otros a las condiciones y otros más a las formas de instrumentación. A su vez, las diferentes verbalizaciones del concepto de poder local también se pueden explicar desde la lógica y los códigos de las disciplinas académicas que lo abordan.

1. Desde el punto de vista de sus propósitos, el poder local pretende lo siguiente:

- Construir un nuevo paradigma de gobernabilidad basado en el bienestar colectivo, y no en el temor e ignorancia de la gente y la manipulación de los poderes fácticos.
- Construir una cultura de corresponsabilidad social en la que se establezcan con precisión los derechos y obligaciones de todos y cada uno de los miembros de la comunidad en las tareas del desarrollo económico, político y social; esto es, construir un concepto vivo de ciudadanía.
- Reconstituir el tejido social que está dañado por las disfuncionalidades del modelo de organización social denominado Estado-nación.
- Resignificar la vida en sociedad, ya que la nueva ideología internacional concibe a las personas como simples consumidoras de bienes y servicios, los cuales deben ser producidos con alta eficiencia y bajo costo, y siempre bajo la lógica de reforzar un modelo homogéneo de calidad de vida.
- Rediseñar la dinámica de la vida cotidiana, ya que el modelo de vida de las grandes concentraciones urbanas tiende a extrapolarse como ideal para las personas y las comunidades, a pesar de lo destructivo de dicho modelo para el desarrollo humano.
- Hacer una reingeniería de la relación entre la sociedad y su gobierno, para que el poder se centre en la comunidad y no en quienes manejan las instituciones y toman las decisiones para su beneficio particular.
- Lograr la autonomía local que permita a los ciudadanos definir la mejor forma de satisfacer sus necesidades sin la mediación de los poderes burocráticos y tecnocráticos de los gobiernos centrales o estatales.

2. Desde el punto de vista de las condiciones para construir el poder local, se señalan las siguientes:

- Generar procesos de conocimiento, diálogo y concertación entre los diversos actores locales; esto es, los gobernantes, los empresarios, las organizaciones civiles, las organizaciones sociales, los académicos y la población en general.
- Fomentar la autoestima ciudadana descubriendo las particularidades que conforman la identidad local, con un espíritu de apropiación de la historia comunitaria, sin xenofobias y con apertura al intercambio con otras comunidades.
- Crear conciencia sobre la necesidad de autodeterminación ciudadana, exigencia de los derechos propios y cumplimiento de las obligaciones correspondientes.
- Activar la capacidad para construir escenarios deseables en el mediano y largo plazo, hacia los cuales se orienten las decisiones comunitarias, por medio de mecanismos que estimulen el desarrollo del pensamiento estratégico.

3. Desde el punto de vista de los instrumentos necesarios para construir el poder local, es necesario:

- Crear normatividades y mecanismos para que las funciones de gobierno local las asuman personas con vocación y capacidades para hacerlo.
- Conocer e instrumentar mecanismos de planificación del desarrollo local para poner en práctica saberes técnicos y administrativos.
- Diseñar mecanismos innovadores de inclusión de la ciudadanía en la definición de las políticas públicas, sobre la base de que la comunidad desarrolle su capacidad para analizar problemas y proponer soluciones.
- Diseñar y aplicar leyes que fomenten la participación ciudadana en todos los ámbitos de la vida comunitaria.
- Diseñar y aplicar leyes que delimiten las atribuciones de los gobiernos locales frente a los poderes estatales y nacionales, en el marco de la descentralización del poder.
- Diseñar indicadores del avance político, económico y social de la comunidad.

El poder local y su geografía

No existe una sola visión sobre lo que geográficamente significa el concepto "local". La referencia más frecuente se vincula al municipio, considerando que es el ámbito geográfico-político más cercano a los ciudadanos. Éste es el nivel de gobierno más próximo a la comunidad en el que se ejerce la democracia representativa, y, en razón de que el poder local es una práctica de sinergia de todos los actores sociales, la interacción con el gobierno local es esencial.

Esta consideración no se opone a otros señalamientos que colocan el ámbito del poder local en el nivel de barrio, colonia, poblado o ciudad distinta de la cabecera municipal. De hecho, una dinámica de participación social debe incluir todos estos ámbitos, y no sólo al más cercano a la sede geográfica del poder local.

En este sentido, para cumplir los propósitos del poder local, se requiere una auténtica reingeniería de la organización social, ya que los modelos y prácticas conocidos hasta ahora fueron diseñados no para que la sociedad gobierne, sino para ser gobernada.

Líneas de investigación y debate contemporáneo

Es necesario repensar la forma en que las sociedades atrasadas puedan satisfacer sus necesidades de desarrollo desde una perspectiva integral que contemple el crecimiento económico, social, democrático y cultural de toda la sociedad, sin exclusiones de ninguna naturaleza y tomando en cuenta las características propias de cada comunidad.

La incipiente experimentación de prácticas inspiradas en el concepto del poder local está contribuyendo a la creación de un nuevo paradigma de gobernabilidad que asegure la democracia y el desarrollo de los países en desventaja.

Para ello se requiere mucha imaginación y audacia a fin de romper esquemas mentales y prácticas viciadas de organización social. Esta ruptura, basada en el principio de corresponsabilidad social, no puede ser impuesta por decreto, sino que debe ser el resultado de un proceso de educación cívica que, a manera de una revolución pacífica, se impulse desde distintos frentes y con diferentes estrategias.

Todo parte de reconocer que el esquema de organización social que pudo funcionar en los últimos 200 años ya no puede ser operable en muchos sentidos en la sociedad del siglo XXI. Las sociedades evolucionan, y lo que fue útil para una fase histórica se vuelve un estorbo para una fase posterior. La forma en que se manifiestan las necesidades sociales, sus causas y sus soluciones es diferente en cada época. Además, en cada época o fase histórica surgen nuevos retos a resolver, cuya solución está más allá de las fórmulas conocidas hasta ese momento.

No hay un modelo único de desarrollo socioeconómico, sino que cada realidad local y regional debe encontrar las mejores formas de generar y distribuir la riqueza y de pugnar por una sociedad sin excluidos. En este sentido, los temas actuales de debate internacional, como la reforma del Estado y la descentralización, deben orientarse a promover el desarrollo local con la participación de toda la ciudadanía.

Está ya probado que la participación de las personas en el desarrollo se estimula cuando se trata de resolver la problemática cotidiana que las afecta, y cuando su ámbito de preocupaciones coincide con su ámbito real de influencia para solucionarlas. Es necesario que en el ámbito local se encuentren fórmulas de interacción entre el sector gubernamental, el empresarial y el social para que colaboren y se corresponsabilicen en la solución de los problemas existentes en su entorno inmediato.

PODER POLÍTICO

Pier Paolo Portinaro

Definición

En un sentido muy general, poder es la capacidad para producir efectos por parte de una fuerza en un ambiente. En un sentido sociológico, el poder es siempre poder del hombre sobre el hombre, es decir, capacidad para producir efectos importantes sobre el comportamiento de otro hombre (Stoppino, 1995). El concepto sirve, pues, para designar la capacidad de un sujeto en una relación. En la historia del pensamiento se pueden distinguir tres teorías del poder: la sustancialista, la subjetivista y la relacional. Modelo de la primera es la definición de Hobbes, para quien el poder de un hombre "son los medios que tiene en el presente para obtener cualquier aparente bien futuro". Un ejemplo de concepción subjetivista se puede encontrar en Locke, para quien poder es la capacidad del sujeto para obtener ciertos efectos (Bobbio, 1995: 67). De esta noción se pasa mediante especificación ulterior a la concepción relacional, para la cual resulta todavía paradigmática la definición que Max Weber dio a principios del siglo XX: "Potencia *(Macht)* designa cualquier posibilidad de hacer valer dentro de una relación social, también frente a una oposición, la propia voluntad, cualquiera que sea la base de esta posibilidad. Por poder *(Herrschaft)* se debe entender la posibilidad de encontrar obediencia, en ciertas personas, a un mandato que tenga un determinado contenido" (Weber, 1922).

Lo que en primer lugar resulta de esta definición es que el poder puede referirse a toda relación humana. Cualquiera que sea la configuración histórica que asuma, el poder es una relación asimétrica entre un sujeto activo, colocado en lo alto del estrato social, y un sujeto pasivo, que se coloca abajo. Tal asimetría se encuentra en el interior de cada uno de los tres tipos fundamentales de poder que, desde la Antigüedad hasta hoy, se han representado con variaciones superficiales y continuidades estructurales. Aristóteles, en su *Política*, ya distingue tres tipos de poder con base en el criterio del ámbito en el cual se ejercita: el poder del padre sobre los hijos; el poder del patrón sobre los esclavos y, por consiguiente, sobre el *oikos;* y el poder del gobernante sobre los gobernados, es decir, el poder político en sentido estricto. En la Edad Moderna, Locke retoma esta clasificación al comienzo del segundo de los *Treatises on Government*. Sin embargo, todavía Weber, después de haber distinguido en una página de *Economia e società* entre el "poder constituido en virtud de una constelación de intereses" y el "poder constituido en virtud de la autoridad", especifica que este último está representado "por el poder del padre de familia o por el poder de oficio o por el poder del príncipe". El poder de oficio es la típica forma de poder económico moderno; es el poder sobre aquel *oikos* en grande que es la gran empresa o la administración pública, la "familia pública", como Daniel Bell la ha llamado.

Frente a esta multiplicidad de formas de poder es preciso preguntarse, a manera de preámbulo, cuál es el contenido específico del poder político. La doctrina clásica del Estado no tiene dudas en afirmar que es la coercitividad, es decir, la fuerza física organizada e institucionalizada. Escribe nuevamente Weber: "Un grupo de poder debe llamarse grupo político en la medida en que su subsistencia y la validez de sus ordenamientos dentro de un territorio dado con determinados límites geográficos son garantizadas en forma continua mediante el empleo y la amenaza de una coerción física por parte del aparato administrativo". Al medio específico de la *fuerza*, la definición añade aquí un componente espacial —*el territorio*— y un componente organizativo —*el aparato administrativo*—. En realidad, los agregados de poder territorial son históricamente las primeras organizaciones sociales complejas. Territorialización de las conexiones vinculantes, monopolización y organización centralista de la coerción son, pues, los rasgos distintivos del poder político.

Es precisamente en referencia al poder político como podemos reconocer la fundamental ambivalencia del fenómeno del poder. La vulnerabilidad del hombre por parte del hombre, por un lado, y la necesidad de constituir ordenamientos como garantía de la seguridad de la vida asociada, por el otro, son los fundamentos antropológicos de la construcción social del poder político. En su origen, el poder es, como se ha afirmado, "poder de causar daño", ofensa corporal, daño material y exclusión o marginación. Es pues poder de exclusión, poder de intimidación, poder disuasivo (que como tal se presenta siempre como poder de hecho). En esta primera acepción, el poder se matiza en la violencia, y ésta ha sido definida correctamente por Heinrich Popitz, un sociólogo de formación weberiana, como "puro poder de acción". En el núcleo genético del poder político están la lucha y la guerra, él es originariamente poder militar. El poder político, ha escrito también Max Weber, es "un poder que va más allá del poder doméstico y que debe ser distinguido de él por principio, en cuanto no está orientado en primera instancia a dirigir la pacífica lucha del hombre con la naturaleza, sino que conduce más bien la batalla violenta de una comunidad humana con otras comunidades". Ofender y defender son actividades que se colocan en el núcleo genético del poder. Por lo tanto, la política, como lo ha reconocido bien Carl Schmitt, no puede ser pensada prescindiendo de las categorías de amigo y enemigo. Pero el poder es también poder de proteger, de preservar de las amenazas, ejercitando su supremacía de tal manera que excluya cualquier intervención por parte de otros entes. En esta función, el poder pierde su valor de amenaza para adquirir una más tranquilizante de creación de orden. Él se vuelve poder de inclusión, poder de protección y, por ende, poder constituyente (y en cuanto tal tiende a configurarse como poder de derecho, es decir legítimo). Aquí tiene su origen el poder civil.

Detrás de estas definiciones del poder están en acecho las grandes cuestiones de nuestra tradición filosófica y de nuestra historia política. Toda aplicación del poder es limitación de la libertad. El poder, en cuanto poder coercitivo, está intrínsecamente necesitado de legitimación. Éste es, lo sabemos bien, el problema originario de la filosofía política: ¿por qué el hombre debe prestar obediencia a mandatos que prevén sanciones? Parafraseando el interrogante con que se abre una célebre obra de Robert Nozick, ¿por qué debe existir el Estado y no en cambio la anarquía? Si el poder es, por su coercitividad, poder de causar daño y por tanto amenaza, el problema llega a ser el de su limitación. El gran desafío —podemos decir la cuadratura del círculo— de la ingeniería política es, desde la Antigüedad, el siguiente problema —ya muy claro para la mente de Platón—: ¿cómo hacer que el poder sea al mismo tiempo productor de orden pero inofensivo en lo que respecta a la seguridad (y a la libertad) de los asociados? La sumisión del poder al derecho corresponde desde siempre a esta exigencia. La segunda cuestión se refiere al grado de centralización de los aparatos administrativos. ¿Cuál es la autonomía de la periferia respecto al centro? ¿Dónde se sitúa el límite entre poder de disposición público y poder de autodeterminación privado? Una tercera pregunta está adquiriendo una creciente importancia en el horizonte contemporáneo de la globalización: ¿hasta qué punto la territorialización de los vínculos de obediencia puede fundar un poder de prohibición al ingreso, o hasta qué punto puede regular las políticas de inclusión y exclusión en un mundo cada vez más interdependiente e intercomunicante?

La reflexión sobre el poder político ha sido siempre la reflexión sobre un poder que no conoce nada por encima de sí. El poder político por antonomasia es el poder soberano, el poder *superiorem non recognoscens*. Mas la historia de las agregaciones políticas es también la historia de los intentos de someter el poder a una lógica superior, anclada en un orden trascendente o racional o natural, del que a veces se convierten en intérpretes particulares grupos sociales o personalidades excepcionales: los profetas en la tradición judía, los filósofos en la *polis* griega, la clase eclesiástica en la sociedad medieval, los científicos "positivos" o los tecnócratas en la sociedad industrial. El éxito de estos intentos es por lo demás ambiguo: oscila entre la limitación o la absolutización del poder. En efecto, se puede valorar el poder en términos análogos a los utilizados por Clausewitz para enjuiciar la guerra: como el teórico prusiano distingue entre guerra absoluta (la guerra según su naturaleza de tensión de los esfuerzos de los contendientes al extremo) y guerra real (la guerra moderada por la política y por varias disensiones que condicionan su desarrollo), así podemos distinguir entre la dinámica intrínseca del poder político, que tiende a absolutizarse, y sus manifestaciones reales, en que el poder debe descender a pactos con contrapoderes sociales, o enfrentarse a la dificultad de consolidación, pérdida de efectividad y legitimación. Sólo cuando el poder espiritual llega a reivindicar con éxito prerrogativas del poder temporal se configura una amenaza concreta de absolutización del poder y de la política. El diseño hierocrático de los partidarios del papado medieval se repitió, en formas secularizadas, en las revoluciones y los movimientos totalitarios de la Edad Moderna.

Historia, teoría y crítica

Las tres raíces históricas del poder político

Una primera constelación histórica nos permite acercarnos directamente a una dinámica profunda de la política del poder: la de los grandes imperios en las civilizaciones antiguas. Alrededor del poder de ofender y causar daño se aglutina una dimensión fundamental del poder: la del control de los recursos: la apropiación originaria, la organización de la producción, la redistribución (bajo el modelo de repartición del botín de guerra y la presa de caza). La estructura institucional de la "centricidad", como ha afirmado Karl Polanyi generalizando los resultados de la investigación antropológica (en particular de Malinowski y Thurnwald), preside todo sistema organizativo para la recolección, el almacenamiento y la redistribución de bienes y servicios. La centralización del aparato administrativo, del que nos habla la sociología de Max Weber, es originariamente poder organizado y jerarquizado de disposiciones y movilizaciones de recursos materiales. El poder manda hombres, transfiere bienes, extrae trabajo. Un poder en sentido secular, desacralizado, se desarrolla en las sociedades alrededor de estos factores.

Una segunda constelación, peculiar de la Antigüedad occidental, es esencial para la comprensión del poder político. En la *polis* griega, entre los siglos VI y IV a.C., acontecen transformaciones sociales e ideológicas que culminan con la autonomización del poder político. El conjunto de los ciudadanos (libres) encuentra la propia identidad política en la participación dentro del proceso decisional colectivo, en la integración de un ordenamiento estatuido, en el ejercicio de cargos públicos. Aquí, por primera vez, en contraposición al orden patrimonial del pasado, el poder político llega a distinguirse claramente del económico: la esfera pública de la *polis* responde a una lógica radicalmente distinta de la que gobierna el *oikos*, la casa. Al mismo tiempo, en esta fase específica es cuando se delinea otra contraposición decisiva para el desarrollo de las instituciones occidentales: aquella entre gobierno de los hombres y gobierno de las leyes, a la que Norberto Bobbio ha dedicado un célebre ensayo.

La autoconciencia de que el pueblo es el que manda se conjuga con la noción de que tal poder debe ejercerse en la forma de leyes *(nomoi*, y a éstas está dedicado un diálogo de Platón); el concepto de *isonomía*, igualdad ante la ley, en el cual dicha autoconciencia se expresa, está dirigido polémicamente contra toda forma particularista de gobierno de los hombres y, por consiguiente, tanto contra el arbitrio de déspotas y tiranos como contra los vínculos clientelares de asociaciones oligárquicas. El mundo antiguo no ha elaborado una concepción de los límites del poder comparable con el constitucionalismo medieval tardío y moderno (para entendernos, el investigado, por ejemplo, por MacIlwain), pero ha puesto las premisas para una crítica de la concepción patrimonial del poder, que es lo opuesto de toda forma de constitucionalismo. Un autorizado estudioso alemán de la Antigüedad, Christian Meier, ha dedicado una obra fundamental, *La nascita della categoria del politico in Grecia*, a reconstruir la relación entre *revolución nomista* y nacimiento de la democracia en la *polis* griega. "Desarrollando lo político —ha escrito Meier—, los griegos construyeron aquel ojo de aguja a través del cual debía pasar toda la historia universal para poder arribar a la Europa moderna." No obstante las diversas concreciones nacionales, esta idea está hoy en la base de la teoría y la práctica de la democracia a nivel planetario.

Sin embargo, es de la tradición romanista y después

de la cristiana de las que somos deudores de la elaboración del concepto de poder en sentido jurídico. Aquí el poder adquiere articulación ulterior en una dimensión distinta: la del control del saber, las normas y los procesos de identificación. La lucha de la Iglesia contra el Imperio por la sumisión del poder temporal al espiritual ejemplifica muy bien las resistencias del poder ideológico a la autonomización del poder político en un contexto de creciente diferenciación social. Como ha puesto en claro Alessandro Pizzorno a partir de la investigación fundamental de H. Berman sobre la reforma gregoriana como la primera revolución política de Occidente, el poder de la clase eclesiástica se funda sobre cuatro modalidades de control social, que se adscriben de manera diversa y según trayectos al ámbito de las prerrogativas de los poderes temporales-territoriales: el control del saber, de los procedimientos normativos, de los estados devocionales (como actitud mental que determina una conducta de vida en la cual la consecución de la identidad de individuos y grupos es función de la consagración de todos sus esfuerzos a una causa colectiva) y de la definición de los enemigos.

El Estado moderno, el laboratorio de poder político más articulado que la historia haya conocido, puede remontarse fundamentalmente a estas tres raíces: a las experiencias organizativas, normativas y simbólicas de los imperios, las ciudades libres y la Iglesia católica. En él confluyen tres grandes procesos de alcance histórico-epocal: la experiencia de la monopolización del poder coercitivo para los fines de la apropiación, valoración y distribución de recursos; la de la autonomización del poder político como poder de participación de ciudadanos, y la de la especialización del control normativo e ideológico de instituciones altamente racionalizadas. Sólo si se tienen presentes estas tres matrices del acontecer del Estado moderno (entendido como organización político-jurídica), se podrán comprender con suficiente claridad sus estructuras, la evolución, la discontinuidad y las potologías (por ejemplo, el imperialismo y la burocratización). Si no hacemos referencia a la primera, no llegaremos a comprender adecuadamente la vocación imperialista de los Estados; si no consideramos la segunda, nos costará trabajo reconstruir el paso del republicanismo a la democracia en la ideología de la modernidad y entender el retorno de la tradición republicana en el debate contemporáneo; si prescindimos de la última, no comprenderemos probablemente las grandes revoluciones europeas, desde la inglesa a la francesa y la rusa; sin tematizar la infausta alianza de imperialismo y política absoluta no se explican la génesis y el desarrollo de los movimientos totalitarios. En la pretensión medieval de supremacía del poder espiritual sobre el temporal estaban ya implícitas las premisas de una "política absoluta", basada en la identificación y discriminación de un "enemigo absoluto".

Los límites del poder político

Imperio, ciudad libre, Iglesia: de la trama de las dinámicas de base de estas realidades surge el Estado moderno. En el Estado, como se desarrolla en Europa entre los siglos XVII y XIX, llega a su cumplimiento el proceso de institucionalización del poder puesto en marcha en los siglos precedentes. En este proceso llegan a sintetizarse tres tendencias cuya convergencia, como ha puesto en claro Heinrich Popitz, garantiza un aumento de estabilidad del sistema estatal: *a)* la creciente *despersonalización* de las relaciones de poder: el poder coincide cada vez menos con cada una de las personas a quienes se atribuye facultad de tomar decisiones colectivamente vinculantes y cada vez más con la máquina normativa; *b)* la creciente *formalización*: el ejercicio del poder se orienta cada vez más claramente a reglas, procedimientos rituales, y *c)* la creciente *integración* de las relaciones de poder en un ordenamiento omnicomprensivo: el poder se afianza en una estructura social que lo sostiene y que a su vez es sostenida por aquél (Popitz, 1992).

Las luchas que llevan al nacimiento del Estado establecen por primera vez en la historia límites precisos entre el poder político y los otros poderes sociales: el poder ideológico o espiritual, el poder económico, el poder militar. Dos son fundamentalmente, como es sabido, las grandes luchas por el poder en los orígenes de los Estados modernos: la lucha entre poder espiritual y poder temporal, entre Iglesia y Estado; la lucha entre el soberano y las clases, entre patrimonialismo feudal y absolutismo monárquico. En la primera lucha se definen, oscilando entre los extremos de teocracia y cesaropapismo, los límites entre poder ideológico y poder político, una distinción que las revoluciones modernas, desde la de Cromwell a la bolchevique, con su lógica de absolutización de la política, tenderán de nuevo a cancelar; en la segunda lucha se definen los límites entre poder económico y poder político, que vendrán a ser un punto de apoyo de la doctrina liberal del Estado de derecho y que precisamente los totalitarismos del siglo XX volverán a poner en discusión.

Si Hobbes, en los inicios de la modernidad, teorizaba todavía la indivisibilidad del poder soberano y, por tanto, la permanencia en las mismas manos de la espada de la guerra y de la espada de la justicia, y también reivindicaba para el soberano secular las tradicionales prerrogativas de la Iglesia —como la convocación de las asambleas, los nombramientos de los pastores, el perdón de los pecados—, Locke, Montesquieu y Sieyès desarrollan en cambio la doctrina de la división de poderes, destinada a convertirse en el fundamento del Estado de derecho liberal y liberal-democrático. En particular el abad Sieyès, con su definición de la relación entre poder constituyente y poderes constituidos, pone las bases de la teoría moderna de la constitución como acto normativo dirigido a definir y disciplinar la titularidad del ejercicio del poder soberano. Al poder se le reconoce una doble función: la constitutiva de la sociedad civil (poder constituyente), la regulativa de la sociedad civil (poder constituido). Por su doble naturaleza de primera fuente del derecho y de decisión fundamental sobre la forma que se ha de dar a la unidad política de un pueblo, el poder constituyente es un poder omnipotente: en el origen del orden constitucional está un acto de ruptura revolucionaria que se inscribe todavía en el código del absolutismo político.

Hoy en día, el campo del poder está dominado por dos modelos contrapuestos: el patrimonialismo y el constitucionalismo. El patrimonialismo es una forma de gobierno de los hombres fundada sobre la sistemática contaminación de poder económico y poder político (Roth, 1983). El constitucionalismo, en cambio, tiene su origen en el gobierno de la ley dentro de un ámbito público. Es gobierno de la ley en el pleno reconocimiento de la separación de poder económico y poder político. Por su naturaleza, el constitucionalismo es republicano. Ésta es la gran contraposición hoy, no tanto la kelseniana, de autocracia y democracia. Pueden existir democracias patrimoniales, y la democracia plebiscitaria, con su *spoils system*, está peligrosamente expuesta a los riesgos de la apropiación patrimonial del poder.

Líneas de investigación y debate contemporáneo

La Edad Contemporánea es la edad en que los límites del poder vuelven a confundirse. Es la edad de las ideocracias totalitarias y es la edad del poder económico que coloniza al poder político. Es la edad de la politización de los poderes sociales y de la proliferación del poder. La teoría de la microfísica del poder elaborada por Michel Foucault es muy representativa de esta situación. Otro tanto se puede afirmar para la tesis de la inflación del poder, desarrollada por Niklas Luhmann. A la difusión del poder se contrapone su pérdida de efectividad y de eficacia (Wilke, 1992). También la sociedad de los derechos es en el fondo una sociedad de micropoderes comprometidos en recíprocas guerras de desgaste: el poder es pues omnipresente. No sólo en su variante totalitaria, sino también en la democrática, la sociedad contemporánea es una sociedad en la que el poder político resulta problemático. La gran ficción de la modernidad, la admisión de límites claros entre poder económico, político, ideológico; entre poder constituyente y poderes constituidos o, más todavía, entre poderes constituidos ejecutivo, legislativo, judicial se ha desvanecido.

El totalitarismo marca la catástrofe del proyecto de civilización del poder político perseguido por la modernidad; contra la línea evolutiva de la desmilitarización del poder, el totalitarismo representa, por lo contrario, la integral militarización de todo poder social, hasta el punto de englobar en el "Estado-cuartel" a toda la sociedad civil; contra el proceso de secularización del poder, él reivindica, a través del recurso al mito, la sacralización; contra la tendencia a la despersonalización del poder, él exalta la irrupción del jefe carismático en la arena política; contra el proceso de racionalización formal del poder, él somete las decisiones políticas a criterios de justicia material, fundados en la afirmación de las desigualdades nacionales y raciales (a medida que se consolida, el Estado totalitario es cada vez menos Estado legislativo y cada vez más Estado discrecional); contra el proceso de constitucionalización del poder, él atribuye al jefe el poder de subvertir todo orden establecido y, por tanto, un poder constituyente permanente; contra la exigencia de publicitación de los cargos, él representa una nueva apropiación patrimonial de las instituciones por parte de los que poseen el poder.

Mas también el Estado democrático constitucional aparece en crisis en este final de siglo. Los dos fundamentos del constitucionalismo clásico, la idea de poder constituyente al igual que la de división de los poderes, resultan difíciles de traducirse en la vida política e institucional concreta. El desgaste de la primera idea es muy evidente en la imposibilidad de dar vida a nuevas constituciones cuando se enfrenta un caída traumática del régimen precedente. En el Estado constitucional no existe un órgano que posea el poder indiviso e ilimitado de suspender el ordenamiento jurídico existente y crear un nuevo orden normativo. Pero todavía más evidente es la dificultad de operar la división de los poderes. Los sistemas políticos contemporáneos conocen una compleja arquitectura de poderes sobrepuestos, imbricados y confusos.

La clara separación entre Poder Legislativo y Poder Ejecutivo, por un lado, entre Poder Judicial y Poder Legislativo, por el otro, pertenece ya irremediablemente al pasado. Parlamento y gobierno permanecen claramente distintos desde el punto de vista organizativo, pero se vuelven a menudo sustituibles desde el punto de vista funcional. Queda al Parlamento la posibilidad de hacer micropolítica y microlegislación, lo que, entre otras cosas, reduce el poder de oposición y favorece formas más o menos abiertas de asociación conjunta de más sociedades. Por otra parte, el Poder Judicial se apropia un nuevo papel, el de intérprete creativo de las leyes —por boca de la ley, como lo quería la clásica doctrina constitucional— se vuelve en cierta medida colegislador (Pizzorno, 1998: 50). En efecto, el Poder Legislativo se vuelve un poder de cogobierno; el Judicial, un poder colegislativo. Se delinea como una estructura dualista del poder que suplanta la centralidad del Parlamento y propone de nuevo una contraposición atestiguada en los orígenes del constitucionalismo occidental: la de *gubernaculum* y *iurisdictio*. Por una parte, el Estado legislativo ha dejado el lugar al Estado gubernativo, a la proliferación de decretos, de decisiones particularistas, de medidas *ad hoc*. Por la otra, el equilibrio de los poderes se transforma en beneficio del Poder Judicial, con un peso creciente de la justicia en la vida pública y con la amenazante preocupación por transformaciones que estarían conduciendo hacia una especie de democracia judicial, de burocracia guardiana o hasta de tiranía de los jueces. Con la actual expansión del Poder Judicial parece concluir "el largo ocaso del Poder Judicial iniciado con la Revolución y las grandes reformas de Napoleón" (Guarnieri, 1997: 153). Con la declinación del Parlamento y la expansión del Poder Judicial, que es la otra cara del ascenso de la democracia, parece legítimo preguntarse: ¿el nuevo intervencionismo judicial anuncia quizás la decadencia de la democracia?

En la base de la expansión del Poder Judicial pueden determinarse factores de diferente naturaleza: entre los requisitos normales, la dinámica constitucional, la inflación legislativa, que no comprime sino exalta el papel de la creatividad jurisprudencial; el reforzamiento de la independencia de la magistratura; la difusión de una cultura de los derechos; entre los elementos patológicos, pero no menos influyentes, la corrupción de las clases políticas, la insuficiencia de los gobiernos, la debilidad de las oposiciones, que constriñen a los jueces a desempeñar un papel subrogatorio. Esto puede explicar por qué la intervención de la magistratura ha terminado por asumir en algunos países el carácter de una acción realizada para colmar un vacío político, lo cual ha sido interpretado como un ataque directo al legislador.

A esta alteración del equilibrio clásico en la repartición de los poderes se añade la función autónoma asumida por el cuarto poder: el de la información y la comunicación. La política es hoy un juego complejo no sólo entre gobernantes y gobernados, élites y ciudadanos, sino también entre porciones de élites que deben desarrollar funciones diferenciadas: a los políticos corresponde, en el momento decisorio, el control de la oportunidad política; a los jueces, el control de la legalidad y la constitucionalidad; a los intelectuales, el control de la cortesía política. Sólo instaurando un círculo virtuoso entre estas formas de control puede reforzarse el poder de los ciudadanos, que en las democracias contemporáneas está amenazado por muchas partes: por la autorreferencialidad del sistema político, que tiende a cerrarse sobre sí mismo en una lógica de autoconservación; por el hecho de no tener interlocutores responsables en la clase política representativa, sometida a los vínculos del mercado global y a las decisiones de los grandes poderes económicos; por el hecho de estar sometidos a la influencia despolitizante del mercado, que lleva al predominio de modelos de comportamiento consumistas y profesionales; por el control ejercido por los grandes poderes económicos sobre los medios de comunicación y en particular sobre la televisión (Zolo, 1992).

BIBLIOGRAFÍA

Bobbio, N. (1984), *Il futuro della democrazia*, Turín.
—— (1995), *Stato, governo, società. Frammenti di un dizionario politico*, Turín.
Guarnieri, C., y P. Pedersoli (1997), *La democrazia giudiziaria*, Bolonia.
Meier, C. (1980), *Die Entstehung des Politischen bei den Griechen*, Francfort del Meno.
Nozick, R. (1974), *Anarchy, State and Utopia*, Nueva York.
Pizzorno, A. (1993), *Le radici della politica assoluta e altri saggi*, Milán.
—— (1998), *Il potere dei giudici. Stato democratico e controllo della virtù*, Bari.
Popitz, H. (1992), *Phänomene der Macht*, Tubinga, 1992.
Roth, G. (1983), *Politische Herrschaft und Persönliche Freiheit*, Francfort del Meno.
Schmitt, C. (1963), *Der Begriff des Politischen*, Berlín.
Stoppino, M. (1995), *Potere e teoría politica*, Milán.
Weber, M. (1974), *Economía e società*, Milán.
Wilke, H. (1992), *Ironie des Staates*, Francfort del Meno.
Zolo, D. (1992), *Il principato democratico. Per una teoria realistica della democrazia*, Milán.

POLÍTICA

Isidro H. Cisneros

Definición

La política es una actividad decisional que de manera vinculante involucra la búsqueda del bienestar de la colectividad. La política ha existido en todos los tiempos y circunstancias, aunque ha cambiado sus formas, sus funciones, sus métodos e incluso su fisonomía. La política ha sido estudiada desde diferentes ángulos históricos, teóricos, analíticos y disciplinarios. Para definir a la política es necesario hacer referencia a la esfera de las acciones humanas que se relaciona directa o indirectamente con la conquista y el ejercicio del poder. La política ha existido siempre porque donde existen hombres existe sociedad y donde existe una sociedad resulta indispensable e incluso inevitable que exista una organización, fruto ella misma, de decisiones vinculantes. Cuando hablamos de *política* nos referimos a aquella actividad específica que se relaciona con la adquisición, la organización, la distribución y el ejercicio del poder. La política representa el conjunto de relaciones entre individuos que luchan por la adquisición de un bien escaso, como lo es el poder. Sin embargo, cualquier definición de política que se proporcione remite invariablemente a la definición de poder. De acuerdo con una larga tradición de pensamiento político —que va desde los griegos en el siglo v a.C. hasta el historicismo alemán que se desarrolló durante el siglo xx—, el poder a secas se transforma en político cuando sus decisiones pueden hacerse valer remitiéndose al uso legítimo de la fuerza. El poder político aparece cuando se emplea la capacidad para influir, condicionar o determinar el comportamiento de otros sujetos. Por lo tanto, el poder político dispone del uso exclusivo de la fuerza sobre un determinado grupo social y territorio. Como sabemos, la actividad política es siempre, y conjuntamente, arte y técnica. La política representa una actividad decisional que —recordemos al gran realista de la política Nicolás Maquiavelo— se nutre de fortuna y virtud, aunque también puede ser concebida, en palabras del sociólogo alemán Max Weber, como una actividad que involucra una "lucha entre los dioses". Tres son los procesos que, según Weber, distinguen a la política: en primer lugar, representa la esfera de las relaciones de poder y de dominación; en segundo lugar, la lucha política es incesante "porque no existe ninguna catarsis definitiva en la historia", y en tercer lugar, las reglas de la acción política "no son ni pueden ser" las reglas de la moral o de la ética. Por un lado, arte, pasión, fortuna e imaginación; por el otro, técnica, virtud, competencia. Por su parte, Hans Kelsen consideraba el poder político como poder soberano en la medida en que representa el poder de crear o aplicar derecho o normas vinculantes en un territorio y hacia un pueblo, capaz de hacerse valer recurriendo en última instancia a la fuerza, vinculando a la política en modo fundamental con una lucha que tiene por objetivo defender o afirmar *bienes* materiales o espirituales, condiciones de estatus o de poder, así como establecer, limitar o expandir los *derechos*, dado que su ejercicio puede ser, bajo ciertas circunstancias, recíprocamente incompatible. De acuerdo con Norberto Bobbio, las temáticas clásicas del poder político se refieren al problema de sus límites y sus fundamentos, de la unidad o la división en su ejercicio, de su control o su autonomía, de su pluralismo o su concentración, de su equilibrio y su legitimidad. El poder político se funda siempre en una combinación variable entre consenso y conflicto, entre cooperación y confrontación. Al respecto, el filósofo italiano de la política Salvatore Veca considera que el poder político tiene como supuesto una *imagen altimétrica*, según la cual cuando los individuos observan a su alrededor ven sólo relaciones sociales; pero cuando observan hacia arriba ven el lugar de la política. Por lo tanto, debemos constatar que toda acción política es una acción social en el doble sentido de acción interindividual y acción de grupo, pero no toda acción social es una acción política.

Historia, teoría y crítica

El estudio de la política se desarrolla a través de un tríptico integrado por: *1)* las formas organizativas por medio de las cuales los hombres han desarrollado históricamente sus actividades políticas en una secuencia cíclica que va desde las diversas formas del autoritarismo hasta las distintas modalidades de la democracia; *2)* los procesos de instauración, funcionamiento, consolidación y transformación que dichas formas políticas han experimentado, y *3)* las modalidades a través de las cuales ciudadanos, grupos o movimientos colectivos buscan influir en las decisiones políticas, la distribución de recursos y la definición de valores políticos que caracterizan a una sociedad determinada. Por lo tanto, la política puede ser caracterizada por: *a)* la función de guía y dirección que implica; *b)* los medios de los cuales se sirve para lograr sus objetivos, y *c)* los fines de bienestar colectivo que persigue. A partir de esta caracterización es posible sostener que la política implica, por un lado, efectividad, eficacia y rendimiento —elementos asociados a la gobernabilidad de cualquier régimen político— y, por el otro, legitimidad, dado que un poder fundado sólo en la fuerza puede ser efectivo pero difícilmente puede ser considerado legítimo. El poder político debe tener una justificación ética o un fundamento jurídico, ya que sólo el poder legítimo puede exigir obediencia. El estudio de la política no puede abandonar a los autores clásicos en la medida en que dicho estudio debe siempre considerar una tradición milenaria de pensamiento político. Para los griegos, la política se presentaba como algo interno al hombre, como algo que era propio de su naturaleza. Así, el modelo aristotélico de la política aparece como historia y como término natural del desarrollo humano. El *zoon politikon* aristotélico presenta al hombre como un animal político cuya aspiración es convertirse en ciudadano, es decir, en parte de la ciudad. La *polis* griega representaba la sociedad perfecta: la ciudad-Estado donde la política aparecía como arte de la convivencia y de la "buena vida" pregonada por Aristóteles. La *polis* incluía a las sociedades menores y no reconocía otra sociedad fuera de sí misma. Todo dentro de la *polis*, nada fuera de ella. La concepción organicista que subyace en la definición aristotélica de la política presenta al individuo indefenso en manos de la comunidad y la asamblea. Por esto, autores como Giovanni Sartori, en sus análisis sobre la sociedad ateniense, considera libre a la ciudad pero no a los ciudadanos, cuya politicidad aparece sólo cuando éstos se reúnen en el *Ágora* o en la asamblea pública: "es libre la ciudad pero no necesariamente el individuo", sostiene. En tal perspectiva, la democracia de los antiguos se caracteriza sobre todo por ser una democracia directa. Esta forma política tiene por referencia a la *polis* griega, donde las decisiones son tomadas directamente por los mismos ciudadanos, quienes viven en pequeñas comunidades.

Para los romanos, la política representaba el aspecto jurídico de la ciudadanía, establecido por un código legal escrito; por lo tanto, la interpretación jurídica se hizo altamente profesional. Durante el Imperio romano, los aristócratas y patricios monopolizaban el poder político. Con los romanos aparece ya un orden jurídico orientado a evitar la "amenaza a la seguridad del Estado". Para los romanos, el Senado representaba a la *res publica*. Cuando el Senado consideraba que el Estado se hallaba en peligro, convocaba a los magistrados a través del *senatus consultum ultimum* para que pusieran en práctica todas las acciones defensivas necesarias. Los enemigos del Estado se colocaban fuera de la ley y, por lo tanto, se suspendía su derecho a tener un juicio oficial. Durante el *Imperium*, el concepto romano de magistrado permitía a éste ejercer una influencia decisiva en la vida civil cotidiana. La *coercitio* de un magistrado podía ser injusta pero nunca ilegal. La aceptación de las instituciones y del sistema como un todo era existencial, y su legitimidad se basaba en la continuidad del organismo político. De esta manera, Moses Finley considera que "la violencia armada o la amenaza de intervención armada distorsionó seriamente la sustancia de la política de la ciudad-Estado". La romana era principalmente una sociedad agraria en la que el poder y la autoridad eran monopolio de los poseedores de tierras. Desde el principio, la república romana incorporó por completo en el *ager romanus* algunas comunidades vecinas y a sus conciudadanos en el cuerpo de ciudadanos romanos. A comienzos del siglo III a.C., continuas concesiones en bloque de ciudadanía a sus "aliados" y la casi automática concesión de ciudadanía a los esclavos liberados engrosaba el total de "romanos", rebasando con mucho el número que se consideraba compatible con el ideal aristotélico de una ciudad-Estado. Pero lo que cuenta es que durante el Imperio romano la política mantiene su esfera sustancialmente autónoma. La política se desarrolla de acuerdo con las leyes terrenas y no según preceptos divinos. El primer desafío poderoso a la autonomía de la política, en cuanto actividad y pensamiento, comienza a desarrollarse con la decadencia de la Roma imperial y con la expansión del cristianismo como religión de Estado. Esta situación representa un ataque frontal a la autonomía de la política y un intento exitoso por someter a la política a los preceptos religiosos cristianos. Con el surgimiento del Estado y los cultos estatales, la religión se convirtió en un factor que proporcionaba legitimidad.

Durante el Medievo, la política representa a las dos sociedades perfectas: la Iglesia y el Estado o, dicho de otra manera: el poder espiritual y el poder temporal. En este momento, la política pierde su autonomía al desarrollarse una actitud mental dirigida *más al otro mundo que a este mundo*. Las formulaciones teóricas del pensamiento político medieval, representadas por san Agustín (354-430 d.C.) en su obra *La ciudad de Dios* y retomadas casi un milenio después por Tomás de Aquino (1225-1274) dan origen a la tesis de que la especulación filosófica sólo es legítima si se encuentra sometida al dogma. Por lo tanto, se aceptaba sin dificultad que las cuestiones terrenales fueran dejadas en manos de quienes el Creador y la tradición habían encargado de ocuparse de ellas. El postulado central era que, así como la ciencia debía someterse a la teología, así también el poder temporal debía subordinarse al poder espiritual; por consiguiente, el poder del rey o el monarca debía ser legitimado por la autoridad de los representantes de la Iglesia. Es el periodo de los grandes absolutismos y de una autoridad incuestionable de la Iglesia romana y de su máximo representante: el papa. El periodo que abarca de 1200 a 1450 es decisivo para la construcción del edificio doctrinal y político del cristianismo. En este momento, la política aparece subordinada a la religión y no existe de manera autónoma. Sin embargo, también es una época marcada por el inicio de la lucha del pensamiento libre en contra del absolutismo. En esta pugna contra la teocracia pontificia destaca Marsilio de Padua, considerado un autor clásico de la teoría política de todos los tiempos. Su idea fundamental es que resulta posible una política autónoma representada por una sociedad puramente secular bajo el control de un gobierno elegido por el pueblo. En este sentido, Marsilio puede ser considerado un profeta del mundo moderno al sostener la tesis de que existe una doble verdad, es decir, una verdad fundada en la razón y otra verdad fundada en la fe. Critica también el carácter oligárquico de la estructura política de la época, considerando que todos los clérigos, sin importar su jerarquía, deberían ser nombrados por el pueblo. De esta manera, podrían constituirse en miembros de la comunidad política. Los sacerdotes y la Iglesia deberían estar subordinados al Estado, del cual la comunidad de los fieles era sólo una parte integrante. Marsilio transforma la relación: ahora la Iglesia debía someterse al Estado para restablecer las reglas de la convivencia civil. De acuerdo con la concepción de Marsilio, el pueblo es el único detentador absoluto de la soberanía que da vida al Estado, cuya tarea es la de hacer obedecer las leyes que son aprobadas por la comunidad. En este contexto, considera que la principal responsabilidad del Estado es el mantenimiento de la ley, el orden y la tranquilidad. La tesis de la soberanía popular representa el núcleo principal y revolucionario de su concepción de la política. Después de Marsilio se consideró que la fuente del poder político y de la ley se encuentra siempre en el pueblo, el cual mantiene el derecho a escoger y elegir a sus gobernantes. Marsilio anuncia el fin de la supremacía y la autoridad moral que, hasta ese momento, detentaba la Iglesia al plantear que la política debía ocuparse del problema de la soberanía del poder, es decir, de la distinción entre titularidad y ejercicio del poder.

Siglos después, la teoría del contractualismo político ofrecía un paso importantísimo al formular una clara distinción analítica entre *pactum societatis* y *pactum subiectionis*. El origen y desarrollo de la civilización renacentista de los siglos XV y XVI coincide en el plano histórico con acontecimientos importantes que marcan el tránsito de la Edad Media a la Edad Moderna: el florecimiento de las monarquías europeas, los descubrimientos geográficos, la invención de la imprenta y de la pólvora, así como la Reforma protestante. La política encuentra su expresión en la formación de los Estados, las monarquías y la ascendencia de la burguesía mercantil. La civilización de ese tiempo comienza a identificar a la política con la técnica de gobierno, y la considera como uno de los fundamentos de la vida asociada.[1] La constitución de Estados-ciudad inspirados en las repúblicas de Venecia o de Ginebra inicia su declive, a la vez que se impone el desarrollo de los Estados nacionales y de la civilización urbana. Nuevas exigencias aparecen en el horizonte. El Renacimiento amplió la imagen de un individuo racional capaz de "administrar" los nuevos horizontes de libertad para el hombre. Con Nicolás Maquiavelo apreciamos una segunda gran transformación de la política al dejarla de considerar sólo como "arte del gobierno", o mejor "del buen gobierno", para asumir un nuevo significado vinculado al principio de "permanencia en el poder". Maquiavelo describe a la política como pura técnica para la conquista y el mantenimiento del poder soberano. Las virtudes del político, de acuerdo con esta concepción, no son ciertamente las virtudes cristianas del amor y la humildad, sino más bien las virtudes que derivan "de la astucia del zorro y de la fuerza del león". En 1513, Maquiavelo publica dos de sus obras más importantes: los *Discursos sobre la primera década de Tito Livio* y *El príncipe*. Maquiavelo propone el realismo y la eficacia de la política, con lo cual se convierte en uno de los teóricos más importantes en el estudio de la autonomía de la política. El secretario florentino propone el ideal de una renovación política que involucra al hombre no sólo en su individualidad, sino también en su vida asociada. Maquiavelo —primer estudioso de la política de la época moderna— unifica el juicio político con el juicio histórico, logrando la conjunción del realismo con la objetividad histórica. También reconoce las condiciones fundamentales para permitir que las comunidades políticas se renueven escapando de la ruina y la decadencia. La verdadera grandeza del pensamiento de Maquiavelo consiste en haber anticipado en el plano histórico la doble tendencia de la política moderna al afirmar, de un lado, la lógica autónoma del poder y, del otro, las formas de la soberanía absoluta típica del Estado moderno. El territorio de la política se escinde de otros ámbitos, como el socioeconómico y el ético-religioso, abriendo el camino para la laicización de la política.

Por su parte, el modelo de la política de Thomas Hobbes se fundamenta en un supuesto antropológico, según el cual el individuo vive originalmente en un estado de naturaleza presocial. Ésta es la típica concepción conflictualística de la política representada por las máximas *homo homini lupus* (el hombre es el enemigo del hombre) y *bellum omnium contra omnes* (la guerra de todos contra todos). Las teorías políticas de la modernidad han asumido el modelo hobbesiano de la política como un programa artificial. De esta forma, la política es el espacio creado artificialmente para la interacción entre los individuos. La artificialidad de la política se funda en la razón y más concretamente en la racionalidad de la acción colectiva. Esta racionalidad "artificial" de la política expresa la regla de la mayoría. Para Thomas Hobbes, "cada ciudadano goza de una cierta libertad, entendiendo por libertad aquella parte del derecho natural que es otorgada a los ciudadanos en cuanto no está limitada por las leyes civiles". Por tanto, para Hobbes, la política es objeto de ciencia y constituye una construcción casi geométrica del "cuerpo artificial" que es el Estado. La política y la moral tienen un imprescindible fundamento en el estudio de la naturaleza humana, interpretada de acuerdo con el método de la ciencia mecanicista.

El liberalismo habrá de introducir la libertad religiosa, estableciendo la libertad civil como parte consustancial del espíritu social. La obra de John Locke representa una línea de continuidad entre la Revolución inglesa (1688), la Revolución estadunidense (1776) e incluso la Revolución francesa (1789): la línea del liberalismo moderno en sus vertientes antiabsolutista y pluralista. En la Inglaterra del siglo XVII se desarrolla un nuevo modelo parlamentario en el que el gobierno responde de sus actos ante una nueva serie de instituciones políticas designadas con el nombre genérico de "Parlamentos", "Estados generales", "Cortes" o "Estamentos", que encarnaban la representación de la política de ese momento. En su mayor obra de carácter politológico, *Dos tratados sobre el gobierno civil*, John Locke plantea el problema de la "felicidad pública", es decir, de las reglas morales que hacen posible la libertad de los ciudadanos en el Estado democrático. Sus argumentos sobre la soberanía popular, sobre el derecho a la desobediencia civil en contra de la opresión y sus reflexiones sobre la política son verdaderamente actuales. El Estado existe no para promover la salvación espiritual del pueblo, sino más bien para servir a los ciudadanos y para garantizar su vida, su libertad y su propiedad bajo una Constitución. Locke establece la "regla de la reciprocidad", que limita el derecho natural de cada uno al igual derecho de los otros. Para evitar la guerra implícita al estado de naturaleza, típica de la concepción hobbesiana, los hombres se integran en sociedad y constituyen un poder civil o político que consiste en lo que denomina *el poder de hacer las leyes*. La Revolución francesa de 1789 habrá de establecer las premisas para el reconocimiento de las libertades políticas, que constituyen el fundamento ético del Estado liberal moderno. Con la Revolución francesa irrumpe una forma de membresía política desconocida hasta entonces y representada por la comunidad política de pueblo. Se garantizaba de esta manera no sólo la autonomía de la política, sino también su carácter laico. El pensamiento liberal incorporó en su cuerpo doctrinal, caracterizado por un sistema basado en el *conflicto* como elemento constitutivo de la naturaleza humana, el reconocimiento legítimo de la existencia de "posiciones políticas contrastantes", favoreciendo el desarrollo del disenso. La tesis del gobierno civil plantea la necesidad de limitar el Estado mediante una división de poderes y el establecimiento de normas constitucionales para garantizar las reglas de la convivencia social. La doctrina política del liberalismo establece que todo gobierno está limitado en sus poderes y que existe sólo por el consentimiento de los gobernados. En una democracia, el establecimiento

---

[1] La revolución científica encuentra en la astronomía su primera caracterización relevante y en la física de Galileo su conciencia metodológica.

del Estado de derecho representa la configuración del marco jurídico-normativo que permite la expresión del disenso. Siguiendo los pasos de otros importantes autores democráticos del siglo XIX como Alexis de Tocqueville y John Stuart Mill, la política reconoce el riesgo que implica la *tiranía de la mayoría*. Dado que el principio de la mayoría debe sustentarse en un Estado de derecho, para estos autores no es posible identificar un mal mayor que el abuso de cualquier poder, incluido el de la mayoría. Al inicio del siglo XX, Max Weber ofrece una teoría de la política que se desarrolla a partir de su concepción realista de la política y de su teoría del Estado moderno. Cuatro son los temas fundamentales de la reflexión weberiana sobre la política: la distinción entre juicios de hecho y juicios de valor, el desencanto del mundo a partir de la pérdida de los valores, la racionalización que ayuda al dominio de la realidad y los tipos ideales basados en la uniformidad de actitudes que permiten comprender el fenómeno político. Su propuesta de una tipología histórica sobre los principios de la legitimidad, más específicamente sobre los fundamentos de la dominación legal-racional y de su relación con el aparato burocrático, representa una perspectiva que hoy podríamos calificar de "ingeniería política". En este contexto, la política se relaciona con el estudio del problema de los valores y de la significación cultural de la lucha por el poder. Max Weber se presenta como un estudioso de la política después de las ilusiones, pudiendo ser considerado un interlocutor estimulante para replantearnos importantes cuestiones relacionadas con la teoría política y el futuro de la democracia.

LÍNEAS DE INVESTIGACIÓN Y DEBATE CONTEMPORÁNEO

Con el inicio del nuevo siglo observamos que las teorías políticas del conflicto resultan insuficientes para explicar la nueva situación que se creó con el final del sistema bipolar de la política. Algunos autores hablan incluso del "final" de la política. La política, así como la hemos conocido ni analizado desde los griegos hasta nuestros días, no ha sido nunca ni exclusivamente sólo contraposición. La política es también cooperación. Representa no sólo el intento de identificar enemigos, sino también el esfuerzo de identificar aliados. Es no sólo ejercicio desprejuiciado del poder, sino también su adquisición, organización y distribución. La sociedad democrática es por excelencia una sociedad fundada en el conflicto, que produce una política orientada a la elaboración de nuevas estrategias y modalidades de interacción entre mayorías y minorías que permita preservar, en primer lugar, el derecho a las diferencias públicas de los grupos y, en segundo lugar, el mantenimiento del orden institucional como único espacio normativo posible en el que pueden garantizarse los derechos. La sociedad democrática representa un ejercicio político que se ha mantenido constante a lo largo de los siglos; representa la búsqueda de un sistema que establezca en modo definitivo la primacía de la comunidad, de la *civitas*, de la *civitates*. El modo como se acuerda y se pacta define los objetivos; así, una democracia de cara al siglo XXI debe hacer que *la política regrese al primer plano*. La concepción de la política que propone Hannah Arendt se plantea en tres planos: *1)* como *ciudadanía activa* y participante en la que se desarrolla una solidaridad y reciprocidad que los hombres deben ejercitar en una democracia en cuanto seres libres e iguales; *2)* como *igualdad política* o como la artificialidad de la política en cuanto la política misma es producto de una interacción humana y, por lo tanto, el "derecho a tener derechos" no es un atributo natural de los hombres; quien no está en la comunidad política no ejerce derechos; en este sentido, la "comunidad política" debe constituirse no sobre criterios étnicos, religiosos o raciales, sino sobre la base de identidades ciudadanas, es decir, políticas, y *3)* como comunidad política que a su vez crea un *espacio público*, un espacio de la "presencia en común" en la que se decide sobre cuestiones de interés público; la "artificialidad" de la política proviene precisamente de que ésta es producto de la interacción entre los individuos; la política aparece como un *artificio*, como algo que se construye colectivamente.

BIBLIOGRAFÍA

Arendt, Hannah (1997), *Qué es la política?*, Paidós, Barcelona.
Aristóteles (1988), "Politics", en *Great Books of the Western World*, Encyclopaedia Britannica, vol. II, núm. 9, Chicago.
Bobbio, Norberto (1969), *Saggi sulla scienza politica in Italia*, Laterza, Bari.
——— (1986), "Política", en *Diccionario de política*, Siglo XXI Editores, México.
——— (1989), *Estado, gobierno y sociedad. Por una teoría general de la política*, FCE, México.
——— (1992), *Diritto e Potere*, Edizioni Scientifiche Italiane, Nápoles.
——— (1998), *Elementi di politica*, Einaudi Scuola, Turín.
Dahl, Robert (1970), *Introduzione alla scienza politica*, Il Mulino, Bolonia.
Eisenstadt, Samuel N. (1963), *The Political Systems of Empires*, The Free Press, Nueva York.
Finley, Moses (1990), *El nacimiento de la política*, Grijalbo, México.
Gambino, Antonio (1993), *Il mito della politica*, Il Mulino, Bolonia.
Greenstein, F., y N. Polsby (comps.) (1975), *Handbook of Political Science*, 8 vols., Addison-Wesley Publishing Co.
Held, David (1992), *Modelos de democracia*, Alianza, Madrid.
Hobbes (1998), *"Leviathan"*, en *Great Books of the Western World*, Encyclopaedia Britannica, núm. 23, Chicago.
Huntington, Samuel (1974), "La politica nella società postindustriale", *Rivista Italiana di Scienza Politica*, año IV, núm. 3.
Locke (1988), *Concerning Civil Government Second Essay*, *Great Books of the Western World*, Encyclopaedia Britannica, núm. 35, Chicago.
Maquiavelo, Nicolás (1994), *Il Principe*, Rizzoli, Milán.
——— (1993), "Discorsi sopra la prima deca di Tito Livio", en *Le grandi opere politiche*, Bollati Boringhieri, Turín.
Merriam, Charles (1934), *Political Power: Its Composition and Incidence*, McGraw-Hill, Nueva York.
Moore, Barrington (1996), *La injusticia: bases sociales de la obediencia y la rebelión*, UNAM, México.

Mosca, Gaetano (1896), *Elementi di scienza politica*, Fratelli Bocca, Milán. La versión más conocida en castellano es la selección de textos y la introducción de Norberto Bobbio: Mosca, Gaetano (1984), *La clase política*, FCE, México.

Panebianco, Angelo (1989), "Le scienze sociali e la politica", *L'analisi della politica*, Il Mulino, Bolonia.

Pasquino, Gianfranco (1985), "Alla ricerca della teoria politica en scienza politica", *Teoria Politica*, año I, núm. 2.

——— (1992), *La nuova politica*, Laterza, Roma-Bari.

——— (1995), "Politica", en *Alla ricerca della politica*, Bollatti Boringhieri, Turín.

Platón (1988), *"The Republic"*, en *Great Books of the Western World*, Encyclopaedia Britannica, núm. 7, Chicago.

Sabine, George H. (1982), *Historia de la teoría política*, FCE, México.

Sartori, Giovanni (1990), *Elementi di teoria politica*, Il Mulino, Bolonia.

——— (1992), *La política. Lógica y método en las ciencias sociales*, FCE, México.

Schmitt, Carl (1985), *El concepto de lo político*, Folios, México.

Stoppino, Mario, *Che cosa è la politica*, Dipartimento di Studi Politici e Sociali, Università degli Studi di Pavia, ensayo mecanográfico.

——— (1989), "Una classificazione formale del potere", *Rivista di Scienza dell'Amministrazione*, núm. 3.

Veca, Salvatore (1991), "Politica", en *Questioni di giustizia*, Einaudi, Turín.

Weber, Max (1982), *Escritos políticos*, 2 vols., Folios, México.

Wolin, Sheldon (1970), *Política y perspectiva*, Amorrortu, Buenos Aires.

POLÍTICA COMPARADA

Yolanda Meyenberg

Definición

La política comparada parte del examen de las semejanzas y diferencias, lo cual permite cotejar aquello que comparten determinadas realidades políticas. Su objeto es establecer distintos marcos de análisis e interpretación por la vía de la comparación. La investigación comparada de la política orienta su análisis hacia las relaciones entre las variables que han sido validadas por la ciencia política; esta orientación puede modificarse de acuerdo con las diferencias en el contexto en que se observen estas variables y según las técnicas de medición que se utilicen.

La idea general de la política comparada es que al comparar se retoman las experiencias de diversos países, logrando con esto una cobertura y un método. Una cobertura en la medida en que los éxitos y fracasos en el diseño institucional en un país se extienden al análisis de otros casos; un método porque la investigación se construye a partir de un control comparativo en el que todas las generalizaciones se comprueban por contraste con los casos en que son aplicadas.

Historia, teoría y crítica

El pensamiento político occidental moderno ha estudiado la política con base en dos perspectivas fundamentales: las teorías políticas normativas asentadas en una fuerte tradición filosófica, y las teorías descriptivas, que proponen la explicación de los fenómenos políticos a partir de referentes observables.

El estudio de la política comparada puede ubicarse dentro de la segunda perspectiva, y surge como opción a lo que se consideraba una incapacidad de la ciencia política para proporcionar referentes científicos generalizables a todas las realidades políticas y ofrecer soluciones a los problemas políticos emergentes. El análisis comparado se encuentra vinculado estrechamente al avance de la ciencia política estadunidense, que ha generado gran parte de las aportaciones dentro del enfoque comparativista.

A lo largo del siglo XX, la política comparada puede dividirse en tres grandes periodos:

1. El periodo legalista (1903-1940), en el que la disciplina se conformó como apéndice del derecho, sin manifestar interés alguno por dotar a la propuesta de un marco conceptual distintivo. Durante esta época, los trabajos se ocuparon de lo que se podría denominar un análisis estático de las instituciones. El énfasis se fijó en las estructuras, en los grandes cuerpos constitucionales que definían las diferencias entre el presidencialismo y el parlamentarismo; en la descripción de las reglas de operación de las legislaturas, los gabinetes, las cortes y las burocracias; en los cimientos de la organización política, con fundamento en la evaluación de las formas de distribución federal o unitaria; en la estructura de los partidos, y en el estudio de conversión de las demandas sociales en legislación. Pese a la pretensión comparativista, muchos de los textos de esa época estudiaban un solo país u ofrecían descripciones paralelas de unos cuantos países. Son ejemplos de esta tendencia los trabajos sobre la distinción entre política y administración y sobre las competencias del Poder Legislativo de Woodrow Wilson; la evaluación de la influencia de las instituciones políticas británicas entre los países pertenecientes a la Commonwealth en América de James Bryce, y las incursiones de Charles Merriam en los nuevos aspectos de la política.

2. El periodo sociológico (1950-1970), en el que se intentó hacer uso de explicaciones nacidas del método de la sociología positivista para dar cuenta de los fenómenos políticos y proporcionar una primera respuesta a la pregunta ¿cómo comparar? Según estas ideas, la ciencia política se entendía como una de las ciencias naturales de la sociedad, que consideraba el estudio de la conducta política como un objeto equiparable a los demás objetos del mundo natural y le adjudicaba un carácter técnico e instrumental que permitía la proliferación de un orden social.

En esa etapa, tres objetivos ocupan a la política comparada: *a)* explicar los fenómenos políticos inmediatos a partir de su observación; *b)* estudiar la naturaleza de la política a partir de una teoría formulada con base en la observación de los sistemas políticos, y *c)* incorporar en un cuerpo conceptual general aquellos patrones políticos que demostraban su eficiencia.

El giro que acontece dentro de esta perspectiva en la década de 1960 tiene su razón de ser en la necesidad de comprender un fenómeno que surgió con gran fuerza después de la segunda Guerra Mundial: la elección de diferentes trayectorias de transformación política. La disciplina intentaba responder a un mundo cambiante: los países de Asia y África lograban su independencia, hecho que hacía obsoleta la perspectiva colonialista; las nuevas alternativas revolucionarias exigían una explicación acorde con estas circunstancias, y el surgimiento de nuevos espacios de hegemonía política significaba un reto de análisis para la ciencia política.

En este horizonte, un grupo de académicos se comprometió en una serie de ensayos que buscaban un marco teórico que incorporara de manera coherente esta complejidad e intentara sugerir alguna solución al problema que ha ocupado de manera recurrente a la ciencia política: la definición de un orden político estable y homologable a todas las realidades políticas.

En esa etapa, la política comparada se desdobló en varias vertientes de análisis:

Con énfasis en la democracia, Walt W. Rostow y Seymour Lipset incursionaron en la relación entre crecimiento económico y democracia; por su parte, Robert Dahl propuso estudiar los arreglos competitivos dentro de un proceso de negociación con base en normas entre numerosos grupos que representan diferentes intereses.

David Easton se preguntó por las condiciones de persistencia de los sistemas y utilizó este concepto (sistema) como unidad básica de análisis para hallar los elementos que permitían una dominación estable a partir de la producción y asignación de normas y valores en la sociedad. Tomando como punto de partida esta propuesta, Gabriel Almond construyó un cuerpo de funciones que permitían una comparación sistemática de naciones con diferentes niveles de desarrollo.

Acudiendo a la dicotomía tradicional-moderno, David Apter y Dankwart Rustow estudiaron las etapas que se suceden en las sociedades y las formas de organización política que les correspondían, mientras que Samuel Huntington definió los rasgos de la modernización a partir de la relación entre la participación política y la institucionalización, y propuso el análisis del poder y el contenido de las ideologías, las instituciones y los líderes políticos como parámetro para medir los grados de estabilidad política de los países.

Además del énfasis puesto en los programas de asistencia para el desarrollo y modernización del llamado Tercer Mundo, durante esta etapa la política comparada amplió su perspectiva occidental para incursionar en otras realidades políticas, creando cuerpos de investigación en torno a los países de Europa del Este, Asia, África y América Latina, y organizó además una red de trabajo y difusión a través de revistas como *Comparative Political Studies*, fundada en 1967, y *Comparative Politics*, fundada en 1968.

3. El periodo de construcción del método (1980-1998), el cual estuvo marcado por la preocupación por el desarrollo de un método que permitiera homologar convenciones y evitar la confusión generada por el uso de diferentes perspectivas ideológicas. Si el periodo sociológico se articuló en torno a la pregunta ¿cómo comparar?, el problema que distinguió a la etapa siguiente fue el de la definición de un criterio de validez para las comparaciones. Desde esta óptica, el debate y los enfoques de las investigaciones observan importantes cambios y se centran en cuatro grandes rubros: los avances metodológicos y conceptuales, el marco institucional de la política, los procesos de construcción de la democracia y la gobernabilidad y su relación con el diseño de políticas públicas.

En el terreno del método y los conceptos, la elección de un enfoque institucional permitió encontrar un punto de equilibrio entre la flexibilidad que requiere el análisis comparado y la elección de un código fijo de referencia.

El auge institucionalista dentro de la política comparada ha recorrido dos trayectos. El primero es el de la elección racional, en el que la comparación se establece a partir de los parámetros que resultan de la ponderación racional de las acciones en contextos fijos, de los cálculos de los actores con miras a la optimización de sus beneficios y de la formación de las preferencias. En esta lógica, las instituciones importan como parte constitutiva de un contexto estratégico que impone restricciones a conductas autointeresadas. El segundo es el del institucionalismo histórico, donde el análisis institucional se pregunta cómo las instituciones dan forma a estrategias políticas e influyen en los resultados políticos y considera: *a)* un sistema de códigos formales y de procedimientos que permiten su cumplimiento y un conjunto de prácticas que estructuran las relaciones de los individuos en los diferentes niveles de la economía y la política; *b)* un repertorio de estudio que abarca desde las características específicas de las instituciones de gobierno hasta estructuras amplias del Estado y los órdenes normativo y social de una nación, y lo hace a partir de un análisis del sendero que han ido tomando los acontecimientos que se considerarán en la investigación.

La preocupación por depurar el método llevó a los comparativistas a presentar una manera diferente para el estudio de los marcos macroinstitucionales de la política, que parte de los acuerdos constitucionales que dan cuerpo a la organización política y de la discusión de las ventajas y desventajas de los sistemas presidencialistas o parlamentarios para la consolidación de la democracia.

Juan Linz y Arturo Valenzuela analizan el fracaso de la democracia presidencialista a partir de un recuento de sus diversas experiencias institucionales; la ponderación de la eficiencia institucional en cada uno de estos sistemas y la definición de estructuras, recompensas y resultados lleva a Giovanni Sartori a un análisis comparado de diferentes proyectos de ingeniería constitucional; una inquietud semejante se manifiesta en el trabajo de Mathew Soberg Shugart y John Carey sobre el diseño constitucional y la dinámica electoral. La evaluación de ambos sistemas en términos de legitimidad, representación, control del poder y estabilidad institucional derivaron en compilaciones como la de Scott Mainwaring, en la que se analiza el presidencialismo y la democracia en América Latina y la de Arend Lijphart, en la que presidencialismo y parlamentarismo se confrontan histórica y políticamente.

Una de las inquietudes tradicionales de la política comparada ha sido explicar el surgimiento y la permanencia del autoritarismo, y las posibilidades de extensión y consolidación de la democracia; no obstante, en esta etapa se logra consolidar una explicación que desplaza a las ideas funcionalistas centradas en el binomio desarrollo-socialización cívica, avanzando hacia marcos conceptuales más complejos.

En 1978, el texto sobre los quiebres de la democracia editado por Juan Linz y Alfred Stepan propuso una serie de variables para el estudio del surgimiento de los regímenes autoritarios ante el fracaso de experimentos democráticos: liderazgo, la importancia del contexto y de la elección de los marcos institucionales, y la definición de las reglas formales de la democracia. En la década de 1980, nuevas exploraciones sobre el autoritarismo, como las de Guillermo O'Donnell y David Collier, resultaron en una propuesta multirrelacional en la que se consideraban los problemas del desarrollo, el cambio en los patrones de organización de la economía, la definición de una nueva élite política, la expresión de las relaciones de dominación y las fuentes de conflicto.

El tema de la democracia ha sido investigado desde diversas ópticas:

En la primera, la democracia se considera un método para traducir principios en procedimientos que garanticen la funcionalidad de la sociedad a partir de un consenso normativo asentado en la competencia. El análisis de James Schumpeter sobre el capitalismo, la democracia y el socialismo precede a explicaciones aún vigentes, como la de Robert Dahl, quien a través del concepto de poliarquía establece las condiciones mínimas para el reconocimiento de un régimen democrático.

La segunda óptica se remite a la explicación del tránsito del autoritarismo a la democracia y se inicia con la compilación de Guillermo O'Donnell, Philipe Schmitter y Laurence Whitehead, la cual se acerca a la democracia planteando el cumplimiento de una serie de requisitos en una escala secuencial que considera sus procesos de liberalización, democratización y consolidación.

Una tercera óptica propone el análisis de la transición a partir de la interpretación de un proceso de cambio democrático al que se aúna la búsqueda de nuevas formas de crecimiento económico. Las preguntas que se derivan de esta perspectiva serían las siguientes: ¿qué tipo de instituciones democráticas tiene más posibilidades de perdurar?, ¿qué tipo de sistemas políticos tiene más probabilidades de fomentar el crecimiento y la distribución del bienestar? y ¿cuáles son las condiciones económicas necesarias para la consolidación de una democracia que permita la organización de grupos destinados a promover sus intereses y valores bajo ciertas normas y sin temor a represalias? Siguiendo esta línea de investigación, los trabajos del Grupo sobre la Transformación de los Sistemas Este-Sur (ESST) y en especial el de Adam Przeworski en relación con la democracia y el mercado han generado importantes aportaciones a la política comparada.

En un esfuerzo por caminar más allá del estudio de patrones generalizables por la vía de la periodización, surge una cuarta óptica de análisis que recupera para el debate el problema del tipo de régimen que se establece a partir del cambio. Desde una postura sistémica, Leonardo Morlino propone la construcción de los umbrales de transformación para observar las cambios en cada uno de los componentes del régimen: valores, normas y estructuras de autoridad; en este mismo sentido, Shain Yossi y Juan Linz investigan sobre el amplio rango de posibilidades que los regímenes emergentes ofrecen para el estudio de la política y de las transiciones en el régimen. Su propuesta se deriva del análisis de la amenaza a la estabilidad institucional en dos frentes: la legitimidad en el interior de la entidad política o la naturaleza del régimen.

La investigación comparada en torno a la gobernabilidad y su relación con las políticas públicas surge a raíz del contraste entre la proliferación de la democracia como el *ethos* civilizatorio de fin de siglo y la capacidad de las instituciones democráticas para manejar los problemas de desarrollo económico, integración política y económica, y dar respuesta al alto volumen de demandas públicas en contextos de escasos recursos.

Las inquietudes que dieron lugar a esta vertiente de análisis se asientan en la idea de gobernabilidad, entendida como un conjunto de condiciones que aseguran el ejercicio del poder en una sociedad anclada en una unidad institucional y en la garantía de coherencia política. La gobernabilidad supone un manejo eficiente de la gestión pública y de las relaciones que se derivan de ésta: la definición de las metas y las instancias normativas y operativas que se interponen entre las intenciones y los resultados; la garantía de que se pedirán y se rendirán cuentas respecto a los efectos de las decisiones políticas *(accountability)*, y necesidad de considerar los riesgos y las incertidumbres en la definición de políticas públicas.

La compilación de Kent Weaver y Bert Rockerman, so pretexto de la pregunta ¿importan las instituciones?, ofrece un novedoso catálogo de incursiones en la política comparada a través de las experiencias de diversos países en el diseño de políticas públicas: innovación, coordinación e implementación de políticas; el gobierno y la programación de los presupuestos; las propuestas de reforma institucional y la influencia del entorno internacional en el perfil de la política interna. En la conclusión de este trabajo se muestra la vigencia del problema que da sentido a la mayor parte de las investigaciones del periodo: el de la pertinencia de las instituciones como condición indispensable para entender las variaciones en el funcionamiento, la actuación y la solvencia que marcan las peculiaridades políticas de cada país.

Líneas de investigación y debate contemporáneo

Críticas y revisiones: en cada uno de los periodos en que se ha desenvuelto la política comparada, el esfuerzo de crítica y revisión ha sido el mecanismo de avance.

La necesidad de trascender la tendencia estática, monográfica y parroquial de la incursión legalista derivó en la preocupación por dar al método el rango de cientificidad y en el auge del enfoque sociológico, que, pese a su fuerza, capacidad de investigación y difusión, ha recibido severas críticas.

El gran objetivo de la política comparada de construir una teoría política general constituye un fracaso en la medida en que no logra formalizar su objeto de estudio. La aparición del libro *La política*, de Giovanni Sartori, significó un esfuerzo por puntualizar dos de sus grandes debilidades: *a)* los trabajos que se produjeron en el marco de esta corriente sólo lograron constituirse en modelos descriptivos que, en su afán por encontrar "generalidades" en los sistemas políticos, han construido proposiciones con una mínima capacidad explicativa al respecto; la política comparada, en su búsqueda de conceptos universales empíricamente válidos, ha producido un "estiramiento de conceptos" que ha ampliado su radio de cobertura a costa de su definición, de tal forma que lo que ha ganado en amplitud lo ha perdido en precisión y capacidad de explicación; *b)* en su afán por encontrar las leyes del acaecer político, los comparativistas han intentado establecer patrones para el comportamiento de los sistemas políticos, como si todos se constituyeran en igualdad de circunstancias, cuando en realidad éstos pertenecen a estadios diferentes de consolidación y estructuración.

Las inquietudes desatadas por estas críticas y la necesidad de revisar los conceptos, homologar convenciones y diseñar nuevos métodos de análisis llevó a un grupo de investigadores a organizar en el Centro de Estudios Internacionales de la Universidad de Princeton (1993-1994) un simposio sobre el papel de la teoría en la política comparada. Los participantes de esa reunión, entre los que se encontraban Peter Evans, Peter Katzenstein, Atul Kohli, Adam Przeworski, Susanne Hoeber Rudolph, James Scott y Theda Skocpol, coincidieron en la definición mínima de un "núcleo" o un "centro ecléctico" que incluía una orientación hacia un conjunto de problemas y un compromiso respecto a las generalizaciones causales. Más allá de esto, se consideró pertinente la existencia de una variedad de aproximaciones teóricas y se afirmó la relevancia del análisis macroempírico enfocado hacia uno o más países a través de diversas lentes conceptuales y a partir de una síntesis de los diversos métodos de que ha hecho uso la política comparada, a fin de manejar la variedad de datos que el análisis requiere desde las orientaciones convenientes, ya sean éstas contemporáneas o históricas, cuantitativas o cualitativas.

BIBLIOGRAFÍA

Almond, Gabriel A., y G. Bingham Powell (1966), *Política comparada, una concepción evolutiva*, Paidós, Buenos Aires.

——, y Sidney Verba (1970), *The Civic Culture. Political Attitudes and Democracy in Five Nations*, Princenton University Press.

Apter, David (1965), *Política de la modernización*, Paidós, Buenos Aires.

Blondel, Jean (1972), *Introducción al estudio de los gobiernos comparados*, Revista de Occidente, Madrid.

Bresser, Julio, *et al.* (1993), *Economic Reforms in New Democracies*, Cambridge University Press, Nueva York.

Collier, David (1985), *El nuevo autoritarismo en América Latina*, FCE, México.

Dahl, Robert (1971), *Polyarchy, Participation and Opposition*, Yale University Press, New Haven.

Jaguaribe, Helio (1972), *Crisis y alternativas de América Latina*, Paidós, Buenos Aires.

Lane, Jan-Erik, y Svante Ersson (1994), *Comparative Politics: An Introduction and New Approach*, Cambridge.

Linz, Juan, y Alfred Stepan (1987), *The Breakdown of Democratic Regimes*, Johns Hopkins, University Press, Baltimore.

Lijphart, Arendt (1984), *Democracies: Patterns of Majoritarian and Consensus Government in Twenty-One Countries*, Yale University Press, New Haven.

Lijphart, Arend (1975), *The Politics of Accomodation: Pluralism and Democracy in the Netherlands*, University of California Press.

O'Donnell, Guillermo, Philippe Schmitter y Laurence Whitehead (1989), *Transiciones desde un gobierno autoritario*, Paidós, Buenos Aires.

Przeworski, Adam (1990), *Democracy and the Market*, Cambridge.

——, *et al.* (1995), *Sustainable Democracy*, Cambridge University Press, Nueva York.

—— (1955), *The Politics of Compromise. A Study of Parties and Cabinet Government in Sweden*, Princeton University Press.

Rustow, Dankwart A. (1970), "Transitions to Democracy. Toward a Dynamic Model", *Comparative Politics*, abril.

——, y Kenneth Paul Erickson (1991), *Comparative Political Dynamics: Global Research Perspectives*, Harper Collins, Nueva York.

Sartori, Giovanni (1994), *Comparative Constitutional Engineering: An Inquiry into Structures, Incentives and Outcomes*, Nueva York University Press, Nueva York.

—— (1987), *La política: lógica y método en las ciencias sociales*, FCE, México.

Weaver, Kent R., y Bert A. Rockman (1993), *Do Institutions Matter?: Government Capabilities in the United States and Abroad*, The Brookings Institution, Washington.

POLÍTICA DE BIENESTAR

Guillermo Farfán Mendoza

Definición

En la ciencia política contemporánea, el concepto de *política de bienestar* proviene de la generalización del *Estado de bienestar* durante las primeras décadas posteriores a la terminación de la segunda Guerra Mundial y, más precisamente, del llamado *Welfare State* británico.

Aun cuando las experiencias modernas de un sistema de protección social basado en el seguro contra enfermedades o accidentes de trabajo se remonta al final del siglo XIX con los programas previsionales de Bismarck para los trabajadores industriales prusianos, en realidad, el desarrollo de un verdadero Estado de bienestar es producto de una decisión del gobierno británico durante el periodo de la guerra por otorgar al conjunto de la sociedad una garantía de vida y de estatus social que, hasta ese momento, sólo beneficiaba a determinados sectores organizados de la clase trabajadora.

De este gesto gubernamental, de gran trascendencia para la fase de la posguerra, se deriva una serie de problemas y de conceptos fundamentales para la comprensión de las sociedades actuales.

Una política de bienestar como la descrita es consecuencia del tránsito de un estadio en el que cada trabajador se hace cargo de sí mismo, a través de una cotización o ahorro individual, a otra situación en la cual esta prestación laboral se convierte en un beneficio *universal* para todos los integrantes de la sociedad. Esta noción de *derecho social*, con un carácter universal, introduce en el ámbito de la discusión otro concepto esencial para el análisis de las sociedades contemporáneas, es decir, la idea de *ciudadanía*, entendida como el conjunto de derechos sociales que adquiere un individuo y su familia por el solo hecho de pertenecer a un conjunto poblacional circunscrito a un terreno o territorio delimitado por un Estado-nación.

De aquí se desprende el argumento colateral, según el cual el nivel de vida o la condición ciudadana de los individuos que integran una sociedad contemporánea ya no se determinan exclusivamente con base en su trabajo y en los ingresos que genera su empleo, es decir, a partir del *mercado laboral*, sino que son consecuencia de diversas acciones emprendidas por el Estado como un acto de *responsabilidad pública* o *colectiva* y por la sociedad como resultado de la aceptación de un principio de *solidaridad* entre las clases.

El Estado de bienestar que surge de este acto suele identificarse sobre todo con la creación de un sistema de *seguridad social*; sin embargo, es evidente que este concepto posee una connotación mucho más amplia que abarca otras dimensiones del derecho social y de la condición ciudadana. En la presentación del famoso Plan Beveridge para crear el *Welfare State* británico se establecieron con nitidez las áreas que comprende el problema, cuando se señaló como objetivo fundamental de la propuesta la construcción de un sistema de beneficios sociales que fuera capaz de proteger a los ciudadanos *desde la cuna hasta la tumba* y que atacara los cinco males gigantes de las sociedades modernas: *la indigencia, las enfermedades, la ignorancia, la suciedad y la ociosidad*.

Así, cualquier definición que pretenda captar de manera suficientemente comprensiva la significación de las políticas de bienestar tiene ante sí la enorme dificultad de integrar a los sistemas de seguridad social, junto con otra gama de cuestiones que incluyen la *salud*, la *educación*, la *vivienda*, la *infraestructura básica*, la *distribución del ingreso* y, desde luego, el *empleo*.

Ante esta perspectiva multidimensional, tendríamos que arriesgarnos a proporcionar una definición restringida de la política de bienestar o del Estado de bienestar y, adicionalmente, otra definición que nos permita ofrecer una visión más amplia e interpretativa del problema.

El Estado de bienestar aparece, en primera instancia, como *el conjunto de instituciones, derechos y reglas a través de los cuales la sociedad contemporánea transfiere ingresos monetarios, beneficios en especie y servicios personales a todos los individuos, en sus diversas condiciones genéricas y/o étnicas, que han adquirido la condición de ciudadanos de un Estado-nación, con el propósito de garantizarles un determinado nivel de vida o estatuto social*. Esta política de bienestar, desde luego, se tradujo históricamente en una gran diversidad de expresiones concretas en materia de sistemas de seguridad social y asistencia pública, de sistemas de salud y educación, de programas de vivienda y creación de infraestructura, de estrategias de distribución del ingreso y políticas de empleo que han dado lugar, a su vez, a diferentes *tipologías del Estado de bienestar*.

En segunda instancia, el Estado de bienestar representa la cristalización de procesos macroeconómicos y macrosociales en los cuales confluyen diversos elementos, como la industrialización masificada y estandarizada de tipo *fordista*, la reorganización *ford-tayloriana* del trabajo, el *corporativismo* industrial, las *políticas keynesianas* de pleno empleo y de redistribución del ingreso, el desarrollo de la *sociedad de consumo*, todos ellos articulados alrededor del *pacto social de la posguerra* y de las políticas de *regulación estatal* de la sociedad capitalista de ese periodo.

Esta última definición es de particular importancia para comprender la existencia del Estado de bienestar, porque nos permite ubicarlo en la justa dimensión histórica y social que le corresponde y que hizo posible su aparición y desarrollo.

Historia, teoría y crítica

El tránsito acelerado, a partir del inicio del siglo XX, de un *capitalismo extensivo* a otro de naturaleza fundamentalmente *intensiva* se combinó con la circunstancia específica de una guerra mundial, la cual habría de desembocar en la constitución de sociedades nacionales, con economías orientadas fundamentalmente hacia sus mercados internos. Este contexto fue central para lograr políticas salariales y de transferencia de ingresos que, además de reflejarse en una elevación de los niveles de vida, también fueron imprescindibles para conciliar los objetivos de una producción industrial masiva con el establecimiento de normas de consumo capaces de absorber semejante volumen productivo.

Por otra parte, en el periodo que va desde el inicio del siglo XX hasta la segunda Guerra Mundial se observan grandes transformaciones en los procesos sociales y políticos de los países capitalistas avanzados, que conducen, primero, a la transformación de la clase trabajadora sumamente diferenciada en distintos oficios y profesiones en otra clase obrera mucho más numerosa y homogénea; después, a la aparición de nuevas formas de representación sindical de índole centralizada y burocratizada, que establecieron los fundamentos de una colaboración tripartita con las corporaciones del capital y del Estado; y, finalmente, al surgimiento de las nuevas representaciones políticas del moderno laborismo, particularmente de sus partidos políticos.

Por último, el círculo virtuoso del capitalismo de la posguerra se vio coronado por la generalización de políticas de intervención estatal de corte keynesiano, cuyos supuestos teóricos correspondían justamente con el resto de las transformaciones económicas, políticas y sociales de la época: mercados acotados internamente, acuerdos de inversión y de negociación salarial *(contratos colectivos)* de largo plazo, políticas de alcance general pactadas con las principales representaciones sindicales y patronales en el ámbito nacional.

De manera general, el conjunto de países que participaron en este gran proceso de transformación incorporaron en el seno de sus sociedades nacionales los elementos constitutivos de las políticas de bienestar de la posguerra. Aun así, como ya se destacó, los enfoques particulares, la organización de sus sistemas concretos y las respectivas tradiciones locales dieron lugar a importantes diferenciaciones entre los Estados de bienestar.

Dentro de la literatura sobre el tema se encuentra una importante diversidad de clasificaciones y connotaciones sobre cada tipo de Estado de bienestar: modelo *tradicional, conservador o corporativo*; modelo *residual, liberal o individualista*; modelo *institucional, universalista, socialdemócrata o socialista*; modelo *tardío, rudimentario o rezagado*; modelo *periférico o subdesarrollado*, etcétera.

Las nociones y los conceptos que se derivan de una tipología tan abigarrada como la que se sugiere en el párrafo anterior son muy abundantes y se refieren a toda una serie de variables del análisis social que se cruza con otros campos y problemáticas de la ciencia política y la sociología. Así, sin la pretensión de elaborar fórmulas reduccionistas de la discusión que ha enmarcado la evolución de las políticas de bienestar, podrían al menos señalarse los grandes problemas que se encuentran implicados en ese ejercicio de clasificación.

El problema fundamental que guía la elaboración de las tipologías sobre el tema se describe como la forma en que cada sociedad capitalista trata de resolver la discrepancia que existe entre el derecho social a gozar de una cierta condición ciudadana, por un lado, y la posición que realmente ocupa el ciudadano dentro de la estructura social, por otro. Como sabemos, el nivel de vida de los ciudadanos es resultado de la suma de los ingresos y prestaciones que provienen del empleo, junto con los bienes y servicios que proporciona la sociedad por procedimientos desvinculados del intercambio de mercancías, generalmente otorgados por el Estado o al menos regulados por éste, es decir, la suma entre el salario directo y el llamado *salario indirecto* o *salario social*.

Así, por ejemplo, para llevar este problema al terreno de la seguridad social, una clasificación de los Estados de bienestar puede realizarse con base en la relación que guardan entre sí los esquemas *ocupacionales* frente a las prestaciones universales. En el origen de dicha seguridad social, como ya se señaló, predominaban los esquemas basados exclusivamente en la contribución o cotización de los trabajadores; pero con el desarrollo del Estado de bienestar se fue modificando esta situación con la introducción de *sistemas de reparto* organizados sobre la base de contribuciones fijas o diferenciadas, pero con beneficios iguales; en la actualidad, encontramos una tendencia a la creación de esquemas mixtos. El acento o el grado en que una sociedad inclina el fiel de la balanza hacia uno u otro extremo genera una agrupación específica: las políticas de bienestar más contributivas y vinculadas con las prestaciones del empleo se definen como de tipo corporativo, conservador o remunerativo; las políticas que permiten un acceso más igualitario, independientemente del empleo, se denominan de tipo universalista, socialdemócrata o institucional, y, por último, los sistemas que reproducen la diferenciación original entre las clases se denominan como de corte individualista, liberal o residual.

Ahora bien, si tomamos otra referencia (por ejemplo, la relación entre la seguridad social y la asistencia pública), la problemática básica se transformará en otra modalidad de observación de las diferencias entre políticas de bienestar. Los sistemas que permiten el acceso más o menos irrestricto a los ingresos asistenciales pertenecerán a la categoría universalista, socialdemócrata o institucional, y aquellos que lo hacen a través del penoso procedimiento de la comprobación o prueba de medios se definirán como modelos liberales, individualistas o residuales.

La misma problemática básica podrá dar lugar a diferentes clasificaciones si se dirige a evaluar las formas de acceso a otros beneficios sociales (es decir, si son restringidas o irrestrictas) y a otra clasificación si lo que interesa es el nivel y la cobertura de las instituciones (salud, vivienda, servicios personales). Y, en igual medida, podrá generar resultados diferentes si añadimos a todas las demás consideraciones nuevas variables, como la condición del género.

El trabajo de clasificar y asignar atributos a los Estados de bienestar, el esfuerzo de etiquetar a una sociedad dentro de una categoría al atender una dimensión del problema básico y de reubicarla después en otra casilla cuando se señala otra, se complica por el hecho de que han de tomarse en cuenta otras problemáticas importantes, como el impacto de las políticas de bienestar sobre la estructura o estratificación social, o su efecto sobre el problema del empleo.

Para tener una idea de la significación de estas cuestiones, debemos mencionar algunos aspectos específicos relacionados con esas otras problemáticas. Hay sociedades que pretenden mantener las diferencias sociales entre los estratos altos, medios y bajos; por consiguiente, han creado un sistema de bienestar altamente diferenciado, con un conjunto de beneficios sociales (impuestos, pensiones, ayudas, servicios personales, becas) muy reducidos en la base y, en contraste, con sistemas mixtos bastante más generosos para los estratos medios y altos, lo que se traduce en el mantenimiento de las diferencias originales.

Por el contrario, hay naciones que se han formulado el propósito de crear una suerte de sociedad de clases medias, que tiende al achatamiento de los polos sociales y a la consiguiente igualación en los niveles de vida de los ciudadanos, más allá de las condiciones que les podría haber asignado su ingreso por la vía del empleo, sea de orden público o privado.

Por su parte, hay una clara diferenciación entre las distintas sociedades acerca de sus respectivas políticas de empleo: algunas estimulan el retiro temprano, con el interés de elevar el nivel de empleo de las nuevas generaciones, aunque esto repercute sobre el presupuesto público en materia de pensiones; otras, en cambio, buscan extender el periodo de vida útil de los trabajadores a costa de elevar el nivel de desempleo y el consiguiente efecto sobre el gasto social en seguros de desempleo, o bien, sobre el gasto público en la creación de empleos. Asimismo, cada sociedad le asigna un lugar a los jóvenes y las mujeres dentro de la estructura ocupacional; por ejemplo, reservando para ellos los empleos temporales o peor remunerados, etcétera.

Las mayores dificultades para tipificar las políticas de bienestar se presentan cuando se intenta incorporar en las clasificaciones a países que participaron en el proceso de mundialización del llamado capitalismo fordista de la posguerra, pero que no experimentaron plenamente el círculo virtuoso de crecimiento y bienestar que vivieron Europa occidental o los Estados Unidos.

Éste es el caso particular de América Latina y de México, donde también se desarrollaron políticas sociales en las distintas áreas del bienestar, pero con una particularidad decisiva: dichos esquemas resultaron incompletos, con una cobertura social insuficiente, fundamentalmente ocupacional, y desarticulados frente a lo que podría considerarse un verdadero sistema general o universal.

De cualquier forma, las políticas sociales de estos países se han discutido dentro del marco conceptual del Estado de bienestar porque los grandes procesos macroeconómicos y macrosociales que determinaron este fenómeno en el capitalismo avanzado también se observan, con sus peculiaridades, en la región latinoamericana.

En estos países se dio un proceso de centralización en las organizaciones sindicales que desembocó en el establecimiento de formas corporativas de negociación con las representaciones patronales y con el Estado. Estos pactos corporativos acompañaron la creación de las grandes instituciones de bienestar social tanto en el terreno de la seguridad social, la salud, la vivienda e incluso la educación.

Por su parte, este tipo de sociedades también se vieron enfrascadas en la búsqueda de un modelo de desarrollo hacia adentro, categorizado en la región como el proceso o *modelo de sustitución de importaciones*, basado en la expansión de los mercados internos (aunque no propiamente de consumo masivo para los trabajadores, sino de las clases medias) y en la aplicación, de cuando en cuando, de políticas activas e intervencionistas por parte del Estado que aspiraban a la creación del pleno empleo y a la redistribución del ingreso.

Así, descubrimos dentro de países como México la gran paradoja de procesos generales que buscaban asemejarse al capitalismo fordista de la posguerra, aun cuando sólo se lograra alcanzar la configuración de una suerte de fordismo periférico, junto con procesos evolutivos de las políticas de bienestar que no lograron establecer principios verdaderos de universalidad, ciudadanía, equidad social o solidaridad, por lo menos no en el grado y extensión que debería esperarse para catalogarlos plenamente dentro del movimiento general que se llevaba a cabo en los países capitalistas avanzados.

A diferencia de las asimetrías entre las diversas regiones del mundo capitalista que caracterizaron la fase expansionista de la posguerra, la fase subsiguiente de *crisis* que se hizo evidente hacia la mitad de la década de 1970 cobró víctimas por igual en todas partes. La crisis económica tomó la forma de la llamada *estanflación* y junto con ella resurgieron con gran fuerza las tesis *monetaristas, neoliberales* u *ortodoxas*, como las denominamos en nuestros países. Pero en cuanto al efecto de la crisis sobre las políticas de bienestar aparecieron también nuevos fenómenos, como la llamada *crisis fiscal* y la *crisis de gobernabilidad o de legitimidad*.

La crisis fiscal es el fenómeno económico de déficit presupuestal y deuda pública que comenzó a agobiar al Estado interventor de la posguerra, en el momento en que los gastos realizados para sostener el sistema de bienestar y para mantener los objetivos de pleno empleo rebasaron a sus ingresos. Como se puede apreciar, esta crisis fiscal representa, en términos de la *política tributaria* y de la *política de gasto público*, el momento en que la curva ascendente del crecimiento de la posguerra llega a su fin y se inicia una fase de estancamiento y a veces incluso de recesión, cuyos efectos se tradujeron en una disminución de la recaudación fiscal, en el incremento de los gastos estatales que implicaba el esfuerzo por reactivar la dinámica de ese crecimiento y, por último, en los costos fiscales derivados del desempleo.

Igualmente importante es el fenómeno de la llamada *crisis de gobernabilidad*, de naturaleza intrínsecamente política, y que significa el momento en el cual el Estado interventor se muestra incapaz para satisfacer la demanda creciente de la sociedad por nuevos beneficios y nuevos satisfactores, lo que le lleva a una situación de impugnación política o de crisis de legitimidad frente a las clases y los grupos sociales e incluso frente a los individuos, quienes aparecen cada vez más como los grandes consumidores de los bienes y servicios que proporciona ese Estado. Desde luego, esta forma de representación política de la crisis general que afecta a las sociedades fordistas es consecuencia de los problemas presupuestales del Estado interventor, ya mencionados, pero también es resultado de los excesos de los gobiernos y los partidos políticos en su afán por captar la atención del electorado en las coyunturas periódicas de recambio político.

El éxito de la contrarrevolución conservadora o neoliberal que ha venido difundiéndose desde finales de la década de 1970, con origen en la Gran Bretaña y los Estados Unidos, ha transformado desde entonces las ideologías y las políticas económicas de todo el mundo, abriendo un espacio cada vez más dominante al papel autorregulatorio del mercado y a políticas económicas ortodoxas. Por supuesto, el efecto más inmediato, pero también más duradero, ha sido la transformación o la reforma del Estado, en lo general, así como la revisión de todas las políticas y logros sociales anteriores, en lo particular, para adaptarlos a la lógica de las nuevas realidades económicas y de las nuevas funciones estatales. Desde entonces, también nos hemos acostumbrado a discutir sobre el supuesto *desmantelamiento del Estado de bienestar*.

En mayor o menor medida, la década de 1980 fue un periodo de crisis crónicas en todo el mundo, al amparo de las cuales florecieron gobiernos proliberales que se propusieron como tarea urgente la estabilización y desregulación de las economías, así como la aplicación de medidas de privatización de las empresas y servicios acumulados por el sector público durante los años de la posguerra. Un proceso semejante se anticipaba en las instituciones de bienestar.

En los hechos, los avances hacia un desmantelamiento real del Estado de bienestar han sido acotados, y en todos los casos en que se intentó llevar a cabo una reforma radical, como sucedió en Gran Bretaña, la respuesta de la sociedad siempre desembocó en un reclamo unánime: el Estado de bienestar deberá ser considerado como un conjunto de instituciones irrenunciable y permanente. No obstante, esta condición de lo que podría considerarse como el contenido central de un *nuevo pacto social* en el umbral del siglo XXI ha sido complementada con otro consenso general entre los gobiernos de los Estados nacionales y el conjunto de *organismos internacionales* cada vez más influyentes en el ámbito de la política social: los principios y las reglas de funcionamiento de las instituciones de bienestar deberán ser reformados en concordancia con los procesos de cambio de orden demográfico, financiero y administrativo.

La experiencia de la crisis de la década de 1980 en América Latina y México tuvo un grado de dureza mayor que la registrada por los países de capitalismo avanzado y se reflejó en un retroceso social inusitado dentro de todos los países de la región. Tratándose de sociedades con instituciones sociales mucho menos consistentes, el consenso social en favor de la generalización y desarrollo de los sistemas de bienestar se hizo inoperante, el gasto social retrocedió y surgieron otras formas de política social dirigidas a resolver problemas de *marginación* y *pobreza extrema*, sin haber logrado consolidar la política tradicional ya existente. En estos casos, el Estado de bienestar tampoco se desmanteló en la dirección pronosticada, simplemente se estancó y cedió el paso a estrategias sociales selectivas.

Más allá de las diferencias entre las distintas regiones del mundo capitalista, el ascenso de políticas proliberales y la crisis fiscal de la década de 1980 tuvieron un impacto general sobre el interés y la vigencia de los debates en torno a las políticas de bienestar. En cierto modo, podría aceptarse que durante este periodo se abandonó la noción general de Estado de bienestar (como idea de una suerte de *capitalismo organizado*), en la que se reunían procesos de acumulación y procesos de regulación económicos, políticos y sociales, subsistiendo hasta la actualidad el enfoque de las políticas de bienestar como un mero problema institucional, como una situación sectorizada y dispersa que se estudia y se discute por separado. Éste va a ser el rasgo distintivo de la investigación actual sobre las políticas de bienestar.

Líneas de investigación y debate contemporáneo

La década de 1990 ha propiciado una interpretación más mesurada respecto al futuro de las políticas de bienestar, y el problema del desmantelamiento del Estado de bienestar ya no forma parte, de manera tan recurrente, de las discusiones más actuales. En su lugar, se ha establecido una problemática en torno a la *reforma del Estado*, incluidas dentro de ésta las políticas sociales. Así, la reforma de las instituciones y de los sistemas de bienestar se ha convertido en la temática o conjunto de líneas de investigación que se observan en los trabajos y las preocupaciones más recientes tanto en las sociedades de capitalismo avanzado como en los países latinoamericanos.

Europa occidental, habiendo sido el núcleo desde el cual se irradió el Estado de bienestar al resto del mundo, ha sido escenario de cambios importantes en su economía y sus sistemas sociales. Con relación a la primera, la crisis global del modelo fordista ha conducido a la búsqueda de esquemas flexibles de tipo *neofordista* o *posfordista* y, desde luego, a una creciente terciarización de la actividad económica y del empleo. Estos procesos han desembocado en la llamada *segmentación de los mercados laborales*, en el surgimiento de nuevos estratos sociales entre las clases trabajadoras que ya no denotan la masificación y homogeneidad de las décadas anteriores y, de manera más desfavorable, en un crecimiento constante y estructural del desempleo.

En relación con los sistemas sociales de bienestar, los problemas más acuciantes de la actualidad son el resultado de las erogaciones tan elevadas que impone el desempleo para la seguridad social y el gran problema financiero que implica el envejecimiento de la población europea, con los consiguientes costos en materia de salud y de pensiones.

En contraste con este escenario de crisis en el umbral del nuevo siglo, el proceso de construcción de la Unión Europea plantea una nueva dimensión económica, política y social mucho más interesante, con importantes efectos sobre los modelos y las políticas económicas, sobre las funciones y las atribuciones de los Estados nacionales, así como sobre el futuro de los sistemas de bienestar.

En este contexto de cambio, son diversas las líneas de análisis que se ofrecen al estudio académico y a la discusión entre los hacedores de las políticas sociales. Desde un punto de vista pragmático, aparece como lo más relevante la restructuración de los esquemas de beneficios (sobre todo en la determinación de la edad del retiro) y de financiamiento de la seguridad social y la salud; su transformación, desde un origen fundamentalmente público, en esquemas mixtos y diferenciados; la vinculación de los programas de asistencia pública y los servicios personales (para los jóvenes, las mujeres y los ancianos) con los objetivos del empleo. Pero desde una perspectiva más profunda, se presentan nuevos desafíos ante los escenarios que se dibujan para las políticas de bienestar en el proceso de unificación europea, es decir, la posibilidad de que sistemas diferenciados nacionalmente inicien un movimiento de semejanza y equiparación en la dirección de los sistemas de bienestar más desarrollados o, por el contrario, de los sistemas más liberales; asimismo, dicho proceso de unificación ha reintroducido la discusión de las políticas de empleo, hasta hace poco tiempo ausentes de los grandes objetivos de la Unión Europea, e incluso está generando nuevos programas de carácter socialdemócrata que tratan de insertar una nueva política de ocupación en los intersticios del Estado y del mercado.

Sin embargo, las particularidades que se observan en la región de la Unión Europea están sometidas ahí y en el resto del mundo a procesos de restructuración más generales, de índole global o mundial, que también afectan a las políticas de bienestar al introducir un principio de *competitividad* con implicaciones en la seguridad social, el trabajo y el empleo. A diferencia de los fenómenos que se gestan en el contexto de bloques regionales, estos otros se manifiestan como una restructuración de los sistemas sociales por encima de las diferencias nacionales o regionales.

Pese a su carácter general, los valores proliberales que provienen de la *globalización* se encuentran más difundidos y aceptados en la región norteamericana y en América Latina. Aquí se están revisando de manera más radical sus instituciones y políticas de bienestar en un sentido menos universalista y, por consiguiente, más selectivo. En este contexto se enmarca la generalización continental de los sistemas de pensiones administrados privadamente y la estrategia de convertirlos en la palanca del crecimiento económico por su capacidad, al menos potencial, para incidir de manera determinante sobre el volumen del ahorro interno.

Para señalar algunas de las líneas de investigación que se abren para México, vale la pena destacar que los efectos de la terciarización económica, la diferenciación y segmentación de los mercados laborales y la mayor vinculación de nuestro país con un entorno globalizado arrojan una serie de problemáticas para el análisis de las políticas sociales que es importante enumerar.

La década de 1980 trajo para México y el resto de la región latinoamericana un agudo retroceso en sus programas e indicadores sociales y, consecuentemente, provocó el surgimiento de nuevos problemas y de nuevas estrategias para combatirlos o atenuarlos. Uno de los fenómenos que más atrae la atención de los estudiosos a partir de entonces es la creciente dimensión del empleo informal, es decir, la exclusión de sectores muy numerosos de la población trabajadora de la economía formal que, por esta circunstancia, se ven excluidos de los esquemas formales y tradicionales de seguridad social, salud y vivienda.

Por su parte, el grave retroceso económico de esos años, las políticas de ajuste y la nueva forma de inserción de las economías latinoamericanas en el mercado mundial se han traducido en una mayor marginación social y empobrecimiento de las clases populares de la ciudad y el campo. Así, encontramos la reaparición protagónica de los análisis sobre el carácter, la magnitud y la incidencia de la pobreza y la pobreza extrema y de las políticas o estrategias para atenuarlas. La implicación más relevante de este giro en las problemáticas sociales también ha derivado en un mayor énfasis regional sobre programas y políticas sociales selectivos, descentralizados o desconcentrados, estatales, públicos y privados, que contrastan con el carácter tradicionalmente universalista y estatizado de las políticas de bienestar.

Asimismo, el modelo de desarrollo enunciado como responsable de la marginación y la pobreza en México y América Latina ha incidido dentro de los sectores formales de la sociedad, propiciando una polarización en las condiciones y los niveles de vida, lo cual, como es de esperarse, ha replanteado la cuestión de la desigualdad social y las políticas de distribución del ingreso.

En su conjunto, el modelo de desarrollo vigente y las políticas de estabilización han puesto de relieve la influencia cada vez mayor, que ejercen los diversos organismos internacionales encargados de participar periódicamente en el rescate de nuestras economías, sobre las decisiones soberanas de nuestros países, lo cual se refleja en las reformas a la seguridad social y la salud (que incluyen la dimensión demográfica y financiera de otras sociedades avanzadas), los programas para enfrentar el empleo informal, la pobreza y, en menor medida, la desigualdad social.

Todos estos problemas, académicos y políticos, constituyen los grandes desafíos para México y América Latina en el inicio del siglo XXI. En esta nueva etapa, la constelación de los grandes fenómenos económicos, políticos y sociales que dieron origen a la era del Estado de bienestar habrá desaparecido casi en su totalidad, pero las instituciones y los sistemas sociales que nacieron a su amparo sobrevivirán, reformados y adecuados a la naturaleza de los tiempos. Pero estamos como en el inicio, dentro de sociedades nacionales, regionales o globales en las que prevalecen la pobreza y la marginación social, la exclusión y la desigualdad social, la carencia y la discriminación, el sentimiento de privación y de insatisfacción. Quizás esta realidad permita refundar sobre nuevas bases la discusión en torno a la universalidad, la solidaridad y la equidad de los derechos sociales, y permita replantear el problema fundamental de las ciudadanías y de la regulación social del bienestar. Entonces, podríamos augurar un panorama menos pesimista para la sociedad y, ciertamente, la permanencia de las políticas de bienestar como un concepto relevante dentro de la ciencia política.

BIBLIOGRAFÍA

Abel-Smith, Brian, y Peter Townsend (1965), *The Poor and the Poorest*, Bell, Londres.

Banco Mundial (1994), *Envejecimiento sin crisis. Políticas para la protección de los ancianos y la promoción del crecimiento económico*, Banco Mundial, Washington, D. C.

Beveridge, W. H. (1942), *Social Insurance and Allied Services*, HMSO, Londres.

Bruno, M., y J. Sachs (1985), *The Economics of Worldwide Stagflation*, Harvard University Press, Cambridge Mass.

Bulmer-Thomas, Victor (comp.) (1997), *El nuevo modelo económico en América Latina. Su efecto en la distribución del ingreso y en la pobreza*, FCE (Lecturas de El Trimestre Económico, núm. 84), México.

Cochrane, A., y J. Clarke (1993), *Comparing Welfare States*, Sage, Londres.

Esping-Andersen, Gosta (1990), *The Three Worlds of Welfare Capitalism*, Polity Press, Cambridge.

Flora, Peter (comp.) (1987), *Growth to Limits: Western European Welfare States since World War II*, 4 vols., De Gruyter, Berlín.

———, y A. Heidenheimer (comps.) (1981), *The development of Welfare States in Europe and America*, Transaction Books, Londres.

Gough, Ian (s. f.), *The Political Economy of the Welfare State*, Macmillan, Londres.

Gutiérrez Garza, E. (coord.) (1988), *Testimonios de la crisis, 2. La crisis del Estado de bienestar*, Siglo XXI, México.

Habermas, Jürgen (1976), *Legitimation Crisis*, Heinemann, Londres.

Harrison, Malcolm (comp.) (1984), *Corporativism and the Welfare State*, Gower, Hampshire.

Johnson, Norman (1990), *El Estado de bienestar en transición. La teoría y la práctica del pluralismo de bienestar*, Ministerio de Trabajo y Seguridad Social, Madrid.

Jones, C. (1993), *New Perspectives on the Welfare State in Europe*, Routledge and Kegan Paul, Londres.

Luhmann, Niklas (1981), *Teoria politica nello stato del benessere*, Franco Agneli, Milán.

Lustig, Nora (comp.) (1997), *El desafío de la austeridad. Pobreza y desigualdad en la América Latina*, FCE (Lecturas del Trimestre Económico, núm. 86), México.

Marglin, S., y J. Schor (1990), *The Golden Age of Capitalism: Reinterprerting the Postwar Experience*, Clarendon Press, Oxford.

Marshall, T. H. (1981), *The Right to Welfare and Other Essays*, Heinemann, Londres.

Mesa-Lago, Carmelo (selección) (1986), *La crisis de la seguridad social y la atención a la salud*, FCE (Lecturas del Trimestre Económico, núm. 58), México.

Mishra, Ramesh (1984), *The Welfare State in Crisis*, Harvester Wheatsheaf, Hertfordshire.

Moreno, Luis (comp.) (1997), *Unión Europea y Estado de bienestar*, Consejo Superior de Investigaciones Científicas, Instituto de Estudios Sociales Avanzados, Madrid.

O'Connor, James (1973), *The Fiscal Crisis of the State*, St. Martin's Press, Nueva York.

Offe, Claus (1984), *Contradictions of the Welfare State*, Hutchinson, Londres.

────── (1985), *Disorganized Capitalism*, Polity Press, Oxford.

Pfaller, A., I. Gough y G. Therborn (1991), *Can the Welfare State Compete?*, Macmillan, Londres.

Pico, Josep (1987), *Teorías sobre el Estado de bienestar*, Siglo XXI, Madrid.

Rosanvallon, Pierre (1981), *La crise de l'État-providence*, Seuil, París.

Titmuss, Richard (1974), *Social Policy: An Introduction*, Allen and Unwin, Londres.

Valencia, E., y C. Barba (coords.) (1997), *El debate nacional, 5. La política social*, Diana, México.

Varios autores (1996), *Las políticas sociales de México en los años noventa*, Instituto Mora-UNAM-Flacso-Plaza y Valdés, México.

Weir, M., A. S. Orloff y T. Skocpol (s. f.), *The Politics of Social Policy in the United States*, Princeton University Press, Princeton.

POLÍTICA DE LA CULTURA

Laura Baca Olamendi

Definición

La *política de la cultura* representa una interacción a través de la cual es posible la promoción de algunos de los valores y principios sin los cuales la democracia no podría sobrevivir: el diálogo, la moderación, la persuasión y la tolerancia. Por ello, un tema fundamental para el análisis del futuro de la democracia es el referido a las relaciones posibles entre política y cultura. Aunque esta relación ha existido a lo largo de la historia bajo diversas modalidades, en el momento actual se presenta como una tensión clave cuyas soluciones dependen, en buena medida, de la calidad de la construcción democrática. A partir del análisis histórico es posible evidenciar cómo y por qué las modalidades que adoptó esta relación en las diferentes circunstancias del desarrollo democrático coadyuvaron a la expansión de dicho régimen o a su mortificación y eventual aniquilación. En los extremos de los equilibrios que sostienen a un sistema democrático encontramos dos posibilidades: *a)* una situación tendencialmente "totalizante" que casi siempre ha estado acompañada por una cultura muy politizada (y con ella la aparición de la figura del "intelectual comprometido"); esta situación está muy cerca del autoritarismo, y *b)* la existencia de una cultura pretendidamente neutra o apolítica (aquí podemos resaltar la figura del "intelectual puro"). Para ilustrar las posibles dimensiones de la relación entre política y cultura en la construcción democrática deseamos volver a proponer, a la luz del final del siglo, un debate que se llevó a cabo entre intelectuales representativos de las diversas posiciones ideológicas y políticas en disputa en un momento en que la Guerra Fría parecía obligar a la cultura a comprometerse con alguno de los contendientes. Esta deliberación, que en América Latina ha tenido pocas repercusiones, puede ser considerada como un punto de referencia útil para entender cuáles fueron las condiciones en que se inició la defensa de la democracia después de la segunda Guerra Mundial, amenazada entonces como hoy. En aquel coloquio se discutió apasionadamente un conjunto de ideas que a partir de entonces han marcado el diálogo político de tipo democrático.[1] Cabe señalar que en esta discusión fueron examinadas —con curiosidad y apertura mental— algunas tesis que todavía hoy muestran su vitalidad, como es el caso de la propuesta. Esperamos que el debate que se desarrolla actualmente entre los intelectuales mexicanos a propósito de las posibles relaciones entre política y cultura se pueda beneficiar de las lecciones que se derivaron de tal confrontación de ideas.

Historia, teoría y crítica

El término *política de la cultura* surgió a mediados de la década de 1950 a la luz de un intercambio de ideas cuyos protagonistas iniciales fueron distintos intelectuales italianos entre los que podemos destacar a Norberto Bobbio, Bianchi Bandinelli, prosiguió con Galvano della Volpe y terminó inesperadamente con Palmiro Togliatti (quien participó con el seudónimo de Rodrigo de Castilla).[2] De frente a las alternativas demasiado rígidas, Bobbio sostenía que

> el mejor medio que los hombres pueden utilizar para liberarse a sí mismos y a los demás de los mitos es romper el silencio para restablecer la confianza en el coloquio, es necesario conocer la historia de sus ideas y la de los demás. La historia es una grande desenmascaradora de ilusiones, de falsos orgullos, de peligrosa ingenuidad. Una política militante, en la dirección de una razonada discusión, contra la terquedad del silencio y la vanidad de la prédica edificante, se debe nutrir de la historia.[3]

La insistente necesidad del diálogo fue proclamada por Bobbio pocos años después del eclipse del totalitarismo fascista y de la intolerante expulsión de los comunistas del gobierno de reconstrucción nacional después de la guerra.[4] Estos hombres de cultura, algunos de origen comunista, discutieron, por un lado, acerca de la función y los deberes de los intelectuales y, por el otro, analizaron la relación que existe entre la libertad y la democracia. Dicho diálogo se llevó a cabo en un momento en que las diferentes posiciones se encontraban divididas en bloques contrapuestos, razón por la cual el universo de los intelectuales reflejaba con claridad este tipo de contradicciones en su relación con la política en la medida en que eran patentes los contrastes ideológicos. En este contexto, la *política de la cultura* se consideró como aquella política que es llevada a cabo por el intelectual desde la cultura para defender los valores democráticos más allá del ámbito de la política a través del establecimiento del coloquio.[5] En efecto, hacer referencia al diálogo significa reconocerle un lugar privilegiado con el fin de convocar a los diferentes intelectuales para discutir los distintos proyectos políticos. En este sentido, la *política de la cultura* constituye una propuesta de máxima apertura porque mientras, por un lado, denuncia la *política cerrada*, por el otro, también lucha por establecer las condiciones necesarias para la *libertad de la cultura*, tratando de remover los bloqueos mentales que impiden pensar de una manera más tolerante las vías posibles para la transformación de la sociedad. A pesar de que dicha discu-

---

[1] Alberto Papuzzi, "Bobbio, figli di una Resistenza europea", *La Stampa*, Turín, 2 de enero de 1995.

[2] Este debate se llevó a cabo principalmente en las revistas *Il Contemporaneo* y *Rinascita*.

[3] Norberto Bobbio, "Presentazione", en *Revista Occidente*, VII, núm. 3, mayo-junio de 1951, p. 190.

[4] Para una mayor profundización sobre las tensiones de este periodo histórico se recomienda, además del ya citado *Politica e cultura* de Bobbio, el excelente estudio de Paul Ginsburg: *Storia d'Italia dal dopoguerra a oggi*, Einaudi, Turín, 1989. En relación con el libro de Bobbio se sugiere además un par de entrevistas: una realizada por Domenico Zucàro publicada en la revista *Avanti* en 1955 y la otra a cargo de Andrea Casalengo en la revista *Il Mondo* de 1975.

[5] Laura Baca Olamendi, "Norberto Bobbio, la virtud del diálogo democrático", en *La Jornada Semanal*, núm. 282, 6 de noviembre 1994.

sión se insertó en los problemas políticos de su tiempo, actualmente tiene todavía una gran vigencia a partir del reconocimiento de la existencia de una plataforma común para la democracia, donde los intelectuales representan una fuerza de propulsión de naturaleza política. Según Norberto Bobbio, quien es uno de sus mayores promotores y de cuyos postulados nos ocuparemos en esta ocasión, la *política de la cultura* representa la única acción política que puede concederse al intelectual en tiempos de crisis y de cambio. Tal propuesta ha debido imponerse enfrentándose tradicionalmente contra dos concepciones antagónicas: por un lado, la aspiración de la política cultural y, por el otro, la voluntad hacia la cultura apolítica. Estas apreciaciones fueron realizadas por Bobbio discutiendo con sus interlocutores con base en un supuesto cardinal de la democracia: "la política no es todo, no puede ser todo". Lo anterior representa una firme convicción que continúa defendiéndose hasta nuestros días.[6] Presentar brevemente el contexto político-cultural en el que se llevaron a cabo dichas reflexiones permite identificar a la *política de la cultura* como una *pieza clave* de los principios democráticos. La *confianza en el coloquio* aparece en una serie de escritos que fueron publicados a partir de la década de 1950 en Italia.[7] A través de la discusión, Bobbio destacó la función que desempeña este término en todas aquellas situaciones en las que predomina la *guerra de posiciones* entre diferentes adversarios. Cabe señalar que en aquel momento particular se exasperaba el AUT-AUT, que significa "de un lado o del otro". Por el contrario, para ser efectivo, el diálogo debía basarse en el ET-ET, es decir, en aquella actitud racional que tiene como base la comprensión recíproca fundada en el deseo de entender y de hacerse entender.[8] Durante este periodo, los diferentes grupos de intelectuales italianos se encontraban enclaustrados en esta contraposición y resultaba necesario establecer un *puente imaginario* entre las certidumbres ideológicas contrapuestas; no debemos olvidar que esta época histórica fue denominada *Guerra Fría*. Para Bobbio, estos años deben ser recordados no sólo como un periodo de contraposiciones absolutas, sino también como una fase en la que, a pesar de todo, lograron desarrollarse los intelectuales que propugnaron por la mediación y por el carácter laico de la cultura. De la *política de la cultura* deriva el *intelectual mediador*, que representa a aquellos hombres de razón que consideran que el deber del intelectual no es establecer compromisos totales con ninguna ideología o estrategia política, sino que su principal compromiso consiste en defender los principios de la cultura, que son también los principios de la convivencia civil. La polémica a la que hacemos referencia se insertó en un contexto en que el eje principal de la discusión se refería a la manera de evitar cualquier planificación de la cultura por parte de los políticos. La *política de la cultura* tuvo un gran significado por la extraordinaria claridad en sus postulados, que invitaban al uso de la razón, la tolerancia y el diálogo entre los intelectuales para poder intercambiar diferentes puntos de vista. Según el filósofo Aldo Capitini,[9] las tesis de Bobbio marcaron fuertemente el debate, ya que, en cierto sentido, podían ser consideradas como un punto de partida para entender las relaciones entre la política y la cultura en un contexto democrático. Sin embargo, también representan la prolongación de un debate que había tenido en Italia como uno de sus principales exponentes a Benedetto Croce.[10] Antes de proceder al análisis de las diferentes posiciones en que puede expresarse dicha relación, debemos señalar que otra temática del debate estuvo referida a la función de la cultura en la democracia. No debemos olvidar que la cultura se encuentra ligada de manera estrecha a las concepciones del mundo que sostienen determinados grupos en épocas históricas precisas. Sobre esta consideración, Bobbio afirma que la cultura tiene un significado particular que resalta sobre todo su tarea crítica "como examinadora de dudas y como ejercicio constante de la razón en defensa de la libertad". De acuerdo con nuestro autor, las ideas se forman y se transforman porque son un reflejo de la sociedad, la cual necesita siempre la libertad y la democracia para poder crecer y desarrollarse. En este sentido, llama la atención sobre una distinción importante entre cultura y política, en la que la cultura "se ocupa de observar, conocer y estar consciente de los problemas", mientras que la política "se ocupa de hacer y de operar en la sociedad", y por esta razón es que se reconoce que ambas poseen lógicas distintas y caminan por senderos diferentes. El corolario sería que mientras el intelectual piensa, el político actúa. Para Bobbio, "la cultura y la política no son incompatibles: depende de la política que se hace. Es incompatible la vida y el progreso de la cultura con un Estado autocrático. En cambio, no es incompatible con una política liberadora o democrática".[11]

En esta perspectiva, el mundo de la cultura tiene exigencias, obligaciones y poderes de naturaleza política, que hacen posible que la cultura pueda ser considerada como un hecho político en sí mismo. En realidad, la caracterización que nos ofrece Bobbio se podría contraponer a otras definiciones antagónicas que conciben a la cultura como un instrumento de la acción política enfocada a realizar propaganda política y, por lo tanto, sometida a las directivas de los políticos. Este tipo de definición ilustra aquel ámbito que hemos denomina-

---

[6] Cfr. Norberto Bobbio, *Politica e cultura*, Turín, Einaudi, 1955, y del mismo autor, *Elogio della mitezza*, Linea d'ombra, Milán, 1994, p. 24.

[7] Bobbio inició propiamente este debate en 1951 con el ensayo: "Invito al colloquio", publicado originalmente en la revista *Comprendre*, órgano de la Sociedad Europea de Cultura. En 1955 fue publicado el volumen titulado *Politica e cultura*, Einaudi, Turín, que reúne 15 ensayos dedicados a esta problemática.

[8] Del griego *diálogos*: discurso lògos entre dià personas. Cfr. Nicola Zingarelli, *Vocabulario della lingua italiana*, Zanichelli, Bolonia, 1991, p. 541.

[9] Aldo Capitini (1899-1968). Profesor de filosofía moral en la Universidad de Pisa. Antifascista que en 1936 se adhirió al movimiento del "liberal-socialismo". De extracción católica, abrazó el método de la no violencia de Gandhi.

[10] Benedetto Croce (1866-1952). Filósofo napolitano. Ejerció una hegemonía cultural indiscutible. Colega de Giovanni Gentile, rompió con él por diferencias políticas y filosóficas. Director de la revista *La Critica*. En 1924 dictó el "manifiesto de los intelectuales antifascistas". El magisterio moral de Croce se basa en su lucha por la libertad de la cultura y porque llevó a cabo una resistencia "cultural" en contra del fascismo.

[11] Norberto Bobbio, "Cultura vecchia e politica nuova" en *Politica e cultura*, Einaudi, Turín, 1955, p. 200.

do de la cultura politizada. Por otro lado, también es necesario tener presentes aquellas concepciones de la cultura que la aíslan de su entorno. Por consiguiente, Bobbio considera que la cultura que no tiene ningún vínculo con la realidad social —porque es incomunicable— representa, del mismo modo, un tipo de cultura apolítica o pura.

La política de la cultura como mediación representa uno de los problemas centrales que caracterizaron el mencionado intercambio de ideas, es decir, el reconocimiento de la necesidad de evitar al máximo que se encasillara a la cultura para que no perdiera su función de guía, por lo que resultaba fundamental tratar de dilucidar cuáles eran los contenidos y los diferentes valores que ésta puede asumir. En esta lógica, la *política de la cultura* constituía una propuesta nueva en la medida en que permitía el diálogo, pudiendo éste ser considerado como una alternativa ante la existencia de concepciones extremas que podrían instrumentalizarla mediante el compromiso absoluto con distintas causas o esterilizarla al no ofrecerle algún contacto con la realidad. En este sentido y regresando a Bobbio, podemos afirmar que la propuesta de la *política de la cultura* buscaba evitar tanto la cultura separada de la historia por "falta de vigor filosófico o por un deliberado espíritu de evasión" como la politización de la cultura, manifestándose en contra de aquella cultura que se transforma en servicio público. Las diferentes posiciones de un diálogo que reflejaba las tensiones de un mundo dividido en bloques también estuvieron referidas a la distinción de las diversas *figuras de intelectual* que se derivaron de su relación con el poder: el intelectual politizado, el intelectual puro y finalmente el *intelectual mediador* o filósofo militante, las cuales encarnan además una responsabilidad precisa en relación con el ejercicio del *espíritu crítico*. En este sentido, el examen de las actitudes que pueden adoptar los intelectuales debe tomar como punto de partida cuál ha sido su relación con el poder y en especial con la política. Para los intelectuales mediadores, lo importante es ejercitar un espíritu de imparcialidad que, sin confundirlo con la neutralidad o el servilismo, pueda promover la libertad de la cultura. A partir de este supuesto, queda claro que también los hombres de cultura expresan las necesidades y los ideales de su tiempo, y por esta razón es importante tratar de distinguir cuáles son las características de cada uno de ellos. El *intelectual revolucionario*, por su parte, no estableció ningún límite a su compromiso político, ya que en algunas ocasiones defendió la politicidad o *partiticidad* de la cultura, propugnando por una cultura de partido que se contraponía frontalmente a una cultura considerada impotente y débil, que no se comprometía con las causas revolucionarias. Del otro lado se encuentra el *intelectual puro o apolítico*, que se niega a establecer cualquier vínculo con la política, que se encierra en su "torre de marfil", desatendiendo los problemas de la *polis* con una actitud de desconfianza y evasión. Como alternativa a estas dos figuras nos encontramos con el *intelectual mediador*, llamado también laico porque afirma que si bien tiene un compromiso político, éste no es con los partidos o con el *príncipe* sino con las causas civiles. Esta figura representaría *in nuce* al intelectual que propugna por la democracia porque, frente a la falta de disponibilidad para entender las razones del otro (que caracterizan con frecuencia a las concepciones excluyentes de la política), propone el establecimiento del coloquio sobre la base de suponer que la batalla por el diálogo es una batalla política por la democracia. La promoción del diálogo y el mantenimiento del espíritu crítico son, pues, dos condiciones básicas que caracterizan a la cultura democrática. Es importante mencionar que la singularidad de estas figuras no es privativa de otras latitudes, sino también en la historia mexicana reciente podemos encontrar hombres de cultura que de una u otra forma han adoptado actitudes similares; por ello, resultaría interesante identificar, en las nuevas condiciones, las características de nuestros "personajes de la razón" en relación con su compromiso político. Recuperar las lecciones que derivaron de otras circunstancias históricas nos permite realizar una lectura alternativa sobre las relaciones entre política y cultura que, sin llegar al fácil maniqueísmo, resalte las coincidencias en el tipo de problemáticas que derivaron de la función de la cultura en una sociedad democrática. La pregunta más importante que podríamos formularnos en el actual contexto de crisis y transición en México sería la relativa al tipo de función que los intelectuales deben desempeñar cuando los esquemas tradicionales ya no sirven para resolver los problemas de la convivencia civil y cuando el único recurso posible frente a la violencia lo constituye el ejercicio del diálogo entre posiciones contrapuestas. En este sentido, el análisis de la función de la cultura y la responsabilidad de los hombres de ideas en la vida política resulta indispensable para evaluar la salud de la democracia y para tratar de entender las particularidades de los momentos de cambio, en los que la cultura mantiene una función renovadora y crítica. Ante un panorama caracterizado por la incertidumbre generada por la expansión democrática, no debemos retroceder en el esfuerzo por otorgar a la cultura su propia autonomía y especificidad, manteniendo un firme compromiso civil y ciudadano. Es necesario, por último, mantener el carácter laico de la cultura haciendo de la diversidad —que es típica de las democracias pluralísticas— una perspectiva común con la cual convivir, compartiendo los elogios por el coloquio, el método de la persuasión y la tolerancia, y para que, antes de asimilar nuevas certezas, estemos conscientes de que es necesario mantener un ánimo abierto hacia todas aquellas ideas que nos hagan progresar en la comprensión de los fundamentos de la cultura democrática. En este sentido, debemos reconocer que el mundo de la cultura tiene exigencias, obligaciones y poderes de naturaleza política; pero la política de la cual se hace portador el intelectual no es la política de los políticos, sino más bien la expresión de exigencias autónomas e insuprimibles de la cultura en el ámbito de la vida social. Recordemos que la política y la cultura mantienen sus ámbitos específicos y que sus relaciones pueden ser de constricción o libertad. En este sentido, una sociedad es más democrática en la medida en que su cultura tenga más autonomía o, dicho de otro modo, en la medida en que la cultura no se encuentre subordinada a ningún tipo de directivas políticas, sin importar que éstas sean de un Estado, un partido, una iglesia o una secta. Los distintos partidos sólo nos ofrecen propuestas de *política cultural*, pero lo que la transición mexicana necesita en estos momentos es una *política de la cultura*. Esta propuesta formulada por Norberto Bobbio distingue entre la política cultural, la cultura politizada y la cultura apolítica, mientras la política de la cultura se orienta al establecimiento de un intercambio de ideas a través del diálogo. En esta perspectiva, la batalla del diálogo es una batalla política por la democracia. La propuesta de la política de la cultura representa hoy una opción a través de la cual es posible la promoción de los valores y principios sin los cuales la democracia no podría sobrevivir, a saber: la tolerancia, la moderación y la persuasión, eliminando al mismo tiempo el recurso a la violencia.

Líneas de investigación y debate contemporáneo

La política de la cultura se refiere a la relación que existe entre la libertad y la democracia, y resulta esencial sobre todo en los momentos actuales cuando los partidos políticos se encuentran divididos en bloques contrapuestos que reflejan algo más que contrastes ideológicos. La política de la cultura puede ser considerada como la política que es llevada a cabo por la cultura para defender los valores democráticos más allá del ámbito de la política. Es una propuesta de máxima apertura porque mientras denuncia la *política cerrada* de los partidos, también pugna por establecer las condiciones necesarias para la *libertad de la cultura*, tratando de remover los bloqueos mentales que impiden pensar de una manera más democrática en la transformación de la sociedad. La cultura no se puede sujetar a la política cotidiana; y en esta perspectiva, debe quedar claro que, al contrario de la política cultural y la cultura politizada, la política de la cultura promueve la exigencia antitética de una política hecha por los intelectuales para los fines mismos de la cultura. A este respecto, Norberto Bobbio considera que la política de la cultura representa la única acción política que pueden llevar a cabo los intelectuales en tiempos de crisis y cambio. La política de la cultura representa una tensión entre una concepción que subordina la cultura a la política y cuya única aspiración está orientada a la creación de programas, institutos, reglamentos y leyes, y otra concepción en la que la cultura es apolítica y sin ningún compromiso con la realidad en el que el lema es "mi reino no es de este mundo". La política de la cultura representa, en síntesis, un punto de partida para entender el pluralismo y la complejidad de las sociedades contemporáneas y nos alerta acerca del peligro que surge cuando el hombre de cultura se compromete con una determinada política en grado tal que transforma su propia obra de cultura en una obra de propaganda, olvidando que su compromiso político resulta incompatible con su deber de custodio de los valores democráticos. Por lo tanto, es necesario que los diferentes actores políticos reconozcan la necesidad de elaborar una *política de la cultura* que no se encuentre condicionada por las contiendas electorales del momento sino que sea de largo plazo, es decir, que represente una *plataforma común para la democracia* en la que los distintos actores sociales puedan mantener su propia identidad cultural y política. Según Bobbio, en esa época flagelada por grandes antagonismos políticos, los intelectuales se encontraban obligados, de una u otra forma, a tomar posición, es decir, debían escoger entre estar "o aquí o allá" (el mencionado AUT-AUT). Tal disyuntiva se presentaba en diversos términos: Occidente *versus* Oriente, capitalismo *versus* comunismo, democracia *versus* autoritarismo, barbarie *versus* civilización. Bajo estos binomios se establecían los términos políticos e ideológicos de la disputa. Sin embargo, no debemos olvidar que también existían hombres de cultura que no estaban dispuestos a comprometerse de manera irreversible con alguna de las partes y, por lo tanto, se negaban a colocarse de uno u otro lado de la línea de batalla. Estos intelectuales manifestaban estar conscientes de la responsabilidad que tenían como *transmisores de ideas y de valores* en la sociedad civil, al tiempo que pugnaban por llevar a cabo una función de *mediación*, la cual, como sabemos, es una fórmula difícil e inestable en tiempos de crisis. A este pequeño grupo de mediadores pertenece el filósofo turinés, quien se convirtió en un singular protagonista al reivindicar la fertilidad del diálogo, obligando al establecimiento de contactos entre intelectuales de distintas corrientes políticas, entre los que destacaban los comunistas ortodoxos, los liberales conservadores y los democrático-liberales. El valor del diálogo es mayor si recordamos que cada una de estas corrientes defendía intransigentemente la validez de las propias posiciones, satanizando a todos aquellos que no profesaban las mismas ideas. En este mosaico de actitudes de los intelectuales podemos encontrar desde los que defendían un *anticomunismo* feroz hasta los que consideraban que la lucha de clases constituía la única alternativa real. En su libro *Política e cultura*, Bobbio puntualiza que el diálogo debe ser considerado como un *deber ético-político* de los intelectuales. En una época saturada de contrastes, era fundamental considerar que "más allá del deber de entrar en la lucha, existe, para el hombre de cultura, el derecho a no aceptar los términos de la lucha así como han sido puestos [es necesario, al contrario] discutirlos y someterlos a la crítica de la razón".[12] Para Bobbio, lo fundamental en un periodo en el que "florecen los mitos consoladores y edificantes" es el compromiso para iluminar con la razón las posiciones en contraste. En otras palabras, es fundamental "poner en discusión las pretensiones de unos y otros para restituir, en síntesis, a los hombres —el uno contra el otro armados de ideologías contrapuestas— la confianza en el coloquio, restableciendo junto con el derecho a la crítica el respeto por la otra opinión". De esta forma, quedaba claro que el coloquio debería considerarse como la expresión natural en un régimen democrático. La invitación dirigida al intelectual buscaba que éste no renunciara a ejercer la crítica, anteponiéndola a las certidumbres dogmáticas. En una época de claros contrastes entre intelectuales totalmente comprometidos con la política partidista o aislados en su "torre de marfil", la contraposición se presentaba entre una *cultura académica* insensible a los problemas de la sociedad y separada de la política considerada sinónimo de poder, en la que el intelectual se interesaba solamente en los remedios del espíritu y el alma, por un lado, y una *cultura militante* que, "consciente de los problemas de su tiempo", absolutizaba su compromiso, convirtiendo sus postulados programáticos en dogmas de fe, por el otro. El

---

[12] "Más allá del deber de la colaboración existe el deber de indagar", cfr. Norberto Bobbio, *Politica e cultura*, *op. cit.*, p. 17.

objetivo consistía en tratar de establecer una comunicación a través de la reivindicación de la *política de la cultura* convocando a sus respectivos intelectuales. Bobbio nos recuerda que aquella polémica tenía un sentido muy preciso: "en una atmósfera de ortodoxia glacial, estalinista, deseaba irritar a los amigos comunistas, diciéndoles: pero ¿están seguros?, ¿piensan de verdad que el marxismo ortodoxo es la clave para entender cualquier cosa?, ¿no les parece que existe un dogmatismo que se contrapone con la profesión del intelectual, el cual por definición debe ejercitar el espíritu crítico?"[13] En realidad, Bobbio no sólo se preocupa de los intelectuales marxistas, sino también realiza un diagnóstico general acerca de los intelectuales italianos. Por otro lado, es especialmente agudo cuando critica la superficialidad con que muchos hombres de ideas opinan sobre los más diversos hechos: "después de no ser nadie con el fascismo, después de haberse creído todo con la Resistencia, los intelectuales italianos se encuentran en este momento en la necesidad de renovar su cultura y sus instrumentos conceptuales para sanar la fractura de hecho entre cultura y política, para así poder representar verdaderamente algo para el país".[14] Estas actitudes poco tenían que ver con el diálogo. Quedaba claro que los hombres de cultura debían abstenerse de formular juicios sobre todo (o sobre todos) con "la mínima información ofrecida por las primeras páginas de los periódicos, el hacer pronósticos a corto o largo plazo acerca de noticias no confirmadas, el dar consejos no solicitados". Era necesario reconocer, en síntesis, que "la tarea de esclarecer los términos de una cuestión es algunas veces más difícil, y quizá por esto menos agradable, que aquella de proclamar a los cuatro vientos la propia opinión".[15] La "invitación bobbiana" se encaminaba al ejercicio del espíritu crítico contra la falsificación de los hechos, propia del fanatismo. En realidad, al otorgarle un carácter ético-político al deber del hombre de cultura, Bobbio establece una de las premisas fundamentales del "coloquio": la de luchar contra cualquier tipo de dogmatismo por medio del intercambio de ideas. La invitación a ejercitar la política de la cultura realizada por el filósofo italiano mantiene hoy en día su vigencia, ya que al otorgarle una calidad ética al diálogo posibilita que los diferentes intelectuales (independientemente de las ideas políticas con las que se identifiquen) puedan propiciar la discusión en todas aquellas circunstancias en donde no exista acuerdo. Bobbio nos ofrece algunas lecciones interesantes que, con la debida distancia, pueden resultar útiles para analizar otras realidades nacionales y otras "historias de intelectuales". El espíritu de esta propuesta analítica debe enmarcarse dentro de la construcción de una convivencia civil de tipo democrático y presupone la libre expresión de ideas entre los distintos interlocutores. Las posiciones contrapuestas deben tratar de comprenderse recíprocamente, es decir, deben estar predispuestas para entender las razones y las no razones de los otros; pero también, deben hacer entender sus razones a los demás. El coloquio debe considerarse una facultad del individuo para realizar un intercambio racional que no debe limitarse al ejercicio del monólogo (hablar consigo mismo), sino privilegiar la exposición de los propios postulados políticos y no considerar irrelevante interpelar a sus interlocutores. Tampoco debe confundirse con la exposición difamatoria o acusatoria que pretende descalificar a los demás contendientes y que en muchos sentidos es antidemocrática. El objetivo principal del coloquio consiste en la búsqueda del consenso valorando las distintas opiniones. A través del diálogo también se pueden manifestar las distintas formas de disenso respecto a un determinado orden político. Por lo tanto, es lícito elogiar o sancionar, resaltar la virtud o desaprobar el vicio de una determinada acción política. Bobbio nos recuerda que a lo largo del siglo XX han existido distintas formas de gobierno no democráticas que pretendieron encarnar la única representación posible y legítima de una determinada comunidad de individuos. Estas formaciones siempre buscaron evitar —con diversos medios— la expresión de las opiniones antagónicas porque atentaban directamente contra el "*corpus* doctrinal" de un determinado régimen. En las formas de gobierno democráticas, al contrario, es posible la coexistencia de concepciones diversas de la política, las cuales, a través de los partidos o de las asociaciones ciudadanas, buscan confrontar sus diferentes puntos de vista. En realidad, para que se pueda constituir y fortalecer una opinión pública activa resulta fundamental la coexistencia de varios centros de poder, los que, por definición, no pueden ser homogéneos; al contrario, es deseable (y posible) la convivencia entre concepciones políticas de diverso signo. Quizá no está de más recordar que en el momento actual, cuando impera un número escaso de "diálogos", es fundamental propiciar estos "puentes imaginarios" entre los diferentes intelectuales, para que desde las más diversas tribunas puedan desarrollar una discusión acerca de las vías para la construcción en nuestro país de una sociedad más democrática.

[13] Norberto Bobbio, "E adesso le speigo perchè mi contraddico", en *La Repubblica*, agosto de 1980.
[14] Cfr. Norberto Bobbio, "Cultura vecchia y politica nuova", en *Il Mulino*, IV, núm. 7, julio de 1955.
[15] Norberto Bobbio, "Cultura vecchia y politica nuova", *op. cit.*, p. 576.

BIBLIOGRAFÍA

Baca Olamendi, Laura (1994), "Norberto Bobbio, la virtud del diálogo democrático", *La Jornada Semanal*, núm. 282, 6 de noviembre.

Bobbio, Norberto (1951), "Presentazione", *Revista Occidente*, VII, núm. 3, mayo-junio, p. 190.

——— (1955), "Cultura vecchia y politica nuova", *Il Mulino*, IV, núm. 7, julio.

Bobbio, Norberto (1955), *Politica e cultura*, Einaudi, Turín.

——— (1980), "E adesso le speigo perchè mi contraddico", *La Repubblica*, agosto.

——— (1994), *Elogio della mitezza*, Linea d'ombra, Milán.

———, "Invito al colloquio", *Comprendre*, órgano de la Sociedad Europea de Cultura.

Ginsburg, Paul (1989), *Storia d'Italia dal dopoguerra a oggi*, Einaudi, Turín.

Papuzzi, Alberto (1995), "Bobbio, figli di una Resistenza europea", *La Stampa*, Turín, 2 de enero.

Zingarelli, Nicola (1991), *Vocabulario della lingua italiana*, Zanichelli, Bolonia.

POLÍTICA INTERNACIONAL

Anabel Ortega M.

Definición

La política internacional comprende los aspectos políticos de las relaciones entre Estados, las instituciones internacionales y los procesos a través de los cuales se conducen dichas relaciones políticas. Estas relaciones pueden ser conflictivas, competitivas o cooperativas.

El estudio de la política internacional es, en su mayor parte, el estudio de las relaciones internacionales —es decir, las relaciones entre los Estados y su gente—, al cual le atañen las políticas adoptadas para proteger los intereses nacionales, el estado de guerra, la formación de alianzas, coaliciones o bloques y el desarrollo del derecho internacional mediante la identificación de las costumbres y prácticas políticas, sociales y económicas.

Las relaciones internacionales son un campo de estudio interdisciplinario que involucra a la ciencia política, la sociología, la historia, el derecho y la economía, ciencias sociales con las cuales tiene puntos de contacto sin perder su autonomía como disciplina. Comparten con estas ciencias el objeto de estudio y, particularmente con la ciencia política, comparte la investigación de la naturaleza, la distribución y las dinámicas de poder en los ámbitos nacional e internacional.

Los estudiosos han centrado su atención en áreas de conflicto como el diseño de la política exterior y las instituciones encargadas de su operación (por ejemplo, el uso de los canales diplomáticos, la propaganda, los medios de comunicación, los organismos internacionales); el funcionamiento del sistema internacional y de sus subsistemas, como alianzas o regiones; la guerra, incluidos su prevención y acuerdos terminales; los movimientos frente a comunidades políticas supranacionales, y la tendencia del gobierno mundial.

La política internacional ha sido analizada durante los últimos 300 años; sin embargo, la primera teoría del estudio de las relaciones internacionales surgió con los griegos, cuando la política internacional se concebía como un sistema deductivo consistente en hipótesis comprobables.

Los griegos crearon la *polis* y el mundo más allá de la *polis*, un mundo compuesto por extranjeros y aliados, un mundo donde el poder descifraba la relación de la lucha entre el artificio humano y las necesidades humanas reales, con nociones de justicia, libertad, compasión, autonomía, legitimidad y seguridad, que permitían a los individuos comprometerse el uno con el otro.

Los griegos resolvieron sus relaciones mediante el establecimiento de reglas aplicables a los ciudadanos de la *polis*, así como prácticas que determinaban su relación con los extranjeros, considerados como los no miembros de la *polis*.

Fue la justicia la que gobernó las relaciones entre los ciudadanos de la *polis*, y la fuerza la que determinó la relación con los extranjeros. La diplomacia y el arbitraje mediaban las relaciones con los "otros"; los asuntos morales también formaron parte de la política interna y externa, así como la convicción del poder religioso. La esencia de la política internacional consiste, pues, en el conflicto y su solución entre grupos de individuos que no reconocen la existencia de un grupo con autoridad superior a ellos.

Esfuerzos por teorizar las relaciones internacionales datan de tiempos ancestrales, desde las antiguas culturas griega, india y china. Los escritos de Platón y Aristóteles son un legado de aproximación teórica. Los manuscritos más antiguos convertidos hoy en día en clásicos son *Historia de la guerra de Peloponesia* de Tucídides, *El príncipe* de Maquiavelo y *La monarquía* de Dante. Entre los principales exponentes de la idea de la Confederación de la Liga de las Naciones se encuentran Pierre Dubois, Emeric Crucé, el duque de Sully (ministro de Enrique IV de Francia), por mencionar sólo algunos. Como reformistas teóricos de los siglos XVII y XVIII se encuentran Jean-Jacques Rousseau, Jeremy Bentham e Immanuel Kant.

El sistema occidental de Estados ha mostrado su eficiencia en la preservación de la independencia de los Estados nacionales y su flexibilidad para la realización de aspiraciones de independencia. No obstante, dicha flexibilidad ha sido objeto de luchas interminables desde el surgimiento del Estado nacional, invención de occidente con el Tratado de Westfalia de 1648, aceptado mundialmente, hasta la caída del muro de Berlín en 1989 y la disolución en 1991 de la Unión Soviética, a la que le sucedió la Confederación de Estados Independientes (CEI).

Se ha confirmado que el estudio de las relaciones entre Estados recaía comúnmente en el campo del derecho internacional, comprendido éste como el conjunto de reglas y principios que guían las relaciones entre naciones y gobiernos, así como con extranjeros. Las principales fuentes del derecho internacional hoy en día incluyen los tratados y acuerdos internacionales, como convenciones, resoluciones o conferencias, así como la costumbre lo fue en su momento. La mayoría de los escritos sobre estas relaciones se encuentra en la literatura política de los escritores pacifistas como Grotius (1583-1645, jurista holandés) y Pufendorf (1632-1694, jurista e historiador alemán). El desarrollo de las relaciones entre Estados recayó entonces en la práctica diplomática más que en la académica, la cual tuvo su esplendor en Europa durante el periodo de 1648 a 1914.

La historia y el desarrollo de las relaciones internacionales de más de tres siglos han ocupado la atención de los estudiosos de la materia. Sin embargo, no fue hasta finales del siglo pasado cuando la mayoría de las universidades estadunidenses y algunas alemanas crearon departamentos de política y ciencia política. A pesar de la existencia de los escritos clásicos, no se desarrollaron sistemáticamente estudios sobre las relaciones internacionales. El impulso del estudio científico de la política internacional y sus concepciones teórica y metodológica surgió paralelamente a la primera Guerra Mundial, y no fue hasta la década de 1930 cuando se crearon los departamentos de relaciones internacionales en las universidades estadunidenses.

Durante esta época casi todo el pensamiento político se centraba en el análisis y conceptualización de la soberanía del Estado-nación; orígenes, funciones y límites del poder gubernamental respecto a los derechos de los individuos dentro del Estado; los requerimientos de orden y los imperativos de autodeterminación nacional e independencia. En ese entonces, el orden económico se reducía a un enfoque simplista vinculado con la política interna y separado de lo político en el ámbito internacional. De ahí que el estudio de la estructura internacional se haya basado en la historia diplomática y en el desarrollo del derecho internacional.

Los dos enfoques más populares del estudio de las relaciones internacionales en las universidades estadunidenses incluían cursos sobre acontecimientos actuales y derecho internacional. Los cursos de derecho internacional destacaban el estudio de las discrepancias entre las obligaciones formales de los miembros de la Liga de las Naciones y la conducta de los Estados por preservar el *statu quo* internacional. A partir de esto surgieron estudios en diversas áreas para identificar las variables del orden internacional, como problemas de seguridad, guerra, desarme, diplomacia, balance de poder y aspectos geográficos.

Historia, teoría y crítica

Para la década de 1930 ya existía un reconocimiento del estudio de las relaciones internacionales en los Estados Unidos y Gran Bretaña, así como de la brecha existente entre los exponentes utópicos y realistas. Los utópicos, preocupados en prevenir la guerra, desdeñaron la idea de balance de poder y uso de fuerza en las relaciones internacionales, así como los tratados y alianzas secretas que precedieron a la primera Guerra Mundial. Propusieron los derechos y obligaciones de los Estados y la armonía natural de los intereses nacionales como reguladores del mantenimiento de la paz internacional, fuente del principio de autodeterminación nacional. Edward Hallet Carr hizo un análisis de estas posturas en su célebre trabajo *La crisis de los años 20, 1919-1930: una introducción para el estudio de las relaciones internacionales*, en el que describió a los utópicos como descendientes del siglo XVII y su optimismo de la Ilustración, del liberalismo del siglo XIX y del idealismo wilsoniano del siglo XX.

Contrariamente a los utópicos, los realistas confrontaban la autodeterminación de los pueblos porque no siempre produce gobiernos representativos, principalmente después del desplazamiento de las monarquías hacia la formación de Estados totalitarios, como fue el caso de Rusia transformada en Unión de Repúblicas Socialistas Soviéticas (URSS). Otros casos fueron los Estados que acogieron ideologías como el fascismo y el comunismo, tendencia que dio lugar al Pacto Molotov-Ribbentrop, de agosto de 1939, entre la Unión Soviética y la Alemania nazi para la invasión y repartición de Polonia y la absorción de los Estados bálticos a la Unión Soviética.

En este acontecimiento, los Estados Unidos ignoraron el llamado de Wilson al internacionalismo del conflicto y se inclinaron por el aislamiento. Por su parte, Gran Bretaña retomó los preceptos de la Liga de las Naciones para restringir y limitar, inclusive por vía de la fuerza, las actividades expansionistas de la Alemania nazi, de la Italia fascista y del imperialismo japonés hasta el estallido de la segunda Guerra Mundial. Este suceso marcó la pauta para la revisión del enfoque utópico y sembró el terreno intelectual para el desarrollo de la teoría realista de las relaciones internacionales. Asimismo, surgió la necesidad del diseño de una política exterior correspondiente al nuevo orden internacional, sus objetivos, funciones y responsabilidades considerando la complejidad de la política exterior misma.

El realismo destaca los conceptos de poder y de interés nacional. Es un enfoque más conservador, respetuoso de las lecciones históricas y más precavido de los principios ideales. Los realistas manejan el concepto de poder dentro de las ciencias sociales, aunque reconocen que las relaciones de poder se encuentran matizadas por una buena dosis de moral y términos legales.

El escenario de la posguerra llevó a los estudiosos de la política internacional a centrarse en el concepto de poder y, desde luego, al estudio de las relaciones internacionales como disciplina. En los Estados Unidos y Gran Bretaña se propusieron teorías sobre la guerra y sus mecanismos de prevención; estos estudios produjeron diversos análisis y la inclusión de otras variables para la conformación de posibles escenarios más acordes a la realidad de la posguerra. Dentro de los principales exponentes ingleses se encuentran Martin Wright y George Schwarzenberger, quienes analizaron el concepto de poder como principal elemento dentro de la política internacional. El libro de mayor impacto fue el publicado por Hans Morgenthau, titulado *Politics among Nations*, en el que explicó el comportamiento del Estado-nación sobre la base del interés nacional (definido en términos de poder) como el principal objetivo que persiguen los gobiernos.

Durante la década de 1940 se desarrollaron técnicas y metodologías para la investigación y el enriquecimiento de la teoría. El gran debate entre los realistas y los utópicos llevó a que se identificara a ambas escuelas como tradicionalistas. La década de 1960 presenció el surgimiento de un considerable interés por el análisis teórico y su validación mediante metodologías con contenido analítico, uso de variables y su correlación. Se puso énfasis en la construcción de modelos abstractos, así como en una amplia variedad de enfoques para el entendimiento de los procesos de la política internacional. Entre los más aplicados se encuentran: equilibrio de poder, conflicto, análisis de sistemas, análisis institucional, análisis de política, comunicaciones y teoría de juegos. Otros enfoques que han contribuido al desarrollo del campo de la teoría internacional son: guerra, sus causas y prevención; desarme, toma de decisiones, medio ambiente, integración regional y globalización, y análisis de actores relacionados con la política exterior.

El campo de la teoría internacional está cambiando constantemente en sus dimensiones sustantiva y metodológica. Aun cuando durante las dos últimas décadas no han ocurrido revoluciones teóricas ni una reorganización radical, existen teorías identificadas como grandes o de medio alcance. Sin embargo, el campo de la teoría ha experimentado un intenso debate de paradigmas. Para identificar las grandes teorías y las de medio alcance se utilizó la clasificación de James E. Dougherty y Robert L. Pfaltzgraff Jr. Como grandes teorías se encuentran:

1. El campo de las teorías de Quincy Wright y Rudolf Rummel.

2. El realismo y concepto de poder de Morgenthau, Raymond Aron y Henry Kissinger, entre otros.
3. El neorrealismo de Kenneth Waltz y Kindermann.
4. El sistema de teorías de Morton Kaplan y Richard Rosencrace, el cual está formado por teorías de medio alcance: *a)* la influencia del medio ambiente; *b)* patrones de comunicación y construcción de comunidades; *c)* funcionalismo y sector de integración; *d)* prevención de conflictos; *e)* desarrollo internacional y conflicto; *f)* correlaciones de guerra; *g)* comportamiento de alianzas; *h)* comportamiento de convenios, e *i)* toma de decisiones.

La teorización del pensamiento occidental sobre las relaciones internacionales se sustenta en dos enfoques de análisis. Por un lado, el inductivo, representado principalmente por Rosenau y su línea orientada hacia lo empírico y las teorías de medio alcance y, por el otro, el deductivo de Wrigth, el cual es un proceso formal de las hipótesis derivadas de axiomas y conceptos lógicos integrados. El método deductivo difiere del inductivo en la forma en que es recopilada la evidencia de hechos históricos, analizada e interpretada para los objetivos de la teoría, y convertida en información útil. En el análisis de la política internacional es muy raro obtener correlaciones estadísticas de muy alto nivel de significado, por lo cual el desarrollo de la teoría requiere de ambos enfoques.

Los actores

La teorización de las relaciones internacionales ha contribuido al entendimiento del acontecer mundial y ha arrojado luz sobre los distintos enfoques y de las demás disciplinas sociales. El análisis de la política internacional requiere la identificación de actores involucrados en el suceso que se va a analizar, y el análisis puede realizarse desde el nivel *macro* hasta al *micro* y viceversa.

Estado-nación

El Estado soberano hizo su primera aparición en el siglo XV con la división de Europa en unidades diversas, cuya característica distintiva era la soberanía y, aun cuando los monarcas no reconocían autoridad superior, no dejaban por ello de observar ciertas normas de conducta en sus relaciones con otros Estados; a este estadio se le ha definido como un sistema estatal suborganizado. Su aparición formal como Estado-nación data del siglo XVII con la firma del Tratado de Westfalia. A partir del siglo XIX, el Estado-nación comprende a los habitantes unidos por una nacionalidad común, en términos de lengua, costumbres, herencia racial y religión. La nacionalidad les otorgó el derecho de la autodeterminación, la cual se sustentaba en la forma en que los individuos de una misma nacionalidad se gobernaban dentro de los límites de ese Estado y se protegían de los intereses nacionales de otros. Cabe recordar que los excesos cometidos en nombre de la autodeterminación nacional han ocasionado la mayor parte de los conflictos ocurridos durante los siglos XIX y XX.

Para los realistas, el sistema internacional se conforma por los Estados-nación (actores). De la década de 1930 a la de 1990 han sido declarados políticamente independientes alrededor de 170 Estados-nación, número considerable en comparación con los 60 declarados a principios de la década de 1930. Los principales exponentes realistas y neorrealistas reconocen a los Estados-nación como la unidad básica de la política internacional. La influencia que ejercen otros actores se deriva de su significación dentro de éstos.

Acerca de la participación de los individuos que forman el Estado-nación como actores en el escenario internacional ha habido un gran debate, ya que los liberales argumentan que el individuo es real, mientras que las sociedades son una abstracción de la conjunción de individuos. Algunos analistas consideran importante su actuación debido a que grandes líderes han jugado un papel importante dentro de la política internacional.

Los grupos subnacionales, como partidos políticos, medios de comunicación, grupos de presión y organizaciones no gubernamentales, que forman parte del Estado nacional, juegan un papel preponderante en el diseño de la política exterior; de ahí la importancia de la vinculación entre la política interna y la política exterior.

Organizaciones internacionales y organismos con representaciones de los Estados miembros

Comprenden a las organizaciones creadas principalmente a partir del siglo XX, entre las cuales podemos mencionar a la Liga de las Naciones, la Organización de Naciones Unidas (ONU), la Corte Internacional de Justicia, y agencias especializadas como la Organización de las Naciones Unidas para la Educación, la Ciencia y la Cultura (UNESCO), la Organización Mundial para la Alimentación y la Agricultura (FAO), el Banco Europeo para la Reconstrucción y el Desarrollo (BERD), el Fondo Monetario Internacional (FMI), la Organización para la Cooperación y el Desarrollo Económico (OCDE) y la Organización Mundial de Comercio (OMC), entre otros. La actuación de estas organizaciones internacionales en la política internacional ha adquirido mayor relevancia en la resolución de controversias y en el diseño de la política exterior para la conformación de alianzas y ámbitos de influencia; un ejemplo representativo de esto es la Organización del Tratado del Atlántico Norte (OTAN) en el ámbito de la seguridad nacional y el desarme. Por otro lado, es indiscutible la importancia de la presencia de grupos de presión internacionales y del efecto que causan en las elecciones en países democráticos o en la integración de grupos étnicos, así como la presión política que ejercen determinados grupos, como Amnistía Internacional o Greenpeace.

Grupos y organizaciones transnacionales y supraestatales

Esta categoría incluye todas las entidades políticas, religiosas y económico-comerciales que actúan en el ámbito internacional. Como entidades políticas se pueden mencionar los movimientos de liberación o el partido comunista. La Iglesia católica es la entidad religiosa más representativa en el mundo por su actuación en la política internacional a lo largo de la historia, sin menospreciar la influencia del fundamentalismo islámico en Oriente. Las entidades económico-comerciales han llamado la atención de los estudiosos de la política internacional por su amplio margen de actuación en los países en vías de desarrollo. La investigación académica de las corporaciones multinacionales se ha enfocado al análisis del grado de influencia que éstas han desarrollado en países receptores y del beneficio que han llevado a las comunidades donde se establecen, principalmente durante las dos últimas décadas. Ejemplos de estas corporaciones son Volkswagen, Sony, British Petroleum, Royal Dutch Shell, por mencionar algunas.

El sistema internacional

Denominado también como sistema global, comprende los Estados-nación y los demás actores internacionales, como las organizaciones políticas y las corporaciones multinacionales. En épocas pasadas se reconocieron como sistema internacional a Grecia y sus ciudades-Estado, así como al sistema europeo de balance de poder. El sistema internacional moderno ha sido concebido a partir del siglo XX, y ha adquirido mayor relevancia recientemente por la influencia que ejercen los medios de comunicación electrónicos como la Internet. En la actualidad, el diseño de la política exterior no puede obedecer tan sólo a los intereses nacionales, sino también a éstos en función de estructuras y procesos globales.

Después de la segunda Guerra Mundial, los estudiosos de la política internacional han revisado su nivel de análisis y han incluido variables que les permitan concentrar su atención en acciones gubernamentales y en los efectos de los medios de acción estatal, como la política y la diplomacia. Más aún, la tendencia ha sido expandir la esfera de lo político para incluir las corrientes económicas, esfera que había sido reducida al ámbito de la política interna. El análisis de la política internacional también ha incorporado variables como la educación, la ciencia y la tecnología, la cultura, la religión y las cuestiones ambientales.

En conclusión, se puede decir que la política internacional se ha desarrollado en el marco de la organización política mundial, de los principios establecidos por la Carta Magna de las Naciones Unidas desde 1945 y de los organismos y organizaciones internacionales ya mencionadas, con excepción de las políticas particulares de países como China, Corea del Norte, Vietnam, Cuba, la ex Yugoslavia, Irán e Iraq.

LÍNEAS DE INVESTIGACIÓN Y DEBATE CONTEMPORÁNEO

Desde finales de la década de 1970 han surgido nuevas concepciones o imágenes del mundo que, enfrentándose a la escuela tradicional, tratan de ser reflejo de los cambios experimentados por la sociedad internacional. De esto se desprenden los paradigmas tradicionales más comunes que, de acuerdo con el análisis de K. J. Holsti, se pueden resumir de la siguiente manera: *a)* las causas de la guerra y las condiciones de la seguridad, la paz y el orden; *b)* los actores y las unidades de análisis, y *c)* las imágenes del mundo, entendido como sistema-sociedad de los Estados.

La identificación de estos paradigmas y del nuevo orden internacional, con la desaparición de la bipolaridad, sugiere que el análisis de la guerra y sus causas o de la relación Este-Oeste ya no sean prioritarios. La compleja realidad internacional lleva al análisis de la sociedad global, sus procesos de integración y de globalización. Por lo tanto, el enfoque tradicional no ofrece esquemas de análisis confiables si se parte de postulados como rígida separación entre política interna y externa, exclusiva actuación del Estado en la política internacional, y relaciones internacionales con matiz de conflicto y lucha por el poder.

La creciente proliferación de organizaciones internacionales y el surgimiento de un mundo cada más interdependiente en los aspectos económico, social y de las comunicaciones sugieren que las relaciones entre los Estados y los demás actores de la política internacional no se pueden dar únicamente en los ámbitos diplomático y militar.

El mundo se ha integrado progresivamente gracias a la influencia del desarrollo económico y tecnológico, que ha contribuido a enlazar las partes de un sistema global. La integración económica ha generado la formación de grupos de Estados que, de acuerdo con sus intereses económicos y sus ventajas regionales, han formado uniones formales que, en el marco de la interdependencia, puedan otorgar beneficios desde el ámbito del comercio internacional hasta la cooperación política. Estos procesos de integración son legitimados mediante decisiones y acciones tomadas dentro del sistema internacional, según la percepción de interés nacional que cada Estado miembro le otorgue.

Entonces la interdependencia se entiende como el grado de sensibilidad de los Estados a los cambios en la economía y a la transferencia de tecnología en el ámbito internacional. Para ello, los Estados han tenido que redefinir sus políticas tanto internas como externas en relación con los regímenes internacionales, que son los acuerdos establecidos por los gobiernos para la definición de políticas que regulen las actividades transnacionales. Ejemplos de estos acuerdos son la Organización para la Cooperación y el Desarrollo Económico, la Organización Mundial de Comercio, el Fondo Monetario Internacional y los tratados de libre comercio por regiones, como el Tratado de Libre Comercio de América del Norte (TLCN), el Mercado Común del Sur (Mercosur) la Organización de Cooperación Económica de Asia-Pacífico (APEC), por mencionar algunos. Durante los últimos años, varios teóricos internacionalistas han dirigido sus esfuerzos a la identificación de conceptos como interdependencia y regímenes internacionales, así como al desarrollo metodológico del análisis.

Uno de los procesos de integración de mayor relevancia por su innovadora concepción es el de la Unión Europea, sucesora de la Comunidad Económica Europea; surge como tal en 1992 con la firma del Tratado de Maastricht. Creada en sus inicios para efectos de mantenimiento de la paz, libertad, prosperidad, seguridad y dependencia económica, se ha convertido actualmente en el mayor bloque comercial, al lado de los Estados Unidos y Japón, con interés en cada parte del globo. Las políticas proteccionistas de sus Estados miembros, así como las definidas hacia las ex colonias europeas, son ejemplos del interés regional en un proceso de interdependencia con altas ventajas competitivas frente a otras regiones del mundo. Más aún, actualmente el proceso de integración abarca los aspectos sociales, culturales y hasta el sistema monetario mediante la unión monetaria europea, que se inicia en enero de 1999. La experiencia europea ya ha dado lecciones de análisis a los teóricos internacionalistas con la caída del muro de Berlín e indiscutiblemente dará otras en el terreno analítico de los procesos de integración regional y globalización.

Aun cuando el mundo se ha integrado económica y tecnológicamente, ello no significa que se haya integrado política y culturalmente. En realidad, hay naciones o regiones que han resistido los procesos de integración proclamando su identidad e independencia frente a fuerzas centralizadas o unificadas. Tal es el caso del brote de nacionalismos en los países bálticos o de demandas, por la vía armada, de integración y desarrollo de las comunidades étnicas.

En consecuencia, se amplía el problema de estudio de las relaciones internacionales en cuanto a sus líneas de investigación y los actores. El resultado de la interdependencia ha puesto de manifiesto el debilitamiento del papel del Estado como institución soberana, y la creciente necesidad de atender demandas sociales, principalmente en el ámbito multilateral; tal es el caso de las recientes cumbres internacionales sobre medio ambiente, migración, desarrollo de la mujer y narcotráfico. Cabe mencionar que la lucha contra el narcotráfico es uno de los retos de fin de siglo, ya que incluye la participación de la comunidad internacional para combatir las redes de producción, distribución y consumo de narcóticos, así como para identificar las organizaciones que operan transnacionalmente.

El desarrollo económico, a partir de los modelos neoliberales y de la integración regional, obliga también a los Estados a abrir sus políticas hacia el exterior, en las que su principal característica es la cooperación en la desigualdad económica global y el intercambio desigual entre el campo y la periferia. Así, el problema de la relación Este-Oeste ha perdido importancia y surgen los paradigmas de la relación Norte-Sur. Esta última incide en el estudio de las relaciones internacionales, la ciencia política y más recientemente la economía.

Por tanto, la unidad de análisis de la política internacional es el propio sistema internacional, en el que se considera a los actores internacionales como las clases transnacionales, las empresas transnacionales, las organizaciones no gubernamentales, los movimientos de liberación, entre otros. Éstos son elementos contextuales que contribuyen a nivel científico y político a la aparición del paradigma tradicional de la década de 1980 y del paradigma realista y neorrealista de fin de siglo. De ahí que, como marcos especiales de la vida política, las teorías de las relaciones internacionales experimenten una tremenda dificultad para tomar en cuenta transformaciones temporales como interdependencias, integraciones, descolonizaciones, nacionalismos y globalizaciones.

Entonces, la teorización de las relaciones internacionales puede ser leída como discursos con límites de tiempo, en las que los principios se asumen como contribuciones teóricas y los finales como discursos nostálgicos, entusiastas o triunfalistas, como ha sido en el caso del fin de la Guerra Fría. Los principios y los finales tienen la función de legitimar la autoridad o autoridades y las prácticas de la lucha por el poder.

La reconstrucción de la sociedad civil y el colapso de la unidad de movimientos laborales como paradigma de un movimiento social deviene en la exploración de identidades socialmente múltiples, de nexos entre la vida privada y la estructura de poder del Estado y su capital, entre otros aspectos decisivos de la vida política contemporánea. Más aún, los encabezados de los diarios pueden todavía afirmar un mundo con fragmentaciones especiales, pero las secciones financieras y de negocios hablan más claramente con un lenguaje de simultaneidades temporales.

El análisis de la política internacional es y debe ser entonces la redefinición de la propuesta realista que contenga, primero, un tratamiento global de los problemas y una evaluación de la actuación de la sociedad internacional, desde el individuo y grupos no estatales hasta los Estados y el sistema internacional y, segundo, una búsqueda de generalizaciones, regularidades y tendencias susceptibles de ser comparadas y constrastadas.

Para concluir, la definición del concepto de política internacional, entendida como las relaciones entre los actores citados —que pueden ser conflictivas, competitivas o cooperativas—, sugiere la revisión de las propuestas teóricas. Los retos y paradigmas que los estudiosos de la política internacional deben asumir son, entonces, el análisis de las relaciones conflictivas, no como relaciones de guerra, sino como relaciones que plantean el reto de prevenir conflictos derivados del concepto de soberanía, de comunidad política, de integración cultural, de identidad y de autodeterminación de los pueblos.

En cuanto a las relaciones competitivas, la prioridad es analizar la conformación de bloques comerciales por regiones con ventajas competitivas reflejadas en los sistemas financieros internacionales y su impacto en las llamadas economías emergentes, y no la carrera armamentista, que dejó de jugar el papel principal.

Las relaciones de cooperación se refieren no sólo a la conformación de bloques y alianzas, sino también al análisis y resolución de problemas de carácter global como el narcotráfico. El reto de la cooperación enfrentará entonces las desigualdades económicas, políticas y sociales no resueltas en la globalización. La política internacional de fin de siglo marca la pauta que, indudablemente, dará otra lección.

BIBLIOGRAFÍA

Booth, Ken, y Steve Smith (1995), *International Relations Theory Today*, Polity Press, Oxford.
Carr, E. H. (1939), *Twenty Years Crisis*, Londres.
Castañeda, Jorge (1995), *Obras completas*, Instituto Matías Romero de Estudios Diplomáticos, Secretaría de Relaciones Exteriores y El Colegio de México, México.
David, R., y J. E. C. Brierly (1985), *Mayor Legal Systems in the World Today*, Stevens and Sons, Londres.

Del Arenal, Celestino (1987), *Introducción a las relaciones internacionales*, Madrid.

Dougherty, James E., y Robert L. Pfaltzgraff, Jr. (1990), *Contending Theories of International Relations*, 3ª ed., Harper Collins Publishers, Nueva York, cap. I.

Foro Internacional 116 (1989), vol XXIX, abril-junio, 1989, núm. 4, El Colegio de México, México, 1989.

Gilpin, Robert (1981), *War and Change in World Politics*, Cambridge, Inglaterra.

Hamilton, Keith, y Richard Langhorne (1995), *The Practice of Diplomacy*, T. J. Press, Cornwall, Gran Bretaña.

——— (1967), *International Politics. A framework for analysis*, Prentice-Hall, Englewood Cliffs, Nueva Jersey.

Holsti, K. J. (1985), *The Dividing Discipline. Hegemony and Diversity in International Theory*, Boston.

Howard, Williams (1992), *International Relations in Political Theory*, Howard Williams, Gran Bretaña.

International Affairs, The Royal Institute for International Affairs, Londres.

Kaplan, Morton (1957), *Systems and Process in International Politics*, Nueva York.

Kissinger, Henry (1985), *La diplomacia*, FCE, México.

LIWA (1977-1990), *The Year Book of International Affairs*, The London Institute for World Affairs, Stevens and Sons, Londres.

Loaeza, Soledad (coord.) (1994), *La cooperación internacional en un mundo desigual*, El Colegio de México, México.

Loaeza, Soledad (1973), *Politics among Nations*, Nueva York.

Morgenthau, Hans J. (1990), *Escritos sobre política internacional*, Tecnos, Madrid.

Ojeda, Mario (1984), *Alcances y límites de la política exterior mexicana*, El Colegio de México, México.

Organización de las Naciones Unidas (1994), *ABC de las Naciones Unidas*, Departamento de Información Pública, ONU, Nueva York.

Revista de Política Exterior, Instituto Matías Romero de Estudios Diplomáticos, Secretaría de Relaciones Exteriores, México.

Revista de Política Internacional, Instituto de Estudios Políticos, Madrid.

Schwarzenberger, George (1960), *La política del poder*, FCE, México.

———, y E. A. Brown (1976), *Manual of International Law*, 6ª ed., Professional Books Ltd., Oxon.

Taylor, Paul (1993), *International Organization in the Modern World: The Regional and the Global Process*, Pinter, Londres.

Urquidi, Víctor L. (coord.) (1997), *México en la globalización, condiciones y requisitos de un desarrollo sustentable y equitativo*, informe de la Sección Mexicana del Club de Roma, FCE, México.

Waltz, Kenneth (1979), *Theory of International Politics*, Reading, Massachusetts.

POLÍTICA JURÍDICA

Arturo Berumen

Definición

La filosofía del derecho y la filosofía política confluyen en la política jurídica, ya sea que ésta se entienda como la técnica de instrumentar jurídicamente los ideales políticos, o como la crítica política o ideológica de las instituciones jurídicas vigentes. Ambos aspectos de la política jurídica, no obstante su distinción, se encuentran íntimamente relacionados. No podrá estructurarse pertinentemente una nueva pretensión política si antes no se ha criticado a la institución que la impide, y una crítica jurídica que no desemboque a mediano o a largo plazo en una nueva propuesta de instrumentación jurídica es incompleta.

Historia, teoría y crítica

La crítica del derecho vigente presupone una particular filosofía política, ya sea la que está implícita en el orden jurídico que se examina u otra cualquiera. La crítica jurídica también tiene como presupuesto un análisis científico objetivo tanto de las normas de un sistema jurídico como de su aplicación. Los resultados de la descripción sistemática (coherente y completa) de las normas jurídicas de que se trata y de los efectos y causas de su aplicación práctica son la materia prima con la que debe operar la crítica de las mismas normas, es decir, constituye su base objetiva. Aunque dicho fundamento no libra absolutamente a la crítica jurídica de subjetivismos ideológicos, sí proporciona elementos suficientes para calificar la calidad de la crítica que se erija sobre él. Una primera orientación de la crítica jurídica es acerca de la coherencia del derecho consigo mismo. La contradicción entre normas del mismo o de distinto nivel normativo nos puede indicar la expresión de conflictos de intereses, latentes o manifiestos, a que responden los órganos que las crean o ejecutan. También se puede detectar una contradicción entre la validez y la eficacia de las normas, es decir, se puede determinar su vigencia concreta, la cual, en un segundo momento del análisis crítico, se puede comparar con el discurso político que presupone el orden jurídico analizado. De la comparación resultante puede deducirse una aplicación imperfecta de la norma por intereses particulares o revelar la verdadera intención ideológica subyacente en el orden o en la institución jurídica.

Un tercer momento del análisis crítico lo constituye una valoración del derecho vigente por medio de otra filosofía política distinta de la que sirve de justificación al sistema jurídico de que se trate. En este nivel valorativo de la crítica jurídica se está en condiciones de cuestionar el sustento filosófico-político real en su conjunto, comprendiendo el origen, el desarrollo, las variaciones, las consecuencias y la finalidad última del derecho vigente. Entonces, pueden ser tres los niveles del análisis crítico del derecho: *a)* con respecto de sí mismo (coherencia); *b)* respecto de la filosofía política que lo sustenta (fetichización), y *c)* respecto de la filosofía política misma (ideología). El análisis crítico puede limitarse a cualquiera de estos niveles, pero sólo con la conjunción de todos ellos se puede lograr una visión concreta del derecho. Por último, la crítica jurídica también se puede aplicar a las propuestas de modificación del orden jurídico y aun a la crítica misma.

Líneas de investigación y debate contemporáneo

Al corresponder estos tres niveles de crítica a la teoría general del derecho, a la sociología jurídica y a la filosofía del derecho, se pueden distinguir, consiguientemente, tres tipos de técnicas jurídicas correlativas que podrían denominarse: estructuralista, funcionalista y finalista. Todas ellas tratan de hacer viable el derecho de acuerdo con sus fines aparentes o implícitos. Para estructurar o sistematizar el derecho se han utilizado los recursos del establecimiento de supuestos generales o la descripción casuística, agrupando las normas jurídicas alrededor de instituciones jurídicas, construyendo ficciones jurídicas o estableciendo presunciones jurídicas que no sólo facilitan el conocimiento, la interpretación y la aplicación del derecho, sino también pueden ser utilizadas para ocultar su verdadera orientación normativa. La técnica funcionalista procura tomar en cuenta la estructuración del orden jurídico en función de los efectos que las normas jurídicas pueden tener en el comportamiento social, económico y político de los sujetos de derecho. Por último, la técnica finalista intenta incluir, implícita o explícitamente, ya sea en las propias normas o en sus antecedentes, los objetivos que se persiguen con la creación o ejecución de las normas jurídicas, los cuales pueden servir como criterios para la interpretación jurídica o para justificar o criticar, políticamente, las medidas discutibles del poder político.

BIBLIOGRAFÍA

Ballve, Faustino (1980), *Esquema de metodología jurídica*, UAS, México.

Del Vecchio, Giorgio (1980), *Filosofía del derecho*, 9ª ed., Bosch, Barcelona.

Heller, Hermann (1985), *Teoría general del Estado*, FCE, México.

Orozco Henríquez, J. Jesús (1987), "Los derechos humanos y la polémica entre iusnaturalismo y positivismo", en *Teoría del derecho y conceptos dogmáticos*, UNAM, México.

Stammler, Rudolf (1980), *Tratado de filosofía del derecho*, Nacional, México.

POLÍTICA SOCIAL

Sara Gordon R.

Definición

La política social se entiende como aquella parte de la política general que tiene como meta específica promover el bienestar económico-social de la población. Incluye el conjunto de intervenciones públicas dirigidas a asegurar a los ciudadanos un estándar mínimo de salario, alimentación, salud, vivienda e instrucción, como derecho social y no como caridad. Este carácter de instrumento destinado a impulsar el bienestar señala a la política social como la expresión de la solidaridad institucionalizada y ha llevado a identificarla con las acciones, estructura y procesos del Estado de bienestar.

La política social también puede concebirse como un conjunto de arreglos, modelos y mecanismos sociales orientados a la distribución de los recursos de acuerdo con algún criterio de necesidad. Esta perspectiva define a la política social como teoría y práctica de distribución y redistribución de los recursos sociales adecuados para satisfacer las necesidades sociales básicas de la población.

La política social es a la vez una rama de la administración pública, y una disciplina que ordena el conocimiento relacionado con distintos ámbitos del bienestar social.

Historia, teoría y crítica

Concepciones de la política social

Se pueden identificar cuatro concepciones de la política social que operan en la aplicación de las medidas de bienestar:

1. La asistencial, que ve las intervenciones como expresiones de una visión caritativa, altruista, de beneficencia. Para esta concepción, la política social es el conjunto de ayudas sociales que los gobiernos nacionales y locales, y la acción privada o de la Iglesia, emprenden por consideraciones ético-políticas, o por fines humanitarios o de justicia social en favor de los pobres, los necesitados o los enfermos, sin considerar que los destinatarios tienen un derecho propio y específico.

2. Una segunda visión entiende a la política social como un conjunto de objetivos e instrumentos de ayuda a los pobres y débiles con fines de control social, para regular las relaciones sociales y las condiciones de vida de la población, con el fin de asegurar el orden, la paz y la integración social. En esta visión se considera al Estado como garante del bienestar colectivo.

3. Una tercera concepción, ligada al marxismo, define a la política social como forma de la reproducción social ampliada de la fuerza de trabajo, es decir, como un conjunto de intervenciones dirigidas a los trabajadores y sus familias, auspiciadas por el Estado, para garantizar que el sistema económico pueda disponer de fuerza productiva adecuada, a pesar del azar y los ciclos económicos negativos. Considera que las medidas de apoyo social a las clases más débiles e indefensas tienen el objeto de garantizar que siempre haya disponible una fuerza de trabajo suficiente para mantener un sistema productivo competitivo.

4. Una cuarta concepción interpreta la política social como realización de los derechos sociales de ciudadanía, en cuanto distintos de los civiles (libertad individual y colectiva) y políticos (electorales y de representación democrática). Tendencias recientes de esta concepción consideran a los destinatarios como entes activos y no pasivos de las intervenciones; ponen el acento en diferenciar derechos, y consideran a las políticas sociales como expresión y actividad de diversas fuerzas de la sociedad y del papel coordinador y legitimador del Estado.

Las cuatro concepciones expuestas se refieren a doctrinas, ideologías y prácticas estatales de periodos históricos determinados, a la vez que a componentes de la política social. En la actualidad, la presencia de estas concepciones en la aplicación de medidas de política social muestra combinaciones según el ámbito de intervención.

Dos tradiciones de la política social

El surgimiento del "Estado providencia" y de su instrumento, la política social, está ligado a dos procesos fundamentales; por una parte, la transformación de los Estados absolutistas de Europa occidental en democracias de masas por medio del sufragio universal y, por la otra, la expansión del capitalismo como forma de producción a raíz de la Revolución industrial. Las bases de la política social se establecieron durante las dos últimas décadas del siglo XIX, con la expansión del concepto de derechos hasta incluir obligaciones de la sociedad hacia el individuo para reducir o minimizar el riesgo y la desigualdad. El Estado tomó a su cargo los problemas sociales creados por la generalización del trabajo en las fábricas y la urbanización, en el marco de la creciente dificultad de formas sociales intermedias (familia, comunidades, Iglesia) para atender las nuevas necesidades de seguridad de los individuos.

El desarrollo científico de la época favoreció la convicción de que la responsabilidad social podía apoyarse científicamente y demostrarse por leyes estadísticas. Si los riesgos y responsabilidades eran de naturaleza social, las concepciones legales que definían el riesgo en términos de negligencia y responsabilidad individual eran obsoletos. Esto significaba que la tarea del Estado era regular e impulsar los lazos sociales con la ayuda de leyes basadas en investigación empírica. El Estado promovió reformas legislativas en el campo social, como la de alivio a la pobreza, la cual cambió de naturaleza respecto a las *leyes de pobres* emitidas por el Estado absolutista; la de protección al trabajo e inspección de fábricas, y la de salud pública, como vacunación e higiene pública. Aparecieron nuevas profesiones (medicina social, higiene social) y nuevas especializaciones (legislación laboral, de seguros) que emergieron a la par de la legislación de reforma social en la primera fase de la política social estatal europea.

Se reconocen dos grandes tradiciones en las políticas de bienestar: la alemana y la inglesa, que han contribuido a definir y dar contenido al concepto de política social. En ambas tradiciones influyó la acción de asociaciones, consideradas por Rabinbach como combinación de idealismo ilustrado y de *realpolitik* de la élite. En Alemania, la Verein fur Sozialpolitik, y en Inglaterra la Fabian Society, contribuyeron a transformar la visión pública de los problemas económicos y sociales. Las dos sociedades emprendieron la tarea de cambiar la cultura hegemónica de su respectivo país para que se reconociera la cuestión social, es decir, los problemas sociales causados por la industrialización capitalista como el reto central del nuevo orden.

El inicio de la política social moderna se suele fechar en 1881 con la aprobación en la Alemania de Bismarck de una legislación innovadora en seguridad social, instrumentada por entidades distintas de las caritativas y de beneficencia. Abarcó tres tipos de seguros: contra enfermedades (1883), contra accidentes (1884), de retiro e invalidez (1889). El modelo bismarckiano remite a instituciones basadas en el concepto de la seguridad social obligatoria, la cual reparte los costos de los riesgos sociales entre la colectividad, imponiendo cotizaciones a los individuos para solventar los costos de eventos no previstos que pueden conducir a la pobreza o a la marginación social. En términos políticos, el objetivo de Bismarck era consolidar el gobierno del imperio, alejar el peligro de una crisis económica, ampliar el apoyo obrero y disminuir los motivos de protesta obrera. De ahí que la promoción de reformas y de servicios sociales constituyera un medio para llegar a un acuerdo político entre los partidos.

Después de Bismarck, otros países europeos empezaron a aprobar legislaciones de seguros, algunos por medio de esquemas obligatorios de compensación a trabajadores pagados por patrones, y otros por medio de esquemas de seguros obligatorios de carácter tripartito. La legislación de seguros estuvo rodeada de otras medidas, como la introducción de impuestos más altos para los ingresos más elevados, la extensión de la educación primaria pública en algunos países y la reforma de la educación secundaria en otros.

El término *política social* fue introducido en el campo científico en 1855 por Riehl en Alemania, autor que consideraba a la política social como una doctrina de reintegración de la sociedad, dirigida más a impulsar los vínculos sociales que a remediar las disparidades o injusticias materiales y económicas. Sin embargo, la definición más común de política social en la que se basa la construcción del Estado moderno fue elaborada por L. von Stein, quien concebía a la *Sozialpolitik* como administración social que, encarnada en una burocracia autónoma, podía regular y moderar los conflictos sociales, en particular los de clase. Sin embargo, fue Albert Schäffle quien contribuyó a que se considerara a la política social como legislación específica de seguridad social. En un artículo sobre los seguros de invalidez publicado en 1861 esbozó algunas propuestas concretas que fueron retomadas en la legislación que emitió Bismarck en la década de 1880.

De este modo, la definición operativa de la política social quedó estrechamente ligada a la cuestión obrera, al principio asegurador y a la búsqueda de un nuevo orden moral, basado en el reconocimiento de los intereses comunes y la necesidad de cooperación. Según esta visión, los objetivos de mejoramiento social continuo y de reforzamiento de la cohesión se podrían alcanzar influyendo en las condiciones de vida.

Si la tradición alemana, fechada en el último tercio del siglo XIX, representa el inicio de la política social moderna basada en el principio asegurador y en objetivos de consecución del bien común, la tradición inglesa elaboró en el siglo XX un modelo avanzado de política social, entendido como compromiso entre capitalismo (mercado) y democracia, y entre la lógica de la seguridad social y la de la acumulación, amparado en los valores de igualdad, preservación de la libertad y búsqueda de la seguridad. Recuérdese que la crisis de 1929 había favorecido la difusión de los postulados teóricos de Keynes, los cuales proveían una justificación técnica al compromiso de clase. En el diagnóstico keynesiano, la causa del desempleo era la insuficiencia de la demanda; por tanto, cualquier redistribución de la renta hacia abajo, hacia los que consumen la mayor parte de ésta, y cualquier expansión del gasto público estimularían la producción y reducirían el desempleo. Por medio de alzas salariales, ayudas a los necesitados, ampliación del gasto público o reducción de impuestos, el Estado podía intervenir para estimular la demanda y, por esa vía, disminuir el desempleo.

El modelo inglés maduró con la segunda Guerra Mundial, a raíz de la elaboración del Informe Beveridge, integrado por dos partes: el Informe sobre Seguridad Social y el Reporte para el Pleno Empleo. Beveridge definió la seguridad social como "seguridad del individuo, organizada por el Estado contra los riesgos a los que está expuesto el individuo, aun cuando la condición de la sociedad en su conjunto sea lo mejor posible". Beveridge pensaba, al igual que otros políticos e intelectuales de la época, que la sociedad occidental podría alcanzar el nivel de la plena ocupación, lo cual generaría los ingresos necesarios para establecer una red de protección asistencial en favor de quienes no tenían un salario y no podían sufragar los gastos de la seguridad social; de este modo, se contaría con los recursos para prestar servicios sociales a todos.

En la tradición surgida en Inglaterra, el enfoque de la política social ha sido moldeado por la confrontación entre el pensamiento económico liberal y el socialismo, inspirado por autores y movimientos utópicos de corte anarquista, marxista y fabiano. El compromiso entre sociedad libre, capitalismo de mercado y crecimiento de las fuerzas políticas reformistas se garantizaba a condición de que el Estado asegurara a sus ciudadanos lo necesario para el sustento y ocupación para los activos.

La política social es concebida como extensión y realización de los derechos sociales asegurados por el Estado contra la injusticia y el riesgo derivados del funcionamiento del mercado que se aplican a todos los ciudadanos por igual en relación con su pertenencia a la opinión pública democrática. T. H. Marshall sistematizó esta tradición en el concepto de ciudadanía social, que implicaba tanto obligaciones (respetar la ley, pagar impuestos, asistir a la escuela, etc.) como derechos sociales, los cuales seguían la línea de avance hacia la igualdad iniciada por los derechos civiles consolidados en el siglo XVIII y ampliada por los políticos en los siglos XIX y comienzos del XX. La ciudadanía social se confiere a todos los miembros de una comunidad, independientemente de su posición en el mercado, y comprende toda la gama que va desde un mínimo de bienestar y de seguridad económica hasta el derecho a participar plenamente en la vida social y vivir la vida de personas civiles, según los patrones vigentes en la sociedad. Marshall sostenía que los derechos sociales buscaban conciliar los principios igualitarios de la democracia con las desigualdades que produce el capitalismo, y lograban alterar la estructura de la desigualdad de clases, sin eliminarla.

La tradición inglesa también ha hecho énfasis en la acción de la política social como responsable de las intervenciones colectivas para promover el bienestar individual. Estas intervenciones fueron agrupadas por Richard Titmuss en tres categorías: ocupacional, provisión de servicios sociales y fiscal, con base en una división organizativa de método que se convirtió en clásica y que se aplica hasta ahora:

1) Ocupacional. Abarca el pago directo de beneficios en efectivo, cuya función esencial de transferencia de pagos es la conservación del ingreso en distintas fases de desempleo del ciclo de vida (maternidad, educación y capacitación, vejez, viudez), situaciones de incapacidad de empleo (enfermedad, heridas, invalidez) y desempleo entre la fuerza de trabajo activa. También se incluyen las asignaciones a las familias y subsidios para bienes y servicios específicos (cupones). Estos pagos pueden ser financiados por impuestos etiquetados o por impuestos generales.

2) Provisión directa de servicios en especie. Este rubro se debe analizar en estrecha relación con la intervención gubernamental en los mercados privados, como el de la construcción de viviendas y el de alimentos. Predominan cuatro servicios: *a)* educación, *b)* medicina y atención médica, *c)* cuidado social y servicio de asesores, y *d)* vivienda.

3) Fiscal. Se refiere a la extensión indirecta de beneficios a través de deducciones de impuestos.

Si bien la conceptualización de la ciudadanía social basada en la noción de derechos y la división clásica del *welfare* constituyen aportaciones esenciales de la tradición británica a la política social, los supuestos subyacentes y algunos argumentos que la fundamentan han sido objeto de debate y crítica. En principio, se ha señalado que el concepto de ciudadanía social contiene una visión evolucionista de la historia que sólo explica la modalidad inglesa de obtención de los derechos (civiles, políticos, sociales) y, por lo tanto, no es generalizable a otros países desarrollados. En el debate surgido a raíz de la crisis del Estado de bienestar, el concepto de ciudadanía social ha sido objeto de críticas, que trataremos más adelante.

Por otra parte, algunos especialistas, como Pinker, señalan que concebir los objetivos de satisfacer necesidades individuales de bienestar como exclusivos de la política social introduce una falsa oposición entre lo social y lo económico, entre la solidaridad y el mercado, entre la producción de valores de uso y valores de cambio. Aunque la política social tenga metas de solidaridad, no puede ser considerada un campo opuesto al económico. Si se opone la política social a la económica, se correrá el riesgo de aislar a esta última y alimentar una concepción poco articulada, poco dinámica de la primera. Esta contraposición también trae consigo el riesgo de concebir y aplicar una política social débil y marginal en la organización social, que tiende a convertir en seres pasivos a quienes necesitan ayuda.

Además, adjudicar a la política social sólo objetivos de solidaridad contribuye a pasar por alto el hecho de que la política económica produce desigualdades y profundiza situaciones de inequidad, que deben tomarse en cuenta para ser modificadas.

Modelos de política social

En la aplicación de las políticas sociales se definen líneas teóricas y operativas de conducta con base en principios de valor y organizativos que pueden operar como marco normativo general o como criterios específicos según el sector de intervención. La tipología más frecuente de modelos de política social, elaborada a partir de criterios normativos, distingue cuatro modelos de políticas sociales con base en la fuerza y el grado de la regulación establecida: el modelo residual, el adquisitivo, el institucional redistributivo y el modelo total de *welfare*.

1) Modelo residual. En este modelo, la política social es entendida como una intervención *ex post*, que ayuda a los individuos o las familias sólo cuando los esfuerzos de éstos han fracasado o sufren severas carencias. El Estado interviene sólo en los casos más graves y de un modo local y selectivo, esto es, con prueba de medios orientada a excluir de los beneficios a quienes tienen recursos propios para acceder a prestaciones y servicios. El supuesto que sustenta este modelo es que el mercado y las redes sociales primarias y secundarias autoorganizadas pueden y deben actuar con autonomía, por lo cual el Estado debe abstenerse de condicionar *ex ante* las acciones de los individuos.

2) Modelo adquisitivo. Este modelo parte del principio de que las necesidades sociales deben ser satisfechas sobre la base del mérito, en particular de la capacidad de logro del individuo en los ámbitos económico y social. Implica un fuerte componente normativo: desarrollar o haber desarrollado ciertas actividades, comportarse o haberse comportado de cierto modo, o disponer de medios propios para tener derechos que den acceso a prestaciones y servicios de *welfare*. Las instituciones sociales de bienestar se deben diseñar como apoyo a las instituciones del sistema económico, fijando en el nivel de vida y de seguridad del individuo la expresión de sus contribuciones actuales o pasadas a la riqueza colectiva.

3) Modelo institucional redistributivo. Este modelo considera el bienestar social como un valor de gran importancia que debe ser garantizado por instituciones universales de la comunidad política, cuya tarea es ofrecer prestaciones y servicios sobre la base del principio de necesidad de los ciudadanos, aun cuando estén al margen del mercado, sin eliminar a éste ni a otras entidades que también asignan recursos de bienestar. Este modelo hace hincapié en el principio de igualdad de oportunidades como derecho base del ciudadano, no sólo en virtud de objetivos de justicia social, sino también como requisito para favorecer el buen funcionamiento de la sociedad, ya sea para evitar fenómenos de desviación o desintegración social, o graves problemas económicos. La política social opera con criterios universales de asignación de beneficios.

4) Modelo total de "welfare". Este modelo se caracteriza por pretender eliminar, cuando menos en el sector específico de intervención —por ejemplo, la salud, la educación, la vivienda o el transporte—, otros criterios de asignación que no sean la pura necesidad de los ciudadanos, sobre la base de la programación pública o social de las intervenciones frente a una demanda reconocida como legítima. Implica eliminar o reducir a su mínima expresión al mercado y al tercer sector. El ejemplo más importante son los países socialistas.

Si se considera sólo el sector de intervención, estos modelos constituyen alternativas distintas; por ejemplo, el derecho a un salario mínimo individual corresponde sólo a uno de los criterios normativos: puede proporcionarse cuando, mediante una prueba de medios, se demuestra que una persona es indigente, o ser otorgado condicionalmente con base en el mérito o en determinados comportamientos, o ser provisto en forma universal como mínimo de subsistencia, o puede ser dado como derecho universal sin condiciones en relación con el nivel medio de vida establecido. Sin embargo, cuando se refieren a intervenciones diferentes entre sectores amplios y complejos, estos cuatro modelos pueden ser compatibles bajo una misma estrategia de política social. Por ejemplo, en el sistema de salud puede haber ciertas medidas que caen dentro de modelos normativos diversos: la atención médica primaria puede ser prestada según el cuarto modelo, mientras que el servicio dental puede seguir el primero.

Líneas de investigación y debate contemporáneo

Desde la década de 1970, las dificultades fiscales, el fin del pleno empleo, los cambios sociodemográficos, las modificaciones en el perfil de las familias, así como el surgimiento de nuevas situaciones de marginalidad y de desigualdad han venido a cuestionar el modelo de bienestar basado en los derechos y han generado un extenso debate académico y político. Las discusiones se refieren a la ciudadanía, al equilibrio entre derechos y responsabilidades de los ciudadanos, a la lógica implícita en las medidas de inserción social y a la combinación público-privado en la provisión de servicios sociales.

Un primer conjunto de argumentos se refiere a la relación entre ciudadanía y empleo, en la que una vertiente crítica reconoce los progresos en las condiciones de vida de la población sin poner en duda la legitimidad de los derechos sociales; pero señala el vínculo entre estos derechos y la inserción en el mercado de trabajo, y el hecho de que este progreso sólo fue posible en la medida en que la mayoría de la población dispuso de un trabajo durante la mayor parte de su ciclo de vida. Sin embargo, en la actualidad, un número creciente de personas está fuera del mercado de trabajo y carece por eso de la condición requerida para reclamar el reconocimiento y las garantías que derivan de la ciudadanía. Esta situación lleva a que la sociedad sólo reconozca como ciudadanos con plenos derechos a quienes están en el mercado de trabajo.

Por otra parte, los criterios de universalidad de las prestaciones no son suficientes para garantizar la efectiva actuación de la justicia distributiva cuando no se logran instrumentar medidas eficaces para mantener el salario. ¿Cuáles servicios particulares deben incorporarse a los derechos sociales y distribuirse según criterios al margen del mercado? ¿Cuál debe ser el nivel de los beneficios erogados? Las respuestas a estas preguntas no se desprenden de manera evidente de la referencia a los criterios de universalidad.

El liberalismo económico de Hayek, que sostiene la idea de que el mercado es el sistema más eficiente de asignación y distribución de recursos, ha criticado el principio de los derechos como mecanismo de asignación con el argumento de que sólo si se permite que opere el mercado —donde los individuos son libres de intercambiar trabajo, servicios y productos, y se favorece la competencia de los múltiples intereses en juego— se logrará un orden de armonía dinámica y se podrán alcanzar los ideales universales. Cuando los intereses de un individuo o grupo dominan el mercado, se producen ineficiencias que dañan los mecanismos del libre cambio. El Estado de bienestar, que privilegia los derechos de los más pobres y fomenta la existencia de profesionales y burócratas para proteger estos derechos, conduce a una jerarquía de valores injusta y a una ideología falsa de justicia social, derechos y necesidades que aleja a la sociedad de los ideales universales.

Otro núcleo del debate se da en torno al tema de los derechos y las responsabilidades que trae consigo la ciudadanía. Los críticos de la lógica expansiva de las políticas sociales a partir del fin de la segunda Guerra Mundial señalan que esta lógica ha llevado a privilegiar un polo de la ciudadanía: el de los derechos, en detrimento del aspecto de las responsabilidades. El ciudadano no sólo debe disfrutar los derechos que le corresponden como miembro de una sociedad, sino también hacerse cargo de sus responsabilidades individuales, familiares y sociales. En el ámbito de la política social, esta perspectiva ha favorecido el diseño de programas de asignaciones por desempleo que se basan en incentivos a conductas que se espera que sigan los beneficiarios. Se plantea que el derecho a la ayuda pública se debe condicionar a la obtención de determinados logros por parte de los beneficiarios, como trabajar en las ocupaciones disponibles, contribuir a mantener a sus familias, estudiar para poder ser empleado y respetar la ley. Desde mediados de la década de 1980 se han emitido leyes y reglamentos que ligan beneficios de *welfare* con incentivos para el trabajo, ya sea desde la perspectiva de fortalecer las responsabilidades ciudadanas, o según el criterio de estimular la reciprocidad social. Ambos criterios emanan del modelo normativo de carácter adquisitivo.

Un aspecto muy importante de la ciudadanía es el que concierne a la preservación de la dignidad cívica y la posibilidad de autonomía de los individuos, evitando señalarlos con un estigma de dependencia cuando se les proporcionan ciertas asignaciones. En ese sentido, se discute sobre la modalidad que debe prevalecer en la entrega de asignaciones. Una posición sustentada por economistas liberales y radicales trata de conciliar la asistencia y la dignidad cívica; para ello, propone dar a cada individuo durante toda su vida, sin condición de empleo o ingreso ni contrapartida, un ingreso básico que permita cubrir las necesidades esenciales, con variaciones según el número y edad de los hijos a cargo. Al margen de las dificultades prácticas que plantea esta propuesta, quienes se oponen a ella señalan que implica llevar al extremo la sociedad indemnizadora y separar completamente la búsqueda de eficacia y la preocupación por la solidaridad. Señalan la conveniencia de instaurar medidas según el principio de utilidad recíproca que vincula a los miembros de una colectividad, en el que se reconoce una función social al individuo.

Un tema más se refiere a la combinación público-privado que debe haber en la prestación de servicios, en el cual se expresa la reafirmación de valores y métodos del capitalismo, sobre todo a partir del desmembramiento de la Unión Soviética. Aunque este factor ideológico tiene peso en la extensión de las modalidades de mercado en las prestaciones de la política social, esta expansión se explica en gran medida por la crisis fiscal, por el aumento y diversificación de necesidades y demandas, y por la presión demográfica, fenómenos que han influido en el movimiento de privatización de muchas funciones del *welfare* en la década de 1980.

Bajo un *ethos* capitalista, las políticas sociales contemporáneas se están orientando hacia la competencia en la prestación de servicios y a introducir incentivos para promover la ética del trabajo. Desde los inicios de la década de 1970, en los Estados Unidos se empezaron a aplicar enfoques orientados por el mercado, bajo los cuales se impulsaron políticas de adquisición de servicios que promueven la entrega de servicios sociales por el sector privado, y el uso creciente de instrumentos fiscales que otorgan transferencias indirectas de efectivo para subsidiar la compra de servicios en el mercado por consumidores individuales.

En estrecha relación con la discusión público-privado, se insiste en la conveniencia de incorporar a diversos sectores sociales en la prestación de servicios con base en diversas fórmulas (familia, organizaciones voluntarias y elementos de la empresa privada). El debate ha hecho hincapié en que el Estado no puede atender con eficacia las nuevas y heterogéneas situaciones que han surgido en virtud del aumento progresivo de la complejidad social. Las sociedades se han recompuesto en una multiplicidad de diferencias y configuraciones económicas, étnicas, religiosas, culturales, de edad, género y generaciones, cuyo momento constitutivo no se da en identidades relacionadas con el mundo del trabajo.

Por esa razón, la corriente de pensamiento sistémica en política social desarrollada por Donati plantea que las políticas sociales deben tener en cuenta el hecho de que el nivel de bienestar de la población se deriva no sólo de las acciones del estado, bajo la forma de leyes y procedimientos, sino también de las acciones de las instituciones sociales más importantes, desde las productivas hasta las culturales, científicas y tecnológicas (privadas y públicas). Las acciones para el bienestar competen a todos los actores, públicos y privados: Estado, mercado, familias y grupos primarios y secundarios, conectando sus funciones y actividades en complejas tramas de relaciones. Según esta corriente, un enfoque adecuado de la política social debe poder incorporar mercado (valores de cambio) y no mercado (valores de uso) como dos tipos diferentes, pero no opuestos ni antitéticos, de estrategias y opciones. Las diferencias están dadas tanto por las funciones desempeñadas como por el sentido que confiere cada uno de estos tipos.

BIBLIOGRAFÍA

Culpitt, I. (1992), *Welfare and Citizenship. Beyond the Crisis of the Welfare State?*, Sage Publications, Newbury Park, Londres, Nueva Delhi.

Donati, P. (1993), "L'evolversi della politica sociale dalla prima industrializzazione alle società complesse: concezioni e modelli", en P. Donati (coord.), *Fondamenti di politica sociale. Teorie e modelli*, La Nuova Italia Scientifica, Roma.

Fitoussi, J. P., y P. Rosanvallon (1997), *La nueva era de las desigualdades*, Manantial, Buenos Aires.

Flora, P., y A. Heidenheimer (1995), *The Development of Welfare States in Europe and America*, Transaction Publishers, New Brunswick y Londres.

Gilbert, N. (1995), *Welfare Justice. Restoring Social Equity*, Yale University Press, New Haven y Londres.

Kamerman, S., y A. J. Kahn (1993), *La privatización y el Estado benefactor*, FCE, México.

Marshall, T. H. (1950), *Citizenship and Social Class*, Cambridge University Press, Cambridge.

Mingione, E. (1994), "Sector informal y estrategias de sobrevivencia: hipótesis para el desarrollo de un campo de indagación", en R. Millán (comp.), *Solidaridad y producción informal de recursos*, Instituto de Investigaciones Sociales, UNAM, México.

Mishra, R. (1977), *Society and Social Policy. Theories and Practices of Welfare*, Macmillan, Londres.

Organización para la Cooperación y el Desarrollo (1997), *Family, Market and Community. Equity and Efficiency in Social Policy*, Social Policy Studies, núm. 21, París.

Paugam, S. (1995), *La société française et ses pauvres*, PUF, París.

Pinker, R. (1979), *The Idea of Welfare*, Heinemann, Londres.

Rabinbach, A. (1996), "Social Knowledge, Social Risk, and the Politics of Industrial Accidents in Germany and France", en D. Rueschmeyer y T. Skocpol (coords.) *States, Social Knowledge, and the Origins of Modern Social Policies*, Russell Sage Foundation, Princeton University Press, Nueva Jersey y Chichester, West Sussex.

Rosanvallon, P. (1995), *La nueva cuestión social. Repensar el Estado providencia*, Manantial, Buenos Aires.

Rossi, G. (1993), "Politiche sociali disuguaglianza, equità", en Luciano Gallino (coord.), *Disuguaglianze ed equità in Europa*, Editori Laterza, Roma.

Sgritta, G. (1993), "Politica sociale e cittadinanza", en P. Donati, *Fondamenti di politica sociale*, La Nuova Italia Scientifica, Roma.

Titmuss, R. (1963), *Essays on the Welfare State*, George Allen and Unwin, Unwin University Books, Londres.

POLÍTICAS PÚBLICAS

Manuel Canto Chac

Definición

Uno de los dilemas fundamentales en el estudio de las políticas públicas es la relación que pueda atribuírseles con la política; poniéndolo como interrogante se puede decir: ¿la política es la fuente de las políticas públicas? o, al contrario, ¿las políticas públicas hacen la política? (Meny y Thoening, 1992). Aquellos que opten por la respuesta afirmativa al primer interrogante destacarán el paradigma racional-secuencial, según el cual las políticas públicas no pueden ser sino el resultado y la ejecución de la decisión política; quienes opten por la segunda pondrán el acento en la dimensión confrontativa-discontinua de la elaboración de las políticas, ubicándolas como una de las arenas fundamentales en las que se libra la lucha política.

En México es fundamental ubicar este interrogante tanto por el actual proceso de transformación de la política, en el que se redefinen identidades, actores, valores, normas y relaciones entre ellos (al final de cuentas un proceso de redefinición del ámbito público) como por la desconfianza con que inicialmente fue visto el enfoque de políticas públicas; tal vez por privilegiar el análisis de fenómenos acotados y tomar distancia de la planeación total, así como por el mayor desarrollo experimentado en los Estados Unidos, con su consecuente carga de positivismo y pragmatismo, las políticas públicas fueron ubicadas como parte del paquete intelectual con el que entraron en México las reformas que ponían al mercado en el centro de la vida social. Una relectura de la dimensión política de las políticas pone de relieve la relación entre las *policies* y la *politics*, la cual puede contribuir a desbloquear discusiones y a valorar las tareas que en la transición política debe cumplir este instrumental analítico.

Historia, teoría y crítica

La evolución de la conceptualización sobre lo público

La producción teórica de la ciencia política a nivel internacional está marcada por un conjunto de fenómenos que constituyen los "datos" que la condicionan: *a)* la quiebra de las izquierdas en los países desarrollados, expresada tanto en la pérdida de posiciones políticas como en su repliegue discursivo; *b)* la evidencia del desarrollo de una crisis en los llamados países del socialismo real, que desembocó a finales de la década de 1980, en profundos cambios con resultados aún impredecibles; *c)* las impugnaciones teóricas y prácticas al modelo del Estado social, tanto en sus políticas económicas y sociales como en sus mecanismos de acuerdo y negociación políticos; *d)* el eclipsamiento de los actores políticos tradicionales (corporaciones, sindicatos, partidos de masas), y *e)* como resultado de todo lo anterior, la desconfianza sobre los proyectos históricos y la ruptura de los paradigmas teóricos vinculantes.

Los "datos" señalados acompañan y van generando a la vez el desplazamiento de los temas centrales de la discusión politológica de la década anterior. La revolución desaparece como *telos* de la acción política y junto con ello la reflexión casi totalmente centrada en el Estado, sea como instrumento de síntesis y de transformación de la conflictividad social, o como punto nodal de las estrategias de los actores políticos; así, dicha reflexión se desplaza hacia una pluralidad de temas que habían quedado al margen del análisis:

> [...] el cambio social en marcha está subrayado, bien sea con relación al paradigma de la "crisis del Welfare", bien sea con relación al de la "crisis de representación", tanto por las interpretaciones que insisten en las dificultades de las políticas económicas y sociales como consecuencia del declive del modelo expansivo que se halla detrás de la democracia redistributiva del Estado social, cuanto por aquellas que achacan la crisis de las políticas estatales a la pérdida de la eficacia de los canales de representación tradicionales (los propios de una democracia parlamentaria estructurada en el sistema de partidos) [Marramao, 1989: 60].

El descentramiento del Estado generó un nuevo proceso de discusión en el que reapareció la pregunta por los linderos de lo público y lo privado, redefiniendo la relación entre ambos y reconociendo que lo público no se agota en lo gubernamental, como lo presentaba normalmente la visión política del siglo xx. El repliegue de los actores políticos tradicionales generó búsquedas de nuevos sujetos de la acción política, los que reclaman su inclusión ya no sólo en las decisiones públicas, sino también en todo el ciclo de las políticas. La ciudadanía ya no se concibe sólo en función de elegir, sino también de participar.

La conciencia de la crisis de los valores de la sociedad industrial volvió la mirada hacia la moral y la ética como punto de partida de la política, misma que ahora tiene como enemigo no al poder absoluto, sino al escepticismo. De la quiebra —por lo menos en las interpelaciones actuales— de los proyectos históricos deriva tanto la proclamación del fin del futuro y de la unidad como a la nueva búsqueda de un lugar para la utopía.

La quiebra de las visiones teleológicas, la desconfianza hacia las explicaciones omnicomprensivas y la búsqueda de salidas a la conflictividad política del presente hacen reaparecer una vieja antinomia de la sociedad moderna: la conciliación entre libertad e igualdad, dando con ello lugar a la vuelta de la "razón práctica", la consideración de la teoría política como búsqueda de la "vida buena" y el retorno a la "gran teoría".

En este panorama, el pensamiento liberal cobró un nuevo brío y retomó la iniciativa perdida desde fines del siglo pasado. De la crítica al Estado social, el pensamiento liberal se desplazó a la refundación del contrato social y de la moral, reconstruida a partir del intercambio entre individuos racionales y utilitaristas. Estas últimas versiones del liberalismo, que soslayan el papel de la voluntad colectiva —presente en el liberalismo clásico— y privilegian al mercado como centro de la sociedad, son las que han logrado, por lo menos hasta ahora, imponer el ritmo en la discusión, aunque sin ser capaces de dar respuestas convincentes no sólo a los problemas sustantivos, sino también a los asuntos prácticos. En el análisis de políticas, suelen destacar la relación de mercado, ubicando al ciudadano-consumidor como clientela a satisfacer por parte de quienes detentan el poder.

Frente a los anteriores —aunque tal vez tomándolos como interlocutores— existen otros planteamientos que, partiendo de la inexistencia de juicios prácticos de carácter universal y necesario, sustentan no la imposible unificación de valores e intereses, sino la búsqueda de una razón dialógica que permita dirimir, sin anularlas, las diferencias de valores y fines; que permita los acuerdos más allá de los medios para alcanzar los fines inmediatos, y donde la democracia se sustente no en una organización social determinada, sino en un principio racional de legitimación, esto es, el establecimiento de procedimientos de validación formal de los postulados éticos; reglas de argumentación, no juicios específicos, en las que la percepción de situaciones ideales de igualdad y libertad no aparecen como anuncio de futuro, ni como horizonte utópico, sino como criterio de validez del argumento, como condición formal de posibilidad (Habermas, 1989; Maestre, 1988; Mardones, 1988). Quienes asumen estos supuestos, al reflexionar sobre la dimensión de las políticas, ponen el énfasis en los consensos, en la generación de reglas de decisión, pero soslayan el proceso concreto de las políticas con sus consecuentes juegos de poder.

Hay otras perspectivas a las que también se debe hacer referencia; por ejemplo, aquella que, ubicándose en la lógica de la acción colectiva, desconfía de las visiones sociales "unicéntricas", sean de la lucha de clases o del mercado, renunciando con ello a las posiciones teleológicas, sean de la revolución o del equilibrio permanente. Reflexionan a partir de los cambios ocurridos en el entorno político, pero reconocen la existencia y potencialidad de las continuidades. Se podría decir de esta corriente, reconociendo el desplazamiento en la discusión contemporánea de la estructura a la acción y del sistema al actor, que se ubica a medio camino entre ambos. Sostiene la visión de la complejidad social (en términos de inexistencia de un centro estructurador o explicativo), en la que las subjetividades colectivas serían resultado de la confrontación permanente, y la construcción de identidades y proyectos históricos serían más bien producto de la desigualdad y el conflicto a ella inherentes que de la relación dialógica; por tanto, el terreno de la política práctica se movería en el intercambio de bienes de mercado y bienes de autoridad, en el intercambio de fidelidades y consensos (Marramao, 1987; Rusconi, 1985). Conciben las políticas como arenas de confrontación y de realización de proyectos de diversos actores.

Si bien lo anterior aspira a ser una síntesis apretada de los derroteros de la ciencia política, la ciencia de políticas tendrá caminos un tanto distintos, pero que, particularmente en el caso de México, terminarán convergiendo y uniendo sus destinos. Sabido es que la atmósfera en la que surgió la disciplina de las políticas públicas es básicamente la de la ciencia política estadunidense, que se preocupaba por encontrar instrumentos analíticos convincentes ya no para hacer análisis del proceso de la política sino en el proceso de la política, de acuerdo con la distinción formulada por Laswell y con la cual trataba de dar cuenta del sentido aplicado de las políticas públicas. Esta preocupación tenía como *factum* principal el mejoramiento de los diversos programas de asistencia social y de servicios comunitarios que operaban los gobiernos en las décadas de 1950 y 1960.

Dado que su preocupación fundamental era la de optimizar los rendimientos de los recursos gubernamentales, en sus orígenes la disciplina de las políticas públicas estuvo bastante influida por las ciencias de la organización, apareciendo entonces como una rama o especialización de la administración pública. Pronto aparecieron otros desarrollos que se centraban ya no tanto en la optimización de recursos, sino en el proceso de elaboración de las decisiones, con lo que la disciplina dominante en el estudio de las políticas públicas transita de la administración a la economía. Se pretende entonces ubicar el punto de referencia básico de las decisiones racionales, supuesto el individualismo utilitarista, que permita incrementar la capacidad de cálculo de los gobiernos, poniéndose entonces el énfasis en la *public choice* o en la *rational choice*, cuyos éxitos figuran más en la construcción de modelos explicativos que en la solución de problemas públicos.

Un tercer momento en el desarrollo de las políticas públicas tuvo lugar cuando la atención se centró ya no sólo en mejorar los rendimientos de los recursos, ni sólo en el proceso decisional, sino cuando se considera a las políticas como cursos de acción de los que hay que dar cuenta a los públicos que otorgan consentimiento y demandan participación en las decisiones; se trata entonces de pensar a las políticas como ciclos complejos que reclaman eficiencia tanto en su elaboración técnica como en su legitimación ante diversos actores sociales y aún en su inclusión en los procesos decisorios, lo que reclama una pluralidad de disciplinas:

> Teoría política cualitativa, para depurar la imagen de hacia dónde queremos ir; modelación cuantitativa para sistematizar nuestras conjeturas de cómo llegar al sitio deseado; microeconomía para disciplinar el deseo con la aceptación de los recursos limitados; teoría de las organizaciones para reconocer y corregir los errores. Cada una tiene su sitio [Wildavsky, citado por Aguilar, 1992].

La transformación del ambiente político del país

Torres (1990) hace ver que la década de 1970 fue de expansión de la ciencia política en México; signo de ello fue la aparición de centros de estudio, revistas, producción bibliográfica, etc. Esta década es también la de la recepción de las principales corrientes teóricas. La producción en la década de 1970 está centrada en el Estado; se pretende divulgar las principales corrientes teóricas que lo ubican como centro de su reflexión, establecer sus orígenes y sus derroteros en el caso mexicano, evidenciar su carácter de clase, denunciar sus prácticas reformistas, comprender el ejercicio de su autoritarismo. Frente a lo anterior, el cambio principal que se puede percibir en la década de 1980 es la pérdida de centralidad del Estado como objeto de reflexión, lo cual está íntimamente vinculado con la pérdida de centralidad práctica del Estado en México. A principios de la década de 1980, con la nacionalización de la banca, el Estado mexicano llega al cenit de su activismo y a partir de ahí inicia su descenso. El fin del *boom* petrolero y los desencuentros entre gobierno y agentes sociales propiciaron una brusca toma de conciencia sobre sus equívocos estratégicos, su elevada autonomía para las decisiones, lo obsoleto del régimen político y la falta de horizonte de predictibilidad para los diversos actores sociales.

La participación ciudadana en la elección de gobernantes y en las decisiones de gobierno, el control sobre sus acciones, la independencia de las organizaciones sociales, el imperio de la ley y la certidumbre son aspiraciones que se convierten en temas de reflexión y análisis. Las reflexiones que tienen como referente básico el tema de la democracia pasan a ser ampliamente mayoritarias en la politología de México.

La excesiva centralización de poderes en la figura presidencial, la centralización territorial de las funciones, la negativa a conceder mayor participación ciudadana en las decisiones se consideraban de manera generalizada obstáculos que sólo podían ser removidos con la democratización del país; cuál era el contenido y el significado de esta democratización y cuál su agenda eran cosas sobre las que ya no había unanimidad. Para algunos, el problema fundamental es el de la vigencia del Estado de derecho y el control ciudadano sobre el gobierno; para otros, el problema central se relaciona con la injusticia, la desigualdad y la estrategia gubernamental para hacerles frente. Democracia sin adjetivos y democracia social parecían ser las divisas de unos y otros.

Frente a la constatación de la pérdida de centralidad del Estado y la caducidad del régimen político, las apelaciones a la sociedad civil se multiplican llamando a "unir a todas las fuerzas populares, democráticas y patrióticas en un frente..." (González Casanova, 1985: 425), o como un llamado a respetar el mercado, identificándolo con sociedad civil (CEESP, 1988), o bien como una adveniente modernización que la pone por delante del Estado; *ahora la sociedad toma la iniciativa [...] llegó el momento en que el Estado y el sistema político se miran en la sociedad* (Morales, 1989: 17), o bien como comprobación de que la sociedad es la que se ha tornado compleja, que han aparecido nuevos actores y que éstos ya no caben en la estrechez del régimen político:

> Una sociedad con ánimos independientes, proestatales, ha emergido de la zaga de modernización dirigida por el Estado. Al término de esa carrera loca, que ha dejado en el camino tantas ruinas deformes, delatoras de su prisa, toca la hora de una nueva modernización. Pero en la nueva pieza teatral, los papeles han cambiado y el Estado no tiene o no puede tener el papel hegemónico. De todos los miembros de su gran familia llegan desánimos y desafíos contra su profusa paternidad. Manotea, expropia, deshereda, promete e intenta cambios, pero está obligado a reconocer que la casa es demasiado grande para quedar bajo su manto y que la familia está diciendo adiós a su mandato patriarcal [Aguilar C., 1988: 37].

En tanto que en la transición mexicana el énfasis se pone en los rendimientos de la acción gubernamental, en su eficiencia, pero también en la democratización de las decisiones públicas, con un reclamo mayor de diversos actores sociales por tomar parte en ellas y en vigilar las acciones que les afectan, la ciencia que pretenda analizar los cursos públicos de acción tiene que echar mano de dispositivos analíticos que le permitan argumentar en situaciones complejas, pues no se trata ya de mejorar sólo los rendimientos de los recursos del gobierno, ni de estimar sólo el costo-beneficio de posibles decisiones; se requiere una ciencia de políticas que tenga la capacidad para dar cuenta del replanteamiento que se va efectuando de la relación entre gobierno y sociedad.

En México, el auge petrolero retrasó un tanto la reformulación del modelo de acción gubernamental; sin embargo, la crisis de principios de la década de 1980 puso sobre la mesa de discusión este tema que durante un tiempo pareció encasillarse en el dilema keynesianismo o neoliberalismo, el cual, en la medida en que fue superado, fue liberando a las ciencias de la política del vasallaje a que las había sometido la economía en su análisis de las prácticas gubernamentales; hablar de política de gobierno ha sido casi sinónimo de política económica; hoy existen indicios de que es posible un análisis más complejo.

Si bien en diversos momentos se ha generado algún tipo de discusión sobre las orientaciones de las decisiones gubernamentales, el debate en la década de 1980 fue abierto por la obra *La disputa por la nación*, publicada en 1981 y elaborada conjuntamente por R. Cordera y C. Tello. Lo que de este texto se continúa es una producción bastante prolífica que, fundamentalmente anclada en la economía, va dando cuenta del avance de las reformas de gobierno, ya sea para advertir sobre sus riesgos o para señalar la necesidad de profundizar en su línea; entre los principales problemas económicos relacionados con la gestión del gobierno tenemos la relación entre déficit público e inflación (Aceituno y Ruprah, 1982); la política industrial y las dimensiones de las empresas (Jacob y Peres, 1982); la relación entre política industrial, monetaria y sector externo (Villarreal, 1988); las consecuencias de las reformas para los sectores populares (Cordera y González, 1988); los resultados de la excesiva intervención gubernamental y la consecuente burocratización en las decisiones económicas (Zaid, 1987); la necesidad de una posición liberal para poder avanzar en la reconversión industrial (CEESP, 1988).

La posibilidad de un análisis específicamente politológico en torno de las prácticas gubernamentales implicó una búsqueda teórica referida a las situaciones del país. Textos como el de *Política y racionalidad administrativa* (Aguilar, 1982) contribuyen de manera significativa a la reconceptualización política de las prácticas gubernamentales, recuperando como insumos a la economía y la administración. Asimismo, existen contribuciones importantes en cuanto al esclarecimiento de la agenda de gobierno y los desafíos y contradicciones que ésta enfrenta (Castañeda, 1986).

Los estudios de políticas en México

Como ya se señaló, los análisis sobre políticas públicas en México recorrieron un largo camino hasta que la actuación gubernamental pudo ser puesta en tela de juicio. También se aprecia un recorrido en el estudio de las políticas públicas en México; al principio aparece como una subdisciplina de la administración pública, sobre todo cuando la discusión se centra en la reforma administrativa; después es desplazada por la discusión sobre la orientación de la política económica, con el consecuente predominio de los economistas; por último, con la adquisición de fuerza de las diversas corrientes políticas contendientes y la pluralización y diversificación del debate sobre las decisiones de gobierno, se abrió una arena de concurrencia entre las diversas disciplinas. La producción más ubicada en el enfoque de políticas la podemos agrupar en tres aspectos fundamentales, sin que esto signifique un ordenamiento cronológico:

1) Sobre la utilidad de la ciencia de políticas como enfoque analítico. Durante algún tiempo la referencia que se hacía en la bibliografía mexicana al tema de políticas públicas implicaba un abordaje tangencial y no siempre preciso de lo que se pretendía denotar con esa expresión; en ocasiones se le utilizaba como sinónimo de acciones de gobierno, en otros como decisiones aisladas; por ello, la primera vertiente que quiero referir es la de aquellos trabajos que propusieron y lograron una cierta depuración categorial. Al respecto habría que señalar los aportes de Luis F. Aguilar sobre la relación entre política y administración pública, a partir de lo cual se da a la tarea de introducir el enfoque de políticas públicas en México; así, después de constatar los cambios que se han operado en la relación entre gobierno y sociedad, Aguilar plantea el problema fundamental del país:

La pregunta político-administrativa central es entonces averiguar si y cómo es posible gobernar sociedades plurales, abiertas, autónomas, complejas, tal vez crecientemente individualizadas, pero que siguen atrapadas en problemas de desigualdad, pobreza, atraso [...] ¿no es hora de explorar, de pasar a otro estilo y patrón de *policymaking* que, sin abandonar la búsqueda de coherencia, racionalidad y eficiencia [...] incorpore las nuevas tendencias de la sociedad mexicana?, ¿qué puede ofrecer el análisis de políticas públicas al nuevo y obligado estilo de conducción gubernamental? [Aguilar, 1990: 240].

A partir de lo anterior y después de criticar la visión de gobierno característica de la planeación, y señalar las principales etapas del desarrollo de las políticas públicas formula su propuesta: "Gobernar de acuerdo con la política pública significa incorporar la opinión, la participación, la corresponsabilidad, el dinero de los ciudadanos, es decir, de actores políticos autónomos y, a causa de ello, ni pasivos ni unánimes" (Aguilar, 1990: 253).

Existen otros trabajos que intentan clarificar el contenido de la propuesta analítica de las políticas públicas, como el de José Luis Méndez (1993), en el que después de constatar las dificultades de alcanzar consensos en torno de la definición de lo que es una política pública propone que "el problema de la definición se podría mitigar si en lugar de ver a las políticas públicas a través de los limitados lentes de una definición, las vemos como 'variables' a fin de aprehender mejor la variedad de casos o situaciones de una realidad social compleja" (Méndez, 1993: 121).

2) Los análisis de aspectos específicos. Otro agrupamiento lo podemos encontrar si enfocamos aquellos trabajos que se han desarrollado no teniendo como objetivo el esclarecimiento categorial de las políticas públicas, sino sus aspectos específicos; por ejemplo: trabajos sobre la burocracia y las relaciones políticas (Lerner, 1984); la búsqueda de la congruencia entre las distintas prácticas de gobierno y su referente ordenador se verá impulsada por un conjunto de trabajos que analizan sectorialmente estas prácticas, como las políticas educativa (Street, 1983), de vivienda (Aldrete, 1983), de salud (Márquez, 1984; Mercer, 1983), alimentaria (Arteaga, 1985). Un aspecto de fundamental importancia en esta discusión será el estudio sobre el redimensionamiento del aparato gubernamental y paraestatal (Uvalle, 1995; Casar y Peres, 1988), su relación con la administración pública federal (Pardo, 1986) y su vínculo con la estrategia de desarrollo; al respecto es útil tener en cuenta el trabajo de Manuel Camacho (1979), en el que después de ubicar los diversos enfoques sobre la empresa pública y los distintos actores político-burocráticos que serían sus portadores, propone entonces que la utilidad de los enfoques varía y depende que se de en situaciones de normalidad y de transformación:

Para situaciones normales, el método adecuado consistiría en privilegiar el nivel inferior de análisis [...] El de la microeconomía, contabilidad y administración sobre el de la política económica, la política de desarrollo y la ideología y política [...] Por lo contrario, para situaciones de cambio, cuando se afectan las prioridades del modelo económico o se está ante un cambio de modelo económico, el sentido de la reflexión debiera ser el inverso. Privilegiar lo general sobre lo particular. La ideología y la política, sobre la política de desarrollo [...] y así sucesivamente. Con este proceder se puede contemplar y criticar al problema en su conjunto —en su totalidad— sin caer en las limitaciones empiristas que anulan la reflexión global [Camacho, 1979: 167].

3) La relación entre políticas y régimen político. Otro de los agrupamientos que podemos hacer es el de aquellos trabajos cuya preocupación central es el análisis de la relación entre estrategias de gobierno y actitud de los agentes sociales; contribuyen al esclarecimiento de este asunto publicaciones que recogen la perspectiva del equipo de gobierno en turno; por ejemplo, en lo que hace a la concepción de planeación, el papel de la empresa pública y la vinculación entre los distintos niveles de gobierno se encuentra la obra de Montemayor (1986); sobre la compatibilidad entre las acciones económicas de gobierno y las facciones y grupos empresariales están Garrido, Jacobo y Quintana (1987) y Hernández (1988); sobre las formas de negociación que tiene la nueva estrategia y los consecuentes cambios en la representación corporativa de los empresarios destaca Luna (1987); Bizberg (1989) analiza el régimen corporativista y plantea los elementos de fondo que hacen incompatibles las reformas emprendidas desde el gobierno con la estructura corporativa de sus organizaciones y los dilemas que enfrenta el cambio en la misma; la relación entre la política industrial y el cambio en las relaciones laborales las analiza De la Garza (1990); el cambio en las relaciones laborales y las adecuaciones jurídicas las enfoca Bensunsán (1988); las perspectivas económicas y demográficas y la toma de decisiones estratégicas las analiza Whitehead (1987).

Evidentemente, el señalamiento de la compatibilidad o incompatibilidad de los propósitos de gobierno con los de los agentes sociales, y la adecuación de los mecanismos de representación y negociación entre éstos plantean el abordaje de un tema bastante vinculado con estos asuntos: la concertación. Diversos trabajos tratan de analizar cuáles serían las posibilidades del gobierno de generar un consenso con las principales organizaciones empresariales y laborales sobre los objetivos a alcanzar (Durand, 1987; Canto, 1990a) y el peso que tiene la perspectiva empresarial (Luna, 1987; Garrido, Jacobo y Quintana, 1987).

A final de cuentas, se puede decir que la modernización, la concertación y la transición son los puntos de referencia a través de los cuales se perciben los intentos de construcción de un nuevo modelo de regularidad de la acción gubernamental que provea la posibilidad de cálculo de los agentes sociales, e introduzca la racionalidad. Esta búsqueda plantea —entre otras cosas— la necesidad de establecer el vínculo específico o, tal vez mejor, la unidad de análisis, entre relaciones de poder de agentes sociales y prácticas de gobierno que de manera poco fructífera fueron separadas en el pasado reciente en los casilleros de ciencia política, por un lado, y administración pública, por otro.

Líneas de investigación y debate contemporáneo

Un intento de balance: tal vez no sea demasiado atrevido afirmar que las políticas públicas en México son aún una disciplina en vías de desarrollo no tanto por las debilidades de la academia, sino fundamentalmente por el comportamiento del hecho mismo. Sólo hasta ahora se empiezan a recorrer los velos del poder en el que se envolvían las decisiones que a todos interesaban; sólo con las modificaciones en la política, las políticas empiezan a ser públicas.

En el contexto mexicano, esta juventud de las políticas públicas, como fenómeno y como disciplina académica, ha tenido como consecuencia que hasta ahora la preocupación básica haya girado en torno a la asimilación de los desarrollos teórico-metodológicos existentes en vez de su adaptación y consecuente cuestionamiento. Por ello, tal vez sea explicable que en este intento de asimilación los supuestos teórico-políticos no hayan sido aún puestos en tela de juicio, dándose con ello un predominio de los enfoques que parten del individualismo posesivo, con la visión del ciudadano como cliente de las instituciones, más gubernamentales que públicas. Apenas se empiezan a vislumbrar las consecuencias que para el análisis de políticas tienen los diversos enfoques actuales de la teoría política.

Pensando en el futuro próximo, parece que aún está pendiente el reto de la incorporación de la diversidad de enfoques de políticas en la práctica, tensionados a su vez por las diversas presencias partidarias en los distintos órdenes de gobierno, por el diferente predominio partidario entre los poderes estatales y, sobre todo, por la mayor presencia de las distintas formas asociativas de la ciudadanía, que no se mueven exclusivamente en el esquema del individualismo posesivo, sino que integran múltiples referentes culturales e identidades en su actuación política y que, por tanto, son portadores de distintos proyectos ya no sólo enunciados ideológicamente, sino también en las claves discursivas de las políticas públicas, cuya agenda y ejecución ya no se limita a la esfera gubernamental, sino que reclama la intervención de diversos ámbitos de la esfera pública.

El momento por el que atraviesa la transición política del país no permite aún la resolución práctica de la cuestión de si la política hace a las políticas o a la inversa; si bien se ponen los énfasis en los consensos, en la reconstrucción de la ciudadanía, en la refundación de nuevas bases para el cálculo de la política, hasta ahora no se han establecido los puentes adecuados con las políticas públicas, viéndolas como arenas de confrontación de subjetividades sociales en las que se crean y redefinen identidades colectivas. Hace falta un enfoque de políticas diferente de la visión demasiado centrada en el gobierno; la intersección de los caminos paralelos recorridos hasta ahora por politólogos y administradores parece ser el desafío fundamental para los analistas de las políticas públicas.

BIBLIOGRAFÍA

Aceituno, G., e I. Ruprah (1982), "Déficit público e inflación", *Economía Mexicana*, núm. 4, CIDE, México.

Aguilar C., Héctor (1988), *Después del milagro*, Cal y Arena, México.

Aguilar V., Luis (1982), *Política y racionalidad administrativa*, INAP, México.

——— (1990), "Política pública y gobierno de Estado", *Revista del Colegio*, año II, núm. 4, octubre, Colegio Nacional de Ciencias Políticas y Administración Pública, México.

——— (1992), "Estudio introductorio" de *El estudio de las políticas públicas*, MAP, México.

Aldrete, José A. (1983), "Hacia un nuevo enfoque para el estudio de la acción burocrática estatal: la política de vivienda del Infonavit", *Estudios Sociológicos*, vol. 1, núm. 2, mayo-agosto.

Arteaga, Javier (1985), "El sistema alimentario mexicano: una perspectiva política", *Estudios Sociológicos*, vol. 3, núm. 8, mayo-agosto.

Bensunsán, Graciela (1989), "Reconversión industrial: la concertación social y los derechos laborales en México", *Argumentos*, núm. 6, abril, UAM-Xochimilco.

Bizberg, Ilán (1989), "El México neocorporativo", *Nexos*, núm. 144, diciembre.

Camacho, Manuel (1979), "Empresas públicas y objetivos nacionales", *Foro Internacional*, julio-septiembre, El Colegio de México.

Canto, Manuel (1993), "Elementos para una agenda de discusión sobre el futuro de la acción gubernamental", *El Cotidiano*, núm. 58, octubre-noviembre.

Casar, Amparo, y W. Peres (1988), *El Estado empresario en México: ¿agotamiento o renovación?* Siglo XXI, México.

Castañeda, Jorge (1986), "México en la orilla", *Nexos*, núm. 98, febrero.

CEESP (1988), *Modernización y productividad*, Diana, México.

Cordera, Rolando, "El desarrollo económico y social: referencias y temas de una propuesta alternativa", en P. González C. y H. Aguilar (coords.), *op. cit.*

———, y C. Tello (1981), *México, la disputa por la nación*, Siglo XXI, México.

Durand, Víctor M. (1987), "Problemas de la concertación política en México", en F. Calderón y M. dos Santos (comps.),

Latinoamérica: lo político y lo social en la crisis, Clacso, Buenos Aires.

Garza, Enrique de la (1990), "Reconversión industrial y cambio en el patrón de relaciones laborales en México", en Arturo Anguiano (coord.), *La modernización de México*, UAM, México.

González Casanova, Pablo, "Prólogo a la crisis futura", en P. González C. y H. Aguilar C., *op. cit.*

Habermas, Jürgen (1989), *Teoría de la acción comunicativa*, Taurus, Buenos Aires.

Jacobs, E., y W. Peres (1982), "Las grandes empresas y el crecimiento acelerado", *Economía Mexicana*, CIDE, México.

Lerner, Bertha (1984), "Los trabajadores públicos: el misterio y la eficacia de las políticas estatales", en *Revista Mexicana de Sociología*, núm. 2, UNAM, México.

Luna, Matilde (1987), "Hacia un corporativismo liberal: los empresarios y el corporativismo", *Estudios Sociológicos*, vol. V, núm. 15, septiembre-diciembre.

Maestre, Agapito (1988), "Reflexión para una ética en democracia", en González y Quezada, *Teorías de la democracia*, Anthropos, Barcelona.

Mardones, José, "La filosofía política del primer Habermas", en González y Quezada, *Teorías de la democracia*, Anthropos, Barcelona.

Márquez, Vivián (1984), "El proceso social en la formación de políticas: el caso de la planificación familiar en México", *Estudios Sociológicos*, vol. 2, núms. 5 y 6, mayo-diciembre.

Marramao, Giacomo (1989), "Palabra clave: 'metapolítica'", en X. Palacios y F. Jarauta, *Razón, ética y política*, Anthropos, Barcelona.

Méndez, José Luis (1993), "La política pública", en *Foro Internacional*, enero-febrero, El Colegio de México.

Meny, Ives, y Jean Claude Thoening (1992), *Las políticas públicas*, Ariel, Barcelona.

Mercado, Ángel (1985-1986), "Democracia y poder en la ciudad de masas", *Estudios Políticos*, vols. 4 y 5, núms. 1-4, octubre-mayo.

Mercer, Hugo (1984), "Hospitales y práctica médica en la ciudad de México", *Estudios Sociológicos*, vol. 2, núms. 5 y 6, mayo-diciembre.

Montemayor, Rogelio (1986), "Planeación en tiempos de crisis para el desarrollo [sic]", SPP: *planeación en tiempos de crisis*, SPP, México.

Morales, Cesáreo (1989), "La modernidad en México", *Examen*, año I, núm. 15, septiembre, México.

Pardo, María del Carmen (1986), "La ley federal de entidades paraestatales: un nuevo intento para regular el sector paraestatal", *Foro Internacional*, octubre-diciembre, El Colegio de México.

Ramírez, Juan M. (1985-1986), "El proyecto de masas de la Conamup: balance provisional", *Estudios Políticos*, vols. 4-5, núms. 1-4, octubre-mayo.

Rusconi, Gian (1985), *Problemas de teoría política*, México, Instituto de Investigaciones Sociales, UNAM.

Street, Susan (1983), "Burocracia y educación: hacia un análisis político de la desconcentración administrativa en la Secretaría de Educación Pública", *Estudios Sociológicos*, vol. 1, núm. 2, mayo-agosto.

Torres, David (1990), "La ciencia política en México", en Francisco Paoli B. (coord.), *Desarrollo y organización de las ciencias sociales en México*, Miguel Ángel Porrúa, México.

Uvalle, Ricardo (1995), "El redimensionamiento de la administración pública", *El Cotidiano*, octubre, México.

Valdés, Francisco (1987), "¿Hacia un nuevo liderazgo sociopolítico? Ensayo sobre la convocatoria social de los empresarios", *Estudios Sociológicos*, vol. V, núm. 15, septiembre-diciembre.

Whitehead, Lawrence (1987), "La perspectiva económica de México: sus implicaciones para las relaciones entre el Estado y los trabajadores", *Foro Internacional*, núm. 110, octubre-diciembre, El Colegio de México.

POSITIVISMO JURÍDICO

Óscar Correas

Definición

Suele atribuirse a Augusto Comte la creación del término *positivismo* como propio de las ciencias sociales; Comte pasa también por haber sido el fundador de la corriente de pensamiento así denominada. Pero si bien la utilización de esta palabra por primera vez puede ser atribuida a Comte, no es correcto considerarlo como el fundador de lo que hoy se denomina positivismo, cuyo más lúcido exponente sigue siendo David Hume. Para Comte, lo positivo es, en definitiva, aquello verdaderamente existente; pero si se pregunta qué es eso, hay que remitirse a la experiencia sensible; y es en este punto donde Comte resulta sólo un epígono de Hume.

Historia, teoría y crítica

Trasladado al campo de la ciencia jurídica, el positivismo denota una posición filosófica que sostiene que las normas son siempre "puestas", esto es, producidas, edictadas, establecidas por una autoridad humana, aun cuando, como en el caso de la costumbre, no siempre pueda señalarse al hombre o los hombres que intervinieron en la creación de esas normas. Lo que caracteriza al positivismo es, entonces, la afirmación categórica de que no hay otro derecho que el producido por los seres humanos, afirmación que tiene un claro destinatario: el iusnaturalismo. Entre los positivistas se encuentra, en primer lugar, Kelsen. Pero la afirmación central del positivismo es también sostenida por otras corrientes de pensamiento social, como el marxismo o el denominado realismo jurídico, que, en este sentido, son también positivistas.

Extensión de la denominación positivismo jurídico

Por alguna razón que no siempre es muy clara, el positivismo jurídico es confundido con otras corrientes que, en algunos casos, sólo parcialmente pueden considerarse positivistas. Por ejemplo, muchos sostienen que *a)* si bien el derecho es siempre impuesto por seres humanos, de todos modos, *b)* por el sólo hecho de ser impuesto por la autoridad legítima debe obedecerse. Esta última afirmación no es en realidad positivista, aunque sí la primera. Esta posición, que enlaza el positivismo con la afirmación de la necesidad de obedecer al derecho, ha sido llamado *positivismo ideológico* para denunciar el hecho de que utiliza la doctrina positivista, pero agregándole un ingrediente que es una apología del poder y del Estado: la ideología de que el que manda debe ser obedecido. En realidad, se trata de una confusión de dos afirmaciones que están ligadas entre sí sólo por la intención política del enunciador sin que haya entre ellas ninguna relación lógica; al contrario, la segunda afirmación se parece a la que defendía el derecho divino de los reyes a mandar, la cual fundaba este derecho en que "todo poder viene de Dios". En contraste, la mayoría de los positivistas son individuos democráticos y muchos de ellos son incluso socialistas.

También suele confundirse el positivismo jurídico con la posición de aquellos juristas que dicen que el derecho válido es el producido por el Estado y solamente éste es productor de derecho. Ésta no es una afirmación positivista porque, como su nombre lo indica, ésta tiene que sostener una posición más "realista" y, por ello, reconocer que no solamente el Estado produce normas, como sucede en los muy frecuentes casos de pluralismo jurídico. También suele pasar por positivismo la posición ideológica de los juristas que afirman que la interpretación de la ley es un acto científico y que existe una interpretación "correcta" del derecho frente a una "incorrecta". Y suele decirse de ellos que son "positivistas" porque preconizan una actitud de "obediencia ciega" a la ley sin considerar la posible injusticia que puede cometerse de esa manera. Pero la posición positivista, como la de Kelsen, sostiene más bien lo contrario: toda interpretación del derecho tiene por objetivo la producción de una nueva norma, como es la sentencia del juez; y como toda norma es el resultado de un acto político, de una voluntad de poder, entonces en la creación de toda norma hay un amplio margen para la arbitrariedad, que echa por tierra la pretensión de los juristas que sostienen que hay interpretaciones "correctas" o "científicas" o "verdaderas" del derecho. De este modo, un juez podría ser positivista, pero no por ello considerar que no puede "apartarse" de la ley en aras de lo que considera "verdadera" justicia.

La clave de la ilegítima extensión del calificativo "positivista" a actitudes ideológicas que no lo son está en la comprensión de los conceptos de validez y eficacia de las normas (véase). Para Kelsen, una norma es válida si: *a)* puede decirse de ella que ha sido producida conforme con otra norma superior, y *b)* si es eficaz cuando menos en un cierto grado; es decir, para el positivismo jurídico la eficacia es una condición de la validez de las normas. Por lo tanto, no dice que las normas son válidas porque las ha producido un órgano del Estado, sino que, si las ha producido, debe comprobarse su eficacia para poder predicar a partir de ella su validez. Por consiguiente, los juristas que afirman que para conocer el derecho es necesario conocer las leyes dictadas por el Estado no son en realidad positivistas, sino, en todo caso, normativistas a ultranza. El positivismo jurídico se encuentra a mitad del camino entre el normativismo absoluto y el realismo absoluto.

Líneas de investigación y debate contemporáneo

Por su parte, los iusnaturalistas critican al positivismo, pero la mayor parte de las veces confundiéndolo con la posición que dice que el derecho debe ser obedecido por el solo hecho de haber sido producido por el órgano competente para ello. Los iusnaturalistas critican esta posición que, como dijimos, no es realmente positivista porque, desde luego, prescinde de la justicia de las normas; según los iusnaturalistas, sólo es derecho el que se apega al derecho natural, o sea, que por sí es justo (según el concepto de justicia que ellos tienen). La crítica contra la verdadera posición positivista —que todo derecho es impuesto por seres humanos— es en realidad muy difícil de sostener porque tampoco los iusnaturalistas sostienen que el derecho no sea puesto por seres humanos, sino sólo que cabe la posibilidad de que tal derecho no coincida con el derecho natural, con la justicia y, por lo tanto, no sea "verdadero" derecho, y por ello no debe ser obedecido. Pero queda un residuo que tampoco los iusnaturalistas niegan: que las normas injustas están respaldadas por la violencia de quien las ha producido y los ciudadanos se ven obligados a obedecer por temor a la sanción. Esto, que es un hecho, no es negado por los iusnaturalistas. El conflicto estriba en realidad sobre otra cuestión: la posibilidad de establecer de manera objetiva qué es la justicia. Los positivistas dicen que eso es una cuestión ética, política, sujeta a discusión, mientras que la ciencia del derecho debe limitarse a describir las normas válidas. Los iusnaturalistas, en cambio, se niegan a identificar el "derecho" con el derecho positivo y a aceptar que la justicia es algo relativo y sujeto a los valores que han sido aceptados en las distintas sociedades en diversas épocas. Por otra parte, nada impide que los positivistas tengan la misma idea de la justicia que los iusnaturalistas. Por ejemplo, ambos pueden pensar que es justo respetar la propiedad privada, o bien es posible que muchos iusnaturalistas piensen que lo justo es lo contrario, es decir, que sean socialistas y que se vean acompañados en esta consideración ética por innumerables positivistas. ¿Dónde queda la diferencia entonces? A veces parece que simplemente en que los iusnaturalistas piensan que su concepto de justicia es el único posible, mientras que los positivistas piensan que su concepto de justicia puede no ser compartido por otros y que, sin embargo, todos deben aceptar que la ciencia jurídica se limita a describir las normas válidas aunque sean injustas. Por ejemplo, Kelsen, que fue un perseguido del nazismo, consideró siempre que ese régimen era injusto, con lo cual están de acuerdo la mayor parte de los iusnaturalistas contemporáneos; la diferencia, entonces, estriba en que, para Kelsen, la ciencia jurídica alemana del tiempo del nazismo tenía como objeto describir las normas válidas aunque fueran injustas. Los iusnaturalistas dirían que esa descripción no correspondía a ningún "derecho", sino de lo contrario del derecho: la injusticia impuesta por la fuerza. En un caso diverso, un marxista podría decir que la protección jurídica de la propiedad privada de los medios de producción es injusta, mientras que la mayor parte de los iusnaturalistas diría que esa protección es justa. Si el marxista además fuese positivista, tendría que decir que la ciencia del derecho debe describir esas normas como válidas, mientras que el iusnaturalista diría que esa descripción sí lo es del "derecho", puesto que esas normas son justas.

BIBLIOGRAFÍA

García Máynez, Eduardo (1977), *Positivismo jurídico, realismo sociológico y iusnaturalismo*, UNAM, México.

Kelsen, Hans, *Teoría pura del derecho*, UNAM, México.

——— (1986), *La idea del derecho natural y otros ensayos*, Editora Nacional, México.

Ovilla Mandujano, Manuel (1990), *Teoría del derecho*, Editora Duero, México.

PRESIDENCIALISMO

Ricardo Espinoza Toledo

Definición

La característica del sistema presidencial es la combinación de un presidente de la república, electo con base en el sufragio universal (directo o indirecto), con un Congreso bicamarista, también electo pero que no tiene facultades de gobierno. Además, el presidente es políticamente responsable, se puede reelegir (al menos una vez), el Congreso no puede ser disuelto, el principio federal de organización se traduce en una forma complementaria de división de los poderes y la Suprema Corte de Justicia vela por la constitucionalidad de las leyes y de los actos de gobierno.

Aunque muchos países latinoamericanos se han inspirado en el modelo inventado por los estadunidenses, lo cierto es que en América Latina esa importación produjo esquemas superpresidencialistas. Éstos son una versión deformada del sistema presidencial, porque en los superpresidencialismos los poderes se encuentran desequilibrados en detrimento del Congreso y en beneficio del presidente. El presidencialismo latinoamericano dista mucho del modelo original.

Historia, teoría y crítica

El sistema presidencial nace asociado al diseño institucional estadunidense. A decir verdad, no existe un cuerpo doctrinal en la materia. Pero, en esencia, se trata de un sistema de poderes divididos, balanceados y contrapesados, opuesto, por tanto, a la tradición monárquica y al predominio del Parlamento. La mayoría de los estudios coinciden en señalar que la reunión unipersonal de la jefatura del Estado y el gobierno, independiente del Congreso y también de los ciudadanos (recuérdese el fundamento de la elección a través de electores), constituye un instrumento tanto de unión para los diferentes estados federados como de autoridad necesaria para la conservación del Estado central. El presidente no es un monarca limitado, sino un poder controlado y democráticamente legitimado.

Con esta base, el sistema presidencial combina el principio electivo, la presencia de ejecutivos independientes, un Poder Legislativo organizado en dos cámaras, la organización federalista y, entre otros elementos, un sistema judicial eficaz y autónomo, encargado de velar por la constitucionalidad de la vida política, todo lo cual ofrece un equilibrio institucional y político.

El sistema presidencial se funda en dos ideas centrales: la división de poderes y el federalismo. El Estado norteamericano se situó respecto a tres poderes orgánicamente independientes unos de otros, y no sólo en relación con dos órganos como en Inglaterra; en los Estados Unidos se encuentran, por un lado, el Ejecutivo, el Legislativo y el Judicial como poderes separados y balanceados; por el otro, para conciliar el interés de los estados pequeños con los grandes, el norte con el sur, etc., se establece el compromiso de organizarse en dos cámaras, pero con un contenido muy diferente al del sistema inglés: una representaría a la población sin distinción (la Asamblea de Representantes) y la otra a los estados en pie de igualdad (el Senado). El *federalismo*, por su parte, aparece como una forma de distribuir el poder entre el gobierno federal y el de los estados. A su vez, el Ejecutivo y el Legislativo surgen del sufragio universal, cada uno de manera independiente. La república queda así diseñada.

El presidente tiene cierta preponderancia, pero el Congreso no es débil ni le está subordinado; el presidente electo es el guía de la nación. El presidente no puede ser destituido por el Parlamento; además, nombra a su gobierno, con la sanción del Senado, y lo remueve libremente. Su mandato es de cuatro años, reelegible una vez. Tiene a un vicepresidente cuya función normalmente es secundaria. A diferencia del sistema inglés, el presidente es, a la vez, jefe de Estado y de gobierno (aunque se elige no con base en el sufragio universal, sino por grandes electores, nombrados por estado).

A diferencia de los sistemas parlamentarios, los ministros o colaboradores del presidente no tienen responsabilidad política ante el Parlamento, pero el presidente de la república no puede disolver el Parlamento. La Constitución garantiza la independencia orgánica del Legislativo y del Ejecutivo. Finalmente, en el Congreso no hay disciplina de partido, ni una mayoría de un partido opuesta a una minoría del otro partido. La libertad de voto es total, la cultura mayoritaria es inexistente y posee un sistema bipartidista.

El poder presidencial no es omnipotente. Es un poder limitado por la colaboración estrecha entre Legislativo y Ejecutivo, por la administración federal, por la soberanía de los estados, por los grupos de poder económico y por la lucha de partidos. Además, el presidente tiene responsabilidades políticas frente al Parlamento y sus actos deben estar apegados a derecho, es decir, a la Constitución. La Suprema Corte de Justicia garantiza esa acción. Para los estadunidenses, la Suprema Corte de Justicia juega un papel esencial: en realidad, es el elemento que mantiene el equilibrio del sistema federal.

Las relaciones entre Legislativo y Ejecutivo son interdependientes. El presidente interviene en el proceso legislativo intentando obtener el respaldo de los parlamentarios para su programa legislativo. La ausencia de una mayoría presidencial y de la disciplina de partido lo obligan efectivamente a negociar, convencer y eventualmente hasta amenazar con el propósito de obtener los votos que necesita. El Congreso puede retardar la acción del presidente, inclusive negarle los medios de una política, con lo que frena la omnipotencia presidencial. De ese modo, no es necesario que Legislativo y Ejecutivo estén dominados por partidos diferentes para que la situación del presidente sea difícil. En particular, el Legislativo puede frenar, modificar e inclusive rechazar los proyectos del Ejecutivo.

El presidencialismo democrático es un sistema ideado deliberadamente para tener ejecutivos débiles. En la Constitución, los pesos y los contrapesos están muy bien establecidos para delimitar las relaciones equilibradas entre el Congreso y la presidencia. El Congreso no puede destituir al presidente, pero dispone del poder de "impedimento" *(impeachment)*. El presidente no puede disolver el Congreso, pero tiene poder de veto. El Congreso vota las leyes y el presupuesto, pero debe escuchar los mensajes presidenciales; el presidente ejecuta las leyes, pero en un cuadro estrictamente definido por el Congreso.

Los elementos distintivos del sistema presidencial serían, entonces, clara separación del Ejecutivo y del Legislativo, relaciones equilibradas entre ambos, principio federal de organización, elección popular del presidente, inamovilidad política del presidente durante su periodo de gobierno, carencia de poder del presidente para disolver el Congreso, partidos con fuerte implantación local y escasa disciplina partidaria.

La derivación superpresidencialista

En diversos países de América Latina, y particularmente en México, se produjo una derivación superpresidencialista. En estos casos, mayoría presidencial y mayoría parlamentaria coincidieron siempre. En México, la división de poderes formalmente establecida por la Constitución no restringe la potencia del Ejecutivo, quien, hasta antes de 1997, no tenía necesidad de solicitar el respaldo del Congreso, porque con los diputados y senadores surgidos de las filas de su partido contaba con suficientes votos para hacer pasar sus iniciativas.

El bicamarismo refuerza el desequilibrio de los órganos del Estado, en virtud de que la separación de poderes pierde distancia, pues el presidente encontraba sistemáticamente una mayoría favorable y avasalladora. Por esa razón, no necesitaba seducir al Senado ni a la Cámara de Diputados, ni a los estados, porque en todas partes encontraba una adhesión sin cuestionamientos serios.

El federalismo, que debiera operar como límite a la acción del poder federal y como sistema complementario de la división de poderes, es decir, como un principio político de contrapeso, ha funcionado más como un mecanismo a través del cual el poder federal interviene en la vida política local. Sin embargo, esta situación tiene razones históricas que la explican: un gobierno de presidente fuerte aparece como la respuesta a los riesgos de anarquía y como la vía más expedita para satisfacer las demandas sociales; ante la disposición de recursos escasos, se opta por su concentración; frente a una sociedad poco estructurada y organizada, se impone la centralización, que se refuerza por la necesidad de moderar los intereses locales muy poderosos. Parece que el superpresidencialismo, no democrático por supuesto, fue la solución original al dilema de optar entre la reconstrucción del Estado o la dispersión.

El superpresidencialismo mexicano es un producto de varios componentes doctrinarios, empíricos, teóricos y prácticos. El significado que tenía el constitucionalismo consistía en sujetar al presidente no a reglas estrictas, sino escritas, es decir, lo liberan de cualquier control por parte del Legislativo al tiempo que lo convierten en un poder constitucional. El autoritarismo no aparece como un postulado anticonstitucional; surge como un complemento indispensable en la construcción de la nueva república para el logro de otros objetivos esenciales, como la integración nacional, la soberanía territorial o la estructuración económica. El presidencialismo mexicano se encuentra normado, pero en él se establece cierta dependencia entre los poderes. Un factor igualmente decisivo para el logro del perfeccionamiento de ese sistema de interrelaciones políticas fue la construcción de un *sistema de partido hegemónico*.

Con esta base, resulta más conveniente referir el caso mexicano por su peculiaridad *superpresidencial* que definirlo como presidencialista; por regla general, a los regímenes presidenciales se les refiere como presidencialismos, sobre todo por oposición a los parlamentarismos. Por esa razón, el carácter *presidencialista* del régimen mexicano queda mejor expresado como superpresidencial, pues así evita, desde el principio, dar la impresión de ser un equivalente de regímenes con poderes balanceados. Por lo demás, este superpresidencialismo adquirió su punto más alto de perfección en el marco de un *sistema de partido hegemónico*. En ese sentido, el superpresidencialismo mexicano constituye una aplicación deformada del régimen presidencial clásico, debido al debilitamiento de los poderes del Congreso, a la hipertrofia de los poderes del presidente, a la centralización política y a la inexistencia de un sistema de partidos competitivo, aspectos todos cuestionados por el desarrollo político experimentado en las últimas décadas.

BIBLIOGRAFÍA

Carpizo, Jorge (1978), *El presidencialismo mexicano*, Siglo XXI, México.

Córdova, Arnaldo (1977), *La formación del poder político*, Era, México.

Duhamel, Olivier (1987), *Droit constitutionnel et politique*, Le Seuil, París.

Duverger, Maurice (s. f.), *Instituciones políticas y derecho constitucional*, Ariel, Barcelona.

——— (1984), Los partidos políticos, FCE, México.

Garrorena Morales, Ángel (1991), *Representación política y constitución democrática*, Editorial Cívitas, Madrid.

Linz, Juan J., y Arturo Valenzuela (1994), *The Failure of Presidential Democracy*, The Johns Hopkins University Press, Baltimore, 2 vols.

Mainwaring, Scott, y Matthew Soberg (1997), *Presidentialism and Democracy in Latin America*, Cambridge University Press, Cambridge.

Nohlen, Dieter, y Mario Fernández (eds.) (1991), *Presidencialismo versus parlamentarismo*, Editorial Nueva Sociedad, Caracas.

Santiago Nino, Carlos y otros (1992), *El presidencialismo puesto a prueba*, Centro de Estudios Constitucionales, Madrid.

Sartori, Giovanni (1994), *La ingeniería constitucional comparada*, FCE, México.

Soberg Shugart, Matthew, y John M. Carey (1992), *Presidents and Assemblies*, Cambridge University Press, Cambridge.

Toinet, Marie-France (1991), *La Presidence americaine*, Montchrestien, París.

Wahl, Nicholas, y Jean-Louis Quermonne (1988), *La France presidentielle*, Presses de Sciences Populaires, París.

PROCESO ELECTORAL

José Woldenberg / Ricardo Becerra

Definición

El proceso electoral es la condición y la expresión práctica de la democracia. En el proceso electoral se manifiestan las preferencias de los ciudadanos de una determinada comunidad política; está constituido por una serie de etapas en las cuales tiene lugar, característicamente, la designación de los titulares del gobierno y del Poder Legislativo.

En el proceso electoral se concretan y concentran todos aquellos instrumentos que hacen posible la elección de gobernantes y legisladores en una nación. En él se manifiestan las opciones, las ideas y la fuerza de los actores (partidos o agrupaciones) que aspiran al gobierno o a los cargos legislativos, pero también y sobre todo en el proceso electoral cristaliza la participación y la decisión de los ciudadanos en torno a quienes deben ser sus gobernantes y legisladores.

Como señala Dieter Nohlen, el proceso electoral es el fenómeno institucional más frecuente y reiterado de la política en los Estados modernos. En condiciones democráticas, expresa la obligación y el compromiso periódico de parte del Estado para la renovación de diferentes órganos que lo constituyen: el Poder Legislativo y el Poder Ejecutivo. En los procesos electorales, el Estado construye y propicia todas las condiciones humanas, materiales, organizativas y logísticas para la expresión de la pluralidad política organizada y el sufragio de los ciudadanos.

Así pues, podemos afirmar que el proceso electoral es el momento fundamental de participación política en las democracias modernas. Evidentemente, los procesos electorales no son la única forma de participación política democrática: la afiliación y la militancia a algún partido político, la pertenencia sindical o gremial, la influencia desplegada a través de los vehículos de la opinión pública, la colaboración en grupos de ciudadanos organizados en torno a fines sociales constituyen también otras posibilidades para incidir en los asuntos públicos. Pero el proceso electoral, especialmente en el momento del sufragio, convoca a una gran cantidad de ciudadanos, la mayoría de los cuales lo abordan como la única forma de su participación política. En los procesos electorales se abre, periódicamente, la oportunidad de participar de gran parte de la población.

Alexis de Tocqueville observó que lo más admirable de los procesos electorales abiertos se halla en sus efectos políticos, es decir, "en las energías que se desatan", en el hecho de que "la patria, los intereses y los asuntos del Estado se dejan sentir por todas partes, dejan de ser ajenos a la masa e interesan a los hombres en el destino de su país".

El proceso electoral es el vehículo para el ejercicio del sufragio. A lo largo del tiempo, el sufragio mismo ha extendido sus alcances, pero su expansión no ha sido fácil y ha observado un desarrollo muy desigual: mientras que antes de 1848 el sufragio universal masculino no existía en ningún país, al concluir la segunda Guerra Mundial ya constituía una realidad en casi todos los sistemas democráticos del mundo. El voto femenino fue objeto de fuertes luchas que lo han generalizado sólo muy recientemente. Del mismo modo, el voto de las minorías raciales ha observado un desarrollo lento y complejo. No cabe duda de que en este proceso de extensión del sufragio —de igualdad política ante la ley— se encuentra uno de los capítulos más importantes de la historia política del mundo. En el ideal democrático moderno se establece que el proceso electoral propicie todas las condiciones para que los ciudadanos de un Estado encuentren la posibilidad de votar y ser elegidos, más allá de su sexo, idioma, ingreso, propiedad, profesión, estrato o clase, formación, confesión o convicción política.

El proceso electoral es el fundamento más importante de la participación institucionalizada y es, por lo tanto, la forma de acción política a través de cuyo ejercicio teóricamente se universaliza la participación. Es decir: en el momento de la emisión del voto, cada ciudadano se encuentra en igualdad de condiciones frente a todos los demás; ante la urna, se coloca en el mismo nivel político que todos los demás.

Desde esta óptica, puede decirse que los procesos electorales no se proponen de hecho tan sólo "reflejar" la realidad social, reproduciendo sus divisiones y desigualdades. Tienen la finalidad de trascender esas desigualdades dando vida a algo nuevo que llamamos ciudadanía. Con razón M. Duverger escribió que "en el proceso electoral la desventaja de las clases sociales más bajas disminuye en relación con otras formas de participación activa".

El proceso electoral puede ser implantado mediante diferentes técnicas, instituciones o leyes que en ocasiones pueden no tener en sí mismas contenido democrático alguno. Queremos decir con esto que los procesos electorales pueden no expresar una situación democrática. En Europa se celebraron elecciones mucho antes de que surgieran las democracias modernas; en el siglo XX hemos sido testigos de elecciones realizadas en sistemas políticos que no son democráticos.

El hecho de que puedan celebrarse procesos electorales en sistemas democráticos, autoritarios y aun en regímenes totalitarios nos informa que el significado político de las elecciones no está dado de antemano, sino que depende del sistema político en el cual se encuadra; es el sistema político el que en realidad determina su importancia y su función.

Esto no quiere decir que el proceso electoral sea un mero "reflejo" de las condiciones políticas. De hecho, las elecciones pueden crear oportunidades de cambio político importantes; no obstante, para que tal coyuntura se concrete, es preciso cumplir con dos requisitos: el respeto a la voluntad contenida en los sufragios y que el votante tenga ante sí la posibilidad de elegir entre dos o más opciones. Si estas condiciones existen, hablamos de elecciones competitivas; si alguna de las dos falta, hablamos de elecciones no competitivas; pero si hay limitaciones o restricciones de diferente grado nos estamos refiriendo a elecciones semicompetitivas.

Dieter Nohlen propuso una útil distinción que subraya el significado distinto que adquiere la celebración de los procesos electorales en contextos políticos distintos:

Sistemas democráticos... Elecciones competitivas
Sistemas autoritarios...... Elecciones semicompetitivas
Sistemas totalitarios....... Elecciones no competitivas

Si bien la celebración de elecciones no es condición suficiente para la vida de un régimen democrático, sí representa una condición absolutamente necesaria. Las elecciones competitivas constituyen el rasgo distintivo de la democracia y el que nos permite distinguirla de otros métodos políticos. La celebración de procesos electorales periódicos y recurrentes es, pues, uno de los requisitos primarios de la democracia y de la vida civil.

Los procesos electorales son innecesarios en el contexto político de las monarquías absolutas o en regímenes dictatoriales: ambos presumen poseer la legitimidad o la representación de toda la sociedad de una vez y para siempre. No hay distinción entre unos y otros, sociedad y gobierno son la misma cosa; por eso los procesos electorales se vuelven prescindibles.

Historia, teoría y crítica

En el siglo XVII, en Inglaterra, Oliver Cromwell y el Parlamento protagonizaron la primera victoria democrática frente a la monarquía absoluta y frente a su ideología: la legitimidad de las acciones del gobierno no podían sostenerse a partir de la ortodoxia eclesial, de su linaje o de su largo pasado; los representantes debían ser electos, ratificados o sancionados por los ciudadanos. Como escribió E. Hobsbawm, "históricamente, la evolución de las sociedades modernas, de sus instituciones y hábitos, tuvo como su vehículo a los procesos electorales". La expansión y "naturalización" de los procesos electorales ha sido uno de los factores principales de la modernización social europea —y luego mundial— al menos desde la mitad del siglo XVII. Basta con mirar uno de los supuestos del proceso electoral: el reconocimiento, ampliación y respeto al sufragio, para constatar que en torno a él se ha dado buena parte de la evolución política moderna en todo el mundo.

La democracia moderna está asociada también al desarrollo del Estado-nación: la celebración de procesos electorales a escala nacional, esto es, más allá de la ciudad o de la ciudad-Estado, fue un instrumento importante de unificación política. "La primera constitución escrita de la democracia moderna" —como la llama Huntington—, el Fundamento de Orders en 1638, tuvo como una de sus premisas esenciales la unidad política de los ciudadanos de la ciudad de Hartford con sus pueblos vecinos mediante la celebración de elecciones que conformaban un cuerpo gubernativo común.

Los procesos democráticos tienen sus raíces más fuertes en la revolución norteamericana y en la francesa; no obstante, la aparición de instituciones y de procedimientos democráticos es un fenómeno propio del siglo XIX. Huntington ha propuesto el año de 1828 como el de la instauración de las primeras instituciones democráticas, el año de inicio de la "primera ola democratizadora", es decir, el año en el que por primera vez se cumplió regular y establemente una de las condiciones democráticas esenciales: un Poder Ejecutivo responsable que debe mantener el apoyo de la mayoría en un parlamento elegido mediante elecciones populares periódicas.

A esa "primera ola democratizadora" (extensa, de 1828 a 1926, y en la cual descansa toda la tradición moderna), según el propio Huntington, han seguido dos más: la de 1943-1962 y la de 1974 hasta nuestros días. En esos procesos de tránsito y de construcción de instituciones aparecen siempre, como constante inexcusable, los procesos electorales, las elecciones periódicas, la libertad de decidir.

Al contrario que la ideología monárquica o totalitaria, la idea democrática asume la separación entre gobierno y sociedad; los entiende como esferas diferenciadas entre las cuales no hay relaciones unívocas: hay intercambios sociales (servicios que ofrece el Estado) y económicos (impuestos que el ciudadano debe pagar o subsidios y gastos que el Estado debe otorgar) y por supuesto obligaciones políticas mutuas: uno de los vínculos esenciales entre sociedad y gobierno tiene lugar en el proceso electoral. Allí se expresa el modo y el alcance de la intervención ciudadana en la designación de sus gobernantes.

La conexión política entre ambas esferas produce un gobierno representativo, es decir, un gobierno electo; al elegir, la sociedad delega también la capacidad para decidir sobre los asuntos públicos. Por eso es que G. Sartori señala que la importancia del proceso electoral es "consecuencia de dos presupuestos de la teoría liberal: la distinción entre sociedad y Estado y la afirmación sobre el carácter delegado de la autoridad política".

Las funciones del proceso electoral

De esa definición ideal, de esa distinción entre sociedad y Estado, se derivan otras tres funciones explícitas del proceso electoral: producir representación, producir gobierno y producir legitimidad.

En primer lugar, el proceso electoral debe reflejar los intereses, las pasiones y las visiones de una sociedad, debe procurar que estén representadas en los órganos gubernamentales. Históricamente, esta representación ha sufrido una significativa evolución: de elegir representantes que recogían los intereses directos de clases, de gremios, de corporaciones o de estamentos (la llamada representación orgánica o representación por "mandato imperativo"), a elegir representantes que se supone deben portar ante todo los intereses generales de la nación. Burke es el representante más importante de ese cambio en la noción de la representación: en su discurso a los electores de Bristol afirmó que "el Parlamento es la asamblea deliberante de una única nación [...] en ella deben prevalecer no los objetivos, ni los prejuicios locales ni estamentales, sino el bien general que deriva de la razón general".

Así entendida, la representación no se debe a un grupo en particular, sino a la nación; para esta idea clásica y liberal, la representación emana de individuos "libres e iguales": en el proceso electoral, el mercader es igual que el artesano y el noble es igual al campesino. Las elecciones son un instrumento unificador frente a una sociedad dividida: no refuerzan las divisiones, sino que las atenúan y las compensan.

Así, de manera ideal, el compromiso explícito de un candidato que asiste al proceso electoral es con un programa y con la organización que lo sustenta; por eso, de muchas maneras la historia de las elecciones y de su función representativa ha estado ligada a la historia de los partidos. Conforme al ideal democrático moderno, las organizaciones partidistas deben estar situadas encima de las personalidades y de los grupos de interés, elaborar programas globales, agregar intereses y ver por la sociedad en su conjunto.

Progresivamente, los partidos se colocaron en el centro de los procesos electorales y se vincularon orgánicamente a ellos, en todas partes y casi sin excepción histórica. Vallés y Bosch afirman incluso que "no hay partidos mientras no hay elecciones abiertas a un número amplio de electores. Y no hay elecciones razonablemente competidas si no hay partidos que concurran a las mismas".

El tipo de representación habitual que producen los procesos electorales hoy está ligado a la pertenencia partidista y a su origen territorial. El representante popular pertenece a tal partido y proviene de tal distrito o circunscripción geográfica. En la organización de la elección se prescinde de cualquier otra característica. Idealmente, ésta es la forma en que se posibilita la igualación de los ciudadanos en el proceso electoral y, por tanto, la mejor forma en que se produce la representación.

Producir gobierno es el segundo atributo de las elecciones. Las opciones que acuden a la competencia electoral alcanzan cierto grado de apoyo, obtienen o forman una mayoría y, por lo tanto, el derecho a ser gobierno, a tomar las decisiones propias del Estado; Sartori llama a este proceso "concentración de apoyo"; las elecciones expresan la confianza de la sociedad en cierta postura política y a través de su resultado cristaliza la reivindicación democrática más esencial: que los gobiernos tengan un origen popular, es decir, que se deban al apoyo de la mayoría social.

Originalmente, los procesos electorales no determinaban la orientación del gobierno, en tanto que su función era la de elegir cuerpos que controlaran las decisiones financieras de las monarquías. Progresivamente, una tras otra, las facultades decisorias fueron trasladadas a las autoridades electas, sobre todo en materia fiscal; la consigna maestra de la Revolución estadunidense *no taxation without representation* ("no habrá pago de impuestos mientras no haya la representación política correspondiente") expresa la demanda por trasladar a los órganos electos decisiones claves para la vida de la comunidad. En la medida en que la participación democrática se afianzaba, el gobierno, la capacidad para tomar decisiones, se depositó cada vez más en los órganos y puestos ganados en los procesos electorales.

Las elecciones informan de la "correlación de fuerzas" imperante en un momento de la vida política, del ascenso que han alcanzado algunas opciones y del rechazo que guardan otras; la composición de los congresos refleja —con mayor o menos fidelidad— esas realidades políticas cambiantes y hace crecer o inhibe la necesidad de acuerdos entre diferentes partidos. Este equilibrio de fuerzas determina la viabilidad o no de ciertos partidos, de ciertas políticas públicas, de ciertos proyectos o programas de gobierno.

Puede decirse que en este aspecto —producir gobierno— se concentra el problema clásico de la democracia moderna: cómo sacar adelante las medidas de gobierno en medio de una creciente competencia electoral que suele disminuir la fuerza de la mayoría y obliga a la negociación con posturas distintas y hasta encontradas.

En este sentido, en la actualidad se ha impuesto la idea de que el reto de la sustentabilidad de la democracia —en México como en América Latina— está en la construcción de un régimen electoral y estatal que por una parte conjugue la adecuada representatividad de las posturas políticas y por otra la capacidad y eficacia del gobierno.

Subrayar que la gobernabilidad se fundamenta en el ejercicio efectivo del poder no significa minusvaluar los componentes legitimadores del ejercicio del gobierno; y es ésta, precisamente, la tercera función esencial de los procesos electorales: generar legitimidad.

La legitimidad es al mismo tiempo un hecho y un valor de la convivencia social: es la aceptación del Estado por parte de una porción relevante de la sociedad y es la adhesión manifestada en las urnas por una comunidad que ha votado libremente.

Sin un grado importante de adhesiones explícitas expresadas en las urnas, es difícil pensar que las medidas de gobierno puedan ser llevadas a cabo. La legitimidad, en sí misma, otorga fuerza y abre un espacio a las decisiones de los gobiernos. La legitimidad, es pues, un elemento integrante de las relaciones entre gobernantes y gobernados que transforma la mera obediencia en adhesión o en el reconocimiento hacia quien ha conquistado tal o cual posición en el gobierno.

Los procesos electorales facilitan la interacción entre partidos políticos, sus candidatos y los ciudadanos. Durante un proceso electoral libre, los ciudadanos reciben los mensajes, sacan sus propias conclusiones de la confrontación pública y en lo íntimo hacen sus balances individuales. La decisión soberana de cada elector, que tendrá una traducción especial a la hora del sufragio, es consecuencia de ese proceso de circulación de ideas, de ese ambiente social y político generado en el proceso electoral.

Dice Sartori:

> El acto del sufragio, para serlo de un modo democrático, debe cargar con una larga historia: el elector debe haber conocido a los candidatos, sus ideas generales, su pasado, su papel y responsabilidad en la situación social y política; al final, el ciudadano selecciona, interioriza la opción y las razones por las que ha decidido apoyar a tal o cual fuerza.

Los procesos electorales se convierten en una prueba pública de que aquel que gobierna o que legisla detenta su cargo conforme a las leyes. La competencia electoral abierta, desarrollada ante los ojos de todos los ciudadanos, el triunfo de un candidato que emerge de una contienda limpia, hace que sea percibido ante esos mismos ciudadanos que han participado en el proceso como un justo titular de su posición: aparece como legítimo portador del cargo porque así lo definió la mayoría electoral.

Componentes del proceso electoral

Los procesos electorales se despliegan conforme a una sucesión de etapas o de eslabones. Una tras otra, se cumplen diferentes condiciones necesarias. En ellas, entran en escena los distintos actores del proceso político democrático: electores, candidatos, partidos, medios de comunicación, instituciones encargadas de la administración y organización. Veamos cuáles son los momentos o las etapas más características y relevantes del proceso electoral.

La institución electoral, es decir, los dispositivos legales, materiales y el equipo humano responsables de construir, ordenar y supervisar todo el proceso electoral. La legalidad de su actuación es una condición indispensable. Pero acaso el atributo más importante para esta instancia sea el de su neutralidad, es decir, que ofrezca todas las garantías de que la organización electoral carece de tendencias en favor de ningún competidor. Su actuación es crucial: no solamente porque su imparcialidad abona a favor de que el proceso electoral ha sido una fuente legítima de poder, sino también porque su eficacia, la calidad de su servicio y la puntualidad de sus actos, propician un ambiente de certeza y de confianza.

Por la naturaleza de las elecciones (generales, estatales, distritales, municipales), la autoridad electoral suele estructurarse de un modo piramidal: con órganos delegados en cada uno de los territorios en los que se circunscribe una elección.

Históricamente, las funciones de la institución electoral pueden recaer en el Poder Ejecutivo, el cual echa mano de los recursos de la administración ordinaria para sacar adelante el proceso. Sin embargo, para asegurar totalmente la neutralidad de la organización electoral, hay una tendencia progresiva —sobre todo en América Latina— para que la institución electoral quede en manos de una autoridad totalmente independiente del gobierno en curso y de todos los partidos en contienda. Las fórmulas o las combinaciones que se experimentan para lograr la neutralidad y la independencia son múltiples: en algunos países se le ha otorgado esa función a las magistraturas, a órganos mixtos —a los que asisten representantes gubernamentales, judiciales o del Poder Legislativo— o bien se ha encomendado esa labor a ciudadanos sin afiliación partidista generalmente sujetos y electos desde el Parlamento.

El registro, la lista o el padrón de electores

Cada nación impone a sus ciudadanos ciertas condiciones para poder votar: alcanzar una determinada edad, no sufrir una condena penal, etc. Al demostrar que se cumplen con esos requisitos, la autoridad incorpora a cada ciudadano en una lista de electores, es decir, confecciona la lista de ciudadanos que podrán ejercer su derecho al sufragio. Generalmente, este trabajo se realiza de manera sistemática y cotidiana.

La convocatoria a elecciones

Es la primera fase del proceso. Esta convocatoria es periódica y tiene siempre un plazo perfectamente determinado. Se inicia con todos los preparativos de la institución que organiza. La convocatoria es realizada por la autoridad constitucionalmente habilitada para ello.

El registro de los candidatos

La ley impone también ciertos requisitos que deben cubrir todos aquellos que desean participar como candidatos y que garanticen al Estado y a la sociedad la seriedad de su acto. Generalmente, los candidatos deben estar avalados por los partidos políticos y deben demostrar cierto arraigo a la región o al país donde intentan competir. El periodo de inscripción también está predeterminado.

Una vez definidos quiénes serán los candidatos, es decir, los protagonistas de la competencia, se inicia la campaña electoral. Es el periodo de los partidos políticos por excelencia en el que se intensifica la acción política y la confrontación pacífica; los candidatos emiten sus mensajes y ocurre una discusión abierta y el contraste entre ideas y personalidades. Todos los supuestos de la democracia se realizan en la campaña electoral: la libertad de expresión, la libertad de asociación, la deliberación pública y las garantías legales para un juego limpio. La campaña electoral es el vehículo mediante el cual se afirman públicamente valores, programas y se enjuician decisiones y gobiernos; es, por eso mismo, un momento privilegiado de la vida política, uno capaz de "tomar el pulso" de la sociedad.

El financiamiento a los partidos y a sus campañas electorales

Éste es un tema cada vez más decisivo para el desarrollo y la calidad de la democracia moderna. Aunque el tema no es nuevo (se tienen noticias de financiación oculta a candidatos desde el siglo pasado, en el episodio conocido como Escándalo de Panamá, en Francia, durante las elecciones parciales de Nord en 1888), particularmente los gastos de campaña se encuentran en el centro del debate político, y por lo tanto cada vez más tienden a ser regulados por la legislación e incorporados al cuerpo del proceso electoral. Varios aspectos son especialmente importantes: la asignación de recursos públicos y su dimensión, la regulación a las aportaciones privadas, la limitación a los gastos de campaña y los instrumentos para fiscalizar el dinero manejado por los partidos políticos y candidatos.

La votación y el escrutinio

La emisión del voto por parte del ciudadano es la culminación y el momento crucial del proceso electoral. La organización de esta fase culminante exige la realización de múltiples operaciones y salvaguardas que aseguren la absoluta libertad del elector en el momento en que emite su voto: dar facilidades al elector para acceder a las urnas, garantizar su identidad, garantizar el secreto de su voto, asegurar que el sufragio sea hecho una sola vez por cada ciudadano, vigilar el desarrollo pacífico de la jornada, etc. La convocatoria a las elecciones fija siempre la fecha de la votación y generalmente tiene lugar en un solo día.

Una vez que se cierra el plazo legal para emitir la votación se procede al cómputo en cada una de las casillas, distritos, estados o a nivel nacional. Hay un plazo legal para otorgar los resultados; también suelen construirse dispositivos especiales que aceleran el cómputo y lo difunden rápidamente para disipar incertidumbres y especulaciones.

Una vez que los resultados de todas las casillas son conocidos, la autoridad electoral procede a agregarlos, a declarar quiénes son los candidatos y partidos que obtuvieron la mayoría en cada distrito y a aplicar la fórmula electoral correspondiente, es decir, procede a transformar los votos computados en escaños parlamentarios.

El curso y la solución de conflictos electorales

Una vez cerrada la votación, los partidos políticos y sus candidatos tienen derecho a interponer denuncias en contra de actos que supongan que son violatorios a la ley y a los ideales de una elección libre, limpia y equitativa. Entran en acción los mecanismos para resolver tales discrepancias y para dar respuesta a las reclamaciones. A esta etapa y a estos dispositivos legales se le denomina contencioso electoral. Su objeto, evidentemente, es el de inhibir y penalizar los intentos de fraude electoral.

El proceso electoral en México

Los procesos electorales federales en México, los que determinan el acceso al Poder Ejecutivo e integran la Cámara de Diputados y la Cámara de Senadores, están estructurados y reglamentados por una ley especial: el Código Federal de Instituciones y Procedimientos Electorales (Cofipe).

A partir de 1996, la autoridad electoral federal adquirió total independencia del gobierno: el Instituto Federal Electoral es definido en la Constitución de la república como

> un organismo público autónomo dotado de personalidad jurídica y patrimonio propios, en cuya integración participan el Poder Legislativo de la Unión, los partidos políticos nacionales y los ciudadanos. [...] El Instituto Federal Electoral será la autoridad en la materia, independiente en sus decisiones y en su funcionamiento y profesional en su desempeño.

La búsqueda de la cabal imparcialidad ha sido uno de los objetivos torales de la democracia en México. En 1996 parece haberse dado un paso decisivo en esa dirección: se concretó la autonomía total del órgano electoral superior, es decir, a partir de entonces la autoridad electoral gozó de plena independencia en relación con el gobierno y los partidos políticos. El presidente del Consejo y los ocho consejeros electorales son los únicos miembros con voto en el máximo órgano del Instituto Federal Electoral, y fueron elegidos en la Cámara de Diputados por el consenso de los partidos políticos.

La idea es doble: que el gobierno abandone la organización electoral y que ésta pase a manos de personas que gocen de la confianza de los partidos políticos.

Además de ellos, asisten al Consejo General los representantes del Congreso de la Unión de cada una de las fracciones parlamentarias y un representante de cada uno de los partidos políticos nacionales con registro.

En un mecanismo de cascada, los consejos de cada entidad federativa son nombrados por el Consejo General y éstos, a su vez, nombran a los consejos de cada distrito electoral.

Tres elementos adicionales merecen ser subrayados: en primer lugar, los mecanismos de financiamiento a los partidos políticos han sido reformados sustancialmente para llegar a cierto "modelo": incremento drástico del financiamiento público; para propiciar que éste sea el componente primordial de los recursos partidistas; distribuido de modo más equitativo, 70% de una bolsa determinada es repartido conforme a la votación de cada organización y el 30% restante en partes iguales; con topes bajos, establecidos por una fórmula clara y previa, a los gastos de campaña; con fuertes restricciones a las aportaciones privadas y con mecanismos más estrictos de control, auditoría y vigilancia.

El padrón electoral, o la lista de electores, es un instrumento que fue totalmente reconstruido y que hasta 1997 había incorporado a más de 53 millones de mexicanos, es decir, 93% de la población en edad de votar; y que es vigilado día a día por órganos especializados donde participan los partidos políticos.

La forma de designación de los funcionarios de casilla

El Cofipe estableció que los funcionarios encargados de vigilar y computar la votación sean nombrados según un procedimiento novedoso: *a)* se realiza un sorteo general para concentrar un primer universo de ciudadanos de la lista nominal susceptibles de convertirse en funcionarios de casilla; luego, en el nivel distrital ocurre un segundo sorteo para ubicar y definir a 10% de los ciudadanos de la misma lista; *b)* se hace una primera evaluación de los sorteados para seleccionar a los que resulten con un mejor perfil, relacionado sobre todo con su nivel educativo; *c)* a los seleccionados se les imparte un curso de capacitación en legislación y procedimientos electorales; *d)* luego del curso, se evalúa a los ciudadanos, y *e)* se integran entonces las mesas directivas con los ciudadanos sorteados y capacitados.

El sorteo se convierte en garante de la objetividad de quienes llegan a ser funcionarios de casilla. Aunque el mecanismo es complejo y exige un gran esfuerzo institucional, se trata de un dispositivo que inyecta grandes dosis de confianza a los partidos políticos, que ha probado su viabilidad y que además propicia un involucramiento masivo y una extendida participación de la ciudadanía en el proceso electoral.

El programa de resultados electorales preliminares

Entre los partidos políticos, observadores y la opinión pública mexicana existía una expectativa que era alimentada por la duda sobre la capacidad de la autoridad electoral para brindar resultados oficiales oportunos. Pero en el proceso electoral de 1997 —seis horas después de cerrada la última casilla— los instrumentos de conteo eran capaces de mostrar el resultado de 54 974 casillas de todo el país, es decir, de 52% de las casillas instaladas. El reto político fue cubierto y se demostró que nuestro país tiene la capacidad para brindar las cifras oficiales de modo rápido y transparente, sin interrupción, por casilla, por cada distrito, por cada estado de la república, sin posibilidad de manipulación, de una manera constante y comprobable, a través de los medios de comunicación y del internet, a miles de personas en México y el mundo. La necesidad de conocer las tendencias y de dar certidumbre ya ha podido tener una solución satisfactoria.

En su nivel más general, el Cofipe establece cuatro grandes etapas, que por sus distintos requerimientos políticos y técnicos conforman los eslabones principales del proceso electoral:

Los actos preparatorios de la elección.
La jornada electoral.
Los actos posteriores a la elección y los resultados electorales.
Las faltas administrativas y las sanciones.

El libro quinto del Cofipe regula el proceso electoral y lo define así: "es el conjunto de actos ordenados por la Constitución y este Código, realizados por las autoridades electorales, los partidos políticos nacionales y los ciudadanos, que tiene por objeto la renovación periódica de los integrantes de los poderes Legislativo y Ejecutivo de la Unión" (art. 173). Previo al arranque del proceso, la autoridad electoral habrá delimitado los ámbitos territoriales (circunscripciones y distritos) de cada una de las elecciones en juego.

Los actos preparatorios de la elección constituyen la primera etapa del proceso; representan el eslabón más prolongado y el más elaborado desde el punto de vista técnico y político; está dividido en cinco partes:

el registro de los candidatos (en México el registro de candidatos a cargos de elección popular es una atribución que corresponde exclusivamente a los partidos políticos); las campañas electorales (éstas se inician a partir de la fecha del registro de las candidaturas y concluyen tres días antes de la elección. Su reglamentación abarca temas como: los eventos y la propaganda que pueden ser considerados como actos de campaña, los topes a los gastos involucrados, las diversas facilidades para desplegarlas y una serie de restricciones que encauzarían unas campañas respetuosas y libres, se garantiza el derecho de aclaración de candidatos en diversos medios de comunicación, etc.); los procedimientos para la integración y ubicación de las mesas directivas de casilla (es decir, las formas de selección de aquellos ciudadanos que vigilarán las urnas y el curso de la jornada electoral y harán el escrutinio de los votos emitidos en su casilla; la determinación de los lugares en los cuales se dispondrán las casillas); regula también el registro de representantes de los partidos en las mesas directivas de casilla y las condiciones de su presencia; finalmente, se regulan incluso las características físicas, de producción, de distribución y de vigilancia de los materiales y de la documentación electoral, etcétera.

La segunda etapa es la jornada electoral. En ella se definen minuciosamente los horarios, los actos y los procedimientos a seguir el día de la elección. Regula la instalación y la apertura de casillas; la forma de emitir el voto, de garantizar la libertad de su ejercicio y su carácter secreto; los procedimientos para el escrutinio y cómputo de los sufragios en las casillas electorales; para elaborar las actas con los resultados y para concretar la clausura de la casilla; se definen también los requisitos para la remisión de las actas y del expediente electoral hacia la autoridad electoral superior y las disposiciones y recursos con que cuentan los responsables en las casillas para garantizar la tranquilidad y el orden en la votación.

La tercera etapa es la de los actos posteriores a la elección y los resultados electorales. Allí se reglamentan la recepción de los paquetes provenientes de las casillas, su concentración y salvaguarda. La obligación de realizar un escrutinio de las actas, preliminar y públicamente, ante los representantes de los partidos políticos en los distritos; los procedimientos para realizar los cómputos distritales y por entidad federativa y las atribuciones y el método para aplicar las fórmulas de asignación de las posiciones legislativas.

La cuarta etapa está referida a las faltas administrativas y a las sanciones, es decir, se enumeran las penalizaciones y se precisan los sujetos de ellas: partidos y agrupaciones políticas, funcionarios electorales, extranjeros, ciudadanos, observadores electorales, ministros de culto, etcétera.

Líneas de investigación y debate contemporáneo

Es innegable que las libertades y los derechos asociados a los procesos electorales se han expandido y afirmado en México en los últimos 20 años. Entre esas libertades y los procesos electorales hay una dinámica virtuosa: las libertades públicas y los derechos políticos reclaman procesos electorales y éstos se afirman en los hechos y difunden esos derechos y esas libertades, de tal suerte que lo uno es impensable sin lo otro. Así pues, es posible decir que los procesos electorales son un vehículo privilegiado de la vida democrática.

No obstante, en México y en buena parte de América Latina los procesos electorales, la competencia democrática, el compromiso con la legalidad no son expedientes que estén definitivamente ganados; no lo están ni en la conducta de los actores ni en la cultura política.

Hay que decir que, a pesar de la fuerza de la oleada democratizadora de este fin de siglo, el grado de estabilidad institucional democrática sigue siendo extraordinariamente escaso en el mundo. No son muchos los países en los que el cambio en el gobierno o su legítima continuidad puede realizarse de manera pacífica, mediante una competencia regulada, sin recurso a la fuerza por parte del perdedor, sin riesgos de golpes de Estado, y donde haya un tribunal para decidir en definitiva sobre cuestiones polémicas. Esta situación de estabilidad es quizás una de las grandes apuestas, verdaderamente civilizatoria para nuestras sociedades. Y la condición primordial es que se verifiquen puntualmente los procesos electorales.

BIBLIOGRAFÍA

Aguirre, Pedro, Ricardo Becerra, Lorenzo Córdova y José Woldenberg (1995), *Las reglas electorales en el mundo*, Etcétera, México, 20 de abril.

Becerra, Ricardo, Pedro Salazar y José Woldenberg (1997), *La reforma electoral de 1996: una descripción general*, FCE, México.

Camou, Antonio (1995), *Gobernabilidad y democracia*, Cuadernos de divulgación de la cultura democrática, IFE, México.

Código Federal de Instituciones y Procedimientos Electorales (1996), Instituto Federal Electoral, diciembre.

Constitución Política de los Estados Unidos Mexicanos (1996), Instituto Federal Electoral, diciembre.

Duverger, Maurice (1992), *Instituciones políticas y derecho constitucional*, Ariel, México.

Forner, Salvador (comp.) (1997), *Democracia, elecciones y modernización en Europa (siglos XIX y XX)*, Cátedra, Madrid.

Hobsbawm, Eric (1997), *La era de la revolución (1789-1848)*, Crítica, Barcelona.

Huntington, Samuel (1994), *La tercera ola: la democratización a finales del siglo XX*, Paidós, España.

Nohlen, Dieter (1998), *Sistemas electorales y partidos políticos*, FCE, México, 2ª ed. revisada y aumentada.

Ory, Pascal (1987), *Nueva historia de las ideas políticas*, Mondadori, Madrid.

Sartori, Giovanni (1988), *Teoría de la democracia*, Alianza Universidad, Madrid.

Tocqueville, Alexis (1984), *La democracia en América*, Sarpe, Madrid (Biblioteca de los grandes pensadores).

Vallés, Josep M., y Agustín Bosch (1997), *Sistemas electorales y gobierno representativo*, Ariel, España.

PÚBLICO-PRIVADO

Nora Rabotnikof

Definición

El par conceptual "público-privado", como esquema de diferencias, ha tenido una posición clave en las observaciones del pensamiento político y social de Occidente. Los lenguajes especializados así como las retóricas de la vida cotidiana le otorgan un lugar privilegiado. Desde hace unos años se ha convertido en una referencia ineludible en los debates políticos y las argumentaciones morales contemporáneas. Aunque algunos autores la consideran "la gran dicotomía" del pensamiento político (Bobbio, 1987), en tanto que alberga o ampara lógicamente otra serie de distinciones conceptuales derivadas, su definición está lejos de ser inequívoca. Se trata de uno de esos "conceptos esencialmente controversiales" (Connolly, 1983). A esta equivocidad se agrega el hecho de que existen diferentes "versiones" de tal dicotomía, entretejidas en vocabularios y tradiciones distintas. Así, la "gran dicotomía" puede resultar "una distinción inherentemente problemática y a menudo traicionera, con frecuencia confusa y potencialmente inconducente" (Weintraub, 1997). Sin embargo, tomada con cautela y reflexión, constituye también un instrumento poderoso y hasta indispensable del análisis sociológico y de la reflexión moral y política. Pero cautela y reflexión no son siempre moneda corriente en el debate académico, ya que la distinción no sólo es utilizada en diferentes sentidos dentro de los distintos campos especializados y tradiciones teóricas (teoría feminista, antropología social, teoría política, teorías de la elección pública, perspectiva jurídica, etc.), sino que dentro de una misma perspectiva a menudo no se está consciente de las alternativas de uso o de los supuestos presentes en el vocabulario conceptual propio. Por ello, parece necesario aclarar que la distinción público-privado no es unitaria, ni comprende una oposición única sino una familia compleja de oposiciones, no carentes de vinculación pero tampoco mutuamente reductibles. Y que su utilización en el contexto de vocabularios teóricos diferentes no sólo apunta a fenómenos también diferentes, sino que traza o identifica problemas distintos, evaluaciones y cursos de acción dispares, activando supuestos e imágenes del mundo a menudo divergentes.

De manera muy general, podemos señalar tres sentidos tradicionalmente adheridos a la distinción público-privado; o, mejor dicho, tres "criterios" heterogéneos para el trazado de dicha distinción:

a) En primer lugar, el criterio para el trazado de la distinción es la referencia al colectivo o a la dimensión individual. Así, público alude a lo que es de interés o utilidad común a todos, lo que atañe al colectivo, lo que concierne a la comunidad, en oposición a lo privado, entendido como aquello que se refiere a la utilidad e interés individual. De allí también que, en algunas definiciones, el término *público* aparezca como lo "perteneciente o concerniente a todo un pueblo" y, por tanto, su referencia a la autoridad colectiva: el Estado. En oposición, lo privado designa lo que es singular y particular, que en su origen pretende sustraerse a ese poder público (entendido como el poder del colectivo). Es también en este primer sentido que el adjetivo *público* se vuelve progresivamente sinónimo de *político*, como veremos más adelante, en su doble dimensión: político-estatal y público-político no estatal.

b) El segundo criterio remite a la visibilidad *versus* el ocultamiento, a lo que es ostensible y manifiesto *versus* lo secreto. Público designa aquí lo que es visible y se despliega a la luz del día en oposición a lo privado, entendido como aquello que se sustrae a la mirada, la comunicación y el examen y que se relaciona históricamente con lo sacro (Douglas, 1970). La noción ilustrada de "publicidad" recuperará básicamente este criterio. La connotación espacial, en tanto se habla de visibilidad y ocultamiento, es casi inevitable. Así, el tránsito de lo público a lo privado pasa de lo más exterior a lo más protegido: desde el foro, la escena, la plaza "hasta los últimos reductos en los que se encierra la más preciosa de las riquezas, en los que se amurallan las situaciones que no se pueden exhibir" (Aries y Duby, 1990).

c) El tercer criterio es el de la apertura-clausura. En este caso, "público" designa lo que es accesible, abierto a todos, en oposición a lo "privado", entendido como lo que se sustrae a la disposición de los otros. Este tercer criterio no siempre es explícito, ya que en ocasiones aparece como una derivación del primero, aunque para algunas reconstrucciones éste parece ser el significado original de la distinción. En este caso, público es aquello que al no ser objeto de apropiación particular se encuentra abierto, distribuido. De allí se derivaría el sustantivo *público*, entendido como el conjunto de los que se benefician de esa apertura. Así, un uso del verbo *publicare* latino alude a la confiscación, que sustrae algo a la disposición particular. Los lugares públicos (calles, plazas) son lugares abiertos a todos, mientras que el símbolo más ostensible de la privacía, entendida como apropiación, es la clausura, la cerca.

Según el primer criterio (colectivo-individual), público se asociaría progresivamente a político, entendido como estatal o como cívico comunitario. En el segundo sentido, toda práctica que tiene lugar ante la mirada de otros es pública, pero no necesariamente política, ni, por supuesto, coincide con una accesibilidad generalizada. Los códigos de caballería, las prácticas cortesanas, la fiesta barroca, la liturgia eclesiástica son prácticas que combinan "visibilidad" y clausura, apertura a la mirada y exclusión en cuanto a la accesibilidad (Elias, 1969). Por otra parte, en distintos momentos históricos, la identificación entre lo público y lo estatal supuso que el Estado encarnaba lo colectivo y común a todos *(versus* lo privado-particular), mientras que al mismo tiempo reivindicaba con argumentos la necesidad de sustraerse a la publicidad, entendida como visibilidad (secreto de Estado, doctrina de la razón de Estado). Un ejemplo clásico de la no coincidencia de los tres criterios lo encontramos, por ejemplo, en la defensa del carácter secreto del sufragio. La práctica del sufragio secreto (no público) podía, según algunos, reforzar la posibilidad de una decisión "privada", es decir, separada o indiferente al interés colectivo. Para otros, por el contrario, el carácter no público (secreto) era precisamente lo que permitía que el votante se despojara de presiones "privadas" (relaciones de poder, de trabajo, etc.) y de ese modo la acción de sufragar pudiera cumplir su función "pública". Por otra parte, cabría recordar que antes de la instauración del sufragio universal, el carácter público de los procesos electorales (que apuntaban a la autoridad común, eran visibles y se desarrollaban a la luz del día) no coincidían con una accesibilidad pública. Ni lo público en el primer sentido fue siempre tratado públicamente, ni lo privado (individual) estuvo oculto de la misma manera a la mirada de los otros.

Historia, teoría y crítica

Desde luego, estos tres sentidos o criterios básicos se han articulado de manera diferente según las transformaciones que han ido otorgándoles densidad histórica, o según los usos que desde distintos enfoques disciplinarios han ido codificando y sedimentando significados. La pluralidad de sentidos también se relaciona con el hecho de que, si bien tales significados no pueden considerarse en sí mismos términos evaluativos (como "justo", "bueno", "democrático", etc.), a menudo son utilizados en contextos evaluativos, tanto para defender la primacía de lo público sobre lo privado como para reivindicar la autonomía del ámbito privado frente al escrutinio público (en sus distintas acepciones o contextos de debate).

De manera muy esquemática, podríamos sintetizar cuatro contextos de discusión o campos problemáticos en los que se usa de manera diferente la distinción público-privado. Estos contextos de discusión no sólo apuntan a fenómenos distintos, a dimensiones diferentes de la experiencia humana o a "lugares" diversos de la sociedad, sino que generan líneas de investigación y de reflexión alternativas. Siguiendo en este punto a Weintraub (1997) podríamos hablar: *a)* de la invocación a la distinción público-privado en el debate en torno al alcance del sector público y las privatizaciones; *b)* de la reivindicación de una esfera de lo público en la tradición participacionista o cívica; *c)* del análisis de las transformaciones de la vida privada (entendida como la esfera de la intimidad, la familia, la sexualidad, las relaciones afectivas) y de la vida pública (entendida como el espacio de sociabilidad), y *d)* de la crítica a la distinción público-privado en la literatura feminista.

La agrupación de los usos de la distinción es relativamente convencional y podría hacerse también según tradiciones teóricas o perspectivas disciplinarias. Sin embargo, este agrupamiento puede resultar útil ya que implica cruces interdisciplinarios, apunta a debates contemporáneos, y puede servir como ejemplo de la variedad de modos de utilizar descriptiva y evaluativamente la distinción.

1. La distinción público-privado entendida como oposición entre Estado y mercado. Un primer contexto de discusión en el que se pone en juego una "versión" de la dicotomía es aquel en el que se tiende a identificar un sector "público" ligado básicamente a la administración y el gobierno, y un sector privado asociado en general al modelo de mercado. En relación con las tres acepciones mencionadas, el adjetivo *público* (aplicado por ejemplo al caso de los bienes públicos) remite a un beneficio colectivo indivisible (la visibilidad es irrelevante y la accesibilidad se da por sentada) (Benjamin, 1991). En este contexto de la discusión, presente por ejemplo en la primera etapa del debate en torno a las "privatizaciones", se tiende a identificar, siguiendo una larga tradición teórica, lo público con las agencias estatales, de modo que sector público y sector privado se equiparan a gubernamental y a no gubernamental. La intervención "pública" en ámbitos que pueden considerarse privados se entiende como el alcance posible de la regulación administrativa respaldada por el monopolio de la coerción. Este uso de la dicotomía recoge una larga tradición de identificación entre lo "público" y lo político-estatal, recuperando la oposición entre jerarquía y espontaneidad, entre ley y contrato, entre Estado e iniciativa "privada". Como dijimos, las primeras "reformas" del Estado, los debates en torno a las privatizaciones y la rígida oposición Estado-mercado tendió a recurrir a este uso de la dicotomía público-privado. En este primer contexto contemporáneo, pareció que la discusión se centraba en los alcances posibles y deseables de la reducción o reforma del ámbito público, o viceversa, en la ampliación y alcance de las privatizaciones. Así, no sólo se produce la identificación entre público y político y finalmente estatal, sino que el lado "privado" de la distinción es identificado centralmente con la propiedad y el interés particular (Benn y Gauss, 1983).

2. En otro contexto de debate, desde una perspectiva que podríamos llamar "cívica", se recupera una "esfera de lo público" pensada en términos de ciudadanía y participación, bajo el modelo de un tipo de comunidad diferente del mercado y del Estado, y diferenciada también del ámbito privado aunque ligada a él. La esfera pública es aquí el ámbito de participación en las decisiones colectivas en un plano de igualdad y solidaridad cívica. Lo político-público significa aquí discusión, debate, participación, deliberación, voluntad y opinión colectiva (Habermas, 1981). En este vocabulario, lo público parece volver a reunir los tres sentidos a él asociados: el de la generalidad o bien común, el de la aparición y el de la accesibilidad, recuperando así la idea de *pública*, entendida como bien común, autodeterminación y accesibilidad general. En algunas versiones, la dicotomía público-privado aparece en contraposición directa a las categorías de Estado-sociedad civil, de modo que resulta difícil su traducción al vocabulario del contexto que mencionábamos en primer término (Arendt, 1958). En otras versiones, la esfera pública tiende a identificarse con el núcleo de la sociedad civil o a ser una suerte de mediación entre ésta y el Estado (Habermas, 1987). El ámbito privado, por el contrario, es identificado, en vena aristotélica, con la necesidad y la dominación, o bien, en un sentido más moderno, con el mercado, la familia, la intimidad y la libertad de conciencia. En este caso, el adjetivo *público* también se identifica con "político" aunque no con estatal. Desde esta perspectiva, y ello fue claro en el debate latinoamericano, se trataba de reivindicar un espacio de lo público separándolo o "desanudando" su identificación con lo estatal (Portantiero, 1989). Esta versión de la esfera pública, que comenzó afirmando su diferenciación respecto del Estado, llegó en algunas versiones extremas a caracterizar lo público precisamente como lo no estatal (Kean, 1992), generando así una nueva confusión conceptual. Aquí también se produce la identificación de lo público con lo político, entendido este último término en su sentido original de *polis*, diferenciado del ámbito doméstico y económico.

3. Una tercera perspectiva, presente en los trabajos de Aries (1960, 1990), en la obra de Elias (1982), en el texto clásico de Sennett (1978) o en los trabajos de Goffman (1963), tiende a dibujar la noción de espacio público como un lugar de sociabilidad fluida, diferente de las estructuras de las organizaciones formales (burocracia, empresa, etc.) y de los ámbitos privados-íntimos (familia, domesticidad, etc.). En este caso, el eje no es Estado o ciudadanía *versus* mercado, ni público-político *versus* no político. El eje está dado por distintas formas de concebir la sociabilidad, por la distinción entre la "vida en público" y la "vida en privado". En este sentido, Aries, en su *Historia de la vida privada* (1990), afirma que en la sociedad del Antiguo Régimen la vida se desplegaba, en gran parte, "en público". En realidad, tanto Aries en este texto, como Habermas en su reconstrucción de la génesis de la esfera "íntima" en *Historia y crítica de la opinión pública* (1981), como en gran parte de *The Civilizing Process* (1982) de Elias muestran el proceso de "privatización" de la familia y del ámbito de las relaciones afectivas a partir de un tejido comunitario "público".

En este caso, parece privar el segundo criterio, el de la visibilidad, la aparición, y la exposición a la mirada de los otros. Sin embargo, aun cuando su interés no se centre en lo público-político *versus* lo privado-individual, estos estudios reconstruyen el surgimiento paralelo de estructuras de relación formalizadas e impersonales (Estado, empresa) y de un ámbito privado (amor romántico, familia) como rasgos distintivos de la modernidad. La vida "personal" y la sociedad, las instituciones abstractas (Berger, 1974) y la esfera privada emocionalmente cargada, en otros vocabularios se conocen como "los sistemas" y el "mundo de la vida", el ámbito de la formalización y el de la cercanía y la amistad, lo impersonal y lo personal.

A veces, entre estos dos mundos separados por el eje personal-impersonal aparece un nueva caracterización de la vida pública, diferente de aquella que la identifica con la ciudadanía y la participación política. En este caso, predomina para el ámbito público la metáfora teatral: espacio en el que los actores sociales representan sus papeles públicos, puesta en escena y actuación frente a un público de desconocidos, acción dramatúrgica (Sennett, 1978; Goffman, 1963). El ámbito privado, por el contrario, transcurre a "puertas cerradas", en el *backstage* (Goffman), lejos de la mirada del "público", en situaciones de camaradería, amistad y complicidad que requieren y desarrollan sus propios códigos.

Los "lugares públicos", los espacios públicos urbanos, se transforman así en objetos privilegiados de la investigación: espacios físicos de interacción, públicos en tanto plenamente visibles y accesibles; espacios de sociabilidad, en los que se instauran nuevas distancias y nuevas relaciones; ámbitos de visibilidad recíproca que configuran conductas públicas, establecen relaciones y también contribuyen a sostener la identidad personal; en lugar de una "esfera pública" donde se procesa la atención, el consenso y la voluntad colectiva (Habermas, 1987), un espacio público caracterizado por la *civil inattentio* (Goffman, 1963).

4. La literatura feminista, en sus sucesivas oleadas, ha tendido a configurar otra versión de la dicotomía público-privado, con lo cual ha contribuido a abrir un área de problemas diferentes. En términos generales, la primera caracterización identificó lo privado con el ámbito familiar y doméstico, y lo público con el ámbito del mercado y del orden político. Las críticas feministas se dirigieron tanto a la forma tradicional de trazar la frontera entre ambas esferas como al sentido mismo de la distinción. Desde un punto de vista histórico, la crítica se dirigió en sus orígenes a la formulación "liberal" de la dicotomía público-privado, cuya separación entre ambos ámbitos aunaba varias operaciones ideológicas. En primer lugar, el ámbito público se transformaba en objeto de reflexión, teorización y legislación, mientras que la esfera doméstica (familiar y sexual) se trivializaba, aceptando como dato natural las relaciones patriarcales. En segundo lugar, la distinción público-privado suponía, tanto desde el punto de vista de la organización social como desde el de la ideología, la desigual asignación de mujeres y hombres a una y otra esfera. Y, en tercer lugar, la defensa de la "privacidad" tenía como consecuencia práctica que el ámbito doméstico y familiar se sustrajera al escrutinio público y a la protección legal (Pateman, 1996).

LÍNEAS DE INVESTIGACIÓN Y DEBATE CONTEMPORÁNEO

La consigna "lo personal es político" en cierta forma puso en jaque las caracterizaciones anteriores de la dicotomía público-privado, aunque también introdujo mayor confusión en el vocabulario. Con dicha consigna se cuestiona el carácter "natural" de las relaciones en el ámbito íntimo de la familia y la sexualidad, mostrando las relaciones de poder subyacentes y su carácter de construcción legal y cultural (Cohen, 1992; Pateman, 1996). Por otra parte, se denuncia la trivialización a la que se someten valores éticos y políticos centrales cuando toda una serie de cuestiones referidas a la familia, la crianza y las mujeres se "privatiza". Sin embargo, en ocasiones esta consigna fue interpretada en términos de identidad entre lo político y lo personal, de modo que "nada personal quedaba fuera de una definición, dirección o manipulación política" (Elshtein, 1997). De allí que en algunas posiciones se planteara directamente el abandono teórico y político de la distinción público-privado. En los últimos años, varias teóricas feministas han elaborado apreciaciones mucho más matizadas y complejas en torno a esta distinción, dando cuenta de la variedad de usos de la dicotomía y pugnando por una redescripción de la misma. Uno de estos intentos de redescripción se da a partir del debate estadunidense sobre los *privacy rights*. En este debate, contra las críticas de corte comunitarista pero también frente a los embates de cierto feminismo que señala que dichos derechos refuerzan el modelo liberal de la dicotomía público-privado (que liga a este último ámbito con la familia y la propiedad, McKinnon, 1989), se intenta rescatar la protección de un ámbito privado de derechos individuales organizados alrededor de la "inviolabilidad de la personalidad, la intimidad y la integridad corporal" (Cohen, 1992). Otro intento similar de recuperar la dicotomía se produce como reacción frente a la "política de la diferencia" y como intento de preservar al mismo tiempo una esfera privada compleja y de revitalizar un espacio público diferenciado que incluya tanto el tema de género como la diferencia en general (nuevas formas de articulación entre inclusión e igualdad con diferencia y diversidad).

Estos cuatro diferentes contextos de debate son una muestra de algunas de las formas de construir la distinción y de señalar campos problemáticos analíticamente distinguibles. En el primero, lo público se asocia con lo político-estatal, mientras que lo privado se identifica con el interés particular, el mercado y en algunas versiones con la "sociedad civil". En el segundo, lo público se asocia con cívico-político, mientras que lo privado se acerca a la economía, la familia y las relaciones personales. En el tercero, el par público-privado se asocia con formas específicas de sociabilidad, y en el cuarto, al menos inicialmente, lo público se asocia con el Estado, la sociedad civil y la economía, mientras que lo privado se identifica con lo doméstico familiar.

Sin embargo, en el curso de los debates generados a partir de las diferentes perspectivas, se produjo en casi todos los casos una desestabilización de los antiguos significados. El debate en torno a las privatizaciones generó la necesidad de hacer una redefinición de lo público, así como las críticas a la idea ilustrada de esfera pública pusieron en evidencia los límites y las dificultades teóricas para articular la noción de ciudadanía con las diferentes adscripciones privadas (Calhoum, 1992). Las investigaciones en torno a la historia de la vida privada y las formas de sociabilidad en lugares públicos replantearon la discusión sobre los logros y fracasos de la modernidad, y el debate en torno a los *privacy rights* puso de relieve que la asociación de lo privado con la familia patriarcal y la propiedad privada no es necesaria ni esencial. Por otra parte, los vertiginosos desarrollos tecnológicos en algunas áreas (información, ingeniería genética) han vuelto a poner sobre el tapete tanto la relación entre regulación estatal y economía de mercado como el trazo de las fronteras entre reglamentación legal y política y autonomía del ámbito personal-privado. En todo caso, estas cuestiones muestran que el par conceptual público-privado, lejos de referirse a dos ámbitos ontológicamente diferenciados, remite a ámbitos cuyos límites se han modificado históricamente, y que el conflicto por la definición de esos límites ha formado y forma parte de maneras específicas de concebir la vida social y política.

BIBLIOGRAFÍA

Arato, A., y J. Cohen (1992), *Civil Society and Political Theory*, MIT Press, Cambridge.
Arendt, Hannah (1958), *The Human Condition*, Chicago University Press, Chicago.
Aries, Philippe (1960), *L'Enfant et la vie familiale sous l'Ancien Regime*, Plot.
——, y G. Duby (1990), *Historia de la vida privada*, Taurus, Madrid.
Ball, Terence, y James Farr (1989), *Political Innovation and Conceptual Change*, Cambridge.
Benjamin, Roger (1992), *Los límites de la política*, Alianza, Madrid.
Benn S., y G. Gauss (1983), *Public and Private in Social Life*, Croom Helm, Londres.
—— (comps.) (1983), *Public and Private in Social Life*, Croom Helm, Nueva York.
Berger, Peter (1974), *The Homeless Mind*, Vintage, Nueva York.
Bernstein, Richard (1986), "Rethinking the Social and the Political", en *Philosophical Profiles*, Basil Blackwell.
Bobbio, Norberto (1987), *Estado, gobierno y sociedad*, FCE, México.
Calhoum, Craig (1992), *Habermas and the Public Sphere*, MIT Press, Cambridge.
Chanial, Philippe (1992), "Espaces publics, sciences sociales et démocracie", en *Quaderni*, núm. 18, París.
Cohen, Jean (1992), "Rediscribing Privacy: Identity, Difference and the Abortion Controversy", *Columbia Journal of Gender and Law*, vol. 3, núm. 1.
Connolly, William (1983), *The Terms of Political Discourse*, Princeton, University Press, Princeton.
Cotterau, Alain, y Paul Ladriere (1992), *Pouvoir y legitimité. Figures de l'espace public*, Raisons Pratiques, Ecole d'Hautes Etudes en Sciences Sociales, París.
Douglas, Mary (1970), *Natural Simbols: Explorations in Cosmology*, Routledge, Londres.
Elias, Norbert (1982), *The Civilizing Process*, Pantheon, Nueva York.
—— (1982), *La sociedad cortesana*, FCE, México.
Elshtein, Jean (1997), "The Displacement of Politics", en Weintraub, Jeff y Krishan Kumar, *Public and Private in Thought and Practice*.
Ferry, Jean Marc, Dominique Wolton et al. (1992), *El nuevo espacio público*, Gedisa, Barcelona.
Gobetti, Daniela (1992), *Public and Private*, Routledge, Londres.
Goffman, Erving (1963), *Behavior in Public Places: Notes on Social Organization of Gatherings*, Free Press, Nueva York.
Habermas, J. (1981), *Historia y crítica de la opinión pública*, Gustavo Gili, Barcelona.
—— (1987), *Teoría de la acción comunicativa*, Taurus, Madrid.
Hirschman, A. (1982), *Shifting Involvements: Private Interest and Public Action*, Princeton University Press, Princeton.
Kean, John (1992), *La vida pública y el capitalismo tardío*, Alianza, Madrid.
Landers, Joan (1988), *Women and the Public Sphere in the Age of the French Revolution*, Ithaca.
Lipovetsky, Gilles (1993), "Espacio privado y espacio público en la era posmoderna", *Sociológica*, año 8, núm. 22.
Maier, Charles (1987), *Changing Boundaries of the Political: Essays on the Evolving Balance between the State and Society. Public and Private in Europe*, Cambridge University Press, Nueva York.
Moore, Barrington (1984), *Privacy: Studies in Social and Cultural History*, Armonk.
Pateman, Carol (1996), "Críticas feministas a la dicotomía público-privado", en *Perspectivas feministas en teoría política*, Paidós, Barcelona.
Portantiero, Juan Carlos (1989), "Las múltiples transformaciones del Estado latinoamericano", *Nueva Sociedad*, noviembre.
Sennett, Richard (1978), *The Fall of the Public Man*, Nueva York.
Weintraub, Jeff, y Krishan Kumar (1997), *Public and Private in Thought and Practice: Perspectives on a Grand Dichotomy*, University of Chicago Press, Chicago.
White, Stephen (1989), *Life-World and Politics*, Notre Dame.

RACISMO

Alicia Castellanos Guerrero

Definición

Toda definición es por sí misma una reducción del fenómeno definido, y la de racismo enunciada aquí no puede ser la excepción. Procura atender más a sus expresiones en la realidad latinoamericana, tan poco considerada en las enciclopedias y diccionarios,[1] cuyos análisis suelen ser más limitados de lo que cualquier lector espera para dotarse de una noción que trascienda ciertos casos en la historia y el propio racismo colonial, en ocasiones contemplado cuando se hace la historia del concepto de raza. En realidad, parece necesario definir un concepto de racismo que tenga en cuenta su variabilidad en el tiempo y en distintos contextos nacionales, en el sentido de las diferencias atribuidas al Otro y a la naturaleza de las relaciones implicadas, que el racismo clásico no comprende. Como veremos, éste se reduce a señalar el rechazo a grupos cuyas diferencias reales o imaginarias son físicas y biológicas e inasimilables en tanto son resultado de la naturaleza.

Por ejemplo, la *Enciclopedia internacional de las ciencias sociales*, que remite al lector a múltiples categorías para definir el racismo, como la de *las relaciones entre las razas*, compara las distintas formas en que las políticas coloniales enfrentaron estas relaciones con los pueblos dominados y centra su interés en los casos de Sudáfrica y los Estados Unidos. La *Encyclopædia judaica*, bajo la *teoría de la raza*, remite a artículos en su mayoría referidos a una experiencia histórica como *antisemitismo*, *fascismo*, *genocidio* y *holocausto*, y expone, sobre todo, la evolución del pensamiento racista en Alemania, considerada "la principal fuente de las teorías racistas" (1972: 1484). Ciertos diccionarios de consulta más generalizada siguen esta misma tradición de pensamiento. *Larousse* define el racismo —con base en el antisemitismo, una de sus variantes— como un sistema que afirma la superioridad de un grupo racial sobre otros y busca su separación o su exterminio.

Pero además de limitar el fenómeno sólo a estos contextos, se afirma que en *las relaciones raciales* de sociedades como la brasileña no median los prejuicios ni la discriminación en razón del color de la piel y, por lo tanto, "no [se] padece un problema racial del tipo que se da en Estados Unidos" (Edwards, 1979: 104-106). Es innegable que el problema racial no es del mismo tipo, pero los prejuicios y la discriminación con base en el color de la piel son una realidad "oculta" en la vida cotidiana de los indios y negros de América Latina.

Una aproximación a la evolución del concepto revela distintos tipos de definiciones. Hasta los años de la posguerra el racismo se entiende como una filosofía, doctrina o teoría que justifica prácticas colectivas. Por ejemplo, en el *Dictionary of Anthropology*, publicado originalmente en la década de los cincuenta, es una doctrina que establece una relación determinista entre raza y cultura y "en su expresión extrema difunde la superioridad inherente de ciertas razas y excita el prejuicio y odio a las razas consideradas inferiores" (Winick, 1970). Este tipo de pensamiento aún no advertía que estas doctrinas son sólo una de las formas en que se expresa el racismo, y niega implícitamente su existencia en países donde propiamente no se formulan doctrinas o teorías racistas.[2]

Luego, la definición se amplía en distintos sentidos; ya no sólo son creencias, sino también comportamientos de rechazo al Otro, y las diferencias son biológicas pero también culturales. La *Declaración de la UNESCO sobre la raza y los prejuicios raciales*, aprobada en 1978, comprende en el racismo "las ideologías racistas, las actitudes fundadas en los prejuicios raciales, los comportamientos discriminatorios, las disposiciones estructurales y las prácticas institucionalizadas que provocan la desigualdad racial, así como la idea falaz de que las relaciones discriminatorias entre grupos son moral y científicamente justificables; se manifiesta por medio de disposiciones legislativas o reglamentarias y prácticas discriminatorias, así como por medio de creencias y actos antisociales; obstaculiza el desenvolvimiento de sus víctimas [...]" (citada en Bandrés *et al.*, 1994: 104). Se trata de una concepción que no reduce el racismo a una de sus formas; su mérito descansa en el reconocimiento de la variedad de sus expresiones, que indudablemente no en todos los casos se manifiesta en su totalidad. Por otro lado, en la *Enciclopedia inter-*

---

[1] Una excepción, seguramente entre otras, es la *Encyclopedia of Social History* de Peter N. Sterns, que en su glosario incluye *Latin American Racism*. Para Richard Graham, los prejuicios y prácticas discriminatorias raciales no adoptan las mismas formas que en los países de habla inglesa, y aunque el racismo hoy no encuentra sustento en el trabajo de intelectuales, su vigencia es innegable en toda América Latina.

[2] No obstante, la *Enciclopedia mundial de relaciones internacionales y Naciones Unidas* y el *Lexique des Sciences Sociales* todavía definen el racismo como "doctrina social del colonialismo" y "doctrina que afirma la pureza de ciertas razas, superioridad que les da derecho a mantener su autoridad sobre las razas inferiores", respectivamente.

nacional de ciencias sociales se reconoce que las relaciones raciales se basan en el color de la piel y en las diferencias sociales y culturales, mientras que en la *Convención internacional sobre la eliminación de todas las formas de discriminación racial* de 1968 ésta se define como "toda distinción, exclusión, restricción o preferencia basada en motivos de raza, color, linaje u origen nacional o étnico que tenga por objeto o por resultado anular o menoscabar el reconocimiento, goce o ejercicio, en condiciones de igualdad, de los derechos humanos y libertades fundamentales en las esferas política, económica, social, cultural o en cualquier otra esfera de la vida pública" (citada en Bandrés, *et al.*, 1994: 88). Aunque se refiere sólo a una de las formas del racismo, identifica las variadas diferencias de los grupos objeto de trato desigual.

Sin embargo, el carácter biológico del racismo sigue siendo, para algunos especialistas del tema, una condición de su existencia; esto es, sólo se puede hablar de racismo si está presente "la idea de una relación entre el patrimonio físico, genético o biológico y las características intelectuales y morales" de individuos o grupos (Wieviorka, 1992). Hay autores, como Albert Memmi (1994), que de una definición que pretendía englobar el rechazo racista en sentido estricto (esto es, a la diferencia biológica) y en sentido amplio (a todas las diferencias), recientemente adopta una restringida, según la cual el racismo se distingue por su primacía en la diferencia biológica y no es más que una variante de la heterofobia, que designa "todas las variedades de rechazo agresivas".

Sin negar que el componente biológico puede ser uno de los rasgos específicos del racismo en sentido estricto, es ineludible reconocer que el racismo contemporáneo ha sustituido la raza por la cultura. Las víctimas del racismo pueden ser física y culturalmente diferentes, aquellas "quienes encarnan el elemento no nacional, o incluso antinacional, que perturba la confortable idea de nación homogénea" (Stavenhagen, 1994: 15). La *biologización* de determinados grupos no es siempre un elemento explícito, aunque los atributos raciales están, con frecuencia, "detrás" de los culturales y de todas maneras son de carácter sociocultural. Incluso, en estudios recientes se advierte que el "racismo monolítico [se refiere al racismo biológico] está siendo desplazado por un cuadro de variadas formulaciones históricas de racismos" (Goldberg, 1990, citado en Solomos, 1993).

Pero el debate no se reduce al carácter de las diferencias que se rechazan, que pueden ser biológicas, culturales, étnicas y nacionales, sino también a la idea de que son naturalizadas. Diversos autores distinguen el racismo (y la xenofobia) en aquellos casos en que las diferencias de ciertos grupos son consideradas esenciales. Sin embargo, el principio de la naturalización, que es el de un determinismo absoluto, puede ser biológico o cultural en tanto que ambos tipos de supuestas herencias se conciben como irreductibles e inasimilables (véanse Krotz, 1994; Taguieff, 1987). Precisamente, una de las características del *racismo de identidad* es que éste se fundamenta en la naturalización de las diferencias culturales de determinados grupos, con los cuales se trata de evitar todo contacto cultural porque supuestamente amenazan la unidad.

Frente a la diversidad de concepciones es necesario encontrar el núcleo básico que permite distinguir el racismo de otras formas de rechazo a la diferencia (etnocentrismo, xenofobia, discriminación social, entre otras), con las que suele confundirse. Por ello, una definición amplia que designa toda forma de rechazo como la adoptada por la *Enciclopedia universalis*, según la cual "el racismo es la valorización, generalizada y definitiva, de diferencias reales o imaginarias, en provecho del acusador y en detrimento de su víctima, a fin de legitimar una agresión" (citada en Memmi, 1994) tampoco es útil, porque el concepto pierde su especificidad.

Por ejemplo, el etnocentrismo es la sobreestimación de lo propio frente a lo ajeno, a lo extraño interno o externo; es un prejuicio de "ignorancia o indiferencia", la expresión de "una conciencia de la identidad" que se crea frente a los otros, pero no es una actitud que se traduce en prácticas discriminatorias, de dominación y exclusión. En cambio, ese odio, temor y rechazo al extranjero que es la xenofobia puede derivar en la naturalización de sus diferencias de origen y traducirse en acciones de agresión, persecución, violencia y expulsión, puesto que el extranjero pertenece a otro espacio social al cual puede ser retornado; como un ser externo, puede ser evitado y negársele el derecho a la identidad y a su inclusión argumentando su supuesta incapacidad para asimilarse, alejársele para que no contamine y altere la unidad de identidad, la homogeneidad de la nación, para que no compita por determinados recursos o incluso se inmiscuya en los asuntos internos de la nación (véanse Gallissot, 1985; Balibar, 1993; Stavenhagen, 1994; Krotz, 1994a). Se trata de formas de rechazo a la diferencia fincadas en lógicas de relación distintas pero que pueden convertirse en componentes del racismo, pues sus fronteras no son infranqueables. Como señala Gallissot (1985: 35), "del etnocentrismo a la reacción defensiva empujada a lo absoluto de la naturalización imaginaria y de la práctica de eliminación, de la xenofobia al racismo, los pasajes no son más que de grados".

Pero ¿cuáles son entonces los enunciados y presupuestos de este tipo de heterofobia? Desde nuestro punto de vista, el racismo parece descansar en una combinación de atributos y actos de diversa naturaleza que se organizan en el marco de dos perspectivas de pensamiento distinto identificadas en la definición que propone André Taguieff (1987: 314). Según ésta, el racismo es una ideología que se expresa en prácticas o comportamientos y en prejuicios o discursos, cuyos núcleos varían de un antiuniversalismo contenido en un racismo que exalta la diferencia (racismo diferencialista) a un seudouniversalismo contenido en un racismo no igualitario que exalta la igualdad.

La ideología diferencialista niega la unidad de la especie humana y se pronuncia por la defensa a ultranza de las identidades colectivas; adscribe de manera fija a individuos y grupos a categorías de pertenencia; absolutiza las diferencias entre categorías de pertenencia, lo que implica la imposibilidad de asimilarlas y compararlas; se opone a todo tipo de mestizaje porque amenaza la conservación y pureza de las identidades, y naturaliza las diferencias biológicas y culturales *(ibid:* 314-320). En cambio, el racismo de la desigualdad expresado en relaciones de dominación y explotación imperialista y colonial descansa en una jerarquización explícita de las diferencias que implica el reconocimiento de una "naturaleza común". Paradójicamente, este tipo de racismo y su variante asimilacionista se organizan sobre un principio distinto que es el de la creencia en la unidad de la especie humana, pero, en cambio, busca "reducir las diferencias y/o identidades culturales a un modelo único", absoluto, el propio, superior al que han de asimilarse incluso por la fuerza todos los otros.

Cabe entonces preguntarse: ¿qué tienen en común estas dos lógicas del racismo? En ambos casos, las diferencias de individuos o colectividades son percibidas como inasimilables o incompatibles, excluidos social, económica, política y culturalmente en principio definitivamente o en tanto preserven sus particularidades y, en sus expresiones extremas, pueden ser destruidos física o culturalmente. En cualquiera de los casos, los individuos y grupos son objeto de prejuicios y discriminación —aunque en el primero también de segregación (para evitar la relación y provocar su aislamiento y su separación)—, y sus derechos a la igualdad y a la diferencia y su pleno desarrollo son negados a través de múltiples mecanismos institucionalizados en distintos grados. Según esta perspectiva, dichas formas de enfrentar las diferencias de los otros se combinan en distinto grado, dependiendo de condiciones concretas. Las relaciones de desigualdad requieren establecer la diferencia entre determinados individuos y grupos para justificar su exclusión y su dominación, mientras que la actitud de preservar la unidad de identidad frente a la supuesta amenaza de los otros requiere, para reivindicar su propia homogeneidad, del encuentro con el otro en variadas condiciones que no excluyen la dominación (véase Wieviorka, 1994: 41-43).

Historia, teoría y crítica

Los orígenes del racismo son todavía una cuestión controvertida. Si el racismo es un fenómeno universal o se limita a determinadas épocas y sociedades es una interrogante aún no plenamente respondida. En cambio, la mayoría de los estudiosos están de acuerdo en que el racismo encuentra un contexto favorable para su desarrollo con la expansión del capitalismo y el colonialismo; con el surgimiento de los nacionalismos y el modelo de nación monocultural; con las crisis económicas; con la persistencia de grupos sociales que mantienen relaciones de sobreexplotación, y con el miedo a perder la identidad propia y determinados privilegios con la modernidad. Por ello, en este apartado identificamos algunos tipos de racismo y fuerzas que se les oponen, referente ineludible en la reflexión teórica desde que éste se convierte en objeto de estudio de distintas disciplinas sociales.

La conquista de América y más de tres siglos de dominación colonial constituyen un largo periodo en el que se confrontaron distintas visiones acerca del Otro no occidental. Fueron diversas las tradiciones de pensamiento a partir de las cuales se crearon las figuras del indio que aún perduran en el imaginario social de las naciones latinoamericanas. El asombro, la admiración suscitada por su civilización, la imagen del buen salvaje, el reconocimiento de su igualdad y de sus capacidades, de sus virtudes, a costa de "despojarlo de todo lo propio", son juicios y actitudes que expresan una línea de pensamiento vinculada a la tradición cristiana, distinta a la aristotélica subyacente tras las disquisiciones acerca de la inferioridad natural de los indios, de si poseían alma, eran dignos de ser cristianizados o si eran esclavos por naturaleza (véase Todorov, 1991a).

Tales ideas sobre el indio y sus culturas estuvieron determinadas no sólo por estas perspectivas filosóficas, las categorías formuladas en sus relaciones con judíos y musulmanes —como lo señala Manrique (1992a, 1992b y 1993, citado en Callirgos, 1993)—, su exterioridad y lejanía, sino por la relación colonial que era necesario consolidar y legitimar. Tanto aquellos que pensaban que los indios eran inferiores por naturaleza (como Juan Ginés de Sepúlveda y Gonzalo Fernández de Oviedo y Valdez) y, por ende, irreductibles, como quienes negando esa idea defendían la igualdad y pensaban que las diferencias culturales podían evolucionar hacia el ideal de la civilización occidental por la vía de la asimilación, creyeron en la inferioridad de los indios, negaron el derecho a la diferencia y sirvieron a la empresa colonial (véanse Vázquez, 1991, y Todorov, 1991a), aunque algunos como fray Bartolomé de las Casas, uno de los principales defensores de los indios, tuvieron una visión humanitaria. Desde la perspectiva amplia del racismo que aquí se sustenta, encontramos en el pensamiento de estos dos grupos esas lógicas en que éste puede expresarse, la creencia en la inferioridad biológica y/o cultural atribuida a los indios, que justificaba la dominación y la guerra, y aquella en la inferior ilustración, que justificaba la dominación pero no la guerra.

Estas visiones acerca del indio, sostenidas por conquistadores y religiosos de distintas órdenes; la noción de la "pureza de sangre", que fuera un principio de las distintas clasificaciones basadas en el color de la piel de los grupos sociales en la Nueva España; las formas de explotación y exclusión de indios y negros; la separación en la república de indios; la violencia y la desaparición de pueblos y culturas, fueron la expresión de una ideología etnocéntrica y racista.

Es posible que los cronistas no llegaran a establecer una teoría de la inferioridad (Portal y Ramírez, 1995) y que efectivamente una de las figuras relevantes del pensamiento racista en el siglo XVIII sea George Louis Buffon, quien, en su *Historia natural*, expusiera su concepción acerca de la unidad del género humano y de la jerarquía entre razas y culturas, llegando a colocar, por cierto, al indio americano como "un animal de primer orden" (citado en Todorov, 1991b). Pero las ideas de religiosos y conquistadores acerca de la inferioridad del indio no pueden ser ignoradas en la historia del racismo. En este sentido, a las tres cunas del racismo que fueran Francia, Inglaterra y Alemania, según Hannah Arendt, habría que agregar la España de la Edad Media.

El problema del Otro es una discusión que se desarrolla en el siglo XIX vinculada al desarrollo de las ciencias, al surgimiento de los nacionalismos y al proceso de expansión colonial; por ello, se le ha llamado "el siglo del racismo" con pretensiones científicas. En efecto, el pensamiento racista buscó bases "científicas" para explicar las diferencias y los desarrollos desiguales entre los europeos y los otros pueblos. Desde muy diversas disciplinas se intentó demostrar la supuesta inferioridad biológica y cultural de todos los Otros.

Sin duda, la teoría de la evolución social estructurada por la antropología y su noción de civilización como sinónimo de Occidente, así como la clasificación de la humanidad en razas, contribuyeron a demostrar la unidad de la especie humana y a desacreditar la *biologización* del hombre y su cultura. Sin embargo, el *racismo científico decimonónico* o *racialismo* encuentra sus fundamentos en este pensamiento antropológico de la época, práctica recurrente en otros momentos de su desarrollo (véase Harris, 1981).

Los nombres de muchos "científicos" son indisociables de la historia del racismo en Europa y Norteamérica durante este periodo. Joseph Arthur de Gobineau es conocido por su famoso *Ensayo sobre la desigualdad de las razas humanas,* en el cual establece una jerarquía entre las razas y las civilizaciones y valora el mestizaje como un mal inevitable que conduciría a la humanidad a su degeneración; Theodor Waitz creía en la existencia de razas superiores e inferiores y atribuía las diferencias a las condiciones naturales y sociales; Samuel George Morton, con base en supuestas investigaciones científicas, afirmaba que las capacidades intelectuales de los indios (de Norteamérica) eran inferiores a las de los caucásicos (*ibid.;* Horsman, 1981).

Este pensamiento tuvo influencia en las naciones que se constituían. Hay pensadores que no fueron teóricos del racismo ni escribieron una obra monumental como la del mismo Buffon y, sin embargo, por sus disquisiciones sobre la inferioridad biológica o cultural de los indios en el contexto del proceso de formación de la nación no debieran ser ignorados en una historia del racismo en América Latina. Es el caso, entre otros, de José María Luis Mora, ideólogo del liberalismo en el México del siglo XIX, quien creía que el indio era inferior al blanco y por ello era partidario de promover la inmigración de europeos para lograr su fusión biológica y cultural a la nueva nación mexicana.

Por su parte, la ideología racista se vincula a los nacionalismos de la época. La creación de las identidades en el contexto de formación de las nuevas comunidades nacionales y de una lucha por la hegemonía implicó, en algunos casos, procesos de auto y heterorracialización. Según Arendt, las raíces del pensamiento racista en Alemania hay que buscarlas en la cuestión de la unidad nacional; la convergencia entre románticos y nacionalistas en su afán por encontrar su distinción (personalidad innata y origen tribal común) crea las bases de un racismo como ideología (citado en Wieviorka, 1992) que parece haber dejado un "*ethos* biologicista o natural" expresado entre algunos grupos de "cabezas rapadas" que actúan hoy en contra de los inmigrantes turcos, entre otros (véase Krotz, 1994). Ilija Garasanin, ministro del interior del principado de Serbia, escribía a mediados del siglo XIX un plan para forjar la Gran Serbia que encontraría su fundamento en la "historia gloriosa" del imperio serbio de los siglos XIII y XIV. Según el ministro, era necesario mostrar al mundo que los serbios eran "los verdaderos continuadores de los grandes antepasados", "los primeros en haber combatido por su libertad" y, por lo tanto, tenían "derecho absoluto y prioritario" para proseguir el engrandecimiento de la Gran Serbia. El término *limpieza étnica*, acuñado por Vuk Stefanovic, aparece en una monografía histórica de principios de ese siglo refiriéndose entonces a "la exterminación y expulsión de la población no serbia" (turcos, serbios islamizados, aroumanis y judíos) del territorio de Belgrado (Gmerk y otros, 1993).

Sin embargo, el nacionalismo cívico, como diría Anthony Smith, no sería menos "exclusivista" que el nacionalismo étnico; su idea de que "la gran cultura" absorbiera todas las culturas distintas buscaba desaparecer lenguas y tradiciones culturales o recluirlas, si acaso, al ámbito de lo privado (Smith, 1994). Recuérdese que la unidad de la nación cívica se sustenta en la idea de una homogeneidad cultural que supone borrar todo particularismo que interfiera con esa aspiración de las clases dominantes a trascender como las únicas poseedoras de cultura. No obstante, el racismo identificado como fenómeno exclusivo de los nacionalismos étnicos fue negado en las naciones cívicas de América Latina. Es cierto que no toda política de asimilación tiene un carácter racista. El principio de la igualdad jurídica y la asimilación han estado asociados a un espíritu universalista y democrático. Sin embargo, este discurso y estas políticas también han originado el rechazo total o parcial a las diferencias culturales e inducido su desaparición. El pensamiento racista interviene también en la configuración de las naciones que en principio buscaron igualar a todos sus componentes diferenciados.

Por ejemplo, el mestizaje, contra el pensamiento europeo que lo repudiaba se convirtió en una cualidad de las naciones de América Latina. Sin embargo, la hibridación en México, aclara Machuca (1998), "es una noción ambivalente" que homogeneiza, y a la vez diferencia, a mestizos e indios y disimula las características y contradicciones étnicas y regionales. Para "una ideología racial incluyente" en el pensamiento de los ideólogos del mestizaje, como José Vasconcelos, y entre los precursores de la antropología mexicana, como Manuel Gamio, la fusión física y cultural de los indios *a la cultura nacional* (mestiza y dominante) era condición para *forjar patria*.

Mientras esta ideología del mestizaje —basada en la creencia en una inferioridad biológica y cultural del indio— sustenta un nacionalismo que promueve una política de relaciones de carácter "inclusivo", el nacionalsocialismo en Alemania desarrolla un "proyecto de transformación social" en cuyo horizonte está "la purificación y el mejoramiento del patrimonio hereditario de la población alemana" y el cual exacerba la exclusión y el exterminio (Pollak, 1986). Se trata de dos caminos distintos para lograr la homogeneidad étnica y racial y la unidad nacional. Desde luego, es preciso distinguir que en el caso de México estamos haciendo referencia a un discurso y una política indigenistas que buscaban la integración por la vía de la asimilación, orientada ésta por una visión que jerarquizaba las diferencias culturales consideradas en cierto grado incompatibles con la cultura nacional y justificaba ciertas prácticas de exclusión (sin olvidar formas de discriminación de los indios en diversos aspectos y regiones). Muy distinto es el caso del nazismo, en que "el Estado mismo se organiza de acuerdo con orientaciones racistas, desarrolla políticas y programas de exclusión, de destrucción o de discriminación masiva, exige a los eruditos y los intelectuales que contribuyan a este esfuerzo, moviliza los recursos del derecho para afirmar sus categorías raciales, y estructura las instituciones en función de esas categorías" (Wieviorka, 1992: 103).

Durante la primera mitad del siglo XX, los científicos siguieron rumbos distintos; muchos enajenaron su saber al Estado nazi y realizaron investigaciones que contribuyeron a la justificación y puesta en práctica de diversas formas de exterminio de millones de judíos, gitanos y comunistas, entre otros grupos sociales y políticos. Otros, como Franz Boas, dedicaron sus esfuerzos a la crítica de las teorías racistas y a la lucha en contra del racismo. Las resoluciones, declaraciones y manifiestos de numerosos científicos norteamericanos a fines de la década de los treinta, y la *Declaración de 1950* redactada y suscrita por prestigiados científicos de distintos países, argumentaron con base en sus investigaciones que las diferencias genéticas y biológicas no determinan las diferencias sociales y culturales ni las formas de organización política y social, y que el mestizaje no produce resultados nocivos desde el punto de vista biológico (citado en *Le racisme devant la science*, 1960).

Sin duda, la intervención de otros actores sociales ha sido fundamental en distintos campos en los que se ha cuestionado y luchado en contra de las ideologías racistas. Los nombres de intelectuales como Franz Fanon, Albert Memmi y Eldridge Cleaver, entre otros, están asociados a los estudios sobre el colonizado como víctima del racismo, y son invaluables sus testimonios sobre las identidades ambiguas de los negros en los Estados Unidos durante los años sesenta. En estos años precisamente se extienden las luchas antirracistas en aquel país, en favor de los derechos civiles de los negros y de los derechos de las minorías étnicas y nacionales. Una década más tarde aparecen nuevos sujetos sociales que son los indios y los negros de América Latina, quienes demuestran y denuncian las varias formas de racismo hacia sus pueblos y comunidades y demandan una nueva relación con el Estado y la nación. La crítica y lucha de sus intelectuales en contra de la opresión y la discriminación, como es el caso de Rigoberta Menchú, son igualmente relevantes.

Por su parte, desde los años de la posguerra organismos internacionales y algunos Estados intervienen para aliviar las condiciones de opresión a las que son sometidas las minorías étnicas y nacionales, culturales y religiosas. La Organización de las Naciones Unidas, y particularmente la UNESCO, adoptan medidas que prohíben y sancionan toda forma de racismo; se proscriben por ley la discriminación y la segregación en los Estados Unidos; los Estados nacionales impulsan políticas de integración de los grupos diferenciados y de trato preferencial, como la discriminación positiva (por medio de la cual se promueve la igualdad de derechos y oportunidades en el empleo y en la educación, entre otros), y, más recientemente, se introducen reformas constitucionales que reconocen ciertos derechos a los pueblos indios de América Latina. El sistema del *apartheid* en Sudáfrica, luego de una larga lucha, llega a su fin. Con todo ello, el racismo segregacionista y de exterminio parecía haberse desterrado.

Sin embargo, las bases legales de la igualdad y la prohibición por ley de las desigualdades, avance incuestionable para eliminar ciertas formas de racismo, no han impedido su resurgimiento y persistencia. El racismo a fines del siglo XX muestra que éste aparece cíclicamente en tanto no sufran transformaciones profundas las condiciones que favorecen su desarrollo y existan espacios para su expresión.

Los actos xenofóbicos y racistas en contra de los trabajadores extranjeros en las metrópolis capitalistas se suceden desde fines del siglo XIX, pasando por el periodo de la gran crisis de los treinta hasta la actual crisis de fin de siglo. Según Noiriel (1988), el proceso de desclasamiento social, la percepción de ciertos grupos nacionales que sienten amenazadas sus identidades por los inmigrantes que se arraigan, y las condiciones y técnicas políticas en que se produce el discurso para movilizar a las colectividades son factores clave para explicar el resurgimiento del racismo y la xenofobia en tiempos de crisis. Las luchas nacionales en las que median las ideologías racistas vuelven a conmover la conciencia a nivel mundial. El conflicto étnico y nacional de la antigua Yugoslavia y la ideología y política de la "limpieza étnica", promovidos por algunos intelectuales y políticos serbios a lo largo de casi dos siglos, han mostrado cómo la ideología racista puede ser un poderoso instrumento en las luchas nacionales.

El levantamiento de los mayas zapatistas, que descubre el racismo ante la nación, paradójicamente provoca discursos desde distintos ámbitos del poder en los que se representa a un indio con capacidades limitadas. La negación de convertir en ley los Acuerdos de San Andrés Sacam Chen, firmados en Chiapas, proviene en parte de un pensamiento que se rige por las diferencias culturales y justifica la exclusión. Por ejemplo, se valoran negativamente los sistemas normativos internos de los pueblos indios, reduciéndolos a "usos y costumbres", y se les considera en cierta forma incompatibles con el sistema jurídico "nacional".

Como puede observarse, los racismos son variados al igual que sus formas y niveles de intensidad. Hay que tener presente que el racismo puede mantenerse latente y disperso y manifestarse abiertamente y extenderse en determinadas circunstancias. Por ejemplo, los inmigrantes mexicanos en los Estados Unidos han sido siempre objeto de prejuicios y discriminación. Sin embargo, en estos tiempos de crisis económica no sólo los derechos de estos trabajadores son reducidos al mínimo para bajar los costos de producción y disponer de los más calificados, sino que también su presencia es advertida como una amenaza a la cultura anglosajona, lo que convierte a los mexicanos en uno de los grupos nacionales más perseguidos por las políticas migratorias del gobierno y en víctimas de la violencia racista por parte de diversos grupos sociales que activamente reclaman su expulsión (véase Sandoval, 1998). En este sentido, entendemos la idea de que el racismo no es un fenómeno que se mantiene inexorablemente en ascenso, como lo señala Nonna Mayer en un artículo dedicado al análisis del antisemitismo en la opinión pública francesa. En cada época, éste se organiza a partir de "nuevos arreglos [...] de fisuras que se producen en torno a diferentes cuestiones [...] su evolución no es lineal [...] su contenido y formas de expresión varían en el tiempo [...] aunque las fronteras simbólicas que aíslan a las minorías en el seno de la comunidad nacional ascienden, descienden o cambian de lugar según la coyuntura, aunque éstas permanecen" (Mayer, 1992: 66). Esta misma dinámica se ha observado en distintos contextos nacionales y con otro tipo de agrupamientos, lo cual sugiere para el análisis del racismo y sus variantes la importancia de distinguir entre las condiciones económicas, políticas y sociales que intervienen en su resurgimiento y las características psicológicas y materiales de determinados individuos y colectividades que pueden convertirse en actores racistas.

Líneas de investigación y debate contemporáneo

Un análisis exhaustivo de las contribuciones teóricas debería incursionar en la investigación multidisciplinaria y en las distintas tradiciones nacionales. Lejos estamos aún de un esfuerzo de esas dimensiones. Sin embargo, es una tarea que ha sido emprendida parcialmente por algunos sociólogos. Las referencias que hacemos informan sobre algunos trabajos clásicos y líneas temáticas de interés para la reflexión teórica sobre el racismo en nuestra realidad latinoamericana.

En la tradición norteamericana, Franz Boas, Ruth Benedict y Melville Herskovits son figuras destacadas del pensamiento social por cuestionar que los factores raciales puedan explicar la evolución social y por reconocer los prejuicios hacia las comunidades negras. En los años posteriores a la segunda Guerra Mundial, a la luz del genocidio en la Alemania nazi y de otras manifestaciones del racismo en distintos contextos, numerosos científicos continuaron el debate en contra de los "mitos raciales" e introdujeron en sus análisis nuevas variables para explicar las diferencias y las desigualdades entre los grupos. Por ejemplo, Ashley Montagu escribe *Man's most Dangerous Myth. The Fallacy of Race*, y Raymond Firth, en su trabajo titulado *Human Types*, se pregunta sobre la relación entre la negación de la igualdad de derechos de los negros en los Estados Unidos y su explotación como mano de obra barata, el miedo a la competencia y la percepción de "amenaza al control y privilegio social" de los blancos, reflexión novedosa en un momento en el que todavía la investigación no escapaba del todo al debate en torno a la existencia de la superioridad e inferioridad de las razas. También el antropólogo Juan Comas, en su trabajo acerca de "Los mitos raciales", argumenta sobre la inexistencia de las razas puras y la universalidad del mestizaje. Por su parte, Lévi-Strauss, en su brillante trabajo titulado "Raza e historia", demuestra las falacias de las teorías de la superioridad racial y cultural, argumentando cómo el progreso, la historia acumulativa, la creatividad y, en fin, la civilización, son resultado de un complejo sistema de determinaciones, de la colaboración entre culturas y desarrollos paralelos, y no propiedad de ciertas razas y culturas con aptitudes superiores.[3]

La raza devino concepto crecientemente en desuso en la medida en que fueron cuestionadas las supuestas "bases científicas" sustentadas por las teorías racistas; se convirtió en un concepto casi tabú en el medio académico, "una idea cuyo tiempo ha prácticamente pasado", dice Peter H. Wood, cuando la define en la *Encyclopedia of American Social History*, aunque persiste en otros discursos. No quiere decir esto que los científicos han negado la existencia de variaciones individuales y de grupo, sino que advierten la arbitrariedad de los criterios de clasificación y su determinación de los procesos sociales; por esto seguramente dejaron de preocuparse por demostrar la inexistencia de las razas y sus características y optaron por el estudio del racismo (véase Genovés, 1997).

Fue entonces cuando aparecieron los estudios clásicos realizados por Gordon W. Allport y Theodor Adorno sobre los prejuicios, una aportación importante para el conocimiento de una de las formas en que invariablemente se expresa todo tipo de racismo. El prejuicio como conjunto de imágenes negativas que homogeneizan a determinados grupos es un instrumento de dominación, pero también una forma de resolver situaciones de tensión. Sin embargo, efectivamente, el alcance de sus análisis es limitado porque la acción del actor no se contextualiza (Wieviorka, 1992). Es interesante que en la literatura sobre el tema en los Estados Unidos haya una preocupación particular por el análisis de los prejuicios, los estereotipos, la discriminación y la segregación hacia las minorías en espacios sociales determinados, mientras que en otros contextos se ponga el acento sobre la relación entre raza y género (véanse Ropers, 1995; Feiner, 1994).

En cambio, la tradición inglesa nos remite a otras dimensiones de la problemática. Una revisión crítica de las teorías sobre la raza y el racismo en Inglaterra se encuentra en John Solomos, quien informa de la prolífera investigación desarrollada en las últimas décadas frente a una inmigración que se arraiga y forma minorías étnicas y raciales en distintas ciudades. Desde la perspectiva marxista, corriente que ha tenido un particular desarrollo en este país, destacan los estudios sobre el racismo, concebido como una ideología que legitima los intereses económicos de clases y naciones y la superexplotación, la relación entre las categorías clase, raza y etnia, la relativa autonomía del racismo con respecto a las relaciones de clase, su papel en la dinámica de la lucha de clases y la organización política y los procesos a través de los cuales se producen y reproducen estas ideologías (Solomos, 1993). Otras líneas de investigación se refieren a "los procesos a través de los cuales la raza se constituye como una relación social y política", que el mismo Solomos desarrolla; los discursos racistas en los medios, la literatura y otros ámbitos de la cultura, y el racismo y su relación con la nación, el Estado, el género y la clase (véase también Anthias y Yuval, 1992).

En el contexto francés, el estudio del racismo como ideología y mito se encuentra, entre otros, en los trabajos de Hannah Arendt y Léon Poliakov, quienes lo conciben como "una construcción social imaginaria" que los grupos sociales utilizan, a partir de un individualismo producido en condiciones de tensión buscando su distinción en los orígenes genealógicos y en los mitos de origen. La importancia de estos trabajos, señala Wieviorka (1992: 89), descansa "en la capacidad del racismo para interpretarlo todo dentro de sus propias categorías, independientemente de los hechos", aunque son limitados en la medida en que lo reducen a una sola de sus formas: la del discurso.

Los trabajos de André Taguieff y Michel Wieviorka constituyen una de las aportaciones más sugerentes para el análisis del racismo en nuestra realidad. Taguieff comprende, en su concepción del racismo como ideología, la variabilidad del fenómeno y la reversibilidad

---

[3] Véase Portal y Ramírez, 1995.

de la diferencia en el sentido de su disolución cuando se trata de ese universalismo antropófago, dos aspectos que las definiciones restringidas no incluyen. A su vez, "las formas elementales del racismo" (que son los prejuicios, discriminación, segregación, violencia y discurso) y los niveles de intensidad que puede alcanzar son distinciones que Wieviorka propone para englobar los problemas designados y resolver la vieja discusión de que sólo existe racismo allí donde interviene el Estado. Según este planteamiento, el nivel de articulación de estas formas empíricas depende de la existencia de una fuerza política o, en sus expresiones extremas, de una política de Estado. Sin embargo, en la realidad mexicana el nivel de racismo puede ser intenso en los niveles regionales, como el que aún prevalece entre grupos dominantes y comunidades y pueblos indios, en ausencia de una fuerza política que formule y difunda un discurso racista.

Las relaciones que es posible establecer con el Otro y las diferencias, comprendidas en la lógica del racismo de la desigualdad y su variante asimilacionista, así como la lógica de un racismo diferencialista constituyen una distinción analítica que permite identificar diversos racismos. En esta misma línea, Wieviorka introduce un recurso que puede explicar el racismo, independientemente de sus particularidades en ciertos contextos históricos y nacionales. Según el autor, la unidad del racismo hay que buscarla en su relación con la modernidad. La posición diferenciada de las clases y los grupos sociales con respecto a la modernidad originaría distintas formas de enfrentar la diferencia, incluyendo los racismos de las clases dominantes nacionales y regionales y el racismo popular, sus espacios y modalidades (Wieviorka, 1994).

Líneas de trabajo en América Latina

Frente a estas tradiciones, la investigación sobre el racismo en América Latina es limitada en parte por su condición de tabú. Por ello, la historia de las ideas de raza y racismo todavía no se ha escrito. Los Estados nacionales siempre negaron la existencia del racismo porque, a partir del principio de que *todos somos iguales*, se intentó hacer desaparecer los particularismos étnicos y raciales y todo signo de exclusión. Por su parte, disciplinas como la antropología mantuvieron durante mucho tiempo un estrecho vínculo con el poder dominante. Las políticas indigenistas en México son un claro ejemplo de esos compromisos entre científicos y Estado, extensamente documentados desde los años setenta. Esto no niega las aportaciones de antropólogos como Juan Comas, Julio de la Fuente y el mismo Gonzalo Aguirre Beltrán al estudio del racismo a través de la descripción de los estereotipos y prácticas de discriminación hacia los indios y de la identificación de una *ideología de la superioridad* en las *regiones de refugio*, aunque no desarrollan una perspectiva para su análisis. Como antropólogo biológico, Santiago Genovés cuestiona las bases de las teorías racistas y participa en la integración de La Declaración de Atenas sobre la raza y los prejuicios raciales (citada en Genovés, 1992).

Es interesante la amplia literatura sobre el racismo colonial y el mestizaje en el área caribeña, en México y en la región andina, fuentes básicas para conocer las raíces históricas del racismo contemporáneo y la controvertida visión de la ideología del mestizaje. Hay otro tipo de trabajo, como el *México profundo* de Guillermo Bonfil, cuyo punto de partida no es el racismo como objeto de estudio, pero contribuye al conocimiento de los procesos históricos e ideológicos que dan origen a la *civilización negada*, que es la de los indios.

Habría que esperar el surgimiento de un movimiento indígena y negro que revelara la naturaleza opresiva de las relaciones del Estado y la nación con los pueblos indios y negros para suscitar un mayor interés por el estudio del racismo contemporáneo. Se ha venido cuestionando el carácter excluyente del modelo de nación cívica impuesto desde el siglo XIX, y revelando el carácter etnocéntrico y racista de las políticas de los Estados nacionales hacia las poblaciones india y negra y de las supuestas "democracias raciales" en Brasil y Colombia, cuyo estudio en ámbitos específicos de interacción se ha iniciado. Desde la década de los setenta, en Brasil se analizan la discriminación racial, las relaciones raciales y el vínculo entre raza, clases sociales y desigualdades socioeconómicas, aportación importante respecto de una de las formas específicas en que se manifiesta el racismo en América Latina, que es la discriminación (véanse Hasenbalg, 1994; Ponce, 1998).

El marxismo, una de las perspectivas teóricas que han tenido una influencia importante en el pensamiento social latinoamericano, es punto de partida en la búsqueda por relacionar las categorías de raza y clase y para determinar su función ideológica y política. Por ejemplo, el estudio de Marta Casaús Arzú encuentra que el racismo es un "elemento histórico estructural", instrumento de la ideología dominante de la oligarquía guatemalteca que se extiende a "todo el cuerpo social" y se difunde a través de los aparatos ideológicos. Su análisis histórico de la formación y el desarrollo de las redes familiares de la oligarquía y de su pensamiento y prácticas es útil para aproximarse al racismo de las clases dominantes en el contexto latinoamericano. Sin embargo, aún sostiene que el racismo es producido sólo por las clases dominantes y no reconoce uno basado en la concepción jerárquica de las diferencias culturales que, en nombre de un supuesto universalismo, pretende hacerlas desaparecer y prefiere, como otros autores, identificarlo como etnocentrismo.

En la realidad andina, hay una búsqueda por reconocer el origen del racismo y las pruebas empíricas que demuestren la existencia de representaciones de carácter racista que atraviesan la sociedad en su conjunto, así como el análisis de los prejuicios y la discriminación en ámbitos específicos de socialización como es la escuela (véanse Portocarrero, 1993; Calligros, 1993; Torres, 1997).[4] Por ejemplo, Carlos Torres analiza los

---

[4] No obstante, es importante señalar que el debate sobre las bases genéticas de la conducta humana es reabierto por la sociobiología y otros campos disciplinarios, como la psicología. En la *Encyclopedia of Human Behavior*, el lector encuentra el racismo bajo la noción de odio, "un estado de excitación en los humanos en el que predominan el coraje, los juicios negativos y los impulsos destructivos" (Schoenewolf, 1994: 506). El odio sería el resultado de la combinación de factores biológicos y ambientales y se manifestaría en formas constructivas o destructivas (como el racismo). Según esta concepción, la crisis psicológica y económica sufrida por el

mecanismos de la discriminación racial y su efecto en la formación de identidades ambiguas y muestra cómo, a partir de los cambios en las estructuras de dominación (la ruptura del "modelo paternalista de la hacienda") y en la organización de los indígenas, se modifican de distintas maneras las relaciones entre blancos, mestizos e indígenas ecuatorianos.

El estudio de este fenómeno social en México es todavía reciente. El racismo y la xenofobia en los años de la Revolución mexicana hacia los chinos y el carácter excluyente de las políticas migratorias del gobierno mexicano, basadas en criterios de distinción y selección de carácter racial y económico de inmigrantes durante los años treinta y cuarenta, han sido abordados en algunos trabajos. Sin embargo, los esfuerzos más sistemáticos, desde una perspectiva que pretende encontrar las modalidades del racismo en México, están relacionados con las formas en que esta ideología se expresa hacia los pueblos indios en el discurso del Estado, en los espacios educativos y en regiones en donde históricamente las relaciones interétnicas han tenido un carácter conflictivo (véanse Castellanos, 1994; Romer, 1998; Paris, 1997; Gall, 1998).

Distintas investigaciones revelan la vigencia de un racismo de raíces coloniales basado en la diferenciación cultural y fenotípica de indios y negros; el predominio de un racismo que legitima relaciones de explotación y desigualdad y, sin alcanzar en principio expresiones extremas, la existencia de un racismo fincado en esa exaltación de las diferencias culturales y vinculado a relaciones de dominación y a procesos de identidad, que pueden aislar y segregar. También se ha demostrado su carácter particularmente oculto, velado y reprimido —así como su expresión abierta en condiciones concretas—, y descubierto el sentido etnocéntrico y racista de la ideología del mestizaje. Sin embargo, hace falta un trabajo amplio y sistemático de investigación teórica y empírica que profundice en el análisis de sus expresiones y mecanismos de reproducción en la vida cotidiana, dentro y fuera de los espacios de interacción en las ciudades y en las regiones étnicas, así como acerca de los niveles, contenidos y formas en que se combinan las ideologías que exaltan la diferenciación de carácter racista en un contexto de lucha y de afirmación étnica y nacional.

Es evidente que la diversidad de expresiones del racismo en la historia hace difícil una definición que las incluya a todas. Piénsese en las diferencias fenotípicas, étnicas, religiosas, nacionales de las colectividades históricamente discriminadas y en el origen interclasista e interétnico de los viejos y nuevos actores racistas; en los distintos mecanismos con los cuales los Estados nacionales intervienen directa o indirectamente como agentes que estructuran estas ideologías, y en los diversos contextos históricos y nacionales en que resurge o aparece el racismo. Como sabemos, el concepto ha ido cambiando según las formas específicas y extremas en que se manifiesta, sobre todo, en Europa y Norteamérica. En su origen, el término estuvo definido en función de sus expresiones discursivas y doctrinarias que sustentaban la superioridad e inferioridad racial, y luego en estrecha relación con las experiencias segregacionistas y con el genocidio. Hoy, en el contexto del neoliberalismo y de la crisis de los Estados nacionales, se advierte un *racismo de identidad* en los discursos y acciones de intolerancia contra los inmigrantes que se arraigan en un territorio, aumentan demográficamente, modifican la fisonomía de las naciones y exhiben una cultura "incompatible" con la propia, como es el caso de los musulmanes en Francia. El Otro inmigrante provoca el desempleo, compite por los recursos y contamina la cultura nacional, lo que justifica proceder a un tipo de limpieza del cuerpo social usando instrumentos legales y/o directos a través de la agresión.

Pero las expresiones del racismo, aunque distintas en la región latinoamericana —ya que el Otro es interno—, también han sido extremas; recuérdense la violencia de las formas de explotación en las fincas y haciendas y las represiones y castigos luego del sofocamiento de sus luchas. De ahí la necesidad de contar con una definición de racismo como ideología que, con base en distintos discursos y acciones, comprenda las formas de rechazo derivadas de la exaltación de la igualdad y la diferencia para ejercer la dominación o separar al Otro. No obstante que, como toda definición, no dejará de tener un carácter arbitrario y temporal, será útil como punto de partida para reconocer las características de ciertos fenómenos. El estudio de los procesos de formación del Otro y de las ideologías y condiciones que intervienen en los mismos, así como de las alternativas para nuevos modelos de relaciones interculturales basados en un universalismo democrático, es una tarea de investigación ineludible en el contexto latinoamericano en este momento, en que las tendencias del neoliberalismo anuncian tiempos difíciles para el encuentro intercultural pese al potencial que representan las fuerzas de naturaleza constructiva que siempre se han opuesto a su desarrollo y promovido la solidaridad y la tolerancia.

---

pueblo alemán luego de su derrota en la primera Guerra Mundial provocó la búsqueda de un "chivo expiatorio" y una autoridad permisiva: Hitler *(ibid.:* 507).

[5] Pese a su excelente argumentación, su concepción de que el "repudio al Otro" para afirmar la identidad es consustancial a toda cultura (misma que "corrige" en trabajos posteriores cuando reconoce al asombro, la indiferencia, la hostilidad y el acercamiento como otras formas de mirar al Otro) desata la crítica, que lo acusa incluso de contribuir al nuevo discurso racista que justifica el rechazo en nombre de las diferencias culturales (véase Taguieff, 1987). En este mismo sentido Michel Giraud, con base en la influencia que ejerció la teoría de los africanismos de Melville Herskovits en el nacionalismo caribeño y la antropología en el discurso antiinmigrante del líder del Frente Nacional en Francia, Jean Marie Le Pen —quien advierte las diferencias de los grupos en las supuestas características culturales y no raciales—, aconseja a los etnólogos evitar la reificación de la cultura y una visión no crítica del relativismo cultural. Sin dejar de reconocer la intolerancia que puede desencadenar toda exaltación de las diferencias culturales, esta perspectiva de que la investigación antropológica contemporánea contribuye a la formación del discurso racista puede ser cuestionable en la medida en que el uso de las ideas está siempre sujeto a interpretaciones que, ciertamente, como el mismo Giraud lo reconoce, pueden ser contrarias a los objetivos que persiguen.

[6] Véase los trabajos presentados en el Latin American Studies Association XX International Congress y en el 49 Congreso Internacional de Americanistas.

BIBLIOGRAFÍA

Acuerdos de San Andrés Sacam Chen (1995), *Revista Ce Acatl*, núms. 74-75, México.

Adorno, Theodor, *et al.* (1950), *The Authoritarian Personality*, Harper and Brothers, Nueva York.

Aguirre Beltrán, Gonzalo (1967), *Regiones de refugio*, Instituto Nacional Indigenista, México.

Allport, Gordon W. (1987), *The Nature of Prejudice*, Addison-Wesley, Mass.

Anthias, Floya, y Nira Yuval Davies (1993), *Racialized Boundaries*, Routledge, Londres.

Arendt, Hannah (1987), *Los orígenes del totalitarismo*, Alianza, Madrid.

―――― (1982), *L'impérialism*, Fayard, París.

Augé, Gillon, *et al.* (1966), *Petit Larousse*, Librairie Larousse, París.

Balibar, Etienne (1992), "Racisme et nationalisme: une logique de l'excès", en Michel Wieviorka (dir.), *Racisme et modernité*, La Découverte, París.

Bandrés, J. M., *et al.* (1994), *Xenofobia en Europa. Instrumentos jurídicos contra el racismo*, Editorial Popular, Madrid.

Benedict, Ruth (1941), *Raza: ciencia y política*, FCE, México.

Boas, Franz (1945), *Race and Democratic Society*, Augustin Publisher, Nueva York.

Bonfil Batalla, Guillermo (1990), *México profundo. Una civilización negada*, Grijalbo, México.

Callirgos, Juan Carlos (1993), *El racismo. La cuestión del Otro (y de uno)*, Desco-Centro de Estudios y Promoción del Desarrollo, Lima.

Casaús Arzú, Marta (1992), *Guatemala: linaje y racismo*, Facultad Latinoamericana de Ciencias Sociales, San José, Costa Rica.

Cashmore, E. Ellis, *et al.* (1988), *Dictionary of Race and Ethnic Relations*, Routledge, Londres.

Castellanos Guerrero, Alicia (1994), "Asimilación y diferenciación de los indios en México", *Estudios Sociológicos*, núm. 34, El Colegio de México, México.

――――, y Juan Manuel Sandoval (coords.) (1998), *Nación, racismo e identidad*, Nuestro Tiempo, México.

Cleaver, Eldridge (1988), *Alma encadenada*, Siglo XXI, México.

Comas, Juan (1952), *Los mitos raciales*, UNESCO, París.

―――― (1967), *La unidad y variedad de la especie humana*, UNAM, México.

De la Fuente, Julio (1985), *Relaciones interétnicas*, Instituto Nacional Indigenista, México.

Edwards, G. Franklin, y Thomas F. Pettigrew (1979), "Razas, relaciones entre las", en David L. Sills, *Enciclopedia internacional de las ciencias sociales*, vol. 9, Aguilar, Madrid (edición original en inglés, 1968).

Encyclopædia Judaica (1974), *Encyclopædia Judaica*, vol. 13, Keter Publishing House, Jerusalén.

Fanon, Franz (1988), *Los condenados de la tierra*, FCE, México.

Feiner, Susan F. (ed.) (1994), *Race and Gender in the American Economy: Views from Across Spectrum*, Prentice-Hall, Nueva Jersey.

Firth, Raymond (1958), *Human Types*, A Mentor Book, Nueva York.

Gall, Olivia (1998), "Los elementos histórico-estructurales del racismo en Chiapas", en Alicia Castellanos Guerrero y Juan Manuel Sandoval, *op. cit.*

Gallissot, René (1985), *Misère de la antiracisme. Racisme et identité nationale: le défi de la immigration*, L'Arcantère, París.

Gamio, Manuel (1916), *Forjando patria*, Porrúa, México.

Grawitz, Dalloz Madeleine (1986), *Lexique des Sciences Sociales*, París.

Genovés, Santiago (1992), *Razas, racismo y el "cuento" de la violencia*, Comisión Nacional de Derechos Humanos, México.

―――― (1997), "Razas y racismo", *Este País*, núm. 81, México.

Giraud, Michel (1988), "Ethnologie et racisme. Le cas des études afro-américaines", *Ethnologie francaise*, vol. XVIII, núm. 2, París.

Grmek, Mirko, *et al.* (1993), *Le nettoyage ethnique*, Fayard, París.

Hale, Charles Adams (1987), *El liberalismo mexicano en la época de Mora: 1821-1853*, Siglo XXI, México.

Harris, Marvin (1981), *El desarrollo de la teoría antropológica. Historia de las teorías de la cultura*, Siglo XXI, México.

Hasenbalg, Carlos (1994), "Perspectivas sobre raza y clase en Brasil", *Estudios Sociológicos*, *op. cit.*

Herskovits, Melville (1941), *The Myth of the Negro Past*, Harper and Brothers, Nueva York.

Horsman, Reginald (1981), *Race and Manifest Destiny. The Origins of American Racial Anglo Saxonism*, Harvard University Press, Cambridge.

Krotz, Esteban (1994a) "¿Naturalismo como respuesta a las angustias de identidad?", *Estudios Sociológicos*, *op. cit.*

―――― (1994b), "Alteridad y pregunta antropológica", *Alteridades*, núm. 8, Departamento de Antropología, Universidad Autónoma Metropolitana, México.

Kupiec, Cayton, Elliot J. Gorn y Peter W. Williams (1994), *Encyclopedia of American Social History*, vol. 1, Charles Scribner & Sons, Nueva York.

Lévi-Strauss, Claude (1979), "Raza e historia", en Claude Lévi-Strauss, *Antropología estructural*, Siglo XXI, México.

Machuca, Antonio (1998), "Nación, mestizaje y racismo", en Alicia Castellanos Guerrero y Juan Manuel Sandoval (coords.), *Nación, racismo e identidad*, *op. cit.*

Manrique, Nelson (1992a), "Situación de España en el momento del descubrimiento", en *500 años después... ¿el fin de la historia?*, Escuela para el Desarrollo, Lima.

―――― (1992b), "El otro de la modernidad: los pastores de puna", *Pretextos*, núms. 3-4, DESCO, Lima.

―――― (1993), *Vinieron los sarracenos... El universo mental de la conquista de América*, DESCO, Lima (mecanografiado).

Mayer, Nonna (1992), "Racisme et antisémitisme dans l'opinion publique française", en Pierre André Taguieff, *Face au racisme*, 2, La Découverte, París.

Memmi, Albert (1994), *Le racisme*, Gallimard, París.

Montagu, Ashley (1945), *Man's Most Dangerous myth. The Fallacy of Race*, Columbia University Press, Nueva York.

Noiriel, Gérard (1988), *Le creuset francais. Histoire de l'immigration XIX-XX siècle*, Éditions du Seuil, París.

Osmanczyk, Edmund Jan (1976), *Enciclopedia mundial de relaciones internacionales y naciones unidas*, Fondo de Cultura Económica, México.

Paris, Dolores (1997), *Identidades colectivas de las elites en el centro de Chiapas (1971-1993): Tuxtla Gutiérrez y San Cristóbal de Las Casas*, tesis de doctorado, Facultad Latinoamericana de Ciencias Sociales, México.

Poliakov, Léon (1971), *Le mythe aryen*, Calman-Lévy, París.

Pollack, Michael (1986), "Utopie et échec d'une science raciale", en André Bejin y Julien Freund, *Racismes, Antiracismes*, Meridiens Klincksieck, París.

Ponce, Patricia (1998), "Raza, clase y género en Brasil", en Alicia Castellanos Guerrero y Juan Manuel Sandoval (coords.), *Nación, racismo e identidad*, *op. cit.*

Portal, María Ana, y Xóchitl Ramírez (1995), *Pensamiento antropológico en México: un recorrido histórico*, Universidad Autónoma Metropolitana-Iztapalapa, México.

Portocarrero, Gonzalo (1993), *Racismo y mestizaje*, SUR, Casa de Estudios del Socialismo, Lima.

Pratt Fairchild, Henry de (1966), *Diccionario de sociología*, Fondo de Cultura Económica, México.

Ramachandran, V. S. (ed.) (1994), *Encyclopedia of Human Behavior*, vol. 2, Academic Press, California.

Ropers, Richard B. (1995), *American Prejudice: with Liberty and Justice for Some*, Insight Books, Nueva York.

Sandoval, Juan Manuel, "Las nuevas políticas migratorias en Estados Unidos y el debate sobre la reconstitución de la nación: conservadurismo *versus* neoconservadurismo", en Alicia Castellanos Guerrero y Juan Manuel Sandoval (coords.), *Nación, racismo e identidad*, op. cit.

Sills, David L. (ed.) (1977), *Enciclopedia internacional de las ciencias sociales*, vols. 5, 7, 9, Aguilar, Madrid.

Smith, Anthony D. (1994), "Tres conceptos de nación", *Revista de Occidente*, núm. 161, Madrid.

Solomos, John (1993), *Race and Racism in Britain*, The Macmillan Press, Londres.

Stavenhagen, Rodolfo (1994), "Racismo y xenofobia en tiempos de la globalización", *Estudios Sociológicos*, op. cit.

Stearns, Peter N. (1994), *Encyclopedia of Social History*, Garland Publishing, Inc., Nueva York.

Taguieff, André (1987), *La force du préjugée, essai sur le racisme et ses doubles*, La Découverte, París.

Todorov, Tzvetan (1991a), *La conquista de América. El problema del Otro*, Siglo XXI, México.

—— (1991b), *Nosotros y los otros*, Siglo XXI, México.

Torres, Carlos (1997), "La letra con sangre entra: racismo, escuela y vida cotidiana en Ecuador", ponencia presentada en el *Latin American Studies Association XX International Congress*, Guadalajara.

Varios autores (1960), *Le racisme devant la science*, UNESCO-Gallimard, París.

Vasconcelos, José (1992), *La raza cósmica*, Espasa-Calpe Mexicana, México.

Vázquez, Josefina Zoraida (1991), *La imagen del indio en el español del siglo XVI*, Biblioteca Universidad Veracruzana, Jalapa.

Wieviorka, Michel (1992), *El espacio del racismo*, Paidós, Barcelona.

—— (1994), "Racismo y exclusión", *Estudios Sociológicos*, op. cit.

Winick, Charles (1970), *Dictionary of Anhropology*, Littlefield Adams, Nueva Jersey.

REFORMA
Fernando Díaz Montiel

Definición

Una reforma es un proceso permanente de cambios y correcciones graduales, es un movimiento que apunta a mejorar y perfeccionar (incluso radicalmente, ya que una re-forma es literalmente una recreación desde el principio), pero no a destruir el ordenamiento existente, porque considera como valores absolutos de civilización los principios sobre los que se basa.

Esta vocación de regenerar e innovar sin destruir el orden existente es lo que la distingue nítidamente de una revolución. Esta última plantea un cambio súbito, sin contemplaciones ni concesiones, de los principios y las instituciones que dan vida a las sociedades. De ahí que sea redundante criticar, como se hace a menudo, el que una reforma tenga un talante "conservador" ya que, por definición, como gustara expresar Jesús Reyes Heroles inspirado en Giussepe Lampedusa, "hay que cambiar todo, para que todo siga igual", de acuerdo con el principio de la dinámica según el cual lo que resiste apoya.

En los albores del siglo XX, el genio del reformismo, Eduard Bernstein, sintetizó en la célebre consigna "el movimiento es todo, el fin es nada" el empuje de mejoramiento progresivo de las condiciones generales de los trabajadores y de las instituciones político-económicas que lo permiten; el fin, es decir, el autogobierno político y económico de las masas, es una línea móvil en el horizonte que tiene ante todo un valor direccional pero que jamás será alcanzada, como jamás se alcanza el horizonte. Las reformas sociales, por genuinas y enérgicas que sean, no cambian la naturaleza de la sociedad preexistente. La reforma no es una revolución dilatada, que se desenvuelve por etapas hasta que, con la imperceptibilidad del viajero que cruza la línea ecuatorial, se arriba a la nueva sociedad. La creación del "mundo posible" no procede de esa manera. A través de las reformas no se supera el *capitalismo*, ni se transforma la sociedad al *socialismo*. Probablemente se logre mayor flexibilidad, más inclusión, más estabilidad, menos incertidumbre, mayor capacidad de adaptación y control respecto de las crisis y más legitimidad para enfrentar las aristas filosas del conflicto social, pero no hay un salto cualitativo hacia adelante. Esta *escalera al cielo* tiene un peldaño falso que lleva al vacío o a recomenzar la hazaña reformista.

El siglo XX es el siglo de las reformas, y a través de esa ruta no se ha llegado a la superación del *establishment*, sino a su consolidación, en estadios estables, inestables o de equilibrios precarios. De allí que, como afirma Samuel P. Huntington, las reformas pueden ser veloces, ordenadas, eficaces, apoyadas u oportunas —con sus contrarios— pero nunca serán garantía de que ya no habrá regreso o de que al andar no se traspase el umbral de aquello que no estaba permitido y que se trastoquen los fundamentos de la sociedad sometida a ese ejercicio de corrección y mejora.

A diferencia de las sectas perseguidas y obligadas a su diseminación por su inconformidad y búsqueda de un mundo nuevo, como fueron las confesiones protestantes de los siglos XVI y XVII, en la centuria que está a punto de terminar, de acuerdo con Josep Picó ha correspondido al Estado ser el protagonista del movimiento reformador: abandonando los postulados del *laissez faire*, se embarcó desde la época de Bismarck en un intervencionismo que buscó avances en la justicia social y en la distribución del ingreso, como válvulas para desactivar el conflicto que agobiaba a las sociedades. La legislación social que estableció el *Canciller de hierro* se prolonga irregularmente hasta nuestros días y toma un peso decisivo a partir de 1945, cuando la mayoría de los países capitalistas desarrollados adoptan la doctrina del *Report Beridge* y la política económica keynesiana. El objetivo era suavizar las desigualdades mediante la seguridad social y las subvenciones estatales. El Estado tenía que paliar, actuando sobre la demanda, los efectos de la crisis económica. De esa manera, las necesidades primarias de los pueblos, educación, salud, vivienda, alimentación, ya no quedaban sujetas al libre curso de la oferta y la demanda, sino dentro de la órbita estatal desde la cual se comandaba el mercado y el consumo. ¿El resultado? El *Welfare State* o Estado benefactor, que durante varios decenios nubló las contradicciones sociales e hizo valer la solidaridad y el interés público por encima del interés individual y la *mano invisible* del mercado. Ésta fue la *época de oro* de los crecimientos por encima de cinco por ciento del producto interno bruto y de niveles aceptables de vida y de consenso en favor de la estabilidad de los sistemas políticos. La igualdad de oportunidades era constatable en el aumento de la burocracia; en la importancia sobredeterminante del sector terciario por encima del primario y secundario; en la institucionalización del movimiento obrero a través de los sindicatos y partidos políticos, y en la participación corporativa de los ciudadanos.

Sobrevendría después la crisis de los años setenta, y muchos de los protagonistas y analistas repararían en las tendencias catastróficas de mantener ese estado de cosas.

Historia, teoría y crítica

A partir de la década de 1970, la mayoría de los países del globo resintieron el agotamiento de las condiciones en las que se asentaba la época del *Welfare State* y el desgaste del reformismo que lo animaba. Diversos analistas coincidieron, desde perspectivas a veces antagónicas, en que las manifestaciones de las perturbaciones en forma de crisis económicas, de legitimidad, de gobernabilidad, de valores e integración social e incluso de "racionalidad" eran cada vez más preocupantes y difíciles de manejar. Casi simultáneamente, un conjunto de cambios internacionales de gran escala dieron forma a un proceso de *autocorrecciones* sistémicas, es decir, a una suerte de mecanismos de ajuste automáticos y de compensación como respuesta a los desafíos de la readecuación internacional de las cadenas de trabajo, productiva, tecnológica y comercial.

Así, por un lado, el acicate de la profundidad y gravedad de las crisis y, por otro lado, la conciencia de que las reglas del juego del sistema económico y político mundial estaban cambiando velozmente, obraron en favor de una vuelta al proceso de grandes reformas como las que ocurrieron después de la segunda Guerra Mundial. Como señala Ignacio Ramonet, es el momento del *big bang* de las bolsas de valores y de la desreglamentación, estimulados por la reformas ultraliberales de Margaret Thatcher y Ronald Reagan en los años ochenta, que también favorecieron la universalidad de los intercambios (la información, los textos, las imágenes se transmiten ya a la velocidad de la luz por medio de un código único) y la globalización de la economía.

Estos cambios afectan las tradicionales prerrogativas del Estado-nación y ponen en cuestionamiento la estructura jerárquica, vertical y autoritaria de la representación política y del poder. De hecho, la crisis del Estado benefactor es asumida como una "reforma del Estado" para hacerlo menos arrogante, patrimonialista y omniabarcador. En lo económico se tiende a un retiro de la intervención directa a través de empresas públicas y de expropiaciones, con lo que se da paso al proceso de *privatización* de las grandes áreas de la propiedad y los servicios estatales. En lo político, la acción estatal tiende a estructurarse mediante redes más horizontales y flexibles, más afines al amplio mosaico social de las sociedades complejas.

Ya no es el típico Estado con tendencias corporativistas (sindicato-partido político-gobierno) de la época socialdemócrata, sino el Estado modesto, de acuerdo con la expresión de Michel Crozier, a dos velocidades: la más lenta es la que responde a los deberes y obligaciones fundamentales de todo Estado en materia de justicia, seguridad y el despacho administrativo de los asuntos de interés público más esenciales, mientras que la velocidad más rápida atiende el compromiso de la coalición de fuerzas sociales que permiten el triunfo o la derrota electoral. Pero en este ámbito, a diferencia de las grandes expectativas de reformas y correcciones del pasado, ahora se trata de una vuelta a la *filosofía de las pequeñas cosas* en un contexto de cambios graduales, hipercontrolados en función de su consistencia, pertinencia y eficiencia.

Las reformas dejan de contar con la fuerza emotiva y la capacidad de convocatoria a la movilización social a partir del compromiso político para transformarse en rígidas y esquemáticas *políticas públicas* que hacen de su adaptación universal la mejor prueba de su idoneidad. De esta manera, el mismo plan de privatizaciones se impone en Ucrania y Portugal que en México, Argentina o Corea del Sur. Las reformas educativas se asumen en los mismos términos en los Estados Unidos que en Senegal o Tailandia. Los programas de asistencia a los indigentes y grupos que viven en la extrema pobreza se reproducen a través de patrones idénticos, lo mismo en Pakistán que en Guatemala, en México o en Surinam.

Por otro lado, si se observa el funcionamiento real de la vida internacional se comprobará que sus actores han cambiado: a escala planetaria sus protagonistas son actualmente las asociaciones de Estados como el Grupo de los Siete —las naciones más ricas del mundo—; los diversos esquemas de integración como el TLC de Norteamérica, la APEC, la OCDE, la OMC y la Unión Europea, entre otros; las empresas mundiales y los grandes grupos financieros y de las comunicaciones, y, por último, las organizaciones no gubernamentales de alcance mundial (como Greenpeace, Amnistía Internacional y World Wild Life). Estos protagonistas suelen imponer recomendaciones, adoptar compromisos y establecer normas que al adaptarse en los países dan origen a procesos reformistas como son la creación del *ombudsman*, dependencias de preservación del medio ambiente, coordinación de políticas contra el crimen organizado y el respeto irrestricto a la propiedad intelectual, entre otros.

Por lo que respecta a las razones de naturaleza interna que afectan con mayor o menor intensidad a las naciones, obligando a acelerar el ritmo de las reformas, deben considerarse las presiones del crecimiento demográfico, de los nuevos movimientos sociales provocados por la pobreza extrema y la complejidad de la sociedad, así como las externalidades o una crisis en el manejo de los programas asistencialistas. Además, al insistirse en la privatización de las empresas públicas, se afectan intereses creados y se alteran los mecanismos de control de la burocracia, con lo cual se abre un potencial filón de conflictos antirreformistas entre los que usufructuaban el antiguo orden de cosas y los reformistas que, con frecuencia, tienden a actuar aislados y sin renunciar a los vicios del dirigismo de las etapas del "despotismo ilustrado" y de la arrogancia tecnocrática.

De hecho, como señala Samuel P. Huntington, un auténtico jefe reformista tiene que resolver tres grandes problemas: en primer lugar tiene que luchar simultáneamente en dos frentes, contra la oposición conservadora y la revolucionaria. En segundo lugar, dado que su objetivo es producir algún cambio y no subvertir totalmente la vieja sociedad, el reformista tiene que ser un maestro consumado en el arte de controlar el cambio social, debe saber administrar las fuerzas sociales que desata y conducirlas con mano firme a un buen puerto. Por último, el reformista tiene que decidir entre una serie de opciones y prioridades, y sobre todo lograr un delicadísimo equilibrio entre las reformas socioeconómicas y la expansión de la movilización y la participación políticas.

La clarividencia de Huntington se demostró en el proceso fallido de reformas que trató de impulsar Mijaíl Gorbachov para rescatar del naufragio al viejo buque de la Unión Soviética. Las célebres *Perestroika* (renovación económica) y *Glasnost* (transparencia política e informativa) son epítomes de que, con frecuencia, la reforma contribuye no a la estabilidad política, sino a una inestabilidad mayor e incluso a un cambio brusco e irreversible en la sociedad misma. En términos históricos, se ha mostrado que el hecho mismo de que un régimen lleve a cabo reformas y otorgue concesiones estimula las exigencias de más cambios. Esto lo sabía muy bien Alexis de Tocqueville al afirmar que el momento más peligroso para un mal gobierno es cuando trata de enmendarse. En Francia las reformas prepararon el terreno para la Revolución, no tanto porque eliminaran los obstáculos que se interponían en su camino, sino, en mayor medida, porque enseñaron a la nación cómo había que hacer para eliminarlos.

De allí que, a diferencia de la fallida experiencia reformista de la Unión Soviética, la República Popular de China esté embarcada en reformas económicas sin hacer modificaciones al sistema de concentración del poder político y al ejercicio autoritario en la toma de las decisiones. En el caso mexicano, durante los primeros años del proceso reformista pareció seguirse la línea de modernización y liberalización económica con un sistema de partido de Estado y de reconcentración del poder político, a fin de garantizar "el éxito" de las reformas. Sin embargo, como se señalara antes, los cambios estimulan la exigencia de más cambios, y de la reforma económica se ha pasado, no sin obstáculos y férreas resistencias, a la reforma política y a la ampliación del ejercicio de las libertades.

Líneas de investigación y debate contemporáneo

Uno de los procesos reformistas más difundidos en América Latina, Europa oriental y vastas porciones de África y Asia es el conocido como "reforma del Estado". Dos obras de Michel Crozier, *Estado modesto, Estado moderno* y *Cómo reformar al Estado*, dieron el tono a los reformadores y animaron los debates. De acuerdo con la definición de Crozier, la reforma aspira a "un Estado justo que responda a los requerimientos mínimos de la sociedad en cuanto a servicios públicos, seguridad y crecimiento económico".

La argumentación puede esquematizarse así:

a) Durante décadas el Estado ha acumulado propiedades y desnaturalizado sus funciones al convertirse en un "Estado obeso", más preocupado por administrar su patrimonio (con una burocracia que ha hecho de ello no un medio, sino un fin) que por resolver los asuntos de interés público.

b) Durante ese mismo tiempo han crecido las demandas sociales y la economía ha entrado en procesos cíclicos de crisis económica, por lo que se han incrementado los rezagos sociales y las carencias.

c) Si se "adelgaza" el Estado y se pulveriza su "lógica patrimonialista", se liberarán recursos que se aprovecharán en la reactivación de la economía y la atención de los rezagos sociales.

d) Con ello se obtendrá un "Estado justo" caracterizado por la eficiencia y por un sentido más genuino de la responsabilidad social y se abatirán la corrupción, el dispendio y el derroche.

e) Así, desde el principio el concepto de reforma del Estado tiene un contenido más cercano a la privatización de la economía estatal y a la liberalización económica que a temas más complejos derivados del fenómeno propiamente estatal.

Sin embargo, a partir de los conflictos propiciados por las incongruencias derivadas del choque entre autoritarismo político y ultraliberalización económica, que con frecuencia motivaron más corrupción, derroche y dispendio de recursos e ineficiencia, se abrió paso la necesidad de acompañar la dimensión económica de la reforma del Estado con una dimensión de ajustes político-electorales y de condiciones más equitativas en la competencia electoral que hicieran posible la alternancia en el poder.

A esa determinación también contribuyó el hecho de que la reforma política aspira, por un lado, a superar el sesgo *antiestatista* de la política de derecha o "neoliberal" que incorpora procesos ideológicos de los países centrales orientados a renovar contenidos liberales tradicionales, imprimiéndoles fuertes rasgos autoritarios y neoconservadores y, por otro lado, a superar la "dialéctica negativa" que supone un movimientismo social exagerado que debilita y, en algunos casos, destruye las viejas sociedades políticas al enfrentarse a intereses sociales específicos, sin que los viejos estilos políticos o las instancias de mediación sean capaces de encontrar salida al conflicto. Esta crisis en las formas de mediación (vendedores ambulantes, crisis interétnicas, invasores de tierras en reservas ecológicas, fundamentalismo religioso, etc.) implica una crisis de la actividad estatal, asociada al contexto generalizado de crisis económica que viven los países.

Algunos pensadores, como Ángel Flisfich, Norbert Lechner y Tomás Moulian, ponen el acento en que la reforma política tiende a superar la dicotomía entre un estatismo agigantado y una sociedad civil que con frecuencia se debate entre el movimientismo social y la explosión efectista de sus demandas. Entonces, se perfila la consolidación de una sociedad política vigorosa, con eficiencia en la mediación democrática de los conflictos, con opciones reales, con una renovación e institucionalización de la toma de decisiones y con una mayor descentralización que favorezca la participación y el gobierno tanto de manera local como regional.

En sociedades marcadas por la sospecha en contra del Estado y por una historia a veces inagotable de fraudes y engaños, la reforma del Estado supone una nueva cultura política y un meticuloso procedimiento de vigilancia de las elecciones; la *ciudadanización* o descentralización de la organización de las elecciones; una mayor equidad en el financiamiento a los partidos y topes al gasto de las campañas; la ampliación de la capacidad de acción de los observadores electorales, así como reformas de procedimiento en el padrón, las boletas y los recursos de inconformidad.

Además de la preocupación por los aspectos electorales, la reforma del Estado supone rearticular la confianza y el crédito entre los integrantes de la clase política: casi siempre se establecen *pactos de Estado* o *políticas de Estado* que definen los límites entre lo prohibido y lo permitido, así como el espacio político y el tiempo de las reformas. Los actos suelen ser muy ceremoniosos y concluyen con la firma protocolaria de los acuerdos. El modelo que ha servido como paradigma es el Pacto de la Moncloa, que fue la piedra angular sobre la que se edificó la transición democrática y las reformas económica, política y social en España.

Las dos modalidades de reforma de Estado, la privatizadora y liberalizadora de la economía y la político-electoral, no son opuestas. Al contrario, algunos analistas suelen interpretarlas a la vieja usanza de las dos velocidades: la primera, por su acento en el reordenamiento económico y el cambio estructural, se asume como la primera fase (reordenadora) de una ulterior etapa (transformadora), caracterizada por la democracia y la plena vigencia del Estado de derecho.

Tanto en Rusia como en México, por citar dos ejemplos, la reforma del Estado, preocupada por la privatización y el adelgazamiento del patrimonio estatal, tuvo un éxito publicitario y efectista: en poco tiempo los activos se vendieron a precios superiores a sus valores en inventario, y cambiaron de dueño las compañías telefónicas, el sistema bancario, las siderúrgicas, los puertos, la red de televisión y una importante cantidad adicional de empresas públicas de giros diversos, e incluso se comenzó a poner en adjudicación privada concesiones de bienes y servicios como las carreteras. La privatización tuvo puntos culminantes pero también límites aparentemente infranqueables, como ha sido el caso de la venta de Pemex en México y de los secretos militares y nucleares en Rusia.

Las privatizaciones parecen haber llegado a su límite y, además, sus primeros resultados arrojan una cauda de sospechas de malos manejos para favorecer e inducir una peculiar recomposición de los grupos económicamente poderosos; en algunos casos, como en México, se han podido documentar malos manejos en las asignaciones y en la disposición y usufructo de los fondos provenientes de las enajenaciones.

Por lo que respecta a las reformas electorales, en casi todos los países donde se han echado a andar se han traducido en procesos electorales competitivos y, en ocasiones, con resultados sorpresivos. En Polonia, los ex comunistas y los integrantes de Solidaridad se han alternado sucesiva y reiteradamente en el gobierno. En México se ha pasado del predominio de un partido de Estado a un sistema crecientemente competitivo con tres grandes formaciones políticas. Como quiera, no son pocas las voces que alertan sobre las inconsistencias y las grandes ausencias que siguen favoreciendo a ciertos partidos políticos y a figuras con tendencia al *cesarismo*, como en los casos de Hungría y Rusia.

El concepto de reforma de Estado, por sus dimensiones y alcances, aspira a lograr un gran entendimiento a nivel nacional que permita superar el creciente disenso que amenaza con la ingobernabilidad a las nacientes democracias. Para conjurar ese efecto negativo, los líderes de la clase política se refieren explícitamente a la necesidad de mantener, o alcanzar en su caso, un "gran acuerdo nacional" que ponga al país en la ruta de una franca e irreversible transición democrática.

El consenso gira en torno al establecimiento de una *política de Estado*, basada en el esquema de unidad en lo fundamental sin sacrificar la pluralidad. Sin embargo, la desconfianza de los ciudadanos y las comunidades estriba en que, con frecuencia, en el viejo orden de cosas se apelaba a los valores supremos del Estado-nación para justificar y privilegiar intereses espurios. Entre la *razón de Estado* y la reforma del Estado, la diferencia es el grado de compromiso en favor del mantenimiento de los privilegios y la concentración del poder o en favor del cambio político en un contexto de modernización económica y atención de la agenda social.

En otro orden de ideas, debe insistirse en que un proceso de la envergadura de la reforma del Estado obedece a una extraordinaria complejidad de factores. Sin embargo, existen varias limitaciones que deben tenerse en cuenta:

Desde el punto de vista jurídico-político, casi la totalidad de las medidas involucradas en la reforma del Estado y/o la *política de Estado* requieren, para su ejercicio, de reformas constitucionales. Sin embargo, cada día es más influyente la tesis que se pronuncia por no modificar la Constitución, sino por cumplirla. En la mayoría de los países que pasan de regímenes autoritarios a otros crecientemente democráticos hay un abismo entre el mundo formal-constitucional y el mundo de la realidad. Ese abismo debe cerrarse. Por ejemplo, en México la mayoría de los valores sociales y económicos "de Estado" están contenidos en la Carta Magna, es decir, la Constitución de 1917 y sus valores y preceptos ya tienen un claro alcance estatal en el sentido clásico del término. Éste es el punto de partida de la *política de Estado* en el sentido de definir aquello en lo que todos concuerdan y se comprometen a realizar.

Desde el punto de vista de los apoyos sociales, uno de los riesgos más evidentes es que, cuando se habla de "un gran acuerdo nacional" que privilegia la interlocución y el compromiso de las élites, en realidad se podría llegar por otras vías y expectativas al neocorporativismo y al pactismo, archisabido y experimentado hasta el agotamiento. El problema es cómo reactivar el apoyo ciudadano que no se siente representado en las organizaciones de encuadramiento y disciplina.

¿Cuáles son los ingredientes de una reforma del Estado en el contexto de una *política de Estado*?

1. Ante todo, el consenso: una *política de Estado* no es únicamente la inclusión de un compromiso o reglas de juego en la Constitución, sino ante todo la generación de un consenso nacional genuino que pase por el compromiso en lo fundamental entre todos los grupos y personalidades involucrados en los grandes y los pequeños temas.

2. La agenda de prioridades nacional debe redefinirse para otorgar los primeros lugares a lo convenido en el gran acuerdo.

3. Una *política de Estado* sería una salvaguarda contra los bruscos cambios de la economía nacional y prevendría eventuales vaivenes políticos que podrían ir en desmedro de la atingencia con que se atiendan las prioridades nacionales.

4. Una *política de Estado* en materia social permitiría ir un paso adelante en los compromisos de la globalización y la integración de las naciones sometidas al cambio, a las redes y circuitos de los nuevos acuerdos comerciales y de cooperación internacional. Aquí no deben perderse de vista los compromisos adquiridos en las cumbres mundiales, con la UNESCO, la OCDE, el TLC, la APEC y la Unión Europea, así como en el replanteamiento de la agenda social del Banco Mundial. Todo ello redunda en una revaloración del gasto social y la formación de capital humano y permite una diferente visión del mundo a partir de los nuevos códigos de comunicación y nuevos perfiles de la productividad.

5. Saneamiento de la vida en las comunidades ante el surgimiento de flagelos como la delincuencia, narcotráfico, desintegración familiar y una situación de incertidumbre y angustia generalizada.

6. Por supuesto que sería necesario establecer un compromiso constitucional como se ha hecho en varios países; por ejemplo, destinar porcentajes obligatorios del presupuesto nacional o del PIB al gasto social o el fomento de la infraestructura.

7. Para que opere una *política de Estado* se requiere zanjar el monolitismo y las expresiones excluyentes de la época de la intolerancia para dar cabida a la multiplicidad, pluralidad y diversidad de las sociedades contemporáneas.

8. Éste es un desafío mayúsculo, pues, por una parte, se trata de que la agenda del compromiso del gobierno dispense los apoyos materiales, así como velar por el contenido de integración nacional y fortalecimiento de los valores patrios y, por otra parte, no desalentar las aportaciones de las singularidades y especificidades de los grupos sociales y las regiones.

Una reforma del Estado lo será en la medida en que exprese unidad de criterios, legitimidad de las actividades y claridad en las responsabilidades y apoyos.

La reforma del Estado en materia social deberá desechar la lógica de la *razón de Estado*, que con frecuencia se ha metido de contrabando en las grandes reformas impulsadas desde el gobierno de acuerdo con la máxima de que en ocasiones son necesarios los fraudes patrióticos, así como la pretensión de que los gobernantes son detentadores del monopolio de la racionalidad, la verdad y de lo que conviene al país. Deberá rechazar también la disposición a combatir intolerancias con nuevas intolerancias.

Además, y quizá lo más importante, la reforma del Estado debe contar con la plena convicción y la entrega de quienes son parte importante de la misma: los ciudadanos.

BIBLIOGRAFÍA

Aguilar Camín, Héctor (1997), "México al final del milenio", *Nexos*, núm. 239, noviembre.

Borón, Atilio (1991), *Estado, capitalismo y democracia en América Latina*, Imagi Mundi, Buenos Aires.

Díaz Montiel, Fernando (1990), *El proceso de la reforma del Estado entre la razón del Leviatán y la razón del mercado*, tesis doctoral, Universidad Iberoamericana, México.

Flisfich, Ángel, *et al.* (1985), *Problemas de la democracia y la política democrática en América Latina*, Grupo Editor Latinoamericano, Buenos Aires.

Huntington, Samuel (1972), *El orden político en las sociedades en cambio*, Paidós, Barcelona.

Picó, Josep (1987), *Teorías sobre el Estado de bienestar*, Siglo XXI, Madrid.

Settembrini, Domenico (1982), voz "Revisionismo", en Norberto Bobbio y Nicola Matteucci, *Diccionario de política*, Siglo XXI, México.

REFORMA DEL ESTADO

Germán Pérez Fernández del Castillo

Definición

Este ensayo parte de la hipótesis de que la reforma del Estado es un proceso y no un hecho acabado, que corre el riesgo de tener objetivos confusos y jugar con distintos modelos o modificarlos constantemente.

El trabajo parte de una concepción mínima de reforma del Estado (I) para repasar las dos grandes reformas de este siglo: la keynesiana (II) y la (neo)liberal. Se observará la crítica a la primera desde diversas perspectivas para posteriormente mostrar las distintas concepciones del Estado modelo recomendadas por los organismos financieros internacionales: Estado mínimo, moderado, dinámico (III), y finalmente (IV) hacer una revisión crítica del proceso de reformas del Estado.

En un sentido muy laxo y desde el punto de vista histórico, toda gran transformación de los modelos de interrelación (institucionales y políticos) entre la sociedad y el Estado ha implicado una reforma de esta institución. "La primera gran reforma del Estado fue la que llevó de la organización monárquica a la republicana a fines del siglo XVIII, esto es, del absolutismo al constitucionalismo.[1] Luego vino la transformación del Estado inhibido del *laissez faire* al Estado de bienestar de los años treinta de nuestro siglo. Otra reforma de gran profundidad fue la marxista, a partir de la Revolución de octubre de 1917, que expropió los instrumentos de producción que permanecían en manos privadas y los puso bajo la gestión directa del Estado" (Borja, 1997).

Esa laxitud nos conduce a pensar inmediatamente en los grandes movimientos históricos de toda sociedad. Las revoluciones francesa, mexicana, rusa o china están directamente relacionadas con la incapacidad de los distintos gobiernos para efectuar una adecuada y oportuna reforma del Estado.* Con esta perspectiva, la definición de la reforma del Estado empleada en este ensayo puede resumirse, de manera general, en la necesidad de todo gobierno de actualizar sus estructuras jurídicas, sus instituciones políticas y sus formas de interrelación con la sociedad en función de las nuevas necesidades sociales, económicas y políticas resultantes del desarrollo social.**

La reforma del Estado en un sentido más acotado es, en cambio, la referida a la supresión del Estado benefactor con poder regulador sobre la economía, para dar paso al *laissez faire* del liberalismo libreconcurrente del siglo XVIII, retocado y actualizado por las corrientes neoliberales que se han expandido en el mundo (Klinsberg y Oszlak, 1994).

Desde esta óptica, la reforma del Estado que hoy se plantea la mayoría de los gobiernos, desde los países que integran la Unión Europea hasta los de América Central, responde al agotamiento de formas económicas, maneras políticas y quehaceres sociales que fueron racionales y por lo tanto perfectamente defendibles no hace más de pocos lustros.*** El desarrollo institucional, político, científico, tecnológico, económico y social logrado a partir de estructuras específicas, como las del Estado interventor, benefactor, proteccionista o providencial, propiciaron avances acelerados en áreas tales como la cibernética, la globalización y la regionalización comercial que, como veremos, son fenómenos que por su propia naturaleza requieren de formas distintas de entender y tratar la política, las tareas gubernamentales, las instituciones políticas y las formas en las que el Estado se relaciona y legitima ante la sociedad. Para decirlo con sencillez, el modelo sociopolítico derivado del keynesianismo y conocido como Estado benefactor en buena medida gracias a que propició la estabilidad y el crecimiento al transformar radicalmente la sociedad, dejó de funcionar por cambios sociales, financieros y económicos identificables —que analizaremos después— en prácticamente todo el orbe. La reforma del Estado que exigen los cambios comerciales, económicos, valorativos y financieros, entre otros, ha requerido de un esfuerzo social y gubernamental enorme y difícil para readecuar la mayoría de sus estructuras a las nuevas circunstancias y problemas.

Historia, teoría y crítica

¿Cuándo, cómo y por qué se estructuró el viejo Estado de la forma en que lo hizo? ¿Qué circunstancias se presentaron que tornaron inoperante al viejo Estado? ¿Cómo se ha planteado la actual reforma del Estado en la mayoría de los países? Y finalmente, ¿son en realidad adecuadas las medidas tomadas por la mayoría de los

---

[1] Acerca de la "gran transformación del Estado", John Hall y John Ikemberry señalan cómo debe medirse a partir de dos diferentes parámetros. El primero se refiere al uso más o menos discrecional del poder, con lo que tendríamos Estados fuertes o débiles; el segundo, a la capacidad de mayor o menor intervención en la vida cotidiana de los súbditos, con lo que tendríamos Estados con mucha capacidad. Desde estos parámetros, los autores sostienen cómo esta transformación se realizó bajo un doble movimiento de debilitamiento del Estado y adquisición de mayor capacidad (Hall e Ikemberry, *El Estado*, Nueva Era, 1991, pp. 11-39).

* La falta de reformas adecuadas a problemas estructurales de los distintos sistemas son evidentes en todos los casos. Reforma parlamentaria en Inglaterra; democrática en Francia; social, agraria y democrática en México; social, agraria y sindical en Rusia, etcétera.

** Tenemos que advertir que la concepción de reforma del Estado que manejamos se circunscribe a la premisa de que exista un Estado consolidado, en tanto que la formación del Estado nacional es debida más a la acción de élites modernizadoras que al propio impulso de la sociedad. Tenemos pues que en el siglo XX se dan casos como el de Japón y la restauración Meiji en 1868 o de Turquía con la llamada restauración Atatürk en 1923, en los que son los sectores más modernizadores de la sociedad quienes imponen los cambios.

*** Desde luego que existen diferencias importantes entre la reforma del Estado llevada a cabo en países democráticos y en aquellos que pasan por un proceso de transición democrática. En estos últimos, como México, un aspecto consustancial de la reforma del Estado ha sido desde 1977 la democratización del país. Sin embargo, existen también coincidencias en todos los procesos, como el abatimiento del corporativismo, la liberalización comercial o la destrucción de múltiples políticas de bienestar, entre otros.

países para solucionar los problemas derivados de la modificación de las circunstancias en las que se desarrolló el viejo Estado?

Como se mencionó antes, la reforma del Estado ha tenido en los últimos años el antecedente de la inadecuación de las estructuras jurídicas, institucionales, económicas y de comunicación política con respecto al grado de desarrollo de la sociedad. Esto es, toda reforma estructural del Estado tiene como antecedente objetivo la modernización de lo social, especialmente de lo económico, y como finalidad hacer de nuevo coherente al Estado con las estructuras sociales. El estudio de las reformas del Estado significa, entonces, el estudio de sus cambios estructurales a lo largo de la historia. Para efectos de este ensayo, nos limitaremos a tratar las últimas reformas producidas en el siglo que está por terminar. Veamos:

El de 1929 ha sido señalado por los historiadores de la economía como el año de la expresión más notable de la crisis del liberalismo tradicional en el siglo XX. Obligados por cruentos levantamientos en algunos países europeos, como el de Berlín y Turín, por la revolución bolchevique en Rusia, la toma del poder fascista en Italia, en 1923, el crac bursátil en los Estados Unidos, el desempleo abierto en grados hasta entonces desconocidos en el mundo occidental, la enormidad de empresas quebradas y la correspondiente depresión económica en todos los sectores, muchos gobiernos replantearon la lógica del ciclo económico. Para ello se apoyaron en las entonces novedosas concepciones de John Maynard Keynes (n. 1883), quien en términos simplificados expresó que la iniciativa económica, el motor de la economía, no necesariamente debería ser la iniciativa privada. En efecto, la crisis había demostrado con suficiente claridad, en más de una ocasión —y ésta era un buen ejemplo—, que la economía de libre mercado creaba más problemas que los que podía resolver.

El punto central de la concepción keynesiana era la necesidad de la intervención del Estado cuando se presentaba una crisis de desempleo. La teoría debe ser vista, sin embargo, como una política general, que incluye mucho más que lo estrictamente económico. Para Keynes, el problema de lo económico no puede ser visto con independencia de lo social, de la credibilidad, de la legitimidad y la confianza en el sistema. Bajo esa óptica, el pleno empleo necesitaba de la decidida participación del Estado en inversiones que fueran dirigidas a la ocupación intensiva de mano de obra, que dotaran, por lo tanto, a la población de poder adquisitivo, y gracias a ello impulsaran la demanda. Esta última expandiría la producción y la distribución a través del comercio.[2] La expansión industrial y comercial traería como consecuencia lógica mayor empleo, y esto, a su vez, mayor demanda. Finalmente, la política de pleno empleo mejoraría el nivel de vida de la población, pues el mercado se encargaría de proteger el valor del salario.

En términos políticos, el pleno empleo acabaría con buena parte de la deslegitimación de los gobiernos y produciría un efecto de estabilidad social, propiciaría el fortalecimiento de la planeación y, dados los normales desajustes ocasionados por la clásica mano invisible en los sistemas político-económicos, haría natural y necesaria una mayor intervención del Estado, tanto en términos de inversión como de creación de beneficios sociales, compensatorios de la progresiva concentración de la riqueza derivada del libre mercado. Como señala Rafael Bustillo, con el Estado de bienestar desaparece el techo de competencia del Estado en materia económica y la política social deja de manifestarse de manera testimonial.[3]

La política económica de la escuela keynesiana, como se observa, tiene profundas repercusiones en los ámbitos social y político. El Estado se vuelve planificador e interventor. Por su propia lógica interna, las políticas del Estado providencial rebasan con mucho el pleno empleo y se abocan al cumplimiento de beneficios sociales que, si bien tienden a mejorar el nivel de vida de la población y mantener su nivel de consumo, acarrean consecuencias inmediatas sobre la capacidad presupuestal de los gobiernos que aplican tales medidas.

Ésta fue una de las primeras críticas a la política intervencionista de Keynes; sin embargo, su réplica acostumbrada fue que la política de pleno empleo mediante el gasto gubernamental debiera aplicarse solamente para reponer la marcha del proceso económico a su ciclo básico, a través de la creación de demanda, luego de lo cual debería extinguirse la intervención del gobierno en la economía. Si bien Keynes siempre admitió que su modelo económico traería consigo, así fuera tendencialmente, inflación —debido al necesario déficit público en el que se sustentaba—, sin duda menospreció ese problema. Tuvo la agudeza de responder, a la pregunta de si su modelo no crearía inflación en el largo plazo, que en el largo plazo todos estaríamos muertos.

El modelo del Estado benefactor conoció un éxito sin paralelo durante las décadas de los cincuenta y sesenta. No obstante, desde los años setenta empezó a mostrar signos de agotamiento cada vez más agudos, hasta hacerse insostenible. Me explico: la inversión y el gasto gubernamentales, productores de empleo, trajeron consigo déficit fiscal, el cual se subsanó en un inicio con mayores cargas impositivas para, posteriormente, recurrir a tácticas inflacionarias —como aumentar el circulante— o, al final, echar mano del endeudamiento interno y externo del país en cuestión. No es el momento de discutir si este desenlace estaba o no fuera de la lógica propia de la teoría keynesiana.

Sea como fuere, es manifiesto que el modelo económico del Estado benefactor tiene en el largo plazo consecuencias en las formas de legitimación de los gobiernos frente a la población, como veremos con mayor detalle. Por lo pronto basta mencionar que la lógica de inversión del Estado en la creación y protección del empleo, así como en la conservación y mejoramiento de las políticas de bienestar social, tuvieron consecuencias importantes en el aumento de la participación del Estado en el producto interno bruto (PIB).

---

[2] Acerca de la identificación entre Estado de bienestar y keynesianismo hay que advertir, siguiendo a Goran Therborn, que en la práctica es discutible, en tanto que elementos como el pleno empleo, la dirección económica keynesiana y la política social del Estado no siempre han presentado un paralelismo histórico (Therborn, "Los retos del Estado de bienestar", en Rafael Bustillo [coord.], *Crisis y futuro del Estado de bienestar*, Alianza, Madrid, 1989, pp. 85-86).

[3] Rafael Bustillo (coord.), *Crisis y futuro del Estado de bienestar*, Alianza, Madrid, 1989.

La participación del Estado en el PIB en América Latina aumentó de 10% o 20% a finales de los sesenta a 40% o 50% a mediados de los ochenta.[4] En el caso particular de México, se incrementó de 9% a 50%.[5] Este enorme crecimiento, que se justificó por la protección de los empleos, condujo al Estado a la inversión no sólo en obra pública, sino también en la producción mediante la compra de empresas cuando las crisis recurrentes amenazaban con el cierre o la quiebra.

En forma correlativa a la participación del Estado en el PIB nacional, aumentó el endeudamiento de los gobiernos. Para finales de los años setenta la deuda externa de los países latinoamericanos se elevó a niveles desconocidos hasta entonces en el continente. México, por ejemplo, incrementó su deuda externa de 4 000 millones de dólares en 1970 a 50 000 millones en tan sólo diez años, para, en los siguientes seis, duplicarse;[6] Brasil por su parte la elevó de 20 000 millones a 105 000 millones en solamente una década,[7] y Argentina pasó de casi 3 000 millones a más de 27 000 millones en ese mismo periodo.[8]

Por otro lado, la legitimidad del Estado se asentó en la creación y el cumplimiento de expectativas sociales de bienestar. Para citar un caso ejemplar, en México, en apenas una década se crearon y fortalecieron organismos múltiples de bienestar que implicaron inflación y endeudamiento. Entre 1970 y 1974 se fundaron el Instituto Nacional para el Desarrollo de la Comunidad Rural y de la Vivienda Popular; entró en vigor la nueva Ley de Reforma Agraria; se promulgó la Ley Federal de Aguas; se fortalecieron los instrumentos de crédito del campo y se creó el Seguro de Vida del Campesino; mediante reformas al artículo 123 constitucional y reformas a la Ley Federal del Trabajo, se benefició a la clase obrera con la creación del Instituto del Fondo Nacional de la Vivienda para los Trabajadores (Infonavit). También en ese periodo se fundaron el Instituto Mexicano de Comercio Exterior y la Procuraduría Federal del Consumidor y, en el ramo de educación, el Consejo Nacional de Ciencia y Tecnología (Conacyt). Igualmente, mediante reformas a la Ley Federal del Trabajo surgió el Fondo Nacional de Fomento y Garantía al Consumo de los Trabajadores (Fonacot), que tenía como propósitos otorgar créditos a los trabajadores, establecer tiendas y centros de consumo. Se duplicó además el capital social de la Compañía Nacional de Subsistencias Populares (Conasupo) para que contara con un presupuesto mayor (el gasto de esta paraestatal en 1974 fue de más de 18 000 millones de pesos, frente a 8 400 millones en 1973).[9]

El Estado satisfizo demandas legítimas que, en la medida en la que se colmaban, fueron el surtidor de nuevas demandas cuya satisfacción se tornó en el sustento de la legitimidad del gobierno en turno. Era una espiral demanda-satisfacción-legitimación imposible de sostener en el largo plazo. De esta forma, lo que se inició como respuesta racional a la crisis económica y social de 1929, con el apoyo de la teoría keynesiana, se tradujo en un Estado generador de expectativas que difícilmente se cumplirían, un enorme déficit fiscal, inflación, endeudamiento y, finalmente, conflicto social.

Una de las críticas más consistentes al modelo del Estado de bienestar es la de Niklas Luhmann, quien afirma que todo sistema jurídico se fundamenta en ciertos principios teóricos, y que en el caso del Estado moderno dicho sistema tiene rasgos específicos. Un primer rasgo es el de la función de la política. Ésta se especifica en la necesidad de tomar decisiones social y colectivamente vinculantes u obligatorias. En lo que teóricamente se llamó pacto social, según Luhmann, resaltaron cuando menos dos principios básicos: *a)* todo conflicto puede y debe ser políticamente decidido, y *b)* los usos arbitrarios del poder coercitivo estatal (soberano) deben ser controlados. Esta combinación, que se originó en la teoría y que hoy nos parece natural, se insertó paulatinamente en la política y en el sistema jurídico.

Ahora bien, ¿cuáles son, según Luhmann, las condiciones para el funcionamiento de los sistemas políticos? Se puede responder que consisten en la capacidad de autorreferenciación de los distintos subsistemas, en especial del propio sistema jurídico. Esto se podría traducir en un lenguaje cibernético, tal como lo expone Luhmann, un *feedback* negativo. Las desviaciones de las expectativas normales se eliminan a la primera oportunidad, lo que significaría que deben cumplirse dentro de la lógica reproductora del sistema. Para poner en práctica este modo de exclusión, el sistema se sirve del derecho, el cual casi siempre se transforma en leyes. Lo anterior significa que las desviaciones deberán ser desechadas y evitadas al volverse ilegales en sus expresiones.

Pese a la evolución natural que pueda tener todo sistema político y jurídico, en toda decisión política socialmente obligatoria se halla un conjunto de elementos referidos —así sea de manera implícita— a la estructura constitucional del mismo sistema político, con lo que se reproduce su propio sentido constitutivo. Tenemos así que de la imaginación teórica se conforman sistemas jurídicos que enmarcan y ponen límites a la acción social, a través del *feedback* negativo. Ahora bien, el Estado de bienestar tiende a sustituir al Estado constitucional porque acaba por romper uno de los principios teóricos en los que se fundamenta éste, es decir, si bien las decisiones colectivas siguen siendo vinculantes, obligatorias, el sentido de colectividad se reduce al darse preferencia al sentido nacional democrático sobre otras esferas funcionales, con lo que se ven afectadas amplias porciones de la población. De otra parte, también tiende a perderse el control del uso de la coerción estatal. Se presenta así una paulatina inclusión del todo en un circuito funcional específico. Resultado de lo anterior es el aumento de las pretensiones sobre el rendimiento de la política bajo el principio de que toda desigualdad social debe ser compensada.

---

[4] *Informe sobre el desarrollo mundial, 1997.*
[5] *Op. cit.*
[6] Tomado del Sistema Económico Latinoamericano, XXIII Reunión Ordinaria del Consejo Latinoamericano, Trinidad y Tobago 1999, *Financiamiento externo, deuda externa y flujos de capital intrarregional en América Latina y el Caribe,* Primera Parte, CEPAL, Internet: http://lanic.utexas.edu
[7] *Ibidem,* cuadro 17. Para el caso de Brasil se completó la información con "Deuda externa brasileña": http://www.ecen.com/content/eee4Carlos Tello, *La política económica en México, 1970-1976,* México, Siglo XXI, 8ª ed., pp. 41-94
[8] *Ibidem,* cuadro 17.
[9] Carlos Tello, *La política económica en México, 1970-1976,* 8ª ed., México, Siglo XXI, pp. 41-94.

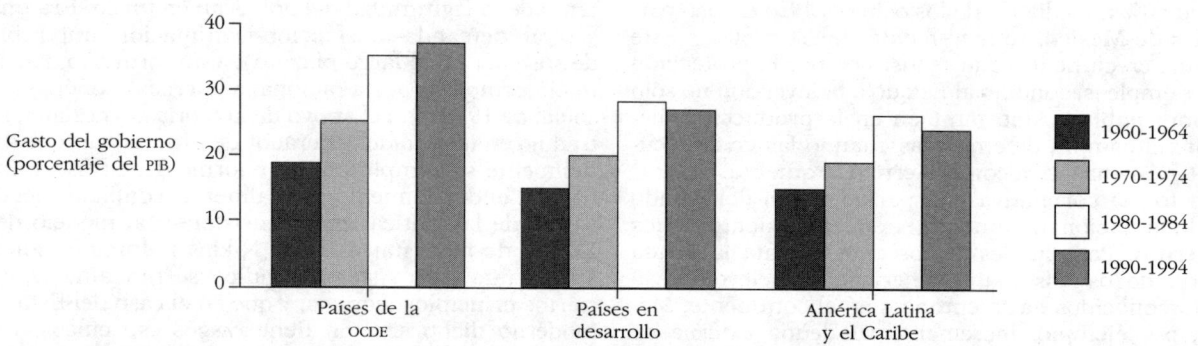

GRÁFICA 1. *Intervención del Estado en la economía de Latinoamérica*

FUENTE: *Informe sobre el desarrollo mundial 1997. El Estado en un mundo en transición. Indicadores seleccionados del desarrollo mundial*, Banco Mundial, p. 25.

Se tiene, pues, el fenómeno de que mientras el Estado constitucional está fundamentado en un *feedback* negativo, el de bienestar se fundamenta en el *feedback* positivo. En términos llanos, se podría afirmar que el circuito aparentemente legitimador de creación de expectativas, exigencia de cumplimiento de promesas, creación de nuevas expectativas y mayor exigencia de cumplimiento, con independencia de sus consecuencias en déficit fiscal y desequilibrios macroeconómicos —en términos, nuevamente, lógico-sistémicos— se traduce, de una parte, en la irrupción de lo político en campos económicos, por ejemplo, pero sobre todo en la destrucción de los elementos sustantivos que hacen de este sistema jurídico-social lo que es, al crear expectativas disruptivas como forma consustancial de legitimación. El Estado de bienestar tiende a romper los límites de la acción gubernamental y los papeles asignados por el pacto social a cada uno de sus agentes, sean campesinos, obreros o empresarios y, lo peor, sin poseer al mismo tiempo un modelo o sistema que sostenga este ímpetu. Esto último por la simple imposibilidad de crear un sistema teórico (que respalde a uno jurídico-social) que tienda a autodestruirse o simplemente a no reproducirse. Ello se expresa en que no existe ninguna teoría política que sustente al Estado de bienestar y, entonces, el cuestionamiento que surge es si puede presentarse una teoría política que redunde en un sistema normativo —y por lo tanto fijo— sobre las bases del reforzamiento de desviaciones y de cambio continuo de valores.[10]

Luhmann dice que el Estado de bienestar aumentó el volumen de sus aparatos en relación con la sociedad al tomar funciones de los actores sociales (empresarios, sindicatos, escuelas), sin que proporcionara un modelo alternativo de sociedad que los justificara. El origen del fracaso del Estado de bienestar tiene que ver, entonces, con las modificaciones estructurales que propiciaron que dicho Estado se subrogara desproporcionadamente funciones, derechos y obligaciones de la sociedad, al tiempo que fuera incapaz de proponer un modelo distinto del capitalista y de la economía del mercado.[11]

Ante este panorama, la pregunta que surge es: ¿qué era lo que pretendían gobiernos como los de Luis Echeverría o José López Portillo en México, el de Alan García en Perú, el de Carlos Andrés Pérez en Venezuela o el de Salvador Allende en Chile al cambiar de manera profunda el papel que había desempeñado el Estado hasta los años sesenta? La respuesta es que, gracias a su indefinición, el Estado se volvió responsable de todo lo bueno, pero también culpable de todo lo malo, y fue el blanco de todas las imputaciones.

El Estado benefactor asumió nuevas funciones y amplió las que ya tenía. Para mediados del siglo, en Latinoamérica, tenía que ocuparse no sólo de ofrecer más obras de infraestructura y servicios públicos, sino también de prestar un apoyo mucho más amplio a la educación y la salud. En los 35 años transcurridos entre 1960 y 1995, el tamaño del sector público de los países latinoamericanos se duplicó, como indica la gráfica de arriba.

Aunque en los países de la OCDE también se incrementó la participación del gobierno en la economía, en la mayoría de los casos ésta se limitó a apoyos y subvenciones —en forma abierta o encubierta— a la producción competitiva y no al consumo o a la protección del empleo. En esa virtud, su participación adquirió significados y repercusiones muy distintos. Aun así, países como Inglaterra o Italia durante algunos periodos han sufrido las consecuencias de políticas benefactoras con repercusiones inflacionarias.

Como consecuencia de lo explicado, en prácticamente todos los países en vías de desarrollo se presentaron crisis fiscales y de deuda externa, lo que derivó en crisis sociales y, finalmente, en una reconceptuación de las prácticas político-estatales. Los ajustes económicos, la venta de empresas públicas, el desmantelamiento de sectores importantes del Estado de bienestar, todo ello devolvió penosamente las aguas a sus cauces. Las restructuraciones, sin embargo, no acallaron buena parte de los reparos que sustentaban lo que Habermas denominó "crisis de legitimidad" del Estado contemporáneo.[12]

---

[10] Niklas Luhmann, *Political Theory in the Welfare State*, W. De Gruyter, Berlín, 1990.

[11] Niklas Luhmann, "El Estado de bienestar, un problema teórico y político", *Estudios Políticos*, nueva época, vol. 5, núms. 3-4, julio-diciembre de 1986, pp. 49 y ss.

[12] Jürgen Habermas, *La crisis de legitimidad en el capitalismo tardío*, Amorrortu, Buenos Aires, 1975. Al respecto existen

La reforma del Estado se planteó, en consecuencia, como una necesidad derivada de una abierta inadecuación del modelo del Estado interventor a las nuevas circunstancias, que pueden ser resumidas en los siguientes siete problemas:

1. La irrupción de nuevas tecnologías en comunicación, que hicieron factible una mayor agilidad en las transacciones financieras y pusieron en jaque las reservas fondeadas en ese ámbito.

2. La intensificación del intercambio comercial. Este hecho, puesto en marcha originalmente por los países del Extremo Oriente, dio por resultado un crecimiento acelerado y rompió con las políticas de sustitución de importaciones en América Latina. Por lo tanto, también acabó con la lógica de los mercados cerrados y de pleno empleo generados por el intervencionismo estatal.

3. Déficit fiscal traducido en inflación y endeudamiento público insostenible. Lo anterior implicó:

4. Devaluación constante de las monedas y fuga de capitales retroalimentadas por crisis recurrentes.

5. Abandono de las políticas de concertación tripartitas típicas del Estado interventor, en las que durante décadas se negociaron salarios, políticas agropecuarias, etcétera.

6. Sustitución de las formas de legitimación a partir de la creación de expectativas, por el realismo económico expresado en políticas de ajuste y con graves repercusiones en términos de legitimidad.

7. Rescate monetario del Fondo Monetario Internacional (FMI) ante las crisis recurrentes fiscales y de pago, fugas de capitales, etc., a cambio de que los países asumieran compromisos de corte neoliberal mediante la firma de cartas de intención. Con estas cartas y sus anexos técnicos, los gobiernos se obligaron a seguir las "recomendaciones" del FMI a cambio de créditos, y aceptaron, en la mayoría de los casos, supervisiones directas, o bien contrajeron la obligación de informar regularmente del estado de sus finanzas. Veamos:

El FMI ha sido una piedra de toque en la reforma del Estado en los países en vías de desarrollo. Las políticas del Fondo, sin embargo, no han venido solas, ni han sido siempre las mismas. Corrientes económico-políticas, frecuentemente cultivadas en centros académicos como la Universidad de Chicago o la de Harvard, han sido semilleros ulteriores de políticas reales puestas en marcha en casi todos los países de América Latina.

Con todo, la reforma del Estado "recomendada" por organismos internacionales como el Banco Mundial y el FMI no ha sido estática. Las devastadoras consecuencias en términos sociales de la aplicación de esas políticas han sido desestabilizadoras en extremo para los gobiernos que las han aplicado, lo que ha obligado a esos organismos a modificar sus planteamientos de manera importante.

En 1977 se dio a la luz un importante documento llamado "La gobernabilidad democrática". Se trata de un informe del Grupo Trilateral dirigido al Comité Ejecutivo de la Comisión Trilateral, informe que también se conoce como el "Consenso de Washington". A este documento siguieron tres importantes informes del Banco Mundial (1989, 1993 y 1997) en que se explica con mayor claridad el proyecto de reformas del Estado, "necesarias" según esta corriente de fuerza indiscutible, que habrían de poner en marcha los distintos gobiernos en la medida en que requirieran ayuda del FMI debido a sus crisis "de caja" y que tomarían concreción en forma de cartas de intención.

Como característica general de la Comisión Trilateral o Consenso de Washington, destaca el intento por restaurar el prestigio y la autoridad de las instituciones públicas.

Los ajustes fiscales, macroeconómicos y sociales de los países de América Latina, por ejemplo, ya justificaban en sí ese objetivo. El método recomendado estribó, sin embargo, en "enfrentar" los problemas económicos con el impulso a la mayor participación del sector privado en los asuntos económicos.

Lo anterior debía reforzarse con una reforma electoral y la consiguiente reorganización de los partidos políticos. La protección del voto se lograría a través de la reforma electoral, que implicaría:

1. Reforzamiento de los órganos electorales;

2. Formas incuestionables de selección de autoridades electorales;

3. Sistema de control y fiscalización de los recursos de los partidos políticos, y

4. Mecanismos para la participación ciudadana.

De otra parte, el documento aborda la desconcentración y descentralización administrativas mediante el reforzamiento municipal. Al respecto destacan ciertas medidas:

1. Transferencia de funciones y traspaso de recursos a los municipios;

2. Cuidado y respeto a la diversidad étnica y racial, y

3. Desarrollo de formas de cooperación y coordinación para el desarrollo local: representación política y participación ciudadana.

El fortalecimiento de las instituciones locales, como la comuna y el municipio, ha sido una recomendación constante tanto de los académicos como del propio Fondo Monetario Internacional. Ello se debe, en primer lugar, a la intención de descargar al gobierno central con la transferencia de funciones a las distintas regiones. Descentralizando competencias y recursos se evitaría, de una parte, que el centro fuera blanco de toda imputación, pero, de la otra, implantaría formas de participación ciudadana sobre políticas públicas al aumentar la capacidad de decisión de las regiones, lo que finalmente coadyuvaría a la democratización. La consecuencia natural de esta y otras políticas sería siempre un debilitamiento del Estado central.

En el campo de los poderes públicos se demanda respecto al Poder Ejecutivo una reforma administrativa, venta y privatización de empresas públicas, promoción del libre comercio y un régimen de responsabilidades de servidores públicos. Como se observa, al tiempo que se demanda el fin del dispendio de la corrupción, se propone el adelgazamiento del Estado mediante la venta de empresas públicas y la apertura comercial. Coherente con el modelo anterior, el Consenso de Washington reclama la modificación de las tradicionales relaciones obrero-patronales y un sistema de incentivos al trabajador para que aumente su productividad, lo que después adoptó el nombre de

---

numerosos autores que hablan, casi siempre con razón, desde distintas perspectivas de los problemas estructurales del Estado de bienestar; entre otros destacan Daniel Bell, Samuel Huntington, E. Alvater, Valecillos.

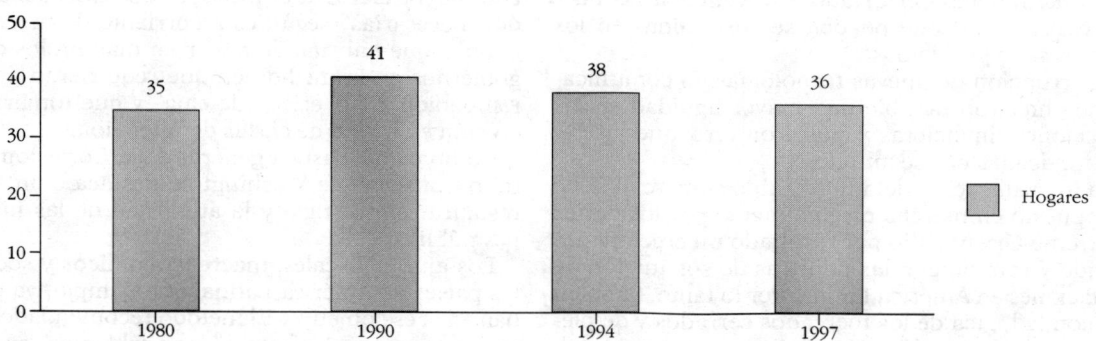

GRÁFICA 2. *Porcentaje de pobreza en América Latina, 1980-1997*

FUENTE: CEPAL, estimación correspondiente a 19 países de la región. Además incluye el porcentaje de hogares con ingresos inferiores a la línea de pobreza-pobreza extrema.

"flexibilización sindical". Esta política traería como correlato el debilitamiento del corporativismo y del sindicalismo.

En 1989, el Fondo Monetario Internacional recogió en su informe anual buena parte de las propuestas de la Comisión Trilateral y resumió sus lineamientos de acuerdo con las negociaciones llevadas a cabo con algunos países —sobre todo latinoamericanos— que concluyeron con la firma de cartas de intención. En el informe destaca el modelo de Estado mínimo, dedicado, en el mejor de los casos, a: *1)* garantizar privatizaciones exitosas, que implicarían el mejoramiento del clima económico, con el apoyo de reformas legales, seguridad a la inversión, simplificación administrativa, modificación de leyes comerciales y reformas a las normas de incentivos a la exportación; *2)* restructurar el sector público y privatizar sus empresas, incluyendo los monopolios del Estado (electricidad, petróleo, teléfonos) y sujetándolo a mayor disciplina presupuestaria, y *3)* desarrollo del sector financiero, transferencia de recursos al sector privado, fortalecimiento de instituciones bancarias y promoción de los mercados de capital nacional y su vinculación con el internacional.

Por otra parte, se demandó la descentralización fiscal y se dejó en manos del Estado la coordinación de la desregulación administrativa y la promoción de la defensa del medio ambiente.

Un efecto de las políticas de privatizaciones y su consecuente concentración de riqueza fue el abandono de la política de protección a la mediana y pequeña industrias y la ruptura con las políticas de bienestar social (empleo y salario, sobre todo). Ya a mediados de los años ochenta quedó claro que un resultado consustancial de esa reforma del Estado era el aumento de la pobreza y de la pobreza extrema, que en ese momento adquiriría una forma alarmante. De ahí que el propio FMI, aunque de una manera más bien tímida, recomiende ahora algunas políticas sectoriales para la economía del desarrollo, recomendaciones que se reducen, dentro de la lógica del Estado mínimo, a la intervención del Estado en aspectos de alimentación y salud, siempre que estas actividades se descentralicen. También de una manera más bien compensatoria, la política del Fondo incentiva la participación del Estado en aspectos ambientales.

Cuatro años después de su puesta en marcha, en 1994, las reformas estructurales, el adelgazamiento del Estado, la apertura comercial, la concentración de la riqueza y, sobre todo, el aumento inocultable de la pobreza, como muestra la gráfica 2, han dejado un caudal de inestabilidad sociopolítica.

Para tener una imagen más amplia de la evolución de la pobreza en la región, es necesario considerar el número de personas afectadas: si para 1980 el número de personas pobres era de 136 millones, para 1990 se elevó a 200; y finalmente pasó de 201 a 204 millones en el periodo de 1994 a 1997.

En este contexto, el FMI emite un segundo informe en el que se expresa la exigencia de la promoción de los sectores privado y financiero, pero que amplía sustantivamente las funciones del Estado en el ámbito de lo social. De esta forma, se indican inversiones para el perfeccionamiento de recursos humanos orientados a la reducción de la pobreza. Se destacan las inversiones en capital humano; la capacitación para la promoción del comercio; las inversiones en infraestructura, como caminos de acceso a comunidades alejadas; la inversión en recursos humanos orientados a políticas sociales sectoriales, como las de educación y salud, y el establecimiento de marcos de políticas de largo alcance orientadas a beneficiar a sectores vulnerables, mujeres y niños, haciendo hincapié en la inserción de la mujer en el proceso de desarrollo. Sobresale en el informe la recomendación de políticas sectoriales para la vivienda a través de instituciones financieras *ad hoc*, que permitan a los pobres el acceso a su financiamiento, con la advertencia de que ni las organizaciones no gubernamentales ni los grupos comunitarios ni el sector privado deberán participar en la construcción de las viviendas.

El informe de 1994, por otra parte, "recomienda" a los gobiernos invertir en la investigación sobre las posibles vías de coordinación entre las esferas macroeconómica, sectoriales y territoriales, así como en los posibles aspectos de la relación entre el perfeccionamiento de recursos humanos, la seguridad alimentaria y los recursos ambientales.

No es difícil observar la importancia de los cambios que plantea esta nueva concepción del Estado. En primer término, se abandona la vieja idea del Estado mínimo. Concepciones como la de capital humano, políticas de integración social, capacitación, educación, etc., cobran por primera vez abierta presencia en los informes del Banco Mundial. Pero, en segundo término, las políticas sociales se amplían. Se pasa del ataque a los grupos marginados, en términos de alimentación y salud, a sugerir políticas de vivienda y una, así sea incipiente, coordinación de esfuerzos múltiples como el de justicia tributaria, organización y apoyos al sector exportador, hasta llegar al reconocimiento de la necesidad de inversiones en investigación. La recomendación de investigar los elementos de coordinación entre las políticas macroeconómicas y las sectoriales resulta un elemento novedoso, porque implica la exigencia de establecer una política activa de desarrollo industrial para la pequeña y mediana industrias, lo que posteriormente se conocerá como el aliento a las cadenas productivas de las PIMES.

En 1997 surge otro informe del Banco Mundial que trae consigo la concepción de un Estado diferente, lo que llevaría a impulsar una nueva reforma de los Estados en vías de desarrollo en función de las recomendaciones del Banco Mundial (BM) y del FMI.

El Estado, según esta nueva concepción, es entendido como promotor y regulador del desarrollo económico y social. Su transformación tendría como objetivo, entonces, realizar ajustes institucionales y de organización que definan espacio, responsabilidad y mecanismos de coordinación entre el Estado y la sociedad, con el propósito de consolidar políticas de estabilidad económica y social, así como de mantener la competitividad y abatir los rezagos sociales.

Del documento del BM se deducen estrategias específicas y diversos modos de intervención estatal. Lo primero que resalta es la recomendación de lograr equilibrios entre la capacidad real del Estado y las tareas en las cuales éste se compromete ante la sociedad. El objetivo es racionalizar los esfuerzos sociales y afianzar la legitimidad de los distintos gobiernos. Sobresale igualmente la recomendación de aumentar la capacidad del Estado, para lo cual resulta importante revitalizar una serie de instituciones públicas largo tiempo desatendidas en virtud de la entrada en vigencia del Estado mínimo. Finalmente, se establece la necesidad de que el Estado diseñe y aplique estrategias y reformas institucionales que definan el papel y las funciones de los distintos actores que intervienen en el proceso de desarrollo. Como veremos adelante, esta última función es de importancia trascendental, pues implica el reconocimiento de la necesidad —negada por los neoliberales radicales— de establecer referentes y marcos de acción para cada uno de los actores sociales, mediante los cuales se establezcan los mecanismos indispensables de interacción, concertación y diálogo entre el Estado y los sujetos sociales relevantes. Esta política originalmente había sido tachada de ilegítima por el propio BM en función de su anticorporativismo a ultranza.

El reconocimiento de la necesidad de lo que Schmitter llamó neocorporativismo obedece a los desajustes sociales propiciados por la desatención de grupos de representación social. Se confió todo a la representación en un incipiente sistema de partidos, en vez de dar acceso a la reedificación institucional que forme nuevos referentes sociales adecuados a nuevos sujetos sociales, tales como asociaciones ambientalistas, de género, de derechos humanos, entre otros muchos, que sustituyen a las organizaciones tradicionalmente corporativistas devastadas por el neoliberalismo.

Sin renunciar a las sucesivas ampliaciones en la constante redefinición de las funciones del Estado, la nueva concepción puede sistematizarse en tres grados de intervención estatal en los procesos sociales y económicos:

Estado mínimo, intervención mínima

1. Corregir las disfunciones del Estado en el ámbito de la satisfacción de los bienes públicos mediante una adecuada política de defensa y mantenimiento del orden público, así como la creación de los mecanismos jurídicos, institucionales y de cultura para la protección del derecho a la propiedad. En el espacio de las funciones mínimas del Estado caerían la gestión y el ajuste macroeconómico como función ineludible en este primer nivel.

2. Aumentar la equidad, entendida como un conjunto de programas de lucha contra la pobreza derivada de los ajustes económicos, con programas específicos y de auxilio en caso de desastres naturales.

Intervención moderada del Estado

También se encuentra la recomendación de corregir las disfunciones del Estado, lo que se lograría en primer término incentivando la participación público-privada —afirma el Banco Mundial— en los rubros de la educación primaria, protección del medio ambiente y atención preventiva en salud. En las áreas mencionadas la coparticipación se lograría también mediante inversiones conjuntas de Estado y empresarios en infraestructura (hospitales, clínicas, vivienda, transporte) y educación media, entre otros campos.

De lo anterior resalta el hecho de que por vez primera el BM reconoce la necesidad de la participación del Estado en una serie de sectores anteriormente dejados al mecanismo del mercado. Esto es especialmente válido en lo referente a las recomendaciones antimonopólicas. Es claro que los organismos financieros internacionales están más interesados en los monopolios estatales que en los privados, pero, aun así, se confirma el cambio fundamental en la concepción de los límites de la intervención del Estado que propugnan. Así, se recomienda la coinversión en ese tipo de monopolios y no simple y llanamente su privatización. En todo caso, el BM establece la necesidad de incrementar la eficiencia en esas áreas mediante la competitividad, al mismo tiempo que la creación de un sistema de responsabilidades que limite las arbitrariedades de los funcionarios públicos en esos ramos.

La flexibilización de los rígidos marcos de referencia tradicionales del neoliberalismo queda expresada sobre todo en el aspecto de la equidad. Si bien en un inicio las recomendaciones del BM se limitaron a programas de lucha contra la pobreza extrema puntualmente dirigidos, ahora se habla de la necesidad de crear un sistema de pensiones con efectos redistributivos, subsidios familiares, seguros de desempleo, cuentas de ahorro obligatorio y programas selectivos de beneficios comprobables, como los de subvenciones alimentarias, vivienda y obra pública en las comunidades.

Intervención dinámica del Estado

Esta función del nuevo modelo del Estado, que deberá traer consigo una tercera fase de su reforma, conlleva la idea de un Estado cuya actividad sustantiva se desarrolla en términos de coordinación y redistribución. En primer término como coordinador, y enmarcada su acción en el espacio de los poderes, el Estado deberá modular a través de leyes e instituciones la relación entre el Legislativo y el Ejecutivo, al tiempo que deberá promover el reordenamiento de prácticas y reglas del Poder Legislativo para evitar la parálisis y la confrontación entre los poderes. Se busca también el fortalecimiento del sistema de partidos que evite su desgaste en enfrentamientos constantes en el seno del Legislativo. Esto es, se reconoce la necesidad de crear una nueva institucionalidad que haga eficiente al Estado en su conjunto después de la debacle por la que atravesó.

Dentro de las nuevas actividades coordinadoras del Estado asignadas por el BM está una serie de medidas que tienden a descentralizar y quitar a los gobiernos actividades que fueron tradicionalmente de su competencia, sin por ello dejar de asignarle un papel central en la organización y funcionamiento de las mismas. Entre dichas actividades destacan: *a)* los mecanismos de coordinación entre el poder federal y los locales; *b)* la asignación y distribución de recursos fiscales no sólo con criterios de justicia, sino también con la mira puesta en la capacidad de recaudación impositiva y de acuerdo con niveles de endeudamiento, y *c)* la coordinación para la eficiente consolidación de la autonomía local y la descentralización de servicios sociales.

Las recomendaciones del informe del BM implican la coordinación estatal en el ámbito de las relaciones entre la sociedad y el Estado. Este punto, como el anterior, responde al antecedente de la destrucción de los referentes sociales tradicionales que hasta la reforma del Estado de los años ochenta fueron vehículos de comunicación entre los actores sociales y los gobiernos: sindicatos, organizaciones patronales y agrupaciones campesinas, entre otras, que durante décadas sirvieron de canales de comunicación y participación política en la adopción de decisiones entre la sociedad civil y el Estado. Hoy, tras dos décadas de reformas, destaca la ausencia de canales de comunicación de esta naturaleza. Si se analiza con profundidad la serie de proyectos de reformas inducidas por el FMI y el BM en muchos países, sobresaldrá la importancia de la reforma del sistema de partidos políticos como sustituto del viejo corporativismo, al tiempo que se impondrá el fortalecimiento de la sociedad civil. A la fecha ha quedado claro que ninguna de las dos fórmulas es suficiente.

IV

Los partidos políticos han caído en un enorme descrédito, entre otras razones por su incapacidad para mejorar las condiciones de vida de la ciudadanía, que cayeron a consecuencia de los ajustes económicos y de la aplicación de medidas antiinflacionarias y, por lo tanto, restrictivas del crecimiento. Nadie pone en duda que el alarmante aumento de la pobreza es producto de la puesta en marcha de los programas neoliberales. Ahora bien, por lo que se refiere a la sociedad civil, la enorme multiplicación de sus organizaciones hace frecuentemente imposible para los gobiernos atender demandas tan dispersas. Los grupos que dicen formar parte de la "sociedad civil" (SC)* tienen deficiencias estructurales en sus formas y capacidad real de representación. La representación social que ostentan con frecuencia cae más bien en el terreno de la moralidad. Ni se valen del visto bueno popular para demostrar su representación, ni gozan de la capacidad intelectual para apropiarse de los intereses "reales" de lo social en sus demandas. Estas demandas se fundamentan más bien en un deber ser abstracto y objetivo. Por lo pronto, queda clara la abierta insatisfacción social que existe por la falta de representatividad de intereses sociales auténticos, sea por parte de los partidos políticos o de las organizaciones no gubernamentales conocidas como SC.

La reforma del Estado neoliberal y liberal ha demostrado una profunda inmadurez por su incapacidad para mostrar objetivos claros y contundentes. Como se ha observado, ha logrado con eficacia y eficiencia destruir una maltrecha e inacabada concepción teórica y funcional del Estado interventor, pero no ha podido crear un sistema acabado ni en términos prácticos ni mucho menos teóricos. Existe una serie de problemas que solamente se enmarcan en este ensayo, pero que por obvios motivos no pueden ser desarrollados.

El Estado liberal o neoliberal en sus distintas fases o modelos, como ya hemos visto, no constituye un sistema teórico, jurídico y mucho menos práctico. Esto correspondería en términos de la crítica luhmanniana al Estado benefactor, pero por motivos distintos, a un sistema frecuentemente basado en un *feedback* igualmente positivo. Con ello se corre el riesgo de no tener puerto de llegada (objetivo definido) en las constantes reformas del Estado.

a) La globalización y sus respectivos ajustes internos apelan frecuentemente a agentes que están fuera del control jurídico, político y económico del propio sistema. A la demanda de estabilidad macroeconómica se responde con, por ejemplo, la apertura financiera y comercial, sin fijarse en que las recurrentes crisis externas (de Rusia, Corea y Brasil, entre otras) destruyen la estabilidad buscada justamente por estar fuera del control jurídico normativo y por carecer de una teoría que dé sustento a esa medida.

a1) Con la estabilidad de precios y del sistema de cambios se busca previsibilidad, confianza y empujar

---

* El concepto de sociedad civil es utilizado de una manera sistemática por vez primera en la Ilustración y desarrollado por Hegel. Es una categoría compleja que tiende a subrogarse por los intereses sociales individuales y de grupo en estructuras como las corporaciones y posteriormente los partidos políticos, en tanto representación de intereses teórica y socialmente estructuradas. Con la aglutinación de intereses, la población en forma de sociedad civil deja de ser, según Hegel, masa para convertirse en pueblo. Esta forma de representación social, como se observa, es algo muy lejano a la representación que hoy se arrogan algunos grupos (Ferguson, Hegel, Pérez).

la inflación a la baja. Como ello depende de la estabilidad macroeconómica, es prácticamente imposible lograr estos objetivos.

b) La pobreza y la extrema pobreza son elementos que no figuran lógicamente en el modelo de mercado que sustenta al Estado neoliberal. Son una incómoda realidad que se ha exacerbado con el abandono de políticas intervencionistas y, por lo tanto, su tratamiento no es explicable dentro de la lógica interna de ese modelo.

b1) La teoría de libre mercado y de libre competencia, sustentos del Estado neoliberal, no sólo no resuelve el problema de la pobreza, sino que puede y tiende a acrecentarlo. El ataque a esas reformas es concebido, por lo tanto, como una actividad altruista, filantrópica, no como una condición de funcionalidad autorreproductiva. La canalización de recursos fiscales a los pobres es tolerada, pero no explicada por el sistema mismo.

c) Los puntos anteriores, si bien de una manera aún provisional, impiden la formación de un modelo de Estado autorreproductivo y, con ello, conducen a que se pierda la posibilidad de proponer límites tanto a los distintos subsistemas como al sistema en general. Esto es especialmente importante porque:

c1) El sistema tiende a romper los límites de lo económico frente a lo político, de la misma manera como lo político, en el Estado de bienestar, lo hizo con lo económico.

c2) No quedan ni pueden quedar precisados los papeles de los agentes sociales. La ciudadanía ha observado la destrucción de los referentes sociales tradicionales sin que éstos hayan sido remplazados por otros.

Y es difícil que esto suceda mientras no se restablezcan límites (papeles) a los agentes e instituciones.

3. Todo lo anterior inhibe un accionar político que dé sentido a las acciones de gobierno, restablezca el orden lógico de éstas y las enmarque en un discurso coherente.

Finalmente, parece indispensable en el corto plazo, y con el riesgo de que los tiempos (Luhmann, 1990) se estrechen en demasía, fortalecer el papel coordinador del Estado mediante una serie de políticas de segunda y tercera generación que resuelvan los conjuntos problemáticos de ingeniería legal, acuerdos básicos y reasignación de papeles, que están implícitos pero no son atendidos en el conjunto de reformas modernizadoras, esto es, que medie entre lo meramente social y lo estrictamente político. Imposible pensar en una democratización seria sin resolver los problemas de gobernabilidad implícitos en la división correcta en principio de los poderes Ejecutivo y Legislativo. Asimismo, es una aventura riesgosa la descentralización tributaria de servicios y funciones sin un cálculo preciso sobre sus consecuencias en estructuras, saberes, culturas y habilidades no siempre inmersos en la lógica de la moderna eficiencia. Este tipo de reformas implica el uso de medios culturales e institucionales que no es fácil actualizar pero que hoy ya están enfrentados a esta realidad.

La globalización es irreversible; con ella los procesos de reformas estructurales son incuestionables, pero sus implicaciones funcionales van más allá de un simple trabajo de gabinete. La reforma va, pero es indispensable avanzar en políticas alternativas.

BIBLIOGRAFÍA

Banco Mundial, *Informes sobre el desarrollo mundial 1988, 1993 y 1997. El Estado en un mundo en transformación. Indicadores seleccionados del desarrollo mundial.*

Borja, Rodrigo (1997), *Enciclopedia de la política*, Fondo de Cultura Económica, México.

Bustillo, Rafael (coord.) (1989), *Crisis y futuro del Estado de bienestar*, Alianza, Madrid.

Gómez, Ciro, y Roberto Mangabeira-Unger (1998), *Una alternativa práctica al neoliberalismo*, Océano, México.

Habermas, Jürgen (1975), *La crisis de legitimidad en el capitalismo tardío*, Amorrortu, Buenos Aires.

Hall, J., y J. Ikemberry (1991), *El Estado*, Nueva Era.

Keynes, John M. (1943), *La teoría general de la ocupación, el interés y el dinero*, FCE, México.

Kliksberg, Bernardo (coord.) (1994), *El rediseño del Estado. Una perspectiva internacional*, FCE, México.

Luhmann, Niklas (1990), *Political Theory in the Welfare State*. W. De Gruyter, Berlín.

—— (1986), "El Estado de bienestar, un problema teórico y político", *Estudios Políticos*, nueva época, vol. 5, núms. 3-4, julio-diciembre.

Oszlak, Óscar, "Capitalismo de Estado: ¿forma acabada o transición?", en Boneo, Horacio y otros, *Gobierno y empresas públicas en América Latina*, SIAP, Buenos Aires.

Tello, Carlos, *La política económica en México, 1970-1976*, Siglo XXI, México.

Therbom, G., "Los retos del Estado de bienestar", en Rafael Bustillo (coord.), *Crisis y futuro del Estado de bienestar*, Alianza, Madrid.

Villarreal, René (1983), *La contrarrevolución monetarista. Teoría, política económica e ideología del neoliberalismo*, Océano, México.

RÉGIMEN POLÍTICO

Andrés Dávila Ladrón de Guevara

Definición

Como muchos de los conceptos que utilizan la ciencia política y, en general, los analistas en sus estudios políticos, la voz *régimen político* se caracteriza por la ausencia de consenso en torno a sus precisos significados y al alcance de su contenido. De este concepto se hace un uso relativamente libre y diverso, que depende mucho de si es utilizado por analistas cercanos al derecho y los aspectos jurídicos o por investigadores más relacionados con las ciencias sociales y la ciencia política.

La confusión proviene de varias fuentes. Históricamente tiende a perderse su origen en la discusión acerca de las formas de gobierno. En el trabajo propiamente de análisis politológico, sus límites son especialmente difusos respecto a otros conceptos, como los de sistema político o Estado. En el terreno fronterizo con el derecho y los orígenes más jurídicos e institucionales de la ciencia política, no es fácil establecer diferencias respecto a conceptos afines como los de régimen presidencial o parlamentario, regímenes unipartidistas o pluripartidistas, regímenes centralistas o federales, o régimen de gobierno.

Algunos de los trabajos que ayudaron a fijar las bases más sólidas para la delimitación del concepto estuvieron relacionados con dos líneas básicas de investigación. De una parte, los esfuerzos de algunos científicos políticos por establecer tipologías que permitieran fijar con precisión la línea divisoria entre regímenes democráticos, autoritarios y totalitarios. En un cierto sentido, ésta fue una de las derivaciones de la añeja discusión sobre las formas de gobierno. De otra parte, y en una línea semejante de análisis, la entidad del concepto pareció surgir a medida que se intentaba clasificar y desarrollar una tipología precisa de los regímenes democráticos existentes. En los dos casos, la fuente que sirvió de inspiración para dar claridad al concepto fue el trabajo de la política comparada y los métodos que a su amparo se desarrollaron para permitir el trabajo de investigación simultáneo sobre realidades nacionales disímiles. Indudablemente, los trabajos sobre las transiciones y la consolidación democrática en épocas recientes han ayudado a clarificar y delinear con mucho mayor precisión los alcances y límites teóricos y de investigación del concepto.

No obstante estos desarrollos, el concepto ha conservado un grado importante de variabilidad y sigue siendo utilizado con escaso rigor en trabajos que pretenden ser de análisis político especializado. De allí que un esfuerzo por elaborar un estudio actualizado y ordenado de esta voz resulte pertinente y útil para el trabajo conceptual de la ciencia política, pero también para la investigación tanto a nivel comparado como de caso. En esta dirección se desarrolla el ejercicio propuesto. En una primera parte se hacen explícitos los principales hallazgos acerca del uso del concepto en la muestra trabajada del análisis político mexicano reciente. En una segunda parte se desarrolla el concepto en términos de su definición, sus contenidos e implicaciones teóricas y su utilidad para la investigación. En la tercera y última parte se exponen las virtudes y límites del concepto trabajado y los desafíos y problemas como concepto eje para la investigación de realidades políticas actuales.

Historia, teoría y crítica

El uso del concepto en la ciencia política y los estudios políticos en México[1]

Los trabajos de un conjunto variado de analistas sociales y políticos sobre distintos aspectos de la política mexicana confirman las afirmaciones generales, enunciadas en la introducción, acerca del uso libre y con múltiples significados de la voz *régimen político*. Pese a ello, es factible establecer una caracterización interesante y significativa de los principales contenidos asignados al concepto; de los temas y problemas con los cuales tiende a manifestar una mayor interrelación; de las líneas de análisis e investigación que quedan sugeridas, y de los desafíos conceptuales y las confusiones de mayor alcance que la ausencia de un trabajo riguroso de definición y aplicación parecen expresar.

A grandes rasgos, se puede afirmar que no existe un acuerdo global acerca del régimen político como el terreno de las reglas del juego para el acceso, ejercicio y conservación del poder en una determinada sociedad. En mayor o menor medida, los distintos analistas hacen referencia al régimen en perspectivas muy variadas y en relación con aspectos muy diversos de la configuración y el funcionamiento de la política mexicana. En algunos casos, incluso, resulta verdaderamente difícil establecer la relación entre el texto leído y la cuestión del régimen político, así se utilice una noción suficientemente amplia para dar cabida a concepciones diversas (Borja, 1993; Rodríguez, 1993).

En otros casos, y tal vez en la mayoría de los textos incluidos en el *dossier*, los autores no muestran una noción explícita y totalmente clara del concepto. No obstante, en el desarrollo de sus trabajos muestran una concepción en la cual implícitamente se encuentra una lectura como la señalada y una aplicación afortunada de los contenidos básicos para dar cuenta de asuntos como el régimen autoritario, las transformaciones del régimen en una perspectiva democrática, los contenidos corporativos y populistas de los pactos en que se diseñan y ponen en práctica las reglas del juego, las relaciones patrimoniales o clientelares y las reglas no escri-

---

[1] Es evidente que sobre este concepto no hay una única definición concluyente. La que aquí se desarrolla se ha apoyado en diversos acercamientos al concepto que, en general, tratan de establecer su especificidad y diferenciación respecto de conceptos muy cercanos, como los de Estado, sistema y proceso político. En términos de la perspectiva analítica fueron útiles las reflexiones de Lucio Levi (1982), David Collier (1981), Luis F. Aguilar Villanueva (1989) y O'Donnell y Schmitter (s. f.). Un examen detallado del concepto, al cual tuve acceso por deferencia de Antonio Camou, se encuentra en Gerardo Munck (1996), texto que además incluye un apéndice en que se reconstruye el concepto a partir de las definiciones elaboradas por múltiples autores.

tas bajo las cuales operan en la práctica las relaciones políticas (cfr. Arias, 1994; Heredia, 1994; Luna, 1982).

En algunos casos con mayor éxito que en otros, se encuentran referencias a rasgos distintivos del régimen que si bien señalan asuntos centrales, por los conceptos utilizados tienden a generar definiciones confusas y superpuestas. Tal el caso de la noción de régimen de partido hegemónico, de los componentes del presidencialismo, de las dificultades para hacer efectivas las normas sobre división de poderes y sobre las relaciones entre el centro, los estados y los poderes de carácter más local. Mención especial requiere la confusa y compleja inerrelación entre el régimen y el estatuto, las funciones y las condiciones de operación del Distrito Federal.

Algo semejante sucede en los trabajos que prestan atención al Estado, a la reforma del Estado, a la administración del Estado y, en sí mismos, a los problemas de la organización y funcionamiento de la administración y la burocracia (Heredia, 1994; Moya, 1993; Luna, 1982). En este último caso hay un salto temático no advertido en el cual, además de las reglas del juego, se involucran asuntos relacionados con las normas que deben regir y rigen el funcionamiento administrativo y el desempeño burocráticos. Este mismo salto afecta el examen de las políticas públicas y los principales mecanismos para su diseño, elaboración y aplicación. Si bien en algún momento se tienen en cuenta las reglas del juego establecidas y su injerencia práctica en estos procesos, no se mantiene con toda claridad la línea de diferenciación que analíticamente debe separarlas.

Indudablemente, los autores que tienen mayor claridad sobre los alcances y contenidos del concepto son aquellos que establecen una distinción entre los rasgos autoritarios y corporativos del régimen en su conjunto, y las transformaciones de corte democrático que como es obvio tienen mucha relación con el diseño, aplicación y consecuencias de las reglas del juego que no pueden ser olvidadas por los participantes del juego político. Facilidades parecidas tienen aquellos trabajos en los cuales, al analizarse cómo han participado distintos actores sociales y políticos, verbigracia los empresarios, o aquellos vinculados por mecanismos corporativos (sindicatos, campesinos, organizaciones populares), explícita o implícitamente se examinan las reglas formales e informales para el acceso a la arena política (Sosa, 1996; Heredia, 1994; Moya, 1993; De la Garza, 1994).

En una situación algo más confusa se encuentran aquellos trabajos que tratan de referirse bien sea al Estado o bien sea al partido como ámbitos centrales en el proceso político mexicano. Al no conseguir una definición clara ni establecer con exactitud la línea que separa los asuntos de régimen y las reglas de otros asuntos políticos, se pierde una posibilidad analítica fundamental en relación con dos instancias de tanta importancia en la configuración y operación del régimen político mexicano.

Dificultades de otra índole resultan de los efectos del centralismo extremo con respecto al funcionamiento y los problemas que afronta el régimen político. Bajo el esquema federal asumido por la República Mexicana, la importancia de la figura presidencial y la fuerza que a nivel decisorio y de gestión se concentra en la capital mexicana generan inmediatamente un espacio complejo y confuso que no logra tematizarse fácilmente. Para varios de los analistas incluidos en el *dossier*, el asunto aparece como un problema que requiere ser resuelto más en lo empírico que en lo conceptual, sobre todo en la perspectiva de precisar las dimensiones reales del centralismo, del presidencialismo y de la interacción siempre dinámica y cambiante con los poderes locales y regionales. Sin embargo, por su pertinencia en lo relativo a la caracterización y operación del régimen, es un asunto que amerita ser trabajado con más atención.

Finalmente, aunque abundan las referencias inteligentes al nacionalismo revolucionario, a su función en la identidad, a sus transformaciones y adecuaciones a realidades cambiantes, no hay un estudio más cuidadoso de su interrelación con el régimen, ni siquiera en aras de preguntarse cómo y en qué sentido resulta válido indagar conjuntamente por ambos fenómenos (Moya, 1993).

Varios de los trabajos revisados indican líneas de trabajo e investigación muy cercanas al concepto de régimen político y a su área de influencia temática. La más obvia está en relación con los procesos de cambio, transición, consolidación, recomposición, agotamiento y quiebre, es decir, con lo relativo a la trayectoria y transformaciones que sufren los regímenes políticos. Por el propio proceso seguido por el régimen político mexicano, las definiciones más precisas están en relación con el autoritarismo y con la determinación de sus condiciones de estabilidad, aun cuando no se ahonde en dos aspectos que otros analistas han destacado. De una parte, en el hecho de que en términos eminentemente formales, el régimen político mexicano alcanza a ubicarse en la categoría de las repúblicas democráticas representativas, así la conformación práctica del poder lo acerque más a los regímenes autoritarios, con un presidencialismo fuerte y con la presencia de un partido hegemónico en el acceso y ejercicio del poder. De la otra, en el hecho de que esas reglas del juego estables se sustentan en prácticas tradicionales y de cierto carácter atávico como el clientelismo y el patrimonialismo.

No obstante, al agrietarse la mencionada estabilidad, la cuestión del régimen y sus transformaciones resultan sugestivamente tratadas por varios de los autores, en especial al incorporar la temática de la transición a la democracia. Las referencias difieren acerca del momento en que se manifiesta ese agotamiento y se inicia la transición, así como en torno a los avances y los alcances de tales procesos, su dinámica, su dirección, etc. Es precisamente allí donde queda sugerida una línea de investigación para la cual el concepto de régimen político resulta no sólo esclarecedor, sino útil en tanto permite la comparación al menos con América Latina. De avanzarse en esta dirección, se podrá extender la comparación incluso a otras regiones, como Europa oriental, con lo cual resultará esclarecedor no sólo para el caso mexicano, sino para la propia consistencia del concepto.

Dentro de esta misma preocupación, evidentemente la pregunta por la configuración y funcionamiento de regímenes democráticos, es decir, por las condiciones de creación de la democracia, está presente.

De similar importancia resulta el tema del corporativismo y el neocorporativismo. Desarrollado incluso en extenso en algunos de los trabajos, el primero resulta un componente central para la comprensión de la estabilidad del régimen político mexicano, mientras el segundo y sus vicisitudes podrían explicar las dificultades que han surgido con la transición y los cambios. De nuevo, sin que necesariamente sea un planteamiento explícito, lo que los trabajos alcanzan a sugerir es una línea de investigación que resultaría vital para la comprensión de los componentes y el funcionamiento del régimen político, así como de su interrelación con el sistema político, con el Estado, con los actores políticos y demás actores inmersos en la arena política.

Un elemento adicional que debe tenerse en cuenta es la naturaleza de los pactos. Entre líneas se puede leer que hay diversidad de ellos: políticos, sociales y económicos, los cuales son fundamentales en la definición y aplicación de las reglas del juego. No es un asunto desarrollado articulada y explícitamente, pero sí queda sugerido como un tema básico derivado de la cuestión del régimen, cuya centralidad o marginalidad va a depender de las preocupaciones conceptuales y empíricas mostradas por los autores de los trabajos.

Otros temas aludidos, a veces muy tangencialmente y en otras ocasiones con acentos significativos, tienen que ver con la relación compleja y difusa entre empresarios, políticas y reglas del juego. Sin que esto último signifique necesariamente régimen político, es innegable que se sugiere un terreno de fronteras poco claras y, en última instancia, común para avanzar en la investigación del problema.

Aspectos sugeridos apenas, pero que sin duda constituyen áreas de preocupación para el desarrollo y aplicación del concepto en investigación, tienen que ver con la configuración y funcionamiento de la administración pública, el papel de la burocracia y sus formas de utilización-manipulación de las reglas del juego, y la influencia de éstas en el diseño y aplicación de las políticas públicas (véase principalmente Luna, 1982).

En igual sentido, los asuntos de la gobernabilidad y la legitimidad son tratados en algunos de los textos no de una manera sistemática, pero sí con la suficiente agudeza para dejar planteadas temáticas de amplio alcance respecto de las cuales una reflexión rigurosa y una utilización adecuada del concepto de régimen pueden resultar muy útiles.

Para terminar, cabe señalar cómo los trabajos examinados manifiestan la ya mencionada dificultad para hacer un uso del concepto que dé cuenta de manera adecuada de la relación e interacciones entre ámbitos parcialmente distintos, pero con varias y difusas fronteras comunes, en especial difíciles de precisar a partir del uso relativamente laxo del concepto. El caso más notorio se da en la equívoca e indistinta utilización de las nociones de régimen y sistema político, régimen y Estado y de la trilogía Estado, régimen y sistema político. Menos significativas pero asimismo difusas resultan las fronteras para establecer con precisión cómo se ordenan los conceptos de régimen centralista o federalista, de manera excepcional cuando, como en México, un régimen federal opera en muchos aspectos bajo un acendrado centralismo. Superposiciones similares se encuentran entre presidencialismo, división de poderes y Estado de derecho.

En un grado menos relevante para la utilización adecuada del concepto, se encuentran superposiciones adicionales como las que se dan entre regímenes administrativos y de gobierno, asuntos constitucionales y régimen e, incluso, en la compleja interrelación entre la nación y el Distrito Federal. Asuntos que sin duda, de ser aclarados en su precisa relación con el concepto, ayudarían también a mejorar su alcance explicativo y heurístico.

Una propuesta para el uso analítico del concepto

En la perspectiva desarrollada, se propone a continuación una argumentación en torno al significado, contenido y alcances del concepto de régimen político. Gracias a él adquiere unidad y coherencia el acercamiento a un aspecto de la realidad hasta ahora sujeto a aproximaciones que, como las examinadas, se superponen y confunden. Es, además, un concepto que permite enunciar coherentemente las hipótesis, rescatar una interpretación matizada de la trayectoria que han seguido los ordenamientos políticos, en este caso el mexicano, y revalorizar la aparente utilidad y pertinencia de los estudios comparados, útil para la interpretación de los casos. En otras palabras, gracias a la noción de régimen se entreteje una trama articulada de preguntas, caracterizaciones y potenciales respuestas en torno a las trayectorias de los ordenamientos políticos y a la forma como en cada caso y situación se articulan la continuidad y el cambio.

No obstante, ¿cómo se puede definir esta noción o concepto?, ¿cuáles son sus rasgos distintivos y cómo funciona?, ¿de qué manera guía el acontecer político y puede ser el pilar básico del orden político?, ¿cuál es su virtud intrínseca que favorece la comparación y el estudio de la democracia?

Para empezar, es importante avanzar en la definición del régimen político, en tanto existen —como se ha visto— aproximaciones variadas sobre su configuración, funcionamiento y transformaciones. El régimen político puede ser entendido como el conjunto de reglas e instituciones formales que sirven de marco para el desarrollo de las relaciones políticas.[2] Por lo tanto, ellas definen las condiciones y procedimientos de la competencia política; los métodos de acceso legal y legítimo a ésta y, por ende, a las posiciones de poder; la cantidad y tipo de actores que pueden acceder al ejercicio de éste, y los procedimientos principales para resolver las diferencias y acceder a decisiones de carácter vinculante para el conjunto de los involucrados. Como tal, el régimen se define a partir de determinadas normas jurídicas y de costumbre, en su mayor parte consignadas en la Constitución[3] y en las leyes. De ellas se desprende un diseño institucional básico para el ejercicio de las relaciones políticas.[4]

El funcionamiento básico del régimen se define de

---

[2] La importancia de la Constitución en la configuración y funcionamiento de los regímenes democráticos ha llevado a algunos autores a darle a este aspecto un lugar central dentro de la definición básica de democracia y, en particular, en América Latina. Véase al respecto Jonathan Hartlyn y Arturo Valenzuela (1995), quienes lo tratan como la segunda de tres dimensiones clave para la definición del término.

[3] Esta definición corresponde a lo que Munck (1996: 206) denomina *dimensión procedimental del concepto*.

[4] Como es el caso, por ejemplo, del partido hegemónico en México.

acuerdo con esta dimensión procedimental y con algunas variables predominantes en los distintos procesos históricos.[5] Además, tiende a hacerse regular a través de las instituciones que su propia dinámica crea y pone en marcha, para lo cual resulta fundamental considerar la medida en que los actores políticos aceptan y obedecen estas reglas. Este elemento adquiere importancia en tanto esta aceptación y obediencia genera la posibilidad de que las reglas estructuren la conducta política.[6]

No obstante, el régimen no es una instancia estática de reglas que guían las relaciones políticas. Por el contrario, tiene un funcionamiento dinámico y permanentemente sujeto a la disputa política en los diferentes rangos de la legislación formal y en el propio desenvolvimiento de las instituciones. Es, de alguna manera, una estructura jurídico-política e institucional (lo jurídico es eminentemente formal; lo político y lo institucional están en un terreno intermedio entre lo formal y lo práctico), sujeta a permanente transformación. Por una parte, el régimen fija un contexto para las relaciones políticas, para el desarrollo del proceso político, pero por la otra, la dinámica que se da en éste, la lógica que siguen las prácticas políticas concretas, las soluciones o salidas a que conduce la competencia política pueden consolidar, modificar, reformar o transformar la estructura, configuración y funcionamiento del régimen.

Igualmente, esta definición conduce a una instancia precisa en la utilización del término. En esencia lo convierte en el terreno de las reglas del juego, de las normas y los procedimientos. Esto implica reconocer una cierta autonomía e independencia en su funcionamiento, pero no niega en absoluto sus interrelaciones permanentes con los demás ámbitos del devenir social.

En cuanto a la interrelación con otras instancias del orden político, cabe hacer algunas precisiones. En primer lugar, el régimen político alude a una instancia que, por decirlo así, se ubica entre el Estado y el sistema político. El Estado hace referencia al ente más amplio que configura el orden político de la sociedad, concentra el poder y se manifiesta a través de sus instituciones u organismos que conforman el conjunto del aparato burocrático. El sistema político, por su parte, se relaciona con la puesta en práctica de las relaciones de poder y, por ende, con las interacciones que se dan entre actores y fuerzas políticas y que da lugar al proceso político propiamente. El régimen político, entonces, depende fundamentalmente del tipo de Estado que prevalece, pero hace referencia a la forma de gobierno predominante en cada circunstancia histórica. Un mismo Estado puede verse regido, históricamente, por distintos tipos de régimen. El régimen, al delimitar con reglas y procedimientos la operación de las relaciones políticas, fija los parámetros bajo las cuales se desenvuelve el proceso político en el nivel del sistema político.

Pero, a la vez, el proceso político puede alterar la configuración y funcionamiento del régimen y, también, parte del sistema político o de las relaciones políticas se puede dar por fuera de los parámetros señalados por el régimen, asunto que se aborda más adelante.

En segundo lugar, la relación del régimen con las demás instancias del devenir social siempre va a estar mediada por lo que suceda en el terreno del sistema político y a través del proceso político. En este sentido, aunque del régimen se desprendan las normas que regulan todo tipo de relaciones políticas o los aspectos políticos de las relaciones sociales y económicas, éstas sólo entrarán en relación con el régimen cuando involucren decididamente el aspecto político procedimental de la participación y el acceso a la legislación, la representación o el ejercicio del poder. Por ello, y aunque estos procesos se den simultáneamente y las interacciones sean permanentes, en términos analíticos es posible diferenciar la operación del régimen político, la forma en que condiciona a actores e instituciones estructurando su conducta y los mecanismos por los cuales es afectado. De allí, entonces, la mencionada autonomía relativa con que se constituye y funciona el régimen político.

Ahora bien, cabe desarrollar varias digresiones adicionales acerca del carácter del régimen político. El primer aspecto tiene que ver con los elementos relacionados con la estabilidad y el cambio. Como ya se señaló, el régimen político tiene un carácter dinámico y permanentemente sujeto a modificaciones en su configuración y funcionamiento. Sin embargo, una vez que se configura un tipo de régimen político resulta fundamental precisar sus condiciones de estabilidad y sus tendencias de cambio. La estabilidad, uno de cuyos indicadores (mas no el único) es la vigencia del régimen en el tiempo, depende de qué tan capaz es el régimen de imponer condiciones que se cumplan en el ejercicio práctico de la lucha política. Un régimen será estable en la medida en que la competencia y los mecanismos para el relevo en el poder, la toma de decisiones y la resolución de las diferencias se hagan a través de las normas y procedimientos que el régimen plantea. De ser así, se asiste a un proceso de institucionalización de las relaciones políticas que evidentemente conlleva a una mayor estabilidad.

No obstante, por el carácter dinámico de la política y del propio régimen, las circunstancias cambian y el problema para el régimen es su capacidad de adaptación que le permita conservar la estabilidad o, en caso contrario, enfrentarse al cambio que puede darse dentro de sus parámetros o implicar una modificación en elementos fundamentales de su configuración. La capacidad de adaptación a circunstancias cambiantes, sin romper sus rasgos distintivos básicos, es otro indicador de estabilidad.

El segundo tema, derivado del anterior e íntimamente ligado a él, tiene relación con la fortaleza/debilidad y la rigidez/flexibilidad del régimen. Su vigencia en el tiempo y su adaptabilidad a las transformaciones dan lugar a un régimen no sólo estable, sino fuerte, capaz por tanto de resistir los embates de diversos desafíos a sus fundamentos y a la normatividad que ha generado. Esta fortaleza servirá también para permitirle subsistir por más tiempo incluso en condiciones evidentes de agotamiento y crisis. Por su parte, un régimen débil no

---

[5] Volviendo a Munck (1996: 206-207), ésta sería la dimensión conductual del concepto.

[6] Esta noción corresponde a aquella utilizada por otros autores, como Schmitter, que hacen referencia a regímenes parciales. No obstante, dentro de la definición del concepto aquí propuesta, parece mejor no utilizar esta terminología que fácilmente conduce a la confusión por la superposición de los términos. Véase Schmitter (1992).

gozará de ninguna de las características mencionadas y su caída y relevo serán mucho más propicios frente a cuestionamientos y desafíos de magnitud no muy significativa. A su vez, un régimen fuerte y estable puede tender a hacerse rígido, pero puede también conservar rasgos de flexibilidad. En el primer caso, tenderá a un agotamiento más rápido y menos susceptible de aceptar transformaciones en algunos o varios de sus componentes centrales. En el segundo caso, puede incorporar nuevos elementos y procedimientos, transformarlos de acuerdo con sus rasgos distintivos y, en esa medida, gozar de condiciones de adaptabilidad que le permitan perdurar.

Ahora bien, es evidente que tales características de un régimen pueden dar lugar a distintas y variadas combinaciones, más allá de las enunciadas brevemente. Pero, más importante aún, un régimen político no configura un monolito que siga una trayectoria simultánea y semejante y que esté sujeto necesariamente a una misma dinámica y a un mismo ritmo de funcionamiento y cambio. El régimen, de acuerdo con su complejidad, con su unidad o fragmentación, puede estar compuesto por distintos ámbitos,[7] cuya importancia depende de la injerencia que tenga sobre las condiciones de la competencia política. Y estos distintos ámbitos pueden desplegar rasgos encontrados de las distintas parejas dicotómicas arriba señaladas.

La tercera digresión se relaciona con los problemas de legitimidad. En el terreno del régimen político la legitimidad está casi necesariamente atravesada por el carácter legal de las relaciones de poder. Un régimen será legítimo en la medida en que sus normas y procedimientos sean respetados por los actores políticos, lo cual implica una sujeción a las leyes que impone el régimen. Ello supone, indudablemente, condiciones de institucionalización de las relaciones y las prácticas políticas. Aquí cabe una anotación adicional:

> [...] la institucionalización depende de la aceptación estratégica o instrumental de una serie de reglas de procedimiento por todos los actores importantes y, aunque ciertamente no exige la aceptación normativa de esas reglas por todos los actores, requiere al menos que ningún actor relevante las rechace normativamente [Munck, 1996: 207].

Cuando ello no sucede, los actores pueden resolver sus diferencias por fuera de la ley, sin que ello implique la pérdida cabal de legitimidad del régimen, pero sí un acortamiento de su vigencia y aceptación o una constatación de una institucionalización precaria o insuficiente. No obstante, es posible que se generen situaciones intermedias, en las cuales parte del proceso político se ajusta a los dictados del régimen, mientras otra parte lo cuestiona o de hecho funciona por fuera de sus parámetros. En tal caso, se puede asistir a una fragmentación del proceso político, en la cual operan simultáneamente relaciones políticas regidas por el régimen y otras que se salen de su control. En tales casos, tanto la legitimidad como la estabilidad y, por ende, el cambio, dependen de la magnitud, peso e injerencia de cada uno de tales procesos en el conjunto. Y, también, del carácter estratégico o no estratégico de los factores que sean conducidos por prácticas legal/legítimas y aquellos que respondan a prácticas ilegal/legítimas o ilegal/ilegítimas.

El cuarto asunto se vincula con la relación de los elementos formales del régimen político con lo informal. Resulta analíticamente más ordenado pensar el régimen político sólo en términos de los aspectos y procedimientos formales. Algunos autores han incorporado a la definición la posible existencia de reglas informales o de costumbre que provendrían de "una base prudencial o tradicional" (Schmitter y Lynn Karl, 1995: 55-68), o de manera simple de normas que tienen tal carácter. A éstas se añadirían normas implícitas aceptadas por los actores.[8] Incluso, la caracterización de "poliarquías informalmente institucionalizadas" de O'Donnell (1996) le otorga centralidad y pertinencia al tema en relación con América Latina.

A todas luces, resulta en extremo importante la inclusión del elemento informal de manera conceptualmente aceptable. En sociedades como las latinoamericanas la distancia entre la existencia de la ley, su vigencia y su aplicación efectiva abre el campo a situaciones que se salen de los modelos típico-ideales sobre la correspondencia entre normas y realidad, reglas y conductas de los actores. Por decirlo de alguna manera, la existencia y vigencia de las leyes y la normatividad legal no implican, por un lado, su aplicación plena y un efectivo condicionamiento de las relaciones políticas; pero al mismo tiempo y por el otro lado, estas relaciones no pueden obviar para su desarrollo la existencia y vigencia incompleta o parcial de un marco de normas y procedimientos que fija el régimen político. Muchas de estas relaciones se despliegan en referencia a ese marco y a su virtual violación o utilización con finalidades distintas de las en ellas consideradas. Esto da lugar a una especie de paralegalidad, semiinstitucionalidad u otra institucionalidad que interactúa permanentemente con las relaciones políticas dentro del proceso político, pero que afecta también la operación y funcionamiento del régimen.

A ello se agrega, también, la existencia de relaciones políticas y procedimientos que, sin tener carácter legal o estar explícitamente considerados por el régimen político, operan como si así fuera. Son éstas las reglas informales e implícitas, que también interactúan con las reglas del juego y afectan las relaciones políticas. No sobra, sin embargo, llamar la atención acerca de las dificultades para diferenciar estas "normas informales", que están en la frontera del marco legal, de aquellas prácticas y procedimientos que cuestionan o se salen claramente de los parámetros fijados por el régimen; en otras palabras, de aquellas relaciones y procesos que no son "funcionales", en ningún sentido, a la configuración y funcionamiento del régimen.

La existencia de los dos tipos de factores mencionados y su interacción con el régimen obliga a utilizar una categoría que permita conceptuarlos adecuadamente. De nuevo, parece pertinente no asumirlos como parte del régimen. Pero entonces queda abierta la dis-

---

[7] La definición de Munck (1996) acepta ambas categorías dentro del concepto.

[8] Fue ésta la perspectiva utilizada fructíferamente para Colombia en Leal y Dávila (1990), pero resulta necesario trabajarla con respecto a otras relaciones políticas no institucionalizadas y a otros casos latinoamericanos.

cusión sobre cómo tematizarlos. La mencionada propuesta de O'Donnell, si bien es sugestiva en tanto impulsa una reconsideración en términos positivos del tipo de democracias que se están gestando en la región, puede conducir a una superposición y confusión conceptual. Desde esta perspectiva, el reconocimiento que hace este autor a la importancia del clientelismo y el particularismo puede ubicarse mejor si se piensa que tal tipo de prácticas forma parte de la operación concreta de la política, es decir, del proceso político y, por tanto, del conjunto de relaciones que se pone en juego en el sistema político. Un reordenamiento de los conceptos en esta dirección puede ser la ruta de salida en la cual se mantiene cierta precisión y parsimonia en la definición del régimen, pero no se niega el peso e incidencia de esas otras prácticas y su interacción compleja y sinuosa con las reglas del juego.

LÍNEAS DE INVESTIGACIÓN Y DEBATE CONTEMPORÁNEO

Dilemas y desafíos para el uso del concepto

Luego del análisis de la muestra de trabajos sobre el caso mexicano y del sintético examen del concepto de régimen, sólo queda por clarificar los dilemas y desafíos para un uso sistemático, pero analíticamente útil, del mismo. Por lo advertido hasta aquí, un primer dilema estriba en la definición explícita y, ojalá, lo más precisa posible del concepto en relación con la temática que se va a estudiar. No todos los fenómenos o procesos resultan adecuadamente abordados desde la noción rigurosa que se ha querido establecer y que, al menos por su discusión con la literatura sobre transiciones y consolidación y con los desarrollos conceptuales citados en extenso, parece pertinente. En este sentido, una importante decisión con respecto a la utilización del concepto tiene que ver ante todo con su utilidad para desentrañar, lógica y empíricamente, las características del fenómeno estudiado. Como variable intermedia, no es fácil detectar si la noción es la más adecuada o si se tiene mayor facilidad para la aproximación utilizando conceptos como los de Estado o sistema político, pero un esfuerzo en tal sentido parece lo mínimo necesario.

Una cuestión diferente consiste en hacer uso del concepto a sabiendas de que su alcance es menor que el de otras nociones politológicas cercanas, pero en la perspectiva de hacer explícitos algunos rasgos o componentes que ayudan a la mejor comprensión del fenómeno analizado y al mismo uso preciso de las otras nociones. Es sin duda éste el campo de trabajo que requiere mayor atención, investigación y elaboración conceptual consistente y sistemática.

Ahora bien, hasta el momento la poca claridad y consenso en torno al concepto se ha logrado a partir de las aproximaciones exclusivamente politológicas de carácter comparado y en relación con la continuidad y cambio de los ordenamientos políticos. Es fundamental mantener la vitalidad de este trabajo y, en lo posible, avanzar en su perfeccionamiento, cuestión que en la actualidad parece necesariamente adscrita a los asuntos ya no tanto de las transiciones, sino de la consolidación democrática. Sería deseable profundizar y mejorar aún más las comparaciones en las trayectorias de los regímenes políticos, sin perder la perspectiva de formar un modelo analítico que evite las dificultades todavía existentes en términos de los sesgos a raíz de la importancia asignada a determinados casos particulares, así como también de las improntas provenientes de lecturas normativas que condicionan el análisis de casos empíricos cargados de información por procesar.

Pero el principal y verdadero desafío para el concepto está en su adecuada utilización para los estudios de casos nacionales específicos y de los diversos componentes que en su interior es posible catalogar y precisar con respecto al régimen. Esta mirada exclusiva y en profundidad del concepto ha sido desarrollada menos sistemáticamente y en esfuerzos más exploratorios con respecto a casos nacionales. No obstante, es un terreno por allanar y en el cual la aproximación sistemática, ordenada, parsimoniosa y profunda se convierte en un requisito indispensable para explotar la utilidad analítica y de investigación a la que repetidamente se ha hecho referencia, no sólo en el discurso explícito sino a través del examen crítico de los trabajos sobre el caso mexicano.

En síntesis y para terminar, el concepto de régimen político puede servir de guía útil para el estudio de cómo se practica la política en diversos contextos. Es evidente, no es el único concepto ni, como ya se señaló, necesariamente el más fructífero. Pero entre varios y bajo la perspectiva propuesta puede resultar fundamental para el conocimiento de cómo operan, permanecen y se transforman los ordenamientos políticos de manera simultánea, o un ordenamiento político en el transcurso del tiempo.

BIBLIOGRAFÍA

Aguilar Villanueva, Luis F. (1989), "Estado, régimen y sistema político", en Luis E. Vega (coord.), *Teoría y política de América Latina*, CIDE, México.

Arias Marín, Alan (1994), "Reflexiones sobre la evolución del régimen político mexicano", *Estudios Políticos*, 4ª época, núm. 3, abril-junio.

Borja, Jordi (1993), "Un reto a la democracia: el gobierno de las áreas metropolitanas", *Secuencia*, núm. 25.

Collier, David (1981), *El nuevo autoritarismo en América Latina*, FCE, México.

Cossío, José Ramón, y Luis Raigosa (1996), "Régimen político e interpretación constitucional", *Este país*, núm. 32, marzo.

Garza Toledo, Enrique de la (1994), "El corporativismo: teoría y transformación", *Iztapalapa*, núm. 34, julio-diciembre.

Hartlyn, Jonathan, y Arturo Valenzuela, "La democracia en América Latina desde 1930", *Este País*, núm. 46, México, enero.

Heredia, Blanca (1994), "Estructura política y reforma económica: el caso de México", en *Política y gobierno*, vol. 1, núm. 1, enero-junio.

Leal, Francisco, y Andrés Dávila (1990), *Clientelismo: el sistema político y su expresión regional*, Tercer Mundo Editores-Universidad Nacional de Colombia, Bogotá.

Levi, Lucio (1982), "Régimen político", Bobbio y Mateucci, *Diccionario de política*, Siglo XXI, México.

Luna, Matilde (1988), "La administración estatal y el régimen político", *Revista Mexicana de Sociología*, núm. 3.

Moya, Laura A. (1993), "Reforma del Estado y liberalismo social", *Sociológica*, año 8, núm. 21, enero-abril.

Munck, Gerardo (1996), "La desagregación del régimen político: problemas conceptuales en el estudio de la democratización", *Agora*, núm. 5, Buenos Aires, invierno.

O'Donnell, Guillermo, y Philippe Schmitter (s. f.), *Transiciones desde un gobierno autoritario*, vol 4: *Conclusiones tentativas sobre democracias inciertas*, Paidós, Buenos Aires.

——, y Philippe Schmitter (1996), "Otra institucionalización", *Agora*, núm. 5, Buenos Aires, invierno.

Ojeda Paullada, Pedro (1992), "La división de los poderes de la Unión, fortalecida por la Ley Federal de Responsabilidades", *Examen*, núm. 17, octubre.

Peschard, Jacqueline (1982), "Hacia un nuevo liderazgo nacional: el caso del Senado", *Estudios Políticos*, Nueva Época, vol. 1, núm. 1, octubre-diciembre.

Rendón Corona, Armando (1994), "El régimen autoritario", *Iztapalapa*, núm. 32, enero-junio.

Rodríguez L., Javier (1993), "Distrito Federal: opciones para un gobierno propio", *Topodrilo*, núm. 29, julio-agosto.

Schmitter, Philippe (1992), "The Consolidation of Democracy and Representation of Social Groups", *American Behavioral Scientist*, vol. xxxv, núms. 4-5, marzo-junio.

——, y Terry Lynn Karl (1995), "The Types of Democracy Emerging in Southern and Eastern Europe and South and Central America", en Peter E. Volten (comp.), *Bound to Change*, Institute for East-West Studies, Nueva York.

Sosa, Raquel (1996), "Los escenarios del cardenismo", *Memoria*, núm. 85, enero.

RELIGIÓN

Roberto J. Blancarte

Definición

La religión es probablemente el fenómeno social más pensado, reflexionado, argumentado y discutido en la historia del hombre. La religión es —como decía Durkheim (1983: 32) en su clásico texto sobre las reglas del método sociológico—, junto con la política, uno de los temas por los que el ser humano más se apasiona: por la religión el hombre es capaz de matar y de sufrir lo indecible, de soportar fatigas físicas y atravesar todo tipo de experiencias emocionales. La religión es, pues, uno de los aspectos existenciales más importantes para el ser humano. Pese a ello, no existe una definición común y universalmente aceptada de lo que significa.

Muchos especialistas han intentado alcanzar algún tipo de definición sobre la religión. Otros, por el contrario, han preferido analizarla desde distintas perspectivas, sin pretender por ello definirla, por lo menos de manera explícita. Hay también una diferencia entre las descripciones o explicaciones de lo religioso que se hicieron desde las primeras etapas de la historia humana y las definiciones científicas de la religión, que respondían a un interés específico por sistematizar y explicar, con un instrumental y un bagaje teórico determinados, las creencias de los diversos pueblos del mundo. Se puede entonces hacer una distinción entre las definiciones "históricas" o "tradicionales" de religión, de carácter más bien teológico o filosófico, y las que se comenzaron a elaborar a partir de la segunda mitad del siglo XIX, en particular en los países europeos.

Etimológicamente, se acostumbra definir la religión a partir del verbo en latín *religare* (unir o reunir), aunque santo Tomás de Aquino se refirió a los términos *relegere* (releer), *reeligere* (reelegir) y *relinquere* (revelar), para concluir luego que la religión remitía a un orden o relación con Dios (Pacios López: 1). Sin embargo, una definición etimológica es ciertamente limitada y puede estar "equivocada" en el sentido de que no abarca fenómenos considerados como religiosos. Esto nos plantea el problema de la historicidad de cualquier definición, ya que fenómenos que antes no eran considerados como religiosos por los especialistas ahora sí lo son. En otras palabras, el llamado "campo religioso" se ha extendido, sobre todo en el siglo XX, a partir de la ampliación de experiencias religiosas novedosas (el *new age*, por ejemplo), pero también porque, en el desmoronamiento del modelo tradicional de las religiones, se ha introducido una nueva concepción de lo religioso más abierta, que incluye formas de creencias que antes no se habrían considerado como religiosas. Esto significa que, en cierta medida, se ha generado un proceso de retroalimentación entre las nuevas experiencias religiosas y las definiciones de lo religioso. El resultado, en cualquier caso, ha sido la apertura de este "campo" de la ciencia, a pesar de que su existencia y validez (del campo, no de la disciplina) son cuestionadas por muchos estudiosos.

Entre los especialistas que se inclinan por algún tipo de definición de la religión, así sea implícita, se pueden distinguir enfoques distintos, que subrayan algunos aspectos de las mismas: en general, estas definiciones se subdividen en *a)* sustantivas y *b)* funcionales. Sin embargo, hay quienes agregan otro tipo de definiciones, como las *c)* comparativas, *d)* analíticas y *e)* émicas (Frigerio: 1).

Las definiciones sustantivas buscan explicarlas "en términos de su significado intrínseco" *(ibidem)* o por su contenido conceptual, es decir, por las ideas que la gente considera importantes y con las que se compromete (Pals, 1966: 12). Lo anterior, ciertamente, no deja de tener rasgos tautológicos, ya que una religión que se define por lo que se piensa que es específico de ella supone un cierto grado de definición previa o implícita.

Las definiciones comparativas de las religiones pretenden catalogarlas de acuerdo con los elementos que las diferencian de otras religiones así como de otros sistemas de creencias respecto al significado de la existencia humana.

Las definiciones analíticas de la religión buscan desagregar los elementos constitutivos de las mismas para conocer los elementos comunes que las integran. Este tipo de definiciones no intenta abarcar en una frase la complejidad del fenómeno, sino describir las partes esenciales que lo componen (Wilson, *passim*). Las religiones entran así en una especie de modelo más o menos flexible, constituido a partir de las religiones existentes, pero que dejan la puerta abierta para que nuevos elementos puedan ser considerados y en su caso introducidos en el modelo.

Hay algunos estudiosos que se refieren también a definiciones "émicas", relativas "a las categorías conceptuales de quienes participan en una cultura determinada". Así, una religión podría ser catalogada con ese criterio "si ha sido considerada como tal en los distintos contextos culturales donde desarrolla sus actividades" (Frigerio, 10).

Finalmente, el tipo de definiciones que tuvo mayor auge en el siglo XX es el de las funcionales o funcionalistas. Éstas buscan catalogar las religiones de acuerdo con el papel que desempeñan para el individuo o en las sociedades. Desde esta perspectiva, la religión es una de las estructuras institucionales que integran el sistema social total (O'Dea, 1978: 9), el cual busca siempre su equilibrio. Los padres de la sociología de la religión contemporánea intentaron, cada quien a su manera, explicar la religión en términos funcionales, sea de manera explícita en Émile Durkheim, para entender el papel de la religión como cemento social, sea de manera implícita en Max Weber, para explicar el sentido de la acción social de los individuos y los grupos.

En la segunda mitad del siglo XX, los especialistas del fenómeno religioso, particularmente los del mundo occidental, consolidaron en diversos países las disciplinas científicas de la religión, particularmente la historia y la sociología, pero también la psicología y la geografía, entre otras. La circunscripción del campo de estudio no significó, sin embargo, una mejor definición del fenómeno religioso. Por el contrario, hasta cierto punto, la ampliación de la disciplina y la profusión de especialistas condujeron a una superespecialización y a la generación de nuevos subtemas dentro del estudio de lo religioso; surgieron así áreas nuevas que ampliaban al mismo tiempo de manera automática la definición de lo religioso: "la religión implícita", por ejemplo, que se aboca al estudio de grupos que no se definen como tales pero que comparten características de los grupos religiosos, como los Alcohólicos Anónimos, llegó a tener en la última década numerosos estudiosos. Otro ejemplo es el movimiento de *new age*, cuyos límites, no siempre claros, ampliaron también el espectro de los elementos que podrían considerarse dentro de la definición de religión.

De esa manera, el panorama en el fin del siglo XX y principios del tercer milenio aparece poco propicio a una definición conclusiva y exclusiva del fenómeno religioso. Más bien, se vislumbra una zona nebulosa, donde el límite entre lo que es religioso y lo que no lo es parece más difícil de definir y obliga a una reconsideración general del propio campo de estudio.

Historia, teoría y crítica

Es necesario distinguir entre las elaboraciones filosóficas de la religión y las explicaciones científicas de la misma. Las primeras se remontan a varios siglos antes de nuestra era, en escritos de pensadores griegos y en diversos documentos orientales, como los comentarios a los textos védicos. Las segundas se relacionan con la formación del pensamiento científico, a partir de sus propias reglas e instrumentos, particularmente desde la segunda mitad del siglo XIX.

En el periodo presocrático, diversos pensadores griegos trataron la cuestión religiosa ligada a la abundante mitología. Esta tradición continuó en la época romana a través de sus principales pensadores. En particular, Séneca fue un precursor de la llamada religión civil, al ocuparse de la teología civil y de los ritos oficiales de Roma. La Edad Media es testigo, en Europa occidental, de una práctica asimilación entre religión y cristianismo y, por lo tanto, entre teología y filosofía religiosa. Al mismo tiempo, el pensamiento místico recorre las principales religiones monoteístas del mundo occidental y del Medio Oriente.

Durante el Renacimiento, algunos autores, influidos por la filosofía clásica, incursionan en la búsqueda de una "espiritualidad natural", común a todas las religiones. Esta tendencia se fortalece con la Ilustración, cuya expresión más acabada en la materia es el deísmo. La filosofía de la religión no desaparece con la llegada de las ciencias que tratan la religión. A la escuela germana, con filósofos como Hegel, Kant, Marx, Nietzsche y Kierkegaard, muy influyente en el siglo XIX, le sigue la francesa, en el XX, con autores de la talla de Bergson, Marcel y Ricoeur.

Pero en el siglo XIX se produce una ruptura en las formas de conocimiento, que afectará la manera como se estudia y analiza el fenómeno religioso. El desarrollo de las ciencias humanas en particular tendrá una influencia decisiva en el estudio de las religiones. Precisamente desde la época de los "descubrimientos", en el siglo XVI, que coincide con el inicio de las rupturas dentro del cristianismo, se trata ya no de una religión, sino de una pluralidad de manifestaciones religiosas, "primitivas" o "avanzadas", que pueden tener o no puntos en común y cuya esencia y papel en la historia del hombre se comienza a descifrar. Dentro del cristianismo, la ruptura protestante favorece la crítica bíblica. Esto, aunado a la ya desarrollada revisión humanista —desde el Renacimiento— de las mitologías griegas y romanas y a los viajes de exploración que ampliaron el contacto con pueblos y culturas desconocidos, ofreció el marco para una nueva comprensión del mundo de las creencias religiosas.

La historia de las religiones sufre una fuerte sacudida interna y se ve rápidamente alcanzada en su labor descriptiva, analítica y explicativa por otras disciplinas, casi todas nuevas, como la filología, la antropología, la psicología y sobre todo la sociología.

En la década de 1870, Max Müller (1823-1900), profesor de origen alemán aunque establecido en la Universidad de Oxford, propuso a la comunidad académica una "ciencia de la religión" basada en un enfoque filológico (Pals, 1996: 3, 19). De hecho, en esos años publicó su *Introducción a las ciencias comparadas de la religión (Einleitung in die vergleichenden Religionswissenchafften*, 1876). Allí intentó, desde una perspectiva científica, es decir, alejada de todo militantismo y de la teología, encontrar los elementos, patrones y principios comunes a todas las religiones para distinguir su evolución en el tiempo. Para hacer esto, proponía la recolección de elementos —costumbres, rituales y creencias— de todas las religiones del mundo. Esta labor sin duda se facilitaba por el creciente conocimiento que el mundo occidental tenía de otras religiones en América, Asia, África y Oceanía (Pals, 1996: 4).

Otros dos personajes reconocidos como precursores de las ciencias sobre la religión son el inglés Edward Burnett Tylor (1832-1917) y el escocés James George Frazer (1854-1941). En la obra de Tylor, *Primitive Culture*, que presenta un enfoque decididamente etnológico, la religión primitiva se define como la creencia en seres espirituales o animismo, el cual se explica en términos psicológicos a través de los sueños en dichos seres (Desroche y Seguy, 1970: 25). Frazer fue un seguidor de Tylor, aunque profundizó más bien en la conexión entre magia y religión. Su célebre obra, *The Golden Bough* (publicada por el FCE como *La rama dorada)*, que llegó a tener una extensión de 12 gruesos volúmenes, es un esfuerzo enorme de compilación de ritos, prácticas y creencias que muestra los esfuerzos de los hombres para sobrevivir tratando de controlar la naturaleza a través de la magia primero y después con la religión.

Es importante anotar que, en este primer momento, las ciencias sobre la religión tienen un decidido tono antiteológico en el mundo anglosajón y anticlerical en el mundo latino. Las ciencias se desarrollan en gran medida contra la firme oposición de las instituciones religiosas, que ven en ellas un cuestionamiento a las verdades y dogmas establecidos en la religión revelada. Las ciencias no dejan por ello de tener una actitud militante. Más tarde —signo de los tiempos—, a la sociología "científica" se le intentará oponer una sociología "católica", al mismo tiempo que se gestaba una sociología "socialista" que pretendía contraponerse a la ciencia "liberal".

A una segunda generación de estudiosos les toca criticar, directa o indirectamente, los postulados de Müller, Tylor y Frazer. Lucien Lévy-Bruhl (1857-1939), Bronislaw Malinowski (1884-1942), Alfred R. Radcliffe-Brown (1881-1945) y Mircea Eliade (1907-1986) abundaron en la discusión sobre los conceptos de magia y religión, sobre lo sagrado y lo profano y diversos elementos de la antropología cultural. Pero entre ellos, generacional e intelectualmente, destacan dos personalidades que pueden considerarse verdaderos padres fundadores de la sociología de las religiones por la amplitud y la profundidad con que trataron los temas religiosos: el francés Émile Durkheim (1858-1917) y el alemán Max Weber (1864-1920).

Émile Durkheim, en su *libro Las formas elementales de la vida religiosa* (1912), no se limita a buscar el origen de la religión en la existencia de una conciencia colectiva, sino que trata de encontrar la función de la religión en la sociedad. El centro de la definición de Durkheim es su distinción entre lo sagrado y lo profano, a partir de la cual los pueblos organizan sus creencias religiosas. Durkheim es realmente el primer "sociólogo de la religión" propiamente hablando, y se distingue de sus antecesores, que daban preferencia a los enfoques filológicos y etnológicos, al hacer hincapié en las reglas del método de observación de los hechos sociales. En ese sentido, conceptos como el de conciencia colectiva o representaciones colectivas se vuelven centrales en el análisis de los fenómenos sociales y particularmente los religiosos.

En su clásico texto antes citado, el sociólogo francés se propone estudiar "la religión más primitiva y simple que se conozca", porque es la más apta para hacer comprender la naturaleza religiosa del hombre: "En la base de todos los sistemas de creencias y de todos los cultos, debe necesariamente haber un cierto número de representaciones fundamentales y de actitudes rituales que, a pesar de la diversidad de las formas que unas y otras han podido mostrar, tienen por todos lados el mismo significado objetivo y cumplen todas las mismas funciones. Son esos elementos permanentes los que constituyen lo que hay de eterno y de humano en la religión; son todo el contenido objetivo de la idea que se expresa cuando se habla de religión en general" (Durkheim, 1985: 6).

Durkheim quiere llegar a la conclusión de que "la religión es una cosa eminentemente social" *(ibid.:* 13). De hecho, su definición de la religión involucra la idea de Iglesia, para mostrar que es "una cosa eminentemente colectiva". De esa manera, para él, "una religión es un sistema solidario de creencias y de prácticas relativas a cosas sagradas, es decir, separadas, prohibidas, creencias y prácticas que unen en una misma comunidad moral, llamada Iglesia, a todos los que se adhieren a ella" *(ibid.:* 65).

El sociólogo francés lleva a cabo un largo recorrido por los orígenes de las creencias en los pueblos más primitivos y en las religiones totémicas, para llegar a la conclusión de que los rituales y el culto tienen la función de cohesionar a la sociedad; tal es la verdadera y última causa de las representaciones religiosas. En otras palabras, la religión está intrínsecamente ligada a la sociedad misma, que busca siempre preservarse: "Si la religión ha engendrado todo lo que hay de esencial en la sociedad, es porque la idea de la sociedad es el alma de la religión". De allí que no pueda haber religión sin sociedad ni sociedad sin religión. De allí también que, aun si las religiones como las conocemos hoy llegan a desaparecer, habrá otras, incluso de carácter cívico o de otra naturaleza, que las vendrán a sustituir: "Una sociedad no puede crearse ni recrearse sin al mismo tiempo crear un ideal" *(ibid.:* 603).

La sociología de las religiones de Max Weber tiene tres aspectos esenciales que habrán de influir a lo largo del siglo en los especialistas en la materia: *1)* las formas de dominación y de liderazgo religioso; *2)* la relación entre creencias religiosas y el desarrollo de determinadas formas de ética económica, y *3)* el proceso de racionalización y secularización de la sociedad.

Weber, contrariamente a Durkheim, señala en el capítulo sobre los tipos de comunidad religiosa de su clásico libro *Economía y sociedad* (1922) que "es imposible ofrecer una definición de lo que 'es' la religión al comienzo de una investigación [...]", lo que hace suponer que tenía intenciones de ofrecerla al final de la misma. Desafortunadamente, el manuscrito quedó inconcluso con su muerte.

El análisis sobre los tipos de liderazgo religioso estaba ligado a su sociología de la dominación y a las formas específicas de legitimidad. En ese sentido, la distinción entre el mago, el profeta y la burocracia religiosa y sobre el carisma y otros tipos de autoridad sigue siendo clave para entender las relaciones de poder dentro de las agrupaciones religiosas.

También al contrario de Durkheim, quien se basó en los estudios de sociedades primitivas, Weber recurrió preferentemente al análisis de las éticas religiosas de las religiones mundiales *(Weltreligionen),* es decir, el confucianismo, el hinduismo, el budismo, el cristianismo, el islamismo y el judaísmo. Su tesis más conocida, desarrollada en su libro *La ética protestante y el espíritu del capitalismo* y complementada en otros textos, sostiene que un cierto tipo de ascetismo intramundano, como el desarrollado por el calvinismo, conducía a una ética económica cuyos aspectos centrales podrían haber influido en el desarrollo del capitalismo. En realidad, la preocupación sobre la relación entre religión y ética económica es mucho más amplia, y Weber la desarrolló en diversos textos, particularmente en el capítulo "Estamentos, clases y religión" de *Economía y sociedad*.

Menos conocidos, aunque de suma importancia para el análisis de ciertas formas de racionalidad, son sus estudios sobre el judaísmo antiguo. Allí, Weber muestra cómo el proceso de historización y de racionalización ética tiene una continuidad entre el Antiguo Testamento y la Reforma protestante. Desde esta perspectiva, donde hay ciertamente una visión lineal y progresiva de la historia, el catolicismo, por ejemplo, no sería más que un paso atrás, un intermedio, en el proceso de racionalización o de "desencantamiento" (entendido éste como un alejamiento de las interpretaciones mágicas) del mundo.

Líneas de investigación y debate contemporáneo

En la segunda mitad del siglo XX el estudio de las religiones se hizo más sistemático por el propio desarrollo de las ciencias sociales en general y la especialización del sistema universitario. Numerosos estudiosos, agrupados en múltiples organizaciones gremiales y centros de investigación, han profundizado muchas áreas de la antropología, la etnología, la psicología, la sociología y la historia de las religiones. A pesar de ello, se podría decir que las grandes interrogantes siguen siendo las mismas que se plantearon desde la segunda mitad del siglo anterior, y los grandes paradigmas, con algunas variantes, son los establecidos por pensadores como Durkheim y Weber. Su actualidad es impactante, aun si los desarrollos ulteriores son ciertamente valiosos.

Por lo demás, desde principios del siglo XX los estudiosos dejaron de buscar de manera exclusiva en los pueblos primitivos las explicaciones para el presente. Marcel Mauss, uno de los más grandes sociólogos franceses (y, por lo demás, yerno de Durkheim), lo dijo claramente en su tiempo: "En las ciencias de las religiones estudiamos quizá demasiado a los primitivos y no lo suficiente a las grandes religiones, las nuestras, los movimientos de sentimientos de ideas que las agitan" (citado por Émile Poulat en Desroche y Seguy, 1970: 91). Este camino, de alguna manera emprendido por Weber, será continuado a lo largo del siglo.

En Francia, por ejemplo, el padre de la historia y la sociología contemporáneas de la religión, Gabriel Le Bras, se orienta desde la década de los años treinta a un esfuerzo sociográfico de gran amplitud, aunque con pretensiones teóricas de otro tenor: establecer un mapa de la práctica religiosa en ese país y finalmente una categorización de la misma. En la Gran Bretaña, los debates se centran en el proceso de secularización de la sociedad y en sus efectos sobre la pluralidad religiosa, en el surgimiento de movimientos sectarios y de nuevos movimientos religiosos.

Las líneas de investigación se orientan, en la segunda mitad del siglo XX, a la comprensión del fenómeno religioso en sus diversas manifestaciones más que a la búsqueda de su esencia, salvo casos aislados: la religiosidad popular, la religión civil, la religión difusa, la religión implícita, la religión posmoderna, la religión "a la carta", etc. Pocos pretenden ya elaborar un modelo que sirva para todos, aunque persiste el problema central de la definición, indispensable para delimitar el campo disciplinario.

Las investigaciones actuales apuntan en todas direcciones; el campo está en abierta expansión. Podría decirse, sin embargo, que hay una preocupación constante aunque igualmente difusa: ¿cuál es el destino religioso del hombre moderno en los albores del tercer milenio? ¿Será el siglo XXI una era en la que predominen las religiones actualmente establecidas?, ¿o será el marco del surgimiento y fortalecimiento de nuevas creencias religiosas, de nuevas formas de concebir el mundo y lo sagrado?

BIBLIOGRAFÍA

Desroche, Henri, y Jean Seguy (1970), *Introduction aux sciences humaines des religions*, Editions Cujas, París.

Durkheim, Émile (1983), *Les regles de la méthode sociologique*, Quadrige 21ª edición, PUF, París.

——— (1985), *Les formes élémentaires de la vie religieuse*, Quadrige 7ª edición, PUF, París.

Eliade, Mircea (1986), *Tratado de historia de las religiones*, 6ª edición, Biblioteca Era, México.

Frigerio, Alejandro (s. f.), *La cienciología: definiciones actuales de la religión desde las ciencias sociales*, Freedom Publishing, Los Ángeles.

Hamilton, Malcom B. (1995), *The Sociology of Religion; Theoretical and Comparative Perspectives*, Londres y Nueva York, Routledge.

Hervieu-Léger, Daniéle (1986), *Vers un nouveau christianisme?; Introduction a la sociologie du christianisme occidental*, Cerf, París.

Malinowski, Bronislaw (1982), *Magia, ciencia, religión*, 2ª edición, Ariel, Barcelona.

Micklem, Nathaniel (1981), *La religión*, FCE, México.

O'Dea, Thomas (1978), *Sociología de la religión*, serie Temas fundamentales de sociología moderna, Editorial Trillas, México.

Pacios López, A., "Religión", en *Enciclopedia Rialp*, tomo 20, Madrid.

Pals, Daniel L. (1996), *Seven Theories of Religion*, University Press, Nueva York.

Robertson, Roland (comp.) (1980), *Sociología de la religión*, FCE, México.

Waal, Annemarie de (1975), *Introducción a la antropología religiosa*, Editorial Verbo Divino, Navarra.

Wach, Joachim (1955), *Sociologie de la religion*, Payot, París.

Weber, Max (1981), *Economía y sociedad; esbozo de sociología comprensiva*, FCE, México.

——— (1987), *La ética protestante y el espíritu del capitalismo*, 7ª edición, Ediciones Península, Barcelona.

——— (1971), *Le judaisme antique*, Plon, París.

Wilson, Bryan (s. f.), *Cienciología; análisis y comparación de sus doctrinas y sistemas religiosos*, Freedom Publishing, Los Ángeles.

REPRESENTACIÓN POLÍTICA

Morgan Quero

Definición

¿Qué es la representación política? Una ficción instituida por una mediación que produce separación. Allí radica su complejidad, su misterio y su sentido. Representar es hacer presente lo ausente. Colocar, frente a los ojos o el espíritu de alguien, ese objeto o concepto ausente por medio de una figura, una imagen o un signo. Y en política de lo que se trata es de representar el poder. De darle un lugar ante la sociedad para conferirle eficiencia en la acción, pero también de acotarlo para evitar su concentración.

El concepto de representación política recorre la historia de las ideas políticas. Su antigüedad es tan valiosa como su polisemia. Ambas constituyen un desafío para el erudito, el investigador y el actor político de nuestra época. Los saberes convocados para desentrañar este tesoro conceptual van desde el teatro hasta el derecho, pasando por la antropología y las artes para llegar a la ciencia política contemporánea. Por eso, para restituir la claridad dentro de la complejidad, hablaremos de una puesta en escena en donde actores e instituciones se conjuntan para crear un ritual que responda a las expectativas de la sociedad, resuelva sus crisis y permita habitar el conflicto en toda comunidad política.

Hoy, la representación política se advierte como la necesidad de establecer un vínculo más concreto entre gobernantes y gobernados. Este vínculo se entiende como adecuación y correspondencia entre una sociedad y su régimen político. De allí, la idea de que las acciones de gobierno deben reflejar las demandas sociales. En este sentido es importante resaltar el principal aporte de la modernidad: hemos pasado de darle un origen divino y trascendente al poder, a darle un origen popular, basado en el voto y la libertad. Sin embargo, a pesar del cambio en las formas de representación política, su esencia se ha mantenido. Esto es lo que trataremos de mostrar en dos partes. Primero, preguntándonos cómo se realiza la articulación entre ficción y montaje del poder en la representación política, para luego entender cómo se realiza una crítica de la misma a partir de las nuevas exigencias de expresión y representatividad por parte de la sociedad.

Historia, teoría y crítica

Ficción y montaje del poder

En la incesante tensión entre gobernantes y gobernados, el lugar que ocupa la verdad del poder se define y redefine a partir de una ficción y un montaje que trata de superar aporías. ¿Cómo entender, de otra manera, el hecho de que una mayoría delegue su capacidad de decisión, incluso sobre su propia vida, en una minoría? Ficción y montaje nos remiten ambos a la idea de construcción. Esto nos lleva a plantear la representación política como una convención basada en la estructura relacional de toda comunidad humana. Esta ficción puede basarse en los aspectos *jurídicos* de una sociedad o en sus *creencias*. En todo caso, constituyen el núcleo de la capacidad de abstracción para producir sentido desde el poder. A su vez, la idea de montaje nos remite al ensamblaje necesario entre distintas partes, conceptos o cosas con el fin de elevar y hacer funcionar una estructura que sea vista y reconocida por todos los miembros de una comunidad. La ficción y el montaje nos remiten directamente a la concepción teatral de la representación política.

Una ficción teológica y jurídica

Si hoy asociamos la representación política a la elección libre y soberana, no siempre ha sido el caso. Para nuestro propósito, quisiéramos remontarnos a un texto fundacional: la Primera Epístola de San Pablo a los Corintios en el Nuevo Testamento. Como primer organizador de la Iglesia, a la que teoriza como el cuerpo, al mismo tiempo, visible e invisible de Cristo, san Pablo recuerda a los corintios el misterio de la Eucaristía a través de la cual la totalidad de los creyentes se unen al cuerpo de Cristo al consumir el pan y el vino. Así, la comunidad del Espíritu (divinizada por la encarnación) se inventa en esta reunión de los cuerpos para convertirse en uno solo: "Pues del mismo modo que el cuerpo es uno, aunque tiene muchos miembros, y todos los miembros del cuerpo, no obstante su pluralidad, no forman más que un solo cuerpo, así también Cristo" (1 Cor. 12: 12). Esta concepción permite a san Pablo dotar a la Iglesia de su universalidad institucional y crear una imagen de complementariedad entre las partes que la componen: "Porque de un solo Espíritu hemos sido todos bautizados, para no formar más que un cuerpo, judíos y griegos, esclavos y libres. Y todos hemos bebido de un solo Espíritu" (1 Cor. 12: 13). De esta metáfora organicista se infiere una jerarquía, una división de funciones y papeles que se completan por necesidad; una separación y, al mismo tiempo, una reunión de los fragmentos que la componen : "Así también el cuerpo no se compone de un solo miembro, sino de muchos" (1 Cor. 12: 14).[1] Con un objetivo: la armonía a través del amor fraterno.

La fuerza de esta argumentación basada en la creencia de que la comunidad se encarna en el cuerpo divino de Cristo pasaría al Imperio romano, plasmándose en su derecho civil y político, para luego ser replanteada por el Medievo occidental.

El discurso teológico fue retomado íntegramente por los juristas con el fin de establecer y representar la soberanía no sólo del rey, sino la de un sistema político que permitiera darle legitimidad al gobierno.[2] Esta ficción se lograba por medio de una doble representación, llamada también la doctrina de la *persona mixta*:

---

[1] Para un desarrollo profundo de los textos de san Pablo se puede consultar Senen Vidal, *Las cartas originales de Pablo*, Trotta, Madrid, 1996.
[2] Es Ernst H. Kantorowicz quien expone magistralmente esta tradición en *Los dos cuerpos del rey. Un estudio de teología política medieval*, Alianza Universidad, Madrid, 1985.

el rey era un dios-hombre que personificaba a Cristo, y por lo tanto a la comunidad de los creyentes reunidos y a su continuidad en el tiempo; pero también era un simple mortal como los demás hombres con un cuerpo material que perecería. Así, la muerte del cuerpo natural y sus transformaciones posibles en el tiempo no atentaban contra la condición eterna de la figura real o de la república-pueblo-Estado que se conservaba en el tiempo. Esta variable es importante porque la unidad del cuerpo político no sólo dependía de la asociación de las partes en un lugar específico, sino también de la proyección en el pasado y en el futuro, constituyendo una immortalidad desde el punto de vista jurídico.

La representación política moderna se nutre directamente de esta tradición. En este sentido, no es sorprendente que Hobbes utilice una metáfora bíblica para su principal tratado político, el *Leviatán* (Hobbes, 1996) y que, además, lo subtitule: *O la materia, forma y poder de una república, eclesiástica y civil*. Hobbes se erige en heredero de esta tradición del pensamiento jurídico-político influido por la teología, pero al mismo tiempo se ubica como uno de los fundadores en el marco del nuevo esquema de la representación. En efecto, en el capítulo XVI de su *Leviatán*, "De las personas, autores y cosas personificadas", plantea que "una Persona es aquel cuyas palabras o acciones son consideradas o como suyas propias, o como representando las palabras o acciones de otro hombre, o de alguna otra cosa a la cual son atribuidas, ya sea con verdad o por ficción" *(ibid.:* 132). De este modo, Hobbes lograba mostrar que uno podía ser su propia persona y al mismo tiempo *otras*, así como también la verdad y la ficción podían entrelazarse para fundar la autoridad. Pero sobre todo resaltaba su esfuerzo por destacar la formación unitaria de la totalidad escribiendo:

> Una multitud de hombres se convierte en *una* persona cuando está representada por un hombre o una persona, de tal modo que ésta puede actuar con el consentimiento de cada uno de los que integran esta multitud en particular. Es, en efecto, la *unidad* del *representante*, no la *unidad* de los representados lo que hace la persona *una*, y es el representante quien sustenta la persona, pero una sola persona; y la unidad no puede comprenderse de otro modo en la multitud *[ibid.:* 135].

En estos términos se constituye no sólo la noción de soberanía, sino sobre todo la idea de nación, que permitirá posteriormente a los parlamentos salir de la representación corporativa y estamental y al mismo tiempo reclamar la legitimidad por encima del absolutismo de los reyes.

Pero esta ficción de la unidad de todo cuerpo político estaría incompleta sin la noción de montaje que explica el sentido de la representación.

El montaje o la gramática del signo

El montaje de la representación nos coloca nuevamente ante su complejidad. Para desarmarla recurriremos a la teoría del signo elaborada en el siglo XVII por la abadía francesa de Port-Royal. La clave está en desmontar el esquema de la representación como ficción unificadora o totalizante y darle un lugar propio al representante como objeto-signo.

El texto fundador es *La lógica o el arte de pensar*, de Antoine Arnaud y Pierre Nicole (Arnaud y Nicole, 1970).[3] Publicado en 1662 y conocida como la "lógica de Port-Royal", está escrita bajo la influencia de la obra filosófica de René Descartes. Aparentemente, este texto apunta a la elaboración de una teoría semiótica y filosófica, pero su alcance es mayor. Plantea la discusión sobre los fundamentos del poder visto como una envoltura que estructura alrededor de un mismo eje las ideas y los signos, las cosas y las palabras que las definen. Para nuestro propósito es importante ya que la teoría del signo le da una nueva luz al esquema de la representación política: "el signo encierra dos ideas: una, de la cosa representativa; otra, de la cosa representada; y su naturaleza consiste en excitar la segunda por la primera" (citado en Pérez, 1995), nos dicen Arnaud y Nicole.

En la cadena que constituye el montaje del poder político, el signo es como Jano, bifronte. Esto nos plantea la necesidad de analizar sus dos caras. Una que apunta hacia lo particular, lo infinitamente pequeño, y otra hacia lo más universal, lo infinitamente grande. El signo cumple una doble función: la de engendrar la ficticia unicidad de aquello que representa como, por ejemplo, la nación y, por otro lado, producir una presencia lo más concreta y específica posible: la del representado.

Los maestros de Port-Royal definieron cuatro máximas en torno a la teoría del signo que nos pueden ser útiles y que resumimos:

1. Hay signos de cosas ausentes y signos de cosas presentes. Entonces se debe juzgar a partir de la naturaleza particular del signo.

2. Una misma cosa puede ser en un cierto estado cosa figurante y en otro estado cosa figurada.

3. Una misma cosa puede ser al mismo tiempo cosa y signo, puede ocultar como cosa lo que descubre como signo. Así, los símbolos eucarísticos ocultan el cuerpo de Jesucristo como cosa y lo descubren como símbolo.

4. La naturaleza del signo consiste en estimular los sentidos por la idea de la cosa figurante, mientras este efecto subsiste, es decir, mientras esta doble idea es estimulada subsiste el signo, aunque la cosa sea destruida en su propia naturaleza.[4]

Si acaso nos servimos de la semiótica para abordar el tema de la representación política es porque estamos ante un lenguaje específico que desborda las reglas de la política, vengan éstas de la ley o la costumbre, del régimen o del sistema. A su vez, la semiótica nos permite remitirnos nuevamente a lo político. No olvidemos que los señores de Port-Royal están en la teología y que su pensamiento trata de darle lógica y consistencia al esquema religioso. Y a pesar de ellos, sus elementos teóricos le permitirán a otros ir formando esquemas laicos de la representación del poder político.

Pensemos en Rousseau y Montesquieu, frente a frente. Los dos están ante la inminencia de la Revolución francesa en el siglo XVIII, ambos obsesionados por dar-

---

[3] Antes, en 1660, Arnaud y Lancelot habían publicado la *Grammaire générale et raisonnée*, conocida como la *Gramática de Port-Royal*.

[4] Estos cuatros axiomas, resumidos, los tomamos de Pérez, 1995, p. 86.

le otros contenidos a este montaje del poder y sus formas de representación. Para el ginebrino se trata de plantear un *pacto social* fundador del poder soberano que reside en el pueblo, un pueblo que se gobierna a través de la voluntad general (Rousseau, 1982). Para el de la Gironda lo importante es reformar la monarquía permitiendo a los nobles acceder al poder separándose de la dependencia del rey, creando contrapesos racionales y sistémicos (diríamos hoy) para evitar que el poder se concentre en las manos de uno solo (Lowenthal, 1993). Ambos plantean nuevas formas de representación. Para Rousseau, la voluntad general es inalienable e *irrepresentable*. Se mantiene como un todo compacto que permite la supervivencia del cuerpo social dándole un sentido estrictamente igualitario y expresándose a través de la ley que se impone como un poder absoluto. Para Montesquieu, la separación de poderes le daría un nuevo impulso a la monarquía, no sólo construyendo diques ante las derivas absolutistas sino, sobre todo, evitando extender los espacios de la representación política al pueblo.[5] A su modo, estos nuevos recursos teóricos permitirán crear los debates políticos después de la Revolución francesa y la independencia norteamericana.

El advenimiento de la modernidad marca un hito en la historia de las ideas políticas, pero, además, produce una aceleración de los procesos históricos con la aparición de nuevos sujetos cargados de demandas, culturas, reconocimiento y hasta de poder propio. La tarea principal de aquellos que se ocuparon del tema de la representación política había sido la de demostrar la factibilidad de *la representación por otros*. El ámbito del poder estaba separado de los gobernados ya que éstos no podían manifestar su desacuerdo por medios pacíficos. Los teóricos y la práctica histórica habían creado un complejo sistema en donde lo sagrado y trascendente se confundía con lo jurídico, produciendo un montaje que permitía al poder presentarse como signo universal ante los ojos de los gobernados, e incluso para el resto de la élite gobernante. En este esquema cabía la representación. Pero era ante todo una representación que ponía en escena el poder. Con la Revolución francesa y la independencia norteamericana, es la sociedad la que irrumpe con fuerza en la escena de unos pocos, convirtiéndola paulatinamente en un escenario de muchos. Los espectadores se volvían actores. Este cambio produjo un malestar en la representación a partir de lo que llamaremos el descubrimiento sociológico. La presencia de una sociedad múltiple y dividida en su interior por variables de clase y cultura trajo consigo la necesidad de incorporar en los espacios de poder a esos nuevos sectores. Pero la sociedad deseaba no sólo sentirse representada, ser fuente de poder, sino que buscaba, cada vez más, expresarse directamente, gobernarse directamente, convertirse en el poder más allá de toda representación.

Malestar en la representación

Para mostrar que el proceso iniciado en el siglo XVII opera en el presente como parte de la tradición occidental, podemos retomar el análisis formulado por el jurista y politólogo Lucien Sfez. En su obra *La política simbólica*,[6] el discípulo de Maurice Hauriou plantea cuatro axiomas que estructuran el sistema de representación:

—Hay un objeto representado, lo que confiere realidad al objeto;

—la representación cumple una función de conocimiento y es la única;

—las representaciones están ligadas entre sí y forman un sistema, y

—el sistema en su conjunto se basa en una creencia que garantiza su verdad: la idea misma de representatividad (Sfez, 1993: 14).

Paradójicamente, será la representatividad la que resquebraje el montaje creado por los clásicos. San Pablo había hablado de las partes o miembros que componían la totalidad del cuerpo. La pregunta es ¿quién o quiénes son estas partes o miembros? ¿Dónde se ve *reflejada*, realmente, su presencia en las estructuras de poder? Y, evidentemente, si la idea de la democracia se refiere al poder del pueblo, ¿dónde está el pueblo? Porque si la representación política produce una separación cada vez más grande entre el pueblo y sus gobernantes, el pueblo puede reclamar que se le devuelva el poder que está delegando para realizar su autogobierno y pasar de la representación por otros a la autorrepresentación.

El descubrimiento sociológico

El descubrimiento sociológico es el espejo de la representatividad. La consolidación del parlamentarismo como sistema de gobierno instituido en Europa no sólo produjo el resquebrajamiento definitivo de la monarquía. También lanzó al debate la necesidad de encontrar una manera en que todos los sectores sociales con acceso al sufragio se vieran reflejados en el anfiteatro del poder.

Esta posibilidad era relativamente factible. El círculo de aquellos que tenían derecho a elegir y ser electos era restringido. Se daba entre *iguales*. Esto garantizaba una comunidad de intereses estable y eficiente. En la antigua Grecia esta situación había llevado incluso a la democracia del *azar*, es decir, a la selección, para ocupar distintos cargos públicos, a través de un sorteo entre los candidatos. Como lo explica Bernard Manin (1996), esta práctica no sólo era corriente, sino central en Atenas. Producía un efecto análogo al de la *isegoria*, el derecho de todos a tomar la palabra, como parte de la parcela de poder que todo ciudadano tenía en la asamblea. Pero el uso político del sorteo para cumplir funciones de representación no sólo se dio en Atenas. Incluso antes de instaurarse los regímenes propiamente "representativos", otros sistemas de gobierno que incluían la participación de los ciudadanos en el poder habían recurrido a la elección por sorteo. Así sucedió para algunos comicios en Roma. Posteriormente, las repúblicas italianas del Medievo y el Renacimiento, como Florencia y Venecia, seleccionaban a sus magistrados, dentro de un círculo restringido de candidatos,

---

[5] Véase el fascinante análisis crítico de Louis Althusser, *Montesquieu, la política y la historia*, Ciencia Nueva, Madrid, 1968.

[6] Lucien Sfez, *La politique symbolique*, PUF (Quadrige), París, 1993, obra aún sin versión española; por lo tanto, la traducción es nuestra.

por este medio. Venecia lo practicó hasta su caída en 1797 (Manin, 1996).

A partir de esta tradición se refuerza la noción de selección de los *mejores* como personalidades "representativas" del conjunto. A partir de la Revolución francesa y de la independencia norteamericana, los teóricos empezaron a darse cuenta de que el sufragio universal era importante para fundar un nuevo orden, pero que éste no podía estar ligado a los intereses directos de los nuevos sujetos sociales. Había por lo tanto que delimitar espacios de poder y decisión y separar nuevamente a los electores y a los elegidos. Así lo explica Edmund Burke en su célebre *Carta a los electores de Bristol* en 1774 (Fenichel, 1985). De otro modo, los autores de *El federalista* justifican un gobierno representativo siempre y cuando los representantes provengan de una minoría patricia, una élite ilustrada capaz de atemperar las pasiones populares (Diamond, 1993: 619-638).

Para Burke, no puede haber mandato imperativo, es decir, los representantes no deben estar obligados por sus electores, sus intereses, sus pasiones, sus deseos "locales". El representante está por lo tanto desvinculado desde el inicio de sus electores porque debe representar el interés de la nación, a la totalidad del grupo y no a una de sus partes.[7] Para los autores de *El federalista* estaba claro que los representantes debían situarse más arriba que sus electores en la escala de la virtud, el dinero y el talento. Lo interesante es que esta "superioridad" se instituyó a través del simple juego de la elección, sin ninguna condición legal de elegibilidad.[8]

Pero así como el siglo XIX fue constituyendo la separación entre electores y elegidos, también fue afirmando el ideal de proximidad y similitud entre la sociedad y sus representantes.[9] Los defensores del parlamentarismo realzan la elección desde una perspectiva distributiva y equitativa: la representación proporcional. Todas las opiniones, intereses y sensibilidades debían constituir el eje del parlamentarismo y el pluralismo. A partir de los resultados electorales, cada partido podía aspirar a encontrar su peso en la arena política, proporcionalmente hablando, en relación con los otros partidos y con el resto del electorado. Sin embargo, ese peso no siempre correspondía a la realidad. El juego de alianzas entre partidos motivaba estrategias políticas de los representantes que podían desvirtuar la voluntad de la mayoría de los electores.

Por lo tanto, el descubrimiento sociológico era doble. Por un lado, las élites políticas que reclamaban el privilegio del poder provenían casi siempre de una élite social. Por otro lado, la necesidad de crear el espejo de la sociedad en el poder llevó, en Europa sobre todo, a reforzar la democracia parlamentaria y la representación proporcional. La diversidad y el pluralismo, expresión de sociedades que se estructuraban a partir de intereses contrapuestos, se verían reflejados a través de una elección que aseguraría una justa representación para todos. Pero este espejo se volvía cada vez más equívoco. O se privilegiaba la unidad, o se favorecía la especificidad. Entre ambas surgía un conflicto mayor que podía hacer tambalear al sistema democrático en su conjunto.

Al querer darle cuerpo a la democracia surgen las dificultades de la representación política. Ésta debe ser entendida a pesar del equívoco y la ambigüedad. La noción de pueblo como titular de la "soberanía" se opone a la de pueblo como titular de la "sociedad". La primera acepción es *una e indivisible*, como reza el texto de la ley; la segunda es múltiple y compleja, como dicen los científicos sociales. El proceso de representación debe enfrentar esta esquizofrenia de la identidad política a sabiendas de que no es capaz de resolverla enteramente.[10]

Entre expresión y representación

En todo esto vemos que la elección tampoco asegura una "mejor" representación, pero a pesar de todo se vota. El riesgo mayor es que la sociedad se sienta cada vez más *diferente* o *mejor* que aquellos que la representan en la esfera de lo político. En los debates contemporáneos se insiste cada vez más en una crisis de la representación revelada por la incapacidad de los políticos y sus partidos para hacer frente a los grandes retos de nuestras sociedades, tanto a nivel cultural como económico. Esta crítica al poder nos coloca ante la necesidad no sólo de repensarlo, sino de refundarlo. Y ésa es quizá la "astucia" del sistema de representación. El poder que se critica es el poder que no se tiene, pero que se desea. Allí reside una de las paradojas del sistema de representación, que le permite renovarse continuamente sobreviviendo a sus crisis.

El espectáculo[11] y el ideal conviven en esta inmensa puesta en escena al servicio del poder que es la representación. Poco importan sus formas. Entre expresión y representación el hombre busca su ciudad ideal surcando los mares de su tiempo. El problema se puede sintetizar en los dos conceptos anteriores: ¿la democracia es representación o expresión? Dos visiones de lo social, cada una con su fuerza, cada una encontrando en la otra compensación a sus limitaciones.

La representación es separación entre representante y representado. El representante abarca más que sus representados más directos: sus propios electores. Representa una ficción política: la nación; una noción jurídica: la soberanía; una frontera física: el territorio.

---

[7] Una esclarecedora defensa de este clásico planteamiento es la de Giovanni Sartori: "¿Hay una crisis de representación?", *Este País*, agosto de 1996, pp. 2-8.

[8] Así lo explica Bernard Manin en su fascinante análisis de "El principio de distinción" (1996: 125-170).

[9] Esto no sucedió en América Latina, en donde los procesos políticos del siglo XIX no lograron crear una noción de ciudadanía suficientemente universal para integrar todas las diferencias heredadas de la Colonia. A este respecto se puede consultar el ya clásico libro de Fernando Escalante, *Ciudadanos imaginarios*, El Colegio de México, México, 1995, y también el artículo de François-Xavier Guerra, "Los avatares de la representación en el siglo XIX", en Georges Couffignal (dir.), *Democracias posibles. El desafío latinoamericano*, FCE, México, 1994.

[10] En relación con la experiencia francesa véase el interesante libro de Pierre Rosanvallon, *Le peuple introuvable*, Gallimard, París, 1998.

[11] Guy Debord, fundador del *situacionismo*, abre así su libro *La sociedad del espectáculo*, publicado poco antes de mayo del 68: "Toda la vida de las sociedades en las que reinan las condiciones modernas de producción se presenta como una inmensa acumulación de espectáculos. Todo lo que se vivía directamente se ha alejado en una representación" (Gallimard, París, 1997).

El representante tiene dos rostros: uno hacia lo concreto y otro hacia lo abstracto. Por un lado, el lenguaje de lo particular y, por el otro, el de lo universal. Esta dualidad no es ambigüedad. Debe ser, al contrario, profundidad y complejidad.

Distinta es la expresión. La expresión es "auto": autogestionaria, autoorganizada, autónoma, autosuficiente. Directa, espontánea, sin necesidad de intermediario con lo universal, la expresión viene a compensar las carencias de la representación, su frialdad y su abstracción. Aquí el microcosmos expresa la totalidad del macrocosmos. El pequeño objeto es tan importante como el grande. La separación temporal incluida en la representación se diluye. Las jerarquías del modelo expresivo están entrelazadas, convirtiéndose en ascendientes y descendientes, como en los dibujos de Escher. Cada elemento es al mismo tiempo superior y subordinado a los otros.

"La lucha por el reconocimiento no puede tener más que una solución satisfactoria: un régimen de reconocimiento entre iguales", escribe Taylor (1992). El canadiense es hoy uno de los impulsores de esta corriente que promueve las políticas de reconocimiento a partir de lo que llamamos la expresión. La afirmación de sí, la voluntad de crear una identidad intrínseca, digna y distinguible de la de los otros, un sistema político sin ciudadanos de "segunda clase", es lo que preocupa a Taylor. Su relación con el tema de la representación no es gratuito. Taylor se vincula a la corriente que prefiere la expresión, al plantear la abolición de la separación entre espectadores y actores citando un impactante fragmento de Rousseau: "Pero ¿cuáles serán los objetos de estos espectáculos? ¿Qué se verá? Nada, si se quiere. [...] Que los espectadores sean el espectáculo; conviértanlos en actores; hagan que cada uno se vea y se quiera en los otros, que todos se sientan de este modo unidos".[12] La propuesta es atractiva y fascinante. Se trata de liberar al hombre de la representación política de toda ley, toda cultura, toda economía que lo oprima. Lo esencial es volver a producir una representación que, a la manera de una narración o discurso sobre la propia identidad, se autoerija en poder. Pero esta autoproducción debe posteriormente desvanecerse para permitirle al sujeto vivir su libertad. En esta perspectiva, toda representación que se convierte en institución puede derivar en sistema represivo, o manipulable, en contra del propio sujeto o de aquel *otro*, como alteridad irreconciliable.

Estos debates no son gratuitos en un país como México. Recordemos que hoy se libra una batalla compleja en torno a nociones claves y complejas de soberanía y autonomía, legalidad constitucional e inclusión de nuevos actores políticos. Durante este siglo, el sistema político mexicano se formó alrededor de una doble representación política. Una, dominada por la construcción del edificio estatal, republicano, laico e intervencionista. La otra, por el papel del hasta hoy todavía llamado PRI, que monopolizó la escena electoral en términos de representación mayoritaria a nivel municipal, estatal y federal. Sin embargo, desde 1968 este proyecto integrador se fue resquebrajando. Pero lo más importante es que el esfuerzo por crear un verdadero escenario de representación, tanto del mismo poder (estatal) como de la política, se frustró. Fue más bien un criterio de dominación, control y mantenimiento el que prevaleció como rasgo principal de los juegos de poder entre los grupos que lo detentaban o luchaban por obtenerlo. La representación política en México, antes que implicar una delegación de ideales o encomiendas prácticas al servicio de una causa común, forma parte de prácticas autoritarias que sólo buscan legitimarse simbólicamente. En lugar de crear filiaciones ideológicas entre ciudadano y gobernante, elector y candidato, se alentaría el uso y abuso de prebendas y beneficios sectoriales, asociados al interés particular, explotando la necesidad de obtener de uno y otro lado ganancias materiales en detrimento de la comunidad nacional. Por eso, el ver con qué nociones llegan al poder, o cómo se forjan las élites políticas mexicanas, encargadas de cumplir una función de representación en distintos niveles del aparato de Estado, nos permitiría vislumbrar qué tipo de relación con los electores podría darse, es decir, qué representan.[13]

Líneas de investigación y debate contemporáneo

La representación política es siempre la de un poder. Este poder, literalmente, se *pone en escena* como una referencia central, tanto en la esfera de lo político como en aquella de lo institucional, que le permite al ser humano habitar el mundo a partir de los principios de la razón y de la ley. Si la teoría nos dice que la esencia de la política es el conflicto, sea éste por causas económicas, culturales, territoriales, legales, etc., entonces es absolutamente necesario encauzarlo, darle forma, moldearlo para que se mantenga dentro de los límites de lo tolerable. La representación viene a darle unidad y sentido, a través de una ficción —de orígenes teológicos y jurídicos—, a ese poder dentro de toda comunidad que la humanidad ha constituido a lo largo de su historia de diferentes modos. El surgimiento de la ciudadanía vendría a darle mayor complejidad a este montaje político. La ciudadanía se ha convertido en un parámetro exigente al reclamar una mayor identificación entre representantes y representados.

La imagen y la palabra siguen produciendo fascinación sobre los seres humanos. En política, la designación regulada de los representantes y la producción de imágenes de representación de toda sociedad tienen un sentido en sí mismas y mediatizan la relación entre el Estado y el cuerpo social. Criticarlas y entenderlas, asumirlas sin caer en la tentación de la fascinación y el embelesamiento, debería permitirnos habitar ese universo en donde lo concreto y lo simbólico cobran su mayor sentido político: la siempre conflictiva relación entre gobernantes y gobernados.

[12] Jean-Jacques Rousseau, "Carta a D'Alembert sobre los espectáculos", citado en Taylor, 1993.

[13] Agradezco al licenciado Jorge Vargas sus comentarios y aportes en una materia tan compleja como el sistema político mexicano.

BIBLIOGRAFÍA

Althusser, Louis (1968), *Montesquieu, la política y la historia*, Ciencia Nueva, Madrid.

Arnaud, Antoine, y Pierre Nicole (1970), *La logique ou l'art de penser contenant, outre les règles communes, plusieurs observations nouvelles, propres à former le jugement*, Flammarion, París.

Birch. A. H. (1971), *Representation*, Pall Mall, Londres.

Camp, Roderic Ai (1982), *Reclutamiento político en México*, Siglo XXI, México.

Couffignal, Georges (coord.) (1994), *Democracias posibles. El desafío latinoamericano*, FCE, México.

Debord, Guy (1997), *La société du spectacle*, Gallimard, París.

Diamond, Martin (1993), "El Federalista", en: Leo Strauss y Joseph Cropsey (comps.), *Historia de la filosofía política*, FCE, México.

Escalante, Fernando (1991), *Ciudadanos imaginarios*, El Colegio de México, México.

Farías, Francisco (1991), *Élite, tecnocracia y reclutamiento político en México*, UAM, México.

Fenichel Pitkin, Hanna (1985), *El concepto de representación*, Centro de Estudios Constitucionales, Madrid.

Franco, Carlos (1998), *Acerca del modo de pensar la democracia en América Latina*, Friederich Ebert Stiftung, Lima.

Ghiringhelli, Robertino, et al. (1987), "Representación política y elitismo democrático", *Revista Mexicana de Ciencia Política*, núm. 127, enero-marzo.

Hobbes, Thomas (1996), *Leviatán*, FCE, México.

Kantorowicz, Ernst H. (1985), *Los dos cuerpos del rey. Un estudio de teología política medieval*, Alianza Universidad, Madrid.

Lowenthal, David (1993), "Montesquieu", en Leo Strauss y Joseph Cropsey (comps.), *Historia de la filosofía política*, FCE, México.

Manin, Bernard (1996), *Principes du gouvernement représentatif*, Champs-Flammarion, París.

Pérez, Herón (1995), *En pos del signo. Introducción a la semiótica*, El Colegio de Michoacán, Zamora.

Ramírez Sáinz, Juan M. (1990), *Normas y prácticas morales y cívicas en la vida contemporánea*, UNAM-Porrúa, México.

Rosanvallon, Pierre (1998), *Le peuple introuvable*, Gallimard, París.

Rousseau, Jean-Jacques (1982), *El contrato social*, EDAF, Madrid.

Sartori, Giovanni (1996), "¿Hay una crisis de representación?", *Este País*, agosto, pp. 2-8.

Sfez, Lucien (1993), *La politique symbolique*, PUF (Quadrige), París.

Strauss, Leo, y Joseph Cropsey (comps.) (1993), *Historia de la filosofía política*, FCE, México.

Taylor, Charles (1993), *El multiculturalismo y la "política del reconocimiento"*, FCE, México.

REVOLUCIÓN

Fernando Díaz Montiel

Definición

La revolución es el acto de derrocar a las autoridades políticas vigentes, casi siempre mediante el recurso de la violencia y la guerra civil, a fin de efectuar cambios profundos e irreversibles. Se caracteriza porque altera:

1. El régimen de propiedad. La propiedad es sometida a una vasta redefinición que implica la redistribución de la titularidad (paso de la propiedad privada a la colectiva o pública) o ampliación de modalidades en el usufructo (ejidos, concesiones, fundos, cooperativas).

2. El ordenamiento constitucional. En este ámbito se plantea la vigencia plena de los derechos humanos y se liga indisolublemente a un proyecto histórico enriquecido por derechos cívicos (igualación formal de los individuos en un "pueblo de ciudadanos") y sociales (preocupación por la mejoría integral de las condiciones de vida y las oportunidades de superación personal y progreso en general).

3. El consenso. En un proceso revolucionario deja de ser posible el consenso conforme a las antiguas reglas del juego; el conflicto impone un nuevo punto de partida para los acuerdos.

4. La orientación y los valores históricos de la sociedad. El cuadro completo de la revolución se integra con las motivaciones ideológicas efectivas en el diseño y ejecución de cambios profundos y alternativos en las formas de vida política, social, económica y cultural, más allá del simple remplazo de gobernantes.

5. La vivencia y el fortalecimiento de la soberanía nacional. Con frecuencia las revoluciones se vinculan a procesos de liberación nacional o independencia respecto de fuerzas externas. Además, una vez consolidado el proceso revolucionario, su prestigio y la fuerza ideológica emanada del movimiento tienen un efecto internacional que invariablemente provoca la tentación de "exportar la revolución".

6. La utilización de la violencia como recurso extremo. A diferencia de la simple asonada, revuelta o un estallido espontáneo, la revolución, como producto genuino de la *racionalidad* que caracteriza a la civilización capitalista, tiene en su naturaleza la voluntad de permanecer, de reproducirse sistemáticamente en un arreglo de medios a fines. De ahí que la subversión (en su sentido de agitación, sabotaje y provocación) y el uso de la violencia sean condiciones necesarias pero no suficientes de la revolución.

7. La clarificación de las contradicciones y el fundamento de las instituciones. La necesidad de la violencia se adujo como respuesta a la resistencia de los grupos que monopolizan el poder económico y político a perder su usufructo y detentación. La fuerza física es no sólo el fundamento del Estado, sino también la condición de su cambio, es el pasaje de la violencia revolucionaria a la "violencia legítima", según la celebérrima expresión de Max Weber inspirada en la estrategia leninista de la Revolución rusa.

8. La toma de conciencia y el grado de compromiso. El desenlace extremadamente violento del conflicto y la presión psicológica que se deriva de ello obligan a una toma de partido, es decir, a la clarificación del grado de compromiso, lealtad y convicción ya sea en favor del cambio o en defensa del orden que se resiste a su destrucción. A este momento dramático se le identifica como "toma de conciencia", es un estado de ánimo de honda significación que propicia y se resuelve en actos intempestivos de heroísmo o abyección, de fanatismo o racionalismo extremo, de altruismo o mezquindad. Los denominados "factores subjetivos" son tan o más importantes que las "condiciones objetivas" de pobreza, opresión y agravios.

9. El surgimiento de nuevos liderazgos. La "toma de conciencia" está íntimamente relacionada con la empatía que despiertan los líderes en los seguidores debido a la identificación que se establece a partir de su capacidad de convocatoria, su magnetismo personal y el mesianismo.

10. El mesianismo de la causa. Esta característica tiene que ver con el concepto de palingenesia, el renacimiento o regeneración de los seres, eje motriz de la mayoría de las grandes civilizaciones del mundo. Este resplandor mesiánico o milenarista es el que hace brillar con más intensidad el filo transformador de la espada revolucionaria.

Historia, teoría y crítica

De hecho, el curso más factible de la revolución es proponerse superar las metas iniciales de cambio de gobernantes y de distribución de la riqueza concentrada en unas cuantas manos, para pasar al ámbito de la liberación y redención total y alternativa. Este ruta parece separarse del concepto filológico de la palabra revolución, que a partir del Renacimiento se interpreta como movimiento cíclico, regular y lento como el de las estrellas. De acuerdo con este símil, así como en la naturaleza se generan mutaciones periódicas, en la sociedad también se dan revoluciones que no son otra cosa que cambios cíclicos de purga, expiación y reacomodo.

Precisamente esta última acepción se aproxima al primer uso político del concepto de revolución: como un retorno o restauración al estado previo de cosas. Así, en Inglaterra durante la sublevación de Cromwell la Revolución inglesa culminó con un aparente regreso al predominio de la aristocracia y del rey. Es curioso que casi tres siglos después, la Revolución iraní ha sido en buena medida un retorno al fundamentalismo musulmán pletórico de tradiciones, restricciones y rígidos códigos de conducta que se creían superados. Por supuesto que dichas restauraciones, en la medida en la que fueron atravesadas por procesos revolucionarios, suponen cambios en la propiedad y en las esferas económica, jurídica, cultural y política.

En cuanto a la influencia de los ideólogos y pensadores, la revolución no nace espontáneamente: mientras que la miseria puede engendrar sublevaciones populares que son fáciles de reprimir en tanto que son anárquicas, una revolución está precedida por la toma de conciencia de la miseria y la opresión, lo que suscita una reflexión acerca de los remedios y las vías para su procuración. La evidencia de la crisis intelectual y moral del viejo orden, así como la superioridad y conveniencia con la que se presenta ante los ojos del gran público la salida revolucionaria, provocan una conmoción del pensamiento. Se genera, entonces, un contexto intelectual favorable que con frecuencia desborda los límites nacionales para alcanzar un impacto internacional. De acuerdo con Benjamin Constant, las revoluciones están destinadas a ajustar las instituciones de un pueblo y sus "ideas" cuando las primeras obstaculizan y retardan las segundas. Aquello que da ritmo a la corriente revolucionaria es la sublevación de las mentalidades, el fulgurante progreso de las técnicas, el sacudimiento de los hábitos y costumbres y las batallas artísticas y culturales.

En este ámbito, la Revolución francesa no se puede comprender si se desestima el papel de los *philosophes* —entre los que destacan Montesquieu, Voltaire y Rousseau—, como tampoco se podría desligar la función que desempeñó Lenin en la conducción y justificación de la Revolución rusa. Estas personalidades son epítomes de la vinculación entre los intelectuales y la revolución. Por supuesto que Karl Marx merece una mención aparte por el empuje decisivo de su pensamiento para inspirar la revolución como instrumento esencial para la conquista de la libertad, identificada como el fin de la explotación del hombre sobre el hombre y la plena realización de todas las potencialidades y cualidades del individuo y de la humanidad.

Este último rasgo, el de la explotación del hombre por el hombre que hace nugatoria la igualdad y cierra la posibilidad de derrotar a la pobreza, la ignorancia y el desamparo, abre la puerta a la relación entre las clases y grupos sociales y la revolución.

De acuerdo con las interpretaciones más consagradas de las revoluciones, éstas surgen, evolucionan y se desvían o triunfan debido a las oposiciones sociales. Como se ha señalado anteriormente, las revoluciones están inextricablemente ligadas al capitalismo, ya sea para desarrollar sus potencialidades o para oponerse a sus rasgos más intolerables. Los primeros analistas de la Revolución francesa, así como la mayoría de los pensadores socialistas del siglo XIX, insistieron en que las condiciones de extrema pobreza y la opresión del campesinado y de los obreros eran las variables independientes que explicaban los estallidos revolucionarios.

Sin embargo, durante el siglo XX se ha extendido el acuerdo acerca de que, en la mayoría de las revoluciones, puede identificarse una situación de bloqueo o atascamiento en las vías de ascenso al predominio o comando de la sociedad: la aristocracia en la versión europea o la oligarquía en la versión latinoamericana impiden el ascenso al poder en todos los sentidos de la burguesía, el campesinado y aun el incipiente proletariado. En cualesquiera de estas combinaciones, un grupo social pujante no soporta más el peso de las desigualdades y las cargas feudales (las contribuciones y la condición de dependencia forzada mediante la servidumbre o el peonaje). El telón de fondo de este conflicto es la propiedad: ya sea del suelo que se cultiva, de la maquinaria que se opera o del capital financiero que modifica vertiginosamente la forma de vida de los grupos sociales.

En consecuencia, el enfrentamiento social, la lucha de clases en el lenguaje marxista, llega a su clímax revolucionario en la guerra civil que determina la desaparición protagónica de la clase dominante. Ejemplos significativos son la supresión casi absoluta de la aristocracia y la nobleza en Francia, de las estructuras zaristas en la ex Unión Soviética y de las oligarquías de hacendados en México y de rentistas en Cuba. La caída de la aristocracia y las oligarquías permite el ascenso de una nueva clase o grupo social, con lo que se inaugura una nueva sociedad en donde los viejos privilegios y principios de exclusión son desterrados y una particular acepción de igualdad se impone como regla.

En este mismo orden de ideas, el momento en que es más probable que se verifique una revolución es cuando a un largo periodo de creciente prosperidad económica y de mejoramiento social sigue una imprevista recesión. Se difunde entonces el miedo de que todas las ventajas adquiridas se pierdan de un solo golpe. Esta perspectiva de privación relativa de bienes tangibles conlleva una percepción de la discrepancia entre las expectativas que los individuos tienen de ciertos valores y su capacidad para obtenerlos. La crisis de expectativas es una de las características de las crisis y conflictos contemporáneos, algunas veces con efectos tan virulentos que amenazan con pasar de los mítines, saqueos a comercios, desórdenes y violencia callejera a una situación de insurrección. La crisis de expectativas crece en intensidad al retroalimentarse con la depresión económica, con la pérdida de legitimidad de los gobernantes y con el brutal abismo que se establece entre las respuestas que ofrecen los gobernantes y representantes, y los deseos y las motivaciones de los grupos y clases sociales.

Es muy importante reparar en que las interpretaciones del bloqueo social subrayan que los estallidos revolucionarios se generan en sociedades en plena expansión y bonanza en que la riqueza es monopolizada o repartida inequitativamente. Las revoluciones inglesa, norteamericana, francesa, rusa, mexicana y cubana hicieron descarrilar economías en auge pero profundamente desiguales. En esos casos la tensión se establece, por un lado, entre la burguesía en ascenso, los colonos ávidos de riqueza o los "mestizos buscadores de poder", como denominó Roger D. Hansen a los grupos sociales mexicanos que disputaban el poder a la oligarquía del *Ancien Régime*, y, por otro lado, la aristocracia, los monarcas absolutistas, las oligarquías y los autócratas.

Este acento en la prosperidad con inequidad contrasta abiertamente con las interpretaciones de acuerdo con las cuales la revolución tiene como caldo de cultivo la pobreza, la enfermedad y la marginación de las mayorías. Sin lugar a dudas, la depauperación de la Francia o el México rurales son el sedimento social de apoyo que justifica las revoluciones, pero, como afirma Theda Skocpol, entonces las revoluciones tendrían que haber surgido en sociedades paupérrimas y no en los países que ahora son los más desarrollados o están en vías de serlo.

No obstante, en toda interpretación sobre la revolución siempre habría que tener presente la *regla de oro* de la paradoja que da inicio al conocido ensayo de John Womack sobre Emiliano Zapata: "Éste es un libro acerca de unos campesinos que no querían cambiar y que, por eso mismo, hicieron una revolución. Lloviera o tronase, llegaran agitadores de fuera o noticias de tierras prometidas fuera de su lugar, lo único que querían era permanecer en sus pueblos y aldeas". La paradoja expresada por Womack permite considerar las revoluciones excéntricas al patrón europeo y occidental como son la Revolución iraní y las guerras de liberación nacional en Asia, África y América Latina que en cierta medida alcanzan la dimensión de verdaderas revoluciones.

Al mismo tiempo, la aparente paradoja de hacer una revolución para no cambiar pone en el tapete de la discusión la dinámica que se establece entre revolución y contrarrevolución, en ocasiones tan esencial para el ulterior derrotero que seguirá un proceso revolucionario. Plantea también la aguda polémica entre aquellos que se pronuncian en favor de la revolución como un desencadenamiento y clarificación —simultáneamente— de las contradicciones que no puede resolverse sino con la lucha a muerte entre el viejo y el nuevo orden alternativo, y aquellos que están en favor —siguiendo a Fernand Braudel— de ir más allá de los hechos de la superficie coyuntural para encontrar en el esquema civilizador mismo, en la *longue durée*, la tendencia al cambio profundo del tejido social, de los modos de organización más primarios de la gente y entonces incidir en el plano cotidiano: las actitudes hacia el trabajo y el reparto de los dividendos y las actitudes ante el poder político y las leyes. La primera interpretación, al poner el acento en los hechos del momento, es útil para reaccionar y calcular estratégicamente las decisiones en una experiencia revolucionaria, de acuerdo con la famosa consigna de Lenin de que esos instantes valen por años enteros. En cambio, la segunda interpretación permite calar a fondo en la comprensión de las revoluciones en el mundo islámico, en Latinoamérica, en Asia y en África, e incluso en vastas porciones de Europa oriental, en donde por más espectaculares que sean los cambios en la superficie, no matan las estructuras e identidades civilizadoras de larga duración vigentes por siglos o milenios.

En los países del "Tercer Mundo" el surgimiento de la revolución suscitado por movimientos antiimperialistas ha roto definitivamente la perspectiva eurocéntrica que se había transmitido desde Hegel y Ranke hasta el marxismo. El desplazamiento de la perspectiva sobre las revoluciones desde los pueblos elegidos hasta los "pueblos sin historia" ha conmocionado no sólo a las ex colonias, sino a las mismas metrópolis, y conseguido una creciente desviación de la atención hacia los estratos marginales de la sociedad.

Líneas de investigación y debate contemporáneo

En julio de 1989 se cumplió el bicentenario de la Revolución francesa, y, de acuerdo con una interpretación de tufillo oficialista, se le declaró terminada en la medida en que era una revolución triunfante. Sólo unos cuantos meses después caería el muro de Berlín, y ya era evidente que el derrumbe de la Unión Soviética y la modificación del mapa político en el continente europeo era algo inequívoco e irreversible.

La teoría de la revolución parecía haber entrado en un proceso de franco descrédito tanto por los que proclamaban su agotamiento como por la evidencia de las promesas que no cumplió la denominada primera gran revolución del siglo XX: no se alcanzó la felicidad ni el bienestar general; no se desarrollaron al máximo las potencialidades de los seres humanos, ni se acrecentó la vivencia plena de los derechos humanos. Al contrario, el horror del Gulag, los campos de reeducación, los desastres ecológicos y el despotismo a secas parecieron dar la razón a aquellos que demolían el muro de Berlín como quien quiere exorcizarse de una pesadilla.

Entonces, ¿por qué adquirió carta de residencia el concepto de *revolución de terciopelo*? ¿Por qué invocar el concepto de revolución para arrasar las instituciones de la Revolución bolchevique, una de las que más han cimbrado a la humanidad? ¿Era una revolución en la revolución, de acuerdo con las gastadas fórmulas de los años sesenta?

La *revolución de terciopelo* comparte tantos rasgos con las revoluciones clásicas como para dudar de la profundidad de los cambios y del proyecto alterno que conlleva. Pero, al mismo tiempo, posee tantas singularidades como para renovar y replantear el horizonte intelectual del concepto de revolución que hasta hoy subsiste en las ciencias sociales y en la política práctica.

A diferencia de los procesos revolucionarios clásicos, en los que la guerra civil y la violencia desenfrenada incendiaban el país con las llamas del cambio, en las transformaciones que cimbraron Europa oriental en los primeros años de la década de los noventa no se requirió que se disparasen tiros, ni sucumbieron personas por sus ideales (luego vendrían las carnicerías de Bosnia y Chechenia, pero eso sería un problema derivado y no el detonador). Por eso se le denominó *revolución de terciopelo*. La suavidad de la revolución ahorró a esos países una reacción en cadena de guerras civiles, del terror de los ajusticiamientos y rendición de cuentas, de los sabotajes y huelgas generales, en fin, del martirologio y del heroísmo que hace más doloroso el triunfo revolucionario. En grandes trazos, la *revolución de terciopelo* fue la tendencia dominante en las repúblicas bálticas, la Alemania Democrática, Checoslovaquia, Hungría, Bulgaria, Rusia, Ucrania, Polonia y, con tintes especiales, en Rumania y Croacia. Las excepciones fueron Serbia, Bosnia-Herzegovina, Armenia, Georgia, Chechenia y Azerbaiyán.

Como señalara Carlos Fuentes:

¿Quién no celebró la asombrosa secuela que siguió a la caída del muro de Berlín en noviembre de 1989? El fin de las escleróticas tiranías comunistas de la Europa central; la unificación de Alemania; el resurgimiento de Rusia; el fin de la guerra fría y el ocaso de la política armamentista que durante cuarenta años tanto pan le robó al hambriento, tanta medicina al enfermo, tanto techo al desamparado y tanto alfabeto al iletrado.

No es la primera vez que una sociedad abjura con tanta vehemencia de una revolución: en Francia hubo diferentes periodos de restauración que detestaron abiertamente las secuelas revolucionarias. En México, son cada vez más espaciadas las referencias de los actores políticos a las motivaciones originales de la Revolución. Sin embargo, a diferencia de estos procesos, en Rusia y en las naciones de Europa oriental el intento de restauración era dramático porque, por un lado, eran evidentes las transformaciones profundas en más de siete décadas de "socialismo real" (por ejemplo, no había burguesía o clases sociales a la manera clásica y, además, casi toda la propiedad era estatal); y, por otro lado, las congeladas burocracias comunistas, al derretirse, revelaron que las deformaciones de esas comunidades no habían sido extirpadas, en tanto que nuevos problemas de desempleo, inflación, vivienda y medio ambiente proponían un difícil y largo periodo de ajuste entre la economía de mercado y normas mínimas de seguridad social.

La *revolución de terciopelo* comparte con las revoluciones clásicas el desprecio de todo aquello que se desea abolir: lo que se suprime permite definir lo que se quiere ser, es un rechazo completo a las tinieblas de la barbarie pasada, es el sentimiento de enterrar un pasado enteramente corrompido por la usurpación y la irracionalidad.

Pero un rechazo tan intenso hace suponer que las causas que provocaron la *revolución de terciopelo* son tan evidentes que no admiten discusión. No obstante, esto no es del todo cierto: el debate contemporáneo acepta como variables independientes de este proceso, entre otras muchas:

a) Una debacle en los planes económicos quinquenales y decenales que, conjugados con los rápidos cambios mundiales de la globalización, las nuevas tecnologías y normas de productividad y competencia, motivaron un empobrecimiento inesperado y súbito que afectó el nivel de vida y las conquistas efectivas de los individuos. Esta interpretación coincide con la de la crisis de expectativas de las revoluciones clásicas.

b) Una irracional carrera armamentista habría empujado a la ex Unión Soviética y sus aliados a un sobreesfuerzo que hizo mella en los sectores estratégicos de los bienes de consumo y la producción de alimentos, con los efectos devastadores consiguientes en la calidad de vida y la inconformidad de los ciudadanos. Esta interpretación coincide con la ofrecida por Mijaíl Gorbachov en el ahora histórico ensayo de la *Perestroika*.

c) Una impericia en la conducción del proceso reformista que, al buscar la modernización económica y la movilización social, habría perdido el control en favor de liderazgos de corte populista, efectista y *mediáticos* que sedujeron a las poblaciones al reactualizar y manipular viejos y adormecidos sentimientos chovinistas y religiosos, así como deseos de consumo y de igualación de condiciones de vida a la manera occidental.

d) En cuanto a la forma como se ejerció la autoridad, se cuestiona la carga de arbitrariedad y de opresión con la que un reducido número de dirigentes gobernaron a sociedades que debían adaptarse a cumplir un papel subalterno y sin incidencia en el proceso de toma de decisiones, ni tampoco con opción a alternativas reales y efectivas. De allí que ante la apertura, por mínima que haya sido, se provocó tal tensión que terminó por reventar las correas de transmisión de las órdenes y los conductos de obediencia y garantías de lealtad.

e) La dislocación de las estructuras de mando hizo que, a diferencia de las revoluciones clásicas conducidas por líderes carismáticos y de franco talante subversivo como Mao Tse Tung, Vladimir Ilich Lenin o Emiliano Zapata, en la conducción de la *revolución de terciopelo* se entronizaran *apparatchiks* como Boris Yeltsin y Janos Kodar o líderes con un perfil excesivamente local como Lech Walesa.

Cualquiera que sea el peso de las variables antes presentadas, y sin dejar de reconocer que en el caso de la *revolución de terciopelo* también debe sopesarse el desgaste provocado por la *longue durée* anteriormente descrita, quizá advirtamos mejor las causas por el grado de dificultad de las transformaciones.

Por ejemplo, en lo social, se reprocha que en aras de abolir las clases sociales los ciudadanos del *socialismo real* perdieron sus referentes provenientes de la propiedad y del estatus. Es un hecho que en la antigua Unión Soviética y en los países bajo su tutela se borraron los antagonismos sociales mediante recursos extremos como estatificar la propiedad de los medios de producción, la migración forzada de los campesinos a las ciudades —que llegaba a frisar en la deportación— y el brutal declasamiento. La URSS era una sociedad compleja y sencilla a la vez: había una extraordinaria heterogeneidad de oficios, profesiones y empleos, pero no clases sociales en el sentido clásico del término. La concentración de la propiedad y la cancelación de privilegios aristocráticos condujeron a que la sociedad se dividiera entre un reducido número de burócratas, que monopolizaban los recursos del poder, y el resto de los individuos. Esta característica hizo que, cuando estalló la *revolución de terciopelo*, fuera inoperante la interpretación de la lucha entre clases sociales para referirse al conflicto que la alimentaba y le daba sentido. Eso se subsanó con el análisis de los movimientos sociales y de los nuevos actores sociales como fuerzas revolucionarias motrices. Fue el momento de la acción social de Solidaridad en Polonia y de los movimientos fundamentalistas religiosos y ultranacionalistas en las repúblicas bálticas en Rusia y Yugoslavia, por citar los ejemplos más estudiados.

En cuanto a la modificación de la propiedad, éste fue el mecanismo más poderoso de la *revolución de terciopelo* para reconstituir fuerzas sociales y apoyos políticos. La privatización de los bienes muebles e inmuebles, del capital físico y financiero y hasta del *know how* y la propiedad intelectual fue el proceso que con mayor intensidad reconfiguró el reparto del poder en esas sociedades, con fuertes y profundas implicaciones para las condiciones de igualdad y de equilibrio político y social.

Por lo que hace al intervencionismo extranjero, se trata de una característica de las revoluciones clásicas que comparte y no comparte la *revolución de terciopelo*. La fiebre revolucionaria hizo en su momento de Francia, de la Rusia bolchevique y de Cuba países "peligrosos" para los intereses de las clases dominantes en los países vecinos o en las potencias hegemónicas. La respuesta fue el hostigamiento, el aislamiento, los bloqueos y la guerra caliente o *fría*. No son pocos los autores que imaginan cuál ruta habrían seguido las revoluciones bolchevique y cubana sin el peso de un ambiente internacional hostil y agresivo. En el caso de la *revolución de terciopelo*, se practicó a la luz del día un intervencionismo de los países vecinos y las potencias hegemónicas motivado por la recomposición de las complejas variables militares, políticas y económicas que suponía el fin de la Guerra Fría, la unificación de Alemania y el replanteamiento geoestratégico de la "casa común europea". Por primera vez, una revolución no encontró un ambiente internacional hostil al "contagio", sino, por el contrario, un entorno propicio a la colaboración y el apoyo para el cumplimiento de sus metas.

Es la constatación del nudo de contradicciones y de rasgos novedosos lo que hace de la *revolución de terciopelo* uno de los procesos más cargados de promesas y peligros.

De una parte, la *revolución de terciopelo* transformó por completo las instituciones de los países de Europa oriental con los consiguientes cambios en la propiedad, en la Constitución y ordenamientos legales, en la integración de los movimientos sociales como base para reconformar las clases y grupos sociales, en la promoción de una economía de mercado abierta a la competencia y productividad de acuerdo con normas internacionales y en la tendencia a institucionalizar la democracia y respetar los derechos humanos.

Sin embargo, por otra parte, no se puede simplemente predicar las virtudes del mercado sin reparar en el desempleo masivo, los métodos mafiosos, la intolerancia, la xenofobia, la depuración étnica y las agudas divisiones sociales. Ni tampoco dejar de advertir el peligro latente que significan unas naciones económicamente débiles y políticamente inestables. Los países vecinos de la disuelta Unión Soviética también son vecinos de un creciente caos: no se han garantizado las nuevas libertades mediante la cultura de la democracia. No se han satisfecho las aspiraciones sociales a través de las reformas puestas en práctica que, en realidad, omiten enfrentar la agenda de problemas que motivaron la Revolución bolchevique, entre otras, la promoción de la igualdad de oportunidades y el fin de la arbitrariedad en el trato entre gobernantes y gobernados. Probablemente la tensión entre Oriente y Occidente ha desaparecido, pero la brecha de bienestar social se ha profundizado.

El conflicto entre una visión optimista y una pesimista de las tendencias de la *revolución de terciopelo* se fundamenta en el hecho de que, ciertamente, las naciones de Europa oriental están comprometidas en un proceso extremadamente difícil de transformación económica y social; pero el lastre son los años de represión que han dejado su marca en la intolerancia, la demagogia y el desplome de todo incentivo que no sea el del dólar. Ante ello, la pregunta que vale plantear es: ¿qué tan lejos están esos países de lograr el equilibrio y las combinaciones correctas de liberación nacional compartiendo las responsabilidades y la tolerancia? ¿Qué tanta consistencia tienen los compromisos entre la transformación radical y la estabilidad, así como entre los programas de reforma económica de mercado y las ambiciones políticas?

La *revolución de terciopelo* es una bisagra en el tiempo, porque cierra efectivamente el ciclo de los grandes sacudimientos revolucionarios que tuvieron como eje la emancipación de las clases sociales oprimidas y la promoción de un conjunto de salvaguardas que protegieran a los ciudadanos del poder despótico de los gobernantes. Pero abre un horizonte insospechado de frescura para la vitalidad de la revolución en el siglo XXI. Es el testimonio de que en lo más recóndito de la glaciación que había sepultado a la revolución socialista subsistía, aunque fuera fosilizada, la savia del anhelo de regeneración y de la esperanza.

BIBLIOGRAFÍA

Braudel, Fernand (1968), *La historia y las ciencias sociales*, Alianza Editorial, Madrid.

Claudín, Fernando (1975), *Marx, Engels y la Revolución de 1848*, Siglo XXI, Madrid.

Fenghi, Francesco (1985), "Historiografía", en Carlo Donolo et al., *La cultura del 900*, t. IV, México.

Forrester, Viviane (1996), *L'Horreur Economique*, Fayard, París.

Furet, François (1988), "La Révolution", t. I, 1770-1814, Hachette, París.

Godechot, Jacques (1963), *Les Révolutions (1770-1799)*, Presses Universitaires de France, París.

Pasquino, Gianfranco (1981), "Revolución", en Norberto Bobbio y Nicola Matteucci, *Diccionario de política*, t. II, Siglo XXI, México.

Toulard, Jean (1985), "Les Révolutions", *Histoire de France*, t. IV, Fayard, París.

Touraine, Alain (1994), *Qu'est-ce que la Démocratie*, Fayard, París.

RURAL

Marco Antonio Ramírez Mocarro

Definición

Si después de revisar una parte de la abundante literatura sobre "lo rural" cabe arribar a alguna conclusión, ésta sería que no hay una definición rigurosa, o si se quiere uniforme, de lo que debe entenderse como "rural". En cambio, parece haber un acuerdo tácito —no exento de polémica— entre los científicos sociales, primero, y los de las ciencias naturales, después, en denominar "rural" a aquello que se opone a la noción de "urbano". Así, por ejemplo, el *Diccionario de ciencias sociales* de la UNESCO[1] se refiere al término como "un concepto que es usado como el antónimo de 'urbano' implícita o explícitamente, rural y urbano puede verse como una dicotomía o como partes de un continuo". Una definición parecida se encuentra en el *Diccionario de derecho agrario mexicano*:[2] "rural, del latín *ruralis*; de *rus, rurir*, campo; se usa como sinónimo de agrario. En economía y sociología se emplea más este vocablo para oponerlo a la economía y sociología urbana".

Sin embargo, a pesar de este aparente consenso general de que el término *rural* se refiere de manera empírica a poblaciones que viven en áreas de poca densidad y asentamiento pequeño, o, en otras palabras, que la población urbana es la que vive en las ciudades y rural la que no vive en ellas, hay variaciones en los criterios demográficos para clasificar operacionalmente lo rural de lo urbano.[3] Lo mismo sucede con los atributos cualitativos que distinguen a una comunidad o sociedad rural de otra urbana. El término "rural" se ha definido atendiendo a uno o más atributos empíricos, como un tipo ideal o dotado de atributos cualitativos. Los problemas metodológicos y teóricos de la definición del concepto "rural" son similares a los de la definición de "urbano" y a los del uso de tipos ideales en general. En general, como atributos definitorios se han utilizado las características ocupacionales, demográficas, ecológicas, culturales y de organización social.[4]

Historia, teoría y crítica

La crítica de este modelo dicotómico señala que los conceptos demográficos, como lo urbano y lo rural, resultan relativamente obsoletos y no dan cuenta de la nueva realidad que muestra una fuerte imbricación de lo urbano con lo rural. Igualmente, el criterio de la ocupación agropecuaria (como principal actividad económica del medio rural) tampoco es un indicador preciso, en la medida en que esta actividad forma parte de un conjunto de eslabones que, en los sectores modernos, lleva a la constitución de grandes complejos agroindustriales donde se mezclan las actividades que antes eran consideradas como servicios (transporte y otros) y de transformación. Lo agrícola, entendido como el proceso de producción primario, en la actualidad es simplemente un eslabón secundario y dependiente dentro de un conjunto mayor.[5] También es cierto que no siempre la mayoría de la población rural se dedica a labores agrícolas, ni todos los trabajadores del sector agropecuario habitan en localidades consideradas rurales, llegándose a veces al extremo de representar éstos una minoría. Aun en el caso de algunas comunidades indígenas y de agricultura de subsistencia (producción para autoconsumo) la actividad agrícola ha dejado de ser, en muchos casos, la principal de sus habitantes. En cuanto a ciertos valores, actitudes y prácticas que identificaban antes únicamente a los habitantes de la ciudad, ahora, con el fenómeno de la migración (en todas sus modalidades), la mayor cobertura e influencia de los medios de comunicación de masas y la mayor interdependencia de las economías rural y urbana, se han reducido las diferencias culturales entre lo rural y lo urbano. Por último y siguiendo a Sergio Gómez, en la medida en que se tienen problemas conceptuales para definir esta nueva estructura, cuando se trata de caracterizar a sus actores sociales aquéllos aumentan, y lo hacen aún más cuando se avanza hacia la comprensión de sus organizaciones representativas y las nuevas demandas que éstas deberían canalizar.[6]

Al tenor de la crítica sobre la presunta dicotomía entre lo rural y lo urbano, Jorge Zepeda P., en una excelente revisión de los estudios sobre el campo en México, afirma: "Por desconocimiento, arrogancia, o la combinación de ambos, desde la ciudad el campo es percibido a través de imágenes más o menos planas: el reducto de la tradición, la parsimonia, la improductividad, la ignorancia y el fanatismo; pero también de la humildad, la hospitalidad, la solidaridad comunitaria. En todo caso, el campo es la raíz de la mexicanidad, pero no su fronda; cuna del folklore, rémora de la modernidad. Quizá por ello la sociedad rural es hoy uno de los grandes misterios del México moderno. Probablemente está cambiando más rápidamente que cualquier otra zona de la sociedad mexicana y, no obstante, sigue siendo pensada a través de viejos retratos que, por excesivo retoque, nunca fueron fieles. Pero por lo menos en el pasado buena parte de los habitantes rurales se parecían de bulto al conjunto de rasgos que a falta de mejor nombre denominábamos campesino. Bien a bien, hoy en día no sabemos qué son. A sus persistencias añaden nuevos trajines que los convierten en algo

---

[1] UNESCO, *Diccionario de ciencias sociales*, t. IV, Planeta Agostini, Madrid, 1987, p. 1981.

[2] Antonio Luna Arroyo y Luis G. Alcérreca. *Diccionario de derecho agrario mexicano*, Porrúa, México, 1982, p. 766.

[3] En México, el concepto de población urbana (y como complemento el de la rural) ha aparecido en los censos desde 1910, cuando se consideró como tal la que vivía en localidades de más de 4 000 habitantes. En 1921 este límite inferior se bajó a 2 000, y a partir de 1930 hasta la actualidad este límite es de 2 500 habitantes. Otros países usan límites de 5 000, 10 000 o 20 000, y también hay casos en que junto con estos límites se usan otros criterios.

[4] David L. Sills, *Enciclopedia internacional de las ciencias sociales*, vol. 10, Aguilar, Madrid, 1977, p. 60.

[5] Sergio Gómez, *Dilemas de la sociología rural frente a la agricultura y el mundo rural en la América Latina de hoy*, documento de trabajo, serie Estudios Sociales 31, Flacso, Santiago de Chile, 1992, pp. 1-3.

[6] *Ibid.*, p. 2.

diferente sin dejar de ser lo que eran. El productor rural se mueve en una oscura zona que, salvo en sus extremos, toda es interregno. Ejidatario, bracero, jornalero, empresario pequeño, agricultor bajo contrato, maquilero artesanal".[7]

Para enfrentar esta dicotomía se propuso la idea del continuo rural-urbano, en uno de cuyos extremos se encuentra la sociedad rural perfecta e inevitablemente diferenciada por la ocupación predominante, haciendo equivalente los conceptos de sociedad agrícola y sociedad rural, y al otro extremo la sociedad urbana, que equivale a decir sociedad industrial; queda en medio una zona cuyos límites no se definen claramente y en que se sitúan todas las formas intermedias.[8] En México, Luis Unikel, siguiendo este enfoque, realizó un estudio para determinar una clasificación que, al mismo tiempo que sea manejable estadísticamente, se base en fundamentos teóricos y metodológicos que reduzcan tanto las deficiencias de los criterios censales y no censales que se aplican en el país como, en general, el grado de arbitrariedad implícito en toda clasificación de población de este tipo.[9] Utilizó cinco variables: la población económicamente activa no agrícola; la proporción de población alfabetizada; la proporción de la población que ha terminado sus estudios primarios; la proporción de la población que habla español, usa zapatos y vestidos no indígenas (1940), o bien que usa zapatos (1960), y la proporción de la población asalariada. La clasificación de las localidades quedó formada en cuatro grupos: *1)* localidades rurales (menor de 5 000 habitantes); *2)* localidades mixtas-rurales (entre 5 000 y 10 000 habitantes); *3)* localidades mixtas-urbanas (entre 10 000 y 15 000 habitantes), y *4)* localidades urbanas (mayores de 15 000 habitantes).

Se han sugerido otros criterios más para caracterizar la sociedad rural, como el uso de conceptos relativos al espacio y el tiempo. Lo rural, o el grado de ruralidad de un determinado sector, se define tomando como unidades de análisis espacios pequeños y tiempos largos. Por el contrario, lo urbano se caracteriza por tener como unidades de análisis espacios geográficos amplios y periodos de tiempo cortos. Por eso, mientras las relaciones personales y el peso de la historia caracterizan a las comunidades campesinas, las relaciones secundarias junto con lo fútil y caduco forman parte del entorno urbano.[10] Desde la ecología humana, lo rural es concebido como una expresión espacial que presenta una determinada especificidad con relación a su medio ambiente inmediato. Lo rural podría entenderse como la interacción de cinco elementos: la población, el medio ambiente o medio físico, la tecnología, la organización social (entendida como el conjunto de instituciones y prácticas sociales) y la cultura.[11]

No obstante todo lo anterior, en las investigaciones, principalmente en el análisis de las poblaciones, es una práctica común el uso de la citada dicotomía. El uso de esta clasificación no sólo impide tener un cuadro conceptual que permita registrar las transformaciones de la agricultura y la sociedad rural, sino que también tiene implicaciones para la definición de sujetos sociales a quienes se puedan dirigir las políticas de desarrollo, de combate a la pobreza, educación y salud, etc. Por ejemplo, si la distinción entre "rural" y "urbano" se basa en la clasificación de localidades hasta de 2 500 habitantes como rurales, y las superiores a esta cifra como urbanas, se está subestimando la proporción de población rural del país y posiblemente se esté subestimando la magnitud de la población en pobreza extrema, que según muchos estudios se encuentra en áreas rurales. Ergo, los recursos asignados para resolver este problema también son subestimados.

Líneas de investigación y debate contemporáneo

A partir de la década de los setenta (incluso un poco antes), en América Latina, y especialmente en México y Brasil, hubo una proliferación de estudios y publicaciones sobre diferentes aspectos de la problemática rural. Sería pretencioso querer hacer una clasificación exhaustiva de los temas que se trataron, pero en su mayoría giraban en torno a la cuestión agraria, el campesinado, la economía agrícola y el desarrollo rural.

Alejandro Schejtman, para el caso de México, hace una caracterización de las principales corrientes e ideologías que guiaron el pensamiento agrario de esa época y que en mucho todavía están presentes en los trabajos actuales.[12] De una manera esquemática identifica dos grandes corrientes en el análisis de la cuestión agraria: la corriente estructuralista o del continuismo crítico, y la corriente histórico-estructural o del materialismo histórico. Para la corriente estructuralista, el análisis de la cuestión agraria gira en torno al binomio de conceptos de tamaño y de tenencia, mientras que para la segunda es el concepto "relaciones sociales de producción" el eje analítico de las diversas vertientes que en ella se distinguen. No incorpora como una tercera corriente al pensamiento neoclásico porque considera que el tema de la estructura agraria no es abordado como tal por el mismo y, por otra parte, los estudios sobre la eficiencia en el uso de los factores de la producción por tamaño y/o tenencia, que son típicos de esta corriente, son asumidos de manera semejante por la corriente estructuralista.[13] Señala que la primera es continuista en el sentido de que no cuestiona las premisas básicas de la Revolución mexicana, y crítica en el sentido de destacar las insuficiencias, inequidades e ineficiencias de la estructura agraria. En cuanto a la

---

[7] Jorge Zepeda Patterson, "Los estudios sobre el campo en México", en Jorge Zepeda P. (editor), *Las sociedades rurales hoy*, El Colegio de Michoacán, México, 1988, p. 15.

[8] UNESCO, *op. cit.*, p. 2084.

[9] Luis Unikel, "Ensayo sobre una nueva clasificación de población rural y urbana en México", *Revista Demografía y Economía*, vol. II, núm. 1, El Colegio de México, México, 1968, pp. 1-18.

[10] Sergio Gómez, *op. cit.*, p. 4. También puede verse, al respecto, Francisco A. Moreno, "El lugar de lo rural", en Jorge Zepeda P., *op. cit.*, pp. 113-126.

[11] Francisco Moreno, *ibid.*, p. 118. También en el campo de la ecología estas características definen muchas veces los términos "ecosistema", sistemas "socioecológicos", "socioambientes". En el fondo no es otra cosa que llamar la atención sobre el componente social de los ecosistemas o del ambiente biofísico, es decir, colocar al hombre junto a la naturaleza de la que forma parte.

[12] CEPAL, *Economía campesina y agricultura empresarial: tipología de productores del agro mexicano*, Siglo XXI, México, 1982, pp. 42-59.

[13] *Ibid.*, p. 43.

segunda corriente, los diferentes autores considerados tienen tres características en común: usan las categorías conceptuales que se derivan del materialismo histórico; sostienen la tesis de que los elementos o polos (tradicional-moderno) que las interpretaciones dualistas reconocen son resultado de un mismo proceso histórico y que ambos polos son integrantes y representan el funcionamiento de una sola sociedad global, y adoptan implícita o explícitamente las tesis de la teoría de la dependencia. Dentro de esta corriente se incluye la vertiente marxista y la vertiente llamada campesinista.

La prolífica literatura de los setenta sobre la cuestión agraria encendió una gran polémica que ocupa un lugar privilegiado en el desarrollo de las ciencias sociales de América Latina: el debate entre "campesinistas" y "descampesinistas", es decir, la polémica sobre el destino del campesinado en el contexto del desarrollo capitalista. Los "campesinistas" sostenían la permanencia e incluso el fortalecimiento del campesinado, como sector refuncionalizado por el capital. En cambio, los "descampesinistas" sostenían su extinción para transformarse en proletarios sin tierra. Sin duda, esta polémica se vio favorecida o, mejor dicho, respondió a dos elementos: el resurgimiento de las luchas campesinas desde finales de los años sesenta y el efecto creciente de la crisis de la agricultura temporalera. Estos factores propiciaron la búsqueda de nuevas fórmulas teóricas y políticas que permitieran explicarlas. Sin embargo, pese a su algidez, la polémica de los setenta se dio sobre un campo de batalla reglamentado, se hablaba un lenguaje común y las preocupaciones y preguntas eran parecidas.[14] Los principales aportes y discusiones que tuvieron lugar en torno al tema, referidos casi por entero al estatuto teórico del campesino y a sus formas de inserción en los procesos del desarrollo capitalista, alcanzaron su momento más alto en los setenta; pero a los inicios de los ochenta se había cerrado un ciclo, cuando la investigación y discusión se volvió reiterativa y circular.

Este virtual entrampamiento cedió con el cambio de década; los ochenta trajeron un caudal de nuevos estudios y preocupaciones sobre el campo. El interés no sólo es académico. La crisis comenzó a pegar cada vez más fuerte, y el campo fue el talón de Aquiles del sistema. La pérdida de la autosuficiencia alimentaria fue el elemento detonante que encauzó la investigación por otras vías. La pregunta fue menos por la naturaleza del campesino y más por qué era la sociedad rural, sus actores y su papel tan comprometido con el resto de la sociedad.[15] Zepeda clasifica en tres grandes grupos los estudios de los ochenta: a) estudios globales, a su vez divididos en tres subgrupos: los estudios sobre la transnacionalización de la agricultura, los análisis sectoriales y el papel de las políticas económicas; b) estudios sobre la composición y diversidad de la sociedad rural (estructuras y tipologías, diversidad y cambio de la sociedad rural), y c) estudios sobre la constitución y expresión de los actores rurales (estudios sobre el movimiento campesino, la organización de productores y la relación del Estado con los nuevos actores sociales rurales). El primer grupo tiene su común denominador en el análisis macro de la búsqueda de las causas de la crisis en el agro y sus posibles salidas. El segundo grupo centra su reflexión en descubrir efectivamente qué era la sociedad rural y sus especificidades regionales; el nivel de análisis es más micro y toca diversos fenómenos del ámbito rural, como la migración (temporal, definitiva, circular, etc.), el papel de la mujer, los jornaleros, la identidad cultural, etc. Con una orientación sociopolítica estudia las formas de organización y expresión de la sociedad rural y sus posibilidades para articularse en un proyecto social y político más amplio. En este grupo pueden distinguirse los estudios que, bajo el nombre de estrategias de supervivencia campesina, han contribuido a ampliar los horizontes de estudio de las sociedades rurales.

En los noventa, aún vivas las preocupaciones sobre la crisis alimentaria de la década anterior, se adicionan dos nuevos elementos a los estudios de las sociedades rurales: el medio ambiente y el nuevo entorno macroeconómico y político, consecuencia de la apertura económica y la globalización. De esta manera, se asiste en esta década a un renovado entusiasmo por los estudios del medio rural, que ahora también concitan la atención de los científicos naturales y los de la ecología. Organismos internacionales como el Banco Mundial, las Naciones Unidas y el Fondo Monetario Internacional también se interesan por la definición de políticas que permitan impulsar el desarrollo agrícola en el actual contexto de liberalización económica y como estrategia para abatir los niveles de pobreza, reducir la desigualdad social, evitar el deterioro ambiental y buscar una mayor estabilidad política. Sin duda, un factor que ha jugado a favor de este renovado interés es la comprobación de que, a finales del presente siglo, en la mayoría de los países del Tercer Mundo la realidad demográfica, social, económica y política de la población rural demanda enfoques alternativos tanto para su comprensión como para su solución. Los cambios experimentados en estos países bajo el influjo de procesos de modernización y urbano-industriales, que ha llevado a la modificación de la proporción rural-urbana de su población, con la consecuente disminución del peso relativo del sector rural junto con el fenómeno de la urbanización caótica, la situación de marginación, pobreza y creciente deterioro ecológico que afecta a la mayoría de su población, han puesto de nuevo en escena la problemática rural.

Por otro lado, hasta antes de que la agenda ambiental tomara fuerza en los discursos y políticas de los gobiernos (en la segunda mitad de la década de 1980), el desarrollo rural se entendía fundamentalmente como la explotación eficaz del suelo y sus recursos naturales, se traducía en la búsqueda de una combinación óptima de los factores de la producción (tierra, capital, trabajo) para alcanzar el máximo rendimiento económico. Este modelo, basado en la ciencia y la técnica y concentrado en sistemas productivos especializados a gran escala, responde, además, a una racionalidad ecológica y productiva que concibe a la naturaleza como una entidad separada de la sociedad y sujeta a ser manipulada y dominada mediante la tecnología.[16] Como re-

---

[14] Jorge Zepeda P., *op. cit.*, p. 16.
[15] *Ibid.*, p. 20.

[16] Sobre esta racionalidad, Víctor Toledo señala que tal actitud frente a la naturaleza se funda en los esquemas ideológicos desencadenados por la Revolución industrial y científica

sultado de este proceso de modernización en el campo es que no se ha beneficiado ni a la mayoría de la población rural ni a todos los productores agrícolas; por el contrario, se ha propiciado dependencia tecnológica, pérdida de suficiencia alimentaria, fragmentación y desintegración de las sociedades rurales, marginación social, empobrecimiento de la población y deterioro ambiental. Emiliano Ortega, en su trabajo sobre la trayectoria rural de América Latina y el Caribe,[17] describe el efecto que el proceso de modernización de la agricultura ha tenido sobre la población rural, especialmente los campesinos: "en América Latina y el Caribe, la población rural [campesina] o no tiene tierra o dispone escasamente de este recurso. A este fenómeno lo hemos denominado *ruralidad precaria*, ya que la precariedad del vínculo de la población rural con la tierra es una de las principales características de la trayectoria de la región. La falta de valoración de sus funciones de producción, generación de empleo, arraigo en la tierra, proveedora de alimentos básicos y de reproducción de la cultura rural, ha impedido el progreso de la agricultura campesina. El protagonismo patronal-empresarial ha venido proyectando una sombra sobre el potencial económico, social y cultural del campesinado".

Luis Gómez-Oliver revisa las implicaciones sobre el agro latinoamericano del entorno de la apertura económica y la globalización.[18] Al respecto, concluye que el proceso de apertura y liberalización está dando origen a cambios en el uso del suelo y en la propiedad de los recursos, orienta la producción hacia rubros internacionalmente competitivos y tiende a sacar del mercado a los productores menos competitivos. Esto suele traducirse en una tendencia a la concentración de tierras y capitales agrarios en unidades grandes y modernas, en desmedro de los agricultores medianos y pequeños. Si bien la apertura ofrece la posibilidad de realizar cultivos exportables que pueden ser producidos en pequeña escala y con tecnologías intensivas en mano de obra, como hortalizas o flores, éstos requieren en general un grado de capacitación laboral y gerencial, así como inversiones e insumos tecnológicos, que están fuera del alcance de los pequeños productores. En otras palabras, el proceso de apertura puede acentuar la marginación del campesinado. Por otro lado, el cambio masivo en la estructura y en la tecnología de la producción provocará grandes modificaciones en la localización de las actividades agrícolas y en la distribución geográfica de la mano de obra. Es posible que en el mediano plazo el ajuste sectorial ocasione grandes desplazamientos del empleo y la población, con fuertes consecuencias sobre la distribución de la población en el medio rural.

También los estudios de la presente década vuelven a destacar el papel de la agricultura en el proceso de industrialización y desarrollo económico. Se regresa a los escritos sobre historia económica de los países capitalistas desarrollados para mostrar que la experiencia de éstos pasó por una disminución del peso de la agricultura tanto en la producción de bienes como en la generación de empleo, dando lugar a una estructura productiva industrial. Es decir, el aumento en la productividad agrícola permitió la transferencia de mano de obra del sector rural a otros sectores de la economía y echó a andar el proceso de industrialización. La industria se vio favorecida también por la creciente integración con la agricultura al ser esta última demandante de insumos, bienes de capital y productora de alimentos y materias primas. En el plano político y social, el desarrollo de la agricultura permitió mayor integración y menor inestabilidad, que son factores clave —no suficientes pero sí necesarios— de un marco adecuado para el desarrollo económico global de cualquier sociedad. En un trabajo reciente sobre el tema, Ugo Pipitone[19] afirma: "todos los países que han creado a lo largo de su historia estructuras industriales sólidas han pasado a través de agriculturas dotadas de dos rasgos esenciales: eficiencia productiva e integración social. En el arco histórico que va de la Holanda del siglo XIV a la Corea del Sur o China de finales del siglo XX, tenemos por lo menos siete siglos para confirmar una idea sencilla: no existen experiencias de industrialización exitosa en el largo plazo construidas sobre estructuras agrícolas ineficientes, socialmente polarizadas y escasamente integradas con el resto de la economía".

Pero no sólo se revisa nuevamente la experiencia de los países de industrialización temprana, sino que ahora se vuelve la mirada a países que en el presente siglo son ejemplo de grandes transformaciones: los casos de Japón, Corea, Taiwán y China son vistos como los ejemplos que se deben seguir. Kwan S. Kim,[20] cuando analiza las causas de la reducción de la pobreza y la desigualdad de los ingresos en los países de Asia oriental (Japón, Corea del Sur y Taiwán), destaca que uno de los tres factores que explican la extraordinaria combinación de un rápido crecimiento económico y baja desigualdad fue la reforma agraria seguida de medidas de apoyo a los ingresos rurales. Por una parte, afirma, la estrategia estableció una industrialización veloz a un ritmo que por lo menos excediera el de la tasa de crecimiento demográfico. Por otra, se estableció el aumento del ingreso rural. Un sector industrial que absorba mano de obra y esté orientado a la exportación, a la par que un sector agrícola dinámico, se consideran clave para un crecimiento sostenible con equidad. Aunque la estrategia de desarrollo en estos países puede caracterizarse como un modelo en que "la industria va primero y después la agricultura", una lección importante es que ninguno de ellos descuidó la agricultura.

y, en un sentido más amplio, en la modernización. Víctor M. Toledo, *Campesinidad, agroindustrialidad, sostenibilidad: los fundamentos ecológicos e históricos del desarrollo*, Cuadernos de trabajo, núm. 3, Grupo Interamericano para el Desarrollo Sostenible de la Agricultura y los Recursos Naturales, México, 1995.

[17] Emiliano Ortega, "La trayectoria rural de América Latina y el Caribe", *Revista de la CEPAL*, núm. 47, p. 130, agosto de 1992.

[18] Luis Gómez-Oliver, "Contexto macroeconómico, modernización y equidad: desafíos en el proceso de transformación institucional de la agricultura en América Latina", en *La apertura económica y el desarrollo agrícola en América Latina y el Caribe*, Cuadernos de la CEPAL, Santiago de Chile, 1997, CEPAL/ONU/FAO, núm. 81, pp. 25-33.

[19] Ugo Pipitone, *Tres ensayos sobre desarrollo y frustración: Asia oriental y América Latina*, CIDE/Porrúa, México, Colección de las Ciencias Sociales, 1997, p. 99.

[20] Kwan S. Kim, "La economía social y política de la desigualdad distributiva: una perspectiva mundial y comparativa", *Investigación Económica*, vol. LVI: 218, octubre-diciembre de 1996, pp. 73-125.

En resumen, se puede decir que quienes están por rescatar el papel de la sociedad rural hacen el siguiente razonamiento lógico: aun cuando no se puede extrapolar mecánicamente el camino de la industrialización del mundo occidental, y menos ahora cuando los países subdesarrollados en su mayoría cuentan con una estructura industrial —medianamente desarrollada, dependiente, con atraso tecnológico, etc., pero industria al fin—, de lo que se trata es de renovar en este contexto la importancia de la agricultura, sobre todo la campesina. Sin el progreso de la agricultura, la industrialización tropezará con un cuello de botella estructural constituido por el estancamiento de la demanda interna, además de desencadenarse tensiones sociales que harán socialmente inaceptable cualquier medida para estabilizar y restructurar las economías en busca del crecimiento económico. En suma, se busca favorecer las opciones de política macroeconómica que permitan la satisfacción de las necesidades básicas de los sectores más pobres; desarrollar políticas sociales integrales que tengan un efecto más allá del combate inmediato de la pobreza; destinar una parte significativa del producto a los sectores sociales; modificar la distribución del gasto público en sus bases, y reorientar los programas sociales para los grupos más vulnerables. Ugo Pipitone, siguiendo a Johnston y Mellor,[21] destaca cuatro funciones que puede tener la agricultura en el proceso de desarrollo económico en los tiempos actuales: *1)* Mantener una oferta adecuada de alimentos, materias primas y productos intermedios a bajos precios para la industria incipiente, sobre todo la industria textil, alimentaria, del calzado, del mueble y otras que, especialmente en las fases iniciales de los procesos de industrialización, desempeñan un importante papel económico. *2)* Consolidar una demanda de bienes de consumo y de capital hacia la industria, a consecuencia del mejoramiento de las condiciones de vida del campesinado y de la modernización técnica de los procesos productivos en la agricultura. *3)* Aumentar la generación de ahorros rurales que pueden transferirse tanto al Estado, para financiar programas de modernización de infraestructura, como a la industria a través del sistema bancario y del mercado de capitales para financiar el desarrollo industrial. *4)* Hacer un aporte positivo a la disponibilidad de divisas internacionales a través de las exportaciones de productos agrícolas.

Lo mismo afirma Gómez-Oliver. El papel subordinado, facilitador de la industrialización, que tenía la agricultura en el modelo de sustitución de importaciones está dejando paso a nuevas funciones vinculadas con la recuperación sostenida del crecimiento y con la solución de los grandes problemas nacionales. Más allá de las funciones tradicionales de bienes salariales y de materias primas, y de la capacidad de compra externa, hoy se destacan nuevas orientaciones para la agricultura en el nuevo estilo de desarrollo de la región: el aprovechamiento de las ventajas competitivas, la participación en los procesos de formación de capital, la integración comercial y agroindustrial, la superación de los desequilibrios regionales, el ordenamiento territorial del desarrollo, la sustentabilidad ambiental, el combate a la pobreza y el logro de una mayor equidad en el proceso de crecimiento económico. Permitir el deterioro de la agricultura no solamente iría en contra de las lecciones históricas derivadas de las experiencias de los países desarrollados, sino que podría acarrear costos sociales, ambientales y en última instancia económicos sumamente elevados.

Finalmente, sin pretender hacer un listado exhaustivo de las posibles líneas de investigación futuras y que se desprenden de las actuales preocupaciones, podemos prever que éstas van a girar en torno a los siguientes temas: agricultura, pobreza y sustentabilidad; desarrollo agrícola y demanda tecnológica; capacidades de investigación y generación de tecnologías; ordenamiento territorial del espacio rural; agroecología; seguridad alimentaria; población y medio ambiente en áreas rurales, estudios sobre el desarrollo rural regional; nuevos actores y movimientos sociales rurales (mujeres, jóvenes, jornaleros, etcétera).

---

[21] Bruce Johnston y J. W. Mellor, "El papel de la agricultura en el desarrollo económico", en *Desarrollo agrícola*, selección de E. Flores, Lecturas de El Trimestre Económico, núm. 1, FCE, México, 1968.

SEGURIDAD NACIONAL

Juan Manuel Sandoval Palacios

Definición

La seguridad nacional es un concepto funcional que se aplica de manera limitada al Estado, entre cuyas funciones básicas están las de proveer el orden civil, el bienestar colectivo y la defensa externa. Sin embargo, como apunta Buzan (1983), la seguridad nacional implica que el objeto de la seguridad es la nación, y esto presenta problemas acerca de los vínculos entre nación y Estado.

En esta perspectiva, según dicho autor, si la nación y el Estado coinciden, entonces podremos buscar el propósito del Estado en la protección y expresión de una entidad cultural que existe independientemente: la nación definiría mucho de la relación entre Estado y sociedad. Este hecho daría algunas claves sobre qué valores podrían estar en riesgo y qué prioridades podrían tener en la definición de la seguridad nacional. Si el propósito del Estado es proteger y expresar un grupo cultural, entonces la vida y la cultura deben estar al principio de la lista de prioridades de la seguridad nacional. En este modelo se requiere que la nación preceda al Estado, y en cierto sentido le dé origen, como en los casos de Japón, China, Alemania y otros. Pero es obvio que muy pocos Estados caben en este modelo: algunas naciones no tienen Estado; muchas naciones están divididas en más de un estado, y algunos Estados contienen diversas naciones.

Por otro lado, apunta Buzan, así como las naciones crean Estados, éstos pueden crear naciones. Los Estados Unidos son el mejor ejemplo de esto último, aunque en el proceso de formación de su nación destruyeran muchas naciones indias tomando sus territorios por la fuerza, lo mismo que hizo con México, que apenas surgía como Estado-nación. Un Estado-nación, como el ejemplo citado, difiere poco de una nación-Estado respecto de las implicaciones de seguridad del vínculo Estado-nación.

Buzan plantea la existencia de dos modelos más: el Estado-parte-nación, donde una nación está dividida en dos o más Estados y donde la población de cada Estado consiste grandemente de gente de esa nación (Corea y China). Su caso puede representar una severa fuente de inseguridad tanto para sí mismos como para otros Estados, ya que ofrecen un nivel de contradicción en la idea de la seguridad nacional aplicada a los Estados porque precisamente es la nación la que hace la idea del Estado inseguro. Y el último modelo es el del Estado multinacional, que comprende aquellos Estados que contienen dos o más naciones sustancialmente completas dentro de sus límites. En este modelo no hay un principio natural de unificación, y los Estados son en consecuencia más vulnerables al desmembramiento, al separatismo y a la interferencia política que las naciones-Estado, como lo muestran los casos de la Unión Soviética y la antigua Yugoslavia. La cuestión de la nacionalidad es una fuente constante de inseguridad para el Estado.

Es claro que algunos Estados pueden derivar gran fuerza de su vínculo con la nación (y aprovechar esta fortaleza para imponer sus intereses más allá de los límites nacionales, regionalizando o globalizando *de facto* sus políticas de seguridad), mientras que para otros las ligas entre Estado y nación pueden definir su punto más débil y vulnerable, y por ende estar sujetos a los intereses de seguridad de los Estados-nación más poderosos.

Historia, teoría y crítica

El surgimiento del concepto de seguridad nacional está muy vinculado con otro concepto cuyos orígenes se remontan a la Edad Media: el de interés nacional. Éste a su vez es parte consustancial de otro concepto también surgido en tiempos medievales: el de soberanía (Heller, 1995). Pero mientras que el concepto de soberanía fue modificándose con el tiempo hasta constituir un germen democrático en el siglo XVIII, cuando Rousseau y la Revolución francesa la elevan a rango de soberanía popular —aunque en su carácter nacional algunos regímenes autoritarios han hecho que degenere en su escudo (González, 1994)—, el concepto de interés nacional ha sido largamente invocado como una justificación para la acción del Estado. El término *interés nacional* ha sido aplicado desde su origen por estadistas, académicos y planificadores militares a las metas de política exterior y seguridad nacional de los Estados-nación (Nuechterlein, 1997).

El interés nacional ha sido el sustrato de doctrinas expansionistas geopolíticas de países coloniales como España, Portugal, Francia, Inglaterra, Holanda, Italia y Alemania, país este último donde se llegó al extremo de considerar el expansionismo como esencial por la necesidad de ampliar el "espacio vital" *(Lebensraum)*, lo que llevó al estallamiento de dos conflagraciones mundiales. En el caso de los Estados Unidos, el interés nacional también ha sido el fundamento de políticas expansionistas desde su creación como Estado-nación, y desde entonces se dio a dicho interés un carácter doctrinario (Doctrina Monroe): los presidentes y secretarios de Estado norteamericanos han invocado el interés nacional desde el comienzo de la República, lo cual ha llevado a la institucionalización de este concepto como sustento y para definir los amplios propósitos de la política exterior estadunidense. Y esta institucionalización fue la base para la creación de un Consejo de Seguridad Nacional a partir de que los Estados Unidos surgieron de la segunda Guerra Mundial como la nación más poderosa del planeta en términos económicos y militares. Los líderes clave del gobierno y de la industria vieron la oportunidad para establecer un imperio mundial (Landau, 1985).

En esta visión, la seguridad nacional se refiere a la consecución necesaria de los intereses nacionales, tanto los internos como los externos. Se trata claramente de un proceso de naturaleza eminentemente expansionista, que supuestamente encuentra amenazas frente a las cuales se hace necesario desplegar fuerzas de todo tipo: económicas, militares, políticas e ideológicas, que sean capaces de vencerlas o neutralizarlas. Ésta es la concepción que sirve de base, justamente, a la concepción estratégica contemporánea de los Estados Unidos conocida como *doctrina de seguridad nacional*, difundida y desarrollada bajo el gobierno de Harry Truman al calor de la Ley de Seguridad Nacional (creada el 26 de julio de 1947), la cual dio lugar al establecimiento del Consejo de Seguridad Nacional y de la Agencia Central de Inteligencia. De ese modo, y en estrecha relación con la fundación un año antes de la Escuela Superior de Guerra, quedó definido el enfoque doctrinal de la política exterior estadunidense.

Desde esta perspectiva, las estrategias de seguridad nacional elaboradas por la Casa Blanca, en el marco de esta doctrina, reflejan los intereses nacionales de la nación y presentan un amplio plan para lograr los objetivos nacionales que soportan aquellos intereses en el marco de lo que han denominado su *gran estrategia*. Como parte fundamental de esta misma, durante el periodo llamado de la Guerra Fría se elaboraron estrategias político-militares denominadas de "contención" y "disuasión", "respuesta flexible" y *"détente"*.

Con el fin de la Guerra Fría comenzó a surgir un nuevo orden mundial, lo cual hizo necesario, de acuerdo con esta visión estadunidense, la creación de una nueva *gran estrategia* que permitiera ubicar el papel de esa nación en el concierto mundial. Para sus estrategas, al mismo tiempo que se liberaba a los Estados Unidos de su gran preocupación por la amenaza soviética, el fin de la Guerra Fría también compelía a confrontar de nuevo cuestiones centrales concernientes a la definición de los intereses nacionales y al papel de su país en el mundo. Esto abriría la necesidad de realizar un nuevo debate sobre la dirección de la estrategia de la seguridad nacional estadunidense después de la Guerra Fría en el marco de la seguridad mundial.

Desde fines de la década de los ochenta, se comenzó a dar un debate mucho más amplio entre las diferentes escuelas estadunidenses de pensamiento de las relaciones internacionales (el aislacionismo y el unilateralismo global, vinculados con la tradición "realista", y el multilateralismo y la seguridad colectiva, relacionados a su vez con el internacionalismo liberal), las cuales sin embargo no necesariamente se excluyen mutuamente.

De hecho el debate se dio más en la línea de la definición clásica de gran estrategia, es decir, la capacidad de los dirigentes de la nación para definir una serie de intereses nacionales y poner juntos todos los elementos del poder nacional —político, económico y militar— para asegurar esos objetivos (Asmus, 1994).

Diferentes definiciones de los intereses y percepciones nacionales del papel deseado para los Estados Unidos fluyeron naturalmente de las diferentes posturas sobre la naturaleza de la política internacional y las posibles amenazas que podrían surgir frente a esos intereses. Del debate entre estas diferentes posturas surgieron tres opciones para la nueva gran estrategia estadunidense (Khalizad, 1995):

a) Neoaislacionismo. Esta opción implicaría abandonar la preeminencia estadunidense y volverse hacia adentro para enfrentar problemas domésticos. Aunque este enfoque podría producir ahorros significativos en defensa y otros beneficios en el corto plazo, probablemente incrementaría el peligro de grandes conflictos, requeriría mucho más grandes esfuerzos de defensa en el largo plazo y eventualmente socavaría la prosperidad estadunidense.

b) Un regreso a la multipolaridad de antes de la segunda Guerra Mundial. Esta opción confiaría en el equilibrio de poder entre algunas naciones para impedir el surgimiento de un superpoder supremo. Como en el siglo XIX, los Estados Unidos y otros poderes globales competirían y cooperarían para evitar la hegemonía y la guerra global. En tal caso abría ventajas para los Estados Unidos, incluyendo un peso menor en defensa —aunque no tanto como lo sería con una estrategia aislacionista—. Los riesgos, sin embargo, podrían ser severos. Incluirían la posibilidad de que otros poderes no cooperaran totalmente; que los Estados Unidos probablemente enfrentarían una creciente competencia de otros grandes poderes; que una declinación en la influencia estadunidense podría tener consecuencias negativas, incluyendo un debilitamiento del GATT (ahora OMC) y del FMI; que los miembros de tal sistema encontrarían demasiado difícil comportarse de acuerdo con sus reglas, y que tal mundo podría llevar a nuevas carreras armamentistas y aun a guerras globales.

c) Mantener el liderazgo estadunidense y prevenir el surgimiento de otro rival global y la multipolaridad. Este objetivo sería el más prometedor para una gran estrategia futura de los Estados Unidos. Un mundo en el cual este país ejerciera su liderazgo sería más pacífico y más abierto a los valores de la democracia liberal, el libre mercado y el dominio de la ley. Tal mundo probablemente tendría una mejor oportunidad de enfrentar cooperativamente los problemas mundiales, tales como la proliferación nuclear, amenazas de hegemonía regional y conflictos de baja intensidad, y en el largo plazo evitar guerras de enormes costos y consecuencias.

Esta última opción surgió como la más viable en el debate, y, para un mayor éxito a largo plazo en la consecución de este objetivo, los estrategas recomendaban que los Estados Unidos adoptaran siete principios básicos: *a)* mantener y extender selectivamente la alianza entre las naciones democráticas más capaces económicamente; *b)* prevenir la hegemonía sobre regiones críticas; *c)* establecer un cerco en contra de la reimperialización rusa y el expansionismo chino mientras que se promueve la cooperación con ambos; *d)* preservar la supremacía militar estadunidense; *e)* mantener la fuerza económica de los Estados Unidos y un sistema económico internacional abierto, y reducir la crisis social de la nación; *f)* ser sensatos en el uso de la fuerza, evitar sobreextenderse y lograr una compartición efectiva de la carga entre aliados, y *g)* obtener y mantener el apoyo doméstico para una visión necesaria de estrategia y liderazgo global.

En este marco, al ascender a la Presidencia de los Estados Unidos, William Clinton —no obstante que la política exterior no tuvo un papel importante durante su campaña electoral— señaló su deseo de mover el pensamiento de la estrategia de seguridad nacional en la dirección del multilateralismo. Y es que su equipo llegó al poder con una orientación política e intelectual que subrayaba una definición de los intereses estadunidenses vinculados con los valores democráticos (opuesto al acento "realista" clásico sobre el "poder") y con un marco multilateralista para una estrategia económica y militar futura.

Por otro lado, uno de los primeros pasos dados por Clinton al tomar el poder fue la creación de un Consejo de Seguridad Económica (similar al Consejo de Seguridad Nacional) para elevar la importancia de la economía en la toma de decisiones de seguridad nacional. Para Clinton, la recuperación y la seguridad económicas de la nación se volvieron la prioridad política más alta. En esta perspectiva se pueden ver sus compromisos con el libre comercio (TLCAN, OMC, ALCA, AIM, etc.) como una parte integral de su estrategia de seguridad nacional.

Para 1994, el debate había ya dado paso a acciones más claramente enfocadas hacia una nueva gran estrategia con elementos multilateralistas pero apuntando a que los Estados Unidos asumieran el liderazgo global. En julio de ese año, Clinton enunciaba en su Estrategia de Seguridad Nacional de Ampliación e Involucramiento (National Security Strategy of Engagement and Enlargement):

> Nuestra estrategia de seguridad nacional está basada en ampliar la comunidad de democracias de mercado mientras se disuaden y contienen un rango de amenazas a nuestra nación, a nuestros aliados y a nuestros intereses [The White House, 1994].

La estrategia recalca tres objetivos primarios para tal fin:
a) Mejorar nuestra seguridad con fuerzas militares que estén listas para luchar y con representación efectiva en el extranjero.
b) Reforzar la revitalización económica de los Estados Unidos.
c) Promover la democracia en el mundo.

De acuerdo con dicha estrategia, estos objetivos asegurarán la influencia de los Estados Unidos en el mundo y la ampliación de la comunidad de naciones seguras, democráticas y de libre mercado. Pero, lo más importante, que los Estados Unidos, como el país más poderoso, se consoliden en el liderazgo del nuevo orden global, ya que "nunca ha sido el liderazgo estadunidense más esencial".

El afán de los Estados Unidos por establecer completamente su dominio en el llamado nuevo orden mundial, correspondiente al periodo posterior a la Guerra Fría, parece estarse logrando al fin. Y con ello quizá se repita el fenómeno ocurrido al terminar la segunda Guerra Mundial, pero con un futuro aún más incierto para la Unión Americana en esta nueva fase de acumulación capitalista, dentro de un mundo más complejo y cambiante y frente a competidores económicos muy poderosos.

El reconocimiento de este dominio, impulsado por el propio gobierno estadunidense a niveles regional (en el hemisferio occidental) y global, ha sido puesto de manifiesto —para el caso regional— durante la llamada Cumbre de las Américas, realizada en el mes de noviembre de 1994 en Miami, Florida, donde se aceptó por parte de todos los gobiernos del continente (excepto Cuba) la creación de un Área de Libre Mercado de las Américas (ALCA) para el año 2005 (Summit of the Americas Declaration of Principles, 1994).

En el nivel global, los Estados Unidos comenzaron a sentar las bases para dicho reconocimiento una vez ganada la guerra a Irak a principios de 1991, cuando el presidente George Bush se plantó frente al Congreso de su país para informarle que

> los estadunidenses tenemos la responsabilidad única de hacer el trabajo arduo de la libertad. Entre todas las naciones del mundo, sólo los Estados Unidos tienen a la vez la calidad moral y los medios para respaldarla. Éste es el peso del liderazgo y del poder que hace a la Unión Americana el foro de la libertad que busca el mundo. [...] Nunca antes el mundo prestó tanta atención al ejemplo estadunidense. Lo que nos hace estadunidenses es nuestra fidelidad a la idea de que todos los pueblos deben ser libres. [...] el nuevo orden mundial sería [...] una responsabilidad impuesta por nuestros actos [*The New York Times*, 1991].

El 15 de julio de ese mismo año, durante la decimoséptima reunión del Grupo de los Siete países más industrializados del planeta (G-7), realizada en Londres, Inglaterra, la declaración política aprobada intentó fijar los términos de dicho orden mundial bajo el liderazgo estadunidense, y un plan de apoyo "prudente y condicional" para integrar a Rusia —una vez desintegrada la Unión Soviética— en la economía mundial (*Excélsior*, 17 de julio de 1991). Con ello, y habiendo hecho su debut en 1975 como una cumbre abiertamente económica enfocada a cuestiones centrales de coordinación de políticas macroeconómicas, comercio y relaciones Norte-Sur, la cumbre maniobró en 1991 para dirigir abiertamente cuestiones globales mayores en los dominios microeconómicos, políticos y de seguridad, con un particular acento sobre las nuevas cuestiones de la agenda de seguridad internacional (Kirton, 1993).

Para asegurar su reconocimiento como líder, los Estados Unidos requerían de afianzar su proyecto económico, cuyo despegue a partir de entonces se debería no al proyecto republicano, sino al demócrata, dando pie a que seis años después se arrogara dicho liderazgo durante los días 21 y 22 de junio de 1997 en la ciudad de Denver, Colorado, cuando se realizó la vigesimotercera reunión Cumbre del G-7, a la cual se invitó a Rusia —como convidado de piedra—, para definir las políticas que regirán el nuevo orden mundial bajo la hegemonía estadunidense. Los Estados Unidos se consolidan así como el poder más grande del mundo, debido al escenario económico de bonanza que ha alcanzado en esta década (Jelacic, 1997).

Por ello, en su mensaje radial sabatino del 21 de junio de 1997, cuando dio inicio la Cumbre de Denver, William Clinton sentenció que los Estados Unidos están en "condiciones para seguir siendo el líder en el siglo XXI", como lo han sido en el actual. Agregó que para mantener el liderazgo en el mundo, es necesario que la política exterior de su país se dinamice (Hirsh, 1997).

En este contexto de la dinamización del proyecto económico y de la política exterior estadunidenses para proyectarse a nivel global, se da también la proyección de la dimensión militar, como se mostró en la llamada Cumbre de Madrid a mediados de julio de 1997, cuando a instancias de los Estados Unidos se reunieron los dirigentes de la Organización del Tratado del Atlántico Norte (OTAN) para invitar a incorporarse a nuevos miembros (Polonia, República Checa y Hungría).

Los Estados Unidos también impulsan la globalización de otros aspectos de su estrategia. Así podemos ver cómo, a una propuesta suya, en la reunión cumbre de los líderes del G-7 y Rusia (algunos analistas lo llaman ya el G-8) éstos se comprometieron a combatir la delincuencia transnacional organizada en sus fronteras y a intercambiar tecnología e información de los servicios de inteligencia para luchar contra ella. La globalización de las políticas estadunidenses en contra de la delincuencia organizada (donde se incluye la cuestión de la migración indocumentada) y el terrorismo pone de manifiesto el avance hegemónico del imperialismo norteamericano en ámbitos no sólo económicos. Para ello, esta nación ha dado ya pasos agigantados para regular la migración (particularmente la indocumentada) no sólo en su ámbito geográfico inmediato, sino apuntando tendencias para hacerlo a nivel continental.

Para la nueva *gran estrategia* de los Estados Unidos,

en esta época de cambio global, es claro que no podemos ser policías del mundo; pero es igualmente claro que debemos ejercer el liderazgo global. Como principal poder económico y militar y primer practicante de los valores democráticos, los Estados Unidos son indispensables para forjar relaciones políticas estables y un comercio abierto [The White House, 1994].

De hecho, esta perspectiva comienza a consolidarse en el pensamiento estratégico del gobierno estadunidense para proyectarse a una nueva centuria:

Podemos —y debemos— utilizar el liderazgo estadunidense para domar a las fuerzas globales de la integración, reconfigurar las estructuras económicas, políticas y de seguridad existentes y constituir otras nuevas que ayuden a crear las condiciones necesarias para que prosperen nuestros intereses y valores [The White House, 1997].

Con el avance de la globalización de estas políticas se puede advertir que el mundo se está conformando a la imagen estadunidense.

El concepto de seguridad nacional en México

Como parte de la definición de los objetivos de la doctrina de seguridad nacional estadunidense a partir de la posguerra, quedó explícito que un requerimiento básico para la garantía de la consecución de las metas nacionales de la Unión Americana radicaba en la garantía de una seguridad en todo el hemisferio occidental. Y, como apuntan algunos autores latinoamericanos (Hernández, 1987: 12-18), aunque este concepto angular se genera dentro del marco del pensamiento estratégico estadunidense, América Latina no permanece pasiva en este fenómeno de dinamismo ideológico. Es posible advertir un claro proceso de retroalimentación entre los círculos de poder de los Estados Unidos y los sectores militares y burocrático-civiles de la burguesía de los países latinoamericanos, lo cual va aportando paulatinamente a la concepción de seguridad nacional algunos de sus pilares fundamentales, de forma tal que América Latina será vista no como *sujeto histórico* de su propia seguridad, sino como *objeto de la seguridad* estadunidense.

Es importante señalar que hasta comienzos de los años sesenta el discurso de seguridad nacional no alcanzó a escala hemisférica un papel protagónico, es decir, como cuerpo doctrinal que mediatiza la relación entre la teoría y la práctica de la política exterior hacia América Latina. En ello resultó decisivo el impacto múltiple de la Revolución cubana, que condicionó el contenido y orientación de las percepciones estratégicas estadunidenses, las cuales se tornaron más agresivas.

La doctrina de seguridad nacional, en su aplicación en América Latina, consistió en incrementar el papel político de las fuerzas armadas a fin de asegurar el control de la subversión o de la agitación social en cada país del continente y garantizar la estabilidad política interna. Ello supuso preparar a dichas fuerzas armadas no sólo para la práctica de un tipo de guerra limitada en contra de la insurgencia, sino para participar en la dirección de los procesos sociales y económicos del país.

Así surgieron verdaderos Estados o dictaduras militares en América Latina inspirados en la doctrina de la seguridad nacional, que cobraron altas cuotas de sangre. Pero estos regímenes dejaron de ser funcionales para poder implantar el nuevo modelo económico neoliberal, como parte de la restructuración económica que a escala mundial comenzó a llevar a cabo el capitalismo a fines de los setenta y principios de los ochenta; por ello, había que transformar o cambiar a estos regímenes autoritarios por gobiernos civiles, electos democráticamente, pero con una visión tecnócrata orientada por los intereses del imperialismo estadunidense.

En México, sin embargo, el concepto de seguridad nacional fue ajeno a las esferas oficiales hasta principios de los setenta, cuando, a semejanza de los regímenes del Cono Sur —aunque toda proporción guardada—, se llevó a cabo una "guerra sucia" contra los movimientos armados que surgieron en varias partes del país, después de las masacres del 2 de octubre de 1968 y del 10 de junio de 1971 [Aguayo Quezada, 1990].

Pero con el descubrimiento de los grandes yacimientos petrolíferos del sureste de México y los crecientes conflictos armados en Centroamérica, en el sexenio de López Portillo (1976-1982), se comenzó a impulsar una perspectiva de seguridad para defender las instalaciones petroleras contra los intereses estratégicos de los Estados Unidos y establecer medidas preventivas contra los efectos de los conflictos mencionados *(ibid.)*.

Si bien es cierto que durante muchos años la ideología de la Revolución mexicana tuvo en sus expresiones doméstica y exterior una perspectiva nacionalista —el Estado mexicano mantuvo hacia el exterior una relativa posición defensora de la soberanía de otros pueblos y de la no intervención, particularmente respecto de las naciones latinoamericanas (y el caso de Cuba es el más aleccionador)—, a partir de la restructuración económica y política de principios de los años ochenta hubo cambios significativos con la implantación del nuevo modelo económico llamado neoliberal, el cual va a ser respaldado con una visión más proactiva de la seguridad nacional. En este camino, el papel de las fuerzas armadas como garantes de la soberanía e independencia nacionales también se vino a transformar.

La ideología de la Revolución mexicana, el nacionalismo revolucionario, tuvo durante mucho tiempo el papel de cohesionador y estabilizador del conjunto de la formación económico-social mexicana, con un discurso sobre la defensa de la soberanía e independencia nacionales, pero, a partir de la "modernización" neoliberal, dicha ideología entró en grandes contradicciones. Y en ello surgieron "inquietantes tendencias a subordinar la noción de soberanía nacional a las razones supuestamente superiores de la seguridad" (Bartra, 1990: 146-171).

En este proceso, como apunta Bartra, los llamados "tecnócratas" que intentaban consolidar su hegemonía en el gobierno no se libraron de las peculiaridades que han caracterizado al sistema político mexicano: autoritarismo e ineficiencia. Así, se propició la idea de definir la seguridad nacional. El gobierno planteó la necesidad de vigilar su contorno social para frenar preventivamente las tendencias que amenazaban la seguridad del Estado.

En esta perspectiva, el concepto de seguridad nacional adquirió mayoría de edad y con ello su carta de naturalización; no obstante, se le manejó con ambigüedad. Se intentó darle un contenido integral para *mantener la condición de libertad, paz y justicia social dentro del marco constitucional*, en el cual las fuerzas armadas tendrían el papel de "coadyuvar" y "contribuir" a la seguridad nacional (Plan Nacional de Desarrollo 1983-1988).

Y, aún más, se estableció una lista de amenazas a la seguridad y se creó —a la manera estadunidense del Consejo de Seguridad Nacional— un Gabinete de Seguridad Nacional, que incluyó a diversas secretarías de Estado, dependiente de la Oficina de Coordinación de la Presidencia de la República. Además, se disolvió a la Dirección Federal de Seguridad y en su lugar se creó la Dirección General de Seguridad Nacional, luego transformada en Centro de Investigación y Seguridad Nacional, entre cuyas atribuciones estaba la de "establecer y operar un sistema de investigación e información para la seguridad del país" (Aguayo Quezada, 1990).

Hacia mediados de los años noventa se intentó establecer un Consejo de Seguridad Nacional para la coordinación de todas las instancias y dependencias cuyas funciones estarían vinculadas con la seguridad del Estado, incluyendo las fuerzas armadas.

Salinas de Gortari, en su afán por integrar a México al Primer Mundo, aceptó tácitamente que esta nación fuera parte de la seguridad nacional estadunidense (Saxe-Fernández, 1994: 149-170), lo que contribuyó a debilitar aún más la soberanía nacional, y, por la vía de los hechos, les dio mayores funciones policiacas a las fuerzas armadas, además de las ya asignadas en anteriores sexenios. Por su parte, Ernesto Zedillo propuso en el Plan Nacional de Desarrollo 1995-2000 *fortalecer la capacidad del Estado para garantizar nuestra seguridad nacional y el imperio de la ley en todo el territorio mexicano*. Para ello, anunció en el Plan la creación de un Consejo de Seguridad Nacional (Cosena) que integraría al Centro de Investigación y Seguridad Nacional (Cisen) y el Instituto Nacional contra las Drogas y se apoyaría en la estructura de las secretarías de Gobernación, Defensa, Marina y Comunicaciones y Transportes, así como en la Procuraduría General de la República y las corporaciones de procuración de justicia estatales, todo bajo el mando del presidente de la República.

El 30 de octubre de 1995 se aprobó por parte del Senado la Ley General que Establece las Bases de Coordinación del Sistema Nacional de Seguridad Pública, por lo que se crea un Consejo Nacional de Seguridad Pública con la participación de las fuerzas armadas y su virtual vinculación con asuntos policiacos (Garabito y Del Valle, 1995: 22-30). Esta ley también es conocida como Ley de Seguridad Nacional, en la que dicho concepto se entiende como seguridad pública o seguridad interior.

Con este organismo, las fuerzas armadas asumen un nuevo papel en la toma de decisiones en la vida nacional. De esta manera las fuerzas armadas, y en particular el secretario de Defensa, han planteado en diversas ocasiones su total lealtad al gobierno y su apoyo al Plan Nacional de Desarrollo 1995-2000 así como a otros programas gubernamentales, como la Alianza para la Recuperación Económica (APRE), firmada el 29 de octubre de 1995, asumiendo así las políticas impuestas por el imperialismo estadunidense, que han obligado al Estado mexicano a conceder incluso soberanía sobre los recursos petrolíferos y sobre la toma de decisiones en políticas económicas nacionales.

A principios de los años ochenta, los primeros estudios sobre el tema en México planteaban como una característica sobresaliente la escasa participación del sector militar tanto en la definición misma de la seguridad nacional como en la toma de decisiones sobre los mecanismos más adecuados para hacer frente a los peligros que la acechan (Pellicer, 1981: 23-24).

Algunos de los propios sobre las fuerzas militares en los años setenta y ochenta subrayaban la poca participación política de éstas en la vida nacional, atribuida a que los militares estaban sujetos al poder civil y ocupaban un plano secundario en las relaciones de poder; a que no había una casta militar que obstruyera el juego político, y a que el ejército había sufrido un proceso de despolitización (Lozoya, 1984: 27). Sin embargo, otros autores consideran que tales interpretaciones tienen importantes fallas para comprender el porqué de la mayor o menor participación del instituto armado en el escenario mexicano y la incidencia de la ayuda militar de los Estados Unidos en dicha intervención (Piñeiro, 1985: 29).

De acuerdo con Piñeiro, la asistencia militar estadunidense a México ha estado presente de diversas formas desde los cincuenta:

[...] ha habido un estrecho nexo entre las distintas manifestaciones de las luchas de clases y el creciente profesionalismo [del ejército], así como una parcial dependencia del mismo de la asistencia militar americana. Los cursos seleccionados, el armamento y el equipo técnico han estado vinculados a las necesidades planteadas por la lucha popular, como aconteció durante las coyunturas de 1959, 1967-1969 y 1971-1975, por ejemplo [ibid.: 134].

Y así puede verse en otras coyunturas, incluyendo la del conflicto chiapaneco. El movimiento estudiantil de 1968 fue el parteaguas para que las fuerzas armadas comenzaran a incrementar su papel protagónico en la vida nacional. Según Piñeiro,

no obstante el ritmo conservador de crecimiento de las fuerzas armadas mexicanas, la continuada profesionalización sí ha aumentado las capacidades de vigilancia y acción en la preservación del orden interno, así como en el desempeño potencial de funciones en el conjunto del Estado, inimaginables hace 15 años. Impensable si el sistema educativo militar hubiese permanecido sin variaciones trascendentes desde 1970, esto es, a partir del gobierno de Echeverría [ibid.: 154].

Algunos analistas estadunidenses, varios de ellos militares, también han subrayado el creciente papel de los militares mexicanos en la seguridad nacional a partir de 1968 (Camp, 1992). De acuerdo con éstos, la nueva orientación de seguridad nacional, en la práctica, implicó una creciente intervención de los militares en la recolección de información política de inteligencia en contra de grupos subversivos existentes y de otros considerados como tales, e incluso la participación de elementos militares en grupos paramilitares para acabar con "grupos extremistas"; se hizo norma una cooperación entre la policía, especialmente agentes federales, y los militares. Una infusión de nuevo liderazgo en el cuerpo de oficiales fue otro efecto de 1968 en los militares, lo que llevó a oficiales más jóvenes a ocupar puestos de mando en la Secretaría de la Defensa Nacional y en las comandancias de zona. Se creó una nueva comandancia de zona y se establecieron tres nuevos batallones —infantería, paracaidistas y policía militar—, así como una nueva compañía de ingenieros de combate en la Guardia Presidencial. Al mismo tiempo, la mitad del ejército recibió nuevo armamento y la Fuerza Aérea adquirió 37 nuevos aviones de los Estados Unidos.

Durante el gobierno de López Portillo se creó un ambiente más favorable para cambios sustantivos dentro de las fuerzas armadas. Primero, se estimuló que el ejército consolidara e incrementara su papel en el área de la seguridad pública al tomar la protección de instalaciones vitales, incluyendo las petroleras. Segundo, se amplió su injerencia en la definición de la política de seguridad nacional. Tercero, se avanzó en la modernización de la educación y del armamento. Y cuarto, se dio más presencia pública a los militares. Esta presencia pública se hizo más notable en los desfiles de las celebraciones cívicas, y el discurso presidencial incorporó términos tales como "piedra angular" de la estabilidad interna y "guardián" de la sociedad al referirse a los militares. El creciente papel de éstos en los programas antinarcóticos se fortaleció de manera importante. También los conflictos centroamericanos, en particular en Guatemala, llevaron a que se estableciera una presencia castrense más fuerte en la frontera sur y le dieron a los militares una voz más influyente en cuestiones de política exterior.

Salinas de Gortari incluyó a los militares como un importante elemento en su nueva fórmula de alianzas políticas, en la búsqueda de darle mayor legitimidad a su gobierno. En esta perspectiva, Salinas hizo un uso extensivo de los militares para ejecutar algunas de sus decisiones: detención de importantes narcotraficantes y líderes sindicalistas corruptos, y quiebra de huelgas de trabajadores industriales como la de Cananea en Coahuila. Los incorporó al Gabinete de Seguridad Nacional, creado en 1989, y promovió un importante aumento en el presupuesto para las fuerzas armadas, además de la compra de armamento de diversas naciones, sobre todo a partir del 1º de enero de 1994.

Así, en un periodo de aproximadamente 25 años, los militares se han modernizado en términos de equipo militar adquirido en los Estados Unidos, Europa, Israel y América Latina. Su número ha aumentado a más del doble y, lo más importante, el progreso en educación militar ha tenido el más grande efecto sobre la influencia militar en cuestiones de seguridad nacional. En ello ha desempeñado un papel importante el Colegio de la Defensa Nacional, creado en 1981 por la Secretaría de la Defensa, que provee estudios en cuestiones de seguridad nacional e internacional, estrategia militar y administración de recursos; y el Centro de Estudios Superiores de Mando y Seguridad Nacional, creado por la Secretaría de Marina en la misma fecha. Esta educación pone a los militares mexicanos en una situación mucho mejor para participar efectivamente en acciones consideradas, desde la perspectiva gubernamental, de seguridad nacional. Hay que mencionar también que muchos de los oficiales superiores han recibido educación militar en los Estados Unidos, en la famosa Escuela de las Américas, sobre todo a partir de enero de 1994.

Como resultado directo del conflicto en Chiapas, desde enero de 1995 la cúpula militar puso en marcha una profunda restructuración de las fuerzas armadas, cuya máxima prioridad fue integrar comandos de élite adiestrados para realizar operaciones en áreas urbanas y suburbanas, así como para actuar en desierto, montaña y selva (estos comandos, entrenados en los Estados Unidos y que reciben el nombre de GAFE, se encuentran ya actuando en diversas partes del país, mayoritariamente en Chiapas y Guerrero).

Según un documento confidencial elaborado por la Secretaría de la Defensa Nacional, en el corto y mediano plazos las fuerzas armadas del país centrarán sus tareas en la contrainsurgencia y la lucha antinarcóticos. En el Programa de Desarrollo del Ejército y la Fuerza Aérea Mexicanos y su anexo se definen los objetivos a corto y mediano plazos:

1. La organización del ejército en comandos pequeños y altamente calificados, con gran movilidad, precisión y eficacia.

2. La conformación de un verdadero servicio de inteligencia militar.

3. El establecimiento de las bases para la creación futura de un órgano unificado que coordine las acciones de la fuerza aérea, la marina y el ejército.

4. La realización de operaciones conjuntas con la Armada de México —las últimas se hicieron en 1964.

5. El desarrollo de la fuerza aérea, proveyéndola de nuevo equipo.

6. La adquisición de equipo y armamento avanzados.

7. La "revolución" tecnológica e informática dentro de las fuerzas armadas.

8. La creación de escuadrones de "fuerzas especiales" en cada región militar, con particular acento en Chiapas y Guerrero, dotados de equipo y armamento avanzados.

9. La incorporación de civiles a la nómina del ejército.

10. Y, en última instancia, la redefinición radical del concepto de seguridad nacional que había asumido la jerarquía castrense [Rodríguez, 1995].

Por supuesto que en esta reestructuración se puede ver la mano de los estadunidenses, cuyo secretario de Defensa, William J. Perry, estuvo en el mes de octubre de 1995 en México para invitar al ejército mexicano a conformar un "tercer vínculo" —la relación de seguridad—, dada la cercanía ya existente entre ambos países en política y economía (Fazio, 1996).

Durante la recepción que se le ofreció en el Campo Militar Número Uno el 23 de octubre, en la que participaron 200 jefes de alto rango y 10 000 soldados —y se le rindieron honores con 21 cañonazos—, Perry resaltó la importancia de la cooperación bilateral en materia de seguridad, porque en ese aspecto "nuestros destinos también están vinculados inextricablemente". Y agregó: "El futuro que vislumbramos es el de nuevas generaciones de personal militar estadunidense y mexicano compartiendo sus experiencias, entrenamientos y objetivos en la lucha contra el narcotráfico". Y en la lucha contrainsurgente, se podría añadir.

Ya desde antes se había mostrado esta cooperación. En 1994 el general Gordon Sullivan, jefe del Estado Mayor del ejército de los Estados Unidos, realizó dos visitas al entonces secretario mexicano de la Defensa Nacional, Antonio Riviello Bazán, semanas después del alzamiento armado del EZLN, para recopilar información sobre el conflicto chiapaneco y para la venta de artículos "no letales" para el ejército mexicano, pero además para ofrecer un incremento de los recursos del Programa Internacional de Educación y Entrenamiento Militar destinados a México, que pasaron de 400 000 a 700 000 dólares de 1994 a 1996. Sullivan desempeñó un papel fundamental en el mejoramiento de las relaciones, que en años anteriores se habían caracterizado por una marcada "desconfianza" de los militares mexicanos hacia sus colegas estadunidenses, lo cual obstaculizó la cooperación bilateral y multilateral en materia castrense (Cope, 1996: 179-210).

Y aunque el secretario de la Defensa Nacional, general Enrique Cervantes, manifestó que en estas relaciones debe respetarse la soberanía por la vía de los hechos, el Estado mexicano ha venido aceptando estar bajo la perspectiva geopolítica y de seguridad nacional de los Estados Unidos. En esta perspectiva, apunta Saxe-Fernández (1994), la estrategia estadunidense "no sólo para México, sino también para el resto del hemisferio, es garantizar su absoluta primacía militar, por lo cual se encamina a inducir cambios en las funciones y misiones, de lo propiamente militar a lo policiaco".

Para la implantación de la nueva *gran estrategia* estadunidense en el continente americano, por su importancia como pivote geopolítico durante la Guerra Fría, y en realidad también entre las dos guerras mundiales, México está considerado como vital para los intereses nacionales del vecino país del norte. Por lo tanto, de acuerdo con expertos militares estadunidenses, México es —y continuará siendo— fundamental para el éxito de dicha *gran estrategia*.

De acuerdo con John Cope, profesor e investigador del Instituto de Estudios Estratégicos Nacionales de la Universidad de la Defensa Nacional especializado en cuestiones de seguridad hemisférica y ex asesor militar del subsecretario de Estado para Cuestiones Interamericanas:

> El fin de la Guerra Fría, el surgimiento de un ambiente para la seguridad global cada vez más desafiante y sin competidores de peso, y la creciente competitividad del sistema económico internacional subrayan la importancia de que los Estados Unidos forjen alianzas con sus vecinos latinoamericanos a partir de intereses compartidos en vez de intentar imponer su dominio indisputable en forma unilateral. Los Estados Unidos empezaron a colaborar armónicamente en los esfuerzos multilaterales por combatir la degradación ambiental y el tráfico ilícito de drogas; promover la democratización y las operaciones de paz, y fortalecer los mecanismos de seguridad hemisférica. El Tratado de Libre Comercio de América del Norte es síntoma y causa de este cambio en el pensamiento estratégico [Cope, 1996].

En efecto, a partir de y como resultado del Tratado de Libre Comercio de América del Norte (TLCAN), se ha intensificado la importancia de "América del Norte" (Canadá, Estados Unidos y México) como entidad geopolítica y factor unificador en asuntos de seguridad nacional. Y es por ello que los Estados Unidos han establecido un control no sólo económico, sino también político-militar en la región fronteriza entre esa nación y México, aplicando incluso la estrategia del "conflicto de baja intensidad" (CBI) con el pretexto de detener y controlar la migración indocumentada, el narcotráfico y el terrorismo (Dunn, 1996). Y es que esta región es una de las más importantes en términos geoeconómicos para el desarrollo de los Estados Unidos y México y para el TLCAN en general (Sandoval, 1996: 41-66).

Para asegurar este control, los Estados Unidos han promovido, y el gobierno mexicano lo ha aceptado tácitamente, que esta región sea considerada de importancia estratégica para ambos países, y por ello debe admitirse la necesidad de tener una seguridad compartida desde una perspectiva de "seguridad binacional" (Sandoval, 1993: 65-84).

Es clara la preocupación de los Estados Unidos por mantener el control sobre un vecino estable en el sur, ya que de ello depende la posibilidad de extender su nuevo proyecto de seguridad a todo el hemisferio. De acuerdo con Michael Dziedzic (1996), coronel de la Fuerza Aérea de los Estados Unidos, profesor en el Instituto para Estudios Estratégicos Nacionales de la Universidad de la Defensa Nacional y experto en las fuerzas armadas de México:

> Desde una perspectiva geopolítica, nuestra capacidad para desempeñar un papel preponderante en el esce-

nario mundial resultaría muy afectada si surgieran disturbios graves al otro lado de nuestra frontera sur, y nuestra actual estrategia militar quedaría poco menos que trunca. Sin embargo, igualmente importantes son los resultados positivos que produciría una relación geopolítica estrecha entre los Estados Unidos y México. No sólo facilitaría en gran medida la labor de abordar los asuntos mutuos de seguridad a lo largo de la frontera, sino que se lograrían grandes avances en la formación de un régimen de seguridad hemisférica [ibid.: 113].

En esta perspectiva, apunta Dziedzic:

En términos geopolíticos, la seguridad de los Estados Unidos se fortalecería enormemente si México participara en el manejo de las amenazas internacionales (narcotráfico, terrorismo, etc.) que tenemos en nuestra frontera común y en la creación de una comunidad de naciones pacíficas en nuestro hemisferio [ibid.: 73].

Entonces, el TLCAN y el nuevo tipo de relaciones entre ambos países, en particular sus políticas de *fronteras controladas* y *soberanía restringida*, son el modelo ideal para la integración hemisférica en términos económicos, políticos y de seguridad regional (Sandoval, 1997), ya que en la nueva *gran estrategia* estadunidense México está considerado como puente geoeconómico y geopolítico con el resto de América Latina y el Caribe.

LÍNEAS DE INVESTIGACIÓN Y DEBATE CONTEMPORÁNEO

De acuerdo con Lorenzo Meyer (1995: 53), una definición simple y directa del concepto en cuestión es:

Seguridad nacional es la capacidad de un Estado para proteger sus valores internos de las amenazas externas. Un par de aclaraciones: en primer lugar, las amenazas a la seguridad de un país no siempre son militares; en segundo, la seguridad del gobierno y del grupo gobernante no necesariamente es equivalente a la seguridad de la nación.

[La seguridad nacional mexicana] no se encuentra en su mejor momento. Sin embargo, no será con la compra masiva de equipo militar como se resuelva el problema. Hoy, la amenaza externa a nuestros valores fundamentales es básicamente de naturaleza económica, y los responsables están adentro y no afuera del país.

El uso que del concepto de seguridad nacional han hecho los gobernantes mexicanos para presentar sus intereses como los de la nación ha debilitado el concepto de soberanía nacional, supeditando ésta a la primera. Para los gobernantes, la seguridad nacional implica la defensa de la soberanía, la independencia y la integridad territorial de la nación (Sandoval, 1998: 105-157).

Consideramos que los conceptos de seguridad nacional y soberanía nacional no pueden ser utilizados como sinónimos, ni puede darse al primero el contenido del segundo, como hacen algunos autores (Suárez, 1995: 3-54). Tampoco es posible seguir propugnando una ampliación del concepto de seguridad nacional y desechar la definición que se centra en temas de defensa militar y nacional y de seguridad interna, para incluir cuestiones como desarrollo, economía, bienestar social, derechos humanos y democracia, aunque los autores que mantienen dicha posición consideren que esta reconceptuación no es simplemente producto de una actitud voluntarista, sino está obligada por las grandes transformaciones mundiales y por la ubicación geográfica y la tradición no militarista de nuestro país (Aguayo, Bagley y Stark, 1990: 17-42).

BIBLIOGRAFÍA

Aguayo Quezada, Sergio (1990), "Los usos, abusos y retos de la seguridad nacional mexicana, 1946-1990", en Sergio Aguayo y Bruce Michael Bagley (comps.), *En busca de la seguridad perdida. Aproximaciones a la seguridad nacional mexicana*, Siglo XXI, México.

Asmus, Ronald D. (1994), *The New U. S. Strategic Debate*, Prepared for the United States Army under Contract No. MDA903-91-C-0006, por Arroyo Center, RAND, Santa Mónica, California.

Bartra, Roger (1990), "Nacionalismo revolucionario y reguridad nacional", en Sergio Aguayo y Bruce Michael Bagley (comps.), *En busca de la seguridad perdida. Aproximaciones a la seguridad nacional mexicana*, Siglo XXI, México.

Boils, Guillermo (1975), *Los militares y la política en México (1915-1974)*, Ediciones El Caballito, México.

Buzan, Barry (1983), *People, States and Fear: The National Security Problem in International Relations*, Harvester-Wheatsheaf, Brighton, cap. "The Idea of the State and National Security".

Camp, Roderic Ai (1992), *Generals in the Palacio. The Military in Modern Mexico*, Oxford University Press, Nueva York.

Cavalla, Antonio (1988), "Seguridad nacional y proyectos políticos", en *Cuadernos del Centro de Estudios Latinoamericanos*, UNAM-Facultad de Ciencias Políticas y Sociales, México, núm. 33, Serie: Estudios.

Chauvet, Michelle (1994), "Los flancos expuestos de la seguridad nacional: la soberanía alimentaria y la bioseguridad", *Sociológica*, año 9, núm. 25, pp. 231-242.

Cope, John (1996), "In Search of Convergence: U. S.-Mexican Military Relations into the Twenty-first Century", en John Bailey y Sergio Aguayo Quezada (eds.) (1996), *Strategy and Security in U. S.-Mexican Relations Beyond the Cold War*, U. S. Contemporary Perspectives Series 9, Center for U. S.-Mexican Studies, University of California, San Diego.

Corona del Rosal, Alfonso (1988), *La guerra, el imperialismo, el ejército mexicano*, Grijalbo, México.

Cunningham, Alden M. (tte. cor.) (1984), "Mexico's National Security in the 1980s-1990s", en *The Modern Mexican Military: A Reassessment*, David Ronfeldt (ed.), Center for U. S.-Mexican Studies, University of California, San Diego. Monograph Series, 15.

Department of Commerce, vol. 118, núm. 4, abril.

Dunn, Timothy (1996), *The Militarization of the U. S.-Mexico Border: 1978-1992. Low Intensity Conflict Doctrine Comes Home*, The Center for Mexican American Studies, The University of Texas at Austin.

Excélsior, 17 de julio de 1991.
Fazio, Carlos (1996), *El tercer vínculo. De la teoría del caos a la teoría de la militarización*, Joaquín Mortiz, México.
Fuentes, Gloria (1983), *El ejército mexicano*, Grijalbo, México.
Fuentes, Víctor, y Dolia Estévez (1995), "Seguridad nacional, 'Tercer vínculo' entre México y EU: Perry; respetar la soberanía, advierte Cervantes", *El Financiero*, 24 de octubre.
Garabito, Rosa Albina, y Alfredo del Valle (1995), "México: soberanía económica y seguridad nacional", *El Cotidiano*, año 12, núm. 71, pp. 22-30, septiembre.
González Souza, Luis (1994), "Soberanía herida. México-Estados Unidos en la hora de la globalización", en *Deuda, inversión extranjera y TLC*, Nuestro Tiempo, México, t. I.
Heller, Hermann (1995), *La soberanía. Contribución a la teoría del derecho estatal y del derecho internacional*, FCE, México.
Hernández, Jorge (1987), "EEUU y la doctrina de la 'seguridad nacional' contra América Latina", en *Paz y Soberanía*, órgano del Movimiento Cubano por la Paz y la Soberanía de los Pueblos, La Habana, pp. 12-18.
Herrera-Lasso M., Luis (1988), "Democracia y seguridad nacional", en Rolando Cordera Campos, Raúl Trejo Delarbre y Juan Enrique Vega (coords.), *México: el reclamo democrático. Homenaje a Carlos Pereyra*, Siglo XXI-Instituto Latinoamericano de Estudios Transnacionales, México, pp. 280-302.
Hirsh, Michel (1997),"Looking Upward", en Special Report, The Denver Economic Summit, *Newsweek*, vol. CXXIX, núm. 25, 23 de junio, pp. 12-15.
Jelacic, John (1997), "The World Economic Outlook for Trade", en *Business America* (The Magazine of International Trade, International Trade), Administration, U. S. Khalizad.
Kirton, John, (1993), "The Seven-Power Summit as a New Security Institution", en *Building a New Global Order. Emerging Trends in International Security*, ed. por D. Dewitt, Oxford University Press, Ontario, pp. 335-357.
Landau, Saul (1988), *The Dangerous Doctrine. National Security and U. S. Foreign Policy*, Colorado, Westview Press Inc.
Lozoya, Jorge Alberto (1984), *El ejército mexicano*, El Colegio de México, México, Jornadas, núm. 65.
Machillanda, José (1996), *Nuevo intervencionismo. La desmilitarización en el continente*, Italgráfica, Caracas.
"Mexico and U. S. Grand Strategy: The Geo-strategic Lichpin to Security and Prosperity" (1996), en John Bailey y Sergio Aguayo Quezada (eds.), *Strategy and Security in U. S.-Mexican Relations Beyond the Cold War*, U. S. Contemporary Perspectives Series 9, Center for U. S.-Mexican Studies, University of California, San Diego.
Meyer, Lorenzo (1995), *Liberalismo autoritario. Las contradicciones del sistema político*.
Nuechterlein, Donald E. (1997), "America Recommitted: United States National Interests in a Restructured World", en *Strategy and Force Planning*, publicada por Strategy and Force Planning Faculty, National Security Decision Making Department, Naval War College, Newport, RI, U. S. Government Printing Office.
Pellicer, Olga (1981), "La seguridad nacional en México", *Cuadernos Políticos*, núm. 27, enero-marzo.
Piñeiro, José Luis (1985), *Ejército y sociedad en México. Pasado y presente*, Universidad Autónoma de Puebla y Universidad Autónoma Metropolitana-Azcapotzalco.
——— (1994), "Geopolítica y seguridad nacional en América Latina: visión histórica y teórico-política", *Sociológica*, año 9, núm. 25, pp. 75-94.
Plan Nacional de Desarrollo 1995-2000, Poder Ejecutivo Federal, pp. 9, 60-63.

Rico, Salvador (1995), "Tras arduo debate, aprueba el senado la ley sobre seguridad pública", *El Financiero*, 31 de octubre.
Rodríguez, Ignacio (1995), "El enemigo también está adentro. El ejército de Rangers y Boinas Verdes", *El Financiero*, 25 de septiembre.
Ronfeldt, David F. (1984), "The Modern Mexican Military: An Overview", en *The Modern Mexican Military: A Reassessment*, David Ronfeldt (ed.), Center for U. S.-Mexican Studies, University of California, San Diego, monografía, pp. 1-32.
Sandoval Palacios, Juan Manuel, Francisco Javier Guerrero y María Eugenia del Valle (1985), "La política de la seguridad nacional y las fronteras de México", *Nueva Antropología*, núm. 26.
Sandoval, Juan Manuel (1989), "La antropología en el sendero de la guerra centroamericana: el caso de la frontera sur de México", *Boletín* de la Escuela de Ciencias Antropológicas de la Universidad de Yucatán, vol. 16, núm. 94, enero-febrero.
——— (1993), "La frontera México-Estados Unidos en la perspectiva de la 'seguridad binacional'", en Juan Manuel Sandoval (comp.), *Las fronteras nacionales en el umbral de dos siglos*, Instituto Nacional de Antropología e Historia.
——— (1996a), "Las fronteras de México en el marco de la integración económica regional norteamericana. Una perspectiva geopolítica", en Miguel Ángel Vázquez (coord.), *Las regiones ante la globalidad*, Gobierno del Estado de Sonora, Hermosillo.
——— (1996b), "Integración económica y militarización de la frontera México-Estados Unidos", *El Cotidiano*, Universidad Autónoma Metropolitana-Azcapotzalco, núm. 76, julio-agosto.
——— (1996c), "La región fronteriza del sur de México en la perspectiva de la seguridad nacional estadunidense", en Phillipe Bovin (coord.), *Las fronteras del istmo. Fronteras y sociedades entre el sur de México y América Central*, Centro de Investigaciones y Estudios Superiores en Antropología Social (CIESAS) y Centro Francés de Estudios Mexicanos y Centroamericanos (CEMCA), México.
——— (1997), "Militarización y seguridad binacional en la frontera México-Estados Unidos en el marco de la integración regional y la globalización", ponencia presentada en el panel sobre militarización de la frontera, Albuquerque, Nuevo Mexico, 23 al 26 de abril.
——— (1998), "Las estrategias político-militares del Estado mexicano y del Ejército Zapatista de Liberación Nacional: seguridad nacional *versus* soberanía nacional", en Dora Kanoussi (comp.), *El zapatismo y la política*, Plaza y Valdez y Sección México de la Gramsci International Society, México.
Saxe-Fernández, John (1994), "Seguridad nacional mexicana en la posguerra fría", *Sociológica*, año 9, núm. 25, mayo-agosto.
——— (1995), "El gas natural mexicano: su integración vertical a los Estados Unidos y la seguridad nacional", *El Cotidiano*, año 12, núm. 71, pp. 31-42.
Sereseres, Caesar (1984), "The Mexican Military Looks South", en *The Modern Mexican Military: A Reassessment*, David Ronfeldt (ed.), Center for U. S.-Mexican Studies, University of California, San Diego, Monograph Series, 15, pp. 201-214.
Suárez, Modesto, (1995), "El cuidado de la nación: la seguridad nacional en México", *Este País*, núm. 49, abril.
Summit of the Americas Declaration of Principles (1994), *Business America*, vol. 115, núm. 12, diciembre, pp. 10-13.

Tapia Valdés, Jorge A. (1980), *El terrorismo de Estado. La doctrina de la seguridad nacional en el Cono Sur*, Nueva Sociedad-Editorial Nueva Imagen, México.

Wager, Stephen J. (1984), "Basic Characteristics of the Modern Mexican Military", en *The Modern Mexican Military: A Reassessment*, David Ronfeldt (ed.), Center for U. S.-Mexican Studies, University of California, San Diego, Monograph Series, 15, pp. 87-106.

Williams, Edward J. (1984), "The Mexican Military and Foreign Policy: The Evolution of Influence", en *The Modern Mexican Military: A Reassessment*, David Ronfeldt (ed.), Center for U. S.-Mexican Studies, University of California, San Diego, Monograph Series, 15, pp. 179-200.

White House, The (1994), *A National Security Strategy of Engagement and Enlargement*, U. S. Government Printing Office, Washington.

——— (1997), *A National Security Strategy for a New Century*, U. S. Government Printing Office, Washington.

Zalmay, M. (1995), *From Containment to Global Leadership? America and the World After the Cold War*, patrocinado por la United States Air Force mediante el contrato F49620-91-C-0003, RAND, Santa Mónica, California.

SINDICATO

Enrique de la Garza Toledo

Definición

Con el término *sindicato* se designa desde el siglo XIX a las organizaciones de trabajadores asalariados que representan a éstos frente a sus empleadores. Sin embargo, los terrenos de esta representación, las características de su organización, sus formas de lucha y sus ideologías se han trasformado al igual que el concepto de trabajo y los trabajadores mismos. En términos muy generales, a mediados del siglo XIX, los sindicatos pasaron de ser organizaciones ilegales (Abendroth, 1978) a constituirse en fuerzas políticas junto a los partidos que contribuyeron a crear instituciones centrales en las sociedades capitalistas modernas (Hobsbawm, 1980) y a ser parte integrante del funcionamiento institucional de los sistemas de relaciones industriales en casi todo el siglo XX (Wedderburn, 1980), hasta llegar desde los ochenta a su crisis actual e incierta restructuración (De la Garza, 1994).

Sobre el contenido del concepto de sindicato han influido principalmente la extensión de la actividad laboral asalariada; las formas de llevarla a cabo (concentración productiva, tecnología, organización del trabajo, relaciones laborales, culturas del trabajo); la estructura del mercado de trabajo y su distribución por ramas y ocupaciones en la economía; la estructura de organización gremial; las ideologías dominantes y formas más amplias de subjetividad de los afiliados; sus demandas y formas de lucha, y el tipo de relaciones entre sindicatos, partidos, empresas y Estados (De la Garza y Melgoza, 1996). Las articulaciones entre estructuras como las anteriores han acotado espacios para la acción sindical, que como veremos han cambiado históricamente. Pero estos espacios de acción se han transformado en función no sólo de estructuras, sino también de los sujetos obreros organizados, de sus formas de dar sentido a la situación y a la propia acción, contribuyendo con ello al cambio de estructuras como las mencionadas.

Historia, teoría y crítica

En la etapa anterior a la Revolución industrial no aparecieron todavía los sindicatos (Hobsbawm, 1976). Las manufacturas prefabriles eran aportadas por dos sujetos proletarizados: los artesanos convertidos en asalariados, que alguna tradición gremial pudieron llevar a los talleres capitalistas, y los campesinos proletarizados sin tradición gremial. De estos dos sujetos, en las nuevas condiciones de ser asalariados y no tener la propiedad de los medios de producción, surgieron las mutualidades, como antecesoras manufactureras de los sindicatos (Hobsbawm, 1980). Se trataba de organizaciones de ayuda mutua de los trabajadores, en casos de enfermedad y muerte, frente al naciente maquinismo. Las mutualidades coexistían con cooperativas de consumo o de producción que también evocaban un mitológico pasado gremial precapitalista. Pero los gremios eran diferentes de estas primeras organizaciones de los asalariados del capital: aquéllos agrupaban a aprendices y maestros, propietarios y dependientes de éstos, en defensa del oficio y su reproducción. En esta medida, el centro de sus reglamentaciones no era la relación salarial, sino la actividad productiva, la especificación de las normas de producción, la delimitación del mercado del producto y las pruebas de suficiencia profesional. En cambio, las nuevas organizaciones obreras mutualistas buscaban la protección de sus afiliados en aspectos elementales para la supervivencia, en su condición de asalariados no propietarios de los medios de producción que utilizaban (Thompson, 1978). En esta medida, las mutualidades fueron derivando del campo de la reproducción de los trabajadores al de la compraventa de la fuerza de trabajo y las condiciones de trabajo, transformación que dio origen a los sindicatos (Abendroth, 1978). Éstos nacieron hacia 1830 en Inglaterra y Francia, y la primera etapa de su historia se extendió en Europa hasta poco después de la caída de la Comuna de París en 1871, y en los Estados Unidos y América Latina hasta principios de este siglo.

Primera etapa: el sindicato de oficio

El sindicato de oficio solamente agrupaba a los trabajadores del mismo oficio y rechazaba a los que no lo tenían (Coriat, 1984). Se trata de un periodo del sindicalismo en el que la presencia del maquinismo es todavía limitada en la producción, aunque éste se extiende en las ramas más avanzadas de la época, los textiles y los ferrocarriles; sin embargo, hay sectores amplios en los que la producción como sistema de hombres y no de máquinas es todavía importante. Los obreros de oficio agrupados en los sindicatos no eran los artesanos de la Edad Media, no poseían el conocimiento completo de todas las actividades del proceso productivo, aunque las características del producto estaban en función de su destreza manual. No había todavía una organización científica del trabajo y, en esta medida, el trabajador tenía considerable autonomía en cuanto a los métodos y tiempos de producción (Taylor, 1932). La capacidad de resistencia a la explotación, basada en la posesión del saber hacer del oficio, va de la mano con la centralidad del lugar de trabajo como articulador de sus formas de organización, con la solidaridad del oficio que dio gran cohesión a este sujeto obrero y derivó en altas tasas de sindicación. El sindicato es concebido en esta etapa sobre todo como instrumento de resistencia del oficio en la compraventa de la fuerza de trabajo, en la lucha por mejores condiciones de trabajo y en el mantenimiento del monopolio del oficio; de esta manera, el sindicato también es visto como reproductor de la cultura del oficio (Mallet, 1978). Todo esto en un periodo de la producción capitalista en el que se mezclan procesos manufactureros con otros maquinistas, pero en los que el control capitalista sobre el tiempo de producción es limitado. Por entonces no habían surgido los sistemas de relaciones industriales, los sindicatos eran ilegales y, en general, no existían el derecho laboral, las instituciones de conciliación de los conflictos entre el capital y el trabajo ni la seguridad social (Aglietta, 1978). Por ello su forma principal de lucha no fue la negociación colectiva, sino la huelga de hecho y la insurrección. La clase obrera organizada en esta época reaccionaba en función de las crisis económicas que la sumían en la miseria. En Europa su gran organización fue la Primera Internacional (en los Estados Unidos, la American Federation of Labor), en la que disputaron anarquistas y marxistas, los primeros mirando hacia un ideal de artesano propietario, los segundos anticipando los procesos de descalificación y homogeneización que traía el maquinismo. La Primera Internacional hizo su última intentona revolucionaria con la Comuna de París, derrotada sangrientamente en 1871. Las estructuras de organización de los sindicatos de oficio eran por lo general simples, de democracia de asamblea, poca formalización estatutaria y control directo de la base sobre los dirigentes, aunque por la escasa institucionalidad de las relaciones laborales favorecieron la aparición de dirigentes heroicos, caudillos carismáticos entregados a la causa de los obreros con tendencias al martirologio. La extensión primero del maquinismo en las grandes empresas de Europa occidental y los Estados Unidos, y, desde principios del siglo XX, del taylorismo como forma de organización del trabajo, cambió la estructura de las ocupaciones de la clase obrera, al mismo tiempo que crecían los sindicatos vinculados con partidos obreros y emprendían una lucha por la reforma (creación de instituciones de regulación del mundo laboral) o por la revolución socialista (Abendroth, 1980).

Segunda etapa: lucha política y taylorismo; extensión del maquinismo y aumento de las luchas obreras por la institucionalización de las relaciones laborales o bien por la revolución (fines del siglo XIX hasta la crisis de 1929)

La extensión del maquinismo tuvo un efecto importante en la estructura de las ocupaciones de los trabajadores al operarse la transformación de oficial manufacturero en especialista en una máquina, junto a trabajadores sin calificación en esta etapa que en Europa occidental abarcó del último cuarto del siglo XIX hasta la década de 1930. En los Estados Unidos la extensión del maquinismo se imbricó con el taylorismo muy tempranamente, desde inicios del siglo XX, como forma de organización del trabajo que incrementó la descalificación y la sujeción del trabajador no sólo a la máquina, sino a la organización científica del trabajo. En Europa la extensión de los métodos tayloristas se dio hasta después de la segunda Guerra Mundial. En América Latina en el siglo pasado y primer tercio de este siglo el proletariado industrial era una minoría en un mar de campesinos; sin embargo, algunas ramas como los textiles, los ferrocarriles y la minería tuvieron un auge importante, tecnologías maquinizadas y efectos laborales semejantes —aunque en mucho menor escala— a los de los países europeos.

Ésta fue en Europa la era de la Segunda Internacional, que reivindicó al marxismo como su doctrina oficial, a pesar de que en su seno disputaron muy pronto las corrientes revolucionarias con las reformistas. Se trata de una fase de crecimiento de los sindicatos y de creación de grandes confederaciones nacionales en relación muy estrecha con partidos obreros. Este crecimiento en organización trajo aparejada la burocratización de los sindicatos, como fue señalada en su momento por Michels y Weber: el incremento de la distancia en organización entre dirigencia y base, la mayor complejidad y formalización, así como los fenómenos de concentración de poder en las cúpulas. Es decir, la formación de oligarquías con intereses propios con respecto de sus representados (Lipset, 1970). La base obrera de estos sindicatos ya no eran los trabajadores de oficio, sino una masa recién salida del campo, especialistas en una máquina o descalificados por el maquinismo y los métodos tayloristas y fordistas. Esto contribuyó a afianzar el sentimiento entre los trabajadores de ser una clase opuesta al capital que sólo podría adquirir derechos —los políticos incluidos— mediante la lucha y la creación de sus propias organizaciones y partidos, concebidos no para la negociación colectiva, ni mucho menos para recrear el oficio, sino para la lucha política al nivel del Estado. En los sindicatos, tanto la corriente reformista como la revolucionaria concibieron al Estado como su espacio principal de acción, para derrocarlo y formar otro proletariado o bien para reformarlo y crear desde ahí instituciones protectoras de los trabajadores. Es en este periodo cuando son legalizados los sindicatos en los países más avanzados, como Alemania e Inglaterra desde fines del siglo pasado (en los Estados Unidos tendrían que esperar hasta la década de 1930 y en México hasta 1917); se establecen también las primeras reglamentaciones de las condiciones de trabajo y un *Welfare* primitivo en Alemania con el gobierno de Bismarck, antecesores de lo que sería en los años veinte y treinta el Estado benefactor. Este tipo de sindicalismo concibió su campo principal de acción parecido al del partido político en Europa y estuvo muy vinculado con partidos laboristas, socialistas o comunistas (en los Estados Unidos la débil relación del sindicalismo con los partidos y el Estado antes del *New Deal* prologó las luchas de acción directa, ejemplificadas por las de los International Workers of the Work, hasta los años veinte del presente siglo. En México los sindicatos fueron legalizados por la Revolución y a partir de 1917 se establecieron reglamentaciones laborales que se adelantaban a la propia industrialización. Desde otro punto de vista, en esta fase se produce el paso del sindicato de oficio al de empresa, que no distingue entre oficios y, en su segunda fase, hacia la negociación colectiva (Touraine, 1970).

Es en esta fase cuando se acuñan las tres grandes concepciones teóricas acerca del papel de los sindicatos que privaron hasta los años setenta.

a) La marxista-leninista, que dio origen al llamado por Touraine (1970) sindicalismo de oposición. En Marx, la concepción sobre los sindicatos osciló entre una libertaria y otra de magnificación del papel del partido a través de los conceptos de "clase en sí" y "para sí" (Hyman, 1978). Pero al fortalecerse la corriente bolchevique con la Revolución de octubre y fundarse la Tercera Internacional y la Internacional Sindical Roja, se impuso la concepción leninista acerca de los sindicatos como correa de transmisión de los partidos, desde el momento en que dejados a sus propias fuerzas tenderían hacia el economicismo (Lenin, 1954). Las dicotomías leninistas entre lucha económica y lucha política, entre demanda inmediata (que puede ser asimilada al funcionamiento capitalista y que puede romper la unidad del movimiento obrero a través de la formación de aristocracias proletarias) y el papel histórico de derrocamiento del capitalismo, llevó a subordinar el sindicato al partido. El partido sería el depositario de la *conciencia de clase*, además de llevarla desde afuera al proletariado y a los sindicatos, que por ellos solos no pasarían de tener una conciencia "tradeunionista" (Bologna, 1980). Es decir, el papel asignado por el leninismo a los sindicatos tiene su fundamento más íntimo en la contradicción estructural entre el capital y el trabajo y, sin embargo, para volverse revolucionarios los obreros deben importar la conciencia de clase desde los partidos (Castoriadis, 1980). El papel de los sindicatos sería el de oponerse al capitalismo y coadyuvar con los partidos para su derrocamiento, pero de cualquier manera estarían subordinados a estos últimos. Aunque esta corriente estuvo presente con fuerza en el plano internacional hasta los setenta a través de la Federación Sindical Mundial (restos de la cual permanecen en el Tercer Mundo), se enfrentó a la contradicción de proclamar propósitos revolucionarios y a la vez actuar en un mundo cada vez más institucionalizado en las relaciones industriales: la contradicción entre sindicato político al nivel del Estado y de contratación colectiva hacia lo que derivó el sindicalismo en general en el mundo desarrollado a partir de los años treinta (Trenttin, 1978).

b) Laborismo y socialdemocracia, que corresponde a lo que Touraine (1970) llama *sindicatos de integración*. A principios de siglo los esposos Webb sentaron las bases doctrinarias de este tipo de sindicalismo, que siguió en términos generales a la Internacional Socialista, rival de la Tercera Internacional. Para los esposos Webb, el fundamento de los sindicatos era la separación de los productores de sus medios de producción. Los sindicatos tendrían el papel de luchar por mejorar las condiciones de vida de sus agremiados, y para ello era necesario un vínculo con los partidos obreros que permitiera la conquista de leyes favorables al trabajo. La sociedad propugnada era la de un Estado interventor en la economía y benefactor, y el enemigo el capitalismo liberal desregulado en lo laboral. Éste también fue un sindicalismo que definió el campo de lo político estatal como su principal objetivo, y cuando sus demandas progresaron se le abrió también el de la negociación colectiva (Ferraroti, 1990). Fue la corriente que de manera más coherente estableció pactos corporativos en el norte de Europa, y con ellos una suerte de intercambios entre orden social y elevación del nivel de vida de los trabajadores. En algunos países subdesarrollados también se establecieron pactos corporativos que llevaron a los sindicatos a considerar el nivel del Estado como su arena principal de negociación (Schmitter, 1978).

c) Sindicalismo de negociación colectiva. Éste prosperó en países en los que la imbricación entre sindicatos y partidos fue débil, como en los Estados Unidos. Perlman (1980) fue de sus ideólogos principales; este planteó también que la relación capital-trabajo, tanto para socialdemócratas como para marxistas, traía aparejado un conflicto inherente de intereses, pero éste era entre mejoras en salario y condiciones de trabajo y ganancia capitalista. Y, a diferencia de la conclusión marxista que conducía a la revolución, frente a lo insalvable de la contradicción anterior, la conclusión de Perlman era que los obreros sin injerencia de los intelectuales y partidos no llegarían de manera natural hacia posiciones radicales, sino que podían permanecer en el nivel de luchas por mejorar sus condiciones de trabajo, de donde, según él, nace la conciencia obrera de negociación y no de revolución. Por lo tanto, este conflicto inherente no es visto como catastrófico para el capitalismo, ni implica rupturas finales, aunque es permanente por el control sobre el puesto de trabajo. Es decir, las luchas del movimiento obrero no tenían por qué ser políticas: podrían permanecer al nivel de la fábrica por mejores salarios, empleo y condiciones de trabajo, y ser los sindicatos de negociación colectiva en un marco institucional cada vez más regulado (Clegg, 1986). Este tipo de sindicato ha tenido su centro en los Estados Unidos con su organización principal, la AFL-CIO, que hacia los años cuarenta repartió posiciones internacionales en la CIOSL con la socialdemocracia (Laski, 1967).

La segunda etapa del sindicalismo culminó, por un lado, con el establecimiento del socialismo de Estado en la periferia capitalista (los sindicatos revolucionarios parecieron cumplir un papel en este sentido) y, por otro lado, con los Estados interventores en la economía y benefactores en lo social en los países desarrollados —y sus versiones subdesarrolladas—. Los sindicatos en esta segunda versión fueron actores centrales en los recién constituidos *sistemas de relaciones industriales*, que les dieron legitimidad, institucionalidad y capacidad para negociar con las empresas y los gobiernos (Flanders, 1968). Aunque en el mundo hubo de las tres corrientes sindicales internacionales y sus objetivos parecieron diversos, muchos tuvieron que entrar finalmente a la negociación colectiva institucionalizada con las empresas, y en algunos países a pactos corporativos al nivel del Estado.

Tercera etapa: los sindicatos en el capitalismo organizado (1930-1970)

En esta etapa se produce una consolidación en las empresas grandes del taylorismo-fordismo con sus consecuencias en intensificación del trabajo y alienación (Blauner, 1968). Se trata de la extensión del trabajador taylorizado, sin calificación o bien especialista rutinario y estandarizado en una máquina (Braverman, 1972). Las fábricas crecen en tamaño y se burocratizan, se formalizan y se tornan más complejas en su organización. La abundancia de reglas formales de cómo trabajar va en consonancia con las reglas contractuales negociadas por los sindicatos. Los sindicatos se especializan en la contratación colectiva, aunque en algunos países no se abandonó el terreno político institucional de alianzas con los partidos (Hyman, 1975). Como dijimos, en términos de doctrina subsistieron las diferencias entre sindicatos de oposición, de integración y de negociación, pero muchos de ellos tuvieron que entrar a la negociación en sistemas de relaciones industriales cada vez más regulados. Este periodo corresponde a una expansión larga del capitalismo, que duró desde el fin de la segunda Guerra Mundial hasta principios de los setenta y que, junto con el aumento de la negociación sindical y las políticas keynesianas, llevó a una elevación de los niveles de vida en el mundo desarrollado y a una influencia importante de los sindicatos en las políticas económicas y sociales de los Estados. Es decir, el sindicalismo tendió a un *sindicato de la circulación*, centrado en la compraventa de la fuerza de trabajo, pero a diferencia del primer periodo reseñado, caminando sobre espacios institucionales de negociación (Baglioni y Crouch, 1990). En los países en los que se constituyeron pactos corporativos o bien predominó el sindicalismo revolucionario, los sindicatos combinaron la acción en la circulación con la acción política con el Estado o contra el Estado. En los países del socialismo real, los sindicatos fueron integrados al orden estatal en forma subordinada; aunque formalmente tenían capacidades de negociación colectiva, ésta se subsumía en el plan económico central, de tal forma que su campo de acción derivó hacia servicios en el área de la reproducción social (clínicas, hoteles, lugares de descanso) que ofrecían a sus agremiados como complemento de los servicios sociales del Estado (De la Garza, 1991). En los países subdesarrollados se dieron dos situaciones. En unos se establecieron pactos corporativos que, aunque no tuvieron la profundidad ni la extensión de los que se dieron en los países desarrollados, implicaron a los sindicatos en el mantenimiento del orden social con algunas ganancias para las dirigencias y sus agremiados. En este caso los sistemas de relaciones industriales fueron imperfectos, muy dependientes de las relaciones políticas a pesar de estar formalmente regulados. La otra situación fue la de aquellos países en los que los sindicatos subsistieron en condiciones de represión abierta y que se adhirieron a corrientes revolucionarias, parecidas a las de las primeras épocas del sindicalismo, y que en ocasiones lograron coadyuvar al triunfo de revoluciones socialistas o anticoloniales.

En síntesis, dependiendo del contexto y su historia, el sindicalismo en este periodo significó por un lado contratación colectiva, en ocasiones también como fuerza política pero actuando en general institucionalmente. Sólo en la periferia subsistió como sindicalismo de oposición consecuente cuya tarea era contribuir a hacer la revolución. En los Estados del socialismo real derivó hacia un nuevo tipo de "sociedad de apoyo mutuo" frente a las rigideces e ineficiencias del sistema.

En dos momentos importantes el sindicalismo fue cuestionado en forma enérgica en lo teórico y en lo práctico por no representar los intereses de los trabajadores, sino de los partidos o del Estado; por haberse asimilado a las reglas capitalistas, y por no saber cómo resolver la contradicción entre institucionalización y revolución. El primero fue el consejismo de los años veinte (Mandel, 1978), y el segundo entre 1968 y 1974 (Trenttin, 1978), principal mas no únicamente en Europa. Además del problema de la burocratización de los sindicatos y de aquellos sobre representatividad y democracia, se cuestionó que éstos redujeran su campo de acción a la circulación de la fuerza de trabajo (compraventa) y olvidaran lo que en sus orígenes todavía fue importante: el control sobre el trabajo. Es decir, si el "conflicto estructurado" (Edwards, 1979) nace del trabajo y no del reparto de la ganancia, es en este terreno en el que debería centrarse la acción obrera. Así, el espacio de la producción podría convertirse en espacio político de lucha por el poder. En los sesenta estas críticas se relacionaron con la idea de que las reestructuraciones productivas implican cambio de poder en los procesos de trabajo por sus efectos en las calificaciones y las recomposiciones que alteran la composición técnica de la clase obrera (Panzieri, 1978). La solución se planteó por la transformación del terreno de acción de los sindicatos de la circulación a la producción —*sindicatos de la producción*— y la creación de sus instituciones en los lugares de trabajo, los consejos o comités de empresa (Batstone, 1977). Éstos serían de democracia directa, estarían arraigados a los lugares de trabajo y su función principal se orientaría al control del proceso productivo. El obrerismo se agotó en los setenta; sin embargo, consolidó los comités de fábrica en Europa, que han resultado más resistentes a la decadencia que las organizaciones sindicales tradicionales en las nuevas condiciones de reestructuración productiva.

Líneas de investigación y debate contemporáneo

Cuarta etapa: reestructuración estatal-productiva y crisis del sindicalismo

A partir de los años ochenta el sindicalismo institucionalizado de negociación colectiva o corporativo, así como las reminiscencias revolucionarias, entraron en crisis. En este cambio epocal han influido: *A)* La crisis del *Estado social*, tanto en su forma desarrollada como en la subdesarrollada, que ha llevado a la ruptura o reducción del efecto de los pactos corporativos y a la disminución de la influencia sindical en la gestión del sistema de relaciones industriales con su descentralización y flexibilización, junto a la crisis de sus aliados, los partidos keynesianos (Hyman, 1989). *B)* La reestructuración productiva, que combina una revolución tecnológica con otra de organización y que afecta las relaciones laborales en las empresas. Es la crisis del taylorismo-fordismo y del carácter instrumental del trabajo, que tiende a ser sustituido por las políticas de *gestión de recursos humanos* de las empresas, las cuales marginan al sindicato y para tratar directamente con los trabajadores (Fernie y Metcalf, 1995). *C)* Es la transformación de la estructura del mercado de trabajo y las ocupaciones, primero expresada como decadencia del sector industrial (reducto principal del sindicalismo) con respecto de los servicios; también por el crecimiento del número de trabajadores de cuello blanco, técnicos y mujeres, menos propensos a sindicarse; finalmente, por la extensión del empleo precario, a tiempo parcial, por horas, de migrantes (en el mundo subdesarrollado, la extensión del sector informal), más difícil de sindicar (Hyman, 1996). *D)* La globalización de las economías y de las empresas vuelve más difíciles las luchas sindicales nacionales (Thomas, 1996). En estas condiciones han reaparecido las tesis del *fin del trabajo* y de la centralidad del trabajo en los mundos de vida de los trabajadores para explicar la crisis de la identidad sindical (Offe, 1985). La crisis actual del sindicalismo es una realidad; sin embargo, habría que preguntarnos si cada uno de los periodos analizados no implicó la crisis de la forma sindical precedente (Lipset, 1986): del sindicalismo de resistencia inicial, del sindicato como fuerza política y del de negociación en el sistema de relaciones industriales. En la última etapa analizada, el sindicato del sistema de relaciones industriales lo era también de la circulación. En el periodo actual, este tipo de sindicato no puede aspirar a mejorar las condiciones de vida o de trabajo simplemente apremiando al Estado o a través de la negociación colectiva porque el sistema de relaciones industriales ha cambiado, así como el Estado en el que encontraba apoyo en términos de política económica y laboral. Hoy se enfrenta a un mundo en el que los Estados inducen la flexibilización de los sistemas de relaciones industriales y de los mercados laborales, en el que reducen las protecciones de la seguridad social, en el que los mercados abiertos exigen a las empresas tener niveles superiores en productividad y calidad y en el que la globalización supone, entre otras cosas, el posible traslado rápido de capitales entre países buscando mejores condiciones para las empresas, utilizando la fragmentación de los procesos productivos y la subcontratación. Se trata de la crisis de un tipo de sindicato circulatorio y de Estado. ¿Lo anterior significa el fin de la forma sindicato como tal? Sin embargo, la globalización no ha traído la prosperidad homogénea del mundo; por el contrario, los niveles laborales han ido hacia la baja aun en países desarrollados. Tampoco las crisis económicas y financieras han sido desterradas con el libre mercado. Por ende, el problema del desempleo sigue latente. Teóricamente, la tesis del conflicto estructurado no ha sido rebatida, y la concepción de desarticulación de mundos de vida ignora que tampoco en el pasado existió una sociedad totalmente articulada, especialmente en el siglo XIX, y que la desarticulación y rearticulación parciales pueden ser una característica de más largo plazo de las sociedades de lo que suponen aquellas tesis (Hyman, 1996). En fin, que las prácticas sociales también pueden ser articulantes más que concebir la articulación como condición dada (De la Garza, 1994).

Finalmente, el contenido del cambiante concepto de *sindicato* da cuenta de la forma como socialmente ha sido constituido el propio concepto de *trabajo*. En el siglo XIX el trabajo a que aludían los sindicatos era el de la industria, la agricultura y los servicios, que no se habían transformado al unísono; esta situación continuó hasta la década de 1950 (aunque habría que señalar que algunos servicios como los transportes y las telecomunicaciones se maquinizaron en época temprana y han sido tradicionalmente de alta sindicación). Sin embargo, en la década siguiente algunos servicios modernos se "taylorizaron" (la maquinización era limitada hasta la entrada de las computadoras en oficinas), de tal forma que la sindicación se extendió a estos sectores de cuello blanco, como los trabajadores de los bancos y los profesores universitarios; así se dio en Europa, en los setenta lo que algunos autores llamaron la "terciarización del conflicto". No obstante, es cierto que los servicios han crecido más que la industria, la que en algunos países ha decaído como lugar de ocupación; en esta medida el trabajo industrial deja de ser el modelo de la actividad productiva, y especialmente sectores como las telecomunicaciones y la computación compiten en expansión, ocupación y sobre todo capacidad de cambio tecnológico con la industria automotriz. Visto en otro sentido, el trabajo de los departamentos de administración, ventas, finanzas y compras ocupa cada vez más personal en relación con los de producción directa y sus labores se asemejan a aquellas de los servicios modernos. Un cambio adicional que transforma el sentido del trabajo es el mantenimiento, a pesar de la existencia de grandes corporaciones, de las pequeñas y medianas empresas, cada vez más como subcontratistas de las grandes y con condiciones de trabajo diferentes de las de aquéllas. Asimismo, han aumentado los trabajos precarios e irregulares, así como el autoempleo, en países como los de América Latina. Es decir, la preeminencia del trabajo industrial ha sido sustituida por una heterogeneidad muy superior a la del pasado y por la existencia no de uno, sino de varios sectores centrales (el automotriz, que continúa como tal, telecomunicaciones, computación, bancos y finanzas, educación y electrónica, por ejemplo). ¿Hasta qué punto los sindicatos podrán mutar de organizaciones centradas en la contratación colectiva, el salario, el empleo y las prestaciones económicas, a otras orientadas a la producción en varias modalidades?, ¿de organismos que pactaban con los Estados y obtenían beneficios de esta manera para sus afiliados a formas más autónomas de participación política con las nuevas fuerzas sociales?, ¿de ser un organismo centrado en la industria a otro que se introduzca en los nuevos servicios y en el empleo precario?, ¿de una organización con base nacional a otra globalizada? Las respuestas a estas cuestiones pueden ayudar a definir cuál puede ser el futuro de los sindicatos.

BIBLIOGRAFÍA

Abendroth, W. (1978), *Historia social del movimiento obrero europeo*, Tusquets, Barcelona.

——— (1980), *La Socilademocrazia in Germania*, Editori Riuniti, Roma.

Aglietta, M. (1978), *Regulación y crisis del capitalismo*, Siglo XXI, México.

Baglioni, G., y C. Crouch (1990), *European Industrial Relations*, SAGE, Londres.

Batstone, E. (1977), *Shop Stewards in Action*, Basil Blackwell, Oxford.

Blauner, R. (1964), *Alienation and Freedom*, Chicago University Press, Chicago.

Bologna, S. (1980), *Crisi e Organizatione Operaia*, Feltrinelli, Milán.

Braverman, H. (1972), *Trabajo y capital monopolista*, Nuestro Tiempo, México.

Castoriadis, C. (1980), *La experiencia del movimiento obrero*, Tusquets, Barcelona.

Clegg, H. (1986), *El sindicalismo en un sistema de negociación colectiva*, Ministerio del Trabajo y de la Seguridad Social, Madrid.

Coriat, B. (1984), *El taller y el cronómetro*, Siglo XXI, Madrid.

Edwards, R. (1979), *Contested Terrain*, Basic Books, Nueva York.

Fernie, G., y D. Metcalf (1995), "Participation, Contingency Pay, Representation and Workplace Performance", *British Journal of Industrial Relations*, 33, 3.

Ferraroti, F. (1990), "Preliminary Remarks on the Policentric

Society and the Fate of the Unionism", ponencia presentada en el XIII Congreso Mundial de Sociología, Madrid.

Flanders, A. (1968), *Trade Unions*, Hutchison University Library, Londres.

Garza, Enrique de la (1991), "La crisis del socialismo real y retos para el marxismo", *Dialéctica*, 15, 21.

—— (1994), "Neoliberalismo y estrategia del movimiento obrero", en *Productividad. Diversas experiencias*, Fundación F. Ebert, México.

——, y J. Melgoza (1996), "Los ciclos del movimiento obrero en México", *Revista Latinoamericana de Estudios del Trabajo*, 2, 3.

Hobsbawm, E. (1976), *En torno a los orígenes de la Revolución industrial*, Siglo XXI, México.

—— (1980), *Trabajadores*, Crítica, Madrid.

Hyman, R. (1975), *Industrial Relations*, McMillan, Londres.

—— (1978), *El marxismo y la sociología del sindicalismo*, Era, México.

—— (1989), *The Political Economy of Industrial Relations*, McMillan Press, Londres.

—— (1996), "Los sindicatos y la desarticulación de la clase obrera", *Revista Latinoamericana de Estudios del Trabajo*, 2, 4.

Laski, H. (1967), *Los sindicatos en la nueva sociedad*, FCE, México.

Lenin, V. I. (1954), *Obras escogidas*, Progreso, Moscú.

Lipset, S. (1970), *Unions and Capitalism*, Yale University Press, Nueva York.

Lipset, S. (1986), *Unions in Transition*, ICS Press, Nueva York.

Mallet, S. (1978), *La nueva condición obrera*, Blume, Madrid.

Mandel, E. (1978), *Control obrero, Consejos obreros y autogestión*, Era, México.

Offe, C. (1985), *Disorganised Capitalism*, Polity Press, Cambridge.

Panzieri, R. (1978), "Acerca del uso capitalista de la máquina", en *Economía política de la acción sindical*, Siglo XXI, México.

Perlman, S. (1980), *Per una Teoría dell'azione Sindacale*, Edizioni Lavoro, Roma.

Schmitter, K. (1993), "¿Continuamos en el siglo del corporativismo?", en *Teoría del neocorporativismo*, U. de G., Guadalajara.

Taylor, F. (1932), *Principios del manejo científico del trabajo*, Fundidora de Monterrey, Monterrey.

Thomas, H. (1996), "The Erotion of Trade Unions", en *Globalization*, Age, Londres.

Thompson, E. (1978), *La formación histórica de la clase obrera*, Laia, Barcelona.

Touraine, A. (1970), "Clase obrera y sociedad global", en G. Friedman y P. Naville, *Tratado de sociología del trabajo*, FCE, México.

Trenttin, B. (1978), *Il Sindacato dei Consigli*, Editori Riuniti, Roma.

Wedderburn, G. (1980), *Democrazia Política e Democrazia Industriale*, De Donato, Bari.

SISTEMA ELECTORAL

Alonso Lujambio

Definición

Por *sistema electoral* se entiende el modo en que las preferencias político-electorales de los ciudadanos se agregan para producir un determinado resultado, sea para adjudicar puestos legislativos (escaños en cuerpos colegiados) o ejecutivos (cargos de gobierno unipersonales). Los estudios sobre los orígenes y las consecuencias políticas de los sistemas electorales, así como las modificaciones de que han sido objeto dichos sistemas en distintos países y momentos históricos, han llevado a dos grandes estudiosos de la disciplina a asegurar, en primer lugar, que estamos frente a un objeto de investigación que demuestra que el estudio de la política tiene una historia, que es posible la acumulación de conocimientos en política y que por lo tanto es posible erigir una ciencia de la política (Riker, 1982), y, por otro lado, que estamos frente al instrumento más manipulable de la política (Sartori, 1968) y por ende frente a la posibilidad de una ingeniería que sea capaz de alterar y guiar la conducta de partidos y ciudadanos con el fin de establecer una democracia responsable y gobernable. Las hipótesis probabilísticas, que no determinísticas, que los estudiosos de los sistemas electorales han sometido durante años a pruebas empíricas han investigado la relación entre el sistema electoral y el sistema de partidos, el impacto del sistema electoral en las preferencias de los ciudadanos, en la estructura organizacional de los partidos, en el funcionamiento de los órganos representativos y la gobernabilidad de la democracia como un todo.

Empecemos con una descripción general de los sistemas electorales. Huelga decir que hay una gran variedad de clasificaciones (Lakeman, 1955; Rae, 1967; Taylor y Johnston, 1979; Bogdanor, 1983; Blais, 1988; Nohlen, 1994; etc.), en las que variables como la estructura de la boleta electoral (con una o varias opciones para el elector), la magnitud de los distritos electorales (desde la magnitud 1 en sistemas mayoritarios uninominales, hasta la magnitud t en la que todo el país es un distrito en sistemas proporcionales plurinominales), la barrera de entrada al reparto de escaños (natural o legal) o la fórmula repartidora de escaños y sus efectos (grados de sobre o subrepresentación de partidos grandes, medianos y pequeños) dominan el criterio de distinción. Aquí se expone la clasificación más sencilla, en atención al criterio clásico, sin que omitamos la mención de variantes que pueden modificar la naturaleza de los sistemas.

Historia, teoría y crítica

Hay pues cinco grandes tipos de sistemas electorales: *1)* los de *mayoría simple o relativa*; *2)* los de *mayoría absoluta*; *3)* los de *representación proporcional*; *4)* los llamados de *representación semiproporcional*, y *5)* los *mixtos*.

1. El sistema electoral de *mayoría simple o relativa* consiste en que se acredita el triunfo en las elecciones al candidato que ha obtenido el mayor número de votos. Así, un candidato resultará ganador si recibe por lo menos un voto más que cualquiera de sus adversarios. Cada partido presenta un solo candidato y de la competencia surge un solo ganador. Se conoce también con el nombre de "sistema del que primero llega a la meta" *(first-past-the-post system)*. Se utiliza en las elecciones legislativas —en distritos uninominales— de varios países, como el Reino Unido, Canadá, Australia, Nueva Zelanda, la India y los Estados Unidos y en las presidenciales de Colombia (1974-1991), República Dominicana, Panamá, Paraguay, Venezuela, Costa Rica y México.

Una variante de este sistema se conoce con el nombre de *doble voto simultáneo* y se aplica en las elecciones presidenciales de Uruguay y Honduras. En él, varios candidatos del mismo partido compiten entre sí y frente a otros candidatos de otros partidos y resulta ganador el que obtiene más votos del partido ganador. Se le conoce como "doble voto simultáneo" debido a que el elector vota al mismo tiempo por un partido y por uno de sus candidatos y equivale a introducir una "elección primaria" en el interior de los partidos el mismo día de la elección general. Puede decirse, *grosso modo*, que este sistema pretende mantener cohesionados a partidos caracterizados por una gran fragmentación y división internas.

2. En el sistema de *mayoría absoluta* se acredita el triunfo al candidato que recibe más votos que el conjunto de sus adversarios, es decir, al que recibe por lo menos el 50% + 1 del total de votos. Puesto que es difícil que un competidor logre concentrar sistemáticamente más de la mitad de los votos, el sistema de mayoría absoluta suele estar acompañado de una de las siguientes dos modalidades: la segunda vuelta (llamada *run-off election* o *ballotage)* o el voto alternativo. El formato clásico de la *segunda vuelta* consiste en que, si en la elección ningún candidato logra conquistar la mayoría absoluta, entonces se celebra, ocho o 15 días después, una segunda ronda en la que sólo compiten el primero y el segundo lugar de la elección original. La segunda vuelta es utilizada en las elecciones presidenciales de varios países latinoamericanos, como Brasil, Chile, Perú, Colombia (desde 1991), Guatemala, El Salvador y Ecuador. Sin embargo, no debe suponerse que la presencia de una segunda vuelta coincide siempre con la exigencia de una mayoría absoluta para el ganador. Por ejemplo, en Costa Rica, la segunda vuelta se celebra si en la primera ninguno de los candidatos obtuvo el 40% (y no el 50% + 1) de los votos. Otro ejemplo: durante prácticamente toda la posguerra, Francia organiza elecciones legislativas a la Asamblea Nacional en distritos uninominales bajo el principio de la segunda vuelta. Ahí se exige una mayoría absoluta en la primera votación. Si de esta primera vuelta no resulta un ganador, se celebrará una segunda con los candidatos que obtuvieron más de 12% de los votos en la primera vuelta y resultará ganador el candidato más votado, aunque sólo conquiste una mayoría relativa de los votos. Es por ello que al método francés se le ha llamado "sistema de mayoría absoluta-mayoría relativa". Algunos autores han argumentado que el sistema de mayoría absoluta a dos vueltas en elecciones presidenciales tiende a dificultar la gobernabilidad en la relación entre poderes al provocar la atomización del sistema de partidos en la primera vuelta y dificultar al partido del presidente la obtención de un contingente mayoritario en el legislativo (Jones, 1995).

El otro método para forzar las cosas de modo que se consiga un ganador con mayoría absoluta es el *voto alternativo*, que sólo ha sido utilizado en Australia en elecciones legislativas bajo el sistema uninominal. El voto alternativo intenta producir una mayoría absoluta sin necesidad de ir a una segunda vuelta. Se le conoce con ese nombre porque al elector se le pregunta cuáles son sus preferencias alternativas (su segunda, su tercera, su cuarta alternativa) de resultar derrotada su primera preferencia. Si un candidato obtiene la mayoría absoluta de las primeras preferencias, resultará triunfador. En caso contrario, se elimina al candidato que obtuvo el menor número de primeras preferencias y se redistribuyen sus votos entre el resto de los candidatos según las segundas preferencias de los electores. Este procedimiento no se detiene hasta que alguno de los candidatos consigue la mayoría absoluta. De este modo, los electores no tienen que ir dos veces a las urnas. Al voto alternativo se le conoce también con el nombre de "voto preferencial".

Diversos autores han explicado que el sistema electoral de mayoría relativa tiende a producir un sistema bipartidista. Maurice Duverger (1957) formuló esta hipótesis de la siguiente forma: los sistemas de mayoría producen un "efecto mecánico" que genera la subrepresentación de los partidos medianos y pequeños que no logran obtener el triunfo más que en un puñado de distritos electorales; por otro lado, el "factor psicológico" lleva a los electores a no desperdiciar su voto por terceros partidos que no tienen posibilidades de triunfo. Ello explica, nos dice Duverger, la convivencia de sistemas electorales mayoritarios con sistemas bipartidistas. Pero los críticos de Duverger han analizado casos en los que el sistema electoral mayoritario convive con sistemas multipartidistas. En Canadá, por ejemplo, partidos locales con enorme concentración territorial sobreviven y evitan así el bipartidismo en el nivel nacional, debido a que son, aunque terceros federales, primeros o segundos locales (Rae, 1967). En la India no vemos bipartidismo porque los partidos no están "estructurados", esto es, no han logrado cruzar las líneas fronterizas de la dominación local de "notables" o "caciques" (Sartori, 1994). Otros autores como Lijphart (1984) afirman que para que el sistema de mayoría relativa produzca un bipartidismo es necesario que en la sociedad a la que se aplica la norma prive un solo *cleavage* o línea de conflicto (por lo regular el socioeconómico), ya que resulta muy difícil que sólo dos partidos políticos puedan institucionalizar un conjunto abigarrado de conflictos étnicos, lingüísticos y religiosos en sociedades plurales y culturalmente heterogéneas.

3. Los sistemas de *representación proporcional* son muy variados. Como su nombre lo indica, y como veremos más adelante, intentan convertir de manera más o menos proporcional votos en escaños, de modo que el porcentaje de votos que ha obtenido un partido se parezca lo más posible al porcentaje de escaños con que se ve representado en la asamblea. Dichos sistemas intentan precisamente evadir el efecto que producen los de mayoría, esto es, la subrepresentación de partidos medianos y pequeños, si bien se ha demostrado (Lijphart, 1984) que todos los sistemas electorales, sin excepción, tienen un efecto reductivo en el número de partidos. Rokkan (1970) explicó que los sistemas de representación proporcional se introdujeron en Europa en el siglo XIX para proteger a las minorías (Suiza, 1891) o como reacción a la amenaza que el sufragio universal y la entrada de nuevos electores supuso para partidos conservadores (Bélgica, 1899).

En términos generales, los sistemas de representación proporcional son más complejos que los de mayoría, pues introducen por lo menos tres instrumentos institucionales que tienen un efecto determinante en la naturaleza del resultado final: las listas de candidatos, las circunscripciones plurinominales y los umbrales de representación.

Los sistemas de representación proporcional presentan *listas de candidatos* a los electores. Dependiendo del porcentaje de votos que consiga en la elección, cada partido obtiene el triunfo para un número de candidatos colocados en orden en sus listas. Las listas tienen distintas características: por ejemplo, pueden ser *abiertas* (el elector puede introducir nuevos nombres a las listas) o *cerradas* (el partido fija sus candidatos y obliga al elector a ceñirse a la lista); pueden estar *bloqueadas* (el orden de los candidatos lo fija el partido) o *no bloqueadas* (el elector puede modificar el orden en que aparecen los candidatos del partido de su preferencia). El grado de control de los partidos o de los ciudadanos sobre la integración de la representación depende en buena medida de la combinación que se adopte en las dos dicotomías: listas abiertas o cerradas y listas bloqueadas o no bloqueadas.

Por otro lado, el reparto de escaños puede darse en una o varias *circunscripciones territoriales plurinominales*. El dato central es la magnitud de las circunscripciones (Taagepera y Shugart, 1989), esto es, el número de escaños que han de ser distribuidos en cada una de las circunscripciones plurinominales. Hay países, como Holanda e Israel, en los que todo el territorio representa una única circunscripción; otros, de hecho la mayoría, dividen el territorio en circunscripciones de distintas magnitudes. La magnitud de los distritos influye en la probabilidad de que pequeños partidos ingresen en el reparto de escaños y por lo tanto en la proporcionalidad del sistema en conjunto. España es un buen ejemplo: la magnitud promedio de sus circunscripciones plurinominales es de 6.7, pero Madrid y Barcelona tienen magnitudes de 32 y 33, respectivamente. La probabilidad de que pequeños partidos ingresen en las cortes vía Madrid o Barcelona es mayor, *ceteris paribus*, que en otras circunscripciones de magnitud tres o cuatro. En el polo opuesto, Ceuta y Melilla, que están escasamente pobladas, tiene una magnitud de uno: ahí el ganador se lo lleva todo y no hay posibilidad de proporcionalidad alguna. Así, un sistema de representación proporcional con distritos de magnitud tres (distritos "trinominales"), por decir algo, es un sistema que se aleja de la proporcionalidad y se acerca al polo de distorsión propia de los sistemas electorales de mayoría y uninominales.

Finalmente, encontramos los *umbrales de representación*. Éstos, junto con la magnitud de las circunscripciones, posibilitan que un sistema de representación proporcional controle el grado de atomización del sistema de partidos. Un sistema de distritos con magnitudes muy bajas obstaculiza la proliferación de partidos, a menos que el sistema de partidos no tenga estructuración nacional alguna y todos los partidos sean de corte en extremo parroquial y localista. De cualquier modo, el umbral legal de representación determina el mínimo porcentaje de votos que un partido político tiene que obtener para lograr ingresar en el reparto de escaños en la asamblea. Hay sistemas que colocan umbrales nacionales (Alemania 5%, Suecia 4%, Argentina 3%, México 2%, Holanda 1%) y otros que lo hacen por circunscripción. Cuando las magnitudes de las circunscripciones son muy pequeñas, el sistema puede obviar la colocación de un umbral legal, ya que el umbral efectivo está dado por la dificultad de obtener un escaño cuando hay muy pocos escaños por repartir.

En términos generales, distinguimos cuatro grandes sistemas de representación proporcional: *a)* los sistemas *de divisor*; *b)* los sistemas *de cociente*; *c)* el llamado *voto único transferible* y, finalmente, *d)* el sistema *binominal*.

a) Los sistemas *de divisor* asignan todos los escaños en una sola operación aritmética. Los votos de cada uno de los partidos se dividen en operaciones consecutivas y se asignan los escaños en orden decreciente. El método de divisor más conocido, y por lo demás muy utilizado en el mundo en elecciones legislativas (Brasil, Chile, República Dominicana, Paraguay, Ecuador, Perú, Uruguay, Venezuela, Argentina, España, Luxemburgo, Portugal, Bélgica, Suecia, Finlandia, Dinamarca, Eslovenia, Turquía, Israel, entre otros), lleva el nombre de su inventor, Victor D'Hondt (1878), que divide el voto de los partidos sucesivamente entre 1, 2, 3, 4, 5… Otro método de divisor, llamado de Sainte Laguë, divide entre 1, 3, 5, 7, 9… y por lo tanto favorece la entrada de los partidos pequeños al reparto. Un ajuste a esta última fórmula se conoce como Sainte Laguë modificado, porque divide sucesivamente el voto de cada partido entre 1, 4, 3, 5, 7, 9… y tiene por efecto, frente al formato clásico, retrasar un poco la entrada de partidos pequeños al reparto de escaños y beneficiar a los de tamaño medio. Bolivia se vale actualmente del método Sainte Laguë, mientras que su versión modificada fue utilizada hasta finales de los ochenta en Suecia, Noruega y Dinamarca.

b) Los sistemas *de cociente* asignan los escaños en dos operaciones consecutivas. Hay tres grandes fórmulas de cociente:

$$\text{Cociente } natural \text{ o simple (también llamado método } Hare) = \frac{\text{Votos válidos}}{\text{Número de escaños por repartir}}$$

$$\text{Cociente } Hagenbach\text{-}Bischoff \text{ (también llamado cuota } Droop) = \frac{\text{Votos válidos}}{\text{Número de escaños por repartir} + 1}$$

$$\text{Cociente } modificado \text{ (también llamado cuota } Imperiali) = \frac{\text{Votos válidos}}{\text{Número de escaños por repartir} + 2}$$

En los tres casos, una vez calculada la cuota o cociente se asignan a un partido tantos escaños como veces quepa el cociente en su total de votos, quedando siempre un *resto* de votos que no se tradujo en representación. Obviamente, los métodos de cociente no permiten, sobre todo los dos primeros, asignar todos los escaños en la operación antes descrita. Usualmente queda un puñado de escaños por repartir una vez que se ha concluido la primera operación. Por ello, los métodos de cociente van acompañados por lo común de una fórmula ("fórmula de restos") para repartir los escaños que no pudieron ser asignados en la primera operación. Así, por ejemplo, la fórmula "resto mayor" (también llamada fórmula Hamilton) le otorga los escaños que faltan por asignar, de modo consecutivo, a los partidos con los restos más grandes, mientras que la "resto menor" (también llamada fórmula Adams) los ofrece a los partidos con los restos más modestos.

c) El sistema conocido con el nombre de *voto único transferible* (VUT) se aplica en Irlanda y en Malta. Sólo puede ser utilizado en distritos plurinominales de baja magnitud, esto es, por ejemplo en Irlanda, en distritos en donde se reparten tres, cuatro o cinco escaños en cada distrito plurinominal. En cada distrito, los partidos pueden presentar uno o varios candidatos y el elector ordena sus preferencias entre todos los candidatos de todos los partidos. Para ganar un escaño, un candidato ha de alcanzar la cuota Droop. Si nadie lo logra, se reasignan los votos del último de los candidatos de acuerdo con las segundas preferencias de los electores que lo consideraron su primera opción. Si alguien obtiene la cuota pero se excedió en el número de votos, se reasignan sus votos sobrantes y así sucesivamente hasta que superan la cuota tantos candidatos como escaños contenga la circunscripción. Este sistema es ciertamente complicado; sin embargo, en Irlanda ha sobrevivido dos referendos. Su característica central es que otorga máxima libertad a los electores (pueden *ranquear* sus preferencias incluso cruzando líneas partidistas) y mínimo control a los partidos (porque no pueden imponerle a sus seguidores un orden predeterminado de candidatos). Como ya se dijo, este sistema no funciona en distritos de alta magnitud, ya que haría muy difícil para los electores reconocer el nombre y las características de un gran número de candidatos en competencia.

d) El sistema *binominal* es aquel en el que todas las circunscripciones tienen un carácter mínimamente plurinominal, es decir, asignan sólo dos escaños en cada distrito. Chile es el caso por excelencia de sistema binominal. Ahí encontramos 60 distritos binominales y por lo tanto una Cámara de Diputados de 120 miembros. Los dos partidos más votados se llevan cada uno un escaño. Las listas binominales (de dos nombres) están cerradas, pero no bloqueadas, esto es, los electores no pueden introducir nuevos nombres a las listas pero sí votar por uno u otro candidato de la lista binominal. El primer partido, sin embargo, puede llevarse los dos escaños, pero si y sólo si obtiene más de dos tercios de la votación en el distrito. Obviamente, la derecha pinochetista diseñó este sistema para no verse rebasada abrumadoramente por la coalición democrática de centro-izquierda. Así, perder una elección en un distrito binominal puede llevar en los hechos a un empate (es decir, a que cada quien se lleve un escaño). Dado que nos encontramos frente al sistema menos plurinominal de los plurinominales y más cercano a la uninominalidad, el sistema binominal es el menos proporcional, valga esta expresión, de los sistemas proporcionales.

CUADRO 1. *Porcentajes de la votación efectiva*[a] *en elecciones federales legislativas (1964-1997)*

	1964	1967	1970	1973	1976	1979	1982	1985	1988	1991	1994	1997
PRI	86.39	85.00	83.53	77.59	85.17	73.79	70.96	67.24	51.27	64.20	52.57	39.97
PAN	11.53	11.29	14.21	16.37	8.99	11.56	18.17	16.45	18.27	18.51	26.94	27.20
PPS*	1.37	2.53	1.42	4.02	3.17	2.81	2.03	2.19	9.36	1.87		
PARM*	0.71	1.18	0.84	2.02	2.67	2.02		1.92	6.21	2.24		
PCM-PSUM						5.32	4.51	3.42				
PDM						2.21	2.42	2.90				
PST-PFCRN*						2.29	1.91	2.81	10.35	4.56		
PMT							1.65					
PRT							1.42					
PMS*								4.54				
PRD									8.61	17.47	26.28	
PT											3.02	2.65
PVEM												3.91

[a] Se entiende por votación nacional efectiva el resultado de extraer de la votación total los votos anulados, los votos a partidos no registrados y los votos a los partidos que no superaron el umbral del sistema.
* Partidos que integraron el FDN en 1988.
FUENTE: Lujambio (1987, 1995) e Instituto Federal Electoral.

CUADRO 2. *Porcentajes de la representación en la Cámara de Diputados (1964-1997)*

	1964	1967	1970	1973	1976	1979	1982	1985	1988	1991	1994	1997
PRI	83.33	83.49	83.57	81.82	82.28	74.00	74.75	72.25	52.00	64.20	60.00	47.60
PAN	9.53	9.43	9.39	10.82	8.44	10.75	12.75	10.25	20.20	18.00	23.80	24.40
PPS*	4.76	4.72	4.69	4.33	5.06	2.75	2.50	2.75	6.00	2.40		
PARM*	2.38	2.36	2.35	3.03	4.22	3.00		2.75	5.80	2.80		
PCM-PSUM						4.50	4.25	3.00				
PDM						2.50	3.00	3.00				
PST-PFCRN*						2.50	2.75	3.00	7.00	4.60		
PMT							1.50					
PRT							1.50					
PMS*									3.40			
CD**									5.60			
PRD										8.00	14.20	25.00
PT											2.00	1.40
PVEM												1.60

* Partidos del FDN en 1988.
** En gran parte de los 300 distritos uninominales, los partidos del FDN presentaron sus propios candidatos. Candidatos de la Corriente Democrática presentados por los partidos del FDN en candidaturas comunes obtuvieron 28 victorias.
FUENTE: Véase el cuadro 1.

4. Los sistemas de representación *semiproporcional* son esencialmente dos: el llamado voto único no transferible (VUNT) que se utilizó en Japón a lo largo de prácticamente toda la posguerra, y el llamado voto limitado, que se sigue en las elecciones al Senado español. Con la fórmula VUNT, y al igual que VUT, las circunscripciones tienen magnitudes bajas de entre tres y seis escaños, y todos los partidos pueden presentar varios candidatos. Sin embargo, se consideran ganadores los candidatos que obtienen más votos en orden decreciente, sin importar el partido al que pertenezcan. Este sistema coloca a los partidos grandes en un dilema: si un partido grande sólo presenta un candidato en el distrito, éste podrá concentrar digamos 60% de los votos, pero en ese caso sólo se llevará un escaño. Si, por el contrario, dicho partido introduce en la boleta varios candidatos que fragmentan demasiado la votación en su favor, otros partidos con menores apoyos podrán llevarse la totalidad de los escaños, si es que logran rebasar en lo individual a los muchos candidatos del partido grande. Aquí no se transfieren votos de un candidato a otro, por eso es que el sistema se llama de voto "no transferible". Este sistema benefició claramente con una sobrerrepresentación a los partidos más grandes. Por último, con el voto limitado español el elector cuenta con varios votos, pero siempre con menos escaños, de modo que puede acumular sus votos en favor de un solo candidato o dispersarlos en favor de dos o más opciones.

5. Finalmente, nos encontramos con los *sistemas mixtos*, que combinan, en la integración de una misma asamblea legislativa, elementos del sistema mayorita-

CUADRO 3. *Divergencias entre los porcentajes de la votación efectiva y los porcentajes de la representación en la Cámara de Diputados (1964-1997)*
(- = *subrepresentación*, + = *sobrerrepresentación*)

	1964	1967	1970	1973	1976	1979	1982	1985	1988	1991	1994	1997
PRI	-3.06	-1.51	+0.04	+4.23	-2.89	+0.21	+3.79	+5.01	+0.73	0.00	+7.43	+7.63
PAN	-2.00	-1.86	-4.82	-5.55	-0.55	-0.81	-5.42	-6.20	+1.93	-0.51	-3.14	-2.80
PPS	+3.39	+2.19	+3.27	+0.31	+1.89	-0.06	+0.47	+0.56		+0.53		
PARM	+1.67	+1.18	+1.51	+1.01	+1.55	+0.98		+0.83		+0.56		
PCM-PSUM						-0.82	-0.26	-0.42				
PDM						+0.29	+0.58	+0.10				
PST-PFCRN						+0.21	+0.84	+0.19		+0.04		
PMT								-0.15				
PRT								+0.08				
FDN									-2.66			
PRD										-0.61	-3.27	-1.28
PT											-1.02	-1.25
PVEM												-2.31

FUENTE: Cálculos del autor basados en los cuadros 1 y 2.

rio y del proporcional. Durante prácticamente toda la posguerra, la Alemania Federal fue el sistema mixto por excelencia, al posibilitar que 50% de los miembros del *Bundestag* provinieran de distritos uninominales vía el sistema de mayoría relativa y el otro 50% de circunscripciones plurinominales (cada estado de la federación alemana constituye una circunscripción plurinominal) por el sistema de representación proporcional. Sin embargo, en los últimos años varios países han incorporado mixturas en su sistema electoral: Bolivia, Venezuela, Japón y Rusia introdujeron en los noventa la misma mixtura alemana (50% y 50%), mientras que Italia integra actualmente su Cámara de Diputados con 75% de diputados provenientes de distritos de mayoría relativa y 25% de listas plurinominales. La "mixtura" mexicana será abordada más adelante. En todo caso, el resultado de la mixtura en términos de la proporcionalidad depende de dos factores: la combinación de escaños mayoritarios y proporcionales (ya que si el elemento mayoritario domina sobre el proporcional, el correctivo del segundo sistema tiende a minimizar su impacto) y de si el componente proporcional se distribuye con independencia de lo sucedido en la pista mayoritaria o intenta corregir al máximo las distorsiones que dicha pista produjo en favor de los partidos grandes y en contra de los pequeños. El ejemplo alemán es el mejor: en la medida en que el elemento mayoritario es idéntico al proporcional y los escaños de representación proporcional corrigen las distorsiones del componente mayoritario, el resultado general de la mixtura ha dado como resultado un sistema casi perfectamente proporcional. Se ha argumentado con frecuencia que los sistemas electorales que se alejan del formato mayoritario y se acercan a la proporcionalidad tienden a producir sistemas multipartidarios (Duverger, 1957), ya que toleran con demasiada facilidad que partidos marginales (o nuevos partidos fundados por políticos excluidos de sus viejos partidos) adquieran una influencia importante con un puñado de votos. Al margen de las consideraciones vertidas aquí sobre el modo en que magnitudes y umbrales pueden regular el grado de fragmentación del sistema de partidos, algunos autores han subrayado la idea de que el incentivo al multipartidismo no es suficiente para favorecer, siempre y con certeza, una multiplicidad de partidos. Para Riker (1982), por ejemplo, el incentivo sólo puede operar cuando por alguna razón hay un deseo de formar nuevos partidos. El caso de Austria (en donde conviven proporcionalidad y bipartidismo) se ha esgrimido con frecuencia para mostrar pruebas y refutar la hipótesis (en todo caso probabilística más que determinística) de Duverger.

LÍNEAS DE INVESTIGACIÓN Y DEBATE CONTEMPORÁNEO

En México, el sistema electoral de la Cámara de Diputados del Congreso de la Unión fue mayoritario puro desde 1824 hasta las elecciones legislativas intermedias de 1961. A partir de las elecciones concurrentes, presidenciales y congresionales, de 1964, el sistema puede caracterizarse como mixto, si bien cabe hablar, en términos generales, de dos grandes sistemas mixtos a partir de entonces.

Al primero se le conoció con el nombre de "sistema de diputados de partido" y estuvo vigente, con algunas modificaciones menores, en las elecciones que tuvieron lugar entre 1964 y 1976 (De la Madrid, 1963; Moya Palencia, 1964; Fuentes Díaz, 1967; Mabry, 1964; Granados Chapa, 1975; Medina, 1978; Lehr, 1981; Molinar Horcasitas, 1986; Lujambio, 1987; Molinar Horcasitas, 1991; Marván y Lujambio, 1997). A los partidos pequeños que lograban superar el umbral del sistema (2.5%) se les asignaba un "diputado de partido" y uno más por cada medio punto porcentual adicional. A través de este mecanismo, el máximo de "diputados de partido" que se podía obtener era de 20. Si un partido pequeño conquistaba escaños de mayoría, se le descontaban "diputados de partido", de manera que el único modo de superar la barrera de 20 diputados era obteniendo más de 20 triunfos mayoritarios. Las listas de "diputados de partido" eran fijadas no por los partidos sino por la competencia, es decir, a los mejores perdedores (en términos absolutos) se les asignaban los escaños. Para las elecciones intermedias de 1973, el umbral se redujo de 2.5% a 1.5%, se amplió de 20 a 25 el máximo de diputados que cada partido minoritario podía obtener por esta vía y aumentó el número de distritos electorales uninominales de 178 a 194. En promedio, el sistema de diputados de partido produjo una tenue subrepresentación del partido más grande (PRI), subrepresentó considerablemente al partido de oposición más grande (PAN) y sobrerrepresentó notablemente a los partidos más pequeños (PPS y PARM).

El segundo sistema mixto se inauguró en las elecciones legislativas intermedias de 1979 y ha sido aplicado con cinco fórmulas diferentes (sobre la evolución del segundo sistema mixto: Lujambio, 1987; Woldenberg, 1991; Molinar y Weldon, 1992; Valdés Zurita, 1993; Lujambio, 1996). En la primera de ellas, aplicada en las elecciones de 1979, 1982 y 1985, la Cámara de Diputados contaría con 300 diputados provenientes de distritos de mayoría y uninominales y con 100 provenientes de circunscripciones plurinominales (tres en 1979, cuatro en 1982 y cinco en 1985) con listas cerradas y bloqueadas. El partido que conquistare más de 60 triunfos de mayoría en la pista uninominal no tendría acceso al reparto de los 100 escaños de RP (sólo al PRI se le aplicó la norma en las tres elecciones citadas). Tal como se observa en los cuadros, con este sistema la fórmula llamada *primera proporcionalidad* para distribuir los 100 escaños de representación proporcional tendió claramente a beneficiar con una sobrerrepresentación al partido más grande y a los más pequeños, al tiempo que castigó con una subrepresentación a los partidos de oposición más grandes (PAN y PCM-PSUM).

Con la segunda fórmula, aplicada en la elección de 1988, aumentó de 100 a 200 el contingente plurinominal del sistema electoral y se fijó en cinco el número de circunscripciones plurinominales en donde serían distribuidos escaños según el formato del cociente natural/resto mayor y con listas igualmente cerradas y bloqueadas. Bajo el nuevo esquema, todos los partidos entrarían al reparto de escaños plurinominales, según los lineamientos establecidos por la entonces llamada "cláusula de gobernabilidad". En efecto, la reforma constitucional aprobada en 1986 establecía: *a)* que si ningún partido obtenía más de 50% + 1 de los votos efectivos (total de los votos emitidos menos los anulados y los de los partidos que no pudieron superar el umbral del sistema) ni lograba ganar por lo menos 251 de los 300 escaños de mayoría relativa, entonces al partido más grande se le asignarían escaños de representación proporcional suficientes para obtener la mayoría absoluta de la Cámara; *b)* que si el partido más grande obtenía entre 50% + 1 y 70% de los votos efectivos, entonces se le asignarían los escaños de representación proporcional necesarios para obtener un resultado perfectamente proporcional, y *c)* la "cláusula de gobernabilidad" dispuso que ningún partido podría obtener más de 70% de la representación. Paradójicamente, y pese a su clara intención de manufacturar artificialmente mayorías, esta fórmula produjo en 1988 (con la elección más cuestionada en la historia posrevolucionaria) el resultado más proporcional en la historia de la Cámara de Diputados: con 51.27% de la votación efectiva, el PRI obtuvo 52% de los escaños y por primera vez fue incapaz de contar con los dos tercios requeridos para la reforma constitucional.

Con la tercera fórmula, aplicada en las elecciones de 1991, se conservaba la "cláusula de gobernabilidad" más un *plus* de representación al partido más grande: *a)* en caso necesario, a dicho partido se le asignarían tantos escaños de representación proporcional suficientes para alcanzar la mayoría absoluta de 251; *b)* ningún partido podía obtener más de 70% de los escaños, y *c)* el partido que obtuviese entre 60 y 70% de los votos sería representado con perfecta proporcionalidad. Como puede observarse en los cuadros, en 1991 la recuperación electoral del PRI llevó a que no fuera necesario aplicar la cláusula, si bien las desviaciones en favor del partido más grande fueron fuertemente cuestionadas, de modo que la fórmula citada no sobreviviría dos elecciones consecutivas.

Con la cuarta fórmula, aprobada en 1993 y aplicada solamente en las elecciones de 1994, *a)* ningún partido podía obtener más de 60% de los escaños si su votación quedaba por debajo de dicho porcentaje; *b)* si algún partido obtenía entre 60 y 63% de los votos, entonces el porcentaje de representación se igualaba a su porcentaje de votación, y *c)* ningún partido podría obtener más de 63% de la Cámara, esto último con el obvio fin de proteger a la oposición del control unipartidario de los dos tercios de los escaños. En los cuadros puede observarse que en 1994 el PRI obtuvo 60% de la representación habiendo obtenido 52.57% de la votación efectiva.

Finalmente, con la quinta fórmula, aprobada en 1996 y aplicada en las elecciones de 1997, se ha limitado la sobrerrepresentación del partido más grande a ocho puntos porcentuales, con lo cual, tal como enseñan los cuadros, ningún partido ha conquistado, por primera vez en la historia posrevolucionaria mexicana, la mayoría absoluta de los escaños en la Cámara de Diputados.

Por otro lado, el Senado también ha experimentado una transición del sistema mayoritario al proporcional. Hasta 1991, la Cámara Alta se integró con 64 senadores, dos por cada estado, electos en la misma papeleta por mayoría relativa. La reforma de 1993 determinó que el Senado se compondría de 128 miembros: cada estado sería representado por tres senadores de mayoría y uno de la primera minoría, con lo que se introdujo un elemento de proporcionalidad al sistema que, por cierto, y absurdamente, ignoraba el tamaño de esa "primera minoría". Después, con la reforma de 1996, se debilitó aún más el elemento mayoritario del sistema y se fortaleció el proporcional. La Cámara Alta seguiría contando con 128 senadores, pero distribuidos de otro modo: cada estado sería representado por dos senadores de la mayoría y uno de la primera minoría, para dar paso a una lista de 32 senadores electos en listas cerradas y bloqueadas en donde todo el país constituye una circunscripción plurinominal. Debido a la aplicación de este nuevo sistema electoral, en 1997 ningún partido logró conquistar, por primera vez en la historia posrevolucionaria, la mayoría calificada en el Senado.

Cabe mencionar, por último, que desde 1983 todos los estados de la Federación mexicana contaron con sistemas electorales igualmente mixtos. Una investigación en proceso (Lujambio, 1998) muestra que en los congresos locales de la Federación en 1983 (excluidos Tlaxcala, cuyos datos aún no se conocen, y el Distrito Federal, cuyo primer órgano de representación se inauguró hasta 1988), de los 593 escaños disponibles (454 de mayoría relativa, equivalentes a 76.56%, y 139 de representación proporcional, que representaban 23.44%), los partidos políticos de oposición concentraban 133 escaños (22.42%), de los cuales únicamente seis fueron de mayoría relativa, lo cual representa un porcentaje menor a uno por ciento. Al finalizar 1997, incluida ya la Asamblea Legislativa del Distrito Federal, el avance en la pluralidad en los congresos locales fue innegable. De los 1 054 diputados que integraron los congresos en ese año por ambos principios (645 uninominales, equivalentes a 61.20%, y 409 plurinominales, que representaban el 38.80% restante), el conjunto de partidos políticos distintos del PRI concentran 524 escaños (esto es, 49.71%), de los cuales 240, es decir, 37.21% del total, fueron obtenidos en distritos de mayoría. El aumento de la proporcionalidad en los sistemas electorales de los congresos estatales, junto con el incremento de la competitividad en el sistema de partidos en su conjunto, explican el hecho, totalmente novedoso en la historia posrevolucionaria mexicana, de que desde 1989 sean ya 12 de 32 entidades federativas las que han experimentado gobiernos en minoría congresional. Aguascalientes (1995-1998), Baja California (1989-1992, 1992-1995), Baja California Sur (1993-1996), Coahuila (1997-2000), Colima (1997-2000), Chihuahua (1995-1998), Estado de México (1996-1999), Guanajuato (1991-1994, 1994-1997, 1997-2000), Jalisco (1998-2001), Morelos (1997-2000), Querétaro (1997-2000) y Sonora (1997-2000).

BIBLIOGRAFÍA

Blais, Andre (1988), "The Classification of Electoral Systems", en *European Journal of Political Research*, 6.

Bogdanor, Vernon (1983), "Introduction", en *Democracy and Elections. Electoral Systems and their Political Consequences*, Vernon Bognador y David Butler (comps.), Cambridge, Cambridge University Press.

De la Madrid Hurtado, Miguel (1963), "Reformas a la Constitución Federal en materia de representación", en *Revista de la Facultad de Derecho*, 13, México, Universidad Nacional Autónoma de México.

Duverger, Maurice (1957), *Los partidos políticos*, México, FCE.

Fuentes Díaz, Vicente (1967), *Origen y evolución del sistema electoral*, México, edición del autor.

Granados Chapa, Miguel Ángel (1975), "Legislación electoral: un instrumento de dominación política", en *Estudios Políticos*, I.

Grumm, John G. (1958), "Theories of Electoral Systems", en *Midwest Journal of Political Science*, 2.

Hermens, F. A. (1941), *Democracy or Anarchy? A Study of Proportional Representation*, Notre Dame, University of Notre Dame.

Jones, Mark P. (1995), "A Guide to the Electoral Systems of the Americas", en *Electoral Studies*, 14, 1.

Lakeman, Enid (1955), *How Democracies Vote. A Study of Electoral Systems*, Londres, Faver and Faver.

Lehr, Volker (1981), *Der Mexikanische Autoritarismus, Partien Wahlen, Her Schatzsierung und Krisenpotential*, Munich, Fink.

Lijphart, Arend (1984), *Democracies. Patterns of Majoritarian and Consensus Government in Twenty-One Countries*, New Haven, Yale UP.

——— (1995), *Sistemas electorales y sistemas de partidos*, Madrid, Centro de Estudios Constitucionales.

Lujambio, Alonso (1996), "A Different Midterm in the Horizon? Mexican Parties and Congressional Politics Towards 1997", ensayo preparado para el seminario *Stability and Change in the Mexican Party System. The 1997 Midterm Election*, organizado por Mónica Serrano y el Institute of Latin American Studies, Londres, 28-29 de noviembre.

——— (1987), *La proporcionalidad del sistema electoral mexicano, 1964-1985*, tesis de licenciatura en ciencias sociales, México, ITAM.

——— (1995), *Federalismo y Congreso en el cambio político de México*, México, UNAM-Instituto de Investigaciones Jurídicas.

———, "La evolución del sistema electoral en los congresos de los estados de la Federación mexicana, 1980-1997", en preparación.

———, e Ignacio Marván (1997), "La formación de un sistema electoral 'netamente mexicano': la reforma de los 'diputados de partido', 1962-1963", en *Diálogo y Debate*, 1.

Mabry, Donald J. (1974), "México's Party Deputy System. The First Decade", *Journal of Interamerican Studies and World Affairs*, XVII.

Medina, Luis (1978), *Evolución electoral en el México contemporáneo*, México, Comisión Federal Electoral.

Molinar Horcasitas, Juan (1986), "The Mexican Electoral System. Continuity by Change", en Paul Drake y Eduardo Silva (comps.), *Elections and Democratization in Latin America*, San Diego, UCSD.

——— (1991), "El tiempo de la legitimidad. Elecciones, autoritarismo y democracia", en *México*, México, Cal y Arena.

———, y Jeffrey Weldon (1990), "Elecciones de 1988. Crisis del autoritarismo", *Revista Mexicana de Sociología*, LII.

Moya Palencia, Mario (1964), *La reforma electoral*, México, Plataforma.

Nohlen, Dieter (1994), *Sistemas electorales y partidos políticos*, México, FCE.

Quintal, David P. (1970), "The Theory of Electoral Systems", en *Western Political Quarterly*, 23.

Rae, Douglas (1967), *The Political Consequences of Electoral Laws*, New Haven, Yale University Press.

Riker, William (1982), "The Two-Party System and Duverger's Law: An Essay on the History of Political Science", en *American Political Science Review*, LXXXVI.

Rokkan, Stein (1970), *Citizens, Elections, Parties: Approaches to the Comparative Study of the Processes of Development*, Nueva York, McKay.

Sartori, Giovanni (1968), "Political Development and Political Engineering", en *Public Policy. An Annual*, Albert O. Hirschman y John D. Montgomery (comps.), Cambridge, Harvard University Press, XVII.

——— (1994), *Comparative Constitutional Engineering. An Inquiry into Structures, Incentives and Outcomes*, Nueva York, New York University Press.

Taagepera, Rein, y Matthew Soberg Shugart (1989), *Seats and Votes. The Effects and Determinants of Electoral Systems*, New Haven, Yale University Press.

Taylor, P. J., y R. J. Johnston (1979), *Geography of Elections*, Nueva York, Holms and Meier.

Valdés Zurita, Leonardo (1993), *Las consecuencias políticas de las reformas electorales en México, 1978-1993*, tesis de doctorado en ciencias sociales, México, El Colegio de México.

Woldenberg, José (1991), *La reforma electoral de 1989-1990*, México, Instituto de Estudios para la Transición Democrática.

SISTEMA POLÍTICO

David Torres Mejía

Definición

Se trata de una de las voces más empleadas no sólo en el ámbito de la ciencia política y la administración pública, sino en el lenguaje cotidiano y sobre cuyo contenido, empero, no hay unanimidad. Ello no es de extrañar dado que así sucede con una multitud de conceptos de los empleados en ciencias sociales y sobre los cuales se ha producido toda clase de disputas y polémicas.

Historia, teoría y crítica

La paternidad del concepto se debe al politólogo norteamericano David Easton, quien tituló así (*El sistema político*) su libro sobre el estado de la ciencia política en los Estados Unidos, aparecido en 1953 y traducido al español, en México, hasta 1968 con el título de *Política moderna*.

En aquel trabajo Easton se dio a la tarea de deslindar el campo de la ciencia política, para lo cual propuso que el objeto de estudio de la misma debería ser, precisamente, el sistema político y no otros de los conceptos entonces en boga como el poder o el Estado. El sistema político fue definido entonces como la distribución autorizada de valores dentro de relaciones de poder particulares.

Por valores, Easton entendía todo aquello que fuera deseable para una comunidad política. Se podía tratar tanto de bienes materiales, tangibles (el agua, la riqueza, recursos naturales, la propiedad de la tierra, etc.), como espirituales, intangibles (la libertad, los derechos individuales y colectivos, etc.). La distribución de estos valores o bienes por parte del sistema político suponía, a su vez, que los otros mecanismos de distribución existentes en la sociedad habían sido incapaces de realizar una asignación mediante los métodos tradicionales, lo que producía una situación de conflicto que de no atenderse oportunamente podría tener consecuencias graves para la sociedad.

Por ejemplo, una disputa de salarios entre un sindicato y una empresa puede resolverse normalmente mediante los regateos previstos en el sistema económico, regulado en las sociedades contemporáneas por un conjunto de leyes y disposiciones reglamentarias. Si las partes llegan a un acuerdo dentro de las reglas del juego establecidas (que pueden incluir el derecho de huelga), el conflicto desaparece sin haber ido más allá del ámbito de los sistemas económico y jurídico. Sin embargo, en caso de no producirse un arreglo, si el sindicato lograra convocar en apoyo a sus demandas a otros sindicatos y a grupos amplios de la sociedad, y se propusiera la realización de una huelga general en demanda de incrementos salariales generalizados, entonces el conflicto no podría ser resuelto mediante los mecanismos convencionales del sistema económico y estaríamos ante una disputa de carácter político.

Algo parecido sucedería si un sindicato tuviera en sus manos la producción de un bien estratégico, como la energía eléctrica o los hidrocarburos. Tanto en este último caso como en el anterior, se estarían formulando demandas al sistema político en la medida en que esas situaciones estarían vinculadas a intereses más amplios de la sociedad. Surgirían entonces toda clase de posiciones encontradas sobre si la razón la tienen los trabajadores o bien las empresas, la que en el fondo sería una disputa acerca de la escasez relativa de ciertos bienes (salarios, electricidad, hidrocarburos).

El sistema político registraría demandas de esa índole no como situaciones de carácter meramente local, sino como de índole general, al menos potencialmente. Al echar a andar los mecanismos del sistema político, ese tipo de demandas generan respuestas que, aparte de su contenido específico, buscan la aceptación del conjunto más amplio de la comunidad política y de la sociedad en general.

Easton es contundente al afirmar que la aceptación de la decisión política por parte de la comunidad política no tiene necesariamente un carácter universal. Pero sostiene que al menos una mayoría amplia de dicha comunidad debe acatar la decisión. En este sentido, también subraya que una cosa es acatar una decisión y otra estar de acuerdo con ella, y que el sistema político busca sobre todo el acatamiento de la misma. Así, en una disputa electoral, por ejemplo, lo importante no es tanto quién ganó, sino si el resultado es aceptado y acatado por la comunidad política aunque un segmento importante de la misma haya votado por el candidato o los candidatos perdedores.

En consecuencia, las decisiones políticas (políticas públicas) que produce el sistema político no buscan tanto el consentimiento de todos hacia su contenido específico como hacia la forma de la decisión y el proceso que llevó a ella.

De esta manera, Easton sentó las bases para una multitud de estudios sobre la política que hicieron hincapié en los aspectos de legitimidad y consenso del sistema político, presentes tanto en teorías parciales —como las del pluralismo democrático o las de la modernización—, como en perspectivas más generales —como las de la política comparada—. Lo distintivo de su propuesta es que no califica a ningún sistema político, *a priori*, como bueno o malo, correcto o incorrecto. Los sistemas políticos simplemente existen, aunque la manera en que procesan las demandas varía mucho de un sistema a otro.

El reconocimiento de esta variabilidad permitió el desarrollo de la política comparada. En efecto, si aceptamos que todos los sistemas políticos hacen algo específico dentro de una sociedad (la formulación de decisiones autorizadas o autoritativas) y logramos identificar tanto las categorías comunes como las variaciones y propiedades de los sistemas particulares, estaremos en condiciones de clasificar los sistemas políticos: democráticos, autoritarios, dictatoriales, totalitarios, presidencialistas, parlamentarios, etcétera.

En una segunda etapa del desarrollo de su pensamiento, Easton amplió los términos de su propuesta original, hacia finales de los cincuenta y principios de los sesenta, cuando propuso su ya clásico esquema de la caja negra o de insumo-producto:

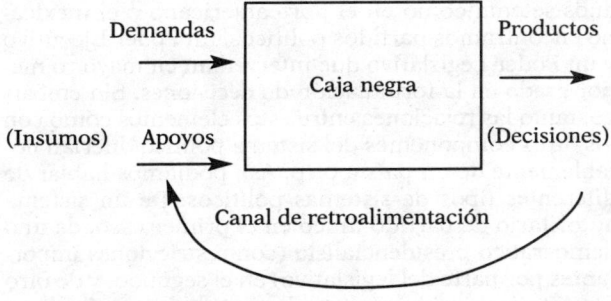

El concepto de sistema político se consolidó aún más a partir de este diagrama, pero también se esquematizó al simplificarse muchas de sus aplicaciones y perder fuerza heurística, en particular en el área de sistemas políticos en crisis o en transición. Empero, como veremos más adelante, es en esas situaciones precisamente en las que pueden tener lugar algunas de sus aplicaciones más interesantes.

Si observamos el diagrama del sistema político podremos dar contenido a sus partes, siempre y cuando tengamos presente el supuesto general de que el sistema político no es sino una parte de un todo más amplio y que está inserto en un ambiente con el cual interactúa.

Por su misma naturaleza de sistema social separado analíticamente de otros sistemas sociales, un sistema de esta índole debe considerarse expuesto a influencias procedentes de los demás sistemas a los que está incorporado. De ellos fluye una corriente constante de acontecimientos e influencias que conforman las condiciones en que han de actuar los miembros del sistema [Easton, 1982: 217].

En ese medio encontramos otros sistemas que realizan cosas diferentes del sistema político y para los cuales este último constituye, a su vez, parte de su entorno. En términos generales podemos referirnos a tres sistemas que operan dentro de los límites de una sociedad, además del político: el económico, el social y el cultural. Está también el sistema global formado por la comunidad internacional y, dentro de ella, por el conjunto de sistemas políticos nacionales.

El sistema económico se ocupa de la producción de bienes y su distribución de acuerdo con referentes de mercado; el social es el ámbito donde se dirimen las cuestiones que atañen a la desigualdad y a las diferencias entre los distintos grupos que encontramos en una sociedad (castas, clases sociales, estratos, etc.); finalmente, el sistema cultural es el espacio donde se producen y reproducen las explicaciones sobre la sociedad, los valores que la sustentan, sus costumbres y tradiciones, las ideas sobre lo que es y lo que debería ser. Es el ámbito de la simbología, de la educación, del derecho y de la propia cultura política.

Estos sistemas, por supuesto, forman un todo y los intercambios y relaciones entre ellos son constantes y numerosos, pero aun así, constituyen ámbitos de la acción humana que pueden ser estudiados por separado siempre que se preste atención a sus relaciones con los demás.

Regresando al sistema político, el contenido de la caja negra es la parte más interesante de descubrir ya que en ella tiene lugar, precisamente, el proceso de transformación de las demandas en decisiones y políticas públicas, que constituye una de las claves del análisis político. Además, porque dependiendo de la manera en que dicho proceso tenga lugar, podemos identificar los diferentes tipos de regímenes políticos y profundizar tanto en su naturaleza como en su disposición a relacionarse con otros sistemas y extraer conclusiones sobre cuestiones como la guerra y la paz o la creación de conglomerados más amplios de sistemas políticos.[1]

Easton presentó un primer estudio detallado del interior de la "caja negra" en su libro de 1965, *A Systems Analysis of Political Life*. Posteriormente, en 1990, en lo que podríamos considerar como un tercer momento de su desarrollo intelectual, Easton introdujo explícitamente elementos del análisis estructural en su libro *The Analysis of Political Structure* (Easton, 1957, 1965, 1968, 1971, 1990).

El análisis de la estructura política

En este último trabajo, Easton matizó sus puntos de vista sobre el sistema político al revisar los principales avances de la ciencia política a la luz de la tradición anglosajona de análisis estructural, presente en la sociología y la antropología, y contrastarlos con el estructuralismo francés. Las teorías políticas contemporáneas más convencionales, como las relativas a la democracia, la modernización o los partidos políticos, así como revisiones más recientes como las teorías del actor social y de la acción racional, dice Easton, forman parte de un *corpus* disciplinario que en su desarrollo omitió una etapa que ha sido fundamental para las demás ciencias sociales: el análisis estructural o el estructuralismo, enfoques teóricos que, aunque comparten ciertos elementos similares, son radicalmente diferentes.

Al concentrarse en el estudio de los elementos cons-

---

[1] Sobre la guerra y la paz véase el cuerpo teórico llamado *teoría de la paz democrática*, que sostiene que las democracias no suelen hacerse la guerra entre sí. Sobre las afinidades entre sistemas, y relacionado con el cuerpo teórico mencionado, la creación de la Unión Europea es un ejemplo extraordinario de cómo sistemas políticos afines (en este caso democráticos) pueden cambiar hacia una situación inédita. (*Cfr.* Lee Ray y Russett, 1996: 441-470). Otro caso de afinidad entre sistemas políticos, en este caso autoritarios, lo representaría el del eje Roma-Tokio-Berlín durante la segunda Guerra Mundial.

titutivos del régimen, la ciencia política perdió la visión de conjunto, lo que propició que se inhibiera la perspectiva estructural. Así, mientras el estudio del régimen le permitía determinar con cierta precisión no sólo su forma, sino también la del sistema, los politólogos encontraron dificultades para producir explicaciones más profundas acerca de por qué el régimen tenía una forma y no otra.

Ello condujo en ocasiones a que se realizaran comparaciones entre elementos de regímenes diferentes, que resultaban más o menos estériles en la medida en que no advertían la importancia de la influencia de la estructura principal del sistema sobre sus partes. En efecto, las comparaciones entre sistemas de naturaleza diferente, por ejemplo entre un sistema democrático y otro totalitario, no pueden ser fecundas si se pierden de vista las restricciones que la estructura de cada sistema impone a cada uno de sus elementos.[2]

Pero la ausencia de una perspectiva estructural también tiene consecuencias para el análisis que se realiza dentro de un sistema político. Las teorías pluralistas, por ejemplo, al poner el acento en la noción de que en las sociedades democráticas cada individuo tiene una cuota de poder idéntica a la de los demás, se concentraron en los aspectos formales y normativos de la estructura del régimen y descuidaron las restricciones estructurales dentro de las cuales tiene lugar la acción individual de los votantes. En consecuencia, fueron blanco fácil de la crítica, que los acusó de perder de vista la manera como en una democracia operan intereses de naturaleza cualitativamente distinta de la de los votantes, como los de los grandes negocios, las corporaciones, los intereses partidarios, etc., que disponen de medios suficientes para manipular a aquéllos (*cf.* Miliband, 1973).

El conjunto de elementos que conforman el sistema político mantienen una relación única entre sí, que distingue a ese sistema político y constituye su perfil original. Ellos pueden ser vistos en un primer momento como elementos observables de carácter institucional y como prácticas políticas específicas (papeles políticos) que constituyen lo que Easton llama el régimen político. La manera en que los elementos del régimen se relacionan entre sí constituye estructuras políticas llamadas de orden inferior dado su carácter observable. Ellas han constituido el principal objeto de la investigación de la ciencia política.

La estructura no es otra cosa que la manera como se relacionan entre sí los elementos que constituyen el sistema político. No es una cosa, un objeto o un elemento observable, sino una propiedad del mismo. Simplificando, si en un espacio plano colocamos cinco sillas en fila y en otro cinco sillas idénticas en círculo, los elementos de ambos conjuntos serán sillas, pero la diferencia entre ambos será la manera en que están agrupadas. La propiedad (la estructura) de un conjunto será su carácter rectilíneo y del otro la circularidad.

Lo mismo podríamos decir sobre los sistemas políticos. Así, tanto en el sistema político soviético de los

[2] Por ejemplo, el estudio de 1973 de Teune y Ostrowski sobre la relación entre conflicto y acción colectiva en Polonia y los Estados Unidos, en el que los autores encontraron que tanto una misma variable dependiente como la relación entre variables dependientes o independientes comunes tenían efectos diferentes en los distintos sistemas. (*Cf.* H. Teune y K. Ostrowski, 1973: 3-21.)

años setenta como en el norteamericano o el mexicano encontramos partidos políticos, un Poder Ejecutivo y un Poder Legislativo que intervenían en mayor o menor grado en la formulación de decisiones. Sin embargo, tanto las relaciones entre estos elementos como con los otros componentes del sistema político diferían notablemente de un país a otro. Así, podíamos hablar de diferentes tipos de sistemas políticos. De un sistema autoritario de partido único en el primer caso, de uno democrático presidencialista (con restricciones importantes por parte del legislativo) en el segundo, y de otro autoritario presidencialista de partido hegemónico en el tercero.

En *The Analysis of Political Structure* Easton insistió, precisamente, en la influencia que las grandes estructuras del sistema político ejercen sobre las estructuras subordinadas. Al respecto podríamos visualizar el conjunto de estructuras que forman el sistema político en términos de un esquema jerárquico de la siguiente manera:

Los elementos del sistema político son una comunidad política, una estructura de autoridad y un régimen político. A ellos hemos agregado una estructura de protección. La comunidad política es el conjunto de los actores que intervienen en el proceso político más amplio, desde la formulación de demandas hasta la toma de decisiones, pasando por su transformación; las autoridades estarían constituidas principal, pero no exclusivamente, por el gobierno; la estructura de protección, por el conjunto de elementos que regulan el acceso (y la salida) al sistema político; el régimen, como hemos visto, denota el conjunto de elementos institucionales y prácticos que expresan la forma del sistema político.

LÍNEAS DE INVESTIGACIÓN Y DEBATE CONTEMPORÁNEO

El régimen político

El régimen es el centro nervioso del sistema político. Los demás elementos del sistema hunden sus raíces en él formando una relación singular que constituye, precisamente, la estructura principal del sistema político. En el régimen podemos identificar una serie de elementos ubicados en diferentes planos que se sobreponen y cuya relación constituye, a su vez, su estructura. En efecto, una primera consecuencia de la visión estructural es sostener que las partes están estructuradas dentro del todo y también en su interior.

La noción eastoniana de régimen es compleja. En un primer nivel es visto como una serie de propiedades de la comunidad política: valores, pero no en el sentido de bienes, como en la definición original del sistema político, sino como sentimientos y principios que comparten segmentos importantes de la comunidad política, que conforman unos límites más o menos amplios y generales que sirven de guía para la elaboración de las políticas cotidianas. Traspasar o violentar dichos valores significaría atentar contra la propia comunidad política.

En un segundo plano, el régimen es concebido como comportamiento político, es decir, como un conjunto de relaciones (estructuras) entre los miembros de la comunidad política que conforman normas o reglas del juego. Se trata de reglas de comportamiento formales (legales) e informales que especifican derechos y obligaciones.

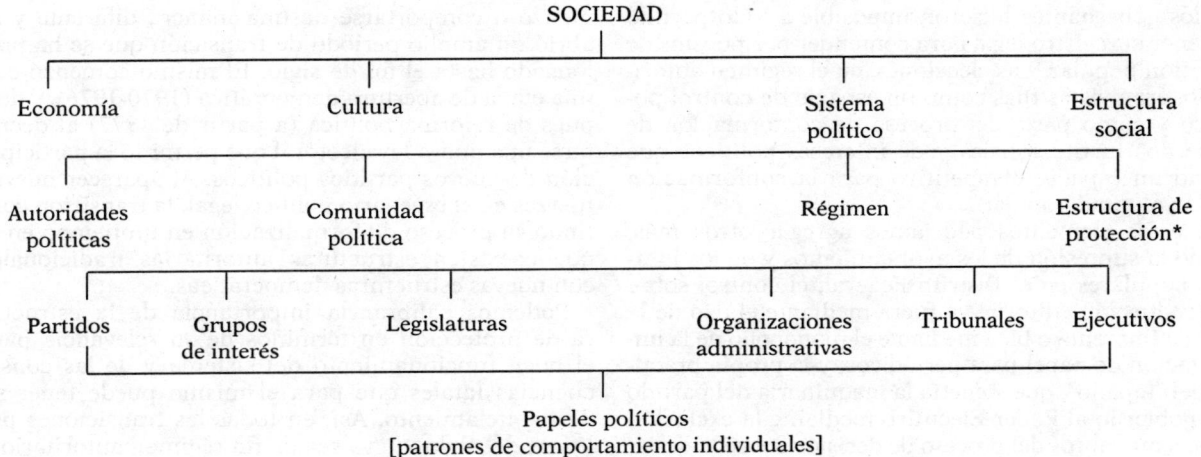

*Con excepción de la estructura de protección, el resto del cuadro está tomado de Easton, *The Analysis of Political Structure*, 1990, p. 270.

Finalmente, en un tercer nivel, el régimen es visto también como estructura, pero desde una perspectiva de *poder*:

[...] apunta a la distribución de ese tipo de poder que llamamos autoridad y a las relaciones políticas informales de poder asociadas con tal autoridad [...] la estructura del régimen, esto es, la manera en que se organiza y se distribuye el poder entre las autoridades políticas y entre ellas y los miembros del sistema político como un todo. La estructura se refiere, aquí, con claridad, a los patrones estables de relaciones de poder entre los principales actores individuales y colectivos en un sistema político [...] [Easton, 1990: 64].

Como vimos, las estructuras políticas son relaciones entre elementos de diversa índole que conforman el sistema político. En el caso del régimen, las estructuras políticas se refieren a relaciones de poder que es posible identificar analizando las relaciones entre los elementos que lo componen.

Lo anterior nos lleva a una cuarta manera de entender el régimen que busca identificar precisamente los elementos que lo componen (las autoridades políticas, las organizaciones administrativas, los poderes ejecutivo y legislativo, los tribunales, los partidos políticos, las asociaciones, los grupos de interés, etc.), que pueden ser considerados desde una perspectiva institucional o bien como actores individuales o colectivos, según el caso. Así, el estudio del régimen supone tomar en consideración al menos estos cuatro niveles.

La estructura de protección

A los elementos que Easton considera centrales para el sistema político: la comunidad política, la estructura de autoridad y el régimen, hemos agregado una estructura que llamamos de protección y cuya función, como lo mencionamos en la página anterior, es la de regular el acceso al sistema y la permanencia o salida del mismo. Esta estructura, al igual que los demás elementos, está íntimamente vinculada al funcionamiento del régimen y puede ser entendida como una estructura de exclusión política.

Como sucede con los demás elementos del sistema político, no se trata de establecer si un sistema político debe tener o no estructuras de protección, sino del hecho de que todo sistema político las necesita para asegurar su propia existencia. Así, aun los regímenes democráticos que se precian de ser inclusivos deben tener una estructura de ese tipo para excluir a quienes le representan una amenaza.

Así, por ejemplo, en los Estados Unidos después de la segunda Guerra Mundial, al deteriorarse las relaciones con la Unión Soviética en el ámbito internacional, los partidos comunistas fueron vistos como una quinta columna dentro del sistema democrático a la que había que extirpar. El *macartismo* fue una típica política proteccionista que mezclaba elementos ideológicos con principios sobre la seguridad del Estado, que prevalecieron sobre los derechos individuales de los ciudadanos en uno de los episodios más oscuros de la democracia norteamericana (Lipset y Raab, 1981: 239-281).

Existen elementos más o menos obvios que forman parte de la estructura de protección de un sistema político, como las fuerzas armadas o los cuerpos de policía. Después de todo, la frase de Trotsky en Brest-Litovsk que citaba Max Weber en sus reflexiones de sociología política sigue vigente: todo Estado descansa en la violencia. Pero existen, en cambio, relaciones más sutiles entre elementos dispersos en diferentes espacios del sistema político que conforman estructuras no obvias, y por lo tanto difíciles de identificar, que regulan el acceso al sistema político.

El caso mexicano ilustra cómo funcionaron algunos de esos elementos en ámbitos tan disímbolos como el laboral, el electoral y el de la seguridad del Estado. Así, en el Código Penal se preveía el delito de "disolución social" para sancionar a quienes por cualquier medio incitaran la perturbación del orden y la paz pública (artículos 145 y 145 bis, derogados en 1970). En la Ley Federal del Trabajo, la llamada "cláusula de exclusión" obliga al patrón a dar por terminada la relación laboral con los trabajadores que le solicite el sindicato. En el ámbito electoral, por su parte, las leyes y las prácticas de los gobernantes hicieron imposible a todo partido obtener el registro legal para contender por puestos de elección popular. Las elecciones, en el régimen autoritario, eran vistas más como un espacio de control político y como parte del proceso de conformación de acuerdos institucionales y de intereses políticos que como un espacio competitivo para la conformación de la voluntad popular.

A estos elementos podríamos agregar otros más, como la supresión de los ayuntamientos y de los jurados populares en el Distrito Federal; el control sobre la producción editorial ya fuera mediante el uso de la Ley de Imprenta o bien mediante el monopolio de la importación de papel para periódicos, y la propia práctica del "tapado", que sometía la maquinaria del partido del gobierno al Poder Ejecutivo mediante la exclusión de sus miembros del proceso de decisión sobre la designación del sucesor del presidente en turno.

Se trataba de un conjunto de elementos que interactuaban como un sistema de exclusión frente a agentes indeseables provenientes del exterior o del interior del propio sistema. Sin embargo, cuando las circunstancias políticas llevaron a suprimir algunos de esos elementos (como sucedió en 1970 al derogarse los artículos que penalizaban la "disolución social"), el sistema comenzó a comportarse de una manera diferente y se abrió un amplio periodo de transición que se ha prolongado hasta el fin de siglo. El mismo comenzó con una etapa de apertura democrática (1970-1976), y después de reforma política (a partir de 1977) al decretarse una nueva ley electoral que permitió la participación de nuevos partidos políticos. Al aparecer nuevas fuerzas en el escenario político legal, la transición continuó su proceso de formalización en un tiempo en el que coexisten estructuras autoritarias tradicionales con nuevas estructuras democráticas.

Podemos calibrar la importancia de la estructura de protección en términos de su relevancia para el buen funcionamiento del sistema y de las consecuencias fatales que para el mismo puede tener su desmantelamiento. Así, en todas las transiciones políticas del siglo XX, ya sea de un régimen autoritario a uno democrático o viceversa, es posible advertir una alteración más o menos drástica del sistema de protección, que puede causar su colapso en el caso de transiciones más o menos rápidas, o bien pasar por periodos dilatados de transición gradual en el que algunas estructuras de protección son suprimidas mientras otras se mantienen, dando lugar a transiciones graduales.

BIBLIOGRAFÍA

Easton, David (1965), *A Systems Analysis of Political Life*, John Wiley & Sons, Nueva York.

—— (1968), *Política moderna* (*The Political System*), Editorial Letras, México (1ª ed. en inglés, 1953).

—— (1971), "The Analysis of Political Systems", en Alessandro Pizzorno (ed.), *Political Sociology*, Penguin Books, Inglaterra [selección de David Easton, "An Approach to the Analysis of Political Systems", *World Politics*, vol. 9, 1957, núm. 3].

—— (1982), "Categorías para el análisis sistémico de la política", en D. Easton (comp.), *Enfoques sobre teoría política*, Amorrortu, Buenos Aires (1ª ed. en inglés, 1966).

—— (1990), *The Analysis of Political Structure*, Routledge, Nueva York y Londres.

Lee Ray, James, y Bruce Russett (1966), "The Future as Arbiter of Theoretical Controversies: Predictions, Explanations and the End of the Cold War", *British Journal of Political Science*, vol. 26, octubre.

Martin Lipset, Seymour, y Earl Raab (1981), *La política de la sinrazón*, FCE, México (de la 2ª ed. en inglés, 1978), cap. VI, "Los cincuentas: el macartismo".

Miliband, Ralph (1973), *The State in Capitalist Society*, Quartet, Londres (1ª ed., 1979). Existe ed. en español: *El Estado en la sociedad capitalista*, Siglo XXI, México.

Teune, H., y K. Ostrowski (1973), "Political Systems as Residual Variables", *Comparative Political Studies*, vol. 6.

SOBERANÍA

Francisco Javier Guerrero Aguirre

Definición

El manto protector que cubre el destino del Estado es, indudablemente, el de la soberanía: el más alto poder dentro del Estado, reflejo de la voluntad de quienes habitan en un determinado territorio, incluido su espacio aéreo y marítimo. La soberanía se ha convertido a lo largo del tiempo en un concepto clave, que encierra en demasía nacionalismo, valores históricos, sociales y hasta económicos, que debiera extenderse a lo largo de todo el territorio, de extremo a extremo, en una amplitud de dimensiones, sentidos y alcances dentro de sus fronteras y, por supuesto, en relación con sus vecinos.

En su concepción más clásica, a la soberanía se le relaciona con la figura del monarca que contaba con el poder absoluto para decidir todo lo relacionado con su pueblo, poder que conforme transcurrieron los años se transfirió al Estado, reivindicándolo frente a sus poderes rivales, sin limitación alguna ante los hombres: "la libre determinación de los pueblos".

Con esto queremos llegar a la reflexión del significado de la soberanía y su transformación a lo largo del tiempo. Es un concepto que no se ha mantenido estático; Heráclito, filósofo y pensador griego, advirtió que todo está en continuo proceso de cambio, que la humanidad ha experimentado y se ha manifestado con cierta lentitud; pero ya a la corta distancia del fin del milenio vivimos en una época de transformaciones radicales, que abarcan desde los aspectos demográficos, la ciencia y la tecnología, la conciencia y la cultura, las comunicaciones, las configuraciones geoeconómicas y geoestratégicas, así como los regímenes y valores.[1]

En el Evangelio según san Lucas[2] se menciona la existencia de dos espadas que representaban dos poderes, el divino y el temporal:[3] el de los hombres, una de las menciones más tempranas dentro de la teocracia cristiana de la existencia y diferenciación del orden de convivencia entre los hombres, regulado por un ser divino, equivalente a las leyes de la naturaleza.

La idea de soberanía como la conocemos en nuestros días no apareció sino hasta la Edad Media, con el orden jurídico. Es entonces cuando la diferenciación de los tipos de poderes empieza a hacerse notar. Los señores feudales hacían valer el poder del hombre y la Iglesia se encargaba de hacer valer el poder divino.

Es precisamente en el Viejo Continente, durante la Edad Media, donde el concepto de soberanía empieza a enriquecerse con las reflexiones de Jean Bodin hacia los finales del siglo XVI; ideas que sirven para justificar teóricamente el poder del rey de Francia y que a su vez sientan las bases sobre las cuales la teoría moderna del Estado se levanta, oponiéndose en su momento a la forma de organización política dominante en la Edad Media, en la que el soberano o portador de la potestad suprema del Estado no está sujeto a la ley que él mismo dicta. "El príncipe soberano es dueño de la ley", situación que el mismo Luis XV expresa diciendo: "el Estado soy yo". Entonces el sujeto y soporte de la soberanía es el mismísimo monarca y el Estado se define como "el recto gobierno de varias familias y de lo que les es común con potestad suprema".

Para Hobbes, quien trasciende los conceptos de Jean Bodin, el Estado no es simplemente una persona jurídica conformada por un conjunto de derechos y deberes instituidos, sino una persona que refleja una unidad real, abanderada por los deseos de los miembros del grupo social y que está constituida por un representante o representantes.[4] En su *Leviatán* expresa la existencia de un convenio surgido entre las voluntades que confiere todo poder y fortaleza a un hombre o a una asamblea de hombres, todos los cuales, por pluralidad de votos, puedan reducir sus voluntades a una misma voluntad.[5]

Con otra visión de las cosas, Jean-Jacques Rousseau expresa su descontento por la falta de sometimiento del monarca y su poder soberano a la misma ley que emana de su voluntad, y se manifiesta en contra de esta arbitrariedad. Él sugiere que la fuerza del Estado se dirija hacia el bien común mediante la aplicación de la ley que emana de la voluntad general.[6]

Herman Heller se aventura a realizar un análisis científico de la estructura real del Estado como sujeto de la soberanía, y llega así a la teoría general del Estado, en la que se tienen en cuenta conceptos conformantes de la definición de soberanía, como lo son nación, derecho y órganos del Estado.

Es menester hacer notar que la cuna del derecho y la ciencia política occidental es, sin lugar a dudas, el Viejo Continente, donde se han ido planteando y replanteando una serie de conceptos de la más pura ciencia política. John Locke contribuye a esta búsqueda de la razón sobre la soberanía con su ensayo "Sobre el gobierno civil", en el que se refiere al papel del rey y de su parlamento como sujetos creadores de las leyes, pero su visión omite el hecho de que el Parlamento de esos días estaba integrado por la nobleza y los poseedores de la riqueza, razón por la cual dicho órgano se ve imposibilitado de legislar a favor del pueblo y expresar su voluntad, puesto que no es representativo de su esencia.

Mientras, Herman Heller analiza el triunfo de la burguesía revolucionaria y visualiza la falta del Estado en todo pueblo que carezca de monarca y organización suficientes para poderse permitir opinar sobre asuntos que involucran a la totalidad, tales como soberanía, gobierno, jurisdicción, magistraturas y clases, considerada como única cura para esta ausencia de Estado la misma organización y transición a un Estado democrático que logre la unidad de la totalidad para, de esta manera, alcanzar la felicidad general y el bienestar del Estado soberano.

---

[1] Yehezkel Dror, *La capacidad de gobernar. Informe al Club de Roma*, Fondo de Cultura Económica, México, 1996, p. 25.
[2] San Lucas, cap. XX, versículo 25.
[3] Herman Heller, *La soberanía*, UNAM, México 1965, estudio preliminar y traducción del doctor Mario de la Cueva.
[4] Víctor Flores Olea, "Ensayo sobre la soberanía del Estado", UNAM, México, 1969, p. 22.
[5] Thomas Hobbes, *Leviathan*, I y II, The Library of Liberal Arts, Nueva York.
[6] *La soberanía*, op. cit.

Es una realidad que la concepción actual de soberanía se gestó en Europa, continente conformado por monarquías que alguna vez se encontraron en convulsión, consecuencia de sus tendencias expansionistas, y donde la definición y defensa de la soberanía de cada pueblo era asunto de todos los días, tal como ocurre en la actualidad. Los esfuerzos que se han hecho para conformar una Europa unificada, con estrechos lazos económicos y políticos, se consuman tangiblemente en esta nueva época con la adopción de una moneda única: el "euro", que significa en esencia el origen de una nueva soberanía en materia financiera y económica y de la cual hablaremos más adelante.

Sin embargo, es importante destacar, como lo ha señalado Enrique Sánchez Bringas, que "el nacimiento del Estado moderno marcó la definición de los Estados nacionales a través de la independencia que lograron frente al imperio y al papado y de la supremacía alcanzada por los monarcas en el interior de sus reinos al someter paulatinamente a los feudales". A partir de esta etapa, la conceptuación del fenómeno de la soberanía presentó dos obstáculos fundamentales: su definición como elemento existencial del propio Estado y su titularidad.[7]

En el caso mexicano la Constitución no deja lugar a dudas, pues al pie de la letra dice en su artículo 39: "La soberanía reside esencial y originalmente en el pueblo. Todo poder público dimana del pueblo y se instituye para beneficio de éste. El pueblo tiene en todo tiempo el inalienable derecho de alterar la forma de su gobierno".

Este precepto no es más que la idea que encierra la expresión soberanía política; ésta, según Leeds, "reside en última instancia en el pueblo. Todo gobierno proviene del consentimiento del pueblo. Cualquier método de selección usado para elegirlo o repudiarlo requiere necesariamente la aceptación pasiva y el apoyo activo de los ciudadanos para el gobierno y las políticas que pretenda aplicar".[8]

Pareciera que siempre entramos al terreno de lo imposible y al manejo de uno de los conceptos más difíciles de la teoría política y del Estado. Sin el ánimo de ser repetitivos, baste considerar que en su origen la soberanía se constituye como un "poder superior" no sometido a las leyes, cuyo titular es el pueblo, concepto por demás amplio. Pero de esta idea lo que nos interesa rescatar es el término "poder", que en materia política se entiende como cualquier fuerza que funciona en vista de los fines políticos, o en relación con ellos: como la capacidad para decidir, para actuar, para coaccionar, para funcionar, para legislar, para juzgar o para administrar todo lo relacionado con el bien del Estado de que se trate sin llegar a la arbitrariedad —aunque el poder puede llevar a esto último.

Precisamente el Estado, recordémoslo, se generó destacando su función de concentración de poder hasta hacerse irresistible respecto de otras concentraciones de fuerza, que ahora podemos llamar supraestatales, entre las que tenemos la Iglesia, los imperios o las nuevas instituciones que se manifiestan en esta globalización, como son la Unión Europea, los tratados de libre comercio, el Mercosur o la fusión o aparición de Estados sumamente poderosos con respecto a los demás (la caída del muro de Berlín propició la revitalización de la nación germánica, por ejemplo).

Y, por otro lado, no debemos olvidar que los principios de inalienabilidad, indivisibilidad e imprescriptibilidad de la soberanía establecidos en el pensamiento rousseauniano son importantes para la existencia del Estado. Suponer que la soberanía pudiese ser enajenada y dividida equivaldría a la eliminación del mismo soberano, es decir, del pueblo o nación.

Con esto podemos destacar que la soberanía significa la autodeterminación de los pueblos en su gobierno, pero ya en el campo internacional las relaciones de independencia se han venido transformando en otras de interdependencia, sobre todo en materia económica, aunque respetando lo referente a la conformación del régimen orgánico en lo interior.

Vale la pena señalar que, en el campo jurídico, el término *soberanía* pretende circunscribir la titularidad del poder, así como su ejercicio, a normas preestablecidas que provienen del proceso histórico en que el Estado se yergue como la instancia última de decisión.[9] Ello redunda en que el Estado tenga dos características: la independencia y la supremacía. La primera se aplica en el campo de las relaciones internacionales, donde el poder soberano de un Estado existe sobre la base de igualdad en relación con los demás Estados soberanos. Y la noción de supremacía se refiere exclusivamente al interior, por cuanto la potestad del Estado se ejerce sobre los individuos y las colectividades que se encuentran dentro de su órbita territorial.

Hans Kelsen señaló lo anterior de esta manera: "Sólo un orden normativo puede ser soberano, es decir, autoridad suprema, o la última razón de validez de las normas que un individuo está autorizado a expedir con el carácter de 'mandatos' y que otros individuos están obligados a obedecer".[10]

En la teoría general del Estado fue donde el concepto de soberanía tuvo la mayor de las fuerzas a fin de justificar el poder que ejercitaba el Estado en un territorio determinado, siempre soportado por la fuerza de las normas jurídicas que le son aplicadas. Ello constituye la limitante que evita que los Estados hagan valer su derecho fuera de sus territorios nacionales; la cláusula de exclusión en los contratos de constitución de sociedades es una consecuencia de esto.

Por todo lo anterior, podemos llegar a conclusiones preliminares sobre la soberanía, antes de pasar a explicar la visión personal de hacia dónde se dirige este tan debatido concepto de la soberanía en todo el mundo. Desde la perspectiva de los constitucionalistas, es un término afortunado para expresar la idea de la "autodeterminación del Estado", que se manifiesta en la fuerza coercitiva del derecho, es decir, en el grado de validez y de eficacia de que dispone su orden normativo. Y esta autodeterminación depende del poder o energía que cada sociedad manifiesta desde el punto de vista político y más en concreto democrático, poder que se define por los niveles socioculturales de la población y

---

[7] Enrique Sánchez Bringas, *Derecho constitucional*, Porrúa, México, 1983, p. 267.

[8] C. A. Leads, *Political Studies*, Mc Donald & Evans, Inglaterra, 1974, p. 21.

[9] Jorge Carpizo McGregor, *Soberanía*, Porrúa, México, 1993, p. 2936.

[10] Hans Kelsen, *Teoría general del derecho*, UNAM, México, 1983, p. 456.

que se hace presente en los ámbitos jurídico, político, económico y social de cada Estado.[11]

Conforme se han modificado las relaciones internacionales, tanto económicas como culturales, o las de interés para los Estados, el papel que desempeña la soberanía tiende a variar y a redefinirse, por lo que este concepto ha cambiado en consecuencia. Ya no se concibe de manera limitada en el sentido que determina el orden jurídico-político interno de un país, sino ahora por la capacidad de autogestión en materia económica, alimentaria, ambiental o de seguridad nacional, por mencionar algunos ejemplos.

Los cambios y las tendencias en la dinámica económica internacional han obligado a los titulares de los gobiernos a repensar y rediseñar el papel y la dimensión del Estado; la naturaleza y alcance de las políticas nacionales, e incluso el sentido original de los límites fronterizos. El grado de internacionalización de las fuerzas y de los procesos productivos, aunado al desarrollo resultante de la interdependencia entre los países en el área de la comunicación electrónica y en las relaciones comerciales y financieras, conduce al replanteamiento de la relación entre mercado interno y economía internacional, entre soberanía nacional e interdependencia, entre Estado y nación.[12]

Todo esto lleva a reflexionar sobre los acontecimientos que estallaron a principios de 1994 en el sur de la República, con la aparición del EZLN. En este hecho se resalta el eterno conflicto entre autonomía y soberanía de un estado con respecto a la Federación, así como el cuestionamiento del modelo económico y la crítica al régimen. Si bien la Constitución otorga al pueblo el inalienable derecho de alterar su forma de gobierno, también sienta las bases sobre las que deberá darse esa transición de manera no violenta, más aún si existen en el ámbito internacional documentos como el Tratado de Versalles y la Carta de las Naciones Unidas, que pretenden extinguir las guerras en el planeta como medio de solución de conflictos entre naciones.

Ya el debate moderno se centra no sólo en la generación de un nuevo concepto de soberanía, sino en hasta dónde debe respetarse, dado que actores internacionales y grupos de presión internos ejercen su influencia sobre un determinado sistema con el fin de injerir en la toma de decisiones de un gobierno en pro de intereses particulares y no de la población en general. Esto nos lleva al tercer nivel o dimensión analítica de la soberanía, en la que ésta es simplemente un "poder real".[13]

La realidad económica internacional ha modificado el panorama. En los últimos años hemos visto cómo doctrinas y sistemas se han derrumbado, con la desaparición de los dos grandes bloques generadores de la Guerra Fría; hay una mayor evolución en los medios de comunicación y mayor integración de la humanidad, y paralelamente se han iniciado nuevos órdenes de carácter jurídico, económico y político, que en los hechos han superado el concepto de Estado nacional y de "autarquía" que proponía la teoría clásica. El reto a futuro es el de conciliar lo regional, lo interno, con un marco externo mucho más amplio, sin destruir las instituciones fundamentales de la sociedad.[14]

El llegar a conciliar esos intereses requiere indudablemente de que exista la figura del *consenso* entre los distintos actores nacionales que conforman un país determinado, sin que ello implique fomentar un nacionalismo excluyente, como ha sucedido en la fragmentación de países como Yugoslavia, que no han encontrado el equilibrio entre las posiciones de "nacionalismo" y "globalización".

Las sociedades primitivas debieron de llegar de manera más fácil y directa a determinar el perfil de su soberanía. Las afinidades raciales y culturales, históricas, religiosas, geográficas, de usos y costumbres dieron como resultado un consenso mayoritario a favor de los bienes comunes determinados por intereses y necesidades idénticos de bienestar, paz social y la posibilidad de vivir felizmente.

Sin embargo, como la historia de la humanidad lo ha dejado escrito, la especialización del trabajo en las sociedades industrializadas desde el siglo XVII al XIX, y de forma más recalcitrante en la década de 1970, creó diferencias económicas entre los pobladores de una misma nación y, por lo tanto, divergencias en sus intereses. Como consecuencia, su voz y voto marcaron asimismo diferencias en los puntos que delimitaban su soberanía. Pero en la actualidad existe una cesión de funciones del Estado por medio de tratados o convenios internacionales con otros Estados en aras de la apertura económica, proceso de tendencia universal e irreversible para la humanidad.[15]

La lucha económica y política en el último siglo ha propiciado más que nunca en la historia de la humanidad guerras entre naciones, favorecidas por los avances tecnológicos que han puesto en riesgo la supervivencia misma de la humanidad en su conjunto. Estas guerras, lo mismo que las dictaduras de derecha y de izquierda, han propiciado la migración masiva de ciudadanos hacia otros confines del planeta. Lejos de su lugar de origen, los migrantes han propiciado el mestizaje cultural y racial. Las diferencias económicas, culturales, históricas y raciales han marcado diferencias de intereses que inciden directa o indirectamente

---

[11] Enrique Sánchez Bringas, *op. cit.*, p. 24.

[12] Leopoldo Solís M., "Soberanía e interdependencia ante la economía global", *Examen*, p. 5.

[13] El primer nivel se refiere al ámbito doctrinal teórico, en donde la soberanía es un concepto tendiente siempre a absolutos. Se intenta crear imágenes o un deber ser que se convierte en el marco referente. En este ámbito se vincula a la soberanía con el Estado-nación. La segunda dimensión se refiere al discurso político. En ella encontramos los diferentes usos que desde el juego del poder se hacen de la expresión soberanía. A diferencia del nivel doctrinal, la intención es conformar consensos populares que brinden apoyo (Federico Reyes Heroles, "Soberanía, concepto, hechos y emociones", *Examen*, p. 36).

[14] Leopoldo Solís M., *op. cit.*

[15] Leonel Pérez Nieto de Castro ha señalado que "los tratados de libre comercio constituyen políticas económicas y comerciales de vinculación en las que, por la amplitud de las obligaciones que se contraen, se requiere de esa cesión de funciones. Tradicionalmente el Estado mexicano había cumplido de manera independiente una serie de funciones que ahora debe compartir en la medida que su economía y su comercio se han globalizado. Su finalidad es impulsar el desarrollo económico del país como vía para que los mexicanos tengan un mejor nivel de vida y que, en última instancia, se logre un fortalecimiento del control político ("La soberanía y su nueva dimensión", *Examen*, p. 36).

en puntos clave para delimitar la soberanía del pueblo que los ha acogido, pues, como es sabido, los migrantes pueden llegar a ser una fuerza política y económica considerable.

La apertura económica propiciada por la "globalización" ha roto, asimismo, las fronteras entre los pueblos para el libre comercio, y propiciado de esta manera la integración económica de regiones completas mediante acuerdos y tratados comerciales. Así también, con la caída de muros como el de Berlín, que en algún momento hubieran parecido indestructibles, se ha vuelto cada vez más complejo el concepto de soberanía. Cada día un mayor número de individuos, y no sólo los ciudadanos nativos de un Estado, pueden incidir de manera directa o indirecta en los cambios y la creación de leyes que podrían obedecer a distintos tipos de intereses y tener efectos extranacionales. Como ejemplo cabe mencionar la ley Helms-Burton, que obraba en contra de los mexicanos empleados en los plantíos californianos (una de las economías más fuertes del mundo representada por un solo estado de la Unión Americana), o la "Ley para la libertad cubana y de solidaridad democrática", la cual México rechazó en su momento como medida de apoyo a la soberanía del pueblo cubano.

"Los Estados se han hecho tan dependientes unos de otros, que la voluntad no contenida de una nación es fatal para la paz de los demás Estados."[16] Los acuerdos internacionales favorecen también la participación de las diferentes voluntades a la hora de determinar leyes que delimitan la soberanía de los pueblos. Resulta revelador el hecho de que la canciller mexicana, encargada de implantar y coordinar las acciones orientadas al aseguramiento de la soberanía nacional hacia el exterior, sea reconocida como la mujer del año por sus esfuerzos en defensa de una soberanía, hoy día más compleja por el mayor número de elementos que la conforman. Es una época en que las fronteras económicas, raciales, culturales e ideológicas se desdibujan, lo que obliga a considerar la importancia de redefinir el término soberanía para darle un sentido más amplio.

Por su parte, la tecnología también borra las fronteras y comunica al mundo entero por medio del correo electrónico y la *internet;* asimismo, favorece y facilita las operaciones financieras haciendo posible la existencia de una soberanía monetaria circunscrita a tres monedas (euro, dólar y yen). Con ello influye también de manera importante en el modo de relacionarse de los seres humanos y conduce sus voluntades hacia intereses que muchas veces no obedecen al bienestar común de los ciudadanos del mundo en general y de diferentes países en particular, y están en desarmonía con su historia y tradiciones, vale decir, con su propia identidad como nación. Son influencias que, por otra parte, no permiten al individuo surgir como tal al impedirle desarrollar una personalidad propia, íntegra y plena, con apetencias, expresiones e intereses personales, además de colectivos, acordes con su natural y armoniosa evolución histórica.

No es extraño que, como consecuencia, se dé el surgimiento de sociedades enfermas, regidas por la violencia y formadas por individuos cada vez más alienados e incapaces de opinar a la hora de delimitar aquello que determina su soberanía.

[16] Víctor Flores Olea, *op. cit.*

Por todo ello, las costumbres que nos dan la identidad como pueblo se ven afectadas, y así se vuelve cada vez más complejo determinar la soberanía. Las sociedades contemporáneas son determinadas por la pluralidad: de etnias, de cultos, de razas, de usos y costumbres, y pensar en hacer volver a su lugar de origen a los migrantes sería tanto como destejer el manto que ha ido conformando la historia de la humanidad.

Sin embargo, la "unificación" del ser humano como modo de ser, de actuar, de vivir, de pensar, resulta inadmisible, pues significa el empobrecimiento de la riqueza humana, que reside principalmente en su diversidad. Cabría pensar, pues, si esto fuera posible, en el concepto de soberanía del género humano sin lastimar las particularidades de cada pueblo.

La clonación en nuestros días ha vuelto real la amenaza de que el ser humano pueda crear sociedades enteras de individuos diseñados a propósito para cumplir con fines determinados, ya bélicos, ya de propio consumo humano para el trasplante de órganos, ya réplica de individuos excepcionales que estarían destinados a cumplir los deseos de sus creadores, modernos Frankensteins, en sus laboratorios. Según se ha difundido, la ingeniería genética pretende lograr la gestación de órganos humanos únicamente, con lo cual se vería trastocado el propio concepto de individuo. Cabría pensar, ante los avances de la ciencia, en cómo podría opinar un pulmón sobre su soberanía.

Líneas de investigación y debate contemporáneo

Para que exista la soberanía debe haber voluntad de hombres, voluntad de hacer valer sus deseos de manera individual y colectiva cuando se organizan para conformar un Estado.

Ante esto se presagia una revolución en todos los órdenes de la existencia humana; el futuro corre ya sin preocuparse de que el ser humano le dé alcance. Preocupa pensar que los avances tecnológicos superen la rapidez para legislar sobre aspectos que ponen en riesgo ya no sólo los conceptos de soberanía e individuo, sino la presencia misma del ser humano sobre la faz de la tierra.

Día a día se exporta y se importa violencia y se rompe con el núcleo familiar al sugerir formas de convivencia diferentes de las tradicionales de cada nación, lo cual, podría pensarse, conlleva pros y contras; lo preocupante es no tener control sobre ello, ni defensa del individuo y las sociedades sobre sus efectos nocivos a mediano y largo plazos.

Por sólo dar un ejemplo: en la internet se promueve la pornografía, más aún, la pornografía infantil, y con ello se afectan valores psicológicos, morales —que no moralistas—, éticos, en suma humanos, que todo un pueblo a lo largo de su historia pudo haber cultivado por una tradición a favor de la igualdad e integridad del ser humano, o luchado por obtener, como la más alta aspiración de libertad de la mujer y el hombre. En su momento, el presidente de los Estados Unidos intentó legislar al respecto, sin obtener resultados sustanciales.

Al no haber forma de control de la transmisión de mensajes por la internet, sociedades enteras pueden verse amenazadas por individuos insanos que hagan llegar a todo el planeta mensajes nocivos que pongan en riesgo la sana convivencia entre los individuos y la salud mental y física de los pobladores del mundo.

El auge que ha alcanzado la internet sugiere que con ella podría derrotarse a otros pueblos al contraponer los intereses de pequeños sectores del mismo, confundir y atomizar su identidad. Si bien la libertad es un bien supremo para el ser humano, la libertad sin tolerancia y sin respeto a las diferencias puede convertir al ser humano en su propio enemigo. Por ese medio y de la forma más simple, pueden ponerse en jaque los grandes movimientos que ha generado la historia de la humanidad hasta ahora, a favor del mismo ser humano. Ante esto, sólo podría esperarse que la humanidad recuperara la cordura y volviera al respeto de la naturaleza, de su más constructiva naturaleza.

Se hace entonces patente el interés de encontrarse con un nuevo sistema político para el próximo milenio, donde el libre mercado se someta a los intereses humanitarios, se le brinde a las naciones del Tercer Mundo un poco de alivio ante la magnitud de su deuda externa, y se encaminen esfuerzos para la más justa distribución de la riqueza de los Estados. De ahí que el rediseño del nuevo concepto de la soberanía sea un desafío para los Estados, los gobiernos y la humanidad y un requisito para encarar los problemas y las oportunidades del siglo XXI.

Por todo lo anterior, lo mejor sería que los pueblos del mundo aceptaran que el destino de la humanidad en nuestros días sólo puede ser uno: el que concita a todos, con tolerancia, respeto y una visión integradora de las soberanías interdependientes de cada Estado, a buscar ya no la "razón de Estado", sino "la razón de humanidad"[17] con el fin de resolver las cuestiones más difíciles, que son los problemas de equidad y justicia global.[18]

La responsabilidad de los pueblos para determinar su soberanía reside hoy más que nunca en rescatar aquellos valores probados por la historia, valores ancestrales que han permitido a grupos humanos más ligados a la naturaleza sobrevivir a todas las catástrofes.

Ser selectivos y reflexivos a la hora de permitir influencias representa hoy la medida de nuestra supervivencia. La conciencia crítica de nuestros pueblos es, hoy por hoy, más necesaria que nunca, ante amenazas como la drogadicción, por sólo dar un ejemplo, que es consecuencia inevitable de la existencia de un monstruo llamado *narcotráfico* que se erige en "cuasi-Estado" soberano, irrespetuoso de cualquier frontera. Por eso la responsabilidad del individuo es determinante, y la responsabilidad de los dirigentes es propiciar la formación de individuos responsables, a su vez, de sí mismos.

Queda lugar para una última reflexión: ¿será que ante tanta apertura y mezcla de toda índole, el logro de una pacífica convivencia entre Estados soberanos empezará a tomar forma de una torre de Babel? Edificación que se levanta con la estructura del derecho internacional, de tratados, acuerdos y convenios que para alcanzar su punto más alto tendrá que vencer el obstáculo del idioma y los códigos de comunicación y deberá hacer su mejor esfuerzo para llegar a la solución de conflictos, contemplándolos desde la óptica de todos los interesados y buscar que en el ejercicio de la soberanía se encuentre vinculada la gestión más amplia de la estabilidad internacional, establecer reglas claras en el ámbito económico y financiero y en las tendencias del mercado hacia la globalización y forjar, en esta nueva tendencia soberana, el más estricto respeto a los derechos humanos.

Utopías como ésta, así como la de crear un idioma único para todo el mundo, el esperanto, en ocasiones llegan a servir para identificar bien los extremos y, de esta manera, el punto medio que se pretende alcanzar al emprender el proyecto de definir un concepto como el de soberanía. Encontrar este punto medio constituye el reto en la antesala de un nuevo milenio.

---

[17] Yehezkel Dror, *op. cit.*, p. 62.
[18] *Ibid.*, p. 64.

SOCIALISMO

Isidro H. Cisneros

Definición

Denominamos socialismo al conjunto de doctrinas y movimientos que se orientan a la transformación de la comunidad de individuos para realizar la justicia en las estructuras económicas, políticas y, sobre todo, sociales. El ideal de la justicia se sustenta en una práctica basada en la búsqueda de igualdad entre los integrantes de la sociedad mediante la supresión de los privilegios de clase. El socialismo considera necesario hacer prevalecer los intereses de la comunidad sobre las expectativas de ganancia de los individuos y garantizar la igualdad jurídica, social y económica de los integrantes de la colectividad. El término *socialismo* se difundió con la Revolución industrial para designar los principios inspiradores del movimiento obrero. El surgimiento y el desarrollo de la Revolución industrial, que en Europa siguieron su curso de Inglaterra en la última parte del siglo XVIII, a Francia en la primera mitad del XIX e Italia durante el final de éste y el inicio del XX, se caracterizan, entre otros sucesos fundamentales, por la aparición de un nuevo sujeto social y políticamente relevante: la clase obrera. Originalmente el socialismo se expresaba en una serie de teorías que, aun cuando describían muy realistamente los males que derivaban de las desigualdades producidas por la sociedad capitalista, señalaban de manera muchas veces abstracta y utópica los posibles remedios. En este sentido, el socialismo llegó a proyectar un particular tipo de régimen político, considerado desde los albores del siglo XIX por una gran cantidad de pensadores como el intento más acabado de crear "la más grande utopía de la historia".

La tradición socialista ha puesto el acento sobre la igualdad de los resultados, mientras que la tradición democrática lo hace sobre la igualdad de oportunidades. La igualdad de derechos se vincula fundamental y directamente con una teoría de la libertad negativa, dado que el Estado liberal es legítimo sólo si se compromete con la protección y tutela de los derechos negativos de los ciudadanos. La tradición democrática está basada en una inferencia de iguales derechos de ciudadanía, mientras que, por el contrario, la tradición socialista se fundamentaba sobre una interpretación más exigente de la demanda de igualdad social. Entre ambas aparece invertido el orden entre libertad e igualdad, y la idea de fondo es que sólo hombres y mujeres iguales en los derechos sociales y también naturales son efectivamente libres de escoger. La tradición socialista consideraba ilusorio el sistema de las libertades liberales y democráticas en el sentido de que acentuaba más los derechos y las capacidades efectivas de control de las propias vidas por parte de hombres y mujeres. En este escenario debemos preguntarnos si todavía es posible identificar un núcleo de ideas y valores, de principios intelectuales y objetivos históricos capaces de orientar en una "nueva perspectiva socialista" al conjunto de los sujetos individuales y colectivos en la acción política.

Algunos autores sostienen la necesidad de reconstruir el proyecto socialista, aunque aún no está claro bajo qué criterios. Aquello que sí es posible sostener en este espacio de definición conceptual es qué cosa no es ni puede seguir siendo el socialismo: no es la planificación centralizada, la abolición del mercado y de la propiedad privada; no puede estar representado, tampoco, por la colectivización y la supresión de las libertades individuales; el socialismo no puede estar constituido, finalmente, por la pretensión de representar un proyecto global (por lo tanto totalizante) del hombre y de la sociedad, y mucho menos si ese proyecto se fundamenta en la dirección de una minoría ilustrada o de una vanguardia de revolucionarios. En este escenario, aquello que ha muerto es un intento por realizar un sistema económico alternativo al capitalismo, así como un experimento político-autoritario, y como correlato, aquello que aún permanece es la necesidad de una confrontación con aspiraciones igualitarias de tipo laico, civil y reformista.

Historia, teoría y crítica

La doctrina socialista deriva de las ideas del igualitarismo y del utopismo que se desarrollaron a partir de los sectores más radicales presentes en la Revolución francesa. Durante el siglo XIX el socialismo agrupaba a un conjunto de doctrinas que se oponían al individualismo característico de la teoría económica clásica y que proponían una mayor intervención del Estado en la economía como único mecanismo para garantizar la justicia social. En Inglaterra, Roberto Owen intentó traducir un ideal abstracto de rescate social en un auténtico programa político, mientras que, en Francia, Charles Fourier y Saint-Simon propusieron formas asociativas y cooperativas entre capital y trabajo y entre asociaciones de solidaridad y de reivindicación social. Otras propuestas de reorganización revolucionaria más directamente políticas son las de Auguste Blanqui, que acentuaban la autogestión en el proceso productivo.

Polemizando con estas interpretaciones, Karl Marx desarrollará su teoría acerca del socialismo sobre bases "científicas" a través del estudio de las contradicciones internas del capitalismo y de la actividad de organización y unificación del proletariado. Aparece así la distinción prototípica entre socialismo utópico y socialismo científico. El primero crea un modelo de sociedad socialista como un ideal sin comprometerse en la búsqueda de los instrumentos políticos necesarios para edificarla. Por el contrario, el denominado socialismo científico abandona las dimensiones morales, humanísticas y utópicas de las formulaciones precedentes para desarrollar una profunda crítica de la sociedad capitalista, así como de sus procesos evolutivos.

El pensamiento de Marx está influido por el positivismo y las teorías evolucionistas, que permiten una división entre un componente revolucionario orientado a la destrucción del capitalismo y otro componente que consideraba al socialismo como una evolución y desarrollo de la democracia burguesa. A Karl Marx se debe la división del socialismo en dos periodos: el socialismo utópico hasta la revolución europea de 1848 y posteriormente el socialismo científico. En la segunda mitad del siglo XIX las teorías socialistas inspiraron diversas experiencias políticas y los partidos socialistas se separaron gradualmente del anarquismo e introdujeron un modelo de organización que habría de dominar durante muchos decenios a lo largo del siglo XX.

Del núcleo de valores que identifican al pensamiento socialista resaltan las categorías clásicas: *liberté, egalité, fraternité*. Estas categorías representan desde hace dos siglos los indicadores del racionalismo occidental moderno como un recurso de legitimación de las organizaciones e instituciones políticas que caracterizan a la cultura occidental. Mediante una reflexión que atraviesa distintos campos de la teoría política se ha desarrollado una discusión acerca de la "herencia normativa" que la democracia recibió con la caída del muro de Berlín, suceso que representa el fracaso del ideal del comunismo histórico y de la actuación práctica del socialismo realmente existente.

Es justamente el problema de la igualdad entre los hombres el núcleo teórico a partir del cual distintos autores proponen una redefinición del campo programático del socialismo en una lógica democrática. Para el socialismo resultan fundamentales las diversas actitudes existentes en relación con el problema de la igualdad social, el cual constituye el criterio básico que permite diferenciar entre las posiciones de izquierda y derecha. No es pretendiendo una sociedad igualitarista a ultranza, ni tampoco asumiendo las desigualdades como un elemento estructural de cualquier tipo de sociedad y de política, como proclaman los extremos de una y otra posición, como logrará desarrollarse un nuevo proyecto socialista de carácter progresista. La posibilidad de una sociedad equitativa sólo se encuentra en la democracia, un régimen político que reconoce las diferencias que existen entre los grupos. En la democracia se propugna no que todos seamos iguales, sino más bien que todos seamos tratados como iguales. Esta consideración constituye la base de una sociedad ideal que recorre todavía la historia del pensamiento político. Por lo tanto, para que el ideal de la igualdad social pueda convertirse en una realidad de nuestras comunidades humanas, el único camino es ampliar progresivamente la igualdad política democrática. En efecto, la democracia social continúa siendo una aspiración para la creación de una sociedad universal de ciudadanos como la proyectada por el filósofo Immanuel Kant. La única igualdad social posible en nuestras sociedades complejas está representada por la igualdad de los derechos; ésta se vincula con la idea central de la tradición liberal que interpreta y define explícitamente a sus titulares: los ciudadanos por encima de las clases sociales.

Líneas de investigación y debate contemporáneo

La importancia de los sucesos derivados del "derrumbe del socialismo real", a partir de 1989, radica en que este proyecto representaba el símbolo más importante de la realización política que impulsaba el socialismo tradicional. El socialismo histórico fracasó, pero resulta evidente que los problemas aún permanecen, justamente aquellos problemas de justicia social que la utopía comunista había considerado que tenían solución. Sobre la crisis del socialismo, Norberto Bobbio ofrece una aguda reflexión: "La dramaticidad sin precedentes de estos eventos está en el hecho de que no ocurrió la crisis de un régimen o la derrota de una gran potencia invencible. Ocurrió lo contrario, en forma que parece irreversible: la transformación total de una utopía, de la más grande utopía política de la historia (exceptuando a las utopías religiosas) en su exacto contrario; [esta utopía] empujó a enteras masas de desheredados a la acción violenta, induciendo a hombres de alto valor moral al sacrificio de la propia vida y a afrontar la prisión, el exilio y los campos de exterminio". El fracaso del socialismo real puede considerarse como la prueba de la inoperancia de un régimen político basado en la limitación de las libertades y de una aspiración a la transformación social fundada en ideologías autorreferenciales. Resulta significativo que la utopía comunista aún continúe representando, para una parte no irrelevante de los grupos que integran esta tradición de pensamiento, el *paradigma central* de su proyecto social y político.

Ninguno de los grandes problemas sociales y políticos para los que el socialismo se ofrecía como alternativa ha encontrado solución. El socialismo representaba una ideología de la transformación radical de una sociedad considerada opresiva e injusta. Con la caída de los regímenes comunistas, y sobre todo con el fracaso de la revolución inspirada en su ideología, aparecen nuevos problemas y líneas de investigación referidos tanto al diseño institucional de una sociedad superior como a las distintas filosofías políticas y sociales que la acompañan. Observamos, en efecto, no sólo el derrumbe de una gran utopía que pretendía solucionar el *enigma de la historia;* asistimos a la crisis de un paradigma que atrajo al menos durante un siglo a filósofos, artistas, intelectuales y luchadores sociales de todo tipo. Las investigaciones teóricas acerca de una sociedad al mismo tiempo libre y justa aún deben reflexionar acerca de cuáles serán los principios normativos y los instrumentos institucionales a partir de los cuales ya no el socialismo, sino la democracia misma podrá afrontar —ofreciendo nuevas soluciones— los problemas de injusticia y pobreza que hicieron nacer y desarrollarse al paradigma socialista. Estos problemas actualmente siguen vivos en los dos tercios más pobres del mundo. Muchas de las nuevas investigaciones se dirigen a la búsqueda de respuestas a la pregunta de si las democracias que gobiernan en los países más ricos del mundo serán capaces de solucionar los problemas que el socialismo no logró resolver. A este dilema las ciencias sociales aún no han podido ofrecer respuestas satisfactorias.

BIBLIOGRAFÍA

Albertoni, Ettore (1996), *Politica e istituzioni*, Eured, Milán.

Bernstein, Eduard (1982), *Las premisas del socialismo*, Siglo XXI, México.

Bobbio, Norberto (1974), "L'attività di un intellettuale di sinistra", en *I comunisti a Torino 1919-1972*, Ed. Riuniti, Roma.

—— (1976), *Quale socialismo?*, Einaudi, Turín.

—— (1980), "Eguaglianza", en *Enciclopedia europea*, Garzanti, Milán.

—— (1987), "Marx", en *La teoría de las formas de gobierno en la historia del pensamiento político*, FCE, México, pp. 168-181.

—— (1990), *L'Utopia Capovolta*, La Stampa, Turín.

—— (1993), "La sinistra e i suoi dubbi", en *Sinistra punto zero*, Donzelli, Roma, pp. 83-97.

Dahrendorf, Ralf (1953), *Marx in Perspektive*, Hannover.

—— (1962), *Las clases sociales y su conflicto en la sociedad industrial*, Ediciones Rialp, Madrid.

—— (1966), *Sociedad y sociología*, Tecnos, Madrid.

—— (enero-marzo de 1980), "Le chances di vita", *Le libertà dei contemporanei*, Biblioteca della Libertà, núm. 76, pp. 23-43.

—— (1983), *Oportunidades vitales*, Espasa-Calpe, Madrid.

—— (1985), *Pensare e fare politica*, Laterza, Bari.

—— (octubre-diciembre de 1986), "Le libertà di sinistra", *Micromega*, núm. 4.

—— (abril-junio de 1988), "Declino delle opposizioni e minoranze morali", *Micromega*, núm. 2, p. 80.

—— (julio-septiembre de 1989), "I totalitarismi prossimi venturi", *Micromega*, núm. 3.

Dahrendorf, Ralf (1990), *Per un nuovo liberalismo*, Laterza, Bari.

—— (1990), *El conflicto social moderno. Ensayo sobre la política de la libertad*, Mondadori, Madrid.

—— (1990), *1989. Riflessioni sulla rivoluzione in Europa*, Laterza, Bari.

—— (1993), "Se prevalgono i particolarismi", en *Sinistra punto zero*, Donzelli, Roma.

Dobb, Maurice (1968), *Argumentos sobre el socialismo*, Ciencia Nueva, Madrid.

Flores D'Arcais *et al.* (1995), *Modernidad y política*, Editorial Nueva Sociedad, Venezuela.

Marramao, Giacomo (1992), "Paradossi dell' Universalismo", en *Le idee della sinistra*, Editori Riuniti, Roma.

Marx, Karl (1984), *El capital*, FCE, México.

——, y Friedrich Engels, (1961), *Manifiesto del Partido Comunista*, Palomar, México.

Moore, Barrington (1976), *Los orígenes sociales de la dictadura y la democracia*, Península, Barcelona.

—— (1996), *La injusticia: bases sociales de la obediencia y la rebelión*, UNAM, México.

Popper, Karl (1992), *La sociedad abierta y sus enemigos*, 2 vols., Paidós, Barcelona.

Sartori, Giovanni (1996), *La democracia después del comunismo*, Alianza Editorial, Madrid.

Schumpeter, Joseph (1985), *Capitalismo, socialismo, democracia*, Ediciones Orbis, Barcelona.

Veca, Salvatore (1989), "Libertà e eguaglianza. Una prospettiva filosofica", en *Progetto 89*, Il Saggiatore, Milán.

SOCIALIZACIÓN POLÍTICA

Leticia Calderón Chelius

Definición

La *socialización política* es el proceso a través del cual se configura la identidad política de los sujetos a partir del aprendizaje e interiorización de valores, símbolos y actitudes frente al universo político. Este proceso abarca todo el aprendizaje político formal e informal, de tal modo que se trata no sólo del conocimiento explícito que los sujetos desarrollan sobre el sistema político, sino también de los elementos que definen orientaciones, posiciones y conductas de manera general. Temas como la lealtad, el orgullo nacional, la obediencia a las normas cívicas y a las leyes, y la confianza de influir en el sistema político son ejes centrales del análisis de la socialización política. También cuestiones como el prejuicio racial, la identidad étnica o de clase y la tolerancia componen la amplia variedad de valores que son considerados temas por excelencia en el estudio de la socialización política.

Como escuela de pensamiento, la socialización política se ha dedicado a explorar la relación política que los sujetos establecen en cualquier tipo de régimen. Sin embargo, la mayoría de los estudios se han centrado en tratar de explicar cómo se consolidan los procesos de democratización y puesto el acento en la internalización de los valores democráticos más que en el cambio estructural de las instituciones; se trata de entender cómo el sentido de la democracia se transmite y refuerza y, por lo tanto, cómo una cultura democrática se reproduce, es decir, cómo los sujetos adquieren una conciencia ciudadana (Inglehart, 1988).

Historia, teoría y crítica

La primera línea de análisis en el estudio de la socialización política surgió del trabajo pionero de Charles Merriam, *The Making of Citizens* (1931), que buscaba encontrar las condiciones que deben existir para crear buenos ciudadanos. Merriam partía del supuesto de que la participación y las actitudes cívicas eran producto de una predisposición, originada, aparentemente, a través de la influencia familiar que los sujetos tenían durante su infancia. Esta línea fue retomada por Herbert Hyman, que en 1959 publicó el clásico texto *Political Socialization*. La idea central del libro era demostrar que el aprendizaje temprano de la conducta política persistía hasta la adultez. Con la aparición de este libro, Hyman impulsó el estudio de la socialización política entre los niños como la fórmula para explicar la conducta política de los adultos.

Dado que los analistas coincidían en que el aprendizaje político estaba prácticamente concluido al finalizar la infancia, durante la década de los sesenta prácticamente todos los trabajos se enfocaron exclusivamente a la socialización política de niños; sin embargo, a mediados de los años setenta los adolescentes fueron incluidos en el universo de estudio de la socialización política.

La importancia gradual que adquirió el estudio de la socialización política se debió a que ésta se relacionó con una de las preocupaciones centrales entre los científicos sociales de la posguerra, quienes buscaban entender cómo se logra la supervivencia y estabilidad de los sistemas democráticos (Adorno, 1950). En este contexto surgió la propuesta de David Easton (1953, 1965) de que la legitimidad de los sistemas políticos democráticos descansaba en última instancia en el apoyo que los ciudadanos dieran al régimen. Las actitudes de apoyo y legitimidad se vieron entonces como esenciales para que en tiempos de dificultad y crisis política un sistema político democrático lograra sobrevivir. De esta forma, se pensó que los sentimientos que pueden traducirse en apoyo y sostén de un régimen, como la confianza, la lealtad y el orgullo respecto a las figuras de autoridad, se aprenden en la relación temprana con los padres, maestros y adultos en general. Es decir, que es en la infancia cuando se define la identidad política de los sujetos y que esto determina la estabilidad de un sistema democrático. A partir de esta tesis propuesta por Easton, los estudios de socialización política recogieron la idea de que al analizar la conducta política de los niños y jóvenes se lograba confirmar los sentimientos de los adultos respecto del gobierno.

Esta perspectiva coincidió con la creciente popularidad que obtuvo la psicología durante la década de los sesenta, principalmente en los Estados Unidos, que buscaba explicar el origen de las conductas de los adultos explorando sus experiencias tempranas; sin embargo, la socialización política logró separarse claramente de la perspectiva psicológica y convertirse en un campo de estudio fundamental de la ciencia política norteamericana cuando quedó íntimamente asociada al estudio de la estabilidad política en las democracias industriales.

Sumado a este eje central de análisis, la socialización política se ubicó en la misma tradición de los estudios que buscaban explicar las razones que predisponían a los sujetos frente a las distintas opciones electorales, con lo que surgió toda una perspectiva de análisis en torno a la identidad partidista como elemento central del comportamiento electoral (Berelson *et al.*, 1954; Lazarsfeld *et al.*, 1948), además de los nacientes estudios de los efectos de los medios de comunicación sobre los sujetos (Klapper, 1960). Debido al interés en las predisposiciones políticas, muchas veces controversiales, fue inevitable que los estudios de socialización política formaran parte del debate político por las posiciones ideológicas apasionadas que muchos resultados arrojaron. Por ejemplo, en la amplia tradición norteamericana, las respuestas de los jóvenes hacia problemas como la guerra de Vietnam o el desenlace del escándalo de Watergate (Tolley, 1977) marcaron un hito en las investigaciones de esta escuela.

Las críticas centrales al concepto

Debido a que una de las líneas que más guiaron este tipo de estudios fue la idea de que para desarrollar un sistema democrático capitalista era preciso crear condiciones que generaran un tipo de "cultura cívica" (Almond y Verba, 1963) y establecieran las características del ciudadano ideal al que deberían aspirar estos sistemas para consolidarse, los estudios de socialización política fueron muy criticados al considerarse que partían exclusivamente de un modelo político único basado en las experiencias principalmente bipartidistas de los Estados Unidos e Inglaterra.

La socialización política se definió, entonces, como el intento de modelar a los ciudadanos desde la infancia para promover la estabilidad y para perpetuar el *statu quo*. Al concepto se le atribuyeron connotaciones de entrenamiento, aculturación, misión civilizadora, transmisión cultural o adopción de normas culturales, que daban la idea de que la socialización política buscaba imponer un modelo político ideal.

Buena parte de estas críticas surgieron porque muchos de los movimientos sociales más importantes de la década de los sesenta, como las protestas negras (Sears y McConahay, 1973), la reivindicación étnica y cultural de las minorías, especialmente los de origen puertorriqueño y mexicano (De la Garza, 1988), el movimiento estudiantil o el activismo contra la guerra de Vietnam, fueron experiencias no explicadas por esta escuela, principalmente porque eran encabezadas por jóvenes cuyas demandas no tenían relación con el modelo democrático basado en la perspectiva meramente electoral, es decir, sus reivindicaciones no buscaban fortalecer el sistema de partidos y, por el contrario, en ocasiones se oponían a éste. Esto llevó a una discusión que planteó que el hecho de que los sujetos crezcan en la democracia no garantiza por sí mismo la reproducción de la cultura política democrática. Esto, que es parte de la conducta política de los sujetos, rebasó la perspectiva que mantuvo la socialización política en sus inicios y tuvo que reconocer que, aun en el proceso de decisión democrático, existe la posibilidad de que los ciudadanos busquen instalar a un líder autoritario u optar por un régimen no democrático. La escuela de la socialización política incorporó la premisa de que la ciudadanía democrática es un concepto complejo que requiere más que participación electoral: demanda que los ciudadanos tomen opciones, decisiones, juramentos, que critiquen e incluso objeten.

Como resultado de estos nuevos elementos, la socialización política se abrió paulatinamente a temas no directamente relacionados con el comportamiento de los ciudadanos respecto a la estructura gubernamental y empezó a discutir temas específicos de socialización relacionados con la democracia pero desde una perspectiva más amplia, como los papeles sexuales, las desigualdades de género, la inequidad en el ámbito laboral, las diferencias a partir de la condición étnica y los intereses ambientalistas, entre otros.

El estudio de la socialización política no es, por lo tanto, el estudio del conformismo y el *statu quo*, y en realidad puede abocarse a explicar acciones y conductas revolucionarias o radicales, pues de lo que se trata es de que sirva para analizar las conductas políticas de los sujetos de una manera general. Así, pues, los límites de la socialización política pueden ser tan amplios o estrechos como el propio investigador se lo proponga.

LÍNEAS DE INVESTIGACIÓN Y DEBATE CONTEMPORÁNEO

Elementos del debate contemporáneo

Una variable universal en el estudio de la socialización política ha sido la edad de los sujetos o los cambios que se dan en función de las etapas de la vida. La idea de que hay una persistencia del aprendizaje temprano llevó a los teóricos de la socialización política a centrar en éste la formación de una orientación ciudadana. Para algunos, al finalizar la escuela preparatoria (*high school* en el caso estadunidense) el carácter político del sujeto estaba prácticamente completado y por lo tanto sus actitudes políticas moldeadas de manera permanente (Delli Carpini, 1986); sin embargo, hubo un corte teórico significativo que modificó muchos de los planteamientos originales de esta escuela.

A partir de la década de los ochenta, se empezó a plantear que la formación de los valores políticos no se puede restringir a las experiencias tempranas de la niñez, sino que debe ser vista como *un proceso a lo largo de la vida*, y que los cambios de la vida moderna, la legitimidad de los diferentes sistemas políticos, la movilidad social y geográfica, la incorporación de la tecnología a la vida cotidiana, son todas experiencias en la vida de los adultos que reconfiguran las actitudes políticas y sus conductas (Ichilov, 1989).

Esta nueva perspectiva renovó los estudios de socialización política al sugerir que no hay etapas en que concluya el aprendizaje político, sino que éste es un proceso continuo y permanente. Esto permitió que se incorporaran nuevos análisis que empezaron a preguntarse por los factores que influyen en las actitudes políticas de los sujetos a lo largo de la vida. Así, las nuevas líneas de investigación analizan la importancia de los movimientos sociales en la adquisición de nuevo conocimiento político, las crisis de la edad adulta, con un fuerte hincapié en la experiencia de la vejez como una etapa de cambios en la perspectiva personal de los sujetos; el papel de instituciones como el ejército y las organizaciones juveniles, y la importancia del lugar de trabajo en la reconfiguración permanente de la identidad política. Además, se han incorporado estudios sobre el impacto de sucesos traumáticos como la guerra, el terrorismo, el exilio y la inseguridad pública, que definitivamente modifican la visión que las personas tienen del mundo.

Un tema por excelencia dentro de esta nueva perspectiva es la migración, ya que cristaliza claramente la experiencia de la socialización política entre adultos. El proceso de la migración muestra cómo individuos que poseen una serie de criterios, normas y valoraciones de lo político, una vez que se encuentran ante un nuevo universo político, son capaces de adaptarse a nuevos hábitos y costumbres y asumir, por lo tanto, nuevas actitudes políticas. Un elemento interesante que aporta el análisis de la socialización política de los inmigrantes es que muestra que hay diferentes procesos de aprendizaje que resultan en actitudes políticas claramente diferenciadas. Por ejemplo, los sujetos que provienen de sociedades democráticas se incorporan de manera automática a los valores, criterios y normas de la sociedad receptora, mientras que aquellos que provienen de sociedades no democráticas son más proclives a mantenerse al margen y sentir que no tienen derechos en la nueva sociedad, y sólo después de un largo tiempo de residencia llegan a cuestionar al sistema político del país huésped. Irónicamente, los inmigrantes que proceden de sistemas políticos más autoritarios, aunque tardan más tiempo en asumir una actitud contestataria ante la nueva sociedad, son sujetos que desarrollan actitudes, conductas o posiciones críticas hacia su país de origen. Dicho en palabras de Steve F. Chaffee (1990) en su estudio sobre inmigrantes coreanos en la bahía de San Francisco, California: "Su posición de fragilidad política como extranjeros los vuelve débiles y tímidos frente a la sociedad huésped, pero críticos y contestatarios ante su país de origen".

A partir de este ejemplo, podemos entender que la incorporación del análisis de la socialización política como un proceso que no se detiene, sino que es continuo y permanente, ha renovado el interés por este tipo de estudios. Junto con temas como la migración, se ha abierto la posibilidad de discutir sobre el aprendizaje de los valores políticos en el ámbito de la globalización, en el que los sujetos están permanentemente bombardeados por diferentes formas de advertir y evaluar el universo político. Los sujetos aprenden no sólo de lo que ven al viajar de manera cada vez más cotidiana, sino sobre todo a través de los medios electrónicos, que son el signo de la época: televisión, radio, revistas y periódicos se suman al correo electrónico y a la *internet*, que proporciona un contacto permanente con perspectivas, valores, costumbres y actitudes que influyen de manera definitiva en la socialización política de los sujetos.

Líneas de trabajo a futuro

Un hecho que ha sido determinante para la escuela de la socialización política fue el fin de la Guerra Fría, cuando la noción pluralista de la democracia obtuvo una legitimidad prácticamente abrumadora. Esto trajo un renovado interés por el estudio de la ciudadanía (Kymlicka, 1992), lo que provocó que se abrieran nuevas líneas de investigación que buscan analizar, desde el nuevo escenario mundial, la incorporación permanente de valores, principios y normas cívicas que le dan sustento a los regímenes políticos contemporáneos.

Un elemento fundamental de este proceso político democrático es que se sustenta en la vía electoral, el pluripartidismo, la revitalización de los parlamentos y el derecho de la minorías. Estos elementos permitieron poner el acento en el individuo como el sustento de todo el modelo. Se trata de una noción de ciudadanía que va más allá de la perspectiva político-jurídica, pues se establece como el eje del poder democrático en torno al cual se desarrolla un conjunto de valores, imágenes y formas de representación social, los cuales están en constante cambio a través de los ajustes que la propia población va realizando.

El regreso a la esencia de la democracia ha provocado que los análisis vuelvan a la discusión original que sustentó la escuela de la socialización política desde sus inicios, que buscó comprender las diferentes posiciones políticas que los ciudadanos asumen frente al poder, analizando sus formas de organización tanto frente a los partidos políticos como a las instituciones, pero ahora incorporando también el análisis sobre las distintas organizaciones sociales que plantean demandas en el campo de la vivienda, salarios, servicios públicos y, sobre todo, en la expansión de los derechos y libertades civiles.

Podemos decir que, a partir del contexto teórico y político que subraya el modelo pluralista de la democracia, son dos líneas las que concentran las futuras investigaciones en el campo de la socialización política. Una, los análisis en torno al proceso electoral. Otra, los análisis derivados del reconocimiento del derecho de las minorías *a existir, a ser representadas, a participar y, cuando es el caso, a oponerse* (Loaeza, 1996).

Dichas líneas de análisis abren una amplia gama de perspectivas para la socialización política; éstas van desde los estudios de las actitudes políticas, que, como evaluaciones y acciones de coyunturas expresas, permiten analizar los cambios que se dan en la sociedad, los cuales en algún momento llegan a transformar los valores, hábitos y nociones del universo político en su totalidad, hasta los estudios sobre el sentido de competencia y credibilidad en el sistema, que puede observarse en la legitimidad otorgada al voto como el instrumento más simple y eficaz para influir en el proceso político. Los casos más interesantes se concentran en aquellos países cuyas democracias están aún en proceso de consolidación y donde los estudios van desde los análisis sobre cómo se configuran los signos sociales que dan paso a orientaciones democráticas, hasta las comparaciones que se pueden hacer entre los sistemas donde no hay contienda entre grupos o partidos y aquellos en que sí existe abiertamente la lucha política.

Aunado a esto, con el reconocimiento explícito que hizo la democracia pluralista de las minorías se avanzó en una concepción que parte de aceptar que, pese al supuesto de igualdad de los ciudadanos, existen grupos excluidos por su condición jurídica, étnica, cultural, sexual, física o de género. Su condición de desventaja frente a la mayoría configura su experiencia histórica. El reconocimiento de esta desigualdad llevó a que se establecieran nuevas pautas políticas basadas en la diferencia, con lo que la mayoría de las democracias han logrado disminuir paulatinamente las desventajas de tales minorías.

Este cambio político ha traído nuevas perspectivas que imponen un reto a la escuela de la socialización política: incorporar a su esquema teórico análisis sobre valores políticos no explícitos entre los sujetos, como son la tolerancia, la aceptación de la diferencia y el respeto a la especificidad cultural y racial. Muchos de estos estudios se han hecho en sociedades altamente desarrolladas, en que la presencia de distintas minorías producto de la migración internacional ha modificado gradualmente la esencia nacional. Países como Alemania, Francia, Inglaterra o Dinamarca analizan los efectos que tiene la pluralidad de identidades, valores y adscripciones culturales sobre las conductas políticas de los sujetos. En los Estados Unidos, el debate en torno a la posibilidad de generar condiciones sociales para alcanzar un diálogo intercultural es recurrente, como lo demuestran distintos estudios sobre las relaciones interétnicas entre anglosajones y negros y mexicano-norteamericanos (Montejano, 1991). A lo anterior se suman los distintos estudios sobre el efecto de las nuevas minorías, consecuencia de la migración masiva a ese país, en las visiones de los sujetos sobre lo diferente, lo extraño, lo extranjero. Esta riqueza de análisis permite pensar en estudios profundos sobre la socialización política en sociedades que durante décadas se consideraron homogéneas. Los países de América Latina, con su pluralidad étnica y su variedad cultural producto de los diversos grupos de inmigrantes que los conformaron, son campo propicio para indagar en torno a las visiones, actitudes y posiciones de los sujetos frente al universo político de manera amplia, no sólo en una relación directa con las estructuras del poder, instituciones y mecanismos políticos, sino además en el nivel profundo de la constitución símbólica de las identidades políticas, ahí donde se forma o deja de formarse la tolerancia y el respeto, la voluntad democrática y la capacidad de cambio.

En el nuevo escenario mundial la socialización política tiene un largo camino que andar, y su estudio es altamente recomendable para entender los cambios políticos a partir de las visiones y mentalidades de los sujetos, sobre todo porque la viabilidad de la democracia depende finalmente de la legitimidad y reconocimiento que los propios sujetos le otorguen.

BIBLIOGRAFÍA

Abramson, Paul R. (1983), *Las actitudes políticas en Norteamérica*, Grupo Editor Latinoamericano, Argentina.

Almond, Gabriel, y Sidney Verba (1970), *La cultura cívica. Estudios sobre la participación política democrática en cinco naciones*, Euroamérica, Madrid.

―――― (1989), *The Civic Culture revisited*, SAGE Publications, EUA.

Bryan O., Jackson, y Michael B. Preston (eds.) (1991), *Racial and Ethnic Politics in California*, University of California Press, Berkeley.

Eckstein, Harry (1988), *A Culturalist Theory of Political Change*, American Political Science Review, vol 82, núm. 3, septiembre.

Feagin, Joe R. (1978), *Racial and Ethnic Relations*, University of Texas at Austin, Austin.

García, John A. (1987), "The Political Integration of Mexican Immigrants: Examining some Political Orientation", *International Migration Review*, núm. 21.

Glazer, Nathan, y Daniel Patrick Moynihan (1970), *Beyond the Melting Pot, The Negroes, Puerto Ricans, Jews, Italians, and Irish of New York*, MIT Press, Mass.

―――― (1975), *Affirmative Discrimination: Ethnic Inequality and Public Policy*, Basic Book Inc., Publishers, Nueva York.

Griswold del Castillo, Richard (1989), *La familia, Chicano Families in the Urban Southwest 1848 to the Present*, University of Notre Dame Press, Indiana.

Ichilov, Orit (ed.) (1990), *Political Socialization, Citizenship Education and Democracy*, Teachers College Press, Columbia University, Nueva York.

Inglehart, Ronald (1990), *Cultural Shift in Advanced Industrial Society*, Princeton University Press, Nueva Jersey.

Kinder, Donald, y David O. Sears (1985), "Public Opinion and Political Action", en Garden Lindzey (ed.), *Handbook of Social Psychology*, Random House, Nueva York.

Marsh, David (1971), *Political Socialization: The Implicit Assumtion Questioned*, British Journal of Political Science, parte 3, julio.

Moller Okin, Susan (1989), *Justice, Gender and the Family*, Basic Books, Harper Collins Publishers, EUA-Canadá.

Pachon, Henry, y Louis De Sipio (1994), *New Americans by Choice, Political Perspective of Latino Immigrants*, Westview Press, San Francisco.

Segovia, Rafael (1969), *La politización del niño mexicano*, El Colegio de México, México.

Siegel, Roberta S. (1990), *Political Learning in Adulthood, a Sourcebook of Theory and Research*, Chicago Press, Chicago.

Silverman, Maxim (1992), *Deconstructing the Nation, Immigration, Racism and Citizenship in Modern France*, University of Glasgow-Routledge, Londres y Nueva York.

Takaki, Ronald (ed.) (1987), *From Different Shores, Perspectives on Race and Ethnicity in America*, Oxford University Press, Nueva York.

Young Marion, Iris (1995), "Polity and Group Difference: A Critique of the Ideal of Universal Citizenship", en Ronald Beiner (ed.), *Theorizing citizenship*, State University of New York Press, EUA.

SOCIEDAD CIVIL

Jeffrey C. Alexander

Definición

Virtualmente, cada concepto importante en las ciencias sociales es el resultado de un impresionante proceso de secularización, un proceso que se desarrolla a partir de la experiencia práctica: desde los apremios (a menudo abrumadores) de los conflictos morales, económicos y políticos hasta llegar al mundo intelectual de los debates conceptuales, a la disputa entre paradigmas, a los programas de investigación y a los debates empíricos. Por supuesto que aun después de haberse realizado esta transición, tales conceptos retienen asociaciones morales y políticas significativas y también, por supuesto, siguen siendo muy discutidos. Lo que cambia es el terreno del debate, el lugar donde se produce tanto la discusión como el acuerdo sobre ellos. Después de todo, el campo intelectual tiene su propia especificidad característica.

Este proceso —es fácil advertirlo— dio lugar a la creación de conceptos tan aparentemente "clásicos" en la ciencia social como los de clase, estatus, raza, partidos, religión y secta. Más recientemente, podemos observar un proceso similar de secularización con la aparición de conceptos como género, sexualidad e identidad. En este momento, el concepto de "sociedad civil" está atravesando por un proceso de secularización semejante. Por segunda vez esta idea ha irrumpido en el discurso intelectual desde el tumulto de la vida política y social. Una vez más, debe redefinirse conceptualmente para que pueda ser materia de un análisis moral más disciplinado y de la ciencia social empírica.

En este ensayo sugeriré que la sociedad civil se ha concebido de tres modos típico-ideales, cada uno de los cuales ha remplazado al anterior en un momento histórico. Después de situar históricamente estos tipos ideales —principalmente en términos de sus relaciones con el "capitalismo"— y evaluarlos teóricamente, introduciré un modelo analítico de la relación entre la sociedad civil y otros tipos de esferas institucionales que componen la sociedad; sugeriré que sólo a partir de la comprensión de las "relaciones fronterizas" entre las esferas civiles y las no civiles podremos transformar la noción de sociedad civil de un concepto normativo a un concepto "real", que pueda ser estudiado de un modo científico.

Historia, teoría y crítica

La sociedad civil I: inclusividad y sacralización

Es bien conocido que, en su forma moderna, posmedieval y poshobbesiana, la "sociedad civil" entró en la comprensión social hacia fines del siglo XVII con los escritos de figuras como Locke y Harrington (V. Seligman, 1993). El concepto de sociedad civil, tal como fuera desarrollado subsecuentemente por los moralistas escoceses —especialmente Ferguson y Smith—, por Rousseau, por Hegel y, quizás usado enérgicamente por última vez, por Tocqueville, era una noción inclusiva, un concepto muy amplio usado para referirse a una plétora de instituciones fuera del Estado. Precisamente este concepto incluía el mercado capitalista y sus instituciones, pero también lo que Tocqueville llamaba "religión voluntaria" (las denominaciones protestantes no establecidas), las asociaciones y organizaciones públicas y privadas, todas aquellas formas de relaciones sociales de cooperación que creaban lazos de confianza, la opinión pública, los derechos e instituciones legales y los partidos políticos.

Es importante notar que, en este primer periodo de su comprensión moderna, la sociedad civil (SC I) estaba impregnada de una fuerza moral y ética características. Como ha mostrado Hirschman (1977) en *The Passion and Interests*, las cualidades "civilizadoras" asociadas a la sociedad civil se extendieron hacia el propio mercado capitalista, sus contratos, comercio, circulación de mercancías y dinero, sus comerciantes y la propiedad privada. Identificada en estos términos como *le doux commerce*, el proceso y las instituciones del mercado capitalista fueron concebidos positivamente —al menos por los pensadores progresistas de la época— como una ayuda para producir las cualidades asociadas con la paz internacional, la tranquilidad doméstica y la creciente participación democrática.

El capitalismo fue considerado como generador de autodisciplina y responsabilidad individual, lo que ayudaba a crear un sistema social antitético del aristocrático, donde la ética caballeresca subrayaba las proezas individuales, típicamente las de tipo militar, y las jerarquías de estatus se mantenían por la fuerza hegemónica. Hirschman demuestra, por ejemplo, que los trabajos de Montesquieu expresan un alto grado de orgullo ético por el capitalismo en esta fase temprana. En este mismo sentido, la famosa e influyente *Autobiografía* de Benjamin Franklin, llena de vanas autocomplacencias y que identifica la virtud pública con la disciplina y la propiedad de la vida de mercado, es otro ejemplo importante de un tipo más popular y más burgués, aunque quizá no menos literario.

El carácter moral y ético, decididamente positivo, atribuido a la sociedad de mercado sufre una profunda transformación en la primera mitad del siglo XIX. El desarrollo de la fase industrial del capitalismo originó la absoluta superación de aquella famosa fábula de Mendeville que comparaba la cooperación capitalista con la de las abejas. Tal como Hirschman cuenta la historia, la asociación peyorativa del capitalismo con el utilitarismo inhumano, la dominación y la explotación surgió en un primer momento entre los economistas políticos radicales británicos, como Hodgkins, en las décadas de 1820 y 1830. A principio de los cuarenta del siglo XIX, Marx se encontró con esta literatura maniquea y la dotó de una teoría económica y sociológica sistemática. A pesar de que su voz fue, con mucho, la más importante desde el punto de vista teórico, históricamente sólo fue una entre muchas, ya que el odio incipiente al capitalismo, su identificación con todas las maldades de la dominación feudal, fue expresado por un gran coro de utopistas, socialistas y republicanos.

Es notable que los nuevos industriales capitalistas y

su séquito de portavoces liberales no retrocedieran ante esta nueva visión del capitalismo como una fuerza antisocial, la cual, blandiendo la doctrina del *laissez faire*, más bien de un modo antismithniano, parecía tener como divisa: "¡la sociedad debe ser condenada!" No existe mejor representación de esta creciente autocomprensión del antagonismo entre el "mercado" malvado y egoísta y la sociedad, en el sentido colectivo y moral, que el libro de Polanyi *The Great Transformation* (1950), un libro que sirvió en la posguerra para perpetuar los grandes malentendidos que estoy abordando aquí.

La sociedad civil II: reduccionismo y profanación

En la teoría social, esta honda transformación de la moral y la identidad social del mercado capitalista tuvo un efecto funesto para la sociedad civil. Como lo puntualizara por primera vez Kean (1988), las connotaciones de este fecundo concepto se estrecharon drásticamente. Despojándola de sus lazos cooperativos, democráticos, de asociación y públicos, esta segunda versión de la sociedad civil (SC II) la vinculaba peyorativamente sólo con el mercado capitalista. Tal reducción se reflejó y cristalizó de un modo especialmente claro e influyente en los escritos de Marx entre 1842 y 1845. A partir de entonces, la sociedad civil fue considerada no sólo un campo para el juego de los intereses privados y puramente egoístas, sino también una "superestructura", una arena política y legal que constituía un camuflaje para la dominación de las mercancías y de la clase capitalista. Para Marx, el capitalismo industrial parece componerse sólo de mercados, grupos formados por los mercados y los Estados; de esta manera, la sociedad —en su sentido moral y colectivo— se disuelve. Marx pensaba que sólo los lazos de cooperación (sumergidos y reprimidos) establecidos por la clase trabajadora en el proceso de producción podrían ser la base para una organización social cohesionada colectivamente.

No es sorprendente que en esta situación social e intelectual de mediados del siglo XIX el concepto de sociedad civil pronto haya desaparecido como elemento importante de la teoría social, pues se trataba únicamente de un epifenómeno del capitalismo, y por lo tanto, la sociedad civil ya no era necesaria, ni intelectual ni socialmente. En ese contexto y ante los estragos del capitalismo industrial, la atención —tanto social como intelectual— se desvió hacia el Estado. La igualdad sustantiva, más que la formal, saltó a primer plano; perdieron importancia los temas de la participación democrática y la libertad que antes habían sido concebidos como inherentes a la igualdad en sus otras formas. Surgieron fuertes teorías del Estado, tanto entre radicales como entre conservadores, y la regulación burocrática apareció como el único contrapeso a la inestabilidad y a las crueldades de la vida de mercado. La movilidad, la pobreza y el conflicto de clase se convirtieron en los principales tópicos de las nacientes ciencias sociales, tanto en la teoría como en la investigación. En la filosofía política y social, las teorías del contrato y el utilitarismo, así como el acento neokantiano en la justicia en términos de racionalidad formal y de organización, alcanzaron prominencia a expensas de las investigaciones éticas acerca de los requerimientos de la "buena vida".

La enorme distorsión que se produjo en este siglo en torno a las relaciones entre sociedad civil y capitalismo ha tenido lamentables consecuencias. Al identificar la sociedad con el mercado, los ideólogos de la derecha argumentaban que el funcionamiento efectivo del capitalismo dependería de la disolución de los controles sociales. Los ideólogos, anclados en el supuesto de que la sociedad civil *es* el mercado privado y que los procesos económicos producirían *por sí mismos* las instituciones necesarias para promover la democracia y el respeto mutuo, habían disuelto, sin escrúpulos morales, las instituciones públicas que ayudaban a cristalizar la solidaridad social más allá del mercado. No obstante, si para la derecha la identificación entre sociedad civil y capitalismo sugería la abolición de la sociedad, para la izquierda sugería la abolición del mercado y de la propiedad privada misma. Si la civilidad y la cooperación habían sido pervertidas y distorsionadas por el capitalismo, éste debía ser abolido para restaurar aquéllas. En esta tarea, el "gran Estado" se convertía en el principal aliado de la izquierda, y los movimientos progresistas se asociarían no sólo con la igualdad sino con un control burocrático formal y, frecuentemente, autoritario.

Como es bien conocido, en la última década una serie de hechos culturales y sociales ha creado las condiciones para la renovación del compromiso intelectual con la sociedad civil. Desde el punto de vista económico, la teoría del "gran Estado" ha perdido su prestigio a partir del fracaso de la productividad de las economías dirigidas, y desde el punto de vista político y moral, con la caída del comunismo de Estado y de los regímenes burocrático-autoritarios. Dentro de las ciencias sociales existe ahora un mayor interés por los lazos informales, las relaciones íntimas, la confianza, los procesos culturales y simbólicos y las instituciones de la vida pública. Dentro de la filosofía moral y política se ha producido no sólo un regreso a las teorías de la democracia, sino —a partir de la influencia de un renovado interés por Aristóteles, Hegel y el pragmatismo— un retorno a las investigaciones hermenéuticas sobre los mundos de vida asociados a las comunidades y las culturas locales.

La sociedad civil III: diferenciación analítica y realismo

Estos desarrollos teóricos y los procesos sociales de los que ellos informan y son reflejo nos han permitido comprender a la sociedad civil de una manera más clara que nunca antes. En forma más precisa y específica que la idea abarcadora —inclusiva y totalizadora— de la SC I, más general e incluyente que la asociación reduccionista y estrecha de la SC II, actualmente existe un creciente reconocimiento y un gran interés por la sociedad civil como una esfera que es analíticamente independiente y, en varios sentidos, empíricamente diferenciada no sólo del Estado y del mercado, sino también de otras esferas sociales.

Con esta sociedad civil III (SC III), así entendida, se hace más claro que las anteriores concepciones vincularon erróneamente la sociedad y el mercado, tanto mediante el individualismo (su surgimiento), como con el sentido colectivo de la obligación social (su declinación). El individualismo (véase, por ejemplo, Taylor, 1989) como fuerza moral, realidad institucional y conjunto de prácticas de interacción ha tenido una larga historia en las sociedades occidentales. Existe un *background* no económico en el individualismo que puede apreciarse en la herencia cultural de la cristiandad con su acento en la inmortalidad del alma, la conciencia y la confesión; en la autoconfiguración del Renacimiento; en la importancia que dio la Reforma a la relación individual con Dios; en la deificación de la razón individual que hizo la Ilustración, y en la restauración de la expresividad individual que realizó el romanticismo. Las instituciones que recompensan y modelan la individualidad deben ser rastreadas desde las garantías legales inglesas a la propiedad privada en el siglo XI, los parlamentos medievales que distinguen la especificidad del feudalismo occidental, y las nuevas ciudades independientes que surgieron en los últimos tiempos del Medievo y tuvieron un gran papel histórico hasta la aparición de los Estados absolutistas. En otras palabras, las prácticas económicas del mercado capitalista no inventaron la moral (o inmoralidad) individualista; más bien, esas prácticas deben ser vistas como indicadores de una nueva especificación e institucionalización del individualismo junto con otras formas nuevas de la organización social, como la actividad de las sectas religiosas, la democracia parlamentaria de masas y el amor romántico.

Tal como el individualismo en sus formas morales y expresivas precede, sobrevive y, desde luego, rodea al individualismo instrumental y autoorientado institucionalmente en el mercado capitalista, así procede la existencia de la "sociedad". Como ha mostrado Margaret Somers (1993), los lazos civiles y la compulsión de las obligaciones hacia la comunidad de otros eran parte de la estructura fundamental de muchas pequeñas ciudades británicas antes de la aparición de la vida capitalista contemporánea. Como sugieren los escritos de Leah Greenfield (1992) y Rogers Brubaker (1996), la noción de un "pueblo" basado en un linaje común, en la comunidad como *etnos*, formó las primeras bases para una concepción de la nacionalidad particularista y éticamente ligada, por lo menos desde el siglo XV. Las prácticas egoístas, impersonales y moralmente irresponsables del temprano capitalismo industrial no fueron impedidas por cierto tipo de movimiento "proteccionista" que creciera misteriosamente de la nada, como Polanyi parece afirmar en su descripción de la reacción a la "sociedad de mercado". Al contrario, este movimiento proteccionista que actuaba en nombre de la "sociedad" surgió precisamente porque en la vida social occidental ya existían reservas no individualistas y de antimercado fuertemente institucionalizadas y culturalmente determinadas. De estas fuerzas, como ha mostrado más recientemente Patrick Joyce (1991), emanaron las protestas contra el capitalismo en nombre del "pueblo".

Como sugiere este breve examen histórico, la sociedad civil y el capitalismo deben ser conceptuados en términos fundamentalmente diferentes. La sociedad civil debe ser concebida (Alexander, 1997) como una esfera solidaria en la cual cierta clase de comunidad universalizada viene a definirse y, hasta cierto punto, a reforzarse. La opinión pública muestra el grado en que existe esta comunidad solidaria; además, ella posee sus propios códigos culturales y sus narrativas en un idioma democrático, está configurada a partir de un conjunto de instituciones peculiares, las más notables de las cuales son las periodísticas y las jurídicas, y se hace visible a través de un conjunto característico de prácticas interaccionales, como civilidad, igualdad, criticismo y respeto. Esta clase de comunidad civil no puede existir sólo por sí misma, sino en función de sus relaciones. Esto es así porque ella está siempre interconectada e interpenetrada con otras esferas más o menos diferenciadas, las cuales tienen sus propios criterios de justicia y sus propios sistemas de gratificaciones. No hay razón para preferir alguna de esas esferas no civiles sobre las otras. La economía, el Estado, la religión, la ciencia, la familia, cada una de estas esferas diferenciadas de actividad constituye una característica definitoria de las sociedades modernas y posmodernas. No estamos en una sociedad capitalista más de lo que estamos en una sociedad burocrática, una secular, una racional o una civil.

LÍNEAS DE INVESTIGACIÓN Y DEBATE CONTEMPORÁNEO

En vez de tratar de reducir el sistema social contemporáneo a la identidad de una de estas esferas, lo que sugeriría, más bien, es que comprendamos la diferenciación social tanto como un hecho cuanto como un proceso y que estudiemos las relaciones fronterizas que se producen entre las esferas. Esto no significa abandonar el proyecto de democracia e igualitarismo enarbolado por la SC I. Para articular esta relación, usaré el concepto de SC III para desarrollar un modelo de lo que llamaré la relación entre la esfera civil y las esferas no civiles. Concebido desde la relación entre sociedades civiles, empezaré por demostrar que la historia social del "capitalismo" puede ser iluminada precisamente en estos términos.

Fronteras entre la esfera civil y las no civiles. Revisión del problema del "capitalismo"

Se puede hablar de las relaciones fronterizas entre la esfera civil y las no civiles en términos de facilitación de insumos, intrusiones destructivas y "reparaciones" civiles. Las tensiones que se producen en la frontera pueden distorsionar severamente la sociedad civil y amenazar la posibilidad misma de una vida social efectiva y democrática. Estas fuerzas distorsionadoras son intrusiones destructivas: frente a ellas, los actores e instituciones de la sociedad civil pueden hacer reparaciones por la vía de buscar regular y reformar lo que ocurre en esas esferas no civiles. No obstante, tal interpenetración entre subsistemas puede ocurrir de otra forma, ya que también algunos de los bienes y formas sociales producidos por otras esferas facilitan realmente la realización de una vida más civil. Los teóricos y políticos conservadores —por no mencionar a las élites de las propias esferas no civiles— se inclinan a subrayar esos insumos facilitadores de las esferas no civiles en la creación de una buena vida social. Los liberales y la izquierda radical están más inclinados a acentuar las intrusiones destructivas que esas interpenetraciones ocasionan y las reparaciones que tienen que hacerse como resultado de ellas. En el esfuerzo de teorizar de manera general la relación entre la sociedad civil y otros tipos de instituciones sociales, ninguno de los lados puede ser ignorado.

El que la esfera económica en su forma capitalista facilite de manera importante la constitución de una sociedad civil es un hecho histórico y sociológico que no debe ser negado. Cuando una economía se estructura por los mercados, se estimula la conducta independiente, racional y autocontrolada. Por esta razón los primeros intelectuales del capitalismo, desde Montesquieu hasta Adam Smith, vieron la sociedad de mercado como un antídoto sereno y civilizador contra las glorias militaristas de la vida aristocrática. En parte también por esta misma razón las sociedades salidas recientemente del comunismo han confiado su naciente democracia a la creación de sociedades de mercado. Más aún, aparte del mercado, la industrialización por sí misma puede ser vista en un sentido positivo. La producción en masa, que crea un enorme suministro de bienes materiales baratos y accesibles, disminuye las diferenciaciones individuales y las marcas de estatus que separan a ricos de pobres en economías más restrictivas. Se hace cada vez más posible para las masas expresar su individualidad, su autonomía y su igualdad a través del consumo y, al hacerlo, tomar parte en la herencia simbólica común de la vida cultural. Así, los insumos facilitadores se producen también desde el lado de la producción. El propio Marx fue de los primeros en señalar que las complejas formas del trabajo en equipo y la cooperación necesaria en las empresas productivas pueden considerarse formas de socialización mediante las cuales las personas aprenden a respetar y confiar en sus compañeros en la esfera civil.

En tanto la economía capitalista provee a la sociedad civil de facilidades tales como independencia, autocontrol, racionalidad, igualdad, autorrealización, cooperación y confianza, las relaciones fronterizas entre estas dos esferas no serán conflictivas y la diferenciación estructural producirá tanto integración como individuación. Sin embargo, es claro para todos, menos para los más intransigentes defensores del mercado libre, que la economía industrializada y de mercado ha introducido al mismo tiempo obstáculos al desarrollo del proyecto de la sociedad civil. En el lenguaje común de la ciencia social estos obstáculos se han expresado en términos de desigualdades económicas como división de clases, diferenciales de viviendas, mercados laborales duales, pobreza y desempleo. Estos factores sólo han cristalizado en términos sociales —esto es, como problemas sociales producidos por la dinámica de la opinión pública y los movimientos sociales (Alexander, 1996)— porque han sido vistos como intrusiones destructivas dentro del reino de lo social. Los criterios económicos parecen interferir con los civiles.

La estratificación de los productos económicos, tanto humanos como materiales, limita y polariza a la sociedad civil y otorga un vasto campo al "discurso de la represión", el cual contamina y degrada los fracasos económicos. A pesar de que no existe una relación inherente entre las fallas por alcanzar la distinción en el terreno económico y las fallas por mantener las expectativas en la sociedad civil —la ausencia de conexión es el punto mismo de constitución de una esfera civil independiente—, continuamente se hace esta conexión. Si usted es pobre, frecuentemente será considerado como irracional, dependiente y perezoso no sólo en el terreno económico, sino también en la sociedad. En otras palabras, la relativa asimetría de recursos inherente a la vida económica se traduce en proyecciones acerca de la competencia o incompetencia civil. A menudo es difícil para aquellos que no tienen logros económicos, o riqueza, comunicarse efectivamente en la esfera civil, recibir completo respeto por parte de sus instituciones reguladoras e interactuar con otras personas más exitosas económicamente de forma completamente civil (Sennett y Cobb, 1972). Finalmente, el poder material como tal, el poder ganado en el terreno económico muy a menudo se torna una base efectiva e inmediata para los debates civiles (véase Walzer, 1983). A pesar de que la profesionalización del periodismo ha separado la propiedad de los medios de su control efectivo, los capitalistas pueden comprar periódicos (instituciones de comunicación esenciales en la sociedad civil) y, por tanto, influir fundamentalmente en la configuración del campo social.

Independientemente del grado en que la sociedad civil existe como una fuerza independiente, sus integrantes menos privilegiados tienen una presencia dual. Ellos no son solamente miembros no exitosos o dominados de la economía capitalista, sino que tienen la habilidad para demandar respeto y poder con el argumento de que su participación en el terreno civil está sólo parcialmente realizada. Más aún, sobre la base del universalismo de la solidaridad de la sociedad civil, consideran que esas demandas deben encontrar una respuesta. Ellos difunden sus exigencias a través de las instituciones de comunicación de la sociedad civil; organizan movimientos sociales que demandan el socialismo o simplemente justicia económica a través de sus redes y espacios públicos, y crean organizaciones voluntarias como los sindicatos, que piden salarios más justos para los empleados. Algunas veces usan su espacio en la sociedad civil para confrontar directamente a las élites y las instituciones económicas y logran obtener concesiones de la negociación cara a cara. Otras veces hacen uso de instituciones reguladoras como la ley y el sufragio para forzar al Estado a intervenir a su favor en la vida económica. Si bien estos esfuerzos y reparaciones a menudo fallan, frecuentemente también tienen éxito en la institucionalización de los "derechos de los trabajadores". En esta situación, se puede decir que el criterio civil ha entrado directamente dentro de la esfera económica y capitalista: se prohíben las condiciones peligrosas en el trabajo; se proscribe la discriminación en los mercados laborales; se limita la arbitrariedad de la autoridad económica; se humaniza y controla el desempleo, y, finalmente, la riqueza misma se redistribuye de acuerdo con criterios que pueden considerarse antitéticos de los estrictamente económicos.

Este tipo de tensiones e intercambios en las relaciones fronterizas que he descrito aquí no deben ser entendidos como si el capitalismo y la sociedad civil estuvieran superpuestos uno a la otra. Sólo separando analíticamente sus dominios podremos sacar algún provecho no sólo de la dolorosa herencia económica de los dos últimos siglos, sino también de las extraordinarias "reparaciones" que se han hecho a la sociedad como respuesta. No hay duda, por supuesto, de que en las relaciones fronterizas entre la economía capitalista y la sociedad civil el intercambio de insumos facilitadores, las intrusiones destructivas y las reparaciones continuarán en el futuro. En ese proceso, los nuevos tópicos relacionados con la economía —por ejemplo, la democracia en los lugares de trabajo (Bobbio, 1987)— serán el foco de la agenda pública.

Relaciones fronterizas no económicas entre las esferas civiles y no civiles

Hasta aquí he tratado de separar a la sociedad civil y el capitalismo; sin embargo, no basta con esa separación, también es precisa una mejor conceptuación del peso de la economía. Hay que objetar la identificación del "capitalismo" con la "sociedad", esto es, desafiar la misma noción de que la sociedad en la que vivimos puede ser comprendida bajo la rúbrica del capitalismo. Después de todo, los mercados no son las únicas amenazas a la vida civil democrática; ni siquiera se puede decir que son las peores amenazas. Cada una de las otras esferas no civiles han socavado la sociedad civil en diferentes épocas y modos. En los países católicos, los judíos y los protestantes a menudo han sido concebidos como no civiles y se les ha impedido una entrada completa a la vida civil. En la historia de la mayoría de las sociedades civiles el poder patriarcal en la familia se ha traducido directamente en una falta de estatus civil para las mujeres. El poder científico y profesional les ha dado poder a los expertos y ha excluido a las personas comunes de una participación plena en discusiones civiles vitales. Las oligarquías políticas, tanto en las organizaciones privadas como en los propios gobiernos nacionales, han usado el secreto y la manipulación para privar a los miembros de la sociedad civil de acceso a la información en torno a decisiones que afectan su vida colectiva. La estructura racial y ética de las comunidades primordiales ha distorsionado la sociedad civil en formas terribles.

De hecho, la identificación del capitalismo y la sociedad civil es sólo un ejemplo de la superposición reduccionista y restrictiva de la sociedad civil a un tipo particular de dominio no civil. En el curso de la historia de Occidente, las intrusiones anticiviles que he referido antes han sido tan destructivas, que los movimientos sociales organizados para repararlas y los teóricos que han articulado sus demandas han llegado a creer algunas veces que esos obstáculos son intrínsecos a la propia sociedad civil. Los socialistas han argumentado que la sociedad civil es esencial e irrevocablemente burguesa, que mientras existan mercado y propiedad privada los participantes en el dominio económico no podrán ser tratados de modo igualitario y respetuoso. De manera similar, las feministas radicales han argumentado que la sociedad civil es inherentemente patriarcal, que la misma idea de sociedad civil es imposible de realizar en una sociedad en donde hay familias que permiten que los hombres dominen a las mujeres. Análogamente, los sionistas han argumentado que las sociedades europeas son fundamentalmente antisemitas. Los nacionalistas negros han afirmado que el racismo es esencial y que en el dominio civil de las sociedades blancas los negros estarán siempre y necesariamente excluidos.

Sobre la base de lo aquí presentado, lo que sugiero es que esos argumentos radicales para la emancipación desde la sociedad civil no son nunca ni empíricamente exactos ni moralmente obligatorios. Debido a que se trata de generalizaciones hechas a partir de lo que han sido en realidad unas relaciones fronterizas muy distorsionadas y opresivas, inducen a la falsa conclusión de que la esfera civil inevitablemente tiene que ser distorsionada en esta forma. Desde esta base errónea, se imaginan sociedades utópicas que rechazan tanto el universalismo de la esfera civil como aquellos conflictos de las relaciones fronterizas que son un resultado inevitable del pluralismo y la complejidad de la vida social democrática. La separación del capitalismo y la sociedad civil indica, entonces, la necesidad de reconocer la autonomía relativa que existe entre la sociedad civil y otros tipos de esferas sociales, una autonomía relativa que algunas veces se manifiesta en interpenetraciones muy destructivas, pero que también puede permitir efectos altamente reparadores.

BIBLIOGRAFÍA

Alexander, Jeffrey C. (1990), "Real Civil Societes", manuscrito inédito.
───── (1996), "Collective Action. Culture and Civil Society: Secularizing Updatin Inverting, Revising and Displacing the Classical Model of Social Movements", en M. Diani y J. Clarke (eds.), *Alain Touraine*, Falmer, Londres, pp. 205-234.
───── (1997), "The Paradoxes of Civil Society", *International Sociology* 12 (2), 115-133.
Bobbio, Norberto (1987), *The Future of Democracy*, University of Minnesota Press, Minneapolis.
Brubaker, Rogers (1996), *National Reframed: Nations and the National Question*, Cambridge University Press, Cambridge.
Calhoun, Craig (1992), *Habermas and the Public Sphere*, MIT Press, Cambridge.
Diamond, Larry (1992), "Introduction: Civil Society and the Struggle for Democracy", en L. Diamond (ed.), *The Democratic Revolution, Struggles for Freedom and Pluralism in the Developing World*, Freedom House, Londres.

Greenfeld, Liah (1992), *Nationalism: Five Roads to Modernity*, Harvard University Press, Cambridge.
Hall, John A. (1995), *Civil Society: Theory History, Comparison*, Polity, Cambridge.
Hirschman, Albert O. (1977), *The Passions and the Interests: Political Arguments for Capitalism before its Triumph*, Princeton University Press, Princeton.
Joyce, Patrick (1991), *Visions of the People: Industrial England and the Question of Class. 1840-1914*, Cambridge University Press.
Keane, John (1988), "Remembering the Dead: Civil Society and the State from Hobbes to Marx and Beyond", en J. Keane, *Democracy and Civil Society*, Verso, Londres, pp. 31-568.
Polany, Karl (1957), *The Great Transformation*, Beacon, Boston.
Seligman, Adam (1993), *The Idea of Civil Society*, Free Press, Nueva York.
Sennett, Richard, y Jonathan Cobb (1972), *The Hidden Injuries of Class*, Vintage, Nueva York.
Sommers, Margaret R. (1993), "Citizenship and the Place of

the Public Sphere: Law Community and Political Culture in the Transition to Democracy", *American Sociological Review*, 58 (5), 587-620.

Stepan, Alfred (1985), "State Power and the Streength of Civil Society in the Southern Cone of Latin America", en P. B. Evans, D. Rueschemeyer y T. Skockpol (eds.), *Briging the State Back in Cambridge*, Cambridge University Press.

Taylor, Charles (1989), *Sources of the Self: The Making of Modern Individualism*, Harvard University Press, Cambridge.

Walzer, Michael (1983), *Spheres of Justice*, Basic, Nueva York.

SOCIOLOGÍA

Fernando Castañeda S.

Definición

La palabra *sociología* tiene su etimología en la palabra latina *socius* (socio, asociado) y en la palabra griega *logos* (razón, ley, entendimiento). El término mismo, en virtud de su barbarismo, fue objeto de muchas controversias. La autoría de la palabra se debe a Augusto Comte, por lo que algunos manuales y enciclopedias tienden a considerarlo como padre de esta disciplina. Sin embargo, los grandes clásicos de la sociología no lo reconocieron como tal. Émile Durkheim se rehusó a usar el término *positivo* o *positivismo* para su proyecto sociológico, en buena medida por los prejuicios que le merecía la obra de Comte.

La sociología es una ciencia relativamente joven, del segundo cuarto del siglo XIX, y surgió como respuesta, según lo señala Adorno, a la realización termidoriana de la Revolución francesa.

En este sentido la sociología es a la vez continuación y ruptura de la Ilustración. Por ello, el sociólogo alemán Niklas Luhmann dice que la sociología es un discurso posilustrado.

Objeto y contornos de la sociología

Son muchas las definiciones que se han dado del objeto de estudio de la sociología, empezando con algunas clásicas como la de Max Weber, que inicia su *Economía y sociedad* señalando como tarea de la sociología el estudio del sentido mentado (o subjetivo) de la acción social, o la de Émile Durkheim, que en las *Reglas del método sociológico* señala como objeto de la sociología los hechos sociales, los cuales deben ser tratados como si fueran cosas, como objetos opuestos al pensamiento. Contemporáneamente, la sociología ha sido definida como el estudio científico de las relaciones humanas o de la vida en grupo. Para un autor contemporáneo como Anthony Giddens la sociología es el estudio de la vida social humana, de los grupos y sociedades, y su ámbito es extremadamente amplio, porque va desde el análisis de los encuentros efímeros entre individuos en la calle hasta la investigación de los procesos sociales mundiales.

Las definiciones del objeto de estudio resultan, sin embargo, insuficientes para conocer el proyecto de conocimiento de la sociología. Por ello quizás el sociólogo norteamericano Alvin W. Gouldner señalaba que decir que la sociología estudia las relaciones sociales es como afirmar que los policías atrapan delincuentes o los jueces condenan criminales. Se trata de definiciones que por obvias no dicen nada. En este sentido, las definiciones de los clásicos siguen siendo las ricas; el acento en el sentido mentado de la acción o en el hecho social como si fuera cosa abre todo un programa para la sociología interpretativa o para el naturalismo sociológico.

Historia, teoría y crítica

La historia de la disciplina es compleja y su desarrollo está ligado a la creación de un espacio que ha redefinido en varias ocasiones sus formas y contornos. La sociología no hizo su arribo a un páramo donde no hubieran crecido previamente otros saberes, que también pretendieron conocer y explicar las relaciones humanas y sociales. Al igual que la mayoría de los saberes modernos, la sociología se asentó sobre parcelas que habían sido trabajadas previamente; en este caso por la filosofía, la teoría política clásica, la ética, el derecho, la economía política clásica, la filosofía de la historia, etc. También, a lo largo de su historia la sociología ha compartido parcelas con la antropología, la economía, la psicología, la ciencia política, la demografía, la criminología y la lingüística, entre otras. Por ello, la formación del espacio de la sociología no puede ser descrita como la evolución lineal de un programa de conocimiento. El desarrollo de la sociología puede caracterizarse como un proceso de rupturas y continuidades, síntesis y demarcaciones.

Aunque es difícil describir adecuadamente la empresa sociológica, a través de la caracterización de ciertos procesos de desarrollo y desplazamientos conceptuales podemos delinear los contornos dentro de los cuales la sociología ha definido su programa.

Hay al menos cinco desplazamientos conceptuales que se dan a finales del siglo XVIII y en el XIX que conforman los parámetros sobre los que se constituye el proyecto de la sociología: del Estado a la sociedad, del sujeto a la estructura, de lo consciente a lo inconsciente, de la filosofía a la ciencia y, finalmente, una redefinición de la relación entre teoría y práctica.

a) Del Estado a la sociedad. Los antecedentes de la sociología pueden encontrarse en el desarrollo del concepto de sociedad civil como un ámbito propio distinto del Estado, concepto formulado en los escritos de los filósofos ingleses Hobbes y Locke y más tarde desarrollado por la Ilustración francesa y escocesa. Particularmente esta última marcó más la pauta de lo que sería la comprensión sociológica de la sociedad.

Sin embargo, con Saint-Simon, Marx y más tarde Durkheim los términos *sociedad* y *Estado* se invierten: el derecho y el Estado no son ya los responsables del orden social; como lo expresara la célebre distinción de Marx entre superestructura e infraestructura, son las relaciones sociales las que le dan contenido a las formas jurídico-estatales. Pero ésta no es ni con mucho una perspectiva exclusivamente marxista; ya está presente en la preeminencia que Saint-Simon le da a la clase de los industriales por encima de la aristocracia política, y más tarde aparecerá en la forma en que Durkheim define lo social como un ámbito independiente y por encima de los individuos.

b) Del sujeto a la estructura. El punto de partida de la economía política clásica y de la filosofía política clásica era el sujeto consciente, dotado de razón: el Robinson Crusoe de Marx. Sólo un sujeto "dotado de razón" era capaz al mismo tiempo de entender los presupuestos ético-racionales de un orden civilizado y acatar esos principios en virtud de sus cualidades racionales, y sólo un sujeto "dotado de razón" es capaz de formular ese cálculo que busca conseguir la máxima utilidad y la máxima eficiencia necesarias para tejer la red de estímulos y respuestas de la "mano invisible" de Smith.

Pero para los pensadores del siglo XIX que siembran las semillas de la sociología, "los hombres hacen la historia pero no libremente", frase atribuida a Marx que con otros términos había sido formulada (tiempo pasado y presente) por Comte y que hoy es actualizada y reelaborada por autores como Giddens.

El sujeto de la sociología no está gobernado por la conciencia y los presupuestos racionales que la gobiernan, sino por reglas estructurales, sistemas de interacción, instituciones sociales, etc. Aun para la sociología interpretativa lo que gobierna al sujeto no es su "conciencia racional", sino sus tradiciones culturales, sus modos y formas de vida, los horizontes que se abren en contextos de interacción, etcétera.

c) De lo consciente a lo inconsciente. Un sujeto racional es un sujeto consciente. Los presupuestos del orden social pasan por lo que un sujeto dotado de plena conciencia es capaz de aceptar y validar como principios y condiciones de un determinado orden.

Por el contrario, en la tradición sociológica, desde los clásicos hasta los contemporáneos, el universo de las relaciones sociales antecede y desborda lo que un sujeto consciente es capaz de ver o prever. Aun en aquellas teorías —como la de Giddens— en las que el plano consciente de la acción es un presupuesto fundamental, las consecuencias no esperadas de la acción constituyen un elemento fundamental de las relaciones humanas.

Lo que explica estos procesos no son contratos, pactos o acuerdos racionales, sino funciones, pulsiones, relaciones de implicación o causalidad, sistemas de interacción ubicados en el tiempo y en el espacio, reglas de estructuración, sistemas de códigos, etcétera.

d) De la filosofía a la ciencia. Uno de los asuntos controvertidos en la sociología, desde sus orígenes, ha sido la naturaleza epistemológica de su empresa. Las posiciones han ido desde quienes creen que es una empresa epistemológicamente imposible hasta quienes piensan que es posible hacer de la sociología una ciencia experimental al estilo de las ciencias naturales.

Sin embargo, aun aquellas tradiciones renuentes a aceptar un modelo "duro" de ciencia social aceptan una demarcación de la filosofía; es el caso, en la tradición hermenéutica, del proyecto diltheyano sobre una crítica de la razón histórica. La mera formulación hace evidente que Dilthey no piensa que la ciencia del espíritu tenga la estructura nomológica de las ciencias naturales, pero de igual manera no considera que éstas deban ser reducidas a la ética y a la filosofía política clásica: ni razón pura ni razón práctica, sino razón histórica.

En el debate entre ciencia normativa y empírica, la sociología ocupa siempre el lugar de una ciencia empírica. Lo anterior ha sido así porque la sociología, al observar la conformación de un determinado ordenamiento social, recurre no al fundamento político o moral de ese orden, sino a los procesos, funciones, contextos, etcétera (los desplazamientos conceptuales mencionados) para dar cuenta de esa configuración social.

La separación entre sociología y filosofía ha sido un asunto muy controvertido, y con frecuencia se ha criticado la reducción de la sociología a mera ciencia con el argumento de que con ello se reduce el análisis racional a problemas fácticos y se renuncia a estudiar racionalmente los problemas éticos y políticos. Se trata, en palabras del filósofo alemán Jürgen Habermas, de un "racionalismo menguado".

Pero el mismo filósofo alemán, al inicio de su *Teoría de la acción comunicativa*, para evitar lo que él llama la "filosofía primera" (o apriorística), recurre a la sociología como ciencia positiva para fundar, en un saber no apriorístico, sus reflexiones sobre la racionalidad, reconociendo la preferencia de la sociología por la ciencia.

Sin embargo, a pesar del reconocimiento de la preferencia de la sociología por la ciencia, no existe un consenso acerca de qué clase de empresa científica es. Uno de los grandes temas al respecto es el que concierne a la distinción entre ciencias naturales y ciencias sociales. Desde los clásicos, el tema ha marcado largamente los diferentes modelos de teoría y análisis sociológicos.

Durkheim, en sus *Reglas del método sociológico*, siguiendo el sistema de la lógica de Mill creyó llevar la lógica del método experimental a la sociología. El modelo de Durkheim representa uno de los ejemplos clásicos del naturalismo sociológico, es decir, de la pretensión de hacer una ciencia de la sociedad al estilo de las ciencias naturales.

Como contrapartida del modelo de Durkheim, Max Weber trató de fundar su modelo en la comprensión explicativa, con lo cual deslindaba el problema de la comprensión de su uso filosófico, pero, al mismo tiempo, distinguía a la sociología de las ciencias naturales y hacía resaltar el problema del significado, o del sentido, como específico del mundo social.

La distinción entre ciencias naturales y sociales ha vuelto a ser objeto de muchas controversias, sobre todo a partir de la crítica kuhniana al modelo positivista de ciencia.

Para Giddens, la crítica de Habermas a Hans Albert y la crítica de Kuhn a Popper demuestran que las ciencias naturales tienen problemas hermenéuticos al igual que las ciencias sociales. Por ello la distinción entre ciencias sociales y naturales no puede ser entre comprensión (o comprensión explicativa) y explicación, sino el de una doble hermenéutica; para las ciencias sociales, el mundo que interpreta se encuentra preinterpretado.

Al final de su vida Kuhn dedicó algunas reflexiones al problema de la distinción entre ciencias naturales y ciencias sociales. Para él, las ciencias sociales tienden a mal interpretar las ciencias naturales; tienen una visión no positivista de ellas mismas, pero de alguna manera siguen sosteniendo una comprensión positivista de las ciencias naturales.

Kuhn coincide en que debe haber una distinción entre ciencias naturales y sociales, pero no concuerda en la forma en que se hace la distinción. Según él, no es en la naturaleza del objeto donde se encuentra la distinción. Los cielos de los griegos no son lo mismo que los cielos de los modernos. No existe un mundo externo al que podamos apelar con independencia de nuestros esquemas interpretativos, y por lo tanto, la distinción no es entre un mundo natural "objetivo", "externo", y un mundo social "subjetivo", "interno".

A diferencia de Giddens, Kuhn parece dudar de que la distinción entre ciencias naturales y sociales radique en el problema, de corte ontológico, de la naturaleza de sus respectivos objetos.

e) De la teoría a la práctica. Un discurso según el cual el sujeto está dotado de razón y el orden social se deriva de los acuerdos o acciones racionales de dichos individuos tiene sólo dos problemas prácticos. El primero es demostrar que el orden propuesto es el moralmente justo o verdadero; es un problema de fundamento de ese orden. Una vez resuelto el problema teórico está resuelto el problema práctico. Lo que se supone moralmente justo es a la vez un imperativo para su puesta en práctica. El segundo problema atiende a la ilustración, demostración o educación de aquel o aquellos que no comprenden que se trata de un orden moralmente superior de convivencia o coexistencia social.

Pero cuando el discurso va del sujeto a la estructura se mueve por debajo de la conciencia, se desplaza de la filosofía a la ciencia, la relación entre teoría y práctica no es tan evidente y no se resuelve en un mismo movimiento intelectual. La realidad así creada no le da una dirección a la práctica. Para la realidad "empírica" es tan natural el orden como el desorden, la salud como la enfermedad, la vida como la muerte, el consenso como el disenso, la paz como la guerra, etcétera.

La forma en que el discurso sociológico se ha enfrentado a dicho dilema es a través de la distinción entre hecho y valor, ideología y ciencia. La distinción entre ideología y ciencia ha sido una forma de resolver el problema de la intervención práctica de la sociología en la sociedad. Hay al menos cuatro formas en que la relación entre ideología y ciencia (teoría y praxis) ha demarcado al discurso sociológico, las que representan a su vez cuatro momentos en la evolución del propio discurso.

El primer momento corresponde al de los fundadores. Tanto para Marx como para Comte, lo que demarca su discurso de otros discursos (distinción entre ideología y ciencia) es un proceso histórico, y lo que da fundamento tanto gnoseológico como práctico a esos discursos es de naturaleza histórico-ontológica. De acuerdo con la ley de los tres estadios evolutivos de Comte, la etapa positiva es históricamente superior a la etapa metafísica y a la etapa teológica y, por lo tanto, es epistemológica y moralmente superior. El modelo de Marx es complejo, pero sigue la misma lógica, y su discurso se demarca de los otros discursos también por razones históricas. La distinción entre ideología y ciencia corresponde a un posicionamiento histórico. Para Marx, la ciencia de la economía política es una ideología en la medida en que su saber se funda en una realidad invertida, en que las antinomias de ese y de todo el pensamiento "burgués" no pueden ser superadas de manera meramente intelectual, sino que la realidad tiene que ser transformada. Lo que define el discurso de Marx y los otros discursos es su ubicación frente a la historia. Al igual que en Comte, es la historia la que fundamenta epistemológica y moralmente el discurso. La distinción entre ideología y ciencia es una demarcación histórica.

El segundo momento corresponde a la etapa de los clásicos de la sociología académica (Weber, Durkheim). En la etapa de los fundadores el discurso disputa su espacio en la vida pública; su existencia y fundamento dependen de su fuerza política, y la forma en que demarcan su competencia tiene que ser histórico-política. Por el contrario, la sociología en su etapa clásica disputa su espacio en la universidad y el problema de la demarcación de sus competencias prácticas es otro. La sociología tiene que demarcarse en tres frentes: se tiene que demarcar de los discursos políticos que dan sentido y fundamento a la esfera pública; se tiene que demarcar de los discursos sociales que conforman y dan sentido a los valores, creencias e intereses sociales, y tiene que demarcarse de los otros saberes universitarios. Para la sociología académica, el problema no es histórico-ontológico, sino epistemológico. Los sociólogos profesionales tienen que ser tales con independencia de su origen social, credo religioso o nacionalidad y tienen que seguir siéndolo con independencia de su lugar de trabajo, sea público o privado. También los sociólogos profesionales tienen que distinguirse de los abogados, economistas, psicólogos, etc. El problema es de transubjetividad, es decir, de crear un espacio intersubjetivo que forme un consenso al margen de todas las variables o dimensiones mencionadas. Para la sociología académica, su discurso es una abstracción de todas estas realidades que adquiere validez en sí mismo y que no es puesto por ningún otro discurso; todo discurso ajeno aparece como metafísico, ideológico.

Surge así un problema práctico que no aparece en el discurso de los fundadores: la validez del discurso es independiente de sus compromisos políticos y sociales.

La sociología académica encontró dos soluciones en Weber y Durkheim. Para Weber, el discurso sociológico no puede hacerse cargo de las consecuencias políticas de su práctica. Ciencia y política son dos campos que se interconectan, pero que se fundan aparte. La sociología puede juzgar la viabilidad de un fin o el medio adecuado, pero nunca el fin en sí mismo.

Por su parte, el naturalismo durkheimiano hace que el discurso se haga cargo de las consecuencias prácticas de su propio hacer a través de una terapéutica que ve a la sociedad como un organismo y evalúa sus problemas en términos de lo normal y lo patológico.

El tercer momento corresponde a lo que Gouldner llamó el vuelco al Estado benefactor. Para el llamado Estado benefactor, la sociedad no es un cuerpo en equilibrio, sino un universo de problemas y conflictos que justifican su permanente intervención, su inevitable arbitraje. A este Estado no le sirve una sociología naturalista que ve su práctica como terapéutica o una sociología que ve su práctica como profesión liberal. Necesita un crítico, un denunciante que dé pauta a la intervención de la política. Es el momento de la sociología crítica, comprometida; de la crítica a la sociología libre de valores; de la crítica a la separación hecho-valor, etcétera.

El cuarto momento corresponde a la etapa actual de redefinición de las competencias del Estado. Aquí, la intervención de la política se ve con recelo, se privilegia lo privado en detrimento de lo público, y la sociología que se dice comprometida suena tan sospechosa como la que se dice neutra.

LÍNEAS DE INVESTIGACIÓN Y DEBATE CONTEMPORÁNEO

En el interior de la sociología han sido muchos los debates metodológicos y casi cada propuesta teórica tiene su propuesta metodológica. Sin embargo, a pesar de esta babel, es posible distinguir dos grandes líneas de reflexión en torno a la metodología en sociología: los métodos cualitativos y los métodos cuantitativos.

a) Métodos cualitativos. Éstos corresponden a toda una tradición de la sociología que se ha dado en llamar hermenéutica, interpretativa y comprensiva y que gira precisamente en torno al tema de la comprensión. El problema de la comprensión supone ya una toma de postura acerca de la naturaleza de la sociedad, aun para aquellos que trataron de evitar convertir el problema de la comprensión en un problema ontológico, como Max Weber. Para toda la sociología interpretativa, lo que cuenta de la sociedad es su dimensión simbólica, independientemente de cómo se interprete esta dimensión. Desde el punto de vista estrictamente técnico, el problema de la comprensión ha ido desde su reducción a un problema psicológico de vivencia, de empatía, hasta el postulado fuerte de un supuesto de racionalidad. Weber se negó a reducir el tema de la comprensión a su dimensión psicológica y prefirió una comprensión explicativa; ésta suponía que el ejercicio comprensivo requiere de una captación intelectiva del sentido que debe ser remitida a un contexto de sentido, y de ahí la preferencia por la racionalidad. Contemporáneamente, el filósofo alemán Habermas, siguiendo a Weber pero también a la tradición de la filosofía analítica británica que postula una relación entre significado y verdad, se plantea como requisito metodológico para la comprensión el tener en cuenta las pretensiones de validez de los hablantes.

b) Métodos cuantitativos. El análisis estadístico acompaña también una de las tradiciones sólidas y permanentes de la sociología: la sociología empírica o naturalista. Desde Durkheim, una vertiente muy importante de la sociología se propuso llevar el método experimental a esta disciplina. Siguiendo el sistema de la lógica de Mill y haciendo algunas correcciones a sus tesis, Durkheim propuso que el último de los cuatro modelos de método experimental propuestos en ese libro, el de las variaciones concomitantes, podía ser aplicado a la sociología. Con ello Durkheim convertía el análisis estadístico en el fundamento metodológico de la sociología científica. De la formulación durkheimiana a nuestros días el presupuesto inicial no ha cambiado; lo que ha cambiado es el enorme herramental técnico con el que cuenta la sociología empírica. Un problema que ha venido evolucionando y progresando de manera extraordinaria es el de los llamados niveles de medición: ordinal, cardinal, intervalar y valar. En fechas recientes las técnicas de medición han logrado penetrar en planos cada vez más cualitativos.

SOCIOLOGÍA POLÍTICA

Aurora Loyo Brambila

Definición

La sociología política como rama de la sociología general

Cualquier definición de sociología política se enfrenta de inmediato a dos tipos de cuestionamientos: aquellos a los que se hace acreedora por el hecho mismo de buscar, por principio, cerrar el campo de la sociología, y aquellos otros que se originan por optar por una determinada concepción de "política". Conviene mejor a los objetivos de este artículo evitar esa vía, aparentemente corta y directa, pero en realidad poco satisfactoria, de la definición que cierra y excluye, y buscar en cambio otro tipo de aproximación: identificar las cuestiones y temáticas "centrales" en la obra de autores que han contribuido mayormente a la legitimación de un campo de conocimiento denominado *sociología política*.

Desde sus inicios, una de las características de la sociología como cuerpo disciplinario consiste en la diversidad de sus paradigmas; por tanto, sus enfoques y metodologías se encuentran sujetos a delimitaciones y exclusiones que expresan justamente esta diversidad y competencia de paradigmas opuestos. Ello no nos impide, sin embargo, discernir algunos rasgos que, a lo largo del tiempo, han ido conformando tradiciones específicamente sociológicas, que se reconocen, se vinculan y se sitúan, por decirlo así, dentro de los marcos de ese campo disciplinario y en sus elaboraciones utilizan, como punto de referencia obligado, enfoques, problemas o ideas provenientes de la obra de "los clásicos".

Uno de los artífices más brillantes y que más han influido en la conformación de un campo propio de la sociología política es Raymond Aron. Su interpretación "en clave sociológica" de los escritos de Montesquieu y de Alexis de Tocqueville los convierte en precursores y maestros para todos aquellos que en adelante cultiven la moderna sociología política. En tiempos más cercanos, Michel Mafessoli vuelve sus ojos a Durkheim, Max Weber y G. Simmel y utiliza sus ideas e intuiciones para articular una explicación sobre aquello que denomina "la transfiguración de la política". En suma, en estos dos autores, distantes como están en el estilo de sociología que elaboran, en el tiempo histórico que habitan, en los problemas a los que desean dar respuesta, encontramos sin embargo la común intención de emplear y reivindicar elementos esenciales del pensamiento presociológico o de las teorías sociológicas para sugerir, orientar y dar forma a un *corpus* de conocimiento que denominamos *sociología política*.

La sociología política es a primera vista una rama más de la sociología general. Pero su conformación tiene un carácter *sui generis* por dos motivos: en primer lugar, requiere reelaborar continuamente su identidad a través de un trabajo de autorreflexión, reconocimiento y legitimación frente a otro campo de conocimiento que se ha desarrollado de manera espectacular en las últimas décadas: la *ciencia política*. En segundo lugar, considérese que, sin poder desprenderse del "imperialismo sociológico" que concibe a la sociología como "la ciencia de la sociedad" y siendo las relaciones de poder un elemento consustancial a la interacción social, se llega a un punto tal en que *toda* la sociología se torna sociología política. Estos dos motivos empañan y dificultan la constitución de la sociología política como rama de la sociología general.

Ante ello y como punto de partida adelantemos la idea, que encontrará mayor sustento en los siguientes apartados, de que la investigación y la docencia, cuando se efectúan en el marco disciplinario de la sociología política, llevan generalmente consigo una manera específica de ver la dimensión política y su vinculación con lo social, lo que denota una preferencia por la teoría sociológica en la definición del objeto de investigación, aun cuando se utilicen instrumentos conceptuales y metodologías provenientes de otras disciplinas. En suma, hablar desde la sociología política, situar nuestro trabajo dentro de la sociología política y enseñar o dirigir tesis de sociología política indica generalmente la convicción de quien habla, enseña o dirige de que la sociología es *la ciencia social por excelencia* y de que el análisis de los fenómenos políticos requiere, para efectuarse con rigor y profundidad, partir de su enraizamiento en lo social.

Historia, teoría y crítica

Sociología política y ciencia política. La identidad como oposición

La identidad de la sociología política se constituye en gran medida como oposición a la ciencia política. Esta formulación se realiza a través de una agregación de trabajos de importantes sociólogos cuyas obras reflejan los desafíos y las condiciones derivadas de su ambiente político y cultural, así como las tradiciones intelectuales dentro de las que se sitúan. Por ello encontramos que, vistas en perspectiva, las múltiples definiciones de sociología política cobran sentido únicamente cuando logramos ubicarlas dentro de un paradigma de sociología general y en oposición a lo que se nos presenta como *la* ciencia política, pero que no es sino una ciencia política dominante en un lugar y un tiempo históricamente definidos.

De ese proceso discontinuo, fragmentario, en muchos sentidos contradictorio, surge sin embargo un cuerpo de ensayos e investigaciones empíricas, de referencias y de autorreferencias y, sobre todo, de condiciones de reproducción de diversos grupos de académicos que dan vida a departamentos, programas de posgrado y revistas especializadas en sociología política. ¿Cuáles son los autores y los trabajos que merecen ser destacados por su radio de influencia, por su significación en esta constitución de una identidad de la sociología política?

Responder cabalmente a esa pregunta excede las posibilidades de este artículo. Nuestro objetivo, mucho más modesto, consiste en utilizar algunas definiciones o ideas sobre este campo que poseen un valor indicativo sobre las cuestiones centrales implicadas en el problema de su demarcación y legitimidad.

La identidad de la sociología política en el interior de la sociología académica norteamericana constituye un buen punto de arranque, habida cuenta de la notable influencia que ha ejercido sobre el desarrollo de la disciplina a nivel internacional. En los Estados Unidos se constituye como una rama importante de la sociología, principalmente en los años cincuenta, y lo hace en un contexto académico dominado aún por el paradigma parsoniano y en gran medida como respuesta a éste. Esa circunstancia, pensamos, posee una importancia tal que aún hoy en día no es posible entender los debates internos del "nuevo institucionalismo" o la insistencia por "revisitar" la cultura política —tal como la concibieron G. Almond y S. Verba— sin entender la fuerza de la impronta del pensamiento sistémico de Talcott Parsons.

En efecto, la obra monumental de Parsons, *El sistema social*, ya fuera admirada o denostada, colocaba ciertamente a la sociología en un lugar privilegiado; dentro de ese paradigma el sistema político, uno de los subsistemas del sistema social, no puede analizarse escindido de la totalidad: el fenómeno del poder supera ampliamente ese subsistema político al ser consustancial a las relaciones sociales. De ahí que en el reino de *La Sociología* parsoniana, que aceptaba la existencia de una ciencia política (en minúscula) más bien estrecha y sin alcances de ciencia analítica —centrada en el estudio de la burocracia, los parlamentos y los partidos políticos—, la sociología política no parecía estar en posibilidad de encontrar ámbito propio.

Sin embargo, el movimiento de crítica a la sociología parsoniana brindó la oportunidad que se requería. La llamada *sociología del conflicto* abre un amplio espectro de temas para ser estudiados por una sociología política que en pocos años logra reconocimiento académico, amparada paradójicamente en la legitimidad conseguida por T. Parsons para una sociología omnicomprensiva y sin embargo sistemática.

Así, el sociólogo Lewis Coser podía afirmar en 1966 que "mientras la ciencia política se ocupa principalmente de la maquinaria del gobierno y de los mecanismos propios de la administración pública, el análisis sociológico estudia la interrelación más amplia que existe entre los fenómenos sociales y los fenómenos políticos".

Esta definición nos sirve para ilustrar un aspecto central de la sociología política, que se da a sí misma un carácter más amplio, más completo, más *incluyente* que la ciencia política, a la que le otorga un estatus menor y un ámbito más estrecho y con menores potencialidades analíticas.

Un segundo elemento que aparece con regularidad en la producción estadunidense de ese periodo consiste en considerar que la sociología política es más crítica y posee una vertiente "radical" que se centra en aspectos conflictivos o disfuncionales, mientras que la ciencia política generalmente tendería a buscar el mantenimiento y mejoramiento gradual del orden social. Entre los sociólogos que se distinguen por este tono crítico podemos mencionar a Irving Louis Horowitz, Wright Mills y Amitai Etzione.

La influencia de la lectura sociológica de Marx, a la que se refiere S. Lipset cuando reflexiona sobre este tema, se manifiesta en la producción estadunidense pero posee mayor fuerza intelectual en Europa, donde marca su impronta en la definición misma del campo de la sociología política. El Estado y no el gobierno es generalmente el gran tema de este tipo de sociología. El Estado se analiza en función de su interrelación con la estructura social. Se le confiere mayor o menor "autonomía relativa" pero no se intenta caracterizar o interpretar su dinámica si no es a través de referencias a las relaciones sociales y, "en última instancia", a las relaciones de producción.

Un tercer aspecto que distingue a la perspectiva de la sociología política consiste en la enorme heterogeneidad y complejidad que pone en juego en la formación de los objetos de investigación, en la que los elementos no políticos —religiosos o culturales, por ejemplo— suelen ocupar un lugar muy importante. De esta manera, la perspectiva de la sociología política desemboca y se imbrica fácilmente con explicaciones culturalistas o psicologistas; pero la heterogeneidad y la complejidad se manifiestan aun cuando el análisis se mantenga en el terreno propiamente sociológico en torno de los nuevos temas que surgen directamente de la dinámica social, como es el caso de los estudios sobre feminismo, posmodernismo o sobre los llamados "nuevos movimientos sociales", por no citar sino unos cuantos.

Los riesgos del sociologismo

La sociología política, por sus articulaciones con la sociología general, tiende a cometer errores y a caer en desviaciones propias de una sociología que se excede y se desborda más allá de sus límites. Explicaciones tautológicas, reificación del concepto de sociedad, determinismo social y falta de rigor metodológico son algunos de los defectos que frecuentemente hacen notar sus críticos. Es cierto que estas observaciones no son generalizables y que la pertinencia de las críticas se restringe a un tipo determinado de sociología política, a un enfoque o a una escuela. Pero ello no puede oscurecer el hecho de que las críticas más frecuentemente reiteradas a trabajos de sociología política apuntan en el mismo sentido que los cuestionamientos que se han hecho al *sociologismo* de E. Durkheim y, por tanto, parecieran estar emparentadas con la constitución misma del campo disciplinario de la sociología general.

Igualmente cierto es que en estos años finiseculares, cuando el estudio interdisciplinario se impone en muchos campos y los conceptos y enfoques de los estudios de cultura lingüística y comunicación, amén de la cibernética, se incorporan con carta de ciudadanía en las ciencias sociales, la sociología política resurge como un lugar de encuentro de enfoques y temas disímbolos que pueden organizarse nuevamente a partir de dos o tres ideas básicas, poseedoras de una marca de origen plenamente sociológica. Es esto lo que sucede con los trabajos de la Escuela de Francfort y se confirma en la impresionante obra de Niklas Luhmann.

Pensamos que el estudio de los fenómenos de poder, tal y como se practica actualmente en las ciencias sociales, se encuentra más cerca de esa concepción polimórfica que fascinó a los clásicos de la sociología, que del poder *estrictamente político* que es objeto de estudio de los científicos políticos. De ahí que la sociología política posea una vitalidad propia que no encuentra una correspondencia directa con su legitimación como campo de conocimiento ni con su débil consolidación institucional en el ámbito universitario.

El poder y la política. Perspectivas sociológicas

En la medida en que, como se señaló en el inicio de este artículo, el campo de la sociología se encuentre marcado por la presencia de diversos paradigmas que compiten entre sí, no es posible identificar una perspectiva sociológica única sobre el poder y la política.

El tema del poder se encuentra presente en los tres grandes ejes que utilizamos para agrupar las temáticas sustantivas de la sociología general: la organización social, la acción social y el cambio social. De ahí que examinar la cuestión del poder en el *corpus* teórico de la sociología, aun cuando fuera someramente, constituye una tarea colosal.

Aquí nos limitaremos a mencionar algunos de los problemas de la conceptuación del poder a los que los sociólogos han prestado una atención preferente: en primer lugar, en la medida en que el poder y la acción se encuentran estrechamente vinculados, ya que el poder implica una acción directa en el curso de los acontecimientos, las sociologías de la acción establecen, cada una a su manera, las interconexiones que requieren para incorporar la dimensión política en la explicación social.

Un segundo aspecto que, como todos los que aquí mencionamos, da lugar a posiciones encontradas, según se adopte o se prescinda de un enfoque individualista, consiste en el significado y el peso que se atribuye a la intención y a las orientaciones en las relaciones de poder. Lo mismo puede decirse respecto al tema de la racionalidad y de los tipos de racionalidad en la acción.

Otro conjunto de temas se agrupa en torno a las interconexiones del poder con la estructura social; el actor y sus *recursos* dan lugar a tipologías y formalizaciones y se utilizan con mucha frecuencia en la investigación sociológica; las formas de poder y el conjunto de símbolos con los que se presentan constituyen un terreno en que sociología y antropología se encuentran imbricadas; por último, el poder como forma de integración o conflicto es quizás el aspecto más sustantivo de la perspectiva sociológica, al igual que los temas weberianos por excelencia de autoridad, legitimidad y dominación. He ahí un listado que, sin ninguna pretensión de exhaustividad, busca dar cuenta de las cuestiones teóricas mayormente debatidas en la literatura sociológica.

Querríamos, para terminar este apartado, llamar la atención sobre la obra de tres autores a los que atribuimos una especial relevancia. La figura intelectual dominante en este campo es, a nuestro juicio, la de Max Weber, cuya obra ha ejercido una influencia decisiva tanto en la sociología como en la ciencia política. Sus conceptos de autoridad, legitimidad y dominación siguen siendo un punto de referencia obligado para todos los estudiosos de la política. Nos interesa subrayar aquí que la enorme originalidad de su sociología política es acreedora de una visión moderna capaz de integrar una formación filosófica sólida con vastos conocimientos sobre economía, historia, religión y política, orientados por una extraordinaria capacidad para captar las interrelaciones entre elementos provenientes de estos ámbitos y articularlos dentro de la explicación social. Su rigor metodológico le permitió concebir "tipos ideales" que han sido fuente inagotable de inspiración para sociólogos en todas las latitudes.

Max Weber supo ver en el poder su aspecto relacional y asimétrico. Captó sobre todo que en el corazón de las relaciones de poder existen normas sobre las que se funda, para unos, el derecho de mandar y, para otros, el deber de obedecer. Los conceptos acuñados por Weber han dado lugar a un sinfín de desarrollos, mezclas heterodoxas de todo tipo en que aparecen combinados con la teoría marxista o dan lugar a una lectura funcionalista; varias escuelas culturalistas y una sociología histórica interesada en el Estado reivindican igualmente su tradición weberiana.

Otro sociólogo —éste contemporáneo— que ha realizado aportes importantes para constituir una perspectiva sociológica del poder es Anthony Giddens. De su extensa obra tomaremos un aspecto peculiar: su insistencia en dar respuesta a la tensión que recorre a toda la teoría sociológica entre la estructura y el agente. Su teoría de la estructuración y la manera en la que concibe las relaciones de poder, afinando en sentidos importantes las definiciones clásicas, hacen de su obra una referencia indispensable en este campo.

Por último mencionaremos a N. Luhmann, quien da al poder un sentido muy distinto en que la comunicación se introduce como elemento central.

Los sociólogos y el tema del Estado

El tema del Estado nos permite referirnos a una escuela sociológica que ha dado una importancia fundamental a la dimensión política: la de inspiración marxista. Esta sociología generalmente acepta de manera más o menos ortodoxa los elementos fundamentales del materialismo histórico, pero realiza un trabajo de "puesta al día" introduciendo matices, acuñando nuevos conceptos y, en suma, realizando elaboraciones teóricas que sin romper con los supuestos más importantes del marxismo pudieran dar respuesta a los problemas de su tiempo.

Las relaciones entre Estado y sociedad civil constituyen el centro hacia el cual se dirigió gran parte de la reflexión teórica de los años setenta tanto en Europa como en los Estados Unidos y que dio lugar al florecimiento de varias escuelas neomarxistas; durante el mismo periodo y con influencia marxista, pero también de la sociología de M. Weber, se producen en América Latina una gran cantidad de ensayos e investigaciones bajo el tema genérico de la *independencia*. Estos estudios favorecieron un diálogo interesante de los sociólogos con economistas, politólogos e historiadores sociales.

La orientación marxista, que necesariamente atribuye una gran importancia a la economía, buscó caminos para incorporar una mayor complejidad a sus análisis sobre la política, así como sobre otros fenómenos superestructurales. Libros como el de N. Poulantzas fueron leídos y comentados por toda una generación de sociólogos; en fechas más recientes los trabajos de T. Skockpol, quien siguiendo en gran parte la tradición de Barrington Moore se ha interesado en realizar estudios comparados sobre las revoluciones y en reintroducir el tema del Estado, han contribuido a derribar los muros que separaban a la ciencia política de la sociología. Por último, existe una bibliografía, que se ve enriquecida día a día, sobre problemas relacionados con el "Estado de bienestar" y su "crisis".

La sociología política en México

La implantación de la sociología como carrera, como profesión, pero sobre todo como campo autónomo de conocimiento en México, es un fenómeno que podemos ubicar en las últimas cuatro décadas. En los años sesenta y setenta tuvo un desarrollo notable, vinculado con fenómenos políticos tales como la Revolución cubana y la guerra de Vietnam y, en el ámbito nacional, a una atmósfera crítica que cuestionaba los logros de los "regímenes revolucionarios" y la persistencia de un sistema político controlado por un solo partido político y caracterizado por un presidencialismo sumamente acusado.

Con este entorno, la sociología asumió posturas críticas y de "izquierda" y los estudios sobre el tema del poder tuvieron un peso considerable. Se produjeron trabajos seminales en que la dimensión política ocupaba un lugar central. Pero no por ello podríamos decir que se trataba *strictu sensu* de investigaciones o ensayos que debieran ubicarse en su totalidad dentro del campo disciplinario de la sociología política.

En algunos casos los autores poseían una formación previa como juristas o como historiadores, e incluso como estudiosos de ciencia política. Otros, los menos, se reconocían a sí mismos como sociólogos. No obstante, lo interesante es que en su mayoría unos y otros recibieron la influencia de la llamada "nueva izquierda", de la sociología crítica norteamericana, del marxismo y de las escuelas francesas. Es así como el *pensar en clave sociológica* se difunde rápidamente, favorecido por una tradición de pensamiento social que buscaba encontrar las respuestas tanto al orden como al desorden político en la estructura y la dinámica de los grupos sociales, cruzados por diferenciaciones campo-ciudad, étnicas y regionales. Ni las leyes ni las estructuras formales del gobierno o el incipiente juego de los partidos políticos podían ser explicados o volverse un factor explicativo si se mantenían dentro del ámbito estricto de la reflexión jurídica o politológica; de ahí que la sociología política se difundiera no como campo disciplinario, sino principalmente como una forma de abordar los temas sujetos a examen o investigación.

El marxismo es, en esos años, el paradigma que goza de mayor aceptación en los ámbitos de las universidades públicas. Se lee *El capital*, pero también esos otros trabajos de análisis de coyuntura como *El 18 brumario*; por otra parte, los neomarxistas —de los cuales Nikos Poulantzas es uno de los más leídos— teorizan a partir del reconocimiento de la autonomía relativa de la esfera política. Esa perspectiva general estimula el interés por realizar investigaciones sobre los movimientos sociales y sus implicaciones políticas que describen y analizan los mecanismos de control en los distintos ámbitos y aun el uso de la violencia estatal. Ello se complementa por el interés en conocer la estructura y el comportamiento de las élites políticas y económicas. Trabajos sobre temas diversos como caciquismo, organizaciones empresariales, burocracias sindicales y todo tipo de movimientos sociales proliferan durante esos años.

Por las razones que hemos expuesto hasta aquí y en coincidencia con lo que sucede en otros países, observamos que gran parte de los trabajos de investigación que se producen en el campo de las ciencias sociales en México, por su temática, por el tipo de interrogantes que se plantean y también por los enfoques que utilizan, deben ser ubicados dentro del campo de la sociología política.

De estar en lo correcto, tendríamos que concluir que *el déficit* que padece la sociología en términos de legitimación se explica en parte por el declive que experimentó en los ochenta, el cual ha sido objeto de diversas interpretaciones que coinciden en atribuirlo en parte a los efectos secundarios de la llamada *crisis del marxismo*, generalmente vinculada también con el colapso de los países socialistas.

En los últimos años, si bien en términos de conocimiento las ciencias sociales tienden a experimentar una saludable apertura —lo que se manifiesta por el planteamiento de problemas que exigen un análisis interdisciplinario—, el credencialismo y los intereses de grupos profesionales tiran en un sentido inverso; es en este terreno en el que la sociología política, asociada largamente a tradiciones más europeas que norteamericanas, más críticas y políticamente "de izquierda", pareciera encontrarse actualmente en una posición desventajosa frente a una ciencia política rejuvenecida, que se ocupa de los problemas que forman parte del debate público, tales como las reformas "del Estado" y las cuestiones electorales.

Dentro de los temas que actualmente despiertan mayor entusiasmo en nuestro país cito éstos: movimientos sociales; estudios sobre identidad; estudios de género; estudios sobre instituciones; el universo de las organizaciones no gubernamentales y de la participación social, y la educación, la ciencia y la cultura como campos de poder.

LÍNEAS DE INVESTIGACIÓN Y DEBATE CONTEMPORÁNEO

Perspectivas actuales de la sociología política

Actualmente, en el medio académico internacional la sociología política se encuentra presionada por los avances logrados por la ciencia política. Artículos provenientes de diversos países coinciden en observar un relativo decaimiento en el interés por la sociología política, que se expresa en la reducción de espacios dentro de las instituciones universitarias, así como en las publicaciones y en los congresos y otras reuniones académicas.

No obstante, y de manera paradójica, el enfoque sociológico sobre los problemas del poder ha penetrado de manera lenta y consistente en la manera de *pensar la política*. Sucede que los ensayos que descubren nuevos sentidos en los fenómenos de poder de las sociedades contemporáneas, en los mejores editoriales de la prensa internacional y en el discurso de los políticos más lúcidos se borda incesantemente en torno de ideas que provienen de la sociología política. ¿Qué está sucediendo entonces en el campo propiamente académico que provoca ese *aparente decaimiento*?

Es un hecho que una proporción de quienes ejercen *el oficio de sociólogo* centran su interés en el fenómeno del poder. Sus investigaciones contribuyen a esclarecer la dimensión política en ámbitos sumamente diversos; sin embargo, por obra de cambios tanto en la organización de los departamentos en las universidades como en las publicaciones académicas en que la especialización y las modas intelectuales van imponiendo su marca, sucede que estas investigaciones *no* se realizan, *no* se publican y finalmente *no* se clasifican en los índices de publicaciones bajo el rubro de *sociología política*. Esto se observa también en los estudios que se encuentran referidos regionalmente y que tampoco son reconocidos ni clasificados bajo el rubro de *sociología política*, aun cuando una lectura cuidadosa de su contenido indicaría claramente que pertenecen a este campo de conocimiento.

Estas tendencias afectan gravemente la legitimación de esta rama de la sociología y requerirían ser estudiadas con serenidad. Por ello resulta preocupante comprobar que la autorreflexión sobre los problemas del campo de conocimiento de la sociología política es sumamente pobre; los escasos trabajos que examinan las tendencias actuales subrayan la confluencia de fuentes disciplinarias diversas, así como enfoques metodológicos encontrados. Así, por ejemplo, P. Ansart, en el contexto francés, menciona la importancia del trabajo de Michel Crozier, cuyo objetivo primario residía en el mejoramiento de la administración pública, al tiempo que reconoce el peso del conjunto de investigaciones realizadas primordialmente por A. Touraine y sus discípulos, quienes analizan los significados políticos y culturales de los movimientos sociales, así como de los estudios que incorporan el enfoque de G. Balandier encaminados a constituir una "antropología política".

Para cada una de las "sociologías nacionales" se examinan los elementos que provienen de sus tradiciones intelectuales, pero también se busca dar cuenta del peso de hechos históricos como en el caso de los países de Europa del Este, en que a la caída de los regímenes socialistas pareciera haberse producido un relativo renacimiento de la sociología política.

Una de las opciones más interesantes para la sociología política consiste en profundizar su diálogo con la ciencia política, utilizando críticamente algunos de sus desarrollos metodológicos —los modelos de elección racional o teoría de juegos, por ejemplo— pero buscando incorporarlos dentro de perspectivas macrosociales propias del análisis sociológico que, como hemos querido subrayar en este artículo, posee cualidades únicas para establecer interconexiones y desentrañar los fenómenos del poder en toda su complejidad.

Acelerados por un tiempo histórico, marcado por la globalización, la cercanía del nuevo milenio nos conduce hacia un replanteamiento radical de temas fundamentales: el futuro de la democracia y el ámbito que les corresponderá al Estado-nación y a las minorías étnicas, sexuales y políticas.

BIBLIOGRAFÍA

Ansart, P. (1993), "Sociologies et sciences du politique", *Cahiers Internationaux de Sociologie*, 40, 94, enero-junio, 21-49.

Aron, R. (1967), *Les étapes de la pensée sociologique*, Gallimard, París.

Barry, B. (1970), *Los sociólogos, los economistas y la democracia*, Amorrortu Editores, Buenos Aires.

Bendix, R. *et al.* (comps.) (1958), *State and Society, A Reader in Comparative Political Society*, Berkeley.

Bottomore, T. (1993), *Political Sociology*, 2a. ed., University of Minnesota Press.

Coser, L. (1967), *Political Sociology*, Harper Torchbooks, Nueva York.

Cot, J. P., y Jean Pierre Mounier (1974), *Pour une sociologie politique*, t. 1, Editions du Seuil, París.

Dahrendorf, R. (1988), *The Modern Social Conflict: an Essay on the Politics of Liberty*, Weidenfeld & Nicolson, Nueva York.

Duverger, M. (1975), *Sociología de la política*, Editorial Ariel, Colección Demos, México.

Giddens, A. (1979), *Central Problems in Social Theory. Action, Structure and Contradiction in Social Analysis*, University of California Press, Berkeley y Los Ángeles.

Horowitz, L. (1977), *Fundamentos de sociología política*, FCE, México.

Lipset, S. M., *et al.* (1985), *Consensus and Conflict Essays in Political Sociology*, Transaction, Inc., New Brunswick, N. J.

Llera-Ramo, F. J. (1996), "Ciencia política y sociología política: la necesaria reconstrucción de la interdisciplinariedad", *Revista Española de Investigaciones Sociológicas*, octubre-diciembre, 57-73.

Maffesoli, Michel (1992), *La transfiguration du politique. La tribalisation du monde*, Le livre de poche, Editions Grasset & Fasquelle, París.

Marini, R. M., y Márgara Millán (coords.) (1994), *La teoría social latinoamericana. Subdesarrollo y dependencia*, tomo II, Ediciones El Caballito, México.

Miliband, R. (1970), *El Estado en la sociedad capitalista*, Siglo XXI Editores, México.

Olsen, M. (ed.) (1993), *Power in Modern Societies*, Westview Press, Boulder, Co.

Pizzorno A. (comp.) (1971), *Political Sociology, Selected Readings*, Harmodsworth.

Poulantzas, N. (1969), *Poder político y clases sociales en el Estado capitalista*, Siglo XXI Editores, México.

Runciman, W. G. (1965), *Ensayos: sociología y política*, FCE, México.

Weber, M. (1964), *Economía y sociedad*, FCE, México.

SUBJETIVIDAD

Enrique Guinsberg

Definición

Como tantos otros términos de uso muy frecuente, el de *subjetividad* tiene tanta amplitud como escasa precisión, según lo demuestra una somera revisión de diccionarios generales y especializados. Para tomar sólo uno de los primeros veamos qué entiende por *subjetivismo*, ya que no incluye subjetividad:

> Término con que por lo general se designan las teorías filosóficas en que se subordina la realidad al pensamiento. Se emplea en contraposición al de objetivismo. En el sentido más estrecho, el subjetivismo llega al extremo de negar la capacidad del yo para conocer todo objeto extramental. Los solipsistas sostienen que el yo no puede conocer nada que no sea el yo mismo y sus representaciones.
> Según lo ha dicho Francisco Heriberto Bradley en *Appearance and Reality*, "yo no puedo ir más allá de los límites que marca la experiencia, y la experiencia es mi experiencia. De esto se deduce que nada existe más allá del yo".
> Un punto de vista menos radical se encuentra en el idealismo subjetivo del filósofo inglés Jorge Berkeley, quien, por más que admite que todas las ideas necesitan proceder del yo o de sus diversos estados, encuentra en algunos de ellos orden y "objetividad" suficientes para aceptar como origen de dichas ideas una fuente heterogénea del espíritu humano, esto es, el espíritu supremo, o sea Dios.
> En el propio idealismo objetivo de los pensadores alemanes que siguen a Kant, el punto de vista subjetivo se combina con un alto grado de objetivismo. Sosteniendo que lo real necesita ser esencialmente de la naturaleza del espíritu, Hegel mantiene que el espíritu, que abarca todo lo que existe, no es el espíritu individual sino el proceso universal. En la realización de su propio desarrollo este espíritu universal debe permanecer en relación con objetos que lo separan de su primera subjetividad extrema, pero que después lo reintegran a una nueva posición subjetiva [*Enciclopedia Barsa*, tomo XIV: 39].

Por el evidente origen filosófico del término, es conveniente comenzar el recorrido de su significación por este campo. El clásico diccionario de filosofía de Abbagnano define así la subjetividad:

> 1) El carácter de todos los fenómenos psíquicos, en cuanto fenómenos de conciencia, o sea tales que el sujeto los refiere a sí mismo y los llama "míos".
> 2) Carácter de lo subjetivo en el sentido de ser aparente, ilusorio o deficiente. En este sentido, Hegel colocó en la esfera de la S. al *deber ser* en general, como también a los intereses y las finalidades del individuo. "En cuanto al contenido de los intereses y de las finalidades —decía— está presente solamente en la forma unilateral de lo subjetivo y la unilateralidad es un límite; esta falta se demuestra al mismo tiempo como una inquietud, un dolor, como algo negativo" (Lecciones sobre estética, ed. Glockner, I, p. 141). Kierkegaard quiso invertir el punto de vista hegeliano, colocando a la S. por encima de la objetividad: "El error está principalmente en que lo universal, en lo que el hegelianismo hace consistir la verdad (y el individuo llega a ser la verdad si está sujeto a él), es una abstracción: el Estado, etc., Hegel no llega a decir qué es la S. en sentido absoluto, y no llega a la verdad, o sea al principio que enuncia que, en última instancia, el individuo está en realidad por encima de lo universal" (*Diario*, X^2 A 426) [p. 1097].

A renglón seguido este mismo autor define el *subjetivismo*, reconociendo al final sus limitaciones:

> Término moderno que designa la doctrina que reduce a estados o actos del sujeto (universal o individual) la realidad o los valores. En tal sentido, el idealismo es S. porque reduce la realidad de las cosas a estados del sujeto (percepciones o representaciones) y análogamente se habla de S. moral o de S. estético cuando se reducen el bien, el mal y lo bello y lo feo a las preferencias de los sujetos en particular. El término se usa a menudo en forma polémica y por lo tanto su significado no tiene gran precisión [p. 1097].

Siempre desde el campo filosófico, Ferrater Mora plantea el concepto más extensamente:

> La definición más general que puede darse de "subjetivismo" es: la acción y efecto de tomar el punto de vista del sujeto. El sujeto puede entenderse como un sujeto individual, como el sujeto humano en general o como el sujeto trascendental en sentido kantiano. En este último caso no puede hablarse de subjetivismo porque el sujeto trascendental es el conjunto de condiciones que hacen posible el conocimiento para cualquier sujeto cognoscente y, en último término, el conjunto de condiciones que hacen posible todo conocimiento, aunque no sea formulado por un sujeto concreto.
> Si se toma el sujeto como sujeto humano en general, el subjetivismo resultante puede ser un antropocentrismo y también lo que se ha llamado un "especieísmo". Si se reconoce que hay otros puntos de vista posibles, además del sujeto humano, el subjetivismo es, juzgado peyorativamente, un relativismo, y juzgado como una legítima posición epistemológica, una forma de perspectivismo.
> Por lo general, cuando se habla de subjetivismo, el sujeto que se tiene en mente es algún sujeto humano individual. El punto de vista de tal sujeto es un punto de vista particular. En principio, este punto de vista puede ser correcto (al fin y al cabo, un solo sujeto particular puede acertar y todos los demás pueden errar). Pero se supone que el punto de vista del sujeto particular está condicionado sólo por sus particulares condiciones y que éstas determinan los juicios formulados. Si las condiciones particulares de un sujeto no coinciden con las de otros sujetos, no se desemboca en un punto de vista intersubjetivo, sin el cual se supone que no se puede alcanzar objetividad.
> El subjetivismo es por ello equiparado al relativismo, y especialmente al relativismo individualista. El subjetivismo puede afectar a juicios de valor tanto como a

juicios de existencia, pero lo más común es ligar el subjetivismo a juicios de valor.

Suele denunciarse al subjetivismo como manifestación de la arbitrariedad del sujeto o individuo que formula opiniones. Un juicio formulado en virtud de intereses subjetivos ("personajes", "individuales") y mediante racionalización de estos intereses es estimado como un juicio inadmisible si se quiere alcanzar "la verdad"; como hemos indicado en el párrafo anterior, se equipara a menudo el subjetivismo con el relativismo. Se dice, en consecuencia, que una opinión subjetiva es una opinión "parcial". Al subjetivismo se contrapone entonces el objetivismo como la actitud correcta; en todo caso, epistemológicamente correcta... [p. 3392].

El mismo autor resume esta idea en otra edición de su obra:

Se dice, [el término subjetivismo] ante todo, de la reducción de cualquier juicio al sujeto que juzga, es decir, de la limitación de la validez del juicio al sujeto. El alcance de este subjetivismo, que puede llamarse con toda propiedad gnoseológico, difiere según lo que se entiende por "sujeto" [...] El subjetivismo es entonces un relativismo del sujeto, esto es, una doctrina que relativiza toda proposición haciéndola depender del sujeto [edición argentina: 731].

Como última definición desde la filosofía veamos la postura de Walter Brugger:

Subjetivismo es, en oposición a objetivismo, aquel punto de vista filosófico, según el cual lo decisivo para el valor del conocimiento no es el objeto, sino la constitución del sujeto, conforme a la conocida sentencia de Protágoras: el hombre es la medida de todas las cosas. Esto se refiere o bien a determinadas formas de pensamiento e intuición que son estrictamente comunes a todos los seres pensantes o a todos los seres sensitivo-espirituales, o bien a la "naturaleza" del hombre común en sentido amplio, pero sometida a cambios históricos, o bien a los tipos raciales, psicológicos o sociológicos, o bien a la distinta peculiaridad subjetiva del hombre individual. En el último caso hablamos de subjetivismo en sentido estricto, y en las formas antes mencionadas se habla de idealismo trascendental (criticismo), antropologismo psicologismo o sociologismo del subjetivismo, cuando la verdad se hace depender más de las condiciones cambiantes. En el ámbito de los valores el subjetivismo limitado a los sentimientos encuentra algunos defensores, que sin embargo se oponen a él en el campo del ser "libre de valor". Todo el subjetivismo está fundado a la postre en un desconocimiento de la esencia del espíritu como ente abierto al ámbito ilimitado del ser [p. 522].

Desde un punto de vista tan genérico como el de las "ciencias humanas", Georges Thines y Agnes Lempereur dan una muy larga definición de *subjetividad* (entendido como término de la filosofía, la psicología y la biología comparada), de la que se extrae el siguiente concepto esencial:

Designa la conciencia en tanto que interioridad, en oposición a la exterioridad de los objetos e incluso por relación al cuerpo de un sujeto, en la medida en que se considera que el propio cuerpo está situado en el espacio como un objeto del mundo físico [p. 854].

Y luego de ver distintas posturas filosóficas y psicológicas al respecto, así como las diferencias entre los niveles animal y humano, plantean su postura respecto al *subjetivismo:*

Término que tiene, en muchos casos, una connotación peyorativa y designa, desde el punto de vista filosófico, la tendencia a dar supremacía a lo individual sobre lo normativo en los campos metafísico, moral, social, etcétera. En la acepción corriente, se tacha de subjetivismo toda actitud consistente en rechazar el carácter apremiante de lo que es aceptado como objetivo. En psicología, este concepto es tanto más ambiguo cuanto que ésta tiene por objeto la subjetividad. A partir de aquí, para evitar toda confusión entre lo subjetivista (como resultado de un juicio) y lo subjetivo (por constitución), es importante subrayar el carácter patente de la subjetividad y su no reductibilidad a una pura inmanencia, siendo esta última la condición implícita del subjetivismo filosófico así como de la tendencia inherente al objetivismo psicológico a considerar lo subjetivo como sospechoso, incluso incomunicable *a priori* [...] [pp. 857-858].

Desde una perspectiva sociológica, el trabajo compilado por Henry Pratt Fairchild es muy categórico en la separación de campos que se observa en los tres conceptos vinculados que define:

Subjetivo. Referente a estados psíquicos internos tales como las emociones, los sentimientos, las actitudes o los conceptos; el hecho de interpretar la experiencia en función de tales estados, con insuficiente consideración de la realidad, tal como se deriva de la investigación y la actitud científica [p. 285].
Valor subjetivo. Tipo de juicio aceptado por personas, grupos o instituciones que surge del contexto societal y es considerado por él [p. 309].
Valor objetivo. Tipo de juicio aceptado por personas, grupos o instituciones formado y demostrado por el consenso de los competentes [p. 309].

Ya dentro del campo psicológico, psiquiátrico, etc., aparecen significaciones como las siguientes:

Subjetivo. Lo que es sentido por experiencia íntima [Moor: 192].
Subjetivo. Lo que se experimenta por aprehensión íntima, sin posibilidad de comprobarlo directamente por observación y medida.
Todas las experiencias psíquicas, tanto normales como patológicas, son evidentemente subjetivas. Y por ser desmesurada la extensión de este dominio, suele darse al término "subjetivo" una acepción más limitada (en neurología, etcétera). En cuanto a los hechos psicológicos, los médicos hablan, sobre todo, de subjetividad para ratificar un juicio más afectivo que lógico, o un estado que el sujeto invoca cuando las circunstancias apropiadas para provocarlo no parecen realizadas [...] [A. Porot: 1089].
Subjetividad. 1) Cualidad de lo que existe solamente para el sujeto, para la conciencia del que lo experimenta.

Es un carácter esencial de los procesos psíquicos, que sólo por el sujeto son conocidos directamente. 2) Unilateralidad en los juicios, que se forman a base del punto de vista propio. Intensa referencia al yo en los juicios. *Subjetivismo:* orientación filosófica que considera a la conciencia como dato primario y punto de partida de la filosofía. En su punto extremo, solipsismo [Dorsch: 760].

Subjetivismo. Véase *Psicologismo*[...] *Psicologismo:* 1. Punto de vista según el cual la psicología es la base de la filosofía y de las ciencias que tratan del género humano. 2. Punto de vista según el cual los principios de las ciencias normativas (lógica, ética, etc.) son de origen subjetivo y empírico. 3. Teoría que afirma que la psicología es la base de toda ciencia. *Subjetivo.* 1. Que depende del organismo individual. 2. Que no admite registro por instrumentos físicos. 3. No susceptible de comprobación por otros investigadores. 4. Localizado en el espacio psicológico dentro del cuerpo del observador (por ejemplo, los sentimientos) [Warren: 291 y 342].

Subjetivismo. Doctrina según la cual solamente existe una realidad: la subjetiva. *Subjetivo.* Que se relaciona con el sujeto. Se dice de todo aquello que es únicamente percibido por el sujeto, o pensado por él exclusivamente [Merani: 153].

Subjetivismo. 1. Tendencia a evaluar las experiencias en función del propio marco de referencia personal. 2. Punto de vista teórico que subraya la experiencia personal como la única base de la realidad. *Subjetivo.* 1. Relativo al sujeto o persona. 2. Relativo a la experiencia a la cual sólo tiene acceso el sujeto de la misma. 3. Que caracteriza a los sistemas de psicología que se centran en el sujeto y sus experiencias personales. 4. No susceptible a la realidad por consenso. 5. Perteneciente a los juicios emitidos sin el empleo de aparatos o instrumentos [Wollman: 305].

Y un texto, donde no aparece el autor, lo define así:

Subjetivo. Todo fenómeno psicológico es subjetivo cuando sólo puede ser conocido por quien lo experimenta.

Ni siquiera las sensaciones más elementales escapan a la subjetividad; es imposible saber si el otro ve el color rojo como lo percibo yo, o si el dolor tiene para él el mismo significado que para mí. Con mayor razón son incomunicables los sentimientos y sólo se pueden expresar por analogía, paráfrasis.

En psicología, sólo el comportamiento observable y mensurable puede ser estudiado de una manera objetiva, y así para el psicólogo todo acontecimiento posee un aspecto objetivo y otro subjetivo; se esfuerza por captar los dos aspectos, comprenderlos, el uno por el otro en su unidad; no puede desconocer el aspecto subjetivo, pues es absurdo analizar la conducta si no se sabe cómo aparece el sujeto que la vive.

En psiquiatría, se reserva el término de subjetivo a síntomas imaginarios, alucinatorios o carentes de fundamento lógico [*Psicología moderna de la A a la Z*: 418].

Por sus implicaciones, que se verán posteriormente, es interesante resaltar que este término no aparece en importantes obras del campo de las ciencias sociales; si bien podría no sorprender su ausencia en el *Diccionario del pensamiento marxista* de Tom Bottomore —por el desconocimiento, olvido o negación de la idea de subjetividad en ese marco teórico, pero en particular en la versión soviético-estalinista de éste (Guinsberg, 1994)—, sí llama la atención tal carencia en obras como los *Diccionarios de política* de Garzaro y de Bobbio, en el *Diccionario de sociología* de Schoeck y en tantos otros.

Pero seguramente son más llamativas otras ausencias: el campo psicoanalítico se enorgullece de ser el que más estudia y penetra en el conocimiento de la *subjetividad*, pero este concepto no aparece en el famoso y valioso *Diccionario de psicoanálisis* de Laplanche y Pontalis, aunque ellos advierten al comienzo de su obra:

Si bien Freud, como escritor, se mostró inventivo, cuidó poco la perfección de su vocabulario. Sin enumerar los tipos de dificultades que se presentan, baste decir que en la terminología analítica sucede como en muchas lenguas, en las que no faltan la polisemia y las imbricaciones semánticas; distintas palabras no siempre evocan ideas muy diferentes [p. X].

Y luego destacan que sólo tomaron algunas palabras: "no todo lo que intenta explicar el psicoanálisis, sino más bien lo que le sirve para explicarlo" [p. XIII]. Pero tampoco aparece en el acucioso "Índice alfabético de materias" del tomo XXIV de la edición de las obras de Freud de Amorrortu, tomada de la primera edición de la *The Standard Edition of the Complete Psychological Works of Sigmund Freud*, aunque una muy somera referencia respecto a esta ausencia es dada en el tomo inicial de la colección *(Sobre la versión castellana)*, donde se dice, sin aclarar mucho en cuanto a las significaciones de los términos:

"Creencia en la realidad" es una categoría del análisis psicológico freudiano, así traducida por nosotros. Corresponde entenderla como "creencia en la objetividad", tal como el "examen de realidad" es "examen de objetividad". Esta última expresión nos remite a "subjetividad"; lo objetivo y lo subjetivo se constituyen simultánea y simétricamente en el proceso del desarrollo del yo.

Es preciso, pues, abandonar cualquier ingenuidad respecto de la noción de "objeto". Su síntesis es, al mismo tiempo, síntesis del yo. El yo mismo, punto de encuentro entre lo real y lo ideal, se constituye en esos dos mundos [pp. 25-26].

Historia, teoría y crítica

Tal como fuera indicado y pudo observarse en algunas de las definiciones citadas, la noción de *subjetividad* surge y se desarrolla esencialmente en la filosofía, signando a ésta desde sus comienzos a través de las diferentes tendencias y escuelas de *idealismo/materialismo* y de nociones y relaciones de *sujeto/objeto*. Al respecto debería verse ni más ni menos la historia de esa disciplina —lo que no es posible hacer aquí— y en particular los planteamientos de Platón, Aristóteles, Arquímedes, Descartes, Berkeley, Locke, Hume, Condillac, Kant, Hegel, Feuerbach, Marx y Comte, entre otros.

Pero, como ocurre tantas veces, el concepto escapa de lo conocido y tradicional para adoptar otras significaciones al afrontar nuevas problemáticas. Más allá de las connotaciones filosóficas apuntadas, desde hace más de un siglo el surgimiento de la psicología como disciplina ha hecho que se entienda por *subjetividad* y por *subjetivo* todo lo perteneciente al ámbito de lo *psíquico* y de lo *psicológico*, diferenciándose de otras disciplinas sociales como las llamadas "ciencias" políticas, sociológicas, económicas, antropológicas, históricas, etc., aunque es muy sabido que también éstas muchas veces son tildadas de "subjetivas", poco "objetivas" o "ideologizadas" por las consideradas "ciencias duras" e incluso por otras corrientes del mismo campo.

Pero en esta similitud entre *subjetivo* y *psíquico* actualmente se introduce todo lo que cada escuela o corriente psicológica entiende como tal, es decir, que no se limita, como lo fue anteriormente y puede verse en algunas de las definiciones del inicio de este trabajo, sólo al aspecto o nivel consciente. De esta manera, para el psicoanálisis en general, lo subjetivo abarca toda la concepción metapsicológica de su marco teórico, es decir, sus aspectos *dinámicos* (los fenómenos psíquicos como resultantes del conflicto y el juego del ello, el yo y el superyó), *tópicos* (los anteriores como parte de la estratificación psíquica en los niveles inconsciente, preconsciente y consciente) y *económicos* (la magnitud de las fuerzas psíquicas).

Ha cambiado también la idea en torno a lo "medible" y "controlable" de lo *objetivo* y lo "no medible" e "incontrolable" de lo *subjetivo*, al menos desde la perspectiva de algunas corrientes psicológicas que consideran que tienen elementos para hacerlo: mediciones de conducta, tests, la misma idea de las escuelas conductistas y similares a las que no les importa el proceso interno del psiquismo, sino la relación estímulo-respuesta, etc. Pero, por otra parte, ya son innumerables los errores demostrados por la presunta "objetividad" de las prácticas de algunas disciplinas sociales: desde resultados electorales que desmintieron lo indicado por encuestas, hasta la comprobación de que los análisis sirven más para explicar lo ocurrido que para prever lo que sucederá.

Pero con independencia de la incuestionable importancia de esto último —que demuestra las dificultades para diferenciar muchas veces lo "objetivo" y lo "subjetivo", así como sus indeterminables e indefinibles límites y fronteras—, los nuevos problemas centrales son, entre otros: *1)* los factores que constituyen lo que se entiende por *subjetividad*; *2)* las especificidades y vinculaciones de los campos "objetivos" y "subjetivos", y *3)* nuevos campos, particulares y generales, del estudio de la *subjetividad* que hoy preocupan e interesan a viejos y nuevos ámbitos de investigación.

Respecto a lo primero se trata de una muy vieja polémica, que hoy se mantiene aunque con nuevos ropajes. Si por un lado se entiende al ser humano como un ser *biopsicosocial*, es decir, como resultante de los diferentes factores indicados en tal término, por otro se prefiere subrayar uno de ellos como prioritario y dominante en la producción de la subjetividad y de la psicopatología: lo orgánico, lo psíquico o lo social, de lo que surgen las distorsiones unilaterales del "organicismo" o "biologicismo", el "psicologismo" y el "sociologismo".

Para el primero, originado en un simple materialismo y posteriormente afianzado en cierta "cientificidad" médica, toda la estructuración psíquica hay que buscarla en el nivel del organismo humano, y las patologías en algún desorden o enfermedad de órganos específicos. Considerando que todo el funcionamiento humano está ligado a la corporeidad en general, y cada actividad a órganos específicos, hace varios siglos los médicos buscaron conocer los vínculos de ese tipo intentando comprender la psico(pato)logía del hombre. Un ejemplo claro y paradigmático al respecto es que, creyendo —como lo fue hasta fines del siglo XIX— que la histeria es un cuadro exclusivamente femenino y está ausente en el hombre, buscaron su causa en un órgano sólo de la mujer: de allí viene el término "histeria", derivado de útero.

Tal concepción hoy se mantiene en importantes sectores del campo médico en general y del psiquiátrico en particular, aunque casi exclusivamente en lo que puede considerarse como "psiquiatría clásica y tradicional" (lo que puede verse en una gran cantidad de textos de este campo médico, donde hay casi nada o muy poco de los aspectos psíquicos y sociales, salvo los considerados resultados de lo orgánico). Por supuesto que hoy la postura que relaciona órganos y conductas o patologías determinadas ya no es tan mecánica, sino que toma niveles de alta complejidad en terrenos neurológicos y biológicos que han convertido a los psicofármacos en las herramientas terapéuticas básicas de tal campo médico (y sobre las que existe una conocida y fuerte polémica en torno a sus resultados, niveles, etc.). Si bien es difícil encontrar un franco reconocimiento de la total aceptación de esta postura "organicista" —pues nadie deja teóricamente de aceptar alguna incidencia de lo psíquico y lo social en la subjetividad y su patología—, esto no significa que, más allá de las palabras, tal postura no siga presente en un importante ámbito de la práctica médica.

El *psicologismo* (no confundir con "psicológico", que es otra cosa, como lo indica el sufijo "ismo") es una postura que, a la inversa de la anterior, todo o casi todo lo reduce al nivel de lo psíquico, con importante o total negación de la incidencia de aspectos orgánicos y sociales en la subjetividad, el comportamiento, etc. Si bien deriva de una sobrecompensación del campo "organicista" (y a veces también del "sociologista", que se verá después), evidentemente cae asimismo en una postura unilateral en dos formas: la primera con la señalada negación de otros aspectos, pues todo lo entiende según variables exclusivamente individuales o microsociales (sobre todo familiares, como el vínculo edípico, por ejemplo), y la segunda proyectando a terrenos sociales visiones o marcos conceptuales que pueden ser válidos para la subjetividad pero no para otros ámbitos: por ejemplo, considerar el capitalismo como "la etapa anal de la sociedad"; interpretar alguna práctica social sólo como un intento de resolución del complejo de Edipo (lo que puede ser válido en casos individuales pero no por ello obligatoriamente generalizables); ver el sentido de los momentos históricos sólo como producto de la personalidad de sus caudillos, etcétera.

Esta postura ha tenido gran desarrollo en el siglo XX como consecuencia del surgimiento de importantes marcos teóricos psicológicos, aunque éstos no siempre son responsables de lo que algunos seguidores hacen de sus planteos. Es, por ejemplo, lo que ocurre con *los* psicoanálisis (se utiliza *los* y no *el* para indicar la gran cantidad de variantes que hoy existen de esta escuela), cuya "lectura" y aplicación pueden tener tal significación *psicologista*, muy diferente de la que le darían otros seguidores. Es evidente que todas las interpretaciones que se hagan de la realidad en general con centro fuerte o exclusivo en la lectura de la subjetividad tendrán resultados equívocos por la negación (parcial o total) de otros aspectos que intervienen.

En otros casos, aunque no siempre con conciencia de ello, esta postura *psicologista* tiende a negar la responsabilidad de las instituciones o políticas sociales en la determinación de los estados subjetivos, determinación que de esta manera recae sólo en los individuos o, cuando más, en las relaciones familiares o los aspectos microsociales. Una variante de esta postura es la de algunas corrientes de la psicología social que limitan tal incidencia a los grupos, pequeños ámbitos de pertenencia, etc., y desconocen o minimizan la importancia de su participación en estructuras sociales, políticas y económicas que inciden sobre aquéllos. Más adelante se verá cómo y por qué estas posturas hoy tienen fuerte predicamento, aunque nunca aceptarán de manera manifiesta su carácter *psicologista*, ya que explícitamente jamás niegan una incidencia de factores orgánicos y sociales sobre los sujetos psíquicos, los que sí desconocen o limitan en los hechos.

El *sociologismo*, por su parte, niega o disminuye la importancia de los aspectos subjetivos al interpretarlo todo —en el mundo social y en la producción de la subjetividad— como resultado de fuerzas sociales, clases, estructura económica, social y política, etc., de acuerdo con las diferentes teorías y escuelas de las disciplinas sociales, políticas, etc. De esta manera se desconoce la interrelación que mutuamente se produce o puede producirse entre los mundos o las esferas de estos campos y los del psiquismo y la subjetividad, tal como se verá más adelante. Y si para el *psicologismo* todo conflicto psíquico, por ejemplo, es responsabilidad exclusiva de su campo, para el *sociologismo* es exactamente a la inversa: de la lucha de clases para ciertas posturas "marxistas" mecánicas y extremas, de una disfunción para los estructural-funcionalistas, etcétera.

En una ruptura con estas visiones unilaterales, otras perspectivas psicológicas y psicoanalíticas tratan de ver la subjetividad como producto o síntesis de todos los factores orgánicos, sociales y psíquicos que intervienen. En el caso de Freud ello puede verse en su noción de "series complementarias" (la vinculación entre aspectos hereditarios, constitucionales, infantiles y actuales) y en la lectura que muchos analistas hacen de su obra en general y de sus trabajos "sociológicos" en particular *(Psicología de las masas y análisis del yo, El malestar en la cultura, El porvenir de una ilusión,* etc.). De esta lectura surgen distintas variantes que pueden verse en perspectivas tan diferentes como el freudomarxismo de Wilhelm Reich y otros, el psicoanálisis culturalista (Sullivan, Fromm, Horney), el etnopsicoanálisis y el esquizoanálisis (Deleuze y Guattari), y aun en algunas teorías del campo ortodoxo.

El otro aspecto antes señalado corresponde a las vinculaciones y penetraciones que se producen entre el *psiquismo/subjetividad* y otros campos, donde cada vez se comprende más la dialéctica y/o las relaciones del tipo psique/cuerpo y subjetividad/cultura, sin que esta comprensión, que rompe con los rígidos cortes disciplinarios, signifique dejar de entender la dificultad de las formas y caminos de tales vinculaciones, en particular la *psicosomática* y la *psicosocial:* en otras palabras, cómo lo subjetivo incide sobre lo somático y lo social, y viceversa. Pero esto sólo significa la necesidad de reforzar la búsqueda de su comprensión.

De cualquier manera, cada vez quedan más claras tales interpenetraciones e influencias: las formas sociales producen nuevas "necesidades" subjetivas, las "necesidades" —generales o específicas de una época— buscan situaciones sociales que las satisfagan o disminuyan las carencias, etc. Una buena síntesis de estas relaciones puede verse en un reciente texto:

> La investigación de la subjetividad consiste básicamente en la interrogación de los sentidos, las significaciones y los valores, éticos y morales, que produce una determinada cultura, su forma de apropiación por los individuos y la orientación que efectúan sobre sus acciones prácticas. No existe una subjetividad que pueda aislarse de la cultura y la vida social, ni tampoco existe una cultura que pueda aislarse de la subjetividad que la sostiene. Esta mutua determinación —en verdad, mutua producción— debe ser nuestro punto de arranque, ya que la subjetividad es cultura singularizada tanto como la cultura es subjetividad (objetivizada en los productos de la cultura, las formas de intercambio y las relaciones sociales concretas que la sostienen, pero también en las significaciones y los sentidos que organizan la producción cultural) [Galende: 75].

Es incuestionable que esta vinculación estructural tiene una importancia fundamental y profunda en todos los aspectos de las teorías y prácticas de la subjetividad y de las disciplinas sociales y políticas: en la teoría, porque implican cambios epistemológicos centrales en un proceso de ruptura de las actuales visiones disciplinarias cerradas y en el camino de la búsqueda de una *inter* y *trans* disciplinariedad; y en lo práctico, porque —como ya se hace ampliamente en campos como la publicidad, la mercadotecnia, la propaganda política, etc., aunque muchas veces desde premisas más pragmáticas o intuitivas que científicas— existe un interés muy grande en obtener resultados que se sabe que tienen que ver con las apuntadas "necesidades subjetivas". De esta manera hoy interesa más la presentación de un producto que su contenido, la imagen de un candidato que su programa, la capacidad (de mercancías o candidatos) para comprender las "necesidades", o para provocar significaciones, en los receptores/consumidores, etc. De alguna manera hoy, y desde hace no mucho tiempo, se busca comprender/hacer, desde conocimientos "científicos", lo que los clásicos líderes y caudillos —políticos, religiosos, mercantiles—, que casi nunca han sido intelectuales, siempre hicieron intuitivamente al captar tales "necesidades", expectativas y deseos.

En este sentido, hace mucho que connotados analistas y profesionales han comprendido la fundamental importancia que tiene el conocimiento de los procesos subjetivos para el "control social", aspecto central en la formación del "hombre necesario" para el mantenimiento y reproducción de todo sistema social. No es entonces casual la actual preocupación por las llamadas formas de "manipulación", las que, con o sin éxito, son estudiadas y aplicadas por grandes empresas que recurren a todo tipo de profesionales que conocen la dinámica de la subjetividad y las formas de acceder e influir en ella (sociólogos, psicólogos, psicoanalistas, comunicadores, semiólogos, etcétera).

Líneas de investigación y debate contemporáneo

Durante este siglo se ha avanzado en torno al conocimiento de la subjetividad más que en toda la historia anterior, y se continúa en tal camino. Esto quiere decir que se profundiza en terrenos ya consolidados, se avanza en otros menos explorados y se abren nuevas problemáticas acordes con las necesidades de cada época.

Respecto a los primeros, es imposible citar aquí todo lo que se hace en torno a perspectivas teóricas y práctica de viejas y nuevas escuelas de estudio de la subjetividad. En cuanto a los segundos, es importante citar las búsquedas que se hacen en múltiples áreas, entre ellas los campos de interpenetración como lo psicosomático y lo psicosocial, aunque también es imperioso citar el poco estudio actual en torno a las vinculaciones de la subjetividad con los procesos sociales, políticos, etc., por la incomprensión que sigue mostrando un nada despreciable sector de investigadores de disciplinas sociales acerca de la importancia de la subjetividad, lo mismo que profesionales del campo "psi" (psicólogos, psicoanalistas, psiquiatras, etc.) acerca de las disciplinas sociales y su incidencia sobre la subjetividad.

Sin la pretensión de exhaustividad, es interesante destacar algunos de los campos de investigación actual, que no son totalmente nuevos (porque de alguna manera siempre existieron) pero sí constituyen hoy los más frecuentados. Entre ellos:

* *Subjetividad y procesos sociales*. Busca ver la citada incidencia de las formas culturales de cada momento histórico sobre las características psíquicas de los sujetos. Si bien siempre se menciona, entre tantos otros ejemplos posibles, que la ética protestante formó el modelo de hombre adecuado (ordenado, frugal, avaro, etc.) para la necesaria acumulación que posibilitó en la Europa Central el auge de un capitalismo que ya estaba en desarrollo, y que la moral victoriana de fines del siglo XIX es la responsable de que la histeria fuese el cuadro dominante de ese periodo, ahora se trata de ver las características subjetivas *concretas* que produce cada forma cultural *concreta*. En este momento toca el turno al llamado modelo neoliberal, como antes les tocó al nazismo, al fascismo, a los "socialismos realmente existentes", etc., lo que muchas veces no quiere hacerse —consciente o inconscientemente— porque el ver la psico(pato)logía resultante inevitablemente implica un cuestionamiento crítico de las formas sociales hegemónicas, como también de las ideas de "salud mental" y de "normalidad" dominantes.

* *Subjetividad y género*. Es un campo de estudio muy reciente que se apoya sobre todo en posturas feministas o de defensa de los derechos de la mujer y abarca también el ámbito específico de la masculinidad. Intenta develar las características subjetivas que la noción de género produce en cada momento histórico.

* *Subjetividad y medios masivos de difusión*. En realidad es una de las tantas partes del campo general de la incidencia de los procesos sociales sobre la subjetividad, pero en este caso destacan al menos dos perspectivas específicas: *1)* el estudio del aporte de los medios masivos, sobre todo los electrónicos, en la formación de la subjetividad a costa del debilitamiento constante de la familia y otras instituciones socializadoras; *2)* el actual estudio de los *procesos de recepción*, en los cuales los aportes psicológicos y psicoanalíticos resultan muy importantes y generalmente son desconocidos por los comunicólogos.

* *Subjetividad y política*. Es un ámbito más citado como necesario que realmente trabajado.

* *Subjetividad social*. Ésta se entiende en dos sentidos; el primero comprende la ya señalada relación hombre-cultura, por lo que *toda subjetividad humana es social;* pero también se busca la comprensión de los procesos por los cuales se constituyen los modelos sociales en diferentes campos: locales, regionales, nacionales, profesionales, religiosos, etc., puntos de partida para distintos intentos de categorización: las nociones de *carácter social* de Erich Fromm, *personalidad básica* de Abraham Kardiner, *personalidad aprobada* de Ruth Benedict, *personalidad de status* de Ralph Linto, *personalidad de clase* de Jean-Claude Filloux, etc. A modo de ejemplo de estos intentos véase el de carácter social:

> Núcleo esencial de la estructura del carácter de la mayoría de los miembros de un grupo, núcleo que se ha desarrollado como resultado de las experiencias básicas y los modos de vida comunes del grupo mismo [Fromm, *El miedo a la libertad*, p. 322]. Consiste en moldear las energías de los individuos de modo que su conducta no sea asiento de decisión consciente en cuanto a seguir o no la norma social, sino asunto de querer obrar como tiene que obrar, encontrando al mismo tiempo placer en obrar como lo requiere la cultura [Fromm: 72].

Estos campos de investigación son sólo una muestra de un universo más amplio acerca de una problemática muy polémica de la que, como pudo verse, se ha escrito mucho pero más falta por conceptualizar. Ello resulta lógico por ser la *subjetividad* la síntesis de múltiples determinaciones, la mayoría de ellas y su articulación altamente complejas y cada una terreno de profundas discusiones teóricas, epistemológicas, etcétera.

BIBLIOGRAFÍA

Abbagnano, Nicola (1987), *Diccionario de filosofía*, 6ª reimp., FCE, México,
Brugger, Walter (1988), *Diccionario de filosofía*, Herder, Barcelona.
Deleuze, Gilles, y Felix Guattari (1974), *El antiedipo. Capitalismo y esquizofrenia*, Barral, Barcelona.
Dorsch, Friedrich (1994), *Diccionario de psicología*, Herder, Barcelona.
Enciclopedia Barsa, con asesoramiento de la Enciclopedia Británica.
Fairchild, Henry P. (ed.) (1992), *Diccionario de sociología*, FCE, México.

Ferrater Mora, José (1994), *Diccionario de filosofía*, Ariel, Barcelona.
―――― (1975), *Diccionario de filosofía*, Sudamericana, Buenos Aires, t. II.
Filloux, Jean-Claude (1971), *La personalidad*, EUDEBA.
Freud, Sigmund, *Obras completas*, Amorrortu, Buenos Aires, 24 tomos.
――――, "La descomposición de la personalidad psíquica", conferencia 31 de "Nuevas conferencias de introducción al psicoanálisis", en *Obras completas*, t. XXII.
――――, "Psicología de las masas y análisis del yo", *Obras completas*, t. XVIII.
――――, "El porvenir de una ilusión", en *Obras completas*, t. XXI.
――――, "El malestar en la cultura", en *Obras completas*, t. XXI.
Galende, Emiliano (1997), *De un horizonte incierto. Psicoanálisis y salud mental en la sociedad actual*, Paidós, Buenos Aires.
González Navarro, Manuel, y Guillermo Delahanty (coords.) (1995), *Psicología política en el México de hoy*, Universidad Autónoma Metropolitana, México.
Guinsberg, Enrique (1990), *Normalidad, conflicto psíquico, control social*, Plaza y Valdés/UAM-Xochimilco, México.
―――― (1991), "La relación hombre-cultura: eje del psicoanálisis", *Subjetividad y Cultura*, México, núm. 1, reproducido en la 2ª ed. de *Normalidad, conflicto psíquico...*
―――― (1987), *Publicidad: manipulación para la reproducción*, 1ª ed., Taller de Investigación en Comunicación Masiva (TI/COM), UAM-Xochimilco, México, 1984; 2ª ed., Plaza y Valdés/ UAM-Xochimilco, México.
―――― (1989), *Control de los medios, control del hombre. Medios masivos y formación psicosocial*, 1ª ed., Nuevomar, México, 1986; 2ª ed., Pangea/UAM-Xochimilco, México.
―――― (1994), "El psicoanálisis y el malestar en la cultura neoliberal", *Subjetividad y Cultura*, México, núm. 3, reproducido en la 2ª ed. de *Normalidad, conflicto psíquico...*
―――― (1994), "Subjetividad y política", revista *Memoria*, Centro de Estudios del Movimiento Obrero y Socialista, México, núm. 67.

Guinsberg, Enrique (1996), "¿Una recuperación crítica de Wilhelm Reich?", ponencia para el Seminario de Especialización *Democracia, autoritarismo, intelectuales, reflexiones para la política al final del milenio*, Flacso, IIE-UNAM, UAM-X, CIDE.
―――― (1996), "La salud mental en nuestros tiempos de cólera", *El sujeto de la salud mental a fin de siglo*, Universidad Autónoma Metropolitana-Xochimilco, México.
―――― (1995), "Familia y tele en la estructuración del sujeto y su realidad", *Subjetividad y Cultura*, México, núm. 5.
――――, "¿Qué buscan los receptores? Una perspectiva psicológica y psicoanalítica", revista *Telos*, Fundación para el Desarrollo de la Función de las Comunicaciones (Fundesco), Madrid, núm. 48, 1996-1997.
――――, "Subjetividad y medios masivos en la política de nuestro tiempo", en González Navarro y Delahanty (coords.), *Psicología política en el México de hoy*, op. cit., México.
Laplanche, Jean, y Jean-Bertrand Pontalis (1971), *Diccionario de psicoanálisis*, Labor, Barcelona.
Merani, Alberto (1986), *Diccionario de psicología*, Grijalbo, México.
Montero, Maritza, e Ignacio Martin-Baro (comps.) (1987), *Psicología política latinoamericana*, Panapo, Caracas.
Moor, Lise (1969), *Glosario de términos psiquiátricos*, Toray-Masson, Barcelona.
Porot, Antoine (1977), *Diccionario de psiquiatría clínica y terapéutica*, Labor, Barcelona.
Psicología moderna de la A a la Z (1971), Ediciones Mensajero, Bilbao.
Reich, Wilhem (1970), *Materialismo dialéctico y psicoanálisis*, Siglo XXI, México.
Thines, Georges, y Agnes Lempereur (1975), *Diccionario general de ciencias humanas*, Cátedra, Madrid.
Warren, Howard C. (1975), *Diccionario de psicología*, FCE, México.
Wollman, Benjamín de (1984), *Diccionario de ciencias de la conducta*, Trillas, México.

SUJETOS SOCIALES

Angélica Cuéllar Vázquez

Definición

Hablar de una voz como "sujetos sociales" exige un mínimo acotamiento teórico y también una breve historia de su impronta en la sociología y también en la antropología.

Lo primero que habría que reconocerse es que la voz "sujetos sociales" puede asociarse a una pérdida de centralidad de los conceptos de "clase obrera" y "clase social". Durante al menos dos décadas, los años sesenta y setenta, los estudios de la clase obrera en América Latina se pusieron de moda bajo la interpretación marxista. La clase obrera fue concebida como el sujeto trascendental de la historia, el sujeto llamado a cambiar la realidad social y a formar una sociabilidad distinta basada en la solidaridad de clase.

Cuando este esquema entró en crisis, después de las grandes derrotas de la clase obrera y del *surgimiento* de "otros" sujetos en la escena política, el cuadro interpretativo empezó a cambiar. Vale la pena aclarar que esos "otros" siempre estuvieron ahí; lo que habría que indagar es por qué no se veían.

Historia, teoría y crítica

¿Cómo estudiar a esos "otros" que surgían en las zonas marginadas de las grandes ciudades? ¿Cómo llamar a esos "otros" que cuestionaban a los gobiernos autoritarios del Cono Sur desde múltiples trincheras?

En algunos casos se intentó el estudio de esos "otros" adoptando conceptos marxistas como el de ejército industrial de reserva o también con la categoría de marginalidad (véase, por ejemplo, Quijano, 1994) que cundió en América Latina en los sesenta y setenta. Lo que empezó a filtrarse con gran fuerza —y qué bueno— fueron cuestionamientos teóricos a las categorías marxistas y sobre todo a la manera en que se usaban. ¿El lugar que ocupaban los individuos con respecto a los medios de producción era lo que los definía social y políticamente? ¿Había otros criterios para definir su identidad pública?

Para no ir muy lejos, recordemos los estudios sobre los campesinos en México durante la década de los setenta. La pregunta era justamente si los campesinos constituían o no una clase social, si eran proletarios, semiproletarios o pequeñoburgueses, si estaban condenados a permanecer como campesinos o si había otro proceso, también condenatorio, de *descampesinización*. Los análisis de los movimientos campesinos no salían de estas discusiones. Los estudios de los movimientos urbanos se hacían una pregunta similar: ¿formaban el ejército industrial de reserva los sujetos que intervenían en ellos? Una suerte de voluntad intelectual unificadora asomaba en estas preguntas, en la visión de los investigadores y por supuesto en la búsqueda de los hechos que apoyaran respuestas plausibles.

Esta tradición limitaba los análisis y cosía camisas de fuerza al utilizar el concepto de clase social con una determinación estructural tan fuerte.

El surgimiento en América Latina de grandes movimientos que no eran de obreros organizados bajo un mismo partido y una misma conciencia, ni tampoco sólo de campesinos luchando por la tierra, abrió poco a poco un campo teórico al debate aún hoy inacabado.

El uso de voces como "sujetos sociales", "movimientos sociales" e incluso "actores sociales" empezó a cobrar sentido. La categoría de clase social resultaba cada vez más insuficiente, terriblemente abstracta e improcedente para dar cuenta de esos fenómenos. Sin embargo, como no se hizo simultáneamente un trabajo teórico que permitiera delimitar estos conceptos y en muchos casos, en numerosos estudios empíricos, el uso de estos conceptos fue indistinto, surgieron serios problemas de distinta índole.

Desde el punto de vista teórico parecería que tales voces hacen alusión a problemas iguales; sin embargo, como argumentaremos más adelante, creemos que no es así. Desde el punto de vista empírico, la exposición de hechos siempre apuntaba a *demostrar* lo que presuponía la teoría y dejaba fuera todo aquello que no pudiera acomodarse a su esquema.

Frente a la crisis de un modelo interpretativo como el marxista con su categoría de clase social, en América Latina —incluido México— se inició una apertura intelectual muy importante. Ejemplo de ella es el libro del sociólogo brasileño Eder Sader, *Quando novos personagens entraram em cena*. Esta obra, publicada después de la muerte de su autor en 1986, es un ejemplo claro del proceso por el cual la clase obrera, entendida como sujeto trascendental, dejó de ser el centro de los análisis. La categoría de "clase" fue sustituida por la de "sujeto" para analizar incluso a los propios obreros.

En este libro empiezan a cambiar las preguntas. El autor se aboca a describir *cómo* los nuevos movimientos de trabajadores revalorizaron lo cotidiano de las clases populares y cómo se fueron formando sus discursos. El libro marca como coyuntura política e histórica las famosas huelgas metalúrgicas de finales de los años setenta; sin embargo, el estudio de ese proceso de *revalorización de lo cotidiano* llevó a Sader a un campo muchísimo más vasto de estudio y de análisis, donde aparecieron esos "otros" con una fuerza enorme. Los movimientos populares de mujeres y de comunidades eclesiales de base, entre otros, aderezaron aquella coyuntura obrera, inaugurada por los metalúrgicos de San Bernardo del Campo. Estos movimientos aparecieron en el análisis realizado por Sader con su especificidad, con su discurso, con una forma singular de constituir un sujeto colectivo y una identidad pública.

Sader utilizó, en consecuencia, la voz de "sujeto social o colectivo" para lograr esa especificidad en cada uno de los movimientos que aparecieron en escena al finalizar la década de los setenta en Sao Paulo. Y para dar un acotamiento del concepto, el autor empezó señalando la ambigüedad de esta noción de "sujeto":

> Pocas nociones son tan ambiguas, cargadas de sutilezas y malentendidos como ésta. Si en un enunciado ella presupone la soberanía del actor, en otra presupone su sujeción [Sader, 1988: 55].

Sader definió así el concepto:

> Cuando uso la noción de sujeto colectivo es en el sentido de una colectividad donde se elabora una identidad y se organizan prácticas a través de las cuales sus miembros pretenden defender sus intereses y expresan sus voluntades, las que se van constituyendo en sus luchas [*ibid.*: 50].

Sader tocó un punto muy delicado en el uso del concepto, justamente aquel que se refiere a la soberanía o a la sujeción del sujeto.

En este sentido, Fernando Castañeda, por ejemplo, afirma:

> No se puede hablar de un sujeto colectivo que reflexiona; podríamos hablar de sujetos que reflexionan colectivamente, que es muy diferente. Por lo tanto, el problema de la recuperación del sujeto no puede ser de un sujeto colectivo, tiene que ser de sujetos individuales. La reflexibilidad es un atributo de cada uno de nosotros en lo individual. Después nos movemos conjuntamente y hasta agrupadamente y nos coordinamos y nos ponemos de acuerdo para hacer muchas cosas. Pero la decisión de ir o no ir, de reflexionar en dónde estoy, de participar en el proceso, es individual [Castañeda, 1997: 53].

Para Castañeda, no puede hablarse de sujetos colectivos pues no puede asumirse la noción de sujeto reflexivo en el plano colectivo; sin embargo, sí puede hablarse de acción colectiva. Este punto, que me parece muy importante, ha formado parte del análisis de algunos investigadores, como veremos.

Volviendo a Sader, él trata de averiguar en su investigación empírica cuáles son los caminos, las mediaciones simbólicas seguidas por los individuos para asumir decisiones colectivas, proponer proyectos y crear reivindicaciones. En una palabra, trata de descubrir desde los sujetos individuales, desde sus experiencias y expectativas, cómo se reivindica el derecho a tener derecho y cómo este proceso tiene en algunos casos una dimensión colectiva.

Examinando este problema, Sader identifica una gran cantidad de estudios sobre la clase obrera en los cuales ésta aparece sobredeterminada por la estructura. Las famosas *condiciones objetivas dadas* eran el escenario para interpretar dentro del esquema marxista las acciones de los obreros. Para Sader, estas interpretaciones presuponían una noción de *necesidades objetivas* que moverían a los obreros a un fin predeterminado. Las mediaciones simbólicas, que convierten cualquier situación en una necesidad social, no aparecen por ningún lado, y no podían aparecer pues la respuesta estaba cocinada de antemano.

Para Sader, esta visión esconde la singularidad de cada movimiento, aquello que diferencia a una dirección sindical de otra, a un sindicato de otro, a un movimiento de colonos de uno estudiantil.

Las preguntas que se hizo este autor englobaban entonces otros procesos. Uno básico sería justamente el proceso de atribución de significado por el cual una carencia es reconocida como una necesidad y, también, algunas acciones sociales son definidas en correspondencia con los intereses de una colectividad.

Su concepto de sujeto colectivo buscó entonces encontrar el punto en el cual la acción reflexiva del sujeto puede ser proyectada colectivamente para así, junto con otros sujetos, poder luchar por un mismo objetivo, definir un mismo proyecto, etc. Obviamente este proceso está acotado temporal y espacialmente. Volveremos a este concepto más adelante, pero dada la similitud o incluso el total equiparamiento que muchos autores conceden a los conceptos de "sujetos sociales" y "movimientos sociales", nos detendremos en este último.

La expresión "movimiento social" ha sido muy utilizada por los autores latinoamericanos, incluidos los de nuestro país. En la compilación realizada por Fernando Calderón (1995), el autor asume la categoría de "movimiento social" del italiano Alberto Melucci para hacer una radiografía de los movimientos sociales en América Latina en la década de los ochenta.

Melucci, en sus conocidos estudios teóricos, elabora el concepto de "movimiento social" para separar en los análisis empíricos los movimientos sociales de otras acciones colectivas que no lo son. Según él, un movimiento social debe contener tres dimensiones analíticas para ser estudiado e identificado como tal: el conflicto, la solidaridad y el rompimiento de los límites del sistema (Melucci, 1989). Al conflicto lo define como una relación entre actores opuestos que luchan por los mismos recursos a los cuales ambos dan un valor; la solidaridad la entiende como la capacidad de los actores para compartir una identidad colectiva, y a los límites del sistema los conceptúa como el espectro de variaciones toleradas dentro de una estructura existente.

Así, el autor define un movimiento social como una forma de acción colectiva —basada en la solidaridad—, que desenvuelve un conflicto, rompiendo los límites del sistema en que ocurre la acción [Melucci, 1989].

La virtud de Melucci es que desbroza la discusión teórica llevada en los años setenta, discusión que, dicho sea de paso, no vivió nuestro país en esos años. Melucci buscó justamente dar una dimensión analítica a un concepto y despegarlo de otros conceptos que se quedaban en el plano de la descripción empírica, ya que en su uso era difícil diferenciar un movimiento social de otras formas colectivas de acción y protesta.

Antes de hacer referencia al uso de estos conceptos en México, no está por demás echar un vistazo a la forma en que E. P. Thompson expresa su concepto de "clase social", que critica el uso de este concepto bajo una cuadratura estructuralista animada en el esquema marxista. Thompson abrió la categoría de "clase", aproximándola más a una noción de "sujeto", y señaló cómo el proceso de formación es complejo y multidimensional. De hecho, Eder Sader en Brasil, en el libro mencionado, y Enrique de la Garza en México, en un trabajo que comentaremos más adelante, retomaron a este autor inglés.

En su obra clásica *La formación de la clase obrera en Inglaterra* o en sus estudios sobre el entramado social británico preindustrial, Thompson (1984) reinterpreta el tradicional sentido del concepto de "clase social" y lo enriquece tremendamente. Thompson (1984: 35) cuestionó el esquema estructuralista animado por una corriente del marxismo de la siguiente manera:

> Según una muy popular tradición sociológica, clase puede ser reducida a una auténtica medida cuantita-

tiva: determinando número de seres en esta u otra relación con los medios de producción, o, en términos más corrientes, determinando número de asalariados, trabajadores de cuello blanco, etcétera.

Y más adelante propone:

Las clases acaecen al vivir los hombres y las mujeres sus relaciones de producción y al experimentar sus situaciones determinantes, dentro "del conjunto de relaciones sociales", con una cultura y unas expectativas heredadas, y al moldear estas experiencias en formas culturales. De modo que, al final, ningún modelo puede proporcionarnos lo que debe ser la "verdadera" formación de clase en una determinada "etapa" del proceso. Ninguna formación de clase propiamente dicha de la historia es más verdadera o más real que otra, y la clase se define a sí misma en su efectivo acontecer.

Las clases, en su acontecer dentro de las sociedades industriales capitalistas del siglo XIX, y al dejar su huella en la categoría heurística de clase, no pueden de hecho reclamar universalidad. Las clases, en este sentido, no son más que casos especiales de las formaciones históricas que surgen de la lucha de clases [ibid.: 38-39].

Algunos años antes incluso de que los esquemas marxistas se pusiesen de moda en México para interpretar no sólo a la clase obrera, sino a todo aquello que se movía en la sociedad, Thompson analizaba este concepto y lo abría a una enorme cantidad de determinaciones. Al asumir a las clases también como un producto cultural, Thompson no sólo trabajaba un concepto sino que abría vetas enormes y ricas para estudiar tanto a la clase obrera como a otros sujetos sociales.

Aquí me parece pertinente señalar cómo el concepto de sujeto social puede contener una enorme cantidad de determinaciones, y al tratar de buscar al colectivo no deja de lado al sujeto en el plano de su acción reflexiva, objetivo que Thompson logra magistralmente en sus trabajos.

En México, al igual que en otros países latinoamericanos, los conceptos de "sujeto social", "movimiento social" y "actor" se han usado indistintamente. Es más, son escasos los trabajos que estudian teóricamente el asunto. Sin embargo, a nivel empírico hay una enorme riqueza de investigaciones; desde los análisis sobre los campesinos y los movimientos agrarios hechos en su mayoría por antropólogos en los años sesenta y setenta, que mencionamos más arriba, hasta los estudios sobre la clase obrera, existen muchos trabajos que no pueden soslayarse.

La reflexión teórica, cuando se hizo, durante mucho tiempo no logró superar el enfoque estructural del marxismo.

De hecho, las discusiones entre *campesinistas* y *descampesinistas* ya observaban algunas especificidades, algunas singularidades; el problema, como hemos señalado, era cómo nombrarlas. Así por ejemplo, en los estudios sobre campesinos, al constatar especificidades y diferencias apuntaban a crear nuevas categorías dentro de la misma tradición marxista, es decir, desde la actividad productiva y la inserción en el modo de producción. Así, se buscó acotar conceptos como el de "semiproletariado agrícola" (Paré, 1977).

Por otro lado, los estudios de la clase obrera, a excepción de los que empezaron a considerar la variable cultural (véase, por ejemplo, Novelo, 1987), emprendieron el análisis del movimiento obrero a partir del estudio de las grandes centrales corporativas del país, hasta las huelgas concretas de los sindicatos llamados independientes. Para los ojos de muchos analistas, eso era el movimiento obrero: un conjunto de asalariados sin rostro que cobraban vida gracias al cobijo de una central o de la nomenclatura de un sindicato. Así, se les bautizó desde "charros" hasta "independientes" de acuerdo con el color de la organización a la cual pertenecían. La pregunta no involucraba otros niveles de análisis, otros planos.

Es decir, el desarrollo conceptual no alcanzaba para nombrar las especificidades, las diferencias, las singularidades. La pregunta seguía involucrando en primer plano el problema de la explotación, de la producción de plusvalía y, si bien en este sentido hubo aportaciones teóricas que no pueden dejar de mencionarse, la búsqueda del sujeto trascendental, de la conciencia, de los cambios revolucionarios estaba en la mayoría de las cabezas de los investigadores. La riqueza empírica no encontraba en el análisis una reflexión teórica más profunda.

Por su parte, las investigaciones sobre la clase obrera que consideraron como central el análisis de la cultura, realizadas también por antropólogos, abrieron una veta muy rica para el estudio de los sujetos y los movimientos obreros. La cultura era de por sí un elemento multidimensional complicado para su aprehensión empírica, y sobre todo una categoría que permitía descubrir a los obreros de carne y hueso y no a los obreros del deber ser trascendental y revolucionario. Tiempo después, los estudios de los procesos de trabajo enriquecieron el análisis y profundizaron en la investigación empírica la búsqueda de las diferencias. El sujeto trascendental, desdibujado históricamente hacía años, empezaba a desdibujarse también en el ámbito de la teoría.

Muchos estudios de lo que se conoció como el MUP, es decir, el movimiento urbano popular, al encajarse en el esquema marxista de corte estructuralista analizaban a este sector —y sus movimientos— con un carácter de clase oprimida y marginada, pero finalmente expresaban una esencia previamente configurada.

LÍNEAS DE INVESTIGACIÓN Y DEBATE CONTEMPORÁNEO

En los años ochenta se empezó a discutir el problema de los movimientos y sujetos sociales con otros ojos. En Brasil, como hemos narrado, este proceso empezó más temprano.

En nuestro país se contaba con un material rico para emprender ese cambio de trayectoria. Con los antecedentes de los estudios antropológicos, con el inicio en la década de los ochenta de los estudios de los procesos de trabajo para el análisis de la clase obrera, con el legado de los estudios sobre cultura obrera, el problema teórico de los sujetos sociales y de los movimientos sociales empezó a ser el centro del debate en algunos grupos de investigadores.

Enrique de la Garza, sin lugar a dudas un promotor de estos estudios en México, ha promovido y coordinado investigaciones que incorporan el análisis teórico sin dejar de lado la riqueza de los estudios empíricos.

En su trabajo sobre la clase obrera en México en los años ochenta, De la Garza (1992) empieza por distinguir conceptualmente "movimiento social" y "sujeto social". Para el autor, estos conceptos involucran distintos niveles. Sujeto sería un concepto que incluye ciertas especificidades para poder, dentro del universo de la clase obrera, observar y analizar diferencias de orden cultural, de organización, valorativo, de historias sindicales, etc. Este enfoque lo lleva a plantear el proceso de extinción de algunos sujetos obreros en el marco de la restructuración productiva, como el sujeto obrero del nacionalismo revolucionario, y la aparición de otros como el sujeto obrero *reconvertido*. A partir de esta diferenciación, posible por el uso del vocablo *sujeto* como un concepto que permite una mayor concreción que el de *clase*, De la Garza analiza las diferencias y las especificidades, formas culturales asociadas al trabajo y expresadas de modo empírico en los movimientos obreros acaecidos a lo largo de los ochentas.

El concepto de "sujeto" le permite hacer el acotamiento de un concepto más abstracto, como el de "clase", pero no lo equipara al concepto de "movimiento". En palabras del autor, el concepto de sujeto "es síntesis de estructuras, subjetividades, proyectos, organizaciones y que se expresa en acciones colectivas" *(ibid.*: 54).

Al acotar conceptos como "sujeto" y "movimiento", De la Garza avanza notablemente en el análisis teórico. El cuestionamiento que puede hacerse de este acotamiento es si puede ser viable esta diferenciación en el análisis de otros movimientos. ¿Sería posible hacer el acotamiento de ambos conceptos cuando se analiza por ejemplo el movimiento urbano popular? En este caso, nos encontramos con individuos que de entrada no comparten una actividad, una historia, una trayectoria de organización ni una cultura.

En suma, el concepto o voz de "sujeto social o colectivo" permitió estudiar, abrir o sustituir un concepto como el de "clase social". Esta apertura significó contar con un concepto mucho más rico en cuanto a dimensiones sociales se refiere. Los sujetos no se encontraban en la estructura económica, no eran expresión de una esencia subyacente que les marcara una trayectoria, un proyecto, un discurso, un destino. Otras mediaciones fueron incorporadas y se valorizaron y se estudiaron las especificidades, las diferencias, los discursos.

Como lo señalé al inicio de este ensayo, el debate teórico aún no concluye. Lo importante es que los análisis se han enriquecido; que la literatura sobre el tema, europea o latinoamericana, se estudia y se asimila, y que la crisis de un modelo interpretativo, basado en un marxismo que centraba los análisis en la estructura económica como lugar de definición societal, abrió la puerta a nuevos conceptos y nuevas miradas hacia la acción colectiva; ésta, no importa cómo se le nombre, ha tenido un papel importante en la gestación de la democracia en México y toda América Latina.

BIBLIOGRAFÍA

Abramo, Laís (1986), *O resgate da dignidade*, tesis de maestría en sociología, Universidade de São Paulo, Brasil.

Alonso, Jorge (1986), *Los movimientos sociales en el valle de México*, SEP, México.

Bartra, Armando (1979), *La explotación del trabajo campesino por el capital*, Macehual, México.

——— (1985), *Los herederos de Zapata: movimientos campesinos posrevolucionarios en México, 1910-1980*, Era, México.

Bartra, Roger (1982), *Campesinado y poder político en México*, Era-UNAM/IIS, México,

——— (1982), *Estructura agraria y clases sociales en México*, Era, México.

Calderón, Fernando (1995), *Movimientos sociales y política. La década de los ochenta en Latinoamérica*, Siglo XXI-UNAM, México.

Castañeda, Fernando (1997), "Reflexión en torno a los sujetos sociales hoy", en Lucía Álvarez (coord.), *Participación y democracia en la ciudad de México*, La Jornada-CIIH-UNAM, México.

Garza Toledo, Enrique de la (1992), "Reestructuración productiva, estatal y de los sujetos-obreros en México", en Enrique de la Garza Toledo, *Crisis y sujetos sociales en México*, CIIH-UNAM, México.

González Casanova, Pablo (coord.), *La clase obrera en la historia de México*, Siglo XXI-IIS, México, obra completa, 17 tomos.

———, Enrique Florescano, Isabel González Sánchez, Jorge González Angulo, Roberto Sandoval Zaraus, Cuauhtémoc Velazco A. y Alejandra Moreno Toscano (1983), *De la Colonia al Imperio*, tomo I.

———, Juan Felipe Leal y José Woldenberg (1988), *Del Estado liberal a los inicios de la dictadura porfirista*, tomo II.

González Casanova, Pablo, Ciro F. Cardoso, Francisco G. Hermosillo y Salvador Hernández (1987), *De la dictadura porfirista a los tiempos libertarios*, tomo III.

———, y Sergio de la Peña (1984), *Trabajadores y sociedad en el siglo XX*, tomo IV.

———, Juan Felipe Leal y José Villaseñor (1988), *En la Revolución, 1910-1917*, tomo V.

———, y Pablo González Casanova (1984), *En el primer gobierno constitucional*, tomo VI, 227 pp.

———, y Jaime Tamayo (1987), *En el interinato de Adolfo de la Huerta y el gobierno de Álvaro Obregón (1920-1924)*, tomo VII, 302 pp.

———, y José Rivera Castro (1983), *En la presidencia de Plutarco Elías Calles (1924-1928)*, tomo VIII, 247 pp.

———, y Arnaldo Córdoba (1989), *En una época de crisis (1928-1934)*, tomo IX, 240 pp.

———, Samuel León e Ignacio Marván (1985), *En el cardenismo (1934-1940)*, tomo X, 313 pp.

———, y Jorge Basurto (1984), *Del avilacamachismo al alemanismo (1940-1952)*, tomo XI, 291 pp.

———, José Luis Reina y Raúl Trejo Delarbre (1988), *De Adolfo Ruiz Cortines a Adolfo López Mateos (1952-1964)*, tomo XII, 188 pp.

———, Paulina Fernández Christlieb y Octavio Rodríguez Araujo (1985), *En el sexenio de Tlatelolco (1964-1970)*, tomo XIII, 389 pp.

———, y Jorge Basurto (1983), *En el régimen de Echeverría: rebelión e independencia*, tomo XIV, 325 pp.

González Casanova, Pablo, y Manuel Camacho (1984), *El futuro inmediato*, tomo xv, 167 pp.

―――, Juan Gómez-Quiñones y David Maciel (1981), *Al norte del río Bravo (pasado lejano) (1600-1930)*, tomo xvi, 263 pp.

―――, y David Maciel (1984), *Al norte del río Bravo (pasado inmediato) (1930-1981)*, tomo xvii, 234 pp.

Melucci, Alberto (1989), "¿Um objetivo para os movimentos sociais?", en *Lua Nova*, CEDEC, São Paulo, Brasil.

Navarro B., Bernardo, y Pedro Moctezuma, *La urbanización popular en la ciudad de México*, UNAM-IIE-Nuestro Tiempo, México.

Novelo, Victoria (coord.) (1987), *Coloquio sobre cultura obrera*, SEP, México.

Nun, José (1994), "La marginalidad en América Latina. El concepto de masa marginal", en Ruy Mauro Marini y Márgara Millán (comps.), *La teoría social latinoamericana. La teoría de la dependencia*, tomo II, UNAM-FCPYS-CELA, México.

Paré, Luisa (1977), *El proletariado agrícola en México: campesinos sin tierra o proletarios agrícolas*, Siglo XXI, México.

――― (s. f.), *Caña brava: trabajo y organización social entre los cortadores de caña*, UNAM-Instituto de Investigaciones y Humanidades, México.

Quijano, Aníbal (1994), "Dependencia y marginalidad. El concepto de polo marginal", en Ruy Mauro Marini y Márgara Millán (comps.), *La teoría social latinoamericana. La teoría de la dependencia*, tomo II, UNAM-FCPYS-CELA, México.

Ramírez Sáiz, Juan Manuel (1986), *El movimiento urbano popular en México*, Siglo XXI-IIS-UNAM, México.

――― (1989), *Actores sociales y proyecto de ciudad*, Plaza y Valdés, México.

Sader, Eder (1988), *Quando novos personagens entraram em cena*, Paz e Terra, Brasil.

Thompson, E. P. (1984), *Tradición, revuelta y conciencia de clase. Estudios sobre la crisis de la sociedad preindustrial*, Editorial Crítica, Barcelona.

――― (1989), *La formación de la clase obrera en Inglaterra*, Crítica, Barcelona.

Warman, Arturo (1984), *Ensayos sobre el campesinado en México*, Nueva Imagen, México.

――― (1977), *Los campesinos: hijos predilectos del régimen*, Nuestro Tiempo, México.

――― (1976), *Y venimos a contradecir: los campesinos de Morelos y el Estado nacional*, SEP-Centro de Investigaciones y Estudios Superiores en Antropología Social, México.

Zermeño, Sergio, y Aurelio Cuevas (coords.) (1990), *Movimientos sociales en México*, CIIH-UNAM, México.

TECNOCRACIA

Pier Paolo Portinaro

Definición

El concepto de tecnocracia se refiere al conjunto de fenómenos relacionados con las transformaciones de las relaciones entre Estado y sociedad a partir de la Revolución industrial, es decir, cuando: *a)* crece la cantidad de decisiones políticas concernientes a cuestiones técnicas en sentido amplio, con un progresivo pero sustancial cambio de los contenidos del proceso gubernamental y legislativo; *b)* los aparatos administrativos públicos y privados se transforman en virtud del empleo de técnicas de organización del trabajo dirigidas a promover al máximo la eficiencia, y *c)* estos cambios llevan a la formación de nuevos grupos sociales de técnicos, *managers*, expertos y directores administrativos, *grands commis* que a pesar de su distinción y fragmentación objetiva tienden a asociarse en el ejercicio del poder y en la consecución de privilegios (véase Ellul, en Meier, Ritter y Matz, 1971: 167).

Como todos los conceptos políticos, también el de tecnocracia es polémico. Al igual que burocracia, se contrapone a democracia porque se identifica con un grupo particular, postulado como homogéneo y transfigurado en "clase general", portadora de intereses colectivos, contra un "malo" universal, el pueblo, relegado a simple agregado de intereses miopes y particularistas. En un análisis ya clásico (Ellul, 1977), la tecnocracia es presentada como la auténtica realidad por debajo de la doble ilusión de que se alimentan los sistemas políticos contemporáneos: la ilusión del hombre político que se cree capaz de guiar hacia objetivos la máquina del Estado y la ilusión del ciudadano que, confiando todavía en la ideología de la soberanía popular, piensa participar con poder decisorio en la gestión de los asuntos públicos, mientras tiene sólo facultad de "designar y vigilar a hombres ellos mismos desprovistos de poder" (Meynaud, 1964; trad. it., p. 194). En el léxico de la política contemporánea el término determina, pues, una específica categoría de "poder otro" [distinto] respecto al poder del pueblo, una forma de política "cerrada" a la influencia del público y en amplia medida sustraída a su control directo y tal vez también indirecto (Fisichella, 1977).

Por estas connotaciones suyas, el término sugiere por tanto la idea de decadencia (hasta los umbrales de la impotencia) del factor político respecto al técnico o técnico-económico. Es más, con frecuencia, las teorías sobre el advenimiento de la tecnocracia se sitúan en un diagnóstico epocal sobre el eclipsamiento de lo político. En tal contexto la expresión se dilataba hasta designar simplemente —y de manera a menudo vaga— el "dominio de la técnica". Sin embargo, en una acepción más específica viene a indicar, en los sistemas políticos complejos, una específica estructura del poder —ya se ha hablado explícitamente de "tecnoestructura" (Galbraith, 1967)— y una forma de ejercicio del poder por obra de un sujeto definido: los técnicos. Y propiamente, en el sentido fuerte del término, el gobierno de los técnicos se da en aquel régimen en que ellos tienen en sus manos el saber técnico-científico y definen, en virtud de la competencia que a ello les legitima, no sólo los medios sino también los fines de la acción social (Fisichella, 1997: 54). En esta acepción más determinada el concepto pone en evidencia el poder de una categoría dirigente específica —los organizadores, los *managers*, los directores administrativos—, para la cual la teoría de la tecnocracia puede ser considerada una variante de la teoría de las *élites*, en particular una teoría de las *élites* modernizadoras (Teusch, 1993: 61). Sin embargo, ayuda advertir de inmediato que los clásicos del elitismo fueron todo lo contrario de partidarios de la ideología tecnocrática. Contra el predominio de los clérigos-científicos se delineó ya dentro del positivismo una reacción, bien ejemplificada precisamente por la doctrina elitista italiana, que era reacción no sólo a la ideología democrática, sino también a la tecnocracia industrial de los teóricos de la extinción del Estado. La crítica de los elitistas Mosca y Pareto al modelo tecnocrático se apoya sobre tres bases, de diferente manera evidenciadas por los diversos autores: *a)* subestimación del papel del político; *b)* sobrestimación de la función de la ciencia y de su papel en la orientación de la práctica, y *c)* sobrestimación de la capacidad de gobierno de los grupos intelectuales.

Si se prescinde del régimen tecnocrático instaurado luego de un golpe de Estado y apoyado en una oligarquía y una dictadura militar, la tecnocracia no es, sin embargo, el producto de una autónoma apropiación del poder por parte de los técnicos, sino más bien el resultado de una abdicación del poder por parte de los políticos, incapaces de enfrentar determinadas crisis. Usualmente, se habla de "gobierno de los técnicos" en un sistema democrático parlamentario para designar aquella forma de gobierno de transición que interviene en el ciclo democrático en un momento de urgencia económica y de crisis de legitimidad de las *élites* políticas tradicionales. Podemos además distinguir ahora una acepción fuerte y una débil del término, que indican, respectivamente, privación de la autoridad del político en beneficio del técnico o bien la simple adquisición de una decisiva influencia de éste sobre el político. También en este caso la valoración de la influencia debe tener en cuenta los obstáculos que a ella se oponen; entre éstos, los que más a menudo cita la literatura son las divisiones entre los mismos técnicos, la acción de grupos antagónicos que se apoyan en otros valores y, en un contexto efectivamente democrático, el sentir de la opinión pública (Meynaud: 200 s).

La contraposición de democracia y tecnocracia es una constante en la reflexión sobre el problema. Considerada según las categorías de la clásica doctrina de las formas de gobierno, la tecnocracia es una *aristocracia* que se renueva por cooptación; en una terminología más conforme con el universo semántico contemporáneo, es una *meritocracia*, es decir, una forma de poder basada en procedimientos rigurosos de comprobación y de valoración de cualidades directivas que se contraponen por principio a la selección fundada sobre el consenso de la mayoría. La democracia es "gobierno de la opinión" y la tecnocracia "gobierno del saber" (Sartori, 1997: 42); la democracia se apoya en el consenso y la participación; la tecnocracia en la competencia y la eficiencia. Gracias a estas determinaciones, la tecnocracia puede ser equiparada a la burocracia, hasta el punto de que cada vez más a menudo, incluso en virtud de los procesos de racionalización administrativa que han revolucionado las disposiciones de las viejas burocracias, los dos conceptos se encuentran fundidos en una única acuñación: "tecnoburocracia". En particular, el proceso de integración europea ha sido a menudo señalado como vivero de tecnoburocracias desvinculadas de las orientaciones de las políticas nacionales (y de ahí el neologismo "euroburocracia"). De cualquier manera, no faltaron los intentos de conjugar también las dos formas opuestas. Así Maurice Duverger, en un análisis ya clásico, caracterizaba el rasgo dominante —y la constitutiva ambigüedad— de Occidente inmediatamente después de la segunda Guerra Mundial como una alianza entre democracia y tecnocracia, hasta el punto de llamar "tecnodemocracia" la disposición de poder de la nueva oligarquía (Duverger, 1972). Y, en efecto, después de las teorías sobre el Estado técnico o tecnocrático que tuvieron fortuna en la edad del *planismo* y del *dirigismo*, ahora es más clara la posibilidad de coexistencia que la de contraposición de las dos formas de organización del poder. Robert Dahl, por ejemplo, identifica en los sistemas políticos complejos una especie de "híbrido", en el cual la selección y los controles democráticos funcionan más o menos eficazmente en algunos ámbitos de la política, mientras "otros son gobernados por *élites meritocráticas* o por guardianes libres de todo control democrático" (Dahl, 1985; trad. it., p. 36). Entre las condiciones que favorecen la llegada de un régimen político que puede definirse como tecnodemocracia se incluyen, más allá del obvio acrecentamiento de las tareas propiamente técnicas del sistema político, la difusión, después de excesos de politización, de la apatía entre los ciudadanos, la corrupción de los partidos y la presencia de escuelas prestigiadas que imparten las grandes carreras administrativas —como, por ejemplo, la École National d'Administration: no por casualidad Francia es el país que en la segunda mitad de este siglo ha conocido la mayor floración de literatura sobre la tecnocracia y sobre las *élites* tecnocráticas (de Ellul a Gurvitch, Meynaud, Bourdieu y Boltanski, para limitarnos a algunos de los autores más significativos).

En años recientes, sin embargo, la perspectiva tecnocrática en su acepción omnicomprensiva originaria ha venido perdiendo crédito, y no sólo porque la edad de la planificación y del dirigismo parece superada, sino porque los diagnósticos filosóficos más radicales niegan que se pueda dar un sujeto capaz de gobernar la técnica o mediante la técnica. En efecto, considerándolo bien, aparece cada vez más problemática la definición tanto de un sujeto unitario (la clase de los "técnicos" dirigentes) como de la modalidad del poder, es decir, la respuesta a la pregunta sobre el "quién" y sobre el "cómo" de la tecnocracia. Los técnicos no son en absoluto una categoría homogénea, y más bien resultan diversas y huidizas las modalidades de ejercicio del poder tecnocrático. Respecto a las clásicas preguntas de "¿quién gobierna?" y "¿cómo gobierna?", tiende a entrar de nuevo en las investigaciones sobre las relaciones entre técnica y política la pregunta "¿qué cosa se gobierna?" (Winner, 1977). Hoy, más que en la teoría de la tecnocracia, las ciencias sociales se interesan en el estudio de las políticas de la tecnología o en la tecnopolítica, entendida como la política que se sirve de las nuevas tecnologías de la comunicación (Rodotà, 1997) y, por consiguiente, se plantean la cuestión de qué cambios políticos en concreto la técnica es capaz de determinar.

HISTORIA, TEORÍA Y CRÍTICA

El gobierno de los custodios

La teoría de la tecnocracia es una teoría moderna. Pero su matriz puede muy bien ser localizada en la doctrina clásica del gobierno de los custodios. La idea de monopolización de las decisiones colectivas por obra de quienes disponen de saberes especializados o están dotados de una cierta excelencia de tipo cognitivo constituye un tema recurrente en el pensamiento occidental. Platón pone en marcha una influyente tradición al oponerse, con su modelo de "gobierno de los custodios", a una concepción de la política bien ejemplificada por el mito de Protágoras, según el cual la distribución de respeto y justicia, que juntos constituyen la técnica política, debe, a diferencia de las otras técnicas, beneficiar a todos. Diversamente de Protágoras, que con aquella tesis pretende legitimar el nuevo orden democrático de Atenas, Platón está convencido de que, en la medida en que la política es una técnica, debe tener, como todas las técnicas, pocos y exclusivos propietarios (Portinaro, 1996).

La idea de un gobierno de los custodios fundado en la conjugación de poder y saber atraviesa así toda la experiencia política del Occidente —y no sólo en los términos de una proyección utópica—. De los consejeros del príncipe y técnicos de la razón de Estado a los intelectuales de las universidades, entendidas como viveros de ciencias útiles al gobierno, se instaura, como ha subrayado Foucault, una nueva relación "entre la política como práctica y la política como saber", de la que surge la "posibilidad de un saber específicamente político" (Foucault, 1988; trad. it., p. 141). Por un lado los técnicos de la "noble mentira", de los *arcana imperii*, por el otro los juristas como edificadores de las instituciones se vuelven los protagonistas del proceso de racionalización del *gubernaculum*, que entreabre precisamente la primera gran temporada de los especialistas políticos. De esta manera se abre camino un modelo tecnicista, en que el Estado es *machina machinarum* ideada por el filósofo-rey y que una clase de especialistas hace funcionar, modelo que proveerá la base sobre la cual se desarrollarán, aunque en el cuadro de una reacción antipolítica, las modernas teorías tecnocráticas. Sin embargo, el paso a éstas acontecerá sólo en el momento en que el progreso de las ciencias y de las técnicas invierta la esfera económica de la producción y del consumo, revolucionando a profundidad las modalidades de existencia y las expectativas eudemonistas de los individuos.

El gobierno de los custodios es el gobierno de aquellos que saben. No obstante, en el curso de la historia este ideal ha variado de acuerdo con los modelos de saber dominante (la dialéctica de Platón, la geometría de Hobbes, la sociología de Comte, la psicología del Skinner de *Walden Dos*), de difusión del saber, de organización de las informaciones y de elaboración de la identidad del grupo que aspiraba al monopolio del poder ideológico. Desde la Antigüedad hay un modelo de poder (y saber) que pretende neutralizar el peso del pasado, domesticar la tiranía de la tradición y al mismo tiempo hipotecar el futuro. Sin embargo, es en los umbrales de la edad moderna cuando la utopía tecnocrática encuentra su primera formulación en la *New Atlantis* de Francis Bacon, en que está delineado el ideal de una sociedad enteramente fundada sobre la ciencia y sobre la técnica, de cuyos progresos depende el nivel de bienestar colectivo (Kreibich, 1986). Dentro de este marco encuentran lugar las diversas variantes de "tecnocracia", "sofocracia" e "ideocracia" que llenan el imaginario utópico e ideológico de la modernidad. No obstante, el cuadro de referencia sigue siendo, por cuanto concierne a la determinación de las cualidades específicas de la élite gobernante, platónico. Dahl identifica en la comprensión moral, en la virtud y en el conocimiento instrumental los componentes de la "competencia política" y podemos sin demasiada dificultad reconocer en esta trama la conexión entre *episteme*, *dynamis* y *techne* planteada por Platón en su análisis del saber político.

Desde la Antigüedad, la expresión "gobierno de los custodios" ha estado cargada de ambivalencias, y más aún en nuestro siglo, cuando la expresión ha vuelto a entrar en uso y el concepto se ha discutido tanto en la variante autoritaria, antagonista de la forma democrática y el Estado de derecho, del "sistema preceptoral" o "tutelar" (Lindblom, 1973), como en la variante más moderada, conjugable con la democracia liberal, que la ve como sinónimo de "principio del gobierno meritocrático" (Dahl, 1985). Incluso la más restringida noción platónica de *phylakes* como guardianes-guerreros ha reaparecido en el debate en torno a las decisiones sobre las armas nucleares y su carácter disuasivo, que escapan al control democrático y tienden a ser monopolizadas por los técnicos de la estrategia. Precisamente en esta cuestión específica ha empezado Robert Dahl a proponer de nuevo y discutir la alternativa *Democracy versus Guardianship*. En tiempos más recientes se ha retomado en cambio la fórmula del gobierno de los custodios para designar, en las democracias contemporáneas, la anomalía de un verdadero o presunto "gobierno de los jueces", en relación con el expansionismo del poder judicial en general y el crecimiento de las prerrogativas de los tribunales constitucionales en particular (en su función de custodios de las Constituciones).

Respecto al ideal del gobierno de los custodios o guardianes, el modelo tecnocrático aparece en el horizonte de la rehabilitación de la *vita activa* y, más precisamente, de su variante creativa [poiética] o productiva, que caracteriza al mundo moderno. Si la figura del custodio o del guardián evocaba primariamente la acción de un protector armado o la decisión cuerda de un sabio calificado por una superioridad ética, la del tecnócrata tiene sus raíces en el mundo de la producción y de la economía, aun cuando de una economía no confinada a los procesos elementales de la apropiación, de la producción y del intercambio, sino potenciada por formas complejas de organización que incorporan el saber. En ambos casos se trata, de cualquier modo, de funciones no propiamente especializadas dentro de un esquema de división del trabajo, sino de una competencia que incluye un momento general de síntesis. Aun cuando la distancia entre el tecnócrata y el técnico ya no es la que mediaba entre el custodio platónico y el poseedor de técnicas creativas, sigue siendo verdad para el mundo moderno que entre los dos tipos sociales subsiste una diferencia de fondo: "mientras el técnico se califica como un experto de lo particular, el tecnócrata viene definido (y se define) como un experto de lo general" (Fisichella, 1997: 44).

La utopía tecnocrática en la primera Revolución industrial

Fuera de las múltiples variaciones sobre el motivo platónico del gobierno de los custodios y de las prefiguraciones utópicas de una organización científica de la sociedad, que se intensifican con la edad de la revolución científica, es la Revolución industrial la que abre la época de reflexión sobre la decadencia de la política y del Estado y la que suministra las bases para el desarrollo de la ideología tecnocrática. En la raíz de este momento crucial está el vuelco en la jerarquía social de las técnicas y, por consiguiente, de las clases. En Platón, el que usa debe disponer de un saber superior al de quien produce, mientras que para Saint-Simon y Comte es a los productores a quienes se les atribuye capacidades "positivas" y la posesión del saber estratégico para el bienestar colectivo, lo que les permite ascender a clase dominante (la "primera clase") del nuevo conjunto social. En la división del trabajo entre "industriales", una jerarquía se determina también según el nivel de generalidad del trabajo (Comte llegará a formular una "ley jerárquica de la generalidad creciente"), por lo cual en el vértice se colocan los que saben dirigir y regular la acción sobre las cosas con vistas a la utilidad colectiva: ellos son, en Saint-Simon, los "industriales dirigentes", y en Comte, análogamente, los industriales no propietarios, sino "directores" de la producción (Fisichella, 1995).

En los teóricos de la sociedad positiva se delinea así una doble reducción: de la política a la economía y del arte de gobierno a la ciencia. El paso del régimen "gubernativo" al régimen "administrativo" es el paso de un sistema en el cual las instituciones están —de manera ineficiente y disfuncional— al servicio de los intereses particulares de categorías privilegiadas, que se mantienen en el poder ejerciendo el monopolio de la fuerza, a un sistema en el que la sociedad satisface el interés general a través de la neutralización de la mediación política y la composición científica de los intereses productivos. La ideología tecnocrática se caracteriza así también por la reducción del arte de gobierno a la ciencia. El poder en la sociedad industrial viene a apoyarse no sobre la imperatividad del mandato, sino en la fuerza intrínseca de la demostración, verificable por todo competente. La doctrina saintsimoniana de las tres cámaras, así como viene delineada en *L'organisateur*, muestra de manera ejemplar cómo el proceso político para los partidarios de la "sociedad positiva" debe ser modelado de acuerdo con el proceso científico: el parlamento industrial se compone en efecto de tres cámaras, a las que se les atribuye respectivamente las funciones de *invention*, *examen* y *exécution* (Fisichella, 1995: 102).

Todavía de manera más marcada que en Platón, distinguimos en Saint-Simon la dificultad recurrente de todo gobierno de los custodios: ¿a quién se pone como guardia de los guardianes? Debatiendo en el *Catéchisme des industriels* las cuestiones de la relación entre los industriales y los científicos y de la organización interna de cada una de las categorías, después de haber aclarado que los científicos deben su existencia a los industriales mientras que éstos obtienen el sentido de su actividad de la investigación de los científicos, el filósofo positivista subdivide a estos últimos en dos clases y en dos "academias separadas", de las cuales una está llamada a elaborar el "código de los intereses" y la otra el "código de los sentimientos". Inmediatamente se plantea el problema de quién mantendrá "el equilibrio" entre ellas y la respuesta no puede sino remitir a un órgano ulterior: el "colegio real o supremo", "la más importante de todas las instituciones sociales" (Saint-Simon, 1823-1824; trad. it., pp. 1026-1027). Sustraído a la política el monopolio de la decisión última, y colocados en los vértices de la jerarquía social los mediadores de la verdad, Saint-Simon pone así las premisas para el desarrollo de aquel modelo hierocrático secularizado que encontrará en Comte su despliegue.

Si un fundamento de la filosofía tecnocrática es el reconocimiento del saber como fuente de legitimación del poder —la *auctoritas* desciende de la *veritas*—, sigue siendo verdad que contra las "ilusiones de la metafísica" los positivistas afirman el principio de la separación entre poder temporal y poder espiritual. Si al primero corresponde la tarea de la administración, función específica del segundo es la educación. No todo el poder se reduce en efecto a acción sobre la naturaleza y administración de las cosas; el poder "teórico" actúa sobre el hombre mediante la persuasión, y por esta razón las técnicas pedagógicas son parte imprescindible del modelo tecnocrático. Sin embargo, como en este modelo los científicos son de todos modos contemporáneamente productores de bienestar material y de solidaridad, ha resultado operación fácil atribuir a los teóricos de la sociedad positiva una vocación totalitaria, más o menos latente que se manifestaría por otra parte también en su programa de intensificación de la jerarquía y de la centralización. Desde su nacimiento, pues, la filosofía tecnocrática estuvo bajo sospecha de propagar el modelo de una sociedad gobernada autocráticamente. Pero mientras que ciencia y técnica fueron consideradas vectores de utilidad colectiva, la tecnocracia conservó su poder de atracción. Sin embargo, cuando predominó una visión más crítica de la técnica, los partidarios de Comte quedaron rápidamente relegados en la familia de los "aprendices de brujos".

La organización científica de la sociedad como tercera vía

Si la doctrina tecnocrática aparece ya plenamente delineada con los clásicos del positivismo social, las condiciones estructurales para la afirmación de la clase de los técnicos y el advenimiento del poder tecnocrático parecen aproximarse por primera vez a la gran transformación estructural del capitalismo en las primeras décadas del siglo XX. Un real movimiento tecnocrático nace efectivamente en el contexto de la segunda Revolución industrial, con la separación de las funciones de propiedad y control dentro de la gran empresa y con la que ha sido llamada "revolución de la organización". Los *Principles of Scientific Management*, de Frederick W. Taylor, son de 1911; *The Modern Corporatio and Private Property*, de Berle y Means, de 1932, y *The Managerial Revolution*, de James Burnham, de 1941; es éste el espacio de tiempo cuando, pasando por la economía de guerra y el *New Deal*, se termina la parábola del movimiento tecnocrático estadunidense (por lo demás, también el término "tecnocracia" parece hacer su aparición en 1919 en un escrito de William H. Smith dirigido a propagar un curioso proyecto de "gobierno del pueblo" bajo la tutela de técnicos y científicos). Con el taylorismo y el fordismo y con la teorización de las transformaciones acaecidas en la urdimbre productiva del capitalismo, el escenario ha cambiado de manera sustancial. La fuerza estabilizadora del *scientific management*, con su progresivo ensanchamiento desde la dimensión microeconómica a la macroeconómica, desde el particular puesto de trabajo en una sección de la empresa a todo el sistema económico, ofrece una alternativa funcional a la racionalización burocrática del continente europeo. No obstante, también en estos años la tecnocracia estará destinada a seguir siendo programa y no encontrará lugar en ninguna experiencia concreta de gobierno.

Entre las consecuencias ideológicas de las muchas transformaciones ocurridas en el curso de un siglo de tan fuerte aceleración de la Revolución industrial y reorganización de la economía capitalista, entre Saint-Simon y el movimiento tecnocrático estadunidense de principios del siglo XX, dos son fundamentalmente las que se subrayan para comprender plenamente la génesis de este último: por un lado, está el hecho de que las ilusiones armonicistas de la sociedad industrial fueron arrolladas, en el continente europeo, por la realidad del conflicto de clase teorizado por Marx y por sus partidarios; por el otro, la difusión de la conciencia de que es la misma evolución del sistema económico la que amenaza el proceso de racionalización de la sociedad y retarda la innovación. Éste es el logro central de Thorstein Veblen, indudablemente el padre del movimiento tecnocrático estadunidense, para el cual la crisis es imputable no sólo a la clase política parasitaria, sino al sector financiero y al mismo grupo de los capitanes de industria, interesado en el provecho comercial más que en la racionalización. Si los "ingenieros de los recursos" representan "el sistema industrial en cuanto complejo que funciona", los "hombres de negocios" constituyen en cambio la componente parasitaria, "portavoz del interés comercial de los propietarios ausentistas". Sobre esta base Veblen llega a prefigurar, en *The Engineers and the Price System*, un "soviet de técnicos autoseleccionado" que asuma la dirección de los asuntos económicos "sobre la base del común interés por la eficiencia productiva, por el empleo económico de los recursos y por la equitativa distribución de los bienes de consumo producidos" (Veblen, 1921; trad. it., p. 1008).

Precisamente en la conciencia del doble cerco formado por los políticos de profesión y la propiedad especuladora, el movimiento tecnocrático de las primeras décadas del siglo XX nace y se desarrolla, no sin injertos en el tronco del populismo agrario, en torno a las primeras asociaciones de ingenieros y de expertos de organización científica del trabajo, a partir de la *New Machine* fundada en 1916 por un colaborador de Taylor, Henry L. Gantt, el más radical entre los ingenieros progresistas, para pasar a la breve e infortunada experiencia de la *Technical Alliance*, que se proponía, bajo la guía de un veleidoso diletante, Howard Scott, realizar los objetivos del vebleniano "Memorandum sobre un realizable soviet de técnicos", hasta llegar al *Committe on Technocracy*, constituido en 1932 por Walter Rautenstrauch, profesor del *Department of Industrial Engeneering* de la Universidad de Columbia (Akin, 1977). Después de la gran crisis, el movimiento tecnocrático fungió como apoyo del *New Deal* rooseveltiano y como depósito de proyectos, a menudo veleidosos, para la racionalización de la economía y de las instituciones. En particular él contribuyó a alimentar un vivaz debate sobre las posibilidades de una planificación en condiciones de mercado capitalista y de democracia. En el ensayo *The Industrial Discipline and the Governmental Arts*, de 1933, Rexford G. Tugwell partía de la exigencia de una coordinación económica más eficiente para deducir la necesidad de contar con un sistema centralizado de planificación (para la integración de las empresas y de sus políticas de inversión) y, por consiguiente, de hacer profundos cambios institucionales (Tugwell, 1933). Esta exigencia, cada vez más ampliamente advertida, venía a encontrarse con la polémica en lo que respecta al capitalismo —una constante sobre la línea que de Veblen conduce a Burnham— y la búsqueda de una tercera vía.

También en Europa la búsqueda de un sistema económico alternativo al capitalista y al colectivista estuvo traspasada en aquellos años por la reflexión sobre la tecnocracia. La burocratización de la sociedad soviética, la diferenciación de los papeles de empresario y dirigente en la economía capitalista, el auge de las nuevas profesiones técnicas y la demanda de planificación eran todos factores históricos que convergían en afirmar la posibilidad de una "tercera vía" tecnocrática. También prescindiendo de las muchas sugerencias ideológicas que condicionaron este debate, es posible distinguir una línea que de Saint-Simon, a través de Comte, conduce a la sociología de la planificación de Hans Freyer y en particular de Karl Mannheim, para el cual, una vez reconocido que las bases estructurales de la sociedad moderna han cambiado, la elección ya no es entre planificación y *laissez-faire*, sino entre buena y mala planificación (Mannheim, 1940). Sin embargo, fatalmente la ideología tecnocrática terminó en la Europa de los años treinta por llevar municiones al arsenal de los fascismos. El anticapitalismo, el antiparlamentarismo, el corporativismo, la ideología ultrancista de la modernización identifican puntos de convergencia con los programas de los movimientos fascistas. Mas como los regímenes comunistas no pueden ser considerados, por la desastrosa conducción de la economía, ejemplos de tecnocracia, tampoco lo pueden ser los fascismos, por el primado que atribuyen a la política —más bien a la forma más demagógica e irracional de política—. Estas diferencias no excluyen que una a veces caricaturesca y más a menudo trágica aproximación a los ideales de la tecnocracia se haya tenido en muchas dictaduras modernizadoras del siglo XX.

En el léxico contemporáneo, la tecnocracia se ha visto enredada, seducida, en la búsqueda de una inencontrable "tercera vía", en la trampa de las ideologías. Era ya de por sí inevitable que la fórmula cayese en descrédito después del derrumbe de la ilusión eudemonista que quería la ciencia como instrumento de felicidad. Después, sobre ella se ha proyectado la sombra de las experiencias totalitarias y dictatoriales del siglo. En particular, el gobierno de los tecnócratas ha funcionado frecuentemente como chivo expiatorio del conflicto ideológico: la derecha, liberal o no liberal, lo ha presentado como un subrogado, más o menos bien disimulado, de la dictadura colectivista, y la izquierda como disfraz del poder ejercido por el gran capital con la cobertura de los argumentos de carácter técnico-científico preparados por los expertos (Gallino, 1978: 720).

LÍNEAS DE INVESTIGACIÓN Y DEBATE CONTEMPORÁNEO

Auge y decadencia del modelo tecnocrático en la sociedad del saber

Con la tercera Revolución industrial —la revolución de la informática y de los nuevos medios de comunicación— registramos la potenciación del papel de la ciencia y de la técnica en todo ámbito de la vida cotidiana, del trabajo al tiempo libre, de la empresa a la escuela, de la salud al deporte, y, por consiguiente, el reforzamiento del papel legitimador de la ciencia y de la técnica en el discurso público (Stehr, 1994). Toda la teoría de la sociedad posindustrial está concentrada en esta adquisición: la utilización de la ciencia y de la técnica para la organización sistémica de los procesos colectivos hace dar un salto de calidad al proceso de racionalización. No sólo la política aparece en decadencia, sino también el trabajo cesa de ser el soporte de la organización económica: la sociedad posindustrial es en efecto llamada la sociedad del saber, *knowledgeable society* o *Wissensgesellschaft*. Y dado que el principal recurso económico ha venido a ser el saber, la teoría del valor-trabajo es remplazada por una teoría del valor-saber (Bell, 1973). Desde siempre en las sociedades el saber ha sido una estructura funcional de competencias sociales, que incluye el dominio del lenguaje, la habilidad para organizar la defensa y movilizar la resistencia y la capacidad para evitar y excluir o disfrutar márgenes de decisión (Stehr, 1994: 195 ss). Sin embargo, obviamente estas funciones se potencian en presencia de infraestructuras de nuevo orden para la producción y la distribución de energía, "autopistas de la información", sistemas telemáticos. La transformación más revolucionaria desde el punto de vista de las consecuencias sociales está aquí representada por la digitalización de las finanzas globales, que abre el camino a una economía virtual en que los procesos reales son orientados por un macrosistema informático de previsiones y simulaciones (Willke, 1997).

Junto con la crisis de la ideología del plan, aun en sus formas más moderadas y democráticas, crece el desencanto en lo que respecta al uso de la ciencia y de la técnica como instrumentos de gobierno. Mientras tanto, lo que induce al abandono de las ilusiones tecnocráticas es el reconocimiento de la fundamental ambivalencia de la técnica: ella a) no es monofuncional, sino que persigue una multiplicidad de fines que pueden entrar en conflicto entre sí; b) produce efectos no intencionales, c) que pueden ser absolutamente imprevisibles, y d) pueden resultar negativos o de cualquier modo e) introducir nuevas constricciones para el obrar político (Winner, 1977: 91 s). La presunción que estaba en la base de la doctrina tecnocrática clásica —el recurso al saber de los expertos y a su *problemssolving* neutraliza el conflicto social y político— termina así por ser ampliamente restructurada (Collingridge y Reeve, 1986). Sin embargo, el diagnóstico puede ser ulteriormente radicalizado: si el "Estado técnico" de la tercera Revolución industrial es aquel en que ya son los medios los que determinan los fines, y no viceversa (según los conocidos diagnósticos de Freyer, 1955, y Schelsky, 1965), entonces él configura no tanto un "gobierno de los técnicos" sino un régimen en que los políticos simplemente se someten a los automatismos y a las constricciones de la técnica (y por esta razón Schelsky prefiere hablar, diferenciando su posición de la de Ellul, de "Estado técnico" más bien que de "Estado tecnocrático").

Históricamente las innovaciones técnicas han favorecido, como ya lo habían comprendido los filósofos de la sociedad industrial, la centralización y la jerarquización. Según los teóricos de la sociedad posindustrial y posestatal, ahora en cambio parecen favorecer la cooperación horizontal. En la sociedad del saber la tecnocracia puede presentarse entonces a lo sumo como el recurso para garantizar la supervivencia y la integración de sistemas altamente interdependientes en caso de amenazas ecológicas, riesgos técnicos y sobrecarga cognoscitiva. Sin embargo, es importante subrayar cómo en este contexto ella asume, en la perspectiva de la teoría sistémica, la forma débil no de la *planificación*, sino de la *supervisión*. El "Estado supervisor" *(Supervisionstaat)* en la edad teletrónica se presenta como la estructura política residual capaz de desarrollar una función de coordinación en lo que se refiere a los macrosistemas técnicos (Willke, 1997). Todo macrosistema es una red (una red con doble finalidad: de servicio y de comunicación interna), mas es también un sistema de centros de reglamentación que no puede renun-

ciar a una estructura mínima de tipo jerárquico. Y el Estado supervisor es precisamente la única forma de Estado adecuada para sistemas que hayan sustituido a los modelos de decisión piramidal por modelos de decisión reticular. Si la red es "un conjunto de elementos interconectados a través de los cuales circulan flujos materiales e inmateriales" (Gras, 1993; trad. it., p. 49), la tradicional estructura burocrática con monopolio de la coerción aparece como un instrumento anticuado para ejercer un control eficaz. Para los teóricos de la complejidad sistémica, por otro lado, este control ha de ser predominantemente de tipo cognitivo y no normativo. Se configura así un modelo (blandamente) pedagógico y terapéutico de orientación política que, no obstante la explícita polémica en lo que respecta a la ideología tecnocrática (clásica), reproduce en forma debilitada por lo menos un elemento fundamental, el del primado del poder fundado sobre el saber. Para esta forma de pensamiento neotecnocrático el subsistema político no cumpliría otra función que la de la organización y promoción de aquellas competencias generales y de aquellos bancos de datos a los cuales los otros subsistemas sociales deben alcanzar para facilitar las condiciones de su autorreproducción.

El papel del experto en política

El crecimiento de los grupos profesionales de expertos, consultores y consejeros, en una palabra la dinámica de la profesionalización, es un proceso que atañe ya a todos los niveles de la sociedad y el Estado. Análogamente a la sociedad civil, donde se han puesto en claro las consecuencias tanto negativas como positivas (Stehr, 1995: 352), también en las instituciones el papel de las profesiones técnicas es objeto de valoraciones fuertemente contrastantes. Aunque no tenga ya casi crédito la ingenua posición de quien consideraba que la élite del saber pudiese adquirir y retener el poder sin significativas mediaciones políticas en las sociedades posindustriales, no ha perdido terreno quien atribuye a la intervención de los expertos en política un papel decisivo por lo que se refiere a la racionalización de las instituciones y una gestión racional en las situaciones de emergencia. Por otro lado, una representación cada vez más amplia, sobre todo dentro del filón realista o en el ámbito de la teoría sistémica, encuentra la tesis de la restructuración de las expectativas. El sistema de la ciencia no es ya capaz de controlar la producción y el empleo de competencias especializadas, que encuentran aplicación en contextos externos a él, como precisamente la política (Willke, 1997: 34). No falta, finalmente, quien de la proliferación de organismos técnicos, comisiones de expertos y *authorities* pretendidamente neutrales en lugares tradicionalmente reservados a la política —y a la competición democrática— saca argumento para denunciar una aledaña y solapada "tiranía de los expertos" (Lieberman, 1970).

Desde un punto de vista realista, el papel público de los expertos se ha sobrestimado. La experiencia, ampliamente documentada por la investigación, de procesos de toma de decisiones en los cuales los políticos son inducidos a solicitar justificaciones técnicas de expertos, sin por lo demás atribuir a ellos algún poder decisorio, o desatendiendo clamorosamente sus observaciones cuando éstas no les convienen, despierta el escepticismo ya sea sobre la influencia efectiva de la ciencia en el proceso político, ya sobre su utilidad en la orientación de las opciones políticas. Ciertamente, en el curso del siglo los partidarios de la ingeniería social han asignado a la ciencia un creciente papel de orientación. Sin embargo, se advierte también cómo, contra las ilusiones de la "ilustración aplicada", se ha afirmado con buenas razones que el modelo ingenieril se apoya sobre un triple malentendido concerniente a la naturaleza de las ciencias sociales, la del *decision-making* político y las modalidades de condicionamiento recíproco entre teorías científicas y actuar político. Por lo que concierne al primer punto, los malentendidos del modelo ingenieril se refieren a: *a)* "la inexistencia de la división del trabajo entre ciencia pura y ciencia aplicada"; *b)* "la imposibilidad del recurso a la cláusula *coeteris paribus* en función operativa", y *c)* "la equivocada concepción de la naturaleza de la previsión". En cuanto a la naturaleza del proceso decisorio en política, dos son las presunciones del modelo ingenieril: primera, que él está dominado por la presencia de "tomadores de decisiones con racionalidad paramétrica", en tanto la racionalidad que gobierna la política es la estratégica, y segunda, la tesis de que la especificación y la elección de los medios corresponde al científico y no al político de profesión. Finalmente, se afirma, para influir eficazmente en las decisiones políticas el saber de los técnicos debería cumplir tres requisitos fundamentales: la ausencia de condicionamientos externos, la coherencia disciplinaria y un bajo nivel de crítica (y de conflictividad interna para la comunidad científica), lo cual en realidad constituye, en el intercambio entre arena política y comunidad científica, más bien la excepción que la regla (Panebianco, 1989: 572 ss.).

Todos estos argumentos tienen su validez y dan en el blanco cuando se trata de refutar las pretensiones infundadas de la ideología tecnocrática. Sin embargo, tienen sus limitaciones. Queda, en efecto, la anomalía de un diagnóstico que reconoce la creciente penetración de la ciencia y de la técnica en cada ámbito de la vida cotidiana, pero en la esfera de la política tiende a admitirla sólo en un sentido limitado cuando se trata de explicar el entorpecimiento de las capacidades de juicio debido a las nuevas formas de comunicación y su acción subliminar (Sartori, 1997). Postular la impermeabilidad de las arenas políticas a la penetración de lógicas técnicas y científicas significaría fatalmente, en el marco de la sociedad del saber, condenar a las instituciones a un retraso que terminaría por favorecer sólo la disgregación social. También la ingeniería constitucional parece, por lo demás, orientada hoy a plantearse el objetivo de volver receptivas a las instituciones en lo que respecta al saber de los técnicos y a tomar aquellas precauciones que podrían resultar útiles para neutralizar los riesgos de la manipulación política del saber (y de los técnicos) y para acrecentar la transparencia de los procesos de decisión, a fin de evitar que importantes decisiones políticas sean tomadas bajo la cobertura de la "razón técnica".

BIBLIOGRAFÍA

Akin, W. E. (1977), *Technocracy and American Dream. The Technocratic Movement, 1900-1941*, Berkeley.

Bell, D. (1973), *The Coming of Postindustrial Society. A Venture in Social Forecasting*, Nueva York.

Boltanski, L. (1982), *Les cadres. La formation d'un groupe social*, París.

Bourdieu, P. (1989), *La noblesse d'État. Grandes écoles et esprit de corps*, París.

Burnham, J. (1941), *The Managerial Revolution*, Nueva York (tr. it.: *La rivoluzione dei tecnici*, Milán, 1947).

Chandler, A. D. (1977), *The Visible Hand: The Managerial Revolution in American Business*, Cambridge (tr. it.: *La mano visible. La rivoluzione manageriale nell'economia americana*, Milán, 1981).

Collingridge, D., y C. Reeve (1986), *Science Speaks to Power. The Role of Experts in Policy Making*, Londres.

Dagnino, V. (1933), Tecnocrazia, Turín.

Dahl, R. (1985), *Controlling Nuclear Weapons. Democracy versus Guardianship*, Syracuse-Nueva York (tr. it.: *Democrazia o tecnocrazia?, Il controllo delle armi nucleari*, Bolonia 1987).

Duverger, M. (1972), *Janus. Les deux faces de l'Occident*, París (tr. it.: *Giano: le due facce dell'Occidente*, Milán, 1973).

Ellul, J. (1954), *La Technique ou l'enjeu du siècle*, París.

——— (1977), *L'illusion politique. Essai*, París.

Finzi, C. (1977), *Il potere tecnocratico*, Roma.

Fisichella, D. (1995), *Il potere nella società industriale. Saint-Simon e Comte*, Roma-Bari.

——— (1997), *Tecnocrazia, in L'altro potere. Tecnocrazia e gruppi di pressione*, Roma-Bari.

Foucault, M. (1988), *Technologies of the Self*, Amherst (tr. it.: "La tecnologia politica degli individui", en *Tecnologie del sé*, Turín, 1992).

Freyer, H. (1955), *Theorie des gegenwärtigen Zeitalters*, Stuttgart.

——— (1987), *Herrschaft, Planung und Technik. Aufsätze zur politischen Soziologie*, Weinheim.

Galbraith, J. K. (1967), *The New Industrial State*, Boston (tr. it.: *Il nuovo stato industriale*, Turín, 1968).

Gallino, L. (1978), *Tecnici e tecnocrazia*, en *id.*, *Dizionario di sociologia*, pp. 716-722.

Gras, A. (1993), *Grandeur et dépendance*, París (tr. it.: *Nella rete tecnologica. La società dei macrosistemi*, Turín, 1977).

Gurvitch, G. (1949) (al cuidado de), *Industrialisation et technocratie*, París.

Habermas, J. (1969), *Technik und Wissenschaft als 'Ideologie'*. Francfort del Meno.

Koch, C., y D. Senghaas (1970), *Texte zur Technokratiediskussion*, Francfort del Meno.

Kreibich, Rolf (1986), *Die Wissenschaftsgesellschaft. Von Galilei zu High-Tech-Revolution*, Francfort del Meno.

Latouche, S. (1995), *La Megamachine. Raison techno-scientifique, raison économique et le mythe du progrès. Essais à la memoire de Jacques Ellul*, París.

Lenk, H. (1973) (al cuidado de), *Technokratie als Ideologie. Sozialphilosophische Beiträge zu einem politischen Dilemma*, Stuttgart.

Lieberman, J. (1970), *The tyranny of experts: how professionals are closing the open society*, Nueva York.

Lindblom, C. (1977), *Politics and markets. The world's political-economic systems*, Nueva York (tr. it.: *Politica e mercato. I sistemi politico-economici mondiali*, Milán, 1979).

Losano, M. (1991), *Saggio sui fondamenti tecnologici della democrazia*, Ivrea.

Maier, H., K. Ritter y U. Matz (1971), *Politik und Wissenschaft*, Munich.

Mannheim, K. (1940), *Mensch und Gesellschaft im Zeitalter des Umbaus*, Leyden (tr. it.: *L'uomo e la società in un'età di ricostruzione*, Milán, 1959).

Meynaud, J. (1964), *La Technocratie. Mythe ou réalité?*, París (tr. it.: *La tecnocrazia. Mito o realità*, Bari, 1966).

Panebianco, A. (1989), *Le scienze sociali e i limiti dell'illuminismo applicato*, en id. (al cuidado de), *L'análisi della politica. Tradizioni di ricerca, modelli, teorie*, Bolonia.

Portinaro, P. P. (1995), *Aristocrazie artificiali. Governo dei custodi, elitismo, tecnocrazia*, "Filosofia politica", IX, pp. 389-406.

Rodota', S. (1997), *Tecnopolitica. La democrazia e le nuove tecnologie della comunicazione*, Roma-Bari.

Salsano, A. (1987), *Ingegneri e politici. Dalla razionalizzazione alla "rivoluzione manageriale"*, Turín.

Sartori, G. (1997), *Homo videns. Televisione e post-pensiero*, Roma-Bari.

Schelsky, H. (1965), *Der Mensch in der wissenschaftlichen Zivilisation*, en id., *Auf der Suche nach der Wirklichkeit*, Düsseldorf.

Stehr, N. (1994), *Arbeit, Eigentum und Wissen. Zur Theorie von Wissensgesellschaften*, Francfort del Meno.

Teusch, U. (1993), *Freiheit und Sachzwang. Untersuchungen zum Verhältnis von Technik, Gesellschaft und Politik*, Baden-Baden.

Tugwell, R. G. (1933), *The industrial discipline and the governmental arts*, Nueva York.

Veblen, T. (1921), *The Engineers and the Price System*, Nueva York (tr. it.: *Gli ingegneri e il sistema dei prezzi*, en id., *Opere*, Turín, 1969).

Wilensky, H. (1971), *Organizational Intelligence*, Nueva York.

Willke, H. (1997), *Supervision des Staates*, Francfort del Meno.

Winner, L. (1977), *Autonomous technology. Technics-out-of-Control as a Theme in Political Thought*, Cambridge.

TECNOPOLÍTICA

Noemí Luján

Definición

El término *tecnopolítica* se refiere al creciente proceso de articulación de la tecnología con los procesos políticos. La combinación de *tecnología* y *política*, más allá de la licencia en el lenguaje, alude a un conjunto de fenómenos relativamente recientes de transformación de la esfera de las relaciones políticas a partir de la presencia de la tecnología.

Historia, teoría y crítica

La "tecnologización" como tendencia de las sociedades modernas

El encuentro entre tecnología y política es resultado del avance en el patrón de civilización que ha caracterizado a la modernidad, en particular del avance de los procesos de racionalización de las diversas esferas de la vida social.

La ciencia y la tecnología son reencarnaciones del mito prometeico dentro del pensamiento ilustrado del siglo XVIII, considerado como uno de los momentos de fundación de la modernidad. Para Jürgen Habermas (1988: 273),

> El proyecto de la modernidad, formulado en el siglo XVIII por los filósofos de la Ilustración, consiste en desarrollar las ciencias objetivadoras [...] y, al mismo tiempo, en liberar de sus formas esotéricas las potencialidades cognoscitivas que así manifiestan y aprovecharlas para la praxis, esto es, para una configuración vital de relaciones vitales.

Con el concepto ilustrado de razón, que resulta de la secularización y el consiguiente abandono de lo sagrado como fuente de explicación del mundo, sólo es posible acceder a la verdad a partir del conocimiento de los hechos observables y de la formulación de teorías que logren desentrañar las legalidades presentes en la realidad. Hay en los pensadores ilustrados del siglo XVIII, también conocido como el Siglo de las Luces, una gran confianza y un optimismo desbordante en la fuerza liberadora de la razón.

Razón, conocimiento, ciencia y tecnología son pilares fundamentales sobre los que se ha construido la civilización que conocemos. La ciencia y la tecnología son al mismo tiempo un indicador de la extensión de la razón e instrumento de los procesos de racionalización[1] en los diversos ámbitos de la sociedad.

La producción industrial constituyó una esfera privilegiada para la aplicación de los resultados de los avances científicos y tecnológicos. De hecho, la historia de la tecnología es en buena medida la de sus aplicaciones en la producción. La sustitución del taller artesanal por la gran industria a partir de la denominada Revolución industrial inglesa, que implicó profundos cambios económicos y sociales, tuvo un importante componente tecnológico. La máquina de vapor y el telar mecánico son los artefactos más representativos de esta transformación. La llamada Segunda Revolución industrial representa otro salto en la organización de la producción, caracterizado por la automatización. Los artefactos representativos de esta transformación son el robot y la computadora.

Si en el siglo XVIII el campo privilegiado de aplicación tecnológica fue la economía, en la actualidad la tecnología es un componente fundamental de la comunicación, la administración pública, la educación y la vida cotidiana. Prueba de ello son la explosión de la industria de la computación y la diversificación de sus programas.

Si bien es cierto que la impronta tecnológica es un factor fundamental para comprender los procesos de modernización económica o industrialización, dicha influencia no es la única determinante ni se encuentra aislada de las profundas transformaciones que se generaron en otros campos como el arte o la política. El potencial económico de la industria moderna hubiera sido imposible sin los adelantos en la ciencia y la tecnología, y éstos a su vez no se hubieran desarrollado sin una liberación de las conciencias ni un orden político que garantizara y promoviera las libertades.

En consecuencia, la ciencia, la tecnología y la política moderna forman parte de un patrón común de civilización, y comparten un conjunto de parámetros definidos en el marco del concepto de racionalidad. Nociones como la calculabilidad son comunes tanto a la física y las matemáticas como a la economía y la política.

Si la modernidad se define por el grado de racionalización alcanzado, y la tecnología y la política moderna son dos aristas de un mismo complejo de civilización, el encuentro entre tecnología y política no es un resultado fortuito, sino la expresión de tendencias convergentes de los procesos de modernización.

Dimensiones de la presencia tecnológica

La presencia avasalladora de la tecnología en las sociedades modernas ha transformado radicalmente el funcionamiento de los procesos productivos, la organización del trabajo, la estructura profesional y de empleo; el funcionamiento interno del gobierno y las instituciones políticas, las relaciones entre gobernantes y gobernados, los procesos electorales y los márgenes entre lo público y lo privado; los procesos de comunicación, las costumbres familiares, el consumo, el lenguaje y la vida cotidiana; la fisonomía y las dimensiones de las ciudades, los sistemas de transporte y la movilidad de la población; la guerra, la violencia y la modificación del medio ambiente, etc. Su capacidad de expansión la ha convertido en una dimensión constitutiva de lo social.

Diversos autores han intentado conceptuar la dimen-

---

[1] Habermas define la racionalización como el crecimiento de las áreas sujetas al criterio de la decisión racional. *Cf.* Thomas, "Reflexiones sobre la racionalización en la teoría de la acción comunicativa", 1988: 277-304.

sión tecnológica en la sociedad. Por ejemplo, el término "tecnoestructura", empleado por Galbraith (1984: 123-139), hace referencia a las nuevas condiciones de organización de las grandes empresas y de la sociedad ante la difusión y aplicación creciente de la tecnología. Otros términos, como sociedad tecnotrónica (Brzezinski, 1973) o sociedad posindustrial (Bell, 1973), coinciden en el reconocimiento de la importancia de la dimensión tecnológica de lo social.

En el campo de los procesos políticos y administrativos, el término *tecnocracia* ha tenido un papel importante en el análisis de la relevancia del conocimiento y de sus poseedores en la organización del Estado. La superposición terminológica entre burocracia y conocimientos técnicos es un indicador de la creciente especialización de la administración del Estado. La aceptación general del término tecnocracia, más allá de las diferencias en su contenido, podría considerarse como un factor que puede cuestionar la pertinencia del término tecnopolítica. Efectivamente, se trata de términos que comparten una problemática general común, a saber: la importancia de la dimensión técnica en la política. Sin embargo, en favor de la necesidad de contar con un término nuevo es importante señalar que la presencia de la tecnología en la política ha trascendido el campo de la administración pública y de la burocracia, y se ha posicionado como una dimensión relevante de otro tipo de procesos políticos.

Campos de incorporación de la tecnología en la política

Las aplicaciones tecnológicas en la política ofrecen un amplio inventario de campos, entre los que podemos mencionar:

a) Administración pública. El aumento en la complejidad del gobierno de las sociedades modernas se ha traducido en una demanda de creciente especialización de los responsables de la administración pública. El tomar decisiones en asuntos como política económica, planeación urbana, combate a la pobreza, protección del medio ambiente, etc., se ha convertido cada vez más en asunto de especialistas. La especialización que han adquirido el diseño y aplicación de las políticas y, en general, el funcionamiento del aparato burocrático del Estado es uno de los problemas fundamentales que enfrentan las democracias modernas (Bobbio, 1971) en la medida que limitan las posibilidades de participación y deliberación ciudadana en cuestiones de interés común. Éste es el campo de observación propio de la tecnocracia.

b) Procesos electorales. El ámbito electoral de las modernas sociedades de masas ha sido un terreno particularmente propicio para la incorporación de tecnología, pues la realización de comicios demanda el despliegue de enormes recursos humanos y financieros.

Podemos identificar dos grandes líneas de incorporación tecnológica en el amplio campo de los procesos electorales: en primer lugar, la que se refiere a los procesos de comunicación política relacionados con cuestiones de mercadotecnia, manejo de imagen, estrategias de campaña, utilización de encuestas y sondeos de opinión; en segundo lugar, la que se refiere a la utilización de recursos tecnológicos para el procesamiento oportuno y transparente de los votos. Dentro del segundo campo podemos identificar los sistemas de registro de ciudadanos, emisión del sufragio y su cómputo y publicación de resultados, en donde los sistemas informáticos se han constituido en un recurso fundamental.

c) Comunicación política. La importancia que han adquirido los medios electrónicos en la comunicación ha trastocado profundamente los procesos de transmisión y socialización de la información política y, por ende, la constitución de las identidades políticas. La influencia de la cultura de la imagen y el alcance de los medios electrónicos, en particular la televisión, están generando cambios de gran trascendencia en la percepción y el contenido de la acción política (Valencia, 1997: 85-101).

Mención especial merece el efecto de internet y la ampliación de posibilidades y espacios para la comunicación política. La expansión de una red de computadoras ha diversificado radicalmente las fuentes de acceso a la información y despertado el debate político sobre las posibilidades de avanzar en mecanismos propios de la democracia directa a través de medios electrónicos (Magleby, 1993). Los procesos de globalización por vía de la tecnología aplicada a la comunicación están transformando las estructuras, las fuentes y las fronteras de la actividad política.

Modelos de articulación

A pesar de las diversas conceptuaciones sobre ambos términos, es posible reconocer la tecnología y la política como dos campos con lógicas y exigencias de validez distintas y relativamente autónomas. Resulta un tanto paradójico que tratándose de buscar la definición del campo propio de la tecnopolítica se plantee la necesidad de su separación y delimitación. Sin embargo, el reconocimiento de las diferencias en los dos componentes de nuestra definición es un recurso analítico necesario para entender su articulación. Por lo tanto, consideramos que el encuentro entre tecnología y política no es un proceso de acoplamiento entre elementos que comparten lógicas y criterios de validez interna semejantes, sino una articulación conflictiva entre dos lógicas que encuentra puntos de equilibrio y soluciones diversas.

Algunos autores han analizado los conflictos en la articulación tecnología-política y los tipos de relación que se establecen. Tom Burns (1988: 69) y Reinhard Veberhorst sostienen que las tensiones en la articulación entre la ciencia y la tecnología, por un lado, y la política, por el otro, se resuelven por medio de metarreglas a partir de las cuales se definen la jerarquía y el tipo de relación entre ambas. Dichas reglas intentan resolver las contradicciones en un plano externo al de la relación de articulación.

La distinción propuesta por Jürgen Habermas (1971) de los modos de articulación entre ciencia-tecnología y política permite desarrollar una tipología de las metarreglas y de las resultantes del encuentro entre estas dos lógicas. Habermas propone tres modos o modelos de vinculación, a saber: el modo decisionista, en donde la ciencia está subordinada a la política; el modo tecnocrático, que se caracteriza por una dominación de la ciencia y la tecnología sobre la política, y el modo pragmático, que supone una integración sin subordinación entre los valores públicos y el conocimiento científico a través del diálogo y la argumentación.

En el primer modo de articulación, el decisionista, la política tiene un nivel de intervención que rebasa el plano de la política científica, esto es, de la incidencia de la política en la selección y orientación del desarrollo de la ciencia y la tecnología, y tiende a invadir el desarrollo autónomo y utilizar el prestigio de la ciencia y la tecnología como recurso de legitimación. El modo decisionista está asociado al uso político de la ciencia y la tecnología en un nivel que corrompe la estructura interna de ambas al subordinarlas directamente a las necesidades políticas. Un ejemplo de este modo de articulación fue la apropiación de ciertos avances tecnológicos por el régimen del Tercer Reich.[2]

El modo tecnocrático de articulación de la ciencia y la tecnología con la política supone la primacía de la lógica de las primeras sobre la segunda. Se trata de un intento de superación de la conflictividad de la política por la vía de la autoridad de la ciencia y la técnica. Si bien es cierto que el capital legitimador es un recurso que ha sido recuperado desde las diversas formas de articulación con la política, el modo tecnocrático se basa precisamente en este capital al convertir la ideología cientificista en la base de los razonamientos para la deliberación y la toma de decisiones políticas.

El modo pragmático propuesto por Habermas es un intento de superar los problemas de los modelos decisionista y tecnocrático. Su propuesta no implica la eliminación del conflicto, sino su procesamiento a partir de una relación no subordinada entre estas esferas.

¿Instrumento, mediación o elemento constitutivo?

La omnipresencia de la tecnología en las sociedades modernas es un hecho ampliamente reconocido. Sin embargo, la trascendencia de su influencia sobre la política y lo político no ha sido analizada con la profundidad de las transformaciones a que ha dado lugar. Si la política ha sufrido cambios radicales por la presencia de la tecnología, ¿qué pasa con las nociones sobre las que se ha desarrollado la teoría política moderna? La ausencia de análisis de los efectos de la tecnología en la política está estrechamente vinculada con la pertinencia del término tecnopolítica. A este respecto, más que una definición concluyente cabría hablar de un campo temático que, en buena medida, está aún por delimitarse.

¿Hasta dónde ha calado la influencia de la tecnología en la política? ¿Cuál ha sido su efecto en el contenido de las relaciones entre los actores y en el perfil de las instituciones políticas? ¿Es la tecnología un instrumento de la política o ésta se ha convertido en un espacio de realización de la lógica de la tecnología? ¿Mantienen los políticos el control del Estado, o la administración de los asuntos públicos se ha convertido en un asunto de especialistas? Éstas son algunas de las preguntas que están en el centro del debate.

Una de las cuestiones centrales para dilucidar la validez de *tecnopolítica* como un concepto nuevo es su capacidad para referirse a una parte de la realidad que no es abarcada por *tecnología* y *política* considerados en forma separada. La hipótesis que fundamenta la utilización de este término es que los efectos de la articulación entre tecnología y política han transformado sustancialmente los contenidos de las relaciones políticas. El grado en que se ha visto afectada la tecnología por la política es una cuestión que se vincula directamente con un intenso debate en torno a la orientación del desarrollo tecnológico y las posibilidades de los distintos actores sociales para influir en dicha orientación.

El papel de la ciencia y la tecnología en la sociedad ha sido objeto de una larga disputa, que se inició en la lucha entre las ideas ilustradas y la respuesta romántica. La figura del dios Jano, con sus dos caras opuestas, es más que una metáfora. A pesar del reconocimiento de matices y posturas intermedias, las visiones en torno a la ciencia y la tecnología presentan un rostro bifronte en el que se pueden apreciar tanto la faz de la liberación como la de la esclavitud y la enajenación. En la primera se subraya su capacidad para enfrentar y superar las enfermedades y los males del mundo; en la segunda se nos aparece, como en el relato del doctor Frankenstein, un monstruo que se separa de su creador y amenaza con destruirlo. Ambos diagnósticos encuentran apoyo en manifestaciones históricas igualmente contrastantes de la ciencia y la tecnología que reflejan, quizá como ningún otro aspecto, las paradojas, los logros y las miserias de la modernidad.

Las visiones sobre la tecnología también han estado marcadas por la cuestión del control sobre la orientación y los efectos del desarrollo de ésta. Los diagnósticos negativos coinciden en señalar los efectos perniciosos que el desarrollo de la tecnología tiene sobre lo humano.[3] Sostienen que la lógica de la tecnología subordina a la de lo social, lo que genera una suerte de subversión del artefacto sobre su creador. La idea de que el hombre se enajena de la máquina y se convierte en su esclavo está detrás de la mayoría de las visiones negativas y apocalípticas sobre la tecnología. Desde esta perspectiva crítica, la apología de la tecnología y la promoción de su aplicación son expresión de dicha subordinación. Existen además otros autores que sostienen un relativismo tecnológico en el cual la tecnología aparece como un instrumento cuyos efectos están determinados no por el destino, sino por su utilización histórica y contingente.[4] Desde esta óptica, la tecnología es una herramienta neutral cuyos contenido y efectos dependen de las decisiones de los actores.

El debate en torno al papel de la tecnología surge en los orígenes de la era moderna y continúa abierto. El análisis del grado en que ha influido en la sociedad y las implicaciones de su incorporación, yuxtaposición o articulación ofrece un vasto panorama que, en el caso de la política, en buena medida está aún por explorarse.

---

[2] Sobre este fenómeno se recomienda la consulta del amplio y documentado estudio de Jeffrey Herf, *El modernismo reaccionario*, de 1990.

[3] Para los románticos serían la Tierra, la patria, las particularidades; para los autores de la Escuela de Francfort sería el proyecto de la modernidad; para Habermas serían el mundo de vida y la racionalidad sustantiva; para Ortega y Gasset, las facultades imaginativas del ser humano.

[4] Dentro de esta corriente ubicamos la sociología histórica de Jeffrey Herf (1990).

La tecnología como recurso político

Sea por su naturaleza instrumental, por la complejidad creciente de los procesos o por la expansión de las tecnologías aplicadas, la tecnología se ha convertido en un valioso recurso político. En ello han influido las posibilidades que brindan diversos desarrollos y conocimientos tecnológicos para aumentar la eficiencia y hacer posible un conjunto de tareas en las democracias modernas. Pensemos simplemente en la demanda de recursos para la realización de elecciones en las que participan millones de ciudadanos, en la complejidad que ha adquirido el diseño de políticas económicas o en aquella alcanzada por el manejo de la imagen pública de candidatos y gobernantes. La política actual requiere de sistemas de información y comunicación modernos que resultan impensables sin los adelantos de las tecnologías aplicadas.

Pero el papel de la tecnología no se ha restringido a ser facilitadora de procesos complejos de manera oportuna y eficiente; también ha constituido un importante capital político y legitimador.

> Valores como neutralidad científica, conocimiento objetivo de la realidad, rigurosidad, eficacia, seriedad, verdad comprobada, legitiman la verdad-bondad de los *media* (que) eliminan de la mente cualquier sospecha de error, mentira o manipulación. [...] La verdad-bondad-belleza de la técnica estaría cerca de aquellos caracteres platónicos —belleza, medida, verdad— que se relacionaban con el placer y el entendimiento y por los cuales cualquier hombre estaría en condiciones de decidir y declarar su parentesco con el bien supremo [Martínez, 1991: 144-145].

El papel simbólico de la tecnología como recurso legitimador de procesos y decisiones políticos ha sido tan importante como su fuerza de transformación material. Si bien es cierto que la dimensión material de la tecnología no puede ser separada de su dimensión simbólica, en los procesos históricos concretos de su incorporación se ha subrayado alguna de ellas. Así, en los casos en que la tecnología es utilizada como herramienta de racionalización de los procesos, en que se busca mayor rapidez y eficiencia, se puede hablar de una primacía de la dimensión material. En cambio, cuando la tecnología se emplea como argumento de autoridad o se usa su prestigio para crear confianza en instituciones, procesos o decisiones políticos, estamos ante una primacía del plano simbólico.

En cualquier caso, la incorporación de tecnología transforma radicalmente el tipo de acceso a la información y control de los procesos en los que interviene, y desencadena una apropiación asimétrica de los diversos participantes. Los agentes y actores que cuentan con conocimientos y habilidades tecnológicos tienen ventajas muy importantes, en los procesos de tecnologización, en relación con los actores que carecen de dicha *expertisse*. Así, un proceso de modernización tecnológica trae consigo una redefinición de las relaciones de poder entre los actores a partir de las diferencias en el conocimiento y la capacidad de control de los procesos tecnológicos. Por tal razón, los procesos de incorporación de tecnología traen consigo frecuentemente una disputa en torno al conocimiento y control de las innovaciones.

Líneas de investigación y debate contemporáneo

El encuentro entre tecnología y política ha cobrado importancia creciente. Su efecto sobre la estructura y la naturaleza de las relaciones políticas ofrece un campo abierto para el análisis histórico de la incorporación y para la reflexión sobre un conjunto de cuestiones planteadas desde la perspectiva filosófica.

Los procesos de incorporación de tecnología en la política que se están verificando en la actualidad ofrecen un amplio panorama para el análisis de experiencias concretas y una valiosa oportunidad para contrastar un conjunto de reflexiones e hipótesis que habían sido abordadas en un plano filosófico. Muchas de las imágenes utópicas y futuristas de un mundo tecnologizado son hoy realidad. El análisis de sus efectos no es un ejercicio de futurología, sino una demanda actual.

Tecnologización de la política y democratización. El caso de México

El crecimiento de la incorporación de tecnología como recurso racionalizador y legitimador de procesos políticos es una tendencia mundial. Así lo muestra el dinamismo de la modernización de las instituciones políticas en muchos países.

La demanda de tecnologías aplicadas a procesos políticos muy diversos ha contribuido en forma importante al surgimiento y desarrollo de empresas y ramas industriales para atender cuestiones como los registros ciudadanos y sistemas de identificación; encuestas y estudios de opinión; programas para la organización de la administración pública, y manejo de imagen o *marketing* político.

Los procesos de modernización en el sistema electoral mexicano ofrecen un ejemplo ilustrativo de la importancia de la tecnología como recurso político para la creación de reglas e instituciones eficientes y confiables.

La transición política en México ha traído consigo un conjunto de transformaciones en la estructura de las instituciones, así como en la relación entre los actores y en las percepciones y valores que orientan sus estrategias. Las elecciones presidenciales de 1988 marcaron un punto de inflexión en la historia política del país y abrieron paso a un complejo proceso de reforma política.

Lo que las elecciones de 1988 pusieron en cuestionamiento fue la capacidad de lo electoral para dirimir los conflictos políticos. El carácter autoritario del sistema político mexicano se tradujo en una falta de autonomía, así fuese relativa, del sistema electoral respecto al conjunto del sistema político. Tradicionalmente, las elecciones mexicanas no eran procedimientos para la selección de la élite política, sino confirmaciones rituales de decisiones previamente tomadas. Antes de 1988, en las elecciones mexicanas se había jugado, más que la elección de un candidato, la ratificación —aunque fuese pasiva y un tanto forzada— del sistema en su conjunto. Es por ello que las elecciones en México desempeñaron un papel muy distinto del que marca la teoría sobre la democracia y de lo que se vive en los sistemas reconocidamente democráticos. Esta funcionalidad de lo electoral, aunada a la disminución de otras fuentes de legitimidad, hizo particularmente explosivo el proceso electoral de 1988. En esta coyuntura se manifestó, además de un rechazo ciudadano al sistema, una exigencia para que las elecciones desempeñaran un papel que no habían cumplido hasta el momento.

En 1988 se articuló un déficit estructural de confianza con una crisis de legitimidad. En consecuencia, la falta de credibilidad y confianza en los procesos electorales, que había sido una constante histórica en México, se transformó en un problema político relevante ante el agotamiento de las fuentes tradicionales de legitimidad del sistema político mexicano y el surgimiento de la democracia como fuente alternativa de legitimidad. Estas circunstancias explican no sólo la importancia que cobró la creación de reglas y procedimientos electorales confiables, sino las grandes dificultades a que se enfrentaría ese proceso. No se trataba de recuperar algo perdido, como se observa claramente en las transiciones en las que se restaura una democracia suspendida. Lo que se planteaba en la transición mexicana era la necesidad de establecer, por primera vez en la historia, reglas y procedimientos claros y equitativos que permitieran dar transparencia y credibilidad a los resultados electorales.

La centralidad de las elecciones en la transición política mexicana se refleja claramente en las sucesivas reformas a las leyes electorales, en los conflictos comiciales posteriores a 1988, en la atención que las diversas fuerzas políticas le han otorgado y en la gran cantidad de recursos destinados a la reforma de las instituciones electorales. Un aspecto todavía poco estudiado de las transformaciones político-electorales registradas en los últimos diez años es la creciente incorporación de tecnología. Señalaremos algunos aspectos donde dicha incorporación se ha manifestado con mayor intensidad.

a) Registro electoral. El padrón electoral, uno de los aspectos más cuestionados en las elecciones de 1988, fue objeto de una profunda transformación en que la tecnología desempeñó un papel central.

En menos de cuatro años, el padrón electoral dejó de ser un listado de ciudadanos para convertirse en un complejo sistema de bases de datos, imágenes e información geográfica digitalizada que fue posible armar gracias a la incorporación de los recursos tecnológicos. En la actualidad, el padrón electoral mexicano es una de las bases de datos más grandes del mundo y proporciona el sistema de identificación más completo y actualizado del país.

En su creación intervinieron decisivamente los avances de la tecnología informática, las estrategias de comunicación y los conocimientos de planeación y logística. La incorporación de procesos y avances tecnológicos en este aspecto de la organización electoral ha convertido al registro electoral en un complejo sistema tecnológico (Luján, 1997).

b) Encuestas. La democratización de los procesos electorales, que se manifiesta, entre otras cosas, en el incremento de la competencia política y en la incertidumbre sobre los resultados, se ha traducido en la necesidad de contar con indicadores de la evolución de las preferencias electorales. Así, las encuestas y los sondeos de opinión se han venido imponiendo rápidamente como fuentes importantes de información y como criterios para la orientación de las campañas políticas.

La actitud de partidos políticos y ciudadanos hacia las encuestas electorales ha cambiado rápidamente. De ser concebidas como instrumentos de manipulación y coacción o como indicadores de las aspiraciones electorales del grupo gobernante, se han transformado en un indicador fundamental para analizar el comportamiento de las tendencias del voto. Durante la campaña de 1997 se aplicaron varias encuestas cada semana por diversas instituciones y empresas, de tal suerte que se convirtieron en una fuente fundamental de información.

c) Conteo rápido y resultados preliminares. Otro aspecto que ha cobrado importancia ante el aumento de la competencia electoral es la necesidad de tener información veraz y oportuna de los resultados electorales. A diferencia de lo que sucedía en el pasado, en cada vez mayor número de comicios el resultado no se conoce de antemano, por lo que la información de resultados se ha convertido en una demanda de la prensa, los partidos políticos y los ciudadanos. El Instituto Federal Electoral ha desarrollado un programa de resultados electorales preliminares con una infraestructura informática y un sistema de transmisión de la información de cobertura nacional, que en las últimas elecciones federales de 1997 se realizó también a través de la internet.

La aplicación de las *exit poll*, o encuestas de salida, ha sido utilizada en las elecciones de 1994 y 1997 como una forma de obtener información sobre las tendencias de la votación antes de la publicación de los resultados definitivos.

d) Comunicación política y mercadotecnia electoral. Los medios masivos de información ocupan hoy el centro de las estrategias de comunicación de los diversos actores políticos. La radio y la televisión han reducido la importancia relativa del mitin, el volante y el cartel desplazándolos a un lugar secundario. Buena parte de la imagen pública del gobierno, los partidos políticos y los candidatos se crea, se destruye o reconstruye con eventos y mensajes en estos medios. El aumento de la competencia política se ha traducido en un acceso gradual de los partidos políticos a los medios. Los debates televisados, el seguimiento de la cobertura de las campañas de los diferentes candidatos y el aumento de los recursos a los partidos políticos son factores que han influido en una diversificación de los mensajes políticos.

El traslado de la competencia política al terreno de los medios masivos ha demandado un aumento de la profesionalización de los mensajes y del manejo de imagen. La mercadotecnia se ha convertido en un artículo de primera necesidad para el gobierno y los partidos políticos. De hecho, estamos frente a una transformación que va de la comunicación política basada en el monopolio del poder, a la conformación de una suerte de "mercado" político competitivo.

Las profundas transformaciones en el padrón electoral, la modernización de los sistemas de cómputo, la difusión de resultados preliminares y definitivos de las votaciones y la entronización de las encuestas y las técnicas de mercadotecnia en la arena político-electoral mexicana ponen de manifiesto la importancia que han adquirido los procesos de incorporación de tecnología en este campo. Dichas transformaciones, además, rebasan los marcos de la utilización de artefactos y procedimientos tecnológicos en la medida en que han modificado la estructura de relaciones entre los actores y, también, a los actores mismos.

El rumbo que ha tomado la "tecnologización" de diversos procesos políticos refleja la apropiación de la tecnología como recurso político para avanzar en el proceso de transición. No es casual que los desarrollos más significativos en los procesos de incorporación de tecnología se hayan dado precisamente en el campo electoral, que ha sido el centro de la transición política. Tampoco es casual que la tecnología se haya ofrecido como uno de los recursos para crear credibilidad y confianza en el sistema electoral mexicano.

Lo que se ha vivido en México en los últimos diez años es tan sólo un ejemplo de los procesos de articulación creciente entre tecnología y política. ¿Hasta dónde la incorporación de tecnología ha afectado la naturaleza de las relaciones políticas entre los actores? Ésta es una cuestión abierta para el análisis, del cual depende en buena medida la posibilidad de pensar hasta qué punto y en qué sentido la política ha adquirido una forma nueva, en donde la tecnología no es sólo un instrumento, sino un elemento constitutivo capaz de redefinir los parámetros de lo conocido y llevarnos hacia un campo indeterminado de transformaciones de los actores políticos y sus relaciones.

BIBLIOGRAFÍA

Agosta, Antonio, et al. (coords.) (1989), *Elezioni e automazione. Tutela della regolaritá del voto e prospettive di innovazione tecnologica*, Franco Angeli, Milán.

Becker, Ted (1993), "Teledemocracy: Gathering Momentum in State and Local Governance", *Spectrum*, primavera.

Bell, Daniel (s. f.), *El advenimiento de la sociedad post-industrial: un intento de prognosis social*, Alianza, Madrid.

Bobbio, Norberto (1971), *¿Qué socialismo? Discusión de una alternativa*, Plaza & Janés, Barcelona (Tribuna de Plaza y Janés, *Política*, 64).

Burns, Tom R., y Reinhard Ueberhorst (1988), *Creative Democracy. Systematic Conflict Resolution and Policymaking in a World of High Science and Technology*, Praeger Publishers, Nueva York.

Brzezinski, Abigniew (1973), *La era tecnotrónica*, Paidós, Buenos Aires.

Calderón, Enrique, y Daniel Cazés (1994), *Tecnología ciudadana para la democracia*, UNAM, México.

Courtney, John (s. f.), *Registering Voters: Comparative Perspectives*, Harvard University-Center of International Affairs, Boston.

Dirección Ejecutiva del Registro Federal de Electores (1995), *Carpeta Informativa*, 5 vols., Unidad de Estudios, Registro Federal de Electores, México.

Election Watch (1988), *Special Report on Computers and Elections*, Election Watch Report, Washington.

Elgin, Duane (1993), "Revitalizing Democracy Through Electronic Town Meetings", *Spectrum*, primavera.

Ezrahi, Yaron (1990), *The Descent of Icarus. Science and the Transformation of Contemporary Democracy*, Harvard University Press, Cambridge, Massachusetts.

Forejohn, John A., y James H. Kuklinski (eds.) (1990), *Information and Democratic Processes*, University of Illinois.

Fundación Arturo Rosenblueth (1994), *Democracia 94, Sistema de Información Geoestadística*, Fundación Arturo Rosenblueth, La Jornada Ediciones, México.

Galbraith, Kenneth J. (1984), *El nuevo estado industrial*, Sarpe, Madrid.

Germain, Gilbert (1993), *A Discourse on Disenchantment. Reflections on Politics and Technology*, State University of New York Press, Nueva York.

Guzmán, Franklin (1992), *Máquinas de votación. Elementos a considerar para decidir su incorporación al sistema electoral venezolano*, mimeo., Caracas.

Habermas, Jürgen (1971), *Knowledge and Human Interests*, Beacon, Boston.

―― (1981), "Ciencia y técnica como ideología", en *Revista A* (UAM-Azcapotzalco), núm. 3, col. II, mayo-agosto de 1981.

Habermas, Jürgen (1988), *Ensayos políticos*, Península, Barcelona (Historia, ciencia, sociedad, 207).

Herf, Jeffrey (1990), *El modernismo reaccionario*, FCE, México (Colección Popular, 455).

Horkheimer, Max, y Theodor W. Adorno (1987), *Dialéctica del iluminismo*, Sudamericana, Buenos Aires.

Instituto Federal Electoral (1993), *Memorias del proceso electoral federal de 1991*, IFE, México.

International Foundation for Election Systems (1994), *Electronic Registration and Voting System. Jamaica*, Technical Assessment, IFES, Washington, diciembre.

Ionescu, Ghita (1993), "The Impact of the Information Revolution on Parlamentary Sovereignities", *Government and Opposition*, v. 28, primavera.

Josephson, Paul R. (1996), *Totalitarian Science and Technology*, Humanities Press, Atlantic Highlands, Nueva Jersey.

Kalbhen, Uwe, et al. (1980), *Las repercusiones sociales de la tecnología informática*, Fundesco-Tecnos, Salamanca.

Kennedy, Ray, y Elisa Roller (1995), *Colombia 1994 Elections. Election Tecnology Assesment Report*, IFES, Washington, marzo.

Lander, Edgardo (1994), *La ciencia y la tecnología como asuntos políticos: límites de la democracia en la sociedad tecnológica*. Asociación de Profesores de la Universidad Central de Venezuela-FACES-Nueva Sociedad, Caracas.

Laver, Murray (1980), *Los ordenadores y el cambio social*, Fundesco-Tecnos (Colección Hermes), Madrid.

Lechner, Norbert (1984), *La conflictiva y nunca acabada construcción del orden deseado*, CLACSO, Santiago.

Lefevre, Henri (1980), *Hacia el cibernántropo. Una crítica de la tecnocracia*, Gedisa, Barcelona.

Luján Ponce, Noemí (1997), *Tecnología y procesos electorales en México (1988-1994). Entre la democracia y el control político*, tesis de doctorado, Facultad Latinoamericana de Ciencias Sociales, México.

McCarth, Thomas (1988), "Reflexiones sobre la racionalización en la teoría de la acción comunicativa", en Richard J. Bernstein (comp.), *Habermas y la modernidad*, Cátedra, Madrid (Colección Teorema).

Magleby, David B. (1993), *Legislación directa: grupos de presión y efectividad*, Limusa, México.

Marcuse, Herbert (1968), *El hombre unidimensional. Ensayo sobre la ideología de la sociedad industrial avanzada*, Joaquín Mortiz, México.

Martin, James (1985), *La sociedad telemática*, Paidós, Buenos Aires.

Martínez, Juan José (1991), *La fábula de la caverna. Platón y*

Nietszche, Península, Barcelona (Historia/Cultura/Sociedad, 226).

Medina, Manuel, y José Sanmartín (eds.) (1990), *Ciencia, tecnología y sociedad. Estudios interdisciplinares en la universidad, en la educación y en la gestión pública*, Anthropos-Leoia (Vizcaya)-Universidad del País Vasco, Barcelona.

Mitchman, Carl (1989), *¿Qué es la filosofía de la tecnología?*, Anthropos, Barcelona (Colección Nueva Ciencia, 2).

Naville, Pierre (1985), *¿Hacia el automatismo social? Problemas del trabajo y de la automación*, FCE, México (Colección Popular, 68).

Neufeld, Harry (1995), "Computerizing Electoral Administration", en *Elections Today*, News from de International Foundation for Election Systems, mayo, vol. 5, núm. 2.

Neumann, Peter G. (1988), "Risk in Computerized Elections", en *Special Publication*.

Roszak, Theodore (1990), *El culto a la información. El folklore de los ordenadores y el verdadero arte de pensar*, Grijalbo-Conaculta, México.

Sanmartín, José, *et al.* (eds.) (1992), *Estudios sobre sociedad y tecnología*, Anthropos, Barcelona.

Schumacher (1990), *Lo pequeño es hermoso*, Hermann Blume, Madrid (Colección Crítica/Alternativas).

Sclove, Richard (1995), *Democracy and Technology*, Guilford Press, Nueva York.

Sheinbaum, Gilbert H., Emmet Fremaux Jr. y Deborah A. Seiler (1995), *Technical Assessment of the Philippines Electoral System*, IFES, Washington, julio-agosto.

Snider, James (1994), "Democracy On-Line: Tomorrow's Electronic Electorade", *The Futurist*, 1994, 28, 5, septiembre-octubre.

Vagnoni, Filipo (s. f.), *Sistemas computarizados y los políticos*, mimeo., Caracas.

Valencia Sáiz, Ángel (1997), "Democracia, nuevas tecnologías y comunicación: nuevas respuestas y viejos problemas dentro de la teoría de la democracia", *Sistema. Revista de ciencias sociales*, núm. 136, enero, Madrid.

Varn, Richard J. (1993), "Electronic Democracy. Jeffersonian Boom ot Terallop", *Spectrum*, primavera.

"Annals of Democracy. Counting Votes" (1988), *The New Yorker Magazine*, noviembre.

"The Future of Democracy" (1995), *The Economist*, 23 de junio.

TEORÍA DE JUEGOS

J. Mario Herrera Ramos

Definición

La teoría de juegos tiene diferentes formas de definición, cada una de las cuales subraya uno o varios de sus elementos analíticos. Por ejemplo, Myerson la define como "[...] el estudio de modelos matemáticos de conflicto y cooperación entre decisores racionales inteligentes". En este caso se pone el acento en el hecho de que la teoría de juegos es una rama de las matemáticas aplicada al estudio de la interrelación entre agentes racionales. Aumann, sin negar el enfoque matemático, establece que la teoría de juegos analiza el comportamiento racional de personas con intereses diferentes. En esta definición, que para algunos podría ser un tanto cuanto distinta de la expresada por Myerson, se destaca implícitamente la posibilidad de negociar o alcanzar un acuerdo entre individuos racionales que en principio tienen intereses distintos. Binmore, por su parte, considera que la teoría de juegos, tal como hasta el momento se ha desarrollado, analiza fundamentalmente situaciones en las cuales los individuos interactúan en forma racional, tienen una interdependencia racional o de acuerdo con la lógica de interacción estratégica. Para John von Neumann y Oskar Morgenstern, la teoría de juegos tiene por objeto analizar el comportamiento racional, es decir, la base del comportamiento social, para lo cual se usa la teoría matemática de los juegos estratégicos. Conceptos similares presentan otros autores, cuyo interés analítico incluye otras ciencias sociales diferentes de la economía, disciplina que ha sido la más beneficiada por los avances de la teoría de juegos (Myerson, 1991; Aumann, 1989a; Binmore, 1992; Neumann y Morgenstern, 1944; Moulin, 1986; Ordeshook, 1986; Shubik, 1982).

Estas definiciones destacan como objeto de estudio a los individuos racionales que interactúan estratégicamente de tal manera que uno de estos individuos, al elegir o tomar decisiones, debe considerar a los otros individuos con los que se relaciona y los cuales también deciden en forma racional. En este sentido, la teoría considera que un individuo es racional, es decir, que tiene en cuenta las posibles consecuencias de cada una de las opciones de acción que se le presentan (Cudd, 1993: 101-133). En una forma más precisa, siguiendo a Rubinstein (1998), un individuo es racional en el sentido "clásico" cuando tiene que elegir una alternativa después de un proceso de deliberación en el que tiene que considerar qué es posible, qué es deseable y cuál es la mejor opción de acuerdo con la idea de deseabilidad dadas las restricciones posibles.

Todos los estudiosos de la teoría de juegos, cuando creen adecuado expresarlo, coinciden en destacar el hecho de que el nombre de esta disciplina no es el más apropiado, sobre todo si se considera la importancia del objeto de estudio. Sin embargo, el nombre precisamente intenta describir situaciones de interacción estratégica teniendo en cuenta su similitud con los juegos estratégicos. En este sentido, vale la pena destacar que la teoría de juegos —como una de las ramas de las matemáticas— tiene una de sus principales motivaciones en lo que podríamos convencionalmente llamar el "mundo real". Así lo establecen Von Neumann y Morgenstern en su obra magna sobre el tema, aunque no siempre esta relación sea de lo más feliz. En relación con este tema conviene considerar lo expresado por Robert Aumann, uno de los autores importantes de la teoría de juegos. Aumann dice que la teoría de juegos trata de comprender la conducta interactiva de lo que llama *Hommo rationalis*, una especie que actúa con propósitos y lógica, que tiene motivaciones y por tanto metas bien definidas, que calcula el resultado de sus acciones y trata de conseguir sus metas. Esta especie es un ideal pues su "primo", el *Hommo sapiens*, no cumple con esos requisitos ya que a veces sus decisiones son irracionales, también tiene instintos, su motivación no es constante y frecuentemente carece de ella, su habilidad para el cálculo es muy limitada, etc. La racionalidad es, pues, uno de tantos factores que afectan el comportamiento humano. A pesar de ello, nos dice Aumann, el efecto acumulativo del aprendizaje provoca que en general los individuos tiendan hacia la toma de decisiones racionales. El aprendizaje propio y heredado, individual y social, proporciona un marco donde el individuo tiene propensión a comportarse en forma racional. Aumann (1985: 36) proporciona una conclusión que también es una advertencia digna de considerar: "Si uno tiene cuidado de no esperar demasiado, entonces el *Hommo rationalis* puede servir como un modelo para ciertos aspectos del comportamiento del *Hommo sapiens*".

Muchas situaciones sociales pueden catalogarse como juegos estratégicos: las elecciones, la competencia por mercados, las negociaciones, las subastas, la fijación de precios, la participación, o falta de ella, en el financiamiento de un bien cuyo consumo es común, la presentación de argumentos jurídicos, lanzar o no un ataque nuclear, localizar un aeropuerto en un lugar o en otro, unirse o no a un sindicato, las relaciones dentro de y entre distintos órganos legislativos, etcétera.

Se mencionó al principio que la teoría de juegos es una rama de las matemáticas, y como tal, para considerar una situación como un juego estratégico es importante decidir qué características destacar y cuáles pasar por alto. El grado de detalle en la descripción de las características del juego depende del problema o, más generalmente, de la situación bajo análisis.

Para describir un juego necesitamos definir primero a los jugadores. El jugador es un individuo racional que ejerce su libertad de elegir y tomar decisiones. Para participar en el juego dispone de recursos, en sentido amplio; desde luego, cuenta con distintas posibilidades de acción y también tiene preferencias. Estas preferencias pueden representarse numéricamente mediante una función de utilidad, que es una forma de asignar un número a cada posible objeto de decisión, de suerte que aquello que más prefiera tenga números mayores; es, por tanto, una forma de ordenar esas preferencias. La utilidad es lo que podemos considerar que se arriesga en el juego, y por ello se supone que el individuo racional, el jugador, se comporta como un optimizador de utilidad. Una función de utilidad adecuada para referirse a situaciones de riesgo es la *fun-*

ción de utilidad esperada o de Von Neumann y Morgenstern. Esta función establece que la utilidad es la suma ponderada de alguna función del objeto de decisión (el consumo, por ejemplo) en distintos eventos aleatorios con sus respectivos resultados, y donde los ponderadores son las probabilidades de que ocurra cada evento.[1]

Básicamente existen tres formas diferentes de describir un juego: en forma extensiva, en forma estratégica (o normal) y en forma de coalición (o función característica). En el primer caso, como su nombre lo sugiere, se especifican detalladamente cada uno de los movimientos posibles (decisiones), así como la información disponible durante el transcurso del juego. En esta forma se describe quién y qué elige, las oportunidades disponibles ante cada alternativa de movimiento o acción, lo que cada jugador sabe sobre las elecciones anteriores de sus oponentes y sus probabilidades de que ocurran, así como las preferencias sobre cada resultado posible. La forma común de representarlos es mediante lo que se conoce como un "árbol de decisiones". El grado de detalle que puede requerir un juego en forma extendida aumenta con el número de alternativas ante las que se pueda elegir.

Una forma más simple de representar un juego es precisamente en términos de estrategias —de ahí su nombre de representación en forma estratégica—, en que éstas pueden ser manipuladas, su significado carece de importancia y no hay nodos de elección como en la forma extendida. En los juegos descritos en forma estratégica, todos los jugadores simultáneamente eligen una acción sin conocer cada cual la elección de los demás. Para describir un juego en forma estratégica es necesario definir para cada jugador un conjunto de estrategias, así como una función de pagos (la utilidad asociada con cada resultado) que depende de la elección respectiva. En el caso de la representación extensiva las acciones son secuenciales, mientras que en la forma estratégica se agregan y forman estrategias.

La descripción estratégica de un juego requiere que se defina el concepto de estrategia. Ésta es un plan completo (que incluye todas las contingencias) que considera cada uno de los movimientos que el jugador hará en cada uno de los posibles eventos o circunstancias —que se representan por la disponibilidad de información respectiva— en las que tenga que tomar una decisión. Las estrategias pueden ser puras, en cuyo caso el jugador toma una decisión y se mantiene en ella. Cuando al jugador se le permite asignar una probabilidad a cada alternativa de decisión, entonces se habla de estrategias mixtas.

Tanto la forma extensiva como la estratégica son útiles para representar juegos clasificados como "no cooperativos". Un juego no cooperativo es aquel donde ningún acuerdo es obligatorio, y los únicos acuerdos relevantes para el análisis son los que podemos calificar como "autorreforzados", es decir, que está en el interés de cada jugador mantener el acuerdo dado que los otros jugadores también tienen interés en cumplir.

Otra forma de distinguir los juegos no cooperativos es en relación con la unidad de análisis; en este caso es el individuo quien intenta obtener el máximo posible del juego y cumple con las reglas y las posibilidades. Las reglas se cumplen no porque exista una especie de autoridad que las haga cumplir, sino por el propio interés de los participantes; en estos casos no se excluye la posibilidad de que los individuos participen en lo que comúnmente se denomina cooperación, que se mantiene porque está en el interés de los individuos hacerlo y a veces porque su reputación está en entredicho.

Un juego es cooperativo cuando existe un acuerdo que tiene que ser cumplido y mecanismos para hacerlo cumplir. En este caso los jugadores pueden negociar antes del juego sobre las acciones en el mismo, se pueden comunicar las funciones de utilidad y éstas concluyen con su acuerdo obligatorio, que puede hacer cumplir alguna autoridad a la que estén sometidos los jugadores. En juegos cooperativos con acuerdos obligatorios se presenta el problema de la repartición justa o equitativa de lo que se obtuvo con la coalición.[2] El elemento importante que ayuda a distinguir estos juegos de los no cooperativos es la existencia de instituciones que aseguran el cumplimiento de las reglas; el rasgo que los distingue no es el comportamiento de los jugadores, que en ambas clases de juegos son "egoístas racionales", sino la existencia de acuerdos institucionales que obligan al cumplimiento de los acuerdos de cooperación. El objeto de estudio en los juegos cooperativos es el grupo o la coalición.

Para describir estos juegos se usa la denominada forma de coalición (o forma de función característica). Asociado con cada coalición se encuentra un conjunto de distintos pagos que les es posible obtener. Esta forma de descripción de un juego, de acuerdo con lo anterior, destaca las ganancias o pagos conjuntos posibles resultantes de la decisión de entrar en la coalición. En contraste con la forma estratégica se eliminan de la descripción los detalles de la estrategia. La función característica es el centro de la descripción de un juego cooperativo y equivale al valor potencial de la coalición. Cuando existen pagos colaterales (utilidad transferible) antes o después del juego, entonces se hablará de juegos cooperativos con pagos colaterales (o con utilidad transferible).

El número de jugadores es una variable importante para el análisis de los juegos. Por ejemplo, en el caso de un juego con dos jugadores no aparece la posibilidad de coalición, mientras que con tres o más jugadores sí se presenta. El punto de partida de la teoría de juegos es el caso de juegos con dos jugadores de suma cero. Los jugadores tienen preferencias totalmente opuestas respecto a un par de estrategias, y lo que un jugador gane el otro lo pierde; el famoso "dilema del prisionero" es un juego de este tipo. Estos juegos son, pues, estrictamente competitivos, y si bien son útiles para el análisis, pueden considerarse como casos especiales de juegos en los cuales lo que está en riesgo es algo más complicado que, por ejemplo, cantidades pequeñas de dinero. En muchas circunstancias los intereses de los jugadores no son totalmente opuestos, sino que existe la posibilidad de negociar y de cooperar (en

---

[1] Una presentación accesible para cualquier lector interesado se encuentra en Hal Varian (1994), Bosch, cap. 12. Para tratamientos más amplios se puede consultar Von Neumann y Morgenstern, 1994, parte 3, cap. 1; R. Duncan Luce y Howard Raiffa (1957), cap. 2, y Binmore, 1992, cap. 3.

[2] Un tratamiento muy interesante sobre este tema se encuentra en Moulin (1995).

el sentido expresado con anterioridad), y entonces se habla de juegos no cooperativos entre dos personas de suma general. Estas distinciones se mantienen para casos con *n* jugadores (tres o más jugadores).

Planteado el juego se presenta el problema de analizarlo, esto es, predecir lo que pasará; como dice Kreps, el concepto de "dominio" o estrategia dominante permite eliminar estrategias "perdedoras" en favor de estrategias "ganadoras"; es una respuesta a la pregunta ¿qué no pasará? (Kreps, 1990). Éste es el primer paso hacia la solución de un juego. Existe otro enfoque para encontrar la solución de un juego, no excluyente del anterior, basado en el concepto de equilibrio. Es posible encontrar distintos conceptos de solución, o resultados finales de un juego; unos con más éxito que otros considerando los criterios de evaluación analítica propuestos por Aumann (1985: 42-43): tanto el desempeño de sus aplicaciones como la calidad y cantidad de relaciones que de él se desprenden (algo así como "por sus frutos los conoceréis").

Entre los conceptos de solución destacan los siguientes: el "equilibrio de Nash", el "núcleo" y el "valor de Shapley". El primero es una solución para juegos no cooperativos, mientras que los otros dos se aplican a juegos cooperativos. El "equilibrio de Nash" surge cuando la elección de estrategia de cada jugador es la mejor respuesta ante la elección de estrategias, también óptimas, por parte de los otros jugadores. Esta solución implica que ningún jugador al modificar el conjunto de estrategias podrá obtener una mayor utilidad si los otros jugadores mantienen sus decisiones.

El "núcleo" es un concepto de solución que considera al individuo como el caso límite de una coalición, y por tanto cabe preguntar si existen resultados que sean racionales para cada coalición. Las coaliciones se consideran como jugadores y el "núcleo" es la solución a un juego cooperativo donde ninguna coalición tiene incentivos para retirarse de manera unilateral; los resultados en el "núcleo" implican que la coalición es estable. De acuerdo con Shubik, el "núcleo" es el conjunto de vectores de pagos factible, Pareto óptimo e individualmente racional (Von Neumann y Morgenstern denominan "imputación" al vector de pagos que cumple con estas propiedades) en que ninguna coalición está en posibilidad de mejorar los pagos para todos sus miembros. El resultado de un acuerdo se encuentra en el "núcleo" si no existe otro resultado que le presente competencia. En caso de que exista ese otro resultado y sea preferido al primero, entonces se dice que aquél domina a éste si hay una coalición que tenga capacidad y preferencia para elegir dicho resultado. El "núcleo" está definido por el conjunto de resultados que no están dominados, en el sentido anterior, por otro; es el conjunto de todos los resultados no dominados. Conviene notar que las propiedades del "núcleo" suponen que lo obtenido a resultas de la coalición se divide de tal manera que cada miembro recibe al menos lo que hubiera ganado sin entrar en la misma.

El "valor de Shapley" puede entenderse con mayor claridad como una respuesta a las preguntas ¿por qué unirse a una coalición?, ¿por qué admitir a algún individuo en una coalición? Es, pues, la formalización de la evaluación que un individuo y una coalición elaboran (en una escala ordinal de valor, una función de utilidad) con respecto a lo que esperan obtener al decidir la acción. Es una solución normativa de juegos cooperativos con pagos colaterales, y propone una forma de distribuir la diferencia entre lo que un individuo hubiera obtenido sin coalición y lo que recibe como resultado de la misma. Es una medida del valor medio marginal del juego para un jugador. Esta forma de distribuir los resultados del juego cumple con las siguientes condiciones:

a) A cada miembro de la coalición se le otorga tratamiento igual.

b) Si no agrega nada a la coalición, entonces no obtendrá nada.

c) La suma de los valores individuales es el valor máximo que en conjunto es posible obtener.

d) El valor de la suma de dos juegos es igual a la suma del valor de los juegos, es decir, dos coaliciones de jugadores sin miembros en común, si integran una coalición obtendrán al menos lo que hubieran ganado si no se hubieran unido. No hay restricciones a las coaliciones y es posible que se presente una "supercoalición".

Un caso especial del "valor de Shapley" es el "índice de poder", definido para individuos cuya participación o ausencia en una coalición determina que ésta sea ganadora o perdedora. Bajo estas condiciones, el "valor de Shapley" mide la probabilidad de que un jugador defina a una coalición como ganadora; es una respuesta a la pregunta ¿cuánto "poder" tiene un individuo?

Historia, teoría y crítica

Una de las áreas de análisis social de mayor expansión en el último cuarto de siglo es precisamente la teoría de juegos. Para algunos autores como Andrew Schotter —vinculado con Morgenstern, uno de los creadores de la teoría—, ésta puede considerarse como una de las pocas invenciones sociocientíficas originales del siglo XX (Schotter, 1992: 95-112). Estos dos hechos (la expansión y la originalidad) se encuentran quizá entre las principales características de la teoría de juegos y definen su desarrollo histórico. Su consolidación es el producto de la colaboración entre un genio de las matemáticas, John von Neumann (1903-1957), y Oskar Morgenstern (1902-1977), un economista visionario, insatisfecho con el análisis económico tradicional e interesado en los problemas que surgen de la interacción estratégica de los individuos y el desarrollo de métodos cuantitativos para formalizarla.[3]

Como establece Weintraub, en general la historia de la teoría de juegos pone el acento en su desarrollo dentro de la economía y suele suponer que a partir de la publicación del libro de Von Neumann y Morgenstern en 1944 (*Game Theory and Economic Behavior*) se generó un gran interés por esta área de estudio. Sin embargo, a fines de los años cincuenta ese interés disminuyó puesto que la teoría se concentró en problemas de juegos cooperativos de difícil solución debido a los problemas de información que presentaban, además de que se consideraban poco útiles para el tipo de problemas que interesaban a la economía. El descubrimiento del concepto de "núcleo" permitió una solución que además ayudó a unificar los desarrollos de la teoría del equilibrio

---

[3] *Ibid*. Este interés también se puede ver en Morgenstern (1978: 320-361), así como en el capítulo 1 de Von Neumann y Morgenstern (1944).

general con la teoría de juegos. A fines de los años sesenta el interés vuelve a surgir asociado con los problemas de información incompleta o información asimétrica propios de los juegos no cooperativos y el reconocimiento de que podían ser analizados mediante el concepto de solución de Nash (presentado en 1951-1952).

En esta parte surge una síntesis de los resultados más interesantes y relevantes para los propósitos de este trabajo, la investigación sobre la historia de la teoría de juegos presentada en el libro editado por Weintraub. Esta presentación permite subrayar tres puntos importantes para los lectores interesados en la aplicación de la teoría, especialmente en disciplinas distintas de la economía. El primero se relaciona con el hecho de que la teoría de juegos tiene una fuerte base matemática, tanto en su origen como en su desarrollo subsecuente. Segundo, aunque en su origen también se encuentran temas económicos y sus avances se han logrado en relación con esta disciplina, no fue en la economía donde la teoría de juegos recibió una buena acogida. Tercero, durante su desarrollo se ha extendido a otras áreas de estudio, al grado de que algunos autores importantes pueden afirmar que todas las ciencias sociales son subdisciplinas de la teoría de juegos (Binmore, 1991; Aumann, 1989b).

Quienquiera que consulte un libro introductorio de estadística podrá convencerse del interés de los especialistas en probabilidad por el análisis de los juegos de azar. Sin embargo, en este tipo de juegos falta un elemento importante: un adversario hábil, inteligente, cuya participación es determinante para el resultado final del juego. Ésta es precisamente la diferencia entre los juegos de azar y los juegos estratégicos que a partir de la publicación del libro de Von Neumann y Morgenstern recibieron mayor atención por parte de matemáticos, filósofos, economistas y politólogos. Como en todas las áreas del conocimiento, uno de los temas de análisis histórico suele ser el de establecer las aportaciones de los creadores y delimitar las influencias cuando éstas existen. En el caso de la teoría de juegos antes de 1944, Von Neumann tenía aportaciones que databan de 1928. En esta parte de la historia de la teoría de juegos la atención se concentra en el teorema del minimax de Von Neumann, el cual, de acuerdo con Binmore, es quizás el resultado más célebre de la teoría de juegos. Aumann, por su parte, establece que es un elemento central de donde derivan conceptos fundamentales como formas extensivas, estrategias puras y teoría de la utilidad. Más aún —y esto explica el "quizás" de Binmore—, el concepto de equilibrio estratégico de Nash —el otro concepto fundamental— es un resultado derivado del teorema del minimax. Finalmente, dice Aumann, este teorema ha tenido una gran influencia en otras disciplinas diferentes de la propia teoría de juegos (Binmore, 1991: 6-7). Este teorema establece que todo juego de suma cero entre dos jugadores con un número finito de estrategias puras para cada uno de ellos está determinado. Al admitir estrategias mixtas para los jugadores, el

> teorema minimax asegura que el jugador [...] siempre puede encontrar una estrategia mixta óptima correctamente computada para protegerse (minimizando el peor de los valores esperados que puede obtener) de igual modo que en los juegos estrictamente determinados pueden identificar, aun anunciar, su estrategia óptima pura [Morgenstern, 1978: 171].

El descubrimiento de este teorema y las influencias que haya tenido el descubridor son materia de análisis en los estudios de historia de la teoría de juegos. En 1713 James Waldegrave analizó un juego de cartas denominado "le Her", cuyo objetivo es obtener una carta mayor que el adversario. Los jugadores tienen posibilidad de intercambiar cartas, salvo cuando uno de ellos (quien reparte) tiene la carta más grande (rey). El problema es encontrar una estrategia ganadora que maximice la probabilidad de ganar sin importar la elección del rival. La solución de Waldegrave es una solución minimax que no fue generalizada, y por diversas razones fue hasta fines de la década de 1950 cuando se reconsideró su trabajo.

En los primeros años de la década de 1920 Émile Borel presentó diversos trabajos sobre juegos de dos personas basados en trabajos de Ernst Zermelo y Joseph Bertrand. El primero demostró que el ajedrez es un juego determinado, aunque se desconoce cuál es la estrategia óptima para el jugador. El trabajo de Zermelo es importante, entre otras cosas, porque varios desarrollos determinantes para la teoría de juegos derivan de él (Aumann, 1989b: 4-6).[4]

Bertrand, por su parte, analizó el juego de bacará, especialmente en relación con el problema de si el jugador debería sacar otra carta cuando tiene una carta de cincos. Tanto Zermelo como Bertrand sólo consideran estrategias puras. De acuerdo con Dimond y Dimond (1992: 15-25), Borel elaboró la primera formulación moderna de estrategias mixtas, además de haber encontrado la solución para juegos de azar y de habilidad entre dos personas con tres o cinco estrategias posibles,[5] aunque expresó dudas sobre la posibilidad de una solución minimax para juegos con más estrategias.

En su trabajo de 1928, Von Neumann probó que para este tipo de juegos siempre había una estrategia óptima, es decir, la primera prueba general del teorema del minimax (Morgenstern, 1978: 161). La historia resumida sugiere que después de 1928 Von Neumann sólo publicó —en 1937— un trabajo sobre crecimiento económico donde usa el concepto de minimax (y la teoría de punto fijo de Brower para probar que la tasa de crecimiento de equilibrio tiene características asociadas al minimax), y hasta principios de la década de 1940 no volvió a retomar el tema. Sin embargo, los trabajos recientes sobre la historia de la teoría de juegos muestran dos hechos interesantes. Primero, Borel mantuvo su interés por la teoría de juegos, aun durante la década de 1930. Además, el matemático francés René Passel publicó en 1936 la primera versión del minimax para un público mayor, la cual apareció en una serie de monografías del Centro Universitario del Mediterráneo en la Universidad de Niza, colección dirigida por el poeta Paul Valéry. En 1938, un alumno de Borel, Jean de Ville, quien le ayudó a elaborar las notas de un curso sobre las aplicaciones de la teoría de

---

[4] Una presentación del trabajo de Zermelo se encuentra en R. J. Aumann (1989a, cap. 1), y en Binmore, 1992, cap. 1, especialmente la parte 1.4.

[5] Una descripción del trabajo de Borel en relación con la teoría de juegos se encuentra en Leonard (1992: 29-76).

juegos de azar, presentó una prueba del teorema del minimax (*ibid.:* 162; Leonard, 1992: 45-49).

Segundo, al parecer también Von Neumann siguió mostrando interés por el tema que consideraba como recreativo: la teoría de juegos (no olvidemos que era un matemático sumamente destacado y tenía otros intereses centrales). Por ejemplo, existen pruebas de que impartió cursos cortos sobre la teoría de juegos (a principios de 1940 en la Universidad de Washington), y también tenía material inédito que elaboró después de 1928 y utilizó en el libro que publicó en 1944 junto con Morgenstern, aunque algunas partes del mismo estaban terminadas para 1942 (Leonard, 1992).[6] El libro fue bien recibido por los economistas; incluso Jacob Marschak publicó en 1946 una exposición de la teoría invitando a los interesados a estudiar ese nuevo enfoque. Sin embargo, de alguna manera el interés dentro de la economía disminuyó. El desarrollo de la teoría provino de posibles aplicaciones en actividades asociadas con la guerra y otros problemas militares. Paradójicamente éste era uno de los intereses de Borel, quien se vio relacionado con el Ministerio de Defensa francés. La vinculación fuerte entre la teoría de juegos y la economía, y desde luego las matemáticas, se presenta en los años cincuenta, cuando se desarrolló una serie de conceptos básicos para la teoría (como los conceptos de solución considerados anteriormente). Parte de ese desarrollo proviene de la relación entre lo que en la época parecían ser dos temas de investigación diferentes: por un lado la teoría de juegos y por otro el equilibrio general (el tema central de investigación de los economistas por esos años). En 1952 Shapley desarrolla el concepto de "núcleo" y Shubik muestra que las soluciones de equilibrio general son idénticas al "núcleo" (la curva de contrato de Edgeworth es idéntica al "núcleo": en una economía con un gran número de agentes, cada uno de ellos obtiene justamente lo que contribuye a la sociedad). Los desarrollos subsecuentes durante esos años se centraron en analizar si ambos enfoques convergían en una misma solución. Un poco de la insatisfacción de los economistas derivó de que el enfoque era estrictamente cooperativo. Hacia fines de los años sesenta una buena parte de las bases teóricas habían sido desarrolladas, y el gran auge se inicia en los años setenta en contextos no cooperativos en los que la solución de Nash era de gran aplicación.

La expansión hacia otras disciplinas ha sido más lenta y no en forma unilateral, en modo "imperial", sino también ha habido una especie de interacción con algunos de los problemas de otras disciplinas, como la ciencia política o la biología. Algunas aplicaciones de la teoría de juegos a la primera se presentan desde 1953. En 1954, por ejemplo, la *American Political Science Review* publicó un trabajo de Shapley y Shubik sobre un método para evaluar la distribución del poder en un sistema de comités. En este punto conviene considerar la experiencia de Riker, uno de los impulsores de la teoría de juegos en el análisis político, quien recuerda sobre su trabajo:

> Para 1954 había diagnosticado que el problema de la ciencia política estaba relacionado con la elaboración de teoría. Lo que en esos días se consideraba como "teoría política" era simplemente una serie aleatoria de recetas normativas sobre la buena sociedad, sin mención alguna sobre arreglos institucionales. [La teoría fallaba científicamente porque] no había afirmaciones comprobables en forma indicativa sobre instituciones o comportamiento. [...] para que la ciencia política fuera científica necesitaba modelos comprobables sobre fenómenos políticos, esto es, oraciones descriptivas refutables. Pero tal teoría no existía. [...] Por esta razón, había estado buscando, hasta cierto punto de manera aleatoria, métodos para elaborar una teoría. Había buscado, sin resultado, en la lógica moderna, y fue en este punto cuando leí el documento de Shapley y Shubik, y *Elección social y valores individuales,* de Kenneth Arrow. Estos libros me llevaron a *Teoría de juegos y comportamiento económico* de Von Neumann y Morgenstern. Ahí descubrí lo que pensaba que era necesario en la teoría política para elaborar teoría [Riker, 1992: 208-209].[7]

En su importante trabajo sobre la teoría de juegos publicado en 1957 y considerado como un texto clásico, Luce y Raiffa, en el capítulo 12, consideran como una de las aplicaciones de juegos con n jugadores el análisis del poder en un congreso bipartita. Entre 1953 y 1958 Robin Farquharson elaboró su tesis doctoral, publicada hasta 1969, donde analiza el voto como un juego en que los jugadores votan en forma estratégica (Riker, 1992: 214-215).

Con el gran desarrollo de la teoría de juegos a fines de los sesenta y principios de los setenta se presenta también una serie de análisis, hasta cierto punto independientes, que han contribuido al fortalecimiento de la teoría de juegos dentro de las ciencias sociales.

El primer campo analítico, donde Shapley y Shubik tienen un papel importante, se relaciona con el reconocimiento de que las instituciones son de gran importancia para la interacción de los individuos, y que por tanto afectan también las decisiones y sus resultados respectivos. El segundo es el interés analítico por lo que se conoce como "diseño de mecanismos para la asignación de recursos", donde, de acuerdo con Hurwikz (1973: 1), la estructura del sistema económico, a diferencia del enfoque tradicional, se considera como una incógnita en el proceso de buscar un sistema mejor. "Una riqueza de ideas, originadas en disciplinas tan diversas como teoría de la computación, administración pública, juegos y ciencias del control, en mi opinión, ha abierto una nueva y excitante frontera para el análisis económico." La tercera línea de análisis es la que se desprende del trabajo de Arrow y otros, mencionado anteriormente y asociado con lo que se conoce como la teoría de la elección social, el diseño de

---

[6] De acuerdo con el mismo Morgenstern, el trabajo del libro se realizó principalmente entre 1941 y 1942. Para corroborar lo anterior (su interés sobre el tema entre 1928 y 1944) conviene recordar que el libro tiene 632 páginas de texto, y Von Neumann no se dedicó tiempo completo. En 1943, por ejemplo, formó parte del Proyecto Manhattan. Para más detalles sobre el tema y en particular sobre la colaboración entre ambos autores, el lector puede consultar el trabajo de Urs Rellstab (1992: 77-93).

[7] Peter Ordeshook (1986) considera que cinco libros son básicos para el inicio de la teoría política moderna; tres de ellos (el libro de Arrow, el de Black y el de Riker, los dos primeros de los cuales se publicaron en la década de 1950) están directamente vinculados con la teoría de juegos.

mecanismos o arreglos institucionales que permitan a los individuos expresar o, mejor dicho, revelar sus verdaderas preferencias. La gran diversidad de intereses de investigación y los problemas relacionados con el diseño de instituciones donde éstas surgen como resultado de juegos estratégicos y además determinan las acciones de los individuos —y por tanto es posible, como dice Hurwikz, analizar comparativamente las propiedades de diferentes arreglos institucionales— han hecho que la teoría de juegos sea una herramienta de análisis sumamente útil en las ciencias sociales. Quizá por ello algunos autores dicen que las ciencias sociales son una subdisciplina de la teoría de juegos, y reconocen que proporcionar una teoría universal aplicable al conflicto y la cooperación en sociedades tanto humanas como animales es un fin último de quienes hacen teoría de juegos, aunque lo califican de ambicioso y ridículo (Binmore et al., 1993: 2).

LÍNEAS DE INVESTIGACIÓN Y DEBATE CONTEMPORÁNEO

En 1994 el premio Nobel de Economía se otorgó a John Nash, John Harsanyi y Reinhard Selten por sus contribuciones a la teoría de juegos. Este premio tiene fama de entregarse a quienes han hecho trabajo teórico con aplicaciones importantes en la solución de problemas reales, de modo que en cierta forma fue un reconocimiento a la gran influencia que la teoría de juegos ha tenido en distintas áreas del conocimiento.

La teoría de juegos ha revolucionado el análisis de una gran cantidad de problemas en distintas disciplinas. En la actualidad, por ejemplo, los textos más importantes de microeconomía contienen al menos un capítulo sobre el tema, y en otros casos incluso suponen que el lector está familiarizado con él; la llamada economía experimental también se ha visto fortalecida al buscar pruebas de este tipo para algunas proposiciones de la teoría de juegos. (El lector interesado puede consultar los siguientes textos: Varian, 1995; Kreps, 1995; Mas-Colell et al., 1995; Tirole, 1988; Hey, 1996.)

El estudio de la acción colectiva también ha recibido la influencia de la teoría de juegos para realizar el análisis de la acción de grupo a partir del comportamiento individual, y a partir de ahí proporcionar explicaciones de los posibles resultados. Ejemplos de ello son, en especial, el estudio de la provisión de bienes públicos, la toma de decisiones en comités, movimientos sociales, sindicatos y partidos políticos, negociación colectiva y procesos electorales (Hardin, 1982; Sandler, 1992).

La teoría de juegos y algunos de sus resultados se han aplicado para organizar subastas y concursos, procesos importantes en programas de privatización, de regulación y de promoción y competencia (Laffont y Tirole, 1993).[8] Un campo sumamente activo en la actualidad es la relación entre la teoría de juegos y la biología con aplicaciones para explicar el proceso de evolución.

Finalmente, áreas como la filosofía social y la ética han sentido también el influjo de la teoría de juegos (Binmore, 1994: vols. 1 y 2).

Desde luego que las críticas a la teoría de juegos provienen de las distintas áreas que tienen alguna relación con ella, y al mismo tiempo, como en cualquier otra disciplina, existe insatisfacción con ciertos resultados. Algunas de las críticas, y subsecuentes desarrollos, se centran en el concepto de racionalidad y la relación entre el concepto de racionalidad limitada y el enfoque asociado con la teoría de la evolución. En particular se discute si los individuos se comportan conforme al equilibrio de Nash, y en caso de que así sea, cuál equilibrio se ha de elegir.[9]

[8] Aplicaciones directas de la teoría para resolver problemas de subasta se encuentran en McMillan, 1994.
[9] Una exposición de las críticas a la teoría de juegos está fuera del interés de este trabajo. El lector interesado puede consultar a los siguientes autores: Kreps, 1990: caps. 4, 5 y 6; Binmore et al., 1993; Rubinstein, 1998; Samuelson, 1998, especialmente los capítulos 1, 2 y 3; Mailath, 1998: 1347-1374.

BIBLIOGRAFÍA

Aumann, Robert J. (1985), "What is Game Theory Trying to Accomplish?", en Kenneth J. Arrow y Seppo Honkapohja (eds.), *Frontiers of Economics*, Basil Blackwell, Oxford.
——— (1989a), *Lectures on Game Theory*, Westview Press, Boulder, Co.
——— (1989b), "Game Theory", en J. Eatwell, M. Milgate y P. Neuman (eds.), *The New Palgrave Game Theory*, Norton, Nueva York.
Binmore, Kenneth (1992), *Fun and Games*, Heath, Lexington (existe edición en español de McGraw Hill).
———, Alan Kirman y Piero Tani (1993), "Introduction: Famous Gamesters", en Ken Binmore, Alan Kirman y Piero Tani (eds.), *Frontiers of Game Theory*, MIT Press, Cambridge, Mass.
——— (1994), *Game Theory and The Social Contract*, vol. 1, *Playing Fair*; vol. 2, *Just Playing*, MIT Press, Cambridge, Mass.
Cudd, Ann E. (1993), "Game Theory and History of Ideas About Rationality. An Introductory Survey", *Economics and Philosophy*, núm. 9.
Dimond, Robert W., y Mary Ann Dimond (1992), "Strategic Games From Waldegrave to Borel", en E. R. Weintraub (ed.), *Toward a History of Game Theory*, Duke University Press.
Duncan, R. Luce, y Howard Raiffa (1957), *Games and Decisions. Introduction and Critical Survey*, Wiley and Sons, Nueva York.
Hardin, Russell (1982), *Collective Action*, Resource for the Future, Washington.
Hey, John D. (1996), *Experimentos en economía*, FCE, México.
Hurwikz, Leonid (1973), "The Design of Mecanisms for Resource Allocation", *American Economic Review*, 2, mayo, p. 1.
Kreps, David M. (1990), *Game Theory and Economic Modeling*, Oxford University Press, Oxford (existe versión en español del FCE).
——— (1995), *Teoría microeconómica*, Mac Graw Hill, México.
Laffont, Jean-Jacques, y Jan Tirole (1993), *A Theory of Incentives, Procurement and Regulation*, MIT Press, Cambridge, Mass.
Leonard, Robert J. (1992), "Creating a Context for Game Theory", en E. Roy Weintraub (ed.), *Toward a History of Game Theory*, Duke University Press.

Mailath, George J. (1998), "Do People Play Nash Equilibrium? Lessons From Evolutionary Game Theory", *Journal of Economic Literature*, vol. XXXVI, septiembre, pp. 1347-1374.

Mas-Colell, Andrew, Michael D. Whinston y Jerry Green (1995), *Microeconomic Theory*, Oxford University Press, Oxford.

McMillan, John (1994), "Selling Spectrum Rights", *The Journal of Economic Perspectives*, agosto.

Morgenstern, Oskar (1978), "Trece puntos críticos de la teoría económica contemporánea: una interpretación", Camilo Dagum (comp.), *Metodología y crítica económica*, FCE, México.

Moulin, Harvé (1986), *Game Theory for the Social Sciences*, New York University Press, Nueva York.

—— (1995), *Cooperative Microeconomics. A Game-Theoretic Introduction*, Princeton University Press, Princeton.

Myerson, Roger B. (1991), *Game Theory. Analysis of Conflict*, Harvard University Press, Cambridge, Mass.

Neumann, John von, y Oskar Morgenstern (1944), *Theory of Games and Economic Behavior*, Princeton University Press, Princeton (la versión usada en este trabajo corresponde a la tercera edición [1953]).

Ordeshook, Peter C. (1986), *Game Theory and Political Theory: an Introduction*, Cambridge University Press, Cambridge.

Rellstab, Urs (1992), "New Insights into the Collaboration Between John von Neumann and Oskar Morgenstern on The Theory of Games and Economic Behavior", en E. R. Weintraub (ed.), *Toward a History of Game Theory*, Duke University Press.

Riker, William H. (1992), "The Entry of Game Theory into Political Science", en E. R. Weintraub (ed.), *Toward a History of Game Theory*, Duke University Press.

Rubinstein, Ariel (1998), *Modeling Bounded Rationality*, MIT Press, Cambridge, Mass.

Samuelson, Larry (1998), *Evolutionary Games and Equilibrium Selection*, MIT Press, Cambridge, Mass.

Sandler, Todd (1992), *Collective Action. Theory and Applications*. Harvester Wheatsheaf, Nueva York.

Schotter, Andrew (1992), "Oskar Morgenstern's Contribution to the Development of the Theory of Games", en E. Roy Weintraub (ed.), *Toward a History of Game Theory*, Duke University Press.

Shubik, Martin (1982), *Game Theory in the Social Sciences*, vol. I: *Concepts and Solutions*; vol. II: *A Game-Theoretic Approach to Political Economy* (1984), MIT Press, Cambridge, Mass. (existe versión en español del FCE: *Teoría de juegos en las ciencias sociales. Conceptos y soluciones*, 1ª ed. 1992, México).

Tirole, Jan (1988), *The Theory of Industrial Organization*, MIT Press, Cambridge, Mass. (existe versión en español de Ariel).

Varian, Hal (1994), *Microeconomía intermedia*, Antoni Bosch, Barcelona.

—— (1995), *Análisis microeconómico*, Antoni Bosch, Barcelona.

Weintraub, E. Roy (ed.), *Toward a History of Game Theory*, Duke University Press.

TEORÍA DE LA ORGANIZACIÓN

David Arellano Gault

Definición

El concepto "teoría de la organización" es un espacio disciplinario *sui generis* en las ciencias sociales y con características muy particulares. Sus orígenes no son claros, su unidad de análisis está todavía bajo discusión por los estudiosos, y sus fronteras son amorfas y móviles. La cantidad de artículos en revistas especializadas y libros que se publican sobre el tema de las organizaciones es lo suficientemente grande como para evitar que exista, por parte de una persona, un conocimiento genérico y homogéneo del avance de la disciplina. Curiosamente, como disciplina ha crecido más bien como crece la maleza (Pfeffer, 1992: 13), y algunos de sus exponentes, en vez de preocuparse por ello, consideran que es una virtud (Reed, 1985: 213).

De alguna manera, teorías de alcance medio como la teoría de la organización probablemente surgen ante las dificultades de los grandes *corpus* teóricos para dar explicaciones más específicas sobre ciertos fenómenos particulares que, siendo aceptados como trascendentes por una buena parte de la comunidad científica, poseen especificidades que los hacen escapar a las explicaciones y metodologías tradicionales o aceptadas hasta ese momento.

Este fenómeno del surgimiento de objetos de estudio que parecen ser tan complejos y específicos que no encuentran cabida en los cánones explicativos aceptados, ha permitido la aparición de subdisciplinas que no pretenden ser universales ni generalizadoras, sino dar una explicación concreta de un fenómeno acotado. Esto es lo que puede definirse como una teoría de alcance medio. Como teoría de alcance medio, la teoría de la organización no busca establecer que sus explicaciones sobre el fenómeno de la organización arrojen una luz general para entender el fenómeno social, económico o político. En este sentido, sus pretensiones son más humildes. Más bien, se asume que se trata de estudios sobre un fenómeno trascendente e importante que vale la pena acotar y estudiar especializadamente (en este caso, los espacios de acción colectiva de cualquier tipo, tamaño y características, siempre y cuando puedan ser vistos como organizaciones). Pocas voces existen en este campo disciplinario que pretendan forzar hacia la unificación de criterios y métodos con el fin de dar una explicación general al fenómeno.

De manera inmediata, una rama de estudio de este tipo abre sus puertas a múltiples disciplinas y propuestas. No existe un mecanismo o método idóneo para estudiar este fenómeno, sino que es preferible el uso, desde múltiples ángulos disciplinarios, de diversas herramientas y técnicas de investigación. Por ello, en muchos ámbitos de la disciplina y por muchos autores, se aplaude la pluralidad de perspectivas, métodos y disciplinas con los que se observa al fenómeno. Se ve con buenos ojos la "maleza" de teorías, aproximaciones, conceptos y definiciones (por ello, vale la pena insistir en que es más correcto hablar de teorías de la organización).

Para muchos estudiosos, no es posible ni deseable llegar a una sola definición de organización, pues tal no es el sentido epistemológico de la disciplina. Al referirse a organizaciones se habla de una pluralidad de elementos de estudio, en múltiples contextos y situaciones. Y muchas veces, son esos múltiples contextos y situaciones los que hacen importante el estudio de las organizaciones, más que llegar a prescripciones sobre el comportamiento en general (hecho estático por razones analíticas) de éstas.

Es, sin lugar a dudas, un problema para el lego avanzar y comprender esta disciplina ante la multiplicidad de enfoques, teorías y métodos utilizados para estudiar las organizaciones. El nombre engañoso de teoría de la organización ha confundido a muchos que esperarían entonces definiciones, métodos y herramientas claras y universales para entender y mejorar las organizaciones de cualquier tipo, en cualquier tiempo y espacio. Lo primero que encuentra una persona que desea adentrarse en esta disciplina es una avalancha de autores que, desde perspectivas diferentes, defienden teorías antagónicas y utilizan métodos y conceptos radicalmente distintos (de la realización de listas y consejos a la de estudios de caso complejamente elaborados en términos metodológicos; de la pretensión de encontrar fórmulas aplicables a la solución de problemas, a aquellas que establecen que tal intención es, al menos, ingenua ante el complejo mundo heterogéneo de las organizaciones).

Lo segundo que una persona se encuentra en esta maleza de los estudios de las organizaciones es que los diversos autores, por lo general, toman como fuente de análisis múltiples disciplinas: sociología, psicología, economía, ciencia política, biología, antropología, entre otras muchas, con sus múltiples ramificaciones y especialidades.

El reto de estudiar las organizaciones, entonces, implica la comprensión de dos nociones de orden sustantivo:

1. Se estudia un fenómeno estratégico en la historia contemporánea: los seres humanos cada vez más, y de manera irremisible, nacemos, aprendemos, jugamos, trabajamos, nos relacionamos y morimos en y a través de organizaciones. Las organizaciones aparecen entonces como un fenómeno clave y fundamental de la vida contemporánea y su estudio es obviamente de suma trascendencia.

2. Las organizaciones son claramente obras humanas (Crozier y Friedberg, 1989: 13). En otras palabras, son creadas por seres humanos de manera intencional. Es decir, obras que reflejan en algún grado una intención de ciertos actores relativamente autónomos y con recursos cuyo fin es dar soluciones específicas a problemas concretos. El estudio de un fenómeno "artificial" (Simon, 1973), es decir, que no solamente está constituido por seres humanos, sino en algún grado intencionalmente formado, creado y mantenido por seres humanos, implica múltiples complejidades. En un sentido que podríamos considerar realista, estamos hablando de que las organizaciones son específicas a su contexto, a su espacio de actuación concreta, a los sentidos que los miembros de la organización le dan en el tiempo y el espacio. Así, los intentos por generar normas generales y universales para entender o desarrollar las organizaciones difícilmente pueden sostenerse durante mucho tiempo ante el alto grado de complejidad y dinámica que las organizaciones generan. Metodológicamente, implica que el estudio de las organizaciones es por naturaleza multidisciplinario (lo que no significa que múltiples disciplinas se pongan de acuerdo respecto al fenómeno, sino solamente que el fenómeno es de interés para muchas disciplinas, que lo buscan estudiar desde su propio ángulo de análisis).

Podría decirse que una buena definición de la teoría de la organización parte de establecer que es una "disciplina-frontera" generadora de "híbridos" metodológicos. Efectivamente, es fronteriza porque toca los límites de estudio de múltiples disciplinas formales que encuentran difícil por sí solas explicar el fenómeno de la organización: el caso de la sociología con el problema de la acción colectiva cooperativa; de la psicología con el de las motivaciones para participar; el de la política con el del vínculo entre las razones individuales y las colectivas y de los límites que la organización interpone a los proyectos políticos; el de la antropología con el problema de la existencia o ausencia de culturas de organización y de subculturas en las organizaciones, y el de la economía en el estudio de las diferencias e interconexiones entre la racionalidad individual y la racionalidad de la acción de cooperación, son ejemplos de estas fronteras disciplinarias para el caso de los estudios de la organización.

De la misma manera, es posible que para entender la teoría de la organización deba explicarse que se conforma a sí misma a través de la generación de híbridos metodológicos (Dogan y Pahre, 1991: 79) vía la recombinación de especialidades de diversas disciplinas que buscan innovar sobre la observación de un fenómeno ante la incapacidad para llegar a argumentos y soluciones exclusivamente mediante la especialización: por ejemplo, la teoría de la ecología poblacional de las organizaciones (Hannan y Freeman, 1977) combinando teoría de sistemas y teorías de la evolución de las especies; o de la visión neoinstitucionalista de las organizaciones, que combina preceptos de la economía con los de antropología y sociología de la cultura (DiMaggio y Powell, 1991), o diversas escuelas de la cultura de la organización que utilizan métodos etnográficos para el estudio de organizaciones (Abravanel, 1992: 132).

En la teoría de la organización, como en otras "disciplinas-frontera", diversas especialidades han encontrado explicaciones novedosas sobre fenómenos particulares gracias a la combinación de conceptos y métodos de diversas disciplinas. En mucho, esto aclararía por qué en diversos ámbitos de la teoría de la organización se fomenta la heterogeneidad y la multiplicidad de enfoques y explicaciones, antes que la claridad conceptual y el arribo a soluciones y prescripciones.

Habiendo establecido estos antecedentes, *la teoría de la organización puede considerarse como una "teoría-frontera" de alcance medio que busca estudiar aquellos espacios de acción colectiva que pretenden desarrollar acciones guiadas a objetivos específicos a través de mecanismos de cooperación formal y ordenada.*

Por qué es teoría de alcance medio y "frontera" ha sido explicado anteriormente. Que las organizaciones son espacios de acción colectiva parece evidente. Sin embargo, las dificultades comienzan a partir de establecer que la característica que diferencia a la organización de otras formas de acción colectiva es la pretensión de buscar objetivos específicos a través de mecanismos de cooperación formal (y hacemos hincapié en la palabra *pretende*, pues no implica que las organizaciones efectivamente sigan y se desarrollen exclusivamente en la consecución de objetivos y a través de mecanismos formales de cooperación).

De alguna manera, estos últimos pueden considerarse los elementos clave del debate que la teoría de la organización ha seguido desde su nacimiento hasta el presente. En el próximo apartado resumiremos (y seguramente sobresimplificaremos) este debate y su evolución.

Historia, teoría y crítica

El debate de la teoría de la organización: orden y eficiencia a través del conflicto y el control de la incertidumbre

La constatación de la importancia del fenómeno de la organización, que derivará en lo que se conoce hoy día como la teoría de la organización, pareciera tener dos fuentes analíticas distintas: por un lado, el desarrollo de técnicas prescriptivas para mejorar la eficiencia de las organizaciones empresariales (Ibarra, 1991), y por el otro la discusión sociológica respecto a los límites de la burocracia (Perrow, 1985). La primera está más preocupada por encontrar soluciones a problemas particulares de la empresa (y posteriormente se extiende a cualquier tipo de organización, como la gubernamental y la privada no lucrativa). Con acento profundamente pragmático, simplificador y prescriptivo, esta rama de la teoría de la organización está íntimamente ligada a la literatura sobre gerencia y administración de negocios, por lo que muchos dudarían en incorporarla a la disciplina de la teoría de la organización propiamente dicha. La segunda fuente, muy influenciada por las corrientes sociológicas y desarrollada a través de profundos debates y contraposiciones entre autores y corrientes, está más preocupada por explicar la complejidad que por prescribir; es la rama más conocida y por lo tanto se ha convertido para muchos en la verdadera teoría de la organización. Es tal vez justo establecer que las actuales relaciones entre estas dos grandes corrientes de la teoría de la organización son cada vez más amplias y se interconectan con mayor frecuencia que antaño. Aquí veremos principalmente la segunda corriente por ser la que probablemente ha aportado más en términos científicos y metodológicos al avance del estudio de las organizaciones, o por lo menos ha llevado la pauta en términos de investigación de los problemas de éstas que después han sido sistematizados y formalizados por los textos prescriptivos de la administración de negocios (las relaciones entre los estudios etnometodológicos de la teoría de la organización en la década de los ochenta y los avances de la teoría de la calidad total en la de los noventa están entre los ejemplos más claros de esta interrelación).

El punto de partida, que pareciera ser aceptado por una gran mayoría, es el artilugio metodológico utilizado por Max Weber (1974) para estudiar el fenómeno de la asociación humana, particularmente el que describió como el tipo ideal más puro de la asociación de dominación racional-legal: la burocracia.

Antes de hablar de la burocracia, valdría la pena

repasar brevemente ciertos conceptos sustantivos que en la teoría de Weber muestran a la burocracia como tipo ideal: la cuestión de la asociación. Los seres humanos se asocian cooperativamente no sólo ante una necesidad que surge de su incapacidad para alcanzar individualmente ciertas metas de largo aliento y ante la presión que la sociedad les impone como un requerimiento de pertenencia y funcionalidad. Si esto fuera verdad, las organizaciones serían simples ámbitos de regulación de la actividad de los individuos para asegurar un orden natural de la tendencia humana a la cooperación. Sin embargo, en el argumento weberiano se encuentra también el hecho de que el orden de la cooperación no es natural, y que la asociación genera sus propias lógicas ante la interrelación compleja de múltiples individuos y grupos que tienen intereses diversos de los de la asociación. Por lo general, las asociaciones constituirán ámbitos institucionales diferentes para los miembros y los no miembros de la asociación, generando papeles y funciones de autoridad especializados con el fin de mantener el orden. En otras palabras, no sólo las asociaciones persiguen objetivos generales, sino que es fundamental para el orden de la asociación que las expectativas de los participantes en la relación de asociación sean garantizadas de alguna manera (Weber, 1974: 41). El orden es un fin en sí mismo, y la asociación es un complejo de relaciones entre individuos, y entre individuos y grupos con papeles específicos que actúan en ámbitos de autoridad al menos relativamente formalizados. Cuando en las asociaciones existe un cuerpo especializado que desarrolla acciones continuas con el fin de mantener el orden, en la teoría weberiana se le llama organización (es decir, la relación entre el titular de la dominación y el aparato administrativo).

Todos estos elementos de la argumentación weberiana están de alguna manera presentes en el desarrollo de la teoría de la organización, y la discusión respecto a ésta parte en la disciplina del concepto de burocracia. Definido por Weber como el tipo ideal más puro de la asociación de dominación racional legal (*ibid.*: 175), el cuadro administrativo burocrático aparece como "la forma más racional de ejercerse la dominación; y lo es en los sentidos siguientes: en precisión, continuidad, disciplina, rigor y confianza; calculabilidad, por tanto, para el soberano y los interesados; intensidad y extensión en el servicio; aplicabilidad formalmente universal a toda suerte de tareas, y susceptibilidad técnica de perfección para alcanzar el óptimo en sus resultados" (*ibid.*: 178).

No sólo esto; en el argumento weberiano, al establecer la idea de que la burocracia es la forma más avanzada de dominación se puede asumir que no hay en el futuro otra forma de organización mejor. Es justamente esta idea, y la pesadilla de Weber de ver en el futuro sólo pequeños hombres luchando por sus pequeños puestos ante la muerte de la libertad de movimiento individual (*ibid.*: 1075), lo que levanta uno de los debates sustantivos de la teoría de la organización.

Los argumentos teóricos y empíricos de diversos estudiosos (Merton, 1948; Selznick, 1949; Gouldner, 1948, entre muchos otros) demostraron que no era sencillo encontrar ejemplos claros de una burocracia homogénea y eficiente, sino que incluso había efectos perniciosos del formalismo y la reglamentación rígida.

Es más, mucho del orden y de la eficiencia que podían ser encontrados en las organizaciones estudiadas empíricamente devenía no de la impersonalidad de la autoridad, o de la tendencia técnica para resolver los problemas, sino de la capacidad de los individuos y grupos para escapar a las reglas, la jerarquía y las formalidades. Es la capacidad de los individuos para resistirse al poder y dominar la incertidumbre por nuevas vías, se argumenta, la que hace posible la cooperación y la generación de resultados en las organizaciones.

Entre los autores clásicos de la teoría de la organización que (por vías radicalmente distintas) explican y desarrollan mejor esta dinámica de la organización podemos mencionar a Simon (1947) y Crozier (1964).

Simon establece que los hombres entran en una relación de cooperación ante la imposibilidad de alcanzar individualmente ciertos objetivos. Sin embargo, añade un factor fundamental: los individuos poseen racionalidad limitada. No pueden conocer toda la información, ni elaborar y evaluar todas las alternativas de manera perfecta. Por lo tanto, los individuos pueden controlar sólo una parte de la incertidumbre. Y las organizaciones, justamente, son el mejor instrumento para incrementar la capacidad de controlar la incertidumbre. Las organizaciones generan un ambiente psicológico, controlan la autoridad vía la jerarquía, establecen los parámetros de comunicación y (lo más importante) determinan un criterio universal de actuación: la eficiencia. Con estos medios, las organizaciones incrementan la certidumbre de los individuos respecto de las decisiones y formas de actuación de otros individuos dentro de ellas, lo cual hace posibles la cooperación y el éxito. Simon y sus discípulos (entre ellos Cyert y March, 1965) fueron añadiendo argumentos importantes, como el hecho de que las relaciones entre coaliciones y grupos también generan cooperación entre los individuos. El argumento central es muy importante: si bien las organizaciones son creadas para perseguir objetivos, en la realidad los individuos que las componen tienen sus propios fines; por ello, los objetivos de la organización son ambiguos, múltiples y muchas veces implícitos, lo que no evita sin embargo la supervivencia y crecimiento de la organización (o, en términos más administrativos, la eficiencia).

Pero ¿cómo es posible esto? ¿Por qué las organizaciones no caen constantemente en la anarquía? ¿Cómo, si no hay objetivos precisos y claros, se pueden alcanzar resultados y sobrevivir? La respuesta sería que no es la formalización de los objetivos lo que genera necesariamente el orden de la organización, sino el acuerdo y la negociación entre las diferentes coaliciones de organizaciones, así como los pagos colaterales que la directiva de la organización está dispuesta a pagar a sus empleados para asegurar la disposición a participar y a negociar. De esta manera, los individuos calculan lo que pueden obtener de la organización y de su relación con otros grupos, generando así orden y eficiencia (disposición a buscar los mecanismos para evitar la incertidumbre, por ejemplo) en el actuar de los individuos para perseguir objetivos de organización determinados.

En otro sentido, la tesis de Crozier (1964) establece que las disfunciones de la burocracia encontradas por Merton, Selznick y Gouldner no son patologías del comportamiento burocrático, sino, al contrario, parten de la naturaleza lógica de la burocracia. Ante la rigidez de los reglamentos y mecanismos formales de actuación de la burocracia, los actores de la organización se encuentran sistemáticamente con que tal rigidez no permite tratar con la dinámica del contexto, lo que genera inevitablemente nuevas y más fuertes incertidumbres. Esto lleva a un círculo vicioso que deja como única respuesta de la burocracia la generación de mayores y más rígidas reglamentaciones para tratar con las nuevas incertidumbres. Ante las crisis surgidas de este círculo vicioso, los individuos o actores de la organización aprenden a tratar con la incertidumbre y a controlarla. Desarrollan estrategias de poder que les permiten interpretar las reglamentaciones y mecanismos formales y manejarlos según ciertas condiciones. Con Crozier, entonces, no sólo los mecanismos formales y técnicos los que generan orden, sino que es la propia capacidad de los actores para establecer espacios de poder y controlar áreas de incertidumbre lo que permite un acuerdo flojamente establecido para que la organización funcione.

Y nuevamente aquí surgen preguntas incómodas: ¿por qué, entonces, no es fácilmente observable esta lucha por los espacios de incertidumbre?, ¿por qué lo que observamos es más bien un orden jerárquico y técnico?, ¿por qué la lucha por el poder no lleva a la anarquía y a la constante revolución? Esencialmente, porque los actores definen juegos que les permiten, respetando una reglamentación y formalización básicas que aseguren ciertos comportamientos homogéneos (sustento de la cooperación), dirimir los conflictos por caminos formales aceptados por un buen número de participantes y sustentados en el control de un espacio de poder o un área de incertidumbre (Crozier y Friedberg, 1989).

Esta discusión pareciera ser uno de los centros más importantes de aportación y análisis de la teoría de la organización: el argumento administrativista y economicista, según el cual la eficiencia, la racionalidad y el orden provienen de decisiones individuales, racionales, planeadas en sistemas de cooperación establecidos y con objetivos claros como premisas sustantivas, se derrumba al constatar que en las organizaciones casi nunca existen objetivos claros; que los individuos tienen fines propios y actúan en consecuencia; que las estructuras técnicas y racionales de cooperación generan disfunciones y rigidez; que el poder y el conflicto no necesariamente son patologías que deben extirparse mediante mejores esquemas de cooperación, sino que son esenciales para mantener el orden de la organización; que la incertidumbre nunca se controla y que es ella la que permite el espacio de libertad suficiente para la actuación individual en espacios colectivos (en otras palabras, la incertidumbre se evita y a la vez se aprovecha), y que, pese a todo esto, las organizaciones por lo general alcanzan objetivos, sobreviven y resuelven problemas y lo hacen en un orden más o menos continuado y observable. La racionalidad colectiva tiene amplias vinculaciones con la racionalidad individual, pero definitivamente la primera no se puede reducir a la segunda (como se argumenta en varias escuelas administrativas y económicas de las organizaciones).

LÍNEAS DE INVESTIGACIÓN Y DEBATE CONTEMPORÁNEO

Es difícil establecer debates y líneas de investigación comunes cuando en realidad estamos hablando de múltiples corrientes, muchas con intereses y agendas de investigación radicalmente distintos.

Lo que aquí proponemos es plantear las estrategias de investigación que consideramos sustantivas en el debate contemporáneo dentro de la disciplina. Diversos autores y corrientes pueden ser clasificados en estas estrategias, aunque probablemente, como en todo intento de clasificación, se cometen excesos y sobresimplificaciones. Según nuestra propuesta, es posible encontrar hoy día en la literatura cinco estrategias del desarrollo intelectual de la disciplina con miras al futuro: la realista, la institucionalista, la construccionista, la culturalista y la hibridista.

La realista propone proveer una descripción más sistemática y congruente de la forma en que los individuos generan estructuras de organización para responder a las limitaciones y restricciones impuestas por el contexto. El análisis de las relaciones sustantivas entre restricciones contextuales y acción social se considera el mayor reto por esta estrategia de investigación. Estructuras y estrategias no son dos opciones incompatibles, sino que las acciones de la organización implican una compleja relación entre ambas (Whittington, 1989; Pfeffer, 1992, y Donaldson, 1982).

La estrategia institucionalista busca conocer los incentivos ocultos que producen y sostienen las relaciones sociales como medios para consolidar el orden y la mutua comprensión entre los agentes de la organización con el fin de ser capaces de producir ciertos resultados a través de una acción colectiva que identifica y utiliza los estímulos y las estructuras correctos. De alguna manera, esta estrategia asume que existe un mundo sustantivo oculto, que sólo puede ser explicado con argumentos racionales de causa-efecto y donde los actores de la organización ven restringida y potenciada su racionalidad individual por una serie de instituciones (reglas) que sirven de marco para la actuación finalista de los actores (Williamson, 1991; North, 1990; Burrel y Morgan, 1979).

La estrategia construccionista establece que existe un *modus* de racionalidad inherente al accionar de la organización. Dominación, control y coordinación son expresiones ocultas en los tecnicismos y en las pretensiones universalistas de algunos conceptos de la organización. Sin embargo, la cuestión es que si bien estas características generales de la dominación vía la organización parecen plausibles, los elementos aparecen de manera muy compleja, múltiple y heterogénea en diversas organizaciones específicas, lo que hace difícil establecer una sola línea de interpretación al respecto. La clave está en observar y encontrar la formación y transformación institucional de grande escala y en el largo plazo en que las características de la organización realmente van tomando sentido global. El *modus* de racionalidad que explica y forma a las organizaciones se va constituyendo a lo largo de las décadas, y es hoy día justamente cuando estamos observando un cambio en este *modus* de racionalidad (de uno inflexible y burocrático a otro flexible y más humano) (Clegg, 1990; Benson, 1977; Brunsson, 1985).

La estrategia culturalista establece que las organizaciones son ámbitos repletos de símbolos y valores, y que ineludiblemente sus actores interpretan y modifican constantemente dichos ámbitos. El discurso, la cuestión del género, la simbología y el lenguaje son dimensiones esenciales, por lo general olvidadas en los estudios de organizaciones. En este tipo de análisis culturales se establecen las bases de un análisis de las organizaciones como partes sociales complejas en que los individuos no solamente actúan bajo patrones de racionalidad individual, sino que corrigen y elaboran el mundo a través del lenguaje, de los símbolos y del discurso, es decir, de las relaciones intersubjetivas (Allaire y Firsirotu, 1992; Montaño y Rendón, 1994; Cabrero y Arellano, 1992; Frost, 1985).

La estrategia hibridista parte de la aseveración de que las organizaciones forman parte de un complejo social que entendemos todavía de manera muy rudimentaria. Los actores son capaces de conocer y tienen una actitud activa, y lo que hace a la organización es la propia relación entre ellos. Conocimiento y significado forman las estructuras, las configuraciones y las reglas vivas y existentes. Las organizaciones son ámbitos flojamente acoplados, donde la ambigüedad desempeña un papel sustantivo en la posibilidad de acción de los actores (March y Olsen, 1976). El hecho de observar las organizaciones como entes colectivos formados por individuos y coaliciones, en que el establecimiento de una relación social entre los individuos —y no solamente las reglas o las estructuras— es lo que determina el orden y el éxito, obliga a aceptar que la teoría de la organización se desarrolla a través de la conjugación de múltiples perspectivas que avanzan sobre fronteras disciplinarias diversas. La generación de híbridos conceptuales ha sido la pauta del desarrollo de la teoría de la organización, y esta estrategia debería ser preferida sobre otras que pretenden poner orden en la disciplina a costa de reducir la riqueza del análisis y la perspectiva de investigación (Reed, 1992; Arellano, 1992; Hammersley y Atkinson, 1983).

El estudio de las organizaciones aparece como uno de los campos analíticos más importantes de las ciencias sociales no sólo por la trascendencia del objeto de estudio, sino por las alternativas analíticas de explicación de fenómenos económicos, políticos y sociales que difícilmente pueden ser analizados sin comprender el papel que tienen en ellos las organizaciones. La economía, la política, la administración pública, la historia y la antropología estudian cada vez más las organizaciones al considerarlas un elemento estratégico de explicación de la acción humana. Cierto es que la complejidad y aparente desorden que caracterizan el desarrollo de la teoría de la organización dificultan un grado mayor de estudio y aprendizaje. Sin embargo, parece claro que la apertura a la diferenciación de perspectivas es una de las grandes virtudes de este campo disciplinario.

BIBLIOGRAFÍA

Abravanel, H. (1992), "Cultura simbólica y autoridad simbólica", en H. Abravanel *et al.*, *Cultura organizacional*, Legis, Bogotá.

Allaire, Y., y M. Firsirotu (1992), "Teorías sobre la cultura organizacional", en H. Abravanel *et al.*, *op. cit.*

Arellano, D. (1992), *Teoría de la organización y análisis organizacional: hacia nuevos paradigmas*, CIDE, México.

Benson, J. (1977), "Organizations: A Dialectical View", *Administrative Science Quarterly*, 22(1).

Brunsson, N. (1985), *The Irrational Organization: Irrationality as a Basis for Organizational Action and Change*, John Wiley and Sons, Chichester.

Burrel, G., y G. Morgan (1979), *Sociological Paradigms and Organizational Analysis*, Heinemann, Londres.

Cabrero, E., y D. Arellano (1992), *Modelos organizacionales autóctonos para América Latina. ¿Utopía o realidad?*, CIDE, México.

Castillo, A. del (1997), *Transformación institucional en organizaciones gubernamentales: elementos para el análisis del cambio adaptativo*, CIDE, México.

Clegg, S. (1992), *Modern Organizations*, Sage, Londres.

Crozier, M. (1964), *El fenómeno burocrático*, Amorrortu, Madrid.

———, y E. Friedberg (1989), *El actor y el sistema*, Alianza, México.

Cyert, R., y J. March (1965), *Teoría de las decisiones económicas de la empresa*, Herrero, México.

DiMaggio, P., y W. Powell (eds.) (1991), *The New Institutionalism in Organizational Analysis*, University of Chicago Press, Chicago.

Dogan, M., y R. Pahre (1991), *Las nuevas ciencias sociales*, Grijalbo, México.

Donaldson, L. (1982), "Comments on 'Contingency and Choice in Organizations'", *Organization Studies*, núm. 3, vol. 1.

Frost, P., *et al.* (1985), *Organizational Culture*, Sage, Londres.

Gouldner, A. (1948), "Discussion of Industrial Sociology", *The American Sociology Review*, XIII: 396-400.

Hammersley, M., y P. Atkinson (1983), *Ethnography: Principles in Practice*, Tavistock P., Londres.

Hannan, M., y J. Freeman (1977), "The Population Ecology of Organizations", *American Journal of Sociology*, 82.

Ibarra, E. (1991), "Organización y administración. Una lectura crítica para América Latina", en E. Ibarra y L. Montaño (comps.), *Ensayos críticos para el estudio de las organizaciones en México*, UAM-I-M. Á. Porrúa, México.

March, J., y J. Olsen (1976), *Ambiguity and Choice in Organizations*, Universsitetsforlaget, Oslo.

Merton, R. (1940), *Bureaucratic Structure and Personality*, Social Forces, XVIII.

Montaño, L., y M. Rendón (1994), "Del zaibatsu al keiretsu. Organización y eficiencia productiva en la gran corporación japonesa", *Gestión y Política Pública*, III, 1.

North, D. (1990), *Instituciones, cambio institucional y desempeño económico*, FCE, México.

Perrow, C. (1985), *Sociología de las organizaciones*, McGraw Hill, México.

Pfeffer, J. (1992), *Organizaciones y teoría de las organizaciones*, FCE, México.

Reed, M. (1985), *Redirections in Organizational Analysis*, Tavistock P., Londres.

———, y M. Hughes (eds.) (1992), *Rethinking Organization*, Tavistock, Londres.

Selznick, P. (1949), *TVA and the Grassroots. A Study in the Sociology of Formal Organization*, University of California Press.

Simon, H. (1947), *El comportamiento administrativo*, Aguilar, Madrid.

——— (1973), *Ciencias de lo artificial*, Aguilar, Madrid.

Weber, M. (1974), *Economía y sociedad*, FCE, México.

Whittington, R. (1989), *Corporate strategies in recession and recovery*, Unwin, Londres.

Williamson, O. (1991), *Mercados y jerarquías*, FCE, México.

TEORÍA DE LOS PARTIDOS POLÍTICOS
Jean-François Prud'homme

Definición

En los sistemas políticos modernos nos hemos acostumbrado a la presencia de los partidos. Incluso en sistemas no plurales sería difícil imaginar la actividad política sin ellos (Huntington, 1968: 90-91). Sin embargo, el fenómeno partidista es relativamente reciente: aparece a finales del siglo XVIII y principios del XIX en Inglaterra y los Estados Unidos y se expande paulatinamente a otros países a lo largo de los siglos XIX y XX. Su surgimiento y consolidación están estrechamente vinculados a la historia de la representación política y de las luchas por la ampliación de los derechos políticos mediante la instauración del sufragio universal (Blondel, 1978: 36-45). Es cierto que la convergencia de individuos en torno a determinados intereses políticos y la formación de grupos o facciones antecede por mucho la adopción de la representación democrática como principio de gobierno. No obstante, sólo a partir del momento en que la disputa de dichos grupos por el poder es arbitrada por mecanismos regulares de consulta popular (elecciones) se puede hablar de partidos políticos en su acepción moderna (Sartori, 1980: 19-35).

Existen muchas definiciones de los partidos políticos, que varían en función de la perspectiva teórica desde la cual se les mira. Antes de adentrarnos en la exploración de esas perspectivas se puede adoptar, a manera de convención preliminar, la definición que nos ofrece Raymond Aron (1965: 117):

> [...] unas agrupaciones voluntarias, más o menos organizadas, cuyas actividades son más o menos permanentes y que pretenden, a nombre de una cierta concepción del interés común y de la sociedad, asumir solas o en coalición las funciones de gobierno.

Como todas las definiciones, ésta puede ser criticada —entre otras cosas— porque *strictu sensu* es posible que deje de lado algunas manifestaciones contemporáneas del fenómeno partidista. Sin embargo, su concisión y precisión hacen de ella un excelente instrumento de trabajo.

Historia, teoría y crítica

Muchos de los autores que han tratado el tema han pretendido elaborar una teoría general de los partidos. Algunos han logrado formular proposiciones que resisten a la contrastación. Sin duda alguna, el cuerpo de nuestros conocimientos en la materia se ha enriquecido considerablemente desde los estudios pioneros de principios del siglo XX. No obstante, los partidos se prestan mal a la elaboración de una teoría general. En el mejor de los casos, se podría hablar de una teoría de las organizaciones políticas en las sociedades de masas. De hecho, los primeros análisis del fenómeno partidista fueron elaborados desde esa perspectiva.

Organización política y participación de las masas

Los trabajos de Moisei Ostrogorski, Robert Michels y Max Weber sobre partidos políticos plantean el mismo dilema: ¿por qué las organizaciones más idóneas para la realización de la vida democrática en las sociedades de masas terminan desviando los fines de la democracia?

Ostrogorski fue el primero en plantearse esa pregunta en una obra, muy citada pero mal conocida, en la cual fija los parámetros para el estudio de los partidos políticos modernos. En *La democracia y la organización de los partidos políticos*, publicada en 1902, emprende una rigurosa y exhaustiva comparación entre los partidos políticos ingleses y los norteamericanos del siglo XIX (Ostrogorski, 1982). Examina aspectos tales como el efecto de los orígenes sobre la organización, las características de ésta, los procesos internos de toma de decisiones, las esferas de poder real, la profesionalización de los cuadros, la selección de candidatos, la realización de campañas electorales, la relación con el electorado y la opinión pública y los vínculos con otras organizaciones. Todos esos tópicos siguen siendo fundamentales en el estudio de la vida partidista.

Más allá del interés metodológico del estudio de Ostrogorski, su mayor aportación reside en las conclusiones a las cuales llega. En la tradición de las reflexiones de Tocqueville sobre la tiranía de la mayoría, así como de las de Bryce sobre el "fatalismo de las multitudes", Ostrogorski advierte tendencias hacia el conformismo en las democracias de masas. Este formalismo se traduce, en el plano de la política, en una pérdida de sustancia y un predominio de los sentimientos y afectos sobre la razón.

Los partidos que suelen operar a manera de empresarios (o agencias) electorales tienen una importante responsabilidad en ello. Dan forma a la oferta política y al mismo tiempo la vuelven trivial. Sus exigencias de disciplina y cooperación pasiva dentro de la organización así como el ejercicio de presiones morales sobre sus afiliados incrementan la apatía en lugar de estimular la imaginación y participación de los ciudadanos. Pero, sobre todo, terminan negando la democracia en su funcionamiento interno. Para Ostrogorski (1982: II, 349), debido a los objetivos de consecución y conservación del poder, la "permanencia de la organización pasa de ser un medio a un fin" y la "unidad del partido se vuelve la preocupación suprema", de tal suerte que los ideales que llevaron inicialmente a los individuos a asociarse son sustituidos por motivos más pragmáticos. Los principios que cimentaban la organización pierden vigor poco a poco para dar paso a un tipo de cohesión mecánica mientras que los cuadros profesionales llegan a dominar la organización, lo que a su vez favorece la corrupción de la vida pública.

El diagnóstico de Ostrogorski no es alentador para el futuro de los partidos políticos en las sociedades de masas. De hecho, él llega a proponer su sustitución por organizaciones no permanentes constituidas en torno a la consecución de un solo objetivo y que funcionarían como grupos de presión *ad hoc*. Sin embargo, en su trabajo, Ostrogorski logra identificar características esenciales de las organizaciones partidistas y plantea problemas que tuvieron mucha influencia en la elaboración posterior de programas de investigación científica acerca del tema.

En *Los partidos políticos*, de 1915, Robert Michels prosigue esa reflexión mediante el estudio del Partido Social Demócrata alemán, agrupación que en esa época aparentaba tener la más pura de las vocaciones democráticas. Michels reconoce la necesidad de contar con una organización en las sociedades complejas: es una condición indispensable para llevar a cabo una efectiva lucha de masas. Pero a la vez constata los efectos paradójicos de la función de la organización: "Es la que da origen al dominio de los elegidos sobre los electores, de los mandatarios sobre los mandantes, de los delegados sobre los delegadores; quien dice organización, dice oligarquía" (Michels, 1983: II, 189). Por la naturaleza de su constitución, las organizaciones sociales complejas son incompatibles con el ejercicio de una democracia plena. La concentración de los recursos de poder en una cúpula dirigente, la consolidación de una estructura burocrática con base en principios de operación racionales y jerárquicos y la apatía e incompetencia de las masas llevan paulatinamente al desarrollo de intereses propios de los líderes partidistas y a una ruptura de la comunicación con los militantes ordinarios. Según una expresión consagrada de Michels, la indispensable técnica de liderazgo en las organizaciones grandes pone en movimiento la "ley de hierro de la oligarquía". El argumento reafirma las aseveraciones de Ostrogorski respecto al peso de la dimensión de la organización en la vida partidista moderna.

En *Economía y sociedad* (1922) Max Weber, apoyándose en los resultados de las investigaciones de Ostrogorski, escribió páginas interesantes, aunque inacabadas, sobre el fenómeno partidista. Allí se consolida la tradición que vincula orígenes y características de organización de los partidos. Weber postula dos tipos ideales que corresponden respectivamente a los partidos de notables —u *honoratiores*— y a los partidos de masas. En el primer caso, las agrupaciones políticas suelen tener su origen en los parlamentos, están compuestas por individuos que gozan de cierto prestigio a escala local —y a veces nacional— y tienen programas que son diseñados pragmáticamente para atraer al electorado. En el segundo caso, las organizaciones partidistas tienen su origen fuera del parlamento, están dirigidas por políticos profesionales —empresarios o funcionarios a sueldo—, responden a una asamblea de miembros permanentes, que mantiene en jaque a los parlamentarios, y se apoyan en una estructura burocrática. Son "productos de la democracia, del derecho electoral de las masas, de la necesidad de la propaganda y la organización de las masas, del desarrollo de la suprema unidad de dirección y de la disciplina más estricta" (Weber, 1983: 1083).

Si bien Weber establece una distinción entre las organizaciones patrocinadoras de cargos y las de ideología, no deja de insistir en que los partidos están integrados por "interesados", es decir, individuos que deciden adherirse más o menos voluntariamente a una agrupación en busca de algún tipo de beneficio material o ideal *(ibid.:* 228). Ya en su época Weber observaba una tendencia hacia la burocratización de los partidos políticos tal como sucedía en otras esferas de la vida en sociedad: eso se traduce en una racionalización de sus técnicas electorales y en la profesionalización de su estructura interna. La mayor complejidad de las organizaciones partidistas produce una estratificación en el seno de su membresía. En la cúpula están los dirigentes, que tienden a concentrar los recursos de poder; luego están los miembros activos, después están los correligionarios no activamente asociados y finalmente, medio escondidos, los mecenas del partido. Weber no alcanzó a desarrollar con profundidad su reflexión sobre la vida interna de los partidos. Sin embargo, fiel a sus principios metodológicos, nos advierte que en la realidad los partidos políticos modernos tienden a combinar en diferentes proporciones rasgos de ambos tipos ideales. Más allá del interés analítico manifestado por Weber hacia el estudio de los partidos, hay algo en ellos —y particularmente en los de masas— que ejerce sobre él una gran fascinación: la manera en que esas organizaciones combinan e integran, en un fuerte lazo de interdependencia, rasgos carismáticos y racionales-legales.

Es grande la tentación de quedarse con las aportaciones de esos tres autores al estudio de la vida partidista: lograron identificar sus principales problemas y proporcionaron indicaciones atinadas para su realización. No obstante, en años posteriores las reflexiones acerca del fenómeno partidista fueron sometidas a una mayor sistematización y especialización a la vez que se desarrollaron técnicas de investigación más refinadas para su análisis.

En busca de una teoría general

Una referencia obligada en el estudio comparado de los partidos políticos es la obra seminal de Maurice Duverger, *Los partidos políticos*, publicada en 1951. En palabras del autor: "Todo el esfuerzo de este libro tiende [...] a trazar una primera teoría general de los partidos, necesariamente vaga, conjetural, aproximativa, que pueda servir de base y guía a más profundos análisis" (Duverger, 1976: 17). Duverger realizó un inmenso esfuerzo de acumulación de información y de comparación sistemática de las organizaciones partidistas existentes en su época, pero sobre todo, con mucha intuición e imaginación, formuló una serie de hipótesis acerca del fenómeno partidista. Muchas de ellas han logrado, hasta la actualidad, pasar la prueba de la contrastación empírica. Hace algunos años Janda y King (1985) sometieron a la verificación empírica, con una muestra de 158 partidos de 53 países, 19 hipótesis formuladas por Duverger acerca de los rasgos constitutivos de los partidos: solamente siete revelaron ser inapropiadas. Últimamente, los politólogos interesados en la elaboración de modelos formales sobre partidos y sistemas de partidos se refieren a las "leyes" de Duverger.

Duverger elabora una clasificación basada en la morfología de los partidos políticos a partir de los dos tipos ideales esbozados por Weber. La dimensión de la organización se ubica en el centro de la tipología duvergeriana y da lugar a cuatro grandes tipos de partidos: los partidos de cuadros (o de notables), los de masas, los totalitarios y, de manera curiosa, los híbridos (o los "fuera de esquema").

Duverger caracteriza la morfología de los partidos a partir de una descripción de sus elementos constitutivos y de la manera en que están articulados. En la base están las formas primarias de organización, que pueden ser, dependiendo del tipo de partido, el comité, la sección, la célula o la milicia. Dichas formas primarias se vinculan entre sí de distintas maneras.

En un primer momento hay que distinguir entre los partidos de estructura directa, en que los miembros se afilian directamente, y los de estructura indirecta, en que lo hacen mediante la pertenencia a una asociación —como el sindicato, la cooperativa o la mutualidad— que, a su vez, está integrada a un partido.

Luego, hay que tomar en consideración la forma propia de la articulación. Son tres las dimensiones que cuentan. Primero, la noción de intensidad permite diferenciar la articulación débil de la fuerte. Los partidos de notables suelen apoyarse en una articulación del primer tipo, y los de masas en una del otro tipo. Segundo, la fuerza de los enlaces verticales y horizontales entre los planos que conforman la organización influye sobre su vida interna: un partido en el que predominan los enlaces verticales tiende a ser menos democrático pero más cohesionado que un partido marcado por enlaces horizontales fuertes. Tercero, el grado de distribución del poder entre los niveles jerárquicos del aparato partidista tiene también que ser tomado en consideración: en un partido centralizado las decisiones son tomadas por la dirección central, mientras que en un partido descentralizado éstas son remitidas a unidades de base definidas en términos territoriales, ideológicos o sociales. Así, la naturaleza de la combinación de esas tres dimensiones tiene una fuerte influencia sobre la vida interna de las formaciones políticas.

Las características de la membresía de los partidos y de su grupo dirigente interesan particularmente a Duverger. Los criterios de adhesión (abierta o reglamentada, directa o indirecta), el grado de participación (militantes, simpatizantes y electores) y la naturaleza de dicha participación sirven para definir el carácter de la membresía. Es uno de los aspectos que permiten distinguir entre tipos de partidos.

En cuanto a la dirigencia, Duverger retoma el argumento de Michels: detrás de la aparente democracia de los partidos se perfila una realidad oligárquica, aun si el grado de concentración del poder varía de una agrupación a otra. El modo de selección de los dirigentes permite distinguir entre dos formas de autocracia: la reconocida y la disfrazada. Esta última es la regla en la mayoría de los organizaciones. Muchas veces se expresa por la presencia de una fuerte personalidad en torno a la cual gira la vida partidista. Después de todo, como lo subrayó Weber, hay una dimensión mágica en el proceso electoral que tiende a privilegiar virtudes carismáticas en las democracias de masas. Aun cuando no existe la figura del jefe carismático, el ejercicio del poder hacia adentro supone una cierta dosis de manipulación, una asimetría de recursos entre dirigentes y militantes ordinarios y, frecuentemente, un dualismo entre estructuras formales e informales de poder.

Duverger insiste en la importancia del estudio del "círculo interior" (o de la élite) que tiende a controlar la vida interna de los partidos. Su naturaleza —camarillas, clanes, equipos de dirección, burocracia permanente o escuelas de cuadros—, su composición social en relación con la de la base y su proceso de renovación entendido como ejemplo de carreras moldean la realidad de las organizaciones partidistas. Una fuente de tensión común en el seno de la élite partidista se manifiesta en las relaciones entre el aparato y quienes ostentan cargos de elección popular. Hay situaciones en que los parlamentarios dominan la vida partidista, como suele suceder en los partidos de notables. En otras hay rivalidad —y equilibrio— entre organización y representantes, tal como ocurrió en el periodo de consolidación de los partidos de masas. El caso de los casi desaparecidos partidos comunistas muestra un ejemplo interesante de dominio del partido sobre los parlamentarios. Sin embargo, ya en los albores de la segunda mitad del siglo XX, Duverger constataba que, por el declive de la función legislativa en las democracias, asistíamos a un control siempre mayor del Poder Ejecutivo sobre la vida partidista, especialmente en la grata circunstancia de ser partido de gobierno.

La contribución de Duverger a una sociología de los partidos no se limita al estudio de sus rasgos constitutivos. Explora también la dinámica de los sistemas de partidos y su relación con el desarrollo de las organizaciones partidistas. Allí, también se formulan hipótesis muy sugerentes cuya exposición rebasa sin embargo el marco de este estudio. *Los partidos políticos* continúa siendo una obra de referencia de gran utilidad. Aparte de la formulación de hipótesis que siguen orientando la investigación sobre los partidos políticos, el esfuerzo de conceptuación y comparación realizado dio lugar a un interesante sistema de clasificación. Sin embargo, a pesar de la insistencia de Duverger en identificar las dimensiones informales de esas modernas organizaciones, su descripción reproduce el sesgo normativo de las perspectivas formales y legales del institucionalismo tradicional.

Casi en la misma época, el conductismo —o behaviorismo— con toques de funcionalismo estaba conquistando la ciencia política norteamericana. La compilación de Sigmund Neumann titulada *Modern Political Parties* (1956) refleja la influencia de esas tendencias. Neumann define los partidos como intermediarios entre las fuerzas e ideologías sociales y las instituciones de gobierno. Son organizaciones que permiten la participación en el proceso de toma de decisiones públicas. Cualquiera que sea la vocación, democrática o dictatorial, de las agrupaciones políticas, es posible identificar cuatro funciones comunes a ellas: organización de la voluntad popular (articulación y agregación de intereses), socialización del ciudadano, vinculación entre el gobierno y la opinión pública (comunicación) y selección de los líderes (reclutamiento) (Neumann, 1956: 396-397). A partir de la constatación de que los partidos modernos han dejado de ser órganos de representación individual para ampliar el radio de sus actividades, Neumann agrega también otra función que es la de integración social, la cual adquiere un cariz democrático o totalitario en función del carácter de la agrupación política de que se trate *(ibid.*: 404). Definir los partidos a partir de las funciones que desempeñan en el sistema político constituye en ese momento una innovación.

En cuanto al análisis de las dimensiones de la organización de los partidos, Neumann, que se apoya también en Max Weber, coincide con algunas de las aportaciones de Duverger. La distinción entre formas institucionales y personales del liderazgo, las características sociológicas de la base militante, el tamaño de la organización, las funciones desarrolladas por el partido, el grado de participación de los miembros, la fluctuación en la dirigencia (o "circulación de la élite"), la sucesión de las generaciones y los procesos de selección de los dirigentes constituyen aspectos importantes de la sociología de los partidos. La aportación de Neumann tendrá una gran influencia en el estudio de los partidos políticos desde la perspectiva de la naciente ciencia política comparada estadunidense.

No se puede terminar la revisión de los precursores contemporáneos sin mencionar a Anthony Downs y su *Economic Theory of Democracy* (1957). Aun si Downs no tenía el propósito de desarrollar una teoría de los partidos políticos, sus reflexiones sobre el comportamiento racional del gobierno en la democracia influyeron sobre toda una escuela de pensamiento acerca de los partidos políticos. Como reza el título de su obra, Downs aplica los principios de la economía marginalista al estudio de la política: *grosso modo*, la política en las democracias puede ser estudiada como un juego de oferta y demanda entre actores racionales.

En esa perspectiva, el partido político aparece como una agrupación de individuos que buscan controlar el gobierno mediante la conquista electoral de cargos públicos. Su objetivo principal es la consecución del poder. Todas sus acciones están dirigidas a obtener el mayor número de los votos. La ambición personal desempeña un papel fundamental en la vida partidista. Si bien la función de los partidos es esencialmente social, "sus miembros encuentran motivación en su deseo de [conseguir] ingresos, prestigio y poder asociados a la ocupación de cargos públicos" (Downs, 1957: 35).

Un poco como años antes lo había formulado Ostrogorski, en este modelo los partidos fungen como empresas generadoras de oferta política especializada. Downs concibe los programas e ideologías partidistas como un recurso que sirve para reducir los costos de información del elector. El surgimiento de nuevas ideologías se explica por la creación de nuevas fuentes de oportunidades en el mercado electoral. El trabajo de Downs tuvo una gran influencia en el desarrollo de las perspectivas de la elección racional interesadas en el estudio de la vida partidista, en las teorías espaciales de distribución de la oferta política y en los estudios sobre coaliciones interpartidistas.

Líneas de investigación y debate contemporáneo

Modelos de análisis contemporáneos

El estudio de los partidos políticos ha evolucionado considerablemente desde los primeros intentos de formulación de una teoría general. Hay una creciente división del trabajo y especialización en la selección de los temas. El análisis de los patrones de carreras, la oferta programática, la selección de candidatos, el financiamiento, las bases sociales, las campañas electorales y muchos otros aspectos particulares de la vida partidista se vuelven en sí campos de reflexión y elaboración de teorías parciales. Sin embargo, en la tradición de los primeros intentos de sistematización acerca del fenómeno siguen prevaleciendo escuelas de interpretación general que se distinguen entre ellas por la importancia que dan a un factor específico. Veamos tres de ellas: la de organización, la ideológica y la competitiva.

En *Modelos de partidos* (1982), Angelo Panebianco retoma las principales aportaciones de la teoría de las organizaciones para aplicarlas al estudio de los partidos. Entre lo que él llama "el prejuicio sociológico" —que consiste en identificar los institutos políticos con sus bases sociales— y "el prejuicio teleológico" —que lo asimila a sus fines declarados, es decir, a su ideología—, es preferible abordarlos como sistemas de organización. Dichos sistemas articulan una gran diversidad de fines individuales y tienen por objetivo principal su propia supervivencia.

La clasificación de los partidos políticos se da a partir de la formulación de dos modelos de organización: un modelo racional y otro natural. En el primer caso, la organización se constituye en torno a un objetivo primordial explícito, sus miembros están motivados por la distribución de incentivos colectivos, sus relaciones con el ambiente funcionan en un modo de predominio y su dirigencia tiene un gran margen de maniobra en el diseño de sus estrategias. En el segundo caso, la organización busca sobrevivir mediante el sostenimiento del equilibrio entre una multiplicidad de intereses, sus miembros se vinculan con ella por la obtención de incentivos selectivos, las relaciones con el ambiente están marcadas por la necesidad de una constante adaptación y los dirigentes están constreñidos en su libertad de acción. Entre un modelo y otro media el proceso de institucionalización, que constituye la variable principal en el análisis de Panebianco. Es decir, se desarrolla un interés en el mantenimiento de la organización a la vez que se crea y difunde la lealtad hacia ella. Conservar la institución se vuelve un valor en sí mismo.

¿Cómo se puede definir el modelo de organización de un partido? Primero, por su historia. Tal como lo hicieron antes Ostrogorski, Weber y Duverger, Panebianco otorga un peso particular a las condiciones de origen de los partidos. Conviene distinguir, en el momento de creación, los partidos de penetración y difusión territorial en función del origen central o periférico de su élite inicial; un principio de legitimación externa o interna según haya o no haya subordinación a otra organización, y la presencia o ausencia de fuertes rasgos carismáticos que dependan de la influencia ejercida por el o los padres fundadores en los asuntos del partido. Todo ello pesa de manera notoria en el grado futuro de institucionalización de las agrupaciones políticas. Habrá partidos de institucionalización fuerte y otros de institucionalización débil.

Panebianco propone cinco indicadores para medir la institucionalización de los partidos: la burocratización y centralización de la organización extraparlamentaria, la homogeneidad y semejanza entre subunidades de organización del mismo nivel jerárquico, la correspondencia entre normas estatutarias y esferas de poder real, la existencia de fuentes variadas y constantes de financiamiento y el predominio sobre las organizaciones afiliadas, características cuya presencia habla de un alto grado de institucionalización e incide de manera directa sobre la vida interna del partido, particularmente en términos de configuración de la dirigencia y de cohesión interna.

La perspectiva desarrollada por Panebianco aporta herramientas útiles para estudiar la vida interna de las formaciones políticas. En la tradición de Crozier y Wilson, la organización aparece como un ámbito en el cual se despliegan relaciones asimétricas de poder. Hay recursos, asociados habitualmente a zonas de incertidumbre, que se intercambian entre miembros de la organización. Las zonas de incertidumbre corresponden habitualmente a funciones vitales de los institutos políticos como el manejo de las relaciones con el entorno, el control de los canales de comunicación interna, la elaboración de las normas y procedimientos estatutarios, el reclutamiento de los miembros, la financiación de las actividades y la posesión del saber de la organización.

El control de los recursos es un elemento importante de la lucha por el poder en el seno de los partidos, puesto que las lealtades se crean mediante la distribución de incentivos de carácter colectivo o selectivo. Los primeros tienen que ver con la identidad, la solidaridad y la ideología; los segundos, con el poder, la posición social y el dinero. Las organizaciones partidistas se distinguen por la especificidad de sus estructuras de incentivos: algunas se apoyan más en los colectivos, otras en los selectivos. El uso de la noción de incentivos permite a Panebianco identificar a dos tipos de "interesados" en las organizaciones partidistas, para retomar la expresión de Max Weber: los "creyentes", que se satisfacen principalmente con incentivos colectivos, y los "arribistas", que buscan incentivos selectivos.

La noción de incentivos permite caracterizar la naturaleza de los vínculos entre membresía ordinaria y dirigencia. La lucha por el poder en el seno de los partidos supone la existencia de redes verticales de lealtad entre los diversos líderes y sus respectivos seguidores. La permanente búsqueda de equilibrio y cohesión interna para asegurar la supervivencia de la organización partidista exige a su vez el establecimiento de redes horizontales entre líderes. Entre éstos, prevalece la negociación. Por ello, Panebianco se refiere a las dirigencias partidistas como "coaliciones dominantes" cuya configuración varía en función de la necesidad de contar con equilibrio interno y adaptación a los retos suscitados en el entorno de la organización.

En conclusión, más que proponer una clasificación estática de los distintos tipos de partidos políticos, Panebianco proporciona conceptos que permiten estudiarlos de manera dinámica. La dimensión ideológica ocupa un lugar secundario en su modelo. En el mejor de los casos constituye una de las fuentes de producción de incentivos colectivos. De manera general, sirve para ocultar el carácter interesado de la actividad de los militantes y mantener así la cohesión de la organización. Klaus von Beyme no comparte esa perspectiva.

En su *Political Parties in Western Democracies* (1985), Von Beyme desarrolla una tipología de los partidos a partir del concepto de *familles spirituelles*. Según él, la importancia de la variable ideológica la demuestra el hecho de que, en Europa, sólo los partidos ideológicos han logrado sobrevivir al paso del tiempo. En el inicio había conflictos sociales irreconciliables ("cleavages", según la terminología de Stein Rokkan) que dieron lugar al surgimiento de formaciones políticas con sus respectivas visiones del mundo. Con la consolidación de sistemas democráticos, esas diferencias ideológicas hicieron surgir realidades de organización propias. Para Von Beyme (1985: 29), los partidos son "organizaciones ideológicas que lograron estabilizarse a través del conflicto acerca [de la interpretación] del dogma..."

La pertenencia a una familia espiritual no sólo pone en evidencia la comunidad de rasgos ideológicos, sino que tiende a producir formas de organización semejantes: la estructura de la organización partidista se refleja en la ideología y los programas de los partidos. Así, el desarrollo de la membresía, los métodos de financiación, el origen social de los militantes, el estilo de liderazgo, la composición del electorado y la relación del partido con su ala parlamentaria, entre otras características, coinciden en función del parentesco ideológico.

Von Beyme identifica 10 grandes familias de partidos: liberales-radicales, conservadores, laboristas, agraristas, regionalistas, cristianos, comunistas, fascistas, populistas de derecha y ecológicos. La tipología no es exhaustiva. Tampoco constituye el modelo ideal de consolidación de los sistemas de partido. Hay una parte de verdad en la perspectiva sociohistórica aplicada por Von Beyme. La variable ideológica tuvo un peso importante en la creación de modelos de partidos que luego, sobre todo bajo el impulso de las internacionales partidistas, se difundieron a través de Europa y del mundo. Sin embargo, en las últimas décadas, los cambios en el entorno de los sistemas de partidos y en las condiciones de competencia han favorecido una homogeneización de las características de organización de las agrupaciones políticas, a pesar de las diferencias ideológicas y nacionales.

Con el regreso de la perspectiva de elección racional en la ciencia política actual, la dimensión competitiva adquiere un papel importante en los esfuerzos de formulación de una teoría de los partidos. La tradición iniciada por Anthony Downs encuentra ecos en la obra de Joseph Schlesinger, quien elabora una teoría de los partidos basada en la ambición personal y la competencia electoral (Schlesinger, 1994).

Él parte de la definición de partido formulada por Downs, es decir, "un equipo que busca controlar el aparato de gobierno mediante la conquista de cargos públicos en una competencia electoral debidamente constituida" *(ibid.:* 6). Dicho equipo está formado por los que ocupan y los que esperan ocupar algún día cargos de elección popular. Se supone que el individuo racional que participa en una empresa partidista está motivado por la ambición. En este modelo, los electores actúan como seleccionadores. Sin embargo, para conseguir votos el equipo debe incluir a más individuos aparte de quienes ocupan y buscan cargos. Es cuando aparece el problema de la organización partidista.

Mediante la comparación con otras organizaciones, como la empresa privada, el grupo de interés y la entidad pública, Schlesinger define las características particulares del partido político e identifica sus dilemas de organización. Tal como la empresa privada, el partido se mantiene por una suerte de intercambio mercantil. El campo electoral opera como si fuera un mercado en donde se ofrecen candidatos y políticas a cambio de los votos necesarios para conseguir cargos públicos. Es un mercado imperfecto, puesto que una vez en el poder el partido produce bienes que son accesibles a todos, incluyendo a los que no votaron por él. No obstante, el objetivo principal de la empresa partidista es claramente un objetivo de mercado: ganar. Un partido que no gana y no tiene perspectivas de ganar se enfrenta a la desaparición. Los candidatos ganadores tienden a tener mayor influencia dentro de la organización, así se trate de una organización particularmente sensible a las señales del mercado.

Sin embargo, a diferencia de la empresa privada y a semejanza del grupo de interés y de la dependencia pública, el partido político produce bienes colectivos. Los únicos miembros que consiguen beneficios privados son los que tienen ambiciones electorales: los empresarios políticos. Los otros tienen que ser motivados por un complejo sistema de incentivos que tome en consideración la diversidad de sus objetivos. Pero aun así la membresía de los partidos tiende a ser muy inestable y poco participativa. La diferencia en las ambiciones personales explicaría la tendencia al control oligárquico de las organizaciones partidistas.

Finalmente, en parte a consecuencia de lo anterior, el partido político ofrece compensaciones indirectas. Con muy contadas excepciones, no está en condición de remunerar directamente a sus miembros. Esta particularidad crea dificultades para disciplinar a los participantes y hacer frente de manera continua a las exigencias del mercado. Incrementa también la sensibilidad de los miembros frente a cambios en los objetivos declarados (u oferta política) de la agrupación partidista.

El modelo que desarrolla Schlesinger es no sólo un modelo racional que hace hincapié en la ambición personal, la estructura de oportunidades que ofrece el mercado electoral y la capacidad que tienen las franquicias partidistas de ser vehículos eficientes para el éxito de los ambiciosos. Es también, como lo reconoce indirectamente el propio Schlesinger, un reflejo del sistema de partidos norteamericano, en el cual la organización y disciplina partidistas, así como las ideologías, no tienen un gran peso.

El futuro de los partidos

Se ha vuelto común augurar un futuro poco prometedor para los partidos políticos. Existe una vasta literatura en las ciencias sociales que exalta otras formas de organización y participación políticas. Esas formas de organización, por ejemplo, los llamados "nuevos movimientos sociales", serían más democráticas y auténticas. Sus virtudes se apreciarían en contraste con los vicios de los partidos. También, en la ciencia política se reflexiona a menudo sobre las dificultades experimentadas por los partidos en el desempeño de sus funciones tradicionales de intermediación entre el Estado y la sociedad (Lawson y Merkl, 1988).

Esas críticas reflejan a veces una concepción un poco rígida e idealista del partido político. Una mirada retrospectiva permite apreciar cambios en la naturaleza de los partidos. Max Weber primero y Duverger después habían observado cómo, con la ampliación del sufragio, los partidos de notables tendían a adquirir rasgos de organización propios de los partidos de masas sin perder por ello algunas de sus características distintivas. Más tarde, en un artículo muy difundido, Otto Kirchheimer (1966) llamó la atención sobre la tendencia a la transformación de los partidos ideológicos de masas en partidos electorales "atrapatodo". Recientemente, Peter Mair (1997) introdujo el concepto de partidos de cartel, que resalta el carácter más estatal y cooperativo de la actividad partidista.

La identificación de nuevos modelos de partidos muestra que se trata de organizaciones saludables que tienen una gran capacidad de adaptación a los cambios de su entorno social, económico, cultural y, por supuesto, político. Sin embargo, la mejor respuesta a los profetas que anuncian el fin de los partidos consiste en remitirlos a los escritos pioneros de Ostrogorski y Michels. Nunca existieron partidos políticos ideales, pero los partidos siguen siendo organizaciones imprescindibles para el funcionamiento de la democracia representativa.

BIBLIOGRAFÍA

Aron, Raymond (1965), *Démocratie et totalitarisme*, Gallimard, París.

Beyme, Klaus von (1985), *Political Parties in Western Democracies*, Aldershot, Gower.

Blondel, Jean (1978), *Political Parties. A Genuine Case for Discontent?*, Wildwood House, Londres.

Downs, Anthony (1957), *An Economic Theory of Democracy*, Chicago University Press, Chicago.

Duverger, Maurice (1976), *Les partis politiques*, Librairie Armand Collin, París. (Hay versión en español del FCE: *Los partidos políticos*, 1ª ed., 1957.)

Huntington, Samuel (1968), *Political Order in Changing Societies*, Yale University Press, New Haven.

Janda, Kenneth, y Desmond S. King (1985), "Formalizing and Testing Duverger's Theories on Political Parties", *Comparative Political Studies*, 18 (2), pp. 139-169.

Kirchheimer, Otto (1966), "The Transformation of Western European Party System", en Joseph LaPalombara y Myron Weiner (eds.), *Political Parties and Political Development*, Princeton University Press, Princeton, Nueva Jersey.

Lawson, Kay, y Peter Merkl (eds.) (1988), *When Parties Fail: Emerging Alternative Organizations*, Princeton University Press, Princeton, Nueva Jersey.

Mair, Peter (1997), *Party System Change*, Clarendon Press, Oxford.

Michels, Robert (1983), *Los partidos políticos*, Amorrortu, Buenos Aires.

Neumann, Sigmund (ed.) (1956), *Modern Political Parties*, Chicago University Press, Chicago.

Ostrogorski, Moisei (1982), *Democracy and the Organization of Political Parties*, Transaction, New Brunswick, Nueva Jersey.

Panebianco, Angelo (1982), *Modelos de partido*, Alianza Editorial, Madrid.

Sartori, Giovanni (1980), *Partidos y sistemas de partidos*, Alianza Editorial, Madrid.

Schlesinger, Joseph A. (1994), *Political Parties and the Winning of Office*, The University of Michigan Press, Ann Arbor.

Weber, Max (1983), *Economía y sociedad*, FCE, México.

TEORÍA DEMOCRÁTICA

Isidro H. Cisneros

Definición

La teoría democrática se refiere estrictamente al ámbito normativo de una particular forma de gobierno en que la soberanía y el fundamento del poder político emanan y residen conjuntamente en el pueblo. Los elementos constitutivos de la teoría democrática son, además de la soberanía popular y el Estado de derecho, los criterios de la igualdad y la libertad de los integrantes de la comunidad política. En consecuencia, la teoría democrática constituye un campo de investigación interdisciplinario que analiza comportamientos y decisiones, pero también establece los lineamientos deontológicos de aquella acción política que se orienta por el interés general. La teoría democrática se refiere a los elementos normativos de la democracia no sólo en cuanto forma de gobierno, sino en general como forma de vida colectiva.

Es posible realizar una doble distinción en la teoría democrática. La primera se refiere al conjunto de formulaciones teóricas que caracterizan a la "democracia de los antiguos", o democracia directa, a partir del que se proyecta una concepción de la participación política según la cual entre el ciudadano y el Estado no deben existir intermediarios. Esta primera vertiente de la teoría democrática abarca una larga tradición de pensamiento político que se origina en la Grecia antigua. Entre sus pensadores prevalecía una imagen de la *polis* en que el participante es un deliberante y el término *demos* se presenta con un doble significado: como el conjunto de todos los ciudadanos libres (y, por lo tanto, en contraposición a la oligarquía) y como la parte más numerosa de la población (y, por lo tanto, en contraposición a la aristocracia). Esta vertiente de la teoría democrática llega a la modernidad a través de autores como Jean-Jacques Rousseau y su "libertad como autonomía" o Karl Marx y su "autogobierno de los productores", y representa una concepción teórica en que democracia significa autogobierno del pueblo y prevalece el poder de todos sobre todo. La segunda distinción que interesa en el análisis de la teoría democrática es aquella que establece la primacía de la "democracia de los modernos" o democracia representativa; ésta se caracteriza por la existencia de representantes del pueblo elegidos a través de un conjunto de "reglas del juego" que presuponen a su vez la existencia de un paquete de libertades civiles (de pensamiento, de reunión y de asociación) que garantizan la *libertad del disenso* a través del sufragio universal y de la multiplicación de los órganos representativos.

En su larga trayectoria histórica, la teoría democrática conjuga tanto motivos de método como motivos ideales: de un lado, la democracia como valor y como ideal igualitario que inspira al régimen democrático, y del otro, la democracia como método, es decir, como conjunto de principios que sólo se pueden realizar a través de la formación de la voluntad general. La teoría democrática moderna nace en el siglo XVIII sobre los pasos del movimiento intelectual de la Ilustración, a partir de la cual en el mundo occidental se desarrolla la democracia como forma de gobierno. No existe una teoría democrática que tenga validez para todos los tiempos y lugares.

La teoría democrática, en cuanto teoría política, analiza los procedimientos que caracterizan la relación entre política y poder. La teoría democrática involucra el plano normativo pero también el plano empírico, y por lo tanto puede ser concebida como un conjunto de ideales, normas y preceptos, así como un tipo muy específico de régimen político y de organización institucional. La teoría democrática se relaciona con: *a)* los criterios de legitimidad que fundamentan el poder político; *b)* las dimensiones normativas del "poder del pueblo"; *c)* el funcionamiento real de la democracia; *d)* la secuencia histórica del tipo y grado de democratización que va de la dictadura a la democracia, y *e)* los fines de la política. La teoría democrática ha sido aplicada a un gran número de regímenes políticos a pesar de las fuertes diferencias que existen entre ellos. Para la teoría democrática no basta la definición de la democracia como "gobierno del pueblo", dado que no permite comprender quién es el sujeto políticamente relevante cuando se habla del "pueblo": ¿todos?, ¿la mayoría absoluta?, ¿la mayoría calificada? Entender así la democracia ha dado lugar a una concepción "hiperdemocrática" del "todos" que puede permitir la legitimación de cualquier tipo de régimen político, incluido el ejercicio tiránico del poder.

Norberto Bobbio ha contribuido enormemente a despejar la confusión terminológica existente en la teoría democrática cuando afirma que con el término *democracia* se deben entender sobre todo dos espacios perfectamente diferenciados analíticamente: en primer lugar un complejo de instituciones o de técnicas de gobierno representadas por el sufragio universal, el régimen parlamentario, el reconocimiento de los derechos civiles, así como por el principio de la mayoría y la protección de las minorías; y en segundo lugar un "centro ideal", no los medios o los procedimientos, sino más bien los fines que se quieren alcanzar, los valores que inspiran la democracia y a los cuales ésta se orienta. Para otorgar al régimen democrático su justificación de "superioridad moral" frente a otras formas de gobierno, debemos pasar del juicio de hecho al juicio de valor analizando los fines de la política. El objetivo principal de la teoría democrática consiste en analizar la *fórmula del régimen democrático*, que puede ser resumida en la siguiente máxima: "por un lado, hacer que la libertad concedida a los ciudadanos en lo individual no sea tan amplia que haga imposible la unidad del poder; y por el otro, que la unidad del poder no sea tan compacta que haga imposible la expansión de la libertad". Justamente en este sentido la teoría democrática permite el estudio de una doble dimensión: como conceptuación de un régimen ideal y como reflexión acerca de las realizaciones concretas del principio democrático. La teoría democrática se refiere en modo particular a: *1)* qué cosa es y cómo puede definirse la democracia, y *2)* cuáles son los factores que favorecen su surgimiento, su estabilidad y su eventual fragmentación. La primera pregunta presupone una definición de los regímenes democráticos capaz de presentar sus características esenciales, mientras que la segunda requiere del análisis de la lógica que preside sus estructuras y procesos.

Historia, teoría y crítica

La teoría democrática constituye una reflexión sistemática sobre la naturaleza, los propósitos y las funciones de la democracia como conjunto de normas, valores y prescripciones y como estructura institucional y forma de gobierno. La teoría democrática o, más precisamente, las teorías democráticas han seguido un largo itinerario histórico a través de las obras de los escritores clásicos de la política e integrado una reflexión relativa al ámbito normativo de aquellas formas de gobierno en las cuales la colectividad participa en la toma de decisiones que le conciernen. La teoría democrática es la teoría política de la igualdad de los ciudadanos respecto a la ley. La teoría democrática nace con el contractualismo, según el cual el Estado se origina a partir de un pacto recíproco y libre entre todos los ciudadanos. La teoría moderna sobre la democracia se basa en una idea de la representación política del conjunto de los ciudadanos y, más concretamente, sobre las formas de su participación política, sobre los principios de organización de la regla de mayoría y la división de poderes.

En su largo desarrollo histórico, la teoría democrática ha establecido los principios rectores y la validez ética de los criterios formales y racionales de aquella particular forma de gobierno en que el poder político pertenece al pueblo. Es así como a lo largo del tiempo la teoría democrática ha ofrecido la legitimación racional de un sistema político que se caracteriza por el derecho a la autorrealización y a la felicidad del ser humano como integrante de la comunidad política. La teoría democrática se desarrolló sobre el postulado de la existencia de derechos igualmente compartidos para los integrantes de una colectividad políticamente organizada.

Por otro lado, la teoría democrática tiene que ver con la gestación histórica de esta particular forma de gobierno. Entender el régimen democrático a la luz de sus ejemplos históricos constituye, también, una tarea específica de la teoría democrática. El "uso histórico" de la democracia, como lo denomina Norberto Bobbio, involucra tres tradiciones del pensamiento político: la teoría clásica aristotélica, la teoría medieval de la soberanía popular y la teoría del Estado moderno que se origina con Maquiavelo. Desde la perspectiva histórica, la teoría democrática hace referencia al lugar que este régimen político ocupa en cuanto forma de gobierno en las diversas filosofías de la historia. La teoría clásica de inspiración aristotélica de las tres formas de gobierno es representada por Herodoto, Platón y Aristóteles. En esta teoría la democracia aparece como una de las formas clásicas de gobierno entre la aristocracia, la monarquía y la "política" a la cual correspondería, según Aristóteles, la democracia como forma corrupta. Herodoto la llama "isonomia", que se refiere a la igualdad ante la ley; Platón la define como gobierno del número o de la multitud, al tiempo que la considera como la forma de gobierno menos buena de las formas buenas y la menos mala de las formas malas. Por su parte, la teoría medieval de la soberanía popular es de derivación romana y tiene a su principal representante en Marsilio de Padua. En esta teoría el poder de hacer las leyes —que es en lo que esencialmente consiste el poder soberano— corresponde únicamente al pueblo, el cual atribuye a otros nada más el Poder Ejecutivo, es decir, el poder de gobernar en el ámbito de códigos escritos. Por último, la teoría moderna de la democracia nace con la formación del Estado moderno bajo dos formas históricas: la monarquía y la república. Esta última es posible que se presente tanto en su forma aristocrática como en la democrática. Los principales representantes de esta vertiente moderna se encuentran en diversos momentos y circunstancias históricas: Nicolás Maquiavelo, Juan Althusius, el Barón de Montesquieu, John Locke y Jean-Jacques Rousseau. En la formación histórica de la democracia encontramos que, contra la monarquía, aparece la *res publica*, es decir, la "cosa pública" o "cosa de todos" como una de las expresiones de la democracia. Por este motivo, para los antiguos y los modernos, la democracia es designada generalmente como república y se le coloca en una posición contraria respecto a la monarquía, la dictadura, la aristocracia y la oligarquía.

Para una breve reconstrucción crítica de las teorías y de la historia del concepto es necesario recordar al politólogo italiano Giovanni Sartori, según el cual no existe una sola teoría democrática que tenga validez para todos los tiempos y circunstancias, sino al menos cinco tradiciones de pensamiento que se han desarrollado como parte de la teoría democrática. El primer enfoque analítico estaría representado por la denominada teoría democrática radical, que incluiría las concepciones clásicas de la democracia ateniense de tipo directo; el segundo enfoque se refiere al "nuevo radicalismo" de los años sesenta y setenta; el tercero se disociaría de estas perspectivas para dar vida a la teoría democrática pluralista, representativa de un filón de pensamiento clásico que llega hasta nuestros días y que considera el pluralismo o, mejor, la "poliarquía" como una expresión del orden democrático; la cuarta tradición se refiere a la teoría del elitismo democrático, que aunque nace durante el siglo XIX es representada de manera especial en el XX por Joseph Schumpeter, y, finalmente, una quinta tradición es articulada a partir de la teoría liberal-democrática representada por aquel filón del pensamiento político que se inicia con John Stuart Mill, John Locke y Alexis de Tocqueville. A partir de la segunda Guerra Mundial, con el concepto *democracia* fue posible hacer referencia a un gran número de regímenes políticos a pesar de las hondas diferencias que existieron entre ellos; por lo tanto, por primera vez en la historia de la humanidad el concepto democracia —nos dice Sartori— resultó tan luminoso y tan sagrado que asumió una definitiva sanción de valor, al grado de que actualmente nadie se atreve a profesar —por lo menos abiertamente— doctrinas y posiciones antidemocráticas.

Dentro de la teoría democrática algunos autores, como el politólogo norteamericano Robert Dahl, consideran más apropiado el concepto *poliarquía* como una posible alternativa a la confusión terminológica y a la ambigüedad de otros conceptos, como el de *pueblo*, con el cual etimológicamente la definición de democracia se confunde. Con el término *poliarquía* se designan los elementos de una democracia imperfecta en las sociedades pluralistas contemporáneas. Siguiendo los pasos del pensador político Juan Althusius (*Politica Methodice Digesta*, 1603), Dahl utiliza el término poliarquía en la fundamentación de sus análisis sobre la política contemporánea. En este contexto, el término democracia se reserva para su futura realización ideal. En la poliarquía, la mayoría prevalece sobre la minoría, pero cuenta también la minoría, es decir, se reconoce la capacidad de mando de la mayoría, pero se tutelan al mismo tiempo los derechos de las minorías. La teoría democrática está representada por el conjunto de valores e ideales que constituyen los fines de la acción política en los sistemas pluralistas. Bobbio presenta una definición de la democracia a partir de los valores que la inspiran y a los cuales se orienta. El fin al que hacemos referencia cuando se habla de un régimen organizado democráticamente, sostiene Bobbio, es la igualdad.

LÍNEAS DE INVESTIGACIÓN Y DEBATE CONTEMPORÁNEO

En la teoría democrática contemporánea prevalecen dos interpretaciones sobre la democracia que se relacionan estrechamente entre sí: una es la denominada definición normativa o prescriptiva, y la otra la definición empírica o descriptiva. Más cercana al ámbito de la filosofía política y por lo tanto de carácter deontológico, la teoría democrática hace de la democracia un discurso sobre el "deber ser", esto es, sobre el conjunto de normas y valores que constituyen la concepción de la democracia ideal; contrariamente, la segunda se refiere al llamado funcionamiento real de la democracia. La prescripción es tan importante como la descripción, ya que, como sostiene Sartori, "lo que la democracia es no puede separarse de lo que la democracia debiera ser". Así, una democracia existe sólo mientras sus ideales y valores persisten. Bobbio sostiene que las instituciones y los ideales democráticos son las dos caras de la misma moneda: "las instituciones democráticas son una parte de los ideales democráticos, en cuanto el medio necesario para lograr el fin ideal forma parte del ideal conjuntamente con el fin, pero por sí mismos no agotan el ideal democrático; éste se agota en el fin que deben proponerse los demócratas en su acción política".

Uno de los principales problemas de una correcta caracterización de la democracia consiste en que representa, al mismo tiempo, un problema de edificación histórica. Es menester, en efecto, hacer referencia a un nivel analítico representado por el "uso histórico" de la democracia si deseamos decirlo siguiendo a Bobbio, o por su "evolución" si nos referimos a Sartori. Sintéticamente se puede decir que la evolución de la democracia marca el paso, la transición, de la dictadura a la democracia. A este respecto, el problema principal consiste en caracterizar las diversas propiedades que permiten diferenciar un sistema político democrático de otro sistema no democrático, es decir, evidenciar el grado y el tipo de democracia y, conjuntamente con esto, elaborar una clasificación de los sistemas políticos que debe involucrar una cuestión de hecho, una base empírica que a su vez envía a una representación descriptiva: al cómo son y cómo se han desarrollado los diversos regímenes políticos.

Refiriéndose al ámbito normativo como uno de los elementos analíticos de la democracia, Sartori considera la democracia a partir de un sistema valorativo en la medida en que representa "un sistema ético-político en el cual la influencia de la mayoría es confiada al poder de minorías que compiten y la aseguran a través del mecanismo electoral". Esta definición acentúa los valores y hace de la libre competencia entre las élites por el apoyo político la característica más relevante de la democracia. En este sentido, los valores éticos y políticos constituyen los elementos más importantes que permiten distinguir la "democracia de los antiguos" de la "democracia de los modernos". Esta última, también denominada "liberal-democracia en la moderna sociedad de masas" es —según el autor— la única democracia "posible" en Occidente. El valor más importante de la democracia moderna en la concepción de Sartori es la libertad liberal o "libertad del Estado" como ausencia de impedimento, mientras que la libertad positiva o "libertad en el Estado" entendida como autodeterminación ocupa un lugar secundario. La moderna idea de libertad política es una conquista del Estado liberal, el cual ha encontrado el modo de garantizarla mediante el Estado de derecho y la técnica constitucional. Este tipo de libertad es la "adquisición de valor" más importante que permite distinguir ambos tipos de democracia. En tal perspectiva, la "democracia de los antiguos" se caracteriza, sobre todo, por ser una democracia directa. En efecto, esta forma política tiene por referencia a la *polis* griega, donde las decisiones son tomadas directamente por los mismos interesados; sin embargo, este tipo de democracia solamente es posible, según Sartori (aunque también según Rousseau, quien es considerado el padre teórico de esta concepción de libertad entendida como autonomía), en pequeñas comunidades de las cuales afirma: "es libre la ciudad pero no necesariamente el individuo". Esto significa que el individuo es libre solamente en el momento en el cual expresa su voto; después de esto es obligado a someterse a las decisiones colectivas, ya que sostener que la democracia antigua era el paralelo de la *polis* equivale a decir que era una democracia de tipo directo y no disponemos hoy, sostiene Sartori, "de experiencia alguna de democracia directa del tipo griego. Todas nuestras democracias son indirectas, es decir, son democracias representativas en las que estamos gobernados por representantes, no por nosotros mismos". Así, las directrices normativas clásicas del ideal democrático antiguo son tres: la soberanía popular, la igualdad de poder y el autogobierno. Al contrario, la "democracia de los modernos" tiene un carácter representativo.

Tomando en consideración la complejidad de las sociedades modernas, la definición de la democracia propuesta por Sartori coloca en el centro de su explicación un valor ético-político, y hace depender de la calidad del liderazgo la estabilidad y la permanencia del régimen democrático. Es importante no solamente la existencia de élites que compiten entre ellas por el poder, sino la calidad de las mismas, y también es importante que el proceso de selección se desarrolle con atención al mérito: "elegir seleccionando" constituye la fórmula maestra. En efecto, de acuerdo con esta concepción, el *"ideal-límite"* de la democracia consiste en hacer coincidir el mando con el mérito y la autoridad con la capacidad. Así, el principal criterio de valor de la democracia es representado por la siguiente fórmula: el principio democrático consiste en que nadie puede decidir por sí mismo que él es el mejor. Deben ser los otros quienes así lo consideren: "la democracia moderna tiende a funcionar contando mucho y escogiendo poco. Cuentan los números, no cuentan los valores: la regla del número despoja de valor a la cantidad, y la *'avalutabilidad'* de la cantidad no se desarrolla en el sentido de dar calidad a la cantidad, sino, contrariamente, en el sentido de devaluar la calidad". En este nivel, la imagen de Stuart Mill está presente: la educación para la democracia, según la cual deberían ser elegidos los mejores, los más honestos, los más capaces. En este sentido, lo esencial —según Sartori— es que la *maior pars* sea dirigida y estimulada a buscar la *melior pars*. En síntesis, éstos son algunos de los aspectos más importantes a los que se aboca la teoría democrática en nuestros días y en los que tenemos que seguir profundizando.

BIBLIOGRAFÍA

Bobbio, Norberto (1959), "Quale democrazia?", en *Prospettive di Cultura 1959*, TIGB, Brescia.

────── (1975), "Salvemini e la democrazia", en *Il Ponte*, XXXI, núms. 11-12, noviembre-diciembre, pp. 1254-1278.

────── (1976), "Perché democrazia?", en *Quale socialismo?*, Einaudi, Turín.

────── (1976), *La teoria delle forme di governo nella storia del pensiero politico*, Giappichelli, Turín.

────── (1983), "Democrazia", en *Dizionario di Politica*, UTET, Turín.

────── (1989), *Estado, gobierno y sociedad*, FCE, México.

Cohen, Jean, y Andrew Arato (1992), *Civil Society and Political Theory*, The MIT Press, Cambridge.

Dahl, Robert (1981), *Poliarchia. Partecipazione e opposizione nei sistemi politici*, Franco Angeli, Milán.

Hirs, Paul (1999), *Dallo statalismo al pluralismo. Saggi sulla democrazia associativa*, Feltrinelli, Milán.

Huntington, Samuel (1991), *The Third Wave. Democratization in the Late Twentieth Century*, University of Oklahoma Press, Oklahoma.

Kelsen, Hans (1981), *La democrazia*, Il Mulino, Bolonia.

Lijphart, Arend (1988), *Le democrazie contemporanee*, Universale Paperbacks, Il Mulino, Bolonia.

Sartori, Giovanni (1968), "Democracy", en *International Encyclopedia of the Social Sciences* (David L. Sills, ed.), vol. 4, The MacMillan Co., Nueva York, pp. 112-120.

────── (1987), *Democrazia e definizioni*, Il Mulino, Bolonia.

────── (1989), *Teoría de la democracia*, 2 vols., Alianza Universidad, México.

────── (1993), *Democrazia. Cosa è*, Rizzoli, Milán.

TEORÍA ELECTORAL

Juan Molinar Horcasitas / Rafael Vergara Tenorio

Definición

La investigación sobre la conducta del votante mexicano, que era escasa hace apenas un par de décadas, hoy es abundante. En este estudio utilizamos dos criterios de clasificación para ordenar esa vasta masa de información. El primer criterio, de índole teórica, divide estos estudios según su enfoque analítico. El segundo, de tipo metodológico, los agrupa atendiendo al tipo de datos que utilizan. Conforme al criterio teórico, dividimos los estudios electorales en cuatro tipos. El primero de ellos es el que denominamos *descriptivo*, que busca definir cómo se vota sin avanzar mucho en el porqué. Los otros tres enfoques, que denominamos *sociologista*, *psicologista* y *racionalista*, intentan explicar las decisiones electorales y no sólo dar su descripción. El criterio medotodológico, por su parte, distingue los estudios que usan datos agregados de los que usan datos desagregados o individuales. En total, combinando estos dos tipos de estudios con los cuatro enfoques del criterio teórico, identificamos ocho tipos de estudios.

Historia, teoría y crítica

Los enfoques electorales estadunidenses y su adaptación en México

Aunque es indudable que el análisis electoral en México muestra un importante retraso con respecto al estado de la disciplina en los Estados Unidos o algunos países europeos, también es notorio el hecho de que en términos generales hemos seguido una ruta relativamente similar a la norteamericana, tal como lo describieron Peter Rossi o Jack Dennis.

Según Rossi, la evolución de la academia norteamericana estuvo marcada por cuatro grandes etapas. La primera es la de estudios meramente descriptivos, la segunda corresponde a la oleada sociologista de la llamada Escuela de Columbia, la tercera abarca la segunda generación de los estudios de esa escuela, y la cuarta se inicia con los análisis sociopsicológicos de la Escuela de Michigan.

Años después, en otra investigación sobre el mismo tema, Jack Dennis reclasificó los estudios electorales estadunidenses. Para empezar, omitió la primera etapa que identificaba Rossi y después subsumió la segunda y la tercera en una sola, que denominó la Escuela de Columbia o enfoque sociodemográfico. La cuarta etapa de la clasificación de Rossi aparece como tercer enfoque en el estudio de Dennis, identificado como Escuela de Michigan o enfoque sociopsicológico. Dennis identificó además un cuarto enfoque, que indistintamente denominó "downsiano", positivo, economicista o racional.

A diferencia de Rossi, el análisis de Dennis no considera que estas tres escuelas se sucedan una a otra en un proceso de acumulación y desarrollo. Por el contrario, Dennis afirma que los tres enfoques permanecen activos, con agendas de investigación propias y distintas. Más aún, Dennis preveía, acertadamente, que en el corto plazo lo más probable era que los tres enfoques continuarían sus propias agendas de investigación, sin resolver las diferencias que existiesen entre ellos. Estos dos análisis del desarrollo de la investigación electoral norteamericana nos han servido para hacer la misma tarea en el caso de México.

En este artículo combinamos las ideas de Rossi y Dennis para aplicarlas al desarrollo de la investigación sobre el votante en México. De Rossi recuperamos la identificación de un enfoque básicamente descriptivo, que en México continúa desarrollándose con frecuencia. De Jack Dennis tomamos dos ideas: primero, la identificación de los tres enfoques, sociologista, psicologista y racionalista, y después la idea de que en vez de que se diera un proceso lineal de acumulación académica, los cuatro enfoques alternativos continúan su propio curso de desarrollo, a veces sin tener mucho contacto entre ellos y a veces entremezclados en un fuerte eclecticismo, pero sin que se planteen en el horizonte esfuerzos unificadores o competitivos.

Los enfoques en México

De acuerdo con esta división, empezaremos por abordar el enfoque *descriptivo*, que corresponde ciertamente a la fase inicial del desarrollo de las investigaciones sobre la conducta electoral mexicana, así como a un menor desarrollo de la disciplina, tanto en sus aspectos documentales como metodológicos y teóricos.

Las primeras tareas de los estudiosos electorales en México consistían fundamentalmente en producir los datos básicos, pues la estadística electoral mexicana era muy deficiente. Por ejemplo, en el caso de elecciones federales prácticamente no hay datos electorales desagregados a nivel distrital para el periodo previo a 1964. De hecho, para consultar datos a nivel distrital, o para obtener datos de elecciones estatales a nivel municipal, la fuente básica de consulta era, hasta hace poco, el Centro de Estudios Electorales de la UAM-Iztapalapa.

Con el tiempo este enfoque continuó desarrollándose y, hoy en día, encontramos una vasta producción de estudios descriptivos que podemos dividir en subtipos tales como elecciones federales específicas, monografías estatales y diversos análisis de la geografía electoral. Las publicaciones y los estudios de los comicios federales abundan cada vez más, y los estudios sobre elecciones estatales han ido cobrando auge. De hecho, algunos autores han desarrollado este enfoque refinando los instrumentos de medición y descripción, aunque continúen sin ofrecer explicaciones causales sobre la decisión de votar.

Asimismo, hay que decir que el enfoque descriptivo también se encuentra con frecuencia en estudios que utilizan datos desagregados a nivel individual. Un ejemplo son las encuestas de opinión pública, que se han convertido en un instrumento cada vez más utilizado para conocer el sentir de los individuos sobre los asuntos públicos. Con la ayuda de las encuestas sobre preferencias electorales ha sido posible obtener mejores datos acerca del comportamiento electoral en nuestro país.

Finalmente, aun cuando estos trabajos solamente describen al electorado sin dar explicaciones teóricas sobre su conducta, contribuyen al avance de la investigación al menos de dos maneras: proveyendo datos muy valiosos que solamente pueden obtenerse a través de encuestas e identificando los patrones sistemáticos de conducta que merecen ser explicados.

A pesar de las limitaciones en el acceso a la información, la comunidad académica dedicada al estudio de la conducta electoral en México ha podido pasar de los estudios meramente descriptivos hacia investigaciones más ambiciosas, que clasificamos bajo las categorías de enfoques sociológico, psicológico y racionalista.

Los argumentos sociologistas plantean que la conducta electoral es fundamentalmente una conducta grupal. El estatus social de los individuos determina las preferencias partidistas. En cambio, el enfoque psicologista afirma que los valores y las preferencias políticos de los individuos se forman durante el periodo de socialización temprana, es decir, en la niñez, especialmente en el contexto de la familia; y después, que esos valores y preferencias tienen poca variación a lo largo de la vida de una persona. Ambos enfoques tienden a demandar niveles de desagregación de datos opuestos: los sociologistas, como asumen actores sociales colectivos, suelen basarse también en datos agregados, mientras que los psicologistas requieren de datos individuales.

El cuarto enfoque postula que los actores políticos son individuos y que sus decisiones son comprensibles bajo supuestos de conducta racional. Según estas premisas, podemos advertir que el enfoque racionalista se distingue del sociologista porque aunque no niega la existencia de una acción colectiva, ésta parte del individuo para explicarla; y se separa del enfoque psicologista pues se supone simplemente que el elector decide de acuerdo con sus preferencias, de acuerdo con la información disponible y las alternativas existentes.

En los estudios sobre la conducta del votante mexicano se han ido incorporando nuevos enfoques y nuevos métodos. Inicialmente, sólo se producían estudios basados en descripciones simples de frecuencias básicas; después se fue pasando al uso de tablas cruzadas; de ahí a modelos de regresión bivariados, hasta llegar a modelos cada vez más complejos que utilizan regresiones múltiples o logísticas.

A continuación presentamos una breve sinopsis del desarrollo de cada uno de estos enfoques identificados.

El primero de ellos, el enfoque *sociologista*, ha dominado la investigación académica sobre el voto en México. En él se asume que los sujetos de la acción social son grandes agregados, ya sean regionales o grupales —especialmente clases—, y por ello se supone que la decisión de votar es una acción colectiva. Así, la mayoría de las investigaciones realizadas bajo este enfoque se basan en datos agregados, aunque hay algunas hechas con datos individuales.

El desarrollo de este enfoque ha tenido grandes facetas. A finales de los sesenta, surgieron hipótesis cercanas a la teoría de la modernización, que vinculaban las preferencias electorales con la categoría urbana o rural, el nivel de escolaridad y el ingreso medio de los grupos. Sin embargo, la metodología que se utilizó era una metodología cuantitativa poco desarrollada. Posteriormente, durante la década de los setenta fueron surgiendo trabajos que revisaron hipótesis similares con instrumentos metodológicos y estadísticos cada vez más complejos. Si examinamos con cuidado estas investigaciones, encontraremos que en los estudios con datos agregados la variable más importante para explicar las bases de los partidos electorales ha sido la que distingue entre rural y urbano. En los estudios de corte sociológico el carácter urbano o rural de los distritos electorales es el elemento que explica las bases sociales de los partidos. Por otra parte, a nivel estatal, este tipo de investigaciones repite los mismos supuestos, pero en lugar de definir los agregados por medio de regiones o estados usa el municipio como unidad básica de estudio.

Recapitulando, cuando hacemos un balance de las aportaciones del enfoque sociologista basado en datos agregados, habría que decir que constituyó la columna vertebral de los estudios electorales mexicanos durante un par de décadas, y que todavía tiene mucho que hacer y decir al respecto. Sin embargo, en muchas ocasiones se traspasaron los límites que los métodos agregados fijaban a estos estudios. Particularmente, el problema principal de los enfoques sociológicos no es tanto teórico, sino metodológico, es decir, está en relación con las falacias de agregación o ecológicas. Lo anterior se refiere a que el uso de datos agregados para llegar a conclusiones sobre conductas particulares puede generar interpretaciones falaces si no limitamos, con cuidado, los resultados al alcance que los datos pueden aportar.

La segunda clasificación, el enfoque *psicologista* del análisis electoral, surge vinculado con el concepto de "identificación partidaria" que se desarrolla en los Estados Unidos. Esta corriente de análisis afirma que la decisión de votar está determinada por una vinculación afectiva por parte el individuo hacia un grupo, símbolo u objeto.

En México, el desarrollo de la escuela psicologista sustituye el concepto de "identificación partidaria" por el de "cultura política" como el eje de los modelos de explicación causal. Este cambio se debe a que la hegemonía de un solo partido y el carácter no competitivo de las elecciones prácticamente despojaron de todo sentido al concepto de "identificación partidaria", entendido como una relación afectiva separada y distinta de la decisión de votar. El enfoque psicologista en nuestro país buscó explicar la conducta electoral y, en particular, la elección de un partido por los electores con base en un conjunto de actitudes y predisposiciones afectivas y psicológicas que conforman el concepto de "cultura política". Es importante decir que estos estudios se llevan a cabo casi siempre con datos desagregados que se obtienen de las encuestas de opinión.

Los estudios de corte psicologista casi siempre tratan de medir la información política de los individuos para después utilizarla como indicadores de la cultura política. La mayoría de las veces estos indicadores muestran que los individuos tienen poco conocimiento de los asuntos públicos y escasa información política. Por esto, muchos de los investigadores concluyen que la cultura política de los mexicanos es deficiente. De acuerdo con lo anterior, uno de los aspectos que distinguen al enfoque psicologista es asumir que la decisión de votar es básicamente afectiva, irracional, y presenta como prueba de irracionalidad la falta de información o la inconsistencia ideológica del votante.

Para concluir con esta revisión, explicaremos el enfoque *racionalista*, que es relativamente nuevo en los estudios electorales en México. El principal supuesto de este enfoque se basa en la conducta racional del elector. Esto quiere decir simplemente que el elector es capaz de identificar sus preferencias entre las opciones partidarias que se le presentan, y que elige de acuerdo con esas preferencias. Dentro del contexto de racionalidad, el elector vota por los partidos o candidatos que más beneficios le puedan dar. Lo anterior implica que los votantes son capaces de asignar eficientemente los medios de que disponen para decidir su voto, y para ello obtienen información de muy bajo costo sobre la utilidad que uno u otro candidato o partido le pueden significar.

Para llevar a cabo sus explicaciones, este tipo de estudios utiliza información a nivel individual y generalmente modelos estadísticos más complejos.

Los estudios racionalistas en México son más tardíos por varias razones. Una de ellas, y quizá la más importante, es que en las décadas de los sesenta y setenta, el uso de encuestas de opinión en la investigación sociológica y politológica no tuvo gran impulso, pues las disciplinas sociales estaban fuertemente dominadas por enfoques basados en teorías estructurales en las cuales los actores sociales eran siempre agentes colectivos.

Por otro lado, cabe señalar que hasta hace pocos años las encuestas en México eran instrumentos poco aplicados al estudio o la práctica de la política. De 1988 a la fecha esa tendencia ha empezado a cambiar. De hecho, el uso de encuestas de opinión ha pasado por tres etapas en nuestro país. Durante la primera, que corresponde a las décadas de 1960 y 1970, casi todas las encuestas de opinión fueron realizadas por investigadores norteamericanos. En la segunda etapa, que abarca la década de los ochenta, aparecen las primeras encuestas específicamente electorales realizadas en México por investigadores nacionales. Sin embargo, dichas encuestas todavía encontraron un entorno adverso para su realización, pues los medios masivos de comunicación, salvo algunas excepciones, veían con reservas la utilización de estos instrumentos. Además, los conteos rápidos y las encuestas de salida hallaban obstáculos de carácter político provenientes de la Secretaría de Gobernación. Esto trajo como consecuencia que se desalentara la formación de centros de opinión en las universidades mexicanas y que el financiamiento de encuestas políticas a nivel nacional se dificultara.

Es a partir de 1988 cuando se abre la tercera etapa sobre las encuestas de opinión. Ésta corresponde al surgimiento de un importante mercado de encuestas político-electorales. Durante el sexenio 1988-1994 se fue haciendo más común la publicación de encuestas electorales en revistas y periódicos, al grado de que se formó un mercado de encuestas relativamente competido.

Por otra parte, la autoridad electoral en los últimos años ha modificado su política de información y busca alcanzar la imagen de ser una fuente de datos confiable y más accesible.

Cabe destacar que los modelos racionales no necesariamente utilizan la economía como base de sus explicaciones, pero que, dentro del enfoque racionalista, existe una subdivisión de estudios que utiliza las condiciones macroeconómicas como fuente de explicación de la conducta electoral.

LÍNEAS DE INVESTIGACIÓN Y DEBATE CONTEMPORÁNEO

En las páginas anteriores hemos mostrado el avance de los estudios electorales mexicanos. Desde luego, es evidente que en los últimos años se ha observado un desarrollo importante en aspectos metodológicos. En algunos casos el avance se expresa en una mejora de la calidad de los datos, en el empleo de índices e indicadores más refinados, en el perfeccionamiento de los métodos de muestreo o en el uso de instrumentos de análisis estadísticos más avanzados. En este último caso, por ejemplo, el uso de métodos de regresión múltiple, de modelos multinominales y logísticos, que prácticamente no existía antes de la década de los noventa, ahora se ha hecho bastante común.

Por otra parte, también es notable el predominio de dos enfoques en la academia mexicana especializada en asuntos electorales: el descriptivo y el sociológico. Cerca de dos terceras partes de todos los estudios publicados pertenecen a alguno de estos enfoques. Sin embargo, en el medio se observa con claridad el mismo fenómeno que Dennis advirtió en el desarrollo de la academia estadunidense: los diversos enfoques no se suceden unos a otros de manera lineal, ni entablan un intercambio cooperativo o competitivo de teorías e hipótesis, sino que conviven de una manera más o menos ecléctica y, hasta cierto punto, desordenada.

BIBLIOGRAFÍA

Almond y Verba (1963), *The Civic Culture*, Princeton University Press, Princeton.

Alonso, Jorge (ed.) (1994), *Cultura política y educación cívica en México*, Centro de Investigaciones Interdisciplinarias en Humanidades, UNAM-Miguel Ángel Porrúa, México, pp. 259-367.

———, y Jaime Tamayo (1994), *Elecciones con alternativas: algunas experiencias en la República Mexicana*, Centro de Investigaciones Interdisciplinarias en Humanidades, UNAM-La Jornada, México.

Alvarado, Arturo (ed.) (1987), *Electoral Patterns and Perspectives in Mexico*, Center for US-Mexican Studies, UCSD, San Diego, Cal.

Ames, Barry (1970), "Bases de apoyo del partido dominante en México", *Foro Internacional*, vol. XI, núm. 1, julio-septiembre, pp. 50-76.

Aziz Nassif, Alberto (1994), *Chihuahua: historia de una alternativa*, La Jornada y CIESAS, México.

———, y Jacqueline Peschard Mariscal (1992), *Las elecciones federales de 1991*, Centro de Investigaciones Interdisciplinarias en Humanidades, UNAM-Porrúa, México.

Barberán, J., C. Cárdenas, A. López y J. Zavala (1988), *Radio-*

grafía del fraude. Análisis de los datos oficiales del 6 de julio, Nuestro Tiempo, México.

Berelson, Bernard, Paul Lazarsfeld y William McPhee (1954), *Voting*, Chicago University Press, Chicago.

Blough, William (1967), *Political Participation in Mexico: Sex Differences in Behavior and Attitudes*, tesis doctoral, University of North Carolina.

Brophy-Baermann, Michelle (1994), "Economics and Elections: The Mexican Case", *Social Science Quarterly*, vol. 75, núm. 1, marzo, pp. 125-135.

Burnstein, Paul (1977), "Social Structure and Individual Political Participation in Five Countries", *American Journal of Sociology*, vol. 77, núm. 6, pp. 1087-1110.

Cameron, D., J. Hendricks y R. Hofferbert (1972), "Urbanization, Social Structure and Mass Politics: A Comparison within Five Countries", *Comparative Political Studies*, vol. 5, núm. 3, octubre, pp. 259-290.

Campbell, Angus, Phillipe Converse, Warren Miller y Donald Stokes (1960), *The American Voter*, Wiley, Nueva York.

———, Gerald Gurin y Warren Miller (1954), *The Voter Decides*, Row, Peterson, Evanston, Illinois.

Coleman, Kenneth M. (1976), *Difusse Support in Mexico: The Potential for Crisis*, Sage Publications (Professional Paper in Comparative Politics), Beverly Hills.

——— (1972), *Public Opinion in Mexico City about the Electoral System*, North Carolina University Press, Chapell Hill.

Cornelius, Wayne (1975), *Politics and the Migrant Poor in Mexico City*, Stanford University Press, Stanford.

Davis L., Charles (1976), "The Mobilization of Public Support for an Authoritarian Regime: The Case of the Lower Class in Mexico City", *American Journal of Political Science*, vol. XX, núm. 4, noviembre, pp. 653-670.

———, y Kenneth M. Coleman (1994), "Neoliberal Economic Policies and the Potential for Electoral Change in Mexico", *Mexican Studies/Estudios Mexicanos*, vol. 10, núm. 2, verano, pp. 341-370.

——— (1982), "Electoral Change in the One Party Dominant Mexican Polity", *Journal of Developing Areas*, vol. 16, núm. 2, pp. 523-541.

Dennis, Jack (1991), "The Study of Electoral Behavior", en *Political Science Looking to the future*, vol. III: *Political Behavior*, ed. por William Grattz, Northwestern University Press, pp. 51-89.

Domínguez, Jorge, y James A. McCann (1996), *Democratizing Mexico*, The Johns Hopkins University Press, Baltimore.

Downs, Anthony (1957), *An Economic Theory of Democracy*, Harper & Brothers, Nueva York.

Estévez, Federico, y Mario Ramírez R. (1985), "Leña del árbol caído: el cambio socioeconómico y la dirección del voto", *Estudios Políticos*, Nueva Época, vol. 4, núm. 1, enero-marzo, pp. 41-53.

Fundación Arturo Rosenblueth (1994), *Democracia 94, Sistema de Información Geoestadístico*, La Jornada, México.

——— (1988), *Reporte. Geografía de las elecciones presidenciales*, México.

Furtak, Robert K. (1969), "El Partido Revolucionario Institucional: integración nacional y movilización electoral", *Foro Internacional*, vol. 9, núm. 2, pp. 339-353.

Gómez Tagle, Silvia (coord.) (1993), *La recuperación oficial: las elecciones de 1991*, La Jornada-GV Editores, México.

——— (1992), "Balance de las elecciones de 1991 en México", *Revista Mexicana de Sociología*, año 54, núm. 1, enero-marzo, pp. 253-287.

González Casanova, Pablo (ed.) (1994), *La República Mexicana. Modernización y democracia de Aguascalientes a Zacatecas*, La Jornada (colección La democracia en México), México.

González Casanova, Pablo (ed.) (1990), *México: el 6 de julio de 1988. Segundo informe sobre la democracia en México*, Siglo XXI (Biblioteca México: estudios y perspectivas), México.

——— (1988), *Primer informe sobre la democracia en México. México 1988*, UNAM, México.

——— (1985), *Las elecciones en México, evolución y perspectivas*, IIS-UNAM-Siglo XXI, México.

——— (1965), *La democracia en México*, Era (1983, 14ª ed.), México.

González Graf, Jaime (ed.) (1988), *Las elecciones de 1988 y la crisis del sistema político mexicano*, Instituto Mexicano de Estudios Políticos-Diana, México.

Guillén López, Tonatiuh (1989), "La cultura política y la elección presidencial de 1988. Hacia un análisis del neocardenismo", *Frontera Norte*, vol. 1, núm. 1, enero-junio, pp. 125-150.

Instituto Federal Electoral (1997), *Estadística de las elecciones federales de 1997. Compendio de resultados*, IFE, México.

——— (1995), *Estadística de las elecciones federales de 1994. Compendio de resultados*, IFE, México.

——— (1993), *Memorias del proceso electoral federal de 1991*, 6 tomos, IFE, México.

Kaufman, Clifford (1972), "Urbanization, Material Satisfaction and Mass Political Involvement: The Poor in Mexico City", *Comparative Political Studies*, vol. 4, núm. 3, octubre.

Key, V. O., Jr. (1966), *The Responsible Electorate. Rationality in Presidential Elections*, Harvard University Press, Cambridge.

——— (1959), "Determinism and Electoral Decision: The Case of Indiana", en Eugene Burdick y Arthur Brodbeck (eds.), *American Voting Behavior*, The Free Press, Glencoe, Illinois, pp. 281-299.

Klesner, Joseph L. (1995), "The 1994 Mexican Elections: Manifestation of a Divided Society?", *Mexican Studies/Estudios Mexicanos*, vol. 11, núm. 1, invierno, pp. 137-149.

——— (1993), "Modernization, Economic Crisis, and Electoral Alignment in Mexico", *Mexican Studies/ Estudios Mexicanos*, vol. 9, núm. 2, verano, pp. 187-233.

Kramer, Gerald H. (1983), "The Aggregate-versus Individual-Level Findings on Economics and Elections, and Sociotropic Voting", *The American Political Science Review*, vol. 77, pp. 92-111.

Lazarsfeld, Paul, Bernard Berelson y Hazel Gaudet (1948), *The People's Choice*, Columbia University Press, Nueva York.

Leal, J., J. Peschard y C. Rivera (1988), *Las elecciones federales de 1988 en México*, Facultad de Ciencias Políticas y Sociales, UNAM, México.

Lehr, G. Volker (1985), "Modernización y movilización electoral 1964-1976. Un estudio ecológico", *Estudios Políticos*, vol. 4, núm. 1, enero-marzo, pp. 54-61.

Lima, Consuelo, y Monique R. Godbout (1988), "Movilidad electoral y modernización en México: 1961-1985", *Revista Mexicana de Sociología*, año 50, núm. 2, abril-junio, pp. 125-160.

Loaeza, Soledad (1986), "Julio de 86: la cuña y el palo", *Nexos*, núm. 103, julio, pp. 19-27.

López Moreno, Javier (1987), *Elecciones de ayer y de mañana*, Costa-AMIC, México.

Magaloni K., Beatriz (1994), "Elección racional y voto estratégico: algunas aplicaciones para el caso mexicano", *Política y Gobierno*, vol. 1, núm. 2, segundo semestre, pp. 309-344.

Martínez Assad, Carlos (coord.) (1992), *La sucesión presidencial en México, 1928-1988*, Nueva Imagen, México.

Mercado G., Lauro, y Leo Zuckermann B. (1994), "La encuesta a la salida de las casillas. Un vencedor más del 21 de agosto", *Nexos*, septiembre.

Molinar Horcasitas, Juan (1987), "Regreso a Chihuahua", *Nexos*, marzo, pp. 21-32.

——— (1985), "Elecciones mexicanas, ¿qué sabemos?", *Estudios Políticos*, Nueva Época, vol. 4, núm. 1, enero-marzo, pp. 26-40.

———, y Jeffrey Weldon (1994), "Programa Nacional de Solidaridad: determinantes partidistas y consecuencias electorales", *Estudios Sociológicos*, vol. XII, núm. 34, pp. 153-181.

——— (1990), "Elecciones de 1988 en México: crisis del autoritarismo", *Revista Mexicana de Sociología*, año 52, núm. 4, octubre-diciembre, pp. 229-262.

Moreno, Alejandro (1993), "Agosto de 1991. ¿Por qué se votó por el PRI?", *Este País*, diciembre, pp. 26-28.

Nie, Norman, Powell, Bingham y Kenneth Prewitt (1969), "Social Structure and Political Participation: Developmental Relationships. I", *The American Political Science Review*, vol. LXIII, núm. 2, junio, pp. 361-378.

Opinión Profesional (1991), "Las elecciones y la opinión pública", *Nexos*, agosto, pp. 27-38.

Osorio Marbán, Miguel (1987), *Partidos y organizaciones políticas en México*, Cámara de Diputados, LIII Legislatura, México.

Pacheco, Guadalupe (1992), "Urbanización, elecciones y cultura política. El Distrito Federal de 1985 a 1988", *Estudios Sociológicos*, vol. 10, núm. 28, pp.177-218.

——— (1986), *El PRI y los procesos electorales de 1961 al 1985*, UAM-Xochimilco (Breviarios de la Investigación), México.

Pérez, Germán, Arturo Alvarado y Arturo Sánchez (coords.) (1995), *La voz de los votos: un análisis crítico de las elecciones de 1994*, Porrúa-FLACSO, México.

Peschard, Jacqueline (1995), "La explosión participativa: México, 1994", *Estudios Sociológicos*, vol. XIII, núm. 38, mayo-agosto, pp. 341-370.

——— (1988), "Las elecciones en el Distrito Federal, 1964-1985", *Estudios Sociológicos*, vol. VI, núm. 16, enero-abril, pp. 67-102.

Popkin, Samuel L. (1991), *The Reasoning Voter. Communication and Persuasion in Presidential Campaigns*, Chicago University Press, Chicago.

Ramírez Rancaño, Mario (1977), "Estadísticas electorales presidenciales", *Revista Mexicana de Sociología*, vol. XXXIX, núm. 1, enero-marzo, pp. 271-299.

Reyna, José Luis (1971), *An Empirical Analysis of Political Mobilization: The Case of Mexico*, tesis doctoral, Cornell University, Ithaca, Nueva York.

Rice, Stuart A. (1928), *Quantitative Methods in Politics*, Knopf, Nueva York.

Rossi, Peter H. (1959), "Four Landmarks on Voting Research", en Eugene Burdick y Arthur J. Brodbeck, *American Voting Behavior*, The Free Press, Glencoe, Illinois.

Sánchez Gutiérrez, Arturo (comp.) (1994), *Elecciones a debate, 1988. Las actas electorales perdidas*, Diana, México.

——— (1992), *Las elecciones de Salinas. Un balance crítico a 1991*, Plaza y Valdés-FLACSO, México.

Segovia, Rafael (1980), "Las elecciones federales de 1979", *Foro Internacional*, núm. 20, enero, pp. 397-410.

——— (1975), *La politización del niño mexicano*, El Colegio de México (Colección Centro de Estudios Internacionales, 14), México.

——— (1974), "La reforma política; el Ejecutivo federal, el PRI y las elecciones de 1973", *Foro Internacional*, vol. 14-3, enero-marzo, pp. 305-330.

Tamayo, Jaime, y Leonardo Valdés (coords.) (1991), *Movimientos políticos y procesos electorales en México*, Universidad de Guadalajara, Guadalajara.

Tarrés, María Luisa (1994), "Demandas democráticas y participación electoral en la ciudad de México: dos estudios de caso", *Revista Mexicana de Sociología*, año 56, núm. 4, octubre-diciembre, pp. 185-207.

Valdés, Leonardo (coord.) (1994), *Elecciones y partidos políticos en México, 1993*, UAM-Iztapalapa, México.

Von Sauer, Franz A. (1992), "Measuring Legitimacy in Mexico: An Analysis of Public Opinion During the 1988 Presidential Campaign", *Mexican Studies/Estudios Mexicanos*, vol. 8, núm. 2, verano, pp. 259-280.

Walton, John, y Joyce Sween (1973), "Urbanization, Industrialization and Opposition Party Support", *Social Science Quarterly*, vol. 52, núm. 3, diciembre.

Zavala, Iván (1991), "Factores sociales de la votación por Carlos Salinas de Gortari", *Estudios Políticos*, Tercera Época, núm. 8, octubre-diciembre, pp. 43-54.

TEORÍA POLÍTICA

Judit Bokser-Liwerant

Definición

Se entiende por teoría política la reflexión congruente, lógica y sistemática que busca la explicación, comprensión e interpretación de la realidad política a través de un conjunto de proposiciones relacionadas entre sí y que conforman una red conceptual coherente. La teoría constituye la esfera en la que se desarrollan y relacionan ideas y planteamientos, por lo que opera como matriz en cuyo seno se interrelacionan las elaboraciones conceptuales y las hipótesis. De hecho, es el ámbito de la teoría el que puede permitir el diálogo entre diferentes enfoques que comparten denominadores comunes a la vez que exhiben divergencias y contradicciones. En este sentido, la teoría política constituye una dimensión clave en la diversificación de enfoques que definen el estudio de la política y el desarrollo de la ciencia política. Hoy más que nunca la ciencia política ha establecido un compromiso con el pluralismo teórico, toda vez que una de las más destacadas características de la teoría política es su diversidad, tal como se manifiesta en la gran variedad de corrientes y escuelas de pensamiento que concurren para ampliar el conocimiento de la política y de lo político desde diferentes perspectivas.

En efecto, las teorías varían de acuerdo con las diferentes formas de entender el objeto de estudio propio de la ciencia política y según las orientaciones metodológicas que definen las reglas y procedimientos para crear y validar el conocimiento. De igual modo, varían de acuerdo con los presupuestos básicos en torno a la naturaleza y dinámica de la política y, ciertamente, con el tipo y alcance de la empresa teórica que debe llevarse a cabo, es decir, el ámbito específico de la formulación y sistematización teórica.

De este modo, la generación del conocimiento en torno a la política ha dado lugar a la configuración de diferentes áreas de reflexión o de formalización del conocimiento. El formal propiamente dicho, define proposiciones fundamentales respecto a la naturaleza de la sociedad en su conjunto —en la que queda incluida la dimensión política—, las cuales tienen pretensión universalista. El aspecto sustantivo, caracterizado por un acercamiento a dimensiones o aspectos de la sociedad más específicos o acotados, ha dado lugar al desarrollo de las teorías de rango medio, y mostrado, ciertamente, un amplio potencial de ramificaciones y de interacciones a la luz de la creciente importancia de la complejidad y diferenciación sociales. Por último, el aspecto empírico, abocado fundamentalmente al análisis factual, se inserta e interactúa con los niveles previos para no verse reducido al exclusivo quehacer de correlacionar variables como sustituto de la explicación. En este sentido, todo conocimiento científico maduro es teórico. Esto no significa que los hechos no importen, sino que deben ordenarse en alguna forma para que podamos advertir sus conexiones significativas. Y es precisamente la teoría la que nos permite clasificar y evaluar la importancia de los datos adquiridos a través de los acercamientos diversos a la realidad, sea la observación u otras formas de investigación empírica, cuya importancia es incuestionable para buscar la explicación científica.

A su vez, en el seno de la ciencia política cobra importancia la presencia de una veta adicional del conocimiento, tal como se manifiesta en su pretensión de hallar nexos de significación entre la explicación y la previsión, aunque ambos momentos respondan a lógicas y propósitos diversos. Mientras que la primera constituye su principal objetivo teórico, la previsión es concebida como su principal objetivo práctico.

La naturaleza de la teoría política, así como la concepción del papel del teórico, establecen complejas elaboraciones en cuyo seno quedan implicados aspectos sustantivos de la disciplina. Al igual que otras formas del saber social, la teoría política se ha desarrollado históricamente teniendo como referentes tanto las transformaciones de su propio objeto de estudio, la realidad política y sus estructuras, las instituciones, prácticas y procesos, los sujetos, las acciones y sus significados, como los propios avances conceptuales y metodológicos de su indagación científica y teórica. Las fronteras del campo de la política han sido establecidas mediante las diversas modalidades de teorización política, en un diálogo permanente entre sí en líneas de continuidad o ruptura, dando lugar a la formación del arsenal conceptual y metodológico que la constituye como disciplina.

Historia, teoría y crítica

El primer aspecto al que nos debemos abocar para entender el desarrollo histórico de este concepto es el de la contextualización. ¿Dónde encontramos la elaboración teórica de la política? Responder a este interrogante exige reconocer que sus inicios tienen profundas raíces históricas que pueden rastrearse hasta la Antigüedad clásica, en la Grecia antigua, en la que la reflexión política responde al interés por el descubrimiento de los conceptos morales y su aplicabilidad al escenario de las relaciones sociales y la práctica política. Este tipo de reflexión teórica se caracterizó por una orientación que priorizó el deber ser en la constitución de los órdenes de convivencia colectiva por sobre el ser de la realidad y de los fenómenos intrínsecamente políticos, sean éstos relativos al poder, a las estructuras de autoridad, a los valores políticos o a las instituciones reguladoras de la convivencia social. La búsqueda del buen gobierno o del gobierno justo, o bien la del ciudadano ético, constituyeron ejes temáticos que delinearon una tradición teórica. Su perfil normativo, así como su asociación estrecha con la reflexión filosófica, ubicaron a la teoría política simultáneamente en el ámbito abstracto, si se quiere, de la filosofía, y en el dominio inmediatamente práctico de la política. Dicho de otra manera, la contextualización significó preguntarse cómo es posible el bien común, y no simplemente darlo por hecho como en la Antigüedad clásica.

A partir de esta doble inserción se desarrolló entre algunos exponentes de esta tradición el supuesto de que la política era la esfera de realización y concreción de las ideas, de la teoría. Ciertamente ello condujo a ambigüedades tanto en lo que concierne al estatuto de la teoría *vis-à-vis* la práctica como a la dimensión epistemológica, esto es, al cuestionamiento de su propio quehacer en el sentido de si representa, explica, interpreta, justifica o crea la política. La distinción entre teoría y práctica tiene, en todo caso, una larga historia en la teoría política europea, que va de Aristóteles a Kant, de Platón a Rousseau y de Hegel a Marx y que se prolonga en posiciones diversas y hasta encontradas en el pensamiento político contemporáneo.

En todo caso, el concepto de teoría política tendió a identificarse, desde los comienzos de su elaboración sistemática, con un tipo de reflexión sobre lo político marcada predominantemente por las teorías normativas. Su desarrollo académico durante el siglo XIX se consolidó a través del estudio del canon de los textos clásicos. En este sentido, la historia de las ideas (o doctrinas) políticas se proyectó como una dimensión importante del desarrollo académico de la ciencia política, cuyo objeto de estudio eran las ideas fundamentales y constantes de la política, desde la Antigüedad hasta el presente, conjugando la estructuración sistemática de ideas políticas con consideraciones empíricas, históricas y normativas.

La filosofía idealista, con su interés en la progresiva realización de las ideas a finales del siglo XIX, por una parte, y la valoración de las ideas liberales de Occidente como recurso frente al fascismo en las décadas de 1930 y 1940 (Sabine), por la otra, le dio un impulso adicional a la teoría política como historia de las ideas, la que en nuestros días ha sido criticada como artificio académico (Gunnell) y defendida en toda su relevancia (Dunn).

Desde esta óptica se consideró que la teoría política debía comprenderse como un crisol de la rica tradición intelectual de Occidente, desde la cual no sólo era posible sino deseable incorporarla, por su relevancia y permanente actualidad, a los estudios del presente. De ahí que pensadores como Hannah Arendt, Isaiah Berlin o Leo Strauss hayan compartido la concepción, radical si se quiere, de que la filosofía política clásica era la auténtica teoría política. Es interesante destacar que esta división de la teoría en clásica y moderna se manifestó, a su vez, en la distinción de sus propósitos: por un lado, a partir de la tradición clásica reinventar una teoría política normativa en clave de continuidad; mientras que, por otro lado, existe una intención de fundar en nueva clave los presupuestos epistemológicos y axiológicos de la sociedad política. En esta concepción asumió un lugar central el estudio de la relación entre las doctrinas políticas particulares y las concepciones fundamentales (filosóficas) que de manera implícita o explícita moldean cada doctrina política específica.

Quienes reivindican la importancia de la dimensión filosófica de la teoría política la distinguen del "pensamiento político" en general (historia de las ideas) y también de la ciencia política. Así, la filosofía política pretende remplazar las *opiniones* acerca de la política por el *conocimiento* de la naturaleza de los fenómenos políticos, el cual exige pasar de la parte al todo, de la apariencia a la esencia, de lo temporal a lo atemporal y de lo particular a lo universal. Es por esta razón que la reflexión filosófica acerca de la política no se reduciría a analizar regímenes o situaciones políticas que son histórica y geográficamente limitados, sino que busca trascenderlos, y por eso mismo no puede renunciar al estudio del mejor o más deseable régimen político (Strauss). Se puede observar que estos planteamientos contradicen abiertamente las pretensiones de la ciencia política positivista y del historicismo.

En todo caso, existe un conjunto de problemas esenciales, transhistóricos y universales —derivados de las diversidades asociadas a tiempos y lugares— sobre los que han reflexionado los teóricos políticos de todas las épocas, por lo que la continuidad de los problemas o interrogantes, a pesar de la variedad de respuestas, le confirió a esta reflexión una tradición distintiva (Wolin).

Una renovada preocupación por la historia de las ideas se daría, a partir de la década de 1970, con estudios que buscaron una reconstrucción histórica amplia y sensible (Skinner, Pocock) o intentaron rescatar la contribución teórica del pasado para la comprensión del presente (Tully, Tuck), en otros términos, la reconstrucción del contexto histórico-ambiental, cultural o social en el que se ubica un autor y la reconstrucción e interpretación filológica y conceptual de una determinada doctrina o modelo filosófico de explicación de las principales realidades políticas. Este enfoque así como la filosofía analítica se consolidaron como las tradiciones dominantes. A partir de entonces asistiremos a un influjo progresivo de otros modos de pensamiento filosófico, tales como la hermenéutica y el posestructuralismo.

Paralelamente a la diversificación de esta tradición teórica, la teoría política habría de confrontarse, en el proceso de formalización e individuación disciplinaria, con los grandes paradigmas teóricos dominantes de fin de siglo para desarrollar en su especificidad teorías sustantivas más específicas. En efecto, la naciente ciencia política se midió con los cuatro paradigmas hegemónicos en el pensamiento social.

El primero de ellos fue el del utilitarismo y su concepción básica de explicación del comportamiento humano a partir del cálculo explícito de los intereses individuales y de los medios para satisfacerlos. Esta confrontación se llevó a cabo, en el plano práctico, sobre la justificación o no justificación de la intervención del Estado y sus instituciones para la realización de un *difuso* bien común. Vilfredo Pareto puede ser visto como representante significativo del utilitarismo y del individualismo metodológico.

Un segundo paradigma con el que debió confrontarse fue el marxismo en su propuesta de relacionar ya no la dimensión normativa con el mundo de la política, sino la evolución material de las sociedades con el mundo de las ideas. Su comprensión de la sociedad a partir de las estructuras materiales y sus efectos sobre las otras dimensiones de la sociedad correspondió a una metodología objetiva holística.

El funcionalismo —que examinaba a la sociedad y los arreglos sociales en términos de su contribución al funcionamiento del sistema— fue la tercera gran teoría formal que operó como referente de diálogo de la ciencia política. En esta perspectiva subjetiva holística, la obra de Durkheim aparece como pilar teórico. Esta obra fue recuperada y revalorada por la sociología académica norteamericana, que en la obra de Talcott Parsons hizo de la cohesión social y la integración política la gran hazaña del ordenamiento colectivo de la modernidad.

También la ciencia política tuvo que lidiar con el

constructivismo, cuya concepción de la sociedad está centrada en los motivos, intenciones y significados de la interacción humana y la visión de los individuos como agentes que definen el significado social. Su metodología podría caracterizarse de individualista y subjetiva, con Max Weber como su máximo exponente.

Frente a estos paradigmas, entonces, la ciencia política habría de pugnar por un desarrollo científico que respondiera a sus exigencias de especificidad, lo que dio lugar a sucesivas revisiones de esta matriz teórica y condujo, así, en décadas posteriores, al desarrollo de teorías de rango medio que en interacción con aquéllos y en competencia entre sí habrían de nutrir su desenvolvimiento.

Este proceso de desarrollo teórico sustantivo se vio reforzado por la incorporación de la disciplina, a través de procesos de "departamentalización" disciplinaria, a la vida universitaria, la fundación de asociaciones específicas —por ejemplo, la American Political Science Association (1903)— y las prácticas consecuentes que contribuirían con éxito al desarrollo de un lenguaje especializado y de conceptos compartidos. A partir de la década de 1920, la necesidad de definir la identidad científica y la autonomía disciplinaria condujo a una progresiva adscripción a los cánones dominantes del conocimiento científico, identificado entonces con el patrón de estudio de las ciencias naturales. Consecuentemente, fue cobrando fuerza la visión que prefería la búsqueda de un método científico cuantitativo y la aplicación de muchas de las técnicas ya probadas en otros dominios disciplinarios, tales como la psicología y la sociología. A la luz de ello se conjuntó el tema de la elección de los problemas u objetos de estudio con el de las metodologías que se habrían de utilizar, dado que se pretendía, a partir de una metodología escogida, delimitar el perímetro de atención de la nueva verdadera ciencia política, dejando de lado los temas de estudio que tuvieran que ver con la filosofía política o con cualquier tipo de problema o tema no cuantificable u observable empíricamente. Siguiendo esta tendencia, se asistió al auge del conductivismo como forma válida de investigación científica, al que se sumaron la estadística y otras técnicas de investigación.

La consolidación de una concepción positivista de la ciencia política implicó la adopción de aquellos criterios que garantizaban la producción de conocimiento considerado verdaderamente científico, como la explicación y previsión con base en leyes generales, la verificación empírica, la objetividad, la cuantificación y medición, la sistematicidad y el carácter acumulativo del conocimiento. Nuevas investigaciones en torno a una amplia gama de actores, actividades y organizaciones, tales como los partidos políticos y otras formas de asociación, los procesos electorales y, de un modo más global, la conducta política sumaron horizontes empíricos que arrojaron nuevas luces sobre estas temáticas.

Si bien este enfoque condujo a formas de reificación del hecho en detrimento de su explicación, es necesario destacar que las aportaciones en este nivel contribuyeron a lograr avances significativos en el conocimiento y acercaron a la ciencia política a otras disciplinas sociales.

Como respuesta al impacto del programa positivista, a partir de los años sesenta se dio una reacción defensiva, pero también muy lúcida y creativa, que desembocó en el resurgimiento con gran ímpetu de los debates filosóficos y metateóricos que abrirían un nuevo espectro de teorización, con el propósito de elaborar nuevas propuestas que reflejasen combinaciones o síntesis. De este modo, desde ópticas teóricas en las que viejas temáticas se redefinen y surgen problemáticas que habían dejado de ocupar la atención de la comunidad científica, la teoría política encontró nuevas modalidades cuya diversidad se teje en clave de madurez, a través de convergencias y divergencias, pero en todo caso como afirmación de pluralidad.

Abordando cuestiones centrales en la vida política, la teoría se aboca a explorar con nuevos instrumentos conceptuales, el ámbito de lo político y de la política. Nuevos horizontes conceptuales, así como los desarrollos cognoscitivos derivados de la investigación empírica y el sostenido avance de los métodos y técnicas de investigación, amplían el espectro de atención e interés de dichas dimensiones y potencian las posibilidades y rumbos de la teoría política.

LÍNEAS DE INVESTIGACIÓN Y DEBATE CONTEMPORÁNEO

La teoría política se ha configurado como un terreno de debate de enfoques y escuelas de pensamiento de las más variadas tendencias. Dicha coexistencia se sustenta, sin embargo, en ciertas coincidencias en cuanto a los cánones cognoscitivos y métodos que conducen a que el conocimiento sea riguroso y no mera especulación. Este sustrato científico se deriva del hecho de que, ante todo, la elaboración teórica conlleva una producción organizada de conocimientos que exigen la aplicación de criterios de rigurosidad y coherencia lógica, y la utilización adecuada de datos. A partir de estas reglas se abre una gran cantidad de opciones o formas de realizar la investigación política, que tienen que ver con la diversidad de dimensiones que inciden en el desarrollo del conocimiento. La sistematización teórica permite el diálogo entre los diferentes enfoques y garantiza nuevas formas de articulación y no un eclecticismo aleatorio.

Esto puede apreciarse en las transformaciones que sufre el propio debate de las teorías normativas, en la medida en que al tiempo que persisten los motivos centrales de este debate —justicia, libertad, equidad, entre otros— se modifican las formas de su análisis teórico, así como sus procedimientos y reglas metodológicas.

Entre las tendencias y debates contemporáneos puede ubicarse, de frente al utilitarismo, el liberalismo deontológico o kantiano. Los autores identificados con él contrastan así la ética de los fines (teleológica) con la ética de los derechos y las obligaciones (deontológica), posición basada principalmente en la libertad del individuo, dando así por supuesto que el bien o las distintas concepciones del mismo no pueden contar a la hora de forjar una sociedad justa y equitativa.

La *Teoría de la justicia* de John Rawls —publicada en 1971— daría comienzo casi en forma sistemática a nuevos desarrollos del pensamiento liberal. Para Rawls, la teoría política, entendida como filosofía política, vendría a ser esencialmente normativa y representante de un tipo de filosofía práctica a partir de la amplia elaboración del concepto de justicia. Para ello, sin embargo, deslindó la filosofía política de la lógica, la retórica y la historia del pensamiento y la acercó a otras disciplinas como la economía, la psicología, el estudio de las instituciones políticas y la política social.

Recordemos que la justicia (retributiva *vs.* distributiva) ha sido el concepto más significativo en el discurso teórico normativo durante las tres últimas décadas. Su modo dominante de reflexión ha sido el contractualismo, preocupado fundamentalmente por las condiciones en que los individuos llegan a un acuerdo sobre qué bienes deben ser distribuidos y con qué criterios en una sociedad justa. En la tradición contractual, o apelando a ella, existen dos enfoques encontrados: la justicia como *fairness* (Rawls) y la justicia como ventaja mutua (Gauthier).

A su vez, de frente al liberalismo y en debate con éste se ha desarrollado el comunitarismo. En el debate destacan las visiones encontradas en torno a los arreglos distributivos, ya sea sobre la base de criterios procedimentales únicos y generalizables capaces de operar en cualquier condición y lugar, o bien, la concepción de la igualdad como una compleja relación de personas regulada por los bienes que hacen, comparten e intercambian y que requiere de una diversidad de criterios distributivos que reflejen la diversidad de los bienes sociales.

Como enfoque que otorga a la comunidad el principal papel en la formación de la percepción de sus miembros y de sus demandas (Taylor, Walzer), el comunitarismo ha criticado lo que considera la imposibilidad del liberalismo de incorporar un sentido constitutivo de la comunidad política y la virtud cívica derivada de su concepción del individuo y de la prioridad de lo justo sobre lo bueno; la comunidad sería para aquél un medio para asegurar y satisfacer los intereses particulares. Los comunitaristas prefieren la tradición cívico-humanista o republicana de pensamiento, de Aristóteles a Montesquieu y a Tocqueville, que ve en la comunidad política una parte constitutiva de la identidad y por tanto promueve una vida política activa, una ciudadanía participativa. Las diversas agendas del debate giran en torno a la combinación imaginativa y el equilibrio siempre precario entre valores en tensión: libertad e igualdad, universalismo y particularismo, individuo y comunidad.

Mientras que la polémica había sido sostenida básicamente en un nivel filosófico, a partir del surgimiento de las demandas abanderadas por las minorías y de que el multiculturalismo recogiera esas demandas para formar una nueva posición que busque tener su propio estatuto teórico, el interés por el debate ha cobrado nuevos bríos. Los proponentes del multiculturalismo buscan en el debate entre liberales y comunitaristas referencias para explicar sus propuestas y, al hacerlo, han introducido y ampliado dimensiones y categorías en el análisis político como las de identidad colectiva, ciudadanía diferenciada y derechos colectivos, entre otras.

De un modo global, el resurgimiento del concepto de ciudadanía podría ser interpretado como la búsqueda de una nueva síntesis entre el concepto de justicia (individual) y el de membresía (colectiva) que la teoría política desarrolló en los años setenta y ochenta, respectivamente. En la mayor parte de la teoría política de la posguerra los conceptos normativos fundamentales han sido democracia (para evaluar procedimientos) y justicia (para evaluar resultados). A ambos se supeditó el concepto de ciudadanía (Kymlicka y Norman; Bainer). Este resurgimiento se ve alentado por procesos que han sido definidos en clave de los prerrequisitos del ordenamiento político: así, por ejemplo, se explican los enfoques que subrayan que la democracia depende no sólo de la justicia de sus estructuras básicas, sino también de las cualidades y actitudes de sus ciudadanos.

Cabe destacar que a partir de enfoques como la fenomenología, la hermenéutica y la lingüística se han derivado enfoques novedosos en el análisis de objetos de estudio propios de la política y lo político. Desde la preocupación por la interpretación, la comprensión y el análisis de los significados de la acción y de los procesos políticos se han realizado análisis novedosos que enriquecen la discusión y amplían los límites del debate; es posible detectar que estos enfoques se han dirigido al examen de las nuevas dinámicas, vectores y tensiones en los ámbitos interno y externo de la organización política mundial. De ese modo, han dado preferencia a objetos y temas de estudio como los imaginarios colectivos, los ritos sagrados y profanos, las tensiones entre epocalismo y esencialismo, los códigos de interpretación y significación social y el orden interno de diferentes relatos sobre el mundo.

En esta línea, la ciencia política reclama para sí territorios en que otrora incursionaron otras disciplinas. En estas teorizaciones se han dado cita el posestructuralismo francés, el psicoanálisis y el discurso posmoderno. Desde este último, se ha dirigido una crítica frontal de la dimensión emancipadora del proyecto de la Ilustración, poniendo en entredicho los valores y principios de la modernidad en su pretensión de universalidad y en su racionalidad teórica y práctica, confrontada con sus determinaciones espaciales y temporales.

Las ideas posmodernas han influido en casi todos los campos —social, estético, político y filosófico— del pensamiento contemporáneo. Desde un principio sus principales concepciones y propuestas se caracterizaron por afirmarse con la evidente actitud escéptica y relativista que les da vida.

Estos enfoques han sido severamente criticados por el virtual callejón sin salida que implica forzosamente la radicalización de sus principales postulados, marcados por el signo del nihilismo y el inmovilismo. No obstante, la cuestión sobre el sentido, los alcances y el significado de la modernidad continúa siendo un tema central de la teoría política. De igual manera, el debate entre modernidad y posmodernidad ha resaltado, en el plano específico de la reflexión ético-política, la necesidad de anteponer una suerte de convincentes fundamentos éticos en virtud de los cuales la política recupere el sentido de ser un ámbito efectivo de realización de la dignidad humana y la teoría política revise sus nexos (su condición) con el poder.

Desde otra perspectiva, el hecho de que la ciencia política haya interactuado de modo creciente con otras disciplinas, en este caso fundamentalmente con la economía y la sociología, ha conducido a la teoría política a atender con un renovado instrumental conceptual figuras como el mercado y la sociedad. Así, una línea de investigación teórica que ha adquirido una fuerte preeminencia es la teoría de la elección racional. De un modo genérico podemos afirmar que, para explicar los hechos políticos, los teóricos de la elección racional recurren a una exposición de los incentivos, obstáculos y cálculos a los que se enfrentan los individuos. A través de este estudio de la conducta estratégica de los individuos se intenta explicar la interacción social y política (Downs). La teoría de la elección racional se identifica con numerosas variantes en su forma de aplicación al objeto de estudio específico, de modo tal que existen ramificaciones como la teoría de la elección social, la teoría del juego, los modelos de actores racionales, la economía política positiva y el enfoque económico de la política. A pesar de sus divergencias, forman cierto consenso respecto de una concepción instrumental de la racionalidad, en virtud de la cual se considera que los individuos maximizan las utilidades esperadas de maneras formalmente predecibles. La línea principal de la teoría de la elección racional se orienta por el razonamiento de que los individuos se guían por su propio interés, por lo que en este aspecto esta teoría se regiría por el llamado "individualismo metodológico", enfoque que centra en el estudio del individuo la explicación de los fenómenos sociales.

La teoría de la elección racional ha sido objeto de críticas muy severas, las cuales fundamentalmente le cuestionan sus supuestos y pretensiones universalistas que la habrían conducido a cometer errores metodológicos y a esperar resultados cognoscitivos excesivos. Mientras que los errores radicarían en el momento de formular y poner a prueba las hipótesis empíricas, el exceso de expectativas estaría reflejado en la tendencia a caer en un enfoque de "alta racionalidad". En este sentido, las teorías de la elección racional no sólo plantean que el individuo emplea en forma eficiente los medios de que dispone con el fin de alcanzar sus metas, sino que formula consideraciones adicionales sobre las preferencias y creencias. También ha sido objeto de un fuerte cuestionamiento la desatención que ha sufrido la dimensión estructural del estudio político-social más allá de los actores individuales, sean éstos individuos o Estados, lo que se deriva de las incapacidades propias que hacen a la esencia de la misma estructura teórica sobre la cual se fundan sus preceptos.

Del conjunto de las críticas, el enfoque de la elección racional, al tiempo que parece mantener sus presupuestos en lo que concierne a la desatención de la amplitud de móviles que orientan la elección así como los contextos de incertidumbre en los que operan los agentes, ha mostrado una alta capacidad de respuesta. Sus modificaciones a partir de la recuperación de las críticas y la precisa delimitación de su potencialidad heurística le confieren un lugar relevante dentro del concierto de opciones teóricas. Éstas se orientan a establecer nuevas interacciones entre política y economía, entre Estado y mercado. A la luz de las transformaciones productivas, tecnológicas y de organización ha sido importante la recuperación de la idea de racionalidad como fuente de libertad, y la exploración de las formas como el egoísmo combinado puede dar lugar al bien común. Las nuevas teorías de la racionalidad y de la elección social plantean la reconvergencia de estas dimensiones.

Ahora bien, entre las agendas teóricas insoslayables, por la relevancia que ha tenido y aún tiene en el desarrollo de la teoría política, se encuentra la del institucionalismo. Es conocido el lugar central que el estudio de las instituciones políticas, como forma fundamental de abordar la política, ha tenido en la ciencia política. Éste se ha llevado a cabo tradicionalmente en formas esencialmente descriptivas de las estructuras, funcionamiento e interrelación de las instituciones, atendiendo alternativamente los aspectos legales o bien el desarrollo histórico de éstas. Desde esta tradición, al estudio de las instituciones políticas le han interesado las reglas, los procedimientos y las organizaciones formales del sistema político, así como su efecto en la práctica política. Más que por la riqueza de sus formulaciones teóricas, esta tradición se ha caracterizado por la proliferación de conocimiento en torno a su objeto de estudio, basado en una metodología descriptivo-inductiva con importantes ramificaciones descriptivas. Dentro de esta línea de trabajo sistemática se ha acumulado conocimiento sobre las principales instituciones políticas, sean éstas los partidos políticos, el presidencialismo o los órganos de gobierno relevantes.

Al referirnos al institucionalismo tenemos inevitablemente que diferenciar entre sus claras variantes. Una de ellas es el constitucionalismo, el cual sigue dando cabida tanto al enfoque formal-legal como al reformismo liberal-democrático.

El institucionalismo no ha estado exento de fuertes críticas provenientes de diversos campos teóricos, fundamentalmente del positivismo en auge y su pretendida hegemonía sobre la ciencia política, así como, posteriormente, del análisis sistémico, por su carácter esencialmente descriptivo de las instituciones y también por su utilización excesiva del método histórico de investigación. Entre sus críticos destaca un importante grupo de politólogos conductistas, que han considerado escaso el estudio de las instituciones para explicar fenómenos políticos tan relevantes como el poder y otras variables esenciales del sistema político, y si bien muchos de sus críticos han pregonado el fin de este tipo de institucionalismo clásico, podemos observar que su actualidad es notoria, por ejemplo, en los prolíficos análisis de este tipo que suscitan las reformas constitucionales.

Sin embargo, con el acercamiento a la economía y a la sociología se ha desarrollado lo que se ha dado en llamar "el neoinstitucionalismo", teoría que ya no implica un retorno al estudio de las instituciones basándose en un enfoque jurídico, sino que apunta a una renovación teórica en la cual, a través de la utilización de las técnicas aportadas por las teorías de la elección racional, se hace uso de las concepciones de equilibrio político para dar una nueva mirada al estudio de las instituciones. Desde este renovado acercamiento cabe destacar tanto nuevas líneas de investigación en torno a la interacción de la política con el mercado y su regulación, como la formulación de nuevos cuestionamientos sobre la motivación de los agentes para colaborar. Entre las nuevas líneas, el estudio de las instituciones como las reglas del juego social (North) ha dirigido su atención a aquellos espacios que dan cuenta de las nuevas formas de ordenamiento político. Así, por ejemplo, en el estudio de la democracia, procesos como los de representación —indiscutible principio de legitimación— se estudian a partir del diseño estructural de las instituciones, las arenas y las reglas de operación, en el ámbito legislativo, en el parlamentarismo y en el estudio de las instituciones afines.

Otros resultados de la interacción entre la ciencia política y la sociología pueden verse en el desarrollo de la sociología política, que ha sido fructífero y plural, y refleja importantes disensos en torno a cuestiones teóricas, metodológicas y axiológicas. Sus temáticas centrales han ido variando, y en su acercamiento a la comprensión de la política como acción social y a las especificidades de la relación Estado-sociedad ha incorporado líneas de investigación asociadas a la relación estructura-acción, a sujetos sociales y a la acción colectiva.

Un ejemplo adicional de la fecundidad de las convergencias disciplinarias que orientan el desarrollo de los enfoques teóricos, ya sea atravesando los límites disciplinarios, ya sea en su especificidad, puede verse en las interacciones entre la ciencia política y la administración pública. La revalorización del carácter público de la política, como ámbito en el que se canalizan las cuestiones estatales, las relaciones de poder, la organización y participación ciudadanas y donde gravitan los actores políticos, conduce a concepciones del poder —la materia prima de la ciencia política— que subrayan, junto a su faceta política, su carácter público.

La visión pública del poder —sus implicaciones frente al Estado jurídico, al ámbito de lo privado y al de los propósitos colectivos— reivindica la necesidad de relacionar la teoría política con el estudio de las políticas públicas y de los procesos de gobierno. Tras este tipo de investigación se ubica una seria búsqueda de conjuntar, a través de las mediaciones metodológicas necesarias, el análisis cualitativo con la investigación cuantitativa y factual para acceder a nuevas relaciones en la conceptuación del poder, su ejercicio, los actores sociales y los grupos políticos.

Atravesando ambas disciplinas, se ha continuado desarrollando el enfoque sistémico, a partir del cual la vida política en su conjunto es considerada como un proceso de insumos-demandas que provienen del ambiente externo (económico, religioso, natural, etc.) y que se transforman en productos-respuestas, como lo son las decisiones políticas a todos los niveles, que a su vez retroactúan sobre el ambiente circundante provocando nuevas demandas (Easton).

Las sociedades posindustriales contemporáneas son sociedades avanzadas y complejas que en el plano social evidencian imponentes e inéditas transformaciones. En estas sociedades, en efecto, vemos el ingreso de nuevas tecnologías y la violenta aceleración de los procesos constitutivos del orden social en el plano de la diferenciación y la especialización funcional. Por ello, en oposición a las sociedades tradicionales, las posindustriales son sociedades "complejas", configuradas a partir de rasgos como la contingencia, la abstracción, la movilidad y la condición reflexiva. El pensamiento tradicional se ha revelado, al decir de aquellos estudiosos dedicados a analizar tal complejidad, incapaz de seguir ofreciendo respuestas y certidumbres a los singulares y paradójicos desafíos emanados de estas nuevas sociedades. Ciertamente, muchas categorías teórico-políticas pierden fundamento, capacidad explicativa y sentido heurístico. Quizá la razón más común que justifique esa decisiva puesta en paréntesis de categorías centrales y de larga tradición en la teoría política —nación, soberanía y agentes, entre otras— consista en un profundo cambio de perspectiva teórica operado desde el enfoque de los sistemas complejos. Como sabemos, la teoría de sistemas (Luhmann) parte del presupuesto, en cierta medida novedoso, según el cual ya no son más los hombres reales de carne y hueso —en su dimensión individual y colectiva— los sujetos de la acción social. Desde la perspectiva sistémica, efectivamente, adoptar la visión de los sujetos individuales resulta algo que carece de sentido cuando es necesario comprender las lógicas sistémicas —constituidas a partir de roles y funciones impersonales y autorreferentes— que gobiernan a las grandes organizaciones. Desde tales lógicas, los sujetos individuales operan finalmente como elementos intercambiables y perfectamente sustituibles dentro del funcionamiento autónomo del sistema en cuestión.

Resulta fundamental, por otra parte, recoger la línea de investigación desarrollada inicialmente como crítica a la teoría (normativa) y relaborada de acuerdo con nuevas formas de comprender los nexos significativos entre teorización y análisis factual. En efecto, los planteamientos positivistas, uno de cuyos pilares ha sido el conductismo, han pasado por estos dos momentos. Así, su desarrollo cognoscitivo está basado ciertamente en la observación de la conducta humana, a partir de la cual saldrán a la luz las razones y modalidades de la interacción social. Uno de sus principales rasgos ha sido el interés por la comprobación de los datos a partir de referentes empíricos que verifiquen o falseen las elaboraciones teóricas, lo que constituye la prueba de cientificidad de una teoría; sólo los enunciados lógicos y empíricos tienen sentido en la ciencia.

También ha sido parte del enfoque conductista el esfuerzo de sustitución de las proposiciones causales por relaciones funcionales y de explicación teórica a través del establecimiento de correlaciones entre las variables observables. Sin embargo, las polémicas teóricas y las investigaciones contemporáneas condujeron a modificaciones en las posturas iniciales. Así, por ejemplo, se ha desarrollado un amplio consenso en torno a la importancia de la teoría como punto de partida de toda investigación empírica y un nuevo acercamiento que podríamos denominar "posconductista", el que reconoce la relevancia de la formulación de la teoría en la selección de los datos significativos y los ángulos relevantes de observación. Un correlato de este cambio ha sido la aceptación de la diversidad de perspectivas teóricas como generadora de observaciones diferentes. De ahí que, si bien se atienden los requerimientos de causalidad y predictibilidad empíricamente falseables, por medio de la observación y la aspiración a la explicación de la conducta a escala individual y agregada, estas perspectivas han interactuado con teorías de rango medio o sustantivas, como las teorías de la modernización o de la democracia. Su desarrollo, por otra parte, es producto del debate permanente entre estas elaboraciones conceptuales.

Ciertamente, las teorizaciones de la democracia constituyen una línea central de desarrollo. La democracia es hoy el régimen político dominante en la organización de la convivencia humana; los procesos de globalización, así como la interacción social transfronteriza que de ellos se deriva, la han convertido en un esquema institucional hegemónico, así como en un valor universal. Su creciente fuerza expansiva radica en su propuesta para legitimar el ejercicio de la autoridad política. Es decir, la democracia sostiene que el criterio legítimo para distribuir y ejercer el poder político en las comunidades políticas contemporáneas es la regular, periódica y libre elección de sus ciudadanos (Dumm, Sartori). Las teorías de la democracia han generado debates en torno a sus supuestos y procedimientos que recuperan planteamientos clásicos y se redefinen a la luz de las circunstancias cambiantes. Así, el debate entre democracia elitista y democracia participativa recupera planteamientos de los teóricos elitistas clásicos (Pareto, Mosca y Michels) e integra el componente democrático como procedimiento de selección de las élites y de su acceso competitivo a las estructuras de poder.

La regulación necesaria de la inherente conflictividad social se alcanza, según esta forma de entender la democracia, cuando el procedimiento de competencia por el poder político se produce regular y libremente a través de elecciones limpias. Si bien, de acuerdo con esta concepción, cualquiera de los grupos en competencia puede alcanzar en su debida oportunidad el control del aparato gubernamental si respeta y se apega a las reglas del juego democrático (Schumpeter), ha sido severamente criticada por la excesiva concentración de facultades en los expertos de la política (expertos que por lo demás serán, más allá de sus capacidades y buena voluntad, siempre rebasados por la intrínseca complejidad de la realidad histórica) y, en segundo término, por la correspondiente despolitización y el empobrecimiento del ideal ciudadano.

Esta manera de concebir la democracia ha derivado, a su vez, en la línea teórica del pluralismo que entiende a las élites o grupos organizados que compiten por el poder como la cabal expresión de los diversos y antagónicos intereses que atraviesan el tejido social (Dahl). Sin embargo, este debate se intensifica como consecuencia de la llamada "tercera ola democratizadora" (Huntington), que hizo necesario revisar las definiciones respecto a las condiciones mínimas de la democracia operativa, en virtud de muchos de los cambios en el plano mundial. Así, por ejemplo, las nuevas experiencias que arrojan los procesos de transición, a pesar de cumplir en lo fundamental con dichas condiciones, están lejos de producir los efectos de las democracias tradicionales. Ello ha obligado a diferenciar entre la fase de transición que había sido conceptuada y estudiada por diversos especialistas (O'Donnell, Schmitter y Whitehead) y la de consolidación. Tras amplios debates sobre las diferentes experiencias de transición, se ha llegado a la conclusión de que la fase de consolidación plantea retos fundamentales, tanto teóricos como prácticos, dado que en ella han de establecerse las nuevas instituciones democráticas (Linz y Stepan).

El interés que suscitan las transiciones y la consolidación ha estado precedido por la diferenciación de los regímenes no democráticos a través de la elaboración de tipologías que reflejan múltiples esfuerzos analíticos y de investigación empírica que han ocasionado la expansión del área en los diferentes entornos académicos a escala mundial.

Desde otra perspectiva, y no sólo en los contextos de transición, a pesar del pragmatismo vigorosamente defendido por las visiones operativas de la democracia, cabe destacar que su efectiva puesta en práctica se encuentra en la actualidad atravesando una crisis de grandes dimensiones. La distancia entre gobernante y ciudadano, entre representado y representante, ha conducido a pérdidas significativas de legitimidad, por lo que se han desarrollado nuevas concepciones participativas de la democracia que realizan una relectura del ideal griego de democracia, las cuales, admitiendo que en la actualidad es impracticable en su forma pura dicho ideal clásico, buscan desde las condiciones contemporáneas de definición del orden social idear las formas más expansivas posibles de participación política (Macpherson). Con tal ideal democrático se busca crear una ciudadanía informada y comprometida con el bien público.

De allí también la relevancia de las concepciones de la democracia deliberativa, que tomando como punto de partida la sociedad civil, consideran que los nuevos movimientos sociales se caracterizan por un tipo de acción democrática basada en la interacción de la comunicación. A través de la acción e interacción de estos grupos surgiría una pluralidad de formas democráticas que se asemejaría al funcionamiento de la sociedad civil en su formulación ética. Así, una pluralidad estructural en la esfera pública de la sociedad civil aseguraría la posibilidad de definir la vida social en términos de participación pública, y es precisamente ésta la que asegura los derechos de comunicación y de discurso y la que revitalizaría la esfera pública, renovándola (Cohen). Este planteamiento recupera la concepción de Habermas, para quien la sociedad civil es "el mundo de vida", el espacio sociocultural, el dominio de la reproducción cultural, la integración social y la socialización, y la acción social que la constituye es la comunicación. La sociedad civil quedaría así circunscrita al ámbito del mundo de vida, excluyendo la dimensión sistémica de la economía y de la política; mientras que en el primero la acción estaría orientada hacia la comprensión mutua, a nivel sistema el acento está puesto sobre consideraciones tales como el control instrumental y la eficiencia.

Entre los cuestionamientos que se le han formulado a este planteamiento dualista están los que destacan los riesgos asociados a una visión homogénea de la sociedad civil, toda vez que la comunidad moral a la que se aspira estaría basada en el entendimiento que debería conllevar exclusivamente al consenso. De ahí que en los debates se interrogue acerca de las posibilidades que existen de crear la idea misma de sociedad civil desde la concepción de heterogeneidad plural, o bien de indeterminación radical.

Otras teorías han puesto el acento en el análisis de la relación entre los presupuestos normativos de la deliberación democrática y el contenido idealizado de la razón práctica. Planteamientos cercanos al "constructivismo kantiano" de Rawls y a la "reconstrucción" de Habermas comparten el supuesto de que las instituciones de las democracias liberales encarnan el contenido idealizado de cierta forma de razón práctica, entendida ésta como histórica. Su historicidad permitiría así rebasar una visión eurocéntrica al tiempo de afirmar el hecho de que ha devenido la propiedad colectiva y anónima de culturas, instituciones y tradiciones como resultado de experiencias tanto antiguas como modernas en el sistema democrático. Para comprender este sedimento de normas e ilusiones retoman el concepto hegeliano de "espíritu objetivo", lo despojan de la presencia metafórica de un supersujeto y lo refieren a las "reglas, procedimientos y prácticas colectivas anónimas e inteligibles" que conforman un estilo de vida. Sería la racionalidad intrínseca a este nivel la que hay que atender cuando se intente reconstruir la lógica de la democracia (Benhabib).

El debate teórico contemporáneo toma nuevos derroteros como resultado de la redefinición de los ámbitos y las fronteras en los que se desenvuelven los fenómenos políticos. Ante las profundas transformaciones de una realidad de fin de siglo en la que los procesos de globalización redefinen los límites entre lo externo y lo interno, entre lo nacional y lo mundial, la ciencia política debe enfrentar el desafío de explicar los nuevos fenómenos. Ante las tendencias de reorganización en las que convergen las transformaciones de lo social y lo económico, lo político y lo cultural, y que modifican los referentes espaciales, temporales y territoriales en los que históricamente se han desarrollado, se acentúa la exigencia de pensar y explorar la realidad con nuevos recursos conceptuales. Las coordenadas de tiempo y espacio han dejado de ser determinantes en la configuración de las instituciones y de las relaciones sociales (Giddens), y a los mercados que atraviesan fronteras corresponden nuevas formas de ordenamiento político supranacionales. Las conexiones globales se extienden y la frecuencia e intensidad comprimen el mundo (Robertson), que se estructura como un todo diferenciado y en él comunidades e identidades pueden constituirse más allá de la pertenencia y de las fronteras nacionales.

A su vez, como correlato del proceso de globalización se da una compleja y contraria dinámica de regionalización y reordenamiento local. Los complejos cambios en los modos de interacción, manifiestos en la porosidad de las fronteras nacionales y en la falta de correspondencia cabal entre los límites de lo estatal y lo nacional, apuntan hacia la creación de nuevos soportes socioculturales, así como de nuevos ejes de articulación de identidades y pertenencias.

Cuestionadas las maneras tradicionales de comprender las actividades y el papel de instituciones como el Estado-nación, el Estado de derecho y el ejercicio de la ciudadanía, gran parte de la producción teórica contemporánea está dirigida a explorar con recursos conceptuales renovados los ámbitos y actores de la política y a revalorar el Estado desde la sociedad, el mercado y las organizaciones supranacionales. De este modo se ve cuestionado el predominio de enfoques que dan mayor peso a los factores endógenos del Estado nacional por sobre los referentes externos para explicar el cambio social y político (Held).

Consecuentemente, la teoría política se abre a nuevas agendas y debates, a nuevos desafíos. Entre éstos ocupan un lugar destacado los interrogantes acerca de la nueva naturaleza, funciones e interacciones del Estado, de los ordenamientos y actores globales, de la sociedad civil y de las posibilidades de constitución teórica y práctica de una ciudadanía que, al tiempo que opera como factor integrador de las sociedades complejas, es factor diferenciador de prácticas culturales distintas.

Las preocupaciones y debates de la teoría política hoy acentúan su dimensión internacional para dar cuenta de los nuevos procesos de articulación política. Entre los márgenes de constitución de nuevos paradigmas políticos y los desafíos planteados a los paradigmas científicos enfrenta objetos móviles y fenómenos inéditos.

De ahí que hoy la teoría política esté abocada a alcanzar nuevo conocimiento en un contexto intelectual en el que convergen la diversidad teórica, la multidimensionalidad y el pluralismo analítico.

BIBLIOGRAFÍA

Benhabib, Seyla (ed.) (1966), *Democracy and Difference. Contesting the Boundaries of the Political*, Princeton University Press.

Beriain, J. (comp.) (1996), *Las consecuencias perversas de la modernidad*, Anthropos, Barcelona.

Berlin, I. (1983), *Conceptos y categorías*, FCE, México.

Bohman, J., y W. Rehg, (eds.) (1997), *Deliberative Democracy*, MIT Press, Cambridge.

Bokser, Judit (coord.) (1997), *Estado actual de la ciencia política*, Congreso Nacional de Ciencia Política, UAM, IFE, Colegio Nacional de Ciencias Políticas y Administración Pública, México.

Boudon, R., "El escepticismo posmoderno", *Metapolítica*, vol. 1, México, pp. 41-61.

Camps, V. (1996), *El malestar de la vida pública*, Grijalbo, Madrid.

Cansino, C., y A. Sermeño, "América Latina: una democracia toda por hacerse", *Metapolítica*, vol. 1, núm. 4, México.

Cohen, Joshua (1996), "El comunitarismo y el punto de vista universalista", en *La política*, Buenos Aires.

Dahl, R. (1993), *La democracia y sus críticos*, Paidós, Barcelona.

——— (1993), *Poliarquía. Participación y oposición*, REI, México.

Dunn, J. (coord.) (1995), *Democracia. El viaje inacabado (508 a.C.-1993 d.C.)*, Tusquets, Barcelona.

——— (1985), *Rethinking Modern Political Theory*, Cambridge University Press, Cambridge.

Easton, D. (1985), "Political Science in the United States. Past and Present", *International Political Science Review*, vol. 6, núm. 1.

Giddens, A. (1994), *The Consequences of Modernity*, Polity Press, Cambridge.

Gunnell, J. G. (1979), *Political Theory. Tradition and Interpretation*, Winthrop Publishers, Cambridge.

Habermas, J. (1989), *El discurso filosófico de la modernidad*, Taurus, Buenos Aires.

Heilbrunn, Jacob (1996), "The News From Everywhere: Does Global Thinking Threaten Local Knowledge?", *Lingua Franca*, vol. 6, núm. 4, mayo-junio.

Held, David (ed.) (1991), *Political Theory Today*, Stanford University Press.

Kymlicka, W., y N. Wayne (1995), "Return of the Citizen: A Survey of Recent Work on Citizenship", en Ronald Beiner, *Theorizing Citizenship*, State University of New York Press.

Linz, J., y A. Stepan (1987), *La quiebra de las democracias*, Alianza Editorial, Madrid.

Lyotard, J. F. (1979), *La condition postmoderne. Rapport sur le savoir*, Minuit, París.

Macpherson, C. B., *La democracia liberal y su época*, Alianza Editorial, Madrid.

Marsh, D., y G. Stoker (1995), *Theory and Methods in Political Science*, St. Martin's Press, Nueva York.

McLean, I. (1987), *Public Choice. An Introduction*, Basil Blackwell, Oxford.

Mulhall, S., y A. Swift (1992), *El individuo frente a la comunidad. El debate entre liberales y comunitaristas*, Temas de Hoy, Madrid.

O'Donnell, G., P. Schmitter y L. Whitehead (1989), *Transiciones desde un gobierno autoritario*, Paidós, Argentina.

Parekh, Bhikhu (1996), "Algunas reflexiones sobre la filosofía política occidental contemporánea", *La Política. Revista de Estudios sobre el Estado y la Sociedad*, núm. 1, primer semestre, Paidós, Buenos Aires.

Pateman, C. (1970), *Participation and Democratic Theory*, Cambridge University Press, Cambridge.

Pocock, J. M. (1971), *Politics, Language and Time. Essays on Political Thought and History*, Atheneum, Nueva York.

Popper, K. (1992), *La sociedad abierta y sus enemigos*, Planeta, Madrid.

Przeworski, A. (1995), *Democracia y mercado*, Cambridge University Press, Cambridge.

Rawls, J., "Justice as Fairness: Political not Metaphisical", *The Philosophical Review*, LXIV.

—— (1993), *Teoría de la justicia*, FCE, México.

Ricci, D. M. (1984), *The Tragedy of Political Science*, Yale University Press, New Haven.

Robertson, R. (1992), *Globalization. Social Theory and Global Culture*, Sage, Londres.

Rodel, U. G., y H. Dubiel Frankenber (1997), *La cuestión democrática*, Huerga y Fierro, Madrid.

Sartori, G. (1984), *La política. Lógica y método en las ciencias sociales*, FCE, México.

—— (1994), *La democracia después del comunismo*, Alianza, Madrid.

Schumpeter, J. A. (1984), *Capitalismo, socialismo y democracia*, Folio, Barcelona.

Skinner, Q. (1985-1986), *Los fundamentos del pensamiento político moderno*, 2 vols., FCE, México.

Strauss, L. (1959), *What is Political Philosophy?*, Free Press, Glencoe.

Taylor, C. (1997), "Invocar a la sociedad civil", en *Argumentos filosóficos*, Paidós, Barcelona.

—— (1993), "La política del reconocimiento", en *El multiculturalismo y la política del reconocimiento, Ensayo de Charles Taylor*, comentarios de Amy Gutman, Steven C. Rockefeller, Michael Walzer y Susan Wolf, FCE, México.

Tully, J. (1989), "Introduction", en J. Tully y Q. Skinner, (eds.), *Meaning and Context*, Princeton University Press.

Uzuzquiza, I. (1990), *La sociedad sin hombres. Niklas Luhmann o la teoría como escándalo*, Anthropos, Barcelona.

Vincent, A. (ed.) (1997), *Political Theory. Tradition and Diversity*, Cambridge University Press.

Walzer, M. (1996), "La crítica comunitaria al liberalismo", *La Política. Revista de Estudios sobre el Estado y la Sociedad*, núm. 1, primer semestre.

—— (1997), *Las esferas de la justicia*, FCE, México.

Wolin, S. (1973), *Política y perspectiva*, Amorrortu, Buenos Aires.

TERCER SECTOR

Marina Costa

Definición

Resulta extremadamente complicado dar una definición de *tercer sector*, si consideramos sobre todo la falta de homogeneidad de los lenguajes, la multiplicidad de sujetos que componen ese sector y la gran heterogeneidad de experiencias que es posible encontrar en su interior. Además, aun cuando ha habido abundantes reflexiones, convenciones y foros, y se ha instituido en los últimos tiempos, por ejemplo en Italia, una *Authority*, la cantidad de material científico reunido y de reflexión teórico-conceptual sobre esta temática no se puede considerar muy satisfactoria.

Historia, teoría y crítica

Por consiguiente, he decidido hacer, como primera cosa, un recuento, así sea muy parcial, de los diversos autores que viven y habitan esta articulada y multiforme realidad para luego entrar en lo que concierne a problemas definitorios.

Podemos hacer entrar en el *tercer sector* las asociaciones (filantrópicas, culturales, deportivas, de tiempo libre, de autoayuda y de ayuda mutua), las cooperativas, las fundaciones bancarias, las *onlus*, etcétera.

La misma expresión *tercer sector* no es ciertamente la única utilizada cuando se trata de referirse a las organizaciones arriba citadas.

Otras veces los términos empleados son sector *non-profit*, economía social, voluntariado, tercera dimensión, privado-social, tercer sistema, economía informal o economía de las participaciones.

La confusión de los términos y de lenguaje, como decíamos antes, da cuenta de un cuadro complejo en que no faltan las contradicciones. Estudiosos de diversas disciplinas han afrontado en los últimos años el estudio de esta realidad y han organizado el debate en ámbitos y según perspectivas diferentes; los economistas tienden a utilizar el término *non-profit* sobre todo para hacer resaltar las características ligadas a la falta de distribución de las utilidades y su necesaria reinversión en pos de las finalidades sociales de los sujetos que componen esta abigarrada realidad; los sociólogos, y también algunos de los operadores del sector, tienden a poner el acento sobre las características ligadas a la acción voluntaria y gratuita o sobre las finalidades solidarias. Algunos afirman que la mejor vía para llegar a una definición, en un universo tan articulado, es la de partir de las legislaciones de los diversos países; otros, en cambio, clasifican el *tercer sector* con base en una capitalización que es resultado, sobre todo, del financiamiento por parte de los miembros mismos de la organización, o cuando esta cuota resulta ser por lo menos la parte financiera más importante.

Algunos, todavía, hacen provenir la definición del objeto o de las finalidades de la organización: el bienestar de la sociedad, el mejoramiento de la vida de los niños, las mujeres, los ancianos, los pobres, etc. Existen quienes prefieren concentrarse en las diferencias entre organizaciones que prestan servicios o bienes exclusivamente a sus socios y aquellas que los ofrecen también al exterior en el mercado.

Finalmente, se ha propuesto una interesante definición que toma en consideración más dimensiones de análisis y de valoración, definición que es resultado de las investigaciones de Salomon (1992) y que ha sido retomada, luego, por Barbetta (1994).

Punto de partida es el concepto de *non-profit*, pero se especifican y se considera necesaria la concreta satisfacción de por lo menos cinco criterios para que una organización pueda ser considerada como perteneciente al *tercer sector*:

El primero se refiere a los aspectos formales (cómo está constituida), el segundo atañe a su naturaleza jurídica y los criterios sucesivos conciernen a la esfera de los principios: la ausencia de distribución de las utilidades, el autogobierno y la voluntariedad.

Entrando en el fondo de cada una de las definiciones intentaré aclarar lo que parecen ser algunos de los límites de las diversas acepciones, sin olvidar que en estos años, algunas veces, la investigación científica y el debate han estado muy condicionados por intereses y curiosidad de carácter, por así decir, partidario en un sector que se halla viviendo un rápido crecimiento en muchos ámbitos económicos, ligados por tradición a áreas de intervención, de acción o de interés del Estado o de la empresa privada.

El criterio de la imposibilidad de distribución de las utilidades puede dar a este sector una colocación menos residual y, sobre todo, contribuye a exaltar el valor social y a acrecentar el interés por esta realidad, tanto en el mundo económico-financiero como en el científico. Por su creciente importancia en términos de creación de empleo y por su contribución al aumento del producto interno bruto de muchos países, atrae la atención de sindicatos y legisladores.

El *non-profit* es ya un concurrente del servicio público en muchas áreas de intervención tradicionalmente delegadas y compite con la empresa privada en muchos mercados, llevando a menudo a un mejoramiento global de la calidad de los servicios y productos y por tanto a una ventaja para sus usuarios, ya sean ciudadanos comunes o trabajadores e inversionistas de las empresas de *non-profit*.

Sin embargo, esta definición tiene límites si pensamos en el destino de las utilidades de entes que representan los intereses de categorías específicas o de autoconsumo. En muchas organizaciones no lucrativas es de cualquier modo posible, una vez pagados los servicios, corresponder con una remuneración a quien ha ofrecido capital y trabajo.

Como ya hemos dicho, la individuación de los sujetos pertenecientes al *tercer sector* mediante legislaciones no puede garantizarnos una definición suficientemente útil y rigurosa, dado que el derecho vigente en los diversos países se enfrenta con realidades muy diferentes, examinadas según criterios y principios muy diversos entre sí. La referencia a la dimensión económica resulta esencial muy a menudo, pero no es ciertamente exclusiva. En algunos países asume mayor relieve el fin social, solidario, o el fin ideal de una asociación que la simple prohibición de repartir las utilidades; en otros, la naturaleza jurídica que pueden darse los entes gestores de los fondos mutualistas de las cooperativas.

Está además todavía presente en el debate la diferencia entre sujetos que se asocian libremente para perseguir la finalidad de un trabajo autogobernado y la cooperación que se propone favorecer el interés general de la comunidad mediante la promoción y la integración social de todos los ciudadanos. Surge aquí un elemento más, respecto a la no redistribución de las utilidades, que resulta también una condición necesaria para poder beneficiar con particulares facilidades fiscales previstas en la legislación de varios países.

Otro modo como se ha intentado definir el sector *non-profit* alude a la fuente del rédito. Es un sistema a menudo utilizado en los Estados Unidos, donde las actividades económicas se clasifican en cuatro categorías principales: sector *non-profit*, empresa privada, intervención pública y economía familiar. Esta definición seguramente da al *tercer sector* una mayor autonomía, lo cual puede quizá hacernos más comprensible la atención que aquel país le reserva. Mientras la actividad económica de carácter privado es asegurada por empresas que se financian a través de la producción de bienes y servicios y el sector público desarrolla, gracias a la contribución colectiva, sobre todo, una función de servicio e intervención en favor de todos los ciudadanos, el *tercer sector* se financia con aquellas actividades que son resultado de las contribuciones y del trabajo de cuantos se adhieren y participan en sus multiformes realidades.

Esta clasificación, basada no sólo en la legislación, permite mantener mayor precisión y rigor en el intento de trazar los límites de una definición de *tercer sector*, sino, sobre todo, a diferencia del hecho jurídico, permite identificar fenómenos nuevos y favorece una comparación a escala internacional.

Podemos sin embargo afirmar, en realidad, que este tipo de definición excluye algunas organizaciones que reciben muchos financiamientos públicos, como por ejemplo universidades y abastecedores de servicios socio-asistenciales, sanitarios y hospitalarios. Aun cuando prefiero esta definición a otras, considero de todos modos que sería útil profundizar también en los aspectos ideológicos y de motivación, y no sólo en los económicos, habida cuenta de la creciente importancia del *tercer sector*.

La referencia a los objetivos de las organizaciones del *tercer sector* para ofrecer una definición es una vía difícilmente practicable, porque es extremadamente arduo precisar qué es el bien o el interés común. El concepto y sus contenidos pueden en efecto cambiar en distintos países por las continuas transformaciones a que toda sociedad se ve sometida.

Lo que el sentir común considera bienestar social o calidad de vida cambia a menudo. El valor de la asistencia a los ancianos, a los menores abandonados, a los pobres, en suma, a quienes padecen desventajas, cambia no sólo según las diferentes legislaciones, sino también por las necesidades particulares, lo cual hace difícilmente comparable el significado de diversas experiencias.

Como se ha visto, resulta extremadamente difícil encontrar una definición única y generalmente compartida de lo que es el *tercer sector*. Me parece muy útil proponer, considerada la heterogeneidad de esta realidad, adoptar más criterios. El ya citado trabajo de Salomon y Anheier, retomado por Barbetta, me parece que va en la justa dirección al examinar cinco diversos aspectos de consideración de las organizaciones del *tercer sector: 1)* su formal constitución; *2)* su carácter privado; *3)* la vigencia de un principio de autogobierno; *4)* la no redistribución de las ganancias, y *5)* una aportación significativa de trabajo voluntario. En esta perspectiva analítica seguramente es más fácil hacer una comparación a escala internacional y se evitan muchos de los problemas antes señalados.

Líneas de investigación y debate contemporáneo

En la crisis de los tradicionales sistemas de *Welfare State*, que ve también a Europa empeñada en la superación de un modelo que se ha revelado a menudo demasiado costoso y muchas veces ineficaz, se enfrentan hipótesis ligadas a una mayor utilización del *tercer sector*. El *Welfare Market* o *Welfare Community* aparece como una perspectiva capaz de asegurar una asistencia más ligada a las necesidades individuales, inserta en un desarrollo territorial (más o menos circunscrito) en que cada uno de los individuos puede contribuir directamente a su necesaria satisfacción.

Todo esto en un Estado que administra menos pero desarrolla de manera más eficaz y eficiente una función de dirección y control y en que los ciudadanos puedan ser, al mismo tiempo, "gestores" y "usufructuarios" de los diversos servicios y tener una elevada capacidad para modificar, cada vez, la organización de los mismos servicios.

Puede resultar útil como ejemplo de invención de nueva ocupación el estudio de algunos casos de *trabajos socialmente útiles* experimentados en Francia y, últimamente, también en Italia. El gasto en seguro de desempleo puede utilizarse para crear una "empresa social" que responde, en primera instancia, a la necesidad de abrir nuevos empleos e, inmediatamente después, se transforma en un servicio para los ciudadanos de la localidad (asistencia domiciliaria, mesas sociales, manutención de casas populares...). Ciudad, circunscripciones, territorio, se vuelven los lugares en que "lo social" y "la empresa" se entrelazan, intercambian valores, bienes y servicios; se autocontrolan, se autorregulan y varían con el cambio de las necesidades y de las exigencias con aquella flexibilidad que todos invocan y que parece muy difícil de conquistar.

En una época en que la globalización nos presenta horizontes cada vez más cargados de incertidumbre, la investigación de una dimensión más humana de vida y de trabajo puede responder a muchos problemas.

BIBLIOGRAFÍA

Barbetta, G. B. (1996), *Senza scopo di lucro*, Il Mulino, Bolonia.

Borgonovi, "Elementi di teoria per aziende non-profit", en *Il futuro dei servizi sociali in Italia: il ruolo della cooperazione sociale nei processi di duplicizzazione*, Istituto Italiano di Studi Cooperativi, Luzzati, Roma.

Colozzi (1996), "Prima Conferenza Europea della Cooperazione Sociale".

Costa, M. (1993), *Disabilità psichica e cooperazione sociale: luci e ombre*.

De Leonardis, O. (1995), *L'impresa sociale*, Anabasi, Milán.

Donati (1996), *Il problema della regolamentazione del terzo settore*, NIS.

Fiorentini, G., *Organizzazioni non-profit e di volontariato*, Etas libri, Milán.

Hasman, H. (1980), "Il ruolo delle coorporazioni non-profit", *Yale Law Review*.

Lepri, S. (1993), *Ricerca sul terzo settore*, Fondazione Agnelli, Turín.

Paracone, C. (1987), *Tra flessibilità e nuova imprenditorialità. Una rilettura della cooperazione giovanile*, Fondazione Agnelli, Turín.

Rifkin, J. (1995), *La fine del lavoro*, Baldini & Castoldi.

Salomon, L., y H. Anheier (1994), *Il settore non-profit in confronto internazionale*, Universita Cattolica del Sacro Cuore, Milán.

TIEMPO Y POLÍTICA

Cecilia Lesgart

Definición

Entre las ciencias sociales, la historia ha reflexionado sistemáticamente en torno al tiempo y la sociología ha pensado en el cambio. Mientras tanto, la teoría política se ha caracterizado por abordar el orden político: el modelo de Estado, la legitimidad del poder político, la naturaleza y los límites de la obligación política, el lugar de la política y la tensión entre ética y política. Esta reflexión de la teoría política ha estado más asociada a las dimensiones espaciales en las cuales la actividad política puede o debe transcurrir —o de hecho transcurre (la *polis*, la ciudad-Estado, la plaza pública, el Parlamento, los partidos políticos, etc.)— que al tiempo. Por lo tanto, si es que existe un tiempo específicamente político, la teoría política ha interpretado la medida de éste como realizándose en algún espacio. Este uso la ha llevado, de manera frecuente, a emplear metáforas que designen directa o indirectamente el paso del tiempo (decadencia, corrupción, tránsito, ola).

Por lo dicho, la pregunta pertinente no sería qué es el tiempo, sino cómo se han articulado las visiones del orden político y las ideas de tiempo, relación que al configurarse histórica y contextualmente exige no una sino varias maneras de entender la experiencia que los hombres tienen respecto al tiempo.

Y aquí tenemos otra de las características de la relación entre ambos términos. El tiempo no existe por sí mismo, sino que por ser la gestación del universo humano paralela a la creación de mundos simbólicos el hombre da forma, designa, representa la realidad mediante símbolos que le proveen orientación en y dentro del mundo, otorgándole significado.

De esta manera, cuando la utilería conceptual que veníamos utilizando para designar las cosas busca ser transformada, nos encontramos frente a visiones del mundo que se modifican. Dicho de otra manera, cuando los símbolos a través de los cuales una sociedad se orienta en el mundo y articula su existencia no siguen acompañando a la experiencia, el pensamiento o la acción, surgen nuevos símbolos y conceptos.

Esto quiere decir que el tiempo es una creación simbólica forjada en la experiencia humana y que contribuye a la orientación del hombre en sociedad; es concepto, es decir, abstracción que realiza el hombre para poder designar aquello que vive a través de la experiencia; y es definible por referencia a una organización conceptual histórica de la experiencia de cambio, proceso, movimiento, transformación, constancia de los objetos y permanencia experimentada como continuidad de existencia.

Desde esta perspectiva, se entendería por qué en la historia del pensamiento político el paso del tiempo fue comprendido y simbolizado de muy diferentes maneras.

La teoría política se ha ocupado del orden político como ámbito de la actividad política a lo largo del tiempo. Esto nos conduce a la reflexión de la relación espacio-tiempo. Ambas son medidas posicionales que se relacionan con los sentidos que cada época tiene de la extensión y del cambio. Esto quiere decir que su uso permite ordenar sucesos por medio del proceso humano de situarlos: poniendo fechas, indicando qué día ocurrieron, etc. Se determinan a través de la movilidad, del cambio de posiciones entre acontecimientos móviles. Por lo tanto, se requiere algún enunciado sobre una cosa para determinar que se halla en un momento o lugar diferente.

Frecuentemente la teoría política simboliza el cambio en la historia a través de conceptos duales (estado de naturaleza-sociedad civil; subdesarrollo-desarrollo; autoritarismo-democracia, etc.) que aluden más a las transformaciones en la naturaleza de las situaciones que a movimientos espacio-temporales. De esta manera, la situación que conduce de un estado espacial a otro se concibe mediante metáforas temporales o situacionales que le permiten su transformación en el tiempo (pacto, revolución, tránsito). Como vemos, sólo algunas son explícitamente temporales o espaciales. Estas situaciones de cambio espaciotemporales constituidas dualmente se dan, por lo general, a través de contrarios asimétricos, es decir, se divide en dos partes un conjunto de cosas heterogéneas en virtud de las cuales se delimitan las situaciones. Aunque también existen aquellas situaciones descritas por el recorrido de más de dos términos (por ejemplo, familia-aldea-ciudad). En relación con las primeras, el tipo de cambio es descrito como proceso cualitativo; en relación con las segundas, es más bien incremental, evolutivo o cuantitativo.

En este sentido, valdría la pregunta sobre si puede medirse el tiempo. A partir de lo dicho y relacionado con los usos más frecuentes referidos a la política, el tiempo se describe en relación con los espacios que recorre y en función de una referencia que nos guía más a la naturaleza del cambio que a la velocidad del mismo. Las palabras que aluden al tiempo y al movimiento en política (revolución, transición, crisis, ola) son utilizadas para designar aquellos espacios que se dibujan en relación con el antes y el después. Esto nos lleva a considerar por qué muchos de los vocablos que designan el cambio en el tiempo aparecen como metáforas: podemos suponer que a partir de ellas se acercan términos que en un principio parecían alejados y de pronto aparecen ante la experiencia como próximos, como posibles o necesarios. Aunque su utilización podría responder a la urgencia de resolver la tensión que se abre en tanto se piensa desde una lógica entre lo que "fue" y lo que "aún no es". ¿Cómo medir eso que "está siendo"?, ¿se puede medir el tiempo en el cual el cambio o el movimiento están ocurriendo? La teoría política lo ha descrito mediante la palabra *crisis* (de modo de producción, de régimen político, de gobernabilidad, de los grandes relatos, de racionalidad, de las instituciones, de las organizaciones, de legitimidad, de las identidades). Y es que la medición en relación con la magnitud del cambio experimentado sólo puede hacerse en un momento posterior, aunque en el ínterin podamos pronosticar el tipo de magnitud que resultará. Es el después el que nos permite delimitar el momento anterior y posterior y dar lugar a las preguntas específicas en torno al tiempo: ¿desde cuándo?, ¿durante cuánto?, ¿dentro de cuánto?, ¿hasta cuándo?

Los instrumentos para medir el tiempo, aquellos que están sujetos a convenciones sociales (los relojes, los calendarios), parecen servir sólo en algunos casos para dar cuenta de su paso en relación con la política. Esto lo consideraremos cuando hablemos del futuro de la voz. Por ahora, vale decir que la determinación del tiempo político es la expresión del intento de los hombres por determinar la duración de los intervalos, el ritmo de las transformaciones, el flujo continuo de sucesos, la delimitación de hitos que señalan los comienzos y los fines relativos dentro un continuo temporal, desde donde se intenta destacar la longitud, la duración o el lapso entre acontecimientos o periodos.

Una última característica por destacar es la existencia de una pluralidad de planos temporales. En relación con la política, podemos hacer una diferenciación entre una experiencia de tiempo objetiva, ligada a la decisión, al pronóstico, a los cálculos, y una experiencia de tiempo subjetiva ligada a las profecías, las esperanzas puestas en el futuro y los horizontes de expectativas. En este recorrido se puede decir que la teoría política se ha movido ambiguamente y ha entablado discusiones entre uno y otro de estos tiempos. Apenas a partir de la década de los noventa, pareciera haber un esfuerzo por diferenciar ambas experiencias de temporalidad.

Historia, teoría y crítica

En la Antigüedad, el uso del tiempo para determinar la posición de hechos o duración de procesos estaba limitado a ciertos fenómenos naturales, sobre todo a aquellos que acontecen sucesivamente (bajamar, pleamar, movimiento del sol, el ciclo de los cultivos, etc.). La experiencia temporal se regía a través de los fenómenos naturales. Por esto en Aristóteles o en san Agustín el tiempo está asociado al movimiento de los astros. De todas maneras, hallamos largas discusiones filosóficas sobre la naturaleza y distinción entre tiempo y movimiento; o asociadas al tiempo como proceso objetivo (Newton), o aquellas que lo asocian a una determinada manera de contemplar los hechos basada en la peculiar conciencia humana (Descartes). Otros sucesos que intervinieron en la delimitación del tiempo estaban relacionados con las guerras como hitos, con la sucesión de dinastías o de reyes dentro de éstas, etcétera.

Fue durante el siglo XVIII cuando se formó una conciencia de tiempo ligada a la creación voluntaria de los hombres. Historia y naturaleza se separaron conceptualmente y el tiempo pasó a formar parte de la primera, concentrándose en un sujeto singular colectivo.

En principio, como producto de las ideas de la Ilustración, la experiencia de temporalidad se asoció al desarrollo evolutivo y se tiñó con la imagen de progreso. Pero la Revolución francesa actuó como acontecimiento fundador, ya que permitió que el término dejara de asociarse a los movimientos cíclicos naturales y adquiriera, a partir de la fuerza que le imprimió la dirección humana, la idea de futuro abierto, de movimiento sin retorno. La idea de reacción, usada hasta entonces como categoría mecánica, se convirtió en movimiento que pretendía detener el curso de la revolución. A partir de entonces, el tiempo también connotará la limitación de la acción estatal y se utilizará como pronóstico racional del futuro desde la particular combinación de profecía y política. Por último, la revolución posibilitó la mirada en perspectiva (pasado, presente, futuro) y permitió la consideración de lo espacial pero también de lo temporal.

El siglo XIX heredó algunas preocupaciones en torno a la idea temporal que inaugurara la revolución, aunque también aquellas asociadas a la idea de progreso. La primera, en la tensión revolución política o social, preanunciada por la Revolución francesa a través de la Declaración de los Derechos del Hombre y del Ciudadano y elevada a categoría conceptual por la Revolución rusa. A la vez, con Marx, la idea de revolución adquiere mayor impulso como tiempo hacia adelante, hacia el futuro y no contra el pasado (como lo indican las reflexiones francesas sobre el antiguo régimen). Y con el nacimiento del socialismo la noción de permanencia de la revolución, que encontrará oposición en aquellas ideas sobre el eterno retorno (Nietzsche) o los ciclos epocales (Spengler). La segunda, en la noción de evolución, impulsada por el proceso de industrialización que modificará en forma decisiva la relación entre espacio y tiempo.

La revolución inaugura el siglo XX como idea (política, social, industrial) y como práctica, ampliando las reflexiones sobre el ámbito del yo y la esfera de la intimidad, que se hacen definitivamente autónomas de las esferas pública y privada. La idea de tiempo como producto humano, fijado en la experiencia por la Revolución francesa y la Ilustración, se difunde en el siglo XX, aunque como veremos también encontrará sus tensiones.

El siglo, inaugurado por la revolución, aparece teorizado por algunos historiadores como de corta duración. Ésta lo recorrería como práctica, como idea y lo inundaría de ilusiones, cerrándolo temprano con la desaparición del espacio soviético, o con lo que muchos insisten en llamar revoluciones constitucionales, de algodón, sociales o compensatorias, aunque también, contrarrevoluciones o transiciones pacíficas hacia la democracia política y la economía de mercado.

Pero si miramos el tiempo a través de los relojes y calendarios, el siglo no ha terminado, y pareciera cerrarse con la idea de democracia, la cual también tiene sus lugares espaciales y sus recorridos temporales.

El actual y masivo fenómeno democrático no debe llevarnos a asimilarlo como algo conceptualmente homogéneo, aunque su reflexión preocupe y ocupe a las ciencias sociales actuales, especialmente a la teoría política. La democracia, como ordenamiento político que se perfila a fines de siglo, la podemos también pensar desde una tensión que ya es corriente mencionar en el pensamiento de las ciencias sociales contemporáneas: estructura-agencia para la sociología, cultura-agencia para la antropología, individuo-acción racional para la economía, actores individuales-instituciones para la ciencia política y largo plazo-acontecimiento para la historia.

Sin duda, ésta fue la discusión que en relación con el tiempo y el cambio ocupó a las ciencias sociales durante el siglo. No porque éstas se hayan centrado en la reflexión del tema (exceptuando a la historia, a la sociología y a la antropología), sino por el registro marcadamente estructuralista que tuvieron sus teorizaciones sociales hasta mediados de la década de los setenta.

Frente a este panorama, los problemas referidos a

las prácticas de agencia y a las opciones contingentes parecen ser los parteaguas teóricos de fines de siglo. Y es el momento, además, en que la teoría y la ciencia políticas parecen hacerse cargo de la discusión en torno al cambio, pero también en torno al tiempo.

Sin duda, fueron los procesos de democratización inaugurados a mediados de la década de 1970 en el sur de Europa los que permitieron nuevas maneras de percibir el mundo y facilitaron cambios conceptuales. Y también trajeron consigo algunas metáforas que marcaron nuevas maneras de interpretar el tiempo: ola (Huntington), onda (Schmitter) y la emblemática idea de transición. Mientras que las primeras simbolizan el efecto de las nuevas y generalizadas democracias, asociándolas a la idea de ciclo y advenimiento, la de transición, más expectante y tranquila, nos remite a una sensación "de paso", de "mientras tanto", en la que la imagen de tiempo quedaría representada como algo momentáneo, como espacio intermedio entre un lugar de partida y otro de llegada. También las metáforas espaciales se transforman al ritmo de los nuevos tiempos. La que se impondrá será una de tipo lúdico, asociada a partidas de ajedrez simultáneas en múltiples tableros. En este sentido, la transición aparece como secuencia de momentos espaciales.

Más acá de las metáforas, los procesos inaugurados en los países de la orilla norte del Mediterráneo, continuados en América Latina a principios de la década de 1980 y sostenidos por los países de Europa central y oriental a fines de la década pasada, traen cambios de perspectivas respecto a la visión que las ciencias sociales tenían del movimiento, el cambio y el tiempo.

Estas transformaciones en los enfoques han llevado a que la teoría y la ciencia de la política comiencen a preocuparse —como nunca antes lo habían hecho— por los problemas relativos al tiempo.

Tras el acento que la revolución behaviorista había puesto en el estudio de los valores compartidos, los comportamientos, la estabilidad de los sistemas o el equilibrio entre grupos (estudios ligados a la sociología y a la psicología social), la ciencia política "retorna" al que fuera su objeto de estudio tradicional: las instituciones. Dejando atrás el enfoque jurídico predominante hasta la década de 1930, el análisis alternativo es de inspiración económica.

El estudio de las instituciones se realiza caracterizándolas como formales o informales. En el primer caso, las instituciones aparecen como el escenario de la toma de decisiones, se identifican con las reglas de decisión colectiva y en dicho proceso de elección no son neutrales. En el segundo caso, las instituciones serían pautas de conducta o regularidades en el comportamiento que surgen del funcionamiento de algún conjunto de reglas.

Pero lo más nuevo a lo que nos vamos a referir es el acento que la politología da a los comportamientos estratégicos durante los procesos de cambio político. Frente al peso de las estructuras o los enfoques que analizaban las condiciones socioeconómicas o culturales necesarias para el despliegue del proceso democrático (desarrollo económico, complejidad social, modernización cultural y política), los enfoques estratégicos ganaban adeptos. Y los estudios sobre las nuevas democracias, convocados a través de la temática del cambio de régimen político, partían de varias premisas novedosas que se impusieron en la década de los ochenta:

—Los enfoques centrados en las condiciones objetivas que soslayan las dinámicas políticas coyunturales ceden ante los enfoques microorientados, centrados en el comportamiento estratégico de los actores políticos insertos en situaciones históricas concretas. Las condiciones económicas y sociales no determinan, sólo limitan. Las nuevas teorizaciones de alcance medio se preocuparán por lo teórico y lo metodológico frente a los antiguos métodos descriptivos.

—Los espacios y tiempos del proceso que conducen progresivamente a la democratización serán tres: liberalización como desintegración de los regímenes totalitarios o autoritarios anteriores, transición como momento de creación y elección de las instituciones y las reglas y consolidación como momento de asentamiento del proceso.

—El punto de partida no es el factor internacional o el peso de los factores externos, sino los cálculos estratégicos de las fuerzas nacionales; éstos son los que inician los procesos de liberalización y transición.

—La presencia o ausencia de opciones preferibles y organizadas políticamente es lo que importa. Se descartan las teorizaciones sobre la pérdida de legitimidad del régimen autoritario o las transformaciones dirigidas de abajo hacia arriba.

—Frente a la anterior centralidad del Estado se le otorga importancia a las élites, a los partidos políticos, a los parlamentos y a las elecciones regulares como espacios de acción y representación políticos.

—La democracia se teoriza como procesamiento y resolución de los conflictos intergrupales a través de arreglos institucionales, como certidumbre de las reglas e incertidumbre de los resultados. La idea de democracia sustantiva cae en desuso frente al consentimiento que las élites partidarias y los políticos profesionales acuerdan para establecer las normas de procedimiento, no principios éticos. Los compromisos se establecen con las instituciones.

—La idea de pacto, de negociación y renegociación, inspirada por D. Rustow, se pone a la orden del día. El ejemplo del hiperconsensualismo venezolano cede frente al pacto contingente y estratégico inaugurado por el caso español.

—La noción de contingencia contiene algo de posibilismo, la oportunidad en que los actores deciden, pero no sólo son decisiones subjetivas o prácticas de agencia, sino que existen constreñimientos económicos e institucionales.

La década de los noventa permitirá nuevas reflexiones en torno a los procesos de consolidación, mayor hincapié en las instituciones, la incorporación de la dimensión internacional y las secuencias de las reformas económicas y políticas. Y marcará el camino para que este tipo de enfoque se imponga definitivamente frente a los ritmos lentos, las tendencias profundas, lo inmóvil y lo estable. La reflexión en torno a las prácticas de agencia se generaliza y los nuevos estudiosos de las instituciones se hacen cargo del debate. Las instituciones aparecerían como el *social glue* que une a individuos y situaciones sociales, algo que ni la revolución behaviorista ni el *rational choice* habían considerado.

El tiempo, como factor incluido en la metáfora del juego y en las estrategias de decisión, comienza a aparecer. Los sucesos inesperados que se presentan en el curso de la actividad política, representada como un juego, pueden producir largas negociaciones en las que el tiempo se vuelve un recurso escaso y no renovable. Este problema, aunque nuevo, comienza a ser considerado en la política.

LÍNEAS DE INVESTIGACIÓN Y DEBATE CONTEMPORÁNEO

De la revolución a la democracia, el tiempo futuro parece haber perdido la calidad que cobrara con la Revolución francesa: abierto a la creación y voluntad del hombre, transparente. Sin embargo, el pasado pareciera recobrar la dimensión que adquiriera con la Revolución francesa y con la Revolución rusa: ya no contra el antiguo régimen o contra la autocracia de los zares, pero sí contra lo absoluto de los totalitarismos y de los autoritarismos. El pasado tiene peso como memoria (otro rasgo del tiempo) en la instalación de los regímenes democráticos y en el uso —a veces indiscriminado— de la democracia como discurso. Desde allí aflora el presente democrático, que pareciera presentarse casi como presente perpetuo dado el acento de algunas teorizaciones, aunque esta imagen de perpetuidad se desdibuja al observarse cómo la teoría y la ciencia políticas aparecen haciéndose cargo de algunas de las consecuencias pasadas en relación con el uso del tiempo objetivo y subjetivo.

Y acompañadas de la reflexión sobre el foco temático de la democracia, han aparecido en los últimos años algunas reflexiones en torno a la importancia del tiempo.

Algunas de las características que ha asumido esta reflexión, anteriormente implícita en la ciencia política, se salen de los trazos que le imprimieran la historia y la sociología para instalarse alrededor de las instituciones democráticas:

—Las elecciones regulares abrirían una nueva experiencia en torno a la temporalidad porque impondrían la idea de gobiernos provisorios, aboliendo la de legitimidades indefinidas e instalando un ritmo diferente en el proceso de la toma de decisiones y elaboración de agendas. Esto también tendría consecuencias en el juego entre *statu quo* y oposición, pero asimismo en el horizonte temporal de otros actores políticos, por ejemplo, las organizaciones de la sociedad civil.

—El tiempo se presenta de la mano de la duración de los mandatos y en relación con el largo debate entre los sistemas presidencialistas o parlamentaristas.

—Otro tema en el que la temporalidad aparece es el del Poder Legislativo, sus procedimientos internos y debates.

—Aparece también en las discusiones en torno a los tiempos y tipos de las reformas económicas, lo que a su vez plantea el problema de la sincronización de la lógica del tiempo político con otras lógicas temporales.

—El tiempo es importante en el análisis de los ritmos que imponen las transiciones (elecciones estratégicas, ritmos extraordinarios) y las consolidaciones (en las que priman las rutinas políticas y un clima de mayor desencanto).

—Por último, y de gran importancia, el papel de los medios de comunicación en la vida de las democracias políticas. Éstos imponen nuevos parámetros temporales y espaciales: la corta duración dada la presentación de la realidad como acontecimiento, la sustitución que parecieran imponer respecto al espacio público y en relación con la calidad de representación que los partidos políticos y otras organizaciones canalizan.

Éste es el sentido que han adquirido algunas de las reflexiones sobre política y tiempo en la ciencia política de la última década. El tema apenas comienza a ser teorizado; trataremos los politólogos de asegurarle un futuro, que se presenta como necesario.

BIBLIOGRAFÍA

"Democracy and Time", *International Political Science Review*, vol. 19, núm. 1, enero, 1998, IPSA.
Elias, Norbert (1997), *Sobre el tiempo*, FCE, México.
Finley, Moses (1990), *El nacimiento de la política*, Grijalbo, México.
Gunnell, John (1968), *Political Philosophy and Time*, Wesleyan University Press, Connecticut.
Jaques, Elliott (1984), *La forma del tiempo*, Paidós Básica, Buenos Aires, Barcelona y México.
Koselleck, Reinhart (1993), *Futuro pasado. Para una semántica de los tiempos históricos*, Paidós Básica, Barcelona, Buenos Aires y México.
Orren, Karen, y Stephen Skowronek, "Order and Time in Institutional Study: A Brief for the Historical Approach", en Farr, Dryzek y Leonard, *Political Science in History*.
Shepsle, Kenneth, "Studying Institutions. Some Lessons from the Rational Choice Approach", en Farr, Dryzek y Leonard, *Political Science in History*.
Ricoeur, Paul (1995), *Tiempo y narración* I. *Configuración del tiempo en el relato histórico*, Siglo XXI, México y Madrid.
Wolin, Sheldon (1993), *Política y perspectiva. Continuidad y cambio en el pensamiento político occidental*, Amorrortu Editores, Buenos Aires.

TOLERANCIA

Isidro H. Cisneros

Definición

La procedencia etimológica del sustantivo femenino latino *tolerantia-ae* nos permite traducirlo literalmente, ya como resignación y acción de soportar, que es la concepción más difusa, ya como aprobación y consentimiento. La ambigüedad del concepto tolerancia se debe a que en él se mezclan diversos significados, desde el eminentemente ético-religioso hasta aquellos de corte filosófico-normativo o empírico-politológico. El primero, cuando se hace referencia a la tolerancia como un deber moral (lo que implica el respeto al otro); el segundo, cuando la referencia a la tolerancia parte de reflexiones teóricas, y el tercero cuando se adopta el punto de vista de la razón práctica, es decir, cuando se analiza el funcionamiento concreto de los sistemas políticos. La tolerancia implica reciprocidad en tanto que la democracia implica equidad; por lo tanto, entra en juego el principio de la reciprocidad sobre el que se fundan todas las transacciones y los acuerdos que están en la base de la convivencia entre las personas.

El problema de la tolerancia representa actualmente uno de los más importantes desafíos (si no es que el más importante) al orden democrático. En su acepción contemporánea la tolerancia ha expandido su campo de acción para significar el respeto y la consideración hacia opiniones o prácticas ya no sólo de carácter religioso, sino también político e ideológico. Hoy la tolerancia aparece como el reconocimiento de la "diversidad" de los actores y por lo tanto de la "pluralidad" que puede y debe existir en una democracia. La tolerancia como método de convivencia extiende su campo de acción a los problemas que genera la coexistencia entre diferentes minorías étnicas, lingüísticas y raciales, y más en general, al problema de los que se denominan "diversos o diferentes" ya sea por razones físicas o de identidad cultural. En este ámbito entran desde los indígenas hasta los homosexuales y los minusválidos, pasando por las mujeres, quienes en nuestras sociedades son víctimas de constantes discriminaciones. Norberto Bobbio ha sostenido que la tolerancia

> nace de la idea de que la verdad tiene todo que ganar si soporta el error de los otros porque la persecución, como la experiencia histórica muy seguido demuestra, en lugar de extirparlo lo refuerza [...] en el tolerante no existe soportación pasiva y resignada del error, sino confianza en la razón o en la racionalidad del otro y el rechazo consciente de la violencia para obtener el éxito de las propias ideas.

Historia, teoría y crítica

De la libertad religiosa a la libertad política

El problema de la tolerancia se remonta a las persecusiones religiosas que se llevaron a cabo en el continente europeo durante los siglos XIII al XVI. En este contexto debió inventarse la tolerancia como una solución obligada al indirimible conflicto religioso que siguió a la Reforma protestante, contraria al monopolio teológico-secular de la Iglesia y del papa. En el fuego de las luchas religiosas el problema de la tolerancia adquirirá una relevancia universal. En efecto, la tolerancia inició su desarrollo en Europa como un principio ético que representaba un indulto para los vencidos durante las guerras de religión y, por lo tanto, como una particular consideración en relación con quienes eran considerados los "impuros" e "infieles" del momento. Por lo tanto, tolerar quería decir que se aceptaba la presencia del otro, pero que esto implicaba su sumisión a una única verdad. La tolerancia aparece entonces como el reconocimiento de una libertad, y más concretamente, de la libertad de conciencia. Con el tiempo esta libertad de conciencia permitirá, a su vez, el reconocimiento y desarrollo de la libertad política. Es así como la tolerancia pasará lenta, pero inexorablemente, desde el ámbito de los preceptos morales al ámbito del derecho o, dicho de otra forma, de la Iglesia al Estado. De este modo, la tolerancia sufrió, a través de los siglos, una transformación que la llevó de ser un precepto moral en los Estados teocráticos a constituirse en una norma jurídica garantizada por el Estado de derecho, el cual, como bien sabemos, representa el fundamento más importante del régimen liberal-democrático.

En este proceso de transformaciones desempeñó un papel importante el movimiento intelectual encarnado por la Ilustración y la ruptura política que representó la Revolución francesa, sucesos que permitieron, en efecto, el desarrollo de aquella otra importante transición que arribó a la instauración de las libertades y derechos que constituyen el "fundamento ético" del moderno Estado democrático. Recordemos que la Revolución francesa ha sido considerada ya desde el siglo XIX como una de las principales etapas en la formación de la democracia moderna. Debemos a ella la concepción de que la democracia no es solamente un régimen político basado en la combinación del sistema representativo y del sufragio universal, sino también un régimen social caracterizado por la ausencia de desigualdades estatutarias de tipo aristocrático y que sitúa en una posición central el problema de las aspiraciones igualitarias entre los ciudadanos.

En la historia de las ideas políticas la tolerancia hace referencia a un grupo de importantes autores clásicos, entre los que destacan Marsilio de Padua, quien en su obra *Defensor Pacis* (1324) defiende la tolerancia al establecer el principio del Estado laico y de su disociación del Estado eclesiástico; Tomás Moro, cuya *Utopía* (1516) reivindica la tolerancia religiosa como una característica fundamental que debería tener la comunidad ideal; Jean Bodin, quien en su *Heptaplomeres* (que significa "siete interlocutores") nos propone la figura de la tolerancia religiosa cuando hace posible que discutan un católico, un luterano, un calvinista, un hebreo, un mahometano, un pagano y un adepto a la religión natural; Juan Althusius, quien en su *Politica Methodice Digeste* (1603) sostiene que la tolerancia resulta un precepto indispensable para la práctica de la política (casi 400 años después de haberse formulado este principio mantiene una gran vigencia). También encontramos a Baruch Spinoza, quien en su *Tractatus Theologico-Politicus* (1670) reconoce como un postulado básico que la libertad del individuo se encuentra en la base de la constitución del Estado. Y por último, en este primer grupo, Samuel Pufendorff, quien en *De Habitu Religionis Christianae ad Vitam Civilem* (1687) insiste en que el contrato original que establece por primera vez una comunidad social no lleva implícita ninguna renuncia a las creencias religiosas de cada quien. En esta breve galería de autores de la tolerancia debemos incluir también a John Locke, autor de la *Epístola de Tolerancia ad Clarissimun Virum* (1689), así como las tres cartas sobre la tolerancia (de 1689, 1690 y 1692). La importancia especial de Locke radica en que considera que el principio de la tolerancia constituye "un punto de encuentro" entre las tareas y los intereses que caracterizan respectivamente a la Iglesia y al Estado. Locke representa el más importante eslabón teórico entre el pensamiento de la Ilustración y el pensamiento liberal. No podía faltar, por último, François Marie Arouet de Voltaire y su *Traité sur la Tolérance* (1762), obra en la que formula un alegato en favor de la tolerancia y en contra del dogmatismo religioso. Voltaire es el máximo representante de la Ilustración en Europa al convertirse en el defensor por excelencia de la tolerancia religiosa y de los derechos del hombre y del ciudadano, porque, como bien sostenía: "Puedo estar en desacuerdo con lo que digas, pero defenderé hasta la muerte tu derecho a decirlo".

Líneas de investigación y debate contemporáneo

La reflexión teórica sobre la tolerancia se ha desplazado en los últimos años del siglo XX hacia las cuestiones de tolerancia que son políticamente relevantes: la vigencia del Estado de derecho en la democracia y la eficacia de la concepción liberal de la tolerancia para enfrentar los problemas del pluralismo. El reconocimiento de los derechos fundamentales del hombre y del ciudadano que establece la Revolución francesa permitió que los principios en que se sustentaba la tolerancia fueran ampliando sus órbitas y que su dimensión fuera extendiéndose, reconociéndole un papel importante en la solución de los conflictos. Esta transformación del precepto de la tolerancia contribuyó también a darle un nuevo significado, que la identifica con el *pluralismo* de los valores, de los grupos y de sus intereses.

La democracia liberal tuvo en la tolerancia uno de sus valores constitutivos y la reconoció como la solución éticamente apropiada a las diferencias sobre cómo en una sociedad los individuos deben vivir y por qué, cuestiones que por su propia naturaleza eran (y continúan siendo) potencialmente conflictivas. El liberalismo permitió que la tolerancia fuese garantizada jurídicamente a través del "Estado de derecho", el cual fue promovido por esta concepción política en su largo recorrido por Europa durante los siglos XVIII y XIX. Recordemos que Estado de derecho significa que existe una estructura formal del sistema jurídico que garantiza las libertades fundamentales a través de la ley. Tal sistema legal constituye el fundamento más importante de la democracia, porque representa la única garantía plena para la convivencia civil y pacífica, haciendo imperar el reino de la persuasión en la solución de los conflictos. La tolerancia resulta ser, por lo tanto, una *expresión ética del derecho* que transformó el viejo sistema de principios y valores —que se fundaba en "convicciones"— en otro sistema normativo que reconocía y garantizaba constitucionalmente el valor de la "opinión" del individuo y con esto las libertades del ciudadano.

En los regímenes autoritarios, cualquier disenso o cualquier diferencia de opinión respecto al comportamiento o la doctrina oficial son considerados amenazas para el sistema en su conjunto. Al contrario, en la democracia, los problemas de la tolerancia aparecen en principio resueltos por la estructura constitucional de los Estados. En efecto, la mayoría de las Constituciones consideradas democráticas garantizan —al menos en teoría— el conjunto de derechos y libertades políticas y civiles que hasta ahora han caracterizado a este tipo de regímenes. En las democracias, el disenso político es reconocido como un rasgo fundamental y positivo de las reglas del juego democrático, ya que la oposición constituye el control indispensable de la acción del gobierno. Es muy fácil ser tolerantes con los que piensan de la misma forma: en una democracia hay que ser tolerantes también con los que difieren o, mejor dicho, disienten de nosotros. En este contexto, la tolerancia enfrenta una serie de obstáculos y desafíos dentro de la democracia. Los diferentes valores e instituciones que encarna el régimen liberal-democrático no han impedido el surgimiento de formas diversas de "prejuicio" y "discriminación", que a su vez han generado intolerancias. Es decir, una forma de rechazo o de desprecio en la que es posible identificar elementos de frustración y de temor hacia lo "desconocido". Este rechazo constituye un recordatorio de que, en épocas de adversidad, es muy frecuente hacer recaer las propias culpas sobre los adversarios, quienes sirven de víctimas expiatorias. En este sentido, se considera que son *ellos*, y no *nosotros*, los responsables de los problemas. Esto ocurrió durante los hostigamientos y las persecuciones religiosas, como hemos referido anteriormente y sigue ocurriendo hoy bajo diversas modalidades. En efecto, en muchos casos la vieja fórmula ha continuado siendo la misma en las postrimerías del siglo XX: *"ellos", a los que perseguimos a causa de sus creencias, sólo pueden salvarse si aceptan la religión verdadera (es decir, la nuestra); "ellos", a los que intentamos destruir, están preparando nuestra destrucción, mientras que nosotros sólo nos limitamos a ejercer el derecho de protegernos*. En el mundo contemporáneo el prejuicio se encuentra referido a una serie de exclusiones y limitaciones de los derechos de poblaciones y grupos que se caracterizan por ciertas peculiaridades, que pueden ser de idioma, religión, cultura u origen nacional. El problema de la discriminación plantea el problema de la vigencia y aplicación de los derechos de ciudadanía en términos de "inclusión" y "exclusión", ya que el prejuicio en política provoca diferentes tipos de segregación y desigualdad de trato entre ciudadanos que, por lo menos en teoría, deberían gozar de igual dignidad y estatuto jurídico. En la democracia resulta necesario combatir cualquier forma de "pensamiento fanático" en el sentido que le otorgan las religiones y las ideologías. El problema del pensamiento que genera fanatismo reside en que su función principal consiste, justamente, en infundir "lealtad absoluta hacia la propia fe", tratando de imponer la particular concepción que caracteriza a un Estado, una Iglesia, un partido o una secta. Por el contrario, la tolerancia aparece en una clara contraposición con las "verdades absolutas" y sostiene que cada quien debe considerar como verdadera solamente su propia creencia. Consecuentemente con lo anterior: "siendo muchas las verdades que existen en una democracia, cada una tiene un valor relativo". He aquí el *relativismo de los valores* que tanto inspiró al sociólogo alemán Max Weber.

El nuevo mapa de la cultura y la política se encuentra caracterizado por la "soledad normativa de la democracia", es decir, por aquella situación que generó la fractura del comunismo histórico como régimen político y como sistema de ideas que buscaba resolver los desafíos producidos por los persistentes problemas de igualdad y de extensión de la libertad. En este nuevo contexto la pregunta que debemos formularnos es: ¿con cuáles instrumentos normativos e institucionales y con cuáles valores la democracia que conocemos (es decir, aquella de carne y hueso) se dispone a enfrentar los desafíos que el "socialismo realmente existente" no logró enfrentar, ni mucho menos solucionar? Las anteriores cuestiones representan sólo algunas de las más importantes preguntas a las que debemos buscar respuesta si es que nos preocupa la ampliación de los límites de la democracia. En el umbral del final del milenio la lucha contra el fanatismo no puede darse por concluida. Falta mucho por hacer, y las democracias contemporáneas deben comprometerse decididamente a tratar de reducir al máximo las expresiones de intolerancia. Si no es posible eliminar totalmente el prejuicio, sí es posible una nueva actitud basada en la tolerancia y la persuasión en la medida en que la ampliación de la democracia hace posible también un ejercicio de apertura mental hacia el diferente, hacia el adversario. El cambio político de carácter democrático y la práctica de la tolerancia se acompañan y se condicionan mutuamente en la medida en que la tolerancia permite acuerdos con los cuales se puede dar de manera pactada un cambio en la forma de gobierno. En este sentido, la tolerancia representa el respeto por las opiniones de los demás así como el reconocimiento del derecho a disentir, de esas mismas opiniones. Aprender las reglas de la tolerancia implica tratar de ser inmunes a los prejuicios, a la parcialidad, lo que significa capacidad para reconocernos al mismo tiempo como *iguales pero diversos*, sintetizando con armonía dos conceptos que en general se conciben como contrapuestos pero que aprenden a convivir en la democracia. A este respecto, quisiéramos recordar a Max Weber, quien en relación con la forma política de la sociedad industrial señaló: "En una edad del politeísmo de los valores, el único templo abierto debería ser el Pantheon; un templo en el que cada uno pueda adorar a su propio dios".

Por último, la tarea de la política en una democracia consiste en garantizar —con las leyes— el respeto y la promoción de los valores cívicos que están comprendidos en el precepto de la tolerancia entre los ciudadanos. Es importante precisar que el tolerante debe rechazar conscientemente la violencia como medio predilecto para obtener el triunfo de sus ideas subordinando a los demás a su propia concepción. En este sentido, el interrogante que podríamos formular sería el siguiente: ¿cuál es la tolerancia que requerimos de frente a los nuevos desafíos?, o dicho de otra manera, ¿cuál es la tolerancia que resulta adecuada a las sociedades caracterizadas por una creciente complejidad y heterogeneidad y por la existencia de gobiernos divididos? Una posible respuesta a las cuestiones antes señaladas la podríamos encontrar caracterizando los elementos que podrían distinguir a una *concepción pluralista de la tolerancia*, la que consideramos necesaria para enfrentar los problemas que amagan a las democracias al final del siglo XX. La concepción pluralista se refiere a los comportamientos y prácticas que en una democracia *vulneran los derechos* de las nuevas identidades colectivas, que son débiles en la esfera pública. Aquí la tolerancia no aparece ya como un mero cálculo político, como una razón de mera prudencia política o como un discurso sobre la posesión de la verdad; aquí la tolerancia aparece, para decirlo con Norberto Bobbio, como la elección de un verdadero método universal (o que por lo menos debería tener una validez universal) de convivencia civil que se aplica en todos los ámbitos de la vida social. De las soluciones que ofrezcamos a este problema dependerá en el futuro la extensión y profundización del régimen democrático mismo. Un primer elemento que debemos destacar es que, en los últimos tiempos, en las democracias occidentales se ha desarrollado una serie de cuestiones de tolerancia políticamente relevantes. Recordemos la continua violencia en contra de los extranjeros en Europa por acciones de los llamados *skinheads* o, más recientemente, la violencia contra los indocumentados mexicanos en los Estados Unidos, sin olvidar aquellos países como Timor Oriental, en donde se practica una política de exterminio de Estado, o Argelia, en donde por años el terrorismo ha acompañado su conflicto étnico y religioso.

La validez política de esta concepción reside en que configura una *coexistencia cooperativa* entre los diversos grupos que habitan en las democracias contemporáneas. Si en la concepción tradicional de tolerancia aparecía el dilema: "mi libertad termina en donde empieza la tuya"; en la interpretación plural que ahora se analiza el principio de convivencia se ha transformado: *el ejercicio de mi libertad y mis derechos se convierte en una condición para el ejercicio de tu libertad y tus derechos*. De acuerdo con lo que hasta aquí hemos sostenido la tolerancia debe constituirse, por lo tanto, en un *método universal para la convivencia civil*. En efecto, una concepción pluralista de la tolerancia pone el acento no en la exclusión, sino en la inclusión del mayor número de iniciativas y de opiniones en la vida democrática. La coexistencia del consenso y del disenso debe llevar a la constitución de *sociedades fundadas sobre la tolerancia*. En efecto, el elemento que mantiene en constante equilibrio a estos dos aspectos de la vida democrática es representado por la tolerancia, la que —como sostiene Norberto Bobbio— se expresa en una doble dimensión: en primer lugar, no renunciando a las propias convicciones y, en segundo lugar, seleccionando el método de la persuasión antes que el de la fuerza o de la coacción. Justamente en este sentido la democracia puede ser definida como aquel sistema de convivencia en el cual las técnicas de la argumentación y del convencimiento sustituyen a las técnicas de la coacción para la solución de los conflictos sociales. Sin duda, la única alternativa a la tolerancia es la persecución y, en muchos casos, la eliminación del adversario, es decir, de aquel que sostiene posiciones diferentes de las nuestras. No olvidemos que la distinción amigo-enemigo aparece como fundamento de la política y del poder. Una nueva política de la tolerancia debe llevar a la comprensión de que el enemigo es sólo un adversario contingente; es decir, la política debe reconocer en el otro, en el diverso, no un enemigo que debe destruir, sino un adversario al cual se le debe reconocer la posesión de una porción de verdad y así reducir al mínimo las condiciones del desencuentro. Y es esta intolerancia, en realidad, el verdadero enemigo de la democracia, ya que el punto crucial de los totalitarismos reside en la exacerbación de la idea de "oposición". Podríamos concluir estas ideas señalando que la tolerancia representa, en síntesis, un conjunto de principios de la convivencia civil representados en la famosa fórmula de Aristóteles, según la cual el hombre es un *Zoon politikon*, es decir, un ser que aspira a la asociación urbana o, dicho más simplemente: un ser que aspira a ser un ciudadano.

BIBLIOGRAFÍA

Bainton, Roland (1963), *La lotta per la libertà religiosa*, Il Mulino, Bolonia.

Bobbio, Norberto (1977), "Perchè democrazia", en *Organizazione dello stato e democrazia*, Franco Angeli, Milán.

——— (1984), "La crisi della democrazia e la lezione dei classici", en *Crisi della democrazia e neocontrattualismo*, Riuniti, Roma.

——— (1986), "Le ragioni della tolleranza", *Mondoperaio*, núm. 11, año 39, noviembre.

——— (1986), *El futuro de la democracia*, FCE, México.

——— (1988), "Tolleranza e verità", *Lettera Internazionale*, núm. 15, año 4, enero-marzo.

——— (1989), *Liberalismo y democracia*, FCE, México.

——— (1990), "Lode della tolleranza", en *L'Utopia Capovolta*, Editrice La Stampa, Turín.

Bobbio, Norberto (1993), *Igualdad y libertad*, Paidós, Barcelona.

Bodino, Juan (1973), *Los seis libros de la República*, Aguilar, Madrid.

Fetscher, Irving (1994), *La tolerancia*, Gedisa, Barcelona.

Locke, John (1969), *Ensayo sobre el gobierno civil*, Aguilar, Madrid.

——— (1970), *Carta sobre la tolerancia y otros escritos*, Grijalbo, México.

Montesquieu, Charles di Sécondat (1977), *Del espíritu de las leyes*, Porrúa, México.

Moro, Tomás (1975), *Utopía*, FCE, México.

Spinoza, Baruch (1950), *Epistolario*, Sociedad Hebraica Argentina, Buenos Aires.

Voltaire, François M. A. de (1984), *Tratado de la tolerancia*, Grijalbo, Barcelona.

TRANSICIÓN POLÍTICA

Antonia Martínez Rodríguez

Definición

Hace casi dos décadas, países como Portugal, Grecia y España se vieron inmersos en procesos de resurgimiento democrático, que se extendieron, con posterioridad, a otros lugares como la región latinoamericana, algunas partes de África y Asia y, más recientemente, a Europa del Este. Estos procesos de cambio de régimen político influyeron sobre la producción de las ciencias sociales, que, tanto en el aspecto teórico como de estudio de caso, han adoptado las *transiciones* como un objeto básico de análisis. Esta influencia se acompañó de variaciones metodológicas significativas. En los años previos, los análisis de los politólogos se referían principalmente a las *condiciones* que favorecían la aparición y estabilidad de las democracias (Lipset, 1959), o a *por qué* se producía la quiebra de las mismas (Linz y Stepan, 1978). Por el contrario, la ola política de (re)democratización se ha visto acompañada de una abundante literatura académica sobre *cómo* se produce el renacimiento de la democracia, por medio de relacionar los resultados de los procesos de transición con sus factores determinantes. A ello contribuyó la publicación del artículo de Dankwart A. Rustow (1970) y su insistencia en la necesidad de distinguir entre la génesis de las democracias y su estabilidad. Su afirmación de que los análisis sobre las democracias debían basarse en las relaciones de causalidad, antes que en las correlaciones propias de la escuela funcionalista, se significó como el inicio de una nueva vertiente metodológica que influyó en las siguientes investigaciones, caracterizadas éstas por el estudio de las élites y de sus estrategias en los procesos de cambio de régimen político.

Historia, teoría y crítica

Uno de los estudios pioneros desde esta perspectiva minimizó la importancia de los factores estructurales y postuló la autonomía explicativa de la esfera política (O'Donnell y Schmitter, 1988). Así, las estrategias de investigación de los análisis sobre los procesos de transición política han subestimado la importancia de la esfera socioeconómica como uno de los factores determinantes del desarrollo político. Por el contrario, el estudio sobre el comportamiento de los actores políticos se ha mostrado como una dimensión relevante para el análisis de los procesos de cambio de régimen político. De conformidad con esta óptica metodológica, los procesos de transición estarán determinados por la acción política de los actores políticamente significativos. En este sentido, las investigaciones sobre transiciones se adhieren a los análisis que, desde la ciencia política, postulan un margen de libertad de acción a determinados actores por encima de los condicionantes de carácter estructural. Por ello, y en lo que respecta a la dimensión específica de los actores políticos, un análisis sobre las transiciones debe evaluar tres cuestiones.

La primera está relacionada con la necesidad de definir quiénes son aquellos que, con su acción política, intervienen de forma directa en las transformaciones consideradas (fuerzas armadas, partidos políticos, etc.). En segundo término, es preciso identificar el proceso seguido para la reproducción de sus estrategias políticas (negociación, pactos, etc.). Por último, hay que reconocer los hechos políticos a través de los cuales los actores evidencian tanto sus estrategias políticas como sus recursos de poder disponibles (Constitución, elecciones, etc.). Complementariamente, la nueva perspectiva aplicó un marco de análisis teórico que recuperaba el ámbito de lo político como esfera explicativa *per se*.

El desarrollo de esta vertiente analítica ha posibilitado *avanzar* en la consideración de que la transición a la democracia es un proceso uniforme alejado del determinismo de los factores caracterizados como objetivos. Pero, a su vez, esta estrategia de investigación ha recibido críticas por dar preferencia a la autonomía de la esfera política frente al abandono de los planteamientos estructurales como base de justificación de la existencia y estabilidad de las democracias. Sin embargo, esta opción analítica resulta razonable si se considera la democracia más como una cuestión de procedimiento que de sustancia y si se entiende por transición el proceso mediante (y durante) el cual determinadas reglas de juego son transformadas hasta producir un nuevo orden *(democrático)* que influye en la capacidad decisoria y los intereses de los actores. De ahí que se haya llegado a describir este proceso como una *guerra de movimientos* (Schmitter, 1988: 7-9).

La transición se percibe en esta metáfora como un contexto estratégico en el que hay diversas opciones de difícil predictibilidad sobre el comportamiento de los actores y en el que las acciones de carácter intrépido pueden producir resultados notorios. Igualmente, se subraya la idea de que el espacio propio de la transición se constituye como una acción orientada hacia la definición de las reglas, y que esta acción se desarrolla en un marco normativo e institucional débilmente limitado. Con ello aparece un nuevo elemento que define los procesos de transición política: la *incertidumbre* (O'Donnell y Schmitter, 1988: 15-18). El contexto de incertidumbre que envuelve los procesos de transición no permite definir de antemano las estrategias y los comportamientos de los actores involucrados. Así, su argumento central reposa en el alto grado de indeterminación de las acciones políticas de los actores, en tanto que son parte de un proceso de redefinición del contexto incierto y de sí mismos. Este hecho implica que los conceptos acuñados desde esta opción normativa observen de manera inductiva el *cómo* del proceso antes que responder al *porqué* del mismo.

Dentro de esta opción metodológica, el concepto de *transición política* remite a un proceso de transformación radical de las reglas y los mecanismos de la participación y de la competencia política, ya sea desde un régimen democrático hacia el autoritarismo, o desde éste hacia la democracia. Pese a ello, el objetivo básico del estudio sobre las transiciones políticas aquí realizado se articula en torno al análisis del paso de un régimen autoritario hacia uno *poliárquico*. Desde una perspectiva general, el término de *transición* hace referencia a un proceso de cambio mediante el cual un régimen prexistente, político y/o económico, es remplazado por otro, lo que conlleva la sustitución de valores, normas, reglas de juego e instituciones asociados a éste por otros diferentes (Santamaría, 1982: 372). Ello implica que las transiciones no siempre se circunscriban a transformaciones políticas, sino que también puedan afectar otros ámbitos. Así, y además de la esfera política, habría que referirse a la económica, institucional o a aquella otra que afecta la organización del Estado, y cuya conjunción en algunos países ha sido caracterizada como una revolución sin precedentes históricos (Offe, 1992: 927-928).

Con carácter normativo, un *periodo* de transición política *(democrática)* se define como el espacio de tiempo que transcurre entre la crisis de un régimen autoritario y la instauración de un sistema político democrático (Maravall y Santamaría, 1988: 114). De manera simultánea, el concepto de transición política también engloba, además de (los *acontecimientos* de) un periodo temporal, un *proceso* causal que permite decidir sobre cuáles son las transformaciones producidas en el régimen autoritario que autorizan a considerar la nueva situación como de transición entre regímenes (O'Donnell y Schmitter, 1988: 20). En este sentido, las principales modificaciones acaecidas en el régimen autoritario corresponden a las diversas fases consecutivas del proceso de cambio político. Sin embargo, como toda decisión de carácter normativo, una exposición secuencial de un proceso de transición política presenta dos problemas. El primero está unido a la diferente óptica de cada uno de los actores considerados en relación con la percepción sobre las fases de apertura. Así, la coalición autoritaria puede entender el proceso de transición como una fase de requilibrio del régimen, mientras que la oposición puede percibir ciertas medidas liberalizadoras como un camino hacia la democracia. El segundo se relaciona con el problema de definir el límite superior del proceso. De acuerdo con el esquema adoptado, la transición finaliza mediante la quiebra del régimen autoritario y la instalación de un gobierno electo por procedimientos democráticos, o, en términos de Giuseppe Di Palma (1990: 138), "cuando un acuerdo sobre las nuevas reglas del juego democrático ha sido alcanzado y puesto en funcionamiento". Es decir, se trata de concluir el proceso mediante una institucionalización de carácter formal-legal. Sin embargo, puede mantenerse que la transición sólo culmina cuando el nuevo régimen democrático procesa los denominados legados autoritarios de índole política o, incluso, cuando se produce la renovación de la élite gobernante.

Complementariamente, un proceso de transición desde un régimen autoritario se caracteriza, de acuerdo con Leonardo Morlino (1987: 57), por la modificación de las reglas de éste en relación con los grados de oposición que acepta, así como respecto a los grupos susceptibles de ser incluidos en la esfera de la toma de decisiones. Este periodo se caracteriza por su ambigüedad y una alta fluidez institucional, derivadas tanto de la persistencia de normas y actitudes del anterior ordenamiento institucional, en convivencia con otras propias del nuevo régimen que previsiblemente se instaurará, como de la presencia de diferentes soluciones políticas apoyadas por los diversos actores inmersos en el proceso de cambio de régimen. En términos similares, Enrique Baloyra (1987: 12-13) entiende la transición democrática como un proceso de cambio político que se inicia con la erosión de los componentes autoritarios del régimen, y que pone de manifiesto un conflicto político entre diversos actores que compiten por la puesta en práctica de políticas basadas en diferentes concepciones de gobierno, sistema político y Estado. Dicho conflicto se resuelve mediante la quiebra del régimen autoritario y la instalación de un gobierno comprometido o electo a través de los procedimientos democráticos, si bien en algunos casos antes de las primeras elecciones competitivas es posible determinar que se ha producido un giro democrático.

De acuerdo con la concepción expuesta, resulta posible ordenar la periodización de un proceso de transición política conforme a dos dinámicas o dimensiones centrales definidas como *liberalización* y *democratización* (O'Donnell y Schmitter, 1988: 20-27). Mediante la primera se hacen efectivos ciertos derechos destinados a proteger a individuos y grupos sociales de los actos arbitrarios o ilegales cometidos por el Estado, e indica el transcurso en el cual se amplían ciertos derechos de ciudadanía, como las libertades de expresión y de asociación. Si bien el inicio de este proceso se significa como una modificación importante respecto a las prácticas habituales de los regímenes autoritarios, no es irreversible en la medida en que esta primera etapa de la transición depende en gran medida de la voluntad del gobierno autoritario. Pese a ello, estas prácticas pueden institucionalizarse, aumentando así los costos de su posible eliminación. Se tratará, a modo de ejemplo, de la flexibilización de las normas de control del régimen sobre los medios de comunicación, o de la puesta en marcha de mecanismos y espacios legales, aunque restringidos, de sindicación. La dimensión denominada democratización supone la modificación del régimen autoritario en sus procedimientos de representación política, de forma que las normas democráticas se conviertan en el mecanismo básico para la toma de decisiones y para la delimitación del ejercicio del poder, caracterizándose, igualmente, por ser reversible. Ambas dimensiones no suelen darse de forma simultánea, si bien a medida que se avanza en la liberalización es más difícil contener las demandas de democratización, y una de las principales incertidumbres de la transición es si estas demandas serán lo suficientemente fuertes como para generar dicho cambio, aunque no tanto como para originar una regresión autoritaria.

Por su parte, Adam Przeworski (1988: 93) identifica la dinámica de liberalización con el proceso de desintegración del régimen autoritario, mientras que la de democratización la relaciona con la fase de instauración de las instituciones democráticas. Ambas dimensiones sugieren, más allá de su aportación conceptual, la distinción entre diferentes momentos (o *rutas*) de la transición. Como regla general, la mayoría de los procesos de transición política en el sur de Europa, América Latina y Europa del Este comenzaron con alguna medida tendiente hacia la liberalización del régimen autoritario, para pasar, a continuación, a la puesta en práctica de otras de carácter democratizador. Desde esta opción analítica, resulta razonable considerar la transición política como el proceso mediante el cual determinadas reglas de juego son transformadas hasta producir un nuevo orden democrático. Sin embargo, es posible observar ciertos casos en que ambas dimensiones tienen lugar de forma casi simultánea, e incluso de manera opuesta a la lógica referida. Esta *alteración* de la secuencia de las dimensiones puede producir la aparición descompensada de las mismas. Así, tienen lugar casos de alta liberalización y baja democratización, denominados *dictablandas*, y casos de alta democratización y baja liberalización, denominados *democraduras* (O'Donnell y Schmitter, 1988: 30). Estas *desviaciones* de la meta común —el sistema democrático— indican la importancia de mantener un equilibrio en la evolución de sendas dinámicas mediante una compensación entre las presiones liberalizadoras y las democratizadoras en una secuencia adecuada.

Pero ¿qué elementos nos indican que puede producirse un cambio de régimen? Un primer indicador de que existen probabilidades para que se genere un proceso de cambio de régimen político es la *crisis del gobierno autoritario*. Así, los casos de Europa después de 1945; de Grecia, Portugal y España en la década de 1970, y de América Latina y Europa del Este en la de 1980 demuestran que la transformación de sus regímenes autoritarios en otros democráticos se ha relacionado con la crisis producida dentro de aquéllos. Sin embargo, el análisis de este tipo de situaciones puede ser desvinculado del estudio de las transiciones hacia la democracia, ya que sólo *a posteriori* se pueden conectar estas crisis con el origen de la transformación del régimen autoritario en uno democrático (Linz, 1990: 10). A pesar de esta importante advertencia, es posible analizar la crisis del gobierno autoritario con base en cuatro criterios sucesivos: las características del régimen autoritario y de la coalición gobernante, las causas del proceso de erosión experimentado por la referida coalición, las manifestaciones de la crisis y, por último, si para la apertura de la transición política es causa suficiente y necesaria la crisis de la coalición autoritaria. En este sentido, lo que requiere una atención inmediata son las principales *características del régimen* y de la coalición gobernante en él. La naturaleza y evolución del régimen autoritario se constituyen en elementos de influencia decisiva sobre el proceso de transición. Las variaciones en el origen y composición, el grado de movilización, el nivel de institucionalización, la eficacia en la satisfacción de las necesidades sociales y la existencia de principios de legitimidad, son algunos de los factores que contribuyen a diferenciar el régimen de partida y, simultáneamente, el proceso transicional y su resultado final (Alcántara, 1992: 10-11).

Un régimen autoritario mantendrá su estabilidad mientras exista una coalición de actores que apoyen a ese régimen y la mayoría de sus políticas, es decir, cuando exista una *coalición dominante* cohesionada que lo sustente. En este sentido, una ruptura dentro de esta coalición será un factor fundamental en el origen de la crisis de éste. Sin embargo, ¿cuáles son las condiciones significativas que determinan la erosión de la cohesión interna de la coalición dominante? Desde una perspectiva global, la respuesta más obvia es aquella que relaciona algún tipo de transformación *no controlada* por el régimen que tenga la suficiente capacidad de influencia sobre el comportamiento de los actores de la coalición dominante; el factor más relevante de este nivel es la crisis de la legitimidad autoritaria (Morlino, 1982: 99; Maravall y Santamaría, 1988: 114). La crisis de la legitimidad autoritaria desencadena tres manifestaciones propias de la descomposición del régimen autoritario. La primera se concreta en el aumento del número de socios insatisfechos en la coalición dominante debido a una menor satisfacción de sus demandas. Esto origina, en segundo lugar, una erosión de la capacidad del régimen para limitar la expansión del pluralismo. En último término, y como efecto de las dos manifestaciones anteriores, se incrementan los umbrales de movilización política que va acompañada de una disminución en las posibilidades de represión. En síntesis, la erosión de la cohesión de la coalición autoritaria se evidencia en un doble efecto de socavamiento. Por un lado, el régimen ve reducida su legitimidad y, por otro, se crean las condiciones para la presencia de *opciones preferibles* al mismo. Si bien todo ello evidencia la crisis del régimen, es preciso cuestionarse en torno a la premisa de si sólo dicho factor es elemento suficiente para garantizar un proceso de transición política. La crisis del régimen no es motivo determinante para el inicio de un cambio político: los altos umbrales de impredecibilidad determinan el posible (re)surgimiento de otros destinos finales (Linz, 1992: 445). Sin embargo, se coincide en que existe un punto sin retorno en el momento en que a la débil legitimidad del régimen se unen, por una parte, una ostensible disminución de su eficacia en la toma de decisiones políticas, y, por otra, unos incrementos del pluralismo político y de la movilización social cuyos costos de represión son enormes. En esta coyuntura, el cambio de régimen hacia un sistema democrático se presenta como una opción factible.

En este nivel es necesario cuestionarse sobre cuáles son las rutas que pueden presentarse en el marco de una transición. En estas líneas se hace referencia exclusiva a los procesos de transición entre un régimen autoritario y uno democrático, si bien resulta evidente que no todos estos procesos terminan en una (re)instauración democrática. Por el contrario, existen al menos otras dos posibilidades: la estabilización de algún tipo de forma híbrida que combine ciertos componentes autoritarios con la existencia restringida de principios democráticos o el fracaso completo del impulso liberalizador con el consiguiente retorno al autoritarismo precedente. Sin embargo, y de acuerdo con lo expuesto anteriormente, sólo se hace referencia al estudio de los factores de carácter genérico que, en materia de coaliciones e instituciones, influyen (o no lo hacen) en la (re)democratización. Por tanto, esta estrategia analítica supone una taxonomía previa de las posibles *rutas democratizadoras*, y se hace necesario analizar cuáles de sus combinaciones —ya que en escasas ocasiones estas rutas aparecen en estado *puro* en los casos concretos— presagian un destino democrático en términos probabilísticos.

Una primera *ruta* de democratización tiene como dimensión central los *factores internacionales*, ya sean económicos o políticos. En relación con los segundos, los conflictos bélicos, y una posterior ocupación, formaron parte esencial del proceso redemocratizador en los principales cambios de régimen ocurridos en Europa tras la segunda Guerra Mundial. Para Alfred Stepan (1986: 108-117) resulta evidente que existió un nexo entre los sucesos posbélicos y la herencia democrática o capitalista, y la posterior estabilidad histórica de estas nuevas democracias. Junto al conflicto bélico se encuentran otros supuestos que pueden constituirse en elementos relevantes en algunos de los casos que han experimentado procesos de transición, convirtiéndose, en ocasiones, en factores determinantes que aceleran la descomposición del régimen autoritario. Así, se destaca la política exterior de potencias extrarregionales, el efecto *dominó* de otras democratizaciones experimentadas en el área, los resultados adversos en conflictos bélicos, la desintegración de la potencia dominante en la región o de la ideología defendida por aquélla como modelo político para la zona y, por último, la opción de vincularse con unidades supranacionales de carácter ventajoso para lo que fuese preciso alcanzar una determinada homologación democrática.

Una segunda *ruta* de democratización considera, como dimensión central, los *factores de naturaleza doméstica*. Dentro de este marco, la transición suele presentar dos fases de acuerdo con el actor hegemónico en su definición. Estas fases o itinerarios revelan tanto las etapas de la transición como el comportamiento estratégico de los actores durante la misma. La primera, definida por el inicio del proceso de transición, tiene como protagonistas a los actores de la coalición autoritaria. Su comienzo puede venir determinado por la imposibilidad de elaborar políticas eficaces que contengan las demandas sociales, por la probabilidad de que los que detentan el poder puedan seguir desempeñándolo, por la consideración de que los costos de supresión son mayores que los de tolerancia o, finalmente, por la autopercepción negativa sobre los costos de reequilibrio del régimen en contraste con los derivados de la democratización. El que el mantenimiento del marco autoritario pueda implicar la erosión de sus fundamentos corporativos o su desaparición —no sólo formal— del espectro político puede ser un argumento decisivo a favor del comienzo del cambio de régimen. Esta opción se revela como una solución de menores costos, toda vez que queda establecida la participación de dichos actores en el proceso de transición y en el sistema político futuro. La segunda *ruta* se muestra determinada por la acción política de las élites partidistas opositoras y su recurso de la negociación. El establecimiento de un pacto, y de una coalición que lo apoye, contribuye a minar las bases del gobierno autoritario y, simultáneamente, se constituye en un marco sobre el cual estructurar el futuro régimen democrático. Sin embargo, las fuerzas opositoras pueden articular una estrategia basada en una violenta ruptura o revolución sobre principios reformistas o marxistas prescindiendo de instrumentos menos *radicalizados*.

Estas dos rutas constituyen las modalidades de transición más usuales, si bien la presencia de ambas dimensiones pueden ser ingredientes necesarios, pero no suficientes, para culminar un proceso de transición con garantías de éxito. En este sentido, el cambio iniciado puede realizarse en condiciones bastante precarias en la medida en que se enfrentó a una regresión autoritaria encabezada por los sectores más conservadores del régimen, quienes también pueden optar por impedir una rápida democratización volviéndola más lenta e incluso limitando el grado de apertura. De forma similar, la instrumentación de un pacto con las élites opositoras puede ser efímero y no lograr el objetivo transicional, o puede conducir a un resultado distinto del establecimiento de un régimen democrático (Stepan, 1988: 117-131). En todo caso, la posibilidad de configurar algún tipo de pacto y la acción de los actores hegemónicos se evidencian como indicadores de que una transición puede tener posibilidades de éxito. Sin embargo, para obtener dicho objetivo es más determinante que, en las etapas del proceso, el comportamiento de los actores se guíe por la voluntad de la coalición autoritaria que detentó el poder de retirarse, y, por parte de las organizaciones opositoras, de poner en marcha un nuevo orden democrático. En ambos momentos, el papel desarrollado por la sociedad civil como actor político —a través de su movilización social— constituye un ingrediente adicional importante, aunque insuficiente, para el éxito del proceso de transición hacia la democracia (Morlino, 1982: 102; Stepan, 1988: 126-128). Esta estructura de carácter triangular, integrada por las motivaciones de la coalición dominante para poner en marcha la apertura política, las estrategias de los partidos políticos en el desarrollo de la misma y el papel de la sociedad civil en la redefinición de ambas dimensiones, es la que constituye el contexto básico del proceso de transición hacia la democracia.

LÍNEAS DE INVESTIGACIÓN Y DEBATE CONTEMPORÁNEO

Finalmente, un tema al que hay que referirse es el de las transiciones y el objetivo democrático. Conforme al modelo elaborado por Dankwart Rustow (1970: 353-361), un proceso de cambio de régimen se desarrolla mediante la concatenación de tres fases sucesivas. La primera de ellas, denominada *fase preparatoria*, se concreta en una situación de conflicto que enfrenta a quienes tienen el poder con diversas fuerzas opositoras, si bien tanto la composición de éstas como las causas de la crisis varían en los diferentes contextos. La segunda etapa, denominada *fase de decisión*, se articula sobre la decisión deliberada de institucionalizar algunos aspectos decisivos del procedimiento democrático, lo que implica un acto de acuerdo deliberado y explícito. Ello se concreta en el consenso básico entre los sectores de la coalición autoritaria y los grupos opositores sobre su gestión al frente del aparato estatal; en la sustitución de la élite autoritaria por otras fuerzas políticas que, mediante negociaciones, establecen unas normas provisionales y buscan, con ello, recuperar la creencia en la legalidad de las futuras acciones políticas de los nuevos actores, y, finalmente, el nuevo régimen, mediante la definición de sus principales estructuras políticas, fundamenta una novedosa institucionalidad y dota de legitimidad de origen al nuevo sistema político. A partir de ahí, las instituciones básicas del orden político instaurado comienzan a operar de acuerdo con las nuevas reglas del juego. La última etapa es la *fase de habituación* de políticos y ciudadanos a los valores y prácticas democráticos como mecanismo de resolución de conflictos. En este nivel se destaca la consagración constitucional de una serie de procedimientos e instituciones que posibiliten que los miembros de la sociedad establezcan sus propias estructuras de poder mediante la garantía de los derechos civiles y políticos de sus ciudadanos. Pero también es decisivo para reducir los riesgos de una posible regresión autoritaria que el nuevo gobierno sea eficaz y que los diversos actores se *habitúen* a la legitimidad democrática. Así, las nuevas reglas, mecanismos y procedimientos precisan, para su realización efectiva, de un complejo proceso de institucionalización (Valenzuela, 1990). El principal componente de éste es el *aprendizaje político* que se desarrolla durante los procesos de transición, pero un aprendizaje político que hace referencia no únicamente al marco legal normativo, sino también a toda una serie de acuerdos no explícitos, de sistemas informales de prescripción y proscripción. En definitiva, el proceso de aprendizaje, que afecta a todos los ámbitos, es la forma genérica para lograr la aparición y cristalización de las identidades, rutinas y criterios compartidos para la resolución de los conflictos de cualquier sociedad.

Si el proceso de cambio concluye en la elaboración de un acuerdo sobre las nuevas reglas del juego democrático y en su puesta en funcionamiento, entonces se puede señalar que la transición ha finalizado (Di Palma, 1990: 138). Pese a ello, las modificaciones experimentadas por el régimen autoritario pueden diferir del objetivo primigenio. En este sentido, Leonardo Morlino (1987: 58) distingue hasta cuatro diferentes tipos posibles de sistemas políticos de *destino:* democracia, democracia limitada, democracia protegida e híbrido institucional. Las condiciones mínimas para considerar como democrático a un determinado régimen son las garantías en las libertades de asociación y de expresión, así como el respeto y la protección de los derechos fundamentales de la colectividad. En segundo término, se requiere que las autoridades estatales sean electas a través de un acto soberano protagonizado por los integrantes de la sociedad civil. Además, un régimen democrático debe posibilitar la formación, el carácter de oposición y el debate entre los partidos políticos legitimados por los ciudadanos-votantes para ello. Como efecto inmediato, esto implica la existencia de una comunidad libre para asociarse y expresar, de esta manera, sus intereses políticos y sus creencias ideológicas, éticas o morales, todo ello bajo la garantía que supone un marco regido por normas constitucionales legítimamente establecidas (Dahl, 1989: 15; Linz, 1987: 17). Por el contrario, en una democracia *limitada* el gobierno se encuentra condicionado en sus acciones políticas por las normas legislativas heredadas del régimen anterior, o acordadas durante el proceso de transición con aquellos que detentaban el poder autoritario. Por su parte, la democracia *protegida*, además de participar de los atributos de una democracia limitada, implica algún tipo de intervención activa de los integrantes de la coalición gobernante del régimen autoritario en el nuevo sistema político. En estos dos sistemas *democráticos*, la transformación del régimen se realiza de acuerdo con los mecanismos y procedimientos establecidos por el propio gobierno autoritario. Por último, los híbridos institucionales son categorías que se relacionan con los conceptos ya aludidos de *dictablanda* y *democradura*.

La configuración de uno u otro resultado final está influida, en gran medida, por las *dinámicas* generadas durante el proceso de transición. En este sentido, se diferencian tres posibles tipos de dinámicas. En primer lugar, aquellas que desembocan en una reforma radical del modelo de régimen *(refundaciones);* en segundo término, aquellas que adoptan las instituciones políticas del último régimen democrático anterior *(restauraciones)*, y, por último, aquellas que permiten la vigencia de la legalidad autoritaria débilmente reformada (Alcántara, 1992: 12-13). También se posibilita una distinción entre procesos de *reforma*, de *ruptura* y aquellos otros que implican una situación intermedia entre ambos y que conllevan el recurso a la noción de *pactismo*. En principio, la puesta en práctica de cualquiera de estas dinámicas depende del nivel de agotamiento de los recursos del régimen autoritario y de las relaciones entre la coalición que apoya a éste y las coaliciones que se le oponen (Maravall y Santamaría, 1988: 114-116).

En relación con los procesos de reforma, éstos representan una continuidad legal mediante la cual se puso en práctica el cambio de régimen; estos procesos también se denominan de *transición continua* (Morlino, 1982: 104-105). En gran medida, esto implica que la transición se articulará sobre una estrategia diseñada por la coalición autoritaria y con la exclusión, sobre las fases y el diseño del sistema al que se tiende, del conjunto de la oposición. Para esta última ello supone, además, aceptar las reglas del juego diseñadas sin su concurso, o quedar al margen de los sucesos futuros. Por su parte, los procesos de ruptura —o de *transición discontinua*— expresan la falta de continuidad política entre los dos tipos de régimen y sus principios de legitimidad. Este escenario puede venir determinado por el hecho de que los actores autoritarios se encuentren desestructurados y carentes de la fortaleza necesaria para imponer, o negociar, una estrategia de cambio. En este marco, es previsible una retirada del gobierno autoritario y su sustitución por uno provisional integrado por las fuerzas de la oposición. Sin embargo, las divergencias en medios y fines que se pueden presentar entre los miembros de esta incipiente coalición incrementan la incertidumbre inherente a los procesos de transición y contribuyen a que el desenlace sea más incierto (Linz, 1992: 445-447).

Un tercer escenario se define en torno a la concreción de un *consenso* deliberado y explícito en el que lo relevante es, más que los principios defendidos por los actores, los puntos sobre los que están dispuestos a negociar y hacer concesiones. Desde esta perspectiva, lo relevante no es que el resultado final satisfaga a todos de forma absoluta, sino que posibilita el avance hacia la instauración democrática (Rustow, 1970: 357-358). Ahondando en la búsqueda del consenso mediante pactos, también es posible relacionar la negociación con aquellas situaciones de transición en las que ninguno de los actores inmersos en el proceso se encuentra en una posición privilegiada; es decir, nadie cuenta con la capacidad suficiente para anular al otro e imponer su modelo sin restricciones (O'Donnell y Schmitter, 1988: 63-67). Dentro de esta dinámica, los actores admiten la existencia de un conflicto político que puede ser canalizado a través de una reducción gradual de las tensiones y de la articulación de diferentes estrategias de negociación. Así, una primera supone el desarrollo de tácticas de acercamiento y de divergencia con objeto de hacer visibles las preferencias y opciones de los otros y anticipar, con ello, sus propias acciones políticas.

Una segunda modalidad implica, por parte de la

oposición, el desarrollo de tácticas que logren su reconocimiento público como actores con la suficiente capacidad como para encabezar el proceso de transición. En este sentido, los movimientos de oposición recurren a mecanismos ambientales con objeto de demostrar tanto su capacidad de acción política como su presencia en cuanto actor social. La utilización de estos recursos puede pretender objetivos diversos. En primer término, pueden tener fines maximalistas y así profundizarán la movilización social con el fin de crear las condiciones para la quiebra del régimen autoritario. Por el contrario, sus planteamientos pueden ser minimalistas, de forma que utilicen su capacidad de acción política para buscar una integración efectiva en el proceso de negociación. Desde esta óptica, un aspecto destacable del recurso pactista es su alto dinamismo ya que, en la medida en que pueden surgir nuevos actores, será necesario renegociar los marcos de garantías y los acuerdos sobre las reglas de juego. Si bien este carácter no estático posibilita una progresiva adecuación a las posibles condiciones cambiantes, variaciones sustanciales en su número pueden incitar un incremento de la incertidumbre.

El último aspecto que se debe tener en cuenta es el hecho de que, si bien las pautas de negociación entre (o dentro de) las élites políticas favorecen los iniciales impulsos democratizadores, a su vez pueden constituirse en frenos que, en el mediano o largo plazo, terminan por dificultar el proceso de consolidación democrática (Colomer, 1990: 303-307). Es decir, las mismas condiciones de la transición que posibilitaron la instauración del régimen han evidenciado, posteriormente, una escasa capacidad para resolver de forma eficaz los obstáculos —incluso los generados por el propio funcionamiento del sistema— que impiden el reforzamiento y la profundización de la democracia como régimen político (Crespo, 1994). Debido a ello, en el momento de centrar el análisis sobre la consolidación es básico prestar atención a las modalidades de resolución de las cuestiones planteadas por (y en) las transiciones (Santamaría, 1982: 410-417).

A esta tentativa de clasificación puede añadirse la basada en la combinación de dos dimensiones. La primera de ellas se refiere a la fuerza relativa de los actores, distinguiendo para ello entre procesos con ascendente de masa *(desde abajo)* y de élite *(desde arriba)*. La segunda hace referencia a las estrategias dominantes durante el proceso de transición, diferenciando entre aquellas singularizadas por el compromiso *(de reforma)* o por la fuerza *(de ruptura)*. Como resultado final, al combinar las dos dinámicas de ambas dimensiones se generan cuatro modalidades del cambio de régimen político: pacto, reforma, imposición y revolución (Karl, 1990: 8-11).

En suma, las taxonomías presentadas se refieren tan sólo a las modalidades predominantes durante el proceso de transición, así como a las condiciones que, en términos comparativos, parecen haber constituido causa suficiente para el cambio de régimen. Sin embargo, estas meras clasificaciones no deben oscurecer otro tipo de factores que, aun no encontrándose en la naturaleza de las transiciones, se combinan con los anteriores para contribuir a modelar el resultado final: la instauración de un régimen democrático.

BIBLIOGRAFÍA

Alcántara, Manuel (1992), "Las transiciones a la democracia en España, América Latina y Europa Oriental. Elementos de aproximación a un estudio comparativo", *Revista del Centro de Estudios Constitucionales*, núm. 11, CEC, Madrid, pp. 9-42.

Baloyra, Enrique (1987), "Democratic transition in comparative perspective", en E. Baloyra, (ed.), *Comparing New Democracies. Transition and Consolidation in Mediterranean Europe and Southern Cone*, Westview Press, Boulder, pp. 9-52.

Colomer, Josep M. (1990), *El arte de la manipulación política*, Anagrama, Barcelona.

Crespo, Ismael (1994), "Notas preliminares para el estudio de los procesos de consolidación democrática en América Latina", *Revista Internacional de Sociología*, núm. 2, mayo-agosto, IESA-CSIC, Córdoba.

Dahl, Robert A. (1989), *La poliarquía. Participación y oposición*, Tecnos, Madrid.

Di Palma, Giuseppe (1990), *To Craft Democracies*, University of California Press, Berkeley.

Karl, Terry L. (1990), "Dilemmas of Democratization in Latin America", *Comparative Politics*, vol. 22, núm. 4, pp. 1-22.

Linz, Juan J. (1987), *La quiebra de las democracias*, Alianza, Madrid.

—— (1990), "Transiciones a la democracia", *Revista Española de Investigaciones Sociológicas*, núm. 51, CIS, Madrid, pp. 9-33.

—— (1992), "La transición a la democracia en España en perspectiva comparada", en R. Cotarelo (comp.), *Transición política y consolidación democrática en España (1975-1986)*, CIS, Madrid, pp. 431-457.

Linz, Juan J., y Alfred Stepan (eds.) (1978), *The Breakdown of Democratic Regimes*, Johns Hopkins University Press, Baltimore.

Lipset, Seymour M. (1959), "Some Social Requisites of Democracy: Economic Development and Political Legitimacy", *American Political Science Review*, vol. 53, núm. 1, pp. 69-105.

Maravall, José M., y Julián Santamaría (1988), "El cambio político en España y las perspectivas de la democracia", en G. O'Donnell, P. Schmitter y L. Whitehead (eds.), *Transiciones desde un gobierno autoritario. Europa meridional*, Paidós, Buenos Aires, pp. 112-164.

Molino, Leonardo (1982), "Del fascismo a una democracia débil. El cambio de régimen en Italia (1939-1948)", en J. Santamaría, (comp.), *Transición a la democracia en el sur de Europa y América Latina*, CIS, Madrid, pp. 93-150.

—— (1987), "Democratic Establishments: a Dimensional Analysis", en E. Baloyra, (ed.), *Comparing New Democracies. Transition and Consolidation in Mediterranean Europe and Southern Cone*, Westview Press, Boulder, pp. 53-78.

O'Donnell, Guillermo, y Philippe Schmitter (1988), *Transiciones desde un gobierno autoritario. Conclusiones tentativas sobre las democracias inciertas*, Paidós, Buenos Aires.

Offe, Claus (1992), "Vers le capitalisme par construction démocratique? La théorie de la démocratie et la triple transition en Europe de l'Est", *Revue Française de Science Politique*, núm. 6, pp. 923-942.

Przeworski, Adam (1988), "Algunos problemas en el estudio de la transición hacia la democracia", en G. O'Donnell, P. Schmitter y L. Whitehead (eds.), *Transiciones desde un gobierno autoritario. Perspectivas comparadas*, Paidós, Buenos Aires, pp. 79-104.

Rustow, Dankwart A. (1970), "Transitions to Democracy", *Comparative Politics*, vol. II, núm. 3, pp. 337-363.

Santamaría, Julián (1982), "Transición controlada y dificultades de consolidación: el ejemplo español", en J. Santamaria (comp.), *Transición a la democracia en el sur de Europa y América Latina*, CIS, Madrid, pp. 371-417.

Schmitter, Philippe (1988), *The Consolidation of Political Democracy in Southern Europe*, Stanford University-Instituto Universitario Europeo, Florencia.

Stepan, Alfred (1986), "Caminos hacia la redemocratización: consideraciones teóricas y análisis comparativos", en G. O'Donnell, P. Schmitter y L. Whitehead (eds.), *Transiciones desde un gobierno autoritario. Perspectivas comparadas*, Paidós, Buenos Aires, pp. 105-135.

——— (1988), *Repensando a los militares en política: Brasil y Cono Sur*, Planeta, Buenos Aires.

Valenzuela, Samuel (1990), "Democratic Consolidation in Post-Transitional Settings: Notions, Process and Faciliting Conditions", en *Working Papers*, núm. 150, Helen Kellog Institute-Notre Dame University, Notre Dame.

UTOPÍA

Laura Baca Olamendi

Definición

Utopía proviene del griego —*ou:* no y *tópos:* lugar—; significa "ciudad que no existe" y designa un lugar ideal no existente. Es utilizado por primera vez por Tomás Moro como título de la obra que lo llevó a la fama por ofrecer la descripción de una sociedad ideal. En el mismo sentido, han existido utopías positivas (como aquella de Platón en *La república)*, hasta concepciones negativas (como la de Marcuse cuando critica la sociedad capitalista a través de la tolerancia represiva). Durante cuatro siglos se ha discutido el significado de la palabra *utopía*, e incluso hoy existen divergencias básicas sobre su sentido. Los especialistas coinciden únicamente en que la utopía hace referencia a una sociedad inexistente en el espacio y en el tiempo. Uno de los rasgos sobresalientes de esta literatura radica en las profundas diferencias que separan a las utopías que cada autor propone, lo cual se debe no sólo a las circunstancias históricas en las que se da su pensamiento, sino también a su particular representación de lo que debe ser una sociedad justa y perfecta. En muchos casos, la descripción de la "sociedad perfecta" proviene de navegantes europeos que descubrieron de manera accidental otras formas de organización social y regresaron para informar de su existencia.

Otra característica de las sociedades utópicas es su inmovilismo. La comunidad política es estática, permanece suspendida en el tiempo, mientras que la sociedad perfecta es presentada como una feliz reproducción de sí misma. Otra característica de los modelos sociales utópicos es su férrea disciplina. Todo está regulado y previsto; incluso la felicidad y el goce son objeto de una reglamentación por parte de la organización social. Un rasgo común de las utopías renacentistas es su aislamiento del mundo exterior, debido a una exigencia literaria que hace posible la existencia real de la sociedad perfecta. Este aislamiento mantiene la utopía incontaminada, separada en un mundo fantástico. Las sociedades utópicas representan comunidades restringidas, minuciosamente organizadas, en que las leyes son justas de una vez y para siempre. El individuo debe adaptarse al esquema social impuesto en la lógica de ser útil a la comunidad de la cual forma parte. El término *utopía* ha sido empleado para denotar una sociedad ideal e imposible que, a menudo, ha sido desechada o despreciada simplemente porque no se basa en la realidad de la época en que se formula. Pero las utopías cumplen dos funciones importantes en el pensamiento político: critican el orden político y social existente desde una perspectiva radical y ofrecen nuevos ideales, explicando el modo de alcanzarlos en una sociedad diferente. Gran parte de los utópicos plantea la búsqueda del bienestar y la felicidad de los individuos y describe las instituciones sociales y las formas de organización que permiten lograrlos.

Historia, teoría y crítica

El Renacimiento representa una edad de oro para el pensamiento utópico. Paralelamente a la expansión del horizonte geográfico que en ese momento tenía lugar al otro lado del mundo, los filósofos del Renacimiento afirmaban la posibilidad de que existiera una ciudad imaginaria (al mismo tiempo justa y equilibrada), donde podría finalmente concretarse la aspiración humanística de la libertad. Al analizar el pensamiento utópico, muchos autores sostienen que, para escribir su gran obra *Utopía*, Tomás Moro se inspiró en la premisa que Cristóbal Colón y Américo Vespucio habían establecido en relación con los habitantes del Nuevo Mundo: que éstos vivían de acuerdo con la naturaleza. Los descubrimientos geográficos generaron noticias sorprendentes que sirvieron de base para la creación de varias obras de "literatura fantástica". En este sentido, la naturaleza aparece como el ámbito primigenio de un comportamiento que, con el desarrollo de la civilización, perdió su instinto original. Con independencia de sus motivaciones y fuentes de inspiración, la relevancia de Tomás Moro radicó en imaginar un espacio para la libertad en el interior de una sociedad ideal. El ideal político que encarna el proyecto utópico no es presentado bajo la forma de un tratado, sino a través de la descripción de un "lugar lejano" en donde reina, entre otras cosas, la tolerancia.

En su *Utopía*, obra satírica de corta extensión, Moro aborda el problema de la sociedad en tres planos: el primero define la libertad religiosa y los límites del proselitismo, el segundo considera el politeísmo como fundamento de la paz y el tercero establece el conjunto de prohibiciones que, sin contradecir el principio de la libertad, tutelan la dignidad humana. Su doble personalidad como hombre de cultura y de acción atento a las circunstancias de su época explica el espíritu crítico y el compromiso político de Tomás Moro. En realidad, se encuentra en una posición controvertida. Por un lado, es un defensor del catolicismo romano —lo que conducirá a su canonización en 1935—, mientras que, por otro, su *Utopía* refleja el espíritu puritano del incipiente protestantismo inglés. Al final de sus días rechaza su obra y se niega a que sea traducida del latín al inglés aduciendo que podría corromper a los incultos. Con su publicación nace un nuevo género literario-filosófico: el pensamiento utópico.

Las fuentes y corrientes de pensamiento que nutren la obra de Tomás Moro son abundantes. Un antecedente directo del pensamiento utópico es la obra de filósofos griegos como Platón, quien en *La República* formula muchos planteamientos que prefiguran utopías. Norberto Bobbio recuerda que Platón reconocía, al imaginar la "óptima república", que su diseño de sociedad ideal estaba condenado a "vivir sólo en los discursos". El concepto de "comunidad de bienes" que Moro plantea en su obra recibe también una influencia casi directa del mismo Platón. Puede decirse que Tomás Moro da continuidad a unas ideas utópicas que nacen con los griegos y son desarrolladas por filósofos renacentistas como Marsilio Ficino (1433-1499), quien en su obra *Teología platónica sobre la inmortalidad del alma*, de 1482, sostiene que el amor hacia el hombre es una preparación del amor hacia Dios, y Giovanni Pico de la Mirandola (1463-1494), que en su libro *Conclusiones filosóficas, cabalísticas y teológicas*, de 1486, expone principios de conciliación sincrética entre diferentes credos religiosos, desde la cábala hebrea hasta el Corán musulmán, que por su celebración de la libertad le cuesta una condena de la Iglesia católica en 1487. Esta tradición llega también a los humanistas como Erasmo de Rotterdam, para quienes las religiones son manifestaciones diversas del natural impulso humano hacia Dios y coincidentes en su fondo último de verdad. Estas ideas se fundan en la convicción de que "Dios prefería ser reconocido a ser despreciado". No en vano Tomás Moro fue amigo personal de Erasmo, quien le dedicó en 1511 su *Elogio de la locura*. Entre estos dos pensadores los contrastes son evidentes. Moro es un alto funcionario de formación jurídica, mientras que Erasmo es un monje ansioso de libertad pero hostil a las rupturas, característica que lo convierte en un autor del diálogo. Cabe afirmar que ambos son humanistas, pero con diferentes estilos: luego de predicar el retorno a las fuentes evangélicas se oponen a la Reforma.

En la isla de Utopía que Moro imagina, el oro y la plata no tienen ningún valor. Los ciudadanos de la isla laboran solamente seis horas al día y dedican el resto del tiempo a la lectura y la diversión. Todo el trabajo va dirigido al beneficio común, en un modelo de estructura social sin privilegios, desigualdades ni injusticias. Los habitantes subordinan sus deseos al interés general y trabajan por el bienestar de la colectividad. Aunque contiene alguna exhortación moral, la obra de Tomás Moro plantea en pleno siglo XVI la abolición de la propiedad privada y la defensa de la comunidad de bienes. Su influencia rebasa el continente europeo y se desarrolla en América. Resulta paradigmático encontrar la manera de reconciliar el devoto catolicismo de Moro con las instituciones utópicas de la libertad religiosa. No debe olvidarse tampoco la ambivalencia mostrada por Moro en su vocación por la libertad y el espíritu crítico y su compromiso con la política de su época. La pretensión de este autor es, entre otras cosas, realizar un experimento intelectual para constatar hasta dónde podían conducir los dictados de la razón. Para Moro, la defensa de una sociedad justa admite la guerra justa, lo que implica el derecho de resistencia.

Tomás Moro escribe su obra en un momento de viraje de la historia: la época en que Nicolás Copérnico (1473-1543) descubre que la Tierra no es el centro del universo y en que los navegantes comprueban que Europa no es el centro de la Tierra; la época también en que el movimiento de Reforma cuestiona la autoridad de Roma, considerada hasta entonces el centro de la Iglesia cristiana, y en que Nicolás Maquiavelo (1469-1527) pone al descubierto la hipocresía de la moral tradicional. La sociedad que presenta es patriarcal y jerárquica en un escenario de igualdad económica. En la isla de Utopía se integra la razón con la religión y se establece que el conocimiento no puede por sí solo conducir al hombre a la felicidad. Una característica fundamental de *Utopía* es su tolerancia religiosa, concretada en la posibilidad de profesar el credo libremente elegido y hacer proselitismo, fijándose incluso las condiciones para su ejercicio: "el proselitismo es posible sólo para quien esté dispuesto a revalorar su propia creencia". Con este fin, se excluye en principio la violencia, hasta el grado de que quien disputa estos argumentos "con arrogancia" es castigado con el exilio o con la esclavitud. La obra encarna una serie de principios e ideales del humanismo cristiano, que se verán seriamente amenazados por la intolerancia y el sectarismo religiosos triunfantes en el siglo XVI.

La reanudación del discurso utópico en la segunda mitad del siglo, en la Italia de la Contrarreforma, se hace evidente en obras como *La República imaginaria*, de Ludovico Agostini; *La República Evandria*, de Ludovico Zuccolo; *Wolfaria*, de Johann Eberlin, y *El reloj de los príncipes*, de Antonio de Guevara, escritas entre 1575 y 1625. De la gran cantidad de textos aparecidos en este periodo, sin duda las utopías prototípicas y mejor conocidas del Renacimiento tardío son —además de la obra de Moro— *La nueva Atlántida*, de Francis Bacon, publicada en 1627 como el proyecto utópico de una sociedad denominada "Bensalem" y modelada sobre el ideal de una fraterna colaboración científica. Al mismo género filosófico-literario pertenece *La ciudad del sol*, de Tomás de Campanella, editada en 1638. En esta obra, el filósofo italiano plantea una utopía político-religiosa basada en la organización racional de la vida social. Campanella es acusado de herejía y condenado en 1591; tras fingirse loco permanece encarcelado de 1594 hasta 1629. Otros nombres que podríamos agregar a la lista de autores utópicos son Gerard Winstanley con *La ley de la libertad* (1651), John Bellers con *El orden de la industria* (1651) y James Harrington con *Oceana* (1656). Algunos estudiosos consideran que también Thomas Hobbes, autor de *Leviathan* (1651), es parte del pensamiento político utópico. Un rasgo común en estos escritores es que presentan una sociedad perfecta cuya supervivencia exige el aislamiento de otras culturas, por considerar que su contacto las conduciría a la corrupción y la destrucción.

Líneas de investigación y debate contemporáneo

La utopía se basa en el reconocimiento de que la perfecta sociedad utópica corresponde a la perfecta sociedad libre. La teoría utópica requiere de la libertad para garantizar la igualdad, mientras que la teoría del liberalismo necesita de la iniciativa individual representada por la libertad. No se debe olvidar, no obstante, que el pensamiento utópico es en muchos sentidos también un pensamiento monolítico y dogmático. La república de los utópicos es un Estado creado conforme a la razón, donde no existe la intolerancia. El cristianismo convive con otras religiones y quien amenaza a los fieles de diferentes credos es condenado y excluido. El humanismo comunicaba el sentimiento renacentista de la dignidad intelectual y moral del hombre. Al proponer una ruptura del monolitismo religioso, se reivindicaba el uso de la razón. Esto no significa que algunos grupos fueran más tolerantes con las opiniones divergentes que otros, sino que las divisiones religiosas existentes hacían de la libertad una necesidad. La sociedad de los utópicos se caracteriza por la libertad religiosa y por la proscripción del fanatismo. La libertad religiosa es entendida como aceptación del pluralismo y, en consecuencia, como libertad para profesar cualquier fe y hacer proselitismo. Los límites establecidos son de método (el rechazo a la violencia y la búsqueda de la paz) y de contenido (el rechazo a los pronunciamientos dogmáticos). Quizá por eso una pregunta recurrente en sus lectores es cómo interpretar la *Utopía* de Moro: ¿es una obra seria o irónica?, ¿es producto de un filósofo platónico o de un humanista cristiano?, ¿es Moro un antepasado del moderno capitalismo unidimensional o es un precursor del ideal comunista?, ¿es un humanista católicamente ortodoxo o heterodoxo?

Esos dilemas también pueden ser aplicados al siglo XX, ya que en la historia contemporánea 1989 representa un singular suceso que fractura de manera decisiva el conjunto de estructuras económicas, políticas y sociales de aquel conglomerado de instituciones y culturas que integraban aquello que todos conocíamos como el "bloque socialista" y que era una de las grandes utopías de nuestro tiempo que se consolida después de la Guerra Fría. Esta ruptura en el funcionamiento global del sistema ha tenido un significado múltiple: por un lado, representó un cambio cualitativo en los procedimientos y las "reglas del juego" a través de los cuales los actores políticos más representativos competían por el poder; mientras que, por el otro lado, este proceso de transformaciones ha involucrado todos los ámbitos de la vida colectiva de la mayoría de los países que se inspiraban —para su funcionamiento— en la llamada doctrina del "comunismo histórico". Del mismo modo, este conjunto de grandes transformaciones también afectó las percepciones y certidumbres que muchos intelectuales tenían sobre la vigencia ético-política de ese particular sistema de relaciones sociales y sobre el papel que ellos mismos debían desempeñar en la formación de una sociedad más justa e igualitaria. Muchas han sido las interpretaciones sobre la génesis de este cambio: desde aquellas que consideran que la caída de los distintos regímenes fue producida por la incapacidad de los gobernantes para satisfacer las necesidades materiales de la población, hasta las que afirman que dicha crisis irreversible de las estructuras políticas se debió principalmente a una mala interpretación y "aplicación" de las teorías de Marx.

En este contexto, consideramos importante reflexionar brevemente sobre la influencia que estos cambios han tenido sobre el futuro de la utopía. Aun cuando el horizonte es muy amplio para pretender analizarlo globalmente, trataremos de delinear los aspectos más importantes. Por ello, el creciente desarrollo de estos procesos de decaimiento de la utopía han llevado a ciertos autores a plantear ya sea "el fin de la historia" o el surgimiento de una "nueva conflictualidad", que ya no es económica e ideológica sino esencialmente de tipo cultural. Las "directivas" que se nos presentan como herramientas conceptuales para entender las razones de la fractura utópica del socialismo real son las de la "soledad normativa y de valores" que actualmente enfrentan el capitalismo y el mercado. El conjunto de dichos aspectos representa los nuevos desafíos que deberá encarnar el régimen democrático hacia el final del milenio. Según Bobbio, lo importante es entender por qué "el fracaso del socialismo sin libertad ha confirmado los derechos de libertad, pero no el futuro del socialismo: donde se han desarrollado el derecho de libertad y el derecho de propiedad —y no es fácil entender esto en una perspectiva socialista— se ha llegado inevitablemente a una lucha de intereses, de la cual surge quien se bate por la superación de las desigualdades". En este marco analítico Bobbio sostiene, justamente, que la *idea de la igualdad* es hoy la única que nos permite mantener una "brújula" en el nuevo y cambiante contexto político.

Para concluir, debemos afirmar que en el siglo XX la utopía es sin duda un referente obligado para encauzar la sociedad del mañana, acompañado por el progreso de la civilización y la ciencia dentro de un contexto histórico determinado. En su dimensión política, la utopía representa el ideal de generar una organización comunitaria que ofrezca soluciones definitivas a los problemas económicos y sociales de una determinada comunidad. No se trata de destruir la realidad de nuestro tiempo; es necesario recuperar en forma positiva aquellos procesos, instituciones y valores que permitan crear una nueva sociedad. La utopía es un nuevo diseño, es una prospectiva que aporta elementos reformadores a una sociedad determinada. Debemos tratar de acercar lo real a lo posible para que la carga de valores que nos ofrece nuestra sociedad pueda encaminarse a un nuevo ciclo democratizador. Debemos crear nuevas formas utópicas para el siglo XXI que recuperen desde el pensamiento socialista utópico hasta aquellos de corte religioso que demandan una sociedad ideal.

BIBLIOGRAFÍA

Bacon, Francis, *Nova Atlantis*, de 1627.
Bainton, Roland (1963), *La lotta per la libertà religiosa*, Il Mulino, Bolonia.
Baldini, Massimo (1994), *La storia delle utopie*, Armando, Roma.
Bobbio, Norberto (1987), *La teoría de las formas de gobierno en la historia del pensamiento político*, FCE, México, pp. 21-32.
Burckhardt, Jacob (1985), *La cultura del Renacimiento en Italia*, vol. II, Orbis, Barcelona, pp. 388-389.

Campanella, Tomás de (1989), *La Città del Sole*, de 1638, en "La ciudad del sol", en *Utopías del Renacimiento*, FCE, México. *De optimo republicae statu deque nova insula Utopia libellus vere aureus, nec minus salutaris quam festivus, de 1516*, en *Utopías del Renacimiento*, FCE, México, 1975.

D'Etaples, Lefevre, y Carlos Deboulles (1980), "El humanismo cristiano y la utopía", en *Historia de la filosofía*, Siglo XXI, México.

Krotz, Esteban (1988), "Dos utopías en el umbral de la Edad Moderna", en *Utopía*, UAM-Iztapalapa, México.

Mayer, Alicia (1982), "La utopía protestante en América", en *La utopía en América*, UNAM, México.

Moro, Tomás (1992), "Discurso pronunciado por Rafael Hitlodeo Ilustre Varón, acerca del mejor estado de la república", en D. Herrendorf (comp.), *Teoría general y política de los derechos humanos*, Comisión Nacional de los Derechos Humanos, México, pp. 235-247.

Nettlau, Max (1934), *Esbozo de una historia de las utopías*, IMAN, Buenos Aires.

Servier, Jean (1969), "De la ciudad del sol al sueño del gran monarca", en *Historia de la utopía*, Monte Ávila, Caracas.

Werner, Plum (1978), *Utopías inglesas*, ILDIS, Colombia.

Zavala, Silvio (1937), *La "Utopía" de Tomás Moro en la Nueva España y otros estudios*, Porrúa, México.

XENOFOBIA

Giorgio Buso

Definición

No es muy fácil definir una voz como *xenofobia* para un léxico de la política, por más de una razón. La primera es que después de consultar otros diccionarios —los más completos y difundidos— y enciclopedias, incluso las que son una suerte de símbolo como la Británica, no encontré la palabra y así no tengo precedentes con los cuales confrontar, discutir o reflexionar sobre una posible definición. Entonces, no teniendo precedentes acerca de su significado, he decidido consignar solamente algunas reflexiones posibles sobre el término, y hacer esto principiando por la etimología.

Xenos era el extranjero que estaba fuera de la comunidad, que podía ser huésped, pero no pertenecía a ella. Era, de alguna manera —sin ser necesariamente *hostis*—, la diversidad en una "'comunidad' (la tönnesiana de 'sangre y tierra', mezcla de valores hereditarios transmitidos a través de la cadena de la tradición y consolidados en la base natural de la etnia, el mito y el símbolo)".

Fobia busca su origen como palabra otra vez en Grecia. Es el rechazo y, más que el rechazo, el miedo a la diversidad, a lo que es diferente de uno; en cierto modo y muchas veces también es la imagen de lo que uno podría ser o devenir y el espejo en que uno no quiere verse reflejado. El encuentro con el extranjero es el encuentro con una de las posibles variantes de lo que se es, uno de los múltiples yo potenciales. Lo extranjero de símbolo de una particularidad, de una especificidad, a símbolo de la posibilidad que, de un lado, confirma la identidad, pero del otro, nutre también la inquietud. Siempre podemos hacer dos cuentas: lo que nos une y lo que nos separa. El resultado de esta decisión no está naturalmente privado de consecuencias.

Si ésta es una premisa que se puede aceptar, me parece que el problema de una definición de lo que es xenofobia es, sobre todo, decidir quién es *xenos*, lo extranjero.

Esto me parece la cosa más interesante. Todos tenemos ideas y convicciones diferentes al respecto.

La idea sobre la diferencia, sobre lo extranjero, varía según la opinión de todas las personas en el tiempo, en las culturas, en las diferentes sociedades; su significado es incierto y variable. Así, me parece que el problema de una definición es decidir dónde está la frontera entre lo que uno va a reconocer como suyo, como parte y miembro de la comunidad, como conocido, y lo que es extraño, peligroso, diferente.

Otro problema para definir el concepto de xenofobia es que éste se va a sobreponer y a confundir con el de otras palabras, como racismo, antisemitismo, etnocentrismo, por mencionar solamente algunos ejemplos. Se va a confundir con otras realidades (pensemos lo que era el ostracismo en la antigua Grecia).

Historia, teoría y crítica

La invención de lo extranjero, el *xenos*, es así una formulación social y cultural. Entonces la pregunta más interesante que busca una respuesta es quién es el *xenos*; las siguientes son solamente consideraciones sueltas. No tengo una respuesta porque no existe una respuesta acabada. *Xenos* es el color de la piel; el dinero puede llevar una persona al *Xenos*; *Xenos* es ser hijo de otra cultura, pertenecer a otra religión, etcétera. Todo esto puede constituir la diferencia, la fobia y el miedo. Son criterios posibles, muy difusos, muy fáciles de encontrar en todas las culturas y sociedades, pero no son los únicos. Éstos trabajan más o menos universalmente, aunque es posible extender una búsqueda que puede encontrar muchos otros criterios.

Y todavía en un mundo que parece cancelar rápidamente fronteras e identidades tradicionales, la figura del extranjero resiste a la creciente homologación que parece acompañar los procesos de globalización, en los que la diversidad debería, al menos teóricamente, desaparecer, y ser superada frente a un movimiento de "inclusión universal". Al contrario, entre los resultados de los procesos de globalización se van a desarrollar nuevas formas de la alteridad frente a las cuales el rechazo no es menos fuerte y feroz.

El rechazo de cualquier diferenciación y la inclusión de todos en "un nosotros que todos abrazan" parecen seguir siendo una quimera. El triunfo del universalismo es una meta todavía muy lejana. La alteridad es una vez más la reconstrucción del orden en un mundo que cambia de manera impetuosa. Son los tiempos de crisis los momentos más propicios para su surgimiento. Se alimenta con el desarrollo de los movimientos migratorios que van a poner en discusión identidades consolidadas y el extranjero deviene, de alguna manera, un chivo expiatorio de transformaciones que avanzan sin cesar ofreciendo además la ventaja de una solución sencilla y fácil a la crisis. En muchos casos coincide con un cálculo utilitarista: la concurrencia en el mercado de trabajo o de la casa, por mencionar dos ejemplos.

La xenofobia se representa otra vez como una distinción entre superior e inferior, como jerarquización de la diferencia. El enemigo es en este caso el intruso y, trágicamente para él, no es enemigo por lo que ha hecho o que hace, sino por lo que es.

Los horrores de la historia no parecen haber constituido y consolidado alguna enseñanza o anticuerpo contra su reaparición periódica, violenta. La teología cristiana de un único padre y el igualitarismo socialista podían constituir una ilusión acerca de la posibilidad de fundar un mundo de iguales. El sueño de garantías bastantes se ha consumado en un fenómeno como la xenofobia, que no es único, sino se esconde y se presenta en formas diferentes: es "polifórmico y mimético".

El extranjero no está ahora definido con referencia a los criterios pasados que ya habíamos mencionado o con la procedencia geográfica, cuanto en los términos, por ejemplo, de su rédito, sus niveles de consumo y su posibilidad de acceso a los servicios. Sin embargo, es de cualquier manera, un "extranjero artificial", instrumento de reafirmación de identidad contra la uniformación y masificación general. En todo esto no es difícil reencontrar las raíces de la renovada fuerza de localismos y particularismos, que traducen la angustia de la pérdida y la salida de una "conmunidad radicada en la historia". Localismos y particularismos que en muchos países encuentran fuerzas y partidos políticos que ofrecen a esta inquietud respuestas xenófobas.

Muchos pensaron que la tolerancia pudo ser un medio y una defensa frente al rechazo de la diversidad, y muchas veces esta idea mostró las limitaciones de otra ideología. Que todos somos iguales es una idea, una pretensión que no cuaja y no cuajó en muchas ocasiones; la historia es generosa en ejemplos. Es un llamado que muchas veces se repitió, y aunque ha sido muy útil para enfrentar el problema del rechazo, todavía no es bastante.

Otras veces, pedir que se reconozca la diferencia como riqueza resulta ser solamente un recurso demagógico que tiene poco significado. No quiero discutir si esto es verdad o mentira; voy a contestar la pretensión que frecuentemente acompaña a este convencimiento.

Creo que para comprender y aceptar al "otro" es necesario saber muy bien quién es uno y renunciar al juicio. Renunciar es la condición para mirar, no necesariamente de forma tolerante, pero sí con curiosidad. Una curiosidad que no puede renunciar ciertamente a la opinión, y menos consignarse a juicios que devienen sentencia y condena, que frecuentemente rechazan apelación.

Todos tenemos más de una frontera: una frontera sociocultural, material, ideológica, generacional. Ninguno de nosotros puede abrazar todo, y creo que éste es el problema. En algunas culturas está permitido lo que en mi cultura no se puede aceptar, y yo, otra vez, me encuentro en la condición de no poder abrazar todo —mucho tal vez, pero no todo— por la historia que me ha precedido, los valores que la han influido y marcado. Por ejemplo: la explotación y el trabajo de los niños, la violencia como regla en la relación entre hombres o entre hombres y mujeres, las mutilaciones sexuales, la "no cultura" de la mendicidad que se convierte en trabajo y en una triste normalidad.

Creo que el problema es la frontera: lo que puedo aceptar y lo que rechazo, pero todavía la cuestión esencial es dónde poner la frontera y, sobre todo, indagar cuántas son las fronteras posibles.

Molesta y puede ser también una forma de violencia la obsesiva reivindicación de la diferencia de parte de las minorías; la petulancia se convierte en una suerte de pesadilla, de la cual, hasta cierto punto, es necesario liberarse. El cordero que va a desafiar al lobo termina por descubrir sus dientes. La xenofobia en el fondo es así el rechazo de la diversidad.

¿Quién es extranjero? La minoría o, mejor, las minorías. Ésta podría parecer una respuesta posible y muchas veces satisfactoria. Todavía no es la solución, porque las minorías no siempre permanecen como tales.

En otros casos es posible encontrar la decisión —que no es necesariamente sólo individual— de reconocerse como sujeto distinto en una orgullosa reivindicación de identidad, como en el caso de la historia que acompaña el nacimiento y la consolidación de una nación. Es un desarrollo que, al mismo tiempo, siempre marca y traza también líneas de división interiores ligadas, entre muchas otras, a los idiomas, a la etnia, a la creencia religiosa, a las diferentes costumbres.

Me parecen muy útiles dos conceptos: el de inclusión y el de exclusión. Quiero intentar aclarar el significado y el uso hermenéutico que es posible hacer con otra pregunta: en razón del país donde estoy, ¿quién es un indígena? Es una diversidad que, por un lado, está reconocida y, por el otro, se va a confirmar como tal, con leyes distintas, con un nombre que siempre va a remarcar una diferencia. ¿Qué se puede hacer con todo esto? ¿Qué se puede hacer con la diversidad? ¿Por qué se necesita otro nombre para quien vive desde siempre en una tierra o desde mucho antes, ciertamente, de los que se creen los únicos, verdaderos "ciudadanos" y como tales se representan marcando, otra vez, una línea de división, en algunos casos extremadamente fuerte, dura y profunda? Y esto, cuando el problema es resuelto de un modo radical, no con la exclusión o la marginación, sino con el exterminio.

Otras veces ser "otro" no es una decisión; parece más un destino (inclusión y exclusión; integración y asimilación). En algunas ocasiones es orgullo, y en otras, la fiera defensa de una diversidad. De frente a la diversidad se buscaron soluciones distintas: inclusión y exclusión, integración o asimilación, en un debate que está aún ampliamente abierto.

¿Quién debe ser tolerante, el hospedador o el huésped?, ¿se puede ser tolerante con los intolerantes? Este es otro problema de difícil solución. La tolerancia no puede convertirse, nadie lo quiere, en "paciente" y "benévola" soportación.

Racismo, antisemitismo, xenofobia son palabras que parecen regresar como asociación necesaria —y de manera inevitable— en el lenguaje común, sin olvidar que la confusión es tan grande que afecta también a la comunidad científica.

Xenofobia, todavía, a diferencia de los otros conceptos, es un término que no encuentra una definición precisa, porque mientras el racismo individualiza de alguna manera un carácter distintivo en la raza, la tradición, la cultura, la religión, el color de la piel o el género (en este caso se va a llamar sexismo) como elemento de reconocimiento de una identidad (otros pueden ser los signos de la diferencia) y de una fácil identificación de la víctima que ofrece razón a la violencia, ¿cuál es la raíz de la discriminación en el caso de la xenofobia y del reconocimiento de quien es extranjero? La misma cosa pasa con el antisemitismo. Citando a Jean Paul Sartre, el judío es el invento del antisemita.

El concepto de xenofobia permanece sin un significado definido y con seguro objetivo de odio y discriminación. Se puede devenir extranjero, y esto pasó muchas veces en la historia y en muchas ocasiones en el curso de un breve arco de tiempo.

Es posible continuar estas reflexiones sobre lo extranjero, pero la idea que me parece más interesante desarrollar es la asociación entre extranjero y enemigo. ¿Por qué enemigo? ¿Qué cosa va a amenazar el enemigo? Es un desafío la necesidad de poner en discusión sus costumbres, sus hábitos arraigados.

Líneas de investigación y debate contemporáneo

De extremo interés son las reflexiones y el análisis contenidos en un extraordinario libro de Pierre André Taguieff donde se desarrollan los conceptos de heterofobia y heterofilia como dos de las formas posibles de la xenofobia. La primera es el terror a la alteridad, a la diversidad, a la diferencia; el deseo de homogeneidad. ¿Qué es la limpieza étnica si no el miedo, "el miedo de ser otro"? En la heterofilia el autor localiza una forma muy sutil de xenofobia: somos diversos y eso es bueno, pero cada uno en su casa. Aun con el racismo, que asume como su base la diferencia, la xenofobia comparte el rechazo del mito igualitario, la angustia del indistinto, de la pérdida de la identidad. Identidad que como producción social y cultural se constituye en relación con cualquier alteridad.

Para concluir en esta prospectiva, sobre el plano de los instrumentos teóricos y analíticos parecen particularmente útiles otras distinciones introducidas por P. A. Taguieff y retomadas después por M. Wieviorka, que identifican dos diferentes lógicas de desarrollo del fenómeno: una lógica inigualitaria y una lógica de la diferencia. Dos lógicas que, aunque pueden interactuar y combinarse entre ellas, es importante separar en el análisis de los mecanismos y de los procesos sociales de producción del *xenos*. En el ámbito de esta aproximación teórica se subraya, pues, la necesidad de considerar, en las manifestaciones empíricas y las formas elementales de xenofobia y racismo, dos aspectos: el aspecto infrapolítico (al cual corresponde el prejuicio difuso que limita con formas de racismo fragmentado) y el aspecto político (cuando la xenofobia va a devenir proyecto y estrategia política, hasta llegar a una dimensión total y a involucrar al Estado y las instituciones).

El racismo inigualitario se va a configurar como defensa del privilegio en términos de posición económica y social y de capacidad de acceso a los recursos y al poder. Representa cualquier forma de racionalización (que puede llegar también a una completa institucionalización política) de la desigualdad social. Se va a estructurar de esta manera una "solución adecuada y satisfactoria" a las tensiones de carácter social (amenazas de pérdida de posición y aumento de la concurrencia en el mercado del trabajo y en el acceso a los servicios públicos).

Otra es la lógica y el desarrollo de una xenofobia de la diferencia, que se va a afirmar como resultado de una crisis general de la idea de modernidad y de los valores universales. La desestructuración de las identidades sociales, en un contexto de cambio y de gran incertidumbre sobre el futuro, conduce al redescubrimiento del particular y de lo específico comunitario como terreno de arraigo. Sentido y conciencia no se definen sobre el plano social, en la relación y en el conflicto entre grandes sujetos colectivos portadores de diferentes visiones del mundo, sino sobre el plano histórico y comunitario, este último declinado, según los casos, en términos étnicos, nacionalistas, culturales o religiosos. En esta segunda forma, porque no tiene límites verdaderos, contenidos y objetivos de alguna manera racionales —como en el caso del racismo inigualitario—, el fenómeno presenta los mayores riesgos de degeneración y violencia abierta.

Se trata de una perspectiva que se hace más y más peligrosa cuando la xenofobia y el racismo se organizan y se transforman en un proyecto político e ideológico, en cuyo interior se mueven fuerzas y grupos que lo van a orientar dándole un carácter orgánico y generalizado, dejando nueva y amplia legitimación a posturas y comportamientos inconciliables con cualquier valor democrático, abriendo espacios, también dentro del Estado, a programas de exclusión y discriminación de masas que van a afectar todas las dimensiones de la vida política y social. Todo esto no va confirmar la necesidad y la utilidad en la consideración del fenómeno entre un aspecto político y un aspecto infrapolítico. Un argumento que es todavía materia de otra más grande reflexión.

No es el "otro" el que genera el conflicto, sino es el conflicto el que va a convertir la figura del "otro" en una prospectiva en la que el tema del conflicto es crucial.

BIBLIOGRAFÍA

AA. VV. (1991), *Imigrazione e diritti di cittadinanza*, CNEL, Roma.
——— (1995), *Mass media e società multietnica*, Anabasi, Milán.
Adinolfi, A. (1992), *I lavoratori extracomunitari*, Norme interne ed internazionali, Il Mulino, Bolonia.
Adorno, T., *et al.* (1950), *The Autoritarian Personality*, The American Jewish Commitee (trad. it., *La personalatà autoritaria*, Edizione Comunità, Milán), 1973.
Allasino, E. (1991), "La discriminazione degli inmigranti nel mercato del lavoro", *Animazione sociale*, núm. 5.

Allport, G. W. (1954), *The Nature of Prejudice*, Addison-Wesley, Cambridge (trad. it., *La natura del pregiudizio*, La Nuova Italia, Florencia, 1976).
Arendt, H. (1967), *Le origini del totalitarismo*, Milán (1ª ed., Nueva York, 1954).
Balbo, L., y Manconi L. (1990), *I razzismi possibili*, Feltrinelli, Milán.
——— (1992), *I razzismi reali*, Feltrinelli, Milán.
Balibar, E. (1989), "Razzismo: un altro universalismo", *Problemi del Socialismo*, núm. 3, Franco Angeli.

Balibar, E. (1994), *Le frontiere della democrazia*, Manifestolibri, Roma.

Bobbio, N. (1992), *L'età dei diritti*, Einaudi, Turín.

—— (1993), "Razzismo, oggi", *Sisifo*, núm. 26, Istituto piemontese "A. Gramsci", Turín, octubre.

—— (1994), "Eguali e diversi", *Sisifo*, núm. 27, Istituto piemontese "A. Gramsci", Turín, mayo.

Bontempi, R. (1992) (ed.), *Destre in Europa*, Gruppo europarlamentare Pds, Bruselas-Roma, noviembre.

Boudon, R. (1991), *L'ideologia. Origine dei pregiudizi*, Einaudi, Turín.

Bunyan (1996) (ed.), "Statewatch", *Reseching the European state*, Nottingham. (Repartiorio bibliografico recente ed aggiornato di tutte le pubblicazioni, compresi i documenti ufficiali della Commissione e del Parlamento Europeo —Council of the European Communities—, nonchè dei vari organismi e gruppi ad hoc, relativi *Immigration & Asylum e Racism & Facism*. Fornisce inoltre, nei *Commentaries*, elenco di ricerche e studi recenti su questi temi con schede di approfondimento relative ai diversi paesi dell'Union Europea.)

Buso, G. (1997), "Osservatorio. Razzismo, Antisemitismo e Xenofobia", *Sisifo*, núm. monográfico, Fondazione "A. Gramsci", Turín.

CERA (1994), Centre Européen de Recherche et d'Action sur le Racisme et l'Antisemitism, *L'extrémisme politique: Danger pour la Démocratie en Europe. Partis, mouvements et groupes extrémistes: enquéte et analyse*, Istitute of Jewish Affair, París.

Chevallier, Y. (1991), *L'antisemitismo. L'ebreo come capro espiatorio*, Ipl, Milán.

Cisneros, I. H. (1998), "Sociedades complejas, democracia y tolerancia: una polémica entre Karl Popper y Herbert Marcuse", *Religiones y Sociedad*, expediente Conflicto y Tolerancia, núm. 4, septiembre-diciembre, editada por la Subsecretaría de Asuntos Religiosos de la Secretaría de Gobernación, México.

Commissione delle Comunità Europee (1992), *Mezzi giuridici per combattere il razzismo e la xenofobia*, Direzione Generale Occupazione, Relazioni industriali, Affari Sociali, Bruselas.

Commisione delle Comunità Europee, Comunicazione della Commissione al Consiglio e al Parlamento Europeo (1994), *Sulle Politiche d'Immigrazione e di Asilo*, Bruselas, febrero (en particular el párrafo III, 4, 4, "Lottare contro la discriminazione razziale de affrontare il problema del razzismo e della xenofobia").

Commissione Europarlamentare sul Razzismo e la Xenofobia (1991), *Relazione sui risultati*, Cee, Bruselas.

Cox, O. C. (1948), *Caste, Class and Race*, Doubleday, Nueva York.

De Gobineau, A. *Sull'ineguaglianza delle razze*, Longanesi, Milán.

Democrazia e Diritto, núm. 6 (número monográfico), *Razzismo e antirazzismo tra presente e tradizione*, artículos de Balbo, Rusconi, Manconi, Barcellona, Sullo, Serri, Ingrano, Marletti, Van Dijk, Scozzarella, O'Callaghan, Guillaumin, Salvo, Siebert, Serra, Ferguson, Gallini, Vogel-Polsky, Onorato, Sestini, Venturini, Amodio, Mannuzzu, Comitato detenuti stranieri, Margara, Frangeamore, De Leo.

Eurobarometro-L'Opinione Pubblica nella Comunità Europea (1991), "Razzismo e xenofobia", noviembre.

Ferrarotti, F. (1988), *Oltre il razzismo: verso una società multirazziale e multiculturale*, Armando, Roma.

—— (1993), *La tentazione dell'oblio. Razzismo, antisemitismo e neonazismo*, Laterza, Roma-Bari.

Franchini, R., y D. Guidi (1991), *Premesso che non sono razzista*, Editori Riuniti, Roma.

Frigessi, D., y N. Negri (1993), "La democrazia dei pregiudiziv", *Sisifo*, núm. 26, Istituto piemontese "A. Gramsci", Turín, octubre.

Galeotti, A. E (1991), "Diritti politici e immigrazione", en AA. VV., *Immigrazione e diritti di cittadinanza*, CNEL, Roma.

Gallino, L. (1993), "Antisemitismo", *Sisifo*, núm. 26, Istituto piemontese "A. Gramsci" (De: *Dizionario di Sociologia*, UTET, Turín, 1993).

Granaglia, E. (1993) (ed.), *I dilemmi dell'immigrazione. Questioni etiche, economiche e sociali*, Angeli, Milán.

——, y M. Magnaghi (1993) (ed.), *Immigrazione: quali politiche pubbliche?*, Angeli, Milán.

Lévi-Strauss, C. (1984), *Lo Sguardo da lontano*, Einaudi, Turín.

Levitas, R. (1986) (ed.), *The Ideology of the New Right*, Polity Press, Cambridge.

Manconi, L. (1990), "Gli imprenditori politici del razzismo", *Micromega*, núm. 3.

—— (1989), "*Molti razzismi*", *Democrazia e Diritto*, núm. 6.

Marchi, V. (1993), *Skinhead: stili di vita e movimenti politici*, Relazione introduttiva al seminario *Devianze giovanili ed intolleranza xenofoba*, Istituto piemontese "A. Gramsci", Turín, octubre.

Marletti, C. (1993), "La trattazione del razzismo nei media", *Sisifo*, núm. 26, Istituto piemontese "A. Gramsci", Turín, octubre.

Mauri, L., y G. A. Michelini (1992) (ed.), *Le regole del gioco. Diritti di cittadinanza e immigrazione straniera*, Angeli, Milán.

Mayer, N., y P. Perrineau (1989) (ed.), *Le Front national à découvert*, FNSP, París.

Memmi, A. (1989), *Il razzismo. Paura dell'altro e diritto alla differenza*, Costa e Nolan, Génova.

—— (1992), *Razzismi*, Costa & Nolan, Génova.

Myrdal, G. (1994), *An American Dilemma. The Negro Problem and Modern Democracy*, Harper and Row, Nueva York, (2 vols.).

Nirestein, F. (1990), *Il razzismo democratico*, Mondadori, Milán.

Ortona, G. (1991), "Principi economici e xenofobia", en AA. VV., *Immigrazione e diritti di cittadinanza*, CNEL, Roma.

Parlamento Europeo, "Risoluzione sul razzismo, la xenofobia e l'antisemitismo", del 27 de octubre de 1994. (*Gazzetta Ufficiale delle Comunità*, núm. C. 323/154, del 12 de noviembre de 1994.)

Poliakov, F. (1974-1976), *Storia dell'antisemitismo*, 4 vols., La Nuova Italia, Florencia.

Problemi del socialismo (1989), núm. 2 (número monográfico), *Razzismi*, Franco Angeli, mayo-agosto, artículos de Pasquinelli, Taguieff, Balibar, Riccardo, Levi Della Torre, Bechtle, Kammerer, Piasere, Sarnelli, Gallini.

Relazione Ford (1990), *Atto di seduta della Commissione d'inchiesta del Parlamento Europeo sul razzismo e la xenofobia*, 23 de julio.

Rusconi, G. E. (1991), "Razzismo, etnocentrismo e cittadinanza", *Prospettiva sindicale*, 79/80, marzo-junio.

—— (1992), "Immigrazione en Europa. Impatto culturale e problemi di cittadinanza", *Il Mulino*, núm. 399.

—— (1993), "Razzismo, revisionismo, negazionismo", *Sisifo*, núm. 26, Istituto piemontese "A. Gramsci", Turín, octubre.

Sen, A. (1992), *Inequality Reexamined* (trad. it., *La diseguaglianza*, Il Mulino, Bolonia, 1994).

Taguieff, P. A. (1987), *La force du prejugé*, La Découverte, París, (trad. it., *La forza del pregiudizio. Saggio sul razzismo e sullántirazzismo*, Il Mulino, Bolonia, 1994).

Ter Wal, J. (1991), "Il linguaggio del pregiudizio etnico", *Politica de Economia*, núm. 4.

Todorov, T. (1991), *Noi e gli altri*, Einaudi, Turín.

Van Dijk, T. (1994), *Il discorso razzista. La riproduzione del pregiudizio nei discorsi quotidiani*, Rubbettino Editore, Soveria Mannelli.

Van Dijk, T. (1991), *Racism and the Pressm*, Routledge, Londres.

Walzer, M. (1988), "Citizenship", *Democracia e diritto*, XXVIII.

Wieviorka, M. (1991), *L'espace du racisme*, Seuil, París (trad. it., *Lo spazio del razzismo*, Il Saggiatore, Milán, 1993).

Wirth, L. (1968), *Il ghetto*, Milán (1ª ed., Chicago, 1928).

Zincone, G. (1992), *Da sudditti a cittadini*, Il Mulino, Bolonia.

—— (1994), *Uno schermo contro il razzismo. Per una politica dei diritti utiliti*, Donzelli editore, Roma.

Índice de voces

Administración pública	1
Autoritarismo	7
Burocracia	12
Cambio constitucional	19
Cambio político	23
Caudillismo	29
Ciencia	32
Ciencia política	41
Ciudad	45
Ciudadanía	50
Ciudadanía multicultural	54
Clases medias	58
Colectivo	64
Comportamiento electoral	68
Comunicación política	76
Conflicto	82
Congreso	86
Consolidación democrática	95
Constitución	99
Control parlamentario	102
Corporativismo	107
Crisis de los partidos	110
Cultura	114
Cultura laica	121
Cultura política	125
Cultura popular	129
Democracia en América Latina	134
Democracia en México	141
Democracia y partidos políticos	149
Derecha	152
Derechos de los menores	155
Derechos de propiedad	161
Derechos humanos	165
Derecho y eficacia	169
Desarrollo social	172
Descentralización	180
Diálogo	187
Dictadura	191
Discurso	195
Disenso	197
Elecciones y legislación electoral	199
Élites	207
Estabilidad política	214
Estado	222
Estado multinacional	228
Familia	232
Federalismo	238
Feminismo	242
Filosofía del derecho	248
Filosofía política	250
Financiamiento de partidos políticos	257
Género	265
Género y ciudadanía	269
Género y comportamiento reproductivo	273
Globalidad	278
Gobernabilidad	283
Gobierno local	289
Hegemonía	300
Historia de las ideas	304
Historia mexicana	310
Identidad	317
Ideología	323
Igualdad	334
Individualismo	340
Innovación	344
Integración económica regional	352
Intelectuales	360
Intelectuales y grupos generacionales	365
Intelectuales y política	368
Intelectuales y retratos históricos	373
Iusnaturalismo	377
Izquierda	380
Justicia	385
Legalidad	389
Liberalismo	395
Libertad	399
Medio ambiente	407
Medios	412
Mentalidades	417
Mercado de trabajo	423
Migración internacional	427
Minorías	432
Modernidad	437
Modernización política	444
Movimientos sociales	450
Multiculturalismo	461
Nación y nacionalismo	467
Neoinstitucionalismo	472
Normativismo	477
Opinión pública	481
Oposición	489
Organismo no gubernamental (ONG)	494
Paradigma político	498
Parlamentarismo	504
Participación ciudadana	509
Partidos políticos	512
Partidos y cambio político	518
Partidos y elecciones	525
Pensamiento laico	530
Pluralismo	536
Poder	540
Poder local	545
Poder político	549
Política	554
Política comparada	559
Política de bienestar	563
Política de la cultura	569
Política internacional	575

Índice de voces

- Política jurídica 581
- Política social 582
- Políticas públicas 587
- Positivismo jurídico 593
- Presidencialismo 595
- Proceso electoral 597
- Público-privado 604
- Racismo 608
- Reforma 618
- Reforma del Estado 623
- Régimen político 632
- Religión 639
- Representación política 643
- Revolución 649
- Rural 654
- Seguridad nacional 659
- Sindicato 669
- Sistema electoral 675
- Sistema político 682
- Soberanía 687
- Socialismo 692
- Socialización política 695
- Sociedad civil 699
- Sociología 705
- Sociología política 709
- Subjetividad 714
- Sujetos sociales 721
- Tecnocracia 726
- Tecnopolítica 734
- Teoría de juegos 741
- Teoría de la organización 748
- Teoría de los partidos políticos 753
- Teoría democrática 759
- Teoría electoral 763
- Teoría política 768
- Tercer sector 777
- Tiempo y política 780
- Tolerancia 784
- Transición política 788
- Utopía 795
- Xenofobia 799

Índice de autores

Abal Medina, Juan Manuel: 191
Acosta Silva, Adrián: 19
Aguirre Rojas, Carlos Antonio: 417
Alarcón Olguín, Víctor: 110, 395
Alexander C., Jeffrey: 699
Alonso, Jorge: 489
Araya Umaña, Cristina: 273
Arellano Gault, David: 748
Arnulfo Ángel, Miguel: 45
Arredondo Ramírez, Vicente: 545
Aziz Nassif, Alberto: 525

Baca Olamendi, Laura: 54, 121, 187, 197, 360, 536, 569, 795
Bastidas Colinas, Sabino: 99
Becerra, Ricardo: 597
Béjar, Luisa: 504
Berumen, Arturo: 248, 581
Blancarte, Roberto J.: 639
Bobes, Velia Cecilia: 50, 125
Bosker-Liwerant, Judit: 165, 768
Buso, Giorgio: 799

Calderón Chelius, Leticia: 695
Camou, Antonio: 283
Cano, Gabriela: 242
Cansino, César: 222
Canto Chac, Manuel: 587
Cárdenas Gracia, Jaime: 512
Careaga, Gabriel: 58
Casalet, Mónica: 344
Casillas R., Rodolfo: 427
Castañeda S., Fernando: 705
Castaños, Fernando: 114
Castellanos Guerrero, Alicia: 608
Castro Apreza, Inés: 269
Cisneros, Isidro H.: 41, 82, 165, 380, 554, 692, 759, 784
Colomer, Josep M.: 23
Constantino Toto, Mario: 152, 509
Corona Caraveo, Yolanda: 155
Correas, Óscar: 169, 377, 385, 477, 593
Costa, Marina: 777
Crespo, José Antonio: 149
Cuéllar Vázquez, Angélica: 721

Dávila Ladrón de Guevara, Andrés: 632
Dehays Rocha, Jorge: 407
Díaz Montiel, Fernando: 64, 340, 618, 649
Díaz-Santana C., Héctor: 257

Elizondo Mayer-Serra, Carlos: 161
Espinoza Toledo, Ricardo: 595
Esteinou, Rosario: 232

Farfán Mendoza, Guillermo: 563
Fernández Santillán, José: 141
Flores, Julia Isabel: 114

Garza Toledo, Enrique de la: 669
Giglia, Angela: 432
Gimate, Adrián: 195
Gingold, Laura: 481
Giunsberg, Enrique: 714
Gonzales, Osmar: 365, 368
González Bárcenas, Facundo: 214
Gordon R., Sara: 582
Guerrero, Javier: 129
Guerrero Aguirre, Francisco Javier: 687
Guerrero Orozco, Omar: 1

Herrera Ramos, J. Mario: 741
Hidalgo Ramírez, Antonieta: 207

Incháustegui Romero, Teresa: 172
Isla, Carlos de la: 399

Lalander, Richard: 180
Lara, María Pía: 461
Lesgart, Cecilia: 780
Loaeza, Soledad: 7
López Rosas, Moisés: 95
Loyo Brambila, Aurora: 709
Lujambio, Alonso: 675
Luján, Noemí: 734
Luna, Matilde: 207

Makowski Muchnik, Sara: 467
Martínez Rodríguez, Antonia: 788
Martínez Assad, Carlos: 29
Masías Núñez, Rodolfo: 423
Matute, Álvaro: 304
Medina Peña, Luis: 86
Meyenberg, Yolanda: 559
Mier, Raymundo: 323
Molinar Horcasitas, Juan: 763

Oliva, Javier: 575
Ortega M., Anabel: 575
Ortega Riquelme, Juan Manuel: 107

Pérez Fernández del Castillo, Germán: 623
Pérez Ranzans, Ana Rosa: 32
Pérez Zavala, Carlos: 155
Peschard, Jacqueline: 68
Piñón G., Francisco: 540
Portinaro, Pier Paolo: 250, 549, 726
Pozas Horcasitas, Ricardo: 278
Prud'homme, Jean-François: 753

Índice de autores

Puga, Cristina: 444
Puyana Mutis, Alicia: 352

Quero, Morgan: 643

Rabotnikof, Nora: 604
Ramírez Kuri, Patricia: 289
Ramírez Mocarro, Marco Antonio: 654
Rivera Vélez, Fredy: 518
Rivera Sánchez, Liliana: 494
Rodríguez Ledesma, Javier: 373
Rousseau, Isabelle: 498

Salazar Ugarte, Pedro: 389
Salles, Vania: 437
Sandoval Palacios, Juan Manuel: 659
Schedler, Andreas: 472
Soto Reyes Garmendia, Ernesto: 300

Tavera Fenollosa, Ligia: 450

Torres Mejía, David: 682
Tortarolo, Edoardo: 530
Trejo, Evelia: 310
Trejo Delarbre, Raúl: 412
Tuñón Pablos, Esperanza: 265

Valdés, Leonardo: 199
Velasco Gómez, Ambrosio: 32
Vergara Tenorio, Rafael: 763
Vizcaíno, Fernando: 228

Waldman M., Gilda: 317
Winocur, Rosalía: 76
Woldenberg, José: 597

Yturbe, Corina: 334

Zabludowsky, Gina: 12
Zapata, Francisco: 134
Ziccardi, Alicia: 238

Índice onomástico

Aron, Raymond: 64, 67, 147, 306, 330, 332, 369, 371, 398, 400, 405, 577, 709, 713, 753, 758
Adams, John: 239, 616, 617, 677
Adorno, Theodor W.: 76, 81, 118, 120, 131, 236, 252, 256, 328, 329, 332, 414, 613, 616, 695, 705, 739, 801
Agostini, Ludovico: 282, 796
Aguirre Beltrán, Gonzalo: 614, 616
Albert, Hans: 706
Almond, Gabriel: 22, 23, 27, 44, 71, 74, 107, 108, 110, 126, 127, 179, 214, 221, 223, 227, 485, 559, 562, 696, 698, 710, 765
Althusius, Johannes: 404, 760, 761, 784
Althusser, Louis: 223, 227, 329, 332, 414, 647
Álvarez Martínez, Ramón: 3
Alvater: 223
Allende, Salvador: 626
Allport, Gordon William: 613, 616, 801
Anderson, A.: 314
Anderson, B.: 298, 435, 467, 470
Anderson, J.: 282
Anderson, L.: 194
Anderson, M.: 236, 237
Appleby, Paul: 4, 6
Apter, David: 44, 111, 112, 444, 448, 560, 562
Arendt, Hannah: 190, 224, 227, 250, 252, 253, 256, 343, 452, 457, 557, 605, 607, 610, 611, 613, 616, 769, 801
Aries, Philippe: 237, 418, 419, 421, 604, 606, 607
Aristóteles: 1, 38, 46, 49, 64, 99, 195, 196, 255, 284, 287, 335, 338, 343, 373, 374, 378, 385-387, 400, 402, 405, 477, 540, 541, 544, 549, 554, 557, 575, 700, 716, 760, 769, 771, 781, 787
Arquímedes: 716
Arriaga, Camilo: 366
Ataturk, Kemal: 7
Autin, J.: 195

Bakunin, Mikhail: 405, 418
Balzac, Honorato de: 63
Beauvoir, Simone de: 244, 245, 268, 343
Bebel, August: 244
Beccaria, Cesare: 532
Becker, Samuel: 105, 162-164, 276, 739
Bell, Daniel: 17, 152, 154, 318, 322, 330, 332, 344, 370, 371, 549, 730, 732, 735, 739
Bellers, John: 796
Benda, Julien: 363, 368, 369, 372
Benedict, Ruth: 613, 616, 719
Bennett, Tony: 130
Bentham, Jeremy: 542, 575
Benveniste: 195
Berelson: 69, 695, 766
Bergson, Henri: 543, 640
Berkeley, Georges: 187, 190, 714, 716

Berlin, Isaiah: 67, 124, 250, 256, 306, 338, 341, 343, 370, 372, 398, 399, 405, 769, 775
Berman, H.: 99, 551
Beveridge, William: 173, 563, 567, 583
Bismarck, Otto Von: 563, 583, 618, 670
Bloch, Marc: 417, 420, 421
Blumer, Herbert: 450-452, 457, 486
Blunstchli, Gaspar: 2, 6
Boas, Franz: 469, 612, 613, 616
Bobbio, Norberto: 44, 49, 64, 67, 85, 101, 123, 146, 147, 153, 154, 167, 189-192, 194, 197, 198, 207, 212, 223, 227, 238, 241, 250, 254-256, 282, 285, 287, 288, 334-340, 343, 360-363, 368, 370-372, 380, 381, 384, 393, 398, 400, 402, 405, 435, 487, 509, 511, 525, 528, 536-538, 543, 549, 550, 553, 554, 557, 558, 569-574, 604, 607, 622, 638, 653, 693, 694, 703, 716, 735, 739, 759-762, 784, 786, 787, 796, 797, 802
Bodin, Jean: 64, 531, 687, 784
Bolingbroke: 512
Bonald: 152
Bonaparte, Napoleón: 192
Bonnin, Carlos Juan: 1-3, 6
Bourdieu, Pierre: 78, 79, 81, 118, 119, 130, 133, 282, 363, 368, 370, 372, 432, 435, 441, 442, 486, 487, 492, 727, 732
Braudel, Fernand: 420, 421, 651, 653
Breton, André: 282, 374
Brinton, Crane: 309, 370
Bruno, Giordano: 121
Buber, Martin: 187, 190
Buci-Glucksmann, Christine: 301-303
Burckhardt, Jakob: 304, 797
Burke, Edmund: 51, 86, 93, 152, 154, 459, 512, 598, 646
Burnett Tylor, Edward: 640

Cabet, Etienne: 48
Calicles: 377
Calogero, Guido: 187
Calles, Plutarco Elías: 30, 91, 143, 226, 724
Campanella, Tomás de: 48, 121, 289, 796, 798
Cárdenas, Lázaro: 91, 314
Cardoso, Fernando Henrique: 179, 371, 445, 448
Carlos VIII: 541
Carnap, Rudolf: 33, 34, 36, 39
Casas, Bartolomé de las: 304, 540, 610
Caso, Antonio: 306, 366
Cassirer, Ernest: 227, 306
Castellanos, Rosario: 244
Castells, Manuel: 46, 49, 282, 295, 299, 319, 322, 347, 455, 457
Cavour, Camillo Benso, conde de: 533
Cedillo, Saturnino: 30
Churchill, sir Winston: 175

Índice onomástico

Cicerón, Marco Tulio: 99, 187, 190, 195, 403, 405, 489, 541, 544
Cleaver, Eldridge: 612, 616
Clinton, William: 146, 661, 662
Cohen, Jean L.: 155, 302, 303, 452-457, 466, 496, 606, 607, 762, 774, 775
Colón, Cristóbal: 419, 795
Comas, Juan: 613, 614, 616
Comte, Augusto: 84, 593, 705-707, 716, 728-730, 732
Condillac, Étienne Bonnot de: 323, 332, 716
Constant, Benjamin: 64, 89, 147, 340, 404, 533, 650
Copérnico, Nicolás: 796
Coser, Lewis A.: 363, 367-369, 370, 372, 710, 713
Cosío Villegas, Daniel: 88-91, 93, 143, 148, 312, 313
Crisipo: 541
Croce, Benedetto: 305, 326, 332, 405, 570
Cromwell, Oliver: 103, 192, 551, 598, 649
Crozier, Michel: 15, 17, 20, 22, 64, 147, 227, 282, 286, 287, 503, 619, 620, 713, 748, 750-752, 757
Crucé, Emeric: 575

D'Holbach: 323, 332, 438, 531
Dahl, Robert A.: 44, 95, 97-99, 101, 124, 146, 147, 179, 221, 301-303, 384, 405, 473, 493, 508, 520, 523, 525, 526, 529, 539, 557, 559, 560, 562, 727, 728, 732, 760-762, 775, 792, 793
Dahrendorf, Ralf: 55, 57, 83-85, 146, 147, 166, 167, 294, 299, 341, 398, 405, 694, 713
Dante, Alighieri: 307, 575
Dawson, Christopher: 305
Descartes, René: 541, 542, 544, 644, 716, 781
Diamant, Alfred: 14, 17
Díaz, Elías: 146, 390, 391, 393
Díaz, Porfirio: 29, 30, 42, 88, 94, 141, 143, 218, 240, 514
Díaz Soto y Gama, Antonio: 142, 366
Dicey: 391-393
Diderot, Denis: 243, 438, 531
Dilthey, Wilhelm: 34, 304, 305, 365, 706
Djilas, Milovan: 368, 372
Downs, Anthony: 71, 74, 110, 112, 151, 223, 756-758, 766, 772
Dreyfus, Alfred: 360, 368
Dubois, Pierre: 195, 575
Duby, Georges: 247, 418, 420, 421, 604, 607
Ducrot: 195
Dumas, Alejandro: 242, 309
Durkheim, Émile: 19, 22, 46, 84, 85, 116-119, 137, 140, 234, 237, 444, 639, 641, 642, 705, 708-710, 769
Duverger, Maurice: 112, 193, 194, 205, 257, 263, 490, 493, 508, 514, 516, 525, 596, 597, 603, 676, 679, 681, 713, 727, 732, 754-756, 758

Easton, David: 44, 214, 221, 222, 227, 287, 559, 682-686, 695, 773, 775
Eberlin, Johann: 796
Echeverría, Luis: 500, 626, 664
Eco, Umberto: 132, 133
Eliade, Mircea: 640, 642
Engels, Federico: 49, 192, 223, 234, 244, 324, 332, 404, 543, 544, 694
Enrique IV: 575
Esquilo: 540
Etzione, Amitai: 710
Eurípides: 402, 405, 540, 541, 544

Fanon, Frantz: 612, 616
Fayol, Henri: 4, 6
Febvre, Lucien: 417, 419-421
Fédou: 222, 227
Ferguson, Adam: 630, 699, 802
Fernández, Justino: 306, 312, 313
Ferrater Mora, José: 305, 714, 719
Ferry, Jules: 49, 81, 482, 487, 534, 607
Feuerbach, Ludwig: 324, 332, 716
Ficino, Marsilio: 796
Filloux, Jean-Claude: 719, 720
Finley, Moses: 555, 557, 783
Firth, Raymond: 195, 613, 616
Flisfich, Angel: 620, 622
Flores Magón, Ricardo: 366
Fontanier, P.: 195
Foucault, Michel: 66, 67, 118-120, 244, 255, 256, 266, 307, 308, 419, 421, 440-442, 552, 727, 728, 732
Fourier, Charles: 48, 242, 243, 692
Fraisse, Robert: 343
Franklin, Benjamín: 616, 699, 739
Fraser, Nancy: 244, 439, 441, 442
Frazer, James George: 640
Freire, Paulo: 246, 405
Freud, Sigmund: 233, 328, 329, 399, 405, 543, 716, 718, 720
Friedrich, Carl: 4, 6
Fromm, Erich: 237, 400, 718, 719
Fuente, Julio de la: 614, 616
Fuentes, Carlos: 282, 321, 322, 376, 651, 667

Galilei, Galileo: 187, 190, 418, 541
Gaos, José: 304-307, 309, 312
García, Alan: 626
García, Gregorio: 304
García, Telésforo: 366
Garibaldi: 192
Garrido, Tomás: 30
Gaudet: 69, 766
Gauthier: 771
Giddens, Antony: 19, 20, 22, 63, 67, 282, 291, 299, 448, 496, 705, 706, 711, 713, 775
Gilson, Etienne: 305
Gobineau, Joseph Arthur de: 611, 802
Godelier, Maurice: 331
Goethe, Johann Wolfgang Von: 327, 399, 405, 438
Gómez Robledo, Antonio: 306
Goodnow, Frank: 3
Gorbachov, Mijaíl: 619, 652
Gouldner, Alvin W.: 15, 17, 333, 368, 372, 705, 707, 750, 752
Gournay, Vincent de: 12
Gramsci, Antonio: 117, 118, 120, 130, 133, 192, 300-303, 325, 326, 329, 332, 360, 363, 370, 372, 527, 667, 802
Gregorio VII: 530
Greimas, A. J.: 195, 196
Grocio, Hugo: 386
Gröddeck, Geog: 399
Groethuysen, Bernhard: 305, 309
Guevara, Antonio de: 796

Habermas, Jürgen: 49, 64, 65, 67, 101, 116, 118, 120, 146, 147, 187, 224, 227, 253-256, 286, 319, 321, 322, 330-333, 437-442, 444, 448, 454, 456, 458, 461, 462,

465, 466, 470, 482-487, 492, 568, 588, 592, 605-607, 626, 631, 703, 706, 708, 732, 734-736, 739, 774, 775
Hallet Carr, Edward: 576
Halliday, M. A. K.: 195
Hamilton, Alejandro: 53, 85, 147, 239, 272, 580, 642, 677
Hammenken y Mexía, Jorge: 366
Hanson: 32, 35, 39, 53
Harrington, James: 699, 796
Harris, Z.: 195, 232, 237, 611, 616
Hart, H.: 399, 479, 480
Hayek, F. A.: 64, 147, 224, 227, 256, 398, 405, 585
Hazard, Paul: 305, 309
Hegel, George Wilhelm Friedrich: 12, 17, 83, 244, 253, 255, 304, 324, 328, 404, 437, 440, 489, 533, 640, 651, 699, 700, 714, 716, 769
Heidegger, Martín: 399, 401, 405, 542
Held, David: 85, 101, 146, 147, 227, 272, 282, 398, 507, 508, 557, 775
Heller, Herman: 227, 248, 581, 659, 667, 687
Hempel, Carl: 33, 36, 39
Heráclito: 541, 687
Hermila Galindo: 242
Herodoto: 541, 760
Herskovits, Melville: 613, 616
Hesíodo: 540, 544
Hierro, Liborio L.: 391, 393
Hirschman, Albert O.: 358, 444, 495, 496, 607, 681, 699, 703
Hjelmslev: 195
Hobbes, Thomas: 46, 82, 165, 223, 253, 284, 340, 386, 400, 403-405, 489, 531, 540-544, 549, 551, 556, 557, 644, 648, 687, 703, 705, 728, 796
Hobsbawm, Eric: 49, 299, 318, 320, 322, 470, 598, 603, 669, 674
Hodgkins: 699
Holloway: 223
Honoré: 162-164
Horkheimer, Max: 76, 118, 120, 131, 236, 237, 252, 256, 329, 332, 438, 442, 739
Horney: 718
Horowitz, Irving Louis: 710, 713
Huerta, Adolfo de la: 30
Huerta, Victoriano: 141, 218
Huizinga, Johan: 417
Hume, David: 33, 187, 190, 378, 386, 387, 438, 512, 593, 716
Huntington, Samuel P.: 9, 17, 20, 22, 23, 27, 95, 97, 98, 111, 147, 151, 214, 221, 228, 231, 287, 382, 444-448, 476, 519, 521-523, 529, 557, 560, 598, 603, 618, 619, 622, 753, 758, 762, 774, 782
Hyman, Herbert: 435, 670-674, 695

Isócrates: 195
Iturbide, Agustín de: 62, 88

Jakobson: 195
Jellinek: 222, 251
José II de Habsburgo: 532
Jouvenel: 152
Juárez, Benito: 29, 88, 89, 240, 514

Kant, Emmanuel: 82, 83, 85, 197, 238, 239, 253, 255, 386, 390, 393, 404, 405, 440, 541, 575, 640, 693, 714, 716, 769
Kaplan, Morton: 227, 577, 580

Kardiner, Abraham: 719
Katz, Richard S.: 112, 205, 206, 314, 348, 350
Kelsen, Hans: 102, 106, 147, 171, 222, 227, 248-252, 256, 378, 379, 393, 473, 477-480, 505, 506, 508, 514, 543, 554, 593, 594, 688, 762
Kergoat, Daniele: 265, 268
Keynes, John Maynard: 163, 173, 224, 282, 583, 624, 631
Kierkegaard, Søren: 640, 714
Kissinger, Henry: 577, 580
Kitschelt, Herbert: 111, 112, 454, 458,
Kodar, Janos: 652
Konrad, George: 264, 368, 372
Kuhn, Thomas: 22, 32, 35-39, 499, 501, 503, 706
Kymlicka, Will: 49, 55-57, 256, 271, 272, 293, 299, 321, 322, 463-466, 511, 697, 771, 775

Lacan, Jacques: 244, 329
Lampedusa, Giussepe: 618
Lamprecht, Sterling P.: 304
Lasswell, Harold: 5, 6, 42, 44
Lazarsfeld: 69, 695, 766
Le Bras, Gabriel: 642
Le Goff, Jacques: 363, 368, 372, 417-422
Lechner, Norbert: 139, 140, 225, 227, 282, 442, 522, 523, 620, 739
Lefebvre, Georges: 46, 49, 417
Lefebvre, Henri: 46, 49
Lenin, Vladimir Ilich: 192, 300, 489, 650-652, 670, 674
Lerdo de Tejada, Sebastián: 88, 514
Lessing: 438
Lévi-Strauss, Claude: 114, 120, 232, 233, 237, 265, 374, 613, 616, 802
Levy-Bruhl, Lucien: 417, 422
Lijphart, Arend: 106, 112, 205, 206, 476, 507, 508, 518, 523, 560, 562, 676, 681, 762
Linto, Ralph: 719
Linz, Juan J.: 8-11, 20, 22, 23, 27, 72, 74, 96-98, 106, 147, 192-194, 214, 221, 474, 476, 507, 508, 514, 560-562, 596, 774, 775, 788, 790, 792, 793
Lipovetsky, Gilles: 61, 63, 282, 607
Lipset, Seymour Martin: 23, 27, 44, 110, 113, 118, 120, 185, 214, 221, 368, 448, 559, 670, 672, 674, 685, 686, 710, 713, 788, 793
Livio, Tito: 541
Locke, John: 46, 100, 101, 187, 223, 234, 237, 284, 287, 386, 404, 405, 489, 531, 540, 549, 551, 556, 557, 687, 699, 705, 716, 760, 785, 787
Lonzi, Carla: 244
López de Gómara, Francisco: 304
López de Santa Anna, José Antonio: 29, 88, 240
López Portillo, José: 626, 662, 664
Lovejoy, Arthur J.: 305, 306, 308, 309
Löwy, Michael: 368
Luhmann, Niklas: 20-22, 85, 95, 98, 105, 214, 221, 223, 227, 250, 254, 284, 286, 288, 455, 458, 510, 511, 552, 568, 625, 626, 631, 705, 710, 711, 773, 776
Luis XII: 541
Luis XV: 687
Lukács, György: 306, 324-328, 332, 367, 439, 442

Macpherson, C. B.: 147, 398, 774, 775
Madero, Francisco I.: 30, 90, 91, 141, 143, 146, 148, 218
Madison, James: 83, 147, 359, 512
Mafessoli, Michel: 709

Índice onomástico

Malinowski, Bronislaw: 114, 120, 232, 233, 237, 550, 640, 642
Mandelbaum, Maurice: 306, 309
Mandrou, Robert: 418, 422
Mannheim, Karl: 119, 120, 306, 308, 328, 332, 365, 367-370, 372, 405, 505, 730, 733
Maquiavelo, Nicolás: 82, 121, 192, 252, 284, 301, 303, 403, 405, 437, 489, 493, 530, 540-542, 544, 554, 556, 557, 575, 760, 796
Marcuse, Herbert: 131, 329, 330, 332, 414, 542, 739, 795, 802
Mariátegui, José Carlos: 132
Marx, Karl: 17, 19, 22, 46, 49, 58-60, 63, 83, 117, 120, 131, 192, 223, 244, 252, 302, 323-325, 329, 332, 375, 376, 400, 404, 438, 439, 445, 448, 458, 467, 489, 542-544, 640, 650, 653, 670, 692, 694, 699, 700, 702, 703, 705-707, 710, 716, 729, 759, 769, 781, 797
Mauss, Marcel: 234, 642
Mayntz, Renate: 286
McPhee: 69, 766
Médicis, Cosme de: 541
Melucci, Alberto: 318, 319, 322, 433, 435, 450, 451, 453-457, 459, 492, 493, 510, 511, 722, 725
Memmi, Albert: 609, 612, 616, 802
Menchú, Rigoberta: 612
Merriam, Charles: 42, 44, 557, 559, 695
Merton, Robert: 15-17, 84, 118, 120, 186, 750, 752
Michels, Robert: 41, 44, 111, 207, 212, 264, 514, 517, 670, 753-755, 758, 774
Millet, Kate: 244
Milliband, Ralph: 14, 17
Molière, Jean-Baptise Poquelin: 307
Montesquieu, Charles Louis de Secondant, barón de: 46, 100, 147, 238, 438, 493, 531, 540, 551, 644, 645, 648, 650, 699, 702, 709, 760, 771, 787
Moore, Barrington: 23, 27, 276, 557, 607, 694, 711
Mora, José María: 42, 611
Moreland, W. H.: 4, 6
Morgan: 234, 237, 751, 752
Morgenstern, Oskar: 741-745, 747
Morgenthau, Hans: 544, 576, 577, 580
Morlino, Leonardo: 20, 22, 44, 95, 96, 98, 214, 216, 221, 285, 288, 561, 789-792
Moro, Tomás: 48, 49, 437, 784, 787, 795-798
Morris: 74, 195, 453, 459, 460
Morton, Samuel George: 577, 580, 611
Mosca, Gaetano: 41, 44, 207, 212, 250, 543, 544, 557, 558, 726, 774
Mouffe, Chantal: 53, 95, 98, 266-268, 270-272
Moulian, Tomás: 620
Müller, Max: 640
Mussolini, Benito: 107, 287, 362

Napoleón III: 7, 192, 534
Neumann, Sigmund: 193, 194, 487, 517, 740-745, 747, 755, 756, 758
Newton, Isaac: 307, 781
Nicholson, Linda: 237, 244, 405, 439, 441, 442
Nietzsche, Friedrich: 252, 255, 307, 318, 543, 544, 640, 781
Nohlen, Dieter: 525, 526, 529, 596, 597, 603, 675, 681
Nozick, Robert: 163, 164, 227, 253, 254, 256, 336, 337, 339, 550, 553

O'Connor, James: 224, 286, 288, 568
O'Donnell, Guillermo: 11, 20, 22, 23, 27, 28, 95-98, 139, 140, 147, 194, 293, 299, 474, 476, 521, 524, 560, 562, 632, 636-638, 774, 776, 788-790, 792, 793
O'Gorman, Edmundo: 306, 309, 312, 313
Obregón, Álvaro: 30, 91, 143, 311, 517, 724
Offe, Claus: 111, 113, 147, 224, 227, 282, 286, 288, 454, 455, 459, 517, 528, 529, 568, 672, 674, 789, 793
Oliván, Alejandro: 2, 4, 6
Ortega y Gasset, José: 305, 306, 365
Ostrogorski, Moisei: 111, 753, 754, 756, 758
Owen, Roberto: 48, 692

Padova, Marsilio di: 101
Palma, Giuseppe di: 789, 792, 793
Panebianco, Angelo: 44, 111, 113, 517, 526, 529, 558, 732, 733, 756-758
Paramio, Ludolfo: 146, 147
Pareto, Vilfredo: 41, 44, 84, 207, 250, 327, 328, 332, 489, 544, 726, 743, 769, 774
Parret, H.: 195
Parsons, Talcott: 19, 22, 84, 118, 120, 234, 235, 236, 237, 710, 769
Paz, Octavio: 227, 367, 374, 375, 376, 470
Pérez, Carlos Andrés: 225, 626
Pericles: 401, 402, 406, 540
Picasso, Pablo: 374
Pico de la Mirandola, Giovanni: 796
Pizzorno, Alessandro: 113, 454, 459, 551-553, 686, 713
Platón: 1, 46, 48, 99, 187, 190, 250, 284, 304, 307, 377, 378, 385, 401, 402, 406, 477, 489, 540, 541, 543, 544, 550, 558, 575, 716, 727-729, 739, 760, 769, 795, 796
Pocock: 307, 769, 776
Poliakov, Léon: 613, 616, 802
Polibio: 541
Popitz, Heinrich: 549, 551, 553
Popper, Karl: 33, 34, 36, 39, 83, 398, 503, 694, 706, 776, 802
Portantiero, Carlos: 137, 140, 288, 302, 303, 605, 607
Portes Gil, Emilio: 30, 311
Pouillon, Jean: 331
Poulantzas, Nicos: 17, 223, 301-303, 711-713
Prebisch, Raúl: 173, 176, 179
Propp: 195
Protágoras: 477, 541, 715, 727
Przeworski, Adam: 20, 22, 23, 25, 43, 44, 95, 96, 98, 287, 288, 384, 508, 520, 524, 526, 529, 561, 562, 776, 789, 793
Pufendorf, Samuel: 575

Quintiliano: 195

Radbruch, Gustav: 248, 514
Radcliffe-Brown, Alfred R.: 233, 237, 640
Rae, Douglas: 205, 206, 508, 675, 676, 681
Ramos, Samuel: 306
Ranke, Leopold: 304, 651
Rawls, John: 55, 124, 147, 190, 223, 254, 336, 339, 342, 343, 390, 398, 463, 770, 771, 774, 776
Reagan, Ronald: 619
Redfield, Robert: 46
Rehm, H.: 513
Reich, Wilhelm: 718, 720, 736
Reichenbach, Hans: 32, 33, 40
Revel, Jean François: 399
Reyes, Alfonso: 366
Reyes Heroles, Jesús: 88, 94, 144, 148, 307, 618

Ricardo, David: 60
Ricoeur, Paul: 307, 640, 783
Rivera y San Román, Agustín: 306
Roosevelt, Franklin Delano: 175, 370
Rosa, Agustín de la: 306
Rosencrace, Richard: 577
Rotterdam, Erasmo de: 796
Rousseau, Jean Jacques: 46, 147, 192, 238, 243, 250, 255, 340, 342, 386, 399, 404, 406, 438, 468, 489, 512, 540, 575, 644, 645, 647, 648, 650, 659, 687, 699, 759-761, 769
Rubin, Gayle: 265, 268
Rummel, Rudolf: 576
Rusconi, Gian Enrico: 56, 57, 363, 588, 592, 802
Rustow, Dankwart A.: 19, 22, 560, 562, 782, 788, 791, 792, 794

Saint-Simon, Henri de: 239, 692, 705, 728-730, 732
Salinas de Gortari, Carlos: 226, 446, 663, 664, 767
San Agustín: 190
Sanctis, Francesco de: 541
Santo Tomás de Aquino: 489, 541
Sarabia, Juan: 366
Sartori, Giovanni: 43, 44, 85, 101, 106, 111, 113, 123, 124, 146, 147, 151, 189, 191-194, 200, 205, 206, 217, 288, 299, 414, 416, 472, 508, 514, 517, 524-526, 529, 536, 537, 539, 555, 558, 560-562, 596, 598, 599, 603, 648, 675, 676, 681, 694, 727, 732, 733, 753, 758, 760, 761, 762, 774, 776
Sartre, Jean Paul: 318, 330, 363, 370, 801
Saussure, Ferdinand de: 115, 120, 374
Savonarola, Girolamo: 541
Schäffle, Albert: 583
Scharpf, Fritz: 286
Schleiermacher: 304
Schlesinger, Joseph: 543, 757, 758
Schmitt, Carl: 83, 106, 192, 194, 223, 224, 227, 250-252, 256, 506, 508, 514, 549, 553, 558
Schulze: 222
Schumpeter, Joseph: 97, 148, 207, 250, 251, 256, 344, 351, 560, 694, 760, 774, 776
Schwarzenberger, George: 576, 580
Scott, Joan: 21, 22, 27, 112, 113, 140, 244, 266, 268, 299, 322, 358, 359, 405, 442, 446, 448, 457, 458, 476, 496, 497, 507, 560, 561, 596, 730
Searl, J.: 195
Selényi, Iván: 368
Selznick: 15, 18, 750, 752
Séneca: 304, 640
Sforza: 541
Sha Reza Pahlevi: 7
Shakespeare, William: 130
Sheldon, Oliver: 3, 558, 783
Shugart, Mathew: 205, 206, 476, 507, 508, 560, 596, 676, 681
Sierra, Justo: 42, 242, 310, 366
Sierra, Santiago: 366
Simmel, Georges: 46, 709
Skinner: 307, 309, 401, 406, 728, 769, 776
Skocpol, Theda: 85, 454, 459, 561, 568, 586, 650
Smith, Adam: 4, 6, 109, 208-210, 213, 230, 231, 281, 318, 319, 322, 352, 359, 375, 432, 487, 499, 503, 567, 579, 611, 617, 699, 702, 706, 729
Sócrates: 385, 387
Solomos, John: 609, 613, 617

Solón: 385
Sorokin, Pitirin: 58
Spaventa, Bertrando: 533
Spencer, Herbert: 84
Spengler: 781
Spinoza, Baruch: 531, 785, 787
Stein, Harold: 1, 2, 4, 6, 74, 110, 113, 268, 583, 681, 757
Stepan, Alfred: 10, 11, 20, 22, 23, 27, 96-98, 107, 109, 560, 562, 704, 774, 775, 788, 790, 791, 793, 794
Strauss, Leo: 251-253, 256, 648, 769, 776
Stuart Mill, John: 33, 123, 243, 534, 542, 557, 760, 762
Sullivan: 665, 718

Taagepera, Rein: 205, 206, 676, 681
Taguieff, Pierre André: 609, 613, 616, 617, 801, 802
Taylor, Charles: 38, 56, 57, 436, 464-466, 647, 648, 700, 704, 771, 776
Taylor, Frederick: 3, 6, 669, 674, 729, 730
Teseo: 402
Thatcher, Margaret: 619
Thomas, Hugh: 131, 514, 672, 674
Thomasius: 386
Thompson, E. P.: 118, 120, 669, 674, 722-725
Thurnwald: 550
Tilly, Charles: 183, 269, 272, 450, 451, 453, 454, 456, 459
Tocqueville, Alexis de: 60, 100, 101, 139, 148, 180, 182, 183, 186, 239, 241, 289-291, 299, 340, 342, 368, 372, 402, 483, 533, 536, 557, 597, 603, 619, 699, 709, 753, 760, 771
Tolstoi, León: 399
Tonnies, Ferdinand: 46
Toulmin: 32, 35, 40, 440, 443
Touraine, Alain: 64, 67, 76, 81, 134, 140, 183, 186, 282, 341, 343, 445, 447, 448, 450, 451, 454, 456, 457, 459, 487, 490-493, 653, 670, 671, 674, 703, 713
Tracy, Destutt de: 323, 332
Trotsky, León: 685
Truman, Harry: 660
Tse Tung, Mao: 489, 652
Tucídides: 402, 406, 489, 540, 575
Tuck: 769
Tully: 309, 769, 776

Unamuno, Miguel de: 187

Valverde Téllez, Emeterio: 306
Vargas Llosa, Mario: 370, 399, 400, 406
Varón, Eliseo: 798
Vasconcelos, José: 148, 311, 366, 371, 372, 376, 469, 611, 617
Veblen, Thorstein: 15, 59, 730, 733
Veca, Salvatore: 255, 384, 554, 558, 694
Verba, S.: 23, 71, 74, 110, 126, 127, 214, 221, 485, 562, 696, 698, 710, 765
Vespucio, Américo: 795
Vico, Gianbattista: 304
Villa, Francisco: 30
Voloshinov: 195, 196, 333
Voltaire, Francois Marie Arouet de: 418, 438, 531, 650, 785, 787
Von Beyme, Klaus: 113, 757
Von Humboldt, Wilhelm: 115
Von Neumann, John: 741-745

Índice onomástico

Von Ranke, Leopold: 304, 651
Von Stein, Lorenz: 1, 2, 4, 6, 74, 110, 113, 268, 583, 681, 757
Vovelle, Michels: 333, 418, 420, 422

Waitz, Theodor: 611
Walesa, Lech: 652
Washington, George: 239, 512
Weber, Max: 12-19, 22, 34, 46, 49, 65, 84, 85, 106, 111, 115, 116, 118, 120, 123, 126, 153, 222, 227, 250-252, 256, 284, 288, 290, 291, 299, 305, 327, 331, 332, 342, 360, 364, 368, 370, 404, 439, 443, 467, 473, 507, 513, 541-544, 549, 550, 553, 554, 557, 558, 639, 641, 642, 649, 670, 685, 705-709, 711, 713, 749, 750, 752-758, 770, 786
White, Leonard: 3, 6, 22
Wiener, Norbert: 76

Wieviorka, Michel: 57, 436, 471, 609, 610-614, 616, 617, 801, 803
Wilson, Woodrow: 3, 14, 559, 576
Winstanley, Gerard: 796
Wirth, Luis: 46, 433, 434, 436, 803
Wolin: 443, 558, 769, 776, 783
Wright, Quincy: 576
Wright González de Kleinhans, Laureana: 243
Wright Mills, Charles: 59, 63, 710

Yeltsin, Boris: 652
Yossi, Shaini: 561

Zapata, Emiliano: 30, 650, 652
Zea, Leopoldo: 282, 306, 309, 313, 367
Zola, Émile: 360, 364
Zuccolo, Ludovico: 796

Índice analítico

absolutismo: 1, 2, 100, 121, 193, 218, 253, 387, 402, 551, 555, 623, 644
acción colectiva: 19-22, 52, 107, 111, 182, 183, 212, 266, 279, 450, 451-456, 459, 462, 491, 492, 495, 496, 505, 509-511, 556, 588, 722, 724, 746, 748, 749, 751, 764, 773
acción política: 22, 46, 48, 78, 92, 123, 217, 245, 252, 271, 279, 280, 284, 323, 325, 363, 370, 380, 381, 439, 454, 455, 491, 554, 570, 572, 573, 587, 597, 600, 672, 692, 735, 759, 761, 788, 791, 793
acción pública: 50, 381, 499-502
acción racional: 327, 683, 781
acción social: 19-21, 61, 267, 331, 441, 447, 457, 513, 554, 625, 639, 652, 705, 711, 726, 751, 764, 773, 774
acciones sociales: 34, 58, 114, 274, 278, 281, 327, 722
actitudes: 16, 21, 24, 54, 67, 68, 70, 79, 80, 82, 92, 108, 117, 125-127, 159, 198, 236, 243, 246, 275, 294, 308, 373, 380, 413, 414, 419, 429, 433, 441, 483, 522, 540, 557, 571-573, 593, 608, 610, 641, 651, 654, 693, 695-698, 715, 764, 771, 789
actividad gubernamental: 103, 533
actividad política: 52, 92, 125-127, 139, 164, 209, 210, 258, 260, 291, 532, 554, 735, 753, 780, 783
activismo: 104, 588, 696
acto político: 68, 478, 593
actores estratégicos: 521, 538
actores políticos: 8, 9, 23, 24, 68, 73, 76, 92, 95, 96, 150, 167, 181-185, 189, 214-216, 220, 258, 280, 286, 297, 448, 475, 491, 492, 518, 521, 522, 572, 587, 590, 634-636, 647, 651, 738, 739, 764, 773, 782, 783, 788, 797
actores rurales: 656
actores sociales: 137, 158, 159, 161, 181-183, 280, 284, 289, 317, 323, 328, 341, 342, 346, 348, 447-449, 465, 491, 501, 510, 520, 522, 523, 546, 547, 572, 588, 589, 606, 612, 626, 629, 630, 633, 652, 654, 656, 721, 725, 736, 764, 765, 773
actos xenofóbicos: 612
acuerdo racional: 190
adaptación: 16, 21, 95, 110-112, 129, 164, 215, 266, 285, 345, 349, 353, 397, 407, 408, 445, 591, 618, 619, 635, 756-758, 763
administración de justicia: 171, 385, 387, 388
administración del Estado: 5, 633, 735
administración pública: 1-6, 12, 42, 94, 199, 209, 210, 241, 259, 261, 262, 264, 290, 294, 299, 474, 475, 504, 517, 549, 582, 588-592, 634, 682, 710, 713, 734, 735, 737, 745, 752, 773, 775
adolescencia: 155, 156, 158, 159
adscripciones culturales: 697
afiliación: 309, 499, 597, 600
agentes racionales: 741
agentes sociales: 427, 428, 430, 589-591, 631
agitación: 90, 649, 662

alfabetización: 157, 369
alienación: 324, 325, 329, 542, 671
alteridad: 318-320, 343, 399, 400, 616, 647, 799, 801
anarquistas: 507, 670
Ancien Regime: 47, 360
anomia social: 341
antisemitas: 703
antisemitismo: 360, 608, 612, 799-802
antisistema: 96, 218, 220
aparato burocrático: 9, 13, 193, 327, 557, 635, 735
Apartheid: 612
apertura económica: 515, 656, 657, 689, 690
apolíticos: 361
aristocracia: 45, 60, 152, 401, 402, 482, 649, 650, 705, 727, 759, 760
asistencia pública: 563, 564, 566
asociaciones civiles: 5, 92, 125, 127, 216, 496
autodeterminación corporal: 245, 246
autodeterminación nacional: 576, 577
autofinanciamiento: 259
autogestión social: 5
autogestionaria: 647
autogobierno: 51, 183, 223, 229, 238, 293, 402, 405, 463, 465, 509, 513, 618, 645, 759, 761, 777, 778
autónoma: 31, 37, 59, 68, 91, 93, 94, 100, 133, 160, 205, 206, 208, 209, 211, 213, 224, 225, 238, 249, 272, 276, 297, 299, 303, 311, 316, 332, 346, 393, 394, 414, 419, 428, 429, 442, 492, 517, 530, 552, 555, 556, 583, 616, 617, 647, 667, 681, 720, 726
autonomía de la cultura: 117, 118
autonomía de la política: 100, 521, 534, 555, 556
autonomía de las comunidades indígenas: 434
autonomía del poder: 9
autonomía identitaria: 318
autonomía indígena: 226, 321
autonomía relativa: 66, 118, 123, 152, 223, 635, 703, 710, 712
autonomías nacionales: 238
autonomías regionales: 239
autoridad pública: 7, 162, 389
autoridad suprema: 688
autoridades estatales: 238, 532, 792
autoridades políticas: 180, 649, 685
autoritarismo político: 192, 620
autosuficiencia alimentaria: 656
autosuficiente: 307, 419, 482, 647
autosustentado: 174

behaviorismo: 126, 755
beneficio universal: 563
bienes comunes: 689
bienes culturales: 173
bienes de autoridad: 588
bienes de mercado: 588

Índice analítico

bienes materiales: 82, 178, 236, 361, 538, 554, 682, 702
bienestar colectivo: 362, 481, 545-547, 554, 582, 659, 728
bienestar de la colectividad: 554, 796
bienestar material: 23-25, 175, 179, 413, 729
bienestar social: 10, 21, 173, 178, 285, 353-356, 495, 565, 582, 584, 624, 628, 653, 666, 778
biografías intelectuales: 373
biologicismo: 717
bloque histórico: 300, 302
burguesía nacional: 226
burocracia: 9, 12-17, 60-62, 97, 153, 181, 184, 185, 209, 327, 397, 446, 552, 583, 590, 592, 606, 618-620, 633, 634, 641, 710, 726, 727, 735, 749-751, 755
burocratización de los partidos políticos: 754

caciquismo: 30, 473, 712
calvinismo: 542, 641
cambio global: 407, 662
cambio institucional: 19-22, 181, 183, 509, 752
cambio político: 19, 20, 23, 27, 41-43, 95-97, 185, 199, 212, 217, 241, 361, 372, 518-523, 597, 621, 681, 697, 782, 786, 789, 790, 793
cambio social: 19, 22, 47, 62, 174, 450, 451, 523, 587, 619, 711, 739, 775
cambio tecnológico: 19, 344, 673
cameralismo: 2
campaña electoral: 69, 79, 80, 259-261, 263, 600, 661
campesinistas: 656, 723
candidatos: 25, 69, 70, 72, 77, 79-81, 201, 204, 211, 219, 226, 257-263, 296, 356, 415, 486, 505, 513, 516, 526, 599-602, 645, 675-678, 682, 718, 737, 738, 753, 756-758, 765
capacidad de carga: 407
capital: 46, 59, 107, 135-137, 144, 145, 161, 162, 164, 173, 175, 179, 182, 184, 203, 209-211, 218, 270, 280, 281, 286, 295, 302, 310, 311, 325, 331, 332, 344, 348, 355, 357, 358, 375, 411-412, 413, 440, 446, 542, 564, 579, 621, 625, 628, 629, 633, 650, 652, 656-658, 669-671, 673, 692, 694, 712, 724, 730, 736, 737, 777
capitalismo industrial: 62, 467, 700, 701
capitalismo liberal: 671
carácter social: 37, 317, 362, 522, 719, 801
caudillismo: 29-31, 91, 219, 473
caudillos culturales: 366, 367, 372
centralismo: 102, 180, 181, 192, 218, 219, 238, 240, 382, 383, 633, 634
centralización del poder: 7, 222, 239
centralización política: 31, 596
ciencia de la política: 4, 42, 223, 675, 782
ciencia de la religión: 640
ciencia de la sociedad: 706, 709
ciencia del derecho: 222, 248, 477, 594
ciencia empírica: 37, 706
ciencia jurídica: 248, 249, 251, 389, 477, 593, 594
ciencia normal: 499, 503
ciencia política: 7, 8, 15, 19, 41-45, 77, 92, 94, 96, 107, 108, 112, 127, 194, 195, 199, 251-252, 253, 285, 289, 300-304, 313, 340, 389, 401, 403, 432, 472, 473, 475, 476, 487, 508, 514, 515, 517, 540, 543, 559, 563, 564, 567, 575, 579, 587, 588, 591, 592, 632, 643, 648, 682-684, 687, 695, 705, 709-713, 745, 748, 755-758, 768-773, 775, 781-783, 788
ciencia positivista: 315
ciudadanía democrática: 466, 696

ciudadanía diferenciada: 229, 231, 271, 435, 771
ciudadanía liberal: 56
ciudadanía multicultural: 49, 55, 272, 299, 322
ciudadanía pluralista: 56
ciudadanización: 280, 620
ciudadano: 2, 51, 52, 55, 71, 73, 77, 84, 85, 92, 100, 123, 151, 165-168, 187, 197, 212, 230, 243, 255, 257-259, 262, 263, 269-272, 287, 343, 369, 383, 385, 387, 388, 400, 402, 433, 435, 446, 461, 462, 478, 483, 484, 504, 505, 509, 511, 522, 537, 538, 554, 556, 564, 571, 584, 585, 588, 589, 591, 597-600, 621, 645, 647, 696, 726, 738, 755, 759, 768, 774, 781, 785, 787
civilidad: 141, 150, 700, 701
civilización: 1, 51, 56, 83, 119, 121, 132, 133, 217, 234, 250, 252, 329, 332, 343, 378, 382, 383, 470, 530, 540, 552, 555, 556, 572, 610, 611, 613, 614, 616, 618, 649, 734, 795, 797
clase capitalista: 700
clase gobernante: 216, 221
clase obrera: 48, 49, 60, 66, 243, 302, 381, 450, 513, 564, 625, 670, 672, 674, 692, 721-725
clase política: 41, 43, 44, 64, 135, 144, 146, 193, 207, 212, 218-220, 469, 486, 519, 534, 553, 558, 620, 621, 730
clase social: 29, 67-69, 84, 143, 236, 266-269, 335, 721, 722, 724
clases medias: 23, 58-61, 63, 136, 137, 455, 510, 565
clases sociales: 18, 58-63, 66, 83-85, 129, 135, 174, 192, 226, 303, 337, 341, 382, 420, 421, 534, 597, 614, 650, 652, 653, 683, 693, 694, 713, 724
clases transnacionales: 579
clientelismo: 72, 135, 184, 216, 219, 473, 633, 637
coalición autoritaria: 789-792
código: 14, 99, 155, 199, 203, 250, 261, 401, 415, 472, 477, 478, 498, 511, 513, 522, 537, 551, 555, 560, 601-603, 619, 685, 729
códigos culturales: 451, 701
coerción estatal: 625
coexistencia pacífica: 56, 123, 189
coherencia lógica: 770
cohesión social: 84, 130, 233, 289, 291, 327, 522, 769
colectividad: 2, 50, 56, 64, 85, 101, 224, 251, 253, 258, 317, 320, 361, 400, 448, 496, 499, 537, 545, 546, 554, 583, 586, 625, 692, 722, 760, 792, 796
colectivo: 3, 17, 23, 35, 56, 64-68, 103, 110, 112, 125, 156, 158, 223, 245, 251, 267, 279, 292, 298, 308, 326, 362, 381, 383, 391, 396, 417, 419, 429, 430, 450-455, 457, 464, 465, 481, 483, 491, 495, 496, 504, 509, 520, 545-547, 550, 554, 582, 604, 605, 659, 700, 721-724, 728, 757, 769, 781
colonialismo: 66, 311, 468, 610
colonos: 229, 230, 302, 650, 722
competencia electoral: 8, 92, 95, 104, 110, 150, 205, 216, 261, 264, 527, 599, 620, 738, 757
competencia política: 77, 87, 286, 513, 528, 634, 635, 636, 728, 738, 788
competitividad sistémica: 346, 347
complejidad de la democracia: 95
comportamiento cívico: 123
comportamiento colectivo: 450-455
comportamiento electoral: 68-74, 516, 695, 764
comportamiento genérico: 265
comportamiento ordinario: 452
comportamiento político: 68, 71, 125, 151, 210, 684
comportamiento radical: 360

comportamiento reproductivo: 273-276
comunicación masiva: 77, 79, 81, 119, 246, 412, 462, 720
comunicación política: 76-79, 81, 482, 624, 735, 738
comunidad agrícola: 407
comunidad civil: 701
comunidad de las políticas públicas: 501
comunidad histórica: 228
comunidad internacional: 231, 238, 579, 683
comunidad política: 50, 52, 54, 72, 83, 99, 167, 216, 250, 294, 297, 467, 509, 555-557, 579, 584, 597, 643, 682, 684, 685, 759, 760, 771, 795
comunidad universalizada: 701
comunidades homogéneas: 320
comunidades locales: 289-293, 298, 452, 495
comunidades políticas: 56, 149, 556, 575, 774
comunismo: 43, 66, 67, 217, 234, 363, 380, 382, 572, 576, 693, 694, 700, 702, 776, 786, 797
comunitarismo: 433, 464, 771, 775
concentración del poder: 7-9, 102, 143, 145, 191, 219, 536, 537, 546, 619, 621, 755
concepción individualista: 251, 255, 281, 340
conciencia ciudadana: 695
conciencia cívica: 495
conciencia de clase: 46, 59, 67, 326, 327, 332, 671, 725
condición social: 165, 242, 247, 325
conductismo: 194, 755, 770, 773
conflicto de clase: 700, 729
conflicto político: 66, 73, 239, 365, 521, 524, 789, 792
conflicto social: 83, 85, 265, 281, 286, 491, 618, 625, 694, 731
conflictos electorales: 202, 601
conflictos políticos: 7, 95, 216, 220, 330, 737
conflictos sociales: 47, 171, 181, 318, 341, 369, 419, 447, 492, 583, 757, 787
conformismo: 7, 9, 131, 252, 696, 753
congreso: 10, 29, 86-94, 102-105, 142, 148, 158, 160, 176, 199, 205, 218, 219, 230, 239-241, 243, 263, 264, 296, 303, 311, 392, 393, 508, 515-517, 527, 528, 595, 596, 601, 661, 674, 679, 681, 745, 775
conocimiento empírico: 41
consenso del estado: 321
consenso deliberado: 792
consensos racionales: 85
conservacionismo: 7, 407
consolidación: 26, 43, 47, 52, 77, 95-98, 102, 104, 106, 135, 138, 208, 219, 226, 233, 239, 287, 302, 319, 327, 330, 346, 349, 353, 367, 371, 375, 393, 407, 474, 515, 519-523, 525, 527, 532, 534, 537, 554, 560, 561, 620, 630, 632, 637, 645, 671, 697, 711, 743, 753-755, 757, 770, 774, 782, 793, 800
constitución: 9, 10, 22, 30, 46, 47, 50-52, 68, 86-89, 91, 93, 94, 97, 99-103, 118, 125, 135, 138, 141-143, 147, 148, 162, 164, 175, 182, 192, 203, 205, 218, 220, 230, 234, 238-240, 242, 243, 266, 284, 285, 295, 296, 299, 301, 302, 318, 321, 329, 380, 381, 391-394, 401, 402, 404, 432, 439, 440, 462, 465, 467, 475, 479, 480, 490, 494-496, 508, 517, 525, 532, 533, 551, 556, 563, 595, 596, 598, 601-603, 621, 653, 654, 656, 681, 688, 689, 698, 702, 709, 710, 715, 735, 754, 768, 775, 778, 785, 786, 788
constitucionalismo: 87, 97, 99, 100, 226, 242, 254, 263, 393, 550-552, 596, 623, 772
construcción social: 157, 266, 267, 274, 459, 499, 503, 549, 613

constructivismo: 518, 769, 774
consumo cultural: 114, 172
contaminación: 323, 407, 409-411, 551
contienda electoral: 14, 70, 71, 74, 201, 258, 260, 262
control ciudadano: 151, 589
control de la participación: 7, 8
control del poder: 9, 73, 87, 107, 207, 455, 560
control parlamentario: 102-106
control político: 7, 29, 30, 68, 102, 107, 118, 219-221, 246, 493, 686, 739
control político autoritario: 219, 220
control social: 118, 146, 162, 216, 286, 342, 366, 414, 477, 481, 551, 582, 718, 720
controles sociales: 278, 700
cooperación: 55, 82, 107, 108, 110, 123, 174, 176-179, 228, 241, 251, 282, 291, 292, 294, 342, 345-347, 349, 350, 381, 396, 397, 474, 490, 494, 495, 497, 554, 557, 577-580, 583, 586, 621, 627, 660, 664, 665, 699, 700, 702, 731, 741, 742, 746, 749-751, 753, 778
cooptación: 220, 727
corporaciones militares: 280
corporativismo: 66, 107, 108, 135, 145, 216, 219, 382, 397, 446, 563, 592, 628, 630, 633, 637, 674, 730
corriente reformista: 14, 670
coyunturas: 71, 78, 204, 218, 521, 565, 664, 697
crecimiento económico: 23, 107, 173-176, 178, 226, 285, 299, 344, 354-356, 381, 382, 408, 444, 455, 547, 559, 561, 567, 620, 657, 658, 744
creencias dominantes: 216
creyentes: 115, 361, 377, 530, 534, 643, 644, 757
crisis agudas: 8
crisis de gobernabilidad: 66, 216, 283, 285, 287, 565
crisis de legitimidad: 254, 263, 516, 523, 565, 626, 631, 726, 738
crisis del gobierno autoritario: 790
crisis del partido político: 110, 111
crisis del sindicalismo: 672
crisis económica: 24, 29, 47, 181, 183, 221, 226, 293, 501, 502, 565, 583, 612, 618, 620, 625
crisis en el agro: 656
crisis fiscal: 145, 287, 288, 565, 566, 586
crisis interétnicas: 620
crisis política: 84, 501, 504, 515, 695
crisis recurrentes: 625, 627
cristiandad: 533, 534, 701
cristianismo primitivo: 378
criticismo: 701, 715
cultura cívica: 5, 6, 70, 110, 126, 127, 214, 221, 362, 696, 698
cultura común: 463
cultura de la calidad: 350
cultura de la clase hegemónica: 469
cultura de masas: 48, 130, 131, 343, 412
cultura democrática: 78, 81, 123, 150, 151, 190, 320, 517, 571, 603, 695
cultura espiritual: 305
cultura global de masas: 279
cultura laica: 57, 121-123, 534
cultura mundial: 279
cultura nacional: 62, 133, 470, 471, 510, 611, 615
cultura occidental: 47, 250, 310, 366, 481, 487, 540, 693
cultura para el mercado: 414
cultura política: 5, 41, 52, 56, 68, 70, 71, 73, 74, 79, 92, 97, 100, 101, 110, 111, 119, 125-128, 144, 215, 217,

Índice analítico

218, 222, 238, 255, 262, 446, 473, 483, 485-487, 491, 511, 515, 518, 530, 533, 602, 620, 683, 696, 710, 764-767
cultura política de las élites: 126
cultura política democrática: 52, 97, 128, 696
cultura política dominante: 68, 126
cultura política oficial: 126
cultura popular: 49, 129-133, 419
cultura románica: 1
culturas del trabajo: 669
culturas diversas: 54
culturas locales: 700
culturas minoritarias: 54, 55, 320, 338
culturas organizacionales: 346, 350

debate público: 150, 224, 302, 502, 534, 712
deberes: 9, 13, 45, 50-52, 58, 78, 122, 123, 165, 233, 254, 395, 435, 569, 619, 687
debilidad: 23, 90, 96, 146, 157, 200, 226, 247, 293, 295-298, 314, 486, 513, 538, 545, 552, 635
decisiones colectivas: 27, 149, 340, 538, 605, 625, 722, 727, 761
deconstruir: 487
defensa externa: 659
defensa militar: 319, 666
defensa nacional: 64, 212, 664, 665
degradación: 407, 409, 410, 665
delegación: 104, 153, 180, 352, 647
deliberación pública: 600
delito electoral: 260, 261
demanda tecnológica: 658
democracia comunitaria: 321
democracia de las oportunidades: 55
democracia directa: 96, 100, 136, 149, 290, 291, 509, 537, 555, 672, 735, 759, 761
democracia genérica: 273
democracia liberal: 10, 11, 56, 95, 97, 102, 103, 147, 252, 255, 270, 337, 398, 447, 473, 529, 660, 728, 775, 785
democracia moderna: 7, 149-151, 165, 188, 287, 362, 506, 598-600, 761, 762, 784
democracia real: 255, 514
democracia representativa: 10, 50, 100, 149, 289, 295, 504, 505, 507, 512, 516, 519, 545, 547, 758, 759
democracia responsable: 675
democracia social: 280, 362, 589, 693
democracia sustentable: 95, 96, 98
democracias capitalistas: 8
democracias liberales: 224, 293, 338, 391, 393, 463, 485, 528, 774
democracias modernas: 251, 462, 514, 597, 735, 737
democracias pluralistas: 9
democracias raciales: 614
democraduras: 790
democratización política: 23, 241
derecha: 91, 145, 152-154, 213, 282, 360, 380, 381, 384, 491, 506, 507, 513, 533, 534, 620, 677, 689, 693, 700, 730, 757
derecho a la diferencia: 338, 510, 610
derecho a la libertad de expresión: 188
derecho a la propiedad: 175, 629
derecho a la seguridad: 162, 163, 175
derecho internacional: 228, 540, 575, 576, 667, 691
derecho natural: 165, 243, 377-379, 386, 532, 556, 593, 594

derecho político: 68, 263, 395
derecho positivo: 248, 377, 390, 392, 480, 594
derecho social: 162, 563, 564, 582
derecho subjetivo: 377
derechos asociados: 602
derechos básicos: 151, 166, 229, 338
derechos ciudadanos: 50, 52, 53, 135, 243, 269, 298, 374, 461
derechos cívicos: 6, 649
derechos civiles: 24, 25, 50, 52, 155, 175, 178, 243, 254, 336-338, 383, 452, 461, 462, 463, 481, 495, 511, 583, 612, 759, 791
derechos culturales: 165, 338, 461, 462
derechos de igualdad: 51
derechos de la diferencia: 318
derechos de la infancia: 155, 156, 159, 160
derechos de la mujer: 243, 719
derechos de las minorías: 179, 297, 320, 338, 362, 434, 435, 463, 612, 761
derechos de libertad: 165, 336, 797
derechos de propiedad: 161-163, 350, 475
derechos del hombre: 2, 165, 167, 187, 243, 335, 340, 378, 781, 785
derechos humanos: 5, 6, 52, 122, 141, 155, 156, 160, 165-167, 175-179, 230, 246, 254, 268, 284, 342, 378, 380, 383, 384, 386-388, 393-395, 397, 399, 433-435, 438, 464, 465, 495, 496, 581, 609, 616, 629, 649, 651, 653, 666, 691, 798
derechos humanos de los menores: 155
derechos legales: 50, 321
derechos particulares de las minorías: 55, 321
derechos políticos: 50, 52, 70, 78, 100, 165, 176, 257, 337, 338, 374, 395, 505, 533, 602, 753
derechos sociales: 50-52, 138, 142, 143, 162, 165, 167, 175-178, 240, 336-338, 462, 563, 567, 582-585, 692
desarrollo agrícola: 656, 658
desarrollo cultural: 114
desarrollo económico: 22, 23, 73, 107, 148, 172-175, 177, 179, 214, 215, 218-220, 225, 241, 281, 293, 298, 302, 353-356, 382, 407, 413, 427, 445, 447, 522, 547, 561, 577-579, 591, 629, 657, 658, 782
desarrollo ideológico: 180
desarrollo político: 22, 42, 102, 108, 172, 182, 208, 252, 447, 518, 525, 596, 788
desarrollo progresivo de la democracia: 537
desarrollo social: 138, 172-179, 225, 232, 278, 280, 281, 298, 369, 395, 623
desarrollo sostenible: 179
desarrollo sustentable: 409, 411, 580
desburocratización: 16, 17
descampesinistas: 656, 723
descentralización política: 180-185, 238, 293
desconcentración: 180, 181, 294, 295, 592, 627
desempleo: 61, 71, 145, 357, 381, 428, 447, 565, 566, 583-585, 615, 624, 629, 652, 653, 673, 702, 778
desigualdad de género: 272, 274
desigualdades económicas: 122, 336, 528, 579, 702
desigualdades sociales: 178, 224, 337, 453, 465
desigualdades socioeconómicas: 614
desmodernización: 343
despotismo: 3, 191-193, 240, 253, 323, 340, 341, 483, 619, 651
determinismo económico: 327
dialéctica de la racionalidad: 329
dialéctica del intercambio: 328

dialéctica negativa: 328, 332, 620
diálogo colectivo: 56
dictablandas: 790
dictadura clásica: 191, 192
dictadura del proletariado: 192, 300, 507
dictaduras: 7, 8, 10, 23, 29, 135, 138, 143, 191-194, 246, 378, 414, 495, 520, 534, 662, 689, 730
diferenciación cultural: 615
diferenciación estructural: 19, 319, 702
diferencias culturales: 108, 125, 272, 279, 338, 421, 461, 463, 464, 609-612, 614, 615, 654
diferencias naturales: 335
difusión cultural: 365
dignidad humana: 52, 178, 334, 771, 795
dimensión normativa: 331, 334, 455, 523, 769
dirigentes: 5, 9, 24, 41, 103, 104, 136, 137, 144, 174, 182, 184, 207, 208-211, 219, 260, 280, 281, 287, 301, 302, 341, 397, 507, 514, 652, 660, 662, 670, 691, 727, 728, 754-756
discriminación masiva: 611
discriminación racial: 609, 614, 615
discurso jurídico: 195, 196, 478
discurso legislativo: 196
discusiones civiles: 703
disenso: 100, 123, 141, 188, 189, 197, 198, 361, 362, 380, 382, 483, 490, 536-538, 556, 557, 573, 621, 707, 759, 785, 786
disfuncionales: 131, 710
disolución social: 685, 686
disparidad regional: 349
disputa electoral: 682
distribución del poder: 129, 141, 208, 251, 519, 745, 755
distribución territorial del poder: 238
diversidad cultural: 48, 55, 338, 468
diversidad de culturas: 231, 343
diversidad étnica: 627
diversidad indígena: 469
diversidad social: 216, 448, 461, 519
división de clases: 702
doctrina liberal: 223, 336, 551
doctrina política: 100, 107, 197, 238, 556, 769
dualismo metodológico: 34, 38

ecodesarrollo: 408
ecología humana: 408, 411, 655
economía de libre mercado: 153, 624
economía globalizada: 53
economía industrializada: 702
economía política clásica: 281, 705
economía política positiva: 772
economías emergentes: 579
ecosistema: 407
Edad Media: 47-49, 131, 161, 195, 222, 227, 238, 363, 368, 372, 398, 403, 405, 417, 421, 437, 441, 556, 610, 640, 659, 669, 687
educación laica: 142
educación racional: 242
efectividad del derecho: 169, 171
eficacia decisional: 214, 216, 218, 220
eficacia del derecho: 169, 248
eficacia económica: 220
eficacia objetiva: 169
eficiencia: 12, 14, 15, 25, 174, 181, 182, 184, 279, 284, 285, 293, 294, 315, 345, 347, 353, 354, 356, 357, 409, 490, 547, 559, 560, 575, 588-590, 619, 620, 629-631, 643, 655, 657, 705, 726, 727, 730, 737, 749-752, 774
ejecución: 2-5, 14, 46, 103, 275, 375, 428, 489, 494, 581, 587, 591, 649
ejercicio del poder: 7, 9, 10, 12, 17, 21, 50, 99, 218, 225, 266, 284, 323, 325, 327, 331, 389, 487, 520, 523, 545, 551, 554, 555, 561, 633, 635, 726, 727, 755, 789
ejercicio del sufragio: 68, 509, 597
Ejército Popular Revolucionario: 145
Ejército Zapatista de Liberación Nacional: 145, 204, 246, 667
elección libre: 601, 643
elección popular: 13, 209, 210, 261, 296, 474, 514, 596, 602, 686, 755, 757
elección presidencial: 73, 74, 200, 201, 203, 527, 766
elección racional: 19, 38, 71, 72, 74, 253, 451, 520, 521, 560, 713, 756, 757, 766, 771, 772
elecciones competitivas: 522, 597, 598, 789
elecciones no competitivas: 597, 598
elecciones semicompetitivas: 597, 598
élite cosmopolita: 371
élite del poder: 207, 212
élite dominante: 193
élite económica: 207-210
élite empresarial: 210, 211
élite gobernante: 207, 208, 645, 728, 789
élite intelectual: 211
élite militar: 207, 211, 212
élite partidista: 755
élite política: 9, 10, 29, 145, 207, 208-213, 219, 445, 486, 560, 737
élite religiosa: 207, 211
élite tecnocrática: 15
élites económicas: 8, 447
élites intelectuales: 361
élites locales: 368
élites políticas: 7, 55, 92, 110, 200, 208-210, 212, 213, 217, 448, 507, 646, 647, 712, 726, 793
élites tradicionales: 8, 446
elitismo competitivo: 95
emancipación: 117, 197, 243, 244, 246, 396, 441, 482, 533, 534, 653, 703
empirismo cientificista: 311
empirismo lógico: 32, 33, 36, 39
empresarios de estado: 281
encuestas de opinión: 76, 485, 486, 763-765
encuestas de salida: 738, 765
endeudamiento público: 627
enfoque conductista: 773
enfoques participativos: 224
epistemología naturalizada: 37
equidad en el diálogo: 189
esclavismo: 46, 159, 373
esclavos: 45, 50, 58, 100, 378, 399, 468, 540, 549, 555, 610, 643
esfera pública: 101, 126, 152, 167, 224-226, 242-245, 269, 270, 395, 465, 483, 487, 496, 501, 506, 530, 534, 550, 591, 605-607, 707, 774, 786
espacio público: 43, 49, 52, 76, 81, 84, 224-226, 252, 279, 320, 341, 362, 462, 481-484, 487, 496, 509, 511, 557, 606, 607, 783
especificidad cultural: 697
espíritu laico: 121-123, 187, 530
espiritualidad natural: 640
estabilidad democrática: 214, 216, 221, 474

Índice analítico

estabilidad política: 142, 150, 173, 198, 214-221, 285, 288, 446, 490, 518, 560, 619, 656, 662, 695
estadística electoral: 74, 763
Estado absolutista: 1, 582
Estado administrativo: 5
Estado ágil: 287
Estado benefactor: 60, 281, 293, 302, 337, 586, 618, 619, 623, 624, 626, 630, 670, 707
Estado central: 53, 181, 231, 238, 595, 627
Estado centralizado: 182, 184
Estado cívico: 5
Estado confesional: 532, 534
Estado de bienestar: 98, 147, 173, 175, 224, 225, 227, 239, 278, 281, 283, 285, 563-568, 582, 584, 585, 622-626, 631, 712
Estado de derecho: 52, 97, 101, 215, 216, 218, 222, 223, 259, 320, 389-394, 473, 538, 545, 551, 557, 589, 620, 634, 728, 759, 761, 775, 784, 785
Estado de derecho moderno: 390-393
Estado de partidos: 112, 513, 514, 516
Estado democrático: 189, 223-225, 257, 258, 290, 338, 391, 392, 506, 507, 514, 536, 552, 556, 687, 784
Estado democrático de derecho: 391, 392
Estado fascista: 107
Estado federal: 238, 239
Estado feudal: 537
Estado interventor: 280, 283, 285, 287, 469, 484, 522, 565, 623, 627, 630, 671
Estado latinoamericano: 225, 607
Estado liberal: 29, 31, 65, 175, 223, 336, 338, 506, 513, 514, 556, 630, 692, 724, 761
Estado mínimo: 223, 224, 226, 287, 336, 396, 513, 623, 628, 629
Estado moderno: 29, 100, 222, 223, 227, 250, 251, 282, 303, 338, 391, 403, 404, 450, 507, 532, 534, 541, 545, 551, 556, 557, 583, 620, 625, 688, 760
Estado multinacional: 228-231, 463, 470, 659
Estado nación: 228-230, 280, 470
Estado nacional: 52-54, 56, 62, 64, 65, 90, 172, 227, 239, 280, 281, 297, 321, 340, 342, 368, 371, 434, 445, 481, 575, 577, 689, 725, 775
Estado obeso: 620
Estado paternalista: 258, 262
Estado romano: 403
Estado secular: 187
Estado social: 2, 65, 166, 173, 222-224, 337, 338, 587, 672
Estado social moderno: 173
Estado unitario: 229, 238
Estados absolutistas: 131, 582, 701
Estados nacionales: 29, 47, 50, 139, 239, 278, 280, 427, 435, 450, 468, 512, 519, 544, 545, 556, 566, 575, 612, 614, 615, 688
Estados soberanos: 54, 688, 691
Estados teocráticos: 784
estatus: 50, 60-62, 78, 79, 82, 118, 166, 167, 182, 232-234, 265, 269-271, 335, 433, 462, 463, 489, 512, 554, 563, 652, 699, 702, 703, 710, 764
estrategia: 30, 81, 134, 137, 145, 150, 174, 177, 178, 183, 185, 191, 220, 246, 254, 280, 282, 286, 300, 348, 349, 352, 382, 401, 408-411, 446, 500, 502, 523, 528, 534, 546, 567, 570, 585, 589, 590, 649, 656, 657, 660-662, 664-666, 674, 728, 742-744, 751, 752, 788, 790-792, 801
estrategias de campaña: 528, 735

estratificación social: 58, 327, 564
estratos sociales: 66, 130, 330, 566
estructura burocrática: 15, 327, 731, 754
estructura de protección: 684-686
estructura del mercado: 669, 672
estructura militar: 474
estructura organizacional: 20, 675
estructura política: 197, 214, 450, 454, 468, 555, 637, 683, 731
estructura racial: 703
estructura social: 58, 60, 62, 63, 71, 107, 118, 136, 139, 174, 176, 178, 233, 234, 237, 318, 329, 376, 441, 490, 551, 564, 710, 711, 796
estructura subjetiva: 329
estructuras del poder: 698
estructuras institucionales: 494, 495, 639
estructuras partidistas: 257
estructuras políticas: 105, 485, 684, 685, 791, 797
estructuras sociales: 23, 118, 321, 346, 397, 444, 522, 624, 718
ética del derecho: 538, 785
ética económica: 641
etnia: 266-268, 271, 317, 320, 435, 438, 461, 467, 482, 491, 613, 799, 800
etnodesarrollo: 434
evolucionismo: 232
exclusión social: 139, 281, 343, 491, 522, 523
exterminio: 58, 166, 231, 362, 608, 611, 612, 693, 786, 800
extranjero: 136, 137, 144, 145, 161, 162, 209-211, 218, 370, 417, 427, 431, 432, 446, 609, 652, 661, 698, 799-801

facción: 142, 242, 512, 525
familia monógama: 233
familia nuclear: 232-236
familia patriarcal: 234, 368, 607
fascismo: 54, 61, 154, 174, 300, 330, 397, 452, 543, 573, 576, 608, 719, 769, 793
federalismo externo: 238
federalismo interno: 238
federalismo mexicano: 93, 239, 241, 299
federalismo orgánico: 238
feminidad: 245, 265, 267
feminismo popular: 246
feminismo radical: 244
feministas ortodoxas: 267
fenómeno cultural: 540
fenómeno social: 36, 156, 158, 450, 500, 615, 639, 748
fenómenos colectivos: 340
fenómenos de conciencia: 714
fenómenos psíquicos: 714, 717
fetichismo: 325, 331, 406, 480
feudalismo occidental: 701
filosofía de la ciencia: 32, 36-39
filosofía de la historia: 304, 705
filosofía de la praxis: 300, 302, 326
filosofía del derecho: 171, 248, 377, 393, 479, 581
filosofía del lenguaje: 195, 196, 307, 333
filosofía empirista: 248, 386
filosofía idealista: 66, 315, 769
filosofía jurídica: 248
filosofía kantiana: 248
filosofía moral: 700
filosofía política: 41, 57, 83, 101, 147, 161, 227, 247,

248, 250-255, 289, 466, 529, 549, 581, 592, 648, 700, 705, 706, 761, 769-771, 776
filosofía primera: 706
financiamiento de partidos políticos: 257, 263
financiamiento ilícito: 258, 260, 262
financiamiento privado: 257-260, 262, 263
financiamiento público: 257-262, 264, 526, 528, 601
flexibilidad: 9, 17, 111, 139, 285, 347, 348, 425, 426, 444, 468, 486, 504, 560, 575, 618, 635, 636, 778
fordismo: 565, 671, 672, 729
forma de Estado: 340, 504, 506, 731
forma de Estado democrática: 504
forma de gobierno: 84, 86, 103, 121, 142, 146, 191, 192, 198, 203, 210, 216, 218, 223, 238-240, 250, 284, 285, 289, 290, 291, 295, 337, 432, 489, 504, 523, 551, 635, 689, 726, 759, 760, 786
formas de exterminio: 612
formas de opresión: 337
formas democráticas: 222, 271, 396, 438, 519, 774
fortaleza: 96, 97, 145, 146, 289, 396, 397, 403, 415, 429, 635, 659, 687, 792
frontera: 74, 132, 263, 278, 307, 362, 435, 443, 471, 606, 636, 646, 664, 666, 667, 691, 701, 745, 749, 766, 799, 800
fuerza política: 122, 614, 672, 690, 707
fuerzas políticas: 8, 14, 24, 30, 88, 95, 110, 183, 204, 238, 245, 257-259, 262, 341, 583, 635, 669, 738, 791
fuerzas políticas antagónicas: 8, 341
funciones sociales: 242, 492
fundamentalismo religioso: 341, 620

gastos de campaña: 257, 260-262, 600, 601
generación: 24, 32, 68, 88, 89, 108, 110, 127, 135, 136, 146, 152, 173, 175, 179, 184, 214-216, 220, 243, 252, 266, 284, 287, 298, 306, 344, 345, 348, 350, 357, 365, 366, 403, 410, 417, 419, 420, 423, 428, 465, 474, 588, 621, 631, 639, 640, 657, 658, 689, 711, 749-752, 763, 768
género: 53, 86, 103, 193, 196, 229, 242-244, 246, 247, 265-268, 270, 272-277, 314, 320, 324, 332, 335, 363, 409, 417, 418, 420, 424-427, 438, 441, 463, 482, 504, 513, 564, 586, 606, 610, 613, 616, 629, 690, 696, 697, 699, 712, 716, 719, 751, 796, 800
geoeconómico: 666
geografía electoral: 69, 74, 763
geopolítico: 665, 666
gerencia: 3, 4, 749
gestión de recursos humanos: 672
gestión social: 112
gestiones gubernamentales: 283
Glasnost: 619
globalización de la economía: 139, 178, 619
globalización económica: 53, 64, 66, 99, 399, 546
gobernabilidad de la democracia: 675
gobernabilidad democrática: 257, 285-287, 289, 293, 294, 627
gobernados: 8, 9, 56, 66, 100, 165, 181, 197, 207, 224, 225, 262, 289-291, 294, 296, 298, 301, 389, 392, 489, 549, 552, 556, 599, 643, 645, 647, 653, 727, 734, 761
gobernantes: 8, 9, 21, 24-27, 41, 56, 66, 68, 83, 99, 100, 110, 141, 165, 170, 185, 191, 193, 203, 207, 218, 219, 224, 225, 280, 289, 291, 294, 298, 301, 340, 341, 378, 389, 392, 393, 415, 513, 523, 545, 547, 552, 555, 589, 597-599, 622, 643, 645, 647, 649, 650, 653, 666, 686, 734, 737, 797

gobierno de las leyes: 99, 165, 389, 537, 550
gobierno de los hombres: 99, 165, 389, 537, 550, 551
gobierno democrático: 7, 95, 97, 107, 142, 189, 239, 290
gobierno despótico: 536
gobierno eficaz: 284
gobierno mundial: 575
gobierno representativo: 147, 598, 603, 646
gobiernos dictatoriales: 178
grupo gobernante: 197, 207, 666, 738
grupos de interés: 107, 113, 149, 174, 184, 288, 512, 513, 545, 599, 685
grupos étnicos: 56, 129, 229, 289, 293, 297, 338, 434, 450, 452, 577
grupos guerrilleros: 220
grupos intelectuales: 365-367, 726
grupos intermedios: 537
grupos minoritarios: 55, 56, 229, 432-434
grupos sociales: 7, 64, 65, 67, 80, 126, 127, 130, 132, 138, 143, 161, 164, 167, 169, 174, 175, 181-184, 197, 217, 220, 232, 257, 269, 286, 292, 293, 326, 401, 415, 418-421, 445-447, 461-463, 522, 526, 533, 550, 565, 610, 612-614, 622, 650, 653, 712, 726, 789
guerra civil: 7, 8, 23, 49, 83, 219, 306, 311, 512, 520, 649, 650, 651
guerra de movimientos: 788
Guerra fría: 176, 189, 217, 278, 302, 569, 570, 579, 651, 652, 660, 661, 665, 689, 697, 797
guerra sucia: 528, 662
guerras civiles: 178, 194, 218, 226, 651
guerras de religión: 165, 433, 531, 784
guerrillas: 178

hábitat: 407, 510
hechos sociales: 58, 116, 641, 705
hegemonía de occidente: 302
hegemonía del Estado: 301
hegemonía del proletariado: 300, 301
herencias culturales: 494
hermenéutica: 34, 40, 250, 304, 307, 308, 706, 707, 769, 771
heterogeneidad: 53, 182, 187, 257, 292, 295, 297, 319, 320, 348, 349, 363, 400, 429, 439, 450, 461, 482, 483, 485, 538, 652, 673, 710, 749, 774, 777, 778, 786
hipótesis: 15, 26, 32-36, 58-60, 66, 74, 79, 93, 95, 116, 134, 169, 170, 208, 257, 283, 327, 371, 456, 480, 486, 527, 575, 577, 586, 623, 634, 675, 676, 679, 736, 737, 754, 755, 764, 765, 768, 772, 778
historia de la cultura: 304, 305, 421
historia de la economía: 304
historia de la filosofía: 101, 250, 304-308, 648, 798
historia de la Iglesia: 308
historia de las creencias religiosas: 305
historia de las ideas: 197, 304-309, 313, 361, 363, 370, 372, 418, 421, 509, 603, 614, 643, 645, 769, 784
historia de las mentalidades: 235, 307, 308, 314, 332, 417-422
historia de las religiones: 314, 640-642
historia del espíritu: 305
historia del lenguaje: 305
historia económica: 22, 49, 90, 313, 314, 657
historia fáctica: 304
historia literaria: 306
historia mexicana: 309-311, 313-316, 421, 517, 571
historia pura: 308

Índice analítico

historia social: 247, 312-314, 420, 421, 673, 701
historicidad: 152, 153, 159, 244, 305, 306, 325, 328, 375, 639, 774
historicismo: 250, 251, 305, 306, 308, 313, 328, 341, 554, 769
homogeneidad cultural: 467, 611
homogeneidad étnica: 319, 461, 611
humanidad: 54, 133, 159, 166, 187, 228, 234, 254, 269, 279, 316, 321, 369, 382, 395, 400, 401, 409, 432, 439, 489, 492, 493, 513, 531, 545, 611, 647, 650, 651, 687, 689-691, 760
humanismo cristiano: 796, 798

idealismo: 576, 583, 714-716
ideas políticas: 197, 239, 306, 307, 395, 509, 573, 603, 643, 645, 769, 784
identidad científica: 770
identidad colectiva: 54, 56, 228, 229, 255, 297, 318-320, 361, 535, 722, 771
identidad cultural: 54-56, 255, 321, 343, 383, 471, 513, 572, 656, 784
identidad de clase: 450, 455
identidad del migrante: 430
identidad étnica: 321, 695
identidad global: 278, 279
identidad individual: 51, 56, 238, 342
identidad nacional: 132, 135, 319-322, 434, 468-470, 510
identidad no social: 318
identidad política: 51, 56, 77, 113, 461, 550, 646, 695, 696
identidad propia: 390, 610
identidad sexual: 53, 265, 267, 268, 513
identidad universal: 320
identidades colectivas: 80, 167, 190, 267, 317, 318, 332, 432, 456, 464, 467, 469, 591, 609, 616, 786
identidades étnicas: 56, 321
identidades etnonacionales: 468
identidades excluidas: 538
identidades homogéneas: 266
identidades individuales: 317, 323, 331, 482
identidades particulares: 55, 56, 319, 320, 469
identidades políticas: 56, 80, 84, 698, 735
identidades regionales: 297, 319
identidades unívocas: 320
ideología: 9, 10, 43, 49, 59, 60, 66, 77, 108, 110, 118, 119, 130, 131, 136, 140, 148, 153, 171, 200, 220, 253, 278, 301, 320, 322-333, 370, 372, 376-378, 380, 381, 385-388, 395-397, 418-420, 437, 438, 445, 446, 467-469, 480, 484, 491, 511, 513, 546, 547, 551, 570, 581, 585, 590, 593, 598, 606, 609-615, 631, 663, 693, 707, 726, 728-732, 736, 739, 754, 756, 757, 791, 800
ideologías dominantes: 669
ideologías racistas: 608, 612
Iglesia: 7, 69, 91, 111, 152, 211, 212, 308, 314, 368, 433, 472, 475, 495, 530-534, 536, 551, 555, 571, 577, 582, 641, 643, 687, 688, 784-786, 796
igualdad de derechos: 158, 166, 336, 337, 612, 613, 692
igualdad de oportunidades: 167, 175, 178, 179, 257, 337, 342, 381, 383, 387, 584, 618, 653, 692
igualdad de poder: 761
igualdad en la libertad: 336, 387
igualdad formal: 335, 336
igualdad jurídica: 243, 245, 336, 506, 611, 692
igualdad política: 122, 181, 224, 337, 338, 380, 387, 482, 557, 597, 693
igualdad social: 23, 24, 48, 154, 337, 338, 380, 692, 693
igualdad sustancial: 336
iluminismo: 67, 323, 444, 739
Ilustración: 87, 92, 100, 121, 187, 221, 243, 247, 252, 278, 307, 317, 318, 332, 343, 384, 395, 437, 438, 440-442, 461, 467, 482, 483, 531, 532, 576, 610, 640, 701, 705, 707, 732, 734, 759, 771, 781, 784, 785
imágenes: 54, 80, 81, 117, 125, 129, 131, 139, 194, 228, 229, 245, 311, 317, 322, 324, 330, 401, 442, 448, 467, 498, 500, 522, 523, 578, 604, 613, 619, 647, 654, 697, 737, 738
incesto: 233, 234
inclusión: 9, 50, 52, 83, 111, 123, 179, 220, 271, 274, 293, 335, 383, 455, 465, 509, 510-512, 538, 547, 549, 550, 576, 587, 588, 606, 609, 618, 621, 625, 636, 647, 785, 786, 799, 800
inclusividad: 51, 699
incluyente: 116, 146, 282, 374, 469, 494, 611, 700, 710
indígenas: 27, 56, 57, 131, 132, 155-157, 166, 228-231, 267, 293, 297, 299, 314, 321, 408, 411, 434, 468-470, 615, 654, 655, 784
indigenismo: 306, 311, 434, 469, 471
indios: 229, 230, 293, 297, 299, 435, 436, 463, 468-470, 608, 610-612, 614-616
individuación: 17, 235, 250, 327, 702, 769, 777
individualismo metodológico: 769, 772
individuo: 9, 12, 45-47, 50-52, 56, 58, 64, 65, 67, 68, 70, 72, 83, 125, 126, 131, 146, 154, 161-163, 165, 172, 175, 181, 193, 197, 209, 223, 228, 232, 235, 236, 253, 255, 265, 269, 279, 282, 290, 317-319, 336, 340, 342, 343, 360, 374, 376, 390, 395, 396, 400, 405, 408, 418, 427, 430, 433-435, 461, 464, 477, 478, 485, 489, 492, 499, 505, 509, 534, 537, 538, 543, 555, 556, 563, 573, 577, 579, 582-586, 639, 650, 684, 688, 690, 691, 697, 714, 715, 741-743, 757, 761, 764, 770-772, 776, 781, 785, 795
inducción: 33, 34
industria cultural: 76, 81, 118, 131, 329, 414
industrialización: 47, 48, 50, 70, 91, 134-137, 172, 185, 214, 234-236, 345, 347-349, 352, 354-357, 425, 444, 446, 452, 455, 563, 583, 657, 658, 670, 702, 734, 781
industrias culturales: 77, 329, 413, 414
inequidad: 527, 584, 650, 696
inestabilidad: 7, 8, 26, 27, 104, 214-219, 221, 240, 245, 411, 619, 628, 657, 700
ingobernabilidad: 66, 67, 149, 217, 283, 285-287, 518, 621
inmigración: 229, 234, 611, 613
innovación tecnológica: 58, 344, 350, 381, 383
instauración democrática: 95, 790, 792
institución: 20, 21, 67, 86, 104, 110, 114, 163, 191-193, 203, 211, 219, 220, 225, 227, 232-234, 236, 243, 244, 289, 291, 311, 312, 338, 366, 371, 372, 387, 390, 392, 396, 404, 420, 446, 468, 472, 474, 490, 504, 507, 528, 530, 531, 540, 579, 581, 600, 623, 647, 756
institucionalismo: 22, 340, 472, 473, 475, 476, 499, 507, 560, 710, 755, 772
institucionalización: 9, 10, 42, 97, 98, 102, 104, 111, 135, 208, 214, 216, 218, 219, 247, 290, 366, 371, 445-448, 469, 474, 475, 482, 490, 496, 502, 518, 519, 521, 522, 551, 560, 618, 620, 635, 636, 638, 660, 670, 672, 701, 702, 756, 789, 790, 792, 801
instituciones democráticas: 8, 10, 27, 43, 95, 112, 122, 137, 153, 226, 286, 320, 445, 447, 506, 561, 598, 761, 774, 783, 789

instituciones internacionales: 575
instituciones jurídicas: 248, 313, 581
instituciones políticas: 14, 19, 21, 42, 43, 65, 82, 87, 96, 100, 106, 112, 126, 197, 200, 207, 294, 295, 338, 397, 403, 445-447, 455, 456, 462, 473, 474, 508, 518, 521, 527, 530-532, 542, 556, 559, 596, 603, 623, 693, 734, 736, 737, 771, 772, 792
instituciones sociales: 121, 228, 462, 472, 476, 481, 540, 566, 584, 586, 702, 706, 729, 795
insurgencia sindical: 221
integración económica: 166, 352-358, 578, 667, 690
integración social: 51, 55, 178, 179, 235, 294, 318, 342, 346, 358, 462, 467, 582, 618, 629, 657, 755, 774, 778
integración supranacional: 238
integración sustentable: 435
inteligencia militar: 664
interés colectivo: 64-67, 112, 546, 604
interés nacional: 64, 107, 138, 512, 544, 576, 578, 659, 660
interés público: 4, 14, 52, 64, 163, 201, 258, 361, 446, 489, 545, 557, 618-620
intereses individuales: 51, 64, 65, 340, 341, 769
intereses nacionales: 352, 575-578, 660, 665
intereses políticos: 59, 208, 686, 753, 792
intereses sociales: 69, 131, 135, 183, 287, 331, 512, 513, 519, 620, 630, 707
interlocutores: 24, 188, 189, 195, 348, 362, 383, 481, 510, 511, 553, 570, 573, 588, 784
internacionalización: 17, 172, 289, 295, 348, 446, 447, 689
intervención armada: 555
intervención dinámica del Estado: 630
intervención mínima: 629
intervención moderada del Estado: 629
intolerancia: 166, 383, 414, 432-434, 468, 528, 615, 621, 653, 786, 787, 796, 797
intolerancias: 166, 188, 360, 528, 622, 785
isegoría: 336
isonomía: 336, 390, 540, 550
iusnaturalismo racionalista: 377
izquierda radical: 701

jerarquización de la diferencia: 800
jornada electoral: 200, 602
judaísmo: 641
juego democrático: 774, 785, 789, 792
juicio de hecho: 335, 759
juicio de valor: 334, 335, 389, 759
justicia distributiva: 143, 254, 337, 386, 585

laicismo: 530-534
laicización: 121, 532-534, 556
laicos: 361, 530, 534, 644
legalidad: 12, 65, 78, 112, 141, 170, 192, 198, 199, 201, 216, 254, 261, 331, 382, 389-393, 427-429, 465, 522, 528, 553, 600, 602, 647, 791, 792
legislación comparada: 260-262
legislación electoral: 73, 105, 148, 199, 206, 257, 259, 260, 262-264, 475, 515, 516, 681
legislatura: 86, 91, 93, 94, 504, 505, 508, 767
legislaturas: 86, 87, 90, 91, 93, 102, 240, 296, 506, 508, 559
legitimación: 48, 92, 95, 110, 118, 136, 181, 226, 251, 253, 254, 286, 321, 368, 371, 387, 404, 439, 468, 469, 501, 549, 550, 588, 624-627, 693, 709, 710, 712, 713, 729, 736, 756, 759, 760, 772, 801

legitimidad del régimen: 73, 95, 636, 782, 790
legitimidad social: 200, 285
ley natural: 233, 404, 541
leyes electorales: 68, 135, 199, 200, 205, 514, 738
liberación femenina: 244
liberalismo laico: 534
liberalismo social: 396, 449, 638
liberalismo tradicional: 624
liberalización económica: 145, 620, 656
libertad de asociación: 155, 156, 338, 395, 490, 600
libertad de conciencia: 605, 784
libertad de empresa: 46, 342
libertad de expresión: 188, 260, 341, 413, 482, 508, 525, 600
libertad de movimiento: 750
libertad de pensamiento: 155, 156, 165, 175, 187, 533
libertad de trabajo: 52
libertad humana: 337, 395
libertad individual: 46, 50, 126, 154, 270, 330, 340, 343, 397, 401, 404, 448, 538, 582
libertad liberal: 761
libertad negativa: 141, 340, 343, 397, 400, 401, 692
libertad política: 187, 395, 398, 405, 761, 784
libertad positiva: 141, 397, 399-401, 761
libertad real: 398, 400
libertad religiosa: 433, 531, 532, 534, 556, 784, 795-797
libertad social: 46, 400
libertades formales: 400
libertades fundamentales: 100, 165, 176, 609, 785
libertades individuales: 239, 337, 341, 342, 381, 384, 396, 400, 692
libertades reales: 400
libre comercio: 137, 139, 352-356, 457, 470, 578, 627, 661, 665, 688, 690
libre determinación: 177, 470, 687
libre determinación indígena: 470
libre voluntad: 163, 538
liderazgo: 14, 29, 30, 91, 92, 182, 184, 185, 286, 312, 348, 366, 429, 445, 500, 518, 522, 560, 592, 638, 641, 660-662, 664, 754, 756, 757, 761
líderes empresariales: 208, 210, 211
líderes políticos: 68, 138, 209, 210, 212, 560
limitación del poder: 141, 342
límites del sistema: 492, 722
lógica de mercado: 501
lucha: 14, 29, 36, 42, 48, 54, 58-62, 66, 67, 80, 82-84, 90, 103, 125, 126, 130, 132, 139, 149, 150, 155, 165, 183, 184, 214, 217, 219, 243, 246, 251, 265, 269, 271, 290, 300-303, 314, 323, 324, 326, 330, 335, 337, 343, 362, 369, 370, 375, 382, 387, 395, 399-401, 420, 451, 457, 462, 486, 489-492, 496, 512, 519, 520, 525, 530, 533, 534, 536, 540, 541, 549, 551, 554, 555, 557, 569, 572, 575, 578, 579, 587, 588, 595, 611-613, 615, 629, 635, 647, 650-652, 664, 665, 669, 670, 672, 689, 697, 718, 723, 736, 751, 754, 757, 786, 797

macartismo: 685, 686
manejo: 3, 5, 6, 48, 64, 96, 105, 125, 136, 279, 293, 298, 365, 408-411, 434, 515, 516, 528, 561, 619, 666, 674, 688, 735, 737, 738, 757
maquinismo: 669, 670
marginación: 111, 146, 159, 225, 276, 297, 397, 468, 549, 566, 567, 583, 650, 656, 657, 800
marxismo: 42, 60, 66, 83, 84, 117, 223, 243, 267, 286,

Índice analítico

300, 307, 308, 311, 313, 319, 325, 329, 330, 333, 369, 375, 383, 396, 397, 420, 455, 542, 573, 582, 593, 614, 651, 670, 674, 711, 712, 722-724, 769
marxistas: 60, 61, 330, 377, 455, 507, 573, 670, 671, 718, 721, 723, 791
masas populares: 88, 209, 301, 303
masculinidad: 265, 267, 274, 276, 719
masculinización: 244
materia electoral: 199
materialismo: 131, 326, 332, 333, 533, 655, 656, 711, 716, 717, 720
mayoría absoluta: 10, 189, 203, 204, 296, 527, 528, 675, 676, 680, 759
mayoría calificada: 189, 203, 680, 759
mayoría relativa: 199, 204, 505, 526, 675, 676, 679-681
mayoría simple: 86, 201, 675
mayorías: 53, 55, 65, 66, 78-80, 93, 104, 129, 188, 220, 224, 231, 240, 286, 391, 404, 405, 432, 434, 448, 483, 492, 538, 557, 650, 680
mecanismos redistributivos: 172
medio ambiente: 21, 64, 163, 165, 178, 182, 185, 382, 383, 388, 407-411, 448, 455, 502, 576, 577, 579, 619, 628, 629, 652, 655, 656, 658, 734, 735
medios de comunicación: 46, 54, 55, 61, 69, 70, 76-80, 92, 103, 105, 119, 125, 126, 130, 132, 139, 201, 236, 246, 259, 262, 279, 319, 329, 369, 410, 412-417, 462, 482-486, 490, 515, 516, 526-528, 553, 575, 577, 578, 600, 602, 654, 689, 695, 730, 783, 789
medios de comunicación masiva: 77, 119, 246, 412, 462
mentalidad: 62, 65, 308, 332, 362, 365, 369, 417-422, 540
mentalidades: 8, 10, 54, 172, 235, 307, 308, 314, 332, 417-422, 438, 439, 650, 698
mercado capitalista: 699-701, 730
mercado de trabajo: 59, 134, 166, 244, 268, 271, 423-425, 435, 585, 669, 672, 799
mercado libre: 702
mercados laborales: 566, 567, 673, 702
mercadotecnia electoral: 738
mestizaje: 278, 321, 371, 469, 470, 609, 611-617, 689
método científico: 32-35, 41, 541, 542, 770
método deductivo: 577
método experimental: 706, 708
método jurídico: 248
método lógico: 369
método racional: 187
métodos cuantitativos: 70, 707, 708, 743
migración forzada: 652
migración internacional: 427-429, 461, 697
migrante económico: 430
migrante político: 430
migrar: 427, 428, 430
militancia: 5, 92, 509, 597
minoría: 56, 102, 189, 192, 197, 207, 229, 254, 259, 381, 413, 432-434, 545, 595, 643, 646, 654, 670, 680, 681, 692, 761, 800
minorías culturales: 338
minorías étnicas: 425, 434, 448, 461, 468, 612, 613, 713, 784
minorías nacionales: 228-231, 432, 465
minorías oprimidas: 432
minorías protegidas: 432
minorías raciales: 597
minorías sexuales: 395, 510

mito: 45-47, 55, 227, 250, 318, 320, 331, 382, 398, 534, 552, 557, 613, 727, 733, 734, 799, 801
mitología: 80, 640
mitologías griegas: 640
mitos: 63, 77, 80, 114, 115, 117, 125, 197, 331, 467-469, 569, 572, 613, 616
modelo adquisitivo: 584
modelo de desarrollo: 73, 134-138, 225, 226, 293, 356, 357, 565, 567
modelo democrático: 224, 483, 507, 696
modelo económico: 147, 226, 354, 469, 567, 590, 624, 662, 663, 689
modelo exclusivo: 444, 448
modelo institucional: 224, 564, 584
modelo institucional redistributivo: 584
modelo residual: 564, 584
modelo sociopolítico: 623
modelo total de *welfare:* 584
modelos de articulación: 735
modelos de elección racional: 713
modelos de partidos: 756-758
modelos de política social: 584
modelos estadísticos: 765
modernidad: 7, 8, 47, 50, 51, 100, 111, 118, 149, 165, 166, 217, 222, 230, 251-253, 278, 279, 282, 299, 307, 318, 319, 336, 340, 342, 361, 367, 375, 383, 395, 437-449, 464, 467, 470, 485, 487, 488, 498, 519, 533, 540, 542, 544, 545, 551, 552, 556, 592, 606, 607, 610, 614, 616, 643, 645, 654, 694, 728, 734, 736, 739, 759, 769, 771, 775, 801
modernismo estético: 439
modernización del Estado: 180, 286
modernización dirigida: 8, 589
modernización económica: 7, 242, 518, 621, 652, 734
modernización política: 42, 297, 444-448, 519
modernización tecnológica: 136, 350, 737
monarquía: 6, 12, 180, 181, 193, 230, 239, 401, 402, 437, 532, 575, 598, 645, 760
monarquías constitucionales: 86
monolitismo programático: 330
monopolio político: 7, 150, 537
monopolio religioso: 532
mortalidad infantil: 157
movilidad social: 50, 60, 61, 63, 136, 137, 172, 176, 218, 220, 235, 444, 696
movilización de masas: 136, 149
movilización social: 136, 317, 371, 450, 469, 619, 652, 790, 791, 793
movilizaciones populares: 341
movimiento armado: 200, 515
movimiento de liberación de la mujer: 243-246
movimiento ecologista: 380, 510
movimiento estudiantil: 144, 220, 452, 455, 487, 664, 696
movimiento feminista: 229, 245-247, 268, 270, 343
movimiento *gay:* 245
movimiento guerrillero: 221
movimiento intelectual: 187, 438, 707, 759, 784
movimiento liberal: 395, 396
movimiento naturalista: 360
movimiento radical: 371
movimientos colectivos: 41, 42, 198, 318, 438, 554
movimientos culturales: 450, 491
movimientos populares de mujeres: 721
movimientos ecologistas: 438

movimientos étnicos: 293, 438
movimientos históricos: 450, 623
movimientos ideológicos: 395
movimientos laborales: 579
movimientos sociales: 6, 50, 52, 66, 67, 111-113, 127, 135, 144, 158, 159, 182, 183, 247, 270, 283, 288, 318, 322, 341, 343, 382, 407, 450-459, 461, 484, 486, 490-492, 495, 496, 509-513, 515, 517-519, 528, 542, 619, 652, 653, 658, 696, 702, 703, 710, 712, 713, 721-724, 725, 746, 758, 774
movimientos sociales culturales: 491
movimientos sociales infantiles: 158
movimientos urbanos: 721
multiculturalismo: 55-57, 167, 229, 230, 297, 338, 434, 436, 461-465, 648, 771, 776
multidimensionalidad: 775
multiétnico: 56, 228, 229, 435, 436
multilateralismo: 352, 660, 661
multipolaridad: 660

nación Estado: 228
nación monocultural: 610
nacionalismo cívico: 611
nacionalismo cultural: 468
nacionalismo étnico: 611
nacionalismo excluyente: 689
nacionalismo político: 468, 469
nacionalismo revolucionario: 220, 469, 470, 633, 663, 666, 724
nacionalismos modernos: 467, 468
nacionalsocialismo: 252, 507, 534, 611
naciones indígenas: 229
naturaleza política: 84, 189, 326, 570, 571
nazismo: 54, 154, 224, 377, 452, 594, 611, 719
negociación colectiva: 108, 135, 176, 669-673, 746
negociación parlamentaria: 9
negros: 230, 267, 269, 432, 608, 610, 612-615, 697, 703
neocorporativismo: 107, 108, 287, 288, 621, 629, 633, 674
neoelitismo: 207
neoinstitucionalismo: 19, 352, 472, 473, 499, 772
neoliberal: 66, 145-147, 178, 181, 210, 225, 226, 286, 293, 410, 446-448, 502, 565, 620, 627, 630, 631, 662, 663, 719, 720, 766
neoliberalismo: 5, 145, 224, 280, 383, 397, 446, 447, 470, 492, 493, 500, 545, 589, 615, 629, 631, 674
neonazis: 154
neorrealismo: 577
neutralidad: 14, 243, 257, 361, 373, 464, 465, 571, 600, 737
norma fundante: 479, 480
norma pensada: 479
norma presupuesta: 479
normas cívicas: 695, 697
normas constitucionales: 86, 87, 390, 556, 792
normas jurídicas: 169, 218, 248, 254, 321, 389-393, 478, 479, 537, 581, 634, 688
normas sociales: 62, 266, 279, 462
normatividad: 37, 76, 103, 110, 150, 217, 327, 427, 441, 477, 635, 636
nueva clase: 48, 60, 62, 63, 146, 157, 281, 366, 368, 369, 372, 650
nuevas minorías: 432, 697
nuevo federalismo: 241
nuevo orden internacional: 174, 576, 578

nuevo orden mundial: 282, 341, 660, 661
nuevos movimientos sociales: 111-113, 283, 288, 322, 382, 451, 454-456, 491, 492, 509, 510, 513, 517, 528, 619, 710, 758, 774

objetividad: 36, 38, 39, 78, 199, 203, 252, 308, 309, 315, 373, 503, 556, 601, 714, 716, 717, 770
obligaciones: 21, 50-52, 76, 157, 158, 161-164, 166, 167, 177, 233, 235, 255, 260, 427, 446, 463, 509, 545, 547, 570, 571, 576, 582, 583, 598, 619, 626, 684, 701, 770
obrerismo: 672
ocultamiento social: 157
oligarquía feudal: 342
oligarquías políticas: 703
opinión pública: 41, 49, 76-81, 91, 100, 125, 126, 145, 157, 184, 221, 263, 360, 361, 363, 481-488, 490, 509, 511-513, 531, 573, 583, 597, 601, 606, 607, 612, 699, 701, 702, 727, 753, 755, 763, 767
oposición: 13, 24, 26, 27, 32, 45-47, 64, 73, 74, 77, 78, 82, 87, 89, 92, 98, 100, 105, 115, 117, 118, 130, 141, 144, 145, 150-152, 200, 203, 209, 218, 220, 221, 240-242, 244, 246, 253, 259, 260, 283, 291, 296, 303, 370, 377, 380, 381, 387, 400, 402, 404, 413, 421, 433, 439, 451, 452, 455, 483-485, 489-493, 502, 513, 516, 523, 527, 528, 534, 543, 549, 552, 584, 596, 604, 605, 619, 640, 670, 671, 672, 680, 681, 709, 715, 773, 775, 781, 783, 785, 787, 789, 792, 793
orden civil: 392, 659
orden democrático: 85, 518, 538, 727, 760, 784, 790, 791
orden económico: 117, 173, 178, 281, 336, 576
orden jurídico: 3, 99, 385, 387, 390, 392, 393, 480, 555, 581, 687, 689
orden normativo: 178, 386, 387, 552, 688
orden político: 22, 50, 99, 100, 121, 136, 146, 151, 192, 209, 215, 217, 221, 239, 253, 285, 294, 342, 371, 445, 520, 523, 541, 559, 573, 606, 622, 634, 635, 734, 780, 791, 795
orden público: 2, 8, 145, 146, 565, 629
orden social: 2, 7, 19, 62, 65, 137, 139, 167, 175, 214, 239, 265, 266, 289-291, 318, 320, 369, 403, 452, 455, 458, 484, 491, 505, 507, 518, 534, 559, 671, 672, 705, 706, 710, 773, 774
orden social simbólico: 266
orden universal: 385, 386
ordenamiento constitucional: 516, 649
ordenamiento político: 222, 284, 519, 637, 771, 772, 775, 781
ordenamiento territorial: 658
organicismo: 64, 340, 717
organismo no gubernamental: 494, 496
organismos internacionales: 157, 172-174, 176, 178, 338, 445, 494, 495, 566, 567, 575, 612, 627, 656
organización del trabajo: 134, 669, 670, 726, 734
organización política: 2, 7, 12, 19, 50, 104, 110, 161, 163, 210, 222, 238, 240, 244, 289, 341, 374, 514, 519, 536, 537, 559, 560, 578, 612, 613, 687, 753, 771
organización social: 46, 62, 164, 172, 222, 231-233, 238, 242, 281, 285, 289, 291, 293, 297, 298, 321, 327, 342, 410, 427, 545, 547, 584, 588, 606, 654, 655, 700, 701, 711, 725, 795
organizaciones administrativas: 685
organizaciones internacionales: 174, 344, 494, 577, 578
organizaciones no gubernamentales: 66, 92, 94, 111,

158, 228, 245, 246, 270, 365, 494-496, 509, 510, 577, 579, 619, 628, 630, 712
organizaciones partidistas: 144, 209, 599, 754, 755, 757, 758
organizaciones políticas: 125, 201, 246, 257, 578, 753, 767
organizaciones sociales: 13, 107, 137, 174, 183, 185, 219, 243, 289, 453, 487, 494, 518, 523, 547, 549, 589, 697, 754
ortodoxia económica: 347

pacto constituido: 327
pacto social: 3, 226, 317, 342, 467, 545, 546, 563, 566, 625, 626, 645
pactos corporativos: 287, 565, 671, 672
padrón electoral: 204, 601, 738
paradigma global: 498
paradigma monetarista: 501
paradigma político: 499, 501-503
paradigmas sectoriales: 498
parentesco: 3, 115, 211, 232-237, 265, 266, 386, 467, 468, 737, 757
parlamentarismo: 25, 88, 89, 102, 103, 106, 143, 217, 474, 504, 505-508, 559, 560, 596, 645, 646, 772
Parlamento: 26, 47, 86, 87, 96, 102-106, 137, 138, 229, 261, 263, 264, 286, 474, 480, 504-507, 512-514, 519, 552, 595, 598, 600, 687, 729, 754, 780, 802
participación activa: 297, 349, 597
participación ciudadana: 5, 53, 64, 76, 78, 138, 150, 181, 182, 289, 293, 294, 297, 481, 509-511, 545-547, 589, 627
participación civil: 5
participación de masas: 149, 150
participación pública: 172, 774
participación restringida: 280
particularismo: 55, 118, 318, 321, 342, 433, 442, 611, 637, 771
Partido Acción Nacional: 92, 202, 209, 210, 240
partido de cuadros: 149
partido de gobierno: 755
Partido de la Revolución: 30, 92, 143, 200, 219, 240, 516
Partido de la Revolución Democrática: 92, 240
partido de masas: 149, 150
partido hegemónico: 72, 199, 200, 205, 217, 220, 514, 515, 517, 526, 527, 596, 633, 684
partido político: 7, 9, 44, 68, 70, 103, 110-112, 149, 150, 151, 183, 184, 200, 205, 267, 446, 512, 519, 597, 619, 670, 677, 712, 756-758
Partido Revolucionario Institucional: 30, 92, 143, 202, 208-210, 221, 240, 446, 475, 766
Partido Social Demócrata: 150, 754
partidos comunistas: 23, 150, 685, 755
partidos conservadores: 676
partidos de cuadros: 149, 150, 754
partidos de estructura directa: 755
partidos de masas: 149, 150, 513, 514, 587, 754, 755, 758
partidos hegemónicos: 262
partidos modernos: 512, 519, 755
partidos monopólicos: 150
partidos obreros: 670, 671
partidos políticos: 5, 26, 65-73, 79, 81, 84, 92, 96, 98, 102-105, 110-113, 125, 134-139, 148-151, 181, 183-185, 200-207, 210, 212, 216, 219, 220, 241, 245, 246, 257-264, 270, 286, 288, 296, 297, 326, 365, 410, 411, 448, 483, 490, 491, 495, 496, 505, 506, 512-523, 525, 526, 528, 529, 546, 564, 565, 572, 577, 596, 599, 600-603, 618, 621, 627, 630, 676, 680, 681, 683-686, 697, 699, 710, 712, 738, 746, 753-758, 767, 770, 772, 780, 782, 783, 788, 791, 792, 800
partidos políticos modernos: 753, 754
patriarcado: 244, 265
patriotismo: 62, 321, 448, 470, 540
pautas morales: 323
paz: 29, 62, 84, 123, 166, 167, 173-175, 177, 223, 227, 228, 230, 239, 284, 352, 367, 368, 374-376, 403, 470, 496, 545, 546, 576, 578, 582, 663, 665, 667, 683, 685, 689, 690, 699, 707, 725, 795, 797
pensamiento conservador: 152, 153
pensamiento cristiano: 378
pensamiento dogmático: 190
pensamiento filosófico: 166, 307, 324, 769
pensamiento laico: 121, 122, 361, 530-535, 538
pensamiento monolítico: 797
pensamiento político: 51, 67, 82, 99, 101, 147, 194, 214, 250, 252, 284, 287, 289, 290, 306, 308, 334, 339, 340, 343, 376, 389, 403, 405, 481, 512, 554, 555, 559, 575, 604, 693, 694, 759, 760, 769, 776, 780, 783, 795-797
pensamiento racista: 608, 610, 611
pensamiento socialista clásico: 244
pensamiento utópico: 250, 795, 796, 797
percepciones: 24, 70-72, 74, 126, 127, 306, 399, 418, 430, 472, 490, 660, 662, 714, 737, 797
Perestroika: 619, 652
perspectiva de género: 247, 265, 268, 425
planificación del desarrollo: 174, 547
pluralidad de familias: 233
pluralidad de identidades: 56, 320, 697
pluralidad étnica: 698
pluralidad social: 54
pluralismo analítico: 775
pluralismo cultural: 23, 338, 464
pluralismo de los valores: 166, 538, 785
pluralismo jurídico: 593
pluralismo moderado: 514, 515, 526, 536
pluralista: 14, 55, 56, 59, 95, 123, 197, 207, 210, 483, 504, 505, 514, 536, 537, 539, 556, 697, 760, 786
pluripartidismo: 72, 526, 697
pobreza extrema: 262, 566, 567, 619, 628, 629, 655
poder autorregulado: 51
poder autoritario: 51, 792
poder científico: 703
poder coactivo: 340
poder de acción: 549
poder de derecho: 543, 549
poder de elección: 463
poder de hecho: 543, 549
poder del pueblo: 645, 726, 759
poder despótico: 99, 482, 540, 541, 653
poder gubernamental: 180, 284, 427, 575
Poder Judicial federal: 199
Poder Legislativo: 65, 86-88, 90-93, 102, 103, 105, 106, 138, 143, 202, 203, 219, 296, 391, 393, 490, 493, 509, 527, 552, 559, 595, 597, 600, 601, 630, 684, 783
poder monolítico: 536
poder político: 7-10, 15, 18, 46, 49, 67, 82, 88, 99, 100, 107, 108, 137, 147, 150, 184, 200, 207, 208, 210, 219, 223-225, 254, 284, 303, 335, 337, 360, 361, 363, 372,

389, 390, 393, 396, 401, 403, 467, 468, 489, 491, 501, 512, 519, 531, 532, 537, 542, 549-552, 554, 555, 581, 596, 619, 620, 644, 651, 713, 724, 759, 760, 773, 774, 780
poderes locales: 294, 295, 633
poliarquía: 95, 97, 98, 123, 147, 221, 302, 303, 520, 523, 525, 526, 560, 760, 761, 775, 793
poliarquías: 95, 473, 636
policía: 1, 2, 4, 6, 156, 160, 433, 664, 685
polis: 1-3, 45-48, 50, 54, 56, 64, 121, 197, 206, 250, 264, 378, 385-387, 401-403, 537, 541, 550, 554, 555, 571, 575, 605, 759, 761, 780
politeísmo: 252, 786, 795
política comparada: 21, 227, 559-562, 632, 682, 756
política conservadora: 153
política de bienestar: 563
política de Estado: 297, 614, 621
política de gasto público: 565
política de salud: 246
política del reconocimiento: 55, 338, 436, 464, 648, 776
política del sujeto: 343, 491
política exterior: 229, 575-578, 580, 659-662, 664, 791
política internacional: 104, 178, 575-580, 660
política jurídica: 581
política moderna: 43, 76, 126, 139, 149, 403, 412, 446, 556, 598, 644, 682, 686, 734, 736
política proteccionista: 685
política social: 134, 136, 174, 179, 511, 515, 566, 568, 582-586, 624, 771
política tecnológica: 347, 350
política tributaria: 565
políticas contemporáneas: 247, 334, 683, 774
políticas de empleo: 563, 565, 566
políticas de Estado: 620
políticas democráticas: 25
políticas híbridas: 330
políticas macroeconómicas: 347, 352, 357, 358, 499, 500, 502, 629, 661
políticas posrevolucionarias: 200
políticas públicas: 14, 24, 25, 27, 48, 68, 71, 105, 108, 172, 175, 200, 228, 241-243, 246, 268, 293-295, 299, 344, 348, 428, 446, 454, 485, 486, 498-503, 510, 547, 560, 561, 587-592, 599, 619, 627, 633, 634, 682, 683, 773
político ortodoxo: 209
político tradicional: 112, 209
populismo: 63, 143, 397, 730
posición social: 68, 117, 232, 235, 274, 386, 505, 757
positivismo ideológico: 593
positivismo jurídico: 249, 253, 379, 393, 394, 480, 541, 593, 594
positivistas: 34, 35, 38, 251, 366, 378, 542, 593, 594, 729, 773
posmodernidad: 243, 244, 322, 441-443, 448, 771
posestructuralismo: 247, 769, 771
pragmatismo: 6, 7, 61, 200, 330, 410, 542, 543, 587, 700, 774
prejuicio racial: 695
prejuicios raciales: 66, 608, 614
preservación del orden: 152, 664
presidencialismo: 10, 25, 91, 142, 144-146, 148, 217, 219, 226, 238, 296, 446, 474, 475, 504, 515, 559, 560, 595, 596, 633, 634, 712, 772
primera Guerra Mundial: 8, 104, 108, 132, 238, 242, 506, 534, 575, 576

principio de exclusión: 9
principio de identidad: 244, 328, 451
principio de la mayoría: 505, 557, 759
principio de la tolerancia: 165, 785
principio de legalidad: 389, 391-393
principio de oposición: 451
principio de totalidad: 451
principio democrático: 286, 391-393, 759, 762
principios de igualdad: 52, 337
principios de libertad: 53, 342
principios jurídicos: 99
privado: 9, 17, 47, 48, 51, 52, 59, 65, 66, 68, 86, 136, 153, 154, 204, 227, 236, 257-260, 262, 263, 269-271, 340, 349, 354, 392, 402, 446, 455, 481, 482, 489, 494, 495, 500, 534, 543, 550, 565, 585-587, 604-607, 611, 627, 628, 700, 707, 734, 773, 777, 778, 799
privatización: 6, 66, 136, 137, 145, 251, 281, 294, 566, 586, 606, 619-621, 627, 629, 652, 746
procedimientos democráticos: 154, 598, 789
proceso de descentralización: 184, 240
proceso de transición: 26, 65, 78, 138, 199, 516, 518, 739, 789-793
proceso electoral: 102, 138, 151, 199, 202, 204, 221, 258, 260, 506, 515, 527, 597-602, 697, 737, 739, 755, 766
proceso migratorio: 427-430
proceso político: 72, 83, 125, 149, 166, 181, 182, 205, 206, 366, 459, 507, 508, 520, 521, 600, 633, 635-637, 684, 697, 729, 732
procesos comiciales: 199, 200, 202
procesos de modernización: 19, 217, 519, 656, 734, 737
procesos electorales: 14, 50, 73, 77, 78, 134, 138, 145, 149, 183, 199-202, 220, 260, 261, 263, 393, 509, 512, 519, 525, 526, 528, 545, 597-599, 601, 602, 605, 621, 734, 735, 738, 739, 746, 767, 770
procesos electorales locales: 199
procesos políticos: 68, 125, 212, 279, 293, 302, 518, 522, 734, 735, 737, 739, 771
procesos sociales: 19, 140, 278, 291, 293, 327, 329, 331, 332, 428, 564, 613, 629, 662, 700, 705, 719, 801
procesos socioculturales: 242, 365, 427
profanación: 700
programación: 414, 561, 585
progreso: 20, 22, 38, 46, 49, 60, 83, 88, 121, 139, 152, 153, 173-177, 179, 225, 282, 287, 310, 331, 348, 363, 366, 381, 396, 419, 441, 448, 498, 531, 533, 570, 585, 613, 649, 650, 657, 658, 664, 674, 728, 781, 797
proletarios: 47, 59, 66, 69, 656, 721, 725
propiedad privada: 48, 153, 154, 161-164, 244, 337, 381, 396, 594, 607, 649, 692, 699-701, 703, 796
provocación: 649
psicologismo: 715-718
publicidad electoral: 80
publicidad política: 77, 80
pueblos indios: 229, 293, 297, 299, 436, 470, 612, 614, 615

racionalidad colectiva: 751
racionalidad estratégica: 80, 476
racionalidad individual: 409, 749, 751, 752
racionalismo: 32, 77, 153, 252, 330, 385-387, 437, 649, 693, 706
racionalización: 103, 250, 286, 439, 445, 446, 552, 557, 641, 715, 727-731, 734, 737, 739, 754, 801
racismo científico: 611

Índice analítico

racismo colonial: 608, 614
racismo de identidad: 609, 615
racismo de la desigualdad: 609, 614
racismo diferencialista: 609, 614
radicalización democrática: 95
raza: 53, 155, 175, 179, 197, 228, 230, 269, 271, 278, 320, 322, 335, 336, 432, 438, 467, 469, 608, 609, 613, 614, 616, 617, 699, 800
razón de Estado: 64, 263, 284, 305, 482, 604, 621, 622, 691, 727
realidad social: 50, 218, 222, 225, 268, 319, 327, 369, 444, 448, 451, 501, 504, 571, 590, 597, 721
realismo jurídico: 477, 479, 593
realistas: 576, 577
reciprocidad: 56, 291, 292, 356, 556, 557, 585, 784
recurso político: 737, 739
recursos ambientales: 628
recursos humanos: 105, 172, 175, 348, 351, 428, 628, 672, 735
recursos naturales: 357, 407, 409, 656, 682
recursos públicos: 245, 262, 297, 515, 516, 600
reduccionismo: 66, 428, 486, 700
reforma del Estado: 52, 99, 226, 227, 241, 283, 285, 289, 293, 294, 348, 446, 449, 548, 565, 566, 619-624, 627, 628, 630, 633, 638
reforma del Estado neoliberal: 630
reforma institucional: 241, 520, 561
reformas económicas: 619, 782, 783
reformas electorales: 73, 91, 199, 260, 512, 515, 519, 621, 681
reformas ultraliberales: 619
reformismo liberal-democrático: 772
régimen antidemocrático: 7
régimen autoritario: 7-11, 24, 26, 27, 137, 138, 151, 341, 632, 638, 686, 782, 788-793
régimen constitucional: 30, 516
régimen de gobierno: 205, 215, 290, 291, 632
régimen de propiedad: 649
régimen de separación de poderes: 199
régimen democrático: 8, 14, 24-27, 77, 84, 95, 138, 139, 151, 165, 166, 189, 194, 197, 290, 374, 522, 538, 560, 572, 598, 759-761, 786, 788, 789, 791-793, 797
régimen federal: 634
régimen nacionalsocialista: 9
régimen parlamentario: 86, 87, 89, 102, 759
régimen político: 9, 23, 42, 72, 89, 95, 96, 102, 134, 137, 139, 192, 193, 197, 198, 200, 226, 286, 371, 380, 514, 515, 518, 520, 554, 589, 590, 632-638, 643, 684, 692, 693, 727, 759, 760, 769, 773, 780, 782, 784, 786, 788, 790, 793
régimen político mexicano: 200, 633, 634, 637
régimen presidencial: 93, 596, 632
régimen socialista: 450
regímenes autoritarios: 7-11, 23-27, 61, 126, 134, 414, 518, 519, 560, 621, 633, 659, 662, 785, 789, 790
regímenes centralistas: 632
regímenes de acciones: 323
regímenes de inteligibilidad: 331
regímenes internacionales: 578
regímenes militares: 191, 246
regímenes no democráticos: 83, 95, 150, 191-193, 514, 774
regímenes políticos: 7, 10, 22, 29, 43, 98, 100, 107, 126, 165, 191, 193, 194, 221, 287, 473, 520, 633, 637, 683, 697, 759-761
regímenes populistas: 239

regímenes postotalitarios: 10
regímenes republicanos: 86
regímenes socialistas: 7, 713
regímenes totalitarios: 9, 10, 597, 782
regímenes unipartidistas: 632
registro electoral: 204, 738
regla: 16, 33, 68, 138, 161, 197, 226, 233, 290, 314, 335, 395, 396, 432, 459, 472, 475, 477, 480, 504, 509, 556, 596, 650, 732, 755, 760, 762, 789, 800
reglas del juego social: 772
reglas metodológicas: 32, 33, 35, 770
relación política: 85, 280, 695
relaciones asimétricas: 66, 757
relaciones competitivas: 579
relaciones conflictivas: 432, 579
relaciones de desigualdad: 610
relaciones de poder: 46, 67, 214, 255, 266, 271, 273, 275, 302, 453, 498, 551, 554, 576, 591, 604, 606, 635, 636, 641, 663, 682, 685, 709, 711, 737, 773
relaciones de producción: 325, 346, 710, 723
relaciones discriminatorias: 608
relaciones industriales: 669, 671-673
relaciones internacionales: 446, 543, 575-580, 616, 660, 688, 689
relaciones laborales: 590, 592, 669, 670, 672
relaciones políticas: 8, 125, 214, 222, 253, 380, 381, 414, 575, 590, 633-636, 662, 672, 685, 734, 736, 737, 739
relaciones raciales: 608, 609, 614
relaciones sociales: 7, 9, 46, 47, 53, 58, 82, 118, 119, 132, 133, 139, 169, 172, 232, 242, 246, 247, 265-267, 275, 281, 289, 317, 324, 325, 334, 341, 342, 377, 438, 455, 456, 489, 498, 533, 554, 582, 635, 655, 699, 705, 706, 710, 718, 723, 751, 768, 775, 797
relaciones vinculantes: 217
relativismo cultural: 123, 155, 245, 320, 448
relativismo ético: 386
relativismo individualista: 714
religión civil: 532, 640, 642
religión difusa: 642
religión implícita: 640, 642
religión posmoderna: 642
religión voluntaria: 699
religiosidad popular: 642
Renacimiento: 47-49, 57, 61, 121, 226, 245, 250, 251, 253, 285, 288, 307, 403, 418, 437, 509, 540-542, 556, 640, 645, 649, 701, 713, 788, 795-798
representación ideológica: 325
representación política: 47, 76, 100, 143, 198, 199, 201-203, 205, 245, 258, 280, 281, 370, 509, 519, 523, 525, 565, 596, 599, 619, 627, 643-648, 753, 760, 789
representación popular: 150
representación proporcional: 199, 201-204, 217, 505, 525-527, 646, 675-677, 679, 680
representaciones: 54, 86, 115, 119, 129, 190, 242, 266, 279, 292, 315, 318, 323-326, 328, 330, 332, 467, 486, 498-503, 564, 565, 577, 614, 641, 645, 714
represión selectiva: 218, 220
reproducción cultural: 417, 774
República: 7, 10, 27, 48, 55, 64, 82, 88, 89, 93, 96, 99, 103, 138, 141-145, 181, 191, 192, 199, 200, 202, 203, 208, 210, 211, 219, 226, 229, 238-240, 250, 252, 284, 287, 295, 299, 312, 343, 347, 403, 404, 506, 514, 532, 533, 540, 543, 544, 555, 595, 596, 601, 602, 610, 619, 633, 644, 660, 662, 663, 675, 677, 689, 760, 765, 766, 787, 795-798

resiliencia: 407
respeto: 7, 78, 84, 100, 121, 138, 141, 142, 144, 161, 165, 166, 178, 188, 189, 218, 231, 233, 238, 257, 261, 284, 289, 293, 297, 317, 321, 336, 341, 342, 362, 378, 387, 391, 395, 402, 403, 415, 432, 434, 435, 470, 492, 511, 513, 514, 530, 536, 538, 572, 597, 598, 619, 627, 691, 697, 698, 700-702, 727, 784, 786, 792
restructuración económica: 283, 285, 424-426, 662, 663
restructuración estatal: 672
restructuración política: 397
retratos intelectuales: 373, 374, 376
revolución armada: 310
Revolución cubana: 662, 712
Revolución cultural: 417-421
Revolución de terciopelo: 651-653
Revolución de Tuxtepec: 218, 366
Revolución francesa: 48, 54, 87, 88, 99, 102, 152, 154, 165, 180, 187, 243, 250, 360, 361, 380, 437, 438, 467, 468, 532, 556, 644-646, 650, 651, 659, 692, 705, 781, 783-785
Revolución industrial: 47, 129, 180, 437, 582, 669, 674, 692, 726, 728-731, 734
Revolución mexicana: 29-31, 42, 62, 91, 92, 94, 143, 148, 160, 218-220, 240, 242, 310, 313-315, 366, 367, 372, 469, 615, 655, 663
revolución tecnológica: 278, 347, 672
revoluciones: 7, 36, 39, 48, 49, 66, 88, 99, 217, 230, 252, 368, 378, 382, 383, 437, 438, 454, 459, 467, 499, 503, 519, 550, 551, 576, 623, 649-652, 672, 711, 781
rigidez: 9, 84, 122, 635, 750, 751
rigurosidad: 737, 770
rol: 153
romanticismo: 307, 701
rural: 131, 185, 211, 289, 421, 431, 444, 495, 625, 654-658, 764
rutas democratizadoras: 790

sabotaje: 649
salud pública: 246, 276, 387, 532, 582
sanciones: 20, 260, 261, 262, 392, 549, 602
secularización: 22, 47, 50, 56, 70, 105, 135, 153, 172, 224, 279, 304, 342, 362, 439, 440, 445, 447, 461, 467, 530, 534, 552, 641, 642, 699, 734
segunda Guerra Mundial: 8, 16, 41, 42, 76, 91, 166, 192, 239, 252, 278, 281, 407, 494, 507, 512, 559, 563, 564, 569, 576, 578, 583, 585, 597, 613, 619, 660, 661, 670, 671, 685, 727, 760, 790
segunda revolución industrial: 729, 734
seguridad alimentaria: 628, 658
seguridad colectiva: 660
seguridad interior: 663
seguridad nacional: 64, 542, 544, 577, 659, 660-668, 689
seguridad pública: 2, 67, 663, 664, 667
seguridad social: 50, 60, 61, 63, 113, 135-137, 155, 173, 175, 176, 220, 225, 288, 393, 563, 564-568, 583, 618, 652, 669, 673
semiótica jurídica: 169
semiproletarios: 721
servidumbre: 227, 403, 650
sexo: 68, 69, 155, 175, 235, 242, 244, 245, 247, 265-269, 317, 334-336, 438, 513, 597
sexualidad: 245, 266, 275, 276, 332, 438, 442, 605, 606, 699
Siglo de las Luces: 238, 734
símbolo: 116, 266, 380, 475, 604, 644, 693, 764, 799
símbolos culturales: 445

símbolos políticos: 67, 125
sindicalismo de oposición: 670, 672
sindicalismo institucionalizado: 672
sindicato de la circulación: 672
sindicato de oficio: 669, 670
sindicatos: 5, 47, 67, 111, 135-137, 183, 209, 216, 238, 245, 287, 300, 329, 475, 483, 491, 496, 511, 587, 618, 626, 630, 633, 669-674, 682, 702, 723, 746, 777
sistema autoritario: 145, 413, 526, 684
sistema bicameral: 87
sistema cultural: 333, 683
sistema de exclusión: 686
sistema de partido dominante: 527
sistema de partido monopólico: 151
sistema de partido único: 514
sistema de partidos: 69-71, 73, 97, 104, 110, 112, 141, 149, 151, 200, 202, 205, 220, 221, 226, 262, 446, 474, 504-507, 514-516, 518, 525-528, 536, 587, 596, 629, 630, 675-677, 679, 681, 696, 758
sistema democrático: 65, 123, 151, 172, 257, 518, 525-527, 569, 646, 684, 685, 695, 726, 774, 790
sistema democrático capitalista: 695
sistema económico: 63, 185, 242, 280, 302, 344, 381, 423, 519, 582, 584, 618, 661, 665, 682, 683, 692, 729, 730, 745
sistema electoral: 69, 91, 108, 150, 204, 205, 206, 261, 455, 504, 505, 515, 516, 525-528, 675, 676, 679-681, 737, 739
sistema internacional: 575, 577-579
sistema jurídico mexicano: 392, 479
sistema parlamentario: 100, 102, 104, 106, 474
sistema político: 31, 55, 68, 71, 73, 77, 87, 88, 92, 93, 97, 100, 104, 105, 108, 110, 125, 127, 134, 135, 138, 139, 144, 148, 166, 177, 180-185, 207, 208, 214-223, 226, 262, 283, 285-287, 290, 296, 302, 321, 337, 368, 375, 402, 413, 433, 445, 446, 454-456, 469, 474, 484, 486, 492, 509-511, 514, 518, 522, 525-527, 540, 553, 589, 597, 625, 632, 634, 635, 637, 643, 647, 663, 667, 682-685, 691, 695, 697, 710, 712, 727, 737, 738, 755, 760, 761, 766, 772, 789, 791, 792
sistema semipresidencialista: 474
sistema social: 58, 62, 85, 158, 176, 266, 280, 284, 318, 328, 331, 445, 467, 510, 511, 523, 639, 683, 699, 701, 710, 718
sistemas autoritarios: 110, 537, 598
sistemas complejos: 328, 411, 773
sistemas de educación: 178
sistemas de mayoría simple: 201
sistemas de partidos: 27, 72, 112, 150, 151, 206, 216, 217, 280, 474, 514, 517, 525, 526, 529, 539, 681, 754, 755, 757, 758
sistemas de salud: 563
sistemas democráticos: 73, 136, 181, 257, 380, 432, 525, 526, 528, 597, 695, 757, 792
sistemas electorales: 25, 41, 206, 216, 217, 263, 473, 474, 516, 517, 525, 526, 528, 529, 603, 675, 676, 679, 680, 681
sistemas financieros internacionales: 579
sistemas no plurales: 753
sistemas parlamentarios: 102, 105, 474, 595
sistemas políticos: 15, 16, 22, 51, 65, 71, 103, 107, 108, 110, 122, 153, 167, 194, 214-216, 221, 238, 278, 280, 284, 285, 287, 288, 397, 433, 446, 454, 457, 459, 473, 514, 519, 552, 559, 561, 597, 618, 625, 682-684, 695-697, 726, 727, 753, 761, 784, 792

Índice analítico

sistemas políticos tradicionales: 280, 446
sistemas presidencialistas: 104, 105, 474, 560, 783
sistemas socioambientales: 408
sistemas totalitarios: 103, 534, 598
sistemas tradicionales: 321
soberanía nacional: 240, 401, 447, 512, 546, 649, 663, 666, 667, 689, 690
soberanía política: 688
soberanía popular: 10, 51, 100, 137, 141, 147, 253, 255, 338, 555, 556, 659, 726, 759-761
socialismo pluralístico: 536
socialismo real: 66, 95, 132, 380-382, 387, 587, 651, 652, 672, 674, 693, 797
socialistas: 7, 67, 150, 244, 368, 380, 387, 438, 533, 534, 576, 585, 593, 594, 650, 670, 672, 693, 699, 703, 712, 713
socialización política: 125, 128, 695, 696-698
sociedad agrícola: 655
sociedad civil: 5, 52, 65-67, 77, 78, 85, 94, 97, 107, 135, 137, 139, 145, 146, 166, 180, 181, 183-185, 189, 214, 215, 221, 224-227, 251, 259, 261, 270, 284, 286, 287, 297, 302, 396, 404, 448, 454-457, 462, 465, 470, 482, 484, 485, 487, 489, 494-497, 510, 512, 513, 518, 531, 533, 534, 536, 551, 552, 572, 579, 589, 605, 607, 620, 630, 699, 700-703, 705, 711, 731, 774-776, 780, 783, 791, 792
sociedad contemporánea: 96, 319, 325, 331, 401, 412, 432, 552, 563
sociedad de masas: 12-14, 16, 46, 47, 60, 149, 179, 405, 414, 452, 761
sociedad democrática: 55, 63, 85, 97, 122, 123, 166, 181, 188, 190, 254, 362, 393, 537, 557, 571
sociedad en transición: 444
sociedad ideal: 341, 693, 795-797
sociedad incluyente: 374
sociedad industrial: 46, 58-61, 84, 85, 234-237, 318, 330, 491, 519, 550, 587, 655, 694, 729, 731, 739, 786
sociedad industrial moderna: 84
sociedad libre: 122, 335, 402, 512, 583, 796
sociedad patriarcal: 244, 438
sociedad pluralista: 123
sociedad política: 1, 64, 83, 93, 97, 146, 222, 223, 255, 340, 404, 446, 453, 457, 489, 509, 512, 620, 769
sociedad posconflicto: 66
sociedad posindustrial: 61, 154, 730, 731, 735
sociedad rural: 444, 654-656, 658
sociedad urbana: 444, 655
sociedad utópica: 796
sociedades absolutistas: 2
sociedades complejas: 11, 56, 167, 197, 198, 253, 284, 322, 361, 451, 457, 492, 619, 693, 754, 775, 802
sociedades contemporáneas: 21, 60, 61, 82, 121, 122, 129, 152, 188, 189, 198, 293, 328, 361, 362, 413, 414, 434, 457, 463, 538, 563, 572, 621, 682, 690, 712
sociedades democráticas: 68, 380, 395, 461, 463, 465, 537, 684, 696
sociedades democráticas multiculturales: 465
sociedades modernas: 12, 85, 107, 149, 153, 207, 224, 282, 318, 319, 331, 338, 378, 382, 417, 439, 450, 461, 462, 499, 536, 540, 563, 598, 701, 734-736, 761
sociedades no industriales: 172
sociedades plurales: 380, 523, 590, 676
sociedades pluralistas: 55, 85, 761
sociedades posindustriales: 66, 432, 482, 731, 773
sociedades posmodernas: 491
sociedades primitivas: 234, 641, 689

sociedades simples: 126
sociedades tradicionales: 193, 318, 439, 519, 773
sociedades utópicas: 703, 795
sociología crítica de los intelectuales: 370
sociología del conocimiento: 36, 306, 328, 370
sociología jurídica: 169-171, 248, 477, 581
sociología política: 19, 207, 212, 222, 473, 509, 685, 709-713, 773
sociología sistémica: 331
sociologismo: 710, 715, 717, 718
solidaridad de clase: 721
sometimiento: 88, 328, 331, 391, 399, 401, 403, 687
subculturas políticas: 126, 127
subjetividad social: 159, 719
subjetivismo: 714-716
subjetivo: 12, 58, 66, 125, 172, 377, 440, 500, 705, 706, 714-718, 783
subordinación: 14, 126, 137, 140, 141, 153, 183, 209, 218, 219, 238, 239, 246, 265-267, 269, 297, 298, 329, 335, 430, 495, 736, 756
sufragio universal: 8, 10, 138, 166, 223, 338, 513, 525, 526, 582, 595, 597, 605, 646, 676, 753, 759, 784
sujeto histórico: 66, 67, 662
sujetos sociales: 46, 55, 56, 66, 82, 158-160, 612, 629, 646, 655, 721-724, 773
superestructura: 90, 117, 301, 306, 324, 325, 700, 705
supervivencia cultural: 321

taylorismo: 670-672, 729
tecnociencia: 540, 542
tecnocracia: 15, 17, 136, 138, 145, 146, 208, 213, 280, 281, 648, 726-731, 735, 739
tecnoestructura: 726, 735
tecnología: 54, 55, 60, 81, 173, 282, 295, 320, 333, 344, 346, 349, 357, 358, 410, 411, 437, 578, 625, 655-657, 662, 669, 687, 690, 696, 727, 734-740
tecnopolítica: 727, 734-736
teoría de género: 273
teoría de juegos: 27, 521, 576, 713, 741-747
teoría de la acción comunicativa: 67, 120, 187, 190, 592, 607, 706, 739
teoría de la democracia: 85, 124, 139, 148, 151, 250, 252, 288, 292, 342, 393, 539, 603, 740, 762
teoría de la elección racional: 451, 771, 772
teoría de la movilización de recursos: 451, 452-456
teoría de la organización: 748-752
teoría de la revolución: 651
teoría de las oportunidades políticas: 451, 454, 455
teoría de lo moderno: 439
teoría de los partidos políticos: 756
teoría de sistemas: 76, 127, 408, 749, 773
teoría del contractualismo: 555
teoría del derecho: 249, 342, 379, 393, 477, 479, 480, 581, 594, 667
teoría del elitismo democrático: 760
teoría democrática: 97, 207, 537, 759-762
teoría feminista: 247, 604
teoría general del derecho: 147, 227, 248, 480, 581
teoría liberal: 254, 463, 598, 760
teoría normativa: 88
teoría política: 6, 43, 55, 57, 81, 82, 85, 98-100, 161, 165, 166, 194, 221, 223, 227, 250, 269, 272, 307, 309, 331, 334, 338, 380, 402, 406, 416, 520, 536, 542, 555, 557, 558, 561, 587, 588, 591, 592, 604, 607, 626, 686, 688, 693, 705, 736, 745, 759, 760, 768-773, 775, 780, 781

teoría política clásica: 705
teoría social: 58, 67, 105, 441, 700, 713, 725
teorías antagónicas: 748
teorías de la elección pública: 604
teorías de la evolución: 749
teorías de medio alcance: 577
teorías pluralistas: 684
teorías políticas de la modernidad: 556
teorías racistas: 608, 612-614
Tercer Mundo: 217, 247, 320, 378, 407-410, 494, 560, 637, 651, 656, 671, 691
tercer sector: 494, 585, 777, 778
territorio: 30, 46, 86, 88, 142, 172, 195, 218, 222, 228, 240, 279, 289, 290, 292-295, 297, 298, 312, 314, 317, 332, 393, 432, 435, 447, 462, 465, 468, 469, 513, 549, 554, 556, 563, 611, 615, 646, 663, 676, 687, 688, 778
terrorismo internacional: 178
tiranía de la mayoría: 557, 753
tiranías: 543, 651
tolerancia de las ideas: 121
tolerancia religiosa: 121, 532, 784, 785, 796
toma de decisiones: 5, 9, 15, 16, 25, 27, 48, 50, 52, 107, 111, 118, 138, 139, 149, 165, 211, 276, 284-287, 293, 294, 383, 447, 507, 509, 545, 576, 577, 590, 620, 635, 652, 661, 663, 684, 689, 731, 736, 741, 746, 753, 755, 760, 782, 783, 789, 790
totalitarismo: 7-10, 190, 193, 250-253, 256, 342, 361, 457, 552, 569, 616, 801
trabajadores asalariados: 669
trabajo del intelectual: 360
tradición: 3, 7, 8, 12, 19, 32, 33, 41-43, 50-52, 61, 62, 68, 82, 86, 88, 94, 99-101, 107, 115, 122, 152-154, 161, 162, 180, 185, 192, 224, 234, 241, 243, 244, 250-253, 284, 289, 305, 306, 308, 309, 312, 318, 319, 337, 338, 341, 366, 374, 380, 384, 385, 390, 393, 403, 414, 417, 433, 434, 439, 445, 461, 467, 475, 484-487, 506, 519, 530, 533, 534, 540, 542, 549, 550, 551, 554, 555, 559, 583, 584, 595, 598, 605, 608, 610, 613, 640, 644-646, 654, 660, 666, 669, 683, 690, 692, 693, 695, 706-708, 711, 712, 721-723, 725, 727, 728, 753, 754, 756, 757, 759, 760, 768, 769, 771-773, 777, 796, 799, 800
tradiciones políticas: 494
transformación revolucionaria: 58, 217
transición continua: 96, 792
transición democrática: 199, 246, 297, 495, 521, 620, 621, 681, 789
transición discontinua: 96, 792
transición gradual: 686
transición política: 74, 78, 97, 148, 217, 221, 226, 587, 591, 737-739, 788-790, 793
transiciones políticas: 20, 217, 686, 788
tránsito: 1, 29, 50, 92, 123, 141, 165, 170, 210, 217, 230, 314, 427, 428, 430, 492, 518, 526, 546, 556, 560, 563, 598, 604, 780
transparencia electoral: 246

unidad nacional: 255, 371, 423, 468, 518, 534, 611

unidad política: 238, 551, 598
unilateralismo global: 660
universalismo: 50, 51, 55, 118, 269, 271, 367, 433, 435, 510, 614, 615, 694, 702, 703, 771, 799, 801
urbanización caótica: 656
urbe: 45, 48, 510
utopía: 7, 48, 49, 65-67, 91, 123, 190, 227, 239, 246, 310, 327, 328, 332, 339, 362, 375, 380, 381, 387, 421, 437, 587, 692, 693, 728, 752, 784, 787, 795-798
utopías positivas: 795
utópicos: 160, 576, 583, 795-797

valor objetivo: 715
valor subjetivo: 715
valoraciones: 74, 114, 115, 118, 464, 486, 696, 731
valores abstractos: 118
valores cívicos: 50, 786
valores culturales: 23, 24, 446, 491
valores democráticos: 79, 96, 97, 569, 572, 661, 662, 695
valores históricos: 649, 687
valores jurídicos: 248, 249
valores políticos: 127, 190, 335, 554, 696, 697, 768
valores universales: 85, 320, 444, 510, 801
vía electoral: 27, 697
víctimas: 89, 156, 378, 410, 433, 532, 545, 565, 608, 609, 612, 784, 785
vida cotidiana: 46, 53, 69, 77, 118, 132, 133, 139, 188, 244, 245, 279, 290, 292, 315, 368, 400, 418, 438, 440, 451, 472, 547, 604, 608, 615, 617, 696, 730, 732, 734
vida política: 9, 43, 68, 69, 76, 80, 89, 91, 93, 94, 125, 127, 178, 206, 209, 223, 225, 252, 290, 371, 522, 552, 571, 579, 595, 596, 599, 600, 649, 699, 770, 771, 773, 801
vida pública: 5, 50, 51, 64, 111, 125, 147, 341, 370, 402, 487, 509, 531, 533, 534, 552, 605-607, 609, 700, 707, 753, 775
violencia armada: 555
violencia legal: 65
violencia política: 156
violencia sexual: 245, 246
virtud cívica: 188, 771
virtudes democráticas: 286
visión humanitaria: 610
visión liberal: 224, 465
voluntad popular: 392, 393, 468, 509, 686, 755
votación: 10, 68, 79, 149, 200, 201-204, 505, 600-602, 675, 677, 678, 680, 738, 739, 767
voto: 27, 29, 50, 67-74, 78, 79, 91-94, 111, 116, 138, 141, 143, 167, 200, 202-205, 240, 246, 257, 259, 261, 262, 269, 287, 296, 334, 393, 402, 474, 485, 490, 504, 505, 513, 527, 528, 595, 597, 600-602, 627, 643, 675-678, 689, 697, 738, 739, 745, 761, 764-766
voto alternativo: 675, 676

welfare state: 65, 66, 144, 145, 269, 382, 563, 568, 586, 618, 631, 778

xenofobia: 471, 609, 612, 615-617, 653, 799-802

Este libro se terminó de imprimir y encuadernar en octubre de 2000 en los talleres de Impresora y Encuadernadora Progreso, S. A. de C. V. (IEPSA), Calz. de San Lorenzo, 244; 09830 México, D. F. En su composición, parada en el Taller de Composición Electrónica del FCE, se utilizaron tipos Aster de 12:14, 9:10, 8:10 y 8:9 puntos. La edición, de 3 000 ejemplares, estuvo al cuidado de *René Isaías Acuña Sánchez.*